2022中国电力年鉴

《中国电力年鉴》编辑委员会

本年鉴连续三届荣获中央级年鉴
评比一等奖

图书在版编目（CIP）数据

2022 中国电力年鉴 /《中国电力年鉴》编辑委员会编. —北京：中国电力出版社，2023.1
ISBN 978-7-5198-7157-4

Ⅰ. ①2…　Ⅱ. ①中…　Ⅲ. ①电力工业–中国–2022–年鉴　Ⅳ. ①F426.61-54

中国版本图书馆 CIP 数据核字（2022）第 196454 号

出版发行：中国电力出版社
地　　址：北京市东城区北京站西街 19 号（邮政编码 100005）
网　　址：http://www.cepp.sgcc.com.cn
责任编辑：穆智勇（010-63412336）　柳　璐
责任校对：黄　蓓　朱丽芳　常燕昆　马　宁　于　维
装帧设计：张俊霞
责任印制：石　雷

印　　刷：三河市万龙印装有限公司
版　　次：2023 年 1 月第一版
印　　次：2023 年 1 月北京第一次印刷
开　　本：787 毫米×1092 毫米　16 开本
印　　张：56.75　　插页　26
字　　数：2121 千字
定　　价：498.00 元

电力规划设计总院

能源工业互联网

国家电力投资集团有限公司

妙岭750kV输变电工程

国网新疆电力2021发展成就

国网新疆电力2021援豫抗洪

德州隆贵电力设备有限公司

德州隆贵电力设备有限公司（原中国水电十三局华星电器厂，简称公司）始建于 1992 年，现注册资本 5000 万元。

公司近年来科技硕果累累，自主研发创新新产品，专利产品几十项，公司“路灯智慧电源”采用的三相三绕组 IT 接地方式，该技术由中国电力发展促进会组织专家鉴定，与会专家一致认为整体技术水平达到城市道路照明供电变压器国内领先水平，适用于智慧城市的绿色照明，具有较好的经济效益和社会效益。

美式－路灯智慧电源

欧式－路灯智慧电源

公司主要产品有：

1. 电力安装（经国家电网机构培训、颁发资质证书）
2. 箱式变电站及建筑式变电室（资质证书齐全）
3. 户内金属铠装抽出式高压开关柜（检测报告证书齐全）
4. 电力自动化、高、低压开关（箱）柜（具有国家强制认证：MNS、GGD、GGJ、XL、XLMRX）等电力设备
5. 建筑工地配电箱（资质证书齐全）、各种电缆桥架等电力设施的其他产品

地址：山东省德州市经济技术开发区宋官屯街道办事处百得路 1550 号

电话 / 传真：0534-2721919

企业网站二维码

企业导航位置二维码（腾讯地图）

德州隆贵电力设备有限公司 2021 年画册二维码

公司简介

河南省三江电力设备有限公司成立于2005年10月，注册资金2000万元人民币。该公司是由国家能源局以及河南省建设厅批准成立的，集电力设施业务承装、承修、承试、采购、安装于一体的股份制企业，具有送变电专业承包和电力承装修参级资质，于2009年加入河南省电力承装修试企业协会，并成为第一届常务理事成员单位；于2012年5月通过ISO9001质量管理体系认证、ISO14001环境管理体系认证、职业健康安全管理体系认证。

公司业务

公司主要承担110kV及以下的高压输电线路、电厂、工厂、小区、市政等各类变配电工程。

近期重要项目

- 郑州惠济区老鸦陈、张砦、双桥村棚户区改造建设项目（二期工程）ADE地块正式电施工
- 富田兴河湾四号院项目
- 龙湖同赢企业总部港厂房项目供配电工程
- 周庄安置区一期（东方国际）供配电工程
- 东悦城2号院（正式电）工程总包项目
- 象山浩创丹樾府高低压供配电工程
- 武陟孔雀城2.2期电力工程（内网）施工

业绩展示

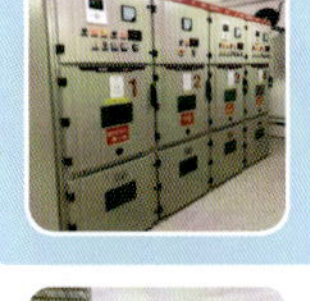

郑州市二十区侯察滨河花园社区二期安置区项目D、E地块生活用电

鑫苑城九号院红线内和红线外供配电工程

郑州市二七区高砦村城中村改造A组团1号、2~7号楼及地下车库供配电工程

郑州东原中牟海港文殊院项目供配电工程

联系方式

联系人：赵致富
职　务：总经理
联系方式：18037802388
邮　箱：414224436@qq.com
联系地址：郑州市高新区国家大学科技园东区18幢A座13层

关于入编《2023中国电力年鉴》“企业风采专栏”特约编委的邀请

《中国电力年鉴》创刊于1993年，受原电力部委托，由中国电力发展促进会组织编辑出版。目前已连续出版29期，是我国唯一一部逐年全面记述反映电力工业发展改革进程，融史实性、资料性、全面性为一体，文、图、表并茂的综合性大型丛书。对了解电力工业历史、现状、分析研究电力发展趋势极具参考价值。

年鉴内容全面、权威，编委阵容强大，发行范围广，是广大企业宣传推广的理想平台。

内容全面、权威 《中国电力年鉴》集行业之力共同编撰出版，具备权威性、唯一性、高端性；内容丰富、基础数据和资料信息权威、系统、详实，编撰规范，多次在国家级年鉴评比中荣获一等奖。

编委阵容强大 编委会由国家能源局、中国电力企业联合会、国家电网有限公司、中国南方电网有限责任公司、五大发电集团、中国电建、中国能建、其它各大电力央企，各有关电力企业、协会学会的主要负责人组成。

发行范围广 发行覆盖国家发展改革委员会、工业和信息化部、生态环境部、国家能源局等政府机关，覆盖全部电力企业、电气设备企业及相关行业协会；电力出版社各地发行站、全国新华书店公开发行；中国电力网等知名电力行业网站、知名电力行业新媒体宣传。

特邀贵单位领导担任《中国电力年鉴》“企业风采专栏”特约编委

为顺应能源革命和数字革命融合发展的趋势，推动电力行业高质量发展，我会将特别邀请为我国电力事业作出突出贡献的企业家、行业专家等作为《中国电力年鉴》“企业风采专栏”特约编委，并将贵单位的品牌、产品、技术、管理、业绩、贡献通过《中国电力年鉴》宣传展示，载入史册。**（微信扫描右上二维码提交入编回执）**

入编类型和享有的服务与费用

1. 彩色宣传页：费用单页人民币1.9万元整，2页3.5万（1.75万/页），4页6万（1.5万/页），6页8.4万（1.4万/页）。
2. 特约编委：费用人民币6万元整，入编企业享受服务如下：
   （1）企业名称列为“企业风采专栏特约编委单位”；
   （2）企业主要领导列为“企业风采专栏特约编委”；
   （3）独享4页企业形象专题彩色版面。
3. 对应每页彩页可同时提供视频文件，视频文件将在中国电力网同步宣传、永久保存，费用为每个视频5万元。

入编彩页内容及说明

1.《中国电力年鉴》整版尺寸为210mm（宽）×285mm（长）。
2. 彩色单页刊登要求文字内容300字以内，图片4~5张。双跨页刊登内容以此类推。
3. 视频文件应为mp4格式，清晰、流畅，清晰度不超过1080p，与专题彩色版面的内容对应，时间不超过5分钟，并提供视频材料的简要说明。
4. 刊登单位对所提供的资料真实性负责，并应符合国家相关法律法规要求。

联系人：中国电力发展促进会《中国电力年鉴》编辑部梁卫国　　电子邮箱：liangweiguo@ceppc.org.en
电　话：010-63416376　　传　真：010-63415466　　手　机：15810356652（兼微信）

全面、深刻、系统、权威记录电力——

《中国电力年鉴》是电力人自己的《年鉴》，是我国唯一一部逐年全面记述反映电力工业发展改革进程的综合性大型丛书，是融史实性、资料性、全面性、权威性为一体的工具书，是政府、电力企事业单位领导不可或缺的实用工具。欢迎安排订阅《中国电力年鉴》。本《年鉴》全年可订，只需三步，轻松订阅。

《中国电力年鉴》订阅单

第一步：提交订阅信息

订阅信息

订阅单位				隶属集团	
收刊地址				邮政编码	
收件人		手机号		座机号	

订阅数量	类别	定价	订阅份数	金额（元，小写）
	《2022 中国电力年鉴》	498元/份		
	《2021 中国电力年鉴》	498元/份		
	《2020 中国电力年鉴》	298元/份		
	《2019 中国电力年鉴》	298元/份		
	《2018 中国电力年鉴》	298元/份		
	《2017 中国电力年鉴》	298元/份		
	《2016 中国电力年鉴》	298元/份		
	《2015 中国电力年鉴》	298元/份		
	电力十年跨越	158元/份		
	小计			

开票信息

单位名称		纳税人识别号	
地址及电话		开户行及账号	
开票项目	☐资料费 ☐咨询服务费	备注	

1. 增值税普通发票或专用发票。普票☐，专票☐。
2. 编辑部收到订阅回执单后，1周之内开据发票。您可先汇款，也可收到发票后汇款。

发票寄送地址：☐同收刊地址 / ☐其他地址：

提交信息

提交方式：微信扫描右侧二维码提交。

电脑端：手机扫描转发电脑微信文件传输助手后打开，输入回执内容后提交。

手机端：微信扫描二维码输入回执内容后直接提交。

第二步：办理银行汇款

账户名称	中国电力发展促进会	纳税人识别号	5110000050001437XX
账户地址	北京市西城区白广路二条 1 号	开户行及账号	工行北京樱桃园支行 0200000609003615723
备注	汇款凭证请注明“《年鉴》款”，并将汇款凭证电子版发至邮箱 yangpeng@ceppc.org.cn。		

第三步：坐等《年鉴》送达

咨询电话	010-63416124，13705444505	微信号	13705444505
联系地址	北京市西城区白广路二条 1 号中国电力发展促进会《年鉴》编辑部	邮编	100761
附注	如订阅份数较多，可提供多个邮寄地址（另附），实现精确投递到位。		

2021年4月18日，中国大唐党组书记、董事长邹磊出席博鳌亚洲论坛2021年年会并代表中方企业发言。

（中国大唐 提供）

2021年5月8日，由宁夏自治区地方金融监督管理局与国网宁夏电力联合举办的数字化产业链服务平台“电e金服”推介会在银川召开。

（国网宁夏电力 提供）

2021年5月17日，国网伊犁伊河供电有限责任公司在新疆伊宁市揭牌成立，标志着伊犁统一电力市场逐步形成。

(国网新疆电力　提供)

2021年5月20日，第一届中国电动汽车充电设施技术创新大会在青岛成功召开。

(中电联　提供)

2021年5月27日，南方能源数据中心落地贵州签约仪式在贵阳举行。

（贵州电网公司　提供）

2021年6月3日，国家能源局局长章建华一行在贵州省副省长陶长海的陪同下，参观调研贵州电网公司建设的首个国家“863计划”课题“集成可再生能源的主动配电网研究及示范”项目。

（贵州电网公司　提供）

2021年6月9日，国家绿色技术交易中心正式启动。

（国网浙江电力　提供　陈聪　摄）

2021年7月1日，庆祝中国共产党成立100周年大会在天安门广场隆重举行。国网华北分部加强调度运行值班监视，全力确保大电网安全稳定运行和首都北京电力可靠供应，圆满完成庆祝中国共产党成立100周年大会保电工作。

（国网华北分部　提供）

2021年7月1日，国网北京城区公司开展建党百年庆祝大会保障巡视工作。

（国网北京电力　提供　林峰　摄）

2021年7月30日，中电联电力低碳标准化系统工作组在京召开成立大会暨一届一次会议。

（中电联　提供）

2021年8月14日，由中国工程院主办，中国工程院能源与矿业工程学部、国网电科院（南瑞集团）智能电网保护和运行控制国家重点实验室承办的“国际工程科技发展战略高端论坛暨第六届紫金论电国际学术研讨会”在南京召开。

（南瑞集团 提供）

2021年8月27日，南瑞集团与西安交通大学新型电力系统联合研发中心揭牌成立并举行共建新型电力系统联合研发中心云签约仪式。

（南瑞集团 提供）

2021年9月13日，全国总工会党组成员马璐调研国网青海电力职工创新工作。

（国网青海电力　提供　王国栋　摄）

2021年9月23日，中国电建与雅砻江公司以75.71亿元签约国内最大单体水电项目——雅砻江卡拉水电站设计施工总承包合同。项目由中国电建所属水电七局、五局、华东院组成联合体实施。

（中国电建水电七局　提供）

2021年12月22日，南方电网电力科技股份有限公司在上海证券交易所成功挂牌上市（证券代码688248），成为电力能源领域首个在科创板上市的科改示范企业。

（广东电网公司　提供）

2021年12月24日，中国华电与清华大学签署战略合作协议。

（中国华电　提供）

2021年12月26日，中国电建新能源集团有限公司成立大会暨揭牌仪式在北京举行。

（中国电建　提供　钟洪明　摄）

2021年12月30日，华北电力大学与中国华电集团举行战略合作框架协议签约暨高效清洁智能发电联合研究院揭牌仪式。

（华北电力大学　提供）

2021年2月1日，中国电建所属水电十局承建的总装机容量135MW的缅甸皎漂燃气—蒸气联合循环电站项目集控楼基础正式开挖。

（中国电建水电十局　提供）

2021年3月30日，中国电建所属水电十一局、水电十六局承建的津巴布韦卡里巴水电站南岸扩机工程荣获2020—2021年度中国建设工程鲁班奖（境外工程），该工程装机规模2×300MW，水电站总装机容量提升至1050MW。

（中国电建水电十一局　提供　张昆　摄）

2021年4月2日，中国电建所属老挝南欧江流域发电有限公司荣获老挝国家级劳动勋章。

（中国电建海投公司 提供）

2021年6月18日，中国大唐与法国电力集团举办“‘云’上签约 万里无间”活动，携手推进绿色低碳发展。

（中国大唐 提供）

2021年6月18日，国华（印尼）南苏发电有限公司1号机组获得印尼世界纪录博物馆颁发的“煤电机组连续运行最长世界纪录”奖。

（国家能源集团 提供）

当地时间2021年7月5日，由中国电建所属水电十一局作为牵头方承建的尼泊尔最大水电站——上塔马克西水电站首台机组实现并网发电，该工程总装机容量456MW。

（中国电建水电十一局 提供 康康 摄）

2021年7月23日，赞比亚总统埃德加·伦古出席中国电建承建的总装机容量为750MW的下凯富峡水电站并网发电仪式，为电站运营揭牌并发表讲话。

（中国电建国际公司　提供）

2021年8月31日，中老铁路外部供电工程全部建成。图为由云南送变电公司施工建设，位于云南玉溪元江县境内的中老铁路外部供电线路与中老铁路元江特大桥相伴而行。

（张强　摄）

2021年9月13日，中国能建山西院、安徽电建二公司等单位承建的泰国国家电力局诗琳通大坝综合浮体光伏项目全容量（58.5MW）并网发电。

（中国能建　提供）

2021年10月12日，中国电建所属上海院总承包的新加坡 LTA C9355屋顶光伏项目主体工程完工，项目装机容量2.7MW。

（上海院　提供）

2021年10月18日，在第二届"一带一路"能源部长会议上，中国大唐集团所属缅甸太平江一级水电站（装机容量240MW）荣获"惠民生类""能源国际合作最佳实践"案例奖。

（中国大唐　提供）

2021年12月6日，由中国电建华东院勘测设计的柬埔寨最大水电工程——桑河二级水电站400MW工程荣获2020—2021年度国家优质工程奖。

（中国电建华东院　提供）

2021年12月16日，中国电建在欧洲首个新能源投资项目——波黑伊沃维克风电项目正式开工建设，电站总装机规模84MW。

（中国电建海投公司　提供）

热烈庆祝大唐南京发电厂2号超超临界机组
完全自主可控智能控制系统示范应用项目成功投产

2021年5月6日，中国大唐南京发电厂2号66万kW机组100%自主可控智能控制系统正式投入商业运行，成为国内首个通过国家权威机构认证为100%自主可控的DCS系统。

（中国大唐　提供）

2021年5月10日，浙江浙能绍兴滨海热电有限责任公司三期工程7号机组（装机容量57MW）通过96h试运行。至此该公司装机容量达885MW，成为浙江省最大的绿色环保热电联产企业，最大供热流量可达2425th，年供热量最高可达2100万t。

（徐明敏　摄）

2021年6月10日，中国电建所属上海电建公司承建的世界首台1350MW发电机组申能安徽平山电厂二期工程完成168h满负荷试运行。

（上海电建公司　提供）

2021年6月25日，锦界电厂“15万t每年燃烧后二氧化碳捕集和封存（CCUS）全流程示范工程”和“千吨级燃煤电厂烟气二氧化碳固体吸附工业验证装置”通过168h试运行，成功实现国内燃煤电厂最大规模的烟气二氧化碳捕集，主要指标达到世界先进水平。

（国家能源集团　提供）

2021年12月6日，中国电建所属上海电建公司参建的福建华能罗源港电储送一体化绿色建设示范项目被中国施工企业管理协会评为2020—2021年度国家优质工程金奖。

（中国电建上海电建　提供）

2021年12月6日，中国电建所属上海电建公司、山东电建三公司承建的陕西榆能横山2×1000MW煤电一体化工程荣获2020—2021年度国家优质工程金奖。

（中国电建上海电建　提供）

2021年12月6日，中国电建所属上海电建公司参建的福建华电邵武电厂三期2×660MW工程荣获2020—2021年度国家优质工程奖。

（中国电建上海电建　提供）

2021年12月6日，中国电建所属山东电建三公司、电建核电公司承建的华电莱州电厂二期2×1000MW绿色能源示范工程荣获2020—2021年度国家优质工程金奖。

（中国电建核电公司　提供　吕大海　摄）

2021年12月6日，中国电建所属电建核电公司建设的安徽华电芜湖电厂二期1×1000MW扩建工程荣获2020—2021年度国家优质工程奖。

（中国电建核电公司　提供　吕大海　摄）

2021年12月6日，中国电建所属电建核电公司建设的新疆神华五彩湾热电厂2×660MW新建工程荣获2020—2021年度国家优质工程奖。

（中国电建核电公司　提供　吕大海　摄）

2021年4月6日，金沙江白鹤滩水电站下闸蓄水，6月28日首批机组投产发电。电站装机容量1600万kW，为世界第二大水电站；单机容量100万kW，居世界第一。

（中国电建华东院 提供）

2021年9月14日，中国电建所属中南院承担监理的国家“十一五”重点工程、总装机容量为1280MW的广东清远抽水蓄能电站荣获“菲迪克2021年工程项目优秀奖”。

（中国电建中南院 提供 袁仕兴 摄）

2021年9月29日，中国电建所属成都院勘察设计，水电五局、水电十二局、水电十四局、水电十六局参建的中国藏区投资规模最大的水电站——雅砻江两河口水电站首批机组投产发电，电站总装机容量3000MW。

（中国电建水电五局　提供）

2021年12月6日，国家能源集团大渡河猴子岩水电站荣获2020—2021年第二批国家优质工程金奖，水电站由中国电建所属水电七局承建。

（国家能源集团　提供）

2021年12月6日，中国电建水电六局、水电十二局承建的江苏溧阳6×250MW抽水蓄能电站荣获2020—2021年度国家优质工程奖。

（中国电建水电六局　提供）

2021年12月6日，中国电建所属水电七局承建的总装机容量2000MW的阿海水电站荣获2020—2021年度国家优质工程奖。

（中国电建水电七局　提供）

2021年12月14日，中国电建所属水电一局、水电八局承建的总装机容量920MW的云南澜沧江大华桥水电站荣获“鲁班奖”。

（中国电建水电八局　提供）

2021年12月27日，中国电建所属水电八局参与建设的沅水桃源水电站荣获中国水利工程“大禹奖”，电站装机容量180MW。

（中国电建水电八局　提供）

2021年，长龙山抽水蓄能电站（总装机容量210MW）顺利实现水库蓄水、水道充排水、6月底前首台机组发电、年内3台机组发电等重要节点目标，累计为长三角地区贡献清洁电能约6亿kWh。

（三峡集团　提供）

2021年1月30日，由中国能建参建的“华龙一号”全球首堆——福清核电站5号机组投入商业运行。

（中国能建　提供）

2021年4月2日，中国能建广东院EPC总承包建设的粤港澳大湾区首个大容量海上风电场项目——珠海金湾海上风电场项目全容量（总装机容量300MW）并网发电。

（中国能建　提供）

2021年4月25日，浙江绍兴滨海污泥清洁化处置示范项目1号机组（装机容量30MW）通过96h试运行。该项目是浙能集团污泥处置能力最大、掺烧污泥比例最大的发电项目。

（潘成昊　摄）

2021年6月7日，龙源电力圆满完成莆田南日岛海上风电场一期项目B31机位基础施工，标志着世界首个海上风电深水裸岩大直径嵌岩单桩基础顺利完工。

（国家能源集团　提供）

2021年6月29日，国内首个大型海岸滩涂渔光互补光伏项目——浙江象山大唐长大涂光伏电站（总装机容量300MW）并网发电。

（中国大唐　提供）

2021年10月20日，国家第一批大型风电光伏基地项目之一，国家首个利用既有火电通道打捆外送新能源多能互补项目——大唐国际托克托新能源外送项目开工，标志着世界在役最大火力发电厂正式由传统的火力发电向风、光、火多能互补转型。

（中国大唐　提供）

2021年11月9日，中国电建所属山东电建一公司承建的国家电投“暖核一号”——国家能源核能供热商用示范工程二期450万m²项目在山东海阳正式投运。项目被评为“2021年度央企十大超级工程”，并作为中国唯一案例入选世界核协会2021年《世界核电厂运行实绩报告》。

（中国电建山东电建一公司 提供 潘洪国 摄）

2021年11月26日，黑龙江肇东市2×40MW生物质热电联产项目实现全容量并网发电。

（中国能建 提供）

2021年11月28日，浙江省在建装机容量最大的海上风电场、省重点建设项目——浙能嵊泗2号海上风电场工程（装机容量399.95MW）最后一台88号风机成功并网。

（赵含之 摄）

2021年12月6日，由中国电建华东院全过程勘测设计的国华东台四期（H2）300MW海上风电场工程荣获2020—2021年度国家优质工程金奖。

（中国电建华东院　提供）

2021年12月6日，由中国电建华东院勘测设计的三峡新能源江苏大丰300MW海上风电项目荣获2020—2021年度国家优质工程奖。

（中国电建华东院　提供）

2021年12月22日，由中国电建所属水电五局参与建设的海拔5158m的世界最高风电项目——西藏措美哲古分散式风电场首批机组并网发电，项目总装机容量22MW。

（中国电建水电五局　提供　罗文礼　摄）

2021年12月29日，乌兰察布“源网荷储”一体化示范项目一期工程［总容量为50万kW，其中风电42.5万kW、光伏7.5万kW，配置14万kW（2h）预制舱式磷酸铁锂电池储能］全容量并网发电。

（三峡集团　提供）

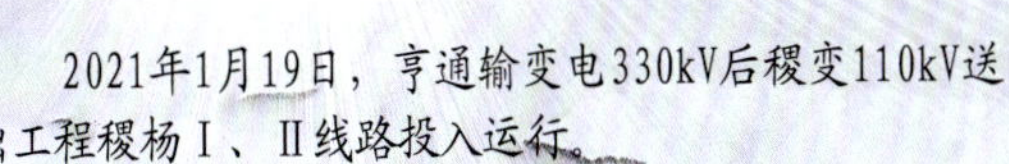

2021年1月19日，亨通输变电330kV后稷变110kV送出工程稷杨Ⅰ、Ⅱ线路投入运行。

（国网陕西电力　提供）

2021年1月，贵州省出现大范围凝冻天气，电网输电线路覆冰条数连续攀升。贵州电网公司累计出动人员15000多人次、5127车次，完成122条10kV及以上线路融冰。图为工作人员在大韭菜坪风电场变电站出线侧进行融冰线路短接。

（贵州电网公司　提供）

2021年4月23日，闽粤联网工程开工，图为闽粤联网工程（广东段）开工仪式现场。

（广东电网公司 提供）

2021年4月25日，国网黑龙江送变电公司员工在500kV荒沟抽水蓄能电站送出工程进行F16耐张塔平衡挂线。

（国网黑龙江电力 提供）

2021年5月13日，广州供电局220kV文旅（长岗）变电站工程获2021年度中国电力优质工程奖。
（广州供电局 提供）

2021年5月13日，乌东德电站送电广东广西特高压多端直流示范工程广东受端交流配套工程获2021年度中国电力优质工程奖。图为乌东德配套线路（惠州段）。
（广东电网公司 提供）

2021年5月24日，在四川省凉山州昭觉县的大山里，白鹤滩电站接网工程布拖换流站二期配套工程“跨线施工”有序展开。（国网四川电力 提供 曾林 摄）

2021年6月10日，贵州电网与兴义地方电网220kV电网实现互联互通，标志着贵州电网和兴义地方电网从局部合作走向全面融合。图为公司调度中心工作人员密切关注“两网融合”瞬间。

（贵州电网公司 提供）

2021年6月11日，南网超高压公司自主研发的±800kV柔直穿墙套管在昆柳龙直流工程柳州换流站内成功投运。

（南网超高压公司 提供 李品 摄）

2021年8月29日，首条雄安清洁能源大通道——张北至雄安1000kV特高压线路顺利通过72h试运行，正式投入商业运营。

（国网河北电力 提供）

2021年9月5日，世界首台新能源分布式调相机在青海省海南藏族自治州新能源基地投运。

（国网青海电力 提供 王国栋 摄）

2021年9月14日，国网新疆超高压分公司员工在750kV凤凰变电站内为凤苏线停电挂接地线。

（周欢 摄）

2021年9月24日，“双花瓣”高可靠供电示范工程在雄安商务服务中心投运。

（国网河北电力　提供）

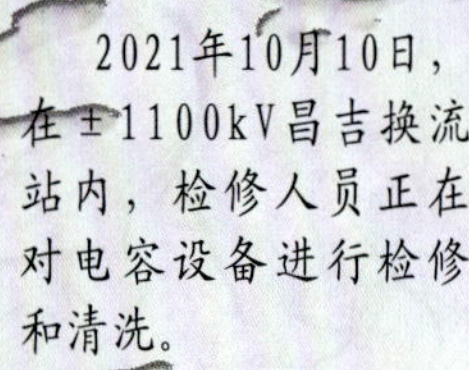

2021年10月10日，在±1100kV昌吉换流站内，检修人员正在对电容设备进行检修和清洗。

（国网新疆电力　提供　周广科　摄）

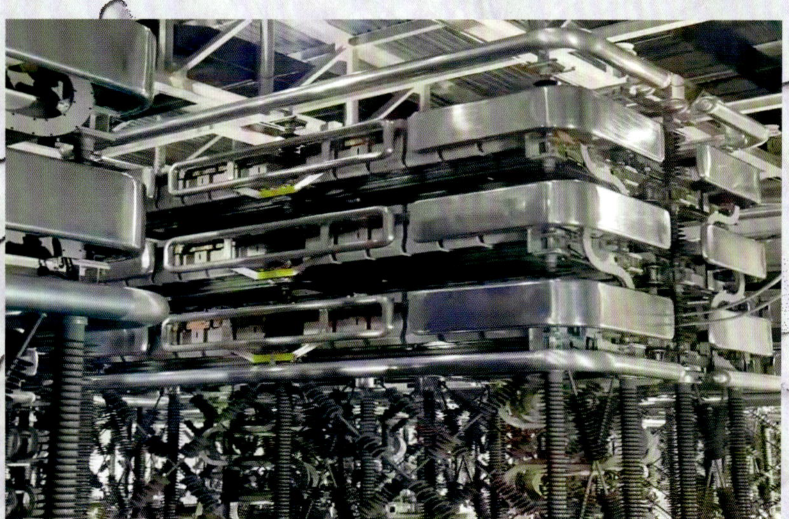

2021年10月28日，南瑞集团具有自主知识产权3300V/1500A IGBT器件在厦门鹭岛柔直换流站换流阀一次性带电成功，一次性大负荷试验成功，正式投入电网使用。

（南瑞集团　提供）

2021年11月20日，由国网浙江经研院自主研发的全球首台220kV车载移动式GIS设备在嘉兴平湖220kV共建变电站投入运行。

（国网浙江电力　提供　徐辰婧　摄）

2021年12月6日，舟山500kV联网输变电工程荣获2020—2021年度国家优质工程金奖。

（国网浙江电力　提供　李伶俐　摄）

2021年12月14日，广东电网公司佛山供电局500kV凤城变电站荣获“中国建设工程鲁班奖”（国家优质工程奖）。图为500kV凤城站夜景。

（广东电网公司　提供）

2021年1月17日，国内首艘自主建造的500kV海底电缆运维船在海南联网二回公司交付使用，填补了国内海底电缆运维领域空白。

（海南电网公司　提供　宋印官　摄）

2021年3月，贵州省毕节市金沙县前顺村村道两旁装上了太阳能路灯，安全高效的绿色电能越来越多地融入当地群众的生活。

（贵州电网公司　提供）

2021年4月11日，国网伊犁伊河供电有限责任公司员工在伊宁县庆华杏园为游客介绍“网上国网”客户端使用方法。

（国网新疆电力　提供　张利民　摄）

2021年4月13日，国内首套岸电储能一体化系统在连云港建成投运。

（国网江苏电力　提供）

2021年4月16日，博鳌亚洲论坛开幕之际，海南电网琼海供电局保供电工作人员在会场进行保电检查巡视。

（海南电网公司　提供）

2021年5月1日，贵州电网公司铜仁万山供电局员工在西南地区新能源汽车生产的龙头企业——万仁汽车集团开展用电服务，确保该企业在节假日期间安全、平稳用电。

（贵州电网公司　提供）

2021年5月24日，贵州电网贵阳金阳供电局数博会保电工作人员对会议中心和会展场馆用电安全进行检查，确保数博会可靠供电。

（贵州电网公司　提供）

2021年6月10日，国网西北分部成功组织西北电网庆祝建党100周年保电暨2021年迎峰度夏联合反事故演习。

（国网西北分部　提供）

2021年6月18日，中国华电在京举办“中国华电集团碳资产运营有限公司”成立仪式，在仪式上发布了“十三五”碳排放白皮书和碳达峰行动方案。

（中国华电　提供）

2021年7月14日，国网北京电力在“气改电”念禾居餐馆召开“三零”全电餐饮新闻发布会。

（林峰　摄）

2021年7月22日，国家电投集团副总经理、党组成员刘明胜（前排居中）到南露天煤矿出席世界首台120t级纯电交流传动矿用电动轮自卸车交付仪式并对智慧化矿山建设情况开展工作调研。

（国家电投集团　提供）

2021年8月10日，国网和田供电公司组织施工人员冒着高温在新疆墨玉县托乎拉乡红光村88台区、55台区实施“煤改电”配套电网施工。

（国网新疆电力　提供　甄立民　摄）

2021年9月18日，国网金湖县供电公司工作人员在金北街道应用电力机器人给10kV架空裸导线喷涂绝缘层，在不停电的情况下消除架空裸导线安全隐患，保障居民用电安全。

（国网江苏电力　提供）

2021年11月19日，国网北京城区公司在崇文智慧营业厅帮助客户快速办理交费业务。

（梁静　摄）

2021年3月26日，贵州电网公司“千个支部万名党员‘学党史、传党旗、颂党恩’”活动启动仪式在遵义会址举行。

（贵州电网公司 提供）

2021年4月15日，国家安全教育日活动期间海南电网文昌供电局工作人员给儿童讲解安全用电小知识。

（海南电网公司 提供 沈文科 摄）

2021年5月13日，海南电网公司举办2021年低压集抄自主运维技能竞赛，图为参赛人员正在模拟作业。

（海南电网公司　提供　褚浩霖　摄）

2021年5月18日，南网党校和广州市农讲所联合举办“开天辟地——中国共产党的创建”百年党史知识图片展。

（南网党校　提供　王佼佼　摄）

2021年5月21日，大理漾濞发生6.4级地震，大理漾濞供电局及时为每一顶救灾帐篷安装应急电源，确保照明供电。

（沙子键　摄）

2021年5月22日，国网青海电力全力应对玛多地震。

（王国栋　摄）

2021年6月3日，国网北京房山公司组织党员在房山霞云岭没有共产党就没有新中国纪念馆前庄严宣誓。

（李铮　摄）

2021年6月16—17日，国网西北分部党委理论学习中心组赴延安接受革命传统教育，开展“弘扬延安精神 凝聚奋进力量”主题活动。

（国网西北分部　提供）

2021年7月22日，国网宁夏电力驰援河南抗洪抢险共产党员突击队出发仪式。

（国网宁夏电力　提供）

2021年7月24日，国网四川电力抢险队员帮助郑州最大的小区橡树玫瑰城小区实现通电，小区居民自发夹道欢送！

（国网四川电力　提供　田海　摄）

2021年8月2日，国网蒙东电力完成援豫抢险救灾保供电任务。

（国网蒙东电力　提供）

2021年9月29日，国网华中分部组织华中电力系统部分在鄂单位举办秋季田径运动会。

（国网华中分部　提供）

2021年10月6日，在奇台县大泉塔塔尔族乡大泉湖村，国网昌吉供电公司员工给村民司马吾·阿布胡司曼讲解安全用电知识。

（国网新疆电力　提供　张利民　摄）

2021年10月27日，国网华中分部领导班子赴对口帮扶的湖北省十堰市房县城关镇三海村调研乡村振兴工作。

（国网华中分部　提供）

2021年11月24日，南网传媒公司作为唯一央企媒体参加中国网络媒体论坛展示会并获《新闻联播》报道。

（赖增鹏　摄）

2021年11月，国网黑龙江电力抢修队员们全力抢修因冰冻雪灾致使树木倒伏压损的配电线路。

（国网黑龙江电力　提供）

《中国电力年鉴》编委会

编　委（按姓氏笔画排列）

刘　雷	中国华电集团资本控股有限公司董事长、党委书记
刘光明	中国大唐集团新能源股份有限公司党委书记、董事长、总经理
衣立东	国网宁夏电力有限公司董事长、党委书记
汤梅子	南网党校（领导力学院）常务副校长（院长），培训中心党委书记
孙长平	中国长江三峡集团有限公司科学技术研究院院长
孙宝东	国能经济技术研究院有限责任公司党委书记、董事长
苏立新	西安热工研究院有限公司董事长、党委书记
李　凯	广西桂冠电力股份有限公司党委书记、董事长、总经理
李立新	中国华电集团有限公司副总工程师，华电电力科学研究院党委书记、董事长
李永莱	国网黑龙江省电力有限公司董事长、党委书记
李灼贤	广东省能源集团有限公司董事长、党委书记
李国庆	东北电力大学党委书记
李忠军	龙源电力集团股份有限公司党委书记、董事长
李和兴	上海电力大学副书记、校长
李晓彤	南方电网数字传媒科技有限公司党委书记、董事长兼南方电网公司新闻中心主任
李霄飞	中国大唐集团技术经济研究院有限责任公司党委书记、执行董事、总经理
杨　勇	国网青海电力公司党委书记、董事长
杨勇平	华北电力大学校长、党委副书记

吴宝英	南方电网能源发展研究院有限责任公司党委书记、董事长
冷　俊	南瑞集团有限公司（国网电力科学研究院有限公司）董事长、党委书记
宋　畅	国家能源集团国华电力有限责任公司党委书记、董事长
宋　领	葛洲坝集团股份有限公司党委书记、董事长
宋新明	海南电网有限责任公司董事长、党委书记
张　野	中国水力发电工程学会理事长、党委书记
张成松	国网内蒙古东部电力有限公司董事长、党委书记
张利生	内蒙古自治区电力行业协会秘书长
张勋奎	中国大唐集团科学技术研究总院公司党委书记、董事长
陈修言	国家电网有限公司副总经济师，国网华中分部党委书记、主任
周　雄	国网重庆市电力公司董事长、党委书记
郑　林	英大传媒投资集团有限公司党委书记、董事长
赵　亮	国网天津市电力公司董事长、党委书记
赵建宁	中国南方电网有限责任公司超高压输电公司党委书记
郝英杰	中国电力企业联合会党委委员、秘书长
胡卫东	国网陕西省电力有限公司董事长、党委书记
胡仲明	浙江省能源集团有限公司董事长、党委书记
饶　宏	南方电网科学研究院有限责任公司党委书记、董事长，中国工程院院士
姜　帆	北京能源集团有限责任公司董事长、党委书记

贺子波	大唐华银电力股份有限公司党委书记、董事长
贾彦兵	国电电力发展股份有限公司总经理、党委副书记
奚力强	申能股份有限公司党委副书记、副董事长、总裁
郭铭群	国网经济技术研究院有限公司董事长（院长）、党委书记
唐屹峰	国网江苏省电力有限公司董事长、党委书记
涂杨举	国能大渡河流域水电开发有限公司党委书记、董事长
黄　震	国网信息通信产业集团有限公司董事长、党委书记
黄少雄	华电福新能源发展有限公司党委书记、董事长
梁　旭	国网上海市电力公司董事长、党委书记
梁永磐	大唐国际发电股份有限公司党委书记、董事长、总经理
梁华权	澳门电力股份有限公司执行委员会主席
彭　程	水电水利规划设计总院有限公司党委书记、董事长
揣小勇	广西电网有限责任公司董事长、党委书记
董天仁	国网辽宁省电力有限公司董事长、党委书记
蒋　斌	国网山东省电力公司董事长、党委书记
谢小平	黄河上游水电开发有限责任公司党委书记、董事长
谢永胜	国网新疆电力有限公司董事长、党委书记
蔡静伟	（香港）中电控股有限公司中国区副总裁
廖建平	广东电网公司董事长、党委书记
谭洪恩	国网四川省电力有限公司董事长、党委书记
樊剑英	中国能源传媒集团有限公司党委书记、董事长
戴　军	华电江苏能源有限公司党委书记、董事长

《2022中国电力年鉴》

《中国电力年鉴》编辑部

特约撰稿人（按姓氏笔画排列）

丁　林　丁　静　于　汀　于壮状　于松泰　万　超　万紫薇
马　跃　马云高　马海洋　王　宁　王　剑　王　莹　王　健
王　浩　王　惠　王　媛　王　璞　王　珺　王小春　王宁华
王庆杰　王志芳　王芳竹　王秀龙　王金宇　王宗山　王珊丹
王树谭　王庭军　王艳萍　王振华　王晓刚　王晓茜　王雅丽
王登峰　王锦瑞　王鹏远　韦晓丹　毛亚林　文　池　文思傲
方绪山　尹　航　孔　洁　孔春明　孔德玮　龙　云　叶伏虎
田　旭　田雪乔　史　锐　付煜疆　包丹阳　冯　晔　冯延苹
宁　昕　邢　相　邢　通　邢　蕊　毕鹏翔　吕　昕　朱　文
朱　岩　朱　聪　朱时雨　任　佳　任晓林　任健聪　任家兴
任堂正　刘　艺　刘　严　刘　沙　刘　沁　刘　杰　刘　胜
刘　洋　刘　浩　刘　琪　刘　晶　刘　骜　刘　磊　刘之阳
刘天然　刘丹青　刘亚南　刘宇石　刘若楠　刘葳蕤　刘雁斌
刘碧文　江志文　安　华　安锐坚　祁　昕　许为宁　许硕彦
孙　田　孙立时　孙建锋　孙春雨　孙海军　孙博格　阳　煜
纪　鹏　严丽华　苏　玲　杜晓磊　巫思滨　李　刚　李　庆
李　杨　李　明　李　炎　李　峰　李　涛　李　曼　李　斌
李　蒙　李　鹏　李东坤　李宏涛　李青春　李森林　李新伟
李鑫泉　杨　阳　杨　倞　杨之蔚　杨旭涛　杨军飞　杨春雪
杨程程　杨鹏云　杨鹏程　邴颂东　肖　磊　肖　鲲　肖克文
吴兴波　吴海明　何　飞　何润生　余国太　余冠霖　汪　辰
沈　亮　宋胜利　张　申　张　冰　张　宇　张　丽　张　虎
张　妮　张　逍　张　笑　张　涵　张　超　张甲雷　张加岩

张圣楠　张兴辉　张军威　张姝丽　张素香　张振环　张晓东
张晓阳　张晓亮　张鹏飞　张耀坤　陈　杰　陈佳凯　陈春福
陈桂新　陈原子　陈海波　邵柄雯　武佩帅　范　凡　罗光涛
罗超群　岳　媛　岳仁剑　金　焱　金一川　郄　鑫　周　俊
郑雪胜　宗轶平　赵　晔　赵　蓓　赵　影　赵大平　赵永华
赵苗苗　赵海翔　拾　杨　胡　波　胡冬梅　胡永朋　胡星明
胡崇锐　胡脩实　柳　伟　柳晓萌　侯　伟　侯　宇　姜乔耀
姚　嫱　秦亚斌　秦诗琼　秦鸿哲　袁　娜　贾新旺　夏　雪
夏周武　徐　亮　徐世玉　徐俊波　徐康泰　高　阳　高　征
高　澈　高华玲　高凯旻　高海峰　高理想　高碧微　郭　辉
唐　杨　黄　坤　黄　睿　黄春桥　黄晓天　黄敏婵　曹　冉
曹　祎　曹爱民　曹婷婷　盛　兴　常　亮　崔　昊　梁　昊
梁芙翠　梁明宇　董晓亮　敬惠莉　韩　勇　韩廷海　韩凝晖
嵇建飞　程军生　程述一　谢　凡　雷　颖　雷定演　詹绪海
褚立杰　蔡靖波　翟　斌　黎梓芫　薛　东　薛小刚　薛洋企
薛恒宇　薛振宇　薛晓军　戴　佳　魏　琪　魏中华

编 辑 说 明

1.《中国电力年鉴》(简称《年鉴》)于 1993 年创刊，已连续出版 28 期，是一本融史实性、资料性为一体的专业年鉴，也是一本全面实用，文、图、表并茂的综合性大型年刊。其主要服务对象为从事电力科研、生产、建设、经营管理的有关人员，以及与电力相关的政府和企事业单位的有关人员。

2. 本《年鉴》的编纂指导思想为：围绕电力工业改革与发展的主线，全面记载电力工业发展与改革、规划与建设、科技进步、国际合作等各方面的成就和工作。

3. 本《年鉴》是在国家能源局的领导和中国电力企业联合会的支持下，由中国电力发展促进会组织国家电网有限公司、中国南方电网有限责任公司、中国华能集团有限公司、中国大唐集团有限公司、中国华电集团有限公司、国家电力投资集团有限公司、国家能源投资集团有限责任公司等共同编写的。《年鉴》编委会由国家能源局、中国电力企业联合会、两大电网公司、五大发电集团公司、两个建设集团公司，以及其他电力相关企业的主要负责人组成，并作为《中国电力年鉴》的领导机构，决定《年鉴》编辑出版的指导思想和主要内容。

4. 本期《年鉴》主要收录了 2021 年中国电力工业各方面所取得的成绩，重点反映了 2021 年电力工业发展与改革、电力建设、科技创新、国际合作、社会责任等内容。本期《年鉴》在框架结构上做了适当调整，调整的篇目和栏目情况如下：“法律法规及产业政策”栏目调整为“产业政策”；“电力扶贫”栏目调整为“电力服务乡村振兴”；“科技创新”篇目取消“电力标准化”“电力环保”栏目。

5. 本期《年鉴》的框架结构由篇目、栏目、条目3个层次组成，设有特载，电力发展与改革，电力建设，科技创新，国际合作，社会责任，行业管理，电力会议，学术团体与行业学协会，科研、教育与新闻出版，电力企业，地区电力，大事记，文献，统计资料等篇目。本期《年鉴》仍采用文章和条目两种体裁，以条目为主，并配有具有史料价值的彩图120余幅。为方便读者检索和查阅，本《年鉴》正文前有中文目录和彩图目录，正文后有内容索引。

6. 本《年鉴》实行文责自负。《年鉴》框架设计及文章类条目均由编委会审定，条目内容、数据、彩图等均由撰稿单位校核及审定。需说明的是，本《年鉴》统计资料及有关全国数据的图表等一般未包括我国台湾省和港澳地区的数据。

篇　目

目　录

电力发展与改革

电力建设

科技创新

电力会议

学术团体与行业学协会

科研、教育与新闻出版

电力企业

工业和信息化部文件

财政部文件

生态环境部文件

国家能源局文件

统计资料

附　录

索　引

企业风采

彩 图 目 录

重要电力事件

2021 年 4 月 18 日，中国大唐党组书记、董事长邹磊出席博鳌亚洲论坛 2021 年年会并代表中方企业发言。

（中国大唐　提供）

2021 年 5 月 8 日，由宁夏自治区地方金融监督管理局与国网宁夏电力联合举办的数字化产业链服务平台“电 e 金服”推介会在银川召开。

（国网宁夏电力　提供）

2021 年 5 月 17 日，国网伊犁伊河供电有限责任公司在新疆伊宁市揭牌成立，标志着伊犁统一电力市场逐步形成。

（国网新疆电力　提供）

2021 年 5 月 20 日，第一届中国电动汽车充电设施技术创新大会在青岛成功召开。

（中电联　提供）

2021 年 5 月 27 日，南方能源数据中心落地贵州签约仪式在贵阳举行。

（贵州电网公司　提供）

2021 年 6 月 3 日，国家能源局局长章建华一行在贵州省副省长陶长海的陪同下，参观调研贵州电网公司建设的首个国家“863 计划”课题“集成可再生能源的主动配电网研究及示范”项目。

（贵州电网公司　提供）

2021 年 6 月 9 日，国家绿色技术交易中心正式启动。

（国网浙江电力　提供　陈聪　摄）

2021 年 7 月 1 日，庆祝中国共产党成立 100 周年大会在天安门广场隆重举行。国网华北分部加强调度运行值班监视，全力确保大电网安全稳定运行和首都北京电力可靠供应，圆满完成庆祝中国共产党成立 100 周年大会保电工作。

（国网华北分部　提供）

2021 年 7 月 1 日，国网北京城区公司开展建党百年庆祝大会保障巡视工作。

（国网北京电力　提供　林峰　摄）

2021 年 7 月 30 日，中电联电力低碳标准化系统工作组在京召开成立大会暨一届一次会议。

（中电联　提供）

2021 年 8 月 14 日，由中国工程院主办，中国工程院能源与矿业工程学部、国网电科院（南瑞集团）智能电网保护和运行控制国家重点实验室承办的“国际工程科技发展战略高端论坛暨第六届紫金论电国际学术研讨会”在南京召开。

（南瑞集团　提供）

2021 年 8 月 27 日，南瑞集团与西安交通大学新型电力系统联合研发中心揭牌成立并举行共建新型电力系统联合研发中心云签约仪式。

（南瑞集团　提供）

2021 年 9 月 13 日，全国总工会党组成员马璐调研国网青海电力职工创新工作。

（国网青海电力　提供　王国栋　摄）

2021 年 9 月 23 日，中国电建与雅砻江公司以 75.71 亿元签约国内最大单体水电项目——雅砻江卡拉水电站设计施工总承包合同。项目由中国电建所属水电七局、五局、华东院组成联合体实施。

（中国电建水电七局　提供）

2021 年 12 月 22 日，南方电网电力科技股份有限公司在上海证券交易所成功挂牌上市（证券代码 688248），成为电力能源领域首个在科创板上市的科改示范企业。

（广东电网公司　提供）

2021 年 12 月 24 日，中国华电与清华大学签署战略合作协议。

（中国华电　提供）

2021 年 12 月 26 日，中国电建新能源集团有限公司成立大会暨揭牌仪式在北京举行。

（中国电建　提供　钟洪明　摄）

2021 年 12 月 30 日，华北电力大学与中国华电集团举行战略合作框架协议签约暨高效清洁智能发电联合研究院揭牌仪式。

（华北电力大学　提供）

国际合作与交流

2021 年 2 月 1 日，中国电建所属水电十局承建的总装机容量 135MW 的缅甸皎漂燃气—蒸气联合循环电站项目集控楼基础正式开挖。

（中国电建水电十局　提供）

2021 年 3 月 30 日，中国电建所属水电十一局、水电十六局承建的津巴布韦卡里巴水电站南岸扩机工程荣获 2020—2021 年度中国建设工程鲁班奖（境外工程），该工程装机规模 2×300MW，水电站总装机容量提升至 1050MW。

（中国电建水电十一局　提供　张昆　摄）

2021 年 4 月 2 日，中国电建所属老挝南欧江流域发电有限公司荣获老挝国家级劳动勋章。

（中国电建海投公司　提供）

2021 年 6 月 18 日，中国大唐与法国电力集团举办"'云'上签约　万里无间"活动，携手推进绿色低碳发展。

（中国大唐　提供）

2021 年 6 月 18 日，国华（印尼）南苏发电有限公司 1 号机组获得印尼世界纪录博物馆颁发的"煤电机组连续运行最长世界纪录"奖。

（国家能源集团　提供）

当地时间 2021 年 7 月 5 日，由中国电建所属水电十一局作为牵头方承建的尼泊尔最大水电站——上塔马克西水电站首台机组实现并网发电，该工程总装机容量 456MW。

（中国电建水电十一局　提供　康康　摄）

2021 年 7 月 23 日，赞比亚总统埃德加·伦古出席中国电建承建的总装机容量为 750MW 的下凯富峡水电站并网发电仪式，为电站运营揭牌并发表讲话。

（中国电建国际公司　提供）

2021 年 8 月 31 日，中老铁路外部供电工程全部建成。图为由云南送变电公司施工建设，位于云南玉溪元江县境内的中老铁路外部供电线路与中老铁路元江特大桥相伴而行。

（张强　摄）

2021 年 9 月 13 日，中国能建山西院、安徽电建二公司等单位承建的泰国国家电力局诗琳通大坝综合浮体光伏项目全容量（58.5MW）并网发电。

（中国能建　提供）

2021 年 10 月 12 日，中国电建所属上海院总承包的新加坡 LTA C9355 屋顶光伏项目主体工程完工，项目装机容量 2.7MW。

（上海院　提供）

2021 年 10 月 18 日，在第二届"一带一路"能源部长会议上，中国大唐集团所属缅甸太平江一级水电站（装机容量 240MW）荣获"惠民生类""能源国际合作最佳实践"案例奖。

（中国大唐　提供）

2021 年 12 月 6 日，由中国电建华东院勘测设计的柬埔寨最大水电工程——桑河二级水电站 400MW 工程荣获 2020—2021 年度国家优质工程奖。

（中国电建华东院　提供）

2021 年 12 月 16 日，中国电建在欧洲首个新能源投资项目——波黑伊沃维克风电项目正式开工建设，电站总装机规模 84MW。

（中国电建海投公司　提供）

发电·火力发电

2021 年 5 月 6 日，中国大唐南京发电厂 2 号 66 万 kW 机组 100%自主可控智能控制系统正式投入商业运行，成为国内首个通过国家权威机构认证为 100%自主可控的 DCS 系统。

（中国大唐　提供）

2021 年 5 月 10 日，浙江浙能绍兴滨海热电有限责任公司三期工程 7 号机组（装机容量 57MW）通过 96h 试运行。至此该公司装机容量达 885MW，成为浙江省最大的绿色环保热电联产企业，最大供热流量可达 2425th，年供热量最高可达 2100 万 t。

（徐明敏　摄）

2021 年 6 月 10 日，中国电建所属上海电建公司承建的世界首台 1350MW 发电机组申能安徽平山电厂二期工程完成 168h 满负荷试运行。

（上海电建公司　提供）

2021 年 6 月 25 日，锦界电厂"15 万 t 每年燃烧后二氧化碳捕集和封存（CCUS）全流程示范工程"和"千吨级燃煤电厂烟气二氧化碳固体吸附工业验证装置"通过 168h 试运行，成功实现国内燃煤电厂最大规模的烟气二氧化碳捕集，主要指标达到世界先进水平。

（国家能源集团　提供）

2021 年 12 月 6 日，中国电建所属上海电建公司参建的福建华能罗源港电储送一体化绿色建设示范项目被中国施工企业管理协会评为 2020—2021 年度国家优质工程金奖。

（中国电建上海电建　提供）

2021 年 12 月 6 日，中国电建所属上海电建公司、山东电建三公司承建的陕西榆能横山 2×1000MW 煤电一体化工程荣获 2020—2021 年度国家优质工程金奖。

（中国电建上海电建　提供）

2021 年 12 月 6 日，中国电建所属上海电建公司参建的福建华电邵武电厂三期 2×660MW 工程荣获 2020—2021 年度国家优质工程奖。

（中国电建上海电建　提供）

2021 年 12 月 6 日，中国电建所属山东电建三公司、电建核电公司承建的华电莱州电厂二期 2×1000MW 绿色能源示范工程荣获 2020—2021 年度国家优质工程金奖。

（中国电建核电公司　提供　吕大海　摄）

2021 年 12 月 6 日，中国电建所属电建核电公司建设的安徽华电芜湖电厂二期 1×1000MW 扩建工程荣获 2020—2021 年度国家优质工程奖。

（中国电建核电公司　提供　吕大海　摄）

2021 年 12 月 6 日，中国电建所属电建核电公司建设的新疆神华五彩湾热电厂 2×660MW 新建工程荣获 2020—2021 年度国家优质工程奖。

（中国电建核电公司　提供　吕大海　摄）

发电·水力发电

2021 年 4 月 6 日，金沙江白鹤滩水电站下闸蓄水，6 月 28 日首批机组投产发电。电站装机容量 1600 万 kW，为世界第二大水电站；单机容量 100 万 kW，居世界第一。

（中国电建华东院　提供）

2021 年 9 月 14 日，中国电建所属中南院承担监理的国家“十一五”重点工程、总装机容量为 1280MW 的广东清远抽水蓄能电站荣获“菲迪克 2021 年工程项目优秀奖”。

（中国电建中南院　提供　袁仕兴　摄）

2021 年 9 月 29 日，中国电建所属成都院勘察设计，水电五局、水电十二局、水电十四局、水电十六局参建的中国藏区投资规模最大的水电站——雅砻江两河口水电站首批机组投产发电，电站总装机容量 3000MW。

（中国电建水电五局　提供）

2021 年 12 月 6 日，国家能源集团大渡河猴子岩水电站荣获 2020—2021 年第二批国家优质工程金奖，水电站由中国电建所属水电七局承建。

（国家能源集团　提供）

2021 年 12 月 6 日，中国电建水电六局、水电十二局承建的江苏溧阳 6×250MW 抽水蓄能电站荣获 2020—2021 年度国家优质工程奖。

（中国电建水电六局　提供）

2021 年 12 月 6 日，中国电建所属水电七局承建的总装机容量 2000MW 的阿海水电站荣获 2020—2021 年度国家优质工程奖。

（中国电建水电七局　提供）

2021 年 12 月 14 日，中国电建所属水电一局、水电八局承建的总装机容量 920MW 的云南澜沧江大华桥水电站荣获“鲁班奖”。

（中国电建水电八局　提供）

2021 年 12 月 27 日，中国电建所属水电八局参与建设的沅水桃源水电站荣获中国水利工程“大禹奖”，电站装机容量 180MW。

（中国电建水电八局　提供）

2021 年，长龙山抽水蓄能电站（总装机容量 210MW）顺利实现水库蓄水、水道充排水、6 月底前首台机组发电、年内 3 台机组发电等重要节点目标，累计为长三角地区贡献清洁电能约 6 亿 kWh。

（三峡集团　提供）

发电·核能及新能源发电

2021 年 1 月 30 日，由中国能建参建的“华龙一号”全球首堆——福清核电站 5 号机组投入商业运行。

（中国能建　提供）

2021 年 4 月 2 日，中国能建广东院 EPC 总承包建设的粤港澳大湾区首个大容量海上风电场项目——珠海金湾海上风电场项目全容量（总装机容量 300MW）并网发电。

（中国能建　提供）

2021 年 4 月 25 日，浙江绍兴滨海污泥清洁化处置示范项目 1 号机组（装机容量 30MW）通过 96h 试运行。该项目是浙能集团污泥处置能力最大、掺烧污泥比例最大的发电项目。

（潘成昊　摄）

2021 年 6 月 7 日，龙源电力圆满完成莆田南日岛海上风电场一期项目 B31 机位基础施工，标志着世界首个海上风电深水裸岩大直径嵌岩单桩基础顺利完工。

（国家能源集团　提供）

2021 年 6 月 29 日，国内首个大型海岸滩涂渔光互补光伏项目——浙江象山大唐长大涂光伏电站（总装机容量 300MW）并网发电。

（中国大唐　提供）

2021 年 10 月 20 日，国家第一批大型风电光伏基地项目之一，国家首个利用既有火电通道打捆外送新能源多能互补项目——大唐国际托克托新能源外送项目开工，标志着世界在役最大火力发电厂正式由传统的火力发电向风、光、火多能互补转型。

（中国大唐　提供）

2021 年 11 月 9 日，中国电建所属山东电建一公司承建的国家电投“暖核一号”——国家能源核能供热商用示范工程二期 450 万 m^2 项目在山东海阳正式投运。项目被评为“2021 年度央企十大超级工程”，并作为中国唯一案例入选世界核协会 2021 年《世界核电厂运行实绩报告》。

（中国电建山东电建一公司　提供　潘洪国　摄）

2021 年 11 月 26 日，黑龙江肇东市 2×40MW 生物质热电联产项目实现全容量并网发电。

（中国能建　提供）

2021 年 11 月 28 日，浙江省在建装机容量最大的海上风电场、省重点建设项目——浙能嵊泗 2 号海上风电场工程（装机容量 399.95MW）最后一台 88 号风机成功并网。

（赵含之　摄）

2021 年 12 月 6 日，由中国电建华东院全过程勘测设计的国华东台四期（H2）300MW 海上风电场工程荣获 2020—2021 年度国家优质工程金奖。

（中国电建华东院　提供）

2021 年 12 月 6 日，由中国电建华东院勘测设计的三峡新能源江苏大丰 300MW 海上风电项目荣获 2020—2021 年度国家优质工程奖。

（中国电建华东院　提供）

2021 年 12 月 22 日，由中国电建所属水电五局参与建设的海拔 5158m 的世界最高风电项目——西藏措美哲古分散式风电场首批机组并网发电，项目总装机容量 22MW。

（中国电建水电五局　提供　罗文礼　摄）

2021 年 12 月 29 日，乌兰察布“源网荷储”一体化示范项目一期工程［总容量为 50 万 kW，其中风电 42.5 万 kW、光伏 7.5 万 kW，配置 14 万 kW（2h）预制舱式磷酸铁锂电池储能］全容量并网发电。

（三峡集团　提供）

输变电工程

2021 年 1 月 19 日，亨通输变电 330kV 后稷变 110kV 送出工程稷杨Ⅰ、Ⅱ线路投入运行。

（国网陕西电力　提供）

2021 年 1 月，贵州省出现大范围凝冻天气，电网输电线路覆冰条数连续攀升。贵州电网公司累计出动人员 15000 多人次、5127 车次，完成 122 条 10kV 及以上线路融冰。图为工作人员在大韭菜坪风电场变电站出线侧进行融冰线路短接。

（贵州电网公司　提供）

2021 年 4 月 23 日，闽粤联网工程开工，图为闽粤联网工程（广东段）开工仪式现场。

（广东电网公司　提供）

2021 年 4 月 25 日，国网黑龙江送变电公司员工在 500kV 荒沟抽水蓄能电站送出工程进行 F16 耐张塔平衡挂线。

（国网黑龙江电力　提供）

2021 年 5 月 13 日，广州供电局 220kV 文旅（长岗）变电站工程获 2021 年度中国电力优质工程奖。

（广州供电局　提供）

2021 年 5 月 13 日，乌东德电站送电广东广西特高压多端直流示范工程广东受端交流配套工程获 2021 年度中国电力优质工程奖。图为乌东德配套线路（惠州段）。

（广东电网公司　提供）

2021 年 5 月 24 日，在四川省凉山州昭觉县的大山里，白鹤滩电站接网工程布拖换流站二期配套工程“跨线施工”有序展开。

（国网四川电力　提供　曾林　摄）

2021 年 6 月 10 日，贵州电网与兴义地方电网 220kV 电网实现互联互通，标志着贵州电网和兴义地方电网从局部合作走向全面融合。图为公司调度中心工作人员密切关注“两网融合”瞬间。

（贵州电网公司　提供）

2021 年 6 月 11 日，南网超高压公司自主研发的±800kV 柔直穿墙套管在昆柳龙直流工程柳州换流站内成功投运。

（南网超高压公司　提供　李品　摄）

2021 年 8 月 29 日，首条雄安清洁能源大通道——张北至雄安 1000kV 特高压线路顺利通过 72h 试运行，正式投入商业运营。

（国网河北电力　提供）

2021 年 9 月 5 日，世界首台新能源分布式调相机在青海省海南藏族自治州新能源基地投运。

（国网青海电力　提供　王国栋　摄）

2021 年 9 月 14 日，国网新疆超高压分公司员工在 750kV 凤凰变电站内为凤苏线停电挂接地线。

（周欢　摄）

2021 年 9 月 24 日，“双花瓣”高可靠供电示范工程在雄安商务服务中心投运。

（国网河北电力　提供）

2021 年 10 月 10 日，在±1100kV 昌吉换流站内，检修人员正在对电容设备进行检修和清洗。

（国网新疆电力　提供　周广科　摄）

2021 年 10 月 28 日，南瑞集团具有自主知识产权 3300V/1500A IGBT 器件在厦门鹭岛柔直换流站换流阀一次性带电成功，一次性大负荷试验成功，正式投入电网使用。

（南瑞集团　提供）

2021 年 11 月 20 日，由国网浙江经研院自主研发的全球首台 220kV 车载移动式 GIS 设备在嘉兴平湖 220kV 共建变电站投入运行。

（国网浙江电力　提供　徐辰婧　摄）

2021 年 12 月 6 日，舟山 500kV 联网输变电工程荣获 2020—2021 年度国家优质工程金奖。

（国网浙江电力　提供　李伶俐　摄）

2021 年 12 月 14 日，广东电网公司佛山供电局 500kV 凤城变电站荣获“中国建设工程鲁班奖”（国家优质工程奖）。图为 500kV 凤城站夜景。

（广东电网公司　提供）

用电服务与保障

2021 年 1 月 17 日，国内首艘自主建造的 500kV 海底电缆运维船在海南联网二回公司交付使用，填补了国内海底电缆运维领域空白。

（海南电网公司　提供　宋印官　摄）

2021 年 3 月，贵州省毕节市金沙县前顺村村道两旁装上了太阳能路灯，安全高效的绿色电能越来越多地融入当地群众的生活。

（贵州电网公司　提供）

2021 年 4 月 11 日，国网伊犁伊河供电有限责任公司员工在伊宁县庆华杏园为游客介绍“网上国网”客户端使用方法。

（国网新疆电力　提供　张利民　摄）

2021 年 4 月 13 日，国内首套岸电储能一体化系统在连云港建成投运。

（国网江苏电力　提供）

2021 年 4 月 16 日，博鳌亚洲论坛开幕之际，海南电网琼海供电局保供电工作人员在会场进行保电检查巡视。

（海南电网公司　提供）

2021 年 5 月 1 日，贵州电网公司铜仁万山供电局员工在西南地区新能源汽车生产的龙头企业——万仁汽车集团开展用电服务，确保该企业在节假日期间安全、平稳用电。

（贵州电网公司　提供）

2021 年 5 月 24 日，贵州电网贵阳金阳供电局数博会保电工作人员对会议中心和会展场馆用电安全进行检查，确保数博会可靠供电。

（贵州电网公司　提供）

2021 年 6 月 10 日，国网西北分部成功组织西北电网庆祝建党 100 周年保电暨 2021 年迎峰度夏联合反事故演习。

（国网西北分部　提供）

2021 年 6 月 18 日，中国华电在京举办“中国华电集团碳资产运营有限公司”成立仪式，在仪式上发布了“十三五”碳排放白皮书和碳达峰行动方案。

（中国华电　提供）

2021 年 7 月 14 日，国网北京电力在“气改电”念禾居餐馆召开“三零”全电餐饮新闻发布会。

（林峰　摄）

2021 年 7 月 22 日，国家电投集团副总经理、党组成员刘明胜（前排居中）到南露天煤矿出席世界首台 120t 级纯电交流传动矿用电动轮自卸车交付仪式并对智慧化矿山建设情况开展工作调研。

（国家电投集团　提供）

2021 年 8 月 10 日，国网和田供电公司组织施工人员冒着高温在新疆墨玉县托乎拉乡红光村 88 台区、55 台区实施“煤改电”配套电网施工。

（国网新疆电力　提供　甄立民　摄）

2021 年 9 月 18 日，国网金湖县供电公司工作人员在金北街道应用电力机器人给 10kV 架空裸导线喷涂绝缘层，在不停电的情况下消除架空裸导线安全隐患，保障居民用电安全。

（国网江苏电力　提供）

2021 年 11 月 19 日，国网北京城区公司在崇文智慧营业厅帮助客户快速办理交费业务。

（梁静　摄）

党的建设与精神文明建设

2021 年 3 月 26 日，贵州电网公司“千个支部万名党员‘学党史、传党旗、颂党恩’”活动启动仪式在遵义会址举行。

（贵州电网公司　提供）

2021 年 4 月 15 日，国家安全教育日活动期间海南电网文昌供电局工作人员给儿童讲解安全用电小知识。

（海南电网公司　提供　沈文科　摄）

2021 年 5 月 13 日，海南电网公司举办 2021 年低压集抄自主运维技能竞赛，图为参赛人员正在模拟作业。

（海南电网公司　提供　褚浩霖　摄）

2021 年 5 月 18 日，南网党校和广州市农讲所联合举办“开天辟地——中国共产党的创建”百年党史知识图片展。

（南网党校　提供　王佼佼　摄）

2021 年 5 月 21 日，大理漾濞发生 6.4 级地震，大理漾濞供电局及时为每一顶救灾帐篷安装应急电源，确保照明供电。

（沙子键　摄）

2021 年 5 月 22 日，国网青海电力全力应对玛多地震。

（王国栋　摄）

2021 年 6 月 3 日，国网北京房山公司组织党员在房山霞云岭没有共产党就没有新中国纪念馆前庄严宣誓。

（李铮　摄）

2021 年 6 月 16—17 日，国网西北分部党委理论学习中心组赴延安接受革命传统教育，开展“弘扬延安精神　凝聚奋进力量”主题活动。

（国网西北分部　提供）

2021 年 7 月 22 日，国网宁夏电力驰援河南抗洪抢险共产党员突击队出发仪式。

（国网宁夏电力　提供）

2021 年 7 月 24 日，国网四川电力抢险队员帮助郑州最大的小区橡树玫瑰城小区实现通电，小区居民自发夹道欢送！

（国网四川电力　提供　田海　摄）

2021 年 8 月 2 日，国网蒙东电力完成援豫抢险救灾保供电任务。

（国网蒙东电力　提供）

2021 年 9 月 29 日，国网华中分部组织华中电力系统部分在鄂单位举办秋季田径运动会。

（国网华中分部　提供）

2021 年 10 月 6 日，在奇台县大泉塔塔尔族乡大泉湖村，国网昌吉供电公司员工给村民司马吾·阿布胡司曼讲解安全用电知识。

（国网新疆电力　提供　张利民　摄）

2021 年 10 月 27 日，国网华中分部领导班子赴对口帮扶的湖北省十堰市房县城关镇三海村调研乡村振兴工作。

（国网华中分部　提供）

2021 年 11 月 24 日，南网传媒公司作为唯一央企媒体参加中国网络媒体论坛展示会并获《新闻联播》报道。

（赖增鹏　摄）

2021 年 11 月，国网黑龙江电力抢修队员们全力抢修因冰冻雪灾致使树木倒伏压损的配电线路。

（国网黑龙江电力　提供）

特 载

党和国家领导人关注电力

习近平主持召开中央财经委员会第九次会议，强调推动平台经济规范健康持续发展，把碳达峰碳中和纳入生态文明建设整体布局

3月15日下午，中共中央总书记、国家主席、中央军委主席、中央财经委员会主任习近平主持召开中央财经委员会第九次会议，研究促进平台经济健康发展问题和实现碳达峰、碳中和的基本思路和主要举措。习近平在会上发表重要讲话强调，中国平台经济发展正处在关键时期，要着眼长远、兼顾当前，补齐短板、强化弱项，营造创新环境，解决突出矛盾和问题，推动平台经济规范健康持续发展；实现碳达峰、碳中和是一场广泛而深刻的经济社会系统性变革，要把碳达峰、碳中和纳入生态文明建设整体布局，拿出抓铁有痕的劲头，如期实现2030年前碳达峰、2060年前碳中和的目标。

中共中央政治局常委、国务院总理、中央财经委员会副主任李克强，中共中央政治局常委、中央书记处书记、中央财经委员会委员王沪宁，中共中央政治局常委、国务院副总理、中央财经委员会委员韩正出席会议。

会议听取了国家发展改革委、中国人民银行、国家市场监管总局关于促进平台经济健康发展的汇报，听取了国家发展改革委、生态环境部、自然资源部关于实现碳达峰、碳中和的总体思路和主要举措的汇报。

会议指出，近年来中国平台经济快速发展，在经济社会发展全局中的地位和作用日益突显。平台经济有利于提高全社会资源配置效率，推动技术和产业变革朝着信息化、数字化、智能化方向加速演进，有助于贯通国民经济循环各环节，也有利于提高国家治理的智能化、全域化、个性化、精细化水平。中国平台经济发展的总体态势是好的、作用是积极的，同时也存在一些突出问题，一些平台企业发展不规范、存在风险，平台经济发展不充分、存在短板，监管体制不适应的问题也较为突出。

会议强调，要坚持正确政治方向，从构筑国家竞争新优势的战略高度出发，坚持发展和规范并重，把握平台经济发展规律，建立健全平台经济治理体系，明确规则，划清底线，加强监管，规范秩序，更好统筹发展和安全、国内和国际，促进公平竞争，反对垄断，防止资本无序扩张。要加强规范和监管，维护公众利益和社会稳定，形成治理合力。要加强开放合作，构建有活力、有创新力的制度环境，强化国际技术交流和研发合作。要坚持“两个毫不动摇”，促进平台经济领域民营企业健康发展。

会议指出，要健全完善规则制度，加快健全平台经济法律法规，及时弥补规则空白和漏洞，加强数据产权制度建设，强化平台企业数据安全责任。要提升监管能力和水平，优化监管框架，实现事前事中事后全链条监管，充实反垄断监管力量，增强监管权威性，金融活动要全部纳入金融监管。要推动平台经济为高质量发展和高品质生活服务，加速用工业互联网平台改造提升传统产业、发展先进制造业，支持消费领域平台企业挖掘市场潜力，增加优质产品和服务供给。要加强平台各市场主体权益保护，督促平台企业承担商品质量、食品安全保障等责任，维护好用户数据权益及隐私权，明确平台企业劳动保护责任。要加强关键核心技术攻关，支持和引导平台企业加大研发投入，加强基础研究，夯实底层技术根基，扶持中小科技企业创新。要加强网络基础设施建设。

会议强调，中国力争2030年前实现碳达峰，2060年前实现碳中和，是党中央经过深思熟虑作出的重大战略决策，事关中华民族永续发展和构建人类命运共同体。要坚定不移贯彻新发展理念，坚持系统观念，处理好发展和减排、整体和局部、短期和中长期的关系，以经济社会发展全面绿色转型为引领，以能源绿色低碳发展为关键，加快形成节约资源和保护环境的产业结构、生产方式、生活方式、空间格局，坚定不移走生态优先、绿色低碳的高质量发展道路。要坚持全国统筹，强化顶层设计，发挥制度优势，压实各方责任，根据各地实际分类施策。要把节约能源资源放在首位，实行全面节约战略，倡导简约适度、绿色低碳生活方式。要坚持政府和市场两手发力，强化科技和制度创新，深化能源和相关领域改革，形成有效的激励约束机制。要加强国际交流合作，有效统筹国内国际能源资源。要加强风险识别和管控，处理好减污降碳和能源安全、产业链供应链安全、粮食安全、群众正常生活的关系。

会议指出，“十四五”是碳达峰的关键期、窗口期，

要重点做好以下几项工作。要构建清洁低碳安全高效的能源体系，控制化石能源总量，着力提高利用效能，实施可再生能源替代行动，深化电力体制改革，构建以新能源为主体的新型电力系统。要实施重点行业领域减污降碳行动，工业领域要推进绿色制造，建筑领域要提升节能标准，交通领域要加快形成绿色低碳运输方式。要推动绿色低碳技术实现重大突破，抓紧部署低碳前沿技术研究，加快推广应用减污降碳技术，建立完善绿色低碳技术评估、交易体系和科技创新服务平台。要完善绿色低碳政策和市场体系，完善能源“双控”制度，完善有利于绿色低碳发展的财税、价格、金融、土地、政府采购等政策，加快推进碳排放权交易，积极发展绿色金融。要倡导绿色低碳生活，反对奢侈浪费，鼓励绿色出行，营造绿色低碳生活新时尚。要提升生态碳汇能力，强化国土空间规划和用途管控，有效发挥森林、草原、湿地、海洋、土壤、冻土的固碳作用，提升生态系统碳汇增量。要加强应对气候变化国际合作，推进国际规则标准制定，建设绿色丝绸之路。

会议强调，实现碳达峰、碳中和是一场硬仗，也是对我们党治国理政能力的一场大考。要加强党中央集中统一领导，完善监督考核机制。各级党委和政府要扛起责任，做到有目标、有措施、有检查。领导干部要加强碳排放相关知识的学习，增强抓好绿色低碳发展的本领。

中央财经委员会委员出席会议，中央和国家机关有关部门负责同志列席会议。

习近平出席领导人气候峰会并发表重要讲话

4月22日晚，应美国总统拜登邀请，国家主席习近平在北京以视频方式出席领导人气候峰会，并发表题为《共同构建人与自然生命共同体》的重要讲话。

习近平指出，气候变化给人类生存和发展带来严峻挑战。面对全球环境治理前所未有的困难，国际社会要以前所未有的雄心和行动，共商应对气候变化挑战之策，共谋人与自然和谐共生之道，勇于担当，勠力同心，共同构建人与自然生命共同体。

一是坚持人与自然和谐共生。人类应该以自然为根，尊重自然、顺应自然、保护自然。要像保护眼睛一样保护自然和生态环境，推动形成人与自然和谐共生新格局。

二是坚持绿色发展。保护生态环境就是保护生产力，改善生态环境就是发展生产力。要摒弃损害甚至破坏生态环境的发展模式，摒弃以牺牲环境换取一时发展的短视做法。大力推进经济、能源、产业结构转型升级，让良好生态环境成为全球经济社会可持续发展的支撑。

三是坚持系统治理。山水林田湖草沙是不可分割的生态系统。要按照生态系统的内在规律，统筹考虑自然生态各要素，从而达到增强生态系统循环能力、维护生态平衡的目标。

四是坚持以人为本。要探索保护环境和发展经济、创造就业、消除贫困的协同增效，在绿色转型过程中努力实现社会公平正义，增加各国人民获得感、幸福感、安全感。

五是坚持多边主义。要坚持以国际法为基础、以公平正义为要旨、以有效行动为导向，维护以联合国为核心的国际体系，遵循《联合国气候变化框架公约》及其《巴黎协定》的目标和原则。中方欢迎美方重返多边气候治理进程，期待同包括美方在内的国际社会一道，共同为推进全球环境治理而努力。

六是坚持共同但有区别的责任原则。要充分肯定发展中国家应对气候变化所作贡献，照顾其特殊困难和关切。发达国家应该展现更大雄心和行动，同时切实为发展中国家提供资金、技术、能力建设等方面支持。

习近平强调，中国将生态文明理念和生态文明建设纳入中国特色社会主义总体布局，坚持走生态优先、绿色低碳的发展道路。中方宣布力争2030年前实现碳达峰、2060年前实现碳中和，是基于推动构建人类命运共同体和实现可持续发展作出的重大战略决策，需要中方付出艰苦努力。中国正在制定碳达峰行动计划，广泛深入开展碳达峰行动，支持有条件的地方和重点行业、重点企业率先达峰。中国将严控煤电项目，“十四五”时期严控煤炭消费增长、“十五五”时期逐步减少。

习近平指出，作为全球生态文明建设的参与者、贡献者、引领者，中国坚定践行多边主义，努力推动构建公平合理、合作共赢的全球环境治理体系。中方将在10月承办《生物多样性公约》第十五次缔约方大会，同各方一道推动全球生物多样性治理迈上新台阶。中方通过多种形式的南南务实合作，帮助发展中国家提高应对气候变化能力。中方还将生态文明领域合作作为共建“一带一路”重点内容，持续造福参与共建“一带一路”的各国人民。

习近平指出，气候变化带给人类的挑战是现实的、严峻的、长远的。我坚信，只要心往一处想、劲往一处使，人类必将能够应对好全球气候环境挑战，把一个清洁美丽的世界留给子孙后代。

与会领导人表示，气候变化是国际社会共同面临的严峻挑战，需要全球合力应对。应该迅速采取行动，进一步加大减排力度，加强技术创新，大力发展清洁能源，创造更多就业机会和更大增长空间，实现绿色、更可持续发展，保护好人类共同的星球，使人与自然和谐共生，造福子孙后代。支持昆明《生物多样性公约》第十五次缔约方大会取得成功。要更加关注脆弱国家和群体，发达国家要为发展中国家提供更多资金和技术支持，帮助他们应对和适应气候变化。

丁薛祥、杨洁篪、王毅、何立峰等参加。

习近平同俄罗斯总统普京共同见证中俄核能合作项目开工仪式

5 月 19 日下午，国家主席习近平在北京通过视频连线，同俄罗斯总统普京共同见证两国核能合作项目——田湾核电站（7、8 号机组）和徐大堡核电站（3、4 号机组）开工仪式。

北京时间 17 时许，习近平抵达人民大会堂主会场，同在克里姆林宫主会场的普京互相挥手致意。

全国政协副主席、国家发展和改革委员会主任何立峰和俄罗斯副总理诺瓦克共同主持仪式。

中俄双方有关部门和地方负责人、工程建设者代表通过视频连线分别在江苏省连云港市田湾核电站分会场、辽宁省葫芦岛市徐大堡核电站分会场，莫斯科政府大楼分会场、罗斯托夫州原子能机械制造厂分会场参加仪式。两国企业负责人分别向两国元首汇报项目进展情况。

两国元首分别致辞。

习近平对中俄核能合作项目开工表示热烈祝贺，向两国建设者致以崇高敬意。习近平指出，2021 年是《中俄睦邻友好合作条约》签署 20 周年。我同普京总统商定，将在更高水平、更广领域、更深层次推进双边关系向前发展。面对世纪疫情叠加百年变局，中俄相互坚定支持，密切有效协作，生动诠释了中俄新时代全面战略协作伙伴关系的深刻内涵。

习近平强调，能源合作一直是两国务实合作中分量最重、成果最多、范围最广的领域，核能是其战略性优先合作方向，一系列重大项目相继建成投产。19 日开工的 4 台核电机组是中俄核能合作又一重大标志性成果。习近平提出三点希望。

第一，坚持安全第一，树立全球核能合作典范。要高质量、高标准建设和运行好 4 台机组，打造核安全领域全球标杆。充分发挥互补优势，拓展核领域双边和多边合作的广度和深度，为世界核能事业发展贡献更多力量。

第二，坚持创新驱动，深化核能科技合作内涵。要以核环保、核医疗、核燃料、先进核电技术为重要抓手，深化核能领域基础研究、关键技术研发、创新成果转化等合作，推进核能产业和新一代数字技术深度融合，为全球核能创新发展贡献更多智慧。

第三，坚持战略协作，推动全球能源治理体系协调发展。要推动建设更加公平公正、均衡普惠、开放共享的全球能源治理体系，为全球能源治理贡献更多方案。应对气候变化是各国共同的任务。中俄要推进更多低碳合作项目，为实现全球可持续发展目标发挥建设性作用。

普京表示，热烈祝贺田湾核电站和徐大堡核电站开工，俄方有信心同中方共同努力，顺利、安全推进工程建设。2021 年是《俄中睦邻友好合作条约》签署 20 周年，俄中关系处于历史最好时期和最高水平，我同习近平主席达成的各项共识均得到很好落实，两国合作领域日益宽广。和平利用核能合作是俄中新时代全面战略协作伙伴关系的重要组成部分，相信 19 日开工的 4 台核电机组项目，不仅将为俄中关系进一步发展注入新的活力，也将助力实现碳达峰、碳中和目标，为应对全球气候变化、实现人类可持续发展作出积极努力和贡献。

在田湾核电站分会场和徐大堡核电站分会场的中方代表向两国元首报告：开工准备完毕。

习近平下达指令“开工！”

在原子能机械制造厂分会场的俄方代表向两国元首报告：设备安装就绪。

普京下达指令“启动！”

田湾核电站和徐大堡核电站施工现场第一罐水泥浇筑，项目正式开工。

杨洁篪、王毅等出席上述活动。

田湾核电站 7、8 号机组和徐大堡核电站 3、4 号机组是2018年6月两国元首见证签署的双方核能领域一揽子合作协议中的重要项目，建成投产后年发电量将达到 376 亿 kWh，相当于每年减少二氧化碳排放 3068 万 t。

习近平等国家领导人祝贺金沙江白鹤滩水电站首批机组投产发电

6 月 28 日，金沙江白鹤滩水电站首批机组投产发电。国家主席习近平发来贺信，表示热烈的祝贺，中共中央政治局常委、国务院总理李克强作出批示，中共中央政治局常委、国务院副总理韩正出席投产发电仪式。

习近平在贺信中指出，白鹤滩水电站是实施“西电东送”的国家重大工程，是当今世界在建规模最大、技术难度最高的水电工程。全球单机容量最大功率百万千瓦水轮发电机组，实现了中国高端装备制造的重大突破。全体建设者和各方面发扬精益求精、勇攀高峰、无私奉献的精神，团结协作、攻坚克难，为国家重大工程建设作出了贡献。

习近平希望全体建设者和各方面统筹推进白鹤滩水电站后续各项工作，为实现碳达峰、碳中和目标，促进经济社会发展全面绿色转型作出更大贡献。

李克强作出批示指出，要坚持以习近平新时代中国特色社会主义思想为指导，认真贯彻党中央、国务院决策部署，坚持新发展理念，始终把质量安全放在首位，大力弘扬工匠精神，强化科技创新，扎实有序推进后续工程建设，精心组织电站运行管理，做好移民后续帮扶，加强库区生态系统保护和修复，努力实现经济、社会和生态效益有机统一，为更好促进区域协调发展、更好保障国家能源安全、更好服务人民生活改善作出新贡献。

（万紫薇）

习近平在联合国大会上表示中国不再新建境外煤电项目

9 月 21 日，国家主席习近平在北京以视频方式出席第七十六届联合国大会一般性辩论并发表题为《坚定信心 共克时艰 共建更加美好的世界》的重要讲话。

习近平说："坚持人与自然和谐共生。完善全球环境治理，积极应对气候变化，构建人与自然生命共同体。加快绿色低碳转型，实现绿色复苏发展。中国将力争 2030 年前实现碳达峰、2060 年前实现碳中和，这需要付出艰苦努力，但我们会全力以赴。中国将大力支持发展中国家能源绿色低碳发展，不再新建境外煤电项目。"

习近平主持召开中央全面深化改革委员会第二十二次会议，强调加快科技体制攻坚、建设全国统一电力市场体系

11 月 24 日下午，中共中央总书记、国家主席、中央军委主席、中央全面深化改革委员会主任习近平主持召开中央全面深化改革委员会第二十二次会议，审议通过了《科技体制改革三年攻坚方案（2021—2023 年）》《关于加快建设全国统一电力市场体系的指导意见》《关于建立中小学校党组织领导的校长负责制的意见（试行）》《关于让文物活起来、扩大中华文化国际影响力的实施意见》《关于支持中关村国家自主创新示范区开展高水平科技自立自强先行先试改革的若干措施》。

习近平在主持会议时强调，开展科技体制改革攻坚，目的是从体制机制上增强科技创新和应急应变能力，突出目标导向、问题导向，抓重点、补短板、强弱项，锚定目标、精准发力、早见成效，加快建立保障高水平科技自立自强的制度体系，提升科技创新体系化能力。要遵循电力市场运行规律和市场经济规律，优化电力市场总体设计，实现电力资源在全国更大范围内共享互济和优化配置，加快形成统一开放、竞争有序、安全高效、治理完善的电力市场体系。

会议指出，近年来，国内电力市场建设稳步有序推进，市场化交易电量比重大幅提升。要健全多层次统一电力市场体系，加快建设国家电力市场，引导全国、省（区、市）、区域各层次电力市场协同运行、融合发展，规范统一的交易规则和技术标准，推动形成多元竞争的电力市场格局。要改革完善煤电价格市场化形成机制，完善电价传导机制，有效平衡电力供需。要加强电力统筹规划、政策法规、科学监测等工作，做好基本公共服务供给的兜底，确保居民、农业、公用事业等用电价格相对稳定。要推进适应能源结构转型的电力市场机制建设，有序推动新能源参与市场交易，科学指导电力规划和有效投资，发挥电力市场对能源清洁低碳转型的支撑作用。

中共中央政治局常委、中央全面深化改革委员会副主任李克强、王沪宁、韩正出席会议。中央全面深化改革委员会委员出席会议，中央和国家机关有关部门负责同志列席会议。

习近平同俄罗斯总统普京分别向第三届中俄能源商务论坛致贺信

11 月 29 日，国家主席习近平同俄罗斯总统普京分别向第三届中俄能源商务论坛致贺信。

习近平指出，2021 年以来，中俄双方以共同庆祝《中俄睦邻友好合作条约》签署 20 周年为主线，推动全面战略协作和全方位务实合作取得新的丰硕成果。能源合作是两国务实合作重要方向。双方克服新冠肺炎疫情影响，实现能源贸易逆势增长，顺利推进重大合作项目，不断拓展合作新领域新方式。双方能源合作的显著成绩诠释了中俄新时代全面战略协作伙伴关系的广阔发展潜力。中方愿同俄方一道努力，打造更加紧密的能源合作伙伴关系，共同维护能源安全，应对全球气候变化挑战。

普京在贺信中表示，当前，俄中新时代全面战略

协作伙伴关系处于前所未有的高水平。作为两国关系的重要组成部分，近年来俄中能源合作取得积极进展，两国跨境油气管道稳定运行，能源贸易稳步扩大，北极地区液化天然气开发及合作建设核电机组等一批重大项目顺利实施。希望双方企业加强对接，探讨能源信息化、绿色能源等合作新方向，为俄中能源合作注入新的内涵。

李克强出席2021年太原能源低碳发展论坛开幕式并发表主旨演讲

9月3日，国务院总理李克强以视频形式出席2021年太原能源低碳发展论坛开幕式，发表主旨演讲并宣布论坛开幕。

李克强表示，中国政府高度重视能源高质量发展和应对气候变化。习近平主席宣布，中国力争于2030年前二氧化碳排放达到峰值、2060年前实现碳中和。近年来，中国实施污染防治攻坚战，着力调整优化能源、产业结构，狠抓节能减排，生态环境质量不断改善。前不久，全球规模最大的碳排放权交易市场在中国正式上线。

李克强强调，当前新冠肺炎疫情仍在全球肆虐，病毒迭代变异，世界经济不稳定性、不确定性增加，全球绿色和可持续发展面临严峻挑战。各国应密切合作、共克时艰，努力实现谋发展与绿色转型并行不悖、相互促进，推动转型升级。李克强就此提出三点建议：

一是秉持科学精神和务实态度，合理推动能源清洁利用和低碳转型。各国应尊重、运用科学，平稳有序、尽己所能推进能源消费和生产方式转变。要控制总量，坚持节能优先。调整结构，提升非化石能源在一次能源消费中的比重。注重创新，加强清洁能源科研合作、技术转移和成果普及。更新观念，倡导绿色低碳生产生活新风尚，打造人人可为、人人参与的绿色低碳社会。

二是结合历史责任和国情实际，持续推进全球气候治理。发达国家和发展中国家对气候变化的历史责任不同，发展需求和能力也存在差异。要坚持多边主义，坚持共同但有区别的责任原则，高度重视发展中国家的关切与诉求，加大技术、资金、能力支持，帮助他们在发展中实现绿色低碳转型。

三是强化政策协调和结构改革，携手实现世界经济均衡、绿色、可持续复苏。各国疫后复苏绝不能重回高污染、高排放发展的老路，要处理好经济发展与生态环境保护、宏观政策力度的关系，加强宏观政策协调，推动结构性改革，培育和壮大新动能，以更低的代价推动全球经济均衡复苏、绿色复苏、可持续复苏。

李克强指出，作为世界上最大的发展中国家，中国要在本世纪中叶实现社会主义现代化、让中国人民过上幸福生活的过程中实现低碳绿色发展，这在人类历史上没有先例，需要付出艰苦卓绝的努力才能实现。我们将坚持实施能源安全新战略，推进能源消费、供给、技术、体制革命，全方位加强国际合作，切实推进能源转型。在做好宏观政策跨周期调节的同时，加快推动产业结构优化升级，一手做“减法”，严控高耗能、高排放行业产能规模；一手做“加法”，大力发展节能环保产业，为世界经济复苏注入新动力。

本次论坛以“能源 气候 环境”为主题，埃塞俄比亚总统萨赫勒·沃克、巴布亚新几内亚总督鲍勃·达达埃、柬埔寨首相洪森、卢森堡首相贝泰尔、斯里兰卡总理马欣达等外国政要以视频方式出席。

李克强主持召开国务院常务会议，强调采取一系列措施加强能源供应保障

10月8日，国务院总理李克强主持召开国务院常务会议，进一步部署做好“今冬明春”电力和煤炭等供应，保障群众基本生活和经济平稳运行。

会议指出，2021年以来国际市场能源价格大幅上涨，国内电力、煤炭供需持续偏紧，多种因素导致近期一些地方出现拉闸限电，给正常经济运行和居民生活带来影响。有关方面按照党中央、国务院部署，采取一系列措施加强能源供应保障。针对“今冬明春”电力、煤炭供求压力依然较大的情况，会议强调，保障能源安全、保障产业链供应链稳定是“六保”的重要内容，要发挥好煤电油气运保障机制作用，有效运用市场化手段和改革措施，保证电力和煤炭等供应。一要坚持民生优先，保障好群众生活和冬季取暖用能，确保发电供热用煤特别是东北地区冬季用煤用电。加强民生用气供应，适时组织“南气北上”增加北方地区取暖用气。二要在保障安全生产的前提下，推动具备增产潜力的煤矿尽快释放产能，加快已核准且基本建成的露天煤矿投产达产，促进停产整改的煤矿依法依规整改、尽早恢复生产。交通运输部门要优先保障煤炭运输，确保生产的煤炭及时运到需要的地方。三要支持煤电企业增加电力供应。针对煤电企业困难，实施阶段性税收缓缴政策，引导鼓励金融机构保障煤电企业购煤等合理融资需求。四要改革完善煤电价格市场化形成机制。有序推动燃煤发电电量全部进入电力市场，在保持居民、农业、公益性事业用电价格稳定的前提下，将市场交易电价上下浮动范围由分别不超过10%、15%，调整为原则上均不超过20%，并做

好分类调节，对高耗能行业可由市场交易形成价格，不受上浮 20%的限制。鼓励地方对小微企业和个体工商户用电实行阶段性优惠政策。五要加快推进沙漠戈壁荒漠地区大型风电、光伏基地建设，加快应急备用和调峰电源建设。积极推进煤炭、天然气、原油储备及储能能力建设。六要坚决遏制“两高”项目盲目发展。完善地方能耗双控机制，推动新增可再生能源消费在一定时间内不纳入能源消费总量。推动重点领域实施节能降碳改造，在主要耗煤行业大力推进煤炭节约利用。会议要求，要压实各方能源保供和安全生产责任。坚持实事求是，加强统筹兼顾。各地要严格落实属地管理责任，做好有序用电管理，纠正有的地方“一刀切”停产限产或“运动式”减碳，反对不作为、乱作为。主要产煤省和重点煤企要按要求落实增产增供任务。中央发电企业要保障所属火电机组应发尽发。电网企业要强化电力运行调度和安全管理。对不落实能源保供责任的要严肃追责。

会议还研究了其他事项。

李克强主持召开国家能源委员会会议

10 月 9 日，中共中央政治局常委、国务院总理、国家能源委员会主任李克强主持召开国家能源委员会会议，部署能源改革发展工作，审议“十四五”现代能源体系规划、能源碳达峰实施方案、完善能源绿色低碳转型体制机制和政策措施的意见等。中共中央政治局常委、国务院副总理、国家能源委员会副主任韩正出席。

会上，国家发展改革委、国家能源局作了汇报。李克强说，能源是关系经济社会发展全局的大事。“十三五”时期，在以习近平同志为核心的党中央坚强领导下，各方面共同努力，中国能源发展、结构优化、高效清洁利用等取得明显成效。当前，国际环境和全球能源格局、体系发生深刻变革，中国能源发展和安全保障面临新挑战。要坚持以习近平新时代中国特色社会主义思想为指导，落实党中央、国务院部署，按照立足新发展阶段、贯彻新发展理念、构建新发展格局、推动高质量发展的要求，从国情实际出发，处理好发展和减排、当前和长远的关系，统筹稳增长和调结构，深化能源领域市场化改革，推动能源绿色低碳转型，提升能源安全保障能力，为现代化建设提供坚实支撑。

李克强指出，能源安全事关发展安全、国家安全。中国仍是发展中国家，发展是解决一切问题的基础和关键。现阶段工业化城镇化深入推进，能源需求不可避免继续增长，供给短缺是最大的能源不安全，必须以保障安全为前提构建现代能源体系，着力提高能源自主供给能力。要针对以煤为主的能源资源禀赋，优化煤炭产能布局，根据发展需要合理建设先进煤电，继续有序淘汰落后煤电。加大国内油气勘探开发，积极发展页岩气、煤层气，多元开展国际油气合作。加强煤气油储备能力建设，推进先进储能技术规模化应用，不断丰富能源安全供应的保险工具。

李克强说，实现碳达峰碳中和是中国经济自身转型升级的要求，也是共同应对气候变化的需要。要科学有序推进实现“双碳”目标，这必须付出长期艰苦卓绝的努力。要结合近期应对电力、煤炭供需矛盾的情况，深入测算论证，研究提出碳达峰分步骤的时间表、路线图。各地各有关方面要坚持先立后破，坚持全国一盘棋，不抢跑。从实际出发，纠正有的地方“一刀切”限电限产或运动式“减碳”，确保北方群众温暖安全过冬，保障产业链供应链稳定和经济持续平稳发展。大力推动煤炭清洁利用，提高清洁能源比重，深入推进重点领域节能减排改造，在全社会倡导节约用能，不断提升绿色发展能力。

李克强指出，创新是能源高质量发展的重要动力。要加快能源领域关键核心技术和装备攻关，强化绿色低碳前沿技术研发。提升电网智能化水平，增强消纳新能源和安全运行能力。完善阶梯电价，深化输配电等重点领域改革，更多依靠市场机制促进节能减排降碳，提升能源服务水平。

孙春兰、胡春华、刘鹤、王勇、王毅、肖捷、何立峰和有关单位、部分企业负责人参加会议。

韩正同欧盟委员会第一副主席蒂默曼斯举行两次中欧环境与气候高层对话

2 月 1 日，中共中央政治局常委、国务院副总理韩正在北京通过视频方式同欧盟委员会第一副主席蒂默曼斯举行首次中欧环境与气候高层对话。

韩正表示，习近平主席已经宣布，中国力争于 2030 年前二氧化碳排放达到峰值、2060 年前实现碳中和。这是中国基于构建人类命运共同体的责任担当和实现可持续发展的内在要求，对自身气候环境政策作出的重大宣示。如期实现承诺目标，中国需要付出极其艰苦的努力，以更大力度推进节能减排和低碳发展。

韩正指出，2020 年 9 月，中德欧领导人视频会晤决定建立中欧环境与气候高层对话，打造中欧绿色合作伙伴关系。我们要落实领导人共识，发挥高层对话的引领作用，深化中欧环境与气候务实合作，使绿色合作成为中欧全面战略伙伴关系的新亮点新引擎。要坚持多边主义，维护以联合国为核心的国际体系，恪守共同但有区别的责任原则，推动构建公平合理、合作共赢的全球环境治理体系。《生物多样性公约》第十五次缔约方大会将在中国昆明举办，希望中欧双方携手努力，力促大会取得积极成果，共启全球生物多样性治理新进程，推动共建地球生命共同体。

蒂默曼斯表示，欧方高度赞赏中方在气候变化等问题上采取的积极立场，愿扩大和深化欧中环境与气候领域对话合作，充分发挥多边机制作用，支持中方办好《生物多样性公约》第十五次缔约方大会。

9 月 27 日，韩正在北京通过视频方式同欧盟委员会第一副主席蒂默曼斯举行第二次中欧环境与气候高层对话。

韩正表示，习近平主席出席第七十六届联合国大会一般性辩论时宣布，中国将大力支持发展中国家能源绿色低碳发展，不再新建境外煤电项目。这一重大宣示再次展现了中国在全球气候治理问题上的负责任态度。中国已经着手采取一系列重大举措，确保如期实现碳达峰碳中和目标。在应对气候变化问题上，中方一直是言必信、行必果，有信心、有决心实现碳达峰碳中和目标。

韩正指出，中欧应当充分利用高层对话平台，进一步落实双方领导人共识，推动中欧绿色合作不断深化，为全球可持续发展作出贡献。要强化机制引领，增进理解互信，加强政策沟通协调，聚焦重点领域深化务实合作，力争取得更多丰硕成果。要践行多边主义，助力落实《巴黎协定》，为全球气候合作注入信心。中方愿与各方加强协调、弥合分歧、促进共识，推动《联合国气候变化框架公约》第二十六次缔约方大会取得积极成果。作为《生物多样性公约》第十五次缔约方大会东道国，中方期待与各缔约方共同努力，推动大会取得成功。

蒂默曼斯表示，欧方高度赞赏中方为应对气候变化所作巨大努力，愿与中方不断加强在环境与气候领域的对话协调，共同为格拉斯哥联合国气候变化大会作贡献，支持中方办好《生物多样性公约》第十五次缔约方大会。

韩正出席全国碳排放权交易市场上线交易启动仪式

7 月 16 日，全国碳排放权交易市场上线交易启动仪式以视频连线形式举行，在北京设主会场，在上海和湖北设分会场。

中共中央政治局常委、国务院副总理韩正在北京主会场出席仪式，并宣布全国碳市场上线交易正式启动。中共中央政治局委员、上海市委书记李强在上海分会场出席启动仪式。生态环境部、湖北省、上海市有关负责同志先后在三地会场致辞。

建设全国碳市场是利用市场机制控制和减少温室气体排放、推进绿色低碳发展的一项重大制度创新，也是推动实现碳达峰目标与碳中和愿景的重要政策工具。全国碳市场的碳排放权注册登记系统由湖北省牵头建设、运行和维护，交易系统由上海市牵头建设、运行和维护，数据报送系统依托全国排污许可证管理信息平台建成。全国碳市场第一个履约周期为 2021 年全年，纳入发电行业重点排放单位 2162 家，覆盖约 45 亿 t 二氧化碳排放量，是全球规模最大的碳市场。

韩正出席 2021 世界新能源汽车大会并发表致辞

9 月 16 日，中共中央政治局常委、国务院副总理韩正在北京以视频方式出席 2021 世界新能源汽车大会并发表致辞。

韩正指出，随着全球新一轮科技革命和产业变革蓬勃发展，汽车与能源、交通、信息通信等领域有关技术加速融合，新能源汽车已经成为全球汽车产业转型发展的主要方向。中国作为全球最大的汽车生产国和消费国，深入实施发展新能源汽车国家战略，新能源汽车产业发展取得积极成效，产销量连续六年位居全球第一，关键零部件技术水平居于世界前列，形成了上下游有效贯通的新能源汽车产业链。

韩正表示，当前新能源汽车已进入加速发展新阶段，既面临重大机遇，也面临技术、市场等诸多挑战。要坚持创新驱动，充分发挥企业的创新主体作用，加快突破关键核心技术，攻克燃料电池技术瓶颈，加快车用芯片、操作系统等关键技术研发和产业化。要坚持跨界融合，协同构建新型产业生态，推动网联化、智能化与电动化技术齐头并进，加快汽车产业与新一代信息通信、新能源、新材料、人工智能、大数据等新兴产业的深度融合。要坚持市场主导，完善产业管理和支持政策，加快基础设施建设，促进公共领域和私人领域新能源汽车消费，持续扩大新能源汽车应用规模。要坚持开放合作，充分利用多边和双边国际合作机制，深入推进政策协同、技术创新等合作，积极融入全球产业链和价值链体系。

全国政协副主席、中国科协主席万钢在海口出席会议并作报告。

本届世界新能源汽车大会由中国科协、海南省人民政府、科技部及有关部门单位共同主办，主题为“全面推进市场化、加速跨产业融合、携手实现碳中和”，来自 15 个国家及地区的 1000 多位代表通过线上线下结合方式开展交流研讨。

韩正出席 2021 俄罗斯能源周国际论坛并发表致辞

10 月 14 日，中共中央政治局常委、国务院副总理韩正在北京以视频方式出席“2021 俄罗斯能源周”国际论坛并发表致辞。

韩正表示，当前，以科技创新为驱动、绿色低碳为导向的能源转型变革正在全球范围内深入推进。中国作为负责任的大国，坚决贯彻新发展理念，坚定不移推进能源高质量发展。中国将力争于 2030 年前实现碳达峰、2060 年前实现碳中和。实现这一目标，中国需要付出艰苦努力。我们将着力优化能源结构，提高非化石能源在一次能源消费中的比重；深化能源和相关领域改革，加快建设全国用能权、碳排放权交易市场，完善能源“双控”制度；鼓励开展低碳技术创新，引导形成绿色低碳的生产生活方式。中国将大力支持发展中国家能源绿色低碳发展，不再新建境外煤电项目，彰显大国责任与担当。

韩正指出，中俄是引领世界能源转型的重要力量，双方能源合作对优化全球能源发展和治理具有举足轻重的作用。双方要落实好两国元首共识、共同推动中俄能源合作迈上新水平。一是进一步促进合作深化，保障油气管道、核电机组等重大项目稳定运行、顺利推进，开展上中下游一体化合作。二是进一步发掘合作潜力，积极拓展可再生能源、氢能、储能、智慧能源、能源金融等领域合作，深化能源基础研究、关键技术研发及创新成果转化合作。三是进一步深化全球合作，共同践行多边主义，推动构建公平公正、普惠包容的全球能源治理格局。

“俄罗斯能源周”国际论坛由俄罗斯于 2017 年发起举办，主要聚焦全球能源问题。本届论坛主题为“世界能源：为发展转型”。

韩正出席第二届“一带一路”能源部长会议并发表致辞

10 月 18 日，中共中央政治局常委、国务院副总理韩正在北京以视频方式出席第二届“一带一路”能源部长会议并发表致辞。

韩正表示，共建“一带一路”倡议提出 8 年来，得到国际社会广泛认同和热情参与，各领域合作全面展开，取得了丰硕成果。习近平主席强调指出，能源合作是共建“一带一路”的重点领域，中国愿同各国在共建“一带一路”框架内加强能源领域合作，共同促进全球能源可持续发展，维护全球能源安全。近年来，我们积极构建“一带一路”能源合作伙伴关系，推动“一带一路”能源合作取得了一系列重要进展。

韩正指出，在应对气候变化危机的大背景下，要抓住机遇，凝聚共识，携手推动“一带一路”国家能源供给向高效、清洁、多元化方向发展，迈向更加绿色、包容的能源未来。他提出四点建议。一是共同推动能源绿色低碳转型，深化核电、新能源发电、智慧能源等领域合作，共建绿色丝绸之路。二是共同推动能源技术创新，联合开展节能降碳、可再生能源、先进核能等清洁能源技术研发应用，通过技术进步解决能源资源约束问题。三是共同推动能源可持续发展，加强能源可及性合作，帮助发展中国家提高能源保障能力和水平。四是共同推动能源包容发展，尊重各国自主选择能源发展战略的权利。

第二届“一带一路”能源部长会议由国家能源局和山东省人民政府联合主办，主题是“携手迈向更加绿色、包容的能源未来”。

韩正在国家发展改革委召开座谈会，强调确保经济社会平稳运行、确保能源安全保供

10 月 19 日，中共中央政治局常委、国务院副总理韩正在国家发展改革委召开座谈会，研究部署 2021 年四季度和 2022 年初有关重点工作。他强调，要认真贯彻习近平总书记重要指示精神，牢牢把握稳中求进工作总基调，完整准确全面贯彻新发展理念，更好统筹发展和安全，保持宏观政策连续性、稳定性、可持续性，确保经济社会平稳运行，确保能源安全保供，确保人民群众温暖过冬。

韩正指出，2021 年以来，各地区各部门坚决贯彻落实党中央、国务院决策部署，统筹抓好疫情防控和经济社会发展各项工作，经济运行保持在合理区间，成绩来之不易。要把握新情况，研究新问题，坚定信心、保持定力，坚定不移走高质量发展道路。要加强宏观政策研究，做好宏观政策跨周期调节，提前谋划 2022 年工作。

韩正强调，要发挥好煤电油气运保障机制作用，进一步加强统筹协调，确保“今冬明春”能源电力安全稳定供应。加强分类指导和政策协同，在符合安全和环保要求前提下有效增加煤炭生产能力。研究采取

有力举措，坚决遏制、依法规管囤积炒作。要落实好燃煤电价扩大浮动范围政策，帮助煤电企业缓解阶段性困难，研究完善煤电价格市场化形成机制。要坚持市场化、法治化原则，健全节约用能的激励和约束政策，从供需两端发力促进能源行业平稳健康发展，重点调控高耗能行业用能，做好精细化有序用能管理。要进一步加强基础设施建设，加快提升国家能源储备能力。要坚持民生优先，守住安全底线，坚决保障好民生和公共服务用能需求。

何立峰参加会议。

韩正与俄罗斯副总理诺瓦克共同主持中俄能源合作委员会第十八次会议

11 月 17 日，中共中央政治局常委、国务院副总理、中俄能源合作委员会中方主席韩正在北京与俄罗斯副总理、委员会俄方主席诺瓦克通过视频方式共同主持中俄能源合作委员会第十八次会议。

韩正表示，能源合作一直是中俄两国务实合作中分量最重、成果最多、范围最广的领域。在两国元首亲自关注推动下，双方能源合作克服疫情不利影响，保持了积极发展的良好态势，能源贸易再创新高，重大合作项目稳步推进，新合作领域不断涌现。希望双方以中俄新时代全面战略协作伙伴关系为引领，共同落实好两国元首重要共识，推动中俄能源合作取得更大成绩。

韩正就深化中俄能源合作提出三点建议。一是发挥好重大战略性项目的牵引作用，进一步深化核能领域合作，推进油气管道建设等项目合作。二是拓展能源合作新的领域和内涵，深化传统能源领域上中下游一体化合作，逐步推进可再生能源、氢能、储能以及能源标准、科技创新、本币结算等合作。三是加强全球能源治理和应对气候变化协作，坚持共同但有区别的责任原则，践行多边主义，推动全球能源治理体系朝着更加公平公正、普惠包容的方向发展，为应对气候变化作出积极贡献。

诺瓦克表示，面对疫情蔓延，俄中在重要双多边议程中通力配合，双方能源领域合作达到前所未有的水平。俄方愿同中方一道，在更深层次、更广领域扩大能源合作，促进全方位合作，推动两国关系再上新台阶。

产　业　政　策

中共中央、国务院印发《关于完整准确全面贯彻新发展理念、做好碳达峰碳中和工作的意见》

9 月 22 日，中共中央、国务院发布《关于完整准确全面贯彻新发展理念做好碳达峰碳中和工作的意见》（中发〔2021〕36 号）（简称《意见》）。

《意见》指出，实现碳达峰、碳中和，是以习近平同志为核心的党中央统筹国内国际两个大局作出的重大战略决策，是着力解决资源环境约束突出问题、实现中华民族永续发展的必然选择，是构建人类命运共同体的庄严承诺。要把碳达峰、碳中和纳入经济社会发展全局，以经济社会发展全面绿色转型为引领，以能源绿色低碳发展为关键，加快形成节约资源和保护环境的产业结构、生产方式、生活方式、空间格局，坚定不移走生态优先、绿色低碳的高质量发展道路，确保如期实现碳达峰、碳中和。

《意见》强调，实现碳达峰、碳中和目标，要坚持“全国统筹、节约优先、双轮驱动、内外畅通、防范风险”原则。全国一盘棋，强化顶层设计，发挥制度优势，实行党政同责，压实各方责任。根据各地实际分类施策，鼓励主动作为、率先达峰。要把节约能源资源放在首位，实行全面节约战略，倡导简约适度、绿色低碳生活方式，从源头和入口形成有效的碳排放控制阀门。政府和市场两手发力，构建新型举国体制，强化科技和制度创新，加快绿色低碳科技革命。要立足国情实际，统筹国内国际能源资源，推广先进绿色低碳技术和经验。统筹做好应对气候变化对外斗争与合作，不断增强国际影响力和话语权，坚决维护中国发展权益。要处理好减污降碳和能源安全、产业链供应链安全、粮食安全、群众正常生活的关系，有效应对绿色低碳转型可能伴随的经济、金融、社会风险，防止过度反应，确保安全降碳。

主要目标是，到 2025 年，绿色低碳循环发展的经济体系初步形成，重点行业能源利用效率大幅提升。单位国内生产总值能耗比 2020 年下降 13.5%；单位国内生产总值二氧化碳排放比 2020 年下降 18%；非化石能源消费比重达到 20%左右；森林覆盖率达到 24.1%，森林蓄积量达到 180 亿 m^3，为实现碳达峰、碳中和奠定坚实基础。到 2030 年，经济社会发展全面绿色转型取得显著成效，重点耗能行业能源利用效率达到国际先进水平。单位国内生产总值能耗大幅下降；二氧化碳排放量达到峰值并实现稳中有降。到2060年，绿色低碳循环发展的经济体系和清洁低碳安全高效的能源体系全面建立，能源利用效率达到国际先进水平，非化石能源消费比重达到80%以上，碳中和目标顺利实现，生态文明建设取得丰硕成果，开创人与自然和谐共生新境界。

国家发展改革委、国家能源局印发《关于推进电力源网荷储一体化和多能互补发展的指导意见》

2月25日，国家发展改革委、国家能源局发布《关于推进电力源网荷储一体化和多能互补发展的指导意见》（发改能源规〔2021〕280号）（简称《指导意见》），以实现“二氧化碳排放力争于2030年前达到峰值，努力争取2060年前实现碳中和”为目标，着力构建清洁低碳、安全高效的能源体系，提升能源清洁利用水平和电力系统运行效率，贯彻新发展理念，更好地发挥源网荷储一体化和多能互补在保障能源安全中的作用，积极探索其实施路径。

《指导意见》重点提出了电力源网荷储一体化和多能互补的重要意义、总体要求、实施路径、实施重点和政策措施。《指导意见》提出了三条基本原则：绿色优先，协调互济；提升存量，优化增量；市场驱动，政策支持。关于源网荷储一体化实施路径，《指导意见》提出通过优化整合本地电源侧、电网侧、负荷侧资源，以先进技术突破和体制机制创新为支撑，探索构建源网荷储高度融合的新型电力系统发展路径，主要包括区域（省）级、市（县）级、园区（居民区）级“源网荷储一体化”等具体模式。关于多能互补实施路径，提出利用存量常规电源，合理配置储能，统筹各类电源规划、设计、建设、运营，优先发展新能源，积极实施存量“风光水火储一体化”提升，稳妥推进增量“风光水（储）一体化”，探索增量“风光储一体化”，严控增量“风光火（储）一体化”。

《指导意见》还提出了电力源网荷储一体化和多能互补的政策措施，主要包括七个方面，即：加强组织领导、落实主体责任、建立协调机制、守住安全底线、完善支持政策、鼓励社会投资、加强监督管理。

国家发展改革委印发《关于进一步完善抽水蓄能价格形成机制的意见》

4月30日，国家发展改革委印发《关于进一步完善抽水蓄能价格形成机制的意见》（发改价格〔2021〕633号）（简称《意见》）。《意见》提出坚持以两部制电价政策为主体，进一步完善抽水蓄能价格形成机制，以竞争性方式形成电量电价，将容量电价纳入输配电价回收，同时强化与电力市场建设发展的衔接，逐步推动抽水蓄能电站进入市场。

《意见》指出，抽水蓄能电站具有调峰、调频、调压、系统备用和黑启动等多种功能，是电力系统的主要调节电源。此后一段时期，加快发展抽水蓄能电站，是提升电力系统灵活性、经济性和安全性的重要方式，是构建以新能源为主体的新型电力系统的迫切要求，对保障电力供应、确保电网安全、促进新能源消纳、推动能源绿色低碳转型具有重要意义。

《意见》明确，以竞争性方式形成电量电价，发挥现货市场在电量电价形成中的作用，现货市场尚未运行情况下引入竞争机制形成电量电价，合理确定服务多省区的抽水蓄能电站电量电价执行方式。

《意见》强调，完善容量电价核定机制，健全抽水蓄能电站费用分摊疏导方式，强化抽水蓄能电站建设运行管理。

《意见》提出，印发之日前已投产的电站，执行单一容量制电价的，继续按现行标准执行至2022年底，2023年起按《意见》规定电价机制执行；执行两部制电价的，电量电价按《意见》规定电价机制执行，容量电价按现行标准执行至2022年底，2023年起按《意见》规定电价机制执行；执行单一电量制电价的，继续按现行电价水平执行至2022年底，2023年起按《意见》规定电价机制执行。印发之日起新投产的抽水蓄能电站，按《意见》规定电价机制执行。

国家发展改革委、国家能源局印发《关于加快推动新型储能发展的指导意见》

7月15日，国家发展改革委、国家能源局印发《关于加快推动新型储能发展的指导意见》（发改能源规〔2021〕1051号）（简称《指导意见》）。《指导意见》提出以实现碳达峰碳中和为目标，将发展新型储能作为提升能源电力系统调节能力、综合效率和安全保障能力，支撑新型电力系统建设的重要举措，以政策环境为有力保障，以市场机制为根本依托，以技术革新为内生动力，加快构建多轮驱动良好局面，推动储能高质量发展。

《指导意见》指出，抽水蓄能和新型储能是支撑新型电力系统的重要技术和基础装备，对推动能源绿色转型、应对极端事件、保障能源安全、促进能源高质量发展、支撑应对气候变化目标实现具有重要意义。

《指导意见》明确了统筹规划、多元发展，创新引领、规模带动，政策驱动、市场主导，规范管理、保障安全四大发展原则。

《指导意见》提出了具体的发展目标，即：到2025年，实现新型储能从商业化初期向规模化发展转变。新型储能技术创新能力显著提高，核心技术装备自主可控水平大幅提升，在高安全、低成本、高可靠、长寿命等方面取得长足进步，标准体系基本完善，产业体系日趋完备，市场环境和商业模式基本成熟，装机规模达3000万kW以上。新型储能在推动能源领域碳达峰碳中和过程中发挥显著作用。到2030年，实现新型储能全面市场化发展。新型储能核心技术装备自主可控，技术创新和产业水平稳居全球前列，标准体系、市场机制、商业模式成熟健全，与电力系统各环节深度融合发展，装机规模基本满足新型电力系统相应需求。新型储能成为能源领域碳达峰碳中和的关键支撑之一。

《指导意见》重点从"强化规划引导，鼓励储能多元发展；推动技术进步，壮大储能产业体系；完善政策机制，营造健康市场环境；规范行业管理，提升建设运行水平"四个方面，明确了十四项主要任务和工作要点。

《指导意见》为确保主要任务落地有效，规定了五项具体措施，包括：加强组织领导、落实主体发展责任、鼓励地方先行先试、建立监管长效机制、加强安全风险防范。

国家发展改革委要求进一步完善分时电价机制

7月26日，国家发展改革委印发《关于进一步完善分时电价机制的通知》（发改价格〔2021〕1093号）（简称《通知》）。

《通知》提出的总体要求是，适应新能源大规模发展、电力市场加快建设、电力系统峰谷特性变化等新形势新要求，持续深化电价市场化改革、充分发挥市场决定价格作用，形成有效的市场化分时电价信号。在保持销售电价总水平基本稳定的基础上，进一步完善目录分时电价机制，更好引导用户削峰填谷、改善电力供需状况、促进新能源消纳，为构建以新能源为主体的新型电力系统、保障电力系统安全稳定经济运行提供支撑。

《通知》从三个方面对现行分时电价机制进行优化。一是完善峰谷电价机制，科学划分峰谷时段，合理确定峰谷电价价差。要求上年或当年预计最大系统峰谷差率超过40%的地方，峰谷电价价差原则上不低于4∶1；其他地方原则上不低于3∶1。二是建立尖峰电价机制。要求尖峰时段根据前两年当地电力系统最高负荷95%及以上用电负荷出现的时段合理确定，并考虑当年电力供需情况、天气变化等因素灵活调整；尖峰电价在峰段电价基础上上浮比例原则上不低于20%。三是健全季节性电价机制。

《通知》从三个方面要求强化分时电价机制执行。一是明确分时电价机制执行范围；二是建立分时电价动态调整机制；三是完善市场化电力用户执行方式。

《通知》还要求加强分时电价机制实施保障，做到精心组织实施、做好执行评估、强化宣传引导。

国家发展改革委要求进一步深化燃煤发电上网电价市场化改革

10月11日，国家发展改革委印发《关于进一步深化燃煤发电上网电价市场化改革的通知》（发改价格〔2021〕1439号），部署进一步深化燃煤发电上网电价市场化改革工作。

《通知》指出，按照电力体制改革"管住中间、放开两头"总体要求，进一步深化燃煤发电上网电价市场化改革，是发挥市场机制作用保障电力安全稳定供应的关键举措，是加快电力市场建设发展的迫切要求，是构建新型电力系统的重要支撑。

《通知》明确了四项重要改革措施：一是有序放开全部燃煤发电电量上网电价。燃煤发电电量原则上全部进入电力市场，通过市场交易在"基准价+上下浮动"范围内形成上网电价。二是扩大市场交易电价上下浮动范围。将燃煤发电市场交易价格浮动范围由现行的上浮不超过10%、下浮原则上不超过15%，扩大为上下浮动原则上均不超过20%，高耗能企业市场交易电价不受上浮20%限制。三是推动工商业用户都进入市场。有序推动尚未进入市场的工商业用户全部进入电力市场，取消工商业目录销售电价。对暂未从电力市场直接购电的工商业用户由电网企业代理购电。鼓励地方对小微企业和个体工商户用电实行阶段性优惠政策。四是保持居民、农业、公益性事业用电价格稳定。居民（含执行居民电价的学校、社会福利机构、社区服务中心等公益性事业用户）、农业用电由电网企业保障供应，保持现行销售电价水平不变。

《通知》要求，强化保障措施，确保改革平稳落地。一是全面推进电力市场建设。有序放开各类电源发电计划，健全电力市场体系，加快培育合格售电主体。二是加强与分时电价政策衔接。加快落实分时电价政策，出台尖峰电价机制，做好市场交易与分时电价政策的衔接。三是避免不合理行政干预。要求各地严格按照国家相关政策推进电力市场建设，对市场交易电价合理浮动不得进行干预。四是加强煤电市场监管。及时查处违法违规行为，维护良好市场秩序；指导发电企业特别是煤电联营企业合理参与电力市场报价。

国家发展改革委印发《跨省跨区专项工程输电价格定价办法》

10 月 14 日，国家发展改革委印发《跨省跨区专项工程输电价格定价办法》（发改价格规〔2021〕1455 号）。该办法是对《跨省跨区专项工程输电价格定价办法（试行）》（发改价格规〔2017〕2269 号）的修订。此次修订，主要从七个方面对定价办法进行了完善。

一是建立事前核定、定期校核的价格机制。在工程投运前核定临时输电价格；工程竣工决算并开展成本监审后，核定正式输电价格；工程经营期内，每 5 年校核一次。

二是增加成本监审相关内容。明确材料费、修理费、人工费和其他运营费用等运行维护费的主要内容和具体审核标准。

三是明确专项工程范围及单一电量电价形式。明确跨省跨区专项工程范围为以送电功能为主的跨区域电网工程，和送受端相对明确、潮流方向相对固定的区域内跨省输电工程。输电价格实行单一电量电价形式，以引导电网企业加强专项工程建设必要性、经济性论证，提高投资效率，提升工程利用率。

四是强化输电价格监管。明确经营期定价法及计算公式，收紧参数标准。完善并进一步收紧工程投资和资本金、折旧费、运行维护费率等参数设定；将经营期限从 30 年拉长到 35 年；设计利用小时按政府主管部门批复的项目核准文件确定，核准文件中未明确的，原则上按 4500 小时计算。针对核定临时价格时部分参数无法取得的实际情况，明确核定临时价格时部分参数的设定标准，对电网企业需报送材料作出规定等。

五是提升输电价格灵活性。提出送受端明确、潮流方向相对固定且基本一致的多条专项工程，可采用“打捆”定价方式，以更好服务区域电力市场交易；参与跨省跨区可再生能源增量现货交易，如有多条专项工程输电路径且最优价格路径已满送，通过其他专项工程送电的，仍按最优路径价格执行，以支持新能源更好跨省跨区消纳；在专项工程输电能力空余情况下，电网企业为提高通道效率增加电量输送的，可按不高于工程核定输电价格的水平执行。

六是强化细化激励措施。在强化专项工程输电价格监管的同时，细化激励措施，如明确专项工程实际借款利率低于市场报价利率，按照实际借款利率加二者差额的 50%核定，即 50%由电网企业分享；实际线损率低于核价线损率产生的收益，由电网企业和电力用户按 1∶1 分享。

七是明确定期校核机制和经营期满后定价原则。每 5 年监管期满后，对跨省跨区专项工程开展新一轮成本监审及评估。专项工程功能发生根本性变化、实际利用小时超出设计利用小时 40%以上、实际成本或收入与核价时存在明显偏差的，对输电价格进行调整。专项工程经营期满，按弥补正常运营维护成本的原则，重新核定输电价格。

国家能源局等八部门印发《关于促进地热能开发利用的若干意见》

9 月 10 日，国家能源局等八部门联合发布《关于促进地热能开发利用的若干意见》（国能发新能规〔2021〕43 号）（简称《意见》）。

《意见》提出了地热能开发利用的发展目标，即到 2025 年，各地基本建立起完善规范的地热能开发利用管理流程，全国地热能开发利用信息统计和监测体系基本完善，地热能供暖（制冷）面积比 2020 年增加 50%，在资源条件好的地区建设一批地热能发电示范项目，全国地热能发电装机容量比 2020 年翻一番；到 2035 年，地热能供暖（制冷）面积及地热能发电装机容量力争比 2025 年翻一番。

《意见》明确了地热能开发利用未来五年的五项重点任务，包括深化地热资源勘查工作、积极推进浅层地热能利用、稳妥推进中深层地热能供暖、鼓励地方建设地热能高质量发展示范区、稳妥推进地热能发电示范项目建设。

《意见》提出了规范地热能开发利用的五项管理措施和多项保障措施，包括统筹规划浅层地热能项目资源开发布局、规范地热能开发利用项目备案或登记管理、简化地热能开发利用项目前期手续、加强对地热能开发利用项目的监督检查、加强对地热能开发利用项目的信息化管理，明确职责分工，做好地热能开发利用规划及相关衔接，营造有利于地热能开发利用的政策环境。

国家能源局印发《电力并网运行管理规定》

12 月 21 日，国家能源局印发《电力并网运行管理规定》（国能发监管规〔2021〕60 号），该规定是对

《发电厂并网运行管理规定》(电监市场〔2006〕42号)进行的修订。此次修订，将名称做了修改，改为《电力并网运行管理规定》(简称《规定》)。修订后的《规定》共6章32条，重点对包括新能源在内的发电侧并网主体、新型储能、用户可调节负荷等并网管理内容进行了修订完善。

一是进一步明确适用范围。结合国家碳达峰、碳中和目标和构建新型电力系统的需求，扩展了《规定》的适用范围，明确本规定适用于省级及以上电力调度机构直接调度的发电侧并网主体和新型储能，负荷侧并网主体和省级以下电力调度机构调度管辖范围内的并网主体，视其对电力系统运行的影响参照执行。

二是进一步规范运行管理。根据电力市场建设实际，增加并网主体应执行市场出清的运行方式和发电调度计划曲线；进一步明确发电侧并网主体调频调压能力和具体指标；强调对非计划停运/脱网等进行考核；提出黑启动电源必须及时可靠地执行黑启动预案等相关规定；新增明确二次调频、调压、新能源场站、新型储能和用户侧可调节负荷的技术指导和管理内容。

三是进一步明确职责分工。明确了能源监管机构、电网企业、电力调度机构、电力交易机构在各地并网运行管理实施细则的修订和实施等方面的职责。在信息披露方面，根据广大市场主体对信息公开的需求，明确电力调度机构、电力交易机构按职责分工向所有市场主体披露相关考核和返还结果。在监督管理方面，明确了国家能源局派出机构对辖区内电力并网运行行为进行监管、协调和调解，并可根据实际需要组织对电力调度机构和电力交易机构的执行情况进行评估和监管。

电力服务乡村振兴

国家电网有限公司服务乡村振兴工作

2021年，国家电网有限公司贯彻落实党中央国务院决策部署，推动巩固拓展脱贫攻坚成果助力乡村振兴工作取得成效，连续四年在中央单位定点帮扶考核评价为“好”，光伏扶贫项目获第十一届“中华慈善奖”，国家电网有限公司系统7名个人和15个集体获全国脱贫攻坚先进表彰，国网西藏电力农电部获“全国脱贫攻坚楷模”荣誉称号。

组织体系有序运转。将扶贫工作领导小组调整为乡村振兴工作领导小组，各省公司及相关直属单位均成立乡村振兴工作领导小组，形成上下联动、统筹协同的服务乡村振兴工作组织体系。印发《关于巩固拓展脱贫攻坚成果助力乡村振兴的意见》，明确推动农村电网现代化、农村能源高效清洁化、乡村电气化等五个方面17项重点任务。国家电网有限公司董事长、党组书记辛保安主持召开乡村振兴领导小组会议，部署助力乡村振兴工作，实现领导班子定点帮扶、对口支援县（区）调研全覆盖。

推进各类帮扶任务。在定点帮扶湖北省神农架林区、长阳县、巴东县、秭归县和青海省玛多县，轮换5名副处长级干部挂职县(区)长，投入帮扶资金5600万元。实施产业、教育、医疗帮扶、“两不愁三保障”巩固等项目58项，帮助玛多震后重建、恢复生产。引进定点帮扶资金（含有偿、无偿、招商引资）6464万元，实施电力大数据中心建设、移动通信网络完善、教育医疗救助等项目20项。国家电网有限公司捐建的光伏扶贫电站全年收益7092万元，设置公益岗位3808个，建设小型基建项目62项，救助困难家庭215个，奖补困难学生104人。在对口支援福建省龙岩市新罗区，推动能源互联网产业发展和“近零碳”示范区建设，签约项目18个，总投资79.1亿元。在全国1603个驻村帮扶点，各单位派出驻村帮扶干部3341人，直接投入帮扶资金9688万元、引进帮扶资金7971万元、捐款捐物1025万元，实施乡村产业、基础设施建设、医疗教育等帮扶项目683项，解决当地3.42万人就业，改善54座学校、16家医疗机构设施环境。国家电网有限公司系统876个基层党组织与帮扶点党组织结对共建，帮助修缮村史馆、党员活动室等阵地，联合开展主题党日，增强基层党组织的战斗力和凝聚力。纵深推进消费帮扶行动，开展食堂采购、产销对接、直播带货各类主题促销活动22次，完成消费帮扶2.28亿元。由国家电网有限公司承建的“央企消费帮扶”电商平台，注册用户109万，在售农产品8700余款，全年交易额超2.1亿元，入选国家发展改革委“2021年全国消费帮扶助力乡村振兴优秀典型案例”和人民网“2021乡村振兴示范案例”。在国网“云课堂”开设乡村振兴公开班，在消费帮扶平台开辟“新农业”专区，邀请知名专家线上直播、录制课程，在线学习人数突破7万人次。

增强农村供电保障能力。有序推进跨区重大电网工程建设，建成四川—江西、陕北—湖北特高压直流工程，白鹤滩接网、杨房沟水电站送出工程。完成库车—阿克苏—巴楚Ⅱ回工程，加快莎车—和田工程建设，为西电东输、北电南送创造条件。2021 年外送西部电力超 3700 亿 kWh，促进西部地区能源优势向经济优势转化。完成农村电网巩固提升工程投资 1306 亿元，完成“煤改电”配套供电、高标准农田机井通电、新上划小水电供区电网改造等专项工程建设任务，2021 年农村地区综合电压合格率完成 99.808%，供电可靠率为 99.8562%，户均停电时间较 2020 年缩短 1.12 小时。降低农村地区小微企业用户接电成本，国家电网有限公司已实现经营区内 100kW 及以下农村小微企业“三零”服务（零上门、零投资、零审批）全覆盖。常态化开展光伏扶贫发电异常排查整改，运营全国光伏扶贫信息监测中心，全国光伏扶贫项目专业运维覆盖率达 93.9%。落实国家“低保户”“五保户”减免电费政策，累计减免电量 22 亿 kWh、电费 10 亿元。

服务乡村五个振兴。支持农村地区清洁能源大规模有序发展，2021 年完成分布式光伏、分散式风电等清洁能源并网 62 万户，并网容量 2472 万 kW，上网电量 666.53 亿 kWh。实施乡村电气化提升工程，2021 年完成电网配套投资近 4 亿元，配合地方政府、用电客户建成乡村电气化项目 3595 项，促请地方政府出台政策性文件 62 个，推广电气化温室大棚 1.33 万个、农产品电加工设备 5722 台（套），全电景区（民宿）987 个，电气化厨房 789 个，减排二氧化碳 134.6 万 t，直接受益群众 636 余万人。出台新能源汽车下乡“两保障、两促进”十项举措，新建电动汽车体验中心 37 个，推广电动汽车 1812 辆，新建充电桩 2956 个，带动社会新增充电桩 4.3 万个。推进“煤改电”清洁取暖，按期完成 120 万用户“煤改电”任务，保障 1063 万户“煤改电”居民温暖度冬。构建防返贫监测电力大数据应用场景，建成河南兰考农村能源互联网综合示范点、河北西柏坡低碳旅游生态示范镇、西藏森布日智慧能源小镇等示范项目。总结推广“电力爱心超市”经验，在山西、河南、湖北等 12 个省帮扶村打造电力爱心超市 20 座，以积分兑换商品，引导乡风文明。国家电网有限公司在浙江、江苏、四川等地推动农村供电服务融入政府政务服务管理体系，形成“枫桥模式”“电力网格员”“村网共建”等典型模式。

（胡永朋）

中国南方电网有限责任公司服务乡村振兴工作

中国南方电网有限责任公司（简称南方电网公司）坚决贯彻党中央、国务院决策部署，在决战决胜脱贫攻坚中连续 4 年获得中央单位定点扶贫工作考核最高评价“好”，南方电网公司战略规划部扶贫处等 4 个集体、广东电网公司张立业等 4 位同志获得了全国脱贫攻坚表彰。2021 年，南方电网公司坚持以习近平新时代中国特色社会主义思想为指导，坚持共同富裕方向，扎实落实国家乡村振兴局各项工作部署，在脱贫攻坚精神激励下，振奋精神、再接再厉，保持帮扶措施、资金支持、帮扶力量总体稳定，实现了工作平稳有序衔接、脱贫攻坚成果巩固拓展、乡村振兴全面推进。

一、平稳有序做好工作衔接，全面落实“四个不摘”要求

（1）做好机构衔接。南方电网公司总部及所属单位已将扶贫工作领导小组调整为乡村振兴工作领导小组，并继续由南方电网公司董事长担任组长，做到办事机构和人员不撤、力量不减、专人负责。

（2）做好人员衔接。南方电网公司系统完成帮扶点调整和帮扶干部轮换，现有帮扶点 481 个，其中新调整的帮扶点 267 个，帮扶干部 628 人，其中新选派干部 396 人，确保尽锐出战。根据对口帮扶的广西东兰、云南维西县均为国家乡村振兴重点帮扶县的实际，南方电网公司精心选派 13 名“爱农村、会帮扶、作风硬”的优秀干部赴两县挂职。在抓好监督管理和考核激励的同时，制定关心关爱举措，为帮扶干部购买人身保险，安排健康体检，及时足额发放工作补贴，并督促属地单位做好帮扶干部生活和交通安全等后勤保障。

（3）做好制度衔接。及时将《南方电网公司定点扶贫工作管理办法》修编为《南方电网公司定点帮扶工作管理办法》，新增产业帮扶项目要注重提升体系化、组织化，优先巩固拓展现有帮扶产业，提质增效，强化产业规划，突出可持续发展等要求，为南方电网公司帮扶工作提供重要制度保障。

（4）做好机制衔接。3 月上旬召开南方电网公司乡村振兴工作领导小组第一次会议，传达学习习近平总书记在全国脱贫攻坚总结表彰大会上的重要讲话精神，系统总结南方电网公司脱贫攻坚成效，研究部署巩固拓展脱贫攻坚成果同乡村振兴有效衔接工作，下达年度重点工作计划并有序推进。全年召开 5 次定点帮扶专题会，对帮扶项目安排、重点任务推进、工作盘点总结等进行布置。南方电网公司领导带头落实乡村振兴责任，时任总经理、党组副书记曹志安，党组成员、副总经理陈允鹏等公司领导赴东兰、维西县帮扶点调研 3 次，全面了解情况，并与东兰、维西县党委政府召开 3 次帮扶工作现场座谈会，协调解决困难和问题，有效推动责任落实和工作落实。

二、加强工作统筹谋划，不断巩固拓展帮扶工作格局

南方电网公司党组印发了《关于实现巩固拓展脱贫攻坚成果同乡村振兴有效衔接的实施意见》，重点

明确了“十四五”的工作目标、工作举措及重点项目清单。南方电网公司党组同步将实施意见报送国家乡村振兴局、国务院国资委及公司经营区域内的广东、广西、云南、贵州、海南省委省政府，主动接受中央部委和地方党委政府的指导、帮助及监督。中央部委相关领导及五省区党委主要领导给予高度肯定，要求有关部门和单位主动对接，做好支持配合，确保落地见效。

三、多措并举，持续加大乡村振兴工作力度

2021 年，南方电网公司聚焦助力产业振兴、人才振兴、文化振兴、生态振兴及组织振兴，全力推进各级单位定点帮扶工作，共计投入定点帮扶资金 9527.8 万元，同比增长 0.8%。南方电网公司系统购买脱贫地区农产品 3809 万元，帮助销售农产品 993 万元，同比分别增长 15%、19%。向广东省扶贫济困日活动捐赠 1500 万元，向广西巩固脱贫攻坚专项捐赠 3000 万元。南方电网公司在东兰、维西县直接投入无偿帮扶资金 3788 万元，继续保持增长，其中用于巩固“两不愁三保障”资金 2712 万元。购买两县帮扶产品 1883 万元，帮助销售农产品 663 万元，同比分别增长 11%、5%。在各方共同努力下，两县没有出现返贫现象，脱贫人口收入增速均高于全县农民平均水平，巩固拓展了脱贫攻坚成果。

助力产业振兴方面，南方电网公司在两县投入 1362 万元，实施魔芋深加工等 14 个产业项目，进一步延长帮扶产业的产业链，巩固拓展带农益农成效。发挥行业优势，帮助东兰县引入 100MW 风电场项目，两县招商引资金额 1.01 亿元，同比大幅增长了 13 倍。

助力人才振兴方面，全年共计培训两县基层干部 304 名、乡村振兴带头人 195 名，专业技术人员 98 名，同比增长均超过两倍。继续招收 30 名迪庆籍脱贫户子女进行定向委培（其中维西籍 12 人），帮助脱贫地区孩子成长成才。

助力文化振兴方面，实施东兰县自治区级非物质文化遗产“谈崖”民俗文化传承、维西县傈僳族文化广场等项目，发扬和传承民族文化。继续在两县各新建 2 间“南网知行”书屋，并管好、用好已建成的 43 间书屋；实施乡村小学文化长廊建设等项目，并向两县引入无偿帮扶资金 128 万元，促进义务教育标准化建设。

助力生态振兴方面，投入 911 万元实施东兰县坡索村供水提升、维西县永安村生态振兴综合示范建设等项目，助力提升村容村貌，补齐生产生活、社会事业等基础设施短板。

助力组织振兴方面，帮助两县培育新型农业经营主体 18 个，实施东兰县坡索村、集祥村及维西县永安村党建阵地建设等项目，进一步完善乡村党建阵地功能。建设东兰县党建培训体验基地、修护复原维西县第一个地下党支部旧址，开展红色教育，让革命老区精神在新时代焕发新光彩。

四、在扎实工作中创出特色和亮点

（1）将服务乡村振兴纳入党史学习教育，持续高位推动落实。南方电网公司党组坚持党的群众路线，将实现巩固拓展脱贫攻坚成果同乡村振兴有效衔接工作纳入党史学习教育“我为群众办实事”专题实践活动，与党史学习教育一同推进，充分发挥党建引领作用，有效推动 9 项重点任务落实见效。其中“南网知行”教育帮扶行动成功入选中央企业“我为群众办实事”实践活动百项特色项目。

（2）深化“南网知行”教育帮扶行动，助力乡村文化和人才振兴。南方电网公司与中国扶贫基金会共同设立南网知行教育发展基金，资金总规模 1.5 亿元，计划“十四五”期间在南方五省区脱贫地区建好、管好、用好不少于 300 间“南网知行”书屋。2021 年南方电网公司向基金捐赠 3100 万元，在东兰、维西县等革命老区、乡村振兴重点帮扶县等建设了 101 间“南网知行”书屋并组织相关活动，让边远山区的孩子也享受到城市最好的教育。

（3）深化政企合作，共同谋划乡村振兴之路。南方电网公司分别与迪庆州政府、东兰县政府签署乡村振兴定点帮扶“十四五”合作框架协议等一揽子深化合作协议，将合作领域由电网建设和定点帮扶拓展至用电营商环境、电网运营管理、工会对口援助、新能源开发、电动汽车和充电桩建设等方面，全面细化重点任务，以实际行动彰显公司助力乡村振兴的坚定决心。

（4）创新开展公司内部东西部协作，助力涉藏地区高质量发展。南方电网公司组织深圳供电局全面帮扶云南迪庆供电局。陈允鹏副总经理担任领导小组组长。全面帮扶工作聚焦核心业务，发挥深圳中国特色社会主义先行示范区独特优势和示范引领作用，以先进理念、经验及做法，帮助迪庆供电局到“十四五”末实现综合管理水平在全国涉藏州市供电企业中处于领先水平，促进涉藏地区经济发展、民族团结、社会进步、迈向共同富裕。

（5）加快现代化农村电网建设，全面保障乡村振兴电力需求。南方电网公司编制“十四五”农村电网巩固提升规划，明确现代化农村电网发展思路与目标任务。发行全国规模最大的乡村振兴债券。全年完成乡村振兴电网投资 781.2 亿元，其中农网改造升级投资 406.5 亿元，脱贫地区电网建设投资 164.8 亿元，乡村振兴重点帮扶县电网建设投资 51.5 亿元，“三区三州”地区电网建设投资 2.2 亿元。农村电网关键指标稳步提升，农村及偏远地区频繁停电、长时间故障停电用户数同比分别下降 75%、68%。全力畅通供电服

务“最后一公里”，认真落实好低保户、五保户的免费电量政策，简化免费电办理手续，累计减免五保户、低保户电量 5.77 亿 kWh，电费 2.63 亿元，做到应免尽免。印发实施《新能源服务指南》《关于加快新能源并网工作的通知》，更好服务农村能源供给革命，加快促进农村能源转型发展。

（6）发挥公司党建优势，助力基层干部素质能力提升。依托南方电网公司党校优秀的师资和广州丰富的红色资源，11 月中旬在广州为维西县政府直属部门及乡镇的 32 名基层干部举办能力素质提升培训班，帮助参培干部启迪思维、拓展视野，提升履职能力。

（7）巩固拓展帮扶产品消费体系，推进消费帮扶提档升级。南方电网公司持续深化消费帮扶，推动采购渠道、职工节日慰问品采购与个人爱心助农有效结合，全面畅通对公及个人电商消费帮扶渠道。南方电网公司帮扶助农专区累计上线帮扶产品 8 个品类、424 种，销售金额 7361 万元。创新拓宽消费帮扶渠道，在南方电网公司综合基地食堂超市中设立东兰、维西等脱贫地区帮扶产品专区，方便员工购买，销售金额达 109 万元。

（8）树典型强宣传，营造全力服务乡村振兴良好氛围。南方电网公司开展系列总结宣传活动，累计在中央媒体刊登脱贫攻坚、乡村振兴报道共 181 篇，地方各级媒体刊登 1362 篇。召开公司脱贫攻坚总结表彰大会，对 160 名先进个人、40 个先进集体进行表彰；调整公司荣誉项目，设立公司帮扶工作先进单位、先进个人荣誉称号，弘扬脱贫攻坚精神，激励公司所属单位和员工积极投身乡村振兴。

中国大唐集团有限公司 2021 年乡村振兴工作

2021 年，中国大唐集团有限公司（简称中国大唐）以习近平新时代中国特色社会主义思想为指导，深入贯彻党的十九大和十九届历次全会精神，团结带领系统各级企业，选优派强帮扶干部、加强帮扶资金支持，突出教育帮扶、产业帮扶，务实推进乡村建设、乡村治理和农村社会事业发展，推动巩固脱贫成果上台阶、乡村振兴开新局。

（一）创新帮扶举措，建立健全“三扶三真，五位一体”特色帮扶体系

胸怀“国之大者”，积极打造中国大唐“三扶三真，五位一体”特色帮扶体系，将乡村振兴帮扶与地方经济发展深度融合，推动乡村高质量发展。

（1）全力打造大唐特色帮扶体系。依据帮扶区域和自身行业优势，紧紧围绕农业现代化、农村建设、农民生活电气化，坚持扶持、扶志、扶智“三扶”并重，坚持真心、真情、真金白银“三真”融合，统筹推进教育、产业、民生、就业、党建“五位一体”帮扶，努力打造“三扶三真，五位一体”大唐特色帮扶体系，全面助力乡村产业、人才、文化、生态、组织“五大振兴”。

（2）全面加强组织领导。中国大唐党组书记、董事长邹磊先后到陕西、广西进行乡村振兴专题调研，各级企业负责人都进行考察调研，层层推进乡村振兴工作，形成聚力乡村振兴工作的浓厚氛围。根据调研情况，有针对性地调整完善帮扶举措、资金投入、帮扶计划等，助力乡村振兴。

（3）健全工作体制机制。调整成立了乡村振兴工作领导小组，系统有帮扶任务的 22 家二级公司调整成立乡村振兴工作领导小组，同步设立专门机构、配备专职人员，平稳有序实现从脱贫攻坚向乡村振兴体系过渡和衔接。建立了集团公司、分子公司、基层企业“一级抓一级，层层抓落实”的乡村振兴工作机制，为乡村振兴提供了组织保障。

（4）加强顶层谋划设计。制定《助力乡村振兴　做深做实“十四五”大唐特色帮扶体系工作方案及行动计划》《关于助推巩固拓展脱贫攻坚成果同乡村振兴有效衔接的实施意见》《中国大唐脱贫攻坚 2020 年工作总结及 2021 年乡村振兴工作计划》，从教育、产业、民生、就业、党建、组织保障等方面，制定具体措施，全方位助力乡村“五大振兴”，在高质量发展中促进共同富裕。系统各级企业制定实施方案、工作计划及保障措施抓落实，全面推动乡村振兴工作。

（5）狠抓工作落实。召开系统脱贫攻坚总结表彰大会暨乡村振兴工作推进会、专题党组会、现场推进会等会议研究部署乡村振兴工作，充分发挥牵头抓总、协调各方的作用。

（6）加强帮扶干部管理。高度重视帮扶干部管理工作，对“十三五”期间派出的扶贫干部进行表彰奖励，评选脱贫攻坚模范单位 5 个、先进集体 35 个、标兵 10 名、先进个人 56 名，加强对系统单位外派帮扶干部的关心关爱，督促系统各单位制定干部挂职管理制度，保障帮扶干部挂职补贴和生活补助，加强对挂职帮扶干部的关心和培养。

（7）全面助推高质量发展。坚持乡村振兴和企业高质量发展相融共促，依托能源企业专业优势，在帮扶区域整体规划助力新能源项目开发。2021 年在各地帮扶区域投资主业 16 亿元，助力获取 965 万 kW 新能源项目资源。

（二）全面部署，奋力开创乡村振兴工作新局面

在帮扶的定点帮扶县广西大化县、陕西澄城

县，援青兴海县以及对口帮扶的 53 个整村任务中，派出 156 名帮扶干部，投入 4950 万元帮扶资金，实施 145 个帮扶项目，积极打造帮扶区域人才体系、产业规模。

（1）扎实推进定点帮扶。在大化县，投入无偿帮扶资金 1700 万元，援建帮扶项目 41 个，培训大化县基层干部 107 名，培训大化县乡村振兴带头人 84 名，培训大化县技术人员 130 名，购买大化县农产品 613 万元，帮助购买大化县农产品 65 万元，建设水面光伏电站直接投入有偿投资 8271 万元，全面助力大化县乡村振兴工作。在澄城县，投入无偿帮扶资金 720 万元，援建帮扶项目 13 个，培训澄城县基层干部 254 名，培训澄城县乡村振兴带头人 12 名，培训澄城县技术人员 451 名，购买澄城县农产品 688 万元，帮助购买澄城县农产品 67 万元，在澄城县建设光伏、风电等项目投资有偿资金 52680 万元，助力做强做大地方经济。

（2）积极做好援青任务。投入 600 万元帮扶资金，派出 4 名帮扶干部，支援兴海县 9 个幼儿园及学校分布式光伏项目建设，支援兴海县创建卫生县城设备购置，购买高压疏通车、垃圾压缩车、交通红绿灯等设备，支援特色奶产业发展，采购恒温奶罐、运输车辆等设备，助推特色奶产业发展，完成兴海县民族高级中学清洁供暖试点工程，加快推进兴海县清洁供暖配套 400 万 kW 光伏项目建设，积极发展地方特色产业。

（3）全面开展对口帮扶。系统企业在全国各地共承担了 3 个县 53 个整村对口帮扶任务和部分帮扶村，投入无偿帮扶资金 4950 万元，援建 145 个项目，培训基层干部 620 名，培训乡村振兴带头人 290 名，培训专业技术人才 1198 名，推进村级企业 48 个，受益人数 12 万人，积极促进了地方经济社会发展。

（三）真抓实干，以“五位一体”全面推进帮扶工作

把乡村振兴工作作为重大政治任务来抓，做深做实“五位一体”帮扶，奋力开创乡村振兴新局面。

（1）突出教育帮扶。中国大唐把教育帮扶放在落实大唐特色帮扶体系的首要位置，努力打造为中国大唐乡村振兴工作的最大特色，2021 年在教育上投入 960 万元，加强与北师大等名校合作，把提升教师教学水平、名师资源共享作为重要帮扶内容，积极开展教育奖励激励、配套设施建设，教育帮扶受益人数 16000 人，全面提升帮扶区域教育软实力。

（2）注重产业帮扶。中国大唐立足地方特色资源，2021 年投入 2377 万元帮扶资金，开展 46 个产业项目，深入推进“一乡一业”“一村一品”，帮扶发展乡村特色产业，实施特色种养业提升行动，完善全产业链支持措施。

（3）加强民生帮扶。中国大唐将消费帮扶作为重点工作，下发通知全面部署安排，系统单位充分发挥各级力量，开展了形式多种的消费帮扶活动，取得了丰硕成果，2021 年，在各帮扶区域投入 1044 万元帮扶资金开展民生帮扶，突出抓好农村生态治理、乡村风貌改善、基础设施建设、厕所革命、厨房革命、垃圾分类等工作，不断改善人居环境，受益群众 8 万多人。

（4）推进就业帮扶。中国大唐统筹考虑招生计划，加大定点帮扶和边疆民族地区人员招用力度，全年共招收 86 名用工人员，帮助转移就业 1031 人，持续促进当地人才稳定就业。

（5）做实党建帮扶。在帮扶区域突出政治功能，加强基层干部党建培训，大力开展党史学习教育、“不忘初心、牢记使命”主题教育活动；积极发挥系统单位在资源、人才方面优势，深入开展企业党支部、农村党组织结对共建活动，参与结对共建党支部 120 个，参与结对共建脱贫村 47 个，党员捐赠捐物 35 万元。

中国华电集团有限公司服务乡村振兴

认真学习习近平总书记关于乡村振兴的重要讲话和重要指示批示精神，深入贯彻党中央、国务院关于巩固拓展脱贫攻坚成果同乡村振兴有效衔接的决策部署，成立由党组书记、董事长温枢刚和党组副书记、董事、总经理叶向东担任组长的“双组长”乡村振兴工作领导小组，制定《中国华电集团有限公司助力乡村振兴工作指导意见》，完成中国华电集团有限公司“十四五”定点帮扶工作规划编制。全年投入 1.15 亿元无偿帮扶资金，投资 207 亿元持续推进原集中连片特困地区能源基础设施建设，选派 131 名挂职和驻村帮扶干部，在 23 个省（自治区、直辖市）116 个县持续做好产业、就业、民生、人才、党建、消费等帮扶工作，惠及农村群众 33 万余人，助力脱贫成果得到巩固拓展、乡村振兴实现良好开局，连续三年获评中央单位定点帮扶工作成效考核最优等次“好”，中国华电扶贫办、华电西藏公司扶贫援藏办荣获“全国脱贫攻坚先进集体”，结对帮扶的阿图什市瓦克村被认定为“全国乡村治理示范村”，系统 10 个集体、13 名干部获得相关省（自治区）脱贫攻坚总结表彰先进荣誉。

国家电力投资集团有限公司服务乡村振兴（定点帮扶）

国家电投自2012年开展扶贫工作以来，坚决贯彻落实党中央、国务院、国资委脱贫攻坚和乡村振兴工作决策部署，历时9年，国家电投全面完成“十三五”期间的扶贫援助任务，并实现预定脱贫目标。多年来，国家电投积极发挥清洁能源主业优势，以绿色智慧能源发展助力脱贫攻坚，以农村能源供应为纽带，巩固拓展脱贫攻坚成果同乡村振兴有效衔接，以建设国家电投特色鲜明的乡村振兴示范村为支撑，螺旋推动“绿电＋乡村振兴＋生态”融合发展，形成能源发展与乡村振兴融合的长效帮扶机制。

国家电投帮扶援助工作共涉及全国18个省区58个县100个村，包括3个国家级定点帮扶县（四川美姑、河南商城、陕西延川）和1个对口援青县（青海贵南）。截至2021年底，累计投入资金91.92亿元，派遣帮扶干部、第一书记、驻村工作人员累计325余人次，培训基层干部1496余人次、技术人员5998余人次，惠及贫困人口51万余人。其中，定点帮扶投入3.4亿元，无电区建设投入1.11亿元，无偿提供援藏资金1.5亿元，出资3亿元参加国资委央企扶贫基金，光伏扶贫累计投入81.8亿元，建成投产113万kW，可产生连续20年每年约1.1亿元的扶贫红利，惠及贫困人口约11万余人。

四川公司凉山分公司、河北公司驻丰宁县老庙营村工作队被党中央、国务院授予2020年度“全国脱贫攻坚先进集体”称号。四川公司、河南公司、贵州金元、陕西分公司、黄河公司被授予省级“脱贫攻坚先进集体”称号。

国家能源投资集团有限责任公司服务乡村振兴

根据党中央“对完成脱贫攻坚目标任务的县，设立5年过渡期”的决定，国家能源投资集团有限责任公司（简称国家能源集团）在“十四五”时期继续承担了定点帮扶和对口支援9个县的任务。2021年，国家能源集团在深入调研、与各定点县共同分析研究的基础上，制定了《2021年乡村振兴工作计划》，提出了年度帮扶工作的总体思路、工作原则、计划目标、重点任务和保障措施。

一、加强调研考察和现场督导

国家能源集团高度重视巩固拓展脱贫攻坚成果、全面推进乡村振兴工作，党组书记、董事长王祥喜亲自担任乡村振兴工作领导小组组长。疫情期间，王祥喜带队赴对口支援的西藏聂荣县、新疆于田县调研，实地了解援建项目推进情况，就巩固拓展脱贫攻坚成果同乡村振兴有序衔接工作进行全面部署。慰问党员群众，宣传党的政策，勉励挂职干部做好新形势的下乡村振兴工作。国家能源集团乡村振兴工作分管领导也先后分赴7个定点帮扶县开展调研考察，党组成员、副总经理高嵩和冯树臣全年分别前往普格县、布拖县和右玉县、米脂县、吴堡县、曲麻莱县、宁城县，对集团重点帮扶项目的实施情况进行调研，督促推动各项工作落实。

二、召开国家能源集团脱贫攻坚表彰大会

6月21日，国家能源集团召开脱贫攻坚总结表彰暨乡村振兴安排部署会。会上，国家能源集团党组书记、董事长王祥喜传达了习近平总书记重要指示及党中央、国务院文件要求。他在讲话中认真回顾和总结了国家能源集团在脱贫攻坚中开展帮扶工作取得的成效，对做出贡献的各级组织和个人给予充分的肯定，进一步安排了乡村振兴帮扶工作及重点任务，为国家能源集团弘扬脱贫攻坚精神，接续做好乡村振兴工作进行了再动员、再部署。

三、优化完善工作体系和工作规则

按照“党组统一领导、总部统筹协调、子分公司主责、挂职干部落实”的工作体系，国家能源集团及时将原扶贫工作领导小组调整为乡村振兴工作领导小组，党组书记、董事长王祥喜同志任组长，党组副书记、总经理刘国跃任副组长，其他党组成员任领导小组成员。领导小组下设办公室和人事、党建、督查、群团、宣传等5个工作小组，并进一步明确了工作职责，强化了工作的统筹协调。集团总部设立乡村振兴工作处，配备专职人员负责日常工作。

为切实履行中央企业政治责任、社会责任，进一步规范和加强国家能源集团乡村振兴工作的管理，国家能源集团制定、印发了《乡村振兴工作管理办法》（国家能源办〔2021〕57号），对国家能源集团开展乡村振兴工作的组织体系、职责分工、挂职干部管理，帮扶项目筛选、年度计划申报、帮扶资金管理、帮扶工作监督考核等作出具体规定，为国家能源集团巩固脱贫攻坚成果和全面推进乡村振兴工作提供了制度保障。

四、制订乡村振兴工作年度计划

为全面落实党中央关于巩固拓展脱贫攻坚成果、全面推进乡村振兴、加快农业农村现代化的工作部署，国家能源集团制定了《2021年乡村振兴工作计划》，从总体工作思路、工作原则、计划目标、重点任务和保障措施等方面对年度帮扶工作进行安排。同时，按照“总量控制、成熟一批、下达一批”的原则，分两

批下达帮扶项目及资金计划，及时全额拨付帮扶资金，保证了帮扶项目顺利实施。严格落实国务院国资委“帮扶资金不减并略有增加”的要求，全年共向9个县投入帮扶资金33625万元。

五、坚持巩固“两不愁三保障”脱贫成果

为巩固提升“两不愁三保障”脱贫成果，国家能源集团全年投入帮扶资金14445万元，用于持续改善各县民生保障设施和基本条件，取得积极成果。

教育帮扶方面，在布拖县、普格县、米脂县、曲麻莱县、吴堡县、聂荣县新（续）建各类中小学并配套相关设施，稳定保障教育资源，在9县继续开展乡村教师培训和贫困学生、优秀师生奖助活动；医疗保障方面，在米脂、布拖、普格等县开展乡村医生培训项目和青少年疾病筛查活动，帮扶布拖县开展母婴防艾工作，在米脂县持续开展“救急难”活动；饮水安全方面，在吴堡县实施农村安全饮水工程；住房保障方面，在曲麻莱县开展公租房配套设施改造、清洁供暖试点建设，清洁能源牧民保障房建设、新建生态厕所等项目。

六、科学推进产业振兴

2021年，国家能源集团累计投入产业帮扶资金7919万元，实施产业帮扶项目14个。一是积极培育现代化农牧业生产端和物流链，在宁城等7县推动发展现代设施农业，在布拖、普格县建设活禽交易市场和农产品流通设施，在聂荣县推动牧场信息化改造，在曲麻莱县发展电商和生态文旅产业。二是积极探索特色产业帮扶，充分融合行业技术优势和高原地域特色，开展曲麻莱县清洁供暖，聂荣县桑瓦玉则“零碳”美丽乡村，刚察县高原光伏建筑一体化试点项目，打造具有国家能源绿色、低碳特色的乡村振兴示范项目，推动帮扶县低碳发展。三是积极推进帮扶各县新能源项目开发，因地制宜推动新能源产业与地方乡村振兴工作融合发展，共享清洁能源发展成果，全力推动企业产业帮扶，助推地方经济长期高质量发展。

七、大力推进生态振兴

2021年，国家能源集团累计投入生态帮扶资金6159万元，实施生态帮扶和乡村建设项目21个。一是实施生态环境保护工作，在曲麻莱县、刚察县开展黄河源头草原治理保护，在吴堡县建设辛家沟镇沿黄生态林，在聂荣县开展人工种草试点项目。二是大力改善农村人居环境，在右玉县推行全县172个乡村“垃圾分类”“厕所革命”和乡村“六乱整治”工作，在普格县红军树村修建3处半隐蔽式厕所、观光道路和休息场所。三是不断完善农村基础设施，在普格、曲麻莱、米脂、聂荣县开展道路、桥梁、护坡、供暖等工程建设。四是集中力量打造美丽乡村，在右玉县右卫镇建设“龙源幸福小镇”，在普格建设儿童游乐活动中心。

八、多措并举促进乡村振兴

国家能源集团全方位推进帮扶县组织文化建设，培训知识技能，引导广泛就业，致力于营造内生动力充足、乡风文明淳朴、居民关系和谐的良好生活氛围。在文化振兴方面，聚焦“一步跨千年”的凉山州两县，推行先进家庭评选、饮食习惯培养、修订村规民约等各类乡风建设举措，取得积极成效。在人才振兴方面，全年投入帮扶培训资金999万元，举办各类培训班对3366名基层干部、848名乡村振兴带头人和致富带头人、3753名技术人员进行培训，培训人数较2020年稳中有升。同时，大力实施稳岗就业，通过积极吸纳和聘用当地困难群众，帮助转移就业567人，招用脱贫人员153人。在组织振兴方面，组织18个党支部与16个脱贫村开展“结对共建”活动，通过开展主题党日、讲党课、爱心捐款、举办农民夜校等活动，在党支部建设、人才培养、发展农村集体经济等方面充分发挥了党建引领作用。

九、积极开展对口援疆帮扶工作

国家能源集团坚定不移贯彻党中央治疆方略，2021年共计投入援疆资金3600余万元，开展教育捐助、生态治理、助农益商、优化村貌等帮扶项目70个。一是立足帮扶村实际，精准实施帮扶举措，在产业、教育、医疗、民生上持续加大投入力度，开展了“春送化肥、冬送煤炭”“捐资助学”“玫瑰种植”等特色亮点活动。二是完善帮扶村基础设施建设，投入520万元在于田、库车、伽师三市县实施路桥加固防护、生活文化广场补套等项目。三是扎实推进智力援疆，轮换援疆干部4名，选派驻村队员20名，深入村民家庭，倾力为民办实事，实现“访惠聚”工作安全、平稳、有序交接，压茬推进。四是积极开辟就业渠道，招录新疆籍高校毕业生28人，并投入216万元在于田县、库车市、伽师县三市县驻村点开发公益性岗位，并安置120余人参加就业。五是认真落实文化润疆举措，按照“访惠聚”工作要求，鼓励组织四批80多名党员干部、优秀青年开展“民族团结一家亲”活动。六是坚持援疆工作与生态保护并重。继续投入500万元实施生态公益林二期项目，在于田县植树造林5000亩（1亩$=6.6667\times10^2m^2$），带动周边区域开展防沙治沙工作。

十、大力开展乡村振兴总结宣传工作

到2021年，国家能源集团已连续四年在中央单位定点扶贫工作成效考核中获得好评，在2021年2月25日全国脱贫攻坚表彰大会上，国家能源集团获得3个“全国脱贫攻坚先进集体”和1个“全国脱贫攻坚先进个人”，受到表彰的个数在中央企业中位列第四。

国家能源集团高度重视乡村振兴总结宣传工作。充分利用社会媒介和自有媒体平台，广泛宣传开展帮扶工作的实际成效、先进经验和典型案例，为推动乡村振兴工作注入强大精神动力。2021 年，编制了《国家能源集团精准扶贫白皮书（2002—2020）》和《脱贫攻坚三年行动（2018—2020）》，系统梳理定点扶贫和对口支援工作情况，大力弘扬脱贫攻坚精神，接续奋斗推进乡村振兴。同时，围绕国家能源集团乡村振兴工作组织各单位优秀通讯员前往帮扶一线现场采访，采写帮扶工作事迹，在人民日报海外版、中国科技网、央广网、新华财经、中国煤炭网、能源杂志等媒体组织刊发报道原发链接 81 篇，在抖音、快手官方平台制作、发布相关微（短）视频 20 余条次，总观看量超百万次，展示了企业良好形象。

国家能源投资集团有限责任公司援助实施西藏那曲嘉黎县两村户用光伏项目

1. 项目背景

西藏那曲市嘉黎县尼屋乡白雄村、依嘎村地处高原，平均海拔 3895m，两村距离尼屋乡政府 46km，村民合计 60 户 296 人。2017 年两村全部实现脱贫摘帽，基本实现了“两不愁、三保障”目标。2019 年 6 月，西藏公司承担嘉黎县尼屋乡白雄村、依嘎村强基驻村工作任务后，选派 2 个驻村工作队 6 名驻村队员开展强基惠民各项工作。

由于地理位置和自然条件的制约，这两个已然脱贫摘帽的藏族村寨，一直未能解决生产生活用电问题。通电成了这里群众长久以来的殷切期盼。为帮助两村村民彻底解决用电难题，助力巩固脱贫攻坚成果，从根本上推进乡村振兴，2021 年，国家能源集团通过集团公益基金会，捐赠资金 100 万元用于在这两个藏族村庄实施户用光伏建设项目。该项目如期建成，为当地农牧民送去了“幸福电”，为两个偏远藏族村寨开启了电气化新生活。

2. 项目实施情况

该项目于 5 月正式启动，共捐赠实施户用光伏设备 64 套，每套光伏设备配置 4 块 330W 太阳能光伏板、4 块 200Ah 蓄电池、1 台太阳能逆控一体机、1 套配电箱、1 个蓄电池箱等，每套光伏设备日发电量约 8kWh。国家能源集团西藏公司负责督促落实项目安全、质量、进度等工作。期间，两村驻村工作队员和施工单位克服高寒缺氧、交通不便等困难，历经两个多月，于 7 月 10 日全面完成安装调试，并正式投入使用。所发电量足以保障当地农牧民家庭生活用电。

3. 项目成效

该项目为尼屋乡白雄村、依嘎村村民解决了生活用电问题，改善了当地农牧民的生产生活条件，为巩固脱贫攻坚成果，扎实推进乡村振兴奠定了坚实基础。依嘎村村民其美扎西的叙述反映了两村农牧民的喜悦心情，他说：“如今的我们在家里可以看电视，可以打电动酥油茶机，也买了冰箱、洗衣机等家用电器，有电的生活真的太不一样了。”

中国电力建设集团有限公司助力乡村振兴

中国电建在助力乡村振兴工作中，严格落实“四个不摘”的基础上，增加“摘帽不摘力度”，形成“五个不摘”工作思路，坚持“守底线、抓衔接、促振兴”的工作主基调，助力云南大理剑川县、新疆和田民丰县乡村振兴开局稳定、起步向好。中国电建按照考核要求全面高质量完成年度目标任务。

在精准高效，帮扶资金落实到位方面。2021 年直接投入无偿帮扶资金 3300 万元；直接投入有偿帮扶建设资金 40092 万元；引进有偿帮扶资金 5244 万元；引进无偿帮扶资金 29 万元。在因地制宜，推进产业振兴方面。投入 1500 万元支持剑川县消化疾病预防控制中心建设，助力剑川特色医养结合产业发展；投入 1500 万元支持民丰县尼雅文化博物馆建设，贯彻落实习近平总书记“文化润疆”工作要求，助力打造以尼雅遗址、精绝古国为标志的丝绸古道文旅业发展。引进有偿帮扶资金 5244 万元，继续推进剑川万头奶牛养殖和 10 万亩牧草种植项目和民丰县优质肉羊项目，提升了居民收入和地方税收，带动了相关行业发展。共招用脱贫人口 273 人，帮助转移就业 464 人。在加强培训，推进人才振兴方面。投入 150 万元培训剑川乡村医生 100 名，以及民丰医技人员 232 人次，并开展送医下乡活动。培训县乡基层干部、乡村振兴带头人 32 人，培训专业技术人才 883 人。投入 110 万元开展电建家庭成长活动，为困境家庭儿童改善学习生活环境。在补齐短板，推进生态振兴方面。协助摸排农村厕所情况，帮助实施厕改 146 个，继续实施加固修复、安全饮水等工程，有效解决村民民生难点、痛点问题，助力全面实现“两不愁三保障”。与剑川县乡村振兴产业示范项目（田园综合体）签订战略合作框架协议。编制《剑川县全域旅游规划提升专项规划》《大滇西旅游环线建设剑川方案》《剑川县生物天然气项目选址规划》《剑川县智慧水务建设初步方案》。在推进文化振兴方面。依托挂职干部，协助地方政府开设《乡村振兴》《党史学习教育》等平台专栏，协助组建宣讲队伍，依托新时代文明实践站，通过齐抓共管，协助开展新时代文明实践活动，全面推进文化振兴。在结对共建，推进组织振兴方面。中国电建振兴办所属党支部分别与定点县的三个村支部签署了党支部共建协议，通过“党支部+合作社+贫困户”共建和帮扶模式，开展组织共建、实事共办、产业共创，提升村集体收入，实现结对双方党建工作互帮、互促提升。在全面升级，深化消费帮扶方面。搭建完成中国电建专属消费帮扶平台；打造特色农产品种植示范基地；完成相关农副产品包装设计，打造明星产品，提升农产品附加值，提高种植农户收入。全方位升级消费帮扶模式，完成农产品消费采购超过2347万元。在提升乡村振兴内生动力方面。村级光伏电站、肉牛养殖、酒店观光旅游等产业帮扶项目，民丰肉羊产业项目为村集体创造了220万元年收入，促进当地群众更多分享产业增值收益，持续壮大集体经济，为乡村振兴提供了“造血式”内生动能。在规划先行，科学推进乡村振兴建设方面。发挥中国电建规划设计优势，坚持“规划设计”先行，提前谋划布局，助力定点县科学推进乡村振兴建设。为民丰县无偿提供中长期旅游发展规划，尼雅文化博物馆设计；提供剑川全域旅游规划方案，为剑川乡村振兴示范区提供规划设计。在聚焦重点群体，对接捐赠援助方面。建设中国电建“总部机关捐赠平台”，对接援助脱贫不稳定户、边缘易致贫户等重点群体。组建青年公益团队开展平台日常运营和捐赠组织协调工作，充分发挥总部机关捐赠平台作用和影响力，为定点帮扶县脱贫群众提供精准有效帮扶。

明确组织领导，建立健全工作运行机制。强化政治站位，落实领导责任。本年度各级领导以及负责同志2021年赴定点帮扶县实际开展实地调研83人次，其中：党委书记、董事长丁焰章带队赴剑川县调研1次；党委副书记、总经理王斌视频调研民丰县1次。多次召开专题会，审定《“十四五”助力乡村振兴帮扶规划》以及2021年召开脱贫攻坚总结表彰暨定点帮扶工作会议，对20名脱贫攻坚先进个人和16个脱贫攻坚先进集体予以表彰，并部署下一步乡村振兴工作。督导定点帮扶县因地制宜做精做强特色优势主导产业，形成督促检查报告，协助定点县开创乡村振兴新局面。协助民丰县研究制定《2021防返贫防致贫预警和动态帮扶工作方案》；督导剑川县按照“一户一策”逐户逐项落实帮扶措施，切实落实防止返贫举措。

2021年电建集团共计派驻剑川县挂职干部共4名，包括挂职副县长1名、县乡村振兴局副局长1名、驻村第一书记2名；派驻民丰县挂职干部2名，包括副县长1名、驻村书记1名。

电力发展与改革

概　况

2021 年电力工业综述

2021 年，电力行业坚持以习近平新时代中国特色社会主义思想为指导，全面贯彻落实党的十九大和十九届历次全会精神，认真落实中央经济工作会议部署和全国发展改革工作会议要求，深入推动能源安全新战略，努力克服各种困难、承受住各种考验。在保障能源安全方面，积极应对迎峰度夏遭遇的拉闸限电，全力防控电煤供应偏紧以及高比例新能源并网的安全风险，全力以赴提升电力安全保供能力，确保了电力安全供应。在推动绿色低碳发展方面，坚决贯彻党中央国务院“碳达峰、碳中和”工作部署，坚持稳中求进，加快实施可再生能源替代行动，严格执行国家节能减排各项政策要求，非化石能源装机比重进一步提高，全国碳排放权交易市场第一个履约周期顺利收官。在电力市场化改革方面，健全多层次统一电力市场体系，规范统一的交易规则和技术标准，加快建设全国统一电力市场，推动形成多元竞争的电力市场格局。在投资建设、科技创新以及国际合作等方面也都取得了进一步的发展成效，为国民经济发展与疫情防控提供了可靠电力保障，为“六稳”“六保”特别是稳预期和保能源安全做出了全面贡献。

一、电力消费与生产供应

2021 年，全国全社会用电量 83313 亿 kWh[1]，比 2020 年增长 10.4%，增速比 2020 年提高 7.1 个百分点，见图 1。全国人均用电量 5899kWh/人，比 2020 年增加 568kWh/人。受来水偏枯，电煤供需紧张、部分时段天然气供应紧张等因素，全国电力供需形势总体偏紧，年初、迎峰度夏以及 9～10 月部分地区电力供应紧张，甚至采取了各种应急措施来保障能源供应。国家高度重视并出台一系列能源电力保供措施，电力行业认真贯彻党中央、国务院决策部署，落实相关部门要求，全力以赴保民生、保发电、保供热，采取有力有效措施提升能源电力安全稳定保障能力。

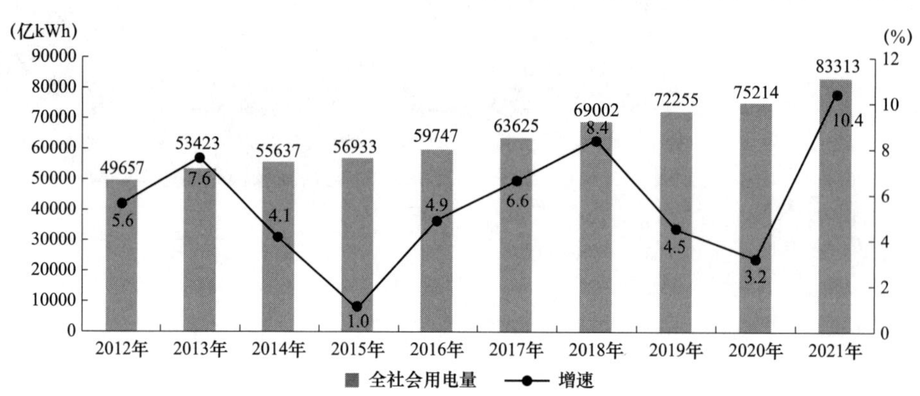

图 1　2012—2021 年全国全社会用电量及其增速

截至 2021 年底，全国全口径发电装机容量 237777 万 kW，比 2020 年增长 7.8%，见图 2。其中，水电 39094 万 kW，比 2020 年增长 5.6%（抽水蓄能 3639 万 kW，比 2020 年增长 15.6%）；火电 129739 万 kW，比 2020 年增长 3.8%（煤电 110962 万 kW，比 2020 年增长 2.5%；气电 10894 万 kW，比 2020 年增长 9.2%）；核电 5326 万 kW，比 2020 年增长 6.8%；并网风电 32871 万 kW，比 2020 年增长 16.7%；并网太阳能发电 30654 万 kW，比 2020 年增长 20.9%。

2021 年，全国全口径发电量为 83959 亿 kWh，比 2020 年增长 10.1%，增速比 2020 年提高 6.0 个百分点，见图 3。其中，水电 13399 亿 kWh，比 2020 年下降 1.1%（抽水蓄能 390 亿 kWh，比 2020 年增长 16.3%）；火电 56655 亿 kWh，比 2020 年增长 9.4%（煤电 50426 亿 kWh，比 2020 年增长 8.9%；气电 2871 亿 kWh，比 2020 年增长 13.7%）；核电 4075 亿 kWh，比 2020 年增长 11.3%；并网风电 6558 亿 kWh，比 2020 年增长 40.6%；并网太阳能发电 3270 亿 kWh，比 2020 年

[1] 2021 年电力数据均来自中电联 2021 年度统计数据（简称“年报数据”），数据因四舍五入的原因存在总计与分项合计不等的情况。

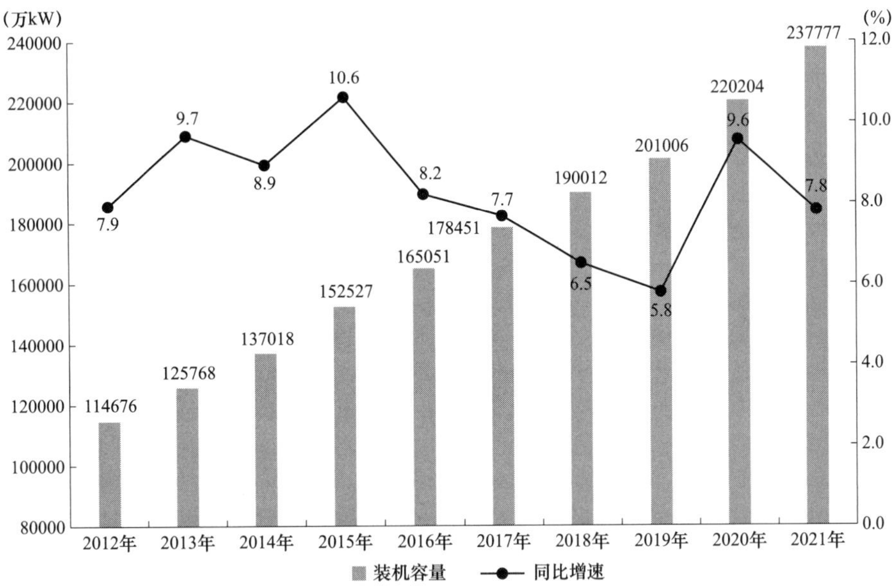

图 2 2012—2021 年全国发电装机容量及增速情况

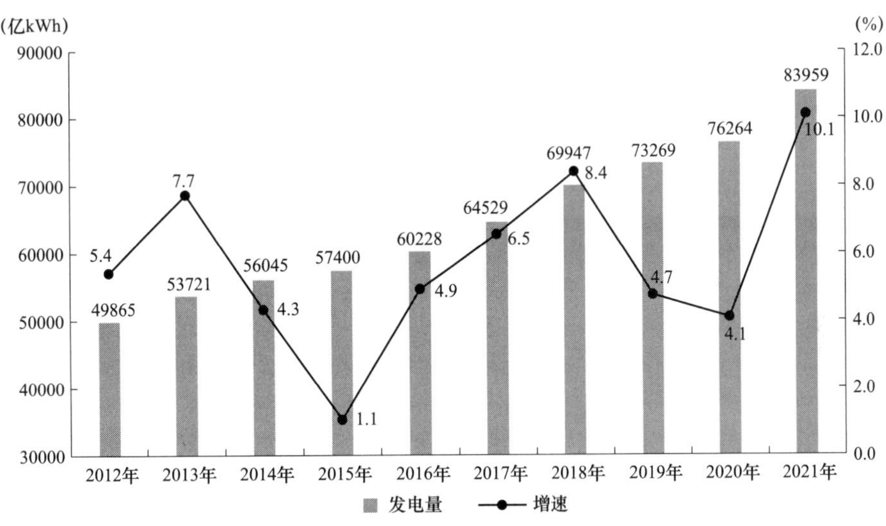

图 3 2012—2021 年全口径发电量及增速情况

增长 25.2%。

截至 2021 年底，初步统计全国电网 220kV 及以上输电线路回路长度 84 万 km，比 2020 年增长 3.8%；全国电网 220kV 及以上变电设备容量 49 亿 kVA，比 2020 年增长 5.0%；全国跨区输电能力达到 17215 万 kW（跨区网对网输电能力 15881 万 kW；跨区点对网送电能力 1334 万 kW）；2021 年全国跨区送电量完成 7091 亿 kWh，比 2020 年增长 9.5%；电网更大范围内优化配置资源能力显著增强。

二、电力投资与建设

2021 年，全国主要电力企业合计完成投资 10786 亿元，比 2020 年增长 5.9%。全国电源工程建设完成投资 5870 亿元，比 2020 年增长 10.9%，见图 4。其中，水电完成投资 1173 亿元，比 2020 年增长 10.0%；火电完成投资 707 亿元，比 2020 年增长 24.6%；核电完成投资 539 亿元，比 2020 年增长 42.0%；风电完成投资 2589 亿元，比 2020 年下降 2.4%；太阳能完成投资 861 亿元，比 2020 年增长 37.7%。

2021 年，全国电网完成投资 4916 亿元，比 2020 年增长 0.4%，见图 5。其中，直流工程 380 亿元，比 2020 年下降 28.6%；交流工程 4383 亿元，比 2020 年增长 4.7%，占电网总投资的 89.2%。

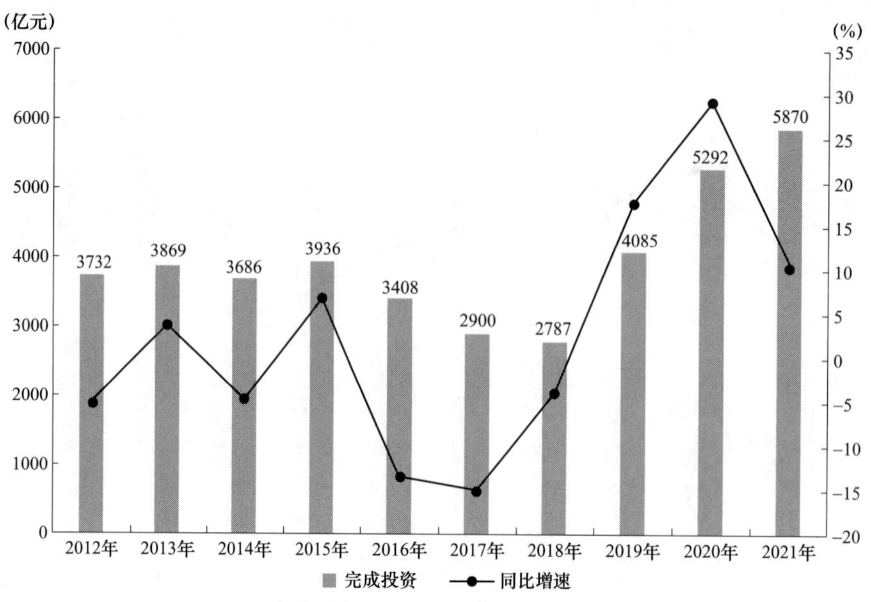

图 4　2012—2021 年全国电源工程建设完成投资及增速

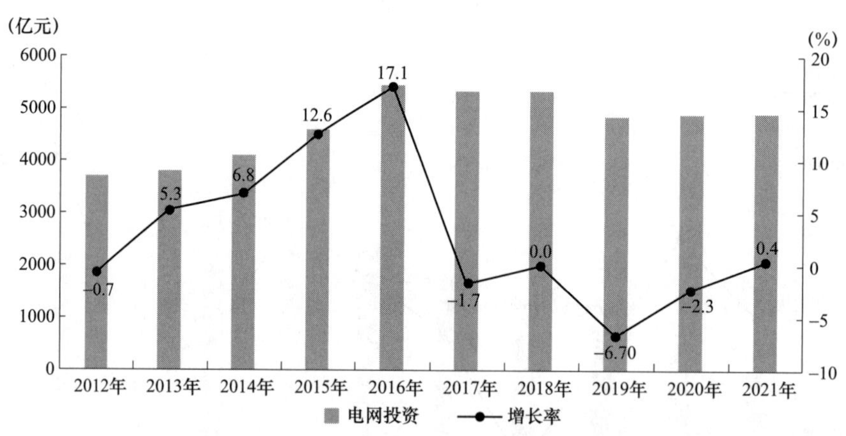

图 5　2012—2021 年全国电网投资及增速

2021 年，全国新增发电装机容量 17908 万 kW，比 2020 年少投产 1236 万 kW。其中，由于白鹤滩水电站投产带动水电新增 2349 万 kW，比 2020 年增长 78.9%；火电新增 4939 万 kW（煤电为 2937 万 kW，气电为 771 万 kW），比 2020 年下降 12.7%；核电新增 340 万 kW，比 2020 年增长 203.9%；风电新增 4765 万 kW，比 2020 年下降 33.9%；太阳能发电新增 5454 万 kW，比 2020 年增长 13.1%。电源建设重心继续向新能源和调节型电源转移。

2021 年，全年新增交流 110kV 及以上输电线路长度和变电设备容量分别为 51984km 和 33686 万 kVA，分别比 2020 年降低 9.2%和增长 7.7%。全年新投产直流输电线路和换流容量分别为 2840km 和 3200 万 kW，分别比 2020 年降低 36.1%和 38.5%。

三、电力绿色发展

截至 2021 年底，全国全口径非化石能源发电装机容量为 111845 万 kW，占全国发电总装机容量 47.0%，比 2020 年增长 13.5%。2021 年，非化石能源发电量为 28962 亿 kWh，比 2020 年增长 12.1%。达到超低排放限值的煤电机组约 10.3 亿 kW，约占全国煤电总装机容量的 93.0%。两大电网公司[1]全年累计完成电能替代 1891 亿 kWh，比 2020 年下降 16.0%。能源生产与消费继续延续绿色低碳转型。

2021 年，全国 6000kW 及以上火电厂供电标准煤耗 301.5g/kWh，比 2020 年降低 2.01g/kWh；全国 6000kW 及以上火电厂厂用电率为 4.36%，比 2020 年

[1] 本报告中两大电网公司是指国家电网公司与南方电网公司。

降低 0.29 个百分点；全国线损率为 5.26%，比 2020 年降低 0.34 个百分点。

2021 年，全国电力烟尘、二氧化硫、氮氧化物排放量分别约为 12.3 万、54.7 万、86.2 万 t，分别比 2020 年降低 20.7%、26.4%、1.4%；单位火电发电量烟尘、二氧化硫、氮氧化物排放量分别为 22、101、152mg/kWh。

2021 年，全国单位火电发电量二氧化碳排放约为 828g/kWh，比 2005 年降低 21.0%；全国单位发电量二氧化碳排放约为 558g/kWh，比 2005 年降低 35.0%。以 2005 年为基准年，2006—2021 年，通过发展非化石能源，降低供电煤耗和线损率等措施，电力行业累计减少二氧化碳排放量约为 215.1 亿 t。其中，非化石能源发展减排贡献率为 56.7%，降低供电煤耗减排贡献率为 41.3%，降低线损率减排贡献率为 2.0%。

2021 年 7 月 16 日，全国碳排放权交易市场（发电行业）启动上线交易。截至 2021 年底，碳排放配额（CEA）累计成交量达到 1.79 亿 t，累计成交额超过 76.6 亿元。其中，挂牌协议成交额 14.51 亿元，占总成交额的 18.9%。按履约量计，履约完成率 99.5%，全国碳市场第一个履约周期顺利收官。

四、电力企业发展与经营

截至 2021 年底，15 家大型电力企业职工总数 209.57 万人，同比减少 2.15%。

2021 年底，两大电网公司资产总额合计 5.75 万亿元，比 2020 年增长 7.4%，增速比 2020 年提高 1.9 个百分点。主营业务收入合计 3.59 万亿元，比 2020 年提高 12.3%，两大电网公司平均资产负债率为 57.0%，与 2020 年基本持平。内蒙古电力集团资产总额 1070 亿元，比 2020 年增长 4.8%；主营业务收入 916 亿元，比 2020 年提高 9.7%；资产负债率为 53.9%，比 2020 年增长 1.7 个百分点。

2021 年底，五大发电集团资产总额合计 6.5 万亿元，比 2020 年增长 8.7%，增速比 2020 年提高 3.0 个百分点。2021 年，五大发电集团电力业务收入 1.30 万亿元，比 2020 年提高 16.4%。2021 年，五大发电集团电力业务利润总额为−489 亿元，比 2020 年减少 1404 亿元，电力业务利润均出现亏损。电煤价格持续高位运行，是电力业务利润亏损的最主要原因。

2021 年，电力建设施工企业总营业收入 6317.5 亿元，比 2020 年增长 9.5%，近五年持续增长。2021 年，电力建设施工企业利润总额 138.0 亿元，比 2020 年增长 14.62%，近五年波动增长。2021 年，电力建设施工企业总负债率 77.7%，比 2020 年增长 0.3 个百分点，从前四年的稳步下降转为 2021 年的略有升高。2021 年，电力建设施工企业新签合同额 11128 亿元，比 2020 年增长 7.10 个百分点，近五年持续增长。

五、电力市场化改革

电力行业企业积极落实各项电力改革政策要求，燃煤发电全部参加市场交易，燃煤电价加快放开，“能涨能跌”的价格形成机制逐步建立，有序推动工商业用户全部进入电力市场。全国首批 8 个电力现货试点地区均开展了出清结算试运行工作，试运行期间电网运行安全、市场运行平稳。

截至 2021 年底，全国各电力交易中心累计注册市场主体 46.7 万家，数量较 2020 年增长 76.0%。2021 年，全国各电力交易中心组织完成市场交易电量 37787.4 亿 kWh，比 2020 年增长 19.3%；其中，全国电力市场电力直接交易电量合计为 30404.6 亿 kWh，比 2020 年增长 22.8%。市场交易电量占全社会用电量比重为 45.5%，比 2020 年提高 3.3 个百分点。全国电力市场化交易规模再上新台阶。全国各电力交易中心组织省间交易电量（中长期和现货）合计为 7027.1 亿 kWh，比 2020 年增长 25.8%，省间市场有效促进了资源在更大范围内配置。

六、电力科技与数字化

2021 年，电力行业聚焦国家核心关键技术攻关任务和行业发展重大技术需求，持续加强基础研究，夯实科技基础，推进“卡脖子”技术攻关，取得多项重大技术突破和一批原创性成果。发电领域实现在水电工程智能建设技术、水电调度运行决策支持关键技术、筑坝新技术、超临界二氧化碳循环发电技术、发电工控系统技术、重型燃气轮机关键技术、第四代先进核能技术、核能综合利用技术、大兆瓦海上风机关键技术等方面的新突破。电网领域在电网安全稳定运行、大电网柔性互联、电力自动化、新能源消纳、超导输电、高端电工装备研发等技术方面取得新的突破性成果，提升了关键领域自主可控水平。2021 年授予的国家科学技术奖励中，电力行业获得 17 项（其中，国家最高科学技术奖 1 项，一等奖 1 项，二等奖 15 项）。

2021 年电力企业顺应数字时代新趋势，推进能源科技革命和数字革命，推进数字化与工业化深度融合，加强了关键信息基础设施保护和建设力度，加快了信息技术在电力工业的创新应用，激活了电力数据要素新动能，加快数据资源管理能力提升，赋能电力工业高质量发展。2021 年，电力行业主要企业数字化建设投资超过 280 亿元，投资完成率达到了 83%，其中电网领域数字化投入达 154 亿元，两大电网公司数字化投入连续三年增加；累计数字产业化收益 952 亿元；数字化方面的专利数量、软件著作数量、获奖数分别为 2401 项、1658 项、314 项。

七、电力国际合作

2021 年，中国主要电力企业对外直接投资总金额 69.6 亿美元，同比下降 11%；对外直接投资项目共 30

个，主要涉及输配电、水电、风电、太阳能发电、交通基础设施及储能等领域，中国海外能源投资结构加快绿色低碳转型。

2021 年，中国主要电力企业年度新签合同项目170 个，合同金额 311.8 亿美元，同比增长 14.8%。新签境外工程承包项目涉及 48 个国家和地区，其中亚洲和非洲项目占比最多，分别为 52.9%和 21.2%。

2021 年，中国主要电力企业年度出口电力装备总额 25.0 亿美元，比 2020 年增长 12.1%；其中，设备直接出口总额 4.1 亿美元，境外工程带动装备出口总额 20.9 亿美元。受疫情影响，电力技术服务出口总额 2.4 亿美元，同比减少 78.6%；其中，直接出口技术服务 1.7 亿美元，境外工程带动出口技术服务 0.7 亿美元。

截至 2021 年底，中国主要电力企业境外累计实际投资总额为 1026.6 亿美元；对外工程承包合同额累计 3432 亿美元；电力装备出口总额累计达 311.9 亿美元；电力技术服务出口累计总额为 109.3 亿美元。

截至 2021 年底，中国分别与俄罗斯、蒙古国、越南、缅甸和老挝等国实现了跨国输电线路互联和电量交易。初步统计，中国与邻国的合计完成电量交换 75 亿 kWh，比 2020 年下降 13.7%。其中，购入电量 53 亿 kWh，增长 18.0%；送出电量 22 亿 kWh，下降 47.9%。

（中国电力企业联合会规划发展部）

2021 年度全国电力供需形势分析

2021 年，全国电力供需形势总体偏紧，年初、迎峰度夏以及 9～10 月部分地区电力供应紧张。1 月，受寒潮天气等因素影响，江苏、浙江、蒙西、湖南、江西、安徽、新疆、四川等 8 个省级电网，在部分用电高峰时段电力供应紧张，采取了有序用电措施。迎峰度夏期间（6～8 月），广东、河南、广西、云南、湖南、贵州、江西、蒙西、浙江、重庆、陕西、湖北等 12 个省级电网，在部分用电高峰时段电力供应紧张，采取了有序用电措施。9～10 月，全国电力供需总体偏紧，共有超过 20 个省级电网采取了有序用电措施。从有序用电执行情况看，部分地区有序用电负荷达到最大负荷的 20%以上，甚至达到工业负荷的 50%以上，接近可限负荷极限，导致个别地区少数时段出现拉闸限电。

华北区域电力供需形势总体偏紧。蒙西电网受电煤供应紧张、煤价持续上涨、机组设备故障等因素影响，电力系统整体平衡形势严峻，最大电力供应缺口在 900 万～1200 万 kW 之间，连续多日采取有序用电措施，日最大错避峰电力 1143 万 kW。

东北区域电力供需形势紧张。受电煤供应紧张、煤电机组淡季检修、煤电企业严重亏损导致资金链紧张、新能源出力骤减等因素影响，9～10 月辽宁、黑龙江、吉林、蒙东电网部分时段采取了有序用电措施，日最大错避峰电力分别为 599 万、239 万、218 万、154 万 kW。

华东区域电力供需紧张。受燃煤燃气供应紧张、煤电企业严重亏损导致资金链紧张、“能耗双控”、来水偏枯等因素影响，9～10 月江苏、浙江、福建、安徽采取了有序用电措施，日最大错避峰电力分别为 1417 万、914 万、487 万、458 万 kW。

华中区域电力供需总体偏紧。受电煤供应紧张、煤电企业严重亏损导致资金链紧张、来水偏枯等因素影响，迎峰度夏期间及 9～10 月，河南、湖南、重庆、江西均采取了有序用电措施。

西北区域电力供需总体平衡。受电煤供应紧张、煤电企业严重亏损导致资金链紧张等因素影响，9～10 月甘肃、宁夏、青海在少数时段采取了有序用电措施，日最大错避峰电力分别为 296 万、220 万、186 万 kW。

南方区域电力供需形势紧张。受燃煤燃气供应持续短缺、西部流域来水偏枯、大机组故障临停、高温干旱天数偏多等因素影响，全网电力供需形势严峻。4 月开始，南方区域除海南外，广东、云南、广西、贵州四省份先后实施长周期有序用电，错峰范围主要控制在工业领域，未影响民生用电。

电力体制机制改革

国家发展改革委、国家能源局印发《售电公司管理办法》

11 月 11 日，国家发展改革委、国家能源局印发《售电公司管理办法》（发改体改规〔2021〕1595 号）（简称《办法》）。《办法》共 9 章，规定了售电公司的注册条件、注册程序、权利与义务、退出方式，对售电公司的运营管理、保底售电申请与服务、售电公司信用与监管也提出了具体要求。

《办法》提出，售电公司可以采取多种方式通过电力市场购售电，可通过电力交易平台开展双边协商交易或集中交易，按照可再生能源电力消纳责任权重有关规定，承担与年售电量相对应的可再生能源电力消纳量。售电公司自主选择各级电力交易机构进行跨省跨区购电和省内购电。多个售电公司可以在同一配电区域内售电。同一售电公司可在多个配电区域内售电。可向用户提供包括但不限于合同能源管理、综合节能、合理用能咨询和用电设备运行维护等增值服务，并收取相应费用。可根据用户授权掌握历史用电信息，在电力交易平台进行数据查询和下载。

《办法》施行后，国家发展改革委、国家能源局2016年印发的《售电公司准入与退出管理办法》废止。

国家能源局印发《电网公平开放监管办法》

9月29日，能源局印发《电网公平开放监管办法》（国能发监管规〔2021〕49号）（简称《办法》），目的是进一步规范电网公平开放行为，加强电网公平开放监管，保护相关各方合法权益和社会公共利益。

《办法》共七章。第一章总则，明确了《办法》的编制依据、适用范围、基本原则、监管主体、监管对象的基本权利与义务，以及国家能源局及其派出机构、地方政府相关部门在电网公平开放监管中的职责。

第二章电源接入电网，明确了电网企业应公平无歧视为电源项目业主提供电网接入服务以及相关禁止性行为；规定了新建电源项目接入电网应满足的条件，以及并网意向书受理、接入系统方案回复、接网协议签订与执行等主要环节的流程与时限等内容。

第三章电网互联，明确了电网企业应公平无歧视提供电网互联服务以及相关禁止性行为；规定了电网联网意向书受理、电网互联系统方案回复、互联协议签订与执行等主要环节的流程与时限等内容。

第四章信息公开，规定了电网企业向电源项目业主、电网互联提出方公布电网公平开放相关信息的内容、时间及实现方式等要求。

第五章监管措施，明确了国家能源局及其派出机构可以采取监管约谈、监管通报、出具警示函、纳入不良信用记录、行政处罚等措施，以保证办法的贯彻执行。

第六章法律责任，明确了国家能源局及其派出机构从事监管工作人员的法律责任，以及电力企业违规情形及对应罚则。

第七章附则，规定了国家能源局派出机构可依据办法制订辖区实施细则以及办法施行时限等。

国家能源局印发《供电企业信息公开实施办法》

11月23日，国家能源局印发《供电企业信息公开实施办法》（国能发监管规〔2021〕56号）（简称《实施办法》）。《实施办法》是对《供电企业信息公开实施办法》（国能监管〔2014〕149号）的修订，此次修订主要结合新要求、新期待，对主动公开信息和依申请公开信息的内容、方式及更新时限进行完善，建立信息公开咨询机制和信息公开申诉机制，进一步满足市场主体希望及时了解相关信息的需求，规范供电企业信息公开工作，促进供电企业加大信息公开力度，提高工作透明度，保障电力用户知情权、参与权、监督权。

《实施办法》主要在以下几个方面进行修订完善：

（1）加大了信息主动公开的力度。扩大了信息主动公开的范围，拓展了信息公开的方式，并进一步压缩了更新时限。

（2）提高了依申请公开的可操作性。参照《政府信息公开条例》进一步明确了依申请公开的内容、申请及答复方式，压缩了供电企业答复时限。

（3）建立了信息公开咨询机制。要求供电企业设置信息公开咨询窗口，限时回应关切，优化咨询服务。

（4）建立了信息公开申诉机制。明确监督救济渠道，建立信息公开申诉机制，参照12398能源监管热线投诉举报有关程序进行处理。

国家能源局印发《电力辅助服务管理办法》

12月21日，国家能源局印发《电力辅助服务管理办法》（国能发监管规〔2021〕61号）（简称《管理办法》）。《管理办法》是对《并网发电厂辅助服务管理暂行办法》（电监市场〔2006〕43号）的修订，此次修订是为了深入贯彻落实党中央、国务院决策部署，完整准确全面贯彻新发展理念，做好碳达峰、碳中和工作，构建新型电力系统，深化电力体制改革，持续推动能源高质量发展，保障电力系统安全、优质、经济运行及电力市场有序运营，促进源网荷储协调发展，建立用户参与的电力辅助服务分担共享新机制，进一步规范电力辅助服务管理。

《管理办法》共9章40条，重点对辅助服务提供主体、交易品种分类、电力用户分担共享机制、跨省跨区辅助服务机制等进行补充深化。

一是进一步扩大了辅助服务提供主体。按照国务院《2030 年前碳达峰行动方案》有关要求，将提供辅助服务主体范围由发电厂扩大到包括新型储能、自备电厂、传统高载能工业负荷、工商业可中断负荷、电动汽车充电网络、聚合商、虚拟电厂等主体，促进挖掘供需两侧的灵活调节能力，加快构建新型电力系统。

二是进一步规范辅助服务分类和品种。对电力辅助服务进行重新分类，分为有功平衡服务、无功平衡服务和事故应急及恢复服务，其中有功平衡服务包括调频、调峰、备用、转动惯量、爬坡等电力辅助服务，事故应急及恢复服务包括稳定切机服务、稳定切负荷服务和黑启动服务。考虑构建新型电力系统的发展需求，此次新增引入转动惯量、爬坡、稳定切机服务、稳定切负荷服务等辅助服务新品种。

三是进一步明确补偿方式与分摊机制。强调按照“谁提供、谁获利；谁受益、谁承担”的原则，确定补偿方式和分摊机制。明确了各类电力辅助服务品种的补偿机制，其中固定补偿方式确定补偿标准时应综合考虑电力辅助服务成本、性能表现及合理收益等因素，按“补偿成本、合理收益”的原则确定补偿力度；市场化补偿形成机制应遵循考虑电力辅助服务成本、合理确定价格区间、通过市场化竞争形成价格的原则。在分摊方面，强调为电力系统运行整体服务的电力辅助服务，补偿费用由发电企业、市场化电力用户等所有并网主体共同分摊，逐步将非市场化电力用户纳入补偿费用分摊范围。原则上，为特定发电侧并网主体服务的电力辅助服务，补偿费用由相关发电侧并网主体分摊。为特定电力用户服务的电力辅助服务，补偿费用由相关电力用户分摊。

四是逐步建立电力用户参与辅助服务分担共享机制。根据不同类型电力用户的用电特性，因地制宜制定分担标准。电力用户可通过独立或委托代理两种方式参与电力辅助服务，其费用分摊可采取直接承担或经发电企业间接承担两种方式。在电费账单中单独列支电力辅助服务费用。对于不具备提供调节能力或调节能力不足的电力用户、聚合商、虚拟电厂应按用电类型、电压等级等方式参与分摊电力辅助服务费用，或通过购买电力辅助服务来承担电力辅助服务责任。

五是健全跨省跨区电力辅助服务机制。考虑跨省跨区送电规模日益增长，明确跨省跨区送电配套电源机组均应按照本办法纳入电力辅助服务管理，原则上根据调度关系在送端或受端电网参与电力辅助服务，不重复参与送、受两端电力辅助服务管理。强调为保障跨省跨区送电稳定运行提供电力辅助服务的发电机组，应当获得相应的电力辅助服务补偿。

六是进一步明确职责分工。明确能源监管机构、电网企业、电力调度机构、电力交易机构在各地电力辅助服务管理实施细则和市场交易规则的修订、实施等方面的职责，以及与现货市场的衔接。在信息披露方面，根据广大市场主体对信息公开的需求，明确信息披露的原则、内容、信息公示流程和相关方职责，要求电力调度机构、电力交易机构按职责分工向所有市场主体披露相关考核和补偿结果。

国家能源局印发《新型储能项目管理规范（暂行）》

9 月 24 日，国家能源局印发《新型储能项目管理规范（暂行）》（国能发科技规〔2021〕47 号）（简称《规范》）。《规范》提出，新型储能项目管理坚持安全第一、规范管理、积极稳妥原则，包括规划布局、备案要求、项目建设、并网接入、调度运行、监测监督等环节管理。

《规范》明确，国务院能源主管部门负责全国新型储能项目规划、指导和监督管理；地方能源主管部门在国务院能源主管部门指导下，建立健全本地区新型储能项目管理体系，负责本地区新型储能项目发展及监督管理；国家能源局派出机构负责对本地区新型储能政策执行、并网调度、市场交易及运行管理进行监管。

《规范》指出，国务院能源主管部门负责编制全国新型储能发展规划。根据国家能源发展规划、电力发展规划、可再生能源发展规划、能源技术创新规划等相关文件，在论证发展基础、发展需求和新型储能技术经济性等的基础上，积极稳妥确定全国新型储能发展目标、总体布局等。省级能源主管部门根据国家新型储能发展规划，按照统筹规划、因地制宜，创新引领、示范先行，市场主导、有序发展，立足安全、规范管理的原则，研究本地区重点任务，指导本地区新型储能发展。

《规范》规定，电网企业应根据新型储能发展规划，统筹开展配套电网规划和建设。配套电网工程应与新型储能项目建设协调进行。各级能源主管部门负责做好协调工作。电网企业应公平无歧视为新型储能项目提供电网接入服务。

国家能源局印发《能源领域深化“放管服”改革优化营商环境实施意见》

12 月 22 日，国家能源局印发《能源领域深化“放管服”改革优化营商环境实施意见》（国能发法改

〔2021〕63 号）（简称《意见》），深入推进能源领域“放管服”改革，着力培育和激发市场主体活力。

《意见》提出，持续深化行政审批制度改革。推行能源领域“证照分离”改革全覆盖，在全国范围内深化能源领域“证照分离”改革，大力推动照后减证和简化审批。优化涉企审批服务，推行行政许可告知承诺制，加大简政放权改革试点力度。推进政务服务事项实施清单标准化，规范审批服务行为，规范中介服务，推进政务服务便利化，推行政务服务“告知承诺”“容缺受理”制度。

《意见》明确，切实加强能源领域科学监管。持续加强能源市场秩序监管，区分竞争性和垄断性环节，推动能源领域自然垄断性业务和竞争性业务分离，全面实施“双随机、一公开”监管，健全完善信用监管，大力推行“互联网+监管”，积极探索提高协同监管能力。

《意见》强调，优化营商环境培育和激发市场主体活力。各省级能源主管部门要按照国家要求牵头做好优化用电营商环境工作，加快完成政企协同办电信息共享平台的建设。提出优化办电服务、提升供电质量、规范接网服务等工作措施，切实维护公平竞争的市场秩序，督促能源企业依法依规招投标，重视市场主体合理诉求。

《意见》指出，要创新推动能源低碳转型。健全能源安全保供和应急机制，促进新能源加速发展，推进多能互补一体化和综合能源服务发展，推动分布式发电市场化交易，建立健全能源低碳转型的长效机制，探索包容审慎监管新方式。同时加强组织协调、抓好责任落实、强化评估总结，《意见》要求确保落到实处。

国家能源局印发《电力业务许可证注销管理办法》

6 月 20 日，国家能源局印发《电力业务许可证注销管理办法》（国能发资质规〔2021〕33 号）（简称《管理办法》），对原电监会《电力业务许可证注销管理办法》（电监资质〔2012〕47 号）进行了修订。

《管理办法》主要在三个方面进行了修订：一是将实施主体由电监会、电力监管机构等修改为国家能源局、国家能源局各派出机构。二是明确国家能源局与各派出机构在电力业务许可的撤回、撤销及电力业务许可证注销方面的职责界面，即国家能源局派出机构可以做出撤回电力业务许可的决定，国家能源局及其派出机构根据不同条件均可以做出撤销电力业务许可、吊销电力业务许可证的决定，同时，明确了国家能源局派出机构是电力业务许可证注销的实施主体。三是对原办法中不符合“放管服”改革、“证明事项清理”等要求的内容进行了删除或修改，如企业提出注销申请时无需再提供其他证明材料、注销手续办理时限由 20 日进一步压减至 10 个工作日等。

《管理办法》依据《中华人民共和国行政许可法》《电力监管条例》《电力业务许可证管理规定》等法律法规修订，针对持证企业不能持续保持法定的许可条件、丧失从事许可事项活动能力、主动申请停业歇业，以及电力业务许可被撤销撤回、许可证被吊销等各种情形，明确了企业不再从事电力业务、办理许可证注销手续的程序和具体要求。

《管理办法》印发后，将与《电力业务许可证管理规定》《电力业务许可证监督管理办法》配套，形成覆盖电力业务许可管理全过程的监管制度体系。

国家能源局印发《承装（修、试）电力设施许可证注销管理办法》

9 月 26 日，国家能源局印发《承装（修、试）电力设施许可证注销管理办法》（国能发资质规〔2021〕48 号）（简称《办法》）。

《办法》共 4 章 18 条，依据《中华人民共和国行政许可法》《电力供应与使用条例》《承装（修、试）电力设施许可证管理办法》等法律法规及规章制定。其中，第一章“总则”明确了《办法》的法律依据，以及许可证注销管理工作的目的、适用范围及实施原则；第二章“注销的适用”主要规定了撤销、撤回许可，以及依法吊销许可证等需注销许可证的法定情形及有关工作要求；第三章“许可证的注销程序”重点对注销许可证的实施主体、工作流程、办理时限以及申请人所需提供的相关材料等事项作出了具体规定；第四章“附则”明确了《办法》的实施日期和有效期。

电 力 规 划

5G 应用“扬帆”行动计划（2021—2023 年）[1]（摘要）

5G 融合应用是促进经济社会数字化、网络化、智能化转型的重要引擎。为贯彻落实习近平总书记关于加快 5G 发展的重要指示精神和党中央、国务院决策部署，大力推动 5G 全面协同发展，深入推进 5G 赋能千行百业，促进形成“需求牵引供给，供给创造需求”的高水平发展模式，驱动生产方式、生活方式和治理方式升级，培育壮大经济社会发展新动能，特制订本计划。

一、总体要求

（一）指导思想（略）

（二）基本原则（略）

（三）总体目标

到 2023 年，我国 5G 应用发展水平显著提升，综合实力持续增强。打造 IT（信息技术）、CT（通信技术）、OT（运营技术）深度融合新生态，实现重点领域 5G 应用深度和广度双突破，构建技术产业和标准体系双支柱，网络、平台、安全等基础能力进一步提升，5G 应用“扬帆远航”的局面逐步形成。

——5G 应用关键指标大幅提升。5G 个人用户普及率超过 40%，用户数超过 5.6 亿。5G 网络接入流量占比超 50%，5G 网络使用效率明显提高。5G 物联网终端用户数年均增长率超 200%。

——重点领域 5G 应用成效凸显。个人消费领域，打造一批“5G+”新型消费的新业务、新模式、新业态，用户获得感显著提升。垂直行业领域，大型工业企业的 5G 应用渗透率超过 35%，电力、采矿等领域 5G 应用实现规模化复制推广，5G+车联网试点范围进一步扩大，促进农业水利等传统行业数字化转型升级。社会民生领域，打造一批 5G+智慧教育、5G+智慧医疗、5G+文化旅游样板项目，5G+智慧城市建设水平进一步提升。每个重点行业打造 100 个以上 5G 应用标杆。

——5G 应用生态环境持续改善。跨部门、跨行业、跨领域协同联动的机制初步构建，形成政府部门引导、龙头企业带动、中小企业协同的 5G 应用融通创新模式。培育一批具有广泛影响力的 5G 应用解决方案供应商，形成 100 种以上的 5G 应用解决方案。完成基础共性和重点行业 5G 应用标准体系框架，研制 30 项以上重点行业标准。

——关键基础支撑能力显著增强。5G 网络覆盖水平不断提升，每万人拥有 5G 基站数超过 18 个，建成超过 3000 个 5G 行业虚拟专网。建设一批 5G 融合应用创新中心，面向应用创新的公共服务平台能力进一步增强。5G 应用安全保障能力进一步提升，打造 10～20 个 5G 应用安全创新示范中心，树立 3～5 个区域示范标杆，与 5G 应用发展相适应的安全保障体系基本形成。

二、突破 5G 应用关键环节

（一）5G 应用标准体系构建行动

1. 加快打通跨行业协议标准。加强跨部门、跨行业、跨领域标准化重要事项的统筹协调，建立健全相关标准化组织合作机制，尽快实现协议互通、标准互认，系统推进 5G 行业应用标准体系建设及相关政策措施落实，加速推动融合应用标准的制定。充分发挥 5G 应用产业方阵行业组织优势，促进融合应用标准的实施落地。

2. 研制重点行业融合应用标准。系统推进重点行业 5G 融合应用标准研究，明确标准化重点方向，加强基础共性标准、融合设备标准、重点行业解决方案标准的研制，加快标准化通用化进程，突破重点领域融合标准研究和制定。

3. 落地一批重点行业关键标准。发挥各重点行业龙头企业带头作用，带动各方进一步强化协作，合力推动 5G 行业应用标准的迭代、评估和优化，促进相关标准在重点行业的应用落地。

（二）5G 产业基础强化行动

4. 加强关键系统设备攻关。持续推进 5G 增强技术基站研发，巩固中频段 5G 产业能力。组织开展 5G 毫米波基站研发和端到端测试，加快技术和产品成熟，奠定 5G 毫米波商用的产业基础。按照 5G 国际标准不同版本阶段性特征，R15 版本聚焦高速率大带宽应用，R16 版本聚焦高可靠低时延应用，R17 版本聚焦中高速大连接应用，分阶段开展技术、产业化和应用导入。

---

[1] 工业和信息化部、中央网络安全和信息化委员会办公室、国家发展和改革委员会、教育部、财政部、住房和城乡建设部、文化和旅游部、国家卫生健康委员会、国务院国有资产监督管理委员会、国家能源局等十部门 2021 年 7 月 5 日以工信部联通信〔2021〕77 号文印发。

5. 加快弥补产业短板弱项。加大基带芯片、射频芯片、关键射频前端器件等投入力度，加速突破技术和产业化瓶颈，带动设计工具、制造工艺、关键材料、核心 IP 等产业整体水平提升。加快轻量化 5G 芯片模组和毫米波器件的研发及产业化，进一步提升终端模组性价比，满足行业应用个性化需求，提升产业基础支撑能力。支持高精度、高灵敏度、大动态范围的 5G 射频、协议、性能等仪器仪表研发，带动仪表用高端芯片、核心器件等尽快突破。

6. 加快新型消费终端成熟。推进基于 5G 的可穿戴设备、智能家居产品、超高清视频终端等大众消费产品普及。推动嵌入式 SIM（eSIM）可穿戴设备服务纵深发展，研究进一步拓展应用场景。推动虚拟现实/增强现实等沉浸式设备工程化攻关，重点突破近眼显示、渲染处理、感知交互、内容制作等关键核心技术，着力降低产品功耗，提升产品供给水平。

三、赋能 5G 应用重点领域

（一）新型信息消费升级行动

7. 5G+信息消费。推进 5G 与智慧家居融合，深化应用感应控制、语音控制、远程控制等技术手段，发展基于 5G 技术的智能家电、智能照明、智能安防监控、智能音箱、新型穿戴设备、服务机器人等，不断丰富 5G 应用载体。加快云 AR/VR 头显、5G+4K 摄像机、5G 全景 VR 相机等智能产品推广，拉动新型产品和新型内容消费，促进新型体验类消费发展。

8. 5G+融合媒体。开展 5G 背包、超高清摄像机、5G 转播车等设备的使用推广，利用 5G 技术加快传统媒体制作、采访、编辑、播报等各环节智能化升级。推广高新视频服务、推动 5G 新空口（NR）广播电视落地应用，提供广播电视和应急广播等业务。开展 5G+8K 直播、5G+全景式交互化视音频业务，培育 360 度观赛体验，结合 2022 年北京冬奥会和冬残奥会等重大活动，推动 5G 在大型赛事活动中的普及。

（二）行业融合应用深化行动

9. 5G+工业互联网。推进 5G 模组与 AR/VR、远程操控设备、机器视觉、AGV 等工业终端的深度融合，加快利用 5G 改造工业内网，打造 5G 全连接工厂标杆，形成信息技术网络与生产控制网络融合的网络部署模式，推动“5G+工业互联网”服务于生产核心环节。围绕研发设计、生产制造、运营管理、产品服务等环节，聚焦“5G+工业互联网”发展重点行业，打造典型应用场景，持续开展“5G+工业互联网”试点示范，支持 5G 在质量检测、远程运维、多机协同作业、人机交互等智能制造领域的深化应用，不断强化示范引领，推动成熟模式在更多行业和领域复制推广。打造产业生态，推广区域应用，鼓励各地建设“5G+工业互联网”融合应用先导区，不断拓展 5G 在原材料、装备、消费品、电子等领域的应用。

……

14. 5G+智慧电力。突破电力行业重点场景 5G 确定性时延、授时精度、安全保障等关键技术，搭建融合 5G 的电力通信管理支撑系统和边缘计算平台。开展基于 5G 的工业控制与监测网络升级改造，推广发电设备运维、配电自动化、输电线/变电站巡检、用电信息采集等场景应用，实现发电环节生产的可视化、配电环节控制的智能化、输变电环节监控的无人化、用电环节采集的实时化。

……

（三）社会民生服务普惠行动（略）

四、提升 5G 应用支撑能力（略）

五、保障措施

（一）强化统筹联动。加强部门协同和部省联动，做好标准、产业、建设、应用、政策等方面有机衔接。相关行业主管部门将 5G 应用作为行业发展规划、行动计划等重点方向，充分利用相关专项资金，持续引导行业企业加大投入力度，加快 5G 行业应用发展。鼓励各级地方政府围绕 5G 应用落地、生态构建、产业培育、网络建设等工作，积极出台并落实政策举措，促进 5G 融合应用加快落地。支持上下游企业深度耦合、紧密衔接，形成高效有机的合作模式。成立 5G 应用推广专家咨询委员会，对应用推广中的战略性、前瞻性问题进行指导和决策支撑。

（二）优化发展环境。加大政府采购支出向 5G 应用领域倾斜，率先在城市管理、教育、医疗、文化等公共服务领域推广 5G 应用，加大对 5G 应用样板项目、示范标杆的宣传力度。依托产融合作平台打造“5G+金融”发展生态，以产融合作试点为载体开展 5G 应用场景创新的产融对接活动。完善 5G 应用创新企业服务体系，加大对中小企业扶持力度，鼓励更多市场主体进入 5G 应用创新创业领域。有序引导各类社会资本建立 5G 应用投资基金，加大对 5G 重点行业应用和关键产业环节投资。鼓励支持符合条件的 5G 应用创新企业在科创板、创业板上市融资，拓宽企业融资渠道。坚持包容审慎监管原则，加强协同监管，加快自动驾驶、远程医疗等重点领域 5G 应用相关法律法规研究，探索监管新模式。

（三）培育人才队伍。厚植 5G 人才培育基础，支持高等院校、科研院所与企业联合精准培养，鼓励企业与高等院校、科研院所共建实验室、实训基地、专业研究院或交叉研究中心，加强共享型工程实习基地建设。推进 5G 相关专业升级与数字化改造，实施好 5G 相关领域“1+*X*”证书制度试点，开展安全技术技能大赛、组织 5G 相关职业培训和认证，丰富 5G 人才挖掘和选拔渠道，培育一批既懂 5G 通信技术又具备行业专业知识的复合型人才。面向公众开展 5G 知识科普，提升全民数字技能。

（四）推动国际合作。支持建设 5G 应用海外推广渠道和服务平台，推动成熟 5G 应用走出去。发挥国际组织协调作用，鼓励企业参与 5G 国际标准化组织的工作。鼓励国内企业加强海外 5G 应用合作，为“一带一路”沿线等国家或地区提供更为优质产品和服务，打造国际合作新平台。

（五）做好监测评估。加强政策成效评估和动态调整，建立 5G 发展监测体系，构建全景化 5G 网络地图，常态化监测 5G 应用和产业进展，推动 5G 全面协同发展。

附件：5G 应用发展主要指标（略）

电力安全生产“十四五”行动计划[1]（摘要）

一、总体形势（略）

二、指导思想、基本原则和行动目标

（一）指导思想（略）

（二）基本原则（略）

（三）行动目标

——总体目标。到 2025 年底，电力安全生产监督管理量化评价指标体系基本形成，电力安全治理体系基本完善，治理能力现代化水平明显提升。以本质安全为目标的新技术应用覆盖率显著提高，面向新型电力系统的安全保障体系初步建立。安全文化核心理念实现全员渗透，安全生产责任层层落实机制有效运转。电力系统运行风险有效控制，电力安全生产状况稳定在控，电力突发事件处置应对有力，电力人身责任起数和事故死亡人数趋于“零”。

——目标量化指标。

序号	关键指标	预期值	指标性质
1	电力人身事故死亡人数	五年平均降幅≥30%	约束性
2	电力人身伤亡事故起数	五年平均降幅≥30%	约束性
3	电力设备事故起数	五年平均起数≤2 起	约束性
4	电力安全事故起数	五年总起数≤3 起	约束性
5	电力安全事件起数	五年平均起数≤4 起	约束性
6	电力网络安全事件起数	五年平均起数≤4 起	约束性
7	自然灾害导致重大以上大面积停电后，减供负荷恢复80%以上及停电重点地区、重要城市负荷恢复90%以上的时间	≤7 天	预期性
8	省、市、县三级大面积停电事件应急预案修编完成率	100%	预期性
9	电力企业网络安全事件应急预案修编完成率	100%	预期性
10	电力安全生产标准化建设覆盖率	100%	预期性

注 1：指标 1 和指标 2 的基准值为 2020 年电力人身事故死亡人数（45 人）和起数（36 起）。

注 2：降幅最低限约束条件：“十四五”期间争取 1 年或多年实现电力人身事故死亡人数和起数个位数，其他年份降幅比照基准值不低于 20%。

注 3：降幅最低限计算公式：五年平均值 = ［基准值 ×4 年 ×20% +（基准值 − 9）］/5 年/基准值 × 100%。

三、主要任务

（一）学习贯彻习近平总书记关于安全生产重要论述

认真学习贯彻习近平总书记关于安全生产重要论述，贯彻落实党中央、国务院关于安全生产的重大决策部署，加强对电力行业安全生产的监管。建立健全长效学习机制，着力提升传达时效，充分利用全国电力安委会、联席会议、“季会周报”等平台，将学习要点第一时间向全行业传达到位。持续丰富学习形式，推动电力行业各单位学习传达，在安全培训、安规教育、班组建设等开辟学习专栏，促进电力从业者全员入脑入心。坚持做好督导检查，将学习情况纳入安全审计、业务指导、事故调查等各项工作，督促各有关单位细化方案措施，列出清单台账，确保学习贯彻工作不缺课、不走样、有收获、有成效。不断推动实践促学，把习近平总书记关于安全生产重要论述的内涵要义与电力行业特点紧密结合，真正落实到电力安全风险管控、事故事件应急处置等工作当中，切实提高电力安全生产水平。

（二）提高依法治理水平

完善电力安全生产政策法规体系。研究跟进“碳达峰、碳中和”战略发展路径，及时制定和调整电力安全生产指导政策，支持和保障电力企业减碳措施有效实施。加强电力安全生产法规规章科学性、系统性、完备性建设，基于综合管理、电网安全、发电安全、建设安全和质量、应急管理、网络安全、大坝安全、

[1] 国家能源局 2021 年 12 月 8 日以国能发安全〔2021〕62 号文印发。

行业监管八个纵向维度，技术、管理、文化、责任四个横向要素，构建网格化的法规规章体系。贯彻落实新修订的《安全生产法》及相关法规，及时制定、修订电力安全生产规章制度。牢固树立法规规章的严肃性和权威性，制定监管执法机构行政处罚裁量权适用指引，增强现场执法的可操作性。

构建科学量化的评价指标体系。针对不同类型的电力企业，围绕治理体系核心要素，整合现有安全评价体系，采取简洁、通用、可提取的指标形式，构建能够真实反映电力安全生产水平的评价指标体系，推进电力安全生产监督管理从定性向定量转变。建设电力安全生产评价指标信息化平台，依托电力行业安全专家团队，构建“线上+线下”评价方式，基本实现评价结果成为辅助安全生产决策部署的有效手段。

推进电力安全监管效能提升。构建企业负责、职工参与、政府监管、行业自律、社会监督的协同共治机制，实施分级分类监管、重点监管和精准监管。建立以安全信用为核心的新型监管机制，充分发挥“信用能源”等平台的安全信息公示监督作用，制定失信行为认定标准，落实联合惩戒措施。提升监管现代化水平，加快推进电力安全生产监管信息化工程建设，统筹利用非现场监管和现场监管两种模式，重点增强非现场监管能力。完善随机抽查执法制度，明确执法清单和权力清单，明确电力安全监管执法人员选任标准和程序，完善电力安全监管执法人员上岗培训制度，规范执法行为、提高执法能力。

（三）提升能源转型安全保障能力

强化电力供应安全保障。建立电力企业与燃料供应企业、管网企业的信息共享与应急联动机制，完善一次能源储备预警机制，强化一次能源安全供应保障。推动微电网等新型供电形式安全发展，形成多元化多层次电力安全供应保障体系。加强电网调度安全管理，强化跨省跨区安全调剂余缺能力。提升电网灵活安全调节能力，推动应急备用和调峰电源建设，推动建立健全可调负荷资源参与辅助服务市场机制，推动各类储能安全发展，为新能源发展提供安全保障。推动需求侧响应能力建设，完善高峰用电时段有序用电制度和执行监督手段，切实保障民生用电和重点用电。

提升电网对新能源的安全消纳能力。加强新能源机组并网安全性和稳定性，强化关键节点频率、电压安全支撑。推动建立次同步振荡广域监控系统，提升新形态稳定问题风险防控能力。推动建立新能源规划发展政企会商机制，提升电网对新能源的安全消纳能力。

强化新能源发展安全保障。积极探索新能源发电安全管理新思路，厘清安全责任界面，创新安全管理模式和技术措施，加强新能源开发，特别是以沙漠、戈壁、荒漠地区为重点的大型风电、光伏基地项目的安全风险评估和管控。完善新能源发电安全技术标准体系，加强新能源和储能电站发电并网安全管理，强化抽水蓄能电站建设运行安全监管，提升新能源发电运行安全水平。

强化新型电力系统运行安全保障。加强新型电力系统安全运行基础理论研究，重点开展新型电力系统运行特性分析与故障辨识、安全规划、安全防御、智能调度系统以及大规模新能源并网安全等研究。结合智慧城市建设及微电网建设，开展配电网安全运行关键技术研究，全面提高输配电系统安全水平。针对火电机组日益复杂的运行工况，利用智能计算和大数据挖掘技术，推动开展燃煤电厂智能 DCS 控制技术研究和应用，提高发电安全运行水平。

（四）发挥技术支撑作用

加快电力安全生产数字化转型升级。适应数字化发展趋势，探索数字化治理手段，推进数字化技术赋能“四个安全”治理，逐步实现安全业务数字化，以技术驱动电力安全业务转型升级。贯彻落实《“工业互联网+安全生产”行动计划（2021—2023 年）》，整合电力行业和企业安全生产信息化系统，推进“工业互联网+安全生产”电力行业分中心建设，为国家安全生产监管平台提供数据支撑。打造基于工业互联网的电力安全生产新型能力，组织开展“工业互联网+安全生产”应用试点，推动 5G+安全生产、边缘计算、数字孪生、智慧屏、安全芯片等新技术新产品应用和展示，全面提升电力安全快速感知能力、实时监测能力、超前预警能力、应急处置能力和系统评估能力。

推进人身安全防护新技术研究与应用。推广基于物联网技术的智能安全工器具、实时在线防止电气误操作系统，利用视频和大数据开展人员身份识别、行为识别、定位识别，逐步实现违章作业自动智能告警，有效保障受限空间、临时作业现场等施工区域现场作业人员安全。逐步推进高危作业人工替代技术，开发应用带电作业机器人、炉内无人机和爬壁作业机器人等新技术，从根本上消除安全隐患。在安全培训领域广泛应用虚拟现实技术和人机交互技术，提高从业人员特别是现场作业人员风险预知和应急处置实战能力。

推进设备运行安全新技术研究与应用。提高设备状态监测技术水平，加快突破综合管廊工程、碳纤维导线、特高压换流变压器等状态监测和风险预警技术难题。提高设备设施运维技术水平，针对通信共享铁塔应用趋势，研究调整杆塔校核技术。推广应用新型智能故障定位技术，加大智能巡检机器人应用覆盖率。高度重视重大电磁风险防控，加快研究极端地磁暴等复杂电磁环境安全防护技术。大力推进电力设备振动诊断、预警与治理关键技术国产化，力争突破一批进口设备“卡脖子”问题。深入开展大型变压器、电缆火灾早期预警和灭火技术研究，推广应用电化学储能电站安全运行提升技术，有效防止设备火灾事故。

推进大坝安全新技术研究与应用。研究高坝大库监测检测、缺陷处理及补强加固技术，研制研发专用材料、装备，增强大坝安全隐患排查治理能力。研究大坝安全智能化运行管理技术，实现大坝安全保障水平和管理效能双提升。研究大坝安全应急勘察、抢险救援技术，研发专用装备，推进大坝安全应急能力现代化建设。总结复杂环境条件下水电工程勘察、设计、施工和建设管理技术经验，构建完善大坝全生命周期安全风险管控体系。

推进电力应急能力提升关键技术研究与应用。利用现代信息技术与先进能源电力技术深度融合，推进灾害监测、应急装备、辅助决策等大面积停电应急关键技术研究应用。推广应用能够有效支撑用能设施“即插即用”的设备装置，提升应急救援装备的可靠性和应急单兵作业能力。推广新型减震、隔震技术，优化结构抗震性能，提高电力基础设施设备抗震能力。推进地质灾害、风电防雷、海洋生物等监测预警技术研究，以及海上风电、偏远地区新能源防灾救灾技术研究，加快灾后勘察及灾损快速评估技术研究和专业抢险救援设备研制应用。

完善电力安全生产技术标准体系。提高安全技术标准体系设计的系统性、前瞻性，建立安全技术标准制定统筹工作机制。充分发挥团体标准作用，利用社会资源，制定边界更加宽泛、要求更加严格适用的安全生产技术团体标准。推进标准普及和宣传。积极参与国际安全标准制定工作，加快与国际标准接轨，提高企业国际市场竞争力。

（五）筑牢安全管理基础

加强电力安全生产管理理论和应用研究。认真研究落实党中央、国务院关于安全生产的新精神新要求，发挥国家和行业智库作用，组织电力行业和社会各界专家学者，开展安全生产管理理论研究。研究分析“碳达峰、碳中和”背景下，电力安全生产管理面临的新形势新任务，鼓励跨界探索和理论创新。打造电力行业安全生产品牌论坛、品牌业务圈，搭建更加广泛的沟通交流平台，使全行业共享电力安全生产管理应用最佳实践成果。

夯实电力安全生产管理基础。进一步强化企业安全生产基础管理，坚持抓好安全例会、安全检查、“两票”管理等基础工作，组织修订并严格落实《防止电力生产事故的二十五项重点要求》，坚决执行电力安全生产禁令。不断提升电力企业班组安全管理水平，加快根治违章指挥、违章作业、违反劳动纪律的行为。完善电力技术监督管理体系和标准体系，规范监督服务工作，加强专业交流沟通。在按期完成《电力安全生产专项整治三年行动方案》各项任务的基础上，巩固整治成果，构建安全生产管理长效机制。

全面加强风险分级管控与隐患排查治理双重预防机制建设。继续健全隐患排查治理制度、重大隐患治理情况向所在地负有安全监管职责的部门和企业职代会“双报告”制度，修订《电力安全隐患监督管理暂行规定》，进一步明确隐患排查治理标准和信息报送流程，严格重大隐患挂牌督办制度。继续完善电力行业风险管控长效机制，落实风险分级管控责任，坚持定期召开行业和企业层面的风险分析例会，形成风险辨识、评估、预警、防范和管控的有效闭环管理。制定发布电力行业风险管控体系建设指导意见，开展电网、发电、电力建设安全风险监测预警系统和数据库建设，加快形成风险大数据分析支撑能力。

深化电力安全生产标准化建设。深入贯彻国家关于安全生产标准化工作要求，坚持电力行业安全生产标准化工作统一规范管理，强化落实安全生产标准化的法定工作职责。及时修订电网、发电、电力建设施工企业等安全生产标准化规范，做好企业自查自评工作。建立电力安全生产标准化达标评级管理新模式，充分发挥电力行业相关协会学会作用，推行电力企业安全生产标准化建设定级制度。研究制定电力企业班组安全标准化建设规范，进一步提升班组人员的安全意识和履职能力。

加强电网安全运行管理。推动优化电力系统结构布局，有效控制并逐步化解电力系统重大结构性风险，强化分层分区运行能力。加强电力设施保护，常态化开展枢纽变电站、重要换流站、主干电网和重要输电通道动态风险评估，优化电力设施运行环境，提升防外力破坏监测能力。加强涉网安全管理，做深做细年度运行方式分析，完善常态化电网安全风险管控工作机制。强化新能源场站涉网安全管理，促进厂网协调支撑，保障电力系统安全平稳转型。加强配电网和农村电网升级改造的安全管理。

加强发电运行安全管理。加强能源转型背景下火电机组新运行特征研究，完善安全风险管控措施。制定二次再热等新型高参数大容量火电机组运行规程规范，确保新投运机组运行安全。强化老旧机组改造安全风险分析，加强叶片疲劳度等燃机安全运行状态深度分析，构建设备运行状况评估及寿命预估体系。研究制定综合智慧能源利用项目安全管理指导政策，出台一批安全标准。加强核电保安电源管理，加强核电冷源安全风险防范，从规划布局、建设运行、监测监视、预报预警等方面，辨识核电冷源系统安全风险，研究制定针对性防范措施和应急预案。

加强电力建设安全管理。按照高危行业管理要求，严格落实电力建设施工企业强制性安全措施。制定电力建设危险性较大工程行业标准和安全管理规定，明确危险性较大的分部分项工程、超过一定规模危险性较大的分部分项清单，建立重大建设工程外部安全专家定期巡查制度。制定电力建设工程管理、现场管理禁令清单，制定落后工艺和设备淘汰清单。研究制定电力建设施工企业安全总监岗位职责指导规范，有效落实电力企业技术负责人安全生产技术决策和指挥权。加强电力建设工程工期管理。规范电力建设安全生产费用提取，专款专用。

全面强化外委工程、外协人员管理。进一步强化准入管理，严格外委工程承包单位资质审查和外协人员资格审查，定期开展外委工程承包单位安全履约能力评价，实行违法违规单位及其主要负责人“双黑名单”制。将“两外”人员纳入本单位安全管理体系，杜绝“以包代管”，切实做到统一标准、统一要求。加强“两外”人员安全生产培训管理，加强培训效果评估，提高外委工程、外协人员的事故风险预控能力。

（六）推进安全文化建设

持续加强“和谐•守规”安全文化建设。贯彻落实《电力安全文化建设指导意见》，推进文化制度、组织机构、传播体系、产业发展机制、品牌创建、教育培训等六项重点工程建设，利用工业互联网、大数据、人工智能技术，形成电力安全文化新形态。完善电力企业安全文化建设基本规范，打造各具特色的企业安全文化。强化电力企业管理层的安全文化引领作用，提高主要负责人参与安全文化活动的频度。大力开展电力安全科普基地建设和科普宣传工作，利用“安全生产月”“国家防灾减灾日”等活动，固化一批安全科普精品活动项目，提高全员安全文化建设参与度。

完善电力安全生产教育培训体系。加强对电力行业安全教育培训工作指导，完善相关规章制度，利用信息化技术建立安全培训教材库和师资库，整合分享教学资源和师资力量，全面提高培训水平。要在企业内部建立分层分类的安全生产培训管理标准，重点加强对安全管理人员、新入职人员及临时务工人员的培训，提高培训标准，保障培训效果。进一步规范电力从业人员职业技能取证培训和技能鉴定管理，研究建立电力行业注册安全工程师联合培养机制。建设电力行业安全生产教育培训信息化平台，开展安全培训大数据分析和应用，促进培训质量提升和人才资源共享。

构建电力安全文化建设评估体系。针对电网、火电、水电、新能源、电力建设等不同类型企业，研究电力安全文化评估方法，确定电力安全文化建设评估指标，建立电力安全文化建设评估体系。试点开展电力企业班组安全文化建设成效评估，进一步探索员工安全文化建设评估方式，对员工安全意识、安全行为、安全能力、安全习惯等安全文化素养进行系统评估，激发企业安全工作活力，营造安全生产良好氛围。

（七）强化安全责任落实

落实电力企业安全生产主体责任。开展针对电力企业主要负责人、分管负责人和安全管理人员的安全生产法规定期轮训，强化安全生产意识。健全电力企业从主要负责人到一线岗位员工的全员安全生产责任制，完善安全责任层层落实机制，建立主要负责人对风险管控、隐患排查、应急救援和信息报送等关键环节的主责制度。结合国家法律法规和企业实际，建立动态安全履职责任清单和权力清单。

推进建立“党建+安全”工作机制。鼓励企业基层党组织结合党建活动，通过多种形式，促进形成学安全、知安全、懂安全、促安全的良好氛围。发挥车间、班组等基层党组织的战斗堡垒作用，用好“党员责任区”“党员示范岗”“党员服务队”等载体，积极开展“党员无违章”“党员身边无违章”等活动，引导党员在安全生产实际行动中发挥模范先锋带头作用。加强党员安全模范宣传示范，将安全工作成效纳入优秀党支部、优秀党员评选条件。

创新安全责任落实方式和手段。推进建立电力企业安全履职情况第三方评估考核制度，试点开展以电力安全生产责任落实为核心的电力安全审计，构建更加科学有效的安全责任落实长效机制。鼓励电力企业参加安全生产责任保险，用责任保险等经济手段，加强安全生产管理。积极探索数字技术赋能安全责任落实，建立日常生产管理系统与企业和员工安全责任的数据关联，实现以大数据为支撑的安全责任动态监测和履职监督。

完善安全生产执法监督和考核机制。推动明确各级地方政府在电力建设工程、网络与信息安全、电力应急管理等方面的安全职责，进一步强化行业监管和地方电力安全管理的协同配合。健全电力安全现场检查、行政处罚、事故查处、责任追究等制度，强化电力安全监管执法和企业安全生产考核。落实“四不放过”，完善电力事故事件责任追究制度，建立电力事故问题整改督办制度，确保事故问责闭环管理。建立政府购买服务和第三方机构协助监管机制，有效发挥第三方机构技术、人才等作用。

（八）抓实电力安全专项工作

强化可靠性管理作用。加快《电力可靠性管理办法》及相关配套规范文件的修订和颁布，健全电力可靠性信息统计、发布和可靠性评价、评估、预测等制度，建立反映电力系统充裕性和安全性的可靠性评价指标体系。督促市场主体落实电力可靠性管理责任，推进电力可靠性管理方式现代化，提高可靠性数据的可靠性和实用性。发挥大数据在电力可靠性管理中的应用，依靠可靠性数据构建风险监测预警体系，通过对典型事件、运行工况、设备缺陷、地域特征等多方面数据分析，为电力安全提供辅助决策，实现可靠性管理和电力安全深度融合。

强化电力建设工程质量监督。进一步理顺电力建设工程质量监督体系，加强质监机构和专家队伍建设，推进构建电力建设工程质量分级监督管理体制。完善质量监督相关制度和技术标准，更新质监检查检测手段。建设数字化监督管理平台，提升质量监督水平和效率。全面落实工程参建各方主体质量责任，强化建设单位首要责任和勘察、设计、施工单位主体责任，加强工程质量检测管理。建立质量监督信用管理工作机制，进一步发挥质量投诉举报和质量问题通报的监督作用。

强化水电站大坝安全保障。完善大坝安全法律法规及技术标准体系，推动大坝安全领域风险分级管控和隐患排查治理双重预防机制建设，提高水电站大坝运行安全风险管控水平。加强电力企业隐患自查自改自报的规范管理。进一步加强电力企业大坝安全应急管理，不断完善以大坝安全应急预案建设为重点的电力企业突发事件预防与应急准备。进一步发挥科技引领作用，加大创新力度，推动北斗系统、智能大坝等新技术研发和推广应用，促进水电站大坝安全管理新技术的应用。

强化流域梯级水电站风险管控措施。健全流域梯级水电站风险管控体制机制，推进国家、省、市、县四级流域梯级水电站安全应急组织机构和流域梯级水电企业安全应急管理机构建设，组建流域梯级水电安全及应急技术中心。研究制定流域梯级水电站安全应急管理办法和流域梯级水电站失事专项应急预案，规范流域水电站应急预案编制、备案、演练和培训工作。开展流域水电站安全风险评价及应急能力评估工作，提升应急指挥及应急技术装备水平。

强化网络与信息安全管理。健全电力系统网络安全制度规范，加强行业网络安全等级保护、关键信息基础设施保护制度，落实监督检查，推进电力数据分类分级和安全保护，强化行业关键数据保护、个人信息保护，强化电力关键信息基础设施网络安全审查和供应链安全管控。统筹新型电力系统网络安全防护顶层设计，优化电力监控系统安全防护体系，提升配电系统网络安全水平，增强新型电力系统业务网络安全支撑能力。提升网络攻击态势感知与实战攻防能力，建设行业侧网络安全态势感知平台、网络安全仿真验证环境（靶场），开展多层级电力行业特色网络安全攻防演习，推动网络安全监测全场景覆盖与情报共享。提升网络安全自主可控能力，加快推进关键信息基础设施漏洞库、北斗系统、商用密码应用基础设施建设。加强行业网络安全专家和专业队伍培养，推进行业级网络安全实验室建设，持续加强宣传教育，提升全员网络安全意识。

（九）提升电力应急处置水平

强化电力应急预案体系和应急演练。修订《电力企业应急预案编制导则》等管理规定，推进企业应急预案修编和预案体系完善工作。制订年度大面积停电应急预案编制和演练计划，推进县级以上地方各级政府开展大面积停电事件应急预案编修和演练。建设各类专项预案、现场处置方案、典型事故、自然灾害事件应急演练示范库，开展电力重特大事故和自然灾害事件情景构建，提升应急演练水平。

加强电力应急能力建设。完善电力企业应急能力建设评估工作长效机制，定期规范开展评估工作，滚动提升电力企业应急能力。针对重大事件的不确定性影响，开展复杂性叠加性情景构建，以保障人身安全和基本生产秩序为出发点，提高电力企业综合应急能力。开展以新型储能技术为支撑的局部电网黑启动专项研究，提高极端状况下电网应急处置能力。

推进电力应急资源共建共享。完善国家和地方电力应急专家库，制定专家管理规则，保持一批专业精干的专家队伍，为电力应急日常管理和突发事件处置提供技术支撑。继续推进国家级电力应急救援基地建设，打造电力应急救援新技术装备试点应用和应急救援队伍专业培训平台。建设 2～3 个标准化应急演练场所，推进利用互联网开展应急演练。建设电力行业应急资源信息共享平台，盘活闲置应急资源，实现应急物资的共享应用。

加强电力应急协同处置机制建设。建设电力行业应急指挥系统平台，推进安全监管和应急处置信息的实时采集、监测预警，全面提升电力突发事件综合指挥和协调处置能力。提高地方政府大面积停电事件应急处置能力，健全京津冀、环渤海、粤港澳、长江经济带、陆上丝绸之路等跨地区应急救援资源共享及联合处置机制，开展跨省和跨区域的联合应急演练。推进大面积停电事件应急能力示范县（市）建设，提升基层应对能力。继续推进应急产业发展，在技术转化、产品研发和应对机制方面加大军民融合力度，提高联合应对重大电力突发事件能力。

四、重点行动

（一）电力安全生产政策法规体系建设行动

根据国家安全生产政策法规制修订情况，结合能源转型发展和新型电力系统构建过程中出现的新特点、新业态和新动向，不断修订完善电力行业安全生产政策法规，并加强培训和宣贯。

■ 专栏 1　电力安全生产政策法规制定修订重点

● 推动修订《电力安全事故应急处置和调查处理条例》（中华人民共和国国务院令第 599 号）和《电力安全生产监督管理办法》（国家发展和改革委员会令

第 21 号）、《水电站大坝安全运行监督管理规定》（国家发展和改革委员会令第 23 号）、《电力建设工程施工安全监督管理办法》（国家发展和改革委员会令第 28 号）、《电力监控系统安全防护规定》（国家发展和改革委员会令第 14 号）、《电力可靠性监督管理办法》（国家电力监管委员会令第 24 号）等法规。

● 修订电力建设工程质量监督检查系列大纲、《电力安全隐患监督管理暂行规定》等。

● 制定电力建设工程质量监督管理办法、电网安全评估办法、电力安全风险管控办法、电力安全监管行政处罚自由裁量适用规则、电力事故经济损失认定标准、小型电力建设项目工程施工安全监督管理简易适用规则等规范性文件。

● 制定电力建设工程施工安全反事故措施、基建领域安全生产标准化实施规范、安全生产标准化建设工作指引、电力行业安全生产“党政同责、一岗双责、齐抓共管”工作指南等规范标准。

（二）量化评价指标体系建设行动

根据不同类型电力企业，构建科学的电力安全生产监督管理量化指标体系模型和关键“指标库”，建设评价体系管理平台，实现全过程数字化展现，形成“线上+线下”评价模式。组织电力企业开展指标体系应用试点，积累实践经验，至“十四五”末，实现对电力行业安全生产状况的全面量化评价，形成安全生产状况预警管理和辅助安全生产决策部署能力。

专栏 2　电力安全生产关键指标示例（预防和发展引领指标）

● 技术类一级指标：人身安全、电力系统安全、电力设备设施安全、网络信息安全、安全技术管理、前沿科技应用。

● 管理类一级指标：安全管理体系、组织机构保障、安全生产投入、人员管理、相关方管理、双重预防机制建设、安全基础管理、安全培训、应急管理。

● 文化类一级指标：全员参与程度、文化宣传程度、安全文化水平。

● 责任类一级指标：安全责任制、激励约束机制、安全事故管理。

（三）电网安全运行水平提升行动

加强电网安全评估，提升目标网架本质安全水平。完善跨省、跨区电网格局，管控影响电网安全稳定运行的各类风险隐患。完善电网安全风险管控制度，做深做细年度运行方式分析，有效控制并逐步化解电力系统重大结构性风险。强化电网重大基础设施安全风险管控，加强特高压直流系统、密集输电通道、枢纽变电站、重要换流站、电力调控中心等运行安全管理。

专栏 3　提升电网安全运行水平重点任务

● 制定各级电网安全评估制度。在发输供电能力充裕性、系统稳定性、极端情形应对能力等方面，对各级电网安全进行评估校核。

● 推动优化电力系统结构布局。严格执行新版《电力系统安全稳定导则》，优化电力系统结构布局，着力预防短路电流超标、局部潮流重载等系统安全问题。

● 加强电网运行方式分析和风险管控。研究编制年度运行方式分析报告内容深度规定，实施风险失控问责制度。

● 完善电网重大基础设施安全风险管控体系。推动电力设施保护条例修订，完善密集输电通道联防联控工作机制，建立“一道一策”风险管控制度，推动将密集通道纳入社会治安综合治理范围。建立枢纽变电站（换流站）、电力调度控制中心安全风险管控体系。

● 强化特高压直流系统运行风险管控。对直流近区雷击、山火、飘挂物等风险源进行定期治理。加强直流线路杆塔地网维护，督促电网企业建立直流谐振、山火、飘挂物等隐患风险台账并动态更新。

● 加强新能源并网安全管理。加强电网企业并网安全技术管理，确保机组相关参数性能满足并网运行条件。

（四）构建新型电力系统安全技术体系专项行动

结合高性能计算等技术提出新型电力系统仿真分析技术，并以此为基础，深入研究新型电力系统运行特性及故障机理，提出设计安全约束及安全评估技术。提出适应高比例新能源和高比例电力电子装备接入、源网荷储灵活互动的系统安全稳定控制技术。开发面向新型电力系统安全稳定运行关键装备，推动安全技术创新实验室及标准创新基地建设。

专栏 4　新型电力系统安全攻关重点

● 新型电力系统仿真分析技术。研发电力电子设备/集群精细化建模与高效仿真技术，更大规模和更高精度的交直流混联电网仿真技术，建立智能化计算分析镜像系统。

● 新型电力系统运行特性分析与故障辨识。研究新型电力系统电力电量平衡特征、安全稳定运行主要风险、系统稳定特性及应对措施、故障演化机理及状态辨识技术。开展安稳导则适用性研究，提出新型电力系统的安全约束条件及安全校核方法，研究提出安全性评估指标体系。

● 新型电力系统安全稳定运行技术。突破源网荷储多元接入的多级调度协同、广域协调安全稳定控制技术，高比例新能源和高比例电力电子装备接入电网稳定运行控制技术，多馈入直流系统换相失败综合防治技术。智慧能源系统安全稳定运行控制技术。

● 新型电力系统安全运行关键装备。研制交直流协调控制快速控制保护装置、直流故障限流器，开发过电压抑制与监测、主动电压支撑、暂态潮流调控、故障电流限制、振荡动态阻尼等装备。

（五）强化新能源安全管理专项行动

针对点多面广、区域分散、增速迅猛的新能源发电，积极探索新形势下安全监管工作的新思路、新方式、新做法，创新安全管理模式，有效管控安全风险，不断提高新能源发电安全生产水平。

■ **专栏5　新能源发电安全管理重点推进方向**

● 探索新能源发电项目区域集中管控模式。开展新能源发电项目“无人值班、少人值守、运维管一体化”的区域集中管控中心试点，厘清集控中心与电网调度机构管理界面，提升新能源发电安全管控水平。

● 加快新能源安全管理专业人才培养。加快新能源发电安全管理专业队伍建设，积极培育熟悉新能源领域的安全管理人才。

● 完善新能源发电安全技术标准体系。根据风电、光伏等新能源发电安全生产特点，制修订新能源发电项目并网等相关技术标准和规程规范，增强监管法规标准体系适用性，扩大技术标准覆盖面。

● 大力推进新能源智慧电站建设。运用基于三维数字信息模型技术，实现机组设备在线故障诊断和异常情况即时预警功能，提高新能源发电安全管理成效。

（六）强化常规发电安全管理专项行动

采取有效措施大力提升常规发电安全生产总体水平。

■ **专栏6　常规发电安全管理重点推进方向**

● 推进“两个清单”管理。研究制定发电企业安全风险管控体系建设导则，强化发电安全生产“两个清单”管理，动态更新问题和措施“两个清单”，实现安全生产风险隐患闭环管理。

● 开展机组检修安全专项行动。强化机组检修技改期间风险管控和安全管理，落实反事故措施，开展检修现场督导检查，遏制检修事故多发态势。

● 加强机组延寿安全管理。构建完善机组延寿安全评估标准，做好延寿机组改造，确保延寿机组符合安全生产要求。

● 开展尿素替代液氨改造。按照国家危化品使用管理有关要求，加快推进煤电企业尿素替代液氨系统改造，消除重大危险源。

（七）加强水电站大坝安全管理专项行动

加强常规水电站大坝安全管理，严格管控水电站大坝全生命周期安全风险。根据抽水蓄能电站特点，研究制定相关技术标准和安全防范措施，确保大坝运行安全。

■ **专栏7　水电站大坝安全管理重点推进方向**

● 推进大坝安全在线监控系统建设。按照《水电站大坝安全运行监督管理规定》要求，加快推进坝高100m以上、库容1亿m^3以上大坝和病险坝的运行和管理单位，建设大坝安全在线监控系统，力争到2025年实现全覆盖。

● 完善大坝安全技术支撑体系。推动具有一定规模水电装机的发电企业，根据情况设立大坝安全管理中心，加强大坝安全技术管理。

● 强化大坝安全技术应用。建设基于BIM+GIS的大坝安全灾害影响分析及三维交互展示系统，实现大坝安全智能辅助决策。研究高坝大库监测检测、缺陷处理及补强加固技术，研制研发专用材料、装备，增强大坝安全隐患排查治理能力。研究智能巡检、视频监控、北斗变形监测、卫星遥感勘察等在水电站大坝场景下的应用技术，实现大坝安全风险智能感知。

● 制定抽蓄电站引水隧洞检查技术标准。规范抽蓄电站引水隧洞定期检查内容、程序。

● 加大抽蓄电站漫坝事故防范力度。针对抽蓄电站发电工况（上库水流至下库）叠加下库遭遇洪水或山体塌方等自然灾害的情形，研究制定下库漫坝防范措施。完善运行管理制度，做好电站库水位预警和监视装置的检修维护，杜绝“超抽”事件发生。

（八）电力工程建设安全水平提升行动

健全施工安全标准规范体系，推行作业人员实名制管理，加强电力建设项目分包单位准入，提升现场施工安全监理水平，开展施工示范班组建设，加强技术支撑保障，提升电力工程建设安全管理水平。

■ **专栏8　电力工程建设本质安全提升**

● 建立覆盖全行业从业人员信息管理平台。利用“互联网+”等技术，建立作业人员数据库，记录培训和技能状况、从业经历、信用信息等情况。

● 开展工程监理能力专项提升行动。加强监理队伍建设，强化现场施工安全监理。

● 完善标准化制度体系。围绕“四个安全”治理理念，积极开展安全生产标准化工程建设，研究出台电力建设工程安全检查标准、电力建设工程安全生产风险分级管控体系实施指南、电力建设工程隐患排查治理体系实施指南等电力建设工程行业标准规范，推动形成完整的安全生产标准体系。

● 加强分包单位及人员安全管理。加强电力建设项目分包单位准入管理，合理确定资质、能力、业绩条件，从源头管控人员安全风险，实行分包人员与本单位职工“无差别”管理。

● 开展示范班组建设。从班组安全生产责任落实、班组安全规章制度建设、班组安全教育和培训、班组应急能力建设、班组安全文化建设等方面树立样板和标杆，逐步把相关经验推广覆盖到企业其他班组。

● 开展“智慧工地”建设工程。深入推进全站安全视频监控、智能安全帽、沉浸式的安全教育体验、人工智能安全隐患和违章识别技术等应用。

● 高危作业人工替代技术方面。研发和应用推广适用于电力建设工程的硬岩全断面隧道掘进机，全地形基坑机械作业装备，塔吊安装、拆除及使用安全监测等技术。

（九）电力监控系统安全防护能力提升行动

进一步完善电力监控系统纵深防御体系，强化发电厂电力监控系统网络安全综合防御能力，全面提升电力监控系统网络安全保护水平。

专栏 9　电力监控系统安全防护能力提升重点推进方向

● 持续完善电力监控系统安全防护体系，修订和补充电力监控系统安全防护相关配套方案，落实关键信息基础设施安全重点保护要求。

● 加强电力监控系统相关全业务全周期网络安全管理，建立电力监控系统设备准入、运行、退役定期检测机制，加强软件安全检测和版本控制，加强电力网络安全防护专用设备的安全管理。

● 进一步提升电力生产控制大区网络结构安全和系统本体安全，提升系统及重要应用的安全可信水平，研究加强新型电力系统建设背景下的新能源场站自身安全和厂网信息交互安全，完善电力监控系统应急备用措施。

（十）网络与信息安全基础能力提升行动

建立健全电力行业和企业网络安全态势感知、监测预警、应急指挥体系，强化仿真验证能力，推动电力北斗系统研发应用创新，推进密码基础设施建设，提升基础设施的安全可控水平。

专栏 10　网络与信息安全基础能力提升攻关重点

● 建设行业级网络安全态势感知平台，统筹开展行业攻防演练，健全网络安全应急指挥体系。

● 搭建覆盖发、输、变、配、用、调电力全业务的高仿真行业级网络安全仿真验证环境，支撑网络安全仿真验证、攻防对抗演练培训、电力系统漏洞挖掘验证。

● 推进电力北斗系统应用创新技术攻关，推进北斗系统在电力行业关键领域深入应用。

● 加快推进密码应用基础设施建设、密码改造和商用密码应用安全性评估。

（十一）电力应急体系建设专项行动

着力完善巨灾情形下的电力应急预案，探索实施大面积停电智慧应急预案管理，健全电力应急预案体系。汇聚行业优势资源，建设覆盖政策研究、科技攻关、产业推广等领域的电力应急支撑平台，完善电力应急支撑保障体系。

专栏 11　电力应急体系现代化建设重点

● 完善巨灾电力应急预案。针对可能发生极为罕见、特别重大的自然灾害等突发事件，编制巨灾应对专项预案，明确各方任务分工、应急响应流程等。

● 探索实施智慧应急预案管理。推进电力突发事件应急预案数字化管理，开展重大事件情景构建和应用探索，根据事件地点和类型自动调阅，自动分解形成应急指挥预口令，为应急指挥决策提供支持。

● 建立国家级新型电力系统综合应急基地。依托基地重点研究分析新型电力系统应对重大自然灾害、重大电力事故的薄弱环节，针对性补强应急队伍、装备、物资，示范引领带动行业综合应急能力提升。

● 培育国家级电力应急研究中心。开展电力应急前沿技术研究，制定国家电力应急关键技术攻关指南，制定重要电力应急物资产品推广名录，推动建设电力应急物资储备库，制定电力应急产业推荐目录、鼓励清单，加快发展应急能力建设评估等电力应急服务业。

（十二）电力应急能力现代化建设行动

建设国家电力应急指挥中心，实现全国电力行业统一应急指挥调度。开展电力行业自然灾害风险普查，实施能源重大基础设施安全风险评估，摸清重大危险源、主要承灾体、重大基础设施底数。着力提高综合监测预警、电力应急辅助决策、电力系统抢修恢复能力、重点用户自保自救能力。

专栏 12　电力应急能力现代化建设重点

● 开展自然灾害风险普查。制定电力行业自然灾害风险普查实施工作方案，摸清电力行业重大自然灾害、主要承灾体底数，形成分布图、明细表。

● 实施重大基础设施安全风险评估。出台电力重大基础设施安全风险评估实施细则，明确重大基础设施分级分类标准，开展重大基础设施首次登记，滚动开展安全风险评估。

● 建设国家电力应急指挥中心。与国务院安委办、国家防总等部门，各省电力主管部门，国家能源局各派出机构，全国电力安委会企业成员单位等实现音视频互联互通。整合电力安全应急领域重要数据资源，实现关键数据的实时互动展现，监测预警，资源智能调配，以及事故、事件等数据的常规和应急报送。

● 开展电力应急强基专项督查。推动制定重点电力应急预案“流程图”。重点推动电力应急相关岗位人员做到“三个清楚”，清楚应急职责，清楚应急预案，清楚应急流程。

● 加强用户自备应急电源建设。推动《重要电力用户供电电源及自备应急电源配置技术规范》升级为国家强制性标准。充分挖掘新型能源动力设施减灾方面“源荷一体，可储可供”的潜力。

● 建设可移动应急电源储备库。开展可移动应急电源分布调查，针对性补强可移动应急电源资源。建立市场协议储备机制或社会协调联动机制，满足巨灾情形下跨省、跨区域抢修恢复需求。

● 提升关键领域抢修恢复能力。重点开展复杂地形特高压输电设施损毁抢修、城市地下电力设施快速抢修等技术攻关，着力提升雨雪冰冻灾害、极端强降雨等情形下的抢修恢复能力。

（十三）电力安全生产反违章行动

研究建立“重大违章停岗”“多次违章下岗”等违章处罚机制。建立安全生产违章行为信息库及分专业分级标准，研究制定违章扣分及处罚规范。全面推行“双随机、一公开”安全执法检查，进一步健全电力安全约束和惩戒失信行为机制，推动对电力安全领域严重失信行为实施联合惩戒。对接社会信用体系建设，建立电力安全领域信用激励和惩戒措施清单。

■ 专栏 13　电力安全信用体系建设重点方向

● 健全电力安全约束和惩戒失信行为机制。

● 建立电力安全领域信用红黑名单制度。

● 建立电力安全领域信用激励和惩戒措施清单。

● 建立外委电力工程施工人员个人信用统一管理模式。

● 建立电力安全联合执法工作机制。

（十四）安全教育培训体系构建行动

指导电力行业构建安全教育培训体系，健全完善规章制度、标准规范及评估评级管理体系，研究建立电力安全管理人员持证上岗机制。推动电力行业探索开展安全教育培训课程互认、学分互认机制建设，建立安全培训基础信息收集与大数据分析管理机制，开展安全培训大数据分析和应用，促进培训质量提升。

■ 专栏 14　安全教育培训体系建设重点方向

● 构建安全教育培训体系。

● 制定安全教育培训管理标准。

● 建立安全教育培训教材库。

● 建立安全教育培训师资库。

● 研究建立电力安全管理人员持证上岗机制。

（十五）安全文化精品工程建设推广行动

研究制定电力企业安全文化精品工程建设标准，针对不同类型企业，不同地域和专业特点，总结和培育一批特色鲜明、参与度广、确有实效的安全文化精品工程。设立电力行业安全文化建设指导中心，汇聚行业和社会资源，培养一批高水平的专家人才，切实服务电力企业安全文化建设。建设安全文化交流平台和网络传播平台，集中宣传推广精品工程建设成果。进一步完善激励机制，加强青年专业人才队伍建设，激发员工共同参与安全文化建设的活力，形成良好的安全文化氛围。

■ 专栏 15　安全文化传播体系构建主要内容

● 传播组织载体建设。成立正式和非正式团体，培养兼具专业素养和安全素养的复合型安全文化人才。

● 传播环境载体建设。鼓励企业在生产、办公、作业现场加强安全文化宣传，形成外在环境载体；鼓励企业在不同部门、工种、班组构建安全文化氛围，形成内在环境载体。

● 传播设施载体建设。建设电力安全文化教育室、VR 体验室、安全展室展厅、安全文化长廊。

● 传播活动载体建设。建设以文娱、体育、竞赛、知识性和趣味性活动为主体的电力安全文化传播活动载体；针对不同岗位、不同工种组织开展安全文化教育课堂、讲座、培训，打造全方位的教育培训载体。

● 传播媒介载体建设。发挥企业内部刊物、宣传橱窗、黑板报等媒介载体作用，完善传统媒介载体建设；利用企业网站、微博、微信、抖音、第三方客户端等新媒体宣传阵地，开发系列漫画、短视频、小游戏、网剧等文化产品，完善新型媒介载体建设。

（十六）电力安全审计行动

以落实安全生产责任为核心，试点开展电力企业安全审计工作，强化企业和企业主要负责人及相关负责人的安全责任意识。以国家法律法规和行业规章制度为基础，研究制定安全审计标准和工作指引，构建安全审计工作机制和监管机制，探索独立客观的第三方审计服务模式。

■ 专栏 16　电力安全审计主要方向

● 企业安全生产主体责任管理机制的建设和运作情况。

● 企业安全生产规章制度和操作规程的编制和执行情况。

● 企业安全教育培训计划的编制和实施情况。

● 企业安全生产投入安排的准确性和有效性。

● 企业安全风险分级管控和隐患排查治理双重预防机制建设及运转情况。

● 企业安全生产标准化、信息化建设情况。

● 企业应急管理体系建设及生产安全事故应急处置情况。

● 企业生产安全事故调查处理及信息报送管理情况。

五、保障措施（略）

“十四五”能源领域科技创新规划[1]（摘要）

一、发展形势（略）

二、总体要求和发展目标

[1] 国家能源局、科学技术部 2021 年 11 月 29 日以国能发科技〔2021〕58 号文印发。

（一）指导思想（略）

（二）基本原则（略）

（三）发展目标

能源领域现存的主要短板技术装备基本实现突破。前瞻性、颠覆性能源技术快速兴起，新业态、新模式持续涌现，形成一批能源长板技术新优势。能源科技创新体系进一步健全。能源科技创新有力支撑引领能源产业高质量发展。

——引领新能源占比逐渐提高的新型电力系统建设。先进可再生能源发电及综合利用、适应大规模高比例可再生能源友好并网的新一代电网、新型大容量储能、氢能及燃料电池等关键技术装备全面突破，推动电力系统优化配置资源能力进一步提升，提高可再生能源供给保障能力。

——支撑在确保安全的前提下积极有序发展核电。三代大型压水堆装备自主化水平进一步提升，建立标准化型号和型号谱系。小型模块化反应堆、（超）高温气冷堆、熔盐堆、海洋核动力平台等先进核能系统研发和示范有序推进。乏燃料后处理、核电站延寿等技术研究取得阶段性突破。

——推动化石能源清洁低碳高效开发利用。“两深一非”、老油田提高采收率等油气开发技术取得重大突破，有力支撑油气稳产增产和产供储销体系建设。煤炭绿色智能开采、清洁高效转化和先进燃煤发电技术保持国际领先地位，支撑做好煤炭“大文章”。重型燃气轮机研发与示范取得突破，各类中小型燃气轮机装备实现系列化。

——促进能源产业数字化智能化升级。先进信息技术与能源产业深度融合，电力、煤炭、油气等领域数字化、智能化升级示范有序推进。能源互联网、智慧能源、综合能源服务等新模式、新业态持续涌现。

——适应高质量发展要求的能源科技创新体系进一步健全。政－产－学－研－用协同创新体系进一步健全，创新基础设施和创新环境持续完善。围绕国家能源重大需求和重点方向，优化整合并新建一批国家重点实验室和国家能源研发创新平台，有效支撑引领新兴能源技术创新和产业发展。

三、重点任务

（一）先进可再生能源发电及综合利用技术聚焦大规模高比例可再生能源开发利用，研发更高效、更经济、更可靠的水能、风能、太阳能、生物质能、地热能以及海洋能等可再生能源先进发电及综合利用技术，支撑可再生能源产业高质量开发利用；攻克高效氢气制备、储运、加注和燃料电池关键技术，推动氢能与可再生能源融合发展。

1. 水能发电技术

（1）水电基地可再生能源协同开发运行关键技术。

［集中攻关］研发基于气象水文预报和流域综合监测技术，防洪、发电、航运、供水、生态等综合利用多目标协调，满足安全稳定运行和市场需求的流域梯级水电站联合调度技术；研发基于风光水储多能互补、容量优化配置的新型水能资源评估与规划技术，构建基于可再生能源发电预报预测技术的多能互补调度模型，支撑梯级水电、抽水蓄能电站与间歇性可再生能源互补协同开发运行。

［示范试验］研发并示范特高压直流送出水电基地可再生能源多能互补协调控制技术；研究基于梯级水电站的大型储能项目技术可行性及工程经济性，适时开展工程示范。

（2）水电工程健康诊断、升级改造和灾害防控技术。

［示范试验］开展大坝性态及库区智能监测与巡查、大坝健康诊断技术研究及专用设备研发；突破结构增强、渗漏检测与治理、增容改造、水下修复、金属结构维护、大坝拆除和重建等升级改造技术。开展流域大型滑坡稳定性、致灾机制与预警指标、滑坡灾害监测体系、堰塞湖形成与溃决、滑坡灾害风险防控等研究。示范满足防灾应急和维护检修要求的高坝大库放空关键技术。

2. 风力发电技术

（3）深远海域海上风电开发及超大型海上风机技术。

［集中攻关］开展新型高效低成本风电技术研究，突破多风轮梯次利用关键技术，显著提升风能捕获和利用效率；突破超长叶片、大型结构件、变流器、主轴轴承、主控制器等关键部件设计制造技术，开发15MW及以上海上风电机组整机设计集成技术、先进测试技术与测试平台；开展轻量化、紧凑型、大容量海上超导风力发电机组研制及攻关。

［示范试验］突破深远海域海上风电勘察设计及安装技术，适时开展超大功率海上风电机组工程示范。研发远海深水区域漂浮式风电机组基础一体化设计、建造与施工技术，开发符合中国海洋特点的一体化固定式风机安装技术及新型漂浮式桩基础。

（4）退役风电机组回收与再利用技术。

［应用推广］开展退役风电机组整机回收与再利用工艺研究，重点突破叶片低成本破碎、有机材料高温裂解、玻纤以及巴莎木循环再利用等技术，构建环境友好、资源节约的风电机组退役技术标准体系。

3. 太阳能发电及利用技术

（5）新型光伏系统及关键部件技术。

［集中攻关］研发大功率中压全直流光伏发电系统技术与大功率直流升压变换器，实现直流变换器电压等级 30kV 及以上；突破大型光伏高效直流电解系统

技术及万安级高效率直流电解变换器；开展近海漂浮式光伏系统技术及高可靠性组件、部件技术研究。

（6）高效钙钛矿电池制备与产业化生产技术。

[示范试验]研制基于溶液法与物理法的钙钛矿电池量产工艺制程设备，开发高可靠性组件级联与封装技术，研发大面积、高效率、高稳定性、环境友好型的钙钛矿电池；开展晶体硅/钙钛矿、钙钛矿/钙钛矿等高效叠层电池制备及产业化生产技术研究。

（7）高效低成本光伏电池技术。

[示范试验]开展隧穿氧化层钝化接触（TOPCon）、异质结（HJT）、背电极接触（IBC）等新型晶体硅电池低成本高质量产业化制造技术研究；突破硅颗粒料制备、连续拉晶、N型与掺镓P型硅棒制备、超薄硅片切割等低成本规模化应用技术。开展高效光伏电池与建筑材料结合研究，研发高防火性能、高结构强度、模块化、轻量化的光伏电池组件，实现光伏建筑一体化规模化应用。

（8）光伏组件回收处理与再利用技术。

[示范试验]研发基于物理法和化学法的晶硅光伏组件低成本绿色拆解、高价值组分高效环保分离技术装备，开发新材料及新结构组件的环保处理技术和实验平台，高效回收和再利用退役光伏组件中银、铜等高价值组分。

（9）太阳能热发电与综合利用技术。

[集中攻关]开展热化学转化和热化学储能材料研究，探索太阳能热化学转化与其他可再生能源互补技术；研发中温太阳能驱动热化学燃料转化反应技术，研制兆瓦级太阳能热化学发电装置。

[应用推广]开发光热发电与其他新能源多能互补集成系统，发掘光热发电调峰特性，推动光热发电在调峰、综合能源等多场景应用。

4. 其他可再生能源发电及利用技术

（10）生物质能转化与利用技术。

[集中攻关]研发生物质炼厂关键核心技术，生物质解聚与转化制备生物航空燃料等前沿技术，形成以生物质为原料高效合成/转化生产交通运输燃料/低碳能源产品技术体系。

[示范试验]研发并示范多种类生物质原料高效转化乙醇、定向热转化制备燃油、油脂连续热化学转化制备生物柴油等系列技术。突破多种原料预处理、高效稳定厌氧消化、气液固副产物高值利用等生物燃气全产业链技术，开展适合不同原料类型和区域特点的规模化生物燃气工程及分布式能源系统示范，提升生物燃气工程的经济性和稳定性。

（11）地热能开发与利用技术。

[集中攻关]突破高温钻井装备仪器瓶颈，支撑水/干热型地热能资源开发；攻关中低温地热发电关键技术；开展高温含水层储能和中深层岩土储能关键技术研究，实现余热废热的地下储能。

[示范试验]突破干热岩探测、压裂及效果评价等关键技术，研发单井采热系统、增强型地热系统以及地面综合梯级热利用系统，开发干热岩热储压裂–采热–用热一体化优化设计平台，开展干热岩型地热能开发利用工程示范。

[应用推广]推广含水层储能、岩土储能等跨季节地下储热技术利用，因地制宜推广集地热能发电、供热（冷）、热泵于一体的地热综合梯级利用技术。

（12）海洋能发电及综合利用技术。

[集中攻关]研发波浪能高效能量俘获系统及能量转换系统，突破恶劣海况下生产保障、锚泊等关键技术，实现深远海波浪能高效、高可靠发电。

[示范试验]突破兆瓦级波浪能发电、潮流能发电以及海洋温差能发电等关键技术，开展海上综合能源系统工程示范。

5. 氢能和燃料电池技术

（13）氢气制备关键技术。

[集中攻关]突破适用于可再生能源电解水制氢的质子交换膜（PEM）和低电耗、长寿命高温固体氧化物（SOEC）电解制氢关键技术，开展太阳能光解水制氢、热化学循环分解水制氢、低热值含碳原料制氢、超临界水热化学还原制氢等新型制氢技术基础研究。

[示范试验]开展多能互补可再生能源制氢系统最优容量配置研究，研发动态响应、快速启停及调度控制等关键技术；建立可再生能源–燃料电池耦合系统协同控制平台；研发可再生能源离网制氢关键技术；开展多应用场景可再生能源–氢能的综合能源系统示范。

（14）氢气储运关键技术。

[集中攻关]突破50MPa气态运输用氢气瓶；研究氢气长距离管输技术；开展安全、低能耗的低温液氢储运，高密度、轻质固态氢储运，长寿命、高效率的有机液体储运氢等技术研究。

[示范试验]开展纯氢/掺氢天然气管道及输送关键设备安全可靠性、经济性、适应性和完整性评价，开展天然气管道掺氢示范应用；研发大规模氢液化、氢储存示范装置。

（15）氢气加注关键技术。

[示范试验]研制低预冷能耗、满足国际加氢协议的70MPa加氢机和高可靠性、低能耗的45MPa/90MPa压缩机等关键装备，开展加氢机和加氢站压缩机的性能评价、控制及寿命快速测试等技术研究，研制35MPa/70MPa加氢装备以及核心零部件，建成加氢站示范工程。

（16）燃料电池设备及系统集成关键技术。

[示范试验]开展高性能、长寿命质子交换膜燃料

电池（PEMFC）电堆重载集成、结构设计、精密制造关键技术研究；突破固体氧化物燃料电池（SOFC）关键技术，掌握系统集成优化设计技术及运行特性与负荷响应规律；完善熔融碳酸盐燃料电池（MCFC）电池堆堆叠、功率放大等关键技术，掌握百千瓦级熔融碳酸盐燃料电池集成设计技术。开展多场景下燃料电池固定式发电及分布式供能示范应用。

（17）氢安全防控及氢气品质保障技术。

[集中攻关]开展临氢环境下临氢材料和零部件氢泄漏检测及危险性试验研究，研制快速、灵敏、低成本氢传感器和氢气微泄漏监测材料，研发氢气燃烧事故防控与应急处置技术装备；开展工业副产氢纯化关键技术研究。

（二）新型电力系统及其支撑技术

加快战略性、前瞻性电网核心技术攻关，支撑建设适应大规模可再生能源和分布式电源友好并网、源网荷双向互动、智能高效的先进电网；突破能量型、功率型等储能本体及系统集成关键技术和核心装备，满足能源系统不同应用场景储能发展需要。

1. 适应大规模高比例新能源友好并网的先进电网技术

（1）新能源发电并网及主动支撑技术。

[集中攻关]开展新能源功率高精度预测技术研究，突破新能源发电参与电网频率/电压/惯量调节的主动支撑控制、自同步控制、宽频带振荡抑制等关键技术，研发"云–边"协同的新能源主动支撑智能控制和在线评价系统，提升并网安全性。

[示范试验]研究并示范无常规电源支撑的新能源直流外送基地主动支撑技术；研究并示范新能源孤岛直流接入的先进协调控制技术，实现纯电力电子网络稳定运行；突破中压并网逆变器和光伏高效稳定直流汇集等关键技术，开展新型高效大容量光伏并网技术示范。

（2）电力系统仿真分析及安全高效运行技术。

[集中攻关]研发电力电子设备/集群精细化建模与高效仿真技术，更大规模和更高精度的交直流混联电网仿真技术，建立智能化计算分析镜像系统，突破具有经济运行与安全稳定自我感知能力的源网荷储多元接入的多级调度协同、广域协调安全稳定控制技术，实现复杂运行环境下电网运行特性的深度认知和运行趋势的有效把握；开展新型电力系统网络结构模式和运行调度、控制保护方式，直流电网系统运行关键技术，以及高比例新能源和高比例电力电子装备接入电网稳定运行控制技术研究，提升电网安全稳定运行水平；开展电力系统遭受严重自然灾害、物理攻击、网络攻击等非常规安全风险识别及防范研究，提高非常规状态电网安全稳定防御和应急处理能力。

（3）交直流混合配电网灵活规划运行技术。

[集中攻关]开展多电压等级交直流混合配电网灵活组网模式研究，掌握源网荷储精准匹配、整流逆变合理布局的新型配电网规划技术，研制多端差动保护、区域故障快速处理等装置及直流配用电装备，突破大规模随机性负荷、间歇性分布式电源和大规模分布式储能接入下，中低压配电网源网荷储组网协同运行控制及市场运营关键技术，实现配电网大规模分布式电源有序接入、灵活并网和多种能源协调优化调度，有效提升配电网的韧性和运行效率。

（4）新型直流输电装备技术。

[集中攻关]开展交直流协调控制快速保护以及多馈入直流系统换相失败综合防治技术研究，研制新型换流器、新型直流断路器、DC/DC 变换器、直流故障限流器、直流潮流控制器、有源滤波器、可控消能装置等设备。

（5）新型柔性输配电装备技术。

[集中攻关]研制过电压抑制与监测、主动电压支撑、暂态潮流调控、故障电流限制、振荡动态阻尼、低频输电、柔性变电站、新型无功补偿、有源调压、混合滤波等装备，开展面向新型电力系统应用的新型电力电子拓扑结构和控制等关键技术研究。

（6）源网荷储一体化和多能互补集成设计及运行技术。

[示范试验]开展源网荷储一体化和风光火（储）、风光水（储）、风光储一体化规划与集成设计研究，掌握场站级高电压穿越和次同步振荡抑制技术；研究储能充放电最优策略与聚合控制理论，建立工业园区级智慧能源系统一体化解决方案，形成规模化智慧可调资源；研究电动汽车与电网能量双向交互调控策略，构建电动汽车负荷聚合系统，实现电动汽车与电网融合发展；开发适应新能源汇集输送的多端柔性直流输电、输电线路动态增容等关键技术，实现源网荷储广域灵活调节、安全稳定和经济运行多目标协调控制。

（7）大容量远海风电友好送出技术。

[集中攻关]突破大容量海上风电机组的全工况模拟及并网试验关键技术装备，研制风电机组干式升压变压器，突破远海风电全直流以及低频输电系统设计关键技术。

[示范试验]开展远海风电柔直接入关键技术、装备及运维技术研究，突破大容量直流海缆及附件材料设计及制造技术，掌握紧凑化、轻型化海上平台设计关键技术，并进行示范应用。

2. 储能技术

（8）能量型/容量型储能技术装备及系统集成技术。

[集中攻关]针对电网削峰填谷、集中式可再生能源并网等储能应用场景，开展大容量长时储能器件与

系统集成研究；研发长寿命、低成本、高安全的锂离子电池，突破铅碳电池专用模块均衡和能量管理技术，开展高功率液流电池关键材料、电堆设计以及系统模块的集成设计等研究，研发钠离子电池、液态金属电池、钠硫电池、固态锂离子电池、储能型锂硫电池、水系电池等新一代高性能储能技术，开发储热蓄冷、储氢、机械储能等储能技术。

[示范试验] 开展吉瓦时级锂离子电池、大规模压缩空气储能电站和高功率液流电池储能电站系统设计与示范。

（9）功率型/备用型储能技术装备与系统集成技术。

[集中攻关] 针对增强电网调频、平滑间歇性可再生能源功率波动以及容量备用等储能应用场景，开展长寿命大功率储能器件和系统集成研究；开展超导、电介质电容器等电磁储能技术攻关，研发电化学超级电容器、高倍率锂离子电池等各类功率型储能器件；研发大功率飞轮材料以及高速轴承等关键技术，突破大功率飞轮与高惯性同步调相机集成关键技术，以及50MW级基于飞轮的高惯性同步调相机技术。

[示范试验] 推动10MW级超级电容器、高功率锂离子电池、兆瓦级飞轮储能系统设计与应用示范。

（10）储能电池共性关键技术。

[集中攻关]开展基于储能电池单体和模组短时间测试数据预测长日历寿命的实验验证和模拟仿真研究，实现储能电池25年以上的循环寿命及健康状态快速监测和评价；开展低成本可修复再生的新型储能电池技术研究，研发退役电池剩余价值评估、单体电池自动化拆解和材料分选技术，实现电池修复、梯次利用、回收与再生；推动储能单体和系统的智能传感技术研究；推动储能电池全寿命周期的安全性检测、预警和防护研究；开展基于正向设计，适合梯次利用的动力电池设计与制造，以及梯次利用场景分析、快速分选、系统集成和运维等关键技术研究。

[示范试验] 研发电化学储能系统安全预警、系统多级防护结构及材料等关键技术，示范大型锂电池储能电站的整体安全性设计、能量智能管控及运维、先进冷却及消防等关键技术。

（11）大型变速抽水蓄能及海水抽水蓄能关键技术。

[示范试验]研制大型变速抽水蓄能机组水泵水轮机、发电电动机、交流励磁系统、继电保护系统、计算机监控系统、调速系统等关键设备，研制发电电动机出口断路器等高压开关设备，建立变速抽水蓄能技术体系。突破海水抽水蓄能电站应对海上恶劣天气的发电调度、水库和地下水防渗、发电机组抗附着和抗腐蚀、进水口和尾水系统防海浪等关键技术，适时开展工程示范。

（12）分布式储能与分布式电源协同聚合技术。

[集中攻关] 开展分布式储能系统协同聚合研究，提出多点布局储能系统的聚合方法，掌握多点布局储能系统聚合调峰、调频及紧急控制系列理论与成套技术，实现广域布局的分布式储能、储能电站的规模化集群协同聚合；开展岛屿可再生能源开发与智能微网关键技术攻关。

[应用推广]突破分布式储能与分布式电源协同控制和区域能源调配管理技术，提高配电网对分布式光伏的接纳；研发基于区块链技术的分布式储能多元市场化交易平台，推广基于区块链共享储能应用技术。

（三）安全高效核能技术

围绕提升核电技术装备水平及项目经济性，开展三代核电关键技术优化研究，支撑建立标准化型号和型号谱系；加强战略性、前瞻性核能技术创新，开展小型模块化反应堆、（超）高温气冷堆、熔盐堆等新一代先进核能系统关键核心技术攻关；开展放射性废物处理处置、核电站长期运行、延寿等关键技术研究，推进核能全产业链上下游可持续发展。

1. 核电优化升级技术

（1）三代核电技术型号优化升级。

[示范试验]开展三代核电在工程建设及运行过程中涉及的设备、工艺、布置和施工等关键技术优化研究，进一步提高机组安全性、经济性、厂址适应能力和设备可靠性，支撑建立具有完全自主知识产权的三代核电标准化型号和型号谱系。

[应用推广] 结合国际市场要求，开展型号适应性研发，支撑设计审查认证及取证；持续开展核电厂设计优化和先进技术研究，助力自主三代核电批量化发展及在国际市场推广应用。

（2）核能综合利用技术。

[示范试验] 开展核能供热（冷）方案优化及安全设计原则、核能海水淡化低温闪蒸等核心设备以及核能制氢工艺方案等关键技术研究，研究核能与风电、光伏、储能、氢能等的多能互补形式，优化完善以核电厂为核心的综合能源系统方案及运营技术，推动核能梯级利用，提高核能综合利用效率。

2. 小型模块化反应堆技术

（3）小型智能模块化反应堆技术。

[示范试验]开展小型智能模块化反应堆技术以及先进热交换、监测、材料、软件体系和安全性等关键技术研究，突破核心技术装备，完成先进模块化小型反应堆典型项目一体化与智能化设计，满足在园区、海岛、基地、矿区等多场景工程应用条件，适时开展小型模块化反应堆核能综合利用工程示范。

（4）小型供热堆技术。

[示范试验] 开展供热堆系统设计、燃料组件、试

验验证等关键技术研究，突破关键设备技术，实现小型供热堆设计、装备、建造和配套体系的标准化，适时开展小型堆供热商用示范。

（5）浮动堆技术。

[集中攻关]开展浮动式反应堆装置总体技术方案等关键技术研究，研制满足海洋条件和小型化要求的关键设备，健全海上浮动堆标准规范体系。

（6）移动式反应堆技术。

[集中攻关]开展轻型、智能核电源装置设计与关键技术研究，突破移动式反应堆关键共性技术，开展气冷微堆、微型压水堆、热管反应堆等型号总体方案设计及关键核级设备研制，完成相关试验验证，形成具备可移动能力的先进核电源装置方案。

3. 新一代核电技术

（7）（超）高温气冷堆技术。

[集中攻关]开展高温气冷堆主氦风机电磁轴承等关键设备优化改造，突破多模块协调控制技术；研制超高温气冷堆关键设备，研发（超）高温堆“热－电－氢”多联产应用技术，形成（超）高温气冷堆多用途应用技术方案。

（8）钍基熔盐堆技术。

[集中攻关]建设20MW小型模块化钍基熔盐研究堆及科学设施，探究堆内燃料盐、出堆燃料盐和处理后燃料盐中锕系元素和裂变产物的存在形式和转化规律，建立熔盐堆材料失效评估、寿命预测标准方法，完成钍基熔盐堆与发电系统耦合技术的研发与验证。

4. 全产业链上下游可持续支撑技术

（9）放射性废物处理处置关键技术。

[集中攻关]开展放射性废物综合处理等研究，研发完善等离子熔融、蒸汽重整等废物处理关键技术；建立废物综合处理最优化技术体系和核电机组长期运行废物处理方案，建设中低放废物的处置场。

（10）核电机组长期运行及延寿技术。

[集中攻关]开展核电厂长周期安全可靠运行策略研究，突破核电厂复杂严苛条件下的智能翻新、设备整体更换、多功能远程操控、老化（故障）在线监测等关键技术，研制定位、切割、焊接与金属粉尘收集等智能化专用装备，并构建三维仿真模型和全生命周期大数据系统；研究核电厂关键设备更换后长期运行的可行性及实施路径。

[示范试验]开展结构完整性检测与评价、关键部件材料快中子辐照损伤评价、一回路重要镍基合金部件及主管道材料性能退化行为预测、智能化核设施健康管理监测、辐照脆化热退火老化缓解等核电机组老化与寿命管理基础性和应用性技术研究，建立运行许可证延续技术体系和老化管理大纲技术体系。

（11）核电科技创新重大基础设施支撑技术。

[集中攻关]加快反应堆热工水力、严重事故机理等先进理论研究成果的试验验证技术攻关，支撑高水平台架和研究设施的建设与升级。

（四）绿色高效化石能源开发利用技术

聚焦增强油气安全保障能力，有效支撑油气勘探开发和天然气产供销体系建设，开展纳米驱油、CO_2驱油、精细化勘探、智能化注采等关键核心技术攻关，提升低渗透老油田、高含水油田以及深层油气等陆上常规油气的采收率和储量动用率；推动深层页岩气、非海相非常规天然气、页岩油和油页岩勘探开发技术攻关，研发天然气水合物试采及脱水净化技术装备；突破输运、炼化领域关键瓶颈技术，提升油气高效输运技术能力，完善下游炼化高端产品研发体系。聚焦煤炭绿色智能开采、重大灾害防控、分质分级转化、污染物控制等重大需求，形成煤炭绿色智能高效开发利用技术体系。研发一批更高效率、更加灵活、更低排放的煤基发电技术，巩固煤电技术领先地位。突破燃气轮机设计、试验、制造、运维检修等瓶颈技术，提升燃气发电技术水平。

1. 油气安全保障供应技术

——陆上常规油气勘探开发技术

（1）低渗透老油田大幅提高采收率技术。

[示范试验]完善纳米驱油开发理论，研发表征评价技术装备，发展第二代纳米驱油技术；突破陆相沉积低渗透油藏CO_2驱油提高采收率工程配套技术；开展低渗透油田纳米驱油、CO_2驱油工业化示范，提高我国低渗透老油田原油采收率。

（2）高含水油田精细化/智能化分层注采技术。

[示范试验]开展水驱、聚驱分层开采实时监测与控制技术研究，建立油藏与工程一体化的智能分层开采精细管理系统，开展精细化/智能化分层注采工程示范，提高高含水油田原油采收率。

（3）深层油气勘探目标精准描述和评价技术。

[集中攻关]揭示深层－超深层油气成藏机理，建立以岩相古地理重建、规模储层分布预测、资源潜力评价为核心的深层油气成藏有效性评价方法，形成深层油气勘探地质理论与地球物理评价技术体系，为深层油气勘探突破和增产提供支撑。

——非常规油气勘探开发技术

（4）深层页岩气开发技术。

[示范试验]开展深层页岩气储层特征、工程条件及有效开发一体化研究，掌握深层页岩气“甜点区”评价技术，探明深部原位赋存环境下页岩原位力学行为演化，突破页岩储层高温、高压和高应力水平井多段压裂技术，支撑埋深3500～4500m页岩气的经济有效开发。

（5）非海相非常规天然气开发技术。

［示范试验］开展陆相、海陆过渡相页岩气、致密气和煤层气富集机理与分布规律研究，掌握非常规气“甜点区”评价技术，攻关穿层体积压裂及压后排采关键技术，研发井筒合采工具，开展CO_2增能复合压裂工艺技术应用，建立非海相非常规天然气开发行业标准与规范体系，支撑压裂水平井平均单井累计产气量达到6000万m^3以上。

（6）陆相中高成熟度页岩油勘探开发技术。

［示范试验］开展微纳米孔喉系统表征、流体赋存机理与可动性评价、“人工油气藏”开发、产能动态评价等关键技术研究，开展“甜点区”评价和“井工厂”体积压裂技术示范，形成陆相中高成熟度页岩油富集理论与效益勘探开发配套技术体系。

（7）中低成熟度页岩油和油页岩地下原位转化技术。

［集中攻关］突破原位转化机理与选区评价、低成本钻完井、高效加热、储层改造、体系封闭、高温高硫化氢安全环保采油等关键技术，建立全过程精细化生态环境保护技术体系，开展原位转化开发先导试验研究，支撑中低成熟度页岩油和油页岩进入商业开发阶段。

（8）地下原位煤气化技术。

［集中攻关］开展地下原位煤气化地质评价选址、气化炉建造、气化运行控制、地面集输处理、产出气综合利用等技术攻关及井下高温工具研制，研发物理模拟装置和数值模拟系统，构建地质工程一体化评价开发技术体系并形成标准规范，为中深层地下原位煤气化先导试验奠定基础。

（9）海域天然气水合物试采技术及装备。

［集中攻关］建立天然气水合物资源评价、富集区地球物理预测、地质建模与开发潜力评价技术体系，研发水合物储层–井筒–输送全流程优化设计软件平台，突破海域天然气水合物水平井开发、流动保障、试采管柱与举升、脱水净化等关键技术，完善试采设计方案，支撑海域天然气水合物单井日产气量提升至3万～5万m^3。

——油气工程技术

（10）地震探测智能化节点采集技术与装备。

［集中攻关］开展MEMS数字传感技术、基于LoRa架构的陆上节点自适应组网技术研究，研制陆上、海洋智能化节点地震采集系统，实现百万道级全数字地震探测和深海稳定可靠采集。

［应用推广］应用高精度可控震源智能系统，实现智能化、网络化的高效作业管理；建设海洋地震采集装备制造及检测平台，应用海洋地震勘探系统地震拖缆、控制与定位、综合导航、气枪震源控制等核心装备并装配三维地震物探船，支撑海洋地震勘探技术装备在海洋深水油气勘探开发的推广应用。

（11）超高温高压测井与远探测测井技术与装备。

［集中攻关］突破耐高温芯片、耐高压结构材料、高性能传感器等关键技术，形成230℃/170MPa以上超高温高压快速成像和井旁/井地/井间远探测测井技术装备，配套采集处理解释软件与刻度装置等技术，解决复杂油气藏的深远精细测量与评价技术难题。

［应用推广］开展高可靠快速与成像、全域成像、随钻成像等仪器系列优化升级和地质适应性研究，推进地层成像测井成套装备的规模化应用，持续提升国产高端测井装备核心竞争力。

（12）抗高温抗盐环保型井筒工作液与智能化复杂地层窄安全密度窗口承压堵漏技术。

［集中攻关］开展井筒工作液抗高温稳定机理、复杂地层井漏及井壁失稳机理研究，建立工作液超高温评价方法和防漏堵漏评价方法，研制≥240℃环保型工作液、响应型堵漏材料等关键材料，减小井筒工作液在井漏时对环境的污染，提高一次堵漏成功率，降低井漏损失时间和单井漏失量。

（13）高效压裂改造技术与大功率电动压裂装备。

［应用推广］研发地质工程一体化压裂优化设计平台，完善长水平井油气高效体积压裂、智能压裂和高密度“井工厂”多井多缝立体压裂工艺和二次完井及重复压裂关键技术，研制分布式光纤监测技术与装备、智能材料、大功率电动压裂装备及工具，实现超3000m水平段水平井高效体积压裂工艺与车载式全电动压裂装备的推广应用。

（14）地下储气库建库工程技术。

［集中攻关］开展复杂油气藏建库库容空间高效利用及储气库监测技术研究，研制大型储气库用离心压缩机关键核心部件及新型节能大规模天然气烃水吸附处理装置，构建储气库地质体–井筒–地面一体化完整性评价体系并形成储气库完整性管理标准及规范，全面支撑国内复杂地质条件储气库大规模建设及安全运行。

——管输技术

（15）新一代大输量天然气管道工程建设关键技术与装备。

［示范试验］研制18MW天然气管道集成式压缩机、智能化单枪双丝/双枪四丝自动焊机、钢管、弯管、管件和配套高压球阀等核心装备。

——炼化技术

（16）特种专用橡胶技术。

［集中攻关］开展氢化丁腈橡胶、梯度阻尼橡胶、长链支化稀土顺丁橡胶分子设计及制备技术研究，突破合成工艺及控制技术，研制耐油氢化丁腈橡胶复合

材料、宽温域宽频率高阻尼消声瓦用复合材料，完成稀土顺丁橡胶高性能轮胎试制，形成氢化丁腈橡胶产品生产线、梯度阻尼橡胶稳产和长链支化稀土顺丁橡胶成套技术。

（17）高端润滑油脂技术。

［集中攻关］开展多元醇酯、烷基萘、硅烃、低聚抗氧剂等高端润滑材料构效关系和高选择性合成技术研究，研制硅烃基空间润滑油、高性能航空涡轮发动机润滑油、超宽温通用航空润滑脂等高尖端润滑油脂产品，为高端润滑油脂、多元醇酯、长链烷基萘等基础油工业级批量化试生产建立条件。

（18）分子炼油与分子转化平台技术。

［示范试验］开展分子炼油机理研究，突破分子表征、先进分离、模拟放大、分子重构、智能控制等关键技术，构建产品结构灵活调整的石油分子转化平台，实现传统炼厂多产化工料或多产航煤兼顾化工料，增强传统炼厂产品结构调变能力。

2. 煤炭清洁低碳高效开发利用技术

——煤炭绿色智能开采技术

（19）煤矿智能开采关键技术与装备。

［集中攻关］研制智能实时随机超前探测技术，支撑“透明矿井”所要求的地质保障体系建设；研发井筒机械破岩智能建设、综采设备精准定位与导航、综采设备群智能自适应协同推进、井下智能网联无轨辅助运输等关键技术装备，开发适应煤矿各类巷道条件的智能化快速掘进成套技术装备，提高掘进效率，减少作业人员。

（20）煤炭绿色开采和废弃物资源化利用技术。

［集中攻关］研发采空沉陷动态监测技术、矸石等固体废弃物充填采煤技术、地表生态修复、煤水资源一体化利用技术，改善矿区生态环境；开展关闭矿井资源挖潜再利用、采空区封存 CO_2 技术研究，实现关闭矿井资源的深度开发。

［示范试验］研发煤矸石、煤泥、粉煤灰高效利用技术，开展矿区典型大宗固废资源化利用示范；建设煤矿地下水、低浓度瓦斯、井下废热等低位热能利用技术示范工程；开展煤火区灭火、治理区绿色生态修复研究，开展地下煤火热能利用与生态恢复综合示范。

（21）煤矿重大灾害及粉尘智能监控预警与防控技术。

［集中攻关］研究工程扰动下深部原位岩石力学行为，突破深部强采动大变形围岩控制、冲击地压智能防控技术；开展深部工程结构围岩地层改性、深度高地应力采场围岩综合控制等技术研究；研制井下极端复杂环境下多功能、高精度、低功耗智能感知设备，研发井下海量多源异构数据的高效分析处理与智能预测技术，实现重大灾害事故风险识别、预测与预报预警。

［示范试验］突破采掘面粉尘控制与净化、呼吸性粉尘浓度连续在线监测、粉尘危害精确预警等关键技术，开发大容尘量和强耐湿性的送风过滤式个体防护设备，实现粉尘高效防控。

（22）煤炭及共伴生资源综合开发技术。

［集中攻关］开展精确探明煤系地层的煤、油、非常规天然气、稀有金属、水等叠置资源赋存条件，精准定量确定开发模式研究，实现煤炭及共伴生资源的有效开发。

［示范试验］开展煤系“三气”（煤层气、页岩气、致密砂岩气）综合开发、矿区煤层气分布式经济高效利用技术研究，推进煤矿区煤层气开发与瓦斯治理协同示范。

——煤炭清洁高效转化技术

（23）煤炭精准智能化洗选加工技术。

［示范试验］研发旋流场重介质精准分选、界面调控增强选择性浮选、煤泥水高效固液分离等关键技术装备，突破工艺参数和产品质量高精度在线检测及预测技术，形成煤炭精确分选技术工艺及装备；突破自适应原煤性质全流程智能控制、数字孪生运维等技术，构建智能化选煤技术体系。

（24）新型柔性气化和煤与有机废弃物协同气化技术。

［集中攻关］开发适宜于油气联产的大型柔性气化炉技术，提高甲烷产率、减少污水排放量，实现低阶煤的清洁高效利用。

［示范试验］开展水煤（焦）浆与炼厂废弃物共气化技术研发与示范，协同处理炼厂含油污泥、废油浆等废弃物；开展 3000t/d 粉煤加压气化技术研发与示范，解决高灰分、高灰熔点煤清洁高效气化难题。

（25）煤制油工艺升级及产品高端化技术。

［集中攻关］突破煤炭分级液化的温和加氢液化、残渣热解、固体残渣–废水共气化等关键技术，提高煤制油的过程能效、油品收率和油品品质；研发百万吨级煤油共加氢制芳烃、航空燃料等高品质特种燃料油成套技术。

［应用推广］优化升级超百万吨级大型煤炭间接液化成套技术装备，进一步开发汽油等超清洁液体燃料生产技术。

（26）低阶煤分质利用关键技术。

［集中攻关］突破煤焦油深加工制取化工新材料技术。

［示范试验］开展百万吨级低阶煤热解及产品深加工、万吨级粉煤热解与气化耦合一体化等技术装备工程示范，推进低阶煤分质利用。

（27）煤转化过程中多种污染物协同控制技术。

［集中攻关］突破低成本炭基催化剂制备、新型脱硫脱硝反应器及原位再生等关键技术装备，形成适于工业炉窑烟气多种污染物协同净化成套技术；突破煤化工高盐、高浓、难降解有机废水深度处理工艺技术，形成煤化工转化过程中废水协同净化技术。

——先进燃煤发电技术

（28）先进高参数超超临界燃煤发电技术。

［集中攻关］开展700℃等级高温合金材料及关键高温部件的制造、加工、焊接、检验等关键技术研究。

［示范试验］研发650℃等级蒸汽参数的超超临界机组高温材料生产及关键高温部件的制造技术，开展关键高温部件损伤机理研究，开发高温段锅炉管道及集箱、主蒸汽管道和汽轮机高压转子等高温部件产业化制造技术，突破高温部件应用的同种/异种焊接、冷热加工和热处理等关键技术，开展 650℃等级超超临界燃煤发电机组工程示范。

（29）高效超低排放循环流化床锅炉发电技术。

［示范试验］开展循环流化床锅炉炉内石灰石深度脱硫以及 NO_x 超低排放机理基础研究，优化大型循环流化床锅炉的物料流态、水动力和传热、均匀布风、受热面壁温偏差控制以及受热面布置等设计，突破高效、低成本的超低排放循环流化床锅炉发电关键技术，实现锅炉炉膛出口 NO_x、SO_2 基本达到超低排放限值要求，大幅降低循环流化床锅炉的污染物控制成本，适时开展工程示范。

（30）超临界 CO_2（S－CO_2）发电技术。

［集中攻关］开展 S－CO_2 基础物性研究、闭式热力循环以及发电系统集成优化等关键技术研究，掌握适配不同热源的 S－CO_2 发电系统及关键设备设计制造技术。

［示范试验］研制 S－CO_2（闭式）燃煤锅炉、透平、压缩机、高效换热器等关键设备，开展 10～50MW 级 S－CO_2 发电工程示范及验证。

（31）整体煤气化蒸汽燃气联合循环发电（IGCC）及燃料电池发电（IGFC）系统集成优化技术。

［示范试验］研究提升 IGCC 联产制氢、灵活性发电等技术；研发 IGFC 系统高温换热器、高温风机、纯氧燃烧器等关键装备，开展系统集成优化、系统动态特性、发电系统控制及连锁控制策略等关键技术研究，开发优化尾气纯氧燃烧及 CO_2 捕集技术，适时开展工程示范及验证。

（32）高效低成本的 CO_2 捕集、利用与封存（CCUS）技术。

［集中攻关］研发新一代高效、低能耗的 CO_2 捕集技术和装置，提高碳捕集系统的经济性；开展 CO_2 驱油驱气、CO_2 合成碳酸脂、聚碳等资源化、能源化利用技术研究；突破 CO_2 封存监测、泄漏预警等核心技术；研发碳捕集转化利用系统与各种新型发电系统耦合集成技术。

［示范试验］开展百万吨级燃烧后 CO_2 捕集、利用与封存全流程示范。

（33）老旧煤电机组延寿及灵活高效改造技术。

［示范试验］建立临近设计寿命的燃煤机组运行状态、机组系统和主辅设备性能、主要金属部件寿命等评估方法体系，结合节能提效和灵活性提升等需求，研究延寿改造与节能提效改造、灵活性提升改造等集成的综合改造技术，建立煤电机组延寿运行期间主要金属部件服役状态诊断、监测与寿命管理技术体系，开展工程示范及验证。

（34）燃煤电厂节能环保、灵活性提升及耦合生物质发电等改造技术。

［应用推广］推广先进成熟的节能提效、超低排放、深度节水、废水零排放、固废减量及综合利用技术；因地制宜推广低压缸零出力、加装蓄热装置、火－储联合调频等火电灵活性提升改造技术；因地制宜推广燃煤耦合农林废弃物、市政污泥、生活垃圾等发电技术，进一步提高现役燃煤电厂耦合生物质发电技术水平。

3. 燃气发电技术

（35）燃气轮机非常规燃料燃烧技术。

［集中攻关］研发以煤气化合成气、高炉煤气、焦炉煤气等低热值气体为燃料的燃气轮机安全稳定燃烧技术，开展掺氢燃气轮机设计、制造、试验及稳定低排放燃烧技术研究，掌握适应轻柴油和天然气双燃料的燃气轮机稳定切换燃烧技术，针对伴生气、富氢合成气、轻柴油等非常规燃料开展相应机型燃气轮机的多领域应用。

（36）中小型燃气轮机关键技术。

［示范试验］突破中小型驱动燃机设计和制造技术，完善关键部件和整机的试验验证能力，推动自主驱动燃机示范应用；研发分布式能源系列燃机，突破各类型燃机设计和验证技术，建设完善具有一定通用性的中、小、微型燃机试验平台，满足各类型燃机试验需求，推进中小型燃机示范应用。

（37）重型燃气轮机关键技术。

［示范试验］突破重型燃气轮机自主设计、燃烧室、透平热端部件、控制系统、寿命评估及运维检修服务等关键瓶颈技术，研制具有完全自主知识产权的300MW 等级的 F 级燃气轮机；开展 50～70MW 等级原型机自主开发、制造和试验等关键技术研发；突破重型燃气轮机透平叶片毛坯的自主设计、铸造及检测技术，开展引进型 F 级、H 级重型燃气轮机热端部件、控制系统、运维检修服务创新示范及工程验证，形成基本完整的自主知识产权重型燃机设计体系以及相应

规范、软件和数据库。

（五）能源系统数字化智能化技术

聚焦新一代信息技术和能源融合发展，开展能源领域用智能传感和智能量测、特种机器人、数字孪生，以及能源大数据、人工智能、云计算、区块链、物联网等数字化、智能化共性关键技术研究，推动煤炭、油气、电厂、电网等传统行业与数字化、智能化技术深度融合，开展各种能源厂站和区域智慧能源系统集成试点示范，引领能源产业转型升级。

1. 基础共性技术

（1）智能传感与智能量测技术。

[集中攻关] 开展能源领域专用的传感材料研究，突破核心器件设计与制备技术，掌握特种传感器集成封装和高可靠性技术，开展传感器关键量值校验与可靠性评价技术研究，确保关键参量的准确可靠；提出低功耗传感网络通信协议；健全关键量测设备运行与质量评价技术，建立安全可信的能源信息采集与互动平台，提升能源量测数据综合分析应用水平。

（2）特种智能机器人技术。

[集中攻关] 研究面向能源厂站建设、巡检、检测、清理等领域工程应用的机器人运动控制、极限环境下机器人本体适应、复杂作业空间高精度定位、复合自动化检测等机器人控制技术，开发智能路径规划、复杂机动反馈控制等机器人交互技术，为能源厂站的智能运维提供技术支撑和保障。

（3）能源装备数字孪生技术。

[示范试验] 针对发电装备、油气田工艺设备、输送管道、柔性输变电等能源关键设备，开展三维精细化建模、数理与机理结合的自适应建模、状态参数云图重构、多物理场信息集成等关键技术研究，构建包括设备状态人工智能预测、性能与安全风险智能诊断、人机交互虚拟仿真预测的数字孪生系统。

（4）人工智能与区块链技术。

[示范试验] 开展图像识别、知识图谱、自然语言处理、混合增强智能、群智优化、深度强化学习等人工智能基础技术与能源领域的融合发展研究；开展跨域多链融合与基于区块链的数据管理技术研究，构建具备自治管理能力的能源电力区块链平台，研究适用于能源交易、设备溯源、作业管理、安全风险管控等业务的共识机制，开展区块链在分布式能源交易、可再生能源消纳、能源金融、需求侧响应、安全生产、电力调度、电力市场等场景的应用示范。

（5）能源大数据与云计算技术。

[示范试验] 建立能源大数据模型，支撑构建海量并发、实时共享、开放服务的能源大数据中心，开展能源数据资源的集成和安全共享技术研究，深化应用推广新能源云，全面接入煤、油、气、电等能源数据，打造新型能源数字经济平台。开展适用于能源不同领域的云容器引擎、云编排等技术研究，构建异构云平台组件兼容适配平台和多云管理平台，支撑能源跨异构云平台、跨数据中心、多站融合、云边协同等环境下的应用开发和多云管理。

（6）能源物联网技术。

[示范试验] 开展适应能源领域标准的物联网通信协议技术、能源物联终端协议自适应转换技术、能源物联网信息模型技术、能源物联网端到端连接管理技术研究，形成云边协同的全域物联网架构，开发适用于能源物联网的新型器件、新型终端与边缘物理代理装置，开发物联网多源数据采集融合共享系统及大数据分析应用，建设能源物联网及终端安全防护技术装备体系，建立具备接入和管理各种物联网设备及规约的物联网管理支撑平台。

2. 行业智能升级技术

（7）油气田与炼化企业数字化智能化技术。

[示范试验] 研发油气勘探开发一体化智能云网平台、地上地下一体化智能生产管控平台、油气田地面绿色工艺与智能建设优化平台等关键技术系列及配套装置，开展新一代数字化油田示范和低成本绿色安全的地面工艺关键技术示范，实现科研、设计、生产、经营与决策一体化、智能化和绿色化。搭建炼化企业资源全流程价值链优化平台以及基于泛在感知、生产操作监控、运营决策与执行的生产智能运营平台，开展基于工业互联网平台的智能炼厂工业应用示范。

（8）水电数字化智能化技术。

[示范试验] 开展大坝智能化建造、地下长大隧洞群智能化建造、TBM 智能掘进、全过程智能化质量管控等成套技术集成研发与应用；构建流域梯级水电站智能化调度平台；开发智能水电站大坝安全管理平台，实现智能评判决策及在线监控，推动水电站大坝及库区智能监测、巡查与诊断评估、健康管理及远程运维；完善“监测、评估、预警、反馈、总结提升”的流域水电综合管理信息化支撑技术，形成智能化规划设计、智能建造、智慧运行管控和智能化流域综合管理等成套关键技术与设备。

（9）风电机组与风电场数字化智能化技术。

[应用推广] 掌握叶片自动化生产工艺技术，推动风电产业链数字化、网络化、标准化、智能化，构建上下游协同研发制造体系；开展风电场数字化选址及功率预测、关键设备状态智能监测与故障诊断、大数据智能分析与信息智能管理等关键技术研究，打造信息高效处理、应用便捷灵活的智慧风电场控制运维体系。

（10）光伏发电数字化智能化技术。

[示范试验] 加强多晶硅等基础材料生产、光伏电

池及部件智能化制造技术研究，构建光伏智能生产制造体系；开展太阳能资源多尺度精细化评估与仿真、光伏发电与电力系统间暂稳态特性和仿真等关键技术研究，构建光伏电站智能化选址与智能化设计体系；开展光伏电站虚拟电站、电站级智能安防等关键技术研究，推动光伏电站智能化运行与维护；开展大型光伏系统数字孪生和智慧运维技术、多时空尺度的光伏发电功率预测技术示范，推动智能光伏产业创新升级和行业特色应用。

（11）电网智能调度运行控制与智能运维技术。

[示范试验]开展大电网运行全景全息感知与智能决策、电网故障高效协同处置、现货市场支撑、新能源预测与控制、源网荷储协同的低碳调度、基于调控云的调度管理等技术攻关，研发新一代调度技术支持系统；开发基于卫星及设备 GIS 的多源信息电网灾害监测预警、“空–天–地”一体化监测、输电线路及设施无人机一键巡检、电网“灾害预警–主动干预–灾情感知–应急指挥”一体化智能应急、面向电力行业的电力装备检测、基于物联网的高效精益化运维以及单相接地故障准确研判等关键技术与装备，实现设备故障智能研判和不停电作业。

（12）核电数字化智能化技术。

[集中攻关]构建核电研发、设计、制造、建造、运维、退役全周期业务领域的数字化智能化标准体系及平台体系，建立全生命周期大数据系统和核电厂三维数值模型，实现全过程状态结合、技术要素关联和技术状态贯通；开展反应堆堆芯数值模拟和预测、三维数字化协同设计与智慧工地、机组运行状态智能监控与分析、在役去污、典型设备运行状态全面感知预测与智能诊断、预防性维修、全寿期健康管理以及老化和寿命评估等关键技术研究，支撑构建人机物全面智联、少人干预、少人值守的智能核电厂。

（13）煤矿数字化智能化技术。

[集中攻关]开发煤矿工程数字化三维协同设计平台，支撑煤矿智能化设计；重点突破精准地质探测、井下精确定位与数据高效连续传输、智能快速掘进、复杂条件智能综采、连续化辅助运输、露天开采无人化连续作业、重大危险源智能感知与预警、煤矿机器人等技术与装备，建立煤矿智能化技术规范与标准体系，实现煤矿开拓、采掘（剥）、运输、通风、洗选、安全保障、经营管理等过程的智能化运行。

[示范试验]针对我国不同矿区煤层赋存条件，开展大型露天煤矿智能化高效开采、矿山物联网等工程示范应用，分类、分级推进一批智能化示范煤矿建设，促进煤炭产业转型升级。

（14）火电厂数字化智能化技术。

[示范试验]强化火电厂数字化三维协同设计、智能施工管控、数字化移交等技术应用；突破火电厂数字孪生体的系统架构、建模和开发技术；综合应用先进控制策略、大数据、云计算、物联网、人工智能、5G 通信等技术，从智能监测、控制优化、智能运维、智能安防、智能运营等多方面进行突破与示范，建设具备快速灵活、少人值守、无人巡检、按需检修、智能决策等特征的智能示范电厂，全面提升火电厂规划设计、制造建造、运行管理、检修维护、经营决策等全产业链智能化水平。

3. 智慧系统集成与综合能源服务技术

（15）区域综合智慧能源系统关键技术。

[示范试验]研究区域综合智慧能源系统规划技术；开展复杂场景多能源转换耦合机理、多能源互补综合梯级利用集成与智能优化、智慧能源系统数字孪生、智慧城市高品质供电提升等技术研究，攻克智能化、网络化、模组化的多能转换关键设备；研究综合智慧能源系统能效诊断与碳流分析技术，支撑建立面向多种应用和服务场景的区域智慧能源服务平台，实现电、热、冷、水、气、储、氢等多能流优化运行及智慧运维，全面提升能源综合利用率；开展典型场景下综合智慧能源系统集成示范，推动形成各类主体深度参与、高效协同、共建共治共享的智慧能源服务生态。

（16）多元用户友好智能供需互动技术。

[示范试验]开展多元用户行为辨识与可调节潜力分析、广泛接入与边缘智能控制、灵活资源深度耦合与实时调节、即插即用直流供用电、数字孪生支撑源网荷储协同互动等技术，研制基于 5G 和边缘计算的可调负荷互动响应终端，研发融合互联网技术的可调负荷互动系统，建立多元可调负荷与智能电网良性互动机制，开展电动汽车有序充放电控制、集群优化及安全防护技术研究，开展分布式光伏、可调可控负荷互动技术研究，开展省级大规模可调资源聚合调控、台区用能优化示范验证，促进清洁能源消纳和削峰填谷。

四、保障措施（略）

五、附录：技术路线图（略）

抽水蓄能中长期发展规划（2021—2035 年）[1]（摘要）

一、规划基础（略）

二、发展形势（略）

三、指导思想和基本原则（略）

[1] 国家能源局 2021 年 9 月 17 日发布。

四、发展目标

到 2025 年，抽水蓄能投产总规模 6200 万 kW 以上；到 2030 年，投产总规模 1.2 亿 kW 左右；到 2035 年，形成满足新能源高比例大规模发展需求的，技术先进、管理优质、国际竞争力强的抽水蓄能现代化产业，培育形成一批抽水蓄能大型骨干企业。

五、重点任务

（一）做好资源站点保护

加强与自然资源、生态环境、林草、水利等部门沟通协调，做好与生态保护红线划定及相关规划工作的衔接，在符合生态环境保护要求的前提下，为抽水蓄能预留发展空间。加强对储备项目站址资源的保护工作。

（二）积极推进在建项目建设

——加强工程建设管理。严格执行基本建设程序，在确保工程质量和施工安全的条件下，积极推进河北丰宁、山东文登、辽宁清原等在建抽水蓄能电站建设，如期实现投产运行。加快推进已核准抽水蓄能电站的开工建设。

——推动智能化建造。充分利用物联网、云计算和大数据等手段，推动抽水蓄能电站工程设计、建造和管理数字化、网络化、智能化。充分发挥科技创新、管理创新、先进建造技术示范推广等引领和支撑作用，建设高质量工程。

——妥善做好环境保护和移民安置工作。全面贯彻绿色施工理念，减少施工过程可能给环境带来的不利影响。妥善做好建设征地移民安置工作，推动移民收益与电站开发利益共享，提高移民后续发展能力，促进经济社会高质量发展。

（三）加快新建项目开工建设

——加强项目优化布局。统筹新能源为主体的新型电力系统安全稳定运行、高比例可再生能源发展、多能互补综合能源基地建设和大规模远距离输电需求，结合站点资源条件，在满足本省（区、市）电力系统需求的同时，统筹考虑省际间、区域内的资源优化配置，合理布局抽水蓄能电站。重点布局一批对系统安全保障作用强、对新能源规模化发展促进作用大、经济指标相对优越的抽水蓄能电站。

兼顾京津冀一体化以及蒙东区域新能源发展和电力系统需要，华北地区重点布局在河北、山东等省；服务新能源大规模发展需要，东北地区重点布局在辽宁、黑龙江、吉林等省；服务核电和新能源大规模发展，以及接受区外电力需要，华东地区重点布局在浙江、安徽等省，南方地区重点布局在广东和广西；服务中部城市群经济建设发展需要，华中地区重点布局在河南、湖南、湖北等省；服务新能源大规模发展和电力外送需要，重点围绕新能源基地及负荷中心合理布局，重点布局在“三北”地区。中长期规划布局重点实施项目 340 个，总装机容量约 4.21 亿 kW。

——加强研究工作。鼓励高等院校、科研院所、设计单位、建设和运行单位围绕抽水蓄能电站促进新能源开发、支撑多能互补清洁能源基地建设、新型电力系统、电力市场竞争机制等方面开展深入研究工作，加大涉及工程建设和工程装备制造的重大技术问题研究，为加快抽水蓄能建设提供技术支持。

——加快项目开工进程。严格基本建设程序管理，按照规程规范要求做好项目勘测设计工作，落实各项建设条件，加大资金支持和资源保障力度，加快项目核准建设。

（四）加强规划站点储备和管理

根据各省（区、市）开展的规划需求成果，综合考虑系统需求和项目建设条件等因素，本次中长期规划提出抽水蓄能储备项目 247 个，总装机规模约 3.05 亿 kW。

在已有工作基础上，各省（区、市）不断滚动开展抽水蓄能站点资源普查和项目储备工作，综合考虑地形地质等建设条件和环境保护要求，开展规划储备项目调整工作。加强协调，合理合规地推动规划项目布局与生态保护红线协调衔接，为纳入规划重点实施项目、加快项目实施创造条件。

（五）因地制宜开展中小型抽水蓄能建设

发挥中小型抽水蓄能站点资源丰富、布局灵活、距离负荷中心近、与分布式新能源紧密结合等优势，在湖北、浙江、江西、广东等资源较好的省（区、市），结合当地电力发展和新能源发展需求，因地制宜规划建设中小型抽水蓄能电站。探索与分布式发电等结合的小微型抽水蓄能技术研发和示范建设，简化管理，提高效率。

（六）探索推进水电梯级融合改造

开展水电梯级融合改造潜力评估工作，鼓励依托常规水电站增建混合式抽水蓄能，加强环境影响评价。发展重点为中东部地区梯级水电，综合考虑梯级综合利用要求、工程建设条件和社会环境因素等，推进示范项目建设并适时推广。

（七）加强科技和装备创新

——创新工程建设技术。发挥创新引领作用，坚持技术创新与工程应用相结合，鼓励和推广新技术、新工艺、新设备和新材料的应用，提高工艺水平，降低工程造价，确保工程安全和质量。重点围绕大型地下洞室群智能化机械化施工、复杂地形地质条件下筑坝成库与渗流控制等开展重大技术攻关。利用物联网、云计算和大数据等技术，推动抽水蓄能设计、建造和管理的数字化、智能化。

——增强装备制造能力。坚持自主创新为主，增强机电设备设计制造能力。重点攻关超高水头大容量蓄能机组、大容量变速机组设计制造自主化，并进一步提升励磁、调速器、变频装置等辅机设备国产化水平。

（八）建立行业监测体系

制定抽水蓄能电站综合监测技术导则，研究建立监测指标体系，建立具备实时监测、巡视检查、项目对标、信息共享、监督管理等功能的全国抽水蓄能电站智能综合监测平台。建立监测信息公开机制，定期发布电站运行情况，按年度发布抽水蓄能发展报告。

六、环境影响和综合效益分析

（一）环境影响初步分析

抽水蓄能电站是生态环境友好型工程，中长期规划实施支持新能源大规模发展和消纳利用，减少化石能源消耗，降低二氧化碳、二氧化硫和氮氧化物的排放，有利于应对气候变化和生态环境保护。

规划编制过程中坚持生态优先、绿色发展理念，结合区域资源环境承载能力，识别项目环境敏感因素，纳入规划的重点实施项目不涉及生态保护红线等环境制约因素。

规划项目实施过程可能存在的对大气环境、水环境、声环境等不良环境影响，可通过相关工程措施、管理措施和技术手段等进行预防和减缓。

（二）综合效益分析

抽水蓄能电站建设和运行，将增加地方税收、改善基础设施、拉动就业、巩固脱贫攻坚成果，促进地方经济社会可持续发展。

抽水蓄能电站启停迅速、跟踪负荷能力强，对系统负荷的急剧变化做出快速反应，保障新型电力系统安全稳定运行。抽水蓄能电站配合新能源运行，平抑新能源出力的波动性、随机性，减少对电网的不利影响，促进新能源大规模开发消纳。

七、保障措施（略）

电 力 市 场

全国碳排放交易市场上线交易正式启动

7月16日上午，全国碳排放权交易市场上线交易启动仪式以视频连线形式举行，在北京设主会场，在上海和湖北设分会场。

中共中央政治局常委、国务院副总理韩正在北京主会场出席仪式，并宣布全国碳市场上线交易正式启动。中共中央政治局委员、上海市委书记李强在上海分会场出席启动仪式。生态环境部、湖北省、上海市有关负责同志先后在三地会场致辞。

建设全国碳市场是利用市场机制控制和减少温室气体排放、推进绿色低碳发展的一项重大制度创新，也是推动实现碳达峰目标与碳中和愿景的重要政策工具。全国碳市场的碳排放权注册登记系统由湖北省牵头建设、运行和维护，交易系统由上海市牵头建设、运行和维护，数据报送系统依托全国排污许可证管理信息平台建成。全国碳市场第一个履约周期为2021年全年，纳入发电行业重点排放单位2162家，覆盖约45亿t二氧化碳排放量，是全球规模最大的碳市场。

2021年全国电力交易市场信息

2021年，全国各电力交易中心累计组织完成市场交易电量37787.4亿kWh，同比增长19.3%，占全社会用电量比重为45.5%，同比提高3.3个百分点。其中，全国电力市场中长期电力直接交易电量合计为30404.6亿kWh，同比增长22.8%。

12月，全国各电力交易中心组织完成市场交易电量4087.7亿kWh，同比增长25.6%。其中，全国电力市场中长期电力直接交易电量合计为3176.4亿kWh，同比增长26.9%。

一、全国各电力交易中心交易情况

2021年，全国各电力交易中心累计组织完成市场交易电量37787.4亿kWh，同比增长19.3%，占全社会用电量比重为45.5%，同比提高3.3个百分点。省内交易电量（仅中长期）合计为30760.3亿kWh，其中电力直接交易28514.5亿kWh、绿色电力交易6.3亿kWh、发电权交易2038.8亿kWh、抽水蓄能交易117.6亿kWh、其他交易83亿kWh。省间交易电量（中长期和现货）合计为7027.1亿kWh，其中省间电力直接交易1890.1亿kWh、省间外送交易5037.5亿kWh、发电权交易99.5亿kWh。

12月，全国各电力交易中心组织完成市场交易电量4087.7亿kWh，同比增长25.6%。省内交易电量（仅中长期）合计为3269.2亿kWh，其中电力直接交易3060.7亿kWh、绿色电力交易3.1亿kWh、发电权交易196.8亿kWh、抽水蓄能交易3.2亿kWh、其他交易5.4亿kWh。省间交易电量（中长期和现货）合计为818.6亿kWh，其中省间电力直接交易115.7亿

kWh、省间外送交易 700.5 亿 kWh、发电权交易 2.4 亿 kWh。

2021 年，国家电网区域各电力交易中心累计组织完成市场交易电量 29171.5 亿 kWh，占该区域全社会用电量的比重为 44.5%，其中北京电力交易中心组织完成省间交易电量合计为 6379 亿 kWh；南方电网区域各电力交易中心累计组织完成市场交易电量 6702.8 亿 kWh，占该区域全社会用电量的比重为 46.6%，其中广州电力交易中心组织完成省间交易电量合计为 590.4 亿 kWh；内蒙古电力交易中心累计组织完成市场交易电量 1913.1 亿 kWh，占该区域全社会用电量的比重为 61%。

二、全国电力市场中长期电力直接交易情况

2021 年，全国电力市场中长期电力直接交易电量合计为 30404.6 亿 kWh，同比增长 22.8%。其中，省内电力直接交易电量合计为 28514.5 亿 kWh，省间电力直接交易（外受）电量合计为 1890 亿 kWh，分别占全国电力市场中长期电力直接交易电量的 93.8%和 6.2%。

12 月，全国电力市场中长期电力直接交易电量合计为 3176.4 亿 kWh，同比增长 26.9%。其中，省内电力直接交易电量合计为 3060.7 亿 kWh，省间电力直接交易（外受）电量合计为 115.7 亿 kWh，分别占全国电力市场中长期电力直接交易电量的 96.4%和 3.6%。

全国绿色电力交易试点正式启动

9 月 7 日，全国绿色电力交易试点在北京、广州两大电力交易中心平台同时启动。来自 17 个省份的 259 家市场主体，以线上线下方式完成了 79.35 亿 kWh 绿色电力交易，这是当天全国绿色电力交易试点正式启动后的首次交易。

在首次绿电交易中，68.98 亿 kWh 交易量在北京电力交易中心完成，10.37 亿 kWh 交易量在广州电力交易中心完成。初步核算，此次交易可减少标准煤燃烧 243.6 万 t，减排二氧化碳 607.18 万 t。

据北京电力交易中心负责人介绍，绿色电力交易平台采用区块链技术，全面记录绿电生产、交易、传输、消费、结算等各个环节信息，充分发挥区块链多点共识，防篡改可溯源的特性，实现绿电交易全流程可信溯源，提高绿电消费认证的权威性。

国家发展改革委相关负责人指出，参与绿色电力交易的市场主体，初期以风电和光伏发电为主，逐步扩大到水电等其他可再生能源。而针对居民用电方面，现阶段对各类用户，特别是居民用户不做任何强制性要求，各地方也不能出台强制使用绿色电力的规定。

国家电网有限公司发布《省间电力现货交易规则（试行）》

11 月 22 日，国家电网有限公司按照国家发展改革委、国家能源局《关于国家电网有限公司省间电力现货交易规则的复函》（发改办体改〔2021〕837 号）要求，正式印发《省间电力现货交易规则（试行）》（简称《规则》）。《规则》的印发标志着国内构建“统一市场、两级运作”的电力市场体系又迈出了坚实的一步，是中国电力现货市场建设的重要里程碑。

为进一步贯彻落实《中共中央、国务院关于进一步深化电力体制改革的若干意见》（中发〔2015〕9 号）要求，建立规范的跨省跨区电力市场交易机制，充分发挥市场配置资源、调剂余缺的作用，国家电网有限公司在国家发展改革委、国家能源局的领导下，总结跨区域省间富余可再生能源现货交易试点经验，凝聚行业专家和市场主体的智慧和力量，结合保障电网安全稳定运行、保障电力可靠供应、促进清洁能源消纳的实际需求，研究编制了《省间电力现货交易规则（试行）》。省间电力现货交易覆盖国家电网有限公司和内蒙古电力有限责任公司范围内全部省间交易，参与主体覆盖所有电源类型，对于实现新型电力系统建设过程中的电力保供和能源转型目标具有重要意义。

省间电力现货交易是完整电力市场体系的重要组成部分，是电力市场化改革的重要内容。《规则》发布之时，省间电力现货交易试运行准备工作正在有序开展。省间电力现货交易启动后，将有利于激发市场主体活力，通过市场化手段实现全网电力余缺互济，促进清洁能源大范围消纳，推动构建以新能源为主体的新型电力系统，助力实现碳达峰、碳中和。

《规则》包括总则、市场成员管理、交易组织、日前现货交易、日内现货交易、交易执行与偏差处理、计量方法与结算原则、市场风险防控、信息披露、合同管理、免责条款、规则管理、附则，共 13 章。

《规则》指出，省间电力现货交易由国家电力调度控制中心和区域电力调度控制中心负责组织运营，省级电力调度控制中心和电力交易机构按职责分工配合工作。初期，在国家电网有限公司和内蒙古电力有限责任公司覆盖范围内开展试点。

市场成员包括发电企业、电网企业、售电公司、电力用户及市场运营机构。市场运营机构包括国家电力调度控制中心、区域电力调度控制中心、省级电力调度控制中心和北京电力交易中心、省级电力交易机构。电网企业代理暂未直接参与市场交易的用户参与省间电力现货交易，加快健全相关配套政策机制，推动符合准入条件的售电公司、电力用户参与省间电力现货交易，优先鼓励有绿色电力需求的用户与新能源发电企业参与省间电力现货交易。

省间电力现货交易分为省间日前现货交易和省间日内现货交易。省间电力现货的交易品种为卖方发电企业与买方电网企业、售电公司、电力用户之间进行的电能量交易。省间电力现货交易以 15min 为一交易时段，申报电力最小单位为 1MW，申报价格最小单位为 1 元/MWh。

国内首笔电力市场线上柜台交易完成

3 月 24 日，随着河南省 2021 年度“电能替代”交易申报结束，国内首笔线上柜台交易（OTC 交易）通过“e–交易”电力市场统一服务平台完成。

与传统双边交易“线下协商、线上申报”方式相比，线上柜台交易解决了供需信息不对称、交易协商效率低等问题，为批发与零售主体搭建了自由发布交易意向、了解市场需求的网购式平台，支持筛选比对和全天候线上沟通洽谈，所达成意向自动同步至电力交易平台，节约了交易协商的时间和空间成本，为市场主体提供更加公开透明、便捷高效的市场服务。

参与本次交易的市场主体通过“e–交易”平台发布交易需求 22 条，达成意向订单 16 条，累计成交电量 45.9 亿 kWh，并已全部同步至电力交易平台，形成无约束交易结果。本次交易对于公司推进电力交易数字化创新、提升市场服务水平具有示范意义。

“e–交易”电力市场统一服务平台由北京电力交易中心有限公司牵头建设，旨在打造电力市场服务统一入口和统一品牌。平台于 2020 年底上线试运行，主要面向市场主体提供批发与零售市场线上柜台交易等互联网服务，贯通了趸售与零售市场，增强了市场互动能力。同时，北京电力交易中心打造电力交易平台移动端应用，提供市场注册、交易公告、信息发布等服务，实现“一网通办”。

在“e–交易”平台运营推广过程中，国家电网有限公司统一安排部署，制订详细的运营方案，指导各省级电力公司有序推进各项工作，并组织国网电子商务有限公司、南瑞集团有限公司等单位做好运营支撑和技术保障。

作为首批试点单位，国网河南省电力公司自 2 月 19 日试点启动线上柜台交易，组织多场“e–交易”宣传活动，邀请市场主体先行先试，广泛收集用户需求。在试点工作中，该公司重点攻克线上柜台交易与电力交易平台贯通难题，实现场外意向数据向电力交易平台的推送，提升了双边协商效率，优化了交易申报流程，为本次电能替代交易完成提供了支撑，也为继续推广运营“e–交易”打下了基础。

南方区域首次可再生能源电力消纳量交易开市

4 月 19 日，南方区域首次可再生能源电力消纳量交易开市。通过挂牌交易，交易双方成功达成可再生能源消纳量凭证 2716 个，折合可再生能源消纳电量 271.6 万 kWh，交易均价为每个凭证 8.43 元。

当天交易完成后，广州电力交易中心为首批参与可再生能源电力消纳量交易的售电公司颁发了可再生能源电力消纳证书。

据广州电力交易中心市场管理部主管严旭介绍，本次可再生能源电力消纳量交易是广州电力交易中心践行新发展理念，服务碳达峰碳中和战略的一项重要举措，也是南方区域电力市场建设的重要组成部分。为保证此次交易的成功完成，广州电力交易中心在此前组织了多轮次的宣贯培训和模拟交易测试，详细介绍了政策机制、交易规则和交易系统，帮助主体熟悉交易规则和系统操作，使本次清洁能源消纳量交易实现了省间和省内交易的同期开市、同步交易、即时成交、即时结算。

据贵州电网公司市场部主管谢李浩然介绍，作为本次交易唯一的卖方，贵州电网公司本次交易标的为风能、太阳能、生物质能等非水可再生能源消纳量。买方方面，共有广东粤电电力销售有限公司、三峡电能（广东）有限公司、广州发展电力销售有限公司、华润电力（广东）销售有限公司、广东电网能源投资公司、广州智慧用电与城市照明技术有限公司等 6 家售电公司通过协商和挂牌交易方式参与了交易，最高价格达到了一个凭证 9.0 元，最低价格为一个凭证 6.0 元。

广州电力交易中心副总经理杨临表示，这次可再生能源电力消纳量交易的成功开展，标志着南方区域可再生能源电力消纳量市场建设取得了突破性进展、进入实质性阶段。

全国首个区域调频辅助服务市场启动结算试运行

4 月 1 日，南方区域调频辅助服务市场（广东、广西、海南）历经 3 个月试运行验证后，正式启动结算试运行，成为全国首个实际结算的以调频为交易品种的区域辅助服务市场，标志着南方区域电力市场化改革进入全新阶段。按照“统一规划、分步实施”原则，结合各省（区）实际，广东、广西、海南三省（区）先行启动，后续云南、贵州两省也将按计划进入结算试运行。

电力辅助服务为电力系统提供调峰、调频、备用、调压等调节资源，是系统在异常情况下，保持安全运行和可靠供电的重要手段。此前，电网调峰调频实施的是传统的计划管理，调度员需凭借经验去判断，无法保证优质调节资源得到优先调用，也难以根据调节资源的性能实施差异化补偿。通过开展电力辅助服务市场交易，可以根据各类调节资源的报价和性能，选出最优资源参与系统调节，从而大幅提升电力系统调节能力，为未来大规模可再生能源接入创造有利条件。

2017年，国家能源局印发《完善电力辅助服务补偿（市场）机制工作方案》，全面推动各地区电力辅助服务市场建设。调频作为电力辅助服务的重要品种，在山西、广东、福建率先启动市场化进程。其中，广东调频市场于2018年9月1日进入结算运行，至2020年底已累计创造市场收益超25亿元，相当于传统模式下收益的5倍。

为进一步将市场范围扩大至南方五省区，实现西部省区优质调频资源的充分利用，南方电网公司积极推动南方区域调频市场建设。2020年12月，南方区域调频市场启动试运行，广东、广西、海南三省区的调频资源均被纳入市场交易。

从2021年1～3月南方区域调频市场试运行情况来看，市场中标容量份额基本保持稳定。随着广西、海南纳入市场范围，水电机组中标比例较原广东调频市场进一步提升。市场调频里程方面，水电机组整体表现出较高的调节速率，获得调频指令和里程的能力强于火电机组，进一步促进了系统可再生能源的消纳能力。同时，分担了火电机组部分调频任务，有效降低了系统提供调频辅助服务的化石能耗，反映出市场对资源大范围优化配置及系统调节价值的引导作用。

电力建设

电源建设工程

火力发电

【大唐万宁燃气电厂工程1号机组投运】 2021年10月22日22:58，大唐万宁燃气电厂工程1号机组一次通过168h试运行移交生产，标志着习近平总书记“4·13”重要讲话后，中央企业支持海南五网基础设施建设的第一个大型电源开工项目投入商业运行，为缓解当前海南电力供应紧张局面、喜迎党的十九届六中全会召开作出了积极贡献。

【华电广东清远热电联产工程投运】 2021年3月11日下午14:30，全国国产化率最高的燃机热电联产机组——华电清远热电联产工程第二套机组通过168h试运行，标志着华电清远热电联产工程竣工投产。

华电广东清远热电联产工程由中国华电全资投资建设，项目位于经济发达的广东省清远市广清特别合作区，建设2套9F级燃机热电联产机组，是中国华电全面绿色低碳转型、优化区域布局而重点推进的投资项目之一，单机容量达501.6MW，为目前全国单机发电容量最大的9F级双轴重型燃机项目，两套M701F4++型燃气–蒸汽联合循环机组首次采用对称布置，燃机国产化率达90%以上，锅炉效率达90.4%，综合厂用电率2.1%，综合热效率达76.89%，折算标准煤耗167.8g/kWh。

投产运营后，可替代分散燃煤、燃气小锅炉398t，减少烟尘排放174t/年、二氧化硫排放907t/年、氮氧化物排放507t/年，为地方增加工业产值100亿元以上，实现企业和社会共建共享的绿色发展新局面，切实履行央企社会责任。

【内蒙古白音华坑口电厂开工】 内蒙古白音华坑口电厂是锡盟—江苏泰州特高压直流外送通道配套电源项目，位于锡林郭勒盟西乌珠穆沁旗巴彦华镇白音华能源化工园区，建设两台660MW超超临界直接空冷燃煤机组。项目2021年开工建设。

【国家能源集团湖南永州电厂一期2×1000MW工程投运】 项目位于湖南省永州市东安县芦洪市镇境内，是国家能源集团湖南“一南一北、统筹发展”布局的先行项目，也是该省第一座百万千瓦级火电厂和重点能源项目。项目于2014年8月核准，2019年8月复工建设。1、2号机组先后于2021年10月27日和11月30日相继投产。

【国家能源集团四川天明电厂2×1000MW新建工程投运】 项目位于四川省绵阳江油市双河镇，是四川省“十三五”重点能源项目，也是该省首座超超临界、百万千瓦级火力发电厂。项目于2015年7月核准，2019年2月复工建设。1、2号机组先后于2021年8月31日和10月31日顺利投产。

【神华胜利电厂2×660MW新建工程投运】 项目位于内蒙古锡林浩特市东北郊，是中国神华能源股份有限公司独家投资兴建的大型煤电一体化坑口电站，为2×660MW超超临界空冷机组。也是锡盟—山东1000kV特高压输电通道配套的重点电源项目之一。项目于2015年4月26日核准，2017年4月20日复工，1、2号机组分别于2021年10月12日和11月10日相继顺利投产。

【国家能源集团内蒙古上海庙4×1000MW新建工程投运】 项目位于内蒙古上海庙能源化工基地内，是上海庙—山东临沂±800kV特高压直流输电工程送端配套电源点之一。项目为4×1000MW超超临界间接空冷燃煤机组，分两期建设。一期项目2016年7月取得自治区发展改革委核准，2019年6月开工建设。二期项目2019年12月取得核准，2020年10月开工建设。1号机组于2021年12月投产。

【国家能源集团湖南岳阳电厂2×1000MW新建工程开工】 厂址位于湖南省岳阳市华容县东山镇。项目为2×1000MW超超临界燃煤发电机组。该项目贯彻“四个革命、一个合作”能源安全新战略，将节能环保、智能智控、创新驱动的设计理念融入其中，致力于建设“自然生态、智能智慧、高质高效的世界一流示范电站”。项目于2015年11月核准，2021年12月开工建设，计划2024年投产。

【福建神华罗源湾电厂2×1000MW新建工程投运】 项目位于福州市连江县境内罗源湾南岸的可门作业区1～3号码头腹地。规划建设4×1000MW超超临界燃煤发电机组，一期工程为2×1000MW机组。项目2013年12月核准，2021年2月复工建设，1号机组于2021年12月实现投产，2号机组计划在2022年4月底投运。

【神华四川天明电厂2×100万kW新建工程投运】 中国能建西南电力设计院有限公司与天津电力建设有限公司联合体EPC总承包建设的神华四川天明电厂2×100万kW新建工程，位于成德绵负荷中心的四川省江油市双河镇天明村，甘肃电投常乐电厂4×

1000MW 工程位于甘肃省酒泉市瓜州县境内，是神华集团和四川省人民政府《战略合作框架协议》的首个落地项目，也是四川省目前唯一开工建设的百万机组火电项目，1 号机和 2 号机分别于 2021 年 8 月 31 日及 10 月 31 日建成投运。建成后能有效满足四川电力负荷增长的需求、改善四川电网电源结构、提高枯水期供电能力，为地区经济发展提供必要的、坚强的能源保障。

【浙能绍兴滨海热电厂三期扩建工程项目投运】 浙能集团绍兴滨海热电厂三期扩建工程项目位于浙江省绍兴市柯桥区滨海工业园区。项目建设 1 台 57MW 燃煤抽汽背压式热电联产机组（7 号机组），额定供热能力 325t/h，于 2021 年 5 月 10 日投运。该工程投产后，滨海热电厂最大供热流量可达 2425t/h，年供热量最高可达 2100 万 t。

水 力 发 电

【绩溪抽水蓄能电站全面投产】 绩溪抽水蓄能电站位于安徽省绩溪县伏岭镇境内，装机容量 180 万 kW，安装 6 台单机容量 30 万 kW 机组，是安徽省已规划最大的抽水蓄能电站。工程总投资 98.88 亿元，2012 年 10 月核准，2013 年 1 月开工。上、下水库大坝均为混凝土面板堆石坝，最大坝高分别为 117.7m 和 65.1m，库容分别为 881 万 m^3、903 万 m^3。引水系统采用三洞六机布置型式，水道总长约 2809.1m。厂房开挖尺寸为 210m×24.5m×53.4m（长×宽×高）。

2021 年 2 月 1 日，6 号机组投产发电，至此绩溪电站机组全面投产。12 月 15 日，完成电站竣工安全鉴定，12 月 24 日，完成消防专项验收。

【丰宁抽水蓄能电站投产】 丰宁抽水蓄能电站位于河北省承德市丰宁满族自治县境内，总装机容量 360 万 kW，工程总投资 192.37 亿元，分两期开发，各安装 6 台单机容量 30 万 kW 机组。一期工程 2012 年 8 月核准，2013 年 5 月开工；二期工程 2015 年 7 月核准，2015 年 9 月开工。电站由中国电建设计施工。中国电建旗下 8 家成员企业参加了工程建设。北京院承担了勘测设计工作，水电三局承担了引水系统及金属结构安装，水电七局、水电十四局承担了地下厂房工程，水电三局、水电七局联合体承担了机电安装，华东院承担了工程监理工作，西北院承担了安全监测和土建试验，成都院和中南院承担了物探检验检测工作。

2021 年 5 月 12 日，上水库通过蓄水验收。10 月 1 日，500kV 系统完成倒送电。12 月 30 日，国家电网公司举办河北丰宁抽水蓄能电站投产发电大会。

【敦化抽水蓄能电站 1～3 号机组投运】 敦化抽水蓄能电站位于吉林省敦化市，装机容量 140 万 kW，安装 4 台单机容量 35 万 kW 机组。工程总投资 77.89 亿元，2012 年 2 月核准，2013 年 10 月开工。上水库大坝为沥青混凝土心墙堆石坝，最大坝高 57m，正常蓄水位 1391m；下水库大坝为沥青混凝土心墙堆石坝，最大坝高 75m，正常蓄水位 717m。输水系统采用两洞四机布置形式。地下厂房开挖尺寸为 156m×25m×53m。

2021 年 6 月 4 日，1 号机组投入商业运行。10 月 13 日，2 号机组投入商业运行。12 月 16 日，3 号机组投入商业运行。4 号机组开展整组调试。

【荒沟抽水蓄能电站 1 号机组投运】 荒沟抽水蓄能电站位于黑龙江省海林市，装机容量 120 万 kW，安装 4 台单机容量 30 万 kW 机组，工程总投资 58.03 亿元，2012 年 8 月核准，2014 年 5 月开工。上水库主坝为钢筋混凝土面板堆石坝，最大坝高 83.1m，总库容 1351.8 万 m^3，调节库容 959.8 万 m^3；下水库采用已建成的莲花水电站水库，总库容 41.8 亿 m^3。输水系统采用两洞四机布置方式，引水系统长 1640.5m，尾水系统长 1228.6m。厂房开挖尺寸为 163.2m×25m×53.8m（长×宽×高）。

2021 年 7 月 16 日，上水库通过蓄水验收。8 月 22 日，500kV 倒送电完成。12 月 20 日，1 号机组投入商业运行。12 月 30 日，2 号机组完成试运行。

【沂蒙抽水蓄能电站 1、2 号机组投运】 沂蒙抽水蓄能电站位于山东省临沂市费县境内，装机容量 120 万 kW，安装 4 台单机容量 30 万 kW 机组，工程总投资 73.7 亿元，2014 年 9 月核准，2015 年 6 月开工。上水库项目由中国能建葛洲坝公司承建。

1、2 号机组分别于 2021 年 10 月 25 日、10 月 31 日投入商业运行。11 月 14 日，2 号机组完成山东电网黑启动试验。12 月 31 日，3 号机组进入 15 天考核试运行。

（陈海波　黄　坤　秦鸿哲）

【青海拉西瓦水电站 4 号机组投产】 拉西瓦水电站位于青海省贵德县与贵南县交界的黄河干流上，共安装 6 台 70 万 kW 发电机组，是黄河流域大坝最高、装机总量最大、发电量最多的水电站，是中国“西电东送”的重要组成部分，也是西北电网 750kV 网架的重要支撑电源。拉西瓦水电站于 2003 年 11 月开工建设，2010 年 8 月首批 5 台机组投产发电，工程建设时期与龙滩、小湾水电站并称世界三大水电工程之一。2021 年拉西瓦水电站 4 号机组开始建设，12 月正式投产发电，至此，拉西瓦水电站 420 万 kW 全容量投产。拉西瓦水电站 4 号机组将充分发挥调峰、调频、事故备用作用，有力保障特高压外送通道的安全稳定运行。

【黄河羊曲水电站开工】 黄河羊曲水电站位于海南州兴海县和贵南县交界处，属于一等大（1）型工程，作为黄河干流龙羊峡水电站上游“茨哈、班多和羊曲”三个规划梯级电站的最下一级。电站总装机容量 120 万 kW，水库总库容 16.39 亿 m^3。黄河羊曲水电站项目建设是青海省“一优两高”战略、打造清洁能源示范省的重要举措，将促进青海省新能源规模化开发应用，为打造黄河上游清洁能源基地提供有力支撑。2021 年 12 月，国家电投黄河羊曲水电站主河床截流，主体工程全面开工建设。

【金沙滩白鹤滩水电站首批机组投产】 白鹤滩水电站是金沙江下游河段（攀枝花市至宜宾市）四个水电梯级——乌东德、白鹤滩、溪洛渡、向家坝中的第二个梯级，坝址所处河段的右岸隶属云南省巧家县，左岸隶属四川省宁南县。电站上游距乌东德水电站约 182km，下游距溪洛渡水电站约 195km，与昆明、成都的直线距离分别为 306km 和 400km。控制流域面积 43.03 万 km^2，占金沙江流域面积的 91%。

白鹤滩水电站的开发任务为以发电为主，兼顾防洪、航运，并促进地方经济社会发展。工程核准概算动态总投资 1778.89 亿元。电站装机容量 16000MW，多年平均发电量 624.43 亿 kWh，保证出力 5470MW。水库正常蓄水位 825m，防洪限制水位 785m、死水位 765m，总库容 206.27 亿 m^3，调节库容 104.36 亿 m^3，防洪库容 75.00 亿 m^3，具有年调节能力。电站建成后将仅次于三峡电站排名世界第二，是“西电东送”的骨干电源点。

2021 年 6 月 28 日，金沙江白鹤滩水电站首批机组安全准点投产发电。中共中央总书记、国家主席、中央军委主席习近平发来贺信，表示热烈的祝贺。11 月 8 日，3 号机组通过 72h 试运行，正式移交白鹤滩水电厂运行管理，投入商业运行。11 月 19 日，4 号机组正式并网发电，标志着长江干流成为世界最大清洁能源走廊。

电站由中国电建集团华东院设计，水电四局、五局、六局、七局、八局、十四局及中国能建葛洲坝集团等单位承建。

【长龙山抽水蓄能电站 3 台机组投产】 电站位于浙江省安吉县天荒坪镇和山川乡境内，紧邻华东天荒坪抽水蓄能电站，地处华东电网负荷中心，至杭州、上海、南京三地的公路里程分别为 80、175、180km，共布置 6 台单机容量为 35 万 kW 的立轴单级混流可逆式水轮发电机组，总装机容量 210 万 kW，是华东地区最大的抽水蓄能电站，全部机组投产后年平均发电量可达 24.35 亿 kWh，主要承担华东电网调峰、填谷、调频、调相及紧急事故备用等任务，预计每年减少燃煤消耗量约 21 万 t，每年减少二氧化碳排放量约 42 万 t，减少二氧化硫排放量约 0.28 万 t。

2021 年 6 月底，前首台机组发电，年内 3 台机组陆续投产，累计为长三角地区贡献清洁电能约 6 亿 kWh。

【乌东德水电站全部机组投产发电】 2021 年 6 月 16 日，装机规模中国第四、世界第七的“巨无霸”工程——乌东德水电站最后一台机组完成 72h 试运行，成功并入南方电网，正式投产发电。至此，乌东德水电站 12 台机组全部投产发电。

乌东德水电站总装机容量 1020 万 kW，年均发电量 389.1 亿 kWh，是世界上最薄的 300m 级特高拱坝，也是世界首座全坝应用低热水泥混凝土浇筑的特高拱坝。对川滇两省经济社会发展和“西电东送”具有重要战略意义。电站由中国电建、中国能建葛洲坝集团承建。

【杨房沟水电站全部机组投产发电】 2021 年 10 月 16 日，杨房沟水电站 4 号机组正式并网发电。至此，杨房沟水电站全部机组投产发电。

杨房沟水电站是国内首个百万千瓦级 EPC 水电项目，电站总装机容量 1500MW，安装 4 台 375MW 的混流式水轮发电机组，多年平均年发电量 68.74 亿 kWh。电站建成后，将对雅砻江流域水电基地建设、电力供应等方面发挥重大作用，同时对推进节能减排，改善四川电网枯期水电出力不足，促进经济社会发展和扶贫攻坚具有重大作用。电站由中国电建集团水电七局、华东院承建。

【两河口水电站首批机组投产】 2021 年 9 月 29 日，中国藏区开工建设规模和投资规模最大的水电项目——两河口水电站首批机组投产发电仪式，在雅砻江畔隆重举行。

两河口水电站电站装机容量 3000MW，多年平均发电量 110 亿 kWh。电站初期导流工程于 2009 年开工建设，2020 年 12 月下闸一期蓄水。电站由中国电建集团所属成都院勘测设计、水电十二局与水电五局组成的“一二·五联合体”承建。

【金沙水电站全面投产】 2021 年 10 月 9 日，金沙水电站 4 号机组正式并网发电，金沙水电站全面建成并投产发电。同之前的三台机组一样，4 号机组为 140MW 轴流转桨式水轮发电机组，其转轮直径 10.65m，为在建工程世界第一。

作为清洁能源标志性工程，金沙水电站是长江上游经济带的重要组成部分，也是国家西部大开发 30 项重点工程之一，由中国电建水电七局施工、成都院承担主体监理与试验检测。

【阳江抽水蓄能电站首台机组投产发电】 2021 年 12 月 28 日，南方电网调峰调频公司阳江抽水蓄能电站（简称阳蓄电站）首台机组正式移交生产，对保障粤港澳大湾区电力供应、促进海上风电等清洁能源消纳，实现国家“碳达峰、碳中和”目标具有重要意义，本次投产的机组也是目前中国单机容量最大的抽水蓄能机组，标志着中国抽水蓄能设备自主化水平又向前迈进了一大步。

该电站总装机容量 120 万 kW，投资 76.27 亿元，是国家“十三五”规划的重点项目。电站具有世界首条 800m 水头级的钢筋混凝土衬砌水道，国内单机容量最大、机组埋深最大、碾压混凝土坝最高，是国家“十三五”水电发展规划中 40 万 kW 级抽水蓄能电站机组设备自主化的依托项目。

阳蓄电站一期 3 台机组，工程设计年发电量 12 亿 kWh，将于 2022 年 6 月全部投产发电，每年可节约标煤约 16.9 万 t、减排温室气体总量约 51.8 万 t，减少二氧化硫及粉尘排放 0.35 万 t。

【DG 水电站全面投产】 2021 年 12 月 23 日 17:58，西藏最大内需水电项目 DG 水电站 4 号机组完成 72h 试运行转入商业运行，至此，中国华电在西藏投资建设的首个水电项目 4 台机组全部投产发电。

DG 水电站总装机容量 66 万 kW，是中央确定的支持西藏经济社会发展的重大项目，设计多年平均发电量 32 亿 kWh，全部投产后每年将减少二氧化碳排放约 260 万 t，节约标准煤约 105 万 t。电站于 2015 年 12 月核准并开工建设，2016 年 12 月大江截流，1、2、3 号机组分别于 2021 年 5、7、9 月投产发电。

【阿尔塔什水利枢纽工程并网发电】 2021 年 7 月 18 日，被誉为“新疆三峡”的新疆最大水利枢纽工程——中核集团新华发电公司阿尔塔什水利枢纽工程主电站首台机组并网发电。8 月 17 日，随着末台机组的并网，阿尔塔什水利枢纽工程 6 台机组全部并网发电。

核 能 发 电

【辽宁红沿河核电二期 5 号机组投产】 国家电投辽宁红沿河核电是东北第一个核电站以及最大的电力能源投资项目，项目分为一、二期建设，总投资逾 800 亿元。二期工程 5、6 号机组均采用 ACPR1000 技术，设计、建设吸取了福岛核事故经验反馈，配备了非能动应急高位冷却水源系统等三大非能动系统，实施了二次侧临时补水、移动式应急电源等 11 项技术改进，具备三代核电主要技术特征，安全水平进一步提高。一期工程 4 台机组于 2016 年 6 月 8 日建成投产，目前正在平稳发电；二期工程建设两台机组分别于 2015 年 3 月和 7 月开工建设，5 号机组 2021 年 8 月投产，正式具备商运条件。

【福清核电 5 号机组投运】 2021 年 1 月 30 日，全球“华龙一号”首堆——中核集团福清核电 5 号机组投入商业运行。

【海南昌江核电 3、4 号机组开工】 2021 年 3 月 31 日，中国自主三代核电华龙一号——海南昌江核电 3、4 号机组正式开工。

【中核集团海南昌江多用途模块式小型堆科技示范工程开工】 2021 年 7 月 13 日，中核集团海南昌江多用途模块式小型堆科技示范工程（小堆示范项目）在海南昌江核电现场正式开工，至此，该项目成为全球首个开工的陆上商用模块化小堆，标志着中国在模块化小型堆技术上走在了世界前列。

【中核集团核能供热示范工程（一期）投运】 2021 年 12 月 3 日，由中核集团秦山核电供热的中国南方首个核能供热示范工程（一期）正式投运，供暖面积达 46 万 m^2，惠及近 4000 户居民。这是中核集团首个核能供暖节能工程示范项目，为破解中国南方供暖难题提供了核能解决方案。

其他形式发电及储能

【华能大连庄河海上风电项目并网发电】 2021 年 12 月 31 日，华能大连庄河海上风电项目全容量并网发电。该项目是中国北方单体容量最大、纬度最高的海上风电场。

该项目突破性创下多项“第一”：全球首座采用模块化设计安装的单体海上升压站、全球首台海冰地区吸力桶导管架风机基础暨国内首台吸力桶风机基础安装、全国首根 3×1000mm^2 大直径 220kV 高压海缆敷设安装、全国首个采用微波通信技术实现信号全覆盖的海上风电项目等。该项目为中国电建所属华东院 EPC 总承包项目。

【广东湛江徐闻 600MW 海上风电场项目投产】 国家电投湛江徐闻海上风电场项目位于广东省湛江市徐闻县锦和镇以东海域，中心离岸距离约 27km，水深 5～26m，共计安装 94 台 6.45MW 风电机组，装机总容量为 600MW。2021 年 11 月，94 台风机全部并网发电，刷新了国内海上风电投产项目单体装机容量纪录，成为亚洲在运单体容量最大的海上风电项目。

【江苏如东 H1、H2、H3 号海上风电项目并网发电】 2021 年 12 月 25 日，江苏如东 H1、H2、H3 号海上风电项目，134 台风机全部并网发电。标志着国内单体容量最大、机型配置最多元的海上风电项目实现全容量投产目标。

该项目是当前国内单体容量最大、机型配置最多元的海上风电项目，是中国首座“三站合一”的海上风电场，由中国电建所属华东院 EPC 总承包。

【江苏如东 H4 号 400MW 海上风电场项目投产】 江苏如东 H4 号 400MW 海上风电项目与江苏如东 H7 号 400MW 海上风电，是国家电投打造盐城、南通两个百万千瓦海上风电基地的重要组成部分，是国内海上风电项目中单体容量最大、风机台数最多、离岸距离最远、220kV 海缆路由最长的海上风电项目。如东 H4 号海上风电项目装机规模为 400MW，建设 100 台单机容量 4MW 的风力发电机组，项目于 2021 年 12 月全容量并网投运。

【江苏如东 H7 号 400MW 海上风电场项目投产】 江苏如东 H7 号 400MW 海上风电项目装机规模为 400MW，建设 100 台单机容量 4MW 的风力发电机组，项目于 2021 年 12 月全容量并网投运。

【山东半岛南 3 号海上风电场项目投产】 山东半岛南 3 号海上风电项目位于山东省海阳市南侧海域，风场中心离岸 37km，平均水深 31m，装机规模 301.6MW，建设 58 台单机容量 5.2MW 风电机组。项目于 2021 年 12 月实现全容量并网投运。

【内蒙古通辽百万千瓦风电外送项目开工】 内蒙古通辽百万千瓦风电外送项目是扎鲁特—青州特高压输电通道配套外送基地，建设 100 万 kW 风电，其中扎鲁特旗、科尔沁左翼中旗风电场址各规划容量 50 万 kW。2019 年核准并纳入国家、内蒙古自治区以及通辽市年度开发建设计划，列入内蒙古自治区重点建设项目名单。2021 年开工建设。

【大唐瓜州北大桥第六风电场 C 区第一批 100MW 工程项目投运】 总装机容量 200MW，2021 年 8 月 1 日开工建设，12 月 29 日完成并网发电。可研报告运行期年平均上网电量为 60357.2 万 kWh，若按火电每度电耗标准煤 306g 计算，可节约标准煤约 18.5 万 t。

【国内最大的浙江象山 300MW 滩涂光伏项目建成】 该项目是中国大唐截至 2021 年容量最大的滩涂光伏发电项目，创新采用专制运桩船、犁田式运输船、漂浮式施工步道等多种创新施工方案，有效解决滩涂运输、受潮水影响带来的打桩和施工困难等问题。创新使用可调节式支架、钢管固定卡环结构，解决了光伏区域范围广、地质条件差异大、高桩安装光伏板风险高、难度大等一系列难题，为开发滩涂及水面光伏积累了大量的建设经验。项目被国资委列为献礼百年华诞的央企超级工程。

【广东南澳海上风电项目并网发电】 大唐南澳勒门Ⅰ海上风电项目位于广东省汕头市南澳县南部海域的勒门列岛附近，是汕头市首个建成投产的海上风电项目。场址规划面积约 18km^2，项目规划装机总容量 245MW，布置 35 台 7.0MW 风电机组，同时配套建设 1 座 220kV 海上升压站、陆上开关站、远程控制中心，预计年发电量 7.51 亿 kWh。项目于 2021 年 12 月 31 日全部机组并网。

【大唐南京发电厂 2 号 66 万 kW 机组 100%自主可控智能控制系统投运】 2021 年 5 月 6 日，随着 2 号机组成功并网发电大唐南京发电厂 2 号 66 万 kW 机组 100%自主可控智能控制系统正式投入商业运行，成为国内首个通过国家权威机构认证为 100%自主可控的 DCS 系统解决了在工业控制领域卡脖子技术问题，实现了国内超超临界机组 DCS 系统一次性全国产化完整替代，提升了中国发电领域 DCS 控制系统的安全可靠性和智能化水平。

【江苏竹根沙（H2）海上风电项目投产】 浙能集团竹根沙（H2）海上风电项目容量 302MW，项目位于江苏省盐城市东台市竹根沙及北条子泥附近海域，安装 50 台单机容量 4MW 和 17 台单机容量 6MW 的风电机组，2018 年 11 月通过江苏省发展改革委核准，项目于 2019 年开工，于 2021 年 10 月 19 日投产。

【浙能嵊泗 2 号海上风电场工程投产】 浙能集团浙能嵊泗 2 号海上风电场项目容量 399.95MW，项目位于浙江省嵊泗县崎岖列岛西南侧王盘洋海域，于 2018 年 12 月 21 日通过舟山市发展改革委核准，核准装机容量 400MW。拟安装 31 台明阳智能 6.45MW、32 台上海电气 6.25MW 风电机组，建设一座 220kV 海上升压站和一座陆上计量站（与嘉兴 1 号共用），通过 2 回 220kV 海底电缆将电能从海上升压站送至平湖浙能计量站，在嘉兴电网送出。项目于 2021 年 11 月 28 日投运。

【浙能嘉兴 1 号海上风电场工程投产】 浙能集团嘉兴 1 号海上风电场项目容量 301.2MW，项目位于浙江省嘉兴市平湖市，安装 74 台海上风电机组，配套建设一座陆上计量站和一座海上升压站，及两回 220kV 海底电缆。2017 年 8 月通过浙江省发展改革委核准，项目于 2019 年开工，2021 年 12 月 30 日投运。

【广东省首个近海深水区海上风电项目首批风机并网发电】 2021 年 12 月 23 日 3:45，在距离阳江海岸线 55km 的蓝海深处，随着一排排风机的徐徐转动，广东华电阳江青洲三 500MW 海上风电项目成功并网发电，标志着南海近海深水区海上风电项目实现“零突破”，深蓝海风吹响了清洁能源发展的奋进号角。

广东华电阳江青洲三 500MW 海上风电项目每年可为社会提供清洁电能约 15.5 亿 kWh，可节约标准煤 47.8 万 t，减少二氧化碳排放 127 万 t、烟尘 48.52t。项目于 2018 年 12 月获得核准，2020 年 12 月主体工程正式开工。

【国家能源集团国华东台四期（H2）300MW 海上风电场工程投产】项目位于江苏省东台北条子泥海域，由国家能源集团与法国电力集团联合建设运营，是国内首个中外合资海上风电项目。项目为江苏省重点工程，安装 63 台 4.0MW 和 12 台 4.2MW 海上风力发电机组，总装机容量 302.4MW。敷设 12 回 35kV 和 2 回 220kV 海底电缆，新建 220kV 海上升压站一座。项目于 2018 年 6 月开工建设，2021 年 3 月投产，当年获评国家电力行业优质工程，年底荣膺国家优质工程金奖，是该年度全国新能源领域唯一获此殊荣的项目。

【华能大连庄河海上风电项目并网发电】2021 年 12 月 31 日，华能大连庄河海上风电项目全容量并网发电。该项目是中国北方单体容量最大、纬度最高的海上风电场。

该项目突破性创下多项“第一”：全球首座采用模块化设计安装的单体海上升压站、全球首台海冰地区吸力桶导管架风机基础暨国内首台吸力桶风机基础安装、全国首根 $3\times1000mm^2$ 大直径 220kV 高压海缆敷设安装、全国首个采用微波通信技术实现信号全覆盖的海上风电项目等。该项目为中国电建所属华东院 EPC 总承包项目。

【江苏启东海上风电项目并网发电】2021 年 12 月 25 日，江苏启东 H1、H2、H3 海上风电项目，134 台风机全部并网发电。标志着国内单体容量最大、机型配置最多元的海上风电项目实现全容量投产目标。

该项目是当前国内单体容量最大、机型配置最多元的海上风电项目，是中国首座“三站合一”的海上风电场，由中国电建所属华东院 EPC 总承包。

【国家能源集团江苏竹根沙 H1 海上风电项目投产】项目位于江苏省竹根沙区域，离岸距离约 37km，规划为 50 台单机容量 4MW 风电机组，总装机容量达 200MW。同时配套新建一座 220kV 海上升压站，以 1 回 220kV 海缆接入陆上集控中心。项目离岸距离远，具有典型的辐射沙洲地形特征，海床泥面标高较高，水深极浅，是国内少有的离岸型潮间带海上风电场，也是现阶段国内综合施工难度最大的海上风电项目之一。项目于 2020 年 3 月开工建设，2021 年 12 月投产。

【国家能源集团浙江象山 1 号海上风电场（一期）工程投产】项目位于浙江省象山县石浦镇东南海域，离岸距离约 17km。总装机容量 254.2MW，共安装 41 台单机容量 6.2MW 风电机组，同时配套新建一座 220kV 海上升压站，以 1 回 220kV 海缆登陆后转架空线，终端接入 220kV 陆上集控中心。项目所处海域具有“大涌浪、厚淤泥、强台风”特征，是现阶段国内综合施工难度最大的海上风电项目之一。项目于 2020 年 12 月开工建设，2021 年 11 月投产。

【国家能源集团江苏大丰 H4、H6 海上风电项目投产】项目位于江苏盐城大丰港海域。H4、H6 项目场区中心离岸距离分别为 55km 和 64km。项目总装机容量 600MW，安装 94 台 6.45MW 风电机组，各配套建设 1 座 220kV 海上升压站，以 3 回 220kV 海缆接入陆上集控中心。工程于 2020 年 11 月开工建设，项目 H4 和 H6 分别于 2021 年 11 月和 12 月先后投产。

【三峡新能源阳西沙扒二期 400MW 海上风电场项目并网】项目位于广东省阳江市阳西县沙扒镇西侧海域。规划涉海面积约 $64km^2$。场址水深范围 24～28m，中心离岸距离约 21km。项目规划装机容量为 400MW，拟布置 62 台 6.45MW 风电机组。配套建设陆上集控中心及 220kV 海上升压站一座。风电机组发出电能通过 35kV 集电海底电缆接入海上升压站，升压后通过 220kV 海底电缆接入位于上洋镇沿岸的陆上集控中心。

项目于 2020 年 4 月正式开工，2021 年 3 月首批机组并网，2021 年 12 月 25 日全部机组并网。

【三峡新能源阳西沙扒三期 400MW 海上风电场项目并网】项目位于广东省阳江市阳西县沙扒镇附近海域，本期风电场 A1 区 300MW 面积约 $36.5km^2$；A2 区 100MW 面积约 $14.1km^2$，风电场总涉海面积约 $50.6km^2$。A2 区水深范围 21～23m，场址中心离岸距离 15km，规划装机容量为 100MW；A1 区场址水深范围 22～31m，中心离岸距离约 28km，规划装机容量为 300MW。项目总规划装机容量为 400MW，安装 62 台 6.45MW 风电机组，其中 A2 区风机接入三峡二期海上升压站，A1 区风机接入配套建设的 220kV 海上升压站和陆上集控中心。陆上集控中心新建 1 回 220kV 线路接入三峡 500kV 陆上升压站，与三峡沙扒二期至五期共同接入，升压至 500kV 统一送出。三峡 500kV 陆上升压站新建 1 回线路接入 500kV 粤西开关站。

项目于 2020 年 4 月正式开工，2021 年 10 月首批机组并网，2021 年 12 月 25 日全部机组并网。

【三峡新能源阳西沙扒四期 300MW 海上风电场项目并网】项目位于广东省阳江市阳西县沙扒镇南侧海域。场址东西向长约 12.6km，南北向宽约 2.9km，风电场场址涉海约 $36.5km^2$，水深在 25～28m 之间。本风电场工程规划装机总容量约 300MW，拟安装 43 台单机 7MW 的风力发电机组。陆上集控中心新建 1 回 220kV 线路接入三峡 500kV 陆上升压站，与三峡沙扒二期至五期共同接入，升压至 500kV 统一送出。三峡 500kV 陆上升压站新建 1 回线路接入 500kV 粤西开关站。

项目于 2020 年 4 月正式开工，2021 年 8 月首批机组并网，2021 年 12 月 25 日全部机组并网。

【三峡新能源阳西沙扒五期 300MW 海上风电场项目并网】 项目位于广东省阳江市阳西县沙扒镇附近海域，场址面积约 43km²，外围风机包络海域面积约为 36km²。场址水深范围 27～32m，中心离岸距离约 28km。项目规划装机容量为 300MW，拟布置 47 台 6.45MW 风电机组，配套建设陆上集控中心及租用运维码头。通过 12 回 35kV 集电海底电缆接入海上升压站，升压后通过 2 回 220kV 海底电缆接入位于上洋镇沿岸的陆上集控中心。陆上集控中心新建 1 回 220kV 线路接入三峡 500kV 陆上升压站，与三峡沙扒二期至五期共同接入，升压至 500kV 统一送出。三峡 500kV 陆上升压站新建 1 回线路接入 500kV 粤西开关站。

项目于 2020 年 4 月正式开工，2021 年 12 月首批机组并网，2021 年 12 月 25 日全部机组并网。

【三峡新能源江苏如东 H6（400MW）海上风电项目并网】 项目位于如东县东部的黄沙洋海域，风电场离岸距离约 50km，规划海域面积约 66km²；规划装机容量 400MW，拟安装 100 台单机容量 4.0MW 风电机组。项目场区新建一座 220kV 海上升压站，场内集电通过 35kV 海缆接入到 220kV 海上升压站，经升压至 220kV 后，采用 2 回 220kV 交流海底电缆送出至海上换流站，经换流至 400kV 直流后，采用 1 回路 400kV 直流海缆登陆岸基集控中心，在岸基集控中心进行换流并升压至 500kV 交流后通过电网负责建设的架空线路接入电网。

项目于 2019 年 12 月开始陆上换流站施工，2020 年 5 月开始海上沉桩施工，2020 年 7 月首台风机吊装成功。2021 年 5 月海上升压站安装调试完成，直流海缆敷设完成；8 月海上换流站安装调试完成；11 月全部机组吊装完成；11 月 29 日全部机组并网发电。

【三峡新能源江苏如东 H10（400MW）海上风电项目并网】 项目位于如东县东部的黄沙洋海域，规划总装机规模 400MW，规划海域面积约 66km²，离岸距离约 63km，拟安装 100 台单机容量 4.0MW 风电机组。项目场区新建一座 220kV 海上升压站，场内集电通过 35kV 海缆接入到 220kV 海上升压站，经升压至 220kV 后，采用 2 回 220kV 交流海底电缆送出至海上换流站，经换流至 400kV 直流后，采用 1 回路 400kV 直流海缆登陆岸基集控中心，在岸基集控中心进行换流并升压至 500kV 交流后通过电网负责建设的架空线路接入电网。

项目主体工程于 2020 年 6 月开工，2020 年 6 月首根单桩基础沉桩成功，2020 年 11 月首台单桩基础风机吊装成功。2021 年 5 月海上升压站安装调试完成；11 月全部机组吊装完成；12 月 16 日全部机组并网发电。

【三峡新能源江苏大丰 H8－2（300MW）海上风电场工程项目并网】 项目位于江苏省盐城市大丰区毛竹沙北侧海域，规划海域面积为 48km²，场址中心离岸距离为 72km，场区水深 7.5～20.9m，总装机规模为 300MW。项目场区新建一座 220kV 海上升压站，场内集电通过 35kV 海缆接入到 220kV 海上升压站，经升压至 220kV 后，采用 1 回约 83km 20kV（3×1000mm²）交流海底电缆送出登陆接入岸基集控中心，同时在海缆中间设置一座高压并联电抗器平台。岸基集控中心升压至 500kV 后通过电网负责建设的架空线路接入电网。

2020 年 9 月项目岸基集控中心开始施工，12 月海上沉桩开始施工，2021 年 1 月首台风机吊装成功。2021 年 9 月海上高抗站、升压站安装调试完成，海缆敷设完成；12 月全部机组吊装完成；12 月 15 日全部机组并网发电。

【长乐外海海上风电场 A 区项目并网】 项目位于福州市长乐区东部海域、闽江口南岸，处于台湾海峡北部，场址距离长乐海岸线 32～40km 处，理论水深 39～44m，场址调整后面积 32km²。项目总容量 300MW，共安装 37 台大容量海上风电机组，其中 14 台 6.7MW、13 台 8MW、10 台 10MW。项目配套建设 1 座 220kV 预装组合式海上升压站和 1 座 220kV 陆上集控中心，集电线路通过 10 回 35kV 海缆接入海上升压站升压至 220kV 后，经 2 回 220kV3×500 三芯海缆接入 220kV 陆上集控中心，现阶段通过新建 1 回 110kV 临时送出线路送出（T 接至 110kV 江田—首祉线路 25 号塔），第二阶段 A 区项目改由 220kV 首祉—西皋变送出（拟新建 220kV 过渡方案），第三阶段 A 区、C 区改由龙下集控站—西皋变线路送出，第四阶段 A 区改接到新建的新西皋变送出，第一阶段 110kV 临时送出线路、第二阶段 220kV 过渡方案退出运行。

项目主体工程开工时间为 2020 年 7 月 2 日。2021 年 8 月 28 日首批机组并网发电，12 月 7 日全容量并网发电。

【三峡乌兰察布新一代电网友好绿色电站示范项目开工】 项目位于内蒙古自治区乌兰察布市四子王旗境内，场址坐标东经 110°58′53″～111°34′12″、北纬 41°42′52″～42°02′37″。场地中心位于乌兰察布市四子王旗吉生太镇西北约 25km 处。场址位于探月工程降落开伞区南侧，西侧为乌兰察布与达茂旗市界，东侧毗邻红格尔第一风电场，南近吉生太镇，涉及吉生太镇和红格尔苏木两个乡镇，场址范围约 950km²。项目总建设规模 200 万 kW，分为 170 万 kW 风电项目、30 万 kW 光伏项目，配套建设 55 万 kW（2h）储能系统。项目分为 4 个风光储单元，拟建设 4 个升压储能一体化站，建设 1 个智慧联合调度中心。

项目一期总容量为50万kW，分为风电42.5万kW、光伏7.5万kW，配置14万kW（2h）预制舱式磷酸铁锂电池储能，新建一座220kV升压储能升压站（4号）。2021年4月28日主体工程开工，12月29日全容量并网发电。

【三峡新能源康保老章盖150MW风电场并网】 项目位于河北省张家口市康保县西南方向，场址面积140km²。项目总容量150MW，共安装54台风电机组，其中40台2.5MW、11台3.6MW、3台3.45M，配套建设1座220kV升压站。项目通过6回35kV集电线路接入到升压站后经1回220kV外送线路接入到张北柔性直流站康保换流站。

项目主体工程开工时间为2019年8月，首批机组于2021年12月底并网发电，并于2021年底全容量并网发电。

【三峡新能源河南新蔡李桥100MW平价风电项目首批机组并网】 项目位于河南省驻马店市新蔡县，涉及7个乡镇、31个行政村，规划总装机规模100MW，安装32台风机，其中3.3MW风机25台，2.5MW风机7台，通过4回35kV集电线路接入新建110kV升压站后，通过新建1回110kV送出线路接入220kV新蔡东变电站110kV消纳。2021年8月1日项目主体工程开工，12月30日首批机组并网。

【三峡新能源甘肃肃北马鬃山100MW风电项目首批机组并网】 项目位于肃北马鬃山场址距离玉门市北约70km。项目安装4.5MW风机23台，5000kVA箱式变压器23台，风场经4回集电线路接入新扩建330kV升压站。升压站安装1台主变压器，利用原有1回330kV外送线路接入飞鸿变电站，并新建一座监控中心。

项目于2021年7月30日开工建设，12月30日首批机组并网。

【昭通市巧家县海坝24万kW光伏发电项目开工】 该项目是云南省“8+3”风光项目，由中国三峡集团云南能源投资有限公司投资开发兴建。项目位于云南省昭通市巧家县老店镇大岩洞村北面、东面和西面山坡，利用牧草地、耕地、未利用地建设光伏发电场站。项目规划用地约5200亩，规划装机总容量240MW，年发电量约42568万kWh。

项目于2021年4月备案，8月开工建设。

【三峡新能源河北青龙150MW平价光伏项目开工】 项目位于河北省秦皇岛市青龙满族自治县草碾乡，建设规模为150MW，工程一次全部建成，配套建设1座110kV升压变电站，新建2×75MVA主变压器，电压等级110/35kV，110kV部分采用单母线接线型式，35kV部分采用单母线分段接线型式。光伏电站120个光伏发电单元，通过6回35kV线路接入新建升压站，最终通过1回110kV线路接入肖营子220kV变电站110kV侧母线。2021年4月项目开工。

（安　华）

【珠海金湾海上风电场项目全部并网发电】 该项目是广东省第二批核准的重点海上风电项目，由中国能建承建。场址位于珠海金湾区三灶岛南侧、高栏港东侧海域。珠海金湾海上风电场项目是粤港澳大湾区推进最快的海上绿色能源项目，其场址规划约52km²，布置55台单机容量5.5MW抗台风型海上风力发电机组，总装机容量为300MW。2021年4月2日，55台机组全部并网发电。项目建成后每年可提供清洁电能7.29亿kWh，与燃煤电厂相比，每年可节省消耗约23.99万t，减少二氧化碳排放约43.3万t，减少灰渣约1.59万t，具有良好的环保效益。

【三峡乌兰察布新一代电网友好绿色电站示范项目并网】 中国能建中电工程咨询公司牵头承担三峡乌兰察布新一代电网友好绿色电站示范项目的EPC总承包项目，位于内蒙古乌兰察布四子王旗境内。项目拟建设平价风电170万kW、光伏发电交流侧容量30万kW，配套锂电池电化学储能（部分采用新型储能）55万kW×2h。项目按照习近平总书记建设内蒙古现代能源经济的总体要求，确定技术水平达到国际领先、示范成果国内一流、具备推广效应为目标，是全国首个“源网荷储”一体化示范项目，单体储能比例最大。项目全面建成后年发电量可达到600190万kWh，与同等规模燃煤电厂相比，每年可节省标准煤约20.2万t，减少二氧化碳排放约520.26万t，为当地可持续发展提供可靠的绿色能源。2021年12月29日，该项目首批机组（50万kW）成功并入内蒙古电网。

电网建设工程

【南昌—长沙1000kV特高压交流工程投运】 南昌—长沙1000kV特高压交流工程是国家“十四五”期间首个开工建设的特高压交流工程，工程输送容量400万～600万kW，新增变电容量1200万kVA，工程起于江西省南昌市进贤县南昌1000kV变电站，止于湖南省长沙市长沙县长沙1000kV变电站，线路总长约2×341km，途经江西省南昌市、抚州市、宜春市，湖南省长沙市，工程投资约65.78亿元。该工程作为华中特高压交流环网的重要组成部分，投运后对加强湘赣省间联络、提高省间送受能力，对保障雅中电力在江西、湖南统一消纳，对限制华中电网短路电流水平，保障湘赣两省电力安全可靠供应、确保人民群众温暖过冬具有重要意义。工程于2020年12月15日获得国家发展改革委核准（发改能源〔2020〕1893号），2021年3月开工建设，2021年12月26日建成投运。

（马　跃　程述一）

【荆门—武汉1000kV特高压交流输变电工程开工】荆门—武汉1000kV特高压交流输变电工程是华中“日”字形特高压交流环网的重要组成部分，是陕北至湖北特高压直流工程的配套工程，工程额定电压1000kV，新增变电容量600万kVA，工程起于湖北省荆门市沙洋县境内的1000kV荆门变电站，止于湖北省武汉市新洲区1000kV武汉变电站，途经湖北省荆门市、天门市、孝感市、武汉市、黄冈市，线路全长2×236km（包含王家滩汉江大跨越2×2.21km），工程投资约64亿元。工程的建设符合华中电网整体规划，有利于提高湖北省“西电东送”通道送电能力，为陕北至武汉特高压直流工程达到额定功率运行奠定基础，同时也为限制华中电网短路电流水平、开断部分500kV环网创造了条件。工程于2020年12月21日获得湖北省发展改革委核准（鄂发改审批服务〔2020〕257号），2021年5月开工建设，计划2022年12月建成投运。

（张鹏飞　李　峰）

【南阳—荆门—长沙特高压交流工程开工】南阳—荆门—长沙特高压交流工程是华中“日”字形环网的重要组成部分，工程扩建荆门1000kV变电站和长沙1000kV变电站；新建南阳—荆门单回1000kV线路289.9km，新建荆门—长沙双回线路2×345km，线路工程途经河南、湖北、湖南三省，工程总投资约81.65亿元。工程能够提升鄂豫、鄂湘断面省间电力交换能力，满足全年各个时段湖南、湖北、河南等省份电力送出和受入需求，加强华中电网网架结构，保障多直流馈入后华中电网系统安全运行，提升电网安全稳定水平。工程于2021年4月12日获得国家发展改革委核准（发改能源〔2021〕509号），5月开工建设。

（郄　鑫　朱　聪）

【雅中—江西±800kV特高压直流输电工程投运】雅中—江西±800kV特高压直流输电工程是保障西部水电消纳、满足中东部地区绿色发展需求的输电项目。工程输送容量800万kW，起于四川省凉山州雅中换流站，止于江西省抚州市南昌换流站，途经四川、云南、贵州、湖南、江西5省，线路全长约1704km，新建雅中、南昌2座换流站，额定电压±800kV，输送容量800万kW，总投资约241亿元。工程的建设将实现西部地区清洁能源基地电能直供华中地区负荷中心，提升中国跨区输送清洁能源的能力，不仅可以解决四川攀西地区以及白鹤滩电厂水电送出的问题，而且可以缓解江西、湖南等华中省份电力供需矛盾。工程2019年8月23日获得国家核准，9月开工建设，2021年6月建成投运。

（杨鹏程　李　峰）

【陕北—湖北±800kV特高压直流输电工程投运】陕北—湖北±800kV特高压直流输电工程是陕北煤电基地外送的直流工程，工程输送容量800万kW，起于陕西省榆林市府谷县陕北换流站，止于湖北省黄冈市红安县武汉换流站，途经陕西、山西、河南、湖北4省，直流线路全长1126km，新建陕北、湖北2座换流站，总投资约178.41亿元。工程的建设可提高陕北煤电基地电能外送能力，推动陕北煤电基地发展，提高资源开发效率，节约电源建设投资和运行成本，带动相关产业发展，促进陕北地区经济发展；同时满足湖北电网负荷增长的发展需要，支援湖北地区电力需求及经济发展。工程建成后将陕北能源基地直供湖北负荷中心，实现大范围内的资源优化配置，有利于国家“中部崛起”战略的实施。工程于2019年1月4日获得国家核准，2020年2月28日开工建设，2021年12月21日双极高端建成投产。

（杜晓磊　杨鹏程　朱　聪）

【白鹤滩—江苏±800kV特高压直流输电工程开工】白鹤滩—江苏±800kV特高压直流输电工程是国家“十三五”电力发展规划重点工程，是世界上首个采用常规直流和柔性直流混合级联技术的工程。工程输送容量800万kW，起于四川省凉山州白鹤滩换流站，止于江苏省苏州市虞城换流站，航空直线距离1778.7km，直流线路全长2079km，综合曲折系数1.17，途经四川、重庆、湖北、安徽、江苏5省（市），全线按双极架设。新建白鹤滩、虞城常熟2座换流站，总投资约307.4亿元。工程送端换流站与规划的白鹤滩—浙江工程送端换流站合建，两回工程将白鹤滩水电站水电机组1600万kW水电送出，填补华东地区电力缺额。工程两端换流站和重庆、江苏两省（市）直流线路于2020年11月3日获得国家核准，工程四川、湖北、安徽段直流线路于2021年2月3日获得国家发展改革委核准，12月10日开工建设。

（肖　鲲　张晓阳　程述一）

【白鹤滩—浙江±800kV特高压直流输电工程开工】白鹤滩—浙江±800kV特高压直流输电工程是落实国家电力发展“十三五”规划的重要输变电工程之一，工程额定电压±800kV，输送容量800万kW，工程起于四川省凉山州白鹤滩二期换流站，止于浙江省杭州市浙北换流站。直流线路长度2120.8km，航空直线距离1724.2km，综合曲折系数1.24，途经四川、重庆、湖北、安徽、浙江5省（直辖市），全线按双极架设。新建白鹤滩二期、浙江浙北2座换流站，总投资292.4亿元。工程建成后对于优化配置西南水电资源、减少弃水电量，满足浙江快速增长的负荷需求，改善浙江电网调节能力，提升电力发展水平以及促进经济社会发展具有重要意义。2021年7月27日，工程获得国家发展改革委核准，9月开工建设。

（刘　杰　张晓阳　程述一）

【闽粤联网工程开工】 闽粤联网工程是纳入国家电力发展“十三五”规划的补短板重点工程项目，也是国家电网公司“十四五”的重点项目。该项目建成后将实现国家电网和南方电网互联互通、余缺互补、应急互备，对提升省际之间电量余缺互补和紧急事故支援能力具有重要的意义。工程动态总投资32.17亿元，其中换流站工程动态投资23.67亿元，由国网福建电力与南网广东电网公司按55%、45%比例出资成立的闽粤联网电力运营有限公司（简称运营公司）出资建设。为保障工程建设安全、平稳、高效、优质，经运营公司股东会决策，由运营公司委托国网福建省电力有限公司建设分公司、国网物资公司等单位，按照电网工程的有关技术标准开展换流站工程建设管理工作。闽粤联网工程额定电压±100kV，输送容量200万kW。工程于2020年12月核准，2021年4月正式开工建设，计划2022年10月全部投产运行。

（杜晓磊　宋胜利）

【陕西陕北换流站750kV配套工程投运】 陕西陕北换流站750kV配套工程的建设主要为满足陕北—武汉±800kV特高压直流工程的需要，配合缓解湖北区域供电压力，陕北能源直供湖北负荷中心，建成后能满足中部地区电力需求及经济发展，实现大范围内的资源优化配置，支撑国家“中部崛起”重大战略。对推动陕北高端能源化工基地建设及新能源快速发展具有重要意义。

陕北换流站750kV配套送出工程包括6个单项工程：榆横750kV变电站间隔扩建工程，神木750kV变电站间隔扩建工程，榆横—神木Ⅰ回750kV线路工程，清水川—神木开断接入陕北换流站工程Ⅰ、Ⅱ回750kV线路工程，神木—陕北换流站Ⅲ回750kV线路工程及光通信工程。工程新建750kV线路170km，途经榆林市府谷、神木、横山、佳县、榆阳5县区。工程核准动态总投资73985万元。

工程于2019年4月28日可研批复，2019年5月30日核准，2019年12月13日初设批复，2020年3月25日开工建设，2021年9月11日竣工投运。

【宁夏妙岭750kV输变电工程投运】 宁夏妙岭750kV输变电工程是服务宁夏回族自治区“九大产业”和“十大工程”的重点电网建设项目，工程建设将助力宁夏750kV电网建成“品字形”骨干网架，区内形成330kV“四分区”供电格局，提升宁夏中南部地区大规模新能源汇集和外送能力。

妙岭750kV输变电工程包括新建750kV妙岭变电站、黄河750kV变电站二期扩建、黄河—灵州Ⅰ、Ⅱ回开断接入妙岭变电站750kV线路工程。新建750kV妙岭变电站包括新建变压器一组，容量2100MVA，750kV线路本期4回，330kV线路本期5回。线路起自750kV黄州022号塔π接处，途经吴忠市同心县、红寺堡区及中卫市中宁县，止于妙岭750kV变电站，新建750kV线路255.076km，共计铁塔298基。工程总投资16.0584亿元。

妙岭750kV输变电工程于2018年6月22日获得可研批复，2018年9月26日获得宁夏回族自治区发展改革委核准，2019年8月6日取得初设批复，2019年10月20日开工建设，2021年9月30日建成投运。

【新疆吐鲁番—巴州—库车Ⅱ回750kV输变电工程投运】 吐鲁番—巴州—库车Ⅱ回750kV输变电工程是新疆维吾尔自治区重点工程，也是国网新疆电力有限公司“煤改电”系列工程之一。工程的建设补强了南疆及伊库环天山大环网750kV网架结构，提升了疆内电网安全稳定水平，南疆整体送受电及南北疆互供能力提升170万kW，提升到330万kW。增强疆内电网跨地州能源资源优化配置能力，支撑保障南疆发展、兵团向南发展用电需求。

工程起自吐鲁番750kV变电站，止于库车750kV变电站，于2019年5月开工建设，新建线路621km，共有铁塔1336基；库车750kV变电站新增容量150万kVA，工程横跨天山南、北疆。

工程于2016年5月24日获得自治区核准；2019年1月3日获得国家电网有限公司初设批复；2019年5月开工建设；2021年9月6日建成投运。

（于壮状　薛晓军　王树谭　薛　东　常　亮　徐世玉）

【北京东—通州500kV送出工程投运】 该工程是首都电网外受电通道之一，将增加北京500kV电网东侧受电通道，减轻500kV“西电东送”外受电通道西环的受电压力，提升电网受电能力，提高供电可靠性。

北京段。工程起自北京东（廊坊）1000kV特高压变电站，途经河北省廊坊市、北京市通州区，止于北京通州500kV变电站，线路全长约53km。其中北京段是北京“三个一百”重点工程之一，于2018年11

月开工建设，2021 年 6 月全线贯通。北京市境内线路全长 20.7km，新建铁塔 63 基。2017 年 12 月 29 日获国家发展改革委核准，2018 年 5 月 31 日获得公司初设批复，同年 11 月开工建设，2021 年 10 月 20 日投产。

冀北段。工程线路途经廊坊三河市、大厂回族自治县、香河县，共有基础铁塔 80 基，线路全长 30.703km。因路径紧张，北京东—通州 500kV 线路工程（冀北段）、北京东—廊坊北 500kV 线路工程、廊坊北—蒋辛屯 220kV 线路共用通道，线路与 500kV 盘安线、220kV 翟淑线、220kV 蒋邵线多为平行走向。工程于 2017 年 12 月 29 日获国家发展改革委核准，2019 年 12 月 27 日开工建设，2021 年 10 月 18 日竣工。

【福建周宁抽水蓄能 500kV 送出工程投运】 该工程作为福建周宁抽水蓄能电站的配套电力线路工程，是“十四五”期间福建省首个投产的抽水蓄能电站 500kV 送出工程，工程投产后可满足周宁抽水蓄能电站 4 台 30 万 kW 机组发电电力安全稳定送出及抽水电力供给需求，提升福建电网调峰能力，满足负荷高峰期地区用电需求，提高电网运行安全可靠性，促进区域经济社会绿色低碳发展。

工程起自拟建的周宁抽水蓄能电站，止于宁德 500kV 变电站，全线位于福建省宁德市境内。新建线路长度 31.247km，线路除宁德变电站出线段 3.915km 利用已建的崇儒—宁德变电站 Ⅰ 回 500kV 线路工程双回路同塔架设外，其余按单回路架设，新建单回路铁塔 57 基。宁德 500kV 变电站扩建 500kV 出线间隔 1 个，新装设 1 组 60Mvar 低压电抗器。

工程于 2019 年 7 月 18 日获得福建省发展改革委核准，2019 年 12 月 13 日取得初设批复，2020 年 4 月 28 日开工建设，2021 年 12 月 5 日投运。

【湖南长沙特高压配套 500kV 线路送出工程开工】 湖南长沙特高压配套 500kV 送出线路是保证长沙 1000kV 特高压变电站电能输出的重要通道，工程建成后将优化 500kV 电网架构，提高湖南电网安全稳定运行水平和应对重大自然灾害等突发事件能力，满足湖南电源结构调整需求。

湖南长沙特高压配套 500kV 送出工程位于长沙市长沙县和株洲云龙新区，包含 5 个单项工程：鼎功—罗城 π 入长沙特高压变电站 500kV 线路工程；鼎功—浏阳 π 入长沙特高压变电站 500kV 线路工程；鼎功—星城线路、沙坪—星城线路改入长沙特高压变电站 500kV 线路工程；长沙特高压变电站—浏阳 Ⅱ 回 500kV 线路工程；云田—浏阳 Ⅱ 回 500kV 线路工程。全线新建杆塔 197 基、架线 110km。

工程于 2019 年 12 月 24 日获湖南省发展改革委核准，2021 年 4 月 7 日开工建设，计划 2021 年 11 月和 2022 年 6 月分两个阶段投产。

【湖南鲤鱼江电厂 500kV 送出工程开工】 鲤鱼江电厂 500kV 送出线路为 2021 年湖南省能源重点项目。该项目的建成能改善湘南电网结构，缓解湖南承接产业转移示范区纵深推进用电快速增长的需要，满足“十四五”期间湘南地区经济社会发展需求。鲤鱼江电厂 500kV 送出工程位于湖南郴州资兴，路径长度约 14.6km。工程于 2021 年 2 月 8 日开工，计划 2022 年 6 月 10 日竣工。

【江西南昌 1000kV 特高压配套 500kV 送出工程投运】 江西南昌 1000kV 特高压变电站配套 500kV 送出工程建设将满足南昌 1000kV 变电站送出和受入雅中直流后的电力疏散需求，增强江西电网电源支撑能力。

工程共含 3 个子工程，分别是南昌 1000kV 交流特高压变电站扩建 500kV 间隔、南昌 ±800kV 换流站—南昌 1000kV 变电站 500kV 线路工程、进贤—云峰（东乡）线路开断接入南昌 1000kV 变电站 500kV 线路工程。其中，南昌 1000kV 变电站本期扩建 500kV 出线 7 回，分别至南昌 ±800kV 换流站 3 回，至进贤变电站 2 回，至云峰（东乡）2 回；南昌换流站—南昌 1000kV 变电站三回 500kV 线路工程，线路路径长 108.81km，共 3 条子线路；进贤—云峰（东乡）500kV 线路 π 接入南昌 1000kV 变电站 500kV 线路起点为进贤—云峰（东乡）500kV 线路 π 接点；工程总投资 50606 万元。

工程于 2021 年 1 月 27 日取得《江西省能源局关于 1000kV 南昌特高压站 500kV 配套送出工程项目核准的批复》（赣能电力字〔2021〕11 号）；3 月 13 日，南昌 1000kV 变电站 500kV 送出工程开展首基基础浇筑试点。工程于 12 月 5 日启动送电调试，于 12 月 8 日正式移交生产运行。

【白鹤滩接网工程投运】 四川白鹤滩电站接入四川主网 500kV 交流工程建设主要内容为，将月城—普提双回 500kV 线路月城侧开断接入白鹤滩左岸、右岸电站，新建白鹤滩左岸电站—月城 2 回 500kV 线路 2 × 103.5km，其中 2 × 52km 按同塔双回线路架设；新建白鹤滩右岸电站—普提 2 回 500kV 线路 2 × 114.1km，其中 2 × 76.7km 按同塔双回线路架设；更换月城—开断点（月普 Ⅰ 线）地线为 1 根 72 芯 OPGW 光缆，长度约 68.2km；更换普提—开断点（月普 Ⅰ 线）地线为 1 根 72 芯 OPGW 光缆，长度约 5.8km。同时完成月城、普提变电站相应改造工作。新建 500kV 线路路径长度 2 × 217.6km，新建铁塔 758 基。工程位于凉山州宁南县、布拖县、昭觉县。工程总投资 243574 万元。

工程于 2019 年 12 月 30 日可研批复，2020 年 6

月13日核准，2020年9月10日开工建设，2021年6月20日竣工投运。

【黑龙江荒沟抽水蓄能电站500kV送出工程投运】 黑龙江荒沟抽水蓄能电站500kV送出工程是黑龙江荒沟抽水蓄能电站的配套电网工程，是服务黑龙江“碳达峰、碳中和”能源战略的重点工程，工程投产将带动全省乃至东北地区清洁能源开发利用，对于黑龙江省调整能源产业结构，转变能源发展方式具有重要意义。

方正—林海500kV线路开断（方正侧146号，林海侧148号）接入荒沟抽水蓄能变电站，拆除原铁塔3基。新建荒沟电站—方正线路9.79km，荒沟电站—林海线路9.6km，共19.39km。导线采用JL/G1A－240/30钢芯铝绞线，每相6分裂。

工程于2018年10月10日获黑龙江省发展改革委核准，2019年7月18日取得国家电网公司初设批复，2019年12月24日开工，2021年8月23日投运。

【川藏铁路昌都至林芝段施工供电工程（一期）开工】 川藏铁路昌都至林芝段施工供电工程（一期）为永临结合输电线路工程，线路总长113km，工程静态投资3.33亿元，动态投资3.37亿元，沿线海拔范围3700～4900m，全线除王卡终端塔外均按单回路架设，铁塔总数283基，其中转角塔89基，直线塔194基。海拔4000m以上塔基249基，海拔4500m以上塔基64基，线路路径位于山体斜坡中下部，局部位于沟谷冲洪积平原，沿线地形、整体地貌以中低山及高原区丘陵为主，工程主要包括邦达—夏里施220kV线路工程、王卡施—汪布曲施220kV线路工程（本期降压至110kV运行）、澜沧江500kV变电站110kV间隔保护改造工程。沿线地貌单元主要为构造侵蚀剥蚀大起伏高山、中起伏高山、构造剥蚀小起伏高山、河流阶地及冲洪积扇等地貌，交通道路条件较差。

川藏铁路建设投运后将改善和提高工程沿线电力输送和保障能力，满足周边地区供电需要，对促进西藏经济社会发展和长治久安，具有重要意义。

项目整体2021年6月30日开工建设。

（于壮状　徐康泰　陈佳凯　朱　岩　刘　沁　江志文　谢　凡　唐　杨　王宗山　薛小刚）

【冬奥配套电网工程投运】 2019年5月，国家电网有限公司正式成为北京2022年冬奥会和冬残奥会官方合作伙伴。为保障北京、延庆、张家口3个赛区、24个场馆赛事用电需求，启动配套电网工程建设。2022年北京冬奥会配套电网工程共27项，其中35kV及以上常规基建工程25项；张家口赛区10kV配电网工程1项；张北±500kV柔性直流输电示范工程1项。此外，为保障冬奥会主新闻中心、国际广播中心供电需求，2020年纳入涉奥电网工程1项。

2022年冬奥会的举办是促进世界文化交流、传递文明友谊、展示大国实力和增强民族凝聚力的重要平台。配套电网工程的建设运行直接影响冬奥会场馆及配套设施的供电质量，关系赛事举办的效果。公司响应习近平总书记提出的“绿色、共享、开放、廉洁”办奥运理念，贯彻落实“四个确保、一个展示”的要求，推进冬奥合作工作。

2021年1月29日，北京110kV国会输变电工程提前计划3个月建成投运，至此冬奥保障相关电网建设任务全部完成。累计完成投资183亿元，为举办冬奥会提供安全可靠、清洁绿色的电力保障。

（于壮状　孙海军）

【闽粤联网工程（广东段）全线贯通】 2021年12月31日，闽粤联网工程（广东段）实现全线贯通。闽粤联网工程是国家电网公司和南方电网公司合作的第一个省级电网间互联工程，工程线路全长303km，总投资32亿元，电力输送容量可达200万kW，在福建省内新建1座直流背靠背换流站，通过两回交流500kV交流线路，分别接入广东嘉应和福建东林500kV变电站。该工程于2020年12月获得国家发展改革委核准，2021年4月开工建设。闽粤联网工程广东段总投资4.4亿元，总长约79km，铁塔151基，新建线路途经梅江区、梅县区和大埔县，涉及10个镇。闽粤联网工程建成后，将成为国家电网与南方电网的又一条互联通道，实现闽粤两省电网异步互联，促进电力互补互济、调剂余缺，应急情况下可以互为备用、相互支援，对促进能源资源更大范围优化配置、构建以新能源为主体的新型电力系统具有重要意义。

“十四五”期间，通过闽粤联网，两省季节性送电电力可达50万～160万kW，相当于减少一座大型火电厂的建设。此外，闽粤联网工程还可增加两省电网的抗风险能力，将有效提高两省电网在遭受自然灾害时的紧急支援能力，加快事故后恢复速度。闽粤联网工程（广东段）所涉及产业链长，涉及设备种类多，将拉动原材料、电工装备、用能设备等10余个上下游产业链经济发展，驱动能源装备制造上下游产业链价值约11亿元。

【青海调相机工程竣工】 中国能建浙江火电青海调相机工程，是国家电投青海黄河上游水电开发有限责任公司投资建设大型清洁能源发电基地的配套建设项目，在5座已建成的330kV汇集站内加装建设共计21台50Mvar调相机组。浙江火电承建其中4座330kV汇集站内共计16台调相机及相关配套附属设备全部建筑、安装、调试等任务。该项目于2021年11月26日竣工，是国内首台50Mvar分布式调相机，也是世界最大规模的新能源分布式调相机群，工程建成投产后，成为“青豫直流”±800kV 特高压直流输电工程在电源侧配置的“稳压器”，将有效解决跨区直流输电和新能源大规模接入电网带来的电压稳定问题，对于加快推动能源转型发展，助力国家“30·60”目标的实现具有重大意义。

【三峡如东海上风电柔性直流输电示范项目竣工】 中国能建江苏电建三公司三峡如东海上风电柔性直流输电示范项目，海上安装 100 台 4MW 风电机组，总装机容量 400MW。项目配套建设一座海上换流站，各风电机组经机组升压变压器升压后，通过 16 回 35kV 集电线路接入 220kV 海上升压站，经各自的海上升压站升压至 220kV 后，采用两回 220kV 交流海缆接入海上换流站。海上换流站汇集电能，并转换为直流后通过 1 回±400kV 直流电缆送至陆上换流站，项目于 2021 年 12 月 4 日竣工。如东海上柔性直流工程是世界上容量最大、电压等级最高、亚洲首个海上风电柔性直流输电工程，也是柔性直流输电技术在中国远海风电送出领域的首次应用。中国拥有完全自主知识产权，打破了国外对远海风电经柔性直流送出的技术垄断。

获 奖 项 目

第六届中国工业大奖电力行业相关获奖企业和项目

一、大奖项目

国家电网有限公司：巴西美丽山特高压输电二期项目。

陕西鼓风机（集团）有限公司：陕鼓能源互联岛系统解决方案——分布式能源智能综合利用项目。

阳光电源股份有限公司：国家可再生能源发电与储能关键设备及系统产业化示范项目。

二、表彰奖企业和项目

（一）企业

华电煤业集团有限公司。

（二）项目

国家能源集团泰州发电有限公司：国家能源集团泰州发电有限公司二期工程。

三、提名奖企业和项目

（一）企业

北京电力设备总厂有限公司。

（二）项目

中国南方电网有限责任公司：500kV 鲁西背靠背换流站工程。

阳江核电有限公司：中国广核集团阳江核电一期工程（6×1086MW）。

2020—2021 年度国家优质工程奖电力行业项目

序号	工程名称	施工单位（建设、监理、参建等）
		国家优质工程金奖
1	舟山 500kV 联网输变电工程	国网浙江省电力有限公司建设分公司、中国能源建设集团浙江省电力设计院有限公司、中国能源建设集团江苏省电力设计院有限公司、浙江电力建设工程咨询有限公司、浙江省送变电工程有限公司、江苏省送变电有限公司、中国能源建设集团浙江火电建设有限公司、国网浙江省电力有限公司电力科学研究院
2	四川大渡河猴子岩水电站	国能大渡河猴子岩发电有限公司、中国电建集团成都勘测设计研究院有限公司、四川二滩国际工程咨询有限责任公司、中国水利水电建设工程咨询北京有限公司、长江勘测规划设计研究有限责任公司、中国水利水电第七工程局有限公司、中国葛洲坝集团第一工程有限公司、中国葛洲坝集团机械船舶有限公司、中国葛洲坝集团机电建设有限公司、四川中水成勘院测绘工程有限责任公司
3	国华东台四期（H2）300MW 海上风电场工程	国家能源集团东台海上风电有限责任公司、中国电建集团华东勘测设计研究院有限公司、浙江华东工程咨询有限公司、中交第三航务工程局有限公司、上海振华重工（集团）股份有限公司、远景能源有限公司、上海电气风电集团股份有限公司、北京海瑞兴能源科技有限责任公司、江苏江南电力有限公司、江苏省建筑工程集团有限公司、北京新能建电力工程咨询有限公司

续表

序号	工程名称	施工单位（建设、监理、参建等）
4	陕西榆能横山煤电一体化工程	陕西榆林能源集团横山煤电有限公司、中国电力工程顾问集团西北电力设计院有限公司、西北电力建设工程监理有限责任公司、中国能源建设集团广东电力设计研究院有限公司、上海电力建设有限责任公司、山东电力建设第三工程有限公司、中国能源建设集团安徽电力建设第二工程有限公司、中电建宁夏工程有限公司、武汉光谷环保科技股份有限公司、福建龙净环保股份有限公司、西安热工研究院有限公司、焦作科瑞森重装股份有限公司、福建省中能泰丰节能环保科技有限公司、上海电力建设启动调整试验所有限公司
5	福建华能罗源港电储送一体化绿色建设示范项目	华能罗源发电有限责任公司、山东电力工程咨询院有限公司、北京中城建建设监理有限公司、河南立新监理咨询有限公司、河南省第二建设集团有限公司、浙江省二建建设集团有限公司、中交第三航务工程局有限公司、上海电力安装第一工程有限公司、中国能源建设集团东北电力第三工程有限公司、西安热工研究院有限公司
6	苏通 GIL 综合管廊工程	国家电网有限公司、国网江苏省电力有限公司、国家电网有限公司特高压建设分公司、国家电网有限公司信息通信分公司、中国电力工程顾问集团华东电力设计院有限公司、中铁第四勘察设计院集团有限公司、国网经济技术研究院有限公司、电力规划总院有限公司、上海市合流工程监理有限公司、国网江苏省电力工程咨询有限公司、中铁十四局集团有限公司、江苏省送变电有限公司、中国电力科学研究院有限公司、江苏电力试验研究院有限公司、国网江苏省电力有限公司检修分公司
7	滇西北—广东±800kV特高压直流输电工程	中国南方电网有限责任公司超高压输电公司、南方电网科学研究院有限责任公司、电力规划总院有限公司、中国电力工程顾问集团西南电力设计院有限公司、中国能源建设集团广东省电力设计研究院有限公司、中国电力工程顾问集团华北电力设计院有限公司、中国电力工程顾问集团东北电力设计院有限公司、中国电建集团贵州电力设计研究院有限公司、中国电力工程顾问集团中南电力设计院有限公司、中国能源建设集团湖南省电力设计院有限公司、中国能源建设集团江苏省电力设计院有限公司、广东天广工程监理咨询有限公司、云南电力建设监理咨询有限责任公司、广东创成建设监理咨询有限公司、广东天安项目管理有限公司、广州电力工程监理有限公司、广西正远电力工程建设监理有限责任公司、江西科能工程建设咨询监理有限公司、广西送变电建设有限责任公司、云南送变电工程有限公司、广东电网能源发展有限公司、贵州送变电有限责任公司、中国电建集团江西省水电工程局有限公司、中国能源建设集团广东火电工程有限公司、吉林省送变电工程有限公司、河南送变电建设有限公司、国网湖北送变电工程有限公司、中国水利水电第十四工程局有限公司、湖南省送变电工程有限公司、河北北辰电网建设股份有限公司、新疆送变电有限公司、青海送变电工程有限公司、华东送变电工程有限公司、江西省送变电工程有限公司、甘肃送变电工程有限公司、国网黑龙江省送变电工程有限公司、辽宁省送变电工程有限公司
8	±420kV 渝鄂背靠背直流联网工程	国家电网有限公司直流建设分公司、国网湖北省电力有限公司、国家电网有限公司信息通信分公司、国网经济技术研究院有限公司、中国电力工程顾问集团中南电力设计院有限公司、中国能源建设集团山西省电力勘测设计院有限公司、湖北省电力勘测设计院有限公司、浙江电力建设工程咨询有限公司、湖北鄂电建设监理有限责任公司、武汉中超电网建设监理有限公司、中国电力科学研究院有限公司、国网湖北省电力有限公司电力科学研究院、国网湖北省电力有限公司直流运检公司、河南省第二建设集团有限公司、河南三建建设集团有限公司、辽宁省送变电工程有限公司、河南送变电建设有限公司、国网湖北送变电工程有限公司、江苏长江机械化基础工程有限公司、中冶集团武汉勘察研究院有限公司、宜昌三峡送变电工程有限责任公司
9	江苏溧阳 6×250MW 抽水蓄能电站	江苏国信溧阳抽水蓄能发电有限公司、中国电建集团中南勘测设计研究院有限公司、中国水利水电建设工程咨询西北有限公司、中国水利水电第十二工程局有限公司、中国水利水电第三工程局有限公司、中国水利水电第五工程局有限公司、中国水利水电第六工程局有限公司、江苏方天电力技术有限公司
10	国电舟山普陀 6 号海上风电场 2 区工程	国电电力浙江舟山海上风电开发有限公司、中国电建集团华东勘测设计研究院有限公司、浙江华东工程咨询有限公司、中交第三航务工程局有限公司宁波分公司、浙江启明电力集团有限公司、上海振华重工（集团）股份有限公司、中国能源建设集团浙江火电建设有限公司、杭州意能电力技术有限公司
11	京能五间房草原生态产业综合示范项目	京能（锡林郭勒）发电有限公司、中国电力工程顾问集团华北电力设计院有限公司、北京国电德胜工程项目管理有限公司、中国能源建设集团天津电力建设有限公司、中国能源建设集团安徽电力建设第二工程有限公司、华北电力科学研究院有限责任公司、北京新能建电力工程咨询有限公司

续表

序号	工程名称	施工单位（建设、监理、参建等）
12	三门核电一期工程	三门核电有限公司、上海核工程研究设计院有限公司、中国电力工程顾问集团华东电力设计院有限公司、上海和运工程咨询有限公司、浙江电力建设工程咨询有限公司、国核工程有限公司、中国能源建设集团浙江火电建设有限公司、中国核工业第五建设有限公司、中国核工业第二二建设有限公司、上海市基础工程集团有限公司、山东核电设备制造有限公司
13	中广核阳江核电厂3、4号机组核电工程	阳江核电有限公司、中广核工程有限公司、深圳中广核工程设计有限公司、中国能源建设集团广东省电力设计研究院有限公司、中广核研究院有限公司、中咨工程建设监理公司、中国核工业华兴建设有限公司、中国核工业二三建设有限公司、中国建筑第二工程局有限公司、中国能源建设集团广东火电工程有限公司
14	华电莱州绿色能源示范工程	华电莱州发电有限公司、国核电力规划设计研究院有限公司、山东诚信工程建设监理有限公司、中国电建集团核电工程有限公司、山东电力建设第三工程有限公司、山东港湾建设集团有限公司、华电重工股份有限公司、中国华电科工集团有限公司、山东中实易通集团有限公司、华电电力科学研究院有限公司
15	巴基斯坦中电胡布2×660MW燃煤发电项目（境外工程）	中电国际胡布发电有限公司、中国电力工程顾问集团西北电力设计院有限公司、中交第二航务工程勘察设计院有限公司、上海能源科技发展有限公司、中国能源建设集团天津电力建设有限公司、中国港湾工程有限责任公司、中交第二航务工程局有限公司、北京新能建电力工程咨询有限公司、中国能源建设集团西北电力试验研究院有限公司、中建筑港集团有限公司
16	摩洛哥努奥三期150MW塔式光热电站工程（境外工程）	ACWA POWER瓦尔扎扎特分公司、山东电力建设第三工程有限公司、中国电力工程顾问集团西北电力设计院有限公司
		国家优质工程奖
1	神华国能宁夏鸳鸯湖电厂二期2×1000MW级机组扩建工程	神华国能宁夏鸳鸯湖发电有限公司、中国电力工程顾问集团华北电力设计院有限公司、西北电力建设工程监理有限责任公司、中国能源建设集团江苏省电力建设第一工程有限公司、中国电建集团山东电力建设第一工程有限公司、中国建筑股份有限公司、武汉凯迪电力环保有限公司、湖南省湘电试验研究院有限公司、国能电力技术工程有限公司
2	平顶山市城市生活垃圾焚烧发电项目	中节能（平顶山）环保能源有限公司、上海昌发岩土工程勘察技术有限公司、中国启源工程设计研究院有限公司、北京五环国际工程管理有限公司、山东淄建集团有限公司
3	广东大唐国际雷州发电厂2×1000MW新建工程	广东大唐国际雷州发电有限责任公司、中国能源建设集团广东省电力设计研究院有限公司、广东创成建设监理咨询有限公司、广州华申建设工程管理有限公司、大唐环境产业集团股份有限公司、中交第四航务工程局有限公司、中国电建集团山东电力建设第一工程有限公司、中国能源建设集团广东火电工程有限公司、中交第一航务工程局有限公司、广州粤能电力科技开发有限公司、中国大唐集团科学技术研究总院有限公司
4	上海申能奉贤热电工程（925.2MW集中供热工程）	上海申能奉贤热电有限公司、中国电力工程顾问集团华东电力设计院有限公司、上海电力设计院有限公司、上海和运工程咨询有限公司、上海睦诚工程监理有限公司、上海电力建设有限责任公司
5	新疆准东五彩湾北一电厂1号2号机组（2×660MW）工程	新疆准东特变能源有限责任公司、中国电力工程顾问集团西北电力设计院有限公司、西北电力建设工程监理有限责任公司、中国能源建设集团东北电力第二工程有限公司、中国电建集团核电工程有限公司、河南省第二建筑工程发展有限公司、中国能源建设集团西北电力试验研究院有限公司、新疆新能集团有限责任公司乌鲁木齐电力建设调试所、武汉光谷环保科技股份有限公司、福建龙净环保股份有限公司
6	宜兴市1700t/d生活垃圾焚烧发电项目	光大环保能源（宜兴）有限公司、光大生态环境设计研究院有限公司、江苏圣源岩土工程勘测设计有限公司、北京五环国际工程管理有限公司、浙江省二建建设集团有限公司、山东省工业设备安装集团有限公司、江苏天永钢结构工程有限公司、中国电建集团山东电力建设第一工程有限公司
7	中电投分宜电厂2×660MW机组扩建工程	国家电投集团江西电力有限公司分宜发电厂、上海能源科技发展有限公司、中国电力工程顾问集团中南电力设计院有限公司、中国电建集团江西省电力设计院有限公司、上海睦诚工程监理有限公司、中国能源建设集团浙江火电建设有限公司、中国能源建设集团天津电力建设有限公司、河南省第二建设集团有限公司、中国电建集团江西省水电工程局有限公司、上海电力建设启动调整试验所有限公司

续表

序号	工程名称	施工单位（建设、监理、参建等）
8	福建华电邵武电厂三期2×660MW工程	福建华电邵武能源有限公司、中国电建集团福建省电力勘测设计院有限公司、湖南电力工程咨询有限公司、中国能源建设集团安徽电力建设第一工程有限公司、中国电建集团福建工程有限公司、华电重工股份有限公司、中国电建集团贵州工程有限公司、福建龙净环保股份有限公司、福建中试所电力调整试验有限责任公司、华电电力科学研究院有限公司
9	河南驻马店驻东500kV变电站工程	国网河南省电力公司建设分公司、中国电建集团河南省电力勘测设计院有限公司、河南立新监理咨询有限公司、河南送变电建设有限公司、驻马店市华宇电力实业有限公司、濮阳市三源建设工程有限公司
10	浏阳500kV变电站工程	国网湖南省电力有限公司、国网湖南省电力有限公司建设分公司、中国能源建设集团湖南省电力设计院有限公司、湖南电力工程咨询有限公司、湖南省送变电工程有限公司、国网湖南省电力有限公司检修公司
11	威宁500kV变电站新建工程	贵州电网有限责任公司毕节供电局、中国电建集团贵州电力设计研究院有限公司、贵州电力建设监理咨询有限责任公司、贵州送变电有限责任公司
12	500kV金陵变电站工程	广西电网有限责任公司电网建设分公司、广西电网有限责任公司南宁供电局、中国能源建设集团广西电力设计研究院有限公司、广西正远电力工程建设监理有限责任公司、广西送变电建设有限责任公司、广西建宁输变电工程有限公司
13	天津渠阳（宝北）500kV变电站工程	国网天津市电力公司建设分公司、中国能源建设集团江苏省电力设计院有限公司、天津电力工程监理有限公司、天津送变电工程有限公司
14	安徽六安石店500kV变电站工程	国网安徽省电力有限公司建设分公司、中国能源建设集团安徽省电力设计院有限公司、安徽电力工程监理有限公司、安徽送变电工程有限公司、国网安徽省电力有限公司物资分公司、国网安徽省电力有限公司电力科学研究院、国网安徽省电力有限公司六安供电公司、国网安徽省电力有限公司霍邱供电公司、国网安徽省电力有限公司检修分公司
15	恩施东500kV变电站新建工程	国网湖北省电力有限公司中超建设管理公司、湖北省电力勘测设计院有限公司、湖北鄂电建设监理有限责任公司、国网湖北送变电工程有限公司、国网湖北省电力有限公司检修公司
16	中吴（青洋）500kV变电站工程	国网江苏省电力有限公司建设分公司、国网经济技术研究院有限公司徐州勘测设计中心、国网江苏省电力工程咨询有限公司、江苏省送变电有限公司
17	察右后旗500kV变电站工程	内蒙古电力（集团）有限责任公司内蒙古超高压供电局、内蒙古电力（集团）有限责任公司信息通信分公司、内蒙古电力勘测设计院有限责任公司、内蒙古康远工程建设监理有限责任公司、内蒙古送变电有限责任公司、内蒙古电力（集团）有限责任公司内蒙古电力科学研究院分公司
18	达拉特光伏发电应用领跑基地1、4号项目	达拉特旗那仁太新能源有限公司、上海能源科技发展有限公司、山东电力工程咨询院有限公司、内蒙古蒙能建设工程监理有限责任公司、中建卓越建设管理有限公司、中国能源建设集团江苏省电力建设第一工程有限公司、河南四建工程有限公司、甘肃省安装建设集团有限公司、西北电力建设第三工程有限公司
19	中广核当涂县大陇镇双潭湖260MW渔光互补光伏电站项目	中广核（当涂）新能源有限公司、中国电力工程顾问集团中南电力设计院有限公司、中咨工程有限公司、中国能源建设集团安徽电力建设第一工程有限公司、合肥市靖鑫光伏科技工程有限公司、安徽省第二建筑工程有限公司、北京新能建电力工程咨询有限公司
20	华电云南金沙江阿海水电站	云南华电金沙江中游水电开发有限公司阿海发电分公司、中国电建集团昆明勘测设计研究院有限公司、长江勘测规划设计研究有限责任公司、中国水利水电第三工程局有限公司、中国水利水电第七工程局有限公司、中国水利水电第十四工程局有限公司
21	广东粤电湛江外罗海上风电项目	广东粤电湛江风力发电有限公司、中国能源建设集团广东省电力设计研究院有限公司、浙江华东工程咨询有限公司、江苏龙源振华海洋工程有限公司、中交第一航务工程局有限公司、北京海瑞兴能源科技有限责任公司、上海振华重工（集团）股份有限公司、韶关市第一建筑工程有限公司、成蜀电力集团有限公司、南方电网电力科技股份有限公司、明阳智慧能源集团股份公司

续表

序号	工程名称	施工单位（建设、监理、参建等）
22	三峡新能源江苏大丰 300MW 海上风电项目	三峡新能源盐城大丰有限公司、中国电建集团华东勘测设计研究院有限公司、长江三峡技术经济发展有限公司、中交第三航务工程局有限公司、江苏道达海上风电工程科技有限公司、上海市基础工程集团有限公司、上海振华重工（集团）股份有限公司、中国能源建设集团江苏省电力建设第三工程有限公司、江苏金风科技有限公司
23	华能烟台八角电厂“上大压小”新建工程	华能山东发电有限公司八角发电厂、山东电力工程咨询院有限公司、中南电力项目管理咨询（湖北）有限公司、山东港通工程管理咨询有限公司、中国电建集团山东电力建设第一工程有限公司、中国能源建设集团安徽电力建设第一工程有限公司、浙江省二建建设集团有限公司、河南省第二建设集团有限公司、山东中交航务工程有限公司、西安热工研究院有限公司、山东中实易通集团有限公司
24	江西神华九江电厂新建工程	神华国华九江发电有限责任公司、中国电力工程顾问集团西南电力设计院有限公司、中交第二航务工程勘察设计院有限公司、江西诚达工程咨询监理有限公司、中交二航院工程咨询监理有限公司、山东电力建设第三工程有限公司、中国能源建设集团江苏省电力建设第三工程有限公司、中国能源建设集团安徽电力建设第二工程有限公司、中交二航局第三工程有限公司、中国电建集团江西省水电工程局有限公司、福建龙净环保股份有限公司、宁夏煤炭基本建设有限公司、中能建西北城市建设有限公司、上海电力建设启动调整试验所有限公司、广州粤能电力科技开发有限公司
25	攀枝花市生活垃圾焚烧发电工程	攀枝花旺能环保能源有限公司、华西能源工程有限公司、中国联合工程有限公司、核工业西南勘察设计研究院有限公司、四川赛德工程监理有限责任公司、浙江省二建建设集团有限公司、湖南省工业设备安装有限公司
26	华电江苏句容二期扩建项目	江苏华电句容发电有限公司、中国能源建设集团江苏省电力设计院有限公司、江苏宏源电力建设监理有限公司、中国能源建设集团江苏省电力建设第一工程有限公司、上海电力建设有限责任公司、中国能源建设集团安徽电力建设第二工程有限公司、中国华电科工集团有限公司、华电重工股份有限公司、上海宝冶集团有限公司、河北建设勘察研究院有限公司、江苏方天电力技术有限公司、华电电力科学研究院有限公司
27	周口燃气–蒸汽联合循环热电厂工程	国电投周口燃气热电有限公司、中国电建集团河南省电力勘测设计院有限公司、上海电力监理咨询有限公司、中电投电力工程有限公司、河南省第二建设集团有限公司、中国能源建设集团安徽电力建设第二工程有限公司、中国电建集团河南工程有限公司、河南四建工程有限公司、西安热工研究院有限公司
28	国电蚌埠电厂二期扩建工程	国电蚌埠发电有限公司、中国电力工程顾问集团华东电力设计院有限公司、国网江苏省电力工程咨询有限公司、中国能源建设集团安徽电力建设第二工程有限公司、中国能源建设集团安徽电力建设第一工程有限公司、北京国电龙源环保工程有限公司、北京朗新明环保科技有限公司、安徽新力电业科技咨询有限责任公司、江苏方天电力技术有限公司
29	安徽华电芜湖电厂二期 1×1000MW 扩建工程	安徽华电芜湖发电有限公司、中国电力工程顾问集团西南电力设计院有限公司、达华集团北京中达联咨询有限公司、中国能源建设集团安徽电力建设第一工程有限公司、中国电建集团核电工程有限公司、上海市基础工程集团有限公司、安徽水安建设集团股份有限公司、华电电力科学研究院有限公司、安徽新力电业科技咨询有限责任公司
30	江苏华电昆山东部 2×400MW 级燃机热电联产工程	江苏华电昆山热电有限公司、中国电力工程顾问集团华东电力设计院有限公司、上海电力监理咨询有限公司、中国能源建设集团江苏省电力建设第三工程有限公司、上海电力建设有限责任公司、上海电力建设启动调整试验所有限公司
31	河南漯河西 500kV 变电站工程	国网河南省电力公司建设分公司、中国电建集团河南省电力勘测设计院有限公司、河南立新监理咨询有限公司、河南送变电建设有限公司、河南省大成建设工程有限公司
32	江滨 500kV 变电站工程	国网浙江省电力有限公司、国网浙江省电力有限公司建设分公司、国网浙江省电力有限公司绍兴供电公司、中国能源建设集团浙江省电力设计院有限公司、浙江电力建设工程咨询有限公司、浙江省送变电工程有限公司、浙江康达建筑有限公司
33	安徽安庆三 500kV 变电站工程	国网安徽省电力有限公司建设分公司、中国能源建设集团安徽省电力设计院有限公司、安徽电力工程监理有限公司、国网安徽送变电工程有限公司、国网安徽省电力有限公司电力科学研究院、国网安徽省电力有限公司安庆供电公司、国网安徽省电力有限公司物资分公司
34	红庆河（布日都南）500kV 变电站工程	内蒙古电力（集团）有限责任公司内蒙古超高压供电局、内蒙古电力（集团）有限责任公司信息通信分公司、中国电力工程顾问集团华北电力设计院有限公司、内蒙古康远工程建设监理有限责任公司、内蒙古送变电有限责任公司、河南省第二建筑工程发展有限公司、鄂尔多斯市和效电力建设工程有限责任公司

续表

序号	工程名称	施工单位（建设、监理、参建等）
35	晨阳 500kV 变电站工程	国网江苏省电力有限公司建设分公司、中国能源建设集团江苏省电力设计院有限公司、国网江苏省电力工程咨询有限公司、江苏省送变电有限公司
36	广东 500kV 岐山（揭东）变电站工程	广东电网有限责任公司揭阳供电局、佛山电力设计院有限公司、广东创成建设监理咨询有限公司、中国能源建设集团广东火电工程有限公司
37	和顺县 20 万 kW 风电项目	国家电投集团和顺东方新能源发电有限公司、山西省工业设备安装集团有限公司、中国能源建设集团山西省电力勘测设计院有限公司、湖南友源工程监理咨询科技有限公司
38	华能安阳汤阴风电场一期工程	华能安阳能源有限责任公司、中国电建集团中南勘测设计研究院有限公司、内蒙古蒙能建设工程监理有限责任公司、中电建宁夏工程有限公司、中国能源建设集团黑龙江能源建设有限公司、河南省第二建设集团有限公司、中国能源建设集团西北电力建设工程有限公司、远景能源有限公司
39	华能钟祥胡家湾风电场工程	华能钟祥风电有限责任公司、北京乾华科技发展有限公司、内蒙古康沃工程建设监理有限责任公司、中国能源建设集团天津电力建设有限公司、中国能源建设集团黑龙江能源建设有限公司、北京新能建电力工程咨询有限公司
40	深圳抽水蓄能电站	深圳蓄能发电有限公司、广东省水利电力勘测设计研究院、浙江华东工程咨询有限公司、中国水利水电第十四工程局有限公司、中国葛洲坝集团机电建设有限公司、中国水利水电第八工程局有限公司、中国水利水电第一工程局有限公司、中国葛洲坝集团股份有限公司、东方电气集团东方电机有限公司、哈尔滨电机厂有限责任公司、北京新能建电力工程咨询有限公司
41	深能高邮东部 100MW 风电场工程	深能高邮新能源有限公司、中国电建集团华东勘测设计研究院有限公司、中国电建集团华东勘测设计研究院有限公司、江苏苏安电力工程管理有限公司、山东电力建设第三工程有限公司、江苏永荣建设工程有限公司、北京天杉高科风电科技有限责任公司、浙江江能建设有限公司、杭州华辰电力控制工程有限公司、新疆金风科技股份有限公司、维斯塔斯风力技术（中国）有限公司、四川广安智丰建设工程有限公司
42	新疆巴楚—莎车 750kV 输变电工程	国网新疆电力有限公司、国网新疆电力有限公司建设分公司、中国能源建设集团山西省电力勘测设计院有限公司、中国能源建设集团新疆电力设计院有限公司、中国能源建设集团安徽省电力设计院有限公司、新疆电力工程监理有限责任公司、新疆送变电有限公司
43	重庆市第三垃圾焚烧发电厂项目	重庆三峰百果园环保发电有限公司、重庆钢铁集团设计院有限公司、中机中联工程有限公司、重庆三环建设监理咨询有限公司、重庆钢铁集团建设工程有限公司、重庆三峰卡万塔环境产业有限公司、中冶天工集团有限公司、昆明三合钢结构制造有限公司、德才装饰股份有限公司
44	桑河二级水电站 400MW 工程（境外工程）	桑河二级水电有限公司、中国电建集团华东勘测设计研究院有限公司、中国水利水电建设工程咨询中南有限公司、中国葛洲坝集团股份有限公司、中国水利水电第八工程局有限公司、西安热工研究院有限公司
45	巴基斯坦卡西姆港 2×660MW 燃煤电站工程（境外工程）	中国电建集团海外投资有限公司、山东电力建设第三工程有限公司、中国电建集团港航建设有限公司、中国电建集团河北省电力勘测设计研究院有限公司、中交第三航务工程勘察设计院有限公司、上海电力监理咨询有限公司、中交二航院工程咨询监理有限公司、中国电建集团甘肃能源投资有限公司、中国电建市政建设集团有限公司、中国水利水电第七工程局有限公司、中国水电基础局有限公司

2020—2021 年度中国建设工程鲁班奖（国家优质工程）电力行业工程项目

序号	工程名称	承建单位	项目经理	参建单位
1	河北邢西 500kV 变电站新建工程	河北省送变电有限公司	王怀民	邢台兴力集团有限公司
2	上海庙±800kV 换流站工程	国网湖北送变电工程有限公司	乾　俊	湖南省送变电工程有限公司

续表

序号	工程名称	承建单位	项目经理	参建单位
3	湖北华电江陵发电有限公司一期 2×660MW 超超临界燃煤发电机组工程	中国华电科工集团有限公司	陈利平	中电建湖北电力建设有限公司 中国能源建设集团湖南火电建设有限公司 浙江菲达环保科技股份有限公司 中国十五冶金建设集团有限公司 中国能源建设集团安徽电力建设第二工程有限公司
4	濮阳龙丰“上大压小”新建项目	河南省第二建设集团有限公司 中国电建集团河南工程有限公司	丁泽培 王彦峰	
5	通州区再生能源发电厂	山东淄建集团有限公司	张富贵	中国能源建设集团广东火电工程有限公司 深圳金粤幕墙装饰工程有限公司 中国机械工业第四建设工程有限公司
6	云南澜沧江大华桥水电站工程	中国水利水电第八工程局有限公司 中国水利水电第一工程局有限公司	罗长青 李怀国	
7	佛山 500kV 凤城（顺德Ⅱ）变电站工程	广东威恒输变电工程有限公司	李建锋	
8	甘肃张掖 750kV 变电站新建工程	甘肃送变电工程有限公司	索毓杰	甘肃第九建设集团有限责任公司
9	枣庄 1000kV 变电站	山东送变电工程有限公司	王　圆	

2021—2022 年度中国安装工程优质奖（中国安装之星）电力行业工程项目（第一批）

序号	工程名称	承建单位	参建单位
1	和顺县 20 万 kW 风电项目安装工程	山西省工业设备安装集团有限公司	国家电投集团和顺东方新能源发电有限公司、中国能源建设集团山西省电力勘测设计院有限公司
2	华润电力曹妃甸电厂二期 2×1000MW 超超临界燃煤发电机组工程粉煤灰输送及储存工程	山东正泰工业设备安装有限公司、华润电力(唐山曹妃甸)有限公司	
3	新疆准东五彩湾北二电厂 3、4 号机组工程	中煤能源新疆煤电化有限公司	中国电力工程顾问集团西北电力设计院有限公司（总承包）、山东诚信工程建设监理有限公司、中国能源建设集团东北电力第一工程有限公司、西北电力建设第三工程有限公司、中国能源建设集团西北电力试验研究院有限公司、中煤西安设计工程有限责任公司、中煤邯郸设计工程有限责任公司
4	北京海淀北部区域能源中心燃气热电联产工程	北京上庄燃气热电有限公司	中国电力工程顾问集团华北电力设计院工程有限公司、北京国电德胜工程项目管理有限公司、中国能源建设集团浙江火电建设有限公司

续表

序号	工程名称	承建单位	参建单位
5	国家电投集团荆门高新区天然气多联供能源项目	国家电投集团荆门绿动能源有限公司	上海能源科技发展有限公司（总承包）、广东天安项目管理有限公司、中电建湖北电力建设有限公司
6	中广核德令哈光伏发电应用领跑基地5号项目安装工程	中广核海西太阳能开发有限公司	山东电力建设第三工程有限公司（总承包）、中咨工程有限公司
7	华能陕西定边电力有限公司60MW风光互补光伏电站项目	华能陕西定边电力有限公司	中国电力工程顾问集团西北电力设计院有限公司、成都交大工程建设集团有限公司、河南省第二建设集团有限公司
8	陕能麟游低热值煤发电工程	陕西能源麟北发电有限公司	中国电力工程顾问集团西北电力设计院有限公司、西北电力建设工程监理有限责任公司、中国电建集团山东电力建设第一工程有限公司、西北电力建设第三工程有限公司、双良节能系统股份有限公司
9	国投哈密景峡五A风电场300MW工程安装工程	国投哈密风电有限公司	中国电建集团西北勘测设计研究院有限公司、中国水利水电建设工程咨询西北有限公司、中国能源建设集团湖南火电建设有限公司、中国水利水电第七工程局有限公司
10	中广核尚义东山风电场200MW工程安装工程	中广核（尚义）风力发电有限公司	
11	宁夏同心风电场国博二期大梁150MW风电项目综合安装工程	北京天源科创风电技术有限责任公司	宁夏国博新能源有限公司、国网宁夏电力设计有限公司、宁夏重信建设工程监理有限公司
12	华能打鼓寨风电场项目工程	华能江西清洁能源有限责任公司	中国电建集团江西省电力设计院有限公司、黑龙江润华电力工程管理项目管理有限公司、中国电建集团江西省水电工程局有限公司、中国能源建设集团湖南火电建设有限公司
13	北京天华成长垣县张三寨风电项目安装工程	长垣天华成新能源科技有限公司	中国电建集团河南省电力勘测设计院有限公司、中建卓越建设管理有限公司、中国电建集团核电工程有限公司
14	山西交口棋盘山99.5MW风电项目	山东电力工程咨询院有限公司	交口县棋盘山新能源有限公司、山东电力工程咨询院有限公司、大保建设管理有限公司、中国能源建设集团山西电力建设有限公司、中国能源建设集团安徽电力建设第一工程有限公司、中国电建集团核电工程有限公司
15	西安北750kV变电站工程	陕西送变电工程有限公司	国网陕西省电力公司建设分公司、中国电力工程顾问集团西北电力设计院有限公司、陕西诚信电力工程监理有限责任公司
16	山西临汾西（孟门）500kV变电站新建工程	国网山西供电工程承装有限公司	国网山西省电力公司建设分公司、中国能源建设集团山西省电力勘测设计院有限公司、山西锦通工程项目管理咨询有限公司
17	镶黄旗220kV输变电工程——变电站部分	内蒙古电力（集团）有限责任公司锡林郭勒电业局	内蒙古电力勘测设计院有限责任公司、内蒙古康远工程建设监理有限责任公司、内蒙古送变电有限责任公司
18	孝感长湖220kV变电站工程	孝感市光源电力集团有限责任公司	国网湖北省电力有限公司孝感供电公司、湖北省电力勘测设计院有限公司、荆州市荆力工程设计咨询有限责任公司
19	锡林浩特北郊（博日特）220kV输变电工程——变电站部分	内蒙古送变电有限责任公司	内蒙古电力（集团）有限责任公司锡林郭勒电业局、内蒙古电力勘测设计院有限责任公司、内蒙古康远工程建设监理有限责任公司

续表

序号	工程名称	承建单位	参建单位
20	呼和浩特和林盛乐二站 220kV 输变电工程	内蒙古第三电力建设工程有限责任公司	内蒙古电力（集团）有限责任公司呼和浩特供电局、内蒙古电力勘测设计院有限责任公司、内蒙古康远工程建设监理有限责任公司
21	丰镇律字 220kV 输变电工程——变电站部分	内蒙古电力（集团）有限责任公司乌兰察布电业局	中国电力工程顾问集团华北电力设计院有限责任公司、内蒙古康远工程建设监理有限责任公司、内蒙古送变电有限责任公司
22	泰安特种建筑用钢项目 220kV 变电站安装工程	山东电力工程咨询院有限公司	石横特钢集团有限公司、山东电力工程咨询院有限公司、马鞍山迈世纪工程咨询有限公司
23	中山 220kV 君兰变电站工程	广东电网有限责任公司中山供电局	深圳供电规划设计院有限公司、广东律诚工程咨询有限公司、中国能源建设集团广东火电工程有限公司
24	220kV 文旅（长岗）变电站工程	广东电网有限责任公司广州供电局	广州电力设计院有限公司、广州电力工程监理有限公司、广东电网能源发展有限公司
25	佛山 220kV 南海站增容改造工程	广东电网有限责任公司佛山供电局	广东南海电力设计院工程有限公司、广东诚誉工程咨询监理有限公司、广东威恒输变电工程有限公司、广东运峰电力安装有限公司
26	220kV 江面变电站工程	广东电网有限责任公司河源供电局	深圳供电规划设计院有限公司、广东创成建设监理咨询有限公司、中国能源建设集团广东火电工程有限公司
27	220kV 仙鹤（防城北）变电站工程	广西电网有限责任公司电网建设分公司	南宁市全宇电力设计有限责任公司、贵州电力建设监理咨询有限责任公司、广西建宁输变电工程有限公司
28	220kV 茶寮（芦溪）变电站工程	广东电网有限责任公司东莞供电局	东莞电力设计院有限公司、广东创成建设监理咨询有限公司、广东电网能源发展有限公司
29	乌东德电站送电广东广西特高压多端直流示范工程广东受端交流配套工程	广东电网有限责任公司广州供电局	广东电网有限责任公司惠州供电局、中国能源建设集团广东省电力设计研究院有限公司、广东创成建设监理咨询有限公司、广州电力工程监理有限公司、广东电网能源发展有限公司、中国能源建设集团广东火电工程有限公司、云南送变电工程有限公司、广东威恒输变电工程有限公司
30	500kV 荣兴变电站安装工程	云南电网有限责任公司建设分公司	中国能源建设集团云南省电力设计院有限公司、云南电力建设监理咨询有限责任公司、中国能源建设团云南火电建设有限公司
31	八一（深溪）500kV 变电站新建工程	贵州送变电有限责任公司	贵州电网有限责任公司遵义供电局、中国电建集团贵州电力设计研究院有限公司、贵州电力建设监理咨询有限责任公司
32	永昌变电站—大理变电站双回 500kV 线路安装工程	云南电网有限责任公司建设分公司	中国能源建设集团云南省电力设计院有限公司、云南电力建设监理咨询有限责任公司、云南送变电工程有限公司、中国能源建设集团云南火电建设有限公司、中国电建集团河南工程有限公司
33	220kV 傣乡变电站工程	云南电网有限责任公司西双版纳供电局	云南欣博工程咨询有限公司、云南电力建设监理咨询有限责任公司、云南银塔电力建设有限公司
34	大华桥水电站机电设备安装工程	中国水利水电第八工程局有限公司	华能澜沧江水电股份有限公司黄登•大华桥水电工程建设管理局

续表

序号	工程名称	承建单位	参建单位
35	深圳抽水蓄能电站机电设备安装工程	深圳蓄能发电有限公司	广东省水利电力勘测设计研究院有限公司、浙江华东工程咨询有限公司、中国葛洲坝集团机电建设有限公司
36	里底水电站机电设备安装工程	中国水利水电第十四工程局有限公司	华能澜沧江水电股份有限公司乌弄龙·里底水电工程建设管理局
37	佳木斯市垃圾焚烧发电项目一期工程设备安装工程	黑龙江省建筑安装集团有限公司	佳木斯博海环保电力有限公司
38	宜兴市 1700t/d 生活垃圾焚烧发电项目设备安装工程	山东省工业设备安装集团有限公司	光大环保能源（宜兴）有限公司、浙江省二建建设集团有限公司、中国电建集团山东电力建设第一工程有限公司
39	丹阳市生活垃圾焚烧发电项目安装工程	苏华建设集团有限公司	光大环保能源（丹阳）有限公司、光大生态环境设计研究院有限公司、江苏苏安电力工程管理有限公司
40	淮安市淮阴区生活垃圾焚烧发电项目、淮安市淮阴区生物质热电项目设备安装工程	盛安建设集团有限公司	
41	红安县生活垃圾焚烧发电项目全厂机电安装工程	浙江省工业设备安装集团有限公司	红安绿色动力再生能源有限公司、中冶南方武汉工程咨询管理有限公司
42	茂名市电白区绿能环保发电项目	湖南省工业设备安装有限公司	
43	荣成市人民政府石岛管理区热电联产 PPP 项目（安装工程）	迪尔集团有限公司	青岛安装建设股份有限公司

2021 年度中国电力优质工程奖获奖项目

序号	工程名称	建设单位	施工单位（总承包）
1	华能盐城大丰 400MW 海上风力发电工程	华能盐城大丰新能源发电有限责任公司	中国能源建设集团江苏省电力建设第一工程有限公司、中国石油集团海洋工程有限公司、中交第一航务工程局有限公司、天津港航工程有限公司
2	国华东台四期（H2）300MW 海上风电场项目	国家能源集团东台海上风电有限责任公司	中交第三航务工程局有限公司、北京海瑞兴能源科技有限责任公司、上海振华重工（集团）股份有限公司、江苏省建筑工程集团有限公司
3	三峡新能源江苏大丰 300MW 海上风电项目	三峡新能源盐城大丰有限公司	中交第三航务工程局有限公司、江苏道达海上风电工程科技有限公司、上海市基础工程集团有限公司、上海振华重工（集团）股份有限公司、中国能源建设集团江苏省电力建设第三工程有限公司
4	中广核尚义东山风电场 200MW 工程	中广核（尚义）风力发电有限公司	中国水利水电第九工程局有限公司、张家口市第三建筑工程公司、中电建宁夏工程有限公司、德盈建设集团有限公司、弘毅建设集团有限公司、张家口第一建筑工程集团有限公司、成蜀电力集团有限公司
5	国投哈密景峡五 A 风电场 300MW 工程	国投哈密风电有限公司	中国水利水电第七工程局有限公司、中国能源建设集团湖南火电建设有限公司、临洮建筑总公司直属公司
6	国投哈密烟墩八 A 风电场 200MW 工程	国投哈密风电有限公司	中国能源建设集团西北电力建设工程有限公司、中国能源建设集团黑龙江省火电第一工程有限公司、西北电力建设第四工程有限公司

续表

序号	工程名称	建设单位	施工单位（总承包）
7	华能如东 300MW 海上风电场工程	华能如东八仙角海上风力发电有限责任公司	中交第三航务工程局有限公司、中电建宁夏工程有限公司、江苏龙源振华海洋工程有限公司、上海市基础工程集团有限公司、上海振华重工（集团）股份有限公司
8	宁夏同心风电场国博二期大梁 150MW 风电项目	宁夏国博新能源有限公司	北京天源科创风电技术有限责任公司、中铁十七局集团第一工程有限公司
9	天润南乐仓颉 100MW 风电场项目	北京天润新能投资有限公司	润世达工程有限公司
10	广东粤电湛江外罗海上风电项目	广东粤电湛江风力发电有限公司	中国能源建设集团广东省电力设计研究院有限公司、江苏龙源振华海洋工程有限公司、中交第一航务工程局有限公司、北京海瑞兴能源科技有限责任公司、上海振华重工（集团）股份有限公司、韶关市第一建筑工程有限公司、成蜀电力集团有限公司
11	鲁能宁夏盐池于家梁 100MW 风电项目	宁夏盐池鲁能新能源有限公司	山东电力建设第三工程有限公司
12	丰城市中电建大桥新能源有限公司 100MW 屋顶分布式光伏发电项目	丰城市中电建大桥新能源有限公司	中国电建集团华东勘测设计研究院有限公司、浙江江能建设有限公司、江苏中信博新能源科技股份有限公司、江苏永荣建设工程有限公司
13	北京天华成长垣县张三寨风电项目	长垣天华成新能源科技有限公司	中国电建集团核电工程有限公司
14	中广核当涂县大陇镇双潭湖 260MW 渔光互补光伏电站项目	中广核（当涂）新能源有限公司	中国电力工程顾问集团中南电力设计院有限公司、中国能源建设集团安徽电力建设第一工程有限公司、合肥市靖鑫光伏科技工程有限公司、安徽省第二建筑工程有限公司
15	华能陕西定边电力有限公司 60MW 风光互补光伏电站项目	华能陕西定边电力有限公司	河南省第二建设集团有限公司、陕西元辰建设工程有限公司
16	中广核德令哈光伏发电应用领跑者基地 5 号项目（100MW）	中广核海西太阳能开发有限公司	山东电力建设第三工程有限公司
17	达拉特光伏发电应用领跑基地 1、4 号项目	达拉特旗那仁太新能源有限公司	中电投电力工程有限公司、河南四建工程有限公司、甘肃省安装建设集团有限公司、西北电力建设第三工程有限公司、中国能源建设集团江苏省电力建设第一工程有限公司
18	通辽发电总厂贮灰场生态环境综合治理 150MW 光伏发电项目	通辽通发新能源有限责任公司	国核电力规划设计研究院有限公司、中电建湖北电力建设有限公司、甘肃省安装建设集团有限公司、德盈建设集团有限公司
19	华电莱州智慧生态绿色能源基地建设项目	华电莱州发电有限公司	中国电建集团核电工程有限公司、山东电力建设第三工程有限公司、山东港湾建设集团有限公司、华电重工股份有限公司、中国华电科工集团有限公司
20	神华国能宁夏鸳鸯湖电厂二期 2×1000MW 级机组扩建工程	神华国能宁夏鸳鸯湖发电有限公司	中国能源建设集团江苏省电力建设第一工程有限公司、中国电建集团山东电力建设第一工程有限公司、中国建筑股份有限公司、武汉凯迪电力环保有限公司
21	榆能横山煤电一体化发电工程	陕西榆林能源集团横山煤电有限公司	上海电力建设有限责任公司、山东电力建设第三工程有限公司、中国能源建设集团安徽电力建设第二工程有限公司、中电建宁夏工程有限公司、福建龙净环保股份有限公司、武汉光谷环保科技股份有限公司
22	广东大唐国际雷州发电厂“上大压小”2×1000MW 新建工程	广东大唐国际雷州发电有限责任公司	中国能源建设集团广东火电工程有限公司、中国电建集团山东电力建设第一工程有限公司、大唐环境产业集团股份有限公司、中交第一航务工程局有限公司、中交第四航务工程局有限公司

续表

序号	工程名称	建设单位	施工单位（总承包）
23	国家能源集团宿迁 2×660MW 机组工程	国家能源集团宿迁发电有限公司	中国能建江苏省电力建设第三工程有限公司、中国能建江苏省电力建设第一工程有限公司、河南省第二建设集团有限公司、国能龙源环保有限公司
24	福建华电邵武电厂三期 2×660MW 工程	福建华电邵武能源有限公司	中国能源建设集团安徽电力建设第一工程有限公司、中国电建集团福建工程有限公司、华电重工股份有限公司、中国电建集团贵州工程公司、福建龙净环保股份有限公司
25	新疆准东五彩湾北二电厂 3、4 号机组工程	中煤能源新疆煤电化有限公司	中国电力工程顾问集团西北电力设计院有限公司、中国能源建设集团东北电力第一工程有限公司、西北电力建设第三工程有限公司、河南省第二建设集团有限公司、东北电力烟塔工程有限公司、中煤西安设计工程有限责任公司
26	新疆准东五彩湾北一电厂 1、2 号机组（2×660MW）工程	新疆准东特变能源有限责任公司	中国能源建设集团东北电力第二工程有限公司、中国电建集团核电工程有限公司、河南省第二建筑工程发展有限公司、武汉光谷环保科技股份有限公司、福建龙净环保股份有限公司
27	中电投分宜电厂 2×660MW 机组扩建工程	国家电投集团江西电力有限公司分宜发电厂	中国电建江西省水电工程局有限公司、河南省第二建设集团有限公司、中国能源建设集团天津电力建设有限公司、中国能源建设集团浙江火电建设有限公司
28	京能十堰 2×350MW 热电联产工程	京能十堰热电有限公司	中国能源建设集团天津电力建设有限公司、中电建湖北电力建设有限公司、北京清新环境技术股份有限公司
29	上海申能奉贤热电工程	上海申能奉贤热电有限公司	上海电力建设有限责任公司
30	中电四会 2×400MW 级燃气热电冷联产项目	中电（四会）热电有限责任公司	中国能源建设集团广东省电力设计研究院有限公司、中国能源建设集团广东火电工程有限公司、中国能源建设集团安徽电力建设第二工程有限公司、河北建设勘察研究院有限公司
31	河北建投邢台热电联产工程（2×350MW）	建投邢台热电有限责任公司	山东电力建设第三工程有限公司与中国电建集团河北省电力勘测设计研究院有限公司联合体、山东电力建设第三工程有限公司
32	陕能麟游低热值煤发电工程	陕西能源麟北发电有限公司	中国电力工程顾问集团西北电力设计院有限公司、中国电建集团山东电力建设第一工程有限公司、西北电力建设第三工程有限公司、十一冶建设集团有限责任公司、陕西建工集团有限公司、双良节能系统股份有限公司、陕西天地地质有限责任公司
33	华润电力（常州钟楼）天然气分布式能源站项目	华润电力（常州）有限公司	中电建湖北电力建设有限公司
34	宜兴市 1700t/d 生活垃圾焚烧发电项目	光大环保能源（宜兴）有限公司	浙江省二建建设集团有限公司、山东省工业设备安装有限公司、江苏天永钢结构工程有限公司
35	舟山 500kV 联网输变电工程	国网浙江省电力有限公司建设分公司	浙江省送变电工程有限公司、江苏省送变电有限公司、中国能源建设集团浙江火电建设有限公司
36	苏通 GIL 综合管廊工程	国网江苏省电力有限公司、国家电网有限公司交流建设分公司、国家电网有限公司信息通信分公司	江苏省送变电有限公司、中铁十四局集团有限公司
37	枣庄 1000kV 变电站	国网山东省电力公司、国网山东省电力公司建设公司、国家电网有限公司信息通信分公司	山东送变电工程有限公司、江西省送变电工程有限公司、枣庄力源送变电工程有限公司
38	海南（合乐）750kV 变电站工程	国网青海省电力公司建设公司	青海送变电工程有限公司

续表

序号	工程名称	建设单位	施工单位（总承包）
39	张掖 750kV 变电站新建工程	国网甘肃省电力公司、国网甘肃省电力公司建设分公司	甘肃送变电工程有限公司
40	西安北 750kV 变电站工程	国网陕西省电力公司建设分公司	陕西送变电工程有限公司
41	察右后旗 500kV 变电站工程	内蒙古电力（集团）有限责任公司内蒙古超高压供电局	内蒙古送变电有限责任公司
42	安徽六安石店 500kV 变电站工程	国网安徽省电力有限公司建设分公司	安徽送变电工程有限公司、安徽琼源建设工程有限公司、合肥百瑞装饰工程有限公司
43	江苏中吴（青洋）500kV 变电站工程	国网江苏省电力有限公司建设分公司	江苏省送变电有限公司
44	佛山 500kV 凤城（顺德Ⅱ）变电站工程	广东电网有限责任公司佛山供电局	广东威恒输变电工程有限公司
45	500kV 金陵变电站工程	广西电网有限责任公司电网建设分公司	广西送变电建设有限责任公司、广西建宁输变电工程有限公司
46	山西临汾西 500kV 变电站新建工程	国网山西省电力公司建设分公司	国网山西供电工程承装有限公司
47	河南驻马店驻东 500kV 变电站工程	国网河南省电力公司建设分公司	河南送变电建设有限公司、濮阳市三源建设工程有限公司、驻马店市华宇电力实业有限公司
48	威宁 500kV 变电站新建工程	贵州电网有限责任公司毕节供电局	贵州送变电有限责任公司
49	乌达北 500kV 变电站工程	内蒙古电力（集团）有限责任公司内蒙古超高压供电局	内蒙古送变电有限责任公司、河南省第二建筑工程发展有限公司
50	浏阳 500kV 变电站工程	国网湖南省电力有限公司、国网湖南省电力有限公司建设分公司	湖南省送变电工程有限公司
51	恩施东 500kV 变电站新建工程	国网湖北省电力有限公司中超建设管理公司	国网湖北送变电工程有限公司
52	500kV 荣兴变电站工程	云南电网有限责任公司建设分公司	中国能源建设集团云南火电建设有限公司
53	贵州八一（深溪）500kV 变电站新建工程	贵州电网有限责任公司遵义供电局	贵州送变电有限责任公司
54	天津渠阳（宝北）500kV 输变电工程	国网天津市电力公司建设分公司	天津送变电工程有限公司、天津送变电工程有限公司土建分公司
55	乌东德电站送电广东广西特高压多端直流示范工程广东受端交流配套工程	广东电网有限责任公司广州供电局、广东电网有限责任公司惠州供电局	广东电网能源发展有限公司、云南送变电工程有限公司、中国能源建设集团广东火电工程有限公司、广东威恒输变电工程有限公司
56	永昌变电站—大理变电站双回 500kV 线路工程	云南电网有限责任公司建设分公司	云南送变电工程有限公司、中国电建集团河南工程有限公司、中国能源建设集团云南火电建设有限公司、云南送变电工程有限公司
57	云南澜沧江大华桥水电站	华能澜沧江水电股份有限公司黄登·大华桥水电工程建设管理局	中国水利水电第一工程局有限公司、中国水利水电第八工程局有限公司
58	猴子岩水电站	国能大渡河猴子岩发电有限公司	中国葛洲坝集团第一工程有限公司、中国水利水电第七工程局有限公司、中国葛洲坝集团机电建设有限公司、中国葛洲坝集团机械船舶有限公司
59	金沙江梨园水电站	云南华电金沙江中游水电开发有限公司梨园发电分公司	中国安能集团第一工程局有限公司、中国水利水电第七工程局有限公司、中国水利水电第十一工程局有限公司、中国水利水电第一工程局有限公司、中国水利水电第十四工程局有限公司、中国水电基础局有限公司

续表

序号	工程名称	建设单位	施工单位（总承包）
60	琼中抽水蓄能电站工程	海南蓄能发电有限公司	广东水电二局股份有限公司、中国水利水电第十二工程局有限公司、中国水利水电第十四工程局有限公司、中国水利水电第七工程局有限公司
中小型工程项目			
1	山西交口棋盘山 99.5MW 风电项目	交口县棋盘山新能源有限公司	山东电力工程咨询院有限公司、中国能源建设集团山西电力建设有限公司、中国电建集团核电工程有限公司、中国能源建设集团安徽电力建设第一工程有限公司
2	天润抚州东乡小璜风电场项目	北京天润新能投资有限公司	江苏省电力建设第三工程有限公司、中国能源建设集团江苏省电力建设第三工程有限公司
3	龙源盐池西大井 50MW 风电项目	龙源吴忠风力发电有限公司	宁夏旭源建设工程有限公司、中翎建业集团有限公司、宁夏中迅电力工程有限公司、山东恒盛电力建设工程有限公司
4	贵州威宁小海（50MW）风电场项目工程	龙源贵州风力发电有限公司	云南曲靖市政建设有限公司、广西新里路桥工程有限责任公司、天津蓝巢特种吊装有限公司、华中建设开发集团有限公司、贵州黔盛嘉鹏建设有限公司、瑞丰电力工程集团有限公司
5	云南省曲靖市罗平县阿岗风电场工程	国电云南龙源罗平风力发电有限公司	中能电力科技开发有限公司、云南华升建筑工程有限公司、中国水利水电第七工程局有限公司、黑龙江省水利四处有限责任公司、中国能源建设集团云南火电建设有限公司、四川省输变电工程公司
6	闽清上莲风电场	三峡新能源闽清发电有限公司	中国水利水电第九工程局有限公司、德京集团股份有限公司
7	华能打鼓寨风电场项目	华能江西清洁能源有限责任公司	中国能源建设集团湖南火电建设有限公司、中国电建集团江西省水电工程局有限公司
8	北京海淀北部区域能源中心燃气热电联产工程	北京上庄燃气热电有限公司	中国能源建设集团浙江火电建设有限公司
9	国家电投集团荆门高新区天然气多联供能源项目	国家电投集团荆门绿动能源有限公司	中电投电力工程有限公司、中国电建集团四川工程有限公司、中电建湖北电力建设有限公司
10	惠州市区垃圾焚烧发电项目（迁建）工程	惠州广惠能源有限公司	浙江省二建建设集团有限公司、中国能源建设集团广东火电工程有限公司
11	台州市生活垃圾焚烧发电厂项目三期扩建工程	台州旺能再生资源利用有限公司	浙江省二建建设集团有限公司、山东淄建集团有限公司
12	220kV 傣乡变电站工程	云南电网有限责任公司西双版纳供电局	云南银塔电力建设有限公司
13	220kV 仙鹤（防城北）变电站工程	广西电网有限责任公司电网建设分公司	广西建宁输变电工程有限公司
14	镶黄旗 220kV 输变电工程——变电站部分	内蒙古电力（集团）有限责任公司锡林郭勒电业局	内蒙古送变电有限责任公司
15	220kV 贝江变电站工程	广西电网有限责任公司电网建设分公司	广西送变电建设有限责任公司
16	220kV 江面变电站工程	广东电网有限责任公司河源供电局	中国能源建设集团广东火电工程有限公司
17	包头石拐区东梁 220kV 变电站工程	内蒙古电力（集团）有限责任公司包头供电局	内蒙古送变电有限责任公司
18	丰镇律字 220kV 变电站工程	内蒙古电力（集团）有限责任公司乌兰察布电业局	内蒙古送变电有限责任公司

续表

序号	工程名称	建设单位	施工单位（总承包）
19	石阡国荣（泉都）220kV变电站新建工程	贵州电网有限责任公司铜仁供电局	四川省长鑫电力有限公司
20	中山220kV君兰变电站工程	广东电网有限责任公司中山供电局	中国能源建设集团广东火电工程有限公司
21	220kV茶寮（芦溪）变电站工程	广东电网有限责任公司东莞供电局	广东电网能源发展有限公司
22	佛山220kV南海站增容改造工程	广东电网有限责任公司佛山供电局	广东威恒输变电工程有限公司
23	220kV文旅（长岗）变电站工程	广东电网有限责任公司广州供电局	广东电网能源发展有限公司
24	孝感长湖220kV变电站工程	国网湖北省电力有限公司孝感供电公司	孝感市光源电力集团有限责任公司
25	110kV吉山变电站工程	云南电网有限责任公司红河供电局	云南建源电力工程有限公司
境外工程项目			
1	巴基斯坦中电胡布2×660MW燃煤发电项目	中电国际胡布发电有限公司	中国电力工程顾问集团西北电力设计院有限公司–中国能源建设集团天津电力建设有限公司联合体（电厂）、中国港湾工程有限责任公司（码头）、中国能源建设集团天津电力建设有限公司（电厂）、中交第二航务工程局有限公司（码头）

科技创新

重点科技项目

【南方电网公司研制的国内首个基于国产指令架构、国产内核的电力专用主控芯片“伏羲”实现量产】2月，经南方电网公司5年研制、多场景验证，国内首个基于国产指令架构、国产内核的电力专用主控芯片“伏羲”近期实现量产，标志着中国电力工控领域核心芯片从“进口通用”向“自主专用”转变，电力二次设备核心元器件做到了自主可控。

主控芯片作为电网二次装备核心器件，涉及千万量级的电网关键装置，是电力工业控制的大脑。此前主控芯片长期为国外生产厂商垄断，严重制约中国电网核心技术的发展。针对此“卡脖子”问题，南方电网公司依托国家重点研发计划，基于国产自主CPU内核和境内代工封测技术，集中公司科研力量重点攻关，自2019年起先后在电网控制保护、自动化、新能源等多个电网关键场景对“伏羲”进行验证及应用，表现良好。“伏羲”的成功研发及量产，对于国家电力能源和信息安全、工控领域科技自主可控具有重大意义。

2021年12月30日，“国资小新”联合国资委网站、《国资报告》杂志推出央企国之重器“英雄榜”评选，南网数研院研发量产“伏羲”电力主控芯片工作高票入选“2021年度央企十大国之重器”。

【基于数据驱动的供热机组智慧安全和节能优化关键技术研究与应用】项目面向碳达峰、碳中和背景下供热机组热电解耦需求日益加重等共性难点问题，开发出具有自主知识产权的供热智慧安全与运行优化平台系统—赛思。系统基于深度灵活调峰下机组安全供热和节能供热不能较好兼顾的业内普遍问题，首次提出多边界参数耦合及兼顾整体能效健康监测的系统化智能供热解决方案。

供热智慧安全与运行优化平台系统提供灵活性调峰环境下供热机组优化运行的系统化智能解决方案，可有效提升热电联产企业在灵活性调峰形势下的适应能力和生存能力，并助力火电机组更高质量地发挥托底保供作用。

项目在大唐国际张家口发电厂7、8号机成功示范应用，通过智慧安全与节能优化运行，单台机组全年平均可降低煤耗约1.5g/kWh。在深度挖潜降低供热机组深度调峰引起的能耗问题的同时，同步提升了机组整体智能监控水平，大幅提高运行人员的调整效率和质量，有效降低由于各种安全因素而引起的供热民生问题风险，并荣获2021年度中国电力科技创新奖一等奖。

【面向新能源消纳的大型煤机智能控制关键技术研究及应用】大规模新能源消纳是新型电力系统的重要特征，燃煤机组的控制需求在新型电力系统下呈现出更高的要求，而燃煤机组因燃料热值多变、负荷变化频繁等问题，易出现因控制模型失配造成的机组整体控制品质不佳，通过研究系统模型动态辨识方法，提升燃煤机组智能化控制水平，充分挖掘调频系统蓄热利用能力，适应新型电力系统的需求。

中国大唐此项目在控制模型辨识、智能预测控制、智能调频控制方面开展深度研究，研发了基于数据驱动的系统动态建模算法，设计了基于动态多模型的热值智能预测和基于模型辨识的广义智能控制策略，构建了基于模型安全边界的调频系统蓄能动态利用策略，促进燃煤机组提质增效。此外，项目还建立了智能控制模型、智能前馈模型和机组蓄热系统模型，解决了复杂工况控制系统动态建模难题。提升了机组控制系统自适应能力，实现了新能源消纳的背景下燃煤机组控制参数精准和调频性能提升的需求，为燃煤机组适应源网协调新特征提供关键技术支撑。项目经中国电机工程学会鉴定为国际领先水平，获得2021年度中国电力科技创新奖一等奖。

【重型燃气轮机透平冷却密封系统故障预警诊断技术研究及工程应用】中国大唐此项目研究了燃气轮机透平排气密封冷却系统故障预警诊断技术，采用大数据指令和云+端的数据调度模式，提取典型故障模式和燃机系统参数间的高耦合性，实现了重型燃气轮机透平排气密封冷却系统故障预警分类分型诊断，以及排气框架监测、热通道透平等系统的故障预警，为燃机的性能下降和故障停机的成因预判提供有力支撑。

经过两年多的实施与应用，项目取得了良好的经济效益和推广效应。通过针对透平密封冷却系统监测，产生预警上千次，避免因设备故障引起的非计划停运和设备故障几十次起，节省支出千万余元。技术应用后，透平排气密封冷却系统故障率降低91%，推动中国大唐燃机机群未发生因透平密封系统故障导致的非计划性停运和设备损害事故的发生，实现集团级燃机资源的智能化管控、网络化协同和数字化管理。项目经中国电力企业联合会鉴定达到国际领先水平，获得2021年度中国电力科技创新奖一等奖。

【碳达峰、碳中和目标下燃煤机组智能控制关键技术研究及应用】围绕碳达峰、碳中和发展目标，大量的可再生能源将并网消纳，为了支持大电网安全稳定运行，作为电网峰频调节主体的燃煤机组亟需提升峰频深度调节能力和协调主参数精准控制能力，以解决新形势下燃煤机组协调控制、涉网调节与节能降耗的迫切需求。

中国大唐此项目聚焦协调控制、主汽温系统的控制难点和一次调频与调门节能运行耦合难题，提出了基于多元超前的协调控制、多变量信息融合的主汽温控制、宽负荷一次调频优化的关键技术，解决传统控制系统响应滞后、超调严重等现象，实现机组一次调频和高调门节能运行协同优化，极大地提升火电机组整体控制水平和一次调频性能，取得了良好的经济和安全效益，满足"碳达峰、碳中和"目标下火电机组灵活性调节的要求。项目经中国电机工程学会鉴定，达到国际领先水平，并获得 2021 年度中国能源创新奖一等奖。

项目成功解决了复杂电网环境下机组协调控制快速性和稳定性的控制问题、峰频快速响应问题、机组深度节能控制问题，实现了燃煤机组高效运行及源网调节快速响应，取得了显著的经济效益和社会效益，为提高可再生能源大规模并网消纳能力，提供了一条可复制的电源侧适配技术路线。

【基于"源网荷储"多能互补的一体化智能集中供热技术研究及应用】中国大唐此项目主要开展基于"源网荷储"多能互补的一体化智能集中供热技术研究，提出了基于热电联产机组运行边界条件，考虑供热机组灵活性改造、热电解耦、热电负荷优化调度、供热热网优化等技术，形成"源网荷储"一体化协同优化技术路线。

项目主要研发供热机组末级叶片健康实时监测系统，确保汽轮机在低压缸少汽运行条件下安全稳定运行，研发模块化布水器装置和单体大容量斜温层储热罐的成套设计方法及工艺，实现单体大容量常压储热罐系统设计自主化；建立新型多能互补分布式供热系统，考虑不同环境因素影响下，设备全工况运行特性的准确性、可靠性，基于 NSGA2 算法思想实现系统整体优化运行，提高能源利用率，降低运行成本，降低污染物排放量；提出多种复杂边界条件下不同类型机组热电解耦技术运行控制策略，开发大规模复杂环状热网水力平衡仿真的多热源能源梯级利用联合经济调度模型，实现集中供热系统安全稳定、节能环保运行提供有效的技术手段。项目经中国电机工程协会鉴定，整体处于国际先进水平，并获得 2021 年度中国能源创新奖一等奖。

【中国华电投运国内首套自主可控重型燃气轮机控制系统】 2021 年 5 月 25 日 9:25，国内首套自主可控重型燃气轮机控制系统（TCS）在华电浙江龙游电厂成功并网投运，标志着中国华电在国内率先完整掌握了重型燃气轮机控制系统的自主设计、生产、调试、改造等全过程关键技术，推动了中国燃气轮机的国产化发展。

重型燃气轮机被誉为装备制造业"皇冠上的明珠"，体现了一个国家的工业水平，而 TCS 系统作为核心控制系统，决定着燃气轮机的性能和安全。长期以来，TCS 系统的设计、组态、调试等相关核心工作一直由国外燃机原厂家提供，燃气发电领域"卡脖子"现象突出。中国华电举全公司之力，组织国电南自和华电电科院开展自主可控 TCS 攻关，对重型燃气机组的保护原理、控制策略、功能算法、控制系统软硬件设计以及涉网安全运行等方面进行深入研究，成功突破了 E 级重型燃气轮机本体控制原理研究与逻辑设计、燃烧压力脉动监测与燃烧调整、涉网精准控制、仿真建模等关键技术，成功研制出自主可控 TCS 系统，并自主开展了燃机本体调试与运行调整，多项技术填补了国内空白。

本套 TCS 系统在软硬件平台方面继承了"华电睿蓝"DCS 自主可控、本质安全的特性，控制器性能、阀控卡运算速度、SOE 精度、转速控制偏差等重要指标优于国外同类产品，而且针对燃气机组的运行特点和关键特征，设计了适应于燃气轮机燃料阀、速比阀、IGV 等关键设备的伺服控制以及湿接点输入 SOE 等卡件，形成了整套燃机控制与保护技术，整体达到和部分超过国外同类产品技术水平，具备了对重型燃气机组控制系统实施全功能、全方位国产化替代的能力。

【中国华电与中国电子联合研制的"华电睿风"自主可控 3MW 级陆上风电主控系统在甘肃投运】 2021 年 11 月 15 日，由国电南自、华电甘肃公司、华电电科院与中国电子飞腾公司联合研制的"华电睿风"自主可控 3MW 级陆上风电主控系统在甘肃玉门黑崖子风电场成功投运，此次投运是央企联合创新的重大成果。

通过联合攻关，"华电睿风"突破了风电特殊应用工况、CPU 占有率等技术难点，产品性能指标、环境适应性、抗电磁干扰能力均达到国内领先水平，且具有 100%自主知识产权，实现了从核心 CPU、操作系统、编译环境到控制策略的全范围软、硬件自主可控，成功突破了国外多项技术垄断，研制出了具有完全自主知识产权、搭载 FT－2000 处理器及国产嵌入式实时操作系统的"华电睿风"3MW 级陆上风电自主可控风电主控系统。

采用"飞腾芯"的"华电睿风"风电主控系统的投运，标志着中国华电在构建以新能源为主体的新型电力系统取得新进展，为老旧型风电机组的改造升级创造了条件，为在役风电机组实现控制策略优化、效率提升提供了解决方案。

【中国华电跨流域自主可控水电新能源集控系统在黔源电力成功投运】 2021年6月10日，由黔源电力、国电南自联合研制的跨流域自主可控水电新能源集控系统在黔源电力集控中心成功投运，这是“华电睿信”系统在实现水电新能源的现地层、站控层安全可控基础上，首次进行集控层的实际运用，标志着中国水电新能源控制系统全面实现自主安全可控。

“华电睿信”系统是基于中国第一套主动安全防御体系架构的水电计算机监控系统和第一套安全可控平台研制的水电新能源远程集控系统，具有国产安全可控、主动安全防御、跨多个流域、多种能源控制等特点。项目启动以来，联合研发小组群策群力、矢志创新，开拓思维提出“一体化集控”构想，统筹考虑跨流域梯级水电、光伏、风电等新能源项目接入运用，克服了光伏海量数据同步效率、可信计算芯片兼容适配等技术困难，实现了系统核心设备及技术完全可控，其主动防御体系、多种能源跨流域调控等多项技术填补了国内该领域空白，提高了水电新能源集控系统的安全防护能力，为水电新能源等异质多能源联合优化调度提供了技术保障。日前，多座跨流域水电及光伏电站已经顺利完成接入运用，各项技术指标正常，响应速度、系统可靠性等指标均优于国家和行业标准，流域水风光资源优化利用率明显提升。

【中国华电成功投运国内首套1000MW超超临界机组全国产化发电机－变压器组成套保护】 2021年10月14日，中国华电自主研制的国内首套全国产化发变组成套保护在华电国际邹县电厂8号1000MW超超临界机组成功投运，标志着中国华电再一次实现发电厂核心控制设备的自主可控，进一步增强了中国电力基础设施的安全运行能力。

该保护装置基于国产核心器件和操作系统开发，软硬件国产化率均为100%，能够全面反应发电机－变压器组各种类型故障和异常运行工况，不仅适用于煤电机组，而且在燃气机组、水轮机组、抽水蓄能机组、核电机组均可全覆盖应用。目前，现场装置运行情况良好，各项技术指标均达到或超过国家、行业相关标准要求。

【中国自主研发首支±800kV 柔直穿墙套管成功投运】 2021年6月11日，在乌东德电站送电广东广西特高压多端柔性直流示范工程（简称昆柳龙直流工程）柳州换流站，中国自主研发的±800kV 柔直穿墙套管成功投运、稳定运行。

该设备的成功投运，意味着中国在特高压柔性直流穿墙套管方面彻底突破了国外的技术封锁，实现了从无到有的技术突破。这不仅可以提升“西电东送”主网架自主可控水平，更标志着中国在大型高端电力装备研发方面取得了新的重大阶段性成果，对带动国内产业技术升级、解决核心技术“卡脖子”难题具有重要意义。

昆柳龙直流工程立项伊始，南方电网公司牵头统筹产学研资源，抽选了27名技术骨干，联合中国西电集团、西安交通大学等组建了创新联合体。作为设备联合研发单位，中国西电集团攻克大直径胶浸纸电容芯体全过程工艺控制、电、热、力多物理场作用下套管设计等多项核心技术，保障了攻关任务的顺利推进。经过14个月的连续攻关，联合研发团队终于成功完成了自主研发首套柔直穿墙套管任务，并顺利通过鉴定。±800kV 柔性直流穿墙套管形成了丰富的技术及知识产权成果，培育了核心专利24件。

【国家能源集团宿迁电厂“高效灵活二次再热发电机组研制及工程示范”】 项目攻克了二次再热机组全工况过程耦合匹配机理、高效灵活锅炉汽轮机优化设计、先进测控理论和方法以及系统集成等关键技术难题，彻底解决了中国第一代二次再热机组普遍存在的低负荷欠温问题，实现了宽负荷宽泛抽汽条件下机组的高效灵活运行，形成了“二次再热发电机组创新理论与方法”“高效、宽调节比二次再热锅炉技术开发示范应用”等44项具有自主知识产权的可复制、可推广前沿发电技术和装备制造技术。机组发电煤耗、发电效率、厂用电率和主要污染物超超低排放以及废水零排放，创造了截至2021年66万kW等级机组最好水平。该成果已经在12个电厂获得推广应用，取得了重大的社会经济效益。

【国华投资“长距离、海床频变海域海上风电场建设关键技术”成功实现“一个全球首创”和“五个国内首创”】 在江苏东台北条子泥海域，成功建成装机容量达30万kW海上风电场，项目获2020—2021年度国家优质工程金奖。该项目实现了“一个全球首创和五个国内首创”：即在全球首次采用单桩基础风电机组整体安装，填补了世界海上风电整体吊装技术领域的空白，为深海领域风电项目建设降本提效积累了经验；国内首创海上风力发电机组安装施工成套技术；国内首创海上风电全景监控与维护系统；国内首创海床频变区大直径单桩基础技术；国内首创海上升压站模块化集成化建造技术；国内首创海床剧烈变动环境下220kV海缆分段施工和现场接续技术等。

【太阳能热发电设计、装备制造及施工建造系统集成技术研究】 项目面向国家碳达峰与碳中和目标，以及新能源为主体的新型电力系统中的调峰调频难题，首次提出了基于群体智能算法的多分区组合型镜场布置方法，显著提升了镜场年均效率，性能指标居于国际前列；采用了区域快速无靶镜场校正方法，实现了大规模定日镜场的高精度快速调试，大幅缩短了系统调试达产时间，搭建实验平台，聚焦关键设备性能提升；打通大规模储热系统设计流程，首次在高低温熔盐储罐罐体与基础之间采用了刚性滑动连接，提升了储罐的受力可靠性，解决了卡脖子技术难题；开发国内首台套熔盐热泵；开发国内首套熔盐塔式光热电站全系统性能评估和预测仿真软件平台，解决了熔盐塔式光热发电项目的验收难题；构建了光热电站数字孪生工程，提出了多专业集成管理模式，形成了光热电站全生命周期数字化管理体系及标准，实现技术突破。截至 2021 年底，项目已形成多项专有技术，发表论文 20 余篇，申请发明专利 10 余项，拥有软件著作权 5 项，获得省部级以上奖项 7 项。

【广东浮式海上风电试验样机工程示范应用研究】 项目于 2021 年 12 月 7 日实现了中国首个漂浮式海上风电平台和全球首台抗台风型漂浮式海上风电机组成功并网发电；攻关成果“国产抗台风半潜浮动式海上风力发电系统成套装备”1 项入选国家能源局 2021 年度能源领域首台（套）重大技术装备公示项目；实现了中国漂浮式海上风电建设零的突破，填补国内漂浮式样机工程领域空白，突破了一体化设计壁垒，克服了浅水系泊系统设计技术难点，也成功实现了中国三峡集团在中国漂浮式海上风电领域的全方位引领。

【海上风电柔性直流输电关键技术研究及示范应用】项目于 2021 年 12 月 25 日完成机组全容量并网，实现了全球最大的海上风电柔性直流输电项目的投产；该项目成果联接变压器、柔直变压器、IGBT 换流阀、换流变阀侧套管、直流穿墙套管等 5 项海上风电柔性直流输电成套装备入选国家能源局 2021 年度能源领域首台（套）重大技术装备公示项目；填补了中国在海上风电高电压柔性直流输电领域的空白，攻克解决了海上风电场柔性直流换流站平台设计、大型海上风电场群接入的柔性直流系统设计、设备适海性设计、换流平台大规模高空吊装、海上换流站高电压绝缘试验、全站电气系统预调预试等技术难题，有效推动了海上风电关键设备国产化应用的进程，对加快国内海上风电重大技术装备创新做出了重大贡献。

中国三峡集团加大科技总结力度，组织申报省部及行业学会科技奖励，2021 年共获省部级科学技术奖励 31 项，其中在中国岩石力学与工程学会、中国大坝工程学会等全国性一级学会荣获特等奖 5 项。

【太阳能热发电设计、装备制造及施工建造系统集成技术研究】中国电建项目面向国家碳达峰与碳中和目标，以及新能源为主体的新型电力系统中的调峰调频难题，首次提出了基于群体智能算法的多分区组合型镜场布置方法，显著提升了镜场年均效率，性能指标居于国际前列；采用了区域快速无靶镜场校正方法，实现了大规模定日镜场的高精度快速调试，大幅缩短了系统调试达产时间，搭建实验平台，聚焦关键设备性能提升；打通大规模储热系统设计流程，首次在高低温熔盐储罐罐体与基础之间采用了刚性滑动连接，提升了储罐的受力可靠性，解决了卡脖子技术难题；开发国内首台套熔盐热泵；开发国内首套熔盐塔式光热电站全系统性能评估和预测仿真软件平台，解决了熔盐塔式光热发电项目的验收难题；构建了光热电站数字孪生工程，提出了多专业集成管理模式，形成了光热电站全生命周期数字化管理体系及标准，实现技术突破。截至 2021 年底，项目已形成多项专有技术，发表论文 20 余篇，申请发明专利 10 余项，拥有软件著作权 5 项，获得省部级以上奖项 7 项。

【喜马拉雅地区高地应力隧洞双护盾 TBM 施工关键技术（西藏派墨公路全线贯通）】西藏派墨多雄拉隧洞工程，地处雅鲁藏布江大拐弯处，特殊地质构造条件导致高地应力环境，岩爆频发，挤压变形量达 42cm。工程作为国家雅鲁藏布江下游水电开发的前期工程，将先行开展喜马拉雅地区综合地质勘探，高原、高寒地区超长隧洞建设关键技术研究等关键技术研究，为后期雅下水电开发奠定基础。中国电建该项成果首次提出了针对高地应力（岩爆）隧道的双护盾 TBM 施工方案和基于应力预判和岩爆预警定位的双护盾 TBM 设备自适应技术。创新研制了研发了高地应力超前预卸压技术、围岩大变形预扩挖技术，研制了柔性释能新型衬砌管片结构，形成了岩爆与围岩大变形条件下成套施工工艺；研发了各种条件下卡机脱困的专项技术。实现了最大日成洞进尺 40.1m、平均月成洞进尺 443m、最大月成洞进尺 648m。截至 2021 年底，项目取得发明专利 15 项，实用新型专利 6 项，省部级工法 5 部，软件著作 1 项，专著 1 部，中文核心期刊论文 9 篇，行业标准 1 项，新装置 1 项。派墨公路通车后林芝市至墨脱县的道路里程缩短为 180km 通行时间由原来的 12h 缩短至 4h 左右。

【超大型矿山绿色环保－节能高效开采爆破综合技术】中国电建该项目依托世界最大规模砂石骨料生产基地长九灰岩矿，针对开采规模大、服务周期长、供应范围广、周边环境复杂和绿色环保要求高等特点，通过理论创新、试验研究、技术研发和装备研制，系统开展了超大型砂石骨料矿绿色环保智能化开采加工综合技术研究，创建了超大型智能化砂石矿山。研发了空天地一体化地理信息快速采集技术，建立了矿山数字、可视化模型，制定了智能矿山数据标准，开发了智能化规划管理调度平台，实现了全生命周期、全要素智能化管理。研发了矿山岩粉控制与开采数字化爆破成套技术。揭示了灰岩矿岩粉的产生机制，提出了控制岩粉含量的爆破方法，建立了基于破碎能量准则的爆破块度预测模型，开发了数字化爆破设计系统，实现了开采爆破的智能化。研发了骨料加工全流程智能生产技术。研发了可视化智能巡检系统和全流程自动计量系统，开发了基于物联网的全流程智能化生产管控平台，实现了生产控制智能化。研发了矿山开采加工全流程节能环保成套技术。建立了基于能耗控制的爆破参数优化模型，研发了开采一加工一运输全流程高效环保施工工艺，拓展了山皮料和石粉资源化综合利用途径，实现了绿色环保生产运营。截至2021年底，项目研究成果已在依托工程成功应用，获得发明专利5项、实用新型专利8项、软件著作权1项、省部级工法3项，经济社会和生态环保效益显著。

【大型高效水力发电机组关键技术及工程应用】 中国能建所属中国葛洲坝集团机电建设有限公司通过产学研合作开展大型高效水力发电机组关键技术及工程应用的研究，依托流体动力与机电系统国家重点实验室等创新载体，取得了如下创新成果：建立了可倾瓦推力轴承热弹流润滑模型，优化轴承型线，减弱轴瓦磨损和温升，提高油膜承载能力及轴系临界转速，推动了200MW轴流机组重载推力轴承的设计制造能力的提升；建立水轮发电机组远程监控系统，提出基于大数据学习的雷能化状态评估诊断技术，自动完成信息采集、整编计算、状态预测，故障辨识，消除水力不平衡，避免异常振动，实现全水头段机组高效稳定运行，为机组运行维护节省了大量时间；发明了不规则曲面自动下料万法、高强调质特厚钢板焊接、焊后热处理技术、蜗壳现场施工焊接技术，首次完成700m级超高水头机组高承压部件的加工制造；首创高水头大容量机组蜗壳闷头拼焊及整体吊装方法，大幅提高施工工效和施工安全性；发明定子基坑中心间接测量方法，攻克机组部件中心找正偏差大、工序繁琐的难题。

项目产品应用于中国长江三峡集团、中国葛洲坝集团等国内外多家知名企业，经济和社会效益显著。获发明专利21项，软件著作权16项，制定国际标准1项，国家标准5项，行业标准13项，完成高水平论文63篇。2018年经王玉明、刘怡昕、李德群三位中科院院士及多位专家先后鉴定，项目技术水平达到国际领先水平，成果获得2021年浙江省科技进步奖一等奖。

【大规模受端电网优化规划与运行支撑关键技术及其应用】 中国能建所属华东电力设计院有限公司等研究单位历经十余年攻关，研究了大规模受端电网优化规划关键技术问题，突破了大规模受端电网安全稳定运行技术瓶颈，取得一系列创新成果。主要研究工作和创新如下：构建了多时间尺度灵活调峰的电源柔性规划技术，发明了考虑特高压电源调节能力的机组检修计划优化系统及多时间尺度柔性生产模拟技术，提出了兼顾环保、经济及受端系统调节能力的电源规划方法；创建了源网荷不确定性的电网协调规划技术，提出了大规模受端电网风险规划、价值规划、多目标协调规划方法，发明了含大规模风电的输电网风险规划技术，构建了受端电网多属性综合评估体系及电网规划系统；首创了同时考虑辅助服务需求和频率稳定约束的开机容量计算方法，揭示了受端电网开机容量与频率稳定的定量关系，发明了计及风险量化与多重备用可用性的备用优化配置技术；首创了多回直流功率优化分配的电压控制策略，揭示了直流输电、动态无功源与电压支撑的相互关系，提出了提高静态/暂态电压稳定的无功规划与无功备用优化方法。

项目已成功应用于华东电网、南方电网，全面支撑了大规模受端电网规划、建设与运行，保障了每年百余次各类故障下、国际最大受端电网即华东电网未发生大停电事故，完成新中国成立70周年庆典、全国两会、G20、进博会等重要供电保障任务。该成果获得2021年上海市科学技术进步奖一等奖。

【基于热电解耦的风电消纳技术研究及应用】 中国能建所属中南电力设计院有限公司参与国家科技支撑计划“基于热电解耦的风电消纳技术研究及应用”。主要研究工作和创新如下：项目针对中国北方地区热电机组热出力与电出力强耦合导致的弃风限电问题，从电、热能源系统综合集成的思路出发，首次提出通过在热电机组加装大容量中温相变储热实现热电解耦的风电消纳技术方案，并提出了含储热系统的热电机组与电网的实时协调调控技术，改变电力、热力系统互为边界的传统调控范式，为解决供热季弃风问题提供新的技术途径；承担了储热单元串并联技术及嵌入热电联产机组的集成技术研究，负责热电联产机组大容量相变储热系统的结构设计、储放热系统流程设计、机组协调控制和厂站级优化控制策略研究，并完成热电解耦大容量相变储热（20MW/20MWh）工程示范及储热系统的结构性能和运行特性测试。

本项目成果取得实用新型专利2项，申请发明专利2项，编制热电联产机组大容量相变储热系统运行说明1项，荣获2021年内蒙古自治区科学技术进步奖一等奖。成果影响范围涉及三北地区热电联产机组及风电，示范工程提升北方龙源查干风电场（50MW）年风电利用小时超过10%。

【电热耦合综合能源系统高效运行关键技术及应用】 中国能建所属江苏省电力设计院有限公司等研究单位承担电热耦合综合能源系统高效运行关键技术及应用项目，主要研究工作和创新如下：国际首创了多能系统工程计算模型及求解方法，发明了电气热系统规划与运行一体化、全参数设计方法，提出了电气热多能流混合时间尺度精细化调度技术；提出了电热能流动态多过程联合仿真方法。研发了首套在线开放的综合能源系统规划设计平台；研发了国际首套涵盖电热生产全流程的工业级综合能源系统智能化云平台；参与编制了《分布式电源接入及微电网设计规程》（DL/T 5601—2021）、《微电网工程设计规范》（GB/T 51341—2018）等技术标准。

本项目成果获授权发明专利 65 项，发表论文 116 篇，SCI 收录 75 篇，获软件著作权 11 项。技术成果达到国际领先水平，大力支撑了上海、江苏等多个园区综合能源落地项目。该成果获得 2021 年中国电力科学技术进步奖一等奖。本研究成果打破了能源行业技术壁垒，提升了能源综合利用效率，促进了节能减排；助力了国家电气热智慧能源系统建设，实现了电气热综合能源高效运行技术的国际引领。

【特高坝低热水泥混凝土性能与施工关键技术】 中国能建所属中国葛洲坝集团三峡建设工程有限公司依托乌东德水电站混凝土双曲拱坝，开展了特高拱坝低热水泥混凝土性能与施工技术研究，主要研究工作和创新如下：探明了全龄期低热水泥混凝土热学、力学、变形性能时变规律，揭示了温度－湿度－约束耦合作用条件低热水泥混凝土的抗裂机理针对性地提出了新的温控防裂理念，建立了温控指标时－空联调精细防裂方法，形成了适应多工况多结构温控模型、指标体系和控制策略，简化了大体积混凝土的温控防裂工艺；揭示了复杂环境低热水泥混凝土层间性能演变规律，提出了湿度－层间缺陷交互作用下最佳养护龄期标准及升层间质量控制方法，研发了快速测定水化放热、凝结时间和含水率装置，开发了层间实时监测、即时预警、联动控制系统，提高了干热、强风、低湿环境条件下层间结合质量；探明了复杂环境全级配低热水泥混凝土时变特性和尺寸效应，创建了基于成熟度理论全级配真实性能预测模型，发明了成套集成智能控温装备，研发了精细化温控评价指标体系和全时空梯度控制预警系统，构建了厚升层浇筑施工技术体系，实现升层由 3m 加到 6m 跨越，满足了大坝混凝土精细化温控、高效施工的要求。

项目授权发明专利 16 项，实用新型 15 项，软件著作权 8 项，编制行业标准 3 项，专著 4 部，形成工法 4 部，发表论文 20 篇，直接经济效益 8.6 亿元。成果获得 2021 年中国电力科学技术奖一等奖。

【超（超）临界空冷机组超长距离大温差高效协同供热重大工程】 中国能建所属西北电力设计院有限公司等研究单位参与宁夏灵武电厂超超临界直接空冷机组超长距离大温差高效协同供热重大工程，主要研究工作和创新如下：首次实现百万空冷机组和 60 万 kW 空冷机组协同抽汽＋高背压凝汽器供热；设置背压发电机组，实现能源梯级利用，大幅降低厂用电率；系统采用吸收式热泵技术，首次实现了大容量供热系统 100℃温差供热，对同类型供热工程起到了示范作用。

本项目成果取得实用新型专利 7 项，发表论文 4 篇。获得 2021 年中国电力科学技术进步奖一等奖等奖项 7 项，成果影响范围涉及电力行业各容量机组。灵武电厂通过高背压供热改造后，承担银川市供热面积逐步增加，供热节能降耗收益明显，供电煤耗逐年下降，城区空气质量显著改善，节能减排效果明显，赢得了银川市社会各界及人民群众的广泛赞誉。

【金沙江向家坝水电站工程】 中国能建所属中国葛洲坝集团股份有限公司，依托金沙江向家坝水电站工程，开展了技术研究，主要研究工作和创新如下：创建了深厚软弱破碎地层高重力坝稳定设计方法和处理技术，实现了首次在 60m 厚软弱破碎岩体上成功建成 162m 高重力坝；首创高低坎消力池三元淹没射流新型消能技术及结构安全保障措施，攻克了总泄洪功率居世界同类工程之首、消力池单宽泄洪功率国内最高，且紧邻城市和大型化工企业的高坝泄洪消能难题；创新山区河流单级提升最高的大型升船机设计建设及运行控制技术，成功解决了单级提升高度世界之最的向家坝升船机关键技术问题；研发了高重力坝安全高效绿色施工及智能化建设管理技术，创造了年浇筑 427 万 m^3、最高 54 万 m^3/月的世界级强度。实现了工程提前发电和提前抬高水位运行，增发电量 139.71 亿 kWh。

本项目获发明专利 48 项，获国家级、省部级工法 10 项，成果已纳入国家及行业标准 38 项，发表论文 39 篇，并在奔子栏水电站、托巴水电站、龙滩升船机等工程中得到广泛应用，社会、经济和生态环境效益显著，推广应用前景广阔。成果获 2021 年水利发电科学技术奖特等奖。

【高海拔、大温差、高烈度区压力钢管设计与施工技术】 中国葛洲坝集团机电建设有限公司依托特国水电站工程“HD 值高、地基软、活断层、错距大、冲沟深、覆盖厚、溶坑大”等前所未有的技术难题开展技术研究，项目主要研究工作和创新如下：创新提出了利用洞内明钢管跨越活断层的综合布置方案，解决了大流量引水系统跨越活断层的安全稳定问题，提高了压力钢管应急能力，填补了大 HD 值管道系统跨越活断层的空白，对于类似工程项目具有推广应用价值；发明了压力明管支座新型减振限位装置，解决了钢管支座脱位、强震工况下钢管跌落的问题；开发了可感知地震振动及异常水流的蝶阀自动关闭系统，在工程遭遇强烈地震受损后可快速切断高速水流，防止事故损失扩大并可快速修复，有效减少了强震等极端工况下压力钢管损坏产生的二次灾害；发明了大型压力钢管安装下放装置及安装方法，实现了长距离多弯道高陡边坡等复杂地形条件下的大直径明钢管安全高效运输安装；研发了伸缩节安装变形适应装置和安装方法，解决了大温差条件下伸缩节安装难题。

本项目技术成果主编及发布实施行业标准 1 部、获评四川省工法 4 部、获发明专利 4 项、实用新型专利 10 项、软件著作权 2 项、发表论文 6 篇，核心技术 2019 年定为“国际领先水平，”工程建设获得伊朗能源部高度评价，为“一带一路”倡议实施提供了助力，成果获得 2021 年中国施工企业管理协会科技进步一等奖。

【塔式太阳能光热发电站设计技术研究与应用】 中国能源建设集团有限公司工程研究院等研究单位开展了塔式光热发电站集热、储热、控制等核心关键设计技术研究与工程应用，推动了塔式太阳能光热发电行业的发展。主编并发布世界首部光热发电站设计标准《塔式太阳能光热发电站设计标准》(GB/T 51307—2018)，研究成果对中国首批光热发电示范项目以及后续光热电站的开发、建设、运营等发挥重要指导作用。

塔式太阳能光热发电站设计技术提出了集热、传热、储热、换热系统以及电控、土建、辅助系统的设计方案，给出了厂址选择和系统设计方法，明确了各系统及设备的选型要求和性能指标。形成了低辐照强度下安全高效运行的集热系统设计技术；研发了针对冷热非对称储热系统的控制方案，提高了储热系统规模化后的可靠性和稳定性；提出了塔式太阳能光热发电站控制系统优化方案，提高了控制品质；设计了世界首个采用电涡流调谐质量阻尼器减振装置的混合结构吸热塔，有效减小吸热塔结构的加速度响应和位移响应。

截至 2021 年底，项目主编 IEC 标准、国家标准等 10 余项，取得发明专利 14 项、实用新型专利 52 项、软件著作权 2 项，编制专著 1 部，发表论文 20 篇。主要技术应用于国内外塔式太阳能光热发电项目的咨询、设计和建设中，总容量占国内同类装机容量的 90% 以上。研究成果整体达到国际领先水平，增强了中国在太阳能光热发电领域的国际话语权，为“一带一路”太阳能光热发电项目建设起到支撑和保障作用。

【乌东德水电站特高拱坝混凝土施工关键技术】 中国能建所属中国葛洲坝集团三峡建设工程有限公司依托乌东德水电站工程，开展了乌东德水电站特高拱坝混凝土施工关键技术研究，主要研究工作和创新如下：研究并应用了混凝土浇筑智能振捣、智能温控、智能灌浆、智能喷雾等成套智能控制设备和系统，集成于智能建造平台，实现了特高拱坝混凝土施工过程的全天候、精细化、实时监控和预报、预警及智能控制，显著提升了特大型工程的管理水平；发明了液压自升式悬臂拱坝重型模板系统及施工方法，满足了复杂条件下双拱坝不同曲率和大风条件下 4.5m 高浇筑升层施工的要求；系统研究了全坝低热水泥混凝土配合比及性能，掌握了低热水泥混凝土生产浇筑全流程的混凝土温升规律，研发了低热水泥大坝混凝土施工成套工艺及技术，首次实现了全坝浇筑低热水泥混凝土，显著降低了坝体混凝土最高温度，保证了混凝土各温控阶段的目标温度、降温速率、间歇期控制等温控指标全面受控，实现了浇筑“无缝大坝”的目标。

截至 2021 年底，本项目关键技术已获授权发明专利 3 项，受理发明专利 5 项、PCT 发明专利 1 项，授权实用新型专利 17 项，发布标准 1 项，获行业级工法 1 项，行业级科技奖 5 项，相关技术成果已成功应用于乌东德大坝工程。乌东德大坝建设以来未出现一条温度裂缝，施工质量优良，取得了显著的经济社会效益，产生直接经济效益 9.84 亿元。成果获 2021 年中国能建科学技术奖特等奖、2021 年水利发电科学技术奖二等奖。

【大容量储能塔式太阳能热发电关键技术研究及工程应用】 中国能建所属西北电力设计院有限公司等单位依托中电哈密 50MW 塔式光热电站等多个光热发电项目，针对塔式太阳能热发电系统的关键技术进行研究，主要研究工作和创新如下：在中国西部重点太阳能热发电规划区建立了 10 余个测光站，构建实时监测网并组建相应数据库，建立了适合国内状况的光热资源评价方法体系；首创了完整的塔式光热电站的聚光集热系统、储换热及发电系统集成设计技术；提出了太阳能热发电站各系统容量配置及系统整体性能计算、优化及收益计算方法；完成并实施了大容量高可靠性高效储热系统。对光热电站吸热塔结构体系进行深入研究，掌握了大吨位吸热器整体顶升安装及高精度定日镜安装与调试方法；首创全范围云计算塔式熔盐光热电站仿真机，掌握了塔式光热电站全厂控制与仿真技术。

截至 2021 年底，项目出版专著《塔式太阳能热光发电设计关键技术》1 部；发表论文 24 篇，获发明专利 11 项、实用新型专利 30 项、专有技术 1 项、计算机软件著作权 4 项。研究成果获得电力行业优秀工程设计一等奖 4 项、电力行业优秀工程咨询成果一等奖 3 项、电力规划设计协会优秀计算机软件一等奖 1 项。成果促进了太阳能热发电技术的发展，对中国可再生能源电力科技进步有显著的促进作用，具有良好的经济、社会效益和推广应用前景，整体达到了国际先进水平，其中在光热太阳能资源评价、全厂系统集成设计及仿真方面达到国际领先水平。

【多能互补系统规划技术及工程应用】 中国能建所属西北电力设计院有限公司等研究单位以电为中心开展多能互补研究，重点开展多能互补系统的顶层设计与方案优化、发电灵活性改造与调峰电源的方案选择优化技术、储能电源的方案选择优化技术、多能互补系统的调度、控制优化技术等研究。主要研究工作和创新如下：针对大电网与小系统，研究提出多能互补系统优化目标与盈利模式；完成了对多能互补系统能源转换节点分类梳理，对各类电源依据自身物理规律和运行特点，建立详细的数学优化模型，形成典型参数库；实现了中长期生产模拟对多能互补电力系统地生产模拟实现了系统层面的简化和加速；针对需求侧建筑的冷热负荷用能特点，分析了多种冷热源型式和技术方案的特点、适用性、系统配置及指标性造价，根据三个不同使用场景的特点，提出了合理的多能互补型空调冷热源系统配置方案，并对配置方案进行了技术经济评价；针对间歇性电源出力特性，建立西北地区风电及光伏 8760h 逐小时出力及出力特性综合数据库，并建立了特性指标体系；针对新能源发电装置及电储能构成的虚拟电厂，获得大规模电储能电池特性与集成技术，提出了大规模新能源并网场景下的储能方法与配置实例；针对风光储多能互补电力系统调度自动化系统设计技术，本研究提出了系统调度的应具有功能和运行模式，提出了系统的典型设计方案。

本项目科研成果引入国家标准和行业规范，同时在工程中应用推广，将科研成果应用于多项输电工程中并取得显著的经济与社会效益。截至 2021 年底，授权发明专利 6 项，学术论文 12 篇，其中含核心期刊论文 7 篇，中国能建获奖论文 5 篇。

【1000MW 超超临界机组双机回热关键技术研究与应用】 中国能建所属中国能源建设集团广东省电力设计院有限公司针对 1000MW 超超临界机组回热抽汽过热度增加，换热不可逆损失增大，能级效率下降的问题，创新性地研发了双机回热技术，并首次在 1000MW 超超临界机组实施，提高了机组运行效率。主要研究工作和创新如下：研发了双机回热耦合发电技术整体系统方案，研发了带排汽混合集箱、补汽管路、溢流管路的给水泵汽轮机排汽系统；通过补汽和溢流管路协同作用，实现了排汽背压的合理控制；通过控制背压高低，调节进汽量，通过控制排汽溢流，调节排汽量，实现工质合理平衡，保证双机回热技术的高效、安全运行；系统性地研发了给水泵汽轮机的启动、变负荷、保护及背压等控制策略；研发了双机回热技术和新型高压加热器（立式集箱式蛇形管高压加热器）集成的主厂房布置方案。

本项目成果取得发明专利 4 项，实用新型专利 3 项，发表论文 2 篇，荣获 2021 年度中国电力科学技术进步奖二等奖。与同类型机组相比，应用该技术后可降低机组热耗率约 32kJ/kWh，降低机组发电标煤耗约 1.2g/kWh。本项目技术成果为火力发电技术往更高参数（蒸汽温度 650、700℃）、更高效率（净效率大于 50%）的发展提供了理论和实践支持，具有极大的应用价值。

【400m 级全钢衬超长斜井施工关键技术】 中国能建所属中国葛洲坝集团三峡建设工程有限公司，依托乌东德水电站工程，开展了乌东德水电站特高拱坝混凝土施工关键技术研究，主要研究工作和创新如下：首次采用“定向钻＋综合测斜纠偏技术”实施长斜井导井钻孔，解决了超长超硬岩斜井导井反拉施工难题；发明了斜井扩挖支护一体化装备，实现了钻孔、支护、扒渣一体化施工，提高了施工效率，降低了作业安全风险；研究采用牵引车进行钢衬洞内水平运输，采用耐磨钢溜管加装自主研发的“大落差混凝土浇筑用缓冲器”输送混凝土，保证了浇筑质量，提高了施工效率。

截至 2021 年底，本项目获实用新型专利 9 项，受理发明专利 1 项，发表论文 2 篇，在长龙山抽蓄电站 3 条引水下斜井施工中成功应用，定向钻孔偏斜达到 0.95‰，远小于设计指标 5‰，定向孔全角变化率可控制在 2.5°/30m 以内；扩挖支护月最高进尺达 108m，创世界纪录；钢衬安装及混凝土回填达到了 60m/18d，为业内最快，受到参建各方的一致好评，为工程首机发电奠定了坚实的基础。该成果获 2021 年中国能建科技进步奖一等奖。

【三峡船闸快速检修技术】 中国葛洲坝集团机电建设有限公司依托三峡船闸检修工程开展关键技术研究，主要研究工作和创新如下：研发了一套人字门自动同步顶升装置和监测装置，实现了人字门整体高效率顶升，同时保证了人字门同步顶升过程中变形不大于 1mm；开发了基于 BIM 技术的大型船闸检修可视化管理系统，实现了船闸检修可视化、工装构件制作精准化，大幅提高检修施工质量、降低施工成本、缩短施工工期；采用 Ansys 有限元分析方法对门体顶升状态应力和变形进行模拟核算，实现了对人字门顶升受力点的科学选择，提高了人字门顶升点选取的安全可靠性；研发了人字门 A、B 拉杆高效拆除及调整装置、研究了支枕垫块安装调整工艺，实现了对门体顶部固定连接结构的快速拆装，提高人字门检修效率；研发了自锁式人字门固门装置，实现人字门整体升降过程中安全稳定上下滑行，为人字门整体顶升提供了更安全可靠的技术保障；创新蘑菇头检修及快速定位工艺，实现了人字门底枢蘑菇头快速检修。

截至 2021 年底，本成果获得发明专利 1 项，实用新型专利 5 项，软件著作权 3 项，填补了多项超大型船闸人字门检修工程的技术空白，达到国际领先水平。该技术已在三峡船闸历年停航检修工程、桃源水电站船闸检修工程、巴莱水电站船闸检修工程、广西大藤峡船闸安装等工程中得到成功应用，对保障工程所属流域航运经济做出重要贡献。该成果获2021年中国能建科技进步奖一等奖。

重 大 奖 项

2021年度中国电力技术发明奖获奖项目

序号	等级	获奖项目	受奖人
1	一等奖	大容量直流关键技术及高中低压系列化直流断路器研制	曾嵘（清华大学）、余占清（清华大学）、黄瑜珑（清华大学）、陈芳林（株洲中车时代半导体有限公司）、杨悦民（北京电力设备总厂有限公司）、邓春（国网冀北电力有限公司电力科学研究院）
2	一等奖	配电网中性点经电压源柔性接地方式及其主动调控技术	曾祥君（长沙理工大学）、喻锟（长沙理工大学）、刘红文（云南电网有限责任公司电力科学研究院）、彭红海（湖南大学）、尹项根（华中科技大学）、冯光（国网河南省电力公司）
3	二等奖	高适应性燃煤烟气污染深度净化新技术	汪黎东（华北电力大学）、马永亮（清华大学）、朱廷钰（中国科学院过程工程研究所）、刘洁（华北电力大学）、杜云贵（国家电投集团远达环保股份有限公司）、张士汉（浙江工业大学）

2021年度中国电力科学技术进步奖获奖项目

序号	获奖项目	受奖单位	受奖人
一等奖			
1	全国产分散控制系统研制与应用	中国华能集团有限公司、西安热工研究院有限公司、南京南瑞继保电气有限公司、飞腾信息技术有限公司、西安西热控制技术有限公司、华能（浙江）能源开发有限公司玉环分公司、华能（福建）能源开发有限公司	舒印彪、沈国荣、薛建中、窦　强、许世森、陈　江、苏立新、王利国、文继锋、宋美艳、胡　波、陈　锋、关国璋、陈　丰、黄　斌
2	三代核电首炉换料用锆合金材料制造技术及应用	国核宝钛锆业股份公司、国核维科锆铪有限公司、国核锆铪理化检测有限公司	袁改焕、王立平、张明祥、李小宁、王　练、王　珏、李恒羽、岳　强、成亚辉、高　博、李　刚、吕标起、胡旭坤、雷东平
3	轻量化低脉动直驱永磁电机关键技术及应用	华中科技大学、武汉登奇机电技术有限公司、湘潭电机股份有限公司、卧龙电气（济南）电机有限公司、江苏亚威机床股份有限公司、襄阳中车电机技术有限公司、佛山登奇机电技术有限公司	杨　凯、李　健、辜承林、熊　飞、董明海、刘合鸣、杜荣法、王金荣、陈致初、隆　瑞、向红斌、王步瑶、叶乾杰、文益雪、王孝朋
4	三峡水库水沙生态环境效应与调控关键技术	中国长江三峡集团有限公司、长江水利委员会长江科学院、中国科学院水生生物研究所、清华大学、长江水利委员会水文局长江三峡水文水资源勘测局、中国水利水电科学研究院、生态环境部长江流域生态环境监督管理局生态环境监测与科学研究中心、中国地质大学（武汉）	杨文俊、戴会超、蔡庆华、林　莉、方红卫、黄仁勇、牛兰花、娄保锋、高　博、李　健、潘　雄、蒋定国、周建银、林涛涛、朱　帅
5	现代电力系统仿真技术及工程化应用	中国电力科学研究院有限公司、南京南瑞继保电气有限公司、许继集团有限公司	陈国平、郭　强、李明节、张　星、朱艺颖、李亚楼、李柏青、孙华东、许　涛、于　钊、陶向红、陈　勇、贺静波、汤　涌、安　宁

续表

序号	获奖项目	受奖单位	受奖人
6	超（超）临界电站锅炉高温腐蚀防治技术及应用	中国华能集团有限公司、西安热工研究院有限公司、华北电力大学、哈尔滨锅炉厂有限责任公司、国能（绥中）发电有限责任公司、华电邹县发电有限公司、华能莱芜发电有限公司	梁昌乾、张乃强、刘宗德、李俊菀、刘福广、鲁金涛、曹杰玉、徐　鸿、夏良伟、朱忠亮、李　勇、王彩侠、何　磊、何修年、李念震
7	超多电平柔性直流仿真的基础理论、关键试验技术及工程应用	南方电网科学研究院有限责任公司、华北电力大学、中国南方电网电力调度控制中心、南京南瑞继保电气有限公司、荣信汇科电气股份有限公司、特变电工西安柔性输配电有限公司、西安西电电力系统有限公司、北京四方继保自动化股份有限公司	郭　琦、刘崇茹、饶　宏、林雪华、郭海平、陈钦磊、卢远宏、李　捷、鲁　江、易　荣、李书勇、林卫星、涂小刚、司　喆、罗　超
8	自主可控发电分散控制系统研制与应用	国电南京自动化股份有限公司、飞腾信息技术有限公司、中国华电集团有限公司、麒麟软件有限公司、东南大学、南京国电南自维美德自动化有限公司、南京国电南自电网自动化有限公司	吴　科、窦　强、王凤蛟、王　非、纪　陵、赵晓东、郭召松、迟继锋、庞　敏、睢　刚、余　泳、吴胜华、张　尧、蔡晓峰、段正剑
9	多时序、多品种、泛主体的电力市场机制设计、关键技术与交易平台	广东电网有限责任公司、清华大学、广东电力交易中心有限责任公司、中国南方电网电力调度控制中心、国电南瑞科技股份有限公司、北京清能互联科技有限公司	陈启鑫、张　昆、郑建平、卢　恩、刘思捷、曾智健、林庆标、夏　清、王　宁、白　杨、昌　力、蔡秋娜、谭伟聪、董　锴、周　睿
10	电力工控系统本体安全防护与攻击检测关键技术及应用	南京南瑞信息通信科技有限公司、北京科东电力控制系统有限责任公司、浙江大学、中国科学院信息工程研究所、国网江苏省电力有限公司、国网浙江省电力有限公司、南瑞集团有限公司	杨维永、周劼英、刘　苇、陶洪铸、汪　明、霍雪松、蒋元晨、詹　雄、马　骁、徐文渊、孙利民、祁龙云、朱世顺、姚一杨、刘　寅、高明慧
11	特高坝低热水泥混凝土性能与施工关键技术	中国长江三峡集团有限公司、中国三峡建工（集团）有限公司、清华大学、中国水利水电科学研究院、中国葛洲坝集团三峡建设工程有限公司、中国水利水电建设工程咨询西北有限公司、中国水利水电第四工程局有限公司、中国水利水电第八工程局有限公司	李文伟、杨宗立、汪志林、陈文夫、杨　宁、牟荣峰、胡　昱、王振红、乔　雨、陆　超、高小峰、谭尧升、牛旭婧、辛建达、张建山
12	超（超）临界空冷机组超长距离大温差高效协同供热重大工程	中国华电集团有限公司宁夏分公司、中国华电集团有限公司、华电宁夏灵武发电有限公司、宁夏华电供热有限公司、中国铁建大桥工程局集团有限公司、东方电气集团东方汽轮机有限公司、中国电力工程顾问集团西北电力设计院有限公司、北京华源泰盟节能设备有限公司、华电郑州机械设计研究院有限公司、中国船舶集团有限公司第七〇三研究所	厉吉文、赵晓东、薄其明、王立波、徐剑晖、韩克珍、王　军、王明生、梁增同、沈　亭、朱建华、肖常磊、梁新磊、曾　娅、姚福锋
13	新能源发电并网认证关键技术及应用	中国电力科学研究院有限公司、中电赛普检验认证（北京）有限公司、合肥工业大学、浙江运达股份有限公司、阳光电源股份有限公司	董　昱、秦世耀、陈　梅、张军军、董　存、贺　敬、梁志峰、李　庆、陈志磊、韩平平、秦筱迪、刘美茵、苗风麟、林小进、张　梅
14	配电智慧物联网关键技术研发、产品研制及规模化应用	国家电网有限公司、国网浙江省电力有限公司、中国电力科学研究院有限公司、国网江苏省电力有限公司、国网山东省电力公司、国电南瑞科技股份有限公司、北京智芯微电子科技有限公司、许继集团有限公司	吕　军、陈　蕾、刘日亮、王　鹏、丁孝华、甄　岩、海　涛、赵　深、袁　栋、房　牧、徐重酉、黄　俊、刘　鹏、苏标龙、王兴念
15	电热耦合综合能源系统高效运行关键技术及应用	国网江苏省电力有限公司、东南大学、国电南瑞科技股份有限公司、国网综合能源服务集团有限公司、中国能源建设集团江苏省电力设计院有限公司、中国建筑科学研究院有限公司、上海全应科技有限公司	顾　伟、袁晓冬、吴　志、韩华春、赵景涛、李　骥、周喜超、钱　康、郑　舒、周苏洋、陈　嘉、方　鑫、陆　帅、邱海峰、姚　帅

续表

序号	获奖项目	受奖单位	受奖人
16	复杂工况下燃气轮机进气温度运行控制与集成优化关键技术及其应用	国电环境保护研究院有限公司、清华大学、华北电力大学、天津华电福源热电有限公司、江苏华强新能源科技有限公司、中电投珠海横琴热电有限公司	刘志坦、顾春伟、严志远、付忠广、张守臣、任晓栋、陈　欣、徐朝刚、李雪松、张　涛、杨根生、王　凯、李　林、刘　军、李玉刚
17	面向政企决策支持的广义电力大数据关键技术及应用	国网浙江省电力有限公司、国家电网有限公司大数据中心、清华大学、阿里云计算有限公司、国网信息通信产业集团有限公司、国网上海市电力公司、国网山东省电力公司、国网河南省电力公司、国网辽宁省电力有限公司	王继业、胡若云、侯素颖、李国良、张宏达、蒋　炜、杨成虎、严华江、裘炜浩、马　闯、周永佳、孙　钢、李　磊、朱　斌、曹瑞峰
18	融合光伏发电、无人驾驶的电动汽车无线充电道路关键技术与应用	国网江苏省电力有限公司、江苏方天电力技术有限公司、东南大学、重庆大学、国网江苏省电力有限公司苏州供电分公司、中国电力科学研究院有限公司、许继电源有限公司、驭势（上海）汽车科技有限公司、中宇智慧光能科技有限公司	翟学锋、黄学良、王成亮、李小飞、潘志新、吴洪振、郑海雁、蒋　成、官国飞、钱科军、徐　妍、李　军、刘天强、张　锐、叶　强
19	高压电力电子装备用毫秒级机械开关研制及应用	全球能源互联网研究院有限公司、国网浙江省电力有限公司、华中科技大学、许继集团有限公司、成都旭光电子股份有限公司、国网福建省电力有限公司、国网湖北省电力有限公司	魏晓光、贺之渊、何俊佳、林志光、陈军平、李骊智、王治翔、齐　磊、纪江辉、王新颖
20	交流 500kV 交联聚乙烯绝缘海底电缆关键技术及工程应用	国网浙江省电力有限公司、中国电力科学研究院有限公司、西安交通大学、南瑞集团有限公司、宁波东方电缆股份有限公司、中天科技海缆股份有限公司、江苏亨通高压海缆有限公司	胡列翔、赵健康、王少华、周自强、张　强、陈　哲、杨黎明、张振鹏、刘学忠、李　特
21	高比例新能源电力系统与大型城市供热网协同调控关键技术及应用	国网吉林省电力有限公司、清华大学、中国电力科学研究院有限公司、国网吉林省电力有限公司电力科学研究院、哈尔滨工业大学、长春市热力（集团）有限责任公司、国网辽宁省电力有限公司、国网黑龙江省电力有限公司	孙　勇、吴文传、李宝聚、冯双磊、薛亚丽、李振元、傅吉悦、王　彬、李卫星、郭　雷、王建勋、王　尧、曲绍杰、史坤鹏、熊　健
22	城市中心区叠合上盖建筑的超高压地下变电站建设关键技术与应用	国网上海市电力公司、上海电力设计院有限公司、中国电力科学研究院有限公司、同济大学、华东建筑设计研究院有限公司、华东电力试验研究院有限公司	王　斌、叶　军、李宾皑、王固萍、王晓锋、钱　毅、吕征宇、姜　波、贺　雷、褚　强
23	分布式能源多路由高效集成与互联运行关键技术、设备及应用	中国电力科学研究院有限公司、中国科学院电工研究所、国网北京市电力公司、国电南瑞科技股份有限公司、华北电力大学、国网天津市电力公司、天津大学	蒲天骄、裴　玮、王晓辉、邓　卫、郑　舒、徐绍军、孙英云、尚学军、肖　迁、董　雷
24	主动配电网的可靠性评估、薄弱环节辨识与加固技术及应用	西安交通大学、中国电力科学研究院有限公司、国网浙江省电力有限公司电力科学研究院、国网陕西省电力公司电力科学研究院、国网浙江省电力有限公司湖州供电公司	李更丰、别朝红、谢海鹏、沈建良、邵先军、张钰声、梅冰笑、石文辉、陈　晨、刘浩军
25	电压暂降全景感知与综合防治关键技术、体系及装备	国网江苏省电力有限公司电力科学研究院、国网河南省电力公司电力科学研究院、四川大学、中电普瑞科技有限公司、南京灿能电力自动化股份有限公司、深圳市盛弘电气股份有限公司	肖先勇、史明明、李琼林、汪　颖、景巍巍、袁晓冬、付　慧、费骏韬、刘书铭、缪惠宇
26	面向新型电力系统的先进磁控电抗器无功电压调控系统及规模化应用	国网浙江省电力有限公司、武汉大学、中国电力科学研究院有限公司、国网电力科学研究院武汉南瑞有限责任公司、武汉科技大学、武汉海奥电气有限公司、广西电网有限责任公司河池供电局	袁佳歆、陈柏超、杨　帆、陈　鼎、周泽昕、田翠华、郑　涛、卢文华、周　旻、李仲青

续表

序号	获奖项目	受奖单位	受奖人
27	实现大型多直流馈入电网柔性互联的系统分析与控制技术研究及应用	南方电网科学研究院有限责任公司、广东电网有限责任公司广州供电局	洪　潮、张　野、陈　雁、郭知非、姚文峰、赵利刚、黄东启、周保荣、孙鹏伟、朱志芳
28	受端交流分层接入特高压直流系统运行控制关键技术及应用	国网经济技术研究院有限公司、南京南瑞继保电气有限公司、许继集团有限公司	张　进、马玉龙、蒲　莹、王永平、吴庆范、王　庆、段　昊、熊凌飞、肖　鲲、钟启迪、杨鹏程、尹　健、屠竞哲、卢东斌
29	数字配电台区电气拓扑建模与同期线损计算分析技术及工程应用	南方电网科学研究院有限责任公司、中国南方电网有限责任公司、武汉大学、广东电网有限责任公司、贵州电网有限责任公司、南方电网数字电网研究院有限公司、中国能源建设集团广东省电力设计研究院有限公司、朗新科技集团股份有限公司	肖　勇、赵　云、马喆非、刘振盛、钱　斌、陈蔚文、杨　婧、周　密、梁飞令、谢　辉、徐　迪、陆煜锌、杨玲君、黎海生、蔡梓文、侯恩振
30	基于直流配电中心的柔性互联配电网关键技术、装备与应用	贵州电网有限责任公司、贵州大学、东南大学、北京四方继保自动化股份有限公司、南方电网科学研究院有限责任公司、上海大周信息科技有限公司、深圳供电局有限公司	谈竹奎、秦红霞、陈　武、袁旭峰、徐玉韬、郝正航、王建华、刘　树、马覃峰、喻松涛
31	数字电网时空孪生与共享服务关键技术研究	中国南方电网有限责任公司、南方电网数字电网研究院有限公司、广东电网有限责任公司、海南电网有限责任公司	娄　山、钟连宏、蔡文婷、陈　丰、张文翰、李　锐、衡星辰、余文辉、蔡　徽、郑声俊
32	适应多调度协同运作的区域统一调频辅助服务市场技术研究及实践	中国南方电网电力调度控制中心、南京南瑞继保电气有限公司、广东电网有限责任公司电力调度控制中心、云南电力调度控制中心、广西电网电力调度控制中心、海南电网电力调度控制中心、深圳供电局有限公司电力调度控制中心	周华锋、胡亚平、刘映尚、张　昆、和识之、杨　林、聂涌泉、李　波、顾慧杰、刘起兴
33	面向能源互联网的虚拟电厂调控与运营关键技术及应用	国网冀北电力有限公司、清华大学、华北电力大学、北京邮电大学、国家电网公司华北分部、北京电力交易中心有限公司、中国电力科学研究院有限公司、北京科东电力控制系统有限责任公司、华为技术有限公司、北京恒泰实达科技股份有限公司、冀北电力交易中心有限公司	王宣元、孙宏斌、钟海旺、宋天民、刘敦楠、王　莉、郭庆来、张　哲、刘　蓁、张　浩、汤洪海、高洪超、高舜安、李　烜、张　勇、邢　劲、加鹤萍、巩　宇
34	电力行业无线融合网络关键技术与应用	国网江苏省电力有限公司、南京南瑞信息通信科技有限公司、成都鼎桥通信技术有限公司、北京工业大学、北京邮电大学	韦　磊、郭雅娟、崔恒志、汪大洋、蒋承伶、孙云晓、丰　雷、朱道华、公　备、胡　阳
35	工业园区多元用户互动的配用电系统关键技术研究与应用	广东电网有限责任公司、南方电网科学研究院有限责任公司、广州发展集团股份有限公司、上海交通大学、山东理工大学、浙江大学、东方电子股份有限公司	刘育权、熊　文、伍竹林、曾顺奇、王　莉、徐丙垠、余志文、李俊格、雷金勇、蔡　莹
36	发电机励磁系统涉网性能提升关键技术、装备及应用	华北电力科学研究院有限责任公司、中国电力科学研究院有限公司、南京南瑞继保电气有限公司、东方电气自动控制工程有限公司、国网湖北省电力有限公司电力科学研究院、国网福建省电力有限公司电力科学研究院、国网上海市电力公司电力科学研究院、福建福清核电有限公司、浙江大学	谢　欢、吴　涛、史　扬、丁　凯、梁　浩、周　平、艾东平、江　伟、李福兴、韩　兵、顾秋斌、万　黎、辛焕海、赵　焱、翟常营、赵　峰、罗　婧
37	大型水电站群精准调控与风险控制关键技术及应用	国能大渡河流域水电开发有限公司、河海大学、四川电力调度控制中心、南瑞集团有限公司、北京中水科水电科技开发有限公司	杨忠伟、闻　昕、陈在妮、谭乔凤、李　佳、朱　阳、曲　田、李雪梅、王金龙、徐　麟
38	巨型机组水电站明满流尾水系统关键技术研究及应用	长江勘测规划设计研究有限责任公司、武汉大学、中国三峡建工（集团）有限公司	李　玲、杨建东、杜申伟、周述达、桂绍波、杨宗立、张存慧、郑涛平、王　煌、王华军

续表

序号	获奖项目	受奖单位	受奖人
39	特大地下洞室数字化施工关键技术研究与应用	中国水利水电第十四工程局有限公司、天津大学、雅砻江流域水电开发有限公司	和孙文、张社荣、张东明、王红军、王　超、廖云江、张超锋、杨桂鹏、晏　明、侯德俊
40	基于燃料全流程在线监测的锅炉智能燃烧技术及工程应用	西安热工研究院有限公司、华中科技大学、国家电投集团数字科技有限公司、国电长源电力股份有限公司、国能销售集团有限公司、沃森能源技术（廊坊）有限公司、武汉智凯科技有限公司	向　军、姚　伟、苏　胜、方顺利、徐　俊、任德军、须　钢、胡　松、刘家利、周英彪
41	燃煤机组深度调峰性能评估及优化关键技术与应用	华北电力科学研究院有限责任公司、国家电网公司华北分部、北京京能电力股份有限公司、华北电力大学、内蒙古岱海发电有限责任公司、内蒙古京宁热电有限责任公司、天津国投津能发电有限公司	程　亮、金生祥、史沛然、康静秋、李战国、刘建华、陈晓峰、李　俊、刘　磊、杨婷婷、张劲松、孙志强、刘　治、赵　宁、苏大鹏、孙亦鹏
42	1000MW 高效宽负荷率的超超临界机组开发与应用	国家电投集团河南电力有限公司、东方电气集团东方锅炉股份有限公司、上海汽轮机厂有限公司、哈尔滨锅炉厂有限责任公司、哈尔滨汽轮机厂有限责任公司、东方电气集团东方汽轮机有限公司、西安交通大学	张　勇、张晓鲁、白炎武、冉燊铭、杨建道、岳　乔、黄　莺、王晓峰、姚大林、刘晓燕
43	适应大型火电机组复杂工况的 RB 智能控制关键技术研究与应用	浙江浙能技术研究院有限公司、浙江省能源集团有限公司、华北电力大学（保定）、国网河南省电力公司电力科学研究院	牟文彪、胡伯勇、杨　敏、解剑波、王印松、陆　陆、何郁晟、房小满、张江南、童小忠
44	电站高温紧固件服役安全性关键技术研究与应用	国家能源集团新能源技术研究院有限公司、浙江浙能技术研究院有限公司、中南大学、北京航空航天大学、华北电力科学研究院有限责任公司、浙江浙能嘉兴发电有限公司	楼玉民、杜晋峰、赵宁宁、牟文彪、蔺永诚、秦刚华、董树青、有移亮、陈明松、童小忠、李林平、王智春、彭以超
45	燃煤电厂智慧管控系统（IMS）研发与应用	国家能源集团江苏电力有限公司、国能信控互联技术有限公司、华北电力大学、国家能源集团宿迁发电有限公司、国家能源集团华北电力有限公司廊坊热电厂、国电科技环保集团股份有限公司、国家能源集团新能源技术研究院有限公司	郭　峰、牛玉广、刁保圣、肖国振、谢　华、俞基安、李　巍、冯卫强、刘吉臻、高彦超、张晓东、崔青汝、田东宇、杨震勇、王宝华、王　强、侯新建、党明锐
46	1000MW 超超临界机组双机回热关键技术的研究与应用	中国能源建设集团广东省电力设计研究院有限公司、中国电力工程顾问集团华东电力设计院有限公司	张　鹏、罗必雄、林　磊、乐自知、施刚夜、李伟科、王亚军、张　玲、罗建松、林　侃
47	陶瓷催化过滤管一体化脱除多污染物技术研发及应用	华能长江环保科技有限公司、安徽紫朔环境工程技术有限公司、华中科技大学、西安热工研究院有限公司、西安西热锅炉环保工程有限公司、山东永耀琦泉环保科技有限公司	牛国平、谭增强、李子宁、张　矿、徐淮北、丹慧杰、胡　松、王洪明、姚　伟、张　超
48	基于热量流法的热电机组灵活高效集成与调控技术	清华大学、西安热工研究院有限公司、华北电力大学、北方联合电力有限责任公司、国网辽宁省电力有限公司、内蒙古电力（集团）有限责任公司、华能营口热电有限责任公司	陈　群、徐　飞、高　林、房　方、闵　勇、居文平、胡　博、王　林、高海东、赵　甜
49	火电厂脱硝催化剂在线诊断及高效运维关键技术	浙江浙能技术研究院有限公司、中国计量大学、浙江浙能长兴发电有限公司	王　洁、张光学、童小忠、陈　彪、凌忠钱、陈锡炯、黄斐鹏、罗伟忠、邬东立、陈雨帆
50	新能源为主体的交直流混合配电网多元协同运行控制关键技术与应用	浙江大学、国网浙江省电力有限公司、南方电网科学研究院有限责任公司、浙大城市学院、国电南瑞科技股份有限公司	韦　巍、夏杨红、赵　波、彭勇刚、雷金勇、张雪松、李　静、苏义荣、李志浩
51	支撑区域高比例新能源发展的规划、友好并网及评估关键技术	国网青海省电力公司、清华大学、中国电力科学研究院有限公司、中广核新能源投资（深圳）有限公司青海分公司、国网福建省电力有限公司检修分公司、阳光电源股份有限公司	张海宁、陈来军、杨立滨、李红霞、余豪杰、李　楠、李春来、居蓉蓉、杨森林、李延和
52	压水堆核电厂堆芯状态监测与分析关键技术研究	上海核工程研究设计院有限公司	苗富足、严锦泉、杨　波、汤春桃、洪　谦、毕光文、廖承奎、刘　鑫、刘　凯、王　喆

续表

序号	获奖项目	受奖单位	受奖人
53	大容量储能塔式太阳能热发电关键技术研究及工程应用	中国能源建设股份有限公司、中国电力工程顾问集团西北电力设计院有限公司、中国能源建设集团湖南火电建设有限公司、中国能源建设集团新疆电力设计院有限公司、电力规划总院有限公司、中国能源建设集团安徽电力建设第一工程有限公司、中国能源建设集团天津电力建设有限公司	赵晓辉、许继刚、钟晓春、刘　欣、朱　军、袁大鹏、李红星、仇　韬、张智博、苑　晔
54	复杂岩基大容量风机嵌岩单桩基础设计－施工－全寿命监控关键技术	中国电建集团华东勘测设计研究院有限公司、山东大学、中交第三航务工程局有限公司、福建莆田闽投海上风电有限公司、福建平潭大唐海上风电有限责任公司、中广核（福建）风力发电有限公司、华东勘测设计院（福建）有限公司	罗金平、韩　勃、何　奔、官春光、陈法波、王新峰、吕　娜、许振华、熊汉东、潘生贵

2021 年度中国电力科学技术人物奖杰出贡献奖获奖名单

序号	获奖类型	获奖人	工作单位
1	中国电力科学技术杰出贡献奖	束国刚	国家电力投资集团有限公司/中国联合重型燃气轮机技术有限公司
2	中国电力科学技术杰出贡献奖	刘　纯	中国电力科学研究院有限公司
3	中国电力科学技术杰出贡献奖	郭小江	中国华能集团清洁能源技术研究院有限公司
4	中国电力科学技术杰出贡献奖	吴文传	清华大学
5	中国电力科学技术杰出贡献奖	戴会超	中国长江三峡集团有限公司
6	中国电力科学技术杰出贡献奖	徐进良	华北电力大学
7	中国电力科学技术杰出贡献奖	曾勇刚	南方电网科学研究院有限责任公司
8	中国电力科学技术杰出贡献奖	朱金大	南瑞集团有限公司
9	中国电力科学技术杰出贡献奖	冯峻林	中国电建集团昆明勘测设计研究院有限公司
10	中国电力科学技术杰出贡献奖	杜忠明	电力规划总院有限公司

2021 年度水力发电科学技术奖获奖项目

序号	项目名称	完成单位	完成人
		特等奖	
1	金沙江向家坝水电站工程	中国三峡建工（集团）有限公司、中国电建集团中南勘测设计研究院有限公司、四川大学、水利部交通运输部国家能源局南京水利科学研究院、中国水利水电科学研究院、武汉大学、中国葛洲坝集团股份有限公司、长江设计集团有限公司、清华大学、河海大学、天津大学、成都理工大学、长江水利委员会长江科学院、重庆交通大学、中国科学院武汉岩土力学研究所、中国水利水电第八工程局有限公司、中国水利水电第四工程局有限公司、湖南中南水电水利工程建设有限公司、中国船舶重工集团武汉船舶工业有限公司、长委工程建设监理（宜昌）有限公司、长江三峡技术经济发展有限公司	冯树荣、洪文浩、潘江洋、许唯临、胡亚安、张永涛、王毅华、王　毅、吴小云、曾祥喜、苏军安、黄文利、周　伟、张建民、胡大可、盛乐民、张建山、张成平、王雄武、练继建、钟辉亚、胡伟明、李　跃、王恩志、胡　斌、周红波、王　可、钱向东、高　鹏、张金婉、孙双科、刘益勇、邹阳生、刘亚辉、车公义、刘要来、郭云强、侯冬梅、廖建新、苗宝广、王进廷、涂阳文、田清伟、刘　毅、任炳昱、肖　鹏、李建习、李　姗、周　海、李永丰

续表

序号	项目名称	完成单位	完成人
一等奖			
1	HydroBIM–数字设计、智能建造和智慧运营研究及应用	中国电建集团昆明勘测设计研究院有限公司、天津大学	张宗亮、张社荣、赵志勇、严　磊、王　超、曹以南、刘　涵、陈为雄、王枭华、张礼兵、闻　平、卢江龙、王小锋、程熙俊、张　勇
2	河渠冰情监测预报与冰凌灾害防治关键技术装备	中国水利水电科学研究院、黄河水利委员会黄河水利科学研究院、四川大学、大连理工大学、黄河水利委员会水文局、合肥工业大学、黑龙江省水旱灾害防御保障中心	郭新蕾、刘之平、王　涛、付　辉、部国明、严登华、脱友才、李志军、刘吉峰、潘佳佳、王　军、杨开林、彭旭明、李甲振、崔海涛
3	水电工程特高陡环境边坡高效防治关键技术	长江勘测规划设计研究有限责任公司、长江三峡勘测研究院有限公司（武汉）、中国三峡建工（集团）有限公司、布鲁克（成都）工程有限公司、长江水利委员会长江科学院	王汉辉、王吉亮、翁永红、刘　科、丁　刚、阳友奎、刘冲平、施华堂、刘权庆、黄书岭、李少林、李洪斌、蒋　龙、黄小艳、白　伟
4	深厚覆盖层特高土石坝安全控制关键技术与应用	中国电建集团成都勘测设计研究院有限公司，四川大唐国际甘孜水电开发有限公司，国能大渡河流域水电开发有限公司，河海大学，大连理工大学	余　挺、何顺宾、郝元麟、王寿根、叶发明、陈卫东、王晓东、谢北成、张　丹、胡金山、李小泉、余学明、王　平、王晓安、杨　星
5	梯级水电开发对生源要素循环和鱼类生境的影响机制与调控技术	水利部交通运输部国家能源局南京水利科学研究院	陈求稳、张建云、林育青、陈宇琛、施文卿、陈　诚、关铁生、莫康乐、王智源、王　丽、何术锋、冯然然、李　婷、张　琦、唐　磊
6	水库防洪与兴利预报调度风险决策理论和关键技术	中国水利水电科学研究院，水利部水利水电规划设计总院	丁留谦、何晓燕、林德才、张忠波、侯建强、阚光远、姜晓明、喻海军、李小燕、雷添杰、孙丹丹、张晓军、李昌志、李　辉、刘希琛
7	水工混凝土化学–热学–力学耦合分析方法与裂缝修复新技术及应用	武汉大学，长江勘测规划设计研究有限责任公司，长江水利委员会长江科学院，中国电建集团昆明勘测设计研究院有限公司，中国电建集团西北勘测设计研究院有限公司，中国电建集团成都勘测设计研究院有限公司，黄河勘测规划设计研究院有限公司	常晓林、刘杏红、周　伟、卢建华、林育强、田金章、杨　梅、杨鑫平、田文祥、姬　翔、冯楚桥、漆天奇、何　真、阮　波、叶群山
8	复杂环境下流域梯级水电站智慧运行关键技术与应用	国能大渡河流域水电开发有限公司，河海大学，四川大学，国网四川电力调度控制中心	李攀光、杨忠伟、闻　昕、高　建、陈仕军、袁贵川、尤　渺、李　佳、谭乔凤、朱　阳、曲　田、朱艳军、罗　旋、徐　建、黄炜斌
9	大型水利水电工程水沙生态环境调控关键技术及应用	中国长江三峡集团有限公司，河海大学，长江水利委员会长江科学院	戴会超、毛劲乔、杨文俊、李　翀、刘志武、黄仁勇、高　勇、龚轶青、张培培、蒋定国、戴凌全、张　玮、赵汗青、翟　然、杨　媛
二等奖			
1	乌东德巨型地下电站建设关键技术	中国三峡建工（集团）有限公司，长江勘测规划设计研究有限责任公司，中国葛洲坝集团三峡建设工程有限公司，中国水利水电第六工程局有限公司，中国科学院武汉岩土力学研究所	杨宗立、石伯勋、彭　波、张建山、聂文俊、杜申伟、江　权、林　鹏、付继林、简崇林
2	特大型冲击式水轮机组电站减沙抗磨增效关键技术及应用	黄河勘测规划设计研究院有限公司，中国水利水电第十四工程局有限公司，武汉大学，中国水利水电科学研究院，黄河水利委员会黄河水利科学研究院	张金良、谢遵党、字继权、毛文然、杨顺群、尹德文、邢建营、乔中军、陈晓年、杨元红
3	抽水蓄能机组非稳态流固系统安全关键技术及应用	国网新源控股有限公司抽水蓄能技术经济研究院，清华大学，中国水利水电科学研究院	桂中华、王正伟、杨　静、刘殿海、陈　柳、倪晋兵、罗永要、于纪幸、孙慧芳、毕慧丽
4	干热河谷特高拱坝混凝土快速优质施工关键技术	中国葛洲坝集团三峡建设工程有限公司，中国三峡建工（集团）有限公司，中国水利水电建设工程咨询西北有限公司	李国建、杨宗立、李友华、张建山、曹中升、牟荣峰、曹刘光、张耀华、王　涛、张传虎

续表

序号	项目名称	完成单位	完成人
5	高填方工程稳定控制关键技术及应用	中国水利水电科学研究院，河海大学，成都理工大学，清华大学，云南建投第一水利水电建设有限公司	魏迎奇、陈祖煜、岑威钧、吴帅峰、韩文喜、肖建章、杨　军、严　俊、谢定松、雷添杰
6	乌东德水电站水轮发电机组关键技术研究及应用	中国三峡建工（集团）有限公司，长江勘测规划设计研究有限责任公司，上海福伊特水电设备有限公司，通用电气水电设备（中国）有限公司	范夏夏、张成平、王华军、胡伟明、陈冬波、程永权、李志国、郑涛平、刘　洁、王献奇
7	桑河二级水电站建设关键技术研究与实践	华能澜沧江水电股份有限公司，中国电建集团华东勘测设计研究院有限公司，中国葛洲坝集团第一工程有限公司	李　飞、朱约喜、李梦森、庄金祥、周双全、李　锦、穆万鹏、胡浩川、马延功、刘兴勇
8	海上风电结构复杂环境融合设计与健康状态监测技术及应用	中国电建集团华东勘测设计研究院有限公司，大连理工大学，中国海洋大学，浙江大学	王　滨、田　哲、柳　涛、高　山、赵海盛、徐云泽、沈侃敏、李　昕、施　伟、国　振
9	高原深厚冰水堆积物工程地质特性及筑坝应用	中国电建集团西北勘测设计研究院有限公司，成都理工大学	周　恒、王有林、狄圣杰、任　苇、陈　楠、李为乐、刘潇敏、涂国祥、陈卫东、何小亮
10	碾压混凝土拱坝防裂结构研究及示范应用	中国电建贵阳勘测设计研究院有限公司，中国水利水电科学研究院	范福平、崔　进、陈毅峰、李海枫、居　浩、杨　波、刘　杰、刘　凡、罗洪波、邱焕峰
11	高电压、大电流交流发电机断路器成套装置的研制及工程应用	中国三峡建工（集团）有限公司，西安西电开关电气有限公司，西安高压电器研究院有限责任公司，长江电力股份有限公司乌东德水力发电厂	张　猛、邹祖冰、张文兵、杜建国、马占峰、刘　琨、程　立、李志国、刘　洁、严　旭
12	流域水循环驱动的水库群预报调度关键技术研究与应用	华中科技大学，中国水利水电科学研究院，长江水利委员会水文局，中国电建集团华东勘测设计研究院有限公司，广东省水文局梅州水文分局，中南民族大学	陈　璐、周建中、王党伟、徐高洪、邓安军、江　平、郭　靖、张俊宏、岳青华、刘泽文
13	大型水电站智能巡检系统研究与应用	国能大渡河瀑布沟水力发电总厂，成都大汇智联科技有限公司，国能大渡河流域水电开发有限公司，武汉大学	向文平、刘　鹤、伍　林、唐　勇、魏文龙、王　禾、花振国、刘芬香、郭　江、李天晨
14	云南大华桥水电站工程	中国电建集团北京勘测设计研究院有限公司，华能澜沧江水电股份有限公司黄登·大华桥水电工程建设管理局	吕明治、邓毅国、黄海锋、郑雪筠、郑冬飞、张习平、李　准、谭盛凛、张永辉、毛金龙
15	复杂基面水库全库盆渗漏治理关键技术与应用	国网新源控股有限公司回龙分公司，黄河勘测规划设计研究院有限公司，中国水利水电第十一工程局有限公司，顺缔新材料（上海）有限公司	谢遵党、白会峰、杨顺群、刘　福、宋修昌、李东辉、王允龙、吕小龙、马　峰、杨　瑒
16	高性能单组分聚脲研发及其成套应用技术	中国水利水电科学研究院，北京中水科海利工程技术有限公司，北京森聚柯高分子材料有限公司，新疆额尔齐斯河流域开发工程建设管理局，青海黄河中型水电开发有限责任公司	孙志恒、徐　耀、李　萌、李　蓉、曹小武、高　鹏、全永威、吴春忠、王黎阳、余建平

第二十三届中国专利奖电力行业获奖项目

序号	专利名称	专利权人	发明人
		金奖	
1	封头模块、大型容器及两者的制造方法	国家核电技术有限公司、山东核电设备制造有限公司、上海核工程研究设计院	李　军、王国彪、杨中伟、晏桂珍、葛鸿辉、韩　津、柳胜华、徐　挺、陈来云
2	一种全屏蔽高压隔离型电压互感器	国家电网公司、中国电力科学研究院、国网安徽省电力公司电力科学研究院	周　峰、袁建平、姜春阳、殷小东、周利华

续表

序号	专利名称	专利权人	发明人
3	用于并行冗余协议网络中的时钟输出控制方法和系统	南方电网科学研究院有限责任公司、北京四方继保自动化股份有限公司	李　鹏、郭晓斌、习　伟、姚　浩、蔡田田、陈　波、石景海、周　涛、徐　刚、陈秋荣、胡　炯
4	一种基于信息融合的智能变电站数据可靠性识别方法	南京国电南自电网自动化有限公司	张　灏、周小波、陈　实
5	一种地下水库坝体及其构筑方法	国家能源投资集团有限责任公司、国能神东煤炭集团有限责任公司、北京低碳清洁能源研究院	李全生、顾大钊、方　杰、李　捷、张　勇、曹志国
银奖			
1	压水堆核电站反应堆–回路抽真空排气装置和系统	中广核研究院有限公司、大亚湾核电运营管理有限责任公司、中国广核集团有限公司	吴天华、刘青松、朱　磊、李书周、董亚超、袁　杰、巩海龙、卢六平、于海峰、洪益群、王　东、孟海军、程　鹏、施英杰、黄文有、向文元、赵月扬、余　冰
2	一种基于时空分布特性的区域风电功率预测方法	西安交通大学	别朝红、贺旭伟、安佳坤、陈筱中
3	一种分组加密算法防攻击的掩码方法和装置	北京南瑞智芯微电子科技有限公司、国家电网公司、国家密码管理局商用密码检测中心	于艳艳、李　娜、赵东艳、唐晓柯、李大为、罗　鹏、莫　凡、胡晓波、甘　杰
4	一种用于输电线路无人机巡检的图像智能采集系统及方法	国网智能科技股份有限公司	刘　越、王万国、刘　俍、许　玮、李超英、李建祥、任志刚、白万建、刘　凯、杨立超、任　杰、刘　威、李　冬、杨　波、孙晓斌、黄振宁
5	百万千瓦级核电厂乏燃料水池扩容方法	大亚湾核电运营管理有限责任公司、广东核电合营有限公司、中国核动力研究设计院、深圳中广核工程设计有限公司、苏州热工研究院有限公司、中国广核集团有限公司、中国广核电力股份有限公司	刘省勇、秦　强、张文利、张士朋、袁　亮、林杰东、陈军琦、谭世杰、陈　军、李　俊、郭振武、孙新峰、李　琪、陈秋炀、肖　伟

国际合作

战略合作

【葛洲坝国际公司与中国寰球工程有限公司签署战略合作协议】 2021年5月18日，中国能建所属葛洲坝国际公司与中国寰球工程有限公司在北京签署战略合作协议。双方将发挥各自平台、技术、产品等优势，建立互惠互利的全面战略合作关系，开展全方位深度合作，实现互利共赢。

【葛洲坝国际公司与中国三峡国际股份有限公司签署战略合作协议】 2021年5月20日，中国能建所属葛洲坝国际公司与中国三峡国际股份有限公司在北京签署战略合作协议。双方将结为战略合作伙伴，在全球范围内推进水电、风电、光伏发电、储能和配售电等项目的市场开发和投资并购等业务，促进双方业务高质量、长期稳定发展。

【中电工程集团与越南电力工程咨询股份有限第二公司签署战略合作协议及风电项目合作备忘录】 2021年11月11日，中国能建所属中电工程集团与越南电力工程咨询股份有限第二公司（PECC2）围绕共同深入开展越南市场开发建设合作事宜进行交流并签订战略合作协议及风电项目合作备忘录，双方希望能充分发挥各自技术、人才等资源优势，实现强强联合，建立紧密务实的战略合作关系。

国际工程项目

【巴西GNA燃气发电项目开工】 GNA燃气发电项目（GNA项目）是巴西阿苏港工业综合项目的关键性工程，该港口紧邻里约热内卢州、米纳斯州等工矿集中区域，是从巴西向中国出口铁矿石等大宗商品的重要港口。项目包含燃气电厂以及配套的液化天然气接收站、浮式天然气存储及再气化装置船、输气管道等，规划6.4GW，分为四期开发建设。2019年11月金砖会议期间，在国家主席习近平和巴西总统博索纳罗见证下，签署了国家电投、西门子和巴西PRUMO公司（美国EIG全球能源伙伴公司控股）联合开发GNA项目的意向合作协议。

GNA一期项目装机容量1338MW，项目已签署23年的售电协议（PPA）；由西门子（SIEMENS）提供燃气设备、EPC总包及长期运维服务，由英国石油公司（BP）供应液化天然气；项目总投资45亿雷亚尔，2018年开工建设，2021年9月正式投产。GNA二期项目，装机容量1681MW；其建设、运维模式与一期相同，项目已签署25年的售电协议（PPA），已锁定与英国石油公司（BP）的天然气供应合同；项目已与巴西开发银行（BNDES）签署长期贷款协议，已于2021年11月实现开工，计划2025年1月投产。

【日本那须乌山光伏项目并网发电】 那须乌山光伏项目总装机容量47.52MW，是日本枥木县最大的光伏发电项目。项目于2019年6月开工建设，2021年4月并网发电，并网时间比计划提前约7个月，创日本同类型光伏电站工程建设最快纪录。项目投产后每年为当地提供6400万kWh的绿色电力。

【马耳他储能项目投运】 马耳他戈佐岛Qala储能示范项目位于马耳他Gozo岛的Qala变电站内，是马耳他第一个储能项目。项目规模为1MW/2MWh，采用磷酸铁锂电池，已于2021年12月投入运行，对实现马耳他新能源可持续发展具有重要的技术探索、综合示范和商业开发意义。

【乌克兰尤日内风电项目投运】 项目位于乌克兰西南部敖德萨市，是中国企业在乌克兰投资的第一个风电项目，总容量7.6万kW，预计年发电量2.5亿kWh。该项目是国家能源集团成立后海外投资的首个风电项目，由龙源电力开发，2020年4月开工建设，2021年7月投产发电。2021年实现利润7952万元人民币，实现了投产即盈利。

【乌克兰南方风电项目开工】 项目位于乌克兰尼古拉耶夫州，由龙源电力以100%股权收购开发，总规模27万kW，预计年发电量8.9亿kWh。2021年6月初，项目完成国家发展改革委、商务部境外投资备案以及项目交割相关工作，并于2021年8月中旬开工建设。

【爪哇7号燃煤电站项目投运】 项目位于印尼爪哇岛万丹省，规模为2×105万kW超超临界燃煤发电机组，配套建设1.4万t级卸煤码头等。国家能源集团于2015年12月成功中标该项目，并由旗下原国华电力以控股70%的比例与PJB公司（PLN的全资子公司，持股30%）组成项目公司，按照“建设–运营–拥有–移交”方式运作 25 年。项目于 2016 年 11 月开工，2021 年 7 月实现双机组商业运行。印尼爪哇发电公司荣获 2021 年亚洲电力大奖赛“2021 年度煤电项目金奖”和“2021 年度快发能源项目金奖”。

【西班牙阳光（Daylight）项目交割】 2020 年 7 月，三峡国际中标西班牙 Daylight 光伏项目。Daylight 项目是西班牙境内最大的光伏运营项目之一，在西班牙境内拥有 13 个光伏电站，总装机容量 57.2 万 kW。2021 年 1 月 22 日，三峡国际完成西班牙 Daylight 光伏电站项目交割，股权投资额 3.184 亿欧元。

【西班牙荷鲁斯（Horus）项目收购交割】 2 月初三峡国际完成西班牙 Horus 项目收购签约。此项目包含 11 座风电站和 1 座光伏电站，总装机容量 40.49 万 kW。2021 年 8 月 12 日，三峡国际完成西班牙 Horus 项目交割，股权投资额 2.54 亿欧元。自此，三峡国际在西班牙市场的运营装机达到百万千瓦规模。

【中东北非阿尔卡萨（Alcazar）项目交割】 2021 年 8 月 19 日，三峡国际完成 Alcazar 项目交割。项目包含位于埃及和约旦境内的 5 座光伏电站和 2 座风电站，总装机容量 41.1 万 kW。标志着中国三峡集团将境外清洁能源投资业务拓展到中东北非区域，为进一步开拓亚洲和非洲市场奠定了良好基础。

【英国马里湾东（Moray East）项目投产发电】 2021 年 6 月 5 日，三峡国际投资开发的 Moray East 海上风电项目首台机组并网发电，2021 年底全部投产发电。项目位于苏格兰马里湾海域，离岸 22km，是三峡国际与 EDP、法国 Engie 公司和日本三菱公司在英国联合开发建设的大型海上风电项目。项目总装机容量 95 万 kW，年均等效可利用小时超过 4000h，项目全部投产后可满足当地约 10 万户家庭的用电需求。

【迪拜哈斯彦 4×60 万 kW 清洁燃煤电站项目 2 号机组投运】 项目装机容量 240 万 kW，合同金额约 17.8 亿元，项目工期 81 个月。中国能建东北院负责设计，中国能建天津电建参与建设。2021 年 9 月 5 日，2 号机组投入商业运行。该项目是世界首个实现双燃料满负荷供电的电站，4 台机组计划于 2023 年全部投入商业运行，全部投运后可为迪拜提供 20%的绿色清洁电力能源。

“一带一路”项目

【南网国际联营体获得智利首个高压直流输电项目执行和开发权】 当地时间 2021 年 12 月 13 日上午，智利国家电力协调局召开智利首个高压直流输电项目——Kimal－Lo Aguirre 高压直流输电项目授标仪式，将项目执行和开发权授予由南网国际公司、智利川斯莱科公司与哥伦比亚国家电力公司组成的三方联营体。

智利能源部副部长弗朗西斯科·洛佩斯在授标仪式上表示，该项目是智利从国家战略层面规划的重大项目，对促进智利能源可持续发展、构建更清洁的能源矩阵、服务智利“脱碳”目标具有重要意义。

该项目贯穿智利北部，全长约 1500km，被誉为智利的“电力高速公路”。项目采用±600kV 常规直流输电技术，输送功率达 300 万 kW。项目建成后，将成为智利北部到中部重要负荷地区的能源大动脉，把智利北部充裕的可再生能源输送到首都圣地亚哥负荷中心，帮助智利 2025 年实现碳达峰目标以及 2040 年前关闭所有燃煤电厂。

【越南沿海二期项目 2 号机组投运】 当地时间 2021 年 12 月 23 日 0 时整，由华电科工投资并承担 EPC 建设的越南沿海二期 2×660MW 燃煤电站 2 号机组初始可靠容量实验圆满完成，正式投入商业运营。此前当地时间 4 月 14 日 16 时 37 分，1 号机组已经并网成功。

越南沿海二期项目作为中国华电目前境外装机容量和投资规模最大的电源项目，位于越南茶荣省经济开发区发电产业园内，建设规模为 2×660MW 超临界燃煤机组以及配套工艺系统和建筑工程，建设期为 54+3 个月。

项目投产后，每年预计持续为当地提供 80 亿 kWh 以上的发电量，将进一步增强越南茶荣省沿海电力中心电源保障能力，极大缓解越南南部电力供应不足的现状，为当地创造更多就业机会，也将为推动当地经济发展、营造和谐国际关系奠定更加坚实的基础。

【越南达农风电项目并网发电】 达农风电项目位于越南达农省，总装机容量 49.5MW，年发电量 152163MWh，项目总投资 7596 万美元。该项目的售电协议（PPA）有效期 20 年，于 2021 年 10 月 31 日实现了全容量并网，是 2021 年外资投资人在越南投资的唯一一个全容量并网项目。

项目采用 BT 模式，在 EPC 承包商东方日升完成建设后，国家电投收购香港远景越达风电投资有限公司 77.8%的股权，间接持有项目公司达农风电 70%的股权，并于 12 月 6 日完成了项目的股权交割。

【哈萨克斯坦札纳塔斯风电项目并网发电】 扎纳塔斯项目位于哈萨克斯坦南部江布尔州，装机容量 10 万 kW，总投资 1.5 亿美元，由国家电投与本地合作方

Visor 公司按 80%：20%的股比投资建设，为中哈双边经贸合作能源领域的重点项目。2019 年 7 月项目开工建设，2021 年 6 月 20 日实现全容量并网发电。该项目是目前中亚区域装机容量最大的风电项目，是中哈产能合作清单 56 个重点项目中实现完工投产仅有的两个项目之一，也是亚投行在中亚区域的第一个电力融资项目。

【巴基斯坦卡拉奇 2 号机组投运】 2021 年 3 月 18 日（当地时间），在中巴建交 70 周年之际，“华龙一号”海外首堆——巴基斯坦卡拉奇 2 号机组首次并网成功，标志着中国核电技术领域已跻身世界前列，中国核电技术水平和综合实力已跻身世界第一方阵。

【巴基斯坦 K2 项目投运】 中国中原公司克服疫情影响，推进“华龙一号”海外首堆建设，巴基斯坦 K–2 机组于 5 月 20 日实现商运，于 2021 年 8 月 28 日实现连续运行满 100 天，创造了国际三代核电技术海外首堆最短工期纪录和最佳建设业绩，在第二届“一带一路”能源部长会议上荣获能源国际合作最佳实践案例。

【南立 1 – 2 水电站项目获得老挝政府授予的国家级“劳动奖章”】 老挝南立 1–2 水电站是三峡中水电第一个海外投资电站，也是中资企业在老挝的第一个 BOT 电站，总投资 1.49 亿美元，2010 年 8 月 1 日投入商业运行，特许经营期 25 年。电站装机容量 100MW，多年平均发电量 4.35×10^{8}kWh。2021 年 2 月 9 日，电站获得老挝政府授予的国家级“劳动奖章”。

【哈萨克斯坦图尔古松水电站项目投产发电】 哈萨克斯坦图尔古松水电站项目是习主席2013年9月在哈萨克斯坦提出共建“丝绸之路经济带”倡议以来，中哈产能合作方面水电领域第一个落地并投产发电的项目，也是在疫情影响下中哈水电领域推动得最快的项目。

图尔古松水电站由三峡集团旗下的中水电对外公司承建，装机规模 24.9MW，总合同额 5062.36 万美元。项目投产发电后，年平均发电量达 7980 万 kWh，每年可减少二氧化碳排放约 7.2 万 t。

2021 年 7 月 17 日，项目三台机组全部投产发电，提前完成发电目标。项目的投产，填补了东哈州阿勒泰地区一半的电力缺口，极大地缓解了该地区电力紧缺的状况，有效促进了东哈州经济社会的发展。

【老挝南公 1 水电站项目竣工】 老挝南公 1 水电站是三峡中水电以 BOOT 模式投资建设的第三座水电站，对优化老挝能源结构、促进当地绿色低碳发展具有重要意义。

该电站位于老挝南部阿速坡省的南公河上，以发电为主要目标，兼顾防洪、灌溉、旅游等。坝址距首都万象公路里程约 960km。主坝为混凝土面板堆石坝，最大坝高 85.5m，坝轴线长 410m，总库容 6.51 亿 m^3，具有多年调节能力，电站总装机容量 160MW，多年平均发电量 6.33 亿 kWh。

项目于 2017 年 10 月 31 日正式开工建设。2021 年 7 月 1 日实现投产发电目标，7 月 31 日工程完工，10 月 1 日正式进入商业运营期，12 月 15 日，项目通过临时竣工验收。项目获得老挝政府颁发的 COD 证书。

（范　凡）

【中老铁路外部供电项目全部建成】 8 月 31 日，中老铁路外部供电项目全部建成，达到投产送电条件，为中老铁路全线开通运营奠定了坚实基础。

2021 年时值中老建交 60 周年，中老铁路是共建“一带一路”倡议与老挝“变陆锁国为陆联国”战略对接的重要项目，也是首条以中方为主投资建设并运营、与中国铁路网直接连通的境外铁路项目。

中老铁路外部供电项目整体线路长约 936km，铁塔共 2220 基，一半以上的线路都要在山地中穿行。该项目分为中国段、老挝段，分别由南方电网公司、老中电力投资公司（该公司由云南国际公司与老挝国家电力公司合资组建）投资建设及运维。

【老挝南欧江流域梯级水电站项目投运】 该项目由中国电建投资开发，总投资 27.33 亿美元，分 7 个梯级电站进行开发，总装机容量 1272MW，年均发电量约 50.17 亿 kWh。其中，一期项目（二、五、六级水电站）于 2016 年 4 月全部发电。二期项目（一、三、四、七级水电站）于 2016 年开工建设，2021 年全部完工，全流域电站进入梯级联调联运期。2021 年 9 月 28 日，水电站举行全部投产发电仪式。中国电建将在投产运营 29 年后将水电项目移交老挝政府。

【伊拉克鲁迈拉火电站项目投运】 该项目为联合循环改造项目，通过新增 5 台余热锅炉和 2 台蒸汽轮发电机组及配套附属设备，将现有鲁迈拉电厂由简单循环改造为联合循环。改造扩容后的联合循环机组总容量 707MW，配置两个动力区。中国电建以 EPC 模式建设，合同金额 10.26 亿美元。2021 年 8 月 17 日 1 号机组按期完成机组移交；2021 年 11 月 14 日，2 号机组提前 26 天完成并网节点。

【印度尼西亚北苏三燃煤电站项目投运】 该项目由中国电建参股投资开发并承担 EPC 总承包，主要工作内容为 2 台循环流化床锅炉、2 台 60MW 汽轮机发电机组及厂房、辅助设备系统 BOP、8000t 的泊位码头、2 个开关站以及约 5.5km 输电线路。被列为印尼北苏拉威西区域发展重点保障项目，也是印尼国家电力公司 PLN 重点发电示范项目，2021 年 7 月 1 日整体正式进入商业运行。

【波黑伊沃维克风电项目开工】 该项目由中国电建与通用技术中技公司共同投资，总装机容量 84MW，是波黑首个以外商特许经营方式投资建设的能源项目。2021年12月16日，波黑伊沃维克风电项目举行签约暨开工仪式，标志着中国电建在欧洲首个新能源投资项目正式开工建设，成为中国—中东欧国家领导人峰会成果清单首个落地新能源项目。

【哈萨克斯坦江布尔州札纳塔斯风电项目并网发电】该项目是中国电建以EPC模式承建，位于哈萨克斯坦江布尔州境内，安装40台单机容量2500kW，总装机容量100MW。项目合同额1.13亿美元，工期16个月，业主单位为札纳塔斯风电有限公司。2021年6月20日提前实现全容量并网发电。

【巴基斯坦尼鲁姆·杰卢姆水电站项目工程履约完成】 项目总装机容量4台，装机总容量963MW，合同金额约234亿元，工期103个月。项目由中国能建和中国机械设备进出口公司组成联合体中标实施，中国能建为牵头方。2021年12月21日，工程整体移交证书TOC-10签字仪式在伊斯兰堡举行，标志着项目履约基本完成。项目年发电量约为51.5亿kWh，占巴基斯坦水电发电量的12%，能解决巴基斯坦全国15%人口的用电紧缺问题，可带来450亿卢比的财政收入，被誉为巴基斯坦的“三峡工程”。

【巴基斯坦默蒂亚里—拉合尔±660kV直流输电工程投运】 项目采用中国自主知识产权的±660kV直流输电技术，输送容量400万kW，合同金额约3.42亿元，项目工期53个月。中国能建中南电力设计院有限公司牵头设计，中国能建安徽电建一公司、西北电建等企业参与项目建设。2021年9月1日项目投入商业运行。

【泰国诗琳通大坝综合浮体光伏项目并网发电】项目装机容量58.49MW，由7个方阵组成，共安装光伏组件14.44万片，项目合同金额约1.53亿元，工期12个月，中国能建山西院与泰国BGRIMM公司组建联营体负责EPC总承包。2021年9月13日项目全容量并网发电。项目是泰国国家电力局第一个大型水面浮体光伏电站，也是世界最大的浮体光伏与现有水电站相结合的综合能源项目。

社会责任

【中国南方电网有限责任公司社会责任报告（摘要）】

一、电力供应

1. 构建现代供电服务体系

公司坚持“以客户为中心”，践行“解放用户”理念，构建现代供电服务体系，打造智慧用能用电生态，推动用电服务向现代生产性生活性服务业转型、向专业化和价值链高端延伸、向高品质和多样化升级，为客户创造价值，成就客户成功，更好地满足人民对美好生活的需要。2021 年，广东电网公司、深圳供电局基本建成现代供电服务体系。

提供多元增值服务。我们以用户价值为导向，增强全体员工“为用户创造价值”的意识，延伸服务范围，从“表”前延伸至“表”后，实现服务“零距离”，及时跟进客户需求，主动调整服务方式。

优化用电营商环境。2021 年，国家发展改革委发布营商环境评价结果，深圳、广州“获得电力”指标排名保持全国领先，东莞、佛山进入标杆示范行列，公司其他参评城市位列中上游和中游水平，公司整体成绩优异。

2. 保障电网安全稳定运行

推进本质安全型企业建设。公司始终牢记“国之大者”，践行“两个至上”，守正创新，系统探索提出本质安全型企业建设体系，从新的视角丰富完善安全生产风险管理体系、资产全生命周期管理体系等方法论的内涵外延，将本质安全型企业建设进一步推进到整个企业的高度，支撑公司战略落地，推动公司安全生产行稳致远。

化解安全风险隐患。2021 年以来，面对历史上少有的严峻复杂安全形势，公司坚持超前预控，落实安全风险分级管控和隐患排查治理双重预防机制，不断强化安全风险的立体防控、联防联控，防范“六大风险”，持续巩固“双下降”的良好态势，实现系统内“零事故、零伤亡”。

确保电网稳定运行。我们从生产监控指挥、人工智能基础技术、运行支持系统、智能巡视、智能操作、智能安全等方面统筹推进智慧生产工作。通过直升机、无人机的深度应用，大幅提高现场运维巡视效率，为电网的安全稳定运行和电力可靠供应提供坚强保障。

提高应急供电能力我们坚持将预防与应急相结合，持续强化应急能源建设，常态化地开展备战练兵，“灾前防、灾中守、灾后抢”应急机制高效运转，有效应对各类自然灾害。

服务重大活动保供电。公司不断完善重大政治活动和关系国计民生、社会公共安全活动的保供电工作机制，实现精准、规范、高效保供电，圆满完成中国共产党成立 100 周年庆祝活动等 25 项重大保供电任务万无一失。

3. 提升电网建设能力水平

重点工程建设。我们贯彻习近平总书记关于保障电力供应的重要指示批示精神，推动保障电力供应工程提前投产，加快推进网架完善及新能源配套重点工程建设，为南方五省区电力供应提供基础保障。

加快推进项目投产。我们加强与电建承包商战略合作，推动加快重点项目攻坚，共同推动工程质量提升和关键技术、设备自主化、国产化，全力服务国家重大发展战略。2021 年，公司提前投产梅蓄、阳蓄首台机组，梅蓄主体工程工期仅 41 个月，刷新国内抽水蓄能电站主体工程最短工期纪录。同时，我们坚持合法合规原则，全力保障群众权益，多方面了解并满足相关方利益诉求，依靠属地政府宣讲政策，加强沟通，全力服务，在确保安全稳定的前提下有序推进电网建设。

持续提升工程质量。我们高度重视项目工程质量，扎实推进电网工程“零缺陷”移交工作，高质量完成项目建设工作，不断优化工程创优机制，强化导向作用。

4. 打造国家战略科技力量

推进数字化转型。近年来，公司坚决贯彻党中央关于建设网络强国、数字中国、智慧社会的战略部署，深度研究数字化转型理念方法，夯实数字化基础能力，将数字化思维与技术应用于企业全业务场景，全力推进数字化转型和数字电网建设。

高水平科技创新。公司积极落实创新驱动发展战略，坚持把创新摆在发展全局的核心地位，积极抢占科技竞争和未来发展制高点，“卡脖子”关键核心技术攻关取得重要进展，原创技术策源地和现代产业链“链长”作用更加彰显。

二、绿色环保

1. 推进新型电力系统建设

把握先机组织推进。“十四五”是碳达峰的关键期、窗口期，公司积极落实可再生能源替代行动，构建新型电力系统，全力服务供电区域广东、广西、云南、贵州、海南五省区和港澳地区绿色低碳发展，为国家实现碳达峰、碳中和目标作出应有贡献。公司主动承担央企使命，提前谋划，率先发布服务“双碳”、构建新型电力系统的研究成果和专项方案，以标准化支撑新型电力系统建设。

突出重点示范先行。公司以数字电网为载体，以技术创新为关键，加大规模化经济型储能应用，建设电碳经济服务平台，科学谋划建设路径，加快推进新型电力系统建设。

2. 构建清洁能源体系

加强西电东送。公司充分利用南方五省区发用电时空特性及资源禀赋差异性，最大限度挖掘大电网资源优化配置潜力，灵活调剂省间电力余缺，加强“点对网”电厂富余水电消纳力度，千方百计提高西电东送通道利用水平，保障西部清洁能源消纳及东部电力稳定供应。

消纳可再生能源。公司大力推动能源供给侧结构优化调整，切实做好光伏、风电等新能源的接入和并网服务，同时建立完善清洁能源市场化交易体系，促进清洁能源全额消纳。

3. 践行绿色发展理念

建设绿色电网。公司持续完善环境保护管理机制，发布绿色低碳电网建设标准，严格按照绿色低碳电网建设要求，将绿色环保理念融入电网规划、设计、施工、运营全过程，实现电网建设与城市环境互利共生。

与环境和谐共处。公司努力打造环境友好型企业，推动电力设施与周边环境实现有机融合，在建设施工和电网运维过程中注重生物多样性保护，降低自身运营对生态环境的影响。

开展绿色运营。公司注重运营过程中的环境管理，认真执行国家环境保护政策，严格规范危险废弃物处置，加强线损管理，开展突发环境事件应急演练，确保不发生重大环境污染事件。

4. 共建绿色低碳社会

服务绿色生产。公司努力满足客户多元化能源生产与消费需求，提供多种能源综合服务，降低客户用能成本，提升能源综合利用效率，推动全社会节能减排。2021 年，需求侧节约电力 491.61 万 kW。

支持电动汽车产业。近年来，在“双碳”目标的影响下，电动汽车产业迎来快速发展。公司致力构建电动汽车服务生态圈，聚焦配套的充电服务业务，打造布局合理、设备利用率高的充电网络，并通过数字化手段对南方五省区内的充电平台进行整合，为电动汽车的跨越式发展提供服务支撑。

倡导低碳生活。公司以节能科普为切入点，开展多渠道、多形式的节能环保宣传活动，向社会公众普及低碳生活理念，并期望通过个人的细微改变，为共建绿色低碳生活汇聚力量。

三、经营效率

公司立足新发展阶段，积极构建新发展格局，经营实现稳中有进、稳中提质，改革行动提速加力、敢为人先，有力夯实“十四五”高质量发展的牢固基石。全面完成国务院国资委经营业绩考核目标，连续 15 年获得经营业绩考核 A 级。世界 500 强排名跃升至 91 位。

1. 筑牢发展基石

公司始终以防范廉洁风险和重大经营风险为导向，坚持构建以合规管理为基础、风险管理为重点的内部控制体系，为推动公司战略升级和改革发展、促进公司健康持续发展提供重要保障。

2. 深化电力体制改革

公司深入落实电力体制改革部署，聚焦重点领域关键环节奋力攻坚，充分发挥资源优化配置平台作用，统筹优化省间余缺调剂，最大限度保障南方五省区电力有序供应。

3. 多元协调发展

公司大力推进国有资本布局优化和结构调整，着力构建管制、新兴、国际、产业金融、共享服务五大战略单元协同发展的新局面，加快向数字电网运营商、能源产业价值链整合商、能源生态系统服务商转型。

4. 产业金融

公司持续加强金融业务拓展，聚焦绿色金融业务发展提速和供应链金融业务发展，以融促产、以融强产，全面提升金融服务主责主业能力。

5. 国际业务

广泛开展国际合作交流。公司积极关注行业发展趋势，主动参与、协办各类行业交流会议，助力各类政策标准落地生效，推动行业可持续发展。

扎实推进电力合作项目落地。公司积极推进“一带一路”建设，完成老挝国家输电网项目特许权协议签署，如期建成中老铁路外部供电项目，成功中标智利首个高压直流输电项目。

搭建国际合作新平台。公司组建澜湄国家能源电力合作研究中心，为进一步深化与周边国家电力研究合作搭建良好平台。

6. 践行合作共赢

供应链管理。公司积极应对新冠肺炎疫情带来的复杂挑战，将质量、环境、职业健康安全等社会责任要求纳入采购标准，持续优化供应链管理水平，强化供应储备能力，携手供应链上下游企业合作共赢、共享发展成果。服务区域经济发展。公司贯彻落实国家重大战略，积极融入和服务粤港澳大湾区建设、深圳先行示范区建设、海南自贸港建设、新时代革命老区振兴发展等区域协调发展，助力南方区域经济社会持续健康发展。

四、社会和谐

1. 助力乡村振兴

作为国有重要骨干企业，公司认真贯彻党中央决策部署，全力服务乡村振兴战略实施，深化巩固拓展脱贫攻坚成果同乡村振兴有效衔接，扎实推进现代化农村电网建设。扎实推进现代化农村电网建设，推动农村电网基础设施提档升级，巩固农村电力保障水平，提升农村电网智能化平和城乡供电服务均等化水平，服务全面推进乡村振兴。投入定点帮扶资金 9578.17 万元，采购脱贫地区特色产品 8537 万元。发行全国规模最大乡村振兴债券，募集资金 50 亿元，用于南方五省区的农村电网基础设施提档升级。公司与云南迪庆州、广西东兰县签署《巩固拓展脱贫攻坚成果 全面推进乡村振兴定点帮扶“十四五”合作框架协议》等协议。

2. 建设幸福南网

保障员工权益。公司坚持平等雇佣的原则，高度重视民主管理，依法保障全体员工各项合法权益，严格执行落实相关法律法规，提供有竞争力的薪酬福利体系，创造多元包容的工作氛围，积极构建和谐稳定的劳动关系。促进员工发展。公司高度重视员工培养与发展，建立规范的职级体系，有针对性地开展相应的培训，不断加强员工培养体系建设，促进员工活力释放，实现员工与企业共同发展。关爱员工生活。公司坚持依靠员工办企业，及时解决员工面临的痛点问题，做细做实员工服务工作，为建设员工生活幸福型企业奠定良好基础。

3. 投身社会公益

海外履责。作为“一带一路”倡议的践行者，公司在“走出去”的同时，积极做好“民心工程”，服务当地经济社会发展，加强本地化雇佣，带动当地就业，改善民生，共建和谐繁荣社区。

志愿活动。公司支持员工开展各类志愿活动，积极参与社区建设和志愿服务，提供力所能及的服务，共同促进社会进步。

公益慈善。公司积极投身各类社会公益慈善事业，持续深化自有公益品牌影响力，用行动践行初心使命，以奉献诠释责任担当。

4. 责任管理

责任治理。公司坚持将社会责任与提升企业核心竞争力紧密结合，建立起由党建工作部（企业文化部）归口管理，上至公司总部、下至各分子公司的网、省、地三级联动的社会责任组织体系，将责任治理全面融入公司日常运营管理中，着力打造践行高质量可持续理念、积极履行社会责任、拥有全球知名品牌形象的典范企业。

责任研究与交流。公司立足全球视野，坚持理论研究与实地调研并重，“走出去”与“请进来”并重，对标世界先进企业，学习其社会责任管理先进做法与经验，持续提升公司社会责任管理水平，致力于打造具有全球竞争力的世界一流企业。

责任荣誉。社会责任报告连续 11 年获得中国社科院企业社会责任报告五星级评价，社会责任报告连续 9 年获“金蜜蜂”优秀报告“长青奖”，社会责任报告编制案例入选《金蜜蜂中国企业社会责任报告研究（2021）》，“产业助增收，电亮小康梦”案例入选《中央企业社会责任蓝皮书 2021》。责任沟通。公司主动与利益相关方进行沟通，依托立体化、全方位的企业开放平台，面向社会公众、媒体、专家学者和合作伙伴等利益相关方进行广泛传播，让利益相关方了解公司履行社会责任的进展和生动实践。公司自 2013 年以来连续九年开展国企开放日（社会责任周）活动，邀请社会责任专家和利益相关方代表走进南方电网进行现场诊断和指导。

【中国华能集团有限公司社会责任报告（摘要）】

2021 年是中国共产党成立 100 周年，亦是“十四五”开局之年，对党和国家都具有里程碑的意义。中国华能作为国有重要骨干企业，以习近平新时代中国特色社会主义思想为指导，坚决贯彻习近平总书记重要指示批示精神和党中央决策部署，全体干部职工精神振奋、合力攻坚，推动公司科技创新、绿色转型、效益效率、国际化发展、公司治理以及党建质量“六个新领先”取得重大进展，实现“十四五”良好开局。

过去的一年是中国华能开启二次创业的第一年，在公司发展进程中极为特殊、极不平凡。面对百年变局、世纪疫情和能源电力紧张形势，中国华能上下在以习近平同志为核心的党中央坚强领导下，迎难而上、主动作为，办成许多大事、喜事。高质量开展党史学习教育，隆重庆祝党的百年华诞，大力实施党建引领行动，党的建设质量持续提升。做强管理，塑造华能发展新优势。各产业板块协同发力稳增长，盈利情况创历史新高；营业收入 3855 亿元，同比增长 23%，利润 133 亿元，实现国有资产保值增值；不断强化可持续发展工作顶层设计，推进社会责任融入生产经营；坚持以人为本，及时解决群众“急难愁盼”等问题，与职工携手并进共同成长。做优主业，构建电力发展新格局。充分发挥央企“顶梁柱、压舱石”作用，坚决扛起能源保供政治责任，全年完成国内发电量 7744 亿 kWh，达到历史最好水平；有效应对极端天气、自然灾害，没有发生较大及以上安全事故，实现基建领域零伤亡、零事故；自主创新能力显著增强，石岛湾高温气冷堆示范工程实现重大突破，全国产 DCS/DEH/SIS 一体化智慧机组等关键核心技术攻关取得一批新成果；绿色低碳转型迈出更大步伐，落实“两线”“两化”战略，打造新能源、核电、水电“三大支撑”，陇东能源基地等一批重点工程取得突破性进展。做大责任，开启国家发展新征程。贯彻落实国家区域发展要求，增强与政府、企业等合作，实现互利共赢；深耕“一带一路”建设，国际化发展稳步推进，英国门迪一期储能项目顺利投产并盈利，得到项目所在国的高度评价；积极开展公益慈善活动，打造“三色帆”志愿活动品牌项目；全面落实党和国家关于“巩固脱贫成效、接续乡村振兴”的要求，深入做好新发展阶段帮扶援助工作，定点帮扶工作连续五年获得国家考核最优等级“好”的评价。

2022年，全国上下将喜迎党的二十大胜利召开，中国华能高质量完成各项目标任务，意义十分重大。中国华能将坚持以习近平新时代中国特色社会主义思想为指导，坚决贯彻落实党中央、国务院决策部署，完整、准确、全面贯彻新发展理念，坚持“六个牢牢把握”，突出高质量稳增长，强化党建引领保障，夯实安全基础，加快低碳转型，推进改革创新，确保全面完成年度任务，推动“六个新领先”取得更大成效，推动建设世界一流现代化清洁能源企业迈出更大步伐。

梦想召唤，使命催征。我们唯有踔厉奋发、笃行不怠，方能不负历史、不负时代、不负人民。在未来，中国华能将更加紧密团结在以习近平同志为核心的党中央周围，进一步增强“四个意识”、坚定“四个自信”、做到“两个维护”，咬定青山不放松、脚踏实地加油干，奋进二次创业新征程，创造无愧于党、无愧于人民、无愧于新时代的新业绩，以优异成绩迎接党的二十大胜利召开！

【中国大唐集团有限公司社会责任报告（摘要）】

中国大唐胸怀“国之大者”，围绕农业现代化、农村建设、农民生活电气化，聚焦教育帮扶、产业帮扶、乡村建设、乡村治理、农村社会事业发展等领域，坚持扶持、扶志、扶智“三扶”并重、真心、真情、真金白银“三真”融合，统筹推进教育、产业、民生、就业、党建“五位一体”帮扶，做深做实中国大唐“三扶三真，五位一体”特色帮扶体系，全面助力乡村产业、人才、文化、生态、组织“五大振兴”，为实现全体人民共同富裕持续贡献大唐力量。

一、圆满完成保电供热任务

中国大唐位于北京周边的15家发电企业承担着首都一半以上的电力供应任务，同时承担着“三北”地区10个省（区市）6.5亿m^2的民生供热任务。在冬奥、冬残奥会期间，核心保奥企业累计发电超220亿kWh、供热3908.9万GJ，保障1.63亿m^2供热区域热源稳定，确保电力、热力安全可靠供应，为北京冬奥会盛会的成功举办贡献了大唐力量。

二、全面完成脱贫攻坚工作任务

中国大唐胸怀“国之大者”，积极打造“三扶三真，五位一体”特色帮扶体系。坚持扶持、扶志、扶智、真心、真情、真金白银，突出教育帮扶，教育投入960万元，16000余人受益；注重产业帮扶，投入2377万元帮扶资金，开展46个产业项目；加强民生帮扶，投入1044万元，8万多人受益；推进就业帮扶，共招收86名用工人员，帮助转移就业1031人；做实党建帮扶，参与结对共建党支部120个，结对共建脱贫村47个，党员捐赠捐物35万元。

三、高标准完成疫情防控阶段性任务

健全完善中国大唐系统疫情防控指挥体系，进一步明确各级责任，及时掌握国内外的疫情防控形势，及时调整防控措施，保障干部职工人身健康。围绕主责主业，将保电与疫情防控紧密结合，严抓生产区域专项管控，在控制室等重点区域建立准入“白名单”。深入推进政企合作，服务保障地方政府（北京）做好境外人员隔离工作，所属唐韵山庄酒店高质量完成北京境外返京集中隔离观察人员入住137人和政府派驻工作组66人的后勤服务工作，展示国资央企的良好社会形象。

【中国华电集团有限公司社会责任报告（摘要）】

2021年是中国共产党成立100周年，亦是“十四五”开局之年，对党和国家都具有里程碑的意义。中国华能作为国有重要骨干企业，以习近平新时代中国特色社会主义思想为指导，坚决贯彻习近平总书记重要指示批示精神和党中央决策部署，全体干部职工精神振奋、合力攻坚，推动公司科技创新、绿色转型、效益效率、国际化发展、公司治理以及党建质量“六个新领先”取得重大进展，实现“十四五”良好开局。

过去的一年是中国华能开启二次创业的第一年，在公司发展进程中极为特殊、极不平凡。面对百年变局、世纪疫情和能源电力紧张形势，中国华能上下在以习近平同志为核心的党中央坚强领导下，迎难而上、主动作为，办成许多大事、喜事。高质量开展党史学习教育，隆重庆祝党的百年华诞，大力实施党建引领行动，党的建设质量持续提升。做强管理，塑造华能发展新优势。各产业板块协同发力稳增长，盈利情况创历史新高；营业收入3855亿元，同比增长23%，利润133亿元，实现国有资产保值增值；不断强化可持续发展工作顶层设计，推进社会责任融入生产经营；坚持以人为本，及时解决群众“急难愁盼”等问题，与职工携手并进共同成长。做优主业，构建电力发展新格局。充分发挥央企“顶梁柱、压舱石”作用，坚决扛起能源保供政治责任，全年完成国内发电量7744亿kWh，达到历史最好水平；有效应对极端天气、自然灾害，没有发生较大及以上安全事故，实现基建领域零伤亡、零事故；自主创新能力显著增强，石岛湾高温气冷堆示范工程实现重大突破，全国产DCS/DEH/SIS一体化智慧机组等关键核心技术攻关取得一批新成果；绿色低碳转型迈出更大步伐，落实“两线”“两化”战略，打造新能源、核电、水电“三大支撑”，陇东能源基地等一批重点工程取得突破性进展。做大责任，开启国家发展新征程。贯彻落实国家区域发展要求，增强与政府、企业等合作，实现互利共赢；深耕“一带一路”建设，国际化发展稳步推进，英国门迪一期储能项目顺利投产并盈利，得到项目所在国的高度评价；积极开展公益慈善活动，打造“三色帆”志愿活动品牌项目；全面落实党和国家关于“巩固脱贫成效、接续乡村振兴”的要求，深入做好新发展阶段帮扶援助工作，定点帮扶工作连续五年获得国家考核最优等级“好”的评价。

2022 年，全国上下将喜迎党的二十大胜利召开，中国华能高质量完成各项目标任务，意义十分重大。中国华能将坚持以习近平新时代中国特色社会主义思想为指导，坚决贯彻落实党中央、国务院决策部署，完整、准确、全面贯彻新发展理念，坚持“六个牢牢把握”，突出高质量稳增长，强化党建引领保障，夯实安全基础，加快低碳转型，推进改革创新，确保全面完成年度任务，推动“六个新领先”取得更大成效，推动建设世界一流现代化清洁能源企业迈出更大步伐。

梦想召唤，使命催征。我们唯有踔厉奋发、笃行不怠，方能不负历史、不负时代、不负人民。在未来，中国华能将更加紧密团结在以习近平同志为核心的党中央周围，进一步增强“四个意识”、坚定“四个自信”、做到“两个维护”，咬定青山不放松、脚踏实地加油干，奋进二次创业新征程，创造无愧于党、无愧于人民、无愧于新时代的新业绩，以优异成绩迎接党的二十大胜利召开！

【国家能源投资集团有限责任公司社会责任报告（摘要）】 国家能源集团集央企联合重组、国有资本投资公司改革、创建世界一流示范企业、国有企业公司治理示范企业等“四个试点”于一身，拥有煤电运化等全产业链业务，产业分布全国 31 个省区市及 10 多个国家和地区，是全球规模最大的煤炭生产公司、火力发电公司、风力发电公司和煤制油煤化工公司。

2021 年，国家能源集团坚持“为社会赋能，为经济助力”宗旨，矢志践行“能源供应压舱石，能源革命排头兵”使命，把保障能源供应安全摆在首位，煤炭、电力生产始终保持高位平稳运行，能源保供任务得以高标准、高质量落实。当年获评中央企业负责人经营业绩考核 A 级，2019—2021 年任期考核 A 级。2022 年世界 500 强排名第 85 位。

1. 攥指成拳，能源保供笃行不怠

以行动诠释公司使命。自产煤量 5.7 亿 t，全年销量同比增长 8.8%；发电量首次突破万亿 kWh；高质量完成年初寒潮、冬奥、两会、迎峰度夏等重要时段保供任务；带头保供稳价，累计向社会让利超 600 亿元。

2. 当行本色，“双碳”目标全维助推

设立国能绿色低碳发展投资基金；实施火电厂锅炉适应性、扩容、节能等改造 50 余台次，82 台火电机组能效指标全国对标优胜；累计建成国家级绿色矿山 36 座；新能源开工、新增装机创历史最高水平；国内规模最大燃煤电厂碳捕集示范工程投运。

3. 赋能国家　价值创造

连续五年开展“社会主义是干出来的”岗位建功行动；投入 15.5 亿元完成“我为群众办实事”项目 1.6 万件；连续两年获国资委党建考核 A 级；举办以“创享共富美好生活”为主题的品牌战略发布会，全力打造有央企担当、有家国情怀、有国际影响力的世界一流品牌；上市公司总市值增长 56%；国企改革三年行动重点任务考核 A 级；深化产业协作，释放创效潜力。

4. 赋能环境　永续发展

形成门类齐全的新能源产业体系，非化石能源装机占比 28.6%；风电装机容量继续保持世界第一；光伏装机同比增长 4.1 倍；新能源发电量同比增长 19.8%；全年环保投入 102.42 亿元；“国家能源集团生态林”累计达 20.6 万亩。

5. 赋能客户　恒久信赖

全年未发生较大及以上生产安全事故；报告期内审查供应商 26.7 万家；构建以 ERP 系统为核心的智慧管理体系；财务、采购信息化实现“一套系统，集团全层级使用”。

6. 赋能伙伴　互惠共赢

全力建设智慧国家能源，拥有国家级科研平台 12 个，全年科技投入 127.8 亿元；累计专利授权 16010 项、发明专利 3766 项；掌握煤矿 8.8m 大采高、煤电二次再热、低风速高效风机、百万吨级煤直接液化、400 万 t 级煤间接液化、重载铁路运输等一批关键技术。

7. 赋能人民　美好生活

发布“十四五”人才发展规划，实施“七大人才工程”；保障员工权益，强化民主管理；深度落实四大职工群众普惠项目和八大特定职工群体关爱项目；全年投入 3.36 亿元用于巩固脱贫攻坚成果和全面推进乡村振兴，定点扶贫和对口支援 9 个县全部脱贫摘帽；3 家单位荣获“全国脱贫攻坚先进集体”称号；国家能源集团在中央单位定点扶贫工作成效考核中连续四年获最高评价；全年公益捐赠 5 亿元；累计救助白血病、先天性心脏病儿童 3 万多名；捐建 54 所“儿童之家”、援建 22 所爱心学校；第五次荣获“中华慈善奖”。

【中国核工业集团有限公司社会责任报告（摘要）】

一、筑牢疫情屏障

疫情防控工作事关国家安全和人民健康，是必须牢牢守住的底线。2021 年，中核集团积极贯彻落实党中央决策部署和国家上级部委疫情防控各项要求，把疫情防控作为年度工作的头等大事，开展常态化疫情防控工作，确保生产经营平稳有序，更好服务全国疫情防控大局。

二、链接乡村振兴

2021 年 2 月 25 日，习近平总书记在全国脱贫攻坚总结表彰大会上发表重要讲话，庄严宣告，经过全党全国各族人民共同努力，我国脱贫攻坚战取得了全面胜利！中核集团参与扶贫工作二十多年，帮扶地区覆盖全国22个省市自治区、44个县、70多个自然村，全部实现脱贫摘帽。

脱贫摘帽不是终点，而是新生活、新奋斗的起点。2021年间，在巩固拓展脱贫攻坚成果、推进乡村振兴的过渡期内，中核集团乘势而上，持续奋斗，继续展示中核担当，严格落实“四个不摘”的工作要求，为实施乡村加你社行动提供“核”动力，努力探索公司高质量发展与帮扶地区可持续减贫同频共振，为全面落实我国乡村振兴战略供需“核”力量。

2021年，中核集团向重庆石柱县、陕西旬阳县、陕西白河县、宁夏同心县4家定点帮扶县划拨定点帮扶资金3300万元、消费帮扶金额2010万元。在国务院扶贫工作考核中连续3年名列前茅，荣获“好”的最高等次。

三、助力公益慈善

中核集团充分发挥自身优势，时刻关注社会民生需求，开展多样化的志愿活动，积极参与灾害救助、医疗援助等公益慈善活动，促进和谐美好社会建设。

1. 防汛救灾，中核集团在行动

2021年7月河南省灾情发生后，中核集团高度重视，第一时间启动应急响应，通过河南省慈善总会首批捐款1000万元，支持灾区防汛救灾和灾后重建，各所属单位也积极开展多形式防汛救灾救援行动。

2. 义诊保“胃”，助力健康中国建设

自2015年起中核海得威启动幽门螺杆菌感染免费筛查活动，现已组织开展了1200多场义诊活动，足迹遍布31个省、自治区、直辖市，惠及12万余人，用实际行动践行“让人类追求健康变得更轻松”的承诺。其中：2020—2021年，中核海得威与相关方合作举行“无幽日”复诊活动，30余家医院参与复诊活动，惠及2000余名患者。

3. 融入海外，展现企业责任担当

中核集团在海外工程建设中，尊重并了解当地文化，积极融入当地社区，主动开展多种形式的公益活动，积极履行海外社会责任，树立中国企业在海外的良好形象和口碑。

中核二二连续五年“六一”国际儿童节开展关爱当地困难儿童活动，遍及8个国家，为东帝汶修建小学，并被当地有影响力报刊进行了报道，各项举措获得当地人员及政府的一致好评。

中核华兴莫桑比克项目部自建立以来，为保证现场施工和周边居民饮水，主动承担钻井费用，为当地接通6口水井，缓解了一直困扰当地村民的用水问题，并给村民们的生活带来了极大便利。为方便周边村民出行，项目部修建了一条连接学校和高速公路的道路，被当地人称为“爱心公路”。还策划组织了对当地蚌圭小学的跨国爱心捐赠活动。

【中国长江三峡集团有限公司社会责任报告（摘要）】2021年，中国三峡集团以习近平新时代中国特色社会主义思想为指导，认真贯彻落实习近平总书记对中国三峡集团重要讲话指示批示精神，深入践行新发展理念，积极发挥“六大作用”，奋力实施清洁能源和长江生态环保“两翼齐飞”，在精心运营大国重器、共抓长江生态保护、打造中国水电品牌、创造清洁能源、实现双碳目标、全面深化改革、促进共同富裕、履行社会责任等方面勇担央企使命，加快创建世界一流企业，实现“十四五”良好开局。

在促进长江经济带发展中发挥基础保障作用。中国三峡集团持续提升梯级水库联合调度能力，充分发挥三峡、葛洲坝、向家坝、溪洛渡等水电工程防洪、航运、发电、补水、生态等社会综合效益，为长江经济带发展作贡献。2021年，三峡水库成功应对5场超过40000m^3/s洪水过程，累计拦洪量246.7亿m^3；三峡水库连续12年完成175m蓄水目标；三峡船闸和升船机通过年货运量超1.5亿t，再创历史新高；长江干流梯级电站全年发电2628.83亿kWh，创历史新高；三峡电站全年发电1036.49亿kWh，再次突破千亿千瓦时大关；白鹤滩水电站首批机组投产发电，累计发电156亿kWh；乌东德水电站全部机组投产发电，全年发电389.72kWh；流域梯级水库枯水期为长江下游补水341亿m^3；三峡水库全年开展2次生态调度，促进四大家鱼产卵规模超84亿颗，创历年之最。

在共抓长江大保护中发挥骨干主力作用。中国三峡集团深入贯彻落实习近平总书记关于共抓长江大保护系列重要指示批示精神，全力推进长江大保护工作。与沿长江地方政府签署共抓大保护合作协议130余份，实现业务布局沿长江11省（市）全覆盖。累计投入共抓长江大保护资金超过2000亿元，在建和运行管网长度约2.5万km。治理格局由单兵作战向全产业链共抓转变，长江生态环保产业联盟吸纳成员单位111家，带动各类优势资源向共抓长江大保护聚集。业务领域由城镇污水治理向“五水共治”和岸线治理同步推进转变。“资本+”合作模式全面推广，“污水治理厂+光伏”模式试点成效显著，“城市智慧水管家”模式逐步落地。持续加强长江流域珍稀特有动植物多样化保护，全年放流中华鲟等长江珍稀特有鱼类80万尾，全年累计迁地保护珍稀植物1200株。

在带领中国水电“走出去”中发挥引领作用。中国三峡集团积极响应国家“走出去”战略和“一带一路”倡议，助力中国水电全产业链“走出去”，全力打造“一带一路”国际清洁能源走廊。顺利完成西班牙阳光、荷鲁斯，以及中东、北非阿尔卡萨等项目股权交割，在西班牙新增新能源装机超百万千瓦。老挝南公1水电站全部机组投产发电并入选“中外水电国际合作优秀案例”，几内亚苏阿皮蒂水利枢纽全部机组投产发电，巴基斯坦卡洛和持水电站首台机组具备发电条件。英国马里湾东海上风电项目全部机组吊装完成，西班牙荷鲁斯项目顺利完成交割，与葡萄牙电力公司签署新一轮战略合作框架协议。境外控股总装机容量1104万kW，境外全年实现发电量约313亿kWh，业务覆盖全球超过40个国家和地区。

在促进清洁能源产业升级中发挥带动作用。中国三峡集团大力推进陆上、海上风电开发、太阳能多元化开发，优化清洁能源战略布局。新能源年度新增投产装机首次突破1000万kW，累计装机超3000万kW，已投产项目遍及内蒙古、新疆、甘肃等26个省份，“风光三峡”如期建成。大力推进海上风电开发，已投产海上风电项目遍及江苏、辽宁、福建、广东等沿海4个省份，广东、福建、江苏区域五个“百万千瓦级”海上风电基地已现雏形，位居国内第一、全球前三。福建海上风电产业园形成全产业链格局，内蒙古乌兰察布“源网荷储”示范项目首批机组成功并网。我国规模最大的“风光储”一体化项目金沙江下游水风光一体化基地等11个项目纳入国家首批新能源大基地名单，并相继开工建设。“城市综合能源管家”落地成效明显。

在深化国有企业改革中发挥示范作用。中国三峡集团坚决贯彻党中央关于深化改革重大决策部署，自觉做改革的推动者。扎实推进国企改革三年行动，完成90%以上改革任务，中国三峡集团及下属企业中国长江电力股份有限公司入选国有企业公司治理示范企业名单。深入开展对标世界一流管理提升行动，完成率超过行动清单95%，2家企业被国资委评为管理标杆企业、2个项目被评为管理标杆项目。坚持“两个一以贯之”，党组、董事会、经理层权责边界更加清晰。积极落实科技体制机制改革，“双百行动”“科改示范行动”成效显著，企业发展活力和内生动力持续激发。全面实施经理层成员任期制和契约化管理。圆满完成三峡能源A股上市工作，创造A股市值最大新能源上市公司等多项纪录。圆满完成中国三峡国际股份有限公司引战工作。

在履行企业社会责任方面发挥表率作用。中国三峡集团深入学习践行习近平总书记关于乡村振兴工作的重要论述，积极履行央企社会责任，努力在巩固脱贫攻坚成果与乡村振兴有效衔接中发挥表率作用。高标准、高质量统筹做好库区移民帮扶后续工作，全年投入资金2.1亿元，开展三峡库区19个县和金沙江库区35个县移民后续帮扶。坚持“四个不摘”，持续加大对四个定点扶贫县的帮扶力度，投入帮扶资金4亿元，实施产业、教育、医疗等一批乡村振兴帮扶措施。全年购买和帮销农产品8043万元，有效遏制农户因疫致贫返贫风险。深入贯彻落实党中央关于援疆援藏援青的决策部署，全年投入援疆资金超过2000万元，实施教育援疆和民生援疆等项目，资助皮山县大中专学生2300余人；全年投入援藏资金3300余万元，实施兴边富民、生态环保、智慧能源小镇等项目；全年投入援青资金超过4000万元，援建青海可可西里生态环保项目，助力三江源生态环境保护。积极投身社会公益，全年投入资金7000万元支援抗洪抗震抗雪及抗疫，其中捐赠3000万元，支持河南省郑州市、开封市、新乡市抗击水灾和灾后重建工作；捐赠2000万元，支持山西省运城市、晋中市、阳泉市等3个灾情严重地区开展防汛救灾及灾后重建。2021年全年全口径对外捐赠资金19.2亿元，实施履责项目351项，惠及全国180多个县（市、区）。2021年，中国三峡集团1个集体和1个个人获得全国脱贫攻坚表彰，6个集体和7个个人获得省部级脱贫攻坚表彰，中国三峡集团获得第十一届“中华慈善奖”脱贫攻坚捐赠企业奖和抗击疫情捐赠企业奖两个奖项，在中国社科院发布的国有企业公益发展指数中位居榜首。

（黄晓天）

【中国电力建设集团有限公司社会责任报告（摘要）】

一、顺势而为，管理根基不断夯实

中国电建以世界一流企业为标杆，持续推进治理体系和治理能力现代化，形成党委支持董事会和经理层的工作，董事会和经理层认真贯彻落实党委决策部署的决策与执行机制，监事会对公司规范运作及董事、高级管理人员勤勉尽责实施有效监督，各治理主体权责法定、权责透明、协调运转、有效制衡，为公司可持续发展提供强大助力。

（一）建强治理体系

中国电建坚决贯彻“两个一以贯之”要求，深入落实《关于中央企业在完善公司治理中加强党的领导的意见》，修订完善公司“三重一大”决策制度实施办法。同时，持续加强子企业董事会建设，强化董事会运作的规范性、科学性和有效性，提升董事会行权履责能力，2021年，50家纳入应建董事会范围二级子企业实现尽建，17家符合条件的子企业董事会全部实现外部董事占多数，233家三级及以下子企业已建立董事会，覆盖面达84%。此外，中国电建梳理出党建、管理、战略、改革等10个方面69个重大决策事项，有效促进了企业治理的规范化、流程化和科学化。

（二）坚持反腐倡廉

中国电建始终保持惩治腐败高压态势，持续精准有力惩治，巩固发展减存量、遏增量的成效。组织召开2021年党风廉政建设和反腐败工作暨警示教育大会，印发《2021 年党风廉政建设和反腐败工作要点》，并进行任务分解，确保落实责任到人，推进到点。严格落实中央八项规定及其实施细则精神，持之以恒纠治“四风”，高质量完成国资委党委违规挂靠专项巡视和公司内部巡视巡察年度任务。结合党史学习教育活动开展党风廉政与廉洁教育培训，提升全员廉洁自觉。

（三）严格风险管控

中国电建持续加强风险防控能力建设，认真落实中央、国资委关于依法治企、合规经营等方面的政策要求，编制“十四五”期间改革发展重大风险管理研究报告，持续抓好重大经营风险管控和海外疫情防控，充分发挥法律合规管理、审计监督在风险防控中的重要作用，以往承接的项目中存在重大风险的项目得到有效处置，62 家子企业建立了总法律顾问制度，“法治电建”建设成效不断显现。

二、乘势而上，主营主业不断突破

作为全球清洁低碳能源、水资源与环境建设领域引领者，全球基础设施互联互通骨干力量，服务“一带一路”建设龙头企业，中国电建立足大基建，聚焦水能城，集成投建营，推进全球化，有力推动高质量发展布局。

（一）立足大基建

中国电建在城市轨道交通、市域铁路、地下综合管廊、老旧小区改造、民用军用机场、内河航道等领域积极作为，承建了京沪高铁、成都地铁、中开高速等一大批具有广泛影响的基础设施工程。攻坚克难参与川藏铁路、中老铁路建设，高质量建成深圳地铁 7 号线，成为全国唯一同时荣获国家优质工程金奖和詹天佑奖的地铁项目。中国电建基础设施业务稳步增长并逐步迈向产业协同集聚。

（二）聚焦“水、能、城”

中国电建在水资源配置、水安全保障、水环境治理、水生态修复方面奋勇争先，着力形成供水、兴水的新优势，获取水资源，持有优质水资产，探索推进水城联动；着眼“双碳”目标，充分发挥新能源领域优势，抢占抽水蓄能、光伏、风电以及地热能、生物质能、氢能、储能、综合能源市场，积极参与电网建设；围绕“深耕城市、运营城市、服务城市”创新商业思维和商业模式，加快在房建、市政、轨道交通以及城市综合开发、城市更新、老旧小区改造、城市公共事业运营等领域抢滩布点，将城市业务打造成新的增长极。2021 年，中国电建新签“水、能、城”业务合同 9449 亿元。

（三）集成投建营

中国电建加快从单一投资驱动向投建营一体化的发展转变，努力形成投向精准、建设优良、运营高效、退出顺畅的“强投资、强承包、优资产、优资本”良性发展格局。2021 年，印发《关于进一步做好近期集团（股份）公司投资工作管控的意见》，明确投资创效创现和风险防控导向，出台新能源和抽水蓄能投资业务专项奖励及重大投资项目前期工作专项资金保障政策。2021 年，中国电建新增新能源和抽水蓄能资源储备达 1.1 亿 kW。

（四）推进全球化

中国电建积极响应国家“一带一路”倡议，确立“国际业务集团化、国际经营属地化和中国电建全球化”的“三步走”全球发展战略，海外新能源市场开发取得较大突破，新签合同 657.17 亿元，占国际业务新签合同总额的 43.35%。在欧洲首个电力投资项目——波黑伊沃维克风电项目顺利落地，参与投资建设的中老铁路正式建成通车，赞比亚下凯富峡水电站首台机组并网发电，投资建设运营的老挝南欧江水电站实现全流域投产发电。

三、造势而起，创新成果不断显现

中国电建紧紧围绕国家“双碳”战略目标，以原创技术策源地建设为驱动，以自主创新能力建设为核心，以产学研用结合为纽带，以数字化转型为抓手，以体制机制创新为保障，逐步完善科技创新体系机制，扎实推进重大技术攻关任务，加快推动高端专业平台建设。

（一）开展技术攻关

中国电建积极开展关键技术攻关，4 项“1025 专项”任务按期结题；获批承担青藏科考等 8 项国家重大科技攻关任务和 10 项国家自然基金项目；牵头组织近 20 项省部级科技研发任务；牵头的西藏水风光储能源技术创新中心等 6 个省部级研发平台获批组建。全年新增授权专利 5863 件、发明专利 440 项，新获省部级科技奖励数百项，其中双护盾 TBM 技术等优秀成果获行业最高奖。

（二）推进数字化转型

中国电建新建项目全面纳入 PRP－ERP－GRP 三级信息化管理体系；自主研发以 BIM 为核心的协同设计平台，实现设计流程全覆盖；建立以“BIM+”为技术基础的智慧工地系统，在两河口水电站等项目开展多项智能化应用；建成投运 37 个智慧水务平台、51 个智慧能源平台、42 个智慧城市平台；“三链一平台”数字化创新管理入选国资委标杆项目；在华东片区、华北片区和西南片区围绕数字化转型开展宣贯培训，参学人数达 400 余人。

（三）践行“人才强企”

中国电建坚持“人才强企”战略，不断打造素质高、作风硬、本领强的国际化人才队伍。公司首席技术专家、昆明院张宗亮当选中国工程院院士，华东院张春生入选全国勘察设计大师，水电十二局徐敏被评为第十五届全国技术能手；组织开展首届电建工匠暨特级技师评选，首批评聘10名电建工匠。

四、借势而进，互惠共赢不断深化

中国电建牢记央企责任担当，积极担当伙伴责任，按照市场规律，秉持平等、尊重、诚信的原则，与产业链上下游深度对接、资源共享，不断提升履约能力与产品质量，全力构建相互支持、互惠互利、多方共赢的良好伙伴关系。

（一）保障客户权益

中国电建坚持提供高质量的服务和产品质量，全力保护客户权益。不断推动建立覆盖生产经营全过程的全生命周期质量管理体系，参建的梧州至柳州高速公路工程、雅安至康定高速公路工程荣获2020—2021年度第一批公路交通优质工程“李春奖”，首次获全国公路交通行业最高质量奖。此外，在日常经营管理中持续总结、修订客户服务体系，不断优化客户服务，提升客户体验。

（二）打造高品质供应链

中国电建积极推进采购管理制度的健全完善，建立和维护合格供应商库。总部及各子企业、基层单位按照“一库三级”原则开展合格供应商审核工作，并依托中国电建设备物资集中采购平台与国家工商总局、征信机构进行信息直联，确保供应商信息真实准确。2021年7月，成功入选商务部等八部委评定的全国首批供应链创新与应用示范企业，成为唯一入选的建筑央企集团。

（三）推动交流合作

中国电建秉持合作共享经营理念，与利益相关方开展全方位、多层次、宽领域立体化合作。2021年，与甘肃、吉林、西藏、广西等13个省（市、区），南水北调集团、中国华能、中国中车、中交集团等8家中央企业等签订21份战略合作协议，与华为公司联合签署全球最大光储项目——沙特红海风光储综合项目，合力构建互信互利的“朋友圈”。与16个发达国家的41家全球知名企业建立第三方市场合作关系。此外，积极参加博鳌亚洲论坛、中非博览会等活动，与伙伴共同探索多边合作路径，凝聚合作共识。

五、应势而动，绿色发展不断推进

中国电建将环保视为可持续发展的基石，严格遵守国内外法律法规关于环境保护的相关规定，积极支持绿色低碳能源发展，推动基础设施绿色低碳化建设和运营，加强生态环境治理与生物多样性保护，积极应对气候变化，致力减少自身发展对环境的扰动，为全球可持续发展提供有力支持。

（一）完善环保管理

中国电建持续加强节能环保顶层设计，开展《建筑施工、装备制造、发电运行生态环境污染源与风险点识别评价研究与应用》课题研究，贯彻生态环境保护“党政同责、一岗双责”严格落实各项生态环境治理措施，常态化开展生态环境风险隐患排查治理。同时，加强环保法规政策宣贯，持续提升工程建设绿色施工管理水平和突发环境事件应急处置能力，严防严控各类生态环保违法违规事件的发生。

（二）助力“双碳”目标

中国电建坚定不移地贯彻落实国家碳中和、碳达峰目标，按照国资委编制印发的《关于推进中央企业高质量发展做好碳达峰碳中和工作的指导意见》要求，将控制碳排放作为重点，明确实现“双碳”的路径；将节能降碳目标纳入公司“十四五”规划，推进能源结构低碳化，重点建设清洁电力系统；积极开展碳市场交易，加大碳捕捉技术研发，为产业低碳转型持续注入活力。2021年9月，“中信证券—中国电建2021年绿色资产支持专项计划（专项用于碳中和）”在上海证券交易所成功发行。

（三）开发清洁能源

中国电建牢记“建设清洁能源，营造绿色环境，服务智慧城市”的使命，实施新能源业务重组，挂牌成立中国电建新能源集团有限公司，统筹部署新能源业务发展；强化新能源发展顶层设计，编制发布《电力企业新能源业务实施方案》等；成立中国电建新能源规划研究领导小组和研究中心，推进新能源、新型电力系统等行业关键技术攻关；加快生物质能、地热能等新业务核心能力培育，积极探索氢能等前沿技术储备，切实保障能源安全与可持续发展。2021年，中国电建清洁能源发电总装机容量1497.29万kW，清洁能源发电总量377.61亿kWh。参建的在建规模、单机容量世界第一和装机规模全球第二大水电站——白鹤滩水电站首批机组正式发电。

（四）落实绿色生产

中国电建追求生产运营全过程资源节约和治污减排，努力打好蓝天、碧水、净土保卫战。加强对重点用能单位、重点耗能生产过程、重点耗能设备的管控；升级环保技术，减少项目全生命周期的污染物排放；严格落实大气污染防治，并委托有资质的第三方监测机构定期进行环境监测；设置污水处理系统，对生产废水进行收集处理，直至满足水污染物排放标准；对固废的收集、贮存、运输和利用全过程进行监督管理与合规转运处理；通过选用低噪设备、安装隔声屏、设置禁鸣标识等，尽可能减小噪声对周边环境的影响；按照减量化、再使用、再循环三原则，尽可能实现资源回收利用最大化。

（五）保护生态环境

中国电建不断推动生态环境保护与综合治理，坚持山水林田湖草沙一体化保护和修复，以水系为主线，坚持源头治理、水陆统筹、划片分区、整体推进，构建起良性稳定的生态圈。全面贯彻尊重自然、顺应自然、保护自然的生态理念，通过工程与非工程措施对受损、退化、服务功能下降的生态系统进行整体保护、系统修复、综合治理。组织开展以“节能降碳，绿色发展”和“低碳生活，绿建未来”主题的节能环保宣传，开展义务植树、垃圾清理等环保公益活动，向社会各界传递生态环保理念。

六、循势而强，人本理念不断践行

中国电建视员工为企业最宝贵的财富，大力加强优秀人才队伍建设，不断完善适应市场要求及企业发展规模的岗位体系和竞争性劳动用工机制，努力为员工提供有保障的就业岗位和广阔的发展空间。

（一）保障员工权益

中国电建严格遵守《中华人民共和国劳动法》等相关法律法规，将员工合法权益维护摆在重要位置。充分尊重民族、种族、性别和宗教信仰等个性化差异，坚决反对就业歧视；坚持合规雇佣，不断完善公司劳动用工管理办法；建立和完善包括薪酬体系、激励机制等在内的用人制度，激发员工干事创业活力；做好离休干部医疗待遇申报和国有企业退休人员社会化预算审核，建立保障农民工工资支付长效机制，切实保障特殊群体利益。

（二）职业健康安全

中国电建通过员工工作环境，开展职业健康讲座，完善员工医疗保障机制，为海外员工开展“春苗行动”疫苗接种等举措，全方位保障员工健康。牢牢恪守安全生产底线，坚决做到制度严肃、源头严防、过程严管、后果严惩，公司组织开展安全风险隐患大排查大整治专项行动、“安全生产专项整治三年行动”、防风险除隐患等各类监督检查安全行动，全年安全生产总投入达705516万元，开展各项应急演练10944次，未发生重大及以上生产安全事故。多个子企业和项目部荣获“电力安全生产工作先进集体”“电力安全生产工作先进班组”“全国青年安全生产示范岗”等荣誉。

（三）员工职业发展

中国电建高度重视人才队伍建设，持续拓宽不同领域、不同层级职工的职业发展通道，帮助员工成长成才，实现自身价值。2021年，编制完成公司“十四五”人力资源（人才）规划；印发《公司职工职业发展通道建设指导意见》《公司首席技术专家管理办法》等；整合公司内部教育资源，推进筹备成立公司教育培训中心；加大对取得职业资格人员的奖励力度，激发员工积极性。

（四）打造职工之家

中国电建多措并举推动构建和谐劳动关系，营造企业“家文化”。设置困难职工专项补助金、大病互助基金等为员工提供困难救助；开展“金秋助学”活动，助力困难职工子女享受优质教育；为女性员工设置母婴室，搭建女职工温馨驿站等。通过一系列实在的举措，给予员工全面呵护，打造职工的暖心家园。

七、聚势而兴，社会价值不断释放

“事耀民生，业润社会”是中国电建内化于心，外化于行的责任担当，坚持企业发展与反哺社会同步，在服务社区、公益行动、志愿服务等方面履行应尽的义务，矢志为社会和谐发展贡献更多力量。

（一）接续乡村振兴

中国电建深入学习贯彻习近平总书记关于乡村振兴重要指示精神，坚决贯彻党中央、国务院决策部署，在严格落实“四个不摘”政策要求基础上，增加“摘帽不摘力度”工作要求，做到“五个不摘”，编制《“十四五”助力乡村振兴帮扶规划》和《2021年度助力乡村振兴帮扶实施方案》，在教育、医疗、就业、产业、消费、基础设施等方面进一步加大帮扶力度，并持续深耕新疆、西藏、云南等重点扶贫地区，全年投入帮扶资金4330.53万元，多次荣获“援藏工作先进单位”“援藏工作先进集体”等荣誉称号。

（二）驰援抗疫救灾

面对国内外疫情反复跌宕的复杂形势，中国电建全力驰援抗疫一线，第一时间组织人力物力投入抗疫斗争。水电四局萤火虫志愿服务队在青海抗疫一线表现突出，受到共青团青海省委肯定与表扬；水电十五局成立6个疫情防控临时党支部，200余名党员主动请缨，奔赴西安抗疫一线。在海外，全力配合中国驻外使领馆推动“春苗行动”，所属子企业积极开展抗疫志愿服务，在老挝、越南、卢旺达、赞比亚、阿尔及利亚等多个国家抗疫行动中留下“电建身影”。面对河南特大暴雨、陕西暴雨、四川双江口泥石流、云南漾濞地震等突发灾情，中国电建全力投入救援力量，全年共计参与社会抢险救援235次，投入抢险救援人员6600余人次、机械设备1130余台套，极大展现了中央企业的精神风范和责任担当。

（三）助力社区公益

中国电建始终坚持用爱回馈社会，持续开展“烛光”“萤火虫”“若水”“乐成”等青年志愿服务队建设行动，广泛开展学雷锋、服务“十四运”等特色公益活动，推进青年志愿服务常态化、制度化发展。2021年，中国电建603个青年志愿服务组织累计开展志愿服务1731场次，参与人数达26232人次。水电七局“中国担当”共建巴铁志愿服务项目荣获“全国学雷锋最佳志愿服务奖”，规划总院青年志愿服务案例“基于流域水电综合监测平台开展的零碳教育——以安谷水电站科教基地为依托”荣获共青团中央“全国青少年零碳科技领航项目”。

【中国能源建设集团有限公司社会责任报告（摘要）】2021年是中国共产党成立100周年，是“十四五”规划开局之年，也是全面建成小康社会、开启全面建设社会主义现代化国家新征程的关键之年。一年来，中国能建深入系统学习贯彻习近平总书记重要讲话和重要指示批示精神，坚决落实党中央、国务院决策部署和国资委工作要求，以公司《关于全面加强党的领导、加快高质量发展、深化系统改革和加强科学管理工作若干意见》为统领，大力践行“1466”战略，锚定“再造一个高质量发展新能建”的战略目标，学在深处、谋在新处、立在高处、干在实处，统筹兼顾疫情防控和改革发展，全力推动公司经济、社会和环境的协调健康发展，交出“十四五”开局精彩答卷。

党建引领，初心如磐。中国能建践行“央企姓党、央企为国”和“发展企业、创造价值”的初衷使命，提升党建价值创造能力，以高质量党建引领保障企业高质量发展。建立新的三级党建责任体系，打通基层党建“最后一公里”，持续推动党建与生产经营深度融合。高标准开展党史学习教育，传承红色基因、赓续红色血脉，从百年党史中汲取奋楫前行的智慧力量。公司党建工作、党委巡视巡察工作和纪委工作均获国资委考核评价A级。系统策划、高点部署、扎实推进“我为群众办实事”实践活动，累计投入资金超过1.06亿元，为职工办实事4200余件，解决实际问题1800余项，以务实行动解民忧、纾民困、暖民心，求最大人心、求最大合力、求最大公约数、画最大同心圆。

践行战略，报国图强。中国能建在国家系列重大战略实施中勇担国家队、主力军、顶梁柱重任。紧密围绕能源安全新战略、区域发展战略等国家重大战略落子布局，在高质量共建“一带一路”中当先锋、作表率，有效发挥专业优势，全力铸造精品工程、大国重器。公司承建的乌东德水电站、白鹤滩水电站、乌兰察布风光储多能互补项目、巴基斯坦NJ水电站，参与设计建设的华龙一号全球首堆等一批标志性项目投产投运，有效促进了经济社会发展。坚持精准施力，巩固拓展脱贫攻坚成果和加快与乡村振兴有机衔接，全力推进帮扶地“五大振兴”。

聚焦双碳，绿色发展。中国能建作为能源电力工程领域的“国家队”和排头兵，作为推进能源绿色低碳转型的先行者和主力军，用具体行动探索绿色发展路径，奋力谱写新时代的绿色发展能建篇章。编制发布《践行碳达峰、碳中和“30·60”战略目标行动方案（白皮书）》，明确了践行“双碳”目标的时间表和路线图，构建了系统推进碳达峰、碳中和工作的“1252”原则。提出了围绕“30·60”系统解决方案“一个中心”和储能、氢能“两个基本点”部署十大重点任务。组建“30·60”研究院、新型储能研究院等专门研究机构。大力推进绿色设计、绿色制造、绿色施工，全方位落实节能减排，全流程提高资源能效，全力保护自然生态。

改革创新，蓄势赋能。中国能建在落实国企改革三年行动的攻坚之年、关键之年，努力探索以深化系统改革赋能高质量发展。积极开展适应性组织建设，着力优化生产力和产业布局，系统完善市场经营体系，全面重塑海外发展体系，着力打造新发展平台，高标准推进董事会建设、契约化管理等重点改革任务，国企改革三年行动完成率超90%，获得国资委改革三年行动“A”级评价。强化资本赋能，成功实现“A+H”两地上市，持续创新融资模式，大力开展绿色金融。加速创新赋能，健全科技创新机制，组建一批高精尖研发平台，率先完成“1025”专项，获得省部级、行业级科技奖励190余项，授权专利1900余项。

科学管理，夯实根基。中国能建持续优化管理质量，扎实开展对标世界一流管理提升，系统实施基础“334”工程，编制分类分项工作清单3750项，涵盖企业生产经营与科学管理的方方面面；深入开展“制度建设年”专项行动，全年修订各类制度12000余项，全面构建法律、合规、内控、风险管理“四位一体”大风控体系；刚性落实“十二个到位”要求，全面实施“234”工程，确保安全生产形势总体稳定。2021年公司新签合同额、营业收入、利润总额、净利润等主要经营指标均创历史最高水平，继续保持国资委经营业绩考核A级，获评任期经营业绩考核A级和业绩优秀企业，世界500强排名提升至301位。

善做善成，共创美好。中国能建珍视与利益相关方沟通交流、共同发展的机会，秉承务实合作、开放包容、互利共赢的理念，为合作伙伴和中国能建自身拓展更多合作空间，为助力行业发展、提升产业链价值贡献力量。坚持“以人为本”，严格落实用工平等，切实保障员工基本权益，重视人才培育，畅通员工发展通道。积极开展社区交流，积极参与社会建设，先后在河南暴雨、台风烟花、株洲电厂事故等现场抢险救灾中作出了能建人的独特贡献，展现了能建人的独特担当。

行业管理

电力监管

国家能源局印发《电网公平开放监管办法》

9月29日，国家能源局印发《电网公平开放监管办法》(国能发监管规〔2021〕49号)(简称《办法》)。

《办法》明确了七个方面内容：

第一章总则。明确了《办法》的编制依据、适用范围、基本原则、监管主体、监管对象的基本权利与义务，以及国家能源局及其派出机构、地方政府相关部门在电网公平开放监管中的职责。

第二章电源接入电网。明确了电网企业应公平无歧视为电源项目业主提供电网接入服务以及相关禁止性行为；规定了新建电源项目接入电网应满足的条件，以及并网意向书受理、接入系统方案回复、接网协议签订与执行等主要环节的流程与时限等内容。

第三章电网互联。明确了电网企业应公平无歧视提供电网互联服务以及相关禁止性行为；规定了电网联网意向书受理、电网互联系统方案回复、互联协议签订与执行等主要环节的流程与时限等内容。

第四章信息公开。规定了电网企业向电源项目业主、电网互联提出方公布电网公平开放相关信息的内容、时间及实现方式等要求。

第五章监管措施。明确了国家能源局及其派出机构可以采取监管约谈、监管通报、出具警示函、纳入不良信用记录、行政处罚等措施，以保证办法的贯彻执行。

第六章法律责任。明确了国家能源局及其派出机构从事监管工作人员的法律责任，以及电力企业违规情形及对应罚则。

第七章附则。规定了派出机构可依据办法制订辖区实施细则以及办法施行时间等。

国家能源局印发《清洁能源消纳情况综合监管工作方案》

3月17日，国家能源局印发《清洁能源消纳情况综合监管工作方案》(国能综通监管〔2021〕28号)，决定在全国范围内组织开展清洁能源消纳情况综合监管。

《清洁能源消纳情况综合监管工作方案》指出，此次综合监管以促进清洁能源高效利用为目标，督促相关地区和企业严格落实国家清洁能源政策，优化清洁能源并网接入和调度运行，规范清洁能源参与市场化交易，及时发现清洁能源发展中存在的突出问题，确保清洁能源得到高效利用，进一步促进清洁能源行业高质量发展，助力实现“碳达峰、碳中和”。

综合监管聚焦六个方面内容：一是清洁能源消纳主要目标完成和重点任务落实情况；二是落实可再生能源电力消纳责任权重情况；三是清洁能源发电项目并网接入情况；四是清洁能源优化调度情况；五是清洁能源跨省区交易消纳情况；六是清洁能源参与辅助服务市场情况。

综合监管分为启动部署、自查整改、现场监管、形成监管报告四个阶段，监管工作坚持问题导向和目标导向，主要针对清洁能源问题多发的重点地区、重点企业，重点对地方政府主管部门、电网企业、电力调度机构、电力交易机构、发电企业进行监管。国家能源局将结合疫情防控常态化要求，适时组织相关司、第三方机构专家赴部分重点地区、重点企业开展核查工作。对监管发现的突出问题，将按照《可再生能源法》等相关规定进行严肃处理，监管情况将适时按程序公布。

提升“获得电力”服务水平是深化“放管服”改革优化营商环境的重点任务之一。2020年9月，经国务院同意，国家发展改革委、国家能源局联合印发《关于提升“获得电力”服务水平 持续优化用电营商环境的意见》(发改能源规〔2020〕1479号)，明确用三年时间，即到2022年底，在全国范围内实现居民和低压小微企业用电报装“三零”服务、高压用户用电报装“三省”服务。2021年是文件发布实施后的关键一年，通过监管的方式，查找实施过程中存在的突出问题和薄弱环节，及时督促解决，切实推动各阶段目标任务按时按质完成，具有重要意义。

国家能源局印发《电力行业班组安全建设专项监管工作方案》

3月30日，国家能源局印发《电力行业班组安全建设专项监管工作方案》(国能综通安全〔2021〕40

号）（简称《方案》）。

《方案》明确了专项监管工作的指导思想和工作依据，提出了专项监管的重点。

专项监管的重点包括班组安全生产责任落实、安全规章制度体系建设、安全教育培训、应急能力建设和安全文化建设等五方面内容，分为工作推进、现场核查和总结提高三个阶段。具体如下：

一是对班组安全生产责任落实情况进行监管，包括建立健全班组安全生产责任制，分包人员管理，班组人员实名制等。

二是对安全规章制度体系建设和落实情况进行监管，包括涉及班组安全的规章制度、规程规范的管理，危大工程和危险作业的管理等。

三是对班组安全教育和培训情况进行监管，包括岗位技术培训，安全教育活动，事故警示教育，对外协队伍和劳务派遣人员的安全教育培训等。

四是对班组应急能力建设情况进行监管，包括班组应急工作开展情况，应急体系建设情况，现场处置方案细化，应急演练情况等。

五是对班组安全文化建设情况进行监管，包括班组安全文化建设，安全文化宣传等。

《方案》要求，专项监管完成后，将根据工作开展情况，组织编制《电力行业班组安全建设工作情况通报》，同时引导相关行业协会充分发挥桥梁纽带作用，搭建企业间班组安全建设交流平台，促进行业整体水平的提升。

国家能源局印发《提升“获得电力”服务水平综合监管工作方案》

4 月 29 日，国家能源局印发《提升“获得电力”服务水平综合监管工作方案》（国能综通监管〔2021〕54 号），决定在全国范围内组织开展提升“获得电力”服务水平综合监管。

《提升“获得电力”服务水平综合监管工作方案》指出，全面检视地方能源（电力）主管部门和供电企业关于《国家发展改革委、国家能源局关于提升“获得电力”服务水平 持续优化用电营商环境的意见》（发改能源规〔2020〕1479 号）明确的各项目标任务完成情况，深入推动该文件落地落实；持续深化能源行业漠视侵害群众利益问题专项整治工作成效，进一步提升农村用电基础设施运行维护水平；集中整治群众反映强烈的用户受电工程“三指定”、价格收费违规等行为，坚决遏制和打击违法违规行为，持续优化用电营商环境，切实提升人民群众办电、用电的满意度和获得感。

方案中明确，监管工作主要包括八个方面的内容：一是责任落实情况；二是办电时间情况；三是办电便利度情况；四是办电成本情况；五是供电能力和供电可靠性情况；六是信息公开情况；七是用户受电工程“三指定”情况；八是专项整治发现问题整改落实情况。

此次综合监管分为启动部署、自查自纠、现场督导、总结整改四个阶段。监管工作坚持问题导向和目标导向，重点是督促各省级能源（电力）主管部门、供电企业落实职责，对照监管要求，认真查找目标差距，尤其是要对农村地区“获得电力”情况、高压“三省”服务落实情况以及“三指定”等群众反映集中问题的治理情况予以重点关注、重点解决。国家能源局将成立督导组，结合疫情防控常态化要求，适时开展现场督导。对监管发现的突出问题，视情况采取情况通报、约谈督办、执法问责等方式督促整改落实，并及时形成综合监管报告，重要情况将按要求上报国务院。

国家能源局开展电力中长期交易市场秩序专项监管工作

7 月 30 日，国家能源局根据《国家能源局关于印发〈2021 年能源监管重点任务清单〉的通知》（国能发监管〔2021〕5 号）安排部署印发通知，决定 2021 年 8～12 月开展电力中长期交易市场秩序专项监管工作。

此次监管工作的目标是，加强电力中长期交易市场秩序专项监管，重点督导检查各地落实《电力中长期交易基本规则》（发改能源规〔2020〕889 号）情况，规范电力中长期交易行为，督促市场运营机构履职尽责，推动解决市场主体反映强烈的突出问题，维护良好的市场秩序。

此次监管工作主要包括六个方面的内容：一是市场交易规则规范制定情况；二是电能交易合同签订和调整情况；三是电能交易组织和执行情况；四是电费结算情况；五是市场运营机构履行主体责任情况；六是市场交易信息披露和报送情况。

此次专项监管工作分为启动部署、开展自查、现场监管、约谈整改、总结规范五个步骤。

国家能源局将组织相关派出机构系统梳理专项监管工作成果，形成专项监管报告，适时在一定范围内发布。监管报告的内容包括但不限于：中长期交易基本情况、自查整改情况、现场监管情况、监管发现的问题、针对发现的问题已采取的措施、下一步工作安排及进一步规范电力中长期交易市场秩序的监管意见等。

国家能源局开展酒湖特高压直流等典型电网工程投资成效监管

5月17日，国家能源局根据《国家能源局关于印发〈2021年能源监管重点任务清单〉的通知》（国能发监管〔2021〕5号）要求印发通知，决定对酒湖特高压直流等10项典型电网工程开展投资成效监管。

此次监管按照“双随机”方式选取酒湖特高压直流等10项典型电网工程，同时从往年检查过的工程中，筛选出哈密–郑州特高压直流等7项电网工程开展“回头看”。监管着重关注工程投产后规划目标的落实情况；工程的实际运行情况、工程投产后的可靠性、输电损耗率等关键指标是否达到预期水平，以及技术方案与预期的一致性；工程投资、输电价格、输送电量情况等，检查工程投资效益是否达到预期等。“回头看”工程则重点跟踪其输送电量和输送功率等指标的变化及主要问题整改情况。

此次监管分为材料报送、汇总分析、现场监管、总结整改四个阶段。在企业报送材料基础上，通过汇总分析并结合工程实际情况，国家能源局将组织相关司、部分派出能源监管机构、国家发展改革委价格成本调查中心、电规总院、中电联等单位人员和第三方专家对部分工程进行现场监管。对监管发现的突出问题，将视情采取情况通报、约谈监督等方式督促整改落实，监管情况将适时按程序发布。

国家能源局发布《电力业务资质管理年度报告（2021）》

2021年7月，国家能源局电力业务资质管理中心编制印发《电力业务资质管理年度报告（2021）》（简称《报告》）。《报告》对4万多家持证企业的区域分布、市场准入退出情况、业务规模结构及其变化情况等进行梳理分析，总结提炼市场主体呈现出的发展趋势和特点，从电力业务资质许可的角度分析能源改革发展取得的积极成效和需引起重视的问题，为相关部门、电力企业及社会公众提供工作参考和决策支撑。

《报告》显示，以风电、光伏发电为代表的新能源发电增长速度明显加快，2020年持证新能源发电（不含核电）企业新增装机6283.9万kW，超过当年持证火电企业新增装机，新能源发电已经成为中国发电装机增长的主力。在碳达峰、碳中和目标背景下，预计这种趋势将成为常态。

《报告》同时显示，“放管服”改革政策红利充分释放，电力建设市场民营企业的活力进一步激发。2020年《承装（修、试）电力设施许可证管理办法》颁布实施，电力业务资质许可申请条件精简42%，办理时限缩短25%。得益于准入门槛的持续降低，2020年持证承装（修、试）电力设施企业数量明显增加，尤其是持证民营企业增幅达到25.83%，民营企业占比由2019年的86.51%上涨到89.03%。

《报告》同时反映出了两个方面的问题值得重点关注。

一是超期服役发电机组问题。《报告》指出，根据持证企业信息统计，截至2020年底国内超期服役机组容量为3806.8万kW，其中以火电机组和水电机组为主，装机容量分别占46.3%和53.0%。同样根据持证企业信息测算，未来2021—2035年平均每年将有2719.2万kW机组达到设计寿命，2035—2050年平均每年将有8817.9万kW机组达到设计寿命。

《报告》建议对超期服役机组分类施策，符合产业政策，经过改造符合安全、环保、能耗要求的机组可以延续运行，充分发挥其经济性优势；对不符合产业政策，环保排放、运行参数不达标的机组，应及时督促企业办理退役手续并注销电力业务许可证。

二是各地增量配电业务改革试点进展不一，部分省份试点项目取证项目数量和比例较少。《报告》显示，2020年共有41个增量配电项目取得电力业务许可证，其中试点内项目37个，试点外项目4个。

《报告》统计，截至2020年底，增量配电项目累计取证数量为178个，其中，试点内项目156个，试点外项目22个。前四批试点项目总的取证比例为41.05%。第一批至第四批增量配电业务改革试点项目的取证比例分别为75.53%、35.23%、32.46%及20.24%，广西、湖南、新疆增量配电试点取证数量超过10个，贵州、甘肃、内蒙古等地试点项目取证比例较低，建议相关地方及时分析原因，加大改革推进力度。

电力安全生产政策法规落实情况监管报告（摘要）

（监管公告〔2021〕第2号）

为深入贯彻国务院安全生产委员会《全国安全生产专项整治三年行动计划》（安委〔2020〕3号）有关

工作要求，推动电力行业学习宣传贯彻习近平总书记关于安全生产重要指示批示精神，完善落实安全生产责任链条、管理办法、制度成果和工作机制，国家能源局组织开展了电力安全生产政策法规落实情况监管，对全国电力安全生产委员会19个企业成员单位学习贯彻习近平总书记重要指示批示精神，落实党中央、国务院安全生产重大决策部署，执行安全生产法律法规和政策文件等情况进行了检查，并形成此报告。

一、总体情况

本次监管活动自2020年9月开始，至2021年1月结束，共分为企业梳理自查、监管机构抽查核查及总结发布等三个阶段。其中，企业梳理自查阶段时间为2020年9～10月，19个电力企业总部通过安全生产委员会全体会议、安全生产视频会议等作出部署，组织所属电力生产经营单位深入开展自查，利用秋检、专项检查、安全巡查等机会对所属单位的自查情况进行抽查，督促落实整改提升措施，并编制了自查报告。监管机构抽查核查阶段时间为2020年11～12月底，国家能源局组成6个核查组分赴18个省区市，综合运用听取工作汇报、人员访谈、现场验证、审阅资料、调看企业办公信息系统等方式，对19个电力企业总部及其21个二级单位、22个基层单位、59个生产一线班组、1800多名员工进行了抽查核查。

总体上看，大多数电力企业能够按照国家和行业要求，深入学习领会习近平总书记关于安全生产重要论述和重要指示批示精神，全面贯彻“四个革命　一个合作”能源安全新战略，严格落实党中央、国务院安全生产重大决策部署，认真执行安全生产法律法规和政策文件，切实将安全生产工作摆在突出位置，深入研究形势挑战，积极谋划有效举措，不断健全安全生产责任体系和安全管理组织机构体系，完善安全生产工作机制和规章制度，保证安全生产投入，强化双重预防机制，分类分级管控安全风险，及时彻底消除事故隐患，强化安全生产主体责任落实，保障企业安全生产形势总体平稳。同时，监管机构核查也发现了部分电力企业学习贯彻重要指示批示精神不到位、执行政策法规有偏差、责任体系不健全、组织机构不完善、双重预防机制运转不良等方面的318个问题，亟需整治改进。

二、核查发现的问题

（一）学习贯彻习近平总书记重要指示批示精神不深入

此类问题共8个，占问题总数的2.5%。

1. 学习组织不认真，学习内容不全面。个别电力企业对学习习近平总书记关于安全生产重要指示批示精神的重大意义认识不深刻，存在组织学习不及时、学习内容不全面的问题。有的企业安全生产委员会全体会议未传达学习习近平总书记两次就防汛救灾作出的重要指示批示精神；有的企业党组织会议未开展专题学习；有的企业学习贯彻时效性较差，习近平总书记就防汛救灾作出重要指示批示后一个月才组织学习；有的企业学习不全面，漏学习近平总书记就有关事故灾害作出的重要指示精神。

2. 监督指导不到位，缺乏跟踪问效。个别电力企业在贯彻落实习近平总书记关于安全生产重要指示批示精神上，未对所属单位开展督促指导和跟踪问效。有的企业部署所属部门和单位开展学习，但未梳理总结学习情况；有的企业要求所属部门和单位制定学习宣传贯彻实施方案，但不掌握各单位方案的制定和落实情况。

（二）执行安全生产法律法规和政策文件有偏差

此类问题共115个，占问题总数的36.1%。

1. 法规文件接收流转不畅。个别电力企业接收法规文件渠道不畅，漏接有关部门文件，未能贯彻落实工作要求。

2. 执行法规政策不全面。部分电力企业在贯彻落实安全生产标准化、贮灰场安全、施工安全、应急管理等法规文件方面，存在一定偏差。

（1）部分电力企业安全生产标准化建设工作不规范。

（2）部分电力企业贮灰场安全管理工作不认真。

（3）部分电力企业落实施工安全监管要求不到位。

（4）部分电力企业应急预案管理工作存在漏洞。

3. 企业管理制度有缺失，与国家法规文件缺乏衔接。部分企业安全生产管理规章制度和标准规范内容不完整，特别是教育培训、施工安全、贮灰场安全、网络安全、应急管理、信息报送、事故事件管理等管理制度与有关法规政策衔接不充分，企业工作标准低于国家和行业要求。

（1）部分电力企业缺少对外包、实习等人员的安全生产教育培训规定，未明确各岗位安全培训学时要求。

（2）部分电力企业电力建设工程安全管理制度与国家法规政策衔接不充分，外包管理制度不完善。

（3）部分电力企业贮灰场安全管理制度不完善。

（4）部分电力企业年度工作安排缺少网络安全内容，网络安全管理制度不完整、修订不及时。

（5）部分电力企业应急预案内容不完善，不符合相关规定。

（6）部分电力企业管理制度缺少信息报送相关内容。

（7）部分电力企业事故划分标准、事故报告和事故调查处理程序等规定，与国家相关法规不符。

（三）安全生产主体责任体系不健全

此类问题共有65个，占问题总数的20.4%。

1. 全员安全生产责任制不完善。部分电力企业主要负责人安全生产责任缺失或不完整，安全生产责任制未覆盖全部岗位，岗位人员安全生产职责不完整或缺乏针对性。

2. 责任落实监督考核不到位。部分企业安全生产主体责任落实不到位，监督考核不严格。

（四）贯彻落实安全生产重大决策部署不到位

此类问题共73个，占问题总数的23.0%。

1. 未认真研究贯彻重大决策部署。部分电力企业未认真研究贯彻党中央、国务院关于安全生产重大决策部署以及行业部门统一要求，工作缺乏有效举措，贯彻成效不明显。

（1）部分电力企业未制定贯彻《中共中央　国务院关于推进安全生产领域改革发展的意见》的具体实施方案，或实施方案不完整、缺乏针对性。

（2）部分电力企业未制定贯彻《电力安全生产行动计划（2018—2020）》的具体实施方案，或实施方案不完整、缺乏针对性和可行性。

（3）部分电力企业未制定贯彻《电力行业网络安全行动计划（2018—2020）》的具体实施方案，或实施方案不完整、方案缺乏针对性。

（4）部分电力企业未制定贯彻《电力行业应急能力建设行动计划（2018—2020）》的具体实施方案，或实施方案缺乏针对性。

（5）部分电力企业贯彻《电力安全生产专项整治三年行动方案》的实施方案不完整。

（6）部分电力企业未对《电力安全文化建设指导意见》作出贯彻部署。

2. 后续推进不力，监督检查不及时。部分电力企业对贯彻落实国家和行业安全生产重大决策部署持续推进力度不够，缺乏检查指导和监督考核，部分工作任务未按时完成。

（五）安全生产组织体系不完善

此类问题共11个，占问题总数的3.5%。

1. 未规范设立安全生产组织机构。部分电力企业安全生产组织机构和管理部门设置不规范，机构不独立，人员不齐备，难以满足企业安全生产需要。

2. 未及时调整安全生产组织机构人员。部分电力企业的主要负责人或相关管理人员发生变化，但未及时对安全生产领导决策机构组成人员作出调整，相应安全生产责任无法落实。

（六）安全生产双重预防机制运转不良

此类问题共46个，占问题总数的14.5%。

1. 机制制度不健全。部分电力企业安全风险分类分级管控和隐患排查治理制度不完整，不利于管控风险、整治隐患。

2. 机制执行不到位。部分电力企业执行双重预防机制不认真，管控整治工作不到位。

三、监管意见

（一）提高政治站位，深入学习贯彻习近平总书记重要指示批示精神

各电力企业要进一步提高政治站位，树牢“四个意识”，做到“两个维护”，深入学习贯彻习近平总书记关于安全生产重要指示批示精神，精准把握核心要义和实践要求，深刻领悟总书记真挚浓厚的人民情怀，切实将其作为安全生产工作的根本遵循；要加大学习组织力度，创新学习方式，丰富学习内容，确保员工学习全覆盖；要强化学以致用，真正将指示精神转化为行动自觉，不断按照指示要求破解安全生产难题，改进安全管理工作，提升安全生产总体水平。

（二）强化刚性约束，认真执行安全生产政策法规

各电力企业要切实增强“和谐守规”电力安全文化意识，牢记政策法规是对安全生产工作的刚性约束和最低要求，自觉遵守，不碰底线；要加强政策法规学习宣贯，教育员工熟悉规定内容、掌握工作要求；要加强对所属单位特别是基层班组和一线人员落实政策法规的监督指导，严肃查处安全生产违规行为，杜绝“三违”现象；要加强制度建设，及时制定修订安全生产规章制度，提升企业管理制度与国家政策法规的衔接性、符合性，从源头上防范政策法规执行偏差。

（三）健全责任体系，严格落实安全生产企业主体责任

各电力企业要严格执行“党政同责、一岗双责”规定，不断健全企业全员安全生产责任制，做到有岗必有责，消除安全责任盲区；企业主要负责人和实际控制人要切实担起安全生产第一责任人的责任，带头履行安全生产法定职责，示范引领全体人员严格落实安全生产主体责任；要健全监督考核机制，完善奖惩激励措施，打通压力传导渠道，真正将责任压力传导至安全生产管理末梢，增强全体员工落实责任的积极性和主动性。

（四）夯实安全基础，不断提升企业本质安全生产水平

各电力企业要健全安全生产组织体系，依法依规设立安全生产管理部门和安全总监职位，配足安全管理人员；要根据相关人员变化情况，及时更新安委会等领导决策机构组成，保障机构有效运转；要加大安全投入，保证充足安全经费，推动资源向基层一线倾斜，改善安全生产条件；要认真开展安全教育培训，

增强员工安全生产技能；要持续推进标准化建设，提升安全生产法制化、规范化水平；要加强外包管理，将外包人员纳入本单位安全生产体系统一管理；要强化双重预防机制，动态更新“两个清单”，确保风险管控和隐患查治闭环管理。

（五）坚持目标导向，切实推动各项问题整改到位

各电力企业要主动认领监管发现的问题，深入剖析问题根源，抓紧研究制定针对性整改方案，明确整改目标任务，限定整改时限，落实整改责任到岗到人，保证各项问题及时彻底整改到位，并积极构建安全生产长效工作机制，保障电力生产长治久安。2021 年 3 月底前，各电力企业总部要将问题整改方案及有关情况报送国家能源局；各电力企业所属单位要将问题整改方案及有关情况，报送所在地省级电力管理部门及管辖派出机构。

各省级电力管理部门要切实落实电力安全生产属地管理责任，督促指导电力企业认真落实监管意见。各派出机构要严格履行行业监管职责，加强对整改工作的监督检查。

行 业 服 务

中国电力企业联合会

【综述】

1. 党建领航，学史力行取得实效

全面加强党的领导，持续增强战斗堡垒作用。坚持以习近平新时代中国特色社会主义思想为指引，发挥好党组织在社会组织中的政治核心作用，党委带头落实“第一议题”制度，修订《学习贯彻习近平总书记重要讲话精神工作办法》，积极组织全体党员参加国资国企系统学习贯彻党的十九届六中全会精神系列培训，深刻领会“两个确立”重大意义，不断增强“四个意识”、坚定 “四个自信”、做到“两个维护”，推进党建与业务工作融合发展。修订中国电力企业联合会（简称中电联）“两优一先”评选办法和基层党组织换届选举管理办法，指导 21 个党（总）支部规范高效完成换届选举工作，全年发展新党员 16 名，转正党员 12 名，均创历年最高。组建电力行业可靠性（萤辉）共产党员服务队，发挥示范引领作用，持续强化党支部建设，不断提升党组织战斗力。

深入开展党史学习教育，健全党建学习机制。紧扣“学史明理、学史增信、学史崇德、学史力行”和“学党史、悟思想、办实事、开新局”目标要求，加强组织领导，制定党委理论中心组学习计划和职工理论学习计划，健全学习机制。认真组织学习习近平总书记在庆祝中国共产党成立 100 周年大会上的讲话精神，组织 150 余名党员领导干部参加党史学习教育集中轮训班，全员参加国资委专题网络学习，同时开展讲主题党课、参观红色资源、主题征文、竞赛答题等系列活动，组织制定“我为群众办实事”实践活动清单，促进学习成果落地生根。

加强党风廉政建设，扎实推进全面从严治党向基层延伸。落实《中国共产党党内监督条例》和 2021 年党建、纪检监察工作会议要求，修订印发《中国电力企业联合会贯彻落实党风廉政建设责任制实施细则》，与各党（总）支部书记签订党风廉政建设责任书。开展直属单位、代管学协会主要负责人、支部书记、纪检委员集体廉政谈话，强化落实“一岗双责”和第一责任人职责。组织开展廉洁风险防控排查工作，压实廉洁风险防控措施。开展巡视巡察工作，对检测院、中电建协开展巡察，对发现问题进行督促整改，进一步强化了党员干部的纪律意识和规矩意识。

2. 蓝图绘就，协会发展更进一步

完成换届工作，确定协会发展目标任务。严格按照民政部、国资委关于协会换届选举规定，选举产生第七届理事会。召开中电联本部职工大会，明确了第七届理事会工作总体思路，确定了“三化四优”的发展重点。成功召开电力行业今冬明春保供工作座谈会暨中电联 2021 年理事长会议，提出了“五个积极作为”的具体要求。围绕“碳达峰、碳中和”目标，服务国家战略，适应电力工业发展新形势和行业协会发展新要求，编制《中电联“十四五”发展规划》，为加快建设“国内领先、国际一流”行业协会绘就蓝图，确定了各阶段目标任务。

积极推进管理创新，“国内领先”协会建设再次取得标志性成果。按照新一届理事会总体部署，积极推进三项制度改革，优化调整本部机构，加强干部队伍建设，充实专家委员会，建立有效激励约束机制。强化合规管理，全年共制修订管理规章 76 项，印发合规管理工作方案，初步构建风险防控“三道防线”。协同本部信息化建设，加强合规性审查，强化综合工作计划和财务预算过程管控，进一步规范了工作流程。逐步理顺财务资产管理体系，加强审计监督，财务风险

防控体系进一步完善。在年初被民政部评为 5A 级社会组织的基础上，在年末的全国先进社会组织评选中，以名列榜首的成绩获得“全国先进社会组织”荣誉称号。另外，中电联代管的电力思政会此次也获得表彰，这是国资委直管、代管学协会中唯一同时获奖的情况。

强化精准服务，行业凝聚力持续提升。建立健全会员精准服务体系，构建多层次、立体化会员服务网络，增强信息反馈的精准性和及时性，得到了会员单位的广泛好评。全年共计新发展单位会员 139 家，先后走访 70 多家不同层级会员单位，与协鑫集团举办“零碳驱动绿色交通高质量发展论坛”，对会员单位的 110 余项个性需求进行了点对点服务，行业凝聚力和向心力进一步增强。

3. 建言献策，能源保供积极作为

强化市场监测预警，相关建议得到高度肯定。全年向政府部门报送分析预测材料 100 余份，提前预警部分地区的电力供需紧张形势，为政府部门了解电力行业形势和困难、进行宏观调控、制定政策提供重要支撑和参考。做好全国能源项目投资监测分析，支撑能源领域促投资、稳增长。加强中国电煤采购价格指数（CECI）统计、监测，为电煤中长期合同谈判提供支撑。针对煤价过快上涨、电力保供形势严峻问题，多次召开电煤供需形势座谈会，及时向国家发展改革委、国家能源局、国资委等相关部门报告情况，提出了加快释放煤炭有效产能、提高长协履约率、严控市场操作行为、限制煤炭坑口价格、对高耗能行业执行错峰生产等建议，很多措施已经在相关文件、领导讲话中陆续得到体现。特别是配合国务院研究室，组织召开煤电保供问题座谈会，所提出的意见建议，被采纳到有关中央首长的讲话中。

积极反映企业诉求，协助纾解企业困难。针对煤电企业面临大幅亏损、部分煤电企业资金链断裂的严峻形势，积极向中央财办、国家发展改革委、国资委等相关部门反映电力企业经营效益情况及面临的困难问题，并针对性提出增煤量、控煤价、疏电价、稳贷款等政策建议，推动问题得到缓解。通过各种渠道向国务院研究室、生态环境部等相关部门提出，在规范的前提下加快 CCER（核证自愿减排量）进入市场进度的建议，被采纳到生态环境部印发的《关于做好全国碳排放权交易市场第一个履约周期碳排放配额清缴工作的通知》中，这对企业履约和清洁能源发展具有里程碑意义。

4. 深化研究，智库作用持续提升

开展行业重大问题调研，支撑政府政策制定。完成碳达峰碳中和下电力低碳发展路径研究、基于能源安全新战略的电网管理体制研究、水电及新能源生态环境保护现状及问题研究、新能源与储能协调发展调研、能源转型中的电力燃料供需格局研究、电力法修订跟踪研究、综合能源服务发展情况研究等 7 项行业发展重大课题调研，研究成果已通过多渠道多途径报送中央财办、国务院研究室、国家发展改革委等相关政府部门，受到政府部门和电力企业好评。参与党中央、国务院碳达峰碳中和意见和行动方案制定，受到政府部门高度肯定。持续开展重点电厂煤炭监测，按期报送相关监测数据，在政府调控和电煤保供中充分发挥了支撑性作用。持续开展碳市场运行监测，提出政策建议，成果及时汇报给中央碳达峰碳中和领导小组、生态环境部。承担电价改革、能源规划等政府课题研究任务，第一时间跟进解读燃煤发电上网电价市场化改革，提出中央电力企业“十四五”高质量发展的建议和保障措施，供政府部门决策参考。

积极参与碳市场建设，支撑全国碳市场成功上线交易。深度参与碳市场建设顶层设计，开展碳市场机制建设与优化、配额方案调整建议、运行测试等工作，为全国碳市场启动上线交易提供了关键技术支撑。全国碳市场自启动上线以来持续平稳运行，未发生重大事故，中电联所做工作得到了生态环境部来函感谢。

推进电力公共信息平台建设，数据统计分析成果显著。持续完善电力数据统计手段，推进电力公共信息平台建设。进一步加强可再生能源、自备电厂数据统计，完成全国县级供电企业统计专项调查，每周开展全国及 135 个重点城市工业用电监测，为政府研判经济运行趋势提供支撑。持续做好电力行业燃料数据统计分析，拓展统计内容，完成燃料数据平台建设，在市场形势监测预警、电煤保供等工作中发挥重要作用。深化 CECI 指数分析，充分挖掘电煤量价数据资源优势，持续发布《CECI 指数分析周报》，社会关注度和影响力显著提升。

聚焦行业发展成就，“1+*N*”系列报告不断完善。编制发布《中国电力行业年度发展报告》，以及国际合作、工程建设质量、标准化、可靠性、行业人才、造价管理、电气化、信息化等专业性年度发展报告，报告的广度、深度持续拓展。2021 年新增发布电力供需分析报告，电力行业发展“1+*N*”系列报告一体化格局已基本形成。

5. 助力碳达峰碳中和，专业服务扎实有效

大力加强标准化工作，社会影响力持续提升。全年经批准发布电力国家标准 77 项、行业标准 429 项，发布中电联团体标准 236 项。完成国家标准委委托的“标准与专利融合机制研究”课题。组建电力低碳标准化工作组，编制《标准支撑新型电力系统建设行动计划（2021—2025)》，牵头起草《电化学储能电站安全管理办法》和指导意见，启动氢能标准研究。加快电力标准制修订，重点开展新能源发电、配电网、储能、

柔性直流输电、电动汽车充电设施等领域的标准制订。受国家能源局委托，完成电化学储能电站安全健康发展等多项报告，国家能源局已原则同意在中电联建立国家级储能安全信息监测平台。

坚持传承与创新结合，稳步推进电力可靠性管理工作。深入开展全国发电机组可靠性对标活动，104台机组荣获"2020年度全国发电机组可靠性标杆机组"称号。组织召开"2021年中国电力可靠性高峰论坛"，会同国家能源局，联合发布2020年度发电机组、输变电、直流输电、用户供电可靠性数据。中电联牵头编制的首个可靠性国家标准《输变电设施运行可靠性评价指标导则》颁布实施，同时，制定国内首个电能质量鉴定标准《电力谐波引起设备故障鉴定导则》，为电力运行安全提供专业技术支撑。

规范工作流程，推进质量监督与检测再上新台阶。积极梳理现场检查标准化清单，不断规范电力工程质量监督检查工作流程，全年对115项电力工程开展318次质量监督检查，发现并提出整改问题3万余条，完成28个项目共计138次现场检测。加强国家重点工程质监服务创新，不断提升大数据应用水平，有效保障了工程建设质量。

拓展服务领域，技术经济咨询逐步向高端转型。持续完善电力工程造价与定额管理机制，发布工程量清单计价、电网技术改造预算等定额规范。设计评审、造价咨询市场地位持续巩固，为国家部委、地方政府、电力企业提供能源转型发展、碳达峰、重点工程规划评审、全过程咨询等高端服务。成功举办第一届中国电气化发展论坛。

行业科技引领持续深化，第三方评估工作成效显著。组织电力创新奖评选，开展煤电、气电、风电、光伏发电机组能效对标，搭建行业信创服务平台，"两化融合"评定企业数量达到358家，有力促进了科技成果的交流推广。编制《电力科技成果评价技术规范》，大力拓展电力科技项目后评估、电力科技孵化培育咨询服务，开展300余项电力科技成果的第三方评价。承担国家发展改革委煤电机组改造专班工作，积极开展煤电机组改造升级第三方评估，工作取得积极成效。

推进信用体系建设，"中国电力认证"得到社会认可。"信用电力""电力征信"平台已涵盖企业10万余家，并对接国家能源局、市场监督总局等政府部门数据库；"中国电力认证"取得信息安全管理体系认证资格，备案获批为温室气体核查和培训机构。2021年已公布470余家信用企业评价结果，在行业开展的涉电领域失信专项治理中，先后将762家市场主体列入重点关注对象名单，信用信息在企业风险预警、市场监管体系中的作用日益凸显。

积极培育"电力工匠"，电力人才服务水平稳步提升。举办风力发电运维值班员职业技能大赛、"百名电力工匠"风采展示等活动，举办"能源电力行业中小企业经营管理领军人才高级研修班"。修订《中华人民共和国职业分类大典》（电力部分），制定电力行业职业技能等级认定与认证管理办法及工作方案，成功申报综合能源、电力交易员2个新职业和电动汽车充电桩运维人员1个新工种。

推进行业文化建设，社会影响力不断增强。围绕建党百年和绿色发展主题，策划举办"红心向党百年路，绿色发展新时代"电力人唱电力歌活动，弘扬伟大建党精神，传播行业文化；推荐电力行业文化成果参评全国企业文化优秀成果奖，取得4个特等奖；启动并推进电力精神研究相关工作，提出电力精神内涵表述建议方案。围绕建党百年、"碳达峰、碳中和"目标等重大主题，开展宣传策划，全面展示电力行业和中电联成就。融媒体矩阵持续丰富，中电联开设视频号，杂志开设强国号、新华号，关注度和阅读量保持较快增速，杂志发行量稳步增长，实现了经济效益和社会效益双提升。

6. 共享共赢，国际合作走深走实

开辟参与国际能源治理新舞台，亚太电协活动稳步推进。中电联获得《联合国气候变化框架公约》（简称《公约》）观察员地位，将以独立第三方的身份参加《公约》相关会议，参与规则制定、专家交流、信息分享、联合研究、商务对接等工作。与菲律宾方面完成亚太电协大会工作交接，组织中方企业在线参加2021年亚太电协大会，交流工作成果。明确2022—2023年亚太电协活动由中电联和理事长、副理事长单位联合主办。在亚太电协技术委员会机制下设立标准化工作组，申报澜湄区域国际标准化试点，提交《面向风光煤电储一体化多能智慧耦合能源系统》等8项IEC白皮书提案，召开中日、中德电动汽车技术与标准交流，为促进中国电力标准国际化奠定基础。

完善机制建设，助力电力企业"走出去"。建立电力央企国际业务信息共享机制，打造电力海外数据收集和共享体系。推动东北亚电力互联互通机制，与广西自治区政府联合主办2021中国—东盟电力合作与发展论坛，开展越南、印尼、巴基斯坦等海外电力项目造价、后评价咨询，深入开展孟加拉国、柬埔寨、越南等海外电力项目工程质监，为电力企业提供国际化法律、金融及合规管理人才培训等全方位服务，助力电力企业"走出去"。

7. 深化服务，分支机构作用彰显

火电分会采取网上会议等形式，多频次开展定向需求培训与技术座谈；水电分会强化"两刊一站"建设，开展建党百年"重温红色记忆，追寻水电初心"系列活动；装备及供应链分会积极开展调研、专业培训等工作；试验分会充分发挥技术优势，服务“碳达峰、碳中和”目标，开展多项技术交流、研讨等活动；节能环保分会开展专题调研，参与技术标准规范制修订工作，持续开展信息服务；售电与综合能源服务分会积极吸纳产业链上下游领军企业，充实会员数量，深入开展标准制定、技术交流研讨等活动；职业卫生分会牵头组建中电联电力职业健康标准化技术委员会，填补了电力行业职业健康工作的标准空白；电能替代分会组织成立电能替代专家组，开展“煤改电”项目咨询服务；电动交通与储能分会主办第一届“中国电动汽车充电设施技术创新大会”，组织召开 2021 年第一届电动自行车充换电技术创新大会，推进电动自行车产业健康良性发展；燃料分会服务电煤保供，积极反映煤电企业诉求，初步形成电力燃料统计品牌和 CECI 指数品牌。中小企业分会、电力市场分会、法律分会召开成立大会，统筹行业资源优势，初步搭建了专业交流合作平台。各分会工作已经成为中电联智库建设和专业技术服务的重要支撑。

8. 协同协作，代管学协会全面完成目标任务

中电建协首次组织推荐詹天佑奖，首次编辑出版《中国电力建设行业年度发展报告（2021）》。规划设计协会开展线上评审鉴定、交流研讨等活动，组织开展第一届中国电力数字工程勘测技术技能大赛等活动。技术市场协会组织热工、化学、电力安防、智慧能源等专业开展技术交流研讨，深化技术协作，加强技术标准研究与转化。水电质协积极开展中国质量奖受理推荐、QC 小组成果交流、卓越绩效标杆和现场管理评价服务等活动，建立电力设备质量管理标准化工作体系。电力教育协会开展电力职业技能培训和人才培养活动，参加教育部首届全国教材建设奖评审工作，取得良好效果。电力贸促会成功举办 2021 中国国际清洁能源博览会、东盟博览会电力工业展等活动。电促会新发展会员 168 家，加强行业数字化转型共性问题研究，持续提升会员服务水平和服务质量。电力政研会开展党史教育专题培训、课题成果交流等活动。电力文协组织庆祝建党百年书法、摄影、集邮、美术展和征文等活动。电力体协编写发布“电力体育史上的今天”，并出版电力体育志。

【领导班子】

理事长：辛保安

党委书记、常务副理事长：杨昆

党委副书记、专职副理事长：夏忠

党委委员、专职副理事长：于崇德

党委委员、纪委委员、专职副理事长：安洪光

党委委员、秘书长：郝英杰

党委委员、纪委书记：江宇峰

监事会监事长：潘跃龙

纪委委员、副秘书长：沈维春

副秘书长：许松林、丁永福、刘永东

监事会副监事长：田卫东

理事会工作部主任、党委办公室主任、监事会办公室主任、党支部书记：张天文

理事会工作部副主任：米建华（部门正职级）、田卫东（部门正职级）、吴江

理事会工作部主任助理：冀瑞杰

党群工作部主任、纪检监察室主任、机关工会主席、党支部书记：张海涛

党群工作部副主任、纪检监察室副主任：许昉

党群工作部主任助理：陈琛

规划发展部主任、电力行业低碳发展研究中心主任、党支部书记：潘荔

规划发展部副主任：张琳、叶春、韩放

国际合作部副主任、港澳台事务办公室副主任、党支部书记：许光滨（主持工作）

国际合作部主任助理：刘冬野、祝慧萍

人力资源部主任、党支部书记：栾加林

人力资源部副主任：吕传武

会员与企业文化建设部主任、党支部书记：毕湘薇

会员与企业文化建设部副主任：沈连元

会员与企业文化建设部主任助理：徐敏

电力工程质量监督管理部副主任、电力工程质量监督站副站长、党支部书记：李晛（主持工作）

计划与财务部主任、党支部书记：丁永福（兼）

计划与财务部副主任：边琰

标准化管理中心主任、党支部书记：刘永东（兼）

标准化管理中心副主任：汪毅

标准化管理中心主任助理：王茁

可靠性管理中心主任、党支部书记：周霞

可靠性管理中心副主任：王鹏

可靠性管理中心主任助理、党支部副书记：李霞

统计与数据中心主任、党支部书记：王益烜

统计与数据中心副主任：蒋德斌、刘兴国

电力发展研究院院长、中电联电力建设技术经济咨询中心主任、电力工程造价与定额管理总站站长、党总支书记：张天光

电力发展研究院党总支副书记：刘仕海

电力发展研究院副院长、中电联电力建设技术经济咨询中心副主任、电力工程造价与定额管理总站副站长：左晓文、张琳（兼）、宋立军

电力评价咨询院副院长、中电联科技开发服务中心副主任、工业领域电力需求侧管理促进中心副主任、党总支副书记：蔡义清（主持工作）

电力评价咨询院党总支书记：张志锋（部门正职级）

电力评价咨询院副院长、中电联科技开发服务中心副主任、工业领域电力需求侧管理促进中心副主任：杨金友、韩文德

电力评价咨询院副院长：王鹏（兼）

电力评价咨询院院长助理、中电联科技开发服务中心主任助理、工业领域电力需求侧管理促进中心主任助理：芦晓东、张盛勇、张瑞江

杂志社社长、《中国电力企业管理》杂志社社长、党支部书记：管永生

杂志社党支部副书记：王慧

杂志社副社长、《中国电力企业管理》杂志社副社长：李丽萍

电力检测技术研究院院长、北京恒功检测技术研究院有限公司总经理、党支部副书记：董士波

电力检测技术研究院副院长、北京恒功检测技术研究院有限公司副总经理、党支部书记：安宏文

电力检测技术研究院院长助理、北京恒功检测技术研究院有限公司总经理助理：刘克平

人才评价与教育培训中心主任、电力行业职业技能鉴定指导中心主任、中电联人才测评中心有限公司总经理：张慧翔

人才评价与教育培训中心党支部书记：孙建华（部门正职级）

【组织机构】

1. 2021年中电联机构设置及人员变动情况

（1）中电联本部设置职能部门11个、直属单位5个。11个职能部门为理事会工作部（党委办公室、监事会办公室）、党群工作部（纪检监察室）、规划发展部（电力行业低碳发展研究中心）、国际合作部（港澳台事务办公室）、人力资源部、会员与企业文化建设部、电力工程质量监督管理部（电力工程质量监督站）、计划与财务部、标准化管理中心、可靠性管理中心、统计与数据中心。

5个直属单位为电力发展研究院（中国电力企业联合会电力建设技术经济咨询中心、电力工程造价与定额管理总站）、电力评价咨询院（中国电力企业联合会科技开发服务中心、工业领域电力需求侧管理促进中心）、杂志社（《中国电力企业管理》杂志社）、电力检测技术研究院（北京恒功检测技术研究院有限公司）、人才评价与教育培训中心（电力行业职业技能鉴定指导中心、中电联人才测评中心有限公司）。

（2）人员情况：中电联本部2021年底实有职工总数472人（其中人事关系在中电联的157人，在直属单位的278人，派驻37人）。

2. 会员单位

4月，中电联第七届理事会成立，截至目前，共有1051个会员单位，其中299个理事单位（其中：常务理事单位43个，包括1个理事长单位，17个副理事长单位），752个普通会员单位，设立16个专业分会，代管11个全国性专业协会，基本形成了功能齐全、分工协作、优势互补、规范有序、覆盖全行业的服务网络。

理事长单位：

国家电网有限公司

副理事长单位：

中国南方电网有限责任公司

中国华能集团有限公司

中国大唐集团有限公司

中国华电集团有限公司

国家能源投资集团有限责任公司

国家电力投资集团有限公司

中国长江三峡集团有限公司

中国核工业集团有限公司

中国广核集团有限公司

中国电力建设集团有限公司

中国能源建设集团有限公司

广东省能源集团有限公司

浙江省能源集团有限公司

华北电力大学

全球能源互联网发展合作组织

协鑫集团有限公司

内蒙古电力（集团）有限责任公司

【电力行业发展规划与电力发展课题研究】

1. 综合能源服务发展情况研究

近年来，国家出台相关政策推进综合能源改革试点建设，国内大型能源电力企业积极探索，加快布局综合能源服务市场，部分项目具备良好的经济效益、环境效益、社会效益。当前，综合能源服务也存在一些问题，主要表现在：行业缺乏整体发展规划，支持政策有待完善；能源行业各领域各子系统间存在壁垒，体制机制改革还需进一步深入；综合能源服务标准体系不健全，商业模式不成熟，缺少高标准的示范项目；产业链、生态圈尚未形成，企业间的沟通合作不强，缺乏专业跨界人才。为推动综合能源服务发展，建议：一是强化规划引领，加大政策支持力度；二是破除行业和区域壁垒，从市场机制、价格机制、管理机制、运营机制等方面，加快建立健全有利于综合能源服务产业发展的体制机制；三是凝聚行业力量，加快建立综合能源服务标准体系，创新技术商业模式，打造典型示范项目；四是搭建综合能源服务平台，加强产业链开放合作，加强从业人员培训交流，支撑行业高质

量发展。

2. 基于能源安全新战略的电网管理体制研究

中国电网运行管理面临的挑战主要有：新能源发电占比提高，电网灵活性、可控性能力要求大幅提升；发电侧、负荷侧预测难度提高，调度难度加大；大规模消纳新能源需要的市场化长效机制不完善；电网企业主业盈利能力减弱，自身造血能力不足。针对以上新形势和新挑战，提出四方面政策建议。一是电网管理必须保障电力系统安全稳定运行；二是电网管理必须支撑新能源快速发展和高水平消纳；三是电网管理必须满足经济社会发展的客观需要；四是建立科学合理的电网监管体系。

3. 水电及新能源生态环境保护现状及问题调研

水电开发深入，剩余开发资源相对较差、生态敏感因素相对较多；新能源大规模、基地化开发带来生态与污染问题，随着国家生态环保要求的趋严，水电及新能源生态环境问题越发突显。调研组梳理出四方面重要问题：一是生态保护红线划定科学性合理性有待提升，地方红线制度主管部门有待进一步明确；二是生态环保监管频次偏高，“口头”执法、过度执法、随意执法等问题仍然存在；三是水电项目生态环保成本传导机制有待畅通，技术瓶颈和理论缺失制约水电生态环保发展；四是新能源项目退出机制有待健全，废旧组件、危险废物回收处置产业尚不完备。

提出促进水电及新能源生态环保协同发展的政策建议：一是建议地方政府尽快明确生态保护红线责任部门，科学划定生态保护红线，充分征求相关方意见建议，与现有环保政策协调衔接，与相关红线图库协同一致，及时公开红线划定和调整情况；二是建议环保监管严格执行相关法律法规标准，利用先进技术优化监管手段，严格依法依规执法，约束环保执法行为；三是建议畅通水电环保成本疏导机制，推进水电生态环保关键技术示范应用和重要理论探索与创新；四是建立健全新能源发电项目退出或置换机制，制定产业政策引导新能源废旧组件和危险废物回收处置；五是建议加强水电及新能源项目开发建设全过程生态环保管理和环境风险管控。

4. 新能源与储能协调发展调研

“十三五”以来，大规模新能源开发及并网消纳对电力系统的灵活调节能力提出了较高要求，同时推动了储能产业快速发展。针对新能源补贴拖欠、消纳压力大，系统灵活性不足，储能成本较高、商业模式缺乏，新能源配置储能利用率不高、配置储能必要性及配置比例亟需科学论证等新能源发展、储能发展以及两者协调发展过程中存在的问题，2021 年，中电联组织相关单位开展了新能源与储能协调发展专题调研。调研报告在跟踪新能源和储能技术发展的基础上，结合调研情况，深入分析了新能源和储能在发展过程中存在的主要问题，并提出了快速有序发展新能源、加快提升系统灵活性调节能力、科学合理配置新型储能设施、发挥市场配置资源作用、加大技术创新力度等促进新能源与储能协调发展的建议。

5. 能源转型中的电力燃料供需格局研究

加快推动能源电力转型，是碳达峰、碳中和战略目标的主要内容和关键领域。在转型过程中，既面临能源生产和消费总量继续显著增长的约束，还要解决可再生能源接入比例逐步提高、用电负荷特性持续变化，对电力系统安全稳定运行提出的更高要求，尤其 2021 年下半年全国多地出现电力供应缺口，更突出体现了煤电对保障电力供应安全的兜底作用。

6. 电力法修订跟踪研究

《中华人民共和国电力法》对推动中国电力工业的快速发展起到了重要作用，但是在实施过程中也暴露出一些问题：一是伴随两轮电力体制改革进程，《中华人民共和国电力法》中部分条款与现在电力市场的发展需求不匹配；二是《中华人民共和国电力法》主要解决二十世纪八九十年代国家缺电问题，但与当前国家鼓励发展新能源、电力市场化改革等政策要求不匹配；三是新能源发展等政策配套规定和相关机制不健全；四是《中华人民共和国电力法》存在行政执法主体缺失、行政执法困难、违法处罚力度不足的问题。研究对《中华人民共和国电力法》修订稿的进一步完善提出以下七个方面建议：一是进一步探索研究《中华人民共和国电力法》法律定位及法律属性，增加相关行政机关的责任和义务，强化行政机关的依法行政能力；二是加强《中华人民共和国电力法》对“碳达峰、碳中和”目标的呼应；三是进一步支持引导电力市场建设；四是加快健全电力普遍服务机制和电力保障性服务机制；五是完善电力监管和行业服务机制。捋清电力监管机构相应职责，明确电力监管部门的权利范围和法律责任，重视行业协会在电力管理中可发挥的作用；六是明确《中华人民共和国电力法》中部分条款责任主体；七是补充相关重要名词解释。

【电力统计与经济运行分析】

1. 电力统计工作

（1）履行电力行业统计职能，开展电力行业综合统计工作。贯彻执行新修订的《电力行业统计调查制度》，不断完善电力行业统计。一是进一步加强自备电厂、行业发展新业态等方面的数据统计，完善新疆、山东自备电厂统计。二是细分海上风电和陆上风电、光伏发电和光热发电等分类指标，增加全口径生物质发电生产数据的发布，使得非化石能源发电统计数据更加全面、详实，数据的权威性也进一步提高。三是开展分城市行业用电分类统计，为国家政策制定与地区发展提供了更丰富的重要参考。

（2）发挥电力行业统计数据的指导作用，扩大中电联电力行业统计的影响力。完成2020年电力统计年报（年度快报）和2021年2～11月全国电力工业统计月报（月快报），并由国家能源局发布月度和年度快报数据，为社会、政府、电力行业、电力企业提供决策参考依据。国家统计局发布的年度统计公报中直接采用中电联提供的发电装机容量、新增220kV及以上变电设备、电力消费量统计数据。《中国统计摘要》中发电装机容量和分地区电力消费量均直接采用中电联提供的行业统计数据，《中国统计年鉴》中能源消费弹性系数中电力消费数据采用中电联提供的行业统计数据，进一步扩大了中电联行业数据的影响力。另外，中电联按月向国家统计局相关司局报送全国分省分行业全社会用电量、省间交换电量、跨区电力投资数据，按季度报送全国和分省发电量、煤耗等数据，按年度报送火力发电企业温室气体相关数据等，作为国家相关数据的重要参考。

完成2021年2～11月电力工业运行简况和电力消费情况，在中电联网站和中国电力报发布，网站点击率居前列。组织撰写《2020年中国电力工业经济运行分析报告》报送国家统计局，并在中国信息报上刊登，受到社会各界的广泛关注。结合电力行业发展新特点和会员单位普遍需求，组织撰写《中国电力供需分析报告2021》，客观反映2020年中国电力供需的基本情况，深入分析驱动电力增长的宏观和微观各种因素，对中国电力供求关系的现状及将来的发展提出权威的观点和意见。编制印刷《电力工业统计资料汇编》（专业本和行业本）、出版印刷《中国电力统计年鉴2021》，并发送统计报送单位、会员企业、政府部门，保证了行业数据的历史延续性，为开展电力规划、政策研究、企业决策提供数据支撑。开展2020年县级供电企业年度数据统计工作，编制专业统计分析报告；完成五大集团效益共享数据等其他定期统计工作。

（3）开展电力工业企业用电监测。受工业和信息化部委托，开展全国各省（区、市）以及134个重点城市的工业用电量监测工作，并以周报、月报的形式向工业和信息化部提供相关数据和分析报告，为跟踪研判全国重点城市的工业电力消费走势，促进中国工业经济平稳健康发展提供了重要的参考依据。

（4）加强统计制度和标准建设，提升统计调查质量。印发《2021年电力行业统计工作要点》，要求电力行业各统计职能单位结合本地统计工作的实际情况，推进电力行业统计工作现代化改革，丰富统计工作内容，推动统计工作规范化、标准化建设，做好日常统计工作，加强统计工作调研等；编制《电力生产统计技术导则》，获国家能源局批准执行；制定《电力发展统计操作流程》，对电力发展统计工作进行规范和指导，并要求中电联各部门（单位）根据统计职能职责分工，结合实际情况指导本专业的统计工作流程规范，共同促进中电联统计优质高效开展，确保高质量、高效率完成国家有关部门赋予中电联电力行业统计工作职能；修订《中国电力企业联合会电力行业统计数据生产、使用和发布管理办法》《电力行业统计管理办法》等制度，督促中电联各统计专业责任部门在切实发挥统计职能的基础上，推动工作质量的不断提高，统计范围的不断扩大，统计工作流程的不断规范，统计管理体系的不断完善。

（5）进一步增强业务研究能力，提高统计人员工作水平。引导和督促各单位统计职能部门主动落实国家关于提升自主发展和学术创新水平的精神，开展统计科研工作，提高电行业统计与分析人员的科研水平，组织开展全国电力行业统计与分析交流论文征集活动，编制电力行业优秀统计与分析论文集。

2. 经济运行分析

（1）持续加强电力供需形势分析预测，提前对缺电地区进行预判预警。密切跟踪经济与电力运行形势，在书面调研、召开专家座谈会、运用预测模型等基础上，加强电力供需形势监测分析和预测预警工作，编制完成季度、半年度及年度全国电力供需形势分析预测报告。在1月的年度电力供需报告以及4月的一季度电力供需报告中，提前预测预警广东、云南等地区缺电。在上半年电力供需报告中，及时反映电煤供应紧张，预警2021年电力供应紧张的范围和程度将比2020年扩大。在三季度电力供需报告中，对今冬明春电力保供、缓解电力企业经营压力等方面提出意见建议，为政府决策提供参考。报告上报中央财办、国务院研究室、国家发展改革委、国资委、国家能源局等10个国家部门，并将报告印发至理事长、副理事长等相关会员单位，及时为政府、企业提供决策参考。

（2）做好政府部门交办的相关工作事项，服务政府部门宏观决策。密切跟踪经济形势和电力运行情况变化，把握经济电力发展动态趋势，定期或不定期参加中央财办、国家发展改革委、央行货币政策委员会、工信部、国家能源局、国资委等部门组织的经济运行分析会，提交形势分析材料70余项，提交的分析工作原创性成果超过25万字，为国家了解电力行业形势和困难、进行宏观调控、制定政策提供了重要支撑和参考。相关工作得到有关部门认可，统计与数据中心两位人员获得国资委通报表彰。根据国家发展改革委要求参加电力供需专班并集中工作，完成国家发展改革委关于全国电力供需形势分析的系列工作。包括配合完成 2021 年迎峰度夏总结、2022 年迎峰度冬分析预测工作；负责完成 2022 年各省电力供应情况的收资、梳理、汇总和分析研究工作，为 2022 年电力供需预测提供数据支撑，为出台保障电力供应的相关政策措施提供前瞻性参考。

（3）持续开展企业经营效益调研，积极建言献策。为加强对电力企业经营效益情况的跟踪和分析，及时了解企业诉求，统计与数据中心建立了经营效益定期调研工作机制，按季度调研主要电力企业经营效益情况及诉求，将相关情况融入向政府部门的汇报材料，及时反映行业困难和诉求，推动行业企业健康发展。2021 年尤其针对电煤供应紧张、电煤价格大涨、煤电企业严重亏损的严峻形势进行调研跟踪，积极向中央财办、国务院研究室、国家发展改革委、国资委等相关部门持续反映企业诉求。针对煤炭和煤电方面提出了增煤量、控煤价、疏电价、稳资金等政策建议，持续推动问题的解决，服务业行业企业健康发展。

（4）加强电力供需形势的宣传和解读，持续提升中电联影响力。撰写各季度全国电力供需形势分析预测报告新闻稿，召开 2020—2021 年度、2021 年上半年全国电力供需形势分析预测报告新闻发布会，中央电视台、新华社、人民网、新华网等主流媒体对发布会内容进行了报道，获得社会广泛关注。完成中电联会领导接受国资委信息中心的采访材料，对当前社会关注的电力供应结构及转型、电力供应紧张原因、今冬明春电力供需形势预测、煤电企业经营效益等情况进行分析解读。完成多篇中电传媒的约稿，对月度用电特点进行分析解读，向社会公众客观真实反映电力运行情况。

（5）持续开展新能源补贴拖欠问题调研，反复反映电力企业诉求。针对新能源补贴不能及时到位、补贴拖欠金额越来越大等问题，统计与数据中心在各季度电力供需形势分析预测报告、各政府部门召开的形势分析座谈会及向政府部门提交的相关材料中反复反映。并在国务院研究室调研中电联的座谈会中，积极反映该问题，引起高层领导注意。并根据要求，在向相关发电和电网企业进行充分调研的基础上，深入分析补贴拖欠问题的根本性原因，从发行专项建设债、提高可再生能源电价附加征收标准、执行缓征税政策等方面，提出了多方式多途径解决新能源补贴拖欠问题的意见建议，研究成果提交国务院研究室，积极推动补贴拖欠问题有效解决。

（6）加强电力和宏观经济分析基础工作，提升专业服务能力。投入大量人力和时间精力高质量编撰中国电力供需分析报告 2021，最终取得了良好效果。通过报告的编制，拓展了研究的广度和深度，提高了人员的分析研究水平。探索构建电力运行监测指标体系；增加新的用电量预测模型。加强分省分行业用电量分析研究，将全国 31 个省份按 6 个区域分组开展研究，对各区域重点省份用电进行监测分析和交流讨论。

【电煤与燃料统计工作】

1. 电煤工作

（1）全年准时编制和发布 CECI 沿海指数、进口指数、采购经理人指数各 48 期，曹妃甸指数 249 期，编制 CECI 沿海指数月度指数 12 期，CECI 采样情况通报 79 期。在社会其他指数均停发的情况下，CECI 指数对电力企业作用进一步凸显，中国华能、国家能源等诸多大型电力、煤炭企业由以往参照 CCI 等指数转为依据 CECI 定价或追踪市场，市场停发情况下，CECI 指数影响力反而进一步扩大。

（2）全年共编发《CECI 指数分析周报》46 期。在每周 CECI 指数及燃料统计的基础上，深入分析 CECI 指数变化趋势特点，编写《CECI 指数分析周报》，并形成新闻稿发布。挖掘 CECI 指数样本及指数价值，反映市场趋势，引导市场走势。目前已经成为电煤采购侧唯一的市场分析材料，相关内容被《中国能源报》等诸多媒体频繁引用，已有大量企业持续跟踪，并有企业主动联系索取。

（3）加强价格监测，开展多种信息的收集和统计，并进行相关分析，尤其是下半年以来，库存持续低位给冬季保供尤其是东北保供造成了巨大的隐患，引起社会广泛关注和政府高度重视。在加强数据统计和形势监测的同时，沟通各发电集团了解相关情况，及时行文向中财办、国务院研究室、国家发展改革委、能源局、国资委等有关部门报送《中电联关于当前电煤供应紧张情况的报告》《中电联关于保障煤炭供给确保迎峰度夏期间电力安全稳定供应的报告》《中电联关于进一步加强电煤供应和东北地区冬储备煤工作的报告》《中电联关于电力行业产业链供应链安全形势有关问题及建议的函》《中电联关于 2021 年电煤中长期合同履约及不严格履行合同典型案例的报告》《中电联关于 2021 年电煤市场及企业经营情况的复函》等 7 份，多渠道反映电煤保供问题，努力维护行业企业合理权益。多次参加国家发展改革委、能源局等相关形势座谈会、关于煤炭价格形成机制研讨会等会议。按照人民银行来文要求，撰写《电煤市场运行情况及对物价和电力企业经营相关影响》报人民银行。实践证明，所提出的加快释放煤炭有效产能产量、提高长协履约率、严控市场操作行为、限制煤炭坑口价格、对高耗能行业执行错峰生产等若干建议，是客观公正的，很多措施已经在相关文件、讲话、要求中陆续得到体现，中电联在电力燃料领域的智库作用得到体现。

（4）根据国家发展改革委运行局文件要求，参与陕西省煤炭中长期合同履约信用采集及评价工作。5

月份派员赴陕西省进行现场数据采集和评价，对煤炭生产和销售企业“逐一了解情况、逐一核对数据、逐一核实票据”，全面了解陕西省煤炭中长协签订和履约情况，并重点对月度履约率低于80%和季度履约率低于90%的合同逐一询问原因。参与报告撰写并对正式报告代表行业提出相关建议。对加强煤炭中长期合同履约的监管，规范煤炭市场交易秩序，提高履约兑现率具有重要推动作用。

（5）组织编写《CECI系列指数工作指引》，从对指数背景意义、指数体系的总体介绍，对各个指数样本采集体系的整体设计和流程安排，对所涉及相关概念的定义和解析等各个方面进行全面介绍和详细解读，将有助于CECI相关人员对指数体系的深入认知和应用推广，有利于CECI各环节相关人员的规范操作和标准报送，对指数编发的规范性、准确性、及时性发挥重要作用。

（6）完成重点调研课题《能源转型中的电力燃料供需格局研究》。克服疫情影响，创新调研方式，通过召开专家研讨会、对主要电力企业和主要产煤省进行书面调研等形式，顺利完成调研报告，结合碳达峰碳中和战略目标，从兜底保供和服务清洁能源发展等角度论证煤电和气电的发展定位和未来电力燃料需求展望、供需格局等，提出保障电力燃料供应、促进火电企业健康发展等建议，尤其结合2021年面临大范围电力、煤炭供应缺口导致的能源供应安全问题，课题研究适时且必要的发挥了重要作用，也为能源电力加速转型和构建清洁低碳、安全高效的能源电力体系提供支持。

2. 燃料统计工作

（1）持续开展电力燃料统计工作，精心组织、克服困难，确保燃料统计日报的数据收集、审核和编制工作持续顺利开展。经过一年多的积累，及时调整改版统计日报、周报和月报，增加反应数据同比情况，统计数据的可读性和参考价值进一步提高。在无系统支撑情况下，每天处理数据600余条，实现每日高频、电厂颗粒度条件下编发《电力行业燃料统计日报》。全年累计处理数据45.2万条，按时完成《电力行业燃料统计日报》250期、《电力行业燃料统计周报》53期、《电力行业燃料统计月报》12期。

（2）在日度统计的基础上，不断推动月度统计工作，在2020年印发《中电联关于进一步加强电力行业燃料统计数据报送的通知》的基础上，启动电煤中长期合同和天然气发电厂数据统计工作，建立各单位相关数据报送体系，基本实现相关数据的按期报送，已编制《电力行业燃料统计月报（气电）》共12期。燃料统计涉及发电量、供热量、电煤供耗存及缺煤停机等主要生产和电煤指标，以电厂为最小统计颗粒度，并实现了分区域、分省、分运输方式等的多维度统计和展示，对深入开展电煤市场形势分析，以及支撑中电联大数据建设均发挥重要作用。

（3）燃料统计服务政府调控和电煤保供。根据发展改革委经济运行局《关于监测调度重点电厂存煤水平的函》的要求，2021年继续加强重点电厂煤炭监测，按期报送相关监测数据。为更好地满足政府有关部门要求，促进煤电油气运有效衔接，根据政府需要，迎峰度冬结束前每天编制《电力行业燃料统计日报（发展改革委定制版）》，重点报送电煤供耗存等相关数据及库存可用天数低于10天电厂情况。加强形势监测和预判能力，对及时预测预警提供了强有力的数据支撑。

（4）积极推动电力燃料数据平台信息化建设。推动系统需求调研及确认、系统开发进度确认、系统功能测试和试运行等各项工作，目前已完成燃料统计日报模块、CECI采购经理人指数、CECI曹妃甸指数模块的系统开发和调试工作。并将40余万多条的历史数据和电厂基础信息导入后，启动燃料统计日报模块试运行，并陆续对各个项目模块开展测试。

【电力节能环保低碳】

1. 积极参与法规政策制修订，反映行业意见与诉求

（1）针对政策标准提出修改意见。在组织征求、参考电力企业意见建议的基础上，形成行业整体意见，向司法部报送对《碳排放权交易管理暂行条例（草案修改稿）》《生态保护补偿条例（送审稿）》意见；向国家发展改革委报送对《关于加快建立统一规范的碳排放统计核算体系实施方案（征求意见稿）》意见；向生态环境部报送对《碳排放权交易管理暂行办法（征求意见稿）》《排污许可证申请与核发技术规范　工业固体废物（试行）（征求意见稿）》《环境信息依法披露管理办法（征求意见稿）》《企业环境信息依法披露格式准则（征求意见稿）》《企业温室气体排放核算方法与报告指南　发电设施（2021年修订版）》的修改建议。其中，对CCER进入碳市场的建议和企业环境信息依法披露管理程序相关建议，被生态环境部采纳。

（2）及时客观反映行业意见与诉求。针对电力行业碳排放情况和诉求，向中央办公厅报送碳市场运行情况及问题建议材料，向国务院研究室报送“碳达峰、碳中和”有关材料，向国家发展改革委报送火电行业碳排放现状和碳达峰预测情况、有关能耗和碳排放数据材料、碳捕集利用和封存技术、产业现状及推广应用情况、电力行业碳达峰碳中和人才培养有关情况等材料。针对企业生存困境，向生态环境部报送关于火电经营情况问题材料，向国家发展改革委报送电力行业节能减碳现状困难相关材料，及时发声，为行业反映意见与诉求。

2. 深入开展节能环保低碳共性问题研究，为政府决策提供技术支撑

（1）开展水电及新能源生态环境保护现状及问题研究并行文报送生态环境部、国家林业和草原局。研究报告分析中国水电及新能源发电现状与趋势特点，梳理生态环保法律法规政策制度体系，总结整体执行情况及生态环保现存主要问题，提出促进水电及新能源生态环保协同发展的政策建议。研究成果有利于支撑政策科学制定和政府科学决策。

（2）协助生态环境部气候司开展全国碳排放权交易市场上线运行支撑工作并行文报送生态环境部。组织发电企业在武汉和上海开展全国碳市场数据报送、注册登记、交易结算等系统联调测试，从用户的角度提出系统完善的意见建议 57 条，检验全国碳市场各要素、环节的有效性和可靠性，为全国碳市场启动上线交易提供了技术支撑。7 月 16 日，全国碳市场正式启动上线交易，韩正副总理出席上线仪式。

（3）开展发电行业减排成本和煤电企业经营现状评估研究。该课题由生态环境部委托，在分析发电行业主要碳减排途径的基础上，梳理在役火电机组的碳减排技术路径，通过建立减排成本核算模型，结合典型低碳技术在火电实际应用情况，绘制火电边际减排成本曲线，估算中国煤电机组过程减排潜力，剖析煤电企业的经营现状，提出碳市场政策机制完善和发电企业低碳发展政策建议。研究成果为碳市场主管部门确定年度减排目标、制定配额分配方案、实施碳市场调控措施提供技术依据，也为发电企业低碳技术投资决策提供参考。

（4）开展中国电力减排研究 2021 研究。以“碳达峰、碳中和”目标下中国低碳电力行动与展望为研究主题，分析最新的中国电力发展水平和电力绿色发展情况，总结中国低碳电力行动与主要成效，对关键节点年份电力低碳发展趋势和碳达峰碳中和路径进行展望，提出促进中国低碳电力发展的政策建议。

3. 持续开展电力环保低碳统计工作

向中国华能等 20 余家主要火电企业征集 2021 年度火电厂环境保护和应对气候变化统计数据，经过汇总整理分析形成行业数据并发布；召开火电厂环境和应对气候变化统计工作研讨会暨统计指南审稿会，加强环境统计战线人员和业务联系，夯实环境统计能力建设。

【信息交流共享与平台搭建】

（1）组织召开 2021 年度大型发电集团公司环保联席会，围绕“十四五”生态环保工作主要目标、主要任务，“碳达峰、碳中和”目标愿景下，大型发电集团面临的机遇和挑战、碳达峰路线图、减排路径等议题进行深入讨论。中电联、中国华能、中国大唐、中国华电、国家能源投资集团、国家电力投资集团、广东能源集团、浙江能源集团、中电联节能环保分会等单位参加了会议。

（2）开展电力节能环保低碳法规政策跟踪，按季度编制《电力行业节能环保低碳法规政策动态》，发送相关单位。

（3）每周编制《电力行业节能环保低碳信息周报》，宣传党和国家节能环保低碳政策方针，交流行业信息，促进行业工作。

【电力国际合作管理与服务】

1. 发挥行业协会协调服务优势

（1）推进行业国际合作智库建设。始终保持与外交部、国家发展改革委、商务部、国家能源局、中国贸促会等国际合作及外事业务相关主管政府部门的业务联系，积极发挥行业智库作用，为政府决策提供专业支撑。

1）参与生态环境部组织的中国—东盟合作周活动，策划并组织能源绿色发展专题活动，聚焦疫后产业复苏，推动绿色能源发展和务实合作。

2）参加国家能源局组织的新时期中美能源合作研讨会，介绍了中美在电力领域的合作现状，分析了中美电力企业合作机遇与挑战，从行业角度助力新时期中美外交关系建设。

（2）开展课题研究，向政府部门反映企业诉求。为适应电力行业国际产能合作新形势、新要求，促进电力企业海外良性竞争，维护企业和国家整体利益，引导电力行业开展更高层次和更高水平的国际产能合作，受国家发展改革委委托，开展“电力企业协同出海防范化解境外风险研究”课题工作，根据课题任务要求完成并上报了《电力企业协同出海防范化解境外风险研究》报告，报告分析了电力企业面临的海外新形势，梳理了现有协调机制及问题，总结了国内外企业协同出海的实践及经验，提出了电力企业协同出海的举措建议，为政府制定相关指导政策提供了重要参考，得到国家发展改革委的认可。

2. 发挥行业协会国际化信息服务优势

（1）抓好数据收集和整合。完善信息收集工作机制，优化数据收集及分析流程，利用中电联数据平台及国际合作业务数据报送平台，组织电力企业开展中国电力行业国际合作业务数据收集与分析工作，积极同国际能源署、日本海外电力调查会等国际组织和同业机构保持联系，拓宽数据采集渠道、扩大信息产品交换范围，提升全球电力信息收集分享的时效性和针对性。

为了提高展商数据管理和使用效率，提升展会业务数字化水平，开发了展商数据库系统。一期开发重点解决对万条以上数据库同时实现多个 PC 端交互同

步录入、数据关键字检索等数据积累和应用工作中遇到的痛点难点问题，为后续服务展会招商招展、邀请专业观众等工作打下了坚实基础。

（2）做好信息产品服务。加强中电联国际合作业务数据服务能力建设，加大与电力企业数据交换工作力度，全面采集、整合行业企业数据。为高质量推进中国电力“走出去”提供扎实有效的信息支撑。完成了《中国电力行业年度发展报告 2021》国际合作部分及《中国电力行业国际合作年度发展报告 2021》《国际电力发展报告 2021》《国际电力数据手册 2021》《世界部分国家电力企业概览 2021》等信息产品的编撰印发工作；完成《电力国际信息参考》半月刊和季刊的编译工作，包括 24 期半月刊和四期季刊。产品以服务为本，用数据赋能，内容涵盖全球电力发展现状、世界各国电力工业发展现状及主要电力企业经营情况、中国电力工业发展现状、中国电力企业国际项目及国际交流工作开展情况等。

针对企业对外投资信息需求，创办《境外投资合作项目信息简报》月刊及《风控简报》（季刊），在电力国际云平台发布，推动电力国际产能合作平稳、有序、健康发展，切实帮助电力企业防范化解境外电力合作法律风险。《风控简报》聚焦能源投资、国家安全审查、经济制裁、反垄断、反腐败等重点领域，解读国别法律法规、监管规则、重大政策，跟踪电力行业国际动态，提示重大风险，并解析经典事件、案例。相应企业境外业务需求，组织编制了《收购协议范例文本》。

配合中电联重大活动宣传，于 4 月组织编制了《面向碳达峰、碳中和目标的电力关键技术汇编》，积极服务电力企业和业内碳减排工作从业人员全面了解电力行业碳达峰和碳中和技术，为电力企业选用先进适用的新型技术、提升碳减排水平提供了有益参考。

（3）优化宣传渠道，着力打造移动端信息服务平台。针对目前移动端宣传推广作用不断加强的新趋势，着力打造“电力国际汇”“国际云平台”等移动端宣传平台，在信息推广、品牌打造和活动宣传方面加强了移动端平台和网络宣传的工作力度。全年各类活动宣传曝光次数累计近 600 万次。电力贸促会获 2021 全国贸促系统宣传工作先进单位称号。组织专家撰写并发布 RCEP、“新能源机遇与挑战”等专栏文章，推送“‘碳中和’专题系列研究报告——碳中和对标与启示（欧盟、英、美、德国）”“国际工程投融建营一体化成功案例”“国际电力资讯速览”等文章资讯，举办电力国际产能合作大讲堂线上直播活动，受到行业内外广泛关注。

3. 发挥行业协会国际合作专业服务优势

（1）推进 2022—2023 年亚太电协活动筹备工作。与亚太电协菲律宾秘书处密切沟通协作，完成亚太电协主办方在线交接任务；组织中方企业在线参加 2021 年亚太电协大会，创新展示中方接任活动主办方的整体形象。克服疫情影响，多次组织和参与线上线下国际交流活动，推动参与东北亚区域电力互联互通机制、中国—东盟电力合作机制等交流合作机制的创新发展。

（2）参与全球能源治理取得新突破。经过两年多的努力，在 11 月举行《联合国气候变化框架公约》第二十六次缔约方大会（COP26）上，中电联被正式接纳为《联合国气候变化框架公约》观察员组织。

在多年参与联合国亚太经社会区域能源电力互联互通研究合作等工作的基础上，中电联于 2021 年正式获得联合国亚太经社会能源委员会观察员资格。

（3）拓展电力对外投资促进工作，引导企业境外合规经营。2021 企业合规国际论坛——电力行业论坛于 7 月 15 日在北京召开，200 余名代表参加。论坛围绕电力企业境外合规经营等议题进行了深入的交流探讨，并为首批 10 家“电力企业合规管理人才开发”试点单位授牌。

启动“电力行业合规管理人才开发”试点工作。积极参与由中国贸促会全国企业合规委员会（简称全国合规委）牵头开展的合规管理工作；获得全国合规委授予的“电力行业企业合规管理指导单位”资格。牵头组织电力行业企业开展合规管理人才开发试点及合规管理对标工作，召开“电力行业合规管理人才开发”试点工作启动会，明确电力行业 10 个重点领域合规管理研究任务。

助力提升电力企业合规管理能力及专业人员能力素养，开展定制化企业合规培训。为国家能源集团举办三期线下法律合规专项培训，并在“国际云平台”上线课程 32 节，300 人完成线上学习。

（4）推进交流合作机制建设。

1）中日节能环保机制。2021 年，中电联与日本煤炭能源中心共同成立的中日联合委员会继续聚焦双方企业节能环保、低碳发展需求，在组织形式、交流内容等方面开拓创新，首次联合中电联节能环保分会组织双方企业线上技术交流，参与交流人数较 2020 年增加 25%，为双方企业提供了灵活、包容、共享的交流合作平台。

2）东北亚区域电力互联互通工作。与联合国亚太经社会（ESCAP）保持沟通，推荐亚投行为东北亚论坛提供支持，促成亚投行成为论坛联合主办方。参加亚投行关于东北亚电力互联互通视频会议，提出中电联意见和建议。派专家出席 2021 年东北亚区域电力联网与合作论坛、联合国亚太经社会“东北亚联网实现绿色走廊” 研究项目中间报告讨论会、“东北亚联网下步工作”研讨会等线上活动并发言。

3）大湄公河次区域（GMS）电力合作机制有关工作。派专家在线参加大湄公河次区域电力交易协委会第 28 次会议。参加澜湄与全球环境治理圆桌对话会。中电联专家应邀在生态环境部对外合作交流中心举办的澜湄与全球环境治理圆桌对话会上，以“澜湄电力互联互通的机遇与挑战”为主题进行发言。

4）与国际能源署等国际机构交流合作。邀请国际能源署能效部有关专家以视频方式参加第二届国际工业与能源互联网创新发展大会并作专题发言。与全球领先的数据统计互联网公司建立联系，通过视频会议探讨数据信息合作机会。

5）参与联合国亚太经社会机制下相关活动。作为会议观察员，线上方式参加亚太经社会能源委员会第三次会议，作为中方联络单位协调国家能源局代表在中电联会场出席在线会议。参与亚太地区可持续发展目标实施线路图、区域电力互联互通实施线路图等项目讨论，参与 2023 年第三次亚太能源论坛筹备工作。

6）推进电力行业 RCEP 机制建设。2 月，应中国—东盟商务理事会邀请，中电联与国内有关全国性商协会联合发出《共同推进 RCEP 区域工商界合作的中方工商界倡议》，表达与 RCEP 区域工商界增进友好合作的积极愿望。5 月，杨昆常务副理事长在线出席“RCEP 产业合作委员会第一次会议”，并作为唯一的中方委员代表在会上发言。12 月，中电联会领导在线出席“抓住 RCEP 机遇会议”并致辞。

7）中欧能源合作平台（ECECP）合作机制。受中欧能源合作平台（ECECP）委托，中电联、国网能源研究院、发展改革委能源研究所、丹麦 EA 公司等机构共同合作完成的 2021 年度旗舰项目“ENTSO－E 电网规划模型中国演示”完成最终报告，并于 12 月 7 日在北京正式发布。这一报告的编制标志着中欧双方在电网规划领域取得了积极合作成果，体现了中欧能源领域密切合作、携手应对能源转型挑战的坚定信心。中电联专家深度参与该项目的策划和报告的编制，提出了基于欧洲 ENTSO－E 电网规划模型在中国电网规划情景下的应用建议。杨昆常务副理事长受邀为报告写序。

（5）交流行业经验、促进国际合作。9 月 11 日，由中国电力企业联合会、中国电力国际产能合作企业联盟与中国国际贸易促进委员会电力行业委员会共同主办的 2021 年电力行业国际合作会议、电力产能合作联盟会员大会暨电力贸促会委员大会在广西南宁召开。国家发展改革委等相关政府部门代表，中电联会员企业、中国电力国际产能合作企业联盟会员单位、中国国际贸易促进委员会电力行业委员会委员单位等国际合作相关业务负责人、专家和代表共 150 余人出席会议。会议回顾了 2020 年至今中国电力行业国际合作情况，交流了新冠疫情对电力企业国际业务的影响及对策，讨论了未来国际合作重点工作。

（6）整合行业资源，做大做强品牌会展活动。

1）2021 中国国际清洁能源博览会暨综合能源服务产业博览会。4 月 20 日，由中国电力企业联合会、中国机电产品进出口商会、中国光伏行业协会、中国综合能源服务产业创新发展联盟、中国氢能源及燃料电池产业创新战略联盟和中国智慧能源产业联盟共同主办，电力贸促会承办的 2021 中国国际清洁能源博览会暨综合能源服务产业博览会在北京举办。本届博览会主题是“发展清洁能源，助力实现碳中和”，吸引了国家电网有限公司、中国华电集团有限公司、国家能源投资集团有限责任公司、国家电力投资集团有限公司、中国长江三峡集团有限公司、中国广核集团有限公司、中国电力建设集团有限公司、中国能源建设集团有限公司、中国船舶集团有限公司、中国节能环保集团有限公司、水发集团有限公司等众多能源央（国）企参展，展示了综合智慧能源及向清洁电力转型的成果与规划。本届展会面积达 2 万 m^2，约 120 家电力装备企业参展，专业观众超过 1.5 万名。博览会同期还举办了 2021 中国国际清洁能源博览会开幕式、中国综合智慧能源高峰论坛、清洁能源发展“十四五”座谈会、“十四五”氢能产业发展论坛、碳达峰碳中和目标下中国电力企业机遇与挑战研讨会、光伏海外市场开发合作座谈会、碳中和引领光伏行业发展论坛、“十四五”储能产业发展论坛等相关会议以及海外市场对接、新产品发布活动共计十余场，共有 200 余位发言嘉宾，近 3000 名参会代表出席。

2）2021 中国—东盟电力合作与发展论坛暨第十八届中国—东盟博览会电力工业展。9 月 10 日，由广西壮族自治区人民政府和中国电力企业联合会共同主办，中国国际贸易促进委员会电力行业委员会承办的 2021 中国—东盟电力合作与发展论坛暨第十八届中国—东盟博览会电力工业展在南宁召开。国家能源局局长章建华、广西壮族自治区人民政府副主席李彬和中国电力企业联合会党委书记、常务副理事长杨昆出席论坛并致辞。来自有关政府部门、国内外电力及相关行业企业的代表近 300 人与会交流。同期举办的第十八届中国—东盟博览会电力工业展展示面积超过 7000m^2，中国南方电网有限责任公司、中国华能集团有限公司、国家电力投资集团有限公司和中国核工业集团有限公司等多家大型能源企业参展，集中展示了中国电力工业的最新发展成就。

3）“后疫情时期中国与东盟国家电力能源互联互通建设前景展望”交流会。9 月 24 日，由中国国际贸易促进委员会贸易促进部主办，中国电力企业联合会国际合作部和电力贸促会承办的“后疫情时期中国与东盟国家电力能源互联互通建设前景展望”交流会在线上举办。本次会议邀请了来自中国和东盟地区“一带一路”国家商协会、政府经贸部门、研究机构及重点企业的代表约50人参会，就中国东盟贸易投资合作机遇进行广泛深入交流，并通过专题分享、对接洽谈等形式，搭建中国与东盟地区国家工商界的对接交流平台，中电联对中国电力行业发展和对外交流合作情况进行了全面推介。本次会议是中国贸促会组织的“‘一带一路’国家工商会经贸合作线上交流会”（东盟专场）系列活动之一，为进一步深化中国与东盟的经贸合作，促进中外工商界互联互通，助力“一带一路”建设高质量发展做出了贡献。

4）2021中国新能源发展论坛。11月15日，由中国电力企业联合会和盐城市人民政府共同主办，电力贸促会承办的2021中国新能源发展论坛在江苏盐城召开。论坛以“双碳赋能，智领未来”为主题，聚焦“碳达峰、碳中和”目标下新能源发展任务，围绕加快能源转型升级、推动新能源产业合作、展示新能源创新示范城市样板等议题，畅谈构建新型电力系统的机遇与挑战、实现路径、技术方案和政策建议。中国电力企业联合会党委副书记、专职副理事长夏忠，中国中车集团有限公司总经理楼齐良，中共盐城市委副书记、市人民政府代市长周斌出席论坛并致辞。世界能源理事会总干事兼首席执行官安吉拉·威尔金森（Angela Wilkinson）、中国能源研究会特约副理事长陈进行通过视频方式致辞。论坛为期一天，以线上线下结合方式举办，来自政府主管部门、行业组织、能源电力企业、科研院所和设备制造厂商等单位的领导和专家近300人莅临现场，近90万人次线上观看了会议直播。

【电力标准管理与服务】

1. 计划下达及标准发布

（1）计划项目下达。2021年经有关部门下达电力标准计划共726项。其中，住房和城乡建设部下达国家标准计划10项，国家标准委下达国家标准计划77项，国家能源局下达行业标准计划315项、国家标准英文翻译计划34项，行业标准英文翻译计划41项、中电联下达中电联标准计划249项。

（2）电力标准发布。2021年经有关部门批准发布标准共860项。其中，国标委发布国家标准77项，国家能源局发布行业标准524项、行业标准英文版23项、中国电力企业联合会公告发布中电联标准236项。

2. 标准化建设重点

（1）关注重点领域，电力标准制修订取得突出成绩。完成国家标准化管理委员会、国家能源局电力低碳、储能等标准专项申报。组织开展《大中型水电站水库调度规范》《电业安全工作规程》等强制性国家标准的复审工作。组织编制《电力系统规划通用规范》《输电工程项目规范》等10余项全文强制工程建设规范，形成征求意见稿。开展虚拟电厂标准体系预研。完成《火电灵活性改造标准体系建设》研究报告。编制《标准支撑新型电力系统建设行动计划（2021—2025）》，并开展意见征求。组织召开能源电力行业氢能标准化工作座谈会，聚焦氢能在电力行业的应用及标准化需求，完成了《电力行业氢能标准化工作调研报告》。

（2）加强电力标准化组织建设，推动技术组织定位改革。一是推动标准化技术组织定位改革。组织召开了电力专业标准化技术组织工作定位改革试点推进会，17个试点标委会秘书长参会，汇报交流标委会试点改革以来开展的相关工作情况；并赴机械工业仪器仪表综合技术经济研究所亦庄基地进行现场调研，双方就标准化技术组织的定位、国际标准化工作、标准试验验证、支撑政府管理等议题展开了深入讨论和交流。二是能源电力电网设备智能巡检和能源行业配网系统标委会获得国家能源局批复并完成标委会组建。三是向国家标准化管理委员会报送全国电网资产管理标委会组建方案。国家能源局批复同意组建能源行业电力市场标委会；批复了中电联输变电设备仿真、人工智能、智能传感等标委会和电力低碳系统工作组组成方案。四是组织召开全国电力系统厂站低压用电标准化工作组、配电网系统，中电联合规管理、知识管理、职业健康等标委会成立大会。五是按时开展电力行业节能标委会换届工作。开展风电并网、岸电设施、电力机器人、配电网规划设计等标委会的委员调整工作。六是为规范专业标委会运行及管理，对13个电力专业标委会开展考核评估。七是全面梳理相关标准化制度文件。修订《电力专业标准化技术委员会管理细则》；为加强中电联标委会的规范管理，结合中电联管理制度制定了《中国电力企业联合会标准化技术委员会印章使用细则》；为促进标委会间的协同协作，制定了《电力专业标准化技术委员会协调合作实施办法》；编制标委会2020年度活动规范性指导意见及标委会章程模板。

（3）重视标准数字化趋势，推进标准化信息系统建设。加快标准化信息管理系统平台系统建设，将标准计划管理、标准制修订管理、标准文本管理、标委会管理、基础服务管理、标准知识管理的线上、线下工作融合。自“标准大讲堂”知识平台上线以来，目前已上架标准宣贯视频课程240余个、直播90余场，累计用户7万余人，访问量70余万人次，为广大标准化工作者提供了一个学习、交流的平台，取了较好的成效。受国家能源局委托，运行维护储能标准化信息平台和微信公众号。储能标准化信息平台定位于国家能源局标准化管理平台的补充和延伸，平台作为中国储能领域覆盖范围最全面、参与主体最具代表性、运行机制最为开放的标准化信息平台，为储能标准化工作持续发挥重要作用。

3. 国际标准化工作

编制完成澜湄区域电力标准联盟工作方案；在东亚及西太平洋电力工业协会提出成立标准化工作组提案并获批。与日本汽车研究所 JARI 联合召开无线充电技术交流会；组织召开第八次中德电动汽车标准化工作组会议，双方交流了家用充电、大功率充电、汽车安全、重卡兆瓦级充电等方面的议题，召开了两次中德专家层面的技术交流会。向国家市场监督管理总局申报《面向风光煤电储一体化多能智慧耦合能源系统》《多源固废能源化的未来》等 IEC 白皮书提案，提交电动汽车充电设施领域国际标准化成绩宣传文章。向国家市场监督管理总局申报《电能质量管理　第 4 部分：公用供电系统谐波分析》等 8 项 IEC 国际标准提案。两次参加国际电信联盟 ITU WP1A 在线会议，跟进无线充电辐射发射限值等议题。由中国牵头编制的国际电工委员会（IEC）标准《槽式太阳能光热发电站集热系统性能试验规程》（PT 62862－3－4）第一次国际工作组会议顺利召开。

4. 拓展专业领域，创新开展电力品牌建设工作

组织召开“对标一流，中央企业品牌建设路径”培训和工作交流会，来自国家电网公司、南方电网公司、中国华能、国家能源集团、国家电投等单位的 50 余名代表通过线上和线下方式参加此次会议。邀请中国质量协会副秘书长王琳做了《对标一流，中央企业品牌建设路径》专题培训。参会代表就本单位的品牌建设和对标工作进行深入交流，对电力品牌工作委员会下一步重点工作提出意见和建议。

5. 聚焦政府和会员企业关切，提升标准化专业服务能力

一是受国家能源局电力安全监管司委托，配合开展全国电化学储能安全管理情况摸排工作，完成《关于推动电化学储能电站安全健康发展有关情况的报告》《储能电站安全管理工作情况》等多项报告。二是赴中国电力科学研究院就碳达峰碳中和目标下新型电力系统标准需求电网侧开展调研；赴华电电科院组织开展碳达峰碳中和目标下新型电力系统标准需求发电侧调研，研究分析碳达峰碳中和目标下新型电力系统的标准需求。三是组织召开中电联电动汽车与储能分会会长会暨 2020 年度工作会，以及能源行业电动汽车充电设施标委会二届五次会议暨充电技术论坛，大会同期举办居住区充电挑战和对策、重卡换电模式创新与前景展望、超级充电技术标准推进与电动汽车高压化趋势等三场技术分论坛；并同步发布了《电动汽车充换电设施运维人员培训教材》等三项技术报告。四是向国家市场监督管理总局报送《标准与专利融合机制研究报告》和《标准涉及专利工作指南》。

继续开展企业标准化活动，指导企业标准化建设。印发《中国电力企业联合会电力企业“标准化良好行为企业”评价活动管理办法》，规范评价活动的全过程管理。发文确认国网冀北电力有限公司承德供电公司等 65 家标准化良好行为试点企业。对通过 2020 年度“标准化良好行为企业”确认的 47 家电力企业进行公告。对南网超高压公司检修试验中心等 29 家企业进行了现场评价确认。

【电力可靠性管理与服务】

（1）推进党支部建设，创新开展基层服务。一是结合支部“三个一”学习制度开展党史学习教育，全年共编制 251 篇“每日一句”，30 篇“每周一篇”，完成 12 次“每月一论”集中学习讨论，编制“党史学习教育活动开展情况简报”19 期。二是结合业务工作，赴嘉兴南湖、北京植物园“一二·九”纪念园、济南金乡县鲁西南战役纪念馆和王杰纪念馆、宋庆龄故居等红色教育基地，开展了“追寻先烈足迹、铭记光辉历史”的主题教育活动。三是庆祝建党 100 周年，制作了献礼作品《贺百年》和献礼片《守护安全　致力美好》，在学习强国等多个新媒体平台播放。四是开展“我为群众办实事”实践活动，组建首支电力行业层面的共产党员服务队。7 月 23 日“电力行业可靠性（萤辉）共产党员服务队”在山东济宁市举行授旗仪式。服务队先后赴山东济宁、河北魏县、新疆地区开展了多项电力可靠性专项帮扶活动。五是积极培养发展党员，通过支部党员大会决议，发展李建锋同志为预备党员。六是参加上级党组织的各项活动，全员完成“学习贯彻党的十九届五中全会精神网络培训班”课程学习，参加“庆祝中国共产党成立 100 周年读书征文活动”，2 篇获得一等奖，4 篇获得二等奖。2021 年，可靠性管理中心党支部被授予“中电联先进基层党组织”称号。

（2）为政府提供技术支持服务。一是按照国家能源局的委托，全面做好数据统计分析工作，编制完成《2020 年全国电力可靠性年度报告》，协助完成年度指标发布片的制作。9 月 29 日，配合国家能源局组织召开“2020 年度电力可靠性指标发布会暨安全生产法宣贯会”，并联合发布 2020 年全国电力可靠性指标。二是协助国家能源局修订《电力可靠性管理办法》，承担部分内容的编制任务。三是参加国家能源局赴山西省和陕西省开展的“获得电力”服务水平综合监管现场督导工作。

（3）举办 2021 年中国电力可靠性高峰论坛。10 月 21 日，在天津举办了以“支持双碳目标、助力安全可靠、服务美好生活”为主题的“2021 年中国电力可靠性高峰论坛”。国家能源局电力安全监管司司长童光毅、中国工程院院士余贻鑫等来自政府、行业、企业的专家、学者，围绕当前能源革命背景，对电力可靠性管理发展机遇与挑战发表了主旨演讲。中电联党委委员、专职副理事长于崇德出席论坛，中电联副秘书长许松林主持论坛。来自全国各电力企业的代表近200人参加了论坛，论坛同步开设视频和图片直播，逾3000人次共同参与。

（4）完成年度数据统计分析和数据信息共享。开展 2020 年度全国发电、输、供各专业可靠性数据统计分析工作，编制完成《中国电力行业可靠性年度发展报告（2021）》及可靠性专业分析报告 16 册。通过出版物、网络、电力行业信息等多种形式向政府有关部门、电力企业及相关单位机构进行发布和反馈，实现电力可靠性数据共享。编制完成《“十三五”中国电力可靠性统计资料汇编》，以数据形式展现中国“十三五”期间电力设备、设施及系统可靠性指标的变化趋势。

（5）推动可靠性行业对标。组织制定《全国发电机组可靠性对标管理办法》，依据该办法开展了 2020 年度发电机组可靠性对标工作。在燃煤（煤粉锅炉和循环流化床锅炉）、燃机、常规水电、抽水蓄能四个类型参评发电机组中，104 台机组被授予“2020 年度全国发电机组可靠性标杆机组”称号。

（6）推进可靠性信息系统建设。一是开展发电可靠性管理信息系统中光伏发电可靠性管理模块、发电机组对标模块及企业专项报告自动生成模块的研发。二是完成供电可靠性管理信息系统主站系统的开发、用户测试工作。三是配合能源局完成输变电、直流可靠性管理信息系统主站系统的开发、测试、整改、验收工作，已在国家电网公司、南方电网公司等单位部分试点运行。四是持续推进代码修订工作，完成抽水蓄能、燃气轮机等设备编码的修编。五是注册设立了可靠性管理中心微信公众号，及时公布可靠性相关数据信息，宣传报道可靠性相关业务动态及可靠性共产党员服务队活动。

（7）持续推进可靠性标准化建设。一是组织召开可靠性标委会年度会议，充分发挥委员作用，加强标准过程管控，推动标准实施落地。二是完成国家标准《输变电设施可靠性评价指标导则》的编制，由国家能源局国标委〔2021〕12 号公告批准，于 2022 年 5 月 1 日开始实施。完成《用户供电可靠性评价指标导则》的申报，该标准入选国家标准化管理委员会下达的 2021 年第一批推荐性国家标准计划（国标委发〔2021〕21 号）。以上两项国家标准的批准和计划下达实现了可靠性专业国家级标准零的突破。三是完成行业标准《直流输电系统可靠性评价规程》、团体标准《直流输变电设施可靠性评价规程》的报批。完成行业标准《发电设备可靠性评价规程　第 7 部分：光伏发电设备》、团体标准《供电可靠性地区划分导则》送审稿的编制。组织开展《串联补偿装置可靠性评价规程》《配电网设施可靠性评价指标导则》《配电网不停电作业可靠性评价导则》《电力谐波引起设备故障鉴定规范》的制修订工作。

（8）积极开展会员单位定制化服务。一是完成长江电力股份有限公司委托的“国际一流大型水电厂指标体系研究”项目并通过验收。二是开展三峡集团委托的“电力设备运行及可靠性对标分析”项目研究，编制完成《2020 年度三峡集团发电设备可靠性运行对标分析报告》及 2021 年各月度、季度及上半年可靠性分析报告。三是完成国家电网公司的专项服务项目“电网标准化、可靠性、项目质量、卓越绩效、可持续性管理等重点问题研究”中的三项可靠性子课题的研究和验收工作。四是签订“广西电网公司‘十四五’供电可靠性指标对标提升方案研究”和“2020 年广西新电力集团供电可靠性指标专项分析报告”两项针对南网的专项服务合同。五是完成哈尔滨电气集团、上海电气电站集团、东方电气集团发电设备可靠性分析软课题报告。

（9）深入开展调研及重点课题研究。一是推动电网企业可靠性对标管理办法研究，开展重点城市供电可靠性专项对标分析，完成上海和深圳、杭州和广州、南京和佛山、青岛和珠海四组城市的专项对标分析报告。二是赴上海、浙江、新疆、佛山、新疆生产建设兵团等电力公司，了解企业在提升供电服务质量、优化营商环境、低压用户供电可靠性试点等方面的工作，征求企业对行业可靠性和电能质量管理工作的意见建议。三是赴上海锅炉厂、上海电力股份有限公司调研，了解发电设备制造及智慧锅炉的新技术、新工艺，探索提升燃煤锅炉可靠性的方法；赴上海电气集团风电股份有限公司开展风电可靠性数据规范采集情况调研。四是赴建材、钢铁、有色行业协会，中国家用电器研究院、金风科技、理想汽车等多家社团和企业，开展“双高”电力系统电能质量现状调研，完成调研报告及后续工作方案的策划。

（10）加强行业可靠性人才培养和队伍建设。7 月 22 日，组织举办一期发电可靠性工程技术人员火电专业中级培训班，共 230 人参加了发电专业可靠性管理人员能力等级（中级）评价考试。组织搭建可靠性管理专业人才评价考试平台，探索“互联网 +”与传统教育培训相结合的新型教育模式。继续完善电力可靠性管理专业能力评价考试题库建设，完成部分专业试题导入及试卷模拟；编制电力行业可靠性管理专业能力评价及可靠性管理继续教育管理办法。

【电力行业职业技能鉴定与教育培训管理及服务】

（1）理顺组织机构，战略引领发展。理顺中心组织机构职责和业务流程，建章立制，构建“九个组织、四项业务、三个着力点、双向发展和一个人才大数据平台”的“94321”行业人才发展服务格局，编制了中心五年发展规划和2022年行动路线，为中心发展提供了清晰的思路、目标。联合海南电网公司、华北电力大学共同筹建海南国际智慧能源学院有限公司。

（2）分析行业现状，积极反映诉求。4月28日，人社部汤涛副部长到中电联调研并召开8家行业协会现场会议，中电联积极汇报电力行业教育培训与人才评价工作开展情况，提出行业人才评价机制建设、职业标准开发等方面意见和建议。制定电力行业职业技能等级认定、认证管理办法与实施办法、电力行业职业技能等级认定分支机构备案工作方案，从制度层面开创社会化、市场化评价机制。完成18个分支机构的评估工作及49个分支机构的审核工作，报人社部备案。

（3）建立工作机制，开展市场服务。受人社部委托，组织完成《中华人民共和国职业分类大典（2015年版）》（电力部分）修订工作。制定电力行业职业技能等级认定与认证管理办法及工作方案，开展分支机构评价工作，成功申报综合能源、电力交易员2个新职业和电动汽车充电桩运维人员1个新工种。电力造价从业人员专业能力评价经三年布局得到市场认可并在8省实施，首次采用全机考及自动阅卷形式。推进高电压试验技术、变电站带电检测等专业能力评价工作，全年累计评价12472人次。

（4）业务线上化，平台市场化。电力行业人才发展服务平台已具备支撑中心基础业务线上开展的能力。截至12月，通过平台开展培训约1300余人次，开展考试及换证1万余人，开展申报项目28个。平台注册用户数已达2.7万人，访问量已达到6.3万人次。微信公众号关注人数达到8500人，共推送软文288篇，浏览量达到14万人次。实现共建在线视频课程561门，课程时长已达44741min。

（5）疫情常态化，培训品牌化。培训业务受疫情影响严重，制定疫情防控服务机制，全年培训实施30项，实现0感染。在疫情常态化情况下，筹划培训业务省域化、品牌化、线上化转型。学时银行初见成效，发放证书611个。

（6）展工匠风采，树竞赛品牌。结合建党百年华诞举办百名电力工匠风采展示活动，开展历时3个月的“谱建党百年篇章、展百名工匠风采”活动，共展示98名电力工匠风采，6.1万人参与点赞互动共13.8万次，展现新时代电力产业工人爱岗敬业的动人风采，广泛宣扬工匠传承精神。征集行业大师绝活向人社部推荐参与全国“大师绝活展”，成功举办了风力发电运维值班员国家一级竞赛。人民日报、学习强国等10家国家级媒体、8家行业级媒体、6家影响力较大的社会媒体、8家省级媒体、8家市县级地方媒体及中电联、中广核、参赛单位自媒体共发布、转载了有关报道55篇/次，阅读量超50万，传播量达百万以上级别。

（7）建中小企业分会，促企业融通发展。贯彻落实中电联第七次全国会员代表大会有关决议，9月16日在北京召开了分会成立大会。中小企业分会以“凝聚力量、移植服务、创新管理，促进合作”为立足点，以会员诉求为导向，以企业发展为目标，以市场需求为动力，打造优秀企业家的“朋友圈”、科技创新的“催化剂”、产融结合的“链接器”。深度了解企业需求，形成分会组织架构，明确分会发展方向。截至12月底，共有22家企业通过审批成为会员。

【电力工程造价与定额管理及服务】

1. 电力工程计价依据的编制与修订

（1）2020版电网检修技改工程定额与费用计算规定获国家能源局批准并颁布。4月，国家能源局以《关于颁布〈电网技术改造及检修工程定额和费用计算规定（2020年版）〉的通知》（国能发电力〔2021〕21号）批准《电网技术改造及检修工程定额和费用计算规定（2020年版）》颁布。经过多次校稿工作，已正式出版发行，并于7月1日起正式实施。8月，成功举办了在线发布会，共计3万余人次观看了直播。

（2）开展《西藏地区电网工程定额与费用计算规定》的修编工作。为满足技术进步、国家有关政策变化、价格水平变化、工程项目管理模式变化对西藏等高海拔地区电网工程科学合理计价的需求，充分考虑西藏地区的特殊地理环境与艰苦施工条件，及时开展了《西藏地区电网工程定额与费用计算规定》的修编工作，2021年完成全国征求意见及梳理、编制启动、大纲编制和审查工作。

（3）完成《电力建设工程工期定额》修编初稿的编制工作。为合理确定电力建设工程工期，确保工程质量和安全，切实维护工程建设各参与方的合法权益，在2007年版工期定额的基础上，增加和完善工程项目类别，进一步细化和增列主要单项工程、单位工程的工期指标，并依据最新的电力建设施工和验收规范，经大纲审查、集中编制、水平测算以及内部审查，于2021年底完成新版电力建设工程工期定额的初稿编制工作。

2. 电力工程计价标准制定与体系完善

（1）2021版电力建设工程工程量清单计价与计

算规范获国家能源局批准并颁布。2021 版电力建设工程工程量清单计价与计算规范，即《电力建设工程工程量清单计价规范》（DL/T 5745—2021）、《电力建设工程工程量清单计算规范　火力发电工程》（DL/T 5369—2021）、《电力建设工程工程量清单计算规范　变电站工程》（DL/T 5341—2021）、《电力建设工程工程量清单计算规范　输电线路工程》（DL/T 5205—2021）四项行业标准，经国家能源局以 2021 年第 3 号公告批准颁布，并定于 10 月 26 日正式实施。

（2）《电网工程施工招标文件编制导则》等三项能源行业标准获批，已正式出版发行。定额总站编制完成的《火力发电工程施工招标文件编制导则》《电网工程施工招标文件编制导则》《20kV 及以下配电网工程建设预算编制导则》三项标准以国家能源局 2021 年第 1 号公告批准，对规范电力工程施工招标文件编制和配电网工程建设预算编制具有重要意义，6 月正式出版发行。

（3）依托标委会组织优势全力推进标准化体系的完善。按照新标准化法和标准化工作改革的要求，承接“工程技术经济标准化技术委员会”的归口管理工作。根据标准化管理中心要求，具体负责技经专业的国标、行标和团标的申报立项、审查报批等系列服务及日常管理工作。2021 年在国网经研院设立了配网工程分标委会，并组织其积极有序地开展相关工作。

技经标委会 2021 年组织完成 2 项标准的立项，以及 8 项标准的编制、审查工作。其中《分布式光伏项目经济评价规范》《电网节能改造项目计价规范》《电网节能能效监测信息系统工程计价规范》《生物质发电（秸秆直燃）工程计价规范》等 7 项标准完成送审稿修改和报批工作。

3. 工程造价数据信息的服务和创新

（1）研究和构建电力工程造价大数据平台。随着信息化、数字化技术快速发展，工程造价市场改革不断深化，传统定额编制方法与适用性疲态已现，电力工程造价与定额管理总站在梳理总结近年来“历史工程造价数据库构建”“BIM 技术发展及应用”“动态定额编制与应用”等课题研究的基础上，2020 年集中组织了“电力工程造价大数据平台构建”研究工作，并得到国家能源局的首肯和全力支持。2021 年度持续推进电力工程定额与造价的数字化建设工作，组织合作单位集中工作，已完成大数据平台功能和原型设计等工作。

（2）定期收集整理和发布电力建设工程投资价格指数、设备材料价格信息。实时跟进工程要素市场价格变化，结合电力工程具体特点，定期编制和发布年度《电力建设工程投资价格指数报告》并及时上报国家能源局；定期编制、出版《电力工程主要设备材料价格信息》《20kV 及以下配网工程设备材料价格信息》及《电力建设工程装置性材料综合预算价格信息》。

（3）定期收集整理和发布现行定额价格水平调整系数。定期调整和发布各版次“电力建设工程定额”“20kV 及以下配电网工程定额”“电网检修技改工程定额”的价格调整系数，为适应工程造价的市场化计价奠定坚实基础。并配套《电网技术改造及检修工程定额和费用计算规定（2020 年版）》，制定新的定额价格水平调整办法。

4. 行业报告书籍编制

（1）编制并出版发行《中国电力行业造价管理年度发展报告（2021）》。为全面、客观反映电力行业工程造价管理发展现状，定额总站编制完成了《中国电力行业造价管理年度发展报告（2021）》，并于 9 月正式出版发行。该报告是中国电力企业联合会行业年度发展报告系列成果之一，其系统解析和科学预测电力工程造价水平与发展趋势，综合分析社会经济要素、技术发展要素等影响变化，成为总结归纳电力工程造价管理工作发展提升的重要成果和依据。

（2）完成电力定额发展史的编撰出版工作。正式出版《电力定额发展史》。该书首次记录了电力定额从无到有、由简到全、从弱到强，以及为契合时代发展不断开拓创新的成长轨迹，形成了一代代电力定额人脚踏实地、辛勤耕耘、无私奉献的珍贵实录，展示电力工程造价与定额管理工作在电力工程建设中所发挥的历史作用。

5. 行业管理服务工作

（1）出版发行《电力造价从业人员职业能力培训教材》。为提高电力工程造价从业人员的业务素质和职业水平，推进从业人员职业能力评价与继续教育培训工作，电力工程造价与定额管理总站组织编写了《电力造价从业人员职业能力培训教材》，涵盖火力发电工程和电网工程，包括综合知识、发电建筑工程、电网建筑工程、热力设备安装工程、电气设备安装工程、输电线路工程和通信工程共七册，于 6 月正式出版发行。

（2）开展行业人才培养和专业能力考评试题编制和评卷工作。响应行业和企业需求，组织电力行业资深专家和高校教师，完成 2021 年度广西、内蒙古、浙江、青海等地电力工程造价从业人员专业能力评价考试命题和阅卷工作，并为发电企业提供电力工程建设造价管理业务大赛题库编制技术服务工作。

（3）完成年度电力工程造价管理论文及成果征集和综合评价。完成 2021 年度电力工程造价管理论文及成果的征集、形式审查工作，并组织业内专家 30 余名专家开展综合分析工作。共征集管理论文 235 篇，管理成果124项，得到了造价和造价相关机构的大力支持和参与，为工程造价管理先进经验与优秀成果的分享交流、推介夯实基础，进一步激发广大电力工程造价从业人员的创新潜力，持续提升电力工程造价管理整体水平。

（4）切实履行工程造价专业管理服务职责。根据政府相关授权，履行对电力行业内30家工程造价咨询企业信用信息动态管理和近1300名一级注册造价工程师职业资格管理服务职责，并开展行业自律。

对企业的管理服务：一是开展电力归口管理的甲级资质变更、延续核查等业务工作；二是组织归口管理的工程造价咨询企业申报各季度信用评价工作，分4批次审核并推荐14家企业参评并取得相应信用等级，累计23家企业在电力工程造价与定额管理总站指导下取得相应等级，推进了甲级资质取消后与造价咨询企业信用信息动态管理的衔接工作；三是组织归口管理的工程造价咨询企业年度统计数据分析、核查与报送工作，为政府部门决策提供支撑；四是开展代收代缴中价协单位会员会费等工作，并为符合条件的企业办理减免退款，切实维护企业利益。

对一级注册造价工程师的管理服务：一是组织并指导行业内一级注册造价工程师各类业务申报、审核工作；二是做好一级注册造价工程师年度继续教育与注册工作；三是协同推进电力造价专业人员职业能力评价与培训工作；四是修订《电力工程造价专业人员管理办法》《电力工程造价从业人员专业能力评价考试实施细则》，并经请常务副理事长办公会议审议。

（5）与各级定额站开展对口衔接与协调管理工作，为企业提供个性化、差异化服务。协助国家电网公司定额站、南方电网公司定额站、中国华电定额站等分支机构按要求完成事业单位年度审核；参与各级电力定额站年度工作计划与预算编制、调整并批复；及时按程序批准各级定额站负责人的任免事项，促进了电力工程造价与定额管理组织体系和运行机制的进一步理顺。

利用行业平台优势，定期向电力企业提供灵活多样的专业技术支持和服务，有序安排定额宣贯工作，2021年采用线上线下相结合的方式，组织开展10余场宣贯活动，基本满足行业内专业人员的需求。

（6）按季度为电力企业提供技术经济综合咨询服务。充分利用平台优势，秉承“联系政府、服务企业”的原则，以信息服务、专家答疑两方面为切入点，从技术经济视角，分析宏观经济形势、聚焦前沿热点、剖析最新资讯，为企业提供专业性、前瞻性的信息支撑服务。

6. 构建行业内外沟通交流与创新学习平台

（1）召开2021年全国电力工程造价与定额管理工作会议。12月22日，全国电力工程造价与定额管理工作会议在北京召开。中国电力企业联合会党委委员、专职副理事长安洪光，国家能源局电力司行业管理处副处长孙鹤参加会议并讲话。董士波作了以“务实创新协同共赢”为主题的2021年电力工程造价与定额管理工作报告，各级电力工程造价与定额管理机构交流分享最新工作成果和先进经验。会议由中电联电力发展研究院院长、电力工程造价与定额管理总站站长张天光和中电联电力发展研究院副院长、电力工程造价与定额管理总站副站长董士波分别主持。此次会议采用线下和线上直播相结合的形式举办，国家电网公司、南方电网公司、五大发电集团及各电力企事业单位1.5万余人次通过线上直播观看会议实况。

（2）加强与政府、企业、国外专业组织的沟通与协调。加强与服务对象的沟通及协调，定期调研走访电力企业，充分了解各方实际需求和亟待解决的难点、痛点问题。在全球“抗疫”的大背景下，组织有关企业参加RICS中国区年度评奖活动，展示中国电力行业发展成果，并荣获团体奖项。

（3）努力打造行业内外学习创新的载体和平台。以“中国电力工程造价信息网”为载体向各方主体提供及时全面的信息服务；协助中国电力企业联合会开展“电力创新奖”相关申报和审查等工作；持续打造以《中国电力企业管理》期刊中“工程管理”版块为核心的学术交流平台，2021年共选发优秀专业论文60余篇。

【电力工程质量监督管理与服务】

（1）坚持思想为魂，切实加强党史学习教育，不断提升政治领悟力。质监部党支部通过强化支部组织建设，持之以恒开展政治思想教育，加强支部作风建设和纪律建设，将党史学习教育活动同质监工作实际紧密结合，引导党员干部牢固质量意识，不断提升党员干部的政治判断力、政治领悟力，切实增强质监工作的使命感和责任感。

1）贯彻落实“三会一课”制度。深入开展党史学习教育活动，贯彻落实习近平新时代中国特色社会主义思想，先后组织开展了党员大会和支委会议12次，组织生活会2次，讲党课6次，主题党日活动4次。

2）开展党史主题教育活动。贯彻落实习近平在党史学习教育动员大会上的讲话精神，持续开展主题教育活动，通过人人讲党课、主题党日等活动将主题教育不断深入。报送党史学习教育工作简报7篇，参与党史学习教育等答题活动15人次。积极参加庆祝中国共产党建党100周年读书征文和答题活动，引导全体党员进一步学习党史、新中国史、改革开放史和社会主义发展史，共报送征文5篇，参加答题15人次。

3）发挥党员活动室的阵地作用。结合党史学习，组织党员利用业余时间开展学习研讨；开展庆祝建党100周年宣传活动等。

4）加强党风廉政建设。持之以恒开展纠“四风”活动。结合质监业务流程，自查廉政风险点，制定有效措施，提升风险防控意识。2021年在质监专家岗前培训和现场监督检查工作中，共开展廉政技术交底263次，有效保障了质监工作廉洁高效完成。

（2）坚持依法为上，认真履行质监职责，不断提升工作组织力。落实国家能源局工程质监要求，严格遵守质监实施程序规定，按照委托职责范围，开展电力工程项目注册、现场监督检查等工作。

1）质监工作情况。2021年，根据授权质监范围，按计划组织检查组，全面完成了各项目的监督检查。先后对陕北—湖北±800kV特高压直流输电工程、白鹤滩—江苏±800kV特高压直流输电工程等6个跨区域电网工程开展94次监督检查工作，共派出专家564人次，发现并提出整改问题8301项，提出改进建议507条；对四川神华天明电厂、江苏盐穴压缩空气储能发电系统国家试验示范项目、辽宁沈阳鑫盛2×35MW生物质热电联产项目等45个发电项目开展了96次检查检查，共派出专家635人次，发现并提出整改问题9972项，提出改进建议182条。以上监督检查所发现问题均已整改落实，有效地保障了工程建设质量。

2）项目注册情况。全年在认真审核项目核准文件和项目申报材料后（所有项目均实现在线申报），完成了49个项目的质监注册，其中电网项目4个；发电项目45个，发电装机总容量2956.8万kW，包含6个百万千瓦及以上煤电项目、9个燃机项目、3个农林生物质发电项目、1个储能项目。

3）质监报告完成情况。对完成全部阶段性监督检查的项目进行总结，提出工程质量监督综合评价，按时出具《电力工程质量监督检查报告》。2021年，共完成了4个电网工程和4个电源工程报告编写工作，并按要求及时报送政府有关部门。

（3）坚持规范为根，强化现场质量管控，不断提升业务执行力。按照“依法、规范、廉洁”的工作要求，努力推进“三化四优”落实，不断加强制度建设，完善工作流程，做好标准更新，加强质监管理工作，大大提高了质监工作能效。

1）修订完善规则规章制度。质监部在梳理现有制度的基础上，进一步做好规章制度修订完善工作：从依法角度，制定《电力工程质量监督站工作规则》；从规范化管理角度，制定《电力工程监督站质监工作规范》；从专业化角度，制定《电力工程质量监督检查组管理办法》《电力工程质量监督站现场监督检查工作细则》；从廉洁角度，制定《电力工程质量监督站专家考核办法》。

2）做好标准识别更新。标准是分析判别工程质量问题的依据，需要不断更新。为打牢质监工作基础，已经梳理识别出最新标准56个，涉及修订条款165条，涉及质监大纲条款累计1300多条，保证质监专家在现场监督检查时执行的是最新标准要求。

3）加强质监管理工作。按照实施程序规定，认真做好项目注册、现场监督检查等工作，强化监督检查的规范性和专业性，严格阶段性监督检查发现问题闭环管理。严格执行《国家能源局综合司关于明确未接受质量监督电力建设工程处理程序等的通知》要求，做好相关项目质监工作。已完成广西桂东电力贺州燃煤发电项目质监工作，还有3个项目在走相应程序。

（4）坚持实效为本，注重专家素质培养，不断提升专业保障力。为真正发挥质监的作用，将质量管理落到实处，要不断加强专家队伍建设，提高质监的管控水平，增强持续服务的能力。

1）组织开展质监专家培训。质监专家队伍是质监工作的重要力量，为提升专家的业务素质和专业水平，完成了三期质监专家培训，全年共计完成了333名专家培训，建立了一支高素质、高水平、专业化的专家队伍。2021年，共派出专家1576人次，发现并提出整改问题25011条，为保证工程建设质量提供了有力保障。

2）加强质监工作管理。为了将质监工作做实，做出成效，充分发挥质监发现问题和解决问题的作用，质监部围绕“两案、四化”，深入开展工作。“两案”即质监方案和工程实体检验检测方案，“四化”是指监督检查清单化、实体质量数据化、监督检查专业化和精细化。

（5）坚持服务为先，主动作为善于作为，不断提升质监影响力。质监工作不单单是行政职能，更是联系政府和企业的桥梁，体现专业化的同时，要不断提升服务能力，扩大质监工作的影响力。

1）采取差异化质监。针对特高压工程的特殊情形，单独安排提前批采用差异化质监，服务质量和服务模式使得企业对质监工作有了更加全面的认识。2021年单独安排了19次提前批质量监督检查。

2）为小微企业解难题。深入贯彻落实“我为群众办实事”工作要求，采用一事一议方式，承接了多项地方政府和企业委托的垃圾焚烧发电、余热余气综合利用等项目的专业服务业务。先后对河北乐亭县固废综合处理厂生活垃圾焚烧发电项目等35个小微项目开展了73次监督检查，共派出专家377人次，发现并提出整改问题6738项，提出改进建议142条。问题均已整改落实，有效地保障了工程建设质量。已完成7个项目的质监报告。

3）助力电力企业走出去。在孟加拉国帕亚拉燃煤电站质监工作获得中孟双方一致好评影响，2021 年又承接了柬埔寨西哈努克港 2×350MW 燃煤电站的质监任务，已完成一次质监任务；又完成了越南 4 个 50MW 风电项目质监业务洽谈。

4）聚焦建设领域编制发展报告。按照中电联 1+N 系列报告的安排，组织编制完成《中国电力工程建设质量年度发展报告 2021》，并附加编写了《中国电力工程建设大事概览》，报告全面反映了电力行业工程建设领域贯彻落实党中央国务院高质量发展部署、激发质量创新活力、推进全面质量管理、加强全面质量监管、着力打造中国品牌和推进质量提升情况所取得的成就。

（6）坚持创新为道，努力适应发展需要，不断提升持久成长力。

1）组织开展远程质监。针对新冠疫情的影响，本着急企业所急、想企业所想，利用现有通信技术，探索远程方式，2021 年组织开展了 9 次远程视频质监，保障了工程进度，为新冠疫情防控措施常态化情况下开展质监工作探索出了新模式。

2）立足做好大数据应用。为充分发挥大数据作用，致力于将定性数据转化为定量数据，为质监提供专业化服务。已经基本完成问题性质分类及分部分项工程归类等工作，为下一步数据统计分析做准备。2021 年，利用大数据平台，完成了《火力发电工程建设质量典型问题分析》《国网特高压交流输变电工程建设质量分析报告》《国网特高压直流输电工程建设质量分析报告》。

3）组织开展调研及课题研究。一是针对质监过程中发现火电工程总承包存在的管理问题，牵头组织开展了火电工程总承包调研，经过调研、分析、研究、总结，历时 4 个月，形成了《火电工程总承包质量管理调研报告》。二是结合国家“碳达峰、碳中和”目标和加快构建以新能源为主体的电力系统，受企业委托开展生物质能产业以及生活垃圾焚烧发电项目的专项课题研究等。三是配合会员部为国家电网公司提供专项咨询服务，完成了特高压交直流工程质量分析报告。

4）争取新的质监业务范围。根据国家能源局的调研精神，质监部积极行动，结合国家构建以新能源为主体的新型电力系统，向国家能源局报送了新增质监业务范围的请示，建议在原有职责基础上新增“可承担新型储能项目、一体化项目及经特高压外送的新能源发电工程质监工作”，不断扩大中电联质监站的影响力，持续提升质监的品牌形象，始终做质监行业的引领者。

【会员服务与行业文化建设】

（1）编撰印发《中国电力工业现状与展望（2021）》。中电联已连续 11 年（2011—2021 年）为行业两会代表、委员及会员单位编印服务手册，重点反映国内电力工业发展现状、预测电力供需形势，分析行业热点焦点，提出专业性、建设性、前瞻性意见建议，积极代表电力行业、企业反映诉求，为两会代表、委员参政议政提供参考，取得了良好社会反响。

（2）举办 2021 年“中国电力主题日”活动。以“红心向党百年路，绿色发展新时代”为主题，制作发布中国有电 139 周年宣传片，从 20 家集团公司选派 23 个精品文艺节目，通过“电力人唱电力歌”等多种形式向社会各界集中展示电力行业一百多年来风雨兼程、砥砺奋进取得的辉煌成就，深情演绎百年电力的精神图谱和昂扬风貌。中电联理事长、副理事长单位、各省电力行业协会及有关会员单位负责同志等近 300 人参加。

（3）编制印发《中电联服务指南 2021》《中电联会员服务报告 2021》。做好中电联重大活动和重要工作的宣传推广，客观反映 2020 年度主要会员服务项目落实情况，详细介绍 2021 年度总体工作思路、重点工作计划、会员服务措施等，作为会员单位和有关能源电力企业全面了解、参与中电联工作的重要信息渠道。

（4）完成了中电联党委交办的第七届理事会换届任务。起草了第七届理事会会员代表产生办法等 7 份文件和议案；完成了 935 名会员代表的确认、登记注册；完成协会主要负责人、候选理事单位及理事候选人等备案材料确认和报送；提出了第七届理事会换届工作领导小组和大会主席团的建议名单，配合完成理事会负责人备案审查；有序开展换届大会线上和线下会员代表的服务和参会组织工作，共有 772 名会员代表参加会议并表决，179 名企业代表列席会议，为大会合法性、广泛性奠定了基础。

（5）召开 2021 年中电联理事单位联络员工作会议。中电联秘书长郝英杰出席会议并讲话，国网浙江省电力有限公司总工程师李颖毅致辞。会议对中电联重点业务版块进行了介绍，6 家会员单位就电力新能源知识产权、“碳达峰、碳中和”目标下企业管理、技术等创新成果进行了典型经验交流，并向参会代表及理事单位等开展了会员服务问卷调查。

（6）召开 2021 年中电联省级电力行协座谈会。中电联秘书长郝英杰出席会议并讲话，国网浙江省电力有限公司总工程师李颖毅到会致辞。会议介绍了中电联电力市场分会（筹）及中小企业分会有关情况，4 家省级电力行业协会主要负责同志从协会内部治理、服务“碳达峰、碳中和”目标、行业智库建设等方面作了专题交流发言。

（7）召开中电联内蒙片区会员单位座谈会。中电联首次在内蒙古召开片区会议，中电联秘书长郝英杰、内蒙古电力（集团）有限责任公司党委委员燕林生出席会议并讲话。会议围绕火电与新能源消纳矛盾、火电企业经营困难、煤价上涨等当前电力行业发展的热点、难点问题进行了深入研讨，片区会员单位及有关能源企业共40余人参会。

（8）召开中电联新疆片区会员单位座谈会。中电联秘书长郝英杰，国网新疆电力有限公司党委委员、副总经理钟永泰出席会议并讲话。会议介绍了中电联行业企业文化建设、能源研究与规划评估、电力工程咨询、定额管理、电力司法鉴定等业务板块，围绕“碳达峰、碳中和”背景下更好利用疆内丰富能源资源、新疆地区新能源发展等进行了深入研讨，片区会员单位及有关能源企业共30余人参会。

（9）组织电力行业企业文化建设成果推荐、推广工作。编辑出版《电力行业企业文化建设优秀成果》，树立电力文化品牌，宣传展示电力行业企业文化建设经验与成果。择优推荐并参评全国企业文化优秀成果奖，取得特等奖4项（全国共22项）、一等奖33项、二等奖32项，在全国各行业中名列前茅。

（10）组织电力企业社会责任优秀案例征集活动。编制《2021年度电力行业企业社会责任优秀案例集》，收纳优秀行业案例90项，以《中国电力企业管理》增刊形式公开出版发行，树立责任典范，传播责任理念，探索责任创新，推动电力行业企业社会责任工作高质量发展。

（11）组织参与“我心永向党”庆祝中国共产党成立100周年红歌会。推荐了中电联《幸福中国一起走》、中国大唐《红色奇迹》等节目，弘扬伟大建党精神，展示电力行业党建文化成果。

（12）深入开展电力精神研究工作。成立由辛保安理事长任主任委员的电力精神研究工作委员会，编制电力精神研究、发布及宣贯工作方案，开展电力发展史料和企业文化资料搜集等工作，深入调研石油石化、航天、水利等行业精神建设经验，召开电力精神研究工作专题会，组织开展新时代电力精神内涵关键词征集、问卷调查及高频词网络投票活动，初步提炼形成符合新时代特色的电力精神，编制了《电力精神研究专项工作报告》，为发布电力精神奠定基础。

（13）发布《电力企业社会责任实施指南》（T/CEC 459—2021）。进一步完善中国电力企业社会责任标准体系，为电力企业社会责任管理及实践提供有力支撑，推动电力企业全面履行社会责任。

（14）召开分支机构秘书长工作座谈会暨分支机构规范化管理专题培训。中电联党委委员、专职副理事长王志轩出席会议并讲话。会议对2020年各分支机构重点工作情况进行了回顾和总结，结合电力工业低碳转型发展宏观形势，对当前分支机构发展面临的新机遇与新挑战进行了研判。会议邀请有关专家围绕全国性社会团体分支机构规范管理进行了专题培训。

（15）推动分支机构本部化与市场化改革。编制《关于进一步加强和完善分支机构规范管理的建议》，完成火力发电分会、水力发电分会、电力装备分会等秘书处本部化调整工作，变更调整节能环保、电动汽车与储能、电力装备等分会名称和业务范围，持续优化分会布局，激发分支机构活力，为提升分支机构会员服务质量提供助力。

（16）设立中电联中小企业分会。召开中小企业分会成立大会，同期举办电力行业中小企业发展座谈会、“中小企业创新的重要性及问题”主题讲座、投融资主题沙龙等活动，拓展服务能源、电力领域上下游中小企业，促进融通创新发展，更好支撑电力行业高质量发展。

（17）设立法律分会。召开法律分会成立大会暨电力行业法治工作交流会，邀请政府部门有关领导、在京会员单位代表及个人会员出席现场会议，着力提供专项特色法律服务，提高电力企业法律风险防范能力，不断提升电力行业法律服务水平，助力电力行业法治建设。

（18）设立电力市场分会。召开电力市场分会成立大会暨电力市场建设研讨会，参会嘉宾围绕加强安全保供、完善市场机制、促进行业企业健康可持续发展等内容作主题发言，着力为促进中国市场建设逐步完善、交易规则公平合理、保障市场健康有序运行提供平台支撑。

【党群及纪检监察工作】

（1）全面加强党的政治建设。坚持把推动贯彻落实习近平总书记重要指示批示精神和党中央决策部署作为头等大事，引导中电联全体党员干部树牢“四个意识”、坚定“四个自信”、做到“两个维护”，牢记“国之大者”，在思想上政治上行动上同以习近平同志为核心的党中央保持高度一致。坚持把政治建设摆在首位，筑牢党性根基。制修定《中电联党委学习贯彻习近平总书记重要讲话精神工作办法》《中电联党委理论学习中心组学习规则》，贯彻落实“第一议题”学习制度，深入学习宣传贯彻习近平新时代中国特色社会主义思想，将政治理论学习作为推进各级党组织领导干部提高政治素质水平、提升科学决策能力的重要方式。牵头汇编《习近平总书记有关电力行业重要讲话和指示》《中电联党委“第一议题”学习及“两个维护”贯彻落实情况》，分发给各党（总）支部学习贯彻落实，推动学习成果持续转化为工作效能。全年组织学习习近平总书记重要讲话16篇，组织党委领导讲党课3次，党委理论中心组学习 7 次。强化党建引领，落实责任担当。组织召开 2021 年党建暨纪检监察工作会议，全面部署党建和纪检监察工作任务。印发 2021 年党建、纪检监察工作要点、中心组学习计划、职工理论学习计划有关文件。组织各党（总）支部签订《党风廉政建设责任书》，推动党（总）支部主要负责人严格落实第一责任人职责和班子成员“一岗双责”，发挥带头表率作用。

（2）全面加强党的思想建设。通过开展党史学习教育、庆祝建党 100 周年和党的十九届六中全会精神系列活动，持续巩固深化创新理论武装，确保“四史”学习教育覆盖全体职工，推动学习成果持续转化为工作成效。组织保障，精心谋划推动党史学习教育活动。制定党史学习教育实施方案和建党 100 周年系列活动方案，成立领导小组和工作机构，明确学习内容和工作安排。及时配发四本指定书目，为深入学习党史学习教育提供“教科书”。成立两个党史学习教育巡回指导组，督促指导各部门（单位）开展党史学习教育。精心组织，迅速掀起学习十九届六中全会精神热潮。第一时间组织党委“第一议题”专题学习会、党委理论学习中心组（扩大）会，深入学习贯彻党的十九届六中全会精神，认真组织收听收看国资委党委召开的学习贯彻党的十九届六中全会精神国资国企宣讲报告会，组织广大党员参加国资委行业协会学习贯彻党的十九届六中全会精神网络培训班，指导各党（总）支部将全会精神作为专题交流研讨会、“三会一课”、主题党日和干部培训的重要内容，引导广大党员干部迅速把思想和行动统一到全会精神上来。丰富学习载体，推动党史学习教育走深走实。发挥“关键少数”的示范带动作用，组织 3 位党委领导分别讲授社会主义发展史、党史和新中国史，党委领导领学导学作用充分发挥。分两期组织 150 余名党员领导干部参加党史学习教育集中轮训班，推动党史学习教育与学习习近平总书记“七一”重要讲话精神融会贯通，走深走实。组织开展庆祝建党 100 周年征文和党史知识答题活动，共计 650 余人次参与。指导各党（总）支部通过讲党课、交流分享会、实地考察学习、参观红色教育基地、特色主题党日等形式开展学习。加强宣传，营造浓厚学习氛围。在学习强国刊登《中电联：从百年光辉历程中汲取丰厚滋养》，编发 23 期专题简报，认真梳理总结中电联党史学习教育、建党 100 周年系列活动开展情况，十九届六中全会精神学习贯彻情况，通过网站、微信、杂志等平台广泛宣传，营造浓厚学习氛围。

（3）全面加强党的组织建设。以支部标准化、规范化建设为契机，充分发挥基层党支部战斗堡垒作用和党员先锋模范作用。规范组织生活，加强党性锻炼。完成 2020 年度党委民主生活会、支部组织生活会、民主评议党员等工作；指导各支部认真开展“三会一课”、主题党日活动。完成代管协会党支部书记抓党建述职评议考核。认真做好党费收缴、党建经费拨付等管理使用工作，支持各级党组织开展党建工作。组织中电联领导班子成员参加所在支部党史学习教育专题组织生活会，精心指导 23 个党支部高质量开好专题组织生活会。组织评先选优，发挥典型示范作用。制定中电联“两优一先”评选办法，组织召开表彰大会，32 名优秀共产党员、23 名优秀党务工作者、4 个先进基层党组织受到表彰。各支部和广大党员干部在疫情防控方面当先锋、作表率，充分发挥了基层党组织战斗堡垒作用和党员先锋模范作用。推荐的可靠性管理中心党支部书记周霞荣获全国妇联颁发的“全国巾帼建功标兵”称号。加强制度建设，推进基层党组织标准化规范化建设。指导支部做好标准化、规范化建设工作，及时发放有关学习手册。制定中电联基层党组织换届选举管理办法，编制《党支部换届选举工作实用手册》，指导 21 个党（总）支部规范高效完成换届选举工作，进一步打造全面进步全面过硬的战斗堡垒。完善分支机构与代管协会党组织体系建设，积极推动分支机构的党员纳入挂靠部门（单位）所在党组织，严格落实党组织生活，确保实现党的组织、党的工作“两覆盖”。明确分支机构与代管协会党建工作与业务工作同谋划、同部署、同推进，切实做到党的组织和党的工作覆盖。严格坚持标准，积极做好党员发展工作。规范组织发展，举办发展对象培训班，2021 年高质量发展党员 16 名，转正党员 12 名，基层党员队伍进一步壮大，基本解决中电联脱钩前遗留的党员发展存量问题。

（4）全面加强阵地建设。全方面深入学习宣传贯彻习近平新时代中国特色社会主义思想，十九届六中全会精神，社会主义核心价值观、“十四五”规划、碳达峰碳中和政策等内容。强化经费保障，夯实宣传阵地建设。争取国资委党建经费 38 万元，按照“突出重点，注重实效”的原则，支持相关党支部在办公区、走廊等场所悬挂各类党建宣传栏，制作展板、布置读书角，营造浓厚学习和庆祝氛围。发挥党员活动室作用，激发党建新活力。在建党 100 周年来临之际，中电联党建活动室正式建成并投入使用。目前，各级党组织依托党建活动室开展形式多样的特色活动，承接了多次国资委组织的行业会议，阵地功能作用得到充分发挥。

（5）落实全面从严治党主体责任。提高政治站位，深刻领会巡视巡察精神要求。深入学习贯彻习近平总书记关于巡视巡察工作的重要论述、中央巡视工作精神以及国资委党委巡视工作要求，提升中电联各级党组织对巡视巡察工作新认识。规范有序开展2021年巡察工作，全面贯彻落实巡视工作方针，制定2021年巡察工作方案，调整巡察组长库和巡察工作人员库，组建巡察工作组。组织开展巡察专项业务培训，提升巡察工作质量。紧盯被巡察党组织职能责任，围绕“四个落实”的监督重点，制定《2021年中电联巡察工作手册（试用版）》《中电联巡察工作监督重点内容和问题清单（试用版）》，规范巡察工作方式方法和流程，组织开展现场巡察工作、汇总巡察情况汇报材料及向被巡察党组织反馈巡察工作。推动巡察整改常态长效。探索建立巡察整改促进机制，及时梳理巡察发现的普遍性、倾向性问题，在中电联本部各部门、直属单位、代管协会开展自查自纠，推动巡察问题整改与完善协会治理体系有机结合。

（6）扎实推进党风廉政建设。紧盯关键少数，强化管党治党主体责任。紧盯重点岗位、关键人员，强化基层党组织党风廉政建设，组织对直属单位、代管协会重点岗位、重要人员廉政谈话，推动基层党组织落深落实全面从严治党主体责任；加强对新提拔任用干部的教育和监督，分层级地对新提拔任职的领导干部开展任前集体廉政谈话56人次，不断增强干部廉洁从业的思想自觉、行动自觉。加强对“选人用人”的监督，科学严谨评价干部廉洁情况，把好党风廉政意见关，出具党风廉政意见书63人次。紧盯重点环节，加强廉洁风险防控工作。落实国资委协会党建局关于加强廉洁风险防控工作有关要求，组织中电联本部各部门、直属单位及代管协会，结合工作实际，从议事决策及执行、贯彻落实中央八项规定精神、财务管理、项目建设、组织人事、党员领导干部自身建设等方面进行廉洁风险排查和梳理，建立廉洁风险排查防控措施落实工作督办台账，督促各部门（单位）落实主体责任，压实防控措施。紧盯廉政建设不放松，筑牢廉洁思想防线。组织中电联各级党组织开展“学党史　树正气　转作风”为主题的廉洁警示教育活动，活动以“开展党的纪律建设简史专题学习、观看警示教育片、参观警示教育基地、开展党规党纪知识测试”为依托，增强教育的针对性、有效性，促使党员干部不断增强纪律意识和规矩意识，自觉遵守廉洁自律各项规定，持之以恒正风肃纪。

（7）做实做深做细日常监督。紧盯疫情防控责任落实，开展监督检查。发挥纪检监察在疫情防控中的监督作用，制定疫情防控工作专项监督检查工作方案，对中电联本部办公区及有独立办公场所的管理单位开展疫情防控监督检查，提出工作建议，压实疫情防控主体责任，确保防控监督及时有效。紧盯重要时间节点，持之以恒纠治“四风”。强化宣传教育，及时通过OA系统、微信群等多种方式发出廉洁提醒，督促广大党员干部职工筑牢思想防线，严守纪律规矩。加强监督检查力度，采取随机抽查、现场检查等方式，重点对中电联各级党组织的学习传达、宣传教育、公车管理、公务接待、津补贴福利发放凭证、婚丧喜庆事宜报备、疫情防控、节假日离京审批报备等情况进行监督检查，共计开展监督检查18次。有效运用“四种形态”，严格依规依纪依法开展监督。组织召开中电联纪委会5次，对有关转办单进行专题研究，及时处理问题线索3件。以制度建设提升监督执行规范化水平，修订《中国电力企业联合会关于贯彻落实党风廉政建设责任制的实施细则》，健全完善纪检监察工作机制，结合工作实际，规范纪检监察和谈话函询工作所用文书材料，形成标准化、模板化，包括谈话工作方案、谈话安全预案、谈话风险评估、函询通知书，提升监督执纪工作水平。

（8）全面加强群团工作。坚持党建带群建，发挥桥梁和纽带作用，以“我为群众办实事”实践活动为抓手，增强职工的凝聚力和向心力。走实走心，深入开展“我为群众办实事”实践活动。制定《中电联“我为群众办实事”实践活动情况清单》，聚焦为行业发声、人才队伍建设、为基层办实事、党建引领、群团共建等内容，积极推进相关工作，按时向国资委报送活动进展情况。制定三类22项《行业协会“我为群众办实事”民生项目清单》，明确责任部门、责任人以及完成时限，目前已完成13项，10项作为长期项目持续推进。助力乡村振兴，落实国资委帮扶工作。按照党委统筹安排，机关工会在扶贫网站购买农副产品，确保国资委乡村振兴帮扶任务超额完成。落实职工帮扶机制，按计划做好职工慰问工作。坚持以人为本，落实党组织、工会组织对困难党员、工会会员的关心关爱，完成职工生日、生病、生育、退休、困难、家属去世、重要节假日等各类慰问千余人次。落实防疫要求，全年购置发放防疫物资5万余元，为防疫提供有效保障。党建带群团建设，组织各类活动。举办“三八”妇女节掷飞镖、春季健步走、“六一”童心向党、冬季跳绳、踢毽等一系列职工喜闻乐见的活动。“七一”组织编演的《幸福中国一起走》MV，参加国资委行业协会“我心永向党”主题歌咏会。丰富职工文化生活，增强职工队伍的凝聚力和向心力。举办“学党史、知党恩、跟党走”和“请党放心，强国有我”两次主题团日活动，引导青年职工赓续红色基因，传承革命精神。

【电力发展研究与服务】

1. 电力发展课题研究工作

（1）开展能源（电力）规划研究。完成“京津冀战略跟踪监测研究”课题，跟踪京津冀区域协同发展战略实施情况，监测区域能源协同发展实施进展，分析研判京津冀能源发展形势，提出强化区域能源安全保障、加快提升区域清洁能源供应能力的政策建议。开展“黄河流域能源转型发展规划研究”，聚焦黄河流域电力流向与输电通道规划，为黄河流域电力系统优化发展提供可行方案，促进黄河流域充分发挥全国重要能源基地作用。完成“天津市能源发展中长期战略研究”课题，分析天津市能源发展面临的主要问题和挑战，预测“十四五”天津能源生产与消费主要指标，明确能源结构优化目标，研究提出天津能源碳达峰实施方案，为实现天津能源绿色低碳发展提供有力支撑。

（2）开展能源电力行业“碳达峰碳中和”路径研究。开展多项能源电力行业碳达峰碳中和政府委托研究课题和自主研究课题，研究内容涵盖能源电力碳达峰碳中和的内涵、外延、路径、技术、政策、市场等多领域，形成了中电联关于能源电力碳达峰碳中和的系统性研究成果和方法体系。完成的研究课题主要包括“2030 前碳达峰行动方案研究”“碳达峰碳中和对全球格局影响研究”“电力行业二氧化碳排放达峰方案研究”“电力行业碳达峰碳中和发展路径研究”等，研究成果专业价值高，为政府部门开展能源电力碳达峰碳中和工作提供智力支持，对推动能源电力绿色低碳发展产生积极影响。

（3）开展中国电气化发展 2021 年度研究。完成“中国电气化年度发展报告 2021”课题，根据中电联电力行业统计与调查数据，以电气化发展指标体系贯穿全文，梳理 2020 年以来电气化发展相关政策，开展电气化典型指标国际对比，分析主要国家、中国四大地区、重点区域、分省（区、市）电气化进程，重点反映中国在各产业与主要部门电气化、电能替代、能效管理与节能节电、电力需求侧管理、用能用电服务、非化石能源发电、输配电、电力安全供应、电力新业态、农村电气化、电力市场化改革、低碳电力等电气化主要领域的发展情况，分析面临的形势与挑战，并进行了展望。研究成果为凝聚社会各界关于电气化发展的共识，推动能源绿色低碳转型，助力实现碳达峰碳中和目标发挥积极作用。

（4）开展发电企业对标 2021 年度研究。完成“中国发电企业和世界同类能源企业对标分析报告 2021”课题，瞄准建设具有全球竞争力的世界一流能源企业总体目标和方向，从经营生产、效益效率、绿色创新、国际化四个维度开展国内 11 家发电企业与国外 10 家代表性同类能源企业对标，对 2020 年各分项指标数据进行对比分析，研究国外先进能源企业发展趋势，并对 2022 年中国发电企业发展进行展望。研究成果为中国发电企业明晰自身位置，完善发展策略、优化产业布局、推动管理提升、实现高质量发展提供有益参考。

（5）开展区域电力系统碳达峰路径研究。完成“碳达峰碳中和背景下辽宁电力碳达峰时序和路径研究”、河北南网“‘碳达峰、碳中和’目标下能源低碳转型路径及公司策略研究”和“‘双碳’目标导向与新型电力系统发展方向下的杭州电网发展路径和策略研究”等多项区域电力系统碳达峰路径研究课题。研究范围设计东北、华北、华东多个省份，多类型区域电力系统。课题通过总结国内外碳达峰、碳中和发展经验，构建基于碳排放最优的电源结构优化模型，探索不同区域碳排放最优且系统成本可接受的碳达峰实施路径，并展望区域碳中和前景，提出助力碳目标实现的对策建议，研究成果对各区域电力行业低碳转型的政策制定和实施提供了支撑和保障。

（6）开展跨区输电方案研究。完成“南方电网‘十四五’及中长期跨区输电方案研究”课题，分析南方五省区“十四五”及中长期电力市场空间和区外资源情况，提出跨区输电方案建议，并就重要输电线路进行技术、运行及经济性的详细分析，为南方电网跨区输电规划提供有力参考。完成“晋北忻州区域千万千瓦级新能源配套北辛窑 4×100 万 kW 煤电一体化综合能源外送基地‘晋电送浙’项目可行性方案研究”，基于送受端能源、电力发展情况，阐述“晋电送浙”必要性和紧迫性，重点从综合能源基地建设、送电技术方案、经济性等方面进行可行性研究，支撑项目前期规划工作，同时为政府相关部门、相关企业提供决策参考。

（7）开展电力价格机制类课题研究。完成“价格司完善分时电价政策研究”课题，结合中国分时电价的具体实践，聚焦执行范围、时段划分、峰谷价差、季节划分、电价机制形式等方面，论述了分时电价实施过程中显现的主要矛盾和不足，在借鉴国外发达国家分时电价实践成功经验的基础上，提出具体修改和完善中国分时电价的政策建议。完成“价格司关于完善增量配电网配电价格机制问题研究”课题，结合中国增量配电网相关政策和发展现状，研究中国增量配电网配电价格机制存在的问题，总结国内外实践经验，研究提出完善中国增量配电网配电价格机制的政策或方案建议，对于有效引导社会资本投资增量配电网业务具有重要意义。

（8）开展增量配电网运营模式课题研究。完成“国网江苏经研院电网投资增量配电业务运营管控策略研究”课题，分析国内典型增量配电网试点项目及其他行业典型混改企业运营管控经验，调研总结江苏省增量配电业务改革试点整体现状，选取江苏省典型增量配电网项目探究和分析当前项目运营、公司管控中存在的问题，结合政策、市场和技术、监管等方面的发展趋势，提出适合国网江苏省电力有限公司的最佳增量配电网运营管控策略及保障措施。完成“国网浙江省电力有限公司增量配电网业务运营模式研究”课题，总结分析国内增量配电网主要运营模式类型及可借鉴的经验启示，调研总结浙江省增量配电网项目运营中存在的问题，提出适合国网浙江省电力有限公司的最佳增量配电网投资项目运营模式，助力其合理拓展现有增量配电网投资项目业务发展方向，也为未来投资增量配电网业务决策提供支撑。

（9）开展特高压后评价工程评价方法研究。完成“特高压交流输变电工程后评价体系研究”和“特高压直流输电工程效益专题研究”，特高压交流工程后评价体系从评价指标体系、评价方法体系、精益化管理体系三方面建立，依次实现对具体工程后评价的指标支撑、方法支撑、项目的精益化管理支撑；特高压直流输电工程效益研究，侧重于构建特高压直流输电工程社会环境、国民经济效益评价指标和评价方法。特高压后评价工程评价方法研究成果，分别应用于蒙西—天津南 1000kV 特高压交流输变电工程后评价和锡盟—泰州±800kV 特高压直流输电工程后评价，基于工程设计数据，验证了指标和方法的适用性。

（10）开展新形势下电网投资决策方法研究。完成“新形势下跨省区输电项目利益分享体制机制研究”，基于南方区内西部省份税收和投资属地化诉求以及南方区外跨省区输电项目潜在利益方诉求，综合现有税收、电价和股份制改革政策，探索研究完善税收分配、电价机制，提出新格局下南方区内外跨省区输电项目的近期和远期利益分享模式，并编制形成跨省区输电项目利益分享实施方案，从国家、地方和企业层面提出政策措施建议，为解决各方利益诉求提供可选储备方案。完成山东、安徽、河北衡水等地区电网发展投资策略研究项目，基于电网投资面临的内外部政策环境、经济发展形势，研究建立基于生产经营指标和输配电价约束的电网投资能力测算方法，构建不同类型项目优选评分体系，为确定年度投资计划提供方法工具；从地市、电压等级、项目类型等不同层级构建效率、效益、风险、关联指标和指数，挖掘指数内在规律和投资策略核心要素的关联性，创建效率效益评估应用机制和投资策略辅助决策优化机制，为单个项目效率与公司整体关联评价提供新思路；并综合提出新形势下差异化电网投资策略，支撑投资规模、投资结构和投资时序优化；从而打造电网投资决策方法体系，助力实现精准投资。

2. 电力行业服务工作

（1）召开第一届中国电气化发展高端论坛。11 月 19 日，由中电联主办、中电联电力发展研究院承办的第一届中国电气化发展高端论坛在北京举办。论坛以“双碳引领　电亮未来”为主题，邀请政府部门有关领导，能源、交通、建筑、冶金、化工、家电等行业和高等院校专家学者共同探讨在实现“碳达峰碳中和”目标和构建新型电力系统背景下的电气化发展新成果、新趋势。由中国电力企业联合会编制的《中国电气化年度发展报告（2021）》通过论坛正式发布。论坛采用线下高端论坛和线上直播相结合的形式举办，逾 13 万人次通过线上直播收看论坛实况。

（2）输变电工程三维设计标准化技术委员会推进标准化体系的完善工作。按照新标准化法和标准化工作改革的要求，中电联电力发展研究院承接了“输变电工程三维设设计标准化技术委员会”的归口管理工作。根据标准化管理中心要求，发展院具体负责输变电工程领域的国标、行标和团标的申报立项、审查报批等系列服务及日常管理工作。发展院推进中电联输变电工程三维设计标委会各项工作，发布标准 8 项，3 项行标和 2 项团标通过立项审查。加强标委会管理，组建标准体系研究小组，进一步深化标准体系。赴重北京构力科技有限公司开展调研工作，进一步了解标准编制需求。编制并发布《输变电工程三维设计标委会官方网站运营管理办法》和《输变电工程三维设计标委会微信公众号运营管理办法》，提升网站和微信公众号的运营管理水平。

（3）完成国家“区块链+能源”创新应用试点示范项目评定工作。受国家能源局科技司委托，电力发展研究院组织完成了国家“区块链+能源”创新应用试点示范项目评定工作。国家“区块链+能源”创新应用试点示范项目的评定工作，涉及电力交易、综合能源服务、碳排放、煤炭、油气、能源供应链、新能源汽车等多个行业与领域。该项目评定的过程与结果一定程度在国家层面上指引了相关行业发展方向和趋势。项目评定结果得到上级部门的认可，为国家相关部委确立国家级区块链创新应用试点项目提供了智力支持。

【电力评价咨询与服务】

1. 电力行业信用体系建设方面

（1）拓展行业信用管理职能，行业组织体系更趋健全。4 月 6 日，在宜兴召开涉电力领域信用评价标准化技术委员会工作会议，会议讨论布置了 2021 年标委会重点工作任务，更新调整了 6 位标委会委员。发挥标委会引领作用，重点标准制修订率先开展。完成《涉电力领域信用基本术语》等 5 项团体标准制定，开展《电力企业信用评价规范》（DL/T 1381—2014）等 4 项行业标准修订；新立《售电公司信用评价规范》4 项团体标准，丰富了信用评价评分专业覆盖种类以及征信标准业务。规范各评价中心管理，夯实基层信用工作体系。印发《中电联信用办 2021 年工作计划》《关于进一步规范评价中心开展信用服务工作的通知》，促进各地信用体系建设健康有序发展。年度新增设评价中心 1 家（上海电力行协评价中心），撤销评价中心 1 家（甘肃评价中心）。

（2）行业信用评价日益精细，企业参与度逐年提高。一是推进行业信用评价。实施“月度评价、季度公示”工作模式，全年公布 4 批 464 家信用企业评价结果。二是拓展参评主体专业范围。各涉电力领域市场主体诚信建设意识逐渐提升，参评企业专业涵盖电力设计、电力建设、发电、电网、设备供应、造价咨询、售电等能源服务类企业，其中民营施工企业参评数量同比提升 32%。三是编制信用评价申报指南。编制《涉电力领域企业信用评价申报指南（2021）》，指导参评企业自主开展信用评价线上申报。

（3）组织召开信用体系建设推进会，诚信文化建设扎实推进。一是召开工作推进会。10 月 26 日组织召开了“电力行业信用体系建设工作推进会”，会议宣布了电力行业信用体系建设领导小组成员调整名单，发布了第四届“信用电力”知识竞赛获奖结果，同期举行了电力“十三五”回顾和“十四五”展望展览；二是定期推送信用工作成果，全年编纂 12 期《电力行业信用体系建设工作简报》，“信用电力”微信公众号突破 2 万人，行业信用文化水平和影响力得到切实提升。

（4）拓展行业信用咨询培训，培养行业信用管理人才。开展信用管理人员培训，累计参培 652 人。为国网北京、四川等省级电网公司提供了信用体系建设知识和失信联合惩戒专项培训工作，加强了与网省公司的信用合作。

（5）深化行业信用平台建设，实现信用信息共享共用。一是优化“信用电力”网站功能。二是实现信息交换共享，通过与“信用能源”信息平台建立信用共享机制，数据接口累计完成 4 次、2141 条行业信用评价信息报送。三是完善信用信息安全管理。制定了信用信息安全管理制度，完成了《2021 年公安机关网络安全监督检查自查表》，并按要求完成了“信用电力”平台的等级保护二级的备案及测评工作。

（6）参与信用专题研究工作，提升行业信用知名度。参与能源局“构建以信用为基础的新型能源监管机制”课题研究报告的编写，在行业共建与协同监管方面提出了工作机制和工作内容，明确了行业信用体系建设工作的定位和职能。在“关于能源行业市场主体信用数据清单和行为清单修订工作”中，提出行业协会有关信用数据及行为清单。

（7）明确征信业务方向，加大资质获取，奠定业务开展基础。征信公司于 2019 年取得了人民银行备案资质，同期，被国家公共信用信息中心纳为第一批可为信用修复申请人出具信用报告的信用服务机构名单。2021 年，征信公司先后获得了增值电信业务许可证、电力征信平台信息系统安全等级保护二级备案证明，通过了质量、环境、职业健康安全管理体系认证、AAA 信用等级认证，并成为“京津冀”征信链 9 家征信机构之一。“电力征信”平台已经拥有 103935 家涉电力领域（含电力供应商）企业，实现了填报系统、评价系统、报告系统和供应商档案的基础开发工作，具备了信息采集、公共信用综合评价、重点关注名单管理、征信报告出具、信用档案查询、电力征信公众号管理、征信报告费用收取等主要功能。

（8）持续开展涉电力领域失信治理工作。一是完善相关制度，规范工作流程。制订《涉电力领域市场主体“重点关注名单”管理工作实施细则（试行）》《涉电力领域失信主体信用修复工作细则（试行）》，进一步规范了征集、审查等工作流程。二是开展涉电力领域失信行为专项治理。归集整理 15 家集团上报的 275 条失信行为信息，向 210 家涉电力领域市场主体发送了涉电力领域失信行为信息确认函，并以电子邮件、电话和邮寄信件三种方式逐一进行失信行为确认；召开三次监审委会议，起草并发布了第七、八批“重点关注名单”，共计 85 家失信主体被列入。共有 762 家企业被列入“重点关注名单”。三是开展失信惩戒与信用修复培训工作。组织开展了 6 期信用修复专项培训和 2 期信用修复集体培训，参加培训的学员数量近 300 人；组织信用监管与治理考试 8 场，为 127 名学员颁发电子版考试合格证书。共计 46 家重点关注名单市场主体按照修复程序完成了信用修复并退出名单。

2. 电力需求侧管理服务方面

（1）发挥行业优势服务政府宏观管理。一是支撑工业运行要素保障工作。配合将工业领域电力需求侧管理工作纳入《2030 年前碳达峰行动方案》《中国应对气候变化的政策与行动》《工业领域碳达峰实施方案》《关于加强产融合作推动工业绿色发展的指导意见》《“十四五”工业绿色发展规划》等文件。持续开展示范参考评审推荐工作。贯彻落实国家《能源生产和消费革命战略（2016—2030）》部署，做好工业领域电力需求侧管理工作，累计组织完成五批次 185 家示范企业、园区评选（包含 171 家示范企业、14 个示范园区），其中赞皇金隅水泥有限公司等 30 家企业及盘锦高新技术产业开发区等 2 家园区入选 2021 年 3 月工业和信息化部第五批全国工业领域电力需求侧管理示范企业（园区）名单。

（2）重视人才培养，培育服务机构。4～12 月，联合国网综合能源服务集团有限公司和中科国综（北京）能源互联网科技有限公司，通过在线教学方式组织了电力需求侧管理、电力需求响应和全国首期绿色电力交易专题培训，来自政府电力需求侧管理主管部门、电网、发电、售电、电能服务及综合能源服务等单位以及企业、园区负责能源管理 300 余人参加。修订《电力需求侧管理服务机构管理办法》，2021 年，开展了原有服务机构年审及换证工作，并完成三批次新申报服务机构的评审工作，累计审核服务机构 191 家。确定电力需求侧管理服务机构备案单位合计 160 家，其中一级机构 37 家，二级机构 123 家。

（3）建设信息化平台，完善相关标准体系。一是组织实施能源领域“科技助力经济 2020”重点专项——“企业能源需求侧管理大数据应用平台”项目，融合信息通信和大数据处理等先进技术，满足用能企业对现代化能源管理的功能需求，有效提升企业能源管理效率。二是 12 月 22 日，牵头编制的《电力需求侧管理通用规范　第 1 部分：总则》《电力需求侧管理通用规范　第 2 部分：术语》及参与编制的《工业园区综合能源需求响应系统通用技术规范》《工业园区综合能源系统互动技术导则》《微电网需求响应技术导则》5 项行业标准经国家能源局获批发布，并于 2022 年 3 月 22 日正式实施。完成国家标准《工业领域电力需求侧管理实施指南》、行业标准《电力需求侧管理通用规范　第 3 部分：需求侧资源调节》立项工作。三是“工业领域电力需求侧管理机制研究与实践”课题荣获 2021 年度电力科技创新奖一等奖。

3. 工业和信息两化融合管理评定服务方面

（1）3 月 31 日，中电联在浙江嘉兴成功召开第 14 次电力企业信息化工作联席会。中电联副秘书长沈维春、工信部信息技术发展司二级巡视员王少朋出席会议，中电联理事长、副理事长单位信息化、数字化工作负责人 40 余名代表参会，大会对电力“十三五”信息化、数字化工作进行了总结，就《电力行业信息化年度发展报告 2021》、数字化转型与数据治理、电力信创等内容进行了讨论交流，为中电联持续推进电力信息化工作奠定了坚实的基础。

（2）10 月 27～28 日，中电联在贵州贵阳召开 2021 年全国电力行业两化融合推进会暨全国电力企业信息化大会。中电联党委副书记、专职副理事长夏忠作重要讲话，工业和信息化部信息技术发展司两化融合处处长冯伟对电力行业信息化、数字化、智能化提出了明确要求。来自国资委、工信部等相关部委，中电联本部相关部门、中电联理事长、副理事长单位信息化部门负责人、企业代表、行业专家等 300 余人参加了会议。大会还发布了 2021 年度《电力行业信息化年度发展报告》。

（3）6～10 月，联合中国工业互联网研究院等单位共同举办了第二届“指挥官杯”能源互联网主动防御安全技能大赛。以赛促练、提升选手“知攻懂守”的网络信息安全技能，本届大赛通过线上预选赛和晋级赛等模式，12 个行业、129 个单位成立 209 支战队共 708 人参赛，历经 6 个多月的激烈争夺，最终决出团体奖优胜单位 23 个，一、二、三等奖战队 32 个，以及个人 16 人。

（4）2021 年 10 月 27 日时值建党百年之际，2021 电力企业“数字党建”专题培训研讨班在贵州省贵阳市举办，国资委协会党建局原局长张涛做专题报告。培训研讨班以“数字技术赋能 • 党建创新发展”为主题，在中国电力政治思想研究会指导下，由中国电力企业联合会电力科技开发服务中心主办，探讨交流数字化技术赋能党建工作典型经验、应用案例，推进大数据、人工智能、虚拟现实等新一代信息技术与新时期党建工作深度融合。

4. 发电机组能效对标

首次开展发电机组季度对标和水电机组能效对标活动，建立了电力行业首家清洁能源发电机组对标体系，百万煤电和风电机组能效对标装机规模比重突破 80%。其中，百万煤电对标机组占全国百万煤电机组比重 85.61%风电对标机组占全国风电机组比重 93.16%。风电和光伏发电对标机组装机规模达到 2.5 亿 kW，对标机组规模占全国机组比重超过 60%。在推进以新能源为主体的新型电力系统建设进程中，发挥行业协会桥梁纽带以及参谋助手作用，促进清洁能源发电行业健康有序发展。

5. 成果鉴定与科技项目后评价

（1）成果鉴定方面。全年完成 426 个科技项目鉴定，其中 175 个项目达到国际领先、180 个项目达到国际先进、63 个项目达到国内领先水平；强化电力科技评价标准体系建设，完成《电力技术转移服务规范》等两项行标、《电力科技成果评价技术规范》等四项团标编制发布，持续推进评价与标准的深度融合、创新发展。

（2）电力企业科技项目后评价工作方面。开展南方电网公司和内蒙古电力集团的科技项目后评价工作，连续两年为南方电网公司提供科技项目后评价技术服务，累计开展科技项目后评价项目数量超过 200 项，服务成果得到业主单位高度认可。电力企业科技项目后评价技术服务不仅拓展了评价院科技创新服务边界，成为新的业务增长点，更是集合行业科技专业优势资源，为会员单位提供专项优质服务的创新实践。

6.“中国电力认证”不断拓展创新

一是“中国电力认证”在保持现有认证资格的基础上，申请获批认证检测资格。2 月获得信息安全管理体系认证资格；10 月备案温室气体核查和培训机构；12 月取得国家能源局批准的承试（四级）资质。二是组建了中国电力企业联合会企业合规管理标准化技术委员会，为建设具有电力特色的企业合规管理体系和电力行业合规管理标准化样板做出积极贡献。6 月 18 日，召开了合规管理标准化技术委员会成立大会。

【电力检测技术服务】

（1）结合中电联“十四五”发展规划和检测院实际编制了《北京恒功检测技术研究院有限公司五年发展规划》。

（2）参加由北京市市场监督管理局组织，中国建材检验认证集团实施的水泥物理性能检测能力验证项目，获得满意结果证书。

（3）经中电联电力行业低碳研究发展中心推荐，承接了陕西省生态环境厅委托的省重点企业（61 家）碳排放第四方复核工作。

（4）2021 年配合质监机构开展检测项目 27 个，提供现场检测 137 次，出具检测报告 4328 份，发现质量问题 219 项，为及时发现和消除质量隐患提供了重要依据。同时拓展业务市场，开展水保监测项目 2 个，工程质量评价业务 16 个。

（侯　伟）

中电联分会及代管协会

【火力发电分会】

分会概况　火力发电分会于 2003 年 6 月成立，由火力发电企业及相关企业作为会员而组成的自律性行业组织，是中电联的重要组成部分，2012 年中电联五届理事会为提高挂靠企业等级，会长单位调整为中国大唐集团旗下的大唐国际发电股份有限公司，会长为王欣，常务副会长为洪绍斌，副会长共 7 名，由副理事长单位人员及中电联领导担任，其中王彤音副会长负责火电分会各项日常管理工作。

主要工作情况

（1）“互联网+”工作开展顺利，新媒体开拓新局面。火力发电分会创立了“火电云课堂”系列栏目，开展了多次交流与讲座；以“火电企业锅炉智能优化技术”为主题，组织业内专家召开了火电企业锅炉整体协调实时智能优化技术交流会；组织业内专家及会员单位召开了火电企业锅炉受热面防磨防爆专题技术交流会；组织召开了燃煤电站锅炉智能吹灰优化系统开发及应用专题技术交流会；组织召开了电力安全风险防控与可靠性提升讲座；持续丰富完善“火电分会微信公众号”，展示会员企业风采，介绍行业新技术新工艺推送电力行业最新数据、热点新闻及前沿技术等优良资讯数百次。

（2）标准化工作持续推进，多项标准取得进展。持续组织开展标准制定工作，指导企业加强标准建设，组织标准化建设专题调研会议和研讨会议，会同中电联教育培训处开展了标准研讨交流会，实现企业与相关部门的对接，组织企业从管理和技术两方面同时推进了标准的立项、上报、审批等工作。2021 年，火力发电分会共有 2 个标准已取得阶段性进展，其中《火电厂锅炉防磨防爆检查从业人员培训考核规范》已经成功立项，完成了项目启动会等工作程序；《火电厂锅炉防磨防爆检查导则》已经立项并经过国家能源局审核，相关工作正在推进中。

（3）开展基层调研，切实感受会员需求。组织到山西省电力行业协会、大唐科学技术研究院及张家口发电厂等多家单位走访调研，并通过电话回访及线上沟通等方式深度了解行业动态以及企业需求；走访相关碳交易单位，开展“双碳目标下能源公司面向新型电力系统发展”研究。

（4）会员发展合理有序，会员成员继续拓展。全年共接受了 4 家单位的入会咨询，对其中有入会意向的 2 家单位进行了调研，其中 1 家办理入会手续。

（5）秘书处工作平稳交接，组织机构调整逐步推进。按照《民政部社会组织管理局关于进一步加强全国性社会团体分支机构、代表机构规范管理的通知》（民社管函〔2021〕81 号）及《关于调整中国电力企业联合会火力发电分会秘书处挂靠单位的函》（中电联会员函〔2021〕111 号）的要求，火力发电分会秘书处于 2021 年 12 月 9 日完成交接手续，相关工作正式调整到中电联可靠性管理中心继续开展，由可靠性中心现有人员兼职分会秘书处工作。

【水力发电分会】

分会概况　水力发电分会设立于 2003 年 6 月，不具有法人资格，执行中电联章程，不另行制定分会章程，按分会工作规则开展工作。水力发电分会秘书处挂靠在中国长江电力股份有限公司，是水力发电企业和流域性发电公司、相关的科研、教育等单位（或部门）自愿参加的自律性行业组织。

主要工作情况

（1）全面贯彻落实中电联换届要求，积极组织分会换届相关工作。4 月 29 日，中电联第七次会员代表大会、第七届理事会第一次会议在北京胜利召开。为确保水力发电分会 31 家在册会员单位中不少于三分之二的会员单位现场参会，分会强化联络员机制，努力做好各会员单位的沟通联系工作。会上，共有23家会员单位现场参会，5家会员单位线上参会，现场参会单位达到会员单位总数的74%，为中电联换届大会胜利召开奠定了基础。

（2）强化分会组织机构建设，开展分会结构调整工作。为适应分会发展需要，在中电联指导下，在征求了相关会员单位意见建议的前提下，水力发电分会组织机构进行了优化调整，增设了常务副会长单位，主要由各流域公司兼任。调整后，分会共有会长单位1家，由长江电力兼任，副会长单位12家。

（3）持续办好分会“两刊一站”，进一步提高分会交流平台的凝聚力和影响力。水力发电分会持续致力于把“中国电力企业联合会水力发电分会网站”及《中国水电站》《水电厂信息》两本刊物打造成为会员单位交流、沟通的平台和宣传的阵地，站在电力行业改革与发展的前沿，站在社会公众关注电力的层面，实现了水力发电分会重点工作的宣传和深度解读。本年度编辑出版《中国水电站》4期，《水电厂信息》、分会网站维护工作顺利开展。

（4）结合建党100周年，制定“重温红色记忆，追寻水电初心”系列活动计划。2021年中国共产党迎来建党100周年，根据《中国电力企业联合会分支机构管理办法》《中国电力企业联合会水电分会会议管理制度》有关规定，考虑水力发电分会实际情况，分会以“重温红色记忆，追寻水电初心”为主题组织策划了年度重点活动。7月21～23日，在丰满电厂召开了联络员工作会，开启活动序章。

（5）按照民政部要求，完成了分会本部化工作。按照《民政部社会组织管理局关于进一步加强全国性社会团体分支机构、代表机构规范管理的通知》（民社管函〔2021〕81号）及《关于调整中国电力企业联合会水力发电分会秘书处挂靠单位的函》（中电联会员函〔2021〕112号）的要求，11月，水力发电分会完成了交接工作，秘书处调整到中电联可靠性管理中心。

【电力试验研究分会】

分会概况 电力试验研究分会现有成员单位36家，涵盖隶属国家电网公司的中国电科院、27家省属电科院及宁夏电力能源科技有限公司，隶属南方电网公司的南网电科院、5家省属电力科学（技术）研究院，以及隶属内蒙古自治区的内蒙古电科院。分会属于中电联的分支机构，在中电联的领导下开展工作。

主要工作情况

（1）召开工作会议 2021年会长办公会、第五次会员代表大会暨五届一次理事会在福州召开。中电联党委委员、专职副理事长于崇德出席并讲话。中电联会企部、37家会员单位的85名理事、联络员参会。本次会议选举产生了中电联电力试验研究分会第五届理事会，理事共39名；选举产生了第五届理事会长、副会长、秘书长、常务副秘书长、副秘书长。大会听取并审议通过了秘书处作的《中电联电力试验研究分会第五次会员大会暨五届一次理事大会工作报告》，审议通过了《关于中电联电力试验研究分会2020年度财务执行情况的报告》和《关于中电联电力试验研究分会2021年度财务预算方案的报告》，表决通过了新修订的《中国电力企业联合会电力试验研究分会工作规则》。福建电科院、华电电科院、河南电科院、四川电科院、青海电科院、贵州电科院分别围绕电力生产、经营管理、科技创新等作专题发言，各理事单位进行了广泛深入地交流研讨。

（2）推进电力试验研究分会科技支撑工作。充分发挥科学技术支撑作用，努力提升科技创新能力，服务“碳达峰、碳中和”目标及新型电力系统建设，会员单位组织专门力量，完成了“关于以新能源为主体的新型电力系统特征、战略、路径的初步研究”等专题报告，系统性的提出了新型电力系统的构建原则、实施路径和技术框架。在规划战略、源网荷储协同控制技术、低碳系统设计、CCUS（碳捕捉、利用和封存）等多领域进行具体规划，参与新型电力系统示范区规划建设等工作。发挥电力试验研究分会以电科院为主，多学科、全覆盖的专业技术优势，为中国电力行业“碳达峰、碳中和”目标早日达成提供坚强的支撑保障。

（3）建设新闻宣传平台。充分利用自有媒体的远程宣传能力，加大对各会员单位科研、生产、经营消息的宣传。依托《电力试验消息》、电力试验研究分会网站，坚决践行服务宗旨，持续加强服务能力建设，优化电力试验研究分会公众号、网站运维模式，加强与中电联宣传平台对接，及时发布各会员单位试验资源、科技工作动态等信息，进一步推动各会员单位资源共享，提高对外宣传力度。全年更新网站信息1000余篇，编发《电力试研消息》34期，刊登稿件2000余篇。编发《电力安全生产信息》4期，信息交流43篇。网站及两报全方位宣传了现场技术监督、技术服务等工作成果，广泛报道了各单位技术创新、科技成果、实验室建设、学术交流、人才培养等方面的工作成效，在疫情期间，为各单位提供了便捷、高效、丰富的资讯服务。

（4）紧抓疫情防控，确保各项工作顺利开展。电力试验研究分会及各会员单位在疫情发生以来，坚决执行党中央、国务院及国资委党委的各项决定，按照要求做好本单位疫情防控，及时全面恢复各项工作，为电网建设提供技术支撑，确保各项工作按期开展。针对2021年的特殊情况，电力试验研究分会及时关注各单位疫情状况，加强联络沟通，及时传达中电联的各项决策部署，将中电联关于电力供需形势、企业生产运行的分析、疫情对电力发展影响分析转达至各单位。助力地区、企业复工复产，组织会员单位提供帮助。电力试验研究分会在配合中电联疫情防控工作同时，调整工作计划，优先开展可以采用线上、远程方式开展的工作内容，为各会员单位提供服务。电力试验研究分会的各项工作也得到了各会员单位的大力支持。

（5）加强会员管理服务。新增会员4家，包括南网电科院、华电电科院、河南九域恩湃、山东中实易通公司。中国电科院代表电力试验分会参加了中电联2021年本部工作座谈会、年中工作会、党委理论学习中心组专题学习会议；全力支撑中电联5A社团建设，组织分会成员单位，全力支撑中电联5A社团建设，积极参与中电联换届相关工作，全部37家成员单位报名参加换届选举工作；分会进一步规范电力试验研究分会会员管理、财务管理、档案管理等工作。

【电力职业安全卫生分会】

分会概况 电力职业安全卫生分会成立于2003年11月28日，是电力相关企业单位和电力行业自愿组织的全国性、行业性社会团体，是中电联管理下的分支机构。2019年11月28日顺利完成电力职业安全卫生分会的第三届理事会的换届工作，新一届的分会秘书处挂靠单位国家电网公司北京电力医院。

主要工作情况

（1）按照会员部要求，梳理规范分会日常管理工作。严格按照《中电联分支机构管理办法》《中电联电力职业安全卫生分会工作规则》积极推进日常各项工作，完善会员档案管理，掌握会员动态，及时更新会员信息，做好会员发展及会费收缴工作。加强文件资料收集、整理、归档工作，提高档案利用价值和工作效率，规范财务系统报销流程，提升分会财务管理水平。

（2）组织"三八"国际劳动妇女节活动。为贯彻落实习近平总书记在联合国大会纪念北京世界妇女大会25周年高级别会议上的重要讲话精神，由电力职业安全卫生分会与北京健康管理协会工作场所职工健康管理分会、北京女医师协会健康管理分会联合主办、国家电网公司北京电力医院、国中康健（北京）健康管理有限公司联合承办"拥抱新时代、展现新作为——女性健康、我行动"为主题的"三八"国际劳动妇女节活动，紧密结合疫情防控常态化工作的要求，采用线上线下联动的活动形式，宣贯健康理念、提升女职工健康素养、提高企事业单位女性职工健康管理水平，受到广大企事业单位和女职工的一致好评。

（3）协助中电联会企部完成第七次会员代表大会、第七届理事会工作。在中电联会企部及各部门的指导下、分会会员单位的积极配合下，4月29日，电力职业安全卫生分会完成中电联换届任务。电力职业安全卫生分会将以第七届会员代表大会及中电联第一次干部员工大会会议精神为指导，在新的领导班子带领下，贯彻落实中电联各项工作要求，总结工作经验、不忘初心、努力为会员们做好服务。

（4）组织筹备中电联电力职业健康标准化技术委员会工作。为了进一步加强电力职业安全卫生领域标准化工作，根据《中国电力企业联合会标准管理办法》和标委会筹建要求，电力职业安全卫生分会牵头组织筹备《中电联电力职业健康标准化技术委员会》。3月26日中电联标准管理中正式批准成立中电联电力职业健康标准化技术委员会，秘书处挂靠于广东电网有限责任公司电力科学研究院。9月27日，完成中电联电力职业健康标准化技术委员会成立大会，并向中电联标准化管理中心报送中电联电力职业健康标准化技术委员会申请书、委员组织、秘书处架构、章程、工作细则、标准体系表。接下来标委会将严格按照《电力专业标准化技术委员会管理细则》和《中国电力企业联合会电力职业健康标准化委员会章程》等有关规定，在做好对接国际、国家标准的基础上开展标准体系建设工作，突出体现电力行业职业健康工作的特点，弥补电力行业职业健康工作的标准空白，促进电力企业工作场所安全、职业人群身心健康。加强标委会的管理工作，提高行业标准修订的规范化与科学化水平，更好地助力企业高质量发展。

（5）组织《职业病防治法》宣传周，活动提升分会影响力。为贯彻落实《中华人民共和国职业病防治法》《健康中国行动（2019—2030年）》，推进健康企业建设，提高企事业单位职工健康管理和职业卫生管理水平，4月25日～5月1日开展以"建设健康企业、助力健康中国"为宣传主题的《职业病防治法》宣传周活动。通过多种形式开展职业病防护知识宣贯、职业健康知识竞赛、女职工征文比赛等系列活动。本次活动覆盖全国13省市参与单位156家，获得国内职业健康领域专家与电网职工的一致好评。

（6）组织全国电力职工技术创新奖的评审工作。在中电联办公厅及咨询院等的支持和指导下，电力职业安全卫生分会转发《中电联卫生分会关于转发中电联2021年度电力创新奖的通知》及相关申报资料，完成2021年电力职工技术创新奖（职业卫生类）系统申报任务，共有8家会员单位，报送29个科研项目。于7月31日完成所有申报项目的形式审查工作。8月25～

31 日，2021 年度电力职工技术创新奖初评工作采用线上评审方式，10 月 13～14 日完成复评工作。整个评审过程实行回避制度，遵守公平、公开、公正的原则，邀请专家均具有高级技术职称、行业知名度、丰富的评审经验。最终形成电力职工技术创新奖（职业卫生类）奖项 23 项（一等奖 2 项，二等奖 6 项，三等奖 15 项，5 项淘汰未获奖），按照中电联《电力创新奖奖励办法》要求，报送中国电力企业联合会科技开发服务中心。

（7）完成职业卫生分会健康企业建设培训工作。为贯彻《关于实施健康中国行动的意见》及电力职业安全卫生分会年初计划，12 月中旬，采用线上直播形式，举办了职业卫生分会健康企业建设培训，通过培训使各会员单位及系统内外职工更加深入了解企业健康建设理念，提高了大家对自身健康的重视程度。为进一步提升企事业单位健康管理和服务水平，加强企事业单位职工的健康教育和健康知识普及，实现企业建设与人的健康协调发展奠定了基础。

（8）组织《第四届工作场所职工健康管理高峰论坛》。12 月 15 日，由电力职业安全卫生分会及北京健康管理协会工作场所职工健康管理分会主办，通过线上线下联动方式，组织召开第四届工作场所职工健康管理高峰论坛，本次论坛采用线上会议和线下沙龙活动相结合的模式，邀请行业内外专家、企业健康管理负责人、分会领导等多方来宾参加。本次论坛旨在落实《“健康中国 2030”规划纲要》，提高企事业单位职工健康管理和职业卫生管理水平，做好职工的全职业周期健康管理和健康促进。

（9）不断强化服务理念，创新服务方式。将坚持以服务会员单位为生存之基、立足之本，继续发挥桥梁纽带作用，为会员搭建好平台。加强电力职业安全卫生分会与中电联各部门、其他分会、分会各会员单位的沟通和联系。整合行业专家资源，为电力企业、医疗机构和科研院所提供职业卫生相关工作的专业指导，针对会员单位普遍关心的国家职业健康政策变化、职业卫生专业进展、学科建设、临床科研等情况组织开展交流研讨。

【电力装备及供应链分会】

分会概况 电力装备及供应链分会是中电联的专业分支机构，前身为中国电力企业联合会电力装备分会，2021 年第七次本部理事长办公会议决定，将“电力装备分会”更名为“电力装备及供应链分会”。会员单位由从事电力装备制造、质量提升及供应链管理相关单位组成。

主要工作情况 更名后，暂时没有开展实际工作。

【应对气候变化与节能环保分会】

分会概况 经民政部批准，2012 年依据电力节能与环保企业特点组成的中电联专业分支机构，秘书处挂靠中电联。为响应国家“碳达峰、碳中和”目标，更好地深化中电联在应对气候变化方面的专业服务功能，2021 年 12 月，增加应对气候变化业务领域，经中电联第七届理事会第一次常务理事会批准，由“中国电力企业联合会节能环保分会”调整为“中国电力企业联合会应对气候变化与节能环保分会”。挂靠中电联规划发展部，有副会长单位 17 家，一般会员单位 23 家。秘书处设秘书长 1 名，执行副秘书长 1 名。

主要工作情况

（1）完成分会名称及业务范围的变更。随着国家“碳达峰、碳中和”目标的提出，会员单位在应对气候变化方面的专业化服务需求越来越显现。面临发展的新局面，为充分发挥分会在应对气候变化方面的专业化服务作用，更好地深化中电联专业服务功能，分会向中电联提出申请，名称由“中国电力企业联合会节能环保分会”变更为“中国电力企业联合会应对气候变化与节能环保分会”，在原来的业务范围基础上，增加应对气候变化相应领域工作。

（2）围绕热点问题，开展燃煤电厂脱硫废水治理技术应用与发展情况专题调研。应发电企业和分会会员单位要求，组织大唐环境产业集团股份有限公司和北京国电智通节能环保科技有限公司 2 家会员单位成立调研组，共同开展燃煤电厂脱硫废水治理技术应用与发展情况专题调研，通过对主要电力集团开展函调、查阅文献资料等形式开展调研工作，编制完成调研报告。

（3）参与技术标准规范制修订。针对《火电厂烟气二氧化碳排放连续监测技术规范》《火电厂环境监测技术规范》等 11 项电力行业标准和《水回用导则城镇再生水分类》2 项国家标准和《电力环保设施运行维护服务管理规范》1 项团体标准向标准化管理部门反映意见建议共计 146 条。

（4）搭建技术交流推广服务平台。联合中电联国际部开展中日联合委员会节能环保技术交流活动。分会组织国家能源集团有限责任公司和大唐（北京）水务工程技术有限公司作为发言代表，围绕减污降碳协同增效和废水零排放技术进行交流，并积极组织会员单位参会。完成《燃煤电厂废水治理技术常见问题及解决方案》的编制工作，印送电力企业和会员单位，为燃煤电厂解决实际问题提供帮助。

（5）加强信息传递，服务会员需求。将原《电力行业节能环保信息周报》扩展为《电力行业节能环保低碳信息周报》。全年向会员单位发送《电力行业节能环保信息周报》《电力行业低碳信息周报》各 8 期和《电力行业节能环保低碳信息周报》41 期。

（6）抓好会员单位管理。赴会员单位江苏常熟发电有限公司开展服务需求调研，了解企业节能环保整体现状、问题、诉求等。组织召开 2021 年中电联节能环保分会联络员会议，了解会员单位经营现状、面临困难、未来发展方向等，总结会员单位提出的意见建议。

【电能替代产业发展促进分会】

分会概况 下设秘书处，挂靠中国电科院，设秘书长一人，秘书处为常设机构。

主要工作情况 以“推动电能替代有序、清洁、高质量转型发展”为主题的电能替代产业发展高峰论坛在北京成功举办。本次论坛由中国电力科学研究院有限公司和电能替代产业发展促进分会共同主办。本次论坛采用“线上+线下”的形式，来自政府部门、科研机构、高等院校、能源企业等单位的 40 余位专家出席会议，6000 余人通过网络观看论坛直播。电能替代将从“量”到“质”跨越式转变，从重替代量增长发展到了重高质量高效率的阶段，专家学者围绕电能替代产业发展进行深入探讨，共商新发展阶段的电能替代推进策略，分享重点领域电能替代新技术成果，推广清洁用能先进经验与理念，探索电能替代高质量发展之路。

【电动汽车与储能分会】

分会概况 2018 年 12 月成立，由从事电动汽车充换电技术、新能源汽车、储能等专业领域的企事业单位和高等院校自愿参加组成的全国性、行业性的社会化组织。

现有会员 60 余家，14 家行业领先单位为副会长单位。

主要工作情况

（1）召开会长会暨2020年度工作会议，通报2020年工作报告及 2021 年工作计划，听取会员单位 2021 年工作主要计划及对分会的建议，审议通过分会发展的相关议案。

（2）主办了第一届“中国电动汽车充电设施技术创新大会”，会议围绕“综合专题”“下一代直流充电”“换电专题”“充电网络专题”“关键元器件及新型设备”等五大专题，“充电全过程安全防护”“ 充电设备智能运维”“无线充电互操作技术发展趋势”“下一代直流充电技术”“共享换电关键技术与标准讨论”等五个分技术论坛分享充换电技术最新成果，汇聚全球充电基础设施领域最强、最广、最前沿的工程师进行技术分享，碰撞交流前沿技术，共商产业发展标准化需求。打造了充电设施行业高水平、专业化的技术创新分享交流平台，本次会议创新采用网络平台直播加专家点评的方式进行，300 余人参加现场会议，线上共有 143 万余人参会。

（3）组织召开第一届电动自行车充换电技术创新大会。大会围绕“创新、安全、自律、共融”为主题，现场 300 多位代表参会，央视网直播在线观看近 180 万人次。大会紧密围绕电动车充换电模式发展中所面临的技术、标准、安全等问题，探索先进的充换电技术和安全用电相结合的充换电发展方向，加快推进电动自行车充换电基础设施网络化、智能化、安全化建设，为即将颁布的新国标做出方向和解读，共创信息交流平台，共同推进电动自行车产业健康良性。

（4）开展专题研究，配合政府部门开展行业管理。受国家能源局安监司委托，完成《关于推动电化学储能电站安全健康发展有关情况的报告》《储能电站安全管理工作情况》等多项报告，并完成开展全国储能电站现场调研方案；陪同国家能源局安全监管司调研相关电化学储能项目安全管理情况，完成《电化学储能安全管理调研报告》；组织召开电力储能标准化工作座谈会，国家能源局科技司刘亚芳二级巡视员、徐梓铭处长参会，汇报储能标准化信息平台运行情况、储能标准化工作最近进展、储能示范工程标准化应用调研方案及氢能标准化需求等；组织召开储能安全监测平台建设座谈会，调研中国电科院、清华大学、华为数字能源公司对于储能安全监测平台的建设方案。

（5）发挥专业优势，积极建言献策。组织会员单位按照要求对《关于进一步提升充换电基础设施服务保障能力的实施意见（征求意见稿）》反馈意见；受国家能源局安监司委托，牵头起草《电化学储能电站安全管理暂行办法》和《电化学储能电站安全管理指导意见》，组织电网企业、发电企业、设计单位、施工单位，以及核心装备、系统集成企业召开专题会议，听取相关意见及建议，形成送审稿，提交国家发展改革委、国家能源局。

（6）突出重点，推动分会品牌工作建设。

1）组织相关单位召开电动汽车电量统计工作方案研讨会，对开展电动汽车充电大数据统计工作的必要性、统计工作的定位及目标、统计数据类型、工作机制等内容进行了充分讨论，形成初步方案和下一步工作计划。与国家电网公司营销部进行了协调沟通，先在国家电网公司开始统计试点工作。

2）组织会员单位参与标准化管理中心组织的《电动汽车充换电服务信息交换》系列标准修编工作，推动系列标准实施；组织电动汽车充电互联互通工作交流，讨论电动汽车充电互联互通工作，推动统一标识充电漫游平台方案实施。

3）组织召开高质量充电行动计划启动会，与中国电动汽车百人会牵头，联合主流车企、认证机构、以及国网电动、南网电动等龙头运营商、设备商，共同发起“高质量充电行动”项目。先后召开两次工作组会议，已经完成运营商筛选及标准编制工作。

4）组织成员召开电动汽车充电设施碳达峰碳中和行动计划研讨会，研究探讨行动计划的目标、趋势、路径和下一步工作计划，编制《电动汽车充电设施碳达峰碳中和行动计划》，现已完成征求意见稿。

5）联合中电联人才评价与教育培训中心开展电动汽车充换电设施运维人员培训基地筹建工作，服务电动交通与储能分会各会员单位的人才培训和专业能力评价工作，现已开展会员国网电动和万帮数字能源公司的基地建设工作。

【燃料分会】

分会概况 2018 年 11 月成立，现共有 20 家会员单位。燃料分会挂靠中电联本部，采取分会联席会长制，设联席会长 2 名，副会长若干名，秘书长 1 名，常务副秘书长 1 名，副秘书长若干名。

主要工作情况

1. 电煤工作

（1）全年准时编制和发布 CECI 沿海指数、进口指数、采购经理人指数各 48 期，曹妃甸指数 249 期，编制 CECI 沿海指数月度指数 12 期，CECI 采样情况通报 79 期。在社会其他指数均停发的情况下，CECI 指数对电力企业作用进一步凸显，中国华能、国家能源集团等诸多大型电力、煤炭企业由以往参照 CCI 等指数转为依据 CECI 定价或追踪市场，市场停发情况下，CECI 指数影响力反而进一步扩大。

（2）全年共编发《CECI 指数分析周报》46 期。在每周 CECI 指数及燃料统计的基础上，深入分析 CECI 指数变化趋势特点，编写《CECI 指数分析周报》，并形成新闻稿发布。挖掘 CECI 指数样本及指数价值，反映市场趋势，引导市场走势。目前已经成为电煤采购侧唯一的市场分析材料，相关内容被《中国能源报》等诸多媒体频繁引用，已有大量企业持续跟踪，并有企业主动联系索取。

（3）加强价格监测，开展多种信息的收集和统计，并进行相关分析，尤其是下半年以来，库存持续低位给冬季保供尤其是东北保供造成了巨大的隐患，引起社会广泛关注和政府高度重视。在加强数据统计和形势监测的同时，沟通各发电集团了解相关情况，及时行文向中财办、国务院研究室、国家发展改革委、能源局、国资委等有关部门报送《中电联关于当前电煤供应紧张情况的报告》《中电联关于保障煤炭供给确保迎峰度夏期间电力安全稳定供应的报告》《中电联关于进一步加强电煤供应和东北地区冬储备煤工作的报告》《中电联关于电力行业产业链供应链安全形势有关问题及建议的函》《中电联关于 2021 年电煤中长期合同履约及不严格履行合同典型案例的报告》《中电联关于 2021 年电煤市场及企业经营情况的复函》等 7 份，多渠道反映电煤保供问题，努力维护行业企业合理权益。多次参加国家发展改革委、能源局等相关形势座谈会、关于煤炭价格形成机制研讨会等会议。按照人民银行来文要求，撰写《电煤市场运行情况及对物价和电力企业经营相关影响》报人民银行。实践证明，所提出的加快释放煤炭有效产能产量、提高长协履约率、严控市场操作行为、限制煤炭坑口价格、对高耗能行业执行错峰生产等若干建议，是客观公正的，很多措施已经在相关文件、讲话、要求中陆续得到体现，中电联在电力燃料领域的智库作用得到体现。

（4）根据国家发展改革委运行局文件要求，参与陕西省煤炭中长期合同履约信用采集及评价工作。5 月派员赴陕西省进行现场数据采集和评价，对煤炭生产和销售企业“逐一了解情况、逐一核对数据、逐一核实票据”，全面了解陕西省煤炭中长协签订和履约情况，并重点对月度履约率低于 80%和季度履约率低于 90%的合同逐一询问原因。参与报告撰写并对正式报告代表行业提出相关建议。对加强煤炭中长期合同履约的监管，规范煤炭市场交易秩序，提高履约兑现率具有重要推动作用。

（5）组织编写《CECI 系列指数工作指引》，从对指数背景意义、指数体系的总体介绍，对各个指数样本采集体系的整体设计和流程安排，对所涉及相关概念的定义和解析等各个方面进行全面介绍和详细解读，将有助于 CECI 相关人员对指数体系的深入认知和应用推广，有利于 CECI 各环节相关人员的规范操作和标准报送，对指数编发的规范性、准确性、及时性发挥重要作用。

（6）完成重点调研课题《能源转型中的电力燃料供需格局研究》。克服疫情影响，创新调研方式，通过召开专家研讨会、对主要电力企业和主要产煤省进行书面调研等形式，顺利完成调研报告，结合碳达峰碳中和战略目标，从兜底保供和服务清洁能源发展等角度论证煤电和气电的发展定位和未来电力燃料需求展望、供需格局等，提出保障电力燃料供应、促进火电企业健康发展等建议，尤其结合 2021 年面临大范围电力、煤炭供应缺口导致的能源供应安全问题，课题研究适时且必要的发挥了重要作用，也为能源电力加速转型和构建清洁低碳、安全高效的能源电力体系提供支持。

2. 燃料统计工作

（1）持续开展电力燃料统计工作，精心组织、克服困难，确保燃料统计日报的数据收集、审核和编制工作持续顺利开展。经过一年多的积累，及时调整改版统计日报、周报和月报，增加反应数据同比情况，统计数据的可读性和参考价值进一步提高。在无系统支撑情况下，每天处理数据600余条，实现每日高频、电厂颗粒度条件下编发《电力行业燃料统计日报》。全年累计处理数据45.2万条，按时完成《电力行业燃料统计日报》250期、《电力行业燃料统计周报》53期、《电力行业燃料统计月报》12期。

（2）在日度统计的基础上，不断推动月度统计工作，在2020年印发《中电联关于进一步加强电力行业燃料统计数据报送的通知》的基础上，启动电煤中长期合同和天然气发电厂数据统计工作，建立各单位相关数据报送体系，基本实现相关数据的按期报送，已编制《电力行业燃料统计月报（气电）》共12期。燃料统计涉及发电量、供热量、电煤供耗存及缺煤停机等主要生产和电煤指标，以电厂为最小统计颗粒度，并实现了分区域、分省、分运输方式等的多维度统计和展示，对深入开展电煤市场形势分析，以及支撑中电联大数据建设均发挥重要作用。

（3）燃料统计服务政府调控和电煤保供。根据国家发展改革委经济运行局《关于监测调度重点电厂存煤水平的函》的要求，2021年继续加强重点电厂煤炭监测，按期报送相关监测数据。为更好地满足政府有关部门要求，促进煤电油气运有效衔接，根据政府需要，迎峰度冬结束前每天编制《电力行业燃料统计日报（发展改革委定制版）》，重点报送电煤供耗存等相关数据及库存可用天数低于10天电厂情况。加强形势监测和预判能力，对及时预测预警提供了强有力的数据支撑。

（4）积极推动电力燃料数据平台信息化建设。推动系统需求调研及确认、系统开发进度确认、系统功能测试和试运行等各项工作，目前已完成燃料统计日报模块、CECI采购经理人指数、CECI曹妃甸指数模块的系统开发和调试工作。并将40余万多条的历史数据和电厂基础信息导入后，启动燃料统计日报模块试运行，并陆续对各个项目模块开展测试。

【售电与综合能源服务分会】

分会概况　2018年12月成立，由从事电动汽车充换电技术、新能源汽车、储能等专业领域的企事业单位和高等院校自愿参加组成的全国性、行业性的社会化组织。现有会员60余家，14家行业领先单位为副会长单位。

主要工作情况

（1）积极发展会员单位。截至12月31日，售电与综合能源服务分会联系会员单位58家。中电联理事单位3家，包括国网综合能源服务集团有限公司、北京人民电器厂有限公司、广州高澜节能技术股份有限公司。2021年新发展会员5家，分别为深圳市北电仪表有限公司、重庆电力高等专科学校、特斯联科技集团有限公司、浙江浩瀚能源科技有限公司和烟台海颐软件股份有限公司。威胜信息技术股份有限公司提交了升级为中电联理事单位的申请。共收缴来自28家会员单位的会费95万元，会费收缴率63.76%。

（2）深入做好会员服务工作。定期开展会员单位实地走访，在疫情常态化防控形势下，每周对会员单位进行线上走访，加强与会员单位沟通交流。2021年，在亨通集团举办分会会长工作会暨储能与综合能源服务高峰论坛等活动，助力亨通集团储能业务发展需求。12月，对会员单位开展线上满意度调查，实现满意度100%，会员单位“获得感”与“归属感”不断提升。

（3）积极开展课题研究。联合清华大学、中电联电力发展研究院等专业智库机构，完成《碳达峰、碳中和引领综合能源服务产业发展报告》《碳中和目标下的综合能源服务发展路径》《以能源绿色转型促进河北省碳达峰战略研究》编制工作，为政府建言献策。

（4）广泛开展行业交流活动。开展了2021天津储能发展论坛、2021能源电力转型国际论坛的终端用能电气化与能效提升分论坛、第十届储能国际峰会暨展览、2021中国国际清洁能源博览会、首届中国（青海）国际生态博览会、第三届综合能源服务产业创新发展大会等高规格活动，广泛凝聚售电与综合能源服务产业链上下游企业，携手开创互利共赢新局面。

（5）创新打造线上交流平台。针对疫情带来的冲击，创新尝试利用互联网方式开展会员服务和行业活动，构建线上专业知识分享平台麒麟学院。打造“迈向碳中和”院士大咖系列课，邀请中国工程院院士郭剑波、陈清泉、王志轩等顶级专家授课。根据行业热点，开办氢能、光伏、储能专业领域课程，不断深化在细分领域的专业程度，自开播以来，累计直播超过120场，总观看超380万人次。

【中小企业分会】

分会概况　中小企业分会是中国电力企业联合会的分支机构，是促进电力行业中小企业管理提升与发展的综合服务组织。中小企业分会经中国电力企业联合会第七届理事会第一次会议审议通过，于2021年9月16日正式成立。中小企业分会立足能源电力行业，服务支撑电源、电网建设与运营发展的上、中、下游企业，反映企业诉求，搭建大、中、小企业融通创新发展的服务平台，助力新型电力系统建设和电力行业高质量发展。

主要工作情况

（1）召开成立大会。随为深入贯彻落实党中央、国务院部署，构建以新能源为主体的新型电力系统，促进大中小企业融通创新，中国电力企业联合会积极履行行业协会责任，于9月16日在北京召开中小企业分会成立大会。中小企业分会将以“融通发展”为着力点，集聚行业资源，致力于打造优秀企业家的“朋友圈”，当好科技创新的“催化剂”，成为产融结合的“链接器”。

（2）为解决中小企业融资难问题，开展了产融对接活动。在北京举行了“中小企业投融资沙龙”活动，原红杉资本投资人李艳荣，崇德投资董事长白玮，水木清华创投合伙人宋峰等投融资领域的专家及相关银行参加了活动，并为参与此次活动的100余位电力行业中小企业家就投融资各环节中的关键问题进行答疑、指导。中小企业分会打造的产融对接平台，充分发挥资本创新效能，推动产业、资本和企业的协同发展，促进企业技术、业务与金融资本深度融合，打造行业中小企业共融共生的发展生态共同体。

电力会议

工 作 会 议

【2022 年全国能源工作会议】 12 月 24 日，2022 年全国能源工作会议在北京召开。会议以习近平新时代中国特色社会主义思想为指导，全面贯彻党的十九大和十九届历次全会精神，落实中央经济工作会议部署和全国发展改革工作会议要求，总结 2021 年工作成绩，分析当前面临形势，部署 2022 年工作任务。国家能源局党组书记、局长章建华出席会议并讲话，局党组成员、副局长余兵主持会议，局党组成员、副局长任志武、任京东出席会议。中央纪委国家监委驻国家发展改革委纪检监察组副组长刘立锋应邀出席会议。

章建华指出，2021 年，党中央、国务院高度重视能源工作，习近平总书记先后作出一系列重要指示批示，指引推动 2021 年能源工作取得新的重要成效。能源行业要全面推动能源安全新战略向纵深发展，深刻认识当前能源发展改革的新形势新要求，进一步突出问题导向和系统思维，不断提高解决能源发展矛盾问题的能力水平，注重提高供给保障能力，提高调节平衡能力，提升油气勘探开发力度，立足基本国情稳步推进能源转型变革。

会议认为，一年来，能源行业坚持党对能源工作的全面领导，大力弘扬伟大建党精神，全面开展党史学习教育，扎实做好“六稳”“六保”工作，全力以赴保障能源安全，加快推动能源绿色低碳发展，在六个方面实现“十四五”能源工作良好开局：围绕中心服务大局，坚决落实中央决策部署；持续提升能源生产供应能力，坚决保障经济社会发展需要；加快推进能源结构调整，坚决推动能源绿色低碳发展；扎实推进能源改革创新，有效激发高质量发展动力活力；积极参与全球能源治理，能源合作多元布局更加优化；坚定不移深化全面从严治党，一体推进党务业务融合发展。

会议强调，2022 年能源工作要坚持以习近平新时代中国特色社会主义思想为指导，全面贯彻落实党的十九大和十九届历次全会精神，弘扬伟大建党精神，认真落实中央经济工作会议部署和全国发展改革工作会议要求，坚持稳中求进工作总基调，全面落实能源安全新战略，深入推动能源革命，全力以赴保障能源安全，坚定不移推动绿色低碳发展，加快建设能源强国，以优异成绩迎接党的二十大胜利召开。一要全力保障能源安全，继续发挥煤炭“压舱石”作用，有效发挥煤电基础性调节性作用，扎实提升电力安全保供能力，持续提升油气勘探开发力度，不断完善产供储销体系，保障北方地区群众安全温暖过冬，加强能源安全运行预测预警。二要加快能源绿色低碳发展，加强政策措施保障，加快实施可再生能源替代行动，积极安全有序发展核电，提升电力系统调节能力，持续推进中央生态环境保护督察整改。三要加快推进能源科技创新，着力加强技术装备攻关，大力开展技术和产业创新。四要坚定不移深化体制机制改革，加快建设全国统一电力市场体系，积极推进电力市场化交易，扎实推进管网改革，持续深化“放管服”改革，持续推进能源法治建设。五要提升能源监管效能，优化用电营商环境，加强重点领域市场监管，加强电力安全监管，强化监管体系建设。六要全方位拓展能源国际合作，统筹谋划好大国能源合作，高质量推进“一带一路”能源合作，精心打造国际合作平台。七要扎实推进全面从严治党，抓好重大会议精神贯彻落实，强化党的理论武装，强化党的基层组织建设，加强干部队伍建设，持续推动政治生态向上向好。

各省（区、市）、新疆生产建设兵团负责能源工作的职能部门主要负责同志，有关能源企业、能源装备制造企业，行业协会负责同志，国家能源局三总师、局机关各司、各派出机构、各直属事业单位、中电传媒主要负责同志分别在主会场或分会场参加会议。

【2021 年全国电力安全生产电视电话会议】 1 月 20 日，国家能源局在北京召开 2021 年全国电力安全生产电视电话会议，贯彻落实党中央、国务院关于安全生产工作的决策部署和全国能源工作会议、能源监管工作会议精神，总结 2020 年工作，部署 2021 年任务，国家能源局党组书记、局长章建华出席会议并讲话，应急管理部安全协调司有关负责同志代表国务院安委会办公室讲话。

会议指出，“十三五”以来，全国电力行业以习近平新时代中国特色社会主义思想为指导，全面贯彻落实总体国家安全观和能源安全新战略，安全生产改革发展不断推进，安全生产形势持续平稳向好，安全监管体制机制日趋完善，安全风险管控机制有效运转，电力应急能力建设取得长足进步，和谐守规电力安全文化氛围逐步形成。

会议强调，2020 年，电力行业不断健全设备安全管理长效机制，依靠“新技术”破解安全顽疾；突破特高压交直流实时准确仿真等“瓶颈”，保证了系统稳定运行；全面战胜极为严峻的"三大考验"，即创造"电力速度"为打赢疫情防控阻击战提供可靠供电保障，有序应对1998年以来最严重汛情有力防范水电站大坝溃坝漫坝等事故的发生，面对较2008年更为严重的低温雨雪冰冻灾害保证了全国重要输电线路和枢纽变电站的运行安全，圆满完成党中央国务院部署的各项工作任务。

会议要求，2021年电力行业要学习贯彻习近平总书记关于安全生产工作的重要论述和指示精神，全面贯彻党的十九大和十九届二中、三中、四中、五中全会精神，牢固树立总体国家安全观，主动践行能源安全新战略，统筹好发展和安全，贯彻"四个安全"基本理念，落实电力安全生产责任，建立安全风险管控机制，夯实电力安全生产基础，实现安全生产治理体系与治理能力现代化。要全力维护全国电力安全生产形势持续稳定，为"十四五"开好局、起好步，为扎实做好"六稳"工作、落实"六保"任务，推动新时代能源事业高质量发展营造安全可靠的电力供应环境，以优异成绩庆祝建党100周年。

会上，河南省能源局、华北能源监管局、南方电网公司、中国华电、中国电建5家单位做了交流发言。

应急管理部、国资委有关部门负责同志，国家能源局党组成员、副局长任志武，总经济师郭智，华北能源监管局有关负责同志以及在京全国电力安全生产委员会企业成员单位委员在主会场参加会议；有关派出机构，大坝安全监察中心，各省（自治区、直辖市）、新疆生产建设兵团能源主管部门及主要电力企业负责同志，京外全国电力安全生产委员会企业成员单位委员和办公室成员在分会场参加会议。

【2020年度电力可靠性指标发布会暨安全生产法宣贯会】 9月29日，国家能源局和中国电力企业联合会在京通过视频会议联合发布2020年电力可靠性指标。国家能源局党组成员、副局长余兵出席会议并讲话。

会议强调，电力可靠性管理工作要坚持以习近平新时代中国特色社会主义思想为指引，立足新发展阶段，贯彻新发展理念，坚决贯彻碳达峰、碳中和重大战略部署，紧紧围绕构建清洁低碳、安全高效能源体系的总要求，把满足人民追求美好生活的电力需要作为可靠性管理工作的出发点和落脚点，为构建新发展格局作出积极贡献。

会议要求，各部门、各单位要提高政治站位，认真贯彻党中央、国务院的工作部署以及国家发展改革委关于能源电力保供的要求，加强能源供需形势监测预警，统筹煤炭、天然气等一次能源的供应，科学安排电网运行方式，加强安全风险管控，全力保障发电机组正常运行，严格落实需求响应与有序用电方案，严肃调度纪律，全力以赴做好民生、重点用户供电的保障工作。北方地区要将保供热放在更突出的位置，确保人民群众安全温暖过冬。

会上，全国人大常委会法制工作委员会专家对新修订的《中华人民共和国安全生产法》进行了宣贯，专家对安全生产法修订的重要意义、总体思路、主要内容等作了解读，针对安全生产法修订后的贯彻实施进行了详细说明，对电力行业贯彻安全理念、依法履职履责提供了科学指导。

国家能源局安全司、可靠性和质监中心，中电联，全国电力安委会企业成员单位（京内）负责同志在主会场参加会议；各省能源主管部门、各派出机构、全国电力安委会企业成员单位（京外）相关负责同志在分会场参加会议。

【国家电网有限公司2022年工作报告（摘要）】

一、2021年工作回顾

过去的2021年，是我们党实现第一个百年奋斗目标、开启向第二个百年奋斗目标进军新征程的一年，也是公司新一届领导班子履职担当，团结带领广大干部职工奋力推进"一体四翼"发展布局、加快建设具有中国特色国际领先的能源互联网企业的一年。一年来，在以习近平同志为核心的党中央坚强领导下，公司上下深入学习贯彻习近平总书记系列重要讲话和重要指示批示精神，坚决落实党中央、国务院决策部署，坚持全面加强党的领导和党的建设，坚持稳中求进工作总基调，坚持问题导向、目标导向、结果导向，坚持人民电业为人民的企业宗旨，完整、准确、全面贯彻新发展理念，积极服务新发展格局和国家"双碳"目标，攻坚克难、砥砺奋进，有力应对疫情散发、灾害频发、供电紧张等一系列风险挑战，全面打赢了抢险救灾、电力保供等一系列重大战役，成功啃下一批改革发展"硬骨头"，圆满完成了各项目标任务，在大庆之年、开局之年向党和人民交出了一份优异答卷。公司在《财富》世界500强排名升至第2位，连续17年获得国资委业绩考核A级，连续9年获得三大国际评级机构国家主权级信用评级，连续6年获得中国500最具价值品牌第一名，连续4年位居全球公用事业品牌50强榜首，荣获第十一届"中华慈善奖"。

一是抓战略、谋全局，开启了公司高质量发展新征程。深入贯彻习近平总书记关于国企改革发展、党的建设和能源电力发展的一系列重要讲话和重要指示批示精神，强化战略统领，科学谋划公司和电网发展。战略体系持续优化。围绕战略目标，进一步聚焦主责主业，明确了"一体四翼"发展布局，厘清了发展思路，锚定了发展方向。组织实施"十四五"公司和电网发展规划，制定了五大业务发展实施方案。战略落地深入推进。强化战略导向，突出提质增效、绿色发展、创新驱动、风险防范，优化完善业绩考核指标和对标体系，有效发挥考核“指挥棒”作用。各部门各单位结合实际，因地制宜探索实践，形成了齐心协力推动战略实施的“一盘棋”格局。“一体”和“四翼”握指成拳、协同联动、相互赋能，公司发展的平衡性、协调性和可持续性不断增强。

二是强安全、保供电，支撑了经济社会发展用电需要。认真落实习近平总书记关于安全生产、电力保供的重要指示批示精神，坚持不懈除隐患、强基础，多措并举保障电力安全可靠供应。安全生产专项整治扎实推进。落实“从根本上消除事故隐患”的要求，扎实推进专项整治三年行动，以“五查五严”为抓手，消除了1.7万项重点隐患。贯彻新《安全生产法》，修订出台26项制度标准，着力建设更为完善的安全管理体系和现代设备管理体系。网络信息安全管理不断加强，成功拦截并处置网络攻击3.42亿次，在公安部“护网2021”等多项国家级实战攻防中取得第一名。大电网保持安全稳定运行。针对特高压多直流馈入、电力系统“双高”“双峰”等挑战，动态优化电网运行方式，加强重要输电断面和输电通道监控，“三道防线”持续巩固，电网顺利迎峰度夏、正在平稳迎峰度冬。电力保供展现责任担当。积极应对9、10月份供需突出矛盾，第一时间落实国家各项部署，建立应急保供机制，加强汇报沟通，强化并网服务、调度交易和设备运维保障，深入挖掘发供电潜力，深化需求侧管理，多方共同努力打赢了电力保供遭遇战。抢险救灾筑牢“光明防线”。积极应对河南特大暴雨、东北雨雪冰冻以及台风“烟花”“卢碧”等自然灾害，统筹协调救灾力量，累计投入抢修人员26.6万人次，快速恢复受损电力设施，赢得了受灾群众的广泛赞誉。重大活动保电圆满完成。优质高效完成庆祝建党100周年、第十四届全国运动会、进口博览会等重大保电任务。高质量完成冬奥工程建设、应急演练和测试赛保电，为做好正赛保电工作打下了良好基础。常态化做好疫情防控和抗疫保电工作，针对河北、陕西突发疫情，组织精干力量开展跨省支援，积极服务抗疫大局。

三是抓发展、助“双碳”，促进了能源清洁低碳转型。深入贯彻习近平总书记关于碳达峰碳中和的重要论述，发布实施国内企业首个“双碳”行动方案和构建新型电力系统行动方案，推动各级电网协调发展，争当能源清洁低碳转型的推动者、先行者、引领者。重点工程加快推进。投产110kV及以上线路4.7万km、变电（换流）容量3.1亿kVA（kW）。闽粤联网、白鹤滩—浙江、郭隆—武胜等工程开工建设，雅中—江西、陕北—湖北、南昌—长沙等一批重点工程建成投运，驻马店—武汉、福州—厦门等特高压工程获得核准，金上—湖北、陇东—山东等“三交九直”特高压工程纳入国家规划。投资196亿元支援新疆、西藏电网建设，疆电、藏电外送超过1240亿kWh。积极推进雄安新区电网建设，多功能一体的剧村变电站建成投运。发布加快抽水蓄能开发建设6项措施，河北丰宁、吉林敦化等5座抽水蓄能电站投产发电。城乡电网建设持续加强。积极助力新型城镇化建设和乡村振兴，扎实推进老旧小区及城中村配电网改造，全面完成国家北方地区清洁取暖五年规划配套电网建设任务，建成农村电网巩固提升工程12万余项，实施乡村电气化提升工程3595项、受益群众超过636万人。服务新能源发展成效明显。建成全球最大的“新能源云”平台，为新能源提供一站式全流程线上服务，累计接入风光场站267万座。积极开展沙漠戈壁荒漠大型风光基地并网消纳研究。全年新增风电、太阳能发电并网装机8700万kW，累计达到5.36亿kW，利用率97%以上。

四是提质效、深挖潜，实现了经营业绩稳中向好。落实国资委打造提质增效“升级版”要求，优化经营策略，狠抓增收节支，企业经营呈现良好势头。电网业务挖潜成效显著。新增营业区43个、增加年售电量742亿kWh，电能替代完成电量1532亿kWh，特高压直流输送电量同比增长10.4%，省间交易电量同比增长7.3%。深化现代智慧供应链建设应用，降本增效47亿元。营销稽查及反窃查违挽回损失52亿元。治理高损台区5.2万个，综合线损率降低0.39个百分点。“四翼”业务稳健发展。金融分支机构“五统一”扎实推进，10个地区实现了集中办公、促进了资源共享。“电e金服”累计帮助6.8万家中小微企业获得低成本融资641亿元、释放保证金459亿元、节约融资成本18亿元。中巴经济走廊标志性工程——巴基斯坦默拉直流输电工程投入商业运营，正式接管运营智利CGE输配电公司，完成沙特500万只智能电能表安装项目，成功中标巴西绿地输电特许权、地方输电公司股权私有化项目。车联网平台接入充电桩突破150万、注册用户突破1000万，建成北斗基站1200座。经营风险防控有效加强。资产负债率超65%警戒线企业户数同比下降37.6%。加强“两金”清理和亏损企业治理，累计盘活存量资产121亿元，亏损企业户数同比压降50%。大力整改内外部审计发现的问题，止住了一批“出血点”。“合规管理深化年”行动取得实效，避免和挽回经济损失38亿元。营商环境持续优化。实施“深化创新年”活动，贯通政府政务服务和项目审批平台，深化“阳光业扩”，“三零”“三省”在264个城市实施，节省客户办电投资385亿元。开展公共能效服务，向420余万高压客户推送能效账单，引导客户节能降耗。

五是抓改革、解难题，取得了多项重要突破。认真贯彻国企改革三年行动方案，深入推进公司“改革深化年”，按期完成70%以上改革任务。国企改革部署深入落实。“三大三小”制造企业改革顺利完成。大力推进董事会建设，优化完善董事会授权决策机制，实现子企业董事会应建尽建。推行经理层成员任期制和契约化管理，在英大证券试点开展职业经理人公开招聘。按照一业一策、分步实施、分省推进的原则，制定了省管产业改革方案。推动理顺陕西电网管理体制，彻底解决了“一省一网两公司”历史问题，陕西电网步入全面融合发展新阶段。电力改革持续深化。积极参与开展电力市场顶层设计，全面完成省级交易机构股权多元化改革。市场化交易电量 2.87 万亿 kWh，同比增长 22.5%。落实电价市场化改革政策，确保了代理购电平稳实施。内部改革有力推进。大力实施“战略引领·三年登高”总部建设行动计划，深化总部三项制度改革，努力打造“五强三优”坚强总部。优化调整分部管理模式、职责界面、机构设置，进一步强化分部职能和作用。整合公司交、直流建设力量，组建特高压建设分公司。成立社会保障管理中心，强化企业年金集约高效运作。世界一流企业创建工作走在央企前列，公司入选国资委对标管理提升“标杆模式”。

六是抓创新、强攻关，增强了企业发展动能。聚焦科技自立自强，注重发挥企业创新主体作用，大力推进科技攻关，公司入选国资委首批原创技术策源地。核心技术攻关取得重要进展。实施新型电力系统科技攻关行动计划，启动首批 8 个重大科技项目。特高压套管、分接开关设计制造取得重要阶段性成效，全国产 3300V IGBT 器件投入示范应用。在上海建成世界首条 35kV 千米级超导电缆示范工程。科研改革不断深化。探索实施揭榜挂帅制、项目总师制、预算成本制、赛马制，创新建立中国电科院院士和首席专家制度，在 3 家科技型企业实施股权激励，直属科研单位项目分红、岗位分红实现全覆盖，创新活力持续激发。深化双创基地建设，线上平台累计汇聚内外部创客超过 2.6 万人、项目超过 1.1 万个。成功举办第六届青年创新创意大赛。数字化转型步伐加快。制定实施公司数字化转型发展战略纲要，国网云、企业中台、物联管理平台等数字基础支撑能力不断提升，营销 2.0、PMS3.0、新一代应急指挥等核心业务系统建设全面提速，网上国网、网上电网、数字化审计、移动办公、无纸化会议等推广应用成效明显。公司获得国家科学技术奖 6 项、发布国际标准 14 项，专利拥有量持续排名央企第一。

七是抓党建、强队伍，提振了干部职工干事创业的精气神。深入贯彻中央管党治党各项要求，将党史学习教育贯穿全年，广泛凝聚了奋进力量。坚持把政治建设摆在首位。公司党组带头落实“第一议题”制度，深入学习贯彻习近平总书记“七一”重要讲话和党的十九届六中全会精神，深刻领会“两个确立”的决定性意义，不断提高政治判断力、政治领悟力、政治执行力，“四个意识”更加牢固、“四个自信”更加坚定、“两个维护”更加自觉。党史学习教育取得显著成效。坚持学党史、悟思想、办实事、开新局，上下联动、一体推进，组建巡回指导组 1800 多个，组织宣讲辅导 2 万余场、专题培训 120 万人次，广泛开展庆祝建党 100 周年系列活动，大力实施“红色基因、电力传承”等特色主题实践，广大党员干部受到了全面深刻的政治教育、思想淬炼、精神洗礼。深入推进“我为群众办实事”实践活动，实施惠民生、办实事、送温暖项目 5.4 万余项。党建工作质量持续提升。实施“旗帜领航·提质登高”行动计划和“基层党建创新拓展年”，加强党建量化计划管理，开展全国国企党建会精神贯彻落实情况“回头看”。深化“党建+”工程，推动共产党员服务队建设常态化制度化，激励引导广大党员立足岗位创先争优。队伍建设不断加强。组织召开公司干部人才工作会议，大力实施“旗帜领航·组织登高”工程，着力打造“四优五过硬”领导班子和干部人才队伍。坚持事业为上，注重五湖四海，突出群众公认，一批人品好、业绩优、能力强、敢担当、重实干的优秀干部得到提拔重用，树立了正确的选人用人导向。大力实施人才培养“三大工程”，发挥各级党校、培训中心作用，深化职业教育，创新线上培训，全员培训率达到 94.7%。全面从严治党持续深化。落实十九届中央纪委五次全会精神，一体推进不敢腐不能腐不想腐。推进政治监督具体化常态化，清理规范领导干部配偶、子女及其配偶经商办企业行为，扎实开展“靠企吃企”专项整治，完成三轮 17 家二级单位党委巡视监督，提前实现一届任期内巡视全覆盖。深化纪检监察体制改革，完成 7 家纪律检查中心组建和公开招聘，并实现规范运作。严肃认真落实国家监委监察建议要求，深入开展省管产业专项整治，全面排查治理各类突出问题，堵塞管理漏洞、消除风险隐患。坚持“严”的主基调，查处一批违规违纪问题，深化了以案促改、以案促治。凝聚了干事创业强大合力。坚持正确舆论导向，结合党史学习教育、抢险救灾、电力保供、代理购电等，加强宣传策划和主题传播，在中央主要媒体发稿 1.2 万余篇，意识形态领域态势向上向好。构建多层次保障体系，补助困难职工 2.1 万余名。着力改善边远困难地区基层职工生产生活条件，竣工项目 1156 个。关心关爱离退休老同志。统战、团青、思想文化、保密、信访维稳等工作不断加强。公司系统 21 家单位、27 名同志获得全国五一劳动奖状、奖章，37 个集体被授予全国工人先锋号，23 个集体、个人获全国脱贫攻坚先进表彰，15 个党组织和党员荣获全国“两优一先”，3 名同志获评第八届全国道德模范。

总的来看，公司工作实现了“十四五”良好开局，呈现人心齐、人心稳、人思进、干劲足的良好局面，得到了各方面的充分肯定。中央领导同志批示 293 次，调研指导 12 次；各部委、省（区、市）领导同志批示 770 次，调研指导 284 次。回顾过去的一年，深刻认识到，做好公司工作：必须坚决维护党的核心和党中央权威。实践充分证明，有习近平总书记作为党中央的核心、全党的核心掌舵领航，有习近平新时代中国特色社会主义思想的科学指导，我们一定能够战胜前进道路上的各种艰难险阻，不断取得新的更大成绩，这是我们做好一切工作的根本保证。必须将中央要求与公司实际紧密结合。新一届公司党组始终坚持从政治上看问题，心怀“国之大者”，强化政治担当，凝聚集体智慧，准确领会和把握中央提出的“双碳”目标、新型电力系统建设、电力保供、深化改革、科技攻关等一系列部署，结合实际创造性贯彻落实，以扎实有力的工作为党分忧、为国尽责、为民奉献，这是我们赢得工作主动的关键所在。必须着力营造良好的发展环境。一年来，我们围绕大局、立足行业，对上汇报沟通，对外传播交流，客观反映情况，主动建言献策，及时增信释疑，回应各方关切，争取理解支持，取得了最大公约数，画出了最大同心圆，这是我们推动事业发展的重要保障。必须紧紧依靠广大干部职工拼搏奋进。经过党史学习教育的洗礼，经过各种大战大考的锤炼，广大干部职工的政治意识、大局观念更加坚定，担当精神、责任意识持续增强，以奋发有为履职尽责的出色表现，生动诠释了新时代电网铁军精神，这是我们战胜各种挑战的坚强依靠。

二、2022 年形势和总的要求

2022 年是党的二十大召开之年，做好全年工作具有特殊重要意义。党的十九届六中全会全面总结党的百年奋斗重大成就和历史经验，深刻揭示了“过去我们为什么能够成功、未来我们怎样才能继续成功”，对于推动全党进一步统一思想、统一意志、统一行动，更加坚定自觉地践行初心使命，具有重大现实意义和深远历史意义。中央经济工作会议对当前经济形势做了深入分析，对适度超前开展基础设施投资、稳步推进电网等自然垄断行业改革、确保能源供应、建设能源强国等做出系统部署。这一系列要求，为公司工作指明了方向、提供了遵循。中央企业负责人会议部署了 2022 年国资央企主要任务和重点工作，强调中央企业要为稳定宏观经济大盘、保持经济运行在合理区间做出更大贡献；全国能源工作会议部署了 2022 年能源工作重点任务，我们要结合实际，认真抓好落实。

新的一年，公司面临的任务非常艰巨，形势十分复杂，各种矛盾交织，机遇与挑战并存。从宏观环境看，百年变局加速演进，世界经济有望保持恢复性增长，但受疫情等因素影响，经济和贸易增长动能减弱，产业链供应链循环不畅，不稳定、不确定、不平衡特点突出。我国经济发展和疫情防控保持全球领先，发展韧性强、长期向好的基本面没有改变，但也面临需求收缩、供给冲击、预期转弱三重压力，消费和投资需求不振，大宗商品价格处于高位，经济金融领域风险有所抬头，经济下行压力凸显。从能源形势看，随着“双碳”目标推进，新能源快速发展，能源转型不断深化，电力系统安全运行面临的冲击明显增大。同时，受碳排放、成本等因素影响，煤电投资和发电意愿下降，增大了电力供需平衡的难度。随着电力市场建设向纵深推进，工商业目录电价全面取消，电网调度运行、电价形成机制和执行方式等发生了重大变化，由统购统销到代理购电，公司营销服务、交易组织、电费结算等都面临新的挑战。

对照中央精神和形势变化，公司工作还存在一些薄弱环节。电力系统技术特征、运行机理正在发生深刻变化，不可知、不可控因素积累叠加，适应新型电力系统建设的一些重大基础理论、关键前沿技术有待突破。公司安全管理基础还不牢固，人身事故仍有发生，部分主设备故障率偏高。公司带息负债规模突破万亿，投资需求刚性增长与盈利能力不匹配的矛盾凸显，经营发展面临多难局面。深化改革任务艰巨，省管产业改革有待突破，公司管理体制机制、组织方式不科学不适应问题仍然存在。党风廉政建设和反腐败形势依然严峻，一些问题屡查屡犯，蝇贪蚁腐依然突出，违反中央八项规定精神和“四风”问题禁而未绝。领导人员队伍结构优化任务艰巨，能力素质不适应问题还不同程度存在。这些问题，需要高度重视，下大力气解决。

面对新形势、新要求，要增强信心决心，保持战略定力。实践证明，公司党组确立的建设具有中国特色国际领先的能源互联网企业战略目标，提出的“一体四翼”发展布局和“五个不动摇”“四个统筹好”“六个更加注重”原则要求，符合中央精神、符合企业实际，必须持之以恒推进，坚持不懈落实，一张蓝图干到底，奋力推动各项工作再上新台阶。2022 年工作总的要求是：以习近平新时代中国特色社会主义思想为指导，全面贯彻党的十九大、十九届历次全会和中央经济工作会议精神，落实党中央、国务院决策部署，按照中央企业负责人会议和全国能源工作会议要求，坚持稳中求进工作总基调，完整、准确、全面贯彻新发展理念，以迎接和贯彻党的二十大为主线，紧紧聚焦保障电力供应和推动能源转型，全力以赴推进“一体四翼”高质量发展，持之以恒加强党的领导和党的建设，加快建设具有中国特色国际领先的能源互联网企业，为全面建设社会主义现代化国家做出积极贡献。

三、2022 年主要目标和重点工作

主要目标：发展总投入 5795 亿元，其中电网投资 5012 亿元。售电量 5.48 万亿 kWh，同比增长 6.0%。省间交易电量 1.28 万亿 kWh，同比增长 3.6%。营业收入 3.31 万亿元，同比增长 12.2%。利润总额 780 亿元，同比增长 13.7%；净利润 580 亿元，同比增长 15.9%。资产负债率 56%，同比持平。营业收入利润率 2.23%，同比提高 0.01 个百分点。研发投入强度 1.2%，同比提高 0.05 个百分点。全员劳动生产率 82 万元/（人·年），同比提高 2.1%。杜绝大面积停电事故、人身死亡事故、重特大设备事故，严格防范重大网络安全事件、重特大火灾、恶性误操作，确保不发生严重影响公司品牌形象的各类事件。

要统筹兼顾、突出重点，着力抓好九个方面工作。一是围绕服务经济社会发展，全力以赴做好电力保供工作；二是围绕守牢电网安全生命线，持续整治各类风险隐患；三是围绕推动能源转型，加快电网高质量发展；四是围绕深化提质增效，着力强化经营管理；五是围绕增强业务核心能力，大力推进“四翼”转型升级；六是围绕完成国企改革三年行动，纵深推进改革攻坚；七是围绕科技自立自强，持续强化自主创新；八是围绕实施人才强企战略，持续加强干部职工队伍建设；九是围绕发挥独特优势，全面提高管党治党水平。

【中国南方电网有限责任公司 2022 年工作报告（摘要）】

一、2021 年公司高质量发展取得新成效

2021 年，面对发展中遭遇的各种困难挑战，南方电网公司坚持以习近平新时代中国特色社会主义思想为指导，深入学习贯彻总书记重要讲话和重要指示批示精神，坚决贯彻落实党中央、国务院重大决策部署，以坚韧不拔的奋斗交出了一份极为不易、亮点突出的成绩单，实现了“十四五”良好开局。

（一）全力以赴保障电力供应，把以人民为中心的发展思想落到实处

发挥大电网平台作用，统筹供给与需求、送出与受入、电力电量平衡与安全生产、有序用电与能耗“双控”，打出电力保供“组合拳”，有力保障了经济社会平稳健康发展。超前研判供需形势，推动建立政企联席、工作专班等机制，加强沟通汇报，积极警示风险、提出建议，形成多方联动、同向发力的工作局面。千方百计提升供应能力，全力推动解决一次能源供应问题，加快推进电源配套项目建设，加强机组并网服务和管理，促进各类电源“应并尽并、应发尽发”。加强省间资源互济，南方电网总调精心调度，超高压公司全力保障西电东送通道长时间、大负荷可靠运行。科学精准实施有序用电，“月报告、周启动、日调整”联动机制有效运转，广东电网公司在全国率先建立需求侧响应市场化疏导机制，广西电网公司做细做实错避峰企业“一对一”专项服务，云南、贵州电网公司有力统筹省内保供和西电东送，最大限度保障了实体经济发展和产业链供应链稳定。

（二）始终在大局下行动，服务国家重大战略彰显新作为

自觉把工作放在党和国家事业全局中谋划推进，切实发挥国家队、主力军作用。全面推进融入和服务粤港澳大湾区、深圳先行示范区、海南自贸港、新时代西部大开发、新时代革命老区振兴发展等重点举措落地，积极服务横琴粤澳合作区、前海深港合作区建设。全力巩固脱贫攻坚成果与乡村振兴有效衔接，投资 398 亿元建设现代化农村电网，农村及偏远地区频繁停电、长时间故障停电用户数分别下降 75%、67%。进一步深化对云南维西、广西东兰的帮扶合作。发行全国规模最大的乡村振兴债券。与中国扶贫基金会合作设立南网知行教育发展基金，在脱贫地区建成 101 间知行书屋。服务扩大内需战略，围绕落实“六稳”“六保”，“两新一重”加大投资力度，完成固定资产投资 1357 亿元，投资规模连续六年稳定在千亿元以上。用电营商环境持续优化，深圳、广州“获得电力”指标领跑全国，广东、广西电网公司和深圳供电局连续多年在地方公共服务评价中名列第一；供电可靠性保持全国领先，客户平均停电时间（低压）9.23h/户，同比下降 24%；业扩投资界面进一步延伸，为客户节约投资 267 亿元；广东电网公司、深圳供电局基本建成现代供电服务体系（VOSA），其他单位积极探索创新，解放用户理念深入践行。推进“一带一路”建设，老挝国家输电网项目完成特许权协议签署，云南电网、云南国际公司如期建成中老铁路供电项目，南网国际公司中标智利首个直流投资项目。依托能源院组建了澜湄国家能源电力合作研究中心。

（三）全面擘画中长期发展蓝图，朝着第二阶段战略目标稳步迈进

深刻把握“三新一高”要求，出台南方电网公司发展战略纲要（2021 年版），确立新时代新征程的战略定位、战略目标、原则、取向、路径和步骤等，加快向数字电网运营商、能源产业价值链整合商、能源生态系统服务商转型。制定实施南方电网公司“十四五”发展规划，明确主要目标、关键指标、重点任务和重大项目。深化南网特色战略管理体系（POCA）建设，非管制业务子战略、各业务规划和职能规划、分子公司规划上下联动、统筹编制，年度计划预算细

化分解、有效承接，战略规划闭环管控高效运转。“四类项目”完成验收37项、新增实施40项，涌现出人工智能应用、海岛微电网、智能增值服务等一批标志性成果。推进对标世界一流管理提升行动，超高压公司、广东电网公司、深圳供电局获评国资委“标杆企业”，资产管理体系、电网可靠性管理理论与实践获评“标杆项目”。加强开放合作，与广西、海南政府及产业链相关企业签署战略合作协议。

（四）突破重点攻克难点，改革三年行动向纵深推进

坚持“能快则快，能好更好”，聚焦重点领域关键环节奋力攻坚，改革系统性、整体性、协同性显著增强。中国特色现代企业制度更加成熟定型，应建范围88家各级子企业全面建立董事会、实现外部董事占多数，二级子企业董事会职权全面落实。总部分类施策精准授权，完善治理主体权责清单和议事规则，打造不同治理结构公司治理范本，规范党组织参与治理的方法途径，促进各层级治理水平整体提升。制度简明化成效显著。市场化经营机制建设取得实质突破，全面实施经理层成员任期制和契约化管理，新聘管理人员竞争上岗率 73.1%、各级管理人员退出率 10.2%，居央企前列；“重奖、保障、津贴”的多重激励体系基本建立，中长期激励加快扩面。混合所有制企业转换经营机制不断深化，“双百”“科改”企业探索形成改革样本，南网科技获评AA级标杆企业。供应链管理改革迈出一大步，资源整合有序实施，南方电网公司入选全国首批供应链创新与应用示范企业。深入落实电力体制改革部署，电力交易机构股权改革全面完成，南方区域电力市场加快建设，全国首个区域调频市场正式运行，广东电力现货市场实现首次跨月跨年连续结算试运行，代理购电平稳实施。装备制造、设计、施工等竞争性业务改革稳步推进。央地电网融合成效显著，广西新电力售电量、供电可靠性等指标大幅提升，贵州电网与兴义地方电网实现220kV联网。

（五）大力实施创新驱动，国家战略科技力量加快建设

坚持把创新摆在发展全局的核心地位，抢占科技竞争和未来发展制高点，“卡脖子”关键核心技术攻关取得重要进展，原创技术策源地和现代产业链“链长”作用更加彰显。牵头成立电力新能源知识产权运营联合体，发布IEC标准5项、ISO标准2项，累计有效发明专利拥有数突破1万件，获得中国专利银奖1项，保底通信网获批国家级示范工程。广东电网公司、科研院荣获中国电力科技进步一等奖。加快推进创新链产业链融合，科技成果转化收入超过11亿元，广东电网公司2项成果荣获央企熠星创新创意大赛一等奖。加大人才培养引进力度，落实143项人才精准支持措施，饶宏当选中国工程院院士，柔性引进4名院士、12名国家特聘专家等战略级高层次人才，聘任首批战略级专业技术专家。专家委“智囊团”作用有效发挥。部署实施一批“揭榜制、挂帅制、赛马制”项目，建立创新活动容错机制，崇尚创新的良好氛围加快形成。推进数字化转型，电网管理平台上线运行，资产全生命周期管理实现业务全链条贯通，南网在线、智瞰、智搜、智用等全面推广应用，建成南网公有云，启动南方能源大数据中心建设。正式发布行业首个数据资产管理体系和定价方法，承制全国首张公共数据资产凭证。深圳供电局试点开展数字人民币电费结算。

（六）把握先机主动作为，构建新型电力系统迈出坚实步伐

把落实“碳达峰、碳中和”纳入工作全局，系统谋划、统筹推进新型电力系统建设。率先发布服务“碳达峰、碳中和”、构建新型电力系统的研究成果和专项方案，推动将数字电网打造为承载新型电力系统的最佳形态。依托数研院、能源院、科研院成立专门研究机构，统筹推进108项专题研究，参与国家顶层设计，分层分类规划一批示范区，发布行业首个技术标准体系，成功举办博鳌新型电力系统国际论坛。主网实现零弃水，可再生能源发电利用率 99.8%，风电、光伏发电基本全额消纳，非化石能源电量占比 48.9%。调峰调频公司提前投产梅蓄、阳蓄首台机组，广州电力交易中心启动绿色电力交易，综合能源公司积极参与整县（市、区）分布式屋顶光伏建设。发展绿色金融，全年业务规模达215亿元，发行全国首批碳中和债券和首支碳中和资产支持票据。资本控股公司成立全国首个碳中和融资租赁服务平台，与产投集团组建南网碳资产管理公司。

（七）着力提升发展质量效益，经营新局面加快构建

聚焦“两利四率”，扎实推进提质增效“升级版”。大力增供扩销，实现电能替代359亿kWh。成本精益管控成效显著，线损率降低 0.5 个百分点，可归集资金集中度达到 99%以上，统一融资规模超过 1500 亿元，融资成本率降低超过 0.3 个百分点。非管制业务发展势头良好，成为南方电网公司效益重要支撑。产投集团电动汽车充电、通航、互联网等业务多点突破，供应链金融取得新进展，财务公司积极发挥司库体系执行主体作用，鼎元资产大力推动闲置土地盘活。采购及物流管理更加集约高效，网级物资采购集中度达81%，物资公司“一级采购”效率效益进一步提升。资本运营实现重大突破，鼎和保险引战成为探索央企存量金融资本优化整合的重要示范性实践，南网科技成为电力行业首个科创板上市企业，文山电力启动抽蓄储能业务重大资产重组，资本市场布局初见雏形。

一批影响全局的突出问题取得重要进展，中铝欠费问题实质性解决，在琼企业经营初步改善，完成15户“两非”企业清理，海蓄等提前完成亏损治理目标。加强资产负债率管控，高负债子企业减少5户。依法维权成效显著，为公司避免和挽回经济损失10.5亿元。

（八）有效防范化解重大风险，安全绩效创历年最优

坚决贯彻总体国家安全观，筑牢风险防范“三道防线”。全面落实“三管三必须”及风险隐患双重预防机制，“大安全”管控格局进一步夯实。风险立体防控、联防联控体系和“1+*N*”作业风险管控机制不断深化，穿透式安全监督管控有效加强，“双下降”良好态势持续巩固。统筹开展安全生产专项整治三年行动集中攻坚和安全风险隐患大起底大排查大整治，全面完成GOE型500kV套管和MR真空分接开关隐患整改。巩固提升保底电网建设成效，深圳、广州供电局在全国率先建成获得国家能源局认可的坚强局部电网。“平时预、灾前防、灾中守、灾后抢、事后评”的应急机制高效运转，有效应对台风、地震、强降雨等多轮次自然灾害，建党100周年庆祝活动等25项重大保供电任务做到万无一失。连续六年未发生三级及以上网络安全事件，“护网2021”取得“零失分”优异成绩。全面建成以合规管理为基础、以风险管理为重点的内部控制体系。强化自主可控品类采购和战略物资储备，供应链风险防控体系进一步完善。常态化疫情防控有力有序有效。

（九）坚持强根固魂，党建引领保障作用切实增强

深入学习贯彻习近平总书记“七一”重要讲话和党的十九届六中全会精神，贯彻落实中央企业党的建设工作座谈会部署，持续提升党建工作质量和水平。高标准开展党史学习教育，精心组织中心组学习研讨、专题读书班、红色电力故事宣传等活动，突出抓好“我为群众办实事”专题实践，重点民生项目成效显著，一批群众“急难愁盼”问题有效解决。坚持大抓基层、大抓支部，总体消除“无党员班组”，通过规范考核评价促进“两个作用”充分发挥。用心用情关爱员工和交流干部，持续为基层减负，用好地方保障性住房政策，改善班站所工作条件，员工满意率达93.7%。大力培养选拔优秀年轻干部，动态实现年轻干部配备目标，统筹用好各年龄段干部，2019—2020年度选人用人“好”率为历年最好。“五个一线、五个交流”干部培养与锻炼机制有效运转，“百千人才去基层到西部计划”选派交流挂职干部人才2100余人。突出政治标准抓实干部培训，南网党校组织干部培训班37期。坚持一体推进“三不”，统筹开展11个专项整治（治理），形成“靠企吃企”综合治理格局，“三个有效、三个大幅减少”目标初步实现。大监督格局不断深化，监督“五项机制”运转更加有效，对“一把手”和领导班子等“关键少数”监督更加有力，对大集体企业、县级供电企业等“穿透式”治理成效明显。统筹推进中央巡视整改和内部巡视巡察整改，巡视巡察覆盖率达92%，上下联动工作格局进一步完善。积极配合做好国家审计并坚持立行立改，内部审计工作切实加强，挽回损失4.15亿元。保持高压反腐不动摇，严肃查办案件461件、处分596人，坚决查处2名党组管理干部严重违纪违法案件。牢牢守住意识形态安全底线，重塑新闻宣传管理，依托传媒公司成立新闻中心，全网合唱主旋律，高影响力正面宣传指标创历年最好。北京分公司有效发挥在京窗口作用。抓深抓实统战工作。坚持党建带团建“四带四提升”，“青马工程”试点深入推进。产业工人队伍建设改革取得新进展，入选全国能源化学地质系统示范单位。系统98个集体、71名职工获得省部级以上荣誉称号，吴长碧荣获“全国优秀共产党员”称号。

二、扎实做好2022年改革发展各项工作

（一）以更有力的担当作为落实国家重大发展战略，发挥电网企业战略支撑作用

（二）牢牢守住电网安全稳定“生命线”，以高度的政治责任感扎实做好电力保供

（三）大力推动经营高质量稳增长，提升可持续盈利能力

（四）高质量完成改革三年行动任务，全面激发活力效率

（五）强化企业创新主体地位，促进高水平科技自立自强

（六）科学有序推进新型电力系统建设，有力支撑“双碳”目标实现

（七）扩大数字化转型先发优势，推动业务变革、赋能高质量发展

（八）统筹发展和安全，牢牢守住不发生重大风险的底线

（九）瞄准战略实施第二阶段目标，加快建设世界一流企业

【中国华能集团有限公司2022年工作报告（摘要）】

一、2021年工作回顾

2021年是党和国家历史上具有里程碑意义的一年，也是公司发展进程中极为特殊、极不平凡的一年。面对百年变局、世纪疫情和能源电力紧张形势，中国华能上下在以习近平同志为核心的党中央坚强领导下，迎难而上、主动作为，能源保供作出重大贡献，绿色低碳转型迈出更大步伐，经营效益行业领先，自主创新能力显著增强，改革攻坚取得重大进展，党史

学习教育成效显著，党的建设得到新加强，推动“六个新领先”战略任务取得显著成效，在建党百年、“十四五”开局之年彰显新担当新作为。

（一）能源保供作出重大贡献

带头保供彰显华能担当。坚决贯彻习近平总书记重要指示精神，坚决扛起能源保供的政治责任，充分发挥了央企“顶梁柱”“压舱石”作用。建立日调度、周督办、月总结机制，实行“一票否决”，全部机组实现应开尽开、应发尽发。能源保供工作得到国家主管部门和地方政府高度评价。

燃料保障坚强有力。面对前所未有的保供压力，燃料战线攻坚克难，多方争取煤源；在最关键的四季度，库存水平明显高于全国统调电厂；加大进口煤采购，大力推动煤炭产能核增，强化煤电协同。千方百计筹措保供专项资金，确保了煤电企业资金需求。

安全保障能力显著增强。有效应对了极端天气、自然灾害，没有发生较大及以上安全事故。基本建设领域实现零伤亡、零事故。在煤炭产量创新高的情况下，事故率明显降低。水电大坝实现专业化统一管理。核安全保障体系有效运转，核应急能力明显提升。网络安全基础不断夯实。

节能减排成效显著。供电煤耗持续同比下降。长江、黄河流域电厂废水治理实现全覆盖，重点区域95%的电厂完成煤场封闭改造。超低排放机组占比达到98%，污染物排放绩效保持行业领先。

疫情防控有力有效。有效应对国内多点突发疫情，常态化抓好境外项目疫情防控，织密织牢防控网，牢牢守住了“华能阵地”，夺取了疫情防控和生产经营发展“双胜利”。

（二）绿色低碳转型迈出更大步伐

新能源发展创历史最好水平。发展规模创新高，新增实体开工容量、新增并网容量均突破千万千瓦，发展质量行业领先。

大型基地开发取得重大进展。国内首个千万千瓦级多能互补绿色综合能源基地——陇东能源基地配套调峰电源和先期风电项目、上都清洁能源基地风电项目全面开工，标志着中国华能“北线”大型基地开发建设进入快车道。“东线”海上风电克服施工资源紧张、窗口期短、疫情等不利影响，展现出敢打敢拼的精神风貌。

清洁能源发展呈现新格局。石岛湾高温气冷堆核电站成功发出华能第一度核电，昌江核电二期全面开工，核电产业形成滚动发展良好态势。罗源港电储送一体化绿色建设示范项目获国家优质工程金奖。

国际化发展稳步推进。英国门迪一期储能项目顺利投产并盈利，成为中国华能首个在发达国家自主建设的电力项目，被中国英国商会评为2021年绿色合作项目。门迪二期项目正式开工建设。成立国际工程公司，取得工程总承包资质。

（三）经营效益行业领先

主要效益指标创历史新高。大力提质增效，各产业板块协同发力稳增长。境外项目延续良好经营态势。增产增收实现新突破，发电量、供热量、煤炭产量等指标均创历史最好水平，营业收入增幅创近年新高。

降本节支成效显著。成功发行国内首批碳中和债、首批可持续发展债，筹集绿色发展资金，引入低成本置换资金，平均融资成本实现同比下降。开展自主检修、状态检修，节约了检修费用。单位生产费用同比持续下降。三项费用大幅低于预算。

“处僵治困”取得新成效。坚决打好国资委专项治理收官战，119户重点治理亏损子企业超额完成较2018年减亏50%的目标。提前一年完成国资委下达的“两非”处置任务。

（四）自主创新能力显著增强

高温气冷堆示范工程实现重大突破。国家科技重大专项——华能石岛湾高温气冷堆示范工程成功并网，设备国产化率达93.4%，远超重大专项75%的目标。这是新时代中国核电发展史上的一项重大科技成就，标志着中国在世界第四代核电技术领域实现领先。

承担国家攻关任务行业最多。牵头组建650℃高温材料、超临界 CO_2 循环发电技术等创新联合体。清洁低碳热力发电系统集成及运维国家工程研究中心成功入选国家新序列首批名单。

关键核心技术攻关取得一批新成果。牵头研制出国内首台5MW和7MW（直驱型）国产化海上风机。成功投运国内首套70万kW水电机组全国产化监控系统。国家能源局首台（套）示范项目——瑞金二期全国产DCS/DEH/SIS一体化智慧火电机组投运。建成世界容量最大参数最高的超临界 CO_2 循环发电试验机组、世界首个非补燃压缩空气储能电站。研制出单槽产能世界最大的水电解制氢装置。

科技成果转化能力不断增强。污泥垃圾耦合发电技术实现规模化应用。汽轮机低压缸零出力技术在全国范围开展应用，引领煤电行业深度调峰和供热技术进步。获省部级以上科技奖励66项，其中中国电力科技进步奖一等奖2项，中国能源创新奖一等奖1项。发布3项IEC国际标准。申请专利同比增长114%；授权专利同比增长269%；新增国际专利49件；获中国专利奖优秀奖5项。

数字化转型迈出坚实步伐。推进实施数字化“十四五”规划和转型总体方案。国内首家千万点秒级实时新能源数据平台——华能新能源智慧运维系统投入运行。建成国家首批智能化煤矿。

（五）改革攻坚取得重大进展

年度改革任务全面完成。累计完成三年改革任务的 91.4%。西安热工院在发电行业唯一获评国资委科改示范标杆企业。中国华能改革经验做法被国资委推荐为央企宣传典型。

中国特色现代企业制度更加完善。明确前置研究讨论重大经营事项，充分发挥党组把方向、管大局、促落实领导作用。制定董事会向经理层授权制度，建立外部董事提前研究论证等机制，获央企考核 A 级。实现各级子企业董事会应建尽建，其中外部董事占多数的企业占比达 100%。

三项制度改革不断深化。把实施经理层成员任期制和契约化管理作为改革的“牛鼻子”，分层分类有序推进，超额完成年度改革任务。市场化公开招聘、管理人员不胜任退出比例高于央企平均水平。推动薪酬分配向贡献突出的单位、一线关键岗位和高层次高技术技能人才倾斜，二级单位负责人全面实行任期激励。

公司治理水平明显提升。4 项成果获评国资委重点企业管理标杆，“五步三化”精智管理模式入选国资委十大管理标杆范式。2 项成果获全国管理创新一等奖。深化法治华能建设，获国资委考核 A 级。

（六）党的建设得到新加强

党史学习教育成效显著。深入学习贯彻总书记“七一”重要讲话和党的十九届六中全会精神，深刻认识“两个确立”的决定性意义，用党的伟大成就和光荣传统凝聚思想行动，进一步增强了建设世界一流企业的信心决心。始终把学习贯彻习近平新时代中国特色社会主义思想作为首要任务，扎实开展党组中心组学习、与基层党委联学。坚持人民电业为人民，聚焦能源保供、职工群众“急难愁盼”等问题，推动完成“我为群众办实事”33 项重点任务，央视《新闻联播》多次播发公司实践案例。通过学习教育，广大党员、干部受到一次全面深刻的政治教育、思想淬炼、精神洗礼，“四个意识”更加牢固，“四个自信”“两个维护”更加坚定自觉，达到了学党史、悟思想、办实事、开新局的目的。

推进党建与业务深度融合。开展落实全国国企党建会精神“回头看”，围绕 25 项任务对标检视、巩固提升。深化抓党建促发展，大力实施党建引领行动，广泛开展“开局十四五、实现新领先”主题实践。3 个劳动竞赛被全国总工会列为“十四五”全国引领性劳动竞赛项目。华能作为唯一企业代表，在全国组织部长会议上交流了党建与业务深度融合的经验做法。

全面从严治党持续深化。围绕落实“碳达峰、碳中和”目标、能源保供、科技创新等开展政治监督。制定中国华能党组关于加强对“一把手”和领导班子监督的实施意见，推动形成主体责任和监督责任同向发力、一贯到底的良好局面。开展采购招标领域专项检查、燃料管理监督检查“回头看”。坚守政治巡视定位，开展两轮常规巡视和节能环保技改领域专项巡视，提前一年实现二级单位巡视全覆盖。推进巡视巡察上下联动，组织交叉巡察。深入落实中央八项规定精神，持续纠治“四风”，深挖隐形变异问题。大力查办案件，以案促改、以案促治，推动公司全面从严治党向纵深发展。

干部人才队伍建设不断加强。深入贯彻新时代党的组织路线，大力发现培养选拔优秀年轻干部。深入学习贯彻中央人才工作会议精神，国际化人才培养工作入选全国电力行业人才工作优秀创新案例。清能院部时旺获全国优秀共产党员。6 人获全国“五一”劳动奖章，5 人获全国技术能手称号，5 人获大国工匠称号；86 项职工创新获全国电力职工技术创新成果奖，45 项成果获全国能源化学地质系统职工技术创新优秀成果。

二、2022 年工作思路

坚持以习近平新时代中国特色社会主义思想为指导，坚决贯彻落实党中央、国务院决策部署，完整、准确、全面贯彻新发展理念，坚持“六个牢牢把握”（牢牢把握坚持党的全面领导这一根本原则，牢牢把握绿色低碳转型的发展大势，牢牢把握科技自立自强的使命担当，牢牢把握效益为先的高质量发展要求，牢牢把握深化改革这个关键一招，牢牢把握风险防控的底线红线），突出高质量稳增长，强化党建引领保障，夯实安全基础，加快低碳转型，推进改革创新，确保全面完成年度任务，推动“六个新领先”取得更大成效，建设世界一流企业迈出更大步伐，以优异成绩迎接党的二十大胜利召开！

三、2022 年重点工作

（1）强化安全生产。全力做好能源保供，突出抓好设备管理，狠抓重点领域治理，深化污染防治攻坚，切实维护绿色华能形象。

（2）加快绿色低碳发展。坚决完成新能源发展任务，积极有序推进水电开发，实现核电发展三大目标，促进协同产业发展，拓展国际化业务。

（3）全力以赴稳增长。确保首季“开门红”，把握稳增长主动权，狠抓电力营销，着力降本控费，强化资金资本管理。

（4）大力推进科技创新。主动融入国家创新体系建设，强化绿色低碳技术攻关，抓好科技成果凝练转化，不断推动数字化转型，打造国家战略科技力量。

（5）深入推进企业改革，坚决完成三年行动任务，深化体制机制改革，持续抓好管理提升，着力防范重大风险。

（6）全面提升党建质量，不断加强思想政治建设，深化基层党组织建设，全面从严管党治党，强化干部人才队伍建设，凝聚起改革发展强大力量。

【中国大唐集团有限公司 2022 年工作报告（摘要）】

一、2021 年工作回顾

2021 年，系统各单位、总部各部门深入贯彻落实党中央国务院决策部署和国资委工作要求，坚定履行中央企业责任使命，克服困难，加压奋进，统筹推进疫情防控和生产经营、改革发展、党的建设等重点任务，全面完成全年各项任务目标，开创了各项工作的新局面。

（一）心系“国之大者”，能源保供攻坚战取得阶段性重要成果

加强组织领导抓保供，党组成立领导小组和工作专班，制定“1+7”工作方案，建立周例会、日调度工作机制；领导班子带队到基层一线督导调研，走访煤炭企业和金融机构，积极协调电煤资源和信贷资金。突出关键环节促保供。围绕电煤采购、资金保障、设备消缺、机组运行、政策争取等环节，压实责任，制定责任到岗、任务包干等措施预案。紧盯重点时段、重点区域稳保供。统筹抓好全国“两会”、建党 100 周年、迎峰度夏、迎峰度冬保电任务，全面部署北京冬奥会保电工作，为确保经济平稳运行、确保能源安全保供、确保人民群众温暖过冬作出了大唐贡献，以实际行动展现了“顶梁柱、顶得住”的责任担当。

（二）加快结构调整，绿色低碳转型迈出坚实步伐

突出主业实业，积极融入构建新发展格局，与 13 个省（区、市）深化央地合作，签署战略合作协议，推进与京津冀、长江经济带、黄河流域、大湾区、西部大开发、海南自贸港、“一带一路”等产业合作。西藏扎拉高水头大容量冲击式水电项目开工建设，浙江象山我国首个大型滩涂光伏、广东南澳和辽宁庄河海上风电、海南万宁燃机实现投产。围绕大型风电光伏基地谋篇布局。突出网源荷储一体化和多能互补，充分发挥存量电源尤其是火电、水电优势，着力谋划大型多能互补基地建设，主导推进的托克托等 6 个大基地项目成功入围国家首批基地项目清单。围绕优化机制流程提高发展效率。

（三）强化底线思维，坚决有力防范化解重大风险

坚持分兵突围，举全集团之力打好煤化工突围脱困攻坚战。明确“盘活资产、减少损失、守住底线、脱困振兴”总要求和“分兵突围”工作思路，加强政策支持，指导建立市场化经营机制，激发企业脱困攻坚的活力动力。及时抢抓机遇，强力推动煤炭产业扭亏脱困。突出源头管控，有效化解金融债务等各类风险。全面摸底排查金融债务、潜亏挂账、法律涉诉等风险和一批潜在“爆雷”点，压实责任、动态管理、精准攻坚。专项治理担保委贷、银行账户、会计信息及金融衍生业务，建立重大诉讼案件挂牌督办机制。深入推进安全生产专项整治三年行动，开展“六查六严”专项治理。克服境外疫情，有效应对境外政局突变，保障境外员工人身健康和资产安全。

（四）抓实三年行动，促进改革效能不断释放

认真贯彻党中央、国务院决策部署，狠抓国企改革三年行动落实落地，先后召开五次全集团专题改革推进大会，持续加大宣传督导，建立健全体制机制，推动改革取得明显实效。制定党组、董事会、经理层决策事项清单，制定完善配套制度。实现符合条件的二级企业和三级企业董事会“应建尽建”、党委书记董事长“一肩挑”和“双向进入、交叉任职”领导体制改革的全覆盖。落实董事会职权，实现外部董事占多数。着力推进体制机制改革。组建绿色低碳发展公司，积极参与全国碳市场建设。着力加快建立市场化经营机制。

（五）狠抓提质增效，运营管控能力进一步增强

准确把握影响企业效益的关键要素，超前部署专项行动。一季度结合行业实际和对全年形势的整体预判，提出实施以提高销售电量、提高投资质量、提高全员劳动生产率、降低燃料成本、降低财务费用、治理亏损企业和僵尸企业为重点的“三提两降一治”提质增效专项行动，逆势实现“双过半”目标。主动应对电力、热力和燃料市场变化，精准加强指导督导。先后组织召开 8 次专题视频会议，针对市场变化和经营形势，及时调整优化提质增效目标和策略；领导班子到经营困难的重点区域指导督导，协调解决具体问题。明确建立激励约束机制，配套工资总额、评选表彰等奖励政策，鼓励各企业多措并举增收入、降成本、压费用、保效益。

（六）坚持强基固本，全面加强党的领导党的建设

深入学习贯彻习近平总书记“七一”重要讲话精神，贯彻落实中央企业党的建设工作座谈会部署。着力健全完善党建领导体系、组织体系、工作体系、制度体系“四个体系”，通过实施“两年强基、三年提升”

计划，推动党建工作质量稳步提升。坚持高标准高质量组织开展党史学习教育，赓续红色血脉，激发“苦难辉煌”的奋进力量。深入学习贯彻党的十九届六中全会精神，深刻领会“两个确立”的决定性意义，通过集中学习、专家辅导、领导干部基层宣讲等方式，迅速掀起学习宣贯热潮。

二、2022 年工作要求和重点工作

做好 2022 年工作总体要求是：以习近平新时代中国特色社会主义思想为指导，深入贯彻落实习近平总书记关于国有企业改革发展和党的建设重要论述，全面贯彻党的十九大、十九届中央历次全会和中央经济工作会议精神，认真落实中央企业负责人会议工作要求，坚持稳字当头、稳中求进，坚持高质量发展，坚持系统施策，统筹打好“四大攻坚战”，巩固拓展“五大工程”，持续深化“三提两降一治”提质增效专项行动，改革创新，攻坚克难，坚定不移推进“二次创业”走深走实，以优异成绩迎接党的二十大胜利召开。

重点做好以下七个方面工作：抓好保供增效，实现全年高质量稳增长。优化结构布局，加快绿色低碳转型。抓好科研开发，更好发挥科技创新支撑作用。狠抓改革落地见效，高质量完成三年改革行动任务。坚持对标一流，提升科学管理水平。健全风险防控工作体系，有力防范化解各类风险。坚持不懈抓好安全环保，着力提升本质安全水平。

三、2022 年党建工作任务

以迎接和贯彻党的二十大为主线，坚持推进党建提升工程，推动党史学习教育常态化长效化，着力提高领导干部抓工作的能力本领，为完成生产经营和改革发展任务提供坚强保证。

【中国华电集团有限公司 2022 年工作报告(摘要)】

一、2021 年工作总结

2021 年，是党和国家历史上具有里程碑意义的一年。一年来，中国华电上下坚持以习近平新时代中国特色社会主义思想为指导，深入学习贯彻习近平总书记系列重要讲话和重要指示批示精神，坚决贯彻党中央、国务院决策部署，认真落实集团公司党组和董事会工作要求，坚持稳中求进工作总基调，弘扬伟大建党精神，勇于担当、主动作为，各项工作取得新的成效。中国华电在消化电煤成本上涨 456 亿元、煤电亏损 300 亿元的影响下，全年实现利润总额 75.8 亿元、净利润 25.1 亿元、资产负债率 69.98%、营业收入利润率 2.3%、研发投入强度 2.72%、全员劳动生产率 90.9 万元/人。根据国资委最新考核有关政策精神，还原四季度火电能源保供亏损后，“两利四率”全面完成国资委考核目标。完成发电量 6404 亿 kWh，同比增长 10.44%；供热量 4.1 亿 GJ，同比增长 13.06%；完成煤炭产量 5358 万 t。清洁能源装机占比 44.4%，同比提高 1.6 个百分点；非化石能源装机占比 32.9%，同比提高 1.7 个百分点。供电煤耗完成 292.83g/kWh，同比下降 2.38g/kWh。主要工作体现在七个方面：

（一）能源保供坚决有力

深入学习贯彻习近平总书记关于能源保供的重要指示批示精神，全力以赴保发电、保供热、保民生，以实际行动彰显央企“顶梁柱、顶得住”的责任担当。一是加强领导，迅速行动。公司党组迅速动员部署，党组书记、董事长温枢刚第一时间组织传达贯彻党中央、国务院决策部署以及上级部委工作要求，担任保供工作领导小组组长，多次召开党组会、董事会会议、保供专题会等进行部署安排，建立“非停”机组和出力受阻机组领导挂牌督办机制，组建 6 个安全保供督导小组和 8 个工作专班，形成高效快捷的能源保供调度机制。二是主动担当，措施有力。印发保供工作方案，发布 12 条能源调度令。千方百计组织煤源，增签四季度长协合同 3677 万 t，保供期间日产煤量增幅 10.8%。隆德煤矿核增 500 万 t/年取得批复；不连沟、肖家洼煤矿纳入国家保供名单，合计增加产能 700 万 t/年。加强对重点区域、电厂资金帮扶，强化运维管理，有效保障机组安全平稳运行。三是合力保障，成效明显。讲政治、顾大局，广大干部员工甘于奉献，坚守一线，做了大量扎实细致的工作。保供以来，煤机发电量、供热量增幅、非停机组容量及占比等指标均处于同类型企业最优水平，得到国家发展改革委、国家能源局、全国电力安全生产委员会和全国半数以上省级地方政府肯定和表扬。

（二）安全环保总体平稳

深入学习贯彻习近平总书记关于安全生产的重要论述，压实安全环保责任，圆满完成庆祝建党 100 周年、全国两会等重点时段安全环保保障任务。一是安全基础不断夯实。扎实开展安全生产“整治攻坚年”活动，抓好基建、技改等重点领域安全整治，泸定、狮子坪大坝、G317 沙坝段等风险隐患得到有效处置。修订完善监督检查管理办法，编制印发落实安全主体责任“十条禁令”，反违章管理进一步强化。全力做好抢险救灾，有效应对河南、湖北、山西等区域灾情险情。二是生态环保可控在控。加强生态环保治理体系建设，全面完成中央生态环保督察、国家专项督查指出问题整改。强化冬奥会区域内企业空气质量保障措施，成为张家口奥运场馆绿电第一大供应商。抓好污染防治，燃煤机组超低排放容量、台数、煤场封闭率全面达到国家要求，长江经济带、黄河流域、环渤海等地区发电企业年度废水治理项目如期完成，固废处置规范化水平有效提升。加强环保合规管理，优化风光电全过程环保监督流程，金上波罗、昌波水电站取得生态环境部环评批复。三是疫情防控精准有效。从严从紧抓好常态化疫情防控，有效应对江苏、陕西、河南、天津等突发疫情，及时完善防控措施，统筹加强境外疫情防控，疫苗接种实现“应接尽接”。全年未发生聚集性疫情，总体可控在控。四是信访维稳扎实有力。召开信访维稳专题会议，开展信访、维稳、保密等专项督查，实现重大活动和重要节点“零进京”上访，国资委移交的 9 项历史积案化解率达到 100%。加强保密和网络安全，在国家网络攻防实战演习中成绩名列央企前茅。

（三）转型发展步伐加快

坚决贯彻“碳达峰、碳中和”重大战略决策，坚定不移走生态优先、绿色低碳的高质量发展道路。一是战略规划全面实施。强化战略引领，印发实施中国华电“十四五”发展规划和专项子规划，发布碳达峰行动方案；成立碳资产运营公司，105 家发电企业完成碳排放权交易履约，完成全国首笔 CCER 抵消碳配额清缴。加强战略合作，温枢刚董事长等公司领导分别带队调研，积极督导推动，与 13 个省市政府和 10 家行业头部企业签订战略合作协议，涉及风光电资源 2.7 亿 kW。二是项目布局步伐加快。大力推进风光电开发，制定实施风光电高质量发展 20 条措施和管控体系优化指导意见，加大授权力度，优化管理流程，强化工作激励，推动风光电发展加力提速。全年核准风光电 4278 万 kW，是“十三五”期间核准总容量的 2.6 倍，取得建设规模指标 1923 万 kW。新疆、甘肃、青海等区域 425 万 kW 项目列入国家首批大型风光电基地清单。广东、山东、湖北、江苏、天津、福建、重庆公司等风光电发展成效明显。积极推进水电开发，金上基地及其送湖北输电工程列入国家“十四五”规划。三是精品工程亮点纷呈。首个海上风电项目福建海坛海峡 300MW 海上风电项目全容量投产。西藏 DG 实现四台机组“一年全投”、三级配碾压混凝土取芯长度创世界纪录，金上拉哇电站如期实现大江截流。同类型企业中首座抽水蓄能电站福建周宁抽蓄实现双机并网。国内单机容量最大、国产化率最高的 9F 级重型燃机项目广东清远提前 50 天完成“双投”。莱州二期荣获国家优质工程金奖，是国内首个两期工程均获此殊荣的电力项目；阿海、邵武三期获国家优质工程奖。乌江构皮滩通航工程投入试运行。四是产业协同水平提升。强化煤电协同，自产动力煤内销率 42.3%，煤炭产业贡献利润 168 亿元。加强产研融合，科工企业推动科技研发和产业创新相互促进，核心专业优势不断增强，新兴业务实现突破。深化产融结合，金融企业支持主业融通资金 1228 亿元，同口径同比增长 7.4%；积极发展绿色金融，完成 118 个项目的绿色认证，成功发行“碳中和”等绿色债共 215 亿元。五是海外发展稳健有力。坚持以“四轮驱动”推动“合力出海”，完成国际业务收入 226.3 亿元，同比增长 28%；实现利润 43.55 亿元，同比增长 78%。越南沿海二期项目投入商业运行，孟加拉迈门辛光伏项目实现股权交割。

（四）经营工作逆势而上

认真落实国资委“两利四率”要求，先后出台“20+10+8”工作举措，多措并举提质增效。华电煤业实现净利润 132 亿元，创历史新高；资本控股、乌江公司、香港公司、华电科工等 10 家单位实现净利润超过 10 亿元；公司增量发电企业净资产收益率达 8.94%。一是市场拓展力度加大。发电产业市场交易电量 3406 亿 kWh，市场电量占比高于装机占比 1.41 个百分点，售电公司总代理电量突破 1200 亿 kWh，煤机交易电价同比提高 1.5 分/kWh，优化火电发电量 330 亿 kWh。通过争取电热价格、优化发电供热经济运营以及落实供热优惠政策，合计增收增利超 160 亿元。新疆、河北、安徽、河南、广西公司通过争取电热价、财税、资金等政策，获得良好收益。充分挖掘供热潜力，持续优化供热结构，供热量达产率同比提高 5 个百分点。煤炭产业大力增产保供，产量同口径同比增加 172 万 t。科工产业全力拓市增效，利润同比增长 56.6%，再创历史新高。金融产业精准配置资源，实现利润 43 亿元，同比增长 14.7%。二是成本管控持续深化。充分发挥集约采购优势，规范招投标管理，完成全部 304 项招标文件范本发布和结构化，深化华电商城供货机制建设，采购节资率达 14%；入厂标煤单价优于同类型企业平均值 9.7 元/t，节约资金 14.2 亿元。加强电热成本控制，电热四项费用占收入比 7.2%。强化融资成本管控，财务费用同比减少 13 亿元，期间费用占比同比降低 1.4 个百分点，资金集约“三率”均超过 90%，位居同类型企业首位。取得能源保供纾困解难国有资本预算 20 亿元。三是资本运作成效明显。华新项目完成风光电资产重组，募集资金 150 亿元，估值、投资者结构、引战条件、引战周期均处于市场领先水平。华电国际完成债转股“上翻”发行和湖南火电资产注入，成为市场首单采用大比例定向可转债的市场化债转股交易案例。资本控股成功引入权益资金 30 亿元，增强了核心竞争力和抗风险能力。福建煤电企业引入债转股增资 35 亿元。四是风险防控得到加强。全面推进内控合规风险一体化管理体系建设，向各级企业延伸，各类风险总体可控。资产负债率继续保持同类型企业最优水平。狠抓减亏控亏和专项治理，开展重点企业督导，新疆公司煤电经营利润同比减亏 2.7 亿元，整合提效明显；云南公司煤电经营利润同比减亏 4.5 亿元；江苏望亭、新疆哈密、云南巡检司等 6 户煤电企业逆势实现扭亏为盈。扎实推进“两非”“两资”剥离处置，盘活资金25亿元。

（五）创新驱动大力实施

深入实施创新驱动发展战略，完善“1+1+N”科技创新体系，加大核心技术攻关，着力打造原创技术策源地和现代产业链链长。一是技术攻关不断突破。组织实施首批“揭榜挂帅”项目，持续加强电力工控“卡脖子”技术攻关。江苏句容电厂百万千瓦机组DCS、浙江龙游电厂9E燃机TCS、福建海坛海峡6.2MW海上风机主控、黔源电力跨流域水电集控等自主可控工控系统成功投运，广东公司新能源国产密码系统按期上线运行，实现了一年7个“国内首次”，其中燃机TCS通过鉴定“整体达到国际先进水平”。G50、水电监控和保护装置等5项技术入选能源领域首台（套）重大技术装备。积极推进强强联合，与兄弟央企共同推进广东清远首台自主知识产权F级50MW重型燃气轮机示范应用。加入中国电科关键核心电子元器件创新联合体，组建电力自动化系统国产密码融合创新实验室。推动产学研用深度融合，与清华大学、西安交大等成立联合研发机构。二是创新成果不断涌现。扎实推进“十大重点科技项目”，自主可控发电分散控制系统、火电企业碳排放监测、信息化赋能决策全流程管理、综合能源服务转型管理等15项成果分获中国电力奖一等奖、电力科技创新奖一等奖、全国企业管理创新成果一等奖。取得首个PCT国际发明专利和国家专利优秀奖，全年新增专利授权1927项，其中发明专利174项。三是数字赋能不断加强。印发中国华电网信“十四五”规划，数字中心、“两个平台”建设取得阶段性成果。财务共享中心全面运营，数字电厂完成首轮8家试点建设，3座国家首批智能化示范煤矿基本建成。基于“长安链”的物资采购区块链成功上线，综合能源网上服务大厅启用，经济运行中心全面升级并投入使用。

（六）企业改革积极推进

认真落实国企改革三年行动部署，对标对表督促落实，三年行动台账任务完成率92.86%，超额完成年度目标任务。一是公司治理体系更加完善。坚持“两个一以贯之”，加强治理能力建设，修订完善各治理主体议事规则，获评国资委公司治理示范企业，并在国资委加强专业化体系化法治化监管专题推进会上作典型发言。国电南自获得国资委“科改示范企业”改革创新专项评估“优秀”等级。剥离企业办社会职能和解决历史遗留问题圆满收官，327户多经企业全部完成规范清理。二是市场化机制更加健全。全面完成经理层成员任期制和契约化管理，5家基层企业试点职业经理人制度。推行市场化用工，管理人员末等调整和不胜任退出比例等改革指标均优于央企平均值。深化市场化薪酬分配机制改革，在16家科技型企业实施岗位分红激励，华电重工岸桥公司和江苏扬能公司员工持股落地实施。三是企业管理行为更加规范。扎实推进创一流工作，48个对标提升重点任务总体完成87.1%，乌江公司荣获国资委管理提升标杆企业，“数字赋能的碳排放管理”“‘一体系、一张网’中国特色现代企业制度管理”荣获国资委管理提升标杆项目，榆横煤电公司荣获煤炭行业标杆煤矿。全面落实法治建设第一责任人职责，推进法律事务与业务工作深度融合，依法治企能力进一步提升。落实党中央、国务院要求，加强审计工作领导，优化两级审计监督体制机制，加大重点风险领域和业务的审计力度，进一步加强审计问题整改，提高审计监督效能。健全违规经营投资责任追究工作体系，精准开展违规追究工作。制定尽职合规免责清单，激励企业领导人员担当作为。

（七）党的建设不断加强

深入贯彻新时代党的建设总要求，突出围绕迎接建党100周年和全国国企党建会召开5周年，按照“中央企业党建创新拓展年”工作部署，认真落实中国华电党组一号文各项要求，为企业改革发展提供坚强政治保证。一是建党百年庆祝活动和党史学习教育扎实开展。深入学习贯彻习近平总书记“七一”重要讲话，扎实开展党史学习教育和国企党建会精神贯彻落实情况“回头看”。中央党史办、国资委党史办、中央企业第三指导组实地调研“我为群众办实事”实践活动情况并给予充分肯定。隆重举办庆祝建党100周年系列活动，13个集体、15名个人获得省部级以上表彰。温枢刚书记在央视《信物百年》栏目讲述《咱们工人有力量》背后的红色故事，引发系统内外热烈反响。圆满完成国家以及地方党委政府安排的各项帮扶任务，扶贫办、西藏公司扶贫援藏办荣获全国脱贫攻坚先进集体，定点扶贫工作成效保持中央单位考核最优等次。二是党建工作与生产经营深度融合。围绕能源保供、科技攻关、防汛减灾等重点任务，组建1545个党员突击队和718个党员服务队，党旗在基层一线始终高高飘扬。制定三支人才队伍建设实施意见，出台6项海外引才支持政策。扎实开展“庆华诞、谱新篇、筑梦想”职工思想教育活动和形势任务教育，广泛开展劳动竞赛，3个项目跻身全国引领性劳动和技能竞赛行列。坚持党建带团建，实施“青马工程”，试点“推优入党”，相关经验在中央企业五四表彰大会上作交流发言。加大职工关爱力度，加强企业年金投资管理，投资收益率位居同等及以上年金规模央企前列；优化“华电 e 宝”平台功能，建立特困职工帮扶体系。三是党风廉政建设和反腐败工作向纵深发展。深化中央巡视整改，以长效机制工作清单为抓手，常态化推动巡视整改走深走实。

通过“回头看”、专项检查、部门联合审核等有效措施，切实加大内部巡视整改力度。加强对“一把手”和领导班子监督，做实做细日常监督。开展“小散远”等9项“靠企吃企”问题专项整治，进一步防范廉洁风险，业务监督、职能监督、执纪监督“三道防线”合力更加彰显。

同时，也要清醒地看到，当前公司工作中还存在一些差距和不足：一是安全环保基础还不够牢固。2020年安全环保形势总体平稳，同时仍发生了一般等级人身伤亡事故，部分新能源项目环保水保“三同时”落实不够到位，暴露出个别单位安全发展理念不牢固、安全环保意识不够强、责任制落实不到位等问题，安全环保管控体系还需健全完善，G317地灾、金上滑坡体和狮子坪大坝等安全隐患尚未彻底消除。二是新能源发展还需持续用力。2020年风光电核准规模超额完成任务，同时结转项目、开工项目、新增项目以及累计装机规模还偏少，风光电发展的责任还要进一步压实、体制机制还要进一步优化，抓战略目标刚性执行还需持续用力，新能源发展合力还需进一步增强，从核准到开工的推进效率还亟待提升。三是火电企业经营风险加剧。受燃料成本大幅攀升等影响，火电企业面临严峻经营形势，提质增效措施落实效果还未充分显现，火电企业转型升级方案还需要深入研究，煤炭供应保障体系有待进一步完善，成本控制力度还要加大。四是改革攻坚还面临挑战。中国华电改革三年行动在任务总量上超额完成年度目标，与先进企业相比还有不足，在增强改革效果上还要多做文章，通过改革调动干部员工积极性主动性创造性，形成具有华电特色的改革典型经验上还要下更大功夫。五是依法合规经营还需强化。2020年中国华电在依法合规经营上做了大量工作，也取得了积极成效，同时通过巡视审计以及专项整治发现，个别单位在财务管理、工程建设、合同执行、招标采购等方面还不同程度存在违规行为，个别单位执行上级安全环保政策法规和要求不到位，依法合规意识还没有深入人心，制度执行还不够有力，依法合规经营文化还需要进一步培育。

二、2022年工作安排

2022年是党的二十大召开之年，是中国华电成立20周年，也是推进“十四五”规划的关键之年，做好各项工作至关重要。中国华电2022年工作总的要求是，以习近平新时代中国特色社会主义思想为指导，全面贯彻党的十九大、十九届历次全会和中央经济工作会议精神，认真落实中央企业负责人会议等工作要求，弘扬伟大建党精神，坚持党的全面领导，坚持稳中求进工作总基调，坚持高质量发展，坚持创新驱动发展，坚持以供给侧结构性改革为主线，完整、准确、全面贯彻新发展理念，服务构建新发展格局，突出抓好稳增长，深入推进“五三六战略”，更加注重保能源安全、更加注重补发展短板、更加注重增创新动能、更加注重提经营效益、更加注重激改革活力、更加注重强党建引领，全力实现“开门红”开局稳，全面完成年度各项目标任务，加快创建具有全球竞争力的世界一流能源企业，为做好“六稳”“六保”工作、稳定宏观经济大盘、保持经济运行在合理区间、维护社会大局稳定作出更大贡献，以优异成绩迎接党的二十大胜利召开。

主要目标是：

——安全目标：完成能源电力保供任务，确保不发生较大及以上安全事故和环境事件，确保实现人身“零事故”。

——经营目标：按照国资委“两利四率”和“两增一控三提高”的要求，全面完成年度考核目标。

——发展目标：电源项目核准/备案2900万kW，其中境内风光电核准2500万kW，取得建设规模2000万kW；境外风光电80万kW、水电9.6万kW。新增电源容量2380万kW，其中风光电1838万kW。

——改革目标：确保重点改革任务上半年基本完成，各项改革任务在党的二十大之前全面完成，在国资委考核中努力实现“保A争先”目标。

——科技创新和节能减排目标：研发投入强度3%，供电煤耗完成292.2g/kWh。

重点做好以下工作：

（一）着力夯实安全环保基础，全面提升能源保障能力

（二）着力推进结构调整，全面加快绿色转型发展

（三）着力深化提质增效，全面提升公司效益水平

（四）着力实施创新驱动，全面增强企业发展新动能

（五）着力深化企业改革，全面激发企业活力动力

（六）着力加强党的建设，全面提供坚强政治保证

【国家能源投资集团有限责任公司2022年工作报告（摘要）】

（一）2021年工作的回顾和评价

2021年国家能源集团深入贯彻落实习近平总书记重要讲话精神和党中央决策部署，积极应对多重挑战，绿色转型、创新驱动、提质增效、管理提升、深化改革、党的建设等六个方面“开启新局”，呈现出稳中有进、进中向好的新局面。

一是坚决抓好习近平总书记重要讲话精神贯彻落

实。集团党组深刻认识“两个确立”的决定性意义，增强“四个意识”、坚定“四个自信”、做到“两个维护”，把学习贯彻习近平总书记重要讲话和重要指示批示精神作为根本政治任务，推进全系统形成建立台账、专人盯办、报告反馈的工作闭环，确保党中央重大决策部署落地见效。深入学习贯彻习近平总书记视察榆林化工重要讲话精神，研究出台《决定》，明确29项重点任务，进一步增强了坚持煤炭主体能源地位，加快绿色低碳发展，推动煤化工高端化多元化低碳化发展，实现科技自立自强的信心决心。深入学习贯彻习近平总书记“七一”重要讲话精神和党的十九届六中全会精神，高标准开展党史学习教育，各级党组织联学联动，推进理论学习中心组、三会一课、读书班、智慧党建、融智学习、红色教育等全覆盖，完成“我为群众办实事”项目1.6万件、投入15.5亿元，系统梳理总结集团历史沿革与“红色基因”，引导全体党员、干部学史明理、学史增信、学史崇德、学史力行，凝聚了“十四五”开新局的强大合力。

二是能源保供使命充分彰显。集团党组坚决落实党中央、国务院决策部署，巩固增强一体化运营优势，煤电化运各产业协同发力，圆满完成重点区域、重点时段保供任务，充分发挥了能源供应稳定器、压舱石作用，得到了国务院领导和上级部委的充分肯定。全力保障煤炭增产增供，实现产能核增重大突破，千方百计拓展外购煤源，提升“路港航”运输效率，一体化出区调运量屡创新高。全力保障电力稳发满发，守牢民生用能底线，发电量增长明显高于全国平均水平，突破1.1万亿kWh。带头稳价稳市，落实长协合同及补签兑现，累计向社会让利超600亿元。大力开展安全生产专项整治行动，全面启动安全生产标准化管理体系建设，严肃事故责任追究，加强应急能力建设，国家级应急救援队多次参与社会救援救灾，安全生产形势保持总体稳定。

三是企业经营绩效稳中有升。聚焦国资委考核导向，深化对标一流、管理提升行动，圆满完成年度目标任务，企业经营韧性和抗风险能力持续彰显。主动适应市场变化，加强精细化管理，推动煤炭增产增利、煤电调价减亏、新能源量利齐增、化工增量增收、运输挖潜增效，实现整体利益最大化。强化财务监管，巩固“两压”“双控”成果，大力推进会计集中核算、预算集约管控、资金集中管理，有序推进规模化采购，各产业可控成本均实现下降。加大保供、治亏、新能源发展、安全环保等考核力度。压实“六个扭亏”责任，多措并举精准治亏，亏损面同比下降1.99个百分点，取得显著成效。

四是绿色低碳发展合力攻坚。科学制定碳达峰行动方案，压实子分公司发展责任，加快绿色低碳转型。新能源“两个1500万+”任务全速推进，开工1968万kW，新增装机1089万kW，获取国家第一批大型风电光伏基地项目1390万kW。重大项目开发建设亮点纷呈，新街、大保当等煤矿取得积极进展，火电732万kW装机高标准投产，玛尔挡、广西横州等多能互补基地项目有序推进，江苏东台海上风电、猴子岩水电站获国家优质工程金奖，榆林、哈密、鄂尔多斯、宁东、包头、乌海等化工基地布局逐步完善，扎舒兰煤矿、乌克兰风电等境外项目稳妥实施。出台关于加强新时期科技创新工作决定，开展产学研用协同创新，85个项目获得行业或省（部）级科技奖励。实施数字化转型行动计划，协同调度系统、应急指挥平台等深度赋能生产运营，煤矿智能化技术及建设覆盖率达到85%。落实中央生态环保督察要求，加强污染防治和生态治理，实施节能升级改造，省级以上绿色矿山达到53座，完成全国碳市场首个周期履约，实现减污降碳协同提效。

五是改革三年行动纵深推进。改革三年行动完成率达到81%。认真落实《关于中央企业在完善公司治理中加强党的领导的意见》，明确各治理主体权责关系，完善中国特色现代企业制度体系。加强董事会规范运作，子企业董事会应建尽建、外部董事占多数提前完成节点任务，2020年度董事会考核获A级。深化国有资本投资公司试点改革，全面完成区域电力体制改革，实施科技环保业务重组，金融财务、招标物资、工程装备、技术经济、共享服务、置业后勤等支撑作用有效发挥，上市公司融资平台进一步夯实。三项制度改革全面发力，职位职级、全员绩效考核、薪酬激励三大体系逐步完善，子企业经理层任期制和契约化管理实现全覆盖，煤矿井下用工稳妥有序实现依法合规。双百、混改、科改示范、员工持股、两资处置、两非剥离等专项改革多点突破。全力支持配合审计三局工作，实现审计监督全覆盖。高标准推进法治集团建设，加强疫情防控、保密、信访、网络安全等工作，牢牢守住不发生重大风险底线。

六是党的建设工作创新拓展。集团党组贯彻中央企业党的建设工作座谈会精神，落实“党建创新拓展年”工作部署，扎实开展“回头看”，以高质量党建引领保障企业高质量发展。实施基层党建创新工程三年行动计划，选树100个“示范党支部”，连续五年开展“社会主义是干出来的”岗位建功行动。加大劳模和“大国工匠”选树力度，推进“一杯两赛”见实效创品牌，一项质量控制成果荣获国际金奖。树立正确选人用人导向，坚持严管厚爱相结合，加强交流培养锻炼，着力建设一支忠诚干净担当、堪当时代重任的干部队伍。

落实中央人才工作会议精神，贯彻全面从严治党战略方针，加强对“一把手”及领导班子监督。持续深化中央巡视整改，党组巡视完成全覆盖，巡视巡察有效联动。依规依纪开展“六项从严查处”“靠企吃企”专项整治，驰而不息纠“四风”树新风，持续为基层减负，营造了风清气正的良好政治生态。积极履行社会责任，有效衔接脱贫攻坚与乡村振兴，实现民企欠款“无分歧零新增”，集团第五次荣获“中华慈善奖”。

（二）2022 年工作总体要求和主要任务

1. 2022 年工作的总体要求

以习近平新时代中国特色社会主义思想为指导，认真贯彻党的十九大、十九届历次全会和中央经济工作会议精神，坚决落实习近平总书记视察榆林化工等系列重要讲话和重要指示批示精神，践行“社会主义是干出来的”伟大号召，坚持稳中求进工作总基调，完整、准确、全面贯彻新发展理念，服务构建新发展格局，推动高质量发展，落实能源安全新战略和“六稳”“六保”决策部署，深入实施“一个目标、三型五化、七个一流”发展战略，突出“稳健、协同、赋能、提质”的工作导向，统筹发展和安全，全力以赴做好能源保供，坚定不移推进绿色低碳发展，决战决胜国企改革三年行动，自立自强深化科技创新，巩固提升可持续发展能力，充分发挥党建引领保障作用，加快建设具有全球竞争力的世界一流能源集团，以实际行动迎接党的二十大胜利召开。

2. 2022 年主要工作任务

第一，着力强化能源安全保供。贯彻党中央“六稳”“六保”决策部署，带头稳价保供，为我国经济社会发展提供坚强的能源保障、安全保障。全力做到安全稳、保供稳、企业稳。勇做保障国家能源安全的稳定器和压舱石。

第二，着力强化业绩量增质升。牢固树立价值思维、效益导向，按照国资委“两利四率”最新要求，坚持一体化、精细化同向发力，力争实现“开门红”，确保全年稳健运行、向好发展。更加注重协同创效、降本增效、管理提效，勇做助力国民经济稳增长的最可依靠力量。

第三，着力强化转型走深走实。把碳达峰、碳中和纳入发展全局，坚定不移推进绿色转型、安全降碳，加快构建清洁低碳、安全高效的能源体系。在全面发挥煤炭主体能源作用上、全面加快清洁能源发展上、全面加强生态文明建设上展现更大作为，勇做落实碳达峰碳中和目标的主力军。

第四，着力强化改革深化拓展。对标国企改革三年行动方案，抓好工作统筹、进度统筹、效果统筹，确保改革质量和成效。持续增强治理效能，持续激发内生动力，持续深化融合创效，勇做全面深化国有企业改革的先行者。

第五，着力强化科技自立自强。坚持“四个面向”，聚焦主业、瞄准先进、做精做专，大力实施创新驱动发展战略，助力我国科技强国建设。推进关键核心技术再突破，推进自主创新能力再提升，推进数字化转型再升级，勇做原创技术策源地和现代产业链链长。

第六，着力强化党建巩固提升。深入推进党的建设新的伟大工程，落实全国国企党建会精神，坚持全面从严治党战略方针，巩固深化党史学习教育成果，深入推进“四强化六提升”，构建高站位谋划布局、高水平融合促进、高质量引领保障的大党建工作格局，不断提升党委领导力、支部战斗力、干部执行力。持之以恒加强政治建设，激励担当作为，夯实基层基础，正风肃纪反腐，建设和谐企业，勇做坚持党的领导、加强党的建设的排头兵。

【中国长江三峡集团有限公司 2022 年工作报告（摘要）】

一、2021 年工作回顾

1. 牢记“国之大者”，贯彻落实党中央决策部署取得新成绩

高质量建设重大工程。白鹤滩水电站主体工程基本完工，10 万移民完成搬迁，8 台机组并网发电，创造 6 项世界第一或世界首次；乌东德水电站全部机组投产发电并安全可靠运行，975m 蓄水试验顺利完成，枢纽工程通过消防验收，收尾工作有序推进；浙江长龙山抽蓄电站主体工程基本完工，3 台机组顺利投产发电。高标准做好能源保供。长江电力优化调度、精益运行梯级电站，湖北能源全力保障煤电出力，三峡能源抢装多发，共同保障了供电区域能源安全，圆满完成抗击寒潮、建党百年大庆、防洪度汛和迎峰度冬等电力保供任务。高站位完成总部搬迁。成立总部搬迁领导小组和工作组，深入研究制定搬迁方案，层层压实责任，9 月 26 日总部正式搬迁武汉。

2. 奋进“两翼齐飞”，主要业务板块再上新台阶

大水电引领作用继续巩固。长江干流累计建成投产 100 台水轮发电机组，装机突破 6100 万 kW，基本建成全球最大清洁能源走廊。共抓长江大保护不断深化。累计投资超 2000 亿元、新增雨污管网长度 1.18 万 km、投运污水处理能力 308.9 万 m^3/d，“城市智慧水管家”模式在湖南岳阳、安徽六安等试点城市加快推进。新能源业务全面突破。新能源年度新增投产装机首次突破 1000 万 kW，累计装机达 2806 万 kW，“风光三峡”如期建成；三峡能源 A 股主板上市，创我国

电力行业史上最大规模 IPO，再树中国三峡集团资本市场新标杆；金沙江下游水风光一体化基地首批项目、内蒙古库布其光伏治沙等 11 个项目纳入国家首批新能源大基地名单，并相继开工建设，装机占全国的13%。“走出去”步伐稳健有力。统筹推进疫情防控和境外业务发展，三峡品牌国际影响力持续提升；顺利完成西班牙阳光、荷鲁斯，以及中东、北非阿尔卡萨等项目股权交割，在西班牙新增新能源装机超百万千瓦。资本金融工作成绩斐然。在全年投资和到期债务两个“千亿”规模支出拉动下，高水平完成 2282 亿元融资，确保稳健资本结构。

3. 聚焦“提档升级”，深化改革和管理提升释放新动能

高质量谋划集团“十四五”发展。紧跟国家发展战略，聚焦重大问题，深入开展专题研究，明确提出中国三峡集团 2035 年远景目标和“十四五”时期发展目标、重要任务及保障措施，构建“1+7+N”的“十四五”规划体系。国企改革按期推进。国企改革三年行动总体任务完成率超 90%，对标世界一流管理提升清单完成率超 95%；系统修订法人治理制度，制定重大事项权责清单，进一步加强董事会建设、落实董事会职权，中国特色现代企业制度更加完善。管控机制持续优化。深入推进总部机构改革，加强职能整合，优化总部部门设置，提高总部管理效能；优化投资管控体系和股权管理结构，不断完善区域公司和专业化公司协同发展机制。

4. 坚持“自立自强”，创新驱动发展呈现新气象

顶层设计不断完善。深入开展世界一流企业科技创新专项对标，制定科技创新“四十条”；加强自主创新平台建设，全年获批 1 个国家级、4 个省部级创新平台，实现自主建设国家级创新平台“零”的突破。重大创新成果持续涌现。高质量完成 1025 项目攻关，世界最大、亚洲首座海上柔性直流换流站投入使用，全球首台抗台风型漂浮式风机在广东阳江成功并网；长江上游巨型电站群水电调度运行决策支持关键技术获首届长江科学技术奖特等奖；成功申报超大型海上风电机组研制等 6 个国家重大研发项目和风光储集控运维系统等 5 个国家能源领域首台套项目。

5. 狠抓“补短铸长”，重大风险防范实现新提升

质量安全工作显著加强。深入开展安全生产专项整治三年行动集中攻坚，实现生产安全责任事故起数和死亡人数“双下降”、库区地灾防治“零伤亡”；严格执行疫情防控要求，集团公司实现境内零感染、境外零重症。合规管理体系不断健全。制定新能源、生态环保业务、境外反商业贿赂合规指引，出台法治工作体系建设指导意见，积极推进法治央企建设；妥善处理法律纠纷案件，实现案件数量、涉案金额“双下降”；优化整合风控制度，基本形成“1+N”风控制度体系，推动风险管理融入日常生产经营。

6. 突出“引领保障”，党的建设得到新加强

党建引领作用更加彰显。认真学习贯彻习近平总书记致白鹤滩水电站首批机组投产发电贺信精神，制定 30 条措施，加强跟踪督导，逐一推动落实；扎实开展党史学习教育，提炼形成以“为我中华、志建三峡”为核心的三峡精神，深入推进“我为群众办实事”活动。党风廉政建设更加有效。强化政治监督，扎实推进 26 项专项监督重点工作；组织开展中央巡视整改“回头看”，巩固整改成效；对 10 家单位开展常规巡视，实现新一轮巡视全覆盖。干部人才工作更加有力。健全完善干部到龄转岗和年轻干部常态化使用机制，年轻干部的增量、存量显著提高，干部队伍年龄结构不断优化；增设首席专家等职位，建立技能人才管理制度体系和职业发展通道，获批国家人社部职业人才技能等级认定资格。深化总部、子企业负责人薪酬制度改革，建立资源获取专项奖励机制。履行社会责任更加有为。主动服务主业发展，全力赋能“两翼齐飞”，乡村清洁能源资源获取和工程建设成果丰硕；成功举办“三峡娃娃行——千名学生红色行”主题研学公益活动；积极支持北京冬奥会筹备工作，策划冬奥火种展示等系列活动，助力提升三峡品牌。再次荣获“中华慈善奖”，在国企公益发展指数 2021 中位居榜首。

二、2022 年重点工作

毫不动摇持续增强大水电引领作用，坚持质量安全第一，慎终如始完成重大工程后续建设任务，确保白鹤滩水电站、浙江长龙山抽蓄电站安全准点投产发电。毫不动摇推动新能源业务高质量发展，承担推动碳达峰与碳中和的时代使命，探索新能源业务差异化跨越式发展之路，推动国际化经营行稳致远，加快发展区域综合能源业务，为促进构建新发展格局奉献清洁能源。毫不动摇推动共抓长江大保护可持续发展，统筹好政治责任、经济责任、社会责任，突出项目策划和建设管理，加快“水管家”模式落地见效，精心打造样板示范。毫不动摇深化改革创新，强化科技战略支撑作用，确保国企改革三年行动各项任务如期完成，全面推进集团化管控，不断释放发展动力活力。毫不动摇统筹发展和安全两件大事，有效防范化解重大风险，加强质量安全管理，加强常态化疫情防控工

作，为促进构建新发展格局筑牢安全屏障。毫不动摇坚持党的领导、加强党的建设，围绕迎接、学习、宣传、贯彻党的二十大这条主线，以更鲜明的立场坚持党的全面领导、以更坚决的态度加强党的建设、以更有力的举措推进全面从严治党，不断筑牢高质量发展的“根”和“魂”。

（李东坤）

【中国电力建设集团有限公司 2022 年工作报告（摘要）】

刚刚过去的 2021 年极不平凡、极其特殊。我们党隆重庆祝百年华诞，我们国家正式宣布全面建成小康社会，向着第二个百年奋斗目标迈进，我们中国电力建设集团有限公司（简称集团）迎来重组成立 10 周年，开启建设世界一流企业的新征程。一年来，面对严峻复杂的国际形势、艰巨繁重的国内改革发展稳定任务，特别是新冠肺炎疫情的持续肆虐蔓延，在以习近平同志为核心的党中央坚强领导下，集团上下深入贯彻党中央国务院决策部署，认真落实国务院国资委各项要求，广大党员、干部和职工锚定全年目标任务不动摇，统筹推进疫情防控和生产经营，团结一心、攻坚克难、顽强拼搏、笃定前行，党的建设和改革发展各项事业取得新的重大进展。

（一）有效应对困难挑战，经营发展保持平稳运行

一是运行质量稳中有升。全年完成营业收入 6151 亿元、新签合同 10068 亿元，同比分别增长 13.6%、17.6%；实现利润总额 178 亿元、净利润 139 亿元，同比优于上年；全员劳动生产率 45 万元/人，同比增长 5.2%；营业收入利润率 2.9%，研发投入强度 3.1%，资产负债率 74.99%。考虑跨周期调节因素后，较好完成全年主要经营目标任务。二是营销质量稳中有进。集团与甘肃、吉林、西藏、广西等各级地方政府和南水北调、中国华能、中交集团等中央企业建立战略合作关系，国内五大区域总部及部分建投公司组建运行，推动区域市场营销深耕细作、产业链高效协同。年内签约承建一批重大项目，标志性的有国家电投集团广西公司新能源 EPC 项目、雅砻江卡拉水电站、深圳惠州城际铁路前海保税区至坪地段工程 1 标、CZ 铁路雅安至林芝段中间段站前工程-12 标等。国内新签中标合同额 50 亿元以上项目 13 个，总金额 1121 亿元。三是履约质量稳中提质。集团承担全过程勘测设计和主要建设任务的世界在建规模最大水电工程——白鹤滩水电站首批机组安全准点投产发电，“雄安·电建智汇城”项目高效推进，藏区投资规模最大水电项目——两河口水电站首批机组按期投产发电，国内首个百万千瓦级 EPC 水电项目——杨房沟水电站提前一年实现全部机组投产发电；集团承建参建的大华桥水电工程等 12 项工程荣获鲁班奖，成都轨道交通 18 号线等 13 项工程获国家优质工程金奖，华电莱州绿色能源示范工程等 37 项重大工程获国家优质工程奖，广东清远抽水蓄能电站等 3 项工程获詹天佑奖。

（二）战略引领成效明显，调整转型升级持续深化

发布“十四五”战略规划，引领子企业转型升级、健康发展。一是聚焦“水、能、城”。加强顶层设计，出台《关于全面开展“碳达峰、碳中和”行动 加快推动风光电业务新发展的实施意见》等指导文件，持续推动“水、能、城”业务高质量发展。2021 年，集团新签“水、能、城”业务合同 9449 亿元，完成营业收入 5632 亿元，占比分别为 93.9%、91.6%，其中新能源业务新签合同 2718 亿元，同比增长 56.7%；完成营业收入 1228 亿元，同比增长 23.3%。二是优化投建营。坚持有进有退，印发《关于进一步做好近期集团（股份）公司投资工作管控的意见》，明确投资创效创现和风险防控导向。出台新能源和抽水蓄能投资业务专项奖励及重大投资项目前期工作专项资金保障政策，年内兑现奖励 894.87 万元、划拨前期费用 1.01 亿元。截至 2021 年 12 月末，集团新增控股新能源装机 104 万 kW，核准备案 1444 万 kW，已签投资开发协议 7821 万 kW。在抽水蓄能资源获取方面，已批准成立项目公司开展前期工作项目 15 个，装机规模 1940 万 kW；已签署投资开发协议项目 28 个，装机规模 3600 万 kW。新能源和抽水蓄能新增资源储备达 1.1 亿 kW，实现历史性、跨越式突破。截至 2021 年 12 月末，集团日供水能力达 142 万 t，绿色砂石骨料产能达 3680 万 t。坚持有所为有所不为，2021 年否决 11 个国内投资项目，涉及投资总额 777 亿元。三是坚定推进海外业务“三步走”战略。海外新能源市场开发取得较大突破，新签合同 657.17 亿元，占国际业务新签合同总额的 43.35%。与华为联合签署全球最大光储项目——沙特红海风光储综合项目；以建设期融资模式推动越南 16 个项目落地，EPC 总合同额 55 亿美元；利用欧洲资金，成功签约安哥拉 3 个现汇项目。在欧洲首个电力投资项目——波黑伊沃维克风电项目顺利落地，参与投资建设的中老铁路正式建成通车，赞比亚目前最大的单体基础设施建设项目——下凯富峡水电站首台机组并网发电，集团投资建设运营的老挝南欧江水电站实现全流域投产发电。

（三）改革创新深入推进，发展活力动力不断增强

一是三年行动有力开展。三年行动方案12项考核指标中，已有10项完成年度目标，其他改革任务正在抓紧推进。二是重大改革取得突破。50家纳入应建董事会范围二级子企业实现应建尽建，17家符合条件的子企业董事会全部实现外部董事占多数，233家三级及以下子企业已建立董事会，覆盖面达到84%。14家科技型企业实施分红激励，1家科技型企业实施股权激励，7家子企业试行超额利润分配。贵阳院下属城建院积极探索虚拟股权，湖北工程公司下属安源公司股权激励方案已通过初步审核。华东院、北京院等5家子企业积极推进混改，水电十局积极参与海口地方政府平台公司混改。三是资源整合布局有力推进。全面推进区域总部和建投公司建设，统筹协调平台公司和子企业在区域内的营销资源。组建电建新能源集团，为集团新能源业务健康可持续发展提供强大动力。重组成立电建装备集团，在解决装备制造企业“小、散、弱”问题上迈出坚实一步。控股中国水务投资有限公司，为集团水产业实现战略发展奠定坚实基础。批准设立电建财经云公司，积极筹备保险经纪公司，推进“向集约化管理要效益”。批准设立集团职业教育集团/教育培训中心。

（四）科技创新迈上新台阶，人才强企实现重大突破

一是重大技术攻关成果丰硕。4项“1025”任务按期结题，成功研发国内首台百万超超临界机组全容量给水泵组、大型风机和具有自主知识产权的BIM仿真系统、轨道全生命周期管理系统。获批承担CZ铁路、青藏科考等8项国家重大科技攻关任务和海上风电、水电领域10项国家自然科学基金项目。牵头组织近20项省部级科技研发任务，开展新型电力系统重大科技专项和原创技术策源地领域核心技术攻关。2021年，集团新增授权专利5863件、发明专利440项；新获省部级科技奖励数百项，其中双护盾TBM技术等优秀成果获行业最高奖。二是协同创新体系不断完善。积极推进央企创新联合体建设，集团牵头的西藏水风光储能源技术创新中心等6个省部级研发平台获批组建，水环境、光热、智慧轨道等集团级研发平台建设有序推进。三是数字化转型持续推进。新建项目全面纳入PRP-ERP-GRP三级信息化管理体系。自主研发以BIM为核心的协同设计平台，实现设计流程全覆盖。建立以“BIM+”为技术基础的智慧工地系统，在两河口水电站等项目开展多项智能化应用。建成投运37个智慧水务平台、51个智慧能源平台、42个智慧城市平台。“三链一平台”数字化创新管理入选国资委标杆项目。四是“人才强企”取得重大突破。集团首席技术专家、昆明院张宗亮同志当选中国工程院院士，华东院张春生入选第十批全国工程勘察设计大师，水电十二局徐敏同志被评为第十五届全国技术能手。组织开展首届电建工匠暨特级技师评选，首批评聘10名电建工匠。

（五）提质增效扎实开展推进，高质量发展基础得到夯实

一是提质增效专项行动扎实开展。制定集团2021年提质增效专项行动方案，及时督导工作不力的12户子企业负责人。全要素资产经营工作持续推进，全年完成资产经营506亿元，其中投资类资产240亿元、“两金”类资产266亿元。二是业绩考核体系精准有力。对资产负债率和融资总额实行“双管控、双考核”，对超线子企业严格扣分。以“两利四率”为目标引领，制定《超额利润分享管理办法》等3项激励政策。完善对区域总部、建投公司、平台公司的考核制度。三是业财资税一体化改革快速推进。组建财务金融部，设立集团财务共享中心，启动全球司库管理系统建设。发挥总部资信优势，节约财务费用约4.6亿元。

（六）风险防控持续强化，管理体制机制进一步健全

一是认真落实常态化疫情防控措施。集团国内职工疫苗接种率达96%以上。高度关注海外疫情，不讲条件、不惜代价，采取包机等一切可行措施保障海外职工往返，实现“双稳”目标。持续推进海外项目工期索赔和经济补偿。二是全面摸排重大经营风险。开展财务资金风险专项整治行动，深入推进融资性贸易等违规业务排查整顿，全面梳理融资性担保业务。审计监督与违规经营投资责任追究紧密融合，全年完成审计项目768项，启动追责22项。设立中电建投运保障企业管理合伙企业，防范PPP项目运营期系统性风险发生。持续开展风险项目治理，南水北调、榆林光伏、厄瓜多尔德尔西水电站等一批重大风险项目得到有效处置。三是法治保障能力持续加强。“法治电建”建设成效不断显现，法律合规审查成为工作规范，62家子企业建立了总法律顾问制度。普法宣传与风险管理教育有效开展，合规文化建设深入推进。

（七）党建融入生产经营，政治保障作用有力发挥

一以贯之坚持党的全面领导，认真落实“第一议题”制度，深入学习贯彻习近平总书记重要讲话

和指示批示精神。深入学习贯彻“七一”重要讲话和十九届六中全会精神，以伟大建党精神推动生产经营管理攻坚克难、提质增效。持续加强基层党组织建设，广大党员始终冲锋在疫情防控和生产经营第一线。全力配合国资委党委违规挂靠专项巡视，全面完成年度专项巡视整改任务。扎实开展内部巡视巡察，推进上下联动，完成三轮对36家子企业党委常规巡视和19家子企业党委巡视整改评估，堵漏洞、补短板、强弱项，有效提升党建工作和生产经营管理水平。推动全面从严治党向纵深发展，一体推进民企挂靠国资专项整治和“靠企吃企”问题综合整治，一体推进不敢腐、不能腐、不想腐，“纠树并举”巩固作风建设成果，为企业经营改革发展提供了坚强政治保障。

【中国能源建设集团有限公司2022年工作报告（摘要）】

一、2021年工作回顾

2021年，公司坚决贯彻习近平总书记重要讲话、重要指示批示精神和党中央、国务院重大决策部署，认真落实国资委工作要求，交出了一份亮丽答卷，实现了“十四五”精彩开局。公司主要经营指标再攀新高。全年新签合同额、营业收入、利润总额、净利润，同比分别增长51%、14%、11%、10%。公司综合实力和影响力大幅提升。成功实现“A+H”两地上市，再次荣获国资委经营业绩和党建年度考核“双A级”，世界500强排名跃升至301位，ENR排名稳步提高，党的建设全面加强，主要体现在“六个新”。

（一）贯彻《若干意见》进入新阶段。一是“十四五”规划高质量完成，进一步明晰了发展目标、实现路径、重点任务和重大举措。二是适应性组织建设全面铺开。“六型”总部建设加快落地，组织机构深度调整，完成公司成立以来规模最大、层级最高、岗位最全的总部全员竞聘。三是改革三年行动扎实推进。截至2021年底，改革三年行动完成93%，超额完成国资委考核任务。

（二）市场营销达到新高度。一是战略市场取得突破，全年新签合同额超同比增长33%。二是新能源领域高歌猛进，获得新能源投资建设指标同比增长105%。三是综合交通领域多点突破。新签合同额同比增长268%，签订公司首个轨道交通大标段施工总承包项目——深大城际铁路项目，创新提出交能融合“能建方案”，试点项目取得积极进展。四是城市建设领域增长迅速，全年新签合同额同比增长56%。

（三）海外经营形成新格局。一是主要指标逆势上涨，全年海外新签合同额、营业收入、利润总额同比分别增长22%、41%、29%。二是业务布局逐步完善。亚非地区签约额占比超过70%，业务覆盖国别区域达150个。三是风险防控成效显著，成功解除厄瓜多尔索普项目保函风险，安哥拉凯凯项目仲裁案件全面胜诉，妥善处置20余起境外突发事件。四是疫情防控有力有效。搭建境外疫情防控管理预警平台，常态化开展境外包保巡检，向所属企业拨付疫情防控专项资金，设立海外医务室，并通过热线关爱员工。

（四）转型升级取得新突破。一是重点转型领域拓展成效明显。新能源及综合智慧能源业务营业收入、利润总额同比分别增长28%、252%。房建营业收入、利润总额同比分别增长80%、577%。市政营业收入同比增长30%，实现扭亏为盈。综合交通营业收入同比增长23%。二是新产业培育加快推进。绿色建材、轨道交通、氢能等业务全面展开。新产业关键核心技术攻关加速推进，535kV混合直流断路器研制通过考核，安徽绩溪高空风能发电示范项目开工建设，300MW压缩空气储能示范项目通过可研审查。设立公司技术中心、“30·60”研究院等一批科创平台。三是转型支撑能力不断补强。发行市场首单出表型碳中和类REITs和建筑央企首单碳中和永续中期票据，引入国调二期基金股权投资12亿元、债转股资金36亿元。非电资质加快补齐，全年获得高等级资质13项。四是数字化转型全面推进。一批集团级信息化基础平台上线，财务一体化平台、市场信息管理系统等业务平台上线试运，一批统建系统启动建设，电力规划大数据、海上风电大数据等数据服务能力不断增强。

（五）管理提升再上新台阶。一是管理基础进一步夯实。全力推进总部185项和各所属企业12053项制度“废改立”完成。二是项目管理能力稳步提升。召开项目管理提升专题推进会和项目管理“十化”推进会，发布了系列核心制度和标准。狠抓重点项目优质高效履约，白鹤滩水电站首批机组、乌东德水电站全部机组投产发电，新疆哈密光热项目、陕西延黄高速等工程建成投运。三是财务管理持续提升。制定实施“两控两降一治一快”工作方案，成本费用同比下降0.2个百分点，亏损额同比下降3.6%，总资产周转率同比提高0.02次，全员劳动生产率同比提高1.2万元/人，经营性净现金流同比增加24.8亿元。开展减利整改，一批重大风险和重大损失得到及时规避和有效遏制。四是风险管控得到加强。全面构建法律、合规、内控、风险管理“四位一体”的大风控体系，大力推进案件管理“压存控增、提质创效”行动。五是QHSE管理不断深化。全年未发生较大及以上生产安全事故，未发生质量事故和环境事件。公司获得国家优质工程奖29项，全国优秀工程咨询成果奖26项、其他省部级及以上质量奖近千项。参与河南暴雨、台风“烟花”、株洲电厂事故等应急抢险，彰显央企担当。六是供应链管理持续加强。2021年集团级集采总额同比增长54%，集采落地实施率93%，采购综合成本降低率3.9%。七是人力资源管理持续优化。建立一体化岗位序列体系，完善工资总额动态监控预警、人工成本投入产出监测、薪酬分配改革评估等机制，指导所属企业有效实施中长期激励，全年共引进境内外成熟人才700余人。

（六）党建融合呈现新气象。扎实开展党史学习教育，举办庆祝建党100周年表彰和“学史明志强根铸魂”企业故事会。聚焦工程项目、境外、混企和困难企业等重点领域推动党建融合。积极讲好科技故事、“走出去”故事、经营故事、管理故事，传播能建好声音。常态化开展境外员工家庭慰问、困难职工帮扶，打造职工温馨家园。全力配合做好违规挂靠专项巡视，实施包保责任制，有序推进问题整改。援疆援藏和定点帮扶工作取得良好成效。

二、2022年主要工作安排

（一）抓重点、强策划，推动市场营销再上新台阶。一是强化高端营销、设计咨询、投资牵引作用，打造高效顺畅对接通道，完善牵引价值贡献评价办法和利益调节机制，提供一揽子高质量解决方案。二是强化重点市场开发。全力抢抓新能源、城市建设、综合交通、水利和生态环保、数据中心集群建设等领域市场。三是强化订单质量。加大EPC、施工总承包等开发力度，真正实现有营收、有利润的签约。四是强化模式创新。推进能源、交通、数字、水利、生态、产业、文化“七网”深度融合，探索“能源＋”融合发展新模式。五是强化品牌建设。加强品牌管理顶层设计和统一部署，发挥协会学会组织作用，加大品牌传播力度，坚决纠正和杜绝“砸牌子”、毁声誉的行为。

（二）抓产业、强支撑，推动转型升级再上新台阶。一是加快发展新能源及综合智慧能源产业。大力推进新能源投建营一体化发展，全力拓展新能源工程、规划咨询和勘察设计、总承包、新能源装备、储能等业务。二是加快做强非电基础设施业务。加强非电基础设施领域市场开发和投资建设。三是加快培育新产业。依托新产业平台，整合产业链上下游核心资源，实现“内生发展＋外延发展”，努力进入细分产业领域行业前列。四是加快补强支撑能力。完善金融赋能机制，谋划上市公司再融资，全面落实绿色金融行动方案，加快建设高等级资质建设体系。五是加快数字化转型。全面推进管理数字化、产业数字化、数字产业化。

（三）抓机制、强引领，推动改革创新再上新台阶。一是深化适应性组织建设。分类推进公司组织结构调整重组，细化总部部门职责、边界标准，完善协同配合机制和职能运行考核机制。二是深化体制机制改革。全面打赢改革三年行动收官战，持续完善中国特色现代企业制度、任期制和契约化管理、三项制度改革。三是加强科技创新。打造公司高端创新平台，推进重大科技专项和重点项目研发，加快推进科技成果培育转化，加强装备研发体系建设，争当原创技术策源地与现代产业链链长。

（四）抓体系、强布局，推动海外经营再上新台阶。一是完善国际经营体系。做实海外六大区域总部，调整优化“两翼”组织架构和人员配置，出台《国际业务优先发展指导意见》，促进“$1+2+N+X$”海外业务经营体系落地。二是优化海外布局。推动海外业务向重点培育、深耕细作转变，优化国别机构设立和整合，分区域、分国别研究市场策略，探索构建全球化多元融资体系，加快推进海外项目融资生效。三是加强海外风险和疫情防控。构建全方位、网络状、立体化的境外安全联防联保机制。

（五）抓项目、强履约，推动生产管理再上新台阶。一是狠抓项目管理体系落地。建设完成项目管理新体系，完善并落实项目管理“十化”要求。二是狠抓重大项目履约管理。全面实施达标认证，推进项目全成本和精细化管理，建立项目管理总监制、常态化巡检制，加强复盘管理，抓好重点项目履约。三是狠抓分包管理。适时组织开展分包管理问题专项治理“回头看”，管好、管住、用好、用活分包商、供货商、合作商等各种社会资源，把核心业务发展主动权掌握在自己手中。四是狠抓供应链管理。强化供应链管理体系和平台建设，创新采购模式，推进集团商旅集采，试点推动专项专采和重点项目统采，进一步释放集采创效功能。

（六）抓管理、强基础，推动提质增效再上新台阶。一是突出抓好基础“334”工程。二是提升财务管理水平。加强全面预算、全成本核算管理，加强资金、资本、资产“三资”管理，做好“两控两降一治一快”。三是提升目标管理水平。优化制度流程，强化管理闭环，充分发挥考核“指挥棒”作用，提高目标管理一体化水平。四是提升协同管理水平。创新运行机制，切实发挥生产经营联动协同“铁三角”作用，促进高质量履约。五是提升人力资源管理水平。强化员工职业发展体系建设，持续完善市场化用工机制，控制好人均效能指标底线，组织实施“人才能建”工程。

（七）抓底线、强能力，推动风险防控再上新台阶。一是加强重点领域风险防控。强化合同、新业务、投资，以及工程总包、分包、采购等风险管控。二是加强法律合规风险防控。统筹推进“四位一体”大风控体系建设，严格执行新“三个不得”“十个严禁”，深化案件治理“五个一批”工程。三是加强 QHSE 风险防控。统筹推进“234”工程建设、安全生产“十二个到位”，杜绝重特大生产安全事故，遏制较大事故，减少一般事故。

（八）抓载体、强责任，推动党建融合再上新台阶。持续巩固提升党史学习教育成果，围绕学习习近平总书记“七一”讲话、十九届六中全会、党的二十大精神，激励职工爱党、爱国、爱企、爱岗。加强宣传策划，讲好能建故事。广泛开展劳动和技能竞赛，推动职工素质提升。扎实推进党风廉政建设和反腐败斗争，加强“大监督”体系建设，强化作风建设，营造风清气正的政治生态和发展环境。

（黄春桥）

专 题 会 议

【2021 年中国电力可靠性高峰论坛】 10 月 21 日，2021 年中国电力可靠性高峰论坛在天津举办。该论坛由国家能源局指导，中国电力企业联合会主办，国网天津市电力公司承办。

本次论坛是深入贯彻“四个革命、一个合作”能源安全新战略的具体实践，是“双碳”目标在能源电力领域落地的积极探索。论坛以“支撑‘双碳’目标、助力安全可靠、服务美好生活”为主题，与会专家学者围绕“双碳”目标下电力可靠性管理工作创新与发展、新型电力系统提高用户安全可靠供电的技术应用与探索、保障电网安全可靠、经济高效运转的数字化电网发展动向与展望等内容进行交流研讨，共话电力系统发展未来，为新型电力系统建设和“双碳”目标落地凝聚更大合力。

【2021 年第五届中国配电技术高峰论坛】 9 月 14～15 日，以“支撑双碳战略目标，构建新型配电系统”为主题的“2021 年第五届中国配电技术高峰论坛”在北京开幕。论坛采取“线下交流+线上直播”的方式，聚焦区域能源互联网关键技术、配电物联网数字化建设与应用、配电网运维与安全质量管控技术、分布式资源与配电网的互动、电力市场与碳交易等热点专题。来自政府机构、电网企业、科研院所、高等院校以及电力设备企业的代表参加了盛会。

中国电力科学研究院有限公司（简称中国电科院）董事长赵鹏表示，中国电科院为助力实现“双碳”目标，有效推进新型电力系统在配电侧的建设，开展了适应高比例分布式资源接入的配电网功能形态技术研究，研发了有源配电网云仿真系统，研制了能量路由器、能量交换器和电力集能器等系列交直流灵活配电装备，建成物联网系列化检测系统平台，相关成果在配电与农电技术领域达到国际先进、国内领先水平。下一步，中国电科院将继续大力推动配电领域科技创新，持续推进新型电力系统重点工作，全力支撑“双碳”目标实现，在电网转型升级中发挥好创新引领作用，为构建新型电力系统、实现“双碳”目标贡献智慧和力量。

国家能源局能源节约和科技装备司副司长刘亚芳表示，2021 年是“十四五”开局之年，国家正在奋力推动能源高质量发展再上新台阶。国家能源局积极贯彻落实国家碳达峰、碳中和的战略部署，积极构建以新能源为主体的新型电力系统，加快推动电力系统向适应大规模高比例新能源方向演进。希望各位专家、学者、产业界人士能够集众智汇众力，为中国能源清洁低碳、安全高效发展贡献智慧和力量，不断提升创新能力，不断提升科技实力，共同提升配电网建设、运维、管理和市场化高质量发展水平，早日实现“双碳”目标。

中国电力企业联合会副秘书长沈维春表示，作为联合主办方，中国电力企业联合将坚持“立足行业、服务企业、联系政府、沟通社会” 的功能定位，充分发挥桥梁纽带和导向作用，不断提升行业服务能力，积极服务经济社会发展全局。继续大力支持中国配电技术高峰论坛的举办，成为推动电力行业持续健康发展的重要力量。

中国科学院院士何积丰作了题为“零信任架构的电力物联网”的报告，分析了目前电网智能终端的潜在安全问题，电力物联网的安全要求，以及零信任技术在配电系统中的应用。

中国工程院院士江亿作了题为“‘光储直柔’建筑和农村发展研究”的报告，分析了“光储直柔”建筑配电方式的主要原理与目标、可实现的功能，并分别介绍了城市和农村两类“光储直柔”建筑架构和主要的调控策略，以及目前发展状况。

中国南方电网有限责任公司生产技术部副总经理

李锐作了题为“建设新型配电系统，助力实现双碳战略目标”的报告，分析了新型配电系统建设背景及意义，探讨了新型配电系统的形态特征，结合新型配电系统带来的挑战，从规划、服务、技术等维度提出了应对措施。

国家电网有限公司设备管理部配电处主管刘日亮在会上和与会代表进行了国家电网有限公司配电侧能源互联网建设探索实践成果分享。围绕新型电力系统发展需求，聚焦配用电领域，国家电网有限公司探索形成了“三类标准设备+九项关键技术”实践成果，涉及一二次融合设备、低压智能设备、台区智能融合终端三类标准设备，以及云主站技术、配电终端即插即用、多模通信技术等九项关键技术，并取得了一定成效，有力地推动了配电侧能源互联网建设。

开幕式上，中国智能配电与物联网创新平台理事董旭柱代表中国智能配电与物联网创新平台（联盟）发布了中国智能配电与物联网行业发展报告（2021）。

本次活动由国家电网有限公司设备管理部、中国南方电网有限责任公司生产技术部指导，中国电力科学研究院有限公司主办，中国电力企业联合会科技开发服务中心联合主办，国网上海能源互联网研究院有限公司、中能国研（北京）电力科学研究院承办，中国智能配电与物联网创新平台（联盟）、CIGRE 中国国家委员会主动配电系统和分布式能源（C6）专委会、IEEE PES 输配电技术委员会（中国）、中国仿真学会电力系统仿真专业委员会、EPTC 智能配电专家工作委员会、中关村智能电力产业技术联盟协办，华为技术有限公司、北京智芯微电子科技有限公司、上海宏力达信息技术股份有限公司支持举办。

【2021 全球能源转型高层论坛】 9 月 25 日，由北京市人民政府、国务院发展研究中心、生态环境部和国家能源局共同主办的 2021 全球能源转型高层论坛在北京未来科学城举行。

国务院发展研究中心党组书记马建堂、生态环境部部长黄润秋、国家能源局局长章建华出席开幕式并致辞，国际能源署署长法提赫·比罗尔，世界银行中国、韩国和蒙古局局长马丁·芮泽通过视频致辞，北京市市长陈吉宁致辞并宣布论坛开幕，北京市副市长殷勇主持开幕式。

马建堂指出，力争“2030 年前碳达峰，2060 年前碳中和”的“双碳”目标，是中国政府统筹国际国内两个大局的重大决策，是推动构建人类命运共同体的必然选择。未来十年是中国努力如期实现碳达峰目标的关键期，也是统筹发展与减排、为实现 2035 年现代化建设目标迈出坚实步伐的关键期。未来十年，要切实在五个方面取得积极进展，包括坚定不移地优化和调整产业结构、大力推动全行业能效提升、加快构建清洁低碳、安全高效能源系统、以产品标准和行为规范引导居民绿色低碳消费、增加碳汇及碳捕集、利用和封存技术的发展和应用。

黄润秋表示，碳达峰、碳中和是一场广泛而深刻的经济社会系统性变革，中国面临着发展经济、改善民生、治理污染等多重挑战，应对气候变化，实现碳达峰、碳中和任务艰巨。中国将坚定走生态优先、绿色低碳的发展道路，处理好发展和减排、整体和局部、短期和中长期的关系，按照把碳达峰、碳中和纳入经济社会发展和生态文明建设整体布局的要求，坚定不移实施积极应对气候变化国家战略，推动碳达峰、碳中和目标如期实现。将大力推进减污降碳协同增效、着力推动能源领域绿色低碳发展、积极稳妥推进全国碳市场建设、依靠科技创新和技术进步、积极开展绿色低碳发展国际合作。

章建华指出，中国坚定不移推进能源高质量发展，取得了历史性成就，能源供应保障能力不断增强、能源节约和消费结构优化成效显著、能源科技水平快速提升、能源的生态环境友好性明显改善、能源治理机制持续完善，国际合作不断深化。以科技创新为驱动、以绿色低碳为导向的能源转型变革正在全球范围深入推进，作为世界第一大能源生产国和消费国，要在远远短于发达国家的时间内实现从碳达峰到碳中和，需要付出艰苦努力。将坚定不移推动能源绿色低碳转型，坚定不移兜紧能源安全底线，坚定不移加强能源科技创新，坚定不移深化能源国际合作。

陈吉宁表示，北京市坚定不移贯彻新发展理念，加快产业结构优化和能源清洁低碳转型，绿色发展取得明显成效。2020 年，万元 GDP 能耗和碳排放均为全国省级地区最优。北京汇聚了绿色低碳、能源转型领域的众多创新资源，培育形成了一批创新能力强、市场成长快的“专精特新”企业，绿色低碳产业有力促进了经济社会发展全面绿色转型。

论坛由开幕式、主论坛、专题分论坛的线下和线上并行会议、技术成果展示等部分组成。主论坛主题为“创新引领能源低碳转型助力碳达峰碳中和”，由国务院发展研究中心资源与环境政策研究所所长高世楫主持，国务院发展研究中心副主任隆国强，澳门大学校长宋永华，华能集团董事长、中国工程院院士舒印彪，华为技术有限公司副董事长、轮值董事长郭平，意大利国家天然气管网公司首席执行官马可·阿尔维拉，中央财经大学校长王瑶琪，北京市昌平区委书记甘靖中作主旨报告。四个专题分论坛分别是能源数字化与能源转型升级、能源供应安全与发展、氢能产业化与技术进步、创新支撑碳达峰碳中和。论坛还发布了《中国能源革命进展报告——能源技术革命（2021）》。

【2021 能源电力转型国际论坛】 9 月 9 日，2021 能源电力转型国际论坛在北京举行。论坛由中国国家电网有限公司与国际可再生能源署共同举办，世界经济论坛支持，法国电力公司、意大利电力公司、俄罗斯电网公司、巴西电力公司、南非电力公司、沙特电力公司、韩国电力公社、丹麦电网公司联合主办。论坛以“碳中和与绿色发展之路”为主题，旨在共商应对气候变化挑战之策，共谋全球能源电力绿色发展之路，共同推动构建人类命运共同体，共创可持续发展的美好未来。

世界经济论坛执行主席、创始人施瓦布，国际可再生能源署总干事卡梅拉分别致辞。国家电网有限公司董事长、中国电力企业联合会理事长辛保安致辞并作主旨演讲。国务院国资委秘书长彭华岗，国家能源局总经济师郭智，联合国秘书长特别代表、人人享有可持续能源首席执行官欧甘比伊，埃及电力与可再生能源部部长沙基尔，世界能源理事会总干事威尔金森，巴西驻华大使瓦莱，非盟能源与基础设施事务委员阿玛尼，南非驻华大使谢胜文，孟加拉国电力、能源和矿产资源部国务部长哈米德，智利驻华大使蒙特斯作主题演讲。国家电网有限公司副总经理庞骁刚主持论坛。

国家发展改革委、外交部、商务部、生态环境部相关业务负责人，8 个国家政府部门代表，39 位驻华大使及外交使节，16 家知名国际组织主要负责人、25 家国内外能源电力企业及行业协会负责人，全球知名研究机构、高层管理人员、知名专家学者出席论坛。

施瓦布代表世界经济论坛对 2021 能源电力转型国际论坛成功举办表示祝贺。他说，应对全球气候变化危机，推动能源转型是最为紧迫的任务之一，需要各方采取一致行动。中国国家电网公司大力推进技术创新，持续加大投资力度，积极促进新能源发展，发挥了引领作用，积累了宝贵经验，值得推广和借鉴。世界经济论坛致力于倡导全球合作，愿与国家电网公司一道，汇聚各方力量，共同推动全球能源转型和可持续发展。

卡梅拉对携手国家电网公司举办 2021 能源电力转型国际论坛深表荣幸。他指出，国家电网公司运营着全球最大的电力系统，始终走在全球能源清洁低碳发展的前沿，为各国同行注入了信心。国际可再生能源署遵循《巴黎协定》，致力于可再生能源发展目标实现，期待与国家电网公司及其他利益相关方开展更加广泛、深入的合作，增强韧性和包容性，促进经济繁荣和人类进步。

彭华岗指出，近年来，中央企业大力推进能源清洁低碳发展，取得了积极成效。国务院国资委将指导中央企业，以结构调整、结构优化为主线，以能源低碳发展为重点，强化规划引领，加快形成绿色低碳的产业结构、生产方式，构建清洁低碳、安全高效的能源体系，建立绿色低碳循环产业体系，强化绿色低碳技术创新应用，建立完善碳排放管理机制，确保如期实现碳达峰、碳中和目标。

郭智代表国家能源局对本次论坛的召开表示祝贺。他说，“十三五”期间，中国能源消费向清洁低碳加速转变，能源供给结构优化质量更高，技术装备水平大幅提升，绿色能源惠民利民成果丰硕。面向“十四五”，国家能源局将聚焦战略任务，加强政策保障，支持国家电网公司推进与其他国家在智能电网、智慧能源、互联互通等方面的合作，推动构建清洁低碳、安全高效的能源体系。

辛保安在论坛上作题为《积极构建新型电力系统坚定不移走绿色发展之路》的主旨演讲。他表示，中国国家主席习近平在第 75 届联合国大会上，向国际社会作出了碳达峰、碳中和的郑重承诺，体现了中国坚定走绿色低碳发展之路的信心和决心，彰显了强烈的人类命运共同体意识和中国负责任大国的责任担当。2021 年 3 月，习近平主席提出构建以新能源为主体的新型电力系统，为中国电力系统转型升级指明了方向，也为全球电力可持续发展提供了中国智慧、中国方案。中国国家电网有限公司把构建新型电力系统、助力“双碳”目标作为重大战略任务，发布了公司碳达峰、碳中和行动方案和构建新型电力系统行动方案，出台了一系列务实举措，争当能源转型的推动者、引领者、先行者，未来五年计划投入 3500 亿美元，推进电网转型升级。

论坛以线上线下相结合的方式举行，其间还举办了国际知名电力企业 CEO 主题演讲、高端对话，以及电力行业碳减排路径、新型电力系统技术、终端用能电气化与能效提升 3 个分论坛。来自 58 个国家和地区的 700 多位代表参加论坛。

【第六届金砖国家能源部长会】 9 月 2 日，第六届金砖国家能源部长会以视频形式召开，中国国家能源局副局长任京东代表中方出席会议并发言。

任京东指出，面对百年变局叠加世纪疫情带来的全球挑战，金砖国家合作并没有按下“暂停键”，而是展现出强大韧性和旺盛活力。中方愿意在 2022 年担任主席国期间，基于平台优先合作领域，重点推动智能电网和可再生能源领域的合作研究。

本次部长会由金砖轮值主席国印度主持召开，金砖各国能源部门负责人参会。会议通过了《第六届金砖国家能源部长会联合公报》，并发布了《金砖国家能源报告 2021》《金砖国家能源技术报告 2021》和《金砖国家能源科研机构名录 2021》三份成果文件。

【2021 中国—东盟电力合作与发展论坛】 9 月 10～11 日，2021 中国—东盟电力合作与发展论坛在广西南宁举行。广西壮族自治区政府副主席李彬，中国电力企业联合会常务副理事长杨昆，国家能源局局长章建华分别致辞。

李彬指出，广西积极推进与东盟国家及地区的电力合作，与越南、老挝、缅甸、印度尼西亚、柬埔寨等国家的水电、火电等项目合作持续深入，为促进中国与东盟电力合作发挥了桥梁作用。

当今世界，全球正在积极应对气候变化，新一轮科技和产业革命加速兴起，能源体系正向低碳化、智能化、多元化、多极化方向加速转型推进。中国正着力构建清洁低碳、安全高效的现代能源体系和以新能源为主体的新型电力系统。"十四五"期间，广西规划新增投产新能源装机规模不低于 2800 万 kW，预计 2025 年广西非化石能源消费比重将达到 30%。

杨昆表示，绿色低碳转型将逐步成为中国与东盟能源电力合作的主旋律。建议参与东盟能源电力合作的各方加大绿色低碳电力设施建设的投入力度，通过项目促进当地电力产业对生态环境的友好性，推动构建"绿色融资"赋能"绿色电力"的合作新模式，在东盟区域内共同打造绿色"一带一路"合作新亮点。

章建华指出，近年来，中国电力国际合作蓬勃发展，业务遍布全球 150 多个国家和地区。中方高度重视与东盟的友好合作，今后愿意在多个方面与东盟展开通力合作：一是提升战略互信力度，深入对接电力政策和发展规划；二是提升项目合作力度，积极开展电力项目合作建设；三是提升科技创新力度，加快推动电力技术、标准和体系研究合作。中国愿与东盟各国一道，共同推动电力绿色低碳转型和高质量发展。

【第十三届电力系统技术国际会议（PowerCon2021）】 12 月 8～9 日，第十三届电力系统技术国际会议（PowerCon2021）顺利召开。受新冠疫情影响，本次大会以线上方式进行。

PowerCon2021 由中国电机工程学会、电气电子工程师学会电力与能源分会（IEEE PES）和中国南方电网有限责任公司联合主办，由浙江大学、海南电网有限责任公司和海南大学承办。大会主题为"碳中和与新型电力系统（Carbon Neutrality and New Type of Power System）"，共录用学术论文 450 余篇，稿件来自中国、印度、美国、巴西等七个国家，吸引了五百余名电力与能源相关领域的专家、学者和行业代表线上参会。

大会开幕式于 12 月 8 日上午 9 时正式召开，由中国电机工程学会副理事长林铭山主持。中国工程院院士、中国电机工程学会理事长舒印彪致大会开幕辞，指出新型电力系统建设对中国能源转型的重要意义。舒印彪认为，随着新型电力系统的发展，能源电力行业面临诸多新的机遇和挑战，要加强科技交流与合作，开展多学科、多领域协同攻关，深化碳中和与新型电力系统基础理论研究，加快关键核心技术突破，让新型电力系统为推进世界能源低碳转型、造福人类社会作出更大贡献。

电气电子工程师学会电力与能源分会（IEEE PES）主席 Jessica J. Bian，中国南方电网有限责任公司党组成员、副总经理刘启宏，浙江大学副校长王立忠，海南大学科学技术发展院院长邹勇华先后在开幕式上致辞，对 PowerCon2021 的顺利召开表示祝贺，希望各方以本次会议为契机，聚焦"双碳"目标，共同探索，为推进新型电力系统建设作出贡献，并预祝大会取得圆满成功。

开幕式后，清华大学电机系主任康重庆教授主持了上午的主旨报告。中国工程院院士、国网电力科学研究院名誉院长薛禹胜，美国弗吉尼亚理工大学教授、IEEE 候任主席 Saifur Rahman，中国工程院院士、全球能源互联网研究院院长汤广福，英国帝国理工学院教授 Goran Strbac 和南方电网科学研究院有限责任公司副院长许树楷依次以《双碳变革与新型电力系统中的系统科学》《Clean Energy and Energy Efficiency: A Path to Decarbonization》《加快能源低碳转型，构建新型电力系统》《Cost Effective Energy Decarbonisation: Key Role of Smart Whole-Systems Approach》和《Innovation of HVDC Technology to Support the Power Grid to Integrate More Renewable Energy》为题作主旨报告，介绍了电气领域前沿研究工作。

下午的主旨报告由浙江大学电气工程学院院长盛况教授主持。意大利萨勒诺大学教授 Pielugi Siano，清华大学教授、电机系主任康重庆，印度理工学院坎普尔分校教授 Sri Niwas Singh，澳大利亚新南威尔士大学讲席教授董朝阳和浙江大学教授甘德强分别以《A Distributed Parallel Optimization for Energy Communities》《碳视角下的电力系统转型》《Smart Multi-Terminal DC μ-Grid Operation and Control》《Promoting Green Hydrogen Towards Carbon Neutral Future》和《Power System Stability Issues in the New Era》为题作主旨报告，介绍了电力系统转型中有关关键技术。

12 月 9 日，大会举行了专题研讨会和论文交流。专题研讨会包括"高渗透率电力电子设备并网的低碳城市能源系统”“用能互联网”“数字电网构建新型电力系统”“人工智能在电力与综合能源系统中的应用”“高压直流输电及直流电网”“储能技术及应用”“新型电力系统”和“绿色低碳新型电力系统”等8个专题，相关领域的专家、学者围绕各议题介绍研究进展、展开交流讨论。论文交流环节中，文章作者们对本次大会所录用的论文进行了展示，使与会人员广泛了解到电力系统稳定性分析技术、新型电力系统关键技术、新型电力系统可再生能源消纳、电力电子化的新型电力系统、人工智能技术在新型电力系统的应用、新型电力系统中的市场与经济、面向新型电力系统的输配电技术和新型电力系统与能源互联网等方向的最新学术成果。

【第四届电力市场国际峰会】 9月27～28日，2021（第四届）电力市场国际峰会在北京召开。峰会由国家电力调度控制中心联合中国电力科学研究院、国网能源研究院、南瑞集团有限公司、北京能见科技发展有限公司共同主办。

峰会聚焦“促转型，保发展——‘双碳’目标下的电力现货市场建设”主题，紧密围绕国家战略，讨论研究“双碳”目标下，新型电力系统发展过程中，电力市场建设的关键问题，通过交流认识、分享经验、探讨未来，凝聚各方共识，更好地服务国家发展和能源清洁低碳转型。

相关政府主管部门领导，国家电网有限公司副总经理陈国平，美国工程院院士、哈佛大学肯尼迪政府学院电力政策研究中心主任William W. Hogan，德国工程院院士、德国亚琛工业大学教授De Doncker，英国剑桥大学教授Michael Pollitt，中国工程院院士、国家电网有限公司一级顾问郭剑波，国家电力调度控制中心党委书记董昱，南方电网电力调度控制中心副总经理蔡葆锐，华北电力大学现代电力研究院院长张粒子，清华大学能源互联网创新研究院副院长陈启鑫，中电联规划发展部副主任、国家电力投资集团营销部副总监韩放，华南理工大学电力学院副院长荆朝霞等国内外权威专家和领导出席峰会或在线演讲，与现场400余名参会嘉宾齐聚一堂，共商电力现货市场发展大计，为中国电力市场建设和新型电力系统建设，建言献策，凝聚智慧。峰会由国家电力调度控制中心副主任孙大雁主持。

本届峰会还得到了协鑫能源科技股份有限公司、远景智能、北京天润新能投资有限公司、浙江正泰新能源开发有限公司、科林电气股份有限公司的支持。

【博鳌新型电力系统国际论坛】 10月28～29日，以“构建新型电力系统，服务碳达峰碳中和”为主题的博鳌新型电力系统国际论坛在海南博鳌亚洲论坛国际会议中心举行。国家能源局党组成员、副局长余兵，南方电网公司董事长、党组书记孟振平通过视频致辞。南方电网公司党组成员、副总经理陈允鹏出席论坛，并作题为《构建新型电力系统服务碳达峰碳中和》的主旨演讲。

论坛的主办方博鳌新型电力系统协会，是国内首个新型电力系统协会。其前身为博鳌智能电网协会，曾举办多届博鳌智能电网国际论坛。疫情之下，本次博鳌新型电力系统国际论坛邀请到1000余位国内外专家学者，通过线上线下相结合的方式，围绕双碳目标、智慧能源、新型电力系统等方向开展深入、广泛的学术交流。重点关注新型电力系统运行机理与发展形态、基于数据驱动的新型电力系统分析与控制基础理论和方法等基础研究实践。在现代化电网规划与发展、数字化技术创新与应用、智慧能源与智慧社会、“源网荷储”协同发展、热带智能电网技术5大领域设置了分论坛。

【2021“一带一路”清洁能源发展论坛】 11月27日，由青海省人民政府主办的2021“一带一路”清洁能源发展论坛在青海省西宁市举办。国内能源领域专家学者围绕“聚力打造国家清洁能源产业高地”主题，共商合作、共谋发展、共话未来。

全国人大常委会副委员长丁仲礼致辞并宣布开幕，国家能源局党组书记、局长章建华通过视频致辞，青海省委书记、省人大常委会主任王建军致辞。国务院发展研究中心党组书记、副主任马建堂，青海省省委副书记、省长信长星作主旨演讲。青海省政协主席多杰热旦出席。

丁仲礼指出，资源能源仍是未来经济发展的命脉，做好当前和今后一个时期的能源工作，要及时准确研判国内外能源发展形势，努力在危机中育先机、于变局中开新局。希望青海在碳达峰、碳中和方面先行先试，以创建全国碳中和先行区为契机，持续推进能源革命，建设清洁能源外送新通道，提升青海绿电外送能力，打造国家储能发展先行示范区。

王建军代表青海省委省政府向出席论坛的嘉宾表示诚挚问候和热烈欢迎。他表示，为打造与现代化相适应的清洁能源体系，必须发挥政府在划清边界、制定规则、引领发展上的主导作用，这也是青海举办清洁能源论坛的目的所在。

主旨论坛环节，国家电投有限公司总经理江毅，国家能源投资集团有限责任公司总经理刘国跃，中国科技大学校长、中国科学院院士包信和，青海师范大学校长史培军作清洁能源建设主旨演讲，分享前沿观点，畅谈能源未来。

青海省委常委、常务副省长李杰翔主持开幕式。

青海省领导于丛乐、陈瑞峰、赵月霞、吴海昆、张黎、杨志文、张文魁，山东省政协副主席王修林，中国核工业集团有限公司总经理顾军，中国广核集团有限公司董事长杨长利，清华大学副校长王光谦等出席。

【2021 碳达峰碳中和国际论坛】 7月15日，2021碳达峰碳中和国际论坛在北京举办。论坛以“企业碳达峰碳中和之路”为主题，旨在推动企业以“碳达峰碳中和视角”重构供应链、价值链，为企业绿色发展注入新的活力。

中国贸促会秘书长、中国国际商会执行副会长兼秘书长于健龙在开幕式致辞中提出三点建议：一是大力推进绿色低碳发展，努力探索以更少碳排放实现更高质量发展的模式；二是以企业为创新主体，着力构建引领绿色低碳发展的科技创新体系；三是推动低碳发展国际合作，在实现全球碳中和新征程中互学互鉴、互利共赢。

国家发展改革委副秘书长苏伟在致辞中表示，国家发展改革委正推进碳达峰碳中和工作，制定重点领域、重点行业碳达峰行动实施方案。绿色消费需求将为高质量发展注入新的动能，为企业带来新的发展机遇。企业要将绿色低碳转型发展的要求作为生产经营之本，将绿色低碳技术创新作为发展壮大的源泉，将绿色金融作为践行碳达峰碳中和的重要支撑。工商界要做碳达峰碳中和的参与者、贡献者、引领者，践行社会责任，为实现碳达峰碳中和作出新的贡献。

世界可持续发展工商理事会气候变化部总裁、英国能源和清洁发展部原部长克莱尔·奥尼尔表示，全球欢迎并赞赏中国政府力争于2030年前实现碳达峰、2060年前实现碳中和的双重目标。碳达峰碳中和之路需要科学、彻底的转型，而企业在低碳转型中起关键作用。希望通过世界可持续发展工商理事会的平台，支持企业减少和消除碳排放，开发弹性商业模型，适应气候变化影响并从中受益。

美国人文科学院院士、中美后现代发展研究院创始院长小约翰·柯布通过视频发表致辞时表示，中国是世界上唯一一个将“生态文明”作为“千年大计”的国家，这方面中国已经领先世界。他希望中国工业界可以朝着构建适合生态文明的产业形态、使人类活动融入更大生态格局的方向重构行业生态，为建设生态文明做出努力，这对整个行业的升级创新大有裨益。

【2021 碳达峰碳中和论坛暨第九届深圳国际低碳城论坛】 12月16～17日，由国家发展改革委和广东省政府指导、深圳市政府主办的2021碳达峰碳中和论坛暨第九届深圳国际低碳城论坛在深圳国际低碳城召开。主办单位为深圳市人民政府。本届论坛主题为“碳路中国：绿色创新引领，全球聚力行动”。

联合国前秘书长潘基文通过视频方式发表了主旨演讲。潘基文强调：“巴黎气候协议为全球提供了坚持克服我们星球所面临的可怕威胁的最大希望。我们没有 B 计划，因为我们也没有另一个地球。而且坦率地说，我们没有时间了”，“所有国家、行业和利益相关者需要紧急扩大他们的雄心和紧迫性，以减少排放和加快全球经济的快速去碳化”。

中国复关及入世首席谈判代表、原国家外经贸部副部长、绿色智慧能源组织指导委员会成员龙永图发表视频致辞。龙永图指出，能源绿色低碳转型是全球应对气候变化最紧迫、最重大的战略任务，这必须加强国际合作，中国实现“碳经济”的未来光明可期，当前各地尤需尽快确立风险低、速度快、规模大、成本低、效益高的“减碳去污”技术体系。

【第五届东亚峰会清洁能源论坛】 11月25日，由国家能源局和四川省人民政府联合主办的第五届东亚峰会清洁能源论坛在北京开幕。本届论坛由水电水利规划设计总院、东盟能源中心、四川省发展改革委、四川省能源局联合承办。中国国家能源局副局长任京东，东盟秘书长林玉辉、联合国副秘书长兼联合国亚太经社会委员会执密阿里沙赫巴纳、泰国副总理兼能源部长苏帕塔纳蓬·潘密朝、文莱能源部长马特·苏尼、老挝能源与矿产部长岛翁·蓬乔、印度尼西亚能源与矿产资源部长阿里芬·达斯里夫，国际可再生能源署总干事弗朗西斯科·拉·卡梅拉线上出席会议。

任京东表示，作为世界经济最具活力的地区之一，东亚地区在国际政治和经济中的重要作用正不断凸显，近年来，中国和东盟国家能源主管部门、科研单位、金融机构和企业本着互利共赢的原则开展了大量合作，取得了丰硕成果，“东亚峰会清洁能源论坛”就是其中重要成果之一，双方应以中国东盟建立对话30周年为契机，不断深化中国东盟能源领域合作，共同推动区域能源转型，助力区域经济发展。

本次论坛以“高比例可再生能源驱动绿色复苏”为主题，聚焦落实习近平总书记在中国—东盟建立对话关系30周年纪念峰会上的重要讲话精神和峰会联合声明有关绿色能源合作、推动能源结构转型升级的共识。会期两天，中国和东盟国家的专家学者和科研单位、金融机构、能源企业代表围绕区域能源发展及转型开展深入交流。论坛发布了中国—东盟清洁能源合作年度报告和风电资源与项目规划软件等合作成果。

【2021 第十七届中国分布式能源国际论坛】 12月7～8日，以“双碳目标下的智慧方案与行业机遇”为主题的第十七届中国分布式能源国际论坛于西安召开。本次会议由中国能源研究会分布式能源专业委员

会、中国能源网主办，陕西分布式能源股份有限公司联合主办，采用线下为主、线上线下结合的方式，且完全贯彻了“碳中和”理念，经华测认证机构鉴定，大会通过购买CCER，实现了会议全过程的“碳中和”。

本次大会以“碳达峰、碳中和”、能源转型背景下的企业战略、跨界实践、智慧方案为议题，充分探讨可再生分布式新能源与储能、综合能源服务创新与实践、燃气分布式核心装备与技术的发展趋势与机遇，推动分布式综合能源成为“碳达峰、碳中和”的重要技术支撑。

中国能源研究会学术顾问、国家能源局原副局长吴吟，陕西省发展改革委能源局副局长穆西，中国能源研究会理事、中国能源网董事长冯丽雯，陕西鼓风机(集团)有限公司党委书记、董事长李宏安，西安西电电力系统有限公司党委书记、总经理李宾宾，以及陕西省分布式能源股份有限公司党支部书记、董事长张晓勇出席大会并致辞。

中国科学院院士、西安交通大学教授管晓宏，中国科学院院士、中科院地质与地球物理研究所研究员汪集暘，中国能源研究会分布式能源专委会主任段洁仪先后发表主旨演讲。陕西鼓风机(集团)有限公司、西安西电电力系统有限公司、陕西省分布式能源股份有限公司等企业的代表也做了发言。

此外，会上公布了一系列科研成果，包括国网能源研究院能源数字经济研究所的《能源数字化转型白皮书（2021）》、中国能源网的《China5e分布式能源研究报告（2021）》、能环宝绿色能源科技公司的Nios智慧光伏管理系统。

【2021 国家能源互联网大会】 10月13日，2021国家能源互联网大会在淄博举行。本次大会共有来自政府机构、国内外知名能源互联网产业机构和企业负责人、全体联盟成员单位代表、科研院所、大学和民间社会组织的嘉宾代表800余人参加，在线观看60万人次。

国家能源局能源节约和科技装备司副司长刘亚芳、清华大学副校长曾嵘等致辞；中国工程院院士、清华大学碳中和研究院院长贺克斌，中国科学院院士、中国电力科学研究院名誉院长周孝信作主旨报告；张良栋、夏清、康重庆等清华大学和国家能源互联网产业及技术创新联盟(以下简称“联盟”)的专家学者应邀出席；大会由联盟秘书长赵伟主持；刘海涛、曾勇刚、戴震、赖晓文、李卫东、张剑辉等业内专家学者、领军企业负责人作了主题报告。

刘亚芳在致辞中表示，能源互联网对于提高可再生能源消费比重、促进化石能源清洁高效利用、提升能源综合利用效率、推动能源市场开放和产业升级、培育形成新的经济增长点具有积极作用。国家能源局将着眼保障能源安全和应对气候变化两大目标任务，健全完善能源领域“双碳”政策体系，加快清洁能源开发利用，着力推动能源消费方式转变、促进节能提效。

本次大会以“聚力双碳目标实现，清洁能源互联创新”为主题，由清华大学、国家能源互联网产业及技术创新联盟主办。会上，为联盟“电力碳中和专委会”授牌，国家能源互联网大会长期会址落户淄博，国家高新区能源互联港、国家高新区金融科技中心、独角兽生态岛起步区、直播跨境电商基地揭牌，还发布了《2021 国家能源互联网发展年度报告》《数字驱动绿色发展，城市“双碳”行动倡议书》《淄博市实施减碳降碳十大行动工作方案》。此外，淄博市签署了多项战略合作协议，联盟为淄博市政府颁发“优秀合作伙伴奖”，为其他“优秀合作伙伴”单位及参加视频直播优秀专家代表颁奖。

【第十一届中国国际储能大会】 5月24～26日，第十一届中国国际储能大会在浙江省杭州市召开。会议由中国化学与物理电源行业协会主办，中国化学与物理电源行业协会储能应用分会、中国科学院电工研究所储能技术组和中国储能网联合承办，来自行业主管机构、外国驻华机构、科研单位、各类企业共700多家单位的1900余位代表参加了本届大会，其中88家企业展示了储能产品。工业和信息化部节能与综合利用司、国家能源局能源节约和科技装备司有关领导，中国工业节能与清洁生产协会副会长、中国化学与物理电源行业协会秘书长等致辞。

本届大会以“坚守储能安全底线，推动产业创新发展”为主题，政府有关部门、行业专家与来自发电企业、设计院、电网公司、系统集成商、投融资机构、科研单位等机构和企业的代表展开深入讨论，130余位行业专家作主题分享。会议期间还发布了《2021年度储能产业应用研究报告》，颁发了2020年度中国储能产业年度人物奖暨2020年度中国储能产业最美一线员工奖。

大会从“双碳”目标下储能产业发展新路径专场、新型电力系统与储能整体解决方案专场、高比例可再生能源与储能产业协调发展路径专场、储能系统集成专场、储能安全与检测认证专场、储能电池技术与应用专场、储能电站规划与设计专场、国际储能标准与市场准入专场、电力辅助服务及现货交易专场、储能电站并网与调度专场、储能安全与系统集成专场、新型储能技术及应用专场、综合能源服务与车电互联专场、氢储能与燃料电池专场等14个专场论坛进行了深度探讨。

【第十届全球能源安全智库论坛】 10月18日，第十届全球能源安全智库论坛在北京举行，来自国际能源宪章组织、全球安全研究所、伦敦能源俱乐部和中国社会科学院等国内外机构的众多能源领域资深专家齐聚，采用线上线下相结合的形式，就促进全球能源安全这一论坛宗旨展开探讨。

中国社会科学院副院长、党组成员、学部委员高培勇，欧盟中国城市发展委员会主席张毅，国际氢能协会（IAHE）副主席、清华大学核能与新能源技术研究院教授毛宗强，中兴通讯高级副总裁朱永涛等各界代表出席了此次论坛。此外，国际能源宪章组织秘书长乌尔班·鲁斯纳克，全球安全研究所联席所长、美国能源安全理事会顾问盖尔·鲁夫特，土耳其博斯普鲁斯能源俱乐部主席、伦敦能源俱乐部主席默罕默德·奥羽初等学者和专家通过连线的方式参与了此次论坛。参加论坛的还有来自国内外智库机构专家、驻华机构、国内外能源企业和媒体代表等。

论坛主要围绕中国碳中和前景下的能源转型与投资、“一带一路”倡议与国际能源地缘政治的新变化、国际油气市场等重要议题，以及能源安全、双碳目标与技术路径、氢能发展等问题进行充分研讨。论坛期间，还发布了《中国油气与新能源产业发展报告》。

【2021北京国际风能大会暨展览会（CWP 2021）】 10月17～20日，2021北京国际风能大会暨展览会（CWP 2021）在北京召开。本届大会以“碳中和——风电发展的新机遇”为主题，来自各级政府、新能源企业、传统能源产业、电网公司、行业组织、高校与科研院所等机构的代表齐集一堂，围绕气候变化、新型电力系统、油气行业转型、绿色金融、风电“十四五”发展等议题展开探讨。

大会开幕式由中国可再生能源学会风能专业委员会秘书长秦海岩主持，国家应对气候变化战略研究和国际合作中心首任主任、中国能源研究会常务理事李俊峰，中国科学院院士徐建中，原国务院参事、中国可再生能源学会原理事长石定寰，挪威王国驻华大使馆大使白思娜，英国驻华大使馆英国国际贸易部贸易使节吴侨文，丹麦王国驻华大使馆副馆长、公使窦雯，中国中车集团有限公司党委书记、董事长孙永才，中国华能集团有限公司总工程师林刚分别致辞。

学术团体与行业学协会

【中国电机工程学会】

单位概况 中国电机工程学会（简称电机学会）是由从事电机工程相关领域的科技工作者及有关单位自愿组成并依法登记成立的全国性、学术性、非营利性社会组织，成立于1934年，办事机构设在北京，挂靠国家电网有限公司，接受社团登记管理机关中华人民共和国民政部和业务主管单位中国科学技术协会的监督管理和业务指导。电机学会的最高权力机构是会员代表大会，日常领导机构是理事会和常务理事会，监督机构是监事会。电机学会设有组织、学术、科普、国际合作、编辑、咨询、青年和教育、名词术语、标准、女科技工作者10个工作委员会，以及覆盖电机工程各个专业领域的48个专业委员会。学会拥有个人会员12万余人，单位会员400余家，33个省（自治区、直辖市）电机（电力）学会是电机学会的单位会员，在国内成立会员中心 14 个，在海外成立北美会员中心、欧洲会员中心和英国分会。中国电力科学技术奖励工作办公室、国际大电网委员会（CIGRE）中国国家委员会秘书处、国际供电会议组织（CIRED）中国国家委员会秘书处、全国电力安全专家委员会秘书处、中国科协清洁能源学会联合体秘书处、中国工程教育专业认证协会能源动力类专业认证委员会秘书处也设在电机学会。

领导班子

理事长：舒印彪

名誉理事长：郑宝森

副理事长：张智刚、贺锡强、金耀华、王宏志、刘明胜、王良友、米树华、姚强、吴云、高立刚、刘吉臻、郭剑波、李冶、林铭山

秘书长：王刚

监事长：欧阳昌裕

组织建设 定期召开理事会、常务理事会、监事会、理事会党委会议等，审议和决策学会重大事项。制定《中国电机工程学会监事会工作办法》。制定发布《中国电机工程学会“十四五”发展规划（2021—2025年）》。根据能源电力发展需要对专业委员会布局进行调整，成立海上风电技术专业委员会和电力机器人专业委员会，完成6个专业委员会换届改选、16个专业委员会委员调整。评选 17 个专业委员会、11 个省级学会为“2021 年度中国电机工程学会先进集体”，评选33人为“2021年度中国电机工程学会先进个人”。推动国际电工委员会（IEC）在南京成立国际标准促进中心，联合南京市政府完成IEC国际标准促进中心（南京）的注册登记。

加强员工队伍建设，优化人员结构，充实员工队伍，完善薪酬和绩效考核制度。加强资金运营管理，深化业财融合，提升服务水平。持续完善信息化平台建设，新建会费电子收据系统、科技成果评价鉴定系统，优化团体标准评审系统等。持续完善数字化图书馆，累计入库科技信息23万余条。编印《中国电机工程学会2021年年报》。

决策咨询 承担中国工程院、国家能源局等委托的重大咨询项目10余项，组织编制《电力行业碳达峰、碳中和实施路径研究》《新能源电力系统发展及其技术与装备创新支撑研究》等报告，开展《防止电力生产事故的二十五项重点要求》修编，参与《中华人民共和国专利法实施细则》修订并提出咨询意见，承担中国科协新能源高层次研讨会组织工作并完成“新能源高质量发展”科技工作者建议。

科技评价与成果登记 完成《全国产分散控制系统研制与应用》《中低压直流配用电关键技术与应用》等科技成果评价273项，累计组织专家2615人次（其中院士155人次）参与评价活动。积极服务行业科技成果转化，完成科技成果登记508项。认真履行电力行业科技查新管理服务职能，确认电力科技查新资质机构43家。

团体标准与国际标准 全年发布《电能质量现场测试技术规范》等80项中国电机工程学会标准，启动团体标准管理办法和实施细则修订，开展团体标准培训、宣贯等工作。作为IEC主席工作秘书处单位，组织编制零碳电力系统、多源固废耦合发电、多能智慧耦合系统等多本IEC白皮书，为全球相关行业提供标准化建议；推动中国在IEC发起成立首个人工智能相关的国际技术机构 IEC TC129 电力机器人技术委员会，组织编写 3 项电力机器人国际标准草案；在 IEC发起成立极端环境下电气设备标准化评估组，组建国内专家工作组，评估电力设施极端自然环境及灾害防控技术的应用价值和市场潜力，并对后续在IEC成立技术机构开展相关标准化工作提出建议。

服务科技经济融合 组建能源互联网和工业互联网融合发展产业科技服务团，以杭州、温州、西宁等“科创中国”试点城市（园区）为核心，开展产业科技咨询服务。推荐100余位专家、挖掘凝练50余条产业服务需求、遴选50余项技术成果信息，发布在“科创中国”平台。组织召开服务宁东能源产业发展研讨会，邀请专家研讨提出绿氨零碳制备及应用和燃料电池等5 项服务技术方向。举办电力行业知识产权应用专题讲座。

国内学术会议 12月15～16日，举办以“开放 合作 共享·构建新型电力系统”为主题的2021年学术年会。在北京和广州设立主会场，在全国25个省市设立45个视频直播分会场，通过“两地集中、多地延展

辐射”的方式搭建能源电力科技交流平台。同期举办院士专家论坛、学术报告发布会、新型电力系统论坛等 3 场专题活动。23 位院士参加本届年会，超过 10 万人通过线下或线上方式参会。

8 月 1 日在黑龙江省哈尔滨市举办 2021 年电气工程学院院（校）长论坛，8 月 5 日在线上举办 2021 年清洁高效发电技术协作网低碳发电技术专题会议，9 月 27～28 日在浙江省湖州市举办 第七届中国太阳能热发电大会。举办 5 期“CSEE 网络学术报告厅——能源创新青年论坛”。各专业委员会围绕各自专业领域举办第四届清洁能源发展与消纳高端论坛、电力低碳技术研讨会等 70 余场学术交流活动。

学术期刊 电机学会及各专业委员会主办、联合主办期刊共 16 种。《中国电机工程学报》荣获“2021 中国最具国际影响力学术期刊”，连续 19 年荣获“百种中国杰出期刊”，荣获中国科技期刊卓越行动计划“2021 年度优秀期刊”。《中国电机工程学会电力与能源系统学报（英文）》（CSEE Journal of Power and Energy Systems，CSEE JPES）2021 年 SCI 影响因子 3.938，较 2020 年增长 26.4%，学科排名提升 22 位，成功跻身该领域 Q1 分区。《中国电机工程学报》《CSEE JPES》《高电压技术》三刊完成中国科协卓越行动计划项目。《中国电力》《热力发电》《农村电气化》《农电管理》《动力与电气工程师》和《电信息》等办刊质量持续提高，为会员搭建丰富的交流平台。

开展能源电力领域高质量科技期刊分级目录宣传与推广。组织 2021 年中国电机工程学会期刊优秀论文评选，其中一等奖 10 篇、二等奖 30 篇、三等奖 60 篇。

学科发展研究 完善学术报告编撰体系和学术研究成果发布制度，出版《CSEE 专业发展报告（2020—2021）》和《CSEE 专题技术报告（2021）》等 2 套共 24 篇报告，并在 2021 年学术报告发布会上发布。开展“2021 年度电力领域重大科学问题、工程技术难题”征集工作。向中国科协推荐 4 项重大科学问题和 4 项工程技术难题，其中重大科学问题《以新能源为主体的新型电力系统路径优化和稳定机理是什么》入选中国科协 2021 年度十大科学问题。电机学会荣获中国科协“重大科技问题难题征集发布——2021 年度优秀推荐单位”和“重大科技问题难题征集发布——2018—2021 年度优秀组织单位”。

国际学术会议 采用线上线下相结合的方式在国内举办 9 场国际会议，为国内外电力科技工作者提供良好的交流平台。4 月 6～9 日举办以“面向能源互联网的数字化供电系统”为主题的第九届中国国际供电会议（CICED2020）。7 月 6～7 日举办以“电气化再创新助力低碳发展”为主题的第二十七届电机工程国际会议（ICEE2021）。7 月，以“碳中和之路：挑战与机遇”为主题，与英国工程技术学会（IET）联合主办第二届线上学术活动月（2021 CSEE－IET Joint Workshops），围绕“海上风电技术及其发展”“核电技术发展与展望”和“绿色电氢耦合系统”主题，于 7 月 14、21、28 日组织 3 场技术研讨会。10 月 23 日在山西省太原市举办以“碳中和与能源互联网”为主题的第五届能源互联网与能源系统集成国际会议（EI2）。11 月 21～25 日在陕西省西安市举办第 22 届高电压工程国际会议（ISH 2021）。12 月 8～9 日举办以“碳中和与新型电力系统”为主题的第十三届电力系统技术国际会议（PowerCon2021）。12 月 23～24 日举办以“面向碳中和的能源转型”为主题的第三届可持续电力与能源国际会议（iSPEC2021）。

国际组织任职 电机学会理事长舒印彪任国际电工委员会（IEC）主席。电机学会副秘书长范建斌任国际大电网委员会（CIGRE）理事会成员和指导委员会委员。电机学会陈小良任国际供电会议组织（CIRED）指导委员会委员。推荐 16 名专家担任 CIGRE 专业委员会委员及增选委员，推荐 51 名专家加入 CIGRE 工作组，推荐 3 名专家加入 CIRED 工作组。

国际交往 与国际电工委员会（IEC）、电气电子工程师学会电力与能源分会（IEEE PES）、国际大电网委员会（CIGRE）、国际供电会议组织（CIRED）、英国工程技术学会（IET）等国际组织加强交流合作，组织国内专家和论文作者通过线上方式参加 CIGRE 指导委员会会议、CIRED 指导委员会会议、IEEE PES 年会、CIGRE2021 百年庆典大会、CIRED 2021 年会议等。

两岸交流 6 月 25 日以“绿色低碳 智慧用能 数字转型”为主题，与国网福建省电力有限公司、台湾科技产业协会、福建省电机工程学会等在福建省厦门市联合主办 2021 年海峡两岸能源电力发展论坛。通过搭建海峡两岸能源领域民间技术交流平台，促进两岸能源电力融合发展。论坛还组织了海峡两岸能源电力新产品新技术交流、海峡两岸优秀电力科技论文交流、在闽台商电力营商环境优化暨能效服务产品发布会和《两岸电力能源互联网资源共享互补发展路径和对策研究》项目评审会等 4 场分会场活动。

科普活动 持续加强电力科普队伍和组织建设，聘任“电力之光”科学传播专家 98 名，共计 557 名。授牌 2021 年电力科普教育基地 29 家。完成“电力之光”商标注册并发布品牌标识。被中国科协评为 2021 年度全国学会科普工作优秀单位。

6 月 3～4 日，以“科普走进领袖故里 • 倾情服务乡村振兴”为主题，以“科普扶智＋产业振兴＋党建活动”融合工作模式，在湖南省湘潭市、邵阳市举办 2021 年“电力之光”湖南科普下乡暨乡村振兴活动，围绕科普扶智、产业振兴等方面，通过科普讲座、科普展览、防灾减灾实训、科普大篷车进校园等活动，助力乡村教育和乡村振兴。

9月16日以“百年再出发，电力新征程”为主题组织开展第四届“电力之光”中国电力科普日活动，采用线上线下“1+N+云”的活动形式，在湖北省宜昌市设立主会场，在全国各地设立42个分会场，并开展云上科普活动。被中国科协评为“2021年全国科普日优秀活动”和“2021年全国科普日活动优秀组织单位”。

组织开展“电力之光大讲堂”线上系列科普讲座，围绕“双碳目标的能源路径”“超级工程白鹤滩　科技创新助双碳”“能源互联网助力双碳目标实现”“抽水蓄能与双碳目标”“创新方法与电力创新”等内容作科普讲座，共举办9期，受众近万人。评选2021年“科普中国　电力之光”优秀电力科普短视频37个，评选2019—2020年度优秀电力科普作品25项，面向社会推荐传播。

《绿电与冬奥》科普丛书　电机学会联合国家电网有限公司共同组织编著出版《绿电与冬奥》科普丛书，宣传绿色冬奥，倡导低碳理念。丛书共5个分册：《低碳冬奥》展现绿色电能如何用低碳、可靠、高效的方式点亮冬奥之光；《绿色电能》介绍奥运史上实现场馆“绿电”供应的全过程；《技术创新》展示为冬奥提供安全、可靠、清洁电力保障的多项创新技术；《智慧用电》介绍冬奥会中无处不在的用电及电力赋能5G、云转播等各种应用；《可靠供电》介绍冬奥供电保障体系等内容。

科技奖励　组织2021年度中国电力科学技术奖推荐与评审工作，评选出授奖项目145项，其中一等奖20项，二等奖37项，三等奖88项。完成2020年度国家科学技术奖励提名工作，1项获得国家技术发明奖二等奖，2项获得国家科学技术进步奖二等奖。组织编写《电力科技发展与电力科技成果》图书。

表彰举荐优秀科技工作者　组织2021年度中国电力科学技术人物奖推荐评审工作，评选出授奖人110名，其中中国电力科学技术杰出贡献奖10名，中国电力优秀科技工作者奖50名，中国电力优秀青年科技人才奖50名。组织2021年“顾毓琇电机工程奖”评审工作，华北电力大学贺仁睦教授获得2021年“顾毓琇电机工程奖”。积极开展2021年度中国科学院/中国工程院院士、2021年中国青年科技奖、中国青年女科学家和未来女科学家计划候选人提名推荐工作。开展2021—2023年度“青年人才托举工程”项目，共支持青年人才30人，其中中国科协资助2人、自筹资金资助6人、与依托单位联合培养资助22人。

工程能力评价、工程教育认证　联合发起成立中国工程师联合体。推动电气工程类工程师资格国际互认，协助中国科协与巴基斯坦开展标准互认，共151人获得学会工程会员资格。与英国工程技术学会（IET）联合开展国际工程师资质认证，76人通过认证。首次开展能源动力类专业工程教育认证，3个专业通过认证，遴选认证专家63人，推荐3位专家进入《华盛顿协议》（WA）国际咨询专家库。

会员服务　加强会员发展与管理，现有个人会员12万余人，单位会员400余家。2021年新增个人会员9300余人，新增单位会员40余家，晋升高级会员301人，新增会士16人（其中外籍会士8人）。密切与会员的联系，定期发送会刊《动力与电气工程师》《电信息》，以及各项活动信息等，举办全国科技工作者日系列主题活动、老科技工作者座谈会、青年论坛，开展“全国学会外籍及港澳台会员发展机制”课题研究，不断提升学会服务会员能力。优化完善数字化图书馆建设并推广应用，为会员提供包括期刊、论文、专著、技术报告、科技成果等23万余条数字信息资源。在网站、微信公众号和会刊上建立专题，广泛宣传“最美科技工作者”及优秀科技工作者的先进典型事迹。宣讲科学道德、科研诚信，弘扬科学家精神，推动行业学术自律建设。

党建工作　坚持党的全面领导，深入学习贯彻习近平总书记系列重要讲话、“七一”重要讲话和十九届六中全会精神，深入学习领会习近平总书记在两院院士大会、中国科协第十次全国代表大会上的重要讲话精神，扎实开展党史学习教育。认真履行理事会党委职责，完成办事机构党支部换届，在专业委员会层面建立党建工作小组，健全学会理事会、办事机构、分支机构三级党组织结构。深入推进党建和业务融合发展，结合“我为群众办实事”活动要求，组织科技工作者在福建龙岩和湖南韶山开展“党建+科普”“党建+科技服务”等活动，积极助力扶贫攻坚和乡村振兴。荣获中国科协党建工作先进学会（2018—2020年度）、中国科协“党建强会计划”十佳品牌活动、中国科协“百年风华　青春向党”青年演讲大赛优秀组织奖、中国科协“百年党史　百家学会”党史知识竞赛优秀组织奖。

（刘雁斌）

【中国水力发电工程学会】

单位概况　中国水力发电工程学会（简称水电学会）是由全国水力发电工程科学技术工作者自愿组成并依法登记的全国非营利性学术团体，是国家发展水力发电工程科技事业的重要社会力量，是中国科技协会的组成部分。

领导班子

理事长、党委书记：张野

副理事长：郑声安（常务）、王永祥、王良友、

向海平、刘金焕、张宁、李庆江、李程·丹增尼玛、周小能、侯学众、赵登峰、郝耀辉、晏志勇、黄辉

秘书长：郑声安（兼）

监事长：袁柏松

服务创新型国家和社会建设 水电学会推荐的“如何利用风光水加快实现碳中和目标”入选2021年中国科协十大产业问题，水电学会获评重大科技问题难题征集发布2021年度优秀推荐单位、2020—2021年度优秀组织单位。完成《关于加快风光水互补研究和实践 助力实现双碳目标的建议》的“科技工作者建议”，相关建言写入《中华人民共和国国民经济和社会发展第十四个五年规划和2035年远景目标纲要》。

组织开展可再生能源与负（零）碳技术融合打造低碳经济核心的碳中和大型智慧城市群规划建设研究、中国利用风光水互补实现碳中和的体制机制及新型电力系统建设调研、南水北调西线调水对西南水电基地的影响研究、珠三角水资源配置工程供水安全与应急处理技术研究等课题项目。

开展团体标准制定工作，设立团体标准管理委员会和制定相关管理办法，组织编制或立项《水生态区划分技术导则》《水利水电工程斜式轴流泵安装规程》《北斗卫星导航定位系统的水利水电工程安全监测技术规范》《河湖生态修复工程运行与维护技术导则》等团标10多项。

11月2～5日，连续第3年承办人力资源和社会保障部专业技术人才知识更新工程——清洁能源协同开发与生态环保技术转移转化能力提升高级研修班，90余名行业技术和管理人员参加并顺利结业。

全年组织院士专家完成来自各会员单位不同专业领域的科技成果评价鉴定74项。

水电学会工业控制系统安全专业委员会依托公安部信息安全等级保护关键技术国家工程实验室，成立水电和新能源工业控制系统安全与可靠性保障技术分实验室，大力建设行业工控安全技术平台和服务中心。

水电学会水能规划及动能经济专业委员会开展《抽水蓄能中长期发展规划研究》《水电助力碳达峰路线图》《西藏自治区可再生能源资源复查》等课题研究，为行业主管部门提供决策支撑。

水电学会及有关分支机构组织参与《水电站水库调度自动化系统运行维护规程》《大中型水电站水库调度规范》《水情自动测报系统技术条件》《梯级水库群安全风险防控导则》等一批行业标准的编制或修订工作。

发挥各分支机构专业特色，举办了大坝安全监测技术、水库调度自动化系统的应用与发展、运行管理专业技术等10余次培训班。学会继电保护与励磁专业委员会全年举办16期“云课堂”系列精品专家讲座。

学会建设 12月16日召开第九次全国会员代表大会暨九届一次理事会进行换届。大会经民主选举产生第九届理事会，由173名理事组成，张野继续担任理事长。单位会员179家，个人会员36900人。分支机构37家，其中，新成立智能与智慧化专业委员会、海外分会，水库、水工金属结构、水电与新能源运行管理、信息化、水力机械、大坝安全、地质及勘探、小水电、继电保护与励磁、电气、施工、风险管理等12个专业委员会完成换届，工程造价专业委员会名称变更为水电与新能源工程造价专业委员会。

3月16日，一年一度的水电学会分支机构和省级学会秘书长工作会议以线下线上结合形式在北京召开，来自37家分支机构和21家省级学会的110多名秘书长和管理人员参会，总结经验，共谋发展。

4月28日，水电学会与国家能源投资集团有限责任公司共同举办一年一度的“中国水电发展论坛暨水力发电科学技术奖颁奖典礼”，240余名新老水电工作者代表参会。

总结“十三五”成绩和不足，编制发布学会事业发展“十四五”规划，更好指导学会未来五年发展。

进一步强化内控体系建设，制定《水电学会干部、招聘、薪酬管理办法》《团体标准管理办法》《全国水电科普教育基地认定与管理办法》，修订《监事会工作办法（试行）》等制度，不断提升规范化管理水平。

监事会积极发挥监督作用，组织第三方审计事务所开展日常监督检查，助推学会健康发展。

经进一步扩资，截至2021年底潘家铮水电科技基金规模达5004万元，捐资单位67家、个人11名。召开了基金四届二次理事会；开展2021年度潘家铮水电奖学金评定，奖励来自19所高校和科研院的优秀学生63名。

编撰出版《中国水力发电年鉴》（第25卷）。

主办期刊 会刊《水力发电学报》全年出版12期，共收到论文稿件657篇，录用刊登164篇，印发6000册。已连续六年均有学报论文入选“中国科协优秀科技论文遴选计划”。在中国科技期刊引证报告（核心板）2021年统计中，本刊核心影响因子为1.03，在23种水利工程类刊物中排名第3。完成2020年度《水力发电学报》优秀论文奖评定。

联合主办《水电站机电技术》《水电能源科学》《大坝与安全》《岩土工程学报》《小水电》等5种学术期刊。

学科发展工程 水电学会组织编写完成《中国电力工业史·水力发电卷》，共120多万字。负责组织编著中国科协“双碳”系列丛书之《风光水电力互补技术导论》一书。

水电学会水库专业委员会参与世界银行、水电水

利规划设计总院组织的《中国水电移民实践经验》专著编写，于4月召开成果发布。这是中国首次全方位、多角度向国际展示70年来中国水电移民实践经验。

水电学会水能规划及动能经济专业委员会参与《中国可再生能源发展报告（2020）》编制工作，6月28日在江苏省苏州市举行发布会。

国际学术会议 11月26日，在第五届东亚峰会清洁能源论坛于北京召开期间，水电学会国际河流水电开发生态环境研究工作委员会组织召开东盟国家水电可持续发展专题论坛。会议由工作委员会主任委员顾洪宾主持，来自湄委会秘书处、老挝能源与矿产部、印度尼西亚能源与矿产资源部等12位国内外专家作会议主旨发言。

12月9日，水电学会海外分会联合中欧可持续水电利用与整合项目（SHUI－ChE）、国家级水科学与水工程国际联合研究中心（JRC）等共同主办中欧政策对话研讨会。会议主题为“灵活的水力发电助力实现净零排放目标”，来自中国和欧盟国家129家行业内相关单位的210余位专家学者线上参会。

国内主要学术会议 水电学会及各分支机构共举办国内学术交流活动38场次，参加人数5400余人次，出版论文集8部共3000余册、论文800余篇，会议交流论文290余篇。

6月16～17日，水电学会联合西藏水力发电工程学会在成都召开西部水电科技论坛，邀请中国工程院院士多吉作主旨报告，来自全国70余家行业单位的260多名专家学者参会。

7月23日，水电学会联合公安部安全等级保护评估中心在四川省成都市主办2021年水电和新能源工业控制系统安全技术交流会。中国工程院院士沈昌祥等相关领域的专家学者做大会专题报告。来自有关部门、国内水电和新能源行业企业及安全防控服务供应商共200多名专家学者参会。

10月17日，水电学会主办的2021年中国水电青年科技论坛暨贵州省高层次创新型人才论坛在贵州省贵阳市召开，来自水电行业各专业领域的130多名青年科技工作者参会，11位青年才俊作学术报告。

3月12日，水电学会风险管理专业委员会换届会暨学术交流会在北京召开，80多名委员和专家学者通过线下或线上参会。会议邀请中国电力建设集团有限公司总工程师周建平、中国核电工程有限公司研究员赵博等专家就梯级水库群风险防控设计、核电行业风险管理等方面作主题报告。

4月22～23日，水电学会水库专业委员会联合中国水利水电工程勘测设计协会、浙江省民政厅等单位在浙江省杭州市召开2021年水库移民政策技术管理论坛暨水利水电工程征地移民规划设计技术交流会。会议以“十四五移民安置创新与后续发展”为主题，来自有关部门和80余家行业单位共200多人参会。

5月26～28日，水电学会水电与新能源运行管理专业委员会、校级调度控制专业委员会联合在云南省昆明市召开2021年学术交流，来自行业近70家单位的185名专家学者参会。

7月12日，水电学会清洁能源装备冷却技术专业委员会联合中国科学院电工所在北京召开“碳中和——从能源革命到生态文明 探索中国的碳中和之道”学术交流会，邀请德国国家工程院院士雷宪章作主题学术讲座。

8月1～2日，水电学会电气专业委员会换届会暨2021年电气学术交流会在山东省泰安市召开，83名委员和专家学者参会。

9月8～10日，水电学会施工专业委员会、碾压混凝土筑坝专业委员会在江西省南昌市联合举办2021年年会暨学术交流会，来自全国有关行业单位共190多人参会。大会邀请中国工程院马洪琪院士、王复明院士、任南琪院士分别作主旨学术报告。

9月27～28日，水电学会电力系统自动化专业委员会、继电保护与励磁专业委员会联合主办的“DL/T 294.2《发电机灭磁及转子过电压保护装置技术条件 第2部分 非线性电阻》修改稿审查会暨发电机灭磁及转子过电压保护非线性电阻技术研讨会”在广东省深圳市召开，80多名专家学者参会。

11月25日，水电学会贯流式水电站专业委员会以线上形式召开第十六次年会暨技术交流会，专委会委员和有关专家学者近110人参会。

11月27日，水电学会继电保护与励磁专业委员会线上学术交流会暨专委会换届年会召开，160多名委员及有关专家学者参会。

12月21日，水电学会清洁能源装备冷却技术专业委员会2021年年会以线上形式召开，专委会顾问顾国彪院士、主任委员罗安院士，以及委员专家共30多人参会。

国际组织任职 截至2021年底，水电学会会员在国际科技组织任职人员共计22人，其中执委以上3人。涉及国际组织共6个：国际航运协会、国际水电协会、国际电工委员会、世界疏浚协会、国际水文科学协会、国际水利与环境工程学会。

国际交往 6月9日，水电学会高坝通航工程专业委员会委员赵根生线上主持召开国际航运协会（PIANC）升船机工作组第五次工作会议并作工作组年度报告，来自中国、英国、法国、比利时和德国等成员国近20位专家参会。

9月16日，国际水电协会（IHA）在线召开国际抽水蓄能论坛成果高级别在线发布会，水电学会国际河流水电开发生态环境研究工作委员会秘书长周世春参会并作《抽蓄政策与市场框架研究》的主旨报告。

10 月 21 日，水电学会海外分会成立大会暨第一届委员会工作会议以线下线上结合形式召开，邀请 4 位境外专家（线上）以及国内相关单位多位专家作主旨报告。海外分会吸纳国际水电协会前首席执行官理查德·泰勒担任副主任委员。

11 月 29 日，水电学会国际河流水电开发生态环境研究工作委员会主任委员顾洪宾代表中方参加第十一届湄公河区域利益攸关方论坛并作主旨发言。

组织翻译 IHA《2021 水电现状报告——行业趋势及思考》，每月编辑一期《国际电力能源简讯》，发送会员参阅使用。

科普活动 位于湖北宜昌三峡工程坝区的中国水电科技博物馆基本建成。制定《全国水电科普教育基地认定与管理办法》，认定挂牌 2 个科教基地。

7 月 28 日～8 月 6 日，水电学会开展 2021 大学生暑期水电社会实践教育活动，组织来自 14 所高校的 25 名优秀大学生赴浙江天荒坪、长龙山 2 座抽水蓄能电站现场学习实践。

7 月 29 日，水电学会联合中国水利学会在浙江省杭州市召开“3060 双碳”水电科普论坛，中国科学院院士陈祖煜、陆大道，中国工程院院士马洪琪、张建云，联合国工业发展组织能源司首席科学顾问刘恒，国务院发展研究中心研究员王亦楠，清华大学教授王兆印等 40 多位业界知名专家、学者参会。

9 月 13 日“全国科普日”期间，水电学会组织专家到清华大学土木水利学院，向 70 多名师生开展“中国碳中和之路”的科普讲座。

9 月 17 日，水电学会联合水电水利规划设计总院在北京召开“全国科普日”活动——抽水蓄能产业发展座谈会，围绕国家能源局发布的《抽水蓄能中长期发展规划（2021—2035 年）》科普抽水蓄能重要性，线下线上 10 多万人次参会观看。

依托中国科协平台继续推进网上会史馆建设，在“2021 科界年度评选”活动中荣获“最佳网上会史馆组织”第三名。评选 2021 年中国水电十件大事并制作视频宣传片。

表彰举荐优秀科技工作者 2021 年度“水力发电科学技术奖”共收到行业单位申报的科技成果 135 项，奖励 53 项，获奖科技人员 400 多人。

评定第三届“水电英才奖”，表彰奖励在水利水电工程建设和运行管理等基层一线工作的中青年科技人员共 10 人。

水电学会高坝通航工程专业委员会副主任委员当选中国工程院院士，专委会顾问委员钮新强荣获首届“湖北省杰出人才奖”。

党建强会 深入开展党史学习教育。水电学会党委书记、理事长张野应中央党校邀请为学员开展党史学习教育专题讲座“在党的光辉照耀下砥砺前行的中国水电”。支部书记杨永江为秘书处党员和会员单位党员代表做“坚守初心　奋进中国碳中和之路”的专题党课。

健全三级党组织体系，37 家分支机构全部成立党的工作小组。务实推进党委对“三重一大”事项前置审议职责，全年召开党委会 10 次、审议议题 60 多项。

水电学会三级党组织代表赴一大会址、南湖红船等地开展“众心向党、自立自强”主题实践活动，同时赴本学会成立大会召开地新安江水电站开展“寻根之旅”，激励全体学会人不忘初心使命，砥砺新征程。

组织张宗亮院士、杨泽艳大师、黄桂云研究员等科技工作者参与中国科协和新华网“科技前沿大师谈”视频录制和网络宣传，大力弘扬科学家精神。

会员服务 一是通过办好水电科技奖培养科技创新人才；通过评定潘家铮奖、水电英才奖、张光斗优秀青年科技奖、潘家铮水电奖金学和学报优秀论文奖等，打造全方位阶梯型人才培养机制。二是水电学会和 37 个分支机构积极构筑学术交流平台，样式多元的学术交流和研讨活动为广大水电科技工作者提供了交流分享的机会，同时广泛组织论文征集并结集出版，为科技工作者学术成长和技术进步搭建舞台。三是结合会员企业诉求组织开展岗位技术技能培训和有关专业取证人员继续教育培训等。四是推荐优秀水电专家在有关国际组织机构任职。

主要事件

1. 中国水力发电工程学会第九次全国会员代表大会顺利召开

中国水力发电工程学会第九次全国会员代表大会于 12 月 16 日以线上形式顺利召开。大会主会场设在北京，来自全国水电和新能源领域各条战线的 253 名会员代表参会。中国科协党组成员、机关党委书记王守东到会祝贺并作讲话。

张野理事长题为《贯彻新发展理念　服务新发展格局为实现碳达峰碳中和目标　建设中国特色一流科技社团而努力奋斗》的工作报告；吴义航常务副秘书长做第八届理事会财务报告；邓孟元监事长作第一届监事会工作报告；郑声安副理事长作关于修改章程的说明报告。与会代表以投票表决方式通过了上述报告。

会议经民主选举产生了第九届理事会，张野继续出任理事长。袁柏松担任第二届监事会监事长。大会通过聘任汪恕诚、陆佑楣、张基尧、周大兵为第九届理事会名誉理事长，聘任郑声安为第九届秘书长。大会还表彰了学会第八届理事会的 20 家学会先进集体和 39 名优秀学会工作者。

2. 2021 年中国水电发展论坛暨水电科技奖颁奖典礼在北京举行

4 月 28 日，由水电学会与国家能源投资集团有限责任公司联合主办的 2021 年中国水电发展论坛暨水力发电科学技术奖颁奖典礼在北京举行。中国工程院院士陈厚群、顾国彪、王浩、张建民，以及来自全国水利水电行业 80 多家单位 240 余名新老水利水电工作者代表出席会议。

水电学会理事长张野、国家能源集团副总经理冯树臣分别代表主办单位致辞。大会安排了 4 个精彩主题报告：国家发展改革委能源研究所原所长周大地研究员《“碳达峰、碳中和”要加快低碳转型》，国家电网调度控制中心原副总工大裴哲义《清洁能源发展与挑战》，国能大渡河公司董事长涂扬举《大渡河流域智慧化运行与管理》，中电建生环集团副总经理陶明《水环境治理技术与管理创新实践—以茅洲河流域水环境治理为案例》。会上还发布和播放了“2020 年水电十大新闻事件”宣传片。

大会为 2020 年评定的水力发电科学技术奖、潘家铮奖、水电英才奖、《水力发电学报》优秀论文奖进行隆重颁奖。

论坛最后举行了“中国水电会旗”交接仪式，象征着水电事业承前启后、继往开来、逐梦前行，广大水电工作者凝心聚力，为着共同的事业砥砺新作为，再谱新篇章。

3. 2021 清洁能源协同开发与生态环保技术转移转化能力提升高级研修班举办

11 月 2～5 日，人力资源和社会保障部专业技术人才知识更新工程——“2021 清洁能源协同开发与生态环保技术转移转化能力提升高级研修班”采用线上线下结合的方式举办。本次研修活动由中国科协科学技术创新部主办，水电学会承办，华北电力大学、北京水力发电工程学会协办。

此次研修活动突出风光水清洁能源互补和生态修复的主题，就风光水能互补开发与能源革命、生态修复、地质灾害等核心议题进行深入研讨，最终形成完善的风光水能互补开发技术体系，推动将水电基地建设成风光水能互补的清洁能源基地，为中国“碳达峰、碳中和”目标的实现探索解决方案并培养清洁能源领域的专业人才。

研修班邀请的授课教师既有国家级智囊机构能源政策研究专家，也有知名高校教授和风光水电力勘察、设计、运营的学者，阵容强大，实力雄厚。研修人员来自全国水电和可再生能源设计院、电力企业、水电流域开发公司、设备制造及施工建设企业、科研院所、高等学校等单位从事清洁能源开发利用的技术人员和管理岗位，共 90 余人，涵盖了清洁能源开发利用的所有环节，具有广泛的代表性，是中国实现“碳达峰、碳中和”目标的主要践行者。

中国水力发电工程学会 2019 年以来连续承担了人社部高级研修项目，在此期间完成了“雅砻江流域风光水能互补相关政策研究”及“流域梯级开发对社会经济发展促进作用研究”等相关课题的研究工作，与清华大学、四川大学、中国水利水电科学研究院、各流域公司等知名高校、科研机构、中央能源企业的专家学者建立了良好的合作关系，为办好此次研修班积累了坚实的理论基础和强大的专家团队。

4. 2021 年水电和新能源工业控制系统安全技术交流会在成都举行

7 月 23 日，由中国水力发电工程学会、公安部安全等级保护评估中心共同主办，中国电建集团成都勘测设计研究院有限公司、水电学会工业控制系统安全专业委员会联合承办的 2021 年水电和新能源工业控制系统安全技术交流会在成都举行。本次会议入选中国科协《重要学术会议指南（2021）》，来自公安部、工业和信息化部、国家能源局等有关部门和相关电力企业、设计院所、施工建设单位、科研高校、网络安全公司等的 200 余名领导、专家和代表参加了会议。

水电学会理事长、原国务院南水北调工程建设委员会办公室副主任张野，公安部第三研究所所长黄胜华，学会工控专委会主任委员、中国网络空间安全协会副理事长黄澄清，中国电建集团成都院总经理郝元麟分别代表主办方和承办方致欢迎词。中国互联网协会理事长、原工业和信息化部副部长尚冰作为嘉宾致辞。国家能源局电力可靠性管理和工程质量监督中心副主任胡红升等领导出席会议。学会工控专委会常务副主任委员、中国电建成都院副总经理兼总工程师余挺，学会工控专委会秘书长王劲夫分别主持大会开幕式和学术交流环节。

中国工程院院士沈昌祥、公安部信息安全等级保护评估中心主任助理李明博士、工业和信息化部网络安全产业发展中心处长陈子雄等相关领域的专家学者做了大会专题报告，国内水电和新能源行业企业及安全防控服务供应商围绕新形势新问题新挑战、多年探索实践过程中取得的成效和经验等进行了分享和交流。

会上，“信息安全等级保护关键技术国家工程实验室水电、新能源工业控制系统安全与可靠性保障技术分实验室”举行了揭牌和启动仪式。该分实验室由中国电建成都院、公安部第三研究所、电子科技大学联合成立，积极创建国内一流的水电和新能源行业工业控制系统安全创新技术平台，致力打造具有国内领先水平的水电和新能源行业工业控制系统安全创新中心，努力建成水电和新能源行业工业控制系统安全服务中心。

大会围绕“安全、可靠”的主题，以“推进水电、新能源行业工业控制系统安全，提升电力可靠性保障”为主旨，搭建聚智汇力的学术交流平台，促进行业内部交流与合作，大力推动中国水电、新能源行业工控安全防护水平与电力可靠性保障的持续提升。与会代表分享了成果、交流了思想、增进了共识，大会取得了积极成效。

（雷定演）

【中国电力发展促进会】

单位概况 中国电力发展促进会（简称电促会）由原能源部综合计划司、国家计委投资司、国家能源投资公司计划部、中国华能计划部于1992年12月联合发起组建。1993年5月21日民政部准予注册登记。1994年4月6日召开第一届会员代表大会，正式成立。

主要工作情况

（1）巩固电力规划服务等传统服务项目。促进新一代数字技术与电力行业企业的融合应用，努力践行“跨界、融合、增值、共享”服务理念，以服务会员为核心，深入推进“共建、共治、共享、共赢”第三方平台建设。与国网发策部、南网规划部、电规总院、水规总院联合主办2021电力规划发展论坛（第八届），产生广泛影响。2021年开展对接会员的专项服务20余项，出台制度8项，协会在党的建设、会员服务、业务拓展、基础管理、队伍建设等方面得到进一步加强，协会影响力、凝聚力及可持续发展能力得到进一步提升。

（2）会员队伍与分支机构建设跃上新台阶。注重调查研究，努力提升会员服务水平和服务质量。2021年新成立4家分支机构，分支机构达11家；新发展会员单位168家，会员单位总数达526家，比2020年增加46.93%。

（3）立足新发展阶段，开展战略谋划，拓宽服务范围。积极推进标准化建设工作，出台电促会《团体标准管理办法（试行）》《专业标准化技术委员会工作条例（试行）》。设立科学技术奖，启动2022年数智电力、绿色电力等奖项的评选准备工作。积极开展行业数字化转型过程中共性类、基础性、开源类和规律性问题研究。

（4）加强分支机构组织建设。电促会第四届理事会第五次会议审议通过成立能源物联网分会、智能电气专业委员会、低碳用能与智能电力专业委员会、碳达峰碳中和专业委员会4家分支机构的议案，目前电促会分支机构达11家，进一步增强了服务新一代数字技术在电力行业融合应用的能力。网络安全专业委员会、能源互联网分会举办成立大会及工作会议，国家能源局、工信部、公安部等政府相关部门领导到会祝贺并致辞。人工智能与大数据分会完成分会更名、重组和会长、秘书长单位调整，举行了揭牌仪式和工作会议。

（5）品牌建设成效显著。加大《2020中国电力年鉴》征订工作，全年销售484册，比2020年翻一番；完成年鉴2020、2021年度最佳与优秀撰稿人评选；召开《2021中国电力年鉴》编撰大纲审定会，完成组稿和编撰工作；《2021 中国电力年鉴》企业风采展示征集工作全面推进，入编企业比2020年增加10家，比2020年翻一番；与《中国学术期刊（光盘版）》电子杂志社有限公司（中国知网）签订年鉴电子与网络出版协议，进一步扩大年鉴受众覆盖面。电促会系列论坛品牌影响力进一步增强。2021电力规划发展论坛（第八届）由电促会与国网发策部、南网规划部、电规总院、水规总院联合主办，以“构建新型电力系统 助力‘双碳’目标实现”为主题，院士专家和行业领导领衔的演讲嘉宾分享研究成果，得到业内好评和国内众多知名媒体的广泛报道。开展电力行业大数据优秀应用创新成果（论文）征集活动，和国网大数据中心、国家电投数字科技公司联合主办了2021电力大数据论坛（第六届）。完成电力行业首个“电力企业知识产权运营高峰论坛”。筹备“2021电力区块链技术应用论坛（第二届）”会务工作。推进中国电力网建设运营，创新发展方面，以流量为核心，对网站增加栏目和频道，改版模板、功能，网站流量较2020年同期增长100%以上。微信公众号积极开展原创，行业影响力得到提高，阅读量持续攀升。电力商务网实现改版升级，增加了社区和招聘等功能。活动承办方面，承办“2021电力人工智能与大数据论坛”“电力企业知识产权高峰论坛”“网络安全专业委员会成立大会”。电力英才网积极探索直播等新业务，对外合作迈上新台阶。

【中国电力建设企业协会】

单位概况 中国电力建设企业协会（简称中电建协）是由全国电力建设行业的企事业单位和团体在自愿基础上组成的非营利性、独立承担民事责任的社会团体法人。中电建协自1989年在民政部注册成立以来，历经七届理事会31年。

中电建协下设8个分支机构：火电施工专委会、水电施工分会、风电工程分会、送变电施工专委会、监理咨询专委会、调试专委会、绝热耐火防腐分会、施工机械专委会。

主要工作情况

（1）中电建协被北京市授予“首都劳动模范单位”称号。

（2）首次编写发布《中国电力建设行业年度发展报告2021》。

（3）组织开展了电力建设工程智慧工地管理成果征集与评审活动，共征集成果 137 项，评选出一等成果 14 项、二等成果 28 项、三等成果 41 项。

（4）与有关单位合作，开发建设了电力建设工程火电和送变电两类智慧工地共享平台，随着平台的推广应用，将为电力建设行业的平台开发节省大量资金。

（5）按照国家能源局《电力建设领域信用评价规范》要求，对山东送变电工程有限公司等 257 家电力建设企业信用等级复评工作，其中 31 家火电企业、23 家水电企业、31 家送变电企业、6 家新能源企业、85 家调试企业、81 家监理企业进行了信用信息采集工作。

（6）评选江苏省送变电有限公司等 36 家电力企业获得“2021 年度电力建设诚信典型企业”称号，推荐的国网江苏省电力工程咨询有限公司等 7 家单位获得中国施工企业管理协会“工程建设诚信典型企业”称号；许建明等 27 人获得“2021 年度电力建设诚信企业家”称号，唐学虎等 63 人获得“2021 年度电力建设诚信项目经理”称号，推荐刘德华等 9 人获中国施工企业管理协会“工程建设诚信项目经理”称号。

（7）从 86 项中国电力优质工程中，推荐 28 项电力工程参评并获得国家优质工程奖。其中，国网浙江舟山 500 千伏联网输变电工程等 7 项境内工程及“巴基斯坦中电胡布 2×660MW 燃煤发电项目”1 项境外工程获国家优质工程金奖。推荐枣庄 1000 千伏变电站等 4 项工程获中国建设工程鲁班奖，“越南油汀 500MW 光伏发电工程”获中国建设工程鲁班奖（境外工程）；西安北 750kV 变电站工程等 27 项电力工程获中国安装工程优质奖（中国安装之星）；国家能源集团宿迁 2×660MW 机组工程荣获全国煤电首个中国土木工程詹天佑奖。

（8）成功培育推荐“一种全屏蔽高压隔离型电压互感器”“能自动适应堰体变形的复合土工膜防渗结构及施工方法”2 项专利参评第二十三届中国专利奖。

（9）组织开展了 2021 年度电力建设科学技术进步奖评审工作。强震区特高压变电站电气设备抗震关键技术及工程应用等 324 项成果获 2021 年度电力建设科学技术进步奖（其中一等奖 26 项、二等奖 97 项、三等奖 201 项）。中电建协首次采用专题会议形式对 2019—2020 年电力建设科技进步奖一等奖 37 项获奖成果颁发了奖金和证书。

（10）组织开展了 2021 年电力建设工法评审，网络申报 386 项，329 项通过形式审查。

（11）完成“构建以信用为基础的新型能源监管机制研究”“电力安全生产失信惩戒的实施办法”“能源行业市场主体信用数据清单”“能源行业市场主体信用行为清单”等课题的起草和修订工作。

（12）组织对 152 项电力建设工程项目关键技术成果开展评价工作。通过评价 80 项，其中 5 项为国际领先、11 项为国际先进、34 项为国内领先、30 项为国内先进。

（13）受国家能源局电力安全监管司委托，完成《防止电力建设工程施工安全事故三十项重点要求》（又称“基建反措”）及相应的条文解读编制和《电力建设工程安全生产标准化实施研究报告》的编制，以及《电力建设工程安全生产标准化实施规范》《电力建设施工企业安全生产标准化实施规范》《电力勘测设计企业安全生产标准化实施规范》等规范的修订工作。开展了管理标准《火电建设项目文件收集及档案整理规范》《火电工程达标投产验收规程》《水电水利工程达标投产验收规程》制（修）订工作。

（14）完成标准报批 5 项，申请立项 7 项（制定 6 项、修订 1 项），完成《电力标准化年度发展报告 2021》火电部分编写工作。

（15）充分发挥协会专家智库的作用，派出技术服务咨询专家团队 135 个专家 774 人次，对 97 个项目开展了质量、安全技术咨询工作。

（16）服务“一带一路”，为华电（印尼）玻雅 2×660MW 坑口电站工程等 3 个海外工程项目开展阶段性质量技术服务。

【中国电力技术市场协会】

单位概况 中国电力技术市场协会是由全国电力行业以及为电力行业服务、从事电力技术市场活动的企、事业单位和有关人士组成的全国性、行业性、非营利性的社会组织。1992 在中华人民共和国民政部登记注册。党建领导机关为国务院国有资产监督管理委员会，由中国电力企业联合会党委代管。

10 个分支机构：综合智慧能源专委会、工业互联网与智能化专委会、充电技术与设备专委会、储能设备技术专委会、电力安防专委会、轨道交通电力与牵引供电专委会、创新与知识管理专委会、电力市场技术专委会、运维检修分会、智能全景系统专委会。

主要工作情况

（1）加强党建引领促进协会发展。以联合党支部及党政联席会议为平台，注重加强党建引领，深入学习贯彻中央精神。为落实中央有关精神，根据民政部有关安排及国资委协会党建局《关于进一步做好国资委社会组织在章程中增加党建有关内容的通知》要求，于 9 月组织召开线上和线下结合方式的临时会员代表大会，对《中国电力技术市场协会章程》有关条款进行修订完善，明确章程中党建有关要求。组织参加党史学习教育和系列党建活动，支持联合支部组织的西柏坡红色教育、协会井冈山精神学习等实践活动，将红色精神引入协会激励工作开展。

（2）做好政府委托课题研究工作。做好国家发展改革委体改司委托电力期货研究课题二期项目“电力期货市场运行机制研究”等课题研究。完成国家能源局规划司课题“智慧能源系统应用场景及实施方案研究”，完成国家能源局委托的《关于推进综合（智慧）能源服务发展的指导意见》的起草等工作。4 月受国家发展改革委邀请，委派有关负责人参加了国家发展改革委副主任连维良主持召开的听取支持民营企业发展储能产业意见建议的专项会议，安排储能设备技术专委会和电力市场研究中心收集组织汇报建议，并特别组织民营企业汇集建议。会后根据国家发展改革委有关部署，协助国家发展改革委有关司局开展储能产业政策有关文件起草研究工作。

（3）深化技术协作体系建设与专业技术培训。中国电力技术市场协会及专业分支机构通过举办热工、化学、电气、燃料、电力安防、风电运维、智慧能源等电力专业技术交流研讨活动，促进会员单位和电力企业间的技术交流协作。

在电力技术监督专业协作体系建设领域，通过近几年不断的实践探索，电力技术监督工作长效沟通与协调机制初现成效，增进了电力企业技术监督专业领域的深入研讨和技术交流，分享了技术监督创新成果，促进了电力企业技术监督管理水平的不断提高。

根据电力企业技术监督联席会议机制各电力集团达成的共识，组织了首期电力行业技术监督管理工程师培训班，来自电力行业的技术监督专业管理人员近 200 人参加了此次培训。承担锅监工程师专业培训工作，为 400 余名专业人员开展了培训、取证工作。电力安全阀/调节阀检修校验调试技术培训班为会员单位培训了百名专业技术人员。与上海交通大学智慧能源学院合作开展了碳交易、智慧能源培训班，为会员单位提供集中培训与定制培训服务。

（4）开展技术标准研究与转化。加强推动技术标准研究工作，组织完成了协会承担的电力行业标准《发电企业安全生产标准化实施指南》报批稿和中电联标准《中压配网单相接地故障消弧选线装置技术要求》报批稿以及中电技协标准《发电厂智能化水平评价规范》《综合智慧能源项目评价规范》《变电站细水雾涡扇炮灭火系统火技术规范》《湿法脱硫及 SCR 脱硝系统控制技术导则》等编制与发布，开展了中国电力技术市场协会标准《电力企业知识管理技术导则》等标准宣贯。加强能源电力科技创新与技术转移标准体系研究，注重配合国标、行标等的协同促进、实施应用和有效补充，促进电力科技成果转化与技术转移。

（5）开展技术成果培育与技术市场体系建设。为贯彻落实十九届五中全会精神，响应国家技术转移体系建设和技术市场发展指引，促进电力行业技术要素市场建设，中国电力技术市场协会加大技术市场研究，逐步开展电力技术市场体系建设，培育电力技术经理人队伍，提升电力企业科技创新与成果转化能力，推进电力技术市场发展。2021 年，经培训考试合格，为电力企业 50 名学员颁发了中国电力技术市场协会首批电力行业技术经理人培训证书。

通过设立电力科技成果转化“金苹果”奖，开展创新成果培育、孵化、转化、推广工作。组织了首批成果项目的培育工作并举办了“2021 电力行业科技成果转移转化大会”，发布优秀成果转化推荐目录，宣传电力科技创新、成果转化、技术转移理念，推介技术创新、成果转化、技术转移成果，推动能源电力科技创新、成果转化及新技术推广应用工作。

（6）加强协会基础建设工作。组织召开了协会四届五次理事会，审议通过了中国电力技术市场协会上一年度财务审计报告及《中国电力技术市场协会“十四五”发展规划（纲要）》《关于设立中国电力技术市场协会电力技术监督专业委员会等分支机构》《在章程中增加党建有关内容，完善有关条款》等议案，通过了《关于召开临时会员代表大会的提案》。组织召开了四届理事会临时会员代表大会并审议通过了有关议案。日常工作中通过强化实施协会办公会议制度，在实践中不断完善制度建设。在财务管理方面，财务系统开始采用委托专业财务公司会计代理记账后，不断磨合并完善财务流程，特别是加强分支机构审批报销流程的监督。按照上级有关要求，组织财务自查自纠工作，不断完善协会财务管理制度。

（7）各专业组织开展丰富多样的技术活动。各专业分会在做好协会日常工作基础上，结合本专业特点和会员需求，开展多样化的技术活动。综合智慧能源专委会在未来之城——雄安举办了“2021 综合智慧能源大会并发布《综合智慧能源优秀项目案例集》；储能设备与技术专委会组织调研征求储能企业特别是民营企业对有关政策的意见建议；工业互联网与智能化专委会配合国家产业政策务实助力信创工作开展；电力安防专委会举办电力场站无人机主动防御技术公开选拔赛，组织编制《变电站细水雾涡扇炮灭火系统技术规范》标准，推动电力安防与消防技术进步；创新与知识管理专委会通过组织知识管理与创新方法培训及创新与知识管理高峰论坛等方式，宣传推动知识管理助力电力技术创新；轨道交通电力及牵引供电专委会组织专家走访会员单位，开展专项技术调研，并采用线上线下结合方式举办轨道交通供电系统数智化发展技术交流会；电力运维检修分会通过网络采用线上方式举办电力运维检修系列技术培训，为火电和新能源发电企业开展了上千人次的专业技术培训，组织开展无故障风电场推动工作，助力新型电力系统建设。

【中国水利电力质量管理协会】

单位概况 中国水利电力质量管理协会是水利与电力跨行业的协会，致力于水利电力行业质量管理提升，成立于1983年6月。现党建工作领导机关为国务院国有资产管理委员会，由中电联代管，协会业务接受国家市场监管总局、国资委和国家能源局等政府部门的指导。从1983年至今，中国水利电力质量管理协会已历经六届理事会。第六届理事会目前有理事单位146家，常务理事单位11家，副会长单位13家。

主要工作情况

（1）受国家市场监督管理总局委托，承担第四届中国质量奖评比表彰的受理推荐工作。推荐的中国三峡建工（集团）有限公司白鹤滩工程建设部“精品工程＋智能建造”双擎驱动白鹤滩质量管理模式荣获第四届中国质量奖提名奖。同时按照国家市场监督管理总局要求，对电力设备与输电线路铁塔产品质量安全舆情进行监控与形势分析。受国家能源局安监司委托，组织开展了电力行业班组安全建设专项监督现场核查清单编写与修订工作，提交国家能源局安全司。

（2）推动QC成果等活动交流展示工作。6月为近80家单位提供交流机会，本着公平公正公开的原则，组织开展了2021年电力行业质量管理小组成果线上遴选活动。7月在福建省厦门市举办了第一批电力行业优秀质量管理小组成果交流活动发表会。受疫情影响，9月在线上举办了第二批电力行业优秀质量管理小组成果交流活动发表会和水利行业优秀质量管理小组成果交流活动发表会。10月在安徽省合肥市组织了电力行业质量信得过班组发表会；11月采用线上方式举办质量创新发布会，取得良好效果。

（3）开展卓越绩效评价工作。继续开展电力企业卓越绩效标杆评价，经电力行业专家委员会审核确认，共有12家企业通过评审获得电力行业卓越绩效标杆2A级以上企业。

（4）组织实施电力企业咨询服务，针对会员单位开展咨询服务工作。3月为国电长源荆门发电有限公司开展企业内部QC培训咨询，6月为山东电力咨询院、中广核新能源开展企业内部QC培训咨询。组织专家对中能建安徽电建一公司、山东电力咨询院、国网北京电力经济技术研究院和国网北京城区供电公司等四家企业完成卓越绩效标杆咨询服务。

（5）开展质量管理活动培训工作。4月在江苏苏州、5月在湖南长沙组织开展两场QC培训，共计695人参与，其中582人通过笔试考核，取得中国水利电力质量管理协会颁发的培训合格证书，95人通过笔试及面试答辩，取得评价专家培训合格证书，并进入专家库。

（6）加强全面质量管理，推广应用先进质量管理方法，启动了标准化建设工作。中国电力企业联合会公告2021年2号文审查批准了3项中电联标准，分别是《电力质量管理小组活动评价准则》（T/CEC 500—2021）、《电力质量信得过班组评价准则》（T/CEC 501—2021）、《电力质量创新成果评价准则》（T/CEC 502—2021）。2021年申请的2项行业标准获批立项，根据《中电联转发国家能源局2021年能源领域行业标准制修订计划及外文版翻译计划的通知》（中电联标准〔2021〕233号），分别是《电力企业卓越绩效标杆 评价与改进》（能源〔2021〕363）、《电力企业现场管理对标工作 评价与改进》（能源〔2021〕364）。

（7）组织专家开展《电力质量管理小组活动人员培训考核规程》《电力现场管理人员培训考核规程》《电力质量信得过班组人员培训考核规程》和《电力卓越绩效标杆人员培训考核规程》四项考核规程的编制工作，并列入中电联制修订计划的有关电力质量活动评价标准。按照标准管理办法，4月20日印发了水利电力质20号文《关于征集〈电力现场管理人员培训考核规程〉等四项中电联标准参编单位的通知》，并向各单位发送了征询意见函。10月17～20日在湖北省武汉市组织参编单位，召开四项培训考核标准研讨会。

（8）5月以通信方式召开了六届理事会第四次理事会，相继修订完善《理事履职管理办法》《会员管理办法》《分支机构管理办法》和《会费缴纳及管理办法》等文件，明确了理事的职权与义务、会员条件、入会程序、会员职责、退会流程和会员服务内容以及分支机构总体要求和设立、变更与撤销程序及条件，以及运行和业务管理内容与要求。会议表决通过了拟退会会员单位名单，履行了34家连续两年未缴纳会费单位的退会程序。自2021年起，编辑发行《会员通信》内部月刊，内容分为行业信息、协会动态、成果分享等，为会员搭建交流平台，共同推进行业质量提升和环境改善。树立水利与电力行业质量管理标杆，搭建会员企业国内外交流平台。

（9）组织召开临时会员代表大会。11月19日上午采用线上线下相结合的模式召开2021年临时会员代表大会。会议审议通过了《中国水利电力质量管理协会章程（修改草案）》和《中国水利电力质量管理协会会费缴纳及管理办法（修改草案）》等议案，选举调整了有关副会长及秘书长，通过了法人变更事项。

（10）2月3日印发了水利质〔2021〕2号文《关于完善水利质量管理专家库的通知》、水利电力质

〔2021〕3 号文《关于完善电力质量管理专家库的通知》，向水利、电力各集团公司等会员单位及相关单位，按协会开展的质量管理活动分类征询专家。

【中国电力体育协会】

单位概况 中国电力体育协会（简称电力体协）是全国电力行业广大职工开展体育活动的群众性组织，会员单位由全国电力行业电网企业、发电企业及相关电力单位自愿参加组成，系非营利社团组织。

电力体协成立于 1955 年，随着历史变迁，电力体协名称几经更改，前身曾先后为中国电业体育协会、中国动力体育协会、中国水利电力体育协会、中国电力体育协会、中国电力企业联合会文艺体育分会。2017 年 4 月，电力体协召开第六届会员代表大会，选举产生新一届理事会，秘书处挂靠在中国电力企业联合会会员及企业文化建设部。

主要工作情况

（1）2 月 2 日，行业协会商会与行政机关脱钩联合工作组办公室印发《关于电力体育协会脱钩实施方案的批复》（联组办〔2021〕3 号），明确了电力体协的脱钩方案符合国家发展改革委、民政部等 10 部委印发的《关于全面推开行业协会商会与行政机关脱钩改革的实施意见》（发改体改〔2019〕1063 号），要求电力体协做好脱钩实施工作。4 月 21 日，电力体协在民政部完成了社团法人登记证书的变更。11 月 13 日，国家体育总局根据《财政部关于批复电力体育协会资产使用方案的函》（财教函〔2021〕80 号），同意电力体协提出的资产使用方案，标志着电力体协全面完成了脱钩工作。

（2）4 月启动中国电力体育志书的编写工作，截至 11 月，编辑完成了 15 万余字、近百张照片、覆盖电力体育事业 65 年发展历程的中国电力体育志书，体现了中国电力体育在党和国家以及各级领导的高度重视和亲切关怀下，电力各级体育组织的萌发和建立，以及活动的策划和推广，展现了电力人热爱生活、热爱体育、奋发向上、不懈追求的精神风貌，真实再现了电力人特别能吃苦、特别能战斗的无私奉献和赤诚情怀，是电力工业发展历程中践行“人民电业为人民”的真实写照。

（3）为加强电力体育文化的传播，4～5 月，以电力体协成立 65 周年纪念画册赠阅、交流工作为抓手，与中国火车头体育协会、中国金融体育协会、中国林业体育协会、中国煤矿体育协会等行业协会之间开展走访和座谈，进一步增进友谊，取长补短，扩大影响力。

（4）5 月 19～21 日，全国电力行业职工桥牌锦标赛在湖北宜昌举行。本次锦标赛由电力体协主办，中国三峡集团承办，湖北清江水电开发有限责任公司协办。来自全国电力行业的 25 支代表队、超过 160 名运动员参加了比赛。本次赛事开启了电力体协庆祝中国共产党成立 100 周年系列活动序幕。电力体协会长魏昭峰出席开幕式并讲话。经过 3 天激烈角逐，南方电网公司代表队最终喜摘桂冠，国网山西省电力桥协代表队、中国长江三峡集团有限公司代表队分别获得第二名、第三名。

（5）为进一步落实全民健身国家战略，传播健身理念和健康生活方式，丰富职工健康活动，搭建和完善电力行业职工体育平台建设，6 月，按照国家体育总局要求，在电力行业企业中开展群众体育先进单位评选工作；12 月，电力体协推荐报送的中国电力科学研究院有限公司、中国南方电网有限责任公司、中国华能集团有限公司、大唐陕西发电有限公司、中国华电集团有限公司山东公司、国家电力投资集团有限公司、中国长江电力股份有限公司、中电建建筑集团有限公司荣获 2017—2020 年度全国群众体育先进单位称号。

（6）6～12 月，电力体协认真践行党史学习教育活动，围绕电力体育史上具有影响力的事件及重大成果，完成 45 期“电力体育史上的今天”信息编写，全面回顾了中国共产党领导下的电力体育发展历程，展现了电力行业广大职工从党的百年非凡历史中汲取奋进力量，增强电力行业凝聚力、促进行业全面健康发展做出的重要贡献。

【中国电力教育协会】

单位概况 1994 年 9 月由全国电力企业教育协会和能源部电力高等教育学会合并改组成立后，历经 26 年，中国电力教育协会（简称中电教协）已经发展到会员单位 270 多家、理事单位 90 个。

主要工作情况

（1）突出支部党建责任，强化党风廉政建设。贯彻落实党的各项方针政策，深入学习习近平总书记系列重要讲话，推进政治建设、思想建设、组织建设、团队建设，为电力教育培训业务工作保驾护航、做好服务。一是加强支部组织建设，发挥组织保障作用。中电教协与中国电力思政会、电力文协体协成立了联合党支部，副会长兼秘书长白俊文任党支部书记，开展了支部书记讲党课及系列学习活动；联合支部按照中电联纪委关于开展以“学党史　树正气　转作风”为主题的廉洁警示教育活动要求，组织召开全体支部党员大会，要求党员认真学习党的纪律建设简史，以及十九届中央纪委五次全会精神，增强“四个意识”，坚定“四个自信”，做到“两个维护”，为扎实推进清廉协会建设贡献力量，不断推动全面从严治党向纵深发展。二是严格执行“三会一课”制度，多种方式组织党员干部学习。支部召开支部党员会 5 次，书记讲党课 2 次。围绕《党的纪律建设简史》组织了专题学习研讨，认真开展党的纪律建设简史专题学习；利用影视、多媒体及举办党建活动等多种手段和机会，观看有关警示教育专题片，从中吸取教训、律己正身，筑牢拒腐防变的思想道德防线；副会长兼秘书长参加了教育部举办的为期一周的贯彻落实全国职教大会精神学习培训班；参加了中电联举办的领导干部党史学习教育集中轮训班，认真撰写学习心得并做交流发言。三是开展形式多样的党建活动，不断增强党建工作凝聚力、感染力。根据联合支部的人员特点，分组、分头参观了不同的警示教育基地，通过去西山国家森林公园烈士纪念碑、陶然亭教育基地，聆听讲解，浏览图文，观看视频等方式，让廉洁警示教育参观活动入脑入心，切实增强党员干部廉洁自律意识；四是推进学习型组织建设，自觉用党的理论创新成果武装自己，加强党性修养。支部全体党员全部参加了“学百年党史　明党规党纪”线上知识答题测试活动，学习党的基本理论，熟知党规党纪。

（2）克服疫情影响，合规履行换届程序。坚决执行民政部、国资委、中电联党委关于换届的严格规定和最新要求，积极筹备中电教协换届工作，召开换届大会。1 月 29 日，按照《中国电力教育协会章程》的有关规定，召开了中电教协本部会长办公会议。明确了下一步推进协会持续健康发展的工作目标和任务。成立了第四届理事会换届工作领导小组。成员由会长、副会长单位及理事会常设机构代表、常务理事代表、理事代表、监事代表、党组织代表、会员代表组成。研究确定了第四次会员代表大会筹备工作方案，推荐产生了第四届理事会理事、常务理事、负责人候选名单。5 月 21 日在北京召开了第三届理事会第六次会议，会议通报了协会第四届理事会换届筹备情况；审议了协会章程修改议案；通报了电力行业技能人才培育突出贡献奖评选表彰管理办法修订情况；审议了协会会费收缴及使用办法；审议了协会分支机构管理办法；审议通过了协会第四届理事会负责人名单、常务理事名单及理事名单。根据《中国电力教育协会分支机构管理办法》的相关规定，中电教协加强对各分支机构的规范管理和考核工作，保障其规范、健康发展。根据中电联、国资委、民政部批复意见，于 12 月底召开换届大会，选举产生第四届理事会。

（3）全力开展重点工作，品牌活动亮点纷呈。一是组织行业内 15 家大型集团公司进行“2021 年电力行业技能人才培养突出贡献奖”先进集体和先进个人推荐申报工作，并策划现场交流活动。组织了“高校能源动力类专业课程教学方法创新短视频”征集活动，有近 80 所院校积极参与该项活动。二是做好“十四五”国家规划教材申报工作，提升电力行业人才培养教材质量，为电力行业从业人员教育培训提供优质教材，从 2021 年 11 月～2022 年 3 月开展申报教材申报、筛选活动，主要覆盖电力、能动、土建等专业。参加了教育部首届全国教材建设奖的网评和会评工作，为电力行业职业院校申报的教材进行申诉，取得了良好效果。参加了中国技术职业教育学会第六批有关标准审定。三是贯彻落实全国教育大会精神，深化产教融合，强化高校教师对现代电力生产实践的感知，进一步提升教学质量，召开了电力行业仿真培训管理信息系统评审验收会。该系统已经在中国电力教育协会网站和中电联电力行业人才发展服务平台上线运行。7 月 18～23 日在国网技术学院（济南校区）举办 2021 年高校教师电力工程实践培训班。培训班共安排 5 个教学日，采用“公共课＋选修课＋校内实训设施参观＋生产现场参观”的组织方式进行。建设电气、能源动力类一流学科、一流课程，不断提高高等院校专业课程的教学质量，7～8 月分别举办全国高校电气、能动类专业课程教学研修班。研修班以高等院校一线教师的实际需求为出发点，围绕“双碳”能源政策、工程创新人才培养、新工科发展下的课程改革、怎样构建“金课”以及课程思政与工程教育理念的融合等热点话题，安排能源政策与新工科建设、课程思政与创新创业教育、教师能力提升与创新、行业新技术与产教研深度融合四个专题与各高校一线教师进行经验交流。四是为加强仿真培训业务工作，召开了专委会工作会议，中电教协电力仿真培训委员会将开展电力行业仿真培训专家考核与遴选工作及电力行业仿真培训基地申报和复查工作；开展仿真培训指导教师教学能力提升专项培训工作及仿真培训高级指导教师培训考试认证及复证工作；开展电力行业仿真培训标准宣贯工作等。五是进一步强化职业技能培训对电力行业高质量发展，中电教协职业技能培训委员会将全力开展相关电力职业技能培训和人才培养工作。配合做好第三届全国电力行业青年培训师教学技能竞赛相关工作；依据《电力行业企业培训师能力标准与评价规范》，完善电力行业企业培训师评价办法，试点开展评价工作；开展电力培训技术专题交流研讨和电力企业人才培养课题研究工作等。11 月完成向全国职业院校技能大赛执行委员会推荐 2022 年全国职业院校技能大赛赛项（垃圾焚烧发电运行与维护技能、智能供配电技术、电气节能系统集成与运维）。加强对电力行指委各专业委员会竞赛事项的管理，严格赛事组织及评奖比例，提高办赛质量。

（4）加强协会日常管理，建立健全规章制度。一是完成了中电教协网站栏目改版和完善工作，充分发挥其宣传窗口和展览展示平台作用。积极参与历史遗留问题解决，配合注销“电力高校科技开发联合公司”（该公司是能源部期间由 12 家部属院校为股东组建的，当时中电教协校办产业及多种经营委员会参与其中）。参加 11 月 17 日中国职业技术教育学会高端装备制造专业委员会成立大会暨产教融合人才培养主题论坛会议，白俊文副会长兼秘书长做了“双碳”背景下电力人才培养，助力高端装备制造的主题报告，获得鲁昕会长及教育部职成司高度认可。二是建立健全规章制度，保障协会健康发展。秘书处继续修订完善了《中国电力教育协会分支机构管理办法》等规章制度，并组织各分支机构进行了传达学习；加大完成理事单位和理事变更登记工作，换届做好准备工作。三是开展会员注册登记、云投票小程序的开发应用、进一步提高了现代化手段的效率，保障了进行线上方式换届的合法性。

【中国国际贸易促进委员会电力行业委员会】

单位概况 于 2006 年经中国国际贸易促进委员会批准，在中国电力企业联合会设立的贸促分支机构，是全国贸促系统的重要组成部分，是全国贸促系统中唯一一家全国性电力行业对外经济贸易投资促进组织，由电力行业有代表性的人士、企事业单位和团体组成。

主要工作情况

（1）开展专业研究，提升服务行业企业能力。针对行业热点，结合工作实际，中国国际贸易促进委员会电力行业委员会积极开展碳达峰、碳中和专题研究，于 4 月组织编制了《面向碳达峰、碳中和目标的电力关键技术汇编》，积极服务电力企业和业内碳减排工作从业人员全面了解电力行业碳达峰和碳中和技术，为电力企业选用先进适用的新型技术、提升碳减排水平提供了有益参考。

（2）交流行业经验、促进国际合作。9 月 11 日，由中国电力企业联合会、中国电力国际产能合作企业联盟与中国国际贸易促进委员会电力行业委员会共同主办的 2021 年电力行业国际合作会议、电力产能合作联盟会员大会暨电力贸促会委员大会在广西南宁召开。国家发展改革委等相关政府部门，中国电力企业联合会会员企业、中国电力国际产能合作企业联盟会员单位、中国国际贸易促进委员会电力行业委员会委员单位等国际合作相关业务负责人、专家和代表共 150 余人出席会议。会议回顾了 2020 年至今中国电力行业国际合作情况，交流了新冠肺炎疫情对电力企业国际业务的影响及对策，讨论了未来国际合作重点工作。

（3）开发数据库系统，提升展会业务数字化水平。为了提高展商数据管理和使用效率，提升展会业务数字化水平，中国国际贸易促进委员会电力行业委员会开发了展商数据库系统。一期开发重点解决对万条以上数据库同时实现多个 PC 端交互同步录入、数据关键字检索等数据积累和应用工作中遇到的痛点难点问题，为后续服务展会招商招展、邀请专业观众等工作打下了坚实基础。

（4）优化宣传渠道，着力打造移动端信息服务平台。针对目前移动端宣传推广作用不断加强的新趋势，中国国际贸易促进委员会电力行业委员会着力打造微信公众号等移动端宣传平台，在信息推广、品牌打造和展会宣传方面加强了移动端平台和网络宣传的工作力度，各场活动宣传曝光次数累计近 600 万次。电力贸促会获 2021 全国贸促系统宣传工作先进单位称号。

（5）整合行业资源，做大做强品牌会展活动。

1）2021 中国国际清洁能源博览会暨综合能源服务产业博览会。4 月 20 日，由中国电力企业联合会、中国机电产品进出口商会、中国光伏行业协会、中国综合能源服务产业创新发展联盟、中国氢能源及燃料电池产业创新战略联盟和中国智慧能源产业联盟共同主办，中国国际贸易促进委员会电力行业委员会承办的 2021 中国国际清洁能源博览会暨综合能源服务产业博览会在北京举办。本届博览会主题是“发展清洁能源，助力实现碳中和”，吸引了国家电网有限公司、中国华电集团有限公司、国家能源投资集团有限责任公司、国家电力投资集团有限公司、中国长江三峡集团有限公司、中国广核集团有限公司、中国电力建设集团有限公司、中国能源建设集团有限公司、中国船舶集团有限公司、中国节能环保集团有限公司、水发集团有限公司等众多能源央（国）企参展，展示了综合智慧能源及向清洁电力转型的成果与规划。本届展会面积达 2 万 m^2，约 120 家电力装备企业参展，专业观众超过 1.5 万名。博览会同期还举办了 2021 中国国际清洁能源博览会开幕式、中国综合智慧能源高峰论坛、清洁能源发展“十四五”座谈会、“十四五”氢能产业发展论坛、碳达峰碳中和目标下中国电力企业机遇与挑战研讨会、光伏海外市场开发合作座谈会、碳中和引领光伏行业发展论坛、“十四五”储能产业发展论坛等相关会议以及海外市场对接、新产品发布活动共计十余场，共有 200 余位发言嘉宾，近 3000 名参会代表出席。

2）2021 中国—东盟电力合作与发展论坛暨第十八届中国—东盟博览会电力工业展。9 月 10 日，由广西壮族自治区人民政府和中国电力企业联合会共同主办，中国国际贸易促进委员会电力行业委员会承办的 2021 中国—东盟电力合作与发展论坛暨第十八届中国—东盟博览会电力工业展在南宁召开。国家能源局局长章建华、广西壮族自治区人民政府副主席李彬和中国电力企业联合会党委书记、常务副理事长杨昆出席论坛并致辞。来自有关政府部门、国内外电力及相关行业企业的代表近 300 人与会交流。同期举办的第十八届中国—东盟博览会电力工业展展示面积超过 7000m^2，中国南方电网有限责任公司、中国华能集团有限公司、国家电力投资集团有限公司和中国核工业集团有限公司等多家大型能源企业参展，集中展示了中国电力工业的最新发展成就。

3）“后疫情时期中国与东盟国家电力能源互联互通建设前景展望”交流会。9 月 24 日，由中国国际贸易促进委员会贸易促进部主办，中国电力企业联合会国际合作部和中国国际贸易促进委员会电力行业委员会承办的“后疫情时期中国与东盟国家电力能源互联互通建设前景展望”交流会在线上举办。本次会议邀请了来自中国和东盟地区“一带一路”国家商协会、政府经贸部门、研究机构及重点企业的代表约 50 人参会，就中国东盟贸易投资合作机遇进行广泛深入交流，并通过专题分享、对接洽谈等形式，搭建中国与东盟地区国家工商界的对接交流平台，为进一步深化中国与东盟的经贸合作，促进中外工商界互联互通，助力“一带一路”建设高质量发展做出贡献。本次会议是中国贸促会组织的“‘一带一路’国家工商会经贸合作线上交流会”（东盟专场）的一部分。

4）2021 中国新能源发展论坛。11 月 15 日，由中国电力企业联合会和盐城市人民政府共同主办，中国国际贸易促进委员会电力行业委员会承办的 2021 中国新能源发展论坛在江苏盐城召开。本次论坛以“双碳赋能，智领未来”为主题，聚焦“双碳”目标下新能源发展任务，围绕加快能源转型升级、推动新能源产业合作、展示新能源创新示范城市样板等议题，畅谈构建新型电力系统的机遇与挑战、实现路径、技术方案和政策建议。中国电力企业联合会党委副书记、专职副理事长夏忠，中国中车集团有限公司总经理楼齐良，中共盐城市委副书记、市人民政府代市长周斌出席论坛并致辞。世界能源理事会总干事兼首席执行官安吉拉·威尔金森（Angela Wilkinson），中国能源研究会特约副理事长陈进行通过视频方式致辞。论坛为期一天，以线上线下结合方式举办，来自政府主管部门、行业组织、能源电力企业、科研院所和设备制造厂商等单位的领导和专家近 300 人莅临现场，近 90 万人次线上观看了会议直播。

【中国电力思想政治研究会】

单位概况 中国电力思想政治工作研究会（简称电力政研会）成立于 1986 年 5 月，是由电力行业企事业单位、社会团体等自愿组成的、从事思想政治工作和行业与企业文化研究的全国性、学术性、非营利性社会组织，具有社会团体法人资格。至今已历经七届理事会。

电力政研会前身为中国水利电力职工思想政治研究会，成立于 1986 年 5 月。1988 年完成更名并挂靠中国电力企业联合会。2010 年 8 月，应电力行业各大集团公司强烈要求，经请示中宣部、国资委、民政部、电监会和中国政研会同意后，中电联第五届理事会第二次理事长会议决定重建电力政研会。2011 年 7 月 28 日，电力政研会第六次会员代表大会上审议通过了修改后的章程及相关制度文件，选举产生了第六届理事会理事。同年 8 月，中国政研会发文，同意恢复电力政研会为中国政研会的团体会员；2013 年 2 月，更名为中国电力思想政治工作研究会；2014 年 4 月由民政部批准正式恢复成立。

主要工作情况

（1）深入贯彻习近平新时代中国特色社会主义思想，从百年党史中汲取磅礴力量。一是坚持落实“第一议题”制度，深入学习习近平总书记在党史学习教育动员大会、建党百年庆祝大会、十九届六中全会上的重要讲话精神，以及习近平总书记关于能源电力的重要论述，突出思想政治引领，不断提高政治判断力、政治领悟力和政治执行力，力争把学习成效转化为践行“两个维护”的行动自觉，转变为推动思政工作持续发展的强大动力。二是坚持把党史学习教育贯穿全年工作始末，广泛掀起学习热潮、精心谋划系列活动、扎实推进“四史”教育。组织全体党员干部参加党史学习教育集中轮训、国资委专题网络学习等，支部书记讲专题党课，积极组织干部职工参观红色资源，参与主题征文、竞赛答题等多样活动，确保了党史学习教育走深走实、入脑入心。三是扎实推进党风廉政建设，落实经常性纪律教育和警示教育要求，认真开展“学党史　树正气　转作风”专题活动，组织党员干部集中学习纪律建设简史、观看警示教育片、参观警示教育基地等，参加线上知识答题测试活动，筑牢廉洁思想防线，引导党员干部知敬畏、存戒惧、守底线。四是召开电力政研会副会长单位工作座谈会，贯彻落实习近平总书记关于宣传思想工作重要论述和全国宣传部长会议精神，谋划 2021 年电力政研会工作安排，总结交流各会员单位思想政治工作研究工作，推动电力行业思政工作向纵深发展。

（2）发挥协会平台作用，品牌活动亮点纷呈。一是与中电联、电力文体协联合举办以“红心向党百年路　绿色发展新时代”为主题的中国电力主题日活动，制作中国有电 139 周年宣传片，精彩呈现了电力行业企业风雨兼程、砥砺奋进取得的辉煌成就。协助电力文协先后举办庆祝党的百年华诞优秀摄影作品展、集邮展、书法展、美术展等，组织策划征文活动，集中反映电力服务于国家富强、民族复兴、人民幸福中发挥的“大国重器”和“顶梁柱”作用。二是深入贯彻落实《关于新时代加强和改进思想政治工作的意见》精神，成功举办党史教育专题培训会暨年度优秀课题成果交流会，组织开展主题学习、双碳目标讲座、优秀成果交流、红色纪念馆参观等系列活动，多措并举，推动新时代思政工作创新发展，来自会员单位专兼职党务工作者、党建思想政治研究工作骨干等累计 110 余人参会。三是会同中电联科技开发服务中心举办 2021 电力企业“数字党建”专题培训研讨班，贯彻落实“数字经济”“两化融合”及“数字化转型”等新发展理念，探讨以数字技术赋能党建工作，交流典型经验及应用案例，积极推进大数据、人工智能、虚拟现实等新一代信息技术与新时期党建工作深度融合，促进党建工作更高质量更有效率。

（3）抓重点、出亮点，评优工作屡创佳绩。一是经中电联推荐，民政部审核、意见征求、社会公示等程序，12 月 31 日，民政部印发《关于表彰全国先进社会组织的决定》，表彰全国 281 家先进社会团体、社会服务机构和基金会。中电联和电力政研会双双获奖，是国资委系统直管协会、代管协会同时获奖的唯一情况。二是组织 2020 年度优秀研究成果征集评审工作，共计选出电力企业思想政治工作领域优秀研究成果 100 篇，其中，5 篇研究成果推荐至中国政研会，分获一类、二类、三类优秀成果奖各一篇。编印《开启新征程　续写新篇章——中国电力政研会 2020 年度思想政治工作优秀研究成果集》，进一步加大研究成果的宣传推广展示力度。三是根据中国政研会《关于开展 2019—2020 年度全国政研会工作优秀单位、优秀个人评选工作的通知》要求，电力政研会推荐的优秀单位国家电网有限公司，被中国政研会评为“2019—2020 年度全国政研会工作优秀单位”，推荐的电力政研会会长王志轩被中国政研会评为“2019—2020 年度全国政研会工作优秀个人”。

（4）发挥行业智库作用，推进行业高质量发展。一是突出电力政研会“学术研究”基本功能，聚焦电力行业改革发展的新情况、新问题、新挑战，深入开展调查研究，探索发挥思想政治工作的新路径、新对策，研究推进社会主义核心价值体系建设的新举措和新机制，推出了一批有深度、有分量、有价值的研究成果。二是深入贯彻落实《关于实现巩固拓展脱贫攻坚成果同乡村振兴有效衔接的意见》精神，重点围绕电力行业在乡村振兴中的重要作用开展相关研究，结合屋顶光伏、生物质能等新技术、新应用场景，巩固能源扶贫成果，助力乡村振兴，加快推进农村能源转型调整，有效实现农村产业结构升级，推动构建以新能源为主体的新型电力系统。

（5）落实“三化四优”发展重点，持续加强自身建设。一是对标“5A”级协会评估标准，不断加强秘书处能力建设，确保秘书处有担当、有落实、有能力、有效率。统筹行业新闻宣传资源，综合利用新媒体运营模式，加强行业新闻宣传工作，主动适应媒体发展趋势，持续丰富输出内容，搭建立体化、多层次会员服务网络。二是根据国资委党建局有关要求，持续强化电力政研会学术研究、电力行业党建智库的功能定位，鼓励会员单位在电力政研会智库建设中发挥重要作用，进一步邀请会员单位推荐专家，制定电力政研会专家委员会管理办法，做好电力政研会专家委员会管理工作。

三是健全沟通协调工作机制，对外加强与国资委党建局、中国政研会、中电联等单位的联系沟通，对内分级、分区域召开会员单位座谈，内外兼顾加强电力政研会顶层设计，更好发挥行业协会桥梁纽带作用。

【中国电力文学艺术协会】

单位概况　中国电力文学艺术协会（简称电力文协）是全国电力行业广大职工和电力企事业单位自愿结成的开展文学艺术活动的行业性、全国性、非营利社团组织。

电力文协成立于 1983 年，前身为中国水利电力文学艺术协会。登记管理机关为中华人民共和国民政部，业务主管单位为中国文学艺术界联合会。2017 年 4 月 21 日，电力文协第二届会员代表大会召开，产生了新一届理事会，秘书处挂靠在中国电力企业联合会会员及企业文化建设部。下设 5 个分会，分别为：中国电力书法家协会、中国电力美术协会、中国电力摄影家协会、中国电力作家协会、中国电力集邮协会。

主要工作情况

（1）4～7 月，以“百年风华·光明颂歌”为主题，策划开展了多项文学采访活动，涌现出一批高质量的报告文学、中短篇小说等作品，评选出一等奖 10 篇、二等奖 20 篇、三等奖 30 篇作品，以文学的形式反映电力行业在服务国家富强、民族复兴、人民幸福中体现出的“大国重器”和“顶梁柱”作用，反映电力基层党组织的战斗堡垒作用和优秀党务工作者、优秀共产党员的模范带头作用。

（2）6 月 8 日，在红船起航之地——浙江省嘉兴市，以“光辉历程、光明使者”为主题，举办庆祝中国共产党成立 100 周年全国电力行业摄影作品展、全国电力行业集邮展。这次展览经过近半年的策划和组织，共收到全国电力行业 1426 人、8102 幅/组摄影作品以及 79 部、198 框集邮作品，经过专家评选，110 幅优秀摄影作品、100 框竞赛性集邮展品参加展出，体现了电力人勇于担当、无私奉献的精神风貌和家国情怀。中电联党委副书记、专职副理事长夏忠出席开幕式并致辞。

（3）6月16日，以“百年奋斗史、电力新征程”为主题，在北京主办了庆祝中国共产党成立100周年系列书法展。本次展览活动共收到800余幅作品，评审出100幅优秀作品参加展出，反映了中国共产党的伟大成就和电力改革发展的丰硕成果，彰显了正大气象的时代书风。中电联党委委员、秘书长郝英杰出席开幕式并讲话。

（4）6月17日，以“筑梦百年”为主题，在山东省荣成市国家电投新能源科技馆隆重举行庆祝建党百年华诞中国电力美术大展暨中国电力美术馆开馆活动，本次展览遴选出260幅精品力作参加展出，体现了电力文艺工作者勇于承担记录新时代、书写新时代、讴歌新时代的使命，描绘了中国电力多彩画卷的辉煌篇章。中电联党委委员、秘书长郝英杰出席开幕式并致辞。

（5）6～9月，梳理完成电力文协成立38年以来的历史资料，形成文书档案22卷共838件，比较完整地保存了电力文协在主要职能活动过程中形成的原始记录，为协会今后工作的开展奠定了坚实的基础。

（6）10月15日，电力文协推荐的文学作品《“说话不算数”的爸爸》，被中国文联“以艺战疫”数字博物馆收藏。

（7）11～12月，根据中国文联要求，电力文协梳理汇总2016—2020年度重要会议和活动，开展年鉴编制，配合完成中国文联五年工作图册组稿和中国文联第十一次代表大会筹备工作。

（8）12月，电力文协系统总结庆祝中国共产党成立100周年系列活动，编制并印刷了“百年风华的光明印迹”——中国电力文学艺术协会庆祝建党100周年系列活动宣传画册，进一步激发电力行业干部职工干事创业热情，为电力行业持续发展凝聚磅礴力量。

科研、教育与新闻出版

科 研 机 构

【中国电力科学研究院有限公司】

单位概况 中国电力科学研究院有限公司（简称中国电科院）成立于1951年，是国家电网公司直属科研单位，是中国电力行业多学科、综合性的科研机构，主要从事电力系统分析与保护、自动化与信息通信、高电压与输电线路、配用电与计量、新能源与电工、人工智能等技术领域的研究，研究范围涵盖电力科学及其相关领域的各个方面。建有国家级、省部级、公司级、院级四级实验室体系共64个实验室，其中包括3个国家重点实验室、1个国家野外科学观测研究站、3个国家工程实验室、3个国家能源研发中心。拥有2个国家级、13个电力行业质检中心和1个认证机构，是国家高电压计量站、国网计量中心的依托单位。承担1个IEC（国际电工委员会）技术委员会主席单位工作，3个IEC技术（分）委员会、16个全国标委会、16个行业标委会、10个中电联标委会的秘书处工作。

2021年，中国电科院获国家电网公司及以上科技奖励219项（其中国家科技进步奖二等奖4项），获专利授权578项（其中发明专利483项），申请海外专利24项，发表科技论文569篇，出版科技专著52部，参与编写的11项国家标准获批发布，326项科技项目（其中83项政府项目/课题）完成验收，技术服务工作量24.6万人·天、满意率100%。国家电网公司企业负责人业绩考核获得A+评价，排名居运营保障板块首位。

人力资源 截至2021年底，中国电科院直签员工2069人，其中：博士研究生442，硕士研究生1318人；正高级职称318人，副高级职称838人；平均年龄37.8岁；人才当量密度1.3416。拥有中国科学院院士2人（其中双聘院士1人），中国工程院院士4人（其中双聘院士2人），国家级有突出贡献的中青年专家2人，中央直接联系的专家2人，“百千万人才工程”国家级人选3人，“万人计划”科技创新领军人才5人，“万人计划”青年拔尖人才2人，“创新人才推进计划”中青年科技创新领军人才4人，享受国务院政府特殊津贴的专家19人。中国电机工程学会会士10人。国家电网公司科技领军人才6人，国家电网公司专业领军人才18人，国家电网公司优秀专家人才58人，国家电网公司优秀专家人才后备71人。中国电科院首席技术专家4人，中国电科院高级技术专家20人，中国电科院优秀技术专家 49人，中国电科院资深技术专家15人。

经营管理 经营效益全面提升。聚焦质效双升，打造提质增效“升级版”，狠抓增收节支，经营保持良好势头。构建基于研发技术领域的价值评价体系，精准评价全生命周期投入产出价值，科学匹配管理策略，高效支撑分类管理、经营决策。

改革取得重要突破。按期完成国企改革三年行动70%以上任务，全力推进“科改示范行动”，在国务院国资委“科改示范企业”改革创新情况专项评估中获评优秀，中国电科院上海分院完成混合所有制改革，成为国家电网公司直属科研单位首家实现混改的科技企业。全面推行领导人员任期制和契约化管理，实施项目收益分红激励，完成首批17项激励项目兑现，在上海院试点科技型企业员工股权激励。制修订董事会议事规则等14项重要制度，现代企业治理体系更趋完善。

管理效能不断增强。优化计划管理，抓细过程管控，提升精益化管理水平。完成13宗土地及地上建筑权利人名称变更，盘活土地资产。完成34个自筹研发项目、37项知识产权转资工作，提升转资效率。累计节税约1.15亿元，连续多年荣获纳税信用A级。全面实现横向项目全类型、全链条线上管控。年度集中投标率78%。采购周期同比减少7天，时效提升17%。建立办公、试验场地使用评估体系，发布物资管理规范、指南33项。完成“放管服”改革三年行动330项工作。

基础管理不断提升。完成中国电科院上海分院科研场地购置，武汉科研基地一标段开工建设。建成基于“i国网”的移动应用平台，全面上线移动报销服务平台，搭建往来账款预警平台。优化业绩考核体系。实施弹性工作制。与 11 家单位签署科技创新战略协议。建成重大决策合规管理“三道防线”。首次开展知识产权维权专项行动。完成中国共产党成立100周年、全国两会等重大活动期间院信息安全保障工作。发布《数字电科院建设思路及行动方案》。推进统一计算运营平台建设，完成24个业务应用系统院内统一部署和展示。建强体系完善机制，智库建设取得突破。首次取得国家保密资格资质，有力推动中国电科院开展涉及国家安全等尖端技术领域的交流合作和业务拓展。通过软件能力成熟度（CMMI）四级评估。健全落实安全责任体系，形成“两个责任清单”。持续优化研究生教育与培养体系，探索实施沉浸式教学。《CSEE JPES》《High Voltage》进入 SCI Q1 区，实现了中国期刊在电气工程领域 Q1 分区零的突破。疫情防控措施有力，后勤服务优质高效。持续落实老同志政策待遇，不断完善关爱服务。

科技创新 顶层设计引领发展。构建“1237”院战略目标落地框架体系，完成“十四五”总规划及 9 个专项规划，厘清发展思路，锚定发展方向。主动融入国家科技战略，牵头获批 8 个国家重点研发计划项目、3 项国家自然科学基金智能电网联合基金项目。聚焦新型电力系统构建的战略性、前沿性、颠覆性技术，3 个技术方向纳入国家电网公司预算成本制管理。统筹布局自筹研发和实验能力建设，2021 年立项长线攻关项目 8 项、大型实验能力提升项目 15 项。国家重点研发计划项目稳步推进，完成 71 项课题绩效评价、14 个项目绩效预评价，9 个项目通过工信部组织的项目综合绩效评价。

“卡脖子”攻关成效显著。完成国资委“卡脖子”技术攻关任务。特高压套管方面，组织完成纯 SF_6 气体绝缘型直流穿墙套管、干式换流变压器阀侧套管研制并实现在陕北—湖北 800kV 特高压直流工程应用。分接开关方面，建成试验能力世界最强的特高压有载分接开关实验室，完成换流变压器有载分接开关样机研制，研制无励磁分接开关并应用于特高压交流晋北站扩建工程。芯片方面，组织完成全国产芯片 10～1000kV 电压等级继电保护设备研制，全面推进以国产芯片为核心的国产二次设备替代标准、研发及测试工作，完成国产芯片溯源、自主可控程度、高端芯片布局等重大分析报告。

重要技术领域取得新成效。在电力系统分析与保护技术领域，基于 ADPSS 的大规模数模混合仿真进入实用化阶段；发布自主可控新一代变电站二次系统 36 项试行版技术规范，整体方案通过国家电网公司组织的技术决策专家论证。在自动化与信息通信技术领域，主导编制的省间交易规则正式印发，基于云架构省间电力现货市场系统进入试运行准备阶段；电力工控系统攻击仿真验证技术成果经鉴定部分技术达到国际领先水平。在高电压与输电线路技术领域，研制国际首条基于 SF_6/N_2 混合气体绝缘的特高压交流 GIL 试验线段；建成大区域电网设施应对极端条件的安全保障平台和架空输电线路数字孪生平台。在配用电与计量技术领域，支撑高比例分布式资源的配电网形态与管控体系构建有序开展；研发可调节负荷互动响应模拟仿真软件；研制 1200kV 冲击电阻分压器；完成 13 家省级密码服务平台部署和上线。在新能源与电工技术领域，完成张北柔性直流电网试验示范工程风电机组次/超同步振荡及暂态过电压现象及抑制措施的现场试验；建成世界首套超导能源管道样机并完成满功率测试，首次实现 20m 级微波无线电能传输。在人工智能与新技术研究领域，电力物联网关键技术取得突破进展，完成 4 类智能感知终端设计、构建电力设备智能感知与诊断等 5 种应用模型；建成全模态能源互联网仿真中心；提出中国电科院氢能技术战略布局。

科研体系建设再上新台阶。“新跨越行动计划”55 项工作任务取得成效。组建海上风电等 3 个创新联合体。首次编制中国电科院“十四五”科技奖励规划，构建高等级奖励项目储备库。支撑国家技术标准创新基地运行，编制《雄安新区能源互联网标准化试点示范项目实施方案》。完成国家电网公司四批共计 62 个技术标准验证实验室优化工作。成立能源行业配网系统标委会等 3 个标委会和专委会。实验室布局持续完善，推进 3 个国重实验室优化整合，2 个国家工程实验室纳入国家工程研究中心管理新序列。学术交流平台作用充分发挥，举办第五届青年科技论坛、“二零八”科学会议和 5 期中国电科院讲坛。

支撑服务 支撑构建新型电力系统，有力服务“碳达峰、碳中和”目标。一是重大问题研究扎实。体系化提出新型电力系统的基本认知和新内涵，支撑国家电网公司编制发布《“碳达峰、碳中和”行动方案》《关于构建以新能源为主体的新型电力系统行动方案（2021—2030）》，完成中国工程院重大咨询专项“电力行业碳达峰碳中和实施路径研究”的“关键技术创新”专题研究报告。二是新型电力系统攻关全面开展。成立电力系统碳中和研究中心，建立“一五一”组织体系，实施“新型电力系统关键核心技术攻关及重大科技支撑计划”，37 项关键核心技术攻关和 33 项重大科技支撑任务取得一批重要成果。承担国家电网公司新型电力系统科技攻关行动计划——2021 专项的全部 8 项重大项目并牵头其中 5 项，取得阶段性成果。三是示范区建设持续强化。分析新型电力系统示范区选取原则、建设基础和主攻方向，编制《关于以新能源为主体的新型电力系统示范区分析报告》，主导编制国家电网公司“三省三区”示范区挂图作战方案和新型电力系统实施方案。四是技术标准体系构建初见成效。牵头编制发布《新型电力系统技术标准体系研究报告》征求意见稿，构建“8 个分支、34 个领域、120 个系列”技术标准体系，布局 375 项“十四五”期间优先研制的技术标准。

支撑保障电网安全，有力彰显责任担当。一是全力支撑保障供电安全。组建供电保障组织协调机构，建立应急保障工作机制。支撑东北保电工作，快速研发跨区支援交易分析应用软件，开展有序用电、负荷调控等专题研究。支撑国调中心科学编排日前直调计划，通过跨区跨省输电通道统筹协调全网电力电量平衡。组建新能源功率预测服务专班，为“保供电、保消纳”提供有力支撑。全过程参加冬奥保电督查，排查电网安全隐患。二是有力支撑电网安全稳定。深度参与方式计算工作，协调组织各网省调度中心分析电网安全稳定特性。牵头开展大电网安全运行和网络安全研究，支撑编制大电网安全管理体系构建方案。开展密集输电通道安全管控方案研究与政策评估，推动密集通道立体防御体系建设。牵头组建电力行业网络安全靶场。支撑开展储能电站安全分析，编制储能电站调度运行管理规范。加强“四不两直”安全督察，建立安全风险精准管控工作机制。三是有效支撑电网高质量发展。开展“十四五”电网滚动规划工作，完成华北—华中联网等专题研究。开展未来十年逐省逐年电力供需平衡模型构建。深化调控云大数据平台建设，建立调控数据资产体系。完成台区智能融合终端、智能物联电能表等新型终端设备的研发与测试。支撑国家电网公司现代智慧供应链韧性建设。构建电网资源业务中台协同管理应用平台。完成输电巡检智能认知系统研发。建成人工智能“两库一平台”。四是支撑特高压工程建设。突破柔性直流、新能源大规模输送等关键技术。完成“一交两直两扩”工程系统调试。攻关解决巴基斯坦电网特有振荡问题，完成默拉直流系统调试。首次建立主设备现场延伸监造机制，逐台套开展设备出厂技术评估，保障南昌—长沙 1000kV 特高压交流工程等工程设备线材按期保质移交。构建基础检测三级质量管理体系，制订发布《特高压工程基础质量检测管理》等 3 项标准。

成果转化 实现合同额 7.26 亿元，同比增长 48.77%。发布促进业务部门与科技产业公司协作共赢 16 项举措。建立面向系统内单位的成果批量转化模式，先后推动 32 项科技成果转化落地。创新构建双创与成果转化一体化运营管理体系，双创中心新增入孵项目 41 项，出孵项目 25 项。

检验认证 新签合同额 11.4 亿元，出具报告约 2.3 万份。全院检测报告自动化出具比例超 75%。新增 331 个标准检测能力获得资质。完成 58 家产业单位带电作业服务认证，颁发首张电网无人机巡检服务认证证书。提前布局新型认证业务，开发电力信息安全师、成本度量师人员认证制度和基于产品的碳足迹认证制度。

国际化工作 葡萄牙研发中心获 3 项国家电网公司海外院科技项目。主导立项 4 项国际标准，20 多名专家加入 IEC、CIGRE 等国际组织，7 名专家获任 IEC 重要职务、5 名专家荣获 IEC 1906 奖等国际荣誉。与 IITC 举办国际研讨会并达成深化合作意向，成为中欧能源技术创新合作“储能”领域牵头单位。承办（参加）“2021 能源电力转型国际论坛”等 20 余次高级别国际活动。有力支撑沙特智能电能表项目按期投运。与 ADI 合作研发多项新产品。国际业务开拓成效显著，完成院首个海外储能工程项目交付，首获巴西 CPFL 公司研发项目。

党的建设和精神文明建设 党的建设扎实有效。落实“第一议题”制度，学习习近平总书记“七一”重要讲话和党的十九届六中全会精神，感悟伟大建党精神，深刻领会“两个确立”的决定性意义。高质量开展党史学习教育，开展“我为群众办实事”实践活动，147 项措施落地见效。实施“党建 + ”工程和“数字党建”工程，抓好全国国企党建会议精神落实情况“回头看”，党建工作质效持续提升。组织开展庆祝中国共产党成立 100 周年、中国电科院成立 70 周年系列活动，提振干事创业精气神。

队伍建设不断加强。树立担当作为的鲜明用人导向，选拔优秀年轻领导人员 21 名。增设职员通道和专家通道，将员工职业生涯路径拓宽至“四通道六序列”，34 名领导人员转换职业发展序列。创新实施毕业生招聘“清北计划”，制修订 10 余项人才队伍建设制度，开展 135 项培训，14000 余人次参培，全面提升员工队伍素质。强化顶尖专家选育，赵兵（系统所）入选国家级人才，王伟胜当选中国电科院院士，孙华东、刘纯当选国家电网公司首席专家。

全面从严治党持续深化。围绕科技自立自强、“碳达峰、碳中和”等重大任务落实情况开展监督。加强靠企吃企专项整治监督。开展“酒驾”“醉驾”专项整治。党风廉政约谈实现全覆盖。对 1 家单位开展常规巡察、3 家单位开展科技自立自强专项巡察。开展 4 家单位经济责任审计、5 家单位项目论证评审费和招标全流程专项审计、2 个联盟财务收支审计，对 5 家单位开展整改“回头看”，堵塞管理漏洞、防控经营风险。

2021 年，中国电科院团委获评中央企业“五四红旗团委”，继电保护研究所（国家电网二次评价设备中心）、高电压研究所获评“国家电网有限公司先进集体”，1 个党委获评国家电网公司“红旗党委”，2 个党支部获评国家电网公司“电网先锋党支部”，1 个团支部获评国家电网公司“五四红旗团支部”，1 个项目获共青团中央第八届“创青春”中国青年创新创业大赛优秀奖，1 个项目获评国家电网公司第六届青创赛一等优秀青年创新项目。《高电压技术》荣获中国新闻出版领域最高荣誉“中国出版政府奖期刊奖”。《中国电机工程学报》荣获“中国科技期刊卓越行动计划 2021 年度优秀期刊”。王伟胜获评全国优秀共产党员、2021

年度国家电网公司科技人物。刘纯获评中国电力科学技术杰出贡献奖。盛万兴获评“国网工匠”，赵兵（系统所）获评“全国能源化学地质系统大国工匠”，陈宁获评“江苏省劳动模范”，张书琦获评“国家电网有限公司优秀共产党员”，谌灿霞获评“国家电网有限公司优秀党务工作者”，黄越辉获评“国家电网有限公司巾帼建功标兵”，尚宇炜获评“国家电网公司青年岗位能手”。

（王志芳）

【南瑞集团有限公司】

单位概况 南瑞集团有限公司（国网电力科学研究院有限公司）[简称南瑞集团（国网电科院）]是国家电网公司全资子公司，由1973年成立的电力部南京自动化研究所发展而来，目前已发展成为中国能源电力及工业控制领域领军企业，业务涵盖电力系统自动化、电力信息通信、特高压交直流输电、柔性交直流输电、水利水电自动化、轨道交通监控等领域。现有资产总额800亿元，用工总量14000余人，拥有2名中国工程院院士、4500余名硕博士以上学历人才。旗下上市公司国电南瑞（股票代码600406）是中国电力自动化和信息通信领域龙头企业。连续十七届入选工信部中国软件业务收入百强企业，连续十三届入选中国电子信息百强企业，连续十届入选软件和信息服务十大领军企业，是全国文明单位、全国五一劳动奖状和江苏省文明单位标兵单位。

南瑞集团是国家创新型企业、国家火炬计划重点高新技术企业和国家认定企业技术中心，拥有“智能电网保护与运行控制”国家重点实验室，及“国家电力自动化工程技术研究中心”“电力系统自动化－系统控制和经济运行国家工程研究中心”两个国家级工程技术研究中心。特高压输电、柔性输电、大电网安全稳定控制、电网调度、继电保护等领域自主核心技术国际领先，是中国能源电力领域重要的创新策源地。

领导班子

董事长、党委书记：冷俊

董事、总经理（院长）、党委副书记：胡江溢

董事、党委副书记、副总经理（副院长）：郑宗强

副总经理（副院长）、党委委员：吴维宁

职工董事、党委委员、工会主席：丁海东

总会计师、党委委员：夏俊

副总经理（副院长）、总工程师、党委委员：郑玉平

党委委员、纪委书记：张国辉

党委委员、国电南瑞科技股份有限公司总经理：张贱明

副总经理（副院长）、党委委员：刘爱华、蒋元晨

三级顾问：闵涛

组织机构 南瑞集团（国网电科院）下设15个职能部门、4个支撑机构、7个专业机构，拥有下属二级单位45家。在江苏、北京、广东等13个地区建有研发和产业基地，在巴西、泰国、埃及等19个国家设立了海外子公司及办事处，产品和服务遍及全球100多个国家和地区。

人力资源 截至2021年底，南瑞集团用工总量14240人，员工平均年龄36.34岁。其中，博士183人，本科及以上占比85.33%；高级专业技术资格2368人，中级及以上专业技术资格占比45.27%。拥有国家级人才47名，包括中国工程院院士2名、国家有突出贡献中青年专家6名、国家重大人才工程人选2人、“创新人才推进计划”中青年科技创新领军人才2名、“百千万人才工程”国家级人选8名、享受国务院政府特殊津贴专家22名、全国青年岗位能手1名、中央直接联系的高级专家4名；省部行业级人才204名，包括省级有突出贡献中青年专家4名、江苏省“333高层次人才培养工程”培养对象161名、江苏省“六大人才高峰”人选17名、江苏省“双创计划”人选9名、江苏省青年岗位能手4名；国家电网公司级人才100名，包括中国电科院院士1名、国家电网公司首席专家2名、国家电网公司青年岗位能手3名、国家电网公司“青年人才托举工程”4名、国家电网公司科技领军人才6名、专业领军人才17名、优秀专家人才及其后备67名。现有博士研究生导师20名，硕士研究生导师213名。

科技创新 设立技术战略研究中心，立项实施南瑞新型电力系统技术研究框架10个项目，牵头策划国家和国家电网公司指南项目各1个。与西安交通大学成立新型电力系统联合研发中心，首批立项6个课题。开展能源的信息物理社会系统框架研究，碳管理系统在贵州兴义地方电网落地应用。完成特高压有载分接开关样机研制，全国产化变电站二次系统齐套化装备落地应用。牵头研发的新一代电力交易平台在国家电网公司运营区域内实现单轨制运行。攻克分布式新能源接入配电网保护控制技术难题，中压直流变压器填补行业空白。自主可控PLC在葛洲坝工程项目中成功应用。

获国家电网公司及省部级以上奖励144项，29项技术成果通过鉴定获国际领先评价。牵头的“复杂电网差动保护关键技术及应用”获国家技术发明二等奖。生产运营协同调动系统信息化项目成果获国能集团科技进步特等奖。牵头立项国家标准8项，发布国际标准1项、新立5项。3人获中国电力科技人物奖。

产业发展 继电保护、变电自动化、配电自动化、特高压柔性直流装备、信息通信产业等核心产业处于行业龙头。新一代调度技术支持系统在华东、江苏、浙江试运行。新一代集控站设备监控系统在安徽等 9 个省市落地。全国产化安防装置实现行业内规模化应用。国内首套 700MW 水电机组自主可控监控系统投运。落地新兴产业发展实施方案，3300V IGBT 在厦门柔性直流挂网运行，1700V IGBT 在湖南梅岗风电场示范运行。国内首套海上风电柔直控保系统在江苏如东投入运行，第三代大功率风电变流器在广东阳江等项目实现批量应用。带电作业机器人在 17 个省市落地应用。完成电力行业安全态势感知平台建设，5G 实验室获工信部“5G 创新中心”授牌，建成国家电网公司首个电力 5G 边缘计算试验网。成立北京南瑞数字技术公司，与南京地铁共同设立轨道合资公司。配合国家电网公司实施部分子企业重组整合，南瑞集团下属的江苏南瑞恒驰电气装备有限公司、江苏南瑞泰事达电气有限公司、重庆南瑞博瑞变压器有限公司三家公司股权整体划出，支撑中国电气装备集团有限公司组建。江宁基地云数据中心一期建成投运，武汉未来城完成主体结构封顶，襄阳绝缘子新厂区完工。

优化营销服务体系组织架构，提升核心新兴业务协同拓展质效。落地 15 省市调度系统、3 省新能源全景监控、8 省市城市配网改造等重大项目。实施国家电网公司系统外业务发展方案，合同额同比增长 10.8%。中标南网信息设备框架、变电站二次设备框架、深圳“储检配”一期等重大项目。承担 7 个轨道交通综合监控项目、引江济淮等水利项目、杭绍甬高速电力线路改造等市政项目、浙江萧山电化学储能站等储能项目。设立埃及、智利、埃塞驻外机构。突破泰国省际电力公司市场。希腊克里特岛 STATCOM 工程按期交付。塞尔维亚小水电项目获评“中外水电国际合作优秀案例”。编制海外高级量测体系整体解决方案，完成 29 项产品国际认证测试。获商务部援外物资总承包资质。

经营管理 国电南瑞首期股票激励计划陆续解锁，二期股票激励启动实施。所属水电公司、轨道公司兑现超额利润分成。南瑞联研骨干员工持股、武汉南瑞项目收益分红落地。实施“一企一策”业绩考核，完善岗位绩效工资体系。健全不胜任人员转岗待岗和退出机制，首次开展职员选聘，新增各级专家人才 120 名。优化用工编制管理，实施社会招聘“放管服”，引进专业技术人才和紧缺人才，人均效率提升 21.6%。入选国家创新人才示范基地。

推进提质增效专项行动 8 方面 40 项重点举措。实施毛利率提升专项行动。通过发行超短融资券和内部资金运作，节约融资成本 2.5 亿元。建成电力人工智能开放平台，上线统一产品中心、研发仿真环境、技术能力地图、瑞淘社区等企业级应用，开发芝麻订单、投标应答、智慧税务、智慧供应链等应用。聚焦人财物等关键环节，开展内控缺陷、资金安全等系列检查。实行重大项目法务经理制，加强法律审核与合规研判。加强基础管理，获省级企业管理现代化创新成果一等奖 5 项。

发布安全警示约谈工作规范，完成总包租赁工程安全机制建设。推进专项整治三年行动，整改问题隐患 146 项。开展 42 次“四不两直”安全督察，整改问题 136 项。实现集团所有采购上平台。建成高压保护装置、加密装置、中置柜标准化生产模式。发布电网安全关键产品清单。国电南瑞获评江苏省“绿色工厂”。

党的建设和精神文明建设 执行“第一议题”和中心组学习制度，深入学习贯彻习近平总书记“七一”重要讲话和党的十九届六中全会精神。实施“新起点 再登高”专项行动，创建基层党组织“分片协作、互查互促”常态机制，实施 11 个专业“党建+”工程，建设 23 支党员服务队特色品牌。打造“平凡人不凡事·南瑞一线故事”文化品牌。

出台《政治素质考察暂行办法》等 9 项组织人事制度，外派 21 人实岗锻炼，举办优秀年轻干部培训班。提拔“80 后”干部占比超 20%。全面实施员工关爱“十件实事”，完善多层次保障体系，建立“守网相助”互助保障计划，落实离退休老同志政治生活待遇。1 人获中央企业优秀共产党员，1 支服务队获国家电网公司金牌共产党员服务队，4 个党组织和 5 名党员获国家电网公司“两优一先”。1 人获国家电网公司劳动模范，1 人获国家电网公司巾帼建功标兵，1 个集体获国家电网公司先进集体，1 个集体获国家电网公司工人先锋号。

主要事件

1 月 26 日，南瑞集团（国网电科院）第三届职工代表大会第三次会议暨 2021 年工作会议在南京召开。

4 月 20 日，南瑞集团承建的希腊克里特岛静止同步补偿器总包项目投运。

5 月 10 日，湖南省委副书记、省长毛伟明一行到南瑞集团进行考察。

5 月 13 日，南瑞集团自主研发的碳管理系统（CMS）在贵州兴义地方电网落地示范应用。

6 月 23 日，南瑞集团承建的国家能源集团生产运营协同调度系统信息化项目全面上线。

6 月 28 日，南瑞集团自主研制的励磁系统支撑世界单机容量最大、在建规模最大的白鹤滩水电站成功投产发电。

6 月 28 日，南瑞集团有限公司（国网电力科学研究院有限公司）党委被中共中央授予“全国先进基层党组织”称号。

8月2日，南瑞集团（国网电科院）2021年年中工作会议在南京召开。

8月14日，“国际工程科技发展战略高端论坛暨第六届紫金论电国际学术研讨会”在南瑞集团召开。

8月27日，南瑞集团与西安交大新型电力系统联合研发中心揭牌成立。

10月23日，中国电机工程学会组织召开南瑞集团2021年度科技成果鉴定会。南瑞集团18项科技成果通过鉴定，17项成果整体国际领先，1项成果核心技术国际领先。

10月28日，南瑞自主知识产权3300V/1500A IGBT器件在厦门鹭岛柔直换流站投运。

11月3日，2020年度国家科学技术奖励大会在京召开，南瑞集团牵头的“复杂电网差动保护关键技术及应用”获国家技术发明二等奖。

11月7日，江苏省副省长、省政府党组成员胡广杰一行到南瑞集团调研。

11月25日，南瑞集团主办的中文期刊《电力系统自动化》复合影响因子在122种电气工程类科技期刊中唯一超过6.0，连续两年蝉联第一。

12月15日，南瑞集团获评“2021中国软件和信息服务业十大领军企业”。

（付煜疆　武佩帅）

【国网电力科学研究院有限公司】

见南瑞集团有限公司。

【国网经济技术研究院有限公司】

单位概况　国网经济技术研究院有限公司（简称国网经研院）是国家电网公司电网规划和工程设计技术归口单位，为国家电网公司电网发展提供技术和决策支撑，承担电网规划、重大工程设计、项目评审、技术经济及相关标准研究和制订工作，对省级经研院、地市经研院（所）进行业务指导，归口协调外部设计单位，具有工程勘察、设计、咨询三个甲级资质，是国家发展改革委认定的承担国家委托投资咨询评估任务的咨询机构。

组织机构　国网经研院拥有国家能源特高压直流输电工程成套设计研发（实验）中心、大电网规划与量化分析实验室、电网工程技术经济实验室、电网工程航空遥感与线路智能巡检联合实验室、直流输电实时仿真实验室、区域能源互联网技术与应用联合实验室、工程设计评审平台等7个国家和公司级实验室（平台），具备规划、设计、评审、科研核心业务能力，形成覆盖特高压交直流、配电网、控制保护和信息通信等专业齐备的业务体系。全院设有6个职能部门、9个业务部门、1个子公司（北京网联直流工程技术有限公司设备监造中心）和1个分公司（徐州勘测设计中心）。

人力资源　截至2021年底，全院用工总量522人，硕士、博士学历人员占72.61%，高级职称以上人员占54.41%，拥有2名“新世纪百千万人才工程”国家级人选，5名享受国务院政府特殊津贴专家，各类国家级注册师141人。2021年，接收3名省级电力公司青年人才、19名经研院（所）青年人才到院交流，选派1名年轻员工赴国家电网公司总部培养锻炼。畅通社会招聘通道，引进5名成熟技术人才。抓实青年人才托举，启动经研青年英才培育工程。突出考核“指挥棒”作用，持续优化以关键业绩为导向的综合考评体系。兑现2020年度岗位分红激励。

战略落地　坚持“一体四翼”发展布局，聚焦服务能源低碳转型，成立院“碳达峰、碳中和”工作领导小组，支撑国家电网公司制订“碳达峰、碳中和”行动方案和构建新型电力系统行动方案。组织召开经研院服务新型电力系统建设系列讨论会，聚焦破解事关长远的“痛点、堵点、难点”问题，部署筹划系列改革举措。完成沙漠戈壁荒漠大型风电光伏基地接网消纳、分布式光伏规模化开发和微电网发展等重大问题研究，全过程服务新型电力系统示范区规划建设。展现供电保障责任担当，完成国家电网公司经营区未来十年电力供需平衡研究工作，建立电源项目库及常态滚动机制，逐省逐年提出电力供应保障方案。优化祁韶、雅湖直流工程控制策略，提出张北—雄安1000kV特高压交流工程送端电网分布式调相机配置方案，有效缓解区域供电紧张压力。面对河南特大暴雨灾害，第一时间成立共产党员突击队支援河南电网灾后重建规划。

经营管理　2021年，各项工作和业绩指标完成情况良好，实现利润1.7亿元，同比增长6%，企业负责人业绩考核获国家电网公司A级评价。按照国家电网公司推进二级子企业董事会建设要求，院治理主体由董事会改为执行董事，完成院及所属网联公司章程修订。深度参与国家电网公司设计业务改革专班，支撑国家电网公司编制设计施工改革指导意见。注销蒙东、天津、陕西、西藏分院，完成全部分院关闭工作。西直门办公区正式投入运行，为员工高效支撑总部、集中工作等提供场地保障。上线无纸化会议系统，有力推动办公经费节省、工作效率提升。坚持不懈抓好常态化疫情防控工作，防疫成果得到持续巩固。

电网规划　全面对接国家“十四五”能源电力规划，创新完成“碳达峰、碳中和”目标下电网规划方案优化，深化配电网、智能化、通信网等专项规划，支撑陕西“两网融合”发展，实现国家电网公司电网规划与国家规划、地方规划紧密衔接。推动电网向能源互联网转型升级，编制能源互联网综合示范区年度建设方案。助力乡村振兴战略，支撑国家电网公司编制农网中央预算内投资计划建议，完成国家“十四五”农网巩固提升工程规划，向中办报送“实施农村电网现代化建设 助推全面实现乡村振兴”调研报告。落实区域协调发展战略，编制京津冀和长三角区域铁路配套供电、生态绿色一体化发展等专项规划。

评审咨询 加强可研设计一体化管控力度，扎实推进重大工程前期工作和现场调试，支撑南阳—荆门—长沙 1000kV 特高压交流线路工程、白鹤滩—浙江±800kV 特高压直流输电线路工程取得核准并开工建设，助推南昌—长沙、雅中—江西工程按期投运。服务工程创新，保障如东远海风电工程全容量并网送出，稳步推进 5 项在运直流工程再成套设计，实现工程可靠性及输电能力全面提升。承担国家电网公司新一代大容量通信网设计建设任务，开展国产芯片二次设备设计并首次挂网试运行。严把设备监造质量关，牵头白鹤滩—江苏±800kV 特高压直流输电线路工程柔性直流换流阀可靠性再提升专项工作，完成世界首台可控自恢复消能装置监造任务。开拓特高压架线材料监造任务取得风电监造乙级资质。派驻两批次技术骨干赴现场支撑巴基斯坦默拉工程投运，完成土耳其凡城工程调试技术方案优化，支撑巴西、智利、澳大利亚等国际直流工程前期工作。

服务电网建设，开展水电咨询服务，完成丰满水电站重建工程概算调整评审和重庆栗子湾、黑龙江尚志等抽水蓄能工程涉电涉网方案审查。结合国家抽水蓄能中长期发展规划，优化国家电网公司抽水蓄能项目布局与建设时序。完成国家电网公司“一体四翼”高质量发展评价，论证电网投资边界和承载力，推动电网精准投资。深化生产技改项目投入产出量化评价与电网实物资产分析评价，提升生产运维与设备管理精益水平。

科研创新 科技项目合同额首次迈过亿元大关，获得省部级以上奖项 20 项，牵头获得国家电网公司科技进步奖特等奖 1 项、一等奖 2 项、二等奖 4 项，文卫兵副总经理获评国家电网公司首批首席专家。支撑国家电网公司制订“新型电力系统科技攻关计划”，牵头推进“新型电力系统源网荷储协同规划技术研究”重大专项课题。自主研发的自适应滤波技术首次在闽粤联网等工程实现落地应用。创新开展有源换相技术攻关，引领直流输电技术全面升级。组建直流配电网柔性攻关团队，通过“赋权、明责”切实增强科技创新合力。直流成套设计研发（实验）中心获评国家能源研发创新平台“优秀”评级，电网规划量化评估技术科研攻关团队获评国家电网公司“优秀”评级。举办“经研论电”高端论坛，成立全国电力系统电网资产管理标委会，获批发布《特高压交流线路设计规范》等 2 项国际标准，《能源转换与经济》国际期刊入选 EI 检索数据库。

数字化转型 编制国家电网公司“十四五”数字化规划报告，提出数字化转型全景构架。推进电网数字化转型，嵌入“网上电网”建设应用，推动平台实用化初见成效。完成国家电网公司特高压大数据系统开发和一期数字电网建设，推进数字电网图形引擎技术国产化，实现建设阶段特高压电网三维全息可视。承担基建全过程综合数字化管理平台管控工作，支撑国家电网公司新一代设备资产管理系统 PMS 3.0 开发，推进数字换流站试点建设，有效提升基建和设备管理业务数字化水平。

党的建设 坚持旗帜领航，落实“第一议题”制度。推进党史学习教育走深走实，学习贯彻习近平总书记“七一”重要讲话精神和党的十九届六中全会精神，开展“建党百年”主题传播，举办“永远跟党走·奋进新征程”职工文化成果展示汇报会，完成“我为群众办实事”重点任务 58 项，在支撑国家电网公司保供电、重大民生工程建设以及改善职工办公环境等急难愁盼问题上取得实效。持续发挥政治监督效能，制订全面从严治党年度重点任务 36 项，开展“碳达峰、碳中和”监督、“一把手”及领导班子监督、“靠企吃企”等 7 项专项监督和 3 批次自查自纠，完成技改项目招标采购专项巡察，开展 500 余人次廉洁教育。持续加大宣传力度，在人民日报、光明日报、中央电视台等各类媒体累计刊发宣传报道 90 余篇，《千里“追风人”》专题报道在光明日报头版头条刊发。

（薛振宇）

【国网能源研究院有限公司】

单位概况 国网能源研究院有限公司（简称国网能源院）是国家电网公司的全资子公司，是国家电网公司从事软科学研究及重大决策咨询服务的直属科研单位，是国家电网公司的智库机构。

国网能源院紧紧围绕国家电网公司发展战略和核心业务开展研究，密切服务国家有关部门，主要从事能源电力行业战略规划、电力体制机制改革、企业战略与运营管理等领域的决策咨询，形成了能源电力发展战略与规划、经济与能源电力供需分析、企业战略与管理、体制改革与电力市场、能源电力价格等优势专业。获得国家高新技术企业资格认定，是世界银行、亚洲银行注册咨询单位，入选成为国家能源局第一批研究咨询基地，连续八年获得国家电网公司企业负责人业绩考核 A 级。连续两年入选“全球最佳科技政策研究智库”榜单，位列上榜中国智库前三名，全球排名较 2020 年上升 1 位。

组织机构 设职能部门 5 个：办公室（党委办公室，内设后勤服务中心）、科研发展部、财务资产部、党委组织部（人力资源部）和党委党建部（党委宣传部、纪委办公室、合规审计部、巡察办）。业务部门 9 个：企业战略研究所、能源互联网研究所、能源战略与规划研究所（科技项目咨询中心、《中国电力》杂志社）、经济与能源供需研究所、电网发展综合研究所、新能源与统计研究所、管理咨询研究所、财会与审计研究所和能源数字经济研究所。下属单位 2 个：包括国网人才交流服务中心有限公司和国网（苏州）城市能源研究院有限责任公司（国网能源院苏州分院）。

人力资源 截至 2022 年底，国网能源院在编员工 306 人，其中研究咨询人员 235 人，占比 77%；博士 169 人、硕士 119 人，占比 94%；高级职称人员 166 人；享受政府特殊津贴专家 3 人；国家电网公司专业领军人才 6 人。录用高校毕业生 14 人，社会招聘 6 人。组织领导人员线上培训 2 期，专家系列讲座 6 期，新员工培训 1 期，开展各类培训研讨 100 余次。

经营管理 全年承担项目和在线任务 1445 项。报送专报内参 171 篇；重大咨询建议被国家电网公司和政府部门采纳 85 项；提供战略例会信息和成果 219 项。研究成果获得国家电网公司及以上等级奖项 65 项；发表学术论文和主流媒体文章 338 篇；获得专利授权 25 项、软件著作权 23 项。

主要研究观点得到广泛传播。举办能源转型发展论坛，发布 2021《中国能源电力发展展望》《全球能源分析与展望》和系列年度报告，线上参会超过 30 万人次，新华社等主流媒体报道阅读量超过百万次。围绕“碳达峰、碳中和”路径、电力供需、电力市场等主题，发表专业文章 128 篇，接受采访 72 次，在高培云课堂上线能源电力转型讲坛，传播研究观点和国家电网公司主张。以多种形式开展国际交流合作，与美国国家可再生能源实验室联合完成《电网绿色发展愿景研究》报告，在国际能源变革对话大会上发布。

管理服务创新取得显著效果。选取 3 项课题试点揭榜挂帅制。争取 2021—2023 年度岗位分红，激励范围由 37 人扩大到 83 人。安排 10 人跨部门轮岗交流。部署无纸化会议系统、线上用印程序，应用移动报销和电子发票开票。开展降本增效，主要运营类可控费用压降 15.3%。院发展史编撰形成阶段性成果。英文网站启动试运行。坚持依法治企，健全审计工作体制，内部审计实现全覆盖，合规管理进一步加强。

课题研究 研究专报为科学决策提供重要参考。报送《国家电网专报》73 篇，电力安全保供、新能源产业矿产资源安全、城市群用电量分析等 3 篇专报被上级全文采用。向国家电网公司领导报送研究专报、“碳达峰、碳中和”动态等 98 篇，其中 77 篇获得批示，成为国家电网公司谋划和推动工作的参考依据。

战略研究支撑“一体四翼”实现良好开局。与 52 家系统内外部机构开展合作，完成十项重大战略课题。借助第三方视角拓展研究视野，成果的创新性和实用性显著提升，转化研究专报 23 篇，较 2020 年增长 60%。支撑制订“一体四翼”发展布局指导意见和实施方案，研究考核办法和评价指标，完成国家电网公司“十四五”发展规划修编。参与“一体四翼”发展布局督察研究工作，成果在系统内印发。

服务政府主管部门出台若干重要政策。牵头开展电力行业“碳达峰、碳中和”实施路径研究，主要成果纳入中国工程院形成的顶层设计方案。开展收入分配、国企创新激励专题研究，获得国资委肯定。按照政府部门要求，安排研究骨干进入专班工作，深度参与电力应急与调峰、现货交易、有序用电管理、电能替代、援疆援藏等政策研究。支撑政府部门出台“央企加快打造原创技术策源地和产业链链长”“推进央企高质量发展做好碳达峰碳中和工作”“加快农村能源转型发展助力乡村振兴”等指导意见。

“碳达峰、碳中和”和新型电力系统研究卓有成效。开展电力保供与降碳减排关系研究，针对煤电定位、新能源利用成本、新型电力系统内涵等，提出专业观点。支撑国家电网公司制订“碳达峰、碳中和”行动方案和构建新型电力系统行动方案，配合编写促进能源电力消费侧“碳达峰、碳中和”工作的指导意见。研究构建“碳达峰、碳中和”指标体系，推动国家电网公司服务“碳达峰、碳中和”贡献力纳入综合计划。开展 2030 年前逐年逐省电力供需平衡分析，参与“十四五”电网规划滚动修编。

深化改革和管理创新研究彰显价值。承担电力市场建设、代理购电等研究任务，为国家电网公司落实国家电力体制改革部署提供支撑。助力实施国企改革三年行动，参与研究分部职责调整、省管产业改革等方案。开展综合能源服务、碳指标体系等业务顶层设计，成果纳入国家电网公司制度文件。支撑制订数字化转型发展战略纲要，提出中台建设、基层赋能等建议。配合开展提质增效专项行动“升级版”，服务经营策略优化。

党的建设和精神文明建设 党史学习教育高质量完成。持续学习习近平总书记重要讲话精神，建立党史学习教育双周例会制度，编发简报 35 期，典型经验被国家电网公司采用 7 期。邀请中央党校教授作专题辅导，深化“三学”成效，组织党员干部赴首都博物馆、香山革命纪念馆等地参观学习。开展党支部书记述职考评。颁发“光荣在党 50 年”纪念章。承担国家电网公司思想文化建设示范项目，院获评国家电网公司第七届文明单位。

党风廉政建设持续稳固。落实十九届中央纪委五中全会精神，推进政治监督具体化常态化，加强对一把手和领导班子的监督。完成“靠企吃企”等专项整治。实现党风廉政建设约谈全覆盖。更新经营管理活动负面清单。编发反腐倡廉案例库，举办廉政党课。组织廉洁风险排查，绘制防控自检图。开展小微权力监督制约课题研究。

企业文化建设凝心聚力。落实“我为群众办实事”工作举措十余项，解决职工急难愁盼问题。举办职工家庭日、文化展演、运动会、植树节等文体活动，促进职工身体健康和家庭和睦。挂牌成立张勇劳模创新工作室。左新强获评国家电网公司劳模，代贤忠、刘俊、孙艺新获评院首届劳模。关心关爱离退休职工。持续做好疫情防控工作。

（王珊丹）

【国网智能电网研究院有限公司】

单位概况 国网智能电网研究院有限公司（简称国网智研院）前身为国网智能电网研究院，2016 年 2 月更名为全球能源互联网研究院，2017 年 10 月改制为全球能源互联网研究院有限公司，2021 年 12 月更名为国网智能电网研究院有限公司（全球能源互联网研究院有限公司）。国网智研院是国家电网公司前沿技术创新中心和先进装备研发中心，重点开展新型电力系统基础共性、战略性、前沿性技术研究，新型高端装备、系统、器件、新材料等开发，建设跨领域、跨专业的国际化科研平台，打造世界一流的高端技术研发基地、重大成果输出基地和高端人才培养基地。

“特高压输变电装备用超低损耗取向硅钢”荣获国家科技进步奖二等奖。“高压电力电子装备用超高速机械开关关键技术应用”“电网关键材料腐蚀数字化地图构建及寿命预测技术研究”两项成果通过行业鉴定，达到国际领先水平。首款电力专用图数据库在世界人工智能大会发布。“±500kV 张北柔性直流电网示范工程”等多项成果亮相国家“十三五”科技创新成就展。高压直流输电团队获得“全国杰出专业技术人才先进集体”称号。

人力资源 设置 6 个职能部门、2 个支撑部门，拥有直流输电技术、电力电子、电工新材料、信息通信研究所、计算及应用、功率半导体、电力传感技术 7 个研究所和全球能源互联网美国研究院、欧洲研究院 2 个海外研究院以及南京分公司。全口径员工总数 780 余人，研究生学历占员工总数的 75.60%，中国工程院院士 1 人，中央直接联系高级专家 1 人，国家特聘专家 2 人，享受政府特殊津贴专家 4 人，新世纪百千万人才 2 人，国家高层次人才特殊支持计划 2 人，中央企业青年岗位能手 1 人，优秀青年能源科技工作者 1 人，国家电网公司杰出青年岗位能手 2 人，国家电网公司优秀青年岗位能手 1 人。

科技创新 全年获得国家电网公司级、省部级及以上奖励 27 项，其中国家科技进步奖二等奖 1 项、中国电力行业奖 6 项、省级科技奖 6 项、国家电网公司奖 14 项。制订院“十四五”发展规划和专项行动计划，着力提升“自主科技创新、人才队伍建设、知识产权运营、科技创新治理、科研协同攻关”五大战略能力，提出了 20 项重点举措。推进“123”科技战略落地，聚焦“1”个研发定位、“2”个重大突破、“3”个培育方向，重点突破制约系统、装备、材料、器件的基础和核心技术，加快数字化领域技术融合创新，推进重大科技成果的产业化应用，全力支撑国家电网公司“一体四翼”高质量发展。

科研体系。一是优化功能定位和专业布局。聚焦发展目标，完成“国网智能电网研究院有限公司”更名，强化“两中心”的功能定位，进一步聚焦新型电力系统构建需求，拓展新型电网技术、能源数字技术两大研究领域，强化新型电力系统建设前瞻技术布局。同时，围绕院功能定位，进一步优化研究所的科研定位和研究方向，完成内设机构的调整和优化。制订发布欧洲院联合研究框架，将欧洲院主攻方向充分融入院整体科研布局，建立健全新型电力系统关键技术支撑体系。二是融入国家科研布局。深度参与怀柔实验室建设，助力国家创新战略落地。参与制订“储能与智能电网”国家重点专项“十四五”实施方案。获批承担国家项目 15 项，其中牵头 4 项，实现了全院 8 个专业方向国家项目全覆盖。承接中国工程院战略咨询课题 10 余项，开展“面向碳中和电力工程科技发展战略”等重大项目研究，有效提升战略支撑能力。

核心技术攻关。一是重大装备技术取得新成绩。围绕国家电网公司新型电力系统重大科技攻关布局，完成白鹤滩—江苏±800kV 特高压直流输电线路工程换流器用控制保护系统开发与测试，50kV/5000A 特高压可控换相模块样机通过型式试验。推进全碳化硅电力电子变压器样机研制，10kV 柔性变电站在崇礼冬奥专区正式带电运行。完成特高压套管、分接开关“2020 重大攻关计划”全部任务，达到国资委“责任状”要求。在特高压及柔性直流换流阀、断路器等装备和系统领域为国家电网公司提供专业的技术服务支撑。二是基础材料器件取得新突破。攻克了电缆绝缘材料电导匹配等技术难题，±500kV 直流电缆在张北工程完成竣工试验，基于国产绝缘料的 220kV 交流电缆在辽宁实现工程应用。国产超薄硅钢饱和电抗器在雅中—江西 800kV 特高压直流工程中顺利投运。实现了 3300V/1500A 焊接型 IGBT 器件批量化制备，在厦门柔性直流工程成功挂网运行。自主研发的 4500V/3000A 压接型 IGBT 器件通过换流阀型式试验，研制出国内首支 6500V/400A 碳化硅 MOSFET 和 18kV/125A 碳化硅 IGBT 模块。三是数字化技术取得新进展。

建成电力行业领先的人工智能平台，输电线路巡视图像智能分析系统入选国家电网公司设备部统一培育清单。研发出基于空间耦合的分布式宽带射频局放连续检测和分析系统，实现了转化应用。制备第一批磁电阻传感材料样品，试制出微型工频磁场取能原型样机。研发出具有调频功能的新一代虚拟电厂云边协同装置，研制出安全接入网关、信息安全网络隔离装置等产品，建成公司级应急预警信息发布平台。支撑国家电网公司完成国家级网络攻防演习、中国共产党成立100周年等重大活动供电保障任务。

创新能力。一是完善实验研究体系。新型输配电技术国家工程研究中心通过国家发展改革委优化整合评价，纳入国家工程研究中心新序列。新建干式直流电容器薄膜材料、氢综合利用实验平台和电力智能传感实验室基础环境，申报“国家能源数字化基础支撑技术重点实验室”。提升大功率电力电子器件中试线智能化水平，试验效率提升5倍以上。二是增强成果培育能力。技术标准方面，牵头承担直流电网等3个领域的CIGRE工作组，安婷获得年度CIGRE技术委员会大奖。依托智能电网国家技术标准创新基地，承担标准化项目3项。专利管理方面，在国家电网公司系统内首次建立了技术秘密评价认定机制，完成30项评价认定。科技奖励方面，制订未来五年重大奖励申报方案并推进实施。三是加强人才队伍建设。制订并实施“院级青年人才托举工程实施方案”，完成国家电网公司首席专家、青年人才选荐，1名青年专家入选2021北京市科技新星计划。成立院人才工作小组，院领导班子亲自带队赴重点高校招聘宣讲，同时通过国际招聘渠道引进2名海外青年人才。

改革经营　落实国企改革三年行动方案，超额完成年度任务和考核指标。深化三项制度改革，优化绩效考核，在岗人员考核实现全覆盖。推进科研“放管服”，优化职责界面、制度标准、业务流程，简化项目过程管理，加强里程碑节点管控。优化收入分配结构，提高低收入员工工资，增强基层员工获得感。合理拉大收入差距，实现“业绩升、薪酬升，业绩降、薪酬降”。提高业绩考核导向性，加大科技创新考核力度，完善了研究所负责人业绩考核标准。实施项目收益分红，完成国家电网公司系统内首批14名科研骨干的激励兑现，兑现总额97万元，个人最高激励25万元。

知识产权运营。规范合资公司管理，制订四家合资公司辅助运营管控方案，加强投后跟踪管控，三家合资公司实现盈利。推进科技成果转化，形成了石墨烯电触头、应急管理系统等技术转化策略，完成低频输电技术、质子交换膜电解水制氢系统、图数据库软件等科研成果的转化合作，成果推广工作获得“电力科技成果金苹果奖”。开拓海外市场，完成BorWin6海上风电并网换流站等工程的总承包投标和谈判，持续推进科研成果向海外市场转移转化。欧洲院储能团队获得欧盟“地平线2020计划”经费支持。

双创平台建设。推动央地合作，与地方政府联合打造“国网智研院大中小企业融通发展平台”，为内外部20余家中小企业提供了“引进来”与“走出去”的创新服务。推进成果孵化，完成了第一批双创项目的孵化培育，投入产出比达1.17，完成第二批双创孵化培育基金定向委托合同的签订。加强产品推广，在IGBT、传感器、储能等领域完成了5项新产品开发，其中4项实现了示范应用。

基础管理　优化财务管理。落实提质增效专项行动，制订工作方案，成立工作组，完成“科技创新、高效运营、精益管理”共计19项重点任务。推进多维精益管理，优化财务分析，细化财务核算维度和人工成本工时分摊，实现按产品维度展示项目收支，有效支撑各类项目的经费管理。优化成本控制，参考标准成本，实施零基预算，设置部分科目年度预算上限，严控日常运营成本及非必要支出，提高投入产出效益，全力保障重大项目科研投入。

规范基础管理。逐步健全合规管理体系，在招投标、成果转化、人事管理等重点领域，开展风险识别和隐患排查，保障各项工作依法依规开展。完成“所有采购活动在平台上进行操作”工作，构建了流程完整闭环、程序严谨规范的采购工作体系。全面梳理技术出口情况，分析欧洲新规影响，确保欧洲院科研业务合法合规。确定“租售并举、能用则用”的资产处置原则，有序推进美国院关停工作。

推进安全管理。落实“三管三必须”要求，健全安全生产责任制，建立专项监督检查、月度隐患排查、研究所实验室自查“三道防线”。完善应急预案、专业预案及现场处置方案，安全生产持续稳定，连续6个月位列安全生产三类企业前2名，全年综合排名第1名。贯彻落实国家电网公司疫情防控各项部署，常态化开展疫情防控各项工作，员工疫苗“应接必接”率100%，及时调整防控策略，切实做到“防疫、生产”两不误。

党的建设和精神文明建设　强化党建引领。坚持政治建设摆在首位，落实“第一议题”制度，建立国网智研院贯彻落实习近平总书记重要指示批示和党中央决策部署工作机制。开展党史专题中心组学习研讨9次，领导班子成员赴联系点讲授专题党课11次，组织广大党员干部学习“四史”，用党的百年奋斗重大成就和历史经验指引方向、坚定信念、凝聚力量。深化“党建+科技创新”工程，围绕主营业务，通过党员先锋队、结对共建等载体，发挥党组织的战斗堡垒作用和党员的先锋模范带头作用，进一步将党建的“软实力”转化为推进科技创新的“硬功夫”。

深化从严治党。强化政治监督，制订院党委落实全面从严治党33项重点任务、院纪委49项重点任务。监督执纪，加强科研领域廉洁风险防控体系建设，推动管理部门制（修）订制度35项。抓实日常监督，开展党风廉政约谈133人次。建立干部廉政资料库，领导班子带队考核，强化干部选拔任用。开展巡察、审计问题整改，共督促落实问题整改57项。

关心关爱职工。举办庆祝中国共产党成立100周年文化展示活动，开展多种形式主题宣传。以“四个工程”为抓手，为职工办实事办好事。“五四”前夕，辛保安董事长给国网智研院亲笔回信，对青年科研工作者给予肯定和鼓励。协调未来城管委会，符合条件员工子女全部实现入托、入园，解决员工后顾之忧。建成电动自行车充电棚，实现集中统一停放管理。改造并加装电动汽车充电桩，解决电动汽车充电难的问题。

（苏　玲）

【全球能源互联网研究院有限公司】

见国网智能电网研究院有限公司。

【南方电网科学研究院有限责任公司】

单位概况　南方电网科学研究院有限责任公司（简称南网科研院）是南方电网公司控股子公司，在南方电网技术研究中心的基础上组建而成，于2010年8月6日成立，2010年11月5日完成工商注册，注册资本金1亿元。2014年被认定为“南方电网公司中央研究院”。

南网科研院以科技研发、技术服务为核心业务，以全面支撑南方电网安全稳定运行和创新发展为职责使命，同时积极拓展高科技咨询、产品产业化、检验检测等新兴业务，利用自主优势技术向能源产业价值链延伸。

南网科研院具有国家输变电工程特级调试资质、设备监理甲级资质、科技查新资质，通过ISO9001质量环境职业健康体系认证，先后被授予“国家火炬计划重点高新技术企业”、广东省“高新技术企业”、“广州市创新型企业”等称号，企业信用评价AAA级信用企业。

南网科研院坚持走自主创新道路，持续加大创新投入，不断拓展优势领域，在复杂大电网安全稳定分析与控制、特高压直流输电、柔性直流输电、电网仿真技术等领域处于世界领先水平，在智能配用电、网络安全、高压设备检测、电网防灾减灾等技术领域均取得了一系列重大自主创新成果。截至2021年底，累计承担国家级科技项目40余项、省部级和公司系统重大课题500余项，获得省部级以上科技奖励200余项，其中国家科技进步特等奖、一等奖、二等奖各1项，中国专利银奖2项，拥有发明专利1442件，发布国际标准15项（其中主持发布IEC标准2项）、国家标准95项、行业标准62项，是CIGRE SC B4（国际大电网组织直流输电与电力电子专委会）中国国家代表所在单位，是国标委电力需求侧管理标委会及4个中电联行业标委会秘书处挂靠单位（电力电容器、能源行业电力市场、输变电设备仿真、知识管理标委会），是3个中国电机工程学会专委会秘书处挂靠单位（直流输电与电力电子、分布式发电及智能配电、防灾减灾专委会）。

领导班子　截至2021年12月31日，南网科研院党委委员、董事会成员、监事会、经理层成员如下。

1. 党委成员

党委书记：饶宏

党委副书记：曾勇刚

党委委员、纪委书记：王磊（2021年5月25日任职）

党委委员：李岩、郭琦（2021年11月26日任职）、许树楷（2021年11月26日任职）

2. 董事会成员

董事长：饶宏

董事：曾勇刚、宫宇（外部董事召集人）、林涛（外部董事）、唐广学（外部董事）、庞准（外部董事）、具小平（职工董事）

3. 监事会成员

监事会主席：梁周

外部监事：郭许文

职工监事：刘全

4. 经理层成员

院长：曾勇刚

副院长：李岩、郭琦（2021年8月26日任职）、许树楷（2021年8月26日任职）

组织机构　南网科研院设有股东会、董事会和监事会，是南方电网公司首批建成外部董事占多数董事会的单位。内部共设置6个职能部门（办公室、计划财务部、组织人事部、创新战略部、监察部、生产经营部）和12个直属机构（新型电力系统研究所、直流输电与电力电子技术研究所、电网仿真与控制技术研究所、高电压技术研究所、配电技术研究所、标准化与技术情报研究所、计量技术研究所、南方电网生产技术支持中心、信息安全中心、南方电网科技创新中心、科技成果推广应用事业部、品控技术中心）。

人员情况　截至2021年底，共有员工471人，平均年龄34岁，来自985院校毕业生占比高于85%，硕博占比超过85%，其中中国工程院院士1名、国家级人才2名、省部级人才3名、南方电网公司战略级专家13名，占南方电网公司战略专家人数的36%（其中特级专家人数占比达2/3），专业技术专家70余名，是一支年轻有为、敢于突破、能挑重担的科研队伍。

科技创新 扎实推进新型电力系统建设。服务和支撑南方电网公司发布两个《白皮书》及《新型电力系统技术标准体系研究报告》，研究成果入选国家能源局《能源重大问题专题研究文稿》。

关键核心技术攻关取得标志性成果。国家重点研发计划项目“高压大容量柔性直流输电关键技术”高分通过综合绩效评价。成功研发国产220kV电缆料并实现工程示范应用。获批国家重点研发计划项目1项，国家自然科学基金项目1项。新增省部级、行业级奖励50余项。获中国专利奖银奖、优秀奖各1项，获广东省科学技术进步奖、中国电力科学技术奖、中国机械工业科学技术奖一等奖各1项，两项成果分获广东省和广西自治区专利金奖。

创新平台建设再上新台阶。“特高压电力技术与新型电工装备基础国家工程研究中心”纳入国家工程研究中心序列，获批筹建国家电力新能源产业知识产权运营中心，国家技术标准创新基地筹建工作通过预验收，国家能源大电网技术研发中心在国家能源局考核中排名第一。

技术影响力持续提升。发布IEC国际标准1项。开展《柔性交流输电》绿皮书编译工作，南网工程实践案例入编，得到CIGRE高度认可。成立首届中电联知识管理标委会。牵头组建“新型电工材料和绿色装备”创新联合体。

技术支撑服务。全年累计投入5.9万人·日，高质量完成247项技术支撑服务项目，工作完成率127%，满意度评分118分。

支撑大电网安全稳定运行。深度参与南方电网年度及三年方式研究，扎实做好防范系统运行风险重点工作。开展昆柳龙和禄高肇工程试运行测试，深度支撑昆柳龙防双极闭锁专班，保障西电东送大通道长时间大负荷运行。

支撑重点工程建设。按期推进中南通道系统研究及成套设计，完成FPT试验及DPT试验，为工程投产保驾护航。深度支撑藏东南直流送出工程前期研究，聚焦关键技术问题提出解决方案。

支撑设备安全质量提升。深度参与南方电网开关防拒动专班，应用自主技术有效防范开关拒动。重大设备隐患分析、输变电智能装备检测、配网设备标准化支撑等工作获得南方电网公司肯定。深度支撑南方电网公司供应链改革，获得“南方电网品控技术中心”授牌。

支撑电网防灾减灾能力建设。建成南方电网公司防灾减灾监测预警系统，推动电网防灾抗灾向“主动防御”转变，支撑南方电网公司完成“十四五”抗冰能力提升规划、输配电线路火灾风险防控等重点专项，成效得到国家部委及南方电网公司认可。

持续做好全链条多维度技术支撑。支撑南方电网公司做好整县光伏配电网发展顶层设计。完成南方电网公司市场营销、充电设施“十四五”规划编制。获批成立“南方电网知识管理中心”。支撑南方电网公司“护网2021”实现“零失分”，圆满完成重大活动网络安全保障任务。

企业生产经营 营业收入、净利润、年度新签收款合同额等关键生产经营指标逆势增长，达到历史最好水平。

市场拓展取得突破。全年竞争性业务营收占比55%，净利润占比88%，其中非股东业务净利润占比32%。成立南网科研技术公司。工程集成业务取得突破性进展。系统内首次成功中标海上风电直流工程系统研究及成套设计项目——青洲五、七海上风电送出工程。新增承接2项实验室建设装备集成供货业务。克服疫情影响，完成菲律宾MVIP工程FPT试验，为现场调试奠定良好基础。

高科技咨询业务稳中有进。拓展新能源并网等新兴咨询业务，持续推动交直流大电网仿真、过电压防雷等传统优势技术转化为优质咨询服务，业务规模再创新高。培育形成配电网一二次融合环网柜、光声光谱检测装置、配网大通流能力避雷器、高机动综合应急装备等多项拳头产品。

检验检测业务拓展成效显著。进一步拓宽业务渠道，持续提升自主检测能力，完成150个检测项目CNAS资质和106个检测项目CMA资质扩项。检测业务新签合同额同比增长76%。

全面深化改革 改革三年行动及“双百行动”任务完成率达到100%，改革经验入选国资委国企改革三年行动典型案例。

治理体系更加成熟定型。加快完善国有企业法人治理体系，中国特色现代企业制度更加成熟定型。修编完善治理主体权责清单和议事规则，严格落实董事会六项职权，确保各治理主体议事决策界面清晰、科学高效。实施经理层任期制和契约化管理，有效激发经理层成员干事创业的热情。

科技创新效能明显提升。推行新型研发团队首席研究员（PI）负责制，首批2个PI团队新签合同额突破1000万元。改革重大科技项目组织模式，实施首批7个“揭榜制”项目及4个“挂帅制”项目。在南方电网率先试点“成果知本券”。探索实施科技项目经费“包干制”。

“三项制度”改革持续深化。全面建立覆盖经理层、中层、专家、员工的四级契约体系，新聘管理人员100%竞争上岗。推动薪酬进一步向绩效优者倾斜，绩效工资占比提高至70%。试点实施项目跟投激励，首批试点项目5年内预计实现营收超过2000万元。坚持重压重奖并举，聚焦关键核心技术人员实施科技人才专项激励，加大重大科技奖励、优秀技术服务激励力度。

管理提质增效 发展战略更加清晰明确。完成南网科研院发展战略及“1+5+12”“十四五”规划编制，确立战略定位和发展目标，明确“3+1”业务布局，系统谋划四方面11项战略举措。持续完善战略规划闭环管控机制，实现高效运转。

企业运作效率持续提升。全年累计争取财税优惠1.4亿元，年度成本费用占营收比77.76%，超额完成南方电网公司经营业绩考核挑战值。按期完成南网研究中心撤并工作，全面理顺企业经营结构。加强制度顶层设计，形成结构合理、层次清晰、要素齐全的制度图谱。全面完成制度简明化工作，制度压缩率26.32%。

内控风险管理体系更加完善。制定《南网科研院“十四五”法治建设行动计划》，全面建立“三位一体”内控管理体系，有序推进合规文化建设,牢牢守住制度防线、法律底线。建立安全生产风险分级管控和隐患排查治理双重预防机制，进一步压紧压实安全生产责任，全年未发生安全事故事件。严格落实疫情防控要求，有序组织疫苗接种，持续保持“双零”纪录。

人才队伍建设 加强领导班子自身建设。两名优秀年轻干部通过南方电网公司公开选聘进入经理层，新增党委委员3人，实现领导班子选齐配强和结构优化。大力培养选拔优秀年轻干部，“80后”年轻干部成为基层挑大梁主角。

高层次人才队伍建设成效显著。自主培养中国工程院院士1名，柔性引进2名院士，实施海外精准引才。实施高潜人才支持计划，选拔17名高潜人才配套专项资助经费，支持青年人才干事创业。1人获评中国电力科学杰出技术奖，1人当选IET Fellow，1人当选全球IEC青年专家，1人获评“国家网络安全先进个人”，1人获得南方电网公司个人一等功，7人受聘南方电网公司特级专业技术专家。

党的建设 始终坚持将政治建设摆在首位。持续学懂弄通做实习近平新时代中国特色社会主义思想，深入学习贯彻习近平总书记“七一”重要讲话精神和党的十九届六中全会精神，及时跟进学习习近平总书记重要讲话和指示批示精神，扎实推动南网科研院院党委学习“第一议题”57项落实举措落地见效。

始终坚持将党史学习教育贯穿全年工作。构建全覆盖党史学习教育工作体系，经验做法和实践案例多次得到南方电网公司肯定。扎实推进“我为群众办实事”专题实践，实施30项办实事举措有效解决员工“急难愁盼”问题。

始终坚持提高党的建设质量。扎实推进全国国企党建会五周年“回头看”工作，持续巩固扩大会议精神贯彻落实成果。构建科研院“党建领航”全面管理体系，为南方电网公司打造“强根固魂”党建体系进行有益探索。

始终坚持抓好基层打好基础。发布党支部工作手册，推动基层组织建设标准化规范化。持续强化“两个作用”，聚焦重点难点工作组建2支科技攻关党员突击队。1人获评“中央企业优秀共产党员”，直流国重实验室团队获广东五四青年奖章。

始终坚持全面从严治党。政治监督更加有力，开展巡视整改评估问效，扎实做好巡察审计工作。坚持一体推进“三不”，开展“靠企吃企”专项整治。强化监督执纪问责，全年未发生重大违纪违法案件。强化政治生态建设，狠抓政治生态调研问题整改，全覆盖开展“一对一”谈心谈话，持续保持风清气正的良好政治生态。

（王小春）

【南方电网能源发展研究院有限责任公司】

单位概况 南方电网能源发展研究院有限责任公司（简称南网能源院）是南方电网公司的全资控股子公司，于2017年8月21日发文成立，2017年12月14日核准工商登记注册，注册资本金1亿元人民币。2019年7月18日，增挂“南方电网改革发展研究中心”牌子。2021年8月2日，增挂“南方电网澜湄国家能源电力合作研究中心”牌子。代管“南方电网电力定额站”和“南方电力建设工程质量监督中心站”。

南网能源院是南方电网公司智库、共享服务平台企业，建立了涵盖能源电力政策研究、能源发展战略研究、改革发展与生产经营研究、投资与财务研究、电力规划研究、电力工程建设管理咨询、新兴业务研究咨询、国际业务研究咨询等具有南方电网特色智库机构的研究咨询业务体系。

南网能源院是中国能源研究会常务理事单位，国务院国资委中央企业智库联盟、中国电力企业联合会等12个协会组织的重要成员单位，是中国电机工程学会电力市场专业委员会秘书处、中国电力企业联合会技术经济标准委员会电网基建工程分会秘书处挂靠单位，2019年入选中国智库索引（CTTI）来源智库，获得工程咨询单位乙级资信（预评价）证书。2021年通过国家高科技企业认定。

2021年，南网能源院首次获得南方电网公司经营业绩考核A级、组织绩效考核B+级评价。2021年承担各类课题376项，同比增长51%，年度研究项目完成率100%；营业收入1.79亿元，同比增长33%，净利润1319万元，同比增长145%；劳动生产率83.23

万元/（人·年），同比增长 17.9%。安全生产保持平稳，未发生事故事件。

领导班子 2021 年南网能源院党委、董事会、监事、经理层人员任职情况如下。

1. 党委

书记：吴宝英

副书记：张良栋

委员：胡志广、程其云、龚鹤强（2021 年 5 月 25 日起）、左浩（2021 年 7 月 23 日起）

纪委书记：龚鹤强（2021 年 5 月 25 日起）

工会主席：左浩（2021 年 12 月 15 日起）

2. 董事会

董事长：吴宝英

董事：张良栋、于俊岭（2021 年 5 月 25 日起）、罗体承（至 2021 年 4 月 16 日）、庞准、黄家林、赵建华

职工董事：邹贵林（2021 年 12 月 8 日起）

3. 监事

监事：王静辉

4. 经理层

总经理（院长）：张良栋

副总经理（副院长）：胡志广、程其云、左浩（2021 年 5 月 25 日起）

组织机构 2021 年，南网能源院内设机构发生调整。4 月 2 日，计划科研部更名为计划生产部，成立新能源研究所，撤销能源供需研究所，质量管理研究中心更名为工程管理咨询中心，大数据与品控中心（期刊编辑部）更名为大数据中心（期刊编辑部）。8 月 20 日，党建监审部更名为党建工作部（工会办公室），组建监督部（纪委办公室），成立国际合作研究所（澜湄研究中心办公室）。

南网能源院设立了党委和以外部董事占多数的董事会，党委成员 6 名，董事会成员 7 名，配备监事 1 名，设置经理层；内部设有 6 个职能部门：办公室（党委办公室、董事会办公室）、计划生产部、人力资源部、财务管理部、党建工作部（工会办公室）、监督部（纪委办公室）；5 个研究所：能源战略与政策研究所、企业管理研究所、投资与财务研究所、新能源研究所、国际合作研究所（澜湄研究中心办公室）；4 个中心：电力规划中心、咨询评审中心、技术经济中心（定额站）、工程管理咨询中心（质监站）；1 个直属机构：大数据中心（期刊编辑部）。

重大课题研究 2021 年，南网能源院承担的国家部委、五省区政府部门、央企智库和南方电网公司重大研究课题 200 项。

承担国家部委研究课题 29 项。其中，中财办研究课题 3 项；国家发展改革委研究课题 5 项；国家能源局研究课题 15 项；国务院国资委研究课题 6 项，牵头课题“国有企业全要素生产率的核算与应用研究”“做强做优做大国有资本和国有企业的有关问题研究”为 2021 年十大重点研究课题。首次承担中财办“双碳”背景研究课题，为国家顶层设计提供科学依据。首次揭榜国务院国资委年度重点课题，“中央企业研发投入对标研究”相关成果纳入国企改革三年行动有关文件。

承担五省区及澳门特区政府研究课题 12 项。其中，广东省发展改革委研究课题 2 项，贵州省能源局研究课题 4 项，海南省发展改革委研究课题 5 项，澳门特区环境保护局研究课题 1 项。首次承担澳门特区政府碳减排可行路径研究课题，实现境外政府机构委托项目零的突破。

承担央企智库联盟等智库研究课题 21 项。其中，央企智库联盟研究课题 18 项，中国工程科技发展战略广东研究院研究课题 1 项，中国工程科技发展战略云南研究院研究课题 1 项，中国能源化学地质工会研究课题 1 项。研究涵盖“双碳”、能源发展战略、电力体制改革、国企改革、科技创新、供应链管理、国际合作等，数量位居央企智库首位。

承担南方电网公司总部研究课题 117 项。其中，承担重点软课题 8 项，一般软课题 41 项，“四类项目”14 项，重大研究专项 9 项，创新项目 26 项，各类研究专题 19 项。2021 年获得南方电网公司领导批示 19 次，参与完成的“基于解放用户理论的现代供电服务体系研究与实践”获南方电网管理创新特等奖；参与完成的“数据资产评估研究与实践”获得 2021 大数据“星河”标杆奖；牵头“研发投入加计扣除研究”项目开创了成果价值直接量化的先河。

承担分子公司软课题、管理创新等研究课题 21 项。

改革创新 累计完成改革三年行动计划任务 25 项，总体改革进度 92.5%，基本完成改革三年行动任务。落实南方电网公司要求，完善法人治理结构，健全董事会专门委员会及选举产生职工董事，拟订各治理主体权责清单和议事规则。三项制度改革深入推进，完善“三能”制度机制，优化薪酬分配，健全用工管理，全面施行划小分配单元，实现薪酬与业绩正向联动、用工与效率效益挂钩。撤销三级机构，实现组织机构扁平化，深化契约化管理，实现管理人员任期化。改革实践入选南方电网公司改革范本案例。强化支撑服务功能，组建监督部、新能源研究所、国际合作研究所，优化成立工程咨询中心。提升数字化支撑水平，建成知识管理平台、能源战略与市场研究子平台。推进电碳耦合系统研究实验室建设，申报国家能源研发创新平台。推进重组广州电力设计院工作。

经营管理 深度融入南方电网公司生产经营管控

体系，成为标准设计与典型造价 V3.0 牵头编制和运维单位。明确为安全风险管控体系、资产全生命周期管理体系等支撑服务主体。巩固优化总部技术服务及软课题大合同，创新“框架协议+订单委托”模式，为解决年度经营不平衡问题探索了新路径。初步形成技术服务、软课题项目、创新项目、体系支撑服务四大支柱，经营基本盘逐步稳固。推进依法治企，完成制度简明化工作，结合审计发现问题立行立改，加强全面风险和内控管理，修编内控管理文件，健全合规审查机制，开展国家安全保密警示教育宣传，依法经营、依规管控水平进一步增强。成功通过国家高新技术企业认定。

高端智库建设 全面承接南方电网公司发展战略纲要（2021 年版），编制南网能源院发展战略（2021 年版）和“十四五”发展规划，推动南方电网公司出台支持南网能源院改革发展意见。聚焦智库建设关键因素，开展不断学习、价值认同、科学求实、优质服务、质量第一、尊才重智的智库精神文化建设、高层次领军人才建设、全面质量提升等三大专项行动。深化与国务院发展研究中心等高端智库的交流合作，智库“朋友圈”再扩大、再加强。2021 年发表高水平论文 44 篇，同比增长 69%。获得授权专利 21 项，同比增长 91%。承担行业标准编制 13 项，印发 7 项，编制能源行业首个数据资产定价方法，制定网、省两级输配电业务成本支出标准。出版学术专著 7 本。获得中电联电力创新奖、南方电网公司创新奖等共计 33 项，管理创新类奖项跃居全网第一。创办“澜湄国家能源经济动态”，丰富了智库产品体系。开通“南网能源院”学术交流公众号，开辟了传播新渠道。举办 2021 年南方电网能源发展论坛暨南网能源院研究成果发布会，发布年度报告 13 本，引发行业广泛关注。

人才队伍建设 健全选、用、育、留、激全过程的人才工作体系，制定 7 个配套方案与 14 项管理制度，覆盖机构变革、干部选用、用工优化、员工进出、考核激励以及人才发展全过程。实施“高层次领军人才建设”行动，推进 21 项关键举措、50 项任务，打造高层次领军专家，促进高端人才更优。健全专业岗位体系，创新构建“研究员”“管理师”岗位序列，畅通员工发展通道，入选中国智库综合评价内部治理创新类参考案例。截至 2021 年底，国务院特殊津贴专家、广州产业领军人才、教授级高工高经等跃升至 20 人，增幅 40%；2 人获聘南方电网公司战略专业技术专家，其中首席专业技术专家 1 人；18 人获聘领军级、拔尖级专业技术专家；人才当量达 1.74，位列南方电网公司系统前列。

党的建设 坚持以政治建设为统领，严格落实“第一议题”机制，制定实施《南网能源院党史学习教育方案》，完成宣讲、培训、组织生活会等规定动作，多种形式学好党史“必修课”。制定《南网能源院党史学习教育“我为群众办实事”专题实践活动方案》，出台员工满意率提升举措 18 项，健全党委委员一对一联系群众、党支部工作联系点等机制，用心用情解决群众“急难愁盼”问题。开展中心组集中学习研讨和党员理想信念教育，制定意识形态责任清单，定期研究、检查。做好新闻宣传和舆情管理，在人民网、光明日报等主流媒体刊登文章 70 余篇，在南方电网公司级媒体刊登稿件 60 余篇，开通能源院公众号，发布原创文章 60 余篇，编发《南网能源院 e 月刊》12 期。2021 年未发生舆情事件。实施“智库精神文化专项行动”，提炼六方面智库精神文化内涵。压实全面从严治党责任，制定党委及领导班子成员全面从严治党责任清单，落实党委管党治党主体责任、党委书记抓党建第一责任人责任、班子成员“一岗双责”；制定《南网能源院党支部党建工作责任制考核评价管理实施细则》（2021 年版），开展 2021 年党支部党建责任制考核，压实党支部全面从严治党责任。大抓支部、大抓基层，“四同步”完善支部设置，党支部均按期换届，选举产生党支部书记和委员。制定《党支部党建规定动作指引》，指导党支部做实做细“六个一”。依托重大课题设立 13 个党支部书记项目，成立 3 支党员突击队，推动党建工作与智库建设深度融合。制定党建带团建工作举措，支持群团组织活动。加强党风廉政建设和反腐败工作，设立监督部，健全“大监督”体系，制定《南网能源院关于完善监督体系提高党委监督能力的工作细则》，编制《南网能源院 2021 年度监督计划》，推动监督体系“五项机制”有效运转。加强党风廉政建设和反腐败重点问题治理，巩固提升中央巡视整改成效。深入整治“靠企吃企”问题，开展 8 个领域专项整治，员工对形式主义官僚主义整治满意度为 9.5 分（满分 10 分）。完善内控管理手册和廉洁风险防控库，一体推进“三不”。常态化开展纪律教育和警示教育，完成纪律教育学习月系列活动。

主要事件

1 月 8 日，由中国信息协会主办的第十届中国能源企业信息化大会暨成果发布仪式在北京举行，南网能源院“能源经济管理知识管理体系构建与应用”成果获评 2020 中国能源企业信息化管理创新奖。

1 月 14 日，南方电网公司副总经理陈允鹏到南网能源院开展工作调研，听取了 2020 年工作情况以及 2021 年工作计划情况汇报，并提出了相关工作建议。

1 月 29 日，南网能源院召开第一届职工代表大会第二次会议暨 2021 年工作会议。

1 月 29 日，南网能源院召开西部优秀创新人才座谈会，党委书记、董事长吴宝英、相关部所中心负责人及导师、西部优秀创新人才培养对象出席。

2月3日，南网能源院召开2020年度党员领导干部民主生活会，南方电网公司党组成员、副总经理陈允鹏出席会议。

2月8日，南网能源院召开2021年党风廉政建设和反腐败工作会议。

2月18日，南方电网定额站发布《中国南方电网有限责任公司数据资产定价方法（试行）》，是能源行业央企首个数据资产定价方法。

3月4日，南网能源院组织全体领导干部和党支部书记参加了南方电网公司党史学习教育动员部署会。

3月29日，南网能源院召开经理层成员任期制和契约化签约仪式。南网能源院董事会审议通过了经理层成员任期制和契约化管理工作方案，并举行经理层成员任期制和契约化管理签订仪式。

3月30日，南网能源院被选举为广东省工程咨询协会理事单位。

4月24日，南方电网公司《数字电网推动构建以新能源为主体的新型电力系统白皮书》正式发布，发布会后，作为深度参与公司新型电力系统研究单位之一，吴宝英董事长接受了中新社、中国经济导报、中国能源报、广东电视台、南网新闻等媒体采访。

4月25日，南网能源院以综合排名第一的成绩，中标南方电网有限责任公司2021—2022年A类电网基建项目可行性研究评审框架招标项目。

5月17日，南网能源院公众号正式上线，通过新媒体传播优势，打造互动交流的研究成果交流平台，搭建专业的能源学术沟通桥梁。

5月31日，南网能源院应对新型冠状病毒感染肺炎疫情工作领导小组召开会议，研究印发《南网能源院关于落实属地分级分类防控要求做好近期疫情防控工作方案》，全面开展新型冠状病毒风险排查。

6月28日，南网能源院党委隆重开展了庆中国共产党成立100周年主题党日，向党的百年华诞献上最诚挚的祝福。

7月1日，南网能源院党委组织党员、团员和统战对象代表集中收看庆祝中国共产党成立100周年大会电视直播，聆听习近平总书记“七一”重要讲话。

7月5日，南网能源院召开党委会议，专题学习习近平总书记“七一”重要讲话精神。

7月15日，南方电网公司董事、党组副书记毕亚雄到南网能源院调研，了解南网能源院职能定位作用发挥情况，并就南网能源院推进三项制度改革、澜湄国家能源电力合作研究中心筹建等工作作出指示。

8月9日，南网能源院开展学习贯彻落实习近平总书记“七一”重要讲话精神专题宣讲，党委书记吴宝英作专题宣讲。

8月10日，南网能源院召开2021年年中工作座谈会，提出充分发挥中央研究院作用，主动服务能源转型发展，全面参与构建新型电力系统。

9月13日，南方电网澜湄国家能源电力合作研究中心受邀参加中国—东盟智慧能源合作与发展论坛，南网能源院董事长、党委书记吴宝英参加会议并作主题演讲。吴宝英在演讲中提出，将致力与澜湄国家能源电力研究咨询机构合作，为澜湄区域的能源电力发展搭建一个学术研讨交流平台，服务南方电网公司全面履行大湄公河次区域（澜湄区域）电力合作中方执行单位职责，共同为澜湄区域经济协调发展特别是区域能源电力高质量发展提供智力服务。

9月22日，南网能源院副总经理程其云带队前往贵州省能源局及毕节市政府，分别与贵州省能源局副局长谌毅业、毕节市政府副秘书长周选明进行座谈。各方围绕服务碳达峰碳中和目标以及构建新型电力系统等主题展开了深入沟通，进一步推动了贵州省能源局与南网能源院战略合作协议签订事宜。

10月13日，2021国家能源互联网大会在山东省淄博市举行。张良栋总经理应邀出席会议。

10月19日，程其云副总经理带队前往国家能源局开展交流，分别与国家能源局安全司司长童光毅、新能源司副局长任育之、电力司副局长郭伟进行座谈，就服务国家能源电力发展开展深入沟通。

10月26日，南网能源院组织召开统战工作对象和团员青年座谈会，董事长、党委书记吴宝英出席会议，办公室、人力资源部、党建部负责人列席会议。

11月10日，中国能源研究会综合能源服务专委会成立大会及第一届委员会选举大会在北京举行，张良栋总经理当选专委会副主任委员。

11月17日，南网能源院举办2021年管理人员培训暨“能源院大讲堂”，南网能源院党委书记、董事长吴宝英作题为“立足新发展阶段 科学构建新型电力系统”的授课。

11月26日，南网能源院召开南方电网能源发展论坛暨南网能源院研究成果发布会，南方电网公司董事、党组副书记毕亚雄出席会议并致辞。

12月31日，南网能源院召开2021年各部所中心负责人座谈会暨2021年第四次党委理论学习中心组集中学习研讨。

【西安热工研究院有限公司】

单位概况 西安热工研究院有限公司（简称西安热工院）是中国电力行业国家级热能动力科学技术研究与热力发电技术开发的机构。主要专业于1951年在北京创建，1965年迁址西安成立西安热工研究所。先后隶属燃料工业部、电力工业部、水利电力部、能源部、国家电力公司，期间随国家电力体制改革依次更名为电力工业部热工研究院（1994 年）、国家电力公司热工研究院（1998 年）、国电热工研究院（2001 年）。2003 年，成为中国华能控股，中国大唐、中国华电、中国国电集团公司（后重组为国家能源集团）、中国电力投资集团公司（后重组为国家电投）参股的有限责任公司，并正式更名为西安热工研究院有限公司。

领导班子

董事长、党委书记：苏立新

总经理、党委副书记：王月明

副总经理/副院长、党委委员、工会主席：牟春华

副总经理/副院长、党委委员：吕怀安

纪委书记、党委委员：何敏强

副总经理/副院长、党委委员：曾卫东

总会计师、党委委员：张良

组织机构 职能管理部门略有变动，海外事业部更名为海外事业部（国际合作部）。目前，职能管理部门共 13 个（办公室、科技环保部、市场部、人力资源部、财务与预算部、党建工作部、审计部、安全监管部、纪律检查部、事务部、海外事业部、采购管理部、教育培训部）；此外，科技环保部增设科技规划处、实验室管理处。

专业部门略有变动，电站清洁燃烧国家工程研究中心更名为清洁低碳热力发电国家工程研究中心、专业部门（公司）设立安全监督管理机构。截至 2021 年底，专业部门共 22 个（其中研究中心 4 个）。

产业公司略有变动，成立了西安西热产品认证检测有限公司，截至 2021 年底，除母公司外，共有二级子公司 16 家（其中全资子公司 5 家，控股子公司 2 家，参股子公司 6 家），有分公司 3 家。

人员情况 2021 年末，在岗职工 1178 人。其中：硕士及以上学历人员 713 人（其中博士 121 人）；高级工程师及以上职称资格人员 377 人（其中正高级工程师 167 人）。

科技工作

1. 科研奖项

获 2021 年度陕西省科学技术奖 2 项，其中二等奖 1 项，三等奖 1 项（主持完成 2 项）：气体燃料超净燃烧关键技术及装备研制与应用（二等奖）；背压发电机接入厂用系统保护控制关键技术研究与应用（三等奖）。

获 2021 年度中国电力科学技术奖 9 项，其中一等奖 2 项，二等奖 3 项，三等奖 4 项（主持完成 7 项）：全国产分散控制系统研制与应用、超（超）临界电站锅炉高温腐蚀防治技术及应用（一等奖）；基于燃料全流程在线监测的锅炉智能燃烧技术及工程应用、陶瓷催化过滤管一体化脱除多污染物技术研发及应用、基于热量流法的热电机组灵活高效集成与调控技术（二等奖）；电站空冷系统系列标准体系建设、W 火焰锅炉安全、清洁、高效大比例燃用烟煤技术研究与应用、火电机组余能利用的智慧供热关键技术及应用、气液转移法氨逃逸在线监测技术研究及装置应用（三等奖）。

获 2021 年度中国电力企业联合会电力创新奖 16 项，其中一等奖 6 项，二等奖 10 项（主持完成 16 项）：电热灵活联供与协同调控关键技术及应用、电站空冷系统综合提效技术及应用、基于数据驱动的燃煤机组启动全过程总控制技术研究与应用、超超临界机组灵活智能管控一体化关键技术研究与应用、以生产管理和技术指标双提升为目标的发电设备评价体系建设与应用、大型新能源基地生产集中监管与智能决策系统的研究及应用（一等奖）；气体燃料超低氮燃烧关键技术装备的研发与应用、超（超）临界机组热力设备腐蚀防治技术开发及应用、在线监测技术的锅炉多参量动态平衡燃烧技术开发与应用、W 火焰锅炉安全高效燃用烟煤技术研究与应用、气液转移法氨逃逸在线监测技术研究及装置应用、水汽氢电导率智能监测关键技术的研究及应用、电站锅炉及空预器性能试验标准化研究及应用、陶瓷催化过滤管一体化脱除多污染物技术研发及应用、火电厂海水淡化工程调试及膜注法水处理装置验收系列标准的指定与应用、DL/T 1929—2018《燃煤机组能效评价方法》等 4 项标准（二等奖）。

获 2021 年度中国能源研究会能源创新奖 6 项，其中一等奖 1 项，二等奖 2 项，三等奖 3 项（主持完成 6 项）：电站空冷系统综合提效技术及应用（一等奖）；火电机组灵活热电联供及智能控制关键技术与规模化应用、W 火焰锅炉安全、清洁、高效大比例燃用烟煤技术研究与应用（二等奖）；火电机组智能管控平台及其关键技术开发与工程应用、发电厂水汽氢电导率智能化监测关键技术研究及应用、相控阵超声检测技术在汽轮机叶轮轮缘反 T 形叶根槽检测中的研究及应用（三等奖）。

获 2021 年度中国电力建设企业协会电力建设科学技术进步奖 5 项，均为二等奖：火电机组灵活热电联供及智能控制关键技术与规模化应用、电站锅炉及空预器性能试验标准化研究及应用、水汽氢电导率智能监测关键技术的研究及应用、新型加氧处理技术及装置的研发及应用、发电厂水汽质量标准及其关键指标检测方法系列标准。

获 2021 年度中国锅炉与锅炉水处理协会 3 项，均为二等奖：高效超超临界机组安全燃用高硫煤关键技术研究与应用、工业锅炉超净燃气燃烧器关键技术与设备的研发与应用、锅炉受热面管材缺陷在役检查关键技术及应用。

获2021年度中国核能行业协会1项，为二等奖：大型核电弹簧基础汽轮发电机组轴系振动特性及预治理技术研究。

2021年，西安热工院共有19项科技成果通过技术鉴定（8项为国际领先水平、11项为整体国际先进，部分国际领先）："高温气冷堆核岛三大冷却系统化学清洗关键技术研究及应用""电站锅炉环境障涂层防护技术""火电机组高效灵活智能管控一体化技术研究与应用""电热灵活联供与协同调控关键技术及应用""大型核电弹簧基础汽轮发电机组轴系振动特性及预治理技术研究""超超临界电站锅炉管抗蒸汽氧化涂层技术与应用""燃气蒸汽联合循环机组烟气脱硝技术研究与应用""燃煤锅炉炉后高尘区粗颗粒飞灰预脱除与内构件减磨关键技术研究及应用"为国际领先水平；"火电机组余能利用的网源协同智慧供热关键技术及应用""SCR脱硝催化剂低负荷安全运行评估技术研究及应用""热、电双向宽域调节供热技术研究及工程应用""火电机组灵活热电联供及智能控制关键技术与规模化应用""背压发电机接入厂用系统保护控制关键技术研究与应用""全国产分散控制系统研制与应用""双馈型风力发电机多参量在线监测、检测和绝缘状态评估技术""海上风电场智慧运维关键技术研究及应用""热电联产燃机电站智能管理系统研发与应用""对冲燃烧煤粉锅炉全流程精准配风炉膛主动防腐技术及应用""燃煤机组烟气超低排放环保设施系统运行优化技术研究与应用"为整体国际先进，部分国际领先。

2. 专利

2021年，共获得授权国内专利1314项、国际专利20项。其中，发明专利70项、实用新型专利1244项（名称略）。2021年，西安热工院两项发明专利"超低氮多级可调强弱旋流对冲气体燃烧器""一种全尺寸烟气脱硝催化剂性能检测装置及检测方法和应用"专利技术荣获第二十二届国家专利优秀奖。

3. 软件著作权

2021年度获得软件著作权80项（名称略）。

4. 专著和论文

2021年，由西安热工院专业人员编著技术专著4部。在2021年度核心期刊及国内一级学会上，西安热工院专业人员共发表论文153篇（其中SCI论文12篇、EI论文19篇）。

5. 纵向科研项目

2021年获批科技项目55项，合同额89911.52万元，其中，专项经费79393.4万元，其中：国家重点研发计划项目4项，专项经费231万元；国家自然科学基金项目2项，专项经费79.8万元；省市及部委科技项目1项，专项经费30万元；中国华能科技项目48项，专项经费79052.6万元。

2021年执行科研项目共302项，其中：国家级科技项目26项，省市科技项目15项，中国华能科技项目108项，行业标准制修订项目1项，院自立研发项目121项，众创项目23项，其他科技项目8项，126个项目通过验收。

6. 关键核心技术研发

2021年，西安热工院持续推进核心技术攻关，取得重大突破。全国产化工控系统在水电、风电领域取得新突破，中国首台700MW水电机组国产计算机监控系统成功示范，2MW陆上风电和7MW海上风电全国产PLC成功投运。电力网络安全项目攻关全面完成，建成了行业领先的电力网络安全风险管控平台和综合试验平台。700℃高温合金材料研制任务提前完成，实现了全产业链技术自主可控。玉环三期650℃高效超超临界机组初步设计通过评审。研制出具有自主知识产权的F级燃机透平第1级动叶，打破国外技术与商业垄断。建成了世界上参数最高容量最大的超临界二氧化碳循环发电试验机组，实现了世界引领。

重大成果转化迈出关键步伐。国家能源首台（套）瑞金二期示范工程项目成功投产，主辅一体化DCS、全国产SIS、700℃高温合金、管道内涂层技术以及智慧电厂等多项领先技术同步示范，成为中国首个集成全国产DCS/DEH/SIS智慧电厂，标志着中国发电领域已形成了较为完整的全国产化安全工控系统。工控系统产业化推广步伐加快，18台机组的睿渥DCS替代项目全面推进实施，2台水电监控系统投运，山东、吉林等地88台风机PLC改造完成，取得了整片风场的国产化工控系统改造业绩，为后续大范围推广奠定了坚实基础。

7. 经营服务类技术项目

2021年，全年累计签订经营服务类技术项目3897余项，项目涉及火电、风电、水电、光伏发电、核电、煤炭、石化、有色金属以及市政等领域，涵盖国内32个省（市、区），并涉及国外1个国家和地区，项目执行情况得到广泛好评，收到来自国内外客户、项目合作方等发来的表扬信、感谢信共120多份，充分肯定了西安热工院的专业水平和服务质量。

加强技术监督预警，有效避免某电厂3号机组低压转子动叶片断裂事故。全年完成现场监督200多厂次，设备监造200余厂次，金属检验400余台次，提出问题建议1.7万余项，拒收重大质量风险设备2.8万件，累计完成了10台机组调试、200个项目性能试验和"一带一路"沿线8个国家12个海外技术服务项目，得到业主和总包方充分肯定。调试的华能罗源港项目获国家优质工程金奖，桑河二级水电站等3个项目获国家优质工程奖。

新能源领域技术服务全面铺开，完成了21个风电场风机出质保验收、7个风电项目业主工程师服务和4个海上风电场调试监督检查，牢牢把控系统内新能源电站制造、施工、调试、出质保交接、运行等全链条服务。储能技术服务取得新进展，国内首台储能系统辅助机组调频及黑启动试验在南山燃机取得圆满成功。产品认证、推广取得新成效，注册成立产品认证检测公司，获得国家认监委“认证机构批准证书”；推广锅炉给水加氧处理装置43台，油处理设备121台，实现合同额1.3亿元。

8. 科研平台和基础设施

科研平台和基础设施建设及运营积取得积极进展。持续完善科研项目的信息化管理，加强科技项目执行管理、科技奖申报等管理工作的信息化，促进技术数据库的建立和知识积累。“清洁低碳热力发电系统集成及运维国家工程研究中心”入选国家新序列首批名单（为电力行业唯一一家），牵头在电力网络安全等3个领域申报国家重点实验室和研发中心。深化产学研结合，努力打造现代产业链“链长”，牵头组建650℃高温材料及部件、超临界CO_2循环发电等2个创新联合体。

9. 资质证书

西安热工院的质量、环境、职业健康安全管理体系（三标一体）证书以及工程咨询、电力工程调试、设备监理、特种设备（压力容器）检验、环境工程设计、热喷涂、电力设施承试、节能服务专项资质等各项专业资质全面有效保持；高新技术企业证书有效保持；获得工程监理乙级资质。

10. 技术报告

2021年，完成各类技术报告5000余份。

国际标准化工作　2021年，西安热工院成功发布国际标准1项，共计6项国际标准成功立项。同时，在执行的国际标准项目达到10项（主导8项，参与2项）。在2021年5月第五届丝绸之路国际博览会暨中国东西部合作与投资贸易洽谈会“标准化与现代产业体系”高峰论坛上，西安热工院承担的IEC/TC5秘书处作为陕西省两项重大标准化成果之一郑重发布。国家标准化管理委员会，陕西省政府共同为IEC/TC5秘书处揭牌，进一步提升了西安热工院的行业影响力。

2021年，IEC TR 63388《热电联产发展报告》正式发布，这是由西安热工院主持制定的首个国际标准，是西安热工院在国际标准化工作中取得的重大突破。

科改示范行动　“科改示范行动”不断深入。2021年，累计完成三年改革任务25项，占总任务的93%。改革工作得到各级领导的充分肯定，以优异成绩被国资委评为科改示范标杆企业（发电行业唯一一家），特色经验作为典型案例在国资委《国企改革三年行动简报》上刊发。

其他荣誉　2021年，西安热工院再次荣获华能集团“先进企业”“绩效考核A级企业”以及中国电建企协“中国能源研究会能源创新奖”“2021电力行业设备管理与技术创新奖”等荣誉；获评“国资委标杆级科改示范企业”；荣获“全国五四红旗团委”等。

国际合作与交流　2021年，西安热工院派员赴巴基斯坦、阿联酋、约旦、塞尔维亚、印度尼西亚、菲律宾、越南等7个国家进行技术服务，共计24批54人次。

加强与中国华能海外事业部、集团各驻外代表处、中电建海外投资公司、东方电气、哈电国际等单位的联系与交流，推进多米尼加、哈萨克斯坦、越南、科威特等国家电站改造项目前期工作。全年签订境外项目20项，合同额共计2800万元，累计执行8个国家的12个海外项目，为“一带一路”电力建设提供有力支持。

党建工作　党史学习教育取得阶段性成果。院党委及时召开会议，成立党史学习教育领导机构和工作机构，研究制定工作方案，明确8项重点任务。理论中心组学在前、当示范，坚持把学习贯彻习近平总书记“七一”重要讲话和党的十九届六中全会精神作为重点，开展学习研讨14次；党委书记以身作则，带头讲授专题党课，分享心得体会。开展党史学习读书班、知识竞赛、主题征文等建党百年系列活动，打造西安热工院党建云移动课堂，营造浓厚学习氛围。开展“我为群众办实事”实践活动，推动解决18项职工困难事、烦心事，主导办成的2项“实事”获集团通报表扬。精心组织召开专题组织生活会，精准查摆问题，制定整改措施136项并推动落实。党史学习教育得到中国华能巡回指导组充分肯定。

党建融入中心工作扎实有力。巩固深化全国国企党建会精神贯彻落实成果，组织开展“回头看”。聚焦科技创新大力实施“党建引领+”主题实践，与江西分公司联合开展“以党建聚力聚才，助推科技创新”党建共建活动，党员干部在重大任务面前冲在前、干在先的先锋模范作用得到充分发挥。西安热工院先后3次作为先进企业代表交流党建与科技创新工作深度融合经验。工会群团工作质量进一步提升，广大职工创先争优、建功立业的氛围更加浓厚。院团委荣获“全国五四红旗团委”荣誉称号。

全面从严治党持续向纵深推进。强化政治监督，研究制定关于加强对“一把手”和领导班子监督实施细则和政治监督事项清单，聚焦“关键少数”和科技创新、国企改革等重点领域开展检查督导，发布监督意见书9份，“两个责任”得到持续压实。深化巡视、审计和采购监督反馈问题整改，开展巡察整改“回头看”，整改成效得到持续巩固，工作经验在中国华能巡视巡察整改工作会上进行交流。落实上级部署，开展“靠企吃企”问题专项整治和化公为私问题自查自纠，严肃问题线索处置，释放越往后越严的信号。贯彻中央八项规定精神，持之以恒纠治“四风”，开展杜绝“微腐败”加强家教家风建设活动，引导干部职工廉洁从业、干事创业。

干部人才队伍建设得到新加强。加大年轻干部选拔，全年提拔 116 名中基层干部，“80 后”比例接近 80%。鼓励优秀干部通过竞争上岗等方式脱颖而出，2021 年，全院公开竞聘率同比增加 22%。坚持管理人员“能上能下”，对 4 名能力不足的基层干部进行调整。贯彻中央人才工作会议精神，加强人才引进、培养和选拔，新招录的 97 名应届毕业生中清华、交大等 985 高校占比近 80%；6 人入选中国华能首席专家，推荐 5 人申报国家和地方科技领军人才。

挂靠的行业学会、质检中心、标委会、硕士点、博士后站、专业期刊 中国电机工程学会五个专业委员会（火力发电专委会、热工自动化专委会、金属材料专委会、清洁低碳发电专委会、电力化学专委会）和中国电力设备管理协会发电设备技术监督专业委员会，均按计划举办了学术研讨会、技术交流会等科技活动，取得良好成效。

“电力工业热力发电设备及材料质量检验测试中心”“电站工业发电用煤质量监督检验中心”“电力工业热工计量测试中心”等中心的工作有序进行。

一个国际标准化技术委员会秘书处（IEC/TC5），两个国家标准化技术委员会（全国电气化学标委会、全国电站过程监控及信息标委会）和七个电力行业标准化技术委员会（电站锅炉标委会、电站汽轮机标委会、电厂化学标委会、电站金属材料标委会、电站阀门标委会、热工信息与自动化标委会、联合循环发电标委会），均按计划组织开展了标准的制（修）订、审查和宣贯工作；其标准化工作通过了国家标准化管理委员会、中国电力企业联合会标准化中心等组织的年度检查。

硕士学位授予点：研究生教育质量持续提升，在与高校联合培养方面继续创新、取得良好效果；招生、教培、科研、学位评定等工作按计划进行。2021 年内，研究生毕业并获硕士学位者 4 人，新招收研究生 9 人；在读研究生 18 人。

博士后科研工作站：2021 年，新进站博士后 3 人；年内在站博士后 4 人；科研工作如期进行。

由西安热工院与中国电机工程学会共同主办的专业期刊《热力发电》，全年按计划完成 12 期出版任务，进一步在专刊专栏策划方面发力，影响力显著提高。2021 年，《热力发电》首次入选中国科学引文数据库（CSCD）核心库，标志着期刊学术水平得到普遍认可；入选三秦卓越科技期刊重点期刊，为陕西省 170 余种科技期刊中入选的 23 种期刊之一；再次入选北大中文核心期刊，这是《热力发电》连续第 9 次入选中文核心期刊；入选清华大学“三高期刊”；影响力指数（CI）达到 900.103，继续位列能源与动力工程学科 56 本期刊第 1 名。《热力发电》编辑部被评为首届西牛奖十佳编辑团队。

主要事件

1 月 25 日，西安热工院召开五届五次职工代表大会暨西安热工院及创新中心 2021 年工作会议，西安热工院党委书记、董事长、华能创新中心执行董事苏立新作了题为“坚决扛起科技自立自强重任　奋力谱写高质量发展新篇章”的工作报告，会议传达了中国华能 2021 年工作会议精神，分析了面临的形势与存在的问题，对 2021 年工作进行了具体部署。会议还表彰了 2010 年度先进集体、优秀项目组、优秀干部和先进个人。

2 月 8 日，根据陕西省高新技术企业认定管理工作领导小组办公室发布的《关于公示陕西省 2020 年第三批拟认定高新技术企业名单的通知》，西安热工院再次被认定为陕西省高新技术企业，并授予证书。

3 月，由西安热工院牵头申请的国家“两机”重大专项基础研究项目首次获批立项，两机”重大专项是中国在“十三五”期间设立的航空发动机和燃气轮机重大专项。

4 月下旬，西安热工院研发的首台（套）全国产安全智能型全厂主辅设备一体化分散控制系统（DCS）软硬件通过出厂验收，由研发生产转入调试试运，标志着睿渥 DCS 系统实现了由电厂主设备控制向全厂设备控制的升级，对推动中国电力行业工控领域产业链的安全可靠、自主可控具有里程碑意义。

5 月 10 日，根据 2021 年度第二十二届中国专利奖评审结果，西安热工院“一种全尺寸烟气脱硝催化剂性能检测装置及检测方法”“超低氮多级可调强弱旋流对冲气体燃烧器”2 项专利成果获得中国专利优秀奖。

5 月 19 日，华能睿渥 DCS 系统通过欧洲标准数十项 EMC 及 LVD 测试，取得第三方权威机构颁发的欧盟 CE 证书，标志着睿渥 DCS 的稳定性和可靠性达到国际标准要求，拿到了进入欧洲联盟市场的通行证。

5 月 30 日，根据国资委发布的《中央企业科技创新成果推荐目录（2020 年版）》，西安热工院“燃气轮机关键部件无损检测与评估技术”“燃气轮机关键部件故障原因分析技术”2 项技术入选。

6 月 25 日，西安热工院在北京召开 2021 年第一次股东会、六届一次董事会、六届一次监事会。根据本次股东会决议，西安热工院注册资本金由 10 亿元增至 30 亿元。

6 月 30 日，西安热工院研发的“新能源智能运维平台”在华能集团北线战略重点建设项目华能锡盟新能源基地正式投入运行。该平台的开发填补了华能集团新能源智能运维领域多项关键技术空白，对大规模推广应用具有重要意义。

7 月 19 日，根据国家发展改革委发布的《国家发展改革委办公厅关于印发新序列国家工程研究中心名单（第一批）的通知》，依托西安热工院设立的“电站锅炉煤的清洁燃烧国家工程研究中心”成为纳入第一批新序列管理的 38 家国家工程研究中心，并更名为“清洁低碳热力发电系统集成及运维国家工程研究中心”。

7 月 22 日，根据陕西省科技厅发布的《陕西高新技术企业发展评价报告(2021)》，西安热工院荣获2020年陕西省高新技术企业科技创新综合能力第一名。

7 月 29 日，西安热工院获得了陕西省住房和城乡建设厅颁发的工程监理乙级专业资质，该资质包含“电力工程”和“机电安装工程”两个专业资质。

8 月 6 日，由西安热工院联合南瑞继保公司、华能澜沧江公司完成的全国首台（套）700MW 水电机组国产计算机监控系统（华能睿渥 H316）成功投运，标志着华能睿渥在水电控制领域的重大技术突破和成功应用。

9 月 23 日，西安热工院自主研发的“华能睿渥”全国产分散控制系统（DCS）在华能瑞金电厂二期扩建工程百万千瓦超超临界二次再热机组成功投运，在国内首次实现全国产 DCS 全厂主辅一体化控制，在覆盖范围、应用技术等方面实现了新突破。

10 月 19 日，根据中国电机工程学会发布的《中国电机工程学会关于公布电力科技查新资质机构名单（第十批）的通知》，西安热工院成功取得电力科技查新资质（临时），成为陕西省境内取得电力科技查新资质的唯一一家单位。

10 月 25 日，根据陕西省知识产权局发布的《关于 2021 年高价值专利培育项目的公示》，西安热工院申请的“清洁低碳热力发电高价值专利培育项目”成功获批 2021 年高价值专利培育项目，本次高价值专利培育项目陕西省仅有四家科技型企业的项目获批。

11 月 12 日，由西安热工院牵头的全国首家 650℃超超临界机组高温材料及其部件制备创新联合体在西安成立，旨在进一步整合创新链、产业链上下游优质创新资源，汇聚各方力量，加快突破一批关键核心技术，共同构建起强大高效的创新合作模式和共性技术供给体系。

11 月初，根据国务院国有企业改革领导小组发布的“科改示范企业”专项评估结果，在纳入评估的 195 户国务院“科改示范企业”中，西安热工院获评“标杆”级，成为发电行业唯一入选的“标杆”级企业。

12 月 8 日，由西安热工院自主研发的世界参数最高、容量最大的超临界二氧化碳循环发电试验机组在华能西安热工院完成 72h 试运行。该机组发电功率为 5MW，其成功投运验证了超临界二氧化碳循环发电技术工业运行的可行性，有望彻底改变传统热力发电技术 140 多年来以水蒸气为主流工质的发电方式，标志着中国在超临界二氧化碳循环发电技术领域已处于世界领先水平。同月，西安热工院牵头成立了超临界二氧化碳循环发电技术创新联合体。

12 月 7 日，国际电工委员会（IEC）正式发布了由中国华能西安热工院提出的《热电联产发展报告》（IEC TR 63388 ED1）。这是由中国主持制定的首项热电联产领域国际标准，标志着中国在热电联产领域的国际标准取得“零的突破”。

（刘　沙）

【中国大唐集团科学技术研究总院有限公司】

单位概况　中国大唐集团科学技术研究总院有限公司（简称大唐科研总院）成立于 2013 年，紧密围绕在建在役发电资产开展技术服务，围绕生产、建设中的实际问题开展技术攻关，围绕企业未来转型发展开展技术研发，着力构建区域全覆盖、传统能源领域专业学科齐全的技术保障体系，形成以技术监督和有偿技术服务为基础的滚动发展模式，初步建成了中国大唐的技术监督中心、技术服务中心、科技研发中心和科技信息中心。

领导班子

党委书记、董事长：张勋奎

院长、党委副书记：沈刚

总会计师、党委委员：张小春

副院长、党委委员：金英强

党委委员、纪委书记：王博

组织机构　共设置 8 个职能部门，分别为办公室（法务风控部、审计部）、人力资源部、安全生产部、科研管理部、财务部、市场开发部、党建工作部、纪委办公室（巡察办公室）。8 家分子公司，分别为大唐东北电力试验研究院、大唐华东电力试验研究院、大唐中南电力试验研究院、大唐西北电力试验研究院、大唐华北电力试验研究院、大唐水电科学技术研究院、大唐（北京）能源科技有限公司、大唐可再生能源研究院。4 个直属机构，分别为科技创新中心、大数据中心、新能源技术服务中心、新能源研究中心。

人员构成　共有各级各类专业技术人员 1443 人，

其中：博士 58 人、硕士 662 人、高级职称人才 398 人。

主要事件

1 月 8 日，第 10 届中国能源企业信息化大会在北京召开，大唐科研总院的“工业主机安全可信免疫系统”荣获“2020 中国能源企业信息化产品技术创新奖”。

1 月 19 日，大唐南京热电有限责任公司 2 号机组一次性通过“72+24”h 满负荷试运行，至此，溧水项目两台机组正式移交投入商业运行，标志着中国大唐“十四五”期间第一个燃机项目顺利投产发电。

1 月 29 日，中国大唐集团科学技术研究总院有限公司召开 2021 年工作会议，全面贯彻党的十九大和十九届二中、三中、四中、五中全会精神，深入学习贯彻习近平总书记重要讲话和指示批示精神，认真落实中国大唐 2021 年度工作会议精神，总结工作、研判形势、明确目标，部署 2021 年重点任务。

2 月 1 日，中国大唐集团科学技术研究总院有限公司召开 2021 年安全生产工作会议，深入贯彻落实中国大唐 2021 年工作会议、安全生产工作会议和大唐科研总院工作会议精神，总结 2020 年安全生产工作，分析当前面临的形势任务，部署 2021 年安全生产重点工作，动员全系统广大干部职工坚定信心，以问题为导向，狠抓落实，为迎接建党 100 周年创造良好的安全生产环境，全面开启大唐科研总院二次创业新征程。

2 月 9 日，大唐科研总院董事长、党委书记王振彪一行到国家电投中央研究院进行交流调研，大唐科研总院副院长田高产陪同调研。

2 月 9 日，大唐科研总院召开 2020 年度党委书记抓党建工作述职评议视频会议。深入学习贯彻习近平新时代中国特色社会主义思想，全面贯彻落实党的十九大和十九届二中、三中、四中、五中全会精神，强化基层党组织书记履职能力，推动全面从严治党向纵深发展，推动党建引领“二次创业”新征程取得新成效。

2 月 25 日，大唐科研总院董事长、党委书记王振彪一行到东方电气集团科学技术研究院交流调研，大唐科研总院副院长田高产参加调研。

3 月 2 日，大唐科研总院召开安委会贯彻落实“保障全国两会电力安全，实现中国大唐首季开门红动员部署会议”精神。

3 月 10～12 日，中国大唐电力人身安全研讨会在大唐东北电力试验研究院召开。中国大唐生产运营部副主任刘银顺出席会议并讲话。

3 月 16 日，哈尔滨电气集团党委常委、副总经理吕智强一行到大唐科研总院进行研讨交流。大唐科研总院董事长、党委书记王振彪，院长、党委副书记沈刚参加交流。

3 月 31 日，大唐科研总院董事长、党委书记王振彪到大唐东营发电公司了解机组实际运行状况、督导落实达设计值等措施并开展相关调研工作。

5 月 19 日，大唐科研总院举办“碳中和、碳达峰”专题讲座，邀请华北电力大学张健博士作“双碳目标下的电力转型与煤电退出路径”的专题报告。

5 月 28 日，大唐科研总院组织开展党委理论学习中心组学习，专题学习研讨邹磊董事长在中国大唐党校 2021 年重点班次暨党史学习教育读书班开班式上的讲话精神。

6 月 29 日，中国大唐集团科学技术研究总院有限公司召开科研总院“两优一先”表彰大会暨党史学习教育专题党课。

7 月 1 日，大唐科研总院系统党员、入党积极分子、团员青年、统战人士代表、劳模先进、职工群众，共计 576 人集中观看庆祝中国共产党成立 100 周年大会，共设会场 33 个，其余职工根据工作情况通过移动设备观看直播盛况。

8 月 3 日，大唐科研总院召开 2021 年三季度党委理论学习中心组（扩大）专题学习研讨，深入学习领会习近平总书记“七一”重要讲话精神，传达学习中央政治局会议精神，贯彻落实中国大唐“七一”重要讲话精神研讨班、大唐科研总院“七一”重要讲话精神专题会议相关要求，认真谋划大唐科研总院 2021 年下半年工作。

8 月 6 日，由大唐科研总院组织承办的中国大唐“十大”科技攻关项目评审会顺利召开。

8 月 12 日，中国大唐集团有限公司党组副书记、董事时家林到科研总院调研指导工作。时家林充分肯定了科研总院在科技创新、改革发展工作中取得的成绩，并就下一步工作提出具体要求。

8 月 13 日，大唐科研总院与中国电科院电池储能技术共享实验室签约揭牌仪式在智慧能源技术研究院举行。

8 月 17 日，大唐科研总院召开科技创新专题会暨专业技术委员会工作启动会。

8 月 31 日，大唐科研总院召开 2021 年第三次党建双月例会，会议深入学习习近平总书记“七一”重要讲话精神，传达贯彻中国大唐党建工作双月例会、学习贯彻习近平总书记“七一”重要讲话精神交流座谈会暨全国国企党建会“回头看”工作推进会精神，安排部署下阶段党建重点工作。

9 月 14 日，中国大唐集团有限公司外部董事陈琦良、李定成、杨海滨到科研总院调研指导工作。

9 月 17 日，大唐科研总院召集 ICS 研发工作中期协调推进会。

10 月 26 日，大唐科研总院以“现场+视频”的形式举办2021年职工创新创效大赛决赛。

12月16日，大唐科研总院召开第一届董事会第一次会议。董事长张勋奎主持会议并讲话，董事沈刚、米克艳、杨琳出席会议。

（张军威）

【中国大唐集团技术经济研究院有限责任公司】

单位概况 中国大唐集团技术经济研究院有限责任公司（简称大唐技经院）成立于2009年，是服务和支撑中国大唐投资决策的咨询机构，负责全产业项技术经济论证、中国大唐产业政策研究等，业务涉及投资项目前期立项、核准、开工、生产运营各阶段全过程咨询服务。

领导班子

党委书记、执行董事、总经理：李霄飞

党委委员、副总经理、纪委书记、工会主席：翟国寿

党委委员、副总经理：王志勇

党委委员、副总经理：夏怀祥

党委委员、总会计师：刘卫程

组织机构 本部共有2个职能管理部门，分别为综合部（党建工作部、纪委办公室）、财务部。

人员组成 现有职工65人，其中，硕士研究生学历21人，本科研究生学历41人，大专学历1人；正高级专业技术资格7人，高级专业技术资格25人，中级专业技术资格15人，初级专业技术资格11人，无专业技术资格人员7人。

年度工作 聚焦服务中国大唐主责主业，投资发展决策支撑作用有效发挥，建立和完善全产业、全过程的评审体系，项目评审、工程咨询工作流程更加清晰，评审效率大幅提高，形成了一支能够支撑中国大唐投资发展的专业队伍。全年共完成项目评审302项，共计容量5112万kW。全面加强能力建设，产业政策研究工作取得突破，产业研究体系和产业研究能力初步建立，聚焦投资发展重点方向和重点领域，进行多项专题研究，助力集团战略规划落地落实，编制《能源政策研究参考》，编写《抽水蓄能电站发展策略研究》等专题报告。积极推进改革任务，体制机制迸发活力，通过系列机制改革，达到了人岗适配、择优聘用的效果，为各类人才职业生涯发展搭建了平台，重实干实绩的用人导向和激励导向牢固树立，职工主动性、创造性得以充分激发，确保提质增效各项指标全面完成。

【华电电力科学研究院有限公司】

单位概况 华电电力科学研究院有限公司（简称华电电科院）前身是电力工业部水力发电建设总局机械设计室，于1956年10月在上海建立；2002年，根据国务院有关科研事业单位转制为企业的要求，划归中国华电集团有限公司（简称中国华电）；2009年，更名为华电电力科学研究院；2016年，经中国华电党组研究决定，华电电科院成为中国华电直接管理的集团部门副主任级单位。2017年12月28日，由全民所有制企业改制为一人有限责任公司，更名华电电力科学研究院有限公司。2018年，经中国华电党组研究决定，华电电科院与中国华电集团科学技术研究总院有限公司整合，成为中国华电直接管理的集团部门主任级单位。2021年，推动法人治理体系建设，建立外部董事占多数的7人董事会。

截至2021年底，共有员工1051人，高级职称350人，中级职称379人；建有院士工作站、博士后科研工作站2个人才培养平台；拥有国家领军人才2人，浙江省领军人才3人，中国华电集团公司优秀中青年人才选拔培养计划7人，浙江省跨世纪学术和技术带头人“151”人才3人，杭州市领军人才3人。

华电电科院资产总额12.02亿元，其中流动资产7.66亿元、非流动资产4.36亿元；非流动资产中，股权投资2.13亿元，占总资产17.75%；固定资产净值1.58亿元，占总资产13.13%；无形资产净值2084万元，占总资产1.73%。

领导班子

党委书记、董事长：李立新

党委副书记、董事、总经理：严新荣

党委副书记、副总经理、工会主席：庄荣

党委委员、副总经理：申宇、常浩、范炜

党委委员、纪委书记：张长胜

组织机构 截至2021年底，华电电科院设置有8个职能部门，其他内设19个部门、4家分院和6家所属企业。

工作业绩 2021年，华电电科院全面完成了中国华电下达的各项任务目标，获评中国华电先进企业。经营质量持续提高，新签合同9.24亿元，创历史新高，实现营业收入7.96亿元，利润总额6428万元，净利润5853万元；价值创造显著提升，聚焦集团和发电企业核心需求，实现价值创造20.3亿元，同比增加14%；科技创新卓有成效，燃机领域取得3项关键核心技术标志性重大成果，助力中国华电在自主可控工控系统方面实现重大突破，火电企业碳排放监测与全过程管控、综合供能系统负荷预测及集成优化等2项成果获得电力创新一等奖；专利授权321件，其中发明专利50件，同比增加8.7%。

经营管理 经营管控能力持续提升。加大集约化采购力度，实现集约化采购成本下降9.7%；以数据融合为抓手提升采购监管效能，采购节资率升至11.4%；深入实施财税筹划，降减免税费约1300余万元。

资产质量持续向好。常态化开展“两金”清理，健全协调管控机制，“两金”余额压降1.28亿元、降

幅 25%，全面超额完成“两金”清理目标任务；完成质检中心清算注销、北京华源股权处置。

安全环保 管理基础更加扎实。风险隐患两个清单的双重预防机制进一步完善，编制涉电作业安全措施 89 项；紧盯“两外”、交通、临时聘请专家等重点领域，织密安全监督网络；7 家单位获评中国华电本安五星企业、2 家单位获评中国华电安全环保先进企业；各级负责人带头讲安全、学法规，开展培训教育 180 余场次；组织全员安全生产大讨论，细究事故根源，提升安全意识；务实开展应急演练约 80 次，全面提升应急处突能力；踊跃开展安全生产月活动，组织安全宣传“五进”活动 20 余次。

疫情防控有力有效。坚持常态化防疫排查和日报机制；基本实现疫苗接种“应接尽接”；严格落实境内外重点区域、重点人群疫情防控要求，有效保障职工生命安全和身体健康。

项目发展 推进风光储项目前期技术服务工作，开展 467 万 kW 125 个新能源项目技术尽调；完成浙江丽水分布式光伏整县推进申报、2000 余万 kW 新能源基地规划和 20 余项综合能源规划，有效助推区域能源结构转型升级。

开展水轮机超宽负荷稳定运行及提效改造，助力宝珠寺等水电站发电效益提高 3%以上；流域梯级水光互补优化调度关键技术成功在贵州北盘江流域应用，提高流域清洁能源大规模消纳水平；开展乌江流域水电机组调峰容量与应急保障能力提升服务，提高机组汛期应急保障及效益能力；推进大坝安全专项整治三年行动，升级大坝安全运行分析系统。

“一厂一策、一机一策”推进机组灵活性改造及能效提升，完成 15 台机组灵活性改造、18 台机组能效提升可研；推进 3 台机组新型凝抽背改造，新增供热能力超 900 万 m^2；完成 12 台典型机组碳监测项目，有效助力国家碳监测评估试点工作全面开展。

完成中国华电智能供热平台项目一期建设目标，推动中国华电供热板块业务数字赋能提升和智慧管控创新；开展 5 家水电新能源数字电厂示范建设并成功验收，半山燃机电厂运行优化及故障预警诊断平台上线，助力集团数字电厂取得新成效；西藏 DG 电站数字电厂建设应用系统与首台机组同步投入运行，为基建水电数字化打造样板案例。

建立能源保供应急支持机制，第一时间响应现场支持 212 项，助力中国华电在五大发电集团非停机组最少；开展 25 个区域生态环保督导工作，实现区域督导全覆盖；统筹开展 39 项专项检查和特种设备检验；新能源诊断平协助企业完成 192 台次治理，提升发电量超过 1 亿 kWh；火电远程节能诊断平台协助企业实现节能效益 3000 余万元；支撑中国华电光伏技能大赛、水电和风电检修大赛培训选拔工作，助力专业人员技能提升。

改革创新 核心技术攻关取得新突破。牵头破解 9E 燃机控制系统“黑匣子”，打破国外 E 级燃机控制策略和逻辑算法的封锁；牵头完成的 130MW 燃机透平一级动叶及三级复环国产化制造技术成果通过专业机构评审，建立了制造工艺开发、首批样件制造以及质量检测保障体系，初步整合了国内燃机高温通流部件国产加工制造产业链；牵头负责的燃机智慧运维云平台业务正式上线，成为行业首个基于自主可控基础软硬件产品和自主可信安全技术的行业级平台，打破国外燃机厂商在基础软硬件、诊断算法上的垄断；牵头负责的中国华电十大重点科技项目“电力市场化区域能源一体化运营策略”通过验收。

重大课题立项取得新进展。高效低成本钙钛矿光伏项目顺利揭榜国家能源局“揭榜挂帅”项目，联合申报的重型燃气轮机国产化控制系统获批能源领域首台（套）重大技术装备项目；“基于工业互联网的智能发电及安全管控一体化平台的研发和应用”项目获批浙江省 2022 年度“尖兵”“领雁”研发攻关计划；风电场数字化耦合等 5 个项目均以第一的成绩成功揭榜中国华电首批“揭榜挂帅”项目。

科技创新研究取得新收获。获得 14 项各级科技奖励荣誉；3 项联合主导的国际标准成功立项，9 项主导的行业标准成功发布；碳排放监测技术成果获评国家市场监管总局检验检测促进创新发展优秀案例，4 项案例成功入库首批中央企业数字化转型典型场景；《发电技术》期刊入选中国科技核心期刊；国家能源分布式能源研发中心在全国 88 个创新平台考核评价中成为 8 个“优秀”创新平台之一；承担的氢能产业链、储能产业策略等 11 项政策研究课题获中国华电优秀成果。

党的建设 深入学习贯彻习近平新时代中国特色社会主义思想。坚持把学习贯彻习近平新时代中国特色社会主义思想和党的十九届六中全会精神作为首要政治任务来抓，全面学、系统学、深入学；严格贯彻落实“第一议题”制度，切实把学习成果转化为推动华电电科院高质量发展的生动实践。

开展庆祝建党 100 周年系列活动。开展党史知识竞赛、主题歌会、向老党员颁授“光荣在党 50 年”纪念章等系列活动，营造庆祝建党 100 周年浓厚氛围；开展现场教育、多期专题培训班，开设“星火百年”等专栏，组织“红色院线”展播，促进党史学习教育更加鲜活、更具感染力；开展“我为群众办实事”活动，切实把好事办实、把实事办好。

推进全面从严治党向纵深发展。开展“小散远”等“靠企吃企”专项整治，进一步防范廉洁风险；贯彻落实对“一把手”和领导班子的监督，持续跟进巡察整改；深入开展“三清”企业创建，营造风清气正的良好政治生态。

持续推动党建工作与生产经营融合。组织“三提三促”劳动竞赛，2名职工分别荣获“浙江工匠”“电力工匠”称号；团委获评中国华电“五四红旗团委”；大力推动青年创新创效，在中国华电第十届青年创新创效成果评选中斩获2金1银。

信息化建设 持续提高信息化管理水平。建设华电电科院OA共享中心，实现数据的分类汇总、分权访问、共享共用；武汉、成都办公区接入中国华电统一管控网络，实现所属办公区的内网全覆盖。

【国家能源集团科学技术研究院有限公司】

单位概况 国家能源集团科学技术研究院有限公司（简称国家能源电科院）是国家能源集团全资子公司、国家级高新技术企业，是发电专业门类齐全、节能环保技术领先的产业研究院。拥有国家级研发平台3个，省级重点研发试验平台3个，全国博士后科研工作站1个，江苏省企业研究生工作站1个，是中国电机工程学会环境保护专业委员会、电力行业环境保护标准化技术委员会挂靠单位，编辑出版《电力科技与环保》期刊。

主营业务范围：发电企业技术监督与技术服务、电力生产过程试验及研究、电力建设项目环境影响评价、火电节能减排及环保治理、工程技术咨询、技术培训等，为国家能源集团电力产业安全生产、绿色发展提供技术支持和保障。

国家能源电科院领导班子共有7人。现设9个部门、3个直属机构和8家基层单位。现有员工738人，硕士及以上学历人数占比达50%，获得中级及以上专业技术职称人员占员工总数的76%。

自2001年以来，已连续8次被评为江苏省优秀文明单位，近7年连续被评为国家能源集团年度考核A级单位。资产总额从2000年转制成立之初的1888万元增长到现在的11.40亿元，营业收入从3110万元增长到6.28亿元，累计获得省部级科技奖77项、授权核心发明专利152项。

主要指标 2021年，国家能源电科院完成公司本部5名经理层成员及子分公司32名经理层成员岗位聘任协议和经营业绩责任书签订，营业收入6.28亿元，利润总额5645万元，净利润5074万元，分别同比增长14.2%、4.3%和12.4%；全员劳动生产率59.61万元/人，超目标值1.2个百分点；科技投入5.22亿元，研发费用2.45亿元，生产经营各项指标实现新提升、新突破，荣获国家能源集团年度经营业绩考核A级。

党建工作 坚持以习近平新时代中国特色社会主义思想为指导，学习领悟党的十九大和十九届历次全会精神，领会“两个确立”的决定性意义，开展党史学习教育，坚持“第一议题”制度，坚决贯彻落实国家能源集团党组的各项决策部署，把握两个“一以贯之”，坚持党对国有企业的领导和建立现代企业制度协同发力，持续推进党建工作与生产经营深度融合，充分彰显党委领导力、支部战斗力、干部执行力；深化巡察成果运用，坚持把巡察整改与公司治理结合起来，严督实导提升巡察整改工作质效，推动问题整改“清零”。

科技创新 一是科技创新体系健全完善。坚持以公司为主体，以专家委员会和创新战略联盟为两翼，建立“决策、管理、执行”三级协同管理模式，形成“一体两翼、三级管理”的科技创新体系。二是科研平台建设持续优化。成立了直属机构“重点实验室”，着力加强三个国家级研发平台的建设、运行和维护，完成了清洁高效燃煤发电与污染控制国家重点实验室重组方案的编制与答辩；国家环境保护大气物理模拟与污染控制重点实验室研究向煤电深度调峰污染控制及核电、风电等清洁能源应用转型，开展风电场微观选址风洞实验和风电场24h发电量预测模拟研究。三是科技创新成果亮点纷呈。全年荣获多项省部级科技奖，包括中国电力科学技术进步奖一等奖1项（国家能源集团内唯一），环境保护科学技术奖二等奖1项，中国电力科学技术进步奖三等奖2项，江苏省科学技术奖三等奖1项，江苏省职工十大科技创新成果1项；申报专利128项，其中发明专利77项；编制并发布标准15项，其中国家标准3项、行业标准5项；5项自主研发技术鉴定为国际领先；1人当选俄罗斯自然科学院外籍院士，2人获评中国电力优秀科技工作者；“火电厂运行优化与排放检测”研发团队获得国家能源集团“优秀科技创新人才团队”称号；全年完成成果转化落地应用22项，签订转化合同2922万元。

生产运行 把握“电力生产技术监督服务和生产运营技术研究”的定位，以服务好国家能源集团电力产业发展大局为己任，充分发挥技术优势与人才优势，持续做强主责主业，完成各项技术监督与服务工作。

一是高站位组建技术监督中心。对接国家能源集团信息化管理部，完成技术监督平台服务器及数据迁移，增加新能源板块功能，实现技术监督平台管理统一有序、网络安全可靠、功能日趋完善。

二是高水平开展技术监督服务。全年共执行155家企业技术监督管理与评价，覆盖装机容量1.26亿kW（不包括风电122.7万kW），发现各类问题22781项，全部提出改进措施，其中重大问题改进措施238项；完成日常技术支持与服务2282项，顾客满意率99.6%；主持完成国家能源集团较大技改项目评审评估457项，召开技术监督专项会议34场，完成技术监督培训2200人，值长培训1332人，培训任务完成率208.7%；

建立技术监督工时工效体系并初见成效，相比 2020 年，火电评价平均下降 40 个人工日，其他评价下降 10 个人工日以上。

三是高标准助力能源电力保供。面对国家能源集团煤电机组非停及出力受阻，迅速成立工作专班、建立工作机制，年内完成非停和出力受阻的核查分析、报告编制，助力国家能源集团实现保电保供目标。

四是高质量发展特色检测业务。开拓煤电基建金属监督项目，扩大压力容器检验业务，发现危害性缺陷 160 余项；开展催化剂全寿命管理，完成新购催化剂性能检测 1.08 万 m^3，完成 39 台运行机组催化剂的性能检测与评估；完成 48 家电厂检测服务，累计覆盖国内七成以上燃机电厂。

五是持续深化煤电机组能耗评价。制定火电产业节能降耗方案，完成了国家能源集团 115 台机组性能测试和 24 台机组能耗诊断，并对 378 台机组能耗情况进行了全面分析。

六是持续推进“三改联动”升级改造。参编《全国煤电机组改造升级实施方案》，编制完成国家能源集团《“十四五”煤电升级改造高质量发展方案》；按照“一机一策”原则，制定 247 台机组节能改造、172 台机组供热改造、248 台机组灵活性改造的实施路线。

七是持续跟进绿色低碳发展方向。成立“碳达峰碳中和”技术研究委员会，采用物联网技术助力光伏电站全生命周期检测，承担了国家能源集团所属 11 家光伏发电企业的技术服务；针对国家能源集团风力发电机组，开展叶片复合材料检测、金属部件检测、电气设备试验等技术服务。

经营管理 依法治企建设全面强化。加强顶层设计，夯实发展基础，形成 9 大类、26 个专业、257 项制度，构建了覆盖全部业务和管理领域的完整制度体系，实现了制度流程化、流程信息化；扎实推进“法治国家能源”建设，不断完善合规管理和法律风险防范工作机制；建立健全以总法律顾问制度为核心的公司法务制度，法律事务逐级审核把关，重要事项法律审核率达 100%。

内控管理水平全面提升。充分运用“四重一要”、首办督办工作机制，完成督办事项 107 项；建立内控体系运行常态化、长效化机制，强化风险管控和预警，抓实缺陷整改；构建以业财联动为基础的精细化管理机制，实现了业务部门价值创造与财务部门价值管理的深度融合。

重大改革 紧抓国有企业改革三年行动契机，全面推进各项改革。截至 2021 年底，改革三年行动任务完成率达 81.6%；“职位职级、全员绩效考核、薪酬激励”三大体系加快构建，公司经理层任期制和契约化管理实现全覆盖；完成本部机关化改革和子分公司全员定岗定编，配齐配强本部部门、直属机构负责人和子分公司领导班子，干部结构更加合理；优化薪酬分配，推动月度、季度考核，打破“平均主义”，充分激发员工积极性；加快董事会建设，建立董事会制度，形成“党委统一领导、董事会战略决策、管理层落实执行”基本治理架构。

战略合作 紧跟国家能源政策、能源发展方向的变化，紧跟国家能源集团电力产业转型升级，建立公司市场工作机制，出台《市场工作管理体系建设方案》，着力推动市场信息的交流转化，全年发布市场简报 4 期，收集市场信息 160 余条，储备 2022 年项目 40 个。定期走访省级公司和发电企业，与河北、浙江、神皖、国神、工程公司等签订合作协议，推进深度合作，维护良好关系。

安全环保 安全生产工作管控有力。开展安全生产专项整治行动，动态梳理整改“两个清单”9 项 27 款 43 条；强化现场安全管理，实施作业风险分级管控，完善作业风险数据库，执行“一表两单”；持续推进安全生产标准化建设，建立《现场作业和实验室安全标准化规范》，完成标准化复评，有力促进了公司现场作业和实验室安全生产标准化水平提升。

安全管理体系运转有力。建立健全全员安全生产责任体系、制度体系和目标考核体系，推进安全生产运营管控平台的开发与建设，切实提高安全生产集中调度、管理、信息报送、数据汇总和监督管理水平。组织开展“3·1 事故警示日”“安全生产月”“百日”劳动竞赛等活动，进行常态化应急演练。

完成 8 家发电企业安全生产专项督导、10 家企业安全环保专项督查，以及部分基层单位重大环境问题隐患整改情况复查，参加国家能源集团电力基建工程安全大检查。完成火电、水电、风电和光伏企业安全性评价标准修订，以及《“十四五”电力产业安全生产工作规划》等材料的编写。

疫情常态防控坚实有力。迅速落实党中央、国务院和国家能源集团、地方政府对疫情常态化防控要求，完善疫情监测三道防线，严格落实主体责任；针对公司人员分布广、流动性大的特点，严格重点人员管理，落实好四方责任；加强对进入公司及所属各单位的快递物流、冷链物资的消杀和采样检测，确保外防输入不留死角；积极推进疫苗接种，员工疫苗 2 针接种率 100%，第 3 针接种人员已近一半。

信息化建设 网络安全与信息化推进有力，实行网络安全零报告机制；推进 360 防病毒系统安装和软件正版化工作，办公终端设备安装完成率和正版化率达 100%；保质保量完成 ERP 等系统建设任务和信息化专项工作；依托国家能源集团统一网站群技术平台，完成外网网站建设。

社会责任 企业社会责任持续彰显，持续开展“城乡结对、文明共建”结对帮扶工作，保持“江苏省文明单位”称号；完成“我为群众办实事”项目97件，投入资金1000余万元，显著改善了员工工作环境、丰富了业余生活、保障了员工健康安全，提高了员工的获得感、幸福感。

主要事件

3月5日，国家能源电科院锅检公司负责的国家重大科学仪器设备开发专项项目子课题“电磁超声无损检测设备系统在智能电网中的应用开发”通过了国家科学技术部综合验收，填补了国内利用电磁超声技术检测架空地线的行业空白。

3月18日，国家重点研发计划“大气污染成因与控制技术研究”专项“重点工业源大气污染排放标准评估与制修订关键技术方法体系研究”项目依托单位中国环境科学研究院，在北京组织召开了“基于实测的火电厂大气污染物排放规律研究与排放标准实施评估”课题绩效评价会（验收会）。

3月31日，国家能源集团党组书记、董事长王祥喜赴电科院调研企业发展情况。

4月2日，由环保院联合南京大学共同申报的《长江三角洲城市群大气复合污染气象驱动机制研究》荣获自然科学奖二等奖，该奖项全国共授予4个项目。

4月11日，由环保院生态所主持编制的海南省保亭西坡110kV输变电新建工程环境影响报告表顺利通过技术审查，该项目是由海南省生态环境厅审批的首个输变电（生态影响类）环评项目。

5月21日，国家能源电科院作为中国电机工程学会电力环境保护专业委员会的挂靠单位，在中国电机工程学会第十一届理事会第五次会议暨2021年工作会议上，中国电机工程学会电力环境保护专业委员会被授予“2020年度中国电机工程学会先进集体”。

5月25日，国家能源电科院与国家能源集团江苏电力有限公司在宁签署战略合作框架协议。

5月26日，环保院承接的国家能源集团万安水力发电厂生态治理和水土保持监测项目正式启动。

7月2日，环保院主持编制的220kV万宁气电至官塘线路新建工程环境影响报告表技术审查会在海口召开，并通过专家评审。

8月30日，由环保院环工所承担的国能黄金埠发电有限公司余干县江埠乡180MW渔光互补光伏项目最高限价合同全部履约完成，标志着电科院首个光伏最高限价编制项目获得成功。

9月9日，国家能源电科院党委副书记、总经理许琦一行赴华电电力科学研究院有限公司开展对标调研工作。

9月15日，大气物理研究所申请的“基于环境风洞试验的煤燃烧过程有机物排放特征研究”获得青年基金项目资助，这是环保院独立获批的第一个江苏省自然科学青年基金。

10月12日，环保院牵头承担的国家能源集团首个国际标准ISO 29461－7：Air filter intake systems for rotary machinery-Test methods-Part 7：Filter element endurance test in fog and mist environments（燃机进气过滤器耐水雾性能测试方法）获得ISO/TC 142国家成员体和欧洲标准委员会34个国家成员体有效投票数的100%赞同票，通过标准草案征询（DIS）阶段。

11月8日，国家能源电科院“基于GHz级局放检测的大型水轮发电机定子绕组绝缘状态评价关键技术研究”经中国电力企业联合会组织的专家组鉴定，项目成果整体达到国际先进，系统采样率等指标达到国际领先水平。

11月30日，国家能源电科院申报的“燃气轮机进气系统保障技术和应用”项目荣获“江苏省职工十大科技创新成果”。

11月30日，2021年中国电机工程学会年会召开，环保院“复杂工况下燃气轮机进气温度运行控制与集成优化关键技术及其应用”项目荣获2021年度中国电力科学技术进步奖一等奖，是国家能源集团2021年唯一的中国电力科学技术进步奖一等奖，也是国家能源电科院连续第三年荣获中国电力科学技术进步奖一等奖；环保院“基于多场耦合的电除尘深度提效技术研究与应用”项目和电研公司“二次再热超超临界机组性能深度诊断关键技术研发及应用”项目荣获中国电力科学技术进步奖三等奖；国家能源电科院王圣和李忠华荣获2021年度中国电力优秀科技工作者奖。

12月2日，锅检公司“金属材料力学性能仪器化压痕法检测技术研究”项目获得2021年度电力科技创新奖一等奖，“大直径三通检测及缺陷处理”项目获得职工技术创新奖三等奖。

12月20日，国家能源电科院董事会2021年第一次会议在南京仙林院区召开。

（薛洋企）

【国家能源集团新能源技术研究院】

单位概况 国家能源集团新能源技术研究院有限公司（简称国家能源新能源院）成立于2010年7月，公司注册资本金1亿元，是国家高新技术企业，国家能源集团前沿研究院之一。目前，新能源院主要聚焦于智慧能源、综合能源等原创技术的研发，为新型电力系统产业链链长提供科技支撑，开展CCS/CCUS核心技术研发与集成创新，同时，开展电力技术监督及技术服务相关工作。

截至2021年12月31日，国家能源新能源院有正式员工 201 人，设有 6 个职能部门和 5 个研究中心，建有 2 个院士专家工作站、2 个博士后工作站和 2 个研究生工作站。

领导班子

党委书记、董事长：伍权

总经理、党委副书记：褚景春

党委委员、纪委书记：齐志国

党委委员、副总经理：崔青汝、周正武、卓华

副总经理：何鲲

主要指标 2021 年科技研发收入 0.40 亿元，产业服务收入 1.46 亿元，房租收入 0.51 亿元，总营业收入 2.37 亿元，营业总成本 3.80 亿元，净利润 – 1.40 亿元，较考核指标 – 1.81 亿元减亏 0.41 亿元，减亏幅度 23%。全年劳动生产总值实现 1.43 亿元，全员劳动生产率 65.57 万元/人。

重大改革 3 月，按照国家能源集团区域电力体制改革总体部署，国能国华（北京）电力研究院业务和人员并入国家能源新能源院，建成各级研发平台 12 个，科研基础和服务能力进一步增强，形成“科研 + 服务”的业务格局，具备为国家能源集团科技研发、工程建设和生产运营提供“三位一体”服务的核心能力与独特优势。

经营管理 完善“四层级、双维度”全面预算管理体系，强化十余项重点指标跟踪管理，有力推动业 – 财融合，为增收降本增效起到良好效果。人财物资源配置持续优化，全员劳动生产率稳步提升。加强成本费用管控，压缩非生产性支出，七项费用管控进一步精细化，同口径同比压降 6.8%。实施年度亏损治理方案，拓展技术服务业务范围，强化经营扭亏措施，加强院区房屋租金收缴清欠。房屋收缴完成预算任务 116%，追回历史欠款近 4000 万元。全年净利润较考核指标减亏 4164 万元，完成国务院国资委亏损企业治理目标任务。

科技创新 2021 年共计开展科研项目 85 项，承担国家科技计划项目及课题 13 项，省部级项目 3 项，国家能源集团十大重点攻关项目 5 项。全年共获得科技奖 9 项，其中中国电力科学技术二等奖 2 项、三等奖 2 项；电力创新一等奖 1 项、二等奖 1 项；能源创新奖三等奖 2 项；国家能源集团科技进步二等奖 1 项。申请专利 38 项目，获授权专利 19 项，发表论文 6 篇。国家能源新能源院主编的首个金属微创技术行业标准《金属材料微型试样室温拉伸试验规程》经国家能源局发布，填补了电站材料评价领域标准的国内空白。自主完成锦界电厂“15 万 t/年 CO_2 捕集与封存/驱油全流程示范工程”关键技术研发和工程整套调试，多项技术指标达到世界领先水平，为在泰州电厂建设 50 万 t/年二氧化碳捕集与综合利用科技示范项目打牢基础。牵头开展国家重点研发计划“工业锅炉节能与清洁燃烧技术研发”项目，实现 5 座燃煤工业锅炉节能减排工程示范和 1 座链条炉低温余能利用改造工程示范，推动中国工业锅炉行业整体技术进步。超疏水涂料实现新环境应用，防污自清洁效果获得电厂认可。风电场智能扇区管理系统成功在山东公司泗水风电场投运，发电年均出力提高 4.23%。自主研发智能精准喷氨成套技术完成 5 台机组应用推广。

安全环保 2021 年为 27 家电厂 81 台机组共 4820 万 kW 机组提供技术服务，发挥安全生产的保障作用。为国家能源集团化工产业板块 8 家热电中心提供技术监督服务，建立技术监督体系。为国家能源集团各二级单位评审技改方案 412 项，为 22 台机组开展大修方案评审。强化指挥调度、助力能源保供，全力推进国电电力、山东公司、河北公司、内蒙古公司等公司所属电厂煤电机组隐患排查、故障分析、技术监督、事故抢修等技术支持工作。对 107 台机组、76 个非停和降出力情况，均提出专业措施及技术建议。

战略合作 2021 年 10 月，国家能源新能源院与中国电科院签署合作框架协议，充分发挥各自资源和技术优势，为构建以新能源为主体的新型电力系统开展紧密合作。2021 年底，国家能源新能源院加入“新型电力储能技术创新联合体”和“海上风电友好并网技术创新联合体”，进一步推动储能和海上风电技术攻关和行业交流，搭建起新型电力系统建设共享合作平台。

党群工作 组织开展庆祝中国共产党成立 100 周年系列活动，开展“两优一先”先进表彰，“100 天 100 年，我们这样学党史”、“青”读百年党史、“知史爱党、砥砺前行”特色学习等学习教育活动。把党史学习与学习贯彻党的十九届六中全会、习近平总书记“七一”重要讲话、视察榆林化工重要讲话等结合起来，同落实国家能源集团“十四五”科技工作规划结合起来，以“四融合四增强”措施为抓手，开展党建与科技“融合示范党支部”建设工作，推动党建工作与科技创新深度融合互促，融合示范取得实质性进展。深化“社会主义是干出来的”岗位建功活动，评选表彰岗位建功先进集体 2 个、先进个人 5 人。为命名挂牌国家能源集团“奋进十四五”党员先锋队、党员示范岗的 10 个项目团队举行授牌仪式。

主要事件

2 月 9 日，国家能源集团新能源技术研究院有限公司 2021 年工作会暨党建纪检工作会议、工会第一次会员大会召开。

3 月 23 日，国家能源集团发布通知，将中国神华能源股份有限公司国华电力分公司管理的国能国华（北京）电力研究院有限公司并入国家能源集团新能源

技术研究院有限公司。管理权于当月31日移交。

3月24日，国家能源集团发布通知，任命伍权为国家能源集团新能源技术研究院有限公司党委书记、董事长。

4月14日，国家能源集团发布通知，褚景春任国家能源集团新能源技术研究院有限公司总经理。

4月15日，国家能源集团新能源技术研究院召开干部大会，国家能源集团党组副书记王敏参加并讲话。重组后的国家能源新能源院设立5个研究中心及6个职能部门，调整成立6个基层党支部。

6月10日，国家能源新能源院与浙江大学和中国可持续发展研究会气候变化工作委员会共同承办了中国二氧化碳捕集利用与封存（CCUS）示范项目交流研讨会。国内CCUS领域，电力、煤炭、石油、化工等行业的相关专家、学者、科研人员近200人参会。

6月25日，国家能源新能源院牵头的国家重点研发计划课题项目——锦界电厂“15万t/年燃烧后二氧化碳捕集和封存（CCUS）全流程示范工程”和“千吨级燃煤电厂烟气二氧化碳固体吸附工业验证装置”通过168h试运行，成功实现国内燃煤电厂最大规模的烟气二氧化碳捕集，主要指标达到世界先进水平，为燃煤电站实现真正意义上的近零排放提供了技术支撑。

7月21日，“国家能源集团材料微创技术研究中心”作为首批国家能源集团级研发平台，在国家能源新能源院获批建设，有效提高了国家能源新能源院在材料微创领域的科技创新能力和安全生产保障能力。

9月3日，国家重点研发计划“工业锅炉节能与清洁燃烧技术”项目课题正式启动综合绩效评价，进入冲刺阶段。该项目将显著提升中国工业锅炉行业整体技术水平，对推动中国煤炭清洁利用和节能减排技术发展具有重要意义。

10月21日，国家能源新能源院与中国电科院签署合作框架协议，双方将为构建以新能源为主体的新型电力系统开展紧密合作。

10月28日，碳捕集技术攻关团队荣获国家能源集团优秀科技创新团队称号，国家能源新能源院获评国家能源集团“人才培养基地”。

10月29日，国家能源新能源院以优质技术力量助力电热保供，成立能源保供技术专班，为治理煤电机组非停和缓解出力受阻难题提供有力支撑。

11月22日，“国家能源集团综合能源仿真实验室”获准建设。该实验室以综合能源仿真技术为支撑，为新能源出力特性分析、综合能源容量优化配置、多能互补协同调控等关键技术研发提供赋能平台，标志着新能源院提升综合能源领域的科研能力上迈出重要一步。

11月23日，国家能源新能源院承担的北京市体制机制创新课题“新能源场站智能管控平台研建（2020年）”通过结题验收。课题围绕新能源场站性能监测及故障诊断、新能源发电出力及互补特性、多能互补调控运行策略、智能管控平台开发方面开展关键技术攻关，为提升新能源场站智能化管控和并网消纳水平提供了技术积累和平台支撑。

12月2日，国家重点研发计划课题“可控高温预热解超低NO_x排放高效燃尽关键技术研究”通过综合绩效评价验收。该技术的成功实施突破了超低氮燃烧的技术瓶颈。

12月10日，国家能源新能源院董事会2021年第一次会议在北京举行。

12月20日，国家重点研发计划课题“富氧燃烧高效低成本运行关键技术与示范”项目通过验收，为推动中国富氧燃烧碳捕集技术向大型化方向发展做出了积极贡献。

12月13日，风电场智能扇区管理技术在泗水风电场完成工程应用，国家能源新能源院在风电控制技术领域首次实现成果突破。该技术通过分析尾流影响，优化场内机组偏航角，降低场内机组的总功率的损失，提高整场的发电量，实现能源供给能力提升，为风力发电的提质增效提供了可靠的技术支持。

12月17日，国家能源新能源院召开党员大会，顺利完成“两委”换届。大会总结了新能源院过去五年党委、纪委各项工作，明确了今后一段时期党建纪检工作思路和重点任务，选举产生了新一届党委、纪委领导班子。

12月20日，国家能源新能源院自主研发的国内首个燃气机组精准智能脱硝系统成功投运。精准喷氨研究成果曾获“中国电力科学技术进步奖”“中国能源技术创新奖”等多个奖项，目前已在6家电厂共计11台机组实现产业化应用，为国家能源集团节能环保绿色发展提供了有力技术支撑。

（张姝丽）

【国家能源集团技术经济研究院】

单位概况 国家能源集团技术经济研究院（简称国家能源技经院）由原国电技术经济咨询中心与原神华研究院于2018年5月整合成立。2020年5月，国家能源集团下发“三定”方案，明确技经院“主要承担国家能源集团发展战略研究、投资项目技术经济评价、信息情报研究服务等职能，受托管理国家能源集团档案业务”。

国家能源技经院为中央企业智库联盟成员、北京市高新技术企业，入选中国社科院评选的核心智榜单，对外以“国能经济技术研究院有限责任公司”（中国神华全资子公司，由原“神华科学技术研究院有限责任公司”更名而来）为运营实体。

组织机构 截至2021年底，国家能源技经院设置综合管理、战略研究、项目评价、信息情报及档案管理4类18个部门（包括综合管理部、组织人事部、纪委办公室、财务部和科研发展部等5个综合管理类部门；企业战略研究部、能源经济研究部、宏观政策研究部、能源市场分析研究部和产业政策研究部等5个战略研究类部门；煤炭和运输产业评价部、电力产业评价部、煤化工产业评价部、新能源产业评价部、工程造价评审部、综合项目评价部等6个项目评价类部门；信息情报部和国家能源集团档案馆等2个信息情报类部门）。

人力资源 2021年，国家能源技经院通过改革划转、系统内招聘、接收毕业生等方式，全年调入52人，为历史调入人员最多年份。1月，调入科环集团1人；6月，接收原国华研究院23名员工；7月，根据国家能源集团《关于调整技经院机构编制的批复》（国家能源组织函〔2021〕330号），增设产业政策研究部，人员编制增加至147人；8月，2名2022届博士毕业生入职；11月，通过组织选调和系统内招聘调入9名员工；12月，根据《关于国家能源集团技术经济研究院和中国神华国际工程有限公司业务调整的通知》（国家能源组织〔2021〕703号），增设综合项目评价部，中国神华国际工程有限公司17名员工划转至本院。

截至2021年底，国家能源技经院有合同制员工147人，同比2020年增长50%。其中：男91人、占62%，女56人，占38%；中共党员116人、占79%，民主党派1人、占1%，群众30人、占20%；大学本科及以下26人、占17%，硕士89人、占61%，博士32人、占22%；高级职称（正高级、副高级）84人、占57%，中级38人、占26%，初级及以下25人、占17%；35周岁以下38人，占26%，36至40周岁43人、占29%，41至45周岁26人、占18%，46至50周岁16人、占11%，50周岁以上24人、占16%，平均年龄41岁。

经营管理 2021年，在国家能源集团党组的坚强领导下，国家能源技经院党委围绕国家能源集团“六个开新局”工作要求，精诚团结，勤勉工作，超额完成企业年度经营业绩指标，稳步推进一流智库建设。

落实改革三年行动各项措施。结合智库特点，制定推动“改革三年行动实施方案”，抓实抓牢21项重点领域、70条具体改革措施，年度完成70%以上改革任务，达到国资委、国家能源集团督导有关要求。

构建现代企业治理体系。根据国家能源集团相关要求，修订公司章程，完成了董事会建立，实现外部董事任命并占多数，建立董事会相关管理制度。高效推行契约管理，与经理层成员签订聘期合同和绩效合约，明确任期、奖惩条件和职责分工等，实现“身份管理”到“岗位管理”转变。

全面推进依法合规治企。更新完善“三重一大”及决策事项清单，持续健全党委领导下的董事会、党委会、总经理办公会、总经理专题会分级授权和经营决策的管理机制。深化内部控制体系建设与重大风险动态跟踪监控，落实法治建设与合规经营。全年新订、修订规章制度26项。

推进提质增效管理提升。全年组织召开党委会、总办会等各类会议256次；接收公文1896件，发文及会议纪要607件，流转签报600件，公文待办处理流转速度同比提升34%；召开采购与招标领导小组会议17次，审议采购事项71项，全年完成物资与服务类采购78项，采购金额5974万元，单项采购完成天时数同比缩短50%；审核合同146份，实现合同线上审核率100%，涉及金额3.2亿元。全年各项综合事务实现管理“零差错”、内控“零风险”、廉洁“零举报”，在依法合规基础上，全面提升管理效能与效率。

建立明确的奖惩机制。组织与全院各部门签订年度绩效指标考核责任书，明确考核任务和指标，细化分解各类经营业绩指标，与中层管理人员签订岗位聘任协议和绩效考核责任书。推动实施董事长奖励基金、省部级奖配套奖励、执业资格奖励、重要信息领导批示奖励，新增6人考取职业资格证书，同岗级人员工资差额20%以上，奖金差额30%以上，激发员工工作动力。

科研成果 2021年，国家能源技经院作为国家能源集团“1+2+3+N”科研体系中唯一的综合性、战略性智库研究机构，立足职能定位特点、创新管理机制、迭代管理手段，深耕战略研究、项目评价、信息服务、档案管理四大业务领域，担当起战略规划智囊、投资决策参谋和政策信息服务三大角色，取得丰硕科研成果。

全年新承接国家部委、国家能源集团委托课题33项，累计在研55项，其中，独立承担或参与国家能源集团2021年十大重点软课题中的5项，参与国家能源集团十大科技攻关项目2项，承担国家能源集团政研课题11项、党建课题2项；新承接并完成重点专项任务30项；研究经费达到1.14亿元。新承接研究课题、重点专项任务和立项资金总额比2020年同期分别增长175%、69%和485%。2021年度获得省部、集团级以上科研成果奖励7项，其中：“全国及区域煤炭市场走向与对策研究”项目获得中国煤炭工业协会科学技术二等奖；“中央企业违规经营投资责任追究制度研究”项目获得国资国企优秀研究课题成果奖；“煤基能源企业结合 CCUS 技术实现低碳化转型路径研究”项目获得国家能源集团科技进步二等奖；“基于全生命周期评价和能源安全损益分析的煤化工技术产业链决策平台构建”项目以第二完成单位角色获得中国石化联合会科技进步二等奖；“煤炭转化利用全生命周期技术经济分析研究”项目获得中国煤炭工业协会科学技术三等奖；“宁夏煤业集团现代煤化工产业发展创新模式研究”项目获得国家能源集团科技进步三等奖；“新能源项目造价智能评审应用研究及展望”论文获得 2021 年中国电机工程学会电力工程经济专委会优秀论文一等奖。此外，技经院 2021 年首次探索以“揭榜挂帅”“赛马”等新机制、新模式开展政研课题研究，协助国家能源集团构建起完整、协同、系统和高效的大政研体系并承担了其中 11 项政研课题研究任务，其中 4 项研究成果被纳入国资委及央企智库联盟年度交流成果榜单、3 项成果包揽国家能源集团优秀政研课题一等奖。

2021 年，国家能源技经院获评北京市高新技术企业，取得电力、煤炭、生态建设与环境三个核心领域甲级专业资信，入选中国社科院评选的中国企业核心智库榜单，荣获“国家能源集团人才培养基地”称号；1 项研究成果被中国煤炭工业协会鉴定为“国际先进水平”，1 项获评“国内领先水平”；发表学术论文 20 篇，出版专著 4 部；递交发明专利申请 10 项，通过市场化手段获得专利 14 项。

全年完成项目评价 180 项、在评项目 38 项，涉及投资总额约 4562 亿元；接收 23 个并购项目/资产包（共含 308 个项目）评价任务，完成并购项目评价 20 个（305 个项目），涉及装机 428 万 kW，总资产 254 亿元；全年共推送 430 期（份）信息情报产品，包括《政策信息日报》250 期、《综合信息周报》47 期、信息专题专报 40 期、专题专报 59 期、年度报告 3 期、董事专报 12 期等，超 2020 年全年工作量的 41%；移交整理各类档案 13264 份，文书档案数字化 7761 件，数字化率 100%，零差错提供档案查阅 57 人次，档案 4473 件，业务咨询 58 次。

主要事件

2 月 5 日，表彰 2020 年度董事长奖励基金获奖项目及人员。

2 月 5 日，召开 2021 年职工大会暨年度工作会议。

3 月 9 日，召开 2021 年党的建设暨党风廉政建设工作会议。

3 月 17 日，院党委部署党史学习教育实施方案。

3 月 17 日，承担的“国家中长期碳减排路径与能源结构优化战略研究”2030 先导项目阶段性成果顺利通过集团中期考核验收。

4 月 21 日，国家能源技经院与东盟能源中心签订战略合作伙伴关系框架协议。

5 月，完成《中国煤炭市场年度报告（2020 年总结及 2021 年展望）》。

5 月 13 日，召开党员大会选举新一届“两委”委员。

6 月 17 日，院党组织开展“书记讲党史”暨“传承红色基因　讲好党的故事”活动。

7 月 2 日，院党委专题学习习近平总书记“七一”重要讲话精神。

7 月 22～23 日，承办国家能源集团化工产业绿色高质量发展路径研究暨化工产业碳达峰行动方案研讨会。

7 月 19 日，召开 2021 年年中工作会议。

7 月，《全球新能源发展报告 2020》正式出版。

8 月 24～25 日，国家能源集团外部董事王寿君、赵吉斌、杨亚、李延江、杨爱民在北京开展科技工作调研。

9 月 13 日，《服务黄河流域生态保护和高质量发展专项规划》通过国家能源集团战略规划部结题验收。

9 月 29 日，召开工会第一次会员代表大会。

10 月 12～14 日，党委书记、董事长孙宝东带队赴榆林、鄂尔多斯调研，深入学习习近平总书记在榆林化工考察时的重要讲话精神。

10 月 15 日，完成“国家能源集团创建世界一流示范企业对标研究”课题评审。

10 月 28 日，国家能源技经院荣获国家能源集团人才培养基地称号。

11 月 23 日，召开 2021 年度务虚会。

11 月 25 日，国家能源技经院获评北京市高新技术企业。

12 月 6 日，国家能源技经院煤基能源企业结合 CCUS 技术实现低碳化转型路径研究荣获二等奖、宁夏煤业集团现代煤化工产业发展创新模式研究荣获三等奖，这 2 个项目荣获国家能源集团科技进步奖。

12 月 10 日，国家能源技经院承担的“全国区域煤炭市场走向与对策研究”和“煤炭转化利用生命周期技术经济分析研究”两个项目分别荣获全国煤炭工业协会颁发的科学技术奖二等奖、三等奖。

12 月 16 日，国家能源技经院董事会召开 2021 年第一次会议。

12 月 23 日，院党委组织开展学习贯彻党的十九届六中全会精神专题党课。

（邢　相　毛亚林）

【北京低碳清洁能源研究院】

单位概况　北京低碳清洁能源研究院（简称低碳

院）成立于 2009 年 12 月，坐落于北京市昌平区未来科学城，是国家能源集团的直属研发机构，也是海外高层次人才创新创业基地。目前设有北京、美国、德国 3 个全球研发基地，近 600 名员工，其中外籍员工占 15%以上，50%科研人员具有博士学位。拥有国家能源煤炭清洁转换利用技术研发中心（国家能源局）、煤炭开采水资源保护与利用国家重点实验室、北京市纳米结构薄膜太阳能电池工程技术研究中心等重点科研平台。

低碳院主要聚焦于低碳清洁能源领域的原始创新，开展包括先进材料技术、氢能技术、储能技术、太阳能技术、CCUS 技术、环保技术和煤炭清洁利用技术的自主创新，在科技创新、人才培养、成果转化和国际声誉及品牌建设方面取得了可喜的成绩。

领导班子

院长：卫昶

党委书记、副院长：庞柒

副院长：张冰

总会计师、党委委员：刘玉平

纪委书记、党委委员：何文强

副院长、党委委员：杜彬

组织机构 低碳院下设 6 个职能部门，分别为综合办公室（党委办公室、企业传播部）、人力资源部、党建工作部（党委宣传部、党委统战部、工会工作部、团委）、纪委办公室（审计部）、财务资产部以及运营支持中心（内控）。设有 7 个科研中心，包括先进材料研究中心、新能源技术研究中心、洁净煤技术研究中心、煤化工研究中心、环境保护技术研究中心、IGFC 国家重大专项、煤间接液化国家重大专项； 3 个研发支持中心，分别为技术商务中心、设备设施工程中心、分析表征中心；1 个技术委员会。此外，低碳院代管 4 个国家能源集团挂靠机构（涉外法律审管中心、《清洁能源》编辑部、绿色能源与建筑研究中心、“煤炭开采水资源保护与利用”国家重点实验室）；同时下属 3 个公司，分别是北美清洁能源研究中心、神华（北京）光伏科技研发有限公司、神华（北京）新材料科技有限公司。

科技创新及科研成果

1. 聚焦国家/集团战略，充分发挥前沿技术研究院引领作用

（1）承担重点科技攻关项目。大容量、低能耗 70MPa 加氢站工艺控制系统开发：自主开发的 70MPa 加氢机实现国产三型瓶快速、节能式加注。获国内首个国际认证，兼容国际标准，服务 2022 北京冬奥会。

（2）承担国家重点研发计划项目。

1）先进煤间接液化及产品加工成套技术开发：项目 5 个课题均通过绩效评价，通过催化剂、反应器及系统集成创新，突破了制约中国煤炭清洁高效利用和新型节能技术发展的瓶颈问题，形成先进煤间接液化和产品加工成套技术。

2）大规模风/光互补制氢关键技术研究及示范：自主研发了国际首台大功率高效率直流/直流制氢电源，用于张家口绿色氢气生产，服务 2022 北京冬奥会；自主开发了国际上功率最大风光互补制氢系统（风电 6MW＋光伏 2MW），最大化利用波动性风光互补发电制氢。有力推动了可再生能源电解水制氢技术大规模产业化发展。

3）燃料电池车用氢气纯化技术：完成国内首个一体化纯化示范项目工艺包，突破了煤基氢气在燃料电池汽车领域的应用限制；建成国内首个燃料电池车用氢气品质检测平台，实现国内氢能产业供应端品质管控测试。

4）CO_2 近零排放的煤气化发电技术：自主研发的国内首套 20kW 级联合煤气化燃料电池发电（IGFC）系统试车成功，为国家能源集团实现能源战略转型提供了先进技术路径。

5）柔性铜铟镓硒薄膜太阳能电池和组件的成套技术研发：项目通过中期检查，柔性薄膜实验室电池效率 20.46%，突破了柔性薄膜电池重大科学机理问题，解决了半导体器件设计、镀膜和表征等关键技术问题。

（3）承担国家能源集团 2021 年度十大重点科技攻关和软科学项目课题任务。

1）规模储能储热关键技术研究及示范：自主开发的全钒液流电池流过式电堆技术实现了液流电池电堆功率密度和能量效率双提升，填补了国内空白，其核心技术被中国石油和化学工业联合会鉴定为国际领先水平。

2）科研院科技成果转化和商业化路径研究：提出当下科研院成果转化全流程系统模型和实施路径。

2. 以原始创新为驱动，做好集团战略新兴产业的原始技术策源地

1）环境保护——煤化工挥发性有机物（VOCs）氧化催化剂：开发取得重要进展，自主开发出低成本高活性 VOCs 氧化催化剂，打破国外垄断，解决了煤化工行业大气污染治理难题。

2）固废资源化利用技术：利用煤基固体废弃物开发的高强速凝充填材料研究取得突破性进展；主编的首个电力行业标准获国家能源局批准，实现集团固废资源化利用标准化国际引领。

3）碳排放管理技术：自主研发的高负载量溶剂有望显著降低碳捕集成本，为集团探索大规模 CO_2 捕集、封存和综合利用提供强力技术支撑。

4）煤化工——高性能费托油加氢裂化催化剂：自主开发的费托油加氢裂化催化剂，实现产品的多元化

和高值化发展，大幅提高间接液化装置效益。

5）煤基烯烃聚合技术：建成烯烃聚合实验室研发平台，初步具备高端聚烯烃新牌号开发能力，有望实现煤基特种材料的原始创新。

6）煤制石墨烯技术：国内首次打通了以神东烟煤为原料制备石墨烯的全流程实验，石墨烯获国内权威机构检测认证，拓宽了集团煤炭资源高附加值利用途径。

7）先进材料——新型轻质高强复合板材技术：用于重载货车侧墙板，单车可减重 1.1t，开辟了中国铁路货车轻量化新路径。

8）800kV 超高压绝缘电缆材料：开发出超高压交联聚乙烯绝缘材料，关键性能指标达国际先进水平，为超高压电缆国产化提供有力支撑。

9）生物可降解 PGA 关键技术：自主开发的核心关键技术和工艺助剂包解决了 PGA 脆性大、降解时间不可控的关键行业技术难题，开发了 PGA 基高附加值产品，提升了国家能源集团 PGA 全产业链价值。

10）可控交联聚乙烯技术：新材料公司成为卡特彼勒亚洲唯一材料认证供应商，实现出口巴西和“一带一路”沿线国家，通过国家能源集团创新基金加速成果转化。

11）新能源——高效液氢加注技术：完成了全球最大液氢用户示范，技术和经济性能达世界领先水平，刷新多项世界纪录，单泵加氢速度达美国能源部提出的 2030 年目标。

12）35MPa/70MPa 快速加氢机技术：应用在 9 座加氢站，连续无故障加氢 3 万余次，标志着低碳院氢气加注技术成熟与完善，为氢能产业化奠定坚实基础。

13）煤的清洁利用——费托重柴组分生产 52 号蜡技术：完成了百千克级费托蜡精制中试验证，对支撑国家能源集团发展煤基特种燃料和化学品，推进煤化工高端化、多元化具有重要意义。

14）白泥基高效硅肥制备产业化技术：解决了大宗煤基固废资源化的共性难题，为煤基固废生态化、规模化、高值化处置提供有益借鉴。

主要事件

4 月 16 日，低碳院高功率密度液流电池储能关键技术荣获第五届国际储能创新大赛“2021 储能技术创新典范 TOP10”奖项。

5 月 17 日，《清洁能源》（Clean Energy）期刊已正式被 EI 数据库收录，这是创刊以来的突出成果和一个重要里程碑，标志着该期刊国际影响力的大幅提升。

5 月 30 日，低碳院开发的“35MPa 加氢机及加氢站工艺控制系统”技术入选国务院国资委《中央企业科技创新成果推荐目录（2020 年版）》。

6 月 25 日，低碳院发明专利“一种加工性能改善的交联聚乙烯组合物”荣获第二十二届中国专利银奖。

11 月 3 日，低碳院荣获 2021 年“拉姆·查兰管理实践奖杰出奖”，凭借《创新生态建设赋能低碳领域的原始创新》，实现了在低碳清洁能源领域技术创新和管理创新的双引领。

11 月 22 日，低碳院申报的 5 个 DFSS（六西格玛设计）项目中有 4 个荣获 2021 年中国质量协会质量技术奖优秀六西格玛项目奖。

12 月 6 日，低碳院“东部草原区露天开采生态系统性减损与修复关键技术”获中国煤炭工业协会科学技术奖一等奖。

12 月 29 日，低碳院 35MPa 快速加氢机正式入选国家能源局 2021 年度能源领域首台（套）重大技术装备项目名单。

2021 年，发明专利授权 169 项，增长 31%；专利申请 329 项，增长 16%，国际专利申请占集团总数的 90%。累计申请发明专利 1700 余项。新增发布国家、行业、团体技术标准 7 项，新增技术标准立项 23 项。在《科学》杂志等高水平期刊发表论文，共发表 90 余篇，增长 30%。《清洁能源》期刊正式被 EI 数据库收录，2021 年投稿量上升近 170%，引用量上升近 140%。

（岳　媛）

【中国长江三峡集团有限公司科学技术研究院】

单位概况　中国长江三峡集团有限公司科学技术研究院（简称三峡科研院）成立于 2019 年 6 月 14 日，是中国三峡集团中央研究院，目前定位为中国三峡集团直属机构，在中国三峡集团的领导下，作为统一科研创新平台，围绕中国三峡集团战略布局和核心主业开展科技创新研究工作。截至 2021 年底，三峡科研院共设 5 个职能部门和 9 个研究中心（含挂靠），员工总数 173 人，其中科研人员 157 名。

领导班子

院长：孙长平

党委书记、副院长：杨洪斌

首席专业师：戴会超

新能源与新型电力系统工程研究中心副主任：代慧涛

组织机构　设综合管理部、人力资源部、科研管理部、党群工作部（纪检工作部）等 4 个管理部门，中国三峡集团科学技术委员会办公室设在三峡科研院。设水电工程技术研究中心、电站运维技术研究中心、水资源高效利用技术研究中心、新能源科技创新中心、信息技术研究中心、综合能源技术研究中心、绿氢技术及应用创新中心等 7 个研究中心（中国三峡集团新能源与新型电力系统工程研究中心、水电技术创新中心挂靠三峡科研院），负责特定领域科研体系和能力建设，承担具体科研项目攻关、成果转化和人才培养等方面工作。

科技成果 2021 年，三峡科研院抓住国家能源体系和科技体制大变革的机遇窗口期，围绕中国三峡集团“十四五”规划布局大发展，主动应变，统筹谋划，围绕“建设新型企业研究院，推动科技自立自强”的目标，通过革新性举措，在国家重大项目、重点研发平台、研发队伍建设等方面取得了突破性进展，成功研制了服务生产实际的实物样机、软件系统等一批标志性成果：

初步形成一支学科结构合理、年富力强、充满活力的创新队伍。截至 2021 年 12 月，科研院员工由成立之初的 20 余人发展到 173 人，其中科研人员 157 名，博士 122 名（70.5%）、硕士 50 名（28.9%），平均年龄 32.6 岁。

成功申报国家级重大项目 7 项，国家能源局首台（套）项目 2 项，重大科创平台 3 项。

成功研发实物样机及软件系统 15 项。

荣获水资源领域行业学会一等奖 2 项、省部级二等奖 1 项，国家级、省部级和行业级人才称号共 3 项。

策划专利 381 项（国外专利 54 项），其中已授权专利 61 项（国外 4 项），已受理专利 170 项（国外 18 项）。

刊出/录用 SCI/EI/核心期刊论文 53 篇。

编制标准 29 项，撰写编制著作 7 部。

【水电水利规划设计总院有限公司】

单位概况 水电水利规划设计总院有限公司（简称规划总院）的历史可追溯到 1950 年燃料工业部水利发电工程局，是在国家电力体制改革中保留下来的事业单位。2011 年电网企业主辅分离改革及电力设计、施工企业一体化重组中，隶属于中国电力建设集团有限公司。2012 年水电顾问集团和规划总院分设，2015 年规划总院和水电顾问集团下的咨询公司完成重组，成为新的规划总院。为落实事业单位改革相关政策，于 2020 年初注册成立水电水利规划设计总院有限公司（简称总院公司）。总院公司与规划总院同时隶属于中国电力建设集团有限公司管控，均为电建集团的二级机构，合署办公。

受国家相关部委委托，规划总院管理国家可再生能源信息管理中心、可再生能源定额站、国家能源水电工程技术研发中心、可再生能源发电工程质量监督站，是国家能源领域行业十六家标准化管理机构之一，是中国国家能源局设立的首批能源研究咨询基地。在当前“碳达峰、碳中和”目标指引下，规划总院提出了“能源行业国家新型智库、可再生能源产业高端咨询机构”的战略定位。近年来先后完成了国家“十三五”“十四五”可再生能源规划、抽水蓄能中长期规划编制，参与“十四五”能源发展规划、电力发展规划、能源科技发展规划等专项规划编制。2011 年度持续推动全国主要流域可再生能源一体化规划研究工作。组织开展了金沙江、澜沧江、雅鲁藏布江、黄河等重大河流水电规划编制和调整工作，滚动开展抽水蓄能选点规划和规划调整，推动新能源基地和海上风电基地等规划与建设，支撑国家重点工程技术咨询服务，深度参与政府框架下国际能源合作，为构建高比例可再生能源新型电力系统贡献总院力量。

领导班子

党委书记、董事长（执行董事）、法定代表人：彭程

党委副书记、董事、总经理：李昇

党委委员、副总经理：王忠耀、顾洪宾、龚和平、易跃春、赵增海

党委副书记、纪委书记、工会主席、监事：何忠

党委委员、总会计师：杨淑芝

党委委员、总工程师：赵全胜

咨询：郑声安、袁建新、彭才德、彭土标

组织机构 设置 9 个职能与综合管理部门和 8 个业务部门。其中，职能与综合管理部门包括公司办公室/董事长办公室/总经理工作部、党委工作部/工会办公室/党委宣传部、党委组织部/人力资源部、计划发展部、财务资金部、技术质量安全部/总工程师办公室、纪委办公室/审计部/法律事务部、科技标准部和国际业务部。业务部门包括规划部、水电工程部、水库经济部、环境保护部、工程造价部、新能源部/军民融合部、可再生能源发电工程质量监督部和信息数据中心。

2021 年，规划总院在职职工 334 人，其中专业技术人员 248 人，初级职称 2 人、中级职称 51 人、副高级职称 113 人、正高级职称 148 人。国务院政府津贴 4 人，全国勘察设计大师称号 1 人。

主要经济指标 2021 年，规划总院实现净利润 35236.88 万元，较 2020 年增长 33.59%；资产负债率 66.19%，较 2020 年降低 9.67%；研发投入强度 6.20%，较 2020 年降低 1.32%；营业收入利润率为 17.67%，较 2020 年增长 3.56%；年末资产总额 371209.78 万元，较 2020 年增长 10.56%；经济增加值（EVA）3.39 亿元，较 2020 年增长 31.91%。

企业资质、资信 2021 年规划总院具备“电力”“水利水电”工程咨询单位甲级资信证书。具备国家能源局第一批研究咨询基地资格。规划总院具备“水利水电”“电力”和“水文地质”“工程测量”“岩土工程”工程咨询单位甲级资信证书。中国水利水电建设工程咨询公司拥有“水利水电”“电力”和“生态建设和环境工程”、工程设计专业等甲级资质，获得工程造价咨询企业信用证书。国家发展改革委委托投资咨询评估

机构短名单资格；水土保持设施验收技术评估资格；建设项目竣工环境保护验收调查资格。

改革发展 2021年，持续推动公司改革，制定并印发《规院总院深化改革三年行动方案》和《规院总院对标一流管理提升行动清单》，三年行动方案制定了28类78项重点任务，对标管理提出10个方面59项重点任务。在开展调研和对标工作，形成《规划总院对标一流管理提升行动总结报告》。统筹水电总院、总院公司和咨询公司三块牌子的功能定位、协同运作机制和资源配置方案。建立健全控股子公司管理体系，明确子公司负责人权利清单，理清与总院管理职责划分，规范经营管理流程，推动子公司高效合规运转。

在发展方面，制定《水电总院推动碳达峰碳中和三年行动方案》，重点实施规划总院助力能源绿色低碳转型行动等5大行动24项任务。紧密衔接"碳达峰碳中和目标"、新型电力系统建设和中国电建"十四五"战略布局，编制《水电总院"十四五"发展规划》，为"十四五"时期规划总院高质量发展指明方向和路径。在疫情影响之下，全年完成的生产任务量不降反增，2021年共完成任务4611项，较2020年增长92%；239项年度重点工作完成情况良好。全年经营业绩再创新高，2021年全院新签合同额13.87亿元，同比增长20.5%。超额完成中国电建下达的年度经营业绩考核指标。

科技创新 2021年，规划总院不断加大科技投入，持续推进科技创新，科技投入为5420.21万元，占总营业收入6.32%，超额完成了中国电建下达的科技投入指标。

在扎实推进国家级研发中心工作方面。2021年依托国家水能风能中心和电建企业技术中心，申请中国电建2项科研项目立项，通过中国电建向国家能源局申报了"国家能源流域安全与应急技术研发中心"，联合河海大学共同申报"国家能源水风光互补与并网运行重点实验室"。在采用"政产学研用"的合作模式方面，协同开展科技创新和课题研究。组织开展或参与了国家级重点科技项目3项、省部级科技项目2项、中国电建重点科技项目25项、规划总院自立科技项目4项。获得中国电建科技项目资助经费2753.72万元。在提升科技创新管理水平工作方面。2021年出台、修订《科技进步管理办法》等7项科技管理制度。2021年获得电建科学技术奖2项，获得专利授权6项，包括发明专利4项和实用新型2项。组织完成水电领域2021年度首台（套）重大技术装备专家评定。

经营管理 2021年，在财务资金资产管理方面，围绕"六升两降一加强"目标，经营性现金净额41321.08万元，超额完成年度预算。狠抓"两金"管控，年底应收账款余额1275.10万元，占营业收入比重1.48%，远低于中国电建考核目标。2021年严格成本费用支出预算管理，管理费用和财务费用占营业收入比重持续下降，成本费用总额增幅低于营业收入增幅。强化税务成本管理，申报税收减免事项，享受国家各类税收减免1865万元。降低资金成本，2021年中国电建内部调剂资金15亿元到期，争取优惠利率，通过到期置换有效降低利息支出，当年财务费用降低2000万元。

在人力资源管理方面，组织申报并推荐2名全国勘察设计专家，2名入选北京市科学技术协会2021—2023年度青年人才托举工程，1名成为基础设施REITs试点项目评估专家，1名入选2021年第一期工程能力评价候任考官，1部门获得金沙江流域水电工程优秀集体奖，1名获得金沙江流域优秀建设奖，1名获得第三届水电英才奖。143人次拥有各类注册资质。

在信息化建设方面，持续推进流域安全与应急、新能源规划等业务信息化、数字化平台建设和完善工作。"全国流域水电应急大数据平台"正式确立为工信部2021年大数据产业发展试点示范项目。

走向海外 2021年，规划总院持续推进"一带一路"国际能源合作，长期协助国家能源局、外交部等国家部委推进国际能源多双边合作。中国—东盟清洁能源合作成果在李克强总理和习近平总书记讲话中获得肯定，建立中国与IRENA合作办公室，申请成为IHA全球水电合作框架下抽水蓄能工作组牵头单位等。2011年度新签合同仍然保持上扬态势，实现新签合同2933.44万元。做好国际会议相关工作，举办第5届东亚峰会清洁能源论坛、首届中欧海上风电产业合作与技术创新论坛、中阿能源合作高峰论坛、中英海上风电相关会议，以及中国—东盟清洁能源能力建设计划2022交流项目等。在课题研究方面，共编制重点领域研究报告8项，包括国家能源局委托开展的"中国可再生能源国际合作报告（2020）""东盟国家低风速风电应用潜力研究"两项报告研究工作，"'十四五'中国东盟可再生能源合作战略布局研究"中国电建科技立项研究工作，国电投黄上公司委托开展的"非洲区域可再生能源投资机遇研究"和华能澜沧江国际能源有限公司委托开展的"中亚五国电力市场分析及投资机会研究"研究工作。

重大项目 2021年，规划总院围绕职能定位以及重点工作，开展如下工作：

（1）推动可再生能源"十四五"规划取得新成果。高效做好《可再生能源"十四五"规划研究》一系列工作。做好国家发展改革委、能源局大型风电光伏基地国家层面技术支撑，研究提出《沙漠、戈壁、荒漠地区大型风电光伏基地规划研究论证报告》，为国家决策提供坚实基础资料，起草了项目管理规范。促进总规模 1 亿 kW 的国家沙漠、戈壁、荒漠地区大型风电光伏基地新能源项目落地。受托承担第一批、第二批大基地项目技术服务工作。

（2）服务国家抽水蓄能中长期发展规划。全面组织开展全国抽水蓄能中长期发展规划汇总研究工作，高质量协助国家能源局编写抽水蓄能中长期发展规划文本及支撑材料。开展抽水蓄能中长期发展规划整体新闻宣传策划和文稿组织工作，在媒体发表 20 余篇抽水蓄能行业文章，为抽水蓄能行业加快发展营造良好外部环境。起草《抽水蓄能项目建设管理办法》。

（3）统筹开展水风光一体化、多能互补等研究。先后组织完成红水河流域、乌江流域等 7 个流域水风光一体化可再生能源综合开发规划研究论证工作。完成陈祖煜等院士牵头的中国科学院学部咨询课题《关于科学规划、开发中国水能资源，助力电力系统消纳新能源的建议》中的有关专题研究。《水风光储可再生能源综合开发项目技术规范》列入 2021 年国家能源局能源领域立项行业标准制订计划，为水风光综合能源基地开发奠定坚实基础。推动九省一市海上风电规划审查和深远海海上风电规划，提升了规划总院在海上风电领域的核心竞争力。

（4）服务支撑白鹤滩等巨型水电站如期投产发电。整合各方资源，充分发挥工程问题整体解决能力，集思广益，多角度、多层面提出建设性意见 18 条。攻坚克难，协调各方共同解决白鹤滩水电站枢纽工程建设、移民安置实施、工程蓄水等重大问题 16 项，实现了包括机组启动验收在内的技术支持全覆盖，助推白鹤滩首批机组“七一”投产发电，献礼建党百年。通过全过程咨询提供全方位技术服务，解决两河口水电站工程蓄水发电面临的重大技术难题，为工程安全蓄水提供强有力的保障。

（5）创新生态环境保护与水库移民工作。加强顶层策划，解决核准过程中遇到的生态环境保护问题，推进羊曲水电站项目核准。建成黄河上游水电梯级开发生态环境全程监测系统并投入试运行，并作为全国水电建设项目生态环境全过程监测平台的重要组成部分，为推进全国流域水电生态环境监测起到示范作用。

（6）标准化建设。加强可再生能源标准化管理中心建设。印发《可再生能源行业标准化管理办法》等 3 项标准管理制度，研发并上线“可再生能源标准化管理中心信息系统”。围绕“碳达峰碳中和”目标，不断推动水电、风电、太阳能等可再生能源行业标准体系顶层设计的建设和完善，启动《水电行业技术标准体系》修订，向国家能源局提出新型储能标准体系建设建议。着力推进全文强制性标准编制工作，兜住行业发展底线。风力、太阳能发电工程项目规范在住建部正式立项；《水力发电工程项目规范》通过审查。持续做好标准制订修订过程管理，标准出版发布跨越式增长。目前共管理国家、行业中外文标准 800 余项。其中 2021 年立项国家标准 5 项（含外文版 2 项），行业标准 69 项（含外文版 31 项），发布国家推荐性标准 1 项、行业强制性标准 3 项、行业推荐性标准 100 项、行业标准外文版 58 项。抓好一批重要关键技术标准编制。年内发布《混凝土拱坝设计规范》等重要关键标准，审查通过了《水电工程可行性研究报告编制规程》等重要标准。探索开展标准国际化合作。申请并完成《中国—东盟机制下可再生能源领域标准化合作和多边标准互认机制研究》，以标准“软联通”为再生能源领域深度合作提供基础性和战略性支撑。

党群工作 2021 年，规划总院全面加强党的建设。在政治建设方面，将政治建设摆在首位。一以贯之坚持党的全面领导，严格落实“第一议题”制度，严格执行《总院党委贯彻落实习近平总书记重要指示批示工作办法》，深入学习贯彻党的十九届五中、六中全会精神，深刻领会“两个确立”的重大意义，进一步树牢“四个意识”、坚定“四个自信”、做到“两个维护”，确保规划总院始终沿着正确方向坚定前进。党史教育方面，扎实开展党史教育，紧扣党史学习教育目标，突出学党史、悟思想、办实事、开新局，结合服务国家可再生能源开发、推动行业持续发展，结合国家能源智库建设、推动规划总院高质量发展，高标准高质量推进学习教育各项工作，认真研究制定专题教育方案，按照中国电建有关要求，采用党委中心组集中学习研讨、领导干部读书班、专题党课、党委委员深入基层开展调研并撰写调研报告等形式，开展各项活动。精心组织庆祝建党 100 周年系列活动，学习贯彻习近平总书记“七一”重要讲话和党的十九届六中全会精神。杨泽艳荣获中央企业优秀共产党员称号。推进“我为群众办实事”实践活动。落实“中央企业党建创新拓展年”要求，开展国企党建会精神贯彻落实情况“回头看”，全面总结党建工作成效，梳理查摆问题。党委会集体研究决策“三重一大”等事项 469 项，带领全体干部职工完成年度经营目标，推进业务结构显著优化。在“三基建设”方面，强化组织建设，及时调整党支部书记，组织发展党员。推动党建与生产经营深度融合，鼓励党支部与政府部门、业主单位等联合党建，推动党员突击队（项目攻关团队）党员发挥先锋模范作用。党支部标准化建设验收工作全部达标。在优化干部队伍方面，坚持国企党员领导干部“二十字”标准做好干部选拔任用，加快完善干部梯队建设，优化干部年龄结构，加大年轻干部培养，完成党委领导班子换届，开展三批次中层干部选聘。在全面从严治党方面，高质量完成违规挂靠专项巡视任务，持续打造风清气正发展环境。在群团统战工作方面，派员前往白鹤滩水电站工地进行劳动保护监督检查，开展三送温暖服务，1 项报告荣获电建集团群众性创新创效活动二等奖。团委举办第 7 届青年论坛，1 项报告荣获由共青团中央等八部委联合颁发的全国第十届“母亲河奖”绿色项目奖。

2021 年，规划总院推进党建工作与生产经营深度融合取得良好成效，推动服务国家重大工程。组织干部职工积极深入工程一线，完成白鹤滩水电站蓄水安全鉴定、蓄水验收以及重大技术问题协调，实现白鹤滩水电站近 10 万移民妥善安置，完成两河口、杨房沟等多个常规水电站以及丰宁等一大批抽水蓄能电站的截流、蓄水、竣工安全鉴定以及机组启动等相关验收工作。

企业文化建设 2021 年，规划总院加强企业文化和新闻宣传工作，讲好行业和总院故事。在加强智库宣传方面，制定年度宣传计划，围绕智库建设“拳头产品”，重点策划“十四五规划”、抽水蓄能中长期发展规划、白鹤滩、两河口、系列国际论坛等重点宣传工作，有序组织新华社、人民网及行业媒体采访报道。网站、微信公众号等宣传阵地不断加强。在健全完善舆情预警处置机制方面，修订《舆情监测与处置管理办法》，开展 7×24h 全天候监控以及特殊关键时期信息进行日常监测，对大型水电站移民、能源行业、“双碳目标”等监测，全年形成周报 49 期、专报 33 期，有力配合业务部门掌握舆情信息，获得国家有关部委肯定。在编制企业文化规划方面，通过访谈、问卷等形式开展企业文化诊断，系统梳理“十三五”落实情况，编制《企业文化建设“十四五”规划》，进一步加强企业文化时代性和感召力。

智库宣传和品牌 2021 年，规划总院 7 人次接受中央电视台、新华网等视频采访，1 项智库研究成果荣获中国社科院智库特色案例评选表彰，1 项宣传片荣获中国文化管理协会“第八届最美企业之声”表彰。专家署名文章荣登人民日报、中国日报、“学习强国”等媒体平台。《中国可再生能源发展报告》发布成为广受业界认可重磅资料、权威数据。第五届东亚峰会清洁能源论坛、中欧海上风电产业发展与技术创新论坛等国际会议吸引 20 家媒体现场报道、百余家媒体跟踪转载，百度搜索相关结果超过 200 万条，全网直播观看量近 500 万人次。

精准扶贫 2021 年，规划总院提供高质量的技术支撑和技术咨询服务，助力国家能源局推动光伏扶贫、打造易于推广收益长效的能源方案，建立了水电开发利益共享机制，推进西南少数民族贫困地区水电开发资产收益扶贫改革试点工作。参加中国电建 2021 年度助力定点帮扶县消费农产品有关扶贫采购活动,为总院员工集体购买专属消费帮扶平台农产品 19.95 万元。

疫情防控 2021 年度，规划总院建立起六铺炕办公区、安外大街新办公楼、产权房屋的疫情防控常态化工作机制，搭建了通畅快捷的信息传递渠道，形成了科学有效的防控举措。为职工办实事，做好信息联络、物资供应、核酸检测、疫苗接种等疫情防控服务保障工作。员工有效疫苗接种率 98%以上。2021 年度全年疫情防控态势平稳，未发生疫情防控责任事故。

教 育 机 构

【华北电力大学】

单位概况 2021 年，华北电力大学占地面积 94.72 万 m^2，产权校舍建筑面积 110.17 万 m^2。图书馆建筑面积 3.97 万 m^2。全年教育经费投入 232597.55 万元，其中，财政拨款 106768.36 万元，自筹经费 125829.19 万元。固定资产总值 435158.32 万元，其中，教学、科研仪器设备资产值 111497.71 万元。拥有教室 481 间，其中，网络多媒体教室 373 间。拥有图书 278.73 万册，数字终端 24851 台。数字资源量中电子图书 1800039 册、电子期刊 570463 册、学位论文 5174409 册、音视频 162822.5h。学校由教育部举办，为理工院校，设有北京校部和保定校区，设置电气与电子工程学院、能源动力与机械工程学院、控制与计算机工程学院、经济与管理学院、新能源学院、核科学与工程学院、环境科学与工程学院、水利与水电工程学院、数理学院、人文与社会科学学院、外国语学院、马克思主义学院、能源互联网学院、人工智能学院等 14 个，教学部 1 个，另设有国际教育学院、研究生院、继续教育学院、艺术教育中心和工程训练中心。开设 57 个本科专业，覆盖 7 个学科门类；具有博士学位一级学科授权点 7 个、硕士学位一级学科授权点 23 个、专业学位授权类别 16 个；博士后科研流动站 5 个，其中，博士后研究人员出站 28 人、进站 47 人、在站 107 人。“双一流”建设学科 1 个，国家级一流本科专业建设点 15 个，北京市级一流本科专业建设点 10 个，北京高校重点建设一流专业 1 个，北京高校高精尖学科 1 个。

国家重点实验室 1 个、国家工程技术研究中心 1 个、国家工程实验室 1 个；省、部级设置的研究（院、所、中心）、实验室 22 个。教职工 3075 人，其中，专任教师 2061 人，包括正高级 438 人、副高级 762 人；博士生导师 384 人、硕士生导师 1264 人；工程院院士 2 人。“长江学者奖励计划”特聘教授 4 人。学历教育学生中毕业生 12604 人，其中，研究生 3139 人（博士生 179 人、硕士生 2960 人）、普通本科生 5840 人、成人教育本专科生 3625 人（本科生 2715 人、专科生 910 人）。本科毕业生就业率 87.65%。招生 15270 人，其中，研究生 5228 人（博士生 330 人、硕士生 4898 人）、普通本科生 6067 人、成人教育本专科生 3975 人（本科生 3361 人、专科生 614 人）。高考北京地区提档线不限选考专业组 610 分、物理必考专业组 612 分、化学必考专业组 611 分。在校生 48871 人，其中，研究生 14602 人（博士生 1333 人、硕士生 13269 人）、普通本科生 24648 人、成人教育本专科生 9621 人（本科生 8243 人、专科生 1378 人）。国际学生毕业 149（博士生 23 人、硕士生 71 人、本科生 55 人）；招生 259 人（博士生 43 人、硕士生 73 人、本科生 143 人）、在校生 1129 人（博士生 192 人、硕士生 340 人、本科生 597 人）。网址：www.ncepu.edu.cn。

领导班子

党委书记：周坚

校长、党委副书记：杨勇平

党委副书记、纪委书记：何华

党委常委、副校长：郝英杰（2021 年 7 月免）

党委常委、副校长：孙忠权

副校长：王增平

党委副书记：汪庆华

党委副书记：郭孝锋

党委常委、副校长：律方成

党委常委、副校长：檀勤良

党委常委、副校长：毕天姝

与北京市昌平区人民政府签署合作协议 12 月 29 日，华北电力大学与昌平区人民政府签署合作协议。根据协议，双方聚焦“碳达峰、碳中和”历史使命，以“引领创新，支撑发展，科教融合，开放协同”为原则，深度参与昌平“两区”建设，深化资源共享开放，放大溢出效应，促进协同创新，深化产教融合，加快推动关键技术研发和平台建设，推进科技成果转移转化，加快紧缺创新型人才交流引进，推进新型智库建设。

与深圳大学等多家单位签署合作协议 4 月 8 日，与国家能源太阳能热发电技术研发中心签署协议，根据协议，双方成立“国家能源太阳能热发电研发中心华北电力大学分中心”，将以研发分中心为重要科技合作平台，共同承担光热发电技术领域重大科技研究项目，为新能源行业科技创新、关键技术研发和产业化推广提供有力支撑。5 月 8 日，与中国化学与物理电源行业协会签署协议，根据协议，双方将在双碳目标下围绕储能产业可持续发展，从储能人才培养、科学研究、学术交流、标准建设等方面开展广泛而深入合作。7 月 15 日，与深圳大学签署合作协议，根据协议，双方将按照优势互补、资源共享、协同创新、共同发展的合作原则，建立长期稳定的合作关系，拟在科研合作、人才培养、科技成果转化等方面开展合作。

与中国华电集团有限公司等多家企业签署合作 2021 年与国内多家企业签署合作协议。与北京四方继保自动化股份有限公司（简称四方公司）签署合作协议，根据协议，双方共同实现前沿技术研究和科研成果转化，快速实现关键装备和技术的应用突破，共同探索产学研用相结合的开放式技术创新体系与校企合作新模式，实现合作共赢。双方共同发起设立“华电四方创新研究院”，四方公司五年内计划投入经费 1000 万元，用于与华北电力大学科技成果转化的合作。四方公司设立四方奖学（教）基金项目，五年拟捐赠总金额 100 万元。增设青年创新英才奖励金，五年拟捐赠总金额不低于 100 万。5 月 26 日，与华为海思公司签署协议。根据协议，双方共建联合实验室。在科学研究方面，结合目前电力系统技术需求，探索如何提高电网信息安全、高效处理电网运行大数据、研发具有自主知识产权的底层操控软件、研究多种形式的储能方式在电网中和谐并存。在人才培养方面，借助双方优势在新能源、能源互联网、人工智能、储能与氢能、碳金融及管理等学科领域培养国家急缺人才。6 月 8 日，与华驰动能（北京）科技有限公司签署协议，根据协议，双方充分发挥各自优势，重点在共建联合实验室、加强技术攻关、加强科研合作、推动成果落地、人才合作培养等方面开展合作，促进理论与实证紧密结合，推进研究成果落地应用，服务国家能源发展战略。6 月 18 日，与大港油田公司签署协议。根据协议，双方将充分发挥各自优势，全面深化在人才培养、科技研发等方面的合作，促进公司和学校事业共同发展，以更深层次、更高水平的合作成果，共同为国家能源电力事业发展作出更大贡献。12 月 30 日，与中国华电集团有限公司签署合作协议。根据协议，双方将共建“中国华电—华北电力大学高效清洁智能发电联合创新中心联合研究院”，建立代表国家水平的创新联合体，协同开展前沿关键技术研究、高质量人才培养、重大发展战略研究等，打造国际一流高效清洁智能发电自主创新国家队、具有重要影响高端智库和高水平人才培养基地。

5 个项目获准国家社科基金立项 2021 年，全国哲学社会科学规划办公室公布 2021 年国家社科基金年度项目立项结果，华北电力大学共有 5 个项目获准立项，包括重点项目 1 项，一般项目 4 项。北京校部申报课题总数 43 项，较 2020 年相比，全校申报数量提高 25.4%，立项率提高 5 个百分点，质量和数量均有大幅提升。

崔翔教授荣膺中国电工技术学会首批会士称号 9 月 25 日，中国电工技术学会成立 40 周年纪念大会暨第十六届学术年会在北京召开，华北电力大学崔翔教授荣膺中国电工技术学会首批会士称号并获中国电工技术学会特殊贡献荣誉奖章。

参与成立碳中和世界大学联盟 10 月 27 日，由东南大学和英国伯明翰大学共同倡议发起的碳中和世界大学联盟成立，华北电力大学作为创始成员高校加入该联盟。该联盟汇聚东南大学、北京航空航天大学、天津大学、大连理工大学、英国伯明翰大学、美国肯塔基大学、俄罗斯国立南乌尔大学等国内外近 30 所高校，是全球首个聚焦碳中和技术领域人才培养和科研合作的世界大学联盟。

率先发布碳达峰碳中和行动计划 9 月 24 日，《华北电力大学碳达峰碳中和行动计划》在第五届中国能源产业发展年会上发布。根据华北电力大学碳达峰碳中和行动计划，学校将实施学科专业拓新行动、人才培养提质行动、科技创新登攀行动、开放合作升级行动、师资高端汇聚行动、零碳校园建设行动等六项行动，推出 20 条具体举措。组织重点部门和重点院系科学制定梯次方案，强化各单位工作协同，积极稳妥、有力有序推进各项工作。以行动计划为牵引，推动人、财、物、学科等资源精准流向关键环节与重点领域。全面加强碳中和急需紧缺人才和高层次创新人才培养，支持教师承担或参与碳中和领域国家重大科技任务，培育碳中和国家级、省部级创新平台和产教协同联合体，重点建设碳中和相关学科专业。强化评估考核，建立工作考核机制，制定监管措施和核查制度，对行动计划实施情况进行动态监控和年度检查。

博士生郑格获全球仪表与测量领域研究生最高荣誉 5 月 19 日，IEEE 国际仪表与测量学会（IEEE Instrumentation and Measurement Society）宣布 2021 年度 Graduate Fellowship Award 获奖者名单，华北电力大学控制与计算机工程学院博士研究生郑格获此殊荣。该奖项由 IEEE 国际仪表与测量学会创办，郑格的获奖项目为“基于声发射和静电传感技术的生物质及煤粉颗粒的质量流量及粒径分布在线测量”（Online Measurement of Mass Flow Rate and Size Distribution of Biomass and Coal Particles Through Acoustic Emission Detection and Triboelectric Sensing），由闫勇教授和胡永辉副教授指导。在该项目中，声发射和静电传感技术将首次用于测量一次风管道中生物质和煤粉颗粒的流动特性，包括颗粒的质量流量、速度、浓度和粒径分布。这项研究不仅为固体燃料颗粒的在线测量提供一种全新的技术，为生物质/空气两相流和生物质/煤粉/空气三相流的传感机理和测量提供理论基础，而且还为节约全球火力发电厂的能源消耗、降低温室气体排放提供技术支持。

主要工作

（1）党史学习教育。学校党委系统谋划、认真部署，把党史学习教育作为首要政治任务和头等大事，持续开展具有针对性、多样性的全覆盖学习活动，制作专题纪录片《中国电力之光》，成立 21 世纪马克思主义研究中心并召开首次研究峰会，打造红色资源研学高地。务实有效举办庆祝建党百年系列活动，622 名青年师生参与建党百年现场大会、文艺演出等重大庆祝活动，在天安门广场发出了“请党放心，强国有我”的时代强音。深入学习贯彻习近平总书记“七一”重要讲话，全体华电人共同上好“百年党史必修课”，在学思践悟、学做结合中实现与学校中心工作的同频共振。“我为师生办实事”活动扎实推进，一批师生“急难愁盼”问题得到有效解决或有力缓解。《光明日报》以整版篇幅对学校学习教育情况进行了报道。学校在教育部党史学习教育成果展示平台长期位列前三。党员干部和广大师生接受深刻的政治教育和精神洗礼，切实增强拥护“两个确立”、做到“两个维护”的思想自觉行动自觉。

（2）“十四五”发展规划。审视“碳达峰、碳中和”等重大国家战略给学校带来的机遇和挑战，通过广泛深入调研和多方征求意见，编制完成学校“十四五”发展规划。以大学总体规划为龙头，高标准推进保定校区分规划、8 个专项规划和 13 个学院（部）规划编制工作。把深度服务“双碳”战略作为学校未来发展的重大机遇和战略抓手，认真组织编写并在国内高校率先发布碳达峰碳中和行动计划，围绕学科专业拓新、人才培养提质、科技创新登攀、开放合作升级、高端师资汇聚、零碳校园建设等六方面行动提出目标举措，进一步彰显学校特色、展现时代担当。强化“十四五”规划、“双一流”建设方案、“双碳”行动计划的有机统筹和一体推进，形成指引未来五年乃至更长时期事业发展的战略合力。

（3）“双一流”建设。完成“双一流”首轮建设任务，服务国家战略需求和能源电力行业转型升级成绩突出，学科体系构建成效显著。高标准编制新一轮“双一流”学校整体建设和一流学科建设方案，完成 2021 年度建设项目论证、立项和建设工作，顺利开启第二轮“双一流”建设新征程。深入推进学科交叉融合，自主设置储能科学与工程、氢能科学与工程两个交叉学科，完成“清洁能源学”北京市高精尖学科中期考核，积极谋划布局碳达峰碳中和学科体系，学科发展格局进一步优化。完成学位授权审核复审工作，获批能源动力专业学位博士点，实现学校专业学位博士点零的突破。

（4）人才培养。“三全育人”工作格局和“五育并举”人才培养体系进一步完善，思政课程和课程思政协同发力，3 门课程入选教育部课程思政示范课程，7 门课程入选北京市课程思政示范课，4 个项目入选河北省年度课程思政示范课程，“德法兼修”课程思政教学研究中心入选河北省示范中心。教育教学改革深入推进，制定实施新版本科人才培养方案，推进集成电路设计与集成系统等前沿交叉专业建设，获批河北省新型电力系统现代产业学院。5 个项目入选教育部第二批新工科项目，4 个项目入选教育部首批新文科项目，7 门课程获批北京市优质本科课程。召开学校历史上首次研究生教育工作会议，出台系列研究生教育改革文件，研究生招生规模和培养质量同步提升。

（5）科学研究。学校跻身首批三所国家储能技术产教融合创新平台“挂帅”高校，生物质发电成套设备国家工程实验室成功转设为新能源发电国家工程研究中心。深度参与 HR 实验室建设，持续推动太阳能高效转化利用国家重大科技基础设施立项建设。保定校区新增 2 个省部级平台。全年新增各类项目合同总经费达 11.2 亿元，比 2020 年增长 40%，承担国家科技项目的能力进一步提升。

（6）师资队伍。紧扣师德师风第一标准，实现师德专题教育全覆盖，出台实施教职工集中学习制度，严把人才引进政治关、师德关，不断提升师资队伍思想政治素质和育德育人能力。广拓人才渠道，引进各类高层次急需人才 19 人，147 名青年才俊加盟华电。扩大以“新讲师博士后”为主体的博士后科研人员招收规模，43 人顺利入站。

（7）对外合作和社会服务。实现大学理事会换届，建立健全“一企一方案”差异化合作新模式，与中国华电共建“高效清洁智能发电联合研究院”；与中国三峡集团联建“三峡华电智慧电站技术创新中心”，首期投入科研经费近亿元。全面深化校地合作，与北京昌平区开展新时期全方位战略合作，与保定市就保定校区置换建设进行多轮磋商交流，取得重要进展。聚力打造政府支持、高校牵头、行业企业组成的“$1+1+N$”新型创新联合体，推动储能领域关键技术攻关。国际合作交流持续加强，与德国波鸿鲁尔大学、美国伯克利大学开展联合人才培养，成为欧洲风能科学院正式会员，共同倡议成立“碳中和世界大学联盟”。

（8）制度建设。坚持依法治校、依规办学，成立学校法治工作领导小组，制订或修订完成《关于加强学校法治工作的意见》《规章制度管理办法（修订）》等制度文件，法治工作基础进一步夯实。落实学校党委“制度建设年”部署，推进大学章程修订，持续开展规章制度“立改废”，全年完成新建规章制度 41 项、修订 56 项、废止 96 项，制度体系建设取得阶段性成果。

（9）条件保障。持续构建多元筹资渠道，学校全年完成收入 28.83 亿元，同比增长 24.47%。推进北京校部东区土地规划调整及保定校区置换建设相关工作。北京校部能源电力科研综合楼实现竣工。启动智慧校园建设，创建绿色校园，推进新一轮资产大清查。建成学生生活热水多能互补综合能源系统，实现北京校部学生宿舍“生活有热水，洗浴不出楼”全覆盖。升级改造多媒体教室 193 间、安装常态化录播系统 245 间、更换 1.1 万套教室桌椅，教学环境明显改善。

（10）党建思政。首次参加北京高校党建思政“先进校”申报迎检，开展保定校区基层党建和思政工作专项自查、整改及“回头看”，党建工作“四大体系”进一步完善。一项目获批第一批北京高校党建和思想政治工作特色项目，一成果荣获北京市党建研究会优秀自选课题成果二等奖，两课题获批河北省高校党建重点课题立项，两个教工党支部入选全国高校“双带头人”教师党支部书记工作室。“三融合、四统筹”大思政工作体系日臻完善，获评高校网络教育优秀作品推选展示活动优秀组织奖。

主要事件

1 月 11 日，新能源电力系统国家重点实验室组织召开海上风电与智慧能源系统联合实验室工作研讨会，实验室主任、中国工程院院士刘吉臻，党委常委、副校长毕天姝，重点实验室副主任崔翔、彭跃辉，海上风电与智慧能源系统科技专项课题首席科学家及课题研究骨干 40 余人参加会议。

1 月 28 日，华北电力大学与北京四方继保自动化股份有限公司举行华电 – 四方创新研究院揭牌及战略合作协议签字仪式。党委书记周坚出席仪式并讲话。

1 月，华北电力大学电气与电子工程学院博士生任瀚文的课题“基于光学原理的高时空分辨率空间电荷测量技术研发”获 2020 年度美国电气与电子工程师协会电介质及电气绝缘学会研究生奖。

3 月 5 日，华北电力大学国家能源发展战略研究院教师王鹏、李晓华，电气与电子工程学院教师徐衍会、孙淑艳、李岩松以及张东英协助完成的“关于升级虚拟仿真实验教学，更好服务创新型人才培养的提案”，入选两会民革中央提案。

同日，华北电力大学党委书记周坚访问国家电网有限公司，与国家电网有限公司董事长、党组书记辛保安举行会谈。双方围绕庆祝建党百年讲好电力故事，

“碳达峰、碳中和”目标、聚焦能源绿色低碳转型，进一步推进产学研融合、深化校企合作进行交流。

3月17日，华北电力大学校与国网蒙东电力有限公司产教融合共建共享战略合作签约仪式在蒙东公司举行。

3月18日，华北电力大学校长杨勇平出席由全球能源互联网发展合作组织在北京举办的中国碳达峰碳中和成果发布暨研讨会，并就落实中央财经委员会第九次会议精神发表题为“坚持系统观念，探索实现碳达峰、碳中和的科学路径”的主题演讲。

3月19日，中国华能雄安分公司党委书记、总经理王德学一行来校进行合作交流。

同日，国家电网有限公司在北京召开发布会，深入贯彻习近平生态文明思想，认真践行“四个革命、一个合作”能源安全新战略，发布服务碳达峰碳中和、构建新型电力系统、加快抽水蓄能开发建设重要举措，为实现碳达峰、碳中和贡献力量。校长杨勇平应邀出席会议并发言。

3月，华北电力大学能源动力与机械工程学院徐进良教授团队在超高参数二氧化碳燃煤发电领域的研究成果Key issues and solution strategies for supercritical carbon dioxide coal fired power plant［Energy，157（2018），227－246］入选SDG 7研究论文精选集。

4月8日，华北电力大学举行“国家能源太阳能热发电研发中心华北电力大学分中心”揭牌仪式。

5月4日，《人民日报》刊登100名本专科生国家奖学金获奖学生优秀代表先进事迹，华北电力大学电力工程系电气工程及其自动化专业2017级学生党员陈佳毅入选。

5月8日，华北电力大学与中国化学与物理电源行业协会签署战略合作协议，双方将在双碳目标下围绕储能产业可持续发展，从储能人才培养、科学研究、学术交流、标准建设等方面开展广泛而深入合作。

5月13～15日，华北电力大学党委书记周坚带队赴国网浙江省电力有限公司、紫光新华三集团、西湖大学、浙江大学、秦山核电有限公司、嘉兴南湖走访调研。

5月20日，海上风电与智慧能源系统联合实验室专家咨询委员会第二次会议召开。

5月，华北电力大学贺仁睦教授获2021年顾毓琇电机工程奖，成为华北电力大学首位获顾毓琇电机工程奖的教授。

5月，华北电力大学参与研制的镁合金舱内支架类构件，经多轮攻关地面实验验证后，已应用于空间站核心舱“天和”号上。该核心舱是中国迄今最大的航天器，于4月29日11时22分在文昌航天发射场成功发射。

6月15日，华北电力大学与俄罗斯莫斯科动力学院召开线上视频会议，讨论和安排第一届华北电力大学—莫斯科动力学院本科联合培养项目学生毕业事宜。

6月17日，由科技部、工程院和清华大学联合主办，主题为“碳达峰碳中和关键技术问题与工程路径”的长城工程科技会议2021年第一次主题大会在北京友谊宾馆举行。华北电力大学刘吉臻院士出席会议，担任“构建以新能源为主体的新型电力系统“专题会议主持人，并作题为”新型电力系统技术挑战与工程需求“的报告。

6月26日，“双碳背景下发电企业数字化转型研讨会”在华北电力大学召开，校长杨勇平出席会议并致辞。

6月29日，国网综合能源服务集团有限公司党委委员、副总经理周炳，国网（北京）清洁供能服务有限公司党支部书记、副总经理高逸峰一行到访，与华北电力大学资产经营公司签署战略合作协议及党支部共建协议。

7月15日，华北电力大学与深圳大学举行“新能源联合创新中心”合作协议签约仪式。校长杨勇平、副校长孙忠权，深圳大学副校长张学记出席签约仪式。

7月20～22日，电气与电子工程学院2021年“直通电院”夏令营成功举行。本次夏令营吸引来自重庆大学、山东大学、哈尔滨工业大学等30余所高校的530多位优秀学生报名。经材料审核与择优选拔，最终选定90人入营。

7月27日，学校与北京四方继保自动化股份有限公司共同成立的华电四方创新研究院启动暨方向研讨会在北京召开。

7月30日，华北电力大学承担的中国长江三峡集团重大项目“并网友好型风光储场站群智慧联合调控运维关键技术研究”项目启动暨进展汇报会召开。会议采用线上线下相结合的模式，在中国三峡集团和华北电力大学分设两个会场，部分专家线上参会。校长杨勇平、中国三峡集团副总经理王良友、中国工程院院士杨奇逊、电力规划设计总院院长杜忠明、四方股份董事长高秀环出席会议。

8月16日，“中国高校人工智能人才国际培养计划”2021高校学生人工智能训练营（华北电力大学）以线上形式正式开营。

8月30日，华北电力大学校长杨勇平会见中国南方电网海南电网有限责任公司总经理王志勇一行。双方就进一步深化校企合作，推动新型电力系统建设等方面进行交流。

9月24日，第五届中国能源产业发展年会及创新成就展在北京举办。校长杨勇平，中国工程院院士、中国能源产业发展年会组委会主任刘吉臻出席会议。会上，华北电力大学碳达峰碳中和行动计划重磅发布。杨勇平作题为“承担时代使命　贡献高校力量”的主旨讲话。

9 月 26 日，首个由中国发起成立的能源领域国际组织——全球能源互联网发展合作组织在北京举办全球能源互联网“中国倡议”六周年报告会。校长杨勇平应邀出席报告会并做主题发言。

11 月 8 日，中国华电集团有限公司党组书记、董事长温枢刚访问华北电力大学。双方将在人才培养、科技创新、“一带一路”能源学院建设等领域进一步发挥各自优势、深化全面合作。

11 月 23 日，由南方电网广东广州供电局牵头，电气与电子工程学院高压团队师生和北京榕科电气有限公司共同参与完成的“110～500kV 电缆振荡波试验技术研究、装备研发及工程应用”项目通过广东省机械行业协会和广东省电气行业协会组织的科技成果鉴定，获得与会专家的高度评价，项目整体达到国际领先水平。自此，中国掌握了 6～500kV 全电压等级电缆振荡波试验技术，电力设备状态检测能力大幅度提升。

11 月 29 日，校长杨勇平访问中国长江三峡集团有限公司，与中国长江三峡集团有限公司党组书记、董事长雷鸣山举行会谈。双方围绕“碳达峰、碳中和”目标、聚焦能源绿色低碳转型，面向国家重大需求，进一步推进产学研用融合、深化校企合作进行交流。

12 月，中国电机工程学会发布《中国电力科学技术奖奖励通报（2021 年度）》，华北电力大学共获 21 项奖励，其中项目奖 19 项，人物奖 2 项。其中，徐进良教授获“中国电力科学技术杰出贡献奖”；刘洋教授获“中国电力优秀青年科技人才奖”。贺仁睦教授获顾毓琇电机工程奖。

12 月 15 日，华北电力大学综合能源智慧管控中心揭牌仪式在北京校部举行。校长杨勇平、国网综合能源服务集团董事长、党委书记任伟理为管控中心揭牌。

12 月 23 日，华北电力大学与北京京城机电控股有限责任公司战略合作框架协议签约仪式在北京举行。杨勇平和王军为“火力发电装备与系统联合实验室”揭牌，孙忠权和齐剑波代表双方签署战略合作协议。

同日，华北电力大学举办“新型能源系统与碳中和高端论坛暨华北电力大学新型能源系统与碳中和研究院揭牌仪式”，宣布正式成立新型能源系统与碳中和研究院，校长杨勇平、新型能源系统与碳中和研究院院长王志轩为研究院揭牌。

12 月 30 日，华北电力大学与中国华电集团有限公司战略合作框架协议签约暨高效清洁智能发电联合研究院揭牌仪式在中国华电总部举行。华北电力大学校长杨勇平与中国华电党组书记、董事长温枢刚共同见证签约，并为“中国华电—华北电力大学高效清洁智能发电联合研究院”揭牌。

12 月，中国电力企业联合会发布《中电联关于公布 2021 年度电力创新奖获奖名单的通知》（中电联理事〔2021〕295 号），华北电力大学共获 19 项奖励，其中，电力科技创新奖获奖成果 17 项，职工技术创新奖获奖成果 2 项。电力科技创新奖方面，华北电力大学牵头主持获 6 项奖励，其中一等奖 2 项，二等奖 4 项。

（王振华）

【东北电力大学】

单位概况　东北电力大学坐落在风景秀美的吉林省吉林市。学校是吉林省重点大学，始建于 1949 年，是中国共产党亲手创建的第一所电力工科学校，1958 年定名为吉林电力学院，1978 年更名为东北电力学院。原隶属电力部、国家电力公司，2000 年起，实行“中央与地方共建，以地方管理为主”的管理模式，2005 年学校更名为东北电力大学。2012 年学校入选为国家“中西部高校基础能力建设工程”重点建设高校。

学校坚持以人才培养、科学研究、社会服务、文化传承与创新为己任，主动适应国家电力工业和吉林省的经济建设需求，形成了以电力特色为主，多学科交叉融合，较为完整的学科体系。学校共有 14 个学院，51 个本科专业，涵盖了工、理、管、文、法、经、教育、艺术 8 个学科门类。学校是博士学位授权单位，现有电气工程、动力工程及工程热物理、控制科学与工程 3 个博士学位授权一级学科，2 个博士后流动站；具有硕士研究生推免权，现有 14 个硕士学位授权一级学科，涵盖 58 个硕士学位授权二级学科，有 9 个硕士专业学位授权类别；拥有吉林省特色高水平学科 9 个，其中一流学科 4 个、优势特色学科 4 个、新兴交叉学科 1 个。学校现有全日制在校生 22000 余人。

学校有教职工 1500 余人，拥有高级职称人员 600 余人，其中中国工程院院士 3 人（双聘），国家万人计划第一批人选 2 人，全国杰出专业技术人才 3 人，“长江学者奖励计划”特聘教授 1 人、青年学者 1 人，国家级有突出贡献的中青年专家 3 人，百千万人才工程国家级人选 5 人，国务院政府特殊津贴获得者 38 人，国家级教学名师 1 人。拥有“教育部长江学者和创新团队发展计划”创新团队 2 个，国家级教学团队 2 个，首批“全国高校黄大年式教师教学团队”1个。

学校坚持教学工作中心地位不动摇，积极构筑并不断优化创新人才培养体系。现有国家级特色专业5个，国家级精品课程4门，国家级实验教学示范中心2个，国家级虚拟仿真实验教学中心1个，吉林省实验教学示范中心10个。近年来，学校获国家级优秀教学成果奖3项。学校是国家大学生文化素质教育基地、全国社会体育人才培训和科研基地，首批国家级工程实践教育中心建设单位，“卓越工程师教育培养计划”试点高校，国家级专业技术人员继续教育基地。

学校始终坚持面向世界科技前沿、面向经济主战场、面向国家重大需求的科技创新方针，不断提高学术研究水平、科技创新能力。学校现有国家地方联合工程实验室2个，教育部重点实验室（工程研究中心）2个，国家大学科技园1个，吉林省重大需求协同创新中心5个，吉林省国际科技合作基地1个，吉林省重点实验室、工程研究中心、文科基地等30个。近年来，学校承担以国家重点研发计划、国家科技重大专项、国家重大科学仪器设备开发专项、国家自然科学基金重点项目为代表的各级各类科研项目2500余项；获国家科技进步二等奖4项，吉林省科学技术特殊贡献奖、吉林省成果转化贡献奖等省部级科技奖励150余项；授权发明专利600余件，为推动科技进步以及电力行业和区域经济建设与发展做出了重要贡献。

学校先后与美国、日本、英国、俄罗斯、韩国、德国等国的高校或科研机构开展了多种形式的科技和学术交流。1998年获批培养外国留学生。2000年，国务院学位办批准学校与美国犹他州立大学合作举办国际经济与贸易专业本科教育项目。2012年，教育部批准学校与英国史萃克莱德大学合作举办电气工程及其自动化专业本科教育项目。2011年，学校获批为国家留学基金委青年骨干教师出国研修项目实施院校。2013年，经教育部批准成为中国政府奖学金来华留学生接受院校。

近年来，学校被授予全国文明单位、全国文明校园、全国厂务公开民主管理先进单位、全国民族团结进步模范集体、全国模范职工之家、“全国毕业生就业典型经验50强高校”、吉林省先进基层党组织等荣誉称号。涌现出全国先进工作者、全国优秀科技工作者、全国职工职业道德建设先进个人、全国三八红旗手、全国优秀思想政治工作者等一大批先进教师群体和以全国大学生自强之星标兵等为代表的优秀大学生群体。

领导班子

党委书记：李国庆

校长：蔡国伟

党委副书记：詹丽萍（2021年4月23日任）、李忱

纪委书记：李东玲（2021年10月15日免）、侯奎岩（2021年10月15日任）

副校长：王建国（2021年12月31日免）、关晓辉（2021年12月31日免）、王庆洲、孙灵芳、唐逸（2021年12月31日任）、陈厚合（2021年12月31日任）

党建工作 2021年是中国共产党建党100周年，也是“十四五”规划开局之年。坚持以习近平新时代中国特色社会主义思想为指导，认真贯彻党的十九大和十九届历次全会精神，在学校党委正确领导下，团结带领全校师生员工奋勇争先、攻坚克难，学校各项事业发展稳中向好、进中提速、提质增效，较好的地完成年度工作目标，实现了“十四五”良好开局。学校综合排名攀升至全国第140位，继续位居省属高校前列。

学校召开第十一次党员代表大会，选举产生中共东北电力大学第十一届委员会和第十一届纪律检查委员会，确立以快速高质量发展为根本要求，推进“一强七高”协同并进的发展目标。出台实施“十四五”规划，高标准召开2021学科建设与研究生教育工作会议、2021教学工作会议、2021科研工作会议、2021师资队伍建设工作会议、2021学生工作会议“五个重要会议”，为“十四五”时期学校特色高水平应用研究型大学建设奠定坚实基础。

（1）加强政治建设，把牢社会主义办学方向。始终把政治建设摆在首位，旗帜鲜明讲政治，把握正确办学方向，全面贯彻党的教育方针，不折不扣地落实党中央、省委的各项决策部署。

坚持旗帜鲜明讲政治。坚持以习近平新时代中国特色社会主义思想为指导，深入学习贯彻党的十九大和十九届历次全会精神，全面贯彻落实习近平总书记视察吉林重要讲话重要指示精神、关于教育工作重要论述精神和关于能源革命、“碳达峰、碳中和”的重要论述等。把党的全面领导融入学校各项事业改革发展的全过程全方位，落实好党委领导下的校长负责制，切实将党的全面领导体现在办学治校各领域、教育教学各环节、人才培养各方面。进一步把牢社会主义办学方向，全面贯彻党的教育方针，团结带领全校各级党组织和广大党员干部坚守政治定力，站稳政治立场，增强“四个意识”，坚定“四个自信”，坚决拥护“两个确立”，坚决做到“两个维护”。

强化创新理论武装。认真落实党委常委会、理论学习中心组学习制度，深入学习贯彻习近平新时代中国特色社会主义思想。年度内，组织党委理论学习中心组集体学习8次、首要议题专题学习10次，开展领导班子读书班1期。

打造过硬领导班子。始终将领导班子建设摆在突出位置，切实落实“五个过硬”要求。落实党委领导下校长负责制，注重抓政治建设，引导班子成员不断提高政治判断力、政治领悟力、政治执行力；突出抓班子成员责任意识、发展意识，强调能力建设，传承和弘扬学校领导班子多年来形成的好作风、好传统，注重发挥班子引领发展能力。学校领导班子在师生中具有较强的号召力和影响力，拥有较好的口碑，为全校各基层领导班子树立了标杆和表率。

（2）坚持首责主业，全面提升党的建设质量。完成党委换届。坚持把加强党的领导贯穿换届全过程，扎实做好政策制定、人事安排、代表委员产生、大会选举、严肃纪律等，确保换届工作正确政治方向。按照“绘出好蓝图、选出好干部、配出好班子、树立好导向、形成好风气”的目标，抓主要矛盾，突出工作重点，确保选举工作圆满顺利，选举时，无论是选举委员，还是选举常委和书记、副书记均实现了满票当选。认真起草党委报告，最终提交党代会的党委报告讲成就鼓舞人心，画蓝图提振士气，得到代表们的普遍认可和高度肯定。

谋划庆祝建党100周年系列活动。开展了主题为“百年筑梦·永葆初心”的“七个一”系列庆祝活动，营造了浓郁氛围。学校累计有14个党组织和党员在建党100周年“两优一先”表彰时受到省委和省委教育工委表彰。扎实推进党史学习教育。投入20余万元建成“吉林省大中小学德育教育基地”，教育基地所辖党史文化长廊和党建文化广场，共接受3000余人次参观学习。围绕“我为师生办实事”，主持召开常委会、调度会4次，推动一批关乎师生切身利益和师生最急最忧最盼问题得到有效解决。结合“作风建设年”，带头深入联系基层，带动班子成员深入基层指导党建、开展调研及联系专家人才、党外代表人士等90余次。校院两级党委确定并落实实事项目318件，党员干部认领“微心愿”859个，“一老一小”办实事12件。

全面提升党建质量。认真执行党委常委会、全委会议事规则，召开议党会议9次，统筹推进十九届六中全会精神、全国全省高校党建工作会议精神等落地生根，为学校事业发展导航定向。基层组织建设成效突出。“对标争先”建设中，1个支部入选全国高校“百个研究生样板党支部”（当批次全省高校唯一）；4个党组织通过全国样板党支部和全省党建“双创”验收。学生党建“栋梁工程”已经成为大学生党员教育培养新品牌。创新开展新生入党启蒙教育，效果明显。扎实推进党支部标准体系（BTX）建设。

加强干部队伍建设。始终树立正确用人导向，突出精准科学选人用人，党员干部、教职员工对学校党委选拔任用干部的满意度较高。干部提任中，不搞论资排辈、打破“隐形台阶”，大胆起用了一批政治忠诚、思路开阔、能力突出、敢闯善试的优秀年轻干部，将他们放在重要岗位上历练，有力推动了事业进步，学校1980年以后出生的干部占比31%。注重干部教育培训。年度内选送9名干部赴国家教育行政学院参加为期一个月的专题研修班，新增选派2名同志赴教育部、市直机关等学习锻炼。组织完成校内第二期青干班培训。突出干部考核的导向作用，注重考核结果运用，并根据考核对象类别适时调整各类评委权重、细分评价等次等方式，在确保民主性基础上，提升了考核的科学性。

加强和改进思想政治工作。不断完善思政工作体制机制建设，构建了培养德智体美劳全面发展的社会主义建设者和接班人的育人格局。谋划召开学生工作会议，深化“三全育人”综合改革，积极构建“大思政”工作格局。学校获评省优秀易班共建高校。学校荣获2021年度暑期“三下乡”实践活动全国优秀单位。着力强化思想政治理论课程群建设，全面推进课程思政建设。进一步改进师德师风建设。

落实全面从严治党。召开全面从严治党专题会议3次，准确研判形势，精准开展部署。开展党风廉政建设工作汇报8次。开展干部集体谈话2次，个别谈话、换届风气谈话、新任干部谈话72次。指导推进纪检监察体制改革。持续正风肃纪，带头保持优良作风，学校政治生态持续向好。意识形态工作、安全工作和保密工作责任制落实到位。

认真做好迎接省委巡视和省委第十一巡视组来校巡视期间的各项工作。

（3）谋划顶层设计，推动各项事业快速高质量发展。突出顶层谋划。起草学校“十四五”规划，于2021年4月教代会讨论通过并实施，规划提出“人才强校、质量优先、持续快速、特色发展、开放合作”战略。学校第十一次党代会上，确立以快速高质量发展为根本要求，推进“一强七高”协同并进的发展目标。2021年上半年，经过一段时间的筹备，密集召开了2021学科建设与研究生教育工作会议、教学工作会议、科研工作会议、师资队伍建设工作会议、学生工作会议等五个重要会议，出台5项系统改革工程、23项子工程，每个会议的材料均经过党委常委会反复讨论、深入研究，进一步统一思想、凝聚共识，为“十四五”时期学校特色高水平应用研究型大学建设奠定坚实基础。年底前，学校党委成立专项督导组，深入各单位，开展了一轮对“十四五”规划和“五个重要会议”精神落实情况的督导。

持续抓好师资队伍建设。始终将“人才强校”战略确定为首要发展战略，注重各项人才评价及人才激励制度完善，提升师资队伍建设水平。新增“全国杰出专业技术人才”1人，教育部“长江学者奖励计划”青年学者1人。新增一级教授3人，二级教授3人，三级教授4人。新增省拔尖创新人才工程入选者、长白山青年拔尖人才、吉林省青年科技奖获得者等省级人才称号12人次。引进和培养具有博士学位教师52人，教师队伍博士化率增长到50.2%。

指导谋划学科建设。始终坚持学科建设龙头地位，亲自指导、亲自督战学科评估工作。年度内获批“能源动力”博士专业学位授权类别。获批“核科学与技术”硕士学位授权一级学科、“工商管理”硕士专业学位授权类别。指导完成《学科建设规划（2021—2025）》修订工作。获批省级博士研究生工作站1个，新增研究生工作站6个。

指导推动教学改革与建设。始终把本科教学工作当成头等大事，学校教学取得了丰硕成果。年度内学校新增国家级一流本科专业建设点4个，省级一流本科专业建设点4个。获批储能科学与工程新专业。土木工程和环境工程2个专业通过工程教育专业认证。获批省级一流本科课程5门。学校龙舟队代表吉林省出战第十四届全国运动会，获3金1银。招生就业工作水平持续提升。2021年录取本、专科生4834人，普通类本科超过“一本线”学生占70%。学生年终就业率保持在90%以上。完成留省就业工作任务，获省委省政府表彰。

指导推动科研工作。谋划实施“科研新跨越工程”，着力提升科研水平与实力。年度内获批纵向科研项目137项，其中国家级科研项目21项，获批横向科研项目169项，创历史新高，科研项目合同额连续3年突破亿元大关。获2021年吉林省科学技术奖13项，其中一等奖2项、二等奖6项、三等奖5项，获奖总量创近年新高。获吉林省科技成果转化贡献奖个人奖1项。教师发表论文入选ESI热点论文20篇、高被引论文32篇。获批吉林省重点实验室1个。国家大学科技园顺利通过科技部、教育部考核评估。校属企业改革工作基本完成。

突出抓好办学条件改善。扎实推进基础设施建设，高载能技术创新研究中心顺利完工。投入资金5089万元，如期保质完成各类修缮工程项目37项。第三食堂获评吉林省餐饮服务食品安全监督量化等级A级荣誉。出台实施《安全事故与突发事件应急预案》《建筑房间安全用电管理办法》等制度，进一步强化规范管理，加强监督检查，平安校园建设水平有新提升。谋划推进学生第四食堂和新体育馆建设。

组织机构

1. 教学单位

电气工程学院、能源与动力工程学院、自动化工程学院、化学工程学院、经济管理学院、建筑工程学院、计算机学院、机械工程学院、理学院、外国语学院、艺术学院、输变电技术学院、马克思主义学院、体育学院。

2. 非教学单位

党政管理部门：党政办公室、校友工作办公室，组织部、党校、组织员办公室，统战部，党委宣传部，纪委（监察专员办公室）、党委巡察工作办公室，审计处，学生工作部（处），工会，团委，教务处，科技产业处，党委教师工作部、人才工作办公室、人事处，计划财务处，资产处，招生就业处、就业指导服务中心，保卫处，离退休工作处，档案馆，信息化办公室，党委研究生工作部，研究生院、学科建设办公室，国际合作处、港澳台办公室、国际交流学院，国家大学科技园管理委员会办公室，教学质量监控与评价中心，教师教学发展中心。

教学辅助单位：继续教育学院、图书馆、学报编辑部、校医院、后勤保障部、工程训练教学中心。

3. 科研单位（省级及以上科研平台、基地）

电力系统安全运行与节能技术国家地方联合工程实验室、多能源互补高效供能管理技术国家地方联合工程实验室、现代电力系统仿真控制与绿色电能新技术教育部重点实验室、油页岩综合利用教育部工程研究中心、中国高等院校龙舟室内科研及训练基地、中国龙舟训练科研基地、能源高效洁净开发利用重大需求协同创新中心、新能源发电利用重大需求协同创新中心、热能利用系统节能重大需求协同创新中心、输变电工程安全技术重大需求协同创新中心、能源电力功能材料开发利用吉林省协同创新中心、吉林省油页岩综合利用工程研究中心、吉林省新能源发电联网运行与控制技术工程研究中心、吉林省节能与测控技术工程实验室、吉林省输电工程安全技术工程实验室、吉林省智能电网信息技术工程实验室、吉林省新能源电网智能化运行与控制工程实验室、吉林省人工智能及能源电力应用工程实验室、吉林省油页岩综合利用科技创新中心、吉林省现代电力系统仿真控制与绿色电能新技术重点实验室、电力基础设施安全评估与灾害防治重点实验室、吉林省智能电网和新能源成果转化平台省科技厅、吉林省火电机组节能减排工程技术研究中心、吉林省电力大数据智能处理工程技术研究中心、吉林省生物质清洁转化与高值化利用科技创新中心、精密驱动智能控制国际联合研究中心、吉林省现代电力系统仿真控制与绿色电能新技术重点实验室、吉林省油页岩综合利用工程研究中心、吉林省电站水处理技术工程研究中心、吉林省油页岩综合开发利用高端科技创新平台、吉林省电力储能与环保材料重点实验室、吉林省能源互联网信息技术实验室、能源大数据分析及智能计算重点实验室、新能源产业吉林省校企联合技术创新实验室、智慧能源先进控制技术实验室、吉林省电力电子产业公共技术研发中心、吉林省金属成型模具产业公共技术研发中心、吉林省服饰文化研究中心（文科基地）、吉林省能源经济发展战略研究中心（智库）、吉林省能源经济研究中心（文科基地）、吉林省高校思想政治工作创新发展中心、吉林省能源发展社会科学重点领域研究基地（文科基地）、吉林省社会科学重点领域（服装领域）研究基地（文科基地）。

4. 省级及以上普通高校实践基地、实验教学示范中心

电气工程实验教学中心、能源动力工程实验教学中心、电力工业生产过程虚拟仿真实验教学中心、电工电子基础实验教学中心、工程训练中心、水质分析与水处理技术实验教学中心、土木工程实验教学中心、能源与动力工程实验教学中心、IT 实训实验教学中心、热工自动化实验教学示范中心、艺术类实验教学示范中心、经济管理实验教学中心、物理实验教学中心、数值计算及软件开发实践基地、电气工程创新训练中心、东北电力大学科技园。

主要事件

（1）中共东北电力大学第十一次党员代表大会胜利召开。李国庆同志代表第十届党委作了题为《聚焦“一强七高”目标任务　坚持快速高质量发展　奋力谱写特色高水平应用研究型大学建设新篇章》的报告，大会选举产生了中共东北电力大学第十一届委员会和第十一届纪律检查委员会。

（2）扎实推进党史学习教育，开展了主题为“百年筑梦·永葆初心”的庆祝建党 100 周年系列活动。

（3）出台《东北电力大学“十四五”事业发展规划纲要》，召开 2021 学科建设与研究生教育工作会议、2021 教学工作会议、2021 科研工作会议、2021 师资队伍建设工作会议、2021 学生工作会议五个重要会议。

（4）经济管理学院管研党支部入选第二批全国高校“百个研究生样板党支部”；4 个党组织通过全国样板党支部和全省党建“双创”验收。

（5）严干贵教授获“全国杰出专业技术人才”称号，姜涛教授入选教育部“长江学者奖励计划”青年学者。

（6）获批“能源动力”博士专业学位授权类别；获批“核科学与技术”硕士学位授权一级学科、“工商管理”硕士专业学位授权类别。

（7）电子信息工程、土木工程、应用化学、信息与计算科学 4 个专业获批为国家级一流本科专业建设点，土木工程和环境工程 2 个专业通过工程教育专业认证。

（8）获吉林省科学技术奖 13 项，其中一等奖 2 项。自动化工程学院唐宏教授荣获 2021 年吉林省科技成果转化贡献奖个人奖。高载能技术创新研究中心实验楼顺利竣工。

（9）龙舟队代表吉林省出战第十四届全国运动会，获 3 金 1 银；参加第九届中国大学生龙舟锦标赛，获 3 金、5 银、1 铜。

（10）荣获 2021 年度暑期“三下乡”实践活动全国优秀单位。学校学生在各类学科竞赛中获省级及以上竞赛奖 242 项，其中国家级奖 24 项。

（胡脩实）

【上海电力大学】

单位概况　上海电力大学是中央与上海市共建、以上海市管理为主的全日制普通高等院校。学校创建于 1951 年，1985 年 1 月升格为本科，更名为上海电力学院，2018 年 12 月，经教育部批准更名为上海电力大学。学校有杨浦、浦东 2 个校区。杨浦校区位于长阳路 2558 号，浦东校区位于沪城环路 1851 号。设能源与机械工程、环境与化学工程、电气工程、自动化工程、计算机科学与技术、电子与信息工程、经济与管理、数理、外国语、体育、马克思主义、人文艺术、继续教育（国际教育）共 13 个院。2021 年是学校建校 70 周年。

学校现有在编教职工 1100 余人，其中专任教师 800 余人。专任教师中，具有博士学位的比例为 63.47%。目前有入选国家新世纪百千万人才工程 1 人、国家杰出青年科学基金 1 人、全国优秀教师 1 人、全国优秀骨干教师称号 1 人；入选国家青年千人 2 人、教育部优秀人才奖励计划 1 人，教育部新世纪优秀人才支持计划 3 人；上海市“千人计划”、上海市领军人才、上海市教学名师等其他各类高层次人才计划 70 余人次。另有享受国家政府特殊津贴 14 人，上海市宝钢优秀教师奖 12 人，上海市育才奖 38 人次。

领导班子

校党委书记：李明福

副书记：李和兴、李艳玲、翁培奋、徐凯

校长：李和兴

副校长：徐凯、封金章、符杨、黄冬梅

总会计师：张川

加强党对学校工作的全面领导　坚持以党的政治建设为统领，全面落实《中国共产党普通高等学校基层组织工作条例》，将党的领导贯穿办学治校全过程，修订党委全委会、党委常委会议事规则，坚决落实党委领导下的校长负责制，认真贯彻民主集中制，全面落实重大决策程序，不断加强决策执行督办。不断增强基层党组织政治功能，全面落实二级学院党组织会议和党政联席会议议事规则，强化对二级党组织的政

治监督，推动全面从严治党压紧压实在基层，推进党建工作与改革发展深度融合。扎实推进基层党建质量提升工程和建党百年相关活动，获评1个上海市先进基层党组织、1个党支部建设示范点，2个市教卫工作党委系统先进基层党组织、2个党支部建设示范点等。统筹谋划，完成中层领导班子和干部队伍换届，形成良性干部管理生态，选人用人工作在全市有用人权的市管单位中处于“第一档次”。推进机构调整，成立体育学院、人文艺术学院，融合成立继续教育学院（国际教育学院），丰富管理内涵，提升管理能级。不断推进完善“大统战”格局，强化思想引领，凝聚政治共识，扎实抓好统一战线成员的政治学习和理论培训，加强统战工作品牌塑造。

深入开展党史学习教育 把开展党史学习教育作为重大政治任务，严格落实学习教育各环节，激励广大党员从党的百年伟大奋斗历程中汲取继续前进的智慧和力量。组织校党委理论中心组学习研讨25次，举行专题读书班11次，外请专家报告5次，组建教师理论宣讲团、“时习社”大学生理论宣讲团、“五老”宣讲团深入二级党组织、基层党支部和团学组织，围绕习近平总书记七一重要讲话和伟大建党精神进行宣讲近百场。多方面落实“我为群众办实事”项目，真正做到学党史、悟思想、办实事、开新局。切实落实校级领导班子成员、二级党组织委员、党支部书记讲党课，开展支部书记微党课展示评选活动。推动各基层党组织开展“红色基地大寻访”活动，全校参与率位居教卫系统第二。编发党史学习教育工作简报51期，向上级单位报送典型案例30余篇。同时，精心组织“百年瞬间”“我心向党共筑梦·不忘初心跟党走”“红心向党·礼赞中国”红色经典诵读大赛等建党100周年系列活动。

开展校庆系列活动 举办了建校70周年发展大会暨学术论坛、学术会议以及形式多样的线上线下校庆系列活动，新建校史馆在临港校区落成，实体书屋“雲鄉阁”建成揭牌，“电力之光”文化浮雕墙建成揭幕，完成70周年校史续编，举办了“档案见证70年，砥砺奋进谱新章”上电红色档案展，拍摄电影“我和我的学校”，开展“我与上电70年”老照片、好故事征集活动，通过上海中心以及临港新片区标志建筑亮灯等形式，加强宣传和氛围营造，激发师生爱校荣校意识，凝聚校友与社会力量，促进学校事业发展。

推进教育综合改革和教育评价改革 以新发展理念为指导，不断提升改革发展宏观研究、顶层设计与统筹协调，落实开门编制规划要求，召开多场座谈会广泛听取对学校“十四五”规划的意见和建议，同步推进总规划和专项规划、学院规划的协同编制，经过教代会、党委全委会等审议并经市教委评审后，于11月正式发布实施学校“十四五规划”，奋进学校“十四五”改革发展新征程。整体推进结果评价，过程评价，增值评价和综合评价相结合的新时代教育评价改革，取得阶段性成效。坚持立德树人根本任务，落实“德智体美劳”全面发展培养目标，深化能源电力特色“思政课程”和“课程思政”改革，全方位构建“五育并举”的学生学业评价和教育教学评价体系。坚决“破五唯”，制定实施《上海电力大学深化新时代教育评价改革实施方案》，修订完善《专业技术职务聘任办法》《教育教学成果奖励办法》《科研工作量计分办法》和《教师科技成果评价办法》等制度，树立师德师风和学术道德第一标准，突出教育教学实绩和学术科研成果贡献，引领推动服务国家“双碳”战略的人才培养和科研创新体系转型。在2021年度上海高校分类评价中，学校在同类高校中综合评价排名提升一位，进步至第二，办学效益评价稳居第二，获评2个办学特色案例。

转轨升级，开启新一轮高水平地方大学建设 2021年，上海市启动新一轮地方双一流建设，上海电力大学由高水平地方应用型大学建设进入上海市高水平地方高校建设行列，与其他12家高校共同开展上海市高水平地方高校二期建设。学校全面总结了高地大项目2019—2020年建设情况，形成并向市教委提交了高水平地方高校试点建设一期总结报告。面向国家战略，对接“双碳”目标，聚焦“以新能源为主体的新型电力系统”，一体化建设“一网两侧”能源电力学科体系，科学谋划、充分论证，制定了《2021—2025年上海电力大学高水平地方高校建设方案》。完成了2021年高水平地方高校申报、评审和建设工作，在上海市财政评审中，申报经费通过率位于同类高校前列；稳步推进“学科建设攀峰、队伍建设卓越、人才培养创新、国际交流提升、体制机制改革和条件保障”五项任务，按期全面完成了预期建设目标和各项绩效指标。

招生和就业工作 完成春季、秋季、高水平运动员、三校生、专升本等的招生录取以及中本贯通转段考试等，共计录取38个专业本科生2593人16个省市的理科录取最低分数线较上一年有不同程度的提高。建成研究生初试标准化国家级考点并投入使用，全额完成录取研究生1340人，其中博士生13人，专硕占比58.7%。不断加强就业市场建设和宣传推介，通过“线上+线下”相结合，多岗位满足毕业生求职多元化需求。2021届本科毕业生2358人，就业率为95.55%，超出上海市本科平均就业率1.54个百分点；就业质量明显提升，签约率同比提升3.8个百分点，升学率提升2.33个百分点；到西部地区就业的比例达到15.71%；20余名毕业生投身基层就业项目。2021届硕士生毕业770人，整体就业去向落实率达100%，连续多年超上海市研究生平均就业去向落实率5个百分点，其中能源电力行业就业比例达74.42%，专业对口率达89.22%。

专业集群和学科建设 持续推进大能源电力应用型本科专业集群建设，申报“储能科学与工程”“新能源材料与器件”新专业（获得教育部批准）。组织9个专业递交了中国工程教育认证或ASIIN国际认证申请，3个专业完成并提交了专业认证自评报告，1个专业通过德国ASIIN专业认证。以“全面展开、重点建设、示范带动”为基本思路，继续深化课程思政教育教学体系改革，新增校级课程思政建设试点课程立项123门，3门课程入选上海高校党史学习教育与课程相融合示范课程。2个项目获批教育部首批新文科研究与改革实践项目。继续完善“双万计划”建设，11门课程获批上海高校市级重点课程建设立项。至此，学校已获批5个国家级一流本科专业建设点、5个市级一流本科专业建设点，4门课程被认定为国家级一流课程、17门课程被认定为市级一流课程。组织推荐13项本科教育教学成果奖申报上海市高等教育优秀教学成果奖。针对疫情防控新常态，推进云上课堂平台建设，基本覆盖所有授课教室，通过云课堂，多角度提供教室授课画面，做到“隔离不停学”“隔离不停教”。

聚焦“新型电力系统一网两侧”的学科发展布局，制定《上海电力大学学科建设工作规程》。申报获批翻译、材料与化工2个专硕授权点，获批计算机科学与技术、数学2个学术硕士授权点，在上海市学位点培优培育专项计划中获2个培优学位点和2个博士培育学位点。

能源电力创新型人才培养 以劳育、通识类课程、双碳类课程及教材建设为重要工作抓手，进一步夯实应用型、创新型人才培养体系，制定了32学时的本科生劳动教育实施方案，立项建设11门高水平通识类课程，建设13门“双碳”类产教融合课程，制定推出创新创业训练与实践学分管理办法，完成国创计划结题34项，市创计划结题95项。组织参加“互联网+”比赛，参赛数量和作品质量都有明显提高，获国家级铜奖一项。完成“第十七届‘挑战杯’”市赛办赛，在市赛的奖项等级、获奖类别、团体总分上取得多项突破，获得“挑战杯”市赛特等奖2项，一等奖5项，获得哲社类社会调查报告一等奖，捧得大赛团体“优胜杯”，获得“挑战杯”上海市赛“进步显著奖”“优秀组织奖”。荣获“‘华为杯’第十八届中国研究生数学建模竞赛”一等奖2项，其他奖项共计57项，连续十年荣获“优秀组织奖”称号。荣获“第十六届中国研究生电子设计大赛”技术类竞赛全国三等奖2项、上海赛区一等奖3项（晋级2项）等。

推进学风建设和素质教育 建立健全“学校–学院–辅导员–学生”四级管理网格，分类精准落实“一人一档”台账制度，严守疫情防控底线，筑牢校园安全防线。完善“一个计划、两个体系、三个群体”工作机制，以“学业能力提升”“学业达标帮扶”两大体系为抓手，落实学风建设工作实施方案。积极开展系统化、特色化入学教育和毕业生“双思 双助”教育活动。组织开展“心理健康月”“精神卫生日”、心理健康节等系列宣教活动，加强学生心理健康知识普及和心理健康教育。发挥资助育人功能，切实做好各类学生资助工作的规范管理，全年发放本科生各类奖、助学金及资助金等。加强国防和安全教育，向部队输送56名优秀学生，荣获“上海市大学生安全知识竞赛东片区赛”第一名。

创新共青团组织运行机制，不断活跃基层共青团工作，1个团支部荣获全国高校“活力团支部”称号。打造志愿者服务项目品牌，2300余名学生志愿者参与上海科技馆、自然博物馆、天文馆、杨浦区“双减”、疫情防控等志愿服务，105名上电小叶子投入第四届中国国际进口博览会服务保障工作。探索“党建+思政+美育”艺术实践育人模式，打造沉浸式原创红色情景戏剧《王孝和》，围绕“喜迎建党百年”主题，组织学生艺术团开展系列教学成果专场演出。荣获第六届全国大学生艺术展演国家级艺术奖项1项，荣获第六届汇创青春上海大学生创意作品展示活动上海市一等奖2项。击剑、男子手球、男子足球等在国内、市级各类竞技比赛中成绩斐然，为学校争取了荣誉。

发挥“夕阳红”第四育人阵地作用，成立了由10位老领导、老教授代表组成的“五老宣讲团”，通过“初心育人坊”“扬帆讲坛”等学习平台，累计开展活动及讲座29场，宣讲、指导师生达3200余人次。学校关工委荣获五年一评的“全国教育系统关心下一代工作先进集体”。

继续教育 综合研判疫情风险与办学机遇，超额完成了继续教育年度工作目标，学历教育招生规模同比增长60%，服务企业百余家。新设黄浦、普陀、青浦三个校外学习站点，进一步提高了校外学习站点的总体质量，满足学生就近上课的需求。顺利完成“一带一路”高研班。与临港企业合作打造具有上电特色的“双元制”教育模式，构建“企业需求–政府资助–学校服务”的政产学协同机制，成功获批首个“新型学徒制”补贴项目，并经申报获评为教育部2021年产教融合校企合作典型案例。

师德师风建设 深入贯彻落实中央、上海市人才工作会议精神，强化党管人才，健全党管人才领导体制和工作格局，克服“五唯”弊病，突出质量导向，建制度、夯基础，实现教职工思想政治工作制度化，修订了教师政治理论学习制度，制定并严格落实教师政治理论学习计划。设立“师德讲堂”，树榜样、立标杆，充分发挥师德典型的示范引领作用，努力提升教师师德水平和育德能力。与焦裕禄干部学院达成思政教育基地的共建协议，举办教师思想政治教育培训班，已选送第一批30名教师参加培训。申报全国教书育人楷模、上海市“四有好老师”、上海市宝钢优秀教师奖、上海市霍英东教育基金会高等院校青年科学奖等。我校教师首获上海市“五一劳动奖章”。全校教师共获国家级、市级和校级荣誉100余项，400余人次。

师资队伍 坚持学科导向，根据内涵发展需求、不同岗位特点，明确引才方向，分类设置岗位聘任条件，压实学院责任，优化人才保障，确保人才待遇，聚焦“一网两侧”能源电力学科体系精准引才，制定人才揽蓄行动方案。申报浦江计划D类项目1项。加快推进“123456”师资队伍建设工程，构建“双师—工程实践名师—高层次领军人才”三级梯队。加快产教融合教育团队建设，申报6支上海市高水平地方高校创新团队，顶层设计，围绕新型电力系统关键技术和前沿理论，标志性成果导向，推进师资队伍整体发展。

科研创新能力和服务社会水平 持续提升重大科研项目获取能力，在国家级、省部级重点项目与人才项目方面取得新的突破，获得科技部国家重点研发计划“政府间国际科技创新合作”重点专项项目，获上海市学术带头人（青年）。科研总量与质量进一步提升，推进能源电力特色智库建设见成效。

科技成果 作为第一单位获中国腐蚀与防护学会科学技术奖一等奖1项、中国可再生能源协会科学技术进步奖（技术创新类）一等奖1项、中国发明协会发明创业奖创新奖一等奖1项；作为参与单位获2020年度华夏建设科学技术奖一等奖1项、2020年度中国节能协会技术发明奖二等奖1项、中国电力科学技术奖三等奖2项。参与起草国际标准2项，参与制定国家标准2项，牵头制定团体标准1项，参与制定团体标准2项。

校地校企合作 继续抓紧能源转型发展契机，全面融入区域发展战略，举办“‘双碳’目标下的能源电力发展高峰论坛”及相关技术会议。服务临港新片区建设，牵头推动申报临港重点区域整域光伏项目，并获得国家发展改革委批示。与国网上海市电力公司联合共建的“上海临港综合智慧能源协同创新平台”获批临港新片区产教融合平台项目。获批“上海市新型电力系统前沿科学研究基地”，高效推进“上海智能电网技术研究省部共建协同创新中心”建设。作为上海市地方高校的唯一代表，“海上风电技术”教育部工程研究中心申报，“上海绿色能源并网技术工程中心”评估成绩良好。完善技术转移体系，获得上海市教委第一档资助。同时，为获取更多合作资源，谋求长远发展，全面启动军工保密资质申请筹备工作。

国际交流 国际合作办学再上新台阶。“一带一路”工作项目渐成品牌，成功举办第3届“一带一路能源电力国际商业决策模拟大赛”；成功举办2021年度暨第五期“一带一路”沿线国家能源电力人才高级研修班，来自12个国家的能源电力类企业高管、政府官员、专家学者参会。

制度建设 为进一步提升治理体系和治理能力现代化，完善现代大学制度，启动并按计划推进学校章程的修订。持续推进制度性文件废改立，持续优化内控制度和规范优化运行，提高学校治理体系和治理能力现代化水平。完成上海市行政事业单位内部控制报告编报工作，首次进入“优秀”梯队。以项目库为抓手，规范项目申报、审核、评审、入库、预算安排、批复、资金调整等管理流程，强化预算执行，顺利完成2021年学校一级项目库出库。

基础设施建设 作为市教委基本建设重大工程和“十四五”基建规划中涉及五大新城建设的项目之一，结合绿色建筑、装配式、海绵城市相关概念要求，临港校区三期工程项建书通过市发展改革委委托的评审单位专家评审。建成市教委安全环境示范点建设项目——应急联动系统（二期）及5G网络智能安保机器人建设，构建全过程综合安防（应急）指挥中心。升级改造交通道闸管理系统。优化和调整临港校区停车资源，提升校内道路交通安全。

完成“一网通办”一期建设，改版校园网主页，建成大屏、标屏、平板、手机等多终端适配响应的校园门户网站。建成“全媒体中心直播平台”。推进线上线下一体化的智慧教学环境建设。提升文献信息资源服务保障能力，完成智慧图书馆建设，实现纸电资源一站式检索，提升学校文献资源的使用效率。完善了基于ESI的综合测评体系建设，及时监测追踪我校ESI优势学科的入围率及排名更新。

服务质量 与临港集团签订“深化产业工人队伍建设合作框架协议”、共建实训基地、携手开展职业技能培训等。对接校企合作工作项目，获批“上海市教育系统张雄伟劳模创新工作室”。持续提升教职工人文素养，倡导修身养性，“人文上电”全年观剧人数600余人次，成功申报首批“上海市职工健身驿站”。通过各类举措不断增强老同志的获得感、幸福感。

主要事件

1月27日，杨浦区副区长周海鹰一行到上海电力大学调研，校党委书记李明福，党委副书记、校长李和兴会见。双方通报了区校发展近况、取得的成就和发展中遇到的一些问题，以及下一步的工作重点，并就疫情防控相关工作充分沟通与交流，围绕区校合作进行了探讨和协商。

根据上海市教育委员会关于开展依法治校创建工作的精神要求，上海电力大学获评“上海市依法治校示范校”。

5 月 15 日，“碳达峰与自然资源利用”学术研讨会在上海电力大学举办，200 余人与会，从碳达峰与自然资源的利用、碳达峰与能源结构转型等多个角度展开学术研讨和交流。

5 月 10 日，在 2021 年第十七届“挑战杯”上海市大学生课外学术科技作品竞赛中，上海电力大学获得“挑战杯”市赛特等奖 2 项。

6 月 19～20 日，红色情境戏剧《王孝和》在上海杨树浦发电厂献演。这部沉浸式原创红色戏剧由上海电力大学与上海电力股份有限公司携手打造，生动演绎工人阶级的优秀代表王孝和烈士的红色故事，向中国共产党的百年华诞献礼。

10 月 16 日，上海电力大学举行“双碳”目标下的能源电力发展高峰论坛暨建校 70 周年发展大会。

（曹婷婷）

【中共国家电网有限公司党校】

单位概况 中共国家电网有限公司党校（国家电网有限公司领导科学研究院分公司）［简称国网党校（国网领导科研院）］是国家电网公司直属教育培训单位，担负着国家电网公司党组管理的领导人员和优秀年轻领导人员的教育培训、领导科学研究、企业党建理论研究和实践探索、党风廉政建设研究的重任。

国网党校（国网领导科研院）作为国家电网公司党组的重要部门、政治学校，在国家电网公司党组坚强领导和关心指导下，坚持“党校姓党”根本原则，以“质量立校、教研并举”为办学理念，以“建设一流企业党校”为发展目标，全面践行“学习好、研究好、宣传好、贯彻好习近平新时代中国特色社会主义思想”这个根本，全面贯彻《中国共产党党校（行政学院）工作条例》有关要求，全面落实国家电网公司党组各项决策部署和战略目标，坚持履行“领导人员党性教育的主阵地、党建理论研究的制高点、服务国家电网公司党组决策的智力库”职能定位，为服务国家电网公司“一体四翼”发展布局，服务支撑国家电网公司建设具有中国特色国际领先的能源互联网企业战略目标提供人才与智库支撑。

国网党校（国网领导科研院）坐落在北京市昌平区蟒山南麓，东邻军都山，西邻十三陵水库，院区占地 284 亩（1 亩=$6.6667\times10^2m^2$），建筑面积 5.7 万 m^2，植被丰富，环境幽静。设有 236 间学员公寓，1 个最大可同时容纳 700 人的报告厅，17 间会议室、研修室，图书馆、网球场等服务设施一应俱全，配备音频采集可视会议系统和独具特色的领导力测评系统等先进的设备资源，为广大培训学员提供优质的学习环境与便利的学习条件。

经营管理 全面推进“一流企业党校”建设，全年 72 项年度重点工作任务完成率 100%；培训计划完成率 106.2%，超出目标值 6.2%；培训质量及咨询服务满意率 99.8%，超出目标值 3.8%；国家电网公司相关负责人在线学习任务完成率 214.7%，超出目标值 114.7%；研究项目完成率 100%；系统党校建设任务完成度超出目标值 8.97%；综合影响力指数达 27.1，超出目标值 80.7%。在落实疫情防控常态化下，牢牢守住“双零”目标，完成共青团中央专题读书班、中央党校国资委分校企业党校负责人座谈会、国家电网公司“两会”等重大服务保障任务，完成近 10 家单位调研接待。

人力资源 12 月，国家电网公司发文将国网党校更名为中共国家电网有限公司党校（国家电网有限公司领导科学研究院分公司），并完成工商登记名称变更。国网党校（国网领导科研院）实行两块牌子、一套人马、一体化运作，下设 9 个部门，其中，职能部门 2 个，业务部门 6 个，支撑部门 1 个。截至 2021 年底，全口径用工 167 人，其中长期职工 54 人（含领导班子成员），短期职工 103 人，劳务派遣用工 10 人。长期职工中，中共党员 53 人，占比 98.15%；平均年龄为 38.5 岁，35 岁及以下人员 26 人，占比 48.15%；全日制研究生学历 38 人（博士 18 人），占比 70.37%；具有高级职称 33 人（正高级职称 5 人），占 61.11%，具有中级职称 13 人，占 24.07%。

2021 年，国网党校（国网领导科研院）共有 28 个先进集体和个人获国家电网公司及外部表彰，其中有 11 项课题研究成果获奖，1 名员工被授予国家电网公司劳动模范称号，1 名青年被授予公司青年岗位能手称号，3 个集体和个人获国家电网公司党组“两优一先”表彰，3 个集体和个人获国家电网公司团委“两红两优”表彰。选送 1 人参加国家电网公司党校青干班学习，选派 1 人支援新疆，2 名骨干到国资委、国家电网公司总部培养锻炼。

教学工作 国家电网公司党组管理领导人员和公司党校青年干部培训。2021 年，共举办春秋 2 期国家电网公司党校青年干部培训班，9 期国家电网公司党组管理领导人员培训、2 期 8 讲“云课堂”直播。在教学培训中把党史学习、六中全会精神等课程纳入全部主体班次，创新建立领导班子成员带班工作机制，组织学员论坛并形成研讨报告 90 余篇，为国家电网公司战略落地增智助力。

国家电网落实公司干部人才工作会议精神，制订

《党校关于实施领导人员分类施教、精准培训的工作方案》。截至12月底，“网上党校”全年上线近700门约600学时新课、1.3万余本电子书籍，注册用户约2.9万人，累计服务国家电网公司党组及各级党委管理领导人员共计80万余人次、130万余学时，不断扩大覆盖层级和范围。完成国家电网公司党组管理领导人员学习党的十九届五中全会精神专题培训、国家电网公司总部党支部书记网络专题培训等任务，承接系统内各单位40多项党史学习教育等网络教学任务。通过党校互动终端试点开展“直通班”，推动优质课程直播，进一步实现资源共享。

课题研究 领导科学研究。承接中组部、国资委、国家电网公司组织人事课题，完成“中央企业外部董事队伍建设研究”课题，“中央企业领导人员任职和公务回避问题研究”荣获中组部调研成果优秀奖。协助国家电网公司组织部与产业部完成《国家电网公司“十四五”领导人员队伍建设规划》《国家电网公司“十四五”支撑产业建设规划》编制研究。深化“双主体”平台应用，协同开展国家电网公司二级单位董事会、外部董事队伍建设和领导人员成长规律等专项研究，编制完成近十年青干班学员数据分析报告。

企业党建理论研究和实践探索。组织开展“国家电网有限公司党员教育培训体系建设实践与创新”研究，荣获中央企业党校智库成果二等奖。协同系统党校开展“红色基因和革命精神落地实践”等9项课题研究，召开“传承红色基因、发挥党校优势、迎接建党百年”党建研究研讨会，组织“红色基因 电力传承”实践案例研究，形成特色案例200余篇，完成党员教育培训体系建设课程研究。出版《国企党务工作小全书》《党支部工作挂图》等实用工具书和手册，为做好基层党务工作提供借鉴参考。

企业党风廉政建设研究。承担国家社科基金项目子课题2项，协助驻公司纪检监察组完成“公司一体推进‘三不’体制机制建设”“关于提升纪法贯通能力加强重点领域惩治防机制建设”等调研课题研究，“廉洁国企建设指标体系研究与实践”被列入国家电网公司年度“管理创新推广工程”，获得央企党校智库2021年度课题成果一等奖。参加“中国廉政研究论坛”等多场学术活动，2篇论文在会议上获奖。参加国家电网公司“以案代培”工作，参与国家电网公司系统职务违纪违法案件查办等工作。参与《国家电网公司纪律审查工作手册（2022年版）》修订及《驻组监察调查工作指引》编撰。配合开展国家电网公司纪检监察内部信息查询平台建设，服务支撑能力持续提升。

智库建设 编发《科研项目“揭榜挂帅”工作方案》《关于研究分中心建设的管理规则》。深度融入国家电网公司智库体系，党校智库工作在国家电网公司智库建设指导意见中被两次提及。为国家电网公司系统党校举办多期专题交流、授课分享，推出年度成果合集，全年共收集智库成果200余项。推出“领导科学大讲堂”专题，上线“媒体联盟”专栏。围绕“碳达峰、碳中和”等重点专题举办学术研讨会，精心编制以“碳达峰、碳中和”“新型电力系统”为主题的《视窗》专刊。常态化报送《工作参阅》，全年共呈报12期。在国资委分校智库建设座谈会上作专题发言，参与国资委央企党校智库课题研究，4项课题被纳入2021年央企党校智库，“建设‘领导人员创客营’常态化决策辅助机制研究”获得央企党校智库2021年度课题成果二等奖。在学习时报发表《高质量推进国企党校智库建设》署名文章。深化领导人员“多级共创”格局，推进“国网党校创客营”工作。“‘国网党校创客营’决策服务模式的创新与实践”获评国家电网公司管理创新推广成果，并获得中电联2021年电力创新奖二等奖。

系统党校建设 强化顶层设计，制（修）订《国家电网有限公司党校工作规则》《高质量推进一流企业党校（研究院）建设方案》，编制《党校（研究院）“十四五”发展规划》。常态化举办系统党校干部能力提升培训班，深化“四名工程”建设，评选出40位名师、40门名课、30篇名作。开发建设“三库”管理系统，录入2400余条优质资源。开展系统党校办学质量评估，客观反映各党校成果亮点、问题困难等办学现状，实现以评促建、以评促改。国家电网公司系统党校各单位在中国企业高管联盟人才培养评选中获奖总数名列第一。举办系统党校主题征文及摄影书法绘画篆刻作品展览，主办学党史微视频大赛，征集作品50余篇，浏览量11万余人次。组织开展系统党校“党校姓党、旗帜领航，学党史、感党恩，永远跟党走”党史党课赛讲，推出精品讲授式、现场式、情境式党课80门。

党的建设和精神文明建设 坚持“旗帜领航、党校姓党”，落实“旗帜领航·提质登高”和“基层党建创新拓展年”工作部署。深化“党建+”工程，实施共产党员服务队专项行动，组织“学党史、感党恩，做合格党校人”教师节座谈会等系列活动。把党史学习教育作为党建重点，组建以共产党员服务队为主体的党史“红领巾”讲师团、以青年骨干为主体的“青马突击队”，开展“送党课下基层”800余场，累计服务党员群众数十万人次，相关工作被国家电网公司作为典型经验向中央党史学习教育第三指导组汇报。开展“我为群众办实事”“为员工送温暖”活动，建立员工诉求服务中心，及时研究解决事关员工利益的重大问题。拓宽“网上党校”学习渠道，推出“中共党史大事件”等专题课程。打造“中国共产党精神谱系”主题长廊，组织6场主题丰富的员工文化活动，开展

“迎国庆唱红歌”系列活动，发布系列MV和主题宣传视频5部。组织国家电网系统在京部分直属单位青年员工开展党史专题学习，引领团员青年学党史、强信念、跟党走，有效发挥党校青年生力军作用。

（徐俊波）

【国家电网有限公司领导科研院分公司】

见中共国家电网有限公司党校。

【国家电网有限公司高级培训中心】

单位概况 国家电网有限公司高级培训中心（中国共产主义青年团国家电网有限公司团校）(简称国网高培中心）是国家电网公司直属的教育培训单位，是国家电网公司党组在共青团和青年工作领域特色鲜明的政治学校，担负着国家电网公司高素质、复合型、国际化人才培养的重任。

国网高培中心前身为北京电力管理干部学院、中共电力工业部党校；2000年5月，国家电力公司高级培训中心成立；2002年12月更名为国家电网公司高级培训中心；2019年4月国家电网公司发文设立国网大学并挂牌国网团校。2021年7月，国家电网公司发文将单位更名为国家电网有限公司高级培训中心（中国共产主义青年团国家电网有限公司团校)。

国网高培中心坚持以习近平新时代中国特色社会主义思想为指导，坚决贯彻落实国家电网公司党组决策部署，紧扣国家电网公司战略目标和“一体四翼”发展布局，为国家电网公司改革发展提供坚强的人才保障和智力支持。多次荣获“国家电网公司文明单位”“首都文明单位”“全国文明单位”“人才发展协会（ATD）卓越实践奖”“国际绩效改进协会（ISPI）绩效改进卓越奖”等荣誉。

国网高培中心坚持以培养符合国家电网公司战略发展要求的高素质专业化的干部人才队伍为宗旨，以建设“四优五过硬”干部人才队伍为目标，发挥国家电网公司管理人才培养主阵地和国家电网公司特色专业智库体系成员作用，着力加强培训教学研究，形成了门类齐全、特色鲜明、科学高效的培训课程体系，充分利用地处首都的区位和人才优势，对接内外部优质高端平台，用好学员师资“两个资源”，建立了一支由国际知名研究机构专家、知名高校教授、国家电网公司系统外企业高管、国家电网公司系统内高端师资专家等组成的具有较高专业理论造诣以及丰富教学和实战经验的一流师资队伍和专家团队。

国网高培中心位于北京市海淀区清河，毗邻北京大学、清华大学等知名高等学府和上地信息产业开发区，占地86亩，建筑面积约7万m^2。拥有配套的教学楼、学员公寓、餐厅和活动场所等，设备完善、设施先进。建有演播教室、教学创新实验室、图书馆、教学机房、保密宣教基地、党性教育主题教室、团史馆等教学实训场景及一体化电化教学、课堂直播点播、电视电话会议、安保监控等系统，建成了覆盖“全员、全层级、全业务、全生命周期”的“云课堂”。打造线上线下相结合的培训模式，提高全终端、全场景、多用户、跨国界的学习服务，构建培训生态，实现培训资源共享互济，满足专业部门、各单位个性化、特色化培训需求。

组织机构 国网高培中心下设10个部门：综合管理处（党委办公室）、教务管理处、教学研究处、教学培训处、信息技术处、国际交流合作处、案例开发中心、党委党建处（党委宣传处、纪委办公室、合规审计处、巡察办、团校工作处）、财务资产处、后勤保障处。

人力资源 截至2021年底，国网高培中心共有员工311人。其中：长期职工70人（含领导班子6人)；短期职工203人；劳务派遣38人。长期职工中，高级职称38人（正高级9人），中级职称20人，初级及以下12人；研究生学历61人（博士9人，硕士52人)，本科及以下学历9人。平均年龄38岁。

2021年，共完成7名年轻员工岗位交流和4名职员职级晋升，完成3名干部兼职员职级解聘。建立高培中心专家人才体系，首次评选高级专家，开展青年人才托举工程，选拔高培中心级青年人才托举人选10人、电力工匠1人，推选国家电网公司级青年人才托举人选候选人2人，持续推动建立专者专其事、能者尽其才的良好局面。中心党委管理中层干部平均年龄46岁，80后比例达30%，各年龄段干部得到统筹使用，干部队伍保持精干并充满活力。

经营管理 国网高培中心累计实施线下、线上培训班565个，培训量65.8万人天，国网高培“云课堂”注册学员超过88万人。培训计划完成率、重点培训项目完成率、培训资源开发任务完成率均达到100%，培训及服务质量、国网学堂应用服务质量、培训创新任务完成率、综合影响力指数、改革创新目标实现率均优于考核指标。

教学研究 建设“一体四翼”线上学习专区，推出“一体四翼”公开班和五大专业能力强化班，形成“一体四翼”基础讲义，将“碳达峰、碳中和”、新型电力系统、“一体四翼”等课程一体化纳入各类培训，覆盖约200期培训班、40万人次学员。实施新型电力系统大学习、大宣贯、大研究“三大行动”，开设“碳达峰、碳中和”学习专区，邀请系统内外高端院士等专家型领导，举办10期“碳达峰、碳中和”专家论坛，与中国电科院联合举办新型电力系统科技讲堂，覆盖学员26.5万人次，形成“碳达峰、碳中和”基础知识培训讲义。

全年完成35个重点培训项目方案设计，课程平均满意率为 97.64%，师资平均满意率为 97.89%。创新培训方式方法，在总部（分部）三级领导人员、新任三级单位副职级干部培训班采用“公共 + 专题”方式进行课程设计，高质量完成项目策划。

更新 2021 版《课程体系》《师资体系》，课程总数达 6858 门，更新率 35.2%；党建类课程更新率 65%；师资 4100 位，更新率 18.5%。夯实课程师资数据基础工作，完善协同管理机制，线上线下一体化做好数据库维护，审核课程入库信息 1500 余条，维护课程库信息 2000 余条、师资信息 2500 余条。

研发具有行业引领性的智能化人才发展系统，实现个人层面学习资源智能推荐，群体层面培训计划自动生成，组织层面人才培养平台赋能。申请发明专利 1 项、实用新型专利 4 项。

聚焦重大问题，结合职责定位，主动谋划，成功举办推动构建新型电力系统教学研讨会、推动共建“一带一路”高质量发展企业案例研讨会、今冬明春电力供应保障工作案例研讨会，向中央机关、国家部委、知名院校专家领导宣传公司服务国家重大战略的总体思路和卓越成绩，广泛吸纳专家建议，为能源安全、电力保供和低碳转型贡献智慧。

教学培训 牵头组织开展营销“三新”大讲堂活动，6 期直播共 9 万余学员观看，访问量 17.6 万，开发基层首创视频分享平台，上线 36 门优质视频课件和 179 个基层首创视频，开设乡村振兴公开班，形成精品课程 20 余门，5 万余学员参培。线下举办三期电力帮扶干部培训班、西部电力企业青年骨干赴东部实践锻炼培训班。保障完成市场营销首席专家评审等工作。

形成 6 大一级分类、196 个二级分类、261 个三级分类的项目体系，形成覆盖 2021 年 334 个线上项目，212 个线下项目的培训菜单。加大试题开发力度，形成涵盖 15.4 万道试题资源的题库体系，组织专业巡检、“十九届六中全会”等专项答题活动。创新开发智能化题库生成工具，实现题库共建、共创、共享和资源全流程管理。上线“党建引领、一业为主、四翼齐飞、全要素发力”的云书库资源体系，点击学习量突破 11 万人次。

贯彻党中央重大决策部署、国家电网公司党组决策部署：围绕党史学习教育、两会精神、“十四五”规划、乡村振兴、新发展格局、“碳达峰、碳中和”目标等专题权威发声，邀请全国人大常委陈锡文、全国政协常委杨伟民、中央政治局集体学习主讲人房宁、原中央文献研究室副主任陈晋、故宫博物院院长王旭东、北斗导航卫星首席总师谢军、国家统计局新闻发言人付凌晖等中央机关、顶尖学府、一流企业的知名专家学者授课，开展讲座 17 期次。为“云课堂”4000 余名学员提供直播服务，与国网山东、安徽、河南、吉林电力等省级电力公司培训中心共享优质资源，将优质课程课件上传至“云课堂”专栏，累计 19 万学员点播学习。丰富培训附加值：完成 2020 年和 2021 年《高培讲坛精华选编》教材，开拓学员阅读视野。

数字化建设 全力做好国网学堂运营服务，开展一体化运营网络培训，累计实施线上项目 301 个，培训人次 85 万。支撑保障“国网学堂”11 个专业专区运营和资源建设，实施培训项目 45 个，公司级考试项目 2 个，同比增长 147.4%；培训人次超 4.5 万，同比增长 697.3%。通过“云课堂”平台举办培训 254 个，985 万人次上线学习，总点击量突破 2100 余万次，最高日活跃数超 6 万人，支撑公司培训能力持续提升。疫情防控常态下，充分发挥平台优势，推动 37 个线下项目转线上，比原计划线下培训人次增长 266.5%，线上培训覆盖面和影响力持续扩大。推广国网高培中心课程体系数字化应用，加强实效性强、可复用专业类课程制作及线下优质资源线上转化，依托教育培训体系建设，围绕课程体系，开发优质线上课件资源 2600 余个。发挥区位、资源、设施优势，利用好演播教室和现场移动录播设备，推动优质高端培训资源线上快速共享，在国网学堂共享课件 1597 个，同比增长 27%，累计学习人次超 4500 万，课件上传量占比 7%，学习人次占比超 17%，平均学习人次 2.8 万。

聚焦主责主业，借助数字化技术，应用人工智能，助力核心办学能力提升。推动以课程体系为核心的培训体系建设应用。以课程体系为核心，融合线上线下培训数据，构建学习地图，初步实现教学资源可视化。依托培训体系，整合关键培训价值数据，推进方案智能化设计，助力教学创新拳头产品打造。开展基于课程体系的内外部知识萃取算法研究。持续推进数字化创新应用研究，深化知识萃取、知识推荐等算法应用，建设智能化辅助挖掘培训需求，服务方案智能化设计和智能化人才发展，申请专利 3 个，软著 4 项，形成论文 2 篇。

加快教育培训基础改造升级。推动云课堂加速融入“i 国网”，纳入国家电网公司移动门户。升级技术架构，优化系统界面，强化个人信息隐私保护。升级基础设备设施，立足“现场教学 + 高端论坛 + 直播点播 + 远程互动 + 沉浸体验”打造数字化教室，提升培训服务保障水平，提升学员培训体验。完成四次网络安全实战攻防，做好庆祝中国共产党成立 100 周年保电期间保障工作，实现网络培训主要业务“零关停”。深化直播点播服务模式。线上培训、直播、互动能力不断提升，支持国网学堂、国网高培“云课堂”“国网高培中心 ATC”微信公众平台、电网头条及其他第三方平台多通道开展直播服务，创新移动直播 + 电视电话会议直播服务方式，开展“碳达峰、碳中和”专家论坛、营销三新大讲堂、“高培讲坛”专题讲座、2021年度评标专家集中培训等直播服务66次，超6万人次观看。录制231门课程录（同比增长5.48%），完成186次电视电话会议（同比增长45.31%）、3208次线下培训课程和会议的保障工作。

国际交流 精心举办国际业务专业能力强化班，主动服务公司国际人才培养，支撑国际化业务发展，共有500余名国家电网公司系统员工报名参加，得到国家电网公司国际部和国际业务相关单位的大力支持。派骨干员工支持国家电网公司主办的能源转型国际论坛，助力打造“能源达沃斯”高端论坛国际品牌。汇编国际组织及机构核心信息摘要，主要内容涉及碳中和与能源转型、行业实践和行业展望等方面，完成共12期131篇信息18万余字材料编写，相关工作得到国网国际部高度认可。

创新开展全球线上国际业务同步学习。为国家电网公司遍及六大洲40余国的国际业务人员提供丰富的在线知识服务。完成外交部“外交外事服务走企业”活动的承接落实，时任国家电网公司副总经理、党组成员刘泽洪出席活动并致辞，外交部和17家能源央企外事部门负责同志等230余人参加活动。开展驻外办事处人员培训班、驻外党员培训班、CGE项目外派人员西班牙语专项培训班、智利外籍管理人员培训班等项目策划，设置86学时的39门课程，获得100%满意评价。为确保涉外培训等活动安全合规，在国家电网公司办公室保密处指导下，探索制订并发布《国家电网有限公司高级培训中心涉外活动资料审核管理办法（试行）》，进一步加强了国际交流合作制度建设。及时跟踪梳理举办的历届国际业务高级管理人员培训班学员信息，为国家电网公司统筹管理培训国际化人才做好支撑服务。制作国家电网公司国际业务人员培训工作通讯录，促进各国际业务单位和部门培训工作沟通交流。

持续加强国际培训学习资源平台建设。总结提炼十多年来国际化人才培训研究与经验，正式出版《国际化人才培养实践》书籍。开发《能源电力国际工程承包实用英语》教学资源，形成26万字教材、词汇手册、题库、系列微课及讲师手册，打造具有电网特色的国际培训教学资料。“云课堂”国际专区和国网学堂国际商务专区不断扩充课程资源，设计完善线上学习平台三年规划及运营方案，累计上传159门国际业务课程，面向国家电网公司系统征集国际业务优秀课件、案例、专家教学资源，加工制作77门英语学习沙龙课程，收集23项图文资料、17篇优秀案例、60个课件材料，进一步推动国家电网公司系统国际化培训资源共建共享。

案例开发 与中国社会科学院经济研究所合作，共同开展中国电力话语体系研究。结合电力发展的一般规律和中国发展的独特优势，围绕“两大奇迹”（中国电力长期快速发展的奇迹、中国电网长期安全稳定运行的奇迹）、“三大方向”（调度运行、经营管理、“一带一路”），总结提炼中国电力发展过程中的制度优势、体制优势、技术创新、管理创新和开拓创新五个方面的优秀经验。先后开展内外部课题研究专题会议6次，完成5个子课题的前期研究任务。根据各课题组前期研究成果，编印《中国电力话语体系“两大奇迹”“三大方向”（讨论稿）》。

建设案例研究基地。与中国社会科学院经济研究所签订战略合作协议，挂牌成立“世界一流企业案例研究基地”，为国家电网公司卓越实践走进国家权威智库提供通道和抓手。该项工作获得新华网、经济日报等多家权威媒体宣传报道。

建设精品案例资源。建立“党的理论教育、党性教育、党中央国务院重大决策部署、国家电网公司党组决策部署、通用管理、专业管理”6大板块案例体系。截至2021年底，共更新上传精品案例1577篇，其中内部案例1401篇（占比88.8%），“云课堂”案例总访问量达到17万人次。聚焦国家电网公司战略及重点工作，开展典型经验案例的收集和推广，汇编形成案例集。配合国网企协推动国家电网公司2020年管理创新成果总结提炼和推广传播；协助国网党建部完成二级单位党建部主任示范培训班中“分部、省级电力公司、直属单位交流材料”“大供案例材料”的审核和汇编，并在培训班中应用。在“云课堂”开设案例专区，建设“今冬明春电力供应保障专区”，征集保供电重点案例5篇，收集《国家电网报》《亮报》等媒体刊登的电力供应保障典型经验107篇；开设“电力交易机构独立规范化运作专题案例”“国家电网公司‘两会’案例点赞创新实践”“湖北电力抗疫保电系列案例”等6个专题，与国家电网公司总部部门联合征集153篇案例及相关学习资料。与各省级电力公司联合开发精品案例，与国网江苏电力联合开发《国有企业党建工作价值创造路径探索》教学案例，与国网河南电力联合开发《7·20河南抗洪抢险保供电应急案例》，与国网江西电力联合开发《企业内部体制机制变革案例》，与国网上海电力联合开发《浦东新区优化电力营商环境案例》等系列精品案例，推动国家电网公司重点领域优秀实践提炼传播。以《国家电网工作动态交流专刊》为抓手，开发“电力交易机构独立规范运作”“智库建设工作”“团青工作”等专题的28篇视频案例课程，全力服务培训班应用。

安全管理 扎实推进安全生产专项整治，高标准完成“两个清单”报送和任务整改。高质量开展“五查五严”“安全生产月”等活动，排查梳理36项风险隐患，逐一制订防范和整改措施。细化完善院区重要设备设施运行台账，邀请专家对院区锅炉房、燃气站等重要区域进行查验，强化发现问题的闭环整改。

持续加强安全工作的组织领导，定期组织召开安委会，首次召开安全生产专题会议。制订年度安全工作要点、安全生产“两个清单”、安全警示约谈工作规范、极寒天气安全保障方案，修订安委会工作规则和应急预案，逐级拧紧安全责任链条，提高应急处置能力。

聚焦“三个关键”（关键人群、关键岗位、关键时刻），邀请行业专家授课，开展“咨询式”培训，在汛期、施工等关键时刻开展防汛和有限空间作业等培训，提升安全履职能力。

服务国家电网公司安全重点工作，编制习近平总书记关于安全生产重要论述学习辅导材料，开发有声书、配套题库，建设安全文化长廊。

党的建设和精神文明建设 始终把政治建设摆在首位。开展党委“第一议题”学习 33 次、中心组学习 13 次、专题读书班 2 次、党支部学习 120 多次，领导班子成员、党支部书记讲党课 17 次，学习习近平总书记最新重要讲话和指示批示精神，学习贯彻党的十九届六中全会、“七一”重要讲话精神，教育引导广大党员干部员工深刻领悟“两个确立”的决定性意义，不断增强“四个意识”、坚定“四个自信”、做到“两个维护”。

党史学习教育扎实有效。把党史学习教育作为重大政治任务，制订实施方案，坚持领导示范带动学、个人自主常态学、集中组织重点学、专题研讨交流学、专题党课引导学、邀请专家辅导学“六学联动”，深研细读指定学习材料，召开党史学习教育专题组织生活会，开展“我为群众办实事”实践活动，落实项目清单 19 项，举办后勤“业校”，83 人获得专业证书。与华北电力大学联合开展的党建“1＋1”主题党日活动被《光明日报》客户端报道。

“旗帜领航·提质登高”行动有序推进。制订实施方案，扎实推进“基层党建创新拓展年”工作，印发党建工作要点、党员教育培训计划，组织开展组织生活会和民主评议党员。开展全国国有企业党的建设工作会议精神贯彻落实情况“回头看”，推进提升巩固。开展“党建＋安全生产、物资管理、提质增效、科技创新、教学培训”五大工程，推动党建与中心工作相融并进。拓展共产党员服务队“六微”价值，服务队荣获公司“优秀共产党员服务队”称号。

凝聚昂扬奋进力量。强化思想政治工作，落实意识形态责任制，开展“两优一先”表彰、困难党员走访慰问、庆祝中国共产党成立 100 周年等活动，做好统战和群团等工作。落实“三必贺、三必访”要求，开展法定节假日慰问、单身青年联谊等活动，关心关爱老同志，提高职工归属感和幸福感，营造和谐氛围。在中央媒体发稿 23 篇，重要新闻纳入公司宣传月报 2 次。7 人次获公司劳动模范、优秀党务工作者、优秀共产党员、青年岗位能手、优秀团干部、优秀团员等称号。

（曹 祎 赵苗苗）

【国家电网有限公司技术学院分公司】

单位概况 国家电网有限公司技术学院分公司（简称国网技术学院）成立于 2008 年 12 月 30 日。根据国家电网公司党组决定，2011 年 12 月 31 日，国网技术学院与山东省电力学校合并，实施一体化运作；2012 年 8 月 30 日，国网技术学院设立成都、长春、西安三所分院；2014 年 7 月 10 日，国网技术学院设立苏州分院；2017 年 1 月 20 日，国网技术学院设立郑州分院，确立“资源共享、优势互补、分工明确、协调发展”的集约化大培训体系。2018 年 12 月 21 日，国网技术学院完成转企改制工作。

国网技术学院主要承担国家电网公司新入职员工培训、高层次技术技能人才培训、紧缺人才培训、国际化培训、技能等级评价和职业教育，运营管理国网学堂，是国家电网公司技术技能人才培养基地、全产业链培训服务平台、国际合作交流平台、职业教育发展研究中心、技能等级评价指导中心、网络学习服务中心（“一基地、两平台、三中心”）。国网技术学院占地 1820 亩，建成覆盖电网主要专业实训室（场）279 个（间）、实训工位 8340 个、餐位 7890 个、床位 11800 个，年培训能力达 200 万人·天。

人力资源 截至 2021 年底，国网技术学院共有职工 559 人，其中，专职培训师 269 人，硕士以上学历 243 人，副高级以上职称 342 人，各级各类人才 56 人，英语授课团队 86 人，64 人获得 ATD（全球人才发展协会）国际培训大师资格。持续完善人才工作机制，畅通员工发展通道，实施“高端引领、名师培育、青年人才托举”三大工程，深化教师“五力”（项目开发能力、教学实施能力、语言应用能力、思想引导能力、现场实践能力）评价及现场锻炼，评选专家人才 23 人、青年人才托举 5 人，新增山东省教学名师 1 人。

教育培训 举办各类培训 230 期、9.24 万人，线下培训 101.22 万人天、同比增长 131.64%，线上培训 5.9 万人、同比增长 84.38%。培训计划完成率 100%，培训质量及服务满意率 97.41%。完成职业教育授课 7.9 万学时。国网学堂累计登录 2128 万人次，在线培训 3526 万学时。荣获“国家电网有限公司职业教育和技能人才队伍建设先进单位”称号。

培训业务。统筹食宿学训资源调度，优化完善新员工线上、线下培训方案，高质量完成新员工培训、变电运维轮训、营销标准化作业轮训等各类技术技能培训。高标准承办模拟法庭竞赛、直流运维竞赛、市场营销调考，"竞赛＋轮训"模式有效助力国家电网公司技术技能人才队伍建设。首创性建成二次系统考核验证平台，创新实施自主可控安全可靠新一代变电站二次系统考核验证。国家电网公司保密宣教基地建成投用。实体化运作国家电网公司技能等级评价指导中心，完成8项制度、57项标准、17.1万道试题优化工作，建设"一站式"评价管理信息系统，完成首批3097名高级技师评价，服务国家电网公司技能人员职业发展取得突破性成效。

教学业务。紧跟产业需求，聚焦"三教"改革，增设分布式发电与微电网技术等3个新专业，修订职业教育电力类专业教学标准，成为山东省春季高考技能考试考点。深化职教研究，出版《新时代电力职业教育典型案例集》，申报教育部产教融合案例3个，获批省级教改项目3个，立项国家级课程思政示范项目1项。荣获全国电力职业教育教学成果特等奖，省级教师教学能力比赛一、二等奖各1项；在各类学生竞赛中，荣获全国一等奖3项、二等奖5项，省级一等奖10项。完成第四批9个X证书资源库建设，编写"书证融合"教材27本，组织18所试点院校3984名学生开展X证书考核。揭牌"全国电力高校教师实践基地""综合能源新技术实践基地"。2021届毕业生总体就业率95.59%。

网络学习服务业务。深化国网学堂建设运营，改版国网学堂页面，分批上线技术标准、市场营销等专业专区，以及国网山东、吉林等省直专区，完成网络学习服务生态矩阵设计，打造形成新型网络学习生态圈。开发上线网络学习服务新版客服系统，以及"山东电专"和"电网云学"学习平台，着力构建涵盖"前台、中台、后台"的网络学习服务体系。探索打造"金种子起航训练营"等15项品牌培训项目，支撑服务4项公司竞赛调考、188项直播及考试项目，进一步改善线上培训学习服务体验。

科技创新 围绕新型电力系统建设等重点方向，调整科技攻关布局。聚焦重点领域和关键难题，发布"揭榜挂帅"项目榜单。常态开展"SGTC－TED"技术交流活动，举办"碳达峰、碳中和"讲座。加入山东能源互联网产业战略联盟。荣获全国电力行业和能源地质系统技术创新成果一、二等奖各2项，山东省科技工作创新大赛一、二等奖各1项，全国QC小组示范级（最高级）成果1项；授权专利22项，核心期刊及以上级别发表论文17篇，出版学术著作8本。

国际化业务 创新服务"一带一路"清洁能源合作，采取线上互动直播方式，开设"一带一路"清洁能源并网等交流专题，37个国家和地区的384名专家学者，参加中阿"智能电网＋智慧城市"培训项目、"一带一路"电力高管研讨班等线上活动，阿拉伯国家联盟向国家电网公司致信感谢，高度评价了培训成效。服务国家电网公司境外重点项目人力资源开发，组织骨干团队逆行出征，历时3个月完成沙特智能电表培训项目，培训当地技术骨干员工68人，探索实践海外培训项目EPC模式，创新提供专业人才培养、培训设施规划等一揽子解决方案。与智利切昆塔公司开展反窃电技术交流；签约巴基斯坦默拉直流线路运维培训项目。

经营管理 实现收入67176万元、利润1633万元。优化内部对标指标体系，开展考核分配改革，强化指标管控，推动建立精准考核机制。制订市场运营工作意见，加大经营激励考核力度。修订资金分级授权审批细则，优化资产管理，简化报销流程，深化提质增效。搭建集约高效线上收费平台，实现线上收费全流程贯通。应对疫情影响，及时跟进业务进度，滚动安排预算预控，充分体现全面预算管理作用。健全规章制度体系，深化合规宣贯，签订全员合规承诺书。建成学院新一代数据中心，建成智慧安防系统，开展信息系统安全渗透测试，数字化建设支撑作用进一步增强。

党的建设和精神文明建设 党史学习教育。按照"学史明理、学史增信、学史崇德、学史力行"总体要求，全面系统学党史，深刻领悟"两个确立"决定性意义，不断提升政治判断力、政治领悟力、政治执行力。聚焦主责抓育人，策划实施党史学习教育"三纳入"行动，创新开设学员"思政大讲堂"、学生"思政大课堂"，覆盖学员学生7.1万人次，中央媒体2次报道学院特色育人实践。多措并举办实事，开展"我为群众办实事"、双联共建、志愿服务、岗位建功等活动，高质量推进"入基层办实事"30项重点任务。

党建工作。学习习近平总书记"七一"重要讲话精神和党的十九届六中全会精神，以"第一议题"形式集中学习19次，各支部政治学习440次、研讨890人次，不断强化党的创新理论武装。举办庆祝中国共产党成立100周年系列活动，高质量落实全国国有企业党的建设工作会议精神情况"回头看"工作部署、"旗帜领航·提质登高"行动计划、"基层党建创新拓展年"任务，深化党支部标准化规范化建设，拓展"党建＋"工程深度广度，党建工作水平进一步提升。

党风廉政建设工作。落实全面从严治党要求，强化"一把手"和领导班子监督，开展领导人员亲属经商办企业排查治理、"靠企吃企"专项整治行动；扎实开展巡视共性问题自查自纠和问题整改"回头看""酒驾""醉驾"专项整治、反腐倡廉警示教育等工作；持续治"四风"树新风，做好重大节假日党风廉政监督，营造干事干净良好氛围。

群团工作。深化“文化铸魂、文化赋能、文化融入”专项行动，推进思想文化重点项目研究，1 项成果获国家电网公司优秀成果一等奖。坚持党建带团建，规范学团组织，深化团支部建设，加强青年创新创效管理，推动育人体系落地见效。开展职工劳动竞赛，清单化推进为职工办实事，扎实做好离退休、统战、意识形态等工作，切实凝聚干事创业强大合力。

（崔　昊）

【中共中国南方电网有限责任公司党校】

单位概况　中共中国南方电网有限责任公司党校（简称南网党校）是南方电网公司党组为加强党的建设，以及各级领导班子和党员干部队伍建设，提高企业领导干部政治理论水平和战略思考、系统思维能力，搭建的一个南方电网公司领导干部提高党性修养和综合素质的高端教育培训平台，于 2011 年 4 月 8 日正式挂牌。

南网党校主要负责培训南方电网公司党员领导干部，开展党的理论教育和党性教育，开展南方电网公司新时代党建智库建设，开展党的理论宣传与研究工作，推进党的理论创新和实践创新；承担南方电网公司系统三级副及以上党员干部和中青年后备党员干部的轮训培训，着重培养党员干部的党性综合素质和党的理论知识，培养造就对党忠诚、勇于创新、治企有方、兴企有为、清正廉洁的好干部。

中国南方电网有限责任公司领导力学院（简称南网领导力学院）前身是中国南方电网有限责任公司干部学院（简称南网干部学院），2020 年 8 月 31 日，南网干部学院更名为南网领导力学院。南网领导力学院主要负责培养南方电网公司高层次经营管理人才和政策研究人才；为南方电网公司提供决策咨询服务，开展企业管理等领域理论研究和政策研究；承担南方电网公司系统三级副及以上干部和部分优秀中青年后备干部的培训工作，负责领导力研究、领导力培养、领导力评价，聚焦公司领导力发展标准，深化领导力评价应用，创新领导力培养项目，搭建完善针对公司中高层管理人员的领导力发展体系；研究南方电网公司干部教育培训工作中的重大问题，参与制定南方电网公司干部培训规划和政策，着重培养干部的战略思维、生产经营、应急管理、科学决策、领导能力等方面的综合素质，提升推动南方电网公司科学发展的能力。

中国南方电网有限责任公司培训与评价中心（简称南网培训中心）是南方电网公司党组为整合南方电网公司系统培训资源，提升培训工作的系统性，开展高端技术技能人才培训和评价工作，于 2011 年 7 月 27 日正式成立的分公司，与南网党校、南网干部学院合署办公，实体化运作。2011 年 9 月 16 日以“中国南方电网有限责任公司教育培训评价中心”完成工商注册登记，2018 年 6 月 8 日进行工商变更登记，变更企业名称为“中国南方电网有限责任公司培训与评价中心”。主要经营范围包括：从事与电网经营和电力供应有关的科学研究、技术开发、咨询服务和培训业务；经营国家批准或允许的其他业务。南网培训中心是南方电网公司培训高层次专业技术人才和技能人才的重要基地，主要承担南方电网公司下达的各类技术、技能人才的教育培训任务；承担南方电网公司下达的职称评定及高级技能、技术专家选聘工作；为南方电网公司的员工招聘、人才甄选等提供领导力测评、选拔测评与考试服务；协助南方电网公司开展教育培训和人才评价体系研究与建设的相关工作。

2018 年 6 月，成立新时代国有企业党的建设研究中心，履行党建研究、资政、教学三大职责。2021 年 10 月印发《关于调整公司党建研究有关工作机构的通知》，明确南方电网公司新时代国有企业党的建设研究中心（简称党建研究中心）职责由南网党校承接。党建研究中心主要面向公司党的建设实践，聚焦党建理论、重大问题、党性教育等开展学术研究，发挥研究、教学、资政的党建智库作用，推动理论与实践良性互动，为公司党的建设和改革发展提供学术支撑。

领导班子

中国南方电网有限责任公司党校校长：毕亚雄（南方电网公司董事、党组副书记兼任）

南网党校（领导力学院）常务副校长（院长），培训中心党委书记、主任：汤梅子

南网党校（领导力学院）一级职员、副校长（副院长），培训中心一级职员、党委副书记、副主任：郑立春

南网培训中心党委委员、纪委书记：梁欣

南网党校副校长，领导力学院副院长，培训中心党委委员、副主任：王基巩

组织机构　南网党校、南网领导力学院、党建研究中心与南网培训中心合署办公，实行分公司管理模式，内部机构设为办公室（党委办公室）、组织人事部（纪委办公室）、教务部、培训部、网络部、人才评价部、党建教研部、领导力教研部 8 个部室，按一部室一支部原则设置党支部。党建教研部负责公司党建研究中心日常工作。领导力教研部负责南网领导力学院日常工作。

人员状况　截至 2021 年 12 月 31 日，共有职工 58 人，其中，领导班子 4 人，三级正、副干部 16 人，主管 38 人。现有党员 57 人，占 98%；硕士研究生及以上学历 29 人，大学本科 29 人；拥有高级及以上职称 33 人、中级职称 21 人；员工平均年龄 39.9 岁。

年度工作　2021 年是党和国家历史上具有里程

碑意义的一年，是南方电网公司发展进程中非常关键的一年，也是南网党校新十年发展的启程之年。南网党校围绕“23321”发展思路，以庆祝建党100周年为坐标，以党校成立十周年为契机，深入开展党史学习教育，扎实推进《全面加强南网党校建设的意见》落实落地，应对疫情防控形势下的办学难题，迎接巡视推进整改，深化改革强化创新，改革三年行动总体任务完成率达 93%，年度任务完成率 100%。全面完成年度培训任务，实施线上、线下培训班 167 期，同比增长 41.5%，其中集中培训量达 53443.5 人天，同比增长 17.5%，平均满意度 9.81 分；网络培训量达 17.1 万人次，同比增长 136%。完成第一批战略技术专家和杰出技能专家等 8 次南方电网公司级别的选竞聘共计 3545 人次。乐学南网上线优质课程 248 门，网络学习年度总学时达 318 万，同比增长 112%。完成 5 个重点课题研究，“从百年党史中汲取管理智慧”等 3 个成果分获央企政研会一、二等奖。

始终坚持正确的政治方向和办学方向，把习近平新时代中国特色社会主义思想作为行动指南，持续在学懂弄通做实上下功夫。深入学习习近平总书记关于党的历史的重要论述，抓实党史学习教育。以深入学习贯彻“七一”重要讲话精神和党的十九届五中、六中全会精神为重点，坚持学史明理、学史增信、学史崇德、学史力行，按照“1+2+2”模式（一个总方案+计划表和推进表+“我为群众办实事”专题实践活动方案和“三学三宣一活动”实施方案），突出抓好专题学习、专题培训、专题宣讲、专题实践、专题组织生活会。开展“我为群众办实事”实践活动，为员工、学员解难题办实事 25 件。深入学习习近平总书记关于党校办学治校系列重要指示精神，谋定党校发展新局。落实“三新一高”要求，编制党校发展战略（2021 年版）和“十四五”发展规划，搭建了从战略到规划、到计划、到任务的“1531”战略文件体系框架（发展战略+五年发展规划+系列重点工作三年行动计划+年度工作要点）。深入学习习近平总书记关于干部人才队伍建设的重要论述，服务人才学习成长。发挥好党校思想理论武装的主阵地和主渠道作用，始终把提高政治素质、加强党性修养作为干部教育培训的第一要求，把党史、党的六中全会精神列为培训班的必修课，完成了党史学习教育读书班、六中全会精神读书班、理论进修班、中青班等重点班次。落实“用好红色资源，赓续红色血脉”要求，全力推进理想信念教育项目迭代升级。

紧紧扭住改革三年行动这个“牛鼻子”，着力在推进管理体系和管理能力现代化、提升党校活力效率上下功夫。进一步优化管理机制，首次推出中心治理主体权责清单，修订“三重一大”决策管理规定、党委议事规则、办公会议事规则，完善内控管理手册，推动治理水平上新台阶。扎实开展制度简明化，将改革中健全的体制机制、整改中形成的有效做法写入制度，建成由 8 个业务类别、153 个制度构成的制度体系。进一步完善业务体系，培训、研究、评价三大业务体系布局更加健全。贯彻“按需、分类、梯次”方针，更新迭代南方电网公司经营管理人员培训内容体系及管理教育培训子体系，形成各层级干部学习地图。推进标准库、试题库、专家库建设，分类制定管理规范和标准，初步建立覆盖经营管理、专业技术、技能三类人员的职业发展典型路径图。进一步激发组织活力，出台《推进干部能上能下管理办法》《创新创效奖励管理办法》等 6 个制度文件，建立“三能”机制。首次实行经理层成员任期制和契约化管理。提拔使用 9 名优秀干部，首次开展 3 名干部竞争上岗，统筹处理好培养选拔年轻干部和用好其他年龄段干部的关系。开展全体主管“起立”，岗位调整和交流占比高达 42%，组织活力较组竞聘前提升了 14%。推行重点培训项目“揭榜挂帅”，探索项目组织型管理，较好地完成现代企业治理体系培训班等项目。

协同“三位一体”，推动党校、领导力学院、培训中心协调运作，持续增强价值创造能力。全面提升培训评价实施能力，完善《培训项目管理办法》，持续提高集中培训项目精益化水平。加强重点培训项目策划统筹，搭建体系化模块化结构，将学前导学等成熟做法纳入重点班次实施程序。开展“测训练”一体培养，推行“导师带教”，获评国有企业优秀管理类培训项目。面向全网推广综合素质测评系统，全年提供测评服务约 1.4 万人次。助力南方电网公司获得人社部独立开展职业技能等级认定授权。推进职称评审数据接入政府政务信息平台，实现全国联网。提高培评业务数字化水平，乐学南网 3.0 全网上线，有效支撑南方电网公司网络培训及职称评定。推进制度测评模块建设，初步实现课程智能推送和培评数据可视化管理。推出廉洁学堂、党建和管理教育网上学院等一批学习专区。持续提升依法经营水平，全面构建“三算合一”业务标准体系，加强成本管理和关键指标监测预警，实现营业收入 2452.4 万元，同比增长 34.59%；人均成本 111.7 万元，优于考核挑战值。完成内控监督评价，合同质量管控指标明显优化，后勤管理服务质量有较大提升。

运用学科建设的思路方法，推进党建和领导力两个重点学科建设，推动教学、研究、资政横向贯通。探索建立学术治理机制，成立党校学术委员会，召开学术委员会（办公室）会议 11 次。成立“文化及企业文化”学术带头人工作室，探索以“导师制”开展学科学习和学术研究。着力加强党建学科建设，出台《党校党建研究工作管理办法》，以重点课题研究、系列资政专报、政策前期咨询、重要文章撰写、重要讲话支撑等工作锻炼研究队伍、提高研究能力，形成资政成果 70 多项。“以我为主”的研究能力稳步提升，内部决策参考、落实“第一议题”周报等资政工作得到南方电网公司有关部门肯定。积极推进领导力学科建设，突出抓好学科研究、学科产出、学科支撑、学科品牌建设，完成“南网党校领导力学科探究”“南方电网公司管理教育培训体系建设与实践研究”“新时代国有企业党的领导力”课题研究。

坚持把提升干部员工的能力作为推动党校事业发展的关键，着力强专业、促落实、抓作风。深入推进学习型党校建设，出台《创建学习型党校实施意见》，搭建多个载体，应用五项修炼技术，促进“工作学习化、学习工作化”。创办南网党校讲坛，举办专题辅导报告 5 场。发挥标杆示范作用，温必成同志荣获“中央企业优秀共产党员”荣誉称号。持续加强党支部工作，及时选举、补选党支部书记和委员 10 人，成立 3 个学员临时党支部。提高支部组织生活质量，落细落实“六个一”，主题党日活动成为加强党性修养、提升政治能力的重要载体。切实抓好党员教育监督管理，引导干部党员做到讲政治、懂规矩、守纪律。坚持不懈加强作风建设，坚决纠正“四风”，特别是形式主义官僚主义问题，有效整合优化党校教育宣传载体。组织实施“网格化”谈心谈话 218 人次。持续落实“三规三审”要求，基础工作日益规范、工作质量持续提升。

以全国国有企业党建会召开五周年为契机，坚持一体推进党的建设和业务工作，促进全面从严治党和从严治校有机结合。扎实开展巡视整改工作，对照南方电网公司巡视反馈问题研究制定整改措施 158 项，召开党委会 11 次、巡视整改领导小组会 8 次、整改办会 10 次、纪委会 7 次，完成销号 112 项，销号率 94.1%。南方电网公司对中心整改情况的评估结果为“好”，职工群众评估结果为“满意”。一体推进中央巡视整改和南方电网公司第九轮巡视发现的共性问题和典型问题整改。深入推进党风廉政建设，完善“1+N”大监督体系，成立监督委员会，推行“廉政监督员”模式，建立干部员工廉洁档案。针对关键业务开展 7 轮专项监督检查，完成“靠企吃企”专项治理。一体推进“三不”建设，制定并落实《党委加强对“一把手”和领导班子监督工作清单》。对巡视、审计、督查等发现问题一查到底，严肃问责、追责。巩固涵养良好政治生态，政治生态评价平均分为 98.71，同比上升 2.58 分。落实意识形态责任，抓牢课堂教学、培训教材、研究成果的风险防控。充分发挥群众组织作用，推进职工利益矛盾纠纷排查化解，研究解决员工切身利益问题 7 项。召开统一战线成员和青年工作座谈会、女职工座谈会，员工的凝聚力、向心力进一步增强。完成工会组织补选、工会主席选举以及工会社团法人资格登记。

主要事件

1 月 28 日，南网党校组织干部员工召开二届六次职工大会暨 2021 年工作会议，全面总结了 2020 年和“十三五”工作，系统谋划了“十四五”和 2021 年工作。

3 月 2 日，南网培训中心办公室党支部召开 2020 年度组织生活会，南方电网公司董事、党组副书记、南网党校校长毕亚雄参会并点评。南网培训中心党委书记汤梅子和中心办公室支部全体党员参加会议。

3 月 9 日，根据南方电网公司党组统一部署，南方电网公司党组第一巡视组正式进驻南网培训中心并召开工作动员会。会上，南方电网公司党组第一巡视组组长张曙华同志作动员讲话，对做好巡视工作提出要求。南网党校（领导力学院）常务副校长（院长）、南网培训中心党委书记、主任汤梅子主持会议并作表态发言。

2 月 8 日，南网培训中心召开 2021 年党风廉政建设和反腐败工作会议，全体干部员工参加会议。

3 月 25 日，南网党校正式成立学术委员会。

4 月 8 日，南方电网公司董事长、党组书记孟振平就南网党校成立 10 周年作出批示，对南网党校全体干部师生员工表示祝贺，对南网党校十年发展给予充分肯定，对南网党校下一步发展提出了明确要求。

4 月 8 日，南方电网公司董事长、党组书记孟振平出席南方电网公司 2021 年中青年干部培训班一班(春季)开班式，勉励年轻干部学好党史，传承党的光荣传统和优良作风，努力在新征程上干出精气神干出新气象。南方电网公司董事、党组副书记、党校校长毕亚雄出席并主持开班式。

4 月 15 日，南网培训中心 2021 年第 4 次办公会议审议通过 2021 年南网培训中心制度简明化工作计划表。

4 月 28 日，中心党委开展 2021 年度主责约谈。党委书记汤梅子同志代表党委作了约谈讲话，纪委书记梁欣及各党支部书记、纪检委员参加本次集体约谈。

6 月上旬，南网培训中心依据公司落实中央巡视整改的有关要求，修编制定了《南网培训中心落实中央巡视反馈意见整改工作清单（2021 年版）》。

5 月 18 日，南网党校结合实际出台了《庆祝建党 100 周年主题宣传活动工作方案》。

7 月 5 日上午，南网培训中心党委召开理论学习中心组（扩大）集体学习，学习习近平总书记在庆祝中国共产党成立 100 周年大会上的重要讲话精神，并对学习宣传贯彻落实工作进行部署。南网党校常务副校长、培训中心党委书记汤梅子主持会议并作中心发言，中心党委理论学习中心组全体成员出席会议，各部室主要负责人参加会议。

6 月 25 日，南网党校组织全体党员开展庆祝建党 100 周年主题党日。

6 月 16 日，南方电网公司董事、党组副书记毕亚雄到南网党校调研，围绕落实南方电网公司党组部署、深化南网党校“三位一体”建设，与干部员工座谈交流。

7 月 1 日，南方电网公司董事、党组副书记毕亚雄以《从百年党史中汲取自我革命的力量》为题，为南方电网公司人力资源部党支部讲授党史专题党课。

6 月 21 日，南方电网公司党组第一巡视组巡视南网培训中心党委情况反馈会议在南方党校召开。第一巡视组传达了公司董事长、党组书记、巡视工作领导小组组长孟振平在听取巡视情况汇报时的讲话精神，反馈了巡视情况及选人用人专项检查情况。南网党校常务副校长、培训中心党委书记汤梅子就做好巡视整改工作作表态发言。

7 月 1 日，南网培训中心党委对照公司党组第一巡视组反馈意见，印发了《南网培训中心党委关于公司党组巡视反馈意见整改落实的工作方案》及相应的问题清单、任务清单、责任清单等“三个清单”，推进巡视反馈意见整改落实，确保工作不打折扣、整改彻底到位。

7 月 30 日，南网党校印发《南网党校加强和改进宣传工作方案》。

9 月 29 日，南网党校正式发布《创建学习型党校实施意见》。

10 月 21 日，南网培训中心完成《南网党校、领导力学院、培训中心发展战略（2021 年版）》的编制，正式上报南方电网公司规划部评审。

10 月，南网培训中心与中国大连高级经理学院签订战略合作框架协议，与中山大学管理学院签订合作备忘录。

11 月 15 日，南方电网公司与云南迪庆州在南网党校合作举办维西县领导干部能力素质提升培训班。中共维西县委书记马盛春、南网党校相关负责人、开展协作帮扶回访工作的维西县党政代表团成员以及来自维西县的 30 名党政干部学员出席开班式。

（*罗超群*）

【中国南方电网有限责任公司领导力学院】

见中共中国南方电网有限责任公司党校。

【中国南方电网有限责任公司培训与评价中心】

见中共中国南方电网有限责任公司党校。

【中共中国大唐集团有限公司党校】

单位概况　中共中国大唐集团有限公司党校（简称大唐党校）成立于 2009 年，是中国大唐直属党的工作机构，是中央党校教学基地、中央党校国资委分校企业党校。2022 年 2 月，中国大唐对大唐党校管理体制机制进行调整优化，实行部门化管理，与中国大唐集团有限公司教育培训中心合署办公，负责统筹实施大唐集团教育培训工作，同时承担党的建设和思想理论研究、能源行业政策和国资国企改革研究等工作职责，是中国大唐党员干部培训主渠道、思想理论建设主阵地、能源智库建设主平台。

组织机构　大唐党校下设教学研究部、培训管理部和党建研究部 3 个部门，人员编制 11 个（不含校领导）。

年度工作　坚持党校姓党根本原则，矢志建设“中央企业一流党校，能源行业一流智库”，深耕细作主责主业，各项工作取得新的成绩和突破。高标准举办了二级单位主要负责人培训班、总部经理级干部政治能力提升班、安全生产管理人员培训班（共 4 期）等 14 个重点班次，培训学员 838 人次，累计 8309 人・天。拓宽师资渠道，形成多元化的师资结构，先后聘请中纪委、中宣部、中央政研室、国务院政研室、外交部、工信部、应急管理部等部委领导以及清华大学、北京大学等知名高校名师学者和中央党校专家教授作为授课师资，有效提升了培训质量。积极开展中组部《中国大唐抓党建促发展—国有企业党建工作情况案例分析》和国务院国资委《高质量的党建引领央企高质量创新发展研究》课题研究工作，及时交流研究成果，保证了课题研究工作按计划、高质量、高标准完成。围绕庆祝建党 100 周年开辟专栏，积极宣传党的先进思想理论、推进党史学习教育走向深入，累计发行《学习与思考》校刊 15 期，受到系统内、行业内各单位的一致好评。

【中国大唐集团有限公司教育培训中心】

见中共中国大唐集团有限公司党校。

【中共国家能源集团有限公司党校】

单位概况　中共国家能源集团有限公司党校（培训中心、党建研究所）（简称能源党校），是国家能源集团党组直属业务机构，负责统筹全集团教育培训资源，在国家能源集团党组的直接领导下开展工作；已纳入中央党校国资委分校管理序列，设有西柏坡、神东、伊春、徐州、大渡河等5所分校。

能源党校是国家能源集团培训轮训党员领导干部的主渠道，负责组织开展党员领导干部的理论教育和党性教育，组织开展中青年干部培训等工作；培训中心是国家能源集团最高规格培训机构，主要负责组织开展国家能源集团处级及以上管理干部的培训轮训，协助国家能源集团总部有关部门及中心开展业务专题培训；党建研究所主要负责组织开展国有企业党建理论和实践研究。

组织机构 能源党校成立了党校机关总支部委员会，形成了校委会、常务会、办公会等决策机制。设有7个部门，包括综合部、党建工作部、财务部、教务部、培训部、在线教育部和党建研究部，建立了一套较为完备的业务运营体系和财务、法律、人力资源管控体系。

教学管理 坚持以习近平新时代中国特色社会主义思想为指导，以“搭建四维体系、聚焦两支队伍、提高七种能力、打造五大品牌”为目标，全面统筹集团系统内外优秀教育培训资源，实行“需求调研—教学设计—组织实施—考核评价—改进优化”闭环管理，做到课程标准化、内容规范化，精准匹配课程、师资、教学基地、教学方法等优质教学资源。

干部教育培训 2021年，能源党校坚持党校姓党，以习近平新时代中国特色社会主义思想为指导，学习贯彻党的十九大、十九届历次全会精神，紧紧围绕“一四五六”党校发展战略，聚焦干部教育培训、党建理论研究中心任务，持续推进集团干部教育培训工作，在整体推进中实现重点突破，以重点突破带动党校发展水平整体跃升，努力建设以高质量党建为引领，一体化、系统化、数字化、专业化为路径的“四化”党校。

全年共举办109个培训项目，培训13149人次，686.5天，合计62635人天（不含青干班）。其中，组织调训、自主发起、业务专题、子分公司委托等线下培训班次66个，合计7945人次，494天，39394人天；由党校作为组织实施主体的组织调训、自主发起、业务专题等协同分校培训班次19个，合计1589人次，90.5天，合计7045人天；组织调训、自主发起、业务专题、委托培训等在线培训班次24个，合计3615人次，102天，16196人天。

获奖情况 “创新构建以‘赋能’为主线的五阶学习模型及实施路径，搭建具有国家能源特色的大培训体系”专题研究项目，获评中国人民大学商学院评选的“2021中国人力资源管理最佳实践奖”。

（万　超）

【国家能源集团有限公司培训中心】

见中共国家能源集团有限公司党校。

【国家能源集团有限公司党建研究所】

见中共国家能源集团有限公司党校。

新　闻　出　版

【中国能源传媒集团有限公司】

单位概况 中国能源传媒集团有限公司（原中国电力报社），在李鹏的关心支持下，于1981年成立，先后隶属于电力部、水利电力部、能源部、电力工业部、国家电力公司、国家电力监管委员会、国家能源局。2012年12月，经党中央和国务院领导批准，正式转企改制并更名为中国电力传媒集团有限公司；2013年3月，国家能源局和国家电力监管委员会重组后，划归国家能源局主管。2021年12月30日，经国家能源局同意，财政部、国家新闻出版署批复，国家市场监管总局批准，正式更名为中国能源传媒集团有限公司（简称中能传媒）。

中能传媒成立40多年来，发展形成了涵盖《中国电力报》《中国电业与能源》《农村电工》《能源决策参考》、中国能源电视台、中国能源新闻网、中国能源普法网等的全媒体传播矩阵，建成了集“策、采、编、播、发”为一体的融媒体高效指挥生产平台，打造了传统媒体和新兴媒体深度融合的“纸媒—网络媒体—音视频—移动终端”的多维融合传播体系。

组织机构 中能传媒内设11个职能管理部门、6个新闻采编部门、5个经营管理部门以及1家直属记者站和28个注册记者站；在全国范围内拥有14家子（分）公司。

企业荣誉 《“奋斗百年路　启航新征程——沿着能源通道看中国”》《莫让降电价“红包”落错袋》荣获第33届中国经济新闻奖。《以能源电力视角的抗“疫”系列融媒体报道》《铭刻印记》荣获全国档案系统“凝百年之辉，筑兰台之梦”主题微视频大赛脱贫攻坚类优秀作品奖；《星火“辽源”》荣获2021年第二届中央企业社会主义核心价值观红色记忆主题微电影优秀作品奖。“中电传媒舆情信息采集系统”荣获2021年中国报业深度融合发展创新案例。

党的建设工作 建立学习贯彻习近平总书记重要指示批示精神和局党组重大决策部署专项台账，全年共组织学习72项内容。扎实开展党史学习教育，研发

“能源局健步走”小程序，33 名青年党员参加中央和国家机关青年党史知识大赛、党史学习接力赛，在 299 支参赛队伍中位列第四名，在国家能源局 5 支参赛队伍中位列榜首。组织召开第一次党代会，高质高效地完成了党委换届及纪委选举工作。大力推进干部队伍建设，首次实施中层干部竞聘上岗，加大轮岗交流力度，选优配强干部队伍，初步树立起担当作为、能上能下的选人用人导向，切实营造干事创业的良好氛围。

新闻宣传工作 坚持当好国家能源局党组和能源电力行业的“耳目喉舌”，加大专题、专栏、专版报道策划力度，开设“构建能源转型新格局”等一系列专栏，其中，《国家能源局：推动可再生能源成为碳达峰碳中和主力军》阅读量超 33.5 万。聚焦党史学习教育、能源安全、清洁低碳、乡村振兴等主题报道，其中，“奋斗百年路启航新征程——沿着能源通道看中国”大型融媒体报道实现 9 个“10 万+”。密集推出“关注美国得州大停电”4 篇系列述评，鲜明对比“中国之治”与“西方之乱”，全网阅读量超 633 万人次，形成了强有力的舆论引导声势。两会期间，公司各媒体平台累计发布全国两会报道 2081 篇，传播量达 1315 万人次，“大使看两会”实现国际传播“零突破”。

经营管理工作 深入实施降本增效，牢固树立“紧日子”的思想，全面梳理公司各经营板块的经营成本和利润，强化预算决算执行，实施预算动态调整，科学研究实施节支计划，强化合同管理，主要经营指标创历史新高，初步展示了企业发展活力。全面加强制度建设，将原有 124 项管理制度“废改立”为 30 项。坚持用制度管权治企，建立制度执行跟踪督办机制，坚决防止产生“破窗效应”。研究制定组织机构改革方案，编制印发“十四五”发展规划纲要，明确了“建设能源行业一流传媒集团、争创全国一流行业传媒集团”的“双一流”目标，提出了着力打造一流行业影响力、一流产业布局、一流管理水平、一流人才队伍的工作任务，大力弘扬“见红旗就扛、有第一就争”的拼搏奋斗精神。

（敬惠莉）

【英大传媒投资集团有限公司】

单位概况 英大传媒投资集团有限公司（简称英大传媒集团）于 2008 年 8 月由《国家电网报》社和中国电力出版社整合而成，是国家电网公司唯一的直属文化传媒企业，也是中国首家企业传媒集团。

英大传媒集团以新闻、出版为核心业务，具有优良的新闻宣传和图书出版资质。旗下拥有《国家电网报》《亮报》等两份报纸，《国家电网》《能源评论》《英大金融》《脊梁》《供用电》《水电与抽水蓄能》《项目管理评论》等七份期刊，以及国家电网电视频道（SGTV）、《国家电网报》手机报等传统媒体；以电网头条“三微一端”（微信、微博、微视频、客户端）为旗舰，以国家电网报、闪亮播报、首席能源观等微信公众号为支撑的新媒体矩阵；年出版发行电力、电子、教材、建筑机械、经营管理、外语等领域各类图书、音像电子产品 3000 多种；同时开展影视专题片拍摄、品牌策划、会议展览、广告营销、装帧设计、投资与资产管理及相关咨询业务。

英大传媒集团下辖《国家电网报》社有限公司、中国电力出版社有限公司、国网卓越科技文化（北京）有限公司、英大传媒投资集团南京有限公司、英大传媒投资集团武汉有限公司和英大传媒（上海）有限公司 6 家子公司，参股人民网有限公司、上海第一财经传媒有限公司、体坛传媒集团股份有限公司等社会化传媒企业。英大传媒集团实行扁平化管理，子公司不设置管理部门，人财物由集团统一管理，共设有 8 个管理部门，16 个业务中心，1 个支撑中心，在国家电网公司所属分部、省电力公司及直属单位建立记者站 42 个，在全国设立图书营销站店 35 个。

人力资源 截至 2021 年 12 月底，英大传媒集团用工总数 433 人。其中，直签员工 399 人，占 92.14%；劳务派遣员工 34 人，占 7.85%。直签员工中，男职工 147 人（占 36.84%），女职工 252 人（占 63.16%）；平均年龄 39.4 岁，人才当量密度 1.2075。博士研究生 5 人；硕士研究生 199 人，占员工总数的 51.12%；大学本科 175 人，占比 43.86%。专业技术人员中，高级职称 139 人，占员工总数的 34.83%；中级职称 148 人，占比 37.09%。职工劳动生产率达到 79.72 万元/人年。

经营管理 英大传媒集团优化经营策略，推进“三个增效”，企业经营呈现良好势头。

完善企业治理结构。落实国家电网公司要求，规范企业治理，修订英大传媒集团章程和“三重一大”决策实施细则，完成经理层成员岗位聘任协议和经营业绩考核责任书签订。编制英大传媒集团“十四五”规划，修订国家电网公司战略落地实施方案，实施国家电网公司“一体四翼”发展布局总体方案，推进卓越科技和世纪东方改革发展研究，制定分步实施计划。

推进精益管理。强化综合计划管理，加强过程管控。规范采购工作，严格项目经济性、可行性论证，实现所有采购在平台上进行操作。加强新闻出版质检，促进编校质量提升。开展移动报销应用，实现业务线上办理。加强与中电财、英大信托、融资租赁等的合作，开展资金运作，不断增加资金收益。

严格风险防控。推进公司审计发现问题整改，推动图书营销、样书管理等相关制度废改立，完成在途图书、应收账款等历史遗留问题整改。切实防范招标采购、干部任用、新闻出版等领域风险，确保重要领域、重大事项、重点环节权力运行规范有序。扎实做好常态化疫情防控，保障新闻出版工作正常开展。

服务公司软实力建设 英大传媒集团守牢阵地、深耕内容，始终在服务国家电网公司工作大局中找准坐标，着眼于党和国家重大决策部署在国家电网公司的落地落实，着眼于社会关注和百姓关切。

做好重大主题传播。按照中央统一部署，精心组织、持续投入，将“奋斗百年路启航新征程”、学习贯彻习近平总书记“七一”重要讲话精神、庆祝中国共产党成立100周年、党的十九届六中全会、党史学习教育等重大主题报道贯穿全年。报纸杂志等媒体重磅推出“七一”特刊，“光明的百年答卷”融媒体作品受到广泛关注，全网观看人次超4000万。

推进媒体深度融合。《国家电网报》《亮报》《国家电网》杂志、《能源评论》杂志等两报七刊，充分发挥传统媒体优势，加强原创生产，推出众多有深度、有高度的优秀作品。创新实施数字报试点建设，持续强化以电网头条“三微一端”为旗舰的新媒体矩阵建设，《国家电网报》等纸媒在新媒体阵地发布原创融媒体作品1500余篇，电网头条新媒体各平台总阅读量超30亿，近700条作品被主流媒体平台转载。电网头条客户端安装量达155万，阅读量超3.2亿，抖音、快手号共发布短视频作品1478条，总阅读量超20亿，31条突破1000万。《“世界屋脊的屋脊”通了大网电》获得中国新闻奖三等奖，融媒体技术平台荣获“王选新闻科学技术奖”项目奖一等奖。

促进出版融合发展。加强数字化选题策划、数字资源复用，208种书刊生成1877个二维码，匹配2970种数字资源。加快推动图书ERP、协编系统和云舒系统贯通。推进编排校一体化生产流程，全年线上流转稿件累计1928种、发稿1697种，线上发稿品种占比超过56%。推进科技知识资源服务平台（中国电力百科网）优化升级，全年平台用户访问量超800万人次，页面浏览量突破1100万。书香国网App安装量突破100万。

党的建设和精神文明建设 截至2021年底，英大传媒集团设党委1个，党支部23个，共有在职党员238人，党员占员工总数的59.6%。创建共产党员服务队1个［国家电网英大传媒（国家电网报）共产党员服务队］。

开展党史学习教育。以学习习近平总书记“七一”重要讲话精神和党的十九届六中全会精神为重点，持续深化习近平新时代中国特色社会主义思想大学习，增强“四个意识”，坚定“四个自信”，做到“两个维护”，始终胸怀“国之大者”，在学深学透中增强政治判断力、在常悟常新中增强政治领悟力、在笃信笃行中增强政治执行力。创新开展“线上＋线下”“现场＋课堂”学习形式，以中心组扩大学习、读书班、理论宣讲、诵读会、主题展览、现场调研、主题党团日等方式，开展“四史”学习。

加强党的建设。坚持“第一议题”制度，持续跟进学习贯彻习近平总书记重要讲话和重要指示批示精神，开展第一议题学习、中心组学习共36次，举办2期读书班，邀请权威专家授课4次。加强党委班子自身建设，开展全国国企党建会精神贯彻落实情况“回头看”，落实改进措施。召开党员大会，全面总结英大传媒集团党委五年工作，确定今后一段时期的奋斗目标和工作任务，选举产生新一届党委和纪委。实施“旗帜领航·提质登高”行动计划和“基层党建创新拓展年”。设立主题党团活动日，创新开展“管理部门＋媒体板块＋出版板块”“1＋1＋1”党支部联建联学。深化党员责任区、示范岗建设，实施“党建＋”四大重点工程，组织党员“揭榜挂帅”、带头攻坚。

增强企业文化建设。坚持党建带团建群建，开展“学党史、强信念、跟党走”团青主题活动。制定加强思想文化和精神文明建设工作实施意见，建设企业文化示范点，开展书法篆刻美术摄影比赛等活动，积极做好离退休人员社会化统筹，广泛凝聚发展合力。

（张　妮）

【南方电网数字传媒科技有限公司】

单位概况 南方电网数字传媒科技有限公司（简称南网传媒公司）是中国南方电网有限责任公司的控股子公司，成立于2010年9月3日，总部设在广州。2021年4月6日，南方电网公司发文依托南网传媒公司成立南方电网公司新闻中心，实行“两块牌子、一套人马”模式管理。2021年5月25日，南方电网公司新闻中心正式挂牌。

南网传媒公司注册资本为1亿元，6个股东分别为南方电网公司、广东电网公司、广西电网公司、云南电网公司、贵州电网公司、海南电网公司。

主要经营范围包括：传媒产业的投资、资产管理和经营业务；广播电视节目（不含时政新闻类）、视频动画节目制作、复制、发行；设计、制作、发布、代理国内外各类广告；办公文化用品、企业品牌用品、标识标牌、劳保用品的设计、制作、咨询监制及销售；品牌传播与市场营销策划创意服务；版权、专利的转让及代理服务，著作权代理服务；国内版图书、报纸、期刊批发零售及其他批发和零售；承办会议、展览展示，体育赛事类活动承办及服务，演艺、娱乐类活动的组织与策划（不含许可经营项目）；网页设计及制作，计算机信息技术相关服务；室内装饰的设计制作及施工；新媒体技术研发及应用，融媒体、全媒体资讯等新闻数据、行业数据大数据应用；第三方网络监测及舆情监测服务；媒体智能化传播、互联网传播信息服务及技术开发运维；媒体传播人工智能应用、虚拟现实技术应用；数字化展览展示；上述相关业务的咨询服务。

领导班子 2021年，南网传媒公司领导班子发生调整。1月18日，张燕维不再担任一级职员职务；6月28日，刘文卿任南网传媒公司党委委员、纪委书记；林辉不再担任南网传媒公司党委副书记、党委委员、纪委书记职务。4月16日，南方电网公司发文李晓彤兼任南方电网公司新闻中心主任，王永基兼任南方电网公司新闻中心常务副主任，郭逸晴兼任南方电网公司新闻中心副主任。

截至2021年12月31日，南网传媒公司党委委员、董事、监事、高级管理人员、南方电网公司新闻中心管理人员共13位：

1. 南方电网公司新闻中心

主任：李晓彤

常务副主任：王永基

副主任：郭逸晴

2. 南网传媒公司党委成员

党委书记：李晓彤

常委副书记：王永基

党委委员：焦向阳、雷树华、郭逸晴

党委委员、纪委书记：刘文卿

3. 南网传媒公司董事会成员

董事长：李晓彤

董事：王永基、刘智宏、毛时杰、黄家林、刘勇

4. 南网传媒公司监事会成员

监事会主席：陈坚

监事：王发兴

职工监事：林跃舜

5. 南网传媒公司高级管理人员

总经理：王永基

副总经理：焦向阳、雷树华、郭逸晴

组织机构 7月，南网传媒公司根据改革发展需要，对原有的采编、经营、职能管理共14个部门，总体按“四部+三中心+两委员会”的模式进行优化调整为9个部门。改革后职能部门4个，保留办公室（党委办公室、董事会办公室、工会办公室）、组织人事部、监督部（纪委办、监事会办）、财务部；业务中心3个，成立融媒体中心（总编部）、品牌文化中心、数字科创中心；委员会2个，成立媒体发展委员会、客户服务评价委员会（合规运营管理委员会）。南方电网报社和南方能源观察杂志社按照现代企业管理要求保持公司模式，两块牌子、一套人马，接受融媒体中心（总编部）的职能管理。

企业荣誉 获得国家高新技术企业资质认定，通过广州市科技创新小巨人企业立项，挂牌省级科研平台“广东省工程技术研究中心”。全年获得展览展示、网络安全等相关实用新型、软件著作权专利证书29项。

《潮州起新潮》等3篇报道获得中宣部“新春走基层”全媒体报道精品。1名员工获评“十大新闻创客”。摄影作品《走悬崖　送光明》获第35届中国产经新闻奖摄影作品一等奖。中老铁路外部供电项目系列宣传报道获第八届“国企好新闻”国际传播类一等奖。《电亮中老铁路　共创美好生活》获“同心携手　共建美好”中老短视频“最佳创意奖”。

融媒体共享数字平台项目获得“王选新闻科学技术奖”三等奖。作为唯一央企传媒企业参加中国网络媒体论坛展示会并获央视《新闻联播》等央媒报道，裸眼3D等融媒体技术被中央网信办评为中国网络媒体九大“黑科技”之一。

网络安全团队获评网络安全赛事“红帽杯”亚军、“强网杯”三等奖，“工业经济大脑预警系统”荣获国家大数据标委会“星河”优秀案例、广东省优秀软件产品。员工荣获“广东省软件行业卓越技术工匠”称号。

承接建设的南水北调集团北京展厅“南水北调中线工程对外宣传展示窗口”获得IDA国际设计大赛铜奖、承接的茂名供电局党员教育展馆获IDA国际设计大赛荣誉奖，承建的华安楼展厅项目与江门党员教育阵地项目分别获得人民网内容科技大赛创新奖、优胜奖。

新闻宣传 在主流媒体刊播报道同比增长44%。在人民日报、新华社、中央广播电视总台等重点媒体刊发刊播同比增长38%。从“内宣为主”转变为“突出外宣”，围绕“庆祝中国共产党成立100周年”主题主线开展策划宣传，展现南方电网公司落实中央重大决策部署的措施。南网传媒公司参与制作、央视播出的百集微纪录片《信物百年》南方电网特辑总观看量超过1100万人次。围绕改革南网国企改革典型南方电网专场见面会等重大主题开展宣传。《煤炭供需形势分析》被国家发展改革委采用。

以澜湄区域电力合作为重点，中老铁路对外供电项目获多家海内外主流媒体报道。与央媒驻老机构建立联系。围绕中国“双碳”目标实现开展主题报道，获国内外380多家媒体转载。美国得州电力市场设计者专访文章被国内外电力能源专家转发。

坚持《南网知行》文化内刊定位，策划执行力建设、党史百年、科技自立自强、国企改革三年行动等主题报道。

媒体数字化转型持续推进，建设融媒体共享数字平台。全媒体资讯平台通过南方电网公司“四类项目”验收。

改革创新 编制南网传媒公司发展战略纲要和“十四五”发展规划。完善公司治理，法人治理结构优化，外部董事、监事规范履职，保障机制不断完善。完成内部机构改革。按照“大部制”模式完成内部机构调整优化，构建“四部＋三中心＋两委员会”一体化、集约化组织架构。面向全体员工开展岗位竞聘，完成组竞聘工作。南网传媒公司改革案例作为改革范本在南方电网公司改革经验交流会上进行分享，并入选南方电网公司改革典型案例。改革相关课题获得南方电网公司管理创新奖二等奖。

组建成立南方电网总部工作组，跑线记者常态化对口联系总部部门。推进北京工作组建设，与国资委宣传局、新闻中心，央视总台、人民日报、学习时报、中电传媒集团等央媒以及有关协会机构开展交流合作，对接中央网信办、广东省网信办。成立了客户服务评价委员会（合规运营管理委员会）修订新订合同指标管理、项目后评价、客户满意度测评等制度。组织合规专项检查，出台合规管理指引。完成内控监督评价，开展合规管理与风险管理体系建设。合同管理指标好于往年。制度同比减少20%。

生产经营 落实采编业务与经营业务“两分开”要求，服务南方电网公司品牌建设，发挥协同效益，经营取得新成绩。

完成闽粤联网工程开工、抽水蓄能电站建设动员会等活动策划执行。开展西电东送宣传片和短视频拍摄制作。协助完成《南方电网公司视别系统管理手册》等标准修订。

推动数字化转型，舆情监测、互联网安全、大数据经济运行分析应用位居行业前列，探索数字媒体技术应用。公司通过国家高新技术企业资格认证，对标等级从行业平均提升为行业一流。

人才队伍建设 修订南网传媒公司岗位管理办法。44名干部员工入选南方电网公司专业人才库，组建品牌建设、新闻宣传技术人才库。组织开展新闻序列职称评选，23名员工获得中高级职称。开展电力知识培训等专业培训。博士后创新实践基地工作继续有序推进。

党建工作 强化党的理论武装。开展“第一议题”学习习近平总书记重要讲话和指示批示精神，推出“四大行动”（学习进行时学习宣讲行动、宣传大合唱学习传播行动、理论大比武学习比武行动、党员请带头学习实践行动），坚持“四个第一”（第一时间、第一版面、第一屏幕、第一栏目），宣传贯彻习近平总书记“七一”重要讲话和党的十九届六中全会精神，以实际行动做到“两个维护”。

开展党史学习教育。组织制定落实南网传媒公司党史学习教育工作方案，在做实规定动作基础上，推进“一支部一项目、一党员一实事”计划，开展“我为群众办实事”（服务主业——聚焦中心工作，加强和改进新闻宣传工作成效初显；服务基层——聚焦减压减负，融媒体平台初步实现区县级供电局全覆盖；服务社会——聚焦电力赋能，“广东省制造业大数据预警平台”提升数字经济效能）。

建强基层党组织。与机构改革同步调整、规范设置党支部，编制“一书两单”（党支部抓建工具书、党支部建设标准清单、党支部委员全面从严治党责任清单），指引党支部工作标准化、规范化开展，持续提升党支部组织力、战斗力。

打好意识形态领域主动战。把握传媒公司政治属性，宣传公司党组执行党的路线方针政策、做到“两个维护”系列举措。聚焦中心工作，开展主题宣传、成就宣传、典型宣传，弘扬正能量、唱响主旋律。

培育良好政治生态。持续推进“四责协同”监督体系建设，发挥党建、财务、审计、合规等职能和业务部门监督作用，形成监督合力。建立起党委委员、纪委委员分工实施、全员覆盖的“警示性、兜底式”谈心谈话长效机制，推进干部员工网格化监督管理。制定《南网传媒公司党委关于坚持问题导向坚持严的主基调加强党风廉政建设和反腐败重点问题治理的工作方案》，加强项目管理、资金管理、招标采购等重点领域突出问题治理，党委、纪委同向发力，一体推进“三不”体制机制建设。制定落实南方电网公司党委加强对“一把手”和领导班子监督工作清单，把支部书记、支部委员和部门负责人纳入范畴，强化“关键少数”带动“绝大多数”。

依托党建带团建提升团青工作水平，引领团员青年积极投身南网传媒公司改革发展。坚持党对工会工作的领导，以多样化形式引导职工立足岗位、奋勇建功，员工满意度明显提升。

南网传媒公司获得南方电网公司2021年度党建工作责任制考核A级。

（吴兴波）

【南方电网公司新闻中心】

见南方电网数字传媒科技有限公司。

【中国三峡出版传媒有限公司】

单位概况 中国三峡出版传媒有限公司（简称中国三峡传媒）是在中央深化文化体制改革大背景下，为加快中国三峡集团文化传媒产业发展、提升中国三峡集团软实力，经国家新闻出版广电总局核准，由中国三峡出版社按《中华人民共和国公司法》改制，合并重组长江三峡集团传媒有限公司，于 2015 年 7 月登记设立的中央级出版传媒企业。

经营范围 中国三峡传媒主营图书与报刊出版、影视制作、新媒体、广告会展、文化传媒产业投资等传媒业务，是目前中央企业所属文化企业中业务门类最齐全的国有文化传媒企业之一。围绕“一个发展目标、两个深度融合、三项重点任务、四种能力建设”的发展思路，统筹推进各项工作，2021 年全年推出建党百年、“七一工程”等专题宣传 70 多项，创作 100 多个阅读量超过 10 万 + 的作品，主流媒体报道近 3400 篇次，亮相央视新闻联播 36 次；图书《1000MW 巨型水轮发电机组关键技术》入选国家出版基金项目；全年营业收入达 1.4 亿元，实现质量安全“双零”目标和疫情防控“零感染”目标。公司收到全国政协、国资委、央视、外文局以及集团内外部单位的感谢信 20 余封，3 次在国资委宣传系统交流工作经验，宣传产品获得 8 项国家级、省部级奖项。

主要工作 中国三峡传媒始终秉承“客户至上、诚信经营、创新驱动、融合发展”的理念，致力于为客户提供图书出版、新闻宣传、创意设计、品牌策划、公关活动、影视制作等全方位品牌建设与推广服务，全力为客户提供高质量的文化传媒服务，提升文化软实力。中国三峡传媒坚持把社会效益放在首位，着力实现社会效益和经济效益相统一。中国三峡传媒致力于提升专业化服务水平，大力推进体制机制和管理创新，努力实现传统媒体和新媒体的融合发展，以打造成为与世界一流清洁能源集团相匹配、相协调的传媒公司为目标。

（魏　琪）

电力企业

国家电网有限公司

【公司概况】 国家电网有限公司（简称国家电网公司）成立于2002年12月29日，是根据《中华人民共和国公司法》设立的中央直接管理的国有独资公司，以投资建设运营电网为核心业务，是关系国家能源安全和国民经济命脉的特大型国有重点骨干企业，是全球最大的公用事业企业。国家电网公司经营区域覆盖26个省（自治区、直辖市），供电范围占国土面积的88%，供电人口超过11亿。

截至2021年底，国家电网公司系统220kV及以上交流降压变电容量38.94亿kVA，220kV及以上交流输电线路长66.76万km；换流变压器容量3.72亿kVA，直流输电线路长3.43万km。累计建成29项特高压输电工程，最远输电距离达到3300km，跨区跨省输电能力超过2.4亿kW，是世界上输电能力最强、新能源并网规模最大的电网。截至2021年底，国家电网公司经营区新能源并网装机容量达到5.4亿kW，新能源利用率保持在97%以上。

国家电网公司拥有除银行外的全部金融牌照（保险、信托、证券、基金等14块金融牌照），在10个国家和地区投资运营14个骨干能源网项目，全部保持稳健运营。

【领导班子】

董事长、党组书记：辛保安

董事、总经理、党组副书记：张智刚

董事、党组副书记：罗乾宜

中央纪委国家监委驻国家电网有限公司纪检监察组组长、党组成员：黄德安

副总经理、党组成员：庞骁刚

总会计师、党组成员：朱敏

副总经理、党组成员：陈国平

副总经理、党组成员：潘敬东

【组织机构】 见2021年国家电网公司组织机构图。

【战略体系】

企业宗旨：人民电业为人民。

公司使命：为美好生活充电，为美丽中国赋能。

战略定位：国民经济保障者，能源革命践行者，美好生活服务者。

企业精神：努力超越、追求卓越。

战略目标：具有中国特色国际领先的能源互联网企业。

战略目标内涵："五六三"。具有中国特色"五个明确"：明确以习近平新时代中国特色社会主义思想为指导，明确坚持党的全面领导，明确坚持以人民为中心的发展思想，明确走出一条中国特色的电网发展道路，明确走中国特色国有企业改革发展道路。国际领先"六个领先"：经营实力领先，核心技术领先，服务品质领先，企业治理领先，绿色发展领先，品牌价值领先。能源互联网"三大体系"：能源网架体系，信息支撑体系，价值创造体系。

发展布局：一业为主、四翼齐飞、全要素发力，即"一体四翼"。"一业为主"指电网业务，是公司的主导产业和主营业务；"四翼齐飞"指沿着电网业务这条产业链，统筹推进金融业务、国际业务、支撑产业、战略性新兴产业发展；"全要素发力"指在加强传统要素投入的同时，更加注重知识、技术、管理、数据等新要素投入。

【经营业绩】 2021年，国家电网公司坚持稳中求进工作总基调，紧扣"一体四翼"发展布局，统筹疫情防控和经营发展，克服疫情多点散发、极端天气频发、煤电价格矛盾等不利影响，完成全年经营目标任务，"两利四率"指标满足"两高三增一稳"要求，经营态势稳中有进、稳中提质。全年完成售电量5.17万亿kWh，同比增长13%；实现营业收入2.97万亿元，同比增长11.4%；净利润502.7亿元、利润总额691.1亿元，同比分别增长19.6%和16.9%。

落实国务院国资委专项工作部署，完成三年扭亏治亏、降杠杆减负债、"两金"管控等目标任务。2021年底，国家电网公司资产总额4.67万亿元，同比增长7.5%；负债总额2.62万亿元，同比增长6.9%；权益总额2.06万亿元，同比增长8.2%。国家电网公司强化债务边界管控，实施"自由现金流+股权融资"与投资规模相协调的资本预算管控机制，增供扩销、提质增效，加强资本运作、拓展资本来源，2021年底资产负债率降至55.99%，同比下降0.29个百分点。

2021年，国家电网公司位列《财富》世界500强第2位、全球品牌价值500强企业第14位；连续17年获国务院国资委业绩考核A级，连续11年获国务院国资委财务绩效评价A级，连续9年获国际三大评级机构国家主权级信用评级，连续6年获中国500最具价值品牌第一名。

（李新伟　刘　浩）

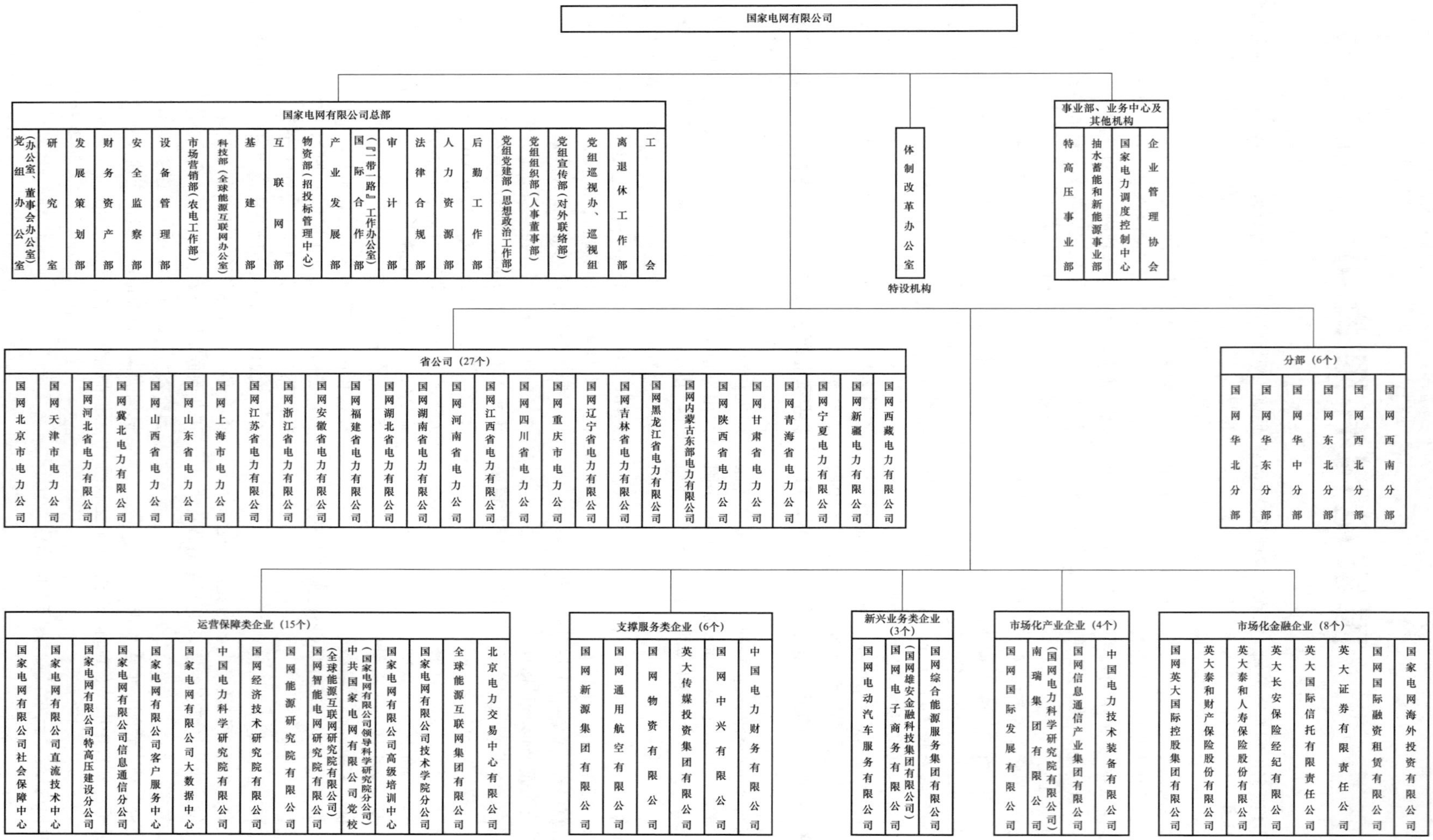

- 国家电网有限公司
  - 国家电网有限公司总部
    - 党组办公室（办公室、董事会办公室）
    - 研究室
    - 发展策划部
    - 财务资产部
    - 安全监察部
    - 设备管理部
    - 市场营销部（农电工作部）
    - 科技部（全球能源互联网办公室）
    - 基建部
    - 互联网部
    - 物资部（招投标管理中心）
    - 产业发展部
    - 国际合作部（“一带一路”工作办公室）
    - 审计部
    - 法律合规部
    - 人力资源部
    - 后勤工作部
    - 党组党建部（思想政治工作部）
    - 党组组织部（人事董事部）
    - 党组宣传部（对外联络部）
    - 党组巡视办、巡视组
    - 离退休工作部
    - 工会
  - 特设机构
    - 体制改革办公室
  - 事业部、业务中心及其他机构
    - 特高压事业部
    - 抽水蓄能和新能源事业部
    - 国家电力调度控制中心
    - 企业管理协会
  - 省公司（27个）
    - 国网北京市电力公司
    - 国网天津市电力公司
    - 国网河北省电力有限公司
    - 国网冀北电力有限公司
    - 国网山西省电力公司
    - 国网山东省电力公司
    - 国网上海市电力公司
    - 国网江苏省电力有限公司
    - 国网浙江省电力有限公司
    - 国网安徽省电力有限公司
    - 国网福建省电力有限公司
    - 国网湖北省电力有限公司
    - 国网湖南省电力有限公司
    - 国网河南省电力公司
    - 国网江西省电力有限公司
    - 国网四川省电力公司
    - 国网重庆市电力公司
    - 国网辽宁省电力有限公司
    - 国网吉林省电力有限公司
    - 国网黑龙江省电力有限公司
    - 国网内蒙古东部电力有限公司
    - 国网陕西省电力公司
    - 国网甘肃省电力公司
    - 国网青海省电力公司
    - 国网宁夏电力有限公司
    - 国网新疆电力有限公司
    - 国网西藏电力有限公司
  - 分部（6个）
    - 国网华北分部
    - 国网华东分部
    - 国网华中分部
    - 国网东北分部
    - 国网西北分部
    - 国网西南分部
  - 运营保障类企业（15个）
    - 国家电网有限公司社会保障中心
    - 国家电网有限公司直流技术中心
    - 国家电网有限公司特高压建设分公司
    - 国家电网有限公司信息通信分公司
    - 国家电网有限公司客户服务中心
    - 国家电网有限公司大数据中心
    - 中国电力科学研究院有限公司
    - 国网经济技术研究院有限公司
    - 国网能源研究院有限公司
    - 国网智能电网研究院有限公司（全球能源互联网研究院有限公司）
    - 中共国家电网有限公司党校（国家电网有限公司领导科学研究院分公司）
    - 国家电网有限公司高级培训中心
    - 国家电网有限公司技术学院分公司
    - 全球能源互联网集团有限公司
    - 北京电力交易中心有限公司
  - 支撑服务类企业（6个）
    - 国网新源集团有限公司
    - 国网通用航空有限公司
    - 国网物资有限公司
    - 英大传媒投资集团有限公司
    - 国网中兴有限公司
    - 中国电力财务有限公司
  - 新兴业务类企业（3个）
    - 国网电动汽车服务有限公司
    - 国网电子商务有限公司（国网雄安金融科技集团有限公司）
    - 国网综合能源服务集团有限公司
  - 市场化产业企业（4个）
    - 国网国际发展有限公司
    - 南瑞集团有限公司（国网电力科学研究院有限公司）
    - 国网信息通信产业集团有限公司
    - 中国电力技术装备有限公司
  - 市场化金融企业（8个）
    - 国网英大国际控股集团有限公司
    - 英大泰和财产保险股份有限公司
    - 英大泰和人寿保险股份有限公司
    - 英大长安保险经纪有限公司
    - 英大国际信托有限责任公司
    - 英大证券有限责任公司
    - 国网国际融资租赁有限公司
    - 国家电网海外投资有限公司

2021年国家电网公司组织机构图

【电网发展】2021 年，国家电网公司电网规模继续增长，新投产 220kV 及以上交流输电线路 3.70 万 km（1344 条），同比增长 5.99%；新增变电容量 2.44 亿 kVA（702 台），同比增长 6.69%。雅湖、陕武特高压直流工程及潇湘—赣江特高压交流工程建成投运，跨区直流增至 27 回，直流输电能力提高至 1.18 亿 kW，大范围资源优化配置能力提高。

电网开工规模。2021 年，开工 110（66）kV 及以上输电线路 4.4 万 km、变电（换流）容量 2.7 亿 kVA（kW）。其中：1000kV 线路 1522km、变电容量 600 万 kVA，750kV 线路 851km、变电容量 1200 万 kVA，500kV 线路 6089km、变电容量 6995 万 kVA，330kV 线路 537km、变电容量 672 万 kVA，220kV 线路 1.5 万 km、变电容量 8301 万 kVA，110（66）kV 线路 1.8 万 km、变电容量 7193 万 kVA；直流输电线路 2285km、直流换流容量 1800 万 kW。开工的重点项目有白鹤滩—浙江特高压直流、闽粤联网直流工程，荆门—武汉、南阳—荆门—长沙特高压交流工程，蒙西特高压交流站配套 1000kV 电源送出工程等。

电网投产规模。2021 年，投产 110（66）kV 及以上输电线路 4.7 万 km、变电（换流）容量 3.1 亿 kVA（kW）。其中：1000kV 线路 690km、变电容量 1800 万 kVA，750kV 线路 2235km、变电容量 1800 万 kVA，500kV 线路 6887km、变电容量 8448 万 kVA，330kV 线路 823km、变电容量 576 万 kVA，220kV 线路 1.4 万 km、变电容量 7680 万 kVA，110（66）kV 线路 2.0 万 km、变电容量 7701 万 kVA；直流输电线路 2840km、直流换流容量 3200 万 kW。

2021 年，国家电网公司经营区核准特高压“三交两直”，包括南阳—荆门—长沙、驻马店—武汉、蒙西特高压配套电源酸刺沟电厂二期送出 1000kV 交流，白鹤滩—江苏（四川、湖北、安徽境内线路）、白鹤滩—浙江±800kV 直流等重点工程获得核准，合计线路长度 5267km，变电（换流）容量 1600 万 kVA（kW），累计投资 537 亿元。全年获得核准 330kV 及以上项目 113 项，线路长度 13021km、变电（换流）容量 10565 万 kVA（kW），累计投资 1072 亿元。投产的重点项目有雅中—江西特高压直流工程，南昌—长沙特高压交流工程，晋北、晋中特高压交流站扩建工程等。

加快抽水蓄能开发建设，推进前期工作，江西奉新、浙江泰顺、辽宁庄河、黑龙江尚志抽水蓄能电站获得核准，投产安徽绩溪电站，新投产河北丰宁、吉林敦化、黑龙江荒沟、山东沂蒙等 4 座电站，年内累计投产 8 台抽水蓄能机组、255 万 kW 装机。截至 2021 年底，国家电网公司经营区在运抽水蓄能电站 26 座、装机容量 2691 万 kW，在建电站 36 座、装机容量 4753 万 kW，在运、在建装机容量合计 7444 万 kW。

（薛恒宇　于　汀　丁　林　汪　辰　拾　杨　田　旭　张甲雷　金一川）

【改革攻坚】2021 年 3 月，国家电网公司制定并对外发布碳达峰、碳中和行动方案，提出 6 个方面 18 项重点举措，这是国内企业发布的首个碳达峰、碳中和行动方案。

印发《构建以新能源为主体的新型电力系统行动方案（2021—2030 年）》，提出“九加强、九提升”共 28 条举措。

理顺陕西电网管理体制。由于历史原因，陕西电网形成国网陕西电力和陕西省地方电力集团公司（简称陕西地电公司）“一省两公司”的特殊电力体制。其中，国网陕西电力是公司的全资子公司，主要承担全省 330kV 及以上主网架建设和 41 个县区供电任务，并通过 110kV 及以下线路向陕西地电公司趸售供电。陕西地电公司是陕西省政府直属的地方电力企业，主要承担 66 个县区供电任务，负责营业区内 110kV 及以下电网建设、管理和运营。8 月 6 日，国家电网公司和陕西省人民政府在北京和西安举行国网陕西电力揭牌视频会议，宣布双方共同出资组建的国网陕西电力正式挂牌成立。

“三大三小”装备制造业务改革。2021 年，国家电网公司与国务院国资委和新输配电装备集团（简称新集团）筹备组对接，落实改革要求，推进装备制造业务改革工作。配合国务院国资委制定了新集团重组整合方案。该方案于 9 月 2 日获得国务院正式批复。9 月 14 日，国务院国资委、国家发展改革委联合印发《关于重组组建中国电气装备集团有限公司的通知》（国资发改革〔2021〕67 号）。新设国有全资的中国电气装备集团有限公司，由国务院国资委代表国务院履行出资人职责。将国家电网公司所属的“三大”（即许继集团、平高集团、山东电工电气集团）、国网电科院（南瑞集团）持有的“三小”（即泰事达电气、恒驰装备、重庆博瑞）股权，以及中国西电集团整体划入新集团。中国诚通、中国国新向新集团增资。9 月 25 日，新集团成立大会在上海召开，中国电气装备集团有限公司正式揭牌成立。9 月 30 日，国家电网公司和中国电力装备集团有限公司正式签署“三大三小”装备制造企业股权划转协议，“三大三小”装备制造企业管理权正式移交。

推进国企改革“三年行动”。“三年行动”年度任务超额完成。中国特色现代企业制度深化完善。修订董事会议事规则等 15 项制度，细化“三重一大”事项决策权责清单，全面加强党的领导。应建范围内 249 家子企业全部规范建立董事会。规范外部董事选聘任职和履职行权。16 家重要子企业落实董事会职权，建立董事会向经理层授权制度。省管产业单位改革思路务实清晰。落实国家监委监察建议，广泛调研，本着对国家、对企业、对职工高度负责的原则，审慎优选改革方式和路径，明确“将集体资产确权为国有，开展专业整合和深化改革”的总体思路。专项工程取得一批标志性成果。电商公司、南瑞集团、江苏综合能源实施三项制度改革，获评国务院国资委“双百企业”A 级。中国电科院探索市场化选人用人，强化激励约束，被国务院国资委评为“科改示范企业”标杆和优秀。混合所有制改革纵深推进。开展评估分析，编制操作和风险防范指引，规范工作流程，加强合规审核，推动混改项目落地实施，全年引入非公资本 5.6 亿元。

实施管理变革。“放管服”改革取得实效。制定第四批清单 34 项，优化调整有关制度标准和信息系统。开展成效评估，1～4 批“放管服”286 个事项，好评率为 95.6%，解决一批长期困扰基层的难题。深化“三项制度”改革。实施经理层成员任期制和契约化管理。建立多维度人才发展通道，创新专家人才管理，首次开展中国电科院院士、首席专家等评选。开展对标世界一流管理提升行动，国家电网公司入选国务院国资委管理提升“标杆模式”，数字化和电商管理入选“标杆项目”，国网天津、江苏电力入选“标杆企业”。在公司内部开展“三个标杆一个示范”先进选树，培育出 12 个标杆模式、30 个标杆项目、50 个标杆企业、50 个示范基地等一批优秀管理实践。

（史　锐　韩凝晖　王登峰　任健聪）

【管理创新】坚持强基固本、创新驱动、协同融合、持续改进、开放共享，勇于担当、真抓实干、脚踏实地、精细耕耘，推进管理科学与系统实践在国家电网公司应用落地。

创新方向。按照“统领全局、重点突破”的原则，围绕“一体四翼”发展布局，明确管理创新重点领域。坚持一业为主，强化绿色发展、安全保障、智慧赋能、价值创造，加快电网向能源互联网升级。发展金融业务，突出产融结合、服务主业行业，稳健合规经营、守牢风险底线，优化管控模式、强化内部协同打造行业特色金融品牌。拓展国际业务，运营境外资产，加强国际人才队伍建设，打造“一带一路”建设央企标杆。优化发展支撑产业，提升科研、智能制造、服务保障、软实力建设四项支撑能力。发展战略性新兴产业，打造核心能力、创新体制机制、强化开放合作，培育基业长青新动能。

创新手段。围绕重点领域组织实施“管理创新示范工程”项目 100 项，培育成果精品，树立典型经验，发挥示范引领作用。组织实施“管理创新推广工程”项目 100 项，实现成果及时共享，发挥成果价值。树立系统思维，加强组织领导。强化系统观念、系统方法，构建支撑“十四五”发展的管理机制，把科学方法转变为指导发展、推动工作的强大武器。优化工作方案，协调内外部专业资源，掌握工作进度，把控重点难点，推进各项重点工作落地实施。打破专业壁垒，整合专业资源，构建纵向管控、横向协同推进模式，在管理创新实施过程中，促进专业协同融合。优化创新格局，促进产业升级。强化区域统筹，找准结合点、优势点和突破点，完善优化创新格局的路径。树立协同并进，融合簇生的发展理念，加大联合融合力度，找到更多适配契合点和利益增长点，创新增值服务内容提高附加值，衍生产业链条。适应大数据、云计算、互联网等新兴技术的融合发展需要，推进业务数字化和管理智能化，由提供产品服务向提供系统解决方案转变，形成质量优、技术新、水平高的新产业、新模式。强化理论支撑。细化实施方案，明确里程碑计划和节点质量要求，组织推进，确保有序开展。注重科学管理理论的支撑作用，强化项目实施、总结提炼等关键环节中智力资源的支持。做好创新与日常工作的关系，使创新过程成为补齐工作短板、突破发展瓶颈、实现超越引领的过程。发挥信息化作用，实现项目实施全过程管理精细化、智能化、自动化，为基层减轻负担。

创新成果。在“第二十八届全国企业管理现代化创新成果”评选中，国家电网公司共 32 项成果获奖，其中，“特大型电网企业基于实战攻防的主动网络安全管理”等 4 项成果获一等奖；“助力国际一流营商环境建设的小微企业‘三零’办电服务管理”等 28 项成果获二等奖。国家电网公司系统获奖成果总数连续 10 年位列央企首位。在 2021 年度中国电力创新奖管理类奖项评审中成绩优异，共计 64 项成果获奖，其中，创新大奖 2 项、一等奖 21 项、二等奖 41 项，获奖数量、等级继续保持电力行业企业首位。

（刘　胜）

【合规管理】顶层设计和推动。国家电网公司党组专题听取合规管理情况报告，研究部署合规管理重点工作。辛保安董事长多次对合规管理工作提出要求，做出“合规管理重在落实，要久久为功，巩固提升，务求实效”等指示。张智刚总经理在多项工作批示中强调“加强合规建设”。国家电网公司领导班子成员在分管工作中均对落实合规要求予以安排。2021 年，国家电网公司系统没有出现系统性、颠覆性法律合规风险。国家电网公司合规管理工作先后三次在中纪委、国务院国资委主办会议上介绍典型经验，《法治日报》《国资法治》对国家电网公司合规管理典型经验予以重点报道。国家电网公司成为中国电力国际产能合作企业联盟授予的首批电力企业合规管理人才开发试点单位。

“合规管理深化年”行动。印发“合规管理深化年”行动工作方案，针对国家电网公司合规管理中存在的短板弱项，明确了深化合规管理体系建设、工作机制建设、重点领域合规管理3个方面18项任务，确定了8个重点领域，提出了84项工作举措。为督促落实，编制了问题清单和责任落实清单，按项销号、定期督办，当年任务完成率达到100%。

合规管理组织体系。国家电网公司党组理论学习中心组结合学习贯彻习近平法治思想，专题学习合规内容。公司合规管理委员会召开专题会议，审议合规重大议题，并首次对2021年以来公司系统违规事件进行了通报。公司合规负责人履行职责，专题部署法律合规风险识别预警、法律合规与风控、内控协同融合等多项工作。

合规管理制度体系。完善以“规划+基本制度+专项重点措施”的合规管理制度体系，先后制订电力交易、数据安全、信息公开、受电工程等合规管理指导意见或方案5件，编制混合所有制改革、重组上市、代理购电、重大决策法律保障、合同和招评标管理等法律合规工作指引6件，基本覆盖电网、产业、国际、金融等重点业务领域。为规范全员合规行为，制定下发《合规行为准则（试行）》并督促实施。

合规管理工作体系。推进风险管理、内部控制和合规管理协同运作，组织编制国家电网公司《风险管理、内部控制与合规管理操作指南编修工作方案》，风控、内控和合规“三位一体”的工作机制基本形成。开展《个人信息保护法》《刑法修正案（十一）》《安全生产法》等6部新出台法律法规研究，印发《优化营商环境下的供电法律合规风险及对策调研报告》。组织编制员工合规行为准则系列教材、案例，累计开展合规现场培训4128场，线上培训1573期，参培人员66.9万人次。

合规管理运行机制。合规风险识别预警实现常态化，先后发布《国家电网合规信息简报》14期，累计梳理监管政策279项，提示法律合规风险点219个。开展合规审查审核标准化建设，重大决策、重要制度、重要合同合法合规性审查审核率达到100%。强化合规问题闭环整改，依托政府监管机构网站、国家企业信用信息公示系统等官方平台，排查公司系统各单位违规事件，推行月度预通报、专报、正式通报等制度，并全部完成整改。“违规事件必发现、违规不报必通报、违规行为必整改”机制取得工作成效。

合规管理“三道防线”。各业务部门严守“第一道防线”，推进本业务领域合规管理建设，对本业务领域法律合规风险做出提示并督促整改。法律部门履行“第二道防线”职责，深化合规风险识别预警机制，加强合规管理经验共享，推进内控风险合规管理融合。审计部、驻公司纪检监察组等部门发挥“第三道防线”作用，巩固大监督格局，强化对公司生产经营管理各个环节的全面监督，促进了合规体系的闭环运转。

全员合规意识。各级领导班子成员对“合规是企业立业之本、发展之道、成功之基”达成共识，基本做到“决策问合规，违法不决策”。各级管理人员参与合规建设，合规素养和合规能力提升。职工合规意识由萌芽状态向清晰理念转变，实现从“要我合规”到“我要合规”的转变。

（邵柄雯　杨程程）

【安全生产】按照全国安全生产专项整治三年行动计划部署，深化双预机制建设，强化安全管控，应对自然灾害和突发事件，做好安全保供，完成建党100周年等重大供电保障任务，公司安全生产局面总体平稳。

贯彻国家安全工作部署。落实全国安全生产电视电话会议精神，以习近平总书记安全生产重要论述为指引，以开展安全生产专项整治集中攻坚为载体，加强安全建设。把专项整治作为一项重要政治任务，组织各级单位围绕学习、责任两个专题，电网、设备、人身、基建、消防、网络、水新、产业、危化品九个专项重点领域，锚定重点，统筹项目计划，推进专项整治问题隐患整改集中攻坚。国家电网公司党组全年召开13次党组会、安委会、专题会，定期研究部署安全生产重点工作。落实全员安全生产责任，制定从总部到基层全员安全责任清单52.7万份。按照国务院国资委要求，组织“五查五严”（即查思想认识、严明政治规矩，查制度体系、严肃制度执行，查安全管理、严细落实责任，查事故隐患、严抓安全防控，查法治建设、严格依法治企）风险隐患排查，对60家单位进行全覆盖检查，保障建党100周年大庆期间安全生产稳定。在“护网2021”、应急普法竞赛等多项国家级竞赛中保持第一。

完成年度安全重点任务。树立安全发展理念，紧盯“三杜绝三防范”（即杜绝大面积停电事故、杜绝人身死亡事故、杜绝重特大设备事故，严格防范重大网络安全事件、严格防范重特大火灾、严格防范恶性误操作）目标，制定全年安全生产工作意见，逐项落实责任，狠抓措施执行，完成年度安全生产重点任务。启动安全生产体系完善提升工作，推进公司安全管理体系建设，印发实施领导班子人员安全生产“两个清单”，完成国家电网公司安委会工作规则和总部责任清单修订，拧紧责任链条。印发《国家电网有限公司安全警示约谈工作规范（试行）》，明确提醒、问询、纠错、问责四种形态。深化安全生产巡查，完成4家单位巡查和4家单位“回头看”，发现管理问题598项。细化分解10项重点措施、63项重点攻坚任务，保障陕西两网融合发展安全有序。强化安全教育培训，开展员工安全等级评价，提升队伍技能水平。开展安全文化建设课题研究，制定国家电网公司安全文化建设规划框架，明确安全文化建设规划思路和六大工程具体内容。

保障电网安全稳定运行。面对疫情、灾情、网情等困难挑战，保供应、保运行、保发展，确保了生产秩序和电力供应，支撑疫情防控和经济社会发展。统筹重大工程调试，克服建设工期紧、实施难度大等困难，河北丰宁抽水蓄能电站投产发电，建成南昌—长沙特高压交流工程、雅中—江西特高压直流工程、新疆750kV网架完善工程等一批重点项目，电网结构增强。发挥应急保供电工作机制作用，精准电力平衡分析，强化煤电机组并网管理，加大跨区调剂力度，有效处置电力紧缺局面。面对年初大范围寒潮，保障9.6亿kW用电负荷供应。针对夏季高峰到来早、增幅大、持续长，保障3个区域15个省级电网41次创新高。针对9月以来大范围缺电波及20个省份，做好安全保供工作，扭转电力供应紧张局面，至11月7日起实现有序用电省份全部清零。

深化双重预防机制。加强安全风险分级管控，建立五级以上安全事件分析会议机制，开展电网风险预警发布及管控措施落实情况督查，有效管控电网风险3.47万项。构建“四个一”数字化安全管控体系，强化“四个管住”落地实施，组建总部安全管控组，深化安全风险管控平台、智能终端应用，发挥各级安管中心、督查队伍作用，查纠问题、违章28万余项。加大安全生产违章惩处力度，梳理三类69项严重违章，按照六至八级安全事件细化惩处措施，总部共查纠严重违章26起，处罚责任单位54个、人员203名，遏制违章多发态势。组织安全生产专项整治、安全保供、冬奥保电、老旧设施等隐患排查，集中整治直流闭锁、特高压交流重点隐患。

强化消防、危化品等领域安全管理。落实消防安全责任，开展消防安全性评价，推进专项整治消防提升13项重点任务。常态开展网络安全监督检查和安全性评价，加强信息、电力通信、电力监控典型工作票执行落实。印发“六强化四提升”实施方案，强化抽水蓄能建设工程安全管控。推进危化品和特种设备“1+5”安全管理制度落地实施，建立风险库和风险清单。健全综合能源、充换电设施运维、“能源＋”等新业务新业态安全管理体制机制，明晰安全责任界面，评估、防控安全风险。开展森林草原输配电线路火灾隐患治理三年专项行动，制定印发专项行动方案，以“六查六加强”为重点，明确时间表、任务图、整改责任和要求，开展“拉网式”“地毯式”排查治理，如期完成西昌“树线矛盾”专项整治，大小兴安岭、长白山、凉山、环京等重点林区“疑难杂症”实现“见底清零”。

安全隐患排查治理。各单位落实国家电网公司安全生产部署，以安全生产专项整治为抓手，深化隐患排查治理机制，累计排查各类安全隐患51259项，其中，重大隐患52项、一般隐患29347项、安全事件隐患21860；按专业划分，输电7033项、变电5971项、配电21048项、电网规划340项、电网运行及二次系统1405项、电力建设930项、信息通信1597项、交通1199项、消防1657项、环境保护342项、安全保卫648项、后勤552项、发电222项、装备制造71项、其他8244项，完成整治47770项。

应急能力建设。完善应急制度标准。修订《国家电网有限公司应急预案管理办法》，完成2项企业标准报批。推进应急预案修订。印发《突发事件总体应急预案》《人身伤亡事件应急预案》《大面积停电事件应急预案》等16项应急预案，组织各省、地市、县公司级单位开展新一轮应急预案。启动新一代应急指挥系统建设，强化预警和应急响应管理。强化应急技能培训。2021年共组织开展应急培训6650期（应急管理培训2646期、应急技能培训4004期），390368人次参加培训。全方位开展应急演练。2021年共开展各类演练20306场（自然灾害类4706场、事故灾难类8595场、公共卫生类1257场、社会安全类5748场），438924人参演，实现各单位全覆盖、各预案全覆盖。

电力可靠性管理。2021年国家电网公司全口径平均供电可靠率99.872%，同比提高0.0113个百分点，平均停电时间为11.22h/户，同比减少0.98h/户、下降8.03%，其中平均预安排停电时间4.93h/户，平均故障停电时间6.28h/户。220kV及以上电压等级输电回路、架空线路可用系数分别为99.383%、99.299%，变压器、断路器可用系数分别为99.741%、99.854%。跨区直流输电系统能量可用率为96.567%，强迫能量不可用率为0.046%，计划能量不可用率为3.388%，直流强迫停运次数由2020年的14次减少为12次。抽水蓄能机组年平均可用系为88.84%，年综合利用小时2802h；常规水电机组年平均可用系数为90.04%，年综合利用小时2661h。

技术监督。开展全过程技术监督2.7万项次，发现并消除变压器中（低）压侧引线未明确绝缘化要求等问题10.1万项次，同比增长13.9%，发布技术监督告（预）警单6978项，提升监督质效。深化专项监督。电气性能监督共开展31911台（件）检测，发现电缆隧道防火板（槽盒）耐火性能不达标等问题设备757台（件）。金属监督共开展187112台（件）检测，发现变电站接地体涂覆层厚度不足等问题设备9241台（件）。土建监督共开展12577项次土建现场监督，发现变电站GIS设备基础沉降超限等问题1089项。累计建成金属技术监督试验室117个，依托“属地化”检测方式，共抽检 49493 台（件），提升检测能力。

（余国太　杨军飞　杨鹏云　李　涛　王　剑　金　焱　张兴辉　王金宇　王秀龙　孙立时　赵大平　王　璞）

【电力市场】电力市场建设。推动多层次统一电力市场建设，深度参与多层次统一电力市场建设前期研究和指导意见起草。强化电力市场顶层设计，研究编制《碳达峰碳中和目标下全国统一电力市场近中期建设规划》。完善电力市场体系。基本形成包括中长期、现货、辅助服务交易，覆盖省间、省内的多周期、多品种的市场交易体系。推进电力中长期市场连续运营，发挥市场在保障电力供应、促进清洁能源消纳方面的作用。修订印发《北京电力交易中心跨区跨省电力中长期交易实施细则》，印发《关于推进电力中长期市场连续运营的指导意见》。围绕碳达峰、碳中和目标，开展新型电力系统科技攻关，研究服务新型电力系统构建的电力市场设计关键问题。完善电力价格体系，探索适应中国国情的容量保障机制，保障常规电源发挥支撑与调节作用。探索研究绿色电力交易机制，创新提出符合中国国情的绿色电力交易品种，编制《绿色电力交易试点工作方案》《北京电力交易中心绿电交易实施细则（试行）》。开展绿电试点交易，形成良好示范效应。截至 2021 年底，国家电网公司经营范围内累计开展绿电交易超 76 亿 kWh，共有 17 个省份参与交易。北京电力交易中心践行北京冬奥“绿色办奥”理念，通过绿电交易方式，首次实现冬奥场馆 100%绿电供应。

电力市场运营。2021 年，国家电网公司经营区完成市场化交易电量 2.87 万亿 kWh，同比增长 22.5%。其中，直接交易电量 2.28 万亿 kWh，同比增长 24%，占国家电网公司售电量（5.17 亿 kWh）的 44.1%（同比上涨 3.9 个百分点）。省间交易电量 1.24 万亿 kWh，同比增长 7.1%。其中，清洁能源电量 5249 亿 kWh，占比 42.4%；新能源交易电量 1300 亿 kWh（同比增长 40%），占比 10.5%。促进电力资源大范围优化配置。加大资源优化配置力度，保障重点地区电力供应。全年共组织省间交易 847 笔，同比增加 247 笔，有效保障省间电力稳定供应。促进清洁能源消纳。服务碳达峰、碳中和能源结构转型，用好用足通道富余空间，优化水火等调节电源交易组织安排，提升清洁能源消纳水平。强化发电权交易专项市场运作，畅通发电权绿色通道，确保发电权交易优先组织、优先安排、优先出清，实现省间清洁能源替代火电发电 44 亿 kWh。北京电力交易中心于 1 月发布全国首个可再生能源电力超额消纳量交易规则。2 月组织全国首笔可再生能源电力超额消纳量交易，共 10 个省参与本次省间交易，达成超额消纳凭证转让结果 245.5 万个（以 1MWh 为一个凭证，相当于可再生能源电量 24.55 亿 kWh）。做好电力供应保障。应对电煤供应不足、来水偏枯、煤价高涨等因素作用下的全年电力供需紧张形势，发挥省间市场作用，用好用足输电通道，灵活开展增量交易与存量合同交易，有序引导跨区跨省电力支援，先后针对川渝、华中、华东、河南、东北、华北、西北多地的平衡缺口开展交易保障工作。保障市场平稳运营。根据《关于进一步深化燃煤发电上网电价市场化改革的通知》，年内共开展省间、省内煤电增量交易 2352 亿 kWh，煤电存量合同调价 1704 亿 kWh，有效疏导一次能源成本，提高煤电企业发电积极性。

（张圣楠　纪　鹏　孙　田　秦亚斌　于松泰　徐　亮　邢　通　董晓亮）

【科技创新】2021 年国家电网公司加快打造能源电力科技创新高地，在大电网运行控制、新能源并网、综合能源、数字赋能、电力信息安全、电网运维检修技术等领域，取得一批重大成果，获得国家科学技术奖 6 项、中国专利奖 22 项、中国电力科学技术奖 75 项、省（区、市）科学技术奖励 233 项，评审授予国家电网公司科学技术奖 189 项。推进国家双创示范基地建设，在 2021 年全国双创示范基地评估中名列企业类第一名。

技术攻关。面向电网发展难点重点问题和行业“卡脖子”难题，加强特高压组部件、国产芯片、大功率电力电子器件、电工新材料等方向技术攻关工作。推进新一代调度系统、新型储能与氢能领域技术攻关。其中完成特高压换流变压器有载分接开关研制和特高压交直流套管国产化研制，高性能电工绝缘材料攻关取得进展，新一代人工智能调度实现突破。

科研管理。2021 年国家电网公司研发经费投入约 340 亿元，研发经费投入强度达 1.15%。启动和推进“新型电力系统实施路径研究”等 8 项重大科技项目攻关工作。同时启动新型电力系统攻关配套科技项目，支撑新型电力系统重点科技示范工程建设。2021 年在新型电力系统安全稳定方面共布局总部科技项目 102 项，总经费 5.62 亿元。完成年度国家重点研发计划任务。组织开展“储能与智能电网技术”“新能源汽车”“氢能技术”“智能传感器”等重点专项相关项目申报工作。牵头申报的 14 个国家重点研发计划项目获批立项。12 个国家项目以优异成绩通过项目综合绩效评价。6 个国家项目启动研究工作，10 个国家项目通过项目专业管理机构组织的中期检查，21 个国家项目完成国家电网公司组织的专家指导。

实验研究体系建设。加强国家级实验室建设。西藏野外科学观测研究站、国网湖南电力大数据灾害监测预警实验室、智芯公司工业产品质量控制和技术评价实验室先后获得国家部委批复成立。在国家发展改革委组织开展的国家工程研究中心优化整合工作中，国家电网公司所属的4个国家工程研究中心（国家工程实验室）均通过优化整合评估，纳入国家工程研究中心新管理序列。国家电网公司成为国务院国资委首批原创技术策源地，领域为新型电力系统。开展国家级实验室布局优化调整。组织制订6家国家重点实验室优化重组方案，提出4家拟新建国家重点实验室建设方案，制订9家拟申报国家能源研发创新平台建设方案。完善公司级实验室相关布局，完成8个国家电网公司实验室整改提升方案及17个国家电网公司实验室研究方向调整方案的评审工作。

技术标准工作。2021年深化新型电力系统标准体系研究，牵头或重点参与的161项国家标准、142项行业标准、285项团体标准获批发布，274项企业标准正式实施。GB/T 36498—2018《柔性直流换流站绝缘配合导则》等24项标准获2021年度电力创新奖大奖（标准类），另有3项牵头项目获一等奖（标准类）。推进国际标准立项及制修订。牵头发起的国家电网公司首个ITU标准获批立项，实现在世界公认的三大国际标准化组织（ISO、IEC、ITU）中均牵头立项国际标准。2021年牵头立项IEC标准10项、ISO标准2项、ITU标准1项、IEEE标准9项，牵头发布IEC标准9项、IEEE标准5项、CIGRE技术报告2项。7位专家获2021年IEC 1906奖，获奖专家数量在国内位居首位。

知识产权工作。2021年共申请专利超过2.5万项，其中发明专利占比67.8%；授权专利超过1.8万项，其中发明专利占比40.2%；专利申请量和累计拥有量连续11年排名央企第一。出版科技论著119部，发表科技论文3139篇，其中发表在SCI、EI、ISTP和ISR源刊上的论文855篇。加强海外专利布局，公司海外授权专利累计超过550项。

科技奖励。2021年共评审授予国家电网公司科学技术奖189项。其中，年度科技人物奖1项，技术发明奖19项（一等奖2项、二等奖8项、三等奖9项），科学技术进步奖135项（特等奖2项、一等奖16项、二等奖52项、三等奖65项），技术标准创新贡献奖13项（一等奖2项、二等奖5项、三等奖6项），专利奖22项（一等奖3项、二等奖10项、三等奖9项）。

（盛 兴　高海峰　周 俊　张素香　张晓东　梁芙翠　刘宇石　孙建锋　李 蒙　张振环　王晓刚　赵海翔　李 刚　李 炎　嵇建飞）

【国际化发展】全球能源互联网。2021年，面对新冠疫情带来的不利影响，创新采用“线上线下结合”方式，举行多场会议活动，40多个国家的1200多位嘉宾参会。与有关国家政府、国际组织、企业、机构沟通交流，宣介全球能源互联网理念和公司发展成果。开展全球及中国碳达峰碳中和研究、生物多样性保护研究、前沿技术发展展望研究等，发布《全球碳中和之路》《生物多样性与能源电力革命》等成果。借鉴“互联网＋”模式和平台经济理念，应用前沿技术，建成世界首个集项目推动、交流合作、资源共享、会议会展等功能于一体的“能联全球”数字平台，并于3月23日正式上线发布。与联合国、经济合作与发展组织、非洲联盟、阿拉伯国家联盟、东南亚国家联盟、欧洲联盟等重要国际和区域组织，以及多个国家的政府部门、企业机构开展合作。2021年底建成非洲、西亚—北非、欧洲、东欧—中亚、东南亚—南亚—大洋洲、中南美6个区域委员会和南非、阿联酋等20个国家委员会。全球能源互联网大学、装备、智库、金融四个联盟成员总数达到192个。会员总数达到1302个，涵盖能源电力、装备制造、工程建设、科研机构、高等院校、团体组织等13个类别，国际会员占比53%，覆盖141个国家，形成覆盖全球的合作网络。

境外投资与运营。收购的智利CGE公司97.145%股权于7月交割，巴西CPFL公司于10月完成收购巴西CEEE输电公司66.08%股权交割。截至2021年，国家电网公司投资和参与运营10个国家和地区的14个骨干能源网项目，所有项目均保持稳健运营、全部盈利、无一亏损。稳健运营菲律宾、巴西、葡萄牙、澳大利亚、意大利、希腊、阿曼、智利、巴基斯坦和中国香港等国家和地区的能源网项目。

海外绿地项目。9月1日，巴基斯坦±660kV默拉直流输电项目提前建成并投入商业运营。4月20日，国网巴西控股公司中标500kV席尔瓦尼亚输电特许权项目（STE项目，即2020年1号绿地输电特许权项目1标段）。9月25日，巴西CPFL公司加美莱拉风电项目正式建成投入商业运行。

能源电力国际合作。推进与周边国家电力基础设施互联互通。保障现有跨国输电线路稳定运行，中俄电力贸易全年完成交易电量约39.7亿kWh、同比增长28%，累计交易电量达到375亿kWh。中蒙跨国线路全年对蒙供电约959万kWh，累计供电达6000万kWh。国家电网公司与韩国电力公社继续联合开展中韩联网项目经济性分析和商业模式研究等前期工作。

国际交流。在2021中国发展高层论坛、上海合作组织民间友好论坛、2021国际能源变革对话、第二届国际服务贸易交易会、《生物多样性公约》第十五次缔约方大会（COP15）等重要外交场合，介绍国家电网公司在推动能源清洁低碳转型、生物多样性保护、脱贫攻坚和乡村振兴、多边经贸合作等领域所取得的成绩和经验。国家电网公司与国际可再生能源署主办2021能源电力转型国际论坛，知名能源电力企业负责人，知名国际组织主要负责人，多国电力能源部长、驻华大使、外交使节，国内外知名专家等58个国家的750余位嘉宾出席论坛。承办2021国际能源变革对话“新型电力系统建设分论坛”。出席2021年太原能源低碳发展论坛、2021世界新能源汽车大会、世界经济论坛“达沃斯议程”对话会、2021亚太电协大会，参加国家能源局举办的“中拉新能源合作论坛”等交流活动。参与重要国际组织活动，全年共参与38个国际组织及机制共286场活动。与俄罗斯国家调度公司、丹麦国家电网公司、法国电力集团、日立ABB电网公司、韩国电力公社等开展交流与合作。

（侯　宇　安锐坚　杨　阳　韩　勇　李　明　马海洋　吕　昕　张　虎　刘　琪　李　杨　赵　晔　陈原子　沈　亮　王宁华　夏　雪　高华玲　闫　雨　雷　颖）

【节能减排】主要指标完成情况。线损率指标：2021年完成5.48%，比国务院国资委2019—2021年任期考核目标（6.40%）低0.92个百分点，满足任期考核要求。线损率同比下降0.39个百分点，节约电量110亿kWh，相当于节约标准煤337万t、减排二氧化碳850万t。万元产值综合能耗指标：2021年完成0.11t标准煤（可比价），比国务院国资委任期考核目标（0.137t标准煤）低0.027t标准煤，完成任期考核目标。六氟化硫气体回收率指标：2021年完成97.5%，2021年回收六氟化硫气体410t，满足任期考核（96.5%）要求，相当于减排二氧化碳981.8万t。

贯彻中央决策部署。坚决落实党中央、国务院能源节约与生态环境保护工作部署，将节能环保和低碳发展理念贯彻到公司经营发展各个环节，发挥电网在推动绿色转型过程中的平台和纽带作用，服务行业和全社会能源节约与生态环境保护。

推进新型电力系统构建。累计建成29项特高压输电工程，增强清洁能源大规模输送能力，2021年输送跨区清洁能源电量达到5249亿kWh，相当于减少煤炭燃烧超过2亿t、减排二氧化碳4亿t。发布加快抽水蓄能开发建设6项措施，河北丰宁、吉林敦化等5座抽水蓄能电站投产发电。挖掘用户侧调峰潜力，配合政府做实做细需求侧管理。

服务新能源发展。2021年底，国家电网公司经营区风电、太阳能累计装机容量达到5.4亿kW，占电源总装机比例29%，比2015年提高了17个百分点，新能源发电量比2015年翻了近4倍，利用率提高到97.4%，连续3年保持在95%以上。建成全球最大的“新能源云”平台，累计接入风光场站267万座。

开展消费侧清洁替代。研究制订推进消费侧清洁替代相关措施。推动北方地区“煤改电”工程，编制年度“煤改电”配套电网工程建设实施方案。建设电动汽车充换电基础设施。2021年，国家电网公司完成消费侧清洁替代电量1532亿kWh，减少终端碳排放超过1.5亿t。

提升自身节能水平。实施电网节能管理，加强电网规划设计、建设运行、运维检修各环节绿色低碳技术研发。挖掘输配电各环节、生产办公全领域的节能潜力，完成国家下达的节能目标。参与全国碳市场建设，培育碳市场新兴业务，构建绿色低碳品牌，形成共赢发展的专业支撑体系。

推动全社会节能减排。面向公共建筑、工业企业、园区等客户，开展绿色照明、空调节能改造、能源站建设等能效市场化服务。针对钢铁、水泥等高耗能企业和电子、纺织等制造企业，提供线上线下相结合的能效公共服务。引导工业企业开展余热、余压、余气利用以及空气压缩机改造、电机变频等节能改造。

（马云高）

【农网发展】启动实施农村电网巩固提升工程。国家能源局在2021年全国能源工作会议，提出“启动实施农村电网巩固提升工程”。在省、市、县公司乡村电网规划的基础上，编制完成《国家电网有限公司“十四五”乡村电网发展规划》。下达2021年农村电网巩固提升工程投资计划，启动实施农村电网巩固提升工程，发挥电网项目稳投资、补短板、惠民生的重要作用，保障农村电网投资力度，全年完成投资1306亿元。争取到中央预算内投资33.88亿元，重点支持西藏、新疆、青海、甘肃等脱贫摘帽地区农村电网建设，缓解了西部地区省级电网经营压力。

滚动修编“十四五”乡村电网发展规划。在2020版规划基础上，根据国家“十四五”电力规划明确的分省电力需求预测、电源装机规划等主要边界条件变化，结合国家关于分布式光伏规模化开发、第三批边防部队通大网电等专项安排，以及陕西“两网融合”和河南电网灾后重建等新情况，开展“十四五”乡村电网发展规划滚动调整工作，形成乡村电网规划滚动调整成果。

农村电网改造升级。贯彻党中央、国务院关于乡村振兴战略重大决策部署，促进传统农村电网从形态、技术、功能向能源互联网全面转型升级，巩固拓展脱贫攻坚成果同乡村振兴战略衔接，打造与现代农业、美丽乡村相适应的新型农村电网。投入806.7亿元，建成12.6万项农村电网巩固提升工程，新建改造中低压线路19.8万km、配电变压器8.8万台，解决了1467个县（区）10.7万个村网架结构薄弱、供电能力不足、设备老旧等问题。做好北方地区清洁取暖工作，改善居民供暖条件，助力实现“碳达峰、碳中和”目标。投入 52.9 亿元，于供暖季前完成 5486 项“煤改电”配套配电网建设任务，新增配电变压器容量 3596.8 万 kVA，惠及北方 9 个省（区、市）7722 个村 119.7 万户，国家电网公司经营区电供暖用户达 1183 万户。落实政府统一部署，服务西藏抵边搬迁，投入 7900 余万元，按期完成 21 项配套配电网建设，为 26 处集中安置点、4707 户搬迁群众提供电力保障。

（王雅丽　梁　昊　宁　昕　王金宇　王庆杰）

【人力资源管理】人才队伍建设。实施创新驱动战略和人才强企战略，创新“三大体系”（战略引领人才制度体系；领导职务、职员职级、专家人才三条通道职业成长体系；“三类五级”专家人才体系，即科技研发、生产技能、专业管理三个类别，中国电科院院士、首席专家、高级专家、优秀专家、专家五个级别人才序列）、实施“三大工程”（高端人才引领工程、电力工匠塑造工程、青年人才托举工程）、强化“三大机制”（科技创新团队支持机制、科技创新放权赋能机制、科技创新激励保障机制），加快人才高质量发展，打造新型电力系统人才高地。截至 2021 年底，国家电网公司获国家级人才称号者近 400 人、省部级人才称号者近 3000 人，评定高级职称 13.6 万人、高级技师 15.4 万人。

职工教育培训。克服疫情影响，开展培训方式方法创新，推进职业教育转型发展，优化健全培训资源建设。全年累计开展脱产培训 6.6 万期、310 万人次，统一组织 2.1 万名新入职员工开展网络和集中培训，组织 17 期、1400 人的援藏援疆援川帮扶培训。国网学堂登录 2127 万人次，开展网络学习 3461 万学时，新增课件 23800 个、题库 20 万道。推进教育培训数字化转型，全年实施培训考试项目 1.89 万项，同比增长 33.34%。建成“3 + 37”的公司级、省公司级两级培训机构体系。贯彻《国家职业教育改革实施方案》和全国职业教育大会精神，推进现代职业教育发展、深化产教融合和校企协同育人，国家电网公司入选国家发展改革委“国家产教融合型企业”名单和教育部“职业教育培训评价组织”名单。加快实施“1 + *X*”证书制度试点，发布 9 个职业技能等级证书和标准，编制考核站点建设标准，开发 27 本配套培训教材、4.6 万道理论和实操考核题库，举办 2 期师资与考评员培训班，组织 18 所试点院校 3984 名学生完成首次 X 证书考核评价。

（李　鹏　曹爱民　高　澈　刘　严　张耀坤）

【党建工作】 截至 2021 年底，国家电网公司系统共有党组织 45809 个，其中，党委 2708 个、党总支 1702 个、党支部 41399 个；党员 579856 名。全年新增基层党组织 5524 个，100 家混合所有制企业设立党组织，实现应建必建；13142 个党组织完成换届，做到应换尽换。

开展庆祝建党 100 周年活动。召开学习贯彻习近平总书记“七一”重要讲话精神暨“两优一先”表彰大会，评选表彰“两优一先”901 个，其中，“红旗党委”50 个、“电网先锋党支部”351 个、优秀共产党员 300 名、优秀党务工作者 200 名，编印国家电网公司《“两优一先”事迹选编》。15 个集体和个人荣获全国“两优一先”、30 个集体和个人荣获中央企业“两优一先”，数量创历史之最。举行“光荣在党 50 年”纪念章颁发仪式，各级党委通过召开会议、举行仪式或派人上门等方式，向 2143 名老党员颁发纪念章。开展“七一”走访慰问活动，总部及在京直属单位走访慰问生活困难党员和老党员 245 名。

落实党建重点工作任务。巩固深化全国国企党建会 5 周年成果，印发国家电网公司“回头看”工作实施方案，细化 7 个方面对标检视重点，明确 4 个阶段具体任务，指导各单位制订落实措施，开展对标自查，补齐短板弱项，抓好精准提升，促进党建工作提质增效。加强党建工作量化计划管理，细化分解 32 项任务清单，开展量化计划管理统计分析研究，加强数据采集、指标监测，推动党建重点任务落实。深化党建信息系统应用，推进“智慧党建”平台建设，优化完善党员档案、换届选举、党费收缴、组织关系转接等模块功能。

强化党的创新理论武装。把党史学习教育作为贯穿全年的“重头戏”来抓。国家电网公司党组以“第一议题”、中心组学习、读书班等方式，带头学习贯彻党的十九届六中全会、“七一”庆祝大会精神，深研细读指定学习材料，推动学习教育走深走实、入脑入心。抓好全体党员经常性学习教育。以党支部为基本单位，有计划、有针对性地定期开展集体学习，确保理论学习抓在日常、严在经常。利用“学习强国”“国网学堂”“云课堂”等线上平台，开展微学习、微党课、微宣讲，增强理论学习的针对性和实效性。

加强先进典型选树学习宣传。国家电网公司 45 个党组织和党员获得全国、央企“两优一先”称号。评选表彰国家电网公司“两优一先”、金牌（优秀）共产党员服务队、“国网楷模”，引导广大党员向先进学习、向楷模看齐。国家电网公司系统 3 人被授予第八届全国道德模范荣誉称号，4 人获得提名奖。

实施“基层党建创新拓展年”。国家电网公司党组落实国务院国资委党委“中央企业党建创新拓展年”部署，聚焦提高党的建设质量主题、推进融入融合主线，把2021年确定为“基层党建创新拓展年”，制订实施6个方面38项具体措施，推动理念、机制、载体、手段、实践“五个创新”，内涵、深度、平台、方式、广度“五个拓展”。

精神文明建设。深化文明单位创建。对接全国文明单位创建标准，结合公司实际从严执行，加强各级文明单位的动态管理，提高文明单位创建水平。2021年国家电网公司系统新增全国文明单位105家，累计创成全国文明单位486家，数量居央企第一。开展志愿服务活动。立足电网企业优势，发挥窗口作用，开展岗位学雷锋、青春光明行等志愿服务活动，支持服务新时代文明实践中心建设。17个先进典型入选第七批全国学雷锋活动示范点和岗位学雷锋标兵、2021年度全国学雷锋志愿服务“四个100”先进典型，涵盖便民服务、扶危解困、扶老恤幼、应急赈灾等多方面，获奖数量居央企首位，占比达二分之一。

企业文化建设。坚持党内政治文化引领，建设完善与公司战略相适应的优秀企业文化，深化文化铸魂、文化赋能、文化融入，提升公司文化软实力。开展企业文化宣贯传播与落地实践。举办2021年思想文化线上培训班，实现二级单位全覆盖，各单位累计培训员工121万人次。深化企业文化建设三级项目管控。实施示范项目5个、重点项目90个、储备项目169个，激发各层级创新活力。国家电网公司系统共30个项目获评2020—2021年全国企业文化优秀成果，其中特等奖1个、一等奖17个、二等奖12个，占表彰数量的10%；15个项目荣获电力行业企业文化建设优秀成果。开展2020年度思想文化建设优秀成果、优秀案例评选活动，评选出优秀成果100个、优秀案例100个。

（巫思滨　田雪乔　张　超　姚　嫱）

【国家电网有限公司华北分部】

分部概况　根据《中共国家电网有限公司党组关于进一步加强分部建设的意见》（国家电网党〔2021〕54号），国家电网有限公司华北分部（简称国网华北分部）自2021年6月起不再与总部实行一体化管理，按分公司模式在自身职能职责范围内独立规范运作，承担区域内骨干电网发展规划、调控运行、安全生产、分部输变电资产管理等方面主体职责。负责协调服务省公司和地方政府，调动区域内省公司、发电企业、地方政府等各方力量团结治网，在区域电网发展建设中实现共建共享和协同发展。负责接受总部业务管理和考核的审计、纪检、交易等机构的挂靠管理。内设办公室（党委办公室）、财务资产部、人力资源部（党委组织部）、党建工作部（党委宣传部）、纪委办公室、工会办公室、发展规划部、安全监察部、生产技术部、调度控制中心等10个部门（党建工作部（党委宣传部）与纪委办公室暂时合署办公）；设电网技术支持中心、后勤管理中心、四惠桥项目部等3个二级机构；设华北审计中心、第一纪律检查中心、北京电力交易中心市场交易二部等3个挂靠机构；设基建项目管理办公室1个临时机构。

按照《国家电网有限公司华北分部关于企业更名及启用相关印章的通知》（华北办〔2021〕83号）文件，2021年6月8日经北京市西城区市场监督管理局核准，分部企业性质由全民所有制分支机构变更为有限责任公司分公司，企业名称由国家电网公司华北分部变更为国家电网有限公司华北分部。

领导班子

国家电网有限公司副总工程师兼国网华北分部主任、党委副书记：王风雷

党委书记、副主任：刘宏新（2021年4月任职）

副主任、党委成员、纪委书记、工会主席：徐钦田

副主任、党委成员，兼国家电网有限公司国家电力调度控制中心副主任：李丹

副主任、党委成员，兼国家电网有限公司华北审计中心主任：邓顺平

副主任、党委成员：牛晓民（2021年11月任职）

副主任、党委成员：李庆海民（2021年12月任职）

一级顾问：余卫国

三级顾问：赵玉柱（2021年4月任二线职务）

三级顾问：马曙光（2021年8月任二线职务）

电网概况　华北电网主网架格局为1000kV交流“两纵＋品字形环网”、特高压直流“两送两受”网架、500kV“八横三纵”；华北电网区外联络为“一交六直”格局，分别通过交流特高压1000kV长南Ⅰ线与华中电网联络，通过高岭站背靠背直流、鲁固直流与东北电网联络，通过银东直流、昭沂直流与西北电网联络，通过雁淮直流、锡泰直流与华东电网联络。1000kV交流“两纵＋品字形环网”和500kV“八横三纵”通道，主要承担华北电网西电东送、北电南送任务。山西电网、蒙西电网分别经四个通道（9条500kV线路）和两个通道（4条500kV线路）向东部输送电力。京津唐和河北南网承担着电力枢纽核心作用，潮流特征为多方向、多通道、多落点。山东电网通过五个通道（6条1000kV线路、4条500kV线路），接受京津唐和河北南网转移电力。截至2021年底，华北电网装机容量51513万kW，1000kV变电站18座，变压器34台，容量102000MVA；500kV变电站204座，变压器456

台，容量 413123MVA；1000kV 输电线路 47 条共 9073km；500kV 输电线路 665 条共 49060km。京津唐电网装机容量 11672 万 kW，500kV 变电站 50 座，变压器 119 台，容量 122305MVA；500kV 输电线路 145 条共 9416km。华北电网风电装机容量 9579 万 kW，同比增长 9.1%，最大风电电力 5774 万 kW，全年风电电量 2065 亿 kWh；京津唐电网风电装机容量 3062 万 kW，同比增长 15.5%，最大风电电力 1616 万 kW，全年风电电量 578 亿 kWh。华北电网光伏装机容量 8941 万 kW，同比增长 34.6%，最大光伏电力 5269 万 kW，全年光伏电量 904 亿 kWh；京津唐电网光伏装机容量 1306 万 kW，同比增长 19.4%，最大光伏电力 769 万 kW，全年光伏电量 129 亿 kWh。

安全生产 贯彻国家电网公司安全生产会议和工作要求，宣贯学习习总书记安全生产重要论述、新《中华人民共和国安全生产法》和《中华人民共和国刑法修正案（十一）》，组织观看学习《生命重于泰山》电视专题片。根据国网华北分部机构改革调整完成 11 个部门（中心）、3 家二级单位全员安全责任清单修订工作；开展区域新版《事故调规》宣贯培训，开展安全生产、电力保供电自查自纠工作，督促和引导各部门、单位抓牢抓实安全生产、电力保供各项措施，切实保障今冬明春电力可靠有序供应。

全年完成输变电设备检修 720 项、基建启动调试 52 项。针对双高电力系统带来的挑战，组织区域内相关单位深化电磁暂态仿真分析应用，开展直流、柔直和新能源运行特性的精细化分析，保障“双高”电网安全稳定运行。初步建成华北新型电力系统全息智能管控平台，融合拓扑电网的在线监视和分析信息、物理电网的设备运行状态以及气象环境信息，初步实现对电网调度控制的智能预警、告警及决策支持。推广继电保护“优质化验收”+“精益化检验”，加强对华北电网基改建工程中继电保护及安全自动装置验收和检验工作的技术监督。完成华北分部出楼第三路由光缆的建设，提升通信系统运行可靠性。

印发保电工作方案和保电应急值班通知，建立保电工作机制，全面强化应急指挥中心 24h 值班值守和信息报送工作，完成庆祝建党 100 周年活动、全国两会和冬奥测试赛等各项供电保障任务，荣获国家电网公司庆祝建党 100 周年活动保电突出贡献单位称号；牵头组织成立华北电网应对极寒天气保障冬奥供电应急演练筹备组和工作专班，协调国网北京、冀北电力设计演练场景，明确 7 项演练科目开展 3 次联合预演，举办华北电网应对极寒天气保障冬奥供电应急演练；对照“1+26”应急预案体系，完成新一轮“1+9”应急预案修订；建立京津冀一体化应急体系，编制京津冀电力应急救援协调联动预案，促进国网北京、天津、河北、冀北电力签订京津冀电力应急救援协调联动合作协议；组织开展北京冬奥会供电保障专项隐患排查整治，组建专家组完成对北京、张家口保电场馆、站线、重要客户进行专项督查。

推进安全生产专项整治三年行动，统筹结合各类专项活动，完成区域内 6 家省（直辖市）公司和 1 家直属单位山东电工电气的专家督查工作；开展“安全生产月”活动，动员各部门（中心）参与全国安全知识竞赛和应急普法知识网上竞赛答题，邀请北京市消防救援总队、调控中心专家，讲授“消防安全”“大电网安全稳定”专题，提高全员安全意识。

协助总部开展区域内各项安全督查和跨区域互查，开展“四不两直”安全督察，对区域内 6 家省（直辖市）公司和 4 家抽水蓄能电站工程累计开展 20 次督察，发现 108 个方面 182 条问题，下发 16 份安委办整改通知单；组织召开 2021 上半年华北区域“四不两直”安全督察工作总结分析会，总结分析报告作为典型经验推广学习；加强区域内安全事件调查分析统计，落实新版《事故调规》要求，组织完成河北“7·2”“7·5”、山东“6·25”五级安全事件整改评估。

强化电网运行风险预警管控，落实涉奥设备特殊检修要求，对调控中心生产控制大区开展违规外联专项隐患排查整治，组织开展 2021 年电网、设备安全风险评估，推进北京海昌分区停电、昌平站断路器短路电流超标等重点隐患治理，完成昌平站 500kV 昌海线、南昌一线倒间隔工程和昌平站 500kV 配电装置改造工程，消除海昌分区三级电网事件风险和断路器短路电流超标隐患；围绕北京冬奥会、全国“两会”等重大活动和元旦、春节等重要节点，明确 6 项重点任务及工作要求，压紧压实消防安全责任，防范火灾事故发生。

加强电力监控系统网络安全管理，夯实网络安全值班队伍建设，强化内部行为管控，完善网络安全管理平台，坚持月度运行例会制度。加强信息系统网络安全管理，建设分部全场景安全态势感知平台，与互联网大区边界防火墙联动，实现针对攻击事件事前主动防御、事中快速封禁、事后追踪溯源。

电网调度 成功应对年初寒潮、迎峰度夏大负荷考验，全力确保了华北电网和首都北京电力可靠供应万无一失，完成建党 100 周年、党的十九届六中全会等 15 项重大供电保障任务，荣获保电突出贡献单位称号。深入研判下半年电力平衡紧张态势，坚决守住大电网安全和民生用电底线，与国家发展改革委和京津冀政府建立电力平衡预警及日报机制，争取燃料保障政策支持。加强机组并网管理和受阻考核，逐日跟踪分析 742 台华北统调机组受阻、电煤等情况，切实做到“应并尽并、能发尽发”。大规模、高频次、长时间开展电力互济，最大跨区支援 900 万 kW，开展省间电力互援 396 次、支援电量 2.82 亿 kWh。

深化全电磁暂态仿真应用，细化提出电力系统 0.1s 短时过电压耐受能力标准，完成康保、尚义扩建工程投运，特高压锡盟、张家口送出能力分别提高 186%、83%，达到 429 万、365 万 kW。精细化开展仿真计算分析，制定《“西电东送”通道输电能力提升方案》，通过优化机组运行方式，送电能力从总开机容量的 79%提升至 84%，最大提升 54 万 kW。建立国内首个调峰容量市场机制，促进 44 台 2110 万 kW 火电机组开展深调改造，提升调峰能力 366 万 kW，在电网调峰困难时期多次发挥重要作用。华北电力调峰辅助市场全年不间断运行，721 台 2.67 亿 kW 火电机组积极参与，促进新能源消纳 34.18 亿 kWh，提高新能源利用率 1.7 个百分点。源网荷储协同互动持续深化，华北电网接入负荷侧终端超过 11 万个，规模突破 1100 万 kW，促进新能源消纳 2.1 亿 kWh。

细化编制冬奥保电方案和调度工作方案，逐级压紧压实保电责任。完成张北柔性直流大负荷、稳控等 6 大类 36 项调试试验，确保按期归调。完成送电能力分析和安控策略优化，张北柔性直流具备 360 万 kW 以上送电能力。完成丰宁抽水蓄能电站双机投产。开展北京和张家口重要厂站、重点设备保电安全督查，组织完成千余项涉奥设备停电消缺和 10 项特高压隐患治理。

规划计划 编制《国网华北分部“一体四翼”实施方案》，落实“一体四翼”发展布局及“1+2+7”华北“十四五”发展规划报告。

开展标准化建设，推动新能源基地开发前期管理规范化、制度化，助力新型电力系统建设。组织相关政府主管部门和企业召开鄂尔多斯风电光伏外送项目消纳研讨会，推动各方统一认识。

开展华北电网跨省跨区输变电工程空间布局研究，组织设计单位提前开展大同—怀来—天津北—天津南、张北—胜利特高压及雄安—新航城 500kV 线路工程选址选线工作。开展酸刺沟二期送出工程项目前期劳动竞赛，被授予国家电网公司“新基建”先进集体荣誉称号。

在工作实践形成的“电网企业主导的火电机组灵活性改造全维度管理”项目，获得第二十八届全国企业管理现代化创新成果二等奖。

完成锡泰直流京津唐送江苏电量 10 亿 kWh。2021 年特高压配套火电发电量完成 750 亿 kWh，锡盟风电 126 亿 kWh，有效降低购电成本，提高通道利用效率，促进资源优化配置。

电力交易 8 月，国家电网公司在国网华北分部设置北京电力交易中心市场交易二部，由国网华北分部负责开展华北省间、京津唐电网相关的交易组织、交易合同、交易结算、统计分析、信息发布、合规管理、市场服务等工作，并配合做好电力市场研究、编制省间交易规则、落实跨区省间交易、指导区域内省内市场建设和交易运营。职责移交后，累计组织市场化大用户直接交易、电网代理购电交易、合同转让交易、合同调整交易、跨区跨省电力直接交易、绿电交易等各类交易 52 次，其中，推动开展各类跨区跨省交易 24.5 亿 kWh。促成冀北新能源低谷送山东交易，帮助疏导张雄特高压配套新能源接入工程成本。

紧密跟踪运行需要，及时开展交易，缓解供需紧张形势。通过长南荆通道与昭沂通道增购 10 月内四川富余水电，分别成交电量 4.76 亿、1.97 亿 kWh，对应最大电力合计 207 万 kW。11 月开始，灵活制定锡泰直流月度交易计划，保持锡泰直流最低送电功率在 300 万 kW 以上，提升锡泰直流通道利用率和锡盟地区新能源消纳空间。推动跨区跨省交易，提升整体效益。推动开展锡泰直流华北送江苏、四川送华北水电合同转让、冀北新能源送山东等各类跨区跨省交易共计 24.5 亿 kWh。帮助国网冀北电力疏导张雄特高压配套新能源接入工程成本。开展冀北风电送山东交易，交易电量 3000 万 kWh，实现冀北低谷风电外送交易足额收取送出省输电费。组织换签交易，服务发电企业缓解经营困难需求。针对 11～12 月发电企业大量换签年度交易分月合同，完成换签合同结算工作，帮助发电企业缓解经营困难局面。

分部管理 落实国家电网公司和国网华北分部“三重一大”决策制度，制定印发党委会前置研究讨论重大经营管理事项清单，全年召开党委会 33 次、决策议题 119 项。严格落实值班值守工作要求，重大事项汇报及时，充分发挥平台枢纽作用。印发法治宣传教育“八五”规划，制定合规管理深化年行动方案，明确 19 项重点任务。强化重大合同事前审查。开展业务制度化管理，牵头梳理 621 项业务并匹配对应制度。

编制《专家人才管理实施细则》《青年人才托举工程实施方案》，打造专家人才发展新通道，组建柔性工作团队，优化激励机制，激发职工活力动力。

推进 2020 划转资产的账卡物清查工作，完成 6 个站 66 条线的实物盘点工作。建立健全分部融资模式，控制融资成本。

完成国网北京电力等区域内 5 家单位后续审计，开展区域内省（市）公司重大工程项目、存量资产负债、降价清费等 7 个主题的数字化持续审计，履行区域监事职责，推动区域监事工作深入开展。聚焦“人才兴审”，新增国家电网公司级审计专家 3 人，累计国家电网公司级审计专家达到 8 人次，注册会计师 1 人，国际注册内审师 2 人，为履行审计“三项职责”提供有力支持。

发挥工会组织桥梁纽带作用，与北京电力医院沟通协调，组织各部门（中心）、后勤管理中心、四惠桥项目部共计 1342 人次进行核酸检测筛查工作。发挥职代会、民主议事会、合理化建议征集、职工诉求服务中心、厂务公开满意度测评等民主议事平台作用，收到职工提案和合理化建议等 33 件，召开民主议事会 11 次。完成国家电网公司第八届供电“服务之星”劳动竞赛华北区域综合业务知识考试承办工作任务，联合发展规划部举办“奋战新征程 建功新基建”劳动竞赛，制定《国家电网有限公司华北分部电力工匠塑造工程实施细则》。举办“华北区域劳模工匠巡讲活动”和华北区域“送文化到基层”慰问、职工乒乓球比赛、广播体操比赛、“庆新春、猜灯谜、学精神”元宵佳节主题猜谜、“日常急救知识培训”和“中国传统绘画赏析”专题讲座等，为促进职工文化交流和综合素质提升创造良好环境。常态化组织开展迎峰度夏、法定节日职工慰问，坚持“三必贺、三必访”服务理念，第一时间为生育、新婚、患病、退休离岗等职工送去工会组织的关怀和温暖。探索、搭建联系、服务老同志新平台、渠道和方式，持续做好离退休老同志关爱慰问工作，获得了老同志的认可和肯定。

科技管理 华北电网源网荷储协同调控示范工程作为全国范围 4 个项目之一，入选国家能源互联网发展年度报告“能源互联网建设及发展现状”特色项目。“提高复杂电网输电通道继电保护装备灵敏性和适应性的关键技术”项目荣获北京市科技进步一等奖；“燃煤机组深度调峰性能评估及优化关键技术与应用”等 3 个项目获得 2021 年中国电力科技进步二等奖和三等奖。“面向能源互联网的虚拟电厂聚合调控与智慧运营关键技术及应用” 项目获得国家电网公司 2021 年度科技进步一等奖；“大电网中长期调度运行的安全校核与优化评估决策关键技术及应用”等 3 个项目获得国家电网公司 2021 年度科技进步奖二等奖和三等奖。

牵头修编的《调度自动化系统运维堡垒机技术规范》等 3 个国网企标已列入国网科技部下达的 2021 年第一批项目清单。

源网荷储科技创新项目保持全国领先，主体、规模、调节能力分别增加 3、4、7 倍，首次引入负荷侧资源参与调峰市场报量报价机制，国家工业和信息化部公示了国家物联网关键技术与平台创新类、集成创新与融合应用类示范项目，“电力系统源网荷储协同互动调度控制示范应用”项目成功入选。

党群工作 严格落实党委会议“第一议题”制度，创新开设党支部“第一课堂”，组织全体党员深入学习贯彻习近平总书记系列重要讲话和指示批示精神，领悟“两个确立”，做到“两个维护”。制定印发分部党委前置研究讨论重大经营管理事项清单，切实发挥把方向、管大局、促落实的领导作用。深入开展“学史力行展党员风采，百年庆典保电网安全”主题实践活动，完成全国两会、建党百年庆典、冬奥测试赛等重大政治保电任务。

组织中心组学习 14 次，举办 2 期专题读书班，示范带动全体党员深入学习习近平总书记重要讲话和党的十九届六中全会精神。召开庆祝“七一”座谈会，举办“百年百题”党史知识竞赛，全体党员参加“云课堂”线上学习，营造共庆百年华诞的热烈氛围。开展“我为群众办实事、我是党员我先行”主题实践活动，29 项分部举措、92 项部门举措、340 项党员承诺逐项落地。

履行全面从严治党主体责任，推动落实党风廉政建设 20 项重点任务和 25 项保障措施，各级党风廉政建设约谈全面覆盖。开展巡视共性问题自查自纠和“靠企吃企”专项整治，整改措施全部完成，持之以恒治四风、树新风。组织“青年干部廉洁从业大家谈”，教育引导广大党员干部践行“堂堂正正做人，踏踏实实做事”廉洁理念。

主要事件

1 月 5 日 9:00，国家电网公司发布 2021 年第 1 号预警通知——寒潮、雨雪冰冻蓝色预警通知。为应对寒潮，保安全、保供应、保民生、保服务，国网华北分部超前谋划、积极应对，落实国家电网公司党组各项工作部署，充分发挥大电网的资源优化配置作用和区域间统筹协调作用。

1 月 6、7 日，华北电网负荷分别达到 27355 万、27522 万 kW，历史上首次突破 2.7 亿 kW，最高负荷较 2020 年同期同比增长 18.1%。京津唐电网负荷 4 次创历史新高，1 月 6、7 日分别达到 7096 万、7111 万 kW，首次突破 7000 万 kW，最高负荷同比增长 16.1%。度冬期间，北京、天津、冀北、河北、山西、山东、蒙西最大负荷分别达到 2459 万、1616 万、3036 万、4033 万、3871 万、8862 万、3890 万 kW，较 2020 年同期同比增长 5%～22%。其中北京负荷继 2018 年度夏后首次创历史新高，天津、冀北、河北、山西、蒙西负荷连续多次创新高。

1 月 28 日，京津冀地区 7～8 级阵风，局地瞬时风力达 11 级。当天 1:34，京津唐电网风电最高发电电力达 1177 万 kW。1 月 28 日凌晨，京津唐电网最低用电负荷 4511 万 kW，当时风电出力 1143 万 kW，占用电负荷的 25.3%，电网调峰压力较大。1 月 28 日白天，大风情况下风寒效应明显，京津唐电网负荷保持高位运行，最高用电负荷达 5835 万 kW。

4 月 15 日，锡盟特高压新能源送出系统人工接地短路试验顺利完成，本次人工接地故障试验旨在校验全电磁暂态仿真结果的准确性，为开展锡盟特高压新能源送出系统暂态过电压机理分析和送电能力提升措施研究提供实例基础，促进内蒙古锡林郭勒盟大规模新能源开发外送。

5月6日11:19，华北电网新能源最大发电出力创新高，达9600万kW，占网内当时发电出力的47.5%。5月6日，华北电网新能源日发、用电量也创新高，分别达到15.46亿、16.08亿kWh（接收网外新能源电量0.62亿kWh）。

5月12日，国网华北分部召开干部任免宣布大会，宣布国家电网有限公司党组关于国网华北分部主要领导职务调整的决定。国家电网有限公司董事、党组副书记韩君出席会议并讲话。国家电网有限公司副总工程师，国网华北分部主任王风雷主持会议。国家电网公司党组组织部副主任宋岱宣读了任职文件：刘宏新任国家电网有限公司华北分部党委书记、副主任；赵玉柱任国家电网有限公司华北分部三级顾问。

6月9日，山西电网500kV神忻双回线改接至500kV神头开闭站工程启动调试完毕，500kV苗忻双回线正式投运，山西北部外送安控系统同时投运，为华北电网庆祝建党100周年保电及迎峰度夏保电奠定了坚实基础。

6月上旬，国网华北分部大力推进电磁暂态建模和仿真分析工作，将特高压锡盟、张北—雄安新能源送出能力分别提高至370万、290万kW，较原能力增加220万、90万kW。运行两个月以来锡盟、张北新能源最大出力分别达到315万、286万kW，较之前增加110%、43%。

7月1日8:00，庆祝中国共产党成立100周年大会在天安门广场隆重举行，期间华北电网最大负荷19149万kW，京津唐电网最大负荷4385万kW，北京电网最大负荷1540万kW。

7月以来，全国多地持续高温，用电负荷大幅增长。国网华北分部坚持“全国一盘棋”的总体思路，采取多项措施组织电力资源，7月13日通过跨区特高压交直流电网增供西北、华东、华中地区电力900万kW，支撑全网电力平衡。

截至7月31日，华北电网新能源装机达15763万kW，同比增长31.5%，占总装机容量的三分之一。1～7月，华北电网新能源累计发电量达到1763亿kWh，同比增长51.3%，累计发电量占发购电量比例为17.3%，其中5月6日，新能源最大电力达9822万kW（考虑跨区净受入），为同时刻电网负荷的48%。

8月19日后夜，京津唐电网负荷低谷期间新能源出力达到1023万kW，国网华北分部组织已完成20%深度调峰改造的10台总容量550万kW火电机组投入实战，将其中1台机组降至额定出力15%运行，9台机组降至额定出力20%运行，实现深度调峰总量170万kW，增发新能源电力170万kW，有效缓解了电网低谷调峰压力，避免了新能源调峰弃电。

8月27日8:58，华北电力调控分中心值班调度员通知河北电力调控中心值班调度员：500kV安元Ⅱ线及500kV元氏变电站1号母线停电授权操作完毕。华北电网就此成功完成首次500kV设备调度授权操作。

首都文明委授予国网华北分部“首都文明单位标兵”荣誉称号，授予国网华北分部后勤管理中心“首都文明单位”荣誉称号。

9月20日，国网华北分部参与的“提高复杂电网输电通道继电保护装备灵敏性和适应性的关键技术”项目荣获2020年度北京市科技进步一等奖。

10月16日，北京市委常委、常务副市长、市政府党组副书记崔述强一行到访国网华北分部，调研京津唐电网电力保供情况。北京市政府副秘书长韩耕、北京市城管委主任邹劲松等陪同调研。

10月5日～12月31日，北京、延庆、河北张家口三个冬奥赛区将举行15项测试比赛和训练活动，其中10月在北京、延庆赛区举办8项。国网华北分部优先安排23项500kV涉奥设备停电检查消缺，加强张北柔直、特高压张北—雄安等冬奥重点工程调度运行管理，有序推进丰宁抽蓄电站启动调试。配合开展国网北京电力延庆地调备调检查，完成北京220kV新首钢、110kV群明等冬奥场馆特级直供变电站保电安全检查。

10月15日，国家能源局华北监管局正式发布《华北电力调峰容量市场运营规则（暂行）》，此举标志着国内首个容量市场机制已正式在京津唐电网启动和开始试运行。国网华北分部作为市场运营机构立即组织相关发电企业宣讲市场规则，解读市场运行原理和市场申报方法。10月21日，根据市场规则发布华北电力调峰容量市场交易公告，10月22～27日组织市场主体正式开展市场申报，并在11月1日前完成首次市场出清、11月开始市场结算。

11月6～7日，华北地区迎来初雪，华北电网负荷大幅攀升，华北电网最大负荷达到22010万kW，京津唐负荷达到5356万kW。国网华北分部引导火电机组开展20%深度调峰，提升寒潮大风天气新能源消纳水平。

12月24日，国网华北分部调度控制中心组织进行了2022年北京冬奥会保电调度系统联合反事故演习，演习采用线上视频会议及演习调度电话方式开展。国调中心参加演习并给予指导，北京市调、冀北调度、张北柔直换流站、延庆地调、张家口地调以及有关新能源电站等21家单位参加了联合演习。演习模拟了华北电网跨区互联通道、涉奥地区局部电网等发生严重故障，重点考察了电力平衡、新能源消纳、重要枢纽站、重要输电通道、重要客户供电可靠性共 5 项关键保障内容。

11 月 25 日，华北电网应对极寒天气保障冬奥供电应急演练举办，国家电网公司副总经理、党组成员陈国平参加演练并讲话。演练分为监测预警、应急响应、响应结束、现场评估四个阶段，模拟设置极寒天气下华北电网及冬奥场馆七个用电故障场景。

12 月 28 日，世界装机容量最大的抽水蓄能电站——永利抽水蓄能电站首批 1、10 号机组 15 天考核试运行结束，在年底前转入商运，为冬奥会保电奠定坚实基础。电站装机容量 360 万 kW，机组全部投运后，每年可消纳过剩电能约 87 亿 kWh，年发电量约 66 亿 kWh，可满足 260 万户家庭一年的用电，年节约标准煤 48 万 t，可减少碳排放 120 万 t，相当于造林 24 万余亩。

（李　斌　赵　蓓）

【国家电网有限公司华东分部】

分部概况　国家电网有限公司华东分部（简称国网华东分部）于 2011 年 4 月由国家电网公司决定设立，是国家电网公司在华东区域的派驻机构，前身可追溯到 1952 年成立的华东电业管理局。承担区域内骨干电网发展规划、调控运行、安全生产、分部输变电资产管理等方面主体责任。负责协调省市电力公司服务地方政府，调动发电企业等各方面力量团结治网，在区域电网发展建设中实现共建共享和协同发展。负责接受总部业务管理和考核的审计、纪检、交易等机构的挂靠管理。

组织机构　国网华东分部内设办公室（党委办公室）、财务资产部、人力资源部（党委组织部）、党建工作部（党委宣传部）、工会办公室、纪委办公室、发展规划部、安全监察部、生产技术部、调度控制中心 10 个部门，设立北京交易中心市场交易三部、华东审计中心、第二纪检中心 3 个挂靠机构，下设电网技术支持中心、后勤管理中心 2 个支撑保障机构和产业指导委员会办公室。

电网概况　华东电网为上海、江苏、浙江、安徽、福建四省一市提供供电服务。区域面积 47.4 万 km^2，占国土面积的 5%，区域人口 2.6 亿，占全国总人口 1/5，经济总量约占全国的 1/3。全网全年最高用电负荷为 33886 万 kW，同比增长 6.23%。全年累计用电量 19268 亿 kWh，同比增长 12.41%。华东电网的实体形态呈现大受端特点。通过 11 回跨区直流连接除东北外的四大区域电网，跨区通道总容量 6976 万 kW。2021 年，年度最大区外来电电力 5489.8 万 kW，全年累计消纳区外电量 2696.8 亿 kWh，同比增长 1.8%。2021 年底，华东电网装机容量 41968.2 万 kW，其中：火电装机容量 26878.2 万 kW，占比 64.04%；水电装机容量 3343.2 万 kW，占比 7.97%；核电装机容量 2557.4 万 kW，占比 6.09%；风电装机容量 3923 万 kW，占比 9.35%；光伏装机容量 3719.5 万 kW，占比 8.86%；储能装机容量 25.4 万 kW，占比 0.06%；其他装机容量 1521.6 万 kW，占比 3.63%。华东电网全社会用电量 19921 亿 kWh，同比增长 12.59%。华东全网累计发电量 17076 亿 kWh，同比增长 14.76%。

2021 年底，华东电网 1000kV 线路 23 条，长度为 3972km；500kV 线路 715 条，长度为 37759km。1000kV 厂站共 12 座，其中变电站 11 座，电厂 1 座，变压器（不含机组升压变）共 22 台，变电容量 66000MVA；500kV 厂站共 274 座，其中，变电站 196 座，开关站 2 座（即西津渡、东明），电厂 76 座，500kV 变压器（不含机组升压变压器）共 483 台，变电容量 453700MVA。

安全生产　国网华东分部学习贯彻习近平安全生产重要论述精神，组织宣贯新《安全生产法》，从严落实安全生产责任制，全面完成年度 52 项安全重点任务。安全管理不断强化，开展“五查五严”和安全生产专项整治，加强专业协同，推进重大隐患整治、保障设备检修改造需要，在国家电网公司系统首次开展特高压交流站安全性评价，推动构建长三角一体化电网应急体系。电网调控管理坚强有力，成功抗击超强台风“烟花”“灿都”，完成中国共产党成立 100 周年、第四届进博会等重大供电保障任务，华东主网连续 49 年保持安全稳定运行。重视网络信息安全，实战式开展网络安全专项督查，启动编制数据安全和保密管理办法。内部安全水平大幅提升，开展调度大楼安全检查，落实整改措施 23 项，全面加强人员进出和车辆管理，妥善做好信访维稳保密工作。疫情防控持续“双零”。

电网调度　打赢电力保供攻坚战。面对近十年最严峻的供需形势，坚决扛起电力保供政治责任，第一时间启动保电应急机制，迅速成立工作专班加强组织领导，建立应急会商、每日简报等工作制度，结合实际推进 10 项重点举措。全力提升供电水平，加强燃料供应监测预警，常态开展机组顶峰能力测试，最大限度挖掘发电潜力。全力守牢民生底线，组织省市公司全面梳理限电序位表，提前发布平衡预警，推动有序用电精准足额执行，确保“限电不限民用”。全力推进协同保供，在国家能源局保供专题座谈会等多个场合，汇报电力供需形势和保供成效，推动落实规划储备电源和需求侧响应措施。

提升调度运行水平。完成新一代调度技术支持系统Ⅰ期试点建设。建成台风、覆冰等气象风险量化预警系统，开发应用防范人因失误技术，提升电网实时运行风险管控能力。建设多系统、多级调度互联互通的“异地同景协同”调度指挥平台，通过融通基础数据挖掘数据价值。实现网络化发令及线路状态令全覆盖。开展火电机组深度调峰工况下涉网性能管控，完成直调火电机组深度调峰工况下 PSS 参数整改。完成通信系统异地备调建设，以及高邮路应急调度场所建设，实现主备调系统并列运行，开展备调应急演练。

规划计划 国网华东分部滚动优化主网架规划，开展华东电网高质量发展评价分析，推进 10 大规划专题研究，500kV 分层分区方案和绍兴中北部电网优化等规划难点问题取得突破性进展。推进重点工程，支撑金塘直流工程获得核准、建苏直流工程顺利实施，按期完成海上风电绿谷柔直换流站启动调试，全力服务黄渡变“换心”工程。有力服务长三角一体化发展，建立皖电环保控煤发电协调平台，支撑“陇电入沪”专项研究，构建长三角一体化电力指标体系，完成示范区电网专项规划，特别是创新实施长龙山抽水蓄能容量动态优化分配。围绕贯彻落实“一体四翼”发展布局，动态修编分部战略落地方案，实施三大专项行动计划，形成 7 项年度典型案例。

服务碳达峰、碳中和 国网华东分部全面对接国家电网公司“两个行动方案”，推进服务“碳达峰、碳中和”42 项重点工作，实施助力构建新型电力系统 55 项任务。加大服务“碳达峰、碳中和”研究力度，评估未来 40 年用电和电源结构趋势，探索华东大受端新型电力系统构建路径。持续提升清洁消纳能力，打造“碳达峰、碳中和”实时监控电子沙盘，推动可控负荷资源池容量增长 37%、新能源出力预测精度提高 15%，有力保障吉泉直流 900 万 kW 大功率安全送电，全年消纳清洁能源同比增长 14%，嘉兴 50 余家红色场馆实现全程绿电。

分部管理 贯彻落实国家电网公司党组决策部署，坚持“聚焦一体、助飞四翼、全要素发力”，迎难而上、担当作为，完成年度各项目标任务，业绩考核、大党建考核名列分部第一，实现了“十四五”良好开局。国网华东分部连续 6 届蝉联上海市文明单位，5 个集体和 24 名员工分别被授予全国五一劳动奖章、上海市三八红旗手和国家电网公司“两优一先”等称号。

推进提质增效“升级版”80 项措施，全面完成各项经营指标，实现利润名列分部前茅。在运特高压直流年利用小时同比提高 109h，6 项工作入选国家电网公司提质增效典型案例。做好第三轮核价准备，打造电网资产电子地图，逐一排查成本核减风险点；构建本地化“标准作业库”，夯实成本基础；通过完善制度，保障技改项目按时按质决算转资。落实电力改革部署，备用辅助服务市场实现常态化试运行，加强电价政策衔接，有效落实电价改革要求。合规管理和风险管控，健全对“一把手”和领导班子监督的机制，修订“三重一大”决策管理办法，上线合规风险库，业务制度化率达到 100%。提升物资采购管理水平。规范做好财务、交易等信息披露。完成国家电网公司总部下达的审计任务，国际审计相关工作得到国资委来信表扬。

加强落实分部建设意见，尽力争取政策和空间，稳妥有序完成机构编制人员优化调整。统筹推进电网规划、调控运行和大数据应用“三大平台”建设，全力支撑总部有效实施专业管理。争取政策支持，全面推动解决结构性缺员和人才断档困难，调度、财务、技术中心紧缺岗位人员得到有效补充。开展人力资源中长期规划，出台青年人才、专家人才管理办法，入选国家电网公司首批安全专家、审计专家人数均位列分部前茅。

科技管理 启动新型电力系统关键技术研究，制订 2022—2025 年新型电力系统关键技术研究及实施方案，融入国网科技创新行动计划，参与 2 项国家电网公司新型电力系统重大科技项目攻关。从仿真能力、特性认知、源网协调、稳定控制、优化控制五个维度入手，开展华东新型电力系统仿真建模、运行控制和协同优化关键技术研究。加快清洁消纳关键技术研究和应用，开展国家电网公司系统首次频率特性和新能源支撑能力验证试验，出台海上风电并网技术规范和服务指南，分布式光伏风险管控实践成为国家电网公司系统典型经验。国内首套在线负荷建模系统在上海全面推广。开展基于 5G 通信和北斗短报文技术的输电线路纵联保护装置动模试验并完成挂网试运行。

“大规模受端电网优化规划与运行支撑关键技术及其应用”等 1 项成果获上海市科学技术奖一等奖；“千万千瓦级海上风电友好并网与消纳关键技术及装备”等 2 项成果获国家电网公司科学技术进步奖一等奖；“含新能源的大电网继电保护一体化整定计算关键技术及应用”等 1 项成果获国家电网公司科学技术进步奖二等奖；“电力监控系统网络安全纵深防御体系及态势感知关键技术”等 1 项成果获国家电网公司科学技术进步奖三等奖。

党群工作 国网华东分部学习贯彻“七一”重要讲话精神和十九届六中全会精神，全面“回头看”全国国企党建会议精神贯彻落实情况。坚持“第一议题”制度，及时跟进学习习近平总书记重要讲话精神。开展党史学习教育，全面落实“我为群众办实事”65 项措施。持续推进“旗帜领航·提质登高”行动，形成“党建+”典型案例 18 个，创新成立如东海上风电并网“功能型党支部”，获评“中央企业先进基层党组织”“上海市党支部建设示范点”等重要荣誉。履行管党治党责任，持之以恒纠“四风”、树新风，全覆盖开展廉洁谈话，加强横向协同与纵向靠前监督，精准使用监督执纪“四种形态”，推进“靠企吃企”等整治，全面开展产业单位等专项整治，确保发现问题整改见底清零。精心落实纪检中心保障要求，全力做好相关支撑服务。深化“书香华东”“健康华东”品牌建设，成功举办首届长三角班组建设论坛、华东电网职工美术书法作品展和第五轮技术技能竞赛等活动。关心关爱职工，开展离退休人员“三策三群五化”服务，优化新进员工临时住房方案，落实智慧后勤建设 7 项措施，实现规范管理和保障服务水平“双提升”。

（朱　文　李　曼）

【国家电网有限公司华中分部】

分部概况　国家电网有限公司华中分部（简称国网华中分部）是国家电网公司在华中区域的派驻机构，作为国家电网公司二级单位，按分公司模式在自身职能职责范围内独立规范运作，承担区域内骨干电网发展规划、调控运行、安全生产、分部输变电资产管理等方面主体责任。负责协调服务区域内省公司和地方政府，调动区域内省公司、发电企业、地方政府等各方力量团结治网，在区域电网发展建设中实现共建共享和协同发展。负责接受总部业务管理和考核的审计、纪检、交易等机构的挂靠管理。

领导班子　截至 2021 年 12 月 31 日，国网华中分部领导班子成员如下：

国家电网公司副总经济师兼国网华中分部主任、党委副书记：陈修言

党委书记、副主任：肖黎春（2021 年 4 月任）

副主任、党委委员：朱教新、晏治喜（2021 年 8 月任）

副主任、党委委员、纪委书记、工会主席：张小牧（2021 年 3 月任）

副主任、党委委员兼审计中心主任：陈虹女，2021 年 11 月任）

副主任、党委委员兼国家电力调度控制中心副主任：周坚

二级顾问：万长江（2021 年 3 月任二线职务）

三级顾问：刁金（2021 年 4 月任二线职务）

组织机构　内设办公室（党委办公室）、财务资产部、人力资源部（党委组织部）、党建工作部（党委宣传部）、工会办公室、纪委办公室等 6 个职能部门，发展规划部、安全监察部、生产技术部、调度控制中心等 4 个业务部门，设立北京电力交易中心市场交易四部、华中审计中心、第三纪检中心 3 个挂靠机构，电网技术支持中心、后勤管理中心 2 个二级机构。

截至 2021 年底，国网华中分部共有长期职工 291 人，其中本部 221 人，分支机构员工 70 人，员工平均年龄 48 岁，本科及以上学历占 86%。

电网概况　华中电网覆盖湖北、河南、湖南和江西等四省，土地面积约 73.16 万 km^2，供电区域常住人口 2.7 亿。区域内发电资源分布和电力流总体呈现“南水北煤、水火互济、西电东送、南北互供”的特点。华中能源禀赋不足，缺煤、少油、乏气，一次能源匮乏。煤、油、气基础储量分别仅占全国的 4.4%、1.9%、0.3%。水电资源相对丰富，但已开发殆尽。风电、光伏基础条件较差，技术可开发量分别仅占全国的 3.9% 和 0.75%。

华中电网处于“联网中枢、安全中坚、资源中继”的重要地位，是国家电网系统跨区通道数量最多的区域电网，通过“13 直 1 交”共 14 条跨区通道，与东北电网之外的其他所有区域电网互联，是全国互联电网的中心和枢纽，是保障西北、华北新能源和川渝清洁能源优化配置的重要平台。跨区受入能力达 3751 万 kW，送出能力达 2186 万 kW。

截至 2021 年底，华中电网调度口径装机容量 289196MW（同比增加 27707MW）。其中，火电占 53.2%；水电占 22.2%；新能源及其他占 24.6%。调度口径发电量 8815 亿 kWh，同比增长 7.05%，其中火电 5625 亿 kWh（占比 63.81%，同比增长 6.50%），水电发电量 2264 亿 kWh（占比 25.68%，同比下降 4.45%），新能源 918 亿 kWh（占比 10.41%，同比增长 61.21%）。华中电网 1000kV 交流输电线路 6 条、长度 1699km；500kV 输电线路 456 条、长度 30555km；220kV 输电线路 3071 条、长度 71270km。1000kV 交流变电站 5 座、变压器 10 台、总容量 30000MVA；±800kV 换流站 4 座（不含特高压豫南换流变电站）；500kV 变电站 138 座、变压器 251 台、总容量 227300MVA；220kV 变电站 1176 座、变压器 2393 台、总容量 355998MVA。

安全管理　始终聚焦大电网安全，加强直属资产运维管理、电网运行风险管控，圆满完成庆祝建党 100 周年等重大保电任务，华中电网连续 39 年安全运行。制定落实全员安全责任清单。闭环管控 17 项电网风险。扎实开展区域安全监督检查，组织电网风险预警管控现场督查 9 次，组织新一轮输电网及城市电网安全性评价，并在国网系统首次开展电网安全风险预警管控远程督查。完成安全生产专项整治“二下二上”阶段工作，整改重大问题隐患 4 项。创新组建基建联合项目部。制定技改大修、迁改、运维考核等管理办法，完成 287 套老旧保护改造。投运直属变电设备三维可视化管控平台，投运华中电网系统保护，建成全电磁仿真平台，首批试点建设新一代主网分析决策中心。华中东西走廊光传输设备改造项目正式立项。深化平安分部建设。修订 1+11 应急预案，组织华中区域应急基干分队空地协同应急培训，针对性开展迎峰度夏（冬）联合反事故演习、核心数据库事故和后勤

消防演习等各类应急演练 33 次。在国家网络安全攻防演习中取得好成绩。

电网调度 面对年初寒潮、夏秋连续高温、电煤短缺、极端天气等重大考验，坚决扛起电网责任，充分发挥电网枢纽和分部平台作用，强化全网统筹、加强政企联动，“一省一策”保供电，发挥大电网优势，协调跨区支援华中最大电力达 780 万 kW，三峡电厂首次冬季分母运行，长南Ⅰ线首次汛期反转送华中，湖南、江西用电紧张时段省间断面满送，成功应对全年全网及四省负荷 13 次创新高等挑战，守牢大电网安全和民生用电“底线”。成功应对河南极端暴雨灾害，稳妥有序处置嵩山站全停避险，举全网之力支援河南抗灾保电，河南交直流通道满送 1481 万 kW。保障了特高压雅湖直流、陕武直流及其他 26 项 500kV 基建工程的顺利投产，1000kV 长沙—南昌特高压交流工程提前至年内投产运行，湖南、江西电网首次实现互联，增加供电能力 350 万 kW。全年通过重点工程投产、深化稳定分析等，累计提升跨区受入能力 1010 万 kW。

源网荷储协同互动取得新突破，《新型市场主体参与华中电力调峰辅助服务市场规则（试行）》正式出台，组织湖南储能电站作为新型市场主体首次以充电方式跨省帮助河南电网调峰，首次实现了市场方式下的源网荷储跨省协同互动。投运智能精益调度系统，实现外部风险实时感知、风险精准预控、跳闸线路辅助处置，支撑电网实时调度运行。建成华中电网全电磁仿真平台，首次开展 110kV 电网实测建模和新能源场站建模分析，提升特性精准认知能力。首批试点建设新一代调度技术支持系统。

电力交易 省间交易电量 1896 亿 kWh，同比增长 17.2%；售电量 1293 亿 kWh，同比增长 17.3%。组织跨区跨省电力支援 457 余次、最大 530 万 kW，全年区内清洁能源发电量 3182 亿 kWh，同比增长 9.1%；消纳区外清洁能源 537 亿 kWh，同比增长 72.4%，助力碳达峰、碳中和成效显著。积极推进特高压直流通道“送端多省打捆、受端多省共享、电网居间统筹”交易新机制和“多通道联合优化”交易策略在跨区交易中广泛应用，穿越华中电网跨区转送交易电量 30 亿 kWh，较 2020 年同期增加 24 亿 kWh，取得显著社会效益和经济效益。华中转送华东和南网电力交易频次和规模创历史新高。

规划计划 组织四省公司专题研讨，谋划国家和国家电网公司碳达峰、碳中和行动方案华中电网落地实施路径，完成华中区域十年电力供需平衡、中长期电力调峰平衡等重大专题研究，制定国网华中分部 2021 年双碳重点工作任务清单和构建新型电力系统行动方案。编制完成华中电网“十三五”发展评估报告。对接国家“十四五”发展规划和重大能源政策，修编华中电网“十四五”规划，完成省级电网规划评审。推动特高压等重点工程取得重要进展，南阳—荆门—长沙、荆门—武汉等特高压工程开工建设，驻马店—武汉特高压工程取得核准。牵头完成金上—湖北特高压直流受端系统方案论证。首次召开华中电网（直调）网源协同发展座谈会，发布煤电布局网侧评价指数，开展区域抽蓄中长期规划布局研究，在构建区域能源电力生态圈上取得积极成效。启动数字化转型顶层设计，“十四五”数字化规划高质量通过总部评审。

分部管理 改革部署落地见效。修订国家电网战略目标国网华中分部落地实施方案，编制推进电网业务发展实施方案。贯彻国家电网公司党组进一步加强分部建设的意见，9 月 8 日起按新模式运作。

经营管理全面提质增效。适应输配电价改革要求，从资产、成本和电量等 7 个方面优化经营策略。优化电网资产管理界面，完成南昌—长沙和渝鄂背靠背工程资产划转，资产规模达到 328 亿元。完成项目转资 8.78 亿元，清查治理逾龄资产 8.8 亿元。开展财务会计信息专项行动。提质增效重心拓展至质量提升、效率提高、效能改善，7 项成果入选国家电网典型案例。

数字化审计创新持续推动。完成总部审计任务，服务国家电网公司重大决策落地落实。综合利用审计中间表数据、业务系统查询数据，拓展外部数据来源，建立完善审计数据库，积极开展全量、跨域审计，持续提升数字化审计能力，编制 11 项数字化审计操作指引，数字化审计核查问题 320 个。2020 年任期经济责任审计发现问题全部整改，委托运维资产和建设项目审计取得成效。

合法依规治企稳步推进。严格执行重大决策合法合规性审核，制定合规风险库。实施“管理无违规”典型指标及考评标准，“管理无违规”考核的针对性、有效性和可操作性不断增强。深化现代智慧供应链建设应用，ECP 平台使用率 100%。保密监测违规事项同比减少 80.7%。

考核评价体系和队伍结构不断优化。健全完善干部考核评价体系和“352”月度绩效考核，加大考核结果与薪酬分配的挂钩力度，出台新的岗位绩效工资制度，薪酬分配向绩优人员、关键岗位倾斜。优化干部队伍结构，处级干部平均年龄下降 1 周岁，科级干部平均年龄下降 2 周岁，“90 后”科级干部实现“零”突破，干部专业结构、年龄结构得到进一步优化。创办“分部讲堂”，制定产业工人队伍建设方案、专家人才管理细则，评选电力工匠、青年人才 6 名。

科技管理 2021 年国网华中分部研究开发项目 50 项总经费 2345 万元，其中：结转科研项目 13 项，经费606万元，新开科研项目15项，经费668万元，技术服务项目20项，经费1071万元。在大电网安全分析与规划技术、电网安全控制与保护技术、输变电设备运行及管理技术、常规电源网源协调技术、电网发展与管理决策支持技术、电力系统自动化技术、电力市场运营技术、电力信息技术、电网环保与节能技术等领域，开展了多项研究。

科技工作取得丰硕成果，共获得省部级及行业级科技进步奖12项、国际发明奖1项。新申请专利22项，获授权专利21项。主持研究的“提升清洁能源承载能力的源网荷主动支撑关键技术及应用”成果荣获湖北省科学技术进步二等奖；主持研究的“交直流混联大区电网频率及联络线精益控制技术及应用”成果荣获国家电网公司科技进步奖三等奖。参与完成的多项成果分别荣获北京市科技进步一等奖、重庆市科技进步奖三等奖、国家电网公司技术标准创新贡献一等奖、国家电网公司科技进步奖两个二等奖、一个三等奖、长江科学技术奖特等奖等，参与完成的“基于深度学习的电力系统暂态稳定智能评估”获第48届日内瓦国际发明金奖。主持完成的“应对渝鄂大容量柔性直流的交直流控制保护技术优化及应用”成果获能源化学工会和中国电力企业联合会职工技术创新一等奖和二等奖、主持完成的“削峰填谷，助力碳达峰、碳中和——火电厂用电优化调控创新实践”成果获能源化学工会职工技术创新二等奖。

党群工作 坚持把政治建设摆在首位，严格落实“第一议题”制度，召开党委会25次，中心组学习研讨16次。深入学习贯彻习近平总书记“七一”重要讲话和党的十九届六中全会精神，深刻领会“两个确立”的决定性意义，“四个意识”更加牢固、“四个自信”更加坚定、“两个维护”更加自觉。

坚持学党史、悟思想、办实事、开新局，高起点谋划、高标准推进党史学习教育。举办党委中心组读书班，开展“党课开讲啦”活动，领导班子深入分管领域讲党课带头讲党课。基层党组织书记、先进典型为支部党员讲专题党课16人次。组织开展专题辅导，运用红色资源现场教学，广大党员干部受到了深刻的政治教育和精神洗礼。

党建价值创造力不断彰显。统筹实施“八大行动”，推动“我为群众办实事”34项任务落地见效。深入实施“旗帜领航·提质登高”行动，全面完成“基层党建创新拓展年”重点任务。按照项目化方式实施“党旗引领·创新突破”专项行动，推动“党建+”工程向8个专业拓展。推进党员和党员身边“安全无违章、管理无违规、廉洁无违纪”活动，开展国企党建会议精神落实情况“回头看。”开展国企党建会议精神落实情况“回头看”。围绕保供电等六个方面强化政治监督，加强对“一把手”和领导班子监督，全覆盖开展廉政约谈，夯实重点领域廉洁风险防控措施37项。创新实施乡村振兴社会实践活动。与华电湖北公司、地方税务部门等系统内外27个党组织开展“联学联创”，有力彰显国家电网形象。

开展系列职工文化活动，激发员工爱国兴企热情。举办庆祝建党100周年职工文化系列活动、电力百年奋斗主题展览，开展特高压工程建设劳动竞赛、审计专业技能竞赛，提升一线职工的技能水平和创新能力。落实离退休老同志“双服务、双关爱”要求。组织开展华中电力系统在鄂单位秋季田径运动会、羽毛球比赛等活动。

国网华中分部荣获国家电网公司“庆祝建党100周年活动保电先进单位”“抗洪抢险保供电先进单位”称号。国网华中分部扶贫工作队获评“国家电网公司服务脱贫攻坚先进集体”。国网华中分部团委获评“国家电网公司五四红旗团委”。国网华中分部本部团支部获评“中央企业五四红旗团支部”。财务部党支部荣获国家电网公司“电网先锋党支部”称号。国网华中分部1人荣获“中央企业优秀党务工作者”称号，1人被授予“湖北省五一劳动奖章”。

主要事件

1月11日，华中电网调度口径新能源发电出力2333.85万kW，创历史新高，占该时刻华中全网负荷的17.46%，同比增长7.96%。新能源日发电量3.4亿kWh，创历史新高，占当日用电量的11.2%，同比增长10.96%。

3月25日，国家电网公司董事长、党组书记辛保安一行到国网华中分部调研，要求加强分部功能建设、队伍建设、电网建设，为大电网安全稳定运行提供保障。

5月13日，国网华中分部召开干部任免宣布大会，肖黎春任国网华中分部党委书记、副主任。

5月31日，国网华中分部率先建成区域电磁暂态仿真计算平台，具备大规模应用电磁仿真技术开展华中区域交直流电网特性分析的能力，国家电网公司系统内首家实现与国家电网仿真中心超算平台的资源共享和协同互济。

6月10日，国网华中分部在湖南思源岭风电场完成场站涉网性能提升、试验验证及实测建模等工作，在全国范围内首次实现风电场的快速调压功能。

6月26日23:30，雅湖直流成功进入商业运营阶段，标志着华中电网和江西电网再添清洁能源大动脉。

7月14日21:23，华中电网调度口径用电负荷达到16856万kW，继7月13日后再次刷新历史纪录，同比增长8.94%。

7月20～22日，受河南特大暴雨灾害影响，500kV

嵩山站遭遇险情。国网华中分部稳妥有序处置嵩山站全停避险，全力支援“7·20”河南特大暴雨抢险救灾。

7月28日，国网华中分部精准扶贫驻点村由湖北省罗田县古楼冲村转至房县城关镇三海村，选派第一书记和工作队进村驻点，实现国网华中分部精准扶贫与乡村振兴工作有效衔接。

9月7日，国网华中分部根据《国家电网有限公司党组关于进一步加强分部建设的意见》（国家电网党〔2021〕54号），历时三个月，完成分部改革机构及人员调整，开始按照新的管理模式进行运作，分部发展进入新阶段。

9月28日，国网华中分部组织召开团结治网保供电座谈会，建立华中电网“152”安全保供机制，协调各方团结治网。华中电网连续39年安全运行。

12月21日，陕武直流双极高端168h试运行结束。

12月26日，南昌—长沙1000kV特高压交流工程正式投产，湖南、江西电网首次实现直接互联，增加供电能力350万kW。

12月28日，南昌—长沙和渝鄂背靠背工程资产划转至国网华中分部，国网华中分部资产规模达到328亿元。

12月30日，华中区域首次开展源网荷储跨省协同互动市场化调电。

（王　惠）

【国家电网有限公司东北分部】

分部概况　国家电网有限公司东北分部（简称国网东北分部）于2011年4月在原东北电网有限公司基础上成立，是国家电网公司在东北区域的派驻机构，承担区域内骨干电网发展规划、调控运行、安全生产、分部输变电资产管理等方面主体责任。负责协调服务省电力公司和地方政府，调动区域内省电力公司、发电企业、地方政府等各方力量团结治网，在区域电网发展建设中实现共建共享和协同发展。负责接受总部业务管理和考核的审计、纪检、交易等机构的挂靠管理。

组织机构　本部设部门机构共15个，其中职能部门7个，分别为办公室（党委办公室）、财务资产部、人力资源部（党委组织部）、党建工作部（党委宣传部）、工会办公室、纪委办公室和中朝水力发电公司理事会中方业务局；业务部门5个，分别为发展规划部、安全监察部、生产技术部、调度控制中心和水电管理部（绿源水力发电公司）；挂靠机构3个，分别为东北审计中心、第四纪律检查中心和北京电力交易中心市场交易五部。分部下设分支机构电网技术支持中心、后勤管理中心，直管中朝鸭绿江界河上的云峰、太平湾两个水电厂，以及检修公司、望江楼水电站工程建设局。

电网概况　东北电网覆盖辽宁、吉林、黑龙江及内蒙古东部三省一区，是国家电网公司六大区域电网之一，供电面积128万km^2，人口1.22亿。东北电网目前通过高岭背靠背直流及特高压鲁固直流与华北电网联网。在黑龙江北部通过黑河背靠背直流与俄罗斯远东电网联网。在辽宁东部与朝鲜共享鸭绿江水利资源。东北电网以500kV为主干网架覆盖主要大中城市群的负荷中心，并与区域内的煤电、风电和水电能源基地相连，形成北电南送和向扎鲁特汇集电力的主通道。区域内部北起内蒙古呼伦贝尔、南至辽宁鞍山的伊穆直流与500kV交流电网形成交直流混联结构。鲁固直流及其配套500kV工程建成投运后，全网整体电力流格局发生较大变化，形成了辽、吉、黑、蒙东4个省（区）向扎鲁特换流站汇集电力的输电格局，500kV主网潮流汇集能力满足鲁固直流送电需求。

截至12月31日，东北电网总装机容量1.73亿kW。其中，火电装机占59%（其中供热机组装机占79%），风电、光伏、水电、核电等清洁能源装机占41%。发电电力极值8202万kW。东北电网拥有500kV线路254条，长度25539km；220kV线路2316条，长度65664km；500kV变电站82座，变电容量129000MVA；500kV发电厂升压站29座；直流换流站5座；220kV变电站709座，变电容量184000MVA。东北电网发电量5636.42亿kWh，同比增长3.88%。其中：水电发电量225.64亿kWh，同比增长16.57%；火电发电量3985亿kWh，同比降低0.12%；核电发电量400.07亿kWh，同比增长22.34%；风电发电量815.47亿kWh，同比增长12.05%；光伏发电量210.23亿kWh，同比增长12.02%。东北电网与外区交易净送出电量401.22亿kWh，同比下降14.84%，外购电量（东北受俄）34.61亿kWh。

安全生产　学习领会习近平关于安全生产的重要指示精神，全面贯彻落实国家电网公司2021年安全生产工作意见要求，以安全管理策划方案为导向，坚持底线思维、红线意识，高质量实现了分部六届二次职代会确立的“八个不发生”安全生产目标。

统筹推进安全生产专项整治“二下二上”工作，排查问题、隐患、风险28项，已完成整改21项，整改率91.3%（不含5项长期风险管控），对未整改的制订了防控措施，确保各类风险隐患可控、能控、在控；编制印发《国家电网公司东北分部安全生产委员会工作规则》，完善安委会工作制度，发挥安委会职能。组织开展新《安全生产法》宣贯工作，各级领导班子组织专题学习，安委会成员组织部门培训学习34次，班组召开专题安全日学习活动22次1069人次；制订分部春季、秋冬季安全督查方案，对直管单位进行专项督查13次，其中分部领导带队检查4次，查处各类违章问题36项。对区域内省区公司和抽水蓄能电站累计

“四不两直”安全督察12次，查处各类违章问题56项；完成云峰1号机整体改造、太平湾1号机B修、望江楼4台机组投运、流域集控中心建设等重点工作任务；完成“庆祝中国共产党成立100周年”“十四运”、迎峰度夏及抵御雨雪冰冻灾害重要时段保电和应急值班及信息上报工作。

电网调度 保障电网安全稳定运行。统筹优化电网运行方式，完成春秋检、迎峰度夏、安全度汛及三省电力公司500kV设备监控职责移交工作。全面建成东北电网系统保护和“同城双活+异地灾备”调度体系。完成“中国共产党成立100周年”及春节、国庆等重要时段保电任务。编制事故处置专项预案126份，正确处理220kV及以上电网故障186条次。果断应对9月23～26日多次东北电网低频事故，避免了大面积停电，守住了大电网安全生命线。应对雨雪冰冻灾害，成功处置“11·08”“11·22”恶劣天气造成的多重电网故障，有力保障了大电网安全稳定运行。

打赢电力保供攻坚战。提早发现电力供需紧张问题并及时预警，千方百计调动一切资源和力量团结治网，全力保障东北电网迎峰度夏期间安全稳定运行和可靠供应。在后续保供期间，持续加强机组并网管理，逐厂逐台调启全网停运机组，考核机制、市场手段并用，提升火电机组深调能力和顶峰能力。强化电力电量平衡和有序用电工作，科学合理分配用电负荷上限，充分发挥大电网资源互济能力，加强负荷侧需求管理。9月27日以来，东北电网电力供应平稳有序；10月23日以来，没有有序用电。

消纳新能源。国内首次完成新能源一次调频及惯量支撑能力系统级试验验证。持续推进火电机组灵活性改造，新增低谷调峰能力78万kW，累计达1568万kW。采取省间支援、辅助服务市场和跨区现货交易、控制策略优化等多项措施多消纳新能源373亿kWh。抽水蓄能机组利用小时高于国网平均水平26%；新能源发电量1026亿kWh，同比增长12.0%；新能源利用率97.7%，高于国网考核指标0.9个百分点，稳居全国区域电网领先水平。

科学合理安排新设备投运。完成敦化抽蓄4台机、红沿河核电5号机等1126万kW新建电源投运，有力增强了电网保供能力和新能源消纳能力。完成丰满电厂首次满负荷148万kW发电运行与永庆反调节水库联合调度试验工作，提升丰满电厂短时发电能力48万kW。持续补强网架结构，完成500kV登台、永安等输变电工程12线3站7变的投运工作，累计提升电网供电能力300万kW。

全面加强二次系统管理。完成“三道防线”及“排雷”专项整改10项、稳控精益化评价问题整改166项，完成131套老旧保护技改、737套保护及安自装置检验。在调度自动化系统部署堡垒机，完善运维审计管控技术手段，完成调度数据网路由策略分析优化和参数规范化整治，组织完成全区域45个网、省、地调数据网双核心热切换试验。

优化调度运行管理模式。适应市场化发展趋势，形成“以各省区电网内部平衡为主，省区间市场化互济优化资源配置”的关口联络线调度模式。编制印发“一方案两办法”，夯实省电力公司对本省区电网安全和民生供电的保障责任。完成新模式调度技术支持系统建设，并于11月15日投入模拟运行。

规划计划 精心组织开展东北区域及各省电网“十四五”规划2021年度滚动修编工作。编制《东北区域电网“十四五”发展规划2021年滚动报告》，完成电力供需平衡分析和计算分析两个专项报告、东北东部电网发展规划研究和扎鲁特近区网源协调规划研究等7个专题报告并通过审核。在党中央“碳达峰、碳中和”目标提出的背景下，根据国家电网公司加快构建新型电力系统、推动电网向能源互联网转型升级、服务“碳达峰、碳中和”的目标，优化电网规划方案，规划电网发展方向。根据国家政策变化和社会经济发展情况研究确定东北全区负荷，根据电网实际需求更新电源规划安排，做好电力电量滚动平衡，明确“十四五”规划最新边界，组织开展“十四五”电力供需形势滚动分析和区域网架仿真滚动计算，开展新增项目的方案论证和比选，完成东北区域电网及各省电网“十四五”滚动规划报告编制和评审。组织三省一区公司开展东北电网十年供需平衡分析和新能源消纳测算工作，为政府部门提供有力的电源规划决策依据。

通过规划重要输变电工程，夯实东北电网主网架基础，消除影响电网安全的薄弱环节，解决限制电网发展的结构性问题。12月，巴林—奈曼（金沙）—阜新500kV输变电工程纳入国家“十四五”规划。组织召开巴林—奈曼—阜新500kV输变电工程的前期工作推进会议，编制完成项目选址、线路用地预审、社会稳定性评估等专题评估报告，完成报告评审部分工作。完成环境影响评价、水土保持方案、压覆矿产评估的报告书编制工作；完成地质灾害危险性评估报告编制和评审工作；完成内蒙古段压覆文物评估报告编制及评审工作。开展分部资产改扩建项目委托管理办法的编制和下发工作，创新开展委托建设管理方法，提出分部电网资产改扩建项目前期工作全委托管理模式。该工程将有效提升赤峰地区新能源的外送能力，为赤峰地区的新能源消纳提供有力的断面支撑。

加强计划管理，编制下发《2021年东北电网公司间联络线电量计划及直调（直购）电厂电量计划》。在《国家发展改革委关于进一步深化燃煤发电上网电价市场化改革的通知》（发改价格 2021〔1439〕号）出台后，协调相关部门、省电力公司，适应燃煤发电电价全面放开的政策要求，做好新形势下跨省跨区送电计划制订和交易组织的衔接工作，完成2021年跨省跨区送电计划。批复分解下达分部2021年综合计划和调整计划，完成2022年综合计划建议编制上报工作。

分部管理 战略体系对接。围绕国家电网公司战略目标和“一体四翼”发展布局，修订完善战略落地实施方案，调整充实“六大战略工程”和54项落地举措，统筹制订“一体四翼”分部发展总体方案和两个专项行动方案。

经营发展稳中向好。落实60项增效举措，节支增收2.3亿元。促请国家发展改革委明确蒙东落地电量收取输电费、望江楼水电及代售朝方电量电价政策，稳定了分部收益来源。业财协同，推进“三清理两提高”，国网东北分部资产规模达到历史新高。以制度建设强化合规管理，全面开展规章制度“立改废”行动。启动资产全寿命周期管理提升三年行动，完成了年度实物“ID”建设和设备数据溯源等工作。完成总部交办的审计任务，重大政策跟踪审计成果入选国家电网公司典型案例。持续开展东北分部“五险三金”、工程管理合规性等专项审计，干部经济责任审计实现“离任即审”。

界河水电实现创效发展。平稳完成界河单位岗位绩效工资调整工作，建立起全员薪档与绩效考核体系。云峰1号机整体改造、太平湾1号机B级检修和防汛码头改造等重点工程完工。丹东流域集控中心具备试运行能力，实现对“两厂四站”16台机组的实时监测、远程调控功能。克服疫情、严寒不利影响，提前完成望江楼水电站4台机组投产发电任务。

多项改革取得突破。开展产业单位专项整治，推动54项发现问题“见底清零”。建立健全退休人员社会化移交常态机制。落实燃煤发电上网电价改革政策，挖掘市场化交易潜力，全年完成各类交易电量910亿kWh。扩大辽宁跨省直接交易规模，为大用户节约购电成本8.1亿元。坚决落实国家电网公司党组改革部署，按期完成分部机构编制优化调整工作，内设部门增至15个，人员编制增加16人，挂靠设立第四纪检中心，组建了电网技术中心。

科技管理 电网资产研究开发项目16项，技术服务项目16项。开展了新能源高比例电网大容量储能电池规模化应用研究、新能源网源协调能力在线监测与评价研究、大直流弱送端高比例新能源电力系统灵活性资源规划布局研究、东北电网动态稳定特性关键技术研究、科技兴安相关研究，开展输电线路鸟害预警系统、电气设备温度在线监测、变电站内火灾早期预警系统建设。开展新型电力系统建设攻关立项，国家重点研发计划“促进可再生能源消纳的风电/光伏发电功率预测技术及应用”“互联大电网高性能分析和态势感知技术”两个东北示范落地工程通过验收，参与的10项国家标准均已正式发布。

新能源高渗透电网运行特性研究取得阶段性成果，有序推进大容量储能电池规模化应用研究，一批电网发输变电设备运检效率提升技术研究获得实际应用。全年公开发表学术论文41篇，其中SCI检索1篇，EI检索12篇，申请专利21项，其中发明专利14项。

党群工作 坚持把党的政治建设摆在首位，开展党史学习教育，全力保障东北区域能源安全和电力可靠供应，切实把“两个维护”融入履职工作、见诸实际行动。

聚焦党史学习教育强党建，厚植政治优势铸根魂。学深悟透习近平在党史学习教育动员大会上的重要讲话和“七一”重要讲话精神，开展“第一议题”和中心组学习45次，举办宣讲报告会、读书班等专题辅导4次，各级领导班子带头宣讲49次。组织党史“天天学”“周竞赛”“月月谈”，编创党史“双月刊”。精心策划庆祝中国共产党成立100周年系列活动，赴丹东抗美援朝纪念馆等红色教育基地开展现场教学37场。滚动完善“办实事”清单46项，组织召开专题组织生活会35次。

聚焦发挥国企“顶梁柱、顶得住”作用，履行社会责任强底蕴。学习贯彻习近平总书记能源安全新战略和重要指示批示精神，按照国家电网公司电力供应保障工作会议要求，迅速组织召开党委扩大会议明确5项具体举措，精细化开展电力平衡，规范执行有序用电措施，有效应对低温大负荷，调动一切资源和各方力量保障电力安全可靠供应，全力以赴保安全、保供电、保民生。持续发挥驻村工作队和驻村第一书记作用，推动脱贫攻坚与乡村振兴战略无缝衔接。

聚焦全面对标管理强党建，深耕组织建设夯基础。加强企业治理中党的领导，健全党委工作规则，完善经营管理事项党委会前置清单，组织召开党委会31次，研究讨论议题139项。专题制订全国国企党建会精神贯彻落实“回头看”工作方案，系统梳理5年来党建工作成效经验和短板问题。落实“三会一课”等七项组织生活制度，配套组织基层党委和分部本部党支部换届或改选。按照规定程序选举各级党代会代表。严把党员发展质量关，累计发展党员33名。分层分类组织集中轮训或网上教育11次1258人次。

聚焦服务生产经营抓党建，实现价值创造聚合力。在企业战略8项业务领域开展“党建+”工程，打造国内首次新能源一次调频及惯量支撑系统级试验党建特色样板。围绕迎峰度夏度冬等主题开展宣传报道，在国家电网公司及外部媒体刊发稿件60篇。开展“忆家史、立家训、传家风”班组文化系列活动，推动国家电网公司价值理念体系在基层全面深植。广泛开展新时代文明实践活动，国网东北分部本部获评国家电网公司第七届文明单位。坚持对统战群团工作专题研究，组织“纪念中国共产党成立100周年”职工系列文化活动。注重用榜样的力量鼓舞人、启迪人，3个集体和个人荣获国家电网公司“两优一先”称号。

纪检工作 国网东北分部党委推进“两个责任”落实，加强对党风廉政建设和反腐败工作组织领导，持续推进政治监督具体化、常态化。

履行从严治党责任。召开党风廉政建设和反腐败工作会议，传达上级精神，部署纪检工作。国网东北分部党委书记落实“四个亲自”要求，履行第一责任人职责，召开党委会专题研究党风廉政建设和反腐败工作5次，听取监督执纪汇报11次。健全“四责”联动机制，制发重点任务清单34类74项；创新编制并组织填报分部党委书记、班子成员和部门负责人主体责任履责情况自查表，落实“一岗双责”，实现量化评价，完善监督机制。

健全监督体系。制订《纪委书记履职专项考核办法》等8项制度，滚动扩编业务廉洁风险防控清单由20项增加到40项，防控措施由93条增加到131条，将隐藏在各个岗位中的廉洁风险排查出来，确保风险可控、在控。主动开展约谈93人次，廉洁意见回复9批138人次。拓展群众监督渠道，聘请8名非党职工兼任分部党风廉政建设特聘监督员。制订东北分部加强对“一把手”和领导班子监督意见，从严从实加强日常监督。

严肃监督执纪审查。运用监督执纪“四种形态”对苗头性、倾向性问题及时提醒，处置问题线索4件，运用第一种形态11人次，精准发现问题并下达纪律检查建议书5份，提出整改意见13项，并责成限期整改，做好跟踪问效。建立“廉堂悦话”公众号，开辟警示教育和廉洁教育专栏，综合运用廉洁文化展厅、网上云课堂等多元载体，强化以案促改、以案促治，开展警示教育52次2984人次、廉洁教育73次1896人次。

持之以恒治“四风”树新风。梳理违反“八项规定”清单8类80项，完善监督落实报告机制。紧盯重大节点，综合运用转发违规违纪案件通报，节前下发通知、约谈提醒，节中、节后明察暗访等方式，深挖八项规定不到位和隐形变异“四风”问题。以“六个一活动”为载体，开展“酒驾”“醉驾”问题专项整治。制订《分部治“四风”树新风实施方案》，对照5方面问题自查自纠。

开展专项监督。统筹推进“靠企吃企”问题等7个专项整治，下沉现场督查，推动建章立制，巩固督导成效。

巡视巡察整改。学习黄德安员工在国家电网公司党组2021年巡视集中反馈会上的讲话精神，通报巡视中发现的典型共性问题，制订自查自纠方案，明确查摆重点、具体措施和节点进度，建立常态长效机制。

注重纪检队伍建设。落实双重领导体制和“三为主一报告”要求，开展党风廉政建设考评。选优配强纪检干部，提拔3名优秀干部任基层纪委书记。全方位开展纪检干部综合素质培训。选派分部纪委办副主任参加公司巡视，强化教育培养与实践锻炼。建立纪检兼职宣传通讯员队伍，2021年在省部级以上媒体刊发稿件13篇。

工会工作 加大劳模(职工)创新工作室建设力度，国网东北分部本部劳模创新工作室获评辽宁省劳模创新工作室。加强科技成果转化和科技人才培养，系统创新成果分别获得中国能源化学地质工会创新成果一、二、三等奖及辽宁省创新成果三等奖；东北电力调控分中心一项创新成果获得辽宁省职工创新成果转化大赛三等奖。全国“安康杯”竞赛活动中，荣获优秀组织单位称号。实施“守网相助”职工互助保障计划，1596名职工自愿建档加入，年内1名职工享受大病互助保障。落实职工“三必贺、三必访”。拨付专项补助资金支持沈阳、丹东、集安三地职工服务中心规范建设。

中朝工作 界河电站总体运营平稳，完成生产经营任务。2021年，中朝水力发电公司总发电量77.77亿kWh，其中50Hz供电量49.93亿kWh，60Hz供电量27.55亿kWh。

全力解决中朝双方关切，实现互利共赢。2021年朝方机组发电量和用电量较往年大幅减少，电量不平稳问题突出显现。为妥善解决中朝双方供电量不平衡问题，国网东北分部与朝方密切沟通，多次赴外交部专题汇报请示。外交部充分采纳了有关意见并呈报中央领导审批、同意，维护了中朝两国协议，实现了互利共赢。国网东北分部的工作成绩得到国家电网公司的充分肯定，并被评为国际业务评级一级单位。

服从外交战略大局，落实各项工作措施。在国家电网公司党组的坚强领导下，国网东北分部努力克服朝鲜因新冠疫情闭关锁国的不良影响，通过传真和电话与朝方保持密切沟通，保持理事会工作正常运转，持续加强电站和水库大坝安全生产管理，做好生产运行计划和调度执行，友好协商推动解决朝方合理诉求，确保中朝水力发电公司安全稳定运营。2021年底，朝方前任理事长金英哲曾专门来函表示感谢。

协调朝方，有效化解外事风险。一是与国家电网公司总部保持密切沟通，针对云峰过筏平台施工、朝方管理电站维修物资采购等问题向外交部汇报，把握外事主动权。二是与朝方沟通协调长甸电站运行方式，为中方电网调峰调频和冬季保供电工作做出贡献。三是协调文岳电站岸坡防护与望江楼电站下游堆渣清理工程，为中方移民征地工作争取时间，同时配合朝方完成在望江楼水库上游朝方侧道路施工工作，合理管控外事风险，维护中方利益。四是应朝方诉求，代行检修、维护水丰副坝设备设施，保障界河流域防汛安全。

（朱时雨　祁　昕）

【国家电网有限公司西北分部】

分部概况　国家电网有限公司西北分部（简称国网西北分部）作为总部在西北区域的派驻机构，按分公司模式独立规范运作，承担西北骨干电网发展规划、调控运行、安全生产、纪检审计、分部输变电资产管理等责任，同时承担着国家黄河上中游水量调度委员会办公室职能。内设10个部门，3个挂靠机构，2个二级机构。

国网西北分部调度运行的西北电网，覆盖陕、甘、青、宁、新五省区，装机容量3.2亿kW，最大负荷1亿kW，是“三华”电网的重要送端，在国家“西电东送”的能源大格局中发挥着重要作用，截至2021年底，已投运750kV变电站68座，线路200条（2.5万km）。

西北电网供电面积覆盖308万km^2，东西跨度3000km左右，供电服务人口1亿多。新能源占比高，清洁能源装机占比超过50%。风电光伏并网容量接近1.3亿kW，超过全网最大负荷。新能源发电量占比超过20%，是全国平均水平的2倍。新能源利用率从2016年的71%提升至2021年的95%，是国内新能源装机占比和电量占比最高的区域电网。互济能力强，五省区间通过坚强750kV骨干网架联络，交换能力共计2520万kW，年互济电量近千亿千瓦时，联网效益好。外送规模大，在运11条直流通道（其中特高压7条，占国网系统的一半），总容量7071万kW，电力外送17个省市，是全国外送范围最广、外送规模最大的区域电网。

领导班子

国家电网公司副总工程师兼国家电网有限公司西北分部主任、党委书记：王国春

国家电网公司西北分部副主任、党委委员兼国家电网有限公司审计部副主任、国家电网有限公司西北审计中心主任：穆银安

副主任、党委委员、纪委书记、工会主席：马放瑞

副主任、党委委员兼国家电力调度控制中心副主任：韩悌

副主任、党委委员：范越、张振宇

三级顾问：左玉玺

电网概况　2021年西北电网发电设备新增机组472台（座），新增发电容量24133.1MW，较2020年底总装机容量增长7.71%。其中新增火电机组47台，新增发电容量3727.5MW，增长率为2.41%；新增水电机组－154台（陕西秦岭小水电机组退役201台），新增发电容量2214MW，增长率为6.84%；新增风电场171座，新增发电容量8999MW，增长率为13.37%；新增光伏电站405座，新增发电容量9087MW，增长率为15.85%。

西北网调直调发电设备新增机组6台（座），新增发电容量4340MW。

2021年西北电网新增220kV及以上降压变压器64台，新增容量33510MVA。其中750kV新增降压变压器11台，容量20100MVA，增长率为9.52%；330kV新增降压变压器35台，容量10410MVA，增长率为5.38%；220kV新增降压变压器18台，容量3000MVA，增长率为3.27%。

2021年西北电网220kV及以上交流输电线路新增78条，新增长度8210.4km。其中新建750kV线路17条，新增线路长度1974.4km；新建、改建330kV及500kV线路27条，新增线路长度378.4km；新增220kV线路34条，新增线路长度1985.9km。

截至2021年底，西北电网调度口径装机8006台（座），容量337156.5MW，其中火电158392.8MW，占总装机容量的46.98%；水电34573MW，占总装机容量的10.25%；风电76336MW，占总装机容量的22.64%；光伏66455.4MW，占总装机容量的19.71%；其他1399.5MW，占总装机容量的0.42%。

西北电网600MW及以上大容量机组共计93台（含国调直调），容量66260MW，占总装机容量的19.65%。

直接接入750kV及以上输电网络的机组45040MW（含国调直调），占总装机容量的11.56%；直接接入330（500）kV输电网络的机组75412.5MW，占总装机容量的22.33%；直接接入220kV网络的机组55425.7MW，占总装机容量的16.41%；直接接入110kV及以下网络的机组171898.3MW，占总装机容量的49.69%。

截至2021年底，西北电网220kV及以上降压变变电容量520934MVA，其中750kV变压器容量为231200MVA（70站129变压器），330kV降压变变电容量为184000MVA（共359站785变压器）。西北电网220kV及以上交流输电线路长度92477km（1984条），其中750kV线路长度为26803km(208条)，500kV线路长度为489km（11条），330kV线路长度为35511km（906条）。

电网调度　2021年西北电力调度管理工作迈上新台阶，完成了全年各项重点任务，重点指标达标率100%，全年未发生大面积停电、稳定破坏和调度责任事故，调度安全运行超过8400天。

以“五个最”标准，实现“四个零”目标，完成建党100周年、第十四届全国运动会、第十一届残运会暨第八届特奥会等重要时段保电任务；合理安排运行方式，完善应急预案，精心调度控制，按

期完成春检、秋检各项工作；成功处置 750kV 乾凉Ⅰ线 12min 内连续跳闸 5 次等多起复杂故障；持续开展继电保护和安自装置核查和问题整改，筑牢电网“三道防线”；完成特高压陕武直流交流系统等重点工程启动调试；推进全场景网络安全防护体系建设，全面提升网络安全防护水平。

克服黄河来水和电煤供应“双降”困难，开展“三会商一评估”，加强电网运行管理，发挥大电网资源优化配置作用，推动省间余缺互济，成功应对负荷 6 次创夏季新高，支援河南、华东、西南用电，完成迎峰度夏电力保供任务。9 月以来，应对电煤供应紧张、火电出力受阻、水电来水偏枯、恶劣天气多发等不利影响，滚动做好平衡分析，细化制定度冬方案，源网荷三端发力，全力保障西北，鼎力支援全国，确保了电网安全稳定运行和电力可靠供应，西北电网成为全国最后采取有序用措施的区域电网。

发布促进新能源高效利用 20 项重点措施；制定“双碳”和新型电力系统两项实施方案；提高调节能力，推动灵绍直流配套火电首次参与西北调峰；精益调控运行，提升青海海南等新能源送出通道利用率近 8 个百分点；绘制发展地图，促进新能源健康发展；开展国际对标，为绿色发展找标杆、借经验。

完成跨省跨区交易计划，实现外送增长超过 15%；开展省间短期交易，累计电量 295 亿 kWh，高效实现省间资源优势互补、余缺互济；建立西北区域备用辅助服务市场，开展两轮结算试运行；调峰辅助服务市场电量达 68.52 亿 kWh，居全国之首；推动甘、青、宁、新完成峰谷分时电价优化；西北负荷侧调峰规模达 361 万 kW，国内领先。

I-SEE 平台实现河西密集输电通道风险多维立体管控，I-GO 平台实现级联断面“无级变速”控制，I-SED 平台实现稳定边际监视多维度拓展，U-GDP 2.0 平台完成 2 家负荷聚合商的技术测试；开展高占比新能源电网系统特性试验；建设碳排放全景监视与分析系统；完成首台分布式调相机投运、首个安控区块链终端、首套新原理保护样机挂网运行；举办碳达峰、碳中和院士专家研讨会及第四届“清洁能源消纳与发展”高峰论坛，获省部级科技进步奖、管理创新成果奖 8 项（首次获得省部级科技进步奖特等奖，省部级管理创新一等奖）。

电力交易 2021 年，国网西北分部协同五省（区）电力公司，以保障电能可靠供应为基础，以促进清洁能源高效利用为方向，创新电力市场机制，资源优化配置能力大幅提升。

2021 年交易工作的特点主要表现在电力保供有力有效。协调促成陕西送川渝、新疆送陕西等年度合同曲线优化，跨区跨省大范围互济有效缓解保供压力。保障青海省间购电 115 亿 kWh，同比增长 93%，有效支撑青豫直流年度合同履行。主动协调、稳量保价，柴拉直流稳送 12 亿 kWh，西藏电力供应优先保障。完成陕西省间购电 145 亿 kWh，有效促进关中地区煤炭消费总量控制。四季度，组织区域内省间互济支援 840 次，最大支援电力 235 万 kW，累计支援电量 33.4 亿 kWh。12 月国家电网公司经营区电力保供关键期，西北最大外送电力 3794 万 kW，当月跨区外送 266 亿 kWh，占国家电网公司跨区直流输电量（431 亿 kWh）的 61.71%。在保供应形势最严峻的第四季度，累计外送电量 630 亿 kWh，发挥了西北作用，有力支援了全国。

全年交易目标攻坚完成。落实省间年度交易结果，开展月度、月内市场化交易，做好区域统筹和省间互济共享，支撑跨区直流外送，完成跨区跨省交易电量 3277 亿 kWh，同比增长 12.87%，其中，跨区交易 2815 亿 kWh，跨省交易 462 亿 kWh。通过调整优化运行方式，提升直流外送能力 180 万 kW，关键联网通道输送能力突破千万千瓦，大电网资源优化配置水平进一步提升。陕武直流工程顺利投运，拉西瓦 4 号机组等大型机组顺利并网。跟踪特高压直流通道能力变化与配套电源投产进度，及时开展增量交易，吉泉直流单日输送电量超过 2 亿 kWh，特高压直流外送电量 2244 亿 kWh，同比增长 19%，特高压直流利用小时 4155h，同比增加 118h，高出国家电网公司平均水平（3761h）394h。协同落实援藏援疆等政府间外送协议，助力各省完成外送目标，实现宁夏外送 904 亿 kWh、疆电外送 1224 亿 kWh、藏电外送 17 亿 kWh。

清洁转型持续深化。制定西北电网服务“碳达峰碳中和”目标行动方案和构建新型电力系统实施方案，落实促进新能源高效利用 20 条重点措施。实现新能源新增 1809 万 kW（风电 900 万 kW，光伏 909 万 kW）应并尽并。2021 年，在新能源装机同比增长 14.5%的情况下，实现了新能源消纳“三提升”，新能源发电量同比提升 34.5%；发电占比同比提升 3 个百分点；利用率同比提升 0.4 个百分点，新能源发展主要指标 32 次刷新历史纪录。完善清洁能源打捆外送、电量库交易、交易调整、优先替代等市场机制，实现省间新能源交易电量 800 亿 kWh，同比增长 32%，占国家电网公司省间新能源交易电量的 61%。开展清洁能源替代常规火电、燃煤自备电厂发电等交易，西北五省（区）完成合同交易 400 亿 kWh，占国家电网公司合同交易的 25.48%。组织 1140 家新能源企业参与绿电交易 4.8 亿 kWh，实现十四运会和残特奥会全赛程 100%清洁能源电力供应。

电力市场建设取得积极进展。落实中长期交易“六签”要求，推进中长期分时段、带曲线交易，开展省间交易分时段结算。落实《北京电力交易中心跨区跨省电力中长期交易实施细则》，初步形成了衔接省间、省内，覆盖全范围、全品种的完整中长期市场体系。加强省内、省间协同，促进甘肃现货市场长周期结算运行。做好省间现货市场研究，完成区域备用辅助服务市场两轮结算试运行，调峰辅助服务市场成交电量、负荷侧参与调峰市场规模均居全国前列。落实国家1439号文件，推进11～12月省间、省内煤电存量合同价格调整，陕西送四川、宁夏送山东等存量煤电合同价格调整取得实效，火电企业经营压力有效缓解。分析煤电放开、工商业用户代理入市等政策对交易组织的影响，研究代理购电价格形成、传导、结算清算等关键机制，保障了代理购电平稳实施。

安全生产 2021年，国网西北分部全面贯彻落实国家电网公司安全重点工作要求，紧密围绕年度安全工作要点，持续压紧压实安全责任，狠抓安全管控措施落实，各项安全管理工作有序推进，西北电网全年生产保持了安全平稳局面。

贯彻落实国家电网公司2021年安全工作意见，年初召开国网西北分部安委会会议，部署十个方面54项安全生产重点任务。编制印发国网西北分部安全生产责任清单和2021年安全生产工作清单，完成了机构调整后安全责任清单的修订工作。开展安全专项整治隐患排查治理专项督导，将安全专项整治作为贯穿全年安全生产工作的主线，逐级落实隐患整改责任。克服疫情带来的困难，采用现场+远程方式，完成国网商洛供电公司、国网宝鸡供电公司、宝鸡换流站及甘肃嘉峪关、国网陇南供电公司冬春火灾防控专项安全督查。规范开展“四不两直”安全督察工作，制作视频通报、印发安委办督查通报，督促问题单位尽快整改，强化问题溯源。落实分级管控和先降后控原则，开展四级电网风险现场督查。西北电网发布四级电网风险预警8项，五级电网风险预警265项。立足提升电网本质安全建设，依据运行经验，运用科学方法确定影响电网安全的设备隐患因素及其严重程度，创新性提出电网主设备中长期风险评估方法，建立电网主设备风险评估机制。深入开展安全性评价工作，严格按照评价依据，组织开展省（区）公司城市电网安全性评价，为电网规划、设备运维、安全管理等提供参照依据。开展新版《安全事故调查规程》培训。定期组织召开西北电网季度安全例会，加强安全事件分析，相关单位交流典型经验，促进西北电网安全管理水平的整体提升。配合总部相关部门，组织完成五省（区）“五查五严”隐患排查整治督查，发现问题179项，督查工作成效明显。配合国家电网公司完成国网湖北、蒙东电力等省公司电网安全风险预警管控远程督查。配合国家电网公司完成华东区域安全专项整治远程督查。参与国家电网公司安全体系建设的审查工作，受国家电网公司委托组织审查公司产业单位安全监督规范，完成高岭背靠背换流站、武汉换流站事件调查，参加东北电网事件调查。落实习近平总书记在黄河流域生态保护和高质量发展座谈会上的讲话精神，组织开展服务黄河流域电力应急救援基干队伍互训互练活动，签订了应急联动协议，初步建立区域一体化应急体系。组织开展西北电网十四运电力保电专项应急演练。创新援疆形式，组织应急援疆帮扶暨西北—华东应急能力交流活动，形成东西帮扶常态机制。完成建党100周年、十四运会、迎峰度夏、迎峰度冬保电工作，得到国家电网公司书面表扬和兄弟单位的感谢。

规划计划 2021年，国网西北分部立足电网发展新阶段，着力重点保质量、开拓创新见实效，完成各项目标任务，实现了“十四五”良好开局。

聚焦西北电网发展主业，完成分部“十四五”（1+10）发展规划，编制分部“一体四翼”发展总体方案和专项行动计划。结合国家“双碳”目标及各省区电力规划最新边界，分部层面率先启动电网滚动规划工作，巩固“十四五”电网规划成效，持续优化、完善区域主网架，形成“1+2+5”电网滚动规划报告，区域电网规划工作质量在总部评审中获得高度评价。积极对接政府能源主管部门，推动电网规划纳入政府电力规划。摸清电网调节能力“现状家底”，合理测算调节资源“未来需求”，完成未来十年全网及各省区逐年电力供需平衡研究，提出保障电网平衡安全的规划措施，推动西北区域常规电源与储能类电源健康有序发展。以此为基础，配合国家能源局开展全国新一轮抽水蓄能中长期规划编制，不断增强系统调节能力，为构建以新能源为主体的新型电力系统提供重要支撑。创新性提出考虑“四维约束”的新能源发展规划思路，研究“十四五”新能源合理开发规模及布局，研究成果得到国家能源局新能源司及国网发展部的充分认可和高度评价。推进沙漠、戈壁、荒漠地区大型风光基地建设，同步做好新能源配套电网工程规划，构建“绿色输送通道”。创新驱动，多措并举，开展“新能源+储能+调相机”模式在西北电网应用、西北—西南柔性联网、新型直流输电技术应用等关键技术研究，为新能源发展夯实基础、搭好平台。深入钻研，制定网内10多座750kV变电站短路电流超标解决方案，研究成果纳入总部规划报告体系。开展363kV大时间常数断路器研制工作，首台首套设备试制成功，填补断路器领域空白，对解决西北电网330kV短路电流超标问题有重大意义。聚焦陕西电网“两网融合”，全面分析陕西电网网架适应性，提出网架补强方案及规划建议，为区域电网规划谋新局。稳步推进陇东、哈密北直流前期进度，研究提出保障直流安全稳定运行的规划措施。加强郭隆—武胜Ⅲ回线路工程可研设计及各项专题研究全过程管理、推动新型GIS技术试点应用，提高电网装备水平和科技含量，工程较计划提前两个月完成核准。完成甘青加强工程核准、陕甘加强及青新联网工程预可研，为项目顺利推进打好基础。

分部管理 2021年，国网西北分部落实国家电网公司党组决策部署，紧扣“一体四翼”发展布局，坚持“一二三六”发展思路，守正创新、砥砺奋进，有力应对电力保供、疫情防控等一系列风险挑战，各项工作取得了新成绩，完成了全年各项目标任务，实现了“十四五”良好开局。

提质增效成效显著。扎实推进提质增效专项行动，七项工作入选国家电网公司典型案例。开展量、价、费监测分析，为精益运营提供决策支撑。深化资产全寿命周期管理，完成“十四五”期间电网资产逾龄测算。加强资金精益管理，资金预算准确率99.14%。实施“三清理两提高”，争取有利税收优惠政策，有效降低资金、税务风险。实施提质增效专项审计，全面完成内外部审计问题整改，推动解决了一批历史遗留问题。深入开展“合规管理深化年”活动，提升合规管理水平。持续扩大电力外送，吉泉直流单日输送电量超过2亿kWh，特高压直流外送电量2244亿kWh，同比增长19%，特高压直流利用小时4155h，同比增加118h。组织绿电交易5亿kWh，实现“十四运”清洁供电。

分部建设不断加强。坚决贯彻国家电网公司党组《关于进一步加强分部建设的意见》，认真落实辛保安董事长在国网西北分部视察调研时提出的工作要求，持续做实做强做优，完成机构调整、加快岗位补员、明晰职责定位、优化协调机制、畅通管理链条，聚焦主责主业，强化精益管理，激发活力动能，更好发挥分部作用。锚定“五型”先进分部建设目标，编制完成国家电网公司系统首个分部“十四五”发展规划。加强队伍建设，优化梯队结构，完成首次薪档调整，完善创新管理机制，出台科技进步奖励办法。巩固脱贫成果，助力乡村振兴，对口帮扶村镇荣获“陕西省党组织标准化建设示范村”称号。认真监督职代会决议的落实，职代会和厂务公开满意率、提案答复率均达100%。开展电力保供、抗疫保电等关怀慰问，举办750kV站际竞赛、新能源消纳等主题劳动竞赛。

党建质量稳步提升。执行“第一议题”制度，第一时间学习贯彻习近平总书记“七一”重要讲话和重要指示批示精神。深入开展党史学习教育，热烈庆祝建党100周年，赴延安、照金现场实地践学，组织先进模范讲党课、党史知识竞赛等系列活动，进一步筑牢信仰之基，凝聚奋进力量。完成国家电网公司落实国企党建工作会议精神“回头看”重点任务，实施“旗帜领航·提质登高”行动计划，完成“基层党建创新拓展年”各项任务，深入开展“党建+安全保供电”等21个项目，在政治保电、重点工程、疫情防控一线成立临时党支部和党员突击队，激励引导广大党员立足岗位创先争优，让党旗在一线前沿高高飘扬。强化政治监督，全面落实管党治党主体责任和监督责任，集中开展“三个专项监督”，深化靠企吃企等问题专项整治，着力打造风清气正的政治生态。成立青年工作委员会，团青和统战工作进一步加强。荣获省部级先进集体表彰8项、先进个人表彰13人次，创新成果获得省部级特等奖1项，一等奖5项，二等奖和三等奖13项。

主要事件

1月6日，受寒潮影响，西北电网多项指标创历史新高，最高负荷达10557万kW，最大发电电力达14502万kW，直流外送电力达4030万kW，新能源最大发电电力达4907万kW。

2月11日，农历大年三十，国家电网公司董事长、党组书记辛保安视频连线国网西北分部和国网河北、上海、吉林、黑龙江、新疆、四川、湖北、西藏电力，并赴公司总值班室、国家电力调度控制中心及总部物业管理中心，检查春节保电和疫情防控工作，慰问坚守岗位的干部职工。

2月26日，西北电网新能源发电量首次突破9亿kWh，达到9.1亿kWh，超过当日甘、宁、青三省（区）用电量之和。其中，风电发电量7.3亿kWh，风电最大发电电力3536万kW，风电发电量占比24.88%。当日新能源利用率94.2%，新能源发电占比达到31%。

3月10日，国网西北分部组织召开西北电网碳达峰、碳中和目标院士专家研讨会。邀请多位院士专家为实现清洁能源高质量发展与消纳、推动西北电网实现“双碳”目标建言献策。

4月8日，国家电网公司董事长、党组书记辛保安一行赴国网西北分部、国网陕西电力和中国西部科技创新港调研，看望慰问基层干部员工。国家电网公司总会计师、党组成员罗乾宜参加调研。

4月28日，国网西北分部在陕北换流站组织召开特高压陕武直流陕北换流站交流站系统启动验收委员会第一次会议。国网特高压事业部副主任黄勇，国网西北分部副主任、党委委员张振宇出席会议。

4月29日，国网西北分部“高比例新能源送端大电网多级协同控制关键技术研究及应用”成果完成鉴定，由中国工程院黄其励院士组成的专家组一致认为“该项目成果整体达到国际领先水平”，标志着在以新能源为主体的新型电力系统研究和控制领域走在了世界前列。

5月13日，西北电网新能源发电量达9.66亿kWh，新能源发电占比达 34.45%，风电最大发电电力达 3618 万 kW。

5 月 28 日，国家发展改革委以特急文件正式印发《国家发展改革委关于青海郭隆至甘肃武胜第三回 750kV 线路工程核准的批复》（发改能源〔2021〕752 号），核准建设甘青电网加强工程。

6 月 10 日，国网西北分部组织举办西北电网庆祝建党 100 周年保电暨 2021 年迎峰度夏联合反事故演习。

6 月 24 日，吉泉直流输送功率达到 900 万 kW，成为世界上输送功率最大的直流工程，输送能力接近青海全省用电负荷，有力支撑了西北清洁能源外送消纳，大幅缓解了华东地区用电紧张形势。

7 月 6 日，国网西北分部完成庆祝中国共产党成立 100 周年保电工作。保电期间，西北电网运行平稳，电力电量供应有序，新能源消纳积极有效。

7 月 13 日，吉泉直流单日输送电量突破 2 亿 kWh，达 2.05 亿 kWh，成为世界上首个单日输送电量超 2 亿 kWh 的直流输电系统。

7 月 23 日，青海郭隆—甘肃武胜第三回 750kV 线路工程首基基础浇筑仪式在甘肃永登县武胜驿镇举行，工程正式进入全面施工建设阶段。

7 月 30 日，陕北换流站交流场相关设备试运行结束，标志着陕武直流送端交流系统启动调试工作结束。

8 月 15 日，西北电网新能源发电量 9.76 亿 kWh，2021 年以来第五次刷新历史纪录，其中风电发电量达 7.38 亿 kWh。

9 月 8 日，国网西北分部组织举办“十四运”电力保障专项应急演练。国家电网公司副总工程师兼西北分部主任、党委书记王国春，分部副主任、党委委员范越、张振宇参加了演练。

9 月 15 日 20:00，第十四届全国运动会开幕式在西安隆重举行，习近平总书记出席开幕式并宣布第十四届全国运动会开幕。18 时起，国家电网公司副总工程师兼西北分部主任、党委书记王国春，分部副主任、党委委员范越、张振宇在应急指挥中心现指挥保电工作，22:40 特级保电时段结束，开幕式保电任务完成。

11 月 4～7 日，西北地区迎来今冬第一轮寒潮，7 日西北电网最大负荷达 1.05 亿 kW，比 2020 年同期高出近 1000 万 kW。

11 月 19 日，国网西北分部举行西北电网今冬明春电力供应保障暨 2021 年迎峰过冬联合反事故演习。陕西、甘肃、青海、宁夏、新疆五省（区）电力调控中心及部分直调 750kV 变电站、发电企业参加了演习。

11 月 30 日，国家电网公司副总工程师兼西北分部主任、党委书记王国春，分部副主任、党委委员、纪委书记、工会主席马放瑞带领分部有关部门负责同志，前往新调整的分部对口帮扶点周至县楼观镇大玉村走访调研。

12 月 16 日，由中国能源研究会储能专委会、国网西北分部联合主办的第六届中国储能西部论坛召开。论坛以“高比例可再生能源渗透下辅助服务市场机制建设”为主题。

12 月 22 日 18:00，随着西安市疫情防控指挥部下达最新防控措施，23 日 0:00 起，西安全市小区（村）、单位实行封闭式管理。接到命令后，国网西北分部第一时间启动防疫紧急预案，有关部门积极保障，调控中心 9 个处室 55 名“逆行者”在晚上 10 时前全部到岗，确保调度业务正常运转，保障电网安全可靠运行。

（程军生）

【国家电网有限公司西南分部】

分部概况 国家电网有限公司西南分部（简称国网西南分部）成立于 2014 年 11 月 18 日，2015 年 12 月 30 日国网西南分部正式开展实时调度业务、承担西南电网安全稳定运行职责。主要负责四川、重庆、西藏三省（市、区）骨干电网发展规划、调控运行、安全生产、电力交易、输变电资产管理等核心业务，承担着保障西南地区清洁低碳、安全、可持续电力供应和服务人民美好生活需要的重要使命，是助力区域高质量发展的“国家队”“主力军”。

组织机构 设置职能部门 4 个（办公室、财务资产部、人力资源部、党建工作部）、业务部门 4 个（发展规划部、安全监察部、生产技术部、调度控制中心）、挂靠机构 3 个（西南审计中心、北京电力交易中心市场交易七部、第六纪检中心），二级机构管理的支撑保障机构 1 个（电网技术支持中心）。共有员工 138 人，平均年龄 39.6 岁，本科及以上学历占 100%，副高级及以上职称占 73%。

电网概况 西南电网覆盖四川、重庆、西藏三省（市、区），区域面积约 180 万 km^2。东联华东和华中电网、北接西北电网，是清洁能源送端大电网、大平台。与华东电网通过±800kV 复奉、锦苏、宾金三大特高压直流相联，输电容量 2160 万 kW；与西北电网通过±500kV 德宝直流、±400kV 柴拉直流相联，输电容量 360 万 kW；与华中电网通过±800kV 雅湖直流、±420kV 渝鄂背靠背柔性直流相联，输电容量 1300 万 kW。跨区电力交换容量 3820 万 kW，省间电力交换容量 644 万 kW。

截至 2021 年底，西南电网调度口径装机容量 1.37 亿 kW。其中，水电 9691 万 kW，占 70.8%；火电 2919

万 kW，占 21.3%；风电光伏等 1074 万 kW，占 7.8%。网内 500kV 变电站 80 座，总变电容量 1.40 亿 kVA；500kV 线路 292 条，总长 2.46 万 km。国网西南分部直调 500kV 线路 84 条，电厂 3 座（装机容量 730 万 kW）。2021 年全网最大用电负荷 7657 万 kW，同比增长 4.9%；年用电量 4157 亿 kWh，增长 10.9%。全网发电量 5117 亿 kWh，同比增长 7.9%，其中风电发电量 127 亿 kWh、增幅 25.9%，光伏发电量 52 亿 kWh、增幅 13.3%，火电发电量 1101 亿 kWh、增幅 34.7%，均创历史新高。全网用电量 4157 亿 kWh，同比增长 10.9%，增幅居区域电网第 4 位。全网最大用电负荷创新高 1 次，其中四川、重庆、西藏电网分别 2、2、10 次创历史新高。

安全生产 保障电网安全稳定运行。“126”安全稳定管理体系，建立电网安全风险协同管控机制，6 月 21 日，西南电网调度安全运行突破 2000 天，辛保安董事长批示肯定。强化重大风险管控，启动实施公司系统首个二次联合值班，周密制订攀西电网安全风险管控工作方案，健全完善“1＋12”应急预案体系，举办国内首次区域电网黑启动应急演练。落实“五个最”“四个零”工作要求，完成习近平总书记考察调研西藏、庆祝中国共产党成立 100 周年等重大供电保障任务。处置雅湖直流换相失败、泸县 6.0 级地震等故障灾害 416 起，在国家和四川省网络安全演习中零失分。

保障区域电力可靠供应。面对极端寒潮、电煤紧缺、来水偏枯等挑战，首次通过西北青豫特高压直流长距离迂回华中电网再转送西南，累计减少有序用电 20 亿 kWh。按期投运雅湖直流、白鹤滩送出等重点工程，创新实施德宝直流柔性调度 16 天，德宝直流成为全国首个实现日内柔性调度的常规直流工程。开展跨省跨区互济，互济次数同比增加 25%，最大电力达 720 万 kW、累计电量超 16 亿 kWh，应对多次极热高温天气考验。第一时间支援河南抗洪救灾，增送电量 3.4 亿 kWh。面对 9 月以来电力供需突出矛盾，区域电力供应保持了平稳有序良好局面。构建“244”保供工作体系，召开安全稳定领导小组会议和区域保供专题会议 5 次，制订全网性保供电工作方案，细化落实 12 方面 25 项重点任务。建立西南—华中电网保供合作机制，累计完成增量外购电交易 67 笔、增购电量 54.4 亿 kWh。机组及燃料管理，强化水库消落预警，推动政府出台发电机组停运管理等政策，下达机组开机和满带调令 480 台次，杜绝了大面积停机情况。

电网调度 电网规模稳步提升。2021 年，新增装机 1610 万 kW，其中水电 1202 万 kW，占国家电网公司系统水电新增容量的 64%，主要为白鹤滩、木绒、长海等电厂。全网新投 500kV 线路 29 条、500kV 变电站 6 座、500kV 主变压器 12 台，分别同比增长 11%、8%、8%。先后投运白鹤滩世界首台百万水电、梓州百万火电机组，西南电网水火电最大单机容量均达百万千瓦。投产雅砻江—鄱阳湖直流输电工程，形成西南—华东、西南—华中跨区直流“双组”结构。

清洁能源消纳再创佳绩。在全年水电新增装机容量超 1200 万 kW、跨区外送能力仅增长 460 万 kW 等不利因素下，实现大规模弃水减少 20 天，累计减弃增发 85 亿 kWh，水能利用率实现三年三提升。统筹重点水库群优化调度，汛前多腾出 5.3 亿 kWh 消纳空间，汛期减少径流式电厂弃水 6.5 亿 kWh。用好雅湖直流等新投工程，强化送受端电网协调管控，外送能力提升 610 万 kW。拓展消纳市场，组织富余水电外送，累计完成增量交易 65 笔、增送电量 48.1 亿 kWh。落实 2021—2023 年藏电外送协议，全年外送藏电 24.7 亿 kWh。

清洁能源消纳 4012 亿 kWh，增长 2.3%。清洁能源利用率 96.5%，其中水能利用率 96.4%、新能源利用率 97.7%。调峰弃水电量同比减少 31.2%，装机弃水电量同比减少 19.3%。跨省跨区交易电量 1980 亿 kWh，增长 6.5%。

规划计划 电网规划取得重大突破。围绕服务成渝地区双城经济圈建设重大战略，编制“十四五”西南电网规划，推动川渝两地 1000kV 特高压交流工程正式进入实施阶段，初步构建雅下水电开发等重大方案，稳步推进金上外送、疆电入渝、攀西电网优化改造等工程。安全投运雅湖直流输电、白鹤滩电厂等 7 项工程，建苏、金塘直流输电工程建设顺利。川藏铁路拉萨至林芝段供电工程带电运行，昌都—林芝段施工供电工程一期开工建设、二期获得核准。

做好 2022 年电力保供及清洁能源消纳计划。做好 2022 年枯期电力供应保障，安排白鹤滩按枯期留川电量 100 亿 kWh、德宝直流枯期满功率送西南，保障 2022 年春季电力供应。做好 2022 年清洁能源消纳计划安排，根据白鹤滩电站全年发电能力，安排建苏直流、雅湖直流外送电量，最大限度促进丰水期富余水电外送。提升线损指标精益管理水平，优化完善同期线损系统传输及数据监测机制，常态开展线损指标“日监测、月分析”。

分部管理 推进“一体四翼”。多次召开党委（扩大）会议、干部员工大会和专题会议，理解“一体四翼”内涵实质。按照“一体四翼”发展指导意见及有关要求，修订完善国家电网公司战略西南分部落地实施方案，优化“1+6+N”战略落地框架体系，打造具有地域特色、实践特色、时代特色的“一体四翼”发展布局西南篇章。结合电网和分部实际，组织制订分部“一体四翼”发展布局落地实施任务清单。

经营发展持续强化。实施“提质增效2.0”行动，优化经营策略，完成30项重点任务。完善“月通报、季考核”管理机制，完成预算、计划、项目等指标，执行情况创近年最好成绩。按照国家电网公司统一部署，完成设租寻租问题整治和“空转”贸易自查自纠，6个总部审计项目全部创优。

疫情防控精准有力。坚持全覆盖、零遗漏、快反应原则，持续完善防控措施，狠抓办公场所、运维人员管理等关键环节，保持了“双零”目标。考虑调度运行的不可中断性和值班人员的不可替代性，在成都本土疫情散发特殊时期，累计执行“全封闭值班”超过32天，确保了运行人员与调度场所“双安全”。

分部改革 贯彻落实国家电网公司党组关于加强分部建设的意见，印发《国网西南分部关于国网西南分部机构设置的通知》（西南办〔2021〕32号），平稳推进分部改革，优化管理模式和职责界面，完成机构设置调整，新设安全监察部、生产技术部、人力资源部、北京电力交易中心市场交易七部、电网技术中心等部门，配合完成国家电网公司第六纪律检查中心筹建入驻。

科技管理 聚焦电网安全运行、四川清洁能源消纳、电网发展规划等关键难题，健全创新体系、完善科研机制、争取创新成果。制订全面加强科技创新工作实施方案，出台科技进步奖评选、科技项目管理等配套制度，2项成果分获四川省和国家电网公司科技进步奖一等奖，源网荷储协同调控作为国家电网公司代表性成果在第四届数字中国建设峰会展示，首获国家电网公司软科学和管理创新成果奖，出版首套高海拔技术相关的专著，26项技术标准获批发布，1个群创项目获国家电网公司青创赛三等奖。

党群工作 制订并落实习近平总书记重要指示批示和党中央决策部署工作措施，执行9方面16条举措，建立全过程跟踪督办、“回头看”、监督考核等机制。执行“第一议题”制度，跟进学习16次、内容35项。紧扣“学史明理、学史增信、学史崇德、学史力行”和“学党史、悟思想、办实事、开新局”的目标要求，开展中心组学习、主题党日等超过110次，组织“翻越夹金山”等学习培训1200余人次，实施“我为群众办实事”重点措施55项，举办中国共产党成立100周年系列庆祝活动。落实全面从严治党主体责任重点任务清单31项、纪检监督重点工作清单37项，推进“酒驾醉驾”“靠企吃企”问题整治，排查整治化公为私、利益输送等典型问题。

持续加强人才队伍建设。打造“四优五过硬”领导班子和干部人才队伍，实现处级干部轮训、员工履职能力培训全覆盖。建成职工诉求服务中心，扩建职工活动中心，实施“守网相助”互助保障计划，组织送温暖、送清凉，精心开展职工疗养。有序推进宣传、统战、团青等工作。两项思想文化成果获国家电网公司和四川省国资委表彰。国网西南分部团委获国家电网公司“五四红旗团委”，2个部门（中心）获国家电网公司先进集体、国家电网公司服务脱贫攻坚先进集体，2个党组织、3名党员获国家电网公司和四川省国资委“两优一先”表彰，7名职工被授予青藏高原系列电力天路卓越贡献奖章。

（文思傲）

【全球能源互联网集团有限公司】

企业概况 全球能源互联网集团有限公司（简称全球能源互联网集团）成立于2015年12月31日，是国家电网公司的全资子公司，注册资本1亿元。全球能源互联网集团推动构建全球能源互联网，以清洁和绿色方式满足全球电力需求，实现联合国“人人享有可持续能源”和应对气候变化目标，服务人类社会可持续发展。主营业务范围为：全球能源互联网战略规划；国际与国内电网互联互通项目开发；投融资和资产运营管理；设计、制作、代理、发布广告；出版《全球能源互联网》中、英文期刊等。

经营管理 持续提升管理水平。全力配合国家电网公司党组巡视和“选人用人”专项检查，按要求及时准确提供专业资料，查摆问题，制订整改措施，以巡视整改促进全球能源互联网集团高质量发展。推动风控合规融合管理，实现工作组织“五统一”和“四协同”，合并编制《合规内控手册》和风控合规年度报告，提升决策管理效率和风险防控水平。着力加强安全保障，修订全球能源互联网集团安委会工作规则，开展“安全生产月”活动和“五查五严”活动，聚焦重点领域落实问题隐患排查专项整治，实现安全“零事故”。

经营实力稳步增长。深化提质增效措施，制订进一步开展提质增效专项行动工作方案，落实4方面25项措施，全球能源互联网集团经营效益再创历史新高。深化预算统筹平衡，定期开展预算执行分析，确保经营目标有序落实。深化资产运营管控，夯实资产技改工程及实物价值信息，完成电网资产技改项目决算审核及资产清查并形成长效工作机制。

加强防疫保障。全力组织疫苗接种，主动加强与属地政府、国网后勤部沟通汇报，加大动员力度，顺畅接种渠道，实现“应接尽接”，构筑了全员免疫屏障，有力保障了职工生命健康。坚持不懈抓紧抓实常态化防疫措施，加强涉疫地区重点人员排查，筹措发放防疫物资，实现“双零”目标。

人力资源 全球能源互联网集团有在岗职工 239 人，其中：硕士及以上学历 229 人，占比 95.8%；中级及以上职称 210 人，占比 87.9%。

推进高素质队伍建设。贯彻新时代党的组织路线，坚持党管干部、党管人才的原则，严格执行干部选拔任用程序，共提任调整处级干部 24 人。严格干部监督管理，常态化推进干部监督专项整治等工作。开展 2021 年度人事档案建档、审核和数字化工作，为从严管理干部、精准选人用人提供重要依据。

加强能力素质建设。组织各级人员培训，组织局级领导人员参加国家电网公司 2021 年集中脱产培训班、中国干部网络学院和国家电网公司“网上党校”在线学习等培训，组织 4 期 218 名处级及以下人员岗位轮训班，持续开展英语、法语、西语、日语等外语培训。完善高校毕业生培养模式，针对全球能源互联网理论体系、管理机制、业务发展三大模块，引导新员工加快角色转变，适应岗位工作要求。

组织宣贯《国家电网有限公司员工奖惩规定》，引导干部员工自觉学法、懂法、守法，按规矩办事、按制度办事。强化激励引导，以岗位清单为基础，开展季度、年度考核，加大绩效考核与薪酬分配、评先评优、职级晋升等挂钩力度。完善岗位绩效工资制度，不断深化岗位、能力和绩效贡献在薪酬分配中的体现度，增强薪酬分配的激励效果，鼓励员工干事创业。

信息化建设 加快新技术应用，建成投运发展合作平台，优化数据中心功能，深化系统建设应用，强化网络信息安全管控，全面支撑全球能源互联网集团各项业务开展。

发展合作平台建成投运。组织完成平台网站和 App 建设，面向全球发布。持续丰富平台功能，完成智能推荐、智能搜索等功能开发，提升平台智能化水平。建立常态化运维机制，做好平台技术支持和运行数据分析，编制运行日报 145 期。平台汇聚了 275 个清洁能源开发和电网互联项目、1302 家会员信息、50 余项发布成果等内容，注册用户覆盖全球 80 余个国家和地区，访问量达 30 余万次，有力推动全球能源互联网落地实施。

深化系统建设应用。加强数据中心建设，实现数据资源管理、知识图谱、辅助写作、语音识别和智能翻译等功能，持续更新全球能源相关资讯及数据，累计采集资讯信息 112.8 万条、统计指标 1.16 亿余项。加强数字化项目全生命周期管理，强化关键环节管控，完成国际会议管理系统、外事管理系统和财务管控系统优化提升，完成 2022 年 17 个数字化项目储备。完成 15 个电网数字化建设项目知识产权收集和移交，跟踪分析已投运系统应用情况，提升系统实用化水平。

强化信息安全保障。完成 5 项信息系统安全等级保护测评及安全加固，提升系统安全防护能力。加强银座及亦庄机房设备巡检，完成亦庄数据中心互联网通道切换，确保数据传输稳定可靠。完成攻击溯源、运维审计等安全设备部署应用，全面做好日常桌面运维保障及数据备份，完成全国两会、中国共产党成立 100 周年、全运会等重要时期网络信息安全保障工作。

两刊一讯 期刊影响力大幅提升。《全球能源互联网》中、英文期刊（简称“两刊”）出版 12 期，刊载论文 125 篇，基金资助项目论文占比超过 90%；论文在中国知网的总下载量达 5.5 万次，纸质和电子版年发行量超过 10 万册。《全球能源互联网》中文期刊收录入中国科技核心期刊数据库，英文期刊先后被国际权威期刊论文数据库 SCOPUS、中国科学引文数据库 CSCD、国际理工论文数据库 EI 数据库收录，标志着英文期刊跻身“国际一流”期刊行列，“两刊”办刊水平和品牌影响力大幅提升。推进新媒体融合发展，“两刊”创办“能源互联刊刊谈”学术直播活动，每月邀请专家学者在线分享研究成果，并与读者开展互动交流，每期吸引观众上万人次。

打造一流资讯品牌。《全球能源互联网资讯》（简称《资讯》）完成全球能源转型、应对气候危机、关键技术创新、助推实现“碳达峰、碳中和”目标等全年 12 期特色主题，制作“建设北美能源互联网，推动北美区域转型和可持续发展”和“纵览拉美，开启能源转型新征程”专刊，开展数字化传播策划，创办《资讯》微信公众号，共发布 52 期微信内容，阅读量达到万余人次。《资讯》累计完成 22 期中、英文期刊出刊，读者覆盖 141 个国家和地区。

党的建设和精神文明建设 全球能源互联网集团党委学习贯彻习近平新时代中国特色社会主义思想和党的十九大、十九届历次全会精神，贯彻党中央各项决策部署，落实国家电网公司党组各项工作要求，始终坚持党的领导，加强党的建设，全面从严治党，党的先进性和党建工作独特优势充分发挥。

党史学习教育开展。以“第一议题”、中心组学习、“三会一课”等形式，学习领悟习近平新时代中国特色社会主义思想，领会习近平总书记系列重要讲话和指示精神，及时传达学习党的十九届六中全会精神，深研细读指定学习材料，引导全体党员、干部知史爱党、知史爱国、知史爱企。落实国家电网公司要求，党委书记和班子成员带头，党支部书记跟进，分主题讲授 10 期“不忘初心学党史 • 砥砺奋进开新局”系列党课公开课。组织党支部集中开展“学党史、悟思想、办实事、开新局”主题党日活动，开展“学党史、强党性、砺初心、担使命”党史知识竞赛，持续把党史学习教育引向。

党建工作基础不断夯实。落实“四同步、四对接”要求，印发党支部换届选举方案，严格换届程序和纪律，完成所有党支部到期换届工作。高质量召开组织生活会，组织开展党员民主评议，切实增强党内政治生活的政治性、时代性、原则性和战斗性。组织党支部书记参加国家电网公司党组管理干部培训，持续打造“三懂三过硬”基层党支部书记。聚焦安全生产、科技创新、物资管理、财务管理4个专业，开展“党建+”工程，制订并落实实施方案，促进党建优势不断转化为发展优势。

落实党风廉政建设主体责任。制订《党委2021年落实全面从严治党主体责任重点任务》，明确五个方面18项工作要点。全年党委4次专题研究党风廉政建设工作，召开党风廉政建设和反腐败工作会议，推动落实“两个责任”。贯彻落实国家电网公司治“四风”树新风工作专题会议要求，大力弘扬新风正气，把治“四风”树新风和党史学习教育紧密结合起来，弘扬艰苦奋斗、求真务实、担当尽责、干事干净的优良作风。

（胡　波）

【国家电网有限公司直流技术中心】

企业概况　国家电网有限公司直流技术中心（简称国网直流中心）是国家电网公司直流技术支撑机构，主要承担国家电网公司系统换流站运行集中监视和故障诊断分析、全过程技术监督、直流专业培训、省电力公司所辖换流站运检技术支撑服务，协助国家电网公司总部开展直流专业技术管理和跨区资产运营管理，提供特高压、超高压、柔性直流工程等相关技术咨询和专业支撑服务。国家电网有限公司跨区电网资产运营管理中心挂靠国网直流中心，负责归集跨区电网收入成本要素、参与跨区跨省电量交易结算、构建跨区输电价格体系、配合开展成本监审等。

组织机构　国网直流中心下设综合管理部、党委党建部（党委宣传部、纪委办公室、合规审计部、巡察办）2个职能部门，运行部、技术部、工程部、培训部、统计部等5个业务部门，以及国家电网有限公司跨区电网资产运营管理中心1个挂靠机构。国网直流中心现有正式职工80人，平均年龄40.2岁，硕士研究生及以上学历52人（含博士研究生6人），副高级及以上专业技术职称49人（含正高级职称9人），国家级专家1人，国家电网公司级专家1人，省电力公司级专家6人，国家电网公司工匠2人。

直流技术支撑服务　保障在运直流安全生产。加强直流监视大厅运行值班，强化各换流站运行实时监视，及时发现设备异常275次。故障应急诊断分析作用突出。坚持“故障分析不过夜”，支撑现场故障处置和直流恢复送电。梳理分析历年直流故障缺陷，协助总部制订95类直流隐患重点整治计划，对47个换流站3056项隐患实行清单式管理和闭环销号管控。完成49座在运换流站1792份检修方案审查，提出审查意见504项。对22座特高压换流站年检进行督导，及时发现现场问题113项，协助解决重大设备隐患14项。建立由国网直流中心牵头、与中国电科院横向协同、与省电科院纵向贯通的新建特高压直流工程全过程技术监督体系和工作机制。举办线上线下专业培训7期，1253人次。承办国家电网公司2021年直流专业全员普考及运检技能竞赛，23家省电力公司4000余人次参加普考，17家省电力公司68名选手参加竞赛。

促进新工程质量提升。新工程技术监督关口前移，编制新工程设备重点审查清单，分15类设备、10个阶段，全面规范新工程前期支撑工作。组织5批34人分赴雅湖、陕武直流换流站现场支撑验收调试。审查关键设备验收作业指导书63份，依据反措和技术标准，及时增补验收项目124项。对重点项目和功能试验进行旁站监督或抽检验证，发现247项设备问题并跟踪监督整改落实。全程驻站开展调试技术监督，参与14项重要设备问题处理。克服疫情影响，选派2名技术骨干，赴巴基斯坦默拉直流现场，提供8个月驻站技术支持，排查发现重大问题42项，审查控保软件修改单23份，对巴方调度和现场运维人员开展直流培训210人次，协助分析处理调试期间异常闭锁5次。

加强科技创新管理。承担国家电网公司特高压套管、分接开关2项“卡脖子”科技攻关课题，22项研究结果应用于国产化套管研制并在青豫工程大规模使用。专项攻关750kV交流滤波器小组断路器故障频发问题，开展换流站交流滤波器小组断路器运维检修策略研究，提出相关措施和差异化运维检修策略，在后续工程改造中推动成果运用。构建科技工作管理体系，建立科技项目储备库和评价机制，开展科技项目储备立项工作。征集国家电网公司“十四五”直流科研框架需求，制订了直流技术研究框架性指南项目储备库。开展新版直流反措和技术标准制修订工作，协助设备部修订完善国家电网公司新版直流反措，牵头完成7项技术监督细则、2项国家电网公司企标以及柔性直流反措的制订工作。按照“四统一”要求，集中技术力量攻关，制定《换流站直流控制系统标准化技术规范》，以标准落地引领设备质量提升。

跨区资产运营管理　争取政策支持取得新突破。配合国家发展改革委对酒湖、宁绍、雁淮、锡泰、扎青等5回特高压工程开展成本监审，推动审核机制取得实质性重大突破。配合完成跨区专项工程定价办法修订，研究定价机制和合理参数，促成专项工程核价收益率不断提高。通过优化“一本账”迎审体系，进一步做优做足成本费用。依托跨区、区域、省级三个核价主体，做大做实资产规模。针对陕武、雅湖等依据新办法核定临时价格的线路，组织开展专题研究，支撑定价办法落地。资产运营管理水平实现新提升。发挥“大预算”体系引领作用，跟踪电量增速等因素对经营指标影响，支撑总部完成年度预算管控工作，完成年度经营指标任务。研究制订进一步开展提质增效专项工作方案，提炼国家电网公司典型事例 5 项，录制“技术监督平台为特高压直流稳定运行护航”云课堂，全力打造国网直流中心提质增效“升级版”。发挥“大资金”体系保障作用，常态化开展现金流“按日排程”，及时准确完成各类资金收支 4596 亿元。扩充特高压建设资金来源，配合国家电网公司发放并完整承接“碳中和”债券 155 亿元，保障白鹤滩—江苏、南昌—长沙、雅中—江西特高压直流工程建设。完成 2021 年特高压专项融资 97 亿元，通过固定资产专项贷款和售后回租方式，及时保障南阳—荆门—长沙、荆门—武汉、驻马店—武汉特高压交流工程建设资金来源。服务“碳达峰、碳中和”目标落地，协同办理“绿色贷款”100 亿元，降低融资成本。发挥“大资产”体系支撑作用，坚持常态开展总部委托技改工程竣工决算审核，大力实施“三清理两提高”专项工作，全年完成三个批次超 1200 个项目决算转资，新增跨区电网资产超 13 亿元，持续夯实资产规模。创新开展跨区专项工程历年基建、技改项目数据库建设，实现投产工程全面数字化。深化业务凭证标准化、数字化存储，实现数据动态更新、灵活调取、实时互动。

改革举措推进 建立健全工作机制。贯彻落实习近平总书记重要指示批示和党中央决策部署及国家电网公司党组部署要求，制订落实国网直流中心助力“碳达峰、碳中和”行动、支撑“一体四翼”发展布局等工作方案，滚动修订国家电网公司战略中心落地实施方案，推动重大战略和决策部署落实。学习贯彻国家电网公司“十四五”总规划以及电网业务规划、设备管理规划等专项规划，结合国网直流中心实际，深化落实国家电网公司战略和发展布局，细化落实公司规划有关目标任务，贯彻新发展理念、着眼高质量发展，研究制订国网直流中心“十四五”规划，明确“十四五”时期的发展思路、基本原则和总体目标，提出专业支撑、技术监督、科技创新、稳健经营、业财融合等十大规划重点，为加快建设“两先两优”的直流技术支撑和跨区电网资产运营管理专业机构提供科学指引和行动指南。

经营风险得到防控。推进“三金一款”清退、民营企业应付账款排查，支付到期质保金 91 笔，确保“应付尽付”、杜绝“边清边欠”。加强预算项目计划管理，实现 91%的可控费用纳入项目管控。实施项目第三方技经审核，出具审核报告 9 份，涉及资金 1.44 亿元。制订资金安全管理规范，开展资金安全专项检查。梳理制定事项清单，全面实施合法合规性审核。加强保密宣传教育和涉密人员管理，借助内外网监测平台，对重要岗位开展后台巡检。坚持不懈抓好疫情防控。实时关注疫情形势变化，及时跟进疫情防控政策，适时调整落实防控举措。落实国家电网公司部署要求，按时收集报送疫情防控信息。切实加强涉疫地区往来人员排查和办公场所管控，有序储备并定期发放防疫物资。及时组织开展核酸检测和疫苗接种，筑起了一道抵御新冠病毒的屏障。

党的建设和精神文明建设 加强党的政治建设。学习贯彻习近平总书记“七一”重要讲话和党的十九届六中全会精神，深刻领会“两个确立”的决定性意义，深刻认识党的百年奋斗重大成就和历史经验，不断提高“政治三力”，进一步增强“四个意识”，坚定“四个自信”，做到“两个维护”。党史学习教育成效显著。全面落实国家电网公司党组工作要求和第六巡回指导组意见，制订落实总体方案和各专项方案，举办专题读书班 5 期、中心组学习 18 次，开展支部“三会一课”、主题党日活动 288 次，落实“为群众办实事”30 项措施。庆祝建党百年活动丰富多彩。以“永远跟党走•奋进新征程”为主题，举办职工大讲堂、党史故事会、文化成果展，广大职工听党话、跟党走的信念和决心更加坚定。组织参观党史展览馆等红色教育基地，通过重温入党誓词、分享党史故事，进一步感悟建党精神、传承红色基因。基层党建质量持续提升。落实“旗帜领航•提质登高”行动计划和“基层党建创新拓展年”各项任务，开展贯彻落实全国国有企业党的建设工作会议精神“回头看”，推进实施 4 项“党建+”工程，加大支部工作月底提醒、季度检查、现场督导力度，党建基础进一步夯实，党建质量进一步提高。队伍建设进一步加强。制订落实加强干部人才队伍建设的实施意见，修订完善领导人员管理制度。全面实施“三大工程”、畅通“三条渠道”、突出“三个倾斜”，加强对青年骨干和专家人才的选拔培养。实施新员工培养全过程管理，举行导师带徒签约仪式，充分发挥“传帮带”作用。全面从严治党纵深推进。开展“靠企吃企”七个专项整治，推进政治监督具体化常态化。对照公司党组通报的巡视发现典型问题开展自查自纠，开展巡视整改、依法治企综合检查“回头看”，确保问题整改“见底清零”。集中宣传“酒驾、醉驾”纪法后果，党员干部纪法意识明显提升。获得多项荣誉表彰。国网直流中心作为牵头单位获得行业级电力创新一等奖 2 项、国家电网公司级科技进步奖二等奖 1 项，作为参与单位获得 1 项国家电网公司级科技进步奖特等奖。“换流阀智能灭火无人机”项目获评国家电网公司第六届青创赛一等优秀创新项目。刘涛获国家电网公司“劳动模范”称号，资产中心获国家电网公司“先进集体”称号，国网直流中心 4 个集体、12 人次受到国家电网公司表彰。

（张晓亮）

【国家电网有限公司特高压建设分公司】

企业概况 国家电网有限公司特高压建设分公司（简称国网特高压公司）为非独立法人机构，是国家电网公司的分公司，负责国家电网公司直接投资或担任项目法人单位的特高压输变电工程、跨区电网重点工程的建设管理、技术统筹和管理支撑工作，特高压直流核心设备监造管理工作等。

组织机构 设有 6 个职能部门［综合管理部、人力资源部、计划部、财务部、党委党建部（纪委办）、安全质量部］，5 个业务部门（变电部、输电部、技术部、物资监造部、信息环保部），下设 5 个派出机构（华北、华中、华东、西南、宜昌工程建设部）。

人力资源 国网特高压公司现有职工 252 人，具有本科及以上学历人员 237 人，占总人数的 94.05%，其中研究生及以上学历 122 人，占比 48.41%；中共党员 226 人，占员工总数的 89.68%；具有专业技术资格 239 人，占比 94.84%；国家电网公司级及以上专家人才 5 人，国家电网公司级专家人才 40 人。人才当量密度 1.3615。

经营管理 2021 年是国网特高压公司重组整合、迈向新发展阶段的起始元年。学习贯彻习近平总书记系列重要讲话和重要指示批示精神，坚决落实国家电网公司党组决策部署，弘扬伟大建党精神、勇挑电网建设重担，以“确保队伍稳定、工作有序、改革到位、运转高效”为主线，统筹疫情防控、重组整合和工程建设，完成各项目标任务，年度重点工程项目建设投资 100.76 亿元，实现“五投产、一开工”，稳步推进“三在建”，统筹支撑、设备监造及专业管理工作开展，安全局面保持稳定，公司发展实现良好开局。

依托重点工程创新成果显著，建设特高压工程“五库一平台”，初步汇集技术标准 1972 项、标准工艺 519 项、典型经验 479 项、典型案例 443 项、科技成果 597 项；完成技术标准化与知识管理平台功能开发。推进完成 49 项科研项目、26 项标准项目、38 项管理创新项目研究，获得国家电网公司科学技术进步奖特等奖 2 项、一等奖 1 项、三等奖 3 项，电力创新奖创新大奖 1 项、二等奖 2 项，电力建设科学技术进步奖一等奖 1 项，电力工程科技进步奖一等奖 1 项。

工程建设 建设管理任务全面完成。落实国家电网公司“碳达峰、碳中和”行动方案和构建新型电力系统行动方案，全力推进重点工程建设。提前一年建成投运雅中、南昌换流站，避免白鹤滩水电站有电送不出、华中电力供应紧缺的被动局面；当年开工、当年投产南昌变电站，提高湘赣两省的电力互济能力和接受外电能力，保障湖南电网的迎峰度冬；建成投运陕北换流站，助力革命老区发展，保障湖北电力供应；北京、丰宁换流站顺利移交运行，确保北京冬奥场馆 100%绿电供应；蒙西扩（长滩送出）工程扩建间隔带电运行；布拖换流站进入电气设备安装高峰期；荆门扩土建施工基本完成；螺山长江大跨越基础施工及锚塔组立完成；白鹤滩二期换流站桩基施工完成，土建施工全面开展。

统筹支撑务实高效，全年完成 41 个（次）变电（换流）站、202 个（次）线路标段共 543 个作业现场的安全协同监督检查，查纠管理薄弱环节和违章行为 2000 余项。响应总部需求，完成特高压工程安全管理评估及施工承载力、全过程机械化施工、落地抱杆使用情况等调研；开展宾金线、锦苏线停电改造等专项支撑。

党的建设和精神文明建设 始终将政治建设摆在首位。严格落实“第一议题”制度，全年学习习近平总书记重要讲话精神 45 次。党委理论学习中心组集体学习 24 次，各党支部开展“三会一课”、主题党日活动 500 余次。全体党员“四个意识”更加牢固、“四个自信”更加坚定、“两个维护”更加自觉。建立党委理论中心组带头学、支部跟进学的上下联动学习机制，策划制作“中国共产党百年光辉历程”主题展览，营造浓厚学习氛围。推进“我为群众办实事”64 项清单任务，提升员工获得感、幸福感。

开展党史学习教育，成效获得国家电网公司党史学习教育第六巡回指导组的充分肯定和高度评价。完善“队、区、岗”建设，成立 9 支共产党员服务队、6 支突击队，设立 40 个责任区和 92 个示范岗。编制“党建+”工程实施方案和《工程现场临时党支部管理标准化手册》，围绕新开工工程成立 6 个临时党支部，推进党建融入特高压工程建设全过程。全面从严治党持续深化。落实十九届中央纪委五次全会精神，一体推进“三不”。推进政治监督具体化常态化，清理规范领导人员配偶、子女及其配偶经商办企业行为，开展“靠企吃企”专项整治。梳理廉洁风险 90 条，制订防控措施 222 项。围绕重点工程建设、中国共产党成立 100 周年等主题，在中央媒体报道 8 次，形成各类宣传成果 80 余项。特高压品牌研究成果入选全国电力行业职工文化创新典型案例。调整员工疗养策略，安全有序组织 15 批次 76 人疗养。参加国家电网第六届“青创赛”，引导团员青年创新创效。

国网特高压公司获评 2021 年度国家电网公司特高压工程建设先进单位，苏通 GIL 综合管廊工程获国家优质工程金奖，张北—雄安工程获国家水土保持示范工程，昌吉—古泉工程获国家电网公司优质工程金奖，螺山长江大跨越、南昌变电站、布拖换流站、荆门扩工程获评国家电网公司“安全管理五好示范工地”。在工程建设过程中涌现出一批先进集体和个人，华中工程建设部获评国家电网公司“新基建”劳动竞赛先进集体，物资监造部获评国家电网公司现代智慧供应链创新与应用示范先进集体，西南工程建设部项目管理处获评国家电网公司工人先锋号。邹军峰获评电力行业百名“电力工匠”，徐剑峰、潘青松分别入选国家电网公司科技类和能手类青年人才托举工程。共计 10 个集体、21 人次获得国家电网公司及以上各类表彰。

（文　池）

【国家电网有限公司信息通信分公司】

企业概况　国家电网有限公司信息通信分公司（简称国网信通公司）是国家电网公司信息通信业务的专业保障单位，工作职责为：调度监控方面，负责一二三级骨干通信网、数据骨干网和统建信息系统的调度监控。运维检修方面，负责一级骨干通信网设备的运维管理以及属地通信设备的运维检修；负责总部、一级部署、直属单位集中部署信息系统和国网北京数据中心的运维检修；负责数据骨干网的运维管理。网络信息安全方面，负责国家电网公司网络信息安全监测分析管理，以及运维范围内信息通信系统的安全防护体系建设和运行工作；承担国家电网公司电力监控系统网络信息安全和国调自动化系统的运行值班；支撑总部开展保密检查监测工作。建设管理方面，负责一级骨干通信网、总部委托建设信息系统的建设管理。支撑服务方面，承担总部电视电话会议保障、应急指挥中心信息通信保障、调度交换网和行政交换网保障、科技奖励评审、科技查新、专利服务和网站运维等支撑服务工作。

国网信通公司聚焦服务支撑“一体四翼”发展布局，围绕助力新型电力系统构建和推动企业数字化转型，实施强根铸魂、安全强化、能力提升、提质增效、创新登优“五大工程”，全面贯彻新发展理念，推动高质量发展，实现信息系统运行可靠率 99.98%，通信和调度自动化运行可靠率 100%，信息通信服务质量 100%，网络与信息安全任务完成率 100%，数字化发展支撑任务完成率 100%，完成既定目标任务，业绩考核获得 A 级。

人力资源　国网信通公司共有员工 323 人。其中，中共党员 234 人，省部级突出贡献优秀专家 1 人、国家电网公司级人才 4 人、中央企业技术能手 2 人、国家电网公司级技术能手 3 人，高级职称 123 人（占比 38.1%），硕士、博士 282 人（占比 87.3%）。离退休人员 221 人。

建立健全“三位一体”干部考核体系，加快打造“四优五过硬”干部人才队伍。实施人才培养“三大工程”，建立专家考核评价规范，2 人入选国家电网公司首批青年人才托举工程。持续打造“五大工匠”，全年累计取证 98 个，同比增长 75%，人均持证数达 1.3 个。

安全生产　弘扬“安全有我，有我安全”理念，建成“三区安全阵地”。开展“落实安全责任，推动安全发展”安全月活动，实施“五查五严”专项行动，安全生产体系和监督体系持续健全。建成异地备调和集中网管，提升“极端情况下”的系统安全水平和通信支撑能力。推进全网通信设备版本归集，累计完成 2 万台套，助力电力通信降本增效。强化“一键处置”“自动巡检”等技术应用，信息系统故障处置时长连续 3 年下降。

深化安全生产专项整治三年行动，完成站内光缆“单沟道”、光缆接地不规范等隐患治理，补强电厂侧通信短板，组织完成国（省）调安控业务通道风险“地毯式”排查，全面推动问题整改。完成全网近 20 万个“僵尸账户”治理，大幅降低信息系统“暴破”风险。

强化各级信通协同作业，完成迎峰度夏、防汛抗台等重要保电阶段的专业保障任务，累计保障时长超过 5688h。面对今冬明春电力保供严峻形势，第一时间研究部署专项保障工作，用“四个全力”贡献信通力量，以实际行动践行“两个维护”。

网络信息安全　防御体系持续健全。结合终端、网络、业务、端口、数据五个层面，研究构建纵深防护体系。建成覆盖国分省三级涉密岗位的保密巡查体系，保障电子数据安全。推动两级情报知识体系试点建设运营，助力三地数据中心网络安全一体化。组织全网修复专项软件漏洞，通过公安部执法检查。完成“挖矿”排查行动、扫雷行动等专项任务。

防御能力不断提升。针对冬奥重保单位，完成两级多源威胁情报共享平台试点应用，提升态势感知能力。建成双层密网专区，提升溯源反制能力。制定云安全基线，筑牢国网“云堤”。完成“i 国网”及二级微应用安全加固，实现移动终端“一键封禁”。深化网络安全供应链风险研究，完成 10 类装备隐患排查。支撑国调自动化及网络安全联合值班，常态开展渗透测试，助力工控系统安全防护升级。

安全保障实现突破。组织完成建党百年、“十四运”等重特大网络安全保障 8 次，累计拦截攻击 1.66 亿次，同比增长 4.5 倍，共享威胁情报 6.82 万份。组织开展四期网络安全实战攻防演习，发现重大隐患 6 项，形成“平战结合、常备不懈”的两级联防联动机制。

云网协同运营　做实“调度监测全网”。承运国网云运营中心，纳管全网云节点 10677 个，实时掌握“3+27”云平台资源状态。结合业务场景，梳理监控要点 1400 余项，准确把脉云平台运行状态。规范全网检修作业，历时 105 天完成云平台大版本升级。

做精“技术支撑全网”。建成云平台微门户，支撑数字化能力共享。面向全网提供技术服务 2722 次，问题解决率 100%。构建云资源评估模型，常态开展资源应用评价，提升利用效率10个百分点。组织6家单位以“租户”形式上云，促进“云能力”全网共享。

做强“运维运营三地”。组织编制《三地数据中心资源规划方案》，厘清职责界面，捋顺流程机制，增强业务协同。陕西疫情期间，发挥“全网一朵云”技术优势，实现对西安数据中心云平台的“远程直管”。

做专“云网协同发展”。完成数据通信网“管理提升年”行动，强化网络内生安全。应用SRv6和SDN技术，建成互联网大区业务承载网，支撑网上国网、公共服务云等云上应用。完成IPV6改造计划任务，相关项目入选中国IPV6创新发展大会优秀案例。

工程建设 通信工程建设取得突破。深化前期建运会商机制、中期建设管控机制、后期交叉检查机制，建设22项重点工程，新建站点7个，改造站点176个，建成光缆4477km，安装及扩容通信设备1382台套。针对南昌—长沙通信工程工期紧张和疫情反复的严峻形势，梳理六类、13项风险点，制订18项预控措施，成立前线指挥部，强化专业协同和现场安全质量管控，完成建设任务。

新一代通信网络系统提速推进。编制《新型电力系统信息通信支撑技术研究报告》，推动省际传输网“第二平面”项目落地，完成电网生产专用通信设备的研制和测试，主动适应清洁能源并网、柔性直流输电对通信时延及可靠性的要求，规避供应链风险。

数字化项目管控更严更实。推进DevOps体系构建，制订《数字化项目敏捷研发管理办法》，主动适配“小步快跑、迅速迭代”要求。建设并应用研发仿真环境，实现96个团队、158个项目的建设全过程线上管控。多方沟通协调，完成超期项目整治年度计划。

服务保障 会议保障抗压前行。以“零差错”标准，完成闽粤联网开工、默拉直流投产、陕西电力挂牌、能源转型国际论坛等重要会议活动保障615次，完成党的百年华诞、全运会、十九届六中全会等重要保电期间的应急通信保障任务。推进西单视频会议室改造，支撑总部无纸化会议。

专业支撑彰显价值。成立柔性团队，开展营销2.0、PMS3.0、SG-ECS的建设运维支撑。编制《企业中台建设、运维、运营支撑方案》，保障项目中台71项微服务试运行，发现并解决问题150项。开展财务中台两级实时调用测试，支撑数据高效互动。建设运营技术中台，优化“统一权限”架构，提升系统可靠性。

客户服务品质提升。提供现场桌面服务9750次，服务金牌用户1314次。建成终端安全管控平台，为5694台终端、608台泛终端提供安全保障。建成“智慧客服”，应对话务蜂拥现象。一线客服总话务量144万通，日均4000通。完成网站运营、专利布局、科技查新工作，服务公司软实力升级。

科技创新 深化创新机制变革。成立五个职工创新工作室，建立“1托5”协同创新平台，一线创新活力显著增强。实施重点项目“揭榜挂帅”“赛马制”，营造公平竞争科研环境。联合国网电科院等单位，组建信创联合实验室，形成科技创新合力。

推动重点科研攻关。围绕新型电力系统通信支撑技术，组织成立专项工作组，完成相关研究报告。应用国产低损耗、大面积光纤通信技术，建成467km无中继传输段，创世界纪录，获央视和新华社专题报道。参与制订的IEC OPPC光纤复合架空相线门类标准正式发布，为首个由中国提案并牵头编写的电力通信国际标准。

引导职工创新创效。举办青创赛及“奋战新征程、建功新基建”劳动竞赛，2个项目分获国家电网公司第六届青创赛二、三等奖。注册成立16个QC小组，2项QC成果获得电力行业一等奖。

企业管理 改革发展有力。全面落实经理层任期制，实施班子成员契约化管理。优化核心业务条线，调整内设机构职能。修订绩效管理办法，设置季度考核加分标准，拉大绩效工资差距，明确柔性团队考核机制，突出绩效考核“指挥棒”作用。

内控管理更加精益。修订《党委前置研究事项清单》《党委工作规则》《工作规则》等，提升企业治理效能。健全固定资产长效机制，优化运维费管理，统筹各类资源配置。推进16项提质增效专项任务，4个案例入选国家电网公司提质增效典型事例。

依法治企推进。严格落实“合规管理深化年”行动方案，持续巩固合规管理“三道防线”。实施重大决策合法合规性审核，确保审核把关率100%。强化制度计划刚性执行，严格法律审核把关。完成经济责任审计迎审和问题整改。

综合管理再上台阶。挖掘电力通信“红色历史”，制作“电力通信网的前世今生”档案微视频，连续三年获国家电网公司直属单位档案工作示范级单位称号。动态修订《涉密事项目录》，实行涉密人员分类管理，遏制保密违规行为。常态化开展疫情专项排查，组织两轮次全员核酸检测，推进全员疫苗接种，巩固“双零”局面。

党的建设和精神文明建设 党史学习走深走实。成立党史学习教育领导小组，安排23项学习任务。中心组5次集中学习习近平总书记“七一”重要讲话精神，第一时间传达学习贯彻十九届六中全会精神。固定每周四为党史读书日，累计举办党史读书班、读书会496次，学习人数5038人次，实现全覆盖、贯到底。开展“重温入党誓词”“为党庆生读党章”、赴红色教育基地学习等活动，举办“百年党史百问百答”竞赛，举行“感悟思想伟力、立足岗位建功”演讲，推出28期“小信小通学党史”微宣讲，引领广大党员汲取理论力量和思想力量。党委委员调研职工所急所盼，制订两级“我为群众办实事”清单，实施任务认领、销号管理。

党建业务深度融合。完成143个示范岗、34个责任区“挂牌上岗”，以“四个示范”“三个责任”强化“两个作用”。开展全国国有企业党建会议精神贯彻落实情况“回头看”，自下而上“体检”，完成整改。落实“旗帜领航·提质登高”47项措施，完成“基层党建创新拓展年”28项任务，实施重点领域“党建+”工程，以高质量党建引领企业高质量发展。

全面从严治党纵深推进。党委会专题研究党风廉政建设工作14次，召开全面从严治党专题党委会2次，中心组专题学习研究党风廉政建设3次，落实党委32项主体责任和纪委40项监督责任。贯彻落实《中共中央关于加强对“一把手”和领导班子监督的意见》，抓紧抓实“关键少数”。完成“靠企吃企”专项整治，推进监督全覆盖。

文化建设见行见效。弘扬“五种精神”，涵养“五铁”品格，践行“五个当好”，形成特色鲜明的党建品牌体系。召开“书记请我喝咖啡”青年员工座谈会，帮助青年解决实际困难。创新开展职工文化周、单身联谊等活动，不断提升员工获得感、归属感。加强新闻宣传策划，在中央电视台、新华社、学习强国等权威平台上的宣传实现新突破。

国网信通公司参建的上海庙±800kV换流站工程获鲁班奖，苏通GIL综合管廊工程获国家优质工程金奖，“基于实战攻防的主动网络安全管理”项目获评第28届全国企业管理现代化创新成果一等奖。网安中心正式挂牌成立，并获得“国家网络安全先进集体”称号，程杰获中央企业青年岗位能手、国网青年岗位能手、国网工匠等称号，另有11个集体、22名个人获得国家电网公司表彰表扬。

（肖　磊）

中国南方电网有限责任公司

【公司概况】 中国南方电网有限责任公司（简称南方电网公司）是根据国务院关于电力体制改革的统一部署和国务院《关于印发电力体制改革方案的通知》（国发〔2002〕5号）、国务院《关于组建中国南方电网有限责任公司有关问题的批复》（国函〔2003〕114号）和国家发展和改革委员会《关于印发〈中国南方电网有限责任公司组建方案〉和〈中国南方电网有限责任公司章程〉的通知》（发改能源〔2003〕2101号）等文件精神，由广东省、海南省和国家电网公司在广西、贵州、云南所属电网资产为基础组建的国有企业。经国务院批准，2002年12月29日挂牌成立，2004年6月18日完成工商注册登记。南方电网公司总部设在广州市。南方电网公司属中央管理，在国家实行计划单列，财务关系在财政部单列，由国务院国资委履行出资人职责。南方电网公司负责投资、建设和经营管理南方区域电网，参与投资、建设和经营相关的跨区域输变电和联网工程，为广东、广西、云南、贵州、海南五省区和港澳地区提供电力供应服务保障；从事电力购销业务，负责电力交易与调度；从事国内外投融资业务；自主开展外贸流通经营、国际合作、对外工程承包和对外劳务合作等业务。

2021年，南方电网公司电力保供攻坚战取得阶段性胜利，为经济社会发展提供了坚强支撑；经营实现稳中有进、稳中提质，为国有资产保值增值贡献了南网力量；改革三年行动提速加力、敢为人先，为全面深化改革提供了重要实践；科技攻关和重大工程成果丰硕，为落实“国之大者”发挥了央企顶梁柱作用。全年全系统未发生较大及以上人身事故，未发生设备和电力安全事故，未发生对公司和社会造成重大不良影响的涉电公共安全事件。全网统调最高负荷2.16亿kW，同比增长8.2%；完成售电量12363亿kWh，同比增长11.7%；西电东送电量2206亿kWh；客户平均停电时间（低压）9.23h/户，同比下降24%；用电营商环境持续优化，深圳、广州“获得电力”指标领跑全国，第三方客户满意度达85分，广东、广西电网公司和深圳供电局连续多年在地方公共服务评价中名列第一；连续15年获得国务院国资委经营业绩考核A级，连续2年获得国务院国资委党建工作责任制考核A级；世界500强排名跃升至91位。

【领导班子】 2021年，南方电网公司领导班子发生调整。9月22日，免去钱朝阳党组成员、副总经理职务。11月15日，免去曹志安董事、总经理、党组副书记职务。

截至2021年12月31日，南方电网公司领导班子成员如下：

董事长、党组书记：孟振平

董事、党组副书记兼工会主席：毕亚雄

纪检监察组组长、党组成员：龙飞

党组成员、副总经理：陈允鹏

党组成员、总会计师：肖立新

党组成员、副总经理：刘启宏、张文峰

【组织机构】 见2021年南方电网公司组织机构图。

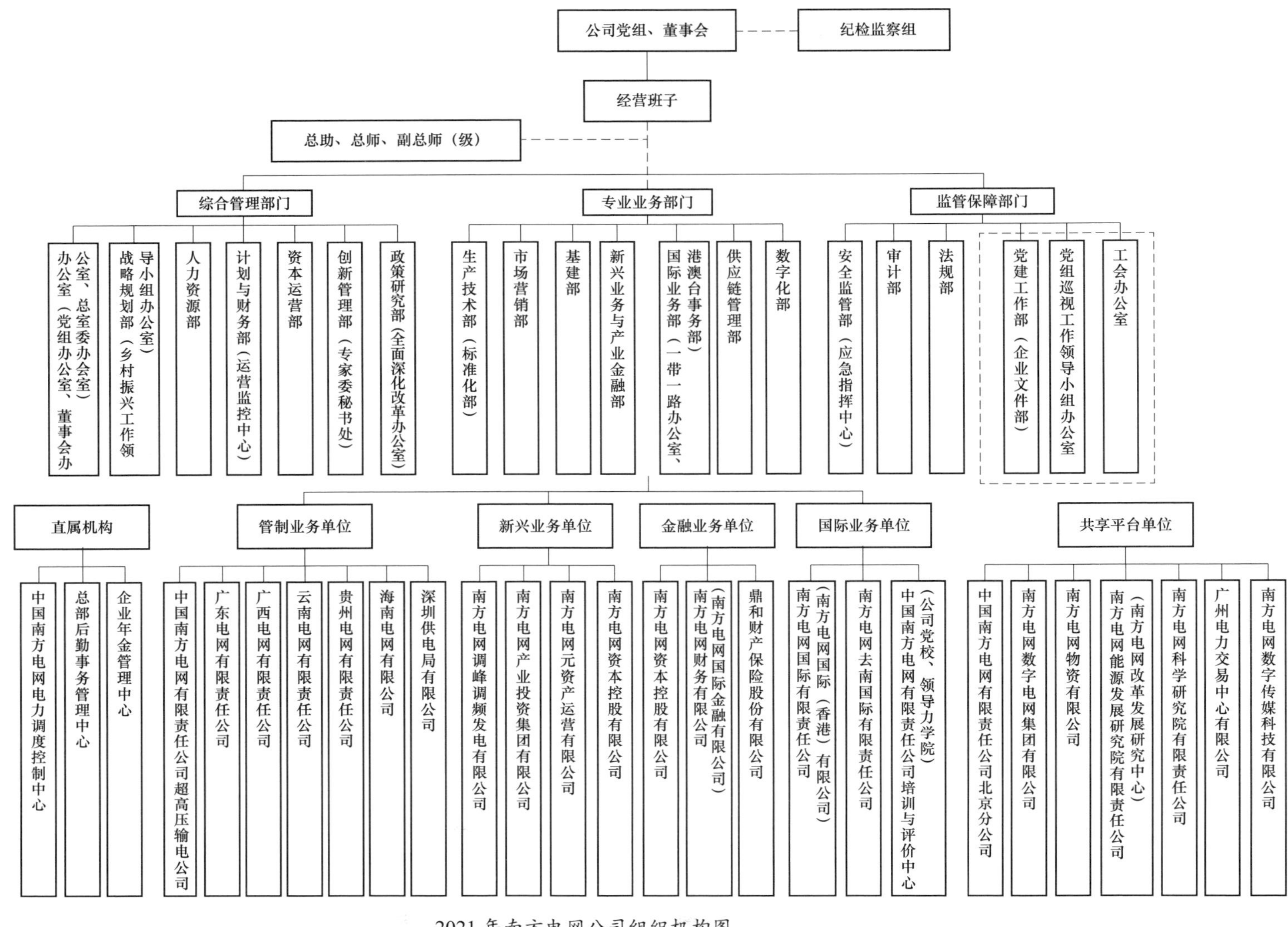

2021年南方电网公司组织机构图

【电网概况】南方电网覆盖五省区，并与香港、澳门地区以及东南亚国家的电网相联，供电面积 100 万 km^2。供电人口 2.54 亿人，供电客户 1.07 亿户。2021 年，全网统调最高负荷 2.16 亿 kW，增长 8.2%；南方五省区全社会用电量 14056 亿 kWh，增长 11.1%；非化石能源电量占比 48.9%。

南方电网东西跨度近 2000km，网内拥有水、煤、核、气、风力、太阳能、生物质能、抽水蓄能和新型储能等多种电源。截至 2021 年底，全网总装机容量 3.7 亿 kW，其中火电 1.6 亿 kW、水电 1.2 亿 kW、核电 1960.8 万 kW、风电 3407.6 万 kW，光伏 2292.8 万 kW，分别占 42.7%、32.3%、5.3%、9.2%、6.2%；110kV 及以上变电容量 11.6 亿 kVA，输电线路总长度 25.6 万 km。南方电网交直流混联，远距离、大容量、超高压输电，安全稳定特性复杂，驾驭难度大，科技含量高；南方电网公司掌握超（特）高压直流输电、柔性直流输电、大电网安全稳定运行与控制、电网节能经济运行、大容量储能、超导等系列核心技术，建成并运行世界第一个±800kV 特高压直流输电工程，荣获国家科技进步奖特等奖，标志着南方电网在特高压输电领域处于世界领先水平。“西电东送”已经形成“八条交流、十一条直流”（500kV 天广交流四回，贵广交流四回；±500kV 天广直流、江城直流、禄高肇直流、兴安直流、牛从双回直流、金中直流，±800kV 楚穗特高压直流、普侨特高压直流、新东特高压直流、昆柳龙特高压直流）19 条 500kV 及以上大通道，送电规模超过 5800 万 kW。

南方电网是国内率先“走出去”的电网。南方电网公司积极落实“一带一路”倡议，作为国务院确定的大湄公河次区域电力合作中方执行单位，不断加强与周边国家电网互联互通，持续深化国际电力交流合作。截至 2021 年底，南方电网公司累计向越南送电 394.9 亿 kWh，向老挝送电 11.5 亿 kWh，向缅甸购电 215.4 亿 kWh，对缅甸送电 19.4 亿 kWh。

【改革发展】股权彻底理顺，开启发展新篇章。首创 6 种不同治理结构公司治理范本，经理层成员任期制和契约化管理 11 个案例入选国资委 50 个参考示例。中国特色现代企业制度更加成熟定型，应建范围 88 家各级子企业全面建立董事会、实现外部董事占多数，二级子企业董事会职权全面落实。总部分类施策精准授权，完善治理主体权责清单和议事规则，规范党组织参与治理的方法途径，促进各层级治理水平整体提升。制度简明化成效显著。市场化经营机制建设取得实质突破，全面实施经理层成员任期制和契约化管理，新聘管理人员竞争上岗率 73.1%，各级管理人员退出率 10.2%，居央企前列；“重奖、保障、津贴”的多重激励体系基本建立，中长期激励加快扩面。混合所有制企业转换经营机制不断深化，“双百”“科改”企业探索形成改革样本，南网科技获评 AA 级标杆企业。供应链管理改革迈出一大步，资源整合有序实施，入选全国首批供应链创新与应用示范企业。深入落实电力体制改革部署，电力交易机构股权改革全面完成，南方区域电力市场加快建设，全国首个区域调频市场正式运行，广东电力现货市场实现首次跨月跨年连续结算试运行，代理购电平稳实施。装备制造、设计、施工等竞争性业务改革稳步推进。央地电网融合成效显著，广西新电力售电量、供电可靠性等指标大幅提升，贵州电网与兴义地方电网实现 220kV 联网。

【重大项目】闽粤联网工程（广东段）全线贯通，广东目标网架等一批重点工程加快实施，藏东南送电大湾区工程纳入国家规划，海南基本建成智能电网综合示范省。全面推进融入和服务粤港澳大湾区、深圳先行示范区、海南自贸港、新时代西部大开发、新时代革命老区振兴发展等重点举措落地，积极服务横琴粤澳合作区、前海深港合作区建设。全力巩固脱贫攻坚成果与乡村振兴有效衔接，投资 398 亿元建设现代化农村电网，农村及偏远地区频繁停电、长时间故障停电用户数分别下降 75%、67%。进一步深化对云南维西、广西东兰的帮扶合作。发行全国规模最大的乡村振兴债券。与中国扶贫基金会合作设立南网知行教育发展基金，在脱贫地区建成 101 间知行书屋。积极服务扩大内需战略，围绕落实“六稳”“六保”，加大“两新一重”投资力度，完成固定资产投资 1357 亿元，投资规模连续六年稳定在千亿元以上。推进“一带一路”建设，老挝国家输电网项目完成特许权协议主文本签署，云南电网、云南国际公司如期建成投运中老铁路供电项目，南网国际公司成功中标智利首个直流投资项目。依托能源院组建了澜湄国家能源电力合作研究中心。

【战略规划】出台《南方电网公司发展战略纲要（2021 年版）》，确立新时代新征程的战略定位、战略目标、原则、取向、路径和步骤等，加快向数字电网运营商、能源产业价值链整合商、能源生态系统服务商转型。制定实施南方电网公司“十四五”发展规划，明确主要目标、关键指标、重点任务和重大项目。深化南网特色战略管理体系（POCA）建设，非管制业务子战略、各业务规划和职能规划、分子公司规划上下联动、统筹编制，年度计划预算细化分解、有效承接，战略规划闭环管控高效运转。“四类项目”完成验收 37 项、新增实施 40 项，涌现出人工智能应用、海岛微电网、智能增值服务等一批标志性成果。扎实推进对标世界一流管理提升行动，超高压公司、广东电网公司、深圳供电局获评国资委“标杆企业”，资产管理体系、电网可靠性管理理论与实践获评“标杆项目”。加强开放合作，与广西、海南政府及产业链相关企业签署战略合作协议。

【提质增效】大力增供扩销，实现电能替代359亿kWh。成本精益管控成效显著，线损率降低 0.5 个百分点，可归集资金集中度达到99%以上，统一融资规模超过1500亿元，融资成本率降低超过0.3个百分点。非管制业务发展势头良好，产投集团电动汽车充电、通航、互联网等业务多点突破，供应链金融取得新进展，财务公司发挥司库体系执行主体作用，鼎元资产大力推动闲置土地盘活。采购及物流管理更加集约高效，网级物资采购集中度达81%，物资公司“一级采购”效率效益进一步提升。工程质量持续提升，深蓄、海蓄获评国家水土保持示范工程，清蓄获菲迪克奖、詹天佑奖，15项工程获国家级优质工程奖、鲁班奖和中国安装工程奖。资本运营实现重大突破，鼎和保险引战成为探索央企存量金融资本优化整合的重要示范性实践，南网科技成为电力行业首个科创板上市企业，文山电力启动抽蓄储能业务重大资产重组，资本市场布局初见雏形。一批影响全局的突出问题取得重要进展，中铝欠费问题实质性解决，在琼企业经营初步改善，完成15户“两非”企业清理，海蓄等提前完成亏损治理目标。加强资产负债率管控，高负债子企业减少5户。依法维权成效显著，避免和挽回经济损失10.5亿元。

【安全生产】坚决贯彻总体国家安全观，筑牢风险防范“三道防线”。全面落实“三管三必须”及风险隐患双重预防机制，“大安全”管控格局进一步夯实。风险立体防控、联防联控体系和“1+N”作业风险管控机制不断深化，穿透式安全监督管控有效加强，“双下降”良好态势持续巩固。统筹开展安全生产专项整治三年行动集中攻坚和安全风险隐患大起底大排查大整治，全面完成GOE型500kV套管和MR真空分接开关隐患整改。巩固提升保底电网建设成效，深圳、广州供电局在全国率先建成获得国家能源局认可的坚强局部电网。“平时预、灾前防、灾中守、灾后抢、事后评”的应急机制高效运转，有效应对台风、地震、强降雨等多轮次自然灾害，建党100周年庆祝活动等25项重大保供电任务做到万无一失。连续六年未发生三级及以上网络安全事件，“护网2021”取得“零失分”优异成绩。全面建成以合规管理为基础、以风险管理为重点的内部控制体系。强化自主可控品类采购和战略物资储备，供应链风险防控体系进一步完善。常态化疫情防控有力有序有效。

【构建新型电力系统】把落实碳达峰、碳中和纳入工作全局，系统谋划、统筹推进新型电力系统建设。率先发布服务碳达峰、碳中和及构建新型电力系统的研究成果和专项方案，推动将数字电网打造为承载新型电力系统的最佳形态。依托数研院、能源院、科研院成立专门研究机构，统筹推进108项专题研究，参与国家顶层设计，分层分类规划一批示范区，发布行业首个技术标准体系，举办博鳌新型电力系统国际论坛。主网实现零弃水，可再生能源发电利用率达99.8%，风电、光伏发电基本全额消纳，非化石能源电量占比 48.9%。调峰调频公司提前投产梅蓄、阳蓄首台机组，广州电力交易中心启动绿色电力交易，综合能源公司参与整县（市、区）分布式屋顶光伏建设。发展绿色金融，全年业务规模达215亿元，发行全国首批碳中和债券和首支碳中和资产支持票据。资本控股公司成立全国首个碳中和融资租赁服务平台，与产投集团组建南网碳资产管理公司。

【重大创新】提前完成5项国家级攻关项目，首款全国产化电力专用主控芯片“伏羲”实现量产并入选央企十大“国之重器”，“5G+数字电网”荣获通信领域世界级大奖，220kV及以下主设备全面实现国产化替代，投运全国首条自主研制的新型超导电缆。牵头成立电力新能源知识产权运营联合体，发布IEC标准5项、ISO标准2项，累计有效发明专利拥有数突破1万件，获得中国专利银奖1项，保底通信网获批国家级示范工程。广东电网公司、科研院荣获中国电力科技进步奖一等奖。加快推进创新链产业链融合，科技成果转化收入超过11亿元，广东电网公司2项成果荣获央企熠星创新创意大赛一等奖。加大人才培养引进力度，落实143项人才精准支持措施，饶宏当选中国工程院院士，柔性引进4名院士、12名国家特聘专家等战略级高层次人才，聘任首批战略级专业技术专家。部署实施一批“揭榜制、挂帅制、赛马制”项目，建立创新活动容错机制，崇尚创新的良好氛围加快形成。推进数字化转型，电网管理平台上线运行，资产全生命周期管理实现业务全链条贯通，南网在线、智瞰、智搜、智用等全面推广应用，建成南网公有云，启动南方能源大数据中心建设。首创能源行业数据资产管理体系、数据资产定价方法，承制全国首张公共数据资产凭证。深圳供电局试点开展数字人民币电费结算。

【党建工作】开展党史学习教育，组织中心组学习研讨、专题读书班、红色电力故事宣传等活动，突出抓好“我为群众办实事”专题实践，学习教育总体评价“好”率达 99.13%。坚持大抓基层、大抓支部，首次总体消除“无党员班组”，出台党支部战斗堡垒作用和党员先锋模范作用考核评价指引，制定基层党支部议事参考范本，有效推动党支部参与基层治理。用心用情关爱员工和交流干部，持续为基层减负，用好地方保障性住房政策，改善班站所工作条件，员工满意率93.7%。大力培养选拔优秀年轻干部，统筹用好各年龄段干部，南方电网公司2019—2020年度选人用人“好”

率为历年最好。“五个一线、五个交流”干部培养与锻炼机制有效运转，“百千人才去基层到西部计划”选派交流挂职干部人才2100余人。坚持一体推进“三不”，统筹开展11个专项整治（治理），形成“靠企吃企”综合治理格局。大监督格局不断深化，监督“五项机制”运转更加有效，对“一把手”和领导班子等“关键少数”监督更加有力，对大集体企业、县级供电企业等“穿透式”治理成效明显。统筹推进中央巡视整改和内部巡视巡察整改，巡视巡察覆盖率92%，上下联动工作格局进一步完善。配合做好国家审计并坚持立行立改，内部审计工作切实加强。保持高压反腐不动摇，严肃查办案件461件、处分596人。牢牢守住意识形态安全底线，重塑新闻宣传管理，依托传媒公司成立新闻中心，全网合唱主旋律，高影响力正面宣传指标创历年最好。北京分公司有效发挥在京窗口作用。制定实施贯彻落实《中国共产党统一战线工作条例》的主要举措，构建统战工作体系。坚持党建带团建，中央企业“青马工程”试点工作深入推进。产业工人队伍建设改革取得新进展，南方电网公司入选全国能源化学地质系统示范单位。系统98个集体、71名职工获得省部级以上荣誉称号。

（刘之阳）

【中国南方电网有限责任公司超高压输电公司】

公司概况 中国南方电网有限责任公司超高压输电公司（简称超高压公司），是南方电网公司的分公司，前身最早为原水利电力部于1984年成立的华南电网办公室，先后改组、更名为中国南方电力联营公司、国家电力公司南方公司。2002年底，南方电网公司成立后，改组为南方电网公司分公司，履行南方电网骨干网架和重要联络线的规划参与者、建设执行者、运行维护者、经营管理者职责。超高压公司在南方五省（区），建成了结构坚强、技术先进的现代化大电网，承担起了“一肩担当西电东送能源战略，一网紧联南方五省（区）”的光荣职责。

超高压公司所辖西电东送主网架覆盖广东、广西、云南、贵州、海南五省（区），所辖各单位及其分支机构分布在广东广州，广西南宁、柳州、梧州、百色，云南昆明、曲靖、大理，贵州贵阳、兴义、海南海口等11个地区。

截至2021年12月，超高压公司已建成“八交十直”共18条西电东送大通道，以及两回500kV海南联网输电线路，其中包括±800kV乌东德电站送电广东广西特高压多端直流示范工程、滇西北—广东±800kV特高压直流输电工程、糯扎渡送电广东±800kV直流输电工程、±800kV云广特高压直流示范工程、±500kV云贵互联通道工程、溪洛渡右岸电站送电广东双回±500kV直流输电工程等一批标志性项目。所辖500kV及以上输电线路23687km，其中800kV线路6194km、海底电缆7×30.5km，通道设计送电能力5660万kW。

超高压公司及所属单位荣获了全国先进基层党组织、全国“五一”劳动奖状、全国文明单位、中央企业先进集体、中央企业先进基层党组织、中央企业第一批基层示范党支部、全国“安康杯”竞赛优胜企业、全国“工人先锋号集体”等荣誉称号，以及国家科技进步特等奖、国家优质工程金奖、鲁班奖等多项重要奖项。

领导班子 截至2021年底，超高压公司领导班子变动如下：牛保红不再担任党委书记。赵建宁担任党委书记，不再担任总经理、党委副书记。陈兵担任总经理、党委副书记，不再担任副总经理。李庆江不再担任一级职员、党委委员、副总经理。杨昌武不再担任党委委员、纪委书记。陈俊担任副总经理。罗杰担任党委委员、纪委书记。

党委书记：赵建宁

总经理、党委副书记：陈兵

党委副书记、工会主席：潘超

党委委员、副总经理：王喜志

党委委员、总会计师：高磊

党委委员、副总经理：高锡明

副总经理：陈俊

党委委员、纪委书记：罗杰

组织机构 超高压公司设置办公室（党委办公室与行政办公室合署）、计划发展部、人力资源部、财务部、企业管理部、生产技术部、安全监管部（应急指挥中心）、创新与数字化部、基建部、供应链管理部、审计部、党建工作部（企业文化部）、监督部（纪委办公室）、党委巡察办、工会办公室15个职能部门。设置信息通信运维中心（数据运营与网络监控中心）、物流服务中心、项目管理中心（环境保护中心）、培训与评价中心［南网工匠大学（超高压公司分校）］、综合服务中心5个直属机构，设法律服务中心1个挂靠机构，项目管理中心统筹管理海南联网工程项目部（简称海南联网项目部）、滇西北送电广东±800kV直流工程项目部（简称滇西北项目部）、乌东德电站送电广东广西输电工程（特高压多端直流示范工程）项目部（简称乌东德项目部）、云贵互联项目部4个业主项目部。管辖广州局、贵阳局、昆明局、南宁局、柳州局、梧州局、百色局、天生桥局、曲靖局、大理局、检修试验中心（计量中心、电科院、品控中心、机巡作业中心）、南宁监控中心12个电力生产单位（其中广州局、贵阳局、昆明局为一类企业；广州局下设海口分局，贵阳局下设黎平分局）。有4家代管子公司，包括广东南方电力通信有限公司、广东天广能源科技发展有限公司、广东美居物业管理有限公司、广东新天河宾馆有限公司。

截至 2021 年 12 月 31 日，超高压公司用工总量 5070 人，其中劳动合同制员工 3928 人。全口径统计，本科学历 2574 人，硕士研究生及以上学历 521 人；中级及以上职称 2142 人；40 岁以下员工 3486 人。

安全生产运行

1. 生产指标

2021 年，超高压公司坚持强化问题导向、目标导向和结果导向，聚精会神抓好各项工作落实，主要生产经营指标稳中向好。全年未发生人身、电力安全和设备事故，三级以上事件数呈稳步下降趋势，事件总数为历年最低；直流回均闭锁 0.73 次，回均非计划停运 1 次，同比双下降；直流综合能量可用率 96.46%，连续 11 年保持 96%以上。

2. 风险管控

超高压公司始终将确保安全作为一切工作的基础和前提，加快向本质安全迈进。全面落实防范系统运行八大风险 31 项重点工作、设备运行八大领域 33 项风险防控举措，筑牢电网安全底线。突出抓好昆柳龙安全攻坚，制定 1630 项安全防控措施，提级管控首台（套）设备，实现世界首个多端柔直安全平稳运行一周年。有效管控纯光 TA 故障等重大风险隐患，高效处置兴安直流 620 号杆塔倾斜滑移等突发事件。完成牛从接地极迁改，从源头上消除重大涉电公共安全风险。统筹抓好安全生产专项整治三年行动集中攻坚，深入开展安全风险隐患大起底大排查大整治，推动安风体系与安全生产巡查深度融合，成为全网样板。

3. 设备管理

超高压公司设备健康水平不断提升。开展质量提升专项行动，首次以设备切入开展年度检修工作质量“回头看”，缺陷消除率历史最优。推进安全生产专项整治三年行动，消除主设备隐患 14 类 302 台，家族性隐患得到控制。完成 54 支 GOE 套管等重大隐患整治，隐患整治率连续位居南方区域电力企业首位，受到南方监管局和南方电网公司通报表扬。历时三年完成全部站点二次地网隐患整治，按期完成 320 套超期服役保护改造，二次设备健康度显著提升。宝安站 2、3 号主变压器在全网首次实现全接线备用，故障更换时间可由 14 天降为 5 天。完成 13 组密集通道隐患排查，实现无人机自动巡检、通道三维扫描全覆盖。

4. 应急保电

持续提升防灾应急能力，建立山火、地区电网风险联防联控机制，完成楚穗、普侨直流防冰抗冰改造以及海南联网系统输电线路抗风加固，超高压公司全年高效应对低温冰冻、台风、强降雨、地震等 46 轮次自然灾害，完成建党 100 周年庆祝活动等 12 项重大保供电任务，“护网 2021”取得优异成绩，始终未发生网络安全事件。

5. 科技工作

超高压公司坚持以“三个面向”“四个一批”为主线建立全面创新体系，健全协同攻关机制，科创工作统筹力度得到明显加强。成立专家委员会，首次引进 2 名战略级人才，以团队方式引进 5 名高校教授，“产学研”协同机制逐步形成。海缆抢修和 HSS 国产化项目试点“揭榜制”“挂帅制”，调动创新潜能。关键核心技术攻关取得显著成效，±800kV 柔性直流穿墙套管攻关项目成功完成国产样机研制，实现了国产直流高端电工装备从“0”到“1”的突破。全年获南方电网公司科技进步一等奖 2 项、价值创造一等奖 1 项，行业级科技奖励 34 项，获中电联管理创新一等奖 1 项。发布 11 项国家标准、3 项行业标准。累计有效发明专利拥有数达 599 项，同比增长 35%。

6. 信息通信工作

2021 年，“数字化攻坚年”行动取得成效、主干通信网保持安全稳定运行、网络安全防护支撑能力得到提升、运维服务水平取得进步，完成全年各项目标任务。实施“5G+数字换流站”“WAPI”无线专网示范工程，大力推动 5G、WAPI 等新一代电力无线通信网建设，首次提出、形成基于“数据不出站、业务不中断”的高可靠、高安全的电力 5G 专网模式及建设方案，打造国内首个 5G 智能换流站范本。探索“云网融合”，丰富 5G+数字电网应用。依托数智彩虹计划，大力开展数据资产运营，打造数据驱动的学习型组织管理创新实践，入围中电联管理创新复赛。以零失分的成绩顺利完成“护网—2021”网络攻防演习保障工作，完成庆祝建党 100 周年、十九届六中全会、第 130 届广交会等网络安全重大保供电工作。

电网发展 完成昆柳龙、云贵互联工程 399 项试运行测试，测试结果达到试验预期，满足工程设计功能要求。组建项目管理中心，整合技术、技经、环保三大专业力量，实现项目制、矩阵式管理。统筹抓好改扩建工程建设，加强施工现场管控，花都主变压器扩建、鲁西扩天星间隔等 4 项网级重点项目实现提前投产、零缺陷移交。生产基建一体化管控模式高效运转，48 项技改迁改、7 项小型基建项目有序开展。构建完善基建管理“1+3+6+N”制度体系，提升基建领域规范化管理水平。做好昆柳龙和云贵互联工程结算、专项验收等基础性、前置性工作，为创“双国优”奠定坚实基础。云贵互联通道换流站工程获 2020 年度电力行业优秀工程设计一等奖。全力攻坚工程遗留问题，压覆矿协议签订率 91%，施贤工程、贵广二回环保问题得到有效化解。基建成果实现量增质升，生产基建一体化管控等 9 个项目获行业技术、管理奖，出版发行昆柳龙、云贵互联 10 卷册工程总结丛书，为中国乃至世界特高压柔性直流建设提供了宝贵借鉴。

稳步推进供应链管理改革，平稳实现广东南电物资公司整合和业务划转。积极推动现代数字供应链体系建设，有效保障重点工程和生产项目物资供应。

成立藏东南项目推进领导小组与工作小组，建立沟通协调、专项攻关、信息报送等 7 项工作机制，形成班子成员挂帅牵头，各业务领域分别负责，高效协同、运转顺畅的工作体系。高密度、高强度开展选址选线，全面摸排项目潜在关键性制约因素，支撑南方电网公司完成系统总体方案论证，为项目加快实施奠定基础。

智能海缆运维体系等 3 个“四类项目”通过验收并获通报嘉奖，新增标杆试点项目 3 项。中标三峡青洲海上风电咨询项目，助力南网国际公司中标智利项目。

经营管理 2021 年，超高压公司售电量连续 3 年超 2000 亿 kWh 大关，全年累计完成投资 30.9 亿元，全员劳动生产率达到 221.87 万元/（人·年）。

1. 改革发展

全面承接南方电网公司发展战略和发展规划，研究制定超高压公司“十四五”发展规划，确立中长期发展目标、定位、原则、取向、路径，绘就中长期发展蓝图。

全力推动超高压公司改革三年行动。根据南方电网改革统一工作部署，制定《2021 年改革重点工作安排》，健全改革十项工作机制，在南方电网公司 6、9、10 月通报的改革进度排名中，均位列管制类公司第一名。制定的分公司治理范本、科技创新管理机制、班组量化绩效等案例获南方电网公司认可。编制了《超高压公司创建管理提升标杆企业推荐报告》，入选国资委国有重点企业管理标杆创建行动标杆企业，同业对标保持“行业领先”；检修试验中心高分通过中电联“标准化良好行为企业”评价确认，成为南方电网公司首家 5A 级标准化良好行为企业。

2. 依法治企

制定《2021 年授权体系建设重点工作任务清单》共计 8 个方面 11 项具体举措，基本建成“集权有道、分权有序、授权有章、用权有度”的具有分公司特色的授权体系。编制“十四五”法治建设规划和“八五”普法规划，明确工作目标、重点任务、关键举措等内容。完善落实法治建设第一责任人职责的制度机制，全年 40 项第一责任人任务均已按计划完成。强化重大案件处置工作，持续做好王家坝案件二审应诉工作，做好案件后续的处置工作，争取有利的判决结果。根据欧盟法院作出的“耐克森存在垄断”二审裁定，及时启动索赔程序。编制《超高压公司法律案件白皮书》，对近 10 年的典型案件进行总结提炼，引导生产基建等业务主动规避合规风险，发挥典型案件的作用。

2021 年完成经济合同法律审核 3209 项，合同法律审核率 100%，完成规章制度法律审核 219 项，审核率 100%，重要经营决策法律审核 12 项，审核率 100%。全年办结案件 13 宗，胜诉率 100%，避免或挽回经济损失 1155.54 万元。

3. 财务管理

深入实施 8 个提质增效专项行动和 3 个管理提升，有效补短板、强弱项、堵漏洞。扎实推进成本费用精益管理体系建设，成本均衡度同比提升 25%以上，万元资产运维费持续保持全网最低水平。综合运用票据贴现、存量借款置换等手段，压降财务费用 1 亿元，债务结构大幅优化。挖潜增效，通过回收长期应收款、股权投资等举措创造利润 1.52 亿元。创新开展财务风险协同信息化建设，在全网范围推广。有序推进国家及南方电网公司审计配合工作，健全审计整改长效机制，有力服务超高压公司健康发展。深化以合规管理为基础、风险管理为重点的内控体系建设，有效防范化解重大经营风险。

4. 审计管理

深化审计成果运用，建立健全“一本台账、两个责任、三项机制、六个步骤”的“1236”审计整改长效机制，立行立改国家审计、南方电网公司审计发现问题，通过超高压公司月度例会提级督办重难点问题整改。2021 年整改审计发现问题 456 项，推动解决从西换流站征地补偿费用未结算、个别迁改工程未按合同约定时限收取补偿资金等历史遗留问题，推动开展项目管理、后勤管理、零星采购管理 3 个专项提升，促进完善《生产运维项目管理业务指导书》等 51 项制度机制。

人力资源管理 2021 年，超高压公司招聘高校毕业生 128 人，原 985、211 院校招聘比例达到 65%。截至 12 月 31 日，超高压公司用工总量 5070 人，其中劳动合同制员工 3298 人。本科学历 2574 人，硕士研究生及以上学历 521 人；中级及以上职称 2142 人；40 岁以下员工 3486 人，员工队伍数量、质量、结构持续优化。

1. 干部队伍建设

提升选人用人水平和质量，选人用人工作民主评议“好”率、新提拔干部认同率在管制类单位中排名前列，政治生态评价选人用人满意度维持高位。近三年实现所属单位干部担当作为测评全覆盖，“好”率始终保持在95%以上，连续三年保持上升趋势，重基层重实干重实绩的用人导向深入人心。

持续改善干部队伍结构，为年轻干部成长成才创造良好平台，持续推进本部与基层、东部与西部之间的干部交流任职，连续三年加大交流力度，组织5批优秀年轻干部到超高压公司本部交流锻炼。来自安全生产、工程建设等一线的四级优秀年轻干部比例从25%增长至37.9%，同时拥有生产和综合业务工作经验的复合型干部数量显著增加。不断优化基层单位班子配置，全部三级单位均配备“80后”班子成员，“80后”三级干部占比同比提升17.3%，老中青结合的梯次配备格局逐渐巩固。

全年共有698名干部员工报名124个管理岗位公开竞聘，占合同制员工的21%，674人申报各级专家，占技术技能人员总数的22%。通过深化改革，85人走上管理岗位。能进能出成为常态。持续加强员工合同管理、业绩考核和岗位胜任能力评价，94名员工降岗降级。能增能减成为主流。管理人员实行“低固定、高浮动”的薪酬策略，浮动工资占比提升至60%以上，专责、班组人员“奖优罚劣”的分配导向也更加凸显。“三能”逐步从“硬性任务”向“重要抓手”转变，队伍活力动力明显增强。

2. 教育培训

2021年，围绕南方电网公司、超高压公司人才工作部署，开展“超越2025”人才工程建设，开展了各层级人才培训项目，优化各类型人才评价方式。引进2名战略级高层次人才和5名教授作为科研助手。科学选才，新增2名战略专家、2名杰出专家，全年新增技术技能专家123名，增幅87.2%，人才总量和密度大幅上升。修订完善13个专业人才评价标准，1102名员工入库培养。部分培训评价项目获评中国企业高管培训发展联盟优秀管理类培训项目、CSTD第六届企业学习设计大赛2021年全国企业学习项目设计银奖；超高压公司代表队获南方电网公司2021年内训师技能竞赛团体二等奖，2人分获竞赛一等奖、三等奖，3人获金牌内训师。全年实施培训298项、372期，培训计划完成率100%，技能人员持证上岗率和岗位授权率均达100%，人均新增作业授权23.14项。

党群宣传 2021年，超高压公司党委坚持以习近平新时代中国特色社会主义思想为指导，深入贯彻党的十九大、十九届历次全会精神，严格落实“第一议题”机制，推动习近平总书记重要指示批示和党中央重大决策部署落地见效。扎实推进党史学习教育，将学思践悟贯穿始终。突出加强党委班子自身建设，出台《完善监督体系提高党委监督能力实施细则》，将政治生态建设和作风建设作为破局解题的重要抓手。内外部同向发力，超高压公司党委首获中央企业先进基层党组织。

1. 推动党史学习教育走深走实

抓住庆百年、学党史这条主线，汇聚捍卫“两个确立”、投身复兴伟业的磅礴力量。建立“两案一指引、一表四安排”工作体系和“12345”工作机制。打造理论、体验、线上、实践“四类课堂”，举办培训班8期次，赴瑞金、延安、井冈山等革命圣地举办读书班50余期，推动党员学习全覆盖。隆重庆祝建党100周年，制作“党史长廊”，编发简报20期，开展宣传报道400余条次。举办党史学习教育党课大赛，策划开展“初心不忘，我心向党”“请党放心，强国有我”等学习活动，策划实施“对党说句心里话”“我与党旗合张影”“我为组织献一计”等特色主题活动，推动党史学习教育深入人心。

2. 党建工作与业务工作深度融合

坚持把推动党建工作与改革发展生产经营深度融合，深化“支部建在站上”“支部进项目”，超高压公司系统实现“一部门一支部”全覆盖，“党政一肩挑”“党员负责人进支委”得到全面落实。举办党务干部培训班和党建专业技能竞赛，促进党务干部能力水平有效提升。做细做实“六个一”“四个必”和主题党日“三部曲”，广泛开展“让党旗在一线高高飘扬”等活动，运用好党建联建、党员设岗定责、承诺践诺等载体，在抗冰保电、防风防汛、昆柳龙直流首检等急难险重任务中成立党员突击队，党员责任意识持续增强，“两个作用”有效发挥。

3. 宣传文化建设

持续擦亮“西电东送”品牌，在高层级媒体开展专题宣传，央视大型工业纪录片“大国重器”专题介绍昆柳龙工程柔直阀科技攻关，在央视复播超过10次。新华社微信公众号“五一”期间，在头条位置以“我走过的线，我放心”报道超高压公司一线劳动者履职尽职的感人事迹。人民日报新媒体发稿量创历史之最，超高压公司入选国资委管理标杆企业、自主研发国内首个±800kV柔性直流穿墙套管等改革发展的大事要事获得报道关注。在中国电力报、中国能源报等行业媒体刊发多篇署名文章，总发稿量位居全网前三。

4. 党风廉政建设

制定超高压公司党委一体推进不敢腐不能腐不想腐的实施方案，落实15个方面具体举措，扎实推进“靠企吃企”问题专项治理，对酒驾醉驾、“黄赌毒”等违纪违法行为实施综合整治。高质量开展纪律教育学习月活动，组织全体员工学习警示教育材料，开展纪法知识网络测试4732人，发放告知书并签订承诺书4768份，盯紧重大节假日等关键节点，发送廉洁提醒短信

4.2 万余条，持续筑牢拒腐防变思想堤坝。滚动修编中央巡视整改“三个清单”，聚焦重点领域、重点问题开展 10 个专项提升行动、7 个专项整治，提前 3 个月完成 192 项问题整改。坚持“发现问题、形成震慑、推动改革、促进发展”的工作方针，提前一年完成党的十九大后巡察全覆盖任务。制定超高压公司党委提升监督能力实施细则、加强对“一把手”和领导班子监督工作清单。配强纪检干部队伍，建强巡察机构，确保“两个责任”同向发力、同题共答。制定进一步做细做实思想政治工作营造良好政治生态专项工作方案，全覆盖谈心谈话，以真抓实改促进政治生态持续向好。

5. 团青工作

深入实施“青马工程”，赴革命圣地开展 3 期“青马工程”读书班，将“青马”学员“选育管用”与优秀年轻干部、“好苗子”“优秀青苗”贯通起来，累计培养“青马”学员 79 名。深化“号手岗队”建设，创建青年文明号 1 个、青年突击队及服务队 40 支，选树青年岗位能手 17 个，充分发挥青年生力军和突击队作用。打造超高压公司团员青年“学党史、强信念、跟党走”学习教育特色实践，举办青年座谈会等“沉浸式”主题团日。征集青年发展意见，全年共发放青年思想调研问卷 1700 余份，与团员青年开展谈话 2500 余人次。举办“律动青春　邂逅金秋”全网驻穗青年联谊等各类交友活动 18 场，参与青年超 400 人。积极引导青年投身公益、奉献社会，持续抓好先进典型选树和宣传，全年共获得省部级以上集体与个人荣誉 10 项。

6. 工会工作

2021 年，超高压公司工会在超高压公司党委的领导下，抓思想引领提升凝聚力，抓民主管理提升治理能力，抓技能劳动竞赛提升职工素质，抓竭诚服务职工提升职工满意度，抓自身建设提升工会工作水平。组织先进代表在南方电网公司“五一”表彰大会诠释昆柳龙工程所形成的精神品质，获得良好反响。举办“劳模（工匠）大讲堂”，交流先进操作技法，传承劳模工匠绝活技能。超高压公司全年共荣获集体“全国五一劳动奖状”、2 人荣获“全国五一劳动奖章”、5 个集体获“广东省五一劳动奖状”、3 人获“广东省五一劳动奖章”、2 人荣获“全国技术能手”“电力工匠”，1 人入选“大国工匠——能源化学地质篇”名单，获得荣誉的层级和数量均为历年之最。

7. 乡村振兴

推动脱贫攻坚成果同乡村振兴有效衔接。一是组织原有脱贫攻坚驻点工作有序移交，乡村振兴定点帮扶工作有序启动，5 名帮扶干部按要求完成进驻。超高压公司主要领导、分管领导带队赴帮扶点开展实地调研指导，加强与地方党委政府的交流沟通。二是成立了乡村振兴工作领导小组，确保工作责任有效落实。承接上级要求编印了超高压公司实施方案，加强驻点帮扶工作队管理、帮扶工作请示报告、帮扶单位与帮扶点工作联系、帮扶人员教育培训等多项机制建设。三是多措并举助力定点帮扶。突出抓好帮扶项目策划和实施，指导相关单位按照“一村一策”要求谋划帮扶规划，扎实有序推进超高压公司帮扶项目，不断深化消费帮扶，助力帮扶点扩大产品销路，超额完成南方电网公司消费帮扶任务。

主要事件

1 月 13 日，超高压公司对海南联网工程 500kV 福徐甲线海底电缆抛石保护正式开工，这是国内首次对 500kV 海底电缆自主开展落石管抛石保护。经过为期两个月的施工，项目于 3 月 12 日顺利竣工，标志着国外海底电缆落石管抛石保护技术垄断被打破。

4 月 29 日，南方电网公司“五一”表彰大会上，超高压公司荣获全国“五一”劳动奖状、全国“五一”劳动奖章、南方电网公司“五一”劳动奖状、南方电网公司工人先锋号等十几项荣誉。昆柳龙直流控制保护系统攻关团队荣获“广东省五一劳动奖状”。

4 月，超高压公司组建智利 KILO 高压直流输电绿地投资项目工作团队，参与前期竞标工作。12 月 13 日，支撑南网国际公司参与组建的联合体获得智利项目执行和开发权，标志着南方电网公司首次获得境外直流输电投资项目执行开发权，首次参与境外长距离、高电压、大规模直流输电项目建设，首次与有关国家企业成功开展第三方市场合作。

6 月 11 日，超高压公司自主研发的±800kV 柔性直流穿墙套管在乌东德电站送电广东广西特高压多端柔性直流示范工程（简称昆柳龙直流工程）柳州换流站内成功投运、稳定运行。

6 月 19 日，地质灾害引起广西贺巴高速公路那良隧道山体滑坡，造成兴安直流 620 号塔发生位移并存在倒塔风险。超高压公司第一时间部署开展抢险工作，连续奋战 62 个昼夜，于 8 月 21 日 03:08 时完成迁改工程投产送电，成功消除倒塔风险。

7 月 2 日，世界首个特高压多端混合直流工程——南方电网昆柳龙直流工程再传喜讯，继 2020 年 12 月 27 日工程三端全面建成投产后，累计送清洁水电超 100 亿 kWh。

7 月 9 日，超高压公司作为南方电网代表单位入选 200 家国资委国有重点企业管理标杆企业名单，为南方电网公司在国务院国资委改革年度考核中获得了加分。

12 月 6 日，中国施工企业管理协会发布了《关于表彰 2020—2021 年度国家优质工程奖的决定》，滇西北—广东±800kV 特高压直流输电工程作为第一批次项目（2020 年 12 月 1 日《关于公布 2020—2021 年度第一批国家优质工程奖入选工程名单的通知》公布的 19 项金奖项目榜首）荣膺 2020—2021 年度国家优质工程金奖，这是南方电网公司迄今为止取得的第三项国优金奖。

12 月 27 日，世界首个特高压多端混合直流工程——昆柳龙直流工程全面投产一周年。工程投产以来，直流综合能量可用率 95.49%，日最高送电量 1.92 亿 kWh，累计送电量达 225 亿 kWh，相当于减少燃煤约 648 万 t，分别减少二氧化碳和二氧化硫排放约 1724 万、12.4 万 t。

2021 年，超高压公司全力支撑南方电网公司引入区外电力，推动藏东南送电粤港澳大湾区项目成功纳入国家电力发展“十四五”规划，西北清洁能源基地送电南方电网项目取得阶段性进展。

（刘若楠）

中国华能集团有限公司

【公司概况】中国华能集团有限公司（简称中国华能）是经国务院批准成立的国有重要骨干企业，注册资本 349 亿元人民币，主营业务为：电源开发、投资、建设、经营和管理，电力（热力）生产和销售，金融、煤炭、交通运输、新能源、环保相关产业及产品的开发、投资、建设、生产、销售，实业投资经营及管理。

目前，中国华能拥有 58 家二级单位、480 余家三级企业，5 家上市公司（分别为华能国际、内蒙古华电、新能泰山、华能水电、长城证券），员工 13 万人。2021 年，中国华能可控装机超过 2 亿 kW，煤炭产能超过 1 亿 t/年，供热面积超过 9 亿 m^2，资产总额 1.34 万亿元。进入世界企业 500 强，2021 年排名第 248 位。累计 16 次获年度经营业绩考核 A 级，在中央发电企业中次数最多。获评 2020 年度中央企业党建工作责任制考核 A 级、中央企业董事会“优秀”等级。

【领导班子】

党组书记、董事长：舒印彪

董事、总经理、党组副书记：邓建玲

董事、党组副书记：王森

党组成员、副总经理：樊启祥

党组成员、总会计师：王益华

党组成员、副总经理：王文宗

党组成员、纪检监察组组长：王利民

党组成员、副总经理：李富民、李向良

【组织机构】 见 2021 年中国华能组织机构图。

【生产经营】安全绩效。有效应对了极端天气、自然灾害，没有发生较大及以上安全事故。基本建设领域实现零伤亡、零事故。在煤炭产量创新高的情况下，事故率明显降低。水电大坝实现专业化统一管理。核安全保障体系有效运转，核应急能力明显提升。网络安全基础不断夯实。

经营绩效。截至 2021 年底，资产总额 1.34 万亿元，主要生产经营指标保持行业领先。

发展绩效。截至 2021 年底，可控装机容量超过 2 亿 kW，煤炭产能超过 1 亿 t/年。

党建绩效。党史学习教育成效显著，深入学习贯彻总书记“七一”重要讲话和党的十九届六中全会精神，深刻认识“两个确立”的决定性意义，用党的伟大成就和光荣传统凝聚思想行动，进一步增强了建设世界一流企业的信心决心。推进党建与业务深度融合，全面从严治党持续深化，干部人才队伍建设不断加强。

【能源保供】带头保供彰显华能担当。贯彻习近平总书记重要指示精神，坚决扛起能源保供的政治责任，充分发挥央企“顶梁柱”“压舱石”作用，全部机组实现应开尽开、应发尽发，能源保供工作得到国家主管部门和地方政府高度评价。

燃料保障坚强有力。面对前所未有的保供压力，燃料战线多方争取煤源；在最关键的四季度，库存水平明显高于全国统调电厂；加大进口煤采购；推动煤炭产能核增；强化煤电协同；千方百计筹措保供专项资金，确保了煤电企业资金需求。

【疫情防控】有效应对国内多点突发疫情，常态化抓好境外项目疫情防控，织密织牢防控网，牢牢守住了“华能阵地”，夺取了疫情防控和生产经营发展“双胜利”。

【绿色低碳转型】 新能源发展创历史最好水平。发展规模创新高，新增实体开工容量、新增并网容量均突破千万千瓦，发展质量行业领先。

大型基地开发取得重大进展。国内首个千万千瓦级多能互补绿色综合能源基地——陇东能源基地配套调峰电源和先期风电项目、上都清洁能源基地风电项目全面开工，标志着公司“北线”大型基地开发建设进入快车道。“东线”海上风电克服施工资源紧张、窗口期短、疫情等不利影响，展现出敢打敢拼的精神风貌。

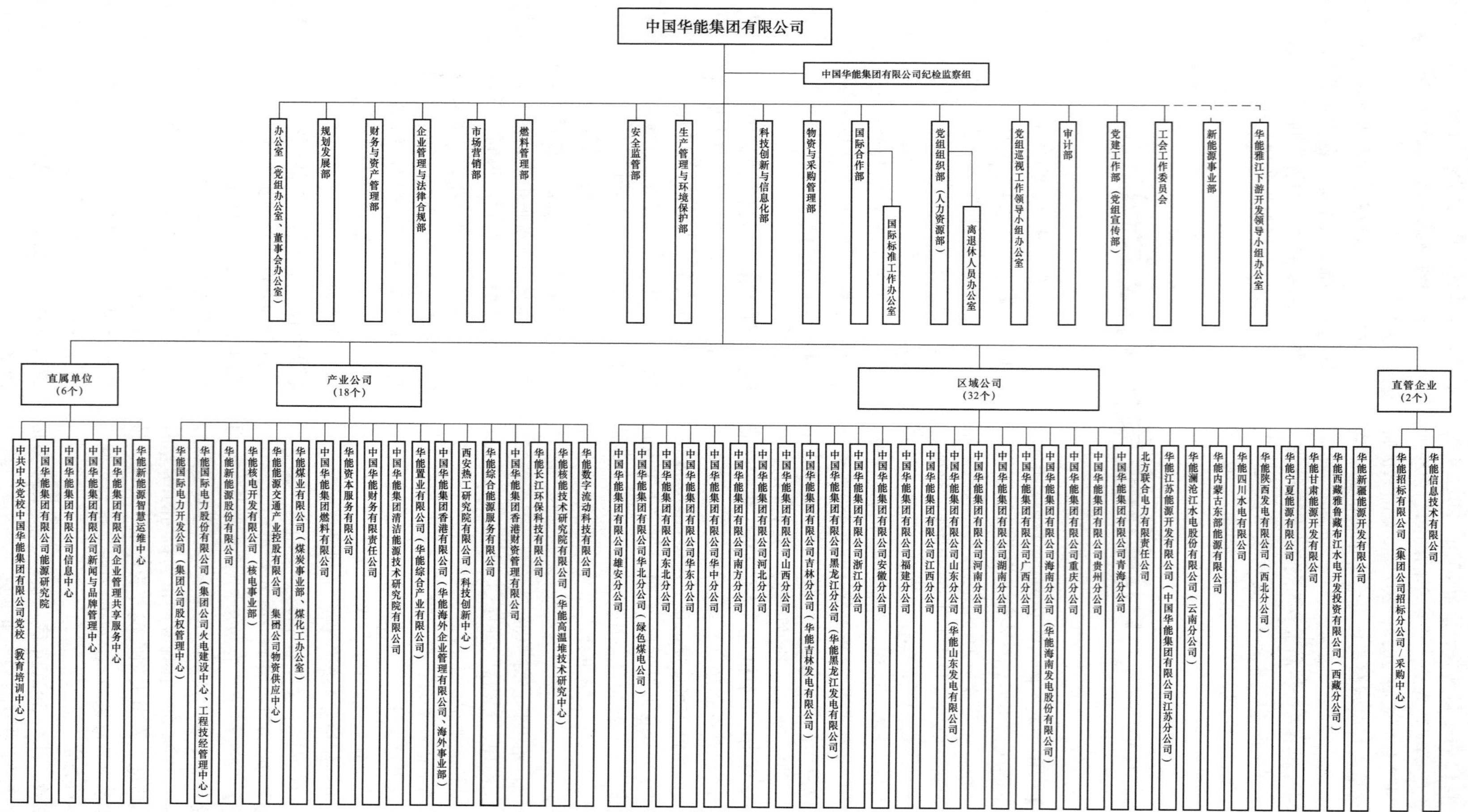

2021 年中国华能组织机构图

清洁能源发展呈现新格局。石岛湾高温气冷堆核电站成功发出华能第一度核电，昌江核电二期全面开工，公司核电产业形成滚动发展良好态势。罗源港电储送一体化绿色建设示范项目获国家优质工程金奖。

【科技创新】 坚持把科技创新摆在更加突出的位置，心怀“国之大者”，打造“国之重器”，坚决打好关键核心技术攻坚战，打造原创技术“策源地”、现代产业链“链长”，在海上风电、CCUS、650℃电站高温材料、超临界二氧化碳发电等领域牵头组建创新联合体，实现高水平科技自立自强，勇当国家战略科技力量，成为科技创新的行业排头兵。

国家科技重大专项——华能石岛湾高温气冷堆核电站示范工程成功并网发电，标志着全球首座具有第四代先进核能系统特征的球床模块式高温气冷堆，在中国华能实现了从“实验室”到“工程应用”质的飞跃；提前一年完成全国产化安全智能型 DCS 等“卡脖子”技术攻关任务，建成中国首个全国产 DCS/DEH+SIS 智慧电厂，自主研制出全国首台（套）70 万 kW 水电机组全国产计算机监控系统，大幅提升了中国电力基础设施的运行水平和本质安全；“国际首创、华能原创”烟气污染物一体化脱除技术（COAP）完成中试验证、牵头研制的大型国产化海上风电机组成功下线、自主研发的中国首座大型二氧化碳循环发电机组投运，助力中国能源安全和科技创新水平再上新台阶；建成国内首个千万个数据点规模秒级国产实时新能源生产运维数据平台，全面保障新能源电力系统本质安全和智能化水平。

【科技成果转化】 污泥垃圾耦合发电技术实现规模化应用。汽轮机低压缸零出力技术在全国范围开展应用，引领煤电行业深度调峰和供热技术进步。获省部级以上科技奖励 66 项，其中中国电力科技进步奖一等奖 2 项，中国能源创新奖一等奖 1 项。发布 3 项 IEC 国际标准。申请专利同比增长 114%；授权专利同比增长 269%；新增国际专利 49 件；获中国专利奖优秀奖 5 项。

【企业改革】 年度改革任务全面完成。截至 2021 年底，对照《改革三年行动实施方案》，累计完成改革任务 98 项，占任务总数的 93.3%，全面超额完成年度目标任务（三年任务 70%以上），多数量化指标优于央企平均水平。

中国特色现代企业制度更加完善。中国华能和重要子企业全部制定印发《党组（党委）前置研究讨论重大经营管理事项清单》，纳入应建范围企业董事会建设和外部董事占多数完成率均为 100%。制定加强子企业董事会建设和落实子企业董事会职权工作方案，重要子企业有序落实董事会职权。中国华能董事会在国资委考核中获得“优秀”等次，中国华能、澜沧江公司入选“中央企业公司治理示范企业”，《“五步三化”精智管理模式》在电力行业唯一入选国有重点企业 10 大管理标杆模式。

三项制度改革不断深化。深入落实《关于进一步加快推进三项制度改革的若干措施》，制定《经理层成员任期制和契约化管理办法》及《工作方案》，系统各级子企业实施经理层成员任期制和契约化管理的人数和户数实现全覆盖。大力推进市场化用工，员工公开招聘比例、员工市场化退出率高于央企平均水平。管理人员竞争上岗、末等调整和不胜任退出等指标持续改善。进一步优化全员绩效考核，二级单位负责人全面实行任期激励。

“双百行动”“科改示范行动”不断走深走实。双百、科改企业聚焦治理机制、用人机制、激励机制持续发力攻坚，改革工作取得重要进展，年度台账完成率、董事会应建尽建比例、经理层成员任期制和契约化签约率、员工公开招聘比例等重点指标均实现 100%。西安热工院深化劳动、人事、分配“三改联动”，取得一系列科技创新重大成果，在全国发电行业唯一获评“科改示范行动”标杆企业，创新能力获评陕西省百强高新技术企业第一名；所属西热利华公司探索实施股权激励，成功入选 2021 年“科创中国”新锐企业榜单。

【国际化经营】 截至 12 月，中国华能境外参与投资和管理的项目装机容量达到 894.42 万 kW，以煤电、天然气发电、水电、储能等常规电源项目为主，分布在新加坡、巴基斯坦、缅甸、柬埔寨、英国和澳大利亚等 6 个国家，境外技术服务和技术出口覆盖超过 20 个国家和地区。设立巴基斯坦、缅甸、柬埔寨、新加坡、澳大利亚、哈萨克斯坦和英国共 7 个境外代表处。英国门迪一期储能项目投产并盈利，成为中国华能首个在发达国家自主建设的电力项目，被英国中国商会评为 2021 年绿色合作项目。门迪二期项目正式开工建设。成立华能国际工程技术有限公司，取得工程总承包和设计资质。

【国际标准化工作】 2021 年，中国华能发布 3 项国际标准，立项 7 项国际标准，主导编制 2 项 IEC 白皮书，推动西安热工院承担国际电工委员会汽轮机技术委员会（IEC/TC5）秘书处工作。完善国际标准化制度体系，先后制定发布了《国际标准化工作管理办法》等五项公司制度，进一步规范国际标准化工作的管理制度、工作流程、奖励标准、人才培养渠道。推动更多的华能技术专家加入国际标准化组织，截至 2021 年共培育 36 人成为国际标准化组织注册专家，其中 4 人承担关键岗位工作、1 人同时获得 2021 年度 IEC/TC8、TC82 两项“IEC 1906 奖”，国际标准化人才队伍得到进一步壮大。培育西安热工院、新能源公司、杨柳青电厂、汕头电厂等单位成为中国华能国际化标准工作的中坚力量，总结国际标准管理经验，相关成果荣获国家级奖项。

【国际合作】 中国华能坚持聚焦主业，拓展“一带一路”绿色能源合作，先后在缅甸、巴基斯坦和柬埔寨投资建设了瑞丽江一级水电站、萨希瓦尔燃煤电站、桑河二级水电站，收购新加坡大士能源100%的股权，建设运营欧洲目前最大的电网侧电池储能项目。2021年，中国华能持续深耕布局“三线一区”能源电力市场，推动绿色“一带一路”走深走实，拓展柬埔寨、越南、老挝等国家和地区项目机会，积极推进中亚、东南亚等地区项目前期工作。

【党建工作】 做到“两个维护”更加坚定坚决。坚持把学习贯彻习近平新时代中国特色社会主义思想作为首要和长期政治任务，第一时间传达学习总书记最新重要讲话和指示批示精神，对标对表总书记关于碳达峰碳中和、科技自立自强、深化改革、党的建设等重要论述，制定贯彻落实措施，以实际行动做到“两个维护”。

党史学习教育扎实有效。坚持把党史学习教育作为重大政治任务，及时部署、统筹推进专题学习、专题宣讲、专题培训，工作开展有力有序、扎实紧凑。以“一把手”工程推进“我为群众办实事”实践活动，把推动企业高质量发展作为最大实事，把保障能源电力安全供应作为最紧迫实事，把解决群众“急难愁盼”问题作为最重要实事。

庆祝建党百年华诞隆重热烈。深入开展“8 个 100”系列活动，召开“七一”表彰大会，举办“传承红色基因、聆听革命故事”宣讲会，开展“赤子初心”系列人物报道，命名首批 9 个“中国华能爱国主义教育基地”，发放“光荣在党 50 年”纪念章。郜时旺同志被党中央授予“全国优秀共产党员”称号。

党建引领聚力攻坚成果丰硕。开展“开局十四五、实现新领先”主题实践，突出能源电力保供，全部机组实现应开尽开、应发尽发。在华能石岛湾高温气冷堆示范工程中，深入实施“双突破”党员百项攻坚行动。在科技创新中，推行攻关任务“军令状”制度和“揭榜挂帅”机制。深入开展新能源装机 8000 万绿色发展重点工程劳动竞赛。国资委党委专题调研华能集团“党建引领＋”典型经验，并在中央企业推广。

基层基础更加坚实巩固。以贯彻国有企业基层组织工作条例和党支部工作条例为主线，以落实“中央企业党建创新拓展年”为重点，督促指导基层党组织规范换届，创新工作方式、载体，探索建立党建指导员工作机制，基层组织建设标准化规范化水平进一步提升。

宣传思想工作奋发有为。加强形势任务教育，深化以党史为重点的“四史”宣传教育，着力引导广大党员职工听党话、跟党走。围绕“六个新领先”开展新闻宣传工作，搭建“一刊两网”“两微一抖两号”全媒体平台。大力实施柬埔寨跨文化传播项目，发起成立中柬文化交流联盟，被国资委列为央企跨文化融合重点项目。

干部人才队伍建设不断加强。贯彻落实新时代党的组织路线，坚持用好各年龄段干部，加大干部交流和优秀年轻干部选拔力度。深入学习贯彻中央人才工作会议精神，择优引进核电、大数据、5G、海上风电等高端科技骨干人才。扎实推进经理层成员任期制和契约化管理改革任务落地见效，领导干部任期意识进一步增强，市场经营机制进一步健全。

全面从严治党持续深化。贯彻落实十九届中央纪委五次全会部署，围绕落实“双碳”目标、电热保供、科技创新、“一把手”和领导班子监督等重点任务，精准监督执纪问责，发挥监督保障执行、促进完善发展的作用，推动习近平总书记重要指示批示和党中央重大决策部署落地落实。

统战群团工作更具活力。推进新时代产业工人队伍建设改革，经验做法得到全国总工会肯定。深入开展“当好主人翁、建功新时代”劳动竞赛，3 个项目列入“十四五”全国引领性劳动竞赛项目库。制定党建带团建实施方案，开展“学党史、强信念、跟党走”学习教育。开展“庆百年、爱华能、献良策、作贡献”主题活动。阿合奇县别迭里村“访惠聚”工作队被授予“全国脱贫攻坚先进集体”。6 人获全国五一劳动奖章，12 个集体获全国工人先锋号，5 人获全国技术能手，6 个集体和个人分获全国五四红旗团委、全国优秀共青团干部、全国优秀共青团员，5 个集体荣获全国青年文明号。

（王晓茜）

中国大唐集团有限公司

【公司概况】 中国大唐集团有限公司（简称中国大唐）成立于 2002 年 12 月 29 日，是中央直接管理的国有特大型能源企业，2017 年 10 月改制为国有独资公司，注册资本金 370 亿元。截至 2021 年底，资产总额达 8058 亿元，在役及在建资产分布在全国 32 个省（区、市）和中国香港特别行政区，以及境外的缅甸、柬埔寨、老挝等国家和地区。所属企业包括5家上市公司、39家区域公司和专业公司，员工总数9.4万人。主要业务覆盖电力、煤炭、金融、海外、煤化工、能源服务等领域。发电总装机容量16172.11万kW，清洁能源装机占38.2%。自2010年起，连续12年入选“世界500强”。

【领导班子】

党组书记、董事长：邹磊

党组副书记、董事、总经理：寇伟

党组副书记、董事：时家林

党组成员、副总经理：刘广迎

党组成员、纪检监察组组长：王瑛

党组成员、副总经理：曲波

党组成员、副总经理：张传江

党组成员、副总经理：彭勇

党组成员、总会计师：陶云鹏

【组织机构】 见2021年中国大唐组织机构图。

【党建工作】 中国大唐深入学习贯彻习近平总书记“七一”重要讲话和党的十九届六中全会精神，贯彻落实中央企业党的建设工作座谈会部署，以务实举措抓党建、强党建，全面提升党建工作质量。健全完善体系建设，深入开展贯彻落实全国国企党建会精神“回头看”，召开基层党建工作会议，系统实施党建提升工程，着力健全完善党建领导体系、组织体系、工作体系、制度体系“四个体系”，实施“两年强基、三年提升”计划，推动党建工作质量稳步提升。扎实开展党史学习教育，系统梳理大唐百年红色传承，编纂发布《红色大唐 百年记忆》图志；把红色资源作为第二课堂，渡江战役第一船“京电轮”入选央视《信物百年》栏目。聚焦党建工作与中心工作紧密融合，依托“岗区队日网”党建载体联动建设，组建1380支党员突击队、1670个党支部责任区、425个青年保供突击队，奋战在电煤抢卸、抢发电量等保供前线，让党旗在中国大唐各条战线高高飘扬。

【深化改革】贯彻落实党中央、国务院决策部署，狠抓国企改革三年行动落实落地，先后召开7次全面深化改革领导小组会议、5次全系统改革专题推进会，以点带面推动各项任务取得明显成效。着力推进中国特色现代企业制度建设。制定党组前置研究讨论及决策事项清单，提升党组把方向、管大局、促落实水平。实现符合条件的二级企业和三级企业董事会应建尽建，外部董事占多数。着力推进体制机制改革。围绕总部“六大中心”职能定位，实施总部机构改革，建设“六强”总部。着力加快建立市场化经营机制。推进经理层成员任期制和契约化管理，二、三级企业签订岗位聘任协议、年度和任期经营业绩责任书。逐步推行全员绩效考核和“两个合同”管理。完善与经营业绩、经济效益和人工成本效能指标挂钩的工资总额决定机制。

【安全管理】贯彻落实习近平总书记近年以来关于安全生产、防汛、能源保供等工作的重要指示批示精神，严格落实国家安全生产三年专项整治行动工作要求，组织各单位建立“两个清单”管理台账，对列入“两个清单”风险进行隐患集中攻坚，明确了整改责任和整改要求。以全面深入贯彻落实新安全生产法为主线，全面完善安全生产责任制体系、双重预防机制，完善安全投入、安全培训、职业卫生、应急管理、事故调查、安全奖惩等相关制度，以依法合规水平的提高促进安全生产管理水平提升。

【电力工程建设】全年开工电源项目983万kW，在建1452万kW，投产370万kW，投产容量新能源占比75%。海南万宁1号燃机实现投产、海口燃机开工建设；吉林向阳、甘肃瓜州等项目当年开工、当年投产；浙江象山建成国内最大的滩涂光伏项目。坚持优中选优，177万kW新能源基地项目年内开工，其中托电韭菜庄70万kW风电、青海兴海县50万kW光伏创中国大唐单体新能源项目建设容量之最。广东南澳、大连庄河海上风电项目克服抢装潮带来的诸多挑战，实现年内并网发电，中国大唐在役在建海上风电规模突破100万kW。

扎拉水电站完成两台50万kW机组容量优化论证，研究制定了产业链链长总体工作方案，努力打造高水头大容量冲击式机组原创技术策源地。

集成国内最先进技术和设计方案，新余二期设计供电煤耗261.8g/kWh，万宁燃机实现国内氮氧化物排放量最低和废水零排放，达到国内先进水平。依托江苏如皋项目，推进QD280燃气轮机国产化示范应用。

云南风电项目选用6.25MW大容量、山西风电项目选用191m长桨叶风机，创中国大唐陆上风机之最。江西新余、河北平山光伏项目成功应用预应力悬索柔性支架，节约项目用地面积。“云南万家口子水电站超百米深岩溶大流量涌水封堵关键技术研究及应用”荣获中国大坝学会科技进步奖一等奖，广东大唐国际雷州电厂“上大压小”工程获得国家优质工程奖。

全年新开工的62个电源项目设计概算较核准投资降低21.77亿元，降幅3.75%。全年审批的69项工程总结算较设计概算降低35.84亿元，降幅6.55%，江苏吕四港光伏总结算造价3138g/kW，达到行业先进水平。

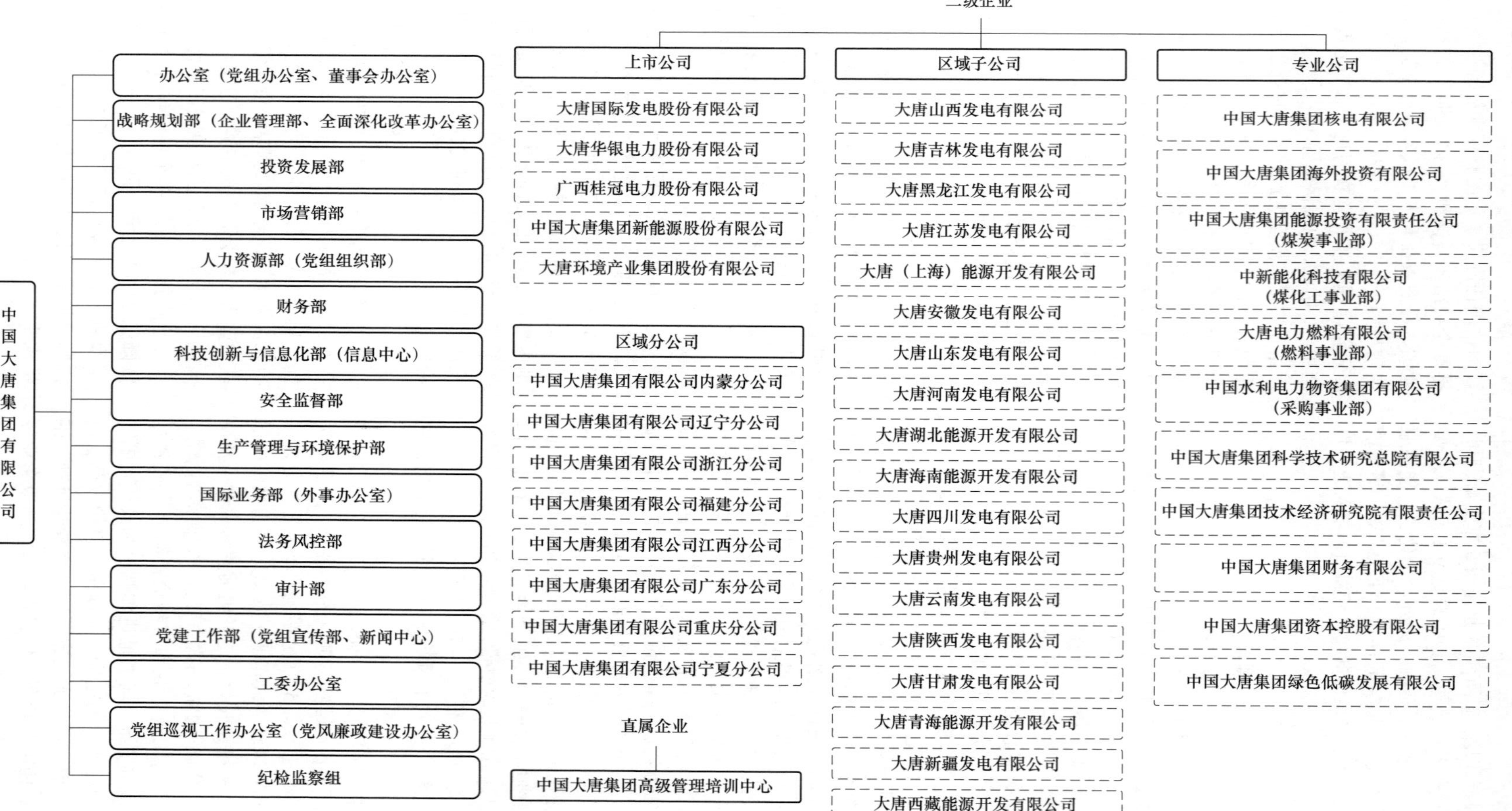

2021 年中国大唐组织机构图

【节能减排】优化电量结构，开展优化运行和小指标达设计值工作，强化机组抢修、消缺、非停管理和污染物达标排放管理，完成国资委节能减排各项考核目标任务。以大机组竞赛为抓手，持续完善对标找差距、抓整改、促提升的工作体系，以小指标达标保大指标提升。在全国能效对标竞赛中，62 台煤机获奖，获奖比例为 31.00%；12 台燃机获奖，获奖比例为 63.16%，获奖比例在各发电集团均为第一。在全国可靠性金牌机组评比中，11 台机组获奖，占比 22%，居五大第一。持续深化环保隐患排查治理，完成 137 项生态环保任务书问题整改项，制定《长江黄河流域企业废水排放专项治理计划》，密切跟踪并及时稳妥处理应对中央第二轮生态环保督察，全面做好冬奥会保障各项准备工作。

【科技创新】获得行业一等奖具有创新性和突破性的科技成果共 6 项，涉及水电、火电、信息化技术领域，其中中国大坝工程学会科技进步奖一等奖 1 项，中国电力创新奖一等奖 3 项（含技术类 2 项，信息化类 1 项），中国能源研究会能源创新奖一等奖 2 项。新增专利授权 1050 件，其中授权发明专利 140 件，实用新型专利 910 件，截至 2021 年底大唐集团累计授权专利 10482 件，其中发明专利 995 件，发明专利“一种干粉吸附剂烟道注射脱出 SO_3 的设备”获得 2021 年第二十二届中国专利奖优秀奖。新立项国家推荐性标准 3 项，行业标准 35 项，团体标准 12 项，其中系统内主编 14 项。联合发布 1 项 ISO 23043：2021《工业废水处理回用技术评价方法》国际标准。

组织开展超高水头大容量冲击式水轮发电机组关键技术自主化研究与示范、发电设备智慧运维技术研究及示范、火电机组智能控制平台开发（自主可控）、火电机组二氧化碳捕集与循环利用技术研究与示范、海上风电 66kV 系统技术应用研究、百万千瓦超超临界燃煤机组智能电厂、660MW 超超临界煤电机组 DCS 系统软硬件国产化应用、火电厂储能与灵活性调峰技术研究等 50 项重大科技项目研究。

【国际业务】截至 2021 年底，拥有柬埔寨 230kV 输变电项目、柬埔寨斯登沃代水电站、缅甸太平江水电站、印尼金光肯达里、苏姆塞、卡尔登火电厂等“一网两水三火”在役项目以及印尼米拉务在建项目，装机容量 105 万 kW，运营近 300km 的柬埔寨国家骨干电网。积极攻坚境外重大项目，指导印尼米拉务项目统筹疫情防控和工程建设，保障施工计划稳步推进。老挝北本项目完成购售电协议 MOU 谈判，成功纳入中老两国重点合作项目清单。完成圣普运维援助项目，确保当地持续安全供电，对圣普政治稳定和经济建设发挥着重要作用，得到当地政府、中国外交部、中国商务部的高度评价。落实国务院指示，配合中国贸促会、中国国际商会，成功承办“一带一路”贸易投资论坛，来自 77 个国家共 600 余名政商学界代表线上线下参会，为共建“一带一路”争取更广泛支持。缅甸太平江水电站项目荣获“一带一路”能源合作最佳实践案例惠民生类奖项；泰国 PTG 垃圾发电项目荣获“金钥匙可持续发展案例”优胜奖；获评《中央企业海外社会责任蓝皮书（2021）》优秀海外社会责任履责案例。

2021 年，海外板块资产总额 257.45 亿元，实现主营业务收入 182.79 亿元；利润总额完成 5.53 亿元，同比增加 154%；净利润完成 3.86 亿元，同比增加 146%。

中国大唐成立以集团公司领导为组长的领导小组，每月召开视频调度会议，从医疗保障、物资储备、员工轮换、因公出入国（境）管理等方面落实落细防护措施，确保万无一失。积极推动“春苗行动”，联系并协调中国驻孟加拉国大使馆为中国大唐孟加拉国帕亚拉项目现场人员接种疫苗，保障了境外员工生命健康安全。中国大唐在境外实现了生产防疫“两不误”，多次受到上级部委的表扬。

中国大唐极应对缅甸政局突变，不断完善太平江项目资产保全和人员撤离方案，并全面加强境外各项目安全风险防范及应急处置，切实保障了境外员工人身健康和资产安全。同时，全面规范境外企业诚信合规体系建设，加强境外监督管理和腐败治理工作，不断完善风险防范机制，持续提高防范化解重大风险的能力，确保实现高质量发展和高水平安全的良性互动。

中国大唐党组书记、董事长邹磊出席博鳌亚洲论坛 2021 年年会并代表中方企业发言，为共建绿色“一带一路”发出央企声音。党组副书记、董事时家林参加第 18 届中国—东盟博览会，与老挝副总理宋赛对话，就深化绿色能源合作进行深入交流。党组成员、副总经理刘广迎带队参加第四届中国国际进口博览会，与通用电气签署燃气轮机长期服务协议。中国大唐全年协调参加国家级涉外活动 16 场，服务国家外交大局，彰显央企责任担当，获得上级部委、地方政府高度肯定。

缅甸太平江水电站项目荣获“一带一路”能源合作最佳实践案例惠民生类奖项；柬埔寨电网项目登陆央视《又见丝路》纪录片；泰国 PTG 垃圾发电项目荣获“金钥匙可持续发展案例”优胜奖；中国大唐获评《中央企业海外社会责任蓝皮书（2021）》优秀海外社会责任履责案例。

【信息化建设】贯彻总体国家安全观，全面落实电力网络安全风险管控要求。编制《中国大唐“十四五”网络安全和信息化规划》，加强“十四五”期间网信工作的顶层设计。编制中国大唐智慧电厂建设 1+N 系列技术指引，强化“数字智慧”标准体系建设。加强集团管控数字化建设，建设和持续完善数字化运营平台、新能源监控与大数据中心、数据共享服务平台等项目，提高业务决策和管理水平。在相关二级单位和基层发电企业开展两化融合和智慧企业试点建设，并对试点情况进行阶段性总结评价，形成典型经验并予以推广。4 项成果通过专家鉴定分别达到国内领先、国际先进、国内领先和国内先进水平；6 项信息化成果入围 2021 年电力创新奖（信息化类）复评，并获得一等奖 1 项、二等奖 2 项。

在广西、江苏、内蒙古 3 家二级单位和托电、三门峡、龙滩、赤峰等 34 家发电企业开展两化融合和智慧企业试点建设，并对试点情况进行阶段性总结评价，形成典型经验进行推广运用。

5G 技术在雷州、乌沙山、潮州、阳城、亭子口、观音岩、彭水、岩滩、甘孜等多家发电企业落地应用，研究建设了基于 5G 技术的多种应用场景；托电、三门峡、乌沙山、雷州、东营、彭水、龙滩观音岩等单位通过视频识别和分析、电子围栏、人员定位等智能化手段提升人员和设备安全水平；智能无人机技术在云南宾川、青海格尔木等光伏企业的新能源场站得到广泛应用。

【工会工作】广泛发动组织动员职工岗位建功，组织开展了以“二次创业建新功 提质增效当先锋”为主题的职工专项劳动竞赛，竞赛项目达到 1600 余项，参加职工达 68000 人次。持续推进职工岗位创新创效，系统各层级职工技术创新工作室 943 个，投入职工创新工作室技术改进、技术研发等创新活动的资金共计 4.2 亿元。为职工群众办实事，推进幸福大唐建设，274 家企业建立了职工服务中心，大唐公民档案实现职工全覆盖。以“六最”民生工程为主要载体，持续解决职工实际困难和问题，系统各企业在改善职工通勤和办公环境方面的投入达 1.7 亿元，在改善住宿、就餐、文体活动等方面的投入达 1.8 亿元。组织成立“南、北区域职工心理服务中心”，发挥系统内 112 个职工心理咨询室（心理关爱室）和 230 名职工持证心理咨询师的资源优势，为广大职工提供培训、咨询、疏导等心理服务。

【大唐国际发电股份有限公司】

公司概况 大唐国际发电股份有限公司（简称大唐国际）成立于 1994 年 12 月，于 1997 年在港交所和伦交所挂牌上市，2006 年在上交所挂牌上市，是第一家在伦敦上市的中国企业、第一家在香港上市的中国电力企业，第一家同时在香港、伦敦、上海三地上市的中国企业。截至 2021 年底，累计发行股本总数 185.07 亿股，中国大唐及子公司合计约占公司已发行总股份的 53.09%。

大唐国际是中国最大的独立发电公司之一，所属运营企业及在建项目遍及全国 19 个省区，经营产业以火电、水电、风电、光伏为主的发电业务，同时涉及煤炭、交通、循环经济、售电等领域，已从单一的火力发电企业成长为涉足多个领域、多种产业的综合能源上市公司。截至 2021 年底，在职员工合计 32641 人，资产总额约为人民币 2959.68 亿元，总装机容量 68770.03MW。其中，火电煤机 47954MW，约占 69.73%；火电燃机 4622.40MW，约占 6.72%；水电约 9204.73MW，约占 13.38%；风电 5079.10MW，约占 7.39%；光伏发电 1909.80MW，约占 2.78%。

领导班子

党委书记、董事长、总经理：梁永磐

党委副书记、董事、工会主席：肖征

党委委员、副总经理：王振彪

党委委员、董事会秘书、总会计师：姜进明

党委委员、总法律顾问：乔阳

党委委员、纪委书记：郭红

党委委员、副总经理：路平、金日锋

组织机构 本部共有 14 个职能部门，拥有直属直管单位共 36 家；中国大唐管理的区域公司 16 家。在 36 家直属直管单位中，区域公司 3 家、专业公司 7 家、发电企业 21 家、供热企业 1 家、冶金企业 1 家、直属机构 3 家。

党建工作 全面深入学习贯彻习近平总书记“七一”重要讲话精神、党的十九届六中全会精神。推动党史学习教育走深走实，系统上下捍卫“两个确立”，做到“两个维护”，贯彻中央决策部署的自觉性和主动性持续增强。公司党委持续深化“两个一以贯之”，抓好全国国企党建工作会议五周年“回头看”。扎实推进“中央企业党建创新拓展年”专项行动，党建工作领导体系、组织体系、工作体系、制度体系不断完善。全力配合中国大唐党组巡视组开展工作，高效彻底做好“立行立改”。加强警示教育，运用“四种形态”，严肃执纪问责。扎实开展采购领域专项治理，深入整治“靠企吃企”问题。开展贯彻落实中央八项规定及其实施细则精神情况“回头看”，坚持不懈治“四风”、树新风。全面助力推进乡村振兴，积极派驻工作组、驻村工作人员，向各地帮扶对象投入帮扶资金 1015.5 万元。深入开展“我为群众办实事”活动，全面增强职工的获得感、幸福感、安全感。

安全生产 始终坚持目标导向、系统观念、底线思维，强化安全管控，狠抓责任落实，确保了安全风险可控在控，安全生产平稳有序。完成建党 100 周年、“两节”“两会”等系列保电任务，高标准高质量完成保供电保供热阶段性任务，保冬奥各项前期工作准备就绪。深刻吸取系统内外事故教训，深入开展专项整治，实现重大隐患清零见底。积极推动煤电灵活性改造，加强可靠性管理，设备健康水平、能耗水平、环保设施运行水平持续改善。慎终如始防控疫情，严抓疫情常态化防控，完善应急体系，落实备值备班，疫情防控保持“双零”。着力推动科技创新，围绕托电风光火储热一体化耦合运行、全场AGC调度等方面开展技术攻关。全年获得专利112项、发明专利16项，主编立项国、行、团标准4项。

节能减排 践行“三新一高”要求和“双碳”目标，深耕清洁能源，积极推进节能降耗，加强生态环境保护，促进上市公司绿色发展。加速推进结构调整，2021年，核准备案新能源项目84个，合计容量644万kW；新投产新能源机组774.15MW，其中风电项目446.05MW、光伏项目328.10MW，低碳清洁能源占比进一步提升至30.27%，“十四五”绿色转型实现良好开局。进一步挖掘存量火电企业的节能降碳潜力，通过实施深度节能改造，不断提高整体清洁低碳发电水平。2021年，31台机组在全国火电机组能效评比中获奖，5台机组荣获全国可靠性金牌机组。严格遵守环保法规，不断完善保护生态、防治污染、履行环境责任等方面工作。开展生态环境修复、开展环保公益宣传，保护生物多样性发展，实现生产经营与自然环境和谐共生。

主要事件

1月22日，大唐国际六届二次职代会暨2021年工作会、工会三届二次会员代表大会在北京召开。

5月7日，“大唐国际发电股份有限公司2021年度第一期中期票据（可持续挂钩）”成功发行。

7月6日，大唐国际召开十届二十次董事会。梁永磐出任大唐国际董事长。

7月9日，大唐国际荣获国务院国资委“国有重点企业管理标杆创建行动标杆企业”。

7月16日，中国大唐总经理助理，大唐国际董事长、党委书记梁永磐率队拜访保定市委书记党晓龙。

7月23日，中国大唐总经理助理，大唐国际董事长、党委书记梁永磐率队拜访承德市委书记董晓宇。

7月30日，天津宝坻黄庄风电项目、唐山丰润左家坞光伏项目、保定曲阳王快光伏项目现场开工。

10月3日，托电大型风电光伏基地170万kW风电项目取得核准批复。

10月8日，托电大型风电光伏基地30万kW光伏项目完成备案批复。

10月15日，国家能源局电力司党支部与高井热电厂检修部汽机队党支部共同开展“保供热、保供电、保冬奥”党支部共建主题党日活动。

10月17～18日，中国大唐总经理助理，大唐国际党委书记、董事长梁永磐率队分别拜会内蒙古自治区党委常委、呼和浩特市委书记包钢，呼和浩特市委副书记、市长贺海东。

10月20日，国家第一批大型风电光伏基地项目之一，国家首个利用既有火电通道打捆外送新能源多能互补项目——大唐国际托克托新能源外送项目开工建设动员大会在内蒙古托克托发电公司举行。

11月25日，唐山曹妃甸整县屋顶分布式光伏一期3.2万kW项目完成核准备案。

12月2日，高井电厂屋顶光伏项目现场开工。

12月29日，天津宝坻黄庄风电项目全容量并网。

12月30日，高井电厂屋顶光伏项目全容量并网。

12月31日，唐山丰润左家坞光伏项目全容量并网。

（岳仁剑）

【大唐华银电力股份有限公司】

公司概况 大唐华银电力股份有限公司（简称华银电力）1993年1月成立于湖南长沙，原名湖南华银电力股份有限公司。1996年9月，公司股票在上海证券交易所上市。2003年9月，根据电力体制改革方案，实际控制人由湖南省电力公司变更为中国大唐。2006年7月，更名为大唐华银电力股份有限公司。2015年9月，华银电力完成了新一轮资产重组后，中国大唐持股比例为53.53%。华银电力经营范围涉及发电（火电、水电、风电）、煤炭开采、科技信息等领域。

截至2021年底，在职员工6556人，资产总额198.4亿元，总装机容量584.55万kW。其中，火电524万kW、水电14万kW、风电43.4万kW、光伏13.5万kW。

华银电力多次获评“中国大唐文明单位”称号，2016年获得“全国五一劳动奖状”殊荣。自2012年以来连续保持“湖南省文明行业”荣誉，2020年获评“湖南省文明标兵单位”称号。

领导班子

党委书记、董事长：贺子波

董事、总经理、党委副书记：陈自强

党委委员、副总经理：李宇奇

党委委员、副总经理：吴晓斌

党委委员、副总经理：王继才

党委委员、总会计师：康永军

党委委员、纪委书记、工会主席：苗世昌

组织机构 本部共有14个职能管理部门，包括办公室、人力资源部、投资发展部、财务部、市场营销部、安全监督部、生产管理与环境保护部、工程建设部、燃料物资部、证券合规部、法务风控部（审计部）、党建工作部、纪委办公室、巡察办公室。作为中国大唐在湖南区域的管理主体，共负责管理14家基层企业和1个本部直属机构（财务共享中心），其中基层企业包含9家发电企业（煤电企业5家、水电企业3家、风电光伏企业1家），2家专业公司（燃料、营销各1家），3家非电企业（科技、工程、地产类各1家）。

党建工作 华银电力党委坚持以习近平新时代中国特色社会主义思想为指导，深入学习贯彻党的十九大和十九届二中、三中、四中、五中、六中全会精神，进一步增强“四个意识”、坚定“四个自信”、做到“两个维护”，坚决捍卫“两个确立”，贯彻党中央决策部署，落实湖南省委省政府和大唐集团党组工作部署，以高质量党建引领高质量发展，在疫情防控、安全生产、提质增效、改革发展、能源保供等大战大考中充分发挥党委“把方向、管大局、促落实”领导作用，全力以赴保电保民生，充分发挥央企“顶梁柱”和“压舱石”作用，得到了省委省政府的肯定和表扬；3 个风电项目、2 个光伏项目年内并网，娄底生态治理 100 万 kW 光伏项目开工，株洲 200 万 kW 煤电项目核准，衡南大王庙 120 万 kW 抽水蓄能项目立项，高质量发展迈上新台阶。

安全生产 牢固树立安全发展理念，强化红线意识，补齐安全短板，健全以值长为核心、以运行为主线的生产指挥体系，深入开展安全生产专项整治，从管基础、管秩序入手，利用“日计划”管住人，抓实“两个清单”管好事。心系“国之大者”，全面落实上级关于能源保供工作部署，成立保供领导小组和工作专班，坚持“危中寻机、系统施策、统筹平衡、保供争效”工作方针，以“七杜绝、七确保”为目标，采取切实措施，圆满完成能源保供政治任务，得到省委省政府的肯定和表扬。全年完成火电、水电机组集中检修各 14 台、12 台，组织消除重大设备隐患 10 处。对新建项目生态环保依法合规和环保“三同时”情况进行全面排查督导，未发生环保通报、环境处罚事件。疫情防控继续保持“双零”目标，未发生负主要责任及以上的交通事故、一般火灾事故和保卫事件，以“零失分”的优异成绩完成国家、省、市三次网络攻防演习。

节能减排 贯彻党中央、国务院关于节能减排工作的各项决策部署，落实中国大唐及华银电力年度工作会和安全生产工作会重点工作要求，深入开展“降煤耗”专项行动。加强指标管控，坚持节能督查，将节能贯穿于全年工作之中，深入开展“提质增效”和“节能督查”活动，努力恢复机组设计性能，克服电量结构劣化等不利因素，全年供电煤耗完成 314.06g/kWh，低于年度计划。大机组竞赛取得近年来最好成绩，5 台机组获得 2020 年度能效对标同类型 4A 级优胜机组；2 台机组分获同类型 3A 级优胜机组；金竹山 1 号获得厂用电率最优机组称号。

主要事件

1 月 14 日，华银电力与衡阳市签订能源合作框架协议。

1 月 15 日，华银电力与中国水利水电第八工程局有限公司签订战略合作框架协议。

1 月 22 日，永顺县向华银电力致感谢信，感谢华银电力对永顺县脱贫攻坚的大力支持和倾情援助。

5 月 17 日，华银电力开展党史学习教育“学史崇德”专题学习暨主题党日活动，参观湖南省脱贫攻坚大型成就展。

6 月 17 日，湖南省人大常委会副主任杨维刚到大唐华银株洲退城进郊 2×100 万 kW 煤电项目调研。

6 月 18 日，华银电力召开 2020 年度股东大会。

7 月 7 日，国家能源局湖南监管办公室二级巡视员蒋冬到攸县能源公司开展保供现场督查。

7 月 18～19 日，华银电力举办学习贯彻习近平总书记“七一”重要讲话精神研讨班。

7 月 23 日，华银电力举办首期社会责任报告发布会暨“奋斗百年路 再造新华银”企业开放日活动。

8 月 18 日，华银电力与中国电建集团中南勘测设计研究院有限公司签订战略合作协议。

8 月 19 日，华银电力与湘潭市签订“2×500MW 燃机热电联产项目”合作框架协议。

8 月 20 日，株洲发电公司与株洲市渌口区签订大唐华银株洲退城进郊 2×100 万 kW 煤电项目协议。

8 月 26 日，华银电力与中车株洲电力机车研究所有限公司签订合作协议。

10 月 16 日，华银电力“唐小湘志愿服务显担当”项目入选中国电力企业联合会 2021 年度电力企业社会责任优秀案例集。

12 月 21 日，华银电力衡南大王庙抽水蓄能项目正式获得中国大唐立项批复。

12 月 29 日，华银电力党委书记、董事长贺子波拜会湘煤集团公司党委书记、董事长廖建湘。

12 月 28 日，国家水利部运管司司长阮利民到衡阳水电公司开展水库除险加固和运行管护工作检查。

12 月 30 日，华银电力伍家湾风电项目全容量投产，白石、明月 2 个风电项目首台风机并网，鸭塘、冷水江市经开区 2 个分布式光伏首个光阵并网。

同日，大唐华银株洲 2×100 万 kW 扩能升级改造项目获得湖南省发展改革委正式核准（湘发改能源〔2021〕1029 号）。

（李鑫泉）

【广西桂冠电力股份有限公司】

公司概况 广西桂冠电力股份有限公司（简称广西桂冠）成立于 1992 年 9 月，是全国第一家以股份制形式筹集资金进行大中型水电站建设的企业。2000 年 3 月 A 股在上交所上市；2002 年划归中国大唐控股管理，中国大唐持股 51.55%。

桂冠电力以水电、风电、火电、光伏发电的生产运营、投资建设为核心业务，同时开展综合能源服务、电站检修、技术咨询等业务。截至 2021 年底，在职员工 3754 人，资产总额 444.45 亿元，装机容量 1237.5 万 kW，其中水电 1022.86 万 kW、火电 133 万 kW、风电 76.6 万 kW、光伏 5 万 kW，清洁能源比重达 89.3%。在役资产主要分布在广西、贵州、四川、云南、山东、湖北等 6 个省区，拥有水电站 41 个、火电厂 1 个、风电场 15 个、光伏电厂 1 个，其中在广西装机 1085.24 万 kW，是广西最大的发电企业。

领导班子

党委书记、董事长、总经理：李凯

党委副书记、董事：陈伟庆

党委委员、总会计师：罗建军

党委委员、副总经理：施健升、田晓东、梁勇

党委委员、纪委书记：赵建军

党委委员、副总经理：王鹏宇

组织机构 本部共有 14 个职能管理部门，拥有基层发电企业 13 家、专业公司（机构）3 家、筹建处 1 家。

党建工作 深入学习贯彻习近平总书记“七一”重要讲话和党的十九届六中全会精神，扎实开展党史学习教育，热烈庆祝党的百年华诞，推动办实事开新局取得显著成效。贯彻落实中国大唐基层党建工作会精神，发布实施“1841”党建工作方略，试点开展“四必须四融合”，完成“智慧党建”体系方案制定。推进落实中国大唐党组巡视整改任务、“靠企吃企”整治、审计等专项工作任务，成立专班，分类施策，全面从严治党、依法合规治企水平进一步提升。持续加强党风廉政建设，公司系统政治生态持续向好。组队中国大唐参加“哈电杯”，获得团体和个人“双桂冠”；在中国大唐第十九届专业知识和技能竞赛中，获得团体、获奖数“双第一”。

安全生产 坚持“196”安全工作方略，统筹抓好安全生产和疫情防控，扎实开展风险评估、“六查六严”、反违章防人身、“五个突出整治”等安全生产专项行动，有力维护了安全稳定形势，完成历次重大保电任务。实施“揭榜挂帅”“打造硬核”行动，龙滩 1 号机等 3 台机组获评“零缺陷”机组，平班 1 号机获评“零渗漏”机组。“智慧企业”建设积极推进，科技创新保持集团领先，全年获得专利授权 67 项，其中发明专利 11 项。

节能减排 强化火电机组超低排放管理，污染物排放浓度比改造前平均下降 30%，四项污染物均达标排放。优化水库梯级调度，水电实现水能利用率对标五年均值提高了 2.98 个百分点，耗水率同比下降 $0.14m^3/kWh$，增发电量 4.52 亿 kWh。风电综合施策提质增效，风机可利用率同比提高 2.6 个百分点，存量风场增发电量 27.7%，莱州二期和马王一期风电场利用小时在所在区域对标中处于最优水平。

主要事件

1 月 14 日，与北海市人民政府在签订战略合作框架协议。

1 月 26 日，桂冠电力召开 2021 年工作会议暨三届一次职代会，深入贯彻党的十九大和十九届二中、三中、四中、五中全会和中央经济工作会议精神，全面落实中国大唐工作会议精神，总结公司 2020 年及“十三五”工作，研判形势，明确目标，部署“十四五”和 2021 年重点任务。

4 月 30 日，桂冠电力（红水河）集控中心获得 2019—2020 年度“中央企业青年文明号”荣誉称号。

5 月 8 日，桂冠电力扶贫办公室及所属大化水力发电总厂获得广西 2015—2020 年度“全区脱贫攻坚先进集体”称号。

6 月 27 日，中共龙滩水力发电厂党委获得“中央企业先进基层党组织”荣誉称号。

6 月 29 日，龙滩水电站入选国资委命名的首批 100 个中央企业爱国主义教育基地。

8 月 27 日，桂冠电力 4 个共 35.6 万风电光伏项目列入广西 2021 年保障性并网陆上风电和光伏发电项目建设方案项目清单。

8 月 30 日，隆林县者保乡林光互补光伏发电项目开工建设。

9 月 28 日，广西隆安振东光伏发电项目开工建设。

10 月 8 日，桂冠电力龙滩 2×700MW 调峰调频机组风光水（储）一体化项目首批 21 个 221 万 kW 光伏项目列入《广西 2021 年市场化并网多能互补一体化建设方案项目清单》。11 月 26 日，其中 140 万 kW 光伏项目列入国家《第一批大型风电光伏基地建设项目清单》。

10 月 14 日，合山发电公司灰场光伏电站项目开工建设。

10 月 19 日，桂冠电力与玉林市人民政府在玉林签订风光蓄储能源开发规划合作协议。

（魏中华）

【中国大唐集团新能源股份有限公司】

公司概况 中国大唐集团新能源股份有限公司（简称大唐新能源）成立于 2004 年 9 月 23 日，注册资本 72.737 亿元人民币，是国内最早从事新能源开发的电力企业之一，于 2010 年 12 月 17 日在香港联交所主板成功上市。截至 2021 年底，大唐新能源发行股份总数为 727370 万股。其中，中国大唐合并持股比例为 65.61%。主要从事风电等新能源的开发、投资、建设与管理，低碳技术的研发、应用与推广，新能源相关设备的研制、销售、检测与维修，电力生产，境内外电力工程设计、施工安装、检修与维护，新能源设备与技术的进出口服务，对外投资，与新能源业务相关

的咨询服务等。

2021 年实现利润 24.62 亿元，各项经营指标同比大幅增长。截至 2021 年底，共有员工 3981 人，资产总额 905.53 亿元，控股装机容量 1307.76 万 kW，其中风电 1199.7 万 kW、光伏 107.55 万 kW、煤层气 0.5 万 kW；控股的发电资产分布于 22 个省（区、市）。

领导班子

党委书记、董事长、总经理：刘光明

党委委员、总会计师：王海燕

党委委员、副总经理：潘孝凯

党委委员、纪委书记、工会主席：白雪梅

组织机构 本部共有 6 个职能管理部门，拥有 19 个区域分公司，148 个子公司。

党建工作 坚持以习近平新时代中国特色社会主义思想为指导，以党的政治建设为统领，深入学习贯彻习近平总书记“七一”重要讲话和党的十九届六中全会精神，严格贯彻执行“第一议题”制度，推进全面从严治党。紧抓党史学习教育主线，大力弘扬伟大建党精神，赓续红色血脉，围绕“听、说、读、写、唱、看、悟、行”，构建“红色系”党史学习教育活动矩阵，做到党史明理、学史增信、学史崇德、学史力行。落实中央企业“党建创新拓展年”各项工作任务，以铸魂、强基、聚力为重点，落实党建工作责任、夯实基层基础、健全工作体系，提升党建工作质量。持之以恒正风肃纪，一体推进不敢腐不能腐不想腐。定期开展问卷调查、谈心谈话等多种方式开展职工思想动态分析，扎实开展“我为群众办实事”实践活动。

安全生产 安全环保形势持续平稳。不断强化安全生产监督管理，围绕中国大唐“四大攻坚战”和“五大提升工程”，开展发电量分析和设备健康状况检查，深入推动安全生产专项整治各类行动，持续完善问题隐患和制度措施“两个清单”，全面梳理安全生产制度建设情况，巩固“六查六严”专项活动成果，完成政治保电、能源保供、防汛减灾、疫情防控等安全生产任务。提升精益化管理水平，组织开展日电量报送、统计和分析工作，对各场站发电量、利用小时等技术指标进行对标分析，查找差距，落实技改措施，提升设备运行效率。参与国内外技术标准研究编制，组织完成《太阳能热发电站储热系统性能评价导则》等两项关键技术标准。

节能减排 作为领先的清洁能源供应商，在运营管理中始终坚持绿色低碳与可持续发展的先进理念，保障安全生产和稳定的能源供应。通过发展风力发电、光伏发电等能源业务，推动新能源行业发展，落实节能减排。2021 年发电实现节约标准煤 815.4 万 t、二氧化碳 2136.4 万 t、二氧化硫 6.93 万 t、氮氧化物 6.03 万 t。致力于创建资源节约型企业，组织开展 2021 年设备技术改造工作，以涉网安全整改、大部件隐患专项整治、低效风机专项治理为抓手进一步提高设备可靠性。宁夏同心风场 13 台华创风机盾安发电机更换、内蒙古辉腾梁风场 6 台华锐风机叶片梯级改造等重大技改项目的实施，有效提升了风机发电能力和可靠性，提质增效成果显著，达到节能减排目的。

主要事件

1 月 24 日，召开 2021 年工作会议，全面总结 2020 年工作，分析面临的形势，部署 2021 年工作。

3 月 30 日，大唐新能源在北京召开三届第三十五次董事会及三届十三次监事会。

3 月 31 日，大唐新能源在北京举行 2020 年度业绩发布会，以电话会议形式与香港媒体和分析师进行了深度交流。

6 月 28 日，大唐新能源召开 2020 年股东周年大会。会议审议通过董事会工作报告、监事会工作报告、财务预算报告、财务决算报告、投资计划等十项议案。

8 月 6 日，大唐新能源获取青海省海南州配套电源基地项目 400 万 kW 建设指标。

8 月 25 日，大唐新能源在北京举行 2021 年中期业绩发布会，对外发布 2021 年上半年业绩情况。

9 月 18 日，大唐新能源成功入选“央企 ESG 先锋 50 指数”评级。

12 月 15 日，大唐新能源与秦皇岛市人民政府在北京签署全面战略合作协议。

12 月 30 日，大唐新能源获取内蒙古浑善达克和科左后旗治沙光伏项目 30 万 kW 建设指标。

12 月 30 日，甘肃瓜州北大桥（C）风电项目 10 万 kW 全容量并网。

12 月 31 日，上海东大桥二期风电项目 4.55 万 kW 全容量并网。

12 月 31 日，吉林白城向阳风电项目 60 万 kW 全容量并网。

（王　健）

【大唐环境产业集团股份有限公司】

公司概况 大唐环境产业集团股份有限公司（简称大唐环境）前身为中国大唐集团科技工程有限公司，最早成立于 2004 年 5 月。2015 年 6 月 26 日完成股份化改制，2016 年 11 月 15 日在香港联交所上市（股票代码 01272），其中中国大唐合计持股 78.96%，H 股公众股东持股 21.04%。主营业务包括环保设施投资与运营管理、脱硝催化剂制造处置再生及检测、环保项目开发与设计施工、环保业务咨询、水处理工程及运营、风力发电、光伏发电、光热发电等新能源发电及相关储能项目的开发、投资、建设与管理、低碳技术的研发应用与推广、海外业务等。

截至 2021 年底，正式员工 1042 人，其中博士 16 人（含博士后 14 人）、硕士研究生 229 人、大学本科

592 人、本科及以上学历人数占比 80.33%。

领导班子

党委书记、董事长：王彦文

总经理、党委副书记：田丹

党委副书记、副总经理：黄源

党委委员、总会计师：陈崧

党委委员、副总经理：刘春东

党委委员、纪委书记：周策

党委委员、副总经理：梁秀广

组织机构 公司共有 9 个管理部门，下设 3 个直属专业中心和 7 家业务单位。

党建工作 以党史学习教育为主线，以庆祝建党百年为重点，扎实推动“党建创新拓展年”各项重点工作全面开展。举办学习贯彻习近平总书记“七一”重要讲话精神研讨班和党的十九届六中全会精神学习宣讲会，开展“学史力行、创新奋进”主题调研并就阶段性调研成果作交流研讨。制定“三基建设”清单，实现基层党组织全覆盖。开展“精准助学，文化扶贫”工作，与华奥学校农民工子弟快乐学党史，进一步践行央企社会责任。全面深化党史学习教育，充分利用区域红色资源感悟老一辈革命家的爱国情怀。“党员揭榜攻关、争创最强堡垒”助推党建与中心工作深度融合，46 个党支部按照“榜单征集、发榜揭榜、课题攻关、评榜推优”等环节全面推进，38 个榜单有序推进，荣获 2021 年度“全国最佳志愿服务组织”“首都文明单位标兵”等荣誉。

安全生产 面对复杂严峻的安全形势及保电任务，扎实开展“安全生产专项整治三年行动”“六查六严”“外包队伍清理整顿”等各类工作，及时消除问题隐患。完善各级安全保证体系、监督体系，督导各业务单位设立安全总监，配齐安全机构、人员，组织和督导安全取证培训，做到 100%持证上岗。统筹抓好安全生产、疫情防控、网络信息、治安保卫等“大安全”工作，为建党 100 周年和保供电保供热保冬奥工作奠定了坚实的基础。按照“应接尽接”原则推进全员疫苗接种，严格落实各类防疫要求，开展疫情防控风险排查 69 次，完成各类疫情防控审批、备案 3200 余项次，储备发放防疫物资 14000 余件。

节能减排 开展节能减排工作，进一步降低能耗物耗，以优化运行降低能耗。脱硫系统脱硫投运率完成 100%；减排脱硫电耗率同比降低 0.07kWh/kg；减排脱硫剂耗率同比降低 0.02kg/kg；减排脱硫水耗率同比降低 1.41kg/kg；SO_2 减排量同比多减 38.98 万 t；氮氧化物同比多减 4.40 万 t。同时，强化产品制造产业优化生产流程，降低物料成本，优化生产流程，降低水、电、气及原材料单耗。

主要事件

1 月 25 日，大唐环境在北京召开 2021 年工作会暨二届三次职工（会员）代表大会。

6 月 9 日，大唐环境荣获 2021 金蜜蜂企业社会责任中国榜“生态文明企业”荣誉。

7 月 8 日，大唐环境再次荣获“中国环保企业 50 强”荣誉。

7 月 9 日，大唐环境参与承建的国家重点研发计划项目“燃煤过程有机污染物排放控制技术”通过课题绩效评价验收。

8 月 31 日，大唐环境在北京召开深化改革市场化选聘总结会暨干部宣布大会。

10 月 20 日，大唐环境泰国 PTG 项目成功晋级“2021 金钥匙行动”并获优胜奖。

10 月 23 日，大唐环境承建的系统外徐州华鑫发电有限公司液氨改尿素工程，如期完成改造工作，1 号机组通过 168h 试运。

11 月 13 日，大唐环境承建的虎山煤场封闭项目网架整体施工圆满完工。

11 月 28 日，自主投资开发的公司大楼综合智慧能源项目光伏并网发电。

12 月 10 日，大唐环境三项国家重点研发计划项目“燃煤过程中砷、硒、铅等重金属控制技术”“燃煤过程有机污染物排放控制技术”“燃煤发电机组水分高效低成本回收及处理关键技术研究与应用”，全部通过国家科技部验收。

（刘　艺）

中国华电集团有限公司

【公司概况】 中国华电集团有限公司（简称中国华电）是 2002 年底国家电力体制改革时组建的国有独资发电企业，是国务院国资委监管的特大型中央企业，也是中央直管的国有重要骨干企业。主要业务有发电、煤炭、科工、金融四大产业板块。资产及业务主要分布在全国 31 个省（区、市）和中国香港特别行政区以及印尼、柬埔寨、俄罗斯、西班牙等多个国家。控股 6 家境内外上市公司，现有职工 9.3 万人，资产总额达到 9000 亿元。发电板块装机容量近 1.8 亿 kW，清洁能源装机占比达 44.4%。煤炭板块产能 5830 万 t/年，拥有 4 个千万吨级煤矿。科工板块拥有国家级火力发电检测、分布式能源技术等多个科技创新平台，在国内率先构筑起覆盖火电、水电、风电、电网的电力自主可控工控产品系列，国产电力工控自主技术已经成熟并具备全面推广条件，技术水平得到行业专家高度评价。金融板块拥有8家机构，取得财务公司、信托公司、证券、保险经纪、保理、融资租赁等6种金融（或类金融）牌照。

【领导班子】

党组书记、董事长：温枢刚

党组副书记、董事、总经理：叶向东

党组副书记、董事：祖斌

党组成员、副总经理、总会计师：邵国勇

党组成员、副总经理：王宏志、王绪祥

党组成员、纪检监察组组长：张雯

党组成员、副总经理：吴敬凯

党组成员、副总经理：李旭红

【组织机构】 见2021年中国华电组织机构图。

【企业战略】坚持以习近平新时代中国特色社会主义思想为指导，全面贯彻落实习近平总书记“四个革命、一个合作”能源安全新战略和碳达峰、碳中和的重大决策部署，以创建具有全球竞争力的世界一流能源企业为愿景，扎实推进“五三六战略”（即坚持和加强党的全面领导、坚持稳中求进工作总基调、坚持新发展理念、坚持推动高质量发展、坚持改革创新，持续推进从保障供应向增加有效供给转变、从规模扩张向注重效益提升转变、从要素驱动向创新驱动为主转变，努力实现一流的可持续发展能力、一流的价值创造能力、一流的国际化运营能力、一流的科技创新能力、一流的企业治理能力、一流的品牌影响力，到2035年基本建成具有全球竞争力的世界一流能源企业），企业改革发展取得了可喜成绩。

【经营业绩】 扛起国民经济“稳定器”“压舱石”的责任担当，应对燃料成本大幅上涨严峻挑战，以提质增效为抓手，全力以自身增长助力稳定经济基本盘。落实国资委“两利四率”要求，先后出台“20＋10＋8”工作举措，四季度提出大干一百天，决战保全年。增量发电企业效益贡献明显，净资产收益率8.94%。2021年，中国华电在消化电煤成本上涨456亿元、煤电亏损300亿元的影响下，全年实现利润总额75.7亿元、净利润25.4亿元、资产负债率69.98%、营业收入利润率2.3%、研发投入强度2.72%、全员劳动生产率92.4万元/人，完成国务院国资委“两利四率”考核目标，归母净利润、资产负债率、国有资本回报率均位列同类型企业第一。中国华电蝉联国资委2021年度和2019—2021年任期经营业绩考核“双A”，并被授予2019—2021年任期“业绩优秀企业”，连续10年获评年度经营业绩考核A级企业，连续4个任期获评任期经营业绩考核A级企业。连续11年上榜《财富》世界500强，位列第326位，并较2020年提升26个位次。以1115.68亿元的品牌价值连续3年荣登中国500最具价值品牌排行榜，位列第57位，品牌价值较2020年增长147.33亿元。

【党建工作】持续贯彻全国国有企业党的建设工作会议精神，认真落实国资委党委“中央企业党建创新拓展年”要求，围绕建党100周年和全国国企党建会召开5周年，持续提升党建工作质量，获评2021年度中央企业党建工作责任制考核A档。坚持和完善“第一议题”制度，全年学习贯彻落实总书记重要指示批示精神83项，健全完善贯彻落实习近平总书记重要指示批示精神工作机制。广泛开展庆祝中国共产党成立100周年系列活动，13个集体、15名个人获得省（市、区）委、国资委党委“两优一先”表彰，4家企业被命名为首批中央企业爱国主义教育基地。开展党史学习教育，开展国企党建会精神贯彻落实情况“回头看”和“我为群众办实事”实践活动，得到中央党史办、国资委党史办、中央企业第三指导组充分肯定。履行全面从严治党主体责任，加强“一把手”及领导班子监督，持续深化中央巡视整改，部署开展两轮巡视“回头看”，探索建立巡视整改促进机制，加强内部巡视巡察和审计发现问题整改，开展违规经营投资责任追究。始终坚持严的主基调不动摇，持之以恒落实中央八项规定及其实施细则精神，开展小散远项目、煤炭生产物流领域专项整治，持续推进“三清”企业创建，一体推进不敢腐、不能腐、不想腐。加强干部队伍建设，选优配强直属单位领导班子，发现培养选拔优秀年轻干部，系统领导人员平均年龄实现两年连续下降。加强群团工作，3项劳动竞赛跻身全国引领性竞赛行列，推优入党试点经验被团中央列为典型案例。

【能源保供】贯彻落实习近平总书记关于能源保供的重要指示批示精神，坚决扛起电力、热力安全保供的政治责任，第一时间成立能源保供工作领导小组和工作小组，多次召开党组会、董事会会议、保供专题会、协调会，明确能源保供年度绩效“一票否决”制，建立“非停”机组和出力受阻机组领导挂牌督办机制，组建6个安全保供督导小组和8个工作专班，形成高效快捷的能源保供调度机制。压实能源保供主体责任，千方百计组织煤源，增签四季度长协合同3677万t，保供期间日产煤量增幅10.8%；隆德煤矿核增500万t/年取得批复；不连沟、肖家洼煤矿纳入国家保供名单，合计增加产能700万t/年。能源保供期间，煤机发电量、供热量增幅、非停机组容量及占比等指标均处于同类型企业最优水平，得到国家发展改革委、国家能源局、全国电力安全生产委员会和全国半数以上省级地方政府肯定和表扬。

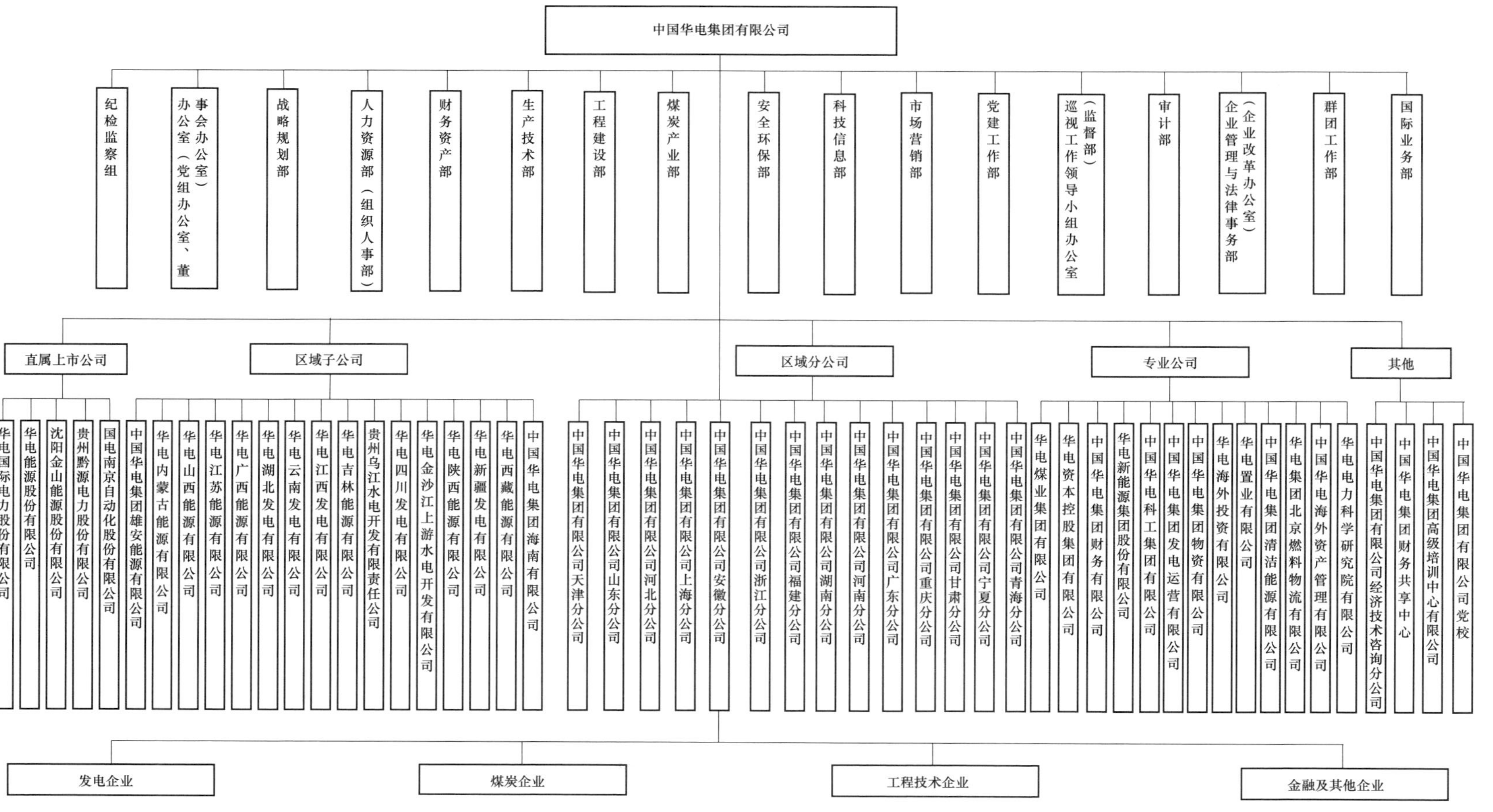

2021 年中国华电组织机构图

备注：1. 总部内设部门共计 7 个。

2. 直属企业共计 49 家，其中子公司 35 家［包括直属上市公司 5 家，区域子公司 16 家，专业公司 13 家，党校（高培中心）1 家，分公司 14 家。管理口径基层企业 430 家。］

3. 财务共享中心参照总部部门管理，技经中心作为中国华电分支机构，业务上接受总部指导。

4. 虚线标注的为合署办公企业。

【安全环保】认真落实习近平总书记关于安全生产的重要指示批示精神，压实安全环保责任，完成庆祝建党100周年、全国两会等重点时段安全环保保障任务。深入推进落实安全生产专项整治三年行动和本质安全型企业建设等重点工作，强化各级安全生产责任制落实，抓好基建、技改等重点领域安全整治，修订完善监督检查管理办法，编制印发落实安全主体责任“十条禁令”，反违章管理进一步强化。全力做好抢险救灾，有效应对河南、湖北、山西等区域灾情险情。从严从紧抓好常态化疫情防控，及时应对江苏、陕西、河南、天津等突发疫情，统筹加强境外疫情防控，疫苗接种实现“应接尽接”。加强生态环保治理体系建设，全面完成中央生态环保督察、国家专项督查指出问题整改。持续开展节能管理对标，供电煤耗完成292.83g/kWh，同比降低 2.38g/kWh，完成值同类型发电企业领先。打好污染防治攻坚战，超低燃煤机组容量、台数分别完成国家要求任务的120%和151%，电力、煤炭产业煤场封闭率全面达到国家蓝天保卫战要求；二氧化硫、氮氧化物排放总量完成国资委第六任期考核目标，单位电能二氧化硫、氮氧化物、烟尘排放量同比下降，环保指标持续提升；长江经济带、黄河流域、环渤海等地区发电企业年度废水治理项目如期完成，固废处置规范化水平有效提升。

【项目发展】深入贯彻落实党中央关于碳达峰碳中和的重大决策部署，编制印发公司“十四五”发展规划，发布碳达峰行动方案和“十三五”碳排放白皮书，成立碳资产运营公司，105 家发电企业完成碳排放权交易履约，完成全国首笔CCER抵消碳配额清缴。大力发展风光电，推动与 13 个省市政府、10 家行业头部企业签订合作协议，拓展风光电资源2.7亿kW。制定实施风光电高质量发展 20 条措施和管控体系优化指导意见，加大授权力度，优化管理流程，强化工作激励。全年累计核准（或取得指标）4795 万 kW，其中风光电核准4278万kW，是中国华电“十三五”期间核准总容量的2.6倍；取得建设指标1923万kW，是2020年的5.2倍。新疆、甘肃、青海等区域425万kW项目列入国家首批大型风光电基地清单，金上基地首期330万kW光伏项目通过西藏自治区备案，湖北武穴和洪湖等基地列入省内保障性并网清单。持续发展水电，金沙江上游波罗、昌波、岗托电站共 294.6 万 kW 完成立项决策；金中龙盘和新疆叶尔羌河米斯克尼、桑皮勒水电站完成预可研编制。有序发展气电，完成四川白马和广东东江项目立项，持续跟踪江苏望亭二期、河北香河等国家能源局首批燃气轮机创新发展示范项目进展。

【工程建设】抓好精品创建，从“六个维度”高质量推进工程建设，中国华电首个海上风电项目福建海坛海峡30万kW项目全容量投产，国内首批近海深水区海上风电广东阳江50万kW项目并网发电，西藏最大内需水电站DG项目实现“一年四投”全部投产，同类型企业中首座抽水蓄能电站福建周宁项目实现双机并网，世界首台套超临界双抽再热背压机组天津南港项目投产，全国首个陆上最大单机 0.6 万 kW 的整装风场新疆达坂城项目正式并网发电，金上拉哇电站按期实现大江截流。莱州二期荣获国家优质工程金奖，是国内首个两期工程均获此殊荣的电力项目；阿海、邵武三期获国家优质工程奖。乌江构皮滩通航工程投入试运行。

【科技创新】贯彻落实习近平总书记关于科技创新的重要指示精神，实施创新驱动发展战略，努力打造原创技术策源地和现代产业链链长。完善“1+1+N”科技创新体系，制定专家咨询委员会院士一对一合作方案，实施中国华电首批 7 个“揭榜挂帅”项目。构建科技创新“生态圈”，与清华大学、西安交通大学、华北电力大学、中国电子、中国电科等单位成立联合研发机构，推动产学研用深度融合。推进关键核心技术攻关，百万千瓦机组DCS、9E燃机TCS、0.62万kW海上风机主控等自主可控工控系统实现重大突破，新能源国产密码系统上线运行，创造了一年 7 个“国内首次”；水电监控和保护装置等5项技术入选能源领域首台（套）重大技术装备，其中燃机TCS通过鉴定“整体达到国际先进水平”并荣获国资委数字化转型十大成果。广泛开展创新创效，“自主可控发电分散控制系统研制与应用”“超（超）临界空冷机组超长距离大温差高效协同供热重大工程”2 项成果获中国电力奖一等奖，“火电企业碳排放监测与全过程管控关键技术及应用”等 3 项成果获中国电力创新奖一等奖，取得首个PCT国际发明专利和国家专利优秀奖，全年获得授权专利1927项、同比增加44%。加快数字华电建设，与北京市共建“长安链”，数字电厂试点全面建成，财务共享中心全面运营，综合能源网上服务大厅等上线运行。

【企业改革】认真贯彻《国企改革三年行动方案（2020—2022年）》，层层落实“军令状”，实施“挂表督战”，三年行动台账任务完成率 92.86%，获评 2021 年度中央企业改革三年行动重点任务考核A级。深入落实《关于中央企业在完善公司治理中加强党的领导的意见》等文件要求，完善党组前置研究事项清单、重要事项决策权限清单，开发上线“三重一大”决策运行管理系统，推进中国特色现代企业制度建设。加强董事会建设，完成董事会换届，修订完善董事会、董事长专题会、总经理办公会等议事规则，制订董事会规范运行指引；系统 323 家法人企业全部完成董事会应建尽建，其中纳入外部董事占多数的 301 家子企业，全部实现外部董事占多数。坚持“两个一以贯之”，规范公司系统章程编制，促进治理能力进一步提升，被国资委评为公司治理示范企业。完善市场化经营机制，全面完成经理层成员任期制和契约化管理，5 家基层企业试点职业经理人制度。推行市场化用工，管理人员末等调整和不胜任退出比例等改革指标均优于央企平均值。深化市场化薪酬分配机制改革，在 16 家科技型企业实施岗位分红激励，华电重工岸桥公司和江苏扬能公司员工持股落地实施。扎实推进改革专项工程，“双百企业”“科改示范企业”改革典型案例均入选国资委改革案例集；在国资委专项改革考核中，“双百企业”华电江苏公司和华电重工获评优秀，“科改示范企业”国电南自获评标杆。扎实推进对标世界一流管理提升行动，华电乌江公司荣获国资委管理提升标杆企业，榆横煤电公司荣获煤炭行业标杆煤矿。剥离企业办社会职能和解决历史遗留问题圆满收官，327 户多经企业全部完成规范清理。加强法治华电建设，基本实现内控合规风险一体化管理，依法治企水平明显提升。

【国际业务】克服全球疫情造成的不利影响，坚持“四轮驱动”协同发展，全年国际业务收入完成 226.3 亿元，同比增长 28%，实现利润 43.55 亿元，同比增长 78%。越南得乐风电项目主体工程开工建设，越南沿海二期项目投产，孟加拉国迈门辛光伏项目完成股权交割。境外承包工程 EPC 项目合计 2 个，总装机容量约 152 万 kW。对外技术服务业务，继续保持同类企业领先，正在实施的服务项目 13 个，总装机容量 862.7 万 kW。开拓运维服务市场，承接系统外的印尼德龙工业园 2×38 万 kW 机组运维项目、印尼青山韦达贝工业园 6×25 万 kW 机组运行服务项目。国际贸易业务，推动设备、系统、技术出口，全年完成出口额 16.6 亿元，完成贸易额 98 亿元。

（王振华　罗光涛）

【华电国际电力股份有限公司】

公司概况　华电国际电力股份有限公司（简称华电国际），前身为山东国际电源开发股份有限公司（简称山国电公司），由原山东电力集团公司、山东省国际信托投资公司等五家单位发起设立，于 1994 年 6 月 28 日在济南注册成立。2002 年底，国家电力体制改革后，山国电公司控股股东变更为中国华电集团公司，是华电旗下最大的上市发电公司。2003 年 11 月，山国电公司更名为华电国际电力股份有限公司。2009 年 6 月，总部由济南迁至北京。

1999 年 6 月 30 日，华电国际 H 股在香港联交所上市，成为亚洲金融危机之后中国第一支在香港发行的股票；2005 年 2 月，华电国际 A 股在上海证券交易所上市，成为“全国询价第一股”。截至 2021 年 12 月 31 日，华电国际普通股 9869858215 股，其中 A 股股东持有 8152624615 股，占已发行普通股总数的 82.60%；境外上市外资股股东持有 1717233600 股，占已发行普通股总数的 17.40%。中国华电为控股股东，持股 46.81%。

华电国际经营范围为建设、经营管理发电厂和其他与发电相关的产业，电力业务相关的技术服务、信息咨询，电力、热力产品购销及服务，电力工程设计、施工，配电网经营。发展区域由山东 1 个省拓展到四川、安徽、河南、河北、浙江、内蒙古、天津、山西、重庆、广东、湖北、湖南等 13 个省（区、市），发展领域也由单一火电拓展到水电、风电、太阳能发电、燃机发电、核电和煤炭产业。截至 2021 年底，华电国际资产规模达到 2188.6 亿元，总装机容量达到 5335.26 万 kW。

领导班子

董事长、党委书记：丁焕德

副董事长：倪守民

董事：罗小黔、彭兴宇、张志强、李鹏云、王晓渤、冯荣

独立董事：丰镇平、李兴春、李孟刚、王跃生

监事会主席：陈炜

监事：马敬安

职工监事：张鹏

党委副书记、总经理：罗小黔

党委委员、副总经理：彭国泉、陈斌、武曰杰

党委委员、财务总监：冯荣

党委委员、总工程师：宋敬尚

党委委员、纪委书记：马敬安

组织机构　本部下设“一室五部”，分别是办公室（人力资源部）、计划投资部、财务资产部、安全与运营管理部、证券法务部（内控部）、党建工作部（纪检办公室、审计部）。公司法人层级共分四级，除母公司外，共有二级子公司 62 家，三级子公司 23 家，分公司 25 家。

工作业绩　2021 年完成发电量 2328 亿 kWh，同比增长 7.52%；供热量 1.54 亿 GJ，同比增长 4.82%；营业收入 1044.02 亿元，首次突破千亿大关。受电煤价格大幅上涨的影响，全年业绩出现较大幅度亏损，归属于上市公司股东的净利润为 −49.65 亿元。首次荣获中国融资“最佳 ESG 奖”，连续 2 年荣获中国电力行业企业“责任沟通创新卓越企业”奖，连续 3 年荣获中国证券金紫荆“最佳上市公司”奖，连续 7 年在上海证券交易信息披露工作中获得 A 级评价。

经营管理　制定下发提质增效工作方案，根据政策形势变化，及时调整经营策略。积极应对煤价气价高位运行且供需紧张的严峻挑战，研究制定降本增效措施，

全力以赴控亏减亏。跟踪监控预算执行情况，及时分析指标异动原因，制定应对措施并抓好督导落实。加强煤炭市场研判，全力控制燃煤采购成本。积极疏导燃煤成本，争取电价政策。加强资金统筹管理，资金成本率完成3.8%，同比降低0.31个百分点，存续期节约财务费用4亿元。发行债券275.7亿元，保证华电国际经营发展资金需求。组织撰写华电国际经营管理成果汇编，全面总结华电国际各个历史阶段的管理成果和发展经验。

安全环保 安全生产形势总体稳定，未发生一般及以上人身、设备、火灾和交通事故，未发生造成严重社会影响的安全生产事件。成立能源保供工作领导小组，全力保障能源安全可靠供应，向4个区域12家电厂提供资金支持21.42亿元。制定下发季节性检查、抗洪防汛等工作方案，深入抓好安全生产责任落实、隐患排查治理和突发事件应急管理等工作。强化网络安全管理，最大限度降低网络安全风险。履行环保管理责任，实现了污染物依法排放、达标排放，未发生影响华电国际形象的环保事件。落实碳达峰、碳中和目标要求，认真做好碳排放管理工作。加强能耗指标监管和降耗措施落实，机组能效水平持续提升。

项目发展 贯彻落实新发展理念，编制印发华电国际“十四五”发展规划，提出了“9268”发展目标。加强抽水蓄能、储能、氢能、地热等产业政策研究，提出了发展重点和保障措施。一批新业态新模式落地实施，迈出综合能源服务商建设实质性步伐。发展清洁能源项目，开发常规水电、抽水蓄能、地热、燃机、供热等项目，累计新建投产项目136.59万kW，在建电源项目454.6万kW。审慎发展煤电项目，汕头2台66万kW煤电项目主体开工。加强项目论证和投资计划管理，密切跟踪项目进展情况，安排基建投资计划90.75亿元，及时拨付项目资本金19.24亿元，保障了项目的顺利推进。广泛开展海外资源调研，积极寻找海外投资发展机会。

改革创新 加快推进改革三年行动，完成台账任务的90%，超额完成年度目标。深化三项制度改革，“三能”管理机制逐步形成。扎实开展创一流工作，完成清单任务的86.5%。完成新能源资产重组，完成中国华电湖南区域资产注入和市场化债转股“上翻”工作。科技创新力度不断加大，全年下达科技项目4批128项；智能降耗项目取得阶段性成果，实现了机组运行能耗分析、诊断及实时优化等功能；积极推动IDC项目落地开工。推进内控合规风险管理一体化建设，进一步理顺了各项业务的权责体系，健全完善了现代化企业制度体系。推动企业数字化转型，完成数字电厂试点规划设计、招标采购和系统建设，区域公司标准化数据服务正式投入运行。

党的建设 建立健全“第一议题”工作机制，学习传达习近平总书记系列重要讲话和重要指示批示精神，及时做好督办落实和跟踪问效。抓紧抓实党史学习教育，开展“党课开讲啦”“党史故事宣讲会”等庆祝中国共产党成立100周年系列活动。学习宣传贯彻党的十九届六中全会精神，深刻感悟“两个确立”的决定性意义，坚决做到“两个维护”。开展“我为群众办实事”实践活动，重点民生项目全部落实到位。履行全面从严治党主体责任，推动“两个责任”贯通联动、一体落实。深化“三清”企业创建，扎实开展“靠企吃企”等14项专项治理。落实“一把手”和领导班子监督，细化明确69项任务清单并全面落实到位。落实中央八项规定及其实施细则精神，持之以恒纠四风、树新风。深化“三力”工会建设，开展送温暖、日常慰问和职工喜闻乐见的各类文体活动。围绕“三个根本性”强化团青工作，促进了队伍和谐奋进。

【华电福新能源发展有限公司】

公司概况 华电福新能源发展有限公司（简称华电福新）隶属中国华电，是为助力中国华电实现碳达峰、碳中和目标，加速转型发展而打造的中国华电新能源发展平台。

华电福新主营业务为风力发电和太阳能发电的开发、投资、建设、管理和运营，风光电资产分布在国内30个省、市、自治区及海外的西班牙，全面覆盖国内风光资源丰沛和电力消费需求旺盛的区域，持有福建福清核电有限公司39%股权、浙江三门核电有限公司10%股权。截至2021年12月31日，华电福新装机容量2737.21万kW，其中风电2086.65万kW，光伏650.56万kW，在运核电权益装机容量达240万kW。

领导班子

党委书记、董事长：黄少雄

董事、党委副书记、总经理：侯军虎

董事：杨明、杜将武、冯荣

监事、纪委书记：邵福生

党委委员、副总经理、总法律顾问、工会主席：秦介海

党委委员、副总经理：张戈临

党委委员、总会计师（财务负责人）：吴豪

党委委员、副总经理：王峰

年度业绩 2021年，华电福新装机规模达到2737.21万kW，全年完成发电量469.66亿kWh。资产总额2151.66亿元，净资产614.3亿元，资产负债率71.45%，利润总额81.26亿元，归母净利润68.43亿元，实现“十四五”良好开局。

经营管理 立足“新能源专业管理及开发平台”和“资本运作及投融资平台”定位，多措并举提质增效。落实国资委“两利四率”要求，强化新能源政策研究和经营要素分析，推动经营市场对标管理，所辖区域全部

实现盈利。扎实开展安全“整治攻坚年”活动，抓好生产、基建、技改等重点领域安全管理，确保经营基础稳定，持续夯实盈利基础。全面强化以资金成本管控为主的成本压降，成效显著。完成证监会及交易商协会市场注册工作并完成 AAA 主体评级，直接、间接融资渠道均高质量开启。创新利用绿色融资工具，发行多期绿色公司债券、绿色永续中票，票面利率低于市场平均水平。置换系统内单位高成本带息负债，实现三年节约财务费用超过 7000 万元，全年累计为系统内 112 家单位以委贷及统借统还方式提供低成本资金。

项目发展 保持绿色发展的战略定力，以中国华电“五三六战略”和“5318”发展目标为引领，印发实施华电福新“十四五”发展规划，提出“五个一”发展战略目标，明确打造最具投资价值的国际一流智慧新能源上市公司的战略愿景。强化“总对总”合作开发，与 15 家战略伙伴签订战略协议，锁定超过 1000 万 kW 优质风光电资源。加快推进新能源布局，2021 年完成项目发起 192 个，项目立项 85 个，核准（备案）风光电项目 559 个，利用外资争取风光电资源，由全资子公司福新国投投入外资推动 13 家公司项目落地。优化并购流程，规范并购管理，2021 年完成项目并购 25 个。根据风光电开发投资特点，推动“1+N”风光电高质量发展措施及配套制度管控体系运转，扩大优化风光电授权。在投资决策、公司设立、资本金拨付等方面大刀阔斧重塑内部流程，畅通堵点、提升效率。强力推进新能源项目建设，2021 年下达 18 批投资计划 146 项次，拨付资本金 251 项（次），实现系统内全年项目资本金到位率 100%、项目申报及时率 100%、机构设立完成率 100%。

改革创新 对标世界一流能源企业强化企业治理，不断夯实发展根基。统筹推进四批次新能源资产重组，完成 30 个省区 226 家企业风光电资产重组和专业化整合。强化顶层设计和税收筹划，完成华电福新能源股份有限公司私有化工作。华电福新成功引战 150 亿元，荣获北交所 2021 年最具影响力交易项目奖。从 9 大方面制定 84 项举措推动三年改革行动方案实施，全面落实党的领导融入公司治理和“三会一层”管理，公司经理层任期制和契约化管理签约率 100%。优化“三重一大”事项决策权责清单，规范“三会一层”决策。2021 年完成多家新能源项目公司设立批复工作。研究制订智慧新能源公司愿景目标和实施路径，积极开展“新能源企业数字化转型相关问题探索与研究”，组织开展“氢能产业发展研究”“储能技术及应用场景研究”“绿色电力市场交易机制研究”等课题研究。强化规章制度体系建设，2021 年召开制度委员会 4 次，审核通过制度大纲和 150 项具体制度。全面落实法治建设第一责任人职责，加强并购项目重大风险过程审查，严格并购程序，防范并购风险。统筹疫情管理，扎实推进档案及保密、国安管理，维持公司全年安全稳定局面。

党的建设 深入贯彻新时代党的建设总要求，以高质量党建引领公司风光电高质量发展。坚持和完善“第一议题”制度，深入学习贯彻习近平总书记“七一”重要讲话，扎实开展党史学习教育和国企党建会精神贯彻落实情况“回头看”。以“百年党旗红、绿色福新路”为主题，隆重举办庆祝建党 100 周年系列活动，开展“六位一体”党史学习教育，组织开展“四史”学习教育专题培训班。“我为群众办实事”实践活动持续走深走实，截至 2021 年 12 月 31 日累计投入超过 1000 万元助力乡村振兴。坚持党建工作与公司中心工作深度融合，围绕能源保供、风光发展等重点任务积极组建各单位党员突击队和党员服务队。坚持党对群团工作的领导，切实抓好共青团“推优入党”，积极开展“两优一先”评选表彰。持之以恒全面从严治党，常态化推动党风廉政建设和反腐败工作向纵深发展。切实加大公司巡视整改力度，紧盯公司资产并购、重组引战等重点工作，规范抓好专项巡视督查工作。

【华电煤业集团有限公司】

公司概况 华电煤业集团有限公司（简称华电煤业）成立于 2005 年 8 月，是中国华电旗下负责煤炭及相关产业开发的专业公司，连续多年进入中国煤炭工业 50 强，在 2020 中国煤炭企业 50 强中营收排名第 27 位、产量排名第 13 位。华电煤业下设 4 个全资子公司、11 个控股公司、2 个专业化管理企业和 13 个参股公司。截至 2021 年底，公司产权口径资产总额 672.45 亿元，在册员工 6255 人。

领导班子

中国华电煤炭专业总工程师、党委书记、董事长：王旺旺

总经理、党委副书记：王瑞

党委副书记、工会主席、总法律顾问：刘书德

党委委员、总会计师：华忠富

党委委员、副总经理：赵鹏、陈德杰

党委委员、纪委书记：董海秀

党委委员、总工程师：范文亮

党委委员、副总经理：杨晶

工作业绩 2021 年，华电煤业实现了成立以来党建成果最多、安全形势最稳、经营绩效最佳、保供力度最大、改革步伐最快、合规成效最显的“业绩最好年”。管理口径利润总额 170.65 亿元，同比增加 126.92 亿元，净利润 132.06 亿元，同比增加 100.59 亿元，归母净利润 74.94 亿元，同比增加 59.13 亿元，利润排名同类型企业首位，利润贡献连续五年位居中国华电直属单位前列。商品煤产量 5358 万 t，位列全国产量第

13 名，完成中国华电年度目标的 117%；剔除停产的六矿和闭坑的天顺煤矿同比增加 240 万 t、增长 4.7%，实现四连增、年均增长率 6.9%。商品煤销售量 5338 万 t，接卸量 1253 万吨，货运量 3099 万 t，装船量 2436 万 t，全面完成年度目标任务。获评中国华电企业负责人业绩考核、党建责任制考核双 A 级，荣获中国煤炭运销协会“中国煤炭保供突出贡献企业”称号；榆横煤电获评煤炭行业 AAA 级信用企业；运销公司进入煤炭运销企业 30 强。

经营管理 增产保供成效显著。加强生产组织，按最大合规能力安全可控组织生产，设备综合开机率 97%，最大限度保障生产有效衔接和资源高效回收，保供期间日产量增幅 10.8%，四大矿同比增产 369 万 t。强化“采洗销互动、路港航协同、产运需衔接”煤炭供应链建设，打通保供“绿色通道”，隆德公司、运销公司协同增加 5 个铁路发运站台，华远星海运保供船舶单日高峰达到 51 艘，曹妃甸和福建储运优先卸装保供煤炭，系统内销量 1859 万 t，长协合同兑现率 118%，动力煤内销率首次超过 40%，完成各级政府保供任务 385 万 t。提质增效成绩突出。践行“煤电协同”的初心使命，打造提质增效升级版，经营效益创成立以来第一、中国华电年度利润贡献第一、同类型企业第一。锦兴、榆横煤电、隆德、不连沟、石泉公司分别实现利润 53.31 亿、43.39 亿、41.55 亿、33.84 亿、3.78 亿元，华远星海运、运销公司利润过亿，曹妃甸储运当年投产当年盈利，福建储运接卸量位列同类型港口全省第一，中能煤田、黄陵建庄等参股煤矿取得较好经营业绩。加强煤质管理，全口径煤炭企业平均热值 5059kcal/kg（1kcal＝4.1868kJ），同比上升 196kcal/kg，增收 13.22 亿元。实施管理降本、财务降本、政策降本，财务费用同比减少 2.52 亿元，节税 12.9 亿元。压降物资库存 2400 万元，四大矿库存达到合理水平。完善煤炭竞价联动机制，上线运行自主网络竞价平台，增收 7.3 亿元。

安全环保 应对安全环保困难挑战，守住底线红线。安全方面，健全完善体制机制，在煤炭板块首推安全监察系统双重管理模式，加大安全监督力度，建立实施安全风险抵押金制度，调动全员安全生产积极性。推动安全生产标准化建设，小纪汗、不连沟、石泉煤矿、福建储运、华远星海运继续保持国家安全生产标准化一级水平，曹妃甸储运投产当年即通过交通部一级标准化验收。开展安全生产专项整治攻坚行动，投入专项资金 6.7 亿元，安全风险可控在控。环保方面，独立设置环保管理部，建立“$1+6+N$”环保管理制度体系，制定实施“六严禁六严格”，进一步强化红线意识。持续推进污染防治设施升级改造，完成肖家洼煤矿燃煤锅炉替代升级等 14 个项目，整改肖家洼煤矿采空塌陷区生态修复问题。加强生态环保问题“一本账”管理，整改完成 866 项，整改率 90%。制定实施《矿区生态环境综合治理工作方案》。超前谋划煤矿碳监测、碳排查工作。疫情防控方面，坚持“人”“物”同防，常态化抓好疫情防控，从紧从实加强港航企业“外防输入”工作，有效应对局部地区突发疫情，全面推进疫苗接种，疫情形势平稳可控。

项目发展 通过争取列入保供煤矿及产能核增等方式提升产能，隆德煤矿取得 1000 万 t/年产能核增批复，不连沟煤矿 1800 万 t/年产能核增列入国家第四批保供名单，肖家洼煤矿按 1200 万 t/年调整建设规模，合计新增产能 1200 万 t/年。煤炭企业资产合规整改取得重大突破，分阶段稳步推动煤炭资产合规整改工作，肖家洼煤矿取得土地证和全部 15 项行政处罚合规证明；不连沟煤矿 1500 万 t/年产能环评报告编制完成，取得 11 项行政处罚合规证明；隆德煤矿 500 万 t/年改扩建项目获得环评批复，产能核增环评办理路径基本明确；甜水堡二矿取得安全生产许可证，完成竣工消防、环保验收。

改革创新 停产六矿股权划转和天顺煤矿闭坑基本完成。组织成立天顺煤矿闭坑专门机构，超前盘点底数、研判风险、会商华电能源，高效推进闭坑和人员分流安置工作，9 月完成井口封闭。国企改革三年行动超额完成任务。改革三年工作台账完成率 92%，超额完成年度目标任务。智能绿色低碳发展取得了积极进展。智能化和绿色矿山建设方面，全力推进不连沟、隆德、小纪汗国家首批智能化示范煤矿建设，初步建成 1 个智能综放、3 个智能综采、3 个智能掘进工作面，成功部署具有自主知识产权的数字煤矿一张图管理平台，万兆环网、4G 实现矿井全覆盖，建成主煤流智能监控、人机物精确定位等多个智能化子系统，井下固定场所实现无人值守，基本达到国家验收标准。推动绿色矿山建设，不连沟、隆德煤矿通过国家认证认可监督管理委员会绿色矿山 5A 级认证。西黑山少人（无人）智能化科学试验示范项目初步可行性论证报告通过专家评审。矿区低碳耦合发展方面，依托煤矿建筑物屋顶开发分布式光伏，取得政府备案 1.424 万 kW；不连沟公司 0.6 万 kW 完成备案，一期 0.2 万 kW 建成；石泉公司 0.068 万 kW 投运。积极争取集中式光伏项目指标，签订框架协议初步锁定 170 万 kW，锦兴公司与县政府签订 20 万 kW 协议，哈密公司竞配哈密市风、光资源各 10 万 kW。科技创新方面，编制实施“十四五”科技发展规划。投入研发费用 2.45 亿元，同比增长 84.3%，11 项成果获中国华电科技进步奖，1 项成果获省级科技进步奖二等奖，取得有效授权专利 59 项。与中国矿大、中煤科工等校企联合攻关，共同承接国家能源局“十四五”第一批国家能源研发创新平台认定工作，承担中国华电 2022 年十大重点科技项目 1 项。公司本部、华电力拓申报工信部人工智能产业揭榜挂帅创新任务，“矿用无人驾驶机器人”已通过项目初评，华电力拓和石泉公司分别组织申报 2022 年度国家矿监局重点实验室。

党的建设 围绕庆祝中国共产党成立 100 周年，推动党的建设与改革发展“双轮驱动”。扎实开展党史学习教育。把党史、煤炭工业史、企业发展史结合起来，建成不连沟、榆横煤电、锦兴公司首批“全国煤炭行业红色教育基地”，形成“四聚焦、两改善、三持续”党史学习法，全年投入 1 亿元资金改善煤矿生产生活环境，同口径职工人均工资较 2020 年增幅 8.5%，为 1800 名员工建立企业年金；建设产业帮扶、民生设施项目 4 处，惠及 5395 户 18000 余人，向肖家洼煤矿附近 1 万余户贫困农户提供取暖用煤。切实提升党的建设质量。认真贯彻国资委“中央企业党建创新拓展年”要求，发布“强链 • 创合”党建品牌，集成党建“四大系统”，形成“3534”党建工作法，创建 36 个支部品牌。推动党建工作与生产经营深度融合，党建引领阳光销售和 3 项成果分别荣获煤炭行业党建工作品牌最佳案例、管理创新成果一、二等奖。推动全面从严治党纵深发展。制定主体责任落实量化表和监督台账，建立“五责协同”机制，强化政治监督，促进“一岗双责”落地生根。完成 4 家企业巡察，实现巡察“全覆盖”，建立整改五项机制，中国华电巡视、公司巡察发现问题整改率 100%、96%。深化开展重点领域专项治理和贯彻落实中央八项规定精神“回头看”专项整治，发现并整改问题 1900 余项，挽回和避免损失 5000 多万元。开展“三清”企业创建“五‘一’联促”专项行动，锦兴、不连沟、华远星海运、福建储运被授予中国华电“三清”企业创建先进单位。首次举办纪检业务大赛，在公司内外产生很大反响。人才队伍建设不断加强。制定实施《2021—2025 年人才发展建设规划》，分层次、分类别、全覆盖开展各类培训 33213 人次，荣获“煤炭行业教育先进单位”称号。在华远星海运设立全国煤炭行业管理人才教育培训基地（上海）、华电煤业产业链人才培训中心，总体建成“两中心、一网校”教育培训平台。群团组织作用高效发挥。开展“百年党旗红、追梦新时代”职工思想文化等主题活动，举办第七届职工篮球赛，3 项成果分别荣获中国华电创新创效一、二、三等奖，4 名职工在全国煤炭行业技能示范赛上获铜奖。

【中国华电集团资本控股有限公司】

公司概况 中国华电集团资本控股有限公司（简称资本控股公司）成立于 2007 年 5 月，目前注册资本 134.58 亿元。资本控股公司是中国华电金融发展和资本服务的核心平台，负责推进中国华电金融机构发展，管理中国华电控参股金融股权，主要业务包括投资业务、融资业务、资产管理业务、金融股权的投资与拓展，以及对中国华电现有控参股金融机构股权的管理。

领导班子

党委书记、董事长：刘雷

党委副书记、董事、总经理：赵远波

党委副书记、工会主席：王志平

党委委员、副总经理：江涛

党委委员、纪委书记：李红淑

党委委员、副总经理、总会计师：王晓波

党委委员、副总经理：赵岩林、杨桦

工作业绩 2021 年，资本控股公司按照“稳健融合发展金融产业”的主基调，经营、改革、发展齐头并进，创效、服务、风控亮点纷呈，党建“红”、转型“绿”、文化“清”交相辉映，完成年度各项重点任务目标。全年考核调整后实现利润总额 30 亿元、净利润 23.7 亿元，净利润位居中国华电直属单位第二位；营业收入利润率 55.55%、资产负债率 62.4%、营收增长率 18.42%、劳动生产率 618 万元/（年 • 人）、净资产收益率 10.1%。获得中国华电党建考核 A 级，连续获评中国华电考核 A 级企业，获中国华电特殊贡献奖一等奖。引入战投、华鑫信托增资落地、召开首届“三会”，提前完成国企改革三年行动年度任务目标，实现了“十四五”的良好开局。

经营管理 为中国华电提供资金支持 448 亿元，同比增长 78%。本部成交产权交易项目 30 项，实现中国华电系统内国有资产增值 2.6 亿元。华鑫信托落实产融结合项目 19 个，余额 283 亿元；信托理财内销规模 149 亿元，同比增长 36%。华信保险完成中国华电财产保险统保工作，为中国华电节省保费 5289 万元，财产保险统保费率下降 9.3%，协助争取保险赔付近 2.9 亿元。川财证券参与系统 6 只债券发行的申报工作，合计获得批文 690 亿元，全年共参与 105 亿元债券承销工作，实际承销规模 1.7 亿元。华电租赁加强与区域公司合作，共同促进中国华电新能源产业发展，新增中国华电内租赁业务投放 80 亿元，其中直租业务 51 亿元，系统内租赁资产余额稳步提升至 180 亿元。华电保理累计投放保理融资 103 亿元，助力电厂稳定生产、压降煤炭采购成本，电煤保理覆盖电煤采购量超过 1000 万 t。金泰基金协助中国华电完成全国首单绿色“碳中和”并表型 ABN 发行，助力中国华电完成公募 REITs 的顶层设计、可行性研究及基础资产筛选工作。外拓市场塑造华电金融口碑。华鑫信托资产证券化业务累计储架规模超千亿，落地 333 亿元，同比增长 361%；标品固收业务发行规模 176 亿元，同比增长 214%；财富募集资金 449 亿元，同比增长 47%。华信保险在拓展中国华电上下游合作、东方电气等央企合作、肇明高速公路等大型工程项目合作方面取得突破，实现签单佣金952万元。川财证券完成海怡地产等公司债发行和“万联－联合”供应链金融ABS等分销工作，累计发行规模64亿元，承销（分销）规模28亿元。华电租赁新增系统外租赁项目62笔，金额112亿元，同比增长70.3%。金泰基金突破性完成市场首单权益型类REITs发行工作，为拓展业务市场奠定基础。

项目发展 在同类上市公司估值长期低迷的不利情况下，引入30亿元战略投资，助力中国华电杠杆率下降约0.3个百分点。南网资本、央企基金、太平人寿、光大永明、特变电工5家企业成为公司股东。治理体系不断优化。召开引战后的第一次“三会”，审议通过新的公司章程和一系列议事规则，公司法人治理结构全新运作。三是资本实力显著增强。统筹资源配置优化和资金效率提升，无缝衔接引战资金，同步启动华鑫信托增资工作并获监管机构批准，年底前完成工商变更，引战工作完美“收官”。

改革创新 持续发力国企改革三年行动。三年期改革任务完成率97%，超额完成年度目标任务；经理层任期制契约化改革卓有成效，整套改革材料作为典型模板向兄弟单位推广。职业经理人改革立竿见影，干部人才管理机制不断完善，考核分配机制持续优化，精益化管理水平进一步提升。持续完善风险防控体系建设。推进“三横三纵”制度体系建设，加强依法治企与合规管理，建立健全“$1+N+X$”内控合规风险一体化管理体系。加强财务性投资等业务风险管控，加强项目投后检查，监管指标可控在控。加大存量风险项目风险化解督导力度，确保不良资产清收工作有序推进，存量风险项目收回现金2.7亿元。持续推进公司管理创新创效。以“对标创一流”为抓手，针对战略、组织、运营、财务、风险、人资、信息化七方面对标，开展三年对标工作“回头看”，进一步优化对标工作，推动公司持续提升管理水平。持续开展职工创新创效大赛，立项政研课题5项、管理创新课题8项。

党的建设 2021年，资本控股公司深入学习党的十九届六中全会精神，深入贯彻落实习近平总书记在全国国企党建会议上的重要讲话精神，坚定捍卫“两个确立”、坚决做到“两个维护”。始终坚持和加强党的全面领导。落实“第一议题”制度，发挥公司党委“把方向、管大局、促落实”作用，做到党建工作和经营发展工作目标同向、部署同步、工作同力。持续深入开展党史学习教育。认真领会习近平总书记“七一”重要讲话精神，紧密围绕“学史明理、学史增信、学史崇德、学史力行”，广泛开展专题读书会、讲党课、征文、答题、红色教育等系列活动，“我为群众办实事”清单项目全部落实。着力打造“红领带”党建工作品牌。分别荣获中国华电和中电联课题二等奖，并在新华网等中央媒体刊登宣传。加强基层党组织“五基”建设，所属党支部全部达到中国华电“示范党支部”标准。胜利召开第二次党员代表大会，完成“两委”换届选举。落实全面从严治党、强化党风廉政建设。从严加强政治监督，推动“一把手”监督与“四责”格局融会贯通。从严落实中国华电巡视整改工作要求，巡视反馈的46项问题整改完成率100%。打造“清廉资本‘红莲’文化”品牌，扎实推进“三清”企业和“三清”业务团队创建，华信保险继续保持中国华电“三清”创建先进单位称号，华鑫信托荣获年度“三清”创建先进单位称号。

【中国华电科工集团有限公司】

公司概况 中国华电科工集团有限公司（简称华电科工）是中国华电全资企业，是中国华电科工产业板块的重要组成部分和发展平台，前身可追溯到水利电力部机械制造局。华电科工现有在职员工4174人。拥有国内外电站投资建设、海上风电、新能源、综合智慧能源、物料输送、热能工程、噪声治理、供热改造、电力工程监理监造等多个优势专业，并创新开展了氢能、生物质能、新型岸桥、综合能源服务、固废处理、储能、智能供热等新产业、新产品、新业务，产品和服务涵盖了电力、化工、港口、矿业、冶金、市政、清洁能源等领域，业务遍及全国各地及东南亚、欧美、澳大利亚等国家和地区。目前下设16个职能部门，高端制造及系统工程、环保水务、电站投资建设、清洁能源四个核心业务板块和其他参控股公司。控股公司57家，参股公司16家。

领导班子

党委书记、董事长：文端超

党委副书记、董事、总经理、总法律顾问：彭刚平

党委副书记、工会主席：刁培滨

党委委员、副总经理：单宏胜

党委委员、总工程师：沈明忠

党委委员、总会计师：李国明

党委委员、纪委书记：林艳

党委委员、副总经理：刘蔚、胡富钦

工作业绩 坚持以习近平新时代中国特色社会主义思想为指导，深入贯彻党的十九大和十九届历次全会精神，凝心聚力、拼搏进取，全面超额完成年度目标任务，营业收入、利润总额、净利润均创历史新高。全年实现营业收入222.19亿元，同比增长5.76%；利润总额19.47亿元，完成年度目标148.63%；净利润15.08亿元，完成年度目标150.80%；新签合同额242.23亿元，同比增长19.98%；中国华电外新签合同额82.55亿元，完成年度考核目标105.15%。生产经营、党建工作再次获评中国华电A级，在中国华电综合业绩考核A级企业、先进企业中均排名第一，并荣获中国华电特殊奖励一等奖。

经营管理 市场开拓更加深入，制定“十地”“十企”开发方案，签订战略合作协议 83 项；出台全面全力助力中国华电新能源高质量发展指导意见，新能源相关业务新签合同 134.81 亿元；其中陆上风光电项目 313 万 kW，合同额 83 亿元；跟进整县屋顶光伏项目 50 个，总装机容量突破 600 万 kW。财务管理更加精细，拓展融资渠道，全年融资 195 亿元，同比增加 8.9 亿元；综合融资成本 3.45%。精准聚焦境外财务管理，归集境外资金 6854 万美元。强化“两金”压控，“两金”占用较年初降低 5.2 亿元，较收入增长率低 12.91 百分点；“两金”周转率 1.95 次，较年度目标快 0.58 次；多措并举推进高风险企业治理，完成扭亏任务。重视民企清欠，分类处置 94 家单位长期挂账款项 4162 万元。用好政策红利，全年减免税收 2.85 亿元。工程管理更加规范，全面开展创精品工程活动，推行项目部标准化配置，加强项目经理资格和考勤管理，完善项目巡察督导指标。加强采购计划和过程管控，全年节资约 13.16 亿元，节资率 9.56%。推进“四算”管理，144 个项目完成结算，审减分包结算额 1022.68 万元。生产运营更加高效，将生产技术部单设，全面加强项目生产运营技术管理、监督。巴淡、巴厘岛电厂设备可用率分别为 94.58%和 92.79%，远高于 PPA 考核值；全年发电量 63.72 亿 kWh，完成年度发电量计划 106.4%。环保 BOT 上网电量 211.87 亿 kWh，同比增加 12.57%，实现“零非停”。各水厂水质合格率、主要设备故障率、设备可利用率均控制在规定范围内，全年处理水量 1.29 亿 m^3，同比增长 13.37%。超滤膜合格率 98%以上，全年封装 8.49 万 m^2，同比增加 1.11 万 m^2。全年生产催化剂 1.16 万 m^3，同比增加 0.14 万 m^3，合格率 96.69%。

安全环保 以创建本质安全型企业为目标，以落实安全生产责任制为主线，健全各级安全管理、安全隐患排查治理体系，编制《安全生产标准化图册》；开展复工复产、春秋检及回头看、反违章工作，专项开展建党 100 周年隐患大排查。全年未发生负有主要责任的人身伤亡事故、环境污染事件。抓实抓细常态化疫情防控措施，排查零星突发疫情 30 余次，核酸检测产业园区环境及重点人群 25 轮 8000 余点位，督导开展第三针疫苗接种 2771 人；应对多国疫情阶段性反弹，是中国华电涉外直属单位中唯一“零确诊”单位。完善环保制度体系、管理指标体系与评价标准，整改闭环生态环保问题 83 项，整改率 95.4%。

项目发展 投资业务逆势有为 1 健全完善投资全生命周期管理体系，加快前期项目开发，跟踪境外清洁能源项目 466 万 kW，6 个项目取得中国华电发起批复；元氏二期、滹沱河二期项目分别通过中国华电发起、立项。产品业务转型加快，管道业务新签合同 10 亿元，涵盖年度全部新建百万机组项目。脱硝催化剂成功进入船舶交通领域；自主研发的纺丝产品性能国内领先。国内煤炭销售突破 100 万 t。工程业务扎实推进，全力支持中国华电风光电产业发展，8 个“保电价”“保投产”项目全部并网，6 个实现首并，3 个满足并网条件；海坛海峡项目提前 5 个月全容量并网，实现中国华电海上风电零突破；玉环项目实现全容量并网；阳江青州三作为国内首个近海深水海上风电项目实现并网。参建的华电莱州智慧生态绿色能源基地项目荣获“国家优质工程金奖”，邵武三期工程荣获“电力优质工程奖”。“三新业务”全面铺开，全年签订合同 38 个，金额 9.7 亿元。氢能“揭榜挂帅”项目获得国家有关部委批复；制氢试验系统成功投产；签订首个气体扩散层合同。生物质能投资建设的丰宁项目并网发电。储能业务与中国电科院储能与电工新技术研究所签订共享实验室及全面战略合作框架协议，获批国家级课题，内蒙古科技重大专项示范项目实现首并；新风光“光储充”项目获得国际储能创新大赛十佳应用创新奖。二氧化碳捕集利用业务申报课题获得中国华电科技进步奖一等奖。综合能源服务业务依托产业园等示范项目，打造了“华慧云”综合能源智慧管理平台等核心产品。固废处理完成永安、韶关项目，形成 MBT 工艺包。新型岸桥完成首台套主体生产制造，被中国华电纳入创建世界一流示范产品清单。

改革创新 改革三年行动取得阶段性成果，完成改革任务 105 项，完成三年任务总量 93.75%；9 项重点专项改革完成 8 项，是中国华电唯一一家用足国资委中长期激励“3+2”政策包的直属单位；一体推进“创一流”行动，完成任务 38 项，完成三年任务总量 97.44%。组织精健化水平进一步提高，完善法人治理体系，建立“三重一大”决策权责清单、授权管理制度、各项议事规则；加大出资企业董事会建设力度，30 家子企业实现董事会应建尽建且外部董事占多数。推行各单位职能部门“四定”，修订全员岗位说明书，编制缩减 12.6%。市场化经营机制不断健全，开展 101 个领导（管理）岗位公开招（竞）聘，占新聘任领导人员比例 51%。全面推行经理层任期制和契约化管理，52 家分子公司 171 名经理层成员签订差异化岗位聘任协议，覆盖率 100%。优化内部薪酬分配机制，搭建“五位一体”薪酬制度，铺开职能部门积分制绩效考核管理，合理拉开收入差距。华电重工开展限制性股票激励计划，重点激励 179 人 1201 万股，占总股本 1.04%；岸桥公司探索实施员工持股；华电丰宁项目精准实施项目跟投，跟投人员 13 名，总跟投额 205 万元；在 7 家单位试点超额利润分享；兑现科技岗位分红 468 万元。资产精益化管理初见成效，持续提升华电水务科创属性，存量同业竞争、关联交易占比等关键问题得到解决。上市公司股权结构优化和市值管理取得实效，总市值超过 80 亿，较年初增长 60%以上。

党的建设 扎实推进“第一议题”制度，学习习近平总书记重要指示批示精神 29 次 102 项，下发工作表单 76 张，制定贯彻落实措施 255 项；抓牢抓实党史学习教育，举办 6 期党委专题读书班，3 期辅导讲座，开展集中宣讲、现场教学、线上知识竞赛等活动，覆盖 9000 余人次。“我为群众办实事”实践活动成果得到中央党史办、国资委党史办和中央企业第三指导组高度肯定。加大干部交流、优秀年轻干部选任和竞争性选人用人力度，推荐优秀年轻干部、专业技术人才 487 人次，提任“75 后”“80 后”干部 25 人。统筹人才发展工作，引进成熟人才 247 人，国际化发展、科研及设计、项目管理三支人才队伍占比 48.76%。把全面从严治党贯穿始终，分 2 轮对 6 家党组织巡察“回头看”，实现巡察全覆盖目标；做深做实整改“后半篇文章”，42 项中国华电巡视反馈问题完成整改，完成率 86%；20 项审计意见完成整改，完成率 80%。扎实推进同级监督，深化境外经营管理、违规经商办企业、“靠企吃企”等专项治理、整治，精准开展重点领域、关键任务监督，持续深化落实中央八项规定及其实施细则精神，营造了风清气正的良好政治生态。切实发挥党政工团合力，职工幸福指数持续提高，被确立为中央企业青年精神素养提升工作试点单位。

走向海外 确立境外“六大区域”布局和“十国”重点国别，建立健全信息和资源共享机制，发挥印尼、越南、罗马尼亚等境外机构作用，坚定不移拓展国际化发展的广度和深度。全年实现国际业务收入 104.71 亿元，完成年度目标 100.47%；利润 20.11 亿元，同比增长 172.12%。产品、工程业务全年新签合同 1.51 亿美元。越南沿海二期项目高质量完成两台机组投产，其中 1 号机较 PPA 约定工期提前 28 天；全年实现电费收入 1.67 亿美元，全厂 COD 延期申请获得越南工贸部正式批复。得乐项目获得“气候债券认证”，作为越南电力市场首个绿色新能源项目实现融资封闭，完成首台风机吊装。

信息化建设 构建“1+5+*N*”信息化制度体系，试点智慧经营决策管理平台，上线办公可视化平台及国际业务管理系统。开展工业互联网建设，申报工信部大数据产业示范项目。财务共享中心北京分中心 118 家单位上线运营。强化网络安全管控，在网络安全攻防演习中得到中国华电高度评价。

【中国华电香港有限公司】

公司概况 中国华电香港有限公司（简称华电香港公司）是中国华电全资控股的二级子公司，于 2006 年 6 月在香港注册成立。注册资本金 25 亿港元，从事境内外发电厂的开发、建设、运营和管理，以及电力能源、煤炭、交通、海运、进出口及相关行业的投资和融资活动。截至 2021 年底，华电香港公司总额 282.69 亿元，在建在运装机规模 452.1 万 kW，其中境外 292.7 万 kW，境内 159.4 万 kW。境外资产主要分布在印度尼西亚、柬埔寨、俄罗斯、越南、孟加拉国等国。

领导班子

党委书记、执行董事：方正

党委副书记、总经理：田立

党委副书记、工会代主席：陈伟

党委委员、副总经理、总法律顾问：王勇

党委委员、总会计师：李远志

党委委员、副总经理：周德华

党委委员、纪委书记：刘瑾

党委委员、副总经理：卢又安

组织机构 华电香港公司下设 13 个职能部门，分别为办公室（信息中心）、人力资源部、战略规划部、项目开发一部、项目开发二部、生产运营部、财务资产部、投融资管理部、党建工作部（工会办公室）、监督部（纪检办公室、巡察办）、企业管理与法律事务部、工程物资部、审计部。共有所属三级企业 27 家，特殊目的公司及投资平台公司 9 家，项目公司（含控股和参股）等基层企业 18 家，代表处 2 家。

工作业绩 全年实现利润 22.34 亿元，同比增长 49.69%；净利润 19.07 亿元，同比增长 54.86%；营业收入利润率 20.80%，同比增长 1.36 个百分点；净资产收益率 13.23%，同比增长 4.18 个百分点；资产负债率 46.25%，较年初上涨 12.46 个百分点；营业收入 106.43 亿元，同比增长 40.09%；国际业务收入 111.83 亿元，同比增长 63.16%。连续荣获中国华电特殊贡献奖。

项目发展 主动服务“绿色丝路”建设，坚定不移推动绿色低碳转型，编制“十四五”发展规划，提出“5251”发展目标，明确到 2025 年末，“十四五”国际业务收入较“十三五”翻两番，非化石能源装机占比力争超过 50%。坚决贯彻国家境外不再新建煤电项目部署，稳步推进印尼煤电项目退出工作，及时调整孟加拉国煤电项目为气光一体化。狠抓重点项目落地。孟加拉国 50MWp 光伏项目完工交割。越南风光，孟加拉国气光一体化、光伏共计 267.8 万 kW 项目完成中国华电发起决策。印尼、尼泊尔共计 46.8 万 kW 水电项目完成华电香港公司发起决策。全面推进在建工程建设。印尼玻雅 2×66 万 kW 燃煤电站项目完成 DCS 系统复原、汽机扣盖、锅炉水压试验、汽机油系统冲洗里程碑节点目标。柬埔寨西港 2×35 万 kW 燃煤电站项目克服设备物资供应困难，加大现场施工力量投入，完成主厂房封顶、烟囱到顶、汽轮机台板就位等里程碑节点。

经营管理 面对疫情严峻形势下全球电力需求大幅下降、大宗商品价格攀升、人员物资流动受限等不利影响，统筹推进提质增效、成本管控、资本运作和政策争取等，实现经营效益逆势稳增长。提质增效方面，深化精益管理，提升机组运行水平，强化与调度沟通，做到能发尽发、能发满发，超额完成年度目标任务。能源保供方面，主动承担能源保供重任，拓展进口煤贸易，全年完成进口煤交易 845 万 t，为中国华电系统内电厂供应 760 万 t，为区域公司落实保生产保民生任务提供坚强保障。资本运作方面，深入挖掘在建工程项目效益，EPC 业务、金融资产业务继续发挥经济效益“压舱石”作用。持续加强集约化采购管理，全年节约成本 0.8 亿元，节资率达到 25%。完成租赁、金融资产新准则转换，实现股票公允价值变动收益 1.03 亿元。争取政策利好，大力推进设备进口免税工作，全年获得进口税款豁免 3840 万美元、机电设备增值税出口退税 1.37 亿元。西港项目成功锁定“9 年免税期”优惠政策，落实 EPC 税收筹划方案，有效节约成本。

安全环保 有效落实国资委“两稳两争两保”要求，坚持“一盘棋”抗疫思想，统一领导、统一部署、统一检查，从紧从严压实各方防护责任，推动常态化精准防控与高效应急处突协同发力，抗疫防线扎实有效，疫情防控可控在控。深入开展“安全生产专项整治三年行动”“电力建设工程施工安全年”和安全生产月活动，强化宣传、检查、督导，安全生产水平持续提升。开展隐患治理，排查在建、在运项目一般及以上隐患 222 项，整改完成 221 项。额勒赛公司荣获中国华电“五星级发电企业”“安全环保先进企业”“本质安全型五星级企业”称号，西港公司荣获中国华电“安全环保先进企业”称号，捷宁公司荣获中国华电“本质安全型四星级企业”称号，涵剑项目荣获中国华电“本质安全型四星级企业”称号。

改革创新 深入开展国企改革三年行动，完成改革任务 93.68%。大力推行经理层任期制和契约化管理，实现经理层成员应签尽签。建立健全董事会，制定董事会、董事长专题会议事规则，实现外部董事占多数。制定“三重一大”权责清单，明确 26 类 106 项重要决策事项，厘清党委会、董事会和经理层权责边界。深化三项制度改革，完成系统 18 名经理层成员契约签订，实现“一人一表”精细化管理。推进公司架构调整，成立华电海外投资有限公司获得中国华电批复，为一揽子解决降低税收成本、香港居民纳税人身份和北京代表处经营等突出问题奠定坚实基础。加大科技创新力度，多点发力、聚力攻坚，获得俄罗斯联邦知识产权专利 3 项，印尼国家科学技术认证协会科技进步奖 2 项，中国电力建设企业协会智慧工地管理二等奖 1 项，中国华电管理创新二等奖、三等奖各 1 项。

党的建设 党建基础不断夯实。党委会、党委中心组学习习近平总书记重要指示批示精神各 49 项，提出贯彻落实具体措施 100 项。学习宣传贯彻党的十九届六中全会精神。开展庆祝建党 100 周年系列活动。开展“我为群众办实事”实践活动。召开第二次党代会，完成“两委”换届选举。从严治党不断深入。全力配合中国华电党组巡视“回头看”，不折不扣落实整改，61 类 279 项整改问题完成 128 项。开展“靠企吃企”“影子股东”等 15 个重点领域专项自查，发现问题 163 项，整改完成 155 项。额勒赛公司荣获中国华电“三清”企业称号。干部人才建设不断加强。全年累计提任厂级干部 11 人，引进干部 2 人；提任干部中“80 后”年轻干部 4 名。加大干部交流锻炼力度，系统干部员工交流 12 人。推荐 5 名柬籍人员攻读华北电力大学硕士研究生学位。精神文明建设积极推进。在脸书、推特、影格开通“华港之声”海外社交账号，以中国华电名义在柬埔寨《高棉日报》刊发新春贺词，海外履责案例《电亮柬埔寨》入选 2021 年中央企业海外社会责任蓝皮书。荣获首都文明办颁发的 2018—2020 首都文明单位荣誉称号，杨生辉荣获中国华电 2020—2021 年度劳动模范称号、王静荣获中国华电先进个人荣誉称号。

【华电江苏能源有限公司】

公司概况 华电江苏能源有限公司（简称华电江苏公司）成立于 2003 年 4 月，原为中国华电集团公司江苏分公司，2013 年改制为中国华电集团有限公司全资子公司，2019 年进行股权多元化改革，变更为合资公司。目前公司股权结构为：中国华电集团有限公司控股 80%，中国石油天然气股份有限公司持股 20%。主要业务为：电力生产和销售、热力生产和供应（涵盖煤机、燃机、分布式、太阳能、风力发电）；与电力相关的燃机服务、煤炭码头运营、天然气管网运营、增量配电业务运营等。荣获“全国文明单位”“全国五一劳动奖状”“中央企业先进集体”“华电集团先进企业、文明单位标兵”等称号。

截至 2021 年底，华电江苏公司管理总资产 425 亿元。在运装机容量 1375 万 kW，其中煤机 629 万 kW、燃机 646 万 kW、新能源 100 万 kW，在职员工 4299 人。

领导班子

党委书记、董事长：戴军

党委副书记、总经理：杨惠新

党委副书记、工会主席：居斌

党委委员、副总经理：王多宏、樊爱兵

党委委员、总会计师、总法律顾问：祝月光

党委委员、纪委书记：王迎东

党委委员、副总经理：邵松、潘云

组织机构 本部设有办公室、规划发展部、人力资源部、企业管理与法律事务部（改革办）、财务资产部、生产技术部、安全环保部、工程管理部、市场营销部、党建工作部（工会办公室）、监督部（纪检办公室、巡察办公室）、审计部、燃料物资部等13个部门。现辖句容发电公司、望亭发电公司、戚墅堰发电公司、扬州发电公司、新能源公司、昆山热电公司、仪征热电公司、通州热电公司、吴江热电公司、江苏电力股份公司、通州湾能源公司、华瑞燃机服务公司、金湖能源公司、华汇能源公司、仪化热电公司、扬州中燃能源公司、赣榆LNG公司、江苏能源销售公司等18家单位。

工作业绩 2021年，华电江苏公司在消化燃料成本上涨51亿元、煤机保供亏损27亿元的不利形势下，将全年利润亏损控制在17.8亿元；剔除四季度能源保供燃料成本上涨因素，超额完成中国华电考核利润目标。完成全口径发电量485.76亿kWh，同比增长4.34%；完成供热量3000万GJ，同比增长12.49%。煤机供电煤耗完成284.95g/kWh，燃机供电煤耗完成214.75g/kWh，分别较中国华电计划下降1.55、6.75g/kWh。新能源发展成果丰硕，共取得地方政府备案容量745万kW；收购风光电8.8万kW；仪化热电联产、赣榆LNG等项目实现突破，为推进“十四五”高质量发展、构建新型电力系统奠定了坚实基础。

项目发展 坚决落实“碳达峰碳中和”重大战略决策，融入长江经济带、长三角一体化等战略实施，助力构建以新能源为主体的新型电力系统。制定华电江苏公司“十四五”发展规划和专项子规划，明确提出到2025年实现“2818”目标。中国华电与江苏省签订战略合作协议，成立4个专门工作组、11个项目前期办公室，开展全区域拉网式项目资源争取，与26个市（县、区）政府和30家企业签订合作协议56份。华电江苏公司共备案集中式光伏项目523万kW、分布式光伏项目222万kW。盐城建湖4GW渔光互补光伏发电项目上报国家能源局申请列入大型风光电基地储备项目，取得中国华电首个盐穴压缩空气储能项目开发权，镇江韦岗抽水蓄能项目成为江苏“十五五”唯一被列入国家《抽水蓄能中长期发展规划（2021—2035年）》的重点项目，华电江苏公司系统共取得7个整县（区）推进试点开发权，赣榆LNG接收站项目完成公司注册并上报国家能源局申请核准，仪化热电联产项目进入施工准备阶段，望亭燃机二期项目通过中国华电开工核查。

经营管理 落实提质增效措施，全年经营工作稳定有序，提质增效好于预期。电量电价方面，煤机、燃机在完成保供任务同时，四季度电量疏导水平区域领先，落实电价疏导创效6.87亿元。燃机积极开展电量优化，落实内部优化电量2.63亿kWh，落实外部替代电量6.92亿kWh，创效0.4亿元；落实气电联动政策创效4.5亿元。热量热价方面，一厂一策制定调价策略，实现量价双提升，综合创效2亿元。燃料方面，克服煤炭资源紧张、封航压港等不利因素，多方拓宽供应渠道，统筹协调区域调运，确保了库存安全可靠。进口煤入厂量完成300万t，同比增长114%，节约燃料成本3.8亿元。资金方面，综合融资成本率实现3.46%，连续3年显著下降且保持中国华电发电板块第1。在中国华电内率先完成供热燃机税务备案，创效超8000万元。扎实推进“两非”“两资”剥离处置，如皋公司股权完成转让，煤炭物流公司完成清算注销，泰州医药城公司已提交破产申请；推进华林、金湖股权处置方案落实；完成多经大集体改革和多经企业规范清理工作。

安全环保 认真贯彻落实习近平总书记关于安全生产和能源保供重要指示批示精神，完成庆祝建党100周年、全国两会等重要时段安全环保和电热保供工作，得到省委省政府的充分肯定。针对煤价高涨的不利形势，坚持价格服从资源，全力争取电煤增量，确保电煤供应平稳有序、煤机稳发满发。煤机发电量同比增长18%，利用小时高于全省“三同”70h。特别是在煤价最高、保供形势最紧张的四季度，连续3个月煤机发电利用小时排名省内第1，较全省平均高10%。扎实推进安全生产“整治攻坚年”活动，重点开展了风光电、防台防汛、危化品等隐患排查和设备治理，全年组织安全专项督查50余次，有效管控较大及以上风险100余项，治理隐患1180项。对照中央生态环保督察要求，开展生态环保治理专项行动，推进3家煤机企业深度优化用水环保技改，助力污染防治攻坚战。面对国内疫情点状暴发，迅速行动，细化工作方案、加强应急管理，动态调整防控举措，全力做实疫情防控，保障了员工和生产安全。疫苗接种率近95%，实现了应接尽接。开展信访、维稳、国安保密等专项工作，保障了重要节点、重大活动期间的安全稳定。

改革创新 落实国企改革三年行动部署，三年行动台账任务完成率99.05%，超额完成年度目标任务。坚持“两个一以贯之”，修订华电江苏公司“三重一大”决策事项权责清单和各治理主体议事规则，修订华电江苏公司章程，研究制订董事会授权管理办法，明确董事会向董事长和总经理授权方案，指导基层企业同步做好章程修订和决策体系、规则的优化完善，基本形成“权责法定、权责透明、协调运转、有效制衡”的治理机制。完成“三重一大”系统上线运行，实现决策管理的规范化、流程化。华电江苏系统党委前置研究重要决策事项清单完成率、章程修订覆盖率、子企业董事会应建尽建率、外部董事占多数企业比例均为100%。深化经理层任期制和契约化管理，推进经理层考核分配授放权；深化市场化用工改革，市场化用工指标大幅提升；深化薪酬分配制度改革，推进工资备案制管理，完成扬能公司首批员工股注资。召开年度依法治企工作会议，完成本部制度应建尽建排查和制度决策层级优化。成立审计部，深入推进内审体制机制建设。大力实施创新驱动发展战略，中国华电十大重点科技项目“二氧化碳捕集利用关键技术研究应用”“华电睿蓝自主安全可控分散控制系统研制与应用”子项目相继在句电公司成功投运。华瑞公司参与的国家能源局示范项目“燃气轮机通流部件检测修复及评估技术研究与应用”稳步推进，“火电灵活性改造关键技术研究”等项目参与中国华电揭榜攻关。2021年，3项成果获中国华电科技进步奖一等奖，获各类授权专利54项、受理48项。

党的建设　及时深入学习贯彻习近平总书记“七一”重要讲话、十九届六中全会精神，围绕庆祝建党100周年和国企党建会召开5周年，落实“第一议题”制度，认真组织党史学习教育，制定35项具体措施，完成“我为群众办实事”项目328条。扎实开展国企党建工作会议精神贯彻落实情况“回头看”，深入推进党员“五亮”工程，促进党建与生产经营深度融合，实现“示范党支部”全覆盖。广泛开展庆祝建党100周年系列活动，举行“百年风华 奋斗先行”职工文艺汇演，12个集体和个人荣获国资委党委、中国华电党组等上级党组织“七一”表彰。持续深化中央和中国华电巡视整改。完成常规巡察和巡察“回头看”，实现常规巡察全覆盖，做实做细日常监督。组织反腐倡廉宣传教育月活动，开展警示教育，强化廉洁风险防控。通州热电等5家单位获中国华电“三清”企业创建先进单位。推进人才强企战略，在岗技能培训14000余人次，系统9家单位延伸聘任专业人才173人，荣获“全国电力行业技能人才培育突出贡献单位”称号。开展“员工日”“职工文化月”等文化活动200余次，深化“三力”工会建设、共青团推优入党、“康乐美”幸福行动等，充分凝聚起干部员工立足岗位、建功企业的智慧力量。

信息化建设　组织区域各单位全面开展网络安全信息通报和自查检查整改工作，围绕系统整体安全、边界安全防护、系统本体安全、安全管理、社工安全、资产管理六大方面开展自查整改，提高了网络安全保障防护水平和应急处置能力。参与国家网络安全攻防演练，全面排查风险隐患，落实防护措施。编制发布《网络与信息系统安全管理办法》《网络与信息系统安全应急预案》。在做好日常信息系统管理服务的基础上，为提高网络管理安全能力，员工电脑实名登记，绑定网址后接入公司网络，外单位用户临时入网均按要求办理，切实提高了网络安全管理水平，杜绝了用户侧随意接入网络的不可控隐患。

国家电力投资集团有限公司

【公司概况】国家电力投资集团有限公司（简称国家电投）是中央直接管理的特大型国有重要骨干企业，肩负保障国家能源安全的重要使命。

国家电投点亮中国第一盏、全球第三盏电灯（1882年），拥有20世纪初亚洲最大火力发电厂——杨树浦发电厂（1911年），自主研发设计中国大陆第一座核电站——秦山核电站（1970年），拥有中国首台国产30万kW机组姚孟电厂（1970年）、60万kW机组平圩电厂（1984年）。2002年，根据国务院电力体制改革方案，成立中国电力投资集团公司。2007年，中央成立国家核电技术有限公司，负责三代核电自主化工作。2015年7月，经国务院批准，中国电力投资集团公司与国家核电技术有限公司联合重组，成立国家电力投资集团有限公司。

国家电投是中国五大发电集团之一，主要业务包括电力板块、煤电铝路港协同产业、产业金融及氢能、储能、绿电交通、综合智慧能源、碳市场和碳交易等“三新”产业。国家电投拥有光伏发电、风电、水电、核电、煤电、气电、生物质发电等全部电源品种，是全球最大的光伏发电企业，是中国三代核电投资运营商之一。国家电投负责牵头实施“大型先进压水堆核电站”“重型燃气轮机”两个国家科技重大专项，是“能源工业互联网”平台建设主责单位。

国家电投是国务院国资委确定的中央企业规范董事会建设、国有资本投资公司、中央企业兼并重组、国有企业信息公开试点企业，注册资本金350亿元。2021年，国家电投位列世界500强企业第293位，业务范围覆盖全球46个国家和地区，资产规模1.5万亿元，员工总数14万人，所属二级单位62家，拥有5家A股上市公司、1家香港红筹股上市公司和2家新三板挂牌交易公司。

【领导班子】

党组书记、董事长：钱智民

党组副书记、总经理、董事：江毅

党组副书记、董事：祖斌

纪检监察组组长、党组成员：陈维义

党组成员、副总经理：刘明胜

党组成员、总会计师：陈西

党组成员、副总经理：徐树彪、卢洪早

【组织机构】 见2021年国家电投组织机构图。

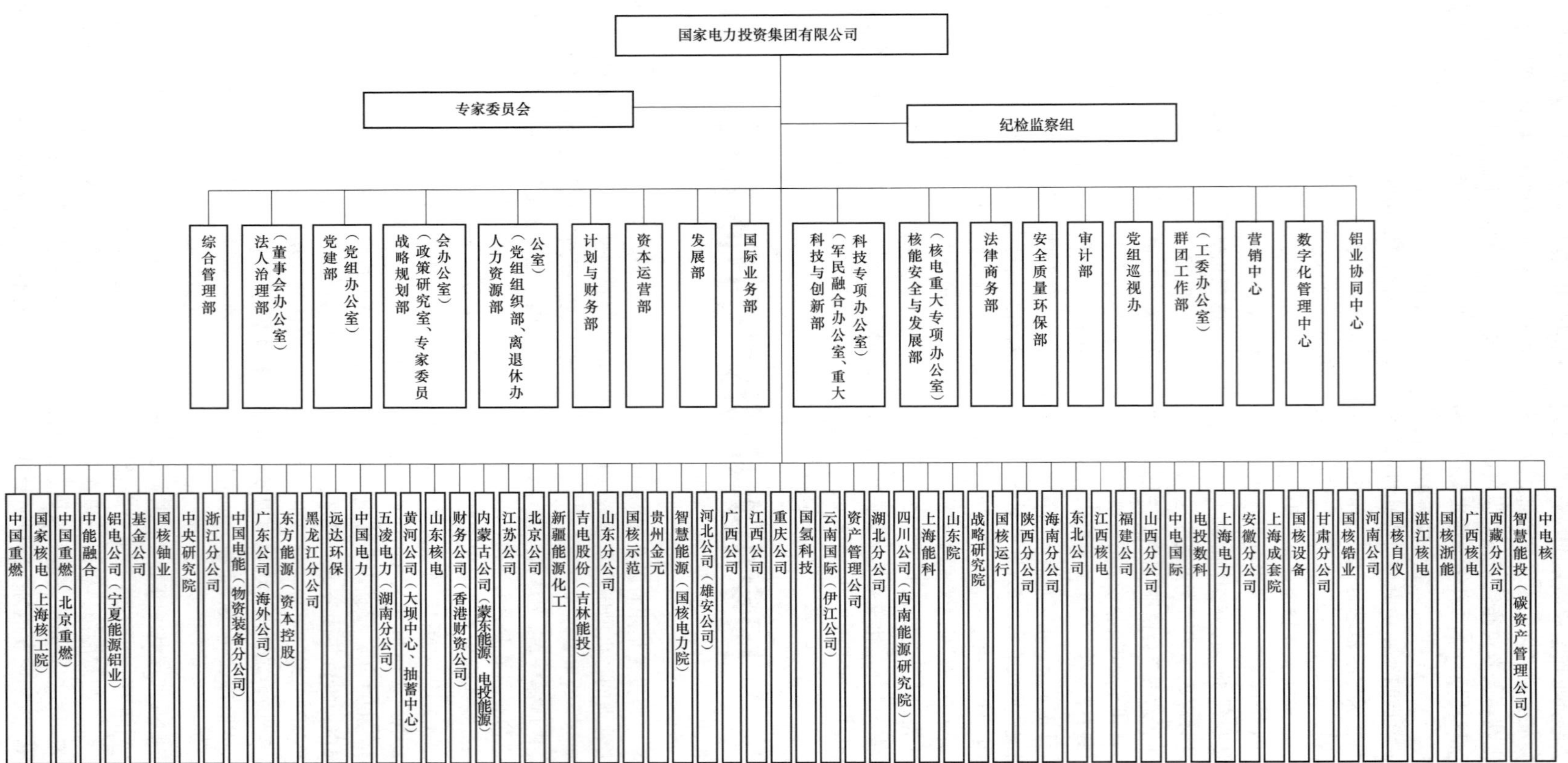

2021 年国家电投组织机构图

【企业战略】国家电投贯彻落实习近平新时代中国特色社会主义思想和党的十九大精神，深刻把握高质量发展要求，深刻把握全球能源革命趋势，以先进能源技术创新为驱动，以清洁能源供应和能源生态系统集成为方向，以推进产业和区域协调发展、国际化发展和打造国际品牌为路径，以中国特色现代国有企业制度为保障，建设具有全球竞争力的世界一流清洁能源企业。

【党建工作】2021 年，国家电投党组深入学习贯彻习近平新时代中国特色社会主义思想，认真落实党中央和国资委党委部署要求，高质量开展党史学习教育，隆重举办庆祝建党 100 周年系列活动，持续推动党建工作质量提升，在中央企业党建工作责任制考核中连续第二年获评 A 级。

高标准开展党史学习教育。牢牢把握目标要求，聚焦主题主线，精心组织，上下联动，严督实导，全系统举办中心组学习 2102 次，领导干部开展专题宣讲 1667 场次，通过“三会一课”、主题党日等多种形式组织学习教育 13509 次，组织各类党性教育活动 4019 场次，举办各类庆祝活动 964 场次，高标准高质量完成党史学习教育各项任务。开展“问认识、问能力、问行动”专项活动，各级党组织和党员通过“三问”查摆问题 3257 项，制定改进措施 5065 项，固化职责、制度、流程、作业指导书等 2027 项，架起从思想认识到能力行动的桥梁。开展“红色百年”特色行动，把党史学习教育与“中国 3060”、建设美丽乡村、振兴革命老区等国家战略相结合，以县域红色资源为突破口，各级职能部室党组织带头开发“红色百年”项目 366 个，引领带动公司系统迅速构筑起综合智慧能源新跑道。把“中国电力工业摇篮”上海电力杨树浦电厂、新中国第一个自行设计建造的梯级水电站重庆狮子滩水电、“火电之母”的抚顺发电厂等电力能源发展历程的“地标”型资源，打造成为各省域开展“四史”教育的重要基地。

以高质量党建引领高质量发展。积极探索以结构化、制度化、流程化、工具化方式，形成具有国家电投特色的“学习－研究－创新－落实”闭环体系，推动党建与中心工作相融互促，经验做法受到国资委党委和党史学习教育中央企业第三指导组充分肯定。在决策部署层，通过创新实施党组成员“一岗双责、党内分工、齐抓共管”分工机制，建立党组三类五种会议机制和焦点任务协同机制，将党组织“把方向、管大局、促落实”责任内嵌到治理结构中。在转化执行层，通过建立党组“2＋1”促落实机制、总部“4＋N”党建责任落实机制、基层党组织“8＋N”促落实机制、总部与二级单位党组织结对共建机制和区域党建联建机制，把党的领导、党的建设以职责、制度、机制、流程等方式融入中心。在工具载体层，通过建立完善“战略、规划、计划”“计划、预算、考核、激励”“双对标、双激励”体系，“1＋1＋1”跟踪督办机制、“三问”常态化机制、“红色百年”特色行动及“枢畅行动”“网上办事大厅”“首问首办负责制”等一系列创新工具载体，使党组织和党员发挥作用有工具、有载体、有平台，成为看得见、摸得着的行动标准和评价依据。强有力的党建工作有力助推经营发展跃升，经营利润在四大发电集团中保持领先，光伏、清洁能源和可再生能源装机世界第一，党建工作成效切实转化为推动国家电投加速实现“四个转型”、高质量开启“十四五”和“2035 一流战略”第二阶段良好开局的丰硕成果。

【科技创新】围绕国家电投“2035 一流战略”落地、产业发展需要和服务县域开发、大客户，以体系和机制建设为保障，推动国家重大专项、核心技术攻关和传统产业提质增效、新兴产业培育等年度重点工作取得重要成果和显著成效。

1. 核电领域

“国和一号”是 16 个国家科技重大专项之一，国家电投作为牵头实施单位，组织全国 600 多家单位、31000 余名技术人员历时 12 年完成研发设计，具有完全自主知识产权。其关键设备、关键材料实现了自主化设计和国产化制造，设备整体国产化率达到 90%以上。“国和一号”累计形成知识产权成果 8500 余项，形成新产品、新材料、新工艺、新装置、新软件 674 项，其安全系数高、经济性能好、创新成果多等特点和优势获广泛认可。目前，技术研发工作已经完成，示范工程正在按计划推广。

2021 年大型压水堆项目国和一号示范工程总体进展顺利，年度里程碑节点均已完成。“国和一号＋”智慧核能综合利用示范项目一期工程正式投用，被 2021 年联合国气候变化大会作为典型案例进行宣传。科研项目攻关不断取得新突破，“国和一号”主泵研制成功，堆外核测系统研制成功，基于国产芯片的“和睿”仪控系统研制成功，核电领域其他技术攻关取得新突破，严酷环境 1E 级电缆接头等 45 个项目完成攻关。《核电厂—安全重要仪表和控制系统—地震停堆系统准则》由国际电工委员会（IEC）正式发布，是中国核电领域首个正式发布的 IEC 国际标准，也是中国核电领域最早立项的国际标准，实现了历史性突破。

2. 重型燃气轮机领域

3 月，上海重型燃机试验电站建设被纳入国家“十四五”规划制造业核心竞争力提升项目，列入上海市“十四五”重点能源建设九大电源项目之一。建成后将支撑自主研制走完零件级、部件/系统级、整机级再到联合循环的试验验证全过程，获取最真实和长周期的考核数据，从源头上提高中国燃机的自主创新能力。

通过300MW项目关键技术攻关与验证试验累计突破90项关键技术，初步建立了重型燃机自主研制体系，包括已完成89%设计流程（规划76项）、88%设计准则的开发（规划121项）、85%设计工具的开发或采购（规划134项），82%材料与工艺规范开发（规划105项）及支撑研发设计的材料数据库。已完成主机样机转子毛坯、气缸、透平叶片等大部件订货。400MW级G/H级重型燃机完成可行性研究，推进压气机进口多级（前3级）试验、级透平综合性能试验等关键技术攻关。

3. 光伏领域

国内首条IBC电池示范产线量产效率提升至24.2%，铜栅线晶体硅异质结C－HJT电池最高效率效率超过25%，钙钛矿晶硅叠层电池实验室效率28.08%；建成国内首条组件回收中试研发线，完成全线22台（套）设备研制、安装及调试，具备每年11万片（2160t/约30MW）回收处置能力，实现综合回收率达90%以上；突破光功率预测关键技术，研发出覆盖全“区域”的高精度光功率预测系统并在大庆光储实证基地部署。

4. 风电领域

“御风”预报系统应用深化拓展，正式为冬奥会延庆滑雪赛事提供服务。依托御风系统研发的风功率预测系统性能达到行业领先水平，在6个场站完成部署应用；小（微）型风机研发取得突破，研发成功500W垂直轴永磁直驱储能型景观“绿动未来”、2kW水平轴永磁直驱储能型景观“蝶恋花”等系列小（微）型风机；首创100%静力触探技术在海上风电项目的全场应用模式，在8个海上风电项目中，累计节约基础建设成本达13.12亿元，成果经中电联鉴定为世界先进水平；大容量风电机组支撑系统集成优化设计在乌兰察布风电大基地项目开展试点应用，实现每兆瓦降低投资5.1万元。

5. 水电领域

组织开发了水库优化调度、水头减损、机组增容增效、检修策略优化和智能远程运维等成果并推广应用，已累计实现增发电量13.749亿kWh。自主开发的“水电智慧远程运维系统”成果入选国际水电协会创新中心展示案例，并在世界水电大会期间进一步得到宣传推广。

6. 火电领域

完成煤电机组热管式空气预热器本体改造、防堵风及暖风器优化等关键性技术研究，有效解决空气预热器堵塞问题。依托盐城热电实现晶种法废水零排放二代工艺应用，与一代技术相比，实现投资费用减少约20%，运行费用减少约40%，经鉴定达到国际先进水平。推进煤电机组消纳及处置含碳废弃物研究应用，在良村热电实施了国家电投首个燃煤协同资源化生物质综合利用项目。

7. 综合智慧能源领域

实现“任督二脉”初步贯通，建立专业化公司差异化立体分工体系。研发完成综合智慧能源管控平台——“天枢一号”2.0版，搭建综合智慧能源信息服务平台，深入分析市场用户用能特点和需求，形成了市场重点领域需求研究成果。综合智慧能源深化创新取得系列重要成果，率先在行业内搭建了综合智慧能源标准体系，编制发布了多项团体和地方标准，填补了行业空白；编制完成县域开发典型方案、通用方案、创新工具清单，为县域开发提供了有力支撑。技术猎头工作取得明显成效，建立有效的技术猎头工作体系，实现技术猎头线上全流程贯通。挖掘形成一批具有示范带动作用的创新示范项目，推动智慧矿山、“源、网、荷、储、用”多能互补、光伏组件回收、CCUS等8个领域的系列典型示范项目，部分项目已经开工。

8. 氢能领域

氢燃料电池研发及应用取得重要突破，国内首条自主可控30万m^2质子交换膜生产线在武汉投产，实现燃料电池各环节关键零部件国产化；完成膜电极、双极板、电堆批量生产中试线建设；自主开发的“氢腾”电池产品应用于多款大巴车型，先后完成博鳌亚洲论坛等交通接驳任务，在深圳、慈溪等地开通首条示范公交线路；投运国内首台氢燃料电池混合动力机车，开创国内氢能机车上线运行的先河；与中国商飞合作完成ET120/10kW、ET480/30kW两款空冷氢动力无人机示范。PEM制氢技术研发加快推进，完成具有自主知识产权的50m^3/h（标况）、100m^3/h（标况）PEM制氢电解槽和200m^3/h（标况） PEM制氢系统研制。天然气掺氢填补国内空白，在辽宁朝阳市建成国内首个天然气管道掺氢示范项目，实现10%掺氢比稳定运行。建设一批典型示范项目，完成株洲油氢电、中国电力氢能产业园二期一阶段（先进制氢）、中韩（长春）国际合作示范区“可再生能源＋PEM制氢＋加氢”一体化等典型创新示范项目立项和开工建设。

9. 储能领域

在黑龙江大庆建成投运全球首个光储实验实证实训创新平台，先进储能重点实验室获得青海省政府批复并挂牌成立。技术研发多点发力，构建基于已建流域水电站的黄河上游梯级储能工厂，已纳入《中共中央国务院关于新时代推进西部大开发形成新格局的指导意见》，同步开展新型压缩空气储能、锂电池储能等关键技术研发及工程化应用并取得阶段性成果。标准编制扎实推进，编制完成《储能安全工作规程（电化学）》《电力储能用锂离子电池监造导则》等技术标准。

10. 能源工业互联网平台

在国务院国资委、工业和信息化部、国家能源局等 7 个部委的共同支持下，国家电投牵头建设和运营国家“能源大脑”——能源工业互联网平台。该平台汇集能源生产、经济、消费、安全等四类数据，重点开展能源工控安全态势感知、能源大数据应用、智慧能源项目开发、能源金融衍生服务等四类业务，为能源行业管理和决策提供有力支撑，高水平保障国家能源体系安全运行，高质量推进能源行业转型升级和绿色发展。

2021 年，能源工业互联网平台已初步建立“两地三中心”数据中心和网络规划布局，完成大数据基础平台、数据中台、应用中台、数据库的建设部署；打造基于业务沉淀的指标体系，高质量、高标准推进平台安全稳定运行；积极推动智慧能源应用上平台和数据应用构建，逐步完善平台运营运维体系建设，持续支撑平台实现科技赋能和快速发展；能源工控网络安全态势感知平台累计介入 3900 多个电力场站，实现风、光、水、火、核主力发电品种全覆盖。

11. 创新成果方面

2021 年，国家电投主编的 1 项国际标准和参编的 1 项国际标准正式发布，年度共发布国际、国家、行业及团体等标准 134 项。年度申请专利 4470 件，同比增长 140.6%，其中发明专利申请量 2106 件，同比增长 207%；获得授权专利 3222 件，同比增长 188.2%，其中发明专利授权量 584 件，同比增长 180.8%；获得中国专利优秀奖 2 项。获得省部级及行业奖励 140 项。“光伏玻璃自清洁涂层”项目荣获国资委“中央企业熠星创新创意大赛”二等奖。

【国际业务】践行“一带一路”倡议，服务国家总体外交战略，秉承“创新、协调、绿色、开发、共享”五大发展理念、“2035 一流”战略，聚焦核心产业，突出清洁化、智慧化发展，全力推进境外项目稳工稳产，境外资产运营稳步推进，规模效益持续增强，境外投资和工程项目高质量完成节点目标，市场开发取得新进展，国际业务可持续发展能力持续增强。

截至 2021 年 12 月底，国家电投境外业务涵盖 46 个国家和地区，其中“一带一路”沿线国家 37 个，拥有境外发电装机容量 688 万 kW，其中水电 234.3 万 kW、煤电 181.6 万 kW、气电 61.8 万 kW、风电 151.7 万 kW、光伏 58.3 万 kW，清洁能源占比 73.6%；境外在建电力装机容量 246.8 万 kW（不含缅甸伊江项目）；正在推进的项目包括哈萨克斯坦光伏项目、智利 Atacama 光伏项目、英国 Robin 储能项目、孟加拉国科巴风电项目等；正在执行的电力工程总承包项目 13 项，电站咨询设计、运维培训及其他服务项目总计 30 余项。

2021 年国家电投境外资产总额达到 1072.84 亿元，境外营业收入 123.16 亿元，实现境外利润总额 24.5 亿元。境外项目发电量 207.3 亿 kWh，其中可再生能源项目发电量 132.9 亿 kWh，实现二氧化碳减排量 475 万 t。

2021 年，国家电投境外清洁能源装机居五大集团之首，几内亚铝土矿、巴西 GNA 燃气发电等重大项目投产，实现中东地区零的突破，与国际合作伙伴朋友圈深化，综合智慧能源项目入选国际组织优秀案例，巴基斯坦中电胡布燃煤项目荣获“2021 年度国家优质工程金奖”，总承包的印尼爪哇 7 号燃煤发电项目荣获“2021 年度煤电项目金奖”“2021 年度快发能源项目金奖”两项大奖。巴西 GNA 燃气发电项目、黑山莫祖拉风电荣获“一带一路”能源国际合作最佳实践奖。国家电投境外影响力进一步提升。

国家电投自主研发的水电智能远程运维系统入选国际水电协会创新中心成果展示案例，“国和一号 +”“暖核一号”核能供热、小岗村综合智慧能源项目等案例入选国际原子能机构（IAEA）、亚洲开发银行等推广案例。国家电投当选中欧能源技术创新合作氢能领域牵头单位、“一带一路”能源合作伙伴关系合作网络智慧能源（创新）工作组组长单位。

【市场建设】2021 年度电力市场建设主要工作成效：

电力营销重点指标实现量价齐升。13 个涉及市场营销的 SDSJ 指标中，11 个实现了保二争一或同比提升，其中电价指标、市场开拓指标整体排名同比提升明显，水电、煤电、核电电价排名第 1，风电电价排名第 2，气电、光伏电价排名提升 2 名；售电市场优势率同比提升 2 名。截至 11 月底，电、热量价齐升，发电量完成 5839kWh，同比增长 12.1%，售电单价 413.47 元/MWh（含税），同比增加 25.05 元/MWh；供热量完成 18101 万 GJ，同比增长 8.02%；售热单价 53.92 元/GJ，同比增长 10.7%。

以绿色价值为引领，在绿证、绿电方面实现“两首一最”。指导中国电力、黑龙江分公司等平价光伏项目第一时间开展绿证申领，取得全国首个平价绿证（平价项目代码 001 号）。在国家能源局、江苏省政府、国际可再生能源署主办的“2021 年国际能源变革对话”上，完成中国首单平价绿证交易。在首次全国绿电交易中，发挥新能源企业的排头兵和先行者作用，对内统一指挥、统一交易，实现了单位绿电价值最大化、交易电量最大化，成交电量 40.7 亿 kWh，超过全国总成交量 50%，位居全国首位，平均溢价 24.82 元/MWh，获得溢价收益 10110 万元。

以碳达峰、碳中和目标为牵引力，推动碳资产管理工作实现多方面突破。完成国家电投碳资产管理平台公司组建，印发了《国家电投 2021 年度碳交易工作方案》。完成 94 家重点排放单位核算工作，无一家单位进入生态环境数据督查。创新思路推广“低碳理念”，国家电投碳普惠平台“低碳 e 点”作为全国首个央企碳普惠平台，于 8 月 25 日全国低碳日完成上线。紧抓碳市场新机遇，作为全国首批 10 家能源企业之一参与全国首日交易，率先以 48 元/t 共计 5000t 的单笔交易完成全国碳市场首笔碳配额交易。截至 11 月底，累计交易配额 420 万 t，CCER130 万 t。碳金融方面，指导黔西、合川等单位盘活碳配额资产，实现全国碳市场首次碳排放权抵押融资业务，累计融资额约 7000 万元。

以政策营销为抓手，争取市场收益。协调国家和地方主管部门、交易中心等机构，跨省跨区交易电量连创新高，截至 10 月底，跨省跨区交易电量 710 亿 kWh，同比增幅 11.18%；牵头四大发电集团，多次与安徽、上海、浙江、江苏等地发展改革委、电网公司沟通汇报，解决皖电东送历史陈欠电费 12.16 亿元（其中国家电投 5.57 亿元）；为四川公司、吉电股份 7 个光伏项目（合计 110MW）争取到补贴政策，累计增加收益超 5 亿元；通过国家发展改革委价格司、国家能源局市场监管司协调，促成湖南发展改革委缩减湖南水电降价空间，将降价 3 分调整为 1 分；专题向国家能源局核电司、国家发展改革委经济运行局汇报三代核电特殊性，避免海阳核电因核电电价阶梯降价方案，减少发电收入 5.2 亿元/年。

以头部企业为龙头，抢抓大客户售电量。跟踪国家电投大用户协议落地，指导各地区抢抓域内大用户电量，截至 11 月底，国家电投 2021 年与中国石油、中国铝业、中国建材等集团战略客户完成签约电量约 144 亿 kWh，共签约市场各类客户电量约 1785 亿 kWh，自有用户电量占比例达 70.7%。

以营销数字化转型为抓手，推动营销管控新跑道。推进营销数字化转型，在 31 个省（区、市）42 家二级单位 1400 余家场站全面升级电力营销系统，实现客户管理、合同管理、交易管理和结算管理流程数字化，初步建立了贯穿国家电投总部、二级单位、三级场站的数字化营销管控体系。在现货市场较活跃的山西、甘肃、广东和山东等地区 12 个场站上线电力现货辅助决策系统，建立了新能源场站功率预测和现货辅助决策信息通道，为在现货市场中实现生产信息和交易决策协同提供信息技术支持。

【电力建设】江西分宜电厂扩建项目。江西分宜发电厂位于江西省新余市分宜县塘边村，建设 2×660MW 超超临界燃煤发电机组，同步安装烟气脱硫、脱硝设施，并留有扩建条件。项目于 2018 年 6 月正式开工，是国家电投集团数字化、智能化、去工业化、绿色环保电厂的示范项目，是江西省“十三五”重点建设工程。分宜电厂 1 号机组于 2020 年 5 月投产、2 号机组 2020 年 8 月投产。分宜电厂两台 66 万 kW 试运行后连续在网运行时间 517 天，获得大世界吉尼斯之最，成为行业质量与可靠性的标杆。江西分宜电厂扩建项目获得 2020—2021 年国家优质工程奖。

河南周口燃机项目。项目位于河南省周口市，是国家“西气东输一线”总体规划的重要燃气发电工程，工程建设 2×440MW 等级燃气－蒸汽联合循环热电机组。工程于 2012 年 12 月经国家发展改革委核准，2016 年 10 月开工建设，两台机组分别于 2018 年 10 月、2019 年 1 月通过满负荷试运行。项目获得 2020—2021 年国家优质工程奖。

内蒙古达拉特达拉特光伏发电应用领跑基地 1、4 号项目。项目建设容量 300MW，于 2018 年 12 月 17 日全容量并网。达拉特光伏发电应用领跑基地 1、4 号项目突破多项技术壁垒，应用“国家重点节能低碳技术推广项目”7 项、“建筑业十项新技术”中 5 大项 11 子项、电力建设“五新”技术 17 项，通过电力建设新技术应用示范工程专项评价，于 2018 年荣获中国能源项目创新奖，2021 年荣获高新技术企业。自投运以来，达拉特光伏电站累计发电 16.68 亿 kWh，节省标煤 56 万 t，减少二氧化碳排放 133 万 t。该项目荣获 2020—2021 年度国家优质工程奖，成为全国陆地光伏领域中首个国家优质工程奖项目。

北京天华成长垣县张三寨风电项目。项目位于河南省长垣市张三寨镇和佘家镇，项目总装机规模 101.2MW，单机容量为 2.3MW 风力发电机组，风机中心高度为 120m，塔筒采用钢混塔型式，其中混凝土塔筒段高度 33.38m。新建 1 座 110kV 升压站，安装 1 台容量 100MVA 主变压器，风场以 4 回 35kW 集电线路接入升压站。项目于 2018 年 11 月开工，2020 年 5 月全容量并网发电。2021 年 5 月工程获得中国电力优质工程奖。

山西和顺县 20 万 kW 风电项目。项目位于山西省晋中市和顺县，装机容量 200MW。项目于 2017 年 3 月开工建设，2018 年 12 月并网发电。项目年平均上网电量 4.5 亿 kWh，每年可节约标准煤 15 万 t，减排二氧化硫 453t，减排二氧化碳 82t，对山西省发展和培育新能源产业，调整优化能源经济结构，推动全省经济社会转型发展具有重要意义。项目先后荣获了 2020 年度中国电力优质工程奖、2020—2021 年度国家优质工程奖、2021—2022 年度中国安装工程优质奖。

【安全生产】贯彻习近平总书记关于安全生产重要论述，弘扬“生命至上、安全第一”的思想。修订印发《习近平总书记关于安全生产、质量发展和生态环保的重要论述及重要指示汇编》。

强化安全生产监督检查，推动安全生产主体责任落实。指导督促重点建设项目和安全风险较高的单位落实安全生产主体责任，组织开展春季、防汛、秋季安全大检查工作和开展电气“五防”专项检查整治，组织完成10家二级单位第二轮安全生产尽职督察。

聚焦“三新”领域，抓好安全管理顶层设计。印发《关于认识新风险 实施新招数 为综合智慧能源高质量发展提供保障的通知》，在行业内率先发布《储能安全工作规程：电化学》《氢能安全工作规程》《安全生产责任保险管理实施办法》，组织开展氢能安全发展关键问题课题研究和作业行为智能管控技术研究，有序推进“工业互联网+电力安全生产”项目建设。

狠抓薄弱环节和管理短板，不断夯实安全管理基础。编制发布《陆上风电建设项目安全管理标准化手册》《陆上光伏建设项目安全管理标准化手册》《海上风电建设项目施工安全管理标准化指南》《海上风电建设项目施工安全管理标准化手册》《铝业作业安全风险控制手册》和《关于明确新能源场站不同管理模式安全生产主体责任界定原则及“两票”管理要求的通知》。

深入推进专项行动，确保措施落实落地见效。细化分解《安全生产三年行动实施方案》，制定并实施2021年集团公司层面行动项，发布《风险分级管控和隐患排查治理双重预防机制建设工作方案》，印发《典型作业风险数据库》（火电、水电分册）和《双重预防机制建设工作指引》，全力组织实施“暖风”专项行动。

夯实应急管理基础，确保安全屏障层层有效。修订发布国家电投《突发事件综合应急预案》及21个专项应急预案，推进一体化智慧应急平台建设，组织开展煤矿水害三级联动应急演练和展境外三级联动突发事件撤离专项演练。

强力推动智慧化矿山建设，提升本质安全水平。完成井工煤矿通风、排水、压风、胶带运输以及选煤系统等辅助生产系统自动化改造和非煤井工矿山，“六大系统”管理平台建设，露天煤矿建成基于智慧化顶层设计的安全信息化综合调度指挥系统。

【节能减排】 2021年，国家电投生态环保总体保持平稳向好态势，完成生态环保“两清单”整改任务，打造生态保护、污染治理及节能低碳示范标杆，，污染物达标排放，未发生生态环保（含文物保护）违法违规及突发环境事件。霍煤鸿骏铝电公司铝电解烟气污染物无组织排放深度治理整体技术经专家评审达到国际领先水平，内蒙古白音华二号矿被自然资源部列入国家级绿色矿山名录，林华煤矿、木担坝煤矿获得贵州省绿色矿山称号，海阳核能清洁供热工程二期450万m^2供热项目投入试运行，实现海阳市城区居民核能供热全覆盖，创建全国首个零碳供暖城市。

【信息（数字）化建设】 2021年，国家电投按照“十四五”数字化顶层设计启动六大平台建设，其中三大平台已成功上线。

统一综合管理平台（“电投壹”）全面上线运行，推进办公协作向协同便捷转型。电投壹推广创下10天突破10万注册用户的央企纪录。注册总人数超12万人，安装率99.16%，日消息总数最高超21万，日活率达73.28%。平台集成行政办公、党建管理、法务内控等综合管理业务，建设红色百年、政策研究等特色应用，实现全体员工高效沟通和协同。集团重要信息收集与传播模式发生本质变化，超10万员工新冠疫苗接种信息快速收集；“习近平总书记勉励语”、电力保供等信息，仅“一屏一键”即可实现全员送达。

统一组织建设ERP项目上线运行，推进经营管理向高效精益转型。面对所属单位多、管理链条长、经营业态多、地理分布广、权属关系复杂的现状，通过建设集中部署的ERP系统，推动规范化运营管理，全力开展试点建设。ERP系统建设统一了233个业务流程，制定了物资、客商等24项主数据标准，实现了与JYKJ、财务共享、采购管理系统等八大应用系统的集成，为集团经营管理搭建了坚实的业务底座。

建成纳管产业和管理数据的“建木云”，推进决策分析向科学精准转型。产业数据方面，1135座新能源场站实时数据接入建木云，装机容量约5700万kW，成为集团化新能源数据汇聚、开放共享、应用平台，为国家电投向清洁能源转变提供数据基础和数字化支撑。管理数据方面，数据价值挖掘及创新应用取得新进展，建木经济运行看板上线，经济运行分析月报覆盖99%以上指标数据，领导驾驶舱、国资国企在线监管、大屏展示、大数据审计等应用不断取得实效。

【工会工作】 贯彻党组决策部署，努力发挥工会作用，凝心聚力推动“2035一流战略”实施。

1. 工会、妇女工作

履行工会组织的政治责任，坚持用习近平新时代中国特色社会主义思想武装职工。深入开展“中国梦·劳动美——永远跟党走、奋进新征程”党史学习教育主题活动。国家电投工委推选黄河公司沈洁参加中华能源化学地质工会的学习贯彻习近平总书记重要指示批示精神宣讲会，获得优秀宣讲员称号；组织参加首届中国职工微电影创作培训及创作大赛，获得优秀奖。系统各级工会组织围绕党史学习教育，广泛深入地开展了职工党史知识竞赛、演讲比赛、“我身边的党员同事”短视频征集等学习、宣讲、宣传活动。开展庆祝中国共产党成立100周年系列活动。国家电投工委承办中国能源化学地质系统庆祝建党100周年职工书法绘画征集展览活动暨作品集“首发式”。组织开展国家电投系统庆祝建党100周年职工书画、摄影比赛和文学作品征集活动，共征集作品800余个，表彰摄影、微电影微视频类作品85个，书法、美术和征文作品152篇。组织开展了羽毛球比赛、在京单位乒乓球赛、篮球区域赛等文体活动。举办庆七一“红色百年、绿色能源”歌曲展演活动，系统各单位开展了“百年红歌”传唱、“百年经典”诵读、“党史故事”宣讲、红色教育等红色主题活动。进一步激发了广大职工爱党信党向党跟党走的热情。利用各种培训班加强对“十四五”规划、“2035 一流战略”的宣贯。组织女工干部培训班、班组长培训班，系统各级工会组织举办工会干部培训班均设置了“十四五”规划、“2035 一流战略”宣讲课程，进一步增强广大干部职工对战略认同。持续开展职工思想状况调查，强化职工队伍意识形态，全面把握职工队伍的心理状态和思想动态，系统了解干部职工对改革发展、战略认同的满意度，持续加强和改进党组工作。评选表彰 20 家“先进集体”、30 名“杰出奋斗者”、20 名第二届巾帼标兵，东北公司王淑丽被评为全国巾帼标兵。3 人获得全国劳模，2 人获得全国五一劳动奖章，1 人获得全国技术能手，6 人获得电力行业电力工匠称号。对全集团 136 名劳模先进进行了摸底调查，建立健全劳模档案，组织开展了劳模疗休养。

贯彻党组要求，坚持把群众路线贯彻到企业改革发展全部活动之中，努力探索密切联系广大职工群众的制度机制，用心走好新时代群众路线。组织召开国家电投一届三次职代会，严格履行职责，审议决议相关议题，开展职工代表提案征集，征集提案 125 件，受理 77 件，立案办理 14 件。指导各级工会组织坚持职代会制度，按期召开职代会，履行民主管理和监督职责。优化完善“SPIC－家园”工作机制，提升功能放大效能。修订党组直接联系基层群众制度，建立联络员公示制和亮牌工作机制，亮身份、亮承诺、亮职责，进一步提升联络员的服务水平。建立联络员参与民主管理机制，建议联络员列席本单位月度例会、经营分析会、安全例会等，参加本单位组织的职工代表巡视、检查等民主管理活动，列席或参与职代会专门委员会等。2021 年，通过“SPIC—家园”群发布信息 600 余条，收集联络员意见建议 865 条，办理落实 636 条，及时向各二级单位反馈办理结果。每月形成专题报告，向国家电投主要领导和分管领导进行报告，每月向二级单位通报征集办理结果和工作开展情况。改进提升合理化建议工作。落实第二次党组（扩大）会要求，针对目前合理化建议工作中存在的问题，在国家电投总部和二级单位两个层面开展了专题工作调研，查找存在的问题，研究制定了改进措施，形成专项调研报告并汇报。按照调研情况修订合理化建议制度。做好常规化合理化建议的收集办理工作，全年共收集建议 324 条，采纳 134 条，办理落实 119 条。围绕“十四五”规划编制，配合战略部开展了“我为国家电投献良策”专项合理化建议征集和表彰。围绕进一步推动综合智慧能源快速发展，开展了“红色百年、智慧能源”专项合理化建议征集，收到建议 625 条。围绕党史学习教育，开展“我为群众办实事”专项合理化建议征集。围绕一流总部建设，组织总部职工代表召开座谈会，专题征集意见建议。总结国家电投党组在践行党的群众路线、密切联系群众方面的探索和实践，起草完成了《用心走好新时代群众路线》理论文章，在人民日报刊发。

认真贯彻落实全总关于“建功‘十四五’、奋斗新征程”劳动竞赛要求，立足新发展阶段，围绕推动高质量发展，广泛深入开展了劳动和技能竞赛。围绕中国“3060”目标，结合国家电投光伏产业世界第一的实际，申请将“领跑双碳时代、领跑绿色发展”重点领域劳动竞赛作为中华全国总工会引领性劳动竞赛。组织举办了全国重点行业“国和一号”劳动竞赛现场推进会，开展“安全零死亡 建功创一流”劳动竞赛。发布国家电投第三届“建功创一流”7 项技能竞赛计划。组织参加第 21 届全国煤炭行业职工职业技能竞赛，取得优异成绩和团体优胜奖。组织参加第 36 届“哈电杯”水电技能竞赛。组织完成中国能源化学地质系统举办的全国风电运维技能竞赛，承办完成 2021 年全国行业职业技能竞赛——全国核能系统无损检验职工技能竞赛。发布 2021 年度国家电投示范班组创建通知，督促指导各行业、各产业结合实际创建示范班组。深入推进班组减负工作，结合 2021 年度职工思想状况调查，解决班组建设过程中的减负问题。表彰命名 31 家国家电投示范班组，组织 12 月中旬召开示范班组命名表彰暨班组交流会。发布第三届职工创新大赛通知，开展优秀职工创新成果评选，推荐 6 个创新项目参加中国能源化学地质系统优秀职工技术创新成果评选，上报中电联优秀职工创新成果有 14 家分获一、二、三等奖。推进示范职工创新工作室创建，为第一批示范创新工作室“天枢一号”挂牌命名。优选 67 个项目参与中国能源化学地质工会组织的“班组创新创效、工人先锋号在行动”活动，其中 1 个项目荣获特等奖，6 项一等奖，6 项二等奖。发布《国家电投关于改进和加强产业工人队伍建设实施意见》《国家电投劳动竞赛管理办法》，推动产业工人队伍建设，协同推进“122”高技能人才培养工程。

履行工会组织的关爱职能，坚持服务职工、尊重职工、关爱职工，不断丰富关爱职工的内容和形式，努力当好职工的“贴心人”和“娘家人”。印发实施《利用集团公司内部资源提供职工休假场地管理办法》《“送温暖”慰问工作管理办法》《关于加强春节期间员工关心关爱工作的通知》。聚焦困难企业一线和艰苦边远地区，进一步改善基层一线的工作和生活条件。指导系统单位共建成职工小家 420 个，扶持命名 36 个“示范职工小家”，累计投入建设资金3800万元。宣传职工小家建设好经验和阶段性成果，在人民网党史学习教育专栏、学习强国中央企业学习平台、国企文化、中国电力报及各类媒体平台发布宣传稿件290余篇。落实国家电投关心关爱员工实施办法，制定实施工会“1+10”关心关爱清单。重点对境外员工、扶贫干部、劳模先进等人群实施“送温暖”慰问，拨付20万元慰问 “国核一号”项目和河南汛期的干部职工。推动落实《国家电投特重病救助管理办法》，做好节假日对员工普惠慰问以及员工患病住院、生日生育、光荣退休等阶段的特殊慰问。撰写发布钱智民董事长给女职工的一封信，举办云上沙龙——她力量“三八”妇女节特辑（现场+视频）专项活动。举办首届工会女工干部培训班，保障女职工权益。中国电力郭晓彦被命名为中国能源化学地质系统“职工娘家人”。主动与发展部对接，倡议所属单位购买国家电投对口帮扶点、国家能源局对口帮扶县的农产品，累计消费帮扶额度2000余万元。

落实《中华人民共和国工会法》《中国工会章程》等法律法规规定，坚持依法建会、依法治会、依法履职，不断增强工会组织自身的能力，激发工会组织的创新活力。督促指导各单位依法建立工会组织，指导新组建单位、改制重组单位建立工会组织，指导各单位按期进行换届选举，所属60家二级单位全部建立了工会组织，14家单位进行了换届选举。开展工会组织状况调研，查找突出问题，研究提出整改措施。加强群团干部队伍建设。按照总部部门岗位优化要求，建立基层群团干部到总部挂职锻炼和交流学习工作机制。指导各二级单位举办工会干部培训班，提高工会干部业务素质和能力。筹备召开国家电投工委第一次全委会，表决产生工委第一届全委会、工委经费审查委员会、女职工委员会。编制工会经费预决算，上线全总工会经费预决算电子系统，按季度向全总缴纳工会经费。印发《关于上缴工会经费的通知》，部署二级单位共上缴经费 1235 万元。规范工会经费使用，严格财务报销流程。贯彻落实新《工会会计制度》，组织参加全国审计专业人员培训班。组织召开了审计中心关心关爱专项座谈会和总部分工会主席座谈会征求对总部工会工作的意见建议，并制定改进措施。对产业中心保供期间24h值班职工和新闻中心加班职工进行慰问。落实节日慰问和普惠关爱。开展“红色百年，绿色能源”总部职工健步走活动。宣传动员职工加入工会和特重病救助，收取总部职工工会会费58687元，收取特重病基金26699元。结合“我为群众办实事”实践活动，策划实施为总部职工购置国民体质监测仪和 11 类健身器材，对总部乒乓球场地进行改造并提供经费支持。连续7年为总部员工解决子女入学问题。制定印发《宣传与群团部联系服务职工群众“贴心”行动方案》，明确了“10 个 1”服务内容。强化学习制度和组织制度，做好直属党委换届选举代表选举和党支部换届工作。走访联系客户，与地方政府、部门及企业进行深入交流沟通，形成“5 个 1”布局。

2. 团青工作

各级团组织累计组织青年大学习等形式的专题学习2035次，覆盖团员青年36950人次；开展重温入团仪式、红色参观学习等主题团日活动累计1717次，累计覆盖团员 35881 人次。国家电投团委组织在京单位开展青年联谊活动，上线“心能源”员工心理关爱平台建设，解决青年心理压力和困扰。江苏公司团委为新员工入职提供办公用品“大礼包”、拎包入住的周转房等一站式服务。新疆能源化工、东北公司团委为单身宿舍青年配备冰柜、电磁炉和健身器材等生活设施。组织系统团员青年收看庆祝中国共产党成立100周年大会，学习领悟习近平总书记讲话精神；举办总部青年“青春心向党 同唱一首歌”快闪活动，开展第二届“我心中的国家电投”青年演讲赛。各大协作区开展团青工作交流会暨“学党史、强信念、跟党走”主题团日活动，交流党史学习教育经验做法、加强党建带团建工作进展情况。东北公司团委自编自导《红船初心》青年话剧，江西公司团委组织120余名青年，通过情景式、互动式、体验式重现“三湾改编、千里上井冈、胜利大会师”。铝电公司团委邀请离退休劳模党员为团员青年讲党史讲厂史，坚定团员青年跟党走、跟企业走的信念信心。

贯彻落实钱智民董事长与新一届团委班子座谈会精神，印发《落实钱董事长与新一届团委委员座谈会上提出有关要求的行动项》，从战略研究、发挥作用、队伍建设等10各方面制定行动项31项，聚焦“五新”任务攻坚，发起“青力·青为”青年建功专项行动计划，深入践行董事长“四个哪里有”要求，组成677个青年尖刀班、4798 个青年攻关小组、11343 个青年突击队。

国核示范团委组织参加攻坚先锋队，促进“国和一号+”开工建设。中国重燃团委成立青年突击队完成多个里程碑节点。氢能公司团组织组织团员青年赴2021年博鳌亚洲论坛，完成10辆氢能大巴、200余班次交通保障任务。推动江西公司与共青城市人民政府签订全面战略合作协议，开展氢能、光伏、综合智慧能源合作。推动江苏公司南京邮电大学综合智慧能源项目。贵州金元团委成立青年尖刀班开发多地区新能源项目。自红色百年行动开展以来，各级团组织主导或牵头县域开发29个，签订合作协议34项，涉及装机规模224万kW。内蒙古公司团委开展先锋岗创建、青安岗评比、降本增效“三项行动”。中国电力团委以“我与企业共发展”为主题召开中国电力第三届青年论坛，积极投身到山东单县、湖南汝城、江苏沙家浜、延庆加氢园二期项目等的发展一线。

融入年度重点任务、综合智慧能源开发等中心工作，培养造就青年岗位能手、技术能手、大国工匠。中国电能团委开展招标采购人员能力建设培训班，重庆公司团委开展“一名团员一面旗”“百日安全保电”安全知识竞赛、技能比武活动，山东核电团委开展“青力·青为”云上论坛分享优秀青年成长奋斗故事。举办“3060，双碳有我”青年创新大赛，共征集创新成果240项，协同产业中心评选表彰成果60项。贵州金元、中央研究院和内蒙古公司三家单位成立青年创新联盟，在蒙江水电厂双河口青年先锋电站开展技术交流。“映山红”爱心公益行动项目中第五届中国青年志愿服务公益创业赛中斩获铜牌，成为中央企业获此殊荣的两个企业之一。东北公司团委结合县域开发对台安县回族小学进行精准爱心助学，江西公司团委实施“映山红”青年志愿服务三个100行动，铝电公司团委通过“一对一”资助建档立卡户贫困学生。

召开第二次团代会，选举产生国家电投团委第二届委员会委员。常态化抓好“智慧团建”“三会两制一课”等日常工作，开发“SPIC－青年空间”App。制定印发《青年马克思主义者培养工程实施方案》，培养青年政治骨干。每月召开全委会，传达重要会议精神；每半年向国家电投党组、国资委党建局报送工作总结；年终开展二级单位团委书记述职评议。筹备首届“青年马克思主义者”培训班，选拔出74名优秀青年骨干参训。推动优秀团干部纳入国家电投各级党务人员培训班。开展评优评先工作，做好“推优入党、推优荐才”工作。国家电投团委表彰2019—2020年度“两红”组织70个，“两优”114名，青年文明号30个，青年岗位能手20名。

（杨春雪）

【黄河上游水电开发有限责任公司】

公司概况 黄河上游水电开发有限责任公司（简称黄河公司）于1999年10月28日在西安挂牌成立。黄河公司是在龙羊峡水电站和李家峡发电有限公司资产重组的基础上，由国家电力公司与西北电力集团公司、青海省电力公司、陕西省电力公司、甘肃省电力公司、宁夏回族自治区电力公司、陕西省电力建设投资开发公司、甘肃省电力建设投资开发公司、宁夏电力开发投资有限责任公司和青海省投资公司等投资方共同出资组建，主要任务是：按照“流域、梯级、滚动、综合”方针，开发黄河上游龙羊峡至青铜峡河段的水电资源。2000年1月1日开始正式运作；同日，青海省电力公司所属龙羊峡水电厂、李家峡水电厂划转黄河公司。

2002年起，国家分步推进电力体制改革，实行厂网分开，重组国家电力公司发电资产，组建了五大发电集团公司。按照国家计委关于国家电力公司发电资产重组划分方案的批复，黄河公司作为流域开发公司划入中国电力投资集团公司。2004年7月，中国电力投资集团公司印发文件，将盐锅峡、八盘峡、青铜峡水电厂划归黄河公司管理。2015年5月29日，经国务院批准，中国电力投资集团公司与国家核电技术有限公司重组，成立国家电力投资集团公司，黄河公司由此隶属于国家电投。

2021年，黄河公司新增电力装机容量268.57万kW，总装机容量达到2730.74万kW；全年累计完成发电量达746.75亿kWh，同比增长7.97%；完成售电量715.96亿kWh，同比增长5.62%。取得新能源项目核准（备案）1043.74万kW。黄河羊曲水电站项目取得国家发展改革委核准，海外项目发展实现零的突破。坚持安全发展理念不动摇，实现“零事故”“零伤亡”目标。坚决打好疫情防控持久战，实现“零疑似”“零感染”目标。在习近平总书记视察黄河公司五周年之际，黄河公司科研人员代表写信向总书记汇报光伏产业创新发展取得成果，收到总书记“再接再厉、再攀高峰”的勉励语。举办贯彻落实习近平总书记视察国家电投黄河公司重要指示五周年学习交流会暨中国光伏产业高质量发展论坛，发布《国家电投光伏储能实证蓝皮书》。建成国家光伏、储能实证实验平台一期项目。累计完成发电量746.75亿kWh，同比增加7.97%。全力抢抓市场机遇，提升经营质量，利润总额同比增长24.68%。营业收入达到412.53亿元，位列2021年度“青海企业50强”第二名。自主研发22台（套）工艺设备，建成国内首条晶硅光伏组件回收中试线，综合回收率90%以上。钙钛矿TOPCon晶硅四端叠层电池研发转换效率28.08%，居世界领先水平。“电子级多晶硅成套制备技术的研发及产业化”荣获青海省科学技术进步一等奖。“公伯峡水电站智能化建设”实现智能巡检机器人上岗工作，设备设施建模、作业过程智能安全管控等高级应用上线运行。克服煤炭紧缺、煤价高的困难，拓展燃煤采购渠道，协调增加燃煤运输能力，应急采购省外燃煤235万t；各煤电企业持续加强设备管理和维护，保证设备稳定运行、机组多发满发，完成年度电力热力保供任务。

领导班子

党委书记、董事长：谢小平

总经理、党委副书记：魏显贵

党委委员、副总经理、有色金属总工程师：于淼

副总经理、新能源总工程师：刘柏年

党委委员、副总经理：胡一栋

党委委员、纪委书记、工会代主席：程中华

财务总监：葛明波

副总经理：王思德

党委委员、副总经理：刘刚

组织机构 由机关本部22个部门、12个职能中心、38个基层单位组成。

机关本部：办公室（董事会办公室）、规划发展部、海外部、经营部、人力资源部（体制改革办公室）、财务部、资本运营部、物资与采购部、企业管理与法务部、科技管理部、工程技术部、水电与新能源生产技术部、电力协同产业部、火电部、安全质量部、环境保护部、审计内控部、政治工作部、纪委办公室、工会办公室、巡察工作领导小组办公室、征地移民（乡村振兴）工作办公室。

黄河公司本部职能中心：国家电投集团大坝管理中心、电力营销与碳交易中心、新能源项目发展与资产管理中心、安全环保中心、审计内控中心、纪检中心、会计核算中心、劳动人事与薪酬管理中心、培训服务中心、新闻中心、档案中心、法律服务共享中心。

黄河公司基层单位：国家电投集团光伏产业创新中心、电力技术公司、电力运营公司、班多发电分公司、龙羊峡发电分公司、拉西瓦发电分公司、李家峡发电分公司、公伯峡发电分公司、积石峡发电分公司、甘肃盐锅峡发电公司、宁夏青铜峡发电公司、中型水电公司、光伏维检公司、新能源维检公司、风电公司、陕西能源公司、甘肃新能源发电公司、西宁发电分公司、西宁热电公司、大通发电公司、工程建设分公司、新能源建设分公司、新能源投资开发公司、智慧能源公司、智慧能源西宁分公司、电力检修公司、物资公司、黄河配售电公司、非洲工作组、鑫业公司、矿业公司、光伏产业技术公司、新能源分公司、西安太阳能公司（西宁太阳能公司）、大庆黄和公司、光伏设计咨询公司、黄和智能公司。

战略发展 参与编制《青海省能源发展“十四五”规划》《青海打造国家清洁能源产业高地行动方案》。羊曲和龙羊峡梯级电站大型储能项目纳入国家能源局《抽水蓄能中长期发展规划（2021—2035年）》。

推进专项行动，遴选为青海省投司法重整战略投资者，成为最大股东，并启动管理权交接。并购青海省绿电集团、水电集团所属六家新能源公司70%股权和海南州海汇新能源公司100%股权，新能源产业发展实力进一步增强。布局锁定县域和大客户开发资源，与化隆县、祁连县等6个县级人民政府签订县域开发协议，与青海油田公司、盐湖集团签订合作协议。与香港中华煤气公司、明阳智慧能源公司友好协商，共同推动智慧能源生态系统建设和清洁能源资源开发。6月21日，在青海省国有资产投资管理有限公司绿色发电集团股份有限公司（简称绿电公司）召开的干部员工大会上，绿电公司管理权正式移交至黄河公司。绿色公司电力总装机规模为81.24万kW（其中风电16.8万kW，光伏64.4万kW），是青海省属企业里最大的新能源发电企业。

黄河上游羊曲水电站项目正式获批开工建设，截流戗堤成功合龙。拉西瓦水电站4号机组扩机工程投产发电。国家光伏、储能实证实验平台（大庆基地）一期、冷湖二期风电、共和仁行光伏等新能源项目并网发电。景泰二期风电项目首次采用单机5MW的大容量风机。中标青豫直流二期100万kW“光伏＋光热”项目，一期电源项目配套的国内首批16台分布式调相机投产。建成英东油田源网荷储一体化项目。11月3日，宁夏青铜峡发电公司取得国家能源局西北监管局颁发的青铜峡水电站3号机组延寿许可证，机组延寿至2066年12月。该机组于1971年12月20日投产，当时设计寿命为50年。

完成沙特红海综合智慧能源项目股权交割，实现黄河公司首个境外项目落地，是企业发展史上的重要里程碑。沙特第三轮光伏竞标项目两个标段780MW位列中标短名单首位。加快推进区域市场开发，设立中东北非代表处。培育境外多元化发展能力，制定并完成境外绿氢市场开发中远期路线图和可行性研究报告。

安全环保管理 开展安全生产三年行动，148项行动项已完成92.57%。开展安全生产专项整治，对管理薄弱、风险突出的5家单位实施重点监督。深入推进班组安全示范建设，24个班组被命名为“黄河公司安全建设示范班组”。持续强化安健环体系建设，拉西瓦发电分公司通过国家电投“四钻”评估，6家单位通过国家电投“三钻”验证，3家单位通过黄河公司“三钻”评估。加快推进安全管理信息化手段运用，在基建和重点生产现场建设应用安全态势感知平台，在15家单位上线运行安全管理信息化系统。

贯彻落实黄河流域生态保护和高质量发展重大国家战略，开展羊曲水电站工程环境保护、鱼类栖息地保护、鱼类增殖站建设研究，上线运行黄河上游水电梯级开发生态环境全过程监测系统，完成1168株柽柳移植和9株小叶杨移植先导试验。实施水电站和新能源场站绿化工程，全年新增绿化面积9.34万m^2。持续抓好环保设施稳定运行，煤电机组环保指标均优于超低排放标准，二氧化硫和氮氧化物排放绩效同比分别降低12.3%和7.6%，协同产业板块各企业污染物均达标排放。大通河加定、卡索峡、青岗峡三座水电站获得水利部“2021年度绿色小水电示范电站”称号。

生产经营管理 以实现发电效益最大化为目标，

着力提高水库运行水位和机组负荷率，释放发电效益。积极沟通协调，龙羊峡水库汛期汛限水位调整至设计汛限水位 2594m，为长周期用好“一库水”奠定基础。强化新能源和煤电板块“两个细则”管理，补偿分同比分别增加 114%和 95%。黄河公司 64 座新能源场站和国家电投其他二级单位 18 座新能源场站全部接入生产运营中心，实现远程监控全覆盖。2 个风电场和 2 台水电机组分别被中电联评为 2020 年度“百日无故障风电场”“全国发电机组可靠性对标标杆机组”。

挖潜增效成果明显。深入开展新能源场站标杆子阵和风机对标，及时查找原因、消除差距。高效运用新能源配套储能系统，提高电站利用小时。提升供热效率，拓展供热面积 70 万 m^2，供热板块全年盈利 8000 余万元。鑫业公司狠抓技术指标提升，铝液交流电耗同比降低 60kWh/t，碳素阳极一级品率同比提高 17.57%，达到 75.33%，新能源分公司深化运用 IATF16949 质量管理体系，改进优化生产技术，提升质量管理水平，电子级多晶硅一级品率同比提高 39.23%。太阳能分公司 IBC 电池转换效率提升至 24.1%，N－TOPCon 电池和 PERC 电池转换效率分别达到 23.47%和 22.77%。

紧抓国内电力市场供需关系变化和煤电上网电价市场化改革进一步深化的契机，科学分析市场环境，合理制定交易策略，企业销售电量 717 亿 kWh，年平均售电价格同比提高 34.22 元/MWh。在青海省年度中长期外送电量多次核减的情况下，全力争取落实外送电量 89.75 亿 MWh。参与多品种清洁能源电量交易，十四运会和残特奥会大型活动碳中和电力交易中，黄河公司新能源电量占比 27%。完成企业国内首笔碳交易 44.24 万 t，增利 1946.56 万元。

开展并购和基建项目轻资产运作，实施债转股和永续债成本优化，全面完成“双控”目标。开展 18.11 亿元新能源电价补贴资产证券化，预收电费 4 亿元，压降逾期应收款项 10%以上，完成“两金”压控目标。全年享受企业所得税优惠 5.9 亿元。新增借款融资成本大幅度优化下浮，获得融资专列项目贷款贴息 4070 万元。多措并举开展“双亏”治理、“两资”处置和归母利提升，减少亏损企业 9 户，完成 16 项低效无效资产处置，提升归母净利润 4.16 亿元。

管理创新 在智慧能源科技公司试点推行混合所有制改革，初步建立市场化、差异化管理体系。与国家税务总局青海省税务局签订省内首份税收遵从合作协议，税企合作进入新阶段。按期完成国家电投财务共享西宁区域中心组建运营和系统上线运行。1 篇论文获得“第九届全国电力企业管理创新论文大赛”二等奖，2 项成果获得国家电投管理创新成果三等奖。

“一种煤焦油燃烧装置”“钝化接触 N 型太阳电池的制备方法”获得第二届青海省专利银奖。“新型高效电池设计和工艺关键技术开发”获得国家电投科技进步二等奖，“集团级坝群性态感知和全业务信息化系统研发与应用”“风电场无人值守支撑技术研究与应用”获得国家电投科技进步三等奖。全年申请专利 203 件，取得授权专利 116 件；制定国际标准 3 部、国家标准 3 部、行业标准 1 部；发表论文 256 篇；取得软件著作权 8 项。

加快新能源智能运维生产管理系统建设，实现逆变器低功率及汇流箱缺陷信息自动排查与推送。试点应用光伏电站组件无人机 EL 检测和机械化无水清洗技术，大幅提升巡检和清洗自动化水平。鑫业公司实现电解槽捞渣作业机械化、铝锭铸造作业自动化。“无人驾驶自动化摊铺及碾压关键技术研究”取得阶段性成果，将在羊曲水电站项目大坝填筑施工中应用，实现施工自动化、过程与质量控制智能化。平单轴光伏组件智能铺装工程车试制攻克技术难题。

公司治理 入选国资委管理提升标杆企业。加强现代国有企业制度建设，制定落实董事会职权实施方案，理顺党委会、董事会、经理层行权界面。继续强化精准激励，全年累计发放各类专项奖励 1556 万元。持续优化绩效考核体系，在企业本部及 33 家基层单位推行经理层任期制和契约化管理。

全面承接国家电投“一流队伍”建设目标，将年轻干部培养纳入领导干部任期目标，建立干部选拔通报机制。承办国家电投第三届“建功创一流”光伏技能竞赛，取得团体、个人“双第一”。3 名专业技术人才获得“大国工匠”“昆仑英才”等省部级及以上荣誉。国家光伏技能大赛基地落户黄河公司。安全实训基地和风电仿真平台投运首年效果良好，累计培训 842 人次。

按期推进“十四五”法治建设和“八五”普法规划，提高法治央企建设水平。承接《国家电投总部权责清单（D 版）》和国家电投制度修订内容，全年制（修）订并发布制度 114 部。及时协调解决权证办理历史遗留问题，青海黄河公司项目土地和房产办证率分别达到 93.20%和 75.31%。加快推进竣工手续办理，完成海南州特高压外送基地 405 万 kW 新能源项目竣工验收。配合完成国家电投资产负债损益审计、审计署现场延伸审计，同步开展审计发现问题“即审即改”，建立审计报告和底稿披露问题“双闭环”管理机制。强化经济责任审计监督及内控评价，年内披露审计问题及内控缺陷 317 项，整改完成 95%。

党群工作 党建工作全面深化。坚持把政治建设作为首要任务，构建贯彻落实总书记指示批示精神新机制。高标准开展庆祝建党100周年系列活动，推进党史学习教育走深走实，激励干部员工从百年党史中汲取奋进力量。充分运用“三问”“双百攻坚”“红色百年”“党建+安全”实践载体，组织动员各级党组织和党员干部突击攻坚，推动各项目标任务落地落实。不断深化“5+X”示范党支部建设，示范率达到40%，超过国家电投考核标准5个百分点。围绕促落实、促提升、强堡垒、创价值、亮身份五种导向，强化党建引领与生产经营深度融合，不断提升“党建+”实践活动价值创造能力。

建立健全党风廉政建设和反腐败工作机制，研究制定工作责任清单，进一步厘清党委主体责任和纪委监督责任。持续强化“两个责任”落实，全年研究党风廉政建设和反腐败工作8次，两级纪检组织发现并纠正不合规、不符合问题375项。切实加强对“一把手”和领导班子的监督，确保“第一责任人责任”和“一岗双责”落实到位。深入开展作风领域突出问题集中整治专项行动和“微权力”靶向监督专项检查，查出的411项问题全部完成整改。

扎实推进政治巡察。开展国家电投巡视整改“回头看”自查自纠，切实推动巡视、审计、主题教育检视和“零容忍”问题整改清仓见底，整改率95%。开展4家单位常规巡察、3家单位巡察“回头看”和1家单位巡察整改专项督查，发现问题212个，提出整改意见建议57条，不断推进全面从严治党、全面从严治企向纵深发展。

开展“我为群众办实事”实践活动，切实解决职工群众“急难愁盼”问题273项，“您保护自然生态、我保电送暖供氧”入选国家电投“十大实事”，“惠风绿通人文路、便利就医融真情”等3件实事入选国家电投“百件好事”。着力加强班组建设，15个班组被评为黄河公司“示范班组”，李家峡发电分公司机械班被评为国家电投“示范班组”。

联合发起成立青海省绿电协会，并当选为第一届理事长单位。承办2021“一带一路”清洁能源发展论坛等重大活动，行业影响力和美誉度进一步提升。持续加强“黄河水电”品牌宣传，全方位展示企业发展新成绩新形象，7058篇次稿件和视频在《人民日报》、中央电视台等主流媒体发表。

履行社会责任，完成百河铝业托管任务，在保持生产经营平稳、保证职工队伍稳定等方面发挥积极作用。受青海省应急管理厅委托，联合组建青海省航空应急救援队。持续巩固脱贫攻坚成果，全年实施帮扶项目16个，惠及农牧民群众1.3万人。黄河公司成为青海省唯一连续4年获得“省级定点扶贫先进单位”的企业，被国家电投授予“脱贫攻坚先进单位”称号。

主要事件

1月11日，黄河公司大庆光储实证公司在黑龙江省大庆市大同区揭牌，标志着“实验平台（大庆基地）”项目正式启动，进入实质性运作阶段。项目经国家能源局批复同意，由黄河公司（国家电投光伏创新中心）负责建设国家光伏、储能实证实验平台（基地）。

1月18～22日，水利水电规划设计总院受青海能源局委托，组织验收委员会、专家组及相关单位代表成员在西宁召开积石峡水电站枢纽工程专项验收会议。会议同意积石峡水电站通过枢纽工程专项验收。

3月8日，茫崖10MW分散式项目全容量并网，成为青海省首个并网发电的分散式风电项目。

3月，太阳能电力公司PERC182半片双面双玻组件分别获得TÜV、CGC认证证书。

4月12日，甘肃盐锅峡发电公司盐锅峡水电站连续安全生产20周年（7300天）。

4月21日，青海省绿电协会成立暨第一届第一次会员大会在西宁召开。会上，青海省绿电协会揭牌成立，黄河公司董事长谢小平当选协会第一届理事长。

4月27日，光伏维检公司共和产业园项目部维检一班被评为“全国工人先锋号”。

5月26日，在北京交易中心组织的“十四运会”和“残特奥会大型活动碳中和”共1亿kWh集中竞价交易中，黄河公司“光伏+风电”竞得1/4的交易电量。

5月30日，在2021中国企业环境社会责任论坛暨六五环境日宣传海报首发式的颁奖仪式上，黄河公司荣获2021年度环保突出贡献企业称号。

5月，黄河公司携手西安电子科技大学微电子学院针对钙钛矿/晶硅叠层电池技术开展联合攻关，取得重大技术突破。经TÜV北德权威机构测试的四端叠层电池效率达到28.08%，达国际领先。

6月2日，经过29轮竞价，黄河公司通过长沙联合产权交易所网络竞价平台摘得青海省绿色发电集团股份有限公司70%股权，实现黄河公司2021年首个并购项目“开门红”。至此，黄河公司新增新能源装机容量81.2万kW，达到1198.8万kW；总装机容量2545.04万kW，清洁能源占比提升0.7个百分点，达到89.7%。

6月24日，青海省重大项目集中开工仪式隆重举行。黄河公司海南州光储一体化实证基地项目和德令哈220万kW多能互补项目作为青海省标志性重大项目在海南州和海西州同时开工。

6月25日，太阳能电力公司IBC电池制造分厂

“国内首条量产智能化 IBC 电池及组件设备的研发与应用”项目被中国机械行业协会评为一等奖。

7 月 23 日，青海省 2020 年科学技术奖励结果公布，新能源分公司主导研发的“电子级多晶硅成套制备技术的研发及产业化”项目获得青海省科技进步奖一等奖。

8 月 2 日，黄河公司经青海省产权交易市场平台通过网络竞价方式，最终以 4.01 亿元成功竞得青海水利水电（集团）有限公司所属六家新能源公司 70%股权，新增新能源装机容量 39 万 kW，其中光伏 26 万 kW、风电 13 万 kW。至此，黄河公司新能源装机容量达到1237.8 万kW，总装机容量达到2584.04万kW。

8 月 16 日，黄河拉西瓦水电站大坝通过国家能源局水电站大坝安全注册登记。

8 月 9 日，国家电投光伏产业创新中心 10 名科研人员代表给总书记写信，汇报了五年来黄河公司贯彻落实“一定要将光伏产业做好”重要指示取得的系列成果。8 月 23 日，中共中央办公厅来电转达了习近平总书记的勉励语。来电说：“习总书记收到了来信。总书记对同志们在光伏核心技术研发等方面取得的成绩感到高兴，希望同志们再接再厉，再攀高峰。”

8 月 25 日，黄河公司参股的全球最大规模离网型综合智慧能源和最大规模储能项目——沙特红海综合智慧能源项目正式取得国家发展改革委备案批复文件，实现黄河公司首个境外项目落地。

9 月 13 日 11:38，青海省海南州特高压外送通道配套电源项目 330kV 夏阳变电站首台 50Mvar 凸极空冷分布式调相机成功并网。

9 月 23 日，西宁太阳能电力分公司取得 TÜV 南德颁发的光伏专用铜铝电缆连接器认证证书，成为国内首个该类产品获得 TÜV 南德认证的企业。

9 月 26 日，在青海省科学技术奖励大会上，黄河公司“电子级多晶硅成套制备技术的研发及产业化”项目获得青海省科技进步奖一等奖。

9 月 27 日，黄河公司正式接管青海水电集团所属共和发电公司、格尔木发电公司等六家新能源公司。

9 月 28 日，拉西瓦光伏电站荣获 2020 年度电力行业光伏运行指标对标 AAAAA 光伏电站。

9 月 29 日，积石峡发电分公司在电站鱼类增殖站及库区码头组织开展了 2021 年度黄河土著鱼类增殖放流活动。放流鱼类包括花斑裸鲤和黄河裸裂尻共计 30 万尾，其中 3 万尾放流鱼苗完成耳石荧光标记，循化撒拉族自治县公证处对此次放流活动进行全程公证。

10 月 12 日，拉西瓦水电站 3 号水轮发电机组获评全国电力行业运维管理标杆水电机组。

10 月 15 日，黄河公司中标的海南州共和光伏产业园区青豫直流二期 90 万 kW 光伏项目开工。黄河公司负责开发建设的二期 2 标段“光伏+光热”100 万 kW 项目动态投资 67 亿元，包括海南州 90 万 kW 光伏项目和海西州 10 万 kW 光热项目。

10 月 18 日，沙特能源部发布公告，宣布沙特国家可再生能源计划（NREP）第三轮 1200MW 光伏竞标项目投标人短名单，黄河公司参与的投标联合体以最低电价斩获最大标段在内的两个标段，合计装机规模 780MW，成为本次投标唯一同时斩获两个标段及最大装机规模的投标联合体，黄河公司也成为首个参与中东光伏竞标并斩获项目的中国国有电力投资企业。

10 月 20 日，黄河公伯峡发电分公司智能巡检机器人上岗，实现巡检、表计识别、状态检测、红外测温、成像等业务的自动化处理。

11 月 12 日，黄河公司德令哈 220 万 kW 多能互补项目一期 100 万 kW 光伏项目开始首桩施工，标志着该项目全面开工。

11 月 19 日 10:30，国家能源局负责人宣布国家光伏、储能实证实验平台（大庆基地）正式启动运行。

11 月 25 日，由国家电投光伏产业创新中心与西安理工大学西北旱区国家重点实验室联合成立共建的“黄河光伏发电与生态研究中心”在黄河公司本部揭牌。

11 月 26 日 18:21，随着珠玉 330kV 汇集站 3 号调相机 168h 试运行结束，由黄河公司负责建设的“青豫直流”特高压工程一期 405 万 kW 配套电源点首批 16 台 50Mvar 分布式调相机项目全部并网投运。

11 月 27 日，由青海省人民政府主办、黄河公司主要承办，以“聚力打造国家清洁能源产业高地”为主题的 2021“一带一路”清洁能源发展论坛在西宁举办。全国人大常委会副委员长丁仲礼致辞并宣布开幕。

12 月 6 日，黄河公司完成参股的沙特红海综合智慧能源项目股权交割，收购该项目 35%股权。

12 月 15 日，黄河公司丰博冷湖 50MW 风电项目并网发电。项目位于青海省海西州茫崖市冷湖镇，由 17 台直径 150m 叶轮、单机容量 3000kW 直驱风力发电机组及配套的输变电工程组成，项目并入国网冷湖 330kV 彩云变电站。项目于 5 月 15 日开工建设。

12 月 18 日，黄河公司甘肃景泰红山二期 50MW 风电项目并网发电。项目于 7 月 2 日开工建设。

12 月 23 日，黄河公司获取迪拜能源投资开发公司正式电子执照，完成迪拜 SPV 公司设立。

12 月 26 日 11:18，黄河羊曲水电站工程开工仪式在青海省海南州羊曲水电站举行。水电站总装机容量 120 万 kW，水库总库容 16.39 亿 m^3，首台机组计划于 2024 年 7 月建成投运。

12 月 28 日 21:16，随着羊曲水电站截流现场的最后一车大块石被推入河道，截流戗堤成功合龙，标志着由黄河公司开发建设的羊曲水电站顺利实现截流目标。

12 月 28 日，拉西瓦水电站 4 号机组投产发电。至此，该水电站 420 万 kW 全容量投产，黄河公司水电装机容量达 1154.24 万 kW。

12 月 29 日，国家光伏、储能实证实验平台（大庆基地）实证实验咨询讨论会在大庆市召开。由国内光伏和储能行业领域的专家学者组成的专家组，对实验平台一期建设管理、数据分析等给予高度肯定，一致认为：实验平台的数据采集、测试和分析方案合理，数据实时、准确、实用，可以保障实验平台的科学性和公正性；实证实验平台达国际领先水平。

12 月 29 日，水利部公布 2021 年度绿色小水电示范电站名单，中型水电公司卡索峡水电站、青岗峡水电站、加定水电站入围，是青海省仅有的三座入围水电站。

12 月 30 日，拉西瓦水电站 2、5、6 号水轮发电机组荣获 2020 年度中电联全国水电机组运行指标对标 AAAAA 级机组；同时，拉西瓦水电站荣获 2020 年水能利用率提高率最优水电站。

12 月 30 日，甘肃新能源发电公司景泰红山二期 50MW 风电场项目全容量并网发电。

12 月 31 日，黄河公司协助宁北、唐湖电厂落实青海在全国首个履约周期碳排放权配额履约清缴任务的工作部署，完成首笔碳交易 44.24 万 t。

12 月，按照国家电投“稳杠杆＋轻资产”工作部署，黄河公司完成青海省绿色发电集团股份有限公司、青海省水利水电（集团）有限责任公司新能源板块、海南州海汇新能源有限公司等并购项目的轻资产运作相关工作。

12 月，黄河公司首笔境外项目完成放款，即沙特红海综合智慧能源项目资本金过桥贷款放款，金额 9000 万美元。

（许为宁）

国家能源投资集团有限责任公司

【公司概况】 国家能源投资集团有限责任公司（简称国家能源集团）于 2017 年 11 月 28 日挂牌成立。是经党中央、国务院批准，由原中国国电集团公司和神华集团有限责任公司合并重组的中央骨干能源企业，属国有资本投资公司改革和创建世界一流示范企业的试点企业，主要经营国务院授权的国有资产。拥有煤炭、电力、运输、化工等全产业链业务，分布于全国 31 个省（区、市）及世界 10 多个国家、地区。是全球规模最大的煤炭生产公司、火力发电公司、风力发电公司和煤制油煤化工公司。2021 年在《财富》世界 500 强企业中排名第 101 位。

截至 2021 年底，国家能源集团发电装机容量 2.7 亿 kW。其中，火电 1.9 亿 kW、水电 0.2 亿 kW、新能源 0.6 亿 kW（风电 0.5 亿 kW 继续保持世界第一）。全年实现发电量 11032.3 亿 kWh，同比增长 12.2%，完成电力保障任务。

【领导班子】

党组书记、董事长：王祥喜

党组副书记、总经理、董事：刘国跃

董事、党组副书记：王敏

纪检监察组组长、党组成员：卞宝驰

党组成员、副总经理：王树民

党组成员、总会计师：蔡安辉

党组成员、副总经理：杨鹏、冯树臣、杨吉平（2021 年 9 月任）

【组织机构】 见 2021 年国家能源集团组织机构图。

【党的建设】 2021 年，国家能源集团党组认真学习领会习近平总书记关于牢记“国之大者”的嘱咐，着眼改革发展，聚焦重点领域，以建党 100 周年、全国国企党建会召开五周年、“社会主义是干出来的”伟大号召发出五周年等为重要契机，全面推进党的建设。党史学习教育扎实务实，“大党建”工作格局初步构建，全面从严治党向纵深推进，党委领导力、支部战斗力、干部执行力明显提升。在中央企业党建工作责任制考核中，连续 2 年获评“A 级”。

1. 高质量推进党史学习教育

围绕深入学习习近平总书记“七一”重要讲话、视察榆林化工重要讲话和党的十九届六中全会精神，制定实施方案，加强学习动员、组织巡回督导、推进贯彻落实。全年开展专题学习研讨 4556 次，读书班 2940 期，专题党课 1.2 万次，组织红色教育 5407 次，专题培训 2881 场，宣讲 1.5 万余场，召开推进会 22 次，发出工作提示 19 期，编发简报 172 期，被中央简报刊发 13 条次。组织开展了“永远跟党走”群众性主题宣传教育、百家企业发展史巡礼、“红色记忆”主题微电影微视频征集、主题演讲比赛、新党员入党集体宣誓等活动。组织召开各级专题民主生活会、组织生活会；在青年职工中开展“学党史、强信念、跟党走”专题教育；在党外人士中开展“庆百年、爱企业、献良策、做贡献”主题活动。

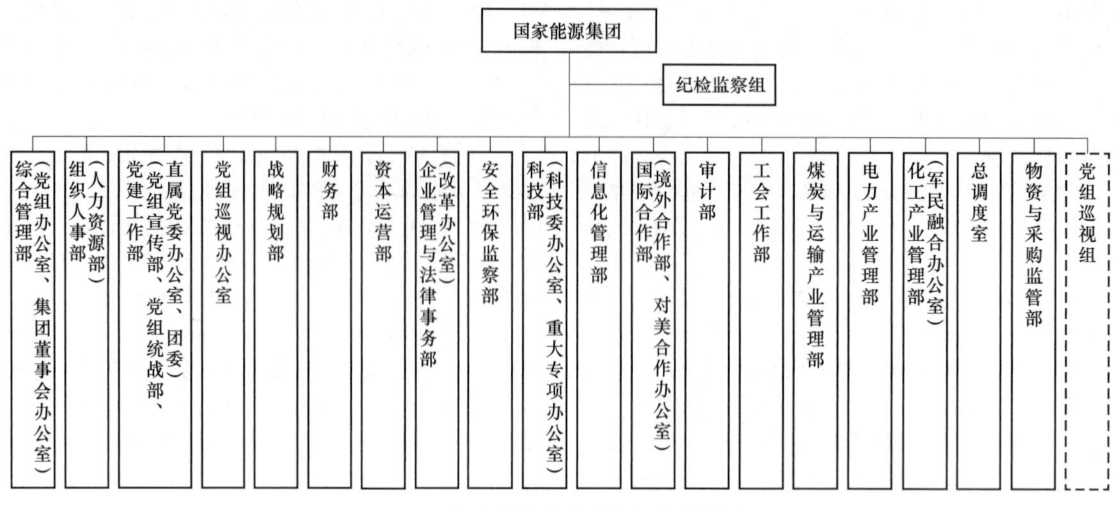

2021 年国家能源集团组织机构图

2. 着力构建“大党建”工作格局

继续深入贯彻全国国企党建会精神，组织“回头看”，围绕重点内容查缺补漏、对标提升、深入整改。中央组织部新闻办、国资委宣传局将集团列为重点宣传单位，中央主流媒体报道集团党建经验成效 18 篇次。

坚持党建与生产经营深度融合，不断加强各级党组织的组织体系、工作机制和“三基”建设。开展区域党组织建设专项行动，制定建设党建统领型总部意见，印发党建实务教材。全年召开党建工作月度例会、工作推进会、片区会 22 次，有力推进了工作落实。1 人获评全国优秀共产党员，9 个党组织、11 名共产党员受到中央企业“两优一先”表彰。

3. 有效提升党委领导力、支部战斗力、干部执行力

围绕坚决打赢能源保供攻坚战部署和开展党建工作，全年举办 6 期基层党组织书记培训班，制定示范党支部管理办法和新时代思想政治工作重点措施，发布国家能源集团企业文化核心价值理念体系，实施“基层党建创新工程三年行动”，评选首批百个示范党支部，发布百个党支部工作创新案例，隆重表彰“践行伟大号召、开展岗位建功”先进集体和个人，命名“奋进十四五”党员先锋队 460 个、党员示范岗 424 个。

讲好国家能源集团故事。神东矿工呼绿雄参加中央宣传部中外记者见面会，龙源南非团队获 2021 年“央企楷模”称号，“社会主义是干出来的”主题教育基地获评中央企业爱国主义教育基地。举办党外代表人士专题研讨班，建立领导干部联系党外代表人士制度。制定党建带团建实施方案，实施青年马克思主义者培养工程，开展“奋进十四五、青年在行动”主题实践活动。评选表彰“两红两优”，获评全国五四红旗团支部 1 个、全国青年文明号 4 个，23 个青年集体和个人获中央企业团工委表彰。

【企业战略】国家能源集团是国资委落实党中央培育具有全球竞争力世界一流企业的战略部署选取的“产业排头兵”。国家能源集团以“为社会赋能，为经济助力”为宗旨，以做好“能源供应压舱石、能源革命排头兵”为使命，全面贯彻“一个目标、三型五化、七个一流”总体发展战略，以更好落实新发展理念和能源安全新战略，更好履行保障国家能源安全的责任使命，向着行业优秀企业和标杆企业的目标不断前行。

一个目标：建设具有全球竞争力的世界一流能源集团。

三型企业：打造创新型、引领型、价值型企业。

五化发展：推进清洁化、一体化、精细化、智慧化、国际化发展。

七个一流：实现安全一流、质量一流、效益一流、技术一流、人才一流、品牌一流、党建一流。

【经营管理】 2021 年，面对经济形势严峻复杂、能源供需持续偏紧、低碳转型任务艰巨以及疫情影响等严峻挑战，国家能源集团坚持以习近平新时代中国特色社会主义思想为指导，践行“社会主义是干出来”的伟大号召，服务“六稳”“六保”，全力推进企业提质增效，完成年度目标任务，实现了“十四五”良好开局。截至 2021 年底，国家能源集团实现营业总收入、资产总额、净资产收益率、国有资本保值增值率持续增加，资产状况、增值能力不断向好。与此同时，严控“三项费用”和“三公”经费，做好减税降费、两压双控、民企清欠等重点工作，加强处僵治困和扭亏治亏工作，企业亏损面下降，僵困企业治理任务 100% 完成，得到了国资委和审计署的认可。

国家能源集团以国资委提出的“三个领军、三个

领先、三个典范”为追求，全力推进创建世界一流示范企业。在制定印发创建推进方案基础上，进一步完善组织推进、政策文件、目标成果和考核激励等工作体系，形成了展示一流、验证一流、示范一流的工作标准，在国务院国资委组织的世界一流企业试评价中取得较好成绩。同时，全面加强品牌、治理、社会责任和诚信等“四个体系”建设，优化顶层设计，夯实管理基础，企业品牌建设路径得到有效推广，履行社会责任走在国内企业前列，年度诚信工作总结获得国家能源局好评。

坚持依法治企，加强制度建设。建成覆盖各产业板块和主要业务类型的“合同范本库”；上线第三方服务机构监管系统；开展重点领域、重点单位法律纠纷风险防控专项督导；实施制度“立改废”，从制度层面保障国企改革三年行动顺利实施。

加强风险管控，搭建管理矩阵。进一步明确党组、董事会和经理层等治理主体的权责关系，修订完善国家能源集团章程等制度和规范性文件，修订完成“权责指引手册”和“授权放权清单”；子公司董事会实现应建尽建；建成外部董事人才库。加强识别各级风险项，细化国家能源集团总部、子分公司控制点，确保将内控风险要求嵌入重要业务领域和关键环节；编制国家能源集团相关操作规范，推动形成内控风险“制度一体化、框架一体化、流程一体化、系统一体化”格局。

【深化改革】 加强顶层设计，“1+3+N”改革体系系统集成推进。以国企改革三年行动为统领，紧密结合企业实际，统筹推进战略性重组、国有资本投资公司试点改革和创建世界一流示范企业，各改革专项任务取得突破。一是高标准推动改革三年行动落地见效。二是战略性重组整合融合全面完成，完成区域电力体制改革和16户同质化公司整合。三是持续推进国有资本投资公司试点改革，“战略+运营”型管控模式基本形成。四是全面打造世界一流示范企业，国家能源集团综合实力进入全球同行业先进企业前列，创新提出RISE品牌战略，打造世界一流品牌。

加强创新体系建设，企业创新活力更加充足。一是全面加强科技创新体系和能力建设，整合优化科技创新资源，建立科研投入长效机制。二是全面推进智能化、数字化转型，推动5G、大数据、人工智能等现代信息技术应用。三是全面激发科技人才创新创造活力，加强对科研骨干人才的激励力度，建立重大科技成果奖励机制。

加强标杆选树，示范带动效应更加凸显。一是深入开展“学先进、抓重点、促改革”，选树标杆企业、项目和模式，发挥示范引领带动作用。二是加强改革学习研究和宣传推广，建立“研究改革、推进改革、宣传改革”模式，开展各类改革集中培训和“五个一”总结宣传专项工作，2户企业改革经验入选国资委“科改示范企业案例集”。

【科技创新】 2021年，国家能源集团贯彻落实党中央、国务院关于科技创新工作的决策部署，实施“支撑一流企业创建、引领行业科技进步、服务科技强国建设、领先全球能源科技”的科技创新战略，不断加强科技创新能力建设和产学研联合攻关，科技创新取得显著成效。

加强顶层设计，优化科技创新体系与布局。强化科技战略引领，印发《中共国家能源集团党组关于全面加强新时期科技创新工作的决定》，召开国家能源集团第三届科技大会，全面部署科技创新工作。推进“1+2+3+N”科研体系改革，坚持做精智库，做强前沿研究院，做实产业研究院，做优研发平台，做专产业服务公司，不断完善科技创新体系。成立多领域科技委专委会，努力提高科技咨询与决策支持能力。

完成国家重大科研任务，加快重点科技攻关，支撑产业发展。全面推动18个在研国家重点研发计划项目的推进，3个项目通过国家科技部验收。坚持按需求导向和价值创造完成科技项目立项，部署十大重点科技攻关项目。坚持科技项目管理的目标导向，十大重点科技攻关项目责任单位签订责任状，遴选外委项目实行“揭榜挂帅”试点推广，组织专家按产业板块建立督导组并对重点项目进行督导检查。科技创新带动高质量发展，一系列科技项目的实施和新技术应用，显著提升了煤炭、电力、煤化工、运输、新能源等产业的安全环保水平和经济社会效益，推进了战略新兴产业的发展。

坚持开放合作，提升科技创新能力。国家级研发平台建设方面，“煤炭开采水资源保护与利用国家重点实验室”“低碳灵活燃煤发电国家重点实验室”进入国资委第一批国家重点实验室重组推荐名单；煤炭直接液化国家工程研究中心正式列入国家发展改革委新序列管理；“粉煤灰综合利用联合研究基地”纳入国家低碳有色冶金国家工程研究中心；围绕6个方向，申请认定7个国家能源局研发平台。国家能源集团级研发平台建设方面，工控系统研究中心、煤炭伴生资源综合利用研究中心、锅炉燃烧与传热仿真实验室等3个国家能源集团级研发平台已批准授牌，启动氢能、二氧化碳捕集利用与封存（简称CCUS技术）、综合能源系统仿真等6个国家能源集团级研发平台建设。发挥协同创新中心作用，“煤矿智能化”“智能发电”等4个协同创新中心的28个合作项目进展顺利，成立“煤制化学品及新材料”“深部高温地热”等2个新的协同创新中心，与华中科技大学、中国地质调查局等单位签署战略合作协议。支持中国氢能联盟工作，受国务院国资委委托，协调《中国氢能源及燃料电池产业白皮书2020》发布工作；参与国家能源局组织的氢能技术和产业政策设计，开展技术示范应用和国际合作。

积极建言献策，引领行业科学发展。编制《煤炭清洁高效利用科技攻关方案》，煤炭清洁高效利用原创技术策源地获得国务院国资委批复。牵头撰写《现代煤化工产业发展现状、问题与建议》等，多篇专题报告呈报党中央、国务院，两份获国务院领导批示，其中“新增可再生能源和原料用能不纳入能源消费总量控制”的建议受到国务院高度重视，并成为中央经济工作会议重要举措之一。开展战略咨询研究，“中国氢能源与燃料电池发展战略研究”等中国工程院重大咨询项目得以顺利审查和验收，题为《能源革命推动老工业基地转型发展》的研究成果获正式出版。

强化知识产权创造，健全技术标准体系。加快原创型、基础型、价值型专利培育，全年申请发明专利、获授权发明专利显著增加；3 家公司通过知识产权管理体系认证。加强技术标准布局，颁布多项国家标准、行业标准、团体标准、企业技术标准；启动国家能源集团专业标准化技术委员会组建工作；有序推动国际标准化工作，发布国际标准，提出国际标准提案；成功推荐 3 人入选国际电工委员会（IEC）“可再生能源接入电网”分技术委员会（SC8A）和铁路电气设备技术委员会（TC9）工作组专家。

激励与约束并重，强化科技环保产业管理。优化科技环保产业布局，科环集团和节能公司重组整合改革平稳推进，确立了国家能源集团首个科技成果转化和科技投资平台；调整联合动力管理模式，成功引进西门子 11MW 级海上风电制造技术。健全科技创新激励机制，印发《国家能源集团科技型企业股权和分红激励操作指引》，指导和批准多家企业实施股权激励、岗位分红和项目分红；设立国家能源集团科技成果转化基金，选取改性 TPO/高性能管材科技成果开展试点。

不断提高科技品牌的美誉度和科技软实力。获奖项目持续涌现，宁夏煤业“400 万 t/年煤间接液化成套技术创新开发及产业化项目”获国家科学技术进步奖一等奖，获得中国专利奖银奖、优秀奖各 1 项，获得行业级和省（部）级科技奖励 85 项。科技品牌美誉度显著提升，《Clean Energy》期刊被 EI 收录，获得第三届国资委熠星创新创意大赛三等奖、优秀奖各 1 项，6 项创新技术入选《中央企业科技创新成果推荐目录（2020 年版）》。成果展示和科普宣传，组织承办 10 余项国家或行业级展览，“高效灵活二次再热发电机组”等 2 项成果入选国家“十三五”科技创新成就展，出版《非凡的重载铁路》科普图书，组织编写《中国电力新能源史》，《多彩的发电》被中国电机工程学会评为优秀科普图书，“宿迁公司智慧电站”和“科环集团智慧展厅”获颁“电力科普教育基地”牌匾。

【国际业务】 2021 年，国家能源集团遵循习近平新时代中国特色社会主义外交思想，坚定贯彻“四个革命、一个合作”国家能源安全新战略和绿色“一带一路”倡议，认真落实习总书记在第三次“一带一路”座谈会上的讲话精神，结合国内外绿色发展趋势和国家能源集团自身发展需要，以质量和效益为中心，开展本土化经营，实施差异化竞争策略。在产能契合度高、合作意愿强、合作条件好的国家、地区，积极扩大新能源有效投资，实现更高质量、更高效益和更可持续的发展，为当地社会创造价值，为绿色“一带一路”建设走深走实贡献智慧和力量。

国家能源集团境外投资项目涉及煤矿和页岩气开发、火电、风电、科技研发等产业，业务主要分布在亚洲、欧洲、非洲、大洋洲、北美洲等五大洲 10 个国家。2021 年，国家能源集团境外在运项目 11 个、在建项目 3 个、重点前期项目 5 个，境外在运电力总装机容量 320.6 万 kW，在建总装机容量 98.8 万 kW。

国家能源集团秉持服务国家战略理念，聚焦“一带一路”沿线以及欧美非等重点地区，整合资源，建立平台，以优势企业为核心，以现有业务为基础，以重点项目为抓手，实施专业化管理，积极推进国际化经营与发展。“走出去”企业高度关注所在国的安全、诚信和效率，强化风险防控意识和措施，致力于追求绿色发展，履行社会责任，力争把每一个项目都打造成“走出去”的典范。境外项目以本土化经营为基础，充分用好“两个市场、两种资源”，在促进“一带一路”沿线国家经济社会发展、改善民生方面发挥了重要作用。

【安全生产】 2021 年，国家能源集团电力产业未发生较大及以上生产安全事故。圆满完成了“建党 100 周年”、全国“两会”、冬奥会和冬残奥会、抗疫复工复产以及缓解能源供应链紧张等敏感、特殊时段的能源保供、电力保障重大任务。妥善应对汛期暴雨、泥石流等极端天气，250 余家发电企业安全运行超过 1000 天。

强化制度体系建设。国家能源集团子分公司修编安全生产方面制度 1875 项，所属单位修编制度合计 24026 项。积极开展颁行制度的宣贯落实，尤其注意解决了各单位安全管理发展不均衡、水平参差不齐、管理模式差异较大等问题，实现了安全管理水平全面提升。国电电力建立起以“风险预控”为核心、以“人机环管”为基础、以业务管理为支撑、以监督评价为保障的安全生产管理制度体系。

完善安全监督管理。重点强化安全监督能力建设，包括完善各级安全监察机构设置以及管理人员的配备、培训、持证上岗等管理，完成了69家发电企业进行安全监督移动电子设备和高风险作业视频监控系统应用试点。电力安全监察体系在岗人员达到3357人，近800人取得了注册安全工程师证书。

推进落实安全生产专项行动。贯彻党中央、国务院部署，印发《安全生产专项整治三年行动计划》和《电力安全生产专项整治三年行动方案》，在国家能源集团所属企业全面开展安全生产专项整治攻坚。重点开展了发电设备设施、工控网络、重大危险源、水库灰坝、防灾减灾等重点项目整治，补齐短板，提升企业安全生产水平。

抓实抓牢重大隐患挂牌督办。组织各发电企业持续开展隐患排查1664次，子分公司督察270次，重点对四川绵竹、湖北恩施等10项重点水毁治理工程开展汛前专项督导，切实消除致灾隐患和风险等。火电产业重点开展了危化品、氨站、氢站、油库、输煤系统、供暖设备、涉网设备、电力监控系统、作业现场、基建现场等重点区域的隐患排查治理；水电产业重点排查了四川、甘肃、云南等水电企业的地震和泥石流地质灾害风险，并逐一采取管控措施；新能源产业重点开展建设项目安全监督监察和隐患排查治理。全年完成29个重大隐患项目的闭环整改，湖北白沙河电站大坝渗漏、鄂坪电站大坝溢洪道水毁等项目，在国家能源集团挂牌督办下有序推进整改。

开展安全生产大排查。引导各子分公司抓实抓牢“两个清单”，对子分公司和三级单位开展安全生产大排查以及“四不两直”抽查和现场重点检查加强督促指导，尤其针对高风险作业加大检查力度和频次。对专项施工方案严格执行编、审、批流程，认真落实安全交底、管理人员到岗到位、关键工序旁站监督等制度。

加强安全生产教育培训。举办288人参加的电力产业基层单位安监部门负责人培训班；制作了有关高处坠落、物体打击、风机倒塔等7则专题警示教育短片。浙江宁海电厂创新安全教育模式，建成VR实训中心。全年累计开展厂级以上安全培训7856次，参加人数合计344067人，开展厂级以上事故警示教育2738次。

开展安全文化建设。国家能源集团各级企业把“安全文化建设”作为安全生产的基础前提和安全管理的重要一环来抓，大力开展“和谐守规”宣传教育，提升员工安全素养。江苏徐州公司获得国家级“安全文化建设示范企业”称号；大渡河公司的“大渡河流域安全风险智能管控技术”被中国能源化学工会评为首届电力企业班组创新创效优秀案例特等奖。

推进安全生产标准化建设。印发《关于全面推进电力产业安全生产标准化建设工作的指导意见》，发布16项安全生产标准化管理规范，以及火电、水电、新能源等3项考核评价细则。通过检查、评选树立示范性典型，并在所属企业中分级、分类全面启动安全生产标准化建设工作。

【节能减排】 2021年，国家能源集团生态环境保护工作稳步推进，未发生生态环境事件。烟尘、二氧化硫、氮氧化物等主要污染物排放指标稳中有降，一般固废综合利用率稳步提高。污染防治攻坚工作有序推进，生态环境监察系统稳定运行。

加强战略规划引领。国家能源集团积极谋划“十四五”节能环保工作布局，编制完成《国家能源集团“十四五”能源节约与生态环境保护专项规划（报批稿）》。着眼以高水平生态环境保护促进高质量发展，完成《电力产业新（改、扩）建项目技术原则》《电力产业重大技术改造技术路线》等编制修订工作。推广实施锅炉高温烟气余热利用等21项重大节能改造技术路线。

推进生态环保治理。推进非常规煤电机组超低排放改造，完成上湾、亿利4台循环流化床机组超低排放改造；推进19家火电企业脱硫废水及全厂废水综合治理，其中泰安、青山、安庆、天生港实现零排放；加大无组织排放治理力度，在北仑、河曲、费县等46家电厂开展煤场、石料场、卸煤沟等区域无组织排放治理；推广“融入城市的生态共享型燃煤电站”模式，推进以火电企业为纽带的多产业综合能源供应及固废集中治理，白马电厂开展市政污泥掺烧、南宁电厂采用白泥替代石灰石脱硫；全国“两会”及大气重污染过程期间，针对性加强污染源在线监测监控，严格杜绝污染物超标排放。

坚持低碳发展路线。国家能源集团供电煤耗299.9g/kWh（以标准煤计），根据国务院国资委能效对标要求，纳入2021年中央企业电力行业对标范围的煤电机组共计193台，装机容量共11923万kW。开展锅炉适应性、扩容、节能改造约50台次；宿迁电厂“高效灵活二次再热发电机组研制及工程示范”取得重大突破，技术经济指标处于同类型机组全球最优水平；锦界电厂15万t/年二氧化碳捕集和封存全流程示范工程（CCS）是国内燃煤电厂规模最大的CCS项目，主要运行指标达世界先进水平；国内电力行业首套二氧化碳化学链矿化利用工程在大同公司开工建设。常州公司通过江苏省节能量交易中心成功转让出售标准煤41089t，创造了江苏省单次成交金额最大的节能量交易；青山热电成为全国首家碳市场注册登记结算系统开户公司，并完成全国碳排放权交易市场开市第一单交易。

生态环境监察系统投运。完成生态环境监察系统建设并与原有系统切换，在线监测数据采集稳定高效，实现环境综合指数、在线监测、生态监测、碳资产管理、节能监测等业务的数据可视化。

【低碳转型】 2021年，国家能源集团加快绿色转型发展步伐，重点以化石能源清洁化、清洁能源规模化、能源科技自立自强、能源产业智能化、生态碳汇、国际合作共享共建等六大工程为抓手，加快推进绿色低碳转型进程，努力打造高碳能源企业绿色低碳转型发展的示范。

成立低碳发展领导小组及领导小组办公室，全面启动国家能源集团碳达峰行动。研究制定《国家能源集团碳达峰行动方案和碳中和行动目标》，提出国家能源集团碳达峰、碳中和时间表，以及碳达峰路线图、施工图。

建立首个碳账本，加强碳资产管理，取得全国碳市场双“第一”。加强制度保障，修订出台国家能源集团碳交易等管理办法，理顺碳资产管理体系，保障碳交易顺利开展。

参与国土绿化行动，全面推进“国家能源集团生态林”建设。开展“网上植树”活动，实施生态林建设，推动沙漠增绿、企业增效、农民增收良性发展；在露天矿复垦区创新开展碳汇林试点工作。在采煤沉陷区、露天矿复垦区、黄河沿岸地区、厂矿周边区域、毛乌素沙漠、新疆等扶贫地区累计造林面积超过2万亩，累计种植樟子松等植物509万株。

聚焦低碳转型，加快清洁可再生能源发展。新能源“两个1500万+”任务全速推进，获取新能源开发指标、新能源开工量、新增装机量等均创历史最高水平。推动优质常规水电和抽水蓄能项目，稳妥布局氢能储能等战略性新兴产业示范项目，冬奥会提供绿色用能重要保障项目张家口万全油氢服务站项目如期建成投运。

【市场营销】 2021年，在“两个大局”交织、“两个百年”交汇、“两个五年规划”交接的关键历史节点，面对能源供需紧张、市场剧烈波动、局部疫情突发等诸多困难和挑战，国家能源集团围绕落实能源保供和电价政策，着力服务“六稳”“六保”大局，电热营销克服各种困难，做到应发尽发、应供尽供。全年发电量完成11032亿kWh，同比增长12.2%；售热量完成4.5亿GJ，同比增长9.4%；电热客户合计达12287个，同比增加3872个。

市场保供作用更加突出。面对能源供应复杂严峻挑战，电力营销工作认真落实增产增供、稳价稳市部署。2021年在全国发电集团中首次突破万亿大关，发电增速高于全国平均2.2个百分点。浙江、广西等8个省区发电增速超过20%，福建、辽宁、安徽等24个省区发电量创历史新高。煤电利用小时高于全国平均水平386h；39家火电厂年平均利用小时超过5500h。完成各类市场交易电量6466亿kWh。

协同创效能力显著加强。在市场交易中，科学落实碳达峰、碳中和要求，通过加强产业协同、发售协同、专业协同，将市场稳定和低碳发展有效结合起来，深入发掘协同潜力。通过内部火电“以大代小”“风火置换”“水火置换”等措施，实现发电权交易80亿kWh。针对零售市场波动及兑现问题，主动担当稳市场责任，组织所属电厂为内部售电公司兑现电量指标1049亿kWh，同比增长28%；全年实现内部用户交易电量87亿kWh。

体系建设取得成效。以电力改革需求为导向，推动落实电力营销管理机构设置和定员定岗，第一批现货交易试点地区全部设立省级电力交易运营中心。多轮次组织线上、线下电力交易培训，全年累计培训800余人次。举办“国家能源杯”电力交易技能竞赛，通过以赛促学，选拔优秀交易人才。按照“省为实体、两级管理、三级应用”，推进电力营销信息平台建设，浙江、山西电力现货辅助决策平台上线试运行，有效促进了基层营销业务。

【信息化建设】 2021年，根据国家“十四五”规划纲要和国务院国资委《关于加快推进国有企业数字化转型的通知》精神，国家能源集团秉持“数字驱动转型发展，智慧引领国家能源”理念，将大力推进数字化转型，加快构建智慧管理、智慧运营和智能生产体系摆在企业发展的重要位置，数字（信息）化建设取得重要进展。

1. 健全顶层设计，坚持规划引领

发布《国家能源集团数字化转型行动计划》，明确“平台化发展、数字化运营、生态化协作、产业链协同、智能化生产”的转型发展目标，不断提升智能生产、智慧管理、智慧运营水平，促进全要素效能提升、全链条价值重塑、全产业提质增效。完成智慧火电规划编制和智慧水电、智慧风电规划发布，引领企业向“能源+智慧”新动能转换发展。

2. 推动项目落地，树立转型标杆

搭建智慧管理体系。一是深化ERP系统推广和应用。根据产业板块特点，有序推进ERP系统全面覆盖和优化提升，为改革发展及管理提升提供强大中后台。国家能源集团一体化集中管控系统（ERP）建设项目获2021“鼎革奖”数字化转型先锋榜“年度评委会大奖”。二是持续巩固ERP系统运维体系。ERP方案专家组及各公司ERP支持小组结合系统应用实际提出多项优化完善建议及解决方案，有效促进系统不断深化应用。三是落实“一集中，三加强”管理要求，推进财务信息化建设。开发财务报表自动化、预约等功能，“一套系统、集团全层级使用”在国务院国资委管理的央企中独树一帜。四是销售电商平台聚焦煤炭、化品、运输，深入推广电子交易业务落地，持续丰富交易模式、优化业务体验。

建立智慧运营体系。一是基石项目于2021年6月23日全面上线，入选国务院国资委“国有重点企业管理标杆创建行动标杆项目”，并获评“国家能源集团2021年度科技进步特等奖”。二是开展各省电力子分公司一体化运营管控系统建设。落实国家能源集团对省公司电力体制改革的要求，增强区域协同、打通内部市场、促进降本增效，形成各省公司“纵向深化应用，横向业务贯通”的一体化运营管控体系。

强化智能生产体系。以“无人少人、安全高效、价值创造、整体效益最大化”为目标，统筹布局、有序推进产业板块智能化示范建设，驱动产业转型升级、提质增效。国电电力建成新能源智能发电平台，风电场群智能控制技术处于国际领先水平；泰州电厂、东胜热电等建成“5G+工业互联网”示范电厂。

加强数据底座建设及数据治理。一是完成数据湖及数据中台建设部署，实现全集团数据的采集、存储、管理、共享、分析利用标准化。二是按照国家数据治理体系框架标准，建立集团数据资产管理制度体系框架和全产业数据标准体系框架，并在基石、电力营销等重点项目中结合应用，数据资源管理水平持续提升，获评2021 DAMA中国“数据治理最佳实践奖”。

3. 聚焦防护重点，筑牢安全防线

完善立体防护体系。有序推进广域网、骨干传输网等升级改造项目，建立基于国家能源集团广域网的IPv6协议监测体系，搭建灾备系统实现了多中心IT资源的优化配置、统一管理、弹性调度和资源共享。

提升安全保障能力。完成国家能源集团云平台建设，支撑80多套系统稳定运行，积极推进国家能源集团云平台安全防护、数据中心密网、终端软件防护、态势感知等网安重点项目建设，扎实开展全要素攻防演练，加强安全事件监测和隐患排查整改，全面提升国家能源集团整体网络安全防护能力。

【人力资源】 2021年，国家能源集团认真贯彻中央人才工作会议精神，深入落实国企改革三年行动计划，深化三项制度改革，完成了组织人事工作各项任务，为加快建设具有全球竞争力的世界一流能源集团提供了组织保障和人才支撑。

1. 贯彻中央会议精神，凝聚人才工作合力

成立以国家能源集团党组书记兼董事长任组长的人才工作领导小组，健全完善人才工作机制，进一步加强党组对人才工作的全面领导。组织召开国家能源集团系统人才工作会议，全面落实中央人才工作会议精神，制定印发国家能源集团党组关于加强新时代人才工作的决定，系统部署“十四五”期间和中长期人才工作目标和措施，特别对经营管理、技术、技能三支人才队伍建设，人才队伍战略性结构调整，人才发展体制机制创新等重大问题做出系统规划与安排。贯彻落实中央人才工作会议的情况得到中组部、国资委党委的充分肯定。

2. 突出能力建设，持续优化班子结构

结合国家能源集团所属子分公司的改革进程，陆续选拔配齐了国电电力、河北、山西、辽宁、内蒙古等8家公司以及联合动力、雄安公司、电力工程等3家新组建子公司的领导班子。围绕持续优化班子结构，更加注重选拔长期扎根基层、业绩比较突出的干部，援青援藏援疆干部以及优秀年轻干部进入各级领导班子，以形成更加鲜明的正确用人导向。同时，全方位筑牢干部监督管理防线，不断增强各级领导班子的凝聚力、战斗力以及拒腐防变的能力。

3. 突出市场导向，深化管理机制改革

落实国资委建好建强子公司董事会部署要求，提前完成年度目标任务。持续完善总部管控体系，组织运转效能不断增强。全年压减法人企业80户，持续保持法人户数净减态势。强化激励机制，推动内部收入分配向生产一线、关键岗位和紧缺急需的高精尖专人才倾斜。突出效益效率导向，建立差异化的工资总额决定机制，子分公司工资总额持续“降固定、增浮动”，加大员工绩效考核与收入挂钩比例，提高与企业经营业绩考核结果挂钩的浮动工资比例，形成收入能增能减的良性机制。

4. 突出机制创新，扎实推进人才工程

根据各类人才特点，系统谋划各类人才队伍建设，高标准编制“十四五”人才发展规划。提出实施“3+4”七大人才工程，并从人才引进、人才培养、用人体制机制等多个方面，较为系统地提出了28项创新性工作举措，推动人才工程的落实落地。

围绕中心工作，抓实抓细各类人才的重点培训，推动员工履职能力不断提升。聚焦年度重点工作任务落实，举办“深化改革”“绿色转型”等6个专题研讨班；聚焦关键岗位人员履职培训，开展岗位适应和履职能力提升专题培训班；聚焦高技术、高技能人才素质提升，举办技能大师研讨班和科技人才创新能力提升班，引导大家结合专业实践，大力弘扬劳模精神、工匠精神和科学家精神，显著增强了人才队伍的整体素质。

【公益事业】 2021年，国家能源集团公益基金会支出4.87亿元，完成各类公益慈善项目51个，围绕健康医疗、文化教育、民生保障、生态环保等核心公益慈善领域开展自有项目24个，支付资金6015.8万元。

健康医疗方面。爱心行动“两病”救助项目救助患儿1254名，项目开展10年累计救助患儿突破3万名，达到30745名；在河北省新增3个新生儿先心病

筛查定点合作医院，筛查15364名，确诊患儿163名，项目累计筛查新生儿近11万名；邀请解放军总医院专家在聂荣、布拖、普格3个集团定点帮扶县开展乡村医生培训，并对当地0～18岁儿童进行普及性筛查，培训医生276名，筛查儿童12804名，确诊先心病患儿61名，确诊患儿将由合作医院开通绿色通道进行个性化兜底救助；从右玉、米脂两县选拔6名基层医生到解放军总医院进行为期6个月的进修学习；为布拖县艾滋病防治项目捐资370万元，该县艾病母婴传播率降为2.13%；再次与中国煤矿尘肺病防治基金会合作，连续5年、每年捐赠100万元用于煤矿工人尘肺病救助、预防及职业健康保护等。

文化教育方面。捐资300万元为布拖县全县中小学生购买教辅资料；捐资114万元继续为阿布泽鲁小学购置爱心校服；捐资1500万元为普格县株木树小学建设学生宿舍楼；面向聂荣县师生开展“爱心之旅”项目，分2批组织100名师生到内地一线发达城市参加教师培训和师生研学；在南疆地区、甘肃舟曲及9个定点帮扶县开展“爱心助学”，合计捐资2403.5万元，奖励资助教师学生达6625人；在革命老区西柏坡镇北庄片区捐资1608万元新建1所爱心学校。

民生保障方面。在湖南省邵阳市捐资300万元开展“爱心相伴”农村留守儿童关爱项目；捐资135万元助力江西省萍乡市打造“养老综合服务中心”，提升老年人生活质量；持续实施“关爱抗战老兵”项目，组织党员和志愿者向抗战老英雄送上慰问金及军装。

生态环保方面。在张家口市怀安县建设公益林，捐资1100万元，绿化总面积约675亩；2021年“网上植树”活动23214人次参与，捐植各类树种48633棵，捐款76.94万元；打造开发“数字森林”信息化展示平台，支持对公益林建设进程的实施查询。助力黄河源生态保护，为曲麻莱县黄河源生态保护项目再捐资500万元，用于支付生态管护员工资和支持黄河源头草场禁牧。

【工会工作】 2021年，国家能源集团党组以新时代中国特色社会主义思想为指引，高度重视企业各级工会和职工队伍建设，认真落实一届四次职代会暨2021年工作会议精神，全面加强工会组织建设，努力提高工会工作水平。领导工会组织高质量开展“我为群众办实事”实践活动以及多种形式的社会主义劳动竞赛，推动工会工作迈上新台阶，开创新局面。

加强工会组织建设。组织召开国家能源集团工会第一次会员代表大会，健全工会领导机构。按照“应建尽建”原则，督促指导子分公司加强工会组织建设，35家子分公司相继完成工会组建和换届工作，具备条件的子分公司实现了工会组织全覆盖。

深化企业民主管理。以视频形式召开国家能源集团一届四次职代会暨2021年工作会议，开展职代会提案征集和办理落实工作，提案办复率和答复满意率均达到100%。创新提案管理，从立案提案中筛选出具有全局性、前瞻性、引领性的十大重点提案进行重点办理落实，并纳入党建考核，有效激发了职工参与民主管理的积极性。

关心关爱职工。持续开展元旦春节“送温暖”活动，改善“送温暖”资金的拨付和支出方式，提高了资金使用效率，有效增强了帮扶力度。开展困难职工重大疾病救助，全年拨付救助金1840.6万元。开展困难职工子女大学助学活动，发放助学金172.8万元。看望慰问挂职帮扶干部，发放慰问金5万元。开展海外职工防疫药品捐赠活动。开展工会援藏工作，与西藏聂荣县总工会签署对口援助意向协议。

开展“我为群众办实事”实践活动。制定“三三四八”实事清单，构建特色工作体系，全系统1.6万件“办实事”项目均已完成，累计投入资金15.5亿元。中央党史学习教育简报两次刊登国家能源集团组织“办实事”活动的经验做法，并安排在中央企业实践活动交流会上作专题发言。

开展劳动和技能竞赛。全面启动“国家能源杯”绿色发展劳动竞赛和“智能建设”技能大赛，举办各类劳动竞赛和技能竞赛541项，涉及782个项目（工种），参赛人数达30多万人次。在全国和行业重大竞赛中，获特等奖、一等奖、金奖共33个；101个团队和个人获奖，45人获全国或行业技术能手称号。两项竞赛入选“十四五”全国引领性劳动和技能竞赛项目库。承办全国能源化学地质系统“社会主义是干出来的”劳动竞赛。

选树先进典型。大张旗鼓开展劳动模范评选表彰，广泛发动群众，创新评选方法，表彰了99名国家能源集团劳动模范。5名职工当选全国能源化学地质系统第七季“大国工匠”。召开国家能源集团劳模座谈会，并向全体职工发出《奋进新时代　建功新征程》倡议书。在内网开设专栏，广泛宣传劳动模范和“五一”劳动奖章、奖状获得者先进事迹。全年工会系统获得国家级荣誉41项，省部级荣誉131项。

丰富职工精神文化生活。适时发出《在能源保供中建功立业倡议书》，号召集团全体职工积极践行“社会主义是干出来的”伟大号召。拍摄《榜样的力量》《不负人民》等系列宣传片，编印《工会热点》等宣传材料。开展安全宣传教育和安全文化创建活动，举办职工安全生产漫画、招贴画比赛，并将300幅获奖作品编印成书，作为职工安全教育读本印发，受到一线职工普遍欢迎。在2021年全国“安康杯”竞赛职工安全应急技能知识竞赛中，集团系统19家单位获优秀组织奖。

推进女职工工作。首次组织开展“最美家庭”评选活动，注重从基层一线、平凡岗位、职工身边发现典型，评选出 60 个“最美家庭”，在大张旗鼓表彰基础上，通过国家能源集团官网、微信公众号等广泛宣传她们的典型事迹。在《国家能源》杂志发表女职工工作理论研究文章。开展“三八节”女职工系列特色活动，丰富女职工文化生活。

（梁明宇　刘　骜　任晓林　王艳萍）

【龙源电力集团股份有限公司】

公司概况　龙源电力集团股份有限公司（简称龙源电力），前身为成立于 1993 年 1 月的龙源电力集团公司，先后隶属能源部、电力部、国家电力公司、中国国电集团公司。2009 年 7 月 9 日改制为龙源电力集团股份有限公司，现为国家能源集团旗下以开发运营新能源为主的大型综合性发电集团。

龙源电力是中国最早开发风力发电的专业化公司。率先开拓中国海上、低风速、高海拔等风电领域，率先实现中国风电“走出去”，是中国风电行业的先行者、开拓者、引领者。2009 年，龙源电力在香港主板成功上市，被誉为“中国新能源第一股”。2015 年以来持续保持世界第一大风电运营商地位。目前已拥有风电、光伏、生物质、潮汐、地热和火电等发电项目，业务遍布中国 32 个省（区、市）和加拿大、南非、乌克兰等国家。

截至 2021 年底，龙源电力控股装机容量达 26699MW，其中，风电控股装机容量 23668MW，火电控股装机容量 1875MW，其他可再生能源控股装机容量 1156MW。

领导班子

党委书记、董事长：李忠军

党委副书记、总经理：唐坚

党委委员、总会计师：杨文静

党委委员、纪委书记：郭爱军

党委委员、副总经理：宫宇飞、陈强

组织机构　为贯彻能源安全新战略和国家能源集团“1357”发展战略，推进建设具有全球竞争力的世界一流新能源公司，进行本部“组织机构调整”。龙源电力共设 16 个部门：综合管理部（党委办公室）、组织人事部（人力资源部）、党建工作部（党委宣传部、团委）、纪委办公室（党委巡察办公室）、规划发展部（基地项目办公室）、安全环保监督部、生产技术部、工程建设部、财务产权部、计划经营部、企业管理与法律事务部、证券事务与投资者关系部（董事会办公室）、科技信息部、审计部、采购与物资管理部、工会工作部。总部辖 42 个企业（单位），员工总数 8053 人。

党建工作　2021 年，龙源电力高标准推进党史学习教育，通过专题宣讲、红色教育、主题党日、专题党课等方式，营造浓厚学习氛围，深入推动“四八五五”幸福员工工程，为群众办实事 581 条、惠及近 3.7 万人次，典型做法在旗帜网、学习强国、国资报告等官媒多次刊发。深化岗位建功行动，开展建党百年系列活动，评选表彰一批先进集体和个人，14 个先锋队、12 个示范岗获国家能源集团挂牌。

推动监督工作融入生产经营全过程，一体推进不敢腐、不能腐、不想腐，开展三轮政治巡察，巡视“回头看”34 项问题全部完成整改。

发挥“劳模和工匠人才创新工作室”传帮带作用，持续推进“首席师”评聘和匠星训练营，培育了一大批高技能人才，在第十三届全国电力行业职业技能竞赛中，获得团体第一名，个人前三名。

持续加大外宣力度，在国内主流媒体刊发稿件 300 余篇，《人民日报》头版头条展示江苏海上风电项目，央视《新闻直播间》专题介绍龙源电力 4 座风电场。

深化改革　全面贯彻国家能源集团“一个目标、三型五化、七个一流”发展战略，认真落实国企改革三年行动目标要求，高标准推动解决重难点问题，任务完成率超 80%。

规范董事会建设，系统董事会应建尽建和外部董事占多数任务全面完成。推行经理层任期制和契约化管理全覆盖，37 家所属单位、155 人完成岗位聘任协议、经营业绩责任书签订。

深化三项制度改革，进一步贯通职位职级体系，从严从紧核定劳动定员，推行全员绩效考核，科学设置指标，强化等次分布，突出岗位和业绩贡献导向，有效激发员工活力。

持续深化一流企业创建，构建“1+24”创一流体系，龙源电力入选国资委国有重点企业管理标杆、国家能源集团风电行业创建标杆企业。全面推广风控合规“三位一体”管理体系，统筹制定 838 项标准化岗位职责、217 项考核指标、302 项合规清单，推动合规经营要求落实落地。

常态化开展审计监督，全年完成各类审计 182 项，实现系统全覆盖。建立健全“三重一大”决策制度体系，修订决策事项清单，建立定期更新机制，决策主体、程序、事项等进一步规范。

深化法治建设，有序开展“八五”普法，加强依法治企考核，编制投资协议与章程范本，建成覆盖全部主营业务的合同范本库，实施线上全程跟踪，切实增强合同规范性。

主要事件

1 月 28 日，龙源电力四届一次职工代表大会暨 2021 年工作会议在北京召开。会议总结 2020 年和“十三五”工作，科学谋划“十四五”发展，研究布置2021年重点任务。

2月1日，龙源电力与国电联合动力、金风科技等8家风机制造商在北京签署《全年无故障示范风电场建设合作协议书》，成为行业内首个提出建设全年无故障示范风电场的风电开发企业。

3月2日，龙源电力福建公司与莆田市秀屿区政府签订深海网箱养殖融合漂浮式海上风机示范项目框架协议，标志着国家能源集团首个风渔融合示范项目取得新突破。

5月26日，龙源电力南非公司完成国家能源集团海外项目首笔碳交易，交易量21万t，交易额35万美元。该交易也是南非首笔大型可再生能源项目国际自愿减排交易。

6月7日，龙源电力完成莆田南日岛海上风电场一期项目B31机位基础施工，标志着世界首个海上风电深水裸岩大直径嵌岩单桩基础完工。

6月21日，由龙源电力研发的全球首例漂浮式风电融合网箱养殖示范样机试验模型在上海交通大学海洋工程国家重点实验室正式下水，标志着该项目正式进入模型试验阶段。

7月16日，全国碳排放权交易市场在上海环境交易所正式开市，龙源电力碳资产公司代理国家能源集团4家火电企业完成全国碳市场交易第一单碳配额交易，交易量25万t。

9月11日，龙源电力乌克兰尤日内项目投产发电，该项目是中国企业在乌克兰投资的第一个风电项目，也是国家能源集团成立以来在海外投资的第一个风电项目，总装机76.5MW。

10月15日，内蒙古公司兴和小南营供热项目正式启动供热。该项目是龙源电力首家空气热源供热项目，也是内蒙古境内首家规模最大的空气热源项目，使用93台空气源热泵机组为当地供热。

10月22～24日，由龙源电力工程技术公司主办的视频智能识别系统算法比武在北京举行，海康威视、大华、百度、阿里等业内龙头企业同场竞技，就多种新能源电力场景提供“智能识别算法”。本次算法比武是新能源行业首次举办，内容覆盖风电、光伏、潮汐和地热等多种新能源生产作业场景。

10月25日，龙源电力广西横州260万kW风光储一体化大型基地示范项目开工仪式在广西横州市马山镇举行，该项目是广西2021年单体最大的一体化项目，计划2023年全容量建成投产。

10月31日，龙源电力“区域维保中心+集中监控中心”新运检模式建设取得成效，建成省级监控中心29座、区域维保中心69座，实现68个风电场“无人值班”、14个风电场“无人值守”。

11月16日，龙源电力取得凉山州布拖县100MW光伏扶贫转结项目开发权，成为四年来四川省唯一一家获得项目开发指标的新进企业。至此，龙源电力实现在全国32个省（区、市）“绿电”全覆盖。

12月6日，龙源电力宁夏公司完成贺兰山第四风电场“以大代小”79.5MW等容风电技改项目备案手续，成为全国首个取得“以大代小”风电技改备案的项目。

12月8日，龙源电力换股吸收合并内蒙古平庄能源股份有限公司交易获中国证监会核准。

（张 道）

【国能大渡河流域水电开发有限公司】

公司概况 国能大渡河流域水电开发有限公司（简称大渡河公司）于2000年11月在成都高新区注册成立，公司股份为国家能源集团系统占90%（其中总部21%、国电电力69%），四川川投能源股份有限公司占10%。大渡河公司是国家能源集团所属最大的集水电开发建设和运营管理于一体的大型流域水电开发公司，主要负责大渡河流域干流17个梯级电站的开发，涉及四川省三州两市（甘孜州、阿坝州、凉山州、雅安市、乐山市）12个县，总装机容量约1760万kW。投产电站有龚嘴、铜街子、瀑布沟、深溪沟、大岗山、枕头坝一级、猴子岩、吉牛、沙坪二级等9个大渡河流域电站及二台子、上河坝等12个其他区域小电站，总装机容量1173.5万kW；在建电站有金川、双江口、枕头坝二级、沙坪一级4个电站，总装机容量352万kW；前期筹建项目有巴底、丹巴、老鹰岩等5个项目，总装机容量约295万kW，形成了投产、在建、筹建稳步推进的可持续发展格局。截至2021年底，大渡河公司资产总额为1040.18亿元，在川投运装机约占四川统调水电总装机容量的1/4。大渡河公司先后荣获全国“五一”劳动奖状、全国文明单位、全国模范职工之家、国务院国资委“抗震救灾先进集体”、中华慈善突出贡献企业、全国企业文化建设最佳实践企业、全国脱贫攻坚先进集体等荣誉称号，被评为中央企业先进基层党组织、中央企业思想政治工作先进单位，获得国家能源集团特级奖状、绩效贡献特别奖、党建工作先进集体。创新及智慧企业建设成果获得国家科技进步奖二等奖1项，中国产学研合作创新成果一等奖、第24届全国企业管理现代化创新成果一等奖、四川省科技进步奖一等奖、中国电力创新奖管理类一等奖、国务院国资委创新文化优秀成果等省部级以上奖励150项（含管理类7项），获得知识产权593项，主持及参编水电行业标准46项。

领导班子

党委书记、董事长：涂扬举

党委副书记、总经理：高建

党委委员、副总经理：胡卫

党委委员、纪委书记：高廷源

党委委员、副总经理：李攀光、陈刚

党委委员、总会计师：计军恒

党委委员、副总经理：王安、李林

组织机构 机关部门13个，基层单位22个，职工2146名；有基层党委15个，党（总）支部76个，党员1221名。

党的建设 2021年，大渡河公司党委坚持以习近平新时代中国特色社会主义思想为指导，以庆祝建党100周年为主线，以党史学习教育为抓手，深入践行“社会主义是干出来的”伟大号召，全面落实大渡河集团党组决策部署，不断深化党的全面领导，持续提升党建工作质量，推动了年度目标任务完成、“十四五”开好局起好步。大渡河公司党委在国家能源集团党建责任制考核中被评为“A”级。

推进全国国企党建会精神贯彻落实情况“回头看”，建立了“第一议题”制度，开展党史学习教育和庆祝建党百年系列活动。制定了在完善公司治理中加强党的领导的工作措施，落实重大问题党委前置研究程序，深化“社会主义是干出来的”岗位建功行动，“国家能源杯”“新能源1500万+”等绿色发展劳动竞赛和智能建设技能大赛深入开展。深化幸福大渡河建设，开展“我为群众办实事”实践活动，举办公司乒乓球赛、职工读书月、健步走等活动，营造了健康和谐的良好氛围。

安全管理 常态化抓好疫情防控，及时有效调整防疫措施，生产生活保持平稳有序。深入开展安全生产专项整治三年行动等系列活动，开展督查检查11次，发现并整改隐患问题1000余项，有效管控森林草原火灾和双江口当卡料场边坡地灾等风险隐患，扎实筑牢了安全防线。完成“七厂九站”设备设施检修，设备缺陷总数同比下降24.1%，4台机组获得“全国发电机组可靠性标杆机组”称号。组织完成全国安全文化建设示范企业、全国治安反恐达标建设等标杆创建，“大渡河流域安全风险智能管控技术”被评为首届电力企业班组创新创效优秀案例特等奖。推进国资委和四川省生态环保督查问题整改，有序配合了中央环保督察，被四川省列为“美丽河湖”建设唯一合作单位。连续五年排名“四川电力企业安全监管同业对标”第一名。

生产经营 发挥省调水电龙头作用，加强与省政府、省电力公司沟通协调，争取调峰调频、流域优化调度等奖励政策，计划电量奖励达到预期。发挥区域优势，推动行业自律，统筹营销资源，科学制定营销策略，集中统一开展市场交易工作，完成保价增量目标。持续优化水库运行方案及机组运行方式，运用流域联合防洪与优化调度等技术增发电量，全力“追量补欠”。加强成本费用管控和减税降费政策争取，完全成本同比节约1.58亿元，财务费用同比节约1.87亿元。“一企一策”制定减亏扭亏措施，确保了公司系统无亏损企业。

工程建设 强化在建工程管理，协调解决痛点难点问题，金川截流前移民、环保、水保、档案等专项验收按期完成，实现导流洞过流，全面转入主体工程施工阶段；双江口壁画等关键制约因素加快化解，大坝填筑至2246m高程，主厂房完成第四层开挖；枕二、沙一提前完成围堰下河目标，巴底筹建项目实现动土施工，年度基建重大节点目标全部按期实现。全力推进前期项目核准，成立核准工作领导小组和4个专项工作组，老鹰岩一级、二级72万kW水电具备核准条件，巴底、丹巴等项目前期工作全面加速。大力推进双江口股权重组，协调各股东方，实现双江口股权并购和全面接管。吉牛电站完成竣工验收，猴子岩水电站荣获国家优质工程金奖。

智慧企业建设 持续强化科技创新，编制《“十四五”科技创新发展规划》，制订完善科技管理制度13项，完成“智慧水电厂2.0”实施路径，发布《智慧水电企业建设指南》，明确了智慧企业发展方向。连续3年开展大数据建模竞赛、智慧企业沙龙等活动，联合中企联举办的“智慧企业大讲堂走进大渡河”100期活动，观看人数超80万人次。拓展智能应用场景，组织开展国家能源集团水电智慧企业研究中心建设，建成全国首批企业数字档案室，双江口5G+智能应用、金川三维可视化技术交底、瀑布沟3D数字厂房等应用场景建成投运。加强科技成果转化和科技报奖，科技产业新签订合同额超2.5亿元，全年累计获得知识产权授权178项，申请并受理发明专利51项，相关成果获得水科学数值模拟创新大赛一等奖中国安全生产协会安全科技进步奖一等奖等多项大奖。

企业管理 落实国家能源集团党组改革三年行动工作部署，推进本部机关改革，有效压降兼职机构57%，压减本部人员编制20%。积极稳妥推进流域上、中、下游片区运行管理整合，成立碳资产管理中心、光伏项目建管中心、小型基建项目建管中心等兼职机构，集中专业资源破解发展难题。深化三项制度改革，创新构建了首席专家、首席工程师、首席技师“三位一体”技术人才选评体系，全面打通技术人才培养造就通道。健全制度体系，编制权责指引手册和授权放权清单，完成制度“废改立”。持续推进创一流工作，本部和瀑电总厂分别获评国家能源集团创一流管理提升标杆企业和标杆项目称号。配合国家能源集团专项审计、国资委内控等检查并推进问题整改，健全内部审计、风险管理、内部控制和违规经营追责管理制度，构建了更加科学的四级采购决策体系，依法经营、规范管理水平不断提升。

帮扶工作　坚持把帮扶责任靠紧压实，健全完善组织机构，配齐配强新一批挂职干部，深入开展乡村振兴“高、优、好、美”“奋进十四五”党员示范岗创建，安排投入超5000万元，推动普格县18个帮扶项目和大渡河流域沿岸30个帮扶项目落实，乡村振兴实现良好开局。在助力普格县实现脱贫摘帽、获得全国脱贫攻坚先进集体的基础上，保持标准、接续奋斗，有序推进普格县乡村振兴工作，2021年度帮扶任务全面高标准落实落地，得到地方政府和百姓的高度认可，国家能源大渡河帮扶品牌形象深入人心。

主要事件

4月25日，大渡河公司实施教育扶贫、产业扶贫、基础设施扶贫、技能培训扶贫、党建扶贫等“五大扶贫工程”，助力四川凉山州普格县实现脱贫摘帽，被党中央、国务院评为“全国脱贫攻坚先进集体”。同时，3名扶贫挂职干部荣获地方政府表彰。

5月28日，大渡河公司联合电规总院、中建西南院、华为公司与阿坝州政府签署“千万千瓦综合能源试点基地”项目战略合作备忘录，启动大渡河上游千万千瓦级清洁能源基地建设。以水、风、光等能源综合开发，共同推进阿坝州能源结构调整、产业结构优化升级，助力地方经济高质量发展和碳达峰、碳中和实现。

10月11日，水灾害智能防控、智能巡检、梯级水电竞价关键技术等科技创新成果被鉴定为国际领先或国内领先水平，3个项目分获国家能源集团2021年度科技进步奖一、二、三等奖，“能源行业智能安全管控平台”荣获2021年第三届中国工业互联网大赛能源行业三等奖，建成全国首批、国家能源集团首个企业数字档案室。

10月20日，双江口公司股权由大渡河公司参股22.93%增持为控股62.83%，正式纳入国家能源集团管控体系，标志着国家能源集团全面接管大渡河流域龙头控制性水库、世界第一高坝双江口水电站，有力增强大渡河公司对全流域的控制和调节能力。

11月30日，践行碳达峰、碳中和目标，加快大渡河水电开发建设，拓展新能源发电产业，双江口电站大坝填筑至2240m高程，金川电站实现导流洞过流，枕头坝二级、沙坪一级水电站开工建设，老鹰岩一、二级水电站具备核准条件，流域首个分布式光伏项目在金川投产发电。

12月6日，猴子岩水电站荣获国家优质工程金奖。猴子岩水电站采用地下洞室群厂房方案，具有世界迄今为止最狭窄的超高面板堆石坝，也是强地震区世界最高的面板堆石坝。

12月26日，自1971年12月26日，龚嘴水电站第一台机组投产发电以来，龚电总厂安全稳定高效发电50周年。50年来，累计发电2376亿kWh。

12月30日，大渡河公司党委组织学习研讨、专题宣讲和讲党课、红色教育，开展庆祝建党百年系列活动，深入学习贯彻习近平总书记“七一”重要讲话精神、党的十九届六中全会精神，落实“我为群众办实事”277项。中央党史学习教育简报2次刊载了大渡河公司经验做法，荣获四川省国资系统庆祝建党百年活动优秀企业。

12月31日，贯彻落实国家能源集团2021年安全环保工作会议精神，树牢安全发展理念，强化底线红线意识，实现连续安全生产纪录超5900天，完成安全“三零”目标，连续五年荣获“四川电力企业安全监管同业对标”第一名。

（赵　影）

【国电电力发展股份有限公司】

公司概况　国电电力发展股份有限公司（简称国电电力，股票代码600795）是国家能源集团控股的核心电力上市公司和常规能源发电业务的整合平台，产业涉及火电、水电、风电、光伏发电、煤炭等领域，分布在全国28个省、市、自治区，为全国第二大电力上市公司。截至2021年底，资产总额3979.09亿元，总股本178.36亿股，控股装机容量9980.85万kW，控制煤炭资源储量26.9亿t，员工总数42374人。

国电电力前身为大连东北热电有限公司，于1992年12月在大连成立，1997年3月在A股上市，2000年1月重组为国电电力发展股份有限公司。2002年12月，国电电力划归原国电集团控股管理。2017年11月国家能源集团成立后，国电电力成为国家能源集团常规能源发电业务整合平台。

多年来，国电电力荣获中国上市公司金牛基业长青奖、新财富最佳上市公司、中国上市公司百强、最受投资者尊重的上市公司、全景投资者关系金奖等资本市场重要奖项；荣获全国“五一”劳动奖状、全国文明单位、全国电力行业优秀企业、全国电力行业党建品牌影响力企业等荣誉称号，2021年《财富》中国500强位列第89名。

领导班子

总经理、党委副书记：贾彦兵

党委书记、副总经理：罗梅健

党委副书记、工会主席：刘焱

党委委员、副总经理：张国林

党委委员、纪委书记：云天宝

党委委员、副总经理、董事会秘书：田景奇

党委委员、副总经理：耿育、杨富锁

组织机构　设置本部职能部门18个，中心1个，拥有子分公司 78 家，参股企业 22 家。

党建工作 建立完善“第一议题”制度，及时跟进学习习近平总书记视察榆林化工重要讲话、党的十九届六中全会精神等内容 48 项，制定贯彻落实措施 121 项，以实际行动坚定捍卫“两个确立”，坚决做到“两个维护”。开展党史学习教育，制定“四维铸魂、七百增色”党史学习教育行动方案，“‘百年筑梦’情境式党课”荣获国家能源集团优秀党课案例。深入推进“三项工程”建设，提升“三基”工作质量，公司党委被评为中央企业先进基层党组织。一体推进“三不腐”机制建设，建立健全“大监督”体系，开展党委巡察，提前半年实现巡察全覆盖。组织开展“强党性、崇制度、有作为”主题教育，强化党风廉政教育，严肃执纪问责，狠抓作风建设，常态化推进“六项从严查处”，深化“机关病”整治，服务基层意识和能力有效增强。推进和谐企业建设，强化宣传舆论引导和信访维稳，开展“我为群众办实事”活动，引领立足岗位建功立业，职工的幸福感和获得感不断提升。

企业战略 贯彻落实国家能源集团战略部署，结合自身发展实际，明确了新形势下的战略定位：打造国家能源集团“常规电力能源转型排头兵、新能源发展主力军、世界一流企业建设引领者”。确立了“围绕一个目标、强化两个保障、加快两个转型、做优三个市场、提升六个能力”的基本思路，全力推进各项工作落实落地。

“围绕一个目标”，即建设具有全球竞争力的世界一流电力公司。“强化两个保障”，即强化党的建设、安全环保两个保障，确保公司始终沿着正确的方向稳步前行。“加快两个转型”，即加快绿色转型、数字转型，不断提升公司绿色发展和智慧运营水平。做优“三个市场”，即做优做强电力市场、热力市场和煤炭市场，不断巩固拓展企业盈利空间。“提升六个能力”，即提升战略落实能力、组织领导能力、机遇把控能力、资源整合能力、价值创造能力和变革创新能力，不断增强公司的经营发展实力和品牌影响力。

安全生产 吸收借鉴所属各单位成功经验和优秀做法，逐步建立统一完善的安全管理体系，修订组织管理、风险管理、承包商管理等 22 项安全管理制度，建立国电电力安全监理中心，推动安全监理和远程视频监控两个“全覆盖”。组织开展保安电源、氢气泄漏等 13 项专项隐患排查治理，完成全年检修任务，实施设备集中整治，机组可靠性有效增强，大同 5 号机、三河 1 号机等 10 台火电机组荣获“2020 年度全国发电机组可靠性标杆机组”称号。

经营管理 紧盯市场、成本、经济运行三个关键环节，加强精细管理，深化协同管控，持续提升资产创效能力，实现经营业绩稳定增长。紧抓国家电价改革重要契机，推动电价上浮。全年平均上网电价 361.34 元/MWh，同比增加 28.34 元/MWh。抓实“燃料、生产、资金”三个成本管控关键要素，持续打造低成本优势。全年入炉标准煤单价完成 900.42 元/t，入厂、入炉标煤单价差 6.59 元/t，同比减少 9.33 元/t，节约厂间费用约 11.22 亿元；火电平均供电煤耗 295.47g/kWh，同比下降 2.61g/kWh；发电厂用电率 4.03%，同比下降 0.01 个百分点；低利率发行碳中和债等债券 222.3 亿元，累计置换高息贷款 282.49 亿元，节约财务费用 5.48 亿元。全面强化治亏提效，“一企一策”制订扭亏治亏措施。完成资本运作，“金秋项目”按时完成交割，装机容量净增加 1536.06 万 kWh。完成 40 亿元股份回购并注销，国家能源集团持股比例由 46.09%提升至 50.78%。

科技创新 持续强化创新驱动，加大核心技术攻关力度，多个国内“首套、首个”科技项目落地。国内首套芯片级全国产化自主可控智能分散控制系统“岸石”首次在布连电厂成功应用，国内首套燃煤电厂 CO_2 化学链矿化利用工程在大同公司开工建设。全年获授权专利 147 项，获评中国电力科学技术奖 4 项、电力创新奖 8 项、中国电力技术市场协会“金苹果”技术成果 3 项。

国际合作 克服新冠肺炎疫情的不利影响，坚定落实“不再新建境外煤电项目”要求，按照绿色低碳、差异创新、生态共生的国际化发展理念，在东南亚、南亚、中亚、拉美等重点区域，积极开展境外项目并购和绿地投标。

节能减排 深入贯彻落实习近平生态文明思想，立足新发展阶段、贯彻新发展理念、构建新发展格局，持续优化产业布局，加快推进煤电综合能源转型和升级改造，绿色低碳转型发展取得实效。抢抓“十四五”重要战略机遇期，全体动员、全线推进可再生能源项目开发，象山一期 25.42 万 kW 项目全容量投产，风电、光伏、水电等非化石能源权益装机占比超过三分之一。推进综合能源转型，利用火电企业区位、资源和人才优势，编制专门方案，成立组织机构，确定“1511”目标及 6 条实施路径，宁海电厂优化“火电 +”综合能源服务“七联供”项目全面贯通，陈家港公司“综合能源基地一体化建设”纳入响水县综合能源和热电联产规划。持续强化节能环保改造，全年累计完成大同 9 号机等 7 台机组深度调峰、通流提效等改造，供电煤耗完成 295.47g/kWh，同比降低 2.61g/kWh。

信息（数字）化建设 推进数字化转型，赋能业务升级。强化数字化基础建设，搭建本部大数据平台、报表平台、开发平台，完成 11 家试点单位广域网升级改造和数据同步调度系统建设，其中 5 家单位完成数据贯通。落实智能矿山“5 个 100%”目标要求，察哈素煤矿所有综采工作面和选煤厂实现智能化升级。加快智慧新能源企业建设，宁夏新能源智能发电平台、宁波风电“风电理论发电量平衡分析管控模型”双获电力科技成果一等奖。

工会工作 深入开展党史学习教育“我为群众办实事”实践活动，制定《党史学习教育“我为群众办实事”实践活动实施方案》，围绕“为人民群众办实事”和“为职工办实事”两个层面，梳理提炼“五四七六”办实事清单，全面推进76项、162件实事落实落地。培育践行社会主义核心价值观，举办纪念建党100周年职工文化艺术节等系列活动，推动职工文化深度融合。开展“国家能源杯”“两赛”活动，助推中心工作高质量发展。开展“四史”教育、劳模宣讲等主题活动，8名职工当选国家能源集团劳动模范，两名职工获评国家能源集团“最美家庭”称号。

主要事件

1月5日，国电电力通过全国文明单位复查确认，连续四届保持全国文明单位荣誉称号。

3月25日，国电电力发行首支碳中和绿色中期票据，债券发行金额8.4亿元，票面利率为3.45%，期限三年，募集资金将全部用于绿色低碳（风电）项目发展建设。

6月28日，国电电力党委被国资委党委授予“中央企业先进基层党组织”称号。

7月27日，国电电力召开2021年年中工作会议，明确打造国家能源集团“常规电力能源转型排头兵、新能源发展主力军、世界一流企业建设引领者”的战略定位。

8月12日，国电电力召开传统企业新能源发展工作会，进一步明确持续推进“场站式”项目开发，全力做好县域分布式光伏开发，加大并购工作力度，打造全员参与模式，全面推进传统企业实现转型升级。

8月19日，国内首套芯片级全国产化自主可控智能分散控制系统“岸石”首次在国电建投内蒙古能源有限公司布连电厂2号机组应用。

9月1日，国电电力召开经理层成员任期制和契约化管理专题推进会，全面启动经理层成员任期制和契约化管理。

9月17日，国电电力完成回购股份注销工作，合计注销18.15亿股，总股本由196.50亿股降至178.36亿股，国家能源集团持股比例由46.09%提升至50.78%。

9月26日，国电电力与国家能源集团资产置换完成交割。置换后新增装机容量1566.06万kW，填补了国电电力在山东、江西、福建、广东、海南、湖南等6省常规能源发电空白。

10月28日，国内首套燃煤电厂二氧化碳化学链矿化利用工程在国电电力大同发电有限责任公司正式开工建设。该项目是目前国内规模最大的千吨级煤电二氧化碳矿化利用工业示范装置。

11月30日，国电电力内蒙古新能源开发有限公司白音提布25万kW光储电站首条集电线路送电成功，标志着国家能源集团首个利用采煤沉陷区建成的生态治理光伏项目并网发电。

12月15日，三河发电有限责任公司“河北省燃煤电站污染防治技术创新中心”通过省科技厅建设验收，该平台是国电电力首个正式建成的省级研发平台。

12月23日，国电象山海上风电有限公司象山1号一期25.42万kW海上风电项目全容量投运，国电电力在浙海上风电投产装机容量达到50.62万kW。

12月27日，国电电力双维内蒙古上海庙能源有限公司（国家能源集团内蒙古上海庙发电有限公司）1号机组通过168h试运，标志着国内最大在建火电项目首台百万千瓦火电机组正式投产发电。

12月31日，国电电力与浙江正泰新能源开发有限公司举行耀阳项目股权转让线上签约仪式。该项目容量512.05MW，含201个分布式光伏电站，分布在浙江、江苏、上海、山东等9个省（区、市）。

（孙博格）

【国神公司】

公司概况 国神公司是国源电力有限公司（资产隶属国家能源集团）和神东电力有限责任公司（资产隶属神华集团有限责任公司，简称神华集团）的统称。2012年12月底，神华集团对两公司进行管理整合，实行“一个党委、两个公司、一体化运营”管理模式，是一家跨区域煤电一体化能源企业。

国神公司管理运营电厂13家，其中火电机组34台1507.4万kW（循环流化床发电机组12台259.4万kW）、风电52.9万kW、光伏26万kW，在建火电项目1个132万kW（准东电厂）；管理运营煤矿9座，其中生产矿井8座（井工矿6座、露天矿2座），在建矿井1座（准东二矿），总产能7300万t/年。资产总额1042.28亿元，资产负债率41.28%。

2021年，国神公司发电量完成755.2亿kWh，超国家能源集团考核目标117.1亿kWh，同比增长24.07%；煤炭产量完成5291万t，超国家能源集团考核目标701万t，同比增长10.26%；商品煤销量完成5746万t，超国家能源集团考核目标496万t，同比增长10.84%。利润完成60.95亿元，超国家能源集团考核目标23.92亿元，同比增加20.97亿元；资产负债率完成47.44%，较国家能源集团考核目标降低3.03个百分点，同比降低2.01个百分点。新能源开发完成170万kW、开工35万kW、投产25万kW。

领导班子

党委书记、董事长：徐晓惠

党委副书记、总经理：王治禄

党委委员、副总经理：徐建杰

党委委员、纪委书记：周延滨

党委委员、总会计师：周铁军

党委委员、副总经理：邬京忠

党委委员、副总经理、工会主席：辜嫦

党委委员、副总经理：白继亮、邵水才

组织机构 截至 2021 年底，国神公司在全国 9 个省（市）、自治区，管理全资和控股子（分）公司 31 家。本部设有 16 个职能部门，3 个直属中心。在册员工 10094 人。

党的建设 把握新时代党的建设总要求，以国家能源集团“十四五”时期党的建设目标和八个“牢牢把握”为着力方向，深入实施党建“五大工程”，开展党史学习教育，做实做细“我为群众办实事”实践活动，广泛开展“社会主义是干出来的”岗位建功行动，完成“国家能源杯”绿色发展劳动竞赛和智能建设技能大赛，党政工团齐抓共管，同向发力，全面引领保障各项任务目标完成。紧扣全面从严治党总体要求，严格落实关于加强对“一把手”和领导班子监督的意见，贯通协同“两个责任”，一体推进“三不”机制建设，持续深化国家能源集团党组巡视整改，开展政治巡察。履行社会责任，巩固脱贫攻坚成果，解决少数民族地区、贫困地区劳动力就业 900 余人，消费帮扶 569 万元，对外捐赠 1140 万元。

企业战略 国神公司是国家能源集团下属“以煤电一体化为主体，循环流化床、新能源为两翼”的综合性能源企业，秉承“为社会赋能，为经济助力”的企业宗旨，依托国家能源集团一体化产业链，全面落实“创新、协调、绿色、开放、共享”发展理念和“四个革命、一个合作”能源安全新战略，大力推动能源清洁转化、高效利用、安全保供、高质量发展。瞄准建设世界一流能源企业目标，统筹推进“11456”工作方略和“一体两翼”新发展格局。

“11456”工作方略：即：聚焦高质量发展“一个主题”，贯穿深化供给侧结构性改革“一条主线”，突出安全高效、提质增效、降本提效、创新创效“四个抓手”，坚持全面推进煤电一体化、全面转型发展新能源、全面实施创新驱动战略、全面推进对标提升行动、全面推进从严治党“五个全面”，着力实现资产质量、绿色发展、科学管理、治理效能、科技创新、党建质量“六个新提升”，加快建设世界一流能源企业。

人力资源 落实年轻干部工程三年行动计划，实施年轻干部培养选拔“薪火工程”，探索建立青年人才梯级队伍培养积分机制，不断优化干部队伍结构，逐步形成老、中、青合理搭配，合理配置“80 后”“90 后”青年人才的干部梯队。全面推行企业经理层成员任期制和契约化管理，所属单位全部实行经理层成员任期制和契约化管理，形成“能者上、优者奖、庸者下、劣者汰”的选人用人机制。建立完善市场化用工机制，大力推行员工公开招聘、管理人员竞争上岗、末等调整和不胜任退出等制度。开展定额定员工作，优化组织机构和岗位设置，推进员工队伍从“数量规模型”向“集约高效型”转型升级。畅通员工发展三条通道，严格落实国家能源集团职位职级体系，持续优化人才发展环境。立足新发展阶段、贯彻新发展理念、构建新发展格局，统筹推进三支队伍建设，常态化推进培训教育，引导员工树立“本领恐慌”意识，持续弘扬专业精神，自觉加强学习，做到干一行、爱一行、钻一行、精一行，增强专业能力，努力成为所在专业的“行家里手”。探索建立完善市场化薪酬分配机制，健全按业绩贡献决定薪酬的分配机制。健全以岗位价值和业绩考核紧密挂钩的内部分配制度，强化核心人才激励，实现激励与约束相统一。薪酬重点向生产一线、向苦脏累险、向关键核心人才倾斜，合理拉开收入分配差距。实行全员绩效考核，突出业绩导向，科学设置固浮比。内部收入分配结构更加优化，人工成本投入产出效率和全员劳动生产率稳步提升。

安全生产 制定领导班子成员“控风险，保安全”安全包保工作方案和责任清单，明确包保单位、工作职责和工作任务。编制《电力业务安全生产标准化建设计划》，明确相关责任和工作标准及任务，按计划有序推进安全生产标准化各项工作。将长期承包商全部纳入电厂班组管理，各级管理人员在清晨、中午、傍晚、夜间、周末、节假日六个特殊时段与外委人员同步上下班，并对外委队伍的组织建设、责任落实、教育培训、现场管控、考核奖惩、人文关怀等方面实行一体化、无差别管理。健全覆盖业主、总包、施工、分包以及监理单位，建立安全总监到一线安全员的安全监督网络，制定安全监督工作到岗到位标准，确保基建、技改工程安全监督到位。编制印发新能源安全管理制度，明确开工审批和现场作业标准，确保新能源项目安全投产。对高风险作业实施月度风险提示、开工安全审查、分片包保、派驻工作支持组、设立监察中心、配备摄像头和执法记录仪、双岗监护、安全管理人员跟班下班组、早会宣誓九个专项管控措施。制作 186 项“作业现场典型违章视频”“典型脚手架搭设视频”“典型检修作业视频”，采用可视化教育手段提升各级人员安全、技术水平。

经营管理 坚决落实党中央、国务院和国家能源集团党组决策部署，勇担能源保供重任，第一时间成立能源保供工作领导小组，建立 5 个工作专班，制定

7个方面27项具体措施。合理调配一体化单位产耗销存量，确保厂矿运营步调一致，运营机组应启尽启，提前52天完成全年电量任务。

开展成本管控专项行动，制定降低物资采购成本、优化燃烧结构等六项攻坚举措，贯通降本节支“造血点”，电热单位完全成本（剔除燃料费）同比降低2.3元/MWh，吨煤完全成本（剔除资源税）同比降低0.34元/t，可控成本压降1.05亿元。一厂一策推进燃料掺烧，节约成本2.22亿元。强化资金创效，置换高利率贷款59.8亿元，带息负债余额较年初减少10.54亿元，综合资金成本率下降0.24%，全年节约财务费用1.45亿元。充分利用财税优惠政策，获取税收减免6.11亿元，保供缓交税款9.87亿元，综合税负率同比降低0.7%。

破解历史难题，解决各类潜在非经营性损失10.49亿元，处置低效无效资产6.39亿元。彻底解决黄玉川煤矿股东8年委贷利息1.81亿元及陈欠电费1.3亿元，回收长期欠款1.78亿元。国资委和国家能源集团督导的5家重点亏损企业中，地勘公司、深圳核电公司实现扭亏为盈，白马电厂、宝清煤电化公司大幅减亏，青海低碳公司完成注销。

科技创新 牵头负责承担的国家重点研发计划项目“超超临界循环流化床锅炉技术研发与示范”项目完成阶段验收，国家重点研发计划示范工程“黄玉川煤矿矿井突水水源快速识别及导水通道精细定位关键技术开发与示范”通过验收。完成发电企业机器人智能巡检示范建设和成果总结，在10家单位开展推广应用。荣获行业科技进步奖二等奖1项、三等奖1项、国家能源集团科技进步奖一等奖1项、二等奖1项、三等奖3项。国家知识产权局累计受理国神集团专利155项（发明专利55项），其中取得授权129项（发明专利27项）。开展群众性创新工作，奖励科技创新成果59项241万元。

节能减排 国神公司运营火电机组全部实现超低排放，污染物排放小时均值超标数量下降56.9%。5家电厂完成煤场封闭管理，2家煤矿生活污水处理站投入使用。烟尘、二氧化硫和氮氧化物排放绩效同比降低32.46%、28.21%和23.52%。矿区生态林投入3280万元，生态恢复3862.9亩。三道沟煤矿采空区生态环境治理示范区被地方和国家能源集团列为生态建设典型项目。6座煤矿列入国家级、省级绿色矿山名录。

市场建设 适应电力市场化改革形势，协调地方政府，落实电价热价政策，实现交易电价顶格上浮。哈郑直流配套电源电价调增22.8元/MWh，解决了花园电厂六年电价未调增的难题，增利6800万元。亿利、白马、店塔等8家电厂月度交易电价上浮均超20%，增收4.93亿元。和丰、大南湖电厂争取重庆援疆电量13.6亿kWh，较疆内大用户电价提高26.2元/MWh，增利3563万元。火电利用小时较国家能源集团平均值高151h，市场占有率109.5%。花园、府谷7家电厂发电量创建厂以来最高纪录。两个细则、深度调峰、启停调峰等收入同比增利1.17亿元。开展4期营销培训，在国家能源集团电力交易技能大赛中荣获团体一等奖和五个单项奖。

信息（数字）化建设 发布国家能源公司网络安全管理规范，建立网络安全月报机制，推进常态化网络安全检，完成2021年国家级网络安全实战攻防演练。建立国神公司智能工作台和数据中台，着力打造以“智能工作台”为核心、用户可定制界面的办公枢纽和数据集中展现平台，以“数据中台”为核心的数据集中存储、处理和服务平台，形成了具有国神公司煤电一体化管理特色的数据治理体系。智能工作台取得国家版权局软件著作权登记，并获国神公司奖励金项目二等奖和科技进步三等奖。应用新型IT架构模式，持续提升数字化转型服务支撑能力。推进应用系统改造上云步伐，完成了基于应用容器云平台的集群化应用无感知维护，实现首次系统维护时业务不暂停。完成移动应用平台整体方案，开展移动应用相关建设。组织参加国家能源集团ERP技能操作大赛和创新创效大赛，5名选手获国家能源集团单模块个人前十名，3个项目入选创新创效大赛决赛，1个项目获总决赛三等奖，1个项目获最佳人气方案奖。完成国家能源集团电力省公司一体化运营管控系统推广夺旗上线工作。国家能源公司2021年网信工作水平获集团A级评价，在国家能源集团76家单位中排名第6。

工会工作 召开国家能源公司第一次会员代表大会，选举产生国家能源公司新一届工会委员会、经费审查委员会和女职工委员会。召开国家能源公司二届二次职工代表大会，补选职工代表11名，完成28件提案征集、审核和答复。开展“我为群众办实事”实践活动，切实解决职工关心的热点、难点问题。开展“国家能源杯”劳动和技能竞赛，提升职工专业技能和职业素养。开展1期工会干部培训，组织劳模疗休养和劳模座谈会，做好困难帮扶和“送温暖”工作。

主要事件

1月25日，国神公司被国家能源集团授予“2020年度经营业绩考核先进单位”荣誉称号。

1月，国神公司发电量完成100.25亿kWh，商品煤产量完成513.66万t，商品煤销量完成576.07万t。

1～3月，国神公司发电量完成258.32亿kWh，同比增长23.7%；商品煤产量完成1355.27万t，同比增长3.1%；商品煤销量完成1502.22万t，同比增长7.5%；一体化出区完成461.61万t，较国家能源集团计划超23.61万t。

4月29日，国神公司团委荣获“中央企业五四红旗团委”荣誉称号。

5月12日，国神公司首个煤矿塌陷区分布式光伏项目——灵州电厂任家庄煤矿塌陷区分布式光伏一、二期共11.96MW项目全部取得灵武市发展改革委备案。

5月29日，人民网刊发了来自国神公司的新闻报道《国神公司党史学习教育促企业发展见行见效》。

截至6月15日，国神公司发电量年累计完成320.67亿kWh，完成年度计划（638.2亿kWh）的50.33%，同比增长22.3%；商品煤产量年累计完成2297.82万t，完成年度计划（4590万t）的50.06%，同比增长6.7%。发电量、商品煤产量提前15天实现“硬过半”。

6月28日，国神公司荣获国家能源集团“社会主义是干出来的”岗位建功行动先进集体和先进个人，府谷电厂被授予“社会主义是干出来的”岗位建功行动先进集体荣誉。

7月8日，《人民日报》刊发了国神公司党委书记、董事长徐晓惠署名文章《赓续红色血脉　坚定初心使命》。

7月28日，国神公司获得国家能源集团2020年度优秀研究成果“一等奖”。

截至8月3日，国神公司风电、光伏新能源项目累计完成发电量10.17亿kWh，超年度计划时间进度1.66亿kWh，同比增长15%。

8月20日，国神公司首个分布式光伏项目——鄂温克电厂分布式光伏项目正式开工建设。

10月13日，国神公司管理创新论文《创建“一体两翼”世界一流能源企业战略路径实践》在2021年全国电力企业管理创新论文大赛中荣获一等奖。

10月20日，国神公司荣获“国家能源杯”智能建设电力交易技能竞赛团体一等奖。

11月10日0:00，国神公司年累发电量完成637.67亿kWh，超年计划时间进度90.72亿kWh，提前52天完成国家能源集团下达的全年计划。

11月25日11:56，国神公司哈密煤电公司分布式光伏项目首个方阵并网发电。

12月20日，国神公司和丰电厂厂区分布式光伏项目全容量并网发电。

12月29日，国神公司企业文化成果“文化引领擘画煤电一体最大同心圆”荣获2020—2021年度全国企业文化优秀成果一等奖。

（任家兴）

中国核工业集团有限公司

【公司概况】 中国核工业集团有限公司（简称中核集团）是经国务院批准组建、中央直接管理的国有重要骨干企业，是国家核科技工业的主体、核能发展与核电建设的中坚、核技术应用的骨干，拥有完整的核科技工业体系，肩负着国防建设和国民经济与社会发展的双重历史使命。

中国核工业发展始于1955年，中核集团前身为第三机械工业部、第二机械工业部、核工业部、中国核工业总公司。1999年7月，在原中国核工业总公司的基础上组建了中国核工业集团公司。自2013年起，中核集团组建董事会，并建立了与董事会相配套的经营管理体制机制。2017年12月，中核集团名称变更为中国核工业集团有限公司，企业类型由全民所有制变更为有限责任公司（国有独资）。2018年1月，经中央批准，中核集团与中核建设集团实施战略重组。新的中核集团注册资本金595亿元。截至2021年末，从业人员人数18.25万人。

中核集团主要在核电、核燃料循环、核技术应用、核环保工程等领域从事科研开发、设计、建造和生产经营，以及对外经济合作和进出口业务，是国内投运核电和在建核电的主要投资方、核电技术开发主体、最重要的核电设计及总承包商、核电运行技术服务商和核电出口商，是国内核燃料循环专营供应商、核环保工程的专业力量和核技术应用的骨干，是国家核工程建设的龙头企业。

中核集团是中国核科技的开拓者，先后创造了“中国第一颗原子弹爆炸成功”“中国第一颗氢弹爆炸成功”“中国第一艘核潜艇成功下水”“中国第一座自行设计建造核电站——秦山核电站并网发电”“中国自主知识产权三代核电技术——华龙一号全球首堆开工建造”“中国自主研发的第一座快中子反应堆”等多项“新中国第一”；积极拓展核能应用范围，自主研发了多用途模块式小型反应堆（玲龙一号）、“燕龙”泳池式低温供热堆等多种堆型和中国环流器二号A核聚变研究装置；拥有极少数国家才具备的完整核科技工业体系；是中国核能发展与核电建设的主力军，自北向南建成田湾、秦山、三门、福清、昌江五大核电基地；是中国唯一的专营核燃料生产商、供应商和服务商，研制成功中国首个大型商用压水堆先进燃料元件CF3，满足核能系列化、型谱化需求；是铀地质矿冶的国家队和主力军，建成新疆、内蒙古两大地浸采铀绿色矿山；是国家核工程建设的龙头，连续30余年不间断从事核电建造，涵盖世界上几乎所有核电主流及科研堆型；是核环保产业的国家队，建成大型核设施退役和放射性废物治理基地；是国内最大的核技术应用企业，具备国内 80%的研发生产能力，核医学药物在中国市场的供应量达到 70%以上；是中国唯一并且实现批量出口核电站的企业，向巴基斯坦出口 7 台核电机组。

【领导班子】

董事长、党组书记：余剑锋

总经理、党组副书记：顾军

董事、党组副书记：李清堂

副总经理、党组成员：曹述栋

纪检监察组组长、党组成员：王杰之

副总经理、党组成员：马文军、申彦锋、刘敬

党组成员、总会计师：王学军

【组织机构】 见 2021 年中核集团组织机构图。

【安全生产】 2021 年，全年核设施运行状况良好，处于安全受控状态，核设施流出物排放低于或远低于国家批准的限值，核设施周围辐射环境水平处于本底涨落范围，核与辐射安全保持良好纪录。

2021 年，中核集团持续提升电力运行可靠性，旗下电厂保持安全稳定运行，保持了高质量的运行水平。从核电情况看，一是全年新增核电运行机组 2 台（福清 5 号机组、田湾 6 号机组），全年核能发电 1739.76 亿万 kWh，克服疫情超额完成全年发电目标，同比增长 16.80%，发电机组平均利用小时超过 7800h，保持了较高的发电水平；二是全年核电机组累计完成 16 次大修，大修进展按计划推进；三是所有核电站未发生国际核事件分级表（INES）一级及以上事件，核安全保持良好纪录，非计划紧急停机停堆事件数量与 2020 年同期相比大幅降低。2021 年，纳入评价范围的 22 台运行机组 WANO 综合指数平均值 99.51，较 2020 年提升 1.7 分；19 台机组 WANO 综合指数满分，整体运行指标国内领先，处于世界先进核电公司第一梯队行列。

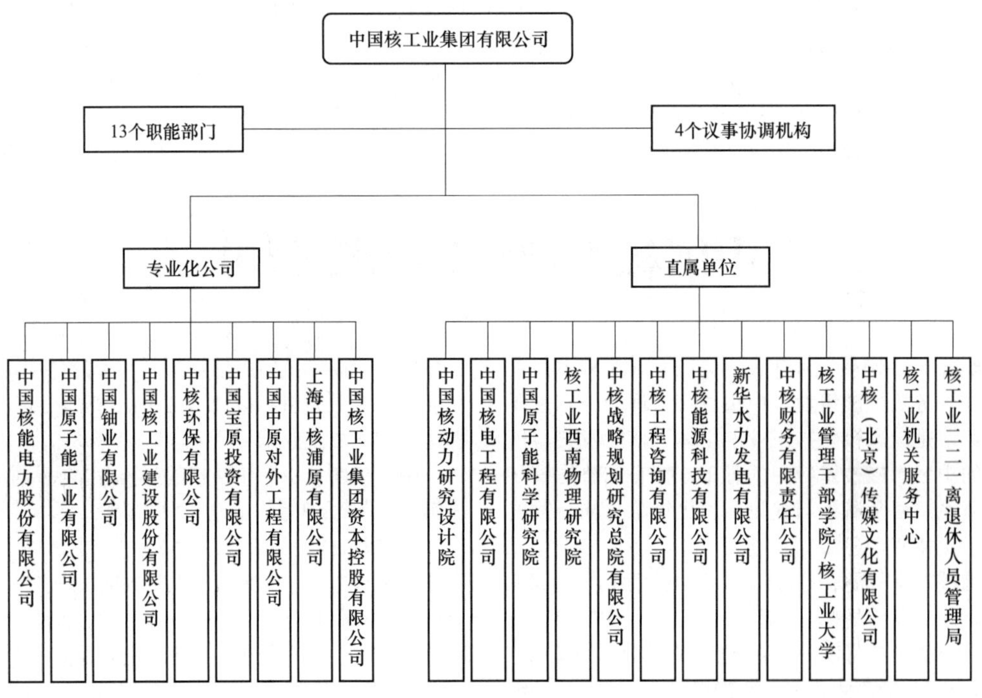

2021 年中核集团组织机构图

【经营管理】 截至 2021 年末，中核集团可控发电装机容量 3850.36 万 kW，其中核电 2254.9 万 kW、水电 286.82 万 kW、风电 312.40 万 kW、太阳能 996.23 万 kW。2021 年净新增装机容量 806.79 万 kW，其中核电新增 231.90 万 kW、水电新增 87.89 万 kW、风电新增 85.21 万 kW、光伏新增 404.19 万 kW，另有 2.4 万 kW 生物质能破产清算出表，控股装机容量正在逐步增长中。

2021 年全年实现发电量 1976.19 亿 kWh，其中核能发电 1739.76 亿万 kWh，水电及新能源等发电 236.41 亿 kWh。截至 2021 年底，中核集团所有电源装机全部为清洁能源，相当于减少标准煤消耗 5977.90 万 t，减排二氧化碳 15662.10 万 t，减排二氧化硫 50.81 万 t，减排氮氧化物 44.24 万 t，相当于造林约 53.64 万 hm^2，社会效益和环境效益优势明显，为中国碳达峰、碳中和做出积极贡献。

中核集团电力相关业务主要集中于所属单位中国核能电力股份有限公司（简称中国核电）和新华水力

发电有限公司（简称新华发电）。截至 2021 年末，中国核电在运核电机组 24 台，在运装机容量 2254.9 万 kW，在建核电机组 8 台，在建装机容量 744.9 万 kW，年平均利用小时超过 7800h。2021 年，中核集团在建核电项目总体进展顺利，取得福清 5 号、田湾 6 号投运，田湾 7 号和徐大堡 3 号 FCD 等多个重大里程碑节点。

2021 年，中核集团获得多项殊荣，2020 年度中央企业负责人经营业绩考核 A 级，已连续 16 年获评 A 级，世界 500 强排名 371 位，较 2020 年大幅上升 122 位。全年核设施运行状况良好，处于安全受控状态，核设施流出物排放低于或远低于国家批准的限值，核设施周围辐射环境水平处于本底涨落范围，核与辐射安全保持良好纪录。

【电力建设】截至 2021 年底，中核集团在建核电机组 8 台，分别为福建福清核电 6 号机组、江苏田湾 7 号机组、福建漳州 1/2 号、霞浦 1/2 号机组、徐大堡 3 号机组、海南小堆。2021 年全年，中核集团在建核电机组安全、质量、投资、进度等四大控制均受控。

【科技创新】 中核集团持续加大发电领域科技创新，2021 年度中核集团持续深入贯彻创新驱动发展战略，在加快建设创新型集团方面做了一系列卓有成效的工作。一是立足国家战略，全面承接国家、部委科技需求，对标国际国内标杆，统筹谋划中核集团“十四五”科技发展规划和核科技中长期发展规划。二是深入推动中核集团“创新 2030 工程方案”实施，建立覆盖九大领域的型谱技术体系，与世界先进水平精准对标，发布共性基础技术体系，全面推进型号（产品）和基础技术攻关，形成重大科技项目初步策划方案和推进措施。三是“小核心、大协作”协同创新体系不断提质增效，以中核集团为主体组建创新联合体，以国内高校、科研院所和国际研究机构为两翼的“一体两翼”科技创新模式初步形成。

2021 年，中核集团获得科技奖励近 80 项，获得各类知识产权超过 600 件，在产业领域得到具体应用，在系统集成、智能运维以及节能降耗方面取得效果。

【国际业务】

1. 国际市场开拓

截至 2021 年底，中核集团暂无境外装机，中核集团下属中国中原对外工程有限公司、中国核能电力股份有限公司、中国核工业建设股份有限公司等单位通过承揽境外核电、风光电等业务，积极拓展海外市场和业务。

中核集团旗下中国中原公司在疫情防控的巨大压力和国际化经营不确定性因素增多的背景下，奋力完成国际化经营指标，累计完成海外新签合同 40.95 亿元，同比增长 211.15%，其中运维服务 8.14 亿元，出口贸易 32.81 亿元；累计完成海外收入 83.00 亿元，其中境外工程收入 46.69 亿元，运维服务 3.50 亿元，出口贸易 32.81 亿元。在 ENR 全球最大 250 家国际承包商中的排名上升至第 55 位，较 2020 年上升 8 位，实现“十四五”良好开局。

截至 2021 年底，中国中原设立南亚、南美、中东欧、东盟 4 个区域总部和 10 个代表处，拥有 1 家境外子公司——中核集团中东有限公司，市场布局实现全球重点区域和重点项目全覆盖。

另外，中国核建在电力行业的国际业务中承担电力工程的土建和安装施工，工程承包的主要电源类型包括核电、风电和太阳能，分布在巴基斯坦、越南、格鲁吉亚和阿布扎比等国家。目前涉及境外电力工程的办事机构有 7 个，分布在巴基斯坦、英国、越南、格鲁吉亚、阿布扎比、东帝汶、泰国等国。

2. 参与国际交流

（1）参与国际标准制定情况。2021 年 8 月，中国核电旗下成员公司秦山核电主导编制的《傅里叶红外光谱法测量重水浓度》国际标准发布。

中核工程在 2021 年完成一项 IEC 62397《核电厂安全重要仪表-电阻式温度传感器》标准制定的立项工作。该项是中核工程成立以来首个立项的国际标准，全面提升了中核工程参与国际化标准制定水平。

中核五公司主编的国际标准《核电厂结构模块安装技术标准》于 3 月 6 日通过 ISO 官网投票立项成功，成为全球首个核能建安领域立项的国际标准。10 月 12 日，全国核能标准化技术委员会（SAC/TC58）秘书处召开 ISO AWI 3579《核电厂结构模块安装技术标准》草案内部专家评审通过。

（2）参加国际会议及会展情况。中国中原代表中核集团参加了第 5 届中国—阿拉伯国家博览会、第 18 届中国—东盟博览会、2020 迪拜世博会、青岛一带一路能源部长会议、2021 碳达峰碳中和烟台论坛、第 4 届进博会等，推介中核集团“华龙一号”“玲龙一号”、高温气冷堆等先进核电技术及其他核产业链优势产品和服务。

中核工程公司组织参与了“华龙一号”科技创新成果展、2021 年第十四届中国国际核电工业展览会、第 18 届中国—东盟博览会、第二届中国核磁束聚变能大会、迪拜世博会中核集团企业日。

中国核建公司参加了东盟博览会、第二届中非经贸博览会等大型会议活动、第十二届国际基础设施投资与建设高峰论坛等大型市场营销活动。在会议期间，与中国对外承包商会、中信保、中建材及同行业间开展业务交流与推介，并与印尼相关方达成新冠检测试剂出口意向协议；获取非洲重点关注国家多个潜在项目信息；围绕区域设施联通、投融资创新、业务转型升级、碳中和驱动绿色基建等行业热点，聚焦后疫情时代，研判行业发展趋势，交流合作信息。

（3）对外签署合作协议及备忘录情况。11 月，中国核电与西屋电气有限公司、西屋电气管理（上海）有限公司签订长期战略合作框架协议，各方同意针对具体解决方案发展长期战略合作伙伴关系，以支持中国核电在机组能力因子领域、计划外能力损失因子、强迫损失率、集体辐照剂量、安全系统性能指标等领域实现提升目标。

2021 年，中国中原分别与乌克兰基辅设计院、乌克兰苏梅国立大学、中电国际、阿根廷 Varitec、巴西 MPE 等企业签署 5 份合作协议。与国家开发银行和进出口银行分别签署 C-5 项目融资合作备忘录；与巴西核电建安企业就安哥拉 3 号续建工程签署谅解备忘录；与哈萨克斯坦核电公司签署核能合作谅解备忘录。此外，积极开拓非巴运维市场，与阿联酋当地企业签署核电维修领域合作谅解备忘录。

【节能减排】中核集团强化使命担当，把推动落实生态文明建设提高到关系中华民族永续发展根本大计的战略高度，按照国资委的有关部署要求，坚持系统谋划、积极统筹推进节能减排各项工作。2021 年，中核集团万元增加值综合能耗（可比价）0.257t/万元（以标准煤），同比降低 11.74%；二氧化硫排放量 18.727 吨，同比降低 89.48%，完成 2021 年和“十四五”开局之年能源节约与生态环境保护目标。

中核集团落实国家碳达峰、碳中和发展要求，发挥清洁能源产业优势，推动国家能源结构转型调整和清洁低碳能源体系构建，助力碳达峰、碳中和。2021 年，中核集团清洁能源装机规模 3866 万 kW，同比增长 27.43%；清洁能源发电量 1975 亿 kWh，同比增长 19.41%，实现清洁能源产业规模和质量双提高。

核电安全稳定运行。核能作为一种安全高效、低碳清洁的能源，与煤炭等化石能源相比，可以大幅度减少污染物的排放，与风光等清洁能源相比，发电更加稳定。在碳中和碳达峰政策支持下，全年核电发电量 1939.76 亿 kWh，同比增长 17%。非核清洁能源产业规模大幅提升。截至 2021 年底，中核集团水电、风电、光伏、地热、生物质等清洁能源装机容量为 1609 万 kW，同比大幅增长 59.14%；非核清洁能源发电量 253 亿 kWh，同比大幅增长 41.05%。

全年清洁能源发电量相当于减少标准煤消耗 5226 万 t，减排二氧化硫 45 万 t，减排氮氧化物 38 万 t，减排二氧化碳 1.37 亿 t，造林 47hm^2。

（吴海明）

【中国核能电力股份有限公司】

公司概况 中国核能电力股份有限公司（简称中国核电）由中核集团作为控股股东，联合中国长江三峡集团有限公司、中国远洋海运集团有限公司和航天投资控股有限公司共同出资设立，总部设在北京。中国核电经营范围涵盖核电项目的开发、投资、建设、运营与管理；清洁能源项目的投资、开发；输配电项目投资、投资管理；核电运行安全技术研究及相关技术服务与咨询业务；售电等领域。2015 年 6 月 10 日，中国核电作为 A 股第 1 家纯核电企业成功上市（股票代码 601985）。

组织机构 截至 2021 年底，中国核电共有控股子公司 28 家，合营公司 1 家，参股公司 10 家。总资产约为 4096 亿元，员工总数约为 16530 人。

经营情况 中国核电在运核电机组 24 台，在运装机容量 2254.9 万 kW，在建核电机组 8 台，在建装机容量 744.9 万 kW，全年完成发电情况较好，年平均利用小时超过 7800h，为“十三五”以来最好水平。同时，中国核电控股在运新能源装机容量 806.47 万 kW，其中风电 248.3 万 kW、光伏 558.14 万 kW。

【新华水力发电有限公司】

公司概况 新华水力发电有限公司（简称新华发电）由中核集团和水利部综合事业局共同出资，兼具中央企业管理优势和水利部行业专业优势。专注清洁能源开发与运用，主要业务包括清洁能源发电、电网、供水、咨询、机电及综合开发等，努力成为综合智慧能源运营商和一体化方案提供者。

新华发电注册资本 12 亿元，资产总额 760 亿元，可控装机容量 744 万 kW，电网年供电能力达 20 亿 kWh，惠及人口 100 万；年供水量 2 亿 t，覆盖陕西省和宁夏回族自治区 220 万人及多个园区。

组织机构 新华发电共有新疆新华、湖南新华、中原新华、云南新华、宁夏公司、无锡新华、陕西新华、江河机电、新华发展、华东新华等 11 家二级单位，形成了水电、新能源发电、电网、供水及综合智慧能源等产业协同发展发布。目前，新华发电业务范围涉及新疆、湖南、云南、江苏、宁夏、陕西、江西、四川等 23 个省（区、市）。

经营情况 2021 年，新华发电全年实现营业收入 56.27 亿元，同比增长 24.71%；实现净利润 4.98 亿元，同比增长 66.56%。完成发电量 125.10 亿 kWh，同比增加 22.46%。截至 2021 年末，可控装机规模 744 万 kW。

中国长江三峡集团有限公司

【公司概况】 截至 2021 年底，中国长江三峡集团有限公司（简称中国三峡集团）拥有二级公司 35 家，现有境内从业人员 2.8 万人。资产总额 1.15 万亿元，资产负债率 51.7%，总装机规模 1.09 亿 kW，其中清洁能源装机容量 1.04 亿 kW。全球 12 大水电站中，有 5 座由中国三峡集团建设、运营、管理，截至 2021 年底，累计生产清洁电能 29469 亿 kWh。2021 年，全年完成发电量 3633 亿 kWh，实现营业收入 1365 亿元，实现利润总额 603 亿元，净利润 507 亿元，继续保持最高的国际信用评级，在中央企业年度经营业绩考核中连续 14 年获评 A 级。在党中央、国务院的坚强领导下，中国三峡集团历经近 30 年持续快速高质量发展，现已成为全球最大的水电开发运营企业和中国最大的清洁能源集团，成为国务院国资委确定的首批创建世界一流示范企业之一。

党的十八大以来，习近平总书记先后 9 次对中国三峡集团作出重要讲话指示批示，充分体现了以习近平同志为核心的党中央对中国三峡集团的高度重视、格外关怀和殷切期望，为中国三峡集团改革发展擘画了总蓝图、确立了总坐标、提供了总遵循。中国三峡集团正立足新发展阶段，完整、准确、全面贯彻新发展理念，构建新发展格局，推动高质量发展，奋力实施清洁能源和长江生态环保“两翼齐飞”，“十四五”时期将基本建成世界一流清洁能源集团和国内领先的生态环保企业，努力为实现碳达峰、碳中和目标，促进经济社会发展全面绿色转型作出更大贡献。

（李东坤）

【领导班子】

董事长、党组书记：雷鸣山

董事、总经理、党组副书记：韩君

副总经理、党组成员：王良友、范夏夏、张定明

纪检监察组组长、党组成员：陈瑞武

总会计师、党组成员：曾义

副总经理、党组成员：吕庭彦

（阳　煜）

【组织机构】 见 2021 年中国三峡集团组织机构图。

总部机构

职能部门

1 集团办公室（党组办公室、董事会办公室）
2 计划发展部
3 财务与资产管理部
4 人力资源部（党组组织部）
5 科技创新部
6 安全生产部
7 生态环保部
8 法律合规与企业管理部
9 审计部
10 党建工作部（党组宣传部）
11 党组巡视工作办公室
12 社会责任办公室

事业部

1 水电与抽水蓄能事业部（工程建设管理部）
2 新能源事业部

单设机构

工会工作部

纪检监察机构

纪检监察组

直属机构

1 战略与发展研究中心
2 投资并购中心
3 电力市场研究中心
4 国际事务中心
5 采购与物资管理中心
6 数字化管理中心
7 法务中心
8 审计中心
9 大坝安全监督管理中心
10 档案中心

分子公司

1 中国长江电力股份有限公司
2 中国三峡国际股份有限公司
三峡国际能源投资集团有限公司
3 中国三峡建工（集团）有限公司
4 中国三峡新能源（集团）股份有限公司
5 中国三峡集团综合能源分公司
湖北能源集团股份有限公司
6 长江生态环保集团有限公司
7 三峡资本控股有限责任公司
8 中国三峡集团北京分公司
长江三峡集团实业发展（北京）有限公司
9 中国水利电力对外有限公司
10 三峡财务有限责任公司
11 上海勘测设计研究院有限公司
工程造价中心
质量安全监督检查中心
12 三峡基地发展有限公司
13 长江三峡技术经济发展有限公司
14 三峡资产管理有限公司
15 三峡物资招标管理有限公司
16 中国三峡出版传媒有限公司
新闻品牌中心
17 三峡科技有限责任公司
18 集团公司西藏分公司
三峡集团西藏能源投资有限公司
19 集团公司河北分公司
集团公司河北雄安分公司
长江三峡集团雄安能源有限公司
20 集团公司上海总部
长江三峡投资管理有限公司
21 集团公司四川分公司
三峡集团四川能源投资有限公司
22 集团公司云南分公司
三峡集团云南能源投资有限公司
23 集团公司重庆分公司
三峡集团重庆能源投资有限公司
24 集团公司江苏分公司
三峡集团江苏能源投资有限公司
25 集团公司浙江分公司
三峡集团浙江能源投资有限公司
26 集团公司海南分公司
长江三峡（海南）绿色发展投资有限公司
27 集团公司福建分公司
28 集团公司广东分公司
29 集团公司青海分公司
30 集团公司内蒙古分公司
31 集团公司山西分公司
32 集团公司湖南分公司
33 集团公司贵州分公司
34 集团公司山东分公司
35 集团公司安徽分公司
36 集团公司河南分公司
37 流域枢纽运行管理中心
（三峡枢纽建设运行管理中心）
三峡工程博物馆
38 移民工作办公室
39 中共中国三峡集团党校
（中国三峡集团教育培训中心）
40 科学技术研究院
水电技术创新中心
新能源与新型电力系统工程研究中心
41 长江生态环境工程研究中心
42 中国三峡武汉科创园

2021 年中国三峡集团组织机构图

【节能减排与生态环保】

1. 加强全面节约和循环利用，持续提高能效水平

2021 年，中国三峡集团科学开展三峡、葛洲坝、向家坝、溪洛渡、白鹤滩、乌东德水电站六库联合调度，统筹协调梯级电站消落、防洪以及蓄水工作，累计节水能发电 90 余亿 kWh，水能利用提高率为 4.60%，实现水资源综合利用最大化，能源节约与循环利用成效明显。

2021 年，中国三峡集团通过实行对标管理，优选节能工艺和技术措施，能效水平不断提高，万元产值综合能耗为 0.19t/万元（以标准煤计），较 2020 年降低 9.73%；火电供电标准煤耗为 299.96g/kWh，较 2020 年降低 0.53%；万元产值二氧化碳排放（可比价）为 7.53t/万元（二氧化碳当量），较 2020 年降低 8.85%。截至 2021 年底，中国三峡集团烟气脱硫脱硝机组容量占燃煤机组比例为 100%，能耗高、污染重的落后燃煤小热电机组全部关停，单位发电量烟尘排放量显著优于全国同行业平均水平。

2. 持续优化能源结构，清洁能源装机发电量再创新高

中国三峡集团坚持生态优先、绿色发展，不断提高清洁能源发展规模，科学有序开发水电，稳步发展风电、太阳能，构建清洁低碳、安全高效的能源体系。2021 年，中国三峡集团全年新增装机容量 2150 万 kW，年内可控装机容量、清洁能源装机容量先后突破 1 亿 kW，清洁能源装机比例高达 95.76%。

2021 年中国三峡集团累计完成发电量 3633.4 亿 kWh，同比增长 10.0%，可再生能源发电量居国内第一。国内全年累计发电量 3320 亿 kWh，清洁能源占比高达 94.11%。

3. 坚持生态优先绿色发展，持续推进生态保护修复

2021 年连续第 11 年开展第 14 次三峡水库生态调度，促进四大家鱼自然繁殖规模持续提升，2021 年实现自然繁殖约 84 亿颗。持续开展增殖放流，全年放流中华鲟等长江珍稀特有鱼类 84 万余尾，有效补充自然群体资源。加强乌东德水电站集运鱼系统运行管理，实现全年集鱼 2.7 万余尾，有效减缓大坝的阻隔影响。完成特有珍稀植物迁地保护各项科研和试验工作，荷叶铁线蕨、疏花水柏枝等 1300 种长江珍稀特有或资源性植物得到有效保护。

（王鹏远）

【科技创新】中国三峡集团组织申请承担国家科技项目，获批国家级、省部级科研项目 17 项，获批财政资金近 3 亿元。其中，牵头承担“十四五”重点研发计划项目 2 项，“揭榜挂帅”项目 2 项，课题 1 项；涉及新兴能源、生态环保、人工智能等相关领域。

中国三峡集团持续推进关键核心技术攻关并大力支持攻关成果示范应用，组织申报国家能源局 2021 年度能源领域首台（套）重大技术装备项目，申报的 1000MW 混流式水轮发电机组、10MW 海上风力发电机组、国产抗台风半潜浮动式海上风力发电系统成套装备、适用于新能源电站惯量和调频支撑的兆瓦级飞轮储能系统、并网友好型风光储场站群智慧集控与运维系统、海上风电柔性直流输电成套装备等进入公示名单。

（张　丽）

【信息化建设】 2021 年，中国三峡集团实现“十四五”数字化工作良好开局。

数据驱动，提升生产经营决策智能化水平。构建三峡清洁能源工业互联网平台，集成气象灾害、场站设备、管理与生产等历史数据和实时数据，实现运行监测及安全预警。拓展综合计划、资产财务、电力生产、国际业务等主题数据应用，为生产经营管理提供决策支撑。智慧水电建设取得初步成效；水库群智能调度云平台、智能对象化水电调平台优化水库调度，保障水资源最大利用和机组满发增发。抽水蓄能电站建设管理平台支撑集团抽蓄业务快速发展。开发应用风光储智慧联合调控系统，助力乌兰察布全球规模最大的“源网荷储”项目建设。

多措并举，确保大国重器安全稳定运行。实施网络安全及能源智慧信息平台建设；推进国资国企网络信息安全在线监管平台建设；持续开展国产密码试点示范；推进网络安全等级保护工作；完成关键信息基础设施网络安全隐患诊断。

聚焦创新，数字化成效显著。以“联合创新＋集成创新”模式建成集团安全大内网；不断拓展自主研发的 TGPMS、电力生产管理系统在各业务领域应用；全面推进 BIM、区块链、北斗等研发应用。“新基建”项目——东岳庙数据中心首批机柜交付投运。25 项数字化成果荣获省部级或行业奖励。

（严丽华）

【党建及工会工作】

1. 党建工作

2021 年是中国共产党成立 100 周年。6 月 28 日，习近平总书记致信祝贺白鹤滩水电站首批机组投产发电，再次为中国三峡集团改革发展引领航向、擘画蓝图。中国三峡集团党组坚持以习近平新时代中国特色社会主义思想为指引，认真学习贯彻党的十九大和十九届历次全会精神，围绕庆祝中国共产党成立 100 周年这条主线，不折不扣贯彻落实党中央、国务院决策部署和国资委党委工作要求，持续以高质量党建引领保障高质量发展，实现“十四五”良好开局。

聚焦学党史悟思想，在举旗铸魂中筑牢三峡忠诚。深刻领悟“两个确立”决定性意义坚决做到“两个维护”，始终把习近平新时代中国特色社会主义思想作为学习“第一议题”、发展“第一遵循”、创新“第一动力”、考评“第一指标”，组织各级党组织和全体党员干部积极投身党史学习教育，坚持学史力行、实干为民，推动全集团1779个办实事项目全部销号。

聚焦抓创新促拓展，在强基固本中建强三峡堡垒。开展全国国企党建会精神贯彻落实情况“回头看”，扎实推进“中央企业党建创新拓展年”，系统修订二级单位党委议事规则等法人治理制度和重要管理制度，持续健全党组织及时设置、定期排查、按期换届、滚动整顿工作机制，深入挖掘“堡垒工程”“环保先锋”等一批特色品牌，基层党组织政治功能和组织力全面增强。

聚焦强宣传扬正气，在精神感召中弘扬三峡精神。将学习党的百年奋斗史与感悟三峡工程百年圆梦史相贯通，大力挖掘和弘扬以“为我中华、志建三峡”为核心的三峡精神，策划实施防洪度汛、能源保供、助力北京冬奥会等 70 余项专题宣传，建好用好三峡工程、金沙江巨型水电站等全国、中央企业爱国主义教育基地，传承弘扬红色基因，引导广大党员干部立足岗位、建功立业。

聚焦“三不”一体推进，在正风肃纪反腐中涵养三峡生态。围绕“两个大坝”同筑、“两个生态”共建目标，全面深化巡视巡察，持续健全监督体系，抓好廉洁从业教育，以零容忍态度惩治腐败，推动惩治震慑、制度约束、提高觉悟一体发力，风清气正干事创业的氛围日益浓厚。

聚焦强引领创一流，在改革发展中彰显三峡担当。坚持党建工作围绕中心服务大局，深耕清洁能源和长江生态环保主责主业，发挥党建引领作用，有效应对长江来水偏枯、能源保供形势严峻、新冠肺炎疫情多点散发等困难挑战，全面超额完成年度生产经营任务，高质量发展迈上新台阶。

（戴　佳）

2. 工会工作

中国三峡集团工会以习近平新时代中国特色社会主义思想为指引，在公司党组和上级工会的领导下，坚决贯彻习近平总书记重要指示批示精神，充分履行工会组织维护职工合法权益、竭诚服务职工的基本职责，团结动员广大职工，深入贯彻新发展理念，服务构建新发展格局，为实现“十四五”开好局起好步做出了积极贡献。

教育引导职工，在履行政治责任中团结广大职工听党话跟党走。工会围绕迎接和庆祝“建党 100 周年”这一重大历史主题，开展职工群众喜闻乐见的主题教育活动，引导广大职工在思想、政治、行动上与以习近平同志为核心的党中央保持高度一致。

组织动员职工，在服务高质量发展中发挥主力军作用。工会围绕“十四五”发展规划目标，深入开展多层次、多领域、多形式的劳动和技能竞赛，激发广大职工干事创业的劳动热情和创造活力。

联系服务职工，在有效履行基本职责中不断提升职工群众的获得感。工会把维护职工权益、竭诚服务职工摆在重要位置，提供具有工会特点的普惠性常态性精准性服务，不断满足职工群众对美好生活的需要。

加强组织建设，在深化改革中推动工会工作创新发展。工会加强政治建设、组织建设和作风建设，持续推进规范化管理，工会工作的政治性、先进性、群众性不断凸显，政治判断力、政治领悟力、政治执行力不断提升。

（方绪山）

【中国三峡建工（集团）有限公司】

公司概况　中国三峡建工（集团）有限公司（简称三峡建工）是中国三峡集团的二级子企业，由中国三峡集团最核心的水电开发建设业务发展而来，2020 年 11 月，中国三峡集团整合中国三峡建设管理有限公司和三峡机电工程技术有限公司，正式成立中国三峡建工（集团）有限公司。

三峡建工历经三峡、溪洛渡、向家坝、乌东德、白鹤滩、巴基斯坦卡洛特电站等全球大型水电工程建设管理，内蒙古呼和浩特、浙江长龙山等抽水蓄能电站开发建设，以及风电、光伏电站、公共基础设施等工程项目的广泛参与，积累了丰富的项目投资、建设、管理经验，具备了项目投资开发整合能力、大型水电工程建设管理能力、水电技术与科技创新能力和水电标准引领能力，形成了一支年龄结构合理、专业配置齐全、建设管理经验丰富的专业人才队伍。三峡建工获得质量、环境、职业健康安全管理体系认证证书，所属的中国华水水电开发有限公司拥有水利水电工程总承包一级资质。

（王　浩）

【中国长江电力股份有限公司】

公司概况　中国长江电力股份有限公司（简称长江电力）是由中国长江三峡集团有限公司作为主发起人设立的股份有限公司。长江电力创立于 2002 年 9 月 29 日，2003 年 11 月在上交所 IPO 挂牌上市，股票代码 600900，现有股份 227.4 亿股。2020 年 9 月，长江电力“沪伦通”全球存托凭证首发并在英国伦敦证券交易所上市交易。

长江电力主要从事水力发电、智慧综合能源、配售电、新能源、抽水蓄能以及相关产业链投融资业务，在中国、秘鲁、巴西、巴基斯坦等多个国家开展相关业务。长江电力现拥有长江干流三峡、葛洲坝、溪洛渡和向家坝四座电站的全部发电资产，水电装机 82 台，水电总装机容量 4559.5 万 kW（国内装机容量 4549.5 万 kW），受托管理三峡集团乌东德和白鹤滩两座水电站，是中国最大的电力上市公司和全球最大的水电上市公司。

（王锦瑞）

【三峡国际能源投资集团有限公司】

公司概况 三峡国际能源投资集团有限公司（简称三峡国际）成立于 2011 年，承载着中国三峡集团实施"走出去"战略和打造世界一流清洁能源集团的重要使命，通过绿地投资、股权并购等形式，广泛参与境外清洁能源合作，服务和践行"一带一路"倡议，取得丰硕成果。

三峡国际现有近 40 家海外子企业和分支机构，市场覆盖欧洲、美洲、亚洲和非洲。旗下的三峡欧洲公司是葡萄牙电力公司（EDP）单一最大股东；三峡巴西公司是巴西第三大发电企业；三峡南亚公司已成为巴基斯坦清洁能源投资先锋；三峡拉美公司专注拉美地区的清洁能源投资开发。2021 年，三峡国际实现营业收入 101.55 亿元，利润总额 46.21 亿元，净利润 39.56 亿元，净资产收益率 9.02%。截至 2021 年底，三峡国际总资产超千亿元，发电总装机逾 1600 万 kW。

（许硕彦）

【中国三峡新能源（集团）股份有限公司】

公司概况 中国三峡新能源（集团）股份有限公司（简称三峡能源，股票代码 600905）是三峡集团新能源业务的战略实施主体，承载着发展新能源的历史使命。2021 年 6 月，三峡能源正式在沪市主板上市，是国内电力行业历史上规模最大 IPO。

近年来，三峡能源积极发展陆上风电、光伏发电，大力开发海上风电，加快推进以沙漠、戈壁、荒漠为重点的大型风电、光伏发电基地建设，深入推动源网荷储一体化和多能互补发展，积极开展抽水蓄能、储能、氢能、光热等业务。同时，投资与新能源业务关联度高、具有优势互补和战略协同效应的相关产业，基本形成了风电、太阳能、储能、战略投资等相互支撑、协同发展的业务格局。截至 2021 年 12 月底，三峡能源业务已覆盖全国 30 个省、自治区和直辖市，已并网风电、光伏以及中小水电装机规模超 2200 万 kW，资产总额超 2100 亿元，盈利能力稳居国内同行业前列。

（袁 娜）

【中国水利电力对外有限公司】

公司概况 中国水利电力对外有限公司（简称三峡中水电）是拥有 60 多年发展史的国际工程企业，自二十世纪五六十年代就开始代表国家承担水电经援任务，为助力国家外交发挥重要作用。

作为三峡集团的成员企业、集团国际工程承包业务的主要平台，三峡中水电逐步成长为基于卓越项目管理能力的工程建设公司、基于独特项目培育能力的绿地开发公司、基于全球资源整合能力的工程领域综合服务商。流域水能滚动开发、梯级枢纽联控联调、巨型电站运营管理和百万千瓦级单机运行维护、流域生态保护和环境治理等核心力协同共享，为合作伙伴提供世界一流的清洁能源发展一揽子方案。

三峡中水电连续 32 年荣登 ENR 全球最大 250 家国际承包商榜单，连续 24 年荣登 ENR 全球最大 225 家国际工程设计公司"榜单，中国企业信用评级 AAA 级。

三峡中水电在亚、非、欧、美 80 多个国家和地区建设了 800 多项优质项目，很多项目都是造福所在国长远民生的"三峡工程"，不仅推动了当地经济社会发展，增进了中国与所在国人民间的友谊和情感，也在当地政府和民众中树立了三峡中水电的良好形象。在"一带一路"沿线的老挝、马来西亚、菲律宾、印尼、巴基斯坦、尼泊尔、哈萨克斯坦、马其顿等 10 余个国家，开发和承建了近 30 个项目，促进当地经济繁荣，以实际行动"构建人类命运共同体"，是国家"一带一路"倡议的坚定践行者。

（范 凡）

中国广核集团有限公司

【公司概况】 中国广核集团有限公司（简称中广核）成立于 1994 年，起步于大亚湾核电站建设，是一家"因改革开放而生、因改革开放而兴"的中央企业。在以习近平同志为核心的党中央坚定领导下，在国务院国资委的指导支持下，中广核以"发展清洁能源，造福人类社会"为使命，坚持通过深化改革推动高质量发展，取得一系列阶段性重要成果，逐步形成"6+1"产业布局结构，业务覆盖核电、核燃料、新能源、非动力核技术应用、数字化、科技型环保和产业金融等领域。截至 2021 年底，中广核资产总额 8590 亿元，员工总人数 4.3 万人，在运清洁能源控股装机容量 6859 万 kW，是中国最大、全球第三大核电企业。主要经营指标连续八年实现两位数增长，国务院国资委经营业绩考核连续八年为 A。

【领导班子】

党委书记、董事长：杨长利

总经理：杨长利（2021 年 7 月止）

党委副书记、董事、总经理：高立刚（2021 年 7 月始）

党委副书记、董事：李历（2021 年 7 月始）

党委常委、副总经理：施兵

党委常委、纪委书记：程永平（2021 年 8 月始）

党委常委、副总经理：庞松涛

党委常委、总会计师：何海滨

党委常委、副总经理：郭利民（2021 年 3 月始）、李亦伦（2021 年 3 月始）

党委常委、纪委书记：程永平（2021 年 8 月始）

【组织机构】 中广核共设置 1 个独立咨询机构、11 个部门、1 个纪委办公室和 1 个党委专设机构，包括战略与科技咨询委员会、综合管理部、战略规划部、科技数字化部、安全质量环保部、核能管理部、产业发展部、人力资源部、财务资产部、审计法务部、党群工作部、纪委办公室、党委巡视办、中广核党校（管理培训中心）；4 个区域分公司：华东分公司、山东分公司、青海分公司、云南分公司。二级管理公司共 25 家，主要分布在核能、核燃料、新能源、非动力核技术、数字化、科技型环保、产业金融等产业，以及相关配套服务行业。

【党建工作】 中广核以庆祝建党百年为契机，以党史学习教育为主线，认真落实中央企业“党建创新拓展年”各项部署要求，以高质量党建引领高质量发展。党史学习教育取得显著成效，通过开展党委专题读书班、党史学习教育轮训班、重走长征路、讲述老一辈红色故事等方式，突出抓好“四史”学习。再学习再贯彻再落实总书记对核电行业和中广核的重要指示批示精神。各级领导干部讲授专题党课 3300 多场，开展党史学习实践教学 870 多场。办实事活动扎实开展，制定民生清单，累计投入资金超过 5000 万元，办成民生项目 570 多项。党建工作再上台阶，扎实推动“第一议题”制度落地见效，党委全年开展“第一议题”学习 171 项，各成员公司党委集中学习 859 项；强化管党治党责任落实，完善全面从严治党“两个责任”清单，制定加强对“一把手”和领导班子监督实施办法，压实党委全面监督责任；围绕各条战线“急难险重”任务，成立 903 支党员攻坚队，立足岗位、攻坚克难，为完成全年目标提供有力保障。全力配合国资委党委巡视，全面推进整改落实，全年完成整改任务 90%，完成“1+4”整改报告。坚决打好反腐败斗争攻坚战持久战，发挥不敢腐、不能腐、不想腐一体推进的综合效应。果断查处雷霆、钟启豪等违纪违法案件，坚决清除公器私用、以权谋私、造成国有资产重大损失的“蛀虫”。对“四风”问题露头就打，全年查处违反中央八项规定精神问题 18 起，处分 26 人。全年查办案件 75 起，留置、移送 5 人，给予党政纪处分 87 人，问责 89 人。加大典型案件通报力度，两次召开集团警示教育大会，覆盖各级领导干部和关键岗位 6000 余人次，不断筑牢拒腐防变的思想防线。针对案件暴露的问题，开展专项整治，完善制度程序，补齐短板、强化监督、堵塞漏洞。

【安全生产】 2021 年，中广核深入贯彻落实习近平总书记关于核安全和安全生产的重要论述和指示批示精神，始终坚守“核安全高于一切”的理念和“安全第一、质量第一、追求卓越”的基本原则，扎实推进安全生产专项整治三年行动，严格落实国资委巡视专项整改，以更有力的举措，确保安全生产平稳有序。在总结 2020 年核安全专项检查工作的基础上，继续开展由集团党委班子成员带队的核安全专项检查，聚焦设备可靠性、核电工程建设和环保等领域短板问题，推动深入整改，有效排查和控制重大风险。

2021 年，中广核核电安全生产业绩持续提升，群厂 83%的 WANO 指标达到世界先进水平，较 2020 年上升约 10 个百分点。机组平均能力因子 91.6%，连续四年达到 WANO 先进水平。全部 23 台 CPR 机组实现“零”非计划停堆，平均能力因子达到 93.7%。岭澳 1 号机组连续安全运行 5622 天，不断刷新世界纪录。在“十四五”高质量发展的新阶段，中广核提出“卓越运营 2025”计划，通过大修创优、重大设备健康管理、关键敏感部件信息化技术平台建设、人因绩效持续提升、安全文化和领导力建设等五大抓手，引领核电运营突破性提升，力争“十四五”全面达到世界先进水平。

【科技创新】2021 年，中广核申请专利 1646 项，获得授权专利 1261 项，获得中国专利优秀奖 6 项，获省部级及全国性社团科技奖励 57 项。其中，“大型核电站核安全级数字化控制保护系统研制及产业化”获 2021 年度北京市科技进步奖一等奖，“核电站高效安全换料大修机器人关键技术与智能装备研发及应用”获 2021 年度广东省科技进步奖一等奖，“核电站安全壳密封性与强度高精度测试技术研发与应用”“三代核电站结构安全评价及防护关键技术研究与应用”获深圳市科技进步奖一等奖。

中广核按照“三位一体”总体布局，面向核能领域前瞻性技术，继续实施华龙一号、铅铋快堆、小型压水堆、燃料、智能核电“五大战略专项”，突破一批关键核心技术，掌握未来先进生产力，总体进展符合预期。为解决“卡脖子”问题，全力攻克自主化专项，实现核电领域关键核心设备全面自主可控，掌握自身发展主动权。为提升生产、工程经营业绩，支撑产业发展，大力实施尖峰计划，取得一系列成果。同时，积极融入国家和区域科技创新战略，布局建设两大区域创新中心。围绕核能产业发展，中广核党委研究决策在粤港澳大湾区建设“中国南方原子能科学与技术创新中心”。围绕数字化、核技术应用产业，在上海、江苏布局建设“长三角新兴产业技术创新中心”。目前两大中心建设已相继启动。

【国际合作】 海外核电开发方面。2021 年是华龙一号通用设计审查（GDA 项目）第四阶段的最后一年，也是最终审评的关键期。截至 2021 年 12 月底，中广核按期提交了第四阶段所需的全部文件，ONR、EA 提出的所有重要问题已全部关闭。12 月 22 日，ONR 内部召开华龙一号 GDA 项目团队会议，明确给出授予华龙一号设计可接受声明（DAC）的建议，标志着 GDA 评审工作已基本结束，后续 ONR、EA 内部完成审批后即可具备颁证条件。欣克利角 C 核电项目（HPC 项目）受 2021 年新冠疫情影响，年度 21 个关键里程碑中有 20 个顺利实现。

中广核以英国各核电项目为平台，带动中国产业链积极参与英国核电项目建设，不断促进两国核能企业合作。截至 2021 年底，中国企业参与了英国 HPC 项目 62 个采购合同的投标，其中中国企业赢得了 HPC 项目的 28 个采购合同，总金额约 8.6 亿元人民币。此外，中英核能产业链相关企业共计签署 16 份合作备忘录或者合作协议，主要涉及核级 DCS 平台、仪控仪表、泵体研发和制造、核岛土建、核岛安装等多个领域。

核燃料保障方面。中哈组件厂正式投产，海外浓缩铀首批产品交付，乏燃料干法储存设施建成投产、公海铁联运完成首次试运输，这些都是中广核在核燃料产业关键环节零的突破。完成对哈铀矿股权转让，新增优质铀资源超过 2 万 t。

海外非核清洁能源开发方面。能源国际克服海外疫情的严峻挑战，投产“一气电、一风电”两个绿地项目，全年新增装机容量 95 万 kW。

【社会责任】 全力服务碳达峰、碳中和目标。作为全球领先的清洁能源供应商与服务商，中广核主动将企业经营发展融入国家大局，推动核能、风能、太阳能等清洁能源发展，促进能源结构低碳转型，让绿色成为国家高质量发展的鲜明底色。2021 年，中广核全球控股在运能源装机超 6800 万 kW，实现上网电量 2980 亿 kWh，等效减排二氧化碳约 2.1 万 t，相当于种植 67 万 hm^2 的森林。其中，核电全年实现上网电量 2011.5 亿 kWh，超发 51.5 亿 kWh，全部 23 台 CPR 机组平均利用小时首次超过 8000h，达到 8058h。新能源全年实现上网电量 492 亿 kWh，超发 10.5 亿 kWh，在全国首批绿电交易试点中成交近 20 亿 kWh，占总交易量的 25%，位居全国首位。同时，中广核持续降低运营能耗，参与绿电交易，从供给侧、生产测、消费侧持续发力，为碳达峰、碳中和目标实现贡献力量。

坚守安全稳定营运。安全是中广核生存与发展的基础。中广核深入贯彻习近平总书记关于核安全和安全生产的重要论述和指示批示精神，把确保核电运营安全和建设质量作为最重要的政治责任，持续完善安全管理体系，加强安全风险管控，全力守护安全运营生命线。2021 年，中广核 25 台在运核电机组保持安全稳定运行，机组超过 83%的 WANO（世界核电运营者协会）指标达到世界先进水平，平均能力因子连续 4 年达到 WANO 先进水平，23 台 CPR 机组实现“零”自动停堆，创历史最佳。截至 2021 年 12 月 31 日，岭澳 1 号机组连续安全运行 5622 天，创造了国际同类型机组连续安全运行天数的最高纪录。

全面推进乡村振兴。2021 年是“十四五”规划开局之年，是巩固拓展脱贫攻坚成果同乡村振兴有效衔接的起步之年和关键之年。中广核坚决扛起乡村振兴重大政治责任，在广西、广东、新疆、湖北、福建等地接续推进乡村振兴。2021 年在定点帮扶广西凌云县和乐业县投入 3800 万元，以产业振兴和人才振兴为重要抓手，实施 15 个帮扶项目。发挥风光清洁能源、电子束保鲜、生物质有机肥等综合科技优势，立足地方特色资源，因地制宜，建设示范项目“立好点”，拓展产业链“连成线”，促进一二三产业融合发展“带动面”，形成“由点到线再到面”的市场化全产业链帮扶模式。发挥人力资源等综合优势，开办“白鹭班”，在广西百色、四川凉山、内蒙古兴安盟等欠发达地区，招收少数民族困难家庭学生，“扶智、扶志、扶技”相结合，并持续在全国拓展版图，为更多学子插上腾飞的翅膀。2021 年新增广西乐业县谐里小学、内蒙古兴安盟白鹭学校，目前已拓展 5 省（自治区）10 校，累计已开设 18 个班，共帮扶 2132 名学生。纳入中国企业“典型案例”的彩虹计划教育帮扶项目，为山区留守儿童搭建了一条出山路。

探索生态、生物多样性保护新模式。中广核始终秉持人与自然和谐发展的理念，结合自身清洁能源优势，打造兼具生态效益、经济效益及社会效益的综合发展模式，保护当地生态环境。同时将生物多样性保护纳入企业发展战略，以生态友好的方式应对生物多样性挑战，有效增进人类福祉与生物多样性丰度，共建万物和谐的美丽家园。10 月 11 日，在联合国《生物多样性公约》第十五次缔约方大会（COP15）第一阶段会议在昆明开幕之际，国内首份基于自然资本核算的生物多样性保护报告——《中国广核集团生物多样性保护报告》正式发布。中广核依据《自然资本议定书》中的自然资本评估的标准化流程，从核电基地及风电场的建设和运营活动对自身的影响、对社会的影响、对自然资本的依赖三个维度筛选和梳理出实质性议题，进而计量、估算对自然资本的影响和依赖，对综合价值进行分析，呈现生物多样性管理和保护实践的成效。报告显示，深圳大亚湾核电基地在1994—2019年运营期内自然资本总价值约4244.87亿元，云南磨豆山风电场在 2012—2019 年期间自然资本总价值约7.74亿元。中广核开创性的应用自然资本核算方法评估清洁能源生物多样性保护价值，这是具有开拓性、引领性的先进探索，将为工商业界将生物多样性价值主流化提供良好的示范与借鉴。

开展透明沟通特色活动。中广核始终遵循“透明之道”特色公众沟通工作体系，不断创新与利益相关方的沟通形式，加强信息公开，开展公众沟通活动，致力与社会各界构建互动互信、和谐友好的关系。8月7日，中广核在疫情防控的特殊时期，创新沟通模式，联合国资小新、科普中国、人民网等平台，共同开启“8·7公众云开放”线上直播。活动以“硬核联萌总动员，守护同一个蓝色星球”为主题，连线中国核能行业协会第一届核能公众沟通大使罗育灿等专家、社区、公众代表，与网友共同见证了硬核联萌CGN N-Family公仔盲盒的发布，带领公众深度体验各核电基地打卡点。直播还公布了中广核核电板块助力双碳目标数据里程碑和全国核电行业首份自然资本核算结果，展示了中广核在应对气候变化、助力“双碳”目标及生物多样性保护等方面的实践。作为开放日的主要预热活动，青少年高校科学营“重器铸梦”探秘大科学装置直播活动第二期顺利开展，中广核乔素凯、王鑫、王树强三位专家线上带领青少年们走进大亚湾核电站，揭秘核电科学知识，12000 多名高中生坐在视频的另一端开启了一场新奇的核电之旅。

中国电力建设集团有限公司

【公司概况】 中国电力建设集团有限公司（简称中国电建）成立于2011年9月，是经国务院批准，按照《电网企业主辅分离改革及电力设计、施工企业一体化重组方案》，在中国水利水电建设集团公司、中国水电工程顾问集团公司和国家电网公司、南方电网公司所属的14个省（区、市）的电力勘测设计、施工、装备制造企业的基础上组建而成。中国电建注册资本金 319亿元，职工18.1万人；直接管理二级子企业67家，分布在全国大部分省区和主要城市及部分海外地区；在海外设有六大区域总部（东南非区域总部、中西非区域总部、中东北非区域总部、欧亚区域总部、亚太区域总部、美洲区域总部），主要业务覆盖全球132个国家。

中国电建是全球清洁低碳能源、水资源与环境建设领域的引领者，全球基础设施互联互通的骨干力量，服务“一带一路”建设的龙头企业，为海内外客户提供投资融资、规划设计、施工承包、装备制造、管理运营全产业链一体化集成服务、一揽子整体解决方案的工程建设投资发展商。经过不断转型升级，中国电建当前的产业主要聚焦在水资源与环境、能源电力、城市基础设施，即“水”“能”“城”三大领域。2021年，“水”新签合同占比16%，营业收入占比14%；“能”新签合同占比 45%，营业收入占比 41%；“城”新签合同占比33%，营业收入占比37%；房地产新签合同占比4%，营业收入占比5%；其他新签合同占比2%，营业收入占比3%。此外，受国家有关部委委托，承担国家水电、风电、太阳能等清洁能源和新能源的规划、审查等职能。

2021年，中国电建新签合同10068.3亿元，完成营业收入6150.1亿元，实现利润总额178亿元，实现净利润139.2亿元。在2021年《财富》世界500强企业排名中位列第 107 位，较 2012 年首次上榜时的第390位提升283位；位居2021年ENR（美国《工程新闻记录》）全球工程设计公司150强第1位，位居全球工程承包商250强第5位。拥有9个国家级研发机构，11个院士工作站，9个博士后工作站。获得国家科学技术奖112项、省部级科技进步奖3192项，拥有专利18393 项。在全球电力建设行业市场（规划、设计、施工等），中国电建的能力和业绩始终位居首位。

【领导班子】

1. 中国电力建设集团有限公司

党委书记、董事长：丁焰章

党委副书记、董事、总经理：王斌

党委副书记：李燕明

党委常委：刘源

党委常委、纪委书记：黄埔

党委常委：杨良

2. 中国电力建设股份有限公司

党委书记、董事长：丁焰章

党委副书记、副董事长、总经理：王斌

党委副书记、董事：李燕明

党委常委、副总经理：刘源

党委常委、纪委书记：黄埔

党委常委、总会计师：杨良

【组织机构】 见2021年中国电建组织机构图。

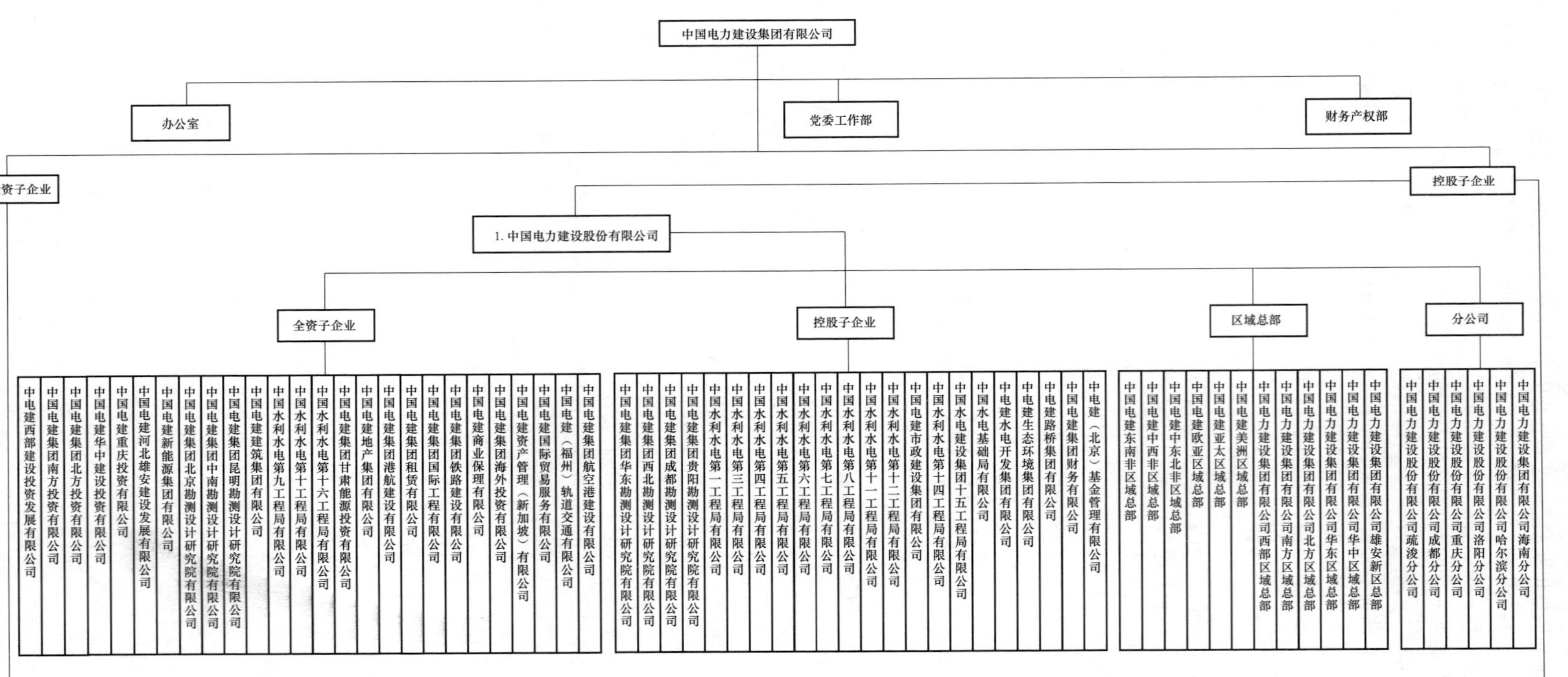

说明：中国电力建设股份有限公司所属企业以外的企业（单位）均委托电建股份公司管理。

2021 年中国电建组织机构图

【科技创新】 2021年，中电建围绕高质量发展目标要求，实施创新驱动发展战略，狠抓重大技术攻关、成果转化应用，科技创新工作取得了显著成效与突破。

1. 科技创新规划与建设

制定“十四五”科技创新规划，全面指导新时期公司科技创新发展。贯彻落实国资委关于央企打造原创技术策源地建设任务，有序推进水电、新能源、水环境和地下工程等领域四大原创技术策源地建设。落实国务院2030年前碳达峰行动方案，编制中国电建践行“碳达峰、碳中和”目标行动方案。梳理海上风电业务发展技术创新需求与资源配置需要，助力海上风电产业链建设。

2. 召开科技工作会议

中国电建召开了2021年科技创新工作会议，会议主要任务是践行《国家创新驱动发展战略纲要》，主动融入新发展格局，把握实现“碳达峰、碳中和”战略目标的行业机遇，聚焦能源电力、水资源与环境、基础设施三大领域，前瞻布局，集聚资源，凝练创新，强化体系，在“十四五”开局之年谱写公司科技创新发展新篇章。会议还表彰奖励了科技创新先进集体和个人。

3. 重大科技攻关

针对重点工程，集聚科技研发力量，研制具有自主知识产权的BIM仿真系统和轨道全生命周期管理系统，和国内首台百万超超临界机组全容量给水泵组和大型风机，并组织落实产品工程应用，促进高端装备研制和工业软件国产化；牵头和参与申报的4项CZ铁路国家重点研发计划和一批海上风电、国际标准等国家自然基金项目有望获批，提升公司服务国家重大战略实力；及时启动“基于NET+GRID+NET的新型电力系统关键技术”重大科技专项，补齐公司电力系统、新能源运维短板；强化CZ铁路、JR和设计施工一体化等在研专项管控，支撑中标履约，促进抽蓄工程智能建造；首次组织新能源（风能、生物质能）、水资源、地下工程（城市轨道、城市深隧）等领域6项核心技术攻关，择优遴选56项年度重点科技项目，强化数字化技术与“水能城”业务深度融合，打造原创引领优势。

4. 协同创新体系

重视优质创新资源整合，通过各级研发平台和产业技术创新联盟等，与行业权威科研机构、高校，以及产业链上下游相关企业，在重大技术攻关、先进技术推广应用、科技成果产业孵化以及学术研讨交流等方面进行全方位、多层次科技创新合作，加快推进以企业为主体、市场为导向、产学研深度融合的技术创新体系建设。

参与重大装备央企创新联合体申报并获批，推动以西藏高原技术中心为依托的西藏水风光储一体化技术创新中心建设，申请清洁能源和海上风电国家重点实验室、能源研发中心，持续扶持水环境、光热等集团级平台和典型海外平台建设，夯实集团级专业平台创新基础，努力提升公司在国家、行业创新体系中的作用和地位。

5. 研发平台建设

发挥中国电建战略引领和子企业创新主体作用，推进“两层三级”科技创新研发平台体系建设工作，打造国家级高端研发平台，持续推进省级创新技术平台建设，大力扶持水环境产业创新联盟。2021年度新增省部级研发平台16家，累计拥有国家级平台9家、省部级平台116家。中国电建企业技术中心在国家发展改革委组织的2021年考核评价中，以高分名列全国1774家国家级企业技术中心第四位。

6. 科技标准与工法

持续开展国际、国家、行业和团体标准建设，中国电建承接的水电施工标委会继获评一级标委会后，被纳入标准化改革试点。2021年参与制定国际标准9项，国家标准9项，继续保持行业技术领先优势。

组织中国电建优秀工法评选并实施配套可视化应用培训材料制作与推广，促进绿色节能高效施工技术应用，完成2021年度中国电建工法评审工作，评出工法507项，其中14项工法为中国电建优秀工法。

7. 科学技术奖励

发挥科技奖励激励和导向作用，组织完成年度中国电建科学技术奖评审工作。根据《中国电力建设股份有限公司科学技术奖励办法》要求，经中国电建科学技术奖评审委员会评审，共推选2021年度中国电建科学技术奖授奖项目131项。加强水电、水环境、地下工程等优势领域的行业最高等级、国家科技奖项申报与筹划工作，喜马拉雅地区高地应力隧洞双护盾TBM施工关键技术获得工程建设科学技术奖特等奖，100m级超深振冲碎石桩成套装备及技术获得2021年度中国电力科技创新奖创新大奖。组织子企业积极参与能源领域首台（套）重大技术装备、国资委熠星创新创意大赛、工程建设十大新技术等各类成果评价或重要赛事评选，“流域安全云服务平台及工程应用”等2项成果获得熠星大赛奖项，振动碾无人驾驶机群作业关键技术获评行业年度十大新技术。“软土地基上稳定的船型大砂带围堰结构及其施工方法”获工程行业高推广价值专利大赛特等奖。

8. 知识产权成效

加强核心技术知识产权布局，推动国家知识产权示范企业和国家知识产权优势企业建设。2021年，中国电建新增授权专利5505项，发明专利458项，PCT途径进入国家阶段的专利申请量3项。截至2021年底，中国电建累计授权专利数量增长到23942项，其中发明专利3166项。

9. 科技成果转化

持续推进重点领域关键科技成果转化方式与机制研究，完成企业内外部相关调研和政策研究工作，为建立健全科技成果转化制度奠定了基础。推动新业务领域技术成果转化，利用新材料、数字水电、水环境治理等新技术成果的优势，拓展非传统业务领域市场，支撑了企业转型升级。在重大成果推广应用、专利技术转化、工法技术转化方面均取得较大进展。

10. 人才队伍建设

重视科技创新人才队伍建设工作，不断完善科技人才队伍建设相关制度和激励机制，加强对央企创新团队支持力度。公司制定了科技人才队伍建设指导意见、首席技术专家管理办法等制度，针对性地引导子企业开展科技人才队伍建设、培养、引进、考核、激励和服务保障工作，为培养领军人才，打造科技人才多通道发展渠道创造条件。

2021 年，中国电建首席技术专家张宗亮当选中国工程院院士，实现中国电建院士零的突破，张春生被评为第十批全国工程勘察设计大师。

11. 精品工程和质量管理

组织开展成都地铁 18 号线、珠三角水资源配置等轨道交通、市政、房屋建筑等重点工程项目的质量检查和定向创优指导，成都 18 号线在内的 8 项工程获得国优金奖、33 项重大工程获国优奖、鲁班奖 1 项。对 95 个工程（产品）进行了复查、评审，评比出年度中国电建优质工程（产品），积极参与中建协、中电建协等行业协会工程奖项评选，4 个项目获评中电建协的智慧工地一等奖，名列参评单位第一。积极参与中国质量奖、质量技术奖等多项重要质量奖项赛事评选，白鹤滩试验班组获中国质量奖提名奖，水电七局、十一局获评央企 QC 赛一、二等奖。

【党建工作】 2021 年，中国电建党委坚持以习近平新时代中国特色社会主义思想为指导，深入学习贯彻党的十九大和十九届历次全会精神，全面落实习近平总书记关于国资国企改革发展和党的建设重要论述，扎实开展党史学习教育，隆重庆祝中国共产党成立 100 周年，聚焦全国国企党建会召开 5 周年、中央企业党建创新拓展年主题，以高质量党建引领保障公司高质量发展，为实现“十四五”良好开局、推动建设世界一流企业提供了坚强保证。

1. 深化党的全面领导，全面落实“两个维护”

锤炼“两个维护”的政治品格。把“两个维护”作为最高政治原则和根本政治规矩，贯彻落实《中共中央关于加强党的政治建设的意见》，锤炼对党绝对忠诚、为党履职尽责的政治品格。学习《习近平谈治国理政》《习近平关于发展国有经济论述摘编》《习近平总书记关于国有经济的重要论述学习纲要》，把创新理论武装同理想信念教育结合起来。举办学习贯彻党的十九届五中、六中全会精神专题辅导报告会，在公司网站开设宣传专栏，引领党员干部深刻领会“两个确立”的决定性意义、“四个历史时期”的伟大成就、“四个伟大飞跃”的历史成就、“十个坚持”的历史经验，旗帜鲜明做到“两个维护”。

完善“两个维护”的制度标准。编印《习近平总书记关于本行业本领域本企业指示批示》，收录 3 方面 113 项总书记重要指示批示。开展党委中心组学习研讨 10 次，编印中心组自学材料 13 期，涉及学习内容 125 项。通过党委会“第一议题”形式，学习习近平总书记重要指示批示 39 项，研究制定贯彻落实措施 37 项，明确责任部门和完成时限，定期跟踪督办，形成工作闭环，确保总书记重要指示批示不折不扣落到实处。

严守“两个维护”的政治纪律。党委班子带头遵守《关于新形势下党内政治生活的若干准则》，落实《中国共产党重大事项请示报告条例》，杜绝“七个有之”，坚持“五个必须”，自觉接受党的纪律和规矩约束。党委班子全年参加所在党支部组织生活会 16 次，深入基层讲党课 19 次，到党建工作联系点专题宣讲党的十九届六中全会精神，形成了积极健康的政治文化。修订《公司党委规范性文件制定管理办法》，梳理向国资委党委请示报告目录，不断健全“不忘初心、牢记使命”长效机制。

深化“两个维护”落实成效。把贯彻落实全国国企党建会精神情况作为“两个维护”最直接最现实的检验，认真学习贯彻国资委党委全国国企党建会五周年座谈会精神，按照“七个方面、四个阶段”精心组织“回头看”工作，及时形成《“回头看”工作报告》报国资委党委。目前，贯彻落实国企党建会精神 28 项重点任务、83 项整改措施已全部落实，其中全面完成 60 项，完成阶段性任务并需要长期坚持 23 项。全面总结五年来加强党的建设的成效经验，编撰《中国电建党委贯彻落实全国国企党建会精神案例汇编》，推动党的建设走深走实。

2. 扎实开展党史学习教育，凝聚强大正能量

从百年党史中汲取奋进力量。坚持学史明理、学史增信、学史崇德、学史力行，突出电建特色、突出学用结合、突出惠及群众、突出担当作为，成立公司党委党史学习教育领导小组和办公室，召开动员部署大会，制定印发实施方案和重点任务清单。全面系统学习党的百年奋斗史，原原本本学习 4 本指定学习书目，及时跟进学习习近平总书记在党史学习教育动员大会上的讲话，在福建、广西、青海、西藏考察期间的讲话等。组织党员干部参加中国干部网络学院“党史百年”网上专题班、国有企业党史学习教育网络专

题班，从党的光辉历史中把握规律、汲取养分。举办读书班，开通“电建党课开讲啦”优秀党课展播平台，开展“中国共产党取得辉煌成就的启示”专题辅导，高质量召开专题组织生活会。系统深入学习贯彻党的十九届六中全会精神，组织党员干部参加国资国企宣讲报告会。制定印发学习宣贯方案，举办专题辅导讲座，发放《学习辅导百问》等教材。成立 7 个巡回指导组，深入 64 家子企业开展党史学习教育督导。及时总结提炼工作亮点，编制印发《工作简报》75 期，中央党史学习教育简报采用 2 篇，国资委简报采用信息 18 篇。

从百年庆典中涵养爱党情怀。组织收听收看庆祝中国共产党成立 100 周年大会直播，制定印发学习计划，召开学习座谈会，深入学习总书记重要讲话精神。印发《庆祝建党百年活动方案》，与党史学习教育、“四史”宣传教育一体推进。开展“清明祭英烈”主题党日，各级党组织充分利用驻地周边红色资源，广泛组织现场教学、重温入党誓词。组织参观中国共产党历史展览、中央企业“永远跟党走”工作展。搭建庆祝建党百年活动展厅，悬挂宣传标语，营造浓厚庆祝氛围。深入挖掘红色资源，确定第一批公司级爱国主义教育示范基地 2 家、教育基地 5 家。承建、参建的 7 个项目入选全国爱国主义教育示范基地。策划开展党史天天学、重走长征路、党史知识竞赛系列活动，推动学习教育融入日常、抓在经常。“七一”前后，组织走访慰问生活困难党员、老党员，组织发放“光荣在党 50 年”纪念章，传达党组织的关怀和温暖。开展党委“两优一先”评选表彰工作，组织全国和国资委党委“两优一先”评选推荐工作，1 名同志被评为全国优秀党务工作者，15 个集体和个人获国资委党委表彰。

从为民服务中强化宗旨意识。想群众之所想，突出聚焦基层的困难事、职工群众的烦心事，制定印发《“我为群众办实事”实践活动方案》和征求意见函，印发项目清单 42 项，逐一落实责任部门、责任领导、预期效果和完成时限，确保问题有效推动解决。急群众之所急，认真落实“两稳”工作要求，深入落实包机接返工作要求，多次组织集体包机，及时转运接种国产疫苗，海外工作中方人员接种比例达 99.7%。组建中国电建海外项目巡诊队，23 名队员先后奔赴 10 个国家开展医疗服务，为海外职工保驾护航。解群众之所难，聚焦“硬骨头”问题，多次召开党委常委会、董事长专题会深入研究，拿出实招硬招，“一企一策”破解难题。全集团共解决“卡脖子”难题 830 项，办理就业、社保、医疗、住房等民生实事 5518 项。及时总结、提炼办实事案例 50 篇，编撰《“我为群众办实事”特色项目案例汇编》，切实让职工群众通过党史学习教育的开展，看到了变化、得到了实惠。

3. 始终心怀“国之大者”，彰显电建担当

服务国家战略成效显著。主动对接国家区域规划，服务区域协调发展战略，重点进入粤港澳大湾区、雄安新区、成渝地区双城经济圈、海南自贸区等区域市场。成立了西部、南方、北方、华东、华中五大国内区域总部，聚合区域内要素资源，形成品牌集群合力。先后与甘肃、广西、雄安新区等 18 个省市自治区政府签订战略合作协议。在传统水电、火电业务稳步发展基础上，能源电力业务持续巩固，基础设施业务加快转化，水资源与环境业务快速成长，战略性新兴业务孵化成型。签订雄安新区容东片区 1 号地块、国电投广西公司新能源 EPC 总承包项目、雅砻江卡拉水电站等一批重点工程。国际市场稳中有进，着力拓展水务和海水淡化市场、新能源市场，中标沙特朱拜勒三期 B 独立海水淡化厂、菲律宾南岛防洪项目、沙特红海风光储综合项目等重点工程。商业模式持续创新，以建设期融资模式推动越南项目群 16 个项目落地，利用欧洲资金成功签约安哥拉 3 个现汇项目，在欧洲首个电力投资项目顺利落地。

“大国重器”建设顺利推进。参与国家战略工程和重点工程，白鹤滩水电站首批机组投产发电，习近平总书记发来贺信。中老铁路正式开通，习近平总书记视频出席通车仪式。杨房沟水电站首台机组、两河口水电站首批机组相继投产发电，成为助推“西电东送”和“双碳”目标实现的“绿色引擎”。雅万高铁节点目标如期完成，老挝南欧江流域梯级水电站、赞比亚下凯富峡水电站等一批重点项目顺利竣工并投入使用。矢志不渝投身雅鲁藏布江下游水电开发，攻坚克难参与川藏铁路建设，高质量建成深圳地铁 7 号线，打造了一批精品工程、样板工程、示范工程。3 项工程荣获鲁班奖，13 项工程荣获国家优质工程金奖，37 项重大工程获国家级优质工程荣誉。

战略转型升级加速推进。深入贯彻“创新、协调、绿色、开放、共享”发展理念，适应经济发展新常态，以供给侧结构性改革为主线，调结构、拓市场，转方式、增效益，着力向产业链高端和价值链关键环节转型升级。强化战略引领，编制发布中国电建“十四五”规划。制定中国电建践行碳达峰、碳中和目标行动方案，成立新能源规划研究中心，组建中电建新能源集团有限公司，出台《超额利润分享管理办法》《新能源和抽水蓄能投资业务专项奖励管理规定》等专项激励制度，坚定抢占新能源和抽水蓄能资源的信心决心。加快内部资源整合，重组成立中电建装备集团有限公司，强化顶层设计，收购中国水务投资有限公司，做强做优做大水务产业，占领产业竞争制高点。

4. 深入推进改革创新，全面激发发展活力

中国特色现代企业制度建设取得实质性进展。落实《关于中央企业在完善公司治理中加强党的领导的意见》，修订《党委议事规则（2021版）》《“三重一大”决策制度实施办法（2021年版）》，指导17家重要子企业修（制）订了党委前置研究讨论重大经营管理事项清单，进一步厘清党委同其他治理主体权责边界，切实发挥党委把方向、管大局、促落实作用。制定《子企业董事会工作指引》《外部董事履职保障管理办法》等制度办法，不断提升董事会规范运作和科学决策水平。50家子企业全部实现董事会应建尽建、外部董事占多数。22家规模较大的子企业实行党委副书记、工会主席与纪委书记分设，22名党委副书记、工会主席均以职工董事身份进入到企业董事会。

国企改革三年行动加快推进。印发《全面深化改革三年行动实施方案任务台账》和《2021年重点改革任务》，建立月例会制度和实时在线督办系统，实现深化改革向二级子企业的延伸。5家企业进入“双百企业”，2家企业参加“科改示范行动”、3家企业参加重点领域混改试点。积极推动具备条件的企业实施中长期激励，20家科技型企业实施股权与分红激励，经理层成员任期制和契约化管理实施人数占比达到92%。围绕8年承诺和恢复股份公司融资功能，积极推进“引擎”项目，取得较快进展。制定公司培训机构改革方案，筹备成立公司教育培训中心（职业教育集团）。设立健康医疗管理公司，有效整合系统内医疗资源。

创新创造活力不断激发。4项“1025专项”任务按期结题，牵头参与申报的4项国家自然基金项目获批。及时启动“基于NET+GRID+NET的新型电力系统关键技术”重大科技专项。首次开展新能源、水资源、地下工程等6项核心技术攻关，1项关键技术获评2021年工程建设十项新技术。整合优势领域创新资源，申请清洁能源和海上风电国家重点实验室，系统筹划流域梯级和海上风电安全防控国家能源研发中心。加入重大装备央企创新联合体，成功设立西藏水风光储一体化技术创新中心。持续推动项目管理标准化、企业资源协同化、集团管控精细化，新建项目全面纳入PRP-ERP-GRP三级信息化管理体系。“三链一平台”数字化创新管理入选国资委标杆项目。

5. 坚持党管干部人才，建强干部人才队伍

干部队伍进一步建强。坚持国企领导人员好干部“20字”要求，完成44家子企业领导班子换届及届中调整，调整领导人员职务318人。考察聘用总部部门内设机构负责人68人，完成总部部门负责人调整补充13人。新提拔领导人员中45岁（含）以下占比43.42%，新进入班子人员中45岁（含）以下占比48.74%。及时调整优化外部董事人才库，入库人员75人。继续加大市场化选人用人，组织开展子企业纪委书记和总会计师后备人选公开遴选，一批优秀年轻领导人员脱颖而出。

教育管理进一步夯实。坚持严管和厚爱、激励与约束并重，对71家子企业783名领导人员开展年度综合考核评价，将考核结果与选拔任用、培养教育、管理监督、激励约束、问责追责等相结合。对221名领导干部开展谈心谈话，组织922名领导干部填报个人有关事项报告。做好廉洁审查和任前谈话，对拟提任、评先评优等518人次进行“廉洁体检”，有效防止“带病提拔”。举办3期干部培训班，集中脱产培训215人；选派11批20人次参加“一校四院”脱产培训；组织800余名领导人员完成习近平总书记系列重要讲话等专项学习任务。选派11人参加挂职交流。

优秀人才不断涌现。出台《中国电建职工职业发展通道建设指导意见》，为员工的多通道发展创造条件。出台《中国电建首席技术专家管理办法》《中国电建特级技师、首席技师和技能专家评聘管理办法》，完成中国电建首届10名特级技师暨电建工匠评聘工作。落实国资委海外高层次人才接收评选工作，共接收3名海外高层次人才。全国勘测设计大师、中国电建首席技术专家张宗亮当选土木、水利与建筑工程领域中国工程院院士，1人入围全国勘察设计大师公示名单，1人被评为第十五届全国技术能手。

6. 持续夯实基层基础，推动党建生产融合

党建责任全面压实。坚持党建工作和业务工作目标同向、部署同步、工作同力，全年组织召开党委常委会43次，审议议题330项。落实“四同步”“四对接”要求，指导12家子企业党委按期换届。组织15家子企业党委书记开展党建工作述职评议，对72家子企业党建工作责任制实施全覆盖现场考核，党建工作责任制考核评定为“优秀”的子企业由2018年的12家、2019年的15家，增加到2020年的24家。将考核评价结果作为干部任免奖惩的重要依据，与领导人员绩效年薪挂钩。

基层组织全面加强。深入落实“中央企业党建创新拓展年”工作部署，结合实际，围绕“八个标准化”和“两个作用发挥”，创新开展党支部标准化建设“深化拓展年”行动。4077个党支部已有3276个完成达标验收工作，达标率80%。通过“现场+书面”方式，对64家子企业和6家直属派出机构进行全覆盖党建调研。举办基层党支部书记暨党务工作者培训班，聚焦巡视巡察、调研考核发现的共性问题开展针对性辅导，推动基层组织建设全面进步、全面过硬。邀请4家先进单位作交流发言，宣传推广“党支部标准化建设”和“党建与生产经营深度融合”方面的创新成果和鲜活经验。建立机关党委党建工作领导小组例会制度、

机关党支部学习制度。成立 5 个检查组，对总部各党支部党史学习教育、“我为群众办实事”、支部标准化建设等年度重点工作安排进行全面“体检”。及时总结形成《关于中国电建党委〈关于推进党建工作与生产经营深度融合　引领公司高质量发展的指导意见〉落实情况的报告》《关于“党建创新拓展年”特色亮点工作的报告》，以高质量党建引领保障高质量发展的生动局面逐步形成。

海外党建全面深化。严格执行“五不公开”要求，应对中美中欧关系复杂局面，稳妥开展境外党建工作。围绕海外疫情防控和生产经营重点任务，开展“亮身份、作表率、践承诺”活动，发挥“一个支部一面旗，一个党员一盏灯”作用。认真对负责人为非党员或非中国籍员工的境外机构（项目）的“三重一大”事项进行提级管理，确保境外机构（项目）的合法合理合规决策重大事项。加强境外人员思想教育，强化人文关怀和心理疏导，建立联系海外员工家属解决后方问题工作机制，全力支持前方做好“双稳”工作。

7. 拓展宣传思想成效，展现电建形象

思想建设不断强化。严格落实意识形态工作责任制，先后 2 次通过党委常委会专题研究意识形态工作责任制落实情况，出台《网络意识形态工作责任制实施细则（2021 年版）》。关注驻外职工思想动态，印发《关于加强驻外员工意识形态教育管理的通知》。加强党建思政课题研究，申报中央企业党建政研会课题立项 4 项，获得一等奖 1 项、二等奖 2 项，获得优秀组织单位奖。完成中国电建 2020 年度党建思想政治工作课题研究成果评审工作，表彰 100 项优秀成果。加强理论研究，在《思想政治工作研究》等权威理论刊物发表中国电建党委署名文章 2 篇。组织开展中国电力政研会 2020 年度优秀研究成果征集活动，9 项成果获奖。

正面宣传不断加强。在中国电建网站、微信、报纸开设“电建红色故事”“电建信物故事”系列栏目，发布稿件 610 余篇，掀起党史学习教育浓厚氛围。以白鹤滩、杨房沟等大国重器为重点，先后刊发专题学习文章、深度报道 30 余篇；在人民日报、央视等央媒发布新闻报道 220 余条；在国资委网站发稿 185 篇。制定《“满天星”计划暨融媒体中心建设实施方案》，成立中国电建融媒体中心，构建六大平台，实现与国资委宣传指令实时对接。宣传工作经验在中央企业 2021 年宣传思想工作视频会议上进行了交流。制定《外宣工作五年行动方案》，开通 120 多个海外中方及外籍员工的海外社交媒体账号，构建多主体、立体式外宣格局。对巴基斯坦开展跨文化融合，推荐 1 人到中国驻巴基斯坦大使馆担任新闻官，构建具有鲜明中国特色的传播体系。在 2020 中国海外网络传播力建设报告中，中国电建海外传播力综合指数在 97 家央企中排名第二位。

8. 压紧压实从严治党责任，凝聚新风正气

“两个责任”贯通落实。召开党风廉政建设和反腐败工作会议，层层签订党建工作责任书、党风廉政建设责任书。先后召开 12 次党委常委会、2 次工作协调小组会议专题研究党风廉政建设和反腐败工作。中国电建纪委定期向党委汇报工作，重大问题线索和违法违纪案件及时请示报告，协助督促党委落实主体责任。深入部分子企业及多个重点项目实地检查“两个责任”落实情况，组织开展子企业 2020 年度党风廉政建设和反腐败工作责任制考核，考核结果与企业业绩、领导人员绩效薪金直接挂钩。

不敢腐不能腐不想腐一体推进。持续强化“不敢腐”，中国电建两级纪委持续开展谈话函询工作，强化党政纪处分和组织处理。两级纪委运用“四种形态”批评教育帮助和处理相关人员。抓实抓细“不能腐”，补齐制度短板。修订完善《中国电建各级纪检机构加强日常监督工作的意见》《关于贯彻落实〈中共中央关于加强对“一把手”和领导班子监督的意见〉的通知》，制定《中国电建纪委加强违规挂靠监督管理规定》，形成了较为完备的制度体系。着力夯实“不想腐”，筑牢思想防线。深入开展以案为鉴、以案促改工作，开展警示教育活动，召开警示教育大会，通报公司典型违纪违法案件、典型案件，用身边事教育身边人，不断增强党员干部拒腐防变能力。

“靠企吃企”问题整治成效显著。先后召开 13 次党委常委会、11 次专项整治领导小组会研究部署“靠企吃企”问题专项工作。系统治理境外腐败，共受理处置涉及境外问题线索 6 件次，目前均已办结。严肃整治利益输送，修订完善《产权管理办法》《资产管理办法》等管理制度。坚决整治设租寻租，修订完善《物资采购管理办法》《招标管理办法》《分包管理办法》等规章制度。严肃查处化公为私问题，认真抓好集中规范领导干部配偶、子女及其配偶经商办企业行为整治工作，共发现 7 项问题或风险点，目前已全部整改完成。开展“影子公司”“影子股东”问题的全覆盖自查申报，推动形成有效监管合力。

风清气正干事氛围更加浓厚。盯紧“关键少数”，高度重视隐形变异“四风”行为问题线索核查工作，对发现问题进行立案审查，追究相关人员责任。严格落实中央八项规定精神，重点查处违规收送礼品礼金、违规发放津补贴、超标准乘坐交通工具等“常见病”，坚决反对和防止讲排场、搞特权，坚决制止餐饮浪费、铺张浪费，坚决遏制履职待遇、业务支出中的违规违纪问题。加强舆论宣传，开展经常性宣传引导和警示教育，督促各级领导干部尤其是“一把手”发挥表率作用，严格管好家属子女，严格家风家教，营造崇廉

向善氛围。

9. 高质量推进巡视巡察，发挥利剑作用

完成专项巡视工作。先后召开 9 次党委常委会和专项巡视领导小组会、9 次联络组会，部署推动专项巡视工作。组建 174 个巡视巡察组，对全级次 883 家子企业开展巡视巡察。公司党委常委包保 10 个工作组，全级次梳理排查问题 17911 个，制定整改清单 884 份，形成整改决议 1777 个。专项巡视反馈的 20 个问题，已全部完成预期整改任务。严格整治民企挂靠国资问题，建立“五联动两落实三确保”机制，得到国资委党委第二巡视组肯定。

政治巡视持续深化。先后研究部署巡视工作 11 次，召开巡视动员部署会 2 次，专题调研上下联动和项目巡察 4 次，部署推动工作。完成三轮对 36 家子企业党委常规巡视，对于发现的问题和收到信访举报，形成了专题报告。通过三轮巡视，各被巡视企业管党治党意识不断增强，企业治理能力持续提升。获得国资委党委 2020 年度巡视巡察工作考核 A 级。

巡视整改取得实效。扎实开展“整改落实年”活动，建立“方案切入、过程督导、职能管控、联动发力、落地见效”的整改促进机制，对 4 家子企业的整改方案退回要求修订。部署安排巡视整改“回头看”，对 19 家子企业党委巡视整改工作开展评估。结合年度重点任务，进一步完善国资委党委巡视反馈意见整改措施，定期更新整改台账，及时上传至中央企业巡视巡察整改系统。

10. 强化党建带群建，发挥桥梁纽带作用

职工群众主力军作用充分发挥。各级工会组织深入开展“建功‘十四五’奋进新征程”主题劳动和技能竞赛，获得首届电力班组创新创效一等奖 10 项。弘扬劳模精神劳动精神工匠精神，4 家单位获得全国五一劳动奖状，10 个集体获得全国工人先锋号，1 名职工获评全国劳动模范，2 名职工获得全国“五一”劳动奖章。健全以职工代表大会为基本形式的民主管理制度，保障职工知情权、参与权、表达权、监督权。结合海外疫情防控工作的实际，进一步加大对海外职工家属的关心关爱工作力度，定期开展走访慰问。2021 年春节前向子企业工会拨付“两节”困难职工补助金 1388.4 万元，及时将组织的关怀和温暖送到困难职工身边。

党建带团建机制持续深化。各级共青团组织深入开展“学党史、强信念、跟党走”学习教育，中国电建团委作为唯一一家集团团委代表在中央企业党建带团建工作会暨五四表彰大会上作现场交流发言。参加中央企业“两优一先”代表媒体见面会、中俄青年党员对话活动、中俄青年寻访历史活动，并作典型发言。将“青春建功‘十四五’行动”贯穿全年，共青团中央书记处书记傅振邦向中国电建川藏铁路青年集体授青年突击队旗帜，2 个青年集体荣获全国青年文明号，29 个青年集体和个人受到中央企业团工委表彰，1 项成果入选中央企业青年科技创新成果展览。深化“我为青年做件事”行动，帮助青年解决成长成才、婚恋交友等急难愁盼的实事。深化青年志愿服务行动，荣获全国最佳志愿服务项目、全国青少年零碳科技领航项目、全国第十届“母亲河奖”绿色项目奖。

信访维稳总体形势平稳。全力做好建党 100 周年庆祝活动期间信访安全保障工作，充分发挥中央企业首都信访维稳工作“护城河”作用。推进国资委“集中治理化解专项工作”，全年完成积案化解 22 件，超额完成国资委下达的目标。建立“五个一”工作机制，编印《信访维稳工作文件汇编》，推动信访维稳工作标准化、规范化、法制化。全年没有发生影响社会稳定的事件，维稳形势基本在控可控。

【国际业务】面对病毒变异、海外疫情持续蔓延，外部形势更加复杂严峻。中国电建全力“保市场、保订单”，稳住了国际经营的基本盘，为“十四五”开好局、起好头，奠定了良好的发展基础。2021 年中国电建在《财富》世界 500 强企业排名中位列第 107 位，较 2012 年首次上榜时的第 390 位提升 283 位；位居 2021 年 ENR（美国《工程新闻记录》）全球工程设计公司 150 强第 1 位，位居全球工程承包商 250 强第 5 位。国际业务新签、营收、净利润分别为 2100.84 亿、944.51 亿、19.72 亿元，指标完成率分别为 101.44%、100.91%、150.86%。

（1）从规模速度型向高质量可持续发展转变。深化改革抓管控。科学编制集团国际业务“十四五”规划。抓好“三个布局”：优化国别市场布局，编制国别（地区）市场分级管理办法与清单，调整优化资源配置，完善立体营销机制，从“全球打猎”转型为“重点突破”；“扶优扶强”推动差异化企业布局，对子品牌引入竞争机制，对 28 家重点子企业进行新能源市场专项布局，进一步激发活力。加强行业布局，对标“水、能、城”发展需要，改革再造面向市场的机构与流程，重组整合海外部内中台技术部门为水电与水务部、新能源与电力部、城建交通部。紧盯目标狠抓营销组织，坚持季度市场营销专题会，年末开展九十天大会战，对越南风电等重点国别与项目提级管理，确保全年任务圆满收官。

精准防疫抓“双稳”。面对严峻复杂的境外疫情形势，坚持“人民至上、生命至上”的理念，勇担重任，全面履行海外疫情防控领导小组办公室职责，慎终如始、采取周密措施，做好海外疫情防控常态化管控工作，“双稳”目标可控在控。建立了集团、子企业“包保责任制”，实现境外项目巡检全覆盖，总计巡检近 400 余次。加强医疗保障，推进标准医务室建设，做

好境外机构（项目）药品和防护物资的配送、储备，组织黄河医院 2 个医疗小组赴境外机构（项目）进行巡诊和疫情防控指导和培训。全力推进疫苗接种，境外中方人员接种比例提升至 99.5%。国资委和所在国中国大使馆对中国电建克服困难、面对风险的勇气和作为都给予了高度评价和充分肯定。全年统筹安排出境 19312 人次，入境 20883 人次，人数上位居央企首位。

妥善处置抓安全。积极应对境外非传统安全风险，集团成立领导小组及专办，制订管理制度及工作方案，开展风险排查及专项治理，强化伊拉克、巴基斯坦、尼日利亚等高风险国别机构安防措施；缅甸、埃塞俄比亚、几内亚、南苏丹等国别风险得到妥善处置。全年未发生社会安全致亡事件。HSE 管理水平提高，印发《国际工程项目 HSE 工作标准》；成立境外应急管理中心、应用“电建应急通”，提高应急救援效率。电建国际公司连续第三年荣获安全生产先进企业。

创新监管抓项目。不断完善中国电建海外业务综合服务平台功能，实现项目全生命周期管理。有效预防增量风险，指导 35 家子企业 195 个境外待签约、待开工项目有效应对疫情造成的工期延误、成本增加和潜亏风险，审慎推进新项目落地；摸查指导 48 家子企业受疫情影响的境外在建项目开展索赔和反索赔，因疫停工项目应复尽复。

合规经营抓防范。积极处置重大法律纠纷案件，取得较好效果。加强经营行为法律审核。开展授权事项拉网式排查整改。建立各行业业绩库和对外披露案件库，有效防范投议标信息披露不当风险。积极应对外部合规风险。开展全系统境外咨询服务风险排查。修订合规政策系列文件。组织 60 多家子企业、1800 名合规管理人员培训。开展境外机构股权代持专项整治。落实投融资行为尽调及风险识别评估。修订外事管理办法，健全完善反间防谍工作机制。全面加强信息化安全，提升网络攻击行为监测及处置能力。

多措并举抓效益。组织开展财务内控风险专项整治行动及银行账户自查。合理规划资金安排，盘活政策性资金 4.11 亿元。建立压降“两金”例会制度，聚焦重点项目督导落实。合理使用金融工具探索境外跨国别资金集中，防范外汇风险。积极应对境外税务检查，节约税赋约 2.67 亿元；争取国家税收优惠，为子企业分配可抵免税额约 2.85 亿元，超额完成出口退税 4.66 亿元。“过紧日子”，严控费用支出，全年实际开支比预算下降 7.13%。开展“提质增效”专项行动和“减利增效”专项巡视整改，遏制“出血点”，确保增利目标。

（2）从 FEPC 经营模式向现汇、融资、特许经营“三业并举”转变。强化“现汇为王”的理念，在做好现汇模式的基础上，积极获取对外援助、两优贷款项目以及外部资金项目。如卢旺达那巴龙格河二期水电站优惠贷款项目成功融资关闭；塞尔维亚总统见签上米兰洛瓦茨绕城公路以及中西部一揽子交通工程框架协议。融资模式上，积极利用国内外金融及信保机构共同合作推动目。如利用欧洲资金成功签约安哥拉 3 个项目；签署口行优买融资的蒙古国额尔登布仁水电站项目；以建设期融资模式签署越南项目群 5 个项目、EPC 金额 8.74 亿美元；中国水电——加纳优先基础设施项目最大标段 LOT2 库马西城市道路项目顺利融资关闭。境外投资上，加强境外投资项目前期工作评审，全年完成评审和备案项目 12 个，完成境外投资政府部委备案事项 6 项。研究确定 30 个重点投资国别。派出 6 个新能源投资开发组到一线开发项目。电建国际公司与电建海投公司签署境外新能源投资合作协议，“2+N”平台逐渐成型。习总书记见签集团在欧洲首个电力投资项目——波黑伊沃维克风电项目；中资企业首个海外全流域投资开发梯级水电项目——老挝南欧江水电站全面商业运营；印尼示范项目——北苏三燃煤电站项目正式商业运营。2021 年，中国电建在 13 个国家实施投资项目共计 27 个。

（3）从“单打独斗”向合作共赢转变。第三方市场合作不断深化，与 16 个发达国家 51 家知名企业聚焦优势互补领域取得一系列务实成果，在建和推动的合作项目达到 75 个。境外新能源综合解决方案平台（INES）会员扩大至 25 家，全产业链资源整合能力进一步提高。承担中国水力发电工程学会海外分会秘书处职能，进一步提高行业影响力和资源整合力。

（4）从传统能源为主向绿色低碳能源业务转变。坚持“水能城”融合发展。做强“水”，加强传统水电业务同时着力拓展水务市场，中东海水淡化业务取得新进展；“东盟国家大坝安全保障体系建设与示范项目”进入国家战略。做优“能”，抢抓新能源机遇，制订海外风光电业务高质量发展实施方案，布局境外新能源投资重点国别清单；重点布局亚太和欧亚海上风电；实现地热、绿氢领域突破。成为国际业务第一领军行业。做精“城”，紧抓公共卫生服务和战后重建契机，开发中标民生类基础设施项目；中国电建已成为中国铁路“走出去”的重要组成力量。贸服业务不断推进，中国电建入选首批全国“供应链创新与应用示范”企业。

（5）从中国生产要素为主向属地化经营转变。推动“做实国别、一国一策”属地化建设。东南非区域充分利用区域金融资源。中西非区域在喀麦隆实现了管理人员属地化为主。欧亚区域将驻在地迁址塞尔维亚，牢牢抓住市场机遇。中东北非区域在沙特、阿尔及利亚探索与本地公司合作积累业绩、应对壁垒。亚太区域率先制订区域内子企业属地工作评价管理办法，加强统筹管理；越南子公司在工程、运维、装备制造等方面属地化体系更加完善。美洲区域加深与合作伙伴互信，推动巴拿马和巴西属地化进程。

【信息化建设】2021年，中国电建深入学习贯彻习近平总书记关于数字经济发展的重要指示批示精神，全面落实国资委关于中央企业网信工作的各项要求，认真落实公司工作会精神和各项决策部署，围绕改革发展、转型升级和对标世界一流管理提升，坚持价值导向，突出系统思维，进一步提升公司精益化生产、数字化建造、现代化管理和智能化决策能力，以推动全面数字化转型开启“十四五”新征程。

1.“十四五”公司数字化转型战略逐渐完善

“十四五”数字化转型战略体系基本形成。“数字电建”课题研究和“十四五”发展规划，经过征集30余家典型子企业意见，进行多轮修改完善，针对其中核心关键问题，征集54家子企业、176人次参加，组建“水能城”“投建营”“PRP应用问题诊断”等19个工作专班进行研究，现已具备报审条件。

2021年，组织启动了“一把手谈数字化转型”、典型方案推广、典型案例收集，开展了华东、华北、西南三大片区数字化转型宣传培训等系列活动，营造数字化转型氛围。组织6家子企业参加数字中国成果展、4家子企业参展2021中国国际智能产业博览会，进一步提升公司品牌形象。

2. 总部决策链数字化支撑能力逐步完善

总部辅助决策链数据应用系统，通道技术体系已经基本形成，根据数据需求和分析要求的变化，可以实现采集指标数量、分析工具部署和结果展示等快速调整。建成包含989个数据指标的总部主数据目录体系，形成了以每月经济运行分析为主体的多维度、多专业主题分析，形成了“国资监管”“集团管控”“企业监管”“项目监管”“能源监管”“海外监管”“疫情监控”等一系列辅助决策分析支撑平台。

2021年形成支持总部各部门10大类173套各部委报表需求和“国资监管”2.7万个数据的报送要求。实现国资监管，年度新增“三重一大”相关制度86个、决策议题2.6万项；监测大额资金支出1141笔1385.544亿元；建成国企改革在线督办系统、监督追责系统，与国资委实现对接；完成了国资委《应急状态下央企资源协同体系》课题研究。

3. 企业管理链数字化协同服务能力进一步提升

2021年，协同办公OA、电子档案、互联网融媒体宣传平台、党工团群纪检监察巡视综合管理平台、项目报批报审报奖管理系统等不断完善。新增4家子企业OA系统集中部署，累计47家子企业与集团共用一套OA系统。开展了党建系统的升级改造工作，支持党工部上线党史知识竞赛等4项专题活动。开展融媒体指挥平台建设工作，预计年底满足试运行条件，将覆盖境内全网、境外1万多新闻网站和论坛，1000多万重点账号以及部分智库。

人力资源、财务、供应链、金融链等信息化体系不断健全，支持核心资源协同利用能力进一步提升。2021年，“人力资源685工程”进一步完善深化应用。完成农民工实名制信息平台建设，实现对1100个项目25万人信息的在线采集。启动招聘管理平台建设，57家子企业基于平台开展校招和社招。“业财资税投融审一体化”快速推进。支持财金部推进“财务共享平台”建设，完成“曝光台”上线应用。供应链一体化数字化集成建设进一步推进。供应链云服务平台试点项目系统功能全部跑通，合同金额累计约5.8亿元人民币。物联网技术全面应用，持续推广设备资产管理系统的覆盖范围。涵盖招标、采购、电建商城、装备电商等统一的电商平台基本形成，2021年线上招标采购总额预计达人民币1850亿元，集中采购率达到96%。

4. 工程链数字化建设助力项目管理持续优化

持续深入推进项目管理PRP体系的应用。每月发布应用情况通报、责成子企业自查分析、召开系统应用问题专项分析会、专题推进会、从系统中采集各单位项目应用情况进行分析等多种方式，促进项目管理PRP系统在施工企业的深化应用。截至目前，30家施工企业3024个项目纳入PRP系统管理，合同总额近6500亿元，新开工项目覆盖率达99.75%。2021年，实现7家设计企业PRP系统上线运行。组织水电五局、水电六局、华东院、华科软公司开展“项目管理PRP系统工地‘八大员’工作界面”研究建设试点工作，目前已覆盖工地现场施工、安全、质量、物料物管等17个应用场景。持续跟踪关注设计-施工一体化平台、基于BIM的火电工程数字化平台、工程EPC平台、工程全生命周期管理平台、“投建营”一体化等重点科技项目的研发、试点、应用等情况，及时分析调整研究出现的问题。

5. 网信基础设施与安全保障能力稳步提升

完成“电建云”“电建通”的基本建设。2021年，电建云正式上线投运，累计完成总部及21家子企业56个业务系统上云，通过资源共享实现降本提效。“电建通”已覆盖全部二级、三级本部及项目部主要人员，2021年新增用户1.1万余人，累计用户达8.2万人，新增45个移动应用，累计196个业务移动应用基于电建通提供服务，推动办文、办事、办会移动化。网络通信体系覆盖全部二级企业和158家三级企业、项目部，通过“统谈分签”的举措，年均节约专线租赁费用约 22%。依托覆盖全部子企业及项目部的视频会议平台，截至 11 月底，年度累计保障视频会议 6693 次，超过 33 万人次参加会议，预估节约差旅成本达 10 亿元。

建成了“电建盾”“电建眼”“电建云堤”“云身份认证”“电建云安全体系”等，形成了较为完备的网络安全防御体系。2021 年，启动公司网络安全运营中心和网安新技术应用项目建设，不断完善公司网信技防体系。推进网安组织机构和人才队伍建设，所有企业均建立了网安领导小组及办公室。举办了多期涵盖全员意识、管理提升、职业技能的线上、线下培训，内部网安专业团队“电建威客”快速成长，已具备实战化能力。参加公安部护网行动，实现总部核心区域“零”失分。完成“两会”“建党百年”等关键时期公司网安保障工作。

6. 网信创新体系赋能业务成果显现

中国电建信息化、数字化科创成果，得到了国家有关部委及社会各界的高度认可。6 个案例入选国资委 2020 年度国有企业数字化转型典型案例（央企共 75 个案例），入选总数位列央企第二、建筑板块第一，已连续三年排名央企前两名。两个案例入选国资委中央企业“十三五”网络安全和信息化优秀案例名单。数字化项目在第三届中央企业熠星创新创意大赛上取得好成绩，其中三等奖一项，优秀奖一项。“电气三维设计系统”入选中电联 2021 年电力创新大奖，中国电建数字化项目连续四年入选大奖。“全国流域水电应急大数据平台”入选工信部 2021 年大数据产业发展试点示范项目。聚焦决口溃堤封堵核心技术的物联网项目，入选应急管理部防汛抢险急需技术装备揭榜攻关项目。

7. 网信管理治理体系逐步健全

进一步梳理信息化制度“废改立”，提升信息化管理水平。以《公司信息化管理办法》为核心，形成了覆盖预算、数据、通信、安全、建设、应用、技术、人才、评价、培训、创新等方面的网信集团级制度 29 项，各级单位现行有效制度 701 项。完善重大、重要信息化项目立项审批程序，实现全集团信息化资金的集中管理、集约运用和统筹建设。通过项目预算目录和项目池，统筹部署全集团信息化年度计划项目。建立信息化评价体系，年度评选 30 个信息化先进集体和 100 名信息化先进个人，引导子企业发展方向。建立信息系统、网络、基础设施运行维护管理体系，1～11 月进行 2653 次系统巡检，为总部各部门提供 7681 次系统运维服务。

【工会工作】在公司党委和上级工会的领导下，以习近平新时代中国特色社会主义思想为指导，贯彻党的十九大和十九届历次全会精神，学习贯彻习近平总书记关于工人阶级和工会工作的重要论述，聚焦建功立业、素质提升、履职维权、关爱职工、固本强基等五大工程，充分发挥桥梁和纽带作用，团结和动员广大职工为建成世界一流企业而努力奋斗。

在广泛开展“职工心向党”主题文化活动方面。中国能源化学地质工会与公司工会、北京院工会开展的党支部主题党日活动亮相“让党中央放心、让人民群众满意——新时代中央和国家机关党的建设成就巡礼展”。工会获得中国能源化学地质工会、中国电力文学艺术协会等优秀组织奖多项。印发《关于发挥工会组织密切联系职工群众的优势积极开展“我为群众办实事”实践活动的通知》，将征求到的 126 条意见建议进行了整理上报公司党委。

在深入开展“建功‘十四五’奋进新征程”主题劳动和技能竞赛方面。获得“哈电杯”全国大型水轮机发电机组检修维护技能竞赛、全国能源化学地质系统网络安全职业技能竞赛优秀组织奖，获得团体和个人奖多项。认真贯彻公司党委的决策部署，工会和军民融合管理部在格尔木项目开展了“攻坚六十天，决胜格尔木”劳动竞赛活动。通过劳动竞赛，各节点目标如期完成。持续做好群众性创新创效“百项”成果评审活动。

在大力弘扬劳模精神劳动精神工匠精神方面。电建市政公司范连勇获得“全国劳动模范”。4 家单位获得全国“五一”劳动奖状；2 名职工获得全国“五一”劳动奖章；10 个集体获得全国工人先锋号。水电四局白鹤滩机电安装工程项目部天车班班长田得梅获得能源化学地质系统“大国工匠”。

在健全以职工代表大会为基本形式的民主管理制度，保障职工知情权、参与权、表达权、监督权方面。水电五局工会“以民主促和谐 共建幸福企业”获得全国企业民主管理微视频大赛一等奖。

在关心关爱职工群众方面。结合海外疫情防控工作的实际，进一步加大对海外职工家属的关心关爱工作力度，开展走访慰问活动，切实做好思想稳定工作。2021 年春节前，公司向子企业工会拨付“两节”困难职工补助金 1388.4 万元，由各单位工会将公司党委和公司领导的关心和温暖送到困难职工身边。“守初心、担使命、新征程、再前行”——中国电建 2021 年网络春晚，视频播放量达到 39.9 万+，接地气、鼓士气、树正气。电建建筑公司获得“2017—2020 年度全国群众体育先进单位”。

（郝颂东）

中国能源建设集团有限公司

【公司概况】 中国能源建设集团有限公司（简称中国能建）成立于 2011 年 9 月 29 日，是经国务院批准、由国务院国资委直接管理的特大型能源建设集团公司，注册资本 260 亿元。2014 年 12 月 19 日，中国能建与全资子公司电力规划总院有限公司共同发起设立了中国能源建设股份有限公司（中国能建持股 99.53%）；2015 年 12 月 10 日，中国能源建设股份有限公司首次公开发行 H 股在香港联合交易所有限公司主板挂牌上市（股票代号 3996.HK）；2021 年 9 月 28 日，中国能源建设股份有限公司（简称能建股份公司）在上海证券交易所主板挂牌上市（股票代码 601868.SH）。

中国能建是一家为中国乃至全球能源电力、基础设施等行业提供整体解决方案、全产业链服务的综合性特大型集团公司，主营业务涵盖能源电力、水利水务、铁路公路、港口航道、市政工程、城市轨道、生态环保和房屋建筑等领域，具有集规划咨询、评估评审、勘察设计、工程建设及管理、运行维护和投资运营、技术服务、装备制造、建筑材料为一体的完整产业链。连续 8 年进入世界 500 强，在 ENR 全球工程设计公司 150 强、国际工程设计公司 225 强、全球承包商 250 强和国际承包商 250 强排名中位居前列，在 80 多个国家和地区设立了 200 多个境外分支机构，业务遍布世界 140 多个国家和地区。

中国能建依靠领先的技术水平和卓越的创新能力，服务国家战略、引领行业发展。拥有 3 个院士专家工作站、11 个博士后科研工作站、3 个国家级和 49 个省级研究机构、96 家高新技术企业；取得国家科技进步奖 48 项，重大科技成果 2100 余项，有效专利 10043 项，制修订国家标准和行业标准 1100 余项。在三峡工程、南水北调、西气东输、西电东送、三代核电等一系列关系国计民生的重大工程中，中国能建作为工程建设领域主力军和国家队，先后承建了世界首个“三百”火电工程、世界首个 AP1000、CAP1400 核电工程、世界最大风光储输工程、世界首个多端柔性直流输电工程、世界首个 1240MW 高效超超临界燃煤发电工程、世界首个特高压多端混合直流工程、世界海拔最高的输变电工程等一批重大工程，创造了多项世界第一。

【领导班子】

1. 中国能源建设集团有限公司

党委书记、董事长：宋海良

党委副书记、总经理、董事：孙洪水

党委副书记、工会主席：马明伟

党委常委：吴春利

党委常委、安全总监：周厚贵

党委常委、纪委书记：李子勇

党委常委、首席信息官：吴云

党委常委：陈晓华

党委常委：李丽娜

2. 中国能源建设股份有限公司

党委书记、董事长：宋海良

党委副书记、总经理、副董事长：孙洪水

党委副书记、董事、工会主席：马明伟

党委常委、副总经理：吴春利

党委常委、副总经理、安全总监：周厚贵

党委常委、纪委书记：李子勇

党委常委、副总经理、首席信息官：吴云

党委常委、副总经理：陈晓华

党委常委、总会计师：李丽娜

【组织机构】 见 2021 年中国能建组织机构图。

【企业战略】“十四五”时期是中国能建的重要战略机遇期，加快发展的窗口期，业务转型与深化改革的攻坚期，培育行业竞争力、提升行业影响力、塑造行业引领力的关键期。站在新的历史起点，中国能建主动把握时代发展潮流，科学制定了面向未来发展的《关于全面加强党的领导、加快高质量发展、深化系统改革和加强科学管理的若干意见》（简称《若干意见》）和“十四五”发展规划。

中国能建将大力实施以“一个愿景”“四个前列”“六个一流”“六个重大突破”为核心的“1466”战略，即秉持行业领先、世界一流的“一个战略愿景”，始终在践行国家战略、推动能源革命、加快高质量发展、建设美好生活上实现“四个走在前列”，全力打造一流的能源一体化方案解决商、一流的工程总承包商、一流的基础设施投资商、一流的生态环境综合治理商、一流的城市综合开发运营商、一流的建材、工业产品和装备提供商“六个一流”，着力推动能源革命和能源转型发展、加快高质量发展、深化系统改革、全面加强科学管理、全面提升企业核心竞争力与组织能力、加强党的全面领导和党的建设等“六个重大突破”。“十四五”期间，实现主要经营指标翻番，再造一个高质量发展的新能建。2035 年，全面建成具有全球竞争力的世界一流企业。

2021 年中国能建组织机构图

【体制改革】

1. 全面推进国企改革三年行动走深走实

在中国能建上下共同努力下，全年公司改革三年行动整体完成率达 93%，各项重点改革任务扎实有效推进，取得了一系列标志性、开创性和里程碑式的重要改革成果，全体能建人干事创业热情持续高涨，主要经营指标实现量质共升。中国能建改革相关做法经验被国资委通报表扬，近 10 项经验案例入选国资简报、改革动态、案例集等，并受到新华社、经济日报等主流媒体宣传报道，能建品牌影响力大幅提升。

思想引领更加坚定。深入学习领会习近平总书记关于改革的重要指示精神，全面研判“五大变革”和“三大经济形态”带来的新机遇新挑战，聚焦封闭保守、畏难情绪、等靠要、大锅饭等思想问题，解放思想、解放人、解放生产力“三大解放”，以思想之“变”引领行为之“变”、以行为之“变”推动发展之“变”，凝聚起全体干部职工“思改革、盼改革、真改革、彻底改革”的最广泛共识，为加快全面系统改革筑牢了思想保障。

理念引领更加清晰。坚持把推进改革与胸怀“两个大局”、心系“国之大者”相结合，牢记“两个初衷”，坚持“五大导向”原则，把追求价值创造最大化作为衡量改革工作的根本标准，围绕“三高两低三强”目标持续推动改革走深走实，以企业高质量发展实际成果检验改革的成效，通过新理念先行，全力争当改革的排头兵、先锋队。

战略引领更加穿透。始终以《若干意见》为引领，锚定“1466”战略和“再造一个高质量发展新能建”目标，坚持把推进改革三年行动与落实《若干意见》、“十四五”发展规划、布局优化调整和组织结构重组整合总体方案“四套方案”“四张清单”有效衔接、有机融合，确保改革的顶层设计系统穿透，战略的牵引价值全面彰显。

目标引领更加精准。细化改革三年行动的目标任务书、措施路线图、时间进度表、责任体系单，聚焦 9 大类、73 项任务、231 个量化指标，构建“一体抓、主动抓、系统抓、高目标导向抓”的“四抓”机制，层层签订考核责任书，通过编制“半月报、月报、季报”，定期召开例会和推进会，强化督导、纠偏、考核、奖惩，切实把完成重点任务、务求改革实效、固化改革成果作为落脚点，推动改革取得了一系列阶段性、标志性成果。

2. 全面启动布局优化调整和组织结构重组整合工作

全面深化“六型”总部建设。按照“小总部、大部制、大处室、大产业”思路，完善总部适应性组织建设改革，职能部门从 15 个精简至 10 个。组建六大事业部，统领总对总、综合、高端、一体化业务发展，总部“引领发展、面向市场、价值创造”功能持续释放。

优化生产力和产业布局。系统研究制定布局优化调整总体方案和子企业专项改革方案，全力抓好组织实施，着力破解碎片化、同质化、低端化、低效化发展问题。组建绿色建材、装配式建筑、轨道交通、氢能、数科等专业化平台公司，聚焦重点区域、重点项目加快市场布局，拓展增长空间。加大“两非”剥离处置力度，全年清理退出 48 户“两非”企业，推动资源更多向主业集中。

完善市场和经营发展体系。组建六大区域总部，构建“事业部＋区域总部＋子公司”三位一体的大市场开发体系，形成覆盖全国、协同有序、统筹高效的市场发展新格局。组建国际六大区域总部，构建“$1+2+N+X$”海外业务经营体系，推动公司深度融入全球价值链、产业链、供应链。发挥市场经营龙头作用，构建市场开发、项目优质实施、技术装备支撑立体化“铁三角”经营体系，企业市场经营协同能力不断增强。组建六大区域投资公司，建立“$1+3+2+6+N$”多层级投资发展体系，有效发挥投资引擎的带动、牵引和杠杆作用。

3. 坚持靶向发力，专项改革工作深入推进

强化授权管理。聚焦混改、科改示范企业，加快建立差异化、科学化、精准化管控模式，全方位激发企业活力动力。湖南院充分利用境内主业投资、机构管理、经理层成员选聘等多项自主权力，强化股东市场协同，经营成效显著增长，相关改革经验受到发展改革委肯定。葛洲坝水泥公司聚焦所属混改企业治理，强化清单管控，实现产能与利润持续保持高位增长。东北院和洛斯达公司科改成效逐步显现，改革经验入选国资委改革创新案例集。

强化改革赋能。将抓好国企改革专项工程纳入年度重点工作任务。建立评估督导和动态调整的工作机制，支持进展较快的企业巩固扩大改革成果，推动遇到阻力的企业攻坚克难力争突破。在全面调研评估基础上，增补 2 户企业进入发展改革委混改试点名单，推荐 5 户企业申报“科改示范企业”扩围名单，遴选 6 户企业进入公司未来两年重点推动的混改企业名单。

强化资源配置。持续压减企业管理层级，五级企业由 55 户压减为 5 户，有效缩短管理链条。打响亏损企业治理攻坚战，选定 10 家重点亏损企业，实行公司领导包保管理，系统施策，促进减亏增利脱困。清理退出 48 户“两非”企业，“两非”剥离处置力度在中央企业中位于前列。做好业务、财务、投资、分配、法律“五项管控”，设立“曝光台”，强化考核问责，

全年减利增效 48.89 亿元。

【人力资源】 2021 年末，中国能建员工总数 118300 人，在岗职工 106457 人，不在岗职工 11843 人，劳务派遣人员 11087 人。管理人员 39314 人、专业技术人员 40560 人、技能操作人员 22925 人；博士研究生 526 人，占比 0.44%；硕士研究生 13718 人，占比 11.59%；大学本科 47879 人，占比 40.47%；专科 24187 人，占比占比 20.44%；中专及以下 31990 人，占比 27.04%。正高级职称 2781 人，高级职称 16535 人；高级技师 2203 人，技师 6917 人。员工年龄结构情况，55 岁及以上 12327 人，占比 10.42%；51～54 岁 14932 人，占比 12.62%；41～50 岁 34372 人，占比 29.05%；36～40 岁 14600 人，占比 12.34%；35 岁及以下 42069 人，占比 35.56%。

2021 年末，享受国务院政府特殊津贴专家 36 位，全国工程勘察设计大师 7 位，全国核工业工程勘察设计大师 2 人，新世纪百千万人才工程国家级人选 5 位，国家级突出贡献中青年专家 2 位，全国技术能手 23 位，全国劳动模范 15 人；各类国家注册执业资格人才 17808 人。

【安全生产】 2021 年，中国能建上下深入贯彻落实党中央、国务院关于 QHSE 工作决策部署，以《若干意见》为统领，紧盯年度工作会议和半年工作会议确定的目标任务，聚焦“十二个到位”，统筹抓好 QHSE 各项工作，QHSE 形势总体稳定。

1. 系统推进落实“十二个到位”

以上率下明确 QHSE 工作新方向、新思路、新路径。立足改革发展新阶段，从防范系统性和颠覆性安全风险的战略高度提出要“牢固树立‘安全管理是第一生产力、第一管理’理念，全面落实‘十二个到位’要求”，确立围绕“十二个到位”推进“234”工程建设的中心任务，为中国能建新阶段 QHSE 工作指明了新方向，理清了新思路，找准了新路径。

上下联动确保“十二个到位”学深悟透、做深做实。聚焦学深悟透，推进“十二个到位”进企业、进项目、进班组，通过领导干部带头讲、一线员工互动讲、“线上 + 线下”相结合等多种方式，引导全体员工学习领会“十二个到位”的精神实质和核心要义；聚焦做深做实，紧扣基础“334”工程和“十二个到位”要求，表单化明确 50 项具体工作措施，项目化明确具体工作安排，层层主题宣讲、专项督导、定期盘点、循环推进，推动“234”工程建设走深走实。

2. 高位推动压实 QHSE 责任

强化 QHSE 组织领导。中国能建党委常委会第一时间传达学习习近平总书记关于安全生产、防汛救灾、质量工作和生态文明等重要指示精神，及时研究部署 QHSE 工作，落实 QHSE 领导责任；统筹推进安全生产专项整治三年行动，紧盯专项整治主要任务，以问题隐患和制度措施“两个清单”为抓手，全面梳理安全生产责任体系、制度体系、风险隐患预控体系等方面存在的问题和不足，全面排查建筑施工、危险化学品、民爆物品等专业领域事故隐患，不断健全安全生产管理体系和工作机制，着力从根本上消除事故隐患。

强化 QHSE 问责追责。坚持事故追责与溯源并重，在严格落实事故通报、督办、调查处理基础上，健全事故分析会责任单位主要负责人“说清楚”制度；严格考核问责，对 7 家直属企业给予 2020 年度经营业绩考核扣减系数或降级处理，对葫芦岛岳家屯风电场 2020 年“8·18”较大事故 4 家责任单位和 27 名责任人员进行追究，对 2021 年 10 起一般安全事故责任追究共计行政警告 26 人、行政记过 29 人、行政记大过 4 人、过失性辞退 3 人，着力让“安全红线”成为无人敢碰的高压线。

3. 上下贯通防控 QHSE 风险

深化 QHSE 风险动态研判。健全上下贯通的 QHSE 风险研判机制，严格落实 QHSE 风险分析季度例会机制、发布周报对较大及以上安全风险进行警示机制，动态掌握和防控生产一线风险状况；严格落实风险分级管控制度、技术和管理措施，强化较大及以上事故风险和劳动密集作业场所风险管控，守牢风险防控前沿阵地。

深化重点项目 QHSE 风险管控。加强适应性组织建设和产业布局优化期间 QHSE 风险管控，全面梳理区域投资公司控股、参股项目情况，督促落实产权关系调整期间 QHSE 管理责任；定期盘点公司承接项目、公司控股项目、新业务新业态项目等 QHSE 风险管控情况，加强指导服务和监督管理，推动落实风险管控责任和措施。

4. 突出重点加强 QHSE 排查治理

持续开展 QHSE 督查巡查。针对性选择隧道、桥梁、地铁、高层建筑、非煤矿山、民爆等高风险项目，持续以“四不两直”“回头看”等形式开展穿透式督查巡查，全年督查巡查 43 个项目，发现问题隐患 753 项，严格问题隐患整改闭环和督查验证，严肃责任倒查和问责追责，促进“十二个到位”在基层一线刚性落实。

开展“两保障十排查”和季节性检查。结合形势需要和上级安排，组织开展建党百年、冬奥会和冬残奥会安全保障及行业涉稳安全、民爆物品、老旧设施、生态环境、防火防寒等“两保障十排查”，确保风险可控在控、隐患应除尽除；常态化层层组织开展春、秋季安全生产大检查，聚焦重点工作和季节性安全防范措施落实，共组织检查 19664 次，其中领导带队检查 5199 次、安全监管部门检查 8767 次、业务部门检查

5698次，排查治理隐患（问题）85321项。

5. 关口前移筑牢应急管理防线

全力做好防洪度汛工作。2021年汛期，坚持“宁可十防九空、不可失防万一”，加强防洪度汛组织领导和协调联动，强化汛情灾情动态研判和预警预报，扎实做好人员、装备、物资、预案、演练等各项应急准备，严格落实主汛期领导带班、24h值班和信息报告制度，保证了汛期安全生产，受到了上级部委和各级地方政府的高度肯定。

全力做好突发事件应急处置。组织开展应急演练和应急能力建设评估，提高应急处置能力；加强工程抢险预置力量管理，参与社会抢险救援；突发的“7·14”事件和“12·6”火灾事故，主要领导靠前指挥，有关单位部门协调联动，处突和善后工作有力有序；在台风、暴雨、泥石流、地震等自然灾害发生后，第一时间掌握受灾情况，组织开展自救互救，将灾情险情损失和影响降至最低。

6. 多措并举提升品牌形象

推进创优工作树品牌。推介“能建杯”品牌，国家级奖项推优资格取得重大突破，表彰10项“标杆工程”，举办创优专题培训；加强工程项目全生命周期的创优培育和咨询指导，搭建广州南沙金融岛会址等投建一体化项目创优平台，着力打造具有行业代表性和先进性的标杆项目。

推进QHSE活动树品牌。组织开展“安全生产月”“质量月”“节能宣传周”“低碳日”等活动，营造浓厚QHSE氛围，提升全员QHSE素质能力；参加全国安全知识竞赛位列央企第12位、第三届全国应急管理普法知识竞赛位列央企第16位、电力行业安全知识竞赛位列第4位、中央企业全面质量管理知识竞赛位列央企第17位（连续四年荣获优秀组织奖）；加大QHSE内推外宣力度，在人民网、光明网、国资委和应急管理部网站等广泛宣传QHSE成效亮点，展示中国能建良好形象。

【经营管理】 2021年，中国能建大力开拓市场、加速转型升级、着力提质增效，整体经营情况呈现进中向好、进中提速、量质并举的良好态势，绿色低碳发展迸发新活力，国内营销实现新跨越，海外经营形成新格局，转型升级取得新突破，管理提升再上新台阶。全年完成新签合同额8771.07亿元，同比增长51.19%，其中，国内新签合同额同比增长64.33%，国际新签合同额同比增长21.6%；资产总额5426.16亿元，同比增长13.89%，所有者权益同比增长8.77%；实现营业收入同比增长19.33%；实现利润总额同比增长8.92%，实现净利润同比增长10.48%。

【科技发展与创新】 2021年，中国能建认真落实国务院国资委对中央企业科技创新的要求，始终把科技创新摆在更加突出的位置，大力实施“科技强企、创新发展”战略，重塑科技管理体系机制，搭建一批高端研发平台，狠抓重大科研项目，全面推进产技融合，围绕“30·60”系统解决方案“一个中心”和储能、氢能“两个基本点”，攻关掌握一批低碳、零碳、负碳关键核心技术和“卡脖子”技术，打造原创技术策源地和现代产业链链长，发挥科技“引领、驱动、支撑”三大作用。

1. 科技创新体系

建立了以董事长为主任的科学技术委员会，作为中国能建科技工作的领导和决策机构；建设了中国能建技术专家委员会和高级技术咨询委员会，为中国能建科技创新和数字化转型、市场开发、工程项目管理等提供咨询和决策支持，充分发挥生产经营联动协同的“铁三角”作用。发布了“十四五”科技发展规划，完成科技创新顶层设计，围绕中国能建12大业务，提出8个重点领域、32个研究方向共计100项主要任务（其中围绕碳达峰、碳中和主要任务42项）。

2. 科技创新管理制度

科技创新管理制度不断完善，健全了科技创新和数字化转型考核机制，引导所属企业加强科技创新和数字化转型；优化了科技创新激励机制，设立了科技奖励专项资金，鼓励所属企业建立股权和分红激励等中长期激励机制；创新了科技研发投入机制，设立了科研开发专项资金，实施重大科技立项、重点研发项目“揭榜挂帅”机制，加大科研攻关力度；建立了新技术示范项目管理机制，为科技创新打开新渠道，促进新技术产业化；推动设立科技创新基金，发挥科技+资本的双轮驱动作用，实现“拨投并举”。

3. 创新平台体系

形成了以工程研究院、3个院士专家工作站、12个博士后科研工作站、3个国家级和55个省级研究机构为主体的科技创新研发体系。新增高新技术企业12家，高新技术企业总数达到108家，持续提升科技创新能力。构建了“有统有分、统分结合”的“1+N+X”创新平台体系，组建了中国能建技术中心，引领和统筹所属企业科研开发、成果转化和技术支持；组建了“30·60”研究院、新型储能研究院、民爆研究院等一批研发平台，分别负责双碳、储能、民爆等领域前瞻性、全局性和系统性的重大、关键核心技术研发，打造专业方向科技创新主体。开展数字化转型和科技创新适应性组织建设，成立专业化数科集团公司，致力于“建成数字化和科技领域的一流企业”，打造“数字产业发展、科技创新孵化、数字及科技新兴产业投资”三大平台，成为支撑公司科技创新和数字化转型的核心力量。

4. 关键核心技术攻关

实施国资委“1025专项”和公司“728”科技攻

关。国资委“1025 专项”“基于耦合负压电路的 535kV 混合式直流断路器研制”项目通过国资委科创局考核。“728”攻关已完成“新能源电源优化技术研究”等 8 项主要任务研究。

（1）535kV 混合式直流断路器。自主研制成功世界电压等级最高、开断容量最大的“基于耦合负压电路的 535kV 混合式直流断路器”，保证特高压电网安全可靠稳定运行，解决了柔性直流输电关键装备“卡脖子”问题，具有自主知识产权，实现了关键核心装备国产化，打破国外垄断。项目成果应用于张北±500kV 柔性直流工程，为北京低碳绿色冬奥会提供了保障。

（2）±1100kV 特高压直流输电工程设计关键技术。确定了±1100kV 直流输电线路关键设计原则，指导了±1100kV 昌吉—古泉特高压直流输电线路工程设计。对中国的特高压直流提升技术水平、降低工程造价，具有积极意义。

（3）特高压四端柔性直流组网关键技术。创新提出可灵活调节的四端柔性组网技术体系，建立风电、光电、抽水蓄能等多能互补系统，解决了新能源消纳、柔直组网技术空白、输电能力受限、运行可靠性低等技术难题。打造了世界上电压等级最高、传输容量最大的张北柔性直流工程，实现了±500kV 高电压等级的四端柔性直流电网工程，有效支撑北京冬奥场馆实现 100%绿色电力供应。

（4）750kV 及交直流特高压复合横担杆塔设计关键技术。750kV、±800kV 及 1000kV 等电压等级复合横担塔为至今世界上首次应用，也是新型环保材料应用的典型范例。该技术提高了工程运行的可靠性，同时显著减小了线路走廊宽度和房屋拆迁量及征地范围、降低塔重和基础混凝土方量，有效节省了工程造价，保障了国家重大电力工程项目的建设和运行，取得了显著的社会和经济效益。

中国能建所属企业承担了国家重点研发计划项目和课题 14 项，国家自然科学基金项目 2 项。有 8 项项目或课题完成并通过验收，其中“工业园区多元用户互动的配用电系统关键技术研究与示范项目”通过工信部组织的综合绩效评价验收，攻克和掌握了园区一体化规划、分布式调控系统、能量管理系统等技术，实现了园区的多能互补、用户灵活互动和源网荷储一体化运营，项目成果达到国际领先水平。“高压大容量柔性直流输电关键技术研究与工程示范应用”项目通过国家科技部组织的验收，在世界上首次提出特高压柔性直流输电技术的关键技术及工程应用的整体研究方案，实现特高压、大容量、远距离、架空线、混合直流输电技术应用的创新性突破，完成世界首个±800kV/5GW 等级特高压柔性直流输电系统的换流阀装备、控制保护系统、工程应用等关键技术攻关。“太阳能光热发电及热利用关键技术标准研究”项目下设的 2 个课题通过绩效评价验收，成果填补了多项行业空白，获得行业专家一致认可，其中 4 项国家标准达到了国际领先水平。中国能建牵头编制塔式太阳能热发电站核心设备吸热器的技术要求和检测方法等 2 项国家标准，课题组通过广泛调研、海量样本实验、全尺寸模拟计算，提出了吸热器多项关键技术指标和创新性试验方法。

5. 科技奖项等情况

2021 年，中国能建研发经费投入 99.8 亿元，同比增长 33.3%。中国能建获得行业级以上科学技术奖 190 项，省部级科技奖 8 项，行业级科技奖 182 项，其中获得北京、上海、浙江、内蒙古等省部级科学技术进步奖一等奖 4 项，中国电力科学技术奖、中国电力建设科技进步奖等行业一等奖 38 项。

2021 年，中国能建共获得专利授权 2298 项，同比增长 30%，其中发明专利 220 项，累计拥有有效专利 10198 项，其中发明专利 2055 项；获得软件著作权 261 项；编制并发布国际标准 4 项，国家和行业标准 79 项。

【市场建设】市场签约跃上新台阶。面对错综复杂的经济环境、激烈的竞争环境和反复无常的疫情形势，中国能建上下同心、齐心协力、攻坚克难、锐意进取，境内市场签约逆势而上，突破 6600 亿元大关，完成全年签约计划的 144%，同比增长 63%。

市场布局呈现新局面。高效建成“事业部+区域总部+子公司”三位一体大市场开发体系，推动子企业完成市场领域适应性组织建设。制定全覆盖、属地化市场布局实施方案，建成立体营销、分层营销、区域营销协同高效的市场营销体系。

重点领域取得新突破。坚定贯彻落实雄安新区、长江大保护、粤港澳大湾区等国家重大战略，瞄准碳达峰碳中和、区域协调发展、交通强国、生态文明建设等战略领域重点项目，统筹多方资源，持续推进方案策划、过程跟踪、精准对接和项目落地，中标签约了广西崇左“一体化”综合能源基地、雄安 1 号地块、川藏铁路、深大城际铁路等一大批重点项目。

新能源开发迸发新活力。发挥“国家智库”作用，强化市场研究，建成“三位一体”新能源开发体系。发挥设计咨询牵引作用，抢占通道建设和源端市场先机。坚持开发性建设和自主开发双模式并举，全年新获取新能源指标超过以往年度获取总数的 5 倍。建立“一通道一专班”工作机制，全力抢抓“三交九直”送电通道工程和源端资源市场。重点跟踪抽水蓄能项目 11 个，与湖北蕲春、浙江诸暨、甘肃白银等地方政府达成合作意向。

高端营销持续赋能。主动策划实施100余次高层互访，覆盖上海、新疆、四川等45个省市，以及国铁集团、国家电网公司、招商局集团、交通部规划院等25家行业重点企业。坚持“对方有需求，我方有优势，双方有共识，合作有共赢”原则，建立“合作项目化、项目表单化、推进流程化”工作机制，先后与23家地方政府和企业签订战略合作协议。成立公司级重点项目专班10余个，按照“一月一跟进、季度一会商、半年一回访、一年一复盘”工作机制，发挥区域总部和属地企业作用，实现精准无缝对接，持续推动重点项目落地。

【国际业务】 截至2021年底，中国能建在全球设有256个分支机构，业务范围覆盖147个国家和地区。境外工程承包项目有401个，合同金额约3914亿元（人民币，下同），主要分布在亚洲、非洲、美洲、欧洲、大洋洲等63个国家和地区，业务范围涵盖传统能源、新能源、水利（水务）、综合交通、市政、房建、生态环保、民爆等8大业务，业务模式涵盖BOT、EPC、EPC+F、EPC+OM、C、供货安装、设计咨询、PM、检修运维等，境外工程承包项目90%位于“一带一路”沿线国家。中国能建投资业务涉及传统能源、水务、水泥、新能源等领域及功能型并购，形成境外资产近300亿元，主要分布在越南、巴基斯坦、哈萨克斯坦、巴西等国别地区。2021年，中国能建投资项目和境外工程承包项目推进顺利，安全、质量和环保工作情况良好，无安全质量环保事故和投诉发生。

2021年，中国能建国际业务新签合同额为2171亿元，同比增长22%，实现营业收入452亿元，同比增长41%，全年完成海外投资14亿元。2021年，中国能建进入ENR250强国际承包商第21位、ENR150强全球工程设计公司第3位、ENR225强工程设计企业国际营收第27位。

战略合作方面。中国能建总承包、德国西门子提供蒸汽轮机、发电机等设备供应的约旦阿拉塔特油页岩电站总体顺利；中国能建与沙特ACWA合作的阿联酋乌姆盖万海水淡化项目履约顺利，与ACWA、三菱等企业合作的乌兹别克斯坦锡尔河燃气联合循环独立电站项目，开创了中国、沙特、日本、乌兹别克斯坦企业在技术、资金、建设等领域多边友好合作的范例；与英国投资商NUR合作的希腊MINOS 50MW光热发电项目，不断加强与发达国家投资开发商、设备供应商和国际金融机构等第三方市场合作。

国际标准方面。标准是确保安全、降低风险的有效手段，是进行知识传播和创新的工作。推动中国标准“走出去”，既满足当下的需求，也是立足长远、构建人类命运共同体的重要途径之一。中国能建在“走出去”的过程中，不仅推动工程建设“走出去”，而是始终将高水平的中国标准、管理、产品、设备等带出国门。随着中国标准体系建设的逐渐完善和“一带一路”沿线国家基础设施建设的进一步加速，中国标准必将成为世界通用标准之一。

【信息化建设】 精心谋划顶层设计，加强适应性组织建设，提升引领发展能力。完成“十四五”期间信息化发展顶层设计，发布“十四五”信息化规划，围绕全面数字化转型，构建“一网一云一个大平台”，创新产业数字化，推动数字产业化，进一步增强公司创新发展的加速力，推进中国能建向“数字能建、智慧能建”全面迈进。加快数字化转型适应性组织建设，成立数科集团，致力于“建成数字化和科技领域的一流企业”，打造中国能建“数字产业发展平台、科技创新孵化平台、新兴产业投资平台”三大平台，成为中国能建数字化转型和科技强企的主要载体。

全面推进管理数字化和业务数字化建设，加快全面数字化转型。管理数字化方面，全面启动业财一体化、项目管理一体化、供应链管理一体化、数据共享“四大平台”建设。完成业财一体化工作顶层设计；发布5本主数据编码标准，已梳理完成组织、人员、项目、合同等方面超过65万条基础数据。组织推进财务一体化平台建设与推广应用，已上线20家单位；按照应用需求，已完成配套的13台银行前置机、数字证书CA认证、企查查建设；启动全面预算管理系统建设，已编制完成招标文件。启动项目管理一体化（二期）建设，已编制完成建设方案，正在组建平台建设联合项目组，构建“三横五纵”项目管理体系，建设覆盖集团、公司、项目三级管控的信息化平台。启动“6P一中心”供应链管理一体化平台（二期）建设，实现对供应商、计划、采购、物流等业务全覆盖和穿透式管理。启动数据资产与共享平台建设，实现集团财务、人资、合同、项目等业务的数据资产管理，加强系统间的数据共享与交换；启动能建驾驶舱建设，统计、分析、展示生产经营数据，助力中国能建管理决策数字化。一批全公司应用的集团管控系统已启动建设和应用，包括统一身份认证、统一移动门户e能建、数字人资、智慧党建、国内市场信息、投资管理、监督追责系统、科技管理等。业务数字化方面，以“揭榜挂帅”方式组织开展中国能建智慧工地样板建设，遴选出能源业务、综合交通等4个业务领域共5个示范项目，形成公司智慧工地建设标准及“中国能建”智慧工地建设品牌，各项目建设进度正常。推进所属企业“新基建”、智慧电厂、智能电网、数字孪生等产业数字化发展，已组织开展进一步全面调研摸底工作。组织所属企业推进数字产业化，电力规划大数据、新能源资源大数据、海上风电大数据服务能力不断增强。

进一步夯实信息基础设施和网络信息安全，增强信息基础设施保障能力。信息基础设施方面，完成中国能建“一张网”两个汇聚中心建设，已实现应接已接入的三级及以上企业全部接入“一张网”，不断优化策略路由，实现视频会议、统建信息系统业务访问迁移至“一张网”。推进“一朵云”建设并不断扩容优化，形成中国能建“混合云”基础平台，全面支撑集团统建系统建设应用。网络信息安全方面，开展“固网行动”网络安全实战攻防演练，开展网络安全技术人才选拔，完成集团统建信息系统网络安全技术防护加固。

推进新信息技术融合应用，取得了一批信息化成果。中南院“基于5G物联网技术的电站新一代控制系统”获国资委组织的第三届中央企业熠星创新创意大赛三等奖。易普力公司“基于工业互联网的民爆安全生产智能化监管平台”获中国工业互联网大赛组委会举办的“工业互联网＋安全生产”专业赛三等奖。广东院“DMIS设计管理平台”“广东省海上风电大数据中心”“广东院生产经营管控一体化信息平台”“数据中心智慧运维平台”获得2021年电力行业两化融合优秀解决方案奖；天津电建“构建‘党建e家’信息系统，提升党建科学化管理水平”、中南院“‘智慧党建e平台’减负增效有章法”获2021年度电力行业党建信息化优秀案例。天津电建“施工现场智慧物联感知研究与应用”和“天明项目智慧工地系统”、山西电建“电力建设工程安全应急管理技术研究”和“陕西国华锦界电厂智慧工地”、西南院“天明项目智慧工地系统”分别获得中国电力建设企业协会举办的2021年电力建设工程智慧工地管理成果二等奖。西北院“塔式光热定日镜跟踪控制系统”、中南院“中南电力智慧工地软件”分别获得中国电力规划设计协会电力行业优秀计算机软件一等奖。甘肃院“基于私有云技术的企业容灾备份体系”荣获电力企业信息安全管理创新成果一等奖。财务公司“金融云平台管理创新和应用实践”论文获得2021年电力企业信息安全优秀论文一等奖。

【党建工作】突出思想政治建设，把牢党的领导“定盘星”。始终把思想政治建设摆在首位，以党史学习教育为契机，坚持点面结合、融入中心、创新思路、创造价值，持续推进思想政治建设走深走实。一是从“两看”出发，即“在国家发展中看企业作为，在企业成长中看党的领导”，从党的领导高度、新时代的宽度、企业发展维度，着力推动“三个解放”，即“解放思想、解放人、解放生产力”，开展提升价值创造能力“六个一”行动，各级企业和广大干部职工的思想观念、经营管理理念、作风和精神面貌都发生了深刻的变化，汇聚再造一个高质量发展新能建的思想伟力。二是坚持贯通党史和企业史，深挖红色基因，砥砺初心使命。中国能建党委班子全体赴葛洲坝宜昌基地寻找拓荒创业兴企之“根”、改革创新强企之“魂”，回望峥嵘岁月，感人至深、触及心灵、震撼灵魂。三是探索以生动的形式讲好党史企业史。坚持把学习党史与回顾企业史相结合，创新性举办庆祝建党100周年表彰和“学史明志　强根铸魂”企业故事会，表彰100个先进基层党组织和100名优秀党员、优秀党务工作者。13位来自一线的劳模、工匠、技术能手，代表13万职工走上舞台，深情讲述企业故事，展现了能建职工听党话、跟党走，忠实践行国家战略、推动能源革命、履行产业使命的伟大实践。国资委有关厅局领导评价：“这场晚会，是我见到的最好地将国企党建、文化、经营融合的一场活动”。四是弘扬共产党人精神谱系和伟大建党精神，梳理中国能建精神文化谱系。追忆红色记忆，深入挖掘企业基业常青的基因内核和精神密码。组织32家企业开展精神文化梳理提炼，开展中国能建企业精神文化谱系重大课题研究，全面回顾梳理中国能建及成员企业70多年与共和国同行的奋斗历程，提炼形成了“许党报国、忠诚担当”的政治本色、“敢为人先、勇于超越”的精神特质、“艰苦奋斗、臻于至善”的境界品格、“发展企业、奉献社会”的价值追求的能建精神，多维度、多视角构建起富有能建特色的企业精神文化谱系，筑造了能建人的伟大精神家园。“坚持‘两看’将学习成效转化为工作实效”“一路风雷激荡　点亮复兴之光——中国能建及成员企业与共和国同行铸就发展伟业”等成果与做法被人民日报、新华社等国家级媒体刊登转载。

突出适应性组织建设，铸造党建引领“助推器”。坚决贯彻“一切聚焦价值创造、系统性思维、穿透性管理”等理念，推动党建工作与生产经营深度融合，完成了迎接国资委党委考核，按照“双向评价、一票否决”要求，组织对所属企业党建考核等工作，最大限度地激发党建工作价值创造的“乘数效应”。中国能建党委在中央企业党建工作责任制考核中，四年三次获评优秀。一是党建工作实现全面覆盖、规范到位，创新创造有亮点。成立国际集团、绿色建材、六个区域总部（区域投资公司）等党委（党工委），确保党的组织建设与公司改革同步同行，以党组织的有形覆盖、党建工作的有效覆盖，助力公司改革发展工作的系统性、整体性、协同性。从调研督导四川、重庆、云南、湖北等地所属企业国企党建工作会五周年“回头看”情况来看，党建工作的成果成效显著，经验做法得到国资委指导组充分肯定。二是聚焦工程项目、境外、混改和困难企业4大重点领域，建立“集团党委、子企业党委和基层党支部”三级党建责任体系，打通基层党建“最后一公里”。印发《项目党建意见》《境外党建意见》《混合所有制企业党建意见》《困难企业党建意见》。

突出精神文化塑魂，增强企业发展“软实力”。启动文化体系重构工作，着力丰富文化内涵，打造文化传播平台，发挥文化凝聚力、感召力，以企业文化软实力提升，赋能企业高质量发展。一是升级重塑企业文化体系。坚持传承性、创新性、融入性原则，对核心理念加以提炼、整合、解读和提升，初步搭建了由企业使命愿景、经营管理理念、文化符号组成的“三层十维”的文化体系大纲，着力打造若干意见的文化版。二是创新升级文化传播平台载体。坚持围绕中心、服务大局、融入经营的原则，以迭代更新“人文能建”微信公众号为重点，采用“同心圆编辑法”，围绕经营管理中心，次第设置《我的经营观》《能建纪事》《走南闯北》《微党课》《能健康》《艺海拾贝》《安德路65号》等栏目，用思想说经营，以文化讲管理，形式更灵活、体裁更新颖、内容更丰富，打造中国能建文化建设的主阵地，从而形成中国能建、人文能建“一文一武”、相辅相承的双公众号复合型融媒体平台。三是倡导人文精神与人文情怀，讲好能建故事。围绕分布在世界各地的工程项目，聚焦人的价值、情感、命运、关切和追求，深度挖掘讲好项目的故事、能建人的故事，尤其是海外职工故事，用“身边的感动”激发干事创业精气神，打造人人被看见、被倾听、被关怀、被尊重、人文气息浓厚的企业。如讲好能建科技故事，联合电规总院、规划设计集团，开设“安德路65号”、对话安德路、“能知道”等专栏，科普能源电力知识，彰显科普文化魅力。讲好能建“走出去”的故事。结合中宣部“中国书架”活动，提出并着手在境外项目部设立“中国馆”，已确定一家试点单位。这也是党群部发挥企业外宣主体作用，推动中国文化“走出去”的重要内容。讲好经营故事，开展“我的经营观”主题征文活动，邀请各企业主要负责人，总结自己在企业改革发展管理党建中积累形成的认识观点、思路方法、成果成效，征集管理文章100余篇，讲好中国能建管理思想管理理念故事。

突出媒介融合数字化，宣传能建“金名片”。落实国资委党委关于思想政治和宣传工作要求，按照党委有关宣传阵地建设规范强化、标准细化、程序优化、高效转化、思想深化的“五化”要求，加快新闻宣传机构适应性组织建设，适应新形势，丰富新手段，提升新效能。一是在“融”字上下功夫。以新闻中心为主体，搭建完成集策、采、编、发为一体的全媒体传播平台，实现自上而下同向发力、同频共振、同声合唱、同步提升“四同”运作。对照国资委新闻中心出品的中央企业新媒体传播指数表，开通表单上所有新媒体平台，如新设立微博、抖音、快手、视频账号，海外传播新设立Tiktok账号，壮大了公司融媒体矩阵，央企排名年内最高提升至16位。二是在“策”字下功夫，策划先行，突出重点。围绕庆祝建党百年、党史学习教育、集团成立十周年、回A上市、国际集团成立、上海进博会、若干意见出台一周年等大事要事特事，加强策划，营势造势宣传企业。策划“百年华诞”“故事会”“我为群众办实事”“光荣在党50年”“健身操”“新春能见”“能见24小时”等系列专题，内容形式独具特色，丰富有致。推出“数说能建”系列报道，以数说理，以理见行，传递国企改革发展新认识。三是在“快”字下功夫。严格执行重大活动报道工作标准、规范和流程，对主要领导公务活动报道采取专人专责、文字摄影兼顾，由专人持续跟踪，当天活动报道不遗漏不隔夜。四是在“效”字下功夫，建立并完善全方位、多角度、多层次的智库媒体传播体系，以高端媒体传播，增强品牌影响力，提高企业知名度，扩大“朋友圈”，锚定“粉丝圈”。进一步加强与央视、新华社、人民日报、中新社、学习时报等高端媒体合作，传递能建声音。作为央企首批参与完成国资委、央广总台联合推出百集微纪录片《信物百年》，由董事长现场讲述新中国第一部电力设计手册的故事，以物证史，弘扬奋斗精神。与中国新闻社财经新媒体合作推出公司成立10周年“拾光能建”系列报道，以新促融，用心创作，实现了爆款引爆、特稿出奇的既定目标，其中董事长专访点全网总曝光4000万次，专家寄语全网总曝光2400万次，系列报道全网总曝光量超过6100万次。配合能建回A上市，直播能建国际集团成立等系列宣传活动，国庆节前后在行业和资本市场形成了一波国企改革及“能建热度”。

【工会工作】 突出构建“健康能建”，打出党建带团建“组合拳”。克服疫情带来的多重挑战和考验，广泛听取意见，不等不靠，采取化整为零、分散突围、各自创新创造的办法，用真心聚人心，用真情真意暖人，做实凝心、励心、润心、暖心“人心工程”，出台构建“健康能建”的实招硬招。一是贯彻“大健康”理念，研究提出《“健康能建”行动指导意见》。“健康能建”是“高质量发展新能建”和适应性组织建设的应有之意和必然要求。总结职工关爱、人文关怀“六个一”行动促进疫情防控和复工复产的工作经验，出台《指导意见》将健康管理理念贯穿企业管理流程，制定详实的工作举措，推进了员工健康工作体系化，具有开创性和系统性，走在了央企前列。二是做好心理疏导和人文关怀。健康不只是身体健康，“健康能建”必须是“大健康”的概念，心理健康也是不可缺少的内容。工会系统坚持常态化推进境外员工心理疏导和人文关怀，开展境外员工家庭慰问、困难帮扶工作，实行定人包保制度，确保全覆盖。同时继续开通职工关爱热线，24h值班，确保及时响应。在组织工会干部培训时，也重点增加了心理训练的内容。

选树一线先进典型，坚持从急难险重任务和基层一线中培养、挖掘模范人物。在劳模选树方面，“五一”期间，联系中央电视台专访，结合国家重点工程，重点推荐了葛洲坝机电公司，白鹤滩水电站桥机专家梅琳，在央视《新闻联播》《朝闻天下》《大国工匠》栏目集中报道。三八国际妇女节，组织“激昂巾帼志、逐梦新能建”女职工代表座谈会，展现了女职工的独特风采。共推选全国五一劳动奖状2个，全国五一劳动奖章1人，全国技术能手2人，全国青年文明号3个，21家单位和个人荣获中央企业团工委荣誉表彰，评选出中国能建十大杰出青年、十佳外籍员工，激励职工“比学赶超”。在职工技能升级方面，组织葛洲坝机电公司参加全国大型水电及组件修理职业技能竞赛，组织山西电建参加第一次全国风电检修工大赛。组织各单位分别开展项目管理、国际商务、焊接、吊装、爆破等重点工种、职业技能比赛。各基层工会组织创新师带徒等工作方式，如东电一公司健全师徒合同奖励机制，评选表彰优秀师徒近200对，发出专项奖励近370万元。

多措并举发挥桥梁纽带作用，打造职工温馨家园。推动群众性文化活动，开展“舞动能建”健身操云端大赛，所属企业59支队伍参赛，发挥各自长项，突出地域特点，获得群众投票1600余万人次，受到职工欢迎，展现了企业风采。全系统篮球、足球、羽毛球、乒乓球、网球等百余支兴趣小组广泛开展活动，健步走、趣味运动会等群众喜闻乐见的活动常态进行。各级工会结合实际，努力做好各类职工关爱工作，如春送岗位、夏送清凉、金秋助学、冬送温暖，帮助解决“零就业”家庭和困难职工子女就业，关爱留守儿童和空巢老人，为女职工提供特殊保障，为职工子女提供课后托管服务等。常态化开展家庭慰问帮扶工作。针对长期在海外工作的职工，建立覆盖全体海外职工及家属的关爱工作群，实行定人包保制度，开展专项慰问、第一时间协调解决职工及家庭困难、慰问留守国内的儿童及生病的家属。保持各单位职工关爱热线及时响应，为境外项目特殊群体的纾困提供帮助。

【电力扶贫】 2021年，中国能建认真贯彻落实党中央、国务院决策部署，在国家乡村振兴局、国务院国资委领导下，发挥自身优势，创新帮扶举措，精准对接地方需求，全面完成了年度定点帮扶各项工作任务，在巩固拓展脱贫攻坚成果、全面推进乡村振兴的伟大事业中展现了央企担当。中国能建坚持“五个助力”，全方位促进乡村振兴。助力产业振兴，加大无偿资金投入、重大项目投资和引进帮扶资金，大力帮扶特色产业发展，促进脱贫群众就业。助力人才振兴，联合当地劳动部门举办系列培训，成立“镇巴县教育救助专项资金”资助家庭经济困难大学生。助力文化振兴，捐资建设文化活动广场、生态农业旅游拓展训练基地等项目，推进文明乡风建设。助力生态振兴，捐建农业生产用水管网，实施住房立面改造、牲畜家禽集中养殖棚舍、排水排污以及污水处理设施等项目建设，改善乡村人居环境。助力组织振兴，与定点帮扶县的各级党组织开展结对共建活动，促融合、共提升。

（王　珺）

【中国葛洲坝集团股份有限公司】

公司概况 中国葛洲坝集团股份有限公司（简称葛洲坝公司）是由中国葛洲坝水利水电工程集团公司作为独家发起人设立的股份有限公司，于1997年在上海证券交易所挂牌上市，是国内水电行业第一家上市公司；2007年换股吸收合并控股股东，完成主业资产整体上市。2021年，中国能源建设股份有限公司换股吸收合并中国葛洲坝集团股份有限公司，葛洲坝股票终止上市，中国葛洲坝集团股份有限公司（简称葛洲坝股份公司）成为非上市股份有限公司。

葛洲坝公司拥有1个国家级企业技术创新中心、2个院士专家工作站、3个博士后工作站，主编或参编国家及行业标准119项、国家级工法52项，国家授权专利3700余项，各类资质资格362项，在水利水电、公路交通、特种水泥、混装炸药、环境治理、装备制造等领域具有核心技术，荣获国家科技进步奖特等奖、国家科技进步奖一等奖、国家优质工程金奖、鲁班奖、詹天佑奖、大禹奖、李春奖等高等级奖项80余项。

截至2021年末，葛洲坝公司总资产2825.38亿元，员工38522人。

经济指标 2021年，葛洲坝公司市场签约、营业收入、利润总额、净利润、投资规模、资产总额均创历史新高。国际业务逆势突破，风险化解成效显著。市场签约快速增长，国际业务逆势突破。投资业务稳步推进。高速公路总里程达2342km，水处理能力达448万t/天，水泥、民爆业务稳中有升。资产质量持续优化，资产负债率较年初下降1.42个百分点，风险化解成效显著。职工收入稳步提高。全年人均工资同比增长9.3%。

党的建设 2021年，葛洲坝公司强化“强党建就是强发展”理念，以高质量党建引领高质量发展。一是抓实党史学习教育。做实“第一议题”制度，常态化、制度化学习落实党中央重大决策部署和习近平总书记重要指示批示精神，全覆盖开展“四史”学习教育，开展贯彻落实全国国企党建工作会议精神“回头看”，创新开展“寻根之旅”“红色故事会”“百年荣光向史而新”融媒体行动等主题活动，讲好许党报国、红色基因、砥砺奋进、合作共赢“四个故事”，扎实推进“我为群众办实事”活动解决职工急难愁盼问题341项，学史力行助推攻克急难险重任务，切实将学习成果转化为破解难题、推动工作的实际能力。二是夯实党建工作基础。深入开展“党建创新拓展年”专项行动，加强理论学习、理论研究、组织体系、教育管理、融入内嵌、考核评价创新，深入开展混企党建、境外党建、基层支部建设等课题研究，进一步推动基层党建走深走实。三是强化党风廉政建设。实现对直属党委三年巡察全覆盖，完成8家直属党委选人用人工作专项检查、25家直属党委违规挂靠专项巡察和“回头看”，推进全级次企业违规挂靠巡视巡察整改，开展影子公司和影子股东专项整治。

市场开发 2021年，葛洲坝公司坚持市场开发是发展的第一要务，培育市场核心竞争力。一是完善市场开发体系。全面融入中国能建“三位一体”大市场开发体系，优化葛洲坝公司六大市场区域机构布局，完善国内市场开发奖励机制，深化“能建引领、集团统筹、区域深耕、子企业扎根省域”的市场开发体系建设。二是提升市场竞争能力。新增建筑特级资质，公司特级资质达到10项。借力中国能建平台优势，开展高层对接百余次。完善大项目专班机制。三是突出市场开发重点。聚焦重点领域、重点区域、重点项目，推动片区开发、高速公路、乡村振兴项目落地，其中六大区域签约占比超过60%，高速公路、片区开发等签约占比超过65%。加快布局轨道交通业务，收获深大城际铁路等重大项目。开发新能源业务，落地中国能建首个光储氢综合应用一体化示范项目。

项目管理 2021年，葛洲坝公司筑牢项目管理基础，全面提升项目管理水平。优化项目管理体制，落实项目管理“334”工程，细化项目管理“十化”措施，完善“权责清晰、资源共享、科信赋能、管控有力、运营高效、风险可控”的管理体系。促进项目提质增效，推动100项大变革措施生根见效，2019年以来新开工项目总体履约顺利，融资建设项目投资概算总体可控。强化重点项目监管，建立重点项目快速启动保障机制，实行重大项目领导包保责任制。世界在建规模最大、技术难度最高的白鹤滩水电站首批机组投产发电，获习近平总书记表扬。乌东德水电站创八项世界第一。长龙山抽水蓄能电站创三项世界第一、四项全国第一。延黄高速、宣杨高速、西安地铁14号线如期通车。

国际业务 2021年，葛洲坝公司坚持国际优先发展不动摇，实现国际业务新突破。一是重构国际业务体制。全面融入“一体两翼”海外优先发展体系，调整国际业务管理体制，明确国际业务“大履约、小市场”定位，做强中国能建海外业务实施平台。二是加强国际市场开拓。强化第三方战略合作，深入拓展新能源、输变电、房建、交通、油气等重点市场，成功签约特多油气储运、印尼氧化铝厂、孟加拉国农场光伏等项目，签约国别增加到85个，非水电业务签约占比达89%。三是全面强化项目管理。理顺国际项目管理机制，压实国际公司总承包管理和成员企业项目管理责任。阿根廷基塞、安哥拉凯凯、巴基斯坦SK水电站及肯尼亚斯瓦克大坝等项目顺利推进，巴基斯坦NJ、老挝会兰庞雅下游、中非博阿利等水电站项目实现移交。四是强化境外风险防控。全覆盖开展境外公共安全风险排查与评估工作，编制“两预案一措施”，全面加强境外社会安全管理。成功关闭安哥拉凯凯项目合作方索赔风险，厄瓜多尔索普项目风险处置取得突破性进展。

管理机制 抓实基础“334”工程，推动管理效能持续提升。一是加强资源优化配置。完成葛洲坝公司总体改革重组、子企业空间布局调整方案，整合建工装备资源，明确生态环保投资平台建设思路，推动文旅公司、设计公司混合所有制改革，完成供水、幼教、集贸市场管理职能移交。二是强化企业治理与管理。实施对标世界一流管理提升活动。推动六大类治理体系有效运行。实现120家董事会“应建尽建”。推行经理层任期制和契约化管理。完成全级次企业制度“废改立”工作。葛洲坝公司入选国资委国有重点企业管理标杆企业。三是深化财务融资管理。严格“两利四率”管控，抓实民企挂靠、财务资金和会计信息专项整治，深化减利增效分析。“财务天眼”系统避免违规支付6.5亿元。完成泸州六桥等4个存量项目股权融资。肇明高速等10个项目融资落地，节约财务费用近60亿元。四是加强干部人才队伍建设。编制人力资源规划。建成年轻干部千人库。完成全员岗位层级认定和岗位序列转换。探索实施岗位分红激励。引进毕业生2200余人、成熟人才近200人，培训4.2万人次，选树省部级及以上劳模、工匠26人。五是持续深化商务管理。评审投资项目120个、重大合同191份，完成1100个项目投标报价成本复核，审核2300个项目采购限价。开展商务攻坚行动，建立融资建设项目利益分配机制，理顺项目经济关系。六是加强机电物资和集中采购管理。平台采购、招标采购效率同比分别提升21%和15%。施工设备采购成本节约超过3000万元，主材综合成本较集中采购再降1.5%。清理不合格供应商1.3万余家。七是加强数字化转型和科技管理。明确数字化转型思路、目标和方向，上线运行项目管理、劳务管理、人力资源、“大监督”信息系统。投入科技研发经费40亿元，同比增长13%。设计优化节约投资4.4亿元。推广应用科技成果创效1.8亿元。获行业及以上科技奖32个，发布行业及以上标准8部。八是抓实安全质量环保管理。创新“三重预防机制”，完善应急预案体系，开展安全生产专项整治三年行动，确保安全生产风险总体可控。开展质量管理创新和质量提升专项行动，推动标准化、全过程、可追溯管理。严格环保手续办理，加强环保检查，防范环保风险。

风险管控 打好防范化解风险攻坚战，发展基础更加稳固。一是加强法治央企建设。出台法治建设指导意见，开展法律助力高质量发展专项行动，新发和存量案件数量同比分别下降21%和27%，为近10年最低。二是防范化解重大风险。开展风险“消存控增”攻坚行动，成安渝项目风险成功化解，晋铁项目风险如期关闭，九龙项目风险化解实现较大突破，环嘉公司、南京设计院等风险处置取得阶段性成效。三是发挥“大监督”作用。四是严肃开展追责问责。

社会责任 2021年，葛洲坝公司恪守“两个初衷”，切实将以人民为中心的发展思想落到实处。牵头完成中方人员撤离埃塞、中非工作。国内员工保持新冠零确诊、国际实现新冠零死亡。建成海外项目医务室、急救站35个。推进57个项目营地标准化建设。对口帮扶湖北秭归、陕西镇巴等地2100余万元，精准帮扶困难职工累计投入帮扶资金1218万元，葛洲坝公司获评湖北省脱贫攻坚先进集体称号。解决2269户历史遗留办证问题，实施商业贷款转公积金贷款政策为职工节省购房支出近千万元。

（姜乔耀）

中国电气装备集团有限公司

【公司概况】 中国电气装备集团有限公司（简称中国电气装备）成立于2021年9月，是由中国西电集团有限公司、许继集团有限公司、平高集团有限公司、山东电工电气集团有限公司，以及江苏南瑞恒驰电气装备有限公司、江苏南瑞泰事达电气有限公司、重庆南瑞博瑞变压器有限公司等单位重组整合而成，为国务院国资委监管的国有重要骨干企业。

中国电气装备拥有中国西电、许继电气、平高电气、宝光股份4家上市公司。截至2021年底，中国电气装备注册资本225亿元，总资产1360亿元、净资产633亿元、从业人员3.3万余人。2021年实现营业收入630亿元、利润总额21亿元、净利润18亿元、资产负债率53%。累计获得有效专利授权8400余项，省部级及以上科技项目荣誉、获奖数量955项。

【领导班子】

党委书记、董事长：白忠泉

党委副书记、董事、总经理：周群

党委副书记、董事：裴振江

党委常委、副总经理：成卫、张旭升

党委常委、总会计师：徐鸿

党委常委、副总经理：朱安珂

党委常委、纪委书记：孟汉峰

【组织机构】 见2021年中国电气装备组织机构图。

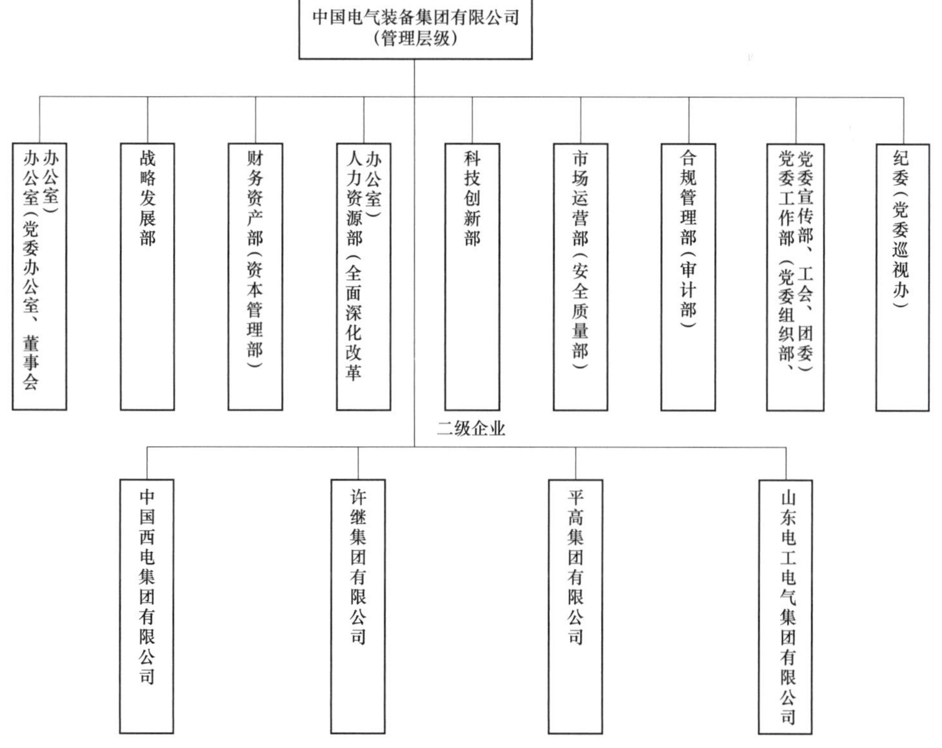

2021年中国电气装备组织机构图

【市场开拓】中国电气装备围绕碳达峰、碳中和目标实现和加快构建新型电力系统建设，重点关注电网市场、电源市场、工业市场发展，积极参与国家重大、重点工程建设。国网特高压项目、国网集招、国网网省招标成绩显著。其中特高压项目同比增长128%，变压器、电抗器、组合电器、铁塔和电能表等10余项产品份额稳居国家电网集招首位，多类配网产品省招份额排名第一。变压器产品连续2年名列南网集招第一名；应用国产有载分接开关的换流变压器成功进入南方电网市场，配网核心设备在南网云南市场实现订单突破，中标2021年南方电网十大挂帅科技项目800kV直流高速开关（HSS）关键技术与样机研究项目；网外市场业绩显著，“五大六小”发电集团电源项目累计中标实现大幅增长；传统工业客户市场累计中标金额超过百亿元。创新商业模式，以项目开发带动设备销售和工程建设，大力推进风电、光伏等总包项目落地，综合能源和新能源项目中标超百亿元，实现充换电及储能设备销售实现重大突破；新能源项目开发取得历史性突破，中标东海大桥、大唐南澳等海上风电项目，实现保护、SVG、GIS产品在海上风电市场的首台套突破，中标中国大唐2021—2022年度风电光伏项3类产品框架招标；集中式储能业务占领行业制高点，接连中标三峡能源庆云、华电滕州、莱芜孟家3个储能示范项目，成为国内首个具备3个百兆瓦级储能电站业绩的系统集成商。

【走向海外】以单机出口、配套出口和工程总包为抓手，以东南亚、中亚、南美和欧洲为主营阵地，难中求变，逆势而上，推进国际业务高质量发展。清洁能源领域实现突破，签约马来西亚水电项目；以联合体方式中标智利直流项目，总合同金额刷新海外总包项目纪录；积极拓展海外本土化产能合作，在孟加拉国、尼日利亚等国家签订11家表厂电能表及产线合同；持续发力海外直销业务，中标乌兹别克斯坦主电网改造项目、意大利HGIS全球采购项目、断路器两年框架采购项目，签订柬埔寨500kV老挝—金边输电线路成套项目；创新发展国际市场新业务，签约厄瓜多尔平安城市光纤网络建设项目，为进一步拓展基建业务积累经验；签署泰国、希腊市场光伏总包项目，取得新能源发电领域市场突破。

【深化改革】围绕国企改革三年行动各项任务要求，成立全面深化改革领导小组和改革办公室，编制改革三年行动实施方案和工作台账，明确7大方面42项重点任务。健全现代企业制度，坚持“两个一以贯之”，制定党组织前置研究讨论重大经营管理事项清单，进一步厘清权责边界。规范董事会建设，明确应建尽建子企业64户、重要子企业29户。开展“战略+财务”管控模式研究，印发对标世界一流管理提升行动实施方案和工作清单。完善常态化存量法人压减机制，有序退出非主业、投资效益低等参股企业，管理层级控制在5级以内，完成国资委考核“两非”剥离任务。加快剥离企业办社会职能和解决历史遗留问题，全面完成36059户“三供一业”分离移交、29724名退休人员社会化管理移交、9户医疗教育机构改革，厂办大集体改革改制完成率达93%。积极稳妥推进混合所有制改革，4家子企业完成混改，其中宏盛华源铁塔集团成功引入16亿战略投资。聚焦关键岗位核心人才，22户子企业灵活开展岗位分红、员工持股、超额利润分享等多种方式的中长期激励。健全市场化经营机制，按照“一人一岗、一人一表”要求在各级子企业推广经理层成员任期制和契约化管理。深化三项制度改革，健全子企业工资总额效益联动机制，不断激发经营活力。

【经营管理】秉承建设世界一流智慧电气装备集团战略目标，坚持精益生产和智能制造双轮驱动，打造智能制造创新发展策源地，培育推广智能化设计、网络协同制造、智能运维服务等智能制造新模式。以精益改变思想提升软实力，智造改变制造奠定坚实基础。持续推进全员参与全流程改善，不断优化生产工序和流程组织，保障交付能力和生产效率平流缓进。大力推动实施智能制造，支撑生产体系升级，坚持“一企一策”，分板块、分企业，推进智能车间、智能工厂建设。其中，下属单位入选国家工信部2021年智能制造试点示范工厂揭榜单位，“精益生产管理”“产线柔性配置”“精准配送”等入选国家工信部智能制造优秀场景；获评国家级智能制造专项1个，国家级绿色工厂1个，省级智能工厂4个，入选“2020中国标杆智能工厂”榜单；智能制造试点示范项目“电力装备智能工厂”于2021年通过天津市验收；“基于人工智能的角钢视觉检测系统”荣获中国电力企业联合会电力职工技术创新三等奖，器身落箱定位自动测量系统荣获山东省电力创新二等奖，滑石片全自动粘接装置、线圈油道垫条全自动粘接设备荣获山东省智能制造创新创业大赛三等奖；智能网络集成创新项目入选重庆市2021年智能化赋能工程试点示范项目。

【安全环保】牢固树立安全发展理念，狠抓安全责任落实，完成年度安全目标。安全生产专项整治三年行动开展扎实有效，风险防控及隐患排查治理能力持续增强。夯实安全管理基础，加强安全监督检查，常态化开展安全教育培训，健全完善制度体系，提升应急管理能力。开展安全生产培训“走过场”专项整治工作，规范安全生产培训工作，提升培训考试质量。建立公司安全管理专家库，按照全面覆盖、分类使用、精干务实的基本原则，激活人才“第一资源”，发挥安全生产领域专家专业能力和工作特长，为各项业务提供专业化的安全管理和技术支撑。组织开展冬季安全大检查，有效降低冬季安全生产风险。安全生产工作总体稳定。加强质量品牌创建，加快形成具有影响力的自主品牌和冠军产品，20余项QC成果分别荣获中央企业及全国机械工业优秀质量成果奖，下属企业质量建设成绩显著，首次入选央企品牌建设能力30强、获评全国质量标杆、荣获中质协“管理体系实践典型企业”等称号。深入推进节能减排工作任务，扎实开展厂区综合能源建设和节能化改造，2021年完成屋顶光伏安装面积约8.3万 m^2，年节约电力1020万kWh，年减少二氧化碳排放量0.8万t，相当于节约0.13万t标准煤。

【科技创新】深入贯彻落实习近平总书记关于实施创新驱动和关键核心技术的重要指示批示精神，实施创新驱动战略，增强企业创新力。“卡脖子”关键技术屡获突破，完成服务国家战略项目“±800kV换流变压器阀侧套管和穿墙套管”；完成国资委“1025专项”特高压交直流高可靠性套管、170kA大容量发电机断路器等四项攻坚任务，应用于为陕北—武汉、雅中—江西等特高压工程，打破国外垄断，大幅提升中国电气装备领域自主可控化水平；完成ESP820嵌入式软硬件平台技术攻关，实现芯片、操作系统及软件全部国产化替代；突破±535kV直流电缆及海缆关键研制技术。新兴业务多点开花，研发国内首台套海上平台换流阀和陆上直流耗能成套装置；海上升压站220kV GIS等新装备研发成功，助力世界最大容量的江苏如东海上风电项目顺利并网；126kV无氟环保型GIS研制成功；智慧能源管控系统、综合能源管控系统、直流微网等系列核心技术获得突破并取得工程应用；新型配网磁控开关研发成功，实现技术路线突破并获得用户一致好评；加强数字技术和电网技术融合，13类设备智能终端和15类线路监测终端研制成功，基于数字孪生技术的智慧变电站运检平台落地河北雄安电网。科技成果硕果累累，获批组建国家市场监管技术创新中心（输变电设备），高压电气国家工程研究中心获批纳入新序列管理的国家工程研究中心名单。“±800kV换流变压器自主化研制及工程应用”等两项成果荣获国家科学技术进步奖二等奖。“1100kV频繁投切滤波器组断路器”项目荣获中国机械工业技术发明奖一等奖。新获授权专利1083项，其中发明专利517项。

【党建工作】坚持党的领导、加强党的建设是国有企业的“根”和“魂”。中国电气装备党委始终坚持以习近平新时代中国特色社会主义思想为指导，深入学习贯彻党的十九大和十九届历次全会精神，深入学习贯彻习近平总书记关于国有经济、国企改革和党的建设展等重要讲话和重要指示批示精神，增强“四个意识”、坚定“四个自信”、坚决做到“两个维护”。坚持和加强党的全面领导，将党史学习教育贯穿企业重组整合全过程，以党史学习教育促重组、促改革、促发展，顺利推进企业整合、融合、聚合，形成合心、合力、合作。坚持党管干部，构建以干部管理办法为核心的“1+*N*”干部管理制度体系，建立鼓励激励、容错纠错、能上能下机制，持续激发干部干事创业激情和活力。坚持旗帜领航，围绕公司“六个一流”建设，找准党建工作切入点，聚焦价值创造结合点，建立党建年度工作要点大纲和党委“1+*N*+*X*”党建工作年度指南，打造“促改革、勇创新、强融合”年度党建品牌，推动党的建设与生产经营深度融合。坚持思想引领，提高各级党委理论学习中心组学习质效，完善思想政治工作体系，开展形势任务教育和国情企情教育，统筹线上线下开展矩阵传播，着力讲好中国电气装备故事。紧扣“同一个集团，同一个梦想”主题，深入开展企业文化建设，切实汇聚起干部职工的凝聚力和向心力。

【社会责任】定点帮扶陕西省宝鸡市麟游县，成立定点帮扶工作领导小组和办公室，紧盯年度帮扶工作任务目标，持续推进“五大振兴”，助力巩固脱贫攻坚成果同乡村振兴有效衔接。2021年，发挥自身电气产业优势，实施50户居民“光热+取暖”项目，有效提升农村人居环境质量，解决群众冬日取暖问题；结合当地特点，大力发展种养殖产业，建设社区加工厂，带动当地农民增收；发挥重组优势，大力开展消费帮扶，购买麟游县农副产品作为职工春节福利。持续做好低收入家庭子女助学，开展志愿者服务、爱心捐赠等活动。积极选派政治素质好、工作作风实、综合能力强的挂职干部人选，驻村干部荣获“陕西省脱贫攻坚先进个人”称号。

（贾新旺）

国投电力控股股份有限公司

【公司概况】国投电力控股股份有限公司（简称国投电力），是国家开发投资集团有限公司旗下的沪市A股上市公司（股票简称国投电力，股票代码600886）。国投电力英文名SDIC Power Holdings CO.，LTD.，发电业务是国投电力的核心业务。国家开发投资集团有限公司（简称国投公司）是国投电力公司第一大股东。国投电力总股本 7454179797 股，其中，国投公司持股 3825443039 股，占总股本的 49.18%。

国家开发投资集团有限公司成立于 1995 年，是中央直接管理的国有重要骨干企业，是中央企业中唯一的投资控股公司，是首批国有资本投资公司改革试点单位。国投拥有 10 家控股上市公司，截至 2021 年末，国投资产总额 7671 亿元，员工约 5 万人。2021 年国投实现营业总收入 1947 亿元，利润总额 461 亿元，连续 18 年在国务院国资委经营业绩考核中荣获 A 级。

国投电力拥有投资企业 110 多家，员工约 8900 人，业务涉及水电、火电、光伏、风电、储能、售电及综合能源服务领域，经营范围主要包括投资建设、经营管理以电力生产为主的能源项目，业务覆盖中国 18 个省、市、自治区以及“一带一路”沿线及 OECD 沿线的 5 个国家。

截至 2021 年底，国投电力已投产控股装机容量 3621.83 万 kW，同比增加 439.15 万 kW。其中，水电 2076.50 万 kW，风电、光伏等新能源 357.25 万 kW，清洁能源装机容量 2433.75 万 kW，占比达到 67.3%；火电 1188.08 万 kW，以大容量、高参数及热电联产机组为主。

从装机结构来看，国投电力是一家以清洁能源为主、水火风光并济的综合型能源电力上市公司，水电控股装机容量为 2076.50 万 kW，为国内第三大水电装机规模的上市公司。

【领导班子】

董事长、党委书记：朱基伟

总经理、党委副书记：张文平

党委副书记：赵风波

副总经理：于海淼

董事会秘书：杨林

副总经理：张凯洪、周长信

纪委书记：王立民

【组织机构】 见 2021 年国投电力组织机构图。

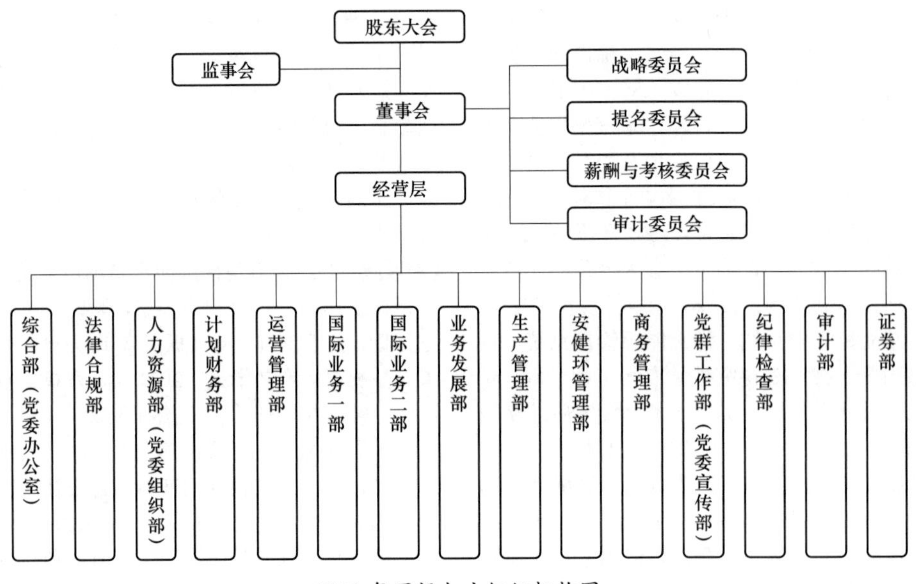

2021 年国投电力组织机构图

【经营管理】

1. 主要经营成果

2021 年，国投电力实现营业收入 436.82 亿元，同比增加 11.09%；受燃煤采购价格同比大幅上涨的影响，国投电力归属于上市公司股东的净利润 24.37 亿元，同比减少 55.82%；实现基本每股收益 0.3202 元，同比减少 58.79%。截至 2021 年底，国投电力总资产 2413.70 亿元，较期初增加 124.60 亿元；资产负债率 63.52%，同比降低 0.40 个百分点。

2021 年，国投电力发电量 1538.65 亿 kWh，同比增加 3.61%；上网电量 1496.33 亿 kWh，同比增加 3.45%。

2. 业务发展情况

清洁能源增量显著。年内两河口、杨房沟水电站投产，新增装机容量 400 万 kW；获得一定规模新能源绿地开发指标，完成 4 家新能源企业并购，储备了一批优质的新能源项目；推进能源基地开发建设，雅砻江流域水风光互补基地项目纳入国家及四川省“十四五”发展规划，取得大朝山风光水互补基地项目开发权；业务开拓进入海南、安徽、西藏和广东等新区域。

能源新产业取得突破。江苏盐城用户侧储能项目并网，国投电力首个储能项目正式投产；布局抽水蓄能产业，参股辽宁庄河抽水蓄能项目，吉林敦化等项目开发取得阶段性成果。

火电持续绿色低碳升级。华夏电力一期 60 万 kW 等容量替代项目成功获得核准，钦州三期 1 号 66 万 kW 机组开工建设，国投电力大容量高参数、清洁环保的燃煤机组比例进一步提升；浙江舟山燃气－蒸汽联合循环应急调峰电源项目核准工作积极推进。

完成境外重大项目并购。收购印尼在建规模最大的巴塘水电项目；英国陆上风电项目完成交割。

3. 运营管理情况

多渠道开源增收。跟踪研判燃煤发电上网电价政策，火电企业力争售电收益最大化；协调两河口水电站过渡期上网电价，以及锦官电源组优先发电计划；开展碳排放权交易工作，完成全国碳市场首年履约，实现创收；发挥资本市场投资补充作用，贡献财务收益及战略价值。

全方位降本增效。全年煤炭长协合同兑现量、进口煤炭采购量均同比增加，节省燃煤采购成本；跟踪市场价格，开展合同谈判，降低物资采购成本；采取提前还款、贷款置换等措施，节约财务成本。

专项管控取得实效。落实减亏治亏工作要求，重点亏损企业实现扭亏为盈；创新工作思路开展降杠杆工作，降低资产负债率 0.40 个百分点；全级次开展对标世界一流等专项工作，完成各项目标任务。

直接融资能力持续提升。完成定向增发工作，为项目建设、经营发展筹措低成本资金；低利率发行 40 亿可续期公司债，节约财务费用；首次取得了证监会“优化融资监管”批文，直接融资自由度提升；按照 GRI 国际标准编制《社会责任报告》，推动公司入选恒生 A 股可持续发展企业基准指数成分股，资本市场影响力不断扩大。

4. 生产基建情况

完成多项重大基建。创新工程建设管控，杨房沟与两河口水电站投产发电；严把项目建设质量关，新疆哈密烟墩八 A 风电和哈密景峡五 A 风电项目荣获 2021 年度中国电力优质工程奖。

生产指标保持领先。推进节能降耗，煤电机组供电煤耗同比降低 0.58g/kWh，位居国内发电集团前列；强化生态环保主体责任，全年二氧化硫、氮氧化物排放量均低于考核值；做好机组对标工作，国投北疆、云南风电等企业在行业竞赛中赢得了荣誉。

生产管理持续提升。出台新并购项目技术尽调规范，修订新能源发电项目设计导则和检修管理办法，提升新能源机组管理运维水平；加强生产问题专项整治，下发典型问题与事件汇编，推动企业生产管理水平提升。

科技创新能力不断增强。加大科技创新工作力度，科技研发投入持续增长，落实科技创新成果奖励。

【发展战略】“十四，五”期间，国投电力将继续坚持绿色发展理念，围绕碳达峰、碳中和目标，深入贯彻落实国投“1331”总体构想，开拓以新能源为主的清洁能源业务，持续优化火电业务，稳妥布局海外业务。除传统电源项目外，进一步推进储能、氢能、综合能源等领域有关业务，全面落实国投电力“十四五”发展规划，为将国投电力打造成具有国际竞争力的世界一流综合能源公司而不懈努力。

（冯　晔）

地区电力

华 北 地 区

【国家能源局华北监管局】

基本情况 国家能源局华北监管局（简称华北能源监管局）是国家能源局的派出机构，设于北京市，负责北京、天津、河北和内蒙古（西部地区）的能源监管工作，及对山西、山东能源监管办的业务指导。2013年11月21日成立，前身是国家电力监管委员会华北监管局。

主要职责：监管电力市场运行，规范电力市场秩序；监管电网和油气管网设施的公平开放；监管电力调度交易，监督电力普遍服务政策的实施；负责电力等能源行政执法工作，依法查处有关违法违规行为，监督检查有关电价；负责除核安全外的电力运行安全、电力建设工程施工安全、工程质量安全的监督管理以及电力应急和可靠性管理，依法组织或参与电力事故调查处理；负责组织实施电力业务许可以及依法设定的其他行政许可；负责协调有关跨省跨区能源监管业务，以及对山西、山东能源监管办进行业务指导；负责法律法规授权以及国家能源局下达或交办的有关事项监管。

领导班子

党组书记、局长：王思强

党组成员、副局长：程裕东

党组成员、副局长：吴冰（自2021年4月13日起）

党组成员、纪检组长：代方涛

组织机构

内设综合处、市场监管处、行业监管处、电力安全监管处、资质管理处、稽查处和机关党委（机关纪委）办公室，天津、河北和内蒙古业务办公室。

主要工作

（1）勇于使命担当，全力保障区域“两个安全”。一是“以人民为中心”，做好能源保供工作。成立华北能源监管局能源保供监管领导小组，印发通知对保供电、保供热、保民生等方面提出具体要求。对重点地区煤炭稳价保供情况开展暗访，建立煤炭供需情况24h监测和形势分析机制。制定北京地区供电安全保障方案，会同有关政府部门开展发电机组能力核查，督促电力加强防疫重点用户供电保障。成立以分管负责人为队长的天然气保供党员服务队，强化天然气保供监管。二是突出政治担当，推进安全监管体系化、规范化。统筹全国“两会”、北京冬奥会测试赛和庆祝建党100周年等重大活动保电监管，确保重大政治活动保电圆满成功。强化电力安全执法，与防汛抗旱、应急能力建设、迎峰度夏度冬等专项监管一体推进，对43个企业、工程项目开展现场检查，发现问题459项，下发整改通知书42份。构建“双循环”体系，坚持关口前移，由“管事故”向“管风险”转变，蒙西地区二级电网风险全部清零。按照“周报梳理问题–重点企业监测分析–督促整改”的闭环管控机制，细化安全监管措施，延伸监管覆盖面。高度重视非传统领域风险，持续推动涉网和网络安全机制建设。三是立足“双碳”核心，推动提升电力系统消纳能力。编制《京津唐电网统调燃煤发电机组灵活性改造能力验收管理暂行办法》，激励火电机组开展灵活性改造，促进新能源发展和高效利用，为保障电网安全发挥积极促进作用。

（2）主动作为，稳步推进电力市场化改革。一是不断深化电力辅助服务市场建设。在全国率先启动了调峰容量辅助服务市场，京津唐市场11月启动以来，共计112台火电机组参与申报，合计发掘深度调峰能力649万kW，较以往提高67%，新能源企业分摊度电成本仅一厘钱。二是不断完善电力中长期交易工作。启动京津冀绿色电力市场化交易优先调度，组织绿电交易4.05亿kWh；推动北京城市副中心办公区参与绿电交易，助力北京冬奥可持续承诺；落实1439号、809号文件精神，推动京津唐地区中长期交易平稳落地。三是推进电力现货试点工作。落实国家发展改革委、国家能源局现货专班相关工作要求，实现蒙西现货市场系统于11月15日上线运行。四是开展电力市场秩序及煤电淘汰落后产能专项监管。对蒙西电网可再生能源消纳情况开展专项监管现场检查，深入摸排河北南网电力中长期交易市场秩序情况，在天津、河北、蒙西等地组织开展煤电淘汰落后产能专项监管现场监管。

（3）提升电力服务水平，切实为社会为群众解难题。一是不断提升群众用能获得感。创新开展用户报装“三全”监管，紧盯办电核心指标开展全程监管，把群众评价作为“获得电力”工作成效的评判标准，把群众满意用电作为工作的最终目标。局分管负责人带领第4督导组对宁夏回族自治区、青海省提升“获得电力”服务水平情况进行现场督导，共发现近200项问题。二是将“放管服”要求落到实处。开展转变工作作风、提升许可服务意识专项活动，完善容缺受理、告知承诺制相关管理制度，简化申请材料，压减不必要环节，实现了“一次不用跑”。开通资质许可线上、线下多种渠道收集信息，已有1277家企业资质许可服务对整体满意度开展评价，满意率100%。三是优化华北区域新能源电源接网服务。编制《优化新能源电源接网服务实施意见》，完善受理流程、健全制度规范、规范电网公平开放行为，降低新能源电源项目申请接网的人员成本和时间成本。

（4）创新监管机制，形成监管合力。一是推进华北区域派出机构建立协同监管机制。制定了《华北区域派出机构协同监管机制总体工作方案》，与山西、山东能源监管建立了三项协同机制，确定了四方面十项重点协同监管任务，并联合开展了电力应急能力建设暨建党100周年保电协同监管。二是主动与华北区域地方政府加强工作联系。与内蒙古自治区有关部门建立内蒙古能源高质量发展定期协商机制。联合北京市城市管理委、天津市安委会办公室、内蒙古自治区能源局等部门，推动电力建设施工等属地电力安全管理职责向地市级主管部门重心下移。会同天津市发展改革委、城市管理委共同组织开展2021年天津市天然气用气结构核定工作，准确掌握天津市基本用能需求。三是密切政企合作，不断提升监管信息化、数字化水平。加强与国网新能源云的业务合作，探索利用数字化平台优势，不断丰富“互联网＋监管”手段，为华北区域电力规划、市场及运行安全监管等提供有力技术支撑。

【国家能源局山西监管办公室】

基本情况 国家能源局山西监管办公室（简称山西能源监管办），组建于2006年。

主要职责：监管电力市场运行，规范电力市场秩序；监管电网和油气管网设施的公平开放；监管电力调度交易，监督电力普遍服务政策的实施；负责电力等能源行政执法工作，依法查处有关违法违规行为，监督检查有关电价；负责除核安全外的电力运行安全、电力建设工程施工安全、工程质量安全的监督管理以及电力应急和可靠性管理，依法组织或参与电力事故调查处理；负责组织实施电力业务许可以及依法设定的其他行政许可；负责协调有关跨省、跨区能源监管业务；负责法律法规授权以及国家能源局下达或交办的有关事项监管。

领导班子

党组书记、监管专员：贺刚

党组成员、巡视员：宋晋冀

党组成员、监管副专员：王毅敏

组织机构 内设综合处、市场监管处、行业监管处、电力安全监管处、资质管理处、稽查处六个职能处室。

主要工作

（1）在电力市场监管方面。一是持续修订完善中长期交易细则，解决市场发展过程中遇到的新问题。印发《关于山西电力中长期交易有关事宜的补充通知》，明确了10条规则条款，有效解决了市场主体反映较强烈、集中的问题；印发《山西电力中长期分时段交易实施细则》，构建全电量分时价格体系等。二是不断健全电力辅助服务市场交易品种。印发《关于完善电力调频辅助服务市场有关规则条款的通知》，在全国省份中率先将二次调频补偿费用全部由发电侧承担调整为发电侧和用户侧各承担一半；印发《关于独立储能和用户可控负荷参与电力响应交易的补充通知》，建立了独立储能和用户可控负荷在现货和非现货模式下全天候参与削峰填谷的市场化机制等。三是加强市场监管检查与监控力度，提升市场监管效能与权威。建立月、季度座谈会议制度，及时了解掌握市场存在的问题，累计下发监管文书5份，责令整改；主动融入“我为群众办实事”活动，解决企业多年无法并网发电难题。四是发挥派出机构探头和预警作用。向国家能源局提交正式书面报告共6份，及时汇报市场发展情况和存在问题，研提的多条建议在国家能源局2021年制定的文件中得到体现。

（2）在电力安全监管方面。一是在责任落实上“谋明”。推动《山西省“三管三必须”实施细则》《山西省电力用户用电安全管理细则》等制度规则出台，与地方主管部门建立齐抓共管机制。二是在工作部署上“谋细”。组织电力安委会成员单位开展安全生产大排查、大整治活动，整改消除风险隐患2831项。印发《关于全力做好迎峰度冬电力安全供应工作的通知》，确保度冬期间电力设备稳定运行。三是在执行落实上“谋实”。扎实开展风险隐患排查，对风险隐患进行辨识和评估，逐项制定风险管控措施，印发《山西省电网运行安全风险分析报告》《以新能源为主体的新型电力系统安全风险分析报告》，督促企业闭环整改。印发《关于部分地区网络安全暨电力监控系统安全防护“回头看”督查情况通报》，督促67家电力企业按期消除网络安全隐患。四是在强化监管上“谋严”。组织425家电力企业认真开展《安全生产法》宣贯学习。对2020年发生事故的3家单位和2家存在重大隐患的单位，重点开展督查。2021年事故较2020年降低50%，死亡人数降低75%，全省电力安全运行平稳。

（3）在行业监管方面。一是开展山西省冬季清洁取暖专项监管。梳理清洁取暖政策落实情况，进村入户实地走访，形成专报报送国家能源局和山西省政府。二是加强能源供需分析研判。加强能源供需、市场波动等研判，定期报至局党组。保供期间，开展煤价暗访，监测电煤价格变动，每日报至国家能源局。三是兼顾电网调峰和民生供热，科学核定供热机组运行方式。会同省能源局对20家热电企业进行供热期运行方式平衡测算，监督调度机构按照供热机组负荷平衡测算结果合理调度。四是开展山西省煤电淘汰落后产能专项监管。针对与政策冲突、替代资源不到位、无证运营等问题，提出建议并报至国家能源局和山西省政府。五是主动融入山西能源革命综合改革试点工作。与相关部门建立联络机制，加强能源供需分析、数据共享，开展源网荷储和多能互补一体化项目实施方案论证等工作，持续开展煤电停缓建项目后续监管，促进行业健康、规范、有序发展。

（4）在资质管理方面。一是认真贯彻落实国家能源局“放管服”工作部署和告知承诺制。全面推进资质和信用信息系统，实现一网通办，综合运用系统推送电工、社保等信息开展资质审核；严格落实国家发展改革委 36 号令要求，降低制度成本和企业负担，切实推动政策落地落实。目前通过告知承诺制方式办理业务占比 72.73%。二是开展信用专项监管，规范企业行为。组织对电网企业、交易机构、新能源企业等 26 家单位执行国家政策情况、资质许可保持情况等实施监管检查，共发现 8 类 61 个问题，涉及企业 37 家，及时下达整改通知书，督促企业完成整改并按流程开展行政处罚。三是主动服务，加快推动增量配电业务改革工作。对列入五批增量配电业务改革试点名单的企业，积极行动，主动服务，通过座谈、调研等方式，充分听取企业增量配电业务开展进度和存在问题，引导企业尽快完善相关手续。现省内 14 家从事增量配电业务企业已申领电力业务许可证（供电类）。

（5）在行政执法方面。一是切实履行监管职能，督促地方政府落实责任。向省政府专题报告山西省“获得电力”监管工作开展情况和有关工作建议，推动山西电力优化营商环境持续向好。二是推动电力体制改革，有力维护用户合法权益。依法在全国范围内首次作出并网互联行政裁决，保障配售电企业公平接入电网的权利。责令地电公司整改市场交易不规范行为，维护用户权利，保障现货试点工作顺利开展。三是切实解决有关诉求，提高用户满意度。成功调解分布式瓦斯发电项目并网接入争议。责令有关供电公司退还用户受电工程带电作业费 83 万元，降低办电成本。亮剑“三指定”违规行为，查处有关供电公司“三指定”案件，罚款 40 万元。四是做好投诉举报处理，组织 12398 能源监管热线宣传普及工作。全年共受理有效信息 5057 件。接单处理 479 件，其中投诉 182 件，举报 8 件，办结率为 100%，回访率为 100%，满意率为 93.25%。约谈企业负责人 32 人次，下达整改意见书 7 份。

（刘　晶）

【国家能源局山东监管办公室】

基本情况　国家能源局山东监管办公室（简称山东能源监管办），于 2013 年 12 月 2 日正式挂牌成立。

主要职责：山东能源监管办依据国家能源局的授权，履行山东省内的能源监管职责。具体履行以下监管职责：监管电力市场运行，规范电力市场秩序；监管电网和油气管网设施的公平开放；监管电力调度交易，监督电力普遍服务政策的实施；负责电力等能源行政执法工作，依法查处有关违法违规行为，监督检查有关电价；负责除核安全外的电力运行安全、电力建设工程施工安全、工程质量安全的监督管理以及电力应急和可靠性管理，依法组织或参与电力事故调查处理；负责组织实施电力业务许可以及依法设定的其他行政许可；负责法律法规授权以及国家能源局下达或交办的有关事项监管。

领导班子

党组书记、监管专员、机关党委书记：左卫华

党组成员、监管副专员：张锐

党组成员、行业监管处处长：卢延国

组织机构　设置综合处（机关党委〈机关纪委〉办公室）、市场监管处、行业监管处、电力安全监管处、资质管理处、稽查处。

主要工作

（1）履行能源监管职能，全力保障能源供应平稳有序。全面落实国家发展改革委和国家能源局关于能源保供决策部署，建立了以办党组主要负责人为组长的组织体系，健全了以“八查（察）两防”为核心的工作体系，密切分析研判电力、油气及煤炭供需形势，全力做好能源保供综合监管。主动发挥派驻优势，向国家能源局和省政府提交报告 8 份，提前预警山东电力、电煤和天然气供需潜在问题，提出了稳煤增供、金融纾困、履约监督、足额储气等十余条措施建议，为上级分析决策提供了可靠的第一手资料。果断采取监管措施，周密分析山东电网大量接入外电及新能源安全机理，向电网企业提出监管要求，保证了电网平稳运行。针对入秋后机组临故修和非停、降出力较多的情况，第一时间印发通报，督促电网企业和发电企业加强设备管理，力保全网发电能力。针对煤电价格倒挂、发电企业积极性不高的情况，分批组织发电企业主要负责人召开专题会议，引导其强化责任意识、稳妥参与市场交易，确保了电力交易秩序的稳定。

（2）全面落实能源安全新战略，保障能源规划政策落地见效。发挥监管职能与监督守正作用，结合山东实际向国家“十四五”规划编制工作提交多条政策建议，针对山东省“十四五”规划编制研提两轮意见并会签报省政府，全力确保国家能源政策在地方不走样、不变形。以“碳达峰 碳中和”为目标导向，坚决叫停了个别市县限制分布式光伏的“土政策”，指导电网企业制定可再生能源发电项目接入系统全流程管理实施细则，将集中式和分布式项目并网时长分别压缩

了 47、83 个工作日，通过辅助服务交易为可再生能源置换发电空间 98.16 亿 kWh，有力促进了可再生能源发展，全年新增可再生能源装机 1193.9 万 kW。促进新型储能发展，推动山东省能源主管部门确定调峰示范项目 50 万 kW、调频示范项目 1.8 万 kW。推动新能源发电项目接网工程回购，组织召开推进会 6 场，指导电网企业完成了 3 轮梳理排查，对条件基本成熟的项目启动了回购流程。跟踪关注裕龙岛炼化一体化项目建设及山东省承诺事项落实情况，现场督导拆除 780 万 t 落后产能。大力开展国家石油天然气基础设施重点工程监管，督办中俄东线和董东管线施工堵点，协调减免管线穿越费用近 1000 万元。多次现场督办日濮洛项目工期延误问题，协调配合油气司现场督导，推动“十四五”首条千万吨级输油管线投运。

（3）深入推进能源体制改革，提升能源市场化水平。推动电力市场建设综合改革试点，山东电力现货市场 12 月 1 日结算试运行以来，日前市场和日内市场价格波动紧跟供需形势，价格信号明显。落实国家发展改革委和国家能源局工作部署，会同省政府有关部门推动发电侧和用电侧价格市场化改革，放开了燃煤发电机组上网电价，取消了工商业及其他用电类别目录销售电价，中长期交易成交均价较基准电价上浮 19.8%，初步实现了煤电价格的联动传导。持续优化电力中长期交易，年内两次修订印发《山东省电力中长期交易规则》，增加了月度调减交易和购电侧合同转让月内集中竞价交易品种，新增了地方公用燃煤机组优先发电计划分解、结算和清算条款，有效提高了市场交易的灵活性和流动性。扩大市场主体范围，推动新能源机组、地方电厂和跨省区输电通道配套电源参与交易，将省调自备机组纳入了辅助服务交易范围。市场规模不断扩大，截至 12 月底，注册售电公司 1039 家、居全国第一，交易用户突破 2.5 万家、居全国第四，完成市场交易电量 1865.1 亿 kWh，占同期网供电量的 36.2%。主动适应油气体制改革新形势，加强油气管网设施公平开放监管，管输企业全年代输天然气 180.43 亿 m^3、原油 4600 万 t，折合约替代汽运 114 万车次、节省运输成本近 24 亿元，减少二氧化碳排放量约 24 万 t，显著提升了管网设施运行效率与油气资源多元化供应保障能力。

（4）防范化解电力安全重大风险，确保电力安全可靠供应。做好“三抓一保”，以抓风险管控、抓系统稳定、抓网络安全、保人身安全为重点，全力打好防范化解电力安全生产领域重大风险攻坚战。理顺电力安全监管体制，推动省政府安委会印发《山东省电力行业安全生产分级分类监督管理的意见》，逐级明确了省、市、县三级监管对象和监管职责，建立完善“双重交办、双重督办”机制，压实了属地电力安全监管责任。督导省级电力企业建立了班子成员蹲点包保责任制，夯实了企业主体责任。健全完善双重预防机制，实现了电力企业和施工项目双重预防机制建设全覆盖。深入开展“大排查大整治”行动，组织各市县、电力企业排查整治问题分别达 1 万余条、2.6 万余项，截至 12 月底整改完成率 92.9%。组织电力企业开展应急演练 320 余场，参演人员 9600 余人，排查整改各类问题隐患 2500 余项，显著提升了电力企业应急处置水平。2021 年以来，山东电力行业未发生电力人身伤亡事故、电力安全事故、设备事故和电力行业网络安全事件，全省电力安全生产保持了总体平稳态势，山东电力系统正向本质安全迈进。

（5）加强民生领域监管，显著提升群众获得感和满意度。深入开展北方地区冬季清洁取暖专项监管，赴全省通道城市及主要城市现场督导，推动全省完成清洁取暖改造 918.71 万户，超额实现了《山东省冬季清洁取暖规划（2018—2022 年）》任务目标。制定印发了《山东省全面提升“获得电力”服务水平持续优化用电营商环境三年行动计划》，组织全省供电企业全面推行“三零三省”服务，全年减少用户投资 25.06 亿元，提前一年半完成了“获得电力”目标任务，济南、青岛获评全国营商环境“标杆城市”。落实“放管服”政策，推行许可告知承诺制，通过告知承诺制办理行政许可 97 项，实现了“受理当日作出许可决定”。实行许可审查及后续监管标准化，制定了优化提升电力业务许可服务“十项措施”，许可事项平均取证时间同比缩短 29.6%，实现了向社会承诺的“零跑腿、零超时、零差错”目标。发挥“互联网+监管”大数据优势，在全国率先建成政府部门间大数据信息查询系统，实现了与人社、应急、环保等部门的数据共享互联。保障国家乙醇汽油推广政策落地落实，对执行不到位的企业实施监管约谈和多轮“四不两直”检查，督导相关地区 512 座加油站全面恢复了乙醇汽油供应。

（6）加大监管执法力度，切实维护能源市场秩序。当好“能源警察”，根据新版《中华人民共和国行政处罚法》及时修订了《山东能源监管办行政处罚工作规则》，全年约谈企业 18 家，下发整改通知书 13 份、监管意见书 1 份、责令停工项目 1 处，作出行政处罚 7 起，罚没金额 16.18 万元，有效震慑了各类违法违规行为。加强行政许可事中事后监管，制定印发《许可事中事后监管工作实施细则》，向 82 家企业依法做出了不予许可决定，对 110 余家新取证企业开展了许可后续监管检查，向 24 家不满足许可条件的企业下达了整改通知，对 6 家失信企业实施了信用监管联合惩戒，向 26 台超期服役机组下达了限期整改通知书，注销了 75 台 140 万 kW 落后产能煤电机组的发电许可，初步实现了放管服改革“宽进严管”目标。着力维护群众利益，对投诉举报调查处理实施全过程管控，根据国家政策动态修订《12398 能源监管热线典型问题答复模板》，指导电网企业制定 12398 投诉举报转办工单处理程序并定期检查，累计处理有效信息 9887 件，投诉举报答复时长同比缩短 12 天，百万人均投诉举报有关指标位居全国前列。

（7）加强监管能力建设，巩固提升监管长效机制。坚持“通过一次监管改进一个体系，处理一件投诉建立一项机制”，及时梳理分析监管工作中发现的苗头性、倾向性问题，举一反三建章立制，不断巩固监管工作成效，持续提升监管工作水平。针对分布式光伏迅速发展且施工质量良莠不齐的情况，会同山东省能源局制定印发了《关于切实做好分布式光伏并网运行管理的通知》，要求相关单位落实技术标准和施工工艺，保障电网安全运行。针对部分发电项目电力监控系统安全防护不到位的情况，制定印发《山东省电力监控系统安全防护实施办法》，显著提升了全省电力监控系统安全防护管理、评估、应急处置、监督管理等工作的规范化水平。针对部分地区群众反映较多的预付费用户欠费停电问题，制定印发了《关于对预付费用户欠费停电有关问题进行整改的通知》，组织电网企业全面规范预付费用户服务管理，10 月份以来电费退款业务平均时长较之前缩短 2 天。针对投诉供电企业信息公开事项的增多趋势，督促指导电网企业制定了规范信息公开工作的规范性文件，有效保障了电力用户知情权。

（8）坚持政治统领和党建引领，扎实推进巡视整改落实与党史学习教育活动。以党建统领能源监管全面工作，以党小组作用发挥为着力点打造机关党建品牌，全办 6 个处室的党建品牌建设暨党小组攻坚目标全部完成。报请山东省委省直机关工委成立了机关党委和机关纪委，基层组织体系得到了进一步强化。坚持“四个融入”，全力做好巡视整改后半篇文章，对整改事项采取档案式管理，办党组按月调度整改进展，逐一验收销号，完成党组第五轮巡视“回头看”反馈的 39 项问题。开展党史学习教育和“四史”宣传教育，围绕伟大建党精神和党的十九届六中全会精神学习，常态化组织开展支部集体学习、“党员讲党课 人人讲党史”微党课、青年理论学习小组研讨等活动，引导全办党员干部对“一个根本问题”“两个确立”“十个明确”有了更加深刻的领悟，对如期实现碳达峰、碳中和，构建以新能源为主体的新型电力系统有了更清晰的方向和更坚强的决心。开展“我为群众办实事”实践活动，解决了烟台、滨州等地区部分农村群众反映的频繁停电、电压不稳等问题，为菏泽、临沂群众挽回了 6 万余元和 2600 元损失，推动威海乳山地方政府解决了打磨村“煤改气”清洁取暖延期问题，收到了群众赠送的“您为群众办实事 公正高效保民生”锦旗；依托办事大厅“青年文明号”平台作用，常态化开展“许可开放日”主题党日活动，显著提升了办事群众满意度。

（9）从严从实强化监督执纪，一体推进不敢腐不能腐不想腐。全面压实“两个责任”，制定印发《中共山东能源监管办党组关于加强机关纪委建设的实施意见》，明确了政治监督、日常监督和执纪审查工作重点，进一步提升了监督执纪工作的规范化水平。持之以恒正风肃纪，召开了全面从严治党专题会议和党风廉政建设工作会议，年内两次修订廉政风险一览表、防控图，组织全办党员干部层层签订了廉政责任书，全年常态化开展廉政警示教育和现场监管廉政回访。认真开展“以案为鉴”“六看六促”专题警示教育，深刻汲取刘宝华和薛浒、王天才等案件教训，增强了全办党员干部的纪律意识和规矩意识，为推进能源高质量发展提供了坚强保证。

（10）助力乡村振兴，完成年度工作任务。落实国家能源局 2021 年度定点帮扶任务，发动全办干部职工购买清水、通渭特色农产品 5273 元；坚持教育扶贫，组织党员干部开展捐资助学，捐资助学 10500 元；推荐购买清水、通渭特色农产品 2 万元。持续巩固“第一书记”脱贫成果，与“第一书记”帮扶脱贫的临沂市平邑县金鹊庄村党支部结成了“双联共建”帮扶对子，组织开展了“第一书记帮扶回头看”，帮助金鹊庄村破解乡村振兴中的新情况、新问题，促进其致富产业稳定持续收益。

（孔春明）

【国网北京市电力公司】

企业概况 国网北京市电力公司（简称国网北京电力）是国家电网公司的子公司，负责北京地区 1.64 万 km^2 范围内的电网规划建设、运行管理、电力销售和供电服务工作。2021 年国网北京电力辖 16 个供电公司、12 个业务支撑和实施机构、3 个其他单位、3 个合资公司，用工总量 21614 人，服务客户 900 余万户。

2021 年国网北京电力完成售电量 1147.76 亿 kWh，增长 8.54%。线损率 4.1%，同比下降 0.22%。当年业绩考核位列 A 段，职工劳动生产率为 183.61 万元/人。国网北京电力荣获 2021 年全国实施卓越绩效先进组织奖，连续三年荣获国际质量管理小组会议（ICQCC）最高奖项。照明中心华灯班事迹被《新华社内参》报道，工程公司张磊当选国家电网首席专家。

领导班子

董事长、党委书记：王昕伟（2021 年 11 月任）、潘敬东（2021 年 11 月离任）

董事、总经理、党委副书记：万志军

董事、党委副书记、副总经理、工会主席（二级单位正职级）：李百顺

副总经理、党委委员：周建方

党委委员、纪委书记：任峰

副总经理、党委委员：刘明志（2021 年 8 月由总工程师转任）

副总经理、党委委员：董朝武（2021 年 11 月离任）

副总经理、党委委员，通州供电公司总经理、党委副书记：闫承山

副总经理、党委委员，城区供电公司总经理、党委副书记：陈守军

副总经理、党委委员：王鹏

总会计师、党委委员：张钺

总工程师：史景坚（2021 年 8 月提任）

三级顾问：李路

组织机构 本部职能部门（22 个）：办公室（党委办公室、董事会办公室）、发展策划部、党委组织部（人事董事部）、人力资源部（社保中心）、财务资产部、安全监察部（保卫部）、设备管理部（政治供电办公室）、建设部、市场营销部（农电工作部）、科技部、物资部（招投标管理中心、审计部。本部职能部门（22 个）：纪委办公室（巡察办）、党委党建部（思想政治工作部、本部党委、公司团委）、离退休工作部、法律合规部（体改办）、党委宣传部（对外联络部）后勤工作部、互联网部、电力调度控制中心、工会、企业管理部。供电公司（16 个）：国网北京城区供电公司、国网北京通州供电公司、国网北京朝阳供电公司、国网北京海淀供电公司、国网北京丰台供电公司、国网北京石景山供电公司、国网北京亦庄供电公司、国网北京昌平供电公司、国网北京门头沟供电公司、国网北京房山供电公司、国网北京大兴供电公司、国网北京平谷供电公司、国网北京怀柔供电公司、国网北京密云供电公司、国网北京顺义供电公司、国网北京延庆供电公司。业务支撑机构（12 个）：国网北京经研院、国网北京电科院、北京电力工程公司、国网北京检修公司、国网北京电缆公司、国网北京信通公司、国网北京党校（首电人才服务公司）、国网北京物资公司、国网北京服务中心、国网北京客服中心、国网北京建设咨询公司、北京华商电力产业管理公司。合资公司（3 个）：首都电力交易中心有限公司、国网北京能源公司、国网北京新能源汽车公司。其他单位（3 个）：北京市供用电建设承发包有限公司、国网北京物业公司、北京市城市照明管理中心。

电网概况 截至 2021 年底，国网北京电力有 110kV 及以上变电站 528 座，变电容量 1.45 亿 kVA，线路长度 1.21 万 km，形成了“500kV 扩大双环网、220kV 分区供电、110kV 辐射状供电”的坚强网架结构。北京电网是典型的超大型城市电网，从供给侧看，外受电比例超过 60%，本地装机以燃气发电为主，占比约 80%；从消费侧看，电能在终端能源消费占比达到 45.39%，其中第三产业和居民用电占比近 75%；城市供电可靠率达到 99.996%，处于国内领先水平。

人力资源 截至 2021 年底，国网北京电力共有长期职工 8772 人，其中研究生及以上学历 2594 人，本科学历 4407 人，专科学历 1198 人；高级职称 2054 人，中级职称 2383 人；技师及以上职业资格 3420 人，高级工 1527 人，中级工 900 人。

提升组织运行效能。完成本部部门、编制调整和岗位设置工作，确保本部部门落地和队伍稳定。动态优化基层单位内设机构，完成 17 家单位组织体系优化工作。推动人才高质量。超前服务新型电力系统建设，开展电气工程，电子信息人才引进，人才配置向业务部门和核心岗位倾斜。推进岗位聘任，持续在一般管理岗位、供电所长、班长等重点岗位推行聘期管理，2659 余人签订聘任协议。专家队伍成效提升，国家电网系统内人才增至 331 人，其中特级专家 7 人；一级专家 57 人；系统外省部级及以上人才 44 人。

提升人力资源效率效益。明确四方面 111 项业绩指标任务，逐项制定方案措施，压紧压实各单位业绩支撑责任，实现国网业绩考核 A 段目标。全员绩效管理持续深化，推行绩效工资分配“增人不增资、减人不减资”，加强柔性团队考核激励，加大科技创新激励力度。发挥薪酬分配激励导向，加大工资总额分配与各单位业绩考核、经济效益、用工效率的挂钩力度，挂钩比达到 58.3%。

电网建设与发展 首次实现与各区政府战略合作全覆盖，取得“零前期”“零土建”“专项资金”等政策突破。牵头编制的北京市地方标准《10kV 及以下配电网设施配置技术规范》正式获批。500kV 北京西—新航城、220kV 柴务等重点项目纳入北京市“十四五”能源和电力发展规划。500kV CBD 外电源工程获得立项核准、亦庄站取得规划批复。全年完成 110kV 及以上工程可研编制 55 项，取得立项核准 45 项。全年开工 35kV 及以上工程 31 项，线路长度 237.6km，变电容量 406 万 kVA；全年投产 35kV 及以上输变电工程 28 项，线路 303.26km，变电容量 561.2 万 kVA。工程公司张文新创新工作室被命名为国家电网公司首批输变电工程建设创新工作室。通州北 500kV 变电站、丰火 220kV 变电站等 11 项工程被评为国网输变电工程安全管理“五好”示范工地。西白庙 220kV 输变电、速滑 110kV 变电站工程获得国家电网优质工程金奖，张北柔性直流北京换流站至昌平 500kV 配套送出工程

推荐参评中国电力优质工程。

经营管理 完成新增接电容量1060万kVA，替代电量20.7亿kWh，实现综合能源收入4.34亿元。清理长期挂账工程，加大线损治理、反窃查违、电费回收等工作力度，全年内部挖潜增利4.15亿元。深化“阳光业扩”，创新推出“三零+”服务，规范清理“12+2”项行业收费。推广电力微信、“网上国网”，新增注册用户185万户，线上办电率达到97.68%，停电信息通知到户率达到90%以上。完成81个老旧小区改造，建成崇文“三型一化”营业厅。优化经济活动分析例会机制，拓宽经营管控维度，深化问题根源分析，着力激发全员创效活力。强化合规经营和风险管控，依法维权避免和挽回经济损失1.14亿元，国家审计署冬奥跟踪审计报告实现“零问题披露”。落实电价市场化改革政策，完成30.27万户市场主体的宣传解释、签订协议，确保代理购电平稳实施。完成年度电力直接交易结算电量237.59亿kWh，实现年度市场化交易电量目标。持续完善冬奥绿电交易机制，协同北京电力交易中心共为赛区24家场馆、3个附属设施输送绿色电能1.24亿kWh，实现冬奥场馆100%绿电供应。

安全生产 推进安全生产专项整治、“五查五严”等专项行动，排查治理隐患2665项。完成11家单位安全巡查和10家单位“回头看”，闭环整改460项突出问题。完成各级领导班子“两个清单”编制，修订安全责任清单9108份。开展各级领导干部安全述职1053人次。开展新版《安全生产法》《安全事故调查规程》宣贯培训，累计1.8万人次。加大领导人员“四不两直”督察力度，将3家企业列入负面清单、892名人员取消准入资格。开展安全评价和安全准入考试，15237名作业人员持证上岗，开展安全检查40241余人次。

完成重大保电任务202项、保电天数365天，任务数量增加30%。组织787人援豫，恢复31个小区约10万人正常供电。完成54场冬奥测试赛安全供电，制定43个专项保障方案，开展325场应急演练。完成3座老旧变电站改造、175处线路“三跨”治理、52km隧道火灾隐患整治、35项二次系统技术改造。完成防鸟装置加装8456基。光纤覆冰监控加装22条线路，消除严重以上缺陷1462件。应用无人机完成全部适航区1.7万基杆塔精细化巡检。完成6座500kV站、30座冬奥保障特级直供站在线监测装置接入，3.2万台区智能融合终端安装接入配电数字化监测平台，500kV变电站源端数据接入电网资源业务中台。

营销工作 优化电力营商环境，创新“三零+”服务，顺利完成世行“获得电力”视频磋商。深入推进“阳光业扩”，优化一证办电、“电力+房产”同步过户流程，启动居民刷脸办电服务，获取政务平台不动产权证等信息253万条。全年服务小微企业0.51万户，节省客户办电投资2.18亿元。出台5项规范性文件，编制百问百答口袋书，完成14轮、8000余人业务培训。按时发布代理购电公告，高压客户100%发放告知函，完成5.69万户购售电合同签订。编制购售同期工作方案，送达自然月抄表结算合同事项变更确认书30.83万户，完成24万户签署。

实施“供电+能效”服务，完成首都核心区1149户非居民液化气改电，年增加售电量9700万kWh。承接昌平35个学校电采暖改造和运营，完成44个村、1.9万户“煤改电”任务。创新实施电动汽车“联网通办”，与北京全部74家新能源汽车4S店建立合作。全年充换电量1.89亿kWh，电动车公司实现委托经营收益5000万元。

科技创新 牵头承担的国家重点研发计划项目“低碳冬奥”课题和示范工程通过工信部验收，绩效评价为优。12项涉奥科研项目取得科技成果，为冬奥保障提供科技支撑。科技成果获得省部级以上奖励17项，其中“有载调容配电变压器关键技术、系列装备及规模化应用”科技成果历史首次获得国家科技进步奖，其他项目获中国电力科学技术奖2项、国家电网科技成果奖3项、北京市科技进步奖3项，入选工信部十大典型案例1项。建成国内首座“发充储放”一体化充电站，在“多电源支撑、多电压等级、交直流互联”混合复杂型交直流配电网形态方面形成创新示范。获授权专利373件，其中发明授权138件、申请海外专利2项。

信息和数字化建设 强化云平台、数据中台技术支撑。国网北京电力数据中心二期建成投运，物联平台接入2.1万个感知终端，数据中台接入74套系统10.2万张表，支撑300余应用场景构建。电网资源业务中台发布660项共享服务。建成人工智能“两库一平台”，国网链、长安链、星火链部署上线。投运冬奥电力运行保障指挥平台，成果入选世界互联网大会优秀案例。国家电网系统首家举办大数据应用发布会，采取“揭榜挂帅”等形式推进30项应用，成果获各级政府部门批示32次。“城市大脑”智慧能源场景获国网青创赛专业第1，入选工信部大数据产业发展试点示范。统筹生产、营销等专业需求，完成“一人多终端”治理。举办人工智能RPA应用创新发布会，完成20项基层成果的技术孵化。首套冬奥绿电溯源系统服务冬奥绿电消纳，入选国际工业区块链优秀案例。牵头工信部工业互联网5G示范项目，形成虚拟量测平台等5G特色应用。两次参战国家级网络安全演习并取得骄人成绩，获公安部、国家电网公司通报表彰。完成冬奥测试赛、建党百年等重大政治供电网络安全保障任务。

优质服务 加强与中直、国管局等高层对接，重点工程得到客户高度评价。完成 198 个高停电风险小区、六类供暖客户负荷监测和风险预警，为老旧小区、三供一业小区和弃管小区提供 9600 余次停电报修延伸服务。依托 HPLC 新技术为全市 428 户孤寡残弱等需要特殊关心关爱群体提供“安心电”“无忧电”“舒适电”服务。安排 836 名客户经理携手供暖设备厂家深入 78201 户居民家中开展用电安全服务、提供供暖设施免费检修服务，处理用户用电诉求 3204 件，处理电采暖设备故障 1346 次。全年 95598 话务量累计 298.88 万通，同比下降 9.84%，下派工单 379425 件，同比减少 0.07%。95598 受理投诉共计 181 件，同比减少 69.15%。12345“三率”综合排名在全市公共服务行业保持领先。

党建工作 坚持把党史学习教育作为感悟初心使命的重要契机，制定实施方案，细化 6 方面 19 项任务，召开 9 次专题例会，推进重点工作 48 项，完成 4 轮次 127 次专项指导。依托首都红色资源优势，组织“党员回党校”“诵读经典好声音”“向党说句心里话”等丰富活动，营造了讲党史、读经典、话初心的浓厚学习氛围。严格“三项例会”制度，全覆盖实施党组织书记述职评议、党建绩效考核，推动党建责任层层传递、落实落地。规范优化党组织设置，梳理供电服务用工党员组织关系，全面消除党员空白班组，全力确保“两个覆盖”。在 17 个专业全覆盖实施“党建+”工程 32 项，健全季报、年度评价机制，实现全过程管控。开展“红马甲在行动”共产党员服务队品牌实践，以走心服务践行人民电业为人民的使命宗旨。

持续打造“青”字号品牌，依托“号手岗队”创建工作，带领团员青年扎根一线、敢于担当，在攻坚克难中建功立业、创造价值，彰显青年先锋力量。打造“百千万”红色青年志愿讲解品牌，成立百人红色讲解团，培养红色讲解员 118 人，在香山革命纪念馆、长辛店二七纪念馆等红色教育基地讲解 1017 次，受众近 3 万人。发挥首都科创中心优势，聘请中科院、清华大学等专家教授为青年提供创新培训、政策解读等辅导，把外部资源“纳”进来。承办国家电网公司第六届“青创赛”，5 个项目挺进决赛。城区供电公司“全景‘魔方’——基于能源互联网体系的中央政务电力保障智慧平台”获第八届“创青春”中国青年创新创业大赛铜奖。

在中央媒体发稿 425 篇（条），其中央视新闻报道 49 条（《新闻联播》10 条、2 次央视大型直播），累计时长达 3h03min。在市属重点媒体刊发报道 487 篇，在国家电网公司网站和行业媒体发稿 1597 篇，国网北京电力官方微博 502 条，国网北京电力官方微信公众号 118 条。制作国家电网冬奥合作伙伴形象宣传片，在重点媒体重点时段播发。编制国网北京电力“十四五”品牌建设规划，连续第十年发布年度履责报告。融媒体平台投入使用，构建全媒体传播新格局。

工会工作 落实国家电网文化铸魂、文化赋能、文化融入专项行动，创建 29 个文化示范点，推动国网企业文化进基层、进一线、进班组。深化文明创建，17 家单位获评“全国文明单位”，4 个集体获评国家电网公司工人先锋号，2 个集体获评国家电网公司先进集体，1 家单位获评国网电网公司“新基建”劳动竞赛先进集体、2 个班组获评国家电网公司“新基建”劳动竞赛工人先锋号；1 人获荣国家电网公司特等劳动模范，3 人荣获国家电网公司劳动模范，1 人获评国家电网“十佳服务之星”。承办国家电网公司庆祝建党百年作品展、音乐舞蹈史诗节目审查，城区供电公司、照明中心选送的《国旗升起来》《华灯初上》两个节目参演，国网北京电力荣获卓越贡献奖。

主要事件

1 月 15 日，首届国网北京电力人工智能数据竞赛正式落幕。

1 月 28 日，国网北京电力在退运架空线路 110kV 华周一、二科支线，开启电源车带融冰车直流融冰演练。

2 月 5 日，国网北京电力负责建设的延庆发充储放充电站示范工程正式投运，综合实现交直流配网、分布式能源发电、充电设备、储能系统之间能量的互动融合和灵活调配，为北京冬奥会提供可靠、绿色的电力供应，提高赛区供电可靠性。

3 月 12 日，国网北京电力投资建设的北京环球度假区停车楼充电站具备投运条件，成为目前国内规模最大的集中式智慧有序充电站。

5 月 31 日，工业和信息化部面向全国发布第一批《“5G+工业互联网”十个典型应用场景和五个重点行业实践》。国网北京电力选送的“5G 虚拟量测平台”项目，通过工信部层层选拔和评审，是电力行业唯一省级电力公司入选项目。

6 月 17 日，由国网北京电力承接的 110kV 东六环入地送电工程正式投运。作为北京市东六环入地改造工程中的重点配套项目，工程创新采用积木式模块化建设，为由中国自主研发的两台超大直径盾构机提供稳定可靠的动力电源。

6 月 28 日，国资委党委公开表彰中央企业优秀共产党员、优秀党务工作者、先进基层党组织，国网北京电力通州公司党委获得“中央企业先进基层党组织”荣誉称号。

6 月 29 日 18:55，北京广播电视台庆祝建党 100 周年，国网北京电力 30min 大型纪录片《旗帜——首都电力百年》正式播出，并在北京卫视、新闻、青少三个频道二轮播出。

7月1日，国网北京电力组织22786人，落实“五个最”“四个零”“一个杜绝、三个不发生”工作要求，按照特级保障标准开展保电工作，完成庆祝中国共产党成立100周年大会供电保障任务。

7月21日～8月2日，国网北京电力先后派出四批应急抢险队，总人数842人，其中抢修人员765人，202辆救援车、23台（套）应急发电车及多类特种应急设备，奔赴河南开展支援工作。团队累计执行应急发电任务16项，发电出力705h，发电量77109kWh。

7月28日，在北京东特高压至通州500kV线路CN35号塔基建作业现场，国网北京电力首次在输电架空基建作业现场实现数字化安全管控。

8月3日，国网北京电力牵头的国家重点研发计划项目“支撑低碳冬奥的智能电网综合示范工程”课题——延庆发充储放示范工程，通过工信部专家组现场检查。

9月11日，张北柔性直流电网试验示范工程受端换流站——±500kV延庆换流站首次年度检修工作正式启动。

10月1日上午，中央政治局委员、北京市委书记蔡奇到国网北京电力检查国庆节供电保障工作，并向值守在工作岗位的广大干部员工致以节日的问候。

10月20日，第二条特高压下送进京电力通道——北京东特高压—通州500kV输变电工程投产运行。

10月26日，国家电网公司冬奥电力保障服务中心正式启用，由国家电网公司统筹研发、国网北京电力具体实施的北京冬奥电力运行保障指挥平台上线运行，实现奥运史上首次电力业务领域数字化、智能化全景监视，全面支撑冬奥测试赛及正式比赛供电保障工作。

11月3日，中共中央、国务院在北京隆重举行2020年度国家科学技术奖励大会。国网北京电力参与完成的“有载调容配电变压器关键技术、系列装备及规模化应用”科技成果荣获国家科学技术进步奖二等奖。

12月19日，昌平大唐青灰岭风光发电示范项目110kV送出工程建成投产。这是北京地区首个以风能发电为主的风光互补式发电工程。

12月28日，国网北京电力主导编制的北京市地方标准《10kV及以下配电网设施配置技术规范》（DB11/T 1894—2021），正式通过北京市市场监督管理局批准发布。

12月31日，由北京冬奥组委下达、国网北京电力负责建设的北京地区冬奥场馆临电工程全面竣工交付。

（邢　蕊）

【国网天津市电力公司】

企业概况　国网天津市电力公司（简称国网天津电力）负责天津电网规划、建设和运营。供电面积1.19万km^2，供电户数705万户。2021年售电量817.8亿kWh，营业收入482.95亿元，业绩考核和内部对标均位列国家电网第4。

近年来，国网天津电力历时三年竣工“1001工程”，基本建成500kV“三横两纵”双环网，提前一年完成“煤改电”和农网改造升级，建成首批智慧能源小镇、津门湖新能源车综合服务中心等一批标志性项目，天津电网加速向能源互联网转型升级。发布全国首个政企合作的电力“碳达峰、碳中和”先行示范区实施方案，服务天津港建成全球首个零碳码头，牵头筹建天津碳达峰碳中和运营服务中心，天津电力“碳达峰、碳中和”工作迈出坚实步伐。出台“电十条”“双十条”等系列举措，助力天津连续两年获评全国营商环境标杆城市。先后涌现出张黎明等一批先进典型，“个体先进”向“群体先进”升级经验获央企党建优秀研究成果一等奖。

电网概况　天津电网是华北电网的重要组成部分。目前通过胜利—锡盟—廊坊—海河—泉城双回1000kV交流线路及鄂尔多斯—北岳—保定—海河双回1000kV交流线路与华北特高压主网相联。通过新航城—南蔡双回、盘山—安定单回500kV交流线路与北京电网相联，通过吴庄—孝彩双回、芦台—裕丰双回500kV交流线路与冀北电网相联，通过静海—黄骅双回500kV交流线路与河北南网相联。

截至2021年12月31日，天津电网共有1000kV变电站1座，1000kV主变压器2组，变电容量6000MVA；500kV变电站10座，500kV主变压器22组，变电容量21153MVA；220kV公用变电站89座，220kV主变压器214台，容量40986MVA。天津电网共有交流1000kV线路8条，天津维护段长度577.894km；直流±800kV线路2条，天津维护段长度391.916km；500kV线路39条，天津维护段长度1298.821km；220kV线路328条，线路长度4294.382km。

人力资源　人资战略支撑保障成效显著。统筹优化资源配置。助力新兴产业发展，智慧产业公司职责定位、综合能源等市场化单位运营机制持续优化。增加营业收入利润率、提质增效等指标，市场化单位按0.8、1.2系数、分类核算系统内外效益贡献，市场化单位利润总额外部市场占比由53%提升至65%，业绩考核排名连续保持国家电网A级，2021年位列第4。持续深化“三项制度”改革。“基层绩效激励机制改革”内参获辛保安董事长、陈国平副总经理批示肯定。9项案例分别被国家电网公司《绩效管理工具箱》《工资总额管理创新实践》收录印发，3个典型经验在《国网动态》《国家电网报》刊载。管理岗位竞聘比例达53.5%，23家单位一般管理、技术和重要技能岗位聘任制实现全覆盖。优化员工配置，全年累计盘活存量

3659人次。强化人才队伍建设。深化与中国电科院、天津大学合作，"学研用"联合培养工程博士和博士后，2名员工获评国家级人才称号，4人次获评电力行业百名工匠、天津市技术能手等省部行业级人才称号，13名选手在市级竞赛中斩获佳绩。高技能人才比例增加3.84%。首次承办天津市"海河工匠杯"技能大赛，包揽"电力系统运维"专业前6名。推进宝坻实训基地优化升级，党校获评全国首个"电力行业信通专业培训基地"，首次获得全国行业级技能大赛承办资质。

推动领导人员队伍建设开创新局面。着力打造忠诚干净担当的高素质专业化干部人才队伍，为推动国家电网公司战略目标和发展布局率先在津落地提供了坚强组织保证。突出政治统领。把学习贯彻习近平新时代中国特色社会主义思想作为首要任务，深入开展党史学习教育，认真学习贯彻习近平总书记"七一"重要讲话精神和党的十九届六中全会精神，综合运用"云课堂"、集中轮训、理论测试等方式，将理论学习贯穿全年，推动领导人员带头深刻领悟"两个确立"、始终做到"两个维护"。实施《领导人员政治素质考察办法》，将政治标准嵌入日常考核、年度考核、提职考察中，从严把好选人用人政治首关。抓好队伍建设。聚焦"四优五过硬"目标，出台《领导人员队伍建设"十四五"规划》，从队伍结构、作风能力、体制机制等方面提出优化方案。立足事业发展需要配班子、选干部，国家电网公司考核反馈的选人用人工作总体评价满意率、新提拔领导人员认同率较2018年提升12.77、13.76个百分点。落实国企改革三年行动方案，推动子企业董事会应建尽建、经理层应纳尽纳。深化"双百·双青"等多元化培养载体，相关经验在《中央党史学习教育简报》刊登，获天津市管理创新成果一等奖。深化作风建设。坚持以干部作风大会开局全年工作，出台《领导人员作风建设考核实施意见》，健全完善作风建设长效机制。在电力保供攻坚战、疫情防控歼灭战中，第一时间印发《激励领导人员担当作为履职尽责的通知》，激励领导干部在关键时刻展现关键担当，彰显群体先进风貌。召开深化本部建设大会，强化员工才能与岗位职能精准匹配，2021年本部基层双向交流50人次，本部职务职员晋升69人次，基层对本部评价平均满意率较2018年提升超过10个百分点，"六型"一流本部建设成效显著。强化从严管理。针对国网巡视和选人用人专项检查反馈问题，举一反三、标本兼治，扎实做好巡视"后半篇文章"。开展360度立体式测评，丰富考核维度和内容，充分发挥考核"指挥棒"作用，与2018年相比，本部部门满意率、本部正副职优秀率、基层正职优秀率涨幅超过5个百分点，基层班子优秀率、基层副职优秀率涨幅超过10个百分点，国家电网公司考核反馈的从严监督干部满意率较2018年提升12.27个百分点。

电网建设与发展 电网发展迈上新高度。"1001工程"全面竣工，500kV扩大型双环网基本建成，220kV及以上变电站突破百座，配网自动化实现全覆盖，万年桥站、板中线等一批受阻超10年工程投入运行，华北首个顶盾结合的电力隧道等一批首台首套工程建成送电，德万等一批调结构补短板的工程按期投产，天津电网整体比肩北京、上海；贡献突出的3个单位、9名同志、9个集体被即时授予天津市五一劳动奖。乘势而上构建新型电力系统，新建天津北、扩建天津南特高压工程及全部规划500kV工程纳入国家"十四五"电力发展规划；推动电网工程纳入政府审批制度改革试点，大港500kV工程开工。1项工程获国家优质工程奖，2项工程分获国家电网优质工程金、银奖。启动建设国家电网首个综合性供应链服务智慧园区，获评国家电网公司现代智慧供应链创新与应用示范先进单位。建成首个多站融合的海光寺数据中心，数据管理实践成果入选工信部2021中国数字赋能经济大会优秀案例。

服务"碳达峰、碳中和"展现新作为。创新实施津碳"3060"电力行动，推动"碳达峰、碳中和"加快在津落地。发布全国首个政企合作的电力"碳达峰、碳中和"先行示范区实施方案，发起成立全国首个"碳达峰、碳中和"产业联盟，推动出台全国首部"碳达峰、碳中和"地方性法规，携手天津港建成全球首个零碳码头，牵头筹建天津碳达峰碳中和运营服务中心。举办首届"智慧新能源"论坛和城市储能发展论坛，国投风电等8项并网工程顺利投产，滨海能源互联网综合示范区"5+5"重点工程全面建成，国内首个交直流柔性供能小区、新型光伏光热建筑一体化供能系统投入运行，宝坻"一园一村"电热协同等一批示范项目取得突破性进展。国网天津电力作为唯一央企代表，在天津市"碳达峰、碳中和"大会上作交流发言。

经营管理 经营业绩取得新质效。外拓市场、内强管理，打造提质增效"升级版"，经营指标大幅提升。以改革解难题，完成交易中心股权优化工作，国网天津电力持股比例降至40%；市场化交易电量289.42亿kWh，同比增长50.29%；绿电交易实现"零突破"；提前实现新一代电力交易平台单轨制运行。

精细抓好"量价费损"。完成国展中心等项目送电，全年接电701.41万kVA。营销稽查和反窃查违增收1.79亿元；高损台区超额压降45%，综合线损降低0.46个百分点，电费回收率达100%。配合政府出台峰谷分时电价、燃气两部制上网电价等政策，落实燃煤电价市场化改革政策，平稳有序完成36.4万工商业用户代理购电。实施燃煤燃气配比交易，减少垫付资金16.2亿元。精心培育新兴产业。成立智慧产业公司，新兴产业营收 8.9 亿元、利润 4732.8 万元，综合能源、电动汽车业务利润同比增长 15.9%、43.3%；拓展杆塔共享等业务，思极公司经营步入正轨。省管产业营收、利润同比增长 15%、59%。

精益推进管理增效。清理超期工程 86.96 亿元，处置废旧物资 1.68 亿元；建成科学完备、高效管用的制度体系，实现制度设计、管控能力“双提升”，创新总经理办公会讲制度机制，首家建成统一风险库和“一体化”风险管控机制，超前完成国资委合规与风控融合重点任务。完成电网企业参与碳市场涉法课题研究，依法维权挽回损失超过 1 亿元；汇票运作超 40 亿元，节约利息 1.8 亿元。开展全数字化综合审计，完成各类审计 36 项。完成国务院大督查、“获得电力”综合监管等迎检工作，服务水平持续提升。

安全生产　安全生产总体保持平稳。健全完善安全生产管理体系，制定领导班子安全责任和安全工作任务“两个清单”，修订津电智慧产业公司、思极公司、健康服务中心安全责任清单。完成 13 家单位安全生产巡查“回头看”。修订完善《安全工作奖惩实施意见》。推进专项整治三年行动，消除问题隐患 1218 项。持续强化人身电网风险管控，印发《“四个管住”安全风险管控实施指导意见和评价标准》，修订《违章记分标准》。开展重要风险管控措施审核和现场督查。健全基建安全管控体系，率先上线“e 基建”，2 项工程获评国家电网最佳“五好”示范工地。建成特高压密集通道 20min 运维圈，500kV 及以上线路实现无人机自主巡检，输、变、配电故障分别同比下降 13.2%、31.25%、58.42%，继电保护正动率保持 100%。主动迎战供需矛盾，协同市工信局、发展改革委建立电力平衡调度指挥部，推动有序用电用户规模扩大 5.6 倍、需求响应资源池扩大 65%，保持电力保供平稳有序。完成保电任务，成功应对“1·7”极寒、“7·11”强降雨等极端天气考验，完成建党 100 周年等 255 项重大保电及河北抗疫、河南防汛等支援任务，获评国家电网公司抗洪抢险保电先进单位。首次作为主战场单位参加国家网络攻防演习，得分位列第一。筑牢首都防疫“护城河”，发布防疫“新十条”举措，第一时间成立疫情防控津南分指挥部，选派业务骨干接管海河医院用电保障。全过程技术监督取得新突破，覆盖全部 110kV 及以上工程，自主开展全部 220kV 及以上工程主变压器、组合电器专项监督，发现并处理重要问题 216 项。建成 PMS3.0 技术监督样板间，完成 2 个技术降损示范区、3 个技术降损专项试点建设，建立数字化技术降损工单式管理模式，年累计节约电量 3788.55 万 kWh。开展 220kV 及以上 14 座一、二类变电站、30 座重要变电站全站检测，39 座油油套管变电站专项检测，110kV 及以下 125 座重点变电站专项检测工作，累计发现并处理 220kV 热米一线电缆终端等缺陷 359 处。32 个数字化班组通过国家电网公司验收，27 个获优秀评价。武清供电公司新一代集控系统通过了国网设备部专家组的验收，成为国家电网系统中首批通过验收的四家试点单位之一。严格执行配电网工程“十八项禁令”“三十条措施”，配电网工程竣工投产 608 项，新建和改造 10kV 线路 3945km，新建和改造配电变压器 3079 台。配电网工程不停电作业率 75%。下发《配电网施工作业规范标准》架空线路等三个分册，两个项目获国家电网公司百佳工程。优化 10kV 业扩配套电网工程建设流程，落实工程建设“契约制”。推动业扩配套电网工程与受电工程同步建设，满足客户用电需求。

营销工作　服务乡村振兴战略落地取得实效，成立乡村振兴领导小组，向 6 个定点帮扶经济薄弱村派出 15 名驻村帮扶干部；驻村帮扶工作获天津市肯定，驻下埝头、大街村工作组在 6 月 2 日天津市召开的帮扶表彰大会上被评为天津市优秀驻村工作组；持续开展“十化”落地、“电靓宝坻　振兴乡村”“我为群众办实事”等活动，赢得村民广泛赞誉。坚持以客户为中心，升级发布“获得电力双十条”和“三新三服、30 项服务举措”，开展“三新三服”行动，两级领导班子带队走访用户、解决用户诉求，确保“无忧用电”，助力天津“获得电力”指标连续两年进入全国营商环境评价标杆城市。建成津门湖新能源车综合服务中心示范工程，写入 2022 年度天津市政府工作报告；全视角开展电能替代，实施电能替代项目 593 个，替代电量 16.04 亿 kWh；开展综合能源和能效公共服务，依托“供电+能效服务”，为 27 家政府机关提供节能方案，推动读者大厦等 4 个清洁供暖项目落地。着力推动系统与营销数据融通融合，以业务、服务和管理的全链条数字化，提升员工数字赋能、客户数字感知和业务数字洞察能力，提升营销数字化发展水平、卓越服务能力、营销运营能力。突出员工素质能力培养，提升营销队伍懂政策、懂市场、懂经营、精业务、强技能、优服务能力，让服务品质更加优质、经营活力更加迸发，高质量推进营销队伍转型升级；启动服务提升工程，补齐基础短板，收获营销专业“国网十佳供电服务之星”。

科技与信息化　参与 4 项国家电网公司“新型电力系统科技攻关行动计划”2021 重大专项，发布支撑电力“双碳”先行示范区建设专项研究框架，能源大数据、电动汽车与能源互联网 2 个实验室获评省部级重点实验室，省部级实验室达到 5 个。聘任周孝信院士、王成山院士担任高级顾问。重大创新成果实现新突破。“交直流混合配电网”成果首次获评天津市技术发明特等奖，配网带电作业机器人项目分获天津市和国家电网公司科技进步一等奖，并通过 IEEE 标准立项。重点项目工程取得新进展。2 项国家重点研发计划课题通过综合绩效评价。滨海能源互联网综合示范区交直流柔性供能小区等“5+5”重点工程全面建成，投运国内首个交直流柔性供能小区、新型光伏光热建筑一体化供能系统。体制机制释放新活力。健全科技与专业联动的创新模式，制定 3 项“双八举措”配套制度，完成青年托举人才选拔，常态化开展高质量专利审查。首次试行项目“赛马制”，“揭榜挂帅制”“项目总师制”项目扩大至 30%以上，各单位创新“小资金池”额度上限提升至 20 万。累计发布科技创新前沿资讯 10 期，服务全员创新。成果转化树立新导向，作为唯一省公司代表参加全国双创周展示，举办创新成果推介会，发布百项优秀创新成果集，首次实现成果转化收益分红兑现，49 项转化成果挂牌交易，累计实现转化收益 600 余万元。能源数字化成果全面输出。天津市与国家电网公司联合举办智慧能源小镇成果发布会，发布国内首部《智慧能源小镇白皮书》，出版《智慧能源》专著，输出技术创新和模式创新“双十”创新成果。主办第五届世界智能大会城市能源革命高峰论坛、智慧能源高质量发展建设论坛。网络安全实战能力显著提升。首次作为主战场单位承担国家网络安全攻防演习任务，取得防守“零失分”，溯源反制 1600 分的演习成绩。参加天津市网络安全演习，获防守、沙盘推演两项第一、攻击第三名。网络安全队员首获“海河工匠杯”技能竞赛第一名。牵头启动对口国网西藏电力网络安全结对提升现场工作。数字新型基础设施加速完善。建成投运海光寺数据中心二期工程，获评中国计算机用户协会“年度数据中心实施样板项目”。改造升级数据中台，整体性能提升 50%以上，达到业内领先水平。牵头完成国家电网公司指标中心、报表中心研发，在总部及 13 家试点单位推广应用，有力支撑发展、设备、人资等专业系统建设。数据共享管理应用多点开花。建成首个“自助式”数据创新应用平台，搭建数据资源便捷获取渠道，推出“拖拉拽”开发模式，成为国家电网公司数据赋能基层的典范样板。印发大数据人才队伍建设工作指导意见，组织大数据技能竞赛、数创优秀成果大赛，数据管理应用实践入选工信部 2021 中国数字赋能经济大会优秀案例。数字技术融合创新持续深化。牵头完成国家电网公司人工智能平台选型测试和智慧物联定制化研发，为 12 个专业提供人工智能服务，“智慧物联体系支撑智慧能源小镇建设”项目入选工信部年度重点物联网项目。

优质服务 开展“党建+优质服务”工程。实开展“三化式”党建融入。聚焦营销业务开展中的短板弱项、重难点问题、示范引领任务，设置 7 项业务场景，全面开展“三化式”（场景化、操作标准化、评价可量化）党建融入，通过支部、党员两层评价，持续推动营销工作质效提升。注重提升服务质效。落实服务响应机制，建立“一党员、一个站、一片卡、一张网”的工作模式，深化远程充值延伸服务，强化全时段服务保障，实现用户购电“一次都不跑”，切实“为群众办实事”。与政府联建“电力便民服务站”。联合地方党群服务中心开展“电力便民服务站”建设，在东丽区张贵庄汇海里社区、津南区八里台镇西小站村、蓟州区出头岭镇大稻地村与街道党群服务中心联手，建立 7 个农村电力便民服务站，打造农村地区网点“村村通”服务新模式，将营业厅关口前移，提升用电客户的获得感、幸福感、安全感。突出服务基层。结合“为群众办实事”服务大讨论、大调研，两级营销管理人员带队走进基层一线班组，历时 3 个月搜集基层问题需求 566 个。组成问题解决专班，梳理查重、筛选分类，形成 402 项问题清单，细分 12 个专业类别、42 项任务，专业包干、责任到人；按照风险类别、紧急程度，明确解决时间、完成标准。深化供电服务领域监督，紧盯供电服务、优化营商环境“三个十条”等制度落实质效，以“三督促三抓实三强化”（督促党组织、主要负责人、专业部门，抓实约谈提醒、专项督查、日常监督，强化两级纪委上下联动、协同监督深化治理、以案促改标本兼治）为抓手，开展“四不两直”监督检查基层站所 210 余个，对发现的问题第一时间通报曝光，监督推动营商环境持续优化。

党的建设和精神文明建设 党建引领彰显新价值。持续加强理论武装。聚焦学懂弄通做实习近平新时代中国特色主义思想，通过“第一议题”、中心组、读书班、领导人员培训班等方式，深入学习贯彻“七一”重要讲话和党的十九届六中全会精神，教育引导全体党员深刻认识“两个确立”的决定性意义，践行“两个维护”更加坚定自觉。深入开展党史学习教育。推进专题学习、宣讲培训，创新“百名书记讲党史”等特色载体，张黎明主讲的党课入选全国精品党课；建立 170 项“我为群众办实事”项目清单，典型经验做法 3 次在中央、国务院国资委党史学习教育简报刊发，触电防治新模式成为天津市“服务百姓暖心案例”。强化党建责任落实。开展国企党建会精神落实情况“回头看”，首次开展基层党委班子成员向党委报告党建工作，层层压实党建责任；开展庆祝建党 100 周年系列活动，在“两优一先”表彰中荣获佳绩，主要负责人获评“全国优秀党务工作者”。巩固提升基层基础。完成“两委”换届，在混改企业等新兴单位成立党组织 10 个，建成党性、廉政、保密三大教育基地；制定“党建+”工程落地方案，推动 722 个“党建+”项目落地实践，建立党员柔性团队攻关等 10 项典型机制。凝聚思想文化共识。推动员工队伍由个体先进向群体先进拓展升级，相关课题获央企党建优秀研究成果一等奖、全国企业管理创新成果二等奖，相关书籍由人民出版社出版；实施"文化铸魂、文化赋能、文化融入"专项行动，形成"双碳理念思政课"等文化建设品牌；作为天津市2家、国家电网系统内3家场馆之一，天津电力科技博物馆入选全国爱国主义教育示范基地。坚持党建带团建。深化两级"青马工程"实施，经验在新华社《内参选编》刊发；承办国家电网公司第六届青创赛第一赛区比赛，在全国"青创赛"上获得1铜2优秀；蓟州供电公司志愿服务项目获评全国"四个100"最佳志愿服务项目，实现该领域"零"突破；3名个人、5个集体获评天津市学雷锋志愿服务"六个一批"先进典型。从严治党更加深入。配合完成国家电网公司党组巡视，推动巡视问题系统解决。领导班子开展"清单式"廉政谈话110人次，压紧压实"两个责任"。强化"三指定"、省管产业、靠企吃企等专项整治监督，有效规范权力运行。精准运用监督执纪"四种形态"，保持正风肃纪高压态势。建成集"宣教研培"功能"四位一体"反腐倡廉教育基地，廉洁警示教育超过2万人次。创作出版的《榜样力量》图书发布，全国总工会书记处书记、党组成员许山松，能化工会主席张波出席发布会，该书入选能化工会策划组织的《人民对美好生活的向往——讲好中国故事系列丛书》。组织完成《使命·荣光——天津市"1001工程"纪实》出版发行，天津市政协副主席张金英、能化工会主席张波出席发布会，该书入选国家电网公司职工文学重点选题作品。历时3年的"1001工程""黎明杯"劳动竞赛收官。天津市总工会授予3个天津市"五一"劳动奖状、9枚"五一"劳动奖章、9个工人先锋号。1名选手荣获国网供电"服务之星"劳动竞赛供电"十佳服务之星"称号，2名选手获供电"服务之星"称号。荣获天津市"我要上全运"首届社区运动会暨第八届市民运动会广播体操项目集体职工组第一名，并代表天津市斩获第十四届全运会群众项目广播体操比赛铜牌。

（王　媛）

【国网河北省电力有限公司】

企业概况　国网河北省电力有限公司（简称国网河北电力）是国家电网公司的全资子公司，负责河北南部电网的规划建设和运营管理，营业区域覆盖石家庄、邯郸、保定、沧州、邢台、衡水六市及雄安新区。2021年全年发展总投入175.34亿元，其中电网投资159.4亿元；售电量达到2139.1亿kWh，同比增长9.7%；营业收入、资产总额分别达到1150.81亿元和1063.89亿元；线损率5.6%，同比降低0.3个百分点；资产负债率63.31%，同比下降0.59个百分点；利润总额8.88亿元。

抗疫保供　牢记驻冀央企使命，在党和人民最需要的时刻，充分发挥"顶梁柱、顶得住"作用。全力应对三轮局部疫情，第一时间启动应急响应，向险而行、光明战疫，以最短时间为临时隔离场所供电，以昼夜巡护保障重点防疫客户用电，确保了供电"零失误、零差错"。面对冬夏负荷双创历史新高、电煤供应持续紧张等考验，全面加强政企协同、网厂协调，打出电网补强、争取外电、"一人一厂"服务等组合拳，实现"无拉路、不限电"，完成建党100周年等重大保电任务。迎战历史最强降雨，迅速切换"高温""防汛"模式，成功应对12轮极端恶劣天气侵袭。火速驰援河南抗洪保电，第一批进驻、最后一批撤离，为14.5万户百姓送去光明。

人力资源　选优配强领导人员队伍，推进"青蓝计划"迭代升级，完成"133"干部人才梯队建设。创新管理人员量化考评、复合型员工培养机制，打通市场化高层次人才社会招聘渠道，开展"攀峰夺旗"活动，广大职工干事创业热情充分激发。邢台供电公司赵庆祥荣获全国道德模范和国家电网特等劳模，沧州供电公司张烨获评国家电网首席专家，国网河北电力荣获全国普法工作、国家电网技能人才队伍建设等先进单位称号，8个集体和个人分获全国五一劳动奖状、奖章和工人先锋号，国网河北电力代表队在全国职业技能大赛、中国区块链开发大赛、国网供电服务之星、国网华为云平台等竞赛中取得优异成绩。

电网建设　2021年完成基建投资52.39亿元，开工110kV及以上线路752km，变电容量752万kVA，开工率100%；投产线路1362.5km，变电容量848万kVA，投产任务完成率111.7%，超额完成全年建设任务，投产500kV衡沧等一批重点工程。加快推进电网转型，建成全国首个项目审批政企数字通道、国家电网首家绿色建造技术研究中心，邯郸、衡水"检储配"基地投入运营。"网上电网""新版i国网"等全面推广应用。调度通信生产用房主体结构全面完工。2项工程分获国家电网优质工程金、银奖，6项配网工程入选国家电网百佳示范，张雄特高压工程荣获"国家水土保持示范工程"称号。

经营管理　开展"双向聚力、价值引领"提质增效登高行动，推进资金收支100%"省级集中"，科学筹划节税4.83亿元，稽查及反窃查违挽回损失3.53亿元，业务外包费用压降0.78亿元。推进适应输配电价监管两年蓄力行动，优化迁改补偿方式，接收历史存量资产14.6亿元，货币补偿到账资金1.52亿元。子公司业务潜力持续释放，建设公司首次中标省外新能源监理，送变电公司新签合同25.4亿元。开展综合能源服务，冷热供面积超过百万平方米，需求响应电量突破1亿kWh，累计营收12亿元。电动汽车充电设施实现县域全覆盖，建成共享储能、电动重卡等绿色交通示范，充电量同比增长 51%。基础资源运营和数据增值突破 6000 万元，“以电折水”等 8 项服务产品、“智慧绿能云”平台分别入选国家电网、中国数博会典型案例。“电 e 金服”服务产业链规模达到 53 亿元、同比增长 1.5 倍。完成市县两级综合评价，消除了一批管理薄弱环节。加强重点领域监督，健全县公司合规管理体系，省管产业实现施工企业能力标准化建设全达标，完成县公司经营审计“两年全覆盖”。严肃整治服务不规范行为，95598 投诉下降 81.8%，“零投诉”供电所占比超过 70%。

安全生产 修订发布新的《安委会工作规则》，安委会职责定位更加明确，组织运转更加规范。首次编制发布覆盖公司、地市单位、县公司和省管产业单位领导班子成员岗位清单、年度工作清单 1601 份，修订完善安全责任清单 22126 份。推进安全生产专项整治。制定“二下二上”工作方案，建立“周协调、月推进、季汇报”工作机制，细化分解全年 11 项任务，抓住重点难点，紧盯时间节点，全力推动问题隐患整改和跟踪督办。深化“一平台、一终端、一中心、一队伍”应用，建成省、市、县三级安全管控中心并实现一体化运行，接入各单位布控球 744 台、单兵视频设备 705 台。完成智能违章识别开发部署，实现 11 类违章智能识别模型应用上线，在 10 家地市级单位部署 27 套数字化安全管控智能终端，建立了“智能监控＋人工复核”的新型监控模式，实现了横向到边、纵向到底。各级安全管控中心分级监控、各有重点，视频监控人员和现场督查人员协同督查。完成四轮次全部 12 家生产性单位安全巡查和 9 家单位巡查“回头看”，752 项巡查发现管理问题得到闭环整改。开展反违章创“三无”活动，评选奖励优秀无违章集体 30 个、优秀无违章班组 200 个、优秀无违章个人 2000 名。同时，梳理分类严重违章 69 条并组织反违章学习，对严重违章和重复性违章加倍进行处罚，对 15 类典型违章组织警示约谈，反违章正向激励和反向惩戒成效更加显著。健全“两个清单”“四个管住”及警示约谈等管理机制，全面建成雄安应急中心，实现生产性单位安全巡查“全覆盖”。大力实施反违章、强主网、优二次“三个专项行动”，初步形成输变配和二次标准化作业体系，全年管控重点风险超过 5000 项，专项整治隐患整改率达到 96%。出色完成护网 2021、国家电网实战攻防演习任务。

电力改革 国企改革三年行动超额完成年度目标任务，完成交易中心股份制改造，全面启动电力现货市场建设，董事会运作入选国网试点。促请政府出台国家电网首个省级代理购电实施方案，完成全量工商业用户购售同期、峰谷电价调整等关键任务，市场化交易用户增至 240 万。系统性重构雄安供电公司体制机制，初步构建“全要素发力、集群式发展”的能源互联网企业新形态。深入推进世界一流企业建设，入选国家电网“标杆模式”，6 项成果入选“三标杆一示范”。供电所撤并整合和运营模式优化取得实效。管理创新实现新突破，首获国家级一等奖，省部级以上成果破百项，两项 QC 成果荣获国际发表赛最高奖。实现直升机全地形作业能力全覆盖，23 项科技成果获省部级奖励、获省级一等奖。2 项成果荣获国家电网青创赛一等奖，“AI 财务蜂眼”获央企熠星创新创意大赛一等奖，北斗应用获中电联创新竞赛最高奖。

优质服务 建立省“碳达峰、碳中和”监测平台，实现 63 个主要行业碳排放的在线监测，承办全省首批降碳产品合作。试点推进新型电力系统建设，保定新型有源配电网试点实现多项突破，平山营里微网示范工程创国内规模最大、时间最长的离网运行纪录。全网新能源装机突破 2000 万 kW，占比超过 40%，发电量突破 200 亿 kWh，利用率 98.9%。高标准建成北庄村低碳生活样板。深入开展“千村百项”建设，完成 1467 个乡村电网改造和 114 项富农惠民电气化项目。脱贫攻坚和乡村振兴工作获奖数量位居全省各行业第一。完成 6.9 万户“煤改电”、7.4 万户“分布式光伏＋电取暖”配套建设任务，健全“33324”服务体系，有力保障 123 万户群众清洁取暖。完成 1347 个老旧小区电网改造等民生工程，完成阿里电网首检等专项帮扶。联合政府六部门出台简化电力工程审批文件，推动政府出资建设红线外接入工程政策实现县域全覆盖。深化“阳光业扩”，实施获得电力“五减五优化”十项举措，贯通政企证照、立项等信息平台，保障 1062 个重点项目快速接电和 4.56 万户小微企业零成本接电，荣获河北省优化营商环境先进集体。

主题教育 以庆祝建党 100 周年为契机，广泛凝聚奋进力量。严格执行“第一议题”制度，深学细悟习近平总书记“七一”重要讲话精神和党的十九届六中全会精神，跟进学习贯彻习近平总书记重要指示批示精神，党委带头开展集体学习 34 次，“两个维护”的自觉性不断增强。坚持学党史、悟思想、办实事、开新局，深入开展“百千万”工程，创新赶考讲师团等特色举措，广大党员干部受到深刻的思想洗礼。推进“我为群众办实事”4 个专项行动和 63 项举措，完成补充医保全覆盖等一批实事，职工群众获得感大幅提升。深化“赶考三色行”主题实践，开展全国国企党建会议精神贯彻落实情况“回头看”，着力打造“三色工地”等十大“党建＋”示范项目，党建引领保障作用充分发挥。党委荣获中央企业先进基层党组织，正定供电公司党委获评全国先进基层党组织，离退休党总支荣获全省先进基层党组织。建立“三全”

监督体系，创新履责纪实、月提示季报告等机制，大力开展“靠企吃企”专项整治。风清气正的氛围日益浓厚。

雄安建设 220kV剧村站、110kV河西站建成投运，57座开关站、234个配电室竣工，雄安电网进入全电压等级建设、运维并行推进的新阶段。打造数字化主动电网“四级示范”，建成全国首座集能源设施、生态景观、社区服务、碳排管理于一体的剧村智慧城市融合站，商务服务中心投运新区首个“双花瓣”高可靠配电网，王家寨智能微网成为乡村绿色发展的样板。建成国家电网首个新一代集控站、首条综合管廊电力舱、首批智慧输电示范区等试点项目。京雄高铁屋顶光伏项目完成新区首笔国际绿证交易，入选生态环境部典型案例。实施“获得电力马上办”服务，创新建立移动变电站投资建设绿色通道，获得新区“三个所有”的高度评价。

（郑雪胜）

【国网冀北电力有限公司】

企业概况 国网冀北电力有限公司（简称国网冀北电力）隶属国家电网公司，于2012年2月9日正式独立运作。冀北区域地处环京津都市圈和环渤海经济圈，是“一带一路”中蒙俄经济走廊重要节点，包括河北省北部唐山、张家口、秦皇岛、承德和廊坊五市。国网冀北电力作为总部分部一体化改革的重要成果，是国家电网公司系统最年轻的省级电力公司。本部设22个部门（中心）及冬奥办，所属供电、施工、培训等基层单位22家及合资公司3家，职工总人数23282人。

电网概况 国网冀北电力承继了原华北电网有限公司的主要职能，负责运行维护华北地区“西电东送”“北电南送”大通道和首都500kV大环网，供电面积10.41万km^2，供电人口约2277万，设备分布“京、津、冀、晋、蒙、辽”六个省（自治区、直辖市）。国网冀北电力运维1000kV变电站3座，线路1197.6km；±800kV线路577.5km；±500kV变电站3座，线路662.7km；500kV变电站33座，线路12273km；220kV变电站151座，线路13216.3km。截至2021年底，冀北电网统调装机容量为4482万kW，其中，新能源装机容量3047万kW，占比67.98%，位居国网系统第一。

人力资源 实施“旗帜领航·组织登高”工程，制订《领导人员队伍建设“十四五”规划纲要》，打造“四优五过硬”领导班子和干部人才队伍。建立冬奥保障人员数据库，全周期考察识别保电人员。开展人才培养“三大工程”，搭建人才金字塔培训体系，1名职工当选国家电网公司首席专家。出台电力工匠塑造工程实施方案，2名职工分获国网工匠、北京大工匠。深化三项制度改革，建立成效评估体系，跨专业转岗820人次，因绩效不佳降岗11人。72家单位全面推行经理层任期制和契约化管理。完成省管产业单位和供电服务员工统一社会招聘。

电网建设与发展 滚动优化“十四五”电网规划，27项重点项目全部纳入国家“十四五”电力规划，500kV坝上等32项工程获得核准。丰宁抽水蓄能电站送出工程提前9个月竣工，500kV尚义扩建等50项工程建成投运，220kV太师庄等28项工程开工建设。3项工程获国家电网公司优质工程“两金一银”表彰。省管产业单位施工企业能力标准化建设达标率、优秀率均位居国家电网公司首位。仅用时77天，完成5.94万户“分布式光伏+电取暖”和1.88万户“煤改电”配套电网建设任务。助力乡村振兴，实施农村电网巩固提升工程341项、乡村电气化项目404项。主动服务新能源发展，全年新增风电、太阳能并网装机容量455.7万kW，累计发电552.18亿kWh，同比增长30.4%，利用率保持在95%以上。建成世界上交流输电电压等级最高、规模最大的中海油岸电项目，为响应绿色发展号召树立典范。

经营管理 贯彻国企改革三年行动方案部署，超前完成70%以上改革目标，董事会授权决策机制得到优化、子企业董事会实现应建尽建，博望公司产权归属得到明确，送变电公司装备制造业务改革完成工商减项变更，完成北戴河疗养院经营性事业单位改革。全年发展总投入78.77亿元，同比降低30.51%；其中电网投资67.18亿元，同比降低33.81%。售电量1608亿kWh，同比增长10.12%。营业收入844.84亿元，同比增长11.93%。实现利润总额1.38亿元、净利润1.11亿元，分别同比增长193.36%、133.87%。资产总额683.88亿元，同比增长0.65%。资产负债率64.41%，同比下降0.15个百分点。在国家电网公司企业负责人业绩考核中连续两年进入A段行列。

安全生产 贯彻新《中华人民共和国安全生产法》，修订安全生产委员会工作规则。扎实推进安全生产专项整治三年行动，以“五查五严”为抓手，治理隐患687项。完成张雄特高压工程首检等26项重点工作。强化安管中心远程督查效能，实现三级及以上作业风险全覆盖。大力实施反违章“双扣分”管理。构建“无人值守+集中监控”变电运维新模式，提前完成超高压公司、地市公司变电设备监控职责移交。实现输配电线路山火“双零”目标。完成国家网络安全专项演习任务，获得公安部满分加分。常态化抓好疫情防控，推动新冠疫苗加强针接种率80.84%，筑牢了防疫屏障，确保了职工生命健康。成功管控六级及以上电网运行风险1037次，完成庆祝建党100周年、党的十九届六中全会等重大保电任务。全力驰援河南，投入抢修人员456人、资金386万元，荣获国家电网公司河南特大暴雨抗洪抢险保供电先进单位称号。主动应对9、10月份电力供需突出矛盾，特别是面对电力缺口超过当日最大负荷25%的严峻形势，第一时间建立应急保供机制，以京津冀北电网44%的用电负荷，承担70%的有序用电电力，优先保障首都和张家口市用电需求。组建67支、近2000人专业队伍为客户现场服务。

营销工作 出台创收节支奖励办法，全年综合增效22亿元，实现扭亏为盈。完成电能替代73.95亿kWh。综合能源业务收入超7亿元。基础资源商业化运营营收1亿元。推动出台冬季尖峰电价，年增收1.51亿元。争取预征税款停征政策，节约现金流5.29亿元。建立成本效益联动机制，挖潜成本空间5.66亿元。建立资金内部模拟市场，减少利息支出7669万元。建设两级供应链运营中心，提升运营效率48.81%，降本增效4.82亿元。营销稽查及反窃查违取得成效1.52亿元。电费回收率保持100%。综合线损率降低0.15个百分点。争取地方政府电网建设资金支持7.8亿元，节约财务费用2亿元。

冬奥供电保障 发挥冬奥领导小组作用，集结保电人员13789人，高效运转“1+3+N”保障体系，迭代形成保障方案3.0版，构建指挥一体、步调一致、全体动员、各负其责的保障工作格局。全力保障500kV大环网、张北柔性直流“三站四线”等大通道安全运行，确保了北京可靠供电、冬奥场馆100%绿电供应。开展涉奥设备多轮次、拉网式“体检”，累计消除隐患3424项。实施五地市公司包干负责制，抽调20名业务骨干担任场馆电力经理，选拔800余名精兵强将进驻保电现场，成立由81人组成的场馆保电预备队，完成9座场馆永久电力设施接电和临电工程建设调试，完成107项比赛、训练保电任务和“赛时一天”综合演练。建成张家口冬奥供电保障基地，实施保电人员家庭联系制度，落实防疫、防寒等保障措施，解除保电人员后顾之忧。

科技与信息化 “低碳冬奥”国家项目通过综合绩效评价，张家口低碳冬奥双创示范工程通过现场验收，“科技冬奥”国家项目成果亮相2021中关村论坛。国网冀北电力承担的国家电网公司新型电力系统科技攻关计划项目有序实施。成立区块链技术实验室，成为国家电网公司首家区块链技术测试、鉴定中心，启动“区块链+碳达峰、碳中和”技术研究。发布“电力看冬奥”等31项大数据产品，获得国家能源局、北京冬奥组委、河北省政府批示肯定。流程机器人应用50万余次，实现乡镇供电所全覆盖。承德省级双创孵化中心挂牌成立。取得发明专利授权192项、省部级科技奖励35项，连续三年获得国家电网公司科技进步奖一等奖。3项成果斩获第46届国际QC大赛金奖，3个QC小组荣获全国优秀质量管理小组称号。风光储可持续发展范例获得“金钥匙——面向SDG的中国行动”低碳发展类冠军奖，在联合国气候变化大会中国企业馆发布。1项成果获中国青年创新创业大赛铜奖，2个项目获国家电网公司青创赛一等奖。明确服务碳达峰、碳中和目标落地、构建新型电力系统两个重点任务清单，制定张家口新型电力系统示范区“建设规划”和“科技支撑计划”。召开新型电力系统示范区建设研讨会和协同创新研讨会，张家口可再生能源示范区能源大数据中心正式上线运行。塞罕坝生态能源和谐共赢示范区启动4类18项建设任务，建立乡村电气化合作社（联盟），国家冰上、雪上项目训练基地实现绿电供应。唐山海洋风光氢储新型电力系统示范区搭建可调节负荷资源池，在国家电网公司首次实现工业可调节负荷资源加入辅助服务市场。秦皇岛政治保电智能化专业示范区构建输电线路智能巡检等12大智慧应用，实现71种风险自主诊断。廊坊临空多能耦合新型电力系统示范区形成能源供应体系建设方案，系统开展数字化电网、新型储能等15项关键技术攻关。

优质服务 以“深化创新年”活动为抓手，通过“三零”“三省”服务节省客户办电支出1.65亿元，“网上国网”新增9项功能，电力营商环境发展指数99.92%。完成国务院大督查、国家能源局“获得电力”综合监管迎检。落实国务院清理规范行业收费政策，完成14类供电环节收费排查清理，“转供电费码”覆盖率95%。“三指定”专项治理实现市县公司全覆盖。构建配电网抢修“省市县班”四级应急响应体系，频繁停电线路及投诉工单分别同比下降37.6%和75.7%。

党的建设和精神文明建设 坚持“第一议题”制度，各级党委会、中心组集中学习2570次，深入学习贯彻习近平总书记“七一”重要讲话和党的十九届六中全会精神，深刻领会“两个确立”的决定性意义，“两个维护”的自觉性坚定性不断增强。全面推进党史学习教育，开展专题学习、宣讲和讲座2128次，参观中国共产党历史纪念馆，以“我为群众办实事”为主题解决职工群众1343项实际困难，典型做法在国资委简报刊载，工作成效得到中央党史学习教育领导小组办公室协调指导组高度评价。以迎“七一”、庆建党百年为契机，实施“旗帜领航·提质登高”行动计划和“基层党建创新拓展年”活动，修订党委工作规则，完成382个党组织换届选举、本部“两委”委员补选，开展全国国企党建会议精神贯彻落实情况“回头看”，基层基础持续夯实。深化“党建+”工程，在冬奥供电保障、支援河南抗灾等重大任务中成立10个临时党组织，组建110支党员、青年突击队，激励引导广大党员、团员当先锋作表率。贯彻《中共中央关于加强对“一把手”和领导班子监督的意见》，综合运用约谈、函询等方式强化对各级党组织和领导人员的监督。完成18家县公司、2家省管产业单位提级巡察及3家地市公司常规巡察，发现问题337项。深入开展省管产业、“靠企吃企”专项整治监督，整改问题159项。坚持“严”的主基调，依规依纪给予371人组织处理、7人纪律处分，“三不”机制持续深化，形成了风清气正的政治生态。

围绕庆祝建党百年华诞主题，开展“十个一”职工文化成果展示。全年慰问一线职工 2.4 万余人次。开展“绿色发展媒体记者行”等主题宣传活动，央视新闻联播、人民日报、新华社等中央媒体对国网冀北电力工作高度关注、多次点赞，塑造了责任央企品牌形象。统筹开展统战、离退、信访、保密等各项工作，确保了企业和谐、队伍稳定。荣获全国“五一”劳动奖状，3 个集体分获全国工人先锋号、全国青年文明号，1个集体和1人获得全国脱贫攻坚先进表彰，3人获全国“五一”劳动奖章、“全国优秀共产党员”和“中央企业优秀共产党员”称号。张北柔性直流工程入选全国爱国主义教育示范基地、中央企业爱国主义教育基地。

（*夏周武　尹　航　杨之蔚*）

【国网山西省电力公司】

企业概况　国网山西省电力公司（简称国网山西电力）是国家电网公司的全资子公司，以电力生产、建设、调度、经营及电力规划研究等为主营业务，下设11个市供电公司，供电区域覆盖除12个趸售县以外的107个县（市、区），供电面积13.55万km^2，服务客户1131万户，肩负着全省3700万人民电力供应的基本使命，承担着向京津唐、河北、江苏、湖北等地外送电力的重要任务。

山西电网目前已经形成了以“三交一直”（长治—南阳—荆门、蒙西—晋北—天津南、榆横—晋中—潍坊交流，雁门关—淮安直流）特高压交直流混联大电网为核心，省内500kV“三纵四横”为骨干网架，220kV分区环网运行的供电格局。现有 10 个外送通道、20回线路，外送能力3830万kW。

领导班子

董事长、党委书记：王政涛

董事、总经理、党委副书记：祁太元

董事、党委副书记、副总经理：张满洲

副总经理、党委委员：刘福义

总会计师、党委委员：陈浩

副总经理、党委委员：张涛

党委委员、纪委书记：齐向党

职工董事、党委委员、工会主席：薛建虎

副总经理、党委委员：张军六

总工程师：郭贺宏

安全生产　应对秋末冬初供电紧张形势，落实国家电网公司党组和山西省委省政府各项部署，建立应急保供工作机制，加强电网运维和并网、交易服务，保障电源应发尽发，配合实施有序用电18次，最大错避峰电力368万kW，占全省用电负荷的10%，未发生拉闸限电事件，打赢了电力保供遭遇战。筑牢抢险救灾电网防线。积极应对全省最强秋汛，第一时间启动应急响应，1.53万名抢修人员闻“汛”而动、向险而行，以最快速度恢复530条受损线路和33.2万用户供电。紧急驰援河南暴雨灾区，为186个小区（村庄）6.7万人恢复供电，赢得了地方党委政府和受灾群众的广泛赞誉。服务能源清洁低碳转型。承办太原能源低碳论坛分论坛，制定服务“双碳”、构建新型电力系统、能源革命综合改革试点重点任务清单，出台服务新能源科学发展指导意见，“一站式”服务近300万kW新能源并网发电，市场化挖掘火电深调能力，新能源发电量同比增长55%，利用率保持97%以上。服务城市更新和乡村振兴。改造514个老旧小区供电设施，建成61项农网巩固提升工程，完成14.1万户居民“煤改电”配套电网建设，打造黄花基地、电气化鱼塘等50个乡村电气化示范项目。10kV 配电变压器停运时长同比下降35%，供电可靠性显著提升。

经营管理　深入贯彻习近平总书记重要讲话和重要指示批示精神，落实国家电网公司党组和山西省委省政府决策部署，完成年度各项目标任务，实现了“十四五”良好开局。全年发展总投入148.73亿元；省内售电量突破2000亿kWh（2058亿kWh），同比增长13.28%；外送电量510亿kWh，同比增长0.8%。推行领导包保、园区“电力驿站”，高效服务489项“三个一批”项目接电。小微企业“三零”服务实现全覆盖，节约客户办电成本2.59亿元。建设三级服务调度体系、营销内控体系，337个营业厅完成“三型一化”改造升级，“网上国网”户数突破千万。深化“阳光业扩”，持续精简业务流程，净增接电容量1273万kVA，电能替代电量84亿kWh。推进“三清理两提高”和用户资产接收，增加有效资产51亿元。完成225万只电能表和700万只HPLC模块换装，反窃查违挽回1.86亿元，电费回收保持100%。平衡利库4.06亿元。强化同期线损管理，治理高损线路865条、高损台区2447个，综合线损率同比下降0.15个百分点，9家县公司、3 家供电所进入国家电网线损管理百强县百强所。落实电价改革部署，组建领导机构和业务专班，保障84万一般工商业用户全部进入市场，居民、农业用电价格保持稳定，代理购电平稳落地。完成交易中心股权优化，运营全国首个中长期分时交易市场，现货市场不间断试运行275天，实践经验得到国家发展改革委、国家能源局肯定。直接交易电量1382亿kWh，同比增长17%。

电网发展 坚持用战略思维增强定力，修订战略落地实施方案，制定“一体四翼”发展总体方案和行动计划，编制国网山西电力“十四五”发展规划，加强战略、规划、计划、预算等有机衔接，有力推动发展布局落地。做强“一体”电网主业。大同—怀来特高压交流、忻州北等重点工程纳入国家电力规划，“十四五”500kV及以下规划电网投资增长20%。“一交四直”特高压和10个500kV新能源汇集站工程纳入各级国土空间规划。“两交”扩建、北部电网完善等工程顺利投运，外送能力进一步提升。投产110kV及以上线路1690km，变电容量1697万kVA。500kV临汾西变电站工程获中国电力优质工程奖和中国安装之星。推动“四翼”协同发展。创新需求侧响应、碳交易等新业态，推进“新能源+电动汽车”协同互动试点，推出“电力看经济”“电力看环保”等大数据产品，战略性新兴产业营收突破15亿元。挂牌运行13个供应链运营中心，建成物资评标、营销服务基地，构建“1+1+*N*”智库体系，建成融媒体平台，有力支撑主业发展。

科技创新 优选5项重大项目实施“揭榜挂帅”，支持研发经费超千万。举办IEEE区块链技术行业应用与展望论坛，承办2021电力行业信息化年会，建设电科院科研实证平台，能源互联网示范工程10类应用场景投入使用。首获山西省企业技术创新奖，获得省部级科技奖38项。发布国家标准1项，授权专利520项。构建数字化对标平台，打造卓越管理体系，3项成果获得中国电力创新奖，22项QC成果获全国电力行业表彰，57项职工创新成果获全省“五小”优秀成果奖。

人力资源 大力实施人才培养“三大工程”，选拔9名学术带头人、126名科技骨干和377名专业技能精英，职工劳动生产率完成78.15万元/（人·年），同比增长14.69%。刘小元荣获国网工匠，国网山西电力荣获电力行业技能人才培育突出贡献单位。辛红斌获第八届全国道德模范提名奖，1个单位、1人获全国五一劳动奖状、奖章，1个集体获得全国工人先锋号称号，1个集体获全国脱贫攻坚先进表彰，34个党组织和党员获上级“两优一先”荣誉称号。

党建工作 深入推进“旗帜领航·提质登高”行动计划，将党史学习教育贯穿全年，发挥了党建独特优势。党委带头落实“第一议题”制度，深入学习贯彻习近平总书记“七一”重要讲话和党的十九届六中全会精神，领会“两个确立”的决定性意义，广大党员干部“四个意识”更加牢固、“四个自信”更加坚定、“两个维护”更加坚决。深化党史学习教育。坚持学党史、悟思想、办实事、开新局，全面推进“三学三为三提升”主题活动，组建8个巡回指导组，各级领导人员讲党课900余次，组织专题学习、集中研讨、辅导讲座2283次。精心组织庆祝建党100周年系列活动，扎实推进“红色基因、电力传承”等主题实践，广大党员干部受到了全面深刻的政治教育、思想淬炼、精神洗礼。“我为群众办实事”489项重点民生项目全面落地，有效解决一批群众身边的“急难愁盼”问题。提升党建工作质量。深化“基层党建创新拓展年”，扎实开展全国国企党建会议精神贯彻落实情况“回头看”，完成各级党组织换届选举，党组织战斗力、凝聚力不断增强。打响“太行黎明”共产党员服务队品牌。

主要事件

3月1日，国网山西电力召开服务脱贫攻坚总结表彰大会。董事长、党委书记刘宏新出席会议并讲话，党委副书记、副总经理张满洲主持会议，曹福成、王忙虎、刘福义、陈浩、任远、齐向党、张军六出席会议。

6月16日上午，国网山西电力举行2021年山西电网迎峰度夏联合反事故应急演练。董事长、党委书记王政涛担任总指挥并讲话，总经理、党委副书记安彦斌担任副总指挥并作演练动员，山西省能源局副局长侯秉让、国家能源局山西监管办公室一级调研员金庆泉参加演练并讲话，副总经理刘福义、张涛在主会场观摩演练，副总经理任远主持演练。

6月29日，在庆祝中国共产党成立100周年之际，国网山西电力举办“旗帜飘扬谱华章 光耀三晋铸根魂”档案展，从党的伟大历史和山西电力工业的巨大成就中，汲取奋进力量，砥砺初心使命，坚定广大党员听党话、跟党走的信心决心。

7月8日，国网山西电力召开学习贯彻习近平总书记庆祝建党100周年大会重要讲话精神暨“两优一先”表彰大会。党委书记、董事长王政涛出席会议并讲话。党委副书记、总经理安彦斌主持会议。

7月9日上午，国网山西电力与中国电力科学研究院有限公司签订战略合作协议，国网山西电力董事长、党委书记王政涛，中国电科院董事长（院长）、党委书记赵鹏在签约仪式上致辞，并分别代表双方签订协议。国网山西电力总工程师张军六，中国电科院副总经理（副院长）孙华东参加签约。

7月21～31日，国网山西电力组建以太原、运城、临汾、晋城、长治、吕梁、晋中、忻州、大同、朔州、阳泉等供电公司共产党员服务队为主体的应急抢修队伍，共计11辆发电车，77台抢修车，抢修人员782人，驰援河南郑州暴雨洪涝受灾地区，全力保障当地生产生活电力供应。共完成34条10kV线路的抢修工作，抢修10kV线路长度21.34km，0.4kV线路9.53km，配电变压器97台，组立杆塔30基，扶正电杆92基，恢复城东大通一开闭所大型开闭所和省直姚寨小区重点老旧小区供电，累计恢复80个村（含小区）28400余户居民用电。

8月25日，国网山西电力副总经理刘福义与忻州市委常委、常务副市长赵新年座谈，围绕高质量推进“十四五”电网规划、加速电网建设、提升供电服务等具体事项进行沟通交流。

9月2日，国家电网公司董事长、党组书记辛保安在太原拜会了山西省委书记林武，山西省委副书记、省长蓝佛安并举行会谈。双方表示，要深入学习贯彻习近平总书记“七一”重要讲话精神，落实“四个革命、一个合作”能源安全新战略，立足新发展阶段，贯彻新发展理念，构建新发展格局，共同推动构建清洁低碳、安全高效的能源体系，奋力谱写全面建设社会主义现代化国家山西篇章。山西省委常委、秘书长李凤岐，副省长王一新、韦韬，国网山西电力副总经理、党组成员陈国平参加会谈。

9月3日，2021年太原能源低碳发展论坛举行。国务院总理李克强以视频形式出席论坛开幕式，发表主旨演讲并宣布论坛开幕。国家电网有限公司董事长、党组书记辛保安参加论坛并赴国网山西省电力公司调研。国家电网有限公司副总经理、党组成员陈国平参加相关活动。

9月27日上午，国网山西电力举办学习贯彻习近平总书记“七一”重要讲话精神宣讲报告会。山西省直工委副书记、省委学习贯彻习近平总书记“七一”重要讲话精神宣讲团成员余国琦作宣讲报告。

10月2日，国庆假期第二天，山西省省委书记林武深入国网山西电力，现场调度指导全省电力生产、供应、保障工作，看望慰问一线干部职工，代表省委省政府向坚守在工作岗位的广大劳动者致以亲切慰问和节日祝福。山西省委常委、秘书长李凤岐，副省长于英杰参加。

10月16日，被誉为产业工人“全运会”的第七届全国职工职业技能大赛决赛在四川成都落幕。国网山西电力选派的3名选手代表山西省代表队参加了网络与信息安全管理员工种比赛，取得了团体全国第三、个人全国第四、第九和第二十一名的成绩。

11月5日，第八届全国道德模范座谈会在北京举行。国网晋城供电公司运维检修部正高级工程师宰红斌获全国道德模范提名奖。获奖者受到中共中央总书记、国家主席、中央军委主席习近平的亲切会见并合影留念。

11月11日，国网山西电力党委书记、董事长王政涛到山西省乡村振兴局拜访，并与党组书记、局长张玉宏并进行会谈。副总经理张涛参加。

11月14日00:18，晋中1000kV变电站主变扩建工程圆满建成投运。该工程是山西“西电东送”通道调整系列工程之一。

11月25日23:30，太原北（崛围）500kV变电站正式启动，太原北500kV输变电工程第一阶段启动完成。太原北500kV输变电工程是山西500kV中部电网的重要组成部分。

12月15日，国网山西电力副总经理刘福义与朔州市委常委、副市长刘亮座谈，双方就进一步深化政企合作，共同推动电网建设和电网发展等内容进行深入交流。

12月15日23:00左右，山西吕梁孝义市西辛庄镇杜西沟村发生盗采煤矿透水事故。事故发生后，国网山西电力迅速响应，本部相关专业人员抵达现场指导，吕梁供电公司组建70人的多专业联合抢险队伍，于凌晨3:00抵达现场，第一时间摸排事故现场及附近电源点情况，紧急调配2辆应急发电车、1辆移动箱变车、1辆吊车、1辆应急照明车、3台电缆分接箱和500m低压电缆于6:30到达现场，铺设10kV大王庄线为现场救援电源（800kVA移动箱式变压器）的临时接入点，为抢险救援提供电力保障。

12月17日，国家电网公司发布线损百强县公司供电所名单，国网山西电力共有8家县公司、3家供电所入选。

12月19日16:58，晋北1000kV变电站主变压器扩建工程通过72h试运行，正式投入运行。至此，国网山西电力完成2021年建管的晋中、晋北1000kV变电站主变压器扩建和陕北—湖北±800kV直流线路（山西段）等三项特高压工程建设任务。

12月22日，第二届山西省电力市场管理委员会2021年第四次工作会议在太原召开。会议由山西省电力市场管理委员会主任、国网山西电力总经理、党委副书记祁太元主持，山西省能源局、山西能源监管办相关负责人应邀出席了会议。

（龙　云）

【国网山东省电力公司】

企业概况　国网山东省电力公司（简称国网山东电力）是国家电网公司的全资子公司。本部设22个部门，下属134家单位（18家地市级供电企业、17家业务支撑单位和综合单位，3家新兴产业单位及98家县供电公司），服务电力客户5103万。2021年，全省全社会用电量7382.51亿kWh，同比增长6.38%；完成售电量4656.32亿kWh，同比增长12.75%。2021年，国网山东电力锚定“坚持八个发展，建设现代化强企”，以新高地建设创造性落实国家电网有限公司“一体四翼”发展布局，打造了一批领先率先的硬核成果，带动各项工作实现创新突破，连续 13 年获评电力行业 AAA 级信用企业，蝉联国家电网公司业绩考核“A+”级企业，荣获全国实施卓越绩效先进组织、全国“七五”普法先进单位。

电网概况 山东电网电源装机以火电为主，30 万 kW 和 60 万 kW 级发电机组为主力机型，覆盖全省 16 市。山东电网已形成 1000kV 泉城站落点济南、昌乐站落点潍坊、高乡站落点临沂、微山湖站落点枣庄、曹州站落点菏泽，±800kV 广固站落点潍坊、沂南站落点临沂，±660kV 银东直流落点青岛，以 500kV 环网为省域电网主网架、220kV 环网为市域电网主网架，发、输、配电网协调发展的大容量、高参数、高自动化的大型受端电网。省内形成“三直五交”八大受电通道，通过 4 回 500kV、6 回 1000kV 交流以及 3 回直流输电大通道与内蒙古、天津、河北、宁夏等省（市）互联互通，2021 年最大接受外电达到 2328.9 万 kW。截至 2021 年底，山东电网电源总装机容量 17334.0 万 kW，拥有 110kV 及以上变电站（换流站）2232 座，变电（换流）容量 5.13 亿 kVA（亿 kW），线路 9.07 万 km。

人力资源 截至 2021 年底，国网山东电力全口径用工总量为 129343 人，同比减少 2204 人。职工劳动生产率 89.46 万元/（人·年），同比增加 18.78%。人才当量密度 1.1249，同比增长 0.47%。聚焦碳达峰、碳中和转型，组建送变电公司海缆工程分公司。贯彻持续深化电力、电价市场化改革等要求，调整电力交易中心机构设置，优化代理购电机构职责，满足规范运行和业务模式变化需求。推进数字化供电所建设，上线供服系统绩效管理模块，供电服务公司年度补员 1000 人、福利费同比增长 40%。构建新高地建设成效“126”评估体系，开展阶段性试评估。连续四年获评国家电网公司东西帮扶先进单位。打造人才高地，新增省部级及以上高端人才 36 名。完成省市县三级专家人才评选，入选国家电网系统首席专家 3 名，评选高级专家 25 名，托举支持省公司级青年人才 80 名，初步构建了与职务、职员并行互通的人才成长通道。试点供服员工职业成长通道建设，161 人实现晋升。建立复合型人才培养激励机制，1414 人纳入培养体系。国家电网公司竞赛调考十年八冠，获评国家电网公司职业教育和技能人才队伍建设先进单位。聚焦基层关切，选定威海、滨州两家单位，试点探索核心业务回流模式。首次修订业务外包“三清单”，年度业务外包计划同比下降 3.34%。调增电气试验班、县供电所长等一线岗位岗级，完成 115 家供电单位 55435 个岗位岗级审核备案。安全完成校园招聘，2021 年度毕业生招聘 1316 人。省管产业单位招聘 613 人，指导智能公司等五家单位社会招聘 76 人，接收安置退役士兵 30 人。持续完善跨层级竞聘机制，168 人实现跨层级流动。

电网建设与发展 服务碳达峰、碳中和，制定完善“十四五”国网山东电力和电网发展规划，落实构建新型电力系统举措，编制省级能源互联网规划。建成投产 35～500kV 工程 279 项，线路 5433.09km、变电容量 2628.55 万 kVA；开工 295 项，线路 6220.09km，变电容量 3173 万 kVA，其中 500kV 工程实现“9 投产、10 开工”。安全违章识别、计划自动预警、三维设计平台、实训基地认证等一批成果落地见效，500kV 贝州站等 3 项工程荣获国家电网有限公司输变电优质工程金、银奖，1000kV 枣庄站荣获 2020—2021 年度中国建设工程“鲁班奖”。完成全部 436 项黄河滩区迁建配套电网工程，保障全省 704 个迁建村 60.62 万居民安全可靠用电。完成 987 个“煤改电”配套电网工程，保障居民清洁取暖用电。配电网工程建设质量评价获 A 级，9 项工程综合评价排名前 100，数量、质量均位列第一，实现配电网“百佳工程”评比“九连冠”。协作日喀则完成西藏首次高海拔 0.4kV 低压配电网不停电作业。提升工程数字化管控水平，配电网工程建设 112 项工作流实现线上工单驱动，落地 i 配电网 33 项移动应用。完成潍坊等 14 市新一代主站升级，实现全省新一代配电自动化系统全覆盖，新建线路自动化标准化配置率 100%。完成 19.4 万台台区融合终端安装，基于“融合终端+分界开关”，实现低压分布式光伏可观可测可控。全省综合供电可靠率完成 99.957%，其中城网 99.983%、农网 99.956%。

经营管理 完成售电量 4656 亿 kWh、营业收入 2701 亿元，分别同比增长 12.7%、16.5%；利润 41.5 亿元，同比增加 27 亿元；电费回收率 100%。实现所有招标采购应用电子商务平台（ECP2.0），全年完成招标采购 406.7 亿元，节约资金 24.9 亿元。完成物资抽检 15946 项，监造 1757 台（套），废旧物资处置 2.9 亿元，合同违约追责 604.7 万元、不良行为处置 243 家。开展经济责任及专项审计 145 项，完成工程结决算审计 1.4 万项，审减工程支出 9.2 亿元。国企改革三年行动完成 94.5%，超额完成年度目标。围绕 9 个重点业务领域，制定 14 项合规风险管控措施，压紧压实“三道防线”。推动山东电力市场建设综合改革试点，启动现货市场连续结算试运行。落实燃煤电价市场化改革政策，代理购电与现货市场有序衔接、平稳实施。完成交易中心股权多元化改革，市场化交易电量 2782 亿 kWh，同比增长 30%。“四翼”产业创新发展，综合能源业务收入 27.5 亿元，电能替代电量 264 亿 kWh，电动汽车累计充换电量突破 10 亿 kWh。践行海外运维开拓者使命，服务默拉直流投入商业运营。“电 e 金服”支持上下游企业 42.9 亿元。省管产业改革发展有序推进，开展专项整治、财务清查和工程转分包专项治理，完成营收 350 亿元。

安全生产 “两有六全”智慧型管控平台达到国家电网系统领先型最高级别，管控关键风险点 36.9 万余项，违章同比下降 27.7%。开展 6 项专项整治行动，问题隐患整改率 97.3%。完成 9718 项春秋检任务，设备故障停运率同比下降超 30%。加快构建现代设备管理体系、运检数字化转型，“集中监控+”模式开启电网运检全业务升级。促成 27 个部门联合出台重要电力用户安全管理规定，1130 户重要客户全部实现供电电源、自备应急电源配置合格率“双 100%”。高效完成 3 组 ABB GOE 套管吊检、131 支套管取油等重点隐患，直流系统能量可用率提升至 97.64%，特高压、换流站“零事故”。系统排查城市“生命线”等隐患，全面销号 10 类 1163 项年度重点隐患，完成 21 台 500kV 主变压器抗短路、46 台主变压器重过载、385 处“三跨”、五类配电老旧设施等隐患改造。220kV 及以上输变电设备和配电线路故障停运率同比分别降低 34.1%、31.6%、32.8%。防灾抗灾能力稳步提升，完成 1174 基杆塔、244 座一类防汛站再排查、1374 项隐患全治理，开展森林草原火灾隐患治理春秋季督导和“回头看”、77 系列杆塔加固、低温雨雪冰冻灾害防范等专项工作，成功应对多轮极端恶劣天气挑战。推进配电网状态检修，完成不停电作业 15.8 万次，户均停电时间压至 3.8h，可靠性业绩指标国家电网系统第一。完成建党 100 周年、十四运等重大供电保障任务，驰援河南特大暴雨灾后抢修，完成 93 项应急发电任务，恢复供电 46 条线路、173 个小区。

营销工作 “供电+能效”服务新高地完成建设任务，能效服务等 3 项市场开拓类指标均居国家电网系统首位，综合能源业务收入同比翻番；电动汽车业务实现“双十突破”，充换电量连续 10 年位居国家电网系统首位。首家建成投运省综合能源服务中心和电动汽车中心展厅。数字化供电所建设初显成效，完成 21 项试点任务和 12 个业务场景，建成 8 个示范型数字化供电所，推广供电所综合业务数字化平台和“所 e 通”，实现“多业务一终端”。营业区扩容及“三大攻坚”行动全面告捷，年增售电量 42 亿 kWh，市场规范治理成效为历年之最。建成投运省市两级营销全业务监控中心，稽查管控、反窃查违、台区降损贡献经济效益 7.83 亿元。率先实现全部并网机组计量全覆盖、全采集，机组热、电运行参数纳入在线监测。全省 71.74 万 kW 低压分布式光伏全部实现 15min 级可观可测可控，4.03 万 kW 实现分钟级高频采集；贯通“用采—调控”系统接口，实现发电负荷按日预测和 1000 万 kW 容量可控可调。

科技与信息化 主导成立 IEC 电力机器人技术委员会，获批省智能电网技术创新中心，斩获中国专利银奖 2 项、央企熠星创新大赛一等奖、省科技进步奖一等奖和中电联电力创新奖最高奖。1 项成果获国际 QC 最高奖，2 项成果获国家级管理创新二等奖，1 项成果获省职工创新特等奖，青创赛一等奖数量国家电网第一。智库研究专报汇报获省委省政府、国家电网公司主要领导批示肯定 15 次，1 篇经验被《国网内参》刊发，1 项成果获国家电网公司软科学一等奖。建成全国首套省域 5G 电力示范网，5G 标杆工程建设获国家电网公司董事长辛保安、时任山东省委书记刘家义批示肯定。建成省市一体能源大数据中心，“应急+电力”产品获国家应急管理部黄明部长批示肯定。输电无人机智能巡检作为系统内唯一应用入选网信办人工智能企业典型应用案例。连续 9 年获山东省网络安全保护先进单位，获国家电网公司 2021 年网络攻防先进单位。建成国家电网系统唯一现代智慧供应链数字化发展示范基地。建成北方唯一海缆运检基地，自主承揽海上风电海缆施工项目，开创了新兴业务拓展新标杆。

优质服务 打造卓越服务生态圈，助力打赢脱贫攻坚战，接续助力乡村振兴，建成 275 个乡村电气化项目和 10 个示范区。深入实施优化营商环境创新突破行动，2020 年度省级“获得电力”评价排名全国第三，济南、青岛、济宁、烟台、淄博 5 个参评城市全部入选前 30。全国首家上线“物流式”办电，实现“大众点评式”服务。全省上线“房产+用电”联合过户，推出企业“入驻即送电”服务，打造 23 个“获得电力”示范区，“三零”“三省”节省客户投资 29.5 亿元。为 58 万高压客户推送能效账单，节约电量 6.35 亿 kWh。促请出台全省《关于将供电基础设施建设支出纳入土地储备成本的通知》，解决电网投资到红线的资金来源问题。开展数字化供电所顶层设计和试点建设，承接 21 项试点和 12 个业务场景，初步形成可复制可推广的建设模式。

党的建设和精神文明建设 坚持以习近平新时代中国特色社会主义思想为指导，举办学习“七一”重要讲话精神专题读书班，不断提升“政治三力”，坚定捍卫“两个确立”，坚决做到“两个维护”。创新党史学习教育“进党校、进基地、进讲堂”培训模式，开展“红课送基层”巡回宣讲 60 场次，领导带头领办实事 133 项，系统累计办实事 4030 项，经验做法在中央、国资委简报刊发 7 次，中央党史学习教育官网长篇报道 11 次。推进“基层党建创新拓展年”工作，开展全国国企党建会精神贯彻落实情况“回头看”，细化制定 70 项“深入查”清单，全面对标检视，持续整改提升。高质量召开国网山东电力第二次党代会，规范完成省市县 128 个党委 706 个党（总）支部集中换届。建成“线上党性教育馆”，办好书记轮训、高校送培等“五个精品课堂”，开展党员培训28期2838人次。大力实施“党建+”亮旗创优工程，创建党员责任区、示范岗、突击队，助力打赢电力保供、援豫抢险、五莲抗疫攻坚战。连续三年开展党员服务队“彩虹连心”先锋行动，立项实施“彩虹实事”46项，形成“在泉城、全办成”“电靓青岛”“湖上彩虹”等一批特色实践。全面建成“三型一化”智慧党建平台，搭建智慧管控、智慧展示、智慧学习“三个中心”，典型做法得到《求是》杂志社、省委省直机关工委高度评价。创新“三四五”思想政治工作法（干群三同、四引推进、五心聚力），细化40项实施措施，持续营造“一盘棋、一家人、一条心”浓厚氛围。紧跟建党百年重要机遇，打造“中国特色”党建引领新高地，“三型一化”党建体系获评中组部党的建设历史经验研讨会优秀论文并受邀参加研讨会，荣获国家电网公司管理提升“标杆项目”，党建工作先进经验在《旗帜》《党建研究》等中央部委杂志刊发5次。举办第六届青创赛，5个项目在国家电网青创赛获奖。1个基层党委获评全国先进基层党组织，1个基层单位获评全国基层理论宣讲先进集体，国网山东电力团委获评全国五四红旗团委，108个集体和个人受到省部级及以上表彰。

（高　征　张加岩）

【内蒙古电力（集团）有限责任公司】

企业概况　内蒙古电力（集团）有限责任公司（简称内蒙古公司）是自治区直属国有独资特大型电力企业，同时向华北、陕西榆林和蒙古国提供跨省区、跨国境供电。负责建设运营自治区中西部电网，供电区域72万km^2，承担着自治区8个盟市工农牧业生产及城乡1429万居民生活供电任务。

领导班子

党委书记、董事长：贾振国

董事、总经理、党委副书记：郝智强

董事、党委副书记：李文忠（2021年6月任职，2021年9月离任）

董事、总会计师：孙文彪（2021年1月退休）

党委委员、纪委书记，内蒙古自治区监委驻内蒙古电力公司监察专员：马金柱

董事、总法律顾问：李普强

党委委员、工会主席、董事：白振英

副总经理：蔺蒙（2021年10月退休）

外部董事：潘瑛

党委委员、党委组织部部长：石文斌（2021年3月退休）

党委委员、党委宣传部部长：燕林生

副总经理：梁景坤

党委委员、副总经理：闫军（2021年8月任职）

党委委员、总会计师：张卫江（2021年8月任职）

组织机构　总部部门（17个）：综合管理部（董事会办公室、党委办公室、经理办公室、法律事务室、总部机关党委、团委（青工委）、计划发展部、企业管理部、生产科技部、安全质量监督察部、数字化部、营销服务部、工程建设部、财务资产部、产业产权部、人力资源部、审计部、物资管理部、党委组织部、党委宣传部、纪委（监察专访员办公室）、工会。直属机构（21个）：党委监督机构（3个），即党委巡察办公室、党委巡察一组、党委巡察二组，董事会工作机构（8个），即电力管理科学专家委员会、电力工程技术专家委员会、安全生产督查组、优化营商环境督查组、工程建设督查组、外部董事工作组、第一监事会、第二监事会，支撑保障机构（10个），即新闻中心、财务共享中心、职工社会保障管理中心（住房资金管理中心）、机关事务中心、管理科学研究中心、质量监督检测中心、蒙电乌兰牧骑、企业管理协会、政研会（文协）、电机工程学会。供电分公司（12个）：呼和浩特供电公司、包头供电公司、鄂尔多斯供电公司、乌兰察布供电公司、巴彦淖尔供电公司、乌海供电公司、锡林郭勒供电公司、阿拉善供电公司、薛家湾供电公司、内蒙古超高压供电公司、乌海超高电压供电公司、锡林郭勒超高压供电公司。业务分公司（11个）：内蒙古电力科学研究院、内蒙古电力经济技术研究院、内蒙古电力调控公司、内蒙古电力信通公司、内蒙古电力培训中心（内蒙古电力党校）、内蒙古电力航检公司、内蒙古电力营销服务公司、内蒙古供用电稽查公司、内蒙古电力物资供应公司、内蒙古蒙电项目建管公司、包头美岱抽水蓄能电站筹备处。全资子公司（9个）：内蒙古电力交易公司、内蒙古电力财务公司、内蒙古电力综合能源公司、内蒙古国合电力公司、内蒙古蒙电信产公司、内蒙古蒙电控股公司、内蒙古康远监理公司、蒙能物业管理公司、京蒙大厦公司。控股子公司（4个）：呼和浩特抽水蓄能公司、乌海抽水蓄能公司、内蒙古蒙能招标公司、内蒙古足球产业公司。

党建工作　全面加强党的建设，学党史、铸党魂，发挥了党建独特优势。深入学习贯彻习近平总书记“七一”重要讲话精神和党的十九届六中全会精神，深刻领悟“两个确立”，坚决做到“两个维护”。深入推进党史学习教育，开展“我为群众办实事”实践活动，为基层单位解决问题94项，党员为民办实事7000余件。严格落实意识形态工作责任制，持续强化阵地建设和管理，中华民族共同体意识进一步铸牢。各级党组织战斗堡垒作用充分发挥，精神文明建设成果丰硕，获得国家级荣誉14个、自治区级荣誉49个。压实全面从严治党责任。严格落实中央八项规定及其实施细则精神，驰而不息纠正“四风”。深入开展“以案促改治理年”活动，聚焦4个方面专项治理，健全完善550

余项制度，标本兼治成效显著。加强干部员工队伍建设。制定推进领导人员能上能下管理办法，选人用人机制不断完善。大力弘扬劳模精神、劳动精神、工匠精神，选树劳模、最美一线职工和“蒙电工匠”50人。

经济技术指标 2021年，全年售电量2300.6亿kWh。线损率3.08%。综合电压合格率99.57%，同比提升0.08个百分点。城市用户平均停电时间6.09h，同比减少1.17h。

人力资源 “三项制度”改革稳步推进。推进劳动用工和收入分配制度改革落地实施，在人员编制、岗位岗级、薪酬支付和员工管理等方面进行制度补充优化，陆续出台《所属单位组织机构设置管理办法》《岗位绩效工资制度改革方案》《内部人力资源市场管理标准》等16个改革主体文件和37项配套制度，重新构建起系统性的人力资源管理制度体系。

截至11月，各供电公司“三项制度”改革任务已基本完成并实质化运行，组织机构和岗位管理体系更加适合企业发展，劳动定员测算更加科学合理，薪酬和绩效管理体系更加完善，组织运行活力和员工发展潜力不断提升，整体运行情况平稳有序，供电公司劳动用工和收入分配制度改革验收工作按计划开展。按照“一企一策”原则指导各业务公司及子公司进行组织机构优化、薪酬改革方案设计等基础制度体系的搭建，部分单位制度体系建设工作已经完成，改革实施方案已经制定，改革工作稳妥推进。12月底实现完成80%的改革任务工作目标。

“人才强企”战略持续深入。落实人力资源“十四五”规划，深化人才强企战略，全方位引进、培养、用好人才。

针对基层不同层次用工和人才需求，通过校园招聘、专业技术类经营管理类岗位及供电公司边远地区岗位定向招聘，不断拓宽招聘渠道、优化招聘流程，引进企业所需人才。围绕基层一线岗位需求，调整边远地区岗位定向招聘专业条件，提高边远地区职工队伍稳定性。2021年共引进新员工1478人，其中高校毕业生1452人，退役士兵26人。招录的高校毕业生中电子信息、计算机相关专业人数占比较2020年度提升35%。

开展员工培训，共举办各类培训班2976期，培训量30.36万人·天，员工综合能力持续增强。深化实施“百优人才”培养工程，组织完成2019—2020年度“百优技术人才”新生集中授课，完成2021年度“百优技术人才”推荐人员初选考试。多批次、分阶段组织开展2021年度职业技能等级认证初、中、高级工实操考核，涉及20个工种共计593人次。分阶段组织9个专业的技能竞赛，产生个人奖项54个，5人推荐申报自治区“五一”劳动奖章，7人获得“全区技术能手”称号，员工队伍的技术水平得到不断加强。

截至2021年底，内蒙古公司在册长期合同制员工31355人，平均年龄38.8岁。本科及以上学历员工占总人数的74.08%，同比增长7.4个百分点，人才密度指标提升至97.02%。取得专业技术资格人员占总人数的31.63%，取得职业技能等级人员占总人数的33.84%。人才当量密度为0.9812。

组织架构不断优化。精准开展机构设置工作。完善子公司法人治理结构，成立外部董事工作组；促进蒙西地区清洁能源开发利用和能源结构调整，成立乌海抽水蓄能有限责任公司、包头美岱抽水蓄能电站筹备处；适应基层单位业务能力发展，调整500kV工程建设职能。

推行“大部制”管理模式，合理优化总部组织机构。整合部门职能，明晰工作职责，压缩总部编制，调整机构分类，规范机构名称和职务称谓，推进“总部机关化”专项治理工作走深走实，调整后总部部门数量减少25%，内设机构数量压减20%，人员编制压缩20%，推动总部瘦身健体，高效运转。

社会责任 面对新冠疫情冲击，全面落实习近平总书记对内蒙古重要讲话重要批示精神，深入贯彻中央、自治区各项决策部署，围绕“贯彻新发展理念，推动高质量发展”工作思路，围绕“责任蒙电、绿色蒙电、数字蒙电”战略定位，上下合力共为、多措并举确保了大电网安全，守住了民生用电底线，有效缓解了电力供需矛盾。统筹做好疫情防控和安全生产各项工作，坚持疫情防控与经济发展“两手抓 两不误”，努力走出一条以“生态优先、绿色发展”为导向的内蒙古电网高质量发展之路。

安全生产 全面落实安全生产责任。健全全员安全责任体系，修编33项安全管理标准。加大安全奖惩考核，向33家单位下达年度安全生产责任书，对两家单位实施安全生产“一票否决”；从反违章先进集体、万项倒闸操作无差错、百日安全无事故、安全生产责任书等多方面实施安全奖励，全年累计兑现安全奖励8000余万元。深入开展“本质安全提升年”活动，落实62项具体措施，完成4家单位安全生产巡查，实现人身事故“零死亡”目标，本质安全水平稳步提升。系统未发生人身死亡事故，未发生电网、设备事故，未发生交通、火灾事故，未发生信息系统事件，发生五级事件1起，同比增加1起；发生六级事件1起，同比增加1起；发生七级事件5起，同比减少1起；发生八级事件48起，同比减少20起，安全形势总体平稳。

电网运行持续保持稳定。2021年，是内蒙古电网历史上供需形势最为严峻的一年，最大有序用电1143万kW，占比达38.1%，保安全、保供应压力巨大。内蒙古公司加强大电网统筹分析，制定落实 70 项保供措施，建立日调度机制，严格落实有序用电方案。争取华北支援，实现网间互济 134 天，最大支援电力 360 万 kW，减少区内限电 27.03 亿 kWh。加大煤电机组管理，开展非停机组现场核查，严格机组非停和检修超期考核，确保电力供应平稳有序，保障了民生及重要用户供电，内蒙古电网实现 8894 天（截至 2021 年底）长周期安全稳定运行。

双重预防机制成效显著。贯彻落实新《中华人民共和国安全生产法》，深入开展 13 个专业隐患排查治理，整改一般隐患 56 项。狠抓设备隐患治理，全部完成电网继电保护国产化改造，永圣域变电站断路器遮断容量不足隐患彻底消除，有效管控事故风险。实施安全风险分级动态管控，发布安全风险预警 2712 次，所有风险预警均闭环管控。多方协调联动消除一般电网风险 6 处，一般以上电网风险实现“清零”。完成安全生产专项整治三年行动集中攻坚，整改问题隐患 142 项，落实制度措施 408 项。

应急保障能力显著增强。按照国家能源局安排部署，开展应急能力建设专项督查，整改问题 251 项，完成“两厂、三站、四线”黑启动试验。组建应急专家队伍，开展应急演练 27 次，完成呼和浩特市、乌海市、锡林郭勒盟大面积停电应急演练。组织 2022 年北京冬奥会和冬残奥会电力安全保障工作，配合地方政府完成 553 个疫情防控重点场所保电，完成全国“两会”、建党 100 周年等重大活动保电任务。

网络安全防护实现新突破。落实网络安全主体责任，常态化开展计算机防病毒和安全预警工作，加固整改网络安全漏洞。组建网络安全技术专家库、网络安全攻防队伍，推进网络安全态势感知平台建设，蒙电信产公司网络安全检验检测实验室初步建成。完成 543 套变电站网络安全监测装置部署，主网范围动态感知终端实现全覆盖。

安全基础不断夯实。聚焦“数字蒙电”战略，推进安全监控管理系统建设，安监一体化平台正式上线运行，实现安全监督业务全要素数字化管理。拓展应急指挥中心应用，常态化开展视频远程监督检查，完成远程线上事件调查分析 3 次。依法完成 1200 名企业负责人和安全管理人员年度安全教育培训，2014 名职工通过安全技术培训等级认证，全员安全素养持续提升。开展“和谐·守规”班组安全文化建设，完成 60 个班组安全建设专项检查，出台《加大安全生产违章惩处力度工作措施》，形成反违章高压态势，员工安全意识切实提升。

安全监督管理实现全覆盖。建立“四不两直”安全督查机制，各专业累计开展 13 轮全覆盖安全检查，督查 18 家生产单位、91 项主网工程和 500 余个作业现场，整改问题 4100 余项，实现高风险作业现场督查全覆盖。建设 58 个电力警务室，派驻 119 名治安民警，处理案件 181 起，实现盟市、旗县电力警务室全覆盖。1008 座重要变电站、10 座调度楼纳入“一站一警”工作机制，电力设施外部治安问题得到有效治理。

用电营商环境 2021 年，自觉践行“人民电业为人民”宗旨，用电营商环境不断优化。深入贯彻落实中央、自治区优化营商环境工作部署，出台持续优化用电营商环境工作实施方案，深化用电营商环境专项治理。提档升级“三零三省”服务，“零投资”政策惠及 19.4 万户小微企业，节约办电成本近 7 亿元。严格落实能耗“双控”要求，加强限制类企业用电管理，主动提供延伸服务指导客户有序用电。落实并及时宣贯电价政策，代理购电工作平稳起步。加快推动用电业务全程网上办理，与自治区“蒙速办”政务服务平台实现数据贯通，线上用电报装率 83%，同比提升 21 个百分点。开展“蒙电问需于民”活动，全力解决客户各类服务诉求，百万客户投诉量同比下降 9%。助力打赢“蓝天保卫战”，10 万户居民享受煤改电“零投资”政策福利。自治区各族人民群众用电获得感、幸福感、安全感明显提升。

经营管理 聚焦提质增效强化经营管理，企业综合实力不断增强。持续深化全面预算管理，着力提升电价电费管控水平。“营财一体化”工作取得阶段性成果，物资清仓利库等工作取得明显成效。着力加强内控体系建设，严控企业经营风险，合规管理体系正式启动试运行。持续推进审计全覆盖，强化审计跟踪整改问效。启动开展对标行业一流提升行动，开展“标准体系效能提升年”活动，经营管理质效稳步提升。全年实现营业收入 934.9 亿元，利税总额 27.8 亿元，年末资产负债率 54%，资产总额 1070 亿元。内蒙古公司连续 10 年获评自治区国资委经营业绩考核 A 级企业，位列中国企业 500 强第 256 位、能源企业 500 强第 46 位。

电网建设与发展 电网规划引领绿色转型。完成蒙西地区“十四五”绿色发展路径规划专题研究，制定内蒙古公司保障行业“碳达峰”行动方案。“十四五”主网项目及±660kV 直流外送通道纳入国家电力规划。编制蒙西智能电网实施方案、重点城市群智慧电网规划方案，推动乌海、美岱等 7 座抽水蓄能电站纳入国家规划，服务国家首批风光基地及保障性新能源项目并网，为自治区能源转型发展提供了重要支撑。

电网发展质效显著提升。及时衔接自治区重大项目安排，加快建设步伐，托克托、沙良等 1103 项主配网工程建成投产，有力支持了自治区经济发展。421 个老旧小区供电设施完成改造，27 家“三供一业”供电设施全部接收，保障了重点民生用电需求。全力克服时间紧、任务重、建设环境复杂等困难，创造了“百日建成百公里 500kV 输电线路”的蒙电基建新速度，完成三峡乌兰察布新一代友好绿色电站示范项目首期并网。

工程建设更加绿色低碳。全力打造绿色精品工程，10 家单位开展智慧工地建设，220kV 及以上工程全部实现标准化开工，57 座变电站采用智能化设计，应用装配式、预制电缆隧道等绿色建筑，13 项工程获省级以上优质工程奖，6 项工程获国家级优质工程奖。

牢记国企责任担当，持续提升电网服务保障能力。面对电力供需严重紧张重大考验，内蒙古公司上下合力共为、多措并举确保了大电网安全，守住了民生用电底线，有效缓解了电力供需矛盾。加快推进电网绿色转型，新能源装机容量突破 3000 万 kW，装机占比接近 40%。全年完成发展总投资 122 亿元，庆云 500kV 扩建等一批重点工程按期投产，102 天实现三峡绿色电站并网投运，对蒙供电第 8 个通道年内成功送电，421 个老旧小区供电设施完成升级改造。

国际合作 持续开展 OT 铜金矿供电项目购售电协议续签工作。国合公司根据蒙古国政策变化，相应启动了与蒙古国家电网公司《购售电协议》续签项目谈判工作，与对方初步达成签订有固定期供电期限的意向方案，下一轮供电协议期有望延至 2026 年。

信息化和数字化建设 围绕数字化转型重点工程，完成一期云平台、数据中台、移动互联平台基础搭建，启动物联网管理、区块链服务等平台建设。加快营销信息系统“融旧建新”，推动采控业务上云。启动新版移动办公、财务业务中台、现代物资供应链、配电网规划等数字应用建设。加快构建产业一体化运营管控平台，推进子公司数字化转型。深挖数据资源价值，构建数据分析、服务体系，拓展大数据应用。推进网络安全分析系统建设，提升网络安全保障能力。

主要事件

2 月 25 日，在全国脱贫攻坚总结表彰大会上，内蒙古公司所属鄂尔多斯电业局扶贫办和锡林郭勒电业局扶贫办两个集体荣获“全国脱贫攻坚先进集体”。

4 月 15～16 日，内蒙古电科院组织专业技术人员在巴彦淖尔局 220kV 忠义变电站开展了国内首次 GIS 智能变电站继电保护现场系统级动模试验，标志着自治区电力系统智能化电网企业仿真重点实验室又一科研成果转化落地。

4 月 19 日，在由中华全国总工会组织召开的全国先进女职工集体和个人表彰大会上，呼和浩特供电局秀水运维站、锡林郭勒电业局马丽杰创新工作室荣获“全国五一巾帼标兵岗”荣誉称号。同时，内蒙古自治区总工会授予呼和浩特供电局秀水运维站、包头供电局职工心理工作室、鄂尔多斯电业局乔丽创新工作室、乌兰察布电业局王慧霞、乌海超高压供电局全敏利全区“五一巾帼标兵岗（标兵）”荣誉称号。

4 月 27 日，庆祝“五一”国际劳动节“建功十四五　奋斗新征程”主题劳动和技能竞赛动员大会在人民大会堂隆重举行，鄂尔多斯电业局修试管理一处高压试验班和锡林郭勒电业局变电管理二处莘尚军创新工作室荣获 2021 年全国“工人先锋号”荣誉称号。

4 月 29 日，中国电力企业联合会第七次会员代表大会在北京召开，内蒙古电力行业协会理事长、内蒙古公司董事长、党委书记贾振国带队参加了会议。在本次会议上，内蒙古公司被增补为中电联第七届理事会副理事长单位，董事长贾振国当选为中电联第七届理事会副理事长。

5 月 8 日，内蒙古公司在呼和浩特市举行内蒙古电力航检直升机首飞仪式。内蒙古公司董事长、党委书记贾振国，总经理、党委副书记郝智强，副总经理蔺蒙，党委委员、宣传部部长燕林生，副总经理梁景坤，国网通航公司董事长、党委书记郧捷龙，副总经理、党委委员李春峰，空客直升机中国公司副总裁杨林及民航内蒙古监管局、自治区气象服务中心相关负责同志等参加仪式。贾振国听取了巡检作业准备工作情况后下达起飞命令，首航次直升机顺利起飞，正式展开本年度航检作业。

6 月 9 日，国家能源局电力安全监管司副司长李泽、自治区能源局副局长徐义一行到内蒙古公司调研电力安全保障工作并召开座谈会。内蒙古公司总经理、党委副书记郝智强陪同调研并出席会议。

7 月 12 日，全国人大监察和司法委员会监察室主任陈立民率调研组到内蒙古公司就推进监察监督全覆盖情况开展调研。内蒙古公司党委书记、董事长贾振国，党委委员、纪委书记、监察专员马金柱，董事、总法律顾问李普强及相关部门负责人陪同调研。

7 月，内蒙古公司所属综合能源公司正镶白旗一期 10MW 分散式风电项目一次系统带电成功，标志着内蒙古公司首个分散式风电项目正式进入并网调试、试运行阶段。

8 月，蒙电信产公司信息通信检验检测中心（以下简称“蒙电信产检验检测中心”）正式获得中国合格评定国家认可委员会（简称 CNAS）颁发的实验室认可证书，成为内蒙古自治区能源行业首家、自治区第二家具有 CNAS 国家认证的实验室。这标志着蒙电信产检验检测中心具备了国家认可的管理水平和检测资质。

9 月 15 日，随着华北电力调控分中心调度员下令，内蒙古电网 500kV 变电站集中监控正式进入全业务模式运行。

9 月 25 日，中国企业联合会、中国企业家协会在吉林省长春市发布了 2021 年“中国企业 500 强”榜单，内蒙古公司以 859.64 亿元的营业收入位列中国企业 500 强第 256 位、中国服务业企业 500 强第 102 位。

9 月 28 日，随着内蒙古公司信息网络 IPv6 升级改造完成最后一次联调测试，标志着内蒙古公司信息网络从 IPv4 时代步入 IPv6 网络架构全新时代。

9 月，共青团中央、国家发展改革委、国资委等 23 家全国创建青年文明号活动组委会成员单位联合印发了《关于命名第 20 届全国青年文明号的决定》，内蒙古公司乌兰察布电业局修试管理处继电保护班、锡林郭勒电业局修试管理处继电保护一班、正蓝旗供电分局桑根达来供电所 3 个集体被命名为“全国青年文明号”。

10 月 14 日，内蒙古公司开展乌兰察布源网荷储电网侧储能科技示范项目取得乌兰察布市发展和改革委员会核准批复。该项目创新采用“科技+基建”模式，项目设计规模 5MW/10MWh，采用磷酸铁锂储能电池，预制舱全户外布置，将建设 1500V 直流系统和高压级联两套储能系统，每套储能系统规模均为 2.5MW/5MWh。预制舱舱顶配置分布式光伏系统，容量 50kW。

10 月 27 日，内蒙古公司重点项目呼和浩特金山 500kV 输变电工程取得自治区能源局核准。

10 月 31 日上午，包头供电局成功贯通莫尼变电站至新城变电站 260m 地下电缆通道，这是内蒙古公司系统内首次采用土压平衡顶管建设电缆通道。

11 月 5 日，由中国电力发展促进会组织的表彰《2021 中国电力年鉴》最佳和优秀撰稿人评选结果揭晓。内蒙古公司企业管理协会包丹阳获“《2021 中国电力年鉴》优秀撰稿人”称号。

（包丹阳）

东 北 地 区

【国家能源局东北监管局】

基本情况 国家能源局东北监管局（简称东北能源监管局）于 2013 年 12 月 13 日正式挂牌，是国家能源局在东北区域的派出机构，负责辖区内电力等能源的监督管理和行政执法工作，以及电力安全监管工作。

主要职责：在东北区域内，监管电力市场运行，规范电力市场秩序；监管电网和油气管网设施的公平开放；监管电力调度交易，监督电力普遍服务政策的实施；承担电力等能源行政执法工作，依法查处有关违法违规行为，监督检查有关电价；承担除核安全外的电力运行安全、电力建设工程施工安全、工程质量安全的监督管理以及电力应急和可靠性管理，依法组织或参与电力生产安全事故调查处理；实施电力业务许可以及依法设定的其他行政许可；承办法律法规授权以及国家能源局交办的其他事项。

领导班子

党组书记、局长：苑舜

党组成员、副局长：郭建宇

党组成员、副局长：李艳

党组成员、纪检组长：李德刚

组织机构 内设 9 个职能处室：综合处、市场监管处、行业监管处、电力安全监管处、资质管理处、稽查处、机关党委（机关纪委）办公室、吉林业务办、黑龙江业务办。全局编制 48 人，现有在职人员 44 人。

主要工作

（1）围绕能源保供抓监管，保障能源供应整体平稳。东北能源监管局成立能源保供工作领导小组，组建党员突击队，设立党员先锋岗。建立电力供需日报制度，加强分析研判，及时向三省一区政府、电力企业发布预警，成功应对入夏以来的电力供应紧张局面。严肃调度纪律，强化非停考核，督促煤电企业做好运维，压减煤电机组非停、受阻。临时调整辅助服务市场运行参数，积极为煤电企业疏导成本，缓解运营压力。落实电力市场交易政策，发文明确交易价格上下浮动范围不超过基准的 20%，推动代理购电交易顺利开展。全面完成电力安全监管任务，成功应对“11·8”特大暴雪等自然灾害对电力系统的冲击，保障全年东北地区电力系统运行平稳。

（2）围绕政策落实抓监管，推动国家能源政策落实。发挥规划引领作用，积极开展“十四五”规划研究，就国家“十四五”电力发展规划、东北各省“十四五”能源规划预审材料，研提多项促进清洁能源发展的意见建议。发挥市场导向作用，新版《东北电力辅助服务市场运营规则》于 1 月 1 日正式施行，进一步调动火电企业灵活性改造积极性，提升电力系统清洁能源消纳能力。发挥监管保障作用，高效开展清洁能源消纳综合监管、清洁取暖专项监管、煤电淘汰落后产能专项监管，推动国家能源政策在东北落实落地。2021 年，东北区域清洁能源发电装机容量 7076.24 万 kW，同比增长 13.81%，占总装机容量 40.8%；清洁能源发电量 1651.38 亿 kWh，同比增长 15%，占总发电量 29.3%；清洁能源利用率达到 98.7%。

（3）围绕体制改革抓监管，促进能源市场化改革。两类三级电力市场计量、结算、信息公开等环节运转有序，东北电力辅助服务市场促进清洁能源多发电量 431 亿 kWh，中长期电力市场交易规模近 1850 亿 kWh。落实发改能源规 889 号文件要求，完成三省一区电力中长期交易规则修订工作，在全国范围内率先实现了新规则的区域全覆盖。印发《辽宁省电力需求响应实施方案》，利用市场机制激发需求侧等第三方响应能力，主动参与电网系统调节，减少系统运行峰谷差，保证电力系统安全稳定运行，东北地区电力市场建设迈入 3.0 阶段。制（修）订《东北区域外送电中长期交易办法》《东北电力调频辅助服务规则》《合同电量转让交易细则》，进一步完善市场规则体系。

（4）围绕服务民生抓监管，维护人民群众用能权益。通过 12398 热线、局长信箱、微信公众号等多种渠道倾听人民群众用能需求，受理办结投诉举报、咨询建议等 2900 余项，解决人民群众关心的热点难点问题 1100 余件，获得人民群众高度认可，获赠多面锦旗。落实国务院领导批示，调查处置黑龙江省某农场频繁停电问题，监管供电企业整改，协调落实配电网升级改造资金 851 万元，为居民用户新建 10kV 专线 26.8km，改造农用水田线路 17 条，问题得到根本解决。落实国务院领导同志批示，调查核实东北地区冬季供暖舆情问题，督导地方政府与相关企业建立沟通机制，加强煤源、运力协调，加大储煤力度，健全应急预案，做好舆情引导，全力保障群众温暖过冬。协调解决锦州压气站双回路可靠供电问题，保障中俄东线天然气管道工程如期投产。

（李森林）

【国网辽宁省电力有限公司】

企业概况 国网辽宁省电力有限公司（简称国网辽宁电力）成立于 1999 年，是国家电网公司的全资子公司，以建设运营辽宁电网为核心业务，供电营业区域覆盖辽宁省全境。本部设 21 个部门，下属 33 家单位，全口径用工 6.41 万人。截至 2021 年底，资产总额 1078.36 亿元；辽宁电网拥有 66kV 及以上输电线路 69693.24km、变电站 1907 座、变电容量 23093.46 万 kVA。2021 年，国网辽宁电力统筹做好新冠肺炎疫情防控和电网建设运营工作，服务辽宁老工业基地全面振兴和全方位振兴，经营保持稳健，全年售电量 2116.41 亿 kWh，同比增长 8.98%，营业收入 1108.86 亿元，同比增长 8.24%，利润总额 1.31 亿元，同比增加 6.33 亿元。

电网概况 辽宁电网分为辽宁西部、辽宁中部、辽宁南部三大系统，负荷主要集中在中部地区，沈阳—辽阳—鞍山—营口—大连构成了辽宁电网负荷的中轴线。中部电网形成内外层双环网为核心的 500kV 骨干网架，内外环网间通过 4 回 500kV 线路相连，辽南电网经 6 回 500kV 线路与辽宁中部电网相联。辽西电网经 7 回 500kV 线路与辽宁中部电网相联。省内 220kV 电网以 500kV 变电站为核心形成不完全独立的供电分区。

截至 2021 年底，辽宁电网共有 500kV 换流站 2 座，换流变压器 36 台，容量 1060.08 万 kVA；500kV 变电站（开关站）33 座，主变压器 68 组，变电容量为 6384 万 kVA。500kV 线路交流输电线路 118 条，线路总长度为 9957.219km（省内长度 9153.992km），500kV 直流线路 1 条，省内长度 193km。

截至 2021 年底，全省全口径发电装机容量 6164 万 kW，其中：水电 304.9 万 kW，占总容量的 4.95%；火电 3736.6 万 kW（含国华绥中电厂 3、4 号机 200 万 kW），占总容量的 60.61%；风电 1087.5 万 kW，占总容量 17.63%；太阳能 477.54 万 kW，占总容量 7.75%；核电 557.5 万 kW，占总容量 9.05%。

2021 年，辽宁全省发电量 2159.46 亿 kWh，同比增长 5.93%。其中，火电 1398.66 亿 kWh；水电 78.42 亿 kWh；风电 227.22 亿 kWh；光伏发电 55.09 亿 kWh；核电 400.07 亿 kWh。2021 年，辽宁省从公司间联络线累计净受入电量 525.60 亿 kWh，同比增长 12.33%。2021 年辽宁省全社会用电量达到 2575.6 亿 kWh，同比增长 6.28%；全社会最大负荷达到 3750 万 kW，同比增长 4.81%。

人力资源 2021 年，国网辽宁电力深入推进岗位聘任制，5200 余人实行聘任制管理，构建三项制度改革成效评估体系，改革成效入选《国网动态》三项制度改革交流专刊。农电服务公司属地化招聘 210 余人；2021 年度高校毕业生招聘重点院校高学历数量和占比进一步提高。

适应集团管控形势，优化本部机构编制，增强战略推进、资源统筹和监督服务能力。整合 3 家培训机构为 2 家。完成国家电网公司“1+N”定员分解管理体系通信专业标准试点任务。

建立经营质效价值贡献与工资总额分配挂钩机制，有效推进收入能增能减，稳步加大关键岗位、核心人才、一线绩优员工激励力度。争取国家电网专项工资，核增就地过年、支援河南抢险救灾、保供电、疫情防控等专项工资。

制定经理层成员经营业绩考核和薪酬管理办法，构建经营业绩考核体系。优化年度企业负责人业绩考核体系，加大关键业绩考核比重。印发绩效管理实施细则，建立员工 C、D 绩效等级负面清单。

构建“三类四层八级”专家人才体系，加大人才激励力度。全面推广技能工匠塑造工程，建立工匠履职量化考核机制。大力实施青年人才托举工程，落地实施新员工十年职业发展规划，认证“实习导师+职业导师”1026 人次。

电网建设与发展 2021年，新开工66kV及以上线路2202.09km，变电1653.5万kVA，完成年度任务的100%；投产66kV及以上线路1450.2km，变电1109.5万kVA，完成年度投产任务的100%。

全年满足达标投产考核条件的工程共计139项（变电69项、线路70项），一次性通过率97.12%，创近三年新高。500kV盛京变电站工程推荐参加国家级优质工程"安装之星"奖评比，500kV登台变电站工程荣获输变电优质工程金奖，220kV朝阳安家变电站工程推荐参加中国电力优质工程奖评比。

为满足新能源迫切并网需求，加快了配套重点工程的建设。仅用一年时间，建成了铁岭永安500kV输变电工程及其220kV联网工程，创造了辽宁同类工程建设周期最短纪录。东北第一座城市中心区域全户内500kV变电站沈阳盛京站建成投运；东北首条自主投资盾构施工的盛京—滂江电缆隧道工程全线贯通。做实可研初设一体化，"两个前期"深度融合，开展"并行作业"，500kV朝阳川州输变电工程从可研到开工仅用半年时间。500kV大连冷家、红沿河—瓦房店送出等重点工程平稳、有序推进。

经营管理 2021年，国网辽宁电力持续优化经营策略，深化内部模拟市场建设，狠抓增收节支和产业升级。全力推进提质增效39项任务和100条措施，全年增加效益9.5亿元。统一压降各单位标准成本1.5亿元，合理利用税收优惠政策节约资金1.43亿元。盘活闲置房产、土地资源4.09亿元，"三清理两提高"转增资产60.6亿元。依法依规延长632万只智能表运行周期，节约投资17.32亿元。深挖电力交易潜力，累计创利15.6亿元。全面推广不停电作业，多供电量2亿kWh。电费回收率100%，营销稽查和反窃查违挽回经济损失3.3亿元。线损率下降0.71个百分点，增效7.85亿元。深化现代智慧供应链体系建设应用，废旧物资处置首次突破1亿元。实施新能源项目后评审，开展全数字化综合审计，促进增收节支2.34亿元。依托法律纠纷案件管理提升专项行动，避免和挽回损失1.5亿元。

落实国家电网公司"改革深化年"部署和科技攻关行动计划，全面提升发展动能。完成国企改革三年行动任务总量的72%。优化董事会运行机制，推行经理层成员任期制和契约化管理。落实国资委振兴东北央地百对企业协作行动，国网大连、丹东供电公司完成协议签订及方案制定。开展"合规管理深化年"行动，合规体系初步建成。在国家电网管理提升"三个标杆一个示范"创建活动中实现"大满贯"。落实燃煤发电上网电价市场化改革，建立专班制度，匹配各类发电价格、跨区域购电，主导辽宁省的电价组成原则。推动工商业用户进入市场，促成政府出台尖峰电价政策，实施电网代理购电，输配电价全部疏导到位。

安全生产 2021年未发生人身、电网及设备事故，安全形势总体保持平稳；未发生500kV变电设备故障停运、直流系统强迫停运、±500kV直流输电线路故障停运。发生500kV交流输电线路故障停运5次，故障停运率0.054次/（百km·年），低于国家电网考核指标；用户平均停电时间11.12h，同比减少0.029h；综合电压合格率99.895%，满足公司管控目标要求。

夯基固本，共保安全责任落实。将新《中华人民共和国安全生产法》《生命重于泰山》等纳入各级安全生产管理培训必修科目，完成1100余名安全管理人员依法取证。脚踏实地，共建风险防控体系。深化电网风险预警管控全覆盖督查，高质量推进安全专项整治问题隐患集中攻坚，整改率94.22%。科学高效，共促应急、消防、安保能力提升。完成建党100周年等重要保电工作，有效应对暴雪等各类突发事件。紧跟疫情形势，持续加强疫情防控部署落实。总结提升，共扛辽宁保供责任。配合公司督导组梳理"有序用电、紧急限电"全过程工作，开展合规分析。严格落实省政府、工信厅、东北能监局保供要求，严肃供电紧张时期作业计划审批，开展重要线站隐患排查，未发生因管控失效引发的停电事件。

营销工作 截至12月底售电量累计完成2116.41亿kWh，同比增长8.24%；当年电费回收率99.99%；运行智能表2604.93万只，其中2009规约智能表1009.82万只，占比38.76%，智能表自动采集覆盖率100%，台区线损率3.98%，同比压降0.94个百分点；营销稽查和反窃查违成效分别完成1.8亿元和1.5亿元。

2021年，辽宁电力交易中心完成直接交易电量1143.7亿kWh，同比增长28.73%，连续七年高速增长；跨区外送电交易电量113.04亿kWh，联络线净受入电量（含绥中）600.31亿kWh，同比增长10.15%；创新开展跨省挂牌交易，增购吉林电量23亿kWh、黑龙江电量18亿kWh、蒙东电量25亿kWh，有效缓解发供电平衡紧张压力；通过增加区域外送、省间挂牌交易及省内交易等累计创收15.6亿元，在中国首次绿电交易中实现成交量全国居首位。

深化"阳光业扩"服务，高低压客户办电时间压减为50个和15个工作日，流程环节精简为4个和2个，提前半年落实国家发展改革委"三零三省"工作要求，为900户大中型企业和2.95万个小微企业节省办电和后期维护成本3.59亿元和6.07亿元；建立了省市县三级电力营商环境监督员体系，聘请省市县三级营商环境监督员，主动接受社会监督，联合政府、社会共同防控舆情风险，携手打造一流营商环境。

科技与信息化 贯彻国家电网公司科技大会精神，落实“新跨越行动计划”，制定科技创新举措15项，部署重点任务80项，落实重点工作68项；发布5项重大科技项目试行“揭榜制”，持续施行2021年群众性创新项目“票选制”；编制完成“十四五”科技规划并通过国家电网公司评审；坚持党建引领科技创新，持续推进“党建+科技创新”工程。

全国首条采用国产化高压交联聚乙烯绝缘及屏蔽材料的高压电缆，在阜新220kV新煤线挂网运行。获批2项国家自然科学基金项目；牵头承担的1项国重项目通过课题绩效评价、2项通过国家科技部中期检查；6项纳入2021年度验收计划的牵头国网科技项目全部通过验收。截至2021年底，在研国家级科研项目8项（牵头4项），国家电网公司科技项目50项（牵头13项）；获批2022年国家电网科技项目牵头7项，参与8项。建设了电压等级10kV、设备总功率30MW、储热容量200MWh的相变储热系统，建成清洁能源供暖示范工程；深度调峰技术研究取得实效，火电机组增加15%～20%额定容量调节能力，促进清洁能源消纳，助力碳达峰、碳中和行动方案落地实施。

牵头申报的“基于多智能体的配网应灾恢复协调控制方法及装置”荣获第二十二届中国专利优秀奖。获得中国电力科技奖6项、国家电网公司科技奖10项，省部级科技奖7项，全年获得上级科技奖励24项。年度完成专利申请843项，其中发明专利525项，获得专利授权581项，其中发明专利216项。获得“中央企业熠星创新创意大赛”奖励；完成年度科技成果孵化项目立项；加快科技创新展馆建设；首批2个国家电网实验室通过公司考核评估；与中科院沈自所、东北大学、华晨宝马签署战略合作协议，筹建联合实验室，打造科技创新生态圈。

发挥“业务+技术”双牵头作用，完成数字化能力开放平台、电网资源业务中台等48项试点任务，企业级业务应用云上部署被工信部列入企业上云典型案例。夯实数据管理基础，搭建智能评估工具，完成地市数据管理能力成熟度评估，印发《数据对外开放指导意见》，推进数据质量治理，累计治理数据13.56亿条，充分发挥数据要素价值。面向基层开放算力与数据，开展“数据+”金点子工程，发布“辽亮·数智”系列大数据产品，电力大数据服务供暖、电力大数据助力应急等产品。统筹推进数字化转型，开展5G+工业互联网建设，建成菱镁工业互联网平台，为辽宁南部电网释放15万kW负荷容量，消纳清洁能源4500万kWh；推进数字化班组创新，试点利用RPA技术应用，实现物资全流程业务的自动化、数字化，提高基层工作效率40%，降低重复性劳动50%。完成2021年全国两会、建党100周年等重大活动网络安全保障任务，连续两年在公安部举办的网络安全实战攻防中获得溯源反制加分。东北能源大数据中心被工信部列入大数据产业示范项目，纳入《辽宁省“十四五”数字化发展规划》，两个市级能源大数据中心获得政府批示；建成32座北斗地面增强站，1项业务应用荣获中电联创新竞赛最高奖项卓越奖，2项5G成果分获辽宁省发展改革委“兴辽杯”二、三等奖；海底光缆资源共享等7项成果入选国家电网公司新兴产业最佳实践案例。

优质服务 加强设备运维管理，为经济社会发展和人民生活提供优质供电服务。完成春秋检、迎峰度夏和各项重大保电抢险任务。构建输电线路立体防山火体系，连续两年实现500kW线路山火“零”跳闸。完成高岭换流站1.59万m二次隐患电缆更换、4台辽阳变电站500kV遮断容量不足断路器改造、营口北海变电站变压器内部受潮等多项重大隐患治理；完成支援河南抗洪抢险及多轮突破历史极值灾害天气保电任务，得到了国家电网公司、国网河南电力高度肯定。

推进变电站监控职责由调控专业移交至运检专业；开展无人机巡检管控平台开发，实现无人机巡检全业务线上流转、缺陷隐患智能识别，500kV输电线路建模全覆盖，220kV及以上线路无人机自主巡检全覆盖，成为国家电网公司6家无人机自主巡检示范单位之一。

严格执行配电网工程“四个一”工作要求，高标准打造53个样板工程，管理模式在国家电网公司做典型经验介绍；强化供电可靠性预算式管控，在国家能源局“获得电力”检查中，数据质量排名全国第二位；开展配网突出问题治理，电能质量投诉同比压降54.5%；持续推广不停电作业，完成东北地区首例高低压综合不停电更换配电环网箱作业。组建四级技术监督网络，将电气性能、电压谐波监督延伸至县公司及班组。研发应用“生产技改大修全过程管控系统”，实现项目实施关键环节线上管控；作为国网试点单位开展生产成本精益管理分析，深化“放管服”工作。

完成“十四五”电网规划校核，提出电网发展建议措施36项。65个县区年度方式编制步入正轨，在系统率先实现省、市、县三级电网方式全覆盖；主网停电计划全面实施“年统筹、月复核、周安排、日管控”工作机制，重点工程加速推进、设备隐患及时治理，服务清洁能源和经济发展能力进一步提升。

加强电网科学调度，进一步强化电煤分析以及地方、自备电厂运行管控，创造性实施核电延伸10天运行举措，供需形势逐步趋于平稳；全面梳理直调供热电厂送出线路故障对居民供热影响，组织各地市公司制定供暖供汽企业保电方案，做到“一厂一预案”“省地全覆盖”。

引导直调火电灵活性改造，提升调峰能力 1000 万 kW，为东北新能源高效消纳发挥了巨大作用；全面建成六大新能源富集地区稳控系统，提升新能源装机空间 230 万 kW，2021 年已直接多接纳新能源电量 5.3 亿 kWh，有效缓解电网建设过渡期网络约束问题。全年清洁能源发电量 779.27 亿 kWh，同比增长 19.26%，新能源利用率 97.5%。

全面建成辽宁多能源协调发电控制系统（简称 MEGC），实现风－光－水－火－核－储－热多能源实时协同控制和综合优化利用；打造辽宁大工业负荷智能调控系统，实现 129 万 kW 电熔镁负荷在省调端可观可测以及大范围连续可控，推动传统“源随荷动”向“源荷互动”调度模式转变。

党的建设和精神文明建设 党史学习教育。创新开展党委理论学习中心组“学研百日行”主题活动，各级党组织开展集体研学 2.06 万余次、专题宣讲 2298 人次、岗位实践 471 轮次。组织“永远跟党走·奋进新征程”文化展演、“青年讲党史”微党课竞赛，高质量开展庆祝建党 100 周年活动。开展“我为群众办实事”实践活动，实施“优质服务惠民生”等 6 个专项行动，解决了 108 个职工群众急难愁盼事项。党建工作质量持续提升。

开展全国国企党建会议精神贯彻落实情况“回头看”，实施“旗帜领航·提质登高”行动计划，纵深推进“基层党建创新拓展年”活动，深耕“党建＋”工程。开展由省公司班子成员带队、基层单位全覆盖的年度“大党建”考核，创新考评模式，强化结果应用，体现了考核的严肃性、权威性。

全面从严治党。强化政治监督，推动碳达峰、碳中和行动及疫情防控、安全生产、“靠企吃企”专项整治、电力保供等上级重大决策部署有效落实。配合国家电网党组巡视，开展巡视整改“百日攻坚”专项行动。实施“抓整改、建机制、促发展”自查自纠，完成对 4 家单位常规巡察。深化“三不”体制机制建设，腐败治理效能不断提升。

加强新闻宣传工作。2021 年，国网辽宁电力在中央媒体（不含网站）发稿 150 篇，同比增长 266%。其中《人民日报》10 篇，新华社通稿 101 篇，中央电视台 30 条次（新闻联播 3 条次），其他中央媒体发稿 9 篇；向省委主要领导报送专报 1 期；在辽宁日报、辽宁卫视发稿 171 篇，同比增长 179%；行业媒体发稿 1017 篇，同比增长 28.2%；新媒体发稿 8852 篇。

人才队伍工作深入推进优秀年轻领导人员梯次培养“123 工程”，加强对 75 后和 80 后“紧缺年龄段”领导人员的配备使用，年度提职三级领导人员 45 岁以下占比 60%，干部结构不断优化。构建“三类四层八级”专家人才体系，评选公司高级专家 35 人，选拔国家电网和省公司两级青年托举工程人选 107 人，调控中心崔岱当选国家电网公司生产技能类首席专家。

开展“辽电‘家文化’温暖行”“职工文化建设年”等系列活动，投入专项资金改善一线生产生活环境。丹东 220kV 变电站（原安东一次变）入选国家电网“百年电力”首批文化遗产名录。省公司党委荣获“辽宁省先进基层党组织”，彰武县公司（党委）荣获全国先进基层党组织、全国脱贫攻坚先进集体，超高压分公司荣获全国“五一”劳动奖状，抚顺供电公司刘传波荣获全国“五一”劳动奖章。

（王　宁　赵永华）

【国网吉林省电力有限公司】

企业概况 国网吉林省电力有限公司（简称国网吉林电力）是以经营、管理、建设电网为主营业务的国家大一型企业，是国家电网公司全资子公司，对所属企业和单位的国有资产承担保值增值责任，依法对省内及相关电网实施调度管理，承担着保障安全、经济、清洁、可持续的电力供应的使命。国网吉林电力供电营业面积 16.2 万 km^2，供电服务人口 2600 万人。

2021 年全年完成固定资产投资 66.2 亿元，同比增长 74%；售电量 675.85 亿 kWh，同比增长 5.41%，其中县公司售电量 224.1 亿 kWh，同比增长 8.68%；营业收入 437.63 亿元，同比增长 3.29%。实现利润总额－8.09 亿元，剔除跨周期调节因素影响，同比增加 3.65 亿元，增长 42.4%；资产总额 526.14 亿元；资产负债率 59.79%；线损率 7.16%；用工总量 31378 人；全口径劳动生产率 44.62 万元/（人·年）；当年电费回收率 100%；连续实现第 16 个安全年。

领导班子

董事长、党委书记：王志伟

董事、党委副书记：党晓峰

职工董事、副总经理、党委委员、工会主席：周艾辉

副总经理、党委委员：李国辉、孙文胜、李大勇

总工程师：杨军

总会计师、党委委员：周成城

党委委员、纪委书记：宫庆申

组织机构 本部设置职能部门 22 个，省公司层面业务支撑实施机构及直属单位 15 家，合资公司 3 家，地市供电公司 9 家，县公司 49 家。

电网概况 吉林电网位于东北电网的中部，北连黑龙江电网，南接辽宁电网，西临内蒙古东部电网，在满足全省电力供应的同时，还是东北电网北电南送的重要通道。截至 2021 年底，吉林省电网共有 500kV 变电站 17 座，变电容量 2786 万 kVA，线路总长度

5584km；220kV 变电站 100 座，变电容量 2712 万 kVA，线路总长度 13427km。66kV 变电站 931 座，变电容量 2624.446 万 kVA，输电线路 20347.202km。经过多年建设，吉林省 500kV 电网已形成以合心、包家、东丰、梨树为支撑的两横两纵“井”字形电网结构，“北电南送、东西互济”的能力得到大幅提高；各地区 220kV 电网以 500kV 变电站为依托形成环网结构，长春、吉林、延边已经形成城市双环网。电力交换能力和资源优化配置能力显著提高，电网供电能力和运行可靠性明显增强。

吉林省电源分布特点是水电主要分布在东部，西部以风电为主，火电以城市热电联产机组为主。吉林省新电源建设快速发展，新能源装机容量突破 1000 万 kW。2021 年末全省发电总装机容量 3485.33 万 kW（见图 1），其中：火电 1855.40 万 kW，占 53.23%；水电装机 619.39 万 kW，占 17.77%；风电 664.65 万 kW，占 19.07%；太阳能 345.88 万 kW 占 9.92%。

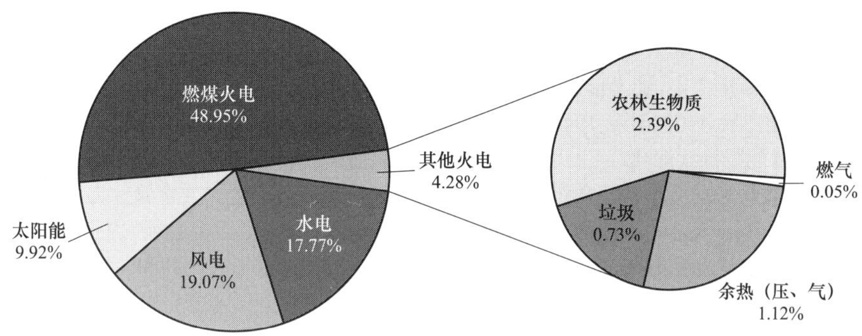

图 1　各类型装机构成情况图

电网建设与发展　统筹吉林振兴发展和经济社会用电需求，扎实推进各级电网建设，当好能源清洁低碳转型的推动者、先行者、引领者。承接国家电网公司碳达峰碳中和行动方案，实施“11239”行动路径，印发推动抽水蓄能开发建设实施意见。陆上风光三峡”项目开工，新能源装机突破 1000 万 kW，利用率达 97.5%。积极承担新型电力系统建设任务，国家发展改革委同意将“吉电南送”纳入国家电力规划研究范围。扎实推进国家电网公司与省政府、一汽集团签署的“两个协议”，与长春市政府共同出资的电网提升百亿工程正式开工。

服务“陆上风光三峡”新能源建设，组织编制完成吉林省风、光资源评估报告，并通过中国可再生能源学会评审，吉林省风光可装机容量约为 1.15 亿 kW。有序引导新能源发展，配合吉林省能源局完成“十四五”能源规划和新能源规划。优化完善网架结构，全面推动 500kV 龙凤、甜水、向阳等新扩建输变电工程建设，大幅提升白城、松原、四平地区新能源汇集和送出能力。加快送出工程建设，促请政府建立定期协调机制，对项目建设审批开辟“绿色通道”，大幅缩短立项时间。成立新能源送出工程推进专班，制定新能源并网进度表，动态跟踪 55 个新能源项目工程建设进度，及时协调解决 14 项送出工程建设受阻问题。全年 29 项新能源配套送出工程全面开工建设，13 项送出工程竣工具备送电条件，满足新能源项目并网需要。主动服务新能源并网，简化服务流程，推行“一站式”在线办理接网业务，办理周期由 90 天缩短至 60 天。加大新能源项目集中投运沟通协调力度，争取最大投运“窗口期”，超常规开展方案编制、并网验收等工作，累计完成 28 个电源项目并网验收。跟进整县分布式光伏试点情况，与地方政府共同制定符合电网实际、切实可行的发展策略和建设方案，规范引导整县分布式光伏并网运行。

至 2021 年底，吉林省在运抽水蓄能电站 2 座，总装机容量 135 万 kW，分别为白山抽水蓄能电站（2×15 万 kW）和敦化抽水蓄能电站一、二、三期（3×35 万 kW）。在建抽水蓄能电站 2 座，总装机容量 155 万 kW，分别为敦化抽水蓄能电站四期（1×35 万 kW），计划 2022 年 2 月第四台机投产；蛟河抽水蓄能电站（4×30 万 kW），2018 年 10 月取得核准，2019 年 1 月举行了开工仪式，计划 2026 年 6 月全部投产。

重点项目加速推进，500kV 平包东工程全线贯通，龙嘉、向阳扩建工程按期投运，珲春老爷岭边防供电项目投产。跟进鲁固直流吉西外送项目，13 项工程竣工，8 项工程投运。乾安 10 万 kW 风电项目如期投产。500kV 茂胜变电站获评国家电网公司优质工程金奖。实施助力乡村振兴 18 项重点任务，投入农网改造资金 9.8 亿元，同比增加 2.5 倍。推进边防哨所电采暖节能改造，驻吉边防部队赠送锦旗表示感谢。

2021 年累计建运 217 个充电桩，完成充电量 135 万 kWh，沿京哈、珲乌高速服务区在建 24 个充电桩。建成 40 座换电站，服务中国一汽换电车辆换电需求，自 11 月投运以来，累计完成换电 480 万 kWh。旗 E 春城项目目前推广 1300 台车，完成 13.6 万次换电。

人力资源 优化组织模式推动战略落地。提前一个月完成公主岭电力划转，人员平稳过渡、业务有序衔接。成立 3 家合资公司、纪委派出纪检工作组，设立旗帜领航卓越组织力研究中心，规范 92 个非常设机构，夯实业务开展组织保障。

深化三改体系推动内部革新。完成 2022 年毕业生校园招聘和第一批统一招聘考试，共计拟录用 405 人；因员工过错开除 38 人，同比增加 17 人，能进能出常态开展。盘活用工存量 7883 人次，补充支撑直属单位缺员 32 人；因绩劣降岗待岗 7 人，能上能下稳步推进。实施项目收益分红，电科院 11 人创效 194.68 万元、兑现 35.32 万元，能增能减持续深化。

注重通道建设推动职工发展。聘任各级职员 685 人，其中四、五级职员 196 人，达到四级领导人数的 16.6%。选拔 50 名新入企毕业生开展“星火”工程，夯实职业发展根基。聘任 8 家县公司 24 名职业经理人，典型经验入选国家电网公司督察通报。加强委派人员考核使用，两批 472 人中职务晋升 75 人、岗位重用 78 人。发布吉电专家人才微讲堂 46 期，人才示范引领作用和受众专业知识得到双提升，1 名职工当选吉林省长白山青年拔尖人才，1 名职工当选中电联百名“电力工匠”。选派 10 名青年干部赴国网山东电力锻炼、9 名业务骨干赴西部省公司帮扶，荣获国家电网公司东西人才帮扶工作先进单位荣誉称号。

量化考核激励推动公司发展。建立完善“全员、全业务、全过程”业绩考核机制，推行经理层人员任期制和契约化管理，推进内部模拟市场考核、管理人员委派制、职业经理人制、职员职级评聘全覆盖。实施业绩考核全过程管控，累计奖励 209 项、6765 人次，金额 432 万元，问责 134 项、2237 人次，扣罚 134 万元，考核风向标作用有效彰显。在 22 家供电中心、30 家生产单位、44 家县公司全面推广内部模拟市场考核，全方位促进指标提升。开展大供企业外部对标和市场化单位异业对标，保持管理压力功效。

经营管理 内部挖潜卓有成效。打造提质增效“升级版”，推进 103 项重点任务。电费回收实现 100%。电能替代 37.92 亿 kWh。外送电量 118 亿 kWh，增收 2.9 亿元。深化收付款“省级集中”和现金流“按日排程”，累计创效 2.59 亿元。清理长期挂账工程 8.33 亿元。营销稽查及反窃查违增效 1.22 亿元。深化各类审计增收节支 7960 万元。19 个县级单位、48 个供电所入选同期线损“百强县、百强所”。所有单位实现全流程应用 ECP2.0 平台采购。物资智慧供应链平台通过国家电网公司验收。本部实行无纸化会议和办公。政策创效多点突破。获得东北电网网损补偿 2.68 亿元。优化电力设施迁改补偿措施增效 2.45 亿元。增值税预征率下调节约资金 2.48 亿元，返还增值税 5763 万元。电能表状态评价与失准更换节约 6300 万元。争取稳岗补贴 1952 万元。制定专项激励办法，地方政策创效 1270 万元。新到位“机井通电”地方补贴 1305 万元。产业升级提速加力。国家电网公司在吉金融单位实现集中办公，政府挂牌授予“吉林省服务中小微企业示范中心”。综能服务营收 7.44 亿元。基础资源共享运营合同额达 3.12 亿元。电动汽车业务营收 1843 万元。省管产业客户设备智慧管理服务合同额达 2 亿元。送变电公司中标合同额超过 20 亿元。新能源集团实现利润 6686 万元。

安全生产 坚持防微杜渐，确保了安全生产的平稳态势。坚持不懈夯基础、强管理、除隐患，多措并举确保全领域安全。安全管控力度加大。召开 5 次安委会会议，提出“四个必须”“四个加强”安全总要求。严格执行新《中华人民共和国安全生产法》，完善安全警示约谈制度，压实安全主体责任。省市县三级 55 个安全管控中心挂牌运行，作业风险督查实现全覆盖。专项整治深化细化。坚持“项目化”推进，综合整改率 90%，提前完成年度任务。投入 11.9 亿元，改造老旧设备 2300 余项。现场及远程督导三级以上风险作业 1000 余次，查纠各类违章 2168 项。拦截网络攻击 44 万余次，在公安部“护网 2021”等实战攻防演习中实现零失分。省委网信办组织 35 家单位现场观摩演练。“消防安全 1+119”管理体系全面建成。928 处森林火灾风险全部整治。电网运行始终平稳。应对“双高”“双峰”特性，完成系统保护二期建设，持续巩固“三道防线”。推进“设备主人制”管理模式。顺利移交变电设备监控职责。完成国家领导人调研、全国“两会”、建党百年等重大保电任务。各类风险可控在控。突出加强新兴产业安全管理，进一步规范管控流程体系。慎终如始抓好常态化疫情防控，疫苗接种率 97.69%。信访总量连续 5 年呈下降趋势。保密工作获省保密局“优秀”评价。交通、消防、舆情、安保、食品及公共卫生等各项安全工作均保持平稳态势，实现了连续第 16 个安全年。

营销工作与优质服务 营商环境不断优化。推行“三零”“三省”服务，节约客户办电成本 4.47 亿元。出台“窗口无否决”服务十项承诺；在“吉事办”开通电力专区，实现新装增容等 16 项业务 24h“线上办”。“电 e 金服”累计帮助 3800 家企业获得 102 亿元普惠金融服务。主动配合中央环保督察、国务院大督查、“获得电力”综合监管、审计署专项审计，有力保障公司政治安全、形象安全。

实施助力乡村振兴 18 项重点任务，投入农网改造资金 9.8 亿元，同比增加 2.5 倍。摸底 44 家县域农网状况，精准定位问题短板。持续优化营商环境。全省范围内实现城市地区160kW及以下、农村地区100kW及以下小微企业和居民客户用电“三零”服务，大中型企业用电报装“三省”服务全覆盖。低压小微企业客户全过程办电时间压减至15个工作日以内。推动政企信息共享，贯通吉林省工程建设项目审批管理系统，超前对接客户用电需求。在线获取证照信息，办电服务入驻“吉事办”平台。实行“窗口无否决”服务。开展“三指定”专项治理和清理规范收费行为活动。完成130所学校电供暖、157座燃煤锅炉改造，新增电采暖面积470万m^2，累计达到3950万m^2。在边疆省份中第一个实现全部边防哨所煤改电，得到北方战区高度评价。

践行初心使命，守住了电力供应的红线底线。全面落实国家电网公司党组各项保供部署，紧紧依靠政府，勇于担当、敢于斗争，千方百计保障电力安全可靠供应。电力保供取得阶段胜利。及时促成组建省保供专班，坚持发供用三侧发力，开发应用有序用电执行监测系统，快速有效遏制紧张局面，得到省委省政府充分肯定，专项奖励300万元；国务院督查组给予“电网公司反应最快、全社会影响最小”的高度评价。极端天气应对稳妥高效。树立“不停电就是最好的服务”理念，早预判、早部署、早行动，适时调整预警等级，取消计划停电作业，抢修队伍前置待命，成功应对多轮降雪降温天气。迎峰度夏度冬平稳有序。全力应对嫩江、月亮泡、温德河水位持续超警、超汛限，电网设备安全度汛。组织491名干部员工奋战12个昼夜，完成驰援河南任务。应对冬季高峰考验，针对性解决调峰难题，全力保障集中供热、换热站、电采暖等用户可靠供电。

科技与信息化 2021年全面完成国家电网公司“科技创新贡献”关键业绩指标、专业考核指标和安全考核指标。第二轮巡视科技管理零问题。研发费计划完成率100%；46个项目验收计划完成率100%。申请专利249项，获得授权204项，创历史新高；制定和修订国家电网公司企业标准15项；220kV及以上电网建设项目环评率100%。

创新体系逐步优化。独立设置科技部；开展层级化调研，摸清管理队伍现状；对内深化联动，对外加强交流，建成“揭榜挂帅”＋省管＋基层单位创新的三级项目管理机制。创新基础不断夯实。首批9支攻关团队实现“攻克一批技术难题、培养一批专家人才、取得一批高质量原创成果、获得一批高等级奖项”既定目标。策划第二批10个“揭榜挂帅”项目。内生动力日益增强。科技成果转化收益218万元；电科院试点实行项目收益分红35万元；各单位自行实施专利技术实现节支收益1711万元。博士工作站建设稳步推进。科技成果成效初显。时隔6年，再次牵头获得中国电力科学技术奖二等奖1项，省级科技奖13项，国家电网公司科技奖2项。技术标准实施评价省、市、县、班组四级联动经验入选国家电网公司专刊。

扎实推进国网云、数据中台、物联管理平台建设，数字基础支撑能力不断提升。建立科技型企业收益分红机制。“税电指数”纳入全省经济运行分析系统。“省级能源大数据智慧中心建设”入选全国创新案例。国网吉林电力入选国家电网公司卓越绩效管理深化应用省级试点单位，2项成果纳入国家电网公司优秀案例。首批“揭榜挂帅”项目申请发明专利18项。源网荷储科技项目通过中国能源研究会评审。“高比例新能源电力系统与大型城市供热网协同调控关键技术及应用”项目荣获中国电力科学技术奖二等奖。6个QC小组获评“全国优秀质量管理小组”，3项成果获全国电力行业特等奖，3项成果获国际质量管理赛事金奖。

党的建设和精神文明建设 发挥党建优势，凝聚了干事创业的磅礴力量。始终把坚持党的领导、加强党的建设摆在突出位置，以高质量党建引领高质量发展。党的政治建设持续强化。坚持“第一议题”及时学、理论中心组深入学、“三会一课”全面学，深入学习“七一”重要讲话、党的十九届六中全会精神，坚持把“两个维护”“两个确立”作为最高政治原则和根本政治规矩。党史学习教育成果丰硕。细化党史学习教育“1512”体系，开展重走抗联路、档案献礼展览等系列活动，庆祝建党百年氛围浓厚；扎实推进“我为群众办实事”95个重点项目，向社会发布工作成果白皮书；中央巡回指导组给予高度评价。党建工作质量成色更足。落实国家电网公司董事长辛保安对国网吉林电力党校回信和在“老变”留言要求，全面完成基层创新拓展年工作任务，开展国企党建工作“回头看”，持续建强“党委—党支部—共产党员服务队”战斗矩阵。“老变精神”传承人群体获评国家电网公司楷模。青创赛获奖总量及一等奖数量均列国家电网公司系统第一名。全面从严治党纵深推进。完成国家电网公司党组巡视配合工作，整改率94%。地市供电公司均与属地纪委监委签署协作配合意见。加强对“一把手”和领导班子监督，专项整治“靠企吃企”等典型问题，对17家单位开展常规、提级、交叉、“机动式”巡察，查处了一批违纪问题，进一步端正了风气。干部队伍建设不断加强。落实国家电网公司干部人才工作会议精神，推进“1217”人才队伍建设，选派优秀年轻干部赴山东锻炼、赴西部帮扶；组建“旗帜领航卓越组织力研究中心”，实施“星火”青年人才培养工程。加大关心关爱力度，完善福利保障体系，实施“五小”供电所提升工程。诉求服务经验连续4年在央视播出。在主流媒体发稿2600余篇，工作亮点9次入编新华社内参。4名职工、1个集体、3个班组获评全国、吉林省五一劳动奖状、奖章、工人先锋号。1名职工当选长白山青年拔尖人才。1名职工获评“十佳服务之星”称号，“吉林好人”数量位居驻吉央企第一。4名职工、3个集体和2个班组在国家电网公司“两会”上受到表彰。

主要事件

1月22日，国网吉林电力第七届职工代表大会第一次会议暨2021年工作会议预备会以视频会议形式召开。323名职工代表分别在主会场和各分会场参会。副总经理、工会主席周艾辉主持会议。

2月25日，国网吉林电力举行公主岭市供电公司、公主岭市供电中心划转协议签约仪式。总经理、党委副书记王志伟主持仪式，副总经理、党委委员孙文胜介绍划转工作情况。长春、四平供电公司负责人签署划转协议。

4月20日，国网吉林电力召开党委会（扩大）传达学习贯彻国家电网公司2021年第二季度工作会议暨“一体四翼”发展工作会议、干部人才工作会议精神。

6月2日，国家电网有限公司董事长、党组书记辛保安一行在长春与吉林省委书记景俊海，省委副书记、省长韩俊举行会谈。双方表示，要深入学习贯彻习近平总书记重要讲话和指示精神，立足新发展阶段，贯彻新发展理念，构建新发展格局，推动国家电网公司建设具有中国特色国际领先的能源互联网企业，助力新时代吉林全面振兴、全方位振兴。

6月2～3日，国家电网公司董事长、党组书记辛保安一行赴国网吉林省电力有限公司调研，深入生产一线，了解基层情况，看望干部员工。

7月21日，国网吉林电力召开学习贯彻习近平总书记“七一”重要讲话精神加快推动新型电力系统建设暨2021年年中工作会议。董事长、党委书记董天仁出席会议并讲话。

7月22日，国家电网公司党组第二巡视组巡视国网吉林省电力有限公司党委工作动员会召开。

8月24日下午，国网吉林电力召开支援河南抗洪抢险供电保障总结表彰暨做好电力保障工作电视电话会议。

9月27日，省委副书记、省长韩俊到国网吉林电力调研电力稳供工作并主持召开座谈会，董事长、党委书记董天仁参加调研并汇报相关情况。

9月29～30日，国家电网公司总经理、党组副书记张智刚一行赴松原参加查干湖绿色发展论坛。张智刚先后前往国网吉林松原供电公司电力调控中心和张扬劳模（职工）创新工作室、吉林电力调控中心。

10月20日，国网吉林电力召开今冬明春电力供应保障暨第四季度工作会议，总结三季度工作，部署四季度任务。董事长、党委书记董天仁出席会议并讲话。

11月8日，吉林省委常委、常务副省长吴靖平在公司召开专题会议，调研全省电力保供工作情况。省政府副秘书长赵海峰出席会议。国网吉林电力董事长、党委书记董天仁出席会议并作专题汇报。

11月12日，吉林省委副书记、省长韩俊在参加党的十九届六中全会后，第一时间、第一站率队到国网吉林电力就强雨雪、寒潮及大风天气应对工作调研，看望慰问冲在一线、奋勇抗灾的干部群众，对公司工作给予充分肯定、高度评价。

11月17日，国网吉林电力召开干部任免宣布大会。国家电网公司党组组织部主任张俊利宣布国家电网公司党组任免决定：根据工作需要，并征得中共吉林省委同意，决定王志伟任国网吉林省电力有限公司董事长、党委书记；免去董天仁国网吉林省电力有限公司董事长、党委书记职务，另有任用。

12月17日，国网吉林电力董事长、党委书记王志伟会见长春市委副书记、市长王子联。双方就推动电网高质量发展、促进清洁能源产业发展、加快绿能充换电服务网络建设，加快地方经济发展等内容进行了深入交流，表示将进一步加强政企沟通合作，共同推进电力事业和经济社会发展。期间，王子联一行在电力调度控制中心，听取了电网运行和今冬明春保供电情况汇报。

（李青春）

【国网黑龙江省电力有限公司】

企业概况 国网黑龙江省电力有限公司（简称国网黑龙江电力）是国家电网有限公司全资子公司、特大型国有骨干企业，承担着建设、运行维护黑龙江电网和全供电区安全可靠供电的任务。国网黑龙江电力供电面积47万km^2，占东北供电区域总面积的58.3%，服务各类客户1810万户，供电人口3185万。直接管理单位33个，其中地（市）级供电企业18个，合资公司4个，全口径用工5.5万人。2021年售电量完成828亿kWh，同比增长8.17%；资产总额671.7亿元，资产负债率71.9%。

领导班子

董事长、党委书记：李永莱

董事、总经理、党委副书记：朱薪志

董事、党委副书记、副总经理：吴德义

副总经理、党委委员：李运灵（2021年8月离任）

职工董事、副总经理、党委委员、工会主席：许传辉

副总经理、党委委员：李长林

党委委员、纪委书记：王韬（2021 年 11 月任）

党委委员、纪委书记：陈晓东（2021 年 11 月离任）

总会计师、党委委员：陈国平（2021 年 6 月任党委委员）

副总经理、党委委员：陈殿军（2021 年 6 月任现职，原职务为总工程师）

副总经理、党委委员：梁岩（2021 年 8 月任副总经理，2021 年 12 月任党委委员）

副总经理、党委委员：吴凤春（2021 年 8 月任）

总工程师：乔君（2021 年 12 月任）

组织机构 本部设置职能部门 22 个，直接管理单位 33 个，其中地（市）级供电企业 13 个。

电网概况 黑龙江电网地处东北电网的最北部，以 500kV 电网为主网架，南部与吉林电网相连，西部与蒙东电网相连，北部与俄罗斯电网互联。电源集中在东部电网，负荷集中在中、西部电网，省内潮流呈东电西送格局。

截至 2021 年末，黑龙江省电网共有 500kV 厂站 23 座（含 500kV 七台河厂、鹤岗 B 厂、双 B 厂、宝清厂、荒沟），主变压器 30 组，运行容量为 23790MVA。220kV 变电站 152 座（未包括 49 个铁路牵引变电站、北钢三总降变电站、建龙变电站、轧钢变电站、宁钢变电站、米都变电站），主变压器共 250 台，运行容量为 32978MVA。共有 500kV 线路 52 条（省调调度 4 条），线路总长度为 6248.28km（省调调度 310.1km）；220kV 线路 476 条，线路总长度为 14889.61km。

截至 2021 年末，黑龙江省网调度口径运行管理电厂 457 座，总装机容量为 39547.15MW。其中火电厂 217 座，装机容量为 25310.77MW，占比 64%；水电厂 87 座，装机容量为 1693.1MW，占比 4.28%；风电场 99 座，装机容量为 8345.8MW，占比 21.1% ；光伏电站 54 座，装机容量为 4197.52MW，占比 10.61%。

人力资源 全口径用工 53262 人，同比净减 1963 人；职工劳动生产率 30.67 万元/（人 • 年），同比提高 10%；人才当量密度 0.9916，同比提高 1.89 个百分点；教育培训投入 1 亿元，全员培训率 96.5%。

实施供电营业区优化调整，坚持“三个有利于”的工作方向，以保障安全生产、优质服务、队伍稳定为前提，因地制宜、一企一策，完成 9 个县公司管理关系划转，进一步理顺地市公司与地方政府供电服务关系。提升省管产业规范管理。建立与企业规模相匹配、与企业效益相联动的内设机构设置标准，指导省管产业单位规范组织机构管理，促进省管产业单位提升市场竞争力。协调开展主办单位、产业公司、省公司三级审核，有序推进农电企业所属产业单位人员纳入统一管控。

2021 年招聘计划完成 470 人，较 2020 年增长 9.3%。实施劳动合同电子化，全年完成电子合同签订 34233 人，人数居国家电网公司 22 家试点单位第一。以管理、技术和重要技能（班组长、供电所长）岗位为主开展岗位聘任制，全年累计开展岗位聘任 8456 人。持续开展不在岗人员清理，清退人员 151 人。

2021 年度企业负责人业绩考核为国家电网公司 B 级。加大各单位工资总额分配与考核结果的挂钩力度，与考核结果挂钩兑现的工资占比由 2020 年的 10.5%提升至 14.9%，有效引导激励企业员工主动提效益、争贡献。全面强化绩效考核结果应用，细化九大类 30 项绩效结果应用要求，向高绩效员工倾斜，激发企业内生动力，实现企业与员工共赢发展。补齐农电企业薪酬绩效管理短板，平稳完成农电企业岗位绩效工资制度套改，全员绩效管理系统在农电企业上线运行。

优化公司各级各类人才体系，选拔省公司级以上人才 29 人，肖景瑞被评选为国家电网公司首席专家；6 人分别荣获“龙江大工匠”“龙江首席技师”“龙江技术能手”称号。

电网建设与发展 2021 年，完成电网基建投资 13.72 亿元，35kV 及以上工程开工 65 项、投产 50 项，35kV 及以上线路开工 338.87km，变电容量 143.95 万 kVA；35kV 及以上线路投产 164.51 km，变电容量 59.05 万 kVA。未发生基建安全质量事故（事件），保持基建安全稳定局面。

克服台风灾害及林区作业严峻考验，按期完成荒沟抽水蓄能电站 500kV 送出工程送电任务。牡佳客专 6 项外部供电工程按期投产，佳鹤铁路供电工程提前 5 个月具备投产条件。35kV 及以上农村电网巩固提升工程新开工 31 项，投产 19 项。黑河安北—克山线路工程（一标段）荣获国家电网公司工程建设安全管理最佳实践示范工地称号。大庆林源—龙油 110kV 线路工程获国家电网公司输变电优质工程银奖。

经营管理 推动电价市场化改革。稳妥落实燃煤发电上网电价市场化改革；有序实施电网企业市场化代理购电机制；完善峰谷分时电价政策，建立尖峰电价机制。落实国资委专项治理任务。组织完成 67 家县公司和五大农垦公司“子改分”工作，全面消除亏损农电子企业，全面完成“两金”压降工作任务。纵深开展提质增效专项行动。分别“增效+提质”两个任务清单要效益，督进度，促提升；深化省、市、县三级内部模拟市场建设；狠抓量、价、费、损关键业务指标，“四翼”发展成效突出。

持续清理长期挂账工程，盘活利用存量资产；深化产融协同，完成应收账款保理业务 8 亿元授信、2 亿元融资；抓住“子改分”工作契机，实施县公司资金运作 21 亿元，精准确定融资规模，提前偿还高息贷款 2 亿元，实现带息负债比年初压降 43 亿元，利息支出比年初压降 0.54 亿元；电费“省级集中”全面实施，直收比例达 98%以上。常态化运行风险防控及内部监督机制，落实内外部检查问题整改，整改率实现 100%。落实农电上划财政贴息资金 5.77 亿元，龙煤集团“三供一业”供电设施改造中央财政资金指标落实 26.8 亿元。

安全生产 完成春秋检、技改大修等工作，累计完成电网技术改造项目 897 项、设备大修项目 642 项。建成星级输电线路 370 回，全省成立 15 座集控站，变电站监控职责由调控中心移交至变电专业集控站。全国首创将无人机应用于集控站巡检工作。2021 年，未发生电网稳定破坏、电网瓦解、大面积停电及重大设备损坏事故；未发生误操作事故；发电企业没有发生重大及以上发电事故。截至 12 月 31 日，城市供电可靠率完成 99.939%，农村供电可靠率完成 99.801%。

构建了以“五个全员”为核心的安全文化体系，滚动修订全员安全责任清单，发布领导班子成员“两个清单”，建立“一级管一级”的清单管理模式。组织开展《中华人民共和国安全生产法》《中华人民共和国刑法修正案（十一）》《安全事故调查规程》等一系列新规宣贯培训和警示教育学习，覆盖 38.1 万人次。完成 2 次全员安规考试，常态开展各级安全大讲堂 1.8 万场，覆盖 16 万人次，进一步提升全员安全意识。推动安全生产专项整治三年行动问题隐患整改攻坚，“二下二上”阶段共整治各类问题隐患 1393 项，总体问题隐患整改率 91.11%。围绕“四个管住”要求，制定印发《“四个管住”要求落地实施细则》等 16 项管控标准，进一步规范安全监督管理工作。细化制定《作业现场着装标准化管理实施细则》《作业现场安全督查要点标准手册》，全面推进作业现场标准化建设。坚持周安全风险管控工作督查和作业风险公示机制，召开三级安全风险管控督查周会 682 次，有效管控三级及以上作业风险 1879 项。利用“远程+现场”方式，督查作业现场 2.5 万个，查纠违章 1377 起，现场安全管控形势持续改善。坚持安全生产重奖重罚，全年共奖励 11.5 万人次、5814.9 万元，共处罚 1487 人次 162.2 万元。

贯彻落实国家电网公司驰援河南供电抢修决策部署，抽调精干抢修人员 402 人，投入发电车 2 台、抢修车辆 43 台、试验仪器 116 台、照明灯 300 余盏、抢修辅材千余件，星夜兼程奔赴河南开展应急抢修供电保障工作，经过 140h 左右连续奋战，完成 13 个小区、13 条配电线路供电抢修任务，为 17161 户约 7 万居民恢复供电，安全有序完成各项抢修任务。强化气象监测预警，及时发布气象预警 2695 次。安全有序快速处置“11·8”雨雪冰冻灾害，连续奋战 56h，恢复 96.64 万用户供电；超前谋划、准备充分，安全平稳应对“11·21”暴雪大风灾害，实现主网零故障。两轮科学处置均得到国家电网公司党委和省委省政府的高度认可。修订“1+29”应急预案，完善 25 个单一电源供电的县级公司大面积停电应急预案。开展应急指挥中心联动操练 19 场，大面积停电、防汛、消防等应急演练 544 场、参演人员 1.09 万人次。完成春节、全国两会、庆祝建党 100 周年、十九届六中全会、十四运会等重要活动电力安全保障工作。

营销工作 2021 年，售电量 827.55 亿 kWh，同比增长 8.17%；全年完成电能替代 23.4 亿 kWh，其中新增替代电量 15.32 亿 kWh，存量替代电量 8.08 亿 kWh，完成年度目标的 101.73%；售电平均单价完成 561.04 元/MWh，同比上升 14.47 元/MWh；电费回收率 99.96%；业扩容量净增 869.36 万 kVA，同比增长 34.44%，增速同比增加 4.72 个百分点；新装增容申请容量 1809.85 万 kVA，同比减少 24.12%；供电服务“十项承诺”兑现率 100%，95598 投诉 720 件，同比下降 85.81%；未发生造成重大社会影响的供电服务事件。

凝聚政企合力，确保电力有序供应。应对电力供应丰缺急转严峻形势，连续召开紧急电视电话会议，部署保安全、保供电、保民生系列措施。贯彻“三个绝不”“六个确保”“十到位、十不准”要求，坚持“有保有限”，坚决守住大电网安全生命线和民生用电底线。累计精准执行有序用电 31 次，错避峰负荷 3489 万千瓦，保持了经济社会平稳运行，保障了生产生活秩序。配合省发展改革委滚动修订有序用电方案、企业轮流生产方案，联合组织极端天气模拟演练，提高应急响应能力。配合政府部门重新认定 505 户年度重要客户，扎实开展高危及重要客户安全隐患排查 2331 次。落实各级责任，细化一户一案措施，全年重要活动和重要节日客户侧保电万无一失。保障了全省 2684 个疫情防控重点用户的安全可靠用电。

把握改革要求，迅速落实代理购电硬任务。出台燃煤发电上网电价市场化改革和电网企业代理购电工作方案。通过风（光）火 1:4 捆绑挂牌采购，保持代理购电价格基本平稳，减轻了传导至用户的涨价压力。印发《代理购电工作答疑手册》，克服疫情影响组织入户宣传 24 万户次，印发宣传单 60 万份，线上渠道全覆盖告知 170 万户工商业用户，对 9.84 万户高压用户逐户签订代理购售电合同。严格按照政策要求完成公告发布、合同签订、挂牌交易组织、电量采购、价格测算、信息公开等工作。截至 2021 年底，代理工商业用户 169.58 万户。

坚持创新驱动，持续加速数字化转型赋能。完成龙煤集团“三供一业”移交区域 56 万只智能电能表更换。完成 1819 万用户抄核业务的省级集约，自动核算发行比例 96.10%。深化“网上国网”建设运营，推进跨渠道融合，注册用户突破 470 万，注册率 26.22%。

推广“网上国网”PC版，方便客户“扫码缴费”“刷脸办电”。推进全省充电设施公共服务平台建设运营和数据接入，构建智慧车联网平台，累计注册用户12.6万，接入充电桩5249个。完成省级智慧能源服务平台上线验收审查，印发平台运营实施方案，不断深化功能应用，助力能源消费侧“碳达峰、碳中和”。

科技与数字化建设 全年共申请专利358项（发明专利267项），获得专利授权186项（发明专利58项）；获得省部级科技奖21项；发表科技论文197篇，获得软件著作权19项。牵头承担2项国家电网公司企业标准的制修订任务和1项国家电网公司企标的英文翻译工作任务，完成技术标准体系表的滚动修编，开展技术标准实施评价。大力宣传技术成熟度高具有推广价值的成果，共完成科技成果转化816.72万元。完成国网黑龙江电力科技项目验收52项。牵头申报的1个项目列入2022年国家电网公司总部管理项目。命名3个省公司实验室、成立国网大兴安岭供电公司双创中心。与哈尔滨工业大学开展校企融通共建工作，签署双方战略实施协议，共同申报国家能源新型电力系统与先进储能技术重点实验室。

建设全场景网络安全态势感知平台和统一密码服务平台。打造“网格化”纵深网络防御体系，全年溯源分析及处置攻击150余次，封堵高危IP地址12985个，挖掘内外网漏洞671项，上报国家电网公司首发漏洞审核通过率同比增加300%。完成2021年度网络攻防演习，4篇防守成果报告获公安部采纳。推进自动化运维全覆盖。打造绿色节能机房，节电降耗8%。2项成果分获国家电网公司信息运维优秀创新管理奖和技术奖。建立大数据监测协同闭环管理体系，异动问题数量同比下降90%，间接贡献经济效益3276万元。建成黑龙江省能源大数据中心。开展电力看经济、电力看环保等大数据应用研究30余项，人口流动分析助力疫情防控产品在9个省份推广应用。

完成“十四五”数字化规划，东北区域名列第二。建立数字化建设统筹机制。公司核心业务系统实现100%上云。建设企业数字化能力开放平台，汇聚开放1251项数字化成果。推广应用“网上电网”、新能源云等12个系统。完成电网资源业务中台存量数据治理迁移和同源维护改造。物联平台新增接入信息设备感知终端2.48万个。完成65座地面基准站建设。建成公司级人工智能“两库一平台”。“数字员工”在基层供电所广泛应用。建成国家电网公司首家、黑龙江省唯一具有专业区块链测评技术服务能力的区块链实验室。拓展基础资源商业化运营、信息通信技术服务、数据增值服务等新业务，商务拓展业务全年营收1.96亿元。自主研发疫情防控小程序，大幅降低疫情防控工作量。

优质服务 持续抓好电力营商环境建设。促请省发展改革委等五个部门联合出台《关于优化营商环境用电报装便利化有关工作意见的函》，明确高、低压接入工程审批时间，对具备条件的低压小微企业执行免审批或备案制管理，压缩高压接电时间取得进展性突破。“三省”“三零”服务为2.9万用户节省办电支出2.14亿元。优化营商环境、推行“阳光业扩”服务的做法入选省优化营商环境十大典型案例。

强化供电服务能力建设。常态开展供电服务舆情监测，有效监测每日重要用户、民生保障用户、煤改电及居民用户停电数量，重点关注省会城市哈尔滨公司同一停电事件导致1000户以上客户集中停电事件，全面掌握停电原因，主动响应客户需求。完善舆情常态分析制度，依据《国家电网公司供电服务应急管理办法》，完成《国网黑龙江电力供电服务事件应急预案》2021第5次修订。

聚焦服务赋能专项行动。开展我为群众办实事，落地“学史力行·我为群众办实事—优质服务惠民生”专项行动，落实13项重要服务举措，制定卓越服务工程实施方案，确保36项重点任务扎实落地。修订印发《供电服务行为奖惩规定》，规范一线供电服务行为，开展年度供电服务评比评优，激励员工工作服务热情。

巩固脱贫攻坚成果助力乡村振兴。22支驻村工作队、76名乡村振兴工作人员，帮助脱贫户数932户，脱贫人口1857人。持续推进光伏扶贫，累计服务光伏扶贫电站10356个，支付电费及补贴4.7亿元。持续加大消费帮扶平台采购规模，累计采购消费帮扶产品263万元。完成鹤岗农田电排灌、齐齐哈尔清洁电采暖、七台河全电景区、双鸭山绿色交通出行、牡丹江全电民宿、绥化农田电排灌等6个乡村电气化示范项目。与中国农业大学开展乡村振兴战略合作，建立教授工作站，实施生德库村综合能源零碳示范项目。开展深化乡镇供电所“六个一”工程建设三年攻坚行动，供电所基础资料实现无纸化管理，供电所管理平台应用率96%，建设6个五星级、40个四星级供电所。国网黑龙江电力及7个集体、9人荣获全省脱贫攻坚先进表彰，企业负责人业绩考核在社会责任方面获第二档奖励。5家供电所分别入选国家电网最美、金牌、十佳供电所。

党的建设和精神文明建设 始终把政治建设摆在首位。坚决落实“第一议题”制度，持续开展习近平总书记“七一”重要讲话和十九届六中全会精神学习宣贯，各级党委理论学习中心组学习研讨1025次，有效发挥把方向、管大局、促落实作用。全面提升“三会一课”质效，实行学习资料月度推送制度，确保党的创新理论入脑入心。

聚焦7个方面学习内容，制定专项实施方案及40

项工作责任清单。开展“学史力行·我为群众办实事”43项实践活动，制定实施“优质服务惠民生”项目清单1484项，印发党史学习教育简报21期，典型经验做法在国家电网公司工作动态及党史学习教育简报刊发16次。

实施“旗帜领航·提质登高”行动计划，开展党建工作“六化”建设，打造“一五六七”党建工作体系，细化分解80项重点工作任务清单。开展年度党建绩效考核及党组织书记抓基层党建述职评议，强化问题整改，有效发挥考评“指挥棒”作用。深入开展全国国企党建会精神贯彻落实情况“回头看”，专题再学习、再领会习近平总书记关于国有企业改革发展和党的建设重要论述，143项自查问题全部整改。

创新实施党员“无违章、无投诉”专项考核，党员违章、投诉同比分别减少83%和98%。开展作业现场“党员亮身份”专项活动，持续深化党员责任区、示范岗建设，充分发挥广大党员先锋模范作用。持续抓实统战团青工作，开展“学党史、强信念、跟党走”党史学习教育，举办“青创赛”“青歌赛”，开展“两红两优”“号手岗队”表彰评选，充分激发青年职工干事创业热情。

充分发挥红色地缘优势，建成镜泊湖红色教育基地，入选国家电网公司“百年电力”首批文化遗产名录。以党内政治文化引领企业文化建设，荣获国家电网公司思想文化成果一、二、三等奖各1个。深入开展“大庆精神、电力传承”实践，制定实施“一四六八十”传承路径，真正从精神谱系中汲取奋进力量。加强精神文明建设，1人荣获全省道德模范，“电网雷锋进校园 共筑美丽中国梦”获评省优秀志愿服务项目，李庆长共产党员服务队队员获评省优秀志愿者。

主要事件

1月6日，国家电网公司党组第二巡视组向国网黑龙江省电力有限公司党委反馈巡视情况。李永莱主持会议，并就抓好巡视整改作表态发言。

1月13日，国网黑龙江电力召开2021年第三次党委会暨应对新冠肺炎疫情工作领导小组第十八次会议，李永莱对做好2021年春节期间疫情防控工作进行部署。

1月26日，国网黑龙江电力第五届职工代表大会第一次会议暨2021年工作会议在哈尔滨召开。

2月11日，农历大年三十，国家电网公司董事长、党组书记辛保安视频连线公司，检查春节保电和疫情防控工作，慰问坚守岗位的干部职工。

2月12日，大年初一，省委副书记、代省长胡昌升在省政府总值班室通过视频慰问全省各地市、有关中省直单位节日期间坚守岗位的干部员工。

2月22日，国网黑龙江电力开展“全员安全大讲堂”活动，董事长、党委书记李永莱带头讲“安全课”。

3月5日，第十三届全国人民代表大会第四次会议在人民大会堂开幕。全国人大代表、国网黑龙江电力董事长、党委书记李永莱参加会议。

3月11日，国家电网公司董事长、党组书记辛保安在国网黑龙江电力总部与黑龙江省委副书记、省长胡昌升举行会谈。黑龙江省委常委、常务副省长李海涛，国家电网公司副总经理、党组成员张智刚参加会谈。国网黑龙江电力董事长、党委书记李永莱参加会议。

4月8日，国网黑龙江电力首场学习贯彻党的十九届五中全会精神暨党史学习教育宣讲报告会在大兴安岭供电公司举行。董事长、党委书记李永莱作宣讲。

5月19～21日，以国家电网公司安监部主任刘润生为组长的“五查五严”风险隐患排查整治第十督查组到国网黑龙江电力开展督查。

6月17～18日，为庆祝中国共产党成立100周年，国网黑龙江电力在镜泊湖发电厂举行镜泊湖红色教育基地启用仪式，并举办《原动力》红色教育舞台剧首演。

7月7日，国网黑龙江电力党委理论学习中心组集体赴绥芬河开展党史学习教育主题党日活动。牡丹江市委书记杨廷双，牡丹江市委常委、秘书长徐利刃，牡丹江市委常委、绥芬河市委书记黄士伟，绥芬河市委副书记、市长王永平陪同参加活动。

7月22日，国网黑龙江电力先后召开支援河南防汛抢险保供电工作专题党委会、动员会，迅速部署支援河南供电抢险工作。

7月23日8:00，召开驰援河南供电抢险誓师大会，抢险队伍奔赴河南。

7月26～27日，国网黑龙江电力董事长、党委书记李永莱带队到公司驰援河南供电抢修一线，看望慰问抢修工作人员并现场指挥抢修工作。

7月28日20:52，国网黑龙江电力驰援河南供电抢险工作收官。

8月27日，国网黑龙江电力与中国农业大学信息与电气工程学院战略合作框架协议暨教授工作站合作协议签约仪式在中国农业大学举行。

9月15日，国网黑龙江电力董事长、党委书记李永莱与国网蒙东电力董事长、党委书记潘秀宝在呼和浩特就电网建设合作进行会谈。

9月22日，国家能源局第14督导组组长张毅一行11人到国网黑龙江电力开展提升“获得电力”服务水平综合监管现场督导，并召开督导工作启动会。

9月28日，省长胡昌升、常务副省长李海涛在国网黑龙江电力召开全省调度有序用电及煤炭保供工作座谈会，全面采纳国网黑龙江电力五项建议，出台促进煤电热增产保供十项措施。

10 月 1 日上午，黑龙江省委书记、省人大常委会主任张庆伟一行到国网黑龙江电力调研全省电力供应保障情况，看望慰问坚守工作岗位的电力战线干部职工。

10 月 14 日，国网黑龙江电力召开落实深化燃煤发电上网电价市场化改革工作座谈会。

10 月 21 日，国网黑龙江电力与哈尔滨工业大学签署战略实施协议。

10 月 30 日，印发《国网黑龙江省电力有限公司关于印发代理购电工作实施方案的通知（黑电营销〔2021〕497 号）》。

11 月 8 日，黑龙江省委副书记、省长胡昌升一行到国网黑龙江电力了解冰雪天气下电力保障工作情况，调度指挥一线加快抢修。

11 月 10 日下午，黑龙江省委副书记、省长胡昌升到哈尔滨市宾县部分路段电力抢修现场，了解冰雪灾害造成的影响，检查指导一线抢险维修工作，代表省委省政府对当地基层干部和一线工作人员表示慰问。

11 月 11 日晚，在北京参加党的十九届六中全会的黑龙江省委书记许勤，会议结束后立即返回黑龙江，连夜赶到国网黑龙江电力应急指挥中心，调研检查应对冰雪灾害工作，部署防灾减灾救灾工作。4.3 万名抢修人员连续奋战五天五夜，坚决打赢电力抢修大会战，以最短时间（56h）恢复全部 98 万用户供电。

（任　佳　王芳竹）

【国网内蒙古东部电力有限公司】

企业概况　国网内蒙古东部电力有限公司（简称国网蒙东电力）成立于 2009 年 6 月，由原属东北电网公司的赤峰、通辽电业局和原属内蒙古电力公司的兴安、呼伦贝尔电业局划转组建。主要负责内蒙古东部赤峰、通辽、兴安、呼伦贝尔四盟市电网的规划建设、运营管理、供电服务等工作，承担着内蒙古境内特高压及配套工程的前期协调、建设管理、运行维护等任务，供电面积 47 万 km^2（占内蒙古总面积的 40%），供电人口 1057 万（占内蒙古总人口的 44%），服务客户 691 万户。国网蒙东电力全口径用工 2.4 万人、其中长期职工 1.4 万人。国网蒙东电力先后获得“全国全面质量管理 40 周年杰出推进单位”、国家电网公司文明单位、内蒙古文明单位、内蒙古“五一”劳动奖状、内蒙古“最具社会责任感企业”、内蒙古“百佳诚信企业”等荣誉。

领导班子

董事长、党委书记：潘秀宝

董事、总经理、党委副书记：张成松

董事、党委副书记、副总经理：来文青

职工董事、党委委员、工会主席：石志忠

总工程师、党委委员：李岩

副总经理、党委委员：罗汉武

副总经理：李彦吉

党委委员、纪委书记：徐中义

总会计师：于哲

组织机构　截至 2021 年底，国网蒙东电力设置省、市、县三级单位 58 家，其中省公司本部 1 家，设置 20 个本部部门；省公司业务单位 8 家，分别是国网蒙东经研院、国网蒙东电科院、国网蒙东建设分公司、国网内蒙古超特高压公司、国网蒙东信通公司、国网蒙东物资公司、国网蒙东综合服务公司和国网蒙东供电服务监管与支持中心；全资子公司 3 家，分别是国网蒙东招标公司、国网蒙东设计院、新正公司，股份制公司 2 家，分别是蒙东电力交易中心和国网蒙东综合能源服务公司，盟（市）供电公司 4 家，旗（县）供电公司 41 家。下设职能部门 338 个，业务机构 252 个，处室 80 个，班组 906 个（不含供电所），供电所 390 个，供电所班组 665 个。

电网概况　蒙东电网以扎鲁特—青州特高压直流为依托，初步形成了以 500kV 电网为骨干网架、220kV 基本实现县域全覆盖、110（66）kV 电网链式环网与辐射式相配合的供电网络。截至 2021 年末，蒙东电网拥有 66kV 及以上变电（换流）站 708 座，变电（换流）容量 10347 万 kVA，线路 49370km。其中，1000kV 变电站 3 座，变电容量 1500 万 kVA，线路 522km；±800kV 换流站 3 座，换流容量 3000 万 kVA，线路 980km；500kV 变电站 12 座，变电容量 1785 万 kVA，线路 7416km；±500kV 换流站 1 座，换流容量 300 万 kVA，线路 715km；220kV 变电站 83 座，变电容量 1932 万 kVA，线路 16545km；110（66）kV 变电站 606 座，变电容量 1920 万 kVA，线路 23192km。内蒙古境内已经投运“四交三直”特高压工程（锡盟—山东、蒙西—天津南、锡盟—胜利、蒙西—晋中交流，锡盟—泰州、上海庙—临沂、扎鲁特—青州直流），特高压外送能力 4600 万 kW。

安全生产　始终把确保电力安全可靠供应作为第一责任、首要任务，积极应对新能源大规模并网、东北地区供电紧张、恶劣天气频发等挑战，精心组织、统筹协调，高效运转保供电应急机制，推动出台一系列保供政策，细化落实电网预控措施，稳妥实施有序用电，协调各类电源能并尽并、能发尽发，保障了区内供电的充足可靠。2021 年入夏以来，蒙东最大发电电力是最大负荷的 3 倍多，区内用电量占发电量的 37%，63%的富余电量外送东北、华北和华东，跨区输送电力首次突破 2100 万 kW，为全国电力保供作出了蒙东贡献。动态调整电网运行方式，不断优化运维检修体系，加强重要输电断面和输电通道监控，“三道防线”持续巩固。推进安全生产专项整治，以“五查五严”为抓手，消除线路“三跨”、设备缺陷、森林草原线路火灾等隐患 873 项。贯彻新《中华人民共和国安全生产法》，滚动修编安全责任清单，各级班子成员深入基层督导安全工作，安全管理基础、现场安全意识进一步增强。完成春秋检预试任务 6600 余项，及时发现治理特高压塔基断裂、GOE 套管拉杆松动等重大隐患，设备健康水平不断提升。筑牢网络安全防线，拦截处置网络攻击 10 万余次，连续 2 年获得内蒙古自治区网络安全竞赛团体一等奖。有效应对“3・15”沙尘暴、“7・18”强降雨、“11・8”寒潮暴雪等恶劣天气，完成建党 100 周年保电、抢险复电、疫情防控场所供电等重要任务。特别是面对河南特大暴雨灾害，国网蒙东电力闻令而动、千里驰援，快速恢复受损电力设施，保障了受灾群众安全可靠用电。有力应对满洲里、科尔沁等地突发疫情，守牢了“双零”阵地。

电网建设 服务碳达峰碳中和目标，发布实施“双碳”行动方案，深入落实构建新型电力系统 28 项举措，争当能源清洁低碳转型的推动者、先行者、引领者。建成应用“新能源云”平台，为新能源提供一站式全流程线上服务，累计接入风电、太阳能 2253 万 kW，新能源发电量同比增长 51%、利用率 97%，可再生能源消纳责任权重完成 27%。服务整县屋顶光伏试点、沙漠戈壁荒漠大型风光基地建设。酸刺沟电厂、科右中电厂送出等 30 项工程取得核准。解决汇能长滩电厂送出工程压矿难题，巴林—奈曼—阜新工程规划前期工作取得重要进展，集通电铁配套工程纳入内蒙古自治区重要项目。中广核风电送出、巴林右旗城西输变电等 27 项工程开工建设，国电双维上海庙、朱家坪电厂送出等 39 项工程投入运行。投产 66kV 及以上线路 1831km，变电容量 1198 万 kVA，电网资源优化配置能力大幅提升。推进老旧小区配电网改造，建成 3200 余项农村电网巩固提升工程，进一步推动从“用上电”向“用好电”转变。

经营管理 妥善应对能耗双控、燃煤电价市场化改革等影响，着力打造提质增效“升级版”。积极向政策要效益，争取国家电网公司增资及帮扶基金和自治区留抵退税资金，促请拨付同网同价补贴资金。落实国家社保阶段性降费及失业保险稳岗补贴返还政策。深化现代智慧供应链建设应用。完成替代电量 12.7 亿 kWh。治理高损台区 1037 个，台区线损率同比压降 0.51 个百分点。搭建智慧税务综合应用平台，实现增值税、房产土地税等多税种自动计提、交叉验证、智慧缴纳。产融协同业务规模实现突破，“电 e 金服”帮助上下游企业获得金融服务。发展战略性新兴产业，大数据共享运营、商务拓展业务收入大幅增长。强化合规管理和诉讼维权，经营风险有效防范。推进审计监督全覆盖，加大发现问题整改力度，止住了一批“出血点”。加强“两金”压降管理，盘活存量资产。管理提升三年行动扎实开展，制度标准、业务流程、管理机制进一步健全。在国家电网青创赛、管理创新、软科学等成果评选中取得新突破，QC 成果实现从自治区到国际评比各级奖项的“大满贯”。

改革创新 深入开展国企改革三年行动，按期完成 70%以上改革任务。推进董事会建设，优化完善董事会授权决策机制，实现子企业董事会应建尽建。有序推行经理层成员任期制和契约化管理。深化省管产业产权改革，稳步推动思极智联公司股权收购。电力交易机构持股比例降至 41.2%，市场化交易电量 204 亿 kWh，同比增长 6.8%。落实燃煤电价市场化改革政策，做好各环节工作，确保了代理购电平稳实施。认真执行自治区政策性交叉补贴征收政策。推动破解霍林河电力市场困局。国家电网公司“放管服”清单项目稳妥承接，供电服务、设备运维“两个体系”持续优化，县公司“大部制+中心所”综合改革试点推进，变电站监控职责划转，超特高压公司完成更名注册。推行项目自干专项奖励机制，坚决压降业务外包成本。推动新正产业集团化运营，健全产业管理制度体系，主业与新正产业实现“人事互通”。

优质服务 坚持人民电业为人民宗旨，坚持“实一线、强前台、通中台、大后台”方向，加快构建以客户为中心的现代供电服务体系。发布实施“电力营商环境再提升”10 项承诺、20 项举措，出台服务提升 18 项措施，配网故障跳闸率同比下降 20%，客户投诉同比降低 88%。推行“阳光业扩”，快速响应客户需求，推送能效账单，“三零”“三省”节省客户投资 1.5 亿元。“网上国网”注册用户 185 万，办电“e 助手”全面推广，线上办电率 99.8%。正式运行供电服务资源调度管控系统，支撑配网主动运行、主动运维和主动服务。推介用能电气化清洁化，完成电热供暖改造 135 万 m^2，充电桩充电量同比增长 72%。与内蒙古自治区水利厅签订“以电折水”战略协议，政企联合发布应用“现代能源经济系列指数”。

科技与信息化 实施“新跨越行动计划”，深化与高校科研单位的交流合作。科技创新平台建设取得新突破，加入中国电机工程学会。建立健全高级技术师培养体系，成立院士工作站、联合教研实验室，大力攻关特高压运维、新能源消纳、储能等核心技术，促进专业人才发挥高端引领作用。畅通成果转化推广渠道，多项专利实现对外许可应用，成果转化收益实现新突破。全年获得自治区科技进步奖 7 项，取得专利授权 182 项，52 人入选自治区科技专家库。国网云、数据中台、物联平台等数字基础支撑能力不断提升，电网资源数据同源维护、财务多维精益管理体系建设全面提速，“网上国网”、网上电网、数字化审计、移动办公、无纸化会议等推广应用成效明显，64座北斗基站完成组网联调。建立电网数字化项目公司级统筹机制，规范项目立项报备程序，强化需求审核。为确保办公终端安全、推动办公终端国产化替代，试点开展国产办公终端测试应用工作。

党的建设 将党史学习教育贯穿始终，深入落实管党治党各项要求，充分发挥党建引领作用。始终把政治建设摆在首位，国网蒙东电力党委带头落实“第一议题”制度，深入学习贯彻习近平总书记“七一”重要讲话和党的十九届六中全会精神，深刻领会“两个确立”的决定性意义，不断提高政治判断力、政治领悟力、政治执行力。坚持学党史、悟思想、办实事、开新局，组织宣讲辅导640余场、教育实践540余次，开展庆祝建党100周年系列活动，实施“红色基因、电力传承”“红色经典颂百年”“建党百年话文化”等特色主题实践。扎实开展“我为群众办实事”实践活动，实施惠民生、办实事、送温暖项目1400余项。开展全国国企党建会议精神贯彻落实情况“回头看”，推进“旗帜领航·提质登高”行动计划和“基层党建创新拓展年”。实施“党建+”“样板示范”工程，深化共产党员服务队“五队合一”建设，引导广大党员示范引领、冲锋在前。加强“云策划”宣传和主题传播，在中央主流媒体发稿1800余篇，意识形态领域态势向上向好，国网蒙东电力1个集体、1名个人获评“中国网事·感动内蒙古”最受关注集体和十大网络人物，超特高压公司包文杰获得全国“五一”劳动奖章和“最美职工”称号。兴安供电公司于智宝获评“全国脱贫攻坚先进个人”。通辽供电公司赵新力、吴军和呼伦贝尔供电公司崔箫分别获评“国网工匠”“北疆工匠”称号和自治区“五一”劳动奖章。坚持“严”的主基调，一体推进不敢腐不能腐不想腐，发现违规违纪问题线索179件，深化了以案促改、以案促治。推进政治监督具体化常态化，扎实开展“靠企吃企”“影子股东”、省管产业等专项整治。发挥巡察利剑作用，实现县公司提级巡察全覆盖，完成一轮5家单位党组织巡察工作。

主要事件

1月27日，内蒙古自治区党委副书记、自治区主席布小林对国网蒙东电力工作作出批示肯定。

1月28日，国网蒙东电力召开第三届职工代表大会第一次会议暨2021年工作会议。

2月25日，全国脱贫攻坚总结表彰大会在北京人民大会堂隆重举行，国网蒙东电力职工于智宝被授予全国脱贫攻坚先进个人荣誉称号。

3月16日，国网蒙东电力“电力营商环境再提升”新闻发布会在内蒙古自治区宣传部1号新闻发布厅召开，介绍了国网蒙东电力优化电力营商环境工作情况，并发布了“电力营商环境再提升”十项承诺和二十项举措。

3月17日，国网蒙东电力与华北电力大学签订产教融合共建共享战略合作协议。

4月12日，国网蒙东电力全面完成配网感知系统示范区验收工作。

4月30日，中央宣传部、全国总工会联合发布2021年“最美职工”先进事迹，国网蒙东检修公司包文杰获评“最美职工”。

5月10日，朱家坪电厂500kV送出工程顺利投运，电厂升压站同时投入运行，通过蒙西—天津南1000kV特高压工程外送通道，每年可向京津冀地区输送电量72.6亿kWh，减排二氧化碳约500万t。

5月27日，国网蒙东电力管理提升项目“适应改革新形势的供电服务公司管理体制和运营模式研究”，荣获国家电网公司软科学成果三等奖。

5月30日，兴安中广核风电一期500kV送出工程开工。

6月9日上午，内蒙古东部电力交易中心有限公司2021年第一次股东会和第二届第一次董事会、监事会在呼和浩特市胜利召开，标志着蒙东电力交易中心股份制改造任务全面完成。

7月13～15日，内蒙古自治区党委书记、人大常委会主任石泰峰一行到国网蒙东电力1000kV特高压胜利站和新能源汇集站调研内蒙古锡林郭勒盟清洁能源基地建设、特高压通道建设和风电汇集外送等情况，并主持召开座谈会研究推动碳达峰、碳中和背景下新能源高质量发展。

7月26日凌晨，国家电网公司总经理张智刚来到抢修现场，看望慰问国网蒙东电力抢修人员。

8月2日，国网蒙东电力援豫抢险救灾保供电取得胜利，累计为12条10kV配电线路、109座配电站房、3万户用户恢复供电。

8月27日，国网蒙东电力董事长、党委书记潘秀宝，总经理、党委副书记张成松与来访的自治区党委常委、通辽市市委书记孟宪东举行会谈。双方就通辽百万千瓦风电外送基地项目建设、霍林河电力体制改革等事项进行了深入交流。

8月30日，内蒙古国电双维上海庙电厂送出工程建成投运。

9月15日，国网蒙东电力与国网黑龙江电力签署战略合作框架协议，旨在电网生产、建设领域进一步深化合作。

10月11日，首座66kV移动变电站在蒙东电网应用成功。

11月23日，自治区党委常委、通辽市委书记孟宪东作出亲笔批示，充分肯定迎战暴风雪，全力保障电网安全稳定运行的工作成效。

12月7日，国网蒙东电力与内蒙古自治区水利厅举行“内蒙古自治区水利厅—国网蒙东电力‘以电折水’战略合作协议”签约仪式。

12月27日，2021年“中国网事·感动内蒙古”网络人物评选颁奖典礼在新华网内蒙古分公司举行，国网蒙东信通公司网络安全技术中心、赤峰新正电工技术服务有限公司董事长王子恩分别荣获“中国网事·感动内蒙古”2021网络人物评选最受关注集体和十大年度网络人物。

（张　冰）

华　东　地　区

【国家能源局华东监管局】

基本情况　国家能源局华东监管局（简称华东能源监管局）是国家能源局在华东地区设立的区域监管机构，履行辖区内跨省、跨区能源监管以及上海市和安徽省能源监管和能源行政执法职责。2013年10月，单位名称由国家电力监管委员会华东监管局变更为国家能源局华东监管局。

主要职责：监管电力市场运行，规范电力市场秩序；监管电网和油气管网设施的公平开放；监管电力调度交易，监督电力普遍服务政策的实施；负责电力等能源行政执法工作，依法查处有关违法违规行为，监督检查有关电价；负责除核安全外的电力运行安全、电力建设工程施工安全、工程质量安全的监督管理以及电力应急和可靠性管理，依法组织或参与事故调查处理；负责组织实施电力业务许可以及依法设定的其他行政许可；负责协调有关跨省、跨区能源监管业务；负责法律法规授权以及国家能源局下达或交办的有关事项监管。

领导班子

党组书记、局长：邱水录

党组成员、副局长：郑逸萌（正司局长级）

党组成员、纪检组长：刘畅

组织机构　设综合处、市场监管处、行业监管处、电力安全监管处、资质管理处、稽查处、机关党委（机关纪委）办公室和安徽业务办公室（办公地点设在安徽省合肥市）共8个处室。

主要工作

（1）树牢监管为民理念，推动27个“我为群众办实事”项目落地见效。主要包括：组织供电企业为既有多层住宅加装电梯提供接电便利，全年助力加装电梯1000多部，惠及居民近1.6万户；督促供电企业将合肥市508个住宅小区供电配套自建自管纳入电力兜底服务保障范围，在确保居民家里“灯先亮起来”的同时协同合肥市委市政府推动住宅小区电力项目源头治理；组织开展长三角区域跨省“红馆绿电”专项电力交易，成交绿电7000万kWh，让长三角51家革命纪念场馆用上了绿色零碳电力。

（2）强化能源保供监管，推动辖区电力供需形势趋稳向好。针对2021年华东电力供需平衡趋紧并于9月22日之后普遍缺电的严峻局面，全力做好保供监管：在年报、季报、月报基础上，提前启动实施每日滚动监测预警机制；制定印发9条保供监管要求和11条市场化保供举措并逐一抓落实；组织召开电网、发电和煤炭油气3场专题会协调解决保供各环节遇到问题；积极协调平山二期首台套机组并网调试和顶峰发电，叫停电网要求新能源配置20%储能才能并网的做法，促进发电装机“应并尽并”。在各方共同努力下，上海电力供需没有出现缺口，安徽电力保供形势在10月1日之后率先好转，涉民、涉公和涉绿色产业链用电均未受影响。

（3）强化能源规划监管，推动能源安全新战略和“双碳”目标要求落地。向上海市委、市政府主要领导提交5份专题报告，提出煤电淘汰落后产能和升级改造的方案建议，促使上海市对“十四五”能源电力规划思路进行调整完善；向安徽省委上报解决安徽当前及“十四五”期间供电硬缺口问题的12条措施建议，安徽省委书记、省长高度重视并批示落实；在国家能源局部署指导下完成了长三角能源一体化高质量发展四个专题研究并参与规划编制。

（4）强化电力安全监管，维护辖区电力安全生产形势平稳向好。按照国家能源局局长章建华在安徽现场调研时的指示要求，会同各省办对特高压密集通道和7座特高压变电站（换流站）开展联合督查；以落实隐患和制度措施“两个清单”为着力点，建立风险信息报送和提示督办机制，确保1160项风险在控受控；以问题为导向开展监管督查，累计检查90家次，印发整改通知书33份，责令整改问题176项；以新《中华人民共和国安全生产法》为利器强化安全执法，全年处罚安全违法案件10起，罚没金额66万元；开展重大活动保电监管，完成庆祝建党100周年、第四届进博会等电力保障任务。

（5）强化电力市场监管，加快推进长三角区域电力市场建设。通过扩大中长期市场化交易释放改革红利，通过辅助服务交易释放调峰能力，于迎峰度夏前启动华东备用辅助服务市场，使四省一市备用潜力得到释放；强化市场秩序维护，督促电网企业清退违规资金约 2 亿元，惠及 86 家市场主体；全力推进长三角区域电力市场建设，向国家发展改革委提交了 4 份报告和 2 份请示，完成市场建设总体方案起草和意见征询，启动了配套制度编制，当前正全力推动长三角电力交易中心组建和市场建设方案落地。

（6）深化“放管服”改革，持续优化电力营商环境。全面推行行政许可告知承诺制和服务好差评，全年办结许可事项 1316 项实现无差评；受理解决群众反映问题 714 项、按时办结率 100%；累计对 29 家单位实施行政处罚，罚没金额 159 万元，连续四年处罚金额超百万；运用区域交易机制协调解决安徽 14 家民营售电公司联名举报发电企业垄断省内市场问题；针对上海在取消供电配套工程收费政策过渡期内用户接入受影响情况及时实施监管干预；在安徽持续深化供电质量和“三指定”专项整治，切实维护用户和市场主体权益。

（7）突出提质增效，按时保质完成年度能源监管重点任务。对照《2021 年能源监管重点任务清单》部署开展 15 项监管行动，注重方法创新和成果运用；针对清洁能源消纳综合监管中发现的地方政府违规问题及时下达限期整改要求，开创了向地方政府下达监管意见书的先例；针对上海煤电淘汰落后产能专项监管中发现的煤电产能整体落后、整改难度大的问题，深化成因分析并向市政府专题报告，推动规划源头治理；针对新能源发电项目许可信用监管中发现部分企业申办许可时不如实填报信息以获取不当补贴利益的问题，建立实施三项源头把控机制；在“获得电力”综合监管中，选派 2 名局领导带队组成 2 个督导组、抽调 10 名业务骨干和 7 名专家参加全国各地现场督导，形成集中力量重拳出击的监管合力。

（8）深化区域协同监管，探索建立区域能源协同发展新机制。制定了《华东区域派出能源监管机构联席会工作规则》并组织召开第 17 次联席会，牵头建立了区域供电专家库共享、业务处室对口联络、“获得电力”协同监管等机制。部署开展了电网安全联合督查、“获得电力”区域内交叉互查、重大活动协同保电、电力保供协同监管等联合行动，形成了区域监管合力。

（陈　杰）

【国家能源局江苏监管办公室】

基本情况　国家能源局江苏监管办公室（简称江苏能源监管办）是国家能源局在江苏省设立的派出机构，依据国家能源局的授权，履行江苏省能源监管和行政执法职责。2013 年 10 月单位名称由国家电力监管委员会江苏省电力监管专员办公室变更为国家能源局江苏监管办公室。

主要职责：监管电力市场运行，规范电力市场秩序；监管电网和油气管网设施的公平开放；监管电力调度交易，监督电力普遍服务政策的实施；承担电力等能源行政执法工作，依法查处有关违法违规行为，监督检查有关电价；承担除核安全外的电力运行安全、电力建设工程施工安全、工程质量安全的监督管理以及电力应急和可靠性管理，依法组织或参与电力生产安全事故调查处理；实施电力业务许可以及依法设定的其他行政许可；承办法律法规授权以及国家能源局交办的其他事项。

领导班子

党组成员、专员：杨梦云

党组成员、副专员：王勤

党组成员、机关党委副书记、机关纪委书记：张合

组织机构　下设综合处［机关党委（机关纪委）办公室］、市场监管处、行业监管处、电力安全监管处、资质管理处和稽查处六个处室。

主要工作

（1）担当履职尽责，强化能源保供。一是有效发挥能源监管作用。建立供需监测日报制度，动态掌握电力供需等情况，及时采取针对性监管措施。参加省政府保供专题会并提出政策建议，与省能源局加强沟通协调，推动形成工作合力。畅通 12398 热线民生通道，不断提升人民群众用能获得感。二是压实能源企业保供责任。班子成员分别带队赴重点能源企业开展“八查两防”督导调研，联合设区市发展改革委开展电力安全生产督查，聚焦发电机组出力受阻情况针对性加强指导，召开配煤掺烧座谈会推广典型经验，保障系统安全运行。对 105 个城燃企业储气项目开展核查，督促落实“应储尽储”要求。三是推进重大项目建设。对白鹤滩入苏工程、田湾核电等重点项目加强督查，帮助解决建设过程中遇到的困难和问题，督促企业加强施工现场安全管理，保障项目规范有序建设。及时报告油气基础设施重点工程项目建设情况，协调国家管网与省级管网互联互通矛盾，促进达成合作共识。四是提升监管服务水平。建立民生用气核查常态机制，推动全省新增居民气量 6700 万 m^3。召开售电公司座谈会，积极协调电力交易价格上浮后中长期合同改、换签矛盾，受到市场主体赞誉。为新能源项目办证开通绿色通道，保障项目及时并网发电。严格落实交易电价 20%浮动比例要求，有效缓解发电企业经营压力。

（2）坚守安全底线、加大监管力度。一是完善电力安全监管工作机制。推动省能源局、设区市发展改革委全部加入省电力安委会，促请省政府出台《关于加强沿海海上活动安全管理的意见》，明确海上风电属地安全管理职责，建立“监管机构抽查，市、县电力

管理部门全覆盖检查”协同监管机制，研究制定《关于进一步落实电力安全属地管理责任的实施意见》，促进属地安全管理责任进一步落实。二是防范化解重大安全风险。加强建党100周年电力安全保障，组织设区市电力管理部门对全省电力企业开展交叉检查，切实保障安全形势平稳。加快推进燃煤电厂液氨罐区尿素替代改造，全省液氨罐区改造基本完成。开展深度调峰安全调研，对216台机组开展技术监督检查，推进问题整改，促进稳发满发。对苏州换流站等重要输变电设施开展安全督查，督促全面排查电网安全风险。三是压实企业安全生产主体责任。深入开展“安全生产月”、新《中华人民共和国安全生产法》宣贯等活动，推动基层企业进一步强化安全生产意识。加强电力行业班组安全建设监管，推动创建示范班组，夯实基层安全基础。加大安全监管执法力度，对5家企业开展约谈，对9家企业进行行政处罚，并对1个项目责令停工整改。

（3）发挥“派”“驻”优势，推进改革创新。一是探索能源“碳达峰、碳中和”监管迈出坚实步伐。开展清洁能源消纳、煤电淘汰落后产能、乙醇汽油推广等监管工作，督促电网企业优化并网消纳机制，推动省能源局进一步加强煤电管理，协调省商务厅出台规范乙醇汽油销售的文件，作为监督组组长单位加强江苏海上风电项目竞争性配置等监管，针对“十四五”能源规划提出修改建议，构建能源绿色发展长效机制。抓好风电开发建设问题整改，首次对南通等4个市发展改革委下发监管意见书，约谈金湖等2个县发展改革委主要负责人。二是推动能源市场化改革取得积极成效。加强电力市场交易组织，江苏全年结算电量4044亿kWh。构建用户分担共享辅助服务费用新机制，编制《江苏电力现货交易规则》，出台《江苏省液化天然气接收站公平开放监管实施细则》，促进能源市场机制不断完善。推进增量配电改革，全省持证企业总数达17家，试点项目持证率94%，居全国首位。三是深化“放管服”改革优化营商环境实现新的提升。开展全面提升“获得电力”服务水平、持续优化用电营商环境三年行动，做好“获得电力”优质服务监管，创新构建电网企业供电服务指标监管体系，发布年度供电企业优质服务指标监管报告，提升监管成效。全面推行许可告知承诺制，出台《行政许可告知承诺制工作规范》等6项制度。落实信用分类监管措施，对18家企业进行信用修复。加大行政执法力度，首次对省电力公司下发监管意见书，并对其直属分公司进行处罚，对4家申请材料造假的企业撤销许可，全年共查处企业25家，罚没145万余元。

（4）突出深度融合，服务发展大局。一是深入基层“听民声”。班子成员带队分赴省内重点能源企业开展调研走访，收集意见建议40余条，在此基础上，从降低企业用能成本、促进清洁能源消纳、消除用电安全隐患、优化用电营商环境、提升许可服务效能等方面确立10项办实事任务，当前10项任务已全部完成。二是积极作为“解民忧”。对全省4890台陆上风机开展风电安全专项整治，维护人民群众生命财产安全，省政府常务副省长批示：江苏能监办工作积极主动、有力有序，应予表扬。协调解决全省区域能源中心站用电价格调整矛盾、江阴华西钢铁自备电厂转公用电厂后电费结算争议等问题，降低企业用能成本近2200万元。针对南通地区群众投诉某企业从事虚拟货币“挖矿”导致噪声扰民问题，及时赶赴现场了解并耐心劝导，企业自愿关停设备。三是加强监管“暖民心”。有效应对南通等地风灾，党员骨干第一时间赶赴现场督促指导电力企业加强抢修，保障迅速恢复供电，并及时上报安全信息，国务院总值班室点名表扬。赴常州等地开展分布式发电市场化交易试点调研，协调解决试点项目面临困难问题，保障常州项目在全国率先投运。针对用户反映乡镇道路路灯半年多一直未送电问题，及时赶赴现场处理，推动当天送电，保障群众夜间出行安全。在资质许可、供电监管等领域针对性加强服务，田湾核电等4家企业及群众送锦旗感谢。

（褚立杰）

【国家能源局浙江监管办公室】

基本情况 国家能源局浙江监管办公室（简称浙江能源监管办），组建于2005年4月22日。

主要职责：监管电力市场运行，规范电力市场秩序；监管电网和油气管网设施的公平开放；监管电力调度交易，监督电力普遍服务政策的实施；负责电力等能源行政执法工作，依法查处有关违法违规行为，监督检查有关电价；负责除核安全外的电力运行安全、电力建设工程施工安全、工程质量安全的监督管理以及电力应急和可靠性管理，依法组织或参与电力事故调查处理；负责组织实施电力业务许可以及依法设定的其他行政许可，组织开展电力业务许可持续性监管以及相应的市场准入监管；负责法律法规授权以及国家能源局下达或交办的有关事项监管。

领导班子

党组书记、专员：周志明

党组成员、副专员：郭昌林

党组成员、综合处处长：应华泉

组织机构 设综合处、市场监管处、行业监管处、电力安全监管处、资质管理处、稽查处。

主要工作

（1）电力安全监管。进一步强化电力安全齐抓共管机制建设，推动建立省、市、县三级电力安全管理体系。将建党百年保电作为重大政治任务来抓，联合成立保电领导小组，制定下发保电方案，先后召开保电动员部署会和推进会，组织开展联合反事故演练和现场督查，圆满完成保电监管任务。组织开展全国首次电力监控系统网络安全渗透演练，设置 12 个演练会场，194 家单位 700 余人参加观摩，实战检验网络安全防御体系和应急处置能力。组织开展全省发电能力现场核查，提升发电能力 700 万 kW 左右，有效缓解全省电力供应紧急形势。首次组织开展全省电力通信系统安全专项检查，组织开展迎峰度夏（冬）技术监督专项检查，组织深入排查危化品领域的安全隐患，对 2 台存在较大安全隐患的发电机组下达督办单要求停机检修。

（2）市场监管。着力做好提升用户“获得电力”优质服务水平综合监管监督检查，对 9 家企业开展现场检查，对发现的 100 余项问题逐项建立台账，督促企业限期完成整改。组织开展清洁能源消纳综合监管、价格成本与信息披露重点监管，发现问题 70 多项，是历年检查中覆盖面最广的一次。开展第三方独立主体参与辅助服务市场首次试运行，21 家电力用户和 4 家负荷聚合商参与交易，累计可控负荷量达 17.81 万 kW，试运行期间燃煤机组负荷率显著提升，累计减少发电耗煤量约 160t，降低碳排放约 420t。

（3）行业监管。面对能源供应的严峻形势，制订能源保供综合监管内部工作实施方案，建立内外协同工作机制，明确职责分工，对“八查两防”工作落实不到位的企业，及时督促整改，确保保供工作落到实处；实现全省储气项目数据全覆盖，实地走访杭州、温州地区 10 家城燃企业，确保燃气供应有序。通过线上线下相结合的形式，扎实开展煤电淘汰落后产能、天然气管网和 LNG 接收站公平开放、炼油行业专项监管，稳步推进国家“十四五”能源规划任务落实机制建设专项监管。采用“月度跟踪 + 季度督导”工作模式，确保省内 7 个国家重点项目有序推进。

（4）稽查和行政执法。进一步加强行政处罚工作力度，全年立案调查违法行为 24 起，对 15 起违法行为作出行政处罚，罚没金额 60.38 万元。以“周办月结”为目标，加强投诉举报事项办理，实现投诉举报事项百分百受理、百分百办理、百分百回访，查处问题属实事项得到群众百分百认可；12398 热线品牌社会影响力不断增强，全年共接收 12398 能源监管热线投诉举报等事项 477 件，办结 405 件。高度关注和分析投诉举报信息，及时发现用能热点、难点、堵点，推动业务监管精准发力。聚焦行政执法源头、过程和结果的关键环节，进一步完善行政执法信息公开制度，执法全过程记录覆盖稽查和现场执法全流程，监管整改通知等重大执法决定的法制审核实现常态化，执法规范化水平明显提高。

（5）资质许可和管理。截至 2021 年底，浙江省承装（修、试）电力设施许可证共颁发 1440 本，累计注销 158 本，持证 1282 本，持证企业中，一级企业 10 家，二级企业 32 家，三级企业 81 家，四级企业 574 家，五级企业 585 家。浙江省电力业务许可证（发电类）共颁发 1289 本，累计注销 727 本，持证 562 本，持证企业按发电容量划分，25MW 及以上企业 241 家，6（含）～25MW 企业 306 家，1（含）～6MW 企业 10 家，1MW 以下企业 5 家。浙江省电力业务许可证（输电类）共颁发 1 本。浙江省电力业务许可证（供电类）共颁发 110 本，累计注销 20 本，持证 90 本，持证企业中 9 家为增量配电试点项目。

进一步将电力业务许可告知承诺制试点工作向纵深推进，试点工作先后被人民日报、经济日报官网、学习强国等中央主流媒体报道。增强为企服务意识，与秦山核电厂进行对接，帮助企业研究政策、反映情况，以告知承诺制方式完成了对全国首台核电机组秦山核电 1 号机组延续运行电力业务许可证的办理，并积极推动建立核电机组常规岛延续运行评估及办理电力业务许可延续规范的能源行业标准。将许可工作重心从事前审查转向事中事后监管，对全年 560 余家告知承诺制办理许可的企业进行了全覆盖核查，下发责令整改通知书 30 余份，立案移交稽查 14 件。积极探索创新事中事后监管方式，对 50 余家承装（修、试）企业进行线上云端核查，实现了核查全程网络化、可视化、数字化，提升核查效率。

【国家能源局福建监管办公室】

基本情况 国家能源局福建监管办公室（简称福建能源监管办）是国家能源局派驻福建、对能源行业实施统一的专业化监管的正局级管理机构。福建能源监管办的前身是国家电力监管委员会福建省电力监管专员办公室（简称福建电监办），根据国务院机构改革的要求和中央编办发〔2013〕130 号文件精神，于 2013 年 11 月变更为现名。

主要职责：监管电力市场运行，规范电力市场秩序；监管电网和油气管网设施的公平开放；监管电力调度交易，监督电力普遍服务政策的实施；承担电力等能源行政执法工作，依法查处有关违法违规行为，监督检查有关电价；承担除核安全以外的电力运行安全、电力建设工程施工安全、工程质量安全的监督管理以及电力应急和可靠性管理，依法组织或参与电力生产安全事故调查处理；实施电力业务许可以及依法设定的其他行政许可；承办法律法规授权以及国家能源局交办的其他事项。

领导班子

党组书记（兼机关党委书记）、监管专员：唐艺艳

党组成员、监管副专员：朱文毅

党组成员、二级巡视员：曹祥云

组织机构 机关设党组，党组书记1人，党组成员2人。党组书记和党组成员由国家能源局任免。内设六个处，即综合处（机关党委、机关纪委办公室）、市场监管处、行业监管处、电力安全监管处、资质管理处、稽查处。

主要工作

（1）电力安全监管。防控电力系统安全风险，完善风险管控和隐患排查治理管控机制，加强风险和隐患分级挂牌督办，完成2项重大隐患销号。着力能源保供，制定《关于落实全力做好当前能源供应保障责任任务分工方案》，成立工作专班，逐条跟进落实，全年全省未发生重大安全生产事故和负面舆情，能源供需总体平稳。协同监管向纵深推进，会同省直有关部门加强电力供需形势分析预警和调研督导，与南方能源监管局建立闽粤联网工程建设联合会商等4项机制，与华东能源监管局开展交叉检查。以联合督查、专项督查、安全生产巡查等方式开展现场安全督查工作。

（2）市场监管。推进电力市场交易规则体系建设，开展电力市场中长期交易规则、现货市场信息披露实施细则、调峰辅助服务市场交易规则等制修订工作，完善电力中长期市场交易规则偏差电量结算等有关条款。加快推进电力市场建设，全年市场化电量1487亿kWh，占全社会用电量比重为52.4%，减轻企业负担约15亿元；辅助服务费用7.8亿元，促进清洁能源增发3.1亿kWh；支持港城增量配电项目福建三峡海上风电产业园两台大功率测试风机并网；扶持独立储能电站示范项目晋江储能电站市场化运营。强化电网自然垄断环节监管，开展清洁能源消纳情况综合监管，对电力监管统计平台信息报送情况开展线上检查，规范厂网电费结算行为，常态化开展电力市场信息披露。

（3）能源行业规划、政策和项目执行情况监管。参与“十四五”规划制定，就“十三五”能源规划目标任务落实情况综合监管发现问题督促地方政府加以整改；配合国家和福建省“十四五”能源电力发展和生态环境保护规划编制工作，监督地方规划与国家规划衔接。推动重点项目监管，协调督办天然气基础设施、闽粤联网工程等重点工程建设，对相关企业开展监管约谈并下发整改通知书；协助梳理煤电项目建设进展，监管支撑性电源项目建成投运。完成辖区煤电淘汰落后产能、储气能力建设运营等6项重点监管工作，完成3份调研报告，开展落实“碳达峰、碳中和”目标任务课题研究。

（4）资质许可和信用监管。提升电力行政许可服务水平，简化取消21项许可证明手续，行政许可平均时限压缩至2.5个工作日，“好差评”累计收到360件，好评率99.7%；全面推行电力业务资质许可告知承诺制，126家企业当场办结取得许可证；深化许可审发标准化管理，修订行政许可管理工作规则。强化资质许可事中事后监管，开展许可条件保持情况随机抽查、许可制度执行情况监管，实施信用分级分类监管，对3家失信企业申报的许可事项开展现场核查，对12家严重失信持证企业进行约谈提醒。

（5）行政执法。开展提升“获得电力”服务水平综合监管和配电网建设及供电能力重点监管工作。与省住建厅联合规范新建住宅小区供配电工程主要电力设备和材料采购市场秩序。12398热线累计有效信息3314件，其中投诉举报139件，均按时受理办理。对5起信访件和15起投诉举报件进行现场调查核实，监管约谈企业24家，下发整改通知书3份，妥善及时解决群众合理诉求。全年对19家违法电力企业进行立案调查，其中对15家电力企业做出行政处罚，合计罚金158万元；首次组织召开行政处罚听证会，保障行政执法公平、合理。

（黄敏婵）

【国网上海市电力公司】

企业概况 国网上海市电力公司（简称国网上海电力）隶属于国家电网公司，是从事上海地区电力输、配、售的特大型企业，统一调度上海电网，参与制定、实施上海电力、电网发展规划和农村电气化等工作，并对全市的安全用电、节约用电进行监督和指导。国网上海市电力公司管辖的上海电网位于长江三角洲的东南前缘，北靠长江，东临东海，与江苏、浙江两省接壤。供电营业区覆盖整个上海市行政区。截至2021年底，国网上海市电力公司管辖各类电网企业、发电企业、施工、科研、能源服务、培训中心等单位28家，共有职工13160人。服务客户1136.22万户。

国网上海电力党委荣获“全国先进基层党组织”称号。连续7年保持企业负责人业绩考核A级，连续21年保持市政风行风和12345市民热线绩效考核第一。

电网建设与发展 规划前期高效开展。紧密对接城市新发展格局，全面修编“十四五”电网和公司规划，完成坚强局部电网规划、“五个新城”电网规划和国网首批能源互联网综合示范建设方案。83项35kV及以上项目获得核准。重大项目扎实推进。外电入沪工程纳入国家电力发展“十四五”规划研究。500kV黄渡主变压器增容、220kV妙香输变电工程建成投运，崇明输变电工程完成跨越铁塔组立。奉贤海上风电送出等6项220kV工程、上实输变电等39项110kV工程按期投运。平稳开复工泰日改造等6项受阻工程。完成渡星智慧线路、臻博智慧电缆建设。上线运行基建全过程综合数字管理平台。获评国家电网优质工程金银奖 2 项、“五好”示范工地 6 项。配网提升取得进展。完成“钻石型”配电网 43 组。新一轮电力架空线入地竣工 118km，开工 287km。建成工单驱动业务配网管理模式，全域不停电作业化率 91.92%，业扩不停电接火率保持 100%，完成 147 个老旧配电站改造、1194 个重过载台区治理、251 条架空线路全绝缘化改造。

安全生产 全面挺规矩、压责任、抓落实、强执行，持续巩固安全平稳局面。电力保供有力有效。统筹加强电力资源落实、电网调度运行和需求侧管理，平稳应对年初冬季极寒和 9 月以来严峻供需矛盾，成功抵御夏季高温负荷创新高和双台风考验，会同政府部门建立“树线矛盾、大棚隐患与施工外破”治理联合工作机制。安全基础不断夯实。实施三年专项整治集中攻坚，结合“五查五严”、安全生产巡查“回头看”等，排查治理特高压 GOE 套管、地下变电站防汛、线路“三跨”等问题隐患 8473 项。建成两级安全管控中心，深化应用安全风险管控平台，实现三级及以上作业风险现场视频全覆盖，实现输变电工程“e 安全”全覆盖。制定安全警示约谈实施指导意见、外包安全负面清单实施细则。重大保电连战连捷。升级全景智慧保电系统 4.0，有力保障建党百年、第四届进博会、第十届花博会等重大活动，完成援豫抢险、援陕“十四运”保电任务。网安能力有效增强。建成网络安全监控大厅，部署一体化网络安全监测平台。试点应用云上业务系统安全基线。完成电力监控系统网络安全管理平台告警信息全接入。组建网络安全柔性团队，5 人入选国网红队，位列国网实战攻防演练攻击队第一名。

优质服务 以用户需求实现为目标，倒逼内部流程优化，打造卓越服务新高地。率先推动国办函 129 号文政策落地。配合建立“政府主导、定额拨付、全市统筹、定期监管”的电力接入工程投入机制，配合出台实施意见和配套办法，同步优化内部工作机制。推动代理购电平稳起步。全面落实电价改革政策，统筹开展流程优化、制度修订、系统升级、服务衔接，顺利完成代理购电公告发布、主体注册、电量预测、挂牌交易。实现“获得电力”再次提升。国内排名升至第 2。实施“FREE+”改革举措，推行契约制项目管控，实现客户电子证照共享调用、零证办电；试行“先接入、后改造”，实现设计、施工勘察与工询环节并行推进。完成北横通道西段、世界会客厅等 60 项市重大项目配套供电。电子账单用户突破 750 万，“网上国网”新增注册 137 万户。实现高压用户二次回路巡检仪全覆盖。助力民心工程加快落地。开辟绿色通道，优化服务流程，完成早餐工程、旧房改造、老旧小区加装电梯、保障性租赁住房等电力配套 2191 项。

科技与信息化 创新动能充分激发。编制实施城市新型电力系统科技攻关方案，布局 63 项技术、9 个专项科技示范。牵头发布国内首个电力储能技术 IEC 国际标准。获国家电网公司科技进步奖一等奖等高等级科技奖项 40 项。科技成果转化收益突破 900 万元，开展项目收益分红 3 项。世界首条 35kV 千米级超导电缆示范工程建成投运。智能配网 PMU 示范项目通过课题评价及绩效自评价。立项省部级以上重大项目 26 项。上线科技创新智慧平台二期与环保管理平台。建成挂牌上海市电力人工智能工程中心，4 个国家电网实验室通过评估。数字化转型全面提速。建成企业级数据中台和数据门户，投运首个多站融合通信网络机房。开展电力看经济等大数据应用，建成上海市能源大数据中心，摘得上海数据交易“首单”。1 项成果入选市质量管理数字化转型十佳案例。管理创新卓有成效。1 项成果荣获全国质量标杆。获国家、国家电网和上海市管理创新奖 19 项。1 项成果获国际质量管理小组大会卓越奖。1 项成果获国资委“全国企业诚信建设十佳案例”。新增“上海品牌”认证 2 个。

党的建设和精神文明建设 深入推进“旗帜领航、提质登高”计划，党建工作两次获得辛保安董事长批示肯定。党史学习教育取得实效。及时传达学习习近平总书记重要讲话精神，落实“第一议题”31 次，开展党委中心组学习 13 次，完善贯彻落实台账 19 类 201 条。党史学习教育、“我为群众办实事”特色做法入选中央、国资委、上海市委简报，获得上海市委和国网指导组充分肯定。深入学习贯彻党的十九届六中全会精神。深化“伟大建党精神电力实践”，组织“建党百年 • 百年电力”系列活动，配合修订《初心 • 使命》系列丛书。建成“民族之光”爱国主义教育基地并入选央企首批基地。“旗帜领航 • 提质登高”扎实推进。召开第二次党代会、第十五次团代会，完成“两委”换届。全面消除“无党员班组”，健全“双带头双保障”机制。制定“明灯”党员服务队再提升再出发工作方案。创新“智慧党建+”实践运用，打造 60 个实战化应用场景。管党治党从严加强。配合完成国家电网党组巡视。完成两轮 10 家单位常规巡察。发布行风持续提升三年行动计划。干部人才队伍选优建强。推进“千优工程”，制定 Y 型岗位体系建设指导意见，拓宽班组长岗位晋升通道，完善“岗位竞争、挂职交流”机制；选派供电公司 20 名青年骨干到送变电企业实践锻炼；充分发挥“赛马制”作用，完成四批次、10 个本部处长岗位竞争上岗。企业氛围积极向上。用心用情为民办实事，搭建线上线下职工诉求服务平台，全面落实 6 项为职工办实事举措。制定青年人才公寓建设方案、租赁管理实施意见和“积分制”评分指导意见，建成首批 30 套青年人才公寓，优化虹杨人才公寓建设方案，250 名非沪籍新进员工入住青年宿舍。关心关爱离退休老同志。统战、保密、信访维稳等工作不断加强。1 家单位荣获全国五一劳动奖状，3 家单位荣获上海市五一劳动奖状，4 人获上海市五一劳动奖章。2 人当选国家电网公司首届首席专家。分别有 3 人、1 人和 3 人获“上海工匠”“国网工匠”和国网劳模。1 个集体获评央企青年文明号，4 个集体获评上海市工人先锋号，6 个集体获国网先进集体和工人先锋号。各有 1 人、1 集体获上海市青年五四奖章。1 家单位获评全国普法工作先进单位。1 人获国网十佳供电服务之星。获评长三角劳模工匠创新工作室 1 个、上海市劳模和职工创新工作室 4 个。

主要事件

1 月 12 日，国网上海电力携手 IDC（国际数据公司）联合发布国内首份《电力行业智慧供应链白皮书》。

3 月 8 日，国网上海电力与上海申通地铁集团有限公司举行战略合作框架协议签约仪式。

5 月 13 日，上海 2020 年度“获得电力”指标在 80 个参评城市中排名跃居第 2 名，取得历史性突破。

5 月 25 日，中国上海网站公布了《上海市人民政府关于表彰 2020 年度上海市科学技术奖获奖人员（项目）的决定》，国网上海电力 13 项牵头成果获得表彰。

6 月 14 日，国网上海电力持续优化电力营商环境工作获世界银行专家肯定。

6 月 28 日，国网上海电力党委荣获全国先进基层党组织称号，成为上海市经信系统唯一获此殊荣的党组织。

6 月 30 日，国网上海电力企业智库与上海电力大学能源电力智库共同签署智库平台协同合作框架协议，并举行“智库协同合作平台”及“能源互联网碳中和发展决策联合实验室”揭牌仪式。

6 月，由国网上海电力牵头的 IEEE P2836《光储充电站的储能系统性能测试规范》标准通过投票并正式出版，填补了光储充电站储能系统测试国际标准的空白。

7 月 8 日，国网上海电力参展 2021 年世界人工智能大会。

7 月 19 日，国网上海电力与中国联通上海市分公司签署数字化转型战略合作框架协议。

10 月 20 日，国网上海电力与临港集团签订滴水湖金融湾综合能源站合作协议。

11 月 11 日，国网上海电力完成第四届进博会供电保障任务。

11 月 25 日，国网上海电力摘得上海数据交易所“首单”。

12 月 22 日，国网上海电力与上海市经济信息中心携手成立上海市碳中和能源研究实验室。

12 月 22 日，世界首条 35kV 千米级超导电缆示范工程在上海投运。

（任堂正）

【国网江苏省电力有限公司】

企业概况 国网江苏省电力有限公司（简称国网江苏电力）隶属于国家电网有限公司，从事江苏省境内电网建设、运行与管理，经营江苏电力销售业务。辖 13 个市、56 个县（市）公司及 15 个业务单位，服务全省 4650 万电力客户。拥有 35kV 及以上变电站 3289 座、输电线路 10.77 万 km，变电容量 65916.07 万 kVA，电网规模超过英国、意大利等国家。全省居民户均配变容量达 5.84kVA，率先全面消除“低电压”“卡脖子”问题。客户满意率保持 99%以上，供电质量全国第一，是年户均停电时间最少的省份之一。

2021 年，江苏全社会用电量 7101.16 亿 kWh，同比增长 11.41%。售电量 6193.54 亿 kWh，同比增长 12.02%。江苏全社会最大负荷 1.24 亿 kW，调度用电负荷 50 天过亿千瓦，最高达到 1.2 亿 kW。资产总额 4058.96 亿元。完成各类项目投入 571.3 亿元，其中电网基建投资 476.6 亿元。投产 110kV 及以上线路 4357km，变电容量 2942.6 万 kVA。获评全国脱贫攻坚先进集体、国资委国有重点企业管理标杆企业，业绩考核连续十年保持国网系统第一名。

领导班子

董事长、党委书记：唐屹峰（2021 年 6 月任）

董事长、党委书记：肖世杰（2021 年 4 月调离）

董事、总经理、党委副书记：马苏龙（2021 年 6 月任）

党委委员、纪委书记：李作锋

副总经理、党委委员：张龙

总会计师、党委委员：王小兵

职工董事、党委委员、工会主席：吕文杰（2021 年 8 月任）

副总经理、党委委员：王之伟

副总经理、党委委员：夏勇

副总经理、党委委员：陈宏钟（2021 年 6 月任）

副总经理、党委委员：吴争（2021 年 8 月任）

总工程师、党委委员：王肃（2021 年 10 月兼任党委委员）

董事、党委副书记、副总经理：李斌（2021 年 8 月任三级顾问）

职工董事、副总经理、党委委员、工会主席：刘人楷（2021 年 3 月任三级顾问）

副总经理、党委委员：陈庆（2021 年 4 月任三级顾问）

组织机构 本部设有 22 个职能部室：办公室（党委办公室、董事会办公室）、发展策划部、财务资产部、安全监察部（保卫部）、设备管理部、市场营销部（农电工作部）、科技部、建设部、互联网部、物资部（招投标管理中心）、党委宣传部（对外联络部）、审计部、法律合规部（体改办）、党委组织部（人事董事部）、人力资源部（社保中心）、离退休工作部、后勤工作部、党委党建部（思想政治工作部、本部党委办公室、团委）、纪委办公室（巡察办）、企业管理部、电力调度控制中心、工会。下辖 13 个地市级供电公司、56 个县级供电公司及 15 个业务单位。

电网概况 拥有 35kV 及以上变电站 3289 座，输电线路 10.77 万 km，其中：1000kV 特高压变电站 3 座，容量 2400 万 kVA；±800kV 特高压直流换流站 3 座，容量 2927.81 万 kVA；±500kV 特高压直流换流站 1 座，容量 340.44 万 kVA，线路长度 1611.51km；500kV 变电站（开关站）72 座，变电容量 16550.80 万 kVA，线路长度 14069.15km；220kV 变电站（开关站）616 座，变电容量 21301.50 万 kVA，线路长度 33621.13km；110kV 及以下变电站（开关站）2594 座，变电容量 22395.52 万 kVA，线路长度 58408.50km。江苏电网初步形成了以“一交三直”特高压、“六纵六横”500kV 电网混联为骨干网架、各级电网协调发展的坚强智能电网。

截至 2021 年底，江苏共有统调电厂 320 座、机组 29066 台（其中风电机组 7700 台、光伏机组 20803 台），总装机容量 12820 万 kW（其中火电机组 9441 万 kW、核电机组 661 万 kW、抽水蓄能机组 10 万 kW），接入 500kV 电网装机容量 4939 万 kW，接入 220kV 及以下电网装机容量 7881 万 kW。江苏电网新能源装机容量 4461.01 万 kW，占全省总装机容量的 28.93%，全省新能源发电 745.49 亿 kWh，同比增长 42.80%，连续 16 年实现省内新能源全额并网、全额消纳。

人力资源 制定领导人员队伍建设“十四五”规划，科学构建干部人才队伍发展路径和目标蓝图。实施优秀年轻干部“135”工程，统筹推进各级干部队伍建设。推荐使用长期扎根基层一线、业绩优秀的领导人员。实施干部双向流动复合培养，推动 33 人在本部与基层间交流任职，组织 12 名处室负责人到基层挂实职锻炼，精选 82 人到本部挂职借用。实施精准培训，首次举办县公司总经理、主营专业副职培训班。创新构建智慧知事识人一体化数字平台，建成班子和干部评价体系、特征描述库、重要实例库并动态更新迭代。持续夯实领导人员“1+*N*”制度基础，修订印发《领导人员管理办法》等 4 项制度。全面加强本部人事管理机制体制建设，制定《本部员工管理办法》等 3 项管理制度。开展化公为私、影子股东、带病提拔倒查等问题专项整治。编制印发领导人员、组工人员应知应会《两个一本通》，推动监督管理关口前移下沉。

优化组织管理体系。优化省综合服务中心、双创中心内设机构，调整质监站办公室设置，优化工程咨询公司机构编制，完成设备监控、500kV 输电运检业务调整。批复成立苏州市相城区等 4 家县级供电公司。完成省超高压公司、苏电传媒公司更名。坚持“放管结合”，组织修订《国网江苏电力所属单位内设机构设置标准》，有序下放县级公司机构设置权限。指导基层单位自主制定柔性团队建设管理机制，组建技术攻关、专项任务等柔性团队，提升组织运转效率。

加强专家人才培养。实施人才培养“三大工程”，健全人才引进、培养、使用、激励等全链条管理机制。构建菁英、领英、卓英人才进阶培养模式，打造各级专家人才后备梯队。探索实践结构化招聘体系，首次开展省调直签，创新实施 985 本科生招聘。修订班组长管理办法，增加副班长编制数量，优化班组长任职条件，努力打造高质量班组长队伍。组织电网运行、二次综合、输电运检、配电运检 4 个专业开展领英人才集中培训，打造市公司专家人才后备队伍。修订青年员工培养指导意见，开辟青年员工成长绿色通道。1 人获批享受“国务院特殊津贴”，8 人入选国家电网公司首席专家，5 人获评江苏工匠，1 人获评江苏省留学归国先进个人，8 人获评江苏省企业首席技师。荣获国网技能人才队伍建设先进单位。

完善考评激励机制。建立工资总额“蓄水池”，加大业绩兑现工资挂钩比例。制定地市层面省管产业单位薪酬分配操作指引。建立“业务增量决定工资基本增幅、市场薪酬调节收入水平”的供服公司工资总额核定机制。试点构建“环境层－关系层－成长层”三位一体的非物质激励体系。加大内部模拟利润考核权重，推进内模市场“全级次”覆盖，增设高质量发展评价指标。聚焦战略重点，推行重大专项考核激励，鼓励各单位在公司重大难点任务上“做成绩、作示范”。修订绩效管理制度，赋予基层充足的自主决策权。稳妥推进“三享计划”落地，确保补充医保政策平稳过渡。

电网建设与发展 坚持清洁低碳，电网发展提速升级。成立碳达峰碳中和工作领导小组，发布实施方案。制定并发布构建新型电力系统实施方案，研究提出以“四新两高”为特征的江苏新型电力系统建设路径。建成第一批 36 个示范项目和新型电力系统展厅。助力打造江苏“海上三峡”，全年保障 611 万 kW 海上风电“应并尽并”，海上风电总装机规模达到 1183 万 kW，稳居全国第一。推动制定市场化并网光伏建设方案，依托国网新能源云完成项目申报和储备工作。服务整县屋顶分布式光伏试点工作，印发接入配电网技术指导意见。推动自有建筑设施安装屋顶光伏，制定项目规划建设及运营管理规范。配合省能源局编制“十四五”能源电力规划，系统研究北电南送能力提升、分区供电能力提高和苏南网架结构优化等重大专题，推动秋藤—秦淮—东善桥增容改造等500kV电网工程全部纳入国家电力规划和国土空间规划。

2021年新开工35kV以上工程341项，线路4899km，变电容量2796万kVA。投产35kV以上工程360项，线路4630km，变电容量2958万kVA。新建改造10kV线路6064.33km，配电变压器5088台，全省户均容量提升至5.84kVA。建设融合终端12.5万台，配电变压器终端覆盖率58.3%。白鹤滩入苏特高压工程稳步推进。世界最高的凤城至梅里500kV长江大跨越输电塔封顶（杆塔全高385m，建成后为世界第一高塔）。中国最大规模海上风电新能源配套并网输电工程——江苏沿海二通道工程正式投运。完成网格化改造、老旧小区改造等项目10.2万个。配网工程全面推广电气模块化装配和土建基础工厂化预制技术。投运无线专网基站3719座。完成特高压泰州换流站数字化改造。完成3座智慧变电站建设，实现220kV及以上变电站机器人巡检全覆盖。在国网系统内率先上线新一代设备资产精益管理系统。建成省级能源大数据中心。苏通GIL综合管廊工程获国家优质工程金奖，500kV中吴变电站获国家优质工程奖。

经营管理 承接国网战略部署，编制国网江苏电力“一体四翼”发展布局落地实施方案，推进百项战略行动重点任务。科学制定“十四五”发展规划，形成“1个总规划+3个产业发展规划+16个专项规划”的规划体系。承担国网卓越绩效管理省级试点任务，启动卓越绩效管理三年行动计划。与连云港、镇江、淮安市政府签署战略合作协议。试点开展输变电运维、营销服务领域二维对标，推进物资供应商和工程建设服务商、省管产业单位内部对标体系建设。围绕战略目标任务和“碳达峰碳中和”新型电力系统建设等重点热点，优化重大管理创新项目选题，同步组织实施推广项目，优化工作时序和评审标准。建立管理咨询专家团队，联合中企联举办培训班，持续提升创新能力和成果水平。管理创新成果获得国家级二等奖2项，国家电网公司一等奖1项、二等奖1项、三等奖2项、优秀推广成果2项，中电联电力创新一、二等奖各2项，江苏省管理创新一等奖18项。11个QC小组获得国优称号，4项成果获得国际质量管理小组会议金奖。

持续深化改革工作。完成交易公司股权优化工作。配合政府编制现货市场规则，组织国内首次短期可调负荷辅助服务市场交易。推动政府完善分时电价机制、优化尖峰电价政策。做好第三监管周期输配电价核价准备，全年市场化交易电量3461.53亿kWh，绿电交易电量22.93亿kWh。超额完成国企改革三年行动34个专项任务。超前研究省管产业产权改革落地实施路径。全面推行各级经理层人员任期制和契约化管理。承办国资委对标世界一流管理提升行动现场会。

深入推进依法治企。推动各级政府出台《江苏省电力条例》配套政策135项，成立电力行政执法机构20个。开展“合规管理深化年”行动，完成69项重点任务，强化合规防范经营风险。编制18个专业、272项重点岗位制度讲解手册，提升“岗位—职责—制度”匹配度。创新建设新型电网典型案件智能处理系统，提升类案管控水平。规范购售电、物资合同履约管理，明确变更解除审批流程与审查要点。开展法治国网建设暨法治国网指数课题研究，将法治企业成熟度评价迭代升级为法治企业指数评价。牵头起草《江苏省公司律师管理实施办法》，由省司法厅正式发布。规范重大决策合法合规性审核流程，推动清单内事项应审必审。完成省公司及二级单位章程修订，推进党组织、董事会、经理层规范履职。实施全数字化综合审计。配合完成国网任期审计。开展经济责任等专项审计91项。

统筹财力资源保障业绩领先。利润总额、经济增加值等财务业绩指标在国网考核中保持领先。实施“提质增效+”固强扬优工程，全年增收节支超130亿元。全面增补基层内部模拟市场贡献激励预算1.03亿元。全年业务预算执行率98.41%。配合政府主管部门制定燃煤发电上网电价全面放开的江苏落地方案，全面取消工商业目录销售电价。稳妥实施代理购电，建立代理购电价格政府备案机制。推动完善专项价格机制，推动调整峰谷电价时段，建立冬季尖峰电价政策，助力江苏电力保供。深化应用国网“1233”司库精益管理体系，推进资金集中集约，电费资金集中归集率100%。深化数字人民币试点应用，在苏州实现一般工商业、居民用户电费每日数字人民币自动结算。完成国网系统首笔数字人民币的跨省缴费。清理长期挂账在建工程，完成“三清理两提高”年度任务，促进有效资产积累。服务业务规范发展，制定出台公司迁改工程、电网接入工程、研发费加计扣除、合同涉财条款等方面财务管理与会计核算规范，健全财务规范体系。财务数字化成果丰硕，智慧共享竣工决算、电费结算等系列财务机器人，获评CGMA全球管理会计年度RPA技术应用最佳实践奖；多维精益管理实践获评国家电网公司管理提升标杆和大数据应用优秀成果；资产租赁管控系统开发应用获“鼎革奖”年度财务转型典范；关联交易协同管控自动化建设与应用获中国能源企业信息化管理创新奖；财务部获中国会计报年度财务创新团队荣誉。

安全生产 强化“中长期+短期”电网风险预警管控，差异化落实运维、检修、客户服务、改造等措施。修订电网风险实施细则，做实“先降后控”，管控五级电网风险预警1259项（省市县发布），保障各项基建工程、检修项目安全实施。配合国家电网公司完成《安全隐患排查治理管理办法》修订，完善隐患分级分类管理机制。常态开展“远程+现场”安全督查，将现场督查的视角从“抓作业人员行为违章”向“抓单位和人员深层次管理违章”倾斜。强调作业现场底线要求，编发作业现场安全履责二十条基本要求，督促建管、作业、监理、运检单位严格落实安全主体责任。编发《业务外包安全监督管理规范》。梳理储能电站资产、管理、合同关系，明确主体责任、管理责任和相关要求，有序推进储能电站复役。促请副省长召开储能专题会议，支撑全省92座用户侧储能电站安全评估。印发《新业务新业态涉网作业安全管理规定》，组织编制综合能源、电动汽车、思极公司等单位安全责任清单，健全安全管理体系。从安全法规维度梳理安责险、迁改工程实施要求。成功应对“4·30”风雹灾害、“5·14”风灾、台风“烟花”等9轮次恶劣天气。编发《突发事件应急响应启动规则》，提高响应快速性、精准性。承担国家电网公司新一代应急指挥系统建设试点任务。与省应急厅签订战略合作协议，全面深化省地两级电力应急协同机制，提升安全监管和综合应急救援能力。

完成220kV及以上检修任务5669项。开展直流基础管理提升专项行动，试点开展泰州换流站精益化检修，在充分评估设备状态的基础上优化检修方案，直流能量可用率有效提升至97%以上，实现换流站“零闭锁”。开展500kV GIS接地刀闸导向槽等410条重要设备隐患专题分析、专项整治，发现并及时处置特高压东吴站GIS合闸电阻脱落等重大缺陷。开展全省零计划停电示范区建设。构建中低压一体化网格管理模式，建立通过工单驱动业务的运营机制，提升抢修服务质效。加强技改大修规范化管理，有序推进5950项技改大修项目实施。深化输电集中监控中心建设，实现“集中监控+网格化处置”模式高效运转。

营销工作与优质服务 电力保供有力有序。应对9、10月供需突出矛盾，多方筹措资源，推动召开全省保供专题会议，促请政府优化尖峰电价政策，精准实施27天有序用电，单次最大错峰1417万kW，打赢了电力保供战。高效应对省内突发疫情，严格执行“日报告”“零报告”制度，抓细保供电人员疫情防护。持续保障569家定点医院、224个核酸采样和检测点等重点场所用电安全可靠。61家不停电作业中心完成服务认证，全年实施不停电作业16万次。查处违约用电31663起，查处窃电2745起，挽回经济损失2.34亿元。

优质服务持续升级。促请省政府出台全国首个省级层面优化营商环境专项支持政策和电力接入工程政企共担支持政策，完成建党百年、支援郑州防汛抢险等重大保电任务。建成“开门接电”示范区31个。各市县全面实现办电证照信息线上共享、房电联合过户一次性办结。推动省住建厅、省财政厅等五部门联合出台《关于加强城镇老旧小区管线改造整治工作的指导意见》。发布国网首个能效服务品牌“优能”。培养碳交易员64人，提供碳咨询等服务3000余次。推动建成首个轴承加工全电气化生产线和纺织领域首批“全电工厂”。建成国网系统内首条“爱膳电”全电厨房生产线。投运长江流域首个“全电港口”。

电力助力乡村振兴。选派13名驻村干部定点帮扶22个经济薄弱村，采购帮扶农产品3600万元，连续8次获得省委“五方挂钩”先进单位。实施“电靓乡村”八项行动，累计推广各类乡村电气化惠农富民项目6639个，新增用电容量45万kW。建成“电靓乡村”智慧共享平台，接入渔业养殖、农业种植等电气化项目1800余个。

科技与信息化 新牵头“高效协同充换电关键技术及设备”国重项目1项，累计牵头国重项目达5项，为省级公司最多。牵头获得省部级及以上奖励38项，其中中国专利银奖1项、省部级科技奖一等奖10项，再创历史新高。牵头立项国际标准4项，发布1项。加入国际电信联盟（ITU），启动ITU国际标准创制。成立国内首个智能电网领域的技术协会——IEEE PES（中国区）智能电网与新技术委员会。主导完成虚拟电厂标准体系预研。推动江苏省电力标委会常态化运行，立项7项地方标准。依托牵头国重项目，推动中低压直流配用电实验平台向“十四五”国家能源创新平台提档升级。新增江苏省工程研究中心4个。上线科技创新管理系统，提升科技项目过程管控效率。《电力工程技术》成功入选北大中文核心期刊，是省级公司主管主办的唯一入选期刊。获批国家双创示范基地国网江苏示范中心，省公司双创二级机构独立运行，成为国网双创孵化培育基金定向委托单位，实现“国网-省-市”双创一体化运作。与江苏省知识产权交易市场等外部单位签订合作协议，畅通共创渠道。布局实施孵化项目53项，转化成果112项，增加营收3.8亿元，知识产权收益超过1500万元。完成全部7697件专利分类分级，9项专利在省政府拍卖季中竞拍成功，成交总额115万元。

全场景网络安全防护体系初步构建。牵头开展新型电力系统网络安全架构优化，印发全省指导意见。推动统一密码体系在电子签章、厂网交互、数据增值等场景深化应用，累计在线签章1万余次，发放数字证书10万余个。完成国产办公终端测试和千台试点应用，获评省工信厅信创应用示范案例5项。率先建成云网融合数字基础设施。规范感知层网络建设，无线专网接入终端24.6万个，统筹纳管无线公网SIM卡

24 万张，完成 5G 综合示范试点。建设跨专业统筹感知的智慧物联体系，纳管设备、营销等 6 个专业 29 类智能终端 15 万余个，累计管控端设备 130 万台。云平台纳管服务器近 3000 台，ERP 等核心应用实现多中心双活部署，完成阿里云大版本升级和副中心建设，形成了核心互备、省市协同的云计算格局。数字化服务格局初步成型。电网资源业务中台、客户服务中台深化应用，支撑营销 2.0 稳定运行。完成 PMS3.0 顶层设计和 14 个样板间建设。数据中台率先单轨运行，迁移数据应用 62 个，释放存储资源 1.2PB，发布数据服务 2790 个。人工智能等技术中台全面应用，开展输配电数字化转型提升行动，归集无人机巡检、输电线路防外破等缺陷样本 10 万余张，纳管可视化终端 6.5 万余台，3543 座配电站房实现可视化覆盖。打造数字化能力开放平台江苏频道，累计发布企业中台服务 1247 个。构建设备、客户、人员“三张表”，发布数据服务 2790 个，促进数据快速流通、高效共享。构建电力气象、三维空间、统一时间“三平台”，全面支撑构建数字化透明电网。

数据资产高效运营体系基本建成。发布首批权威数据源清单，覆盖设备、营销等核心数据 1440 项，形成《业务数据定源定责工作指南》并在国网系统推广应用。基于负面清单实现数据共享线上办理，数据获取平均时长压降 50%。深挖数据价值，对内形成大数据应用 130 余项，电力供需互动等 5 项成果获得行业级奖项。对外打造数据产品 42 项。建成省级能源大数据中心门户，覆盖省－市－园区（县）三级应用，实现煤、电、油、气多种能源生产、配置、消费全环节数据汇聚和可视化分析，推出电力看经济、看环保、看民生等系列产品，为政府、用电企业、能源服务商和社会公众等各类主体提供多元服务。新兴业务运营生态初步形成。基础资源共享规模持续扩大，站房共享 326 座，基站附挂 1692 基，光缆附挂 1.51 万 km，实现营收 3.86 亿元，同比增长 84%。率先探索“配电站房＋通信机房＋算力服务”模式，对外输出“国网算力”商品，单站营收增长 7 倍。数据增值产品服务快速发展，对外签约数据产品 20 类，涵盖 6 大行业、14 类应用场景，实现营收 1.98 亿元，同比增长 105%。

党的建设和精神文明建设 坚持党建引领。召开第二次党员代表大会。严格执行“第一议题”制度，党委会、中心组集中学习 19 次。开展党史学习教育，举办 3 期专题读书班，邀请中央宣讲团成员进行 3 次专题宣讲。开展“七一”重要讲话精神专题学习 2750 余次。实施“优质服务惠民生”等 4 个专项行动，完成重点民生项目 1500 余项。全面推进“旗帜领航·提质登高”48 项重点任务。实施“党建＋”十项工程。隆重庆祝建党百年，组织“百年光明·奋进历程”江苏电力红色成就展等系列活动。实施“两在两同”建新功行动。印发进一步加强和规范共产党员服务队建设管理的意见。开展“旗帜领航程·共筑同心圆”统战主题活动。统筹推进“电暖流 寻初心”三个 100 活动，开展《英雄归来》全省巡演活动，举办道德模范先进事迹报告会，以榜样力量引领公司广大干部职工传承发扬“争先领先率先、务实创新奋进”的精神特质。

深化正风肃纪。聚焦服务“碳达峰、碳中和”、电力供应保障、“靠企吃企”专项整治等重大部署开展政治监督，甄别问题线索 42 件，完善制度流程 7 项。制定“一把手”权力清单和负面清单。配合国家电网公司党组巡视，协调提交资料 5.3 万余件，完成 75 项边巡边改问题整改。开展两轮 7 家大型县公司提级巡察。部署“查风险、促合规、提效能”专项行动，强化招标采购、工程分包等重点领域监督。迭代升级政治生态智慧监督系统 2.0，完成 19 个主题 75 项预警规则孵化，发出精准有效预警 1663 条，主动发现问题线索 5 件。修订《重点岗位廉洁手册》，新增 6 个领域负面清单。开展“学思践悟守初心、崇德尚廉扬正气”党风廉政建设主题教育活动，促进廉洁理念根植。

做强宣传阵地。在中央三大权威媒体发稿 637 篇，其中新华社及人民日报 379 篇（含 13 篇内参清样），央视报道 258 条（含 22 条联播）。打造国网系统首个由省公司策划、新华社主导实施并联合开展的专题全媒体新闻直播行动——“点亮小康路·‘碳’巡长三角”新闻行动。策划推动三篇内参分别获得党中央、国务院和省委省政府领导同志批示。聚焦一线、走近基层，组织“百名记者采访百名党员”活动，开展“学习强国·苏电号”宣传宣讲。初步建成“苏电传媒”企业级新型主流媒体。

全心全意服务职工。紧密结合“我为群众办实事”实践活动要求，深化职工服务“5980”工程，成立职工志愿服务队，实施职工互助保障计划。通过“工会进万家”“夏送清凉”“金秋助学”“冬送温暖”等形式依法合规开展职工慰问活动，实现“三必贺、三必访”全覆盖。制定《关于加强供电服务公司工会组织建设的指导意见》《关于省管产业单位聘用职工加入工会组织有关意见的通知》，为做好各用工类型职工权益维护工作打下坚实基础。制定“十四五”班组建设实施意见，出台《星级班组评定规范》，5 项班组管理经验获全国首届电力班组创新创效奖。建立离休干部“一人一策”服务保障机制。按照“七个清楚”（履历、健康、家庭、居住、思想、活动、医疗等情况清楚）工作要求，完善基础信息，明确专人对接，积极提供亲情化、个性化、多样化的精准服务。聚焦基层困难事、职工烦心事，创新推出苏电家园“一三九”服务升级专项行动，打造更有温度感、更有人情味、更有烟火气的“苏电家园”服务品牌。面对南京禄口机场突发疫情，压紧压实防疫责任，全力保障各项工作有序开展。大力弘扬劳模工匠精神，1 家单位、4 名职工、2 个集体分获“全国五一劳动奖状”“全国五一劳动奖章”“全国工人先锋号”，21 名职工被表彰为省劳动模范。获评全国能源化学地质系统产业工人队伍建设改革示范单位，成为国家电网系统唯一获此殊荣的单位。

主要事件

1 月 29 日，苏州香山、无锡祝塘、镇江滨河综合能源站试点项目通过验收并正式投运，这是江苏电网首批综合能源示范站项目。

2 月 1 日，中共中央宣传部、国家发展改革委向社会发布了 2020 年“诚信之星”，国网南京供电公司石城供电抢修服务队成为 2020 年江苏省唯一获此殊荣的全国“诚信之星”，也是国家电网公司系统首次获得这一荣誉。

3 月 23 日，国网江苏电力发布“碳达峰、碳中和”实施方案，从能源供应清洁化、能源消费电气化、能源配置智慧化、能源利用高效化、能源服务多元化 5 个方面提出 19 项措施，积极建设以新能源为主体的新型江苏电力系统，助推江苏在全国范围率先实现碳达峰。国网江苏电力成为国网系统首个发布“双碳”实施方案的省级电网公司。

4 月 13 日，国内首套岸电储能一体化系统在江苏连云港建成投运，该系统减少了岸电的使用成本，进一步降低船舶污染物排放，更好地助力“碳达峰、碳中和”目标实现。

5 月 3 日，江苏全省因“4 • 30”风雹灾害受损的用户全部恢复供电。4 月 30 日，江苏省沿江及以北地区发生大风冰雹等强对流天气灾害，共计影响供电台区 12586 个，用户 282341 户。国网江苏电力第一时间启动应急预案，组织省内跨地市抢修资源驰援，迅速开展电网故障处置和供电用户恢复工作。期间，累计出动抢修人员 12390 人、车辆 3949 辆，在灾害考验中有力守护了万家光明。

6 月 28 日，全国“两优一先”表彰大会在北京人民大会堂隆重举行。国网丹阳供电公司方美芳获评“全国优秀共产党员”，国网南京供电公司配电运检室石城共产党员服务队党支部获评“全国先进基层党组织”。

7 月 14 日，江苏电网调度用电负荷达到 1.204 亿 kW，创下历史新高。

7 月 20 日，支援郑州特大暴雨抗灾抢险，派出人员 701 名，应急车辆 183 辆，圆满完成抗灾抢险保供电任务，获得国家电网公司河南特大暴雨抗洪抢险保供电先进单位，国网苏州、徐州、南通供电公司获得抗洪抢险保供电突击队奖牌，20 人荣获先进个人称号。

9 月 17 日，苏州吴江中低压直流配用电示范工程建成投运，项目面向工商、民用、市政等多应用场景，构建直流用电生态，圆满支撑国家重点研发计划“中低压直流配用电技术及应用”项目落地。

9 月 26 日，国家双创示范基地国网江苏示范中心、国网江苏省电力有限公司双创示范基地揭牌成立。

10 月 8 日，白鹤滩—江苏±800kV 特高压直流输电工程虞城换流站首台换流变安全运抵现场，标志着虞城换流站正式进入主设备安装阶段。

11 月 26 日，江苏盐城 500kV 鹿乡变电站投运。该变电站是盐城地区首座海上风电送出枢纽站和首座 500kV 室内气体绝缘全封闭组合电器变电站。

11 月 29 日，中国电机工程学会印发 2021 年度中国电力科学技术奖奖励通报。国网江苏电力首次同时获得 2 项中国电力科技奖一等奖。

12 月 13 日，特高压 1000kV 苏通 GIL 综合管廊工程获评 2020—2021 年度国家优质工程金奖。国网江苏电力首次作为建设管理单位获得国家优质工程金奖。

12 月 23 日，随着 500kV 射阳变电站投运，江苏沿海第二输电通道工程整体建成投运，盐城 30 万 kW 海上风电场成功并网。至此，江苏海上风电并网规模超 1000 万 kW，居全国首位。

12 月 27 日，白鹤滩—江苏±800kV 特高压直流输电工程（南京段）89 基铁搭全部完工，南京段率先完成江苏省内全线贯通。

（余冠霖）

【国网浙江省电力有限公司】

企业概况 国网浙江省电力有限公司（简称国网浙江电力）是国家电网公司的全资子公司。截至 2021 年底，国网浙江电力下辖杭州、宁波、嘉兴、湖州、绍兴、衢州、金华、温州、台州、丽水、舟山 11 家地市供电企业，其中杭州、宁波为大型供电企业，69 家县供电企业，20 家业务单位，本部设 22 个职能部门。

2021 年，完成固定资产投资 353.9 亿元；110kV 及以上线路开工 3006km，变电容量 1979 万 kVA，投产 2307km，2026 万 kVA。售电量 4803.8 亿 kWh，同比增长 14.7%，营业收入 2830.48 亿元、同比增长 16.12%，利润 44.16 亿元；资产总额 3168.89 亿元，资产负债率 62.8%，全员劳动生产率 143.99 万元/（人 • 年）。

领导班子

董事长、党委书记：尹积军

董事、总经理、党委副书记：黄晓尧（2021.08 任职）

董事、党委副书记、副总经理（二级单位正职级）：

李海翔（2021.03 任职）

副总经理、党委委员：吴国诚

党委委员、纪委书记：姜启亮

副总经理、党委委员：史兴华

董事、党委委员、工会主席：杨玉强

总会计师、党委委员：陈树国

副总经理、党委委员：王凯军

总工程师：李颖毅

组织机构 本部部门 21 个，分别为办公室（党委办公室、董事会办公室）、发展策划部、财务资产部、安全监察部（保卫部）、设备管理部、市场营销部（农电工作部）、科技部、建设部、互联网部、物资部（招投标管理中心）、党委宣传部（对外联络部）、审计部、法律合规部（体改办）、党委组织部（人事董事部）、人力资源部（社保中心）、后勤工作部（离退休工作部）、党委党建部（思想政治工作部）、纪委办公室（巡察办）、电力调度控制中心、工会、企业管理部，设立产业发展事业部。

地市供电公司 11 家，分别为国网浙江省电力有限公司杭州供电公司、国网浙江省电力有限公司宁波供电公司、国网浙江省电力有限公司嘉兴供电公司、国网浙江省电力有限公司湖州供电公司、国网浙江省电力有限公司绍兴供电公司、国网浙江省电力有限公司衢州供电公司、国网浙江省电力有限公司金华供电公司、国网浙江省电力有限公司温州供电公司、国网浙江省电力有限公司台州供电公司、国网浙江省电力有限公司丽水供电公司、国网浙江省电力有限公司舟山供电公司。

公司层面业务单位 20 家，分别为浙江电力交易中心有限公司、国网浙江省电力有限公司经济技术研究院、国网浙江省电力有限公司电力科学研究院、浙江省送变电工程有限公司、国网浙江省电力有限公司超高压分公司、国网浙江省电力有限公司信息通信分公司（国网浙江省电力有限公司数据中心）、国网浙江省电力有限公司培训中心、国网浙江省电力有限公司物资分公司（国网浙江浙电招标咨询有限公司）、国网浙江省电力有限公司综合服务中心、国网浙江电动汽车服务有限公司、国网浙江省电力有限公司综合服务分公司、国网浙江省电力有限公司紧水滩水力发电厂、浙江华电器材检测研究院有限公司、国网浙江省电力有限公司建设分公司（浙江电力建设工程咨询有限公司）、国网浙江综合能源服务有限公司、国网浙江省电力有限公司双创中心（国网浙江新兴科技有限公司）、国网浙江省电力有限公司营销服务中心（计量中心）、浙江浙电产业管理有限公司、国网浙江电力投资运营有限公司、浙江思极科技服务有限公司。

人力资源 优化本部部门及内设处室设置，提升公司本部整体组织机构效能；优化省综合服务中心业务分类和管理模式，完成思极公司和临平区供电公司的组建批复工作。印发创新新兴科技公司、送变电公司人力资源管理模式指导意见，编制综合能源和电动汽车公司人资管理创新意见，在机构设置、选人用人、绩效考核、薪酬激励等方面建立创新机制。指导送变电公司进一步完善超额利润分享激励实施方案，组织华电院 2021 年项目收益分红激励工作，做好新兴科技公司虚拟项目收益分红激励项目申报与具体兑现。

开展 2021 年度业绩指标体系修订，推行地市公司“效益 + 效率 + 服务”考核模式和直属单位“效益 + *X*”考核模式，增设“示范窗口指数”，构建以提质增效为主线，强化效率效益导向的考核体系。完善补医报销平台，打通“浙里办” – 财务数据中台 – 补充医疗保险平台 – 财务电子报账系统的补医票据应用通道，完成养老保险建账前参工的职工档案集中预审工作，为退休审批“一次也不跑”奠定坚实基础。加强传统教育和文化养成教育要求，全方位推进“电力发展四史”教育，开展党史学习“五进”系列活动，完成新入职大学生和供电服务公司新进人员集中送培。

印发《关于进一步加强对东西帮扶人员关心关爱的指导意见》，派出 24 名优秀骨干援助西部公司。牵头制定国家电网公司专家人才管理办法，国家电网系统率先评选省公司级专家人才，培养推荐国家电网公司首席专家 4 名，倪钱杭获评全国技术能手，蒋卫东获评电力行业“百名电力工匠”和“浙江大工匠”，徐川子获评“浙江杰出工匠”。

2021 年末，主业用工总量达 57906 人，较 2020 年末增加 123 人。职工劳动生产率为 143.99 万元/（人 • 年），较 2020 年增长 10.8%；人事费用率为 5.38%，人工成本利润率 29.03%；全员培训率 97.79%；人才当量密度 1.1891。

电网建设与发展 成立“碳达峰、碳中和”领导小组统筹新型电力系统建设，制定“碳达峰、碳中和”和新型电力系统“两方案一挂图一清单”，构建“经济 – 能源 – 电力 – 碳排”4E 模型。编制“十四五”电网规划，全省 632 万 kW 清洁煤电、特高压交流环网、入浙第四直流纳入国家“十四五”电力规划，3560 万 kW 抽水蓄能电站纳入中长期规划，高弹性电网、全口径电网投资纳入各级政府规划。白鹤滩—浙江特高压直流工程核准开工。

500kV 丽西变电站、瓶窑变电站主变压器增容、白浙特高压直流配套送出、浙西南网架优化加强、涌潮扩、妙西扩及 220kV 舟山洛迦—龙峙第三回线路改接工程等开工建设。500kV 吴宁、镇海、甬港、信安、苍南等 5 个主变压器扩建工程、220kV 珞迦—鱼东线路工程、建党百年重点项目 110kV 秀州变电站全部按期建成投产。开工建设湖杭铁路杭州西、桐庐东、湖州南园牵引站220kV外部供电工程。按期投产杭绍台铁路台州温岭等5座牵引站220kV配套供电工程，助力中国首条民营控股高铁牵引站提前送电。嘉兴、台州、温州、宁波海上风电等新能源配套工程按期投产，504万kW新增风光项目并网。上线运行省工业碳平台，湖州供电公司建成首个国家电网“新能源云”碳中和支撑服务平台。推动出台省级新型储能示范应用实施意见，市县两级储能政策全面覆盖，首批20万kW级储能项目预可研完成。

500kV舟山联网工程获国家优质工程金奖。220kV藤桥变电站、35kV南麂变电站获国网优质工程金奖，110kV横江变电站获国网优质工程银奖，500kV甬港变电站推荐参评国家优质工程奖，220kV五圣变电站推荐参与电力行业优质工程评选。国网浙江电力成为唯一一家35～500kV所有电压等级均获奖的省级公司，也是首家35kV工程获国家电网金奖的省级公司。

经营管理 推动“一体四翼”发展布局落地实施，修订国家电网战略落地方案，开展战略入心落地见效行动。推动提质增效专项行动，开源开放、降本节支。落实电价市场化改革要求，协同政府组建专班高效推进，完善市场交易及代理购电配套制度，工商业用户全部进入电力市场。完成全国首次电力现货市场季度结算试运行，开展第三方独立主体参与电力辅助服务市场。建立绿电市场化交易机制，交易电量3.4亿kWh。支持乐清长三角碳普惠市场建设，首批碳减排量交易达万吨。承担国家电网财务数字化唯一综合试点，初步建成智慧共享财务平台。全国率先优化天然气发电上网电价，建立季节性尖峰电价。三年供售同期调整全面完成，累计增加资本167亿元。实施电网效能提升三年行动，线损等指标精准管控。开展土地、廊道等资源综合利用，杭州祝桥变项目进入公司化运作，金华宾王变电站项目签署政府合作备忘录，194个多站融合数据中心站商业化运营。加强物资采购入网抽检与采购审核，配网优质供应商占比100%。完成第二批24家县公司“子改分”。《浙江省电力条例》纳入省人大2022年初审项目。“依法合规规范年”工作扎实开展，避免和挽回经济损失2.3亿元。实施地市公司审计一体化管理，配合国家审计署节能减排专项审计。实施卓越绩效管理，获评“全国实施卓越绩效先进组织”，1项成果荣获全国企业管理创新成果最高奖。推进省管产业绿色转型，建成智慧光伏运营平台，开工投产容量109万kW。深入开展省管产业专项整治，初步建成内控及合规体系，施工企业能力标准化全部达标。

安全生产 完善安全生产委员会工作规则，配合完成国家电网公司安全巡查“回头看”，深入开展安全大检查和专项督查，坚决消除隐患风险。承担国家电网公司安全管理体系试点任务，完成中台安全域十大应用场景一期功能建设。成立安全管控数智化技术研究与应用联合实验室，开展安全管控新技术新设备研究，完成边缘计算装置软硬件原型系统和15类配套的智能终端研制，累计开发管控规则50项，实现作业现场安全智能化管控能力提升。按照“分级建设、一体化运作”原则，推进安管中心标准化建设，制定安全管控中心标准化建设方案、工作标准和“四个管住”指标体系，对市、县两级安管中心进行评价验收。完成杭州、台州、衢州等单位60座变电站的智慧安防系统建设，持续推进“集中监控+动态巡视”安防新模式。

加强电网“三道防线”建设，“两交两直”特高压电网平稳运行。深化现代设备管理体系实践，健全设备全过程管控机制，特高压直流能量可用率提升至98.2%，主网输变电故障停运率压降40%，中压停电时户数降低28.2%，不停电作业率提升至92.5%，500kV及以上输电线路无人机自主巡检、220kV及以上变电站消防远程监控全面覆盖。修编应急预案体系，举办2021年应急知识和技能竞赛，成立杭州、宁波、金华、温州四个应急救援分中心。全国首家开展大规模电力监控系统网络安全攻防渗透演练，完成国家“护网”专项演习等重大活动网络安全保障。常态化做好疫情防控，切实保障抗疫用电。

营销工作 平稳完成全省所有低压用户供售同期调整，试点建成电费业务全流程数智化体系，电费回收率100%。成立燃煤发电市场化改革领导小组和工作专班，实行挂图作战，制定代理购电工作指南，推动出台市场交易及代理购电政策，实现2022年电力市场顺利开市。印发控（参）股增量配售电公司管理指导意见、市场化交易电费结算业务规范、电费结算业务规范。完成普通直接交易电量1068亿kWh，降低企业用电成本31.4亿元。推动发布浙江省《运行电能表计量性能在线监测技术规范》。建成高压互感器智能检定中心，研发应用全国首台特高压直流电压互感器现场检测装置，挂网运行全网首台ECU型终端。回收乐清萡售自供区。推动6家自备电厂关停或转公用，总容量12.3万kW。治理长期重损台区344个，同期线损率降至1.99%。营销稽查及反窃电挽回经济损失3亿元。

推动挂牌成立政府授权的省能源大数据中心，全国首创工业“碳效码”并在全省全域推广、获得工信部副部长辛国斌批示肯定，“能效账单”覆盖率97.1%，完成综合能源服务营收25.13亿元，电能替代电量101亿kWh，岸电、碳效码相关做法在第26届联合国气候变化大会中国唯一对外宣传片《2021年全球行动倡议——气候变化》中播出。推动35个区县政府出台公共充电设施布局规划，新建成充电站195座、充电桩2278个，投运全国单期规模最大公交充电站杭州石塘公交充电站，开展居住区充电桩供电配套“整体加装”试点、推动破解私家车充电难题，提供电动汽车充电次数1176万次，完成充电电量3.15亿kWh。

科技与信息化 获国家发展改革委批复建设全国唯一一个国家绿色技术交易中心。出台《关于推动国网浙江新兴科技有限公司高质量发展的指导意见》，将具备应用推广价值的科技成果统一纳入新兴科技公司实施转化，举办成果大市场，全年实现成果转化55项，累计转化收益2000余万元。打造新型电力系统高端研发平台，新兴科技公司、华电研究院获批省级新型研发机构。发布“‘30·60’目标下浙江新型电力系统重大攻关计划”，布局36项重大技术方向、100项科技项目及10项重大科技示范工程。获省部级及以上科技奖励67项，其中牵头成果“含高比例新能源的电力系统需求侧负荷调控关键技术及工程应用”获2020年度国家科技进步二等奖，2项专利获第22届中国专利优秀奖。2021年申请发明专利1374项，获授权发明专利786项。主导发布IEEE P2747—2020电力金具节能技术评价导则，联合主导发布IEEE P2772—2021架空导体能耗试验方法。推动标准转化，全年新增立项国际标准2项，国家标准7项，行业标准12项。成立浙江电力标准化研究所，主导成立国家电网公司首个ISO工作组。

优质服务 率先构建全时间尺度“市场+行政”的需求响应体系，建成千万千瓦级需求响应资源池，具备110万kW分钟级可调节、220万kW分钟级可中断负荷能力，实施国内首次小时级需求响应，创新探索“一键响应”模式，渡过长时间大缺口的缺电难关。首创用电量运行指数热力图，配合政府精准实施能耗双控。促成政府联合推进危化企业停产限产和低洼地带配电设施防涝措施全覆盖，台风受灾用户24h恢复率99%。完成建党百年、世界互联网大会等客户侧供电保障任务，亚运会保电客户侧准备有序推进。

深化“阳光业扩”服务，推出“我为群众办实事·便民助企十大举措”，发布“党建+优质服务”工程行动方案，全面开展“三指定”治理；推动省政府出台电力接入工程费用分担机制，高压办电、低压接电时间分别下降至14.6天、3.3天，“获得电力”指标杭州位列全国城市第四、舟山排名国家级新区第十。推行标准化乡村供电服务，开展“庆百年·创双百”助推乡村振兴专项行动，创建114家示范星级供电所、106个“乡村振兴·电力先行——红船·光明驿站”，电力业务进驻1.1万家村级便民服务中心，“电力光明驿站”成为国家电网公司唯一入选央企“我为群众办实事”特色项目。建成113家数智化供电所。打造652个新时代乡村电气化村、42个“乡村振兴·电力先行”示范区。

坚持推进营销服务数智转型建设。承担营销2.0首家示范推广任务，“统一软件”浙江方案基本得到总部认可。试点上线采集2.0、并全网率先实现数据库去Oracle。完成“营销大脑”一期功能建设。营业厅“三型一化”转型率82.1%，其中建成无人化营业厅152家。创新疫情防控在‘这’电力指数、乡村振兴电力指数以及用采系统抗灾应急应用，开发“电力看浙江”产品，广义电力大数据关键技术及应用成果荣获中国电力科技奖、国家电网公司科技奖一等奖。

党建工作 印发党史学习教育实施方案和任务表，成立领导机构及巡回指导组，各级党委严格落实“第一议题”和党委理论学习中心组学习制度，377个“我为群众办实事”项目有形有效。开展“旗帜领航程永远跟党走”群众性主题宣传教育暨“两优一先”表彰活动，党委主要负责同志讲授专题党课。完成全国国企党建工作会议精神贯彻落实情况“回头看”，建立党建员建设体系。举办“红船·光明宣讲团”巡回宣讲14场，近2.9万名党员参加“万名党员网上学党史”活动。推进党员教育“百千万素质大提升”工程，创新“课堂+基地”实训模式，打造6个“红船·光明学堂”、18条“红船·光明之路”红色教育路线，选聘20名“红船·光明讲师”开展现场教学。举行“光荣在党50年”纪念章颁发仪式，走访慰问困难党员、新中国成立前老党员等。开展“学党史、感党恩、跟党走”主题党课竞讲，举办庆祝建党100周年主题团日暨第二届五四奖章颁奖仪式。建成国网浙江电力文化馆，出版《浙江有电史事探源》《能源安全新战略的浙江实践》，“光明馆”入选国务院国资委央企红色展馆。

配合完成国家电网党组巡视监督，建立党委主责总责、专业协同、上下联动的工作机制。认真落实巡视反馈意见，第一时间制定整改落实方案，细化形成181项整改措施。聚力发现问题、解决问题，深化党委巡察，实现常规巡察三级单位全覆盖。完成“清廉浙电政治生态优化年”工作，政治生态向好。依法建立浙江送变电工程有限公司等4家子企业董事会，引入7名投资、建设类地方国企及民营企业外部董事。实施领导人员队伍建设“131计划”，印发《关于进一步加强国网浙江电力干部队伍建设的意见》，实施《优秀年轻领导人才发现培养选用管理指引》，2021年共调整领导人员158人次，新提任49人，新提拔三级领导人员70后、80后占比分别为81.3%、12.5%，三级领导人员平均年龄下降0.7岁，80后增至23人，占比增至6.8%，9家地市供电公司已配备80后领导人员。

5 个工作室获中国长三角地区劳模工匠创新工作室命名，5 个工作室获省高技能人才（劳模）创新工作室命名。建成国家电网系统首个省级保密宣教示范基地，实施保障房建设三年行动计划，在中央主要媒体发稿数量居国家电网系统第一。

国网浙江电力党委荣获“全国先进基层党组织”称号。48 个集体和个人分获中央企业、国家电网、浙江省、省国资委“两优一先”。红船党员服务队获评第六届全国学雷锋示范点，4 支服务队获国家电网（金牌）优秀共产党员服务队。红船青年突击队作为国家电网公司系统唯一集体，获“全国向上向善好青年集体”荣誉称号。1 家团组织获评全国五四红旗团委，4 个集体获评全国青年文明号，国网浙江电力团委获评“浙江省共青团和青年工作成绩突出团委”。深化职工技术创新创效服务基地建设，获授全国首个“职工技术创新成果转化基地”。1 个微课堂作为国网系统唯一获得中宣部 2021 年度“优秀理论宣讲微视频”，并受邀参加中宣部学习贯彻党的十九届六中全会研讨班。2 项文化成果获 2020—2021 年度全国企业文化优秀成果一等奖。5 个项目分获国网青创赛 2 金 2 银 1 铜，获中国青创赛铜奖和浙江省青创赛 2 金 7 银 1 铜。6 个项目入选浙江省最佳志愿服务项目，1 个项目获评全国学雷锋志愿服务“四个 100”最佳志愿服务项目。公司系统 1 家单位获全国五一劳动奖状，1 名员工获全国五一劳动奖章，5 个班组获全国工人先锋号，37 名员工获评新时代“浙江工匠”，1 名员工获评全国技术能手，1 名员工入盟长三角工匠联盟。4 人当选国家电网首席专家，1 人获评全国技术能手，4 人获评国家电网技术能手。1 名基层党支部书记获评浙江省担当作为好支书。1 名职工荣获第三届“国网楷模”，3 名职工荣获第七届浙江省“道德模范”。

主要事件

1 月 26 日，国网浙江电力第六届职工代表大会第二次会议暨 2021 年工作会议在杭州召开。

2 月 12 日（大年初一）上午，浙江省委书记袁家军、省长郑栅洁一行来到国网浙江电力调研慰问，代表省委省政府向春节期间坚守岗位的广大供电员工表示新春祝福，对国网浙江电力工作给予充分肯定，并希望继续保持优良传统，精益求精，扎实工作，为社会大局稳定，为经济发展作出新的贡献。

3 月 19 日，国网浙江电力在嘉兴举行“建党百年红船行、人民电业为人民”专项行动启动暨电力保障百日攻坚誓师大会，大力弘扬红船精神，践行“人民电业为人民”的企业宗旨，奋力推进“红船精神、电力传承”特色实践，以最昂扬的精神状态、最优异的发展业绩、最扎实的工作作风，确保建党百年保电工作万无一失，献礼中国共产党百年华诞。国网浙江电力董事长、党委书记尹积军宣布“建党百年红船行、人民电业为人民”专项行动暨电力保障百日攻坚行动正式启动，并作动员讲话。国网浙江电力党委副书记、副总经理单人主持启动仪式。国网浙江电力副总经理、党委委员王凯军，总工程师李颖毅等出席活动。

4 月 15 日，全国首个海岛“绿氢”综合能源系统示范工程在台州大陈岛开建，预计在 12 月底前投运。

5 月 10 日，国网浙江电力推出 2021 年度“我为群众办实事 • 便民助企十大举措”。

5 月 12 日，国家发展改革委办公厅正式复函，同意以国网浙江双创中心为主体，在浙江设立全国首个国家绿色技术交易中心。

5 月 18 日，国家电网公司首家省级保密宣教示范基地揭牌暨国网浙江电力保密宣教基地启动仪式在金华举行。国网浙江电力党委委员、工会主席杨玉强出席启动仪式。

6 月 28 日，中共中央在北京隆重表彰全国优秀共产党员、全国优秀党务工作者和全国先进基层党组织。国网浙江电力党委荣获全国先进基层党组织称号，国网浙江电力党委书记、董事长尹积军作为全国“两优一先”代表参加表彰大会。

7 月 1 日 8:00，庆祝中国共产党成立 100 周年大会在北京天安门广场隆重举行。中共中央总书记、国家主席、中央军委主席习近平出席并发表重要讲话。国网浙江电力党委书记、董事长尹积军作为全国“两优一先”代表出席会议。

7 月 13 日 13:32，浙江最高用电负荷首破 1 亿 kW，达到 1.0022 亿 kW，同比增长 8.1%，比 2020 年最高值增长 754 万 kW。当天浙江省风电、光伏、水电、核电等清洁能源发电出力约占全省总发电功率的 30%。杭州、嘉兴、湖州、宁波、绍兴、金华、温州、衢州、丽水等 9 个地市均创历史新高。

8 月 9 日，国网浙江电力“光明馆”入选国资委“百年峥嵘　初心见证”中央企业红色展馆。

8 月 11 日，国网浙江电力董事长、党委书记尹积军，国网浙江电力总经理、党委副书记杨勇与浙江省委常委、宁波市委书记彭佳学，宁波市委副书记、市长裘东耀举行会谈，并出席宁波市人民政府与国网浙江电力战略合作框架协议签约仪式。宁波市委常委、市委秘书长施惠芳出席会谈及签约仪式。宁波市委常委、常务副市长陈仲朝与国网浙江电力副总经理、党委委员史兴华代表双方签署《构建以新能源为主体的新型电力系统　推进宁波市碳排放达峰行动》战略合作框架协议。

9 月 17 日，浙江省能源大数据中心在杭州正式揭牌。该中心经浙江省政府同意，在浙江省发展改革委、浙江省能源局指导和国网浙江电力协同下，由浙江省能源监测中心和国网浙江电力数据中心共同组建。省发展改革委党组书记、主任孟刚，党组成员、副主任吴红梅，国网浙江电力董事长、党委书记尹积军，总经理、党委副书记黄晓尧，总工程师李颖毅参加揭牌仪式。

10月11日，宁波江北10kV横山线主线实现量子加密智能开关全覆盖，并在配电自动化系统中投入全自动馈线自动化功能，这标志着国内首条基于量子加密无线通信的全自动馈线自动化架空线路正式投运。

11月3日，国网浙江电力牵头完成的“含高比例新能源的电力系统需求侧负荷调控关键技术及工程应用”成果获2020年度国家科技进步奖二等奖。

12月7日，由国网浙江电力建设管理的舟山500kV联网输变电工程荣获国家优质工程金奖，这是浙江首个获此荣誉的电网工程。舟山500kV联网输变电工程横跨宁波、舟山两地，新建2座500kV变电站、海缆17km、4个海上大跨越，总投资46.2亿元，是中国建设规模最大、技术难度最高的跨海联网工程，代表了当代超高压输电技术的世界最高水平。

（丁　静　高碧微　孔　洁）

【国网安徽省电力有限公司】

企业概况　国网安徽省电力有限公司（简称国网安徽电力）是国家电网公司的全资子公司，承担着优化安徽省能源资源配置、满足经济社会发展电力需求供应的重要职责。主要从事电网建设、生产、经营、科研、设计和培训等业务。截至2021年12月底，本部设22个部门，下辖16个市、71个县公司和16家业务支撑单位，管理各类员工近7万人，服务电力客户3370万户。

2021年，安徽全社会用电量2715亿kWh，同比增长11.86%。综合线损率5.8%，下降0.4个百分点。企业负责人业绩考核跃居国家电网第6。

电网概况　安徽电网拥有110kV及以上变电站1027座，变电容量2.3亿kVA，输电线路长度5.2万km，其中：换流站1座，换流容量1200万kVA，直流线路3453km；1000kV变电站2座，主变压器12台、变电容量1200万kVA，输电线路长度1232km；500kV变电站36座，主变压器203台、变电容量6467.6万kVA，输电线路长度6920km；220kV变电站257座，主变压器496台，变电容量8573.6万kVA，输电线路长度1.91万km；110kV变电站732座，主变压器1425台，变电容量6923.88万kVA，输电线路长度2.07万km。

截至2021年12月底，安徽省全社会装机容量达8466万kW，其中：火电5740万kW、水电507万kW、风电511万kW、太阳能发电1707万kW、生物质发电239万kW。扣除皖电东送装机容量1354万kW、抽水蓄能机组348万kW，安徽省可调用机组5970万kW；考虑风光电源不可控等因素，实际最大可靠供电能力3800万kW。

人力资源　截至2021年底，共有长期职工31086人，其中：研究生学历4212人、大学本科学历15957人、大学专科学历7041人、中等职业教育学历2595人、高中及以下学历1281人，高级职称4709人、中级职称7912人、初级职称9470人，高级技师8815人、技师9517人、高级工4434人、中级工523人。职工劳动生产率87.72万元/（人·年），同比增长10.8%。

推进人才工程“金字塔”行动计划，新增省部级及以上高端人才25人，其中1人荣获“国家技能人才培养突出贡献个人”称号。改进人才培养机制，新入职员工全部分配至一线生产岗位，选派170名新员工到送变电一线项目部实训。拓宽人才培养渠道，开展青年员工“三跨”（跨单位、跨区域、跨层级）培养锻炼，建设全省人才“需求池”“匹配池”，62人满足需求匹配，参加交流培养锻炼。持续推进“三统一、三自主”高校毕业生招聘模式，扩大差异化招聘试点单位范围，完成毕业生招聘822人，计划完成率95.58%，同比提升9.34个百分点。规划建设“1+3+*N*”实训体系，重点建设3个国家电网公司级实训分基地，通过实训资源更多渠道投入、更高标准建设、更大范围配置，构建“布局合理、功能完备、技术领先、特色鲜明”的实训体系。

加大“请进来、走出去”培训力度，与沪苏浙3家培训中心签订战略合作协议。完成人工成本利润率12.98%、人事费用率6.74%。印发《技改大修自主实施专项奖励方案》，设置7项激励举措，对Ⅰ、Ⅱ、Ⅲ类技改大修项目自主实施核定专项奖励。修订印发《绩效管理实施细则》，创新多元量化绩效考评方式，建立健全容错就错、绩效申诉等4项机制。全面落实国家社保“降返免”政策规定，全年减少缴纳工伤、失业保险费用4401万元，返还失业保险1019万元，企业年金收益6.82%。按照“试点先行，逐步完善”的原则，初步完成10家中小规模直属单位和3家合资公司的人资基础性、同质性业务共享集中，业务内容涵盖社会保险、补充医疗、企业年金等。

电网建设与发展　以“一体三化”现代能源服务为抓手，发布安徽“一体四翼”发展布局实施方案和专项行动计划，形成20项重点任务、66条具体举措，确保规定动作“做到位”。全力服务安徽“三地一区”建设，研究谋划“新型皖电”“低碳江淮”等五大特色实践；全面启动等高对接沪苏浙行动，制定“1+5”行动方案，建立常态学习机制，组织分层级结对子，推进“1+4”先行先试示范工程创建，加快融入长三角一体化发展。

开工“十四五”时期安徽省首个“新基建”特高压工程——白鹤滩—江苏±800kV 特高压直流输电线路工程（安徽段），计划 2022 年 5 月建成投运，投运后可将四川清洁水电大规模输送至华东地区，每年可向江苏省输送电力超过 300 亿 kWh，可使华东地区每年减少发电用煤 1400 万 t，减排二氧化碳 2542 万 t，在优化全国能源结构、促进清洁能源消纳，助力碳达峰、碳中和等方面具有重要作用。

白鹤滩—浙江±800kV 特高压直流输电工程是中国实施“西电东送”战略的重点工程，是促进国家能源结构调整和节能减排的重大清洁能源项目。8 月 17 日，安徽段开展基础首基试点，12 月 24～28 日，白浙线安徽段在全线首个完成转序，进入组塔阶段。工程建成后可替代浙江煤电装机煤量 8000MW，每年可节约原煤约 1400 万 t，减少排放二氧化碳 2542 万 t，显著提高长三角区域能源电力互济互保和能源保障能力。

全面完成“十四五”规划修编，促成陕皖直流纳入国家规划。打造具有皖电特色的“重点任务＋重大课题＋示范工程”落实体系，促成相关成果纳入省级电力规划。政企协同推动示范试点项目建设，发布国内首个省会城市新型电力系统建设落地方案。

有序推进“十四五”规划项目前期工作，潘集电厂送出等 3 项 500kV 输变电工程获得核准。可研初设实质性一体化融合，前期质量效率大幅提升，共完成 110、220kV 输变电工程可研批复 125 项、核准 104 项。“十四五”期间开工的首座 500kV 工程——合肥紫蓬 500kV 输变电工程高标准建设实施，成为融入长三角一体化发展重点工程以及绿色建设、模块化建设示范样板。

经营管理　深化收付款“省级集中”，电费回收率 99.99%以上。保持反窃查违高压态势，挽回损失 1.39 亿元。稳妥推进降杠杆、减负债等专项任务，亏损子企业全部清零。建成 16 个市级供应链运营中心，“检储配”一体化基地数量居公司首位。初步建成内部五级市场体系，实现供电所、客户经理 4～5 级市场全覆盖。成本项目化比例超 75%，非生产性支出占比压降超 10%。高损、负损台区压减 90%，台区综合线损率压降至 2.57%。数字化审计、无纸化会议等成效明显。获评全国实施卓越绩效先进组织，实现全国质量奖“零突破”。

完成替代电量 65 亿 kWh；综合能源业务营收 9.4 亿元，同比增长 23.6%。公共机构合同能源管理成为“典型样板”，相关经验在全国推广。与中石油、中石化签署合作协议，公共充电桩实现县域全覆盖。基础资源运营业务实现营收 2.1 亿元、利润 2000 万元，超额完成年度目标。与英大集团签订战略合作协议，完成普惠金融服务超 60 亿元。省管产业单位实现营收 242 亿元，同比增长 15.2%；7 家平台企业获评施工能力标准化单位。

安全生产　支援河南防汛抢险保供电工作，先后派出队伍 685 人、各类作业车辆 138 辆，帮助 88 个小区累计 9 万余户居民恢复供电，实现“工作零差错、现场零违章、疫情零感染”，为筑牢电力防疫救灾“铜墙铁壁”贡献安徽力量、展现安徽担当。

10 月 16 日，完成世界最高电压等级±1100kV 古泉换流站首次精益化检修。针对重点隐患清单逐项制定治理方案，建立“一站一案、一患一档”，优化施工工期，缩短检修时间共计 144h，多向华东地区输送电能 8 亿 kWh，有效提升吉泉直流系统能量可用率至 97%，为安徽电网今冬明春电力保供提供可靠支撑。

全面落实新《中华人民共和国安全生产法》，统筹推进三年行动、“五查五严”，滚动更新“两个清单”，累计消除管理、设备等问题隐患 1440 余项。健全分包队伍公开准入、退出机制，累计清退队伍 337 支，分包队伍数量压减近三成。全面建成省、市、县三级安全管控中心，深入推进“交警式”稽查。加强网络安全监测预警，完成“护网 2021”专项演练。全面建成全时空数字调度、输电全景管控“两大”平台。实施超特高压线路属地化业务调整，平稳完成责任移交和人员划转。建成省市两级无人机巡检中心，智能巡检“样板间”成为国家电网公司标杆。

面对近十年来最严峻的电力紧张形势，坚持政府主导，科学安排电网运行，全力争取省外来电，最高达 1215 万 kW，占当时负荷近 30%，保障电力平衡。发挥各级保供办作用，全力配合实施有序用电，单日最大错避峰 458 万 kW，占当时负荷的 13%。组织两千余名客户经理驻厂值守，促成全部地市出台轮停轮休方案，做到了“限电不拉闸”“限电不限民用”。

营销工作　实施乡村电气化工程，以能源振兴助力乡村振兴，打造金寨大湾、凤阳小岗、阜阳界首、黄山歙县 4 个典型示范区，推动建成 267 个乡村电气化项目，助力农业农村发展提质增效。坚持依法合规，配合政府主管部门提前制定有序用电方案。坚持“有保有限”，优先将高载能、错避峰能力强的企业纳入年度有序用电方案，保障居民、疫情防控、公共服务等电力需求可靠供应。

编制《国网安徽省电力有限公司代理购电工作方案》《代理购电工作管理规定》，建立健全保障代理购电平稳运行的工作机制，强化各层级人员协同，规范代理购电业务实施流程，提升代理购电业务水平和服务质效。制定代理购电《购售电合同（模板）》，组织各市公司开展到户合同签订，累计完成 139.61 万户合同、补充协议签订工作。集中攻关开展系统改造，30 天内完成 43 项电费计算场景的开发、测试，确保电费计算万无一失。

巩固扩大传统市场，持续做好安庆、六安、黄山三市六县原水电供区移交后的电网建设和供电服务。参与碳市场和需求响应市场建设，完成金寨县大湾村“零碳示范村”建设，综合能源、电动汽车公司成为全省首批负荷聚合商并提供碳资产管理服务。开展可调节负荷资源普查，联合中国电力科学研究院，细化制定可调节负荷资源普查工作方案，依托省级智慧能源服务平台作为各类负荷资源的统一入口，签订可调节负荷资源意向协议 368 万 kW，占年最大负荷的 8.4%。

科技与信息化 2021 年，获中国电力科技奖 1 项、国家电网公司科技奖 16 项、安徽省科技奖 11 项。牵头项目“长三角特高压直流偏磁预测与治理关键技术、装备研制及应用”获得安徽省科技进步奖一等奖。国家级博士后工作站 8 月挂牌运作，先后完成 3 名进站博士后招聘；聘请中国科技大学谢毅院士等 5 位专家学者成为博士后导师。牵头完成 3 项电力行业标准编制。

充分发挥安徽在量子技术领域的区位优势，主动加强与中国科学技术大学院士团队交流合作，强化“产学研用”深度融合，创新成果——量子电流互感器在全国首届量子产业大会亮相。完成池州九华特高压密集通道数字孪生建模，研发特高压密集通道智能管控并上线。强化古泉数字示范站设备全景立体感知，完善多维信息呈现功能，推进机器代人智能巡检作业应用，相关成果入选中电联企业数字化转型最佳实践案例。

完成数字化架构现状梳理、目标架构设计，上线架构管控工具，提升可研编制、功能查重、概设编审等服务能力。“1+6”数字化规划成果获中电联电力创新二等奖。完成特高压密集通道、古泉数字化换流站试点工程应用验证，“基于数字孪生的特高压输变电智慧管理”研究成果获中国能源研究会管理创新一等奖。持续扩容优化国网云平台，完成阿里云 3.14 大版本升级和云平台第二节点建设，共计纳管服务器 442 台，承载 84 套信息系统和模块的运行。投运稻香路绿色数据中心机房，建筑面积 7200m^2，配备先进的智慧能源管控、空调蓄冷等设施，满载运行 PUE 值低至 1.5 以下。

优质服务 深入实施优化电力营商环境“深化创新年”活动，持续推进“三零”“三省”，压减客户办电成本 2.2 亿元。成立政企服务专班，主动上门对接客户需求，保障各类项目早用电、用好电。促成合肥、芜湖出台“投资到红线”财政支持政策，合肥“获得电力”指数首次迈入全国“优秀”行列。

推广“互联网+”，线上用户突破 2400 万，占用户总数近八成，线上办电率 98%。推广带电作业，率先建成 7 个“零计划停电”示范区。投诉总量压降 86%，客户用电获得感、满意度得到进一步提升。有效应对新能源最大出力屡创新高、占比接近 50%等挑战，始终保持全额消纳。投入 9.5 亿元加快原水电供区电网建设，“用电难”问题得到彻底解决。大力实施农村电网巩固提升工程，全年累计投入资金 77.2 亿元，8 个美丽乡村电网“样板”率先建成，267 个乡村电气化工程按期投运，5700 余项升级改造项目全面竣工，助力农业更强、农村更美、农民更富。

党的建设和精神文明建设 把深入学习习近平新时代中国特色社会主义思想作为首要任务，自觉主动学、及时跟进学、联系实际学、笃信笃行学，落实“第一议题”制度，发挥党委中心组理论学习示范带动作用，提升“三会一课”学习质效，促进学思结合、学以致用。注重提高思想性、理论性、多样性、实效性，全年累计开展党委理论学习中心组集中学习 22 次，中心组成员参与研讨发言 58 人次，综合运用自学、专题调研、观看视频等多种方式，促进深读原著、勤学原文、深悟原理，有效引导党员干部把握理论体系、悟透精髓要义、践行实践要求。紧扣学党史、悟思想、办实事、开新局目标，把党史学习教育作为贯穿全年的重大政治任务，主要负责同志带头带动，第一时间召开专题推进会，细化部署 133 项重点任务，建立完善每周会商、双周例会、信息报送、工作联系等机制，形成协同联动、齐抓共管工作格局。强化党支部“三会一课”、党员领导干部培训等载体创新，充分发挥“学习强国”“网络大学”“国网高培云课堂”等线上平台作用，进一步推动理论武装覆盖全员。思想政治工作成果“‘一强三引’提升国有企业职工思想政治教育工作质效”荣获中国电力思想政治工作优秀研究成果二等奖。

建立“五学体系”和“述、考、巡”三项机制，举办读书班 2 期。创新线上线下载体，统一开展“主题党日”，抓好专题培训，实现 3 万余名党员“学、研、培、考、练”一体贯通。开设“六讲课堂”，宣讲“七一”重要讲话和党的十九届六中全会精神，公司各级党组织分众化宣讲 1100 余场次。深入推进“我为群众办实事”实践活动，青年公寓改造等一大批“暖心”项目完成，61 项重点办实事项目 100%销号办结。54 个集体、个人获中央企业、安徽省委和国家电网公司党组“两优一先”表彰。

细化制定 50 条“旗帜领航 • 提质登高”重点工作和 38 项“基层党建创新拓展年”落实举措，扎实开展全国国企党建会精神贯彻落实“回头看”，有效推动党建工作优势转化为企业发展优势。加强基层党支部书记队伍建设，近三年党支部书记平均年龄从 50.1 岁下降到 47.8 岁。专题学习重温习近平总书记在全国国企党建会上的重要讲话精神，编制“回头看”问题、任务、责任“三个清单”，印发《关于进一步规范基层组织建设工作的通知》等 4 份制度文件，3 项自查问题、10 条整改举措均已落实到位。

印发《关于深化开展“党建引领·初心建功”行动推动“党建+”工程做深做优的实施方案》，分专业制定“党建+安全生产”等5大类工作规范，构建以“双加双融”为核心的“党建+”工程项目化管理体系。聚焦乡村振兴，助力碳达峰、碳中和及“一体四翼”发展布局落地等重大战略实施，部署开展“为民服务建新功”专项行动，上下联动实施“党建+”项目29个。

深化选苗、培树、学践“三阶段”工作法，实现典型选树一体化管控，形成许启金、王开库、赵波夫妇、廖志斌、孙燕飞、杜娜等一批在系统内外产生积极重大影响的先模典型。28个集体、25人获省部级以上“五一”劳动奖状、工人先锋号、脱贫攻坚先进等表彰。许启金作为电力行业唯一代表参加中宣部举行的首场“弘扬劳模精神、劳动精神、工匠精神”中外记者见面会。王开库、王家全荣获“第七届安徽省道德模范”称号。

贯彻中央《关于深化新时代文明单位创建工作的意见》《新时代公民道德建设实施纲要》《新时代爱国主义教育实施纲要》，弘扬社会主义核心价值观，常态化深入开展以“道德讲堂”“志愿服务”等为载体的职工职业道德建设活动，围绕疫情防控、急难险重和公益活动开展系列工作，营造了浓厚的德育氛围。2人被推荐为中国好人。《人民日报》专题报道“燕飞来”志愿服务队智慧助老事迹。

围绕国家电网公司战略目标，深入实施强根铸魂工程，落实“文化铸魂、文化赋能、文化融入”专项行动，弘扬党内政治文化，践行社会主义核心价值观，加快建设新时代优秀企业文化，促进公司战略和价值理念转化为广大职工的情感认同和行为自觉。推动革命文化融入职工教育，有效利用省域红色资源，上线全省首家“安徽红色教育图谱”，实施“红色基因·电力传承”，培养红色能量“传递者”、红色家谱“收集者”、红色资源“守护者”，为大别山精神等中国共产党精神谱系赋予新的时代内涵，促进红色血脉、红色精神、红色文化深深根植。坚持企业文化建设项目化推进，深化“重点项目、储备项目、自主项目”三级项目实践模式，全年实施33个思想文化项目，覆盖16个市县公司和9家直属单位。开展企业文化宣贯传播，推动企业文化内容纳入各级各类培训课程。落实企业文化“百千万”工程年度重点任务，创建企业文化示范点。1个思想文化项目荣获2020—2021年度全国企业文化优秀成果一等奖。

（詹绪海）

【国网福建省电力有限公司】

企业概况 国网福建省电力有限公司（简称国网福建电力）是国家电网公司的全资子公司，以建设和运营福建电网为核心业务，承担着保障福建省清洁、安全、高效、可持续电力供应的重要使命。经营区域覆盖全省9个设区市及平潭综合实验区，管辖9个市供电公司、1个水电企业、18个直属单位、62个县供电企业，员工5.6万人，资产1307.84亿元，客户2046.42万户。

2021年，国网福建电力紧扣“一体四翼”发展布局，紧抓“2382”发展方略，大力践行“一争两创、八字要诀、三抓三促”工作新理念，实现“十四五”良好开局。

2021年，国网福建电力售电量2476亿kWh，居国家电网系统第6，同比增长15.2%，居第8。

电网概况 截至2021年底，福建电网通过两路1000kV浙北—福州特高压输电线路和两路500kV输电线路与华东电网相连，省内形成“全省环网、沿海双廊”500kV主干网架。国网福建电力现有1000kV特高压变电站1座，容量600万kVA，输电线路342km；500kV变电站27座，容量5182万kVA（含水口升压站），输电线路5714km；220kV公用变电站220座，容量7722万kVA，输电线路14253km；110kV变电站807座，容量7138万kVA，输电线路19696km；35kV变电站530座，容量671万kVA，输电线路12193km。2021年，福建全省用电量2837亿kWh，用电最高负荷4662万kW。

安全管理 保障电力供应坚决有力。打赢迎峰度夏保卫战，提前投运339项保供工程，全力优化电网调度交易，全面克服供需紧平衡困难，成功应对负荷。打赢阶段紧缺遭遇战，建立政企协同高效应急机制，紧抓主要矛盾，在9、10月电力缺口高达14.5%情况下，实现“限电不拉闸、限电不限民用”。打赢重大保电攻坚战，第一时间请战支援河南抗灾，昼夜抢通郑州96个小区供电；坚持“四个零”标准，完成世界政党领导人峰会等48场重大保电任务。

抵御突发疫情迅速有效。抓实防控措施，第三针疫苗接种率71.3%，防抗省内两轮突发新冠肺炎疫情，守住了“双零”成果。组建62支“特战队”，完成31个方舱实验室紧急供电，确保553家重点客户“零停电”。

安全生产整治扎实推进。深刻吸取事故教训，全面开展安全生产大整治。扎实推进专项整治，完成“二下二上”。推动全过程安全履责，颁布安委会工作规则，创新修编各角色安全履责清单，责任体系更加健全。加强网络安全防护，拦截处置网络攻击388万次，同比增加193%。

重奖重罚导向鲜明。创新实施安全管控“1114”工程，督察作业现场同比提升117%。印发安全监督检查与问责办法，开展警示约谈，完成8家单位安全巡查。修订安全奖惩细则，奖、惩金额分别同比增长

21.9%、15.1%。

现代设备管理体系加快构建。优化运维管理模式，组建10个输电智能运检中心，实现输电业务“集中监控+立体巡检”模式；推进全业务核心班组建设，建成12个变电全业务运检班并实体化运作、超出目标班组5个，输电一线班组人员无人机取证率80.3%，高出目标值10.3个百分点，配电电缆施工人员认证率100%；无人机配置率2.55架/百km，达国家电网公司示范标准；设立10个变电集控站，平稳完成监控业务移交；推广工单驱动配网管控模式，接单率91.3%，同比提升16个百分点。加强资产全寿命周期管理，存量设备赋码贴签率100%，建成4座实物ID示范站，输、变电设备故障率分别同比下降18%、11.6%。深化供电可靠性五个提升措施，供电可靠性指数99.952%，高出目标0.01个百分点；用户平均停电时间降至4.12h内（其中城市1.23h、农村4.5h），比降38.84%；配网供电可靠性指标方面，福州、厦门已达国际领先城市水平，泉州已达国际一流城市水平。

应急管理进一步夯实。在防抗台风“卢碧”中全面应用“闽电应急ECS”系统，实现应急处突数字化，打造国网公司典型示范。承办“福建省2021年大面积停电事件应急演练”，全方位提高政企应急联动水平。

人力资源 升级绩效薪酬体系，优化业绩考核指标，修订工资总额管理办法，全面推行“增人不增资、减人不减资”，内模考核工资占比提升至20%。在国家电网系统首创将卓越绩效管理在班组落地。

深化三项制度改革，614个供电所开展模拟合伙人制，29个班组试点内部总承包制，11个供电服务中心实行虚拟事业部制；管理人员退出比例7%，降待岗比例7.1%，均优于考核要求。

综合施策提高人效，实质化运作大班组、大区域等556个，建成自主施工队伍99支，核心专业自主作业率提升7.5%，劳动生产率提升15.9%。

电网建设与发展 开工闽粤电力联网工程，建设国家电网与南方电网第二条大通道。争取国家级海上风电研究与试验检测基地落户福建，支撑福建省创建新能源产业创新示范区。成为公司3家新型电力系统省级示范区之一，服务“碳达峰、碳中和”赢得战略主动权。推动数字中国建设峰会首次设立能源互联网分论坛，450余位院士专家共襄盛举。福建北电南送特高压交流输变电工程项目完成站址优化和可研复核。水口航运枢纽顺利首航，带动闽江流域发展。

年度建设任务超额完成，开工漳州核电送出等139项工程，投产集美输变电等276项工程，220kV变电站县域全覆盖。新建（改造）10kV线路7200km、台区5255个，当年项目结算率、关闭率分别高出目标值5个、14个百分点。建成小型基建项目42个，茶园路一期、黄山基地投入使用，生产办公环境有效改善。建设管理全面提质。深化“先签后建”，促成省市政府出台18项支持性政策，工程55%提前开工、40%提前投运。强化工程创优，获国家电网公司优质工程金银奖5项、配电网百佳工程6项，均居前2。

全面启动“数字闽电”建设，创新提出“一个率先、五大方向、八项工程”实施路径，系统制定数据管理准则、数据中台战略、数字化人才培育等配套方案，全业务、全环节数字化转型全面提速。夯实数字底座，数据中台单轨运行；业务中台共享服务365项，同比增长90%；物联平台接入终端7万个，同比增长300%；人工智能平台落地服务62项，作业效率提升40%。大力规范数据管理，初步建成全生命周期管理体系，完成4个专业域定源定责，数据质量问题整改率100%。大力加强数字赋能，上线“智慧数说”平台，实现“全天候、全方位、全流程”的关键指标在线管控；建成数字化站所51个；推广流程机器人235个，作业时长缩短60%。

经营管理 全面实施精准投资，率先建立现状评估、约束性投资等指标体系，单位资产售电量1.98kWh/元，同比提升13.9%。全面实施精益管理，全面上线收付款省级集中，节息3.4亿元；深化“三清理、两提高”，增加有效资产10.5亿元；大力降损增效，营销稽查、反窃查违挽回损失1.3亿元，台区综合线损率2.23%，同比下降0.19个百分点；成立9地市供应链运营中心，98个物资库、952个专业仓全部贯通，库存物资下降25.1%，全面推进“检储配”一体化基地建设，打造国家电网系统首个具有“高智能、快决策、一体化”特点的福州中心库5G智慧物流园。

产融协同加劲发力，“电e金服”落地超80亿元、居第3；“电力绿色贷”全国首单落地，入选福建省绿色金融改革首批创新推广成果；国家电网首批挂牌英大福州、厦门金融中心。新兴产业加快发展，营收、利润分别达17.5亿、1亿元，分别同比增长31.3%、59.4%，实现公司充电设施在县域全覆盖，建成全省首个“十站融合”充电站。省管产业加速发展，亿力集团上榜福建企业50强、制造业20强。

开展“合规管理深化年”行动，率先实现合规审核标准化。创新推出人民调解机制，获国家电网公司发文推广。深化数字化审计，拓展配网投资后评审等新领域，在国资委调研会上作典型发言；一名员工入选审计署联合国审计专家人才。健全风控体系，建立差异化业务和底线清单996条。

改革创新 印发“十四五”规划、“一体四翼”发展、新型电力系统省级示范区建设、高素质职业化队伍建设等系列方案。开展对标推动创建世界一流行动，18项创一流指标达标14项，同比增加6项。

三年行动任务完成率 81%，超前达成序时目标。健全出资人管理机制，出台优化参控股企业管理意见，落实出资人分红权，收回投资收益 3.1 亿元。深化股权多元化改革，完成交易中心股权优化、综能公司增资扩股，厦门闽电进场交易。持续放权赋能，发布第四批“放管服”事项 54 条，推行“一企一策”权责清单，出台省管产业高质量发展、优化新兴产业协同发展等意见，有效提升治理效能。

持续扩大市场化交易，月内交易常态开市，交易电量 1219 亿 kWh，居第 6，同比增长 51.4%。落实电价市场化改革政策，实施首次代理购电，市场化电价机制平稳起步。全国首家完成电力现货市场全年连续结算试运行，取得较好成效，获国家发展改革委发文表扬。

贡献了一批首创智慧，出版全国首部省级低碳发展蓝皮书，首家建成基于调控云的数字化生产体系，首家完成购售一体管理、电费抄核账省级集约，首批实现省管产业施工企业能力标准化全达标，率先建立“室・组・地”协作机制，“有事找党组织”获全国党建创新成果百优案例。

涌现出一批领先成果，双创中心获批国家电网公司 2 家网省示范中心之一，国家双创示范基地国网福建示范中心、福建省电力行业知识产权运营保护中心揭牌仪式在国网福建电力双创中心举行；档案工作评价跃升至第 1；7 个项目入选国家电网公司对标世界一流管理提升行动“三标杆一示范”，入选项目数量居公司系统第 3 名；“电力大数据助力‘清新福建’建设”等 32 个案例入选中电联数字化转型优秀案例，获奖数量居全国电力系统第一；“阳光智慧办电”等 3 项服务入选福建省优化营商环境典型经验，入选数量居省内第 1；11 项管理创新成果获省部级以上表彰。

创新创效亮点突出。申报国家重点研发项目 4 项。获省部级以上奖励 33 项，同比增加 4 项，获国家电网公司青创赛优秀项目 4 个。双创中心转化收益 1022 万元，同比增长 306%。

营销与优质服务 推动新时代电力“双满意”工程纳入省委省政府为民办实事项目，开展七大行动，举办电力“双满意”工程二十周年系列活动。成果入选中央企业党的建设工作展、全国“献礼建党百年”基层党建与民生优秀案例、福建省“我为群众办实事”典型案例。

全面落实提升“获得电力”23 条措施，客户用电获得感、满意度显著提升。

投资 25.9 亿元，超额完成福建省委省政府为民办实事项目，重过载台区同比下降 8.3%，故障抢修平均时长同比下降 18%，已改造的老旧小区故障报修数同比下降 80.2%，有效增进民生福祉。

深化“阳光业扩”，拓展竣工“云检验”等 9 项服务，线上办电率 99.9%，同比提高 1.6 个百分点；“三零”服务城乡全覆盖，节省小微企业办电投资 15.8 亿元。全力当好“政企服务员”，开展“百千万”大走访，解决诉求 3138 项；创新推出企业开工电力指数，辅助政府精准调度经济运行。

服务碳达峰、碳中和目标掷地有声。积极服务新能源发展，全面推广“国网新能源云”，新增接入风光装机容量 323.5 万 kW，同比增长 47%。助力用能提效，坚持“一市一行业、一县一特色”策略，形成建阳建盏等行业电气化品牌，推出服务“电动福建”8 项举措，高压客户能效账单覆盖率 95%，电能替代 120 亿 kWh，减排二氧化碳超 867 万 t。建成国家电网系统首个省公司级电网环境保护和风险评价实验室，率先建立地市级公司环保管控能力量化评价体系。

助力乡村振兴积极有为。全力巩固脱贫攻坚成果，完成农网投资 54.9 亿元，建成乡村电气化项目 286 个，惠及人口超 21 万人，消费帮扶 537 万元。全力对口支援新罗区，细化制定 59 项任务，推动落地能源互联网项目 14 个，总投资 44.5 亿元。获评福建省脱贫攻坚先进集体。

创新大客户服务，推行集团客户电费省级结算，月度缴费笔数减少 95%；上线市场化售电“e 助手”，电费结算时长压降 67%。深化便民服务，“双长融合”网格覆盖 6603 个、40%社区；营业窗口主动融入 104 个政务（便民）中心，1715 台政务便民终端嵌入供电服务；推广“三化两全”现代配调服务体系，51%低压用户实现调度、服务、互动“三到户”。建立客户诉求升级管控机制，百万客户投诉正向排名第 3、提升 3 名。

党的建设和精神文明建设 统筹推进国企党建会精神贯彻情况“回头看”“基层党建创新拓展年”等任务，以高质量党建引领高质量发展。党史学习教育成果丰硕。国网福建电力党委开展“第一议题”、读书班等集中学习 35 次，带动各级完成专题学习 1.3 万次、办实事项目 2.9 万件，作为国家电网公司唯一代表在中央企业交流会上作典型发言。广泛开展庆祝建党 100 周年活动，组织“十百千”党史宣讲、微党课竞赛，承办福建电力工业成就展，爱国爱党爱企热情更加激扬。“两化三力”不断夯实。编印党建工作指引手册，2 家单位试点建设党建数字家园。实施“三级联创”项目 96 个，有效解决跨政企、跨行业难题。“两化三力”获全省机关体制机制创新一等奖。管党治党全面从严。严密监督体系，出台大监督机制建设意见，开展专项整治监督。严肃执纪问责，整合执纪力量。严抓巡视巡察，配合完成公司党组巡视；开展巡察发现问题“见底清零”行动。

坚持全心全意依靠职工，汇聚起干事创业磅礴力量。干部管理持续加强。选优配强领导人员，全面推行经理层任期制、契约化管理，构建“事例+数据”考评体系，实施“特优生”“三青”联合培养工程，选人用人评议“好”的比例提升 4.6 个百分点。本部建设持续深入。全面创建一流本部，制定 60 项行动计划，细化 10 项评价指标，发布“数说”举措 11 条、“简做”事项 19 类，本部交给基层测评满意率提升至 99.2%。关心关爱更加贴心。修订实施第七轮集体合同，“有事找党组织”解决诉求 6683 项，“三必帮”2919 人次。队伍风貌更加彰显。52 个集体、75 名同志获省部级以上综合性表彰。国网漳州供电公司刘琤荣获全国优秀党务工作者，国网厦门供电公司陈国信荣获国网楷模，国网福州供电公司葛清当选国家电网公司首席专家，均实现历史突破。

中央电视台《新闻联播》《人民日报》及新华社《国内动态清样》15 次报道国网福建电力工作，福建区域“国家电网”品牌美誉度达 83%。“国家电网志愿服务驿站”品牌体验案例获评国资委“国有企业优秀品牌案例”。

（黄 睿 陈春福 陈桂新 刘丹青）

【浙江省能源集团有限公司】

企业概况 浙江省能源集团有限公司（简称浙能集团）成立于 2001 年，总部位于杭州，主要从事能源及设施建设、电力热力生产、石油煤炭天然气开发贸易流通、能源科技、能源服务和能源金融等业务。经过二十一年的创业发展，浙能集团已成为省属国企中能源产业门类较全的能源企业。

截至 2021 年底，浙能集团资产总额为 2979 亿元，所有者权益为 1358 亿元，2021 年营业总收入为 1369 亿元。控股浙能电力、浙江新能和宁波海运三家 A 股上市公司和浙能锦江环境一家新加坡上市公司，控股、管理企业 500 余家，员工 23500 人。截至 2021 年底，浙能集团控股管理发电装机容量 3835 万 kW，其中在浙江省内的装机容量为 3064 万 kW，省内统调机组占全省统调装机容量的 44.7%；2021 年集团控股管理电厂发电量 1728 亿 kWh，煤炭供应量 7502 万 t，管输天然气供应量 151 亿 m^3。

经过 20 年的发展，浙能集团已从成立之初的一家纯投资管理型公司，发展为电力为主、多业并进的在全国具有较大影响力的综合能源服务商，形成以“电力、油气、能源服务”三大产业为基础的多业互补的能源全产业新格局，构建上下游产业链及板块协同发展的产业体系，产业分布在浙江、江苏、江西、安徽、新疆、宁夏、山东、山西、湖南、湖北、黑龙江、吉林、河南、河北、天津、四川、云南、青海、甘肃及内蒙古等地，并成功拓展海外市场。

电力产业：2021 年，浙能集团控股管理机组装机容量 3835 万 kW，年发电量 1728 亿 kWh，供热 11321 万 GJ。下属控股管理发电企业 121 家，涉及水电、火电、风电、太阳能发电。2021 年浙能集团发展可再生能源发电，年末可再生能源装机容量达 522.8 万 kW，同比增长 47.5%。其中水电 118.3 万 kW，生物质发电 77.6 万 kW，风电 129.3 万 kW，太阳能发电 197.5 万 kW。

能源工程与服务产业：发挥能源上下游协同优势，形成环保、节能、物流供应链、工程建设及咨询等能源服务产业，拥有电力工程施工总承包一级、房屋建筑工程和水利水电工程施工总承包一级、环境工程设计甲级等核心资质。

能源金融业：主要从事融资租赁、资产管理、碳交易、金融地产、股权基金等能源特色金融产业。推进“凤凰行动”计划，截至 2021 年底浙能集团资产证券化率达到 80.2%，财务公司资金归集率达 83.02%。

在 2021 中国 500 强企业高峰论坛上，中国企业联合会、中国企业家协会连续第 20 次向社会发布“中国企业 500 强”榜单，浙能集团荣列中国企业 500 强第 206 位。2021 年中国能源报发布全球新能源企业 500 强榜单，浙能集团旗下的浙江省新能源投资集团股份有限公司、浙能锦江环境控股有限公司同时跻身“2021 全球新能源企业 500 强”榜单。

领导班子 截至 2021 年 12 月 31 日，浙能集团领导班子成员如下：

董事长、党委书记：胡仲明

董事、总经理、党委副书记：詹敏

董事、党委副书记：陆翔

董事、副总经理、党委委员：范小宁

董事、党委委员：孙玮恒

党委委员、纪委书记：龚平

副总经理、党委委员：王建堂

副总经理、党委委员：叶元祖

副总经理、党委委员：倪震

党委委员、工会主席、职工董事：胡斌

党委委员、总经理助理：陶晓东

组织机构 浙能集团本部设有 17 个职能部门，1 个专题建设和应用办公室，1 个事业部，1 个筹建处。下属控股、管理企业 500 余家。

党建工作 以习近平新时代中国特色社会主义思想为指导，深入学习贯彻党的十九大及十九届历次全会、省委第十四届历次全会精神，不断增强“四个意识”、坚定“四个自信”，争做“两个确立”忠诚拥护者、“两个维护”示范引领者。始终把政治建设放在首位，把深入学习贯彻习近平总书记系列重要讲话和重要指示批示精神作为第一任务，牢记习近平总书记调研指导浙能集团重要指示精神，深入践行习近平能源安全新战略，紧扣共同富裕示范区建设要求，落实碳达峰碳中和、长三角一体化、浙江自贸区等中央和省委重大决策部署，开展具有“红船味、浙江味、国企味、能源味”的党史学习教育和庆祝中国共产党成立100 周年系列活动，坚决做到把握政治大势、扛起政治担当、防范政治风险。全面实施“红色根脉强基工程”，深入落实“全企一体、双融共促”，创新开展“沿着总书记的足迹”主题学习宣讲，组建“浙能红”宣讲团层层推进“四维联讲”“四堂联学”，开展具有浙能特色的“六讲六做”“六进六促”活动，把十九届六中全会精神与百年党史、能源安全新战略学习一体贯通，昂扬奋进力量。深化“三为”专题实践活动，案例《竭尽所“能”保供给》入选省委《党史学习教育百法百例》。

大力推进援疆援藏、东西部协作工作及新一轮省内帮扶，被省委省政府评为全省消除经济薄弱村工作“成绩突出集体”，在 2021 年度山区 26 县结对帮扶“双向赛马”考评中列为优秀单位，郭塘村帮扶典型案例入选省委组织部“百个支部看共富”在省级媒体平台展播。

高站位开展国有企业党的建设工作会议精神贯彻落实情况“回头看”工作，高质量完成中央巡视整改要求、国企领域专项治理，高效推进“清廉浙能”体系迭代升级，全力打造高素质专业化干部人才队伍，首创国企意识形态“$1+3+N$”制度体系，被省委列为高质量全面落实意识形态责任制综合试点唯一企业，深入推进新一轮基层党建试点工作，持续深化党建引领企业高质量发展。一年来，所属多个企业和员工获评“全国五一劳动奖状”“全国劳动模范”“浙江省担当作为好支书”等荣誉，浙能电力周洁同志获评全国优秀党务工作者并参加中央庆祝建党百年大会。浙能集团“习近平能源安全新战略”实践教育基地被省委宣传部列为首批习近平新时代中国特色社会主义思想研究中心调研基地，班组政治宣传员特色做法和“基层政治宣传队”连续两年分别被省委宣传部评为全省宣传思想文化工作十大创新项目和全省基层理论宣讲成绩突出集体，产业工人队伍建设改革工作受到省委省政府通报表扬，所属发电企业团支部荣获“全国五四红旗团支部”荣誉称号。

战略体系 紧扣“承担好责任、发挥好功能、发展好企业”要求，按照“开新局、稳经营、强创新、走前列”的十二字工作方针，坚持运用战略眼光和全局思维，谋划绿色低碳产业转型路径。深入开展各类专项研究，推进浙能集团主业优化调整，通过充分衔接上位规划、开展对外合作、听取各级企业意见，编制“十四五”发展规划，提出“全面推进能源结构转型调整、构建新能源占比逐渐提高的新型电力系统”发展主线和奋力打造“八个一流强企”发展目标。专题开展“碳达峰碳中和”战略研究，紧密结合政策导向、供求关系、产业发展规律和企业实际，根据全省能源电力领域的边界条件和目标要求，估测集团碳排放量变化情况，明晰工作实施路径，确定重点工作及目标任务，同时深度参与省级国资部门组织的国企碳达峰实施方案编制修改工作。

人力资源 截至 2021 年末，浙能集团共有员工23500 人。其中，硕士研究生及以上学历 1420 人，本科学历 10671 人，大专学历 6340 人；高级职称 1124 人，中级职称 3861 人。

2021 年，浙能集团进一步完善现代企业制度建设，全面推进系统内企业董事会“应建尽建”工作，全年调整企业董事会成员 81 家，集团系统内各级企业董事会全部实现“外大于内”；强化实行考核结果的强激励和硬约束，推动经理层成员“能上能下”，集团所属企业经理层成员任期制契约化管理工作，签约完成率 100%。进一步加快市场化用工和激励约束机制改革，发布集团《解除劳动合同负面清单操作指引》，督促企业履行用工主体责任，强化契约化管理；试点实施石油板块市场化激励及考核机制，为人力资源市场化改革提供了实践经验。系统谋划实施全员绩效管理改革，全面优化绩效管理业务流程，完成了组织和员工绩效考核模板初步设计。进一步加强高层次人才引育及高能级平台建设，2021 年集团签约一名工程院院士，实现省属企业 A 类顶尖人才零突破；引进和培育高层次专家人才 10 人，人才队伍建设工作呈现良好发展局面。

安全生产 树立安全发展理念，弘扬“生命至上、安全第一”的思想，健全全员安全生产责任制，统筹推进安全生产和疫情防控工作，完成省政府安全生产责任考核各项目标，获评 2021 年度安全生产和消防工作目标管理责任制考核优秀企业。

坚持党建引领，压实压紧安全生产责任。紧抓党建主线，将安全生产领域意识形态学习作为党委学习的重要组成部分，全年集团系统各单位党委（党总支）“第一议题”专题学习 238 次，梳理习近平总书记关于安全生产系列讲话及重要指示 39 篇，整理习近平总书记调研浙能集团系统工作时对安全生产工作的重要指示 9 篇。

坚持常抓不懈，走深走实安全稽查。试行安全稽查协同、内部曝光制度，深化四大稽查，深剖问题根源，提出安全管控优化建议，有效提升安全管理效能；共对 25 家企业和基建项目开展安全稽查，下发整改通知书 15 份，查出问题 185 项。

强化源头防范，扎实推进双重预防机制建设。从事故、技术、灾害和短供、断供等方面做好周、季安全风险分析，制定管控措施，强化过程监督；在总结安全生产风险管控和隐患排查工作的基础上，建立了“板块月度评、集团季度评”的高风险作业管控评估机制，形成了一批具有推广价值的工作方法；组织开展“6.13 湖北十堰燃气爆炸”“平安护航建党 100 周年安全保供”等专项行动和安全检查共 10 次，公司系统各板块、营运企业组织开展检查 2007 次。

强化一线根基，务实开展班组安全建设和 7S 管理。重点开展“外包人员同质化管理”及“班组会议视频化、标准化”重点提升工作，电力企业 478 个系统内班组和 192 个外包班组已实现班会可视化全覆盖；478 个班组实现 7S 管理全覆盖，并全部达标，其中 6 个标杆班组成为集团一线班组典范。

强化常态管控，持续提升网络安全防护水平。完成国家“护网 2021”网络安全攻防实战演习任务，抵御 610 万余次攻击，溯源反制 6 起网络安全攻击行为，在近 300 家防守单位中成绩名列前茅。300MW 及以上燃煤机组控制系统国产化率为 20.4%，工控边界防护物理隔离装置全部完成升级。

聚焦关键环节，完成能源保供攻坚战。完成年初寒潮、全国“两会”、建党 100 周年、迎峰度夏等重要时段能源保供；顶住台风“烟花”两次登陆浙江、“灿都”长时间盘旋阻断北煤南运通道的压力，确保了电力、热力供应不短缺。实时管控机组限出力缺陷，解决煤质差的难题，科学评估、制定措施优化 757.6 万 kW 机组检修工作，有效缓解了全省有序用电形势，保障了浙江电力的稳定供应。

经营管理 经营管理多措并举，呈现稳中有好新局面。应对市场环境变化、资源价格超常规飙升带来的经营困境，煤电和天然气为全省承担了巨额涨价成本，稳住经营形势、深入挖潜增效。

积极开展政策争取，天然气增量气价实现市场化定价、采暖季价格顺利疏导，落实各类税收优惠，争取到宁夏枣泉电价补助和阿克苏热电 33 亿 kWh 援疆电量，稳妥解决凤台电厂拖欠超低排放补贴问题。不断深化成本领先行动，2021 年供热业务实现毛利创历史新高。

加大资本运作力度，浙江新能成功登陆 A 股市场，燃气股份公司完成股改并明确上市路线图，金融板块管理资产及股权投资充分发挥利润稳定器作用。集团资产证券化率达到 80.2%。

“一企一策”推动处僵治困，完成 5 项低效无效资产和 139 套零散房产处置。持续推进集约采购和设备国产化替代。新天煤化工成功扭转长期亏损局面。

资金管理愈加高效，在 62 家单位推行“零余额”账户管理模式，推进“三道防线+三个贯通”财务监督管理体系制度化。在境外发行 5 亿美元债券，票面利率低至 1.737%，创下近年来国际资本市场上中资企业维好结构美元债的最低发行利率。

开放合作纵深推进，在国际疫情形势依旧严峻、境外出访近乎停滞的情况下，千方百计谋划推进海外合作，跟踪国际项目约 50 个。与俄罗斯诺瓦泰克公司签署 LNG 长期购销合同，争取埃克森美孚 LNG 长协合同提前半年执行。天地环保所属迈领公司完成 19 艘国际船舶的脱硫业务。

科技创新 浙能集团坚持创新引领，动力引擎进一步增强。创新平台加快建设，筹建能源与碳中和浙江省实验室，打造能源领域国家战略科技力量。作为常任理事长单位，牵头组建浙江国资国企创新联合会，助力构建全省国有企业产业合作和创新发展新格局。新增认定 4 家高新技术企业，获批 1 家博士后工作站、1 家省企业技术中心，创新平台体系建设进一步完善。

成果产出量质并举。申请专利和软件著作权 646 件，其中发明专利 328 件，授权各类专利及软件著作权 442 项，其中发明专利 56 项，获省部级科学技术奖 13 项，其中浙江省科技进步奖一等奖 1 项、二等奖 1 项、三等奖 2 项。

低碳技术加速突破，大型国产氢液化系统试验成功，打破国外技术垄断，水系统储能电池项目攻克众多生产工艺问题，实现小批量量产。沸石分子筛 SCR 脱硝催化剂开发项目突破多项关键技术，有望扭转催化剂核心材料“卡脖子”问题。万吨级二氧化碳捕集与矿化利用项目列为省重大科技项目。“可变脉宽分布式光纤智能监测系统”获得全省首台（套）装备认定。

成果转化持续推进。石墨烯防腐涂料技术、综合供能站前庭设备一体化等项目成果在系统内进行了较大范围的推广应用，取得良好效果，为产业化推广打下了良好基础。锅炉给煤量计算和控制技术实现专利转让和成果转化，首批在用和计划用机组 10 余套。船舶脱硫技术成功产业化，应用于 19 艘集装箱船舶，取得显著经济效益。

节能减排 针对“碳达峰、碳中和”目标提出后国家能源产业发展思路的重大调整，抢抓新形势下发展机遇，推动企业绿色低碳转型发展，节能减排工作稳步推进。2021 年未发生因节能减排工作被政府或部门通报、批评或被媒体作为负面报道曝光，未发生重大环保事故（事件），相关指标受控。

节能减排指标稳步提升。2021 年共有 8 台次机组获得全国火电机组能效对标竞赛“优胜机组”称号，其中滨海热电 2 号机组获得 300MW 亚临界供热机组 5A 优胜称号、兰溪发电 1 号机获得 600MW 超临界纯凝机组 5A 优胜称号；嘉华 7 号机组在全国燃煤机组可靠性评比中排名第一。节能主管董昊炯获评浙江省政府“十三五”全省能源“双控”和煤炭消费减量替代工作成绩突出个人称号。燃煤机组主要污染物稳定达到超低排放水平，达标率均在 99.9%以上。二氧化硫、氮氧化物、烟尘排放量分别为 69、118、6mg/kWh，同比下降 0.8%、0.6%、8.6%，继续维持在低值。

加强节能对标，推进节能管理全面提升。围绕国家“双碳”工作目标要求，引导火电企业节能管理工作更加精细化、专业化。成立以公司主要负责人为组长的碳达峰碳中和行动领导小组和碳资产管理领导小组，召开首次领导小组会议，宣贯国家和省碳达峰碳中和领导小组会议精神，部署后续工作安排。初步编制《浙江省能源集团二氧化碳达峰专项行动方案》。

做好能源保供形势下的节能管理。在全球动力煤供应紧张的市场环境下，燃煤品质大幅下降情况下，发挥节能管理网络的作用，加强节能技术监督和技术交流，分析不同条件下机组安全、经济运行策略，有效抑制在不利条件下煤电企业能耗上升，确定以火电节能和深度调峰改造为主体的工作内容，初步安排嘉华 7、8 号 1000MW 机组，舟山煤电 1、2 号 1030MW 机组，嘉华 5、6 号 660MW 亚临界机组，进行提效增容、深度调峰技术改造。

以重大项目为依托，助力污染防治攻坚战。浙能集团投入近 12.2 亿元进行省内电厂煤场封闭环保改造，实现“燃煤不见煤，存煤不露煤”的环保目标。

电源结构持续优化，清洁低碳转型加快。可再生能源装机规模 522.8 万 kW，同比增长 47.5%。

数字化建设 数字赋能产业亮点纷呈。智慧管网“一网智防”应用实现了天然气管网从建设到运行的全过程数字化安全监管，自研的关键核心设备光纤振动预警装置获得浙江省首台（套）认证，全年识别处置隐患 8000 余起，地质灾害 147 个。率先在行业采用数字孪生和机器学习技术，破解城市燃气管道泄漏的感知和防控难题，城燃青田项目入选浙江省数字孪生首批试点项目。台二智能电厂示范项目完成 8 大系统建设和投运。建成省内首个、国内领先的风光水一体的可再生能源能源管控平台，实现装机容量 147 万 kW 可再生能源电站群的远程管控，提升绿色能源供应能力。

企业治理现代化水平不断提升。集团信息化管理项目被选为全省国有重点企业创建管理标杆活动标杆项目。“浙江能源 App”新增集成业务应用系统 14 套，移动办公用户激活数超 1.8 万。顺利推动 81 家新增企业 ERP、合同管理和财务共享服务平台上线，实现 501 家单位财报单体和合并报表出具，核心信息系统全面覆盖管控企业；上线智慧工会、财务报表、综合计划与统计、智慧仓储、生产运输调度、客户管理 6 大系统，推进智慧人事、供应链管理、数字化风控、网络培训平台 4 大系统建设；打造“数智化”财务共享平台，“业财税资”一体化，建设和运营水平国内同行领先。

数字产业化发展取得成效。重组设立了数字科技公司，承担集团数字化项目统一实施、建设和运营管理，加快集团产业数字化与数字产业化协同发展。自研的无纸化会议系统成功向杭州钱塘新区管委会推广。完成了浙江省国资委数字化党建系统和国企科技创新服务数字化平台的建设工作，数字化党建系统通过“1+7+9”实现全省国资国企党建工作的“一屏总览”，国企科技创新服务数字化平台通过一体化的“4+1+*X*”科技创新管理服务体系，实现创新发展要素管理“一网通办”，提升国资国企创新服务效率和品质。研发的机器人产品获浙江省工业新产品（新技术）认定。建成浙江省对口支援青海海西州“项目管理系统”。

网络安全再创佳绩。参加国家级网络安全攻防实战演习，专班化、协同化推进，成为 15 家成绩优异单位之一。平安护航“建党 100 周年”网络安全保障组织有效，全集团未发生网络安全事件。工业企业综合网络安全防护平台初步建成，实现态势感知、信息资产安全管理和国产商用密码应用等系统部署，天然气智慧管网控制系统成功应用可信计算技术，工控系统风险防范成效明显。

工会工作 通过建设智慧工会一张网，强化“综合集成”和“迭代升级”两种理念和思维，全面持续深入实施“五大工程”，用“1+2+5”工作体系来构成新一年工会工作的四梁八柱，以“五心”娘家式服务，打造“五新”工会范式。滨海热电获全国五一劳动奖状，1 位职工获评浙江杰出工匠，8 位职工获评新时代浙江工匠，23 名职工获评浙江青年工匠，浙能集团获“新时代浙江产业工人队伍建设改革成绩突出集体”通报表扬，戚丹丹获浙江省优秀工会工作者、全省文联系统成绩突出个人，宋振明入选“长三角工匠联盟”首批入盟工匠，兰溪发电公司获评全国工会职工书屋示范点。深入开展“中国梦·劳动美”主题宣传教育活动，承办庆祝中国共产党成立 100 周年“光辉历程、光明使者”全国电力行业摄影作品展、全国电力行业集邮展、第二届淮浙沪“煤电风采”摄影大展。举办浙能集团第四届职工书法美术摄影集邮作品展。大力推进产业工人队伍建设改革提质扩面，成立产改课题组赴基层开展专题调研，编印并宣传推广《新时代产业工人队伍建设改革浙能样本》。大力弘扬劳模精神、劳动精神和工匠精神。举办首届“浙能工匠节”，以“红心向党、匠心领航”为主题，共设置 9 项活动内容。关心关爱职工，开展集团工会为职工办实事“十百千万”服务活动，完成10件实事项目，开展152场服务活动，投入保障资金1106.48万元，让2万余名职工受惠。开展浙能有爱慈善周系列活动，共计捐款168.84万元。推动“浙能汇”智慧工会项目在系统内上线，建设工会工作、服务、宣传三大平台。做优“浙江能源娘家人”微信公众号，2021年度连续8个月在全省工会系统微信号排名中稳居前十。

国际合作 3月30日，浙能集团与意大利埃尼集团签署合作谅解备忘录，双方初步同意在埃尼海外天然气田投资、天然气长期购销协议以及埃尼集团旗下清洁能源项目上开展战略合作。11月9日，浙能集团与美国埃克森美孚集团签署天然气产业框架合作协议，双方拟在海外上游资源投资、天然气长期购销协议等方面开展全方位战略合作。“一带一路”项目：2021年浙能集团共跟踪项目60个，其中：俄罗斯远东LNG项目等通过了浙能集团立项审议。

主要事件

3月24日，浙能集团与浙江省发展规划研究院在杭州签署战略合作协议，双方深刻学习领会习近平总书记关于“碳达峰碳中和”系列重要讲话精神，合力推进浙能集团碳达峰碳中和专项战略课题研究工作，在学习好、领悟好、贯彻好党中央和浙江省委碳达峰碳中和要求上走在前、做表率。

5月25日，浙江新能（股票代码为600032）在上海证交所主板上市，成为浙能集团旗下首家自主上市企业，至此浙能集团控股的上市企业数量达到4家。

6月28日，首部《浙江省能源集团志》历经3年多时间的紧张编纂正式印刷出版，向中国共产党成立100周年献上一份厚礼。

8月15日，甘肃省嘉峪关正泰光伏发电有限公司二期70MW光储一体化发电项目举行开工仪式。该项目是浙能集团首个“光储一体化”工程，项目于12月28日投运。

8月22日，浙江省内首套具有完全自主知识产权的加氢站控制系统在浙能集团开发成功，该系统由浙能航天氢能公司独立自主研发。

9月7日，全国绿色电力交易试点正式启动，由风电、光伏发电产生的绿色电力正式单独计价上线交易。浙江省作为参与交易的首批试点省份，成交绿电电量3.0075亿kWh。浙能电力所属的浙能能服公司在此次国内首场绿色电力市场化交易中，成功售出绿电770万kWh。

12月29日，台州市心海社区集中供能项目开工仪式在心海社区工地现场隆重举行，标志着浙江省首个落地的未来社区集中供能项目进入实质性建设阶段。

12月30日，浙能嘉兴1号海上风电场项目装机容量301.2MW投运。

（韦晓丹 胡冬梅）

【申能股份有限公司】

企业概况 申能股份有限公司（简称申能股份）前身为创立1987年的申能电力开发公司，1993年4月公司股票上市（股票代码600642），为全国电力能源行业第一家上市公司，总股本49.12亿股。主要从事电力、石油天然气的开发、投资、建设和运营业务，为综合能源供应商。截至2021年底，申能股份总资产896亿元，净资产385亿元。

电力产业：申能股份电力项目涉及燃煤发电、天然气发电、抽水蓄能、核电、风电及光伏发电等领域。截至2021年底，申能股份控股装机容量达1392.4万kW，其中非水可再生能源控股装机容量344.9万kW，占总装机比重的24.8%。申能股份控股火电企业各项技术经济指标及节能环保指标居于行业领先地位，其中上海外高桥第三发电有限责任公司于2014年荣获国家能源局唯一颁发的“国家煤电节能减排示范基地”称号，平山二期135万kW机组国家示范项目，致力于建设成为当今全球单机容量最大、能耗最低的火电机组，是在国际上首创高低位布置方式的双轴二次中间再热发电机组，同时采用申能股份旗下上海申能电力科技有限公司一系列具有自主知识产权及专利的节能减排创新技术，机组设计供电煤耗为251g/kWh，将成为全球最节能的火电机组，2018年被国际电力大会授予“全球清洁煤领导者奖”，上海申能崇明发电有限公司荣获亚洲电力“2019年度最佳环保升级奖”。

其他业务：控股的上海申能电力科技有限公司通过推广应用煤电节能减排系列专利技术，为新建和存量机组提供节能优化服务，其中徐州华润一台320MW亚临界机组实施高温亚临界综合升级改造后供电煤耗降低至281.9g/kWh，且实施的深度调峰技术实现了19%负荷下连续安全、稳定、环保运行；控股的2家售电公司积极推进售电业务和“售电+综合能源服务”业务，售电业务推广至宁夏、安徽、新疆等多个省份，分布式供电项目多个已投产或在建；寻找、稳步推进差异化国际贸易和海外能源项目投资开发，不断增强公司发展后劲。

领导班子

董事长：倪斌

党委书记：刘炜

党委副书记、副董事长、总裁：奚力强

副总裁、党委委员：余永林

副总裁、党委委员、董秘：谢峰

党委副书记、纪委书记、系统工会主席：刘先军

副总裁、党委委员：舒彤

组织机构 本部设有14个职能部门，共有全资和

控股企业23家，参股企业23家。

企业管理 2021年在“加快发展、稳步调整、提质增效、培育优势、提高竞争力、做优‘先锋企业’”的工作方针下，能源供应安全稳定，经营效益稳步增长，产业结构不断优化，转型发展持续深化，综合竞争力显著提升。

聚焦企业转型升级。坚持大力发展可再生能源，电源结构实现清洁绿色转型；加快油气资源勘探开发，开创油气资源接替新局面；提前布局电力新兴业务，开展微网和储能核心技术研发，实施碳捕集与利用项目，加速培育高质量发展新动能。

深化管理改革，助推转型发展提质增效。强化市场化意识和运作，建立项目激励约束机制，完善电力、油气、燃料、碳排放权交易市场营销体系；加强内控标准化建设，重点推进企业内控建设和审计监督，构建长效风险管控机制；实施电力企业标准化管理、新能源区域整合等，进一步激活企业发展内生动力。积极跟踪政策、市场变化，制定和发布公司“十四五”发展规划。

安全管理 2021年未发生人身伤亡事故、设备事故、火灾事故、环境污染事故和交通事故，未发生对社会造成不利影响的事件，未发生网络安全事件。2021年是安全生产专项整治三年行动重点推动之年，在部署启动阶段、排查整治阶段工作的基础上，加大整治攻坚力度，全面梳理生产短板弱项，深入排查整治重大安全风险和事故隐患，动态更新“两个清单”，着力整治一批反复出现、反复治理的隐患，明确责任人员和整治要求，坚持边查边改、立查立改，有力提升了安全生产、环境保护和网络安全十二种能力，扎实推动专项整治取得初步成效，保障了电力、供热和石油天然气等能源的连续生产和稳定供应。安全生产标准化达标评级全面展开，控股火电企业均实现了标准化一级达标。上海外高桥第二发电有限责任公司获得“上海市安全文化建设示范企业”称号。

生产经营 在电煤价格极端高企、煤电保供发电量创新高的情况下，2021年营业收入同比增长，盈利能力进一步增强，取得了不俗的经营业绩，实现营业收入253.13亿元，归母净利润16.42亿元。

2021年申能股份完成控股发电量 484.8亿kWh，同比增长23.2%；市场化交易电量154.5亿kWh，同比增长7.2%；上海地区控股发电量占上海市发电市场的33.2%；控股供热量1132万GJ，同比增加5.7%。

2021年新增非水可再生能源控股装机容量 129.6万kW，累计达344.9万kW，同比增长 60.2%；拓展分布式光伏发电项目，投产装机容量达4.1万kW。

电力建设 发展非水可再生能源，培育发展新的经济增长点，2021年一批电力项目建成投产，风力发电项目新增控股装机容量 654.9MW，其中海上风电350MW，陆上风电 304.9MW；光伏发电项目新增控股装机容量641.5MW，其中集中式609MW，分布式32.5MW；投产1个火储联合项目、2个微电网项目，累计投产项目装机规模达到 12.12MW/14.788MWh。另有多个新能源、新兴能源在建及前期项目。

市场交易 做好市场交易工作，进一步完善控股售电公司市场开拓工作，两家控股售电公司与多家电力用户关系绑定生效，2021年实现代理电量市场份额全市第一。根据区域控煤特点，推进跨省跨区清洁电力输送至上海交易，取得经营突破的同时，锻炼了售电队伍。响应低碳号召积极参加碳市场，成为全国碳排放权交易市场首批交易企业，利用市场机制购买CCER抵扣配额清缴，提升碳履约能力。

科技创新 通过优化创新体制机制，激发企业内生动力，研发电力改造技术、电力新兴业务关键技术，巩固能源技术创新高地，助力能源产业高质量发展，2021年共取得各类知识产权24项。

“广义回热技术及实施项目”“海上风电场关键技术研究与综合示范”等11个项目列入上海市科委课题研究项目。申能股份平山二期项目采用首创的“双轴汽轮机高低位布置技术”，被列入国家示范工程；“超超临界机组节能环保技术”荣获上海市科技进步三等奖。2017年1月成立的混合所有制上海申能电力科技有限公司，推广煤电节能减排创新技术，凭借一系列创新技术成为国际能源署清洁煤中心（IEACCC）首批“知识伙伴”，其实施的徐州华润电力有限公司高温亚临界综合升级改造项目获 2021 年上海市重点产品质量三等奖。

加强产创融合、产学结合，深化重点院校合作，以试验和示范项目为依托，培育新兴业务领域研发团队，重点研发和应用碳捕集与利用、微网与储能、分布式供电、海上风电等关键技术。

国际业务 2021 年新冠疫情给全球各行各业带来巨大冲击，市场供需侧双边走弱，在克服重重困难的情况下，完成生物质颗粒转口贸易约4万t；跟进孟加拉国、越南、柬埔寨等国的新能源项目，为后疫情时代及时打开海外市场奠定了良好的基础。

信息化建设 为助推新能源业务快速发展，从新能源业务的委托管控、实时监视、生产管理、营销管理、数据分析、人员管理、系统安全性和可靠性等方面着手，利用“互联网+云计算+新能源”的模式，于2019年开始创建“申能风光储信息系统”，一期项目于2019年底整体上线试运行，以“区域化、专业化、标准化”为管理核心，通过对新能源场站智慧管理以期实现降本增效、提升竞争力的目标。2021年，继续推进申能风光储信息系统的推广接入、优化深化以及升级扩容，新接入场站 13 个，截至年底，共计接入 32 个新能源场站，管理装机容量 199.6 万 kW。风光储信息系统的推广进一步完善和规范了新能源场站生产运行管理模式，提升新能源运营管理整体水平，基本实现了生产可视化、流程标准化、管理精细化、运营智能化，达到了对新能源场站智慧管理的目标。

完善申能股份及系统企业管理系统和工控系统网络安全管控网络体系，完成国家电网、公安部举办的网络攻防演练暨护网行动等各项任务；加强重要时间节点的网络安全保障能力，确保建党 100 周年及进博会等重要时间节点的网络安全；严格按照等保 2.0 要求落实等保测评工作，加强信息系统，尤其是关键信息基础设施和位于互联网区的信息系统的安全保障能力；聘请专业安全厂商在内外网开展网络安全专项检查，通过漏洞扫描、基线核查、流量分析、渗透测试等技术手段，切实了解公司系统范围内网络安全的实际情况，进一步提升公司系统网络安全管控水平，形成自查和现场检查相结合的安全常态化管理机制。

节能环保 坚持“大环保”工作理念，切实增强责任意识和风险意识，建立环保监督网络，健全以排污许可为核心的环保监督管理体系，明确系统单位各部门环境保护管理和监督职责，落实企业各级环保的主体责任。2021 年，控股火电企业实现污染物超低排放，各个发电机组脱硫、脱硝、除尘设备全部运行正常，烟尘、二氧化硫、氮氧化物全年平均排放浓度均优于国家排放标准，全年供电标准煤耗 282.7g/kWh，烟尘平均排放浓度为 $1.34mg/m^3$，二氧化硫平均排放浓度为 $12.37mg/m^3$，氮氧化物平均排放浓度为 $22.14mg/m^3$。推进节能环保技改项目，降低污染物排放总量，2021 年控股火电企业共减排二氧化硫约 18 万 t、氮氧化物约 2 万 t，综合脱硫效率在 98.5%以上，综合脱硝效率在 80%以上。助力生态文明建设，控股煤电企业持续实施污泥掺烧工作，实现了城市污泥减量化、无害化、资源化处理。

将环保工作与科技创新相结合，注重企校合作及企业间交流，会同上海电力大学合作完成“脱硫废水短流程零排放”技术试验并形成阶段性结题报告；与洗霸科技合作，进行“基于电化学基础的循环水排污减量”“耦合二氧化碳烟气资源化利用的脱硫废水零排放”的研究和探索。

响应国家“碳达峰碳中和”战略，努力践行低碳环保理念，成立申能碳中和研究院，开展碳达峰碳中和政策研究，密切跟踪市场变化，开展二氧化碳捕集利用封存等新兴低碳技术的研发与应用，启动火电烟气二氧化碳捕集制甲醇中试示范项目。

人力资源管理 坚持党管干部、党管人才原则，健全完善选人用人机制，不断规范干部选拔任用程序，有序开展干部调配工作，落实干部日常监督要求。通过开展人才调研、召开座谈会等方式，梳理排摸人员情况，关注年轻干部人才发展；积极创造人才发展锻炼机会，推进挂职锻炼、交流轮岗、驻外磨炼等人才培育项目；不断优化培训管理机制，整合内部培训资源，提升教育培训工作的精度和效度。坚持“人才强企”战略，落实人员编制管理和社会招聘备案制度，统筹实施校园招聘高素质人才储备；搭建人才内部招聘平台，畅通内部流动渠道，盘活内部人才资源。持续健全激励约束机制，推进限制性股票激励方案实施，研究完善新能源和新兴能源项目拓展考核激励与约束办法；开展各类绩效考核工作，强化考核结果运用。扎实开展岗位职级体系建设，推进人力资源共享服务中心建设，推动人力资源管理转型升级与实践创新。

工会工作 聚焦“十四五”发展规划目标，持续深化群众性劳动竞赛和建功立业活动，依法履行工会职责，坚持在改革发展中凝聚员工力量，凝心聚力推动“十四五”开好局、起好步。

牢记使命强担当。认真传达学习、全面贯彻落实习近平新时代中国特色社会主义思想，专题学习全国总工会《深入学习贯彻习近平总书记关于工人阶级和工会工作的重要论述》，发挥桥梁纽带作用，组织动员广大职工坚定不移跟党走。开展劳模讲党史活动，并推荐参加集团和国资委劳模讲师团，用劳模精神引导职工奋勇争先创佳绩。

聚焦中心展作为。开展以“强意识，查隐患，促发展，保安康”为主题的 2021 年度“安康杯”竞赛，组织“凝心聚力进博会、建功立业创一流”进博保电立功竞赛，引导广大职工立足岗位、创先争优。弘扬劳模、工匠精神，推进劳模、工匠、技师、职工创新工作室的创建，1 人荣获“上海市五一劳动奖章”称号，1 人荣获“上海工匠”称号，多家工作室被命名为“上海市劳模创新工作室”，2 人荣获“申能工匠”称号。

民主权利有保障。切实维护职工民主管理的权利，确保集体劳动合同、工资专项、女职工专项等集体合同按时完成续订。系统 1 家单位荣获 “上海市十佳厂务公开民主管理先进单位”，1 家单位荣获“上海市和谐劳动关系达标企业”。开展“强基础、保安康、促民主、谋发展”综合检查，推动企业落实安全生产、劳动保护、疫情防控主体责任，推进职业健康监管责任有效落实。

强化职能建体系。下发《关于全面推进系统企业工会改革的实施意见》，将工会改革工作主要任务转化为具体的、可操作的、规范化的责任清单，探索工会工作发展新路径。完善组织机构，成立工会办公室，强化工会工作规范化管理。组织开展2019—2020年度工会工作先进集体、先进个人的评选表彰工作，对系统4家工会以及49名个人进行了表彰。

企业文化暖人心。坚持“应接尽接、愿接尽接”的原则，稳妥推进在沪企业系统职工疫苗接种工作。制定《申能股份有限公司系统工会帮扶慰问专用资金管理办法》，不断完善公司帮扶慰问送温暖长效机制。组织帮扶慰问、开展各类文体活动，提升系统员工的凝聚力与归属感。通过开展“申享”系列活动等持续打造工会特色品牌，提升职工幸福指数、用心谱写“家文化”。

党建工作 申能股份党委坚持以习近平新时代中国特色社会主义思想为指导，全面贯彻落实中央、市委、市国资委以及申能集团党委的各项工作部署，促进党建优势转化为企业发展优势，以高质量党建引领和保障高质量发展。

加强政治理论学习。发挥党委中心组的学习示范作用，围绕十九届六中全会精神、党史学习教育、“碳达峰、碳中和”政策、李克强总理视察外三发电指示精神等内容开展学习活动，坚持中心组首学和班子成员领学导读，探索中心组学习巡听旁听机制，全年共开展中心组学习29次。

推进党史学习教育。制定方案、召开推进会，下发党史学习教育工作提示29期，部署各阶段工作目标任务，打造“四张名片”，推进“我为群众办实事”落实66个重点民生项目和42个重点发展项目。开展庆祝中国共产党成立100周年系列活动，组织“重走来时路‘申’情系百年”线上学习，举办建党100周年文艺活动，营造浓厚氛围。

服务企业中心工作。切实把党的领导融入公司治理各环节，制定党委研究讨论前置事项清单，完善“三重一大”制度，全年共召开党委会26次、书记会14次。组织开展“砥砺奋斗迎百年，凝心聚力创佳绩”年度党建主题活动，号召各级党组织和全体党员在推进企业改革发展中发挥先锋引领作用。开展“一党委一品牌、一支部一特色”建设工作，形成公司系统直属党组织党建品牌22个、公司系统单位基层党支部党建特色41个。

推动全面从严治党。落实党委主体责任，召开全面从严治党工作会议，开展“四责协同”专项检查。聚焦经营管理的重点领域、关键环节，建立党风廉政建设项目15项。组织开展贯彻落实中央八项规定精神专项检查，深入开展“形势任务和廉洁从业教育月”活动，推动廉洁从业入脑入心。深化党建工作责任制落实，建立直属党组织“党建工作责任制”和基层党支部“达标考核”的双模式考核管理机制，切实推动党的建设全面覆盖、全面落实、全面管理。

加强干部人才队伍建设。健全选人用人制度，严格干部选拔任用程序，落实干部工作“一报告两评议”，逐步落实岗位职级体系建设和共享中心建设等改革工作，有序开展经理层任期制和契约化管理，强化人才工作组织保障。推进轮岗交流、挂职锻炼、驻外历练等人才培育模式，注重在基层一线和困难艰苦的环境下培养锻炼年轻干部人才。健全完善激励约束机制，推进股权激励方案实施，建立健全公司新能源和新兴能源业务项目拓展激励与约束办法，不断激发干部人才队伍改革发展激情和干事创业热情。

主要事件

3月12日，申能崇明减碳行动暨碳汇造林启动仪式在上海市崇明区陈家镇举行。上海市经信委副主任张建明、崇明区委书记李政、区长缪京，申能集团党委书记、董事长黄迪南，党委副书记、总裁倪斌，以及市、区相关委办局等150余人参加仪式。申能碳中和研究院揭牌；政企双方签署了“共建崇明横沙零碳岛绿电项目”战略合作协议，用实际行动践行“造林碳汇、绿色低碳”理念。

3月24～25日，十一届全国人大常委会副委员长华建敏一行赴申能安徽平山电厂二期工程考察调研。华建敏实地查看了机组建设情况，对机组创新技术和取得的成绩给予充分肯定和高度评价，并指出下一步要精心组织、精细调试，确保机组安全、优质、高效完成168h试运行，攻克“1350高地”，为长三角一体化能源发展贡献力量。

6月11日，申能股份与上海城投水务（集团）有限公司举行竹园扩建工程污泥掺烧处置签约仪式。申能股份总裁奚力强，上海城投污水公司总经理周骅出席签约仪式。双方将充分发挥各自优势，互惠互利，合作共赢，共同谋求高效益、高质量的发展之路，助力上海市政环保事业。

7月16日9:30，中共中央政治局常委、国务院副总理韩正宣布全国碳排放权交易市场正式启动交易。外二发电、外三发电作为首批参与全国碳市场交易的发电企业完成首笔交易，在实现煤炭清洁高效利用的同时，充分利用碳市场金融属性的促进作用，逐步向绿色低碳甚至零碳发展转型。

8月31日，上海新能源在崇明横沙岛新联村渔光互补项目中心举行崇明横沙零碳岛绿电项目启动仪式暨上海横沙申鑫能源有限公司（筹）揭牌仪式。崇明区常委、副区长郑益川和申能股份总裁奚力强共同为上海横沙申鑫能源有限公司（筹）揭牌。

9月10日，申能股份与宝钢股份有限公司签署能碳领域战略合作协议。申能股份党委书记刘炜，总裁奚力强，副总裁舒彤；宝钢股份总经理盛更红，党委常委副总经理傅建国等出席了签约仪式。根据合作协议，双方将在目前合作的基础上，进一步加强合作深度和广度，聚焦企业内部减碳工作，以合同能源管理和进口煤炭采购渠道多元化为抓手继续推进能碳相关领域工作。

9月18日，申能股份与中国电力科学研究院签订科技创新战略合作协议。申能集团党委书记、董事长黄迪南，公司总裁奚力强，副总裁舒彤；中国电科院党委书记、董事长赵鹏，副总经理许海清等出席了签约仪式。双方将进一步深化科技创新合作，打通创新链、技术链、资源链，深化产学研用相结合，助推新能源发电侧构建新型电力系统，助力国家碳达峰、碳中和战略，为上海市能源绿色转型和中国电力技术发展注入新的动力。

9 月，上海申能电力销售有限公司在新疆电力交易中心完成了首笔新疆电力交易，这标志着申能售电正式进入新疆电力交易市场，扩大了申能售电在售电业务的版图。

9 月，申能股份参与全国首次绿色电力交易，本次绿电交易标志着申能股份迈出绿色电力交易市场的第一步，这是继成功参与全国碳排放权市场交易后取得的新突破。

10 月 20 日，申能股份与中国石化集团新星石油有限责任公司签订战略合作协议。申能股份党委副书记、总裁奚力强，副总裁舒彤；中石化新星公司执行董事、党委书记党力强，党委副书记韩志国等领导出席了签约仪式。双发就新能源项目开发、技术研究、业务拓展等领域合作进行深入交流，旨在以“战略合作、互利互惠、强强联合、共同发展”为理念，聚合各自优势，共同推动新能源产业高质量发展。

10 月 29 日，华东理工大学—申能股份有限公司联合共建碳中和实验室协议签约暨外三发电 CO_2 制甲醇万吨级中试和30万t工程示范工艺包项目启动仪式在申能能源中心举行。上海市发展改革委副主任周强，上海市经信委副主任刘平；华东理工大学校长轩福贞；申能集团党委副书记、总裁倪斌，申能股份党委副书记、总裁奚力强等领导出席了仪式。倪斌、轩福贞共同为“华东理工大学—申能股份有限公司碳中和联合实验室”揭牌，出席仪式的领导共同推杆启动外三发电 CO_2 制甲醇万吨级中试和30万t工程示范工艺包项目。

11 月 22 日，中共中央政治局常委、国务院总理李克强在中共中央政治局委员、上海市委书记李强和市长龚正陪同下，考察上海外高桥第三发电公司。李克强说，电力是经济运行动力，要采取措施千方百计保障民生和企业正常生产用电。发电企业要履行社会责任，在安全生产的前提下多出力出足力。各级政府要进一步加强支持，包括落实好国家对煤电企业缓税等政策，做好协调调度，保证电煤稳定供应，解决一些地方电力缺口问题，防止出现新的“限电停产”现象。要立足中国能源禀赋以煤为主的基本国情，用好国家新出台的专项再贷款政策，推广提高能效的成熟先进技术，推动煤炭清洁高效利用，促进绿色低碳发展。

12 月 6 日，上海申能奉贤热电有限公司获2020—2021年度国家优质工程奖。

（高理想）

华 中 地 区

【国家能源局华中监管局】

基本情况 国家能源局华中监管局（简称华中能源监管局）是国家能源局在华中区域的派出机构，接受国家能源局的垂直领导，依据国家能源局的授权履行区域电力等能源行政执法职能。经中编办批准，原华中电监局于 2013 年 11 月更名为国家能源局华中监管局（2014 年 1 月正式挂牌），设于武汉市，目前主要负责湖北、江西、重庆、西藏四省（市、区）的电力等能源监管工作。

主要职责：在所辖区域内，监管电力市场运行，规范电力市场秩序；监管电网和油气管网设施的公平开放；监管电力调度交易，监督电力普遍服务政策的实施；负责电力等能源行政执法工作，依法查处有关违法违规行为，监督检查有关电价；负责除核安全外的电力运行安全、电力建设工程施工安全、电力工程质量安全的监督管理以及电力应急和可靠性管理，依法组织或参与电力安全生产事故调查处理；负责组织实施电力业务许可以及依法设定的其他行政许可；负责协调有关跨省、跨区能源监管业务，负责法律法规授权以及国家能源局下达或交办的有关事项监管。

领导班子

党组书记、局长：宋宏坤

党组成员、一级巡视员：罗毅芳

党组成员、一级巡视员：葛才胜

党组成员、副局长：周思杨

党组成员、副局长：庞猛

主要工作

（1）勇于担当作为，全力保障能源可靠供应。一是完善工作机制。成立保供领导小组和工作专班，建立“日监测月报告”制度，畅通政企信息通道，动态掌握能源供需、燃料供应和机组运检等情况，加强科学决策。参加地方能源保供领导小组，构建信息共享、工作联动机制。二是压实保供责任。印发《关于全力做好当前电力供应保障工作的通知》，深入一线开展“八查两防”督查。对机组非停、出力受阻和电煤短缺发电企业开展现场督查和监管约谈，提升发电能力190万kW。三是发挥市场作用。及时修订“两个细则”，加大机组非停考核力度，促进机组满发稳发。充分发挥中长期交易“压舱石”和调峰（备用）辅助服务市场“稳定器”作用，建立跨省跨区应急调度机制，最大限度挖掘系统互济潜能。四是确保民生用能。对四省（市、区）全覆盖开展“两节”期间民生用电现场督查，针对12398投诉突出问题，着力推动解决农村地区频繁停电、低电压和抢修不及时等问题。

（2）强化监督管理，努力实现安全生产形势持续平稳。一是构建大电网安全协同监管机制。重新组建华中区域电力安委会，召开工作会议，建立区域电网重大安全风险联合管控机制，保障华中电网安全稳定运行。二是推进电力安全生产专项整治三年行动。落实“季会周报”制度，狠抓电力安全风险管控和隐患排查治理，督促企业消除风险隐患64852项，完成国网湖北电力500kV线路铁塔Ⅱ级重大隐患销号，做好西藏阿里联网通道首检期间电网风险管控，完成建党100周年电力保障任务。三是切实加强电力应急管理。对四川、江西能源主管部门和电力企业开展电力应急能力建设专项督查，现场指导国网西南电网攀西地区黑启动演练、湖北宜昌大面积停电事件应急演练。迅速处置“8·30”湖北鄂坪水电站溢洪道局部水毁险情和“10·14”重庆停电事件，监管约谈企业主要负责人，并在全系统进行通报。

（3）聚力攻坚克难，深入推进电力市场化改革。一是市场建设取得突破。推进市场规则制修订工作，丰富交易品种，扩大市场规模，促进区域和省级市场协同运行、融合发展，推动构建多元竞争的电力市场格局。会同地方修订鄂赣渝电力中长期交易规则，印发《西藏自治区电力中长期交易实施细则》，实现中长期交易全覆盖。印发《川渝一体化电力调峰辅助服务市场运营规则》《新型市场主体参与华中电力调峰辅助服务市场规则》，落实国家成渝双城经济圈规划纲要，建立储能电站、可中断负荷参与跨省电网运行调节长效机制。二是市场运行成效显著。鄂赣渝三省（市）市场化交易电量2060亿kWh，同比增长29%，释放改革红利17亿元。电力辅助服务市场提升调峰能力780万kW，增加清洁电力消纳19亿kWh。首次实现储能电站参加跨省调峰交易，提供低谷调峰电力6万kW。三是监管权威有效树立。组织召开四省厂网联席会、运行方式汇报会，建立政企信息互通平台，实现电力市场秩序常态化监管。组织开展中长期交易市场秩序监管和违规案件调查，对交易组织不规范、输电费用收取不合规、电费结算不及时等问题下达整改通知书，有力维护市场秩序。

（4）积极履职尽责，努力促进能源绿色转型。一是做好能源规划衔接。专题研究“十四五”能源规划，参加鄂赣渝藏“十四五”能源规划衔接研讨会，积极研提意见建议报局规划司。二是助推能源协调发展。开展清洁能源消纳综合监管，督促电网企业整改清洁能源电费结算长期滞后问题，共支付5.95亿元未结算电费。三是精心编制金上水电区域消纳方案。受电力司委托组织发电和规划设计单位成立工作专班，专题研究金沙江上游水电在华中消纳方案，开创区域监管机构牵头开展跨省清洁能源统筹分配先河。

（5）优化营商环境，着力强化能源服务保障。一是推动“获得电力”水平提升。成立工作专班，印发综合监管实施方案，结合12398投诉情况开展现场督查，全面推动“三零三省”等惠民措施有效落实，其中湖北省惠及居民和小微企业27.28万户，节约用户成本14.32亿元。开展重庆市频繁停电、抢修不及时问题专项整治，推动实施重庆农村电网巩固提升工程，配电线路故障次数、12398相关投诉同比分别下降26.3%、73.3%。二是加大行政执法力度。加强和规范行政执法工作，充分发挥监管利剑震慑作用，有力打击违法违规行为。行政处罚工作取得突破，仅四季度就完成6起处罚案件，罚没金额46.9万元，超过过去三年罚金总和。加强“三指定”“乱收费”问题查处，对有关电网企业开展监管约谈，11名责任人受到党纪政纪处理，清退违规收费和企业受损资金98万元。三是落实“放管服”改革。推行业务办理“一网通办”，结合EMS政务快递免费服务，实现企业办证一次不用跑。全面推行告知承诺制，为156家企业办理许可。加强事中事后监管，通过“双随机一公开”方式开展现场核查，撤销38家企业许可，规范市场准入秩序。组织新能源发电项目许可信用监管，对失信企业依规纳入重点关注名单，归集电力企业信用信息229条，构建守信激励和失信惩戒机制。

（张　宇）

【国家能源局河南监管办公室】

基本情况　国家能源局河南监管办公室（简称河南能源监管办）是国家能源局派驻河南省的监管机构。

主要职责：监管电力市场运行，规范电力市场秩序；监管电网和油气管网设施的公平开放；监管电力调度交易，监督电力普遍服务政策的实施；负责电力等能源行政执法工作，依法查处有关违法违规行为，监督检查有关电价；负责除核安全外的电力运行安全、电力建设工程施工安全、工程质量安全的监督管理以及电力应急和可靠性管理，依法组织或参与电力生产安全事故调查处理；负责电力业务许可及依法设定的其他行政许可；负责法律法规授权以及国家能源局下达或交办的有关事项监管。

领导班子

党组书记、专员：王笃奎

党组成员、副专员：王朝晖

组织机构 内设综合、市场监管、行业监管、电力安全监管、资质管理、稽查等6个处。

主要工作

（1）电力安全监管工作。不断强化电力运行安全监督管理，建立健全“季会周报”电力安全风险管控机制。开展电力建设工程施工安全和质量监督专项监管，对河南新华五岳等抽水蓄能项目开展督导检查，不断压实企业主体责任和属地监管责任。深入督导检查压实保供责任，开展机组非停和出力受阻督导检查，有效缓解电力供应紧张形势。切实提高应急处突能力，全力做好7·20防汛救灾工作，深入灾区一线调研指导电力抗洪抢险工作，督促电网开展抢修、尽快恢复电网正常运行，督促企业保证机组稳定运行，确保全省电力快速恢复，平稳运行。开展电力安全生产专项整治三年行动集中攻坚，确保专项整治工作取得实效。组织对大唐龙岗发电、平顶山姚孟和重大建设项目等开展专项督查。加强电力企业应急预案备案管理，不断推进电力应急能力建设。2021年全省电力行业未发生较大以上人身伤亡事故、未发生较大以上电力安全事故和电力设备事故，电力安全生产持续保持稳定局面。

（2）电力市场准入监管。电力业务许可证颁发工作稳步推进，共审查批复发电类电力业务许可证107家，全省持证发电企业达到482家；全省持证供电企业达到145家；办结承装（修、试）企业各类申请1045件次，全省持证承装（修、试）企业达到2125家。全面落实告知承诺制工作部署，根据最新许可条件、办理流程修改办理指南，多种形式开展告知承诺制政策解读、宣传。开展许可条件告知承诺审批后的核查工作，严格证后监管，树立监管权威，创新证后核查方式，统筹监管资源，大力推行视频核查。

（3）电力交易监管。推进电力中长期交易，累计组织电力直接交易、合同转让交易等共计1550亿kWh。落实电力保供措施，会同省发展改革委推进燃煤机组上网电价政策，率先在全国按照市场机制原则调整煤电机组电量交易价格。巩固深化电力辅助服务市场，完善交易规则，推动火电企业开展灵活性能改造，机组调峰性能得到进一步提升，增加新能源电量消纳41亿kWh，累计补偿费用13亿元，全省日挖掘调峰能力430万kW。

（4）供电监管。做好提升用户“获得电力”服务水平综合监管，组织对2家市级供电企业、3家县级供电企业开展了现场检查，发现6类共19项问题，对发现的问题提出整改要求，形成了综合监管工作报告。加强民生用电保供监管，建立整治漠视群众利益问题的长效机制，督促落实河南2021年十大民生实事中“推动农村电网提档升级”要求，加大“低电压”治理力度，跟踪治理新出现的“低电压”情况，于2021年夏季高峰负荷到来前完成治理改造目标。

（5）电力监管行政执法。加强12398热线投诉举报处理。健全承诺事项重点督办、相似事件重点提醒、矛盾突出问题重点预判机制，加快投诉举报处理效率，提高群众满意率。2021年，共接到处理有效信息8019件、工单978件、投诉举报259件，办结满意率98.14%。

（冯延苹）

【国家能源局湖南监管办公室】

基本情况 原国家电力监管委员会华中监管局长沙监管办公室于2006年4月26日挂牌成立；2010年7月，更名为国家电力监管委员会湖南省电力监管专员办公室（简称湖南电监办）；2013年国务院机构改革，将原国家能源局、国家电力监管委员会的职责整合，重新组建国家能源局，2013年12月7日国家能源局湖南监管办公室（简称湖南能源监管办）挂牌成立。

主要职责：负责监管能源规划、计划、产业政策和重大项目的执行情况，负责对取消和下放的能源行政审批项目的后续监管，监管节能减排和资源综合利用等工作；监管电力市场运行，规范电力市场秩序；监管电网和油气管网设施的公平开放；监管电力调度交易，监管电力普遍服务政策的实施；负责电力等能源行政执法工作，依法查处有关违法违规行为，监督检查有关电价；负责除核安全外的电力运行安全、电力建设工程施工安全、工程质量安全的监督管理以及电力应急和可靠性管理，依法组织或参与电力事故调查处理；负责组织实施电力业务许可以及依法设定的其他行政许可；负责法律法规授权以及国家能源局下达或交办的有关事项监管。

领导班子

党组书记、专员：银车来

党组成员、副专员：陈显贵

党组成员、综合处处长：刘志成

组织机构 湖南能源监管办下设综合处（机关党委〈纪委〉办公室）、市场监管处、行业监管处、电力安全监管处、资质管理处、稽查处。

主要工作

（1）落实电力保供责任，完成保供任务。一是重部署，将电力保供作为重要政治任务，办党组3次专题会议研究部署，主要负责人、分管负责人5次听取电力供需情况汇报，研究措施，推动落实。二是强督导。建立电网发用电情况日报制度，办领导带队开展迎峰度夏、度冬保供督查，参加对3个重点市州、15家主力火电厂、重点煤炭企业督导。三是细措施。7次向国家能源局报告情况，3次向省委省政府书面提出建议，多次在省里保供专题会上建言献策，主要负责人协调督办主要火电厂开机并网。推动永州电厂两台机组、南昌—长沙1000kV特高压投产、鲤鱼江电厂灵活送电湖南。四是压责任。印发《关于加强火电机组运行维护和电煤储运的通知》《关于全力做好今冬明春湖南能源供应保障工作的通知》，开展火电机组出力受阻清零行动，落实发改价格〔2021〕1439号文件精神，调整市场交易规则，指导企业做好煤电成本疏导政策措施落实。

（2）强化能源规划、政策落实监管。一是坚持绿色低碳。开展湖南省清洁能源消纳综合监管，对12家重点企业开展现场检查，梳理5大类、20个问题案例，提出意见建议。开展煤电淘汰落后产能、农林生物质电厂防治掺煤检查。二是坚持问题导向。建立重点能源项目管理台账，实行动态跟踪，落实《国家能源局关于对“十三五”能源规划目标任务落实情况综合监管发现问题的监管意见》，召开重点火电、电网项目座谈会，对8个项目开展现场督查，推动问题整改闭环。三是坚持规划引领。围绕湖南省“十四五”能源、电力、新型储能发展规划等重点，加强调查研究，与省级发改、能源、环保等部门开展座谈交流，调研20余家能源企业、能源规划研究机构，结合监管工作，提出意见建议。

（3）推进电力市场规范有序建设。一是完善规则。修订中长期交易规则，制定调频辅助服务市场模拟交易规则，发挥中长期市场“压舱石”、辅助服务市场“调节器”作用，全年市场交易电量636亿kWh，深度调峰电量28.76亿kWh，风电、水电利用率分别达到98.90%、99.96%。二是加强监管。坚持调度交易与市场秩序厂网联席会、月度交易会商会、调度机构执行合同计划月度考核评价、“两个细则”考核与补偿定期通报机制，开展典型方式分析、火电机组检修计划监管，协调解决市场主体矛盾问题，及时纠正处理信息披露不及时等问题。

（4）维护电力安全局面持续稳定。一是重统筹。制定电力安全监管工作要点和电网安全稳定运行、电力建设工程施工安全等5个重点监管方案，明确工作重点、目标和阶段任务，推进取得实效。二是抓重点。结合季节性电力安全生产特点，以防范事故为重点，办领导带队组成督查组，开展复工复产、防洪度汛、迎峰度夏、庆祝建党100周年电力安全督查，开展火电厂安全交叉检查，督查检查企业25家、项目18个，印发整改通知书39份。三是防风险。印发《关于进一步加强电力安全风险辨识管控和隐患排查治理工作的通知》，采取现场检查、案例通报、警示教育、视频督办等措施，督促企业排查治理风险隐患，对1个二级风险、2个重大隐患挂牌督办，发布“警钟长鸣”13期、“风险提示”11份，对安全隐患突出的3家单位开展监管约谈、1个项目下达局部停工令。

（5）着力服务企业民生。一是优服务。联合地方主管部门印发提升“获得电力”优质服务水平工作方案、任务台账，对9个市州20个基层单位开展“明察暗访”，推动落实24项目标任务。全面推行电力业务资质许可告知承诺制，深化许可办理“一次不用跑”，全年网上办理许可事项631件，证件寄送率100%。二是解民忧。发挥12398热线民生通道作用，完善12398热线共性问题跟踪督办、投诉处理情况季度通报和随机抽查3项制度，持续推进“低电压、频繁停电”共性问题整治，2021年相关投诉同比下降76%。三是强执法。全年立案调查违法违规案件9件，作出行政处罚决定5件，罚没金额20.60万元，处理12398有效信息3851件，投诉举报222件，投诉举报直接办理比例50.76%。

【国家能源局四川监管办公室】

基本情况 国家能源局四川监管办公室（简称四川能源监管办）是国家能源局派驻四川的机构，因国家机构改革，在原国家电力监管委员会四川监管办公室基础上设立，于2013年12月16日正式挂牌。

主要职责：作为国家能源局派驻在四川的能源监管机构，代表国家能源局履行国家层面监管事权，负责四川省辖区范围内能源监管工作的具体实施，履行电力市场监管、电力安全监管、能源行业监管三项基本职责。具体职责：监管电力市场运行，规范电力市场秩序；监管电网和油气管网设施的公平开放；监管电力调度交易，监管电力普遍服务政策的实施；负责电力等能源行政执法工作，依法查处有关违法违规行为，监督检查有关电价；负责除核安全外的电力运行安全、电力建设工程施工安全、工程质量安全的监督管理以及电力应急和可靠性管理，依法组织或参与电力事故调查处理；负责组织实施电力业务许可以及依法设定的其他行政许可；负责法律法规授权以及国家能源局下达或交办的有关事项监管。

领导班子

党组书记、专员：何淑兰

党组成员、副专员：刘平凡

党组成员：张毅

组织机构 设综合处、市场监管处、电力安全监管处、行业监管处、资质管理处、稽查处。

主要工作

（1）集中整治违规供电，维护电力市场秩序。按照国家能源局和省委省政府要求，以整治违规供电为切入点，对发电企业违规向虚拟货币“挖矿”负荷供电开展全面清理。四川违规供电挖矿“量大面广”，受到中外媒体广泛关注，整治期间相关媒体信息近5000条。四川能源监管办通过加强舆情监测，注重政策宣传，依法依规处置等手段，全面关停了所有违规供电“挖矿”负荷，相关发电企业“挖矿”设备也相继全部拆除，有力维护了四川电力市场秩序。

（2）坚决守牢大电网安全，保障民生用电底线。一是强化双重预防体系建设。逐项梳理分析现有较大及以上电网风险隐患，通过不断压实企业安全生产主体责任，确保风险隐患可控在控，积极应对洪水、地震等自然灾害的影响，保障了电力系统安全稳定运行。二是保障电力供应安全。加强能源运行监测和分析研判，先后9次采用供需简报、专题报告等形式，向国家能源局反映四川弃水形势、迎峰度夏（冬）能源保供问题等能源供需情况，提出相关建议。围绕落实“十条措施”“八查（察）两防”工作，建立了与省级气象部门的会商联动机制，加强水情监测，建立了电煤储存、发电机组计划检修和非计划停运日报机制，强化电力系统运行风险管控，加强机组非停核查，进一步压实了保供主体责任。三是强化督查督导。通过开展以重大活动保电为主题的安全督查、冬季安全检查暨迎峰度冬保供督查等工作，对督查发现的问题要求相关电力企业整改闭环。

（3）不断丰富行政执法手段，当好能源“警察”。分析当前能源领域行政执法新形势，建立重大案件业务和人员联动协作机制，提出行政执法“四个必须”要求，即，执法工作必须要善于综合运用各类行政执法手段，开展执法检查必须形成检查报告，检查发现的问题必须进行查处，查处问题必须实现监管闭环，为提升行政执法工作质效奠定了坚实基础。一是综合运用警告、罚款、降低资质等级等行政执法手段和后续信用监管的辅助手段。全年共计对7家企业给予警告处罚。二是坚持“监管就是服务”理念，充分运用监管约谈等手段，及早提醒、及时督促整改，指导和帮助企业整改问题并建立长效机制，做到沟通在前、情绪疏导在前、整改在前，处罚在后。全年共计开展监管约谈14次，约谈企业53家，印发监管意见书和整改通知书20份。三是坚持“有责必追、问责必严”，在现场执法检查中切实做到把问题查深查透，及时完成违法违规证据采集，让处罚合法合规。全年共计对249家企业开展检查，对12家企业开展了行政处罚，所办案件均未引起行政复议或行政诉讼。

（4）强化事中事后监管，提升许可服务水平。推进行政许可管理工作重心由证前审核向证后监管转型，不断优化资质管理工作。一是规范内部工作流程。实现了资质许可办理制度化、规范化、程序化。二是积极维护市场秩序。通过打击“劣币”将“放管服”改革成果真正惠及合格市场主体，聚焦12398能源监管热线反馈问题，督促指导12家企业整改，对其中1家拒不整改企业进行公示注销；严格执行“双随机、一公开”，7批次214家企业实施了证后核查，及时通报核查情况。三是强化过程监督。办行政许可工作监督检查小组按季度3次听取许可审批办理情况和存在问题汇报，参加行政许可预审会和系统随机抽查许可审批办理情况，确保办理过程公平公正；落实“好差评”制度，借助企业提交服务评价不断提升工作水平，全年月累计收到评价617次，全部好评。

（柳　伟）

【国网湖北省电力有限公司】

企业概况 国网湖北省电力有限公司（简称国网湖北电力）是国家电网公司的全资子公司，以电网建设、管理和运营为核心业务，负责电网安全稳定运行，为湖北地区经济发展和人民生活提供电力保障。截至2021年底，有直属单位36家（其中，地市供电公司14家，其他综合单位22家），直供直管县级供电企业84家；用工总量75688人，其中职工44596人，同口径同比分别下降1.93%、1.07%；有用电客户2940.18万户，其中，居民客户2639.43万户，大工业客户2.5万户，一般工商业客户172.75万户，其他客户125.5万户。

2021年，国网湖北电力确立了“华中区域领先、国网第一方阵”发展目标，明确“四个转型”发展路径，制定“一体四翼”发展布局落地实施意见，修订国家电网战略落地实施方案，编制公司和电网“十四五”发展规划，各项工作取得突出进展，实现“十四五”良好开局。完成发展投入265.35亿元，其中，国网湖北电力投入204.79亿元。售电量2065.96亿kWh，较2020年、2019年分别增长16.35%和12.25%。线损率4.70%，同比下降0.64个百分点。职工劳动生产率67.14万元/（人·年）。

电网概况 湖北电网500kV及以上网架形成1个中部主框架、三个受端电网格局；与河南、湖南、江西、重庆电网分别通过4回、3回、3回500kV交流线路及两座柔性直流换流站联网；与华东、广东电网分别通过4回、1回±500kV直流联网；通过1回±800kV直流线路与西北电网相联；通过荆门—南阳—晋东南1000kV特高压交流线路与华北电网相联。湖北电网以 220kV 电网为主要供电网络，并依托 500kV 变电站逐步实现分片区运行。110kV 电网以 220kV 电网为中心，实现分片分区运行，向配电网络和用户供电。

2021 年，湖北电网有 1000kV 变电站 1 座，500kV 变电站 31 座，220kV 公用变电站 215 座，110kV 及以上公用变电容量 19281 万 kVA；输电线路 5.80 万 km。负责运维换流站 7 座，运维跨区电网设备规模居国网第一。截至 2021 年底，湖北全口径发电装机容量 8816 万 kW（含三峡 2240 万 kW），居全国第 12 位，同比增长 6.57%。其中，水电、火电装机容量分别占 42.78% 和 38.25%，风电占 8.16%，太阳能发电占 10.81%。全年发电量 3291.34 亿 kWh，居全国第 10 位，同比增长 8.39%。

人力资源 制定领导人员管理办法等 10 项制度，科学编制领导人员队伍建设“十四五”规划。大力选拔培养使用优秀年轻干部，“80 后”三级领导人员增至 40 人。组织开展市场化单位高管、本部及相关机构管理岗位公开选拔。加大干部交流力度，完成本部交流调整 99 人，开展年轻干部人才“上挂下派”、赴东部省市公司挂职锻炼。举办三级领导人员轮训、中青班和首期“90 后”优秀班组长培训班。优化本部组织机构，推进智库建设，完成“两院一公司”研究机构调整，实现省物资公司和招标公司、中超公司和鄂电监理公司“两个一体化”运作。深入推进三项制度改革，完成任期制聘任 5745 人、公开竞聘岗位 1172 个。创新构建长期职工“3+1”、供服职工“双通道”人才体系，首次选聘三级职员 15 人，二、三级职工工匠 16 人。基本完成供服职工“六统一”管理。承办国家电网公司第八届“服务之星”竞赛，举办第十二届职工技能运动会，在全国职工职业技能大赛中获得专业团体第二名。推进“五强三优”坚强本部建设，修订本部绩效管理实施细则。

电网建设与发展 完成湖北电网“十四五”规划和电力设施布局规划（2021—2035 年），推动中远期（2035 年）电网需求项目纳入国土空间规划。驻马店—武汉等 4 个特高压工程获得核准，金上—湖北直流工程纳入国家规划，7 个 500kV 项目取得可研批复，完成 195 个 500kV 及以下项目核准。陕北—湖北直流工程建成投运，白鹤滩—江苏、白鹤滩—浙江直流及荆门—武汉、南阳—荆门—长沙交流工程按计划顺利推进。投产 500kV 编钟—仙女山线路等重点工程，全年开工 110kV 及以上输电线路 1752km、变电容量 1057 万 kVA，投产 1556km、683 万 kVA。完成 10kV 及以下配电网投资 59.95 亿元。深化“新能源云”平台应用，风电、光伏新增并网装机容量 472.89 万 kW，累计达到 1672.35 万 kW，完成 19 个县屋顶分布式光伏项目消纳能力校核。推动国网湖北送变电公司改革发展，开展省管产业施工企业管理提升专项行动，完成 14 家地市公司 136 个作业层班组能力评估，施工企业业务能力、核心竞争力明显提升。深化现代智慧供应链建设，采购及时率、供应完成率、抽检覆盖率均达到 100%。推广机械化施工，机械化施工率 80%。500kV 恩施东变获评国家优质工程奖。推进配电网建设质量评价考核，4 项工程入选国家电网“百佳工程”。

经营管理 构建“大经营”体系，打造提质增效“升级版”，全年增利 33 亿元。上线运行一、二级内部模拟市场。落实电价市场化改革部署，推动湖北成为全国第 3 个出台代理购电实施方案的省份，平稳启动实施代理购电。持续优化购电结构，购三峡水电 205.61 亿 kWh。黄龙滩电厂发电量创历史新高，达到 16.32 亿 kWh。国企改革三年行动任务完成 72%，国网湖北电力获评第三届湖北改革奖。完成电力交易机构股权结构优化，国网湖北电力股比降至 41.18%，省内市场化交易电量 961.71 亿 kWh，同比增长 36.13%，释放改革红利 3.11 亿元。省间交易外购电量 69.6 亿 kWh，节约购电成本 4.81 亿元。完成各类审计项目 9742 项，促进收回资金 7.89 亿元，降低投资成本 8.69 亿元。入选国家电网公司对标世界一流管理提升“标杆模式”。以“站、线、变、台、户”为重点，开展基础资料大梳理。1 项成果获得全国企业管理现代化创新成果奖。开展“合规管理深化年”活动。规范兴山兴发集团供用电关系取得实质性进展。推进诉讼维权，避免和挽回经济损失 3946 万元。应用“电 e 金服”平台，为产业链上下游企业提供融资服务 51 亿元。企业年金净收益率 7.87%。成立省、市两级思极公司。完善省管产业管控体系，建立省地平台企业资本纽带关系，省管产业实现收入 243.67 亿元。

安全生产 贯彻新《中华人民共和国安全生产法》，健全领导干部及管理人员安全档案，落实领导人员“1223”现场履责要求。完成安全生产专项整治“二下二上”“五查五严”和国家电网公司安全生产巡查迎检等任务，及时消除 500kV 鄂光Ⅲ、Ⅳ回 4 号塔基础位移等重大隐患。有效管控五级电网风险 793 项、三级及以上作业风险现场 5.5 万余处。开展作业票实效化专项治理，推广应用作业人员轨迹 App。实行“四种形态”违章处理规范，全年累计稽查作业现场 59 万次、查处严重及以上违章 1042 次。220kV 及以上输电线路无人机自主巡检覆盖率达 100%，完成 195 座 110kV 及以上变电站“一键顺控”改造，配电自动化覆盖率 81.3%。首次开展带电作业机器人试点。实现全省 84 家县公司不停电作业全覆盖。220kV 及以上输变电设备故障停运次数同比分别下降 29.5%、10%，一、二级电缆及通道、森林火灾通道隐患治理率 100%。筹措电力资源，部署丹江口、青山电厂等稳控工程，首次实施需求响应，在迎峰度夏电网负荷达到4343万kW的情况下，保障了电网安全稳定运行。倾力应对9、10月供需突出矛盾，协助组煤保发，科学编制有序用电方案，在“供紧需旺”两端挤压的形势下，打赢了电力保供遭遇战，助力湖北成为全国4个没有限电的省份之一。全面做好迎峰度冬保供工作，争取三峡增发电量11亿kWh。湖北电网连续安全稳定运行39周年。

营销工作 2021年，湖北省全社会用电量2471.54亿kWh，其中，国网湖北电力售电量2065.96亿kWh，在国家电网系统排名第十位。完成电能替代电量45.58亿kWh。需求侧响应负荷资源达到最大负荷的8.11%，开展节约用电“访百校、结千企、进万家”活动。实施农网巩固提升工程，农网居民户均容量提升至2.55kVA。建立光伏零电量日监测机制，确保扶贫成效足额分配到位。完成乡村电气化示范项目建设81个。助力乡村振兴，投入资金3020万元，实施定点帮扶项目47个。国网湖北电力获国家电网公司和湖北省服务脱贫攻坚先进集体称号。加强作业票实效化治理，工作票及施工方案减少30%以上，营配现场作业人员轨迹App应用实现全覆盖。优化“1+14+N”新兴业务体系，成立“1（综合能源）+3（电动汽车）”合资公司。完成“智慧校园”“绿色医院”等示范项目建设，综合能源实现营收13.27亿元。全面启动高速公路服务区充电服务费征收，电动汽车业务实现营收4.92亿元，完成充电量9022.82万kWh。深化网格数字化试点，实现台区智能融合终端与集中器深度交互。3个屋顶光伏建设先行先试项目已开工。完成全省非智能表清零，1个地市、11个县公司、264个供电所实现HPLC全覆盖。完成全省电费账户集中管理，电费回收率达100%。台区线损率降至3.57%。开展“一台区一指标”管理，11个县公司和32个供电所进入国网百强县、百强所。完成供电所长轮训全覆盖。

科技与信息化 牵头项目获得中国电力科技进步奖3项、国家电网公司科技进步奖8项、湖北省科技进步奖3项。正式发布公司首项IEEE（电气与电子工程师协会）国际标准。立项ITU（国际电信联盟）国际标准，实现国家电网公司在该领域零的突破。制定落实碳达峰、碳中和行动方案30项主要任务和100条任务因子，实施十大示范项目。制定新型电力系统科技攻关实施方案，制定重点工作任务，推进第一批13个试点示范项目，随州广水100%新能源新型电力系统工程入选国家电网公司科技示范工程。编制“十四五”数字化规划，打造数字化转型及新兴产业十大示范工程、百大公司级项目。企业级数字基础平台上线运行，支撑69套系统和6个移动应用上云。开工建设花山数据中心，获批承建湖北省能源大数据中心。部署互联网大区物联平台和人工智能平台。建成数据超市、数据资产运营平台，接入34套业务系统数据。实现新一代电力交易平台统推功能单轨制运行。完成数字化审计平台二期和三期部署。深化RPA（营销流程机器人）技术推广，在国网竞赛中获得“一金一银一铜”。打造“电力看经济”等38项大数据应用产品，签订数据增值服务合同9148万元。加强网络信息安全管理，“零失分”完成“护网2021”国家专项演习任务，全年未发生失泄密事件。

优质服务 深化“三零”“三省”服务，实现全省城区160kW及以下小微企业报装“零费用”。建成市、县两级供电服务指挥中心，成立城区供电服务站147个、配电网抢修班108个。全面应用业扩全流程管控系统，建立低压业扩配套“绿色通道”，项目平均建设周期缩短至12.88天。累计治理低电压台区3682个、高故障线路538条。城乡用户平均停电时间为12.3h，同比降低7.08个百分点，位列国家电网系统第八、华中区域第一。建立投诉问题日通报、月分析机制，95598投诉受理数同比下降80.86%。完成1.99万个终端用户“转改直”，总结形成“汉正模式”，在湖北省深入优化营商环境大会上作交流发言。武汉“获得电力”水平进入全国前10。“网上国网”注册用户突破1100万户，线上办电率98.73%。打造客户画像体系，提升客户精准服务能力。加快“四个一通”推广，打造“一手机、一平台、业务通办”服务模式。

党的建设和精神文明建设 学习贯彻习近平总书记“七一”重要讲话和党的十九届六中全会精神，扎实推进党史学习教育，组织党委会“第一议题”学习30次、各级党委中心组学习1400余次。举办“永远跟党走”主题歌咏会、“百年风华红色印记”改革发展成就展等庆祝建党100周年系列活动，实施“我为群众办实事‘五心’”专项行动。召开国网湖北电力第二次党代会。实施“旗帜领航·提质登高”行动计划，落实“基层党建创新拓展年”各项任务，深化“党建+”工程，开展“红色丝带映初心 绿色工程担使命”主题实践。实现供服职工党员党组织关系和工会会员关系划转。开展党风廉政建设宣教月活动。构建“大监督”体系，深化基层供电所360°监督管理，开展违规经商、“靠企吃企”等问题专项整治，落实国网巡视反馈问题整改措施332项，完成10家大型县级供电企业提级巡察和15家二级单位巡察“回头看”。发扬“鄂电铁军”精神，接连打赢蔡甸“5·14”风灾、十堰“6·13”燃气爆炸事故、随州“8·12”水灾等应急抢修和援豫援陕保电攻坚战，获得国家电网有限公司、省委省政府主要领导多次批示肯定和社会广泛赞誉。加强宣传策划和主题传播，在中央权威平台发稿再创新高，全媒体平台发稿突破1.5万篇，新媒体指数位列央企二级账号榜单第4名。关心关爱离退休老同志，退休人员社会化管理平稳开局。53 个集体和个人获上级“两优一先”表彰，2 人获“全国五一劳动奖章”，1 个集体获“全国工人先锋号”，国网湖北电力团委获评“全国五四红旗团委”。

（杨　倧）

【国网湖南省电力有限公司】

企业概况　国网湖南省电力有限公司（简称国网湖南电力）是国家电网公司的全资子公司，以建设和运营电网为核心业务，担负着保障湖南省电力可靠供应的重大责任。现设职能部门 19 个，下辖市（州）供电公司 14 家、县级供电公司 98 家，员工总数 7.1 万人（全口径）。供电范围覆盖全省 14 个市（州）117 个县（市、区），营业区面积占全省总面积的 96%，营业区人口占全省总人口的 98%。2021 年，完成售电量 1737.32 亿 kWh，同比增长 12.96%；资产总额突破 1396.35 亿元，同比增长 10.99%；营业收入 1029 亿元，同比增长 16.93%；利润总额 2.5 亿元，同比增加 15.96 亿元；资产负债率 68.67%。

电网概况　截至 2021 年底，湖南电网发电设备装机容量 5412.91 万 kW，比年初新增装机容量 428.62 万 kW。其中，水电装机容量 1710.86 万 kW，占 31.61%；火电装机容量 2436.14 万 kW，占 45.01%；风电装机容量 802.73 万 kW，占 14.83%；太阳能发电装机容量 451.13 万 kW，占 8.33%。拥有 35kV 及以上输电线路约 8.0 万 km，变电容量 1.99 亿 kVA。

2021 年，湖南电网发电量 1737.76 亿 kWh，同比增长 10.66%。统调外省净输入电量 372.3 亿 kWh，同比增长 23.00%。日最大电量 7.4 亿 kWh，同比增长 7.84%。全省社会用电量 2154.54 亿 kWh，同比增长 11.68%。分行业看，第一产业用电量 21.50 亿 kWh，占 1.00%；第二产业用电量 1136.84 亿 kWh，占 52.76%；第三产业用电量 419.89 亿 kWh，占 19.49%。

人力资源　三项制度改革走深走实，设立“三类五级”专家人才职业发展通道，健全职务、职员、工匠、专家“四通道”职业发展机制。指导省管产业单位开展职业发展通道建设。制定岗位聘任制管理制度，3174 人签订聘任协议，强力破除“岗位终身制”。主业和供服共招聘高校毕业生 1540 人，70%精准分配至输、变、配等生产技能岗位。全覆盖推进“一把手讲绩效”活动，树立“三全”绩效文化；制定多元薪酬分配指导意见，开展新兴产业市场化激励专项行动，扩大中长期激励范围，薪酬福利向核心科技人才和市场开拓人员倾斜。开展供电所“定额承包制+岗位竞聘”专项行动，按照“增人不增资、减人不减资”的原则推进供电所考核分配和用工模式改革，5 个试点供电所率先突破，完成“全员起立，竞聘上岗”；各单位以试点为标杆，558 个供电所完成定额承包，917 人竞聘上岗。完成三级本部机构职责调整，优化调整城区供电机构，创新省管产业、新兴产业组织架构和业务流程。通过“湘电技能提升行动”促进一线技能人员“人人过关”，实施县公司“精准滴灌”培训机制创新，进一步增强队伍战斗力。

坚持正确选人用人导向，不断改善领导人员队伍结构、素质和作风。突出“重担当作为、重精神状态、重工作业绩”用人标准，注重在“抗冰雪、保供电”等大战大考中选拔人才。坚持“老中青”结合，所有市州均配有 40 岁左右三级领导人员、98 家县公司有 91 家配有 35 岁以下四级领导人员。建优“六个储备库”，选派 10 名优秀青年干部赴艰苦困难地区锻炼，组织 98 名省市县青年干部交叉挂职挂岗。持续开展示范县公司评选，为县公司搭建比业绩、拼实力的擂台。建立“红黄牌”预警机制，建立专业管理穿透力督导检查、考核评价机制，开展“六大攻坚工程”等重点专项工作考核，调整平、庸、懒、散等领导人员。突出“以需定培、按需施培”，收集典型案例 156 篇，采取“大班+小班”模式，提升培训针对性和实效性。深化“六型本部”建设，按季评选“六型本部之星”，推进服务基层“三个一”活动。全面推进乡村振兴驻村管理，选派 94 支工作队 149 名工作队员参与新一轮驻村帮扶。

电网建设与发展　全年完成电网基建投资 235.91 亿元，连续两年保持 200 亿元以上高规模。累计开工 35kV 及以上输变电工程变电容量 1221.76 万 kVA，线路长度 3039.26km；累计投产 35kV 及以上输变电工程变电容量 2267.86 万 kVA，线路长度 3111.83km，全面实现电网建设进度目标。雅中—江西±800kV 特高压直流工程提前建成投运，有力保障了白鹤滩水电站送出及华中电力供应；南昌—长沙 1000kV 特高压交流工程创造了“当年开工、当年投产”特高压建设新纪录，打造了“新时代特高压样板工程”，湖南电网迈入特高压交直流混联时代。投产 500kV 鲤鱼江电厂转供、永州电厂送出、宁乡输变电及星城主变压器扩建等供电能力提升工程，220kV 邵阳云水输变电、张吉怀铁路配套等“民生工程”，彰显湖南电网建设者社会责任。推动 500kV 岳阳北输变电、平江电厂二期等重要电源送出工程按期开工。500kV 浏阳变电工程荣获国家优质工程奖，500kV 长沙望城、110kV 邵阳灵官殿变电工程荣获国家电网有限公司输变电优质工程金奖。

2021 年电网供电能力提升超过 400 万 kW，对外受电能力提升 25%，确保湖南电网有效应对历史最高负荷、迎峰度冬、抗冰保电等重大考验。“宁电入湘”特高压直流工程纳入国家电力规划，宁夏、湖南两省区政府和国家电网公司签署长期送受电协议。大力加强主网架建设，基本形成湘东500kV立体双环网，220kV电网县级延伸覆盖面进一步拓展。持续开展“向配电网开战”，实施35kV设备提质改造、10kV线路治理两个“双百”工程，10kV农网户均容量提高至2.24kVA。“新能源+储能”协同发展取得突破，建成电池储能二期示范工程，安化、汨罗、东江扩机等抽水蓄能项目成功纳入国家“十四五”抽水蓄能规划，湖南省“十四五”抽水蓄能重点实施项目规模位居全国第二。

经营管理 全面实现提升效益、改进指标、扭亏为盈三大目标。营业收入首次突破千亿大关，净利润2.5亿元，资产总额突破1396.35亿元。推动“三类项目”清理，回收各项资金1.6亿元、转增固定资产43.2亿元。盘活存量房屋土地226宗，盘活价值3.56亿元，盘活收益2600万元。常态化推进“三清理两提高”，办理竣工决算3745个，转增固定资产232亿元，压降工程物资余额2.6亿元。全面实行代理购电制，取消工商业目录销售电价；出台红线外电力设施投资由城市基础设施配套费和土地储备金承担的政策，缓解投资压力。完善峰谷分时电价政策，降低部分水电机组上网电价，每年筹集需求侧响应资金2.3亿元，有利促进高峰时段电力供需平衡。完成湖南交易中心第二轮增资扩股，引入外部资本0.8亿元。吸收合并耒阳电力，解决遗留问题。会计服务中心完成11家直属单位核算集约全覆盖，建立资金省级直收直付体系。

2021年管理创新成果历史首次获得中国电力行业级一等奖；获全国管理现代化创新成果二等奖1项；获国家电网公司二等奖2项、三等奖2项；湖南级一等奖8项、二等奖18项，连续八年居湖南省企业之首。获国家优秀质量活动小组1个、全国质量创新最高示范级奖2个；获全国电力行业优秀QC成果二等奖4项、三等奖4项；获国家电网公司二、三等奖各1个；67项成果获湖南省质量管理活动成果发布赛一等奖，113个QC小组获“湖南省优秀质量管理小组”称号；3家单位获“湖南省质量管理小组活动优秀企业”称号；永州东安公司获“全国用户满意单位”荣誉称号。2021年蝉联“湖南服务业50强企业”第一名。

安全生产 电网连续安全稳定运行41周年，连续11年保持“湖南省平安单位”称号。落实公司保障湖南电力供应工作方案，全力推进安全保供能力提升。连续四年打赢长沙电网建设“630”攻坚战，长沙电网最大供电能力提升至1000万kW。成功应对度夏期间负荷连创新高和历史罕见秋季连续高温大负荷挑战，全面实现“保民生、保安全、保供电”目标。打赢防汛保卫战，发挥区域联动优势，组织省内应急资源，支援张家界防疫供电保障，驰援河南抗洪抢险复电。完成建党100周年、全国农村厕所革命现场会、中非经贸博览会、辛丑年祭祀炎帝陵典礼等重大供电保障任务。

推进安全生产专项整治，滚动排查新增问题隐患3379项，累计整改闭环3976项；电网设备10项重点隐患排查治理率100%。坚持“1135”配电网管理战略，开展35kV输变电设备提质改造“双百工程”和10kV“双百”线路治理，“向配电网开战”攻坚取得成效显著，配电网供电能力和可靠性显著提升。2021年10kV“两降两控”指标同比下降61.72%、30.71%、34.36%、67.88%，频繁停电类投诉及意见工单下降37%，下降率排名位居系统前列。出台现代设备管理体系建设公司方案，取得良好示范效应，现代设备管理体系建设迈入全面发力阶段。

营销工作 全年售电量同比增长12.96%，市场占有率91.35%。大力开拓售电市场，创新推广减弃扩需、扩需增发、电动汽车绿电三类专场交易，争取15家竞争性大客户转网，接管永州仙子脚、郴州东塔、怀化红岩3家重点自供区，争取3家小水电转网，趸售广西最高负荷较2020年同期增长25.3%，2021年成功应对供需形势压力。实现电费结零目标，电费自然回收率99.1%，业法协同追缴郴电国际1331万元欠费，电费短信成本节约400余万元；累计台区线损降至2.99%，同比少损电量4.53亿kWh，增收2.72亿元；反窃查违实现收入1.61亿元；计量拆旧遗留资产专项行动实现经济效益4370万元。落实电价改革政策，首次代理购电顺利实施；全面清零4.33万只非智能电能表；打造数字化供电所198个；打造82项流程机器人产品，“智能停电全流程机器人”获国家电网公司营销RPA应用竞赛金奖。

服务能源转型，构建“供电+能效服务”体系，引流能效市场化业务4400余项；打造岳阳锚地岸电、株冶火炬“以电代气”中频炉改造等一批典型示范项目，实现重点领域电能替代电量22.7亿kWh；签订园区战略合作协议116份，打造长沙临空港园区能效服务站样板，推广“新能源+储能”租赁服务、智能运维业务等业务模式，完成综合能源营收11.2亿元，同比增长23.35%，重点领域营收占比大幅提升至68.7%；成立6家电动汽车合资公司，签订74份集团合作协议，累计建成充电桩2587个，国网资产充电量1.3亿kWh，分别同比增长140%、111.99%。开启“全域现代营销”新征程，在湘潭供电公司成功打造“全域现代营销”示范区。

科技与信息化 全年共获省部级及以上科技奖励23项，其中中国电力科学技术奖6项、湖南省科学技术奖5项、国家电网公司科学技术奖12项。牵头编制国家标准4项、行业标准4项、企业标准8项，主导立项世界首个电网直流融冰技术领域IEEE标准，技术人员首次当选国际电工委员会(IEC)工作组召集人，实现牵头立项国际标准和担任国际标准组织职务“双零突破”。年度申请发明专利 337 项、授权发明专利 165 项、申请海外专利 1 项，截至年底累计拥有发明专利 964 项。电网输变电设备防灾减灾技术国家重点实验室作为国家电网系统唯一一家入围单位获批挂牌组建“电力大数据灾害监测预警国家应急管理部重点实验室”；供服中心智能电气量测与应用技术省重点实验室与湖南省计量检测研究院联合申报的“新能源电磁计量检测”国家市场监管技术创新中心成功获批，创新实验平台能力进一步提升。

数字化发展。172 套一、二级部署系统接入数据中台，建成电网资源、资产、拓扑、图形等 12 大共享服务中心并发布 417 项共性业务服务，率先完成内网人工智能平台容器化改造。物联云网关试点应用示范形成公司典型建设成果，物联管理平台入选湖南省“数字新基建”标志性项目，获得国家电网第 6 届青创赛一等奖。统筹成立数字化项目投资管理分中心，节约资金 3.26 亿元。夯实“数据主人制”基础，数据价值助力经营决策，电力数据看经济、电力数据看疫情防控等应用服务社会治理深受各级领导好评与肯定。数据增值服务收入 1.2 亿元，站址、杆塔、数据中心站等基础资源商业化运营收入 1.2 亿元，覆冰灾害预测预警分析等 7 项产品入选国网数据增值服务典型产品案例，光缆敷挂隐患治理等 3 项典型经验入选国网基础资源综合利用典型成果案例。

优质服务 落实电力保供责任，成功应对了 553 万 kW 占比近 20%的供电缺口；实施小水电聚合管理，开展小水电顶峰 20 余次，最大顶峰出力达 474 万 kW；创新打造以“聚合资源、聚合单元、聚合商、市场运营”为主要功能的新型源荷聚合互动响应系统，坚实迈出新型电力系统建设的第一步。实施助推湖南高质量发展“三保障五促进”行动计划；推行“阳光业扩”“三零”“三省”服务，清理取消用户受电工程验收接入环节 12 项收费项目，节约用户办电成本超过 12.7 亿元，排查整改业扩服务问题及风险隐患 210 个，助力长沙作为“获得电力”进步最快城市在全国优化营商环境现场会上作交流发言。完成 36 个营业厅优化升级建设，撤改 347 个 C、D 级营业厅，客户线上交费率、办电率分别达 96%、98%，1 个市公司、14 个县公司及 513 个供电所实现零投诉，供电服务合规率业绩指标跃居国网并列第 1 位。建立供电所管理提升综合协调机制，积极服务乡村振兴，全额结算光伏扶贫项目上网电费 9.85 亿元，转付补贴 3.4 亿元；推动建成乡村电气化惠农富民项目 435 个；荣获全国脱贫攻坚先进集体 1 个，1 名职工荣获全国先进个人，11 个基层组织、8 名个人分别荣获全省先进集体和先进个人。

党的建设和精神文明建设 开展集中收看、升旗仪式、成果展、座谈会、走访慰问、百名新党员宣誓、主题党日等“七个一”庆祝活动。深化“1+10+52”红色教育体系，带动各层级专题学习 2.7 万次，制定“我为群众办实事”16 项重点措施并抓好落地，经验做法在中央党史学习教育官网刊载，得到国家电网公司党组和湖南省委组织部充分肯定。持续推进“旗帜领航·提质登高”行动，开展全国国企党建会精神贯彻落实“回头看”，开展“转抓强”攻坚，实施“党建+”十大工程。1 人荣获“全国优秀共产党员”，1 人荣获“国网楷模”，52 个党组织和党员荣获省部级以上“两优一先”，作为唯一企业代表在湖南省机关党的工作会议作经验典型发言。《发扬红色传统，传承红色基因》在中宣部主管期刊《思想政治工作研究》刊发，8 家单位被授予“2021 年湖南省文明窗口单位”称号。团委荣获“湖南省五四红旗团委”，5 个项目在国家电网公司第六届青创赛上获奖。

聚焦建党百年，策划实施“奋斗百年路、启航新征程”等重大主题传播 112 次、各级媒体发稿 7712 篇次，东方红（电骡子）共产党员服务队事迹纳入中宣部报题，央视新闻联播、人民日报、新华社、经济日报推出《大国重器 尖兵保障》《茶油卖得俏 村民干劲足》等重点报道。推荐 6 件抗冰实物入选中国共产党历史展览馆，举办“百年辉煌”发展成就展，全方位展示湖南电力史。严格落实意识形态工作责任制，完成总部及公司舆论引导任务 221 次。揭牌公司首家国网品牌体验中心，年度社会责任根植项目入选国网重点项目库数量排名系统第二，荣获“金钥匙·冠军奖”，获评“中国电力行业企业透明度十佳典范案例”。官微入选全国国资委系统十大微博，防山火直播获评全国政务 V 影响力峰会“新媒体创新传播奖”。

全面推进“1235”工作体系建设。5 名职工获评国家电网有限公司劳模，1 名职工获评国网工匠。1 个创新工作室获评全国示范性劳模和工匠人才创新工作室；3 项成果获全国优秀职工技术创新奖，数量位居系统第一。1 名职工被授予“全国农村留守儿童关爱保护和困境儿童保障工作先进个人”。反映精准扶贫和乡村振兴的微电影《桐花寨》荣获全国能化工会系统一等奖。4 家单位荣获全省厂务公开民主管理先进单位。1 家单位荣获华中电网特高压交流线路工程建设劳动竞赛金奖。启动电力工匠塑造工程，与“三通道”职业发展体系深度融合，在系统内率先实施“守网相助”职工互助保障计划，职工参与率 99.89%，实现员工类别和补助类别两个全覆盖。

（叶伏虎 刘 磊）

【国网河南省电力公司】

企业概况 国网河南省电力公司（简称国网河南

电力）是国家电网公司的全资子公司，肩负着为河南省经济社会发展提供可靠电力保障的重要任务。截至2021年底，共辖18家市供电公司、110家县级供电企业和21个直属单位，服务客户4452.6万户。全年发展总投入315.8亿元，售电量3137.5亿kWh，同比增长10.1%，居国家电网系统第4位，电费回收率100%，综合线损率同比降低0.4个百分点，营业收入同比增长13.4%，居国家电网系统第4位，用工总量12.8万人，居国家电网系统第1位，年末资产总额1891亿元，均居国家电网系统第4位。蝉联服务河南经济社会发展优秀中央驻豫单位、河南省民生实事办理先进单位称号，连续四年获得河南省脱贫攻坚考核"好"的最高等级评价，2021年被国家电网公司授予抗洪抢险保供电突出贡献单位。

电网概况 河南电网处于全国联网的枢纽位置，是华中电网的重要组成部分。目前河南电网通过天中直流、青豫直流、灵宝直流背靠背换流站同西北电网相联，通过长治—南阳—荆门特高压交流试验示范工程在南阳特高压站与华北、华中电网联网，通过4回500kV线路与华中主网相联，通过1回500kV线路（停运）同华北电网相联。截至2021年底，河南电网拥有1000kV南阳特高压变电站1座、驻马店特高压变电站1座，主变压器总容量1200万kVA；±800kV天中直流中州换流站1座、青豫直流换流站1座，输送总容量1600万kW；500kV变电站（开关站）45座，主变压器容量8830万kVA；公用220kV变电站348座，主变压器容量11761万kVA；公用110kV变电站1350座，主变压器容量10703万kVA；公用35kV变电站1481座，主变压器容量2388万kVA；公用10kV配电变压器51万台，配电变压器容量12982万kVA。拥有110kV及以上智能变电站674座，220kV及以上输电线路重要区段实现在线监测全覆盖，智能电能表覆盖率100%；建设配电终端10.26万个，线路覆盖率75.5%。地市配电自动化主站系统全覆盖，调度自动化省地县一体化D5000调控系统全覆盖，35kV及以上厂站调度数据网双平面全覆盖。

人力资源 优化大城市供电服务机构、超高压（直流、检修）、小型基建、质监定额"两站"等组织体系，明确代理购电、土地管理等工作职责界面。成立省医保电力分中心，8月1日，国网河南电力基本医疗保险和生育保险移交省本级（省直）管理。持续优化用工结构，重点补充主干专业，优先引进能源互联网企业建设、新基建相关专业人才。精准制定直属单位补员方案，对8家直属单位紧缺岗位开展竞聘补员。制定供电服务员工工资管理指导意见，创新应用"四区两线"工资模型，合理调控工资增幅，促进供电服务员工收入能增能减。建立公司专项考核奖励体系，聚焦安全生产、科技创新、优化营商环境、抢险救灾、有序用电等重点工作任务，差异化分配兑现主营业务考核工资总额，变"分工资"为"挣工资"。全面启动人才培养"三大工程"（高端人才引领工程、电力工匠塑造工程、青年人才托举工程）。入选河南省"产教融合型企业"，陶留海作为国家电网系统唯一代表，荣获国家技能人才领域最高政府奖——中华技能大奖，2人入选电力行业百名工匠，新增河南省专家人才14人。供电所中级工及以上人员占比提升至85%。

修订印发《领导人员管理办法》等制度，持续推进"1+*N*"组织人事制度体系优化，严把选人用人关口，大力选拔使用在抗洪抢险、电力保供、疫情防控等急难险重任务中表现突出的领导人员。2021年调整领导人员276人次，其中新提拔80人，提拔人员综合推荐率普遍在90%以上。全年跨单位、跨专业交流领导人员213人次，提拔45岁以下领导人员30人，重点加强生产、建设、财务等专业配备，有效优化领导班子结构。动态更新"1224"优秀领导人员储备库，先后两批选拔110人开展省县公司双向挂职锻炼，探索开展省市县公司以及直属单位之间多点多向挂职挂岗。

电网建设与发展 完成"十四五"发展规划、电网综合性规划、能源互联网规划和多个专项规划，提出以"八个强"支撑公司发展，实施"十二大行动"、55项重大任务。促成网省会谈及战略合作备忘录签署，将"加快推进外电入豫第三直流工程""深化豫中东特高压交流工程研究"等内容写入备忘录，为河南电网提升抗灾防灾能力、步入高质量发展发展提供坚实保障。作为唯一一家企业成员参与省政府碳达峰、碳中和领导小组与工作专班，完成碳达峰、碳中和行动河南实施方案和任务清单。编制完成公司新型电力系统落实方案和任务清单，提出九个方面28项任务、104项任务举措。推动陕电入豫第三直流纳入国家电力规划，并启动陕电入豫和过境河南陕电入皖跨区直流工程预可研工作，加快推动实现碳达峰、碳中和愿景目标。

参与"四直三交"工程建设攻坚，助力按期投运。加强对外政策协调，与郑州铁路局签署路电合作协议，在电力线路跨（穿）越铁路方式、明确施工窗口期等方面取得突破性进展。严控工期调整决策程序，建立"分类+分片"督导协调和特殊时段"点穴式"帮扶机制，按期投产41项度夏、27项度冬和17项碳达峰、碳中和重点工程。提前投产郑济铁路配套3项工程，有效服务河南省"米"字型铁路网建设大局。推进机械化施工，印发《施工机械化管理手册》等系列指导文件，建立从设计、评审、施工、设备管理的全过程管控机制，全年综合机械化率96%，灌注桩基础应用率超过45%。推动工法创新应用，"全钢螺旋锚基础"工法入选国家电网公司工法创新计划。全力推进绿色建造试点，依托

500kV 商丘沙盟等 5 项工程，将 19 项节能环保材料以及 17 项新技术与工程建设深度融合，推动绿色建造取得初步成效。

利用青豫工程停电窗口期，提前谋划组织，完成 154 项消缺任务，零缺陷移交运维生产单位。破解水土保持补偿费缴纳难题，顺利通过环水保验收。豫南站 5G 智慧工地项目荣获中国电力建设协会一等成果。首次自主组织完成驻南工程水保验收工作，报备省水利厅。南荆长工程率先全过程机械化施工，机械化率 100%。在基础、组塔、架线阶段，采用旋挖钻机、吊车、无人机、牵张机等全机械化设备，减少人工数量 50%以上，提升整体工效约 30%；在已浇筑桩基抽检中，一类桩合格率 100%。

2021 年，完成 10kV 及以下配电网 14145 项单体工程建设，新建改造配电变压器 1.57 万台，新增配电变压器容量 340.77 万 kVA，新建改造 10kV 及以下线路 2.5 万 km。围绕电网受灾、抢险救灾，按照恢复原有功能兼顾能力提升原则，完成 27.26 亿元 3600 项单体工程配电网灾后恢复重建工程建设；加快推进民生实事电网建设。2021 年农村电网提档升级建设任务提前一个月全部完成，建成 10kV 及以下电网项目 3082 个，新建改造配电变压器 5004 台容量 101 万 kVA，新建改造 10kV 及以下线路 7503km；按期完成 3269 项高标准农田项目配套工程、580 项单体工程的老旧小区改造工程建设。

经营管理 加强党的领导，明确“党建进章程”要求，完成公司和市平台企业章程修订，厘清党组织、董事会、经理层和监事会权责界面，推动各治理主体依法行权、规范履责、协调运转。所属子企业董事会应建尽建，经理层成员任期制和契约化管理实现全覆盖。动态汇报灾情影响，争取总部资金支持 16.64 亿元。促成国家发展改革委压缩天中直流涨价幅度，推动省政府科学界定延伸电网投资政企分担机制。深挖内部经营潜力，创新开展收入成本联动、试点开展供电所经营质效评价。电费收入 100%省级集中，资金运作效益超过 6 亿元。以深化同期线损管理系统应用为抓手，深入开展电网设备高损治理，全年 10kV 高损线路和 400V 高损台区分别较 2020 年同比下降 84.5%和 63.3%，综合线损率同比下降 0.4 个百分点。

应对金属材料价格上涨、区域限电、疫情反弹等影响，充分发挥“检储配”一体化作用，业扩精准定额储备“随需随领”，民生实事、中央预算、灾后重建等保供任务全面完成。加强采购源头管控，优选物料采购率 94%，优质供应商持续保持 100%。加强驻厂监造巡检，作为电工装备平台开关类牵头单位，加快平台智能监造、质量评价功能实用化推广。开展成盘线缆质量专项检测，加大不合格物资再抽检比例，推动省市两级检测中心规范运转，30 类配电网物资全部达到 B 级以上检测能力。加大履约、质量问题供应商不良行为处理力度，累计处理 66 家次，坚决将质量问题设备拒在网外。在国家电网公司现代智慧供应链竞赛中名列团体第七，智慧运营课题获得国家电网公司管理创新二等奖，“发票云”“党建＋物资”等工作在国家电网公司专题会议上推广交流。荣获国家电网有限公司“物资管理先进单位”“现代智慧供应链创新与应用示范先进单位”。

2021 年管理创新和质量管理共荣获国家级成果奖 6 项、行业级成果奖 17 项、国家电网公司成果奖 7 项、河南省成果奖 100 项。国网兰考供电公司独立完成的“基于脱贫攻坚‘四不摘’的县域乡村振兴模式构建”管理创新成果荣获国家电网公司一等奖，是近五年来国家电网系统县公司中唯一一家。送变电公司“大截面导线快速剥切工具的研制”QC 项目荣获国际质量管理成果大赛金奖。

安全生产 加强安全生产秩序管控，完成全年 743 项主网停电安排和 164 项五级电网风险管控。有力应对“7·20”特大暴雨灾害，果断采取保主网措施，开展嵩山站等 42 座变电站、47 条次 35kV 及以上线路、3 座重要统调电厂应急避险和故障应对，协调外电入豫提升到 1481 万 kW 历史最高值，保障大电网安全和电力连续供应。扎实开展电煤协调，强化机组优化调度和有序用电管控，全省电煤库存从 10 月初 346 万 t 提升至近 900 万 t，确保了电网运行稳定和民生用电可靠供应。合理下达有序用电电力电量指标，确保“限电不拉闸、限电不限民用”。工作实效获得国调充分肯定。在国家电网系统率先开展通信安全校核工具应用，实现影响保护安控通信通道“一键校核”，加强网络安全渗透测试和实战演练，10 月电力监控系统渗透队伍在全国工业互联网安全大赛总决赛中荣获一等奖。争取政府认可和支持，促成印发《关于推进火电机组调相功能改造提升电力系统调节能力的指导意见》，为提升河南电网安全稳定水平和新能源承载能力奠定重要政策基础。

特高压持续安全稳定运行，直流单极强迫停运次数为零，同比降低 0.125 次/（极·年），直流系统能量可用率同比提升 0.98%，500kV 及以上变电设备故障率继续保持为零，500kV 及以上输电线路故障停运率同比降低 28.33%，配电线路故障率同比降低 47.84%。全面推进现代设备管理体系建设，初步建成输电全景集中监控平台。加快推进变电运维模式优化及设备监控职责调整，国家电网系统第三家完成监控职责移交。完成英章等 5 座集控站建设，全力推进 18 座集控站和 3 家新一代集控系统试点建设，初步构建“无人值班＋集中监控”变电运维管理新模式。推动新建变电站一键顺控建设及深化应用，500kV 墨公变电站等 13

座新建变电站实现一键顺控与主设备同时建设、同时验收、同时投运。持续推进配电网不停电作业，累计开展配电网不停电作业 51931 次，同比增长 48.45%。深入开展重大隐患排查治理，完成 276 项电网设备重点隐患年度治理任务。完成建党 100 周年和国家领导人在豫调研等 19 项重大活动保电以及春节、高考等 63 项专项保电任务，实现“四零一确保”保电目标。

发布省市公司领导班子成员“两个清单”，滚动修订 3.1 万个岗位安全责任清单。修订《安全生产奖惩实施细则》《安委会工作规则》，制定《“四个管住”工作规范》，构建“四个一”数字化安全管控体系，协同管控 1749 项电网风险。印发《反违章工作实施细则》，建立“远程+现场+驻点”监督新模式，全年督查 4.5 万余个作业现场，确保作业现场安全有序。完成 76 座 220kV 变电站加装电子锁具，在 11 座变电站试点建设作业全过程安全管控系统。承接新一代应急指挥系统试点建设任务，修订完善“1+26”应急预案体系，完成公司本部、44 家市县公司应急能力评估和 3232 项应急预案合规性检查，开展应急演练 378 场次，发布应急预警 1114 个、响应命令 186 个。

营销工作 有序用电规范刚性执行，度夏、度冬两轮累计实施有序用电长达 52 天，守住了大电网安全生命线和民生用电底线。在国家电网系统首批完成挂牌交易、开展代理购电，第一时间向 387 万工商业客户广泛公告代理购电，完成电力直接交易合同改换签。精准预测代理购电电量，及时公开、公布到户电价，连续三个月实施交易，完成电费回收任务。整合建成 498 个中心供电所，完成 18 个数字化供电所试点建设。作为国家电网营销业务风险数字化内控体系建设首批试点单位，全面建立涵盖事前、事中、事后的营销业务风险内控数字化体系，形成风险防控规则 753 项，百万户异常派发率降至国家电网系统第一位，得到国网书面表扬。完成替代电量 130 亿 kWh，台区线损率降至 2.88%，反窃查违和营销稽查获得成效 3.6 亿元。综合能源完成营收 13 亿元，充电站实现省内县域全覆盖。完成农村电网提档升级民生实事工程建设，全额支付光伏扶贫购电费及补贴 26 亿元，连续四年获得河南省脱贫攻坚考核“好”的最高等级评价。建成 155 个惠农富民乡村电气化项目。创新构建“三位一体”乡村振兴电力指数，获公司主要领导批示肯定，被国家乡村振兴局向全国推介。理顺农田供电设施建管体制，农业排灌供电设施高压资产接收和低压管护权移交实现了“应接尽接、能交尽交”，保障春灌开展专项排查，王凯省长给予高度评价。

科技与信息化 新型电力系统科技攻关，参与 1 项公司重大科技专项、2 项国家级科技项目、1 项公司揭榜制项目。围绕新型电力系统等重点方向，发布并成功揭榜 42 项“揭榜制”项目。开展技术标准编制实施，编写的 IEEE 国际标准《基于单目视频的架空输电线路舞动测量方法导则》7 月正式出版，实现国际标准发布“零”的突破。该标准是全球输电线路舞动研究领域的首个 IEEE 标准。

完成数据中心一期建设任务，数据中台汇聚 79 套核心业务系统 122TB 数据，为 102 套系统提供共享服务；电网资源业务中台建成电网拓扑、电网资产等 12 个共享服务中心，实现“营配调”数据同源维护。拓展数据共享范围、简化流程，办理时长缩短 70%。完成新一代电力交易系统建设部署及电价改革适应性调整，推进“网上国网”迭代升级，完成无纸化会议系统建设应用，e 基建、智慧廉政上线运行，不断完善多维精益、新能源云等系统功能。开展数字化赋能基层减负“百日攻坚”行动，深化“一人多终端”治理，集中整治数据录入、贯通等 48 项问题；全面推广营销集约管控平台，上线班组指标看板 74 项可视化功能，工单处理效率提升 30%。河南省能源大数据中心建成投运。发布能源监测等 10 大应用 39 项产品 165 项服务，建立能源大数据标准体系，为政府科学决策、企业精益管理、公众便捷用能提供支撑服务，建成新乡、许昌两家市级能源大数据中心一期工程。完成兰考县域能源互联网平台运营实用化改造，实现全域源网荷储动态监测，上线全国首个县域碳达峰、碳中和监测系统，完成河南乡村振兴电力指数落地兰考，完成 4 项农村能源革命重点任务，发布《2021 兰考农村能源革命白皮书》。

优质服务 2021 年，河南电力市场规模快速扩容，省内工商业用户和燃煤发电企业全部进入市场，直接参与交易的用户数量同比增长 43.3%。放开全部燃煤发电上网电价，实现交易电价与电煤价格同步波动。第一时间完成年度电力直接交易合同改换签，首批完成代理购电交易组织工作，完成中长期交易连续运营和“六签”试点任务，全年交易电量 1648 亿 kWh，同比增长 23.2%，多次受到政府部门和监管机构的表彰和肯定。中长期交易连续运营工作试点获国家电网公司肯定。首次组织以旬为周期的月内交易、开展分时段交易、建立偏差电量结算机制，持续完善多品种多周期市场交易体系。首次开展省内绿电交易，省外新能源购入量连续 4 年居国家电网公司首位，消纳清洁能源 660 亿 kWh，可再生能源消纳权重达到 28.7%。完成交易机构股份制改造，省公司持股比例降至 43%，形成“多元制衡”的法人治理结构，实现规范独立运行。河南电力交易中心股改工作经验受邀在国网大学录课推广。在北京电力交易中心组织的 2021 年省内市场化服务满意度调查中，河南电力交易中心以总体满意度 92.65 分的成绩排华中区域第 1 位。

深化与公益团体合作，统一冠名 114 项“国网赋能乡村工程”，开展集中捐赠，对 50 项“国网阳光扶贫”对外捐赠项目开展后评估工作。河南省乡村振兴协会授予 6 家单位社会扶贫先进集体、7 名员工社会扶贫先进个人荣誉称号；聚焦“爱心超市”公益项目实施成效，协同乡村振兴办，选定兰考作为试点，“爱心超市”工作经验被国家电网公司乡村振兴办作为先进典型印发推广。全年未发生一般及以上供电服务质量事件，2021 年 95598 投诉同比下降 84%，较 2021 年进步 6 位；“获得电力”连续三年获评为河南省优势指标；国家评价中郑州市、洛阳市分获标杆、优秀城市。

党的建设和精神文明建设 突出政治统领，强化理论武装，创新“第一议题”、中心组巡听旁听等工作规范，深入学习宣贯习近平总书记“七一”重要讲话、十九届六中全会精神，累计开展中心组集中学习 1970 余次、专家辅导 135 场。开展党史学习教育，构建“1+5+71”工作落实体系，领导带头学思践悟，讲授党史专题党课 1200 余场，推动党史学习教育走深走实，相关经验做法被《中央党史学习教育简报》刊登，主要领导署名文章被《学习时报》刊载。全面构建党性教育“三学院三基地”布局，与愚公移山、南水北调、新乡先进群体等教育基地签订战略合作协议。组织“我为群众办实事”实践活动，滚动完善 3280 项办实事清单。面对河南极端暴雨灾害，成立临时党组织 112 个，出动党员服务队 315 支，设立党员责任区示范岗 3039 个，组织万余名党员冲锋在前，与 25 省兄弟单位携手并肩，打赢了抗洪抢险保供电攻坚战。党委书记、董事长王金行撰写《坚持旗帜领航　守护万家灯火》被人民日报社《民生周刊》杂志社收入《旗帜——基层党建与民生发展优秀案例集》。进一步深化共产党员服务队建设，全面规范“焦裕禄”统一品牌。围绕安全生产重点任务，组织开展党员身边无事故“三带三有”活动。聚焦优质服务、重大保电等 10 个专业领域和灾后重建、乡村振兴、数字化转型 3 个专项工作，纵深推进“党建+”工程。组织开展庆祝建党 100 周年系列活动，强化理想信念教育。深化文化铸魂、文化赋能、文化融入专项行动，分级举办企业文化专题培训 143 期，打造 1500 余个文化宣传阵地，部署推进 40 个思想文化重点项目，开展示范点创建工作，5 个项目获国家电网有限公司优秀成果和案例。组织开展“旗帜领航程 • 永远跟党走”“我为公司发展添动力”等活动，规范团建协作区建设，参加第六届青创赛，荣获国家电网公司 1 金 1 银 2 铜成绩，1 个集体荣获全国青年文明号。

河南特大暴雨抗洪抢险及灾后重建 7 月 20 日，河南郑州发生特大暴雨洪涝灾害，对河南电网设施造成“重创”，停运设备之多、设备受损之重，均创历史之最。全省主动停运避险变电站 42 座，其中 500kV 1 座、220kV 4 座、110kV 26 座、35kV 11 座；停运 10kV 及以上线路 1854 条。全省近 1/3 输变电设备受到影响，500kV 主网架遭受历史罕见破坏，官渡、朝歌 2 座 500kV 枢纽变电站受洪水冲击岌岌可危。面对历史罕见的郑州“7 • 20”特大暴雨险情，坚决贯彻国家电网公司“两个尽快、三个确保”的总部署，第一时间召开省市县三级防汛领导小组会议，第一时间启动防汛应急一级响应，在最短时间内形成了全面动员、全员参与、协同作战的工作格局，做到了指挥有力、行动迅速。坚决响应“全网大会战”“郑州总决战”的总动员，对内迅速启动网省市县协同应急机制，对外畅通省防汛抗旱体系联动渠道，构建起政企联动、内外协同、上下贯通、运转高效的应急作战体系，实现省内与省外、综合与行业应急救援力量有效统筹。坚决落实“首保特高压、确保主网架、坚决保民生、守护最要处”的总方针，在国家电网公司大力支持和 25 家兄弟单位无私援助下，累计投入 3.3 万人、车辆 1 万余台、各类物资 16 亿元，7 天时间实现郑州城区基本恢复供电，10 天内除蓄滞洪区外全省全面恢复供电，创下了震撼人心的“国网速度”。河南省委省政府 3 次致信国家电网公司表示感谢，并专题行文报告国务院。国务院“7 • 20”调查组高度肯定公司抗洪抢险工作，主动撤销电力调查专项工作组。抗洪抢险保供电报道五上“新闻联播”、四进“焦点访谈”、十三次登上“新闻直播间”。

成立电网灾后恢复重建领导小组和 13 个工作专班，科学编制河南电网灾后重建暨“十四五”高质量发展规划，明确重建两大阶段、六项重点任务，全面厘清了重建任务书、施工图和时间表。促成网省双方举行会谈并签署灾后重建战略合作备忘录，争取国家电网公司划拨灾后恢复重建专项投资 53 亿元，安排河南省“十四五”发展总投资 1853 亿元；把握机遇推动河南省政府出台全国首个加强城市电力设施建设管理文件，明确提升小区配电设施防涝标准、加强用户自备应急电源建设等重点，为电网抗灾能力提升奠定了坚实基础。4 个月攻坚完成 4443 项灾后重建项目，受损电力设施全面恢复至灾前水平。争取国家电网公司追加电网灾后重建专项资金 48.7 亿元，改造 110kV 及以上主变压器 8 台，对 418 座变电站基础设施进行防涝加固，修复 35kV 及以上受损输电线路 412 条，新建改造配电台区 4663 台，新建改造配电线路 6000km，完成 10 座地下开关站（配电室）向地上迁移，更换电能表 38 万只，1210 处临时供电方式转为正常运行状态，电网设施供电能力提前 8 个月全面恢复到灾前水平。

（张　申）

【国网江西省电力有限公司】

企业概况 国网江西省电力有限公司（简称国网

江西电力）是国家电网公司的全资子公司，是以电网建设、管理、运营为核心业务的国有特大型能源供应企业，承担着为江西省经济社会发展和人民生产生活提供电力供应与服务的重要使命。本部设22个部门，所属单位124家，其中市级供电公司11家、直属单位16家、县级供电公司97家，用工总量5.41万人（其中主业用工3.81万人，集体企业用工1.6万人）；经营区域覆盖全省，供电客户2361.88万户。

2021年，发展总投入完成203.5亿元，其中固定资产投资完成191.7亿元；售电量1544.31亿kWh，同比增长14.53%；营业收入919.15亿元，同比增长19.1%；利润总额5.18亿元，同比增加7.72亿元；同期综合线损率3.68%、同比下降0.25个百分点；资产总额1134.94亿元，同比增长12.3%；资产负债率68.18%，同比下降0.04个百分点。

电网概况 江西一次能源缺乏，电源以火电为主，水电资源开发潜力有限，近年新能源发展迅猛。截至2021年底，江西电网统调装机总容量为34540MW。其中火电装机容量为22260MW，占总装机容量的64.45%；水电装机容量为3450MW，占总装机容量的9.99%；风电装机容量5230，占总装机容量的15.15%；光伏装机容量3590MW，占总装机容量的10.40%。

江西电网以南昌为中心，北起九江，南接赣州，东至上饶，西抵萍乡，通过1回1000kV线路、3回500kV线路与华中电网联网，通过雅中—江西±800kV特高压直流输电工程联通西南水电基地。省内500kV电网已形成“一核四翼五环网”主干网架，所有县域电网实现110kV“双电源”供电。南昌—武汉特高压交流工程率先取齐核准所需省内支持性文件，计划2022年核准开工，2023年建成投产，届时江西电网将全面融入华中“日”字型特高压交流环网。

全网现有1000kV特高压交流变电站1座，变电容量600万kVA，输电线路2条，长度454km；±800kV特高压换流站1座，变电容量996万kVA，输电线路2条，长度769km；500kV变电站29座、变电容量4000万kVA，输电线路89条，长度5808km；220kV变电站187座，变电容量5913万kVA，输电线路636条，长度15874km；110kV变电站620座，变电容量4922万kVA，线路1393条长度19557km。

人力资源 优化组织机构。组建江西省思极科技有限公司，推动电力基础资源商业化运营。结合物资南北运营中心管理需求，组建物资供应分公司。变更机构名称：企协更名为企业管理部，并入原部分省管产业管理职责；检修分公司更名为超高压分公司。统一规范市县公司营配机构。

深化“三项制度”改革。推进经理层成员任期制和契约化管理，进一步优化调整职员职级聘任学历、技能等级资格及任职年限。印发岗位聘任制管理实施意见，推进供电所长、班组长岗位全覆盖。

优化用工策略。毕业生招聘770人，电工类大专生招聘比例占22%，招聘人数和比例为近5年最高，全部充实县公司一线技能岗位。组织送变电和电力学院社会招聘。制定新员工培养指导意见，规范员工转岗流程，注重新员工向供电所长、班组长等重要技能岗位方向培养。盘活内部人力资源市场，推动富余员工转岗发展，柘林水电厂118名员工转岗到部分直属单位和市县供电公司；各地市公司累计招聘县公司员工46人，占2020年县公司录用毕业生人9.6%。

供电所和供电服务公司管理。开展供电服务公司管理模式变革，规范县级省管产业单位组织架构模式，组建县级施工类省管产业单位；理顺县级省管产业单位各类用工劳动关系，明确供电服务公司只开展乡镇及农村配电营业业务，规范农维费及各项人工成本的列支范围。加强乡镇供电所队伍建设，全面完成农电用工岗位绩效工资套改，农电用工福利管理与职工实现同质化管理。开展供电服务公司专项招聘，专项补员300人，县域属地生源录用率90%以上，农电用工补员率近70%，有效补充乡镇供电服务力量。

员工队伍建设。实施人才培养“三大工程”，培育出全国技术能手2名、行业“电力工匠”1名、江西省赣鄱工匠1名、江西省能工巧匠2名，实现了国家级人才零的突破。加强全员随机抽考，针对不同文化层次、不同年龄的群体分类施策，累计抽考4247人，合格率98.94%。实施精准化培训，开展供电服务公司新入职员工培训、毕业2～3年班组员工轮训。

优化考核分配体系。健全完善经理层成员经营业绩考核相关制度，建立公司经理层成员经营业绩指标体系。优化经营业绩奖和供电服务奖测算方式，修订地市供电公司工资总额核定办法。修订职员职级办法，优化各级职员聘任资格条件。修订绩效管理实施细则，强化绩优人员正向激励。

电网建设与发展 全年完成发展总投入203.5亿元，连续第2年突破200亿元大关。建成投运±800kV雅中—江西特高压直流工程和1000kV南昌—长沙特高压交流工程，江西电网与国家电网和华中电网的联络大幅加强，正式迈入特高压交直流混联运行时代。

超额完成年度电网建设任务。雅中—江西特高压直流工程提前半年全部投产，南昌—长沙特高压交流工程两年工期一年完成，实现“一年双投”；500kV及以上骨干网架新增线路1500km，变电容量2050万kVA，新增规模超“十三五”投产500kV的总规模，创造了电网建设的“江西速度”，交出了“十四五”首年的“江西答卷”。常规电网投产规模较2021年增长21%，投产工程186项，新增线路3177km，变电1485万kVA。

以电网高质量发展为契机，狠抓工艺管控，500kV南昌东变电站获国家电网公司推荐参选国家优质工程奖评选，500kV九江西变电站获国家电网公司优质工程奖金奖。以提升设计质量为抓手，以劳动竞赛活动为契机，以赛促学、以赛促进，提升施工质量和队伍素质，并获华中电网特高压交流输电线路工程建设劳动竞赛金奖。

科学谋划国网江西电力和电网“十四五”发展。贯彻落实国家电网战略目标和“一体四翼”发展总体布局，编制“十四五”发展规划“1+3+2+16”报告，并制定“一体四翼”落地实施方案，科学引导“十四五”发展。及时总结九江地区抗洪、郑州抗洪抢险等经验，加强电网差异化规划设计，因地制宜制定推广《输变电工程防汛抗洪差异化设计细则》，修订《配电网规划设计实施细则》等，提升电网抵御自然灾害能力。深入开展未来十年逐年供需平衡分析，向省能源主管部门积极汇报，推动树立“坚持自建外引并重”能源发展理念，促成江西火电规划容量规模达到全国第一，研究“闽赣电力联网”纳入国家“十四五”电力规划。“十四五”电网规划项目需求全部纳入各级政府电网规划。

集中力量落实属地前期工作任务。对外推动政府部门出台支持江西省电力发展支持性文件，对内完善“大前期”工作体系，推动项目前期与工程前期深度融合，2021年率先取齐武汉—南昌1000kV特高压交流工程核准所需省级支持性文件。强化可研管理，印发《国网江西省电力有限公司关于进一步加强35kV及以上电网项目可研相关工作管理的通知》，着力提升可研工作质量。规范审批手续，将工程环评、水保等专项评估统一列入前期工作计划，2021年共取得220kV及以上电网工程环评批复34项、水保省级批复共43项。

配电网建设“自己干”、运维精益化。全年10kV配电网建设规模近70亿元，其中安排40亿元自主实施，干部员工克服各类困难“自己干”，等效建设规模近100亿元。全年新建（改造）配电台区1.07万个、10kV线路1.27万km，配电网频繁停电、“低电压”等突出问题得到有效治理，实现了供电可靠性和队伍素质“双提升”。加快推进配电网工程工厂化预制、机械化施工、标准化作业“三化”升级，自主研制推广的配电网一体化综合作业车获得国家电网公司第六届青创赛金奖。进一步强化客户停电管理，加大配电网隐患治理力度，10kV跳闸同比下降46.8%。建立“问题+任务”工单驱动的配电运维模式，自动派发主动工单10.45万条，95598低压故障抢修工单同比下降59.63%，低电压、频繁停电投诉件数同比下降73%。配电自动化有效覆盖率提升20个百分点，成功隔离故障5329次，减少停电22.4万时户。应用新装备拓展不停电作业类型和范围，全年不停电作业数同比增长74.85%，计划停电时间同比减少38.87%，配电网带电作业机器人获国家电网公司青创赛银奖。

经营管理　根据发展需要，新设立发展力指标以加快提升公司发展实力，推行物资经营化、线路环境运维、基建建管模式、电网分级调度、农电管理等“放管服”改革以提高专业管理质效，灵活出台工资和成本的使用策略以有效推动“自己干”、资产接收、物资管理等专项工作。管理体系趋于成熟，管理策略更加灵活高效，捍卫了“业绩靠干、工资靠挣、荣誉靠贡献”的价值导向。

经营意识和经营能力显著增强。综合运用“工资、成本、荣誉”企业管理核心资源，促进供电单元在“四比”机制下、直属单位在“一企一策”考核激励下，穷其智慧抓经营、提质效，各项经营指标在2020年基础上有了新提升。售电量1544.31亿kWh，同比增长14.53%。概念收益329.37亿元，同比增长33.83%。线损率3.68%，同比下降0.25个百分点。电力市场管理、整治成效突出。全年处理问题3.73万个，挽回经济损失5.34亿元，在经济效益、社会效益、廉政建设等方面具有综合价值，促进了供用电环节各类问题大幅减少。其他概念收益大幅增长。落实国家电网公司全要素经营理念，在售电收入之外，利用有形和无形资源，依法开展“全业务、全链条、全要素”经营，其他概念收益超20亿元，同比接近翻番。直属单位活力进一步激发。各直属单位聚焦本质责任和使命，目标清晰、工作务实，既增强了服务“三大责任”的自觉，又强化了市场意识、经营意识。成本单位节约成本4660万元、创造收益9390万元，法人单位（含合资）发展力2.78亿元，同比增长1.28亿元。专业部门经营贡献显著。统筹电力保供和经济调度，全年省外购电量239.06亿kWh，同比增长约60%，降低购电成本15亿元。注重依法维权，全年挽回经济损失约1.3亿元。审计监督促进增收节支2.76亿元，节约工程投资2.77亿元。

安全生产　贯彻国家电网公司安全生产决策部署，把握安全工作本质和核心，以“三杜绝、三防范”为安全目标，强化安全生产组织领导和部署落实，确保了电网稳定运行和电力可靠供应，全年未发生人身死亡事故、大面积停电事故、重特大设备事故和网络安全事件。

强化安全责任落实。发挥安委会作用，统筹部署安全生产重点工作，层层传导安全责任压力。不断健全安全生产责任制，滚动更新领导班子成员“两个清单”和全员安全责任清单。组织开展全国“安全生产月”和专题“安全日”活动，观看《生命重于泰山》专题片，树牢各级人员安全红线意识。

安全生产专项整治三年行动。组织开展专项整治“二下二上”阶段工作，部署“五查五严”风险隐患排查整治行动，开展老旧设施（设备）危及人身安全风险隐患排查治理，组织安全生产和电力保供专项检查，全力推动集中攻坚。累计排查问题隐患2390项，完成整治2295项，整治率96%。

提高风险管控能力。每周开展电网运行安全风险分析，做好电网风险预警发布工作。规范开展作业计划线上公示，实现作业队伍和人员“双准入”全覆盖。严格执行管理人员到岗到位，督促指导检修、施工作业人员全面落实作业现场安全管控措施。持续紧盯各类作业现场，尤其是二、三级高风险作业现场做到每日全覆盖。针对重大作业、重点风险和重要节点，以及重要保电时段等，开展“四不两直”现场督察。

强化消防、产业、危化品及特种设备安全管理。开展各类生产、办公重点场所及其附属设备消防安全整治，组织变电（换流）站、电缆沟道、森林火灾等重点隐患再排查、再治理，巩固电气火灾综合治理三年行动成效。加强产业单位安全能力建设，制定产业单位分类分级安全管理规范，推动产业单位规范化管理。加强危化品和特种设备安全管理，执行“1+5”危化品安全管理制度、特种设备安全管理办法，建立危化品、特种设备风险库和风险清单。

保障电力可靠供应。通过政府、网、厂和社会的高度协同，应对了电力紧张局面，最大可调节负荷同比增长22%，江西电力供应秩序井然，实现了“限电不拉闸、限电不限民用、限电不影响经济”，赢得了各级党委政府和社会各界高度赞誉。完成建党100周年和援豫抢险保电任务，得到总部及省委省政府充分肯定。

营销工作 优化电力营商环境。完成优化营商环境“深化创新年”活动18项重点任务，证照在线调取，线上办电率突破96%，客户办电更加省心省力。着力推进营配一体化管理，修订《用电报装管理办法》《供电服务红线规定》，推广供电公司代办涉电行政审批事项，7个地市公司促请政府出台简化涉电行政审批政策，全省高压用户平均接电时长压缩至40个工作日以内，累计节约用户接电成本9.8亿元。

服务乡村振兴。开展农村电网巩固提升工程，部署129项乡村电气化项目，累计安排农村电网建设改造项目投资78.75亿元。全力做好光伏扶贫并网服务，全年累计发电18.59亿kWh，发放电费6.46亿元、补贴8.12亿元。完成新一轮86个定点帮扶点、27个对口帮扶点、71个驻村工作队、58名驻村第一书记、106名驻村工作队员派驻工作，通过消费帮扶1340.63万元，推动脱贫攻坚与乡村振兴有效衔接。供用电部荣获党中央和国务院“全国脱贫攻坚先进集体”称号。

营销关键业务治理主动作为。深入开展营销基础巩固提升行动，发现并整改问题3.73万个，追补电费等增收5.34亿元；台区综合线损率2.79%，增加售电量2.8亿kWh，增加电费收入1.88亿元，挖潜增效成果保持系统前列。面对网前供电、承包用电等历史遗留问题，各单位担当作为、主动破解，吉安供电公司解决了万安水电厂厂办企业网前供电问题，鹰潭供电公司解决了鹰潭老电厂小区无序用电问题，景德镇供电公司全面完成乐平涌山镇自供区电网改造和用户接收，标志江西省彻底结束了自供区供电的历史。

推动供用电数字化建设。全面推进班组指标看板、流程提醒等7个方面数字化升级，依托i国网App推出“数字化班组”“营销普查”等7个手机微应用，推动班组减负增效。应对全球芯片供应紧张形势，完成2009版智能电能表改造201万只，推广HPLC安装应用549万只，HPLC覆盖率49%，进一步深化“主动抢修、台区降损、反窃查违”等业务数字化支撑。数字化建设成果得到总部充分肯定，在国家电网公司营销专业流程机器人（RPA）应用比赛中获得团队银奖、应用成果优秀奖；“台区线损治理”手机应用被作为国网标准设计推广；“台区线损智能诊断”被评为国网营销数据应用优秀成果，“城市经济运行分析”被纳入国网典型大数据产品。

推进电网企业代理购电。编制电价执行手册，向全社会发布《工商业用电客户进入电力市场的告知书》，发送告知短信约258万条，对近12万高压工商业用户逐户上门告知，对243.5万低压工商业用户线上线下广泛公告，增进社会和客户的理解支持，截至2021年底，代理购电用户合计254.49万户。加强电费风险防控，优化智能核算审核规则，电费自动发行率达到99%以上；推行“分次划拨、充值购电、电费代扣”等多种结算模式，落实“一户一策”，确保了全年电费颗粒归仓。

服务“碳达峰、碳中和”目标。深化配电网节能改造，投入5.6亿元技改资金更换高能耗变压器。开展综合用能服务，全省客户能效账单覆盖率超过93%；开拓综合能源示范项目，打造江西长平林牧场生态养殖热电联供示范识工程，完成国家电网系统首单水电国际绿证交易。服务电动汽车低碳出行，全省1万余根充电桩接入智慧车联网平台，建设投运国家电网系统内首个公交车专用充电站，全年充电电量超过700万kWh，同比大幅增长97%。推进电能替代，实现全省主要港口码头岸电全覆盖，全年电能替代完成25.11亿kWh。

科技与信息化 2021年申报5项总部指南项目，创历年之最。优化竞争机制，试点重点项目“揭榜挂帅制”及地市“限定发布”，基层单位积极性明显增强。

加强群众性创新工作，成立群众性创新工作小组，统筹职工技术创新、QC、青年创新等群众性创新项目的立项、奖励和推广应用工作。拓展创新成果“自研自产自用”渠道，利用专项成本支持导线免绑扎固定装置推广应用。荣获省部级奖励 19 项，其中牵头获省部级二等奖 1 项、三等奖 7 项。

初步建成云平台、数据中台、物联管理平台，开展云和数据中台实用化。实现 42 套业务系统上云，106 套系统数据资产接入中台，26675 台边缘设备及终端设备接入物联平台，全面提升基础资源统筹能力、利用效率及业务响应能力。完成购售电同期电费计算发行微应用改造，支撑购售电同期电费计算发行；基于中台开展乡镇供电所系统综合应用建设，优化了供电所业务流程，减轻了基层工作负担，提升了效率效益。

网络安全防控。深化智能一体化运维支撑平台应用，基于 I6000 2.0 开发的微应用和自建流程 13 个，发布自动化作业脚本和运维场景 81 个，创新提出门户账号及授权管理自动化、运维业务管理线上化等管理模式。持续推进“瘦身健体”专项提升行动，以系统上云为契机，累计腾退设备 221 台，下线僵尸系统 9 套，完成电费发行云化改造等 6 套系统架构优化工作，实现 8 套 App 迁移至 i 国网。完成了国家及江西省网络安全专项演习，荣获 2021 年江西省“护网”演习优秀防守单位；荣获工业互联网安全技术技能大赛团体一等奖 1 项，江西省“天工杯” 劳动和技能竞赛等省级二等奖 2 项，江西省国资委系统“振兴杯”职业技能大赛等三等奖 2 项。

优质服务 优质服务降投诉。强化服务意识，加快电网建设、强化运营管理、完善用电报装、规范窗口服务，全方位提升了供电服务品质，社会投诉量由过去的每年几千件降至 190 件，其中 12 月全省实现“零投诉”，33 家县公司、12 家供电中心、840 家供电所全年“零投诉”，百万客户投诉率指标排名跃居国家电网系统第 2 名。

党的建设和精神文明建设 坚守“国企姓党”政治本色，高质量抓好政治建设。严格落实“第一议题”制度，及时跟进学习习近平总书记最新重要讲话文章和指示批示精神。深入开展党史学习教育，编制《红色江西 百年印记》等教育书籍，推进“在党史发生地学党史”等特色活动。以庆祝建党 100 周年为契机，深化习近平总书记“七一”重要讲话精神专题学习和培训覆盖，广泛开展“四史”宣传教育。编撰《嬗变》一书，反映近年来加强党建工作、筑牢“两个根本依靠”、解决历史遗留问题、履行“三大责任”、推动管理发展变革的艰辛历程和显著成效，以及责任担当和精神风貌。

推进“基层党建创新拓展年”各项任务，持续提升党组织组织力。实施“党建+”10 个专业领域工程、党支部“微引擎”驱动计划、共产党员服务队服务工作月历，把党建效能彰显到建强电网、建好队伍、履行好“三大责任”上。牢固树立“讲政治、看业绩、听口碑、重担当、讲实干”的选人用人导向，在特高压建设、营销关键业务治理、解决历史遗留问题等重难点工作中考察识别领导人员的担当。加大具有县公司主要负责人经历的领导人员选拔力度，开展年轻干部“上挂下派”，铸强“关键少数”。制定落实全面从严治党主体责任和监督责任年度重点任务以及责任清单，细化加强对“一把手”和领导班子监督。聚焦重点领域，开展“靠企吃企”问题 7 项专项整治，修订国网江西电力供电服务红线规定。完善纪律审查、巡察、审计等各类监督协同工作机制，以治本的思路整改问题。

开展“庆祝建党百年”和“党史教育·我为群众办实事”主题宣传，唱响“奋斗百年路 启航新征程”主旋律。围绕国家电网公司“一体四翼”发展布局等重大部署和党委深化管理变革等重要举措，推出系列评论文章，开辟专题专栏、制作专题片（展板），引领干部员工统一思想和行动。深入宣传基层创新创造生动实践，推出“特别推荐”“特别报道”系列报道，激发干部员工“争排头、立潮头”精气神。一体化推进融媒体平台建设，围绕服务碳达峰、碳中和行动、助力乡村振兴等策划对外专题宣传，持续塑造良好社会形象。持续开展“月捐一元”爱心捐赠活动，累计资金达 177 万元，帮扶特困员工 181 人。深化“青马工程”，举办“变道超车，青年争先”青年故事分享汇、第六届青年创新创意大赛，激发团青队伍活力。

1 名员工获评全国五一巾帼标兵，1 个集体、3 名员工获江西省五一劳动奖，18 个集体分别获评国家电网公司文明单位、先进集体，3 个集体、2 名员工获国家电网公司庆祝建党百年活动保电表彰，1 名员工被授予“国网工匠”称号，4 名员工获评国家电网公司劳动模范，1 个团支部获评全国五四红旗团支部，1 个项目获国家电网公司第六届青创赛一等奖。

（宗轶平）

【国网四川省电力公司】

企业概况 国网四川省电力公司（简称国网四川电力）是国家电网公司的全资子公司，主要负责四川境内国家电网的规划建设、运营管理和电力供应。2021 年，国网四川电力实现了“十四五”良好开局，得到上级领导批示肯定 70 余次。全年发展总投入 367 亿元（含特高压），同比增长 35%；售电量 2760 亿 kWh，同比增长 16.4%，两年平均增速 12.5%、居国家电网公司第一；营业收入 1336 亿元，同比增长 15.2%；利润 1 亿元，较年初预算增利 15.9 亿元，增利幅度居国家电网公司第一；资产总额 1797 亿元，同比增长 7.8%；资产负债率

68.04%，同比下降 0.88 个百分点；线损率 7.19%，同比下降 0.56 个百分点。国网四川电力业绩考核进入国家电网公司 A 段。

领导班子

董事长、党委书记：谭洪恩

董事、总经理、党委副书记：胡海舰

董事、党委副书记、副总经理：刘勇

副总经理、党委委员：谭志红

副总经理、党委委员：王永平

总会计师、党委委员：温振龙

副总经理、党委委员：陈云辉

职工董事、党委委员、工会主席：左宇龙

党委委员、纪委书记：寇剑波

副总经理、党委委员：肖杰

组织机构 截至 2021 年底，本部职能部门 24 个，全资二级单位 40 家（其中发供电企业 24 家、直属单位 16 家）；参股单位 4 家，上市公司 3 家；县级供电企业 152 家（全资县供 109 家、控股县供 43 家）。

党建工作 国网四川电力党委高举习近平新时代中国特色社会主义思想伟大旗帜，认真落实国家电网公司党组决策部署，深入实施“旗帜领航·提质登高”行动计划，扎实推进“基层党建创新拓展年”，各项工作取得了显著成效。1 个党支部获评“全国先进基层党组织”，2 名员工分获“全国道德模范”和“全国道德模范提名奖”，党建工作成效得到中央企业党建工作责任制考核组的充分肯定和高度评价。

高擎旗帜领航程，党史学习教育扎实推进。把学习贯彻“七一”重要讲话精神作为最重要的政治任务，通过“第一议题”、中心组学习、“三会一课”等形式，开展学习研讨 3200 余次、主题党日 4500 余场、发言交流 4.2 万人次。建立“一周一动态、双周一简报、一月一提示”机制，高质量推进党史学习教育各项任务，特色亮点 21 次在国家电网公司和四川省委简报刊出。在习近平总书记视察国网四川电力党员服务队 10 周年之际，开展“牢记殷殷嘱托 响应伟大号召”主题活动，党委中心组成员重走总书记视察路线，并对外发布“新电力、新服务”十大行动。

思想先行聚人心，内生动力有效激发。以“两学两听两察”为载体，及时跟进学习习近平总书记最新重要讲话文章和指示批示精神，深入学习贯彻党的十九届六中全会精神。聚焦新型电力系统、“一体四翼”发展布局，组织开展巡回宣讲，全媒启动主题传播，累计在国家级权威媒体上稿 2000 余篇。根植巴蜀红色热土，建好用好“$1+N$”党员教育实训基地，编印《百年川电党建纪实》等书籍，开发“百年百课”系列微课。举办“奋进十四五·喜迎红色年”企业文化节，完成国家电网公司《“我为群众办实事”志愿服务》示范项目、《抗震救灾精神·电力传承》实践案例等重点任务。围绕“12345”体系开展“送光明·传文明”活动，挂牌成立 19 个新时代文明实践中心（基地、站、所）。

精准施策促提升，基层基础不断夯实。召开“基层党建创新拓展年”工作推进会，挂出“作战图”、排出“时间表”，有序推进庆祝建党百年华诞、国网四川电力第二次党代会筹备等重点任务。开展党建提升三大专项行动和党员教育管理三大质量提升工程，全面理顺农电党员组织关系，创新实施发展党员全周期管控，举办基层党建、思想文化、统战团青、党员服务队等示范培训班 29 期，推动基层党组织建设整体提升、全面加强。深度应用国家电网公司党建信息化系统，探索试点“智慧党建”建设，滚动修编并深化应用《党建工作典型问题 100 条》，实现“数据多跑路、工作更规范、基层减负担”。20 个党组织和 29 名党员获评省部级以上党内表彰。

内嵌融合谋发展，党建价值更加彰显。持续推进“党建＋”工程，开展“投身攻坚任务、庆祝建党百年”活动。深化党员服务队建设，策划开展“8·20 荣誉日”“电靓乡村振兴”等特色活动，推行“村网共建”“社企融合”等创新举措助力基层社会治理。4 支队伍获评国家电网公司金牌（优秀）党员服务队。在援豫抗洪抢险、泸县抗震救灾等大战大考中，第一时间成立临时党组织，党员服务队、突击队冲锋在前、昼夜奋战，得到了上级党组织以及人民群众的充分认可和普遍赞扬。

务实笃行聚合力，群团优势更加明显。开展“学党史、跟党走”统战主题教育，成立党外知识分子联谊会，有序推进建言献策工作室建设，国网四川电力作为唯一企业代表在全省统战工作会上交流发言。坚持党建带工建，1 个集体荣获“全国五一劳动奖状”，4 个集体荣获“全国工人先锋号”，2 名职工荣获“全国五一劳动奖章”。成立四川省首家企业“青马学院”，承办国家电网公司“青创赛”第三赛区初赛，国网四川电力在中央企业党建带团建座谈会上交流发言，获评“中央企业五四红旗团委”。实施“连心桥·智援团”行动，建成凉山布拖“川电留守学习之家”示范基地，川电留守儿童保护经验登上联合国儿童基金会论坛并在“一带一路”沿线国家推广。

人力资源 2021 年，国网四川电力人力资源管理业绩考核进入国家电网公司 A 段。全口径用工总量 90502 人，同比减少 1648 人，减少 1.79%；职工劳动生产率 60.53 万元/（人·年），同比增长 11.35%；人才当量密度 1.0548，同比增长 0.99%。

业绩“冲 A”目标顺利完成。年度业绩排名国家电网公司第 10 位，“十二五”末以来首次进入 A 段，完成“三年冲 A”既定任务。锚定目标、狠抓重点，深入开展优势指标引领、潜力指标赶超、弱项指标攻坚、专业指标突破、党建工作争先、安全工作固基等 6 大行动，特别是在提质增效实现公司扭亏为盈、完成特高压重点工程等方面成绩优异，全年未发生安全考核扣分事项，为业绩提升奠定了坚实基础。

制度标准体系更加完善。国家电网公司系统内首创人力资源盘点常态运行机制，完成“十三五”人资盘点，通过微单元用工写实、搭模钻取数据，厘清各专业实际用工发展趋势，找准解决突出问题的方向，出台“十四五”管理提升“123”计划、产业大军计划等制度方案 16 个，完善人资管理制度标准体系。创建结对帮扶机制，强化制度标准宣贯，提升了基层单位政策水平。

组织机构持续优化。完成本部、交易中心股份制改革、变电设备监控职责移交等机构职责优化调整，建成国家电网首家省级新型电力系统研究院，设立国网电力建设定额站四川技经重点工作室、新兴产业管理中心（产业发展事业部）、战略与政策研究中心等机构，强化公司核心业务支撑。优化省市两级数据中心机构设置和人员配置，加强电力建设工程质量监督组织体系建设，实现组织模式与业务运行高度适配；柔性团队管理新机制得到广泛好评。在国家电网系统率先建立组织机构效能评估体系，成为国家电网首批机构效能评估试点单位。

用工配置效率显著提升。建立“三项制度”改革常态运行机制，定期监控分析各单位用工人数、人员流动、降岗、待岗、退出等关键数据，全年压减全口径用工 0.17 万人，从子改分县公司向直供直管单位流动 12 人，开展人才援藏和劳务协作 203 人。严把员工入口关，招收高校毕业生 1051 人，完成三新供电服务公司定向招聘 173 人。组建公司考试评价中心，打造内部人力资源市场平台，首批成都地区 14 个岗位通过公开竞聘方式完成配置。加强人员有序流动，全年流动至成都地区人员中，岗位竞聘比例达到 76.7%，为 2020 年的 3 倍。国家电网系统内首创“人效”指数体系，基于人力资源投入产出视角，客观评价劳动效率。

薪酬激励导向效应逐步显现。优化工资总额核定模型，加大业绩考核工资占比，“业绩导向”进一步凸显。调整薪酬分配导向，将业绩贡献、经济效益、人员配置与薪酬分配紧密挂钩，建立以价值创造为导向的“三全五维”薪酬成效评价标准。完善多元分配方式，形成以岗位绩效工资为核心，项目经理薪金制、协议工资制、提成工资制等为补充的分配格局。大力推行收入“能增能减”，加大科技人才、专家骨干、艰苦边远等激励，探索实施中长期激励，强化专项考核奖励管理，进一步激发了员工干事创业热情。

福利保障效能大幅强化。福利管理坚持普惠优先、适度激励、控高提低，福利计划完成率 99.8%、常年保持在高位，福利费占工资总额的比例排名国网前列。大力发展职业支持类福利，首次采用计划预安排方式，优化计划下达和项目实施时序，推行菜单式体检、宽时式疗养、互动式食堂，提高体检费人均水平，解决工休矛盾，增强了福利弹性和员工满意度。

高素质人才队伍进一步充实。全面开展“大培训、大比武、大提升”三年跨越行动，打造绵阳技术技能战训基地，推广“流程化、场景式、体验式”新型实训模式。国家电网系统内率先启动岗位任职资格体系建设，完成首批 3 个专业、18 个技能岗位的任职资格标准开发，承担国家电网公司岗位能力评价规范建设任务。扎实推进人才培育“三大工程”，新增四川省学术技术带头人及后备 6 人、天府万人计划 1 人，引进 3 名博士后研究人员。举办“四川省电力行业职业技能大赛”，8 人次获“四川工匠”“四川省技术能手”，充实了高技能人才队伍。开展新型学徒制培养，举办“电力雏鹰”培育和“技能新星”竞赛，7 名青年员工入选国家电网青年人才托举工程，入选率 100%，入选人数与国网江苏电力等并列国家电网第一位。

前沿课题研究成果丰硕。开展“向党史学人力资源管理”专题活动，从党史汲取选才、育才、用才成功经验，征文 146 篇，研究完成专题报告。紧跟人力资源最新政策和前沿理论，结合实际，确定 7 大研究课题；创新开展“揭榜式”课题研究，通过限额申报、选优定帅，20 家基层单位协同完成课题报告。开展人资数字化转型研究，编制工作方案，明确建设思路；牵头完成国网人资领域 2022 年基础平台和业务应用项目需求统筹，保障了国家电网人资领域数字化转型扎实推进。

安全生产 2021 年没有发生大面积停电事故，没有发生人身重伤及以上事故，没有发生一般及以上电网、设备事故，没有发生五级信息系统事件，没有发生恶性误操作事件，没有发生重大火灾事故，没有发生特大交通事故。110kV 及以上继电保护和安全自动装置正确动作率 100%；作业现场违章率 1.89 起/现场，较 2020 年违章率 2.8 起/现场降低 32.41%；发生七级及以上电网设备事件 14 起，扣除因国家电网公司调规修编引起的 9 起 500kV 线路跳闸重合不成功造成的七级设备事件，较 2020 年 8 起七级及以上电网设备事件下降 37.5%；110kV 及以上线路故障停运率为 0.3999，较 2016～2020 年五年平均值 0.4638 降低 13.78%；110kV 及以上变电设备故障停运率为 1.0199，较 2020 年的 1.1131 降低了 8.37%；信息系统可用率为 99.92%，较 2020 年的 99.86%上升 0.06%，实现了“七杜绝六实现”安全生产工作目标。

经营管理 接续实施提质增效专项行动，提前一年扭亏为盈，实现业绩“冲 A”目标。提质增效成效显著。持续优化购电策略，减少购电成本 4 亿元。完成电能替代 151 亿 kWh，同比增长 16%。率先实现高低压购售同期，增加售电量 47 亿 kWh。高压用户费控执行率超 92%，电费回收率 100%。线损压降、营销稽查及反窃查违等增效 19.3 亿元。完成物资利库 10.7 亿元。争取东西帮扶资金、总部直接注资 11.5 亿元。亏损子企业减至 1 户，为近 10 年来最低水平。国网眉山供电公司、国网乐山供电公司、国网绵阳供电公司等单位大力提质增效，为公司业绩提升作出了积极贡献。经营风险防控有力。经过艰苦努力，广元铝业巨额陈欠电费、电铁还贷争议电费等多项历史遗留问题成功破解。建立健全全面风险排查、违规责任追究机制，初步建成合规体系，治理合同典型共性问题 513 项，重大审计问题基本实现整改清零。荣获“七五”全国普法工作先进单位。产业布局多点发力。综合能源、电动汽车、基础资源等业务高效运营。智慧环保、税电指数等“双眼”品牌产值突破 5000 万元。成立战略与政策研究中心，构建“1+5+N”智库体系。基本形成全媒体传播的融媒体发展格局。产融协同规模 279 亿元，增长 54%。省管产业外部市场合同金额 185 亿元，5 家单位获评国网施工能力标杆单位。服务保障不断增强。持续优化营商环境，推进“阳光业扩”，实施“三指定”专项治理，业扩净增容量增长 11.3%。全面推广“村网共建、社网共建”，开展“线上服务入户、线下服务进村进社区”，线上办电率、交费率分别达到 99.7%、88.6%，投诉下降 68.8%。国网广安供电公司推行跨省办电新模式，高质量服务高竹新区发展。建立乡村振兴工作机制，实现与脱贫攻坚有序衔接，荣获全国脱贫攻坚先进集体。

科技创新 获得省部级及以上科技奖励 19 项，其中 2021 年度中国电力科技进步奖二等奖 1 项，三等奖 2 项；2020 年度四川省科技进步奖一等奖 1 项，二等奖 3 项，三等奖 4 项；2021 年度国家电网有限公司科学技术奖一等奖 1 项，二等奖 3 项，三等奖 4 项。申请专利 594 项，其中发明专利 348 项，获得专利授权 440 项，其中发明专利 189 项。牵头制定的 2 项 CIGRE 技术报告、2 项国家标准、13 项电力行业、国家电网有限公司和团体标准获批发布，另发布 25 项参与技术标准。

强化顶层设计，做好谋篇布局。制定并发布了《国网四川省电力公司“十四五”科技规划》和《国网四川省电力公司新型电力系统科技攻关行动计划》。成立国网四川电力技术专家委员会，明确公司在新型电力系统建设背景下科技攻关的主要方向和目标。

关注重点项目，承接国家课题。牵头的“分布式光伏与梯级小水电互补联合发电技术研究及应用示范”国家重点研发项目技术研究以及示范工程建设顺利推进。申报的 2021 年国家重点研发计划项目“高灵敏 MEMS 磁敏感元件及传感器”和国家科技基础资源调查项目“川藏地区材料环境腐蚀调查、联网观测与数据库建设”成功立项。

成立柔性团队，组织科研攻关。组织开展两批柔性科技攻关团队的申报，成立了 16 支柔性科技攻关团队，在高海拔山区源网荷储一体化规划、新型电力系统智能调控等方面开展科技攻关，破解新型电力系统建设过程中急需攻关的“卡脖子”技术难题。

发掘内外潜力，搭建创新平台。成功获批电力物联网四川省重点实验室。在省级电力公司率先成立四川省新型电力系统研究院，开展政策、技术联合攻关。与西南交通大学、东方电气集团等单位签署战略协议，深化交通能源、电力装备等领域的交流合作。结合四川水能富集资源禀赋特色及四川电网两大“西电东送”运行特性，向国家能源局申请“十四五”国家能源研发平台，打造国家级清洁能源研究中心。

拓展转化渠道，促进成果转化。国网四川省电力公司电力科学研究院“输电线路等值覆冰厚度获取方法”通过四川思极科技有限公司转化，在新疆、吉林等多个网省公司推广并产出较大经济效益。国网四川省电力公司电力科学研究院“智慧环保用电监测系统”、国网内江供电公司“一种在地面清理高空电缆周围障碍物的工具”和国网眉山供电公司“自适应电缆弯曲机”等系列成果通过多渠道转化，实现了推广应用并产生效益。

建设标准基地，推进国际标准。制订并发布 2 项国家标准，组织召开“电力系统厂站低压用电技术”全国标准化工作组首次全体委员会会议，完成对应标准体系修订。组织国网四川省电力公司电力科学研究院、国网四川省电力公司计量中心等单位开展“世界标准日”宣贯和培训活动。持续开展技术标准实施评价，实现技术标准闭环管理。发布 CIGRE TB834 和 836 两项技术报告，国网四川电力独立提报的 IEC“电力设备极端自然环境及灾害防控标准系统评估组”获批立项。参加国际学术会议或技术标准工作组会议 23 人次，培养国际标准化人才 10 人。

主要事件

2 月 25 日，全国脱贫攻坚总结表彰大会在北京举行，国网四川省电力公司、国网四川甘孜藏族自治州电力有限责任公司获评全国脱贫攻坚先进集体；凉山彝族自治州喜德县光明镇阿吼村第一书记、国网喜德县供电公司党建部副主任王小兵获评全国脱贫攻坚先进个人。中共中央总书记、国家主席、中央军委主席习近平向全国脱贫攻坚楷模荣誉称号获得者颁奖并发表重要讲话。国网四川省电力公司总经理、党委副书记胡海舰和王小兵参加表彰大会。

3月26日，国网四川电力研究形成《“质效共建、强优川电”精益管理工程实施方案》，以合理效益稳经营、促发展。2021年，国网四川电力全年发展总投入367亿元（含特高压），同比增长35%；售电量2760亿kWh，同比增长16.4%，两年平均增速12.5%，居系统第一；营业收入1336亿元，同比增长15.2%；资产总额1797亿元，同比增长7.8%。

4月30日，国网四川电力调度安全运行40周年，共安全运行14609天，准确下达电网运行调度指令149499次，处置电网故障3880次，安全调度运行记录居全国网省调系统第一。

6月18日，白鹤滩水电站500kV送出工程带电投运，这标志着白鹤滩水电站成功接入四川电网主网，具备了向外送电的条件。

6月18日，白鹤滩水电站500kV送出工程带电投运，有力保障白鹤滩水电站首批百万千瓦机组7月1日前投产发电。

6月21日，雅中—江西±800kV特高压直流工程竣工投产。6月27日，杨房沟水电站500kV送出工程带电投运，百日攻坚大会战告捷，四川清洁能源的开发和外送能力大幅提升。2021年，国网四川电力超额完成年度电网建设任务，川渝特高压交流工程启动可研、金上—湖北特高压工程完成预可研，白鹤滩—江苏、白鹤滩—浙江特高压直流工程全速推进，500kV泸州东、南充南部等39项电网补强工程如期投运，配网整治提升三年行动圆满收官。

7月14日，德宝直流实现首次日内柔性调度运行，迎峰度夏期间累计增加四川水电消纳3亿kWh、西北新能源消纳2.2亿kWh。2021年，四川地区实现风光全额消纳，水能利用率连续三年上升，达到96.6%，创“十三五”以来最好水平，超额完成国家发展改革委、国家能源局既定目标，“用2～3年基本解决弃水问题”的目标如期完成。当前，四川作为全国最大的清洁能源基地，水能、风光资源技术可开发量分别达到1.48亿、1亿kW，2021年全省清洁能源装机占总装机85.1%，发电量占总发电量87.1%。

8月17日，“四川省税电指数办公室”正式挂牌运行，“经济景气度税电指数”应用进入拓展深化完善的新阶段。2021年，国网四川电力加快科技创新步伐，建立两批次16支柔性科技攻关团队，牵头和参与国家级、省部级项目106项，16项科技成果获国家电网公司和四川省科技成果奖，主导编制国际标准12项，新增专利授权437项。直流接地极线路绝缘配合技术成果达到国际领先水平，北斗综合示范、人工智能等6项数字新技术应用达到全国领先水平，2个应用获国家级奖励，3个创新项目入选工信部示范。

8月19日，在习近平同志视察国家电网四川电力连心桥共产党员服务队十周年之际，国网四川电力发布“新电力、新服务”十大行动，续写共产党员服务队发展新篇章。2021年，，国网四川电力全面开展庆祝中国共产党成立100周年系列活动，党史学习教育走深走实，开展“我为群众办实事”实践活动1.3万余次。国网四川电力党委带头落实“第一议题”制度，深入学习贯彻“七一”重要讲话精神和党的十九届六中全会精神，召开公司第二次党代会，党建工作迈向更高台阶。国家电网四川电力（成都高新）连心桥共产党员服务队党支部获评全国先进基层党组织，盛恩利被授予第八届全国道德模范荣誉称号，鲁鹏获第八届全国道德模范提名奖。

9月16日，《求是》杂志刊图赞扬国网四川省电力公司党建工作：近年来，中央企业把加强党的领导和完善公司治理统一起来，在维护国家战略安全、保障和改善民生等方面更加担当作为。

9月18日，四川天府新区兴隆湖绿色交通能源站项目投运，实现了能源灵活高效管理，达到削峰填谷目的。国网四川电力推动组建全国首家省级新型电力系统研究院，编制“碳达峰碳中和”和新型电力系统任务清单，启动储能布局、源荷互动等八大方向的研究工作；建设“1+N”四川省能源大数据中心，汇聚电、煤、油、气、水、热、风、光等各类能源数据，支撑全省能源高质量发展。

11月3日，四川省经信厅与国网四川电力联合举办四川电网2021年度今冬明春有序用电联合演练。2021年，国网四川电力高效应对迎峰度夏、迎峰度冬保供难题以及防山火压力，完成省内抗疫、泸县6.0级地震、援豫抗洪、援陕抗疫等保电任务，保持四川电网40年安全稳定运行纪录，牢牢守住电网安全。

11月5日上午，中共中央总书记、国家主席、中央军委主席习近平在人民大会堂亲切会见第八届全国道德模范及提名奖获得者。国网四川电力盛恩利荣获第八届全国道德模范（见义勇为模范）荣誉称号，鲁鹏荣获第八届全国道德模范提名奖。

11月29日，央视一套黄金档节目播出全国道德模范颁奖典礼，国网眉山市彭山供电公司盛恩利作为全国道德模范（见义勇为类）代表上台领奖，其舍己为人的事迹和领奖环节在央视展播。24年来，他5次勇闯火场灭火，3次跳进湍急的水流救起落水群众，用行动诠释了党员本色，曾获“中国好人”、四川省见义勇为先进个人等荣誉。

12月30日15:10，国家电网西南地区首座全地下智能变电站——110kV吉庆变电站成功投运。

（李　庆　何　飞）

【国网重庆市电力公司】

企业概况 国网重庆市电力公司（简称国网重庆电力）于1997年6月6日随重庆市直辖成立，是国家电网公司的全资子公司，负责重庆电网规划建设、运行管理、电力销售和供电服务工作。经营区域覆盖全市38个区县，供电面积7.9万km^2，服务人口约3000万人，用电客户1734.3万户，员工约3.1万人。2021年售电量1049.6亿kWh，同比增长14.6%；完成发展投入92亿元，其中电网投资79.7亿元；营业收入554.7亿元，同比增长18.1%；资产总额782.6亿元，同比增长7.3%。

2021年，重庆电网迎来十年来最严峻的电力保供考验。国网重庆电力采取需求侧响应和有序用电等措施，用足川渝和渝鄂通道综合最大能力，首次通过青豫直流、天中直流购入电量，落实三峡增发送渝电量，优化电网调度和机组检修安排，保持电力供应平稳有序。全年外购最大电力745万kW，同比增长5.82%；最高负荷2435万kW，同比增长9.78%；日最高用电量4.98亿kWh，同比增长10.58%；最大降温负荷1112万kW，同比增长6.2%，降温负荷占最高负荷的比重为45.7%。

国网重庆电力启动新型电力系统建设，成功应对十年来最严峻的电力保供考验，三项制度改革成效评价位列国家电网系统A段，6个社会责任根植项目入围国家电网公司优秀项目，管理提升对标获中国电力创新一等奖，列国家电网公司管理提升“标杆项目”，“获得电力”指标入选“全国标杆”，荣获国家电网公司2021年度重大电网工程建设先进单位称号。

领导班子

董事长、党委书记：周雄

董事、总经理、党委副书记：司为国

董事、党委副书记、副总经理：吕跃春

职工董事、党委委员、工会主席：何建军

副总经理、党委委员：何永胜

副总经理、党委委员，市区供电公司总经理、党委副书记：张捷

副总经理、党委委员：徐韬

副总经理：朱晓岭

党委委员、纪委书记：王文周

总会计师、党委委员：毛育冬

总工程师：刘欣宇

三级顾问：李随东

组织机构 本部设有22个职能部室：办公室（党委办公室）、发展策划部、党委组织部（人事董事部）、人力资源部（社保中心）、财务资产部、安全监察部（保卫部）、设备管理部、建设部、市场营销部（农电工作部）、互联网部、科技部、物资部（招投标管理中心）、审计部、纪委办公室（巡察办）、党委党建部、党委宣传部、法律合规部（体改办）、后勤工作部、离退休工作部、工会、企业管理部、电力调度控制中心。下设二级单位43个，其中供电公司31个，业务支撑和实施机构12个。

电网概况 重庆电网西联四川、东联湖北，是国家电网和西南电网的重要组成部分，也是西部水电外送的唯一超高压交流通道，对国家资源优化配置起着重要的支撑作用。重庆电网东部通过四回500kV线路与湖北电网联系，西部通过六回500kV线路与四川电网相连，每年约三分之一的电力电量需要从外部购入。电网负荷主要集中在中西部，约占全网负荷的85%，形成渝东北、渝南火电和渝东南水电三大电源中心以及川渝联络线向渝西负荷中心供电的格局。重庆电网以500kV网络为骨干结构，以220kV网络为支撑，呈“两横三纵”结构，500kV分为11个片区运行，220kV中西部集中了网内大部分重载设备，网络联系相对紧密。

截至2021年底，重庆电网有三条±800kV特高压直流输电线路（复奉线、锦苏线、祁韶线）过境，总长676km。500kV变电站17座（含奉节串补站），变电容量3428万kVA；220kV变电站109座，变电容量4362万kVA。220kV及以上线路长度12548.1km，其中500kV线路长度3635.7km，220kV线路长度8236.4km。截至2021年底，重庆电网总计发电设备容量2706.32万kW，同比增长3.29%。其中火电1685.06万kW，水电789.27万kW，风电168.58万kW，太阳能发电63.41万kW。

电网规划与发展 加快构建新型电力系统，坚持“清洁化、数智化、市场化”的导向，打造“渝电特色·国网示范”新型电力系统，推动以新能源为主体的新型电力系统构建，服务能源转型。针对“十四五”及中远期电网低碳转型问题，开展适应碳达峰、碳中和发展目标的重庆电网适应性研究。推动川渝交流特高压可研，开展重庆中长期气电布局规划、“十四五”电力保障、新能源消纳分析等重大专题研究，推动电网转型升级。

推进成渝地区双城经济圈建设，跨省联动成立专班，编制成渝地区双城经济圈电网一体化专项规划，做好“三个战略对接”，推动“两个协调发展”，落实“三项重点任务”，引领带动经济圈电网高质量发展。完成川渝交流特高压工程预可研、疆电入渝配套电源建设方案评估，在沿线省市率先取齐白鹤滩—浙江特高压线路工程核准要件。编制国际一流城市配电网规划，围绕“不停电”和“高自愈”打造一流城市配电网示范区。建设新型乡村电网，深化农网“一镇一网格”精细化规划，加快实施农村电网巩固提升工程，提升乡村电网供电能力、本质安全水平和智能化水平。

推进特高压工程建设，白鹤滩—江苏、白鹤滩—浙江±800kV特高压直流输电线路工程建设进度在沿

线五省市中保持领先，白鹤滩—江苏线路（重庆段）已全线贯通，白鹤滩—浙江线路（重庆段）率先进入组塔阶段。全年电网建设投资79.7亿元。全年开工35kV及以上输变电工程65项，线路776km，变电218万kVA；建成投产35kV及以上输变电工程75项，线路1181km，变电599万kVA。投运263项电网补强工程，16项度夏工程按期投运，220kV圣双线改造等8项电网加强工程按计划推进。投产多项新能源送出及电铁配套工程，郑万高铁3项配套供电工程提前投运，巫山红椿风电送出等12项新能源并网工程完成抢建。建成国内首座500kV全户内“吊脚楼”式变电站——金山变电站，获国家电网推荐参评国家“鲁班奖”。500kV金山、220kV镇安、110kV明达变电站分获国家电网公司优质工程金、银奖，实现110kV及以上电压等级国网优质工程金银奖全覆盖。

助力乡村振兴，完成农村电网巩固提升工程，农网供电可靠率99.8006%，配电自动化线路覆盖率91%，惠及16个区县，137个乡镇，310个行政村，60万余人。三项农网改造工程被国家电网公司授予“2021年度配电网百佳工程”称号。

人力资源　截至2021年底，全口径用工总量31196人，人才当量密度1.08，同比提高0.57%。国家电网公司级及以上专家人才30人，正高级工程师71人，高级工程师及工程师7458人，技师及以上技能人才9017人，高技能人才比例达86.52%。

深化国有企业改革，开展綦南和南川供区优化整合，平稳完成供区移交及广汇员工劳动合同改签工作。优化调整本部机构编制，建立健全本部机构编制动态管控机制，将本部打造成为职能定位清晰、机构设置科学、协同高效运转的管控中心。实施“3+7”重点省管产业单位升级管理，完成省管产业单位资产清查，完善省管产业人力资源管理体系，优化重点发展省管产业单位管理平台。加快战略性新兴产业发展，与新加坡能源集团等签订战略合作协议。完成国企改革三年行动年度阶段目标任务。制定第四批“放管服”清单36项。深化三项制度改革，改革经验获国务院国资委刊发推广，三项制度改革成效评价位列国家电网系统A段第3。

优化业绩考核，建立各单位负责人任期业绩考核机制，完成经理层成员2021年度经营业绩责任书签订，实现“一人一表”精准考核。对市场化单位负责人建立纯市场化业务超额奖励机制。以三项制度改革助推“收入能增能减”，出台公司考核分配成效评价实施方案，制定班组/柔性团队绩效认证等5项激励保障措施。

培育省部级高端人才14人，新晋省部级人才12人，新增高技能人才3528人，被授予“重庆市技能人才评价工作突出单位”。组织重庆市第五届供电服务之星劳动竞赛，10人获得重庆市十佳供电服务之星荣誉称号。3名选手获得国家电网公司第八届供电服务之星劳动竞赛表彰。10家单位获重庆市能源产业安全生产班组“五小”劳动和技能竞赛优胜单位。16个单位（集体）、26名员工荣获省部级及以上荣誉。其中1个单位获评全国五一劳动奖状，2个班组分获全国工人先锋号和全国青年文明号，2人获评全国五一劳动奖章和全国五一巾帼标兵，10人荣获第六届重庆市劳动模范称号，3人获评首批“巴渝特级技师”称号，2人获第八届重庆市道德模范表彰，2人当选国家电网公司首席专家。举办“巴渝工匠”杯重庆市首届电力行业技能竞赛，获得国家电网公司现代智慧供应链竞赛团体第二名。

安全生产　建立两级领导干部“责任清单”和“工作清单”，出台作业现场安全管控19项措施，逐级压紧压实安全责任。完成第一轮安全生产巡查和巡查后评估。推进“一平台一中心一队伍”建设，建成投用风险管控平台，两级安管中心常态化运转。管控白江线跨越施工等五级电网风险496项，实现三级及以上作业风险现场监控全覆盖。开展反违章专项行动，两级累计查处严重违章97起，3家单位通过安全文化建设示范企业验收。推进安全生产专项整治三年行动，以“五查五严”为抓手，落实专项整治“二下二上”要求，整改率94.25%。完成108处输电线路“三跨”隐患、84处站用交直流隐患治理，消除各类配网隐患2.3万余处。发布“安全生产标准化建设年”试点成果30项。实施884个小区居民供电设施改造，治理高层建筑和古镇古寨用电安全隐患2.5万项。建成石柱中益乡等132个安全用电示范镇（街），触电案件同比压降55%。拦截网络攻击320万次。政府牵头建立电力设施常态保护机制，实施电力设施防外破专项行动，220kV及以上输电线路机械外破同比减少47%。

提升应急处置能力，完善“1+31”预案体系，开展重庆市大面积停电等应急演练114次，发布预警24次，启动防汛Ⅲ级响应3次。面对河南特大暴雨灾害，派出413人应急队伍、68辆救援车驰援，完成援豫抗洪抢险保供电任务。做好陕西西安疫情防控保供电发电车支援。开展高空救援等应急技能培训近1000余人。完成庆祝建党100周年、中国—东盟特别外长会和智博会等72次重大活动供电保障任务。

经营管理　推进内部模拟市场建设，制定56项重点任务，挖掘1200余条提质增效举措。有序推进燃煤电价改革，超前谋划输配电成本监审，建立输配电改革牵引机制，推动重点策略落地实施。落实燃煤电价改革，工商业用户全量入市。配合开展全国统一电力市场建设，实施电力交易机构股权优化，推动燃煤发电上网电价市场化改革落地实施，落实各项降价减税降费政策。交易机构股权比例降至 39%，分时段交易经验做法由国家发展改革委向全国推介。开展“线上+现场”物资采购合规督察，实现远程在线递交投标文件和视频直播开标。拓展仓储物流平台服务等新业务，所有采购按计划节点全部应用 ECP2.0 实施。建设仓储 WMS 系统，4 项成果入选国家电网公司《现代智慧供应链创新成果案例集》。按季动态监测风险指标，筑牢风控管理“三道防线”，建立风险信息库。推进数字化审计平台三期建设，全面支撑各类审计项目作业实施。深化“渝电法治”微信公众号建设，创办“渝电法治”讲堂。落实法治企业建设第一责任人履职 8 项措施，优化重大决策审核机制，重大决策合规审核率 100%。1 起诉讼案例入选市高院劳动争议十大典型案例，3 起诉讼案例入选国家电网公司诉讼指导案例库。

设计 39 项努力程度指标、49 项提升水平指标。建立三级可持续性管理示范项目管理机制，打造高质量精品案例。全年实施可持续性管理示范项目 47 个，发布 35 个优秀管理案例；入选国家电网公司示范项目 5 个，3 个项目纳入国家电网公司 2021 年案例发布。构建 4 个管理创新区域联盟，带动各单位协同发展。组织实施“十大管理创新工程”，深入推进 140 项“管理创新示范工程”，深化 58 项“管理创新推广工程”。

管理创新成果获省部级及以上荣誉 71 项，其中获国家级成果二等奖 2 项。管理提升对标工作获中国电力创新奖一等奖，被国家电网公司列为管理提升对标“标杆项目”。实施可持续性管理示范项目 47 个，入选国家电网公司示范项目 5 个，3 个项目纳入国家电网公司 2021 年案例发布。建成 5 家国家电网公司施工能力标准化示范单位。2 个 QC 小组荣获国际质量管理小组（ICQCC）发表赛最高奖铂金奖，3 个 QC 小组荣获“全国优秀 QC 小组”称号；26 项 QC 成果在全国电力行业及全国 QC 小组发表赛获奖。

营销工作 全年累计业扩净增容量 1476.63 万 kVA，同比增长 32.59%。优化营商环境，持续推进“三零”“三省”“三公开”服务。出台“获得电力”十项服务举措，变“坐商”为“行商”，打造“渝快办电”服务品牌，助力国家营商环境创新试点城市建设，国内营商环境评价“获得电力”指标入选“全国标杆”。深化政企协同联动，打通“电 e 金服”与重庆市发展改革委“信易贷”平台接口，服务重庆经济发展。落实各项降价减税降费政策，为企业节省成本超 70 亿元，累计为 5 万客户减少投资超 36 亿元。开辟业扩报装绿色通道，制定个性化服务方案。深化“一台区一指标”管理体系，差异化制定目标，赋值率 100%。开展高负损台区治理攻坚行动，高负损台区治理率 60.69%，存量重损治理率 100%。实施“提升供电质量压降运检投诉专项行动”及“压降营销重点投诉专项行动”，运检投诉压降达 85%。完成 752 个小区居民供电设施改造。建成反窃电监控系统及配套移动作业并上线，累计查处违约用电及窃电客户 4543 户，追补电量 2465 万 kWh。配合公安机关破获窃电案件 45 起。深化电费账务集约管理，电费自动对账率 97.57%，全年电费回收率 99.9998%。

全年累计推动 1827 个电能替代项目落地，实现替代电量 21.17 亿 kWh。稳妥有序实施电能替代，增加售电量 22 亿 kWh。争取 5 个竞争区域客户，接收 5 个小水电自供区。推进长江经济带港口岸电建设，新建 2 个码头 3 个泊位，累计完成 8 个码头 15 个泊位岸电建设，服务岸电 2234 船次，实现岸电电量 270.97 万 kWh。全市共有 5889 家电力客户、9 家电厂和 61 家售电公司参加市场化直接交易，签约电量 379.76 亿 kWh。全年累计结算电量 374.80 亿 kWh，同比增长 28.28%。

科技与数字化 全面启动新型电力系统建设，坚持“清洁化、数智化、市场化”的导向，打造“渝电特色 国网示范”新型电力系统，服务能源转型。设立“新型电力系统科技攻关”专项项目，研究确定 28 项重点任务清单。深入实施数字化清洁化转型，深化 i 国网应用。打造广阳岛“一岛一湾”能源互联网先行示范区。培育“电力看经济”等大数据应用成果 36 项，建成 130 个数字化供电所，实现能源大数据中心市、区（县）两级全覆盖。在省（市）公司层面率先开展碳撮合交易。承接 3 个国家部委大数据应用试点任务。智慧环保、楼宇集成数据服务两项应用成果获得中国能源企业信息化管理创新奖。

实施重大科技攻关，开展基于里德堡原子光谱特性与隧穿磁阻效应的宽频电磁测量技术，高压输电线路无人机全自主巡线平台关键技术等研发及应用。云平台实现 121 套业务系统上云，实现增量终端 100% 接入。电网资源中台完成 13 大中心、738 个共享服务建设，完成输电全场景、无人机等 8 个系统中台化接入。推进省级智慧能源平台建设，接入终端 596 台，接入设备 4362 台。建成“全能型”乡镇供电所业务应用系统。建成“E 基建”等移动应用，数字化审计平台二期功能等上线运行。建设完善人工智能“两库一平台”，建成企业级人工智能模型、样本存储及服务运行资源。建立 5 大片区 RPA 建设运营中心，推进 1 万台智能融合终端规模化应用。建成国家电网首批电力北斗时频服务网二级节点，完成北斗时空服务服务体系构建。开展电力北斗无人机 RTK 控制首飞。深化应用流程机器人、报表平台 50 余万次，工作效率平均提升 65%。配电自动化实用化率同比提升 33%。“泛泛助手”纳入国家电网公司智慧后勤移动终端典型设计样本。新建充电站 58 座、充电桩

450 个，实现乡镇供电所 V2G 充电桩全覆盖。建成加油充电一体化能源示范站，打造机场充电服务示范区。车桩监测平台接入全市 96%以上的车桩信息。

全年获得省部级科技奖共计 17 项，其中一等奖 1 项、二等奖 9 项、三等奖 7 项；17 个获奖项目中，牵头获奖 6 项、参与获奖 11 项。新申请专利 327 项，其中申请发明专利 177 项；授权专利 300 项，其中授权发明专利 103 项。

优质服务 出台《关于进一步加强供电服务建设管理指导意见》，形成一体化实施的“大服务格局”。构建跨部门联动管控机制，强化横向协同、纵向贯通，确保“管专业必须管服务”落到实处。开展服务规范培训 5000 余人次，95598 业务处理满意率 95.91%，同比上升 2.88%。建立整改销项闭环机制，投诉同比下降 82.80%。推进新型业务发展，深化“1223”“供电＋能效服务”服务体系，为客户提供从供电到能效提升的“一站式”服务。深化“阳光业扩”建设，推出小微企业“用电套餐”，创新竣工检验“云服务”。全市全年完成 1.71 万户小微企业接电，平均接电时间 4.79 天。

促进农村从“用上电”向“用好电”转变，农配网供电可靠率 99.8006%，配电自动化线路覆盖率 91%，低电压、频繁停电投诉分别压降 85%以上。建成乡村振兴电力大数据模型，开展“供电＋能效服务”。打造两个乡村电气化示范项目，推广乡村电气化项目 31 个，实现 260 个乡镇供电所充电桩全覆盖。为 14598 个农村小微企业节省配套电网投资 4.5 亿元，平均通电时间为 5.01 天，同比缩短 0.84 天。为 55.4 万农村“五保户”“低保户”减免电费 4043 万元。升级农村供电所服务设施设备，打造“一懂两爱”农村供电服务队伍。农村地区 95598 业务处理满意率同比提升 4.45%。

国网重庆电力推出“助力重庆高质量发展　点亮人民高品质生活”六项行动 20 项举措。推出“我为群众办实事”“服务民生保供电”等 70 余项主题宣传，当好保供“守夜人”，在电力供需紧张情况下服务满意度仍然稳中有升。重庆市政府专门向国家电网公司致信感谢。援豫抗洪抢险、援陕抗疫保供电得到国家电网公司主要领导肯定。

党建工作 把学习贯彻习近平新时代中国特色社会主义思想作为首要政治任务，纳入党委会“第一议题”。开展党委理论学习中心组专题学习 14 次，进行专题交流发言 226 人次。领导班子成员深入党建联系点，开展“七一”重要讲话和十九届六中全会精神等宣讲 400 余人次。开展党史学习教育，部署 5 项 21 条重点任务，组建 7 个巡回指导组，邀请党史专家举行宣讲报告会，组织专题读书班 230 余期，讲党课 350 余场次，开展“万名党员讲党史”3000 余人次。深入实施“我为群众办实事”实践活动，解决“急难愁盼”问题 3919 件，做法成效入选中央《党史学习教育简报》。完成“旗帜领航·提质登高”行动计划和“基层党建创新拓展年”任务。开展全国国企党建会精神贯彻落实情况“回头看”，建成“渝电党建慧”数字平台。打造“渝电青松”离退休工作品牌，联合全国脱贫攻坚楷模毛相林所在下庄村建立党建共建示范点，入选国家电网公司典型案例。党建课题研究 1 项获评中国电力思想政治研究会优秀课题一等奖。制定全面从严治党“两个责任”重点任务清单 138 项，公示班子成员党风廉政建设承诺 58 条。开展“一岗双责”述职评议，压实“关键少数”管党治党责任，健全同级履责监督机制。建立区域纪律核查组，完成 45 家单位专项巡察和专项整治。举办“山水廉韵”主题论坛 7 期、“以案四说”90 余场。

聚焦中国共产党成立 100 周年，开展“奋斗百年路　启航新征程”“大国顶梁柱·永远跟党走”等系列活动。以红岩精神作为生动教材，举办“弘扬红岩精神·争做时代新人‘让烈士回家’暨‘红岩精神·电力传承’”主题活动。恢复成立“怒吼剧社”，创作拍摄国内首部电力红色题材院线电影《怒吼》。实施“红色基因·电力传承”主题传播，打造“红岩电力英烈”文化作品，落实“百年电力”文化遗产保护工程。打造项目一体化建设模式，描绘“企业文化项目建设一张图”，1 个案例获评全国企业文化优秀成果一等奖，7 项成果获评国家电网公司思想文化优秀成果案例，凉亭变电站获评国家电网首批“百年电力”文化遗产。6 个社会责任根植项目入围国家电网公司优秀项目，宣传工作连续四年获得国家电网公司品牌建设特殊贡献奖。弘扬因公殉职的电网英雄刘军精神，营造尊崇英雄、学习英雄良好氛围。打造“渝电之光”职工文化品牌，开展文化活动 356 项，参与职工 31783 人次。创作红岩共产党员服务队队歌并组织传唱。参加国家电网公司庆祝建党百年职工文化系列活动获“优秀组织奖”。实施“千人三库双平台”暨“青马工程”，推出“赛马揭榜”项目 11 个，典型做法在重庆市团委作经验交流。荣获中宣部“2016—2020 年全国普法工作先进单位”，红岩供电服务品牌案例入选国务院国资委品牌建设典型案例。因公殉职的刘军被评为 2021 年度“感动重庆十大人物”。

主要事件

1 月 8 日，重庆电网最高负荷达 1854 万 kW，较冬季历史最大负荷增长 19.69%，连续 12 次刷新冬季用电负荷历史纪录。

1 月 8 日，在第十届中国能源企业信息化大会上，国网重庆电力大数据实践案例“基于电力大数据的楼宇空置率集成服务”获中国能源企业信息化管理创新奖。

1月29日，国网重庆电力供区投运110kV及以上高压电缆线路突破800km。

3月8日，国网重庆电力电能计量器具性能评估实验室获评国家电网公司优秀实验室。

4月13日，国网重庆电力承办的国务院国资委“4·15全民国家安全教育日系列宣教活动”在北京开展。国务院国资委党委书记、主任郝鹏，国资委副主任翁杰明参观首展，并对承办工作表示肯定。

4月24日，国网重庆电力首次使用无人机装备辅助，完成±800kV复奉线545号塔检修。

4月27日，国网重庆电力在重庆市政府召开的新闻发布会上，向全社会发布“助力重庆高质量发展 点亮人民高品质生活”六大行动二十项举措。

4月30日，国内首座500kV全户内“吊脚楼”式变电站——500kV 金山变电站投入运行。该工程获省部级科技进步奖2项、专利15项，省部级QC成果9项，省部级管理创新2项。工程项目由国家电网公司推荐申报“鲁班奖”。

5月3日，重庆多地遭遇雷雨大风天气，导致国网重庆电力供区部分输配电线路发生跳闸停运，造成4160个台区，18.91万户客户停电。截至当日18时，10kV故障线路全部恢复正常运行。

5月10日，“2021年中国品牌日活动”在上海举办，国网重庆电力红岩供电服务品牌案例入选2020年度国有企业品牌案例，并在论坛上予以发布。

5月18日，国网重庆电力所辖17座500kV变电站监控运行职责正式由电力调度控制中心移交至检修公司变电集控站，推进现代设备管理体系建设。

5月31日，重庆首条满足IR46国际建议的单相电能表自动化检定流水线在国网重庆电力投入运行。

6月11日，2021年新能源汽车下乡活动（重庆站）启动仪式在重庆国际博览中心举行。国家工信部、商务部、国家能源局和重庆市政府等相关领导到国网重庆电力展厅参观，国家电网公司市场营销部负责人参加活动。

6月24日，“弘扬红岩精神 争做时代新人‘让烈士回家’暨‘红岩精神 电力传承’”主题活动在国网重庆电力举行，将11位电力英烈故事和革命精神送回英烈曾经战斗过的地方。

7月14日，川东电力公司珍溪供电所所长刘军，在反窃电工作中因公殉职。国家电网公司辛保安董事长、张智刚总经理、庞骁刚副总经理高度赞扬刘军等同志英勇事迹。

7月22日，国网重庆电力组织支援河南抗洪救灾的红岩共产党员服务队，包括技术骨干97人，15台车（含3台发电车），以及配备专业抢修设备30套，连夜赶赴河南郑州开展电力援助。7月23日，第二批援豫抢险队共293人51台车（含2台发电车），携带抢险装备紧急驰援河南电网。通过30h奋战恢复郑州千余户居民供电。

8月7～9日，重庆部分区县遭遇大风及强暴雨天气，造成电力设备故障，国网重庆电力将防汛预警由Ⅲ级调整为Ⅱ级，并启动防汛Ⅲ级应急响应对汛情。8月9日全部恢复正常供电。

8月10日，国网重庆电力启动2021年“为美好生活充电 为美丽山城赋能”社会责任月主题活动。

9月1日，国网重庆电力召开干部大会，国家电网公司党组决定，周雄任国网重庆市电力公司董事长、党委书记，司为国任国网重庆市电力公司总经理、党委副书记，王文周任国网重庆市电力公司党委委员、纪委书记。

9月15日，全国总工会党组书记、副主席、书记处第一书记陈刚一行前往国网重庆市南供电公司，调研新时期产业工人队伍建设阵地建设及实践成果。

10月12日，国家能源局第八督导组到国网重庆电力开展“获得电力”服务水平综合监管现场督导。

12月2～3日，国网重庆电力在“全国脱贫攻坚楷模”毛相林所在的重庆巫山县下庄村，举行“渝电青松·党建共建”示范点签约仪式，活动入选国家电网公司典型案例。

12月5日，白鹤滩—江苏±800kV特高压直流输电线路工程（重庆段）江津长江大跨越顺利完成，白鹤滩—江苏线路（重庆段）全线贯通。

12月16日，国网重庆电力售电量首次突破1000亿kWh，同比增长14.8%。

12月23日，在2021（第八届）中国电力行业企业公众透明度高峰论坛会上，国网重庆电力荣获“责任沟通创新卓越企业”奖、“公众透明度十大品牌活动”奖和责任沟通奖。

（何润生 曹冉）

西北地区

【国家能源局西北监管局】

基本情况 国家能源局西北监管局（简称西北能源监管局）于2013年12月12日正式挂牌成立。

按照“三定方案”规定，主要职责为：监管电力市场运行，规范电力市场秩序；监管电网和油气管网设施的公平开放；监管电力调度交易，监督电力普遍服务政策的实施；负责电力等能源行政执法工作，依法查处有关违法违规行为，监督检查有关电价；负责除核安全外的电力运行安全、电力建设工程施工安全、工程质量安全的监督管理以及电力应急和可靠性管理，依法组织或参与电力事故调查处理；负责组织实施电力业务许可以及依法设定的其他行政许可；负责协调有关跨省、跨区能源监管事务；负责法律法规授权以及国家能源局下达或交办的有关事项监管。内设处室有：综合处、市场监管处、行业监管处、电力安全监管处、资质管理处、稽查处、机关党委（机关纪委）办公室。同时向青海、宁夏分别派驻监管业务办公室。

领导班子

党组书记、局长：何昌群

党组成员、副局长：张志平

党组成员、副局长：赵立志（2021 年 11 月后）

党组成员、纪检组长：徐连科

主要工作

（1）聚焦电力安全保障抓监管，实现电力安全形势持续向好。一是完成建党 100 周年、十四运会和残特奥会等重大活动保电。成立由西北局牵头的电力安全保障工作领导小组，全面部署推进保电各项工作，确保活动期间电力安全形势平稳。二是加强安全风险管控。推广电力建设工程施工安全监管平台，深化“季会周报”工作，督促企业排查风险隐患并进行分级管控整治，全年整治风险隐患 36528 项。三是推进班组安全建设。制定班组安全建设方案并督促企业自查整改，促进班组安全管理全面提升。四是深入开展现场督查检查。围绕防洪度汛、三年整治专项行动、应急能力建设等开展现场督查，督促企业落实主体责任、强化闭环整改。

（2）聚焦电力供应保障抓监管，夯实地方经济社会发展用能安全基础。一是强化电力保供日常监管。建立电力供需形势月度分析机制和供需缺口实时预警机制，及时协调解决电力供应“三性”问题。二是强化去冬今春电力保供监管。成立局保供工作领导小组，部署推进保供监管工作，向电力企业印发通知明确 9 个方面要求。认真落实国家能源局十项保供部署和强化市场监管、发挥市场机制保供要求，扎实开展“八查两防”，多措并举增加电力供应，加强电力安全生产和非停机组监管，加强有序用电方案编制和执行监督，建立与气象部门协调机制，强化重点问题企业函询机制，全力保障去冬今春能源稳定供应。切实强化陕西西安疫情防控特殊时期电力保供监管和服务工作，全力保障疫情防控和民生用电。三是协调支持河南灾情期间电煤供应。及时协调陕西煤炭企业尽最大努力支持河南灾区电煤供应，陕煤集团发运河南电煤较同期增幅 82.80%。

（3）聚焦国家电力规划政策落实抓监管，服务西北能源低碳转型高质量发展。一是加强电力规划监管和建言工作。督促地方政府按照国家能源局监管意见要求切实整改，保障国家“十三五”能源规划落实到位。对国家“十四五”电力、可再生能源、抽水蓄能、新型储能及区域外送通道优化等 15 项能源规划研提建议。二是加强国家产业政策落实监管。开展清洁能源消纳、煤电淘汰落后产能等各项监管。三是加强能源高质量发展重大问题研究。在统筹区域能源资源优化配置，推进煤电与新能源协调发展，构建以新能源为主体的新型电力系统等方面积极发挥引导和推动作用。四是认真落实省部共建青海清洁能源示范省协调推进工作部署。强化西北局与青海省能源局工作专班作用，积极承接落实相关工作。

（4）聚焦推进改革和规范秩序抓监管，电力市场化建设纵深突破、规范推进。一是完善中长期交易、深化电力辅助服务市场建设。修订三省区电力中长期交易和辅助服务市场运营等 7 项规则，推进西北区域备用辅助服务市场结算试运行。二是健全电力市场监管制度机制。完善厂网联席会议制度，更好发挥四个平台作用。完善电网运行方式清单式监管机制，促进电力调度机构更好落实安全、社会和科学经济调度责任。三是强化电力市场秩序监管。重点对《电网公平开放监管办法》贯彻落实、电力调度交易秩序、比特币“挖矿”活动等开展监管，严肃高效处置宁夏天元锰业将公用电厂转自备的违规行为，加强电力企业经营情况综合研判预警，切实规范电力市场秩序。

（5）聚焦民生用电需求抓监管，民生用电获得感幸福感不断提升。一是不断强化民生用电保障。加强民生用电预警分析和监督协调，多次下沉供电企业现场督导，协调推进夏季用电高峰期西安地区民生用电问题解决。二是全面开展用户“获得电力”服务水平综合监管。联合制定三省区全面提升“获得电力”服务水平实施方案，配套形成监管工作方案，推动年度目标任务落实。代表国家能源局对四省区开展现场督导。三是高效回应处理民生诉求。开展频繁停电、低电压等投诉举报突出问题监管，强化 12398 与 95598 热线快速联动响应，高效回应处理民生诉求。开展青海藏区电力普遍服务监管调研，督促提升供电优质服务水平。

（6）聚焦放管服惠企利民抓监管，资质管理水平更上台阶。一是全面落实告知承诺制。多渠道加强政策宣传解读，靠前服务企业落实新政要求，积极做好系统功能测试完善，制修订许可审查检查手册、事中事后监管暂行办法等制度，实行三省区全业务交叉审查，许可办理实现“一次都不跑”。二是切实强化事中事后监管。开展青海新能源发电项目许可信用专项监管，强化告知承诺制实施后的共性问题监管。在电网企业营销系统中增加企业资质校验功能，有效遏制无证施工问题。三是加快建设信用管理新机制。加强失信信息归集，全面应用信用分类监管措施，加快建设以信用评价、约束和激励为主的新型监管机制。

（7）聚焦严监管强威慑，行政执法成效明显。2021年，西北局强化能源监管“警察”定位，重点围绕“安全质监、信息瞒报漏报迟报，资质许可虚假承诺”等加大执法力度。全年立案20件，同比增长300%，罚没金额约398万元，同比增长1431%，行政执法成效明显。

（张　笑）

【国家能源局甘肃监管办公室】

基本情况　国家能源局甘肃监管办公室（简称甘肃能源监管办），组建于2013年12月。

主要职责：负责所辖区域内电力等能源的监督管理和行政执法工作，以及电力安全监管工作。具体包括：监管电力市场运行，规范电力市场秩序；监管电网和油气管网设施的公平开放；监管电力调度交易，监督电力普遍服务政策的实施；负责电力等能源行政执法工作，依法查处有关违法违规行为，监督检查有关电价；负责除核安全外的电力运行安全、电力建设工程施工安全、工程质量安全的监督管理以及电力应急和可靠性管理，依法组织或参与电力事故调查处理；负责组织实施电力业务许可以及依法设定的其他行政许可；负责法律法规授权以及国家能源局下达或交办的有关事项监管。

领导班子

党组书记、监管专员：赵国宏

党组成员、监管副专员：谢康

党组成员、二级巡视员：金涛

组织机构　行政编制19人，下设综合处、市场监管处、行业监管处、电力安全监管处、资质管理处和稽查处等六个职能部门。

主要工作

（1）保障能源安全稳定供应。一是纵横联动筑牢“保供大堤”。牵头组织有关省直单位成立“八查两防”工作小组并充分发挥作用，报请国家能源局煤炭司、监管司等协调增加甘肃电煤供应量和反向售电量3.5亿kWh；建立煤电机组非停核查机制，督导5台次226万kW非停机组按时完成检修归调；与甘肃省气象局构建气象灾害预警联络沟通机制，及时发布煤电油气运输气象保障专题预报。二是严肃执法封堵“跑冒滴漏”。严肃查处靖远二电缺煤停机问题，及时遏制省内火电企业缺煤停机的联锁反应；对4家水电企业向高耗能虚拟货币“挖矿”活动违法供电行为严肃实施行政处罚并在行业内通报，查处违法供电量2.63亿kWh，相关信息上报中办和国办。三是加强监管夯实“安全之基”。重点加强电网安全监管，扎实开展电力应急能力建设和电力行业班组安全建设专项监管，持续开展风险管控和隐患排查，完成春节、“七一”等重要节庆保电任务，妥善应对7次雨雪冰冻灾害等极端天气，确保甘肃电网安全运行、可靠供电。多措并举力保甘肃在2021年成为全国4个未实施有序用电的省份之一，全年完成跨区跨省外送电量516亿kWh，有力支持了湖南等兄弟省份能源保供，工作成效得到国家能源局和甘肃省委省政府主要领导多次肯定和表扬。

（2）依法高效履行监管职责。一是推动电力产业政策落地。利用国家能源局纵向协调机制，通过内部请示报告、工作会议、座谈交流等方式，报请局领导和发展规划司等部门将陇电入鲁工程纳入国家“十四五”电力发展规划。开展淘汰煤电落后产能专项监管，监督玉门油田水电厂、嘉峪关宏晟电热有限责任公司等企业按期完成改造任务。二是持续优化用电营商环境。出台《甘肃省全面提升“获得电力”服务水平持续优化用电营商环境扎实助推乡村振兴综合监管（2021—2023年）工作方案》，深入定西等4个市12个县（区）开展现场监管，以点带面监管电网企业完成投资99.6亿元，售电量首次突破千亿千瓦时，节约用户用电成本15亿元，服务170个省定重大招商引资项目接电，有力推动全省“获得电力”服务水平实现“三零”“三省”预定目标。三是促进能源清洁高效利用。规范组织自备电厂与新能源发电权置换交易、电力用户与发电企业直接交易等发挥市场机制作用，推动火电、新型储能、电力用户积极参与辅助服务市场挖掘调峰潜力，开展甘肃省清洁能源消纳综合监管等提出意见建议，多措并举促使甘肃省全年新能源利用率达到96.83%，同比上升1.54个百分点。四是推动电力市场逐步完善。开展甘肃省电力中长期交易市场秩序专项监管，针对电煤供需矛盾降低火电企业参加市场化交易积极性等5方面问题提出监管意见建议；制定、修订《甘肃省发电企业合同电量转让交易方案》《甘肃省电力辅助服务市场运营暂行规则》等5项制度，进一步健全电力市场规范运行机制。五是严肃查处违法违规行为。印发监管整改通知书5份，开展监管约谈7次，安全监管约谈1次，实施行政处罚10起，申请强制执行1起，罚没金额等合计154.15万元，在国家能源局派出机构排名较2020年提升9位，创甘肃能源监管办历史新高。

（3）开创甘肃能源“碳达峰、碳中和”重点难点问题应对研究。牵头组织省内重点能源企业、高校研究机构和有关专家成立领导小组，明确了围绕能源结构调整和转型升级、健全甘肃电力绿色低碳发展市场机制、推动乡村振兴和打造县域低碳能源产业、完善能源监管机制和创新监管方式等4个方面,22类问题，开展甘肃能源“碳达峰、碳中和”重点难点问题应对研究，局领导作出批示表示肯定。完成《碳市场与电力市场协同运行机理研究》《新能源与常规能源打捆价格拆分机制研究》等9项专题研究成果，部分研究成果已转化成向省委省政府的专报，提出推动新能源发展的政策建议。

（4）倾力助推脱贫攻坚有效衔接乡村振兴。一是立足监管推动项目落地。办领导班子成员先后10多次带队赴两县开展帮扶，现场推进两县乡村振兴能源帮扶项目落地落实。协调落实两县2021年电网建设投资1.77亿元，有效降低乡村振兴产业用电成本。每月调度通渭县在建风电项目，及时帮助协调解决施工进度、质监验收等困难，帮助通渭县2021年建成并网60万kW风电，成为陇中地区首个百万千瓦级风电基地。帮助清水县协调落实“十四五”第一批黄门10万kW农光储一体电站和10万kW风储一体电站，在年底前开工建设。指导两县有序发展分布式光伏整县推进项目，组织召开通渭县“十四五”新能源发展协调会，支持建成并网1200kW试点项目。二是主动配合落实帮扶举措。配合局领导2次赴两县开展乡村振兴工作调研；配合局机关党委（人事司）完成两县挂职干部轮换，先后6次赴两县现场慰问5名挂职干部。配合可靠性和质监中心、华东能源监管局、中能传媒等单位开展供电可靠性对口支援、基层党组织结对共建等工作。三是有力提升农村“获得电力”。打造通渭县、清水县、华池县、两当县等4个县为“获得电力”服务水平和配农网工程建设“样板工程”，2021年累计投入资金4.34亿元，实现用户办电环节、时间、成本等指标均提前1年实现预定目标，带动提升全省农村地区“获得电力”服务水平。

（孔德玮）

【国家能源局新疆监管办公室】

基本情况 国家能源局新疆监管办公室（简称新疆能源监管办）于2013年11月6日经中央编办批准正式成立（中央编办发〔2013〕130号），于2013年11月21日经国家能源局授权（国能人事〔2013〕438号），依照《电力监管条例》等法律法规，在新疆自治区范围内履行能源监管和行政执法职能。

领导班子

党组书记、专员：李悠勇

党组成员、副专员：师建中

党组成员、稽查处处长：符开建

党组成员、行业监管处处长：王宏飞

组织机构 设6个处室，分别综合处、电力安全监管处、行业监管处、市场监管处、资质管理处、稽查处。

主要工作

（1）加强能源安全保供。组织召开新疆区域今冬明春电力安全保供工作会议，联合相关部门对电力安全保供提出要求，建立“零报告”周报制度，及时掌握电力安全运行情况。加强能源行业保供。组织开展北方地区冬季清洁取暖、电煤中长期合同履约情况专项监管，按照国家能源局“八查二防”工作要求，严查各类影响能源保供的苗头性、倾向性问题。加强电力市场保供。研究制定各种能源保供方案，及时处置突发情况，有效缓解了部分时段晚高峰期间供电紧张局面。2021年，新疆能源供需形势总体平稳，未出现缺煤停机、拉闸限电情况。

（2）加强电力安全监管方面。一是持续深入开展电力安全生产专项整治三年行动，会同自治区电力主管部门形成齐抓共管良好局面。组织召开年度和半年电力安全监管工作会议，抓好电力安全和防汛工作，建立月报工作制度，推动电力安全生产专项整治各项工作落地。二是深入开展安全风险管控和隐患排查治理，共排查隐患38523条，已整改隐患35417条，整改率92%；组织开展督导检查16次，对36家电力企业进行现场检查，共发现问题238条，均已督促整改。三是组织开展庆祝中国共产党成立100周年保电活动，活动期间电力安全生产形势平稳。

（3）加强能源行业监管方面。一是组织开展新疆区域清洁能源消纳情况综合监管，督促地方能源主管部门落实消纳责任权重，规范新能源建设秩序，提高新能源供应消纳能力。二是加强淘汰落后产能监管。组织开展煤电淘汰落后产能专项监管工作，促进煤电行业清洁高效有序发展；组织开展2021年新疆炼油行业专项监管工作，推动炼油行业高质量发展。三是围绕“十四五”规划多次组织专题研究，从能源监管的角度提出意见建议40余条，为科学制定“十四五”能源规划及专项规划提供决策参考。

（4）加强市场监管方面。一是通过组织开展新疆区域电力调度和中长期市场交易秩序专项监管、电网运行方式监管、规范“两个细则”落实、协调解决电力市场纠纷等方式，不断规范电力市场秩序。二是以专项监管为契机，持续加强对电网企业超收疆内输电费的监管工作力度，督促电网企业在清退2020年度超收输电费8000余万元的基础上，推动2019年以前超收1.41亿元输电费用的清退工作。

（5）加强“获得电力”服务水平方面。一是通过开展新疆区域提升“获得电力”服务水平综合监管工作，查处一批违规供电企业，压缩办电时间、降低办电成本，优化营商环境，提高群众“获得电力”服务水平。二是切实发挥好12398能源监管热线的重要民生通道作用，累计受理12398能源监管热线有效信息工单1986件，其中受理投诉类123件、举报类16件、咨询类1698件、其他类149件。

（6）加强资质许可监管方面。一是推进电力业务资质许可告知承诺制，全年共有109家企业通过告知承诺制办理了电力业务许可。二是加大事中事后监管力度，梳理排查涉及承装修试企业人员信息重复的企业83家，依法依规对不符合法定持证条件的38家企业作出撤销或降级处理。

（7）能源行政执法方面。一是现场监管6次，对天山水泥等企业反映疫情期间供电质量问题进行现场调查，责令供电企业立即整改，保障企业生产生活用电需求。二是查处违法案件11起，已结案6起，合计罚没金额11万元，其他5起案件正在办理中，有效震慑不法企业，维护市场秩序。

（8）电力体制改革方面。一是进一步健全新疆电力市场交易体系，修订《新疆区域电力中长期市场交易实施细则》，印发了《新疆区域售电公司监管办法》《天中直流配套新能源进疆消纳的工作方案》等。二是进一步丰富电力辅助服务交易品种，编制了《新疆区域备用辅助服务电力市场实施细则》。

（肖克文）

【国网陕西省电力有限公司】

企业概况 国网陕西省电力有限公司（简称国网陕西电力）是国家电网公司的控股子公司，由国家电网公司、陕西省国资委共同出资设立，注册资本340亿元人民币，其中国家电网公司持股占比74%，陕西省国资委持股占比26%，公司用工总量5.43万人。2021年7月20日，正式完成工商登记并取得营业执照；2021年8月6日，正式揭牌成立。

国网陕西电力负责陕西省行政区域内电网建设、管理和运营，为陕西经济社会发展和城乡广大电力客户提供安全可靠电力供应。陕西电网通过4回750kV线路与甘肃电网相联、通过±800kV陕北—武汉特高压直流及330kV交流至河南灵宝直流背靠背与华中电网联网，通过±500kV德宝直流与西南电网联网。另外，在陕北通过1000kV榆横—潍坊特高压输电线路以及500kV锦界、府谷两座电厂送出线路以点对网方式直供华北电网，电力外送能力达2235万kW。截至2021年底，全省电网发电装机7636.28万kW，35kV及以上变电站（开关站、高抗站）1368座，变电容量17686万kVA，输配电线路总长21.74万km；全省电网最大用电负荷3485万kW，最大日用电量7.31亿kWh。

领导班子

董事长、党委书记：胡卫东

监事会主席：邹满绪

董事、总经理、党委副书记：张薛鸿

董事、党委副书记、副总经理：林一凡

总会计师、党委委员：李英

董事、副总经理、党委委员：周军义

副总经理、党委委员：陶轶华

副总经理：刘爱文

职工董事、党委委员、工会主席：杨桦

副总经理：冯建宇

副总经理、党委委员：史高琦、刘太洪、孙毅卫

党委委员、纪委书记：崔利民

董事：刘岩

副总经理、党委委员：王晓刚

总工程师：窦晓军

董事：梁倩

副总经理、党委委员：岳红权（2021年12月任）

组织机构 本部设置24个部门，所辖直属单位35个，包括11个地市公司、22家省级业务单位和2家控股公司。另有3家合资公司和3家配售电公司。

电网概况 截至2021年底，陕西电网220kV及以上变电站共125座，主变压器328台，总容量101872MVA。其中：750kV变电站10座，主变压器20台，总容量42000MVA。330kV变电站113座，主变压器304台，总容量58912MVA；220kV变电站2座，主变压器4台，总容量960MVA。330（220）kV变电站中：公网变电站78座，主变压器189台，容量50220MVA；开关站2座；高抗站1座；用户变电站4座，主变压器10台，总容量1670MVA；新能源汇集站7座，主变压器17台，容量5360MVA；铁路牵引变23座，主变压器92台，容量2622MVA。110kV变电站1133座，主变压器2262台，总容量88665MVA。35kV变电站998座，主变压器1867台，总容量14943MVA。陕西电网220kV及以上输电线路共359条，总长度16926km。其中：±800kV直流线路1条，境内长度224km；±500kV直流线路1条，境内长度294km；750kV线路39条，长度4242km；330kV线路312条，长度11732km；220kV输电线路6条，长度433km；110kV线路2428条，长度34003km；35kV线路1556条，长度16000km。

陕西电网内的网、省调统调电厂共315座，机组372台，总装机容量50559MW。其中：火电厂34座，机组76台，合计装机容量31270MW，占总装机容量的61.85%；水电厂4座，机组19台，合计装机容量1542MW，占总装机容量的3.05%；风电场101座，合计装机容量8581MW，占总装机容量的16.97%；光伏电站176座，合计装机容量9165MW，占总装机的18.13%。陕西电网内的地、县调调管的各类小电厂总

计 966 座，机组 1672 台，总装机容量 10088MW。其中：火电厂 165 座，机组 338 台，合计装机容量 7586MW；水电厂 373 座，机组 906 台，合计装机容量 1571MW；光伏 428 座，合计装机容量 930MW。

人力资源 完成省市县三级机构融合，平稳划转员工 54172 人。西安、咸阳、汉中、安康公司完成机构人员融合调整，能源研究院、电建集团公司完成业务及人员划转。完善省市县安全管控机构设置，调整营配管理体系，设立 100 个中心供电所，在 417 个供电所实行配网运维包干，组建思极科技公司。在经研院成立需求侧研究中心，在电科院成立安全技术中心、配网技术中心和新型电力系统研究中心。内部人力资源市场盘活存量 3977 人次。新入职高校毕业生 90%以上补充到一线岗位。招聘供电服务用工、产业单位不停电作业人员、作业层班组“领着干”骨干等用工 606 人。支援西安、榆林电网建设，首批选派帮扶人员 56 人。评选地市级“工匠种子”130 人。启动“大培训年”攻坚，实施 8 大主题 25 项重点任务挂图督战。部署启动“三年过关”技能测评，加快推进队伍素质深度融合。优化设置考核奖励，过程考核工资同比增长 17%。供电所包干配网运维和输电线路通道属地维护，兑现包干工资 1958.1 万元。督导各单位以挣定发，建立考核兑现闭环机制。强化靶向激励，各单位“五个倾斜”全面落地。推行补充医疗保险“三享计划”，开展岗位聘任，本部处长岗位公开竞聘 22 人，一般管理岗位实施聘任制 82 人。

电网建设与发展“陕北综合能源外送基地规划研究”通过验收，“多直流接入陕西主网架适应性研究”不断深入，陕电入皖、陕电入豫项目研究持续深化，陕北高比例新能源基地开发外送工程纳入国家“十四五”重点研究论证输电工程，陕北—安徽、陕西—河南外送工程纳入国家“十四五”电力规划，加强送、受端联合，并启动预可研工作。服务碳达峰、碳中和目标，助力全省能源转型，配合省能源局下发新能源新增规模 2280 万 kW。陕北—湖北、渭南两个大型新能源基地纳入国家第一批规划，16 个 1745 万 kW 抽水蓄能电站纳入国家中长期规划。全年新增新能源装机容量 449.6 万 kW，新能源总装机容量达 2430 万 kW，占陕西发电总装机容量的 36%。发挥电力作为清洁高效二次能源的优势，电能替代电量 40.34 亿 kWh，电能占终端能源消费比重达 25.56%。促请政府明确陕湖基地、渭南基地新能源项目分别按照 10%、15%容量配置储能设施，配套火电机组灵活性改造增加 57 万 kW 调峰能力。加大需求响应力度，挖掘用户侧可调节负荷容量达到 240 万 kW。与 11 个地市政府签订了战略框架合作协议，与西安、榆林市政府成立电网建设攻坚领导小组，形成“政府挂帅、企业实施”的电网建设新模式，推动项目攻坚落地。制定总数 2000 万元的大前期工作奖励办法，建立了横向专业协同、纵向上下联动的工作新机制，开展大前期工作攻坚。推动电网项目可研设计一体化，完成非跨市（区）330kV 项目可研和项目前期职责下放，发挥属地公司主动性和灵活性。全年完成 110kV 及以上可研批复 79 项，取得 110kV 及以上项目核准批复 85 项，超额完成全年核准工作任务，项目核准数量同比增加 172%。

750kV 新、扩建主变压器 2 台，合计容量 4200MVA；750kV 新建线路 5 条，合计长度 255.854km；330kV 新建变电站 3 座，新、扩建主变压器 14 台，合计容量 4170MVA；330kV 新建线路 4 条，合计长度 30.196km；110kV 新建变电站 10 座，新、扩建主变压器 37 台，合计容量 1813MVA；110kV 新建线路 116 条，合计长度 939km；35kV 新建变电站 2 座，新、扩建主变压器 5 台，合计容量 23.9MVA；35kV 新建线路 15 条，合计长度 139km；10kV 新建配电变压器 1550 台，合计容量 519.4MVA；10kV 及以下新建、改造线路 1701 条，合计长度 2796.6km。

经营管理 7 月，国家电网公司与陕西省国资委达成出资人协议，约定双方各以国网陕西省电力公司（简称国网陕西电力）和陕西省地方电力（集团）有限公司（简称陕西地方电力）2020 年底剥离非注资资产后的净资产出资设立国网陕西省电力有限公司（简称新公司）；12 月底，新公司与陕西省国资委达成协议，完成地电公司 93.23 亿元非注资资产剥离。新公司按照“控股并表、吸收并账”两阶段完成融合的整体规划，制定陕西电网财务资产融合工作方案，针对原两家公司管理体系差异，全面摸底、深入排查，按国网管理标准，完成陕西地方电力 1485 个会计科目体系梳理，统一 30 项会计政策，合并出具国网陕西电力（11 户法人、69 家会计主体）、陕西地方电力（124 户法人、227 家会计主体）2021 年度快报和决算报表，实现一阶段“并表”工作目标。

聚焦输配电价成本监审及核价要求，迭代优化 24 项经营管理策略，开展业务数据治理，调整后勤服务中心管理模式，首次将输配电价贡献指数纳入业绩考核，连续三年新增资产规模超过 100 亿元。推动完善监管规则，滚动开展输配电价模拟测算，促成符合“两网融合”实际核价方式。疏导电价矛盾。取消存续多年的榆林综合一口价优惠政策，统一榆林地区输配电价，促成合理出台尖峰电价政策。积极推动市场化改革，配合政府取消了沿用多年的工商业目录电价，争取合理代理购电价格规则，深化燃煤发电上网电价市场化改革政策平稳实施。

安全生产 出台《安全工作奖惩实施办法》，制定两网融合发展安全保障方案及各专业全面融合方案，印发28项安全制度文件，组织5.3万人参加全员安规考试，推进安全“统一管理、统一标准、统一流程、统一考核”。开展安全专项监督检查和“四不两直”督察，分析安全管理存在差异，深入眉县公司、综合能源集团开展安全管理调研和帮扶，加快理顺安全管理机制，确保融合安全平稳。完成庆祝建党100周年、十四运会和残特奥会重大保电任务。组建184支保电应急队伍、166支党员突击队和57支青年突击队。推进西安、榆林电网建设，投运陕湖特高压直流等64项重点工程，完成750kV洛川变电子式互感器改造等检修任务7000余项，实现了年度安全目标。落实48项迎峰度夏重点措施，投运91项迎峰度夏应急项目，治理设备隐患4658项，推动成立省需求侧研究中心，完成1021户230万kW需求响应负荷签约，应对秋冬电力供应紧张形势，建立发电燃煤政企联保联供机制，保障电力电量平衡，实现秋冬电力保供“不限电”。做好防汛准备，加强与政府联动，修订防汛预案，排查1070条防汛隐患并全部落实整改。面对60年一遇的强降雨，累计投入抢修人员5.93万人次、车辆1.27万台次，快速抢修10kV以上受损线路千余条和35kV以上受损变电站8座，第一时间为177万户受灾群众送去了光明和温暖。组成576人的11支电力抢修队和1支后勤医疗宣传队，开展58台次应急发电车供电，完成支援河南暴雨抢险救灾任务。开展“安全生产月”活动。组织观看《生命重于泰山》电视专题片，各级党委中心组集体学习研讨61次，党支部开展专题学习714次。加大安全文化成果宣传，组织观看《建设施工事故案例安全警示教育片》《现场作业安全交底警示教育片》等54部教学片。配合地方政府共同开展安全咨询日活动58场次，发放7350余份宣传资料，接受群众咨询2858余人次，向社会公众和各级人员集中宣传安全生产方针政策、法律法规、安全常识、触电急救等安全知识。持续强化消防治安管理。

营销工作 售电量快速增长，完成售电量1662.58亿kWh，较年度目标增加288亿kWh，同比增长31.3%。在优质服务惠民生上践行宗旨，深化“三零”“三省”服务，节约客户办电成本5.16亿元。顺利实施首批94.08万客户代理购电。“网上国网”注册用户突破500万，月度活跃率位居国家电网前列，同比增加185.71%。促请政府明确“两高”企业清单，组织陕西省首次有序用电专项演练。成立陕西省电力需求侧研究中心，创新“紧急型+经济型”需求响应模式。电费回收超额完成国家电网99.95%目标任务。营销稽查及反窃查违挽回效益1.92亿元，较年度目标提升0.32亿元。治理高损台区1178个，148个供电所入选国网同期线损十强百强，同期台区线损达标率99.3%，同比增加2.95%，降损增效4亿元。打造陕西营销数字化转型实践新模式。聚焦“四个数字化”建设，在国家电网系统首创“手机+背夹”外网移动作业模式，创新建立营销全业务工单池，首创营销全业务链智能校核“四库”，“165移动作业工作法”典型经验在国网营销三新大讲堂宣介推广。开展“十四运”、红色场馆、充电设施等绿电交易31亿kWh。智慧车联网平台充电量同比增长20%。拓展“供电+能效服务”，电能替代电量40.34亿kWh。两家综合能源公司完成营收10.97亿元，较年度目标增加2亿元，同比增长35.77%。电动汽车公司实现利润1453万元，较年度目标增加245万元，同比增长31.97%。

汉中合力团被中央、国务院授予“全国脱贫攻坚先进集体”荣誉称号，荣获“陕西省脱贫攻坚先进集体”“陕西省驻村联户扶贫工作考核省级优秀单位”“陕西省助力脱贫攻坚优秀企业”荣誉称号。1人荣获“三秦楷模”称号。1人荣获陕西省优秀挂职副县长，2人荣获全省优秀第一书记，9人荣获全省优秀驻村工作队员，5人荣获全省脱贫攻坚先进个人。2021年农村电网巩固提升工程中央预算内投资5亿元，新建与改造10kV线路969km，低压线路1773km，新增配电变压器579台，农村地区平均供电可靠率99.902%，用户平均停电时间7.883h/户，农网综合电压合格率99.7%。全省2173个易地扶贫搬迁安置点。为农村地区4161家小微企业提供一站式办电服务。开展“党建+优质服务”活动，组织46支张思德共产党员服务队深入乡村开展便民利民服务，累计开展志愿服务327次，直接服务对象达6.2万余人次。服务全省1914座光伏扶贫电站，全年消纳电量13.3亿kWh，结算电费补贴8.96亿元，建成乡村电气化示范项目17个，在现代农业园区、农村冷链仓储物流等行业领域推广电能替代项目110个，全年替代电量2.17亿kWh，减排二氧化碳18.7万t，促进农村能源清洁低碳转型。对接各级政府组织部门、乡村振兴部门，派驻256名帮扶人员。下达定点帮扶捐赠资金725万元支持33个帮扶项目建设，购买脱贫地区农产品1486.59万元。实施“小桔灯”爱心公益项目13项，资助省内优秀家庭困难大学生及偏远地区留守儿童近190人。扶贫项目22个，建成项目18个，带动脱贫户8452户。

科技与信息化 争取牵头总部科技项目6项。调控中心联合电科院首次参与国家电网公司新型电力系统科技攻关行动计划。电科院联合西安交大申请的2021年智能电网联合基金项目获批立项。建立重大成果培育机制，获得省部级科技奖励17项，获得中国专利银奖。参与制修订重要标准14项，1家单位获评中电联“标准化良好行为企业”。申请发明专利124个、授权发明专利44个。推进51项总部项目、151项公司项目的研究工作，在配电网治理、电网环保等领域形成一批原创成果。成立 3 个公司实验室、5 个科技攻关团队，电网数字化应用创新实验室在电力物联网关键技术研究和应用方面取得突破。

优质服务 制定融合发展优质服务保障方案和“两网”融合 95598 渠道服务整合方案，12 月 26 日，96789 服务热线全量转接 95598 服务热线，由国网客服南中心统一受理，实现了全省 95598 和 96789 服务热线两号合一。提级管控 95598、12398 投诉意见工单，实施“一事一单、三级审批、省级复验”制度，对所有工单采取“事不过夜、日清日结、闭环销号”办法。实施“啄木鸟”驻点诊断分析，紧盯巡视巡查反馈供电服务问题、投诉溯源问题、频繁停电投诉 5 件以上线路“三个清单”闭环整治，2021 年 95598 投诉同比压降 70.49%，客户服务满意率 99.66%，有效提升客户用电获得感及满意度。开展“谨防电费诈骗”“十四运幸运抽奖”等专题推广活动 26 次，打造“陕电充电日”品牌活动名片，推出“陕电秦娃”IP 形象，开设抖音号、微信视频号等宣传平台，发布推广视频。“网上国网”App 实现与 5 家省市级政务 App 接入，用户规模突破 500 万户。国家电网公司第八届供电“服务之星”劳动竞赛中，一人荣获“优质服务”之星，两人荣获“服务之星”荣誉称号。

党的建设和精神文明建设 坚持以习近平新时代中国特色社会主义思想为指导，深入贯彻落实党的十九大和十九届历次全会精神，落实国家电网公司“两会”和国网陕西电力“两会”部署，发挥党的政治建设统领作用，落实“六个狠下功夫”党建工作要求，紧扣“四抓四强”工作主线，聚焦“抓党建、强队伍”，以提高党的建设质量为主题，坚持不懈强根铸魂，深入推进融入融合，持续实施“旗帜领航·提质登高”行动计划，落实“基层党建创新拓展年”重点任务，推进“旗帜领航”党建工程，推动基层党建工作全面进步、全面过硬。深化“第一议题”和党委理论中心组学习制度，强化理论武装，各级党组织将习近平新时代中国特色社会主义思想特别是习近平总书记关于国有企业改革发展和党的建设重要论述纳入党委理论学习中心组学习、党务干部培训、党员日常教育，引导党员干部深刻领会“两个确立”的决定性意义，以实际行动增强“四个意识”、坚定“四个自信”、做到“两个维护”。抓好党史学习教育，建立数字化党性体检（党史学习教育）中心，在中国延安干部学院举办“重温百年党史 提高政治能力”党史学习教育示范培训班，党史学习教育工作经验入选中央内参。完成党组织设置、党建融合推进工作，下设 102 个基层党委、82 个党总支、910 个党支部，同步推进党组织标准化、规范化、数字化建设，推动党的组织和党的工作全覆盖更加坚实。成立防汛救灾临时党委，组建 16 支救灾突击队，第一时间抢修恢复 168 万户受灾群众电力供应。成立共产党员服务队 28 支、党员突击队 166 支、青年突击队 57 支。共产党员服务队荣获“国网楷模”荣誉称号，1 个集体入选国家电网首批文化遗产名录，3 个单位入选国家电网“红色基因、电力传承”经典案例。开展文明单位创建、学雷锋志愿服务、弘扬优秀传统文化等形式多样的精神文明建设活动，4 个单位获国家电网公司第七届文明单位，2 个集体获“全国青年文明号”称号，1 个项目荣获国家电网公司第六届青年创新创意大赛一等奖。

工会工作 荣获陕西省五一劳动奖状、陕西省劳动竞赛优胜集体。工会 3 个创新成果荣获省总工会创新项目特等奖和一、二等奖。11 人分别荣获国网劳模、国网工匠、“巾帼标兵”和“三秦工匠”称号，8 个班组分别荣获陕西省“巾帼标兵岗”和陕西省能源化学地质系统工人先锋号。组织开展“我与一体四翼”合理化建议征集活动，征集合理化建议 1582 条，提案 41 条，1 条提案被评为陕西省“聚合力 促发展”优秀提案。被评为陕西省十佳职工代表培训示范点。荣获陕西省第六届职工科技节优秀组织单位，被中国能源化学地质工会授予职工创新成果转化孵化基地称号，13 个职工创新项目和先进操作法在陕西省职工科技节获奖，周红亮输电线路创新工作室荣获陕西省首批创新工作室联盟。开展建家活动，建成“职工之家”和偏远站所“职工小家”42 个。开展“冬送温暖、夏送清凉、平时送帮助”活动，走访慰问班站、工地 1216 个，慰问职工 3.65 万人次，慰问金额 509 万元。组建柔性团队开展职工心理疏导调研，线上调研 10271 份，线下访谈 390 人。推出“陕电幸福大师工作坊”公众号，做好职工的心理疏导和援助工作。依托陕西省光明工程志愿者协会开展“精准帮扶”，帮扶特困职工 36 人，金秋助学 19 人，帮扶资金 185 万元。建立 25 人“红娘”志愿者队伍，为单身职工提供婚恋服务。建设“爱心妈咪小屋”，被评为省级母婴关爱示范点。围绕庆祝中国共产党成立 100 周年、两网融合，开展职工文化成果展示、演讲、创作、读书分享等活动 20 余场，45 个作品在上级单位组织的活动中获奖。举办“巾帼建功‘十四五’、建党百年展芳华”女职工主题活动和“同心向党”女职工读书活动。举办职工足球、篮球、乒乓球、羽毛球、健步走比赛等活动 70 余个。

主要事件

1 月 26 日，国网陕西电力第四届职工代表大会第一次会议暨 2021 年工作会议在培训中心召开。

2 月 26 日，陕西省委书记刘国中在西安会见了陕西省第七批“三秦楷模”。国网陕西电力退休职工、“三秦楷模”获得者张雷威，国网陕西电力董事长、党委书记胡卫东参加会见活动。

4 月 30 日 11:15，陕西电网新能源发电电力达到 1000.6 万 kW，首次突破 1000 万 kW，占同时刻全省用电负荷的 53.6%、全省发电电力的 47.7%。新能源发电电力超过火电，成为当时网内出力最大的电源类型。

7 月 1 日，国网陕西电力召开庆祝中国共产党成立 100 周年座谈会。党委书记、董事长胡卫东为系统老党员代表颁发“光荣在党 50 年”纪念章并讲话。

8 月 2 日 17:15，全省最高用电负荷达 3074 万 kW，环比增长 1.3%，同比增长 21.4%。

8 月 6 日，由国网陕西省电力公司和陕西地方电力公司融合设立的国网陕西省电力有限公司揭牌成立。当天上午，国家电网公司和陕西省人民政府在北京和西安召开国网陕西电力公司揭牌视频会议，深入学习贯彻习近平总书记关于能源电力发展和国有企业改革发展的重要论述，推动陕西电网统一管理、融合发展，加快构建以新能源为主体的新型电力系统，更好服务陕西新时代追赶超越，助力实现碳达峰、碳中和目标。国家电网公司董事长、党组书记辛保安，总经理、党组副书记张智刚，陕西省委书记刘国中，省委副书记、省长赵一德共同为新公司揭牌。陕西省委常委、秘书长方红卫，副省长程福波，国网陕西电力总会计师、党组成员罗乾宜，副总经理、党组成员庞骁刚、陈国平出席会议。

8 月 6 日，国家电网有限公司召开陕北—湖北 ±800kV 特高压直流工程启动送电视频会议，深入学习贯彻习近平总书记“七一”重要讲话精神，落实“四个革命、一个合作”能源安全新战略，助力实现“碳达峰、碳中和”目标，为经济社会高质量发展提供坚强电力保障。国家电网公司董事长、党组书记辛保安，总经理、党组副书记张智刚，陕西省委书记刘国中，省委副书记、省长赵一德，省委常委、秘书长方红卫，副省长程福波，湖北省副省长曹广晶出席会议。国网陕西电力总会计师、党组成员罗乾宜主持会议，国网陕西电力副总经理、党组成员庞骁刚、陈国平出席会议。

8 月 25～26 日，国家电网公司董事长、党组书记辛保安一行赴陕西西安检查第十四届全运会供电保障工作，调研国网陕西省电力有限公司，指导企业融合发展，看望慰问干部员工。

9 月 15 日晚，第十四届全国运动会开幕式在西安奥体中心体育场隆重举行。国家电网公司安全总监周安春在保电总指挥部督导保电工作，国网陕西电力董事长、党委书记胡卫东在保电总指挥部在岗值班，董事、总经理、党委副书记张薛鸿在东区西安供电公司分指挥部在岗值班，董事、副总经理、党委委员周军义在南区指挥部在岗值班，总工程师窦晓军在现场指挥部在岗值班。

9 月 14～17 日，国家电网公司安全总监周安春带领十四运会保电督导组深入西安、榆林、延安各地十四运重要赛事场馆、重点变电站及保电一线看望慰问十四运会保电员工，要求以最高标准、最强组织、最严要求、最实措施、最佳状态，全力以赴做好保电各项工作，圆满完成十四运保障任务。国网陕西电力董事长、党委书记胡卫东，董事、总经理、党委副书记张薛鸿陪同调研检查。国网陕西电力副总经理盛成玉，董事、副总经理、党委委员周军义，总工程师窦晓军参加调研。

9 月 28 日，陕西思极科技有限公司成立揭牌仪式暨产品发布会在陕西秦创原创新驱动平台的总窗口举行。

10 月 11 日，以“网络安全为人民，网络安全靠人民”为主题的 2021 年国家网络安全宣传周网络安全博览会在陕西西安举办。中央宣传部副部长，中央网信办主任、国家网信办主任庄荣文在开幕式上致辞，并参观国家电网公司展厅。国家电网公司副总经理、党组成员庞骁刚出席开幕式并在网络安全技术高峰论坛会议上作主题发言。国网陕西电力主要负责人，总部相关部门、相关单位负责人参加活动。

10 月 19 日，陕西省电力需求侧研究中心揭牌会议在国网陕西经研院举行。

10 月 22 日晚，2021 年全国第十一届残疾人运动会暨第八届特殊奥林匹克运动会开幕式在西安奥体中心体育馆隆重举行。国网陕西电力董事长、党委书记胡卫东，董事、总经理、党委副书记张薛鸿，董事、副总经理、党委委员周军义在保电总指挥部在岗值班。职工董事、党委委员、工会主席杨桦代表国网陕西电力党委到保电总指挥部看望慰问保电值班人员。

12 月 2～3 日，国网陕西省电力有限公司工会第一次会员代表大会隆重召开。陕西省人大常委会副主任、省总工会党组书记、主席郭大为应邀出席会议并讲话，省总工会党组副书记、常务副主席王瑞峰出席会议并宣读国网陕西省电力有限公司工会成立批复文件，国网陕西电力董事长、党委书记胡卫东致大会开幕词，国网陕西电力董事、总经理、党委副书记张薛鸿参加会议，国网陕西电力董事、党委副书记林一凡主持会议。国网陕西电力职工董事、党委委员杨桦全票当选国网陕西省电力有限公司工会第一届委员会主席。

12 月 21 日，全国老干部工作先进集体和先进个人表彰大会在北京召开，国网陕西电力离退休工作部喜获“全国老干部工作先进集体”荣誉称号。

12 月 23 日，国网陕西电力发布支持疫情防控及供电服务保障八项举措，全力以赴做好疫情防控和保供电工作，充分发挥“责任央企”的“顶梁柱”作用，为夺取陕西疫情防控胜利作贡献。

（毕鹏翔）

【国网甘肃省电力公司】

企业概况 国网甘肃省电力公司（简称国网甘肃电力）是国家电网公司的全资子公司，承担着建设、运营、发展甘肃电网的任务，为甘肃地方经济社会发展提供安全持续可靠的电力保障。甘肃电网位于西北电网中心，是西电东送的重要通道、西北电力交换的枢纽。

2021年，甘肃省内各类用电客户931.13万户，其中大工业用户0.64万户，居民用户807.47万户及其他用户123.02万户。公司用工总量43859人，其中长期职工28631人，同比减少431人，劳务派遣用工2313人，同比减少310人，三新员工6358人，同比减少132人，产业单位用工6557人，同比增长965人。

领导班子

董事长、党委书记：叶军

董事、总经理、党委副书记：赖祥生

董事、党委副书记、副总经理：孙涛

职工董事、党委委员、工会主席：王海涛

总会计师、党委委员：朱皑绿

副总经理、党委委员：李俭、路民辉

党委委员、纪委书记：严光升

副总经理、党委委员：张祥全

副总经理：行舟

三级顾问：王多

组织机构 本部部门（17个）：办公室（党委办公室、董事会办公室）、党委组织部（人事董事部）、人力资源部（社保中心）、财务资产部、安全监察部（保卫部）、设备管理部、配网管理部、科技部、审计部、纪委办公室（巡察办）、党委党建部［思想政治工作部、本部（直属）党委办公室、团委］、法律合规部（体改办）、党委宣传部（对外联络部）、后勤工作部、工会、企业管理部、电力调度中心；

事业部（5个）：国网甘肃发展事业部（经济技术研究院）、国网甘肃电网建设事业部（建设分公司）、国网甘肃市场营销事业部（营销服务中心、计量中心）、国网甘肃互联网事业部（信息通信公司、数据中心）、国网甘肃物资事业部（物资公司）。

业务支撑单位（8个）：国网甘肃电科院、国网甘肃超高压公司、中共国网甘肃电力党校（国网甘肃培训中心）、甘肃送变电工程有限公司、国网甘肃综合能源服务有限公司、甘肃网新电力产业管理有限公司、甘肃电力交易中心有限公司、国网甘肃服务中心；

水电厂（1个）：国网甘肃刘家峡水电厂。

省管产业单位（1个）：甘肃科源电力集团有限公司。

市（州）供电单位（14个）：国网兰州供电公司、国网白银供电公司、国网天水供电公司、国网金昌供电公司、国网酒泉供电公司、国网武威供电公司、国网张掖供电公司、国网定西供电公司、国网平凉供电公司、国网庆阳供电公司、国网陇南供电公司、国网甘南供电公司、国网临夏供电公司、国网嘉峪关供电公司。

电网概况 甘肃电网处于西北电网中心位置，是西北电网水火、综合能源（新能源）互济，跨省功率交换的核心枢纽。跨省区与新疆、青海、宁夏、陕西、四川省交直流电网互联运行。甘肃电网按电压等级、地域主要可分为750kV主网及330kV河西、中部、南部和东北部电网。750kV主网是西北电网的中枢部分，是西北电网潮流交换的核心枢纽。330kV河西电网连接新疆电网和青海西部电网，主要承担着酒泉千万千瓦级风电基地送出，河西五市负荷供电。330kV中部电网承担着黄河水电送出及兰州市、白银市、定西市、临夏州、甘南州负荷供电。330kV南部电网承担着南部水电送出及陇南市、甘南市、天水市供电任务。330kV东北部电网承担着平凉市、庆阳市电网供电任务。

截至2021年底，甘肃电网发电装机容量6152.38万kW，其中水电967.17万kW、火电2308.87万kW、风电1724.56万kW、太阳能发电1145.78万kW。风电及太阳能2896.54万kW，占比47.08%，是典型的“绿色电网”。甘肃电网日最大用电负荷为1766.4万kW。甘肃省全社会用电量1494.7亿kWh。

党的建设和精神文明建设 始终把习近平新时代中国特色社会主义思想作为重中之重，公司党委以“学习时间、学习主题、领学发言”三个相对固定，对基层单位中心组学习开展巡听旁听。公司董事长、党委书记作为首个企业代表在甘肃省“富民兴陇”讲座上作专题报告。抓好“四个基地”，深化“长征精神·电力传承”。与国网江西电力开展党建联建，携手开展“网上重走长征路”．“优质服务惠民生”等4个专项行动，获省委省政府为民实事学业资助工作爱心企业。作为唯一企业代表在甘肃省委党史学习教育工作会议上作典型发言。28个集体和个人获国资委党委、甘肃省委和国家电网公司党组表彰，党委首获甘肃省“先进基层党组织”，1项成果获中国电力思想政治研究会优秀研究成果一等奖，10项成果获中国电力企业管理党建创新优秀实践论文。开发“甘肃智慧党建”功能平台，与国网高培中心、融媒体平台实现数据对接，推进党建向智能化演进。研创基于大数据应用的职工思想动态调研分析工具与管理体系，成果获2021年度电力行业党建信息化优秀案例。以兰州百合、酒泉飞天、甘南格桑花、庆阳南梁、平凉泾川“东西南北中”为示范的一批优秀党员服务队竞相涌现。思想文化项目建设承担的示范项目获国家电网公司一等奖，2个重点项目分获二、三等奖。7 个集体新获市州级民族团结进步示范单位。5 家单位获国家电网公司文明单位。甘肃省首家“青马”学院（企业分院）落户公司。34 个集体和个人荣获省级及以上荣誉，员工连续 2 年获“全国向上向善好青年”，1 人获“甘肃青年五四奖章”。国网甘肃电力连续 2 年在甘肃省共青团工作年度考评中排名第一。

企业战略 2021 年面对电煤紧缺、电力供需紧张形势，超前部署推动，促成省政府出台保供支持政策，构建全省一盘棋保供格局，成为全国 4 个未实施有序用电省份之一。同时跨省区支援，为全国打赢电力保供阶段性战役作出甘肃贡献。自主研发智慧“观碳”平台，建成国家电网首个“零碳”绿色数据中心。优化新能源并网服务流程，新能源发电量占比排国家电网第三。服务乡村振兴，助力脱贫攻坚，作为唯一驻甘央企获“全国脱贫攻坚先进集体”，1 人获“全国脱贫攻坚先进个人”，12 个集体、22 名个人受到国家电网公司和甘肃省脱贫攻坚表彰。精准助力疫情防控，发挥防疫保电“特战队”作用，保障重要场所可靠供电，逆行出征驰援西安抗疫保电。陇东直流工程纳入国家规划并启动可研，配套电源开工建设，与浙江、上海签署政府间电力合作协议，陇电入浙、陇电入沪基本形成共识，甘电外送迎来难得历史机遇。狠抓安全质量进度。获国网优质工程金银奖 3 项、省部级奖项 4 项。省管产业发展向前迈进一大步。完成抢险救灾任务，发扬“陇电铁军”精神，累计投入抢修人员 1.1 万人次，完成陇东南暴雨暴雪灾害和援豫抢修任务，获国家电网公司河南特大暴雨抗洪抢险保供电先进单位。完成庆祝建党 100 周年、神舟十二号、十三号载人飞船发射等重要活动保电。持续深化警电合作，完成国家级反恐重点目标达标试点建设，连续两年获平安甘肃建设优秀单位。直购电交易同比增长 13.04%。电能替代市场占有率 80.9%。省内售电量完成 1087 亿 kWh，首次突破千亿大关，甘肃张掖 750kV 变电站新建工程获鲁班奖。获国网青创赛一等奖 1 项。QC 小组首获国际金奖。管理创新成果首获行业一等奖，再获国网特等奖。1 项成果获第十四届甘肃省职工优秀技术创新成果特等奖。建立院士、大家、专家科技攻关联动机制，获省部级科技创新奖励 16 项。1 家集体获全国工人先锋号，2 名员工分获全国五一劳动奖章、全国向上向善好青年。

人力资源 组织体系更加优化，5 家事业部、2 个共享中心组建运营。开展后勤业务整合，促进各事业部聚焦主业主责。压减主业用工总量，加强员工队伍建设，提升岗位竞聘和岗位聘任管理水平；拓宽供电服务公司员工发展通道，深化内部人力资源市场应用，组织开展本部与基层单位双向挂职（岗）锻炼，开展薪酬管理规范性检查，高效推进“三享”计划落地，推进福利全业务信息化建设。实行“一企一策”差异化业绩考核，推进全员绩效管理工作。培训体系更趋完善，人才培养工程深入推进，实训保障能力稳步提升，培训体系建设成果丰富。

安全生产管理 在例行工作中强化责任落实。修订安委会工作规则、作业安全风险管控、队伍人员安全准入、消防安全监督管理、违章记分标准、安全警示约谈、安全奖惩等 12 项规章制度。在集中攻坚中强化隐患整治。扎实开展“五查五严”风险隐患排查整治专项活动，逐级督导“两个一”活动开展情况。完成森林草原输配电线路火灾隐患“二下二上”整治。规范作业风险管控督查机制运转，固化电网风险集中专业会审，严格风险定级、方案审查、告知公示和闭环监督。组织召开 2021 年全省深化警电战略合作会议。获“2020 年度平安甘肃建设优秀单位”。开展兰州市、兰州新区大面积停电演练。签订区域应急联动协议，在黄河流域六省区互训互练活动中排名第二。制定预警发布和电力突发事件应急响应工作规范。统筹迎峰度夏（冬）、电力保供等安全生产值班，常态联合值班 295 天。完成庆祝建党 100 周年、神舟飞船发射等重大保电任务，完成援豫抢修保供、十四运保电等工作。

经营与管理 资产财务管理。完成“十四五”财务专业发展规划编制工作；“‘双碳’目标背景下的省内省外两个市场协调发展机制研究”课题项目研究成果经国网家电公司审定纳入《国家电网智库专刊》；组织开展“乡村振兴战略背景下的农业排灌电价机制研究”；开展内部模拟监审和经营管理策略优化，夯实成本监审基础；预算管控不断强化，科学合理安排公司可控费用预算，建成应用智慧竣工决算管理体系，提升固定资产投资创效能力，转化应用 7 项知识产权，全面推广“电 e 金服”；协同 RPA 机器人研发中心参与公司数字化“揭榜挂帅”项目，探索构建财务核心业务指标监控平台，提升业务处理效率，全面应用关联交易凭证协同新功能，完善财务数字化管理全过程闭环管理机制，完成智慧共享税务体系（发票平台）一期建设。

物资管理。构建“1+14”省、市两级供应链运营中心管理体系，建成省级供应链运营专家库，与国网江苏电力结对共建“现代智慧供应链数据价值挖掘与生态创新”热点课题获全网第一名；建立物资履约协调周分析管控、问题“及时报”等机制，实现结算单据通过“云签”移动 App 和 PC 端多种签署途径，三级仓储委托业务已全面开展，修订完善“1+17”应急管理体系，横向贯通物资、安监平台，纵向各单位纳入统一的应急物资调配平台；通过跨区域、跨项目物资调拨、再生资源利用等措施，盘活库仓实物；疫情期间，采用网络模式完成竞价处置，创新采用框架协议处置危化品。完成事业部改革任务，完成机构搭建、人员上岗、办公场所搬迁等。7 项物资创新成果入选《国网公司现代智慧供应链创新成果案例集》，2 篇典型经验入选《国家电网工作动态》，50 余篇报道在新华网、人民网等发布。

后勤管理。坚持疫情防控常态抓、抓常态，采购防疫物资，确保了“双零”目标。2021 年电网小型基建项目共 67 项；生产辅助技改大修 45 项；专项成本 82 项，所有工程项目均完成里程碑计划；清查自有房产 2826 处；自有土地 1460 处；开发后勤资产管理系统，助推 ID 建设，共录入资产信息 7 万多条，实现覆盖率、赋码率、贴签率三个 100%；交通车辆管理实现降本增效，国网车辆统一管理 2.0 平台全面应用，e 约车服务上线运行；开展“1+3+4”智慧后勤建设，通过搭建 1 个综合管理平台，建立业务、人员和设备资产 3 个数据库，实现智慧访客、智慧食堂、智慧约车、智慧停车四个功能。

法律事务。全年改革工作任务完成率 100%；国家电网考核指标改革创新完成率 100%；国企改革三年行动 70%基础指标提前完成；改革深化、大案要案处置等 5 项专业工作考核目标任务位于国家电网考核第一档，“创一流”标杆示范。完成装备制造业改革。选树国家电网设计企业股改的典型示范。“放管服”改革放权赋能 157 项，开展 4 次后评估。将触电案件按照“红橙黄蓝”模式分级管理，建立五部门“联防联治”工作模式；推动解决历史问题案件 3 起，首次实现历史问题重大案件零增长。大案要案处置持续向好，成功取得可借鉴的诉讼经验；推动“合规管理深化年”活动落地，首创建立重大决策在线联席审核机制，全系统适用宣贯《合规行为准则》；首度建立了违规事件即时报告、员工行为合规、行政处罚全过程闭环管理三项机制，创新提出违规事件处置“四步工作”程序和“三抓一防”工作方法，国家电网模拟法庭知识竞赛取得西北片第一，1 人成绩进入表彰序列。三个专业 8 项经验被列为国家电网典型案例推广。

体制改革。国企改革三年行动任务完成率 91%，总体进度、重点任务“双超前”。完成设计业务市场化改革，营收增长 7.6 倍，利润增长 4.8 倍，树立了设计业务混改示范。电力改革纵深推进，实现用户侧报量报价的“双边”电力现货市场不间断运行，全面实现中长期连续开市，省内、外两个市场全部实现“六签”，确保火电供应保障能力，调频市场配合现货市场平稳运行，储能市场启动储能电站 3 座。第二轮输配电价改革扎实落地，代理购电工作平稳实施。内部改革多点突破，撤销本部内设处室、本部编制压减 28%，有效压减管理层级、提升管理效率。基本完成三新员工转签，进一步规范转签后管理。“放管服”改革授权放权 157 项。企业管理统筹推进，3 家单位获评国家电网“三标杆一示范”。9 家单位试点推进卓越绩效管理。合规管理和全面风险防控工作有序推进，信用修复率 100%。新发案件涉案金额同比下降 44%，结案 153 起、胜诉率 70%。

企业管理。成立深化卓越绩效管理工作领导小组。在 2 家国网试点单位基础上，增设 7 个省公司级试点，自上而下、分级分层开展卓越绩效管理工作。对卓越绩效管理评价应用细则进行适用性细化，结合提升成效凝炼 31 项典型案例，2 项荣膺国家电网公司 2021 年卓越案例。按月通报市、县公司对标评价结果，精准实施管理改进提升。搭建指标对标平台，27 项县所对标指标全部实现系统自动提取。开展外部对标工作。甘南冶力关供电所成功入选国家电网公司管理提升“三标杆一示范”基地和国家电网公司 10 个可持续性管理典型场景示范供电所。管理创新成果荣获行业级二等奖 1 项，省级成果一等奖 34 项、二等奖 31 项、三等奖 5 项。3 项 QC 成果获评全国 QC 小组成果发表交流活动示范级成果，2 项成果分获国家电网公司优秀 QC 成果二、三等奖，4 项成果获得中国水电质协表彰，68 项成果荣获甘肃省质量管理小组优秀成果。加强年鉴编纂工作，完成《国网甘肃省电力公司年鉴（2021)》编纂。

科技创新工作　聚力优化科技创新生态基础管理，以“一张表”方式优化重点工作任务部署，提出省部级重大科技攻关储备，精准调研开展科技帮扶。在甘肃电科院成立“甘肃科技情报站分站”，梳理国内外前沿科技动态，提供论文查重、科技查新、成果鉴定等多项服务。陇电科创产业成果转化基地”获得兰州市科技局认定，建立“院士、大家、专家”科技攻关联动机制，策划“院士看甘肃电力”活动，牵头申报国家电网总部项目 3 项、参与 7 项，与中国电科院、国网福建电力共同创立电氢耦合技术联合体，开展氢能与电网耦合技术研究；西北首家国家电网电池储能技术实验室共享（甘肃）实验室在电科院揭牌；组建“甘肃千万千瓦风电基地建设对构建新型电力系统的经验和启示”项目柔性团队，提高生态环保工作政治站位健全环保管理新模式，牵头国家电网技术标准实施监督评价管理办法修订，1 项联合成果获得中电联年度创新大奖，8 名委员入选国网技术标准专业工作组，2 次在国网技术标准工作会上作典型经验发言，在 2021 年度技术标准实施评价督导检查工作会上得到国网科技部表扬。

甘肃电力市场化体系建设 坚持以“改”促“活”。逐步形成了以中长期市场为主，以现货市场和辅助服务市场为补充的全形态电力市场体系。坚持以“创”促“变”。推动《甘肃电力市场售电公司履约保函管理办法》等规则机制的建立和健全。现货市场实现双边运行，全面实现中长期连续开市，省内、外两个市场全部实现“六签”。提前完成市场信息披露对外正式上线。坚持以“试”促“进”。开展“电力交易合规管理建设年”，动态管控合规风险库；开展市场主体的信用评价数据测试工作，建立法律合规审查事项清单前置流程。坚持以“约”促“规”。制定完善公司章程、建立“三重一大”决策机制及各项议事规则，健全完善股权多元化公司治理机制。健全非常设工作机构并力促发挥作用，建立健全公司内控及风险防控工作标准、制度流程，实现公司运营管理精益化。建立公司经营管理、财务工作体系，制定《经营管理体系指导规范》等二十余项财务制度，确保公司财务经营独立规范运行。

工会工作 深化“职工思想引领”行动。召开深入学习贯彻习近平总书记“七一”重要讲话精神暨工作座谈会。深化“职工权益维护”行动。深化职工服务中心建设。深化“职工素质提升”行动。举办8项省级技能竞赛和3项重点工程劳动竞赛。挂牌命名4家劳模、工匠工作室。四是深化“职工文化聚力”行动。举办庆祝建党100周年文体系列活动8项。深化“送文化到基层”慰问和“警企合作送温暖”活动。深化“职工关爱服务”行动。实施为职工办实事承诺，推动“为职工送温暖”专项行动措施落实落地。建成“高原氧吧”6座，实现高海拔地区“高原氧吧”全覆盖。与甘肃能监办签订共建协议，打造具有甘肃能源特色的办实事新模式。落实“一人一策”，依规补位做好退休人员服务管理。深化“抗疫攻坚暖心”行动。开展抗疫关爱慰问。省电力工会获全省2020年度工会工作目标责任书考核“优秀”等次，2项职工技术创新项目荣获2021年度中国专利年度奖，13项成果入围全国能源化学地质工会系统优秀成果转化序列。1家集体获全国工人先锋号先进集体、1名个人获全国五一劳动奖章。

优质服务与电网运行 原创性开发建成数字化云链纪检平台和智慧监督室，开发应用“天眼查公车、痕迹三对应、异动数据线”等8大业务功能。细化落实中央八项规定精神正负面清单。查处小微权力腐败和漠视侵害群众利益问题线索，“四察四纠十整治”专项行动整治形式主义问题。电力营商环境持续优化，靠前服务省列重大项目，建立“208+*N*”项目服务清单，联合省能监办打造4个省公司级和14个市公司级优化电力营商环境“样板工程。全面贯通省住建厅、省市场监管局、省公安厅等信息资源，实现“一网通办”和“一站服务”，实施明察暗访、供电服务长周期创建活动。电网运行保持平稳，2021年甘肃电网连续安全稳定运行超12000天，电力保供取得阶段性胜利，强化专班制度，与政府建立常态化协调机制，成立以董事长为组长的保供工作领导小组和5个保供专项工作小组建立部门日会商制度。发电侧，强化并网火电机组运行管理，累计督促18台非停机组恢复并网，实现非停机组“清零”，滚动修订新能源并网清单，线上、线下同时提供并网服务，确保新能源厂站“能并尽并”。电网侧，发挥大电网互济优势；优化稳控策略和运行方式，重要断面输送能力累计提升约520万kW；酒钢与嘉玉电网实现环网，下网能力提升50万kW；协调黄委、水调办调增黄河流域流量，刘家峡累计增发电量5.76亿kWh。用户侧，加强保障民生手段，采取各类技术手段，最大限度将民生负荷移除序位。

脱贫攻坚 完成助力脱贫攻坚任务，帮扶工作持续聚焦农配网巩固提升工程、光伏帮扶项目和定点帮扶三大领域。2021年，国网甘肃电力荣获中共中央、国务院“全国脱贫攻坚先进集体”，1人荣获“全国脱贫攻坚先进个人”；荣获国家电网公司脱贫攻坚先进集体5个、突出贡献个人6人、先进个人11人；荣获甘肃省脱贫攻坚先进集体7个，先进个人5个；表彰脱贫攻坚先进集体20个，先进个人70人。携手西藏奇正藏药股份有限公司、通渭县清凉沅金银花产业有限公司等多家龙头企业同行，签订农特产品销售合作协议，对接产销链，稳定供应链，切实解决农民群众农特产品销售难题，2021年共计实施对外捐赠项目41项972万元。全程跟进服务，发挥“阳光收益”。截至10月底，累计支付光伏扶贫电站电费及补贴共计8.44亿元，持续为脱贫18.8万户分享“阳光收益”，服务国家整县分布式光伏政策在甘肃落地。严格执行“四个不摘”要求，平稳完成119个帮扶村195名驻村干部轮换，全覆盖培训驻村干部。开展消费帮扶，消费帮扶已完成1100万元，全年消费农特产品预计达1200万元。开展“金秋助学”，2021年累计为222人发放助学金43.8万元。向定点帮扶村易地搬迁群众捐赠价值67万元的家用电器等物资。

主要事件

2月25日，中共中央、国务院在北京人民大会堂隆重举行全国脱贫攻坚总结表彰大会。会上，中共中央、国务院授予国网甘肃省电力公司“全国脱贫攻坚先进集体”荣誉称号，授予国网甘南供电公司驻临潭县洮滨镇上川村工作队队长兼第一书记郝广平“全国脱贫攻坚先进个人”荣誉称号。国网甘肃省电力公司董事长、党委书记叶军，扶贫干部郝广平在北京人民大会堂光荣参加会议。

2月25日下午，国家电网公司董事长、党组书记辛保安在北京与甘肃省委副书记、省长任振鹤举行会谈。辛保安表示，国家电网公司将全力保障甘肃电力可靠供应，全力促进甘肃新能源产业发展，全力支撑甘肃乡村振兴，全力服务甘肃打造一流营商环境。任振鹤希望国家电网公司一如既往支持甘肃发展，在陇东—山东等电力外送通道规划建设、新能源发展、产业转型升级等方面给予更多帮助，助力甘肃构建一体化绿色发展现代综合能源体系，推动构建新发展格局。

5月27日，由甘肃省委组织部、省委宣传部和省委党校（甘肃行政学院）联合举办的甘肃省领导干部“富民兴陇”系列讲座2021年第8讲在兰州举行。国网甘肃电力董事长、党委书记叶军围绕新能源、特高压、电价、优化营商环境等内容，作了题为《发挥央企脊梁作用的广泛实践与探索——践行央企”三大责任” 助力甘肃经济发展》的报告。

6月19日，在庆祝中国共产党成立100周年之际，国网甘肃刘家峡水电厂被中宣部命名为111个全国爱国主义教育示范基地之一，是国家电网公司入选的3家单位之一。

7月21日以来，河南历史罕见极端强降雨天气给电网运行、供电保障带来严重影响。国网甘肃省电力公司迅速响应国家电网公司安排部署，集结651人、16辆应急发电车、113台应急抢修车辆，千里紧急驰援。经过一周的昼夜奋战，该公司累计恢复郑州107个小区、2条分支线路、38021用户供电，全面完成援豫应急抢修保供电任务。

9月8日上午，甘肃省委书记、省人大常委会主任尹弘到国网甘肃省电力公司调研。尹弘对国网甘肃省电力公司长期以来支持甘肃经济社会发展所做的工作表示感谢。他强调，要深入学习贯彻习近平总书记对甘肃重要讲话和指示精神，完整、准确、全面贯彻新发展理念，着眼全省发展大局，充分发挥职能作用，牢牢把握“碳达峰、碳中和”政策机遇，加快构建以新能源为主体的新型电力系统，持续提升供电服务保障水平，支撑全省高质量发展不断开创新局面。

10月16日0时23分，在酒泉卫星发射中心，长征二号F遥十三运载火箭腾空而起，托举着神舟十三号飞船飞向太空，祖国在探索太空的新征程中再次迈出坚实的步伐。国网甘肃电力保电人员坚守岗位，全面落实各项保电措施，实现了“设备零故障、电网零闪动、操作零差错”，完成航天发射保供电任务。

截至12月3日，国网甘肃省电力公司2021年售电量1002亿kWh，同比增长104亿kWh，增速11.54%，历史首次突破千亿大关。甘肃省全社会用电量1230亿kWh，同比增长10.2%，为甘肃省实现“三个1”发展目标提供了坚强保障、贡献了电网力量。

12月9日，国网甘肃电力召开县公司和供电所达标创优总结表彰暨巩固提升工程启动会。

12月14日，中国建筑业协会发布了2020～2021年度中国建设工程鲁班奖（国家优质工程）获奖名单，国家电网公司投资建设、国网甘肃电力负责建设管理的张掖750kV变电站新建工程获得这一国内建筑业最高荣誉，实现了甘肃电网工程鲁班奖“零”的突破。

（柳晓萌）

【国网青海省电力公司】

企业概况 国网青海省电力公司（简称国网青海电力）是国家电网公司全额出资的有限责任公司，以建设运营青海电网为核心业务，承担着保障全省安全、经济、清洁、可持续的电力供应的基本使命，是具有普遍服务特征的中央国有企业。国网青海电力注册资本219.41亿元，资产总额571.4亿元，供电面积62.2万km^2，供电人口607万，全口径用工总量1.3万人，位列青海企业50强第三位。

组织机构 本部设职能部门（含工会）20个，省公司层面业务单位15家，地（市）供电公司8家，县供电公司41家，增量配电项目售电公司1家，省公司层面3家省管产业单位，服务全省184万电力客户。

电网概况 青海电网位于西北电网中西部，南北跨距800km，东西跨距1200km，是西北电网骨干网架的重要组成部分。“十二五”以来，青海电网快速发展，由西北末端电网发展成为东接甘肃、南联西藏、西引新疆和直通中原的交直流混合型、多端枢纽型电网。省际通过6回750kV交流线路与西北电网相连（青海电网西部通过沙洲—鱼卡双回750kV线路、东部通过郭隆—武胜双回、官亭—兰州东双回与甘肃相连），通过±800kV青豫特高压直流与河南电网相连，通过±400kV柴拉直流线路与西藏电网相连。青海省内750kV东部电网形成拉西瓦—西宁—官亭三角环网，通过海西—日月山、海西—塔拉四回750kV线路向西延伸至鱼卡，南部750kV电网形成日月山—西宁—青南—塔拉四角环网。

至2021年底，主要电压等级为750/330/110kV，现有±800kV、±400kV变电站各1座，750kV变电站9座，330kV变电站42座，110kV变电站167座，变电容量7025万kVA，35kV及以上线路4.59万km。2021最高负荷1123万kW，同比增长7.52%，最大峰谷差207万kW，同比增长22.49%，平均负荷率95.67%。社会用电量857.64亿kWh，比2020年上升15.58%，其中第一产业1.21亿kWh，比2020年增长6.14%；第二产业754.12亿kWh，比2020年上升14.78%，第三产业62.47亿kWh，比2020年增长31.99%；城乡居民生活用电39.85亿kWh，比2020年增长9.09%。完成供电可靠性99.7514%，综合电压合格率 99.846%，农村配电容量 2.96kVA/户。

2021 年底，全省发电装机容量 4285.82 万 kW，比 2020 年增长 6.36%，其中清洁能源发电装机容量 3892.83 万 kW，比 2020 年增长 7.04%；火电发电装机容量 392.99 万 kW，比 2020 年增长 0.06%。清洁能源中水电发电装机容量 1262.88 万 kW，比 2020 年增长 5.9%；太阳能发电装机容量 1676.75 万 kW，比 2020 年增长 4.7%；风电发电装机容量 953.2 万 kW，比 2020 年增长 13.1%。全省发电量 989.32 亿 kWh，比 2020 年增长 4.31%；其中清洁能源发电 845.94 亿 kWh，比 2020 年下降 0.17%，火电发电 143.62 亿 kWh，比 2020 年增长 42.17%。清洁能源中水电发电 504.94 亿 kWh，比 2020 年下降 15.7%；太阳能发电 210.73 亿 kWh，比 2020 年增长 26.25%，风电发电 130.03 亿 kWh，比 2020 年增长 59.55%。

人力资源 截至 2021 年底，国网青海电力长期职工人数 8564 人。其中，研究生及以上学历 332 人，大学本科学历 6035 人，大学专科学历 1633 人，中等职业教育学历 378 人，高中及以下学历 186 人；高级职称 1382 人，中级职称 2506 人，初级职称 3614 人；高级技师 490 人，技师 1913 人，高级工 1661 人，中级工 807 人，初级工 351 人。人才当量密度达到 1.0716，同比增长 0.56%。

国家电网公司党组调整国网青海电力领导班子及顾问，调整后，杨勇任国网青海省电力公司董事长、党委书记，钱庆林任国网青海省电力公司董事、总经理、党委副书记，毕红卫任董事、党委副书记、副总经理，李生任等 4 人任副总经理、党委委员，辛志刚任职工董事人选、党委委员、工会主席，袁世胖任总会计师、党委委员，林以东任党委委员、纪委书记，高浦等 2 人任三级顾问。

电网发展 2021 年完成发展总投入 81.3 亿元，电网投资 77.27 亿元；售电量 797.69 亿 kWh，增长 15.13%。完成“十四五”国网青海电力和电网规划编制，衔接纳入青海省“十四五”能源、电力以及国土空间布局规划。制定印发“碳达峰、碳中和”行动方案。成立新型电力系统示范区建设领导小组和工作专班，提出“统一规划、统一建设、统一调度、统一运营”储能发展新模式。研究制定《新能源电站接入电网工作意见》。青豫直流累计外送电量 190 亿 kWh。承办青海“一带一路”清洁能源发展论坛。

落实国家电网公司与省政府战略协议，哇让抽水蓄能电站可研设计正式启动，第二条特高压专题研究全面完成，750kV 昆仑山输变电等 13 个重点项目获得核准。西宁北输变电跨越林地历史遗留问题得到有效解决。国家电网重点工程郭隆—武胜Ⅲ回线路进展有序，750kV 托素等 13 个重大项目按期竣工。累计建成 35kV 及以上工程 37 项，投产线路 1071km，容量 1003 万 kVA。

安全生产 贯彻国家电网公司安全生产工作意见，落实安全生产决策部署，推进安全生产专项整治，严格“四个管住”工作要求，夯实安全基础，各项工作稳步推进，全面完成年度工作目标和重点任务，安全生产形势总体平稳。

深入学习习近平总书记关于安全生产重要论述，以安全生产专项整治为主线，整治问题隐患 1747 项，制定 28 项重点风险长期管控措施，整治率 94%。

建立各级领导班子“两个清单”，修订完善安委会工作规则、安全约谈等 9 项安全规章制度，完成 4 家单位安全生产巡查。

发布年度运行方式、迎峰度夏（冬）等方案，分析梳理 27 项电网存在问题，提出电网规划、运行管理等建议 72 条。加强重要输电断面和输电通道监控，动态优化电网运行方式，完成青豫直流配套工程投运，确保了全省电力电量平衡。落实“全面评估、先降后控”的要求，开展电网风险评估，深化安全风险监督管控周例会机制。

联合青海省森林草原防火指挥部办公室、青海省林业和草原局发布了《关于联合开展林区牧区输配电设施火灾隐患专项排查治理工作的通知》（青森防办〔2021〕13 号），统筹协调输变电通道火灾处置工作。

修编 1 + 31 个应急预案，制定《应急能力提升工作方案》《应急抢修装备标准化配置使用指南》。组织开展应急管理培训、应急基干队伍协调联动实战演练等各项工作，策划完成突发变电站火灾事件无脚本演练。高效处置 5·22 果洛玛多 7·4 级地震，保障了灾区电力供应，驰援河南特大暴雨灾害。完成建党百年、环青海湖自行车赛、电动汽车挑战赛等各类重要活动保电任务。

经营管理 2021 年营业收入 342.3 亿元，增长 12.9%，实现利润总额–14.55 亿元；资产总额 571.4 亿元，增长 3.7%，资产负债率 48.6%，上升 1.75 个百分点；财务业绩考核连续排名 21 位。

牵头承担国家电网公司预算编审一体化专项工作，按照“一平台+多场景”的建设思路，打造一个能够支撑“多模型、多报表、大数据量”的预算编审一体化平台，实现“年度预算”、“年中调整”两个预算审核场景应用，有效提升预算编审工作效率。

争取新能源结算电价 0.2277 元/kWh 保持不变，年均减少购电成本 11 亿元。落实燃煤电价改革，火电以及外购电全部进入电力市场，年内减少购电成本 3.76 亿元。争取东西帮扶权益资金 10 亿元、成本资金

5 亿元，有效缓解公司经营压力。争取留抵退税 5.82 亿元，争取到预征率“零”的政策节约税金 9 亿元，企业所得税减免 0.25 亿元。开展输配电价核价及监管宣讲 570 人次，为争取输配电价空间形成合力。

完成“电 e 宝”代收电费资金内部账户结算国家电网试点任务，35%电费资金通过内部电费账户结算，实现电费资金高效归集。围绕 9 方面 104 项重点任务，开展资金专项检查，检查覆盖率 100%，整改率 100%。

完成“总对省”采集通道切换，智慧税务应用常态应用，实现账票核对率 100%。智慧竣工决算管理体系建成，自动准确挂接采购订单 13580 条，自动出具决算报告 589 项。建成全寿命周期票据平台，跟踪票据全过程“收、支、余”管控。依托数据中台，设计 60 余个分析场景，涵盖 121 个分析指标，向各层级输出多维分析结果。梳理抵销数据 534 项，优化取数设置 229 项，实现成本传导率 100%和监管报表自动出具。

营销管理　2021 年，完成售电量 797.7 亿 kWh，同比增长 15.1%；电费回收率实现 100%；营销稽查挖潜增效 6545 万元；反窃查违完成 1565.99 万元，完成国家电网公司下达指标的 120.5%；台区线损合格占比 97.15%，高于年度目标值 2.15 个百分点；治理高负损台区 2069 台；客户投诉量同比压降 68.3%，95598 业务处理满意率 95.4%；完成电能替代项目 3112 个，替代电量 28 亿 kWh。

电力保供措施有力，推动铁合金需求响应 70 万 kW，实施有序用电 19 天，单日最大避峰规模达到 185.8 万 kW，限制“两高”企业电量 3.21 亿 kWh。

市场建设　保障电力供需，持续提升新能源消纳能力。全力协调陕西、宁夏等 6 个省（区），调减外送 37.6 亿 kWh，补充购电 94.9 亿 kWh，缓解电力供需异常严峻形势。持续巩固华中、华东清洁能源外送主市场，落实政府间 149.5 亿 kWh 外送协议和工商业用户全面进入电力市场等要求，市场化规模再创新高。全年外送电量 246 亿 kWh，完成市场化交易电量 574 亿 kWh。其中：省内直接交易 448 亿 kWh，释放改革红利约 20 亿元；发电权替代交易 10 亿 kWh；外购电量 116 亿 kWh。全年清洁能源上网电量 840 亿 kWh，同比增加 0.4%。其中，水电上网电量 501 亿 kWh，同比下降 15%；光伏上网电量 210 亿 kWh，同比增加 26%；风电上网电量 129 亿 kWh，同比增加 59%。在水电大幅降低的情况下，新能源实现高速增长。

3 月 23 日，与 11 家股东完成增资协议签订，6 月 11 日，完成工商营业执照变更登记工作，健全交易机制，推动青海电力市场健康发展。科技项目“基于高占比新能源环境的电力曲线中长期交易机制研究”通过验收。《青海省可再生能源电力超额消纳量市场化交易细则（试行）》通过西北能源监管局审核。编制并促请西北能源监管局等四部门联合印发《青海省电力中长期交易规则》。完成省内工商业用户市场注册并完成首笔电网代理购电交易。实现新一代电力交易平台单轨制运行，配合政府印发《青海落实燃煤发电上网电价改革方案》。

电网运行　截至 2021 年底，直流系统故障停运率完成 0 次/（极·年），110kV 及以上变电设备故障停运率完成 0.09 次/（百台·年），110kV 及以上输电线路故障停运率完成 0.13 次/（百 km·年），10kV 线路故障停运率完成 6.21 次/（百 km·年），全口径用户平均时间完成 21.8h/户，城乡综合电压合格率完成 99.82%。

7 月 20 日，受特大暴雨影响，河南多地出现严峻汛情和洪涝灾害，国网青海电力集结了骨干力量 24 名、电源车 4 台、保障车 2 台全力支援。8 月 14 日，青海海北州刚察县柴达尔煤矿发生冒顶事故后，国网青海电力积极开展现场救援保供电工作。隐患排查治理工作安全稳妥。

调度控制　2021 年，调控中心全力保障电网安全稳定运行，全力保障全省电力电量供应，全力推动清洁能源发展消纳，全力提升二次系统管理水平，全力深化调度队伍能力建设，各项工作取得了突出成效。

调度控制专业。推进小型调相机投运，释放新能源发电能力，到 2021 年底 21 台小型调相机全部投运后释放青豫直流近区 350 万 kW 的新能源发电空间。新能源快速频率响应能力提升工作取得新突破，第一批新能源场站快速频率响应功能已经全部投入，共计 61 座场站，调频容量 256.55 万 kW，第二批次已完成改造场站 38 座，容量 212.06 万 kW。开展“绿电 7 月在青海”全清洁能源供电，活动期间全省清洁能源用电量 70 亿 kWh，减少燃煤 318.2 万 t，减排二氧化碳 572.7 万 t；同时青海省调通过青豫直流和省际联络线，累计对外输送 23.1 亿 kWh 的清洁电。及时启动“分批独立值班，全员封闭管理”模式，为全省的抗击疫情工作提供了可靠电力保障。

调度计划专业。优化水库运用，保证冬季黄河上游水电发电能力。稳定火电出力。落实 7 天存煤安全底线要求。加强机组管理，严格执行调令，合理安排水电机组检修，提升早晚高峰顶峰能力。优化有序用电策略。利用大型水电调节能力，以相对平稳、长周期原则确定有序用电执行方案。完成西宁变电站 750kV 母线隐患治理等大型检修期间的电网操作和风险管控，成功处置“5·22 玛多地震玛玉线故障”。

系统运行专业。强化电网运行管控，发布年度运行方式等方案，分析梳理 27 项电网存在问题，提出电网规划、运行管理等建议 72 条。加强电网运行分析，逐年分析“十四五”期间 330kV 及以上电网短路电流增长情况，制定针对性措施。完成重点工程基建投产，完成青豫直流750kV交流配套工程两线，16台分布式调相机，塔拉、青南第三台主变压器扩建，果洛、玉树第二台主变压器扩建等10余项重点投运工作，大幅提升了海南地区新能源送出能力。

继电保护专业。下发《青海电网主网2021年度继电保护整定运行方案》，落实安全生产三年行动工作要求，组织开展继电保护专业隐患排查及上报工作，完成226条电网"三道防线"隐患治理。组织开展建党百年、国庆等重大节日保电继电保护专业技术支撑。组织开展电网"三道防线"、大用户涉网保护、远跳回路，二次回路等专项隐患排查6次，消除运行隐患46项。

自动化专业。完成年度调度技术支持系统可靠率和网络安全运行可靠率100%，完成188套变电站自动化老旧装置改造。完成省调运维管控及安全Ⅲ区防护能力提升项目。持续优化网络安全管理平台告警治理和策略，接入率、在线率均在99.99%以上。

水电及新能源专业。新能源发电超出国家电网公司下达目标0.6个百分点。多措并举保障消纳，综合运用梯级水电联调、火电深度调峰、共享储能削峰填谷、风光自然互补，通过AGC实现多能互补协调控制，送出通道利用率最高达99.5%，同比提升1.5%。实施"绿电7月在青海"系列活动，期间全省清洁能源用电量70亿kWh，相当于减少燃煤318.2万t，减排二氧化碳572.7万t。

通信专业。编制印发通信"四类"隐患治理工作方案，150项隐患完成治理。完成省地骨干网分级优化初步设计，完成全部设备物资采购，完成66套传输设备安装调试，开展省地骨干网优化调整31项。业务网保障能力持续提升。完成省地主备调系统功能、互联中继、录音系统等7大类75项问题整改，调度交换系统可靠性有效提升。

科技创新 2021年，科技研发专项经费较2020年增长17%；牵头承担国家电网总部新开项目4项、新型电力系统示范工程配套项目1项，牵头的总部项目6项通过验收，1项通过中期督导；启动双创项目27项，出孵17项，完成创新成果转化18项；7项成果荣获省部级奖励，连续4年获青海省科技进步奖一等奖；申请专利313项，取得专利授权298项，申请海外专利3项；主导编制行业标准2项，国家电网公司标准1项；六氟化硫气体回收率97.18%，高于国家电网指标0.68个百分点，完成电网建设项目竣工环保验收20项，水保验收13项；未发生环境污染事件和电网建设项目违规事件。

完成国家多能源电力系统互补协调调度与控制项目技术攻关，开展国内首个大规模储能项目研究，并申报青海省重大专项。探索清洁能源高效利用技术，基于太阳能转换电热耦合的热、电联供系统在玛多县成功示范应用。6项牵头国家电网项目全部通过验收，在直流近区大规模光伏发电控制策略优化技术等方向取得新突破。落实国网新型电力系统科研攻关计划，牵头申报国家电网示范工程专项1项、参与重大科技项目1项。

加强科技创新咨询智库建设，成立技术委员会提升科研攻关精准度。围绕清洁能源送端技术，实施揭榜挂帅项目4项，组建柔性团队4支；以优秀职工创意为基础，实施揭榜挂帅项目5项。持续优化项目管理机制，完善科技项目经理人、责任专家等机制，完成22项科技项目后评价。联合青海大学申报国家能源创新研发平台。

围绕特色领域开展成果培育，7项成果获省部级奖励，连续4年获青海省科技进步奖一等奖。申请专利354项，其中发明180项；授权312项，其中发明75项，申请海外专利2项，超额完成指标任务。

成立生态环境保护领导小组，制定4项管理制度，修订突发环境应急预案，开展环水保措施监督检查。开展生态环节保护自查和管理提升专项活动，发现并整治问题16项，编制2022年劳动防护用品计划。

体制改革 加快推进国有企业改革。聚焦市场化、透明度、高效率三个关键点，部署推进年度10个方面115项任务。交易公司股权优化、退休人员社会化管理移交、党的领导融入公司治理各环节等112项年度改革任务100%完成，省管产业单位产权改革、设计施工业务改革、支持市场化单位推行职业经理人制度等3项工作完成阶段性任务。

交易公司股权优化完成，国网青海电力持股比例降至45%。新一代电力交易平台全国率先试运行，直接交易电量突破448亿kWh，释放改革红利20亿元。燃煤上网电价改革稳妥推进，代理购电业务平稳实施。团鱼山增量配电业务试点项目全面建成并投入运营，配合开展第五批增量配电业务试点项目。

数字化建设 2021年，完成全部54项年度重点工作任务，"数字化发展指数"完成值为96%，较年度目标值提升1.5个百分点；完成"十四五"数字化规划完善；共计下达电网数字化项目120项，投资14765万元，其中国家电网公司统推项目86项，投资9338万元，国网青海电力管理项目34项，投资5427万元。商务拓展签订合同9855万元，超年度目标值10.73%。建成高频电力数据碳排放监测分析平台；承担的国家工业互联网示范项目通过国家工信部验收；在7个县34个供电营业所试点建设数字县公司，助力基层一线数智赋能、数智减负、数智增效。工作成果在中央电视台等32家权威媒体宣传报道88次，获省部、行业级表彰奖励18次。

牵头承担的国家工业互联网平台示范项目“新能源行业工业互联网平台试验测试”于6月30日通过国家工信部验收。

开展新型电力系统网络安全防护研究，完成新能源厂站网络安全调研和风险评估；首创跨省区演习模式，联合国网新疆、湖南电力创新开展“零关停”网络安全实战攻防，提升应急处突能力。

部署互联网大区人工智能平台，实现配网智能巡检模型应用验证。“北斗技术在智能电网中的融合创新应用”获2021年度电力创新大奖，“基于区块链的共享储能应用”获二等奖。

党的建设和精神文明建设 党史学习教育走深走实。全面学习贯彻习近平总书记在党史学习教育动员大会上的讲话和“七一”重要讲话精神，迅速掀起学习十九届六中全会精神热潮。开展“初心向党”八项特色行动，实施构建为群众办实事“双十条”、立体式宣传、主题情景党课、政企联动学党史、学党史树典型、红色精神电力传承六个“新样板”。开展庆祝建党百年系列活动，举行“光荣在党50年”纪念章颁发仪式，组织开展“党课开讲啦”活动。把保供电作为最大的办实事项目，出台“为群众办实事”和“为职工办实事”双十条举措。

推进“旗帜领航·提质登高”行动计划，高效落实“基层党建创新拓展年”任务部署。开展全国国企党建会精神贯彻落实情况“回头看”，分专业开展对标检视。建立中心组学习、组织生活会、民主生活会巡听旁听机制，出台六项党务工作作业指导书，持续夯实基层基础。搭建“有事找书记”联系服务机制，树立抓书记、书记抓的鲜明工作导向。严把发展党员入口关，制定出台“发展党员纪实单”制度，全流程压实党员发展责任。

实施“红色三江源”新时代党建引领实践行动，结合“三级指数”实施情况，策划启动高原星级堡垒党支部评选工作，引导党支部工作从“有没有”向“优不优”“强不强”提升。落实“基层党委抓统筹，业务部门抓融合，支部抓落实”工作思路，专业部门制定“党建+”安全生产、提质增效、新型电力系统省域示范区专班等11实施方案，党支部推动287个党建+项目落地。建成“两弹一星·电力传承”党性教育基地，创作完成《解码四分厂》报告文学集、《赓续红色血脉谱写时代新篇》专题片及系列党课作品。

建成青南换流站“文化示范区、党员突击队、绿电先锋岗”一体化清洁能源文化示范基地。积极推荐选树弘扬社会主义核心价值观重大典型，1名党员获评青海省第四节道德模范、全国第八届道德模范提名奖，2名党员荣登“中国好人榜”。深化“最美”品牌塑造，引入典型考察机制，突出价值引领，选树宣传第五届“最美青电人”。持续擦亮“岗坚梅朵”守护行动品牌，“擎旗三江源”青年志愿服务项目作为国家电网系统唯一代表入选第五届中国青年志愿者服务大赛决赛。团委获评国家电网公司五四红旗团委和青海省共青团工作先进单位，一个基层团组织荣获全国青年文明号。

助力乡村振兴 巩固脱贫攻坚成果同乡村振兴衔接有效。按照“四个不摘”要求，扎实推进7方面35项任务措施，在青南藏区实施231项10kV及以下农网巩固提升工程建设，提升户均容量和供电可靠性。全面推进果洛、玉树330kV变电站主变压器扩建工程、海南达玉110kV输变电新建工程，持续完善脱贫摘帽地区电网，进一步强化电网对乡村振兴的支撑能力。推动建成乡村电气化示范项目13项，全面助力乡村振兴。完成玛多县定点帮扶项目1500万元，争取灾后修复重建资金1000万元，帮助推销特色农牧产品超1000余万元。完成玛拉译村“电力爱心超市”试点建设，助力文化振兴。开展“教育+就业”帮扶，扩大定向招生地区至15个五类及以上艰苦地区和茫崖、大柴旦地区，共完成60名定向招生及面试工作，其中贫困家庭的学生17人。接续开展10个联点村新一轮驻村帮扶，确保帮扶力度不减。优化光伏扶贫资金结算服务流程，累计支付光伏电站电费和补贴19.8亿元。完成国家巩固脱贫攻坚成果同乡村振兴有效衔接年度考核评价迎检。完成2014年以来扶贫档案收集整理和系统录入工作。优化乡镇供电所和服务网络布局，全年新建、改造乡镇供电所10座，进一步提升乡镇供电所服务“三农”功能。荣获“全国脱贫攻坚先进集体”，在全省年度脱贫攻坚成效考核中评价为“好”，5个地市公司、21名职工荣获国家电网公司和青海省脱贫攻坚先进集体和个人。

碳达峰、碳中和工作 印发《国网青海省电力公司“碳达峰、碳中和”行动方案》，聚焦六大任务，分解18项重点工作，在源网荷储共同发力，进一步推动青海能源电力清洁低碳转型。

启动青海首个抽水蓄能电站建设工作，组织召开青海贵南哇让抽水蓄能电站可研设计工作启动会，部署青海贵南哇让抽水蓄能电站前期可研及建设准备工作。

成立“碳达峰、碳中和”及新型电力系统领导小组和工作专班，领导小组由公司董事长亲自担任组长，下设办公室及系统规划、柔性装备等8个专项工作组；工作专班对内与各部门、单位及专项工作组高度协同运作，对外做好外部资源衔接与汇报沟通，统筹推动“碳达峰、碳中和”目标落地和新型电力系统示范区建设。

主要事件

2 月 5 日，全国脱贫攻坚表彰大会在北京召开，中共中央总书记、国家主席、中央军委主席习近平向全国脱贫攻坚楷模荣誉称号获得者颁奖并发表重要讲话，国网青海电力荣获全国脱贫攻坚先进集体，受到党中央、国务院表彰。

4 月 20 日，新华社推出通稿《“青豫”直流工程输送“绿电”100 亿》。

5 月 20～21 日，国网科技部在西宁组织召开西北区域“新跨越行动计划”落实情况及重点科技项目实施情况调研座谈会，会议由国网青海电力承办。

5 月 15 日，青海海南 750kV 变电站工程获得“中国电力优质工程”称号，同年 9 月工程荣获国家电网公司输变电优质工程金奖。

6 月 12 日，基于电力高频数据省级碳排放监测服务平台上线运行，全国首家实现省域碳排放月度监测分析。

6 月 30 日，国网青海电力联合国网联研院、西安交通大学等单位牵头承担的国家工业互联网平台示范项目“新能源行业工业互联网平台试验测试”，通过国家工信部验收，关键技术获年度青海省科技进步奖三等奖。

7 月 12 日，由审计部申请的“智慧审计管理平台V1.0”“基于区块链技术的审计整改管理系统 V1.0”等 2 个计算机软件著作权获得中国国家版权局登记证书。

7 月 13 日，国家电网公司印发构建以新能源为主体的新型电力系统行动方案（2021—2030 年），将青海列为国家电网系统首批三家省级示范区之一。

7 月 31 日，为期 31 天的 2021 年“绿电 7 月在青海”活动结束。期间，青海省清洁能源发电量达 70 亿 kWh，相当于减少燃煤 318.2 万 t，减排二氧化碳 572.7 万 t。

8 月 1 日，在第 15 期《求是》杂志评论员文章《伟大复兴不可逆转》一文中刊发青豫特高压直流工程图片报道，配文指出：2020 年 7 月 15 日，世界上首条主要输送风光新能源的青豫特高压开始输电。源自青藏高原的太阳能、风能等清洁电力，跨过崇山峻岭，源源不断直送中原大地。随着配套电源建设，青豫特高压预计到 2023 年底可实现满功率运行。届时这条电力“高速公路”每年将输送绿电 412 亿 kWh，相当于 1/3 个三峡大坝的发电量。

8 月 26 日，国网青海电力在位于青海省海南州贵南县的±800kV 青豫特高压直流线路开展带电作业，消除了导线上的 2 处缺陷。

11 月 16～17 日，新能源发电出力连续两日突破千万千瓦，达到 1045 万 kW 和 1061 万 kW，较历史峰值 994 万 kW 分别提升 5.1%和 6.7%。

11 月 8 日，青海电网海南地区新能源基地首批 11 台分布式调相机投运，可提高海南地区新能源消纳能力 185 万 kW。

11 月 19 日，青海海东前河 110kV 变电站工程荣获国家电网公司输变电优质工程银奖。

12 月 2 日，“北斗技术在智能电网中的融合创新应用”获 2021 年度电力创新大奖，“基于区块链技术的共享储能业务研究与实践”获 2021 年度电力创新二等奖。

12 月 4 日，青海电网新能源发电出力达 1140.6 万 kW。

12 月 10 日，新华社刊发通讯《青藏联网工程双向累计送电逾 143 亿 kWh》。

（韩廷海　薛晓军）

【国网宁夏电力有限公司】

企业概况　国网宁夏电力有限公司（简称国网宁夏电力）是国家电网公司的全资子公司，是关系宁夏能源安全和经济社会发展的国有重要骨干企业，主要从事宁夏境内电网的建设、运行、管理和经营，为全区经济社会发展和人民生活提供电力供应和服务。截至 2021 年底，供电面积 6.64 万 km^2，服务人口 720 万人；全口径用工总量 13646 人，其中职工 9229 人、劳务派遣用工 108 人、农电用工 3256 人，产业单位用工 1053 人。2021 年，国网宁夏电力坚决落实党中央、国务院，国家电网公司党组和自治区党委政府决策部署，贯彻国家电网公司“一体四翼”发展布局，实现了安全生产稳、经营业绩好、营商服务优、创新动力足、改革进展快、发展质量高、社会形象佳、党建引领强。宁夏回族自治区主要领导多次作出书面批示，充分肯定国网宁夏电力服务地方经济社会发展、全力保障供电和推进能源转型等工作，连续 23 年专门发文给予表彰。国网宁夏电力及所属单位荣获全国脱贫攻坚先进集体、全国五一劳动奖状、建党百年自治区先进基层党组织等重大荣誉。

领导班子

董事长、党委书记：衣立东

董事、总经理、党委副书记：陈红军

董事、党委副书记、副总经理：张智民

职工董事、副总经理、党委委员、工会主席：赵大光

副总经理、党委委员：季宏亮

总工程师：贺文

党委委员、纪委书记：甘涛

总会计师、党委委员：王忻

组织机构　国网宁夏电力现行的组织结构采用以行政区划设置各级供电公司和以专业化管理设置支撑

单位相结合的组织模式。设置本部部门 20 个，下辖 6 个地市供电公司、12 个业务支撑单位、3 个合资公司、4 个配售电公司、27 个县（区）供电公司、1 个产业管理公司。

电网概况 宁夏电网是国家“西电东送”战略最早的重要送端，是典型的“强电网、大送端”。主网由 750、330、220kV 三个电压等级构成，通过 4 回 750kV 线路与西北电网连接；通过 3 回 750kV 线路与内蒙古伊克昭换流站相连；通过宁东—山东±660kV 直流输电工程向山东送电，输电容量 4000MW；通过宁东—浙江±800kV 特高压直流输电工程向浙江送电，输电容量 8000MW。截至 2021 年底，宁夏境内有 5 条特(超)高压输电线路，其中，宁夏作为送端的有 2 条，分别是宁东—山东±660kV 直流输电工程、宁东—浙江±800kV 特高压直流输电工程；接入宁夏电网的有 1 条，即上海庙—山东±800kV 特高压直流输电工程；过境宁夏的有 2 条，分别是哈密—郑州±800kV 特高压直流输电工程、昌吉—古泉±1100kV 特高压直流输电工程。宁夏电网统调总装机容量为 58519.9MW，其中火电 29710.4MW，占比 50.77%；水电 422.3MW，占比 0.72%；风电 14574.6MW，占比 24.86%；光伏 13839.6MW(含分布式光伏 806.03MW)，占比 23.65%，新能源总装机容量 28387.2MW，占比 48.51%。在输变电设备方面，截至 2021 年底，宁夏电网统调 220kV 及以上变电站 99 座，容量 79470MVA。其中 750kV 变电站 9 座，降压变 16 台，容量 31200MVA；330kV 变电站 45 座（包括 330kV 用户变 18 座），降压变 98 台，容量 29260MVA；220kV 变电站 45 座(包括 220kV 用户变 9 座)，降压变压器 102 台，容量 19010MVA。宁夏电网 220kV 及以上电压等级交流线路共计 306 条：其中 750kV 线路 41 条，330kV 线路 122 条，220kV 线路 143 条；直流线路 2 回：其中±660kV 银东直流 1 回，±800kV 灵绍直流 1 回。

供电保障 坚决扛起电网责任，全力应对宁夏电力缺口一度高达 600 万 kW 的严峻形势，落实国家电网公司“六个坚决”举措，宁夏自治区党委书记陈润儿等 5 名省级领导齐聚国网宁夏电力召开能源保供现场会，有力执行宁夏自治区“能源保供 18 条”，千方百计保安全、保供电、保民生、保重点，实现了“力促火电发起来、错峰负荷调整好、民用工商不限电、跨区外送保障足”，既确保了区内电力供需平稳，又服务了全国保供大局。第一时间派出 3 批共 375 人专业骨干和技术人员队伍、77 辆抢修车辆，紧急驰援河南防汛救灾保供电，郑州市委市政府、巩义市委市政府专门发来感谢信，国网宁夏电力获评国家电网公司河南特大暴雨抗洪抢险保供电先进单位。逆行出征支援陕西抗疫保电，以实际行动弘扬伟大抗疫精神。

电网建设与发展 完成发展投入 65.18 亿元，其中电网基建投资 43.33 亿元。配合宁夏自治区推动国家发展改革委、国家能源局出台支持宁夏能源转型发展的实施方案。推动宁湘两省区举行能源合作高层会谈并签署备忘录，“宁电入湘”工程纳入国家电力规划和能源规划，被国家能源局确定为“十四五”新开工建设的 9 条跨区直流工程之一。超前完成特高压直流和配套交流工程选址选线，成果纳入宁夏自治区国土空间规划。优化完善“十四五”宁夏电网规划，固定资产投资项目实现全量核准备案。加快各级电网建设，投运 750kV 妙岭、330kV 江汉等一批事关能源转型、电力保供的重点工程。完成国家电网公司数字换流站灵州试点一期建设任务。330kV 塞上、110kV 嘉宝工程分获国家电网公司优质工程金银奖。2021 年全年，国网宁夏电力 35kV 及以上新开工项目共计 49 项，线路 651km，变电容量 3487.3MVA，分别完成年度计划的 160.67%和 127.41%；累计投产 45 项，线路 614km，变电容量 6360MVA，分别完成年度计划的 125.85%和 171.09%。

经营管理 国网宁夏电力资产总额首次突破 400 亿元，主要经营指标增幅位居国家电网公司前列。创新提出“一聚焦、两主动、两积极”思路，全面贯彻“一体四翼”发展布局，得到国家电网公司主要领导批示肯定。打造提质增效“升级版”，挖潜创效 11.25 亿元。深化现金票据一体化管理，票据收取同比降低 7 个百分点，运作效率 99.42%。建立资产寿命重塑模型，增加可计提折旧资产 8258 万元。深入推进“三清理两提高”专项工作，长期挂账在建工程“见底清零”。推进所有采购活动上平台，盘活实物资源 4856 万元。统筹推进国企改革三年行动任务，1 公司、2 个项目入选国家电网管理提升“三标杆一示范”名单，交易公司持股比例降至 45%，市场化交易电量 509 亿 kWh，同比增长 20.8%。规范“三会一层”运行。重塑综合绩效评价体系，同业对标排名位居国家电网第 12 名。扎实开展内外部审计，“靠企吃企”、省管产业等专项整治取得实效，“合规管理深化年”任务全面完成。

安全生产 开展安全生产专项整治三年行动，问题隐患整改率 92.57%。紧盯特高压关键设备、线路“三跨”、森林草原火灾等重点隐患整治，推动 1570 项隐患按期整改销号。构建“1234”电力监控系统网络安全风险防控和监测预警体系，在国网系统首家完成“一键停控、多级阻断”功能部署。首次应用直升机吊索法带电开展±1100kV 世界最高电压等级导线修复，完成国内首例 330kV 站内 GIL 管母改造。开展省管产业“聚一线、盯现场、防事故”安全专项活动，12 家产业单位安全生产标准化建设评价达标率 100%。深化“两制两军事”，连续三年两大直流零闭锁，330kV 及以上输电线路历史首次实现“零跳闸”。成功应对雨雪、冰冻、大风等自然灾害，完成庆祝建党百年、中阿博览会等重大活动保电任务。全年未发生网络信息安全事件，获2021年宁夏自治区网络安全实战演习和攻防大赛两项第一，连续5年获得宁夏自治区等级保护先进单位。截至2021年底，宁夏电网长周期安全运行7882天。常态化做好疫情防控，全口径员工疫苗接种率达到99.9%。

营销工作 开拓市场，全年全区售电量819.85亿kWh，同比增长16.49%。加大电能替代，完成替代电量32亿kWh。区内市场化交易电量509亿kWh，同比增长20.8%。狠抓反窃查违、营销稽查，挽回经济损失7320万元。全年电费回收率100%，华夏特钢等重点用户电费全部清零。综合线损率位居国家电网第3名，4个县公司、6个供电所进入国家电网同期线损“百强”行列。持续扩大电力外送规模，累计外送电量904亿kWh，同比增长13.9%，首次突破900亿kWh大关。其中宁夏外送山东电量全年累计303.57亿kWh，同比增长42.81%；外送浙江电量全年累计451.77亿kWh，同比增加4.50%。成功签约全国首笔15亿kWh绿电交易订单。另外，现货交易和日前实时交易电量62.98亿kWh，送陕西、甘肃、青海、四川、重庆、湖北、江西、河南、上海等电网电量85.75亿kWh。

科技创新 持续加强科技创新工作，攻坚“两个一体化”关键技术，启动实施新型电力系统科技攻关行动计划。成立双创示范中心，面向青年骨干实施揭榜挂帅制项目9项。3项国家级科研项目获批，牵头承担15项省部级科研项目，实现高等级项目立项双突破。连续两年牵头获得宁夏自治区科学技术重大贡献奖和一等奖，年度授权发明专利105项。初步建成能源大数据中心，与宁夏自治区工信厅签署战略合作协议，政企协同推进电力大数据辅助工业决策。管理创新成果获国家二等奖1项，行业级一、二等奖各1项，首获国家电网公司一等奖1项，三等奖1项，推广成果三等奖2项；获自治区级一等奖5项、二等奖9项，连续五年名列宁夏第一，宁夏企业和企业家联合会发文表彰。2项成果获国际质量管理小组比赛金奖。

优质服务 实施营商环境“深化创新年”活动，助推宁夏自治区产业升级，蓝思科技、天津中环、东方新希望等重点项目用电早接快送。深化“阳光业扩”，巩固“三零”“三省”服务模式，降低客户成本3.93亿元，银川市“获得电力”位居全国98个评价主体第14名，打造“阳光业扩”典型做法入选国家《优化营商环境百问百答》。推行“供电+能效服务”，高压用户覆盖率95.96%。“三指定”问题整治取得实效，客户投诉同比下降75.38%。多措并举服务能源清洁发展，全年新增并网新能源265万kW，新能源装机容量突破2800万kW，年发电量460亿kWh、同比增长42.4%，其中就地消纳60%、外送消纳40%，利用率持续保持在97%以上。服务整县屋顶分布式光伏开发，实施“闽宁山海情”乡村电气化振兴工程。

党的建设和精神文明建设 深入学习贯彻习近平总书记“七一”重要讲话精神和党的十九届六中全会精神，忠诚拥护“两个确立”，坚决做到“两个维护”。建立“五个第一”贯彻落实机制，严格执行“第一议题”制度，推动习近平总书记重要讲话、重要指示批示精神和中央决策部署一贯到底。提出“抓基础、抓融合、抓特色，创先争优”党建工作思路，实施“旗帜领航·提质登高”行动计划，落实“基层党建创新拓展年”任务。扎实推进党史学习教育，广泛开展庆祝建党100周年系列活动，“我为群众办实事”实践活动成效显著。认真配合完成国家电网公司党组第二轮巡视，扎实做好“后半篇文章”，形成了风清气正人和的良好氛围。贯彻新时代党的组织路线，召开本部建设、干部人才工作会议，一批人品好、业绩优、能力强、敢担当、重实干的优秀干部得到重用，选人用人导向鲜明树立。讲好宁电故事，新华社、中央电视台等中央媒体和宁夏日报、宁夏电视台等地方媒体报道次数均创历史新高。统战、团青、保密、信访、后勤等工作同步推进，涌现出全国“电力工匠”、国家电网劳动模范等一批先进典型。

主要事件

1月7日，国内首套330kV备自投装置在宁夏电网330kV甘露变电站投运。

1月11日，宁夏电网风电最大发电电力933万kW、日发电量1.9亿kWh、新能源最大发电电力1286万kW、日发电量2.26亿kWh，宁夏新能源以单日四项发电指标创历史新高。

2月11日，宁夏回族自治区党委书记、人大常委会主任陈润儿，宁夏回族自治区党委副书记、宁夏回族自治区主席咸辉到国网银川供电公司，看望慰问春节期间坚守岗位的一线干部员工，向大家送去了新春的美好祝福。

5月22日，宁夏、湖南两省区在宁夏银川召开能源合作座谈交流会，共同签署能源合作备忘录，推动实施“宁电入湘”工程，共建中西部新能源基地。

5月26日，国网宁夏电力自备替代交易电量累计成交25亿kWh，提前、超额完成全年19亿kWh自备替代目标。

6月3日，江汉330kV输变电工程正式开始启动投运，投运后将成为宁夏境内第27座330kV变电站。

7月22～23日，国网宁夏电力365名骨干人员、76辆各类生产车辆组成防汛救灾突击队，全力驰援河南抗洪救灾保供电。

7月26日，国网宁夏电力通过英大信托融入专项资金1500万元，标志着宁夏首单“碳达峰、碳中和”专项贷款正式落地。

8月18日，±800kV灵绍直流输电工程已安全运行5周年，累计外送电量突破1900亿kWh，为宁夏创造收益超382亿元，直接和间接增加就业岗位1.76万个。

8月20日，国网宁夏电力完成了全国首个330kV GIL管母改造工程，优化了六盘山750kV变电站的接线结构，解决了因事故跳闸造成固原地区大面积停电的风险。

9月7日，全国绿色电力交易试点成功启动，宁夏多家新能源发电企业与上海科思创、巴斯夫、施耐德等行业龙头企业达成2022～2026年5年销售总量为15.3亿kWh光伏电量的重磅订单，达成全国绿电交易开市后的首笔绿电交易，打响宁夏“绿电”品牌。

9月28日，国网宁夏电力构建以新能源为主体的新型电力系统的“第一站”——妙岭750kV输变电工程建成并投运。

10月9日，宁夏自治区党委书记、人大常委会主任陈润儿一行到国网宁夏电力调研并召开能源供应保障现场会，宁夏自治区党委常委、银川市委书记张雨浦，宁夏自治区党委常委、常务副主席赵永清，宁夏自治区党委常委、秘书长雷东生，政府副主席吴秀章陪同调研。

10月15日，沙湖750kV变电站已通过内蒙古±800kV伊克昭换流站，向山东电网外送电量突破600亿kWh，累计达612亿kWh。

10月19日，国网宁夏电力与国网国际公司签署战略合作协议，为阿曼国家电网公司提供技术支持，实现国际业务新突破。

11月21日，宁夏“西电东送”外送电量达到5009亿kWh，首次突破5000亿kWh，外送电量连续6年实现百亿级阶梯式增长。

11月18～19日，国网宁夏电力在宁夏电力交易平台完成首次代理购电交易，标志着宁夏电力市场化改革开启新的篇章。

12月10日，国家电网公司组织召开“宁电入湘”等4项跨省区输电通道工程预可研启动会，标志着宁夏—湖南±800kV特高压直流输电工程前期工作再次提档加速。

12月15日，国网宁夏电力“电网企业以西部民族地区乡村振兴为目标的农村智慧用能服务”荣获国家电网公司2021年度管理创新一等奖，成为国家电网公司10家获得表彰单位之一。

12月24日，“宁电入湘”直流工程纳入国家“十四五”电力规划，居国家“十四五”开工建设9条直流工程前列。

截至12月31日，宁夏全年累计外送电量904亿kWh，同比增长13.9%，年度外送电量增长再次突破100亿kWh。

（李宏涛　郭　辉）

【国网新疆电力有限公司】

企业概况　国网新疆电力有限公司（简称国网新疆电力）是国家电网公司的全资子公司，是以经营新疆电网为核心业务的国有企业。本部设23个职能部（室、中心），所属供电企业15家，业务单位14家，县公司81家，省管产业单位1家。

领导班子

董事长、党委书记：谢永胜

董事、总经理、党委副书记：开赛江

董事、党委副书记、副总经理：张龙钦

副总经理、党委委员：白伟、赵青山、阿斯卡尔

职工董事、副总经理、党委委员、工会主席：钟永泰

总会计师、党委委员：郭爱民

副总经理、党委委员：吕新东

党委委员、纪委书记：杨畅

总工程师：李渝

三级顾问：徐建忠

注：2021年6月18日党委委员、纪委书记党晓峰调离。2021年8月16日，副总经理谢恒调离。

组织机构　设办公室（党委办公室、董事会办公室）、发展策划部、党委组织部（人事董事部）、人力资源部（社保中心）、财务资产部、安全监察部、设备管理部、市场营销部（农电工作部）、建设部、配网管理部、科技互联网部、物资部（招投标管理中心）、审计部、纪委办公室（巡察办）、党委党建部（思想政治工作部）、离退休工作部、法律合规部（体改办）、党委宣传部（对外联络部）、后勤工作部、工会、公安保卫部（武装部）、企业管理部、电力调度控制中心23个职能部（室、中心）。

电网概况　截至2021年底，国网新疆电力拥有750kV线路61条8771.85 km，750kV变电站25座7335.20万kVA；500 kV线路9条281.66km；220kV线路584条25371.61km，220kV变电站137座4642.30万kVA；110kV线路1128条27933.77km，110kV变电站539座4045.78万kVA。

党史学习教育　国网新疆电力党委带头学习贯彻习近平总书记在党史学习教育动员大会、庆祝中国共产党成立100周年大会、党史学习教育总结会议等发表的重要讲话精神，制定实施17项推进措施、35项重点任务，建立“五学模式”（党委示范引领学、专题培训交流学、网上课堂指尖学、红色基地感悟学、情景党课浸润学），5个巡回指导组开展全覆盖督导，711

个党支部高质量召开专题组织生活会，共举办专家辅导、培训宣讲、座谈交流等学习活动 940 余场。开展“百年荣光·亮旗‘疆’来”系列活动，为276 名老党员颁发“光荣在党 50 年”纪念章，实施“点亮新疆100 盏灯”大型融媒体报道，举办“百年荣光耀初心”党史主题展、新疆电力工业发展成就展，营造建党百年浓厚氛围。

践行人民电业为人民的企业宗旨，一体推进“我为群众办实事”4 个专项行动、113 项重点任务，研究制定“四项行动+两级党委+基层支部+广大党员”办实事任务清单，用心用情解决电力客户和职工群众急难愁盼问题，服务客户诉求 3600 余个，开展公益服务活动 4066 次，实现职工诉求服务中心（站）全覆盖，解决职工需求 1525 件，职工“吃住行医”及生产生活条件持续改善。

人力资源 推动领导人员队伍建设“四项机制”（优进绌退的发现储备机制、精准科学的培养锻炼机制、严格规范的选拔使用机制、严管厚爱的管理监督机制），强化“两级四库”（公司级三级正职、副职优秀年轻领导人员储备库，地市公司级四级正职、副职优秀管理人员储备库）人员培养锻炼，在驻村一线、急难险重任务中历练选拔干部的导向进一步树立，提拔三级及以上领导人员 67 人，其中“80 后”29 人、驻村一线 20 人。完成职务（岗位）与职员职级双向转聘 66 人。招聘大学生 1049 名。深化“3+4+5”（三年基础，四年成才，五年培优）青年员工成才培优体系，健全省地县班四级培训网络。实施人才培养“三大工程”（高端人才引领工程、电力工匠塑造工程、青年人才托举工程），1 名员工获评国网工匠，评选高级专家 17 名、新疆电网工匠 10 名。获评国家电网第六届青创赛一等奖 1 项、三等奖 2 项。

电网建设与发展 促成南疆列为国网新型电力系统示范区。围绕自治区能源转型和产业发展，提出的新疆新型电力系统示范区建设九个方面建议举措列入自治区重点任务。完成“十四五”规划编制，哈密北—重庆特高压直流工程建设、疆电外送直流四通道研究论证纳入国家规划。开工 750kV 伊犁—博州—乌苏—凤凰Ⅱ回等 152 项、投产 750kV 莎车—和田Ⅱ回等 157 项 35kV 及以上重点输变电工程，南北疆互供能力由 160 万 kW 提升至 330 万 kW，750kV 博州变电站首次获推鲁班奖评选。发挥大电网资源配置作用，消纳新能源电量 732 亿 kWh、同比提升 25%，利用率达到 94%、同比提升 2.9 个百分点。完成 84 个城镇老旧小区配网改造，实施农村电网巩固提升工程，城农网综合供电可靠率达到 99.71%，完成南疆“煤改电”一期配套电网工程建设任务。

经营管理 实施重点任务与资金计划关联管理，推动资金安排与中心工作有机衔接。挂牌督办 110kV 及以上业扩项目送电 30 余项，完成替代电量 40 亿 kWh。应对虚拟货币政策调整、电费回收困难等挑战，实现电费结零。高损线路、台区超额完成压降目标。推动提质增效 66 项重点任务，通过成本审减、法律诉讼、反窃稽查、清仓利库等措施，内部挖潜增效超 13 亿元。深化数字化审计，完成审计监督 116 项，促进增收节支 8868 万元。标准化管理体系试点建设阶段任务全面完成。

落实“改革深化年”部署，完成国企改革三年行动 70%以上任务目标。系统修订“三重一大”决策制度体系，梳理明确决策权责界面，董事会建设全面规范。全面推行经理层成员任期制和契约化管理。国网新疆电力在新疆电力交易中心的持股比例降至 43%，市场化交易电量 848 亿 kWh、同比增长 8.7%。落实深化燃煤发电上网电价市场化改革政策，做好代理购电准备。挂牌成立伊犁伊河公司，开展克拉玛依公司独立运营专业帮扶，推动兵地电网“一公司”“一张网”意见举措得到新疆自治区肯定。持续深化内部机制变革，做好国家电网第四批“放管服”事项承接和内部事项下放，促成国家电网 6 个专业开展管理提升专项帮扶。

安全生产 推进安全生产专项整治三年行动，以“五查五严”（查思想认识、严明政治规矩，查制度体系、严肃制度执行，查安全管理、严细落实责任，查事故隐患、严抓安全防控，查法治建设、严格依法治企）为抓手，消除各类问题隐患。完善安全监督管理体系，建强省市县三级 103 个安全管控中心。推进数字化安全管控，精准管控作业风险 3.7 万项。建立分层分级培训机制，开展管理人员安全专题培训、取证 2334 人次，建成 7 家单位警示教育室。完成 8 家单位安全巡查，开展 11 家单位巡查“回头看”量化评价。

电力保供 将电力保供作为压倒一切的重大政治任务，第一时间成立保供领导小组，密集召开会议研究系列保供举措，积极应对入秋以来电力供需严峻形势。全力加强电源侧管理，建立电煤监测预警机制，科学优化机组发电出力，推动电煤库存提升 87%。建立火电机组非停受阻日通报机制，组织专家开展技术服务，非停机组减少 15 台、受阻出力减少 48%。推动自备电厂富裕电力上网，提升调峰能力 150 万 kW。建立水调电调联合机制，取得 9 亿 m^3 水电调峰资源。做好新投电源并网服务，促成吉泉直流配套电源 132 万 kW 机组并网发电，积极推动直流配套机组参与疆内平衡，全力确保了电力供应充足。全面落实电网侧保供措施，持续加强电力电量平衡管理，优化运行方式，做好负荷预测，精准管控电网运行风险。通过优化可控高抗、大容量 SVG 控制策略等方式，持续提升乌彩吐天、车和等断面供电能力。落实输变电设备防范雨雪冰冻、大风、雾霾等恶劣天气措施，严格执行设备分级管理要求，加强重要站线、间隔、设备的特巡特护，完成吉泉直流等重大检修任务，确保了大电网安全稳定运行。强化工作协同形成长效机制，建立工作专班和应急会商机制，促成国家发展改革委组织新疆电力保供每日专题会商，配合自治区制定电力保供工作方案，形成多部门保供例会协调、联合约谈、考核问责等机制，压实各方责任、凝聚保供合力，实现全疆“不拉闸限电”目标，服务了全国保供大局。

营销与优质服务　持续优化电力营商环境，大力推行“阳光业扩”，通过“三零”（零上门、零审批、零投资）、临电租赁、“转供电费码”等举措，节省客户办电成本。“网上国网”注册率位列国网第3位，线上办电率超过 98%。用户平均停电时间同比压降16.59%，客户投诉数量同比压降超 60%。引导客户节能降耗，向 19.21 万高压客户推送能效账单。乌鲁木齐“获得电力”指数在全国 81 个参评城市中排名第20位。服务自治区基础设施、硅基产业等重点项目，乌将铁路供电工程全面开工，格库铁路沿线供电问题得到解决。配合自治区制定出台加快新能源汽车推广应用和产业发展指导意见。印发支持兵团高质量发展的意见，全力服务兵团供电保障。

科技与信息化　成立由 4 名院士牵头的科技咨询委员会，初步形成重点实验室、研究室、柔性团队组成的科研体系。完善智库体系建设，配合完成 2 项国家电网十大战略课题研究。实施数字化能力提升“三大行动”（数据质量管理提升行动、信息系统深化应用行动、视频资源整顿治理行动），新疆能源大数据中心通过国家电网公司和新疆维吾尔自治区联合验收。建成省级双创示范中心，转化自主知识产权 17 项、金额 354 万元。修编行业标准 2 项、地方标准 5 项，获评国网、新疆维吾尔自治区、中电联科技奖项 41 项。

党的建设和精神文明建设　始终将党的政治建设摆在首位，认真落实“第一议题”制度，建立习近平总书记重要讲话和重要指示批示精神两级党委省地联学、季度重温、督办问责等机制。实施“旗帜领航·提质登高”行动计划，形成党委抓主体责任、支部抓达标创优、党员抓“三亮三比”（亮身份、亮职责、亮承诺，比作风、比技能、比业绩）工作格局。完成全国国有企业党的建设工作会议精神贯彻落实情况“回头看”。大力实施 9 个专业“党建+”工程，制定 22 项成效评价指标，形成月度通报、季度分析、年度总结长效机制。健全共产党员服务队 4 项机制，选树 100 个党员责任区和示范岗。推进班所党支部标准化建设和差异化管理，发展党员 843 名，同比增长超两倍。坚持党建带团建，全面推进“青马工程”（青年马克思主义者培养工程）。

实施“文化润疆·电亮疆来”专项行动，新增 17 个企业文化示范点，3 个项目获评全国优秀成果。不断拓展“疆电家园”平台功能，开展丰富多彩的职工活动。省级及以上媒体发稿 7000 余条，荣获全国品牌故事大赛一等奖 2 项，全国省级电力行业透明度排名第 4 位。连续 5 年荣获新疆维吾尔自治区“访惠聚”驻村工作优秀组织单位。荣获自治区“民族团结一家亲”先进集体。建立突发疫情三级响应机制，精准有序做好疫情防控，捐赠 2683 件物资支援陕西抗疫。关心关爱老同志。信访维稳、应急值班、后勤保障等工作不断加强，建成全疆首个国有企业保密宣教示范基地。

党风廉政建设　坚守“两个维护”站位、“政治体检”定位，完善领导班子和成员履责要点，制定加强“一把手”和领导班子监督 53 项举措，规范领导人员配偶、子女及其配偶经商办企业禁业范围。完成 8 家党委巡察，开展选人用人、优化营商环境等专项巡察，完成已发现问题的闭环整改，巡察质效明显提升。紧扣“双碳”、保供、防疫等开展 15 项专项监督，推动党中央决策部署、自治区重点安排在基层单位落地落实。从利益输送、设租寻租、省管产业等七个方面深入推进“靠企吃企”专项整治。运用“四种形态”（让“红红脸、出出汗”成为常态；党纪轻处分、组织调整成为违纪处理的大多数；党纪重处分、重大职务调整的成为少数；严重违纪涉嫌违法立案审查的成为极少数）开展党风廉政检查，结合“三个区分开来”（要把干部在推进改革中因缺乏经验、先行先试出现的失误和错误，同明知故犯的违纪违法行为区分开来；把上级尚无明确限制的探索性试验中的失误和错误，同上级明令禁止后依然我行我素的违纪违法行为区分开来；把为推动发展的无意过失，同为谋取私利的违纪违法行为区分开来），通过“四个以案”（以案明纪、以案析责、以案促改、以案建制）有效发挥了监督执纪保障发展、促进治理的作用。

主要事件

1 月 20 日，国网新疆电力在公司范围内开展“震撼式”安全警示教育，并通过常态化开展“安全警示日”“一把手讲安全”“安全日活动说安全”等 9 大系列活动持续提升各层级安全责任意识与安全履责能力。

2 月 25 日，从全国脱贫攻坚表彰大会上获悉，国网新疆电力派驻第一书记的和田地区策勒县策勒乡巴什玉吉买村党支部荣获全国脱贫攻坚先进集体荣誉称号。

3 月 12 日，国家电网有限公司董事长、党组书记辛保安在北京总部与新疆维吾尔自治区党委副书记、自治区政府主席雪克来提·扎克尔举行会谈。

4月16日，±800kV哈密南—郑州天山换流站年度综合检修工作正式启动。本次年度综合检修历时12天，共有25家单位995人参加，涉及检修内容6141项。

5月18日，国网伊犁伊河供电有限责任公司在伊犁哈萨克自治州伊宁市正式揭牌，伊犁主电网与伊河水利电网实现统一运营管理。

5月21日，从新疆维吾尔自治区脱贫攻坚表彰大会上获悉，国网新疆电力8个集体、2名员工、4个基层党组织、2名党员在会上受到表彰，分获自治区脱贫攻坚先进集体、脱贫攻坚先进个人、先进基层党组织、优秀共产党员荣誉称号。

7月18～21日，郑州出现罕见持续强降水天气过程，全市普降大暴雨、特大暴雨，累积平均降水量449mm。灾情出现后，国网新疆电力立即启动防汛抢险应急预案，分两批次派出303人、51辆特种车赴郑州登封市、新密市开展电力抢修工作。经统计，累计完成10个镇、25条线路、46800户供电抢修任务。

9月6日，750kV吐鲁番—巴州—库车Ⅱ回输变电工程顺利投运。该工程于2019年5月开工建设，总投资额超18亿元，新建线路长度621km，铁塔1336基。该工程投运后，将有力提升南疆750kV电网输电能力，满足南疆五地州正常用电需求，并有利于清洁能源送出，实现资源的优化利用。

10月8日，±1100kV准东—皖南昌吉换流站年度综合检修工作正式启动。本次年度综合检修历时7天，共有22家单位1416人参加，涉及检修内容8641项。

10月29日，国网新疆电力保密宣教基地暨自治区国有企业保密宣教示范基地在培训中心正式揭牌启用。

11月11日，国网新疆电力召开科技咨询委员会第一次会议暨新型电力系统研讨会。会议宣读了科技咨询委员会成立文件和委员名单，科技互联网部作了专题汇报，各位院士、专家围绕新疆新型电力系统建设建言献策。

11月19日，国网新疆电力召开今冬明春保暖保供工作电视电话会议。会议旨在坚决落实习近平总书记重要指示批示精神，深入学习贯彻国务院、自治区今冬明春保暖保供工作电视电话会议精神，充分认识做好保暖保供工作的极端重要性，对当前一段时间的工作进行再研究、再部署，确保完成今冬明春保暖保供各项任务。

（高　阳）

【国网西藏电力有限公司】

企业概况　国网西藏电力有限公司（简称国网西藏电力）是国家电网公司和西藏自治区人民政府为加快西藏电力工业建设，促进西藏自治区经济社会发展，由国家电网有限公司控股、西藏自治区人民政府参股组建的有限公司，也是国家电网公司系统唯一一家发供一体的网省公司。注册资本30亿元人民币。国网西藏电力统一规划、统一建设、统一管理地市电网，经营相关的发输配电业务；按照国家统一规划，合理有序开发西藏电力资源，投资或参与投资建设相关电源项目，促进国家规划电源基地的开发和前期工作的开发；制定并组织实施公司的发展规划和重大生产经营决策；开展电力建设项目前期工作和其他工作。截至2021年12月31日，国网西藏电力资产总额728.2亿元，供电面积122万km^2，供电服务人口超345万。本部设立部门20个，管理地市供电单位7个，业务单位15个，合资单位3个，县供电单位66个。国网西藏电力连续三年被评为“西藏自治区就业创业工作先进集体”，农电工作部被评为“全国脱贫攻坚楷模”，藏中电力联网工程获“菲迪克2021年工程项目优秀奖”。

电网概况　西藏电网已建成青藏、川藏、藏中、阿里联网四条电力天路，统一电网初具规模。以500kV为骨干网架，通过青藏±400kV直流与西北电网联网，通过川藏500kV交流与西南电网联网。截至2021年12月31日，500kV线路长度3453.79km，±400kV线路长度422.90km，220kV线路长度4139.12km，110kV及以下线路长度74973.39km，各电压等级变电站614座。西藏电网装机容量480.21万kVA。其中，水电291.49万kVA，占总装机容量60.70%；光伏138.69万kVA，占28.88%；地热和燃油等50.02万kVA，占10.42%。

2021年，西藏自治区全年发电量112.77亿kWh，全社会用电量101.06亿kWh。国网西藏电力管理机组发电量18.31亿kWh，同比增长6.15%。青藏联网送入电量9.63亿kWh，外送电量15.65亿kWh。川藏联网送入电量4.20亿kWh，外送电量9.99亿kWh。

人力资源　截至2021年12月31日，国网西藏电力共有职工8312人，同比增加377人；职工劳动生产率16.01万元/（人·年），同比下降38.96%；全口径人事费用率34.72%，同比增长3.89%；人才当量密度0.8628，同比提升0.0349。

深入落实改革部署要求。高效完成本部机构优化调整，研究构建“总量管控＋动态调整”本部编制管理机制；助力省管产业健康发展，推进省管产业平台企业公司化改制，构建“五部三中心”机构模式；创新高效灵活的机构运作模式，组建西藏清洁能源创新发展中心运营团队、省市两级安全管控中心与应急指挥中心；优化制定“三型”县公司分类标准，差异化核定初创型、成长型、完整型县公司机构编制，压缩管理人员编制，完成人岗适配，配强基层全能型班组力量。

落实稳岗扩就业工作部署，年度招聘西藏籍毕业生数量608人，面向社会招聘13人管理技术急需紧缺人才，招聘总量及西藏籍毕业生招聘数量持续位列驻藏央企首位，荣获自治区2021年就业创业工作先进集体，1人获得就业创业先进个人。

印发《国网西藏电力有限公司企业年金方案》，放开含权益类投资，增加易方达基金等四家投资管理人。制定《离退休统筹外费用过渡方案》，修订《国网西藏电力有限公司食堂经费管理细则》《国网西藏电力有限公司职工困难补助管理细则》，进一步规范福利项目与标准。修订《国网西藏电力有限公司企业补充医疗保险实施细则》，全面实施“三享计划”，提高职工医疗费用报销范围和比例，罹患重特疾病职工医疗费统筹范围内经基本医疗保险和补充医疗保险报销，报销比例达到99%。印发《国网西藏电力有限公司职员职级序列管理办法》，明确管理职责，优化制定评聘要求，拓宽优秀员工职业成长空间。完善《国网西藏电力有限公司职工离岗休养管理办法》。提升县公司薪酬保障管理，开展66家县公司岗位绩效工资套改，全面推行岗位绩效工资制度，实现县公司薪酬集中审核发放。完成县公司998名职工基本养老保险补缴核缴工作，落实基本养老保险单位补缴资金共计6293.68万元。

优化绩效管理，强化队伍建设。印发本部及基层单位业绩考核办法，按照单位性质分层分级设置考核重点，有效区分绩效优劣。强化班组绩效薪金分配机制建设，18家单位共106个班组开展内部绩效体系建设，32个班组验收合格并参与全省发布，10个优秀班组典型经验在公司系统推广。持续畅通员工多元职业发展通道，加快推进“四通道”建设，制定《青年人才托举工程实施方案》《新时代高技能人才队伍建设方案》等，为强化人才培育奠定基础。制定《国网西藏电力有限公司培训管理工作指引》，规范培训全过程管控，确保全员培训率达到95%以上。提升人才服务专业化，树立责任央企形象，实施社会化人才评价1501人次；搭建员工技术技能等级提升平台，年度开展各类评价认定服务6000余人次；选拔10名青年骨干赴东部电力企业实践锻炼，提升了人才支撑发展能力。

电网建设与发展 坚决落实国家重大战略部署，服务能源转型战略，确定碳达峰、碳中和59项工作任务，组建西藏清洁能源创新发展中心，发布第一批15个研究课题。建成川藏铁路施工供电配套工程一期，二期工程取得批复。配合金沙江上游水电特高压送端站址前期工作。推进“十四五”规划项目落地，紧密衔接自治区“十四五”电力规划，公司“十四五”规划项目全部纳入《国家“十四五”支持西藏经济社会发展重大项目实施方案》，中长期重要规划站点、廊道全部纳入自治区国土空间规划。统筹推进项目前期工作计划330项213.53亿元，完成可研评审项目126项，取得评估意见122项。东城输变电工程、拉康水电站送出等项目完成国网经研院可研评审和支持性文件办理。新型电力系统推进有力，藏中电网纳入公司新型电力系统示范区，依托发电企业和研究机构组建柔性工作团队形成藏中新型电力系统示范区规划方案。初步完成新型电力系统科研课题可研和政策体系研究工作。电网高质量建设稳固，构建质量创新提升平台，编制《质量强制措施实施细则》，依托邦达220kV变电站扩建工程、邦达—夏里施220kV线路工程，打造高质量建设标杆示范工程。基建数字化管理平台建成应用，实现项目建设全过程、基建管理各专业在线管控。试点微小火源监测预警终端应用，提高森林防火能力。践行“质量第一”导向，利用运行绩效评价以及不良供应商名录，强化评价结果与招标联动，把好电网设备入网质量关。严把设备质量检测，推进省级物资质量检储配一体化中心建设。

经营管理 截至12月31日，资产总额728.2亿元，较年初下降1.03%；资产负债率27.18%，较年初增长0.11个百分点；营业总收入65.45亿元，同比增长17.57%；售电量首次突破100亿kWh，电能替代电量5.03亿kWh，同比增长52.42%。完成公司业绩考核指标。积极争取各类政策，统筹开展税收筹划，争取增值税增量留抵退税资金4.48亿元，所得税税负降至9%；年内落实到位中央和地方各类资金23.92亿元、国家电网公司东西帮扶资金15亿元。积极应对外购电成本大幅上升的严峻形势，协调周边省份争取优惠的购电价格，促请自治区出台电力保供新增购电成本疏导政策。对内强化经营管理，优化标准成本体系、实现预算科学编审。建立预算安排项目评审机制，当年核减不合理支出1.21亿元。持续开展提质增效，全年实现增收节支3.29亿元以上，区内售电量增速19.44%，外送电量突破24亿kWh，减少利息支出1.06亿元。持续开展“三清理、两提高”，完成586个、85.92亿元的工程项目清理，历史遗留工程项目基本得到清理。开展资产清查，推动存量资产盘活利用，挖掘电网资产共享价值，实现营收149.22万元。深化产融协同，服务上下游企业，推广应用“电e金服”，累计办理保证类保险4368笔，释放保证金4.54亿元。定期开展预算执行、电价管理、经营情况等分析，做好经营决策支持。组织开展资金安全专项检查，督导落实问题整改。资金收支实现“省级集中”，现金流“按日排程”常态运行。健全各级风委会并常态运行，开展内控自评价，配合做好内控监督评价，提升风险防控能力。持续推进财务智享建设，理顺各层级财务管理界面，贯通资金、电价、税务、核算四大专业业财系统，统一业务操作标准流程。实施智能应用，实现部分税款自动计提、纳税在线一键申报；资产调拨、报废等业务在线审批；购电费、补贴全流程闭环操作；研发应用5款RPA机器人，实现电费收款业务推单制证、资金支付业务企业签名、购电费结算业务处理等工作自动处理，大幅提高了财务工作效率。结合实际提出县公司财务管理模式，县公司作为地市公司成本中心有效运行。

增强改革发展动能，建立健全“三会一层”治理架构，优化各级子公司决策流程，修订党委、基层党组织工作规则，制定党委前置研究重大经营管理事项清单，全面完成66个县公司“子改分”，完成区外933名退休人员社会化管理移交，“国有企业改革三年行动”目标任务高质量完成。促请自治区颁布实施《西藏自治区电力设施建设与保护办法》，填补了自治区电力法规规章方面的空白，有效维护电力行业合法利益。藏中联网工程档案高质量通过国家档案局验收。三座电站成功申报电力工业遗产。

安全生产 严格落实安全责任制，制定领导班子成员“两个清单”，动态修编全员安全责任清单，全面开展安全生产述职，建立领导干部及全员安全档案，如实记录各级人员安全奖惩、红黄牌、前置问责等情况。狠抓“二下二上”集中整治攻坚，安委办牵头统筹推进，全面梳理隐患、措施“两个清单”，深化组织与督导考核机制，排查各类问题隐患709项，整改率为83.94%，满足“二下二上”阶段整改率任务要求。梳理制定“五查五严”工作方案和督查方案，发现问题隐患789条，整改784条，整改率99.4%。试点开展安全等级评价，117人完成实操考试及安全等级评价认证。制定“一县一策”“一事一策”方案，管控县公司安全风险，实现县公司上划时期安全工作平稳。组建安全管控中心，建设安全风险管控平台，推广布控球、App应用，配置单兵督查装备，印发十项配套制度（方案），安全监督体系持续完善。严把安全准入，准入外包队伍612家，安全准入17889人次，三级及以上作业风险和六级及以上电网风险督查覆盖率达到100%。落实责任追究，对20家地市级主业单位、12家产业单位、108家业务外包单位、9个职能部门、18个地市级公司分管领导、292个违章责任人分别记分，对2家地市单位予以安全生产“黄牌警告”，开展前置问责25次，对1家业务外包单位实施“三停两线一通报”处罚，3家外包单位纳入“负面清单”，考核公司系统19家单位、7个职能部门，核减工资总额共计437.95万元。全面启动“131”应急体系，健全应急指挥领导体系，构建“1+2+N”应急响应体系，加强与各级政府、专业机构、重要行业企业以及医疗机构的沟通联络、信息资源共享，完善政企、警企、军企深化合作机制。建立两级“三联合”（联合值班、联合会商、联合指挥）工作机制，问题处置能力和应急指挥管控水平稳步提升，有效处置“2·27”林芝比日神山火灾、“3·4”山南洛扎县暴雪、“10·19”亚东泥石流及“10·27”察隅山火等突发事件。完成迎峰度夏和防洪度汛工作任务，精心组织各级值班工作，全面了解电网、设备、网络信息、交通、消防、防汛、保电等重要安全生产信息，确保了迎峰度夏期间公司安全生产局面平稳有序。制度建设实现新突破，开展制度“废、改、立、释”工作，废除6项制度，新编14项制度。

营销工作 全面完成上级决策部署专项任务，实施优化营商环境“深化创新年”活动，低压接电容量提升至城市160kW、农村100kW，保障“三零”“三省”服务高效落地，累计为用户节省投资1040.06万元。深化服务渠道建设，实现营销业务系统与政务服务平台资源共享、信息交互和业务融合。开展“三指定”清理自查。严格落实国家清费政策，全区服务项目不合理收费全部取消。全年完成3.8万户转供电改造任务。落实自治区适当降低部分销售电价要求，昌都、阿里累计降低客户用电成本0.91亿元。推进高新5G基站转供电改造，试点开展电力市场化交易，降低企业用电成本。乡村振兴成效显著，农村电网供电能力持续提升，落实农网投资13.28亿元，解决和改善18个县、70个乡、1.5万户、7.4万人供用电问题。自治区易地扶贫搬迁安置点未通电项目全部纳入“十四五”规划。完成23个抵边村安置点配套供电工程建设任务。发布巩固脱贫攻坚成果助力乡村振兴21项举措，带动农牧民增收7607万元，积极支持光伏扶贫产业可持续发展，2021年24座光伏扶贫电站1082.67万kWh电量全额消纳、按时结算电费并转付补贴695.48万元，让贫困户及时享受政策红利。推进能源电力消费侧碳达峰、碳中和工作，配合经信厅完成《西藏自治区工业领域需求侧管理实施细则》编制并通过专家评审。全面推进“供电+能效服务”业务，实现替代电量5.03亿kWh，综合能源完成营收1.27亿元。25台充电桩全部接入车联网平台。完成森布日智慧能源小镇建设任务和鲁朗小镇“全电绿色厨房”示范工程建设。提质增效成效显著。开展营销普查，累计普查42.87万户，普查率89.07%，普查进度高于国网平均水平。完成营财数据治理，实现电费凭证营财交互和自动生成100%目标，电费回收率持续保持

100%。县公司管理提升稳步推进，印发《县公司管理达标能力提升三年行动计划工作方案》，统筹1.53亿元资金，解决第一批上划11个县供电公司县城3.39万户智能电能表、664只采集设备改造，实现县域智能电能表及采集全覆盖，抄表成功率97.75%，有效提升县公司营销业务规范化管理。各地市公司落实管理主体责任，采取“上挂下派”等方式，强化指导帮扶，县公司6653万元陈欠电费全面回收，县公司管理能力不断提升，服务意识不断增强，生产经营稳步好转。

科技与信息化 聚焦“碳达峰、碳中和”目标，加强科研技术布局，优化完善“十四五”科技规划，审定“十四五”时期科研重大项目9项，2021年研究开发专项资金投入750万元，自筹资金1253.8万元。强化科技创新体系建设，营造良好创新氛围，不断优化完善科技奖励办法，增设重大工程类、年度科技人物奖，提高各奖项奖励标准，不断激发基层科技创新活力，申报国家重点研发项目“原初引力波地面观测台站及其环境研究”课题1项，参与公司新型电力系统科技攻关计划1项。加强科技创新人才队伍培养，开展首批首席专家推荐，促进科技人才和高技能人才竞相涌现。深入推进“双创”工作，尊重基层首创，支持基层群众性创新创造，安排群众性创新项目资金46万元。搭建展示青年风采广阔平台，组建“藏电青年创新工坊”，举办7次创新沙龙，征集青年创新项目21项，进入“孵化池”项目17项。加强实验室能力建设，提升科研能力，西藏羊八井高海拔电气安全与电磁环境国家野外科学观测研究站正式获批建设；实验室通过CNAS现场评审，具备国家级检测或校准能力；设立以电科院为支撑单位的中国电工技术学会标准工作委员会高海拔电气工程技术工作组。标准化参与度不断提升，编制了西藏分布式光伏发电并网技术规定；参与《高电压试验技术电磁和声学法测量局部放电》（国标标准）、《高压直流工程间隙放电电压海拔校正导则》（行业标准）、《电能质量现场测试技术规范》（团体标准）的制修订。2021年获得国家电网有限公司科学技术进步奖二等奖1项，申请专利22项，获得授权专利34项，其中发明专利9项。提升环保管控水平，高质量完成生态环境保护工作自查评及管理提升专项行动，制定落实整改措施23项。配合川藏铁路施工供电配套工程等重点项目环评及水保方案内审、环水保设计复核，完成110kV及以上电网建设项目环水保验收30项。职业卫生管理实现新突破，完成变电站职业卫生检测6座，并在川藏铁路施工供电配套工程中实施职业卫生“三同时”（同时设计、同时施工、同时投产）制度。

全面开展公司数字化建设工作，持续夯实国网云、企业中台、物联网管理平台等数字化基础，扩展云和数据中台资源规模，完成国网云大版本升级。物联管理平台新增接入950台设备，实现新增边缘感知设备的全面纳管。成立企业中台领导小组和工作组，协同完成电网资源业务中台部署，全网率先完成统一视频内网云化部署、数据迁移及外网平台建设。完成基建数字化全过程管理平台建设，实现国网首个“e基建”移动应用在国网三地数据中心外网公共服务云上部署。推进“网上国网”迭代升级，配合完成北京数据中心迁移试点应用。全面推广无纸化会议，推进现代智慧供应链、新一代电力交易等业务系统建设应用。加强数据中台建设运营，完成67套业务系统、2.4万余张数据表接入数据中台，实现核心业务数据汇聚，支撑各项业务应用。构建公司数据管理体系，完成54套系统的数据资源目录盘点和1125个业务数据对象定源定责工作，发布数据资源目录和权威数据源清单。建设数据资源在线服务平台，实现数据资源在线化、智能化管理。常态开展营销稽查、供电服务、安全生产、车辆GPS及统一视频监控等监测分析工作，持续开展电力大数据价值挖掘，开展“电力看环保”、住房空置率等场景部署及监测分析工作。

强化网络和信息系统安全运行，2021年未发生网络安全事件。完成各项攻防演练、保障及竞赛工作，在自治区实战攻防演习中获得防守方第三名、攻击方央企第一名的成绩；参加2021年全国行业技能竞赛——第七届全国职工职业技能大赛西藏选拔赛，获得个人一、二、三等奖；参加西藏自治区第三届“玄盾杯”网络安全技能大赛，取得团体二等奖和三等奖；参加2021年中国技能大赛——西藏自治区第六届网络安全技能大赛，取得团队三等奖和个人二、三等奖。

优质服务 认真落实“15+24”条保电工作要求，制定客户侧电力服务保障方案，完成习近平总书记赴藏调研考察期间及建党100周年、自治区和平解放70周年重大保电任务，全年累计完成各类保电任务598次。“网上国网”注册用户7.82万户，办电业务线上办理率70.24%，线上交费比率56.83%，提升用户办电便捷度。建立完善95598数据统计分析机制，精准分析客户诉求和关注焦点，有力支撑优化营商环境、应急联合值班、“大、长、繁”专项治理等工作。全年供电质量投诉同期压降80.19%，频繁停电敏感线路由47条压减至34条。95598投诉工单同比压降76.28%。完成雁石坪、天下第一道班通大网电工程，改变了群众多年柴油发电的历史。立足自治区强边固边大局，统筹资金解决了15个边防哨卡供电问题，全力服务边防部队发展建设。

党的建设和精神文明建设 细化学习教育任务清

单57项、督导制定基层单位实施清单406项。严格落实“第一议题”制度36次、召开理论中心组学习15次、读书班10期、研讨55人次，通读细学4本指定书目，及时跟进学习习近平总书记最新重要指示批示精神。结合学习宣贯党的十九届六中全会精神、习近平总书记“七一”重要讲话和赴藏考察期间重要讲话精神等，开展“四史”及西藏地方与祖国关系史宣传教育，组织专题党课515次、专题辅导114期，举办“红色基因、电力传承”活动172次，打造纳金电站爱国主义教育基地。扎实开展各类主题活动166次，发布藏电故事42个、媒体新闻报道615篇、学习简报57期。组织305个党支部与18个驻村点结对共建，筹措捐款捐赠资金共计1120余万元、开展志愿服务活动350余次，受益惠及群众约5.3万人。强根铸魂，提质登高激发活力，深入开展庆祝建党100周年、西藏和平解放70周年系列活动，大力实施“旗帜领航•提质登高”“基层党建创新拓展年”活动，不定期召开党建工作推进会，以“三抓六管”（抓规范、抓规矩、抓规律，管体系、管组织、管活动、管效果、管书记、管党员）工作思路，推进“党建+九大工程”和“两队”（共产党员服务队、突击队）建设等活动。认真落实新时代党的组织路线，选优配强基层党支部书记，举办4期党务干部培训班，印发7项党内制度，建立64家县公司独立党支部。始终坚持“严”的主基调，修订“两个责任”清单，健全“两谈一述”机制，一体推进“三不”建设。坚持党建带团建群建，制定统战工作责任清单，开展“请党放心 强国有我”等主题团日活动50余次，举办“请党放心 强国有我”主题演讲比赛，拍摄微电影《向光而行》（获中共西藏自治区委员会宣传部、西藏自治区新闻工作协会联合举办的微视频大赛非专业组优秀作品奖）。深化实施“青马工程”，72名优秀青年参加青马培训。创建藏电青年创新工坊并孵化创新创效项目23项，举办国网西藏电力第六届“青年创新创意大赛”，9个项目参与国家电网公司第六届“青年创新创意大赛”初赛，1个项目获得二等优秀青年创新项目。1个集体荣誉“全国五四红旗团委”荣誉称号；1人荣获中央企业“优秀共青团干部”荣誉称号；1位同志荣获国网第五届“青年岗位能手”荣誉称号。5名青年和4个集体荣获国家电网公司、自治区表彰。高举“两旗”，先锋模范建功立业，制定关心支持服务一线职工固边稳藏建功立业5个方面24项重点措施，扎实开展“中央有号召，藏电有行动，铁心跟党走，赤心守边疆”“民族团结进步模范单位创建”“我为公司发展添动力”等系列活动，推动干部职工队伍活力和创业激情进一步增强。号召全体干部职工不断继承弘扬“老西藏精神”“两路精神”和“努力超越、追求卓越”企业精神，高举党旗，做政治过硬、作风优良的奋斗者，高举国旗，做固边稳藏、富民兴藏的排头兵，始终在服务国家“治边稳藏”大局中彰显国企政治属性和使命担当，按季度评选“两旗”标兵377名。调研分析职工思想动态4次。举办2021年思想文化培训班。深化“文化铸魂、文化赋能、文化融入”专项行动，企业文化汉（藏）双语读本和动漫视频获国家电网公司优秀成果一等奖。3座电站入选国家电网首批“百年电力”文化遗产名录。1名职工获“全国优秀共产党员”称号、1名职工再获全国道德模范提名奖。1个家庭荣获自治区第三届文明家庭。本部通过自治区复查并保留“文明单位”称号。

（杨旭涛）

南 方 地 区

【国家能源局云南监管办公室】

基本情况 国家能源局云南监管办公室（简称云南能源监管办），组建于2013年10月，是国家能源局派驻云南的正厅级行政机构，负责云南省辖区内电力等能源的监督管理和行政执法以及电力安全监管工作等。

主要职责：根据《中央编办关于国家能源局派出机构设置的通知》（中央编办发〔2013〕130号）以及《国家能源局关于印发〈国家能源局派出机构主要职责内设机构和人员编制规定〉的通知》（国能人事〔2013〕438号），国家能源局云南监管办公室主要职责如下：监管电力市场运行，规范电力市场秩序；监管电网和油气管网设施的公平开放；监管电力调度交易，监督电力普遍服务政策的实施；负责电力等能源行政执法工作，依法查处有关违法违规行为，监督检查有关电价；负责除核安全外的电力运行安全、电力建设工程施工安全、工程质量安全的监督管理以及电力应急和可靠性管理，依法组织或参与电力事故调查处理；负责组织实施电力业务许可以及依法设定的其他行政许可；负责法律法规授权以及国家能源局下达或交办的有关事项监管。

领导班子

党组书记、监管专员：郑毅

党组成员、监管副专员：高进

党组成员：纪庆磊

组织机构 设综合处、市场监管处、行业监管处、电力安全监管处、资质管理处、稽查处等六处室。

主要工作

（1）工作概况。云南能源监管办以习近平新时代中国特色社会主义思想为指导，全面贯彻党的十九大和十九届历次全会精神，认真落实全国能源工作会议和监管工作会议部署，坚定做好国家政策落实的监督者、电力市场改革的推动者、人民群众用能权益的维护者，高质量开展能源监管各项工作，引领保障作用显著提升，电力安全生产形势稳定向好，能源市场运行秩序有效规范，行业监管效能显著提升，惠企利民政策落实更加精准。

（2）云南电力总体形势。2021 年云南省统调装机容量 10030.1 万 kW，纳入省级调度平衡口径电源装机容量 8813.0 万 kW，其中，水电 6475.6 万 kW、火电 1120.0 万 kW、风电 874.6 万 kW、太阳能发电 342.8 万 kW。2021 年全年电力运行总体呈现供需紧张局面。发电方面，全年云南电网发电量（含小电）3540.56 亿 kWh，同比增长 3.25%；用电方面，受经济持续恢复发展及新增铝硅用电的明显拉动，全年全社会用电量 2138.25 亿 kWh，同比增长 5.6%；西电东送方面，全年云南省西电东送电量完成 1473.07 亿 kWh，同比增长 1.04%。2021 年在电力供应紧张的形势下，市场运行总体平稳。

（3）电力安全监管。2021 年云南省电力安全生产形势持续稳定向好，未发生大面积停电事件，未发生水电大坝垮坝、漫坝及对社会造成影响的事件，未发生较大电力人身伤亡事故，针对 5 月 10 日起云南出现的大范围全时段有序用电情况，云南能源监管办成立能源保供联合工作组，采取增煤保电、优化调度、协调西电东送电量、加强“两高”项目用能管控等措施，保障电网安全稳定运行和全省电力有序供应。累计应对处置云南及周边区域 4 级以上地震 52 次，山火、雨雪冰冻等灾害多次，高效应对处置大理漾濞 6.4 级地震，震后 17h 全面恢复灾区供电，配合国家能源局第十二督查组完成云南和广西区域共计 12 家省、州（市）、县三级电力管理部门和电力企业及用户应急能力建设现场督查，协调督促州市电力主管部门成立 16 个州市级电网安全风险管控专班，建立定期会商、季度报告、联合督查、信息通报四项机制，督促电力企业和用户落实“一险一策”“一厂一策”30 项，消除国家二级电网安全风险 3 项，有效闭环管控检修状态下一般事故及以上电网安全风险 8 项，推进电力安全生产专项整治三年行动集中攻坚，现场督查发现并督促企业闭环整改问题和隐患 620 余个；完成庆祝建党 100 周年、COP15 等重大活动电力安全保障工作，实现了电力安全保障“零事故、零故障、零跳闸、零闪动、零投诉、零舆情”目标。

（4）电力市场监管。一是重大监管任务落实有序推进。云南能源监管办坚决落实监管任务书要求，“督促云南省发展改革委、能源局及时妥善处理有关问题”任务取得积极进展，截至 2021 年底，云铝已清缴 9.23 亿元欠缴电费、补缴 2.82 亿元私自增容基本电费、清缴 8.6 亿元地方水利建设基金。二是综合重点监管成效明显。开展清洁能源消纳综合监管和云南电力市场秩序重点监管，发现问题 30 余个，督促电网企业严格控制承兑汇票使用比例，督促保山电力支付拖欠小水电电费 1.25 亿元、拖欠电网公司电费 4.57 亿元，整顿 69 家市场准入信息不全发电企业，有效规范了厂网合同签订、厂网电费结算、交易机构交易组织等工作。三是电力市场改革深入推进。结合电力供需形势逆转和异步电网频率调控难度大情况完善规则，推动云南调频辅助服务市场 7 月 1 日正式运行，电网频率调节效率大幅提升。辅导增量配电改革试点项目业主完善许可条件，为 4 个试点项目颁发电力业务许可证（供电类），云南 29 个试点项目 11 个已持证运营。

（5）法治机关建设及行政执法。一是法治机关建设加快推进。2021 年，云南能源监管办以习近平法治思想为指导，把推进法治政府建设作为一项重要政治任务，着力加强内部规范性制度建设，不断健全完善制度和机制建设，制、修订有关内部管理制度规定 16 个；印发云南能源监管办法治机关建设重点任务和工作分工，明确各项任务的工作部门、时间表和路线图，依法全面履行能源监管职责；成立法制审核小组，聘请法律顾问，全面推行行政规范性文件合法性审核机制；开展“宪法宣传周”“八五普法”启动会，全面推进能源行业学法守法用法，全办内部管理和监管工作全部纳入了法治轨道。二是行政检查力度深入扎实。云南能源监管办督查检查 130 余家能源企业，发现电力安全、市场化交易等问题 700 余个，下发整改通知书、监管意见书 30 余份。三是行政处罚力度加大。云南能源监管办立案调查 10 家涉嫌违反《中华人民共和国安全生产法》等法律法规的企业，全年查处违法违规案件 8 起，行政处罚金额 28 万元，处罚案件数量同比上升 100%，处罚金额同比提高 75%。

（6）资质许可。2021 年云南省辖区内持有承装（修、试）电力设施许可证企业 574 家，持有电力业务许可证（发电类企业 696 家、供电类企业 127 家、输电类企业 1 家）；全年约谈电力企业 23 家次，通报 10 家，撤销 12 家企业的承装（修、试）许可，注销 40 家企业承装（修、试）许可证，责令相关电网企业对增量配电业务试点区域内政府性基金及附加收取情况进行全面汇总清查，及时退补44.7万元不合理代收费用，停止向增量配电网企业代收不合理的政府性基金及附加。

（7）能源普遍服务监管。组织开展提升"获得电力"服务水平综合监管，同步对2019年能源行业漠视侵害群众利益问题专项整治发现问题的整改落实情况开展"回头看"，依托12398能源监管热线持续提升全省供电能力及服务水平。至2021年末，云南低压居民平均接电时长1.77天，低压非居民接电平均时长6.55天，高压单电源接电平均时长14.96天；累计通报"12398"能源监管热线处理情况12期，12398热线累计接收有效信息2936件，其中投诉类266件占比9.06%，举报类2件占比0.07%，咨询类2261件占比77.01%，其他类407件占比13.86%，12398热线投诉数量同比下降17.90%。

（8）行业监管相关亮点工作。一是监管工作得到云南省政府充分认可。起草电力供需情况及建议、行业经营情况及建议等文件和专报6件，报云南省政府，并得到云南省政府的高度认可。二是与地方发改能源部门联动常态化。与云南省能源局建立重要情况通报机制、定期会商研判机制和重要工作联动机制等3项机制。三是电力安全监管体系更顺畅。与云南省安委办、能源局等单位全年联合印发19份有关文件，联合召开7次重要会议，联合推进9项重点工作，初步构建了齐抓共管责任体系和联合推进落实机制，在全国电力安委会第二次会议上作重点交流发言。四是与专业机构合作更密切。充分利用第三方机构专业优势，在技术监督、行政处罚、电力建设工程施工安全、工程质量安全监督等方面取得显著成效，法治政府建设、依法行政工作水平大大提升。五是建立跨部门专班推进工作机制；建立"互联网＋监管"四大平台。运用"互联网＋"手段，构建能源供需监测预警、电力市场运营监测监管、电力舆情监测、电力安全应急指挥等4大平台，及时通报影响电网安全稳定和电力市场平稳运行等情况，实现了能源监测预警实时在线、电力市场运行可控在控、电力舆情信息有效感知、电力安全应急指挥及时高效。

（9）乡村振兴。派出挂职干部赴甘肃省清水县白驼村担任驻村第一书记，谋划白驼村产业发展，推进抓党建促乡村振兴结对共建，全力组织组好疫情防控工作，扎实推进乡村建设示范村创建工作，全年完成消费帮扶14535.6元，超额完成年初认领目标；完成捐资助学19名，超额完成年初认领目标73%。

（10）党建工作。召开年度党的建设暨党风廉政建设工作会议，安排部署5方面重点工作并推进落实，召开党组会议31次、机关党委会议7次，开展支部学习35次、中心组集体学习17次，传达学习党中央国务院、国家能源局党组重要精神，安排云南能源监管办全面从严治党各项工作；针对国家能源局巡视办反馈的4方面12项问题和3方面审核意见，突出标本兼治、远近结合，细化制定97项整改措施，其中长效机制50项，建立整改台账和月度督办推进机制，并严格执行整改落实情况向党内通报和向社会公开制度。巡视反馈以来，累计召开17次党组会议、8次巡视整改推进会议、13次专员办公会议研究落实巡视整改工作。截至目前，97项整改措施高质量完成，整改完成率100%，制修订相关制度17个，建立工作机制10个。组织编制、修订廉政风险防控手册，梳理排查43个廉政风险点，制定116项防控举措。建立廉政回访制度，对行政检查、行政许可、工作调研等重点事项强化监督。精心制定党史学习教育工作方案，明确17项具体工作任务，形成可量化、可检查的任务清单、责任清单。精心谋划12项庆祝建党100周年系列活动，创新开展"红色故事大家讲""百年巨变人人讲""最想对党说的一句话"等活动，形成人人参与的浓厚氛围。精心实施20项我为群众办实事任务。开展"双报到双服务双报告"活动，为社区群众办实事、解难题84人次。

（胡崇锐）

【国家能源局贵州监管办公室】

基本情况 国家能源局贵州监管办公室（简称贵州能源监管办）是国家能源局在贵州设立的派出机构。2013年11月21日单位名称由国家电力监管委员会贵州省电力监管专员办公室变更为国家能源局贵州监管办公室。

主要职责：监管电力市场运行，规范电力市场秩序；监管电网和油气管网设施的公平开放；监管电力调度交易，监督电力普遍服务政策的实施；负责电力等能源行政执法工作，依法查处有关违法违规行为，监督检查有关电价；负责除核安全外的电力运行安全、电力建设工程施工安全、工程质量安全的监督管理以及电力应急和可靠性管理，依法组织或参与电力事故调查处理；负责组织实施电力业务许可以及依法设定的其他行政许可；负责法律法规授权以及国家能源局下达或交办的有关事项监管。

领导班子

党组书记、专员：潘军

党组成员、副专员：沈军

党组成员：杨新红

组织机构 设综合处、市场监管处、行业监管处、电力安全监管处、资质管理处、稽查处六个职能处室。

主要工作

（1）电力安全监管。2021年，贵州能源监管办严格落实电力安全监管责任，全年实现“零事故、零伤亡”的突破，电力安全生产形势稳中向好。一是认真学习宣贯安全生产法律法规。组织贵州电力行业学习《生命重于泰山——学习习近平总书记关于安全生产重要论述》电视专题片，全省电力企业3万余人观看。参加国家能源局电力安全风险管控工作视频会36次，召开年度贵州电力安全生产电视电话会议等安全生产专题会议5次，认真学习领会全国安全生产电视电话会议精神，以宣贯《中华人民共和国安全生产法》为契机，狠抓安全监管责任落实，坚决贯彻落实国家能源局和省委省政府关于安全生产的有关要求。二是深入基层开展电力安全督查。深入水电站、火电站、风电场、光伏电站等项目现场开展防汛督查、施工现场安全督查、保电安全检查等督查检查13次。指导电网企业开展应急抢险保供电工作，成功应对省内多次强降雨极端天气，电网企业共出动抢修人员11631人次、抢修车辆4367辆次、发电车21辆、发电机48台。三是集中攻坚电力安全生产专项整治三年行动。联合省安委办、省能源局对云岩区开展“定向体检会诊”式电力安全检查，督促全省电力企业动态更新安全风险隐患排查治理清单，深化双重预防机制建设。排查一般隐患13019项，整改12261项，整改率94.18%，未发现重大电力安全隐患。四是完成建党100周年保电工作。建立健全建党100周年贵州电力安全保障体系和信息联合报送机制，到遵义、苟坝、黎平、猴场、化屋基等5家重点保电场所及贵州省广播电视台等8家重要用户开展保电现场督查，完成各项保电任务，得到国家能源局的肯定。五是成立电力安全生产委员会。会同省能源局成立涵盖9个市（州）电力主管部门及28家电力企业的贵州省电力安全生产委员会，初步搭建了覆盖政府和企业的电力安全监管新平台，强化属地责任、部门责任、企业主体责任落实，形成了齐抓共管、协同高效的电力安全监管合力。六是深入推进电力行业安全文化建设。开展2021年电力行业“安全生产月”“安全生产万里行”“安全红袖章”“事故隐患大扫除”等活动。开展电力行业班组安全建设专项监管和电力应急能力建设情况专项督查。开展电力行业网络安全监督检查，坚决防范网络安全重大风险。指导电力企业开展电力安全理论学习60次，参与868人次。

（2）电力市场监管。2021年，贵州能源监管办推进电力市场化改革，开展电力调度监管、电力价格和成本监管、电力市场交易监管、清洁能源消纳监管等工作，规范了市场行为和市场秩序，促进了贵州电力工业高质量发展。一是做好能源供需形势分析。建立贵州电力市场月、季、年报报告机制及电煤日监测、周分析制度，加强电力市场运营监控分析，强化能源预警预测，完成监管工作简报10期，及时向国家能源局报告贵州电力、电煤、成品油、天然气供需情况及存在“三性”问题。适时召开厂网联席会议，就电力行业难点热点问题达成共识。二是做好贵州能源保供工作。针对年初和四季度电力供应紧张情况，参加省领导召开的电力保供和电煤增产增供座谈会2次，及时汇报全国煤矿智能化建设工作推进会会议精神及国家能源局局长章建华关于做好电煤保障和电力保供的重要讲话。深入火电站煤场、光伏电站、风电场、供电所等开展检查，督促企业多购煤多存煤，科学调度、均衡调度，千方百计确保生产安全、公共安全和居民生活正常。三是有序推进中长期电力市场交易。督促指导电力交易机构做好省内直接交易、跨区跨省交易，引导市场主体调整交易策略，合理调整各类交易周期电量占比，提高市场化交易灵活性，并率先在全国完成2021年度长协“六签”。全年完成市场化交易电量665亿kWh，释放改革红利52亿元。四是深入推进辅助服务市场建设。加快推进调峰、调频及“黑启动”辅助服务市场建设，调峰市场和黑启动市场转入正式运行，调频辅助服务市场启动模拟运行，增加深度调峰和启停调峰容量884万kW，新增清洁能源消纳量3.4亿kWh，相当于减少10.1万t标煤消耗，减少CO_2、SO_2排放量约23.3万t。五是参与南方区域统一电力市场建设。参加南方区域电力市场建设工作小组会、推进电力现货试点工作周例会等相关会议，配合做好南方区域电力市场监管实施办法等相关方案、规则的研究制定，协调推进南方区域“十四五”西电东送框架协议签订事宜，会同南方监管局、云南监管办联合印发2021年南方区域电力市场监管工作要点，强化区域协同监管。六是开展市场监管和专项调研。组织开展清洁能源消纳情况综合监管和中长期市场秩序专项监管，督促电网企业、电力调度机构、电力交易机构、发电企业开展自查整改。开展贵州增量配电改革试点项目推进情况调研，进一步了解掌握贵州增量配电业务改革试点项目规划、配电区域划分、项目推进等情况。

（3）行业监管。2021年，贵州能源监管办转变职能，加强对煤炭、油、气等能源行业的监管，开展“十三五”规划落实情况监管，参与“十四五”能源规划编制工作，不断提高行业监管效能。一是落实能源行业监管任务。以非现场监管为主要手段，在贵州能源行业开展“十三五”煤电淘汰落后产能专项监管，国家“十四五”能源规划任务落实机制建设情况专项监管，天然气管网和LNG接收站公平开放专项监管及2021年炼油行业专项监管，形成专项报告并督促整改。二是参与“十四五”能源规划编制。围绕贵州“十四五”风光水火储多能互补和一体化项目发展、煤矿煤电淘汰落后产能、抽水蓄能电站发展布局、主干电网重要建设项目等方面开展研究，参与国家及地方“十四五”能源领域各类规划制订及重大项目布局研讨、规划及项目评审、意见建议征集等工作。三是持续跟踪“十三五”重要续建项目。参加“十三五”能源规划目标任务落实情况综合监管，督促兴义电网与百色电网断开后并入贵州主网运行，全面梳理贵州列入国家“十三五”能源规划并仍处于续建阶段的重大项目，建立项目进度台账并持续动态跟进。全省列入国家“十三五”能源规划的重大续建项目共 8 个，其中在建 3 个、前期工作 3 个、停建 2 个。四是确保油气市场供应稳定充足。开展迎峰度冬期间全省油气市场保供监管，与有关部门督促中石油天然气销售贵州分公司和贵州燃气集团落实居民用气“量价齐保”政策要求，加大管道输送能力和储气设施建设，全力强化供暖季民生用气保供。

（4）电力稽查和供电监管。2021 年，贵州能源监管办切实加强能源稽查力度，不断拓展畅通 12398 民生通道，及时处理群众关注的重点、难点、热点问题，调解电力争议纠纷，妥善地处理解决了一些反映强烈、群众期待的突出问题，切实维护了电力消费者的合法权益。一是做好 12398 投诉举报热线办理。国家能源局 12398 热线中心接到来自贵州的投诉举报 118 件，同比降低 47.78%，投诉举报事项总数居全国第 25 位。责成供电企业对涉及 12398 投诉举报的责任人进行考核问责，考核 462 人 16.6 万元、组织绩效考核 3.35 万元。二是开展行政处罚工作。加大行政执法力度，按照“铁面无私、铁证如山、铁案难翻”的工作要求，对掌握的违法违规问题线索及时启动调查处理程序，依法依规开展行政处罚，依法依规对雷山县天雷风电有限公司等 10 家违规发电企业开展行政处罚 48.81 万元。三是开展提升“获得电力”服务水平综合监管。督促能源主管部门制定完善贵州“获得电力”服务水平三年行动方案和任务台账，开展“获得电力”任务指标完成情况审核，上报“获得电力”任务指标完成情况统计表和“三零”“三省”服务效益统计表，开展电力企业自查自纠，共发现 7 个方面 15 个问题，通过约谈督促企业完成整改。四是配合做好提升“获得电力”服务水平综合监管现场督导。落实国家能源局提升“获得电力”服务水平综合监管现场督导有关要求，主要负责同志陪同国家能源局第一现场督导组到毕节供电局开展调研，选派 2 名业务骨干参加第十现场督导组开展现场督导。对贵阳市白云供电局、兴义供电局开展现场检查。

（5）电力业务许可监管。2021 年，贵州能源监管办持续深化“放管服”改革，推行资质许可告知承诺制，构建以信用为核心的电力业务资质许可监管体系，开展“双随机、一公开”核查，实现事中事后监管规范化和常态化。一是推行告知承诺制。按照国家能源局资质中心统一部署，成立行政许可工作监督检查小组，实行首问责任制、“一网通办”“最多跑一次”、分类指导等措施，强化业务培训和事中事后核查，不断提高资质许可工作质量。全年办理电力业务和承装（修、试）电力设施许可共 446 件，通过告知承诺制办理 83 件。二是靠前开展证前辅导。深入落实“放管服”改革要求，优化许可流程，缩短办理时限，主动向企业开展证前辅导，耐心解答群众咨询，帮助企业查缺补漏、答疑解惑，增强人民群众办证获得感和满意感。召开资质管理和信用工作培训会议 3 次，受理咨询 2000 余条。三是推动实现信用建设齐抓共管。充分利用信用中国、信用能源等平台信息，定期向省能源主管部门推送国家能源局能源行业失信联合惩戒对象统计分析报告，在信用建设上形成监管合力。进一步夯实信用等级差异化监管，加大重点关注企业名单督查检查频率，对 15 家失信企业实施重点专项监管。四是指导开展信用归集修复工作。通过在资质管理和信用建设业务培训会上集中学习有关信用建设文件精神，剖析失信联合惩戒典型案例，引导企业重视信用建设工作，依法依规诚信经营。及时归集 10 家行政处罚企业数据信息，对 27 家公共信用综合评价为差级的失信和严重失信持证企业开展约谈提醒，指导 3 家失信企业完成信用修复。

（翟　斌）

【广东电网有限责任公司】

企业概况　广东电网有限责任公司（简称广东电网公司）是南方电网公司全资子公司。前身是广东省电力集团公司，2002 年划归南方电网公司管理，2005 年更名为广东电网公司，2014 年更名为广东电网有限责任公司。2012 年下辖的广州、深圳供电局分立，由南方电网公司直管，2020 年 1 月 1 日起，广州供电局划回。广东电网公司资产总额 4153 亿元，供电客户 4596 万户，供电人口超过 1 亿人，负责广东省（深圳市除外）的电网规划、建设、调度、运营和供电服务，并为香港、澳门提供电力供应。

广东电网以珠江三角洲 500kV 主干环网为中心，向粤东西两翼及粤北延伸。通过“八交十直”等高压输电线路与广西、云南、贵州等中西部省区电网及三峡联网；通过 2 回 500kV 海底电缆与海南电网相联；通过 4 回 400kV 线路与香港中华电力系统联网；通过 6 回 220kV 线路和 4 回 110kV 线路向澳门地区供电。广东电网拥有变电站 2692 座（其中 500kV 变电站 59 座），变电容量 5.29 亿 kVA，输电线路总长度 8.98 万 km。截至 2021 年 12 月 31 日，广东电网统调最高负荷 1.35 亿 kW，装机容量 1.53 亿 kW，新能源（风电＋光伏）装机容量 1726 万 kW。2021 年，广东电网供电量 7130 亿 kWh，售电量 6884 亿 kWh，西电送广东年度电量 1893 亿 kWh。

广东电网公司现有员工 10.45 万人，其中博士研究生 246 人、硕士研究生 5953 人，国务院特殊津贴专家 7 人，广东省高层次人才特殊支持计划（科技创新青年拔尖人才）2 人。广东电网公司现有中共党员 40905 名，分属于 3432 个党组织，其中，党委 221 个，党总支 91 个，党支部 3120 个。

领导班子

董事长、党委书记：廖建平

副董事长：胡帆

董事、总经理、党委副书记：李建设

一级职员、党委副书记、工会主席、职工董事：齐文京

一级职员、党委委员、副总经理、总会计师：莫锦和

副总经理：张昆

党委委员、纪委书记：杨恒

党委委员、副总经理：李铭钧、王昌照

组织机构 广东电网公司本部设 20 个职能部门，直接管理 20 个地市供电局、11 个业务支撑机构、6 个直属实施机构、6 个直属新兴业务企业。

电网发展 电网规划。制订“十四五”总体规划、电网发展规划，推动广东省政府挂牌成立广东省电力规划研究中心。完成广东电网“十四五”输电网规划系统设计，推动全球最复杂受端省级电网规划落地。服务区域协调发展战略，签订“十四五”云电送粤和黔电送粤框架协议，推动南方电网公司与西藏、广东两省区政府正式签署合作框架协议。完成全面服务粤港澳大湾区建设 22 项年度重点工作，制订实施融入和服务横琴粤澳深度合作区发展工作方案及“一揽子”专项方案，与合作区执委会签订“十四五”战略合作协议。全力服务乡村振兴战略，派出 93 名干部参与 86 个帮扶点驻镇帮镇扶村工作，投入 1355 万元用于定点帮扶项目，投入 101 亿元建设现代化农村电网。制订并实施“十四五”保底电网规划建设方案。完成国土空间专项规划，2020—2035 年 35kV 及以上输变电项目站址用地和路径走廊全部纳入广东省各级国土空间规划。

服务“碳达峰、碳中和”与新型电力系统建设。出台构建新型电力系统服务“碳达峰、碳中和”行动方案与计划，与惠州、韶关、汕尾等市签订新型电力系统示范区合作共建框架协议，在清远打造全省首个碳中和示范村。推动省政府建立可再生能源电力交易机制。6 月起广东省开展可再生能源电力交易，7～12 月总成交电量 1048 万 kWh。印发“十四五”储能发展实施方案，牵头起草的《参与辅助调频的电厂侧储能系统并网管理规范》《电厂侧储能系统调度运行管理规范》填补了相关领域标准空白，自主及合作建成 4 个电网侧储能示范项目。

新能源实现“应并尽并”，组建全国首个省级电网新能源服务中心，建立新能源业务“一口对外”工作机制。电科院牵头研发的大容量海上风电机组并网测试技术达到国际领先水平，建成南网首个省地新能源协同控制系统。全年服务风电及光伏新增并网容量超 770 万 kW，超额完成 400 万 kW 海上风电年度重点任务，至 2021 年底，广东电网海上风电装机容量达到 650 万 kW，同比增长超过 5 倍。深入开展整县屋顶分布式光伏消纳分析，助力广东 32 个试点县共计 1100 万 kW 分布式光伏项目申报。2021 年，全省新能源装机容量和发电量分别同比增长 59.4%和 34.4%。2021 年底，广东风电、光伏发电装机容量 2216 万 kW，占统调装机容量的 14%，占南方五省区新能源总装机容量的 37%。

电网建设。2021 年全年投产主网项目 277 个，新增输电线路 4953km，变电容量 3260 万 kVA；投产配电网 16123 项，配电容量 432 万 kVA，中压线路 12912km。全年推进 660 项 35kV 及以上电网项目前期工作，取得 151 项核准批复。建成 120 项重点工程，提前投产粤西开关站、东莞中堂悦湾电厂送出等工程，提前建成接入系统工程，支持梅蓄、阳蓄首台机组提前投产，加快投产五邑站主变压器扩建、500kV 源和电厂二期接入系统等保障电力供应重点工程。提前全线贯通闽粤联网工程（广东段）。汕头勒门、惠州中广核、阳江沙扒等 10 项新能源送出工程与电源同期投产，全省最大平价上网光伏项目接入系统工程在揭阳投运。中通道、南通道等广东目标网架工程整体进入电气安装和调试阶段。

开展“安优文”样板工程创建。引入无人机辅助、关键技术监督等手段，全面推进“零缺陷”移交，全年“零缺陷”项目率达 97.48%。对 500kV 凤城变电站获“鲁班奖”，佛山 500kV 凤城变电站工程、乌东德电站送广东广西特高压多端直流示范工程广东受端交流配套工程、河源 220kV 江面变电站工程、中山 220kV 君兰变电站工程、东莞 220kV 茶寮（芦溪）变电站工程、广州 220kV 文旅（长岗）变电站工程获中国电力优质工程奖。广州局建成全国最大规模自愈配电网，东莞、佛山、珠海局建成国内领先的一流可靠性标杆配电网示范区。110kV 猎桥站获首个“LEED 国际金级和国标三级”双绿色认证，建成全网首个“零碳配电站”。

安全生产运行 电网运行。完成年度防范电网运行风险 31 项重点工作，有效管控三级及以上事件停电

风险数量1457项，有效管控1400余项三级及以上事件停电风险，全年未发生造成实际损失的重大风险事件，提前开展中长期方式研究，提出“十四五”期间化解风险重要项目100余项。完成500kV超期服役二次设备改造。广州、佛山等6个试点局建成调控一体化目标模式示范站。220kV冠和站建成南网首座二次设备全品类自主可控示范工程。建成国内首个“5G+新一代载波”通信体系试点，中调直调新能源场站AGC、AVC覆盖率达到100%。建成国内领先的大湾区600G电力通信环网。

生产技术。成立首个能源行业标委会（电网智能巡检标委会）。国家技术标准创新基地广东分基地建设收官，打造“华安楼”新型电力系统标准化科普标杆，研制IEC国际标准。成为国内首家全面通过ISO 55000体系认证省级电网公司。打造“天空地”立体化智能运维体系。航天网络，建成省级北斗高精度定位平台；航空网络，建成输配电自动巡检全覆盖的省级平台；地面网络，生产指挥系统支持智能巡视、智能操作、智能安全管理。成为全国首个且规模最大的输配电网机巡自动驾驶全覆盖省级电网，全省无人机巡检作业总里程达39.2万km，及时发现缺陷26.9万项。

全年消除1.66万项紧急、重大缺陷，完成GOE套管重大隐患整治，有效管控住设备运行风险，提升了设备健康水平，全年重要输变电设备“零事故”“零跳闸”，设备综合强迫停运率同比下降20%，未发生二级及以上设备事故事件，设备安全可靠运行。组建省地县三级生产技术部门作业安全管理团队，常态开展“四不两直”（不发通知、不打招呼、不听汇报、不用陪同接待、直奔基层、直插现场）检查，管控作业风险23.3万项，查处违章411项，确保全年未发生人身伤亡事件。深化基层基础基本技能建设，开展生产领域员工能力提升三年行动。制订面向“十四五”电网高质量发展的生产组织模式优化专项行动方案。

供电可靠性单位数量连续12年领先全国，大湾区用户平均停电时间达到世界主要湾区先进水平。用户平均停电时间3.1h，同比下降25.6%，重复停电5次以上用户同比下降68.5%，达到全国领先水平。巩固拓展脱贫攻坚成果，累计完成贫困村低电压台区治理3941个，挂点督办频繁停电线路，重复停电用户数量下降68.5%。

安全管理。守住安全生产底线，全年未发生电力生产安全事故，五级及以上事件同比减少19%。完成智慧安监监管平台建设，实现作业实时在线视频监控。建成全国规模最大、功能最全、应用最广的省级安全监管系统，全省101万件工器具信息化管控。创建突出问题专题整改、领导管理人员履职评价、全员教育谈话机制，完成地市局第二轮安全巡查全覆盖。出台“铁腕反违章同心保平安”从严治安20条举措，建立“1+4”现场作业风险管控机制。

安全生产风险管理体系五钻单位比例20%，四钻及以上单位比例62%，三钻及以上单位比例100%，完成12家新兴业务企业体系审核。成立中电联电力行业职业健康标委会。开展防风防汛应急知识全员培训，制定《防风防汛紧急事件应急处置演练工作指引》，完成覆盖92个洪涝风险变电站和基层班站所全体员工的应急处置演练全覆盖。完成建党100周年系列庆祝活动、130届广交会等重大供电保障任务。完成“护网2021”网络攻防演习，演习成绩获央企组第一名。

电力市场与营销 能源电力保供。深入学习贯彻习近平总书记关于能源电力的重要指示批示精神，坚决落实“四保”要求，2021年广东全社会用电量同比增长13.6%。应对严峻复杂的电力供需形势，策划实施提升电网供电能力12项措施，提前投产粤西网架优化Ⅰ期等电网工程，以及源和电厂等送出工程，增加供应能力690万kW。深化政企联动，推动省能源局建立“月报告+周启动+日调整”的有序用电工作机制，得到了国家发展改革委的充分肯定。配合政府成立“五个专班”、实施“六个调度”，出台临时燃料补贴政策。通过一系列“行政+市场”措施，将发电机组非计划出力由最高2900万kW降至350万kW以下。推动分时电价政策出台和需求侧响应市场化疏导机制建立，培育稳定响应能力150万kW，将“刚性执行错峰计划”调整为“严格落实网供指标”。做实用户分群管理，建立错峰轮休、日常避峰、灵活调减（紧急避峰）和灵活调增四类用户群，保障“错峰不减产”。持续加大可量化电能替代项目推进力度，推动一批过亿电量的电锅炉项目提早投产，建成3个单容量为3万kW的冰蓄能项目，削峰填谷。72个揭榜挂帅电能替代项目投产，2021年投产可量化电能替代项目7081个（其中规模以上项目1065个），替代电量27.23亿kWh。

现代供电服务体系建设。在全网率先建成现代供电服务体系。在全省上线22项增值服务产品，赢单金额达5.36亿元，占全南网75%，产品数量及赢单金额均为南网第一。在南网构建以用户需求为驱动的前中后台组织架构模式，所有地市局实现中台实体化。以“南网在线”平台为支撑，引进内外部优质增值服务供应商成就服务能力互补。建立组织架构评价机制与激励约束机制提升现代供电服务体系运作效率。持续优化用电营商环境，全面实行“三零”“三省”（零上门、零审批、零投资；省力、省时、省钱）服务。各地市均出台电力外线工程并联审批时限、低压电力外线工程免审批政策。优化“一次都不跑”便民举措，办电渠道与工程建设项目审批平台对接。延伸业扩投资界面，9 月开始实现粤港澳大湾区报装容量 200kW 及以下、其他地区报装容量 160kW 及以下小微企业用电报装“零投资”。“网、掌、微、支、政”互联网渠道业务占比达 99%以上。广州“四办”（主动办、线上办、联席办、一次办）服务举措得到国家能源局认可。广州、佛山、东莞成为中国营商环境评价“获得电力”领域标杆城市。第三方客户满意度达到 88 分，连续 13 年在地方公共服务评价中名列第一。

电力市场化改革。制定广东电网公司《落实国家深化燃煤发电上网电价市场化改革市场营销（交易）实施方案》，推动广东实施全国力度最大的分时电价政策，完成全部 26.3 万分时电价用户电能表费率时段调整。建立全国首个需求侧响应市场化疏导机制，推动燃煤燃气机组全部电量、一般工商业全部用户进市场。广东电网调控中心、广东电力交易中心推动现货市场首次跨月跨年连续结算试运行，电价由价差模式转为顺价模式，有效疏导发电成本 23.7 亿元，保持了价格的总体稳定。参与代理购电机制设计，制订《代理购电业务工作指南》，实施代理购电业务。加强计量智能化建设，实现计量设备全过程数字化管控。

科技与数字化 科技创新。改革科技体制机制，实行“揭榜挂帅制”。承担南方电网“揭榜制”改革试验任务，构建项目管理机制，完成全部样机（品）研制，研发周期缩短 50%。牵头承担 3 项南方电网首批新型电力系统“挂帅项目”。建立上下联动的管理创新项目策划机制，发布管理创新重点领域及方向。竞得 6 个南方电网新型电力系统管理创新项目。深化创新奖励改革举措，实施创新主体分类差异化奖励评审，全面推行大众创新奖评选。广东省电机工程学会与香港工程师学会签订粤港电气工程师资格互认协议。完成 4 项“十三五”国家重点研发项目全部任务（工业园区多元用户互动的配用电系统关键技术研究与示范，超导直流限流器关键技术研究，500kV 及以上电压等级经济型高压交流限流器研制，交直流混合的分布式可再生能源关键技术、核心装备和工程示范研究）。竞得 1 项“十四五”国家重点研发项目（高性能高温超导材料及磁储能应用）。

数字化建设。完成电网管理平台试点建设，202 个模块在全网率先上线应用。实现电网管理平台、客户服务平台、战略运管平台上线应用，为南方电网数字化转型提供可复制、可推广的广东示范样本。首次贯穿电网资产全生命周期管理。完成客户服务平台营销微服务改造，实现 4600 万用户电费抄核收集中。完成调度运行平台功能优化，支持调控一体化、配网自愈、现货市场运行。建成国内领先的省地一体战略运行管控平台，实现战略落地有效监控。构建数字电网一张图等 31 个典型应用。打造具有南方网特色的数字物流示范基地周转仓，在茂名建成全网首座“检储配”集成基地，实现电力仓储物资管理数字化、作业自动化。完成智慧机巡等 9 项数字化转型效能提升试点，11 项数字化成果成为国资委、工信部等国家级优秀案例。

实现全业务领域数据的统一归集和统一服务。建成数据资产管理体系，以省级最高分通过国家数据管理能力成熟度四级认证。新上线 105 个省地数据应用。对接政府，承担广东省数据要素市场化配置首创性改革试点，发布全国首张公共数据资产凭证，先后与农行、联通等单位签订 5 项数据合作协议，完成全网首单百万级数据交易。建立覆盖全业务域网络安全管控机制，将网络安全要求内嵌至数字化、技改、科技、营销等项目建设全过程。开展大集体企业网络安全专项提升工作。妥善应对网络攻击。网络安全管控合规率 100%，护网演习成绩获央企第一，没有发生三级及以上网络安全事件。

改革与新兴业务 深化改革。狠抓改革三年行动落实，总体任务进度达 92.8%。完成各级董事会应建尽建，并实现外部董事占多数，健全董事会工作机制和授权管理机制。落实南方电网公司贯彻落实在完善公司治理中加强党的领导工作部署。南方电网科技公司获评国务院国企改革领导小组办公室“科改示范行动”标杆企业，能源发展公司作为南方电网公司改革综合范本在全网推广。12 家装备制造大集体企业实现业务退出。制定“一揽子”工作方案，支持横琴合作区电力相关规则与澳门衔接对接，推动修编供用电规则等规范性文件，积极营造法治化电力营商环境。

产业发展。2021 年全年实现营业收入同比增长 7.43%，实现利润总额 28.63 亿元。统筹推进厂办大集体改革，出台指导文件，20 家平台公司股权多元化改革项目全部挂网。12 家装备制造大集体企业实现业务退出。在南方电网率先推行施工企业工程承载能力评价应用。构建“11N1”智能增值服务体系，为客户提供一揽子能源服务。全年新建充电桩 10261 支，增长 172.5%，分布式光伏签订合同容量 120MW，用户侧和电源侧储能项目规模 141.5MW/141MWh，存量充电桩利用率提升 28%。能源投资公司“粤能投”智慧能源平台初步实现商业化。

经营管理 人力资源管理。三项制度改革方面，提前实现各层级经理层成员任期制和契约化管理。加强干部人才队伍建设，选派、接收干部人才交流挂职。加强基层基础基本技能建设，开展结构性缺员治理，满编班组数量提升超过 8%，缺编班组数量下降超过 20%。

财务经营方面，落实“两利四率”“两增三高一稳”的要求，实现利润总额增加 38.1 亿元。

完成固定资产投资614亿元。供应链管理方面，全力保证非正常状态下的物资供应，闲置物资再利用率97.84%。审计监督方面，成立省、地两级党委领导审计工作的议事协调机构。成立董事会审计与风险管理委员会，出台议事规则。建立审计专业监督垂直考核机制。建设智慧审计平台。完成国家审计配合工作。修编5项管理细则，审计整改完成率为97.63%。法规建设方面，印发“十四五”法治建设规划、“八五”普法规划，全面推进合同结构化，分类建设合同文本及条款库。落实供电所标准化、规范化、现代化建设要求，供电所基础管理体系基本建成。

疫情防控方面。建立科学高效的常态化疫情排查、风险管控、应急响应机制。编制《公司本部疫情防控应急处置实操手册》，组织开展109次涉疫排查。完成全员疫苗“应接尽接”目标，加快推进“加强针”接种。境外项目员工实现新冠疫情零确诊、零疑似。

党的建设 政治建设。坚持以习近平新时代中国特色社会主义思想统揽全局、引领发展，深入学习贯彻习近平总书记“七一”重要讲话精神和十九届六中全会精神，明确将学习贯彻习近平总书记重要讲话和指示批示精神作为党委会第一议题，建立政治要件台账、党委会学习材料收集传递机制。修编规章制度，完善党的全面领导融入公司议事决策机制。修订公司党委及领导班子成员全面从严治党责任清单及到位标准，党委、纪委委员分片联动各供电局和重点业务领域，推动主体责任落实到位。

组织建设。全面消除无党员班组，完成3211个党（总）支部委员会成员情况排查。建立“党群结对保安全”工作清单。构建党员三级联系关怀机制。建成央企一流的员工心理健康研究实践平台。

宣传及意识形态工作。落实党管宣传、党管意识形态工作原则，全年在“一报一社一台”发稿151篇次。建成电力行业领先的融媒体运营中心。开展多种形式的庆祝建党一百周年活动，宣传工作实践入选中宣部建党百年大型纪录片《活力密码：解放思想》。高规格开展突发事件新闻应急和舆情演练，经验被南方电网推广。有效处理了多起敏感复杂舆情，受到南方电网党组的表扬。制订《班站所党建宣传文化阵地建设规范10条》。广州电力展示馆（华安楼）获评中企首批爱国主义教育基地。

党史学习教育。深入发掘和整理企业红色历史资源，通过编制《党史学习教育辅导手册》《曾志与广州电力》《百年风华—广东电力群英谱》，举办主题展、曾志专题展和文化展演等活动，推动党史学习教育走深走实。编制党史学习教育“我为群众办实事”专题实践活动方案及五个专项方案，建立常态跟踪督办机制落实。把学史力行中“我为群众办实事”重要提升电力供应能力。

作风建设。深入贯彻落实党中央、南方电网公司党组关于整治官僚主义、形式主义为基层减负工作部署，印发本部减负18条措施，持续抓好作风建设45条措施检查通报，定期通报典型问题。制订并动态修订发布151条为基层减负措施。开展员工满意率提升专项工作。提高行政办公效率，压减省公司发文、本部召开会议、发送联系单数量。缩短办理基层来文请示事项一般事项平均答复时间。

纪检监督。一体推进不敢腐、不能腐、不想腐，重点整治酒驾醉驾、公车私用、业扩报装“吃拿卡要”等突出问题，统筹推进“靠企吃企”问题专项整治。将办案成果最大化地转化为企业治理效能。加强对“一把手”和领导班子成员监督，统筹协调“五项机制”。全年职能监督移交问题线索同比增加150%。建成覆盖关键领域的廉洁风险智慧监督系统，填补了电力行业招投标领域智慧监督空白。

巡察与巡视巡查整改。广东电网公司党委层面巡察覆盖率达到93.75%，地市局党委层面巡察覆盖率达到95.26%，对基层党支部和大集体企业党组织的巡察覆盖率实现100%。加强对“一把手”的监督，重点围绕“三个聚焦”将“国企改革三年行动”“全国最好2021”等关键工作落实情况作为重点监督内容。做好巡视“后半篇文章”，深入推进22个专项整治和专项提升行动。

工团建设。2月，召开广东电网公司第三届一次职工代表大会暨工会会员代表大会。申报认定南方电网公司级创新工作室217个。全年举办、承办省公司级及以上竞赛11项。落实党建带团建“四带四提升”要求，创建省级以上青年文明号5个。

主要事件

4月23日，闽粤联网工程开工建设。12月31日，闽粤联网工程广东段线路主体工程全部完成。闽粤联网工程投资32亿元，输送容量200万kW，线路全长303km，在福建省内新建1座直流背靠背换流站，通过两回交流500kV交流线路，分别接入广东嘉应和福建东林500kV变电站。

9月和11月，广东电网公司《“十四五”电网发展规划》《“十四五”发展总体规划》完成修编，上报南方电网后相继获批。

10月16日，在广东省政府服务数据管理局的监管下，广东电网公司制发全国首张公共数据资产凭证（电力数据）。

11月起，南方（以广东起步）电力现货市场在广东电力交易中心开展长周期结算试运行。

12月14日，中国建筑业协会正式公布，广东电网佛山供电局500kV凤城变电站荣获“中国建筑工程鲁班奖”（国家优质工程奖），该项目已于3月获得的2020年度“广东省重大建设项目档案金册奖”。

12月22日，南方电网电力科技股份有限公司（简称“南网科技”）在上海证券交易所成功挂牌上市，成为电力行业首家登录科创板的企业。同年，南网科技被评为国务院国企改革领导小组办公室“科改示范行动”标杆企业。

12月，由广东电网公司牵头完成的“多时序、多品种、泛主体的电力市场机制设计、关键技术与交易平台”项目荣获2021年度中国电力科学技术进步奖一等奖。

2021年底，广东电网公司如期实现创建全国最好世界一流省网企业目标。

2021年，面对多种因素造成的电力供应紧张，广东电网公司坚决贯彻习近平总书记对能源电力保供的重要批示精神，严格执行国务院“八项举措”（压紧压实电力保供政治责任、全力确保电网安全稳定运行、全力推动发电侧提升供应能力、有效增强省间资源互剂能力、推动大幅增加清洁能源供给、牢牢守住保障民生用电底线、着力完善电力市场长效机制建设、做好有序用电情况下优质供电服务），落实中央关于完善电价机制等多种措施，通过执行政府有序用电和错峰用电规定，确保电网安全稳定运行，有效保障民生和公共服务用电，迅速扭转了广东电力缺口快速增大的趋势，实现拉闸限电的“三大目标”。10月8日后，全省未再发生错峰，全年广东省全社会用电量同比增长13.6%。

2021年，广东电网公司持续深化解放用户，优化“基础+增值”产品体系，以服务环节、时限、成本和供电质量等服务内容为核心，升级基础供电服务产品标准，重新构建梳理形成了用电报装、渠道服务、电费服务、用电变更、故障抢修、电能质量等6大类23项基础供电服务产品并上线，围绕从办电咨询到售后服务的电力客户生命周期，提供包括配电设备运维、电动汽车充电设施建设、临电租赁、光伏项目等增值服务。

（刘　洋　黎梓芫　张　涵　刘葳蕤）

【广西电网有限责任公司】

企业概况　广西电网有限责任公司（简称广西电网公司）是南方电网公司的全资子公司，前身为广西壮族自治区电力工业局，2004年10月，更名为广西电网公司，2014年4月，更名为广西电网有限责任公司。截至2021年底，广西电网公司供电面积23.76万km^2，供电客户数2082万户（含新电力集团），累计拥有35kV及以上输电线路7.1万km，公用变电容量11951万kVA。

2021年，广西电网公司首次被授予“中央企业先进基层党组织”“自治区先进基层党组织”双重殊荣。定点扶贫工作连续四年、行业扶贫工作连续两年获得广西壮族自治区最高评价“好”，荣获广西脱贫攻坚“先进集体”。六度蝉联“全国文明单位”，连续十年列“广西企业100强”前5位，连续十三年荣获“广西优秀企业”，连续九年在广西公共行业满意度测评排名第一。

领导班子

1. 党委

书记：揣小勇

副书记：马辉

副书记：瞿佳兵（至2021年5月）

副书记：陈邦宇（2021年11月起）

委员：陶先文（至2021年7月）

委员：尚涛

委员、纪委书记：夏筠

委员：彭宇翔

2. 董事会

董事长：揣小勇

董事：马辉、瞿佳兵（至2021年5月）、陈邦宇（至2021年7月）、陶先文（至2021年7月）、尚涛（至2021年7月）、夏筠（至2021年7月）、王永斌（至2021年7月）、彭宇翔（至2021年7月）、唐广学（2021年7月起）、何朝阳（2021年7月起）、陈涛（2021年7月起）、毛时杰（2021年7月起）

3. 监事会

主席：陈坚（2021年7月起）

监事：陈亮（至2021年7月）、翟耀辉（至2021年7月）、邹志敏（2021年7月起）

职工监事：李芳琳（2021年9月起）

4. 经理层

总经理：马辉

副总经理：陶先文（至2021年7月）、陈邦宇（2021年5月至2021年11月）、尚涛、刘宪明（2021年11月起）、彭宇翔、顾济江（2021年7月起）

总会计师：王永斌

组织机构　2021年，广西电网公司本部设有办公室（党委办公室、董事会办公室）、战略规划部（乡村振兴工作领导小组办公室）、人力资源部、计划与财务部（运营监控中心）、创新管理部、政策研究部（全面深化改革办公室）、生产技术部、市场营销部、基建部、新兴业务与产业金融部、供应链管理部、数字化部、安全监管部（应急指挥中心）、审计部（监事会办公室）、法规部、党建工作部（企业文化部）、监督部（纪委办公室）、党委巡察工作领导小组办公室、工会办公室等19个职能部门，调度中心、规划中心、财务中心（成本中心）、机巡与不停电作业中心、客服中心、计量中心、信息中心、安全督查中心（作业监控中心）、审计中心、法律中心、新闻中心（融媒体中心）、监督执纪中心、综合服务中心（离退中心）等13个直属机构和社保（年金）中心1个挂靠机构，南宁、柳州、桂林、玉林、河池、梧州、北海、钦州、防城港、贵港、崇左、来宾、百色、贺州供电局和电网建设分公司、电力科学研究院（品控中心、科创中心、生产指挥中心）、培训评价中心（党校）等62家分公司，物资公司（供应链服务调配中心）、送变电公司等2家全资子公司，新电力集团、电力交易中心、能源联合售电公司、网欣物业公司、贺州新供电公司等6家控股子公司。

电网发展 电网规划。2021年，编制广西电网"十四五"电网发展规划提升研究，提出9大领域38项重点任务，推动构建广西新型电力系统。完成广西14个地市"十四五"配电网规划项目库滚动修编，满足新能源发展及社会经济发展的用电需要，完成提升供电可靠率、电压合格率、分布式新能源接入能力，以及藤县绿色低碳现代化农村电网等重点规划专题研究。

电网建设。2021年完成基建投资148.13亿元，投资完成率102.37%。项目进度计划完成率100%。110kV及以上主网项目累计开工76项，新增主变压器容量370万kVA，线路919km。35kV及以下农配网项目累计开工1.41万项，开工率104.8%，投产1.19万项，投产率102.7%；小型基建项目累计开工15项，开工率100%；竣工6项，竣工率100%，新增建筑面积5.16万m^2。500kV金陵变电站工程荣获国家优质工程奖；220kV仙鹤变电站工程荣获中国安装之星奖；500kV金陵变电站、220kV仙鹤变电站、220kV贝江站变电站等3个工程荣获2021年度中国电力优质工程奖；110kV石牛变电站工程等18项工程荣获南方电网2021年度优质工程奖，实现14个网区全覆盖；220kV翡翠变电站工程等21项工程荣获南方电网基建工程优秀设计奖，双轮循环无限紧线器的研制等13项获基建优秀QC成果。

节能减排。2021年合并口径线损率完成4.80%，同比下降0.25个百分点。企业能耗水平：万元产值综合能耗完成0.1178t/万元（标准煤），比年计划降低0.0122t/万元（标准煤）。非化石能源电量占比：非化石能源电量占比47.51%，同比下降2.16个百分点，比年度计划（50%）低2.49个百分点。需求侧节约电量电力：完成节约电量4.51亿kWh，节约电力10.03万kW，分别完成年度计划的目标100.9%和113.5%。

2021年，全区境内发电装机容量为5508万kW，同比增长6.4%。风电741.1万kW，同比增长13.5%；光伏发电311.7万kW，同比增长52.3%。非化石能源装机容量为3253.02万kW，非化石能源装机占比59.06%，同比提高0.71个百分点，能源电力结构进一步优化。实施电能替代工作，聚焦燃煤自备电厂、电炉、轨道交通、电动汽车等领域，大力开展电能替代宣传和项目建设，2021年完成电能替代电量29.8亿kWh，完成年度目标的102.7%，实现节约43.85万t标准煤，减排二氧化碳116.6万t。

安全生产运行 电网运行。2021年，全年未发生有责任的三级及以上电力安全事故事件，化解3项重大、1项较大、2项一般电力安全事故风险。2021年广西统调负荷突破3万MW，最高3.04万MW，日电量7次创新高，最大达6.38亿kWh。7月14日起广西全面启动有序用电，连续实施92天，广西电网联动政府加大保供力度，多措并举，在最大错峰负荷690万kW的情况下，未发生影响民生用电的不良事件，10月中旬起恢复正常供电，完成"保重点、保公用、保民生"任务。同时，克服春秋季节风电集中大发等重重困难，连续四年实现清洁能源全额消纳。截至2021年底，纳入广西电网电力电量平衡的发电装机容量（含龙滩50%份额，含境外份额）43501MW，其中燃煤装机容量16455MW，占比37.83%；水电装机容量13453MW，占比30.93%；燃气装机容量480MW，占比1.10%；核电装机容量2172MW，占比4.99%；风电装机容量7369MW，占比16.94%；光伏发电装机容量2577MW，占比5.92%；生物质装机容量995MW，占比2.29%。广西电网的统调装机容量（不含龙滩、境外）39610MW，其中燃煤装机容量15855MW，占比40.03%；水电装机容量10162MW，占比25.66%；燃气装机容量480MW，占比1.21%；核电装机容量2172MW，占比5.48%；风电装机容量7369MW，占比18.60%；光伏装机容量2577MW，占比6.51%；生物质电装机容量995MW，占比2.51%。

安全管理。2021年，未发生一般及以上电力安全、设备事故。印发《年度人身风险分析及重点防控措施》，落实7大举措30项关键任务119项工作。成立省地县三级作业监控中心，实施"线上+线下、专业+安监"综合安全督查模式。

供电可靠管理。2021年全面推进新电力生产融合，数字化、智能化电网运维，本质安全水平持续提升，生产技术管理总体平稳。综合电压合格率全年完成值99.40%，同比提升0.365个百分点。

应急及保供电管理。2021年，修编完善各类应急预案6884份，创新开展现场处置方案和专业型应急处置卡评选。举办广西电网公司应急特勤队培训和竞赛，选拔队伍参加南方电网公司应急救援技能竞赛并获得团体三等奖。全力配合并参加"神盾－2021"国家核应急演习暨"红沙－2021"广西核应急联合演习，助力演习通过国家核应急办评估考核，保障防城港核电厂3号机组装料投产运行。累计投入人员1.1万人次、车辆3千多台次、发电车2台、发电机300台，成功应对4轮寒潮、7次台风（热带低压）、7次强降雨天气和1次有感地震影响。投入63万人次、12.3万台次车辆、5963台次发电装备，完成庆祝建党100周年、国家主要领导人到广西视察、第18届东博会等保供电任务645项。

科技信息 创新管理。2021年完成研发经费投入10.07亿元，同比增长25%。完成国内首台户外敞开式一二次融合开关研发并完成示范工程挂网运行，建成国内首个60kW电动汽车移动式无线充电示范工程。“广西电力装备智能控制与运维重点实验室”获批省部级重点实验室，实现广西壮族自治区重点实验室“零”的突破。累计实现有效专利授权3272件，其中发明专利授权667件，发明专利“配网架空线路故障自愈方法及系统”获2021年广西壮族自治区首届专利一等奖，获评2021年度广西壮族自治区高价值专利培育示范中心、知识产权优势企业培育单位。

数字化与网络安全。2021年，全年未发生有责任的三级及以上网络安全事件，连续三年达成“三不一零”网络攻防演习目标。年度信息化投资4.3亿元（含新电力），同比增长21.81%，投资计划完成率103.5%。

营销服务 电力供应及市场交易。2021年，面对严峻电力供应形势，迅速成立保障电力供应领导小组及工作专班，编制保障电力供应工作方案和任务清单，开展有序用电监测和应急值守，推动政府出台峰谷分时电价政策及优化市场交易政策，促进火电多发满发。有效疏导燃煤电厂发电成本约28亿元，提高电厂发电积极性，电力供应紧张局面得到有效缓解。未发生影响民生用电的不良事件和因错避峰用电而引发的12398投诉和社会舆情事件。推进电能替代，全年实现电能替代电量29.8亿kWh，同比增长10.9%。组织交易104批次，市场化交易电量达841亿kWh，同比增长13.6%。

营商环境和优质服务。深化政务大数据共享，实现“实名认证”“电子签章”办电。推广“南网在线”智慧营业厅、95598微信公众号、支付宝生活号等线上办电渠道。2021年，居民线上合同签订比例达100%，互联网用电业务比例98.78%。在南方电网公司率先推出用电日历、低碳用电账单等可视化服务，回应用户关切。发布9项老年人增值服务举措和差异化服务流程，消除老年人办电“数字鸿沟”。2021年，线上线下累计实现增值服务赢单1.5万件、合同金额7400万元。95598客户诉求工单按期办结率99.47%，首次回访满意率99%。广西电网公司（含新电力区域）连续9年在广西公共行业满意度测评中名列第一，第三方客户满意度（合并口径）82分。

营销基础管理。2021年，全面实现电费实收营销财务省级集中对账工作。刚性落实预购电及划小交费周期制度，执行率99.35%。3家欠费客户纳入中电联涉电领域市场主体失信行为信息库。广西电网公司合并口径首次实现当年期电费回收率100%，母公司连续四年电费结零。建成投运南方电网公司西部首个省级计量检定中心，首次实现公司计量授权14个地市、新电力全覆盖。自主研发乡村振兴分析平台，实现用电数据与乡村振兴效果之间的量化评估。服务碳达峰、碳中和，开展重点行业用户日电能消耗监测分析，实现用户能耗压减效果评价。建设南方电网公司首家云数一体新一代智能量测主站，实现低压用户高频数据采集、大规模离线计算等基础核心功能和台区线损智能分析等高级业务应用。

经营管理 改革发展。2021年，完成广西电网公司治理顶层设计任务，广西电网公司外部董事占多数的董事会实现规范化运作，所属子企业实现董事会应建尽建、职权落地，专职董监事全部配备到位，经理层任期制和契约化管理全面铺开。稳步推进装备制造、设计、施工等竞争性业务和能汇集团股权多元化改革，通过挂牌转让与业务转型方式完成3家企业的装备制造业务剥离。全面完成改革后企业瘦身健体任务。推动广西壮族自治区将“一张网”要求纳入全区深化电力体制改革工作要点统筹推进，促成原纳入国家停建目录的贺州仁义电厂两台机组并入主电网，为保障2021年广西电力供应发挥了重要作用；推动南方电网公司协调贵州兴义与百色两地地方电网断开联网。

新兴业务。2021年，支撑网级新兴业务企业合同额为1.96亿元，同比增长305%合同额。新兴业务企业年度净利润为1.1万亿元，净利润增长率28.22%。完成充电设施建设6284支，存量充电桩利用率提升26%。完成供应链金融支持业务超37.3亿元，完成考核目标挑战值26.4亿元的141%。完成深化改革实施方案，改革后企业压减至79户。推动“专业指导+属地指导监督”管理模式落实落地，加快改革后企业授放权管理。成立广西能科公司，为广西电网公司创新发展注入新动能。成立广西能科研发智库作为创新支撑团队，与广西大学签订协议成立联合实验中心，与桂能科技公司签订科技创新合作协议，参与博联公司、桂能科技股权并购业务。印发整县光伏推进工作方案，全网签订整县合作开发合作协议。

供应链管理。2021年，供应链服务调配中心实体化运作，完成各地市供电局“供应链服务中心”更名、职责调整，成立省、地两级需求计划管理委员会，试点“区域仓+周转仓+急救包”模式运作，初步构建“云仓”格局。构建职能监督“一治理一监督三检查”防控格局。网省两级采购集中度100%，完成物资、工程、服务类项目采购金额219亿元。实现新电力采购管理“上平台、进基地”。完成设备品控7747件次，缺陷处理及时率100%。网省储备集中度50%以上，满足庆祝建党100周年保供电、东博会保供电、防风防汛等重点时段物资保障供应。开展清仓利库专项工作，利用闲置物资2.84亿元。实现电网管理平台（供应链域）上线试运行。

财务管理。2021年，广西电网公司全年完成营业收入939.21亿元，资产总额达到1469.27亿元，资产负债率71.4%，全面或超额完成南方电网公司下达的经营业绩考核目标，全口径“创一流”指数同比大幅提升7分，连续第二年帮扶新电力集团及所属40家县级企业实现不亏损。守住国家核定的输配电价空间，准许收入足额兑现。经营质量稳步提升，生产性成本占可控成本总额的比重同比提升1.98个百分点，成本结构持续优化；在建工程余额较南方电网公司管控目标多压降11亿元，有力夯实第三监管周期核价基础；新电力陈欠电费余额较重组前下降59.64%，非正常类“两金”较2019年压降64.53%。降本增效成效明显，万元资产运维费同比减少31.85元/万元，全年降低融资成本3.8亿元，抵减企业所得税应纳税额2.67亿元。

审计管理。2021年，广西电网公司进一步强化党对审计工作的领导，全面落实南方电网公司党组《关于进一步加强和深化内部审计工作的意见》，公司及16家地市级单位成立内部审计监督及责任追究工作领导小组及协调小组，以“五化”（专业化、集中化、标准化、信息化、台账化）措施，构建形成集中统一、全面覆盖、权威高效的审计监督体系。充分发挥审计监督效能，完成77个审计项目和2.46万个工程竣工决算审计；强化新电力集团审计监督，有序推进新电力县级供电企业经济责任审计全覆盖。

合规管理。2021年，广西电网公司印发《内控管理办法》《内控管理手册》等内控制度文件。持续开展内控监督评价，实现对三级单位现场监督评价全覆盖。发布内控监督通报34份，南宁、河池、玉林、百色供电局分别在基建、财务、营销、人资领域探索内控与业务融合，形成融合成果10项。印发重大风险防控“两方案两计划”，制定、落实措施83项。开展行政处罚法律风险专项整治，以“消存量、遏增量”为目标，制定措施11项，聚焦12个领域排查出风险隐患180项，制定措施282项并逐一落实，全年未发生重大风险事件和合规经营红线底线事件。聚焦关键少数，修编领导人员主要合规底线事项手册及清单，发挥“头雁”示范效应。抓好绝大多数，连续五年开展合规纪法巡回宣讲，116家基层单位法治建设第一责任人“上讲台”，同步推进支部书记“接力讲”，累计宣讲1826场，受教育人数4.6万人次。

人力资源管理 干部队伍建设。2021年，广西电网公司党委深入贯彻落实新时代党的组织路线，始终坚持党管干部原则，不断建强建优干部队伍。注重建强班子、选优干部、涵养气质、管好队伍，近三年广西电网公司党委选人用人“好”率均超过97%，新提拔任用干部平均“认同”率在96%以上，支撑广西电网公司在南方电网公司政治生态评价排名第一。推进全员择优选聘和竞争上岗。以“关键少数”打版定样，累计拿出23个党委管理干部岗位开展公开竞聘。“机关本部”自我革新，绩效考核靠后的34人降岗降级退出原岗位，占比6.9%。“基层力量”不断强化，完成3.7万多名四级正及以下人员全员择优选聘工作，新提拔管理人员竞争上岗人数占比达到95.53%，管理人员退出474人，“能上能下”实践入选南方电网公司优秀改革范本。

人才队伍建设。2021年，广西电网公司大力实施高层次人才引进和人才自主培养工作，在高层次人才引进、专家提质增量、高技能人才培养等方面均取得了突出成效。实现专家队伍专业、地域“全覆盖”，初步形成“金字塔”型的人才梯队。高技能人才占比再上新台阶。技能类岗位高技能人才占比71.36%，高技能人才占比总体提高了5个百分点。高级技师889人（技能岗564人）、技师6806人（技能岗4555人）、高级工22736人（技能岗18604人），中级工5060人（技能岗3626人），初级工4025人（技能岗2786人）。取得职称人数再上新高。正高级职称18人、副高级职称1631人、中级职称10570人、初级职称13350人。

党群宣传 党史学习教育。2021年，广西电网公司认真贯彻落实南方电网公司党史学习教育“4554”总体安排，组织召开党委会、党史学习教育领导小组会等研究党史学习教育有关工作13次，主持召开广西电网公司2021年党委书记座谈会暨党史学习教育推进会。编制“一案一表两清单两手册”，实行“一简报一记录一台账”信息管控机制，研究出台党史学习教育标准20项，成立6个指导组，推进基层自查、指导组督查双管齐下。全年共开展党委理论学习中心组集体学习7次，1491个党支部每月均以党史学习教育为主要内容开展主题党日。广西电网公司党委书记在“七一”主题党日为公司系统4200余人上党课。开展红色体验教育580批次，实现近1.9万名党员体验式教育全覆盖。组织开展“百年精神接力传”活动，以“一局一精神”方式宣讲中国共产党人精神谱系18期，1600多人现场参与、超60万人次线上参与。履行党史学习教育专题组织生活会要求，1596个党（总）支部均按时保质召开专题组织生活会。制订和落实449项重点民生项目清单，出台办实事制度42份，党史学习教育成效先后得到南方电网公司毕亚雄党组副书记、龙飞纪检监察组组长等上级领导高度评价，有效做法被《人民日报》头版头条刊载，连续8次登上国资委专题简报；新电力集团党委“我为群众办实事”实践活动获中央企业党史学习教育第三指导组肯定。

党建工作。2021年，广西电网公司首次编制“十四五”党建工作规划，制定《规范广西电网公司所属独立法人企业党支部（党总支）参与企业治理工作的指导意见》，入选南方电网公司首批深化改革典型案例。提前2个月完成无党员班组“清零”目标，实现新电力党建融合提升“变个样子”，得到电方电网孟振平董事长、党组书记高度评价。以考班子、考融合、考成效为评价导向，优化党建责任制考核方案和深度融合专项奖励工作方案，深入推进“双星”联创，将党建深度融合“一库一榜”延伸至非供电企业、推广到党支部，完善党支部“四个必”“三必开”机制，支部和党员作用发挥更加充分，党建深度融合做法入编《全国企业党建创新优秀案例》，首次被授予“中央企业先进基层党组织”“自治区先进基层党组织”双重殊荣。“国旗巡线班”当选广西壮族自治区“八桂楷模”，1人评为“中国好人”。发挥党内监督主导作用，出台关于加强党风廉政建设和反腐败重点问题治理的实施意见、加强对“一把手”和领导班子监督工作清单等指导性文件。

党风廉政建设。2021年，聚焦8个方面重点，采用“纪委牵头，业务部门本领域自查，三四级单位全面自查、专项检查组现场抽查，各级纪检机构监督把关”的模式开展专项检查，查出84个问题并推动整改，有效做法得到南方电网公司肯定。强化日常监督。常态化做好疫情防控监督，发现并督促整改问题258个、严肃问责 12 人。严格落实中央八项规定精神，组织19个交叉检查组开展现场检查，发现不规范性问题56个并督促整改。督促“大集体企业”专项整治的历史问题、新发现问题整改完成率分别达97.8%、99.0%。广西电网公司各级纪检机构共接收信访举报255件，立案122件，处分140人。开展线索核查、案件审查“清底”攻坚行动，查清一批涉及面广、核查难度大的问题。加大与地方执纪执法机关的联合办案力度，依规依法移送8人。对安全生产事故中失职失责的32名领导干部追究党纪责任。开展“学党史、守初心、葆廉洁”教育及警示等专项工作，督促各级党组织谈心谈话达4.95万人次，促使一批干部员工交代（说清）问题。全年通报违纪违法典型案例26起，拍摄《叩问初心 警钟长鸣》警示教育片。

工会工作。2021年，加强结对帮扶和样板引领，推进职工创新工作室创建向供电所、向新电力县级企业延伸，84个工作室通过南方电网公司认定，164个工作室通过公司认定，累计2个工作室获“全国示范性劳模创新工作室”，累计18个工作室获“自治区劳模与工匠人才创新工作室”。组织优秀成果参加全国能化工会、全区职创成果展示交流，牵头组织五省区创新方法技术交流与成果评比，全年共36项成果获省部级以上奖项，获广西唯一一项“全国职工优秀技术创新成果奖”。共举办劳动技能竞赛19项，从业人员参与率均达到90%以上。参加南方电网公司5项技能竞赛均获团体三等以上奖项、11 人获个人奖项，参加“2021 鲲鹏应用创新大赛”全国总决赛并获信息专业金奖，参加全国能源互联网主动防御安全技能大赛 5 支代表队全部获奖。推动变电运行、供电服务等4个专业纳入自治区级竞赛，10名选手获评广西五一劳动奖章、技术能手。开展“奋斗百年路 启航新征程”庆祝建党百年系列文化活动，38件职工文化作品获省部级以上奖励，其中金奖5项，微电影《绣球飞飞》荣获首届全国职工微电影节一等奖。26家单位获评全区模范职工之家、模范职工小家。

团青工作。2021年，广西电网公司完成4个专题学习等“规定动作”，开展党史知识竞赛、“百年精神接力传”等“自选动作”，通过青马学员、各级团组织书记带头宣讲党史、一站到底答题 PK 等措施，结合庆祝建党100周年，全覆盖开展“请党放心 强国有我”主题团日，各级团组织在“我为青年做件事”主题实践中为青年办实事511件。发挥青年安全生产示范岗、青年文明号等作用，织密安全生产防护网，努力做实“青年无违章、青年身边无违章”。组织广大团员青年持续进企业、进校园、进乡镇、进社区，开展乡村振兴、扶贫送智、植树造林等活动，青字号集体社会影响力和美誉度不断提升。广西电网公司系统50个集体和个人荣获广西壮族自治区及以上团青荣誉，其中全国级荣誉6项，中央企业团青荣誉5项，其他省部级团青荣誉39项。

主要事件

2021年，广西电网公司党委获“中央企业先进基层党组织”“自治区先进基层党组织”双重殊荣。在南方电网公司首批11家单位政治生态评价中排名首位。在南方电网公司 2021 年度党建责任制考核中评定等级为A级。

2021年，广西电网公司促成广西壮族自治区主要负责同志率党政代表团再次到访南方电网公司，双方签署《进一步加强战略合作会谈备忘录》，形成系列既有利于区域发展也助推南方电网事业的政策成果。

2021年，广西电网公司精准开展需求侧管理，动态完善有序用电预案，引导错避峰企业合理安排生产，成功应对最大错避峰负荷 690 万 kW、缺口比例全国最高的严峻考验，牢牢守住保民生、保公共服务、保社会稳定、保电网安全的底线，获广西壮族自治区“六稳”“六保”担当作为集体奖。

2021 年，广西电网公司牢牢守住输配电价生命线，有力克服稳增长巨大压力，全年售电量 1729 亿 kWh，增长 13.9%，增速南方电网第一；当年电费回收率 100%，连续七年南方电网第一；利润总额 7.1 亿元，居南方电网西部第一；客户满意度 82 分，创历史新高。在南方电网公司 2021 年度经营业绩考核中评定等级为 A 级。

2021 年，广西电网公司国企改革三年行动总体任务完成率达 92%，提前超额完成国资委（70%以上）、南方电网公司（85%以上）下达的年度任务目标，三项制度改革多项指标排名南方电网公司第一；改革经验案例得到南方电网公司认可及中央、国资主流媒体的关注，3 个案例成功入选南方电网改革范本，改革案例作为国务院国资委《国资报告》6 月期刊封面文章专题报道。2021 年度，广西电网公司改革三年行动总体任务进度、重点任务全面完成，获南方电网公司 2021 年度改革工作考核等级 A 级。

2021 年，新电力管理融合提前实现“五个一”阶段性目标，党建质量和各项指标全面提升，在习近平总书记视察广西全州县毛竹山村过程中充分彰显南网形象，广西壮族自治区党政主要领导高度肯定央地融合“改革是成功的，效果是好的”。广西“一张网”央地融合改革成果入选南方电网 2021 年十大新闻事件，为其他省份、地区解决电力体制问题提供示范样本。

2021 年，把广西电网公司事业融入党和国家战略全局、广西经济社会发展大局，高质量编制广西电网公司“十四五”发展规划，提出 11 大领域 64 项重点任务，在服务新时代西部大开发、“强首府”等重大战略中彰显责任担当。

2021 年，广西电网公司加快构建现代供电服务体系，基础与增值业务共生发展，实现居民用户“刷脸办电”、企业用户“一证办电”，增值业务超 7400 万元，是年度目标的 3.7 倍。

2021 年，广西电网公司完成庆祝建党 100 周年 3 次特级保供电任务，连续 18 年完成第十八届中国—东盟博览会、中国—东盟商务与投资峰会保供电任务。

2021 年，广西电网公司投资近 120 亿元实施农村电网巩固提升专项行动，全区县域 220kV 变电站覆盖率达 95%，定点帮扶工作连续四年、行业帮扶工作连续两年获得广西壮族自治区评价最高等级“好”，被授予全区脱贫攻坚先进集体。

（秦诗琼）

【贵州电网有限责任公司】

企业概况 贵州电网有限责任公司（简称贵州电网公司）为南方电网公司的全资子公司，注册资本 185.75 亿元，负责贵州电网的统一规划、建设、管理和调度，经营中央在黔国有电网资产，承担着贵州省内电力供应和西电东送双重任务。截至 2021 年底，贵州电网公司共有 35kV 及以上输电线路 2988 回，长度 5.46 万 km，变电站 1511 座，主变压器 2559 台，主变压器容量 12100 万 kVA，全网装机容量 6068.3 万 kW，初步形成“三横一中心”500kV 主网架，各市州实现 500kV 电网全覆盖、220kV 电网环形或多回路主干供电，基本建成城市保底电网，年末供电户数 1800 余万户；通过“五交三直”通道与南方主网并联运行，黔电送粤能力达到 1000 万 kW。

2021 年，贵州电网公司售电量 1761.6 亿 kWh（含兴义 2 号机送广西电量 10.6 亿 kWh），同比增长 1.0%。其中：省内售电量（含周边）完成 1352.7 亿 kWh，同比增长 9.3%；黔电送粤电量 398.4 亿 kWh，同比降低 20.5%。全年完成固定资产投资 120.77 亿元，营业收入 761.7 亿元，年末资产总额 1088.3 亿元，资产负债率 72.91%。贵州电网公司先后荣获全国脱贫攻坚先进集体、全国五一劳动奖状、全国文明单位、全国工人先锋号、全国模范劳动关系和谐企业、中央企业先进基层党组织等荣誉。贵州电网公司连续 10 年在地方政府组织的多行业客户满意度调查评价中排名第一。

领导班子

1. 党委

书记：邓恩宏

副书记：郑之茂（至 2021 年 5 月 27 日）、陈晔（2021 年 7 月 6 日起）、时蕴伟（至 2021 年 12 月 27 日）、谢旭（2021 年 12 月 27 日起）

委员：杜鹏、刘强、颜朋、李毅、李志强、刘文涛（至 2021 年 5 月 27 日）

纪委书记：李毅

工会主席：时蕴伟（至 2021 年 12 月 27 日）

2. 董事会

董事长：邓恩宏

董事：林涛（2021 年 7 月 6 日起）、郑之茂（至 2021 年 5 月 27 日）、陈晔（2021 年 7 月 6 日起）、娄山（2021 年 7 月 6 日起）、余文奇（2021 年 7 月 6 日起）、徐兵（2021 年 7 月 6 日起）

3. 监事会

主席：王静辉（2021 年 7 月 6 日起）

监事：林辉（2021 年 7 月 6 日起）

职工监事：廖勇

4. 经理层

总经理：郑之茂（至 2021 年 5 月 27 日）、陈晔（2021 年 7 月 6 日起）

副总经理：杜鹏、刘强、李志强、鲁万坤（2021 年 11 月 29 日起）

总会计师：颜朋

组织机构 贵州电网公司所属单位共有 109 家，其中全资子公司 5 家（均为地市级单位）、参股子公司 1 家（地市级单位）、分公司 103 家（地市级单位 19 家、县区级单位 84 家）。

人员状况 2021 年，贵州电网公司年末用工总量 39571 人，其中：劳动合同制用工 37735 人，占比 95.36%；劳务派遣制用工 1428 人，占比 3.61%；非全日制用工 408 人，占比 1.03%。

电网规划 编制《贵州电网“十四五”电网发展规划》《贵阳市南明区核心圈高可靠性示范区规划方案》等。响应贵州省委省政府及南方电网公司决策部署，编制《贵州电网公司关于支持“强省会”五年行动方案的实施意见》《贵州电网有限责任公司关于落实〈中共贵州省委关于深入学习贯彻习近平总书记视察贵州重要讲话精神坚持以高质量发展统揽全局努力开创百姓富生态美多彩贵州新未来的决定〉的行动举措》等。分别与铜仁市人民政府、贵阳（能源）集团有限责任公司、贵州乌江能源集团有限责任公司等签订战略合作框架协议。与兴义地方电网签订 220kV 联网合作协议。

节能减排 持续挖潜增效，2021 年线损率 4.45%，同比降低 0.34%，所有县区供电局线损率均优于 7%。优化新能源并网工作流程，全年完成 180 个项目并网意向协议签订，合计装机容量 1850 万 kW。加快推动新能源送出工程建设，投产 500kV 八河开关站扩建、220kV 台沙变电站扩建、220kV 银山—李关线路等项目。实施清洁能源调度，可再生能源发电利用率 99.91%。

乡村振兴工作 2021 年，贵州电网公司坚持“四个不摘”，成立乡村振兴工作领导小组，制定巩固拓展脱贫攻坚成果同乡村振兴有效衔接的行动方案及考核实施细则等。贵州电网公司系统共有乡村振兴帮扶点 82 个，驻村干部 92 名，其中第一书记 55 名，帮扶村未出现返贫情况。捐赠 1407.14 万元实施定点帮扶项目 48 个，在安顺紫云、普定、平坝 3 个县建设“南网知行”书屋 26 间。采购脱贫地区农副产品 2027.44 万元，消费帮扶年度任务完成率 119%。贵州电网公司连续三年在省直单位和中央在黔单位定点扶贫工作考核中综合评价为最高等次“好”，在省国资委系统 2021 年度乡村振兴工作考核中获得满分。18 个集体和 9 名个人获贵州省脱贫攻坚先进，9 个集体和 35 名个人获南方电网公司脱贫攻坚先进。

电网建设 完成电网投资 88.81 亿元，完成小型基建投资 5.06 亿元。全年投产 35kV 及以上项目 116 个、10kV 配电网项目 6795 个，投用小型基建项目 4 个。南方电网重点工程 500kV 兴独线、奢鸭线开工，500kV 八河变电站新能源上网通道等工程投产。开展工程创优，500kV 威宁变电站获国家优质工程奖，500kV 八一变电站获中国安装工程优质奖，3 个项目获电力行优工程奖，7 个项目获网优工程奖。

供应链管理 完成网级供应链风险管理体系课题试点，2021 年 4 月通过中电联科技成果评审。实现“区域仓 + 周转仓”实体化运作，全年累计区域仓向周转仓调拨 3350 万元物资。加强物资共储互用，提升资产效能，平均库存下降率 29.65%。强化评标专家、招标人代表管控，评标专家出勤率 92.2%，同比增长 43.3%。

电网运行 至 2021 年底，贵州电网输变电设备情况见表 1。

表 1 贵州电网输变电设备情况

电压等级	变电站座数	变压器台数	变压器容量（MVA）	线路条数	线路长度（km）
500kV	19	111	27540	65	4190
220kV	138	244	45000	477	13348
110kV	571	960	43059	1176	18884
合计	728	1315	115599	1718	36422

注 500kV 不含超高压公司青岩变电站、黎平变电站及独山变电站，含八河开关站。

主要运行指标。2021 年，贵州电网公司生产设备运行总体稳定可靠，28 项生产技术指标均优于计划值。其中，客户平均停电时间（中压）13.61h/户，同比减少 3.62h/户。综合电压合格率 99.81%，同比增加 0.31%。报废资产净值率 7.98%，同比减少 0.04%。

电网运行管理。贵州电网公司共有 127 座集控或巡维中心。500kV 变电站 18 座无人值守，1 座人值守，无人值守率 95%。220kV 变电站 137 座无人值守，1 座有人值守，无人值守率 99.3%。110kV 及以下变电站 1324 座无人值守，6 座有人值守，无人值守率 99.5%。

安全生产 全年安全生产形势总体保持平稳，未发生电力安全事故、设备事故和人身事故，未发生对公司和社会造成重大不良影响的涉电公共安全事件，未发生三级及以上网络安全事件，连续两年实现安全生产零死亡、事故事件和人身事故“双下降”，百万工时工伤意外率 1.17%。

发生电力安全生产事件 7 起（同比减少 14 起），其中，一级事件 1 起（同比增加 1 起），二级事件 1 起（同比持平），三级事件 0 起（同比减少 3 起），四级事件 2 起（同比减少 12 起），五级事件 3 起（同比持平）。

科技创新 科技项目。科技研发全口径投入 10.1 亿元，研发经费投入强度达 1.33%，同比增长 18%。科技项目投入 3.1 亿元，创新项目投入强度 0.41%。承担“数字电网电力专用边缘计算芯片研究与设计”国家科技支撑计划项目子课题，组织策划和申报 7 个贵州省科技支撑计划项目。承担南方电网公司挂帅制项目“自主可控融冰操作关键技术研究”和“风光水火储一体化协同互补及灵活运行控制技术研究及示范应用”。

科技成果。2021 年共申请发明专利 1134 件，获得 220 件发明专利授权，累计有效专利达 3138 件（发明专利 820 件、外观专利 13 件、实用新型专利 2305 件）。成功开展 36 项知识产权为期 2 年的挂牌许可，为公司实现转化收益 230 万元。获南方电网公司科技进步奖一等奖 1 项、贵州省科技进步奖一等奖 1 项、中国电力科学技术进步奖二等奖 1 项。

信息化建设 信息化投资 3.08 亿元，投资计划完成率 100%。关键应用系统运行率 100%、信息网络运行率 100%。全年未发生三级及以上网络安全事件和影响电力供应的运行事件。“护网 2021”攻防演习实现“三不一零”目标，荣获“南方电网公司网络攻防演习先进集体成员”称号。

实现电网管理平台资产域、人资域、计财域双轨上线，完成工业互联网标识解析二级节点（贵州）建设并通过验收。开展数据质量提升促管理和业务变革专项行动，完成数据中心贵州分节点部署，实现全域数据 100%实时归集至数据中心，电流、电压、实时负荷等关键运行数据采集频率从分钟级提升至秒级。“以数据认责管理助力业务管理精益化”入选“2021 年企业数据管理能力优秀实践案例”。

市场营销 2021 年购电 1830.31 亿 kWh，同比增长 0.76%。其中购火电 1086.26 亿 kWh，同比增长 5.27%；购水电 549.02 亿 kWh，同比降低 13.23%；购风电 100.72 亿 kWh，同比增长 6.93%；购光伏电 76.33 亿 kWh，同比增长 70.88%；购生物质、瓦斯等电量 17.97 亿 kWh，同比增长 37.90%。

电费回收。2021 年电费回收率 99.999%，同比增加 0.038%；陈欠电费回收率 76.69%，同比增加 64.91%。

需求侧管理。组织节能和电能替代宣传，按计划开展客户能效服务活动，全力推动节能和电能替代项目落地建设。全年节约电量 3.72 亿 kWh，推动实施电能替代项目 13183 个，完成年度替代电量 43.82 亿 kWh。

电能计量。推动新一代数字技术与能源计量深度融合，编制计量系统营销业务实用化 6 个专业 33 个业务场景。“贵州电能量数据在线监测平台的应用与服务”项目获得 2020 年全国能源资源计量服务示范项目。计量自动化系统实用化评价 A 级，连续四年排名西部省（区）第一。

用电检查及营销稽查。2021 年完成客户用电检查 47.73 万户，共查处客户违约、窃电案件 4045 宗，追回金额 3986.38 万元。深化监督与业务“双轮驱动”风险管控作用，督促营销各层级压实专业主体作用。查处营销差错 528 件，挽回电量损失 443.45 万 kWh，挽回经济损失 486.62 万元。

客户服务。实现贵阳、遵义、兴义供电区域用电报装容量 200kW 及以下、其他城市地区用电报装容量 160kW 及以下、农村地区 100kW 及以下的小微企业用电报装“零投资”，为客户节省接电成本 28 亿元。在全省 35 个省级责任部门参与的营商环境测评中排名第一。2021 年 95598 投诉管控有效率 96.4%，12398 投诉量同比后移 10 位；百万人均投诉率同比后移 18 位；第三方客户满意度 81 分，连续六年提升。

产业投资 2021 年，贵州电网公司所属 4 家新兴业务企业资产总额 29.07 亿元，员工 2103 人；完成营业收入 29 亿元，同比增长 8.2%；实现利润总额 1.47 亿元，同比增长 37%。大集体正常经营企业数量 117 家，合并口径资产总额 85 亿元，员工 1.33 万人。

完成 4158 个充电枪的建设任务，充电桩市场占有率 35.79%，实现乡镇供电所充电基础设施全覆盖。推进屋顶分布式光伏试点工作，签订整县屋顶光伏协议 44 份，率先在毕节供电局、六盘水供电局启动项目建设。探索医疗康养业务，盘活门诊部闲置资产，组建鼎康公司；电力医院实现独立运营。

经营管理 资金管理。落实降杠杆减负债工作要求，2021 年资产负债率 72.91%，同比减少 0.73%。开展高息存量贷款置换，争取南方电网直接融资低成本资金，累计置换贷款 34.32 亿元，外部高息存量贷款从 104.12 亿元压降至 69.80 亿元，节约财务费用 1100 万元。持续优化融资结构，加权融资资金成本率同比减少 0.13%。

电价管理。自 2021 年 1 月 1 日起严格执行第二监管周期输配电价，其中大工业基本电价每 kV（kVA）降低 3 元/月，一般工商业 10、35、110kV 分别降低 8.21、5.56、3.7 分，2021 年全省工商业用户节约用电成本 8.24 亿元。按照南方电网公司统一部署，推动妥善解决中铝贵州企业过网费价格争议问题。

资产管理。开展资产效能提升专项行动，年末在建工程余额 65.31 亿元，固定资产原值年末余额 1661.73 亿元，增加固定资产原值 138.39 亿元。加快推进用户资产移交协议签订及资产评估，接收用户资产 10.43 亿元。

产权管理。纳入合并范围总户数 14 个，其中全资子公司 9 个，控股公司 3 个，事业单位 1 个。关闭注销赤水市电气安装公司和务川电力实业公司，新增安泰鑫建设有限公司。

税收管理。2021 年共计缴纳税费 19.40 亿元（含个人所得税），其中增值税 14.35 亿元、企业所得税 0.88

亿元、城建税 0.90 亿元、房产税 0.79 亿元、土地使用税 0.29 亿元、教育费附加 0.71 亿元、其他税费 0.32 亿元、代扣代缴个人所得税 1.16 亿元。继续落实农村电网维护费免征增值税政策，全年免征增值税 3.79 亿元。

会计核算。推动财务管理数字化转型，持续推进“零手工凭证”落地，全年手工凭证减少至 2%以内。规范差旅费用报销流程，商旅通使用率达 90%。加强往来款项清理，对“两金”余额进行分类管控，年末“两金”净额完成 62.61 亿元，超额完成压控目标。

审计工作。开展审计项目 9184 项，其中经济责任审计 54 项、专项审计 13 项、工程竣工决算审计 9117 项，审计项目计划完成率 100%。全年审计发现问题 2333 个，纠正违规资金 2726.98 万元，查处损失浪费 1360 万元，促进增收节支 4701.60 万元，审减工程成本 6486.09 万元，提出审计建议 1807 条。

法律工作。合同标准文本使用率 96.23%，同比增加 0.28%；合同签订及时率 97.73%，同比增加 0.63%。办结法律案件 175 宗，胜诉 172 宗，挽回经济损失 5000 余万元。完成制度简明化工作，制度数量从 237 份制度减少到 156 份。开展“宪法宣传周”系列活动 241 次，3 万余人次参与。贵州电网公司及 11 家所属单位获得首批贵州省“法治文化建设示范企业”称号。

人力资源管理 领导班子建设。优先在生产一线、基层一线选拔干部，全年组织 2 个批次 415 人次参与 19 个党委管理岗位选聘。共调整党委管理干部 12 个批次 300 人次，其中新提拔任用党委管理干部 96 名，晋升管理类职员 5 名，进一步使用 20 名。加大优秀年轻干部队伍建设力度，举办第五期 ATP（加速培养计划）培训班，重点培养和储备 324 名优秀年轻干部。

干部监督管理。对所属 14 家基层单位常态化开展选人用人“一报告两评议”工作。完成 4 家三级单位和 1 家省级大集体平台公司的专项检查，对 2 家地市级单位选人用人专项检查整改情况进行“回头看”，提级检查 2 家地市级大集体平台公司。完成 2020 年度所属 22 家单位领导班子和公司党委管理 268 名领导人员考核评价工作，评定领导班子优秀等级 6 家、良好等级 16 家；评定优秀等级领导人员 68 名、称职等级 200 名。

人才队伍建设。选聘各等级技术技能专家 445 名，推荐 14 名同志参加南方电网公司西部优秀创新人才培养计划，选拔 26 人参加贵州电网公司 2021 年科技创新人才进修培养计划。举办工匠精品培训班 5 期，技术技能专家提升培训 2 期，依托南方电网公司工匠大学贵州分校在全省建立 10 个工匠充电站，促进工匠型技能人才培养。在南方电网公司系统内率先开展“首席技师”评选工作，22 人获此殊荣。

党建和精神文明建设 党建工作。以千个支部万名党员“学党史、传党旗、颂党恩”活动等“十个一”为载体，统筹推进党史学习教育和庆祝建党 100 周年系列活动。抓实“我为群众办实事”六个专项工作，建立 581 项重点民生项目清单并逐项抓好落实。

制定《党建工作手册》，建立党委、支委党建工作到位标准，规范党组织换届选举等工作模板 49 个。深化“双培养一输送”，新发展党员 909 名，全力消除 738 个无党员班组。深化“电亮先锋”党建品牌，党员“双无”“双零”等活动取得明显成效，41 名个人、26 个集体获国务院国资委、贵州省委等上级党组织表彰。

宣传思想工作。印发《2021 年重大主题宣传工作方案》，围绕庆祝建党百年、党史学习教育等重点主题，创新开展融媒体策划，持续打造新闻精品。2021 年在重点外宣媒体中刊发报道 1004 条次，其中“三大央媒”上稿 95 篇，同比增加 20 篇、增长 26.7%。

纪检监察工作。制定《贵州电网公司纪委政治监督清单》，聚焦脱贫攻坚、疫情防控和中央巡视整改等重大任务强化政治监督，实现对 124 个结对帮扶点监督检查全覆盖，开展疫情防控监督检查 4258 次。制定全面从严治党和加强政治生态建设两个责任清单，政治生态评价总体好评率 94.56%。全年查处并通报曝光违反中央八项规定精神问题 2 起，问题数量连续两年下降。全年受理检举控告 97 件，立案审查 34 件，给予党纪政纪处分 49 人。打好三年“扫雷”行动决胜战，发现问题 159 个，处分处理 540 人，清退费用 259.76 万元，通报典型问题 52 起。

（4）巡察工作。持续抓实中央巡视整改，坚持“两审一评”销号制度，严把验收关口，整改措施总体完成率 97.6%，对 19 家三级单位党组织的中央巡视整改情况进行督查督办。组织开展十九大后公司党委第八、九轮巡察，对 5 家三级单位党委开展常规巡察，提级巡察 2 家地市局大集体企业，发现问题 584 个。加强统筹谋划，组织两轮对 15 个四级单位党组织的交叉巡察。

工会团青 工会工作。组织各级工会举办以习近平新时代中国特色社会主义思想、庆祝建党 100 周年等为主题的“新时代工人讲习所”宣讲 463 场次，开展“每周一讲”主题宣传 48 期。连续 3 年举办“我的安全我做主”安全文化系列活动，征集安全文化故事微视频 51 个、职业健康安全和专业安全金点子 487 条。建设省级及以上职工书屋 148 个，组织开展“悦读•悦生活”“巾帼书香”读书活动。

组织开展职工创新工作室认定，累计创建职工创新工作室 178 个，其中 44 个获南网星级工作室、21

个获贵州省劳模创新工作室、1 个获全国劳模示范工作室命名。推进输电、计量营销、数字化等 7 个公司级创新协会开展工作，开展职创工作室交流 134 期次，36件职工创新成果获全国能化工会及贵州省总工会表彰。全年获全国五一劳动奖状等省级及以上综合荣誉 13 项、南方电网公司综合荣誉 22 项，179 人获贵州省“最美劳动者”，电力工会连续 10 年获全国工会财务工作先进集体。

共青团工作。推进“青马工程”，圆满完成第一批 174 名青马学员培养工作，其中 17 名学员被评为南方电网公司 2020—2021 年度优秀青马学员。组织开展“标杆团支部”创建及评选工作，基层团组织建设不断夯实。各级团组织和个人获得表彰 173 项（其中，省部级及以上荣誉 40 项）。

主要事件

2 月 25 日，全国脱贫攻坚总结表彰大会召开，贵州电网公司荣获“全国脱贫攻坚先进集体”荣誉称号。

3 月 15 日，国家市场监管总局和国家发展改革委联合公布 10 个 2020 年能源资源计量服务示范项目，贵州电能量数据在线监测平台的应用与服务示范项目成为全国电力系统唯一入选项目。

5 月 27 日，2021 中国国际大数据产业博览会上，总投资达 100 亿元的南方能源数据中心正式落地贵州。贵州电网公司落实贵州省大数据发展战略和南方电网公司推进数字电网建设的安排，依托贵州大数据发展优势，推动电网数字化、管理数字化、服务数字化和能源生态数字化，走出既有南网底色又有贵州特色的数字化转型之路。

6 月 10 日，兴义地方电网与广西百色地方电网断开连接，并通过 220kV 登高新材料变电站实现与贵州电网 220kV 互联互通，较原计划提前 20 天。

6 月 23 日，南方电网公司首座 35kV 智能变电站试点项目—息烽黎安智能变电站建成投运。

8 月 27 日，贵州电网公司出台服务碳达峰、碳中和工作实施方案，提出“大力支持非化石能源发展、全面服务能源消费方式变革、加快构建现代化电网、推动低碳新技术创新发展、配合南方区域统一电力市场建设”五大举措，构建以新能源为主体的新型电力系统，全力服务贵州实现碳达峰、碳中和目标。

9 月 27 日，220kV 安龙变电站至 220kV 龙广变电站联络工程正式建成投运，联网通道形成“一主一备”模式。

11 月 3 日，国家能源局《能源工作》第 7 期专刊推出《贵州在西部率先实现“刷脸办电”“一证办电”全省覆盖》，介绍贵州电网公司优化用电营商环境成效。

12 月 23 日，贵州电网公司科研成果“基于直流配电中心的柔性互联关键技术及工程示范”荣获 2020 年度贵州省科技进步奖一等奖，是唯一的能源类科研获奖项目。

截至 2021 年底，贵州电网统调新能源装机达 1551.7 万 kW，占比 25.6%；新能源发电量 174.2 亿 kWh，同比增长 20.9%。

（蔡靖波）

【云南电网有限责任公司】

企业概况　云南电网有限责任公司（简称云南电网公司）是云南省域电网运营和交易主体，是云南省实施“西电东送”“云电外送”和培育电力支柱产业的重要企业。前身是 1950 年 7 月，国家成立的云南省电力工业局。1993 年，成立云南省电力公司，与云南省电力工业局实行两块牌子、一套人马管理。1998 年 10 月，云南省电力公司改制为云南电力集团有限公司，成为国家电力公司子公司。2002 年 12 月，国家进行电力体制改革，云南电力集团有限公司成为南方电网公司全资子公司。2004 年 11 月，云南电力集团有限公司更名为云南电网公司。2014 年 9 月，云南电网公司更名为云南电网有限责任公司。截至 2021 年底，云南电网公司员工总数 6.1 万人，拥有 110kV 及以上电压等级变电站 742 座，输电线路 6.0 万 km。全省发电装机容量（含向家坝）10634.85 万 kW，其中以水电为主的清洁能源 9105.19 万 kW（水电 7822.54 万 kW、风电 885.59 万 kW、光伏 397.06 万 kW），占比 85.62%；火电 1529.45 万 kW，占比 14.38%。

2021 年，完成固定资产投资 171.33 亿元；实现营业收入 955.04 亿元，同比增长 2.34%；实现净利润 –14.72 亿元、经济增加值 –24.41 亿元。截至 2021 年底，资产总额达到 1420.3 亿元，资产负债率 71.64%。

2021 年，完成售电量 2737.9 亿 kWh，同比下降 1.36%。其中，省内售电量 1810.6 亿 kWh，同比增长 7.31%；西电东送电量 921.6 亿 kWh，同比降低 13.28%；对国外送电 5.75 亿 kWh，同比降低 77.70%。云南省西电东送电量 1473.07 亿 kWh，同比增长 1.04%。

领导班子

1. 董事会

党委书记、董事长：甘霖（法定代表人）

党委副书记、董事、总经理：张忠东（2021 年 5 月职务调整）

董事：何朝阳（2021 年 6 月职务调整）、娄山（2021 年 6 月职务调整）、余文奇（2021 年 6 月职务调整）、徐兵（2021 年 6 月职务调整）

党委副书记、工会主席、职工董事：江北（职工董事于 2021 年 4 月调整担任）

2. 监事会

监事会主席：陶先文（2021 年 6 月职务调整）

监事：侯君（2021 年 6 月职务调整）

3. 管理团队

总会计师：孙宏兵

党委委员、副总经理：高孟平、张虹（党委委员于 2021 年 5 月调整担任）

党委委员、纪委书记：邱国峰

党委委员、副总经理：李瑞锋（党委委员于 2021 年 5 月调整担任）

副总经理：陈玮（2021 年 6 月职务调整）

组织机构 云南电网公司管辖单位 146 家。本部设办公室（与党委办公室、董事会办公室、总经理办公室合署）、规划发展部（与乡村振兴工作领导小组办公室合署）、人事部、人力资源部、计划与财务部、政策研究与企业管理部（与全面深化改革办公室合署）、生产技术部、市场营销部、基建部、新兴业务部、供应链管理部、系统运行部（与云南电力调度控制中心合署）、科技创新与数字化部、安全监管部（与应急指挥中心合署）、审计部（与监事会办公室合署）、法规部、党建工作部（与企业文化部合署）、监督部（与纪委办公室合署）、巡察办公室、工会办公室 20 个部门；设云南电力调度控制中心（与系统运行部合署）、电网规划建设研究中心（云南电网改革发展研究中心）、云南省公安厅防范和打击涉电违法犯罪中心（保卫处）、综合服务中心（离退休服务中心）、新闻中心、社保（年金）中心、财务共享服务中心（云南电网资产运营监控中心）、生产运营监控中心、电力客户服务中心、计量中心、审计中心、法治与合规共享中心 12 个直属机构；设节约用电服务中心、派驻纪检组 2 个挂靠机构。设有三级单位 30 家（供电单位 18 家），四级单位 116 家（供电单位 112 家）。

落实中央决策部署 开展党史学习教育和建党 100 周年系列活动，落实为群众办实事举措 162 项。促成“十四五”云电送粤、云电送桂协议签订，推动西电东送战略可持续发展。主动融入服务国家碳达峰、碳中和目标，南方电网公司与云南省就共同申报建设国家级新型电力系统示范区达成重要共识，示范区建设稳步启动，2021 年云南清洁能源发电量 3310 亿 kWh、占比达 87.9%，分别居全国第 2 位、第 3 位，基本实现清洁能源全额消纳。中老铁路外部供电工程全部实现按期零缺陷投产，获多家主流媒体报道、彰显南方电网形象。

科学精准开展常态化疫情防控，推进员工疫苗接种“应接尽接”，防疫成效获南方电网公司通报表扬。扎实做好疫情防控保供电，重点涉疫场所零停电，以南方电网最快速度建成投产新冠病毒灭活疫苗产业化推进及扩能电力保障工程，投资 3.8 亿元助力云南边境立体化防控体系建设。

全方位、深层次推进国企改革三年行动，全方位、深层次推进改革三年行动。紧盯三项制度改革要点，实现经理层全员任期制契约化，围绕“能下、能出、能减”构建市场化经营机制。2021 年改革三年行动任务完成率 90.74%，提前完成“两非”清理等攻坚任务。推进厂办大集体和职工持股改革后企业深化改革，提前超额完成瘦身健体任务目标。落实国家减税降费政策，通过电力市场化改革大力支持中小微企业、个体工商户、制造业等实体经济发展，为企业降成本 120.5 亿元，电力成为除税费外降成本最大贡献者。保山、农垦电力体制改革稳步推进。有序平稳推动全省工商业用户进入电力市场，自 2021 年 12 月起，在全省范围内推行电网企业代理购电业务。

安全生产运行 主网安全。投资电网建设 172 亿元，全面落实 34 项重点工作，通过电网安全稳定专委会强化 306 项里程碑节点任务过程管控，消除一般及以上电网事故风险 4 项，成功防控三级事件及以上电网风险 1553 项，系统运行十大风险可控在控。完成涉及Ⅰ级防拒动的 74 套保护装置、6 个区域稳控系统“高保真”传动试验，成功防控开关、保护及稳控系统拒动导致的系统失稳风险。实现 500kV 宝峰变电站、和平变电站的集中高周切机功能，进一步防控直流闭锁云南异步电网频率失稳风险。与 29 家大用户签订可中断负荷承诺书，完成全部 15 家电解铝大用户错峰试验，并全部纳入低频低压减载措施，电网风险管控能力进一步提升。

配电网安全。深耕“运规合一”，完成首轮“一县一可研”“一所一册”编制审查，形成 8824 个配电网储备项目。持续完善配网“两册”，优化整合作业文件、表单 55 份。完成 657 个配网网格化建设，解决 35kV 一线多 T 问题 4 项，治理高故障线路 538 条，缩短线路供电半径 95 条。精准治理高故障线路及低压台区，中压线路故障率同比降低 29%，低压台区故障率同比降低 36.5%。开展配电自动化专项提升，投入自愈线路 1438 条。

设备安全。以“降故障、强本体、控风险”为目标，印发三年攻坚方案，持续补齐硬件短板。有序推进主网输变电设备 17 类 70 个风险点各项管控措施及 184 项重点工作落实，持续开展设备预防性维护，加大智能巡检力度，西电东送主通道等关键设备保持健康稳定运行。扎实推进输电线路差异化运维工作，110kV 及以上输电线路故障跳闸次数连续 6 年实现同比下降。提前完成南方电网挂牌 253 只电子式互感器重大隐患治理，完成 6 个批次 436 台开关防拒动专项隐患整治，全面排查两组密集输电通道隐患，完成 31

处重要变电站喇叭口及 32 处重要交叉跨越点地表可燃物清理工作，设备风险隐患治理有效。

人身安全。构筑人身风险立体防控体系，制定“1+7+1”作业风险管控标准，推动人身风险立体防控体系覆盖全领域、全过程，工作成效上升为全网规范。开发推广作业计划池，将作业计划平衡、审查流程信息化，同时实现作业多维度分析展示，同步固化班组作业饱和度分析工具，与作业可视化监督系统相辅相成，形成具有云南特色作业的全过程管控“4+2”（4 份制度标准，2 套信息系统）顶层设计。开展“三抓、三强、一转”违章源头管控治理，创新应用“线上+线下”督查方式，纠正违章约 6 万起，连续两年实现人身零事故。

安全基础管理。启动降低作业人员环境风险专项行动，对 5938 项典型问题逐一制定解决措施，完成整改 1337 项。开展“保命”教育，累计培训 5465 期次 76836 人次，调考合格率 99.76%。深入推进违法转包违规分包专项整治，持续压实改革后企业安全责任。开发推广作业计划池，实现作业多维度分析，配套作业可视化监督系统，形成作业全过程管控的顶层设计。

应急管理。有序推进“三篇文章”主网 34 项基建工程，配电网 94 项基建工程全面开工并按期完成 10 项，制定 23.2 亿元抗冰能力提升投资项目清单并完成 182 个专项项目，提升电网面对突发自然灾害的抵御能力。成功应对 2008 年以来最强冰灾、大理漾濞 6.4 级、楚雄双柏 5.1 级和德宏盈江 5.0 级三次地震等重大自然灾害。妥善处置野象迁徙事件，主动停运避险 10kV 线路 96 条次，确保电网、设备和人身安全。

电网发展 规划研究。围绕构建以新能源为主体的新型电力系统新要求，对《云南电网“十四五”电网发展规划》成果进行修编。基于研究成果整体提炼完成《云南电网“十四五”发展规划》，增加了新能源、储能发展规模和新型电力系统建设任务，主网架建设项目等主要研究成果纳入云南省“十四五”电力发展规划并上报国家能源局。基于《云南电网“十四五”电网发展规划》研究成果，先后编制云南电网公司建设新型电力系统行动方案、云南建设国家级新型电力系统示范区行动方案。

电网建设。落实国家稳投资部署，2021 年云南电网基建投资 121.38 亿元，新建 35kV 及以上变电站 31 座，新增变电容量 1.01 亿 kVA，新建 35kV 及以上线路 2199km。坚持策划先行、管控为要，工程“一策两表”（一局一策、里程碑计划表、进度管控表）应用成效显现。督办重点工程全部按期完成，降低电网风险、解决配网突出问题项目攻坚齐头并进，11 项防范系统风险工程全部实现“零缺陷”投产。提前建成投产南塔河国内侧 110kV 东盟变电站，助力南方电网化解南塔河重大经营风险。23 项工程获 26 项省部级及以上优质工程奖，创历史新高。完成《35～1000kV 架空输电线路带电工程预算定额》研究，弥补该电压等级国内定额标准空白。

重点工程建设。建成投产 500kV 明通、天星及 110kV 兆雨等一批输变电工程，保障铝硅产业发展、疫情防控项目用电需要。500kV 天星输变电工程从开工到投产仅用 9 个半月，110kV 兆雨变电站仅用 6 个月。220kV 德傣Ⅱ回、凤翔等中小水电送出通道受阻工程平均提前 55 天投运，75 天实现首个“8+3”新能源项目并网。践行国家“一带一路”倡议，中老铁路国内段外部供电工程 3 变（变电站）35 线全部按期零缺陷投产。完成 35kV 独龙江联网工程建设，独龙江乡彻底告别“电力孤岛”。2021 年中央农网投资共 57 个县 1877 项农网工程全部投产，乡村用电水平持续升级。

供应链管理。优化供应链管理体制机制，在南方电网公司首家实体化运作供应链调配服务中心，基本建成现代数字供应链管理体系。灵活运用“全省调拨+外部催货”方式，确保 500kV 天星输变电工程、大瑞铁路、强边固防等重点项目物资供应，实现重点工程物资供应“零等待”。落实网格化“项目群”管理，开展关键要素前置审查，创新“小、散、杂”项目采购模式，采购项目评标时长、采购成本实现“双降”。召开云电清风－供应商廉洁大会，供应链生态圈更加开放公平、廉洁高效。

营销服务 电力营商环境。“南网在线”智慧营业厅用户数、绑定数分别达到 899 万、654 万，均位列南方电网公司第二名，互联网业务办理比例达到 99.9%。第三方客户满意度得分创历史新高，强化客户投诉管控，2021 年 12398 投诉同比下降 22%。紧抓电费、电价、计量、线损异常治理，量价费档案异常数从 3.93 万项降至 0.59 万项。

电力供应。面对电力电量“双缺”的电力供需形势，云南电网公司超前研判供需形势，向各级政府沟通汇报，促请云南省委、省政府主要领导高度关注并协调电力供应保障工作，建立两个专班机制，全力增煤保电。发挥南方电网大平台余缺互济作用，有效缓解省内缺电压力，保障了电力供应平稳有序。实时开展电力电量平衡工作，动态调整有序用电规模，保障了电网安全稳定运行。2021 年实施电能替代项目 8198 个，完成电能替代 36.03 亿 kWh。

营销基础管理。围绕“三率一损、三提一降”，开展抄核收转型攻坚、有损线损攻坚、计量异常治理等专项工作，2021 年综合自动抄表率 99.67%，同比提高 0.89 个百分点，综合电子化结算率 99.98%，同比提高 0.95 个百分点，智能交费比例 90.11%，线路和台区同期线损异常率分别为4.32%和5.19%，同比下降42.28和16.9个百分点。推广客户空气开关烧损治理、同期线损管理等基层首创。全年227个供电所实现自动抄表率、电子化结算率“双百”、台区和线路线损异常率“双零”，占比32%。

经营管理 经营管理成效。有效应对电力电量“双缺”，扎实推进“三个一切”（探索一切可能的创收模式、挖掘一切可能的降本措施、堵住一切形式的跑冒滴漏），加回政策性影响后，完成经营业绩考核目标。动态优化省间送电安排，满足各方用电需求。抓实“三个一切”举措落地，实现全年增利16.84亿元。落实“过紧日子”要求，可控成本同比压降6%。首创“党建+资金安全”工作机制，依托资金安全管理“两册”、会计科目“主人制”等举措消除资金安全隐患814项。创新实践案例“‘硬核’财务的武功秘籍”在《南方电网报》和《知行南网》刊登报道。

新兴业务。依托两类市场主体，强基础、推改革、拓市场、抓落实，各项工作取得了良好成效。注重规划引领，基本形成五大业务领域和15个业务板块协同互补、错位发展的产业格局。推动融合发展，分类分批推进现代供电服务增值产品，11项产品上架。聚焦大集体企业深化改革，全力推动专业化整合、集团化管控、集约化运作、规范化管理、市场化运营。加强大集体企业规范管理，党建、计财等领域率先实现全面延伸，压实安全生产主体责任，加强保障投入，健全机构和人员配置，现场作业实现3个100%管控（100%配置、100%使用、100%观察纠正），违章高发态势得到有效遏制。全面推进经理层成员任期制和契约化管理，加快市场化经营机制建设。

依法治企。将“法治型企业建设”作为完整概念纳入云南电网公司“十四五”发展规划，成为战略性议题。系统谋划“四优”法治型企业行动计划，明晰“十四五”法治型企业建设实施路径。修订云南电网公司章程和本部权责清单，建立多级闭环集团型授权体系。搭建“1制度、1标准、2手册、3清单”内控管理制度体系。开展依法维权专项行动，2021年通过法律手段避免或挽回经济损失5.58亿元。解决云南铝业私自增容等4起历史遗留重大法律纠纷。举办“云南省地方电力立法回顾与前瞻”学术论坛、“能源法治沙龙”等活动，持续扩大法治“朋友圈”。连续第9年开展“云电法治周”活动，连续两年成为云南省“宪法进企业”示范点。

科技信息 推进国家战略科技力量建设和数字化转型实施，迈向创新型企业。累计有效专利拥有数1244件，单位科技投入新增发明专利授权数达世界领先，通过国家数据管理能力成熟度4级认证。2项专利获中国专利优秀奖，异步复杂大电网运行控制研究成果获省科学技术奖科技进步奖一等奖。新型电力系统、异步“五高”特性、数字化应用技术发展持续升温，国重项目、省重“揭榜”相继立项，国家级、省部级竞赛成绩优异。获得全国能化总工会授牌“职工技术创新成果转化孵化基地”的企业。成立两个省公司级实验室及省公司级9个重大科研团队，支撑优势专业能力建设。创新成果和数字化成果不断升值，54项科技成果实现转化，电力数据对外服务实现价值创造“零突破”。

人力资源管理 干部队伍。选拔培养高素质专业化年轻干部，新提拔80后三级正干部同比增长50%。优化年轻干部培养机制和成长路径，建立基于管理场景的干部培训体系，改进“青苗、青才、青干”梯次培养机制和项目定位，提升培训对象和内容针对性；完善主营业务干部成长典型路径图，提升年轻干部“一人一策”培养科学性。在艰苦复杂地区、基层一线、关键吃劲岗位培养锻炼干部，选派21名年轻干部担任地、县两级班子正职。选派年轻干部到南方电网总部及东部单位挂职锻炼，坚持开展“四个一批”人才交流挂职锻炼，组织50名干部人才广泛开展交流锻炼。选拔使用班站所长，把班站所长作为年轻干部成长的重要台阶。坚持“老中青”相结合，统筹用好各年龄段干部，形成“以70后为主体、80后规模不断壮大、同时兼顾60后”的分布特点。

员工队伍。针对经营管理人才、专业技术人才和生产技能人才三支人才队伍，设立三层九级人才梯队。新增全国能源化学地质系统“大国工匠”1人；新增南方电网杰出技能专家2人，累计达6人；新增技能专家245人，总数达到2299人；新增技师836名、高级技师136名，高技能人才占比达68.5%。试点特级技师评聘，共选聘出20名特级技师。持续健全和完善班站所长“选育用留管”工作机制，2021年新聘任班站所长1124人中，1030人通过公开选聘上岗，占比达91.6%。采用“集中轮训+线上训练营”混合培养方式全面提升班站所长“四会”能力。评选2021年度金牌班站所长130名，并给予董事长嘉奖奖励。全省29家单位全部对专业技术类、技能类、辅助类岗位实行“区间岗级”管理，打破员工“一岗定终身”。建立县（区）级供电企业“标杆动态”管理机制，新增标杆6家、撤销2家。

党群宣传 党建工作。编制《云南电网公司基层单位党委落实全面从严治党主体责任工作指引（试行）》，解决主体责任落实不平衡不充分不规范问题。对标对表全国国有企业党的建设工作会议精神，开展贯彻落实情况“回头看”，着力抓重点、补短板、强弱项。制定《职工持股改革后企业党建工作质量提升专项计划》，提升大集体企业党的建设工作水平。开展党史学习教育，印发党史学习教育方案，形成“年指引、月提示”工作推进机制，完成三级单位巡回指导全覆盖。研究制定“我为群众办实事”“1+8”推进计划。建立1.38万个党员责任区，推动安全生产违章大幅度下降，12398投诉退出全国前十。将标杆党支部创建等党建工作业绩纳入四星、五星班站所申报条件。

宣传思想工作。推动学习贯彻习近平新时代中国特色社会主义思想走深走实。落实“第一议题”制度，抓实党委理论学习中心组学习，把贯彻习近平总书记“七一”重要讲话、党的十九届六中全会精神与党史学习教育贯穿起来，通过党员领导干部带头学，党员教育日常学，群众宣讲广泛学，推动党的创新理论进基层、进班组、进一线。印发庆祝建党100周年主题活动方案，明确5个方面11项工作。打造十大宣传平台的融媒体宣传矩阵，加强先进典型选树，涌现了维西扶贫公司运营团队、吴长碧等一大批先进集体和个人，获得中央及国家层面荣誉12项、省部级荣誉148项。

党风廉政建设。修订《完善监督体系提高党委监督能力工作细则》，建立健全违规问题“三线”处置机制，构建“11229”工具库，推动五项机制高效运转。细化《加强对“一把手”和领导班子监督工作的措施清单》，明确5部分25个方面95条工作措施。协同开展整治酒驾醉驾和“黄赌毒”突出问题专项行动。组织纪律教育学习月活动，开展廉洁大讨论3051场。首次召开云南电网公司政治生态建设集体谈话暨党委书记对下级“一把手”谈话会，进一步明确政治生态建设的关键环节、重点任务。抓好“大集体企业”专项整治、县级供电企业专项整治、巡视巡察、安全巡查中各单位党建领域存在问题整改的销号把关。

共青团工作。印发加强党建带团建工作措施表，形成党建带团建新局面。成立南方电网公司内首家实体团校，建成示范“青年之家”，打造54321青马培养体系，将青马学员占比作为年轻干部选拔考核的硬性指标和必备条件。开展“学党史、强信念、跟党走”学习教育，推出“青马微课堂”28期，开展“我为青年做件事”主题实践活动。围绕中心、服务大局，62支青年突击队顺利完成中老铁路电力保障等急难险重任务。

工会工作。推动产业工人队伍建设改革，形成“四个三”工作模型（强调“三个突出”，实施“三条通道”，健全“三项机制”，搭建“三个平台”），在云南省工会系统推广，《工人日报》头版头条刊载。与云南省总工会联合开展“云南电网‘三保障三提升’工程劳动竞赛”，申报全国引领性劳动竞赛项目。职工创新工作室建设、创新成果孵化转化等特色做法和成效，在全国能源化学地质系统职工技术创新工作室建设现场会全方位展示。连续四年获全国总工会“市级财务先进单位。

主要事件

5月21日21:48，云南大理州漾濞县发生6.4级地震，震源深度8km。地震共造成云南电网8条10kV线路故障停运，121台10kV台式变压器停运，7145户客户用电受到影响，35kV及以上设备运行正常。经抢修，截至5月22日15:00，大理漾濞“5·21”地震抢修复电任务全面完成，受地震影响的客户全部恢复供电，恢复率100%。

7月26日，云南电网500kV天星输变电工程投产。该工程从规划到建成仅用时19个月，较常规建设周期缩短13个月。

9月16日，南方电网公司董事长、党组书记孟振平在昆明拜会时任云南省委书记阮成发、省长王予波、时任常务副省长宗国英，并举行工作会谈。孟振平感谢云南省委、省政府对南方电网公司一直以来的支持和帮助，希望双方在建设现代化电网、推动东南亚电力互联互通、远近结合提升电源供给能力等方面深化合作。双方就“十四五”1000亿元投资、合力申报国家级新型电力系统示范区等达成共识。

10月3日，云南省委副书记、省长王予波带队到云南电网公司调研，云南省副省长王显刚、省政府秘书长孙灿等陪同调研。王予波高度肯定了云南电网公司在应对缺电不利局面所作出的贡献，认为电网企业有预见、有预判、有预案，有力保障了电力供应的整体平稳，并对云南电网公司所提工作建议全面采纳、逐一回应。

10月12日，随着云南电网220kV普文牵Ⅱ回线完成三次带电冲击，中老铁路国内段外部供电工程所有输变电设备均带电运行。中老铁路是第一个以中方为主投资建设、共同运营并与中国铁路网直接连通的跨国铁路，同时也是老挝首个电网BOT（建设–运营–移交）项目。国内段、老挝段外部供电工程于2019年12月同步开工建设，国内段动态投资约12.31亿元，共新建220kV开关站3座、220kV线路35条，铁塔1587基，输电线路总长679.8km。

2021年，云南电网公司实现与云南16个地州战略合作协议“应签尽签”，政企联动强化在构建新型电力系统、电力基础设施建设保护、优化用电营商环境、建设高可靠性供电示范区等方面的合作。以战略合作协议签订为契机，云南电网公司将进一步深化政企合作、巩固互利共赢局面，推动更高水平、更深层次沟通协作，共同谱写高质量发展新篇章。

2021年，云南电网公司有效应对电力电量“双缺”、新能源渗透率攀升等全局性风险，大电网连续25年保持安全稳定运行。全网首创人身风险立体防控体系，15 年来首次实现连续 2 年人身安全零事故。深化“三体系一机制”应急能力建设，妥善处置 2008 年以来最强冰灾等自然灾害。完成建党 100 周年庆祝活动、COP15 第一阶段会议、中老铁路通车庆典等特级保供电任务。

2021 年，云南电网公司深入践行解放用户理论，全面启动现代供电服务体系建设。上线增值产品 17 项，“线上＋线下”成交额超 1 亿元，“基础＋增值”体系初见雏形。实体营业厅数量压降 35%，“南网在线”智慧营业厅用户数、绑定数均列南方电网公司第二位，互联网业务比例达 99.9%。做实做细“三零”“三省”服务，降低用户接电成本 7.1 亿元。客户满意度在全网保持西部领先，12398 投诉同比下降 22%。

2021 年，云南电网公司全力做好巩固拓展脱贫攻坚成果同乡村振兴有效衔接，投资 105 亿元实施农网改造、定点帮扶，连续 4 年获云南省扶贫考核最高等级，吴长碧获全国优秀共产党员表彰并受到习近平总书记接见。与迪庆藏族自治州达成全面推进乡村振兴定点帮扶等一揽子合作意向，推动云南藏区经济社会高质量发展。落实习近平总书记回信精神，启动“电耀阿佤山”边疆智能电网建设。独龙江联网工程建成投运，独龙江乡告别“电力孤岛”历史。

2021 年，云南电网公司坚决扛起电力保供政治责任，统筹保安全、保供应与稳增长，有力应对缺电的不利局面。加强向省委、省政府及主管部门汇报沟通，强化政企联动、厂网协作，提前揭示风险、积极建言献策，形成多方联动、同向发力、共渡难关的生动局面。最大限度挖掘发电潜力，全省全年发电量 3765 亿 kWh，同比增长 2.48%。坚持“全网一盘棋”，加强省间资源互济，有效缓解省内缺电压力。科学实施有序用电，始终守牢电网安全与民生用电底线。

（刘天然　高凯旻）

【海南电网有限责任公司】

企业概况　海南电网有限责任公司（简称海南电网公司）是南方电网公司的全资子公司，负责经营南方电网在海南投资的国有电网资产，对海南电网实行“统一规划、统一建设、统一调度、统一管理”，承担国有资产保值增值责任，负责全省电网的安全生产工作，直接为海南经济发展和人民生活提供电力保障。

全省已建成 220kV“目”字型环岛双环网主网架，并通过联网Ⅰ、Ⅱ回 500kV 海底电缆（总容量 120 万 kW）与南方电网主网双回路相联。2021 年，建成投运 35kV 及以上变电站 319 座，变电总容量 2430 万 kVA。输电线路总长 1.18 万 km，配电线路总长 3.91 万 km。全省统调装机总容量 924.3 万 kW，其中清洁能源装机占比（含气电）70.1%。统调最高负荷 647.4 万 kW，日最大发电量 1.368 亿 kWh。乡镇、行政村和自然村通电率均达 100%。供电户数 362 万户。全年售电量 331.66 亿 kWh，同比增长 13.5%；第三方客户满意度 81 分，同比提升 1 分；线损率 5.36%，同比下降 0.18 个百分点；数字化水平评为 A 级。

领导班子

1. 党委成员

党委书记：宋新明

党委副书记：王志勇

党委专职副书记：赵有铖

党委委员：林芳泽

党委委员：叶雄

党委委员：陈东

党委委员：林潮光

党委委员、纪委书记：童亮

党委委员：杨兹波

2. 董事会成员

董事长：宋新明

董事：王志勇

外部董事：刘静萍

外部董事：方翎

外部董事：黄家林

外部董事：龚建平

职工董事：赵有铖

3. 高级管理人员

总经理：王志勇

副总经理：林芳泽

副总经理：叶雄

总会计师、总法律顾问：林潮光

党委委员、副总经理：杨兹波

组织机构　海南电网公司实行省公司直管地、县供电局两级管理，本部设置董事会工作部等 18 个职能部门，设置海南电网电力调度控制中心等 13 个直属机构，下辖单位 31 个，包括 23 个分公司、6 个全资子公司、1 个参股子公司。

人员状况　截至 2021 年 12 月 31 日，海南电网公司员工共 9309 人。其中，博士研究生 9 人，硕士研究生 304 人，大学本科 3986 人，大学专科 2501 人，中专及以下 2509 人；高级职称 319 人，中级职称 1269 人，初级职称 4059 人。其中党员 4035 人，占比 43.35%。

电网发展　电网规划。开展“十四五”智能电网发展规划研究，明确 2025 年全面建成智能电网综合示范省的目标，形成 268 亿元的智能电网规划项目库。开展海口江东新区等 11 个重点园区电力专项规划，打造“高可靠性＋高度智能化”的园区智能配电网。将电网规划成果纳入政府“十四五”电力规划与能源发展规划，保障电网规划项目落地。印发服务碳达峰、碳中和工作方案，制定 5 个方面 20 条重点举措，推动南方电网碳达峰、碳中和工作总体部署在海南落地承接。

新型电力系统规划建设。贯彻国家“3060双碳”目标及构建新型电力系统战略部署，编制形成海南新型电力系统示范省建设方案，从加快构建全面赋能数字电网、加快能源供应绿色低碳转型、推动构建综合能源消费体系、全力提升能源技术创新能力等9大方面提出新型电力系统建设30项重点任务，推动海南建设新型电力系统示范省。启动建设博鳌零碳示范区、海南碳排放数据管理信息平台（海南应对气候变化智慧管理平台）等示范标杆项目。

电网建设。探索建立符合当前省域智能电网建设需要的标准体系，编制印发智能化功能配置指导意见，保障智能电网综合示范省技术先进性和建设成效。成立工程创优“质量技术提升工作室”，开展关键核心业务攻关。推进智慧工地视频监控使用，搭建“线上＋线下”联动安全督查机制，基建安全保持零事故事件，现场违章总数同比下降34.04%。全年完成投资38.21亿元，累计投产项目2532个，超额完成年初目标，按计划建成中央投资农网、万宁气电送出等南方电网公司重点工程。荣获南方电网公司基建工程优秀设计奖10项，优质工程项目5项，基建优秀QC成果5个。

供应链管理。推进供应链业务和资源集约整合，全省仓储业务集约为“2个区域仓+4个周转仓”，实现全省物资资源共享。成立供应链服务调配中心，建设供应链“控制塔”，发挥供应链服务调配中心运营监控作用。全年完成省级采购金额36亿元，物资供应金额30.18亿元，7天准时供货率达99.43%，储备物资周转率同比提高10倍，物资供应及时有序。闲置物资智能利库管理系统研发荣获国家知识产权局颁发的发明专利证书。

安全生产运行　电网调度。坚持主电网安全底线意识，强化电网风险分层分级联防联控，落实海南电网系统运行七大风险36项预控措施、防全黑25项举措，建立政府－电网－电厂－上游能源企业间的联动机制，多措并举做好一次能源供应，保障电力安全可靠供应，成功应对一次能源供应短缺导致省内面临117万kW供应缺口，确保了海南全省全年无限电。按计划完成云电受入15亿kWh，省内非化石能源发电量占比达42.47%。安全自动装置正确动作合格率、110kV及以上系统继电保护正确动作率均为100%。

安全管理。以建设本质安全型企业为主线，首次以党委1号文出台《关于深化推进2021年安全生产工作的决定》，明确七个方面共28项举措125项措施，统筹推进安全生产各项工作。加强政企联动，与省应急厅建立会商和跟踪机制，制定印发成涉电公共安全总体方案，启动专项整治三年行动工作，集中力量开展防范采摘槟榔触电专项整治，发放《安全告知书》17478份，通知种植户主3017户，有效提高槟榔采摘人员安全防范意识。建立健全巡查整改推进、巡查整改追责问责等4个工作机制，构建安全生产巡查工作监督体系，全年未发生各类安全生产事故，未发生二级及以上电力安全事件，确保了电网安全风险可控、电力供应平稳有序，安全生产形势持续平稳向好。

供电可靠管理。以供电可靠性为总抓手，策划并出台“1＋19”客户停电时间管理提升工作方案，针对性制定并落实14个方面111项具体工作举措。2021年，全省完成321座变电站设备特巡特维。累计解决10kV公用331台重过载配电变压器和129个低电压台区，进一步提升供电可靠性。推进配电自动化智能化应用和自愈功能落地，配电自动化有效覆盖率提升至62.7%。按照“能转必转、能带不停、能保则保”的原则，带电作业累计完成1.3万次，同比增长39.8%，不停电作业化率（时户数）82.36%，海口、三亚不停电示范区不停电作业率达到100%。

保供电与应急管理。完成内外部应急队伍认定、建档工作，建立常备应急队伍95支2471人。立足于防大汛、抗强台，投入40次1345人组织开展系统性防风防汛演练。完成博鳌亚洲论坛2021年年会、建党100周年以及5次航天发射任务等特级或重要保供电工作。全年累计完成各类保供电任务738次，其中特级7次，一级6次，二级310次，三级415次。

科技信息　信息化与网络安全。首次作为海南省“靶标”单位独立排名参加公安部“护网2021”网络攻防演习专项行动，通过“国家考验”，经验入选公安部护网优秀技战法。打造海南特色的典型应用场景，持续优化停电池停电研判分析应用功能，支撑2021年“圆规”台风快速抢修复电，成果入选2021年度南方电网优秀数字化建设案例。全年未发生三级及以上网络安全事件，网络安全防线持续稳固。响应“数字南网”建设号召，通过DCMM（数据管理能力成熟度）贯标三级（稳健级）评估，数据治理案例获中国电子信息行业联合会优秀实践案例奖。

科技创新。制定《海南电网“十四五”创新驱动规划》，明确创新工作“8843”建设方向，构建公司创新工作蓝图。实施创新项目“揭榜挂帅制”工作，整合内部创新资源，申报海南院士创新平台通过评审；打通科技成果转化内外循环，实现3项知识产权进入海南国际知识产权交易中心挂牌交易，提前建成网级热带智能电网与海岛微网联合实验室。3名专家首次在中国电工技术学会电工产品环境技术专业委员会获聘副主任委员等职务，1名员工获评南方电网战略专家。2021年海南电网公司累计有效发明专利拥有数186件，同比提升35%；年度新增发明专利授权数48件，同比提升26%，首次申报1件国际专利。

节能减排与绿色发展。全年非化石能源发电量占比完成43.03%，比年度目标高4.03个百分点。消纳清洁能源165.4亿kWh（含云南水电），占统调发受电量44.85%，相当于节约标煤487.9万t，分别减少二氧化碳排放1297.9万t、二氧化硫排放9.37万t。全网发受电化石能耗155.38g/kWh，同比降低0.48g/kWh。

营销服务 营销管理。推动省发展改革委成立电力安全保供工作专班，建立电煤、发电用气等信息常态化通报机制，合力做好电力保供。开展省级集中计量检定检测物资申购、到货、检定检测、仓储、配送等业务管理统一的运作新模式，进一步缩短集中检定计量物资供应时间。持续开展计量装置专项治理，追补电量3317万kWh，查处窃电追补电量97万kWh，强化线损管控减少损耗6500万kWh。充换电服务业售电量3.4亿kWh，同比增长141.44%。推广港口岸电、空港陆电、油机改电技术，完成电能替代电量7.9亿kWh。

客户服务与电力营商环境。聚焦解放用户，建立服务自贸港重点（重大）项目工作机制，推行“1+N”“获得电力+增值服务”合作模式，初步实现向客户用能全生命周期延伸和拓展。在江东新区、高新区、博鳌乐城新区试点优化高压办电，办电程序精简至2个环节，低压非居民、高压单电源客户业扩报装平均接电时间同比下降45%、23%。海口、三亚“获得电力”指数分别达优秀、优良水平。推进以服务调度为轴心的服务风险预警和闭环管控长效机制，以客户全方位服务管理为抓手形成“管专业管服务”的协同工作机制，全年客户满意度提升至81分。配合政府完成251个约2.7万户城镇老旧小区的抄表到户改造工程，按期完成省委省政府下达目标。

电力市场交易。促成海南省全面放开经营性电力客户进入市场，组织完成472家市场主体注册，同比增长超6倍，为深入推进市场化奠定基础。首次实现售电公司参与电力市场化直接交易，首次实现10kV电压等级用户参与电力市场化零售交易，促进海南电力交易市场健康有序发展。2021年省内市场化成交电量40.56亿kWh，同比增长1.75倍，成交电量连续3年实现翻番。落实燃煤发电电量全部进入电力市场政策，疏导煤电成本约2300万元，有效稳定市场预期，保障全年电力安全稳定供应。

经营管理 企业改革与合规管理。印发《海南电网公司改革三年行动计划2021年实施方案》等三个方案，全年完成国企改革三年行动总体任务的93.7%，超额完成年度计划目标。建立健全董事会授权机制，压缩决策层级，推进6家子企业董事会六项职权落实到位，实现行权模式由管理型行权逐步转向以治理型行权为主、管理型行权为辅。在五省区率先出台《制度简明化专项工作方案》，完成制度简明化工作，实现制度总数减少33%。

新兴业务。新兴业务经营业绩稳步增长，利润贡献度持续提升，营业收入和利润增长率分别实现29.9%、67%，如期实现“十四五”开门红。印发新兴业务“十四五”专项规划，制定差异化发展策略。通过“建机制、搭平台、抓项目、促合作”，不断巩固做大业务规模，非股东业务占比实现45.76%，同比提升16个百分点。与海南交控公司合资组建海南电动汽车充换电基础设施“一张网”运营公司，打造合作共赢运营模式。完成8.57亿元的供应链金融业务规模。与海南威特电气集团有限公司等5家企业签订购售电合同，推动售电业务实现零的突破。与中国移动、中国联通签署海底光缆共享服务协议，发挥现有资产价值。

财务管理。出台《改善经营情况专项工作方案》，全年总体经营指标好于预期，固定资产新增79.97亿元。持续优化资金计划预算管理，2021年资金计划准确率累计达到96.24%。落实融资统一管理，全年资金成本率下降0.3个百分点，节约利息支出4000万元。2021年度一流对标评价指数为65.44分。

审计与监督工作。提升内部审计工作的质量和效果，全年共组织审计项目226个，促进增收节支2014.81万元，防范资产损失风险179.74万元。重新梳理公司各部门、直属机构敏感岗位456个，启动中高风险岗位人员定期轮岗交流工作。纪委书记和纪委委员主动约谈下级党组织主要负责人和领导班子102人次，对11名下级领导班子成员工作失职失责问题“一案双查”，逐级压实责任。

法治工作。印发《法规业务管理模式优化调整方案》，构建“全省法治业务大集约、大共享”管理体系，初步实现合同、案件、重大决策审核等核心业务集约管控。全年共处理案件161宗，涉案金额1.95亿元，胜诉70宗，胜诉率95.89%，避免或挽回经济损失1.01亿元。推动《海南自由贸易港供用电条例》立法建议稿列入2022年海南省人大立法工作计划。全年法律培训覆盖人数8600人次，获评全国“七五”普法先进单位。

人力资源管理 队伍建设。加强所属单位领导班子建设，开展班子“画像”，合理优选干部。2021年所属单位配备80后班子户数同比提高9.37个百分点。加强年轻干部选拔培养，按要求实施“百千人才去基层到西部计划”，接收挂职干部人才101人、外派52人，组织内部挂职56人，乡村振兴一线挂职14人、政府挂职4人，促进干部“经风雨、见世面、长才干”。坚持党管人才原则，638人入选人才库，4人入选海南省“南海系列”育才计划。1人获得海南省突出高级技师贡献奖，1人获得海南省突出技师贡献奖。260人认定海南自由贸易港高层次人才。招收1名博士后人才及柔性引进2名战略级专业技术专家。

教育培训。以重点人群、重点培训项目为引领，精准对接需求，实施分类培训。在智能输电与防灾减灾等8个攻关方向组建首批23个关键核心技术攻关项目团队；组建变电一次检修、综合试验及智能电网等11个专家团队，搭建技术交流创新、知识共享、人才培养平台，实现跨单位跨专业合作。完善员工发展通道，出台技术、技能专家管理实施细则，33名员工通过技能竞赛等奖励直聘为准技术、技能专家。全年完成各类培训班1103期次，培训40827人次。

党群宣传 党建工作。编制《党支部工作手册》《党支部日常工作实操手册》《党支部工作纪实手册》，实现党支部日常管理一张表、流程模板一本通、“六个一”质量一账查。以点带面推进党员网格化管理，建立“书记+支委+党员+群众”网格体系，形成“一图一表”等有效经验。将星级班站所创建与支部“三级登高”联动互创，449个党支部制定“登高”目标，新增过硬党支部135个，推动星级班站所同比增加83个。涌现出1个中央企业先进基层党组织，5个海南省国资系统基层党建示范点，2个南方电网标杆党支部，1个南方电网五星示范班站所，4个南方电网五星班站所。

党风廉政建设。抓实以案促改以案促治，纪委向党委专题汇报海南电网公司年度信访举报和监督检查执纪审查统计分析报告，针对存在问题提出对策建议，撰写专题案件剖析报告，用身边事教育身边人。在各类培训中常态化开设廉洁教育课程，提高干部员工遵纪守法意识。强化政治巡察，采用“一托二”的方式，分两轮对所属8家单位党组织开展常规巡察，对3家单位党组织开展巡察“回头看”，聚焦职责使命和突出问题深入查找政治偏差，反馈发现问题723个，移交问题线索11条。

民主管理。工会工作和民主管理进一步规范。抓实职代会提案征集办理，各级职代会征集提案198件，立案办理92件，沟通答复124件，上报6件。建立厂务公开“两图一表”和“五个规范”工作体系，31家单位全部达到南方电网A级（90分以上）。1家单位荣获“全国厂务公开先进单位”称号，8个单位荣获“海南省机械能源石化医药工会三、四星级职代会单位”称号。

精神文明建设。围绕“思想大解放，建功自贸港”，发动公司广大职工特别是领导干部围绕三个方面开展大讨论，凝聚“小公司大作为”的思想共识。2021年对外发稿2915篇（条）。在人民日报、新华社、央视三大中央级媒体发稿40篇（条）。微电影《安全帽》获得全国品牌故事大赛全国总决赛二等奖。参与“2021金钥匙中国行动”，荣获“礼遇自然”篇“金钥匙·冠军奖”，案例入选《2021金钥匙行动集》。海南电网公司品牌建设案例收录国务院国资委《中央企业社会责任蓝皮书》。

团青工作。85个团支部1243名团员通过主题团日活动等平台，打通“线上+线下”学习模式，实现党史学习教育全覆盖，帮助青年员工解决改善住宿、拓宽交友渠道、提升学习能力、职业结对帮扶问题等40个办实事项目，青年员工的凝聚力、向心力不断增强。1107名青年志愿者开展志愿服务活动244次，累计服务时长超过2500h。全年各级团组织获得省（部）级以上荣誉16项。

主要事件

1月，海南自贸港先行区海口江东新区成立首个供电分局，主要负责海口江东新区供电服务工作，以先行区为试点探索构建现代供电服务体系。

1月底，海南电网公司完成35kV及以上输电业务集约化工作，集约输电线路205条2782km左右，将所属片区内县级供电局的变电运行、输电运检业务划转至地海口、三亚、儋州、琼海等4个市级供电局集中管理。

5月24日，海南电力交易中心召开股东会议，审议通过增资相关事宜，并与9家新老股东单位代表签署《增资协议》，海南电网公司持股比例由67%进一步降低至37%。

5月，海南电网公司深入推进人事劳动分配三项制度改革，实行经理层任期制和契约化管理，在基层供电局试点开展中层干部公开选拔。三、四级单位经理层100%覆盖。

6月8日，海南电网公司成立海南低碳能源研究中心，重点开展能源低碳转型、构建新型电力系统等前瞻性、战略性研究，配合政府做好碳排放数据的统计、发布和分析，探索新能源与数字电网融合发展路线，促进能源技术交流合作及新技术应用和推广。

9月，海南省内受一次能源供应紧张影响，导致电力供需形势急剧恶化，缺口达到117万kW，占最大负荷需求的23%。经多方协调，省内电力供需紧张局面得以缓解，成为除北京、上海外唯一没有限电的省份。

10月，受台风“圆规”（热带风暴级）影响，海南电网公司8条110kV线路、24条35kV线路、229条10kV线路跳闸停运，累计40.51万户客户用电受影响，经过全力抢修，10月16日18:00全面恢复40.51万户客户的正常供电。

12月6日，海南电网公司《线路异常放电在线监测装置》获中国电力企业联合会2021年度电力创新奖职工技术创新奖一等奖。

12 月 29 日，海南电网公司调研现场报告会在海口召开，南方电网公司董事长、党组书记孟振平出席会议并讲话，讲话明确了海南电网公司新时期的发展定位——打造电力企业改革创新试验区，努力成为新型电力系统建设先行地。

12 月，海南电网公司圆满收官智能电网三年行动（2019—2021），基本建成了覆盖全省范围内发、输、配、用全环节的智能电网综合示范省，实现营商环境不断优化、电网综合保障能力大幅提升，为全面融入和服务海南自贸港建设提供坚强可靠的电力支撑。

（王庭军）

【（香港）中电控股有限公司】

企业概况 香港中电控股有限公司（简称中电），在香港联交所上市，是亚太区规模最大的私营电力公司之一。中电通过成立于 1901 年的中华电力有限公司（香港最大的电力公司）在香港经营涵盖发电、输电、供电及客户服务的纵向式综合服务，香港业务约占集团总营运盈利约七成，中电业务扩展至亚太区其他活跃的能源市场，包括中国内地、印度、东南亚及中国台湾地区、澳大利亚。中电在亚太地区不同市场拥有约 515 万个客户和超过 80 项发电资产，发电及购电容量超过 25108MW，其中可再生能源占总发电容量的 14%。2021 年，中电总收入 839.59 亿港元，市值约 1990 亿港元（截至 2021 年 12 月 31 日）。

领导班子

董事会主席：米高·嘉道理

执行董事、首席执行官：蓝凌志

中国区总裁：罗嘉进

投资策略 中电于 2014 年初修订了集团投资策略，策略可归纳为专注、成效、增长。策略涵盖四个方面：继续以香港为主要市场并作为策略核心，致力长期在香港建立和扩展业务；中国内地和印度是全球发展最蓬勃的两个市场，能源领域具有发展潜力和投资机遇，中电在当地具有有利的发展条件，以及多元化和基础稳固的业务，将为未来增长提供良好的平台；部分东南亚国家未来数年对发电容量的需求将保持强劲势头，密切留意相关国家情况，寻找发展机会，把握投资机遇；致力于重新体现澳洲业务的资产价值。

业务发展

（1）香港地区业务。香港的电力行业受管制计划协议规管，中电在香港营运纵向式综合电力业务，为九龙、新界、大屿山及大部分离岛约 271 万客户（即全港八成人口）提供可靠度逾 99.999%的世界级电力服务，客户数目约占本港八成人口。中电在香港经营青山发电厂、龙鼓滩发电厂及竹篙湾燃气轮机发电厂，三家电厂属于青山发电有限公司，总发电容量为 8243MW（截至 2021 年 12 月 31 日）。中电所拥有的电缆总长度超过 16800km，变电站数目超过 15000 个。2021 年香港从新冠病毒疫情中逐渐复苏，各行各业的电力需求均有提升，香港业务全年售电量同比上升 4.1%，为 354 亿 kWh，营运盈利上升 4.7%至 81.89 亿港元，与资本投资升幅相符。

（2）中国内地业务。中电是中国内地有影响力的外资发电公司之一，投资分布在十五个省、自治区和直辖市，与五大发电集团、两大电网公司、中广核、中国能建、中国电建等能源企业均有良好的业务合作。至 2021 年底，中电在内地的发电权益及购电容量约为 9071MW，其中火电容量 3954MW、核电 2685MW、水电及抽水蓄能 1089MW、风电 1015MW、光伏发电 328MW，零碳能源占比 57%。核电项目是中电在中国内地的主要营运盈利来源，占总额约 2/3。除核电组合贡献增加外，风能和太阳能资产的营运表现亦见稳定。目前，中电正在大湾区探索智慧能源等发展机遇，包括数据中心和能源管理系统。

（3）印度业务。中电印度是当地领先的独立发电外资公司，也是最大的风电开发公司。中电与拥有印度业务 40%股权的 Caisse de dépôt et placement du Québec 继续合作无间，业绩表现稳定。中电继续就印度新颁布的外国投资法与当地政府厘清内容，并获得所需监管批准，收购 Kohima-Mariani Transmission Limited（KMTL）49%的股权，该公司拥有印度东北部一个跨邦郡输电项目。此外，中电印度更名为 Apraava Energy，成功注册为一家能参与全新项目竞标的企业，2021 年 Apraava Energy 营运盈利上升 26.3%。印度正力争成为全球其中一个领先的洁净能源中心，而 Apraava Energy 具备有利条件，对印度的新能源未来作出重要贡献。中电以洁净能源及以客为本的能源业务作为策略重心，目标是在未来 2～3 年内把 Apraava Energy 业务组合的规模增倍。

（4）东南亚及中国台湾业务。中电从 20 世纪 90 年代初期开始拓展东南亚电力市场，持有中国台湾和平电厂和泰国 Lopburi 太阳能光伏发电项目的权益。2021 年，和平电厂维持安全可靠运作，但因燃料成本高企，尤以下半年为甚，影响对集团业绩的贡献，电厂其中一台发电机组于第四季展开大规模检修工程，以提升可靠度及减少排放；在泰国，Lopburi 太阳能光伏电站亦表现稳定；在越南，中电完成出售投资项目的全部权益，该项目在 2021 年达成融资后收到剩余代价。未来，中电将继续管理和平电厂及 Lopburi 两项投资，并维持项目的安全和可靠运作。

（5）澳洲业务。中电于 21 世纪初踏足澳洲市场。2011 年完成收购位于新南韦尔斯省的 Energy Australia 零售业务。作为澳洲规模最大的综合能源公司之一，EnergyAustralia 经营包括自有和外购发电容量的均衡业务组合，包括燃煤和天然气发电设施，以及风电、太阳能和储能系统等新能源。截至2021年12月31日，EnergyAustralia 发电及储能容量包括长期购电协议共5470MW。同时，EnergyAustralia 为244万在维多利亚省、南澳省、新南韦尔斯省、澳洲首都领地及昆士兰省的用户提供电力和燃气零售服务。在疫情下，EnergyAustralia 仍致力开发多个新项目，以洁净、灵活的发电模式，支持澳洲的能源转型。2021年，EnergyAustralia 与维多利亚州政府达成协议，将雅洛恩电厂的退役时间提前至2028年中，较其技术寿命提早四年。为协助维多利亚州确保能源供应稳定及提高可再生能源使用量，EnergyAustralia 正在开发 Wooreen 储能系统，将是首个可供电4h，容量达350MW的大型电池储能设备，规模为澳洲最大。

气候愿景2050 中电全力支持气候行动。中电于2007年订立《气候愿景2050》，定下了2010—2050年的一系列目标，包括按集团电力供应的碳强度所量度的减碳目标，以及按可再生能源及零碳排放能源占中电发电组合比例计算的洁净能源目标。《气候愿景2050》为中电的业务策略提供了路线图，为中电发展奠定基石，指引中电妥善管理气候相关的风险和机遇。多年来，中电应地方政策的转变和技术的发展而检讨及更新集团的目标。

2021年，中电公布《气候愿景2050》修订版，承诺于2050年底前业务实现净零排放，将全面淘汰旗下燃煤发电资产的日期提前至2040年，较之前的承诺提早10年。在过渡期间，中电为2030年订下了新的科学基础目标，并强化2040年的目标，配合把全球暖化控制在较工业化时代前远低于2℃的目标。

作为亚太区规模最大的综合公用事业公司之一，中电在应对气候变化的威胁上有两大重点：在业务营运中逐步减碳，同时提供可持续及商业上可行的能源方案，以协助当今及未来世代达致净零排放目标。中国在2021年承诺投入大额度的资本开支，主要在中国香港、中国内地、澳洲及印度作出减碳投资。这些投资除了反映中电对减碳的承诺坚定不移，和对业务市场的经济前景充满信心，亦凸显缔结合作伙伴关系对提供庞大资本的重要性。

中电成立120周年 2021年适逢中电成立120周年，这一年中，充分展示了中电在香港源远流长的发展历史和其他地区的业务增长，以及在瞬息万变的市场中提供卓越服务的能力。

2021年底，中电在香港正式出版《行稳致远——中电中国内地40年》，献礼120周年庆。该书回顾了新中国成立70年来中国电力事业发展，详尽记录了中电进入内地电力行业40年来在持份者管理工作、业务发展、社会责任等方面的历史。40年来，中电有幸成为改革开放的参与者和见证者，也是贡献者和受益者，本书记载的中电于内地电力行业的发展历程，填补了内地电力事业发展中外资电力企业文献空白，为中国电力历史发展提供了重要的历史素材。

（胡星明）

【澳门电力股份有限公司】

企业概况 澳门电力股份有限公司（简称澳电）是拥有对澳门特别行政区输送、分配及出售高中低压电力的供电公共服务专营机构。1906—1972年，此项服务由总部设于香港的澳门电灯公司提供。1972年转为由澳电提供。1982年，澳电得到澳葡政府支持，重整架构。1984年，澳门电网通过两回110kV架空线与广东电网建立联网；并先后于2006、2007、2008、2012、2015年数度改造升级和增加联网通道，目前共有6回220kV电缆联络线路及4回110kV备用电缆联络线路。2010年11月，澳门特别行政区与澳电签订延续15年的供电专营合同，新的合同于2010年12月1日起生效。1987年起，澳门政府由原来澳电最大股东转为仅占8%股份，目前南光发展（香港）有限公司占有42%股份，亚洲能源顾问有限公司占有21%，Polytec Industrial Limited 及亚洲投资有限公司各占11%及10%，澳门特区政府占8%，中国电力国际有限公司占6%，余下的2%由本地的小股东占有。

澳电发电设施主要由位于路环岛的路环发电厂A厂及B厂两座发电厂组成，其额定装机容量分别为271.4MW和136.4MW。路环发电厂A厂使用低速柴油发电机组，B厂使用复式循环燃气轮机组，设备容量分别占澳电总设备容量的66.6%和33.4%。

2021年，澳门总用电量同比上升5%，达到5649GWh。年内澳门本地发电量为286.9GWh，同比下降23.1%，从国内输入澳门的电量为5192GWh，同比上升7%，占澳门总用电量的91.9%，从澳门垃圾焚化中心购买的电量为170GWh。

2021年财务业绩年度溢利为8.4亿澳门元，与专营业务相关的资本支出总额为7亿澳门元，较2020年上升了约0.96亿澳门元。其中，输配电网络的拓展及维护的相关投资约为56%，产电设备及设施相关的投资项目约为31%。

领导班子

董事长：傅建国

执行委员会主席：梁华权

执行委员会执行董事：施雨林

执行委员会首席顾问：岳宗斌

组织机构 设输配电部、发电部、客户服务部、电力系统调度部、人力资源及可持续发展部、财务部、资讯系统部、采购及总务部、监管事务及企业传讯办公室。

企业战略 澳电致力于成为亚洲领先的能源服务供应商，为客户提供可靠、安全、可持续和环保的能源服务，为股东和社会创造价值。

澳电专注于不断提升自身的技术能力和改善客户的体验，结合先进的科学与技术，更智慧地管理能源。澳电坚持“以人为本”作为企业发展的宗旨，优化管理，服务好澳门市民和社会，为本地市民与企业带来最人性化的优质服务是澳电的愿景。

发展规划 助力智慧城市发展建设，配合澳门特区政府的各项政策，为澳门提供清洁、低碳、安全、高效的电力供应和培训本地人才，并持续优化建设输配电网，保障澳门的稳定供电度。

深度融入粤港澳大湾区，澳门正在智慧城市的建设之路上全速前进，这给澳电的低碳长期发展战略带来了更多可能。澳电将采取以清洁能源天然气发电为主的本地发电策略，深度开发光伏发电，并推动粤澳清洁电能新合作，善用自然资源，向社区提供清洁能源。深化各项智慧化系统建设，包括逐步更换智能电能表、配合特区政府的电动车推广计划，完善电动车充电网络和基础设施等策略，提升城市能源效益，协助社区节约能源，协力打造澳门成为更精彩多元的绿色宜居城市。

人力资源 持续重视人才培养。澳电每年为员工提供大量专业发展和培训机会，协助员工提升工作能力，促进人员向上流动。2021 年共举办了 16 个科目 250h 的“电力工程技能一级”课程，理论和实践结合，使学员了解基本原理及掌握实务经验。此外，还举办了“青年行政管理人员培训计划”2021/2022，课程涵盖一系列管理、领导及沟通技巧方面的课题，指导学员如何灵活有效地应对工作上的挑战。委派管理团队成员参加“一带一路电力能源高管人才发展计划”及“MMA 企管精英培训计划”，与同业及友好机构互相交流学习。

不断提升行业水平。澳电推出“电业工程人员技能评估”，投入 8000ft^2（1ft^2=9.2903×10^{-2}m^2）尺的培训中心为业界人员提供持续进修机会，协助提升澳门电业工程人员的技术水平及能力，培育更多人才投身电力行业。共 205 名来自社会各界的电业工程人员参加了分别于 2 月及 11 月举行的评估。此外，澳电与澳门劳工事务局合办“中压开关设备操作培训课程”，提升本地电力技术人员对中压电力设备的认知及专业水平。为切实履行社会责任，澳电与本地大学、澳门特区政府及机构等合作举办实习培训计划。包括与澳门大学合办暑期实习计划、由澳门教育暨青年局主办的“青年善用余暇计划”、由澳门劳工事务局主办的“职出前程实习计划”。

安全生产 澳电一向注重员工的安全，定期举办多项安全、健康、环境和质量相关的培训课程或讲座，内容涵盖安全提举物件的方法、急救、驾驶训练及防火等课题，以提高员工的职安健意识，引领员工实践安全及健康文化。同时，澳电鼓励员工参与安全、健康、环境和质量有关的项目。员工可向管理层提出职安健环的改善建议，2021 年管理层共收到 30 份来自各部门的安全报告、22 份质量及 8 份环保建议书，反映员工对澳电可持续发展的关注。另外，4 月推出“安全 BINGO”游戏，加强部门互动，共收到 200 个提高安全意识的贴示。

“管理层安全探访” 从 2017 年开始实行，执行委员会成员或部门总监每两个月走访不同的工作场所，如发电厂、变电站或仓库等，与前线员工讨论施工环境及提出安全建议等，有助加深前线员工与管理层的沟通。此外，为确保员工在日常工作中贯彻执行安全措施，亦安排专员到各部门不定期巡查 89 次。另外，澳电每 3 年皆会进行员工健康评估。本轮“员工健康评估计划”于 11 月启动。为进一步保障员工健康，澳电于 12 月再次邀请卫生局人员到场为员工接种流感疫苗。

客户服务 优化升级客户服务。为配合澳门特区政府打造智慧城市的目标，顺应数字化、智能化的发展趋势，澳电投入大量资源，开拓智能化服务，为客户提供全面的一站式网上服务。2021 年新增澳电微信英文版及推出电动车微信充电服务；实时缴费渠道新增 4 个，目前总共 9 个，包括中国银行、大西洋银行、建设银行、广发银行、工银澳门、澳门钱包、南光通、极易付及立桥银行。

持续打造高阶智能电能表和高级计量架构，年内完成更换超过 56000 个智能电能表，至今智能电能表的覆盖率已达 1/4，其中 45000 个智能电能表已开始自动读数发单。智能电能表的负荷监测功能已对电能表及低压电网进行监测，并实施密钥管理系统及 4G 通信隔离系统以完善网路安全。澳电自 2017 年推出“手机短信提示服务”后，使用量逐年增加。为帮助客户更容易理解短信内容及获取所需资讯，于 2021 年检视并重整短信内容，新增地址摘要及缴费连结等。

提升低层旧厦用电安全。澳电股东于 2020 年底出资 3 千万澳门元启动“低层旧厦公共电力装置安全升级资助计划”，针对存在即时用电危险、楼龄超过 30 年 7 层以下的楼宇提供资助及技术支援以更新公共电力装置。计划推出以来，澳电已经巡查并评估超过 2800 幢楼宇，首阶段已确认 150 幢大厦有即时危险而急需维修，涉及近 3000 个住户，澳电已陆续发出邀请函。在各个政府部门的大力支持以及澳电员工、承包商和客户的共同努力下，8 幢楼宇于年内完成升级，19 幢楼宇正在施工或进行前期规划中，共涉及约 440 个住户，澳电资助的工程总金额约 550 万澳门元。

客户满意度再创新高。澳电于 2021 年继续进行“客户满意度调查”。透过了解客户对澳电服务、个人体验及品牌形象等多方面的满意程度，协助澳电确立改善方向，进而提升客服水平。2021 年客户满意度达 89.5%，再创 10 年新高，大部分受访者表示对电力供应的可靠性及整体服务感到满意，对澳电持续卓越的服务水平表示肯定。

大气排放 自 2010 年起，澳电连续 12 年获得由国际认证机构认可颁授的 ISO 14064-1 温室气体管理证书，持续优化能源结构及控制因燃烧化石燃料所产生的排放，配合国家 2030 年前碳达峰、2060 年前碳中和的目标。根据第 24/2019 号行政法规《发电厂的空气污染物排放标准》要求，澳电定期为路环发电厂 A 厂及 B 厂进行烟气检测，由获取中国合格评定国家认可委员会实验室认可证书的机构提供检测服务，所有结果均符合排放标准。

澳电与地球物理暨气象局自 1992 年起开始空气质量监测方面的合作，双方结合彼此的技术、设备和资源，不断完善澳门的空气质量监测网络。随着合作协议于年底到期，双方已签署 1 份更新的合作协议书，并扩大合作范围，除空气质量监测系统外，亦新增水位监测网络及温室气体资料共享等，以提升澳门环境保护方面的表现。

社会责任 关爱社会共融发展。为提高年轻人对环保及关心弱势社群的意识，澳电首度与澳门青年联合会及澳门青年志愿者协会合办“青年走进社区服务计划”，近 80 名青年志愿者参加了澳电组织的 4 项活动，包括参观澳门爱护动物协会的收容所、参与澳门减废站推动的回收活动、陪同澳门明爱转介的行动不便长者游览澳门以及参加由 Mighty Greens 推动的都市农耕活动。

“澳电爱心大使”继续以行动关怀不同阶层及年龄层的社群，散播爱心，与“希望之泉”院舍的小朋友同游体验“FUFA 妇联亲子探索馆”，以及在中秋节前为菩提园长者理发、陪伴倾谈及送上低糖月饼，增添暖暖人情味，于澳电内部回收旧利是封、参与澳门乐施会街头义卖“乐施米”及鲍思高青年服务网络支援有特殊教育需要家庭的“陪着你跑”慈善赛等。

丰富多元的工作坊及活动。包括“冷光霓虹造型灯工作坊”“手冲咖啡工作坊”“澳电源源带动”活力工作坊及“电力×文创”系列活动以及深受市民欢迎的“澳门夜间光与影”摄影课程。同时，“充充电之旅”带领团体探索路环发电厂，亲身了解本地的发电过程，年内共接待了 26 个团体，参与人数超过 1000 人。此外，澳电亦透过与本地社团合作，举办多场讲座包括“电动车充电设施在澳门的应用及发展”讲座、“氹仔旧城区电网重整工程”讲解会及“知悭惜电及安全用电”讲座等，向业界和市民宣传重要电力资讯。

关心环境是澳电的核心价值之一。首办“澳电绿映会——气候危机的曙光”，宣传保护环境的重要信息，并设义卖，收益全数捐予澳门爱护动物协会。此外，通过 “夏日素店巡食”活动推广素食文化，为地球减压。澳电与“跑净澳门”合办“慢跑净澳”活动，鼓励市民从自己做起着手改善周遭环境，缔造可持续洁净环境。澳电亦持续开办倡导“低碳生活”的“电器化烹饪班”及“绿色工作坊”，所有活动均开放予公众免费报名参与，大人及小朋友们乐在其中。

互动同乐回馈用户。澳电在 Facebook 专页及微信的 2 个社交平台上推出多个有奖活动，传递电力及企业相关的讯息，包括“聊天机械人”奖你 iPad Air、“抽奖活动 风季预备”“风季抽奖活动 澳电×飞梦”及定期举办的“Facebook 快闪有奖活动”。为鼓励客户以实时方式缴交电费，7 月推出“Real-time, Real easy！实时缴费最高立减$100”活动，超过 69000 笔交易受惠。

主要事件

1 月，推出“电业工程人员技能评估”，投入 8000ft^2（1ft^2 = 9.2903×10^{-2}m^2）的培训中心为本澳电业工程人员提供技能培训及评估服务，启动移动应急保储能装置落地项目。

2 月，快艇头里的新变电站完成并投入使用。

12 月，北安 220kV 变电站通过连接 220kV 鸭涌河变电站和莲花变电站的骨干线路完成通电测试。新焚化炉变电站和东方明珠变电站等新的变电站项目进行土建施工。

2021 年，澳电完成了九澳水库扩容工程、海滨圆形地污水泵房工程、友谊大马路污水泵房工程、内港北雨水泵房工程、新口岸公共办公大楼工程，立法会前地停车场工程，望厦社屋工程，以及 E1 区船舶交通管理中心及海上运作基地等澳门特别行政区政府项目供电。

2021 年，与澳门大学和清华大学合作，研究澳门大规模采用电动车和充电基础设施的可行性。同时，完成友谊大马路、强身大马路和高园街的智慧街灯试点部署，邀请澳大创科有限公司开展“智慧街灯在澳应用模式研究”。

2021 年，完成升高 5 个街道上的低压分线箱及 30 个低压线头箱，该项目在断电期间可以减少 2259 个受影响的客户。

2021 年，新海水冷却系统工程当中取水口和防波堤的建设以及三个海底高密度聚乙烯管道的安装已完成。

（王　莹）

大事记

1月5日 中央企业党建思想政治工作研究会公布了2020年度优秀课题研究成果名单，推荐成果“健全与中国特色现代企业制度相适应的华电‘大监督’体系的探索与实践”荣获一等奖。

同日 国核自仪成功完成“国和一号”示范工程核电站堆芯仪表系统的国产化攻关任务，标志着中国具备了该系统的国产化制造供货能力。

1月6日 “南网在线”“南网智瞰”上线启动运行。

1月7日 国家能源局发布2021年第1号公告：批准《水电工程建设征地移民安置综合设计规范》等320项能源行业标准、《Carbon steel and low alloy steel for pressurized water reactor nuclear power plants-Part 7: Class 1, 2, 3 plates》等113项能源行业标准外文版、《水电工程水生生态调查与评价技术规范》等5项能源行业标准修改通知单。

1月9日 全球首条工业化规模、中国完全拥有自主知识产权的高温气冷堆核燃料元件生产线首批产品从中核集团中核北方核燃料元件有限公司启运，发往世界首座中国拥有自主知识产权的山东荣成石岛湾高温气冷堆核电站示范工程，为其后续并网发电提供燃料动力。

1月12日 中国华能集团有限公司成功发行10亿美元S条例高级无抵押债券。

1月16日 中国具有完全自主知识产权的国家科技重大专项——华能石岛湾高温气冷堆示范工程完成首批核燃料接收。

1月17日 中国华能党的建设工作会议在北京召开，全面总结2020年主要工作，部署2021年重点任务。

1月17～18日 中国华能集团有限公司二届二次职工代表大会暨2021年工作会议在北京召开，总结2020年及“十三五”工作，研究部署2021年重点任务。

1月18日 国家能源局印发《2021年能源监管工作要点》（国能发监管〔2021〕2号）、《关于建立国家电力应急专家库有关事项的通知》（国能综通安全〔2021〕5号）。

同日 国家电网公司召开中层以上管理人员大会。中央组织部副部长王晓萍宣布中央关于国家电网公司董事长、党组书记调整的决定：辛保安任国家电网公司董事长、党组书记，免去其国家电网公司总经理职务。

1月18日晚～20日 国家电网公司召开第四届职工代表大会第一次会议暨2021年工作会议。

1月19日 南方电网公司首艘自主建造的海底电缆综合运维船“南电监查01”在海口正式交付使用，这是国内首艘同时具备开展500kV海底电缆高速巡航与低速检测的动力定位船舶。

同日 南方电网综合能源股份有限公司在深圳证券交易所中小板成功挂牌上市（证券简称“南网能源”，代码“003035”）。

1月20日 国家能源局在北京召开2021年全国电力安全生产电视电话会议，贯彻落实党中央、国务院关于安全生产工作的决策部署，总结2020年工作，部署2021年任务。

同日 中国标准化研究院在北京组织专家对中电联承担的国家重点研发计划“国家质量基础的共性技术研究与应用”之专项研究任务“电力企业社会责任实施指南国家标准研制与试点应用”进行评审验收，通过审阅材料、听取汇报、现场提问等多个环节，最终，专家组一致同意该研究任务通过验收。

1月21日 按照中央统一部署和国资委党委工作要求，中电联领导班子召开2020年度民主生活会。国资委协会党建局二级巡视员、民主生活会第三督导组组长刘续浩到会指导并做点评发言，协会党建局宋光兰、乔昊、吴少勇出席会议。中电联党委书记杨昆主持会议，班子成员夏忠、于崇德、魏昭峰、王志轩参加会议。

同日 中国大唐召开2021年工作会议，全面贯彻党的十九大和十九届二中、三中、四中、五中全会精神，深入学习贯彻习近平总书记重要讲话和指示批示精神，全面落实中央经济工作会议和中央企业负责人会议要求，总结工作、研判形势、明确目标，谋划“十四五”发展，部署2021年重点工作。

1月22日 由中电联和日本煤炭能源中心共同主办的2020年度中日联合委员会工作会议以视频方式召开。中电联常务副理事长杨昆、日本煤炭能源中心理事长塚本修出席会议并讲话。

同日 三峡国际完成西班牙Daylight光伏电站项目交割，股权投资额3.184亿欧元。

1月25日 南方电网公司第三届职工代表大会第四次会议暨2021年工作会议在广州召开。南方电网公司董事长、党组书记孟振平作讲话，南方电网公司董事、总经理、党组副书记曹志安作工作报告。

同日 中国能建投资建设的越南海阳2×60万kW燃煤电站2号机组，正式投入商业运行。

1月28日 国家能源局印发《2021年能源监管重点任务清单》（国能发监管〔2021〕5号）。

1月29日 中电联本部2021年工作会议召开。中电联党委书记、常务副理事长杨昆参加会议并作题为《开启新征程　构建新格局　为创建国际一流行业协会努力奋斗》的工作报告。会议由中电联专职副理事长兼秘书长于崇德主持。中电联党委副书记夏忠、专职副理事长魏昭峰、王志轩出席会议。

同日 华能杨柳青热电厂5号机组燃煤耦合污泥发电项目进入商业化运行，标志着中国华能具有自主知识产权的“城市废弃物前置干燥炭化技术”首次工业化应用成功。

同日 中国能建参建的“华龙一号”全球首堆——中核集团福清核电5号机组投入商业运行。中核集团发布《中国核电发展的重大跨越——“华龙一号”自主创新与工程建设实践》一书。

1月30日 国家能源局印发《2021年电力安全监管重点任务》（国能综通安全〔2021〕12号）。

1月31日 中国电建老挝南屯1水电站项目碾压混凝土浇筑月纪录达361333m³，创下同类工程月浇筑量的世界第一。

2月1日 中国电建在北京召开2021年工作会议，总结2020年和“十三五”工作，研究“十四五”形势任务，部署2021年重点工作。党委书记、董事长晏志勇作题为《牢记初心担使命 阔步迈向新征程 为“十四五”时期初步建成世界一流企业努力奋斗》的重要讲话；党委副书记、总经理丁焰章作题为《贯彻新理念 顺应新格局 奋力谱写“十四五”开局之年改革发展新篇章》的工作报告；党委副书记王斌传达李克强总理重要批示和中央企业负责人会议精神，主持会议并作总结讲话。

同日 中国电建水电十局承建的缅甸皎漂燃气–蒸汽联合循环电站项目集控楼基础正式开挖，标志着中国电建在全球范围内投资建设的第一个燃气–蒸汽联合循环电站项目开工。

同日 中国电建在北京召开2021年党风廉政建设和反腐败工作会议暨警示教育大会。

2月2日 中国电建召开2021年安全生产工作会议。

2月5日 中国能建印发《改革三年行动方案》，全面实施国企改革三年行动，加快推动企业全方位变革。

2月9日 国家能源集团在北京投产的首个光伏项目——龙源电力延庆1.6MW屋顶光伏电站成功并网发电。

同日 三峡中水电第一个海外投资电站——老挝南立1–2水电站获得老挝政府授予的国家级“劳动奖章”，以表彰电站为老挝经济社会发展做出的突出贡献。

2月19日 南方电网公司研制的国内首个基于国产指令架构、国产内核的电力专用主控芯片“伏羲”实现量产。

2月24日 国家发展改革委、财政部、国家能源局等五部门联合印发《关于引导加大金融支持力度 促进风电和光伏发电等行业健康有序发展的通知》（发改运行〔2021〕266号）。

2月25日 全国脱贫攻坚总结表彰大会上午在北京人民大会堂隆重举行。中共中央总书记、国家主席、中央军委主席习近平向全国脱贫攻坚楷模荣誉称号获得者颁奖并发表重要讲话。南方电网公司4名先进个人、中国能建李峻峰荣获“全国脱贫攻坚先进个人”荣誉称号。南方电网公司4个先进集体，中国华能驻新疆阿合奇县别迭里村“访惠聚”工作队，中国华电扶贫工作领导小组办公室、华电西藏公司扶贫援藏办公室，中核集团核工业二一六大队“访惠聚”驻村工作队荣获“全国脱贫攻坚先进集体”荣誉称号。

同日 国家发展改革委、国家能源局联合印发《关于推进电力源网荷储一体化和多能互补发展的指导意见》（发改能源规〔2021〕280号）。

同日 中国华能发行2021年度第一期20亿元专项用于碳中和绿色公司债券，成为交易所市场首批碳中和绿色债发行企业。

2月26日 国家电网公司召开服务脱贫攻坚总结表彰大会。

2月 三峡国际完成西班牙Horus项目收购签约，该项目包含11座风电站和1座光伏电站，总装机容量40.49万kW。

3月2日 中国能建参建的湖北华电一期2×660MW超超临界燃煤发电机组工程和北京市通州区再生能源发电厂两项工程获中国建设工程鲁班奖。

3月3日 中电联召开“电力行业碳达峰碳中和路径研究座谈会”，落实中国二氧化碳排放力争于2030年前达到峰值，努力争取2060年前实现碳中和的目标，制定电力行业行动方案。会议由中电联党委书记、常务副理事长杨昆主持。中电联党委委员、专职副理事长王志轩参会并发言，国家能源局电力司、规划司代表，国家电网公司、南方电网公司、中国华能、中国大唐、中国华电、国家能源集团、国家电投、中国三峡集团、中核集团、中广核、中国电建、广东能源集团、浙能集团、合作组织、协鑫集团、内蒙古电力、华润电力等领导和代表出席会议。

同日 贵州省能源局发布《关于下达贵州省2021年第一批光伏发电项目开展前期工作计划的通知》和《关于下达贵州省2021年第一批风电项目开展前期工作计划的通知》，国投电力共计77.5万kW新能源项目列入工作计划，其中风电项目52.5万kW，光伏项目25万kW。

3月4日 国家能源局章建华局长一行莅临中电联本部调研指导工作，国家能源局综合司、发展规划司、能源节约和科技装备司、电力司、市场监管司、电力安全监管司、可靠性与质监中心主要负责人陪同调研。

同日 国家能源局印发《关于做好2021年电力建设工程开复工安全管理有关工作的通知》(国能综通安全〔2021〕19号)。

同日 民政部发布《2019年度全国性社会组织评估等级公告》(民政部公告第505号),中电联被评为2019年度 5A等级全国性社会团体。

同日 南方电网公司召开党史学习教育动员部署会。

同日 中国华电发行首期“碳中和”绿色债,发行规模15亿元,期限2年和3年,票面利率分别为3.35%和3.5%,最终认购倍数达到2.86倍和4.03倍。

3月8日 国家能源集团所属科环集团向日本日挥触媒化成株式会社交付蜂窝式脱硝催化剂 177m^3,完成2021年首个海外催化剂订单。

同日 中国电建召开党史学习教育动员部署大会,贯彻落实《中共中央关于在全党开展党史学习教育的通知》要求。党委书记、董事长、党史学习教育领导小组组长晏志勇出席会议并讲话,党委副书记、总经理、党史学习教育领导小组副组长丁焰章主持会议并就落实会议精神提出要求。

同日 在第111个“三八”国际妇女节到来之际,中国电建黄河三门峡医院被全国妇联授予“全国巾帼文明岗”荣誉称号。

3月9日 中国电建与河北省廊坊市人民政府签订战略合作框架协议。廊坊市委书记杨晓和,市委副书记、市长杨燕伟,中国电建党委副书记、总经理丁焰章出席签约仪式。

3月10日 南方电网公司与中广核在广州签署战略合作协议。

3月11日 由中国南方电网公司与老挝国家电力公司共同出资组建的老挝国家输电网公司(EDL-T)正式与老挝政府签署特许经营权协议。

同日 全国国产化率最高的燃机热电联产机组——华电清远热电联产工程第二套机组通过 168h试运行,标志着华电清远热电联产工程竣工投产。

3月12日 国家“十四五”规划公布,明确提出开展山东海阳等核能综合利用示范。

同日 国家能源局印发《关于切实做好2021年电力行业防汛抗旱工作的通知》(国能综通安全〔2021〕24号)。

同日 中国电建与中国华能在北京签订战略合作框架协议。中国电建党委书记、董事长晏志勇,党委副书记、总经理丁焰章同中国华能党组书记、董事长舒印彪,党组副书记、总经理邓建玲举行座谈。

3月17日 国家能源局印发《清洁能源消纳情况综合监管工作方案》(国能综通监管〔2021〕28号)。

同日 中国电建承建拉哇水电站上游围堰超深振冲碎石桩工程打破世界最深纪录,突破目前国际上68m的深度纪录,创造最大深度达到71.63m。

3月18日 南方电网公司在广州召开服务碳达峰、碳中和重点举措新闻发布会,对外发布服务碳达峰、碳中和工作方案,推动构建以新能源为主体的新型电力系统。

同日 全球能源互联网发展合作组织在北京举办中国碳达峰、碳中和成果发布暨研讨会。中电联党委书记、常务副理事长杨昆出席论坛并作主题演讲。同时,发布了中国2030年前碳达峰、2060年前碳中和、2030年能源电力发展规划及2060年展望等研究成果,在国内首次提出通过建设中国能源互联网实现碳减排目标的系统方案。

当地时间3月18日 在中巴建交70周年之际,华龙一号海外首堆——巴基斯坦卡拉奇2号机组首次并网成功。

3月19日 国家能源局印发《关于修改〈出租出借承装(修、试)电力设施许可证等违法行为认定查处规范(试行)〉的通知》(国能发资质〔2021〕20号)。

同日 国家电网公司“服务碳达峰碳中和 构建新型电力系统加快抽水蓄能开发建设”重要举措发布会,中电联党委书记、常务副理事长杨昆,国家电网公司辛保安董事长、刘泽洪副总经理出席。

3月23日 全球能源互联网发展合作平台发布活动在北京举行,由全球能源互联网发展合作组织开发完成的“能联全球”平台正式亮相。这是合作组织推动全球能源互联网倡议落地实施、共促世界绿色低碳发展的又一创新举措。中电联常务副理事长杨昆出席会议。

3月25～26日 国务委员王勇赴乌东德、白鹤滩水电站指导水利工程建设及安全生产工作,充分肯定了中国三峡集团大水电建设和安全生产工作取得的成效,并指出中国三峡集团要以一流的安全、一流的质量、一流的运行、一流的管理,打造世界一流的中央企业。应急管理部部长黄明,国务院副秘书长孟扬,中国三峡集团董事长、党组书记雷鸣山陪同调研。

3月28日 中电联党委书记、常务副理事长杨昆出席参加了 2020—2021 年度工业和信息化部中小企业经营管理领军人才“促进大中小企业融通发展”专题培训——能源电力行业高级研修班。

3月29日 国资委协会党建局副局长李春梅一行莅临中电联,为获得“全国巾帼建功标兵”荣誉称号的周霞授牌。中电联党委书记、常务副理事长杨昆主持授牌仪式。

3 月 30 日 国家能源局印发《电力行业班组安全建设专项监管工作方案》（国能综通安全〔2021〕40 号）。

同日 中国电建与广东能源集团在贵阳签署战略合作协议，中国电建党委副书记、总经理丁焰章，广东能源集团党委书记、董事长李灼贤出席签约仪式。

同日 由中国电建所属水电十一局作为牵头方承建的津巴布韦独立以来建设的最大的水电站——卡里巴水电站南岸扩机工程荣获“2020—2021 年度中国建设工程鲁班奖（境外工程）”。

3 月 31 日 中国“十四五”首个开工的核电项目——华能海南昌江核电二期工程 3、4 号机组（自主三代核电华龙一号）取得国家核安全局颁发的核设施建造许可证，3 号机组于当天正式开工建设。4 号机组于 12 月 28 日开工。

同日 国家能源集团江苏常州公司向江苏长海复合材料股份有限公司转让出售标准煤 41089t，成交金额达到 410.89 万元。

同日 中国电建党委书记、董事长晏志勇，党委常委、副总经理刘源在珠海横琴为电建市政院“国家高新技术企业”“省级企业技术中心”揭牌。

3 月 为贯彻落实党中央、国务院关于碳达峰、碳中和重大决策部署，践行绿色发展理念，雅砻江水电在银行间债券市场发行全国首批碳中和绿色中期票据 3 亿元，期限三年，发行利率 3.65%，低于一年期 LPR20Bps。该期碳中和绿色中期票据募集资金将全部用于雅砻江两河口水电站项目建设，进一步助力两河口项目资金降本增效。

3 月 龙源电力工程技术公司完成生产两化融合项目视频管理平台部署，实现了风电场视频监控全覆盖和视频设备的集中管控，填补了行业研究应用空白。

4 月 1 日 由中电联主办、协鑫集团协办的中电联理事长单位、副理事长单位联络部门负责人及联络员工作座谈会在苏州成功召开。中电联党委委员、专职副理事长王志轩出席会议并讲话，协鑫集团有限公司董事长朱共山致辞。

同日 由中电联电力工程造价与定额管理总站组织编制的《2020 年版电网技术改造及检修工程定额和费用计算规定》获国家能源局正式批准。

同日 中国南方区域调频辅助服务市场（广东、广西、海南）历经 3 个月试运行验证后，进入结算试运行阶段，成为全国首个实际结算的区域调频辅助服务市场。

同日 中国华电党组书记、董事长温枢刚在天津拜会天津市委书记李鸿忠，市委副书记、市长廖国勋，并出席中国华电与天津市政府战略合作协议签约仪式。中国华电领导邵国勇、王宏志、余兵，天津市领导马顺清、连茂君、王卫东和市政府秘书长孟庆松等参加会见及签约仪式。

4 月 2 日 中央农村工作领导小组通报了 2020 年中央单位定点扶贫成效评价情况，中国华能获评最优等级，连续四年获此殊荣。

同日 山东省内首个海上风电项目——华能山东半岛南 4 号海上风电项目全面开工建设。12 月 10 日，该项目 58 台风机全部并网发电，总装机容量 30 万 kW，配套建设 30MW/60MWh 储能装置。

同日 中国能建广东院 EPC 总承包建设的粤港澳大湾区首个大容量海上风电场项目珠海金湾海上风电场项目全容量并网发电。

4 月 4 日 国际气候债券倡议组织正式认证国电电力 2021 年度第一期绿色中期票据为气候债券，成为国内首支国际认证的气候债券，亦是国内市场非金融机构发行的首支国际国内双标认证碳中和债券。

4 月 5 日 中国电建所属水电八局承建的乌东德电站 12 号机组上机架完成吊装工作。

4 月 6 日 由中国电建全过程勘测设计建设的白鹤滩水电站正式下闸蓄水，这标志着世界在建规模最大水电工程向着“七一”首批机组发电的目标迈出关键一步。

同日 中国电建海投公司投资的老挝南欧江六级水电站荣获“2020 年中国建设工程鲁班奖（境外工程）”。

4 月 6 日上午 水电总院在成都主持召开金沙江白鹤滩水电站工程蓄水验收会议。会议认为白鹤滩水电站工程具备蓄水至水库水位 775m 条件，验收委员会同意金沙江白鹤滩水电站工程 4 月 6 日开展下闸蓄水工作。当日，白鹤滩水电站 2 号导流底孔下闸蓄水。

4 月 7 日 南方电网公司首届数字电网开发者大会在新华网以线上直播方式举行，大会以“数字电网 共赢未来”为主题。

4 月 9 日 中国华能自主研发首台（套）瑞金二期全国产安全智能型主辅一体化 DCS 通过出厂验收，标志着华能睿渥 DCS 从主控系统扩展为主控 + 辅控一体化控制。

4 月 10 日 中国华能董事长、中国工程院院士舒印彪在北京出席第六届碳捕集利用与封存国际论坛并致辞。

4 月 12 日 南方电网公司发行首笔乡村振兴债券，募集资金人民币 50 亿元，期限 3 年，利率为 3.47%。这是中国内地债券市场目前发行规模最大的乡村振兴债券。

同日 中广核韩国大山生物质项目正式投运。韩国大山生物质项目装机规模达 10.9 万 kW，项目以伐木工业废品制成的木屑颗粒作为燃料，使用循环流化床锅炉燃烧技术。项目投入商业运行后，年发电量约为7.64亿kWh，能够为近45万个当地家庭供电。

4月14～16日 低碳院高功率密度液流电池储能关键技术荣获第十届储能国际峰会暨展览会（ESIE 2021）“2021储能技术创新典范TOP10”奖项。

4月15日 国家能源局印发《关于公布2021年全国水电站大坝管理单位安全责任人名单的通知》（国能综通安全〔2021〕51号）。

同日 中国大唐与国家石油天然气管网集团有限公司在北京签署战略合作协议。中国大唐党组书记、董事长邹磊，党组成员、副总经理张传江；国家管网集团党组书记、董事长张伟，总经理、党组副书记侯启军出席签约仪式并见证签约。

同日 中国华电党组书记、董事长温枢刚在福州拜会福建省委书记尹力、省长王宁，并出席中国华电与福建省政府深化产业合作框架协议签约仪式。中国华电党组成员、副总经理余兵，福建省委常委、秘书长、副省长郑新聪，福建省政府秘书长黄新銮等参加会见及签约仪式。

4月17日 水利部党组书记、部长李国英赴湖北宜昌调研三峡工程。李国英强调，要心怀“国之大者”，坚决贯彻落实习近平总书记视察三峡工程的重要讲话精神和党中央重大决策部署，坚持人民至上、生命至上，统筹发展和安全，管理好运行好三峡工程，充分发挥三峡工程防洪、发电、航运、水资源利用等综合效益，为全面推动长江经济带高质量发展、全面建设社会主义现代化国家提供有力保障。中国三峡集团董事长、党组书记雷鸣山，湖北省人民政府副省长柯俊，水利部长江委主任马建华等参加调研。

4月19日 中国三峡集团董事长、党组书记雷鸣山在杭州与浙江省委副书记、省长郑栅洁举行座谈，共同就贯彻落实习近平总书记关于推动长江经济带发展的重要讲话和指示批示精神，及在浙江考察时的重要讲话精神，进一步深化在清洁能源、生态环保和资本金融等领域的合作进行深入交流。座谈后，在郑栅洁、雷鸣山共同见证下，浙江省委常委、常务副省长陈金彪与中国三峡集团副总经理范夏夏分别代表双方签署合作备忘录。

同日 南方区域首次可再生能源电力消纳量交易开市。

4月20日 由中电联、中国机电产品进出口商会、中国光伏行业协会、中国综合能源服务产业创新发展联盟、中国氢能源及燃料电池产业创新战略联盟、中国智慧能源产业联盟共同主办的2021中国国际清洁能源博览会在北京开幕，中电联专职副理事长兼秘书长于崇德出席了博览会。

同日 国家电网公司在北京召开“助推碳达峰碳中和、构建新型电力系统—国家电网新能源云发布会”。国家电网公司董事长、党组书记辛保安，全国政协人口资源环境委员会驻会副主任欧青平，全国人大环境与资源保护委员会办公室主任邵勇共同启动国家电网新能源云上线运行。国家发展改革委经济运行局局长李云卿，国家能源局监管总监李冶，工业和信息化部信息技术发展司副司长王建伟，国务院国资委办公厅副主任庞雪松，中电联党委书记、常务副理事长杨昆出席会议。

同日 中国华能“一种烟气低温吸附脱硝系统及工艺”获德国专利局批准，成为中国华能首个获得欧盟国家授权的专利。

4月20日 “助推碳达峰碳中和 构建新型电力系统——国家电网新能源云发布会”召开，国家电网公司辛保安董事长、张智刚副总经理、庞骁刚副总经理参加。

同日 中国电建所属水电九局、华东院、贵阳院、水电七局设计监理施工的西藏在建最大水电工程DG水电站成功下闸，为首台机组发电奠定了坚实基础。

同日 英国品牌评估机构“品牌金融”发布“2021全球公用事业品牌价值50强”，国家电网公司连续4年位居全球公用事业品牌50强榜首。

当地时间4月21日 在法国南部卡达拉舍，国际热核聚变实验堆（ITER）托卡马克装置第四个重大部件——极向场超导线圈PF6成功落位，吊装工作完成，标志着国际热核聚变实验堆磁体系统的安装工作全面开启。

4月23日 闽粤联网工程开工动员大会在福建漳州召开。工程由国家电网公司和南方电网公司共同投资建设，总投资32亿元，输送容量200万kW，线路全长303km。

4月24日 南方电网公司发布《数字电网推动构建以新能源为主体的新型电力系统白皮书》。

4月25日 国家发展改革委党组成员、国家能源局党组书记、局长章建华在重庆市调研重庆三峡水利电力（集团）股份有限公司（简称三峡水利），听取了三峡水利改革发展、生产经营和“十四五”规划等工作汇报，对三峡水利取得的成绩给予充分肯定，并对下一步重点工作提出具体要求。重庆市副市长郑向东，中国三峡集团董事长、党组书记雷鸣山，副总经理张定明参加调研。

同日 中国华电党组书记、董事长温枢刚出席第四届数字中国建设峰会开幕式及福建省与中央企业项目合作座谈会。中国华电党组成员、副总经理王宏志参加活动。

同日 国家能源集团浙江公司北仑电厂运行团支

部荣获“全国五四红旗团支部”称号。

4 月 27 日 中华全国总工会在北京召开大会庆祝“五一”国际劳动节，表彰 2891 个集体和个人。南方电网公司系统 2 家单位获全国五一劳动奖状，5 名个人获全国五一劳动奖章，6 个集体获全国工人先锋号。中核集团中核北方秦建忠获“全国五一劳动奖章”，三门核电、漳州能源、四川红华三家单位获“全国五一劳动奖状”，来自中核陕铀、江苏核电、中核二七二的三个一线集体获“全国工人先锋号”。四川红华党委书记、董事长朱纪，中核北方秦建忠在人民大会堂颁奖现场领奖。中国电建 4 家单位获得全国五一劳动奖状，2 名职工获得全国五一劳动奖章，10 个集体获得全国工人先锋号。

4 月 26 日 国家能源局发布 2021 年第 3 号公告：批准《水电工程建设征地企业处理规划设计规范》等 282 项能源行业标准、《Code for Buildings Design of Wind Power Projects》等 19 项能源行业标准外文版。

4 月 29 日 国家能源局印发《提升“获得电力”服务水平综合监管工作方案》（国能综通监管〔2021〕54 号）。

同日 中电联第七次会员代表大会、第七届理事会第一次会议在北京召开。国务院国资委协会党建局局长肖宗辉、国家能源局总经济师郭智、工业和信息化部运行局副局长何海林出席会议并讲话，民政部社会组织管理局有关领导出席会议。第七次会员代表大会选举产生了中电联第七届理事会，理事共 305 名；选举产生了中电联第七届监事会，监事共 9 名。第七届理事会第一次会议选举产生了中电联第七届常务理事会，常务理事共 49 名；选举产生了中电联第七届理事会负责人 23 名，辛保安当选为中电联第七届理事会理事长。第七届监事会第一次会议选举产生了监事长、副监事长。

同日 中国华能投资建设的云南省首个大型电站集运鱼系统在龙开口水电站建成投运。

4 月 国家能源集团在大渡河流域布局的首个新能源示范项目——猴子岩、瀑布沟水电站库区一期光伏示范项目正式启动。

5 月 3 日 由中国能建东北院设计、天津电建承建的迪拜哈斯彦 4×60 万 kW 清洁燃煤电站项目 2 号机组并网成功。

5 月 4 日 500kV 崇焕变电站在广东省东莞市投运。该变电站是南方电网公司首次采用配电设备户内设计的 500kV 变电站，也是全网占地面积最小的 500kV 变电站。

5 月 6 日 随着 2 号机组成功并网发电，大唐南京发电厂 2 号 66 万 kW 机组 100%自主可控智能控制系统正式投入商业运行。

同日 中国电建与巴基斯坦水电开发署（WAPDA）在伊斯兰堡签署塔贝拉水电站五期扩建工程项目总承包合同。

5 月 7 日 中国大唐党组书记、董事长邹磊在总部会见河北省委常委、唐山市委书记张古江，唐山市委副书记、市长高建民一行，双方就深化合作进行深入友好交流，并共同见证大唐国际与唐山市人民政府全面战略合作协议签署。

5 月 9 日 2021 中国品牌价值评价信息发布暨中国品牌建设高峰论坛在上海举行，中国华电集团有限公司以 633.06 亿元的品牌价值位列能源化工行业第 5 名，华电重工股份有限公司以 28.50 亿元的品牌价值位列机械设备制造行业第 36 名。

5 月 11 日 国家能源局印发《关于 2021 年风电、光伏发电开发建设有关事项的通知》（国能发新能〔2021〕25 号）。

同日 由山东核电与清华大学联合建设的“水热同产同送”科技示范工程在山东海阳投运。

5 月 12 日 由中国电建所属湖北工程公司承建的全球单体最大水上漂浮式光伏电站华能德州丁庄水库一期 200MW 项目并网发电。

5 月 13 日 中国华电党组书记、董事长温枢刚在兰州拜会甘肃省委书记、省人大常委会主任尹弘，甘肃省委副书记、省长任振鹤，出席中国华电与甘肃省政府战略合作框架协议签约仪式并赴甘肃公司调研。甘肃省委常委、省委秘书长石谋军，甘肃省副省长程晓波等参加会见及签约仪式。中国华电党组成员、副总经理余兵陪同参加活动。

同日 国投电力获得海南省东方市市场监管局发放的海南东方高排风力发电有限公司（简称高排项目）新营业执照，并购海南东方高排 48MW 风电项目 100%股权。该项目是国投电力在海南省的首个电力生产项目。

同日 中国电建所属江西水电公司承建的华能江西抚州广昌打鼓寨 94MW 风电项目获得中国电力工程优质奖。

5 月 14 日 中电联本部职工大会召开。中电联理事长、国家电网公司董事长、党组书记辛保安出席会议并讲话。中电联常务副理事长、党委书记杨昆主持会议并传达第七次会员代表大会精神，专职副理事长、党委副书记夏忠，专职副理事长安洪光，秘书长郝英杰，党委委员魏昭峰出席会议。

同日 十三届全国政协第 49 次双周协商座谈会 5 月 14 日在北京召开，围绕“在重点领域加快启动新的国家科技重大专项”协商议政。全国政协委员、中国大唐党组书记、董事长邹磊应邀参加会议并作题为“勇当实施国家科技重大专项的主力军，彰显市场经济条件下新型举国体制优势”的发言。

同日 中国大唐召开脱贫攻坚总结表彰大会暨乡村振兴工作推进会，深入学习贯彻习近平总书记在全国脱贫攻坚总结表彰大会上的重要讲话精神，总结回顾中国大唐脱贫攻坚光荣历程、重大成果和宝贵经验，表彰先进个人和先进集体。

同日 中国电建与沈阳市人民政府签署了战略合作框架协议。中国电建党委书记、董事长晏志勇，沈阳市委副书记、市长王新伟，副市长王少林出席签约仪式。

同日 国电电力荣获第12届中国上市公司投资者关系天马奖最佳投资者关系公司奖、最佳新媒体运营奖。

5月15日 《南方电网公司建设新型电力系统行动方案（2021—2030年）白皮书》发布会暨数字电网推动构建新型电力系统专家研讨会在广州举行。

5月16日 由中国华能投资建设的西藏自治区重点民生工程——派墨公路实现全线联通。

5月17～19日 全球能源互联网发展合作组织主席刘振亚一行前往白鹤滩、乌东德水电站，实地察看大坝、地下厂房等建设现场，详细了解工程建设进展情况，就打造清洁低碳、安全高效的现代能源体系，助力实现“碳中和、碳达峰”目标进行调研。中国三峡集团总经理、党组副书记王琳一同调研。

5月18日 中国电建与湖北省黄冈市政府签署战略合作框架协议。黄冈市委书记张家胜与中国电建党委副书记、总经理丁焰章座谈交流并见证签约仪式。

5月19日 国家主席习近平在北京通过视频连线，同俄罗斯总统普京共同见证两国核能合作项目——田湾核电站和徐大堡核电站开工仪式。两国元首分别致辞。全国政协副主席、国家发展改革委主任何立峰和俄罗斯副总理诺瓦克共同主持仪式。

5月20日 “华龙一号”海外首堆工程——巴基斯坦卡拉奇核电2号（K-2）机组完成100h连续稳定运行验收，正式进入商业运行。

同日 中国能建172个项目获得2020年度电力行业“四优”奖。

5月20～21日 中国华电党组书记、董事长温枢刚出席第三届中国西部国际投资贸易洽谈会开幕式暨2021陆海新通道国际合作论坛，并应邀同重庆市委书记陈敏尔，重庆市委副书记、市长唐良智集体会见。中国华电党组成员、副总经理余兵出席西洽会开幕式。

5月21日 国家发展改革委、国家能源局联合印发《关于2021年可再生能源电力消纳责任权重及有关事项的通知》（发改能源〔2021〕704号）。

同日 国家能源集团浙江公司北仑电厂管理的7台大容量火电机组在中电联公布的2020年度电力行业火电机组能效水平对标中全部获奖。

5月22日、12月4日 中国华能集团有限公司牵头研制的国内首台具有完全自主知识产权的5MW增速型、7MW直驱型海上风力发电机组分别下线，标志着中国已全面掌握大容量海上风电机组关键部件研发与制造的核心技术，极大提升了中国海上风电全产业链自主、安全、可控能力。

5月24日 南方电网公司召开脱贫攻坚总结表彰大会，160名先进个人、40个先进集体受到表彰。

同日 在西藏和平解放70周年之际，由中国华电投资建设的西藏DG水电站首台机组完成72h试运行转入商业运行，正式投产发电。

截至5月24日 南方电网公司各级子企业已全面实现董事会应建尽建，未设董事会且未设执行董事的企业户数已全部清零。

5月25日 全国人大常委会副委员长沈跃跃察看国家电力调度控制中心、国家电网运营监测大厅并主持召开充分发挥法律在推进碳达峰、碳中和，积极应对气候变化中的重要作用座谈会。

同日 国内首套自主可控重型燃气轮机控制系统（TCS）在华电浙江龙游电厂成功并网投运，标志着中国华电在国内率先完整掌握了重型燃气轮机控制系统的自主设计、生产、调试、改造等全过程关键技术。

5月25～26日 全球可持续电力合作组织（GSEP）召开理事会及CEO峰会线上会议，全票通过中国华能集团有限公司成为该组织正式成员。

5月26日 中国电力企业联合会党委书记、常务副理事长杨昆应邀出席2021中国国际大数据产业博览会开幕。

同日 由中国能建广西工程局和葛洲坝市政公司承建的右江百色水利枢纽工程荣获中国土木工程詹天佑奖。

5月27日 由中电联与南方电网公司联合主办的第一届数字能源与数字电网暨电力数据要素市场发展论坛在贵阳举行。中电联党委书记、常务副理事长杨昆，贵州省委常委、贵阳市委书记、贵安新区党工委书记赵德明，南方电网公司党组成员、副总经理钱朝阳出席论坛开幕式并致辞。

同日 国产快堆MOX燃料考验组件的启运开启，代表着国产快堆MOX燃料考验组件向正式入堆迈出了坚实的一步，标志着快堆MOX燃料组件制造实现了国产化，具备了向中国实验快堆持续、稳定供料的基础和能力。

5月28日 习近平总书记在两院院士大会上表示“国和一号”等三代核电技术取得新突破。

同日 第一届中国电力企业联合会知识管理标准化技术委员会成立大会在广州召开，该标委会由南方电网公司牵头成立，标委会秘书处挂靠南方电网科研院。

同日 国家电网公司召开领导班子（扩大）会议。中央组织部宣布中央关于国家电网公司总经理任职的决定：张智刚任国家电网公司董事、总经理、党组副书记。

5月29日 “华电睿风”自主可控6.2MW海上风电主控系统在华电福清海坛海峡海上风电项目投运，这是“华电睿风”系统继1.5MW陆上风电机组后在海上风电大容量机组的又一次重大突破，也是国产风电主控系统在海上风电机组的首次应用，标志着中国海上风电机组实现了主控系统的自主可控。

5月30日 中国华能国内最北端大型风电项目——萝北20万kW风电项目全容量并网发电。

5月31日 国家发展改革委、国家能源局联合印发《关于做好新能源配套送出工程投资建设有关事项的通知》(发改办运行〔2021〕445号)。

同日 由中国电建全过程勘测设计并承担主要施工任务的世界在建规模最大水电站——白鹤滩水电站大坝全线浇筑到顶，标志着中国300m级拱坝设计理论和建设技术再次取得新突破。

6月1日 国家能源局印发《关于开展2021年电力行业“安全生产月”和“安全生产万里行”活动的通知》(国能综通安全〔2021〕63号)。

同日 越南沿海二期2×66万kW燃煤电厂项目1号机组正式投入商业运行，作为中国华电在境外投资规模和境外装机容量最大的首个超临界火力发电厂项目，年发电量可达80亿kWh。

同日 国家能源集团大渡河公司承担的“大渡河流域水灾害智能防控关键技术与应用”项目研究成果通过科学技术鉴定，达到国际领先水平。

同日 国家电网公司召开庆祝建党100周年保电动员暨2021年迎峰度夏电视电话会议。

6月2～4日 国家能源局党组书记、局长章建华带队赴贵州省调研能源改革发展工作。调研期间，章建华一行深入洪家渡水电站实地调研水风光一体化项目建设运行情况。国家能源局有关司、贵州省能源监管办主要负责同志参加调研。

6月3日 中国大唐与吉林省人民政府在长春签署合作框架协议。吉林省委书记、省人大主任景俊海，吉林省委副书记、省长韩俊，中国大唐党组书记、董事长邹磊出席并见证签约。

6月4日 国务院国资委与吉林省委、省政府在长春市举办“央地合作展示新作为携手共赢实现新发展”央企助力吉林振兴发展座谈会。中国大唐党组书记、董事长邹磊，党组成员、副总经理彭勇参加会议并见证项目签约。

6月7日 国家发展改革委印发《关于2021年新能源上网电价政策有关事项的通知》(发改价格〔2021〕833号)。

6月9日 国投电力控股股份有限公司获得海南省发展改革委关于国投文昌龙楼100MW渔（农）光互补项目备案批复，该项目是国投电力在海南省的首个新能源绿地项目。

6月10日 长安链重大成果发布会在京举行。中国华电党组书记、董事长温枢刚出席，并作题为《构建物资采购新生态 共享数字经济新机遇》的主题发布。

同日 跨流域自主可控水电新能源集控系统在黔源电力集控中心成功投运，这是“华电睿信”系统在实现水电新能源的现地层、站控层安全可控基础上，首次进行集控层的实际运用。

同日 中国大唐党组书记、董事长邹磊以《传承红色基因奋进二次创业在打造世界一流能源供应商的新征程中践行初心使命》为题，在大唐南京发电厂讲授党史学习教育专题党课，庆祝中国共产党成立100周年。并举行主题发布会，发布《红色大唐百年记忆》红色图志、10个爱国主义教育基地短片、10首原创歌曲、11部优秀影视作品。

同日 兴义地方电网与广西百色地方电网断开电网连接，并于当天实现与贵州电网220kV互联，兴义地方电网与贵州电网从局部合作走向全面互联互通。

同日 中国电建所属上海电建公司承建的世界首台1350MW发电机组申能安徽平山电厂二期工程完成168h满负荷试运行。

6月11日 中国自主研发的首支±800kV柔直穿墙套管在乌东德电站送电广东广西特高压多端柔性直流示范工程柳州换流站成功投运。

同日 国内首套安全可控区域新能源远程集控系统在河南郑州投运，标志着中国华电在国内率先实现了区域新能源远程集控系统核心软硬件产品的国产化全替代，推动了中国新能源远程集控系统国产化发展。

同日 中国华电自主研发的“华电睿蓝”自主可控DCS在华电句容电厂1号1000MW超超临界机组成功投运，标志着中国华电在国内首次实现1000MW超超临界机组自主可控DCS&DEH一体化控制。

6月15日 中国华电党组书记、董事长温枢刚在西宁拜会青海省委书记、省人大常委会主任王建军，青海省委副书记、省长信长星，出席中国华电与青海省人民政府战略合作协议签约仪式并赴青海公司调研。青海省委常委、常务副省长李杰翔参加会见及签约仪式。中国华电党组成员、副总经理王宏志、余兵陪同参加活动。

同日 中国电建所属水电七局·华东院总承包部承建的国内首个百万千瓦级EPC杨房沟水电站大坝混凝土芯样提取完成，芯样长度为28.15m，刷新世界纪录。

6月16日 国家能源局党组书记、局长章建华参加乌东德水电站全部机组投产仪式。随着金沙江乌东德水电站最后一台机组完成72h试运行，并入南方电网，正式投产发电。至此，乌东德水电站按期实现全部12台85万kW机组投产发电目标，全面进入运行管理新阶段。

同日 广州电力展示馆（华安楼）入选首批中央企业爱国主义教育基地。

同日 中国能建葛洲坝集团承建的世界第七、中国第四大水电站金沙江乌东德水电站全部机组投产发电。

6月16～17日 国家发展改革委党组成员、国家能源局党组书记、局长章建华赴三峡集团乌东德、白鹤滩水电站工程调研，看望慰问一线员工，分别出席金沙江乌东德水电站全部机组投产发电仪式、国家能源局白鹤滩工程调度协调机制第七次会议。云南省委常委、常务副省长宗国英，副省长崔茂虎，省政府副秘书长、省国资委主任黄小荣；四川省政府副秘书长降初；中国三峡集团董事长、党组书记雷鸣山，副总经理范夏夏；国家电网公司副总经理、党组成员刘泽洪；国家开发投资集团副总经理李程·丹增尼玛等一同调研。

6月18日 中国电力企业联合会企业合规管理标准化技术委员会成立大会暨一届一次工作会议在北京召开。中电联专职副理事长安洪光、国务院国有资产监督管理委员会政策法规局副局长衣学东、国家市场监督管理总局反垄断局处长邱阳，国家电网公司、南方电网公司、中国华能、中国华电、国家能源集团、国家电投、中国电建、广东省能源集团、浙江省能源集团等电力企业、企业协会、中国标准化研究院、高等院校、律师事务所等30余名委员及嘉宾出席了成立大会。

同日 中国大唐董事长邹磊与法国电力集团董事长兼首席执行官乐维分别在北京和巴黎，通过“云”视频进行深入友好的对话交流，双方共叙友谊，同时就未来绿色低碳合作达成广泛共识，并共同签署了《中国大唐集团有限公司—法国电力集团绿色低碳全面战略合作框架协议》。

同日 中国华电在北京举办“十三五”碳排放白皮书暨碳达峰行动方案发布会。中国华电党组书记、董事长温枢刚出席并讲话，党组副书记、董事张国厚致欢迎辞，党组成员、副总经理王宏志介绍中国华电《“十三五”碳排放白皮书》和碳达峰行动方案。国家能源局总工程师向海平，国家生态环境部应对气候变化司副司长、一级巡视员孙桢，国务院国资委科技创新和社会责任局副局长张晓红出席并讲话。

同日 中国能建在北京举办践行“30·60”战略目标行动方案（白皮书）发布会。

同日 国家电网公司董事长、党组书记辛保安主持召开党组扩大会议，通报了中央关于陈国平任国家电网公司副总经理、党组成员，免去刘泽洪国家电网公司副总经理、党组成员职务的决定。

6月18～20日 第十九届中国·海峡项目成果交易会在福建省福州市海峡国际会展中心举行。中核集团携“华龙一号”“玲龙一号”等自主品牌亮相央企馆。

6月20日 国家能源局印发《电力业务许可证注销管理办法》（国能发资质规〔2021〕33号）。

同日 国家能源局印发水电等六类电力建设工程质量监督检查大纲（国能发安全规〔2021〕30号）。

当地时间6月20日 中国电建所属成都院EPC建设的中亚最大风电场——札纳塔斯100MW风电项目第40台风机顺利并入哈萨克斯坦国家电网，提前实现全容量并网发电。

6月21日 国家电网公司召开雅中—江西±800kV特高压直流工程竣工投产大会。

同日 中国华电在北京召开改革三年行动推进会。会议深入学习习近平总书记关于改革的重要指示精神，贯彻落实党中央、国务院关于实施国企改革三年行动的重大决策部署，传达学习中央企业改革三年行动推进会议精神，围绕推进落实改革三年行动目标任务，再学习、再动员、再部署、再加力，推动中国华电改革工作走深走实。中国华电党组书记、董事长温枢刚出席会议并讲话，中国华电党组成员、副总经理余兵主持会议。

6月22日 第十五届高技能人才表彰大会在北京举行，电力行业8家企业和46名个人受到表彰。

同日 华电乌江构皮滩水电站通航工程完成全线集控过标船测试，正式投入试运行。

同日 人力资源和社会保障部召开全国第十五届高技能人才表彰大会，中国电建所属水电十二局徐敏获2021年度“全国技术能手”荣誉称号。

同日 世界品牌实验室（World Brand Lab）发布2021年《中国500最具价值品牌》分析报告，国家电网品牌以5576.95亿元的品牌价值蝉联本年度最具价值品牌榜首，品牌价值较2020年增长540.08亿元，连续15年攀升，这是国家电网品牌连续第六年位居该榜榜首。中国华电再次入选中国500最具价值品牌榜，以968.35亿元的品牌价值位列第58位，较2020年跃升18位。

6月23日 由中国电建全过程勘测设计并承担主要施工任务的世界在建规模最大水电站——金沙江白鹤滩水电站1号机组与电网顺利实现首次同期并网，标志着左岸首台百万千瓦水电机组正式进入并网试验阶段。

6月24日 国家能源集团龙源南非德阿风电项目管理团队获评国资委2021年首批“央企楷模”。

6月25日 中国国家能源局局长章建华视频出席巴基斯坦默蒂亚里—拉合尔±660kV直流输电工程启动送电仪式并致辞。仪式在中国北京和巴基斯坦伊斯兰堡通过视频方式同步举行，标志着默拉直流输电工程开始大负荷送电。

同日 国家电投安徽分公司投资运营、智慧能源(国核电力院)EPC总承包建设的小岗村美丽乡村综合智慧能源项目一期“渔光互补”区域并网发电。

同日 由中国华能牵头的海上风电产业技术创新联合体、CCUS技术创新联合体在北京成立。

同日 中国电建所属华东院承担全过程勘测设计，水电十二局参建的国内在建额定水头最高抽水蓄能电站——浙江长龙山抽水蓄能电站首台机组投产发电。电站装机容量210万kW，单级抽蓄机组最大发电水头755.9m世界第一。

同日 中国能建葛洲坝集团参与建设的西藏自治区第一条电气化铁路——拉萨至林芝铁路正式开通运营。

6月28日 金沙江白鹤滩水电站首批机组安全准点投产发电。中共中央总书记、国家主席、中央军委主席习近平发来贺信，表示热烈的祝贺，中共中央政治局常委、国务院总理李克强作出批示。金沙江白鹤滩水电站首批机组投产发电仪式以视频连线形式举行，在北京设主会场，在白鹤滩水电站工程建设现场设分会场。中共中央政治局常委、国务院副总理韩正在北京主会场出席仪式，并宣布白鹤滩水电站首批机组正式投产发电。全国政协副主席、国家发展改革委主任何立峰宣读了习近平的贺信和李克强的批示。中国电建华东院承担全过程勘测设计，中国能建参建。

同日 全国“两优一先”表彰大会在北京人民大会堂举行。华能清洁能源技术研究院副总工程师部时旺荣获“全国优秀共产党员”称号。中国电建群众工作部副主任、团委书记贺宜荣获“全国优秀党务工作者”称号。

同日 由国家能源局、江苏省人民政府和国际可再生能源署共同主办的2021年国际能源变革对话在江苏省苏州市开幕。对话以“能源变革，迈向碳中和”为主题。

同日 中国电建所属水电水利规划设计总院在苏州召开的国际能源变革论坛发布《中国可再生能源发展报告2020》。

6月29日 南方电网公司开展庆祝建党100周年主题党日，董事长、党组书记孟振平讲党课。

同日 中国神华荣获CDP（全球环境信息研究中心）2020中国区优秀管理企业2020企业水安全优秀表现奖。

同日 国内首个大型海岸滩涂渔光互补光伏项目，浙江象山大唐长大涂光伏电站并网发电，项目中总装机容量300MW，面积约4516亩。

同日 中国电建所属水电十二局参建的全国最大规模（利用滩涂4516亩，总装机容量300MW）海岸滩涂渔光互补光伏项目浙江省宁波市象山长大涂滩涂项目正式投产发电。

6月30日 雅砻江杨房沟水电站首台机组并网发电，标志着雅砻江流域水电开发有限公司重大工程里程碑目标的实现。杨房沟水电站是国家清洁能源重大工程、国家和四川省重点电源项目，也是雅砻江中游第一个并网发电的水电工程。工程由中国电建EPC总承包。

同日 中国华能英国门迪电池储能项目一期工程正式投入商业运行。

当地时间6月30日 中国电建承建的赞比亚40年来投资开发的第一座大型水电站、目前最大的单体基础设施建设项目——下凯富峡水电站首台机组并网发电。

截至6月底 广东、广西、云南、贵州、海南全社会用电量达6900亿kWh，同比增长20.4%，增速创历史同期新高，两年平均增长10.0%。

7月1日 由南方电网公司、中国移动和华为公司联合打造的“5G+数字电网”项目在2021世界移动通信大会（MWC2021）颁奖典礼上荣获“互联经济最佳移动创新奖”。

7月2日 中国大唐党组书记、董事长邹磊主持召开党组扩大会议，专题传达学习习近平总书记在庆祝中国共产党成立100周年大会上的重要讲话精神，研究部署贯彻落实举措。

7月5日 由中国电建承建的被誉为尼泊尔“三峡工程”的最大水电站——上塔马克西水电站首台机组实现并网发电。

同日 由中国能建所属中电工程咨询公司等单位组成的联合体，签约三峡乌兰察布新一代电网友好绿色电站示范项目EPC总承包项目。

7月5～7日 中电联党委副书记、专职副理事长夏忠带队，赴国家电投集团云南国际电力投资有限公司、华能澜沧江水电股份有限公司、三峡集团白鹤滩水电站开展水电及新能源生态环境保护调研。中电联副秘书长许松林、中电联行业发展与环境资源部负责同志及相关人员参加调研。

7月7日 南方电网公司完成建党100周年特级保供电任务。

7月8日 南方电网公司发布《2020企业社会责任报告》，这是南方电网公司连续第14年发布企业社会责任报告，报告连续11年获得五星级评价。

同日 中国大唐党组副书记、董事、总经理寇伟在总部会见中国能建党委副书记、总经理孙洪水一行，双方就进一步加强合作进行深入交流并达成共识。

7月9日 国资委公布了《国有重点企业管理标杆创建行动标杆企业、标杆项目和标杆模式名单》，中核集团5个标杆成功入选。其中，中国核电公司入选为管理标杆企业。

7月10日 2021瓯江峰会·第二届国际工业与能源互联网创新发展大会在温州开幕。中电联党委书记、常务副理事长杨昆应邀出席并致辞。

同日 华能陇东能源基地在甘肃庆阳举行启动仪式。12月23日，该能源基地全面开工。

7月12日 以“低碳转型绿色发展——共同构建人与自然生命共同体”为主题的2021年生态文明贵阳国际论坛在贵州省贵阳市隆重开幕。中共中央政治局常委、全国人大常委会委员长栗战书出席并作主旨演讲。原国务委员戴秉国出席。中电联党委书记、常务副理事长杨昆应邀出席论坛。

7月12～15日 中央企业党史学习教育第五指导组副组长胡海梅一行到两河口、锦屏水电站调研。从现场看、座谈听、活动思中，指导组对雅砻江公司党委组织党史学习教育所取得的扎实成效给予高度评价和充分肯定。

7月13日 国务院国资委公布了中央企业负责人2020年度经营业绩考核结果。国家电网公司连续17年获得业绩考核A级，南方电网公司连续15年获得业绩考核A级，中国华电连续9年获得业绩考核A级。中国华电党组在国务院国资委党委通报的2020年度中央企业党建工作责任制考核评价情况中获评2020年度中央企业党建工作责任制考核A档。

同日 南方电网统调最高负荷创新高，达2.16亿kW，同比增长8.2%。

同日 中核集团海南昌江多用途模块式小型堆科技示范工程（小堆示范项目）在海南昌江核电现场正式开工，至此，该项目成为全球首个开工的陆上商用模块化小堆，标志着中国在模块化小型堆技术上走在了世界前列。

7月15日 国家发展改革委、国家能源局联合印发《关于加快推动新型储能发展的指导意见》（发改能源规〔2021〕1051号）。

同日 中电联秘书长郝英杰在本部出席人民网舆情数据中心座谈交流会，与人民网舆情数据中心总经理助理蒋晓东一行进行了深入座谈交流，加强理解、增进共识，为下一步交流合作奠定了基础。

7月16日 中国电建所属上海院总承包的张家口—北京可再生能源清洁供热示范工程配套风电项目——京能康保450MW风电项目并网发电。项目承担了2022年冬奥会场区绿电供应供热的任务，是2022年北京冬奥绿色供电首个并网发电项目。

同日 巴西南大河州CEEE输电国家电网公司股权私有化项目在圣保罗证券交易所举行现场竞标。国家电网公司在巴西投资控股83.71%的旗舰上市电力公司——CPFL公司中标，将收购南大河州政府所持有的CEEE输电公司全部66.06%股权。

7月18日 被誉为“新疆三峡”的新疆最大水利枢纽工程——中核集团新华发电公司阿尔塔什水利枢纽工程主电站首台机组并网发电。8月17日，随着末台机组的并网，阿尔塔什水利枢纽工程6台机组全部并网发电。

7月19日 中国电建与天津市滨海新区签署了战略合作框架协议，与保税区签署了投资公司项目合作协议。中国电建党委书记、董事长晏志勇，天津市委常委、滨海新区区委书记连茂君共同为中电建天津投资有限公司揭牌。

7月21日 西安热工院建立的“电站锅炉煤的清洁燃烧国家工程研究中心”入选首批国家工程中心名单，成为本批入选的唯一一家电力行业研发机构，并更名为“清洁低碳热力发电系统集成及运维国家工程研究中心”。

7月22日 全球首台120t级纯电动矿用自卸车在内蒙古霍林河南露天煤矿投用。截至2021年12月31日，国家电投累计推广签约换电重卡及工程机械12042台，落地5464台，建成充换电站63座，总运营里程达4748万km。

同日 南方电网公司通过河南省慈善总会向河南灾区捐款人民2000万元，全力支持河南省防汛救灾和灾后重建工作。

同日 中国电建向河南省慈善总会捐赠1000万元，用于防汛救灾和灾后重建工作，帮助受灾群众共渡难关。

7月23日 赞比亚总统埃德加·伦古出席下凯富峡水电站并网发电仪式，为项目发电运营揭牌，称赞中国电建完成了一项重要而伟大的工程。

同日 中国华能向河南省慈善总会捐款 3000 万元，助力河南防汛救灾和灾后重建工作。

7 月 25 日 国家能源集团广西公司获得风光资源共计 78.1 万 kW，顶格获取陆上风电核准容量上限，在广西壮族自治区发展改革委公布的 2021 年保障性并网新能源项目竞争配置结果中排名第一。

7 月 26 日 国家电网公司完成智利 CGE 公司股权交割和运营接管，本次交易采用要约收购方式进行，共收购 CGE 公司 97.145%股权，包括西班牙能源集团持有的 96.04%股权和市场流通的约 1.105%股权。

当地时间 7 月 27 日 中国电建 EPC 总承包的马里古伊那水电站正式下闸蓄水。

7 月 29 日 国家发展改革委、国家能源局联合印发《关于鼓励可再生能源发电企业自建或购买调峰能力增加并网规模的通知》（发改运行〔2021〕1138 号）。

同日 由中电联指导、协鑫集团主办的“氢能产业发展论坛暨协鑫氢能战略发布会”在北京举行。中电联专职副理事长安洪光，中国能源研究会副理事长、国家能源局原副局长吴吟，协鑫集团董事长朱共山等领导出席活动并致辞。

同日 2021 年 ENR（工程新闻记录）设计公司排名结果发布，中国电建在全球设计公司 150 强排名中继续排名第一，保持全球最大的设计企业领先地位；在国际设计公司 225 强排名中，位列第 16 名，在电力领域排名继续保持全球第一，在亚洲市场排名由 2020 年的第 2 名上升为第一。

7 月 30 日 中电联召开电力低碳标准化系统工作组成立大会暨一届一次会议。中电联党委委员、低碳工作组主任委员王志轩，中电联副秘书长兼标准化管理中心主任刘永东，国家标准化管理委员会、国家能源局有关领导出席会议并讲话。

同日 华能江苏灌云海上风电场实现 30 万 kW 全容量并网发电。

7 月 31 日 21:32 红沿河核电站 5 号机组完成 168h 试运行试验后，具备商运条件。至此，中广核在运核电机组达到 25 台。

7 月 中国华能集团有限公司获 2020 年度中央企业负责人经营业绩考核 A 级、中央企业党建工作责任制考核 A 级、董事会考核“优秀”。

8 月 1 日 随着贵州罗甸八总农业光伏项目 9 万 kW 正式投产，中国华能电力装机规模突破 2 亿 kW。

8 月 2 日 《财富》发布 2021 年世界 500 强榜单。国家电网公司以 3866.18 亿美元的营业额位列第 2 位，比 2020 年上升 1 位；南方电网公司以 2020 年营业收入 837 亿美元位列第 91 位，比 2020 年排名跃升了 14 位；中国华能集团有限公司位列榜单第 248 位，较 2020 年上升 18 位；中国华电凭借 2020 年营业收入 344.40 亿美元的经营业绩，位列第 352 位，较 2020 年上升 18 个位次。中国电建位列第 107 位，较 2020 年上升 50 位。

8 月 3 日 中电联采取“线上直播+线上分会场”的方式召开《电网技术改造及检修工程定额和费用计算规定（2020 年版）》发布会。

8 月 4 日 南方电网公司举行澜湄国家能源电力合作研究中心、南方电网大数据服务有限公司、新能源研究所、新型电力系统研究所、新型电力系统数字化技术研究所等五家所属单位新机构揭牌仪式。

同日 南方电网公司印发《南网供电成本词典（2021 年版）》。

同日 国内电力行业首个云超算平台——南网调度云超算平台在南方电网公司上线。

8 月 4～6 日 南方电网公司举办深入学习贯彻习近平总书记“七一”重要讲话精神推动构建新型电力系统服务碳达峰、碳中和研讨班。

8 月 5 日 中电联常务副理事长杨昆、秘书长郝英杰在中电联本部会见中国石油企业协会专职副会长高潮洪一行。

8 月 6 日 全球最具知名度和影响力的三大评级机构惠誉、穆迪、标普相继发布国家电网公司 2021 年度评级报告，国家电网公司连续第 9 年获得国家主权级信用评级（标普 A+、穆迪 A1、惠誉 A+），这是中资企业获得的最高信用等级。

同日 国家电网公司召开陕北—湖北±800kV 特高压直流工程启动送电视频会议。

同日 中国华能自主研发的全国首套 700MW 水电机组国产计算机监控系统——华能睿渥 HNICS-H316 在华能小湾水电站成功投运，标志着中国高水头、大容量水力发电领域核心监控系统实现自主可控。

同日 中国水力发电工程学会组织对大渡河公司“梯级水电竞价 PRP 自耦合关键技术研究及应用”项目研究成果进行了鉴定，总体达到国际领先水平。

8 月 11 日 国家发展改革委、财政部、国家能源局联合印发《2021 年生物质发电项目建设工作方案》（发改能源〔2021〕1190 号）。

同日 中电联党委召开贯彻落实“第一议题”专题学习会，专题学习习近平总书记在西藏考察期间重要讲话精神和《中国共产党成立 100 周年庆祝活动总结报告》。中电联党委书记、常务副理事长杨昆主持会议，党委副书记、专职副理事长夏忠，党委委员、纪委书记、专职副理事长于崇德，党委委员魏昭峰、王志轩，纪委委员、专职副理事长安洪光，秘书长郝英杰等参加了学习会。

同日 中国大唐与中国交通建设集团有限公司在京签署战略合作协议。中国大唐党组书记、董事长邹磊，中国交通建设集团有限公司党委书记、董事长王彤宙出席并见证签约。

8月12日 三峡国际完成西班牙Horus项目交割，股权投资额2.54亿欧元。

8月14日 中国电力建设集团有限公司、中国水电建设集团国际工程有限公司和中国电建集团贵州工程有限公司组成联合体，以EPC工程总承包模式承建的卡塔尔800MW光伏项目实现由结构安装转冷调阶段。

8月16日 中国电建所属甘肃能源公司火电厂在上海环境能源交易所完成首笔碳交易，交易额高达2575万元。

8月17日 国务院国资委联合中央广播电视总台共同推出的百集微纪录片《信物百年》南方电网特辑《〈“三八”带电作业班〉脚本》在CCTV-2财经频道播出，南方电网公司董事长、党组书记孟振平担任信物讲述人。

当地时间8月18日 2021年度美国《工程新闻纪录》(ENR)揭晓了“全球工程承包商250强”和“国际工程承包商250强”双榜排名。其中，中国电建分别位列第5位和第7位，全球最大电力工程承包商地位稳固。

8月19日 国家能源局印发《全面推行电力业务资质许可告知承诺制实施方案》(国能发资质〔2021〕37号)。

同日 三峡国际完成Alcazar项目交割，项目包含位于埃及和约旦境内的5座光伏电站和2座风电站，总装机容量41.1万kW。

8月20～21日 华能石岛湾高温气冷堆示范工程获国家核安全局颁发核设施运行许可证，并启动首次装料，标志着示范工程正式进入“带核运行”状态。

8月21日 中广核浙江嵊泗282MW海上风电项目实现全容量并网，成为浙江省和中广核“十四五”期间首个实现全容量并网的海上风电项目。该项目年上网电量可达8.28亿kWh，与同等规模火电厂相比，相当于每年可节约标准煤25.9万t，减排各类有害气体及烟尘约69万t。

8月26日 国家能源局印发《抽水蓄能中长期发展规划（2021—2035年）》。

8月27日 中国电建所属山东电建三公司EPC总承包的乌兹别克斯坦纳沃伊100MW光伏电站正式并网发电。乌兹别克斯坦总统沙夫卡特·米尔济约耶夫亲手合上电站电闸，该国首个光伏电站正式并网发电。

8月27日下午 中电联党委书记、常务副理事长杨昆在本部通过视频连线方式会见了亚太电协新任秘书长、菲律宾马尼拉电力公司执行副总裁兼电网业务总监罗尼·L·阿佩罗乔。双方就亚太电协大会议程设置，赞助、展览等合作方案以及前后任主办方交接形式等议题进行了讨论。

8月28日 中广核先进核能大热工实验装置正式建成，所有系统设备参数调试成功，各项技术指标满足设计要求，标志着当前国际上在运规模最大、功能最完善的特定四代堆型综合实验装置正式建成。

8月30日 由国家电投申报，国家核电（上海核工院）主导编制的国际标准《核电厂　安全重要仪表和控制系统　地震停堆系统准则》由国际电工委员会（IEC）正式发布。该标准是中国核电领域首个正式发布的IEC国际标准，也是中国核电领域最早立项的国际标准。

同日 中国电建党委副书记、总经理丁焰章在兰州拜会甘肃省委副书记、省长任振鹤，双方就进一步加强战略合作，共同推进央地高质量发展进行深入交流，并见证“1+3”合作协议签署。

8月31日 国内自主可控程度最高、接入数据点数最多、覆盖应用场景最全的新能源数据平台——华能新能源智慧运维系统于正式投运。

同日 中国华电线上发布《2020可持续发展报告》，这是中国华电连续14年发布年度社会责任报告，中国社会科学院中国企业社会责任报告评级专家委员会给予该报告“五星佳”（典范级别）最高评级。

同日 国家能源集团四川天明发电公司1号机组完成168h满负荷试运，标志着四川省首台百万千瓦火电示范机组建成，正式投入商业运营。

同日 南网融资租赁公司发行全国首只公募碳中和资产支持商业票据——2021年度融资租赁第一期绿色资产支持商业票据，发行规模16亿元，票面利率2.58%。

同日 中老铁路外部供电项目全部建成，达到投产送电条件。

同日 贵州电网“刷脸办电”“一证办电”功能在“南网在线”App正式上线。

9月1日 世界核协会发布2021年《世界核电厂运行实绩报告》，国家电投“海阳核能供热”作为中国唯一的案例入选；“暖核一号”引发人民日报、新华社、央视等国内外近千家媒体和社会大众的广泛关注，入选“2021年度央企十大超级工程”。

同日 国家电网公司投资建设的巴基斯坦默拉直流项目正式投入商业运营。

同日 中国大唐党组书记、董事长邹磊一行在重庆拜会中央政治局委员、重庆市委书记陈敏尔，市委副书记、市长唐良智。

9月2日 南方电网公司印发《南方电网公司“十四五”发展规划和2035年远景目标展望》。

同日 国投电力党委委员、董事会秘书杨林受邀参加了“上市公司年报业绩说明会经验交流会”。会上，中国上市公司协会为国投电力颁发了上市公司年报业绩说明会“最佳实践案例奖”。

9月5日 “2021绿色发展国际高峰论坛”——“碳达峰 碳中和”主题论坛于中国国际服务贸易交易会期间在北京国家会议中心成功举办。

同日 国家电网公司荣获“2017年至2019年慈善领域”和“2020年抗击新冠肺炎疫情慈善领域”“捐赠企业奖”。中国华能获第十一届“中华慈善奖”，澜沧江公司“百千万工程”行动荣获“慈善项目和慈善信托”奖。

9月7日 在国家发展改革委、国家能源局指导见证下，南方电网公司与国家电网公司联合组织召开全国绿色电力交易试点启动会。

同日 《中国电力工业史》编委会组织召开电网与输变电卷、水力发电卷终审会议。中电联秘书长郝英杰、英大传媒集团副总经理刘广峰出席会议，各电力企业有关负责同志、编辑部成员、中电联理事会工作部有关人员共30余人参加会议。

9月7～10日 中国华电党组书记、董事长温枢刚参加中央企业援疆工作会议暨国资央企助力新疆高质量发展会议，并赴新疆区域企业调研指导工作。

9月8日 国家能源局印发《关于公布整县（市、区）屋顶分布式光伏开发试点名单的通知》（国能综通新能〔2021〕84号）。

同日 中国大唐党组书记、董事长邹磊在总部会见北京市副市长卢映川一行，双方就进一步深化政企合作、推进北京高质量发展深入交流座谈。

同日 国家能源集团龙源辽宁公司马鞍山风电场成功投运风电行业首套国产主控中控一体化系统。

9月10日 由广西壮族自治区人民政府和中电联共同主办的2021中国—东盟电力合作与发展论坛在南宁开幕。

同日 中央企业援疆工作会议暨国资央企助力新疆高质量发展会议在乌鲁木齐召开。中国大唐党组书记、董事长邹磊代表中国大唐与新疆维吾尔自治区党委常委、自治区人民政府常务副主席陈伟俊签署了全面战略合作框架协议。中国电建党委书记、董事长丁焰章应邀出席会议，并现场见证中国电建所属单位与新疆生产建设兵团电力集团有限责任公司签署战略合作协议。

同日 中国大唐党组书记、董事长邹磊在乌鲁木齐拜会新疆维吾尔自治区党委副书记、政府主席雪克来提•扎克尔，双方就进一步深化全方位战略合作，助力新疆绿色能源开发建设，共同实现“双碳”目标进行了交流。

当地时间9月10日 中国电建所属上海电建公司承建的印尼玻雅电站500kV送出线路工程全线贯通。

9月11日 中国大唐党组书记、董事长邹磊拜会了新疆维吾尔自治区党委副书记、新疆生产建设兵团党委书记、政委王君正，双方就加强能源领域合作、共同推进碳达峰、碳中和目标进行了深入交流。

9月13日 中共中央总书记、国家主席、中央军委主席习近平在陕西省榆林市考察期间，视察国家能源集团所属榆林化工有限公司，并与企业职工代表进行亲切交流。

同日 中国能建山西院、安徽电建二公司等单位承建的泰国国家电力局诗琳通大坝综合浮体光伏项目全容量并网发电。

9月14日 广东清远抽水蓄能电站荣获2021年“菲迪克（FIDIC）工程项目优秀奖”。这是南方电网公司首次获得该奖项。

同日 国家能源集团党组书记、董事长王祥喜到榆林化工现场学习习近平总书记视察榆林化工时的重要指示批示精神。

同日 中国电建所属中南院承担监理的广东清远抽水蓄能电站荣获“菲迪克2021年工程项目优秀奖”。

9月15日 在“ESG负责任投资——国有投资公司面向‘3060’共同行动”论坛上，全国人大常委会副委员长、民盟中央主席、中国科学院院士丁仲礼到会指导并作专题学术报告，国投电力控股股份有限公司董事会秘书、总法律顾问杨林围绕减碳发展发表了演讲。

9月16～18日 中电联党委副书记、专职副理事长夏忠带队赴张家口开展新能源与储能协调发展专题调研。

9月16日 中国大唐党组书记、董事长邹磊在西藏拉萨拜会西藏自治区人民政府主席齐扎拉。双方就深入贯彻落实习近平总书记在西藏考察时重要讲话精神，深化清洁能源建设、水资源开发、助力乡村振兴等领域合作进行了深入交流。西藏自治区人民政府副主席任维参加会见。

同日 在中国质量奖（杭州）大会上，第四届中国质量奖评选结果正式揭晓，中核集团中国核电工程有限公司“华龙一号”研发设计创新团队“极致安全 协同创新”质量管理模式获2021年第四届中国质量奖。

当地时间9月16日 在法国南部卡达拉舍，“人造太阳”国际热核聚变实验堆（ITER）托卡马克装置的最后一个下部主要磁体部件——极向场超导线圈PF5成功落位，标志着ITER项目主机安装第一阶段最后的里程碑完成，为第二阶段真空室安装创造了关键条件。

9月17日 国务院国资委党委和西藏自治区党委在拉萨召开中央企业援藏工作会议暨国资央企助力西藏高质量发展会议。会上，中国大唐党组书记、董事长邹磊代表中国大唐与西藏自治区政府签署了“十四五”时期全面战略合作框架协议。

同日 由中电联党委书记、常务副理事长杨昆，中国煤炭工业协会专家彭建勋，中国企业国有产权交易机构会党委副书记王艳带队的国务院国资委助力乡村振兴工作第十三协作组一行14人，赴国务院国资委定点帮扶河北省魏县东代固镇开展实地调研，研究进一步巩固脱贫攻坚成果，推动乡村振兴工作。

同日 由华能江苏公司与清华大学、中国电科院、北京创拓标准研究院联合发起的IEC标准提案“用于电力系统动态分析的基于变流器发电单元的通用RMS仿真模型”立项，这是中国华能在可再生能源接入电网领域首个获批立项的IEC标准。

9月18日 清华大学、中国华能、中核集团、中国宝武钢铁集团、中国中信集团在京联合发起成立高温气冷堆碳中和制氢产业技术联盟。

同日 “深化央地合作、融入‘一带一路’、助力辐射中心建设”云南省与中央企业项目合作座谈会在云南昆明举行。会上，中国大唐与云南省签署了战略合作协议。

9月18～19日 国务院国资委党委书记、主任郝鹏赴云南实地调研中国三峡集团所属白鹤滩水电站建设运行情况时强调，要认真学习贯彻习近平总书记对白鹤滩水电站首批机组投产发电的贺信精神，立足新发展阶段、贯彻新发展理念、构建新发展格局，坚持绿色发展，勇攀科技高峰，始终把质量安全放在首位，确保高标准建设、高水平运行，切实把白鹤滩水电站打造成精品工程、示范工程，把“大国重器”牢牢掌握在自己手中，为保障国家能源安全，实现碳达峰、碳中和目标，更好服务人民生活作出新贡献。国资委党委委员、副主任任洪斌，云南省委常委、常务副省长宗国英参加调研。中国三峡集团董事长、党组书记雷鸣山，哈电集团党委书记、董事长斯泽夫，东方电气集团董事长、党组书记俞培根，中国三峡集团总经理、党组副书记韩君，副总经理范夏夏陪同调研。

9月23日 国家能源局印发《核电厂非生产区消防安全管理暂行规定》（国能发核电规〔2021〕46号）。

同日 国家电网辛保安董事长、张智刚总经理与应急管理部党委委员、副部长尚勇举行会谈并签署战略合作协议。

同日 第十届粤港澳电力企业高峰会在广州举行。

同日 华能秦煤瑞金电厂二期工程3号机组正式投运。

同日 中国能建参建的四项工程港珠澳大桥、北京大兴国际机场、藏中电力联网工程和广东清远抽水蓄能电站荣获2021年度菲迪克工程项目奖。

同日 中国电建签约国内最大单体水电——雅砻江卡拉水电站设计施工总承包合同，合同金额75.71亿元。雅砻江公司党委书记、董事长祁宁春，中国电建党委书记、董事长丁焰章出席签约仪式。

9月24日 国家能源局印发《新型储能项目管理规范（暂行）》（国能发科技规〔2021〕47号）。

同日 以“聚焦‘双碳’目标、畅谈能源革命”为主题的第五届（2021）中国能源产业发展年会暨创新成就展在北京召开。中国工程院院士、中国能源产业发展年会组委会主任刘吉臻，中国能源研究会理事长史玉波，国资委新闻中心副主任张义豪，环球网总经理单成彪出席大会。中电联党委书记、常务副理事长杨昆应邀出席会议并致辞。

同日 中国华能发行2021年度第二期碳中和绿色公司债券，募集资金专项用于所属石岛湾核电站扩建工程。

9月25日 中国电气装备集团有限公司成立大会在上海举行。上海市委书记李强，国务院国资委党委书记、主任郝鹏出席会议并共同为中国电气装备集团有限公司揭牌。郝鹏，上海市委副书记、市长龚正分别讲话。国务院国资委党委委员、副主任翁杰明主持会议。涉及重组企业所在地的上海市、陕西省、河南省、山东省等省市有关领导出席会议。国家电网公司董事长辛保安、中国电气装备集团有限公司董事长白忠泉等做了发言。

9月26日 国家能源局印发《承装（修、试）电力设施许可证注销管理办法》（国能发资质规〔2021〕48号）。

同日 国家电网董事长、党组书记辛保安主持召开党组扩大会议，通报了中央关于罗乾宜任国家电网公司董事、党组副书记，免去其国家电网公司总会计师职务的决定。

同日 华能阳逻电厂获得农行武汉分行发放的1000万元碳排放权质押贷款，标志着中国电力行业首单碳排放权质押融资业务在中国华能落地。

同日 中国长江三峡集团有限公司总部搬迁武汉大会在武汉举行。国务委员王勇出席并为搬迁后的“中国长江三峡集团有限公司”揭牌。国务院国资委党委书记、主任郝鹏，湖北省委书记、省人大常委会主任应勇，武汉市委副书记、市长程用文出席并讲话，中国三峡集团董事长、党组书记雷鸣山出席并汇报中国三峡集团总部搬迁湖北武汉相关工作情况。湖北省委副书记、省长王忠林，省政协主席黄楚平出席。中国三峡集团总经理、党组副书记韩君主持。国务院国资委党委委员、副主任翁杰明，湖北省领导李乐成、万勇，中国三峡集团领导王良友、范夏夏、张定明、陈瑞武出席会议。

同日 全球能源互联网发展合作组织在北京举办全球能源互联网“中国倡议”六周年报告会。合作组织主席、瑞典皇家工程科学院院士、英国皇家工程院院士、德国国家工程院院士刘振亚，国家电网有限公司总经理张智刚出席会议并致辞。中电联党委书记、常务副理事长杨昆应邀出席会议。

9月27～28日 国家能源集团召开贯彻落实习近平总书记考察榆林化工重要讲话精神总经理专题会。

9月28日 南方电网公司建设的全球首个应用于高负荷密度供电区域的超导电缆示范工程在深圳投运。

同日 国家电投党组第一时间召开电力保供紧急会议，要求各级将“能源保供攻坚战”作为最重要的政治任务抓好抓实。

同日 中国能建成功在上海证券交易所主板挂牌上市，并实现 A+H 两地上市，公司党委书记、董事长宋海良敲响开市锣。

当地时间9月28日 中国电建投资建设的中企在海外首个全流域投资开发的梯级水电项目——老挝南欧江流域梯级水电站全部投产发电仪式。

9月28～29日 中电联在广州召开 2021 年燃煤电站生产运营管理第五十届年会暨能效管理对标发布会，中电联专职副理事长夏忠出席会议并致辞。

9月29日 国家能源局印发《电网公平开放监管办法》（国能发监管规〔2021〕49 号）。

同日 国家能源局和中国电力企业联合会在北京通过视频会议联合发布 2020 年电力可靠性指标。

同日 中国能建国际集团在北京正式揭牌成立。

同日 经过 72h 的试运行，位于四川甘孜的世界级高土石坝、中国海拔最高的百万千瓦级水电站——雅砻江两河口水电站正式投产发电。两河口水电站建设历时 16 年，施工区平均海拔 3000m，是中国水电开发向高海拔寒冷地区发展的标志性工程。中国电建党委副书记、总经理王斌应邀出席并讲话。两河口水电站由中国电建所属成都院规划论证和全阶段勘测设计，水电五局、十二局、十四局、十六局等单位承担了 70%以上的施工任务，水电规划总院承担全过程咨询，西北院承担监理任务，昆明院和中南院承担监测任务。

同日 国家电投举办贯彻落实习近平总书记视察国家电投重要指示五周年学习交流会暨中国光伏产业高质量发展论坛，传达学习习近平总书记勉励语，发布《建设世界一流光伏产业宣言（升级版）》，宣示“力争到 2025 年，国家电投光伏发电装机容量达到 8000 万 kW 以上”等新目标。

9月30日 中国华能建设、调试和运维的世界首个非补燃压缩空气储能电站——江苏金坛盐穴压缩空气储能国家试验示范项目并网试验成功。

同日 中国电建所属上海电建公司承建的江苏井井盐穴压缩空气储能发电系统国家示范项目并网试验成功，发出中国首个大型压缩空气储能电站第一度电。

10月1日 国务院国资委党委书记、主任郝鹏到中国大唐专题调研电力热力与煤炭供应保障及安全生产工作，并通过视频连线系统向节日期间奋战在生产一线的中国大唐企业干部职工致以亲切的慰问和节日的祝福。国务院国资委党委委员、副主任任洪斌、袁野，中国大唐党组书记、董事长邹磊，党组成员、副总经理曲波、张传江参加调研。

同日 国资委党委书记、主任郝鹏到国家电网公司总部开展能源保供专题调研，辛保安董事长、张智刚总经理、陈国平副总经理参加。

10月8日 国务院总理李克强主持召开国务院常务会议，进一步部署做好今冬明春电力和煤炭等供应，保障群众基本生活和经济平稳运行。中国华电党组书记、董事长温枢刚出席会议，并表示中国华电将坚决贯彻党中央、国务院部署，严格执行国务院常务会议、专题会议要求，落实国家部委关于电力保供具体安排，压紧压实主体责任，不折不扣抓好落实，全力以赴保障电力供应，做实做细冬季供暖准备，带头打好、打赢今冬明春供暖供电攻坚战，确保人民安心用电、温暖过冬。

10月9日 中共中央政治局常委、国务院总理、国家能源委员会主任李克强主持召开国家能源委员会会议，部署能源改革发展工作，审议“十四五”现代能源体系规划、能源碳达峰实施方案、完善能源绿色低碳转型体制机制和政策措施的意见等。

10月11日 国家发展改革委印发《关于进一步深化燃煤发电上网电价市场化改革的通知》（发改价格〔2021〕1439 号）。

10月14日 中国华电自主研制的国内首套全国产化发变组成套保护在华电国际邹县电厂 8 号 1000MW 超超临界机组投运。

同日 中国大唐党组书记、董事长邹磊率队到中国大唐定点帮扶县陕西省澄城县实地开展巩固拓展脱贫攻坚成果同乡村振兴有效衔接工作调研。中国大唐党组成员、副总经理彭勇，渭南市委常委、副市长杨嵩参加调研。

10月15日 国际原子能机构（IAEA）发布《核能是通往零碳世界的必由之路》报告，“国和一号+”案例作为中国唯一案例入选，登上第 26 届联合国气候大会的宣传册。

同日 国投电力在新加坡完成印尼巴塘水电项目

股权收购交割。交易完成后，国投电力通过新加坡璞石投资公司持有巴塘项目69.9975%股权。

当地时间10月15日 中国电建所属华东院总承包的越南茶荣Ⅱ号海上风电场全容量并网。该项目装机容量为54MW，是首个中国企业承建且实现商业运行的海外海上风电项目。

10月16日 雅砻江杨房沟水电站4号机组结束72h试运行，转入商业运行。至此，杨房沟水电站4台机组全部投产发电。杨房沟水电站全部投产发电后，每年提供的清洁电力相当于节约标煤消耗约230万t，减少二氧化碳排放约475万t，减少二氧化硫约3.4万t，为国家碳达峰、碳中和目标贡献力量。

同日 “国和一号+”智慧核能综合利用示范项目一期工程投用。该项目是依托国家重大科技专项“国和一号”平台，集核能供热、海水淡化、核风光储综合智慧能源系统、智慧多能管控平台等于一体的首个“核能+”商业模式创新项目，也是全国核电行业首个智慧核能综合利用示范项目。

同日 广东省数据资产凭证化启动活动暨全国首张公共数据资产凭证发布会在广州召开，广东电网公司制发了全国首张公共数据资产凭证（电力数据）。

10月17日 中国神华能源公司在标普全球普氏（S&P Global Platts）公布的2021年度全球250强能源公司排行榜名列第2位，仅次于沙特阿美，首次跨入前三行列。

10月18日 由国家能源局与山东省政府联合主办的第二届“一带一路”能源部长会议在青岛开幕。中核集团总经理顾军出席并发表《携手核能，低碳发展，共同开创“一带一路”能源合作新篇章》主旨演讲。中核集团中国中原对外工程有限公司巴基斯坦卡拉奇K－2核电项目入选能源国际合作最佳实践案例。

10月19日 国内首次采用开顶法先行引入施工的“华龙一号”漳州核电1号机组反应堆压力容器引入就位，吊装成功，创业内核电机组反应堆压力容器引入最优工速，为后续穹顶吊装及主管道焊接创造了先决条件。

10月20日 国家第一批大型风电光伏基地项目之一，国家首个利用既有火电通道打捆外送新能源多能互补项目——大唐国际托克托新能源外送项目开工，标志着世界在役最大火力发电厂正式由传统的火力发电向风、光、火多能互补转型。

10月21日 国家发展改革委、国家能源局、财政部等九部门联合印发《“十四五”可再生能源发展规划》（发改能源〔2021〕1445号）。

同日 由中电联举办的2021年中国电力可靠性高峰论坛在天津召开。中电联专职副理事长于崇德出席会议并致辞。

同日 第十三届全国电力行业职业技能竞赛（风力发电运维值班员）大赛闭幕式暨百名“电力工匠”颁证典礼在湖北大悟举行。中电联、中国就业培训技术指导中心、中国能源化学地质工会全国委员会联合主办，中广核承办、中国广核新能源控股有限公司协办。中电联党委书记、常务副理事长、第十三届全国电力行业职业技能竞赛组织委员会主任杨昆，国务院参事室特约研究员、人社部原党组副书记、副部长、中国劳动学会会长杨志明，中国广核集团有限公司党委常委、副总经理、竞赛组委会副主任李亦伦出席仪式并致辞。

10月22日 海南自贸港建设重点项目大唐万宁燃气发电工程1号机组通过168h满负荷试运行移交生产。

10月23日 中国电建所属中南院承担监理的广东阳江抽水蓄能电站下水库工程下闸蓄水。

10月24日 南方电网公司召开抽水蓄能建设动员会，加快推进广东肇庆浪江、惠州中洞、广西南宁等一批抽水蓄能电站建设。

10月25日 2021年度大型发电集团公司环保联席会在北京召开。中电联专职副理事长安洪光出席会议并讲话。

同日 华能湖南新能源集控中心接入中国华能系统外新能源场站——三一集团下属罗仙寨风电场，成为中国华能及湖南省首个提供对外集控服务的新能源集控中心。

同日 国家电网公司在第三届中央企业熠星创新创意大赛中13个项目获奖，其中一等奖2项，获奖数量、等级名列央企第一，并获大赛优秀组织奖称号，国家电网公司系统4人被授予大赛杰出或优秀导师荣誉。

10月26日下午 中共中央总书记、国家主席、中央军委主席习近平参观国家“十三五”科技创新成就展。中国华能集团携全球首个第四代核电高温气冷堆——华能石岛湾高温气冷堆核电站示范工程精彩亮相该展览。

10月27日 国务委员王勇调研国家电力调度控制中心、北京电力交易中心并主持召开中央企业做好今冬明春能源电力保供工作座谈会。

10月27～28日 由中电联主办的“2021年全国电力行业两化融合推进会暨全国电力企业信息化大会”在贵州省贵阳市召开。中电联党委副书记、专职副理事长夏忠出席会议并作重要讲话。

10月28日 国内首套燃煤电厂二氧化碳化学链矿化利用工程在国电电力大同公司正式开工建设。

10月28～29日 博鳌新型电力系统国际论坛在海南博鳌亚洲论坛国际会议中心举行，论坛以“构建新型电力系统，服务碳达峰碳中和”为主题。

10 月 29 日 国家发展改革委、国家能源局联合印发《关于开展全国煤电机组改造升级的通知》（发改运行〔2021〕1519 号）。

同日 南方电网公司成立南方电网数字电网集团有限公司，作为南方电网公司的全资子公司，注册资金 30 亿元。

同日 中国大唐与中国农业银行股份有限公司在北京签署战略合作协议。中国大唐党组书记、董事长邹磊，中国农业银行党委书记、董事长谷澍出席并见证签约。

同日 全国首台氢燃料电池混合动力机车从国家电投锦白铁路大板东站驶出，开创了国内氢能机车上线试运行的先例。

同日 国家电投成功簿记发行了银行间市场首单类 REITs 和能源行业首单类 REITs。

同日 中央企业党史学习教育第十指导组到中国电建就党史学习教育开展情况进行调研。

10 月 31 日 中国电建所属北京院承建的山东沂蒙抽水蓄能电站 1、2 号机组正式投产发电。

同日 由中国能建承建的四川省首座两台超超临界百万千瓦机组电站全面建成投产。

10 月 雅砻江流域梯级电站月度发电量达 101.05 亿 kWh，首次突破百亿大关，创雅砻江水电月度发电量历史新高。

11 月 1 日 国家电网公司董事长、党组书记辛保安主持召开党组扩大会议，通报了中央关于潘敬东任国家电网公司副总经理、党组成员的决定。

11 月 2 日 中共中央政治局常委、国务院副总理韩正调研国家电力调度控制中心、国家电网运营监测大厅并主持召开座谈会，贯彻落实习近平总书记重要指示要求，对做好今冬明春能源保供工作进行再研究、再部署，国务委员王勇参加。

11 月 3 日 南方电网公司与广西壮族自治区人民政府签订进一步加强战略合作会谈备忘录。

同日 中国华能集团有限公司及所属华能国际电力股份有限公司成功发行能源保供专项债券，这是中国银行间市场首批能源保供专项债券之一。

11 月 3～4 日 中国电建党委书记、董事长丁焰章一行到公司定点帮扶的云南省大理州剑川县调研。

11 月 4 日 2021 年亚太电协大会以视频会议的形式召开。中电联理事长、国家电网有限公司董事长、亚太电协副主席辛保安受邀以视频方式出席大会开幕式并向大会致贺词。

同日 南方电网公司成功发行 50 亿元超短期融资券（能源保供用途），该债券为全国首批、规模最大及粤港澳大湾区首单能源保供债券。

同日 中国华能旗下西安热工院被国务院国有企业改革领导小组办公室评定为标杆级“科改示范企业”，是发电行业唯一入选标杆级的企业。

11 月 5 日 国家能源集团广东公司惠州电厂二期燃气热电联产项目获得核准，实现燃气热电项目“一年三核准”。

11 月 6 日 国家电网公司 3 名员工被授予第八届全国道德模范荣誉称号，4 名员工被授予第八届全国道德模范提名奖。

同日 中国华能首个地热能供暖项目——德州地热能清洁供暖示范工程正式启动。

同日 中国华能、中国能建在第四届中国国际进口博览会上举办高端设备及服务采购签约活动。

11 月 7 日 中国电建所属华东院承担勘测设计的世界最大、亚洲首个海上柔性直流工程——江苏如东海上风电场柔性直流输电工程投运。

11 月 8 日 国家能源局印发《关于调整全国电力安全生产委员会组成人员的通知》（国能综通安全〔2021〕97 号）。

11 月 9 日 中国电建所属山东电建一公司承建的国家电投“暖核一号”——国家能源核能供热商用示范工程二期 450 万 m^2 项目在山东海阳正式投运，项目被评为“2021 年度央企十大超级工程”，海阳成为全国首个“零碳”供暖城市。

11 月 10 日 国家能源局印发《关于强化市场监管 有效发挥市场机制作用促进今冬明春电力供应保障的通知》（国能综通监管〔2021〕99 号）。

同日 由南网科研院主持制定的 IEC 国际标准《电力电容器噪声测量方法》（国际标准编号 IEC TR 63396：2021）在 IEC 官网正式发布，这是中国在电力电容器及其应用领域主导制定的首个 IEC 国际标准。

同日 中国华能长春热电厂 2 号斗轮机无人值守项目安全试运行超 300h，标志着国内首台门式斗轮机无人值守改造项目完成。

同日 国家能源集团宁夏电力灵武公司光火储耦合 22MW/4.5MWh 飞轮储能工程开工。

11 月 11 日 中央企业与河南省三门峡市合作项目集中签约仪式在北京举行，中国电建在仪式上与三门峡市政府签订全面战略合作框架协议。河南省委常委、副省长费东斌，三门峡市委书记刘南昌，中国电建党委书记、董事长丁焰章出席签约仪式。

11 月 12 日 电力行业今冬明春保供工作座谈会暨中电联 2021 年理事长会议在北京召开。中电联理事长、国家电网有限公司董事长、党组书记辛保安主持座谈会并讲话。

同日 由中国华能所属西安热工研究院牵头的

650℃超超临界机组高温材料及其部件制备创新联合体在西安成立。

11 月 15 日 国家能源局在北京通过视频方式举办山东海阳核能供暖二期工程投产暨“暖核”科普活动启动仪式。

同日 由中电联、盐城市人民政府共同主办的“2021 中国新能源发展论坛”在江苏盐城召开。中电联党委副书记、专职副理事长夏忠出席论坛并致辞。

同日 中国电建党委书记、董事长丁焰章在总部会见了加纳共和国驻华大使哈蒙德博士一行。

11 月 16 日 国家能源局发布 2021 年第 5 号公告：批准《地热井井身结构设计方法》等 326 项能源行业标准、《Code for Seismic Design of Hydraulic Structures of Hydropower Project》等 19 项能源行业标准外文版、《水电工程水工建筑物抗震设计规范》等 3 项能源行业标准修改通知单。

11 月 17 日 中国电建所属水电六局承建的吉林丰满水电站全面治理（重建）工程（发电厂房土建及金属结构安装工程），荣获中国电建优质工程奖。

同日 大渡河双江口水电站全面完成股权变更、章程修改、工商变更、财务并表和组织机构调整等工作，全面纳入国家能源集团管控体系。

11 月 18 日 中共中央政治局常委、国务院总理李克强主持召开经济形势专家和企业家座谈会。座谈会上，中国大唐党组书记、董事长邹磊发言，就做好今冬明春能源电力供应、促进煤炭清洁高效利用、构建清洁低碳安全高效的能源体系等提出建议。

同日 中国工程院公布 2021 年院士当选名单，南方电网公司首席专业技术专家、直流输电技术国家重点实验室主任饶宏当选中国工程院能源与矿业工程学部院士，全国勘察设计大师、中国电建首位首席技术专家、昆明院总工程师张宗亮当选土木、水利与建筑工程学部院士。

同日 中国华电首个海上风电——福建福清海坛海峡海上风电项目最后一台风机成功并网。

同日 8:00 国投江苏新能源受托管理的盐城智汇储能项目完成 24h 两个循环的全容量充放电试运行，经变压器升压至 35kV 送至德龙变电站供电，标志着该储能电站正式进入商业运营阶段。

同日 英国核监管办公室（ONR）正式发出审查重要问题单 RO-UKHPR1000-0059（安全级仪控平台 FirmSys 产品卓越性论证）的关闭函。“华龙一号”GDA 项目所有审评问题全部关闭，GDA 技术审查工作正式结束。

同日 中国能建在银行间市场成功发行了建筑类央企首单碳中和永续中期票据。

11 月 19 日 由中电联主办、中电联电力发展研究院承办的第一届中国电气化发展高端论坛在北京举办。中国电力企业联合会编制的《中国电气化年度发展报告（2021）》通过论坛正式发布，中电联党委书记、常务副理事长杨昆，国家能源局电力司副司长荀峰出席会议并致词。工业和信息化部、国家开发银行等部门有关代表出席会议。

同日 南方电网公司与中国扶贫基金会联合举行了“南网知行教育发展基金”暨“南网知行书屋”项目启动仪式。公司捐赠 1.5 亿元，为云南、贵州、广东、广西和海南五省区小学援建 300 间“南网知行书屋”。

同日 全球首个光伏、储能户外实证实验平台首期任务建成，国家光伏、储能实证实验平台（大庆基地）正式启动运行。

同日 中国大唐与中国农业发展银行在北京签署战略合作协议。中国大唐党组书记、董事长邹磊，总经理、党组副书记寇伟，中国农业发展银行党委书记、董事长钱文挥，党委副书记、副董事长、行长湛东升出席并见证签约。

11 月 20 日 巴基斯坦卡洛特项目下闸蓄水。

同日 国华投资江苏东台海上风电项目作为国内首个中外合资海上风电项目，实现全容量并网发电。

11 月 22 日 第六届全国杰出专业技术人才和专业技术人才先进集体评选表彰结果正式公布，国家电网公司高压直流输电技术与装备创新团队荣获先进集体。

11 月 23 日 国家能源局印发《供电企业信息公开实施办法》（国能发监管规〔2021〕56 号）。

同日 中国华能主导编制的 IEC TS 63217：2021《并网光伏逆变器高电压穿越测试规程》发布实施。

11 月 24 日 中国大唐召开学习宣传贯彻党的十九届六中全会精神部署会，进一步深入学习领会全会精神，对学习宣传贯彻全会精神进行部署安排。

11 月 25 日 为期三周的第 23 届亚太电协大会闭幕。中电联理事长、国家电网有限公司董事长辛保安以视频方式出席大会并致辞。会上，辛保安正式接任 2022—2023 年亚太电协主席。

同日 11:18 中广核广东汕尾后湖 50 万 kW 海上风电项目 91 台风机全部并网发电，成为国内在运单体容量最大的海上风电项目之一。

当地时间 11 月 25 日 中广核在巴西首个自主工程建设和管理的绿地风电项目建成投产。该项目位于巴西东北部皮奥伊州的 Lagoa do Barro（拉戈阿－杜巴鲁），总装机容量达 8.28 万 kW，预计年发电量可达 3.66 亿 kWh。

11 月 26 日 中国华能主导研制的世界单槽产能最大碱性制氢水电解槽在苏州下线。

同日 中国能建首个生物质电厂黑龙江肇东市 2×40MW 生物质热电联产项目实现全容量并网发电。

11 月 28 日 国家能源集团浙江公司宁海电厂 5 号机冷却塔动态节能运行控制指导系统投运，该系统属世界首创，为火电厂循环水泵最优化变频节能运行提供理论实践依据，填补了国内外相关领域市场空白。

11 月 29 日 国核锆业“三代核电首炉换料用锆合金材料制造技术及应用”等 8 项成果获中国电力科学技术进步奖，6 名员工获中国电力科学技术人物奖。

同日 由中国原子能科学研究院主导编制的全球首个回旋加速器国际标准 IEC 63175：2021《10MeV～30MeV 范围内固定能量强流质子回旋加速器》正式发布，填补了回旋加速器国际标准的空白，至此，中核集团共有 9 项国际标准发布。

同日 中国电建所属水电十二局参建的金沙江川藏交界拉哇水电站成功截流，拉开世界第二（坝高 239m）混凝土面板堆石坝施工序幕。

11 月 30 日 梅州抽水蓄能电站首台机组投产发电。

同日 广东揭阳神泉一 315MW 海上风电项目全容量并网，标志着国家电投清洁能源装机占比突破 60%，电力总装机超过 1.9 亿 kW。

同日 中国电力沈阳能投朝阳县综合智慧能源项目实现首次并网；由山东分公司投资建设，山东院总承包的山东分公司诸城县域分布式光伏诸城市财政局低碳办公示范项目投产。

11 月 从国际标准化组织（ISO）和国际电工委员会（IEC）获悉，由中核集团组织推动，原子能院主导制定的《核燃料循环样品中铀含量的测定 L－吸收边光谱法》《工业无损检测用电子直线加速器修正案第 1 版》两项国际标准正式发布。

11 月 国投电力与国投矿业、国投生物签订了碳排放权交易合作协议。合作协议达成后，三家企业把握碳排放履约时间节点，牵头组织下属企业持续沟通，推动合作事项落地落实，最终完成本年度碳排放权交易 45.92 万 t。

12 月 1 日 国家能源集团年度累计发电 10023 亿 kWh，突破万亿大关，创历史新高。

同日 中国电建所属上海电建公司承建的陕西榆能横山煤电一体化工程获得 2021 年度国家优质工程金奖，参建的福建华能罗源港电储送一体化绿色建设示范项获得 2021 年度国家优质工程金奖，参建的上海申能奉贤热电工程（925.2MW 集中供热工程）获得 2021 年度国家优质工程奖，参建的中电投分宜电厂 2×660MW 机组扩建工程获得 2021 年度国家优质工程奖，参建的福建华电邵武电厂三期 2×660MW 工程获得 2021 年度国家优质工程奖。

同日 中国电建所属上海电建青海公司承建的西藏首座调相机工程——拉萨换流站加装调相机工程 1 号调相机完成 168h 试运行后全面投运。

12 月 2 日 中能建氢能源发展有限公司成立，由中国能源建设股份有限公司出资设立和管理，是中国能建氢能全产业链和一体化发展的平台，氢能业务投建营一体化平台、产业平台、技术研发平台和技术应用平台。

12 月 3 日 由中核集团秦山核电供热的中国南方首个核能供热示范工程（一期）正式投运，供暖面积达 46 万 m^2，惠及近 4000 户居民。

同日 中国社科院“第十三届《企业社会责任蓝皮书》发布会暨 ESG 中国论坛 2021 冬季峰会”在北京召开，会上颁发的“责任金牛奖”中，中国华电连续 4 年获“责任企业奖”，华电煤业集团有限公司获“责任供应链奖”。

同日 第十四届中国企业社会责任报告国际研讨会公布的“金蜜蜂 2021 优秀企业社会责任报告榜”中，中国华电连续第 7 年荣获“金蜜蜂优秀企业社会责任报告·长青奖”。

同日 国家能源集团联合动力创作的《一场“平价上网”的时代考验》荣获第九届全国品牌故事大赛总决赛微电影组一等奖；中国神华荣获 2021 中国企业 ESG“金责奖”——最佳环境（E）责任奖。

同日 国家能源局印发《光伏电站消纳监测统计管理办法》（国能发新能规〔2021〕57 号）。

12 月 4 日 湖北省委副书记、省长王忠林调研三峡工程，中国三峡集团董事长、党组书记雷鸣山陪同。

同日 目前国内陆上单机容量最大的批量化风电项目（国投甘肃新能源）首节塔筒吊装完成。

同日 “2021 年中国上市公司百强排行榜”公布，中国神华位居第 14 位；中国神华、国电电力获得中国百强企业奖、中国百强特别贡献企业奖、中国道德企业奖和中国百强最佳管理运营奖。

12 月 5 日 国家电投氢能公司 30 万 m^2 质子交换膜生产线投产，成为中国第一条完全自主可控的氢燃料电池质子交换膜生产线，实现氢燃料电池关键零部件国产化。

12 月 6 日 2020—2021 年度国家优质工程奖评选结果揭晓。南方电网公司五项工程获 2020—2021 年度国家优质工程奖，其中中国电建所属江西水电公司参建滇西北—广东±800kV 特高压直流输电工程荣获国家优质工程金奖。福建华能罗源港电储送一体化绿色建设示范项目荣获国家优质工程金奖，华能烟台八角电厂“上大压小”新建工程、华能安阳汤阴风电场一期工程、华能钟祥胡家湾风电场工程、苏州港太仓港区华能煤炭码头工程、桑河二级水电站 40 万 kW 工程

（境外工程）荣获国家优质工程奖。华电莱州二期工程荣获2020—2021年度国家优质工程金奖。国家能源集团大渡河猴子岩水电站、国华投资江苏东台四期海上风电项目获国家优质工程金奖。中国电建所属江西神华九江电厂2×1000MW新建工程和中电投分宜电厂2×660MW机组扩建工程获得国家优质工程奖，所属电建市政公司参建的巴基斯坦卡西姆港燃煤电站工程分别荣获国家优质工程奖；所属华东院承担的7项工程荣获国家优质工程奖，其中2项为金奖；所属水电六局承建的江苏溧阳6×250MW抽水蓄能电站荣获国家优质工程奖；所属水电七局参建的猴子岩水电站荣获国家优质工程金奖，阿海水电站荣获国家优质工程奖；所属电建核电公司建设的华电莱州电厂二期绿色能源示范工程荣获国家优质工程金奖，安徽华电芜湖电厂二期扩建工程和新疆神华五彩湾热电厂新建工程获国家优质工程奖。中国能建29项工程荣获国家优质工程金奖。

同日 第九届2021中国企业全球形象高峰论坛以线上线下相结合方式在北京举行。由中国华电策划、华电科工报送的海外履责案例“巴厘岛海底‘植树造林’共建海洋‘华电蓝’”荣获“2021中国企业国际形象建设十大优秀案例”。

同日 在距北京冬奥会开幕还有60天之际，中国大唐在北京首个“冬奥社区”、距离冬奥场馆最近的、有着光荣保电传统的高井热电厂召开保冬奥工作现场会，对冬奥保供电保供热工作进行再动员、再部署。

同日 国家能源局印发《关于做好今冬明春电力行业火灾防控工作的通知》（国能综通安全〔2021〕108号）。

同日 国家电网公司浙江舟山500kV联网输变电工程、江苏苏通GIL综合管廊工程两项工程荣获国家优质工程金奖。

12月6、12日 深圳、广州全市年全社会用电量、供电量先后首次突破1000亿kWh，是继北京、上海、苏州、重庆之后中国第五座和第六座全社会用电量、供电量双双突破千亿的城市。

12月7日 华电福新完成增资引战项目签约，引入中国人寿、中国国新、国家绿色发展基金、南方电网等13家战略投资者，募集资金达到150亿元，超募30亿元。

同日 中国华能所属西安热工院主导制定的IEC TR 63388 ED1《热电联产发展报告》发布。

12月8日 国家能源局印发《电力安全生产“十四五”行动计划》（国能发安全〔2021〕62号）。

同日 由中国能建广东院承建的珠海桂山海上风电场示范项目一期后续及二期工程，实现全容量并网发电。

同日 中国华能自主研发的世界参数最高、容量最大的超临界二氧化碳循环发电试验机组完成72h试运行。

同日 龙源电力换股吸收合并内蒙古平庄能源股份有限公司及重大资产出售及支付现金购买资产暨关联交易项目获得中国证监会核准。本次交易完成后，龙源电力将实现A+H两地上市。

12月9日 国投电力非公开发行A股股票项目（简称非公开发行）完成新股登记，国投电力总股本从69.66亿股增加至74.54亿股；国投全额认购36.33亿元，持股数量增加4.88亿股至38.25亿股，持股比例从47.91%提高至51.32%，进一步巩固了控股地位。

同日 2021年国际质量促可持续发展奖正式颁布，中核集团中国核动力研究设计院“基于创新质量管理的高可靠性CF燃料组件研制及应用”项目荣获国际质量促可持续发展奖。

12月10日 在中国三峡集团投资葡萄牙电力公司（简称葡电）十周年之际，中国三峡集团与葡电以视频连线方式召开合作指导委员会会议，并签署新一轮战略合作框架协议。中国三峡集团董事长雷鸣山出席会议并致辞，总经理韩君主持会议；葡电董事会主席若昂·塔洛内、首席执行官米盖尔分别致辞。中国三峡集团副总经理张定明、吕庭彦，葡电管理层成员出席活动。

同日 阳江抽水蓄能电站首台机组投产发电。

12月11日 “华龙一号”示范工程——中核集团福清核电6号机组反应堆首次达临界顺利完成，标志着机组正式进入带功率运行状态。

12月13日 从《联合国气候变化框架公约》秘书处获悉，中电联已正式被接纳为《联合国气候变化框架公约》观察员。

同日 中国电建所属水电十二局参建的江西峡江水利枢纽工程荣获第十九届中国土木工程詹天佑奖。

当地时间12月13日 由南方电网国际公司、智利川斯莱科公司（南方电网参股公司）与哥伦比亚ISA公司组成的三方联营体获得智利首个高压直流输电项目执行和开发权。

12月13～17日 中国文学艺术界联合会第十一次全国代表大会、中国作协第十次全国代表大会在人民大会堂召开，中电联党委书记、常务副理事长、中国电力文学艺术协会主席杨昆当选为中国文联第十一届全国委员会委员。

12月14日 中国建筑业协会公布了2020—2021年度中国建设工程鲁班奖（国家优质工程）获奖名单。由中国电建承建参建的云南澜沧江大华桥水电站工程、云南省牛栏江—滇池补水工程、濮阳龙丰“上大压小”新建项目、湖北华电江陵发电有限公司一期2×660MW超超临界燃煤发电机组工程等5项工程获奖。佛山500kV凤城（顺德Ⅱ）变电站获2020—2021年度“中国建筑工程鲁班奖”。

同日　南方电网公司《数字电网实践白皮书》在首届央企数字化转型峰会发布。

同日　华能秦煤瑞金电厂二期4号机组完成168h试运，标志着华能秦煤瑞金电厂二期工程全部建成投运。

同日　大渡河枕头坝公司“径流式水电站鱼道智能监测系统关键技术研发及应用”入围2020—2021年全国电力行业设备管理创新成果，填补了国内在大坝和水电站鱼道生态实时监测分析领域的技术空白。

同日　由大湾区中央企业数字化协同创新联盟和中央企业数字化发展研究院主办的中央企业数字化转型峰会在深圳开幕，国务院国资委党委委员、副主任任洪斌出席并致辞。会上，中国华电与中国电子联合攻关成果“基于PKS体系的重型燃气轮机国产化控制系统”作为2021年中央企业数字化转型十大成果重磅发布。

同日　中国能建承建的国家首台重大技术装备DCS/DEH一体化发电项目，华能瑞金电厂二期项目全面建成投产。

同日　中国电建党委书记、董事长丁焰章在公司总部会见到访的阿拉伯联合酋长国驻华大使阿里·扎希里博士一行。

12月15日　中国华能英国门迪电池储能项目二期工程正式开工建设。

同日　由华能蒙东公司投资15.5亿元建设的世界最长高寒地区供热管线投运。

12月16日　中广核下属埃德拉公司马六甲燃气发电项目1号机组建成投入商业运行。马六甲项目位于马来西亚马六甲州亚罗牙也市，共三台机组，于2017年底正式开工建设，总装机容量达224.2万kWh，采用目前全球最先进、效率最高的联合循环燃气发电机组，是东南亚地区规模最大的燃气发电项目。

同日　首届中柬文化交流论坛暨中柬文化交流联盟成立仪式在北京举办。中柬文化交流联盟在论坛上正式宣布成立。

同日　中电联电力市场分会成立大会在北京召开。中电联党委书记、常务副理事长杨昆出席会议并致辞。

同日　波黑伊沃维克风电项目签约暨开工仪式，在北京中国电建总部和伊沃维克风电项目现场以线下线上视频连线方式举行。

同日　中电联法律分会成立大会暨电力行业法治工作交流会在北京举办。中电联党委书记、常务副理事长杨昆，国务院国有资产监督管理委员会政策法规局局长林庆苗，国家能源局法制和体制改革司副司长梁志鹏出席会议并致辞。

12月17日　中国电建设计承建的梅州抽水蓄能电站首台机组移交生产见证会在项目现场举行，标志着电站首台机组正式进入生产运营阶段。

同日　中国华能玉环电厂建设的全国首座潮间带光伏电站——清港光伏电站全容量并网发电。

12月18日　南方电网公司、广东省人民政府、云南省人民政府三方签订云电送粤“十四五”框架协议。

12月20日　华能石岛湾高温气冷堆示范工程1号反应堆首次并网成功，发出第一度电，标志着中国第四代商业化高温气冷堆正式投运。

同日　全球首座球床模块式高温气冷堆核电站——山东荣成石岛湾高温气冷堆核电站示范工程送电成功。

12月21日　国家能源局印发《电力并网运行管理规定》（国能发监管规〔2021〕60号）。

同日　国家能源局印发《电力辅助服务管理办法》（国能发监管规〔2021〕61号）。

同日　中国电建所属江西水电公司承建的江西吉安罗坊—溧江220kV线路工程赣江大跨越工程通过竣工验收。

12月22日　国家能源局党组成员、副局长余兵一行莅临中电联，对中电联电力工程质量监督、可靠性管理等工作进行调研指导。

同日　中电联电力工程造价与定额管理总站以线下和线上直播相结合的形式召开全国电力工程造价与定额管理工作会议。中电联党委委员、专职副理事长安洪光参加会议并讲话。

同日　南方电网电力科技股份有限公司在上海证券交易所科创板正式挂牌上市（证券简称“南网科技”，代码688248）。

同日　鼎和保险公司增资引战签约仪式在深圳举办，引入中国长江电力股份有限公司等三家投资者，投资金额约64.51亿元，是南方电网公司成立以来单笔最大的股权性融资。

同日　世界海拔最高风电项目——措美县哲古风电场10台机组并网发电。该项目是西藏自治区第一个分散式风电项目，将有效改善当地能源结构，对实现国家“碳达峰　碳中和”目标和促进超高海拔地区经济社会发展具有重要意义。中国电建所属成都院EPC总承包建设、水电五局参建。

12月23日　国务院国资委在北京举办2021年《中央企业海外社会责任蓝皮书》发布活动。中国华电海外履责案例《电亮柬埔寨》获评《中央企业海外社会责任蓝皮书（2021）》优秀案例。

同日 广东华电阳江青洲三 500MW 海上风电项目成功并网发电，标志着南海近海深水区海上风电项目实现“零突破”。

同日 西藏最大内需水电项目 DG 水电站 4 号机组完成 72h 试运行转入商业运行，至此，中国华电在西藏投资建设的首个水电项目 4 台机组全部投产发电。

12 月 23～24 日 南方电网公司召开 2021 年各部门各单位主要负责人座谈会。董事长、党组书记孟振平出席会议并讲话。

12 月 24 日 中国华电与清华大学战略合作协议签署仪式在清华大学举行。中国华电党组书记、董事长温枢刚与清华大学党委书记陈旭座谈，共同见证签约并为“清华大学—中国华电绿色低碳能源技术创新联合研究中心”揭牌。

同日 中国电力教育协会第四次会员大会暨第四届理事会第一次会议在北京召开。会议投票选举了新一届理事会。

同日 太平岭核电项目 1 号机组完成穹顶吊装。

同日上午 位于四川甘孜的中国已建成的第一高土石坝——雅砻江两河口水电站大坝全线填筑到顶，雅砻江世界级清洁能源基地建设迈出关键一步。大坝建设攻克了高寒高海拔地区 300m 级高心墙堆石坝智能无人碾压、冬雨季施工、安全监测等关键技术难题，在世界水电建设史上具有里程碑意义。

12 月 25 日 中国三峡集团广东阳江沙扒、江苏如东和大丰 H8－2 海上风电项目实心全容量并网发电。

同日 完善南方电网股权结构推动高质量发展专题会议在深圳召开，会议传达了国务院批复南方电网理顺股权方案，公司股权结构调整为国务院国资委持股 51%、广东省人民政府持股 25.57%、中国人寿保险（集团）公司持股 21.3%，海南省人民政府持股 2.13%，实现股权结构与管理关系一致。

同日 中国电建所属华东院 EPC 总承包的江苏启东 H1 号、H2 号、H3 号海上风电项目 134 台风机全部并网发电。

同日 由中国能建广东院、广东火电承建的国内首个百万千瓦级海上风电项目三峡新能源阳江沙扒海上风电场，实现全容量并网发电。

12 月 25～26 日 中国华能在江苏建设的射阳、启东两个海上风电项目共计 110 万 kW 相继实现全容量并网。

12 月 26 日 国家电网公司召开南昌—长沙 1000kV 特高压交流工程竣工投产大会，该工程由中国电建所属四川院设计。

同日 中国电建新能源集团有限公司（简称电建新能源集团）成立大会暨揭牌仪式在北京举行。中国电建党委书记、董事长丁焰章出席大会并讲话，党委副书记、总经理王斌宣读电建新能源集团成立决定及领导班子成员聘任文件。丁焰章与王斌共同为电建新能源集团成立揭牌。

12 月 27 日 华电福新周宁抽水蓄能电站 2 号机组并网，这是继 12 月 18 号 1 号机组并网后的又一重要节点，周宁抽水蓄能电站成功实现双机并网运行。

同日 中国电建所属水电九局参建的湖南澧水皂市水利枢纽工程荣获中国水利工程优质（大禹）奖。

同日 国家电网公司董事长、党组书记辛保安主持召开党组扩大会议，通报了中央关于朱敏任国家电网公司总会计师、党组成员的决定。

12 月 28 日 2021 年度水力发电科学技术奖获奖项目揭晓，由中国电建所属中南院推荐的金沙江向家坝水电站工程荣获年度水力发电科学技术唯一“特等奖”。

同日 中国电建参与建设的世界水头最高、全国单机容量最大的抽水蓄能电站——广东阳江抽水蓄能电站首台机组投产发电。

同日 中国电建水电四局承建的黄河拉西瓦水电站 4 号机组 72h 连续试运行结束，正式投产发电。至此，拉西瓦水电站实现 420 万 kW 全容量投产。

同日 中国电建所属上海院参与设计的全国首个竞争性配置海上风电项目——奉贤海上风电项目全容量并网发电。

同日 卡洛特项目完成 1 号机组并网前有水调试，具备发电条件。

同日 国家能源局、国家市场监督管理总局联合印发《并网调度协议示范文本》《新能源场站并网调度协议示范文本》《电化学储能电站并网调度协议示范文本（试行）》《购售电合同示范文本》（国能发监管规〔2021〕67 号）。

12 月 29 日 南方电网公司与海南省人民政府签署“十四五”深化战略合作协议。

同日 由华能清能院自主研发的 100MW/200MWh 独立储能电站在华能黄台电厂实现全容量并网，标志着全球首座百兆瓦级分散控制储能电站正式投运。

同日 华能大连庄河 65 万 kW 海上风电场全容量并网发电。

同日 国华投资（氢能公司）自主研发、国内首个满足加氢站国标要求和防爆认证的 70MPa 一体式移动加氢站，在河北万全油氢电综合能源站正式交付投入使用，将为 2022 年冬奥会的氢燃料电池车提供绿色动能。

同日 三峡乌兰察布新一代电网友好绿色电站示范项目首批机组成功并网。

同日 中国电建所属华东院、水电九局、贵阳院、水电七局设计施工监理的西藏在建最大水电站（总装机容量 66 万 kW）大古水电站 4 号机组投产发电，完成“一年四投”目标。

12 月 30 日 世界单体容量最大漂浮式光伏电站——华能德州丁庄 32 万 kW 水面光伏电站投运。

同日 三澳核电项目 2 号机组主体工程开工。

同日 中国电建设计施工的世界最大抽水蓄能电站——河北丰宁抽水蓄能电站首批机组正式投产发电，将为北京冬奥会历史上首次实现 100%绿色电能供应提供可靠保障。

同日 中国电建所属上海电建福建公司监理的中国首个海上分散式风电项目——福建平潭海峡公铁两用大桥照明工程分散式海上风电项目建成并网运行。

12 月 31 日 闽粤联网工程（广东段）全线贯通。

同日 浙江长龙山抽水蓄能电站 3 号机组正式投产发电，至此，电站全部 6 台机组已投产过半，3 台投运机组累计发电量 6 亿 kWh。

同日 国家能源局印发《关于进一步明确电力建设工程安全管理有关要求的通知》（国能发安全〔2021〕68 号）。

当地时间 12 月 31 日 中国出口巴基斯坦第六台核电机组、“华龙一号”全球第四台机组——巴基斯坦卡拉奇核电工程 3 号机组在中巴两地举行装料完成暨中巴核能合作三十周年庆典活动仪式，标志着该机组进入带核调试阶段。

截至 12 月 31 日 国家电投综合智慧能源在运项目共 514 个，在建项目 237 个。

12 月底 中国土木工程学会公布了第十九届中国土木工程詹天佑奖入选工程名单。其中，中国电建承建的广东清远抽水蓄能电站、江西省峡江水利枢纽工程、巴基斯坦 PKM 项目（苏库尔至木尔坦段）等三项工程荣获詹天佑奖。

12 月 中广核下属广利核公司自主研发的核级数字化仪控平台“和睦系统”通过第三方权威机构——德国南德 TUV 的 CE-RoHS、CE-EMC、CE-LVD 和 REACH 四项认证，“和睦系统”的安全性和稳定性达到国际先进水平，具备欧洲市场准入资质。可以在欧盟 27 个成员国、欧洲贸易自由区的 4 个国家、以及英国和土耳其上市销售。

文　献

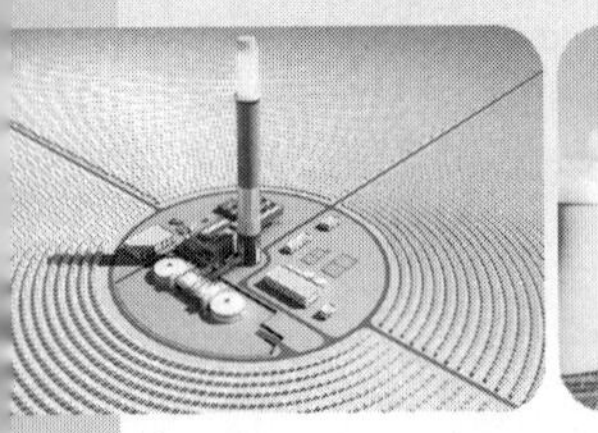

国务院文件

国务院关于加快建立健全绿色低碳循环发展经济体系的指导意见

（国发〔2021〕4号）

各省、自治区、直辖市人民政府，国务院各部委、各直属机构：

建立健全绿色低碳循环发展经济体系，促进经济社会发展全面绿色转型，是解决我国资源环境生态问题的基础之策。为贯彻落实党的十九大部署，加快建立健全绿色低碳循环发展的经济体系，现提出如下意见。

一、总体要求

（一）指导思想。以习近平新时代中国特色社会主义思想为指导，深入贯彻党的十九大和十九届二中、三中、四中、五中全会精神，全面贯彻习近平生态文明思想，认真落实党中央、国务院决策部署，坚定不移贯彻新发展理念，全方位全过程推行绿色规划、绿色设计、绿色投资、绿色建设、绿色生产、绿色流通、绿色生活、绿色消费，使发展建立在高效利用资源、严格保护生态环境、有效控制温室气体排放的基础上，统筹推进高质量发展和高水平保护，建立健全绿色低碳循环发展的经济体系，确保实现碳达峰、碳中和目标，推动我国绿色发展迈上新台阶。

（二）工作原则。

坚持重点突破。以节能环保、清洁生产、清洁能源等为重点率先突破，做好与农业、制造业、服务业和信息技术的融合发展，全面带动一二三产业和基础设施绿色升级。

坚持创新引领。深入推动技术创新、模式创新、管理创新，加快构建市场导向的绿色技术创新体系，推行新型商业模式，构筑有力有效的政策支持体系。

坚持稳中求进。做好绿色转型与经济发展、技术进步、产业接续、稳岗就业、民生改善的有机结合，积极稳妥、韧性持久地加以推进。

坚持市场导向。在绿色转型中充分发挥市场的导向性作用、企业的主体作用、各类市场交易机制的作用，为绿色发展注入强大动力。

（三）主要目标。到2025年，产业结构、能源结构、运输结构明显优化，绿色产业比重显著提升，基础设施绿色化水平不断提高，清洁生产水平持续提高，生产生活方式绿色转型成效显著，能源资源配置更加合理、利用效率大幅提高，主要污染物排放总量持续减少，碳排放强度明显降低，生态环境持续改善，市场导向的绿色技术创新体系更加完善，法律法规政策体系更加有效，绿色低碳循环发展的生产体系、流通体系、消费体系初步形成。到2035年，绿色发展内生动力显著增强，绿色产业规模迈上新台阶，重点行业、重点产品能源资源利用效率达到国际先进水平，广泛形成绿色生产生活方式，碳排放达峰后稳中有降，生态环境根本好转，美丽中国建设目标基本实现。

二、健全绿色低碳循环发展的生产体系

（四）推进工业绿色升级。加快实施钢铁、石化、化工、有色、建材、纺织、造纸、皮革等行业绿色化改造。推行产品绿色设计，建设绿色制造体系。大力发展再制造产业，加强再制造产品认证与推广应用。建设资源综合利用基地，促进工业固体废物综合利用。全面推行清洁生产，依法在“双超双有高耗能”行业实施强制性清洁生产审核。完善“散乱污”企业认定办法，分类实施关停取缔、整合搬迁、整改提升等措施。加快实施排污许可制度。加强工业生产过程中危险废物管理。

（五）加快农业绿色发展。鼓励发展生态种植、生态养殖，加强绿色食品、有机农产品认证和管理。发展生态循环农业，提高畜禽粪污资源化利用水平，推进农作物秸秆综合利用，加强农膜污染治理。强化耕地质量保护与提升，推进退化耕地综合治理。发展林业循环经济，实施森林生态标志产品建设工程。大力推进农业节水，推广高效节水技术。推行水产健康养殖。实施农药、兽用抗菌药使用减量和产地环境净化行动。依法加强养殖水域滩涂统一规划。完善相关水域禁渔管理制度。推进农业与旅游、教育、文化、健康等产业深度融合，加快一二三产业融合发展。

（六）提高服务业绿色发展水平。促进商贸企业绿色升级，培育一批绿色流通主体。有序发展出行、住宿等领域共享经济，规范发展闲置资源交易。加快信息服务业绿色转型，做好大中型数据中心、网络机房绿色建设和改造，建立绿色运营维护体系。推进会展业绿色发展，指导制定行业相关绿色标准，推动办展设施循环使用。推动汽修、装修装饰等行业使用低挥发性有机物含量原辅材料。倡导酒店、餐饮等行业不主动提供一次性用品。

（七）壮大绿色环保产业。建设一批国家绿色产业示范基地，推动形成开放、协同、高效的创新生态系统。加快培育市场主体，鼓励设立混合所有制公司，打造一批大型绿色产业集团；引导中小企业聚焦主业增强核心竞争力，培育“专精特新”中小企业。推行合同能源管理、合同节水管理、环境污染第三方治理等模式和以环境治理效果为导向的环境托管服务。进一步放开石油、化工、电力、天然气等领域节能环保竞争性业务，鼓励公共机构推行能源托管服务。适时修订绿色产业指导目录，引导产业发展方向。

（八）提升产业园区和产业集群循环化水平。科学编制新建产业园区开发建设规划，依法依规开展规划环境影响评价，严格准入标准，完善循环产业链条，推动形成产业循环耦合。推进既有产业园区和产业集群循环化改造，推动公共设施共建共享、能源梯级利用、资源循环利用和污染物集中安全处置等。鼓励建设电、热、冷、气等多种能源协同互济的综合能源项目。鼓励化工等产业园区配套建设危险废物集中贮存、预处理和处置设施。

（九）构建绿色供应链。鼓励企业开展绿色设计、选择绿色材料、实施绿色采购、打造绿色制造工艺、推行绿色包装、开展绿色运输、做好废弃产品回收处理，实现产品全周期的绿色环保。选择100家左右积极性高、社会影响大、带动作用强的企业开展绿色供应链试点，探索建立绿色供应链制度体系。鼓励行业协会通过制定规范、咨询服务、行业自律等方式提高行业供应链绿色化水平。

三、健全绿色低碳循环发展的流通体系

（十）打造绿色物流。积极调整运输结构，推进铁水、公铁、公水等多式联运，加快铁路专用线建设。加强物流运输组织管理，加快相关公共信息平台建设和信息共享，发展甩挂运输、共同配送。推广绿色低碳运输工具，淘汰更新或改造老旧车船，港口和机场服务、城市物流配送、邮政快递等领域要优先使用新能源或清洁能源汽车；加大推广绿色船舶示范应用力度，推进内河船型标准化。加快港口岸电设施建设，支持机场开展飞机辅助动力装置替代设备建设和应用。支持物流企业构建数字化运营平台，鼓励发展智慧仓储、智慧运输，推动建立标准化托盘循环共用制度。

（十一）加强再生资源回收利用。推进垃圾分类回收与再生资源回收“两网融合”，鼓励地方建立再生资源区域交易中心。加快落实生产者责任延伸制度，引导生产企业建立逆向物流回收体系。鼓励企业采用现代信息技术实现废物回收线上与线下有机结合，培育新型商业模式，打造龙头企业，提升行业整体竞争力。完善废旧家电回收处理体系，推广典型回收模式和经验做法。加快构建废旧物资循环利用体系，加强废纸、废塑料、废旧轮胎、废金属、废玻璃等再生资源回收利用，提升资源产出率和回收利用率。

（十二）建立绿色贸易体系。积极优化贸易结构，大力发展高质量、高附加值的绿色产品贸易，从严控制高污染、高耗能产品出口。加强绿色标准国际合作，积极引领和参与相关国际标准制定，推动合格评定合作和互认机制，做好绿色贸易规则与进出口政策的衔接。深化绿色“一带一路”合作，拓宽节能环保、清洁能源等领域技术装备和服务合作。

四、健全绿色低碳循环发展的消费体系

（十三）促进绿色产品消费。加大政府绿色采购力度，扩大绿色产品采购范围，逐步将绿色采购制度扩展至国有企业。加强对企业和居民采购绿色产品的引导，鼓励地方采取补贴、积分奖励等方式促进绿色消费。推动电商平台设立绿色产品销售专区。加强绿色产品和服务认证管理，完善认证机构信用监管机制。推广绿色电力证书交易，引领全社会提升绿色电力消费。严厉打击虚标绿色产品行为，有关行政处罚等信息纳入国家企业信用信息公示系统。

（十四）倡导绿色低碳生活方式。厉行节约，坚决制止餐饮浪费行为。因地制宜推进生活垃圾分类和减量化、资源化，开展宣传、培训和成效评估。扎实推进塑料污染全链条治理。推进过度包装治理，推动生产经营者遵守限制商品过度包装的强制性标准。提升交通系统智能化水平，积极引导绿色出行。深入开展爱国卫生运动，整治环境脏乱差，打造宜居生活环境。开展绿色生活创建活动。

五、加快基础设施绿色升级

（十五）推动能源体系绿色低碳转型。坚持节能优先，完善能源消费总量和强度双控制度。提升可再生能源利用比例，大力推动风电、光伏发电发展，因地制宜发展水能、地热能、海洋能、氢能、生物质能、光热发电。加快大容量储能技术研发推广，提升电网汇集和外送能力。增加农村清洁能源供应，推动农村发展生物质能。促进燃煤清洁高效开发转化利用，继续提升大容量、高参数、低污染煤电机组占煤电装机比例。在北方地区县城积极发展清洁热电联产集中供暖，稳步推进生物质耦合供热。严控新增煤电装机容量。提高能源输配效率。实施城乡配电网建设和智能升级计划，推进农村电网升级改造。加快天然气基础设施建设和互联互通。开展二氧化碳捕集、利用和封存试验示范。

（十六）推进城镇环境基础设施建设升级。推进城镇污水管网全覆盖。推动城镇生活污水收集处理设施“厂网一体化”，加快建设污泥无害化资源化处置设施，因地制宜布局污水资源化利用设施，基本消除

城市黑臭水体。加快城镇生活垃圾处理设施建设，推进生活垃圾焚烧发电，减少生活垃圾填埋处理。加强危险废物集中处置能力建设，提升信息化、智能化监管水平，严格执行经营许可管理制度。提升医疗废物应急处理能力。做好餐厨垃圾资源化利用和无害化处理。在沿海缺水城市推动大型海水淡化设施建设。

（十七）提升交通基础设施绿色发展水平。将生态环保理念贯穿交通基础设施规划、建设、运营和维护全过程，集约利用土地等资源，合理避让具有重要生态功能的国土空间，积极打造绿色公路、绿色铁路、绿色航道、绿色港口、绿色空港。加强新能源汽车充换电、加氢等配套基础设施建设。积极推广应用温拌沥青、智能通风、辅助动力替代和节能灯具、隔声屏障等节能环保先进技术和产品。加大工程建设中废弃资源综合利用力度，推动废旧路面、沥青、疏浚土等材料以及建筑垃圾的资源化利用。

（十八）改善城乡人居环境。相关空间性规划要贯彻绿色发展理念，统筹城市发展和安全，优化空间布局，合理确定开发强度，鼓励城市留白增绿。建立“美丽城市”评价体系，开展“美丽城市”建设试点。增强城市防洪排涝能力。开展绿色社区创建行动，大力发展绿色建筑，建立绿色建筑统一标识制度，结合城镇老旧小区改造推动社区基础设施绿色化和既有建筑节能改造。建立乡村建设评价体系，促进补齐乡村建设短板。加快推进农村人居环境整治，因地制宜推进农村改厕、生活垃圾处理和污水治理、村容村貌提升、乡村绿化美化等。继续做好农村清洁供暖改造、老旧危房改造，打造干净整洁有序美丽的村庄环境。

六、构建市场导向的绿色技术创新体系

（十九）鼓励绿色低碳技术研发。实施绿色技术创新攻关行动，围绕节能环保、清洁生产、清洁能源等领域布局一批前瞻性、战略性、颠覆性科技攻关项目。培育建设一批绿色技术国家技术创新中心、国家科技资源共享服务平台等创新基地平台。强化企业创新主体地位，支持企业整合高校、科研院所、产业园区等力量建立市场化运行的绿色技术创新联合体，鼓励企业牵头或参与财政资金支持的绿色技术研发项目、市场导向明确的绿色技术创新项目。

（二十）加速科技成果转化。积极利用首台（套）重大技术装备政策支持绿色技术应用。充分发挥国家科技成果转化引导基金作用，强化创业投资等各类基金引导，支持绿色技术创新成果转化应用。支持企业、高校、科研机构等建立绿色技术创新项目孵化器、创新创业基地。及时发布绿色技术推广目录，加快先进成熟技术推广应用。深入推进绿色技术交易中心建设。

七、完善法律法规政策体系

（二十一）强化法律法规支撑。推动完善促进绿色设计、强化清洁生产、提高资源利用效率、发展循环经济、严格污染治理、推动绿色产业发展、扩大绿色消费、实行环境信息公开、应对气候变化等方面法律法规制度。强化执法监督，加大违法行为查处和问责力度，加强行政执法机关与监察机关、司法机关的工作衔接配合。

（二十二）健全绿色收费价格机制。完善污水处理收费政策，按照覆盖污水处理设施运营和污泥处理处置成本并合理盈利的原则，合理制定污水处理收费标准，健全标准动态调整机制。按照产生者付费原则，建立健全生活垃圾处理收费制度，各地区可根据本地实际情况，实行分类计价、计量收费等差别化管理。完善节能环保电价政策，推进农业水价综合改革，继续落实好居民阶梯电价、气价、水价制度。

（二十三）加大财税扶持力度。继续利用财政资金和预算内投资支持环境基础设施补短板强弱项、绿色环保产业发展、能源高效利用、资源循环利用等。继续落实节能节水环保、资源综合利用以及合同能源管理、环境污染第三方治理等方面的所得税、增值税等优惠政策。做好资源税征收和水资源费改税试点工作。

（二十四）大力发展绿色金融。发展绿色信贷和绿色直接融资，加大对金融机构绿色金融业绩评价考核力度。统一绿色债券标准，建立绿色债券评级标准。发展绿色保险，发挥保险费率调节机制作用。支持符合条件的绿色产业企业上市融资。支持金融机构和相关企业在国际市场开展绿色融资。推动国际绿色金融标准趋同，有序推进绿色金融市场双向开放。推动气候投融资工作。

（二十五）完善绿色标准、绿色认证体系和统计监测制度。开展绿色标准体系顶层设计和系统规划，形成全面系统的绿色标准体系。加快标准化支撑机构建设。加快绿色产品认证制度建设，培育一批专业绿色认证机构。加强节能环保、清洁生产、清洁能源等领域统计监测，健全相关制度，强化统计信息共享。

（二十六）培育绿色交易市场机制。进一步健全排污权、用能权、用水权、碳排放权等交易机制，降低交易成本，提高运转效率。加快建立初始分配、有偿使用、市场交易、纠纷解决、配套服务等制度，做好绿色权属交易与相关目标指标的对接协调。

八、认真抓好组织实施

（二十七）抓好贯彻落实。各地区各有关部门要思想到位、措施到位、行动到位，充分认识建立健全绿色低碳循环发展经济体系的重要性和紧迫性，将其作为高质量发展的重要内容，进一步压实工作责任，加强督促落实，保质保量完成各项任务。各地区要根

据本地实际情况研究提出具体措施，在抓落实上投入更大精力，确保政策措施落到实处。

（二十八）加强统筹协调。国务院各有关部门要加强协同配合，形成工作合力。国家发展改革委要会同有关部门强化统筹协调和督促指导，做好年度重点工作安排部署，及时总结各地区各有关部门的好经验好模式，探索编制年度绿色低碳循环发展报告，重大情况及时向党中央、国务院报告。

（二十九）深化国际合作。统筹国内国际两个大局，加强与世界各个国家和地区在绿色低碳循环发展领域的政策沟通、技术交流、项目合作、人才培训等，积极参与和引领全球气候治理，切实提高我国推动国际绿色低碳循环发展的能力和水平，为构建人类命运共同体作出积极贡献。

（三十）营造良好氛围。各类新闻媒体要讲好我国绿色低碳循环发展故事，大力宣传取得的显著成就，积极宣扬先进典型，适时曝光破坏生态、污染环境、严重浪费资源和违规乱上高污染、高耗能项目等方面的负面典型，为绿色低碳循环发展营造良好氛围。

国务院

2021 年 2 月 2 日

中共中央　国务院关于完整准确全面贯彻新发展理念做好碳达峰碳中和工作的意见

（中发〔2021〕36 号）

实现碳达峰、碳中和，是以习近平同志为核心的党中央统筹国内国际两个大局作出的重大战略决策，是着力解决资源环境约束突出问题、实现中华民族永续发展的必然选择，是构建人类命运共同体的庄严承诺。为完整、准确、全面贯彻新发展理念，做好碳达峰、碳中和工作，现提出如下意见。

一、总体要求

（一）指导思想。以习近平新时代中国特色社会主义思想为指导，全面贯彻党的十九大和十九届二中、三中、四中、五中全会精神，深入贯彻习近平生态文明思想，立足新发展阶段，贯彻新发展理念，构建新发展格局，坚持系统观念，处理好发展和减排、整体和局部、短期和中长期的关系，把碳达峰、碳中和纳入经济社会发展全局，以经济社会发展全面绿色转型为引领，以能源绿色低碳发展为关键，加快形成节约资源和保护环境的产业结构、生产方式、生活方式、空间格局，坚定不移走生态优先、绿色低碳的高质量发展道路，确保如期实现碳达峰、碳中和。

（二）工作原则

实现碳达峰、碳中和目标，要坚持“全国统筹、节约优先、双轮驱动、内外畅通、防范风险”原则。

——全国统筹。全国一盘棋，强化顶层设计，发挥制度优势，实行党政同责，压实各方责任。根据各地实际分类施策，鼓励主动作为、率先达峰。

——节约优先。把节约能源资源放在首位，实行全面节约战略，持续降低单位产出能源资源消耗和碳排放，提高投入产出效率，倡导简约适度、绿色低碳生活方式，从源头和入口形成有效的碳排放控制阀门。

——双轮驱动。政府和市场两手发力，构建新型举国体制，强化科技和制度创新，加快绿色低碳科技革命。深化能源和相关领域改革，发挥市场机制作用，形成有效激励约束机制。

——内外畅通。立足国情实际，统筹国内国际能源资源，推广先进绿色低碳技术和经验。统筹做好应对气候变化对外斗争与合作，不断增强国际影响力和话语权，坚决维护我国发展权益。

——防范风险。处理好减污降碳和能源安全、产业链供应链安全、粮食安全、群众正常生活的关系，有效应对绿色低碳转型可能伴随的经济、金融、社会风险，防止过度反应，确保安全降碳。

二、主要目标

到 2025 年，绿色低碳循环发展的经济体系初步形成，重点行业能源利用效率大幅提升。单位国内生产总值能耗比 2020 年下降 13.5%；单位国内生产总值二氧化碳排放比 2020 年下降 18%；非化石能源消费比重达到 20%左右；森林覆盖率达到 24.1%，森林蓄积量达到 180 亿 m^3，为实现碳达峰、碳中和奠定坚实基础。

到 2030 年，经济社会发展全面绿色转型取得显著成效，重点耗能行业能源利用效率达到国际先进水平。单位国内生产总值能耗大幅下降；单位国内生产总值二氧化碳排放比 2005 年下降 65%以上；非化石能源消费比重达到 25%左右，风电、太阳能发电总装机容量达到 12 亿 kW 以上；森林覆盖率达到 25%左右，森林蓄积量达到 190 亿 m^3，二氧化碳排放量达到峰值并实现稳中有降。

到 2060 年，绿色低碳循环发展的经济体系和清洁低碳安全高效的能源体系全面建立，能源利用效率达到国际先进水平，非化石能源消费比重达到 80%以上，碳中和目标顺利实现，生态文明建设取得丰硕成果，开创人与自然和谐共生新境界。

三、推进经济社会发展全面绿色转型

（三）强化绿色低碳发展规划引领。将碳达峰、碳中和目标要求全面融入经济社会发展中长期规划，强化国家发展规划、国土空间规划、专项规划、区域

规划和地方各级规划的支撑保障。加强各级各类规划间衔接协调，确保各地区各领域落实碳达峰、碳中和的主要目标、发展方向、重大政策、重大工程等协调一致。

（四）优化绿色低碳发展区域布局。持续优化重大基础设施、重大生产力和公共资源布局，构建有利于碳达峰、碳中和的国土空间开发保护新格局。在京津冀协同发展、长江经济带发展、粤港澳大湾区建设、长三角一体化发展、黄河流域生态保护和高质量发展等区域重大战略实施中，强化绿色低碳发展导向和任务要求。

（五）加快形成绿色生产生活方式。大力推动节能减排，全面推进清洁生产，加快发展循环经济，加强资源综合利用，不断提升绿色低碳发展水平。扩大绿色低碳产品供给和消费，倡导绿色低碳生活方式。把绿色低碳发展纳入国民教育体系。开展绿色低碳社会行动示范创建。凝聚全社会共识，加快形成全民参与的良好格局。

四、深度调整产业结构

（六）推动产业结构优化升级。加快推进农业绿色发展，促进农业固碳增效。制定能源、钢铁、有色金属、石化化工、建材、交通、建筑等行业和领域碳达峰实施方案。以节能降碳为导向，修订产业结构调整指导目录。开展钢铁、煤炭去产能"回头看"，巩固去产能成果。加快推进工业领域低碳工艺革新和数字化转型。开展碳达峰试点园区建设。加快商贸流通、信息服务等绿色转型，提升服务业低碳发展水平。

（七）坚决遏制高耗能高排放项目盲目发展。新建、扩建钢铁、水泥、平板玻璃、电解铝等高耗能高排放项目严格落实产能等量或减量置换，出台煤电、石化、煤化工等产能控制政策。未纳入国家有关领域产业规划的，一律不得新建改扩建炼油和新建乙烯、对二甲苯、煤制烯烃项目。合理控制煤制油气产能规模。提升高耗能高排放项目能耗准入标准。加强产能过剩分析预警和窗口指导。

（八）大力发展绿色低碳产业。加快发展新一代信息技术、生物技术、新能源、新材料、高端装备、新能源汽车、绿色环保以及航空航天、海洋装备等战略性新兴产业。建设绿色制造体系。推动互联网、大数据、人工智能、第五代移动通信（5G）等新兴技术与绿色低碳产业深度融合。

五、加快构建清洁低碳安全高效能源体系

（九）强化能源消费强度和总量双控。坚持节能优先的能源发展战略，严格控制能耗和二氧化碳排放强度，合理控制能源消费总量，统筹建立二氧化碳排放总量控制制度。做好产业布局、结构调整、节能审查与能耗双控的衔接，对能耗强度下降目标完成形势严峻的地区实行项目缓批限批、能耗等量或减量替代。强化节能监察和执法，加强能耗及二氧化碳排放控制目标分析预警，严格责任落实和评价考核。加强甲烷等非二氧化碳温室气体管控。

（十）大幅提升能源利用效率。把节能贯穿于经济社会发展全过程和各领域，持续深化工业、建筑、交通运输、公共机构等重点领域节能，提升数据中心、新型通信等信息化基础设施能效水平。健全能源管理体系，强化重点用能单位节能管理和目标责任。瞄准国际先进水平，加快实施节能降碳改造升级，打造能效"领跑者"。

（十一）严格控制化石能源消费。加快煤炭减量步伐，"十四五"时期严控煤炭消费增长，"十五五"时期逐步减少。石油消费"十五五"时期进入峰值平台期。统筹煤电发展和保供调峰，严控煤电装机规模，加快现役煤电机组节能升级和灵活性改造。逐步减少直至禁止煤炭散烧。加快推进页岩气、煤层气、致密油气等非常规油气资源规模化开发。强化风险管控，确保能源安全稳定供应和平稳过渡。

（十二）积极发展非化石能源。实施可再生能源替代行动，大力发展风能、太阳能、生物质能、海洋能、地热能等，不断提高非化石能源消费比重。坚持集中式与分布式并举，优先推动风能、太阳能就地就近开发利用。因地制宜开发水能。积极安全有序发展核电。合理利用生物质能。加快推进抽水蓄能和新型储能规模化应用。统筹推进氢能"制储输用"全链条发展。构建以新能源为主体的新型电力系统，提高电网对高比例可再生能源的消纳和调控能力。

（十三）深化能源体制机制改革。全面推进电力市场化改革，加快培育发展配售电环节独立市场主体，完善中长期市场、现货市场和辅助服务市场衔接机制，扩大市场化交易规模。推进电网体制改革，明确以消纳可再生能源为主的增量配电网、微电网和分布式电源的市场主体地位。加快形成以储能和调峰能力为基础支撑的新增电力装机发展机制。完善电力等能源品种价格市场化形成机制。从有利于节能的角度深化电价改革，理顺输配电价结构，全面放开竞争性环节电价。推进煤炭、油气等市场化改革，加快完善能源统一市场。

六、加快推进低碳交通运输体系建设

（十四）优化交通运输结构。加快建设综合立体交通网，大力发展多式联运，提高铁路、水路在综合运输中的承运比重，持续降低运输能耗和二氧化碳排放强度。优化客运组织，引导客运企业规模化、集约化经营。加快发展绿色物流，整合运输资源，提高利用效率。

（十五）推广节能低碳型交通工具。加快发展

新能源和清洁能源车船，推广智能交通，推进铁路电气化改造，推动加氢站建设，促进船舶靠港使用岸电常态化。加快构建便利高效、适度超前的充换电网络体系。提高燃油车船能效标准，健全交通运输装备能效标识制度，加快淘汰高耗能高排放老旧车船。

（十六）积极引导低碳出行。加快城市轨道交通、公交专用道、快速公交系统等大容量公共交通基础设施建设，加强自行车专用道和行人步道等城市慢行系统建设。综合运用法律、经济、技术、行政等多种手段，加大城市交通拥堵治理力度。

七、提升城乡建设绿色低碳发展质量

（十七）推进城乡建设和管理模式低碳转型。在城乡规划建设管理各环节全面落实绿色低碳要求。推动城市组团式发展，建设城市生态和通风廊道，提升城市绿化水平。合理规划城镇建筑面积发展目标，严格管控高能耗公共建筑建设。实施工程建设全过程绿色建造，健全建筑拆除管理制度，杜绝大拆大建。加快推进绿色社区建设。结合实施乡村建设行动，推进县城和农村绿色低碳发展。

（十八）大力发展节能低碳建筑。持续提高新建建筑节能标准，加快推进超低能耗、近零能耗、低碳建筑规模化发展。大力推进城镇既有建筑和市政基础设施节能改造，提升建筑节能低碳水平。逐步开展建筑能耗限额管理，推行建筑能效测评标识，开展建筑领域低碳发展绩效评估。全面推广绿色低碳建材，推动建筑材料循环利用。发展绿色农房。

（十九）加快优化建筑用能结构。深化可再生能源建筑应用，加快推动建筑用能电气化和低碳化。开展建筑屋顶光伏行动，大幅提高建筑采暖、生活热水、炊事等电气化普及率。在北方城镇加快推进热电联产集中供暖，加快工业余热供暖规模化发展，积极稳妥推进核电余热供暖，因地制宜推进热泵、燃气、生物质能、地热能等清洁低碳供暖。

八、加强绿色低碳重大科技攻关和推广应用

（二十）强化基础研究和前沿技术布局。制定科技支撑碳达峰、碳中和行动方案，编制碳中和技术发展路线图。采用“揭榜挂帅”机制，开展低碳零碳负碳和储能新材料、新技术、新装备攻关。加强气候变化成因及影响、生态系统碳汇等基础理论和方法研究。推进高效率太阳能电池、可再生能源制氢、可控核聚变、零碳工业流程再造等低碳前沿技术攻关。培育一批节能降碳和新能源技术产品研发国家重点实验室、国家技术创新中心、重大科技创新平台。建设碳达峰、碳中和人才体系，鼓励高等学校增设碳达峰、碳中和相关学科专业。

（二十一）加快先进适用技术研发和推广。深入研究支撑风电、太阳能发电大规模友好并网的智能电网技术。加强电化学、压缩空气等新型储能技术攻关、示范和产业化应用。加强氢能生产、储存、应用关键技术研发、示范和规模化应用。推广园区能源梯级利用等节能低碳技术。推动气凝胶等新型材料研发应用。推进规模化碳捕集利用与封存技术研发、示范和产业化应用。建立完善绿色低碳技术评估、交易体系和科技创新服务平台。

九、持续巩固提升碳汇能力

（二十二）巩固生态系统碳汇能力。强化国土空间规划和用途管控，严守生态保护红线，严控生态空间占用，稳定现有森林、草原、湿地、海洋、土壤、冻土、岩溶等固碳作用。严格控制新增建设用地规模，推动城乡存量建设用地盘活利用。严格执行土地使用标准，加强节约集约用地评价，推广节地技术和节地模式。

（二十三）提升生态系统碳汇增量。实施生态保护修复重大工程，开展山水林田湖草沙一体化保护和修复。深入推进大规模国土绿化行动，巩固退耕还林还草成果，实施森林质量精准提升工程，持续增加森林面积和蓄积量。加强草原生态保护修复。强化湿地保护。整体推进海洋生态系统保护和修复，提升红树林、海草床、盐沼等固碳能力。开展耕地质量提升行动，实施国家黑土地保护工程，提升生态农业碳汇。积极推动岩溶碳汇开发利用。

十、提高对外开放绿色低碳发展水平

（二十四）加快建立绿色贸易体系。持续优化贸易结构，大力发展高质量、高技术、高附加值绿色产品贸易。完善出口政策，严格管理高耗能高排放产品出口。积极扩大绿色低碳产品、节能环保服务、环境服务等进口。

（二十五）推进绿色“一带一路”建设。加快“一带一路”投资合作绿色转型。支持共建“一带一路”国家开展清洁能源开发利用。大力推动南南合作，帮助发展中国家提高应对气候变化能力。深化与各国在绿色技术、绿色装备、绿色服务、绿色基础设施建设等方面的交流与合作，积极推动我国新能源等绿色低碳技术和产品走出去，让绿色成为共建“一带一路”的底色。

（二十六）加强国际交流与合作。积极参与应对气候变化国际谈判，坚持我国发展中国家定位，坚持共同但有区别的责任原则、公平原则和各自能力原则，维护我国发展权益。履行《联合国气候变化框架公约》及其《巴黎协定》，发布我国长期温室气体低排放发展战略，积极参与国际规则和标准制定，推动建立公平合理、合作共赢的全球气候治理体系。加强应对气候变化国际交流合作，统筹国内外工作，主动参与全球气候和环境治理。

十一、健全法律法规标准和统计监测体系

（二十七）健全法律法规。全面清理现行法律法规中与碳达峰、碳中和工作不相适应的内容，加强法律法规间的衔接协调。研究制定碳中和专项法律，抓紧修订节约能源法、电力法、煤炭法、可再生能源法、循环经济促进法等，增强相关法律法规的针对性和有效性。

（二十八）完善标准计量体系。建立健全碳达峰、碳中和标准计量体系。加快节能标准更新升级，抓紧修订一批能耗限额、产品设备能效强制性国家标准和工程建设标准，提升重点产品能耗限额要求，扩大能耗限额标准覆盖范围，完善能源核算、检测认证、评估、审计等配套标准。加快完善地区、行业、企业、产品等碳排放核查核算报告标准，建立统一规范的碳核算体系。制定重点行业和产品温室气体排放标准，完善低碳产品标准标识制度。积极参与相关国际标准制定，加强标准国际衔接。

（二十九）提升统计监测能力。健全电力、钢铁、建筑等行业领域能耗统计监测和计量体系，加强重点用能单位能耗在线监测系统建设。加强二氧化碳排放统计核算能力建设，提升信息化实测水平。依托和拓展自然资源调查监测体系，建立生态系统碳汇监测核算体系，开展森林、草原、湿地、海洋、土壤、冻土、岩溶等碳汇本底调查和碳储量评估，实施生态保护修复碳汇成效监测评估。

十二、完善政策机制

（三十）完善投资政策。充分发挥政府投资引导作用，构建与碳达峰、碳中和相适应的投融资体系，严控煤电、钢铁、电解铝、水泥、石化等高碳项目投资，加大对节能环保、新能源、低碳交通运输装备和组织方式、碳捕集利用与封存等项目的支持力度。完善支持社会资本参与政策，激发市场主体绿色低碳投资活力。国有企业要加大绿色低碳投资，积极开展低碳零碳负碳技术研发应用。

（三十一）积极发展绿色金融。有序推进绿色低碳金融产品和服务开发，设立碳减排货币政策工具，将绿色信贷纳入宏观审慎评估框架，引导银行等金融机构为绿色低碳项目提供长期限、低成本资金。鼓励开发性政策性金融机构按照市场化法治化原则为实现碳达峰、碳中和提供长期稳定融资支持。支持符合条件的企业上市融资和再融资用于绿色低碳项目建设运营，扩大绿色债券规模。研究设立国家低碳转型基金。鼓励社会资本设立绿色低碳产业投资基金。建立健全绿色金融标准体系。

（三十二）完善财税价格政策。各级财政要加大对绿色低碳产业发展、技术研发等的支持力度。完善政府绿色采购标准，加大绿色低碳产品采购力度。落实环境保护、节能节水、新能源和清洁能源车船税收优惠。研究碳减排相关税收政策。建立健全促进可再生能源规模化发展的价格机制。完善差别化电价、分时电价和居民阶梯电价政策。严禁对高耗能、高排放、资源型行业实施电价优惠。加快推进供热计量改革和按供热量收费。加快形成具有合理约束力的碳价机制。

（三十三）推进市场化机制建设。依托公共资源交易平台，加快建设完善全国碳排放权交易市场，逐步扩大市场覆盖范围，丰富交易品种和交易方式，完善配额分配管理。将碳汇交易纳入全国碳排放权交易市场，建立健全能够体现碳汇价值的生态保护补偿机制。健全企业、金融机构等碳排放报告和信息披露制度。完善用能权有偿使用和交易制度，加快建设全国用能权交易市场。加强电力交易、用能权交易和碳排放权交易的统筹衔接。发展市场化节能方式，推行合同能源管理，推广节能综合服务。

十三、切实加强组织实施

（三十四）加强组织领导。加强党中央对碳达峰、碳中和工作的集中统一领导，碳达峰碳中和工作领导小组指导和统筹做好碳达峰、碳中和工作。支持有条件的地方和重点行业、重点企业率先实现碳达峰，组织开展碳达峰、碳中和先行示范，探索有效模式和有益经验。将碳达峰、碳中和作为干部教育培训体系重要内容，增强各级领导干部推动绿色低碳发展的本领。

（三十五）强化统筹协调。国家发展改革委要加强统筹，组织落实 2030 年前碳达峰行动方案，加强碳中和工作谋划，定期调度各地区各有关部门落实碳达峰、碳中和目标任务进展情况，加强跟踪评估和督促检查，协调解决实施中遇到的重大问题。各有关部门要加强协调配合，形成工作合力，确保政策取向一致、步骤力度衔接。

（三十六）压实地方责任。落实领导干部生态文明建设责任制，地方各级党委和政府要坚决扛起碳达峰、碳中和责任，明确目标任务，制定落实举措，自觉为实现碳达峰、碳中和作出贡献。

（三十七）严格监督考核。各地区要将碳达峰、碳中和相关指标纳入经济社会发展综合评价体系，增加考核权重，加强指标约束。强化碳达峰、碳中和目标任务落实情况考核，对工作突出的地区、单位和个人按规定给予表彰奖励，对未完成目标任务的地区、部门依规依法实行通报批评和约谈问责，有关落实情况纳入中央生态环境保护督察。各地区各有关部门贯彻落实情况每年向党中央、国务院报告。

国务院

2021 年 9 月 22 日

国务院关于印发2030年前碳达峰行动方案的通知

（国发〔2021〕23号）

各省、自治区、直辖市人民政府，国务院各部委、各直属机构：

现将《2030年前碳达峰行动方案》印发给你们，请认真贯彻执行。

国务院

2021年10月24日

2030年前碳达峰行动方案

为深入贯彻落实党中央、国务院关于碳达峰、碳中和的重大战略决策，扎实推进碳达峰行动，制定本方案。

一、总体要求

（一）指导思想。以习近平新时代中国特色社会主义思想为指导，全面贯彻党的十九大和十九届二中、三中、四中、五中全会精神，深入贯彻习近平生态文明思想，立足新发展阶段，完整、准确、全面贯彻新发展理念，构建新发展格局，坚持系统观念，处理好发展和减排、整体和局部、短期和中长期的关系，统筹稳增长和调结构，把碳达峰、碳中和纳入经济社会发展全局，坚持“全国统筹、节约优先、双轮驱动、内外畅通、防范风险”的总方针，有力有序有效做好碳达峰工作，明确各地区、各领域、各行业目标任务，加快实现生产生活方式绿色变革，推动经济社会发展建立在资源高效利用和绿色低碳发展的基础之上，确保如期实现2030年前碳达峰目标。

（二）工作原则。

——总体部署、分类施策。坚持全国一盘棋，强化顶层设计和各方统筹。各地区、各领域、各行业因地制宜、分类施策，明确既符合自身实际又满足总体要求的目标任务。

——系统推进、重点突破。全面准确认识碳达峰行动对经济社会发展的深远影响，加强政策的系统性、协同性。抓住主要矛盾和矛盾的主要方面，推动重点领域、重点行业和有条件的地方率先达峰。

——双轮驱动、两手发力。更好发挥政府作用，构建新型举国体制，充分发挥市场机制作用，大力推进绿色低碳科技创新，深化能源和相关领域改革，形成有效激励约束机制。

——稳妥有序、安全降碳。立足我国富煤贫油少气的能源资源禀赋，坚持先立后破，稳住存量，拓展增量，以保障国家能源安全和经济发展为底线，争取时间实现新能源的逐渐替代，推动能源低碳转型平稳过渡，切实保障国家能源安全、产业链供应链安全、粮食安全和群众正常生产生活，着力化解各类风险隐患，防止过度反应，稳妥有序、循序渐进推进碳达峰行动，确保安全降碳。

二、主要目标

“十四五”期间，产业结构和能源结构调整优化取得明显进展，重点行业能源利用效率大幅提升，煤炭消费增长得到严格控制，新型电力系统加快构建，绿色低碳技术研发和推广应用取得新进展，绿色生产生活方式得到普遍推行，有利于绿色低碳循环发展的政策体系进一步完善。到2025年，非化石能源消费比重达到 20%左右，单位国内生产总值能源消耗比 2020年下降 13.5%，单位国内生产总值二氧化碳排放比2020年下降18%，为实现碳达峰奠定坚实基础。

“十五五”期间，产业结构调整取得重大进展，清洁低碳安全高效的能源体系初步建立，重点领域低碳发展模式基本形成，重点耗能行业能源利用效率达到国际先进水平，非化石能源消费比重进一步提高，煤炭消费逐步减少，绿色低碳技术取得关键突破，绿色生活方式成为公众自觉选择，绿色低碳循环发展政策体系基本健全。到2030年，非化石能源消费比重达到25%左右，单位国内生产总值二氧化碳排放比2005年下降65%以上，顺利实现2030年前碳达峰目标。

三、重点任务

将碳达峰贯穿于经济社会发展全过程和各方面，重点实施能源绿色低碳转型行动、节能降碳增效行动、工业领域碳达峰行动、城乡建设碳达峰行动、交通运输绿色低碳行动、循环经济助力降碳行动、绿色低碳科技创新行动、碳汇能力巩固提升行动、绿色低碳全民行动、各地区梯次有序碳达峰行动等“碳达峰十大行动”。

（一）能源绿色低碳转型行动。

能源是经济社会发展的重要物质基础，也是碳排放的最主要来源。要坚持安全降碳，在保障能源安全的前提下，大力实施可再生能源替代，加快构建清洁低碳安全高效的能源体系。

1. 推进煤炭消费替代和转型升级。加快煤炭减量步伐，“十四五”时期严格合理控制煤炭消费增长，“十五五”时期逐步减少。严格控制新增煤电项目，新建机组煤耗标准达到国际先进水平，有序淘汰煤电落后产能，加快现役机组节能升级和灵活性改造，积极推进供热改造，推动煤电向基础保障性和系统调节性电源并重转型。严控跨区外送可再生能源电力配套煤电规模，新建通道可再生能源电量比例原则上不低于50%。推动重点用煤行业减煤限煤。大力推动煤炭清洁利用，合理划定禁止散烧区域，多措并举、积极有序推进散煤替代，逐步减少直至禁止煤炭散烧。

2. 大力发展新能源。全面推进风电、太阳能发电大规模开发和高质量发展，坚持集中式与分布式并举，加快建设风电和光伏发电基地。加快智能光伏产业创新升级和特色应用，创新“光伏＋”模式，推进光伏发电多元布局。坚持陆海并重，推动风电协调快速发展，完善海上风电产业链，鼓励建设海上风电基地。积极发展太阳能光热发电，推动建立光热发电与光伏发电、风电互补调节的风光热综合可再生能源发电基地。因地制宜发展生物质发电、生物质能清洁供暖和生物天然气。探索深化地热能以及波浪能、潮流能、温差能等海洋新能源开发利用。进一步完善可再生能源电力消纳保障机制。到2030年，风电、太阳能发电总装机容量达到12亿kW以上。

3. 因地制宜开发水电。积极推进水电基地建设，推动金沙江上游、澜沧江上游、雅砻江中游、黄河上游等已纳入规划、符合生态保护要求的水电项目开工建设，推进雅鲁藏布江下游水电开发，推动小水电绿色发展。推动西南地区水电与风电、太阳能发电协同互补。统筹水电开发和生态保护，探索建立水能资源开发生态保护补偿机制。“十四五”“十五五”期间分别新增水电装机容量4000万kW左右，西南地区以水电为主的可再生能源体系基本建立。

4. 积极安全有序发展核电。合理确定核电站布局和开发时序，在确保安全的前提下有序发展核电，保持平稳建设节奏。积极推动高温气冷堆、快堆、模块化小型堆、海上浮动堆等先进堆型示范工程，开展核能综合利用示范。加大核电标准化、自主化力度，加快关键技术装备攻关，培育高端核电装备制造产业集群。实行最严格的安全标准和最严格的监管，持续提升核安全监管能力。

5. 合理调控油气消费。保持石油消费处于合理区间，逐步调整汽油消费规模，大力推进先进生物液体燃料、可持续航空燃料等替代传统燃油，提升终端燃油产品能效。加快推进页岩气、煤层气、致密油（气）等非常规油气资源规模化开发。有序引导天然气消费，优化利用结构，优先保障民生用气，大力推动天然气与多种能源融合发展，因地制宜建设天然气调峰电站，合理引导工业用气和化工原料用气。支持车船使用液化天然气作为燃料。

6. 加快建设新型电力系统。构建新能源占比逐渐提高的新型电力系统，推动清洁电力资源大范围优化配置。大力提升电力系统综合调节能力，加快灵活调节电源建设，引导自备电厂、传统高载能工业负荷、工商业可中断负荷、电动汽车充电网络、虚拟电厂等参与系统调节，建设坚强智能电网，提升电网安全保障水平。积极发展“新能源＋储能”、源网荷储一体化和多能互补，支持分布式新能源合理配置储能系统。制定新一轮抽水蓄能电站中长期发展规划，完善促进抽水蓄能发展的政策机制。加快新型储能示范推广应用。深化电力体制改革，加快构建全国统一电力市场体系。到2025年，新型储能装机容量达到3000万kW以上。到2030年，抽水蓄能电站装机容量达到1.2亿kW左右，省级电网基本具备5%以上的尖峰负荷响应能力。

（二）节能降碳增效行动。

落实节约优先方针，完善能源消费强度和总量双控制度，严格控制能耗强度，合理控制能源消费总量，推动能源消费革命，建设能源节约型社会。

1. 全面提升节能管理能力。推行用能预算管理，强化固定资产投资项目节能审查，对项目用能和碳排放情况进行综合评价，从源头推进节能降碳。提高节能管理信息化水平，完善重点用能单位能耗在线监测系统，建立全国性、行业性节能技术推广服务平台，推动高耗能企业建立能源管理中心。完善能源计量体系，鼓励采用认证手段提升节能管理水平。加强节能监察能力建设，健全省、市、县三级节能监察体系，建立跨部门联动机制，综合运用行政处罚、信用监管、绿色电价等手段，增强节能监察约束力。

2. 实施节能降碳重点工程。实施城市节能降碳工程，开展建筑、交通、照明、供热等基础设施节能升级改造，推进先进绿色建筑技术示范应用，推动城市综合能效提升。实施园区节能降碳工程，以高耗能高排放项目（以下称“两高”项目）集聚度高的园区为重点，推动能源系统优化和梯级利用，打造一批达到国际先进水平的节能低碳园区。实施重点行业节能降碳工程，推动电力、钢铁、有色金属、建材、石化化工等行业开展节能降碳改造，提升能源资源利用效率。实施重大节能降碳技术示范工程，支持已取得突破的绿色低碳关键技术开展产业化示范应用。

3. 推进重点用能设备节能增效。以电机、风机、泵、压缩机、变压器、换热器、工业锅炉等设备为重点，全面提升能效标准。建立以能效为导向的激励约束机制，推广先进高效产品设备，加快淘汰落后低效设备。加强重点用能设备节能审查和日常监管，强化生产、经营、销售、使用、报废全链条管理，严厉打击违法违规行为，确保能效标准和节能要求全面落实。

4. 加强新型基础设施节能降碳。优化新型基础设施空间布局，统筹谋划、科学配置数据中心等新型基础设施，避免低水平重复建设。优化新型基础设施用能结构，采用直流供电、分布式储能、“光伏＋储能”等模式，探索多样化能源供应，提高非化石能源消费比重。对标国际先进水平，加快完善通信、运算、存储、传输等设备能效标准，提升准入门槛，淘汰落后设备和技术。加强新型基础设施用能管理，将年综合能耗超过 1 万 t 标准煤的数据中心全部纳入重点用能单位能耗在线监测系统，开展能源计量审查。推动既有设施绿色升级改造，积极推广使用高效制冷、先进通风、余热利用、智能化用能控制等技术，提高设施能效水平。

（三）工业领域碳达峰行动。

工业是产生碳排放的主要领域之一，对全国整体实现碳达峰具有重要影响。工业领域要加快绿色低碳转型和高质量发展，力争率先实现碳达峰。

1. 推动工业领域绿色低碳发展。优化产业结构，加快退出落后产能，大力发展战略性新兴产业，加快传统产业绿色低碳改造。促进工业能源消费低碳化，推动化石能源清洁高效利用，提高可再生能源应用比重，加强电力需求侧管理，提升工业电气化水平。深入实施绿色制造工程，大力推行绿色设计，完善绿色制造体系，建设绿色工厂和绿色工业园区。推进工业领域数字化智能化绿色化融合发展，加强重点行业和领域技术改造。

2. 推动钢铁行业碳达峰。深化钢铁行业供给侧结构性改革，严格执行产能置换，严禁新增产能，推进存量优化，淘汰落后产能。推进钢铁企业跨地区、跨所有制兼并重组，提高行业集中度。优化生产力布局，以京津冀及周边地区为重点，继续压减钢铁产能。促进钢铁行业结构优化和清洁能源替代，大力推进非高炉炼铁技术示范，提升废钢资源回收利用水平，推行全废钢电炉工艺。推广先进适用技术，深挖节能降碳潜力，鼓励钢化联产，探索开展氢冶金、二氧化碳捕集利用一体化等试点示范，推动低品位余热供暖发展。

3. 推动有色金属行业碳达峰。巩固化解电解铝过剩产能成果，严格执行产能置换，严控新增产能。推进清洁能源替代，提高水电、风电、太阳能发电等应用比重。加快再生有色金属产业发展，完善废弃有色金属资源回收、分选和加工网络，提高再生有色金属产量。加快推广应用先进适用绿色低碳技术，提升有色金属生产过程余热回收水平，推动单位产品能耗持续下降。

4. 推动建材行业碳达峰。加强产能置换监管，加快低效产能退出，严禁新增水泥熟料、平板玻璃产能，引导建材行业向轻型化、集约化、制品化转型。推动水泥错峰生产常态化，合理缩短水泥熟料装置运转时间。因地制宜利用风能、太阳能等可再生能源，逐步提高电力、天然气应用比重。鼓励建材企业使用粉煤灰、工业废渣、尾矿渣等作为原料或水泥混合材。加快推进绿色建材产品认证和应用推广，加强新型胶凝材料、低碳混凝土、木竹建材等低碳建材产品研发应用。推广节能技术设备，开展能源管理体系建设，实现节能增效。

5. 推动石化化工行业碳达峰。优化产能规模和布局，加大落后产能淘汰力度，有效化解结构性过剩矛盾。严格项目准入，合理安排建设时序，严控新增炼油和传统煤化工生产能力，稳妥有序发展现代煤化工。引导企业转变用能方式，鼓励以电力、天然气等替代煤炭。调整原料结构，控制新增原料用煤，拓展富氢原料进口来源，推动石化化工原料轻质化。优化产品结构，促进石化化工与煤炭开采、冶金、建材、化纤等产业协同发展，加强炼厂干气、液化气等副产气体高效利用。鼓励企业节能升级改造，推动能量梯级利用、物料循环利用。到 2025 年，国内原油一次加工能力控制在 10 亿 t 以内，主要产品产能利用率提升至 80%以上。

6. 坚决遏制“两高”项目盲目发展。采取强有力措施，对“两高”项目实行清单管理、分类处置、动态监控。全面排查在建项目，对能效水平低于本行业能耗限额准入值的，按有关规定停工整改，推动能效水平应提尽提，力争全面达到国内乃至国际先进水平。科学评估拟建项目，对产能已饱和的行业，按照“减量替代”原则压减产能；对产能尚未饱和的行业，按照国家布局和审批备案等要求，对标国际先进水平提高准入门槛；对能耗量较大的新兴产业，支持引导企业应用绿色低碳技术，提高能效水平。深入挖潜存量项目，加快淘汰落后产能，通过改造升级挖掘节能减排潜力。强化常态化监管，坚决拿下不符合要求的“两高”项目。

（四）城乡建设碳达峰行动。

加快推进城乡建设绿色低碳发展，城市更新和乡村振兴都要落实绿色低碳要求。

1. 推进城乡建设绿色低碳转型。推动城市组团式发展，科学确定建设规模，控制新增建设用地过快增长。倡导绿色低碳规划设计理念，增强城乡气候韧性，建设海绵城市。推广绿色低碳建材和绿色建造方式，加快推进新型建筑工业化，大力发展装配式建筑，推广钢结构住宅，推动建材循环利用，强化绿色设计和绿色施工管理。加强县城绿色低碳建设。推动建立以绿色低碳为导向的城乡规划建设管理机制，制定建筑拆除管理办法，杜绝大拆大建。建设绿色城镇、绿色社区。

2. 加快提升建筑能效水平。加快更新建筑节能、市政基础设施等标准，提高节能降碳要求。加强适用于不同气候区、不同建筑类型的节能低碳技术研发和推广，推动超低能耗建筑、低碳建筑规模化发展。加快推进居住建筑和公共建筑节能改造，持续推动老旧供热管网等市政基础设施节能降碳改造。提升城镇建筑和基础设施运行管理智能化水平，加快推广供热计量收费和合同能源管理，逐步开展公共建筑能耗限额管理。到2025年，城镇新建建筑全面执行绿色建筑标准。

3. 加快优化建筑用能结构。深化可再生能源建筑应用，推广光伏发电与建筑一体化应用。积极推动严寒、寒冷地区清洁取暖，推进热电联产集中供暖，加快工业余热供暖规模化应用，积极稳妥开展核能供热示范，因地制宜推行热泵、生物质能、地热能、太阳能等清洁低碳供暖。引导夏热冬冷地区科学取暖，因地制宜采用清洁高效取暖方式。提高建筑终端电气化水平，建设集光伏发电、储能、直流配电、柔性用电于一体的"光储直柔"建筑。到2025年，城镇建筑可再生能源替代率达到8%，新建公共机构建筑、新建厂房屋顶光伏覆盖率力争达到50%。

4. 推进农村建设和用能低碳转型。推进绿色农房建设，加快农房节能改造。持续推进农村地区清洁取暖，因地制宜选择适宜取暖方式。发展节能低碳农业大棚。推广节能环保灶具、电动农用车辆、节能环保农机和渔船。加快生物质能、太阳能等可再生能源在农业生产和农村生活中的应用。加强农村电网建设，提升农村用能电气化水平。

（五）交通运输绿色低碳行动。

加快形成绿色低碳运输方式，确保交通运输领域碳排放增长保持在合理区间。

1. 推动运输工具装备低碳转型。积极扩大电力、氢能、天然气、先进生物液体燃料等新能源、清洁能源在交通运输领域应用。大力推广新能源汽车，逐步降低传统燃油汽车在新车产销和汽车保有量中的占比，推动城市公共服务车辆电动化替代，推广电力、氢燃料、液化天然气动力重型货运车辆。提升铁路系统电气化水平。加快老旧船舶更新改造，发展电动、液化天然气动力船舶，深入推进船舶靠港使用岸电，因地制宜开展沿海、内河绿色智能船舶示范应用。提升机场运行电动化智能化水平，发展新能源航空器。到2030年，当年新增新能源、清洁能源动力的交通工具比例达到40%左右，营运交通工具单位换算周转量碳排放强度比2020年下降9.5%左右，国家铁路单位换算周转量综合能耗比2020年下降10%。陆路交通运输石油消费力争2030年前达到峰值。

2. 构建绿色高效交通运输体系。发展智能交通，推动不同运输方式合理分工、有效衔接，降低空载率和不合理客货运周转量。大力发展以铁路、水路为骨干的多式联运，推进工矿企业、港口、物流园区等铁路专用线建设，加快内河高等级航道网建设，加快大宗货物和中长距离货物运输"公转铁""公转水"。加快先进适用技术应用，提升民航运行管理效率，引导航空企业加强智慧运行，实现系统化节能降碳。加快城乡物流配送体系建设，创新绿色低碳、集约高效的配送模式。打造高效衔接、快捷舒适的公共交通服务体系，积极引导公众选择绿色低碳交通方式。"十四五"期间，集装箱铁水联运量年均增长15%以上。到2030年，城区常住人口100万以上的城市绿色出行比例不低于70%。

3. 加快绿色交通基础设施建设。将绿色低碳理念贯穿于交通基础设施规划、建设、运营和维护全过程，降低全生命周期能耗和碳排放。开展交通基础设施绿色化提升改造，统筹利用综合运输通道线位、土地、空域等资源，加大岸线、锚地等资源整合力度，提高利用效率。有序推进充电桩、配套电网、加注（气）站、加氢站等基础设施建设，提升城市公共交通基础设施水平。到2030年，民用运输机场场内车辆装备等力争全面实现电动化。

（六）循环经济助力降碳行动。

抓住资源利用这个源头，大力发展循环经济，全面提高资源利用效率，充分发挥减少资源消耗和降碳的协同作用。

1. 推进产业园区循环化发展。以提升资源产出率和循环利用率为目标，优化园区空间布局，开展园区循环化改造。推动园区企业循环式生产、产业循环式组合，组织企业实施清洁生产改造，促进废物综合利用、能量梯级利用、水资源循环利用，推进工业余压余热、废气废液废渣资源化利用，积极推广集中供气供热。搭建基础设施和公共服务共享平台，加强园区物质流管理。到2030年，省级以上重点产业园区全部实施循环化改造。

2. 加强大宗固废综合利用。提高矿产资源综合开发利用水平和综合利用率，以煤矸石、粉煤灰、尾矿、共伴生矿、冶炼渣、工业副产石膏、建筑垃圾、农作物秸秆等大宗固废为重点，支持大掺量、规模化、高值化利用，鼓励应用于替代原生非金属矿、砂石等资源。在确保安全环保前提下，探索将磷石膏应用于土壤改良、井下充填、路基修筑等。推动建筑垃圾资源化利用，推广废弃路面材料原地再生利用。加快推进秸秆高值化利用，完善收储运体系，严格禁烧管控。加快大宗固废综合利用示范建设。到2025年，大宗固废年利用量达到40亿t左右；到2030年，年利用量达到45亿t左右。

3. 健全资源循环利用体系。完善废旧物资回收网络，推行"互联网+"回收模式，实现再生资源应收尽收。加强再生资源综合利用行业规范管理，促进产业集聚发展。高水平建设现代化"城市矿产"基地，推动再生资源规范化、规模化、清洁化利用。推进退役动力电池、光伏组件、风电机组叶片等新兴产业废物循环利用。促进汽车零部件、工程机械、文办设备等再制造产业高质量发展。加强资源再生产品和再制造产品推广应用。到 2025 年，废钢铁、废铜、废铝、废铅、废锌、废纸、废塑料、废橡胶、废玻璃等 9 种主要再生资源循环利用量达到 4.5 亿 t，到 2030 年达到 5.1 亿 t。

4. 大力推进生活垃圾减量化资源化。扎实推进生活垃圾分类，加快建立覆盖全社会的生活垃圾收运处置体系，全面实现分类投放、分类收集、分类运输、分类处理。加强塑料污染全链条治理，整治过度包装，推动生活垃圾源头减量。推进生活垃圾焚烧处理，降低填埋比例，探索适合我国厨余垃圾特性的资源化利用技术。推进污水资源化利用。到 2025 年，城市生活垃圾分类体系基本健全，生活垃圾资源化利用比例提升至 60%左右。到 2030 年，城市生活垃圾分类实现全覆盖，生活垃圾资源化利用比例提升至 65%。

（七）绿色低碳科技创新行动。

发挥科技创新的支撑引领作用，完善科技创新体制机制，强化创新能力，加快绿色低碳科技革命。

1. 完善创新体制机制。制定科技支撑碳达峰碳中和行动方案，在国家重点研发计划中设立碳达峰碳中和关键技术研究与示范等重点专项，采取“揭榜挂帅”机制，开展低碳零碳负碳关键核心技术攻关。将绿色低碳技术创新成果纳入高等学校、科研单位、国有企业有关绩效考核。强化企业创新主体地位，支持企业承担国家绿色低碳重大科技项目，鼓励设施、数据等资源开放共享。推进国家绿色技术交易中心建设，加快创新成果转化。加强绿色低碳技术和产品知识产权保护。完善绿色低碳技术和产品检测、评估、认证体系。

2. 加强创新能力建设和人才培养。组建碳达峰碳中和相关国家实验室、国家重点实验室和国家技术创新中心，适度超前布局国家重大科技基础设施，引导企业、高等学校、科研单位共建一批国家绿色低碳产业创新中心。创新人才培养模式，鼓励高等学校加快新能源、储能、氢能、碳减排、碳汇、碳排放权交易等学科建设和人才培养，建设一批绿色低碳领域未来技术学院、现代产业学院和示范性能源学院。深化产教融合，鼓励校企联合开展产学合作协同育人项目，组建碳达峰碳中和产教融合发展联盟，建设一批国家储能技术产教融合创新平台。

3. 强化应用基础研究。实施一批具有前瞻性、战略性的国家重大前沿科技项目，推动低碳零碳负碳技术装备研发取得突破性进展。聚焦化石能源绿色智能开发和清洁低碳利用、可再生能源大规模利用、新型电力系统、节能、氢能、储能、动力电池、二氧化碳捕集利用与封存等重点，深化应用基础研究。积极研发先进核电技术，加强可控核聚变等前沿颠覆性技术研究。

4. 加快先进适用技术研发和推广应用。集中力量开展复杂大电网安全稳定运行和控制、大容量风电、高效光伏、大功率液化天然气发动机、大容量储能、低成本可再生能源制氢、低成本二氧化碳捕集利用与封存等技术创新，加快碳纤维、气凝胶、特种钢材等基础材料研发，补齐关键零部件、元器件、软件等短板。推广先进成熟绿色低碳技术，开展示范应用。建设全流程、集成化、规模化二氧化碳捕集利用与封存示范项目。推进熔盐储能供热和发电示范应用。加快氢能技术研发和示范应用，探索在工业、交通运输、建筑等领域规模化应用。

（八）碳汇能力巩固提升行动。

坚持系统观念，推进山水林田湖草沙一体化保护和修复，提高生态系统质量和稳定性，提升生态系统碳汇增量。

1. 巩固生态系统固碳作用。结合国土空间规划编制和实施，构建有利于碳达峰、碳中和的国土空间开发保护格局。严守生态保护红线，严控生态空间占用，建立以国家公园为主体的自然保护地体系，稳定现有森林、草原、湿地、海洋、土壤、冻土、岩溶等固碳作用。严格执行土地使用标准，加强节约集约用地评价，推广节地技术和节地模式。

2. 提升生态系统碳汇能力。实施生态保护修复重大工程。深入推进大规模国土绿化行动，巩固退耕还林还草成果，扩大林草资源总量。强化森林资源保护，实施森林质量精准提升工程，提高森林质量和稳定性。加强草原生态保护修复，提高草原综合植被盖度。加强河湖、湿地保护修复。整体推进海洋生态系统保护和修复，提升红树林、海草床、盐沼等固碳能力。加强退化土地修复治理，开展荒漠化、石漠化、水土流失综合治理，实施历史遗留矿山生态修复工程。到 2030 年，全国森林覆盖率达到 25%左右，森林蓄积量达到 190 亿 m^3。

3. 加强生态系统碳汇基础支撑。依托和拓展自然资源调查监测体系，利用好国家林草生态综合监测评价成果，建立生态系统碳汇监测核算体系，开展森林、草原、湿地、海洋、土壤、冻土、岩溶等碳汇本底调查、碳储量评估、潜力分析，实施生态保护修复碳汇成效监测评估。加强陆地和海洋生态系统碳汇基础理论、基础方法、前沿颠覆性技术研究。建立健全能够体现碳汇价值的生态保护补偿机制，研究制定碳汇项目参与全国碳排放权交易相关规则。

4. 推进农业农村减排固碳。大力发展绿色低碳循环农业，推进农光互补、“光伏+设施农业”“海上风电+海洋牧场”等低碳农业模式。研发应用增汇型农业技术。开展耕地质量提升行动，实施国家黑土地保护工程，提升土壤有机碳储量。合理控制化肥、农药、地膜使用量，实施化肥农药减量替代计划，加强农作物秸秆综合利用和畜禽粪污资源化利用。

（九）绿色低碳全民行动。

增强全民节约意识、环保意识、生态意识，倡导简约适度、绿色低碳、文明健康的生活方式，把绿色理念转化为全体人民的自觉行动。

1. 加强生态文明宣传教育。将生态文明教育纳入国民教育体系，开展多种形式的资源环境国情教育，普及碳达峰、碳中和基础知识。加强对公众的生态文明科普教育，将绿色低碳理念有机融入文艺作品，制作文创产品和公益广告，持续开展世界地球日、世界环境日、全国节能宣传周、全国低碳日等主题宣传活动，增强社会公众绿色低碳意识，推动生态文明理念更加深入人心。

2. 推广绿色低碳生活方式。坚决遏制奢侈浪费和不合理消费，着力破除奢靡铺张的歪风陋习，坚决制止餐饮浪费行为。在全社会倡导节约用能，开展绿色低碳社会行动示范创建，深入推进绿色生活创建行动，评选宣传一批优秀示范典型，营造绿色低碳生活新风尚。大力发展绿色消费，推广绿色低碳产品，完善绿色产品认证与标识制度。提升绿色产品在政府采购中的比例。

3. 引导企业履行社会责任。引导企业主动适应绿色低碳发展要求，强化环境责任意识，加强能源资源节约，提升绿色创新水平。重点领域国有企业特别是中央企业要制定实施企业碳达峰行动方案，发挥示范引领作用。重点用能单位要梳理核算自身碳排放情况，深入研究碳减排路径，“一企一策”制定专项工作方案，推进节能降碳。相关上市公司和发债企业要按照环境信息依法披露要求，定期公布企业碳排放信息。充分发挥行业协会等社会团体作用，督促企业自觉履行社会责任。

4. 强化领导干部培训。将学习贯彻习近平生态文明思想作为干部教育培训的重要内容，各级党校（行政学院）要把碳达峰、碳中和相关内容列入教学计划，分阶段、多层次对各级领导干部开展培训，普及科学知识，宣讲政策要点，强化法治意识，深化各级领导干部对碳达峰、碳中和工作重要性、紧迫性、科学性、系统性的认识。从事绿色低碳发展相关工作的领导干部要尽快提升专业素养和业务能力，切实增强推动绿色低碳发展的本领。

（十）各地区梯次有序碳达峰行动。

各地区要准确把握自身发展定位，结合本地区经济社会发展实际和资源环境禀赋，坚持分类施策、因地制宜、上下联动，梯次有序推进碳达峰。

1. 科学合理确定有序达峰目标。碳排放已经基本稳定的地区要巩固减排成果，在率先实现碳达峰的基础上进一步降低碳排放。产业结构较轻、能源结构较优的地区要坚持绿色低碳发展，坚决不走依靠“两高”项目拉动经济增长的老路，力争率先实现碳达峰。产业结构偏重、能源结构偏煤的地区和资源型地区要把节能降碳摆在突出位置，大力优化调整产业结构和能源结构，逐步实现碳排放增长与经济增长脱钩，力争与全国同步实现碳达峰。

2. 因地制宜推进绿色低碳发展。各地区要结合区域重大战略、区域协调发展战略和主体功能区战略，从实际出发推进本地区绿色低碳发展。京津冀、长三角、粤港澳大湾区等区域要发挥高质量发展动力源和增长极作用，率先推动经济社会发展全面绿色转型。长江经济带、黄河流域和国家生态文明试验区要严格落实生态优先、绿色发展战略导向，在绿色低碳发展方面走在全国前列。中西部和东北地区要着力优化能源结构，按照产业政策和能耗双控要求，有序推动高耗能行业向清洁能源优势地区集中，积极培育绿色发展动能。

3. 上下联动制定地方达峰方案。各省、自治区、直辖市人民政府要按照国家总体部署，结合本地区资源环境禀赋、产业布局、发展阶段等，坚持全国一盘棋，不抢跑，科学制定本地区碳达峰行动方案，提出符合实际、切实可行的碳达峰时间表、路线图、施工图，避免“一刀切”限电限产或运动式“减碳”。各地区碳达峰行动方案经碳达峰碳中和工作领导小组综合平衡、审核通过后，由地方自行印发实施。

4. 组织开展碳达峰试点建设。加大中央对地方推进碳达峰的支持力度，选择100个具有典型代表性的城市和园区开展碳达峰试点建设，在政策、资金、技术等方面对试点城市和园区给予支持，加快实现绿色低碳转型，为全国提供可操作、可复制、可推广的经验做法。

四、国际合作

（一）深度参与全球气候治理。大力宣传习近平生态文明思想，分享中国生态文明、绿色发展理念与实践经验，为建设清洁美丽世界贡献中国智慧、中国方案、中国力量，共同构建人与自然生命共同体。主动参与全球绿色治理体系建设，坚持共同但有区别的责任原则、公平原则和各自能力原则，坚持多边主义，维护以联合国为核心的国际体系，推动各方全面履行《联合国气候变化框架公约》及其《巴黎协定》。积极参与国际航运、航空减排谈判。

（二）开展绿色经贸、技术与金融合作。优化贸易结构，大力发展高质量、高技术、高附加值绿色产品贸易。加强绿色标准国际合作，推动落实合格评定合作和互认机制，做好绿色贸易规则与进出口政策的衔接。加强节能环保产品和服务进出口。加大绿色技术合作力度，推动开展可再生能源、储能、氢能、二氧化碳捕集利用与封存等领域科研合作和技术交流，积极参与国际热核聚变实验堆计划等国际大科学工程。深化绿色金融国际合作，积极参与碳定价机制和绿色金融标准体系国际宏观协调，与有关各方共同推动绿色低碳转型。

（三）推进绿色“一带一路”建设。秉持共商共建共享原则，弘扬开放、绿色、廉洁理念，加强与共建“一带一路”国家的绿色基建、绿色能源、绿色金融等领域合作，提高境外项目环境可持续性，打造绿色、包容的“一带一路”能源合作伙伴关系，扩大新能源技术和产品出口。发挥“一带一路”绿色发展国际联盟等合作平台作用，推动实施《“一带一路”绿色投资原则》，推进“一带一路”应对气候变化南南合作计划和“一带一路”科技创新行动计划。

五、政策保障

（一）建立统一规范的碳排放统计核算体系。加强碳排放统计核算能力建设，深化核算方法研究，加快建立统一规范的碳排放统计核算体系。支持行业、企业依据自身特点开展碳排放核算方法学研究，建立健全碳排放计量体系。推进碳排放实测技术发展，加快遥感测量、大数据、云计算等新兴技术在碳排放实测技术领域的应用，提高统计核算水平。积极参与国际碳排放核算方法研究，推动建立更为公平合理的碳排放核算方法体系。

（二）健全法律法规标准。构建有利于绿色低碳发展的法律体系，推动能源法、节约能源法、电力法、煤炭法、可再生能源法、循环经济促进法、清洁生产促进法等制定修订。加快节能标准更新，修订一批能耗限额、产品设备能效强制性国家标准和工程建设标准，提高节能降碳要求。健全可再生能源标准体系，加快相关领域标准制定修订。建立健全氢制、储、输、用标准。完善工业绿色低碳标准体系。建立重点企业碳排放核算、报告、核查等标准，探索建立重点产品全生命周期碳足迹标准。积极参与国际能效、低碳等标准制定修订，加强国际标准协调。

（三）完善经济政策。各级人民政府要加大对碳达峰、碳中和工作的支持力度。建立健全有利于绿色低碳发展的税收政策体系，落实和完善节能节水、资源综合利用等税收优惠政策，更好发挥税收对市场主体绿色低碳发展的促进作用。完善绿色电价政策，健全居民阶梯电价制度和分时电价政策，探索建立分时电价动态调整机制。完善绿色金融评价机制，建立健全绿色金融标准体系。大力发展绿色贷款、绿色股权、绿色债券、绿色保险、绿色基金等金融工具，设立碳减排支持工具，引导金融机构为绿色低碳项目提供长期限、低成本资金，鼓励开发性政策性金融机构按照市场化法治化原则为碳达峰行动提供长期稳定融资支持。拓展绿色债券市场的深度和广度，支持符合条件的绿色企业上市融资、挂牌融资和再融资。研究设立国家低碳转型基金，支持传统产业和资源富集地区绿色转型。鼓励社会资本以市场化方式设立绿色低碳产业投资基金。

（四）建立健全市场化机制。发挥全国碳排放权交易市场作用，进一步完善配套制度，逐步扩大交易行业范围。建设全国用能权交易市场，完善用能权有偿使用和交易制度，做好与能耗双控制度的衔接。统筹推进碳排放权、用能权、电力交易等市场建设，加强市场机制间的衔接与协调，将碳排放权、用能权交易纳入公共资源交易平台。积极推行合同能源管理，推广节能咨询、诊断、设计、融资、改造、托管等“一站式”综合服务模式。

六、组织实施

（一）加强统筹协调。加强党中央对碳达峰、碳中和工作的集中统一领导，碳达峰碳中和工作领导小组对碳达峰相关工作进行整体部署和系统推进，统筹研究重要事项、制定重大政策。碳达峰碳中和工作领导小组成员单位要按照党中央、国务院决策部署和领导小组工作要求，扎实推进相关工作。碳达峰碳中和工作领导小组办公室要加强统筹协调，定期对各地区和重点领域、重点行业工作进展情况进行调度，科学提出碳达峰分步骤的时间表、路线图，督促将各项目标任务落实落细。

（二）强化责任落实。各地区各有关部门要深刻认识碳达峰、碳中和工作的重要性、紧迫性、复杂性，切实扛起责任，按照《中共中央　国务院关于完整准确全面贯彻新发展理念做好碳达峰碳中和工作的意见》和本方案确定的主要目标和重点任务，着力抓好各项任务落实，确保政策到位、措施到位、成效到位，落实情况纳入中央和省级生态环境保护督察。各相关单位、人民团体、社会组织要按照国家有关部署，积极发挥自身作用，推进绿色低碳发展。

（三）严格监督考核。实施以碳强度控制为主、碳排放总量控制为辅的制度，对能源消费和碳排放指标实行协同管理、协同分解、协同考核，逐步建立系统完善的碳达峰碳中和综合评价考核制度。加强监督考核结果应用，对碳达峰工作成效突出的地区、单位和个人按规定给予表彰奖励，对未完成目标任务的地区、部门依规依法实行通报批评和约谈问责。各省、自治区、直辖市人民政府要组织开展碳达峰目标任务年度评估，有关工作进展和重大问题要及时向碳达峰碳中和工作领导小组报告。

国务院关于印发“十四五”节能减排综合工作方案的通知

（国发〔2021〕33号）

各省、自治区、直辖市人民政府，国务院各部委、各直属机构：

现将《“十四五”节能减排综合工作方案》印发给你们，请结合本地区、本部门实际，认真贯彻落实。

国务院

2021年12月28日

“十四五”节能减排综合工作方案

为认真贯彻落实党中央、国务院重大决策部署，大力推动节能减排，深入打好污染防治攻坚战，加快建立健全绿色低碳循环发展经济体系，推进经济社会发展全面绿色转型，助力实现碳达峰、碳中和目标，制定本方案。

一、总体要求

以习近平新时代中国特色社会主义思想为指导，全面贯彻党的十九大和十九届历次全会精神，深入贯彻习近平生态文明思想，坚持稳中求进工作总基调，立足新发展阶段，完整、准确、全面贯彻新发展理念，构建新发展格局，推动高质量发展，完善实施能源消费强度和总量双控（以下称能耗双控）、主要污染物排放总量控制制度，组织实施节能减排重点工程，进一步健全节能减排政策机制，推动能源利用效率大幅提高、主要污染物排放总量持续减少，实现节能降碳减污协同增效、生态环境质量持续改善，确保完成“十四五”节能减排目标，为实现碳达峰、碳中和目标奠定坚实基础。

二、主要目标

到2025年，全国单位国内生产总值能源消耗比2020年下降13.5%，能源消费总量得到合理控制，化学需氧量、氨氮、氮氧化物、挥发性有机物排放总量比2020年分别下降8%、8%、10%以上、10%以上。节能减排政策机制更加健全，重点行业能源利用效率和主要污染物排放控制水平基本达到国际先进水平，经济社会发展绿色转型取得显著成效。

三、实施节能减排重点工程

（一）重点行业绿色升级工程。以钢铁、有色金属、建材、石化化工等行业为重点，推进节能改造和污染物深度治理。推广高效精馏系统、高温高压干熄焦、富氧强化熔炼等节能技术，鼓励将高炉—转炉长流程炼钢转型为电炉短流程炼钢。推进钢铁、水泥、焦化行业及燃煤锅炉超低排放改造，到2025年，完成5.3亿t钢铁产能超低排放改造，大气污染防治重点区域燃煤锅炉全面实现超低排放。加强行业工艺革新，实施涂装类、化工类等产业集群分类治理，开展重点行业清洁生产和工业废水资源化利用改造。推进新型基础设施能效提升，加快绿色数据中心建设。“十四五”时期，规模以上工业单位增加值能耗下降13.5%，万元工业增加值用水量下降16%。到2025年，通过实施节能降碳行动，钢铁、电解铝、水泥、平板玻璃、炼油、乙烯、合成氨、电石等重点行业产能和数据中心达到能效标杆水平的比例超过30%。（工业和信息化部、国家发展改革委、生态环境部、市场监管总局、国家能源局等按职责分工负责，地方各级人民政府负责落实。以下均需地方各级人民政府落实，不再列出）

（二）园区节能环保提升工程。引导工业企业向园区集聚，推动工业园区能源系统整体优化和污染综合整治，鼓励工业企业、园区优先利用可再生能源。以省级以上工业园区为重点，推进供热、供电、污水处理、中水回用等公共基础设施共建共享，对进水浓度异常的污水处理厂开展片区管网系统化整治，加强一般固体废物、危险废物集中贮存和处置，推动挥发性有机物、电镀废水及特征污染物集中治理等“绿岛”项目建设。到2025年，建成一批节能环保示范园区。（国家发展改革委、工业和信息化部、生态环境部等按职责分工负责）

（三）城镇绿色节能改造工程。全面推进城镇绿色规划、绿色建设、绿色运行管理，推动低碳城市、韧性城市、海绵城市、“无废城市”建设。全面提高建筑节能标准，加快发展超低能耗建筑，积极推进既有建筑节能改造、建筑光伏一体化建设。因地制宜推动北方地区清洁取暖，加快工业余热、可再生能源等在城镇供热中的规模化应用。实施绿色高效制冷行动，以建筑中央空调、数据中心、商务产业园区、冷链物流等为重点，更新升级制冷技术、设备，优化负荷供需匹配，大幅提升制冷系统能效水平。实施公共供水管网漏损治理工程。到2025年，城镇新建建筑全面执行绿色建筑标准，城镇清洁取暖比例和绿色高效制冷产品市场占有率大幅提升。（住房城乡建设部、生态环境部、国家发展改革委、自然资源部、交通运输部、市场监管总局、国家能源局等按职责分工负责）

（四）交通物流节能减排工程。推动绿色铁路、绿色公路、绿色港口、绿色航道、绿色机场建设，有序推进充换电、加注（气）、加氢、港口机场岸电等基础设施建设。提高城市公交、出租、物流、环卫清扫等车辆使用新能源汽车的比例。加快大宗货物和中长途货物运输“公转铁”“公转水”，大力发展铁水、公铁、公水等多式联运。全面实施汽车国六排放标准和非道路移动柴油机械国四排放标准，基本淘汰国三及以下排放标准汽车。深入实施清洁柴油机行动，鼓励重型柴油货车更新替代。实施汽车排放检验与维护制度，加强机动车排放召回管理。加强船舶清洁能源动力推广应用，推动船舶岸电受电设施改造。提升铁路电气化水平，推广低能耗运输装备，推动实施铁路内燃机车国一排放标准。大力发展智能交通，积极运用大数据优化运输组织模式。加快绿色仓储建设，鼓励建设绿色物流园区。加快标准化物流周转箱推广应用。全面推广绿色快递包装，引导电商企业、邮政快递企业选购使用获得绿色认证的快递包装产品。到 2025 年，新能源汽车新车销售量达到汽车新车销售总量的 20%左右，铁路、水路货运量占比进一步提升。（交通运输部、国家发展改革委牵头，工业和信息化部、公安部、财政部、生态环境部、住房城乡建设部、商务部、市场监管总局、国家能源局、国家铁路局、中国民航局、国家邮政局、中国国家铁路集团有限公司等按职责分工负责）

（五）农业农村节能减排工程。加快风能、太阳能、生物质能等可再生能源在农业生产和农村生活中的应用，有序推进农村清洁取暖。推广应用农用电动车辆、节能环保农机和渔船，发展节能农业大棚，推进农房节能改造和绿色农房建设。强化农业面源污染防治，推进农药化肥减量增效、秸秆综合利用，加快农膜和农药包装废弃物回收处理。深入推进规模养殖场污染治理，整县推进畜禽粪污资源化利用。整治提升农村人居环境，提高农村污水垃圾处理能力，基本消除较大面积的农村黑臭水体。到 2025 年，农村生活污水治理率达到 40%，秸秆综合利用率稳定在 86%以上，主要农作物化肥、农药利用率均达到 43%以上，畜禽粪污综合利用率达到 80%以上，绿色防控、统防统治覆盖率分别达到 55%、45%，京津冀及周边地区大型规模化养殖场氨排放总量削减 5%。（农业农村部、生态环境部、国家能源局、国家乡村振兴局牵头，国家发展改革委、工业和信息化部、住房城乡建设部、水利部、市场监管总局等按职责分工负责）

（六）公共机构能效提升工程。加快公共机构既有建筑围护结构、供热、制冷、照明等设施设备节能改造，鼓励采用能源费用托管等合同能源管理模式。率先淘汰老旧车，率先采购使用节能和新能源汽车，新建和既有停车场要配备电动汽车充电设施或预留充电设施安装条件。推行能耗定额管理，全面开展节约型机关创建行动。到 2025 年，创建 2000 家节约型公共机构示范单位，遴选 200 家公共机构能效领跑者。（国管局、中直管理局等按职责分工负责）

（七）重点区域污染物减排工程。持续推进大气污染防治重点区域秋冬季攻坚行动，加大重点行业结构调整和污染治理力度。以大气污染防治重点区域及珠三角地区、成渝地区等为重点，推进挥发性有机物和氮氧化物协同减排，加强细颗粒物和臭氧协同控制。持续打好长江保护修复攻坚战，扎实推进城镇污水垃圾处理和工业、农业面源、船舶、尾矿库等污染治理工程，到 2025 年，长江流域总体水质保持为优，干流水质稳定达到Ⅱ类。着力打好黄河生态保护治理攻坚战，实施深度节水控水行动，加强重要支流污染治理，开展入河排污口排查整治，到 2025 年，黄河干流上中游（花园口以上）水质达到Ⅱ类。（国家发展改革委、生态环境部、工业和信息化部、水利部牵头，住房城乡建设部、交通运输部、国家能源局等按职责分工负责）

（八）煤炭清洁高效利用工程。要立足以煤为主的基本国情，坚持先立后破，严格合理控制煤炭消费增长，抓好煤炭清洁高效利用，推进存量煤电机组节煤降耗改造、供热改造、灵活性改造“三改联动”，持续推动煤电机组超低排放改造。稳妥有序推进大气污染防治重点区域燃料类煤气发生炉、燃煤热风炉、加热炉、热处理炉、干燥炉（窑）以及建材行业煤炭减量，实施清洁电力和天然气替代。推广大型燃煤电厂热电联产改造，充分挖掘供热潜力，推动淘汰供热管网覆盖范围内的燃煤锅炉和散煤。加大落后燃煤锅炉和燃煤小热电退出力度，推动以工业余热、电厂余热、清洁能源等替代煤炭供热（蒸汽）。到 2025 年，非化石能源占能源消费总量比重达到 20%左右。“十四五”时期，京津冀及周边地区、长三角地区煤炭消费量分别下降 10%、5%左右，汾渭平原煤炭消费量实现负增长。（国家发展改革委、生态环境部、工业和信息化部、住房城乡建设部、市场监管总局、国家能源局等按职责分工负责）

（九）挥发性有机物综合整治工程。推进原辅材料和产品源头替代工程，实施全过程污染物治理。以工业涂装、包装印刷等行业为重点，推动使用低挥发性有机物含量的涂料、油墨、胶粘剂、清洗剂。深化石化化工等行业挥发性有机物污染治理，全面提升废气收集率、治理设施同步运行率和去除率。对易挥发有机液体储罐实施改造，对浮顶罐推广采用全接液浮盘和高效双重密封技术，对废水系统高浓度废气实施单独收集处理。加强油船和原油、成品油码头油气回收治理。到 2025 年，溶剂型工业涂料、油墨使用比例分别降低 20 个百分点、10 个百分点，溶剂型胶粘剂使用量降低 20%。（工业和信息化部、生态环境部等按职责分工负责）

（十）环境基础设施水平提升工程。加快构建集污水、垃圾、固体废物、危险废物、医疗废物处理处置设施和监测监管能力于一体的环境基础设施体系，推动形成由城市向建制镇和乡村延伸覆盖的环境基础设施网络。推进城市生活污水管网建设和改造，实施混错接管网改造、老旧破损管网更新修复，加快补齐处理能力缺口，推行污水资源化利用和污泥无害化处置。建设分类投放、分类收集、分类运输、分类处理的生活垃圾处理系统。到 2025 年，新增和改造污水收集管网 8 万 km，新增污水处理能力 2000 万 m^3/日，城市污泥无害化处置率达到 90%，城镇生活垃圾焚烧处理能力达到 80 万 t/日左右，城市生活垃圾焚烧处理能力占比 65%左右。（国家发展改革委、住房城乡建设部、生态环境部等按职责分工负责）

四、健全节能减排政策机制

（一）优化完善能耗双控制度。坚持节能优先，强化能耗强度降低约束性指标管理，有效增强能源消费总量管理弹性，加强能耗双控政策与碳达峰、碳中和目标任务的衔接。以能源产出率为重要依据，综合考虑发展阶段等因素，合理确定各地区能耗强度降低目标。国家对各省（自治区、直辖市）“十四五”能耗强度降低实行基本目标和激励目标双目标管理，由各省（自治区、直辖市）分解到每年。完善能源消费总量指标确定方式，各省（自治区、直辖市）根据地区生产总值增速目标和能耗强度降低基本目标确定年度能源消费总量目标，经济增速超过预期目标的地区可相应调整能源消费总量目标。对能耗强度降低达到国家下达的激励目标的地区，其能源消费总量在当期能耗双控考核中免予考核。各地区“十四五”时期新增可再生能源电力消费量不纳入地方能源消费总量考核。原料用能不纳入全国及地方能耗双控考核。有序实施国家重大项目能耗单列，支持国家重大项目建设。加强节能形势分析预警，对高预警等级地区加强工作指导。推动科学有序实行用能预算管理，优化能源要素合理配置。（国家发展改革委牵头，国家统计局、国家能源局等按职责分工负责）

（二）健全污染物排放总量控制制度。坚持精准治污、科学治污、依法治污，把污染物排放总量控制制度作为加快绿色低碳发展、推动结构优化调整、提升环境治理水平的重要抓手，推进实施重点减排工程，形成有效减排能力。优化总量减排指标分解方式，按照可监测、可核查、可考核的原则，将重点工程减排量下达地方，污染治理任务较重的地方承担相对较多的减排任务。改进总量减排核算方法，制定核算技术指南，加强与排污许可、环境影响评价审批等制度衔接，提升总量减排核算信息化水平。完善总量减排考核体系，健全激励约束机制，强化总量减排监督管理，重点核查重复计算、弄虚作假特别是不如实填报削减量和削减来源等问题。（生态环境部负责）

（三）坚决遏制高耗能高排放项目盲目发展。根据国家产业规划、产业政策、节能审查、环境影响评价审批等政策规定，对在建、拟建、建成的高耗能高排放项目（以下称“两高”项目）开展评估检查，建立工作清单，明确处置意见，严禁违规“两高”项目建设、运行，坚决拿下不符合要求的“两高”项目。加强对“两高”项目节能审查、环境影响评价审批程序和结果执行的监督评估，对审批能力不适应的依法依规调整上收审批权。对年综合能耗 5 万 t 标准煤及以上的“两高”项目加强工作指导。严肃财经纪律，指导金融机构完善“两高”项目融资政策。（国家发展改革委、工业和信息化部、生态环境部牵头，人民银行、市场监管总局、银保监会、国家能源局等按职责分工负责）

（四）健全法规标准。推动制定修订资源综合利用法、节约能源法、循环经济促进法、清洁生产促进法、环境影响评价法及生态环境监测条例、民用建筑节能条例、公共机构节能条例等法律法规，完善固定资产投资项目节能审查、电力需求侧管理、非道路移动机械污染防治管理等办法。对标国际先进水平制定修订一批强制性节能标准，深入开展能效、水效领跑者引领行动。制定修订居民消费品挥发性有机物含量限制标准和涉挥发性有机物重点行业大气污染物排放标准，进口非道路移动机械执行国内排放标准。研究制定下一阶段轻型车、重型车排放标准和油品质量标准。（国家发展改革委、生态环境部、司法部、工业和信息化部、财政部、住房城乡建设部、交通运输部、市场监管总局、国管局等按职责分工负责）

（五）完善经济政策。各级财政加大节能减排支持力度，统筹安排相关专项资金支持节能减排重点工程建设，研究对节能目标责任评价考核结果为超额完成等级的地区给予奖励。逐步规范和取消低效化石能源补贴。扩大中央财政北方地区冬季清洁取暖政策支持范围。建立农村生活污水处理设施运维费用地方各级财政投入分担机制。扩大政府绿色采购覆盖范围。健全绿色金融体系，大力发展绿色信贷，支持重点行业领域节能减排，用好碳减排支持工具和支持煤炭清洁高效利用专项再贷款，加强环境和社会风险管理。鼓励有条件的地区探索建立绿色贷款财政贴息、奖补、风险补偿、信用担保等配套支持政策。加快绿色债券发展，支持符合条件的节能减排企业上市融资和再融资。积极推进环境高风险领域企业投保环境污染责任保险。落实环境保护、节能节水、资源综合利用税收优惠政策。完善挥发性有机物监测技术和排放量计算方法，在相关条件成熟后，研究适时将挥发性有机物纳入环境保护税征收范围。强化电价政策与节能减排政策协同，持续完善高耗能行业阶梯电价等绿色电价机制，扩大实施范围、加大实施力度，落实落后“两高”企业的电价上浮政策。深化供热体制改革，完善城镇供热价格机制。建立健全城镇污水处理费征收标准动态调整机制，具备条件的东部地区、中西部城市近郊区探索建立受益农户污水处理付费机制。（国家发展改革委、财政部、人民银行、银保监会、证监会、工业和信息化部、生态环境部、住房城乡建设部、税务总局、国家能源局等按职责分工负责）

（六）完善市场化机制。深化用能权有偿使用和交易试点，加强用能权交易与碳排放权交易的统筹衔接，推动能源要素向优质项目、企业、产业及经济发展条件好的地区流动和集聚。培育和发展排污权交易市场，鼓励有条件的地区扩大排污权交易试点范围。推广绿色电力证书交易。全面推进电力需求侧管理。推行合同能源管理，积极推广节能咨询、诊断、设计、融资、改造、托管等“一站式”综合服务模式。规范开放环境治理市场，推行环境污染第三方治理，探索推广生态环境导向的开发、环境托管服务等新模式。强化能效标识管理制度，扩大实施范围。健全统一的绿色产品标准、认证、标识体系，推行节能低碳环保产品认证。（国家发展改革委、生态环境部、工业和信息化部、财政部、市场监管总局、国家能源局等按职责分工负责）

（七）加强统计监测能力建设。严格实施重点用能单位能源利用状况报告制度，健全能源计量体系，加强重点用能单位能耗在线监测系统建设和应用。完善工业、建筑、交通运输等领域能源消费统计制度和指标体系，探索建立城市基础设施能源消费统计制度。优化污染源统计调查范围，调整污染物统计调查指标和排放计算方法。构建覆盖排污许可持证单位的固定污染源监测体系，加强工业园区污染源监测，推动涉挥发性有机物排放的重点排污单位安装在线监控监测设施。加强统计基层队伍建设，强化统计数据审核，防范统计造假、弄虚作假，提升统计数据质量。（国家统计局、国家发展改革委、生态环境部、工业和信息化部、住房城乡建设部、交通运输部、市场监管总局等按职责分工负责）

（八）壮大节能减排人才队伍。健全省、市、县三级节能监察体系，加强节能监察能力建设。重点用能单位按要求设置能源管理岗位和负责人。加强县级及乡镇基层生态环境监管队伍建设，重点排污单位设置专职环保人员。加大政府有关部门及监察执法机构、企业等节能减排工作人员培训力度，通过业务培训、比赛竞赛、经验交流等方式提高业务水平。开发节能环保领域新职业，组织制定相应职业标准。（国家发展改革委、生态环境部、工业和信息化部、人力资源社会保障部等按职责分工负责）

五、强化工作落实

（一）加强组织领导。各地区、各部门和各有关单位要充分认识节能减排工作的重要性和紧迫性，把思想和行动统一到党中央、国务院关于节能减排的决策部署上来，立足经济社会发展大局，坚持系统观念，明确目标责任，制定实施方案，狠抓工作落实，确保完成“十四五”节能减排各项任务。地方各级人民政府对本行政区域节能减排工作负总责，主要负责同志是第一责任人，要切实加强组织领导和部署推进，将本地区节能减排目标与国民经济和社会发展五年规划及年度计划充分衔接，科学明确下一级政府、有关部门和重点单位责任。要科学考核，防止简单层层分解。中央企业要带头落实节能减排目标责任，鼓励实行更严格的目标管理。国家发展改革委、生态环境部要加强统筹协调，做好工作指导，推动任务有序有效落实，及时防范化解风险，重大情况及时向国务院报告。（国家发展改革委、生态环境部牵头，各有关部门按职责分工负责）

（二）强化监督考核。开展“十四五”省级人民政府节能减排目标责任评价考核，科学运用考核结果，对工作成效显著的地区加强激励，对工作不力的地区加强督促指导，考核结果经国务院审定后，交由干部主管部门作为对省级人民政府领导班子和领导干部综合考核评价的重要依据。完善能耗双控考核措施，增加能耗强度降低约束性指标考核权重，加大对坚决遏制“两高”项目盲目发展、推动能源资源优化配置措施落实情况的考核力度，统筹目标完成进展、经济形势及跨周期因素，优化考核频次。继续开展污染防治攻坚战成效考核，把总量减排目标任务完成情况作为重要考核内容，压实减排工作责任。完善中央生态环境保护督察制度，深化例行督察，强化专项督察。（国家发展改革委、生态环境部牵头，中央组织部等按职责分工负责）

（三）开展全民行动。深入开展绿色生活创建行动，增强全民节约意识，倡导简约适度、绿色低碳、文明健康的生活方式，坚决抵制和反对各种形式的奢侈浪费，营造绿色低碳社会风尚。推行绿色消费，加大绿色低碳产品推广力度，组织开展全国节能宣传周、世界环境日等主题宣传活动，通过多种传播渠道和方式广泛宣传节能减排法规、标准和知识。加大先进节能减排技术研发和推广力度。发挥行业协会、商业团体、公益组织的作用，支持节能减排公益事业。畅通群众参与生态环境监督渠道。开展节能减排自愿承诺，引导市场主体、社会公众自觉履行节能减排责任。（中央宣传部、中直管理局、国家发展改革委、科技部、生态环境部、国管局、全国妇联等按职责分工负责）

国家发展和改革委员会文件

关于引导加大金融支持力度　促进风电和光伏发电等行业健康有序发展的通知

（发改运行〔2021〕266号）

各省、自治区、直辖市、新疆生产建设兵团发展改革委、财政厅（局），人民银行上海总部、各分行、营业管理部、各省会（首府）城市中心支行、副省级城市中心支行，各银保监局，能源局：

近年来，各地和有关企业坚持以习近平新时代中国特色社会主义思想为指导，全面贯彻党的十九大和十九届二中、三中、四中、五中全会精神，认真落实“四个革命、一个合作”能源安全新战略，推动我国风电、光伏发电等行业快速发展。与此同时，部分可再生能源企业受多方面因素影响，现金流紧张，生产经营出现困难。为加大金融支持力度，促进风电和光伏发电等行业健康有序发展，现就有关事项通知如下：

一、充分认识风电和光伏发电等行业健康有序发展的重要意义。大力发展可再生能源是推动绿色低碳发展、加快生态文明建设的重要支撑，是应对气候变化、履行我国国际承诺的重要举措，我国实现2030年前碳排放达峰和努力争取2060年前碳中和的目标任务艰巨，需要进一步加快发展风电、光伏发电、生物质发电等可再生能源。采取措施缓解可再生能源企业困难，促进可再生能源良性发展，是实现应对气候变化目标，更好履行我国对外庄重承诺的必要举措。各地政府主管部门、有关金融机构要充分认识发展可再生能源的重要意义，合力帮助企业渡过难关，支持风电、光伏发电、生物质发电等行业健康有序发展。

二、金融机构按照商业化原则与可再生能源企业协商展期或续贷。对短期偿付压力较大但未来有发展前景的可再生能源企业，金融机构可以按照风险可控原则，在银企双方自主协商的基础上，根据项目实际和预期现金流，予以贷款展期、续贷或调整还款进度、期限等安排。

三、金融机构按照市场化、法治化原则自主发放补贴确权贷款。已纳入补贴清单的可再生能源项目所在企业，对已确权应收未收的财政补贴资金，可申请补贴确权贷款。金融机构以审核公布的补贴清单和企业应收未收补贴证明材料等为增信手段，按照市场化、法治化原则，以企业已确权应收未收的财政补贴资金为上限自主确定贷款金额。申请贷款时，企业需提供确权证明等材料作为凭证和抵押依据。

四、对补贴确权贷款给予合理支持。各类银行金融机构均可在依法合规前提下向具备条件的可再生能源企业在规定的额度内发放补贴确权贷款，鼓励可再生能源企业优先与既有开户银行沟通合作。相关可再生能源企业结合自身情况和资金压力自行确定是否申请补贴确权贷款，相关银行根据与可再生能源企业沟通情况和风险评估等自行确定是否发放补贴确权贷款。贷款金额、贷款年限、贷款利率等均由双方自主协商。

五、补贴资金在贷款行定点开户管理。充分考虑银行贷款的安全性，降低银行运行风险，建立封闭还贷制度，即企业当年实际获得的补贴资金直接由电网企业拨付给企业还贷专用账户，不经过企业周转。可再生能源企业与银行达成合作意向的，企业需在银行开设补贴确权贷款专户，作为补贴资金封闭还贷的专用账户。

六、通过核发绿色电力证书方式适当弥补企业分担的利息成本。补贴确权贷款的利息由贷款的可再生能源企业自行承担，利率及利息偿还方式由企业和银行自行协商。为缓解企业承担的利息成本压力，国家相关部门研究以企业备案的贷款合同等材料为依据，以已确权应收未收财政补贴、贷款金额、贷款利率等信息为参考，向企业核发相应规模的绿色电力证书，允许企业通过指标交易市场进行买卖。在指标交易市场的收益大于利息支出的部分，作为企业的合理收益留存企业。

七、足额征收可再生能源电价附加。为保证可再生能源补贴资金来源，各相关电力用户需严格按照国家规定承担并足额缴纳依法合规设立的可再生能源电价附加，各级地方政府不得随意减免或选择性征收。各燃煤自备电厂应认真配合相关部门开展可再生能源电价附加拖欠情况核查工作，并限期补缴拖欠的金额。

八、优先发放补贴和进一步加大信贷支持力度。企业结合实际情况自愿选择是否主动转为平价项目，对于自愿转为平价项目的，可优先拨付资金，贷款额度和贷款利率可自主协商确定。

九、试点先行。基础条件好、积极性高的地方，以及资金需求特别迫切的企业可先行开展试点，积极落实国家政策，并在国家确定的总体工作方案基础上探索解决可再生能源补贴问题的有效做法。鼓励开展试点的地方和企业结合自身实际进一步开拓创新，研究新思路和新方法，使政府、银行、企业等有关方面更好的形成合力，提高工作积极性。对于试点地方和企业的好经验好做法，国家将积极向全国推广。

十、增强责任感，防范化解风险。各银行和有关金融机构要充分认识可再生能源行业对我国生态文明建设和履行国际承诺的重要意义，树立大局意识，增强责任感，帮助企业有效化解生产经营和金融安全风险，促进可再生能源行业健康有序发展。

国家发展改革委
财　政　部
中国人民银行
银　保　监　会
国　家　能　源　局
2021年2月24日

国家发展改革委　国家能源局关于推进电力源网荷储一体化和多能互补发展的指导意见

（发改能源规〔2021〕280号）

各省、自治区、直辖市、新疆生产建设兵团发展改革委、能源局，国家能源局各派出机构：

为实现“二氧化碳排放力争于2030年前达到峰值，努力争取2060年前实现碳中和”的目标，着力构建清洁低碳、安全高效的能源体系，提升能源清洁利用水平和电力系统运行效率，贯彻新发展理念，更好地发挥源网荷储一体化和多能互补在保障能源安全中的作用，积极探索其实施路径，现提出以下意见：

一、重要意义

源网荷储一体化和多能互补发展是电力行业坚持系统观念的内在要求，是实现电力系统高质量发展的客观需要，是提升可再生能源开发消纳水平和非化石能源消费比重的必然选择，对于促进我国能源转型和经济社会发展具有重要意义。

（一）有利于提升电力发展质量和效益。强化源网荷储各环节间协调互动，充分挖掘系统灵活性调节能力和需求侧资源，有利于各类资源的协调开发和科学配置，提升系统运行效率和电源开发综合效益，构建多元供能智慧保障体系。

（二）有利于全面推进生态文明建设。优先利用清洁能源资源、充分发挥常规电站调节性能、适度配置储能设施、调动需求侧灵活响应积极性，有利于加快能源转型，促进能源领域与生态环境协调可持续发展。

（三）有利于促进区域协调发展。发挥跨区源网荷储协调互济作用，扩大电力资源配置规模，有利于推进西部大开发形成新格局，改善东部地区环境质量，提升可再生能源电量消费比重。

二、总体要求

（一）指导思想。

以习近平新时代中国特色社会主义思想为指导，全面贯彻党的十九大和十九届二中、三中、四中、五中全会精神，落实“四个革命、一个合作”能源安全新战略，将源网荷储一体化和多能互补作为电力工业高质量发展的重要举措，积极构建清洁低碳安全高效的新型电力系统，促进能源行业转型升级。

（二）基本原则。

绿色优先，协调互济。遵循电力系统发展客观规律，坚守安全底线，充分发挥源网荷储协调互济能力，优先可再生能源开发利用，结合需求侧负荷特性、电源结构和电网调节能力，因地制宜确定电源合理规模与配比，促进能源转型和绿色发展。

提升存量，优化增量。通过提高存量电源调节能力、输电通道利用水平、电力需求响应能力，重点提升存量电力设备利用效率；在资源条件较好、互补特性较优、需求市场较大的送受端，合理优化增量规模、结构与布局。

市场驱动，政策支持。使市场在资源配置中起决定性作用，更好发挥政府作用，破除市场壁垒，依靠技术进步、效率提高、成本降低，加强引导扶持，建立健全相关政策体系，不断提升产业竞争力。

（三）源网荷储一体化实施路径。

通过优化整合本地电源侧、电网侧、负荷侧资源，以先进技术突破和体制机制创新为支撑，探索构建源网荷储高度融合的新型电力系统发展路径，主要包括区域（省）级、市（县）级、园区（居民区）级“源网荷储一体化”等具体模式。

充分发挥负荷侧的调节能力。依托“云大物移智链”等技术，进一步加强源网荷储多向互动，通过虚拟电厂等一体化聚合模式，参与电力中长期、辅助服务、现货等市场交易，为系统提供调节支撑能力。

实现就地就近、灵活坚强发展。增加本地电源支撑，调动负荷响应能力，降低对大电网的调节支撑需求，提高电力设施利用效率。通过坚强局部电网建设，提升重要负荷中心应急保障和风险防御能力。

激发市场活力，引导市场预期。主要通过完善市场化电价机制，调动市场主体积极性，引导电源侧、电网侧、负荷侧和独立储能等主动作为、合理布局、优化运行，实现科学健康发展。

（四）多能互补实施路径。

利用存量常规电源，合理配置储能，统筹各类电源规划、设计、建设、运营，优先发展新能源，积极实施存量“风光水火储一体化”提升，稳妥推进增量“风光水（储）一体化”，探索增量“风光储一体化”，严控增量“风光火（储）一体化”。

强化电源侧灵活调节作用。充分发挥流域梯级水电站、具有较强调节性能水电站、火电机组、储能设施的调节能力，减轻送受端系统的调峰压力，力争各类可再生能源综合利用率保持在合理水平。

优化各类电源规模配比。在确保安全的前提下，最大化利用清洁能源，稳步提升输电通道输送可再生能源电量比重。

确保电源基地送电可持续性。统筹优化近期开发外送规模与远期自用需求，在确保中长期近区电力自足的前提下，明确近期可持续外送规模，超前谋划好远期电力接续。

三、推进源网荷储一体化，提升保障能力和利用效率

（一）区域（省）级源网荷储一体化。依托区域（省）级电力辅助服务、中长期和现货市场等体系建设，公平无歧视引入电源侧、负荷侧、独立电储能等市场主体，全面放开市场化交易，通过价格信号引导各类市场主体灵活调节、多向互动，推动建立市场化交易用户参与承担辅助服务的市场交易机制，培育用户负荷管理能力，提高用户侧调峰积极性。依托5G等现代信息通信及智能化技术，加强全网统一调度，研究建立源网荷储灵活高效互动的电力运行与市场体系，充分发挥区域电网的调节作用，落实电源、电力用户、储能、虚拟电厂参与市场机制。

（二）市（县）级源网荷储一体化。在重点城市开展源网荷储一体化坚强局部电网建设，梳理城市重要负荷，研究局部电网结构加强方案，提出保障电源以及自备应急电源配置方案。结合清洁取暖和清洁能源消纳工作开展市（县）级源网荷储一体化示范，研究热电联产机组、新能源电站、灵活运行电热负荷一体化运营方案。

（三）园区（居民区）级源网荷储一体化。以现代信息通讯、大数据、人工智能、储能等新技术为依托，运用“互联网+”新模式，调动负荷侧调节响应能力。在城市商业区、综合体、居民区，依托光伏发电、并网型微电网和充电基础设施等，开展分布式发电与电动汽车（用户储能）灵活充放电相结合的园区（居民区）级源网荷储一体化建设。在工业负荷大、新能源条件好的地区，支持分布式电源开发建设和就近接入消纳，结合增量配电网等工作，开展源网荷储一体化绿色供电园区建设。研究源网荷储综合优化配置方案，提高系统平衡能力。

四、推进多能互补，提升可再生能源消纳水平

（一）风光储一体化。对于存量新能源项目，结合新能源特性、受端系统消纳空间，研究论证增加储能设施的必要性和可行性。对于增量风光储一体化，优化配套储能规模，充分发挥配套储能调峰、调频作用，最小化风光储综合发电成本，提升综合竞争力。

（二）风光水（储）一体化。对于存量水电项目，结合送端水电出力特性、新能源特性、受端系统消纳空间，研究论证优先利用水电调节性能消纳近区风光电力、因地制宜增加储能设施的必要性和可行性，鼓励通过龙头电站建设优化出力特性，实现就近打捆。对于增量风光水（储）一体化，按照国家及地方相关环保政策、生态红线、水资源利用政策要求，严控中小水电建设规模，以大中型水电为基础，统筹汇集送端新能源电力，优化配套储能规模。

（三）风光火（储）一体化。对于存量煤电项目，优先通过灵活性改造提升调节能力，结合送端近区新能源开发条件和出力特性、受端系统消纳空间，努力扩大就近打捆新能源电力规模。对于增量基地化开发外送项目，基于电网输送能力，合理发挥新能源地域互补优势，优先汇集近区新能源电力，优化配套储能规模；在不影响电力（热力）供应前提下，充分利用近区现役及已纳入国家电力发展规划煤电项目，严控新增煤电需求；外送输电通道可再生能源电量比例原则上不低于50%，优先规划建设比例更高的通道；落实国家及地方相关环保政策、生态红线、水资源利用等政策要求，按规定取得规划环评和规划水资源论证审查意见。对于增量就地开发消纳项目，在充分评估当地资源条件和消纳能力的基础上，优先利用新能源电力。

五、完善政策措施

（一）加强组织领导。以电力系统安全稳定为基础、以市场消纳为导向，按照局部利益服从整体利益原则，发挥国家能源主管部门的统筹协调作用，加强源网荷储一体化和多能互补项目规划与国家和地方电力发展规划、可再生能源规划等的衔接，推动项目有序实施。在组织评估论证和充分征求国家能源局派出机构、送受端能源主管部门和电力企业意见基础上，按照“试点先行，逐步推广”原则，通过国家电力发展规划编制、年度微调、中期滚动调整，将具备条件的项目优先纳入国家电力发展规划。

（二）落实主体责任。各省级能源主管部门是组织推进源网荷储一体化和多能互补项目的责任主体，应会同国家能源局派出机构积极组织相关电源、电网、用电企业及咨询机构开展项目及实施方案的分类组

织、研究论证、评估筛选、编制报送、建设实施等工作。对于跨省区开发消纳项目，相关能源主管部门应在符合国家总体能源格局和电力流向基础上，经充分协商达成初步意向，会同国家能源局派出机构组织开展实施方案研究并行文上报国家能源主管部门。各地必须严格落实国家电力发展规划，坚决防止借机扩张化石电源规模、加剧电力供需和可再生能源消纳矛盾，确保符合绿色低碳发展方向。

（三）建立协调机制。各投资主体应加强源网荷储统筹协调，积极参与相关规划研究，共同推进项目前期工作，实现规划一体化；协调各电力项目建设进度，确保同步建设、同期投运，推动建设实施一体化。国家能源局派出机构负责牵头建立所在区域的源网荷储一体化和多能互补项目协调运营和利益共享机制，进一步深化电力辅助服务市场、中长期交易等市场化机制建设，发挥协同互补效益，充分挖掘常规电源、储能、用户负荷等各方调节能力，提升可再生能源消纳水平，实现项目运行调节和管理规范的一体化。

（四）守住安全底线。坚持底线思维，统筹发展和安全，在推进相关项目过程中，有效防范化解各类安全风险，通过合理配置不同电源类型，研究电力系统源网荷储各环节的安全共治机制，探索新型电力系统安全治理手段，保障新能源安全消纳，为我国全面实现绿色低碳转型构筑坚强的安全屏障。

（五）完善支持政策。源网荷储一体化和多能互补项目中的新能源发电项目应落实国家可再生能源发电项目管理政策，在国家和地方可再生能源规划实施方案中统筹安排；鼓励具备条件地区统一组织推进相关项目建设，支持参与跨省区电力市场化交易、增量配电改革及分布式发电市场化交易。

（六）鼓励社会投资。降低准入门槛，营造权利平等、机会平等、规则平等的投资环境。在符合电力项目相关投资政策和管理办法基础上，鼓励社会资本等各类投资主体投资各类电源、储能及增量配电网项目，或通过资本合作等方式建立联合体参与项目投资开发建设。

（七）加强监督管理。国家能源局派出机构应加强对相关项目事中事后监管，全过程监管项目规划编制、核准、建设、并网和调度运行、市场化交易、电费结算及价格财税扶持政策等，并提出针对性监管意见，推动源网荷储一体化和多能互补项目的有效实施和可持续发展。

本指导意见由国家发展改革委、国家能源局负责解释，自印发之日起施行，有效期5年。

国家发展改革委
国 家 能 源 局
2021年2月25日

国家发展改革委关于进一步完善抽水蓄能价格形成机制的意见

（发改价格〔2021〕633号）

各省、自治区、直辖市及计划单列市、新疆生产建设兵团发展改革委，国家电网有限公司、南方电网公司、内蒙古电力（集团）有限责任公司：

抽水蓄能电站具有调峰、调频、调压、系统备用和黑启动等多种功能，是电力系统的主要调节电源。近年来，我委逐步建立完善抽水蓄能电价形成机制，对促进抽水蓄能电站健康发展、提升电站综合效益发挥了重要作用，但随着电力市场化改革的加快推进，也面临与市场发展不够衔接、激励约束机制不够健全等问题。为贯彻落实党中央、国务院关于深化电力体制改革、完善价格形成机制的决策部署，促进抽水蓄能电站加快发展，构建以新能源为主体的新型电力系统，经商国家能源局，现就进一步完善抽水蓄能价格形成机制提出以下意见。

一、总体要求

今后一段时期，加快发展抽水蓄能电站，是提升电力系统灵活性、经济性和安全性的重要方式，是构建以新能源为主体的新型电力系统的迫切要求，对保障电力供应、确保电网安全、促进新能源消纳、推动能源绿色低碳转型具有重要意义。现阶段，要坚持以两部制电价政策为主体，进一步完善抽水蓄能价格形成机制，以竞争性方式形成电量电价，将容量电价纳入输配电价回收，同时强化与电力市场建设发展的衔接，逐步推动抽水蓄能电站进入市场，着力提升电价形成机制的科学性、操作性和有效性，充分发挥电价信号作用，调动各方面积极性，为抽水蓄能电站加快发展、充分发挥综合效益创造更加有利的条件。

二、坚持并优化抽水蓄能两部制电价政策

（一）以竞争性方式形成电量电价。电量电价体现抽水蓄能电站提供调峰服务的价值，抽水蓄能电站通过电量电价回收抽水、发电的运行成本。

1. 发挥现货市场在电量电价形成中的作用。在电力现货市场运行的地方，抽水蓄能电站抽水电价、上网电价按现货市场价格及规则结算。抽水蓄能电站抽水电量不执行输配电价、不承担政府性基金及附加（下同）。

2. 现货市场尚未运行情况下引入竞争机制形成电量电价。在电力现货市场尚未运行的地方，抽水蓄能电站抽水电量可由电网企业提供，抽水电价按燃煤发电基准价的75%执行，鼓励委托电网企业通过竞争性招标方式采购，抽水电价按中标电价执行，

因调度等因素未使用的中标电量按燃煤发电基准价执行。抽水蓄能电站上网电量由电网企业收购，上网电价按燃煤发电基准价执行。由电网企业提供的抽水电量产生的损耗在核定省级电网输配电价时统筹考虑。

3. 合理确定服务多省区的抽水蓄能电站电量电价执行方式。需要在多个省区分摊容量电费（容量电价×机组容量，下同）的抽水蓄能电站，抽水电量、上网电量按容量电费分摊比例分摊至相关省级电网，抽水电价、上网电价在相关省级电网按上述电量电价机制执行。

（二）完善容量电价核定机制。容量电价体现抽水蓄能电站提供调频、调压、系统备用和黑启动等辅助服务的价值，抽水蓄能电站通过容量电价回收抽发运行成本外的其他成本并获得合理收益。

1. 对标行业先进水平合理核定容量电价。我委根据《抽水蓄能容量电价核定办法》（附后），在成本调查基础上，对标行业先进水平合理确定核价参数，按照经营期定价法核定抽水蓄能容量电价，并随省级电网输配电价监管周期同步调整。上一监管周期抽水蓄能电站可用率不达标的，适当降低核定容量电价水平。

2. 建立适应电力市场建设发展和产业发展需要的调整机制。适应电力市场建设发展进程和产业发展实际需要，适时降低或根据抽水蓄能电站主动要求降低政府核定容量电价覆盖电站机组设计容量的比例，以推动电站自主运用剩余机组容量参与电力市场，逐步实现电站主要通过参与市场回收成本、获得收益，促进抽水蓄能电站健康有序发展。

三、健全抽水蓄能电站费用分摊疏导方式

（一）建立容量电费纳入输配电价回收的机制。政府核定的抽水蓄能容量电价对应的容量电费由电网企业支付，纳入省级电网输配电价回收。与输配电价核价周期保持衔接，在核定省级电网输配电价时统筹考虑未来三年新投产抽水蓄能电站容量电费。在第二监管周期（2020—2022 年）内陆续投产的抽水蓄能电站容量电费，在核定第三监管周期（2023—2025 年）省级电网输配电价时统筹考虑。

（二）建立相关收益分享机制。鼓励抽水蓄能电站参与辅助服务市场或辅助服务补偿机制，上一监管周期内形成的相应收益，以及执行抽水电价、上网电价形成的收益，20%由抽水蓄能电站分享，80%在下一监管周期核定电站容量电价时相应扣减，形成的亏损由抽水蓄能电站承担。

（三）完善容量电费在多个省级电网的分摊方式。根据功能和服务情况，抽水蓄能电站容量电费需要在多个省级电网分摊的，由我委组织相关省区协商确定分摊比例，或参照《区域电网输电价格定价办法》（发改价格〔2020〕100 号）明确的区域电网容量电费分摊比例合理确定。已经明确容量电费分摊比例的在运电站继续按现行分摊比例执行，并根据情况适时调整。

（四）完善容量电费在特定电源和电力系统间的分摊方式。根据项目核准文件，抽水蓄能电站明确同时服务于特定电源和电力系统的，应明确机组容量分摊比例，容量电费按容量分摊比例在特定电源和电力系统之间进行分摊。特定电源应分摊的容量电费由相关受益主体承担，并在核定抽水蓄能电站容量电价时相应扣减。

四、强化抽水蓄能电站建设运行管理

（一）加强抽水蓄能电站建设管理。抽水蓄能电站建设应充分考虑电力系统需要、站址资源条件、项目经济性、当地电价承受能力等，统一规划、合理布局、有序建设，未纳入相关建设规划的项目不得建设。

（二）强化抽水蓄能电站运行管理。电网企业、抽水蓄能电站要着眼保障电力供应、确保电网安全、促进新能源消纳等，合理安排抽水蓄能电站运行，签订年度调度运行协议并对外公示，充分发挥抽水蓄能电站综合效益。国家能源局及其派出机构要进一步加强对抽水蓄能电站利用情况的监管和考核，对抽水蓄能电站作用发挥不充分的，及时责令改正，并依法进行处理。各地也要加强对抽水蓄能电站的运行管理。

（三）保障非电网投资抽水蓄能电站平稳运行。电网企业要与非电网投资主体投资建设的抽水蓄能电站签订规范的中长期购售电合同，坚持公平公开公正原则对抽水蓄能电站实施调度，严格执行我委核定的容量电价和根据本意见形成的电量电价，按月及时结算电费，保障非电网投资主体利益，调动社会资本参与抽水蓄能电站建设的积极性。

（四）推动抽水蓄能电站作为独立市场主体参与市场。各地价格主管部门、能源主管部门要按照职能分工，加快确立抽水蓄能电站独立市场主体地位，推动电站平等参与电力中长期交易、现货市场交易、辅助服务市场或辅助服务补偿机制。

（五）健全对抽水蓄能电站电价执行情况的监管。电网企业要对抽水蓄能电站电价结算单独归集、单独反映，于每年 4 月底前将上年度抽水蓄能电站电价执行情况报相关省级价格主管部门和我委（价格司）。

五、实施安排

（一）本意见印发之日前已投产的电站，执行单一容量制电价的，继续按现行标准执行至 2022 年底，2023 年起按本意见规定电价机制执行；执行两部制电价的，电量电价按本意见规定电价机制执行，容量电

价按现行标准执行至 2022 年底，2023 年起按本意见规定电价机制执行；执行单一电量制电价的，继续按现行电价水平执行至 2022 年底，2023 年起按本意见规定电价机制执行。

（二）本意见印发之日起新投产的抽水蓄能电站，按本意见规定电价机制执行。

现行规定与本意见不符的，以本意见为准。

附件：抽水蓄能容量电价核定办法

国家发展改革委

2021 年 4 月 30 日

附件

抽水蓄能容量电价核定办法

为进一步完善抽水蓄能价格形成机制，提升抽水蓄能容量电价核定的规范性、科学性，制定本办法。

第一条 抽水蓄能容量电价实行事前核定、定期调整的价格机制。电站投运后首次核定临时容量电价，在经成本调查后核定正式容量电价，并随省级电网输配电价监管周期同步调整。

第二条 抽水蓄能容量电价按经营期定价法核定，即基于弥补成本、合理收益原则，按照资本金内部收益率对电站经营期内年度净现金流进行折现，以实现整个经营期现金流收支平衡为目标，核定电站容量电价。容量电价按本办法第三条至第六条规定计算。

第三条 年净现金流。计算公式为：

年净现金流=年现金流入－年现金流出

年现金流入和年现金流出均为不含税金额。

第四条 年现金流入为实现累计净现金流折现值为零时的年平均收入水平，包括固定资产残值收入（仅经营期最后一年计入）。

其中：固定资产残值收入=固定资产原值×残值率

第五条 年现金流出。计算公式为：

年现金流出=资本金投入＋偿还的贷款本金＋利息支出＋运行维护费＋税金及附加

第六条 容量电价。计算公式为：

不含税容量电价=年平均收入÷覆盖电站机组容量

含税容量电价=不含税容量电价×（1＋增值税率）

年平均收入不含固定资产残值收入

第七条 运行维护费。包括材料费、修理费、人工费和其他运营费用。

（一）材料费。指抽水蓄能电站提供服务所耗用的消耗性材料、事故备品等，包括因电站自行组织设备大修、抢修、日常检修发生的材料消耗和委托外部社会单位检修需要企业自行购买的材料费用。

（二）修理费。指维护和保持抽水蓄能电站相关设施正常工作状态所进行的外包修理活动发生的检修费用，不包括电站自行组织检修发生的材料消耗和人工费用。

（三）人工费。指从事抽水蓄能电站运行维护的职工发生的薪酬支出，包括工资总额（含津补贴）、职工福利费、职工教育经费、工会经费、社会保险费用、住房公积金，含劳务派遣及临时用工支出等。

（四）其他运营费用。指抽水蓄能电站正常运营发生的除材料费、修理费和人工费以外的费用。

第八条 对标行业先进水平确定核价参数标准：

（一）电站经营期按 40 年核定，经营期内资本金内部收益率按 6.5%核定，本意见印发之日前已核定容量电价的抽水蓄能电站维持原资本金内部收益率。

（二）电站投资和资本金分别按照经审计的竣工决算金额和实际投入资本金核定。

（三）贷款额据实核定，还贷期限按 25 年计算。在运电站加权平均贷款利率高于同期市场报价利率时，贷款利率按同期市场报价利率核定；反之按同期市场报价利率减二者差额的 50%核定。

（四）运行维护费率（运行维护费除以固定资产原值的比例）按在运电站费率从低到高排名前 50%的平均水平核定；《国家发展改革委关于完善抽水蓄能电站价格形成机制有关问题的通知》（发改价格〔2014〕1763 号）印发前投产的在运电站费率按在运电站平均水平核定。

（五）税金及附加依据现行国家相关税收法律法规核定。

第九条 临时容量电价的核价参数标准参照第八条和以下规定确定：

（一）电站投资按照政府主管部门批复的项目核准文件或施工图预算投资确定。资本金按照工程投资的 20%计算。

（二）贷款利率和运行维护费率分别按上一监管周期核价确定值计算。

第十条 运行维护费主要项目调查审核标准：

（一）材料费、修理费按剔除不合理因素后的调查期间平均值核定。特殊情况下，因不可抗力、政策性因素造成一次性费用过高的可分期分摊。

（二）工资水平（含津补贴）参照当地省级电网工资水平核定。职工福利费、职工教育经费、工会经费据实核定，但不得超过核定的工资总额和国家规定提取比例的乘积。

职工养老保险（包括补充养老保险）、医疗保险（包括补充医疗保险）、失业保险、工伤保险、生育保险、住房公积金等，审核计算基数按照企业实缴基数确定，但不得超过核定的工资总额和当地政府规定的基数，计算比例按照不超过国家或当地政府统一规定的比例确定。

劳务派遣、临时用工性质的用工支出如未包含在工资总额内，在不超过国家有关规定范围内按照企业实际发生数核定。

（三）价内税金。按照现行国家税法规定水平核定。

（四）无形资产摊销。无形资产的摊销年限，有法律法规规定或合同约定的，从其规定或约定；没有规定或约定的，原则上按不少于 10 年摊销。

（五）其他费用。按剔除不合理因素后的调查期间平均值核定。

本办法由国家发展改革委负责解释，现行规定与本办法不符的以本办法为准。

国家发展改革委关于“十四五”时期深化价格机制改革行动方案的通知（摘要）

（发改价格〔2021〕689 号）

各省、自治区、直辖市、新疆生产建设兵团发展改革委：

为深入贯彻党的十九届五中全会精神和“十四五”规划《纲要》部署，深化“十四五”时期重点领域价格机制改革，制定本行动方案。

一、总体要求

以习近平新时代中国特色社会主义思想为指导，深入贯彻党的十九大和十九届二中、三中、四中、五中全会精神，立足新发展阶段，贯彻新发展理念，构建新发展格局，坚持稳中求进工作总基调，以推动高质量发展为主题，以深化供给侧结构性改革为主线，以改革创新为根本动力，以满足人民日益增长的美好生活需要为根本目的，统筹发展和安全，坚持市场化方向，坚持系统观念，重点围绕助力“碳达峰、碳中和”目标实现，促进资源节约和环境保护，提升公共服务供给质量，更好保障和改善民生，深入推进价格改革，完善价格调控机制，提升价格治理能力，确保价格总水平在合理区间运行。

到 2025 年，竞争性领域和环节价格主要由市场决定，网络型自然垄断环节科学定价机制全面确立，能源资源价格形成机制进一步完善，重要民生商品价格调控机制更加健全，公共服务价格政策基本完善，适应高质量发展要求的价格政策体系基本建立。

二、加强和改进价格调控

（一）健全监测预测预警体系。运用现代信息技术，健全价格监测预测预警系统，完善价格监测分析制度和风险预警框架。动态跟踪分析国内外市场形势，一体监测重点商品生产、运输、销售、成本、价格动态，加强综合研判和趋势分析，强化风险评估和预测预警。深化与行业协会、市场机构合作，提升分析预测科学性。

（二）加强重要民生商品价格调控。（略）

（三）坚持并完善价格支持政策。（略）

（四）做好大宗商品价格异动应对。（略）

（五）强化市场预期管理。建立完善预期管理制度。聚焦价格总水平和重点商品，提高预期管理的前瞻性和预见性；创新丰富预期管理手段，通过解读市场基本面的积极变化、政府保供稳价举措等，强化政府与市场双向沟通与信息交流，释放正面信号，合理引导市场预期。规范价格指数编制发布行为。

三、深入推进能源价格改革

（六）持续深化电价改革。进一步完善省级电网、区域电网、跨省跨区专项工程、增量配电网价格形成机制，加快理顺输配电价结构。持续深化燃煤发电、燃气发电、水电、核电等上网电价市场化改革，完善风电、光伏发电、抽水蓄能价格形成机制，建立新型储能价格机制。平稳推进销售电价改革，有序推动经营性电力用户进入电力市场，完善居民阶梯电价制度。

（七）不断完善绿色电价政策。针对高耗能、高排放行业，完善差别电价、阶梯电价等绿色电价政策，强化与产业和环保政策的协同，加大实施力度，促进节能减碳。实施支持性电价政策，降低岸电使用服务费，推动长江经济带沿线港口全面使用岸电。

（八）稳步推进石油天然气价格改革。（略）

（九）完善天然气管道运输价格形成机制。（略）

四、系统推进水资源价格改革（略）

五、加快公共服务价格改革（略）

六、做好组织保障

（十六）强化改革统筹。严格落实改革主体责任，统筹考虑各领域改革进程，明确改革时间表、路线图、责任人。深入调查研究，科学设计改革方案，广泛听取各方面意见，切实履行法定程序。坚持新闻宣传与重大价格改革同研究、同部署、同实施，准确解读改革方案，凝聚改革共识。强化部门协同、上下联动，加强工作指导，充分调动基层积极性，形成工作合力。

（十七）加强成本监审。坚持将成本监审作为政府制定和调整价格的重要程序，制定完善分行业的成本监审办法和监审操作规程，探索建立标准成本制度。组织开展输配电、天然气管道运输等重点领域成本监审。强化成本监审约束作用，逐步引入成本激励机制。建设全国统一的成本监审调查信息系统。

（十八）兜住民生底线。把握好改革的时机、力度，充分研究论证社会承受能力，做好风险评估，完善配套民生保障措施。及时启动社会救助和保障标准与物价上涨挂钩联动机制，切实保障困难群众基本生活。

（十九）完善价格法治。开展价格法律法规后评估，完善价格法治体系，推进价格管理机制化、制度化。适时修订定价目录。推动健全价格监测预警、价格认证等领域制度办法。研究完善制止牟取暴利的制度规定。

（二十）加强能力建设。加强政治理论学习，积极开展专业培训，强化干部配备，充实工作力量，提升价格工作能力。加强成本监审调查、价格监测、价格认证队伍建设，坚持守正创新，提高服务中心、服务大局能力。充分利用第三方力量，强化价格领域重大问题、基础理论和前瞻性政策研究。

请各地结合实际制定具体方案，扎实推进“十四五”时期价格机制改革，确保各项重点任务落实到位。

国家发展改革委

2021 年 5 月 18 日

国家发展改革委办公厅关于进一步加强节能监察工作的通知

（发改办环资〔2021〕422 号）

各省、自治区、直辖市、新疆生产建设兵团发展改革委，江苏省、福建省、青海省工业和信息化厅，山西省、浙江省、广东省能源局：

节能监察是贯彻落实节能法律法规、保障能耗双控目标完成的重要抓手，对加快生态文明建设、促进高质量发展、推动实现碳达峰碳中和具有重要意义。《节能监察办法》施行以来，各地区在宣贯节能法律法规、组织实施节能监察、督促企业依法用能等方面做了大量工作，但仍存在对节能监察的重要性认识不够、节能监察体系不健全、查处违法行为力度不强等问题。为进一步加强节能监察工作，建立常态化节能监察机制，突出抓好重点领域、重点单位、重点项目的监督管理，确保完成“十四五”能耗双控目标，现将有关事项通知如下：

一、提升节能监察效能

（一）加强统筹协调。各地区节能主管部门要加强对节能监察工作的统筹协调和组织推动，加强与工业、建筑、交通运输、公共机构、商业、能源等行业部门和统计、市场监管等有关部门的沟通协调，探索建立跨部门联动的节能监察工作机制，形成工作合力。

（二）提升监察能力。各地区要加强节能监察能力建设，明确节能监察任务分工，加强对下级节能监察机构的业务指导，定期开展业务培训，提升节能监察人员专业素质和业务能力，加大资金支持保障力度。

（三）规范监察行为。各地区节能主管部门要按照《节能监察办法》和行政执法有关要求，组织开展节能监察，在同一年度内对监察对象的同一监察内容原则上不得重复监察，不得向监察对象收取任何费用。

（四）增强服务意识。节能监察机构要把指导服务与执法监察相结合，主动向监察对象宣传节能法律法规和政策要求，指导帮助监察对象挖掘节能潜力、科学合理使用能源。

（五）强化结果运用。各地区节能主管部门要加大节能监察力度，向社会公开节能监察工作情况，依法公布违规企业名单，严肃查处违法用能行为，综合运用行政处罚、信用惩戒、阶梯电价等手段，增强节能监察约束力。

二、明确重点监察内容

（一）“两高”项目节能审查制度执行情况。

监察对象：近两年开工建设和竣工投产的“两高”项目。

监察内容：依据《固定资产投资项目节能审查办法》，检查项目是否按规定进行节能审查，项目是否符合强制性节能标准及节能审查意见落实情况。

（二）单位产品能耗限额标准执行情况。

监察对象：钢铁、焦化、有色金属、火电、石化、化工、建材等高耗能行业的重点企业。

监察内容：依据国家强制性单位产品能耗限额标准，检查企业单位产品能耗水平是否符合标准要求。

（三）用能设备和生产工艺淘汰制度执行情况。

监察对象：工业企业、大型公建、商场超市、公共机构等用能单位。

监察内容：依据国家有关用能产品、设备、生产工艺淘汰目录和强制性能效标准，检查用能单位是否使用国家明令淘汰的用能产品、设备、生产工艺。

（四）重点用能单位节能管理制度执行情况。

监察对象：年综合能源消费量 1 万 t 标准煤及以上的用能单位及地方节能主管部门指定的其他用能单位。

监察内容：依据《重点用能单位节能管理办法》，检查重点用能单位建立落实节能目标责任制、节能计划、节能管理和技术措施等情况，执行设立能源管理岗位、聘任能源管理负责人、填报能源利用状况报告、建设能耗在线监测系统等情况。

（五）节能服务机构开展服务情况。

监察对象：从事节能咨询、设计、评估、检测、审计、认证等服务的机构。

监察内容：检查节能服务机构贯彻节能要求、提供信息真实性等情况。

三、建立常态化工作机制

（一）制定年度计划。各地区节能主管部门应根据节能监察重点任务，会同有关部门结合本地实际，编制年度节能监察计划，于每年3月底前将节能监察计划报送我委（环资司），包括监察对象名单、统一社会信用代码、所属行业、重点监察内容等信息。2021年节能监察计划于6月30日前报送。

（二）实施重点监控。各地区节能主管部门应将年综合能源消费量50万t标准煤以上的重点用能单位和5万t标准煤以上的固定资产投资项目作为节能监察重点对象，与能源利用状况报告、能耗在线监测、节能审查制度有机衔接，建立预警机制，实施动态监控。重点对象的监察结果及整改情况按月向我委（环资司）报告。

（三）报送工作总结。各地区节能主管部门应于每年年底前将当年节能监察工作总结报送我委（环资司），包括组织实施形式、监察对象信息、监察处理结果、整改落实情况等。国家发展改革委将节能监察工作开展情况作为省级人民政府能耗双控考核的重要内容。

联系人：王　亮　李少华

电　话：010－68505680/5904

特此通知。

国家发展改革委办公厅

2021年5月20日

国家发展改革委　国家能源局关于2021年可再生能源电力消纳责任权重及有关事项的通知

（发改能源〔2021〕704号）

各省、自治区、直辖市、新疆生产建设兵团发展改革委、能源局、经信委（工信委、工信厅），国家能源局各派出机构，国家电网有限公司、中国南方电网有限责任公司、内蒙古电力（集团）有限责任公司，电力规划设计总院、水电水利规划设计总院：

为贯彻落实碳达峰、碳中和任务，实现2025年非化石能源占一次能源消费比重提高至20%左右的目标，根据《国家发展改革委 国家能源局关于建立健全可再生能源电力消纳保障机制的通知》（发改能源〔2019〕807号），现将2021年可再生能源电力消纳责任权重和2022年预期目标印发给你们，并就有关事项通知如下：

一、从2021年起，每年初滚动发布各省权重，同时印发当年和次年消纳责任权重，当年权重为约束性指标，各省按此进行考核评估，次年权重为预期性指标，各省按此开展项目储备。2021年各省（区、市）消纳责任权重见附件1，2022年各省（区、市）预期目标见附件2。

二、各省在确保完成2025年消纳责任权重预期目标的前提下，由于当地水电、核电集中投产影响消纳空间或其他客观原因，当年未完成消纳责任权重的，可以将未完成的消纳责任权重累计到下一年度一并完成。各省可以根据各自经济发展需要、资源禀赋和消纳能力等，相互协商采取灵活有效的方式，共同完成消纳责任权重。对超额完成激励性权重的，在能源双控考核时按国家有关政策给予激励。

三、各省级能源主管部门会同经济运行管理部门要切实承担牵头责任，按照消纳责任权重积极推动本地可再生能源电力建设，开展跨省跨区电力交易，推动承担消纳责任的市场主体落实可再生能源电力消纳任务。2022年2月底前，向国家发展改革委、国家能源局报送2021年可再生能源电力消纳责任权重完成情况。

四、各电网企业要切实承担组织责任，密切配合省级能源主管部门，按照消纳责任权重组织调度、运行和交易等部门，认真做好可再生能源电力并网消纳、跨省跨区域输送和市场交易。2022年1月底前，国家电网、南方电网所属省级电网企业和内蒙古电力（集团）有限责任公司向省级能源主管部门、经济运行管理部门和相关派出机构报送2021年本经营区及各承担消纳责任的市场主体可再生能源电力消纳量完成情况。

五、各派出机构要切实承担监管责任，积极协调落实可再生能源电力并网消纳和跨省跨区域交易，对监管区域内消纳责任权重完成情况开展监管。2022年2月底前，向国家发展改革委、国家能源局报送2021年监管情况。

国家发展改革委、国家能源局将组织有关单位按月跟踪监测各省级行政区域可再生能源电力建设进展及消纳利用水平，按季掌握电网企业调度部门、交易机构落实中长期电力交易情况，按半年评估各省级行政区域消纳责任权重执行情况，按年度通报各省级行政区域消纳责任权重完成情况。

附件：1. 2021年各省（区、市）可再生能源电力消纳责任权重

2. 2022年各省（区、市）可再生能源电力

消纳责任权重预期目标

国家发展改革委
国 家 能 源 局
2021 年 5 月 21 日

附件 1

2021 年各省（区、市）可再生能源电力消纳责任权重

省（自治区、直辖市）	总量消纳责任权重		非水电消纳责任权重	
	最低值	激励值	最低值	激励值
北京	18.0%	19.8%	17.5%	19.3%
天津	17.0%	18.7%	16.0%	17.6%
河北	16.5%	18.2%	16.0%	17.6%
山西	20.0%	22.0%	19.0%	20.9%
山东	13.0%	14.3%	12.5%	13.8%
内蒙古	20.5%	22.6%	19.5%	21.5%
辽宁	15.5%	17.1%	13.5%	14.9%
吉林	28.0%	30.9%	21.0%	23.1%
黑龙江	22.0%	24.2%	20.0%	22.0%
上海	31.5%	35.0%	4.0%	4.4%
江苏	16.5%	18.2%	10.5%	11.6%
浙江	18.5%	20.5%	8.5%	9.4%
安徽	16.0%	17.6%	14.0%	15.4%
福建	19.0%	21.0%	7.5%	8.3%
江西	26.5%	29.3%	12.0%	13.2%
河南	21.5%	23.7%	18.0%	19.8%
湖北	37.0%	41.0%	10.0%	11.0%
湖南	45.0%	49.9%	13.5%	14.9%
重庆	43.5%	48.3%	4.0%	4.4%
四川	74.0%	82.0%	6.0%	6.6%
陕西	25.0%	27.6%	15.0%	16.5%
甘肃	49.5%	54.8%	18.0%	19.8%
青海	69.5%	77.0%	24.5%	27.0%
宁夏	24.0%	26.4%	22.0%	24.2%
新疆	22.0%	24.3%	12.5%	13.8%
广东	29.0%	32.2%	5.0%	5.5%
广西	43.0%	47.7%	10.0%	11.0%
海南	16.0%	17.7%	8.0%	8.8%
贵州	35.5%	39.4%	8.5%	9.4%
云南	75.0%	83.0%	15.0%	16.5%

注 1. 西藏不考核。
2. 福建省最低总量消纳责任权重中，其中 0.5 个百分点为 2020 年由于来水偏枯客观原因未完成，累计到 2021 年完成。

附件 2

2022 年各省（区、市）可再生能源电力消纳责任权重预期目标

省（自治区、直辖市）	总量消纳责任权重最低预期值	非水电消纳责任权重最低预期值
北京	19.44%	18.75%
天津	18.42%	17.25%
河北	17.93%	17.25%
山西	21.41%	20.25%
山东	14.44%	13.75%
内蒙古	21.87%	20.75%
辽宁	16.90%	14.75%
吉林	29.29%	22.25%
黑龙江	23.40%	21.25%
上海	32.45%	5.25%
江苏	17.71%	11.75%
浙江	19.46%	9.75%
安徽	17.34%	15.25%
福建	19.96%	8.75%
江西	32.39%	13.25%
河南	22.77%	19.25%
湖北	37.50%	11.25%
湖南	49.49%	14.75%
重庆	45.50%	5.25%
四川	70.00%	7.25%
陕西	25.89%	16.25%
甘肃	50.00%	19.25%
青海	70.00%	25.75%
宁夏	25.40%	23.25%
新疆	22.88%	13.75%
广东	31.09%	6.25%
广西	47.92%	11.25%
海南	16.65%	9.25%
贵州	36.00%	9.75%
云南	70.00%	16.25%

注 1. 西藏不考核。
2. 最低总量消纳责任权重预期超过 70%的省份暂按照 70%下达，后续根据实际情况再明确。
3. 激励性权重暂不下达，根据实际情况再下达。

国家发展改革委办公厅　国家能源局综合司关于做好新能源配套送出工程投资建设有关事项的通知

（发改办运行〔2021〕445号）

各省、自治区、直辖市发展改革委、经信委（工信委、工信厅、经信厅、工信局）、能源局，国家电网有限公司、中国南方电网有限责任公司、中国华能集团有限公司、中国大唐集团有限公司、中国华电集团有限公司、国家电力投资集团有限公司、中国长江三峡集团有限公司、国家能源投资集团有限责任公司、国家开发投资集团有限公司：

在碳达峰、碳中和目标背景下，风电、光伏发电装机将快速增长，并网消纳成为越来越重要的条件。为更好推动我国能源转型，满足新能源快速增长需求，避免风电、光伏发电等电源送出工程成为制约新能源发展的因素，现就有关事项通知如下：

一、高度重视电源配套送出工程对新能源并网的影响。为努力实现碳达峰、碳中和目标，需要进一步加快发展风电、光伏发电等非化石能源。新能源机组和配套送出工程建设的不同步将影响新能源并网消纳，各地和有关企业要高度重视新能源配套工程建设，采取切实行动，尽快解决并网消纳矛盾，满足快速增长的并网消纳需求。

二、加强电网和电源规划统筹协调。统筹资源开发条件和电源送出通道，科学合理选取新能源布点，做好新能源与配套送出工程的统一规划；考虑规划整体性和运行需要，优先电网企业承建新能源配套送出工程，满足新能源并网需求，确保送出工程与电源建设的进度相匹配；结合不同工程特点和建设周期，衔接好网源建设进度，保障风电、光伏发电等电源项目和配套送出工程同步规划、同步核准、同步建设、同步投运，做到电源与电网协同发展。

三、允许新能源配套送出工程由发电企业建设。对电网企业建设有困难或规划建设时序不匹配的新能源配套送出工程，允许发电企业投资建设，缓解新能源快速发展并网消纳压力。发电企业建设配套送出工程应充分进行论证，并完全自愿，可以多家企业联合建设，也可以一家企业建设，多家企业共享。

四、做好配套工程回购工作。发电企业建设的新能源配套工程，经电网企业与发电企业双方协商同意，可在适当时机由电网企业依法依规进行回购。

五、确保新能源并网消纳安全。投资建设承建主体转变仅涉及产权变化，调度运行模式保持不变。各投资主体应做好配套送出工程的运行维护工作，确保系统安全运行。

请各地高度重视新能源并网消纳工作，会同相关电网、发电企业，科学规划，加强监管，简化核准或备案手续，规范程序，合理确定承建主体，尽量缩短时间，以满足新能源高质量发展需要。

国家发展改革委办公厅
国家能源局综合司
2021年5月31日

国家发展改革委关于2021年新能源上网电价政策有关事项的通知

（发改价格〔2021〕833号）

各省、自治区、直辖市发展改革委，国家电网有限公司、南方电网有限责任公司、内蒙古电力（集团）有限责任公司：

为贯彻落实党中央、国务院决策部署，充分发挥电价信号作用，合理引导投资、促进资源高效利用，推动光伏发电、风电等新能源产业高质量发展，经商国家能源局，现就2021年光伏发电、风电等新能源上网电价政策有关事项通知如下：

一、2021年起，对新备案集中式光伏电站、工商业分布式光伏项目和新核准陆上风电项目（以下简称“新建项目”），中央财政不再补贴，实行平价上网。

二、2021年新建项目上网电价，按当地燃煤发电基准价执行；新建项目可自愿通过参与市场化交易形成上网电价，以更好体现光伏发电、风电的绿色电力价值。

三、2021年起，新核准（备案）海上风电项目、光热发电项目上网电价由当地省级价格主管部门制定，具备条件的可通过竞争性配置方式形成，上网电价高于当地燃煤发电基准价的，基准价以内的部分由电网企业结算。

四、鼓励各地出台针对性扶持政策，支持光伏发电、陆上风电、海上风电、光热发电等新能源产业持续健康发展。

本通知自2021年8月1日起执行。

国家发展改革委
2021年6月7日

国家发展改革委　国家能源局关于加快推动新型储能发展的指导意见

（发改能源规〔2021〕1051号）

各省、自治区、直辖市、新疆生产建设兵团发展改革委、能源局，国家能源局各派出机构：

实现碳达峰碳中和，努力构建清洁低碳、安全高效能源体系，是党中央、国务院作出的重大决策部署。抽水蓄能和新型储能是支撑新型电力系统的重要技术和基础装备，对推动能源绿色转型、应对极端事件、保障能源安全、促进能源高质量发展、支撑应对气候变化目标实现具有重要意义。为推动新型储能快速发展，现提出如下意见。

一、总体要求

（一）指导思想。

以习近平新时代中国特色社会主义思想为指导，全面贯彻党的十九大和十九届二中、三中、四中、五中全会精神，落实“四个革命、一个合作”能源安全新战略，以实现碳达峰碳中和为目标，将发展新型储能作为提升能源电力系统调节能力、综合效率和安全保障能力，支撑新型电力系统建设的重要举措，以政策环境为有力保障，以市场机制为根本依托，以技术革新为内生动力，加快构建多轮驱动良好局面，推动储能高质量发展。

（二）基本原则。

统筹规划、多元发展。加强顶层设计，统筹储能发展各项工作，强化规划科学引领作用。鼓励结合源、网、荷不同需求探索储能多元化发展模式。

创新引领、规模带动。以“揭榜挂帅”方式加强关键技术装备研发，推动储能技术进步和成本下降。建设产教融合等技术创新平台，加快成果转化，有效促进规模化应用，壮大产业体系。

政策驱动、市场主导。加快完善政策机制，加大政策支持力度，鼓励储能投资建设。明确储能市场主体地位，发挥市场引导作用。

规范管理、保障安全。完善优化储能项目管理程序，健全技术标准和检测认证体系，提升行业建设运行水平。推动建立安全技术标准及管理体系，强化消防安全管理，严守安全底线。

（三）主要目标。

到2025年，实现新型储能从商业化初期向规模化发展转变。新型储能技术创新能力显著提高，核心技术装备自主可控水平大幅提升，在高安全、低成本、高可靠、长寿命等方面取得长足进步，标准体系基本完善，产业体系日趋完备，市场环境和商业模式基本成熟，装机规模达3000万kW以上。新型储能在推动能源领域碳达峰碳中和过程中发挥显著作用。到2030年，实现新型储能全面市场化发展。新型储能核心技术装备自主可控，技术创新和产业水平稳居全球前列，标准体系、市场机制、商业模式成熟健全，与电力系统各环节深度融合发展，装机规模基本满足新型电力系统相应需求。新型储能成为能源领域碳达峰碳中和的关键支撑之一。

二、强化规划引导，鼓励储能多元发展

（一）统筹开展储能专项规划。研究编制新型储能规划，进一步明确“十四五”及中长期新型储能发展目标及重点任务。省级能源主管部门应开展新型储能专项规划研究，提出各地区规模及项目布局，并做好与相关规划的衔接。相关规划成果应及时报送国家发展改革委、国家能源局。

（二）大力推进电源侧储能项目建设。结合系统实际需求，布局一批配置储能的系统友好型新能源电站项目，通过储能协同优化运行保障新能源高效消纳利用，为电力系统提供容量支撑及一定调峰能力。充分发挥大规模新型储能的作用，推动多能互补发展，规划建设跨区输送的大型清洁能源基地，提升外送通道利用率和通道可再生能源电量占比。探索利用退役火电机组的既有厂址和输变电设施建设储能或风光储设施。

（三）积极推动电网侧储能合理化布局。通过关键节点布局电网侧储能，提升大规模高比例新能源及大容量直流接入后系统灵活调节能力和安全稳定水平。在电网末端及偏远地区，建设电网侧储能或风光储电站，提高电网供电能力。围绕重要负荷用户需求，建设一批移动式或固定式储能，提升应急供电保障能力或延缓输变电升级改造需求。

（四）积极支持用户侧储能多元化发展。鼓励围绕分布式新能源、微电网、大数据中心、5G基站、充电设施、工业园区等其他终端用户，探索储能融合发展新场景。鼓励聚合利用不间断电源、电动汽车、用户侧储能等分散式储能设施，依托大数据、云计算、人工智能、区块链等技术，结合体制机制综合创新，探索智慧能源、虚拟电厂等多种商业模式。

三、推动技术进步，壮大储能产业体系

（五）提升科技创新能力。开展前瞻性、系统性、战略性储能关键技术研发，以“揭榜挂帅”方式调动企业、高校及科研院所等各方面力量，推动储能理论和关键材料、单元、模块、系统中短板技术攻关，加快实现核心技术自主化，强化电化学储能安全技术研究。坚持储能技术多元化，推动锂离子电池等相对成熟新型储能技术成本持续下降和商业化规模应用，实现压缩空气、液流电池等长时储能技术进入商业化发展初期，加快飞轮储能、钠离子电池等技术开展规模化试验示范，以需求为导向，探索开展储氢、储热及其他创新储能技术的研究和示范应用。

（六）加强产学研用融合。完善储能技术学科专业建设，深化多学科人才交叉培养，打造一批储能技术产教融合创新平台。支持建设国家级储能重点实验室、工程研发中心等。鼓励地方政府、企业、金融

机构、技术机构等联合组建新型储能发展基金和创新联盟，优化创新资源分配，推动商业模式创新。

（七）加快创新成果转化。鼓励开展储能技术应用示范、首台（套）重大技术装备示范。加强对新型储能重大示范项目分析评估，为新技术、新产品、新方案实际应用效果提供科学数据支撑，为国家制定产业政策和技术标准提供科学依据。

（八）增强储能产业竞争力。通过重大项目建设引导提升储能核心技术装备自主可控水平，重视上下游协同，依托具有自主知识产权和核心竞争力的骨干企业，积极推动从生产、建设、运营到回收的全产业链发展。支持中国新型储能技术和标准“走出去”。支持结合资源禀赋、技术优势、产业基础、人力资源等条件，推动建设一批国家储能高新技术产业化基地。

四、完善政策机制，营造健康市场环境

（九）明确新型储能独立市场主体地位。研究建立储能参与中长期交易、现货和辅助服务等各类电力市场的准入条件、交易机制和技术标准，加快推动储能进入并允许同时参与各类电力市场。因地制宜建立完善“按效果付费”的电力辅助服务补偿机制，深化电力辅助服务市场机制，鼓励储能作为独立市场主体参与辅助服务市场。鼓励探索建设共享储能。

（十）健全新型储能价格机制。建立电网侧独立储能电站容量电价机制，逐步推动储能电站参与电力市场；研究探索将电网替代性储能设施成本收益纳入输配电价回收。完善峰谷电价政策，为用户侧储能发展创造更大空间。

（十一）健全“新能源+储能”项目激励机制。对于配套建设或共享模式落实新型储能的新能源发电项目，动态评估其系统价值和技术水平，可在竞争性配置、项目核准（备案）、并网时序、系统调度运行安排、保障利用小时数、电力辅助服务补偿考核等方面给予适当倾斜。

五、规范行业管理，提升建设运行水平

（十二）完善储能建设运行要求。以电力系统需求为导向，以发挥储能运行效益和功能为目标，建立健全各地方新建电力装机配套储能政策。电网企业应积极优化调度运行机制，研究制定各类型储能设施调度运行规程和调用标准，明确调度关系归属、功能定位和运行方式，充分发挥储能作为灵活性资源的功能和效益。

（十三）明确储能备案并网流程。明确地方政府相关部门新型储能行业管理职能，协调优化储能备案办理流程、出台管理细则。督促电网企业按照“简化手续、提高效率”的原则明确并网流程，及时出具并网接入意见，负责建设接网工程，提供并网调试及验收等服务，鼓励对用户侧储能提供“一站式”服务。

（十四）健全储能技术标准及管理体系。按照储能发展和安全运行需求，发挥储能标准化信息平台作用，统筹研究、完善储能标准体系建设的顶层设计，开展不同应用场景储能标准制修订，建立健全储能全产业链技术标准体系。加强现行能源电力系统相关标准与储能应用的统筹衔接。推动完善新型储能检测和认证体系。推动建立储能设备制造、建设安装、运行监测等环节的安全标准及管理体系。

六、加强组织领导，强化监督保障工作

（十五）加强组织领导工作。国家发展改革委、国家能源局负责牵头构建储能高质量发展体制机制，协调有关部门共同解决重大问题，及时总结成功经验和有效做法；研究完善新型储能价格形成机制；按照“揭榜挂帅”等方式要求，推进国家储能技术产教融合创新平台建设，逐步实现产业技术由跟跑向并跑领跑转变；推动设立储能发展基金，支持主流新型储能技术产业化示范；有效利用现有中央预算内专项等资金渠道，积极支持新型储能关键技术装备产业化及应用项目。各地区相关部门要结合实际，制定落实方案和完善政策措施，科学有序推进各项任务。国家能源局各派出机构应加强事中事后监管，健全完善新型储能参与市场交易、安全管理等监管机制。

（十六）落实主体发展责任。各省级能源主管部门应分解落实新型储能发展目标，在充分掌握电力系统实际情况、资源条件、建设能力等基础上，按年度编制新型储能发展方案。加大支持新型储能发展的财政、金融、税收、土地等政策力度。

（十七）鼓励地方先行先试。鼓励各地研究出台相关改革举措、开展改革试点，在深入探索储能技术路线、创新商业模式等的基础上，研究建立合理的储能成本分摊和疏导机制。加快新型储能技术和重点区域试点示范，及时总结可复制推广的做法和成功经验，为储能规模化高质量发展奠定坚实基础。

（十八）建立监管长效机制。逐步建立与新型储能发展阶段相适应的闭环监管机制，适时组织开展专项监管工作，引导产业健康发展。推动建设国家级储能大数据平台，建立常态化项目信息上报机制，探索重点项目信息数据接入，提升行业管理信息化水平。

（十九）加强安全风险防范。督促地方政府相关部门明确新型储能产业链各环节安全责任主体，强化消防安全管理。明确新型储能并网运行标准，加强组件和系统运行状态在线监测，有效提升安全运行水平。

国家发展改革委
国 家 能 源 局
2021 年 7 月 15 日

国家发展改革委关于做好2021年能源迎峰度夏工作的通知

（发改运行〔2021〕1058号）

各省、自治区、直辖市发展改革委、经信委（工信委、工信厅、经信厅、工信局）、能源局，北京市城市管理委员会，煤电油气运保障工作部际协调机制有关成员单位，中国电力企业联合会、中国煤炭工业协会，中国石油天然气集团有限公司、中国石油化工集团有限公司、中国海洋石油集团有限公司、国家石油天然气管网集团有限公司、国家电网有限公司、中国南方电网有限责任公司、中国华能集团公司、中国大唐集团公司、中国华电集团公司、国家电力投资集团公司、中国长江三峡集团公司、国家能源投资集团公司、国家开发投资公司、中国核工业集团公司、中国广核集团公司，中国中煤能源集团有限公司，中国远洋海运集团有限公司：

今年以来能源需求持续快速增长，迎峰度夏已经到来，局部地区高峰时段仍存在保障压力。为统筹做好2021年能源迎峰度夏保障供应工作，确保煤电油气运供需形势平稳有序，现就有关事项通知如下。

一、准确把握今年能源迎峰度夏总体工作要求

（一）总体要求。坚持以习近平新时代中国特色社会主义思想为指导，深入贯彻落实党的十九大和十九届二中、三中、四中、五中全会精神，立足新发展阶段，贯彻新发展理念，构建新发展格局，统筹能源安全和高质量发展，完善能源产供储销体系，全力做好能源迎峰度夏各项工作。充分发挥煤电油气运保障工作部际协调机制作用，保持能源稳产增产，努力增加能源供应，发挥能源储备作用，完善能源需求侧管理，实现能源迎峰度夏平稳有序，确保居民生活等重点用能需求，促进经济社会高质量发展。

（二）基本原则。坚持保障民生，确保居民、农业、重要公用事业和公益性服务等用能；坚持安全稳定，切实保障能源供应各环节稳定运行和安全可靠；坚持灵活调节，不断提高供给侧和需求侧系统调峰能力；坚持优化结构，全力促进清洁能源多发满发；坚持市场化，鼓励积极通过市场化方式做好能源供应保障各项工作。

（三）准确把握能源供需形势。今年以来，全国能源需求持续快速增长，随着迎峰度夏期间全国气温不断攀升和空调制冷负荷不断释放，局部地区高峰时段将出现供需偏紧，如遇大范围持续极端高温天气，形势将更趋严峻。各地要加强对本地煤电油气运供需形势的跟踪监测，密切关注市场需求变化和气温来水情况，加强产运需衔接和相关部门之间的配合，预判外部因素对煤电油气运供应的影响，及时协调解决出现的矛盾和问题，加大力度保供稳价，保持合理库存水平，妥善做好应对安排。

二、强化安全生产，全力保持能源稳产增产

（一）加快推进煤炭优质产能释放。各产煤地区要组织指导煤炭生产企业在确保安全的前提下科学组织生产，保障稳定生产；晋陕蒙等重点产煤地区要带头落实增产增供责任，加快释放优质产能；大型煤炭企业要发挥好表率作用，在确保安全的前提下按最大能力组织生产。各地和有关中央企业要加快推动解决制约增加产量的主要因素，积极协调和组织具备条件的煤矿抓紧落实产能置换方案，加快优质产能煤矿建设进度和手续办理，有序实施技术改造和减量重组，尽快实现建设煤矿依法依规投产达产。鼓励赋存条件好、安全有保障、机械化水平高的生产煤矿，通过产能置换重新核定生产能力，持续增加有效供给。

（二）促进清洁能源多发满发。各地要严格落实优先发电制度，按照《国家发展改革委 国家能源局关于规范优先发电优先购电计划管理的通知》（发改运行〔2019〕144号）要求，梳理本地优先发电适用范围，科学编制优先发电、优先购电计划；细化完善政策体系，完善“保量保价”和“保量竞价”相结合的价格形成机制和优先发电计划指标转让机制，推动优先发电制度落地见效。有关地方要组织电网企业、发电企业等相关方面，抓紧制定实施细则，尽快提升核电发电年利用小时数。大型水电企业要加强与受电省份和电网企业的沟通协调，研究水电消纳机制，有效缓解汛期弃水压力。

（三）提高石油天然气供应能力。各地要加强石油天然气供需形势监测分析，严格签订履行合同，加强资源组织，切实保障供应。中石油、中石化、中海油等主要供气企业要加快推进重点气田新建产能建设，同时，供气企业和管道企业要合理安排基础设施检修，共同保障夏季高峰发电合理天然气需求，确保天然气供应稳定。

（四）确保安全生产。各地、各企业要树牢安全发展理念，严格落实安全生产责任制，防范化解重大安全风险，坚决守住安全生产底线。煤炭企业要加强“一通三防”工作，强化冲击地压、瓦斯、水害等隐患排查治理，坚决禁止不具备安全生产条件的煤矿复工复产，严防超能力、超强度、超定员、超层越界和非正规开采，坚决遏制重特大安全事故。电力企业要严格落实安全生产主体责任，着力提高技术防范水平，确保电力设备安全稳定运行。油气企业要加强管道巡护，加大管道占压清理、第三方施工等管控力度，切实做好管道安全生产和保护工作。

三、注重有效调节，提升能源供应保障能力

（一）切实提升煤炭供应保障能力。各地和大型煤炭企业要多措并举，建立健全煤炭供给体系，确保煤炭特别是电煤供应稳定可靠。有关方面要将电煤保障作为当前工作的重中之重，千方百计落实煤炭资源，及时帮助存煤偏低电厂协调落实煤源和运力，将电厂存煤天数提升到合理水平。要组织煤炭和电力企业再签订一批中长期合同，督促已签订中长期合同严格履约，月度履约率要提高到90%以上。

（二）切实提升电力供应保障能力。各地要提前摸清本地电煤、天然气等燃料资源落实情况，指导本地发电企业千方百计提升高峰时段发电供电能力；加大监管和惩处力度，避免出现煤价上涨导致临时检修和出力受阻的情况。供需形势偏紧的地区，要主动与送电省份政府部门和国家电网公司、南方电网公司衔接，加大跨省区送受电力度，通过市场化交易提高供应能力。电网企业要优化安排电力系统运行方式，确保全方式全接线运行，增强省间余缺调剂能力，实现大范围资源优化配置；要加大配电网建设和改造力度，有效缓解“卡脖子”问题。发电企业要统筹考虑生产和经营的关系，加强设备运行维护和管理，努力减少机组出力受阻情况，确保机组稳发稳供。

（三）切实提升油气供应保障能力。中石油、中石化、中海油、国家管网等主要油气生产运输企业要加强与有关部门和地方沟通协调，合理组织生产，加强油气管网运行调度，确保资源安全稳定供应。要推动油气多元化进口，加强油气进口统筹协调，保障国内油气安全稳定供应。充分发挥“全国一张网”优势，加快推进主干管网建设和互联互通，提高油气互供互保能力。统筹加强电力天然气联调互保，保障重点地区发电用气合理需求，增加顶峰电力供应。

（四）切实提升运输保障能力。各地、各有关单位要深入贯彻落实党中央、国务院关于推进运输结构调整的决策部署，在确保煤炭、油品等重点物资运输保障的基础上大力推动“公转铁、公转水”，做好运输保障方案和应急运输方案，充分发挥各种运输方式的综合效能。铁路、港航企业要切实组织好车船调配和港口装卸，深入挖掘煤炭外运通道运输潜力，努力增加发往主要煤炭中转港口的铁路运力；突出重点急需，对存煤明显偏低的重点电厂，优先安排装车发运和港口接卸。

四、加强动态平衡，发挥能源储备作用

（一）加强储煤设施建设，提升电煤库存水平。煤炭企业要积极整合资源，完善储煤设施，落实最低最高库存制度，确保迎峰度夏发电用煤基本需求。鼓励有条件的地方和企业在煤炭生产地、消费地、铁路交通枢纽、主要中转港口建立煤炭产品储备，按照合理辐射半径，培育建设一批储煤基地。发电企业要认真履行保障供应主体责任，将保供任务责任细化落实到个人，主动加强与煤炭、运输企业沟通联系，扩大市场煤采购范围，落实所需资源和运力，提前做好电煤储备工作，避免出现缺煤停机情况。

（二）加强调峰能力建设，提高电力系统灵活性。各地要压实责任，加强应急备用和调峰电源能力建设，切实提高迎峰度夏期间的电力应急保障能力；要将拟淘汰退役但仍具备改造为应急备用电源条件的煤电机组予以保留；要加大力度推动抽水蓄能和新型储能加快发展，不断健全市场化运行机制，全力提升电源侧、电网侧、用户侧储能调峰能力。

（三）加快储气设施建设，补齐储气能力短板。各地要加强统筹规划，加快储气设施建设，推动列入规划范围的储气设施项目尽早建成投产。中石油、中石化、中海油、国家管网要加大储气设施建设投入力度，确保列入年度重大项目清单的储气设施项目全面开工建设，对已建成的储气设施抓紧安排投产运行，入冬前应储尽储，提前做好冬季调峰保供的资源储备。各省、区、市相关部门也要统筹加快“城燃企业5%、地方政府3天”储气能力建设，已投产储气设施入冬前应储尽储。

五、坚持底线思维，完善能源需求侧管理

（一）加强用煤需求侧管理。各地要认真对标对表碳达峰、碳中和目标，统筹减煤和保供，有序推进煤炭替代，把握工作力度，保障重点领域用煤需求。各地特别是煤炭供应保障难度大的地区要摸清重点行业用煤情况，制定详实可操作的有序用煤预案，做好应急值守和及时响应，确保民生用煤不受影响。

（二）加强用电需求侧管理。各地要严格落实优先购电制度，供应紧张时精细化实施有序用电方案，优先保障居民、农业、重要公用事业和公益性服务用电。要根据供需情况科学编制有序用电方案，细化完善电力可中断负荷清单，按照“一用一调整、一年两调整”的原则完善动态调整机制，实现本地区可调用电负荷达到最大用电负荷的15%以上。提升市场化需求侧调峰能力，充分发挥电能服务商、负荷集成商、售电公司等市场主体资源整合优势，引导和激励电力用户挖掘调峰资源，参与系统调峰，形成占年度最大用电负荷3%左右的需求响应能力。

（三）加强用气用油需求侧管理。各地和上游供气企业要按照“保民生、保公用、保重点”的要求，制订完善应急预案，加强应急演练，切实保障民生用气。要动态更新非居民可中断用户调峰清单，不断完善原油需求侧管理能力。各地要督促有关企业严格签订可中断供气合同，约定中断时间、气量以及

相应补偿措施，确保压减预案科学，相关审批和启动程序规范。

（四）加强安全隐患排查。各地要充分利用新技术手段，对迎峰度夏期间能源供应的重点地区、关键环节、重要设施加强风险隐患排查，对发现的问题及早干预、及早处置，最大限度降低安全事故、重大突发事件和极端天气对能源供应的影响。各地要建立健全隐患排查挂牌督办机制，督促企业认真落实安全生产主体责任，对于发现的问题列出整改时间表和路线图，对于不能按期整改的企业要按规定予以严肃处理。

六、加强组织实施，切实保障各项措施有效落实

（一）明确责任分工。各地要切实履行保障煤电油气运供应的责任，层层压实相关部门和企业的主体责任，研究制定迎峰度夏能源保障工作方案。要建立工作协调机制，加强部门间、企业间沟通联系，强化信息共享和工作协同，形成工作合力。

（二）加强舆情监测引导。各地和能源企业要加强舆情监测，及时有效引导和妥善应对相关舆情。要切实做好节约用能社会宣传工作，倡导公用事业办公场所、商业用户主动降低空调负荷，引导全社会科学用能、节约用能、错峰用能。

（三）建立健全通报制度。各地要加强能源迎峰度夏各项任务的细化和落实，完善监管手段，提升监管能力，确保各项保供措施落实到位。积极发挥第三方专业机构作用，对迎峰度夏保供应、实施方案预案等重点工作进行评估，并建立健全通报制度，对于工作推进成效明显的地区和企业给予通报表扬，对于工作推进不到位的进行通报批评。

国家发展改革委

2021 年 7 月 17 日

关于印发《能源领域 5G 应用实施方案》的通知

（发改能源〔2021〕807 号）

各省、自治区、直辖市及计划单列市、新疆生产建设兵团发展改革委、能源局、网信办、工业和信息化主管部门，有关中央企业：

为落实党中央、国务院相关部署要求，积极推进能源领域 5G 应用，国家发展改革委、国家能源局、中央网信办、工业和信息化部联合编制了《能源领域 5G 应用实施方案》，现印发给你们，请认真遵照执行。

附件：《能源领域 5G 应用实施方案》

国家发展改革委
国 家 能 源 局
中 央 网 信 办
工业和信息化部
2021 年 6 月 7 日

附件

能源领域 5G 应用实施方案

5G 具有高速率、低时延、大连接等特征，是支撑能源转型的重要战略资源和新型基础设施。5G 与能源领域各行业深度融合，将有效带动能源生产和消费模式创新，为能源革命注入强大动力。为贯彻落实党中央、国务院关于加快推动 5G 应用的相关部署要求，拓展能源领域 5G 应用场景，探索可复制、易推广的 5G 应用新模式、新业态，支撑能源产业高质量发展，制定本实施方案。

一、总体要求

（一）指导思想。以习近平新时代中国特色社会主义思想为指导，全面贯彻党的十九大和十九届二中、三中、四中、五中全会精神，坚持新发展理念，坚持以供给侧结构性改革为主线，以推动能源生产和消费革命为中心，以培育能源新技术、新模式、新业态为主攻方向，促进以 5G 为代表的先进信息技术与能源产业融通发展，拓展能源领域 5G 应用场景，有效提升能源数字化、网络化、智能化发展水平，为构建清洁低碳、安全高效的能源体系提供有力支撑。

（二）发展目标。未来 3～5 年，围绕智能电厂、智能电网、智能煤矿、智能油气、综合能源、智能制造与建造等方面拓展一批 5G 典型应用场景，建设一批 5G 行业专网或虚拟专网，探索形成一批可复制、易推广的有竞争力的商业模式。研制一批满足能源领域 5G 应用特定需求的专用技术和配套产品，制定一批重点亟需技术标准，研究建设能源领域 5G 应用相关技术创新平台、公共服务平台和安全防护体系，显著提升能源领域 5G 应用产业基础支撑能力。

二、主要任务

能源领域 5G 应用总体处于发展初期阶段，尚需深入挖掘应用场景、完善配套支撑体系、培育有竞争力的商业模式。本实施方案基于当前发展阶段，梳理提出了相关方面认为具有一定发展前景的典型应用场景及其配套支撑技术、基础设施和安全保障体系建设任务。随着技术进步，预期后续其他应用场景也将获得进一步拓展，并演化出丰富多彩、形态各异的新模式、新业态。

（一）进一步拓展能源领域5G应用场景

1. 智能电厂+5G

研究面向智能电厂的5G组网和接入方案，开展电厂5G无线网覆盖建设，综合利用物联网、大数据、人工智能、云计算、边缘计算等技术，在确保电厂安全前提下，以需求为牵引，搭建适应电厂复杂环境的全域工业物联网和数据传输网络。开展基于5G通信的工业控制与监测网络升级改造，实现生产控制、智能巡检、运行维护、安全应急等典型业务场景技术验证及深度应用，在火电、核电、水电和新能源等领域形成一批5G典型应用场景。

专栏1　智能电厂+5G典型应用场景

1. 生产控制。基于5G及TSN、工业以太、工业互联网平台应用等技术，将生产现场的各类测量设备、控制设备、执行机构等快速接入工业控制系统，支撑各类实时数据采集和远程控制。

2. 智能巡检。基于5G及边缘计算、AI处理、机器视觉等技术，将智能摄像头、智能机器人、巡检仪、个人穿戴设备等各类智能化设备接入5G网络，实现各类生产人员、智能化设备的互联互通。

3. 智能运维。基于5G及云技术、人工智能、数据挖掘等技术，综合实现设备状态智能监测与感知、设备状态智能评价、设备故障智能诊断及预警、AR辅助检修及远程专家支持等功能。

4. 安全应急。基于5G等技术，提升通信系统容灾能力的同时，综合实现对人员安全、危化安全、高风险作业安全及其他安全的技术管控和可视化管理，实现应急救援和快速处置情况下的人机协同和远程作业协助。

2. 智能电网+5G

加快研制5G通信终端、模块样机等行业定制化设备，开展端到端切片安全测试，研究电力行业的5G物联网设备操作系统标准，搭建融合5G的电力通信管理支撑系统和边缘计算平台，重点开展输变配电运行监视、配网保护与控制、新能源及储能并网、电网协同调度及稳定控制等典型业务场景现网验证及深度应用，探索5G网络切片服务租赁、电力基础设施资源与通信塔跨行业资源共享等商业合作模式，形成一批“智能电网+5G”典型应用场景。

专栏2　智能电网+5G典型应用场景

1. 输变配电运行监视。基于5G网络高速率、大连接特性和边缘计算等技术，开展输变配机器人巡检、无人机巡检、高清视频监测等，推动微气象区域监测与辅助决策、输电线路灾害监测预警与智能决策、全天候远程通道可视化等业务深度应用。

2. 配网保护与控制。基于5G网络低时延、高可靠特性和网络切片等技术，通过配网差动保护、配网PMU等方式实现对配电网运行状态的智能分析、远程控制、故障定位、故障隔离以及非故障区域供电恢复等操作，减少故障停电时间和范围，提升配电网供电可靠性。

3. 新能源及储能并网。基于5G网络低时延、高可靠特性和边缘计算等技术，实现清洁能源资源评估、分布式储能调节能力评估、发电预测以及场站运行分析等模块数据实时交互，促进新能源发电消纳。

4. 协同调度及稳定控制。基于5G网络低时延、高可靠、大连接特性，实现电源、电网、负荷和储能相关数据采集和高级计量，以及数据在平台内部和不同平台之间的多点、低延时传输和多参量数据融合处理，提高对电动汽车充换电站、工厂等重要负荷的精准控制能力，提升电网实时调度和稳定控制能力。

5. 应急现场自组网综合应用。基于5G网络高速率特性和边缘计算等技术，实现应急通信现场多种多媒体装备自组网及回传、高清视频集群通信和指挥决策。

3. 智能煤矿+5G

建设煤矿井上井下5G网络基础系统，搭建智能化煤矿融合管控平台、企业云平台和大数据处理中心等基础设施，打造“云—边—端”的矿山工业互联网体系架构。利用5G的高速率、低时延、大连接、高可靠等特性，重点开展井下巡检和安防、无人驾驶等系统建设和应用，探索智能采掘及生产控制、环境监测与安全防护、虚拟交互等场景试点应用，促进智能煤矿建设。

专栏3　智能煤矿+5G典型应用场景

1. 智能采掘及生产控制。基于5G网络高速率、低时延、高可靠等特性和网络切片技术，深入研究5G工业模组与煤机装备的深度融合，实现关键大型煤机装备对5G通信的支持；开发基于煤矿5G网络的生产实时性控制平台，实现煤矿采掘和生产中各类信息的实时交互、远程控制。

2. 环境监测与安全防护。基于5G网络高速率、高可靠特性，实现井下可视化通信、实时高清视频传输、环境监测数据采集，满足环境监测与安全防护的海量高清视频数据承载需求，提供全矿井、全流程智能安全预警。

3. 井下巡检。基于5G网络大连接、高可靠特性和边缘计算、5G 高精度定位等技术，研制支持 5G 高精度定位技术的基站、终端及矿用传输等设备，实现井下人员及装备定位与信息实时交互，满足井下巡检需要。

4. 露天/地下矿山无人驾驶。基于 5G 网络高速率、低时延、高可靠特性和 5G 高精度定位技术，利用高级驾驶辅助系统，开展矿山无人驾驶系统建设与应用，减少现场作业人员，实现安全、减员，支撑企业降本增效。

5. 虚拟交互。基于 5G 网络高速率、低时延特性，探索虚拟现实（VR）与增强现实（AR）在煤矿井下的应用，实现现场实时巡检、专家远程辅助、生产培训等功能。

4. 智能油气 +5G

探索 5G 在石油石化行业独立组网方案和应用，重点开展油田单井、管线、电力线、加油站等关键生产单元的高清视频监控、无人机巡检、机器人巡检、工业 AR 等业务，打造扁平化油气生产、炼化生产物联网，在智能勘探、智能油气田、智能炼厂、智能管输等领域形成一批 5G 典型应用场景。

专栏 4　智能油气 +5G 典型应用场景

1. 智能勘探。基于 5G 网络高速率、低时延、大连接等特性和边缘计算技术，实现大规模地震节点仪集中接入、数据实时回传和实时预处理，大幅提升油气地震勘探作业及数据分析效率。

2. 智能油气田。基于 5G 低时延、大连接、高可靠特性，实现油田各场站、单井、仪表等实时数据的稳定传输，钻井、定向、录井、压裂实时数据和视频数据的统一管理与及时传输，以及机器人/无人机巡检、AR 巡检维护及大型机器远程操控。

3. 智能炼厂。基于 5G 高速率、高可靠特性和网络切片、边缘计算等技术，实现视频、仪表数据、高危作业、危化品运输、中控室、管廊等监控任务，治污设施检测、异味溯源等环保任务，以及消防、应急智慧车、无人机等应急任务。

4. 智能管输。基于 5G 大连接、低时延、高可靠等特性和边缘计算等技术，实现站场生产数据、设备状态、环境信息的实时采集与传输，输送管道状态监测、泄露检测、地质灾害监测，以及长输管线的应急通信、智能巡检、无人机巡检。

5. 综合能源 +5G

依托 5G 网络实现电、气、冷、热多种能源灵活接入，全面整合能源控制参量、能源运行、能源使用等数据，实现智能量测、需求响应、传输网络以及服务平台管理，构建“源—网—荷—储”互动调控体系，重点开展生产控制、分布式能源管理、虚拟电厂、智能巡检与运维等典型业务场景 5G 深度应用，支撑构建灵活互动、开放共享的综合能源创新服务体系。

专栏 5　综合能源 +5G 典型应用场景

1. 能流仿真与生产控制。基于 5G 网络大连接、低时延、高可靠特性和网络切片等技术，实现“源—网—荷—储”系统设备的全部接入，支撑各类数据实时采集、远程控制和建模分析。

2. 分布式能源管理。基于 5G 大连接特性和边缘计算等技术，实现分布式能源海量智能设备的数据分析、通信共享和调控管理。

3. 虚拟电厂。基于 5G 网络大连接、低时延特性和网络切片等技术，实现对海量数据的实时感知、电力市场交易毫秒级传输以及负荷精准控制，以及用户负荷感知与调控。

4. 智能巡检与运维。基于 5G 网络高速率、低时延特性和边缘计算等技术，实现设备运行数据实时获取、实时分析、实时判别，支撑智能巡检、远程消缺、AR 辅助检修及远程专家支持等作业。

6. 智能制造与建造 +5G

基于 5G 网络，推进物联网、大数据、云计算、人工智能等新一代信息技术在能源装备制造和工程建造领域的全面应用，重点开展能源装备智能制造、施工现场信息采集、工地作业、远程监造、工地安全等典型业务场景的 5G 深度应用，提升能源装备制造智能化水平和工程建设效率。

专栏 6　智能制造与建造 +5G 典型应用场景

1. 智能制造。基于 5G 网络大连接、高速率、低时延特性，实现能源装备制造过程可视化管理和资源高效配置，缩短生产及辅助作业时间；实现传感器和人工智能云化平台的信息高效交互，使生产、建设、改造施工更加便捷；对能源装备与附属监测传感系统进行联合设计、联合制造，形成集成智能传感的先进能源装备。

2. 现场采集。基于 5G 高速率、高可靠、低时延特性，利用 5G+ 无人机采集施工现场的地形地貌数据，为智慧工地、总平规划及设计提供三维实景模型；通过智能设备、预制传感器等对现场建造数据采集，与三维设计模型数据对比，实现对施工过程的实时控制。

3. 工地作业。基于 5G 网络大连接、高速率、低时延特性和边缘计算、5G 高精度定位等技术，通过边缘云设备采集移动摄像机视频图像、安全帽、人员定位、环境监测、吊钩可视化（塔吊防碰撞）、人脸识别等数据，满足施工现场信息设备快速部署和人员移动作业需求。

4. 远程监造。基于5G高速率、低时延特性和边缘计算、AR等技术，实现远程在线检查见证、自动记录报告、前后台互动支持、智能辅助等远程监造功能，实现关键部位施工质量、施工工序、施工次数、施工标准的自动测量。结合云化机器人，实现危险作业的远程控制和非人工处理。

5. 工地安全。基于5G高速率等特性和人脸识别、大数据处理、边缘计算等技术，开展视频监控与人员行为分析，实现对人员、车辆、危化安全，以及高风险作业、交叉作业等的安全管控。通过5G+AR/VR的应用改变传统培训方式，以体验式、交互式的方式进行安全培训。

（二）加快能源领域5G专用技术研发

1. 研制一批关键共性技术

加快5G虚拟专网建设所需的网络切片、多接入边缘计算、定制化核心网网元、5GLAN等关键设备研发及产业化，研究基于230MHz频率等专网频率的工业互联网和物联网技术方案，实现5G行业虚拟专网在能源领域的规模应用；研究基于5G网络的虚拟交互应用平台，实现设备检测、生产培训、视频监控、专家支持等系列应用；研究适用复杂环境、多应用场景的基于5G无人机/机器人远程巡检/远程操控/5GAGV技术；研究5G技术与北斗、摄像、陀螺仪等物联网设备融合技术，实现低功耗低成本精准定位、识别预警等功能；研究5G终端的低功耗设计方案，奠定5GmMTC应用场景在能源领域应用的基础；研究5G无人驾驶技术，实现效率提升与作业环境改善。

2. 研制一批场景配套专用技术和产品

针对核电安全监管、辐射环境、信息安全等特殊需求，研发5G设备的核辐射防护与加固技术、电磁兼容性技术。针对水电工程复杂运营环境，开展5G基站安全性、机电设备电磁兼容性、端到端组网等工程适应性与可靠性验证。针对煤矿井下、电力及其他行业地下5G信号弱覆盖问题，研发井下无人驾驶、高清视频传输、工业远程控制、机器人智能巡检、虚拟交互等专用技术和煤矿用5G基站、功能定制化核心网、实时通信终端、物联网关等配套产品。针对海洋石油、海上风电等海上平台特殊作业条件，研发耐高湿高盐腐蚀的5G专用技术和产品。针对石油炼化环境复杂、金属屏蔽严重、易燃易爆等问题，研发5G无线信道模型、融合组网、高精度无线定位等专用技术及防爆终端设备。

3. 研究建立能源领域5G应用技术标准体系

在深入总结典型应用场景基础上，按照“实用化、行业化、国际化”原则，加快研究建立涵盖纵向（终端、网络、平台）、横向（技术、测试、规划、建设、运维）两方面，统筹兼顾通用场景和特殊场景技术需求的能源领域5G应用技术标准体系，规范5G技术在能源领域的推广应用。立足典型场景应用需求，加快编制设计要求、设备采购技术规范、安全要求、施工规范等一批重点亟需技术标准。推动国内相关机构积极参与3GPP、ITU等无线领域权威国际标准组织的标准制定。

4. 推动能源领域5G应用技术测试验证

建设端到端5G试验验证网络，搭建智能电厂、智能电网、智能煤矿、智能油气、综合能源、智能制造与建造等5G应用场景下相关业务验证环境，开展能源行业特殊环境下5G网络性能、网络切片、定制化专网、网络安全、业务安全，以及业务综合承载性能的适应性、安全性和可靠性验证。

5. 支持建设5G应用相关技术创新平台

围绕能源领域5G应用相关关键共性技术和配套专用技术，研究建设5G、大数据、人工智能等先进信息技术与能源融合应用相关国家能源研发创新平台。鼓励能源和信息通信企业协同推动产学研深度合作，建设以技术应用融合为目标的跨领域、跨学科5G相关企业创新平台。支持建设能源领域5G应用产业创新联盟，发展多元化投融资体系，加快构建和完善产业生态圈，形成可持续的协同发展集群。

（三）加大相关基础设施和安全保障能力建设

1. 推进基础资源共建共享

鼓励电网企业与电信运营商、铁塔公司等加强合作，在确保安全、符合规范、责任明确的前提下，通过电力塔杆加挂通信天线和光缆，以及共享电力光缆、纤芯、变电站站址等资源，支撑电信运营商节约、高效建设5G网络。支持电力企业与基础电信企业加强对接，对具备条件的基站和机房等配套设施由转供电改为直供电，鼓励变电站微型储能站为电信企业设备供电，支持电信企业参与电力市场化交易。

2. 构建5G应用安全保障体系

依托先进密码、身份认证、加密通信等技术，研究适用于能源领域5G应用场景下的用户、数据、设备与网络之间信息传递、保存、分发的信息通信安全防护体系，确保5G融合应用相关网络基础设施和核心系统安全。健全能源领域5G应用安全技术标准，建立网络稳定运行保障机制、电力终端入网安全认证机制、网络切片隔离安全、分场景的业务安全测评和监测机制，提升5G网络作为能源基础通信网络的可靠性，避免在极端条件下影响能源领域安全生产。鼓励国家级权威测评机构开展能源领域 5G 应用网络安全测评和认证工作。落实 5G 网络安全指南性文件，统筹安全与发展，将 5G 网络安全保障纳入能源领域 5G 应用的全流程全环节。

三、保障措施

（一）加强组织实施。各地方能源主管部门和相关中央企业要认真组织做好本实施方案落地实施工作，因地制宜加快推动本地区、本企业能源领域 5G 应用工作。能源与信息通信领域各相关企业作为本实施方案的实施主体，要切实发挥创新主体作用，做好各项要素保障，根据能源工程项目建设需求持续挖掘和拓展应用场景，加快推进 5G 应用相关技术研发、示范试验、建设应用、安全防护等各项工作，并定期做好经验总结。

（二）推动协同创新。推动能源与信息通信基础设施融通发展，优化能源系统中传感、信息、通信、控制等元件的布局，推进能源网络与 5G 相关信息基础设施的连接与深度融合，在满足相关安全要求规范的前提下，加快推动 5G 公网与电力专网融合发展，实现基础设施的共享复用，避免重复建设。鼓励能源与信息通信相关企业围绕 5G 网络建设、网络安全、专用技术、配套产品、融合应用等开展协同创新，研究制定跨行业融合应用相关标准规范。鼓励能源企业与运营商深度合作，加强对 5G 专网的共同监测、共同管理，确保 5G 专网的安全性和稳定性。

（三）加大支持力度。充分发挥中央财政资金投资带动作用，引导更多社会资本进入，有序推动能源领域 5G 应用创新示范。将能源领域 5G 应用相关技术装备纳入能源领域首台（套）重大技术装备支持范围，对承担首台（套）示范任务的项目，根据实际情况明确示范应用过失宽容政策，综合考虑非人为责任、认知不足等因素，减轻或豁免相关企业及负责人的行政、经济、安全、运行考核等责任。

（四）开展试点应用。鼓励具备条件的地区和企业，因地、因业制宜地开展能源领域各类 5G 应用试点示范，在技术创新、配套产品、商业模式、发展业态、体制机制等方面深入探索、先行先试。组织开展能源领域 5G 应用创新大赛，遴选一批可复制、易推广的场景和企业标杆应用，培育一批解决方案提供商和融合应用服务商。

国家发展改革委关于进一步完善分时电价机制的通知

（发改价格〔2021〕1093 号）

各省、自治区、直辖市发展改革委，国家电网有限公司、中国南方电网有限责任公司、内蒙古电力（集团）有限责任公司：

为贯彻落实党中央、国务院关于深化电价改革、完善电价形成机制的决策部署，充分发挥分时电价信号作用，服务以新能源为主体的新型电力系统建设，促进能源绿色低碳发展，现就进一步完善分时电价机制有关事项通知如下。

一、总体要求

适应新能源大规模发展、电力市场加快建设、电力系统峰谷特性变化等新形势新要求，持续深化电价市场化改革、充分发挥市场决定价格作用，形成有效的市场化分时电价信号。在保持销售电价总水平基本稳定的基础上，进一步完善目录分时电价机制，更好引导用户削峰填谷、改善电力供需状况、促进新能源消纳，为构建以新能源为主体的新型电力系统、保障电力系统安全稳定经济运行提供支撑。

二、优化分时电价机制

（一）完善峰谷电价机制。

1. 科学划分峰谷时段。各地要统筹考虑当地电力供需状况、系统用电负荷特性、新能源装机占比、系统调节能力等因素，将系统供需紧张、边际供电成本高的时段确定为高峰时段，引导用户节约用电、错峰避峰；将系统供需宽松、边际供电成本低的时段确定为低谷时段，促进新能源消纳、引导用户调整负荷。可再生能源发电装机比重高的地方，要充分考虑新能源发电出力波动，以及净负荷曲线变化特性。

2. 合理确定峰谷电价价差。各地要统筹考虑当地电力系统峰谷差率、新能源装机占比、系统调节能力等因素，合理确定峰谷电价价差，上年或当年预计最大系统峰谷差率超过 40%的地方，峰谷电价价差原则上不低于 4:1；其他地方原则上不低于 3:1。

（二）建立尖峰电价机制。各地要结合实际情况在峰谷电价的基础上推行尖峰电价机制。尖峰时段根据前两年当地电力系统最高负荷 95%及以上用电负荷出现的时段合理确定，并考虑当年电力供需情况、天气变化等因素灵活调整；尖峰电价在峰段电价基础上上浮比例原则上不低于 20%。热电联产机组和可再生能源装机占比大、电力系统阶段性供大于求矛盾突出的地方，可参照尖峰电价机制建立深谷电价机制。强化尖峰电价、深谷电价机制与电力需求侧管理政策的衔接协同，充分挖掘需求侧调节能力。

（三）健全季节性电价机制。日内用电负荷或电力供需关系具有明显季节性差异的地方，要进一步建立健全季节性电价机制，分季节划分峰谷时段，合理设置季节性峰谷电价价差；水电等可再生能源比重大的地方，要统筹考虑风光水多能互补因素，进一步建立健全丰枯电价机制，丰、枯时段应结合多年来水、风光出力特性等情况合理划分，电价浮动比例根据系统供需情况合理设置。鼓励北方地区研究制定季节性电采暖电价政策，通过适当拉长低谷时段、降低谷段电价等方式，推动进一步降低清洁取暖用电成本，有效保障居民冬季清洁取暖需求。

三、强化分时电价机制执行

（一）明确分时电价机制执行范围。各地要加快将分时电价机制执行范围扩大到除国家有专门规定的电气化铁路牵引用电外的执行工商业电价的电力用户；对部分不适宜错峰用电的一般工商业电力用户，可研究制定平均电价（执行分时电价用户的平均用电价格），由用户自行选择执行；不得自行暂停分时电价机制执行或缩小执行范围，严禁以完善分时电价机制为名变相实施优惠电价。鼓励工商业用户通过配置储能、开展综合能源利用等方式降低高峰时段用电负荷、增加低谷用电量，通过改变用电时段来降低用电成本。有条件的地方，要按程序推广居民分时电价政策，逐步拉大峰谷电价价差。

（二）建立分时电价动态调整机制。各地要根据当地电力系统用电负荷或净负荷特性变化，参考电力现货市场分时电价信号，适时调整目录分时电价时段划分、浮动比例。电力现货市场运行的地方要完善市场交易规则，合理设定限价标准，促进市场形成有效的分时电价信号，为目录分时电价机制动态调整提供参考。

（三）完善市场化电力用户执行方式。电力现货市场尚未运行的地方，要完善中长期市场交易规则，指导市场主体签订中长期交易合同时申报用电曲线、反映各时段价格，原则上峰谷电价价差不低于目录分时电价的峰谷电价价差。市场交易合同未申报用电曲线或未形成分时价格的，结算时购电价格应按目录分时电价机制规定的峰谷时段及浮动比例执行。

四、加强分时电价机制实施保障

（一）精心组织实施。各地要充分认识进一步完善分时电价机制的重要性、紧迫性和复杂性，在充分听取各方面意见建议基础上，结合当地实际，研究制定进一步完善分时电价机制的具体措施，有关落实情况请于 2021 年 12 月底前报我委。

（二）做好执行评估。各地要密切跟踪当地电力系统峰谷特性变化，动态掌握分时电价机制执行情况，深入评估分时电价机制执行效果，发现问题及时按程序研究解决。电网企业要对分时电价收入情况单独归集、单独反映，产生的盈亏在下一监管周期省级电网输配电价核定时统筹考虑。

（三）强化宣传引导。各地要采取多种形式全面准确解读分时电价机制，宣传分时电价机制在保障电力安全供应、促进新能源消纳、提升系统运行效率等方面的重要作用，争取各方理解支持，加强舆情监测预警，及时回应社会关切，确保分时电价机制平稳实施。

现行政策与本通知不符的，以本通知规定为准。

国家发展改革委

2021 年 7 月 26 日

国家发展改革委　国家能源局关于鼓励可再生能源发电企业自建或购买调峰能力增加并网规模的通知

（发改运行〔2021〕1138 号）

各省、自治区、直辖市发展改革委、经信委（工信委、工信厅）、能源局，北京市城市管理委员会，国家电网有限公司、中国南方电网有限责任公司，中国华能集团有限公司、中国大唐集团有限公司、中国华电集团有限公司、国家电力投资集团有限公司、国家能源投资集团有限责任公司、国家开发投资集团有限公司、华润集团有限公司：

为努力实现应对气候变化自主贡献目标，促进风电、太阳能发电等可再生能源大力发展和充分消纳，依据可再生能源相关法律法规和政策的规定，按照能源产供储销体系建设和可再生能源消纳的相关要求，在电网企业承担可再生能源保障性并网责任的基础上，鼓励发电企业通过自建或购买调峰储能能力的方式，增加可再生能源发电装机并网规模，现通知如下：

一、充分认识提高可再生能源并网规模的重要性和紧迫性

近年来，我国可再生能源迅猛发展，但电力系统灵活性不足、调节能力不够等短板和问题突出，制约更高比例和更大规模可再生能源发展。未来我国实现 2030 年前碳达峰和努力争取 2060 年前碳中和的目标任务艰巨，需要付出艰苦卓绝的努力。实现碳达峰关键在促进可再生能源发展，促进可再生能源发展关键在于消纳，保障可再生能源消纳关键在于电网接入、调峰和储能。各地、各有关电力企业要充分认识可再生能源发展和消纳的同等重要意义，高度重视可再生能源并网工作，将可再生能源发展、并网、消纳同步研究、同步推进，确保 2030 年前碳达峰、2060 年前碳中和目标如期实现。

二、引导市场主体多渠道增加可再生能源并网规模

（一）多渠道增加可再生能源并网消纳能力。电网企业要切实承担电网建设发展和可再生能源并网消纳的主体责任，统筹调峰能力建设和资源利用，每年新增的并网消纳规模中，电网企业应承担主要责任，

电源企业适当承担可再生能源并网消纳责任。随着新能源发电技术进步、效率提高，以及系统调峰成本的下降，将电网企业承担的消纳规模和比例有序调减。

（二）鼓励发电企业自建储能或调峰能力增加并网规模。在电网企业承担风电和太阳能发电等可再生能源保障性并网责任以外，仍有投资建设意愿的可再生能源发电企业，鼓励在自愿的前提下自建储能或调峰资源增加并网规模。对按规定比例要求配建储能或调峰能力的可再生能源发电企业，经电网企业按程序认定后，可安排相应装机并网。

（三）允许发电企业购买储能或调峰能力增加并网规模。在电网企业承担风电和太阳能发电等可再生能源保障性并网责任以外，仍有投资建设意愿的可再生能源发电企业，可通过与调峰资源市场主体进行市场化交易的方式承担调峰责任，以增加可再生能源发电装机并网规模。鼓励可再生能源发电企业与新增抽水蓄能和储能电站等签订新增消纳能力的协议或合同，明确市场化调峰资源的建设、运营等责任义务。签订储能或调峰能力合同的可再生能源发电企业，经电网企业按程序认定后，可安排相应装机并网。

（四）鼓励多渠道增加调峰资源。承担可再生能源消纳对应的调峰资源，包括抽水蓄能电站、化学储能等新型储能、气电、光热电站、灵活性制造改造的煤电。以上调峰资源不包括已列为应急备用和调峰电源的资源。

三、自建合建调峰和储能能力的确认与管理

（一）自建调峰资源方式挂钩比例要求。自建调峰资源指发电企业按全资比例建设抽水蓄能、化学储能电站、气电、光热电站或开展煤电灵活性改造。为鼓励发电企业市场化参与调峰资源建设，超过电网企业保障性并网以外的规模初期按照功率 15%的挂钩比例（时长 4h 以上，下同）配建调峰能力，按照 20%以上挂钩比例进行配建的优先并网。配建比例 2022 年后根据情况适时调整，每年公布一次。各省级主管部门组织电网企业或第三方技术机构对项目调峰能力措施和效果进行评估确认后，可结合实际情况对挂钩比例进行适当调整。

（二）合建调峰资源方式挂钩比例要求。合建调峰资源指发电企业按一定出资比例与其他市场主体联合建设抽水蓄能、化学储能电站、气电、光热电站或开展煤电灵活性改造。合建调峰资源完成后，可按照自建调峰资源方式挂钩比例乘以出资比例配建可再生能源发电。为鼓励发电企业积极参与自建调峰资源，初期可以适当高于出资比例进行配建。

（三）自建合建调峰和储能能力确定。自建合建调峰和储能能力按照“企业承诺、政府备案、过程核查、假一罚二”的原则进行确定。主动自建合建调峰和储能能力的发电企业，自行提供调峰和储能项目建设证明材料，对项目基本情况、调峰能力、投产时间等作出明确承诺，提交省级政府主管部门备案；实施过程中省级主管部门委托电网企业或第三方机构对企业自建合建项目进行全面核查或抽查，对于发现未按承诺履行建设责任的企业，在计算调峰能力时按照未完成容量的 2 倍予以扣除；相关企业要限期整改，未按期整改的企业不得参与下年度可再生能源市场化并网。

（四）加强自建合建调峰和储能项目运行管理。自建合建调峰和储能项目建成投运后，企业可选择自主运营项目或交由本地电网企业调度管理。对于发电企业自主运营的调峰和储能项目，可作为独立市场主体参与电力市场，按照国家相关政策获取收益；对于交由电网企业调度管理的调峰和储能项目，电网调度机构根据电网调峰需要对相关项目开展调度管理，项目按相关价格政策获取收益。为保证项目调峰和储能能力可用性，电网调度机构不定期对相关项目开展调度测试。

四、购买调峰与储能能力的确认与管理

（一）购买调峰资源主要方式。购买调峰资源指发电企业通过市场交易的方式向抽水蓄能、化学储能电站、气电、光热电站或开展灵活性改造的火电等市场主体购买调峰能力，包括购买调峰储能项目和购买调峰储能服务两种方式。为保证发电企业购买的调峰资源不占用电网企业统筹负责的系统消纳能力，被购买的主体仅限于本年度新建的调峰资源。

（二）购买调峰资源挂钩比例要求。超过电网企业保障性并网以外的规模初期按照 15%的挂钩比例购买调峰能力，鼓励按照 20%以上挂钩比例购买。购买比例 2022 年后根据情况适时调整，每年度公布一次。各省级主管部门组织电网企业或第三方技术机构对项目调峰能力措施和效果进行评估确认后，可结合实际情况对挂钩比例进行适当调整。

（三）购买调峰和储能能力确定。购买调峰和储能项目由买方企业向省级政府主管部门作出承诺并提供购买合同，根据购买合同中签订的调峰能力进行确定。实施过程中买方企业负责督促卖方企业保证项目落实到位，省级政府主管部门委托电网企业或第三方机构对购买合同中的项目进行全面核查或抽查，对于发现未按承诺履行建设责任的企业，在计算调峰能力时按照未完成容量的 2 倍予以扣除；相关企业要限期整改，未按期整改的企业不得参与下年度可再生能源市场化并网。

（四）加强购买调峰和储能项目运行管理。购买调峰和储能项目建成投运后，对于购买调峰储能项目的，视同企业自建项目进行运行管理；对于购买调峰储能服务的，发电企业与调峰储能项目企业签订调

峰服务绑定协议或合同，约定双方权责和收益分配方式，鼓励签订10年以上的长期协议或合同。为保证项目调峰和储能能力可用性，电网调度机构不定期对相关项目开展调度测试。

五、自建或购买调峰与储能能力的数量标准与动态调整

（一）抽水蓄能、电化学储能和光热电站调峰能力认定。抽水蓄能电站、电化学储能和光热电站，按照装机规模认定调峰能力。

（二）气电调峰能力认定。气电按照机组设计出力认定调峰能力，对于因气源、天气等原因导致发电出力受限的情况，按照实际最大出力认定调峰能力。

（三）煤电灵活性制造改造调峰能力认定。灵活性制造改造的煤电机组，按照制造改造可调出力范围与改造前可调出力或者平均可调出力范围的差值认定调峰能力。

（四）统筹安排发电和调峰项目建设投产时序。考虑新建调峰资源项目的建设周期，各地在安排发电项目时要做到与新增调峰项目同步建成、同步并网。调峰储能配建比例按可再生能源发电项目核准（备案）当年标准执行。

（五）建立调峰与储能能力标准和配建比例动态调整机制。随着可再生能源并网规模和比例的不断扩大，以及调峰储能技术进步和成本下降，各地要统筹处理好企业积极性和系统调峰需求的关系，可结合本地实际情况对调峰与储能能力标准和配建比例进行动态调整。

六、调峰和储能交易机制的运行与监管

（一）未用完的调峰资源可交易至其他市场主体。通过自建或合建方式落实调峰资源的发电企业，如果当年配建的可再生能源发电规模低于规定比例，不允许结转至下年继续使用，可通过市场化方式交易给其他发电企业。

（二）指标交易需在省内统筹。为保证新增调峰能力切实发挥促进可再生能源消纳作用，发电企业在自建、共建、购买调峰资源以及开展调峰资源指标交易过程中，均在本省（区、市）范围内进行统筹。

（三）加强运行监管。各地政府主管部门会同电网企业，对发电企业承诺自建、共建或购买调峰项目加强监管，项目投产后调度机构不定期按照企业承诺的调峰能力开展调度运行，确保调峰能力真实可信可操作，对于虚假承诺调峰能力的企业，取消下年度自行承担可再生能源消纳责任资格。

七、保障措施

（一）加强组织领导。国家发展改革委、国家能源局统筹推进全国可再生能源发电企业自建或购买调峰能力增加并网规模相关工作，全面跟踪各地、各企业落实进展，协调解决推进中的重大问题。各省（自治区、直辖市）发展改革委、能源局会同省级相关部门结合本地电力发展实际，推动本地发电企业自行承担可再生能源消纳责任相关工作，与电网企业保障性并网、应急备用和调峰机组建设工作做好有效衔接，避免项目重复计入。

（二）电网企业切实发挥监督和并网责任。国家电网公司、南方电网公司要组织好各地电网企业，配合地方政府主管部门加强对发电企业自建共建和购买调峰储能项目的有效监督，保证各项目顺利推进和真实可用。对于按要求完成调峰储能能力建设的企业，要认真做好相应匹配规模新能源并网接入工作。

（三）健全完善奖惩和评估机制。国家发展改革委、国家能源局将健全完善奖惩和评估机制，对可再生能源发电企业自建或购买调峰能力增加并网规模工作进展成效显著的地区进行表扬，对工作进展滞后的地区进行约谈；在工作推进过程中，将适时采取第三方评估等方式，对各地可再生能源发电企业自建或购买调峰能力增加并网规模工作开展全面评估。

国家发展改革委
国 家 能 源 局
2021年7月29日

关于印发《2021年生物质发电项目建设工作方案》的通知

（发改能源〔2021〕1190号）

各省、自治区、直辖市、新疆生产建设兵团发展改革委、财政厅（局）、能源局，国家能源局各派出机构，国家电网有限公司、中国南方电网有限责任公司、内蒙古电力（集团）有限责任公司：

为做好2021年生物质发电项目建设，完善项目建设运行管理，推动行业持续健康发展，国家发展改革委、财政部、国家能源局研究制定了《2021年生物质发电项目建设工作方案》，现印发给你们，请贯彻执行。

附件：2021年生物质发电项目建设工作方案

国家发展改革委
财 政 部
国 家 能 源 局
2021年8月11日

附件

2021年生物质发电项目建设工作方案

2021年是“十四五”开局之年，生物质发电进入新发展阶段。为深入贯彻习近平总书记“四个革命、一个合作”能源安全新战略，落实“碳达峰、碳中和”目标任务，促进生物质发电高质量发展，制定本方案。

一、总体要求

以习近平新时代中国特色社会主义思想为指导，全面贯彻党的十九大和十九届二中、三中、四中、五中全会精神，落实《中共中央国务院关于全面推进乡村振兴加快农业农村现代化的意见》（中发〔2021〕1号）、《国务院关于加快建立健全绿色低碳循环发展经济体系的指导意见》（国发〔2021〕4号）等重要文件精神，按照“以收定补、央地分担、分类管理、平稳发展”的思路，进一步完善生物质发电开发建设管理，合理安排2021年中央新增生物质发电补贴资金，明确补贴资金央地分担规则，推动新开工项目有序竞争配置，促进产业技术进步，持续降低发电成本，提高竞争力，实现生物质发电行业有序健康、高质量发展。

二、补贴项目条件

申报2021年中央补贴的生物质发电项目分为非竞争配置项目和竞争配置项目。2020年1月20日（含）以后当年全部机组建成并网但未纳入2020年补贴范围的项目及2020年底前开工且2021年底前全部机组建成并网的项目，为非竞争配置项目；2021年1月1日（含）以后当年新开工项目为竞争配置项目。所有申报补贴项目均须符合以下条件：

（一）纳入生物质发电国家、省级专项规划（沼气发电项目除外）。

（二）符合国家相关法律法规、产业政策、技术标准等要求，配套建设高效治污设施，垃圾焚烧发电项目所在城市已实行垃圾处理收费制度。

（三）申报情况属实，并提交信用承诺书（见附件1），没有且承诺不出现弄虚作假、违规掺烧等情况。

三、纳入2021年中央补贴项目规则

（一）中央补贴资金安排

2021年生物质发电中央补贴资金总额为25亿元，其中：用于安排非竞争配置项目的中央补贴资金20亿元；用于安排竞争配置项目的中央补贴资金5亿元（其中：安排农林生物质发电及沼气发电竞争配置项目补贴资金3亿元，安排垃圾焚烧发电竞争配置项目补贴资金2亿元）。

（二）央地分担规则

2020年9月11日前（《完善生物质发电项目建设运行的实施方案》（发改能源〔2020〕1421号）印发时间）全部机组并网项目的补贴资金全部由中央承担。2020年9月11日（含）以后全部机组并网项目的补贴资金实行央地分担，按东部、中部、西部和东北地区合理确定不同类型项目中央支持比例，地方通过多种渠道统筹解决分担资金。地方组织申报前应承诺落实生物质发电项目地方分担资金。未作出承诺省份的项目不能纳入中央补贴范围。

西部和东北地区（内蒙古自治区、辽宁省、吉林省、黑龙江省、广西壮族自治区、海南省、重庆市、四川省、贵州省、云南省、西藏自治区、陕西省、甘肃省、青海省、宁夏回族自治区、新疆维吾尔自治区及新疆生产建设兵团）农林生物质发电和沼气发电项目中央支持比例为80%；垃圾焚烧发电项目中央支持比例为60%。

中部地区（河北省、山西省、安徽省、江西省、河南省、湖北省、湖南省）农林生物质发电和沼气发电项目中央支持比例为60%；垃圾焚烧发电项目中央支持比例为40%。

东部地区（北京市、天津市、上海市、江苏省、浙江省、福建省、山东省、广东省）农林生物质发电和沼气发电项目中央支持比例为40%；垃圾焚烧发电项目中央支持比例为20%。

（三）纳入规则

申报2021年中央补贴的生物质发电项目按以下规则分类依序纳入：

1. 非竞争配置项目按全部机组建成并网时间先后依序纳入，并网时间相同的，按热电联产项目优先、装机容量小者优先纳入，直至纳入项目所需中央补贴总额达到相应补贴资金额度为止。

2. 竞争配置项目分农林生物质发电和沼气发电、垃圾焚烧发电两类分别开展竞争配置，根据竞争配置结果依序纳入。

（1）农林生物质发电和垃圾焚烧发电项目申报电价须低于现行标杆上网电价；沼气发电项目申报电价须低于各省现行上网电价，以1厘/kWh为最小报价单位。

（2）农林生物质发电和沼气发电、垃圾焚烧发电项目分类按补贴退坡幅度由高到低排序纳入，退坡幅度相同的，按热电联产项目优先、装机容量小者优先纳入，直至纳入项目所需中央补贴总额达到相应补贴资金额度为止。

如纳入2021年中央补贴范围的竞争配置项目所需中央补贴资金不足5亿元，结余部分结转支持当年非竞争配置项目。

（四）补贴额度测算规则

按补贴额度测算规则（见附件2）测算生物质发电项目度电补贴强度、项目所需补贴额度。补贴额度测算仅用于测算补贴总额，不作为实际补贴资金发放依据。

四、工作程序

（一）非竞争配置项目

7月底之前并网、符合条件的非竞争配置项目一

揽子申报，以后的按月申报。具体程序如下：

1. 项目初审

各省（区、市）主管部门会同财政部门组织符合条件的生物质发电项目按要求申报补贴。具体申报要求见可再生能源发电项目信息管理系统（http：//www.nea.gov.cn，以下简称信息管理系统）公告。国家电网、南方电网和地方独立电网企业对经营范围内的申报项目名称、全部机组并网时间等信息真实性进行初审。

2. 省级审核确认

电网企业汇总符合要求的生物质发电项目，报各省（区、市）相关主管部门审核。各省（区、市）主管部门会同财政部门对申报项目情况（项目名称、建设地点、装机规模、纳入规划情况、并网时间等）进行公示。公示期满后，将审核确认结果反馈电网企业。

3. 项目复核

电网企业将经过审核确认的项目申报材料按要求通过信息管理系统提交国家可再生能源信息管理中心。国家可再生能源信息管理中心对申报项目资料的合规性及提供材料真实性、有效性进行复核，测算项目补贴需求，按照规则纳入，并将纳入结果反馈电网企业。一旦发现信息不实，立即取消补贴申报资格。

4. 补贴清单公示和公布

电网企业将复核后纳入的项目形成补贴项目清单，并在网站上进行公示。公示期满后，国家电网、南方电网正式对外公布各自经营范围内的补贴清单，并将公布结果报送财政部、国家发展改革委和国家能源局。地方独立电网需报送所在地省级财政、价格、相关主管部门确认后，再公布经营范围内的补贴清单。

（二）竞争配置项目

申报 2021 年中央补贴的竞争配置项目申报和竞价原则上一年组织一次。具体程序如下：

1. 组织申报及审核

各省（区、市）相关主管部门会同财政部门根据国家安排和相关要求，组织拟参加 2021 年竞争配置项目登录信息管理系统填报相关信息和上传有关资料，主要是省级专项规划、项目核准（审批、备案）文件、项目申报上网电价、预计并网时间等，并对项目申报条件、申报信息进行审核，将通过审核的项目汇总提交至国家可再生能源信息管理中心。

2. 复核排序

由国家可再生能源信息管理中心对地方申报项目信息进行复核，将通过复核的项目按照竞争配置规则进行排序。

3. 公布补贴名单

排序工作结束后，公布纳入 2021 年中央补贴范围竞争配置项目名单及各项目申报上网电价。

五、推动生物质发电有序建设

（一）加强规划引导。生物质发电项目（沼气发电项目除外）须纳入国家、省级专项规划。各地要以规划为依据，严格按规划核准（审批、备案）建设项目，未纳入规划的不得核准（审批、备案）。鼓励地方结合本地经济社会发展实际，组织建设不需要中央补贴的生物质发电项目。

（二）完善补贴机制。生物质发电补贴中央分担部分逐年调整并有序退出，逐年增加用于竞争配置的中央补贴规模。鼓励非竞争配置项目参与竞争配置。未纳入 2021 年中央补贴范围的非竞争配置项目，结转至次年依序纳入；未纳入 2021 年中央补贴范围的竞争配置项目，参加次年竞争配置。

（三）明确建设期限。纳入 2021 年中央补贴范围的竞争配置项目，应在 2023 年底前全部机组建成并网，实际并网时间每逾期一个季度，并网电价补贴降低 0.03 元/kWh。2020 年底前开工的非竞争配置项目，均须在 2021 年底前全部机组建成并网，逾期未并网的项目取消非竞争配置补贴资格，后续可通过参加竞争配置的方式纳入中央补贴范围。

（四）落实支持政策。鼓励地方建立完善的农林废弃物和生活垃圾“收、储、运、处理”体系，通过前端支持，疏导建设运行成本，发挥生物质发电项目生态环境保护综合效益。完善垃圾处理收费制度，逐步推动形成垃圾焚烧发电市场化运营模式。鼓励创新金融工具，在风险可控、商业可持续的前提下在金融领域给予生物质发电项目支持。鼓励加快生物质能多元应用，降低发电成本，减少补贴依赖。

（五）加强项目建设信息监测。加强生物质发电项目信息统计监测，按月监测生物质发电项目投产并网信息，补贴额度累计达到中央补贴资金总额后，地方当年不再新核准需中央补贴的项目，企业据此合理安排项目建设时序。各省（区、市）组织项目单位于每月 10 日前及时在信息管理系统填报或更新核准、在建、新开工项目信息。

（六）强化项目建设运行监管。落实地方管理主体责任，国家能源局各派出机构会同地方有关部门依法履行监管职责，按照投诉举报有关规定依法受理有关投诉举报，加强生物质发电项目建设、运行等方面的监管，对存在违规掺烧化石燃料、骗取补贴等违法违规行为的，严格按照国家有关法律法规和政策要求，暂停、核减或取消补贴。强化项目建设运行管理，生物质发电企业要高度重视项目建设和工程质量，严格执行工程基本建设程序和管理制度，确保项目安全有序建设运行。

附件：1. 2021 年生物质发电项目中央补贴资金申报信用承诺书

2. 2021 年生物质发电项目补贴额度测算规则

附件 1

2021 年生物质发电项目中央补贴资金申报信用承诺书

申报单位		统一社会信用代码	
项目名称			
项目所在地			
项目联系人		联系电话	
我单位承诺： 1. 申报的所有信息和材料均依据申报要求据实提供，不存在弄虚作假情况。 2. 项目建设运行合法合规，不存在违规掺烧、骗取补贴等违法违规行为 3. 如违背以上承诺，自愿承担由此引发的一切经济责任和法律责任。 4. 同意将本承诺书向社会公开。 5. 同意将承诺信息、践诺信息作为信用记录，进行归集应用。 法定代表人（签名）（公章） 日期：　　年　　月　　日			

附件 2

2021 年生物质发电项目补贴额度测算规则

一、项目所需中央补贴额度计算规则

农林生物质发电项目所需中央补贴额度=项目装机容量×2020 年农林生物质发电项目全国平均上网小时×农林生物质发电项目度电补贴强度×中央支持比例

垃圾焚烧发电项目所需中央补贴额度=项目年入厂垃圾处理量×280kWh/t×（垃圾焚烧发电项目度电补贴强度－0.1 元）×中央支持比例

沼气发电项目所需中央补贴额度=项目装机容量×2020 年沼气发电项目全国平均上网小时×沼气发电项目度电补贴强度×中央支持比例

二、非竞争配置项目补贴强度计算规则

农林生物质发电项目和垃圾焚烧发电项目度电补贴强度=项目现行标杆上网电价－当地现行燃煤发电基准价

沼气发电项目度电补贴强度=项目所在省份现行上网电价－当地现行燃煤发电基准价

三、竞争配置项目补贴强度计算规则

竞争配置项目度电补贴强度=企业申报上网电价－当地现行燃煤发电基准价

四、竞争配置项目补贴退坡幅度计算规则

农林生物质发电和垃圾焚烧发电项目补贴退坡幅度=项目现行标杆上网电价－企业申报上网电价

沼气发电项目补贴退坡幅度=项目所在省份现行上网电价－企业申报上网电价

备注：1. 有关计算规则仅用于测算补贴需求，不作为实际补贴资金发放依据。

2. 现行国家政策以外地方自行补贴部分不纳入本计算规则。

国家发展改革委关于完善电解铝行业阶梯电价政策的通知

（发改价格〔2021〕1239 号）

各省、自治区、直辖市、新疆生产建设兵团发展改革委，江苏省、福建省、青海省工业和信息化厅，山西省、浙江省、广东省能源局，国家电网公司、南方电网公司、内蒙古电力（集团）有限责任公司：

为贯彻落实党中央、国务院决策部署，不断健全绿色价格机制，充分发挥电价杠杆作用，推动电解铝行业持续提升能源利用效率、降低碳排放强度，服务经济社会绿色低碳循环发展，现就完善电解铝行业阶梯电价政策有关事项通知如下：

一、完善阶梯电价分档和加价标准

（一）分档设置阶梯电价。按铝液综合交流电耗（含义及计算方法见附件）对电解铝行业阶梯电价进行分档，分档标准为每吨 13650kWh。电解铝企业铝液综合交流电耗不高于分档标准的，铝液生产用电量（含义见附件）不加价；高于分档标准的，每超过 20kWh，铝液生产用电量每千瓦时加价 0.01 元，不足 20kWh 的，按 20kWh 计算。

（二）稳步调整分档标准。自 2023 年起，分档标准调整为铝液综合交流电耗每吨 13450kWh（不含脱硫电耗）；自 2025 年起，分档标准调整为铝液综合交流电耗每吨 13300kWh（不含脱硫电耗）。

（三）基于清洁能源利用水平动态调整加价标准。鼓励电解铝企业提高风电、光伏发电等非水可再生能源利用水平，减少化石能源消耗。电解铝企业消耗的非水可再生能源电量在全部用电量中的占比超过 15%，且不小于所在省（自治区、直辖市）上年度非水电消纳责任权重激励值的，占比每增加 1 个百分点，阶梯电价加价标准相应降低 1%。

二、严禁对电解铝行业实施优惠电价政策

（一）严禁出台优惠电价政策。各地要严格执行国家电价政策，严禁对电解铝行业实施优惠电价、组织电解铝企业电力市场专场交易等，已经实施和组织的应立即取消。严禁出台优惠电价政策情况纳入省级人民政府能耗双控目标责任评价考核。

（二）规范电力市场交易行为。未如期缴纳加价电费或节能目标未完成的电解铝企业，不得参与电力市场交易，全部用电执行保底价格。

（三）加强自备电厂管理。各地要严格按照国家有关规定，对电解铝企业自备电厂自发自用电量收取相应的政府性基金及附加、系统备用费和政策性交叉补贴，并严格执行阶梯电价政策，不得自行减免。

三、加强加价电费收缴工作

（一）开展专项节能监察。每年一季度，省级节能主管部门要会同有关部门结合本地实际，组织对当地所有电解铝企业开展专项节能监察，于 3 月底前形成节能监察结果，包括当地所有电解铝企业上年度及节能技术改造前后（如有）的铝液综合交流电耗、铝液生产用电量等，节能监察结果应同时转省级发展改革部门。

（二）规范加价电费收缴方式。电网企业要于每年 3 月底前向省级发展改革部门报送本经营区电解铝企业上年度非水可再生能源电力消纳量完成情况。各省级发展改革部门要依据节能监察结果、非水可再生能源电力消纳量完成情况，在每年 4 月 15 日前确定上年度当地所有电解铝企业应执行的阶梯电价分档、加价标准和加价电费总额，并将企业名单及应执行的阶梯电价分档、加价标准向社会公布，接受社会监督。对上年度进行节能技术改造的电解铝企业，改造达标后的铝液生产用电量不加价。电解铝企业出现合并、分立情况的，由使用其存续电解铝生产线的企业承担缴纳加价电费责任。电网企业应根据省级发展改革部门确定的电解铝企业名单和加价电费总额，及时足额收取加价电费。

（三）强化加价电费收缴。应执行阶梯电价加价的电解铝企业须及时足额缴纳加价电费。对收到电网企业加价电费缴纳通知单 90 天后仍未缴纳的电解铝企业，应缴纳加价电费按原加价标准 1.5 倍执行，企业节能目标责任评价考核时相应扣分，并依法依规对企业实施失信联合惩戒。对拥有自备电厂的电解铝企业，各地要切实加强加价电费收缴工作，确保政策公平公正落实。

四、完善加价电费资金管理使用制度

实施电解铝行业阶梯电价政策形成的加价电费资金，电网企业要单独记账、单独反映。其中，10%留电网企业作为输配电准许收入外的收入；90%由省级发展改革部门按照国家相关政策统筹管理使用，专项用于支持高耗能行业节能改造和转型升级、新型电力系统建设等。

五、加强阶梯电价执行情况监督检查

各省级发展改革部门要积极会同、配合有关部门加强对电解铝行业阶梯电价政策执行情况的监督检查，并督促电解铝企业、电网企业严格执行阶梯电价政策。国家发展改革委将组织力量不定期对各地执行情况进行核查和抽查，必要时进行交叉检查。

本通知自 2022 年 1 月 1 日起执行。现行针对电解铝行业实施的、与本通知不符的其他差别化电价政策相应停止执行。

附件：主要技术指标含义及计算方法（略）

国家发展改革委

2021 年 8 月 26 日

国家发展改革委关于印发《完善能源消费强度和总量双控制度方案》的通知

（发改环资〔2021〕1310 号）

各省、自治区、直辖市人民政府和新疆生产建设兵团，国务院各部委、各直属机构：

《完善能源消费强度和总量双控制度方案》已经国务院同意，现印发给你们，请按照有关要求认真组织实施。

国家发展改革委

2021 年 9 月 11 日

完善能源消费强度和总量双控制度方案

实行能源消费强度和总量双控（以下称能耗双控）是落实生态文明建设要求、促进节能降耗、推动高质量发展的一项重要制度性安排。“十三五”以来，各地区各部门认真落实党中央、国务院决策部署，能耗双控工作取得积极成效，但也存在能源消费总量管理缺乏弹性、能耗双控差别化管理措施偏少等问题。为进一步完善能耗双控制度，现提出以下方案。

一、总体要求

（一）指导思想。以习近平新时代中国特色社会主义思想为指导，深入贯彻党的十九大和十九届二中、三中、四中、五中全会精神以及中央经济工作会议精神，增强“四个意识”、坚定“四个自信”、做到“两个维护”，认真落实习近平生态文明思想，按照党中央、国务院决策部署，立足新发展阶段，完整、准确、全面贯彻新发展理念，构建新发展格局，推动高质量发展，以能源资源配置更加合理、利用效率大幅提高为

导向，以建立科学管理制度为手段，以提升基础能力为支撑，强化和完善能耗双控制度，深化能源生产和消费革命，推进能源总量管理、科学配置、全面节约，推动能源清洁低碳安全高效利用，倒逼产业结构、能源结构调整，助力实现碳达峰、碳中和目标，促进经济社会发展全面绿色转型和生态文明建设实现新进步。

（二）工作原则。

——坚持能效优先和保障合理用能相结合。坚持节约优先、效率优先，严格能耗强度控制，倒逼转方式、调结构，引导各地更加注重提高发展的质量和效益；合理控制能源消费总量并适当增加管理弹性，保障经济社会发展和民生改善合理用能。

——坚持普遍性要求和差别化管理相结合。把节能贯穿于经济社会发展的全过程和各领域，抑制不合理能源消费，大幅提高能源利用效率；结合地方实际，差别化分解能耗双控目标，鼓励可再生能源使用，重点控制化石能源消费。

——坚持政府调控和市场导向相结合。加强宏观指导，完善政策措施，发挥市场配置能源资源的决定性作用，推动用能权有偿使用和交易，引导能源要素合理流动和高效配置，推动各地全面完成节能降耗目标任务。

——坚持激励和约束相结合。严格节能目标责任考核及结果运用，强化政策落实，对能源利用效率提升、能源结构优化成效显著的地区加强激励，对能耗双控目标完成不力的地区加大处罚问责力度；完善节能法律法规标准和政策体系，压实用能主体责任，激发内生动力。

——坚持全国一盘棋统筹谋划调控。从国之大者出发，克服地方、部门本位主义，防止追求局部利益损害整体利益，干扰国家大局。

（三）总体目标。到 2025 年，能耗双控制度更加健全，能源资源配置更加合理、利用效率大幅提高。到 2030 年，能耗双控制度进一步完善，能耗强度继续大幅下降，能源消费总量得到合理控制，能源结构更加优化。到 2035 年，能源资源优化配置、全面节约制度更加成熟和定型，有力支撑碳排放达峰后稳中有降目标实现。

二、完善指标设置及分解落实机制

（四）合理设置国家和地方能耗双控指标。完善能耗双控指标管理，国家继续将能耗强度降低作为国民经济和社会发展五年规划的约束性指标，合理设置能源消费总量指标，并向各省（自治区、直辖市）分解下达能耗双控五年目标。国家对各省（自治区、直辖市）能耗强度降低实行基本目标和激励目标双目标管理，基本目标为各地区必须确保完成的约束性目标，并按超过基本目标一定幅度设定激励目标。国家层面预留一定总量指标，统筹支持国家重大项目用能需求、可再生能源发展等。各省（自治区、直辖市）根据国家下达的五年目标，结合本地区实际确定年度目标并报国家发展改革委备案。国家发展改革委根据全国和各地区能耗强度下降情况，加强对地方年度目标任务的窗口指导。

（五）优化能耗双控指标分解落实。以能源产出率为重要依据，综合各地区经济社会发展水平、发展定位、产业结构和布局、能源消费现状、节能潜力、能源资源禀赋、环境质量状况、能源基础设施建设和规划布局、上一五年规划目标完成情况等因素，合理确定各省（自治区、直辖市）能耗强度降低和能源消费总量目标。能源消费总量目标分解中，对能源利用效率较高、发展较快的地区适度倾斜。

三、增强能源消费总量管理弹性

（六）对国家重大项目实行能耗统筹。由党中央、国务院批准建设且在五年规划当期投产达产的有关重大项目，经综合考虑全国能耗双控目标，并报国务院备案后，在年度和五年规划当期能耗双控考核中对项目能耗量实行减免。

（七）坚决管控高耗能高排放项目。各省（自治区、直辖市）要建立在建、拟建、存量高耗能高排放项目（以下称“两高”项目）清单，明确处置意见，调整情况及时报送国家发展改革委。对新增能耗 5 万 t 标准煤及以上的“两高”项目，国家发展改革委会同有关部门对照能效水平、环保要求、产业政策、相关规划等要求加强窗口指导；对新增能耗 5 万 t 标准煤以下的“两高”项目，各地区根据能耗双控目标任务加强管理，严格把关。对不符合要求的“两高”项目，各地区要严把节能审查、环评审批等准入关，金融机构不得提供信贷支持。

（八）鼓励地方增加可再生能源消费。根据各省（自治区、直辖市）可再生能源电力消纳和绿色电力证书交易等情况，对超额完成激励性可再生能源电力消纳责任权重的地区，超出最低可再生能源电力消纳责任权重的消纳量不纳入该地区年度和五年规划当期能源消费总量考核。

（九）鼓励地方超额完成能耗强度降低目标。对能耗强度降低达到国家下达激励目标的省（自治区、直辖市），其能源消费总量在五年规划当期能耗双控考核中免予考核。

（十）推行用能指标市场化交易。进一步完善用能权有偿使用和交易制度，加快建设全国用能权交易市场，推动能源要素向优质项目、企业、产业及经济发展条件好的地区流动和集聚。建立能源消费总量指标跨地区交易机制，总量指标不足、需新布局符合国家产业政策和节能环保等要求项目的省（自治区、直辖市），在确保完成能耗强度降低基本目标的情况下，可向能耗强度降低进展顺利、总量指标富余的省（自治区、直辖市）有偿购买总量指标，国家根据交易结果调整相关地区总量目标并进行考核。

四、健全能耗双控管理制度

（十一）推动地方实行用能预算管理。各省（自治区、直辖市）要结合本地区经济社会发展、产业结构和能源结构、重大项目布局、用能空间等情况，建立用能预算管理体系，编制用能预算管理方案，将能源要素优先保障居民生活、现代服务业、高技术产业和先进制造业，因地制宜、因业施策控制化石能源消费，加快调整优化产业结构、能源结构，体现高质量发展要求。可探索开展能耗产出效益评价，制定区域、行业、企业单位能耗产出效益评价指标及标准，推动能源要素向单位能耗产出效益高的产业和项目倾斜，引导产业布局优化。鼓励各地区依法依规通过汰劣上优、能耗等量减量替代等方式腾出用能空间，纳入本地区用能预算统一管理，统筹支持本地区重点项目新增用能需求。引导居民形成节约用能的生活方式，使用高效节能产品，减少能源浪费。严禁打着居民用电的旗号从事“两高”项目和过剩产能生产经营活动。各省（自治区、直辖市）结合推进能耗双控工作，对本地区用能预算管理方案实施动态调整。

（十二）严格实施节能审查制度。各省（自治区、直辖市）要切实加强对能耗量较大特别是化石能源消费量大的项目的节能审查，与本地区能耗双控目标做好衔接，从源头严控新上项目能效水平，新上高耗能项目必须符合国家产业政策且能效达到行业先进水平。未达到能耗强度降低基本目标进度要求的地区，在节能审查等环节对高耗能项目缓批限批，新上高耗能项目须实行能耗等量减量替代。深化节能审查制度改革，加强节能审查事中事后监管，强化节能管理服务，实行闭环管理。

（十三）完善能耗双控考核制度。增加能耗强度降低指标考核权重，合理设置能源消费总量指标考核权重，研究对化石能源消费进行控制的考核指标，并将各省（自治区、直辖市）能源要素高质量配置、深度挖掘节能潜力等作为重要考核内容。对完成五年规划当期能耗双控进度目标的地区，可视为完成能耗双控年度目标。强化考核结果运用，考核结果经国务院审定后，交由干部主管部门作为对省级人民政府领导班子和领导干部综合考核评价的重要依据。对考核结果为超额完成的地区通报表扬，并给予一定奖励；对未完成能耗强度降低基本目标的地区通报批评，要求限期整改；对进度严重滞后、工作不力的地区，有关方面按规定对其相关负责人实行问责处理。

五、组织实施

（十四）加强组织领导。各地区各部门要充分认识能耗双控对促进高质量发展的重大意义，统筹处理好经济社会发展与能耗双控工作的关系，坚决遏制“两高”项目盲目发展。省级人民政府对本行政区域的能耗双控工作负总责，制定工作方案，抓好组织实施，落实国家下达的能耗双控目标任务。国务院有关部门制定新增用能需求较大的产业规划、布局重大项目建设等要与国家发展改革委、国家能源局做好衔接，加强与能耗双控政策的协调，形成政策合力；国家统计局会同国家能源局做好全国非化石能源消费统计工作，指导各省（自治区、直辖市）完善非化石能源消费统计。国家发展改革委会同工业和信息化部、生态环境部、住房城乡建设部、交通运输部、市场监管总局、国家统计局、国管局、国家能源局等有关部门建立能耗双控工作协调推进机制，做好各省（自治区、直辖市）能耗双控目标分解，开展重大问题会商，有关情况及时向党中央、国务院报告。

（十五）加强预警调控。国家发展改革委会同有关部门，定期调度各省（自治区、直辖市）能耗量较大的项目建设投产情况，完善重点用能单位能源利用状况报告制度，加强重点用能单位能耗在线监测系统建设及应用。加强全国和各省（自治区、直辖市）能耗双控目标完成形势的分析预警，发布能耗双控目标完成情况晴雨表，对高预警等级地区实施窗口指导，对能耗双控目标完成进度滞后的地区，督促制定预警调控方案，合理控制新上高耗能项目投产节奏。定期对全国能耗双控目标完成情况进行评估，确有必要时，按程序对相关目标作出适当调整。

（十六）完善经济政策。指导地方完善并落实好促进节能的能源价格政策，充分发挥价格杠杆作用，推动节能降耗、淘汰落后，促进产业结构、能源结构优化升级。各级人民政府要切实加大资金投入，创新支持方式，实施节能重点工程。落实节能节水环保、资源综合利用、合同能源管理等方面的所得税、增值税等优惠政策。健全绿色金融体系，完善绿色金融标准体系和政策措施，对节能给予多元化支持。加强先进节能技术和产品推广应用，鼓励开展节能技术改造。积极推广综合能源服务、合同能源管理等模式，持续释放节能市场潜力和活力。

（十七）夯实基础建设。加强能源计量和统计能力建设，健全能源计量体系，充实基层能源统计人员力量。进一步完善节能法律法规，强化各类用能主体节能法定责任。健全节能标准体系，扩大节能标准覆盖范围，提高并严格执行各领域、各行业节能标准。强化节能法规标准落实情况监督检查，依法查处违法违规用能行为。加强节能监察能力建设，压实执法主体责任，加大对各级地方政府和用能单位节能管理人员的培训力度。对于能耗双控工作中徇私舞弊、弄虚作假等行为，依规依纪依法对相关单位和人员追究责任。

国家发展改革委关于进一步深化燃煤发电上网电价市场化改革的通知

（发改价格〔2021〕1439 号）

各省、自治区、直辖市及计划单列市、新疆生产建设兵团发展改革委，华能集团、大唐集团、华电集团、国家电投集团、国家能源集团、国投电力有限公司，国家电网有限公司、南方电网有限责任公司、内蒙古电力（集团）有限责任公司：

为贯彻落实党中央、国务院决策部署，加快推进电价市场化改革，完善主要由市场决定电价的机制，保障电力安全稳定供应，现就进一步深化燃煤发电上网电价市场化改革及有关事宜通知如下：

一、总体思路

按照电力体制改革“管住中间、放开两头”总体要求，有序放开全部燃煤发电电量上网电价，扩大市场交易电价上下浮动范围，推动工商业用户都进入市场，取消工商业目录销售电价，保持居民、农业、公益性事业用电价格稳定，充分发挥市场在资源配置中的决定性作用、更好发挥政府作用，保障电力安全稳定供应，促进产业结构优化升级，推动构建新型电力系统，助力碳达峰、碳中和目标实现。

二、改革内容

（一）有序放开全部燃煤发电电量上网电价。燃煤发电电量原则上全部进入电力市场，通过市场交易在“基准价＋上下浮动”范围内形成上网电价。现行燃煤发电基准价继续作为新能源发电等价格形成的挂钩基准。

（二）扩大市场交易电价上下浮动范围。将燃煤发电市场交易价格浮动范围由现行的上浮不超过10%、下浮原则上不超过 15%，扩大为上下浮动原则上均不超过 20%，高耗能企业市场交易电价不受上浮20%限制。电力现货价格不受上述幅度限制。

（三）推动工商业用户都进入市场。各地要有序推动工商业用户全部进入电力市场，按照市场价格购电，取消工商业目录销售电价。目前尚未进入市场的用户，10kV 及以上的用户要全部进入，其他用户也要尽快进入。对暂未直接从电力市场购电的用户由电网企业代理购电，代理购电价格主要通过场内集中竞价或竞争性招标方式形成，首次向代理用户售电时，至少提前 1 个月通知用户。已参与市场交易、改为电网企业代理购电的用户，其价格按电网企业代理其他用户购电价格的 1.5 倍执行。

鼓励地方对小微企业和个体工商户用电实行阶段性优惠政策。

（四）保持居民、农业用电价格稳定。居民（含执行居民电价的学校、社会福利机构、社区服务中心等公益性事业用户）、农业用电由电网企业保障供应，执行现行目录销售电价政策。各地要优先将低价电源用于保障居民、农业用电。

三、保障措施

（一）全面推进电力市场建设。加强政策协同，适应工商业用户全部进入电力市场需要，进一步放开各类电源发电计划；健全电力市场体系，加快培育合格售电主体，丰富中长期交易品种，加快电力现货市场建设，加强辅助服务市场建设，探索建立市场化容量补偿机制。

（二）加强与分时电价政策衔接。各地要加快落实分时电价政策，建立尖峰电价机制，引导用户错峰用电、削峰填谷。电力现货市场未运行的地方，要做好市场交易与分时电价政策的衔接，市场交易合同未申报用电曲线以及市场电价峰谷比例低于当地分时电价政策要求的，结算时购电价格按当地分时电价峰谷时段及浮动比例执行。

（三）避免不合理行政干预。各地要严格按照国家相关政策要求推进电力市场建设、制定并不断完善市场交易规则，对电力用户和发电企业进入电力市场不得设置不合理门槛，不得组织开展电力专场交易，对市场交易电价在规定范围内的合理浮动不得进行干预，保障市场交易公平、公正、公开。国家发展改革委将会同相关部门进一步加强指导，对地方不合理行政干预行为，通过约谈、通报等方式及时督促整改。

（四）加强煤电市场监管。各地发展改革部门要密切关注煤炭、电力市场动态和价格变化，积极会同相关部门及时查处市场主体价格串通、哄抬价格、实施垄断协议、滥用市场支配地位等行为，电力企业、交易机构参与电力专场交易和结算电费等行为，以及地方政府滥用行政权力排除、限制市场竞争等行为，对典型案例公开曝光，维护良好市场秩序。指导发电企业特别是煤电联营企业统筹考虑上下游业务经营效益，合理参与电力市场报价，促进市场交易价格合理形成。

各地发展改革部门要充分认识当前形势下进一步深化燃煤发电上网电价市场化改革的重要意义，统一思想、明确责任，会同相关部门和电力企业精心做好组织实施工作；要加强政策宣传解读，及时回应社会关切，增进各方面理解和支持，确保改革平稳出台、落地见效。

本通知自2021年10月15日起实施，现行政策与本通知不符的，以本通知规定为准。

国家发展改革委
2021年10月11日

国家发展改革委关于印发《跨省跨区专项工程输电价格定价办法》的通知

（发改价格规〔2021〕1455号）

各省、自治区、直辖市发展改革委，国家电网有限公司、南方电网有限责任公司、内蒙古电力（集团）有限责任公司：

为贯彻落实中共中央、国务院《关于进一步深化电力体制改革的若干意见》《关于推进价格机制改革的若干意见》要求，加快深化电价改革，进一步提升跨省跨区专项工程输电价格核定的科学性、合理性，经商国家能源局，我们对2017年出台的《跨省跨区专项工程输电价格定价办法（试行）》（发改价格规〔2017〕2269号）作了修订，形成了《跨省跨区专项工程输电价格定价办法》。现印发你们，请按照执行。

附件：跨省跨区专项工程输电价格定价办法

国家发展改革委
2021年10月14日

跨省跨区专项工程输电价格定价办法

第一章　总　　则

第一条　为健全输配电定价制度，科学合理核定跨省跨区专项工程输电价格，根据《中华人民共和国价格法》《中华人民共和国电力法》《中共中央　国务院关于推进价格机制改革的若干意见》（中发〔2015〕28号）《中共中央 国务院关于进一步深化电力体制改革的若干意见》（中发〔2015〕9号）的相关规定，制定本办法。

第二条　跨省跨区专项工程是指以送电功能为主的跨区域电网工程，以及送受端相对明确、潮流方向相对固定的区域内跨省输电工程。跨省跨区专项工程输电价格是指电网企业通过跨省跨区专项工程提供跨省跨区电能输送、电网互济和安全保障等服务的价格。

第三条　核定跨省跨区专项工程输电价格，应坚持激励约束并重，严格开展成本监审，有效保障投资收益，合理确定价格机制，规范履行定价程序，促进电力资源在更大范围优化配置。

第四条　跨省跨区专项工程输电价格实行事前核定、定期校核。工程投运前，核定临时输电价格；工程竣工决算并开展成本监审后，核定正式输电价格；工程经营期内，每5年校核一次。

第五条　多条专项工程统一运营的，电网企业应按工程项目逐条归集资产、成本、收入，暂无法归集的应按照“谁受益、谁承担” 原则合理分摊。

同一专项工程的投资、运维等由电网企业所属多家单位承担的，相关单位应对其专项工程业务的资产、成本、收入建立单独账户，与其他业务分开核算。

第六条　电网企业应向国务院价格主管部门及时提供以下资料：

1. 核定临时价格前，提供跨省跨区专项工程的核准批复文件、可研报告及第三方评估意见、工程性质与功能、设计施工图评审意见等相关支持性文件资料，输电价格测算申报数据及有关情况。

2. 核定正式价格前，提供竣工决算报告，投运以来资产、运维成本、收入、输送电量、线损率等与输电价格相关的基础数据及有关情况，与核定临时价格时相关数据变动情况说明。

3. 工程经营期内，每年6月底之前提供上一年度工程资产、运维成本、收入、输送电量、线损率、线损收益分享、可再生能源增量现货交易和电量增送涉及的相关路径价格电量等与输电价格相关的基础数据及有关情况；在每个校核期满后3个月内，按有关要求提供相关数据及有关情况。

第二章　输电价格形式和计算方法

第七条　跨省跨区专项工程输电价格实行单一电量电价制。

第八条　跨省跨区专项工程输电价格按经营期法核定，即以弥补成本、获取合理收益为基础，按照资本金内部收益率对工程经营期内年度净现金流进行折现，以实现整个经营期现金流收支平衡为目标，核定工程输电价格。具体如下：

年净现金流=年现金流入－年现金流出

其中：年现金流出=资本金投入＋偿还的贷款本金＋利息支出＋运行维护费＋税金及附加

年现金流入为实现累计净现金流折现值为零的年均收入水平，在经营期最后一年包括固定资产残值收入

固定资产残值收入=固定资产原值×净残值率

第九条　输电价格计算公式如下：

输电价格（含增值税）=年均收入/［设计输电量×（1－定价线损率）］

直流输电工程设计输电量=设计利用小时×额定容量

设计利用小时按政府主管部门批复的项目核准文件确定，文件中未明确的，原则上按4500h计算。

交流专项工程年输电量按政府主管部门批复的项目核准文件确定，核准文件中未明确的，按照电源点年设计上网电量计算。

定价线损率，核定临时价格时按照专项工程可研设计线损率确定；核定正式价格时，参照设计线损率和前 3 年（不足 3 年的按实际运行年）实际平均线损率确定。

第十条 运行维护费。指跨省跨区专项输电工程运营单位为维持工程正常运行发生的费用支出，包括材料费、修理费、人工费和其他运营费用。

（一）材料费。指运营单位耗用的消耗性材料、事故备品等，包括因自行组织设备大修、抢修、日常检修发生的材料消耗和委托外部社会单位检修需要企业自行购买的材料费用。

（二）修理费。指运营单位进行的外包修理活动发生的检修费用，不包括企业自行组织检修发生的材料消耗和人工费用。

（三）人工费。指运营单位从事专项工程管理运行维护职工发生的薪酬支出，包括工资总额（含津补贴）、职工福利费、职工教育经费、工会经费、社会保险费用、住房公积金，含劳务派遣及临时用工支出等。

（四）其他运营费用。指除材料费、修理费和人工费以外的费用。

第十一条 运行维护费按以下方法审核确定。

（一）材料费、修理费，按剔除不合理因素后的监审期间平均值核定。特殊情况下，因不可抗力、政策性因素造成一次性费用过高的可分期分摊。

（二）人工费，工资水平（含津补贴）参考国务院国有资产监督管理部门有关国有企业工资管理办法核定。职工福利费、职工教育经费、工会经费据实核定，但不得超过核定的工资总额和国家规定提取比例的乘积。

职工养老保险（包括补充养老保险）、医疗保险（包括补充医疗保险）、失业保险、工伤保险、生育保险、住房公积金等，审核计算基数按照企业实缴基数确定，但不得超过核定的工资总额和当地政府规定的基数，计算比例按照不超过国家或当地政府统一规定的比例确定。

劳务派遣、临时用工性质的用工支出如未包含在工资总额内，在不超过国家有关规定范围内按照企业实际发生数核定。

（三）其他运营费用，按剔除不合理因素后的监审期间平均值核定。

租赁费、委托运维费、研究开发费等涉及内部关联方交易的，可进行延伸审核，按照社会公允水平核定；社会公允水平无法获得的，按照实际承担管理运营维护单位发生金额核定。

无形资产的摊销年限，有法律法规规定或合同约定的，从其规定或约定；没有规定或约定的，原则上按不少于 10 年摊销。

第十二条 核定正式价格时，主要核价参数按以下方法确定：

（一）工程投资和资本金，分别按照成本监审确定的工程竣工决算金额、实际投入资本金确定。

（二）经营期限按 35 年计算。折旧费按照经营期限、成本监审确定的工程固定资产原值，采用年限平均法计算。

（三）资本金内部收益率，按不超过 5%核定。

（四）利息支出，根据贷款额、还贷期限和贷款利率计算。其中贷款额在不超过工程竣工决算金额扣除实际投入资本金的基础上据实核定，还贷期限按 25 年计算，贷款利率参考电网企业实际融资结构、贷款利率、人民币贷款市场报价利率核定。如跨省跨区专项工程相关实际加权平均贷款利率高于核价时同期市场报价利率，按照市场报价利率核定；如实际借款利率低于市场报价利率，按照实际借款利率加二者差额的 50%核定。

（五）运行维护费率，按照成本监审核定的跨省跨区专项工程运行维护费除以固定资产原值的比例确定，最高不超过 2%。

（六）税金及附加，包括增值税、所得税、城市维护建设税、教育费附加，依据现行国家相关税法规定核定。

第十三条 核定临时价格时，主要核价参数参照第十二条规定和以下方法确定：

（一）工程投资按照政府主管部门批复的项目核准文件确定，施工图预算投资确认比核准投资减少的，按施工图预算投资确定。资本金按照工程投资的 20%计算。固定资产原值根据工程投资考虑增值税抵扣因素确定。

（二）贷款利率参照同期人民币贷款市场报价利率确定。运行维护费率按 2%确定。

第十四条 送出电网建设、由电源点送出、专门用于跨省跨区专项工程送电的配套工程，按照上述方法单独核定输电价格。已纳入直流工程或省级电网输配电价的，暂不调整。

第十五条 送受端明确、潮流方向相对固定且基本一致的多条专项工程，可按照上述方法统一核定输电价格。

第十六条 多条专项工程统一运营并形成共用网络的，参照省级电网“准许成本加合理收益”方法定价。

第十七条 对于跨省跨区专项（配套）工程性质、功能认定，以及交流专项工程配套电源点设计上网电量确定有争议的，以国家能源局出具意见为准。

第三章　输电收入分享与价格调整机制

第十八条　对于参与跨省跨区可再生能源增量现货交易，如有多条专项工程送电路径且最优价格路径已满送，通过其他具有空余输送能力的专项工程送电的，仍按最优路径价格执行；在专项工程输电能力空余情况下，电网企业为提高工程利用效率临时增加电量输送的，增送电量可按不高于工程核定输电价格的水平执行，执行上述价格的通知、情况等，纳入年度信息报送范围。

第十九条　专项工程实际输电量按落地端结算电量进行统计确认，结算电量应与落地端物理电量保持一致。实际线损率低于核价线损率产生的收益，由电网企业和电力用户按 1:1 分享；实际利用小时超出核价利用小时产生的收益，30%由电网企业分享，70%由我委专项用于支持新能源跨省跨区外送。

第二十条　建立定期校核机制。每 5 年期满后，对跨省跨区专项工程开展新一轮成本监审，并对专项工程的实际功能效果、输电价格执行情况、主要运营参数、分享机制执行情况等进行评估。专项工程功能发生根本性变化、实际利用小时超出设计利用小时40%以上、实际成本或收入与核价时存在严重偏差的，对输电价格进行调整。

第二十一条　监管期内遇有国家重大政策调整、发生重大自然灾害、不可抗力等因素造成的成本或收入重大变化，应对输电价格进行合理调整。

第二十二条　专项工程经营期满，按弥补正常运营维护成本的原则，重新核定价格。具体办法另行规定。

第四章　附　　则

第二十三条　本办法适用于办法发布之后新定价跨省跨区专项工程。存量工程暂不调整价格，收入分享、定期校核等其他机制按照本办法执行。

第二十四条　跨省跨区电力交易组织中，对具备条件的跨省跨区专项工程，可探索通过输电权交易形成输电价格，以进一步提升专项工程利用率、促进电力资源优化配置。

第二十五条　本办法由国家发展改革委负责解释。之前规定与本办法不符的，按本办法执行。

第二十六条　本办法自发布之日起实施。有效期 10 年。《国家发展改革委关于印发〈区域电网输电价格定价办法（试行）〉〈跨省跨区专项工程输电价格定价办法（试行）〉和〈关于制定地方电网和增量配电网配电价格的指导意见〉的通知》（发改价格规〔2017〕2269 号）中《跨省跨区专项工程输电价格定价办法（试行）》同时废止。

国家发展改革委办公厅关于组织开展电网企业代理购电工作有关事项的通知

（发改办价格〔2021〕809 号）

各省、自治区、直辖市及计划单列市、新疆生产建设兵团发展改革委，国家电网有限公司、中国南方电网有限责任公司、内蒙古电力（集团）有限责任公司，中国核工业集团有限公司、中国华能集团有限公司、中国大唐集团有限公司、中国华电集团有限公司、国家电力投资集团有限公司、中国长江三峡集团有限公司、国家能源投资集团有限责任公司、国家开发投资集团有限公司、华润（集团）有限公司、中国广核集团有限公司：

为落实《国家发展改革委关于进一步深化燃煤发电上网电价市场化改革的通知》（发改价格〔2021〕1439号）要求，指导各地切实组织开展好电网企业代理购电工作，保障代理购电机制平稳运行，维护发用电市场主体合法权益，促进电力市场规范平稳运行和加快建设发展，现将有关事项通知如下：

一、总体要求

建立电网企业代理购电机制，保障机制平稳运行，是进一步深化燃煤发电上网电价市场化改革提出的明确要求，对有序平稳实现工商业用户全部进入电力市场、促进电力市场加快建设发展具有重要意义。组织开展电网企业代理购电工作，要坚持市场方向，鼓励新进入市场电力用户通过直接参与市场形成用电价格，对暂未直接参与市场交易的用户，由电网企业通过市场化方式代理购电；要加强政策衔接，做好与分时电价政策、市场交易规则等的衔接，确保代理购电价格合理形成；要规范透明实施，强化代理购电监管，加强信息公开，确保服务质量，保障代理购电行为公平、公正、公开。

二、规范电网企业代理购电方式流程

（一）明确代理购电用户范围。取消工商业目录销售电价后，10 千伏及以上用户原则上要直接参与市场交易（直接向发电企业或售电公司购电，下同），暂无法直接参与市场交易的可由电网企业代理购电；鼓励其他工商业用户直接参与市场交易，未直接参与市场交易的由电网企业代理购电。已直接参与市场交易又退出的用户，可暂由电网企业代理购电。各地要结合当地电力市场发展情况，不断缩小电网企业代理购电范围。

（二）预测代理工商业用户用电规模。电网企业要定期预测代理购电工商业用户用电量及典型负荷曲线，现货市场运行或开展中长期分时段交易的地方，应考虑季节变更、节假日安排等因素分别预测分时段用电量。保障居民（含执行居民电价的学校、社会福利机构、社区服务中心等公益性事业用户，下同）、农业用户的用电量规模单独预测。

（三）确定电网企业市场化购电规模。各地执行保量保价的优先发电（不含燃煤发电，下同）电量继续按现行价格机制由电网企业收购，用于保障居民、农业用户用电，有剩余电量且暂时无法放开的地方，可将剩余电量暂作为电网企业代理工商业用户购电电量来源。各地保量保价的优先发电电量，不应超过当地电网企业保障居民、农业用户用电和代理工商业用户购电规模，不足部分由电网企业通过市场化方式采购。电网企业要综合考虑代理购电工商业用户和居民、农业用户预测用电量以及上年度省级电网综合线损率、当地执行保量保价的优先发电电量等因素，合理确定市场化采购电量规模。各地要推进放开发电计划，推动更多工商业用户直接参与电力市场交易。

（四）建立健全电网企业市场化购电方式。为确保代理购电机制平稳实施，2021 年 12 月底前，电网企业通过挂牌交易方式代理购电，挂牌购电价格按当月月度集中竞价交易加权平均价格确定，挂牌成交电量不足部分由市场化机组按剩余容量等比例承担，价格按挂牌价格执行，无挂牌交易价格时，可通过双边协商方式形成购电价格；2022 年 1 月起，电网企业通过参与场内集中交易方式（不含撮合交易）代理购电，以报量不报价方式、作为价格接受者参与市场出清，其中采取挂牌交易方式的，价格继续按当月月度集中竞价交易加权平均价格确定。

（五）明确代理购电用户电价形成方式。电网企业代理购电用户电价由代理购电价格（含平均上网电价、辅助服务费用等，下同）、输配电价（含线损及政策性交叉补贴，下同）、政府性基金及附加组成。其中，代理购电价格基于电网企业代理工商业用户购电费（含偏差电费）、代理工商业用户购电量等确定。代理购电产生的偏差电量，现货市场运行的地方按照现货市场价格结算，其他地方按照发电侧上下调预挂牌价格结算，暂未开展上下调预挂牌交易的按当地最近一次、最短周期的场内集中竞价出清价格结算。

已直接参与市场交易（不含已在电力交易平台注册但未曾参与电力市场交易，仍按目录销售电价执行的用户）在无正当理由情况下改由电网企业代理购电的用户，拥有燃煤发电自备电厂、由电网企业代理购电的用户，用电价格由电网企业代理购电价格的 1.5 倍、输配电价、政府性基金及附加组成。已直接参与市场交易的高耗能用户，不得退出市场交易；尚未直接参与市场交易的高耗能用户原则上要直接参与市场交易，暂不能直接参与市场交易的由电网企业代理购电，用电价格由电网企业代理购电价格的 1.5 倍、输配电价、政府性基金及附加组成。电网企业代理上述用户购电形成的增收收入，纳入其为保障居民、农业用电价格稳定产生的新增损益统筹考虑。

电网企业代理购电价格、代理购电用户电价应按月测算，并提前 3 日通过营业厅等线上线下渠道公布，于次月执行，并按用户实际用电量全额结算电费。未实现自然月购售同期抄表结算的地区，暂按电网企业抄表结算周期执行。

（六）规范代理购电关系变更。电网企业首次代理工商业用户购电时，应至少提前 1 个月通知用户，期间应积极履行告知义务，与电力用户签订代理购电合同。在规定时限内，未直接参与市场交易、也未与电网企业签订代理购电合同的用户，默认由电网企业代理购电。已直接参与市场交易又退出的电力用户，默认由电网企业代理购电。由电网企业代理购电的工商业用户，可在每季度最后 15 日前选择下一季度起直接参与市场交易，电网企业代理购电相应终止，由此产生的偏差责任原则上不予考核，能够单独统计的偏差电量由与电网企业成交的市场化机组合同电量等比例调减。电力交易机构应将上述变更信息于 2 日内告知电网企业。

三、加强相关政策协同

（一）加强与居民、农业销售电价政策的协同。居民、农业用电由电网企业保障，保持价格稳定。执行代理购电价格机制后，电网企业为保障居民、农业用电价格稳定产生的新增损益（含偏差电费），按月由全体工商业用户分摊或分享。

（二）加强与分时电价政策的协同。在现货市场未运行的地方，电网企业代理购电用户代理购电合同未申报用电曲线，以及申报用电曲线但分时电价峰谷比例低于当地分时电价政策要求的，用户用电价格应当按照当地分时电价政策规定的时段划分及浮动比例执行。

（三）加强与电力市场交易规则的协同。各地应按职能分工进一步完善电力中长期交易规则，电网企业代理购电应与市场主体执行统一的市场规则。现货市场运行的地方，电网企业代理购电用户与其他用户平等参与现货交易，公平承担责任义务，电网企业要单独预测代理购电用户负荷曲线，作为价格接受者参与现货市场出清；纳入代理购电电量来源的优先发电电源，偏差电量按现货市场规则执行。鼓励跨省跨区送电参与直接交易。燃煤发电跨省跨区外送的，送受端双方要适应形势变化抓紧协商形成新的送电价格，确保跨省跨区送电平稳运行。

（四）加强与可再生能源消纳权重政策要求的协同。电网企业代理购电的用户，应公平承担可再生能源消纳权重责任。

四、保障措施

（一）规范代理购电行为。电网企业要按要求规范代理购电方式流程，单独归集、单独反映代理购电机制执行情况，做好信息公开、电费结算等工作，并按季度将代理购电及变化情况报价格主管部门。电力交易机构要确保独立规范运行，不得参与电网企业代理购电业务。

（二）加强代理购电信息公开。电网企业应按要求及时公开代理购电相关信息，原则上应按月发布代理用户分月总电量预测、相关预测数据与实际数据偏差、采购电量电价结构及水平、市场化机组剩余容量相关情况、代理购电用户电价水平及构成、代理购电用户电量和电价执行情况等信息。

（三）确保代理购电服务质量。电网企业要加快建立健全保障代理购电机制平稳运行的组织机构，及时调整营销管理系统，重点优化电费结算功能，积极推进表计设施改造，加快实现按自然月购售同期抄表结算，确保在用户电费账单中清晰列示代理购电电费明细情况，为做好代理购电服务提供有力支撑。要围绕代理购电实施开展专题宣传，通过营业场所、手机 App、供电服务热线等多种渠道，持续加强与用户的沟通，增进各方面理解支持，积极鼓励工商业用户直接参与电力市场交易。

（四）做好市场价格波动风险防控。各地要密切跟踪电力市场和价格变化，评估市场交易价格和代理购电价格波动风险，及时发现苗头性、趋势性、潜在性问题，做好风险预警防控，保障代理购电机制平稳运行。

（五）强化代理购电监管。各地主管部门要积极会同配合国家能源局派出机构、当地相关部门，重点围绕代理购电机制运行中的市场交易、信息公开、电费结算、服务质量等，加强对电网企业、电力交易机构的监管，及时查处信息公开不规范、电费结算不及时，以及运用垄断地位影响市场交易等违法违规行为。

各地要在调整当地目录销售电价后，抓紧按照本通知要求组织开展好当地电网企业代理购电工作。相关落实情况请于 2021 年 11 月 15 日前报我委（价格司）。

本通知自印发之日起执行，暂定有效期至 2022 年 12 月 31 日，我委将根据需要及时进行完善。现行政策与本通知不符的，以本通知规定为准。

国家发展改革委办公厅

2021 年 10 月 23 日

国家发展改革委　国家能源局关于开展全国煤电机组改造升级的通知

（发改运行〔2021〕1519 号）

各省、自治区、直辖市发展改革委、经信委（工信委、工信厅）、能源局，北京市城市管理委员会，国家能源局各派出能源监管机构，国家电网有限公司、中国南方电网有限责任公司，中国华能集团有限公司、中国大唐集团有限公司、中国华电集团有限公司、国家电力投资集团有限公司、国家能源投资集团有限责任公司、国家开发投资集团有限公司、华润集团有限公司：

为认真贯彻落实《中共中央 国务院关于完整准确全面贯彻新发展理念做好碳达峰碳中和工作的意见》精神，推动能源行业结构优化升级，进一步提升煤电机组清洁高效灵活性水平，促进电力行业清洁低碳转型，助力全国碳达峰、碳中和目标如期实现，国家发展改革委、国家能源局会同有关方面制定了《全国煤电机组改造升级实施方案》（以下简称《实施方案》），现印发你们，请遵照执行。现将有关落实事项通知如下：

一、高度重视。我国力争实现 2030 年前碳达峰和努力争取 2060 年前碳中和的目标，对优化能源结构和煤炭清洁高效利用提出了更高要求。煤电机组改造升级是提高电煤利用效率、减少电煤消耗、促进清洁能源消纳的重要手段，对推动碳达峰碳中和目标如期实现具有重要意义。各地、各企业要高度重视，将煤电机组改造升级作为一项重要工作抓好抓实抓细，切实提高煤电机组运行水平。

二、扎实推进。各地政府主管部门要会同有关方面，完整、准确、全面贯彻新发展理念，按照《实施方案》要求，科学确定本地煤电机组改造升级目标和实施路径，研究制定本省（区、市）煤电机组改造升级实施方案，于 11 月底前报送国家发展改革委、国家能源局，经国家发展改革委、国家能源局组织第三方综合评估论证后，于年底前形成操作性实施方案。

三、加强统筹。各地在推进煤电机组改造升级工作过程中，需统筹考虑煤电节能降耗改造、供热改造和灵活性改造制造，实现“三改”联动。同时，要合理安排机组改造时序，保证本地电力安全可靠供应。

四、完善政策。各地要结合本地实际，在财政、金融、价格等方面健全完善相关政策，对煤电机组改造升级工作予以支持，提高企业改造积极性，保证改造工作平稳推进。

五、明确分工。各地要明确牵头部门，与相关部门明确责任分工形成合力，共同推进煤电机组改造升级工作。中央发电企业要与各地政府主管部门做好充分沟通，保证集团煤电机组改造升级工作与地方有效衔接。电网企业要合理安排煤电机组检修方案，保证各地煤电机组改造过程中电网安全平稳运行。

附件：全国煤电机组改造升级实施方案

国家发展改革委

国家能源局

2021年10月29日

附件

全国煤电机组改造升级实施方案

为贯彻落实《中共中央国务院关于完整准确全面贯彻新发展理念做好碳达峰碳中和工作的意见》精神，进一步降低煤电机组能耗，提升灵活性和调节能力，提高清洁高效水平，促进电力行业清洁低碳转型，助力全国碳达峰、碳中和目标如期实现，制定全国煤电机组改造升级实施方案如下。

一、充分认识煤电机组改造升级的重要意义

电力行业是煤炭消耗的主要行业之一，是国家节能减排工作重点管控行业。“十一五”“十二五”“十三五”期间，电力行业按照国家的要求和部署，深入实施煤电节能减排升级改造，火电供电煤耗持续下降。2020年全国6000kW及以上火电厂供电煤耗为305.5g标准煤/kWh，比2015年下降9.9g/kWh，比2010年下降27.5g/kWh，比2005年下降64.5g/kWh。以2005年为基准年，2006—2020年，供电煤耗降低累计减少电力二氧化碳排放66.7亿t，对电力二氧化碳减排贡献率为36%，有效减缓了电力二氧化碳排放总量的增长。与此同时也要看到，目前我国发电和供热行业二氧化碳排放量占全国排放量的比重超过40%，是全国二氧化碳排放的重点行业。因此，进一步推进煤电机组节能降耗是提高能源利用效率的有效手段，对实现电力行业碳排放达峰，乃至全国碳达峰、碳中和目标具有重要意义。

二、总体要求

（一）指导思想。

以习近平新时代中国特色社会主义思想为指导，全面贯彻党的十九大和十九届二中、三中、四中、五中全会精神，深入贯彻习近平生态文明思想，完整、准确、全面贯彻新发展理念，处理好发展和减排、整体和局部、短期和中长期的关系，推行更严格能效环保标准，推动煤电行业实施节能降耗改造、供热改造和灵活性改造制造“三改联动”，严控煤电项目，持续优化能源电力结构和布局，深入推进煤电清洁、高效、灵活、低碳、智能化高质量发展，努力实现我国煤电行业碳达峰目标。

（二）基本原则。

坚持底线思维，确保电力安全。坚守能源电力安全稳定供应底线，统筹好发展和安全、增量和存量的关系，准确把握并科学发挥煤电的兜底保障作用和灵活调节能力，为加快构建以新能源为主体的新型电力系统做出积极贡献。

坚持统筹联动，实现降耗减碳。统筹推进节能改造、供热改造和灵活性改造，鼓励企业采取先进技术，持续降低碳排放、污染物排放和能耗水平，提供综合服务，实现角色转变，不断提升清洁低碳、高效灵活发展能力。

坚持政策引导，合理把握节奏。进一步完善鼓励企业改造的产业政策、市场机制和配套措施，合理保障煤电企业存续发展条件。坚持分类施策、分企施策、一厂一策、一机一策，指导企业科学编制改造方案，并结合电力供需情况合理把握节奏、稳妥有序实施。

坚持市场导向，经济技术可行。优先推广使用成熟适用技术进行煤电节能减排改造，进一步加强新装备、新技术研发和试验示范工作，推动行业整体节能降耗。充分尊重企业市场主体地位，制定切实可行的改造目标和任务，统筹兼顾安全、技术和经济目标。

（三）主要目标。

全面梳理煤电机组供电煤耗水平，结合不同煤耗水平煤电机组实际情况，探索多种技术改造方式，分类提出改造实施方案。统筹考虑大型风电光伏基地项目外送和就近消纳调峰需要，以区域电网为基本单元，在相关地区妥善安排配套煤电调峰电源改造升级，提升煤电机组运行水平和调峰能力。按特定要求新建的煤电机组，除特定需求外，原则上采用超超临界、且供电煤耗低于270g标准煤/kWh的机组。设计工况下供电煤耗高于285g标准煤/kWh的湿冷煤电机组和高于300g标准煤/kWh的空冷煤电机组不允许新建。到2025年，全国火电平均供电煤耗降至300g标准煤/kWh以下。

节煤降耗改造。对供电煤耗在300g标准煤/kWh以上的煤电机组，应加快创造条件实施节能改造，对无法改造的机组逐步淘汰关停，并视情况将具备条件的转为应急备用电源。“十四五”期间改造规模不低于3.5亿kW。

供热改造。鼓励现有燃煤发电机组替代供热，积极关停采暖和工业供汽小锅炉，对具备供热条件的纯凝机组开展供热改造，在落实热负荷需求的前提下，

“十四五”期间改造规模力争达到5000万kW。

灵活性改造制造。存量煤电机组灵活性改造应改尽改，“十四五”期间完成2亿kW，增加系统调节能力3000万～4000万kW，促进清洁能源消纳。“十四五”期间，实现煤电机组灵活制造规模1.5亿kW。

三、推动煤电机组节能提效升级和清洁化利用

（一）开展汽轮机通流改造。进一步提升煤电机组能效水平，重点针对服役时间较长、通流效率低、热耗高的60万kW及以下等级亚临界、超临界机组，推广采用汽轮机通流部分改造技术，因厂制宜开展综合性、系统性节能改造，改造后供电煤耗力争达到同类型机组先进水平。

（二）开展锅炉和汽轮机冷端余热深度利用改造。大力推广煤电机组冷端优化和烟气余热深度利用技术。鼓励采取成熟适用的改造措施，提高机组运行真空，提升节能提效水平。鼓励现役机组应用烟气余热深度利用技术。

（三）开展煤电机组能量梯级利用改造。鼓励有条件的机组结合实际情况对锅炉尾部烟气余热利用系统与锅炉本体烟风系统、汽机热力系统等进行综合集成优化。

（四）探索高温亚临界综合升级改造。探索创新煤电机组节能改造技术，及时总结高温亚临界综合升级改造示范项目先进经验，适时向全国推广应用。梳理排查具备改造条件的亚临界煤电机组，统筹衔接上下游设备供应能力和电力电量供需平衡，科学制定改造实施方案，有序推进高温亚临界综合升级改造。

（五）推动煤电机组清洁化利用。新建燃煤发电机组应同步建设先进高效的脱硫、脱硝和除尘设施，确保满足最低技术出力以上全负荷范围达到超低排放要求。支持有条件的发电企业同步开展大气污染物协同脱除，减少三氧化硫、汞、砷等污染物排放。对于环保约束条件较严格的区域，鼓励新建机组实现适度优于超低排放限值的水平。

四、开展煤电机组供热改造

（一）全力拓展集中式供热需求。着力整合供热资源，支持配套热网工程建设和老旧管网改造工程，加快推进供热区域热网互联互通，尽早实现各类热源联网运行，充分发挥热电联产机组供热能力。鼓励热电联产机组在技术经济合理的前提下，适当发展长输供热项目，吸引工业热负荷企业向存量煤电企业周边发展，扩大供热范围。同步推进小热电机组科学整合，鼓励有条件的地区通过替代建设高效清洁供热热源等方式，逐步淘汰单机容量小、能耗高、污染重的燃煤小热电机组。

（二）推动具备条件的纯凝机组开展热电联产改造。优先对城市或工业园区周边具备改造条件且运行未满 15 年的在役纯凝发电机组实施采暖供热改造。因厂制宜采用打孔抽气、低真空供热、循环水余热利用等成熟适用技术，鼓励具备条件的机组改造为背压热电联产机组，加大力度推广应用工业余热供热、热泵供热等先进供热技术。

（三）优化已投产热电联产机组运行。鼓励对热电联产机组实施技术改造，充分回收利用电厂余热，进一步提高供热能力，满足新增热负荷需求。继续实施煤电机组灵活性制造和灵活性改造，综合考虑技术可行性、经济性和运行安全性，现役机组灵活性改造后，最小发电出力达到30%左右额定负荷。

五、加快实施煤电机组灵活性制造灵活性改造

（一）新建机组全部实现灵活性制造。新建煤电机组纯凝工况调峰能力的一般化要求为最小发电出力达到35%额定负荷，采暖热电机组在供热期运行时要通过热电解耦力争实现单日 6h 最小发电出力达到40%额定负荷的调峰能力，其他类型机组应采取措施尽量降低最小发电出力。鼓励通过技术创新示范，探索进一步降低机组最小发电出力的可靠措施。

（二）现役机组灵活性改造应改尽改。纯凝工况调峰能力的一般要求为最小发电出力达到35%额定负荷，采暖热电机组在供热期运行时要通过热电解耦力争实现单日 6h 最小发电出力达到 40%额定负荷的调峰能力。

六、淘汰关停低参数小火电

（一）加快淘汰煤电落后产能。落实《国家发展改革委国家能源局关于深入推进供给侧结构性改革进一步淘汰煤电落后产能促进煤电行业优化升级的意见》（发改能源〔2019〕431号）等相关文件要求，加大淘汰煤电落后产能工作力度，倒逼煤电产业结构优化调整。淘汰关停的煤电机组“关而不拆”，原则上全部创造条件转为应急备用和调峰电源，确有必要进行拆除的，需报国家发展改革委和国家能源局同意。淘汰关停的煤电机组，可用于容量替代新建清洁高效煤电机组。

（二）合理安排关停机组纳入应急备用。符合能效、环保、安全等政策和标准要求的机组，在无需原址重建、“退城进郊”异地建设等情况下，可“关而不拆”，作为应急备用电源发挥作用。科学认定和退出应急备用机组，严格应急备用电源运行调度管理，常态下停机备用，应急状态下启动，顶峰运行后停机，在发挥保供作用的同时为降低整体能耗和排放作出贡献。“十四五”期间，形成并保持1500万kW的应急备用能力。

七、规范燃煤自备电厂运行

（一）全面清理违法违规燃煤自备电厂。对违规核准、未核先建、批建不符、擅自变更或超出自备机组配套项目转供电等违法违规问题进行严肃查处。禁止以各种名义将公用电厂转为燃煤自备电厂。健全机制，引导自备电厂与清洁能源开展替代发电。

（二）加大自备煤电机组节能减排力度。加强监管，确保自备电厂严格执行公用燃煤电厂的最新大气污染物排放标准和总量控制要求，污染物排放不符合环保要求的要限产或停产改造。严格按照国家能耗、环保政策和相关标准梳理不达标机组，对于符合淘汰条件的自备机组应限时实施淘汰关停，并做好电源热源衔接，排放和能耗水平偏高的自备机组要加快实施超低排放和节能改造。

八、优化煤电机组运行管理

（一）提升大容量高参数机组负荷利用率。提高电网调度的灵活性和智能化水平，优化机组运行和开机方式，合理利用系统内各类调峰资源，充分发挥60万kW及以上大容量高参数机组承担基本负荷时的清洁高效优势。充分发挥负荷侧调节能力，发展各类灵活性用电负荷，通过完善市场机制和价格机制引导用户错峰用电，实现快速灵活的需求侧响应。通过优化整合本地电源侧、电网侧、负荷侧资源，依托“云大物移智”等技术，进一步加强源网荷储多项互动和高度融合。

（二）提升煤电企业管理水平。各发电企业应采用专业化运营模式，提高煤电项目的专业化运行管理水平，确保项目安全高效运行。加强燃煤发电机组综合诊断，积极开展运行优化试验，科学制定优化运行方案，合理确定运行方式和参数，使机组在各种负荷范围内保持最佳运行状态。扎实做好燃煤发电机组设备运行维护，提高机组安全健康水平和设备可用率。鼓励有条件的发电企业积极探索节能降耗路径，提高机组的生产效率和经济效益，进一步提升电厂清洁高效发展水平。

（三）提升电煤煤质。通过优先释放煤矿项目优质产能、保障煤炭跨区运输铁路运力等措施，提高电煤产运需保障水平。同等条件下，优先保障能效水平先进的燃煤发电机组的燃料供应。充分发挥市场作用，平抑电煤价格大幅波动，确保电厂燃用设计煤种，最大限度避免因燃料品质波动造成的机组实际运行能耗增加。

九、严格新增煤电机组节能降耗标准

（一）严格能效准入门槛。加强对新增煤电项目设计煤耗水平的管控，鼓励煤电项目的前期论证、设备选择、工艺设计等各个环节提高标准，设计工况下供电煤耗高于285g标准煤/kWh的湿冷煤电机组和高于300g标准煤/kWh的空冷煤电机组不允许建设投产。

（二）提高机组参数水平。新建非热电联产燃煤发电项目原则上采用60万kW及以上超超临界机组。机组设计供电煤耗结合出力系数、深度调峰、煤质等因素进行修正后，应不高于《常规燃煤发电机组单位产品能源消耗限额》（GB 21258）、《热电联产单位产品能源消耗限额》（GB 35574）中新（改、扩）建机组能耗准入值，并根据国家标准的最新要求实时调整。

十、加大对节能降耗改造机组政策支持

（一）加强煤电技术攻关。实行揭榜挂帅制度，结合行业技术成熟度和应用需求，进一步加大对煤电节能减排重大关键技术和设备研发支持力度，提升技术装备自主化水平。稳步推进650℃等级超超临界燃煤发电技术、低成本超低排放循环流化床锅炉发电技术、智能电厂技术、燃煤电厂大规模二氧化碳捕集利用与封存技术、整体煤气化燃料电池发电集成优化技术、综合能源基地一体化集成技术，以及亚临界机组升级改造等节能减排突出技术的集中攻关和试点示范，条件成熟的适时推广应用。建立发电企业、电网企业、设备制造企业、设计单位和研究机构多方参与的技术创新应用体系，推动产学研联合，鼓励各发电企业充分发挥主观能动性积极提高节能减排水平，加强低碳发展意识和能力建设，积极推进煤电节能减排和绿色低碳转型先进技术集成应用示范项目建设和科研创新成果产业化。积极开展先进技术经验交流，实现技术共享。

（二）加大财政、金融等方面支持力度。统筹运用相关资金，对煤电节能减排综合升级改造重大技术研发和示范项目建设适当给予资金支持。鼓励各地因地制宜制定背压式热电机组支持政策以及燃煤耦合生物质发电项目电量奖补政策等。鼓励社会资本等各类投资主体以多种投融资模式进入煤电节能减排综合升级改造领域。引导金融机构加大对煤电节能减排综合升级改造项目给予优惠信贷等投融资支持力度。拓宽煤电节能减排综合升级改造投融资渠道，为煤电节能减排综合升级改造提供资金支持。支持符合条件的企业发行企业债券，募集资金用于煤电节能减排综合升级改造等领域。鼓励发电企业与有关技术服务机构合作，通过合同能源管理等第三方投资模式推进煤电节能减排综合升级改造。

（三）健全市场化交易机制。在交易组织、合同签订、合同分解执行等环节中，充分考虑煤电机组煤耗水平，引导节能减排指标好的煤电机组多签市场化合同。加强优化运行调度，建立机组发电量与能耗水平挂钩机制，促进供电煤耗低的煤电机组多发电。

加快健全完善辅助服务市场机制，使参与灵活性改造制造的调峰机组获得相应收益。

国家发展改革委　国家能源局关于印发《售电公司管理办法》的通知

（发改体改规〔2021〕1595号）

各省、自治区、直辖市发展改革委、能源局、工业和信息化主管部门，新疆生产建设兵团发展改革委：

为贯彻落实《中共中央、国务院关于进一步深化电力体制改革的若干意见》（中发〔2015〕9号）和电力体制改革配套文件精神，国家发展改革委、国家能源局制定了《售电公司管理办法》，现印发给你们，请按照执行。《国家发展改革委、国家能源局关于印发〈售电公司准入与退出管理办法〉和〈有序放开配电网业务管理办法〉的通知》（发改经体〔2016〕2120号）中《售电公司准入与退出管理办法》废止。

附件：1. 售电公司管理办法

2. 售电公司信用承诺书（参考范本）（略）

国家发展改革委

国家能源局

2021年11月11日

附件1

售电公司管理办法

第一章　总　　则

第一条　为积极稳妥推进售电侧改革，建立健全有序竞争的市场秩序，保护各类市场主体的合法权益，依据《中共中央　国务院关于进一步深化电力体制改革的若干意见》（中发〔2015〕9号）和电力体制改革配套文件，制定本办法。

第二条　售电公司注册、运营和退出，坚持依法合规、开放竞争、安全高效、改革创新、优质服务、常态监管的原则。

第三条　本办法所指售电公司是指提供售电服务或配售电服务的市场主体。售电公司在零售市场与电力用户确立售电服务关系，在批发市场开展购售电业务。

第四条　电力、价格主管部门和市场监督管理部门、能源监管机构等依法对售电公司市场行为实施监管和开展行政执法工作。

第二章　注　册　条　件

第五条　售电公司注册条件。

（一）依照《中华人民共和国公司法》登记注册的企业法人。

（二）资产要求。

1. 资产总额不得低于2千万元人民币。

2. 资产总额在2千万元至1亿元（不含）人民币的，可以从事年售电量不超过30亿kWh的售电业务。

3. 资产总额在1亿元至2亿元（不含）人民币的，可以从事年售电量不超过60亿kWh的售电业务。

4. 资产总额在2亿元人民币以上的，不限制其售电量。

（三）从业人员。售电公司应拥有10名及以上具有劳动关系的全职专业人员。专业人员应掌握电力系统基本技术、经济专业知识，具备风险管理、电能管理、节能管理、需求侧管理等能力，有电力、能源、经济、金融等行业3年及以上工作经验。其中，至少拥有1名高级职称和3名中级职称的专业管理人员，技术职称包括电力、经济、会计等相关专业。

（四）经营场所和技术支持系统。售电公司应具有固定经营场所及能够满足参加市场交易的报价、信息报送、合同签订、客户服务等功能的电力市场技术支持系统和客户服务平台，参与电力批发市场的售电公司技术支持系统应能接入电力交易平台。

（五）信用要求。售电公司法定代表人及主要股东具有良好的财务状况和信用记录，并按照规定要求做出信用承诺，确保诚实守信经营。董事、监事、高级管理人员、从业人员无失信被执行记录。

（六）法律、行政法规和地方性法规规定的其他条件。

第六条　发电企业、电力建设企业、高新产业园区、经济技术开发区、供水、供气、供热等公共服务行业和节能服务公司所属售电公司（含全资、控股或参股）应当具有独立法人资格，独立运营。上述公司申请经营范围增项开展售电业务的，新开展的同一笔交易中不能同时作为买方和卖方。

第七条　电网企业（含关联企业）所属售电公司（含全资、控股或参股）应当具有独立法人资格并且独立运营，确保售电业务从人员、财务、办公地点、信息等方面与其他业务隔离，不得通过电力交易机构、电力调度机构、电网企业获得售电竞争方面的合同商务信息以及超过其他售电公司的优势权利。

第三章　注　册　程　序

第八条　电力交易机构负责售电公司注册服务，政府部门不得直接办理售电公司注册业务或干预电力交易机构正常办理售电公司注册业务。符合注册条件的售电公司自主选择电力交易机构办理注册，获取交易资格，无需重复注册。已完成注册售电公司按相关交易规则公平参与交易。各电力交易机构按照“一地注册，信息共享”原则，统一售电公司注册服务流程、服务规范、要件清单、审验标准等，明确受理期限、接待日、公示日。其他地区推送的售电公司在售电业务所在行政区域需具备相应的经营场所、技术支持系统后，平等参与当地电力市场化交易。

建立售电公司首注负责制。负责首次办理售电公司注册手续的电力交易机构，负责对其按照本办法规定办理业务的有关材料进行完整性审查，必要时组织对售电公司进行现场核验。鼓励网上办理注册手续，对于网上提交的材料，电力交易机构应与当事人进行原件核对。

第九条 售电公司办理注册时，应按固定格式签署信用承诺书，并通过电力交易平台向电力交易机构提交以下资料：工商注册信息、法定代表人信息、统一社会信用代码、资产和从业人员信息、开户信息、营业执照、资产证明、经营场所和技术支持系统证明等材料。

（一）营业执照经营范围必须明确具备电力销售、售电或电力供应等业务事项。

（二）需提供资产证明包括，具备资质、无不良信用记录的会计事务所出具的该售电公司近 3 个月内的资产评估报告，或近 1 年的审计报告，或近 6 个月的验资报告、银行流水，或开户银行出具的实收资本证明。对于成立时间不满 6 个月的售电公司，需提供自市场监督管理部门注册以后到申请市场注册时的资产评估报告，或审计报告，或验资报告、银行流水，或开户银行出具的实收资本证明。

（三）从业人员需提供能够证明售电公司全职在职员工近 3 个月的社保缴费记录、职称证书。从业人员不能同时在两个及以上售电公司重复任职。

（四）经营场所证明需提供商业地产的产权证明或 1 年及以上的房屋出租合同、经营场所照片等。

（五）接入电力交易平台的售电公司技术支持系统，需提供安全等级报告和软件著作权证书以及平台功能截图，对于购买或租赁平台的还需提供购买或租赁合同。

拥有配电网运营权的售电公司还需提供配电网电压等级、供电范围、电力业务许可证（供电类）等相关资料。除电网企业存量资产外，现有符合条件的高新产业园区、经济技术开发区和其他企业建设、运营配电网的，履行相应的注册程序后，可自愿转为拥有配电业务的售电公司。

第十条 接受注册后，电力交易机构要通过电力交易平台、“信用中国”网站等政府指定网站，将售电公司满足注册条件的信息、材料和信用承诺书向社会公示，公示期为 1 个月。

电力交易机构收到售电公司提交的注册申请和注册材料后，在 7 个工作日内完成材料完整性审查，并在满足注册条件后完成售电公司的注册手续。对于售电公司提交的注册材料不符合要求的，电力交易机构应予以一次性书面告知。

第十一条 公示期满无异议的售电公司，注册手续自动生效。电力交易机构将公示期满无异议的售电公司纳入自主交易市场主体目录，实行动态管理并向社会公布。

第十二条 电力交易机构应对公示期间被提出异议的售电公司的异议情况进行调查核实，并根据核实情况分类处理。

（一）如因公示材料疏漏缺失或公示期间发生人员等变更而产生异议，售电公司可以补充材料申请再公示。

（二）如因材料造假发生异议，售电公司自接到电力交易机构关于异议的告知之日起，5 个工作日内无法作出合理解释，电力交易机构终止其公示，退回售电公司的注册申请，将情况报送地方主管部门。

第十三条 电力交易机构按月汇总售电公司注册情况向地方主管部门、能源监管机构备案，并通过电力交易平台、“信用中国”网站等政府指定网站向社会公布。

第十四条 售电公司注册信息发生变化时，应在 5 个工作日内向首次注册的电力交易机构申请信息变更。法人信息、公司股东、股权结构、从业人员、配电网资质等发生如下变化的，售电公司需重新签署信用承诺书并予以公示，公示期为 7 天。

（一）企业更名或法定代表人变更。

（二）企业控制权转移，因公司股权转让导致公司控股股东或者实际控制人发生变化。

（三）资产总额发生超出注册条件所规定范围的变更。

（四）企业高级或中级职称的专业人员变更。

（五）配电网运营资质变化。

第四章 权利与义务

第十五条 售电公司享有以下权利：

（一）可以采取多种方式通过电力市场购售电，可通过电力交易平台开展双边协商交易或集中交易。

（二）售电公司自主选择各级电力交易机构进行跨省跨区购电和省内购电。

（三）多个售电公司可以在同一配电区域内售电。同一售电公司可在多个配电区域内售电。

（四）可向用户提供包括但不限于合同能源管理、综合节能、合理用能咨询和用电设备运行维护等增值服务，并收取相应费用。

（五）可根据用户授权掌握历史用电信息，在电力交易平台进行数据查询和下载。

第十六条　售电公司应履行以下义务：

（一）承担保密义务，不得泄露用户信息。

（二）遵守电力市场交易规则。

（三）与用户签订合同，提供优质专业的售电服务，履行合同规定的各项义务。

（四）受委托代理用户与电网企业的涉网事宜。

（五）按照国家有关规定，在电力交易平台、“信用中国”网站等政府指定网站上公示公司资产、从业人员、场所、技术支持系统、经营状况等信息、证明材料和信用承诺，依法及时对公司重大事项进行公告，并定期公布公司年报。

（六）不得干涉用户自由选择售电公司的权利。

（七）按照可再生能源电力消纳责任权重有关规定，承担与年售电量相对应的可再生能源电力消纳量。

（八）同意电力交易机构对其公司及公司从业人员满足注册条件的信息、证明材料对外公示，以及对其持续满足注册条件开展的动态管理。

第五章　运　营　管　理

第十七条　售电公司应持续满足注册条件。

第十八条　售电公司注册生效后，通过电力交易平台每年 3 月底前披露其资产、人员、经营场所、技术支持系统等持续满足注册条件的信息和证明材料。电力交易机构根据需要启动对售电公司持续满足注册条件情况的核验。核验结果可以与市场监督管理部门、“信用中国”网站等形成联动机制和信息共享，年度审查次数根据售电公司的信用评级或入市时长确定。

第十九条　售电公司与电力用户在电力交易平台建立零售服务关系。经售电公司与电力用户双方协商一致，在确立绑定关系期限内，任何一方均可在电力交易平台中发起零售服务关系确立，由双方法定代表人（授权代理人）在电力交易平台中确认。

第二十条　电力用户在同一合同周期内仅可与一家售电公司确立零售服务关系，双方在电力交易平台绑定确认后，电力交易机构不再受理新的绑定申请，电力用户全部电量通过该售电公司购买。

第二十一条　售电公司与电力用户零售服务关系在电力交易平台中确认后，即视同不从电网企业购电，电网企业与电力用户的供用电合同中电量、电价等结算相关的条款失效，两者的供用电关系不变，电力用户、售电公司与电网企业应签订三方电费结算补充协议，无需再签订售电公司、电力用户、电网企业三方合同，电力交易机构将电力用户与售电公司零售服务关系信息统一推送给向电力用户供电的电网企业。

第二十二条　售电公司与电力用户按照月为最小单位签订合同，其中新注册用户的合同生效时间为当月实际签订时间。合同应包括但不限于以下内容：电力用户企业名称、电压等级、户号、合同期限、电量及分月计划、费用结算、违约责任、电力用户偏差电量处理方式等内容。售电公司在批发市场与零售市场应考虑电力辅助服务费用和阻塞费用等费用，相关盈亏由售电公司承担。

第二十三条　电力交易机构负责出具售电公司以及零售电力用户等零售侧结算依据，电网企业根据结算依据对零售电力用户进行零售交易资金结算，对售电公司批发、零售价差收益、偏差考核进行资金结算。

第二十四条　售电公司参与批发和（或）零售市场交易前，应通过以下额度的最大值向电力交易机构提交履约保函或者履约保险等履约保障凭证：1. 过去 12 个月批发市场交易总电量，按标准不低于 0.8 分/kWh；2. 过去 2 个月内参与批发、零售两个市场交易电量的大值，按标准不低于 5 分/kWh。现货市场地区，地方主管部门可以根据市场风险状况，适当提高标准，具体标准由各地自行确定。

（一）对于在多个省（区、市）开展售电业务的售电公司，需分别提交履约保函或保险。

（二）电力交易机构应拟定履约保函、保险管理制度，并负责履约保函、保险单的接收、管理、退还、使用申请、执行情况记录、履约额度跟踪和通报程序。制度应经相关市场管理委员会审议后，报地方主管部门备案。

（三）履约保函、保险提交主体为售电公司，受益人为与其签署资金结算协议的电网企业。

（四）售电公司未缴纳或未足额缴纳相关结算费用，电网企业可根据电力交易机构出具的结算依据申请使用履约保函、保险，并由电力交易机构向履约保函、保险开立单位出具原件，要求支付款项，同时向相关市场主体发出执行告知书，说明售电公司欠费情况，并做好相关信用管理和交易工作。

（五）在使用履约保函、保险时，若售电公司所交履约保函、保险额度不足以支付应缴相关结算费用，售电公司需根据履约保函、保险执行告知书要求，在规定时限内足额缴纳相关结算费用。

（六）电力交易机构应于履约保函、保险执行前向市场主体公示售电公司欠费情况。

第二十五条　建立售电公司履约额度跟踪预警机制。电力现货市场结算试运行期间，电力交易机构动态监测售电公司运营履约额度与实际提交的履约保函或保险额度，每日上报地方主管部门，按周上报国家主管部门；非电力现货试点地区以及电力现货市场未结算试运行期间，电力交易机构按周动态监测上报地方主管部门，按月上报国家主管部门。发现实际提交的履约保函、保险额度不足时及时通知售电公司补缴。售电公司应在接到电力交易机构通知的 3 个工作日内，向电力交易机构提交足额履约保函、保险，满足市场交易信用要求。如售电公司提交的履约保函额度超过规定标准，可向电力交易机构申请退还多缴的履约保函。

第二十六条 售电公司未按时足额缴纳履约保函、保险，经电力交易机构书面提醒仍拒不足额缴纳的，应对其实施以下措施：

（一）取消其后续交易资格；

（二）在电力交易平台、“信用中国”网站等政府指定网站公布该售电公司相关信息和行为；

（三）公示结束后按照国家有关规定，对该企业法定代表人、自然人股东、其他相关人员依法依规实施失信惩戒；

（四）其所有已签订但尚未履行的购售电合同由地方主管部门征求合同购售电各方意愿，通过电力交易平台转让给其他售电公司。

第二十七条 连续 12 个月未进行实际交易的售电公司，电力交易机构征得地方主管部门同意后暂停其交易资格，重新参与交易前须再次进行公示。

第六章 退出方式

第二十八条 售电公司有下列情形之一的，经地方主管部门和能源监管机构调查确认后，启动强制退出程序：

（一）隐瞒有关情况或者以提供虚假申请材料等方式违法违规进入市场，且拒不整改的。

（二）严重违反市场交易规则，且拒不整改的。

（三）依法被撤销、解散，依法宣告破产、歇业的。

（四）企业违反信用承诺且拒不整改的。

（五）被有关部门和社会组织依法依规对其他领域失信行为做出处理的。

（六）连续 3 年未在任一行政区域开展售电业务的。

（七）出现市场串谋、提供虚假材料误导调查、散布不实市场信息等严重扰乱市场秩序的。

（八）与其他市场主体发生购售电合同纠纷，经法院裁定为售电公司存在诈骗等行为的，或经司法机构或司法鉴定机构裁定伪造公章等行为的。

（九）未持续满足注册条件，且未在规定时间内整改到位的。

（十）法律、法规规定的其他情形。

第二十九条 在地方主管部门确认售电公司符合强制退出条件后，应通过电力交易平台、“信用中国”网站等政府指定网站向社会公示 10 个工作日。公示期满无异议的，地方主管部门通知电力交易机构对该售电公司实施强制退出。

第三十条 售电公司被强制退出，其所有已签订但尚未履行的购售电合同优先通过自主协商的方式，在 10 个工作日内完成处理；自主协商期满，退出售电公司未与合同购售电各方就合同解除协商一致的，由地方主管部门征求合同购售电各方意愿，通过电力市场交易平台以转让、拍卖等方式转给其他售电公司；经合同转让、拍卖等方式仍未完成处理的，已签订尚未履行的购售电合同终止履行，零售用户可以与其他售电公司签订新的零售合同，否则由保底售电公司代理该部分零售用户，并按照保底售电公司的相关条款与其签订零售合同，并处理好其他相关事宜。

第三十一条 售电公司可自愿申请退出售电市场，应提前 45 个工作日向电力交易机构提交退出申请，明确退出原因和计划的终止交易月。终止交易月之前（含当月），购售电合同由该售电公司继续履行，并处理好相关事宜。

第三十二条 对于自愿退出的售电公司，电力交易机构将退出申请及相关材料通过电力交易平台、“信用中国”网站等政府指定网站向社会公示 10 个工作日。公示期满无异议的，方可办理退出市场手续。

第三十三条 在地方主管部门和能源监管机构协调下，自愿退出售电公司应在终止交易月之前通过自主协商的方式完成购售电合同处理；自愿退出售电公司未与购售电合同各方就合同解除协商一致的，须继续参与市场化交易，直至购售电合同履行完毕或合同各方同意终止履行。对继续履行购售电合同确实存在困难的，其批发合同及电力用户按照有关要求由保底售电公司承接。对购售电合同各方造成的损失由自愿退出售电公司承担。

第三十四条 电力交易机构应及时将强制退出和自愿退出且公示期满无异议的售电公司从市场主体目录删除，向地方主管部门和能源监管机构备案，并通过电力交易平台、“信用中国”网站等政府指定网站向社会公布。拟退出售电公司退出前需结清市场化电费和交易手续费。电力交易机构注销售电公司的电力交易平台账号，但保留其历史信息。

第三十五条 考虑市场化电费差错退补有滞后性，电力交易机构在售电公司退出后保留其履约保函 6 个月，期满退还。履约保函在退出后 6 个月内失效的，或售电公司在退出后 6 个月内办理企业注销、需取回履约保函的，售电公司须与其股东、上级单位或其他有履行能力的第三方协商，由第三方出具连带责任担保并经过公证的承诺书，提交电力交易机构后退还其履约保函。

第七章 保 底 售 电

第三十六条 保底售电公司每年确定一次，具体数量由地方主管部门确定。原则上所有售电公司均可申请成为保底售电公司，地方主管部门负责审批选取其中经营稳定、信用良好、资金储备充足、人员技术实力强的主体成为保底售电公司，并向市场主体公布。

第三十七条 保底售电服务由电力交易机构报地方主管部门和能源监管机构同意后，方可启动：

（一）启动条件。

1. 存在售电公司未在截止期限前缴清结算费用。

2. 存在售电公司不符合市场履约风险有关要求。

3. 存在售电公司自愿或强制退出市场，其购售电合同经自主协商、整体转让未处理完成。

（二）服务内容。确认启动保底售电服务后，电力交易机构书面通知保底售电公司、拟退出售电公司，以及拟退出售电公司的批发合同各方、电力用户。保底售电公司从发出通知的次月起承接批发合同及电力用户服务，其保底服务对应的市场化交易单独结算。电力用户执行保底零售价格，不再另行签订协议。中长期模式下，保底零售价格按照电网企业代理购电价格的 1.5 倍执行，具体价格水平由省级价格主管部门确定。现货结算试运行或正式运行期间，由地方主管部门根据电力市场实际价格及保底成本确定分时保底零售价格，并定期调整。保底成本包括因用户数量不确定导致的成本上升、极端因素导致的风险成本等。原则上，保底电价不得低于实际现货市场均价的 2 倍。

（三）兜底原则。若全部保底售电公司由于经营困难等原因，无法承接保底售电服务，由电网企业提供保底售电服务。

（四）保底售电业务监管。保底售电公司须将保底售电业务单独记账、独立核算，并定期将相关价格水平、盈亏情况上报地方主管部门。

第三十八条 其他事项。

（一）执行保底零售价格满一个月后，电力用户可自主选择与其他售电公司（包括保底售电公司）协商签订新的零售合同，保底售电公司不得以任何理由阻挠。

（二）因触发保底服务对批发合同各方、电力用户造成的损失由拟退出售电公司承担。

（三）售电公司被强制退出或自愿退出，其所有已签订但尚未履行的购售电合同若无保底售电公司承接，可由地方主管部门征求合同购售电各方意愿，通过电力市场交易平台以转让、拍卖等方式交由电网企业保底供电，并处理好其他相关事宜。未能处理好购售电合同相关事宜的，电力交易机构依法依规制定售电公司保函、保险偿付相应市场主体的方案，电网企业按方案完成函、保险使用、偿付工作。

（四）拥有配电网运营权的售电公司申请自愿退出时，应妥善处置配电资产。若无其他公司承担该地区配电业务，由电网企业接收并提供保底供电服务。

第八章 售电公司信用与监管

第三十九条 国家主管部门、国家发展改革委统筹组织地方主管部门授权电力交易机构、第三方征信机构开展售电公司信用评价工作。售电公司信用评价工作不得向售电主体收取费用。

第四十条 依托公共信用综合评价标准体系建立售电公司信用评价体系。依托电力交易平台、“信用中国”网站等政府指定网站，开发建设售电公司信用信息系统。建立企业法人及其法定代表人、董事、监事、高级管理人员信用记录，将其纳入全国信用信息共享平台，确保各类企业的信用状况透明，可追溯、可核查。

第四十一条 建立电力交易机构与全国信用信息共享平台信息共享机制，实现市场主体信用信息双向共享。

第四十二条 售电公司未按要求持续满足注册条件的，电力交易机构应立即通知售电公司限期整改，售电公司限期整改期间，暂停其交易资格，未在规定期限内整改到位的，经地方主管部门同意后予以强制退出，同时将相关信息推送至全国信用信息共享平台。

第四十三条 地方主管部门、能源监管机构根据职责对售电公司进行监管。地方主管部门对售电公司与售电公司、电力用户间发生的违反交易规则和失信行为按规定进行处理，记入信用记录，情节特别严重或拒不整改的，对其违法失信行为予以公开。能源监管机构对售电公司执行交易规则、参与批发市场交易行为进行监管，并按照有关规定对违规行为进行处理。

第九章 附 则

第四十四条 各省级政府可依据本办法制定实施细则。

第四十五条 本办法由国家发展改革委、国家能源局负责解释。

第四十六条 本办法自发布之日起施行，有效期 5 年。

工业和信息化部文件

十部门关于印发《5G应用“扬帆”行动计划（2021—2023年）》的通知

（工信部联通信〔2021〕77号）

各省、自治区、直辖市及计划单列市工业和信息化主管部门、通信管理局、党委网信办、发展改革委、教育厅（局，教委）、文化和旅游厅（局）、卫生健康委、财政厅（局）、住房和城乡建设厅（局、委）、能源局，新疆生产建设兵团工业和信息化主管部门、党委网信办、发展改革委、教育局、文化体育广电和旅游局、财政局、住房和城乡建设局、能源局，各地高等院校，各中央企业，各相关单位：

现将《5G应用“扬帆”行动计划（2021—2023年）》印发给你们，请结合实际认真贯彻落实。

工业和信息化部 中央网络安全和信息化委员会办公室
国家发展和改革委员会 教育部
财政部 住房和城乡建设部
文化和旅游部 国家卫生健康委员会
国务院国有资产监督管理委员会 国家能源局
2021年7月5日

5G应用“扬帆”行动计划（2021—2023年）

5G融合应用是促进经济社会数字化、网络化、智能化转型的重要引擎。为贯彻落实习近平总书记关于加快5G发展的重要指示精神和党中央、国务院决策部署，大力推动5G全面协同发展，深入推进5G赋能千行百业，促进形成“需求牵引供给，供给创造需求”的高水平发展模式，驱动生产方式、生活方式和治理方式升级，培育壮大经济社会发展新动能，特制订本计划。

一、总体要求

（一）指导思想

以习近平新时代中国特色社会主义思想为指导，全面贯彻党的十九大和十九届二中、三中、四中、五中全会精神，立足新发展阶段，贯彻新发展理念，构建新发展格局，面向实体经济主战场，面向经济社会数字化转型需求，统筹发展和安全，遵循5G应用发展规律，着力打通5G应用创新链、产业链、供应链，协同推动技术融合、产业融合、数据融合、标准融合，打造5G融合应用新产品、新业态、新模式，为经济社会各领域的数字转型、智能升级、融合创新提供坚实支撑。

（二）基本原则

坚持需求牵引。充分发挥市场在资源配置中的决定性作用，强化企业在5G应用发展中的主体地位，进一步释放消费市场、垂直行业、社会民生等方面对5G应用的需求潜力，激发5G应用创新活力。

坚持创新驱动。围绕5G行业应用个性化需求，加大技术创新力度，加强关键技术和产品研发，奠定5G应用发展的技术和产业基础。遵循5G技术、标准、产业、网络和应用渐次导入的客观规律，紧扣国际标准节奏，有重点地推动5G应用发展。

坚持重点突破。聚焦5G发展关键环节，着力解决协议标准互通、应用生态构建、产业基础强化等关键共性问题。支持基础扎实、模式清晰、前景广阔的重点领域率先突破，示范引领5G应用规模化落地。

坚持协同联动。加强各方沟通衔接，畅通跨部门、跨行业、跨领域协作。发挥行业、地方等积极性，出台并落实支持5G应用发展的政策举措。发挥龙头企业牵引作用，推动上下游企业深度互联和协同合作，形成“团体赛”模式。

（三）总体目标

到2023年，我国5G应用发展水平显著提升，综合实力持续增强。打造IT（信息技术）、CT（通信技术）、OT（运营技术）深度融合新生态，实现重点领域5G应用深度和广度双突破，构建技术产业和标准体系双支柱，网络、平台、安全等基础能力进一步提升，5G应用“扬帆远航”的局面逐步形成。

——5G应用关键指标大幅提升。5G个人用户普及率超过40%，用户数超过5.6亿。5G网络接入流量占比超50%，5G网络使用效率明显提高。5G物联网终端用户数年均增长率超200%。

——重点领域5G应用成效凸显。个人消费领域，打造一批“5G+”新型消费的新业务、新模式、新业态，用户获得感显著提升。垂直行业领域，大型工业企业的5G应用渗透率超过35%，电力、采矿等领域5G应用实现规模化复制推广，5G+车联网试点范围进一步扩大，促进农业水利等传统行业数字化转型升级。社会民生领域，打造一批5G+智慧教育、5G+智慧医疗、5G+文化旅游样板项目，5G+智慧城市建设水平进一步提升。每个重点行业打造100个以上5G应用标杆。

——5G应用生态环境持续改善。跨部门、跨行业、跨领域协同联动的机制初步构建，形成政府部门引导、龙头企业带动、中小企业协同的5G应用融通创新模式。培育一批具有广泛影响力的5G应用解决方案供应商，形成100种以上的5G应用解决方案。完成基础共性和重点行业5G应用标准体系框架，研制30项以上重点行业标准。

——关键基础支撑能力显著增强。5G网络覆盖水平不断提升，每万人拥有5G基站数超过18个，建成超过3000个5G行业虚拟专网。建设一批5G融合应用创新中心，面向应用创新的公共服务平台能力进一步增强。5G应用安全保障能力进一步提升，打造10－20个5G应用安全创新示范中心，树立3－5个区域示范标杆，与5G应用发展相适应的安全保障体系基本形成。

二、突破5G应用关键环节

（一）5G应用标准体系构建行动

1. 加快打通跨行业协议标准。加强跨部门、跨行业、跨领域标准化重要事项的统筹协调，建立健全相关标准化组织合作机制，尽快实现协议互通、标准互认，系统推进5G行业应用标准体系建设及相关政策措施落实，加速推动融合应用标准的制定。充分发挥5G应用产业方阵行业组织优势，促进融合应用标准的实施落地。

2. 研制重点行业融合应用标准。系统推进重点行业5G融合应用标准研究，明确标准化重点方向，加强基础共性标准、融合设备标准、重点行业解决方案标准的研制，加快标准化通用化进程，突破重点领域融合标准研究和制定。

3. 落地一批重点行业关键标准。发挥各重点行业龙头企业带头作用，带动各方进一步强化协作，合力推动5G行业应用标准的迭代、评估和优化，促进相关标准在重点行业的应用落地。

专栏1：5G应用标准体系构建及推广工程

构建5G应用标准体系。加快研制芯片/模组、网络、平台、安全体系架构、应用需求、术语定义等基础共性标准。开展5G确定性网络、增强上行速率、高精度定位、抗电磁干扰等面向行业需求的增强技术标准研究，加快创新技术和应用向标准转化。加快重点行业融合应用标准制定，推进行业融合终端、网络建设标准研制。推广重点行业5G应用标准，选择医疗、工业、媒体等重点领域，率先推动5G应用标准落地。提升5G应用标准公共服务能力。开展行业5G应用标准测试评估认证，推进创新技术成果向标准转化。

到2023年底，形成基础共性和重点行业5G应用标准体系，完成30项以上重点行业关键标准研制。

（二）5G产业基础强化行动

4. 加强关键系统设备攻关。持续推进5G增强技术基站研发，巩固中频段5G产业能力。组织开展5G毫米波基站研发和端到端测试，加快技术和产品成熟，奠定5G毫米波商用的产业基础。按照5G国际标准不同版本阶段性特征，R15版本聚焦高速率大带宽应用，R16版本聚焦高可靠低时延应用，R17版本聚焦中高速大连接应用，分阶段开展技术、产业化和应用导入。

5. 加快弥补产业短板弱项。加大基带芯片、射频芯片、关键射频前端器件等投入力度，加速突破技术和产业化瓶颈，带动设计工具、制造工艺、关键材料、核心IP等产业整体水平提升。加快轻量化5G芯片模组和毫米波器件的研发及产业化，进一步提升终端模组性价比，满足行业应用个性化需求，提升产业基础支撑能力。支持高精度、高灵敏度、大动态范围的5G射频、协议、性能等仪器仪表研发，带动仪表用高端芯片、核心器件等尽快突破。

6. 加快新型消费终端成熟。推进基于5G的可穿戴设备、智能家居产品、超高清视频终端等大众消费产品普及。推动嵌入式SIM（eSIM）可穿戴设备服务纵深发展，研究进一步拓展应用场景。推动虚拟现实/增强现实等沉浸式设备工程化攻关，重点突破近眼显示、渲染处理、感知交互、内容制作等关键核心技术，着力降低产品功耗，提升产品供给水平。

专栏2：面向行业需求的5G产品攻坚工程

增强5G基站行业适配能力。针对高温、高湿、防爆等特殊场景，研制适配各行业需求的专用5G基站。加大适配大上行、低时延、大连接、高精度定位等需求的新型基站研发，满足5G行业应用需求。推动5G模组规模化商用。构建模组分级分类产业化体系，指导行业面向差异化场景需求开展精准化产品研发，持续提升模组的环境适应性，不断降低规模化应用门槛。建设行业终端产品体系。丰富面向行业的终端产品形态，真正实现5G行业终端到现场、到产线、到园区。加快推动基于5G模组的高清摄像头、工业级路由器/网关、车载联网设备、自动导引车（AGV）等各类行业终端的研发和迭代演进。推进行业高端装备加快在研发和生产中预置5G能力并开放接口。到2023年底，满足行业需求的5G基站、模组供给能力显著增强，5G行业终端产品、高端装备逐步成熟。

三、赋能5G应用重点领域

（一）新型信息消费升级行动

7. 5G+信息消费。推进5G与智慧家居融合，深化应用感应控制、语音控制、远程控制等技术手段，发展基于5G技术的智能家电、智能照明、智能安防监控、智能音箱、新型穿戴设备、服务机器人等，不断丰富5G应用载体。加快云AR/VR头显、5G+4K摄像机、5G全景VR相机等智能产品推广，拉动新型产品和新型内容消费，促进新型体验类消费发展。

8. 5G+融合媒体。开展5G背包、超高清摄像机、5G转播车等设备的使用推广，利用5G技术加快传统媒体制作、采访、编辑、播报等各环节智能化升级。推广高新视频服务、推动5G新空口（NR）广播电视落地应用，提供广播电视和应急广播等业务。开展5G+8K直播、5G+全景式交互化视音频业务，培育360度观赛体验，结合2022年北京冬奥会和冬残奥会等重大活动，推动5G在大型赛事活动中的普及。

（二）行业融合应用深化行动

9. 5G+工业互联网。推进5G模组与AR/VR、远程操控设备、机器视觉、AGV等工业终端的深度融合，加快利用5G改造工业内网，打造5G全连接工厂标杆，形成信息技术网络与生产控制网络融合的网络部署模式，推动“5G+工业互联网”服务于生产核心环节。围绕研发设计、生产制造、运营管理、产品服务等环节，聚焦“5G+工业互联网”发展重点行业，打造典型应用场景，持续开展“5G+工业互联网”试点示范，支持5G在质量检测、远程运维、多机协同作业、人机交互等智能制造领域的深化应用，不断强化示范引领，推动成熟模式在更多行业和领域复制推广。打造产业生态，推广区域应用，鼓励各地建设“5G+工业互联网”融合应用先导区，不断拓展5G在原材料、装备、消费品、电子等领域的应用。

10. 5G+车联网。强化汽车、通信、交通等行业的协同，加强政府、行业组织和企业间联系，共同建立完备的5G与车联网测试评估体系，保障应用的端到端互联互通。提炼可规模化推广、具备商业化闭环的典型应用场景，提升用户接受程度。加快提升C－V2X通信模块的车载渗透率和路侧部署。加快探索商业模式和应用场景，支持创建国家级车联网先导区，推动车联网基础设施与5G网络协同规划建设，选择重点城市典型区域、合适路段以及高速公路重点路段等，加快5G+车联网部署，推广C－V2X技术在园区、机场、港区、矿山等区域的创新应用。建立跨行业、跨区域互信互认的车联网安全通信体系。

11. 5G+智慧物流。加强5G在园区、仓库、社区等场所的物流应用创新，推动5G在无人车快递运输、智能分拣、无人仓储、智能佩戴、智能识别等场景应用落地。加速基于5G的物流物联网数据接入、计算和应用平台建设，推进端边云协同的物流自动化智能装备和基础设施建设，助力实现物流行业自动化运输、智能仓储和全流程监控。

12. 5G+智慧港口。研制适用于港口集装箱环境的5G辅助定位产品，加快自动化码头、堆场库场数字化改造和建设。推动港口建设和养护运行全过程、全周期数字化，加快智慧港口基础设施建设，推广5G在无人巡检、远程塔吊、自动导引运输、集卡自动驾驶、智能理货等场景的应用，助力港口智能化。

13. 5G+智能采矿。加快可适应采矿环境具有防爆等要求的5G通信设备研制和认证，推进露天矿山和地下矿区5G网络系统、智能化矿区管控平台、企业云平台等融合基础设施建设。推广5G在能源矿产、金属矿产、非金属矿产等各类矿区的应用，拓展采矿业远程控制、无人驾驶等5G应用场景，推进井下核心采矿装备远程操控和集群化作业、深部高危区域采矿装备无人化作业、露天矿区实现智能连续作业和无人化运输。

14. 5G+智慧电力。突破电力行业重点场景5G确定性时延、授时精度、安全保障等关键技术，搭建融合5G的电力通信管理支撑系统和边缘计算平台。开展基于5G的工业控制与监测网络升级改造，推广发电设备运维、配电自动化、输电线/变电站巡检、用电信息采集等场景应用，实现发电环节生产的可视化、配电环节控制的智能化、输变电环节监控的无人化、用电环节采集的实时化。

15. 5G+智能油气。开展适应油田油井复杂环境的5G特种终端设备的研发，推进多协议智能数据采集5G网关、监控产品的研制，实现与油气领域通信接口的有效衔接。实施5G在油田油井、管线、加油站等环节高清视频监控、管道泄露监测、机器人智能巡检、危化品运输监控等业务场景的深度应用，为油气采集、管道传输、油气冶炼等环节提供安全高效的智能化支撑。

16. 5G+智慧农业。根据农业农村数字化需求，重点推进面向广覆盖低成本场景的5G技术和应用。丰富5G在智能农业的应用场景，加快智能农机、农业机器人在无人农业作业试验等农业生产环节中的5G应用创新，发展5G在农产品冷链物流、电商直播等领域应用。加强数字乡村与5G融合应用，提升乡村治理和公共服务信息化水平，利用5G推动教育、文化、医疗等资源向农村延伸，促进农村信息消费。

17. 5G+智慧水利。推进5G技术与水利行业的深度融合，应用5G、物联网、遥感、边缘计算等新技术，提高水利要素感知水平。结合北斗定位、人工智能等技术，针对水利工程施工场景，研究人工智能施工系统顶层设计和模型算法实现，在5G人机协同应用方面实现突破。

（三）社会民生服务普惠行动

18. 5G＋智慧教育。加快5G教学终端设备及AR/VR教学数字内容的研发，结合AR/VR、全息投影等技术实现场景化交互教学，打造沉浸式课堂。推动5G技术对教育专网的支撑，结合具体应用场景，研究制订网络、应用、终端等在线教育关键环节技术规范。加大5G在智慧课堂、全息教学、校园安防、教育管理、学生综合评价等场景的推广，提升教学、管理、科研、服务等各环节的信息化能力。

19. 5G＋智慧医疗。开展5G医用机器人、5G急救车、5G医疗接入网关、智能医疗设备等产品的研发。加强5G医疗健康网络基础设施部署，重点优化覆盖全国三甲医院、疾病预防控制中心、便民医疗点、医养结合机构等场所，打造面向院内医疗和远程医疗的5G网络、5G医疗边缘云。丰富5G技术在医疗健康行业的应用场景，重点推广5G在急诊急救、远程诊断、健康管理等场景的应用，加快培育技术先进、性能优越、效果明显的智慧医疗服务新业态。

20. 5G＋文化旅游。突破数字内容关键共性技术，推进超高清视频编解码、端云协同渲染、三维重建等关键技术研发，开发适配5G网络的AR/VR沉浸式内容、4K/8K视频等应用。打造AR/VR业务支撑平台和云化内容聚合分发平台，推动与5G结合的社交、演播观影、电子竞技、数字艺术等互动内容产业发展。促进5G和文旅装备、文保装备、冰雪装备的融合创新。推动景区、博物馆等发展线上数字化体验产品，培育云旅游、云直播、云展览、线上演播等新业态，鼓励定制、体验、智能、互动等文化和旅游消费新模式发展，打造沉浸式文化和旅游体验新场景。

21. 5G＋智慧城市。加大超高清视频监控、巡逻机器人、智慧警用终端、智慧应急终端等产品在城市安防、应急管理方面的应用，建设实时精准的安全防控体系。加快智慧表计等产品在市政管理、环境监测等领域部署，探索构建数字孪生城市，提高城市感知能力。围绕信息惠民便民，加快推广基于5G技术的智慧政务服务。以社区、园区、街区等为基本单元加快数字化改造，形成一批5G智慧社区综合解决方案，提供全方位数字化社区生活新服务。推动5G技术在基于数字化、网络化、智能化的新型城市基础设施建设中的创新应用，全面提升城市建设水平和运行效率。

四、提升5G应用支撑能力

（一）5G网络能力强基行动

22. 提升面向公众的5G网络覆盖水平。加快5G独立组网建设，扩大5G网络城乡覆盖，持续打造5G高质量网络，推动“双千兆”网络协同发展。新建5G网络全面支持IPv6，着力提升5G网络IPv6流量。强化室内场景、地下空间、重点交通枢纽及干线沿线5G网络覆盖，推动5G公网上高铁，提升典型场景网络服务质量。推广利用中低频段拓展农村及偏远地区5G网络覆盖。

23. 加强面向行业的5G网络供给能力。加快提升端到端网络切片、边缘计算、高精度室内定位等关键技术支撑能力，推进面向行业的自贸区、工业园区、企业厂区、医卫机构等重点区域5G覆盖。支持各地结合区域需求，建设5G行业虚拟专网，探索建网新模式，形成区域先导效应。

24. 加强5G频率资源保障。继续做好5G基站和卫星地球站等无线电台站的干扰协调工作。推动700MHz频段广播电视业务的频率迁移，加快700MHz频段5G网络部署，适时发布5G毫米波频率规划，探索5G毫米波频率使用许可实行招标制度，开展5G工业专用频率需求以及其他无线电系统兼容性研究，研究制定适合我国的5G工业专用频率使用许可模式和管理规则。

（二）5G应用生态融通行动

25. 加快跨领域融合创新发展。支持电信运营、通信设备、垂直行业、信息技术、互联网等企业结合自身优势，开展5G融合应用技术创新、集成创新、服务创新和数据应用创新。深化5G、云计算、大数据、人工智能、区块链等技术融合创新，打好技术“组合拳”，不断培育5G应用新蓝海。打造一批既懂5G又懂行业的应用解决方案供应商，形成5G应用解决方案供应商名录，支撑千行百业数字化转型，带动芯片模组规模化发展，促进上下游跨界协同联动。

26. 推动5G融合应用政策创新。鼓励和支持各地结合区域特色和行业优势，开放5G应用场景，加快地方特色应用落地。打造协同效应显著、辐射带动能力强、商业模式清晰的5G应用创新引领区，探索应用推广新模式，以点带面、纵深推进重点行业规模化应用。

27. 开展5G应用创新载体建设。依托5G应用产业方阵，以龙头企业、科研单位为创建主体，建设一批5G融合应用创新中心，开展面向应用创新的技术和产业服务。依托行业龙头企业、高等院校、科研院所，加快5G应用孵化器和众创空间等双创载体建设，完善创新载体运营模式。发挥孵化器和众创空间的区域产业聚集优势，结合地方产业特色，推动5G

技术和应用解决方案成果转移转化。

28. 强化5G应用共性技术平台支撑。面向工业制造、交通、医疗等重点领域的关键共性技术需求，依托行业龙头企业、高等院校、科研院所开展5G行业应用关键技术联合攻关，建设重点行业共性技术平台，解决制约行业应用复制推广的技术瓶颈。重点支持建设与5G结合的室外北斗高精度定位、室内5G蜂窝独立定位、人工智能、超高清视频、增强现实/虚拟现实（AR/VR）等共性技术平台，提供跨行业的5G应用基础能力。

专栏3：5G应用创新生态培育示范工程

培育5G应用解决方案供应商。推动龙头企业发挥技术和市场优势，面向重点行业推出5G应用整体解决方案和集成产品，形成一批创新能力强、带动效应明显的5G应用解决方案领先供应商。引导具备细分场景技术优势和行业知识经验的中小企业，推出与行业需求深度结合的5G应用解决方案和成熟产品，形成一批围绕重点行业细分场景的5G应用解决方案供应商。打造行业龙头标杆。调动重点行业龙头企业积极性，发挥需求导向和资源整合作用，打通5G应用关键环节，打造一批5G应用标杆案例，为5G规模应用提供示范引领。建设5G融合应用创新中心。推动5G应用全产业链协同创新，进行产品工程化攻关，提升科技创新和成果转化效率。持续建设完善5G应用仓库，加强创新要素供需对接和资源共享。提供5G应用高端研发服务和生产性服务，支持建设面向重点行业需求的应用测试验证实验室，加快形成5G应用技术验证、质量检测等服务能力。创建5G应用创新引领区。激发各地创新活力，积极开展应用创新政策试点，优化5G应用发展环境，探索5G网络建设和应用发展新模式，打造一批5G应用创新引领区。统筹推动全国各地5G特色化应用，发挥京津冀、长三角、粤港澳等区域的产业集聚效应，加强区域联动，推动建设一批5G产业基地。鼓励有条件的地方加大支持力度，形成一批可复制可推广的5G应用项目。持续举办“绽放杯”5G应用征集大赛，及时发布5G融合应用优秀案例，加快5G应用落地推广。

（三）5G应用安全提升行动

29. 加强5G应用安全风险评估。构建5G应用全生命周期安全管理机制，指导企业将5G应用安全风险评估机制纳入5G应用研发推广工作流程，同步规划建设运行安全管理和技术措施，并与5G应用同步实施。做好5G应用及关键信息基础设施监督检查，提升5G应用安全水平。

30. 开展5G应用安全示范推广。鼓励各地方和企业打造5G应用安全创新示范中心，研发标准化、模块化、可复制、易推广的5G应用安全解决方案，开展5G网络安全技术应用试点示范和推广应用，推动最佳实践在工业、能源、交通、医疗等重点行业头部企业落地普及。在5G应用中推广使用商用密码，做好密码应用安全性评估。

31. 提升5G应用安全评测认证能力。支持与国际接轨的5G安全评测机构建设，构建5G应用与网络基础设施安全评价体系，开展5G应用与基础设施安全评测和能力认证。

32. 强化5G应用安全供给支撑服务。支持5G安全科技创新与核心技术转化，鼓励5G安全创新企业入驻国家网络安全产业园区。加强5G安全服务模式创新，推动5G安全技术合作和能力共享，鼓励跨行业、跨领域制定融合应用场景安全服务方案。加强5G网络安全威胁信息发现共享与协同处置。

专栏4：5G应用安全能力锻造工程

提升5G应用安全管理能力。完善5G应用安全标准体系，加强标准宣贯。支持有条件的企业和单位加强5G应用安全评估检测与认证能力建设，支撑开展5G应用安全自评估和第三方评估。增强5G应用安全产品和服务供给。推动发展内生安全、零信任安全、动态隔离等关键安全产品，创新开展风险识别、态势感知、安全评测、网络身份信任管理等5G应用安全服务，提升基于服务的5G应用安全保障能力。推广普及5G应用安全解决方案。分场景、分业务形成原子化、细粒度的5G应用安全解决方案，支持相关企业打造一批5G应用安全创新示范中心，开展安全方案协同研发、展示推广、试验测试、人员培训等工作。支持有条件的地方和产业园区集中开展5G应用安全试点示范。多措并举加强5G应用安全解决方案推广普及。

到2023年底，打造10～20个5G应用安全创新示范中心，树立3～5个区域示范标杆，与5G应用发展相适应的安全保障体系基本形成。

五、保障措施

（一）强化统筹联动。加强部门协同和部省联动，做好标准、产业、建设、应用、政策等方面有机衔接。相关行业主管部门将5G应用作为行业发展规划、行动计划等重点方向，充分利用相关专项资金，持续引导行业企业加大投入力度，加快5G行业应用发展。鼓励各级地方政府围绕5G应用落地、生态构建、产业培育、网络建设等工作，积极出台并落实政策举措，促进 5G 融合应用加快落地。支持上下游企业深度耦合、紧密衔接，形成高效有机的合作模式。成立 5G 应用推广专家咨询委员会，对应用推广中的战略性、前瞻性问题进行指导和决策支撑。

（二）优化发展环境。加大政府采购支出向 5G 应用领域倾斜，率先在城市管理、教育、医疗、文化等公共服务领域推广 5G 应用，加大对 5G 应用样板项目、示范标杆的宣传力度。依托产融合作平台打造“5G+金融”发展生态，以产融合作试点为载体开展 5G 应用场景创新的产融对接活动。完善 5G 应用创新企业服务体系，加大对中小企业扶持力度，鼓励更多市场主体进入 5G 应用创新创业领域。有序引导各类社会资本建立 5G 应用投资基金，加大对 5G 重点行业应用和关键产业环节投资。鼓励支持符合条件的 5G 应用创新企业在科创板、创业板上市融资，拓宽企业融资渠道。坚持包容审慎监管原则，加强协同监管，加快自动驾驶、远程医疗等重点领域 5G 应用相关法律法规研究，探索监管新模式。

（三）培育人才队伍。厚植 5G 人才培育基础，支持高等院校、科研院所与企业联合精准培养，鼓励企业与高等院校、科研院所共建实验室、实训基地、专业研究院或交叉研究中心，加强共享型工程实习基地建设。推进 5G 相关专业升级与数字化改造，实施好 5G 相关领域“1+X”证书制度试点，开展安全技术技能大赛、组织 5G 相关职业培训和认证，丰富 5G 人才挖掘和选拔渠道，培育一批既懂 5G 通信技术又具备行业专业知识的复合型人才。面向公众开展 5G 知识科普，提升全民数字技能。

（四）推动国际合作。支持建设 5G 应用海外推广渠道和服务平台，推动成熟 5G 应用走出去。发挥国际组织协调作用，鼓励企业参与 5G 国际标准化组织的工作。鼓励国内企业加强海外 5G 应用合作，为“一带一路”沿线等国家或地区提供更为优质产品和服务，打造国际合作新平台。

（五）做好监测评估。加强政策成效评估和动态调整，建立 5G 发展监测体系，构建全景化 5G 网络地图，常态化监测 5G 应用和产业进展，推动 5G 全面协同发展。

附件：5G 应用发展主要指标（略）

工业和信息化部 住房和城乡建设部 交通运输部 农业农村部 国家能源局关于印发《智能光伏产业创新发展行动计划（2021—2025 年）》的通知

（工信部联电子〔2021〕226 号）

各省、自治区、直辖市及计划单列市、新疆生产建设兵团工业和信息化、住房和城乡建设、交通运输、农业农村、能源主管部门：

现将《智能光伏产业创新发展行动计划（2021—2025 年）》印发给你们，请结合实际认真贯彻落实。

附件：智能光伏产业创新发展行动计划（2021—2025 年）

工业和信息化部
住房和城乡建设部
交通运输部
农业农村部
国家能源局
2021 年 12 月 31 日

附件

智能光伏产业创新发展行动计划（2021—2025 年）

光伏产业是基于半导体技术和新能源需求而融合发展、快速兴起的朝阳产业，也是实现制造强国和能源革命的重大关键领域。为推动光伏产业与新一代信息技术深度融合，加快实现智能制造、智能应用、智能运维、智能调度，全面提升我国光伏产业发展质量和效率，推动实现 2030 年碳达峰、2060 年碳中和目标，制定本行动计划。

一、总体要求

（一）指导思想

以习近平新时代中国特色社会主义思想为指导，全面贯彻落实党的十九大和十九届二中、三中、四中、五中、六中全会精神，把握新发展阶段，完整、准确、全面贯彻新发展理念，构建新发展格局，以供给侧结构性改革为主线，以适应新型电力系统发展需求为导向，以构建智能光伏产业生态体系为目标，坚持市场主导、政府支持，坚持创新驱动、产融结合，坚持协同施策、分步推进，把握数字经济发展趋势和规律，促进 5G 通信、人工智能、先进计算、工业互联网等新一代信息技术与光伏产业融合创新，加快提升全产业链智能化水平，增强智能产品及系统方案供给能力，鼓励智能光伏行业应用，促进我国光伏产业持续迈向全球价值链中高端。

（二）发展目标

到 2025 年，光伏行业智能化水平显著提升，产业技术创新取得突破。新型高效太阳能电池量产化转换效率显著提升，形成完善的硅料、硅片、装备、材料、器件等配套能力。智能光伏产业生态体系建设基本完成，与新一代信息技术融合水平逐步深化。智能制造、绿色制造取得明显进展，智能光伏产品供应能力增强。支撑新型电力系统能力显著增强，智能光伏特色应用领域大幅拓展。智能光伏发电系统建设卓有成效，适应电网性能不断增强。在绿色工业、绿色建筑、绿色交通、绿色农业、乡村振兴及其他新型领域应用规模逐步扩大，形成稳定的商业运营模式，有效满足多场景大规模应用需求。

二、主要任务

（一）提升行业发展水平

加快产业技术创新。推进智能光伏产业链技术创新，加快大尺寸硅片、高效太阳能电池及组件等研制和突破。夯实配套产业基础，推动智能光伏关键原辅料、设备、零部件等技术升级。开展智能光伏与建筑节能、交通运输、绿色农业等领域相结合的交叉技术研究。

提升智能制造水平。推动光伏基础材料、太阳能电池及部件智能制造。促进智能化生产装备的研发与应用，提升整体工序智能化衔接。鼓励企业采用信息化管理系统和数字化辅助工具，提高光伏产品制造全周期信息化管理水平。通过资源动态调配、工艺过程精确控制、智能加工和装配、人机协同作业和精益生产管理，实现智能化生产作业和精细化生产管控，打造智能制造示范工厂。

专栏一：智能光伏产业创新提升行动

多晶硅：支持低能耗、低成本多晶硅生产，提高产品质量和稳定性，扩大突破高纯电子级多晶硅。研究推广多晶硅生产、后处理等环节的自动化与智能化。推动建立多晶硅生产在线应急指挥联动系统。

硅棒/硅片：支持大尺寸单晶硅棒拉制，提升单炉投料量。研究大尺寸、低损耗、超薄片切割技术。推广自动化生产线及物流线、全自动一体化检测设备、硅片打码读码设备，建立硅片信息追溯系统。

晶硅电池：推广自动制绒、自动上下料、自动导片机、自动插片机、双面双测、在线缺陷分析等应用，提升工序间自动化传输和智能感知衔接能力。持续提升 p 型晶硅电池转换效率，开展 n 型 TOPCon、HJT、IBC 等高效电池的研发与产业化。

光伏组件：支持开发应用多主栅、无损切割、高密度封装等高效组件生产技术，加快钙钛矿、叠层等新型电池组件研发与产业化。开发长寿命、高安全的 BIPV 光伏构件、光伏瓦，支持建筑屋顶光伏行动。研发推广组件生产自动化设备，加强组件尺寸统一标准制定实施。

逆变器：开发基于宽禁带材料及功率器件、芯片的逆变器。提升逆变器系统安全性实时监测处理、在线 PID 抑制与修复、智能支架跟踪、高性能 IV 扫描诊断、组件级监控等智能化技术。建立逆变器质量追溯机制，提升逆变器制造效率和产品可靠性。

光伏材料、零部件与装备：开发高质量封装胶膜、光伏玻璃和背板产品，开展高效封装用导电胶、异形焊带、智能接线盒等辅材辅料的研发与应用。推动新型高效电池用关键部件及关键设备产业化，开发柔性薄膜电池大面积均匀积沉技术。

实现全链条绿色发展。支持研发和应用节能节水技术、材料和装备，实施智能光伏清洁生产，降低污染物排放。开发低碳材料、工艺、装备，鼓励利用可再生能源生产，促进行业优先低碳转型。研究制定光伏行业碳排放控制目标和行动方案，制定光伏发电全生命周期碳足迹评价标准并开展认证。研究开发退役光伏组件资源化利用的技术路线和实施路径，推动废旧光伏组件回收利用技术研发及产业化应用，加快资源综合利用。

（二）支撑新型电力系统

发展智能光伏产品。面向智能光伏发电建设，结合多场景终端用电需求，运用 5G 通信、人工智能、先进计算、大数据、工业互联网等技术，开发一批智能化、特色化、类型化光伏产品。构建适用于农村自有建筑物屋顶、城镇及建筑节能、生态化交通网络等的智能光伏多样化产品体系。建设智能光伏系统。支持智能光伏产品在光伏发电系统踏勘、设计、集成、运维、结算、交易中的应用，开发应用各类电网适应性技术，增强智能光伏系统自感知、自诊断、自维护、自调控能力，提升光伏发电电网友好性。

专栏二：智能光伏系统融合发展行动

智能光伏发电终端：发展具有消除阴影遮挡功率损失、优化失配损失、消除热斑、智能控制关断、实时监测运行等功能的智能光伏组件。推动光伏产品与消费电子、户外用品、交通工具、航空航天等结合，发展丰富多样的移动能源产品。

智能光伏关键器件：以满足智能光伏电站发展为导向，发展智能逆变器、控制器、汇流箱、储能系统、跟踪系统，加快突破智能电站所需的高效电力电子器件等关键部件，提升有关电力变换、远程控制、数据采集、在线分析、环境自适应等性能。

智能光伏系统支持工具：围绕智能光伏电站全生命周期管理需要，开发具有自主知识产权的智能化光伏设计系统、光伏发电施工管理系统、光伏发电监控运维系统、移动运维系统、光伏发电项目管理平台。开发智能清洗机器人、智能巡检无人机等智能运维产品。

智能户用光伏系统：开发智能化、数字化的户用智能光伏产品及系统，实现即插即用、安全可靠、使用便利，促进户用光伏市场发展。开发秒级数据检测技术、本地快速功率调节技术、智能家庭能源管理系统，提高自发自用率，优化家庭用电方式，促进节能减碳。

智能设计：支持无人机、北斗、机器人等在光伏系统建设踏勘中的应用，在云端完成 2D/3D 建模。鼓励开发智能化光伏设计系统，综合地理信息数据、区域辐照条件、产品性能价格及建筑承重等因素，对不同组件、逆变器、电气方案、支架方式等实现数字建模和比对。

智能集成：开发光伏发电施工管理系统并加快在采购、施工过程管理、质量检测、电站测试、验收等方面应用，实现工程进度实时监控、成本质量控制、库存管理、人员调配与施工问题预警。推广智能化机械装备在智能光伏电站建设过程中的应用。

智能运维：推广应用智能光伏发电监控系统、运维系统、项目管理系统，建立智能区域集控运维中心和移动运维平台，实现无人/少人、集中与远程管理，支持采用智能机器人、无人机等技术替代人工运维管理，降低运维成本，提升服务效率。

发展智能光储系统。突破智能光储关键技术，平抑光伏发电波动，跟踪发电计划出力、电量时移，提升对新型电力系统的支撑能力。推动光伏电站与抽水蓄能、电化学储能、飞轮储能等融合发展，建设一批电源侧光伏储能项目，保障光伏发电高效消纳利用。

拓展智能光伏技术耦合。发展智能光伏直流系统，开展光伏储能直流耦合系统技术研究，拓展光伏直流建筑、太阳能路灯、直流空调等直流负载应用。支持智能光伏制氢等试点示范项目建设，加快开展制氢系统与光伏耦合技术研究。

（三）助力各领域碳达峰碳中和

智能光伏工业。鼓励工业园区、新型工业化产业示范基地等建设光伏应用项目，制定可再生能源占比的具体评价办法，新建工业厂房满足光伏发电系统安装要求，推动工业园区等绿色发展。鼓励建设工业绿色微电网，实现厂房光伏、分布式风电、多元储能、高效热泵、余热余压利用、智慧能源管控系统等集成应用，促进多能高效互补利用。

智能光伏交通。加快“光伏＋交通”等融合发展项目推广应用，推动交通领域光伏电站及充电桩示范建设。坚持充分论证、因地制宜、试点先行的原则，鼓励光伏发电在公路服务区（停车场）、加油站、公路边坡、公路隧道、公交货运场站、港口码头、航标等导助航设施、码头趸船、海岛工作站点等领域的应用。探索光伏和新能源汽车融合应用路径。

智能光伏建筑。在有条件的城镇和农村地区，统筹推进居民屋面智能光伏系统，鼓励新建政府投资公益性建筑推广太阳能屋顶系统。开展以智能光伏系统为核心，以储能、建筑电力需求响应等新技术为载体的区域级光伏分布式应用示范。提高建筑智能光伏应用水平。积极开展光伏发电、储能、直流配电、柔性用电于一体的“光储直柔”建筑建设示范。

智能光伏农业。加快农业绿色低碳循环发展，推动有条件地区在农业设施棚顶安装太阳能组件发电，棚下开展农业生产，将光伏发电与农业设施有机结合，在种养殖、农作物补光、光照均匀度与透光率调控、智能运维、高效组件开发等方面开展深度创新。鼓励探索光伏农业新兴模式，推进农业绿色发展，促进农民增收。

智能光伏乡村。继续开展村级电站和农村户用电站建设，优先支持脱贫地区建设村级光伏帮扶电站，壮大村集体经济，实现巩固拓展脱贫攻坚成果同乡村振兴有效衔接。鼓励先进智能光伏产品及系统应用，优先保证产品质量和系统性能。完善全国光伏扶贫信息监测系统，扩大监测范围，提升运维服务能力。结合村级电站模式及地域分布特点，因地制宜整合各类“光伏＋”综合应用，创新光伏发电模式。

智能光伏电站。鼓励在各种类型、各类场景的光伏发电基地建设中采用基于智能光伏的先进光伏产品，鼓励结合沙漠、戈壁、荒漠、荒山、荒土和沿海滩涂综合利用、采煤沉陷区和矿山排土场等废弃土地、油气矿区等多种方式，因地制宜开展智能光伏电站建设，鼓励智能光伏在整县（市、区）屋顶分布式光伏开发试点中的应用，促进光伏发电与其他产业有机融合。

智能光伏通信。面向数据中心、5G 等新型基础设施不同应用场景需求，在光能资源丰富区域，积极探索开发技术先进、经济适用的智能光伏产品及方案，支持智能光伏在信息通信领域的示范应用，促进网络设施智能化改造和绿色化升级，推动信息通信行业节能创新水平提升。

智能光伏创新应用。创新智能光伏市场应用场景，支持有关市场化机构依法合规举办创新创业比赛，拓展多种形式的“光伏＋”综合应用，加强新兴领域智能光伏与相关产业融合发展，实现产品创新、技术创新和商业模式创新，在各领域推动“碳达峰、碳中和”进程。

（四）优化产业发展环境

完善技术标准体系。修订实施《太阳能光伏产业综合标准化技术体系》，加快智能光伏标准体系研究和顶层设计。开展光伏和交通、建筑、农业、能源、乡村等领域结合标准研究，推动研究适用于新型电力系统的光伏发电规范和基于光伏为主体电源的电力系统等标准。

完善知识产权布局。提升智能光伏企业知识产权保护意识，完善管理制度。开展国内外知识产权布局、知识产权运用试点企业培育工作。支持相关研究机构、行业组织对光伏领域内知识产权布局现状进行全面梳理，探索研究专利池建设，围绕智能光伏关键技术和工艺开展专利分析预警。

深化国际交流合作。加强“引进来”，与先进国际机构和企业开展智能光伏领域技术、人才、资本、标准等合作。深化“走出去”，落实“一带一路”倡议，鼓励具有高附加值的智能光伏产品出口，支持企业在海外建设智能光伏工厂、开发智能光伏电站项目，为光伏治沙、光伏扶贫等先进智能光伏模式推广应用贡献中国方案。

（五）建设公共服务平台

建设技术创新平台。开展智能光伏关键共性技术研发，建设国家级智能光伏技术创新平台，加快新型太阳能电池技术研发储备，加强智能光伏基础性原理性研究，实现科研成果共享，加速科研成果转化，开展技术研发对外服务，提升智能光伏产业核心竞争力。

建设行业服务和验证平台。支持有能力、有资质的企事业单位建设产业技术基础公共服务平台，开展知识产权培训与交易、科技成果评价、市场战略研究、价格监测、供应链协调、低碳发展评价等服务。支持建设一批光伏储能、光伏制氢、光伏直流等系统验证平台，加强多领域横纵联合。

建设“双创”孵化平台。支持智能光伏领域众创、众包、众扶、众筹等创业支撑平台建设，推动有条件的地方建立一批智能光伏产业生态孵化器、加速器，探索产业发展和商业应用模式创新，鼓励为初创企业提供资金、技术、市场应用及推广等方面的扶持。

（六）强化光伏人才培育

推动人才梯队建设。引进和培育相结合，在智能光伏领域形成一批能够带动企业智能转型的高层次领军人才，一批既熟悉技术又擅长商业资源整合的管理人才。加快培养掌握光伏和建筑、交通、农业等领域专业知识的复合型人才。

加大人才培养力度。深化产教融合，推动高等院校优化学科建设，支持开展国家光伏产教融合创新平台建设。鼓励建立校企结合的智能光伏人才综合培训和实践基地，支持相关企业开展员工国内外在职教育培训。

引导人才合理流动。指导相关研究机构、协会组织召开人才交流对接活动，发布光伏人才白皮书。支持建立智能光伏人才信息平台，提供人才信息服务。引导企业通过合规途径招聘人才，保障人才正常流动，降低人员流动损失，提升光伏行业人才归属感。

三、组织实施

（一）加强组织协调和政策协同。持续深化智能光伏产业发展协调机制，共同研究解决产业发展中出现的重大问题。各部门结合自身职能职责确定年度工作目标，加强与有关政策、规划衔接，推动行动计划同自然资源、生态环境、财政、税收、金融、贸易、证券监督等部门政策联动，确保各项任务措施落实到位。加强央地合作，深化地方协调工作机制，鼓励地方出台配套支持政策。

（二）形成有效市场和有为政府合力。发挥光伏产业充分竞争、市场化程度高等特点，通过市场机制引导多方资本促进智能光伏产业发展，支持设立智能光伏领域产业发展基金，探索政府和社会资本合作模式。发挥国家产融合作平台作用，引导金融投资机构加大对智能光伏产业的精准支持力度。落实《关于加强产融合作推动工业绿色发展的指导意见》，充分利用中央及地方相关渠道，推动资源集约化整合和协同支持，结合新基建等重大项目，加大对智能光伏产业进步及有关公共服务平台等扶持。

（三）支持试点示范和行业特色应用。开展多元化智能光伏试点示范，培育若干国家级智能光伏示范企业和示范项目。引导光伏企业与系统集成、软件开发、信息管理和物联网、大数据、5G 通信、先进计算、人工智能等企业共同参与试点示范建设，鼓励光伏企业与信息、交通、建筑、农业、能源、乡村振兴等领域企业探索可推广可复制的智能光伏建设模式。

（四）推动光伏产业健康有序发展。引导行业扩张与市场发展协同推进，建立光伏供应链协调保障机制和运行监测机制。深入实施《光伏制造行业规范条件》，引导行业规范发展。充分发挥行业协会作用，推动构建公平、公正、开放、有序的市场竞争环境。妥善解决光伏国际贸易争端，营造良好国际贸易环境。

工业和信息化部　科技部　生态环境部　商务部　市场监管总局关于印发《新能源汽车动力蓄电池梯次利用管理办法》的通知

（工信部联节〔2021〕114 号）

各省、自治区、直辖市及计划单列市、新疆生产建设兵团工业和信息化、科技、生态环境、商务、市场监管主管部门，各有关单位：

为加强新能源汽车动力蓄电池梯次利用管理，提升资源综合利用水平，保障梯次利用电池产品的质量，工业和信息化部、科技部、生态环境部、商务部、市场监管总局联合制定了《新能源汽车动力蓄电池梯次利用管理办法》。现印发给你们，请认真贯彻执行。

附件：新能源汽车动力蓄电池梯次利用管理办法

工业和信息化部
科学技术部
生态环境部
商务部
国家市场监督管理总局
2021 年 8 月 19 日
（联系电话：010－68205360）

附件

新能源汽车动力蓄电池梯次利用管理办法

一、总则

第一条 为了加强新能源汽车动力蓄电池梯次利用管理，提升资源综合利用水平，保障梯次利用电池产品（以下简称梯次产品）的质量，保护生态环境，依据《中华人民共和国固体废物污染环境防治法》《中华人民共和国循环经济促进法》等，制定本办法。

第二条 本办法适用于中华人民共和国境内梯次利用企业及其他相关市场主体的梯次利用相关活动。

第三条 梯次利用企业应依法履行主体责任，遵循全生命周期理念，落实生产者责任延伸制度，保障本企业生产的梯次产品质量，以及报废后的规范回收和环保处置；动力蓄电池生产企业应采取易梯次利用的产品结构设计，利于高效梯次利用。

第四条 工业和信息化部负责全国动力蓄电池梯次利用管理指导、协调工作。生态环境部、商务部、市场监管总局依职责强化动力蓄电池梯次利用监督管理，加强信息共享。

各省、自治区、直辖市及新疆生产建设兵团工业和信息化主管部门会同同级生态环境、商务、市场监管主管部门，协调做好本地区梯次利用指导与监督管理工作。

第五条 科技部支持梯次利用关键共性技术、装备的研发与推广应用，引导产学研用协作，鼓励梯次利用新型商业模式创新和示范项目建设。

二、梯次利用企业要求

第六条 梯次利用企业应符合《新能源汽车废旧动力蓄电池综合利用行业规范条件》（工业和信息化部公告 2019 年第 59 号）要求。鼓励采用先进适用的工艺技术及装备，对废旧动力蓄电池优先进行包（组）、模块级别的梯次利用，电池包（组）和模块的拆解符合《车用动力电池回收利用　拆解规范》（GB/T 33598）的相关要求。

第七条 鼓励梯次利用企业研发生产适用于基站备电、储能、充换电等领域的梯次产品。鼓励采用租赁、规模化利用等便于梯次产品回收的商业模式。

第八条 鼓励梯次利用企业与新能源汽车生产、动力蓄电池生产及报废机动车回收拆解等企业协议合作，加强信息共享，利用已有回收渠道，高效回收废旧动力蓄电池用于梯次利用。鼓励动力蓄电池生产企业参与废旧动力蓄电池回收及梯次利用。

第九条 梯次利用企业从事废旧动力蓄电池梯次利用活动时，应依据国家有关法规要求，与新能源汽车、动力蓄电池生产企业协调、厘清知识产权和产品安全责任有关问题。

第十条 鼓励新能源汽车、动力蓄电池生产企业等与梯次利用企业协商共享动力蓄电池的出厂技术规格信息、充电倍率信息，以及相关国家标准规定的监控数据信息（电压、温度、SOC 等）。梯次利用企业按照《车用动力电池回收利用　余能检测》（GB/T 34015）等相关标准进行检测，结合实际检测数据，评估废旧动力蓄电池剩余价值，提高梯次利用效率，提升梯次产品的使用性能、可靠性及经济性。

第十一条 梯次利用企业应规范开展梯次利用，具备梯次产品质量管理制度及必要的检验设备、设施，通过质量管理体系认证，所采用的梯次产品检验规则、方法等符合有关标准要求，对本企业生产销售的梯次产品承担保修和售后服务责任。

第十二条 梯次利用企业应按国家有关溯源管理规定，建立溯源管理体系，进行厂商代码申请和编码规则备案，向新能源汽车国家监测与动力蓄电池回收利用溯源综合管理平台（www.evmam－tbrat.com）上传梯次产品、废旧动力蓄电池等相关溯源信息，确保溯源信息上传及时、真实、准确。

三、梯次产品要求

第十三条 梯次产品的设计应综合考虑电气绝缘、阻燃、热管理以及电池管理等因素，保证梯次产品的可靠性；采用易于维护、拆卸及拆解的结构及连接方式，以便于其报废后的拆卸、拆解及回收。

第十四条 梯次产品应进行性能试验验证，其电性能和安全可靠性等应符合所应用领域的相关标准要求。

第十五条 梯次产品应有商品条码标识，并按《汽车动力蓄电池编码规则》（GB/T 34014）统一编码，在梯次产品标识上标明（但不限于）标称容量、标称电压、梯次利用企业名称、地址、产品产地、溯源编码等信息，并保留原动力蓄电池编码。

第十六条 梯次产品的使用说明或其他随附文件，应提示梯次产品在使用防护、运行监控、检查维护、报废回收等过程中应注意的有关事项及要求。

第十七条 梯次产品包装运输应符合《车用动力电池回收利用管理规范　第 1 部分：包装运输》（GB/T 38698.1）等有关标准要求。

第十八条 市场监管总局会同工业和信息化部建立梯次产品自愿性认证制度，获得认证的梯次产品可在产品及包装上使用梯次产品认证标志。

四、回收利用要求

第十九条 梯次利用企业应按照《新能源汽车动力蓄电池回收服务网点建设和运营指南》（工业和信息化部公告 2019 年第 46 号）的相关要求，建立与产品销售量相匹配的报废梯次产品回收服务网点，报送回收服务网点信息并在本企业网站向社会公布。鼓励梯次利用企业与新能源汽车生产等企业合作共建、共用回收体系，提高回收效率。

第二十条 梯次利用企业应规范回收本企业梯次产品生产、检测等过程中产生的报废动力蓄电池以及报废梯次产品，按照相关要求，集中贮存并移交再生利用企业处理，并按国家有关要求落实信息公开。

第二十一条 梯次产品所有人应将报废的梯次产品，移交给梯次利用企业建立的回收服务网点或再生利用企业进行规范处理。

第二十二条 梯次利用企业、梯次产品所有人等，如因擅自拆卸、拆解报废梯次产品，或将其移交其他第三方，或随意丢弃、处置，导致事故的，应承担相应责任。

五、监督管理

第二十三条 县级以上地方工业和信息化主管部门会同同级有关主管部门，对梯次利用企业的梯次产品生产、溯源等情况进行监督检查，保障梯次利用的规范、高效开展。

第二十四条 县级以上地方市场监管部门依据职责，对梯次产品认证活动进行监督管理。对认证违法违规行为，依法进行查处。

第二十五条 县级以上地方生态环境主管部门依据职责对梯次利用企业生产、报废梯次产品再生利用企业利用处置等活动的环境污染防治情况进行监督，对于违反环境保护有关要求的，依据环境保护相关法律法规进行处理。

第二十六条 县级以上地方商务主管部门会同同级有关主管部门依据国家有关规定对报废机动车回收拆解企业拆卸、交售动力蓄电池以及录入动力蓄电池信息等行为进行监督管理。

第二十七条 组建新能源汽车动力蓄电池梯次利用专家委员会。专家委员会负责协调新能源汽车动力蓄电池梯次利用管理过程中的重大技术问题，支撑相关政策研究、行业信息分析等工作。

第二十八条 任何组织和个人有权对违反本办法规定的行为向有关部门投诉、举报。

六、附则

第二十九条 本办法所称梯次利用，是指对废旧动力蓄电池进行必要的检验检测、分类、拆分、电池修复或重组为梯次产品，使其可应用至其他领域的过程。

本办法所称梯次利用企业，是指从事梯次产品生产的企业。《新能源汽车动力蓄电池回收利用管理暂行办法》（工信部联节〔2018〕43 号）中的再生利用企业及废旧动力蓄电池定义适用于本办法。

第三十条 本办法由工业和信息化部商科技部、生态环境部、商务部、市场监管总局负责解释。

第三十一条 本办法自印发之日起 30 日后实施。

工业和信息化部办公厅　住房和城乡建设部办公厅　交通运输部办公厅　农业农村部办公厅　国家能源局综合司　国家乡村振兴局综合司　关于开展第二批智能光伏试点示范的通知

（工信厅联电子〔2021〕32 号）

各省、自治区、直辖市及计划单列市、新疆生产建设兵团工业和信息化、住房和城乡建设、交通运输、农业农村、能源、乡村振兴（扶贫）主管部门：

为推动光伏产业高质量发展，鼓励智能光伏产业技术进步和扩大应用，加快构建清洁低碳、安全高效能源体系，按照《智能光伏产业发展行动计划（2018—2020年）》（工信部联电子〔2018〕68 号）工作部署，工业和信息化部、住房和城乡建设部、交通运输部、农业农村部、国家能源局、国家乡村振兴局决定组织开展第二批智能光伏试点示范工作。有关事项通知如下：

一、试点示范内容

（一）支持培育一批智能光伏示范企业，包括能够提供先进、成熟的智能光伏产品、服务、系统平台或整体解决方案的企业。

（二）支持建设一批智能光伏示范项目，包括应用智能光伏产品，融合大数据、互联网和人工智能，为用户提供智能光伏服务的项目。

二、申报条件

（一）示范企业

申报主体为智能光伏领域的产品制造企业、系统集成企业、软件企业、服务企业等，并符合以下条件：

1. 应为中国大陆境内注册的独立法人，注册时间不少于 2 年；

2. 具有较强的智能光伏技术研发能力或创新服务能力；

3. 已提供先进、成熟的市场化应用产品、服务或系统；

4. 形成清晰的智能光伏商业推广模式和盈利模式；

5. 具备丰富的智能光伏项目建设经验。

（二）示范项目

申报主体为项目组织实施单位，可以是相关应用单位、制造企业、项目所在园区、第三方集成服务机构等，有关单位及项目应符合以下条件：

1. 已建成具有特色服务内容、贴近地区发展实际的智能光伏应用或服务体系；

2. 在工业园区、建筑及城镇、交通运输、农业农村、光伏电站、光伏扶贫及其他领域形成智能光伏特色应用；

3. 采用不少于 3 类智能光伏产品（原则上由符合《光伏制造行业规范条件》的企业提供）或服务，提供规模化（集中式 10MW 以上、分布式 1MW 以上）的智能光伏服务；对建筑及城镇领域智能光伏以及建筑一体化应用单个项目，装机容量不少于 0.1MW；

4. 具备灵活的服务扩展能力，具备长期运营能力，有持续运营和盈利的创新模式，具有不断完善服务能力和丰富服务内容的发展规划。

三、组织实施

（一）申报单位要严格按照通知要求和附件格式（可在工业和信息化部官网下载），规范填写智能光伏试点示范申报书，向所在地省级工业和信息化主管部门提交申报材料。

（二）省级工业和信息化主管部门会同住房城乡建设、交通运输、农业农村、能源、乡村振兴（扶贫）主管部门进行实地考察和专家评审，根据评审结果推荐企业和项目，出具推荐函。优先考虑国家新型工业化产业示范基地、光伏“领跑者”基地所在地的企业和项目、光伏储能应用项目、建筑光伏一体化应用项目（BIPV）。

（三）各省、自治区、直辖市推荐的示范企业不超过 5 家，示范项目不超过 8 个；计划单列市、新疆生产建设兵团推荐的示范企业不超过 3 家，示范项目不超过 5 个。各地推荐的示范企业及项目要严格控制数量，超过推荐数量的不予受理。

（四）请各地工业和信息化主管部门于 2021 年 4 月 15 日前将推荐函连同申报材料（纸质版一式两份和电子版光盘）通过 EMS 或机要交换至工业和信息化部（电子信息司）。

（五）工业和信息化部会同住房和城乡建设部、交通运输部、农业农村部、国家能源局、国家乡村振兴局对申报的企业、项目进行评选。评选结果在有关部门官方网站及相关媒体上对社会公示，对公示无异议的企业、项目予以正式发布。

四、管理和激励措施

（一）工业和信息化部联合住房和城乡建设部、交通运输部、农业农村部、国家能源局、国家乡村振兴局建立工作机制，加大对示范企业、示范项目的宣传推介力度，提升试点示范影响力，扩大示范带动效应。组织对示范企业、项目开展评估考核并对智能光伏试点示范名单进行动态调整。

（二）鼓励各级政府部门和社会各界加大对试点示范工作的支持力度，从政策、标准、项目、资源配套等多方面支持示范企业做大做强，支持示范项目建设和推广应用。

（三）示范企业、示范项目应贯彻落实《智能光伏产业发展行动计划（2018—2020 年）》，努力树立行业标杆，切实发挥示范带动作用。

联系人及电话：王赶强/牛新星/金磊 010－68208264

地址：北京市海淀区万寿路 27 号院（100846）

附件：

1. 智能光伏试点示范申报书（示范企业）（略）

2. 智能光伏试点示范申报书（示范项目）（略）

工业和信息化部办公厅 住房和城乡建设部办公厅
交通运输部办公厅 农业农村部办公厅
国家能源局综合司 国家乡村振兴局综合司
2021 年 2 月 9 日

工业和信息化部办公厅　市场监管总局办公厅　国家能源局综合司关于印发《变压器能效提升计划（2021—2023 年）》的通知

（工信厅联节〔2020〕69 号）

各省、自治区、直辖市及计划单列市、新疆生产建设兵团工业和信息化主管部门、市场监管局（厅、委）、能源局，国家电网有限公司、中国南方电网有限责任公司，其他有关中央企业：

为深入贯彻落实《中华人民共和国节约能源法》，全面施行《工业节能管理办法》（工业和信息化部令第 33 号），加快高效节能变压器推广应用，提升能源资源利用效率，推动绿色低碳和高质量发展，工业和信息化部、市场监管总局、国家能源局联合制定了《变压器能效提升计划（2021—2023 年）》，现印发给你们，请认真贯彻执行。

工业和信息化部办公厅
市场监管总局办公厅
国家能源局综合司
2020 年 12 月 22 日

变压器能效提升计划（2021—2023 年）

变压器是输配电的基础设备，广泛应用于工业、农业、交通、城市社区等领域。我国在网运行的变压器约1700万台，总容量约110亿kVA。变压器损耗约占输配电电力损耗的40%，具有较大节能潜力。为加快高效节能变压器推广应用，提升能源资源利用效率，推动绿色低碳和高质量发展，制定本计划。

一、总体要求

（一）指导思想。

以习近平新时代中国特色社会主义思想为指导，深入贯彻党的十九大和十九届二中、三中、四中、五中全会精神，坚定不移贯彻新发展理念，以推动高质量发展为主题，以深化供给侧结构性改革为主线，以提升产业供给能力为重点，以满足变压器升级改造和新兴应用需求为导向，着力增强技术创新、产品创新、模式创新，完善标准支撑和服务体系，提高变压器能效水平，增强企业核心竞争力，推动产业链优化升级，不断推动制造业节能绿色高质量发展。

（二）发展目标。

到2023年，高效节能变压器［符合新修订《电力变压器能效限定值及能效等级》（GB 20052—2020）中1级、2级能效标准的电力变压器］在网运行比例提高10%，当年新增高效节能变压器占比达到75%以上。围绕高效节能变压器研发设计、生产制造、运行维护、咨询服务等领域，推广应用一批关键核心材料、部件和工艺技术装备，形成一批骨干优势制造企业，培育一批绿色制造系统解决方案供应商，大幅提升产业链供应链的现代化、绿色化水平。

二、主要任务

（一）加快技术创新及产业化应用。

1. 加强关键核心技术研发。开展高牌号取向硅钢片、高压大功率绝缘栅双极型晶体管（IGBT）、超净交联聚乙烯（XLPE）绝缘料、特高压直流套管、非晶态合金、新型合金绕组、环保型绝缘油、绝缘纸（板）、硅橡胶等高效节能变压器用材料创新和技术升级。加强立体卷铁芯结构、绝缘件、低损耗导线、多阶梯叠接缝等高效节能变压器结构设计与加工工艺技术创新。开展精细化无功补偿技术、宽幅无弧有载调压、智能分接开关、智能融合终端、状态监测可视化等智慧运维和全生命周期管理技术创新，提高变压器数字化、智能化、绿色化水平。

2. 提升技术创新能力。强化企业技术创新主体地位，发挥骨干企业主导作用，建设一批企业研发中心、制造业创新载体，加强变压器关键共性技术研究和产业化应用，提高产业链创新能力。聚焦可再生能源、新基建等新兴领域需求，推动构建以企业为主体、市场为导向、政产学研用相结合的技术创新平台和公共服务平台，开展系统协同创新和集成创新，加快突破重大核心技术，打造未来发展新优势。

（二）提升绿色生产和供给能力。

3. 推进供应链绿色化改造。引导非晶合金带材、硅钢片、绝缘材料等材料生产企业开展关键工艺技术提升，改进材料性能，降低材料的单位损耗、噪声，提升材料的稳定性。鼓励装备制造企业加快提升叠片整形、卷铁心卷绕及拼装、线圈绕制等生产装备的自动化、智能化水平，推进变压器制造装备用核心器件、专用软件的质量提升和规模化应用。支持变压器制造企业采用先进适用技术，优化产品结构，推行绿色设计、绿色制造和绿色管理，持续提升高效节能变压器生产质量和绿色供给水平。禁止企业生产、销售低于国家能效标准要求的变压器。

4. 加大新兴应用场景供给。大幅提高基于大功率的电力电子变压器、直流变压器、电容变压器、柔性变压器、新能源变压器等生产能力，以产品创新和技术升级拉动市场消费新需求，包括适用于长距离输变电线路的超、特高压电力变压器，适用于智慧城市的模块化、大容量、高阻抗变压器，可满足风电、光伏等可再生能源电站、轨道交通、数据中心的高稳定性、高可靠性变压器，适用于船用岸电、电气取暖、高铁供电、电动汽车充电等季节性或交替性负荷场合的有载调容调压变压器等。

5. 培育壮大骨干优势企业。发展壮大一批创新能力强、效率高、效益好、管理水平先进的骨干优势企业，鼓励开展生产模式、服务模式和商业模式创新，加强品牌培育，提升产业集中度。引导中小企业围绕细分市场向“专精特新”方向发展，协同提升市场竞争能力。发布一批高效节能变压器产品，培育一批绿色工厂和绿色供应链示范企业，支持一批绿色制造系统解决方案供应商。

6. 引导产业集聚发展。建设一批产业基础雄厚、产业链条完备、聚集效应明显、区域特色鲜明的高效节能变压器生产制造集聚区。围绕高效节能变压器研发设计、生产制造、维护服务、回收处理等，形成一批高效节能变压器制造产业集群，提升技术和服务能力，促进产业规模化、集聚化、高端化发展。

（三）加快高效节能变压器推广。

7. 加大高效节能变压器推广力度。自2021年6月起，新增变压器须符合国家能效标准要求，鼓励使用高效节能变压器。支持可再生能源电站、电动汽车充电站（桩）、数据中心、5G基站、采暖等领域使用高效节能变压器，提高高效节能变压器在工业、通信业、建筑、交通等领域的应用比例。

8. 推动淘汰低效变压器。组织开展国家重大工业节能监察，对钢铁、石化、化工、有色、建材等重点行业开展变压器专项监察，加大对在网运行低效变压器的监察力度。推动企业实施节能技术改造，加快淘汰不符合国家能效标准要求的变压器。

9. 加快电网企业变压器能效提升。推动电网企业开展在网运行变压器全面普查，制定淘汰计划并组织实施。到2023年，逐步淘汰不符合国家能效标准要求的变压器。加快电网企业变压器升级改造，推行绿色采购管理，自2021年6月起，新采购变压器应为高效节能变压器。

（四）夯实产业服务能力。

10. 全面实施节能诊断。组织第三方机构对变压器生产应用重点领域开展节能诊断，加强变压器经济运行测试，深挖系统节能潜力，协同促进企业节能降耗、降本增效。组织开展高效节能变压器“节能服务进企业”活动，加强供需对接，加快变压器升级改造和能效提升。

11. 创新节能服务模式。强化能效标识管理制度，推行变压器节能认证，促进计量、标准、检测、认证协同发展。培育一批公共服务机构，提供全溯源链、全生命周期、全产业链及具有前瞻性的技术服务，提升高效节能变压器系统服务质量。鼓励节能服务公司创新商业模式，为工业企业提供一站式合同能源管理等综合服务，提供契合用户需求的前期设计、投资建设、产品供应、运营维护、检测认证等综合解决方案。

三、保障措施

（一）加强组织实施。工业和信息化部、市场监管总局、国家能源局共同负责高效节能变压器能效提升计划的组织实施，推动形成有利于高效节能变压器推广应用的政策环境，促进产业绿色高质量发展。省级工业和信息化、市场监管、能源部门要切实做好指导和服务，明确时间进度，抓好任务落实。鼓励有关行业协会、中央企业按照本计划确定的目标任务，结合本领域、本企业实际制定具体工作举措，有序推进，形成合力。

（二）加大政策保障。建立健全高效节能变压器标准体系，加快制修订一批工艺技术、生产制造、检验检测、认证评价等变压器节能与绿色发展相关标准。充分利用现有资金渠道支持高效节能变压器基础共性技术产品研发、公共服务平台建设和解决方案供应商培育。支持符合条件的高效节能变压器企业按规定申请资金支持、税收优惠、融资担保、保险补偿等优惠政策。完善政府绿色采购制度，鼓励采购人优先采购高效节能变压器。

（三）严格监督管理。工业和信息化部会同市场监管总局等部门加强源头管理，禁止企业生产、销售达不到能效限定值要求的变压器，对变压器生产企业执行能效标准和标识情况进行核查，对生产达不到能效限定值和与标识不一致的企业，下达限期整改通知书，对未按期整改或整改后仍不达标的企业，依法依规纳入全国信用信息共享平台和国家企业信用信息公示系统，通报其失信信用记录。电网企业应禁止未达到能效标准要求的变压器接入电网。

（四）优化市场环境。充分发挥相关行业协会、科研院所和咨询机构等作用，强化产业引导、技术支撑、品牌评价、宣传培训等。充分利用双多边国际合作机制与交流平台，加强政策交流和学术研讨，推动开展高效节能变压器能效对标和标准互认。鼓励骨干优势企业积极拓展国际市场，加强与“一带一路”沿线国家的产业合作，提升高效节能变压器的国际影响力和竞争力。

财政部文件

财政部　生态环境部关于核减环境违法等农林生物质发电项目可再生能源电价附加补助资金的通知

（财建〔2020〕591号）

国家电网公司，南方电网公司，有关地方独立电网企业，有关发电企业：

为加强农林生物质发电管理，按照《可再生能源电价附加资金管理办法》（财建〔2020〕5号）有关规定，拟对存在环境排放不达标等行为的农林生物质发电项目，核减国家可再生能源电价附加补助资金（以下简称补贴资金）。现将有关处理办法通知如下：

一、农林生物质发电项目应依法依规申领排污许可证，完成脱硫、脱硝、除尘环保设施（以下简称环保设施）建设并验收合格报当地生态环境部门备案后，方可纳入补贴清单范围。待完成烟气排放连续监测系统安装、保证正常运行，并与省级生态环境部门和省级电网企业（含地方独立电网企业）联网，实时传输数据后，由省级生态环境部门通知电网企业，电网企业方可拨付补贴资金，未实时传输监测数据期间的补贴资金在结算时予以核减。

本文件印发前已纳入补贴清单、但未完成环保设施建设验收的农林生物质发电项目，电网企业应先暂停拨付补贴资金，待发电企业完成环保设施建设验收且实时传输监测数据后再拨付补贴资金。暂停期间的补贴资金不再拨付。

二、纳入补贴范围的农林生物质发电项目，二氧化硫、氮氧化物、颗粒排放物应符合国家和地方大气污染物排放限值。发电企业应向电网企业提供加盖中国计量认证（CMA）章的监测报告或自动监测数据等自行监测报告，电网企业依据发电企业自行监测报告或生态环境部门执法监测报告中大气污染物排放情况监测报告，核算补贴电量，拨付补贴资金。具体方法为：

按季度统计，对小时均值超标次数累计低于 5 次（含 5 次）的机组，该季度补贴电量按其上网电量的 100%执行；对小时均值超标次数累计高于 5 次但低于 20 次（含 20 次）的机组，该季度补贴电量按其上网电量乘以符合排放限值的时间比例计算；对小时均值超标次数累计高于 20 次但低于 40 次（含 40 次）的机组，或执法检查认定自动监测设备不正常运行的机组，该季度不享受补贴资金政策；对小时均值超标次数累计高于 40 次的机组，或执法监测数据超标的机组，该季度不享受补贴资金政策，并移出可再生能源发电补贴清单。

监测期内，二氧化硫、颗粒物、氮氧化物等污染物排放中有一项不符合排放标准的，即视为该时段不符合排放标准。二氧化硫、氮氧化物、颗粒物等污染物以排放浓度小时数均值计，污染物排放浓度小时均值以地方或省级生态环境部门联网的自动监测数据为准，超限值时段根据环保设施集散控制系统（简称 DCS）历史数据库数据核定。

三、通过改装烟气排放连续监测系统或环保分布式控制系统软、硬件设备，修改烟气排放连续监测系统或环保分布式控制系统主要参数，篡改烟气排放连续监测系统或环保分布式控制系统历史监测数据或故意损坏丢失数据库等手段，受到生态环境主管部门核实处罚的项目，自处罚生效之日起，电网企业应将其移出可再生能源发电补贴清单。

四、对于国家相关主管部门组织的全国可再生能源发电项目核查结果不合格的农林生物质发电项目，自核查结果公布之日起，电网企业应将其移出可再生能源发电补贴清单。

发电企业拒绝核查、不配合核查或核查过程中提供虚假数据资料的，可直接认定为核查结果不合格。

五、生物质发电项目因前述规定被移出可再生能源发电补贴清单的，自移出之日起 3 年内不得再纳入补贴清单，移出补贴清单期间所发电量不予补贴。

国家和地方有关部门将利用视频监控、在线监测等手段，加强生物质发电项目建设、运行等方面的监管，定期进行“双随机一公开”抽查检查。对于经国家和地方能源主管部门、生态环境主管部门、财政部门核实掺烧化石燃料的项目，自核实之日起，电网企业应将其移出可再生能源发电补贴清单，并不得再纳入补贴清单。

六、电网企业应将列入补贴清单的农林生物质发电项目情况报送至当地生态环境部门，并按年度向其经营范围内相关生态环境部门申请获取农林生物质发电项目涉及的环境违法行为监测报告或数据。当地生态环境部门收到申请后，在 30 个工作日内将执法监测超标报告、不正常运行自动监测设备和企业弄虚作假篡改排放数据的处罚结果抄送项目接入的电网企业。电网企业按照前述规定，核减或暂停拨付补贴资金，并与农林生物质发电项目进行结算。

七、农林生物质发电项目向地方生态环境部门申请环境行政处罚（包括自动监测数据小时均值超标等情况）的书面信息，并据此书面信息向电网企业申请补贴资金。电网企业根据书面信息，按照前述规定与农林生物质发电项目进行结算。

八、各级财政、生态环境部门工作人员存在以权谋私、滥用职权、玩忽职守、徇私舞弊等违法违纪行为的，按照《中华人民共和国预算法》《中华人民共和国公务员法》《中华人民共和国监察法》《财政违法行为处罚处分条例》等国家有关规定追究相应责任；涉嫌犯罪的，移送司法机关处理。

九、本通知自印发之日起施行。

财　政　部

生态环境部

2020 年 12 月 30 日

发布日期：2021 年 01 月 22 日

生态环境部文件

碳排放权交易管理办法(试行)

（生态环境部令第 19 号）

《碳排放权交易管理办法（试行）》已于 2020 年 12 月 25 日由生态环境部部务会议审议通过，现予公布，自 2021 年 2 月 1 日起施行。

部长　黄润秋

2020 年 12 月 31 日

碳排放权交易管理办法（试行）

第一章　总　　则

第一条　为落实党中央、国务院关于建设全国碳排放权交易市场的决策部署，在应对气候变化和促进绿色低碳发展中充分发挥市场机制作用，推动温室气体减排，规范全国碳排放权交易及相关活动，根据国家有关温室气体排放控制的要求，制定本办法。

第二条　本办法适用于全国碳排放权交易及相关活动，包括碳排放配额分配和清缴，碳排放权登记、交易、结算，温室气体排放报告与核查等活动，以及对前述活动的监督管理。

第三条　全国碳排放权交易及相关活动应当坚持市场导向、循序渐进、公平公开和诚实守信的原则。

第四条　生态环境部按照国家有关规定建设全国碳排放权交易市场。

全国碳排放权交易市场覆盖的温室气体种类和行业范围，由生态环境部拟订，按程序报批后实施，并向社会公开。

第五条　生态环境部按照国家有关规定，组织建立全国碳排放权注册登记机构和全国碳排放权交易机构，组织建设全国碳排放权注册登记系统和全国碳排放权交易系统。

全国碳排放权注册登记机构通过全国碳排放权注册登记系统，记录碳排放配额的持有、变更、清缴、注销等信息，并提供结算服务。全国碳排放权注册登记系统记录的信息是判断碳排放配额归属的最终依据。

全国碳排放权交易机构负责组织开展全国碳排放权集中统一交易。

全国碳排放权注册登记机构和全国碳排放权交易机构应当定期向生态环境部报告全国碳排放权登记、交易、结算等活动和机构运行有关情况，以及应当报告的其他重大事项，并保证全国碳排放权注册登记系统和全国碳排放权交易系统安全稳定可靠运行。

第六条　生态环境部负责制定全国碳排放权交易及相关活动的技术规范，加强对地方碳排放配额分配、温室气体排放报告与核查的监督管理，并会同国务院其他有关部门对全国碳排放权交易及相关活动进行监督管理和指导。

省级生态环境主管部门负责在本行政区域内组织开展碳排放配额分配和清缴、温室气体排放报告的核查等相关活动，并进行监督管理。

设区的市级生态环境主管部门负责配合省级生态环境主管部门落实相关具体工作，并根据本办法有关规定实施监督管理。

第七条　全国碳排放权注册登记机构和全国碳排放权交易机构及其工作人员，应当遵守全国碳排放权交易及相关活动的技术规范，并遵守国家其他有关主管部门关于交易监管的规定。

第二章　温室气体重点排放单位

第八条　温室气体排放单位符合下列条件的，应当列入温室气体重点排放单位（以下简称重点排放单位）名录：

（一）属于全国碳排放权交易市场覆盖行业；

（二）年度温室气体排放量达到 2.6 万 t 二氧化碳当量。

第九条　省级生态环境主管部门应当按照生态环境部的有关规定，确定本行政区域重点排放单位名录，向生态环境部报告，并向社会公开。

第十条　重点排放单位应当控制温室气体排放，报告碳排放数据，清缴碳排放配额，公开交易及相关活动信息，并接受生态环境主管部门的监督管理。

第十一条　存在下列情形之一的，确定名录的省级生态环境主管部门应当将相关温室气体排放单位从重点排放单位名录中移出：

（一）连续二年温室气体排放未达到 2.6 万 t 二氧化碳当量的；

（二）因停业、关闭或者其他原因不再从事生产经营活动，因而不再排放温室气体的。

第十二条　温室气体排放单位申请纳入重点排放单位名录的，确定名录的省级生态环境主管部门应当进行核实；经核实符合本办法第八条规定条件的，应当将其纳入重点排放单位名录。

第十三条　纳入全国碳排放权交易市场的重点排放单位，不再参与地方碳排放权交易试点市场。

第三章　分 配 与 登 记

第十四条　生态环境部根据国家温室气体排放控制要求，综合考虑经济增长、产业结构调整、能源结构优化、大气污染物排放协同控制等因素，制定碳排放配额总量确定与分配方案。

省级生态环境主管部门应当根据生态环境部制定的碳排放配额总量确定与分配方案，向本行政区域内的重点排放单位分配规定年度的碳排放配额。

第十五条　碳排放配额分配以免费分配为主，可以根据国家有关要求适时引入有偿分配。

第十六条　省级生态环境主管部门确定碳排放配额后，应当书面通知重点排放单位。

重点排放单位对分配的碳排放配额有异议的，可以自接到通知之日起七个工作日内，向分配配额的省级生态环境主管部门申请复核；省级生态环境主管部门应当自接到复核申请之日起十个工作日内，作出复核决定。

第十七条　重点排放单位应当在全国碳排放权注册登记系统开立账户，进行相关业务操作。

第十八条　重点排放单位发生合并、分立等情形需要变更单位名称、碳排放配额等事项的，应当报经所在地省级生态环境主管部门审核后，向全国碳排放权注册登记机构申请变更登记。全国碳排放权注册登记机构应当通过全国碳排放权注册登记系统进行变更登记，并向社会公开。

第十九条 国家鼓励重点排放单位、机构和个人，出于减少温室气体排放等公益目的自愿注销其所持有的碳排放配额。

自愿注销的碳排放配额，在国家碳排放配额总量中予以等量核减，不再进行分配、登记或者交易。相关注销情况应当向社会公开。

第四章 排 放 交 易

第二十条 全国碳排放权交易市场的交易产品为碳排放配额，生态环境部可以根据国家有关规定适时增加其他交易产品。

第二十一条 重点排放单位以及符合国家有关交易规则的机构和个人，是全国碳排放权交易市场的交易主体。

第二十二条 碳排放权交易应当通过全国碳排放权交易系统进行，可以采取协议转让、单向竞价或者其他符合规定的方式。

全国碳排放权交易机构应当按照生态环境部有关规定，采取有效措施，发挥全国碳排放权交易市场引导温室气体减排的作用，防止过度投机的交易行为，维护市场健康发展。

第二十三条 全国碳排放权注册登记机构应当根据全国碳排放权交易机构提供的成交结果，通过全国碳排放权注册登记系统为交易主体及时更新相关信息。

第二十四条 全国碳排放权注册登记机构和全国碳排放权交易机构应当按照国家有关规定，实现数据及时、准确、安全交换。

第五章 排放核查与配额清缴

第二十五条 重点排放单位应当根据生态环境部制定的温室气体排放核算与报告技术规范，编制该单位上一年度的温室气体排放报告，载明排放量，并于每年3月31日前报生产经营场所所在地的省级生态环境主管部门。排放报告所涉数据的原始记录和管理台账应当至少保存五年。

重点排放单位对温室气体排放报告的真实性、完整性、准确性负责。

重点排放单位编制的年度温室气体排放报告应当定期公开，接受社会监督，涉及国家秘密和商业秘密的除外。

第二十六条 省级生态环境主管部门应当组织开展对重点排放单位温室气体排放报告的核查，并将核查结果告知重点排放单位。核查结果应当作为重点排放单位碳排放配额清缴依据。

省级生态环境主管部门可以通过政府购买服务的方式委托技术服务机构提供核查服务。技术服务机构应当对提交的核查结果的真实性、完整性和准确性负责。

第二十七条 重点排放单位对核查结果有异议的，可以自被告知核查结果之日起七个工作日内，向组织核查的省级生态环境主管部门申请复核；省级生态环境主管部门应当自接到复核申请之日起十个工作日内，作出复核决定。

第二十八条 重点排放单位应当在生态环境部规定的时限内，向分配配额的省级生态环境主管部门清缴上年度的碳排放配额。清缴量应当大于等于省级生态环境主管部门核查结果确认的该单位上年度温室气体实际排放量。

第二十九条 重点排放单位每年可以使用国家核证自愿减排量抵销碳排放配额的清缴，抵销比例不得超过应清缴碳排放配额的5%。相关规定由生态环境部另行制定。

用于抵销的国家核证自愿减排量，不得来自纳入全国碳排放权交易市场配额管理的减排项目。

第六章 监 督 管 理

第三十条 上级生态环境主管部门应当加强对下级生态环境主管部门的重点排放单位名录确定、全国碳排放权交易及相关活动情况的监督检查和指导。

第三十一条 设区的市级以上地方生态环境主管部门根据对重点排放单位温室气体排放报告的核查结果，确定监督检查重点和频次。

设区的市级以上地方生态环境主管部门应当采取“双随机、一公开”的方式，监督检查重点排放单位温室气体排放和碳排放配额清缴情况，相关情况按程序报生态环境部。

第三十二条 生态环境部和省级生态环境主管部门，应当按照职责分工，定期公开重点排放单位年度碳排放配额清缴情况等信息。

第三十三条 全国碳排放权注册登记机构和全国碳排放权交易机构应当遵守国家交易监管等相关规定，建立风险管理机制和信息披露制度，制定风险管理预案，及时公布碳排放权登记、交易、结算等信息。

全国碳排放权注册登记机构和全国碳排放权交易机构的工作人员不得利用职务便利谋取不正当利益，不得泄露商业秘密。

第三十四条　交易主体违反本办法关于碳排放权注册登记、结算或者交易相关规定的，全国碳排放权注册登记机构和全国碳排放权交易机构可以按照国家有关规定，对其采取限制交易措施。

第三十五条　鼓励公众、新闻媒体等对重点排放单位和其他交易主体的碳排放权交易及相关活动进行监督。

重点排放单位和其他交易主体应当按照生态环境部有关规定，及时公开有关全国碳排放权交易及相关活动信息，自觉接受公众监督。

第三十六条　公民、法人和其他组织发现重点排放单位和其他交易主体有违反本办法规定行为的，有权向设区的市级以上地方生态环境主管部门举报。

接受举报的生态环境主管部门应当依法予以处理，并按照有关规定反馈处理结果，同时为举报人保密。

第七章　罚　　则

第三十七条　生态环境部、省级生态环境主管部门、设区的市级生态环境主管部门的有关工作人员，在全国碳排放权交易及相关活动的监督管理中滥用职权、玩忽职守、徇私舞弊的，由其上级行政机关或者监察机关责令改正，并依法给予处分。

第三十八条　全国碳排放权注册登记机构和全国碳排放权交易机构及其工作人员违反本办法规定，有下列行为之一的，由生态环境部依法给予处分，并向社会公开处理结果：

（一）利用职务便利谋取不正当利益的；

（二）有其他滥用职权、玩忽职守、徇私舞弊行为的。

全国碳排放权注册登记机构和全国碳排放权交易机构及其工作人员违反本办法规定，泄露有关商业秘密或者有构成其他违反国家交易监管规定行为的，依照其他有关规定处理。

第三十九条　重点排放单位虚报、瞒报温室气体排放报告，或者拒绝履行温室气体排放报告义务的，由其生产经营场所所在地设区的市级以上地方生态环境主管部门责令限期改正，处一万元以上三万元以下的罚款。逾期未改正的，由重点排放单位生产经营场所所在地的省级生态环境主管部门测算其温室气体实际排放量，并将该排放量作为碳排放配额清缴的依据；对虚报、瞒报部分，等量核减其下一年度碳排放配额。

第四十条　重点排放单位未按时足额清缴碳排放配额的，由其生产经营场所所在地设区的市级以上地方生态环境主管部门责令限期改正，处二万元以上三万元以下的罚款；逾期未改正的，对欠缴部分，由重点排放单位生产经营场所所在地的省级生态环境主管部门等量核减其下一年度碳排放配额。

第四十一条　违反本办法规定，涉嫌构成犯罪的，有关生态环境主管部门应当依法移送司法机关。

第八章　附　　则

第四十二条　本办法中下列用语的含义：

（一）温室气体：是指大气中吸收和重新放出红外辐射的自然和人为的气态成分，包括二氧化碳（CO_2）、甲烷（CH_4）、氧化亚氮（N_2O）、氢氟碳化物（HFCs）、全氟化碳（PFCs）、六氟化硫（SF_6）和三氟化氮（NF_3）。

（二）碳排放：是指煤炭、石油、天然气等化石能源燃烧活动和工业生产过程以及土地利用变化与林业等活动产生的温室气体排放，也包括因使用外购的电力和热力等所导致的温室气体排放。

（三）碳排放权：是指分配给重点排放单位的规定时期内的碳排放额度。

（四）国家核证自愿减排量：是指对我国境内可再生能源、林业碳汇、甲烷利用等项目的温室气体减排效果进行量化核证，并在国家温室气体自愿减排交易注册登记系统中登记的温室气体减排量。

第四十三条　本办法自2021年2月1日起施行。

关于发布《碳排放权登记管理规则（试行）》《碳排放权交易管理规则（试行）》和《碳排放权结算管理规则（试行）》的公告

（生态环境部〔2021〕第21号）

为进一步规范全国碳排放权登记、交易、结算活动，保护全国碳排放权交易市场各参与方合法权益，我部根据《碳排放权交易管理办法（试行）》，组织制定了《碳排放权登记管理规则（试行）》《碳排放权交易管理规则（试行）》和《碳排放权结算管理规则（试行）》，现将有关事项公告如下：

一、全国碳排放权注册登记机构成立前，由湖北碳排放权交易中心有限公司承担全国碳排放权注册登记系统账户开立和运行维护等具体工作。

二、全国碳排放权交易机构成立前，由上海环境能源交易所股份有限公司承担全国碳排放权交易系统账户开立和运行维护等具体工作。

三、《碳排放权登记管理规则（试行）》《碳排放权交易管理规则（试行）》和《碳排放权结算管理规则（试行）》自本公告发布之日起施行。

特此公告。

附件：1. 碳排放权登记管理规则（试行）

2. 碳排放权交易管理规则（试行）
3. 碳排放权结算管理规则（试行）

生态环境部
2021 年 5 月 14 日

附件 1

碳排放权登记管理规则（试行）

第一章 总 则

第一条 为规范全国碳排放权登记活动，保护全国碳排放权交易市场各参与方的合法权益，维护全国碳排放权交易市场秩序，根据《碳排放权交易管理办法（试行）》，制定本规则。

第二条 全国碳排放权持有、变更、清缴、注销的登记及相关业务的监督管理，适用本规则。全国碳排放权注册登记机构（以下简称注册登记机构）、全国碳排放权交易机构（以下简称交易机构）、登记主体及其他相关参与方应当遵守本规则。

第三条 注册登记机构通过全国碳排放权注册登记系统（以下简称注册登记系统）对全国碳排放权的持有、变更、清缴和注销等实施集中统一登记。注册登记系统记录的信息是判断碳排放配额归属的最终依据。

第四条 重点排放单位以及符合规定的机构和个人，是全国碳排放权登记主体。

第五条 全国碳排放权登记应当遵循公开、公平、公正、安全和高效的原则。

第二章 账 户 管 理

第六条 注册登记机构依申请为登记主体在注册登记系统中开立登记账户，该账户用于记录全国碳排放权的持有、变更、清缴和注销等信息。

第七条 每个登记主体只能开立一个登记账户。登记主体应当以本人或者本单位名义申请开立登记账户，不得冒用他人或者其他单位名义或者使用虚假证件开立登记账户。

第八条 登记主体申请开立登记账户时，应当根据注册登记机构有关规定提供申请材料，并确保相关申请材料真实、准确、完整、有效。委托他人或者其他单位代办的，还应当提供授权委托书等证明委托事项的必要材料。

第九条 登记主体申请开立登记账户的材料中应当包括登记主体基本信息、联系信息以及相关证明材料等。

第十条 注册登记机构在收到开户申请后，对登记主体提交相关材料进行形式审核，材料审核通过后 5 个工作日内完成账户开立并通知登记主体。

第十一条 登记主体下列信息发生变化时，应当及时向注册登记机构提交信息变更证明材料，办理登记账户信息变更手续：

（一）登记主体名称或者姓名；

（二）营业执照，有效身份证明文件类型、号码及有效期；

（三）法律法规、部门规章等规定的其他事项。

注册登记机构在完成信息变更材料审核后 5 个工作日内完成账户信息变更并通知登记主体。

联系电话、邮箱、通信地址等联系信息发生变化的，登记主体应当及时通过注册登记系统在登记账户中予以更新。

第十二条 登记主体应当妥善保管登记账户的用户名和密码等信息。登记主体登记账户下发生的一切活动均视为其本人或者本单位行为。

第十三条 注册登记机构定期检查登记账户使用情况，发现营业执照、有效身份证明文件与实际情况不符，或者发生变化且未按要求及时办理登记账户信息变更手续的，注册登记机构应当对有关不合格账户采取限制使用等措施，其中涉及交易活动的应当及时通知交易机构。

对已采取限制使用等措施的不合格账户，登记主体申请恢复使用的，应当向注册登记机构申请办理账户规范手续。能够规范为合格账户的，注册登记机构应当解除限制使用措施。

第十四条 发生下列情形的，登记主体或者依法承继其权利义务的主体应当提交相关申请材料，申请注销登记账户：

（一）法人以及非法人组织登记主体因合并、分立、依法被解散或者破产等原因导致主体资格丧失；

（二）自然人登记主体死亡；

（三）法律法规、部门规章等规定的其他情况。

登记主体申请注销登记账户时，应当了结其相关业务。申请注销登记账户期间和登记账户注销后，登记主体无法使用该账户进行交易等相关操作。

第十五条 登记主体如对第十三条所述限制使用措施有异议，可以在措施生效后 15 个工作日内向注册登记机构申请复核；注册登记机构应当在收到复核申请后 10 个工作日内予以书面回复。

第三章 登 记

第十六条 登记主体可以通过注册登记系统查询碳排放配额持有数量和持有状态等信息。

第十七条 注册登记机构根据生态环境部制定的碳排放配额分配方案和省级生态环境主管部门确定的配额分配结果，为登记主体办理初始分配登记。

第十八条　注册登记机构应当根据交易机构提供的成交结果办理交易登记，根据经省级生态环境主管部门确认的碳排放配额清缴结果办理清缴登记。

第十九条　重点排放单位可以使用符合生态环境部规定的国家核证自愿减排量抵销配额清缴。用于清缴部分的国家核证自愿减排量应当在国家温室气体自愿减排交易注册登记系统注销，并由重点排放单位向注册登记机构提交有关注销证明材料。注册登记机构核验相关材料后，按照生态环境部相关规定办理抵销登记。

第二十条　登记主体出于减少温室气体排放等公益目的自愿注销其所持有的碳排放配额，注册登记机构应当为其办理变更登记，并出具相关证明。

第二十一条　碳排放配额以承继、强制执行等方式转让的，登记主体或者依法承继其权利义务的主体应当向注册登记机构提供有效的证明文件，注册登记机构审核后办理变更登记。

第二十二条　司法机关要求冻结登记主体碳排放配额的，注册登记机构应当予以配合；涉及司法扣划的，注册登记机构应当根据人民法院的生效裁判，对涉及登记主体被扣划部分的碳排放配额进行核验，配合办理变更登记并公告。

第四章　信　息　管　理

第二十三条　司法机关和国家监察机关依照法定条件和程序向注册登记机构查询全国碳排放权登记相关数据和资料的，注册登记机构应当予以配合。

第二十四条　注册登记机构应当依照法律、行政法规及生态环境部相关规定建立信息管理制度，对涉及国家秘密、商业秘密的，按照相关法律法规执行。

第二十五条　注册登记机构应当与交易机构建立管理协调机制，实现注册登记系统与交易系统的互通互联，确保相关数据和信息及时、准确、安全、有效交换。

第二十六条　注册登记机构应当建设灾备系统，建立灾备管理机制和技术支撑体系，确保注册登记系统和交易系统数据、信息安全，实现信息共享与交换。

第五章　监　督　管　理

第二十七条　生态环境部加强对注册登记机构和注册登记活动的监督管理，可以采取询问注册登记机构及其从业人员、查阅和复制与登记活动有关的信息资料、以及法律法规规定的其他措施等进行监管。

第二十八条　各级生态环境主管部门及其相关直属业务支撑机构工作人员，注册登记机构、交易机构、核查技术服务机构及其工作人员，不得持有碳排放配额。已持有碳排放配额的，应当依法予以转让。

任何人在成为前款所列人员时，其本人已持有或者委托他人代为持有的碳排放配额，应当依法转让并办理完成相关手续，向供职单位报告全部转让相关信息并备案在册。

第二十九条　注册登记机构应当妥善保存登记的原始凭证及有关文件和资料，保存期限不得少于 20 年，并进行凭证电子化管理。

第六章　附　　则

第三十条　注册登记机构可以根据本规则制定登记业务规则等实施细则。

第三十一条　本规则自公布之日起施行。

附件 2

碳排放权交易管理规则（试行）

第一章　总　　则

第一条　为规范全国碳排放权交易，保护全国碳排放权交易市场各参与方的合法权益，维护全国碳排放权交易市场秩序，根据《碳排放权交易管理办法（试行）》，制定本规则。

第二条　本规则适用于全国碳排放权交易及相关服务业务的监督管理。全国碳排放权交易机构（以下简称交易机构）、全国碳排放权注册登记机构（以下简称注册登记机构）、交易主体及其他相关参与方应当遵守本规则。

第三条　全国碳排放权交易应当遵循公开、公平、公正和诚实信用的原则。

第二章　交　　易

第四条　全国碳排放权交易主体包括重点排放单位以及符合国家有关交易规则的机构和个人。

第五条　全国碳排放权交易市场的交易产品为碳排放配额，生态环境部可以根据国家有关规定适时增加其他交易产品。

第六条　碳排放权交易应当通过全国碳排放权交易系统进行，可以采取协议转让、单向竞价或者其他符合规定的方式。

协议转让是指交易双方协商达成一致意见并确认成交的交易方式，包括挂牌协议交易及大宗协议交易。其中，挂牌协议交易是指交易主体通过交易系统提交卖出或者买入挂牌申报，意向受让方或者出让方对挂牌申报进行协商并确认成交的交易方式。大宗协议交易是指交易双方通过交易系统进行报价、询价并确认成交的交易方式。

单向竞价是指交易主体向交易机构提出卖出或买入申请，交易机构发布竞价公告，多个意向受让方或者出让方按照规定报价，在约定时间内通过交易系统成交的交易方式。

第七条 交易机构可以对不同交易方式设置不同交易时段，具体交易时段的设置和调整由交易机构公布后报生态环境部备案。

第八条 交易主体参与全国碳排放权交易，应当在交易机构开立实名交易账户，取得交易编码，并在注册登记机构和结算银行分别开立登记账户和资金账户。每个交易主体只能开设一个交易账户。

第九条 碳排放配额交易以"每吨二氧化碳当量价格"为计价单位，买卖申报量的最小变动计量为1吨二氧化碳当量，申报价格的最小变动计量为0.01元人民币。

第十条 交易机构应当对不同交易方式的单笔买卖最小申报数量及最大申报数量进行设定，并可以根据市场风险状况进行调整。单笔买卖申报数量的设定和调整，由交易机构公布后报生态环境部备案。

第十一条 交易主体申报卖出交易产品的数量，不得超出其交易账户内可交易数量。交易主体申报买入交易产品的相应资金，不得超出其交易账户内的可用资金。

第十二条 碳排放配额买卖的申报被交易系统接受后即刻生效，并在当日交易时间内有效，交易主体交易账户内相应的资金和交易产品即被锁定。未成交的买卖申报可以撤销。如未撤销，未成交申报在该日交易结束后自动失效。

第十三条 买卖申报在交易系统成交后，交易即告成立。符合本规则达成的交易于成立时即告交易生效，买卖双方应当承认交易结果，履行清算交收义务。依照本规则达成的交易，其成交结果以交易系统记录的成交数据为准。

第十四条 已买入的交易产品当日内不得再次卖出。卖出交易产品的资金可以用于该交易日内的交易。

第十五条 交易主体可以通过交易机构获取交易凭证及其他相关记录。

第十六条 碳排放配额的清算交收业务，由注册登记机构根据交易机构提供的成交结果按规定办理。

第十七条 交易机构应当妥善保存交易相关的原始凭证及有关文件和资料，保存期限不得少于20年。

第三章 风险管理

第十八条 生态环境部可以根据维护全国碳排放权交易市场健康发展的需要，建立市场调节保护机制。当交易价格出现异常波动触发调节保护机制时，生态环境部可以采取公开市场操作、调节国家核证自愿减排量使用方式等措施，进行必要的市场调节。

第十九条 交易机构应建立风险管理制度，并报生态环境部备案。

第二十条 交易机构实行涨跌幅限制制度。

交易机构应当设定不同交易方式的涨跌幅比例，并可以根据市场风险状况对涨跌幅比例进行调整。

第二十一条 交易机构实行最大持仓量限制制度。交易机构对交易主体的最大持仓量进行实时监控，注册登记机构应当对交易机构实时监控提供必要支持。

交易主体交易产品持仓量不得超过交易机构规定的限额。

交易机构可以根据市场风险状况，对最大持仓量限额进行调整。

第二十二条 交易机构实行大户报告制度。

交易主体的持仓量达到交易机构规定的大户报告标准的，交易主体应当向交易机构报告。

第二十三条 交易机构实行风险警示制度。交易机构可以采取要求交易主体报告情况、发布书面警示和风险警示公告、限制交易等措施，警示和化解风险。

第二十四条 交易机构应当建立风险准备金制度。风险准备金是指由交易机构设立，用于为维护碳排放权交易市场正常运转提供财务担保和弥补不可预见风险带来的亏损的资金。风险准备金应当单独核算，专户存储。

第二十五条 交易机构实行异常交易监控制度。交易主体违反本规则或者交易机构业务规则、对市场正在产生或者将产生重大影响的，交易机构可以对该交易主体采取以下临时措施：

（一）限制资金或者交易产品的划转和交易；

（二）限制相关账户使用。

上述措施涉及注册登记机构的，应当及时通知注册登记机构。

第二十六条 因不可抗力、不可归责于交易机构的重大技术故障等原因导致部分或者全部交易无法正常进行的，交易机构可以采取暂停交易措施。

导致暂停交易的原因消除后，交易机构应当及时恢复交易。

第二十七条 交易机构采取暂停交易、恢复交易等措施时，应当予以公告，并向生态环境部报告。

第四章 信息管理

第二十八条 交易机构应建立信息披露与管理制度，并报生态环境部备案。交易机构应当在每个交易日发布碳排放配额交易行情等公开信息，定期编制并发布反映市场成交情况的各类报表。

根据市场发展需要，交易机构可以调整信息发布的具体方式和相关内容。

第二十九条 交易机构应当与注册登记机构建立管理协调机制，实现交易系统与注册登记系统的互通互联，确保相关数据和信息及时、准确、安全、有效交换。

第三十条 交易机构应当建立交易系统的灾备系统，建立灾备管理机制和技术支撑体系，确保交易系统和注册登记系统数据、信息安全。

第三十一条 交易机构不得发布或者串通其他单位和个人发布虚假信息或者误导性陈述。

第五章 监督管理

第三十二条 生态环境部加强对交易机构和交易活动的监督管理，可以采取询问交易机构及其从业人员、查阅和复制与交易活动有关的信息资料、以及法律法规规定的其他措施等进行监管。

第三十三条 全国碳排放权交易活动中，涉及交易经营、财务或者对碳排放配额市场价格有影响的尚未公开的信息及其他相关信息内容，属于内幕信息。禁止内幕信息的知情人、非法获取内幕信息的人员利用内幕信息从事全国碳排放权交易活动。

第三十四条 禁止任何机构和个人通过直接或者间接的方法，操纵或者扰乱全国碳排放权交易市场秩序、妨碍或者有损公正交易的行为。因为上述原因造成严重后果的交易，交易机构可以采取适当措施并公告。

第三十五条 交易机构应当定期向生态环境部报告的事项包括交易机构运行情况和年度工作报告、经会计师事务所审计的年度财务报告、财务预决算方案、重大开支项目情况等。

交易机构应当及时向生态环境部报告的事项包括交易价格出现连续涨跌停或者大幅波动、发现重大业务风险和技术风险、重大违法违规行为或者涉及重大诉讼、交易机构治理和运行管理等出现重大变化等。

第三十六条 交易机构对全国碳排放权交易相关信息负有保密义务。交易机构工作人员应当忠于职守、依法办事，除用于信息披露的信息之外，不得泄露所知悉的市场交易主体的账户信息和业务信息等信息。交易系统软硬件服务提供者等全国碳排放权交易或者服务参与、介入相关主体不得泄露全国碳排放权交易或者服务中获取的商业秘密。

第三十七条 交易机构对全国碳排放权交易进行实时监控和风险控制，监控内容主要包括交易主体的交易及其相关活动的异常业务行为，以及可能造成市场风险的全国碳排放权交易行为。

第六章 争议处置

第三十八条 交易主体之间发生有关全国碳排放权交易的纠纷，可以自行协商解决，也可以向交易机构提出调解申请，还可以依法向仲裁机构申请仲裁或者向人民法院提起诉讼。

交易机构与交易主体之间发生有关全国碳排放权交易的纠纷，可以自行协商解决，也可以依法向仲裁机构申请仲裁或者向人民法院提起诉讼。

第三十九条 申请交易机构调解的当事人，应当提出书面调解申请。交易机构的调解意见，经当事人确认并在调解意见书上签章后生效。

第四十条 交易机构和交易主体，或者交易主体间发生交易纠纷的，当事人均应当记录有关情况，以备查阅。交易纠纷影响正常交易的，交易机构应当及时采取止损措施。

第七章 附则

第四十一条 交易机构可以根据本规则制定交易业务规则等实施细则。

第四十二条 本规则自公布之日起施行。

附件3

碳排放权结算管理规则（试行）

第一章 总则

第一条 为规范全国碳排放权交易的结算活动，保护全国碳排放权交易市场各参与方的合法权益，维护全国碳排放权交易市场秩序，根据《碳排放权交易管理办法（试行）》，制定本规则。

第二条 本规则适用于全国碳排放权交易的结算监督管理。全国碳排放权注册登记机构（以下简称注册登记机构）、全国碳排放权交易机构（以下简称交易机构）、交易主体及其他相关参与方应当遵守本规则。

第三条 注册登记机构负责全国碳排放权交易的统一结算，管理交易结算资金，防范结算风险。

第四条 全国碳排放权交易的结算应当遵守法律、行政法规、国家金融监管的相关规定以及注册登记机构相关业务规则等，遵循公开、公平、公正、安全和高效的原则。

第二章 资金结算账户管理

第五条 注册登记机构应当选择符合条件的商业银行作为结算银行，并在结算银行开立交易结算资金专用账户，用于存放各交易主体的交易资金和相关款项。

注册登记机构对各交易主体存入交易结算资金专

用账户的交易资金实行分账管理。

注册登记机构与交易主体之间的业务资金往来，应当通过结算银行所开设的专用账户办理。

第六条 注册登记机构应与结算银行签订结算协议，依据中国人民银行等有关主管部门的规定和协议约定，保障各交易主体存入交易结算资金专用账户的交易资金安全。

第三章 结 算

第七条 在当日交易结束后，注册登记机构应当根据交易系统的成交结果，按照货银对付的原则，以每个交易主体为结算单位，通过注册登记系统进行碳排放配额与资金的逐笔全额清算和统一交收。

第八条 当日完成清算后，注册登记机构应当将结果反馈给交易机构。经双方确认无误后，注册登记机构根据清算结果完成碳排放配额和资金的交收。

第九条 当日结算完成后，注册登记机构向交易主体发送结算数据。如遇到特殊情况导致注册登记机构不能在当日发送结算数据的，注册登记机构应及时通知相关交易主体，并采取限制出入金等风险管控措施。

第十条 交易主体应当及时核对当日结算结果，对结算结果有异议的，应在下一交易日开市前，以书面形式向注册登记机构提出。交易主体在规定时间内没有对结算结果提出异议的，视作认可结算结果。

第四章 监督与风险管理

第十一条 注册登记机构针对结算过程采取以下监督措施：

（一）专岗专人。根据结算业务流程分设专职岗位，防范结算操作风险。

（二）分级审核。结算业务采取两级审核制度，初审负责结算操作及银行间头寸划拨的准确性、真实性和完整性，复审负责结算事项的合法合规性。

（三）信息保密。注册登记机构工作人员应当对结算情况和相关信息严格保密。

第十二条 注册登记机构应当制定完善的风险防范制度，构建完善的技术系统和应急响应程序，对全国碳排放权结算业务实施风险防范和控制。

第十三条 注册登记机构建立结算风险准备金制度。结算风险准备金由注册登记机构设立，用于垫付或者弥补因违约交收、技术故障、操作失误、不可抗力等造成的损失。风险准备金应当单独核算，专户存储。

第十四条 注册登记机构应当与交易机构相互配合，建立全国碳排放权交易结算风险联防联控制度。

第十五条 当出现以下情形之一的，注册登记机构应当及时发布异常情况公告，采取紧急措施化解风险：

（一）因不可抗力、不可归责于注册登记机构的重大技术故障等原因导致结算无法正常进行；

（二）交易主体及结算银行出现结算、交收危机，对结算产生或者将产生重大影响。

第十六条 注册登记机构实行风险警示制度。注册登记机构认为有必要的，可以采取发布风险警示公告，或者采取限制账户使用等措施，以警示和化解风险，涉及交易活动的应当及时通知交易机构。

出现下列情形之一的，注册登记机构可以要求交易主体报告情况，向相关机构或者人员发出风险警示并采取限制账户使用等处置措施：

（一）交易主体碳排放配额、资金持仓量变化波动较大；

（二）交易主体的碳排放配额被法院冻结、扣划的；

（三）其他违反国家法律、行政法规和部门规章规定的情况。

第十七条 提供结算业务的银行不得参与碳排放权交易。

第十八条 交易主体发生交收违约的，注册登记机构应当通知交易主体在规定期限内补足资金，交易主体未在规定时间内补足资金的，注册登记机构应当使用结算风险准备金或自有资金予以弥补，并向违约方追偿。

第十九条 交易主体涉嫌重大违法违规，正在被司法机关、国家监察机关和生态环境部调查的，注册登记机构可以对其采取限制登记账户使用的措施，其中涉及交易活动的应当及时通知交易机构，经交易机构确认后采取相关限制措施。

第五章 附 则

第二十条 清算：是指按照确定的规则计算碳排放权和资金的应收应付数额的行为。

交收：是指根据确定的清算结果，通过变更碳排放权和资金履行相关债权债务的行为。

头寸：指的是银行当前所有可以运用的资金的总和，主要包括在中国人民银行的超额准备金、存放同业清算款项净额、银行存款以及现金等部分。

第二十一条 注册登记机构可以根据本规则制定结算业务规则等实施细则。

第二十二条 本规则自公布之日起施行。

国家能源局文件

国家能源局关于因地制宜做好可再生能源供暖工作的通知

（国能发新能〔2021〕3号）

各省（自治区、直辖市）能源局、有关省（自治区、直辖市）及新疆生产建设兵团发展改革委：

利用可再生能源供暖是我国调整能源结构、实现节能减排、合理控制能源消费总量的迫切需要，是完成非化石能源利用目标、建设清洁低碳社会、实现能源可持续发展的必然选择。为进一步做好可再生能源供暖相关工作，现将有关事项通知如下。

一、科学统筹规划可再生能源供暖工作

将可再生能源供暖作为区域能源规划的一项重要内容，在可再生能源发展目标中应明确供暖发展目标，根据当地资源禀赋和用能需求推广可再生能源供暖技术，合理布局可再生能源供暖项目。做好可再生能源供暖与其他供暖方式的衔接工作，支持建设可再生能源与其他供暖方式相结合的互补供暖体系。在城市更新、城镇新区、产业园（区）的规划建设过程中，做好可再生能源供暖与城市发展规划的衔接，促进可再生能源与常规能源供暖系统融合。重点关注城镇供暖体系和热力管网的规划设计和改造，根据可再生能源的特点优化设计供热管网。在乡村振兴战略实施过程中，做好可再生能源供暖与乡村振兴战略规划的衔接，将可再生能源作为满足乡村取暖需求的重要方式之一。

二、因地制宜推广各类可再生能源供暖技术

（一）积极推广地热能开发利用。重点推进中深层地热能供暖，按照“以灌定采、采灌均衡、水热均衡”的原则，根据地热形成机理、地热资源品位和资源量、地下水生态环境条件，实施总量控制，分区分类管理，以集中与分散相结合的方式推进中深层地热能供暖。在条件适宜的地区加大“井下换热”技术推广应用力度。积极开发浅层地热能供暖，经济高效替代散煤供暖，在有条件的地区发展地表水源、土壤源、地下水源供暖制冷等。鼓励利用油田采出水开展地热能供暖、地下水资源与所含矿物质资源综合利用等。在地下水饮用水水源地及其保护区范围内，禁止以保护的目标含水层作为热泵水源。在地下水禁限采区、深层（承压）含水层以及地热水无法有效回灌的地区或对应含水层，禁止以地下水作为热泵水源。地下水回灌不得造成地下水污染。

（二）合理发展生物质能供暖。有序发展生物质热电联产，因地制宜加快生物质发电向热电联产转型升级，为具备资源条件的县城、人口集中的农村提供民用供暖，以及为中小工业园区集中供热。合理发展以农林生物质、生物质成型燃料、生物天然气等为燃料的生物质供暖，鼓励采用大中型锅炉，在农村、城镇等人口聚集区进行区域集中供暖。生物质锅炉不得掺烧煤炭、垃圾、工业固体废物等其他物料，配套建设布袋除尘等高效治污设施，确保达标排放，鼓励达到超低排放。在大气污染防治非重点地区农村，可按照就地取材原则，因地制宜推广户用生物质供暖。

（三）继续推进太阳能、风电供暖。鼓励大中型城市有供暖需求的民用建筑优先使用太阳能供暖系统；鼓励在小城镇和农村地区使用户用太阳能供暖系统；在农业大棚、养殖等用热需求大且与太阳能特性相匹配的行业充分利用太阳能供暖；在集中供暖网未覆盖、有冷热双供需求的地区试点使用太阳能热水、供暖和制冷三联供系统；鼓励采用太阳能供暖与其他供暖方式相结合的互补供暖系统。构建政府、电网企业、发电企业、用户侧共同参与的风电供暖协作机制，通过热力站点蓄热锅炉与风电场联合调度运行实现风电清洁供暖，提高风电供暖项目整体运营效率和经济性。

三、继续推动试点示范工作和重大项目建设

在具备条件的地区开展试点示范工作和重大项目建设，探索可再生能源供暖项目运行和管理经验。在地热资源禀赋较好的地区可实施地热能供暖重大项目建设和重点项目推广。鼓励开展中深层地热能集中利用示范工作，示范不同地热资源品位的供暖利用模式和应用范围，探索有利于地热能开发利用的新型管理技术和市场运营模式。宜采取地热区块整体开发的方式推进地热供暖，调动企业保护资源、可持续开发的积极性。鼓励以县为单位推进生物质清洁供暖运行管理，一个县域由一个项目单位统一推进，统筹规划布局、完善建设方案、强化项目运营、协调资源收储、完善终端服务，破解生物质供暖小而散的问题，规范管理体系，提升经济竞争力。积极探索分散型农村生物质资源利用管理模式，鼓励在居住分散、集中供暖供气困难、生物质资源丰富的农村地区，以县域为单位统筹考虑开展生物质能加工站建设试点，对当地生物质资源实行统一开发、运营、服务和管理，有效降

低农村地区生物质能取暖成本，提高农村生物质资源综合利用水平。坚持试点先行，鼓励开展以清洁能源为主体的局域电网和微电网建设，支持将风电、光伏、储能和微电网方式用于北方地区取暖。

四、做好可再生能源供暖支持政策保障

综合考虑可再生能源与常规能源供暖成本、居民承受能力等因素，合理制定供暖价格，探索建立符合市场化原则的可再生能源供暖投资运营模式。鼓励地方对地热能供暖、生物质能清洁供暖等可再生能源供暖项目积极给予支持。鼓励优先建设生物质热电联产项目，从严控制只发电不供热项目。同等条件下，生物质发电补贴优先支持生物质热电联产项目。地热能、户用成型燃料炉具等居民供暖方式不受供热特许经营权限制。支持参与地热勘探评价的企业优先获得地热资源特许经营资格。出台体现生物质特点和清洁取暖要求的生物质成型燃料标准和生物质炉具产品标准。

五、加强对关键技术设备的研发支持

支持对高温型热泵可靠运行、井下高效换热、中深层地热能“取热不取水”开发利用技术、中深层地下热水采灌均衡、地热水开采和冷水回灌过程可能造成的环境地质问题分析及环境影响评价、地热尾水回灌和水处理、生物质锅炉、上料系统和户用炉具安全使用及脱硝、太阳能季节性储热供暖等关键技术和设备的研发。重视可再生能源与常规能源系统整合、集成技术的研发示范，提高常规能源系统对可再生能源的接纳能力。

六、完善可再生能源供暖政府管理体系

明确各地可再生能源供暖工作主管部门及各部门职责分工，避免出现缺位管理、多头管理、重复管理的现象。加强可再生能源供暖工作监管，建立健全项目前期、审批及运行过程的监管机制，保障行业规范化管理。地热能方面，应建立企业回灌信用体系，支持地热能可持续开发利用。

请各单位按上述要求认真做好各项工作，如遇重大事项请及时报告我局。

国家能源局

2021 年 1 月 27 日

国家能源局关于进一步完善能源行业标准化技术委员会管理的通知

（国能发科技〔2021〕9 号）

各能源行业标准化管理机构、能源行业标准化技术委员会：

为进一步完善能源行业标准化技术委员会管理，根据《中华人民共和国标准化法》和深化“放管服”改革精神，现对能源行业标准化技术委员会（以下简称行业标委会，编号字头统一为 NEA/TC）组建条件和程序，以及行业标委会新设立分技术委员会（以下简称分标委，编号字头统一为 NEA/TC/SC）、委员调整和换届等工作的管理进行调整优化。现将有关事项通知如下。

一、严格行业标委会组建条件

原则上要从严控制新增行业标委会数量。在某领域新组建行业标委会，应当具备以下条件。

（一）本领域符合落实“四个革命、一个合作”能源安全新战略和构建清洁低碳、安全高效能源体系的发展方向，推进其标准化符合加快能源新型标准体系建设的需要，对推动能源治理体系和治理能力现代化、支撑引领能源高质量发展具有一定意义。

（二）本领域的产品或技术在科研、开发、生产、使用和流通等环节具有一定的规模或应用范围，开展标准化的技术、产业及人才队伍基础良好。

（三）本领域符合公益属性定位、需要在能源行业范围内统一的，涉及重要产品、工程技术、服务和行业管理需求的技术要求较多，标准体系框架基本明确，行业标准制修订工作量较大。

（四）本领域没有全国标准化技术委员会（SAC/TC），且拟新组建行业标委会的业务范围与现有的相关全国标准化技术委员会或行业标委会无交叉或能够界定清晰。

（五）本领域有关企业、社会团体、教育、科研机构等市场主体对推进标准化的积极性较高，能产生适合的行业标委会秘书处挂靠单位，并具备相应的专业人员和办公条件。

组建标委会申请符合填补空白、能源高质量发展急需，或相关领域涉及保障人身健康和生命财产安全、能源安全、节能和节水、资源综合利用、环境和生态保护、低碳发展、显著提升能源行业整体技术水平和产品及服务质量的标准需求量较大等条件的，优先予以支持。

二、简化行业标委会组建程序

在坚持协商一致原则的前提下，加强事前沟通，进一步简化行业标委会组建程序。

（一）有关单位向本领域的能源行业标准化管理机构（以下简称管理机构）提出组建行业标委会建议。管理机构就组建行业标委会建议与相关方面充分沟通协商，并广泛征求意见、组织论证。具备组建条件且相关方面意见一致的，由管理机构提出组建行业标委会申请并报国家能源局。

（二）国家能源局收到申请并进行初步审核后，组织专家就组建行业标委会的必要性、可行性、职责范围及秘书处拟承担单位等进行论证，形成专家论证意见。

（三）专家论证意见认为应当组建的，由管理机构组织秘书处拟承担单位，按照有关要求征集行业标委会委员、制定工作章程和秘书处工作细则、完善本领域标准体系表及工作计划，形成组建方案并报国家能源局。

（四）国家能源局收到组建方案并进行初步审核后，将组建方案在国家能源局门户网站上公示1个月，广泛征求意见。

（五）各有关方面无不同意见，或经协商达成一致意见的，由国家能源局对组建方案进行批复，同意成立行业标委会。

国家能源局持续滚动推进行业标委会的组建工作，原则上每年三月、九月集中受理组建申请，建立台账并分批次办理。

三、优化行业标委会有关具体事项管理

行业标委会新设立分标委、委员调整和换届等工作事项调整由管理机构管理。

（一）行业标委会除组建时即设立若干分标委的，一般不新设立分标委。本领域技术、产业发展及标准化工作确有需要的，应当经行业标委会全体委员表决通过后，由行业标委会秘书处向相应的管理机构提出申请。分标委的职责范围不能超出所属行业标委会的职责范围。管理机构应参照行业标委会组建程序及有关要求，对设立分标委申请进行论证、广泛征求意见并在本领域标准化信息平台上公示2周（10个工作日）；各有关方面无不同意见，或经协商达成一致意见的，管理机构应同意设立分标委，并报国家能源局备案。

（二）行业标委会届满时，应及时进行换届。行业标委会秘书处应于任期届满前3个月，将换届方案及相关材料报相应的管理机构审核。管理机构应参照行业标委会组建有关要求，对换届方案广泛征求意见并在本领域标准化信息平台上公示2周（10个工作日）；各有关方面无不同意见，或经协商达成一致意见的，管理机构应同意换届。换届结果应报国家能源局备案。

（三）行业标委会（含分标委）委员本人申请不再担任委员，或因委员工作变动等原因不适宜继续担任委员的，由行业标委会秘书处统一提出委员调整方案，经行业标委会全体委员表决同意后，报管理机构审核。管理机构应将调整方案在本领域标准化信息平台上公示2周（10个工作日）；各有关方面无不同意见，或经协商达成一致意见的，管理机构应同意调整。

四、加强行业标委会有关管理规定衔接

本通知有关内容与《国家能源局关于印发〈能源标准化管理办法〉及实施细则的通知》（国能发科技〔2019〕38号）不一致的，以本通知为准。

本通知自发布之日起实施，有效期5年。

国家能源局

2021年2月10日

国家能源局综合司关于做好2021年电力建设工程开复工安全管理有关工作的通知

（国能综通安全〔2021〕19号）

各省（自治区、直辖市）能源局，有关省（自治区、直辖市）及新疆生产建设兵团发展改革委，北京市城管委，各派出机构，全国电力安委会企业成员单位：

为全面落实党中央、国务院关于安全生产和疫情防控的工作部署，有效防范电力建设工程施工安全风险，现就电力建设工程开复工安全管理有关要求通知如下：

一、高度重视开复工安全管理

电力建设工程各参建单位（以下简称“各单位”）要切实增强“四个意识”，提高政治站位，把生命至上、人民至上的理念落到实处；要进一步强化安全生产管理，落实安全生产主体责任，切实把管控措施落实到工程建设的每个环节，把安全责任落实到班组和施工人员。

二、科学制定开复工方案

各单位要针对节后开复工特点，严格制定并执行开复工方案，明确开复工流程和有关要求，科学合理设置开复工应当具备的前提条件，制定和落实各项安全措施。开复工前，建设单位要牵头组织参建单位评估工程安全生产情况，对于不具备开复工条件的工程，一律不得开复工。

三、做好疫情防控工作

各单位要落实地方疫情防控管理要求，在开复工前组织力量对工程有关区域、部位和人员进行一次全面的疫情风险分析评估，摸清抓准薄弱环节、问题漏洞，制定切实可行的防控措施并抓好落实。

四、加强安全生产教育培训

开复工前，建设单位要制定安全教育专项方案，牵头组织参建单位开展安全生产再教育、再培训；要对进场作业人员逐个登记造册，根据岗位分别开展安全教育培训和安全技术交底工作，特别要加强新进场人员和转岗人员的培训，未经安全教育培训合格的人员，不得上岗作业。特种作业人员必须经过专业培训并持证上岗。

五、加强施工现场安全管理

各单位要加强施工现场安全管控，优化施工作业方案，特别要加强隧洞开挖、施工起重机械和脚手架使用、高大模板施工等高风险作业管控；要强化施工用电管理，严格落实安全防护和技术保障措施；要对各类施工设备进行全面检查、检测，确保工作正常；要做好安全防护措施、应急救援设施、劳动防护用品等安全设施的检查，确保完好、可靠。

六、加强外包单位的安全管理

施工单位要重点抓好外包队伍、临时用工人员的准入和施工现场作业人员的安全管理，履行安全生产主体责任；要严格审查外包单位资质，严禁无资质或资质不符的队伍和人员进入现场。

七、提升应急处置能力

建设单位要牵头完善突发事件应急预案，做好预案宣传、培训、应急物资准备、应急队伍建设和应急演练工作。各单位要做好与地方相关部门的衔接，确保突发事件的快速响应；要严格执行事故信息报送制度，保证事故得到有效应对和及时处置。

八、强化施工安全监管

地方政府电力管理等有关部门和派出机构要切实履行各自安全监管职责，强化协同监管；要督促有关单位制定并严格执行复工方案和安全防范措施；要组织开展专项督查，督促有关单位管控安全风险，整改安全隐患；对不能完全保证安全生产的建设工程，要及时责令停工整顿，对整改责任不落实、整改不彻底的，要严肃追究相关单位及人员的责任。

请各电力企业将电力建设工程开复工安全管理落实情况于 3 月 24 日之前报送国家能源局电力安全监管司。

联系人：欧阳旭

邮箱：102805858@qq.com

国家能源局综合司

2021 年 3 月 4 日

国家能源局综合司关于切实做好 2021 年电力行业防汛抗旱工作的通知

（国能综通安全〔2021〕24 号）

各省（自治区、直辖市）能源局，有关省（自治区、直辖市）及新疆生产建设兵团发展改革委、经信委（工信委），北京市城市管理委员会，各派出机构，大坝中心，全国电力安委会各企业成员单位：

为深入贯彻习近平总书记关于安全生产重要论述和关于防汛救灾重要指示批示精神，牢固树立以人民为中心的发展思想，严格落实国家防汛抗旱总指挥部办公室《关于切实做好汛前准备工作的通知》（国汛办电〔2021〕4 号）、《关于做好 2021 年防汛救灾应急演练工作的通知》（国汛办电〔2021〕5 号）要求和全国电力安全生产电视电话会议统一部署，切实做好 2021 年电力行业防汛抗旱工作，现就有关事项通知如下。

一、提高政治站位，全面落实防汛抗旱责任

据预测，2021 年汛期我国旱涝并重，区域性阶段性旱涝灾害明显，极端天气气候事件偏多，防汛抗旱形势严峻。各单位要深刻认识做好中国共产党建党 100 周年、“十四五”开局之年电力行业防汛抗旱工作的重大意义，进一步增强责任感、使命感和紧迫感，不断健全防汛抗旱责任体系，完善领导指挥机构，明确任务分工，加强监督考核，全面落实电力行业防汛抗旱的企业主体责任、属地管理责任及行业监管责任。

二、缜密谋划部署，统筹做好防汛抗旱各项任务

各电力企业要及早谋划部署，统筹做好疫情防控、安全生产及防汛抗旱工作。企业主要负责人要对本单位防汛抗旱工作心中有数，亲自研究部署重点任务，亲自指挥调度人员物资，亲自协调解决重大问题；其他负责人要对分管领域的安全度汛工作作出具体安排，并督促落实。各省级电力管理部门、各派出机构要加强对电力企业防汛抗旱准备、动员、部署等环节的监督检查和指导服务，确保思想认识到位、动员部署到位、工作措施到位。

三、强化双重机制，扎实开展风险管控和隐患治理

各电力企业要精准研判本单位防汛抗旱形势，认真组织开展汛前自查，梳理确定汛期易受灾害影响的重点部位环节，深入排查度汛安全风险隐患，动态更新风险隐患和整治措施两个清单，落实责任、措施、预案，务必于汛前实现问题闭环管理。各省级电力管理部门、各派出机构要因地制宜，对重要电力企业和电力设施的风险管控、隐患治理情况，分地区差异化联合开展抽查检查，严肃查处部署不到位、检查不认真、风险隐患突出的现象。

四、突出工作重点，确保重要电力设备设施度汛安全

各电力企业要加强水电站大坝安全管理，严格执行汛期调度运用计划和指挥调度机构指令，杜绝擅自超汛限水位运行现象；要健全防范水淹厂房常态化机制，强化保障措施和技术手段落实；要切实落实巡查检查和定期试验轮换制度，确保重要设施和关键设备处于良好工况；要加强基建安全管控，排查治理基坑、围堰、边坡、渣场、营地等的度汛隐患；要加强对核电冷源、灰场煤场、液氨油气等的检查，防范异物入

侵、坝坝垮塌、雷击燃爆事故；要加强海上风电安全管理，台风前采取风机停运、船舶回港等方式避险；要落实重要输电通道、地质复杂地区杆塔、关键输变电站等输变电设施管理措施，防范倒杆断线和水淹设备现象发生。

五、增强忧患意识，坚持预防预备和应急处突相结合

各单位要健全资源信息共享和协调联动机制，密切联系气象、水利、应急、防汛指挥等部门，及时获取灾情预报信息，第一时间发出预警，提前做好应对准备；要及时制定修订相关应急预案，严格履行报批报备手续，加强预案宣贯学习，教育全体员工熟悉预案内容，掌握处置流程；要加强应急救援能力建设，选调专业骨干力量组成救援队伍，配足应急物资和抢险装备；要加强值班值守和信息报送，严格落实汛期重要岗位 24h 值班和领导带班制度，遇有突发事件，迅速启动应急响应，妥善管控处置，并按规定报告相关信息。

各单位要在 4 月 10 日之前认真组织开展度汛安全应急演练，结合本地区汛期灾害风险形势和本单位工作实际，精心策划演练方案，科学设定演练科目，合理确定演练形式，随机选择演练时机，提高演练场景的针对性和复杂性，增强演练过程的真实性和突发性；要针对超标准洪水、漫坝溃坝、山洪泥石流、强台风等防汛难点，综合运用桌面推演、实战演习等方式开展演练，增强会商研判、临机决策、指挥调度、组织保障、抢险救援、逃生避险等能力；要积极参与当地政府和防汛指挥机构的联合演练，检验预案衔接、沟通联系、协同配合水平；要认真开展演练总结，及时归档演练方案、脚本及相关视频影像资料，分析演练过程中暴露的思想作风、机制制度、监督管理等方面的问题，采取措施补齐短板，提升应急处突能力。

六、全面分析评估，及时开展灾后恢复重建和汛后总结

各单位要在灾后及时组织开展灾损核查核验，准确评估电力设备设施灾损情况。对受到灾害影响的设备设施，要及时开展维修更换或补强加固工作；对治理时限较长或者暂时不具备恢复重建条件的，要制定治理或恢复重建计划，并落实安全保障措施，有效管控治理重建期间的各类风险。主汛期结束后，各单位要认真总结本年度防汛抗旱工作成效和不足，制定落实整改计划，全面彻底整改。

请各派出机构、全国电力安委会各企业成员单位，于 4 月 15 日前将 2021 年防汛救灾应急演练总结（含电子版），5 月 10 日前将工作落实和防汛检查、隐患整改情况及下一步工作意见形成报告（含电子版），10 月 10 日前将 2021 年防汛抗旱工作总结（含电子版）报送我局电力安全监管司。

联系人：张猛

联系电话：010－66597341、010－66022129（传真）

邮　箱：fdsafety@163.com

国家能源局综合司

2021 年 3 月 12 日

国家能源局综合司关于印发《清洁能源消纳情况综合监管工作方案》的通知

（国能综通监管〔2021〕28 号）

各省（自治区、直辖市）能源局，有关省（自治区、直辖市）及新疆生产建设兵团发展改革委，各派出机构，国家电网有限公司、中国南方电网有限责任公司、内蒙古电力（集团）有限责任公司、相关能源企业：

为深入贯彻《可再生能源法》，全面落实“碳达峰、碳中和”战略目标和中央生态环境保护督察要求，促进清洁能源消纳，根据我局《2021 年能源监管重点任务清单》（国能发监管〔2021〕5 号）安排，我们研究制定了《清洁能源消纳情况综合监管工作方案》，现印发给你们，请认真组织实施。有关要求如下：

一、切实加强工作统筹。请各派出机构结合本地实际情况和疫情防控常态化要求制定具体实施方案，细化监管内容和措施，扎实开展相关监管工作。加强与局机关沟通联系，及时报送监管工作开展情况，反映监管中发现的问题，提出相关意见和建议。

二、加强工作协同配合。请各省级能源主管部门积极配合相关派出机构开展工作，并协助组织辖区内电网企业、电力调度机构、电力交易机构、清洁能源发电企业及时开展自查和现场监管，认真做好问题整改，客观分析清洁能源消纳实施成效和存在困难，提出针对性的意见和建议。

三、坚持问题导向和目标导向。各单位要突出工作重点，针对清洁能源问题多发的重点地区、重点企业和重点事项开展监管，推动清洁能源消纳政策得到有效实施，确保清洁能源得到高效利用。国家能源局将适时组织相关司、第三方机构专家赴部分重点地区、重点企业开展核查工作。

联系人：李东

电话/传真：010－66597346/ 66023677

附件：清洁能源消纳情况综合监管工作方案

国家能源局综合司

2021 年 3 月 17 日

附件

清洁能源消纳情况综合监管工作方案

为深入贯彻《可再生能源法》，全面落实“碳达峰、碳中和”战略目标和中央生态环境保护督察要求，促进清洁能源消纳，根据《2021年能源监管重点任务清单》（国能发监管〔2021〕5号）安排，决定组织开展清洁能源消纳情况综合监管，现制定工作方案如下。

一、工作目标

坚持问题导向和目标导向，督促有关地区和企业严格落实国家清洁能源政策，监督检查清洁能源消纳目标任务和可再生能源电力消纳责任权重完成情况；督促电网企业优化清洁能源并网接入和调度运行，实现清洁能源优先上网和全额保障性收购；规范清洁能源电力参与市场化交易，完善清洁能源消纳交易机制和辅助服务市场建设；及时发现清洁能源发展过程中存在的突出问题，进一步促进清洁能源消纳，推动清洁能源行业高质量发展。

二、监管依据

（一）《中华人民共和国可再生能源法》

（二）《电力监管条例》（中华人民共和国国务院令第432号）

（三）国家发展改革委关于印发《可再生能源发电全额保障性收购管理办法》的通知（发改能源〔2016〕625号）

（四）国家发展改革委　国家能源局关于做好风电、光伏发电全额保障性收购管理工作的通知（发改能源〔2016〕1150号）

（五）国家能源局关于印发《完善电力辅助服务补偿（市场）机制工作方案》的通知（国能发监管〔2017〕67号）

（六）国家发展改革委　国家能源局关于印发《解决弃水弃风弃光问题实施方案》的通知（发改能源〔2017〕1942号）

（七）国家发展改革委　国家能源局关于印发《清洁能源消纳行动计划（2018—2020年）》的通知（发改能源规〔2018〕1575号）

（八）国家发展改革委　国家能源局关于建立健全可再生能源电力消纳保障机制的通知（发改能源〔2019〕807号）

三、监管范围

在全国范围内组织开展。

四、监管内容

重点对地方政府主管部门、电网企业、电力调度机构、电力交易机构、发电企业落实清洁能源消纳目标任务、可再生能源电力消纳责任权重、并网接入、优化调度、跨省区交易、参与辅助服务市场等情况开展监管。具体内容包括：

（一）清洁能源消纳主要目标完成和重点任务落实情况。包括2020年各省（自治区、直辖市）弃水、弃风、弃光电量和弃电率情况，是否完成年度清洁能源消纳目标，是否完成重点任务。2021年上半年，各省（自治区、直辖市）清洁能源消纳情况。

（二）落实可再生能源电力消纳责任权重情况。包括各省（自治区、直辖市）可再生能源电力消纳责任权重落实工作开展情况，可再生能源电力消纳实施方案编制情况，电网企业组织实施工作开展情况，超额消纳量和绿色证书交易情况；各省（自治区、直辖市）是否完成年度可再生能源电力消纳责任权重，辖区内承担消纳责任义务的市场主体是否完成年度可再生能源电力消纳责任权重等。

（三）清洁能源发电项目并网接入情况。一是电网企业是否定期开展消纳能力研究论证，制定消纳方案；是否按规定及时出具并网接入意见；是否未及时建设接网工程；是否未及时按约定回购发电企业自建送出工程；是否按照规划和消纳能力合理安排项目并网时序。二是清洁能源发电项目是否存在未办理手续提前并网，是否签订并网调度协议及执行情况如何；发电企业是否在国家能源局可再生能源发电项目信息管理系统及时填报更新项目核准、开工、在建、并网、运行信息等。

（四）清洁能源优化调度情况。包括电力调度机构是否落实优先安排清洁能源年度发电计划；电网企业是否严格落实可再生能源发电全额保障性收购制度，是否进行有效的调度运行管理和检修计划管理，是否建立流域上下游信息共享和联合调度协调机制，是否存在因未开展流域水电联合优化调度导致弃水加剧情况；清洁能源项目是否按照规定有序参与电力市场化交易和发电权交易等。

（五）清洁能源跨省区交易消纳情况。包括省间清洁能源电力送电协议是否得到及时、有效执行；电力交易机构是否组织清洁能源发电企业积极参与跨省区电力市场化交易；受端省份是否存在限制外受电量规模的情况；送受端是否存在干预可再生能源报价和交易等情况；跨省区交易输电费用、网损、交易费用等收取依据、实际收取情况。

（六）清洁能源参与辅助服务市场情况。包括电网企业是否有效执行电力辅助服务市场运行相关规则；清洁能源发电企业是否公平参与辅助服务市场；辅助服务费用结算是否及时、足额；是否存在市场成员严重违反相关规则，对电网安全稳定运行造成影响等情况。

五、进度安排

（一）启动部署（3 月至 4 月）。国家能源局印发《清洁能源消纳情况综合监管工作方案》，启动清洁能源消纳情况综合监管工作。各派出机构按照部署要求，结合本地区实际制定相关工作实施方案，启动辖区内相关工作。

（二）自查整改（5 月至 6 月）。各派出机构会同省级能源主管部门组织辖区内电网企业、电力调度机构、电力交易机构、清洁能源发电企业围绕重点监管内容开展自查，对自查中发现的突出问题，及时开展整改落实。

（三）现场监管（7 月至 8 月）。在自查基础上，各派出机构结合疫情防控常态化要求采取多种方式开展监管，视情况开展非现场、非接触监管。具备条件时，按照国家能源局《推广随机抽查事中事后监管的实施方案（2020 年修订）》，采取“双随机、一公开”方式组织开展现场监管。现场监管要突出重点、突出问题导向，避免形式主义，防止增加基层负担。对现场监管发现的问题，要严格按照相关规定进行处理，并督促相关单位及时整改。

（四）形成监管报告（9 月至 10 月）。各派出机构要形成专项监管报告，于 9 月底报送国家能源局。监管报告的内容包括但不限于：清洁能源消纳基本情况，清洁能源消纳取得的成效，清洁能源消纳存在的突出问题，针对发现问题已采取的措施，进一步规范清洁能源消纳的监管意见等。国家能源局于 10 月底前汇总形成清洁能源消纳情况综合监管报告，适时按程序发布。

国家能源局关于印发《2021 年能源工作指导意见》的通知

为深入贯彻落实党中央、国务院有关决策部署，扎实做好 2021 年能源工作，持续推动能源高质量发展，国家能源局研究制定了《2021 年能源工作指导意见》，现予以发布。

附件：2021 年能源工作指导意见

国家能源局

2021 年 4 月 19 日

附件

2021 年能源工作指导意见

2021 年是“十四五”开局之年，是全面建设社会主义现代化国家新征程开局之年，也是中国共产党成立 100 周年，做好今年能源发展改革工作至关重要。当前国内外形势错综复杂，能源安全风险不容忽视，落实碳达峰、碳中和目标，实现绿色低碳转型发展任务艰巨。为深入贯彻落实党中央、国务院决策部署，持续推动能源高质量发展，制定本指导意见。

一、指导思想

以习近平新时代中国特色社会主义思想为指导，全面贯彻党的十九大和十九届二中、三中、四中、五中全会精神，深入落实中央经济工作会议和《政府工作报告》有关部署，坚持稳中求进工作总基调，立足新发展阶段，贯彻新发展理念，构建新发展格局，坚持系统观念，遵循“四个革命、一个合作”能源安全新战略，以能源高质量发展为主题，统筹能源与生态和谐发展，着力保障能源安全稳定供应，着力推进能源低碳转型，着力推进能源科技创新，着力深化能源体制机制改革，着力加大能源惠企利民力度，为全面建设社会主义现代化国家提供坚实的能源保障。

二、主要目标

2021 年主要预期目标如下：

能源结构。煤炭消费比重下降到 56%以下。新增电能替代电量 2000 亿 kWh 左右，电能占终端能源消费比重力争达到 28%左右。

供应保障。全国能源生产总量达到 42 亿 t 标准煤左右，石油产量 1.96 亿 t 左右，天然气产量 2025 亿 m^3 左右，非化石能源发电装机力争达到 11 亿 kW 左右。

质量效率。单位国内生产总值能耗降低 3%左右。能源资源配置更加合理、利用效率大幅提高，风电、光伏发电等可再生能源利用率保持较高水平，跨区输电通道平均利用小时提升至 4100h 左右。

科技创新。能源短板技术装备攻关进程加快，关键核心技术、关键装备、关键产品的自主替代有效推进。聚焦能源新模式新业态发展需要，新设一批能源科技创新平台。

体制改革。实现第一批电力现货试点地区更长周期结算试运行，稳步扩大现货试点范围，电力交易市场化程度进一步提升。健全电力中长期、现货和辅助服务市场相衔接的电力市场体系。

三、增强能源安全保障能力

坚持底线思维和问题导向，补短板、强弱项、促转型，提高能源供给保障能力，加强能源供需形势分析研判，确保能源安全稳定供应。

加强能源预测预警。加强电力、天然气等供需走势分析研判，针对可能出现时段性、区域性供需矛盾较突出的地区，从资源供应、基础设施布局、需求侧管理等方面，提前谋划应对举措。密切关注东北、“两湖一江”等地区煤炭供需形势变化，加强产运需调度，保持港口、电厂库存处在合理水平。健全完善能源形势分析和苗头性倾向性潜在性问题会商机制，准确把握行业发展动态，注重防范化解影响我国能源安全的各种风险挑战，提高能源宏观调控能力。

进一步提升能源储运能力。立足“全国一张网”，推进天然气主干管网建设和互联互通。积极推进东北、华北、西南、西北等“百亿方”级储气库群建设，抓好2021年油气产供储销体系建设管道、地下储气库和LNG接收站等一批重大工程建设。提升煤炭生产、流通和消费各环节库存水平。

加强电力应急调峰能力建设。积极推进以新能源为主体的新型电力系统建设，推动北京、上海、天津、重庆、广州、深圳等试点城市坚强局部电网建设，加强应急备用和调峰电源能力建设。研究促进火电灵活性改造的政策措施和市场机制，加快推动对30万kW级和部分60万kW级燃煤机组灵活性改造。开展全国新一轮抽水蓄能中长期规划，加快长龙山、荒沟等抽水蓄能电站建成投产，推进泰顺、奉新等抽水蓄能电站核准开工建设。稳步有序推进储能项目试验示范。

强化能源供应保障基础。推动油气增储上产，确保勘探开发投资力度不减，强化重点盆地和海域油气基础地质调查和勘探，推动东部老油田稳产，加大新区产能建设力度。加快页岩油气、致密气、煤层气等非常规资源开发。防范化解炼油产能过剩，推动产业转型升级。夯实煤炭“兜底”作用，坚持“上大压小、增优汰劣”，认真开展30万t/年以下煤矿分类处置工作，按照产能置换原则有序核准一批具备条件的先进产能煤矿。稳妥推进煤制油气产业高质量升级示范。落实国家区域协调发展战略，有序推进跨区跨省输电通道建设。

完善电力安全风险管控体系。要以庆祝中国共产党成立100周年电力安全保障工作为重点，深入实施电力安全风险管控专项行动计划，认真落实“季会周报”管控机制，构建可量化的电力安全生产综合评价体系。开展能源重大基础设施安全风险评估，强化重大风险源头管控。完善电力监控系统安全防护体系，开展应急演练，完善应急保障预案，确保重要用户、重大活动电力保障万无一失。

四、加快清洁低碳转型发展

深入落实我国碳达峰、碳中和目标要求，推动能源生产和消费革命，高质量发展可再生能源，大幅提高非化石能源消费比重，控制化石能源消费总量，着力提高利用效能，持续优化能源结构。

大力发展非化石能源。研究出台关于促进新时代新能源高质量发展的若干政策。印发《关于2021年风电、光伏发电开发建设有关事项的通知》，2021年风电、光伏发电量占全社会用电量的比重达到11%左右。扎实推进主要流域水电站规划建设，按期建成投产白鹤滩水电站首批机组。在确保安全的前提下积极有序发展核电。推动有条件的光热发电示范项目尽早建成并网。研究启动在西藏等地的地热能发电示范工程。有序推进生物质能开发利用，加快推进纤维素等非粮生物燃料乙醇产业示范。

增强清洁能源消纳能力。发布2021年各省（区、市）可再生能源电力消纳责任权重，加强评估和考核。健全完善清洁能源消纳的电力市场机制，积极推广就地就近消纳的新模式新应用。在确保电网安全的前提下，推进电力源网荷储一体化和多能互补发展，提升输电通道新能源输送能力，提高中东部地区清洁电力受入比重。加快建设陕北—湖北、雅中—江西等特高压直流输电通道，加快建设白鹤滩—江苏、闽粤联网等重点工程，推进白鹤滩—浙江特高压直流项目前期工作。进一步完善电网主网架布局和结构，提升省间电力互济能力。推动新型储能产业化、规模化示范，促进储能技术装备和商业模式创新。完善电力需求侧响应机制，引导市场主体健全完善峰谷分时交易机制，合理规范峰谷价差。

推动能源清洁高效利用。强化和完善能源消费总量和强度双控制度，合理分解能耗双控目标并严格目标责任落实。深入推进煤炭消费总量控制，加强散煤治理，推动煤炭清洁高效利用。大力推广高效节能技术，支持传统领域节能改造升级，推进节能标准制修订，推动重点领域和新基建领域能效提升。积极推广综合能源服务，着力加强能效管理，加快充换电基础设施建设，因地制宜推进实施电能替代，大力推进以电代煤和以电代油，有序推进以电代气，提升终端用能电气化水平。

五、统筹能源与生态和谐发展

深入学习贯彻习近平生态文明思想，坚持生态优先、绿色发展，落实管行业必须管环保的责任，统筹推进能源资源开发与生态环境保护协调发展，不断推动实现能源绿色低碳转型。

充分发挥规划引领和政策推动作用。加强规划谋划，突出与生态环境保护相关的能源发展目标和任务，明确能源结构优化调整目标，强化能源规划与国土空间、生态环保等专项规划及能耗双控政策的衔接。坚决助力打好污染防治攻坚战，加强能源行业绿色标准建设和绿色技术创新，协调落实好能源资源开发和重大工程建设的生态环境保护工作，推动绿色生产。

加强煤炭开采生态环境保护。统筹谋划煤炭发展与生态环境保护，推进落实生态环境部等部门印发的《关于进一步加强煤炭资源开发环境影响评价管理的通知》，规范煤炭矿区总体规划环评管理，优化煤矿项目环评管理，根据环评批复要求实现绿色开发。督促煤矿企业严格落实煤矸石排放、林地占用、土地复垦等环境保护有关规定，依法依规组织生产。积极推广煤矿充填开采先进经验，鼓励煤炭企业因地制宜应用煤矿充填开采技术。

持续优化煤电布局和装机结构。督促落实属地责任，制定关停整合方案，按照关停拆除、升级改造、应急备用等方式，对重点地区 30 万 kW 及以上热电联产供热半径 15km 范围内的落后燃煤小热电完成关停整合。因地制宜做好煤电布局和结构优化，稳妥有序推动输电通道配套煤电项目建设投产，从严控制东部地区、大气污染防治重点地区新增煤电装机规模，适度合理布局支撑性煤电。持续推动煤电节能减排改造。

六、加强能源创新能力建设

坚持创新驱动发展，加大能源“卡脖子”技术装备和核心部件攻关力度，提升产业链供应链现代化水平，打造自立自强的能源科技体系。

加强能源科技攻关。研究制定高比例可再生能源系统和煤炭清洁高效利用关键技术攻关方案，设立专项重点推动。建立落实“揭榜挂帅”体制机制，围绕产业链供应链安全稳定，推进能源短板技术装备攻关，加快核电关键核心技术研发和成果应用。瞄准“找油找气”战略重点，推动接续实施油气开发国家科技重大专项。

完善能源科技创新体系。加强现有国家能源研发创新平台评价考核，做好存量资源优化管理。结合氢能、储能和数字化与能源融合发展等新兴领域、产业发展亟需的重要领域，研究增设若干创新平台。推动首台套技术装备示范和推广应用。完善能源行业标准化管理机制，构建以企业为主体、市场为导向、产学研深度融合的技术创新体系。

提升能源产业链现代化水平。推进能源产业数字化智能化升级，积极开展煤矿、油气田、管网、电网、电厂等领域智能化建设。推动分布式能源、微电网、多能互补等智慧能源与智慧城市、园区协同发展。探索北斗系统、5G、区块链等新技术新装备在能源领域的推广应用。开展氢能产业试点示范，探索多种技术发展路线和应用路径。

七、提升惠企利民水平

持续优化营商环境，加大民生用能保障力度，推动能源服务进一步向欠发达地区延伸，扎实做好能源领域巩固拓展脱贫攻坚成果同乡村振兴有效衔接工作。

持续优化营商环境。抓好《优化营商环境条例》的落实，复制推广条件成熟的改革经验。建立健全招投标领域优化营商环境长效机制，巩固深化招投标领域营商环境专项整治成果。落实《关于全面提升“获得电力”服务水平 持续优化用电营商环境的意见》，在全国推广“三零”“三省”服务。深入推进“证照分离”改革，全面推行电力业务资质许可告知承诺制。

加大清洁取暖工作力度。因地制宜实施清洁取暖改造，建立健全清洁取暖政策体系，确保取暖设施安全稳定运行，实现北方地区清洁取暖率达到 70%。研究探索南方地区清洁取暖，在长江流域和南方发达地区，鼓励以市场化方式为主，因地制宜发展清洁取暖，培育产品制造和服务企业。研究推进西南高寒地区清洁取暖改造，加大政策支持力度，加强电网、天然气管网等建设。

改善乡村用能条件。实施农村电网巩固提升工程，针对东、中、西部地区制定差异化目标，重点支持脱贫地区，补齐农村电网短板。加大农村低电压和频繁停电的治理和改造力度。因地制宜推进清洁能源在农村地区利用。配合指导地方做好光伏扶贫项目资产管理、运行维护、收益分配、补贴发放等相关工作。

提升城镇电网智能化水平。按照“源网荷储一体化”工作思路，持续推进城镇智能电网建设，推动电动汽车充换电基础设施高质量发展，加快推广供需互动用电系统，适应高比例可再生能源、电动汽车等多元化接入需求。持续推进粤港澳大湾区、深圳社会主义先行示范区、长三角一体化等区域智能电网建设。

八、持续提高能源治理能力

坚持能源行业管理法治化、规范化，强化立法、规划、改革、标准和监管的作用，不断完善能源治理各项制度，提高能源治理水平，有力推动能源革命。

完善法律规划和标准体系。加快《能源法》《电力法》《煤炭法》《石油储备条例》《能源监管条例》制修订。深入推进反垄断、公平竞争审查相关工作。印发实施“十四五”现代能源体系规划和分领域能源规划，制定规划实施方案，确保规划有序实施。落实区域协同发展战略，研究编制黄河流域能源转型规划、新疆能源高质量发展实施方案等。落实《关于加快能源领域新型标准体系建设的指导意见》，建设能源标准信息化服务平台，推进能源行业标准公开，强化全生命周期管理和服务。

加快重点领域改革。进一步扩大市场化交易电量规模。推动第一批电力现货试点地区开展更长周期结算试运行，稳步扩大现货试点范围。进一步推动电力交易机构独立规范运行和增量配电试点项目落地。积极推进新能源“隔墙售电”就近交易。有序放开电网企业设计、施工等竞争性业务。推动制定管网调度运营管理办法（含管容分配、托运商等制度），有序推进油气管网公平开放。稳步推进油气交易平台建设。做好山西能源革命综合改革试点、海南能源综合改革工作。

强化能源行业监管。落实《关于对取消和下放行政审批事项加强后续监管的指导意见（2020 版）》。建立国家能源局派出机构、省级能源主管部门之间上下联动、横向协同配合的监管机制。实施《2021年能源监管重点任务清单》，加大对重大能源规划、项目落实和市场秩序监管，将生态环保落实情况作为一项持续性监管内容。推进电网、油气管网等自然垄断环节监管机制改革，加大规划落实、公平开放、运行调度、价格成本、社会责任等方面的监管力度。

九、加强能源国际合作

坚持互利共赢，依托我国强大市场优势，深化能源产业链供应链务实合作，实现更高水平的对外开放，努力实现开放条件下能源安全。

深化设施联通和产能合作。坚持共商共建共享原则，秉持绿色、开放、廉洁理念，高质量推动“一带一路”能源合作。推进与周边国家能源基础设施互联互通。聚焦重点国家和重点项目，以“高标准、惠民生、可持续”为目标，开展电力、油气、新能源、核电等领域合作。拓展与发达国家能源合作空间，推动企业间按市场化原则开展合作，加强双边和第三方市场合作。

加强技术交流与合作。深化中欧智慧能源、氢能、风电、储能等能源技术创新合作，推动一批合作示范项目落地实施。发挥各地区位优势，深化区域和次区域合作，加强与能源国际组织交流合作，加强联合研究，拓展对外培训交流。

防范化解重大风险。根据疫情防控和全球形势变化，加强国际能源市场分析和预测，适时研究提出应对举措，化解重大风险。统筹推进境外项目疫情防控和生产建设，通过多种途径缓解境外中资企业和项目困难，坚定维护中国企业海外合法权益。

各省（区、市）能源主管部门、国家能源局派出机构和有关能源企业，要依据本指导意见，结合本地区和企业的实际情况，采取有力有效措施，全力抓好各项任务落实，推动能源低碳转型和高质量发展，为全面建设社会主义现代化国家提供稳定可靠的能源保障。

国家能源局综合司关于进一步做好发电安全生产工作的通知

各省（自治区、直辖市）能源局，有关省（自治区、直辖市）及新疆生产建设兵团发展改革委、经信委（工信委），北京市城市管理委员会，各派出机构，大坝中心、电力可靠性和质监中心，全国电力安委会各企业成员单位：

今年以来，全国发电生产领域事故多发，安全生产形势较为严峻。1月16日，浙能集团长兴电厂在石膏排放输送皮带机清扫过程中，发生一起机械伤害事故，造成1人死亡；1月19日，中国大唐哈尔滨第一热电厂在电极锅炉保护盾检修过程中，发生一起物体打击事故，造成1人死亡；2月23日，中国大唐潮州发电厂在空预器改造作业中，发生一起机械伤害事故，造成1人死亡；3月12日，中国电建五一桥水电站在备用线路技改过程中，发生一起高处坠落事故，造成1人死亡；3月14日，内蒙古能源发电投资集团公主岭风电场发生一起风机机舱着火事故；3月15日，国家电投上海外高桥电厂在进行封闭煤场施工过程中，发生一起高处坠落事故，造成1人死亡；4月8日，中国大唐信阳发电厂在封闭煤场改造过程中，发生一起高处坠落事故，造成1人死亡；4月11日，国家能源集团康平电厂在锅炉检修过程中，发生一起高处坠落事故，造成1人死亡；4月24日，华润电力常熟电厂在给煤机检修过程中，发生一起机械伤害事故，造成1人死亡。

发生事故的企业普遍存在制度执行不认真、风险辨识不全面、安全措施不落实、外包管理不严格、现场管控不到位、教育培训走过场、追责问责高举轻放等问题，充分表明企业红线意识和底线思维依然薄弱，安全发展理念尚未树牢。今年是建党100周年，是“十四五”开局之年，抓好电力安全生产工作、保障电力稳定可靠供应，意义格外重大。各单位要清醒认识当前形势，深刻汲取事故教训，不断加强和改进安全生产工作，防范遏制各类事故发生，全力保障人身、设备、系统安全。现就进一步做好发电安全生产工作通知如下。

一要严格落实企业主体责任。各电力企业要深入贯彻习近平总书记关于安全生产重要论述精神，坚持以人民为中心，不断强化红线意识，坚决守住安全底线。要不断健全安全生产责任制，完善责任链条，打通责任压力传导堵点，确保安全责任落实到岗到人。要将安全生产列为“一把手”工程，主要负责人要切实担起安全生产第一责任人的责任，带头履行法定安全职责，亲自研究部署安全生产工作，亲自督促检查责任落实情况，亲自推动解决安全生产问题。

二是强化风险管控和隐患查治。各电力企业要不断强化双重预防机制，严格落实电力安全风险管控“周报季会”工作要求，扎实开展风险管控和隐患查治。要切实增强风险意识，全面辨识人机环管特别是高处作业、带电作业、动火作业、有限空间作业等安全风险，落实有效管控措施，坚决做到“不辨识、不作业，不管控、不作业”。要按照“隐患就是事故”的原则，加强生产现场巡查，及时发现并消除缺陷隐患，确保发电机组设备处于良好工况。

三要认真开展安全教育培训。各发电企业要制定年度教育培训计划，并严格按照计划开展相关工作。

要坚持因地制宜因材施教，根据不同岗位和不同人员，安排相应教育培训课程。要丰富教育培训方式，采用易于接受的形式语言，将规章规程要求植根于脑海、牢记在心中；要突出教育培训重点，针对新进、转岗、复岗、外派等人员，要加大培训力度，培训合格方可上岗作业。要保证教育培训实效，严肃查处教育培训弄虚作假、搞形式走过场、因培训不到位等导致发生事故的行为。

四要加强外包安全管理。外包领域日益成为事故重灾区，外包安全压力日益凸显。各电力企业要加强外包安全源头管控，把牢准入关口，严格审查承包商资质及作业人员的年龄、健康、能力等状况，对不符合资质条件或健康状况、技能水平不满足安全生产需要的单位和个人，要坚决清退出场；要将外包单位和人员纳入本单位统一管理，鼓励推行业主带班制度，有效杜绝外包管理“两张皮”现象；要加强外包单位安全工器具和劳保用品管理，定期开展检查校验，检验合格方可投入使用，切实发挥关键时刻“保命”作用。

五要强化责任落实考核问责。发电企业要严格按照“四不放过”原则，对安全风险管控不到位、事故隐患整治不彻底的企业和人员要加强绩效考核，在评先评优、职务晋升、薪酬待遇等方面实行“一票否决”；对发生事故的企业要加大处罚力度，对相关责任人特别是事故企业主要负责人，要以“零容忍”的态度从严从快问责，警醒众人、教育全体，以考核问责倒逼安全生产主体责任落地落实。

六要加强电力安全监管执法。各派出机构、各省级电力管理部门、各有关直属单位要加大电力安全监督管理力度，鼓励开展联合执法行动，综合运用通报批评、警示谈话、监管约谈、行政处罚、推送“黑名单”、项目限批等安全监管措施和行业管理手段，严肃查处电力安全生产违法违规行为。建立事故“说清楚”制度，发生一般事故的企业要主动到管辖派出机构和省级电力管理部门“说清楚”，发生较大及以上事故的企业，要及时到国家能源局安全司“说清楚”。

国家能源局综合司

2021 年 4 月 29 日

国家能源局关于 2021 年风电、光伏发电开发建设有关事项的通知

（国能发新能〔2021〕25 号）

各省（自治区、直辖市）能源局，有关省（自治区、直辖市）及新疆生产建设兵团发展改革委，各派出机构，国家电网、南方电网、内蒙古电力公司、电规总院、水电总院，各有关企业，各有关行业协会（学会、商会）：

2021 年是“十四五”开局之年，风电、光伏发电进入新发展阶段。为持续推动风电、光伏发电高质量发展，现就 2021 年风电、光伏发电开发建设有关事项通知如下：

一、总体要求

深入学习贯彻习近平生态文明思想和习近平总书记关于能源安全新战略的重要论述，落实碳达峰、碳中和目标，以及 2030 年非化石能源占一次能源消费比重达到 25%左右、风电太阳能发电总装机容量达到 12 亿 kW 以上等任务，坚持目标导向，完善发展机制，释放消纳空间，优化发展环境，发挥地方主导作用，调动投资主体积极性，推动风电、光伏发电高质量跃升发展。2021 年，全国风电、光伏发电发电量占全社会用电量的比重达到 11%左右，后续逐年提高，确保 2025 年非化石能源消费占一次能源消费的比重达到 20%左右。

二、强化可再生能源电力消纳责任权重引导机制

按照目标导向和责任共担原则，根据“十四五”规划目标，制定发布各省级行政区域可再生能源电力消纳责任权重和新能源合理利用率目标，引导各省级能源主管部门依据本区域非水电可再生能源电力消纳责任权重和新能源合理利用率目标，积极推动本省（区、市）风电、光伏发电项目建设和跨省区电力交易，确定本省（区、市）完成非水电可再生能源电力最低消纳责任权重所必需的年度新增风电、光伏发电项目并网规模和新增核准（备案）规模，认真组织并统筹衔接做好项目开发建设和储备工作。

三、建立并网多元保障机制

建立保障性并网、市场化并网等并网多元保障机制。

各省（区、市）完成年度非水电最低消纳责任权重所必需的新增并网项目，由电网企业实行保障性并网，2021 年保障性并网规模不低于 9000 万 kW。保障性并网规模可省际置换，通过跨省区电力交易落实非水电消纳责任权重的，经送、受省份协商并会同电网企业签订长期协议后，根据输送（交易）新能源电量相应调减受端省保障性并网规模并调增至送端省。保障性并网项目由各省级能源主管部门通过竞争性配置统一组织。

对于保障性并网范围以外仍有意愿并网的项目，可通过自建、合建共享或购买服务等市场化方式落实并网条件后，由电网企业予以并网。并网条件主要包

括配套新增的抽水蓄能、储热型光热发电、火电调峰、新型储能、可调节负荷等灵活调节能力。

四、加快推进存量项目建设

2020 年底前已核准且在核准有效期内的风电项目、2019 年和 2020 年平价风电光伏项目、以及竞价光伏项目直接纳入各省（区、市）保障性并网项目范围。各类存量项目应在规定时限内建成投产，对于超出核准（备案）有效期而长期不建的项目，各省级能源主管部门应及时组织清理，对确实不具备建设条件的，应及时予以废止。

各省 2021 年保障性并网规模主要用于安排存量项目。存量项目不能满足今年非水电最低消纳责任权重要求、保障性并网仍有空间的省（区、市），省级能源主管部门应按剩余保障性并网规模抓紧组织开展竞争性配置，确定 2021 年并网的新增项目，加快核准（备案），积极推进建设，确保尽早建成投产。

五、稳步推进户用光伏发电建设

2021 年户用光伏发电项目国家财政补贴预算额度为 5 亿元，度电补贴额度按照国务院价格主管部门发布的 2021 年相关政策执行，项目管理和申报程序按照《国家能源局关于 2019 年风电、光伏发电项目建设有关事项的通知》（国能发新能〔2019〕49 号）有关要求执行。在确保安全前提下，鼓励有条件的户用光伏项目配备储能。户用光伏发电项目由电网企业保障并网消纳。

六、抓紧推进项目储备和建设

各省级能源主管部门应根据《可再生能源发展“十四五”规划》明确的方向和任务，依据本省（区、市）2022 年非水电最低消纳责任权重，确定 2022 年度保障性并网规模，抓紧组织开展保障性并网项目竞争性配置，组织核准（备案）一批新增风电、光伏发电项目，做好项目储备，推动项目及时开工建设，实现接续发展。

七、保障措施

各省级能源主管部门要及时公布保障性并网规模，落实保障性并网和市场化并网项目，及时编制年度开发建设方案并抓紧组织实施。要优化营商环境，规范开发建设秩序，不得将配套产业作为项目开发建设的门槛。要督促地方落实项目建设条件，推动出台土地、财税和金融等支持政策，减轻新能源开发建设不合理负担，调动各类市场主体投资积极性。要加大与自然资源、林业草原、生态环境、住房建设等部门的协调，为风电、光伏发电项目开发建设创造有利条件。

电网企业要简化接网流程、方便接网手续办理，推广新能源云平台，实现全国全覆盖，服务新能源为主体的新型电力系统。要加强接网工程建设，确保纳入年度开发建设方案的保障性并网和市场化并网项目“能并尽并”，不得附加额外条件。要会同全国新能源消纳监测预警中心及时公布各省级区域并网消纳情况及预测分析，引导理性投资、有序建设。

发电企业对纳入年度开发建设方案的项目，要按照核准（备案）文件要求，及时组织开展项目建设。要加强工程质量管控，确保建设安全和生产安全。要及时在国家可再生能源发电项目信息管理平台填报并按月更新项目信息。

国家可再生能源信息管理中心要按月统计项目信息并报国家能源局，抄送各省级能源主管部门和相关派出机构。

国家能源局将加强可再生能源电力消纳责任权重落实情况监测评估，引导和促进风电、光伏发电开发建设。各派出机构要加强对辖区内风电、光伏发电规划落实、项目竞争性配置、电网送出工程建设、项目并网消纳等事项的监管，按要求组织开展清洁能源消纳情况综合监管，保障风电、光伏发电开发建设运行规范有序。

国家能源局

2021 年 5 月 11 日

国家能源局关于颁布《电网技术改造及检修工程定额和费用计算规定（2020 年版）》的通知

各有关单位：

为适应电网技术技改及检修工程管理发展的实际需要，科学反映其物料消耗及市场价格变化情况，进一步统一和规范电力建设工程计价行为，合理确定和有效控制电网技术技改及检修工程造价，我局委托中国电力企业联合会修编完成了《电网技术改造工程预算编制与计算规定（2020 年版）》《电网检修工程预算编制与计算规定（2020 年版）》，以及与之配套使用的《电网技术改造工程概算定额（2020 年版）》《电网技术改造工程预算定额（2020 年版）》《电网拆除工程预算定额（2020 年版）》和《电网检修工程预算定额（2020 年版）》（简称《电网技术改造及检修工程定额和费用计算规定（2020 年版）》。现予以颁布实施，请遵照执行。

《电网技术改造及检修工程定额和费用计算规定（2020 年版）》由中国电力企业联合会组织中国电力出版社出版发行。

国家能源局

2021 年 4 月 1 日

国家能源局综合司关于建立“一带一路”能源合作伙伴关系合作网络的通知

各有关单位：

能源合作是“一带一路”建设的重点领域。共建“一带一路”倡议提出8年来，在以习近平同志为核心的党中央坚强领导和亲力亲为推动下，国家能源局全面贯彻落实“一带一路”建设部署，秉持共商共建共享原则，坚持开放、绿色、廉洁理念，务实推进“一带一路”能源合作。能源领域各行各业通力协作，攻坚克难，一大批能源合作项目落地生根，一系列能源合作成果顺利落实，为高质量共建“一带一路”做出了重要贡献。

当前，“一带一路”建设已进入精谨细腻的“工笔画”新阶段，为进一步扩大能源行业对外开放合作，充分发挥企业、金融机构、科研院所（校）、行业协会等各类社会力量在“一带一路”能源合作中的主体作用，深入推进“一带一路”建设高质量发展，按照能源国际合作总体工作安排，我局拟启动“一带一路”能源合作伙伴关系合作网络（以下简称“伙伴关系合作网络”）相关工作，现将有关事项通知如下。

一、基本情况

2019年4月，在第二届“一带一路”高峰论坛期间，中国与29个国家在北京共同发起成立“一带一路”能源合作伙伴关系（以下简称“伙伴关系”）。自成立以来，伙伴关系组织了一系列项目对接和技术交流活动，取得积极成效。今年是“十四五”规划开局之年，为抓好用好“十四五”重要战略机遇期，国家能源局计划今年召开第二届“一带一路”能源部长会议，拓展伙伴关系成员，建立伙伴关系章程，发布“一带一路”绿色能源合作倡议，为完善全球能源治理发出中国声音，贡献中国智慧，将伙伴关系建设成为共建“一带一路”框架下能源领域高质量合作的平台。

伙伴关系合作网络将作为伙伴关系的重要组成部分，国家能源局发挥把方向、管统筹作用，在“一带一路”能源合作政府间合作框架下，更加充分地调动企业、金融机构、科研院所（校）、行业协会等各类社会力量的积极性，与“一带一路”共建国家开展全领域、多层次、形式多样的合作，力争在未来5年内形成一批最佳实践案例，培育一批能源合作研究基地，发布一批优秀能源合作智库产品，在国际上塑造一批有影响力的能源合作专家，为能源行业培养一批能源国际合作优秀青年人才，逐步夯实“一带一路”能源合作伙伴关系的国际影响力，推动“一带一路”能源合作走深走实。

二、工作机制

伙伴关系合作网络下设若干工作组，工作组由企业、金融机构、科研院所（校）、行业协会等机构组成，各工作组设立组长单位。工作组工作领域包括但不限于油气、电力、新能源等传统领域，提倡建立绿色金融、智慧能源等先进前沿领域的工作组，鼓励建立青年创新网络等工作组。工作内容包括但不限于政策交流、规划对接、技术合作、项目开发、能力建设等，鼓励各工作组创新合作形式，包括发布智库产品，打造最佳实践案例等，促进能源务实合作。

各工作组在“一带一路”能源合作伙伴关系框架下开展工作，每个工作组设组长单位，组长单位应充分发挥行业带头作用，牵头制定本领域详细工作计划，组织各参与单位共同实施合作计划，做好内外协调沟通，形成合作成果，及时发现和解决合作中存在的问题，并定期向我局报送工作计划、总结、重点工作进展等。各参与单位应积极配合组长单位做好相关工作，及时向组长单位报送本领域合作需求和工作计划等。各工作组在合作中遇到的普遍性和突出问题，可提请我局根据实际情况协调推动解决。

我局将定期评估各工作组的工作情况，对于各工作组提交的具有重要示范意义的优秀合作成果将结合“一带一路”能源部长会议、“一带一路”能源合作伙伴关系论坛等主场外交活动进行重点宣传和推介，其他优秀合作成果将通过“一带一路”能源合作网、有关能源传播媒体等进行展示。

三、工作要求

请各有关单位结合工作需要，研提关于伙伴关系合作网络建设和发展的意见建议，如有意向加入伙伴关系合作网络，请填报《“一带一路”能源合作伙伴关系合作网络意向表》，并于6月30日前报送国家能源局国际司。

联系人：丁伟 010－81929687（电话）

010–81929663（传真）

附件：“一带一路”能源合作伙伴关系合作网络意向表（略）

国家能源局综合司

2021年6月8日

国家能源局关于组织开展“十四五”第一批国家能源研发创新平台认定工作的通知

国务院有关部门，各省（自治区、直辖市）能源局，有关省（自治区、直辖市、计划单列市）发展改革委，有关中央企业，有关科研院所、高等院校：

为深入贯彻落实“四个革命、一个合作”能源安全新战略和创新驱动发展战略，坚持把科技自立自强作为能源发展的战略支撑，加快推动能源科技进步，根据“十四五”能源领域科技创新规划相关部署安排和《国家能源研发创新平台管理办法》（国能发科技〔2020〕49号，以下简称《管理办法》）有关要求，国家能源局决定近期聚焦能源安全、“碳达峰、碳中和”目标等重大需求，围绕以新能源为主体的新型电力系统、新型储能、氢能与燃料电池、碳捕集利用与封存（CCUS）、能源系统数字化智能化、能源系统安全等重点领域，开展国家能源研发创新平台（包括国家能源研发中心和国家能源重点实验室）的认定工作。现将有关事项通知如下：

一、认定方向

（一）以新能源为主体的新型电力系统

研究内容（包含但不限于）：新型太阳能发电、海上风电、地热发电等先进可再生能源发电及综合利用技术；先进核能及综合利用技术；适应大规模高比例可再生能源和分布式电源友好并网、源网荷双向互动、智能高效的新型电网技术。

（二）新型储能技术

研究内容（包含但不限于）：新型能量型/容量型储能技术装备及系统集成技术；新型功率型/备用型储能技术装备与系统集成技术；储能电池共性关键技术。

（三）氢能及燃料电池技术

研究内容（包含但不限于）：高效氢气制备、储运、加注和燃料电池关键技术；氢能与可再生能源协同发展关键技术。

（四）碳捕集、利用与封存（CCUS）技术

研究内容（包含但不限于）：新一代高效、低能耗的 CO_2 捕集材料/吸收剂和装置；CO_2 驱油驱气、CO_2 矿化发电等利用技术；CO_2 封存监测、泄漏预警技术；碳捕集系统与 S-CO_2 发电、IGFC 发电、富氧燃烧发电、化学链燃烧发电等新型发电系统耦合集成技术。

（五）能源系统数字化智能化技术

研究内容（包含但不限于）：能源领域数字化智能化共性关键技术；煤炭、油气、电厂、电网等传统行业数字化智能化融合技术；能源厂站和区域智慧能源系统集成技术。

（六）能源产业链供应链安全稳定及系统安全相关技术

研究内容（包含但不限于）：能源产业链供应链安全稳定相关的能源工控系统、专用软件、高端组部件、核心材料等方面的基础共性技术，以及能源系统安全相关技术。

二、认定条件

（一）具有完善的研究、开发、设计和试验条件，拥有一批具有自主知识产权和良好市场前景、处于国内领先水平的重大科技成果，研究开发能力与创新水平同行业领先。

（二）拥有技术水平高、实践经验丰富的专业带头人和一定规模的技术人才队伍，在相关领域中具有较强人才优势。

（三）组织体系健全，发展规划和目标明确，建立了良好健全的内部管理机制、产学研用合作机制和知识产权管理体系，技术创新绩效显著。

（四）研究与试验发展经费支出额和专职研究与试验人员数不低于限定性指标的最低标准：

1. 年度研究与试验发展经费支出额不低于 3000 万元；

2. 研究与试验发展人员数不低于 100 人。

（五）拟建立的能源创新平台在机构、人员和财务等方面相对独立。

（六）鼓励能源领域优势企业、科研院所、高校等建立创新联合体，共同申报建设能源创新平台。联合申报的能源创新平台，需指定牵头依托单位，负责能源创新平台的组织协调等相关工作。

三、认定程序

（一）申请单位按照《管理办法》要求，根据单位性质和所属关系情况，向所在省（区、市）能源主管部门、国务院有关部门或中央管理企业提出申请，并按要求报送《国家能源研发创新平台申请报告》（详见《管理办法》）。

（二）各省（区、市）能源主管部门、国务院有关部门或中央管理企业对申请单位报送的申请材料进行审查后，按照国家有关要求确定推荐名单，并将推荐单位的申请材料（一式三份）报送国家能源局。

（三）国家能源局组织专家或委托第三方机构，按照公开、公平、公正、透明的原则，对申请材料进行审查和评审，按照国家能源研发创新平台评价指标体系（详见《管理办法》）进行评价，并可以开展实地核查。

（四）国家能源局根据国家产业政策、技术发展形势，结合评审结果，综合研究申请材料后择优确定能源创新平台依托单位并公示。

四、有关要求

请各省（区、市）能源主管部门、国务院有关部门或中央管理企业于 2021 年 9 月 30 日前（以邮戳为准），将审查同意的申报材料（格式详见《管理办法》，另附申报材料电子版，光盘刻录）寄至国家能源局科技司，逾期不予受理。

邮寄地址：国家能源局科技司，北京市西城区三里河路 46 号；邮编：100045。

联系方式：010-81929235、81929232、81929231

电子邮箱：nea_kj@163.com

国家能源局

2021 年 6 月 20 日

国家能源局关于 2020 年度全国可再生能源电力发展监测评价结果的通报

（国能发新能〔2021〕31 号）

各省（自治区、直辖市）能源局、有关省（自治区、直辖市）及新疆生产建设兵团发展改革委，国家电网、南方电网、内蒙古电力公司，各有关单位：

为促进可再生能源开发利用，科学评估各地区可再生能源发展状况，根据可再生能源法和《关于建立可再生能源开发利用目标引导制度的指导意见》（国能新能〔2016〕54 号）、《关于做好风电、光伏发电全额保障性收购管理工作的通知》（发改能源〔2016〕1150 号）《关于建立健全可再生能源电力消纳保障机制的通知》（发改能源〔2019〕807 号）等文件，我局委托国家发展改革委能源研究所汇总有关可再生能源电力建设和运行监测数据，形成了《2020 年度全国可再生能源电力发展监测评价报告》（以下简称监测评价报告）。

现将监测评价报告予以通报，以此作为各地区 2021 年可再生能源开发建设和并网运行的基础数据。请各地区和有关单位高度重视可再生能源电力发展，进一步提高可再生能源利用水平，为完成全国非化石能源消费比重目标作出积极贡献。

附件：2020 年度全国可再生能源电力发展监测评价报告（略）

国家能源局

2021 年 6 月 20 日

国家能源局关于印发《电力业务许可证注销管理办法》的通知

（国能发资质规〔2021〕33 号）

各派出机构，有关电力企业：

为进一步规范电力业务许可管理，国家能源局对《电力业务许可证注销管理办法》（电监资质〔2012〕47 号）进行了修订，经 2021 年第 22 次局长办公会审议通过。现将修订后的《电力业务许可证注销管理办法》印发你们，请遵照执行。

附件：电力业务许可证注销管理办法

国家能源局

2021 年 6 月 20 日

附件

电力业务许可证注销管理办法

第一章　总　　则

第一条　为规范电力业务许可证注销管理，保护被许可人的合法权益，保障电力系统安全、稳定运行，维护公共利益，根据《中华人民共和国行政许可法》《电力监管条例》《电力业务许可证管理规定》等法律、法规、规章，制定本办法。

第二条　电力业务许可证注销的实施，适用本办法。

本办法所称电力业务许可证是指发电类、输电类、供电类电力业务许可证。

本办法所称电力业务许可证注销是指被许可人已经取得的电力业务许可被依法撤回、撤销，或者电力业务许可证被依法吊销以及其他电力业务许可被依法终止的法定情形，并依法办理注销手续的程序性行为。

第三条　电力业务许可证注销的实施，应当遵循依法、公开、公正的原则。

第四条　国家能源局及其派出机构应当依照本办法实施撤回、撤销电力业务许可和吊销电力业务许可证，办理许可证注销手续。法律、法规另有规定的，从其规定。

第二章　电力业务许可的撤回、撤销

第五条　有下列情形之一的，国家能源局派出机构（以下简称“派出机构”）应当作出撤回电力业务许可的决定：

（一）电力业务许可依据的法律、法规、规章修改或者废止导致电力业务许可项目依法被终止的；

（二）准予电力业务许可所依据的客观情况发生重大变化，导致电力业务许可被终止的；

（三）依法应当撤回电力业务许可的其他情形。

第六条　被许可人有下列情形之一的，派出机构应当作出撤销电力业务许可的决定：

（一）以欺骗、贿赂等不正当手段取得电力业务许可的；

（二）已经取得电力业务许可但不能持续保持应当具备的许可条件，且逾期未改正的；

（三）依法应当撤销电力业务许可的其他情形。

第七条　有下列情形之一的，国家能源局或准予电力业务许可的派出机构可以作出撤销电力业务许可的决定：

（一）派出机构工作人员滥用职权、玩忽职守作出准予电力业务许可决定的；

（二）超越法定职权作出准予电力业务许可决定的；

（三）违反法定程序作出准予电力业务许可决定的；

（四）对不具备申请资格或者不符合法定条件的申请人准予电力业务许可的；

（五）依法可以撤销电力业务许可的其他情形。

撤销电力业务许可可能对公共利益造成重大损害的，不予撤销。

第八条 作出撤回、撤销电力业务许可决定前，国家能源局或其派出机构应当告知被许可人撤回、撤销电力业务许可的事实、理由和处理意见，听取被许可人的陈述和申辩。如被许可人无法联系，由准予电力业务许可的派出机构在其网站公告撤销、撤回电力业务许可的事实、理由和处理意见等相关信息，公告期为30日。

对被许可人提出的陈述和申辩，国家能源局或其派出机构应当进行核实；被许可人提出的陈述和申辩成立的，国家能源局或其派出机构应当采纳。

第三章 电力业务许可证的吊销

第九条 被许可人有下列情形之一的，国家能源局或其派出机构可以作出吊销电力业务许可证的决定：

（一）不遵守电力市场运行规则，情节严重的；

（二）发电厂并网、电网互联不遵守有关规章、规则，情节严重的；

（三）不向从事电力交易的主体公平、无歧视开放电力市场或者不按照规定公平开放电网，情节严重的；

（四）依法可以吊销电力业务许可证的其他情形。

第十条 吊销电力业务许可证的行政处罚，由国家能源局或其派出机构按规定程序实施。

第十一条 作出吊销电力业务许可证行政处罚决定前，被许可人有陈述、申辩和要求举行听证的权利；被许可人在规定期限内要求听证的，由国家能源局或其派出机构组织听证。

第十二条 在听取被许可人陈述、申辩或者听证活动结束后，国家能源局或其派出机构认为被许可人违法事实清楚、证据确凿的，应当作出吊销电力业务许可证的决定。

第四章 电力业务许可证的注销

第十三条 有下列情形之一的，应当依法办理电力业务许可证的注销手续：

（一）电力业务许可被依法撤回、撤销，或者电力业务许可证被依法吊销的；

（二）电力业务许可证有效期届满未延续的，或者延续申请未被批准的；

（三）被许可人申请停业、歇业被批准的；

（四）被许可人因解散、破产、倒闭等原因而依法终止的；

（五）被许可人不再具有发电机组或者输电网络或者供电营业区的；

（六）被许可人已丧失从事许可事项活动能力的；

（七）法律、法规规定应当注销电力业务许可证的其他情形。

第十四条 发生第十三条第（一）和（二）项情形的，由派出机构在撤回、撤销、吊销决定生效或电力业务许可证有效期届满后 10 个工作日内办理注销手续。被许可人应当积极配合并在规定时限内交回电力业务许可证正本、副本。

第十五条 发生第十三条第（三）至（七）项情形的，被许可人应当在相关事项发生30日内向派出机构提出注销申请，并提交以下材料：

（一）法定代表人签署的电力业务许可证注销申请书；

（二）法定代表人身份证原件及复印件，如需代理人办理的，提供代理人身份证原件及复印件，以及法定代表人签字并加盖申请单位公章的《授权委托书》原件；

（三）电力业务许可证正本、副本；

（四）需办理注销事项的有关材料；

（五）法律、法规规定的其他材料。

被许可人申请材料齐全的，派出机构应在提交后10个工作日内办理许可证注销手续。

第十六条 被许可人未按照第十五条规定提出注销申请的，派出机构经核实相关情况后可在其网站上发布注销公告。公告期为30日，公告期满后办理注销手续。

第十七条 派出机构负责公告辖区内注销电力业务许可证的被许可人名单及注销原因。

第五章 附 则

第十八条 本办法自印发之日起施行。原《电力业务许可证注销管理办法》（电监资质〔2012〕47号）同时废止。

国家能源局关于印发水电等六类电力建设工程质量监督检查大纲的通知

（国能发安全规〔2021〕30号）

各省（自治区、直辖市）能源局，有关省（自治区、直辖市）及新疆生产建设兵团发展改革委、经信委（工信委），北京市城市管理委，各派出机构，各电力质监机构，全国电力安委会各企业成员单位：

为加强电力建设工程质量监督管理，保证建设工程质量，国家能源局组织编制了《水电建设工程质量监督检查大纲》《海上风力发电建设工程质量监督检查大纲（试行）》《核电常规岛建设工程质量监督检查大纲》《生物质发电建设工程质量监督检查大纲》《太阳能热发电建设工程质量监督检查大纲》《输变电建设工程质量监督检查大纲（增补本）》。现印发你们，请遵照执行。

国家能源局

2021 年 6 月 20 日

国家能源局综合司关于进一步做好电力建设工程施工安全工作的通知

各省（自治区、直辖市）能源局，有关省（自治区、直辖市）及新疆建设兵团发展改革委、经信委（工信委），北京市城市管理委员会，各派出机构，全国电力安委会各企业成员单位：

今年下半年，全国电力建设工程（特别是新能源、抽蓄建设工程）继续处于大规模集中建设期，随着点多、面广、作业量大的施工任务全面铺开，现场作业风险辨识和管控难度进一步增大，电力基建领域安全生产形势较为严峻；加之目前全国防洪度汛处于关键时期，极端天气多发、频发，新冠肺炎疫情防控形势复杂多变，给电力施工带来较大影响。为了有效防范电力建设工程施工安全事故，现就有关工作通知如下。

一、严格落实企业主体责任。电力建设工程建设、工程总承包、勘察设计、施工和监理单位（以下简称“各参建单位”）要切实提高政治站位，认真学习习近平总书记关于安全生产和防汛工作的讲话精神，严格落实党中央、国务院决策部署要求，进一步落实企业安全生产主体责任，切实将责任落实到每个员工，将措施落实到每个环节，严防施工安全事故的发生。

二、合理安排施工进度。各参建单位要正确处理安全与发展的关系，充分尊重工程建设周期的客观规律，科学确定工程建设时间节点，严防由于抢工期、超能力作业引发的施工安全隐患。

三、强化安全风险管控和隐患排查治理。各参建单位要按照“隐患就是事故”的原则，强化双重预防机制，严格落实电力安全风险管控“周报季会”工作要求，全面排查施工作业中的安全风险，落实有效管控措施，并按要求通过电力建设工程施工安全监管平台进行报送，确保各项风险可控、在控。

四、加强施工现场安全管控。各参建单位要进一步加强施工现场安全管控，严格落实对高支模、深基坑、起重机械、脚手架等危大工程及危险作业的现场管控和旁站监护，切实履行对施工人员的安全培训和交底，杜绝冒险作业、野蛮作业和违章作业。要强化施工区域用电、用火、用气管理，严格落实各项安全防护措施。

五、强化防汛减灾工作。各参建单位尤其是水电项目参建单位要切实加强防汛减灾工作，从严落实汛期防汛各项措施要求，强化突发泥石流、山体滑坡、塌方、滚石、超标准洪水等风险防控；施工工地该停工的必须停工，施工人员该撤离的必须及时撤离，确保施工工地汛期安全。

六、加强应急处置工作。各参建单位要进一步完善细化应急组织体系和应急联动机制，及时修订应急预案和现场处置方案，按要求进行应急演练；强化应急值班值守工作，有效处置各类突发事件，并严格执行事故（事件）信息报送规定。

七、完善疫情防控体系。各参建单位要认真贯彻落实疫情防控各项政策要求及疫情防控常态化措施，进一步健全施工工地疫情防控体系和疫情防控应急预案，做好应急物资储备，随时监控施工工地疫情变化，及时妥善处置突发事件，做到“早发现、早报告、早隔离、早治疗”，坚决防止聚集性传染、杜绝聚集性疫情事件。

八、强化监管执法。国家能源局及所属各派出机构将结合年度电力安全监管工作，对全国重点电力建设工程开展“四不两直”督查。各省级能源管理部门及所属各市、县（区）能源管理部门，要根据疫情情况于 8～10 月对所核准电力建设工程开展“四不两直”督导检查工作，坚决将事故苗头遏制在萌芽状态。请各省级能源管理部门和国家能源局各派出机构将相关工作开展情况整理汇总后于 11 月 12 日前报国家能源局。

联系人：欧阳旭　010－81929649　102805858@qq.com

国家能源局综合司

2021 年 8 月 10 日

国家能源局关于印发全面推行电力业务资质许可告知承诺制实施方案的通知

（国能发资质〔2021〕37 号）

各派出机构：

为贯彻落实党中央、国务院关于深化“放管服”改革、优化营商环境的决策部署，按照《国务院关于深化“证照分离”改革进一步激发市场主体发展活力的通知》(国发〔2021〕7号)、《国务院办公厅关于全面推行证明事项和涉企经营许可事项告知承诺制的指导意见》(国办发〔2020〕42号)有关要求,国家能源局研究制定了《国家能源局全面推行电力业务资质许可告知承诺制实施方案》,现印发给你们,请结合许可监管工作实际认真组织实施。

国家能源局

2021年8月19日

国家能源局全面推行电力业务资质许可告知承诺制实施方案

为深化“证照分离”改革,优化营商环境,进一步激发市场主体发展活力,按照《国务院关于深化“证照分离”改革进一步激发市场主体发展活力的通知》(国发〔2021〕7号)、《国务院办公厅关于全面推行证明事项和涉企经营许可事项告知承诺制的指导意见》(国办发〔2020〕42号)有关要求,国家能源局决定全面推行电力业务资质许可告知承诺制,结合电力业务资质许可工作实际,制定本方案。

一、指导思想

以习近平新时代中国特色社会主义思想为指导,全面贯彻党的十九大和十九届二中、三中、四中、五中全会精神,按照党中央、国务院决策部署,坚持以人民为中心的发展思想,贯彻落实“证照分离”改革要求,全面推行电力业务资质许可告知承诺制,创新许可服务理念和管理方式,方便企业和群众办事创业,实现审批更精简、监管更高效、服务更优质,助力能源高质量发展。

二、工作目标

自方案印发之日起,办理电力业务许可、承装(修、试)电力设施许可事项时实行告知承诺制,以国家能源局派出机构(以下简称派出机构)清楚告知、企业和群众诚信守诺为重点,形成标准公开、规则公平、预期明确、各负其责、信用监管的许可模式,从制度层面为企业和群众办事创业提供更大便利。

三、工作内容

(一)明确告知承诺制的适用范围

办理电力业务许可、承装(修、试)电力设施许可所有事项适用告知承诺制。

(二)确定告知承诺制的适用对象

办理电力业务许可、承装(修、试)电力设施许可事项时,申请人可自主选择是否采用告知承诺制方式办理。申请人不愿承诺或者无法承诺的,按照一般程序办理。申请人有较严重的不良信用记录或者存在曾作出虚假承诺等情形的,在信用修复前不适用告知承诺制。

(三)规范告知承诺制工作流程

国家能源局按照全面准确、权责清晰、通俗易懂的要求,制定许可告知承诺制办理流程、办事指南、告知承诺书等格式文本(附件1~4),通过国家能源局资质和信用信息系统、派出机构对外服务场所及网站等渠道公布,方便申请人查阅、索取或者下载。书面(含电子文本,下同)告知的内容包括办理事项名称,审批依据,许可条件和材料要求,承诺方式,不实承诺可能承担的民事、行政、刑事责任,派出机构核查权力,承诺书是否公开、公开范围及时限等。书面承诺的内容包括申请人已知晓告知事项、已符合相关条件、愿意承担不实承诺的法律责任以及承诺的意思表示真实等。申请人自愿签署告知承诺书并按要求提交材料,派出机构应当当场作出行政许可决定。

(四)加强事中事后核查

派出机构针对电力业务许可、承装(修、试)电力设施许可事项特点和各地区企业实际情况,按照事中事后核查指引(附件5),制定具体核查办法,明确时间、方式以及是否免予核查。对于免予核查的事项,派出机构要综合运用“双随机、一公开”监管、重点监管、“互联网+监管”等方式实施日常监管,不得对通过告知承诺制方式办理许可的企业采取歧视性监管措施。在核查或者日常监管中发现承诺不实的,对采用隐瞒或欺骗等手段取得许可的,依法撤销许可决定;对不符合许可条件的,责令其限期整改,逾期不整改或整改后仍不符合条件的,依法撤销相关许可决定。违反《电力业务许可证管理规定》《承装(修、试)电力设施许可证管理办法》等许可管理规定的,予以行政处罚并纳入信用记录。

国家能源局依托全国一体化政务服务平台、全国信用信息共享平台、资质和信用信息系统等推进跨地区、跨部门、跨层级数据共享和业务协同。派出机构要利用政务信息共享平台、政务服务移动客户端等收集、比对相关数据,实施在线核查,也可以通过检查、勘验等方式开展现场核查。确需现场核查的,要优化工作程序,避免增加企业和群众负担。相关数据尚未实现网络共享、难以通过上述方式核查的,可以请求其他行政机关协助核查。

(五)加强信用监管

国家能源局加强告知承诺信用管理制度建设,依法科学界定告知承诺失信行为。建立告知承诺信用信息记录、归集、推送工作机制,完善信用修复、异议处理机制。派出机构应将承诺人履行承诺情况全面纳入信用记录,依托资质和信用信息系统,推进信用信息互联互通和共享。按照信用状况实施分类监管,对于存在隐瞒、欺骗等承诺不实情形的,依法依规给予行政处罚并纳入信用记录,对不同失信情形实施相应惩戒措施。

（六）强化风险防范措施

国家能源局建立承诺退出机制，在行政许可事项办结前，申请人有合理理由的，可以撤回承诺申请。派出机构要加强行政指导，强化告知和指导义务。根据政府信息公开等规定，通过对外服务场所、网站等向社会公开许可决定、告知承诺书，接受社会监督。根据有关法律规定，做好有关个人信息和商业秘密保护。

四、保障措施

（一）加强组织领导

国家能源局切实加强全面推行告知承诺制工作的监督指导，持续完善制度建设，及时研究解决推行告知承诺制过程中遇到的问题。派出机构要结合本地实际，多措并举，精心组织实施，落实方案要求，总结经验，实施过程中出现重大问题要及时报告。

（二）做好宣传培训

国家能源局及其派出机构要组织开展告知承诺制宣传及培训工作，通过报刊、广播、电视、互联网等渠道广泛宣传，加强政策解读，合理引导社会预期，及时回应社会关切，为全面推行电力业务资质许可告知承诺制营造良好的社会氛围。

附件：1. 许可告知承诺制办理流程（略）
2. 许可告知承诺制办事指南（略）
3. 电力业务许可告知承诺书（略）
4. 承装（修、试）电力设施许可告知承诺书（略）
5. 事中事后核查指引（略）

关于促进地热能开发利用的若干意见

（国能发新能规〔2021〕43号）

地热能是一种储量丰富、分布较广、稳定可靠的可再生能源。大力开发利用地热能，对深入贯彻习近平生态文明思想，落实碳达峰、碳中和目标具有重要意义。近年来，我国地热能开发利用方面取得显著成绩，但在发展中还存在一些问题，影响了地热能更大规模和更高质量开发利用。为推动地热能开发利用的持续高质量发展，使其在能源生产和消费革命中发挥更加重要的作用，现提出以下意见。

一、指导思想和目标

（一）指导思想

以习近平新时代中国特色社会主义思想为指导，全面贯彻党的十九大和十九届二中、三中、四中、五中全会精神，立足新发展阶段，完整、准确、全面贯彻新发展理念，构建新发展格局，以调整能源结构、增加可再生能源供应、减少温室气体排放、实现可持续发展为目标，坚持统一规划、因地制宜、有序开发、清洁高效、节水环保、鼓励创新的原则，稳妥推进地热能资源勘查和项目建设，规范和简化管理流程，完善信息统计和监测体系，保障地热能开发利用高质量发展。

（二）目标

到2025年，各地基本建立起完善规范的地热能开发利用管理流程，全国地热能开发利用信息统计和监测体系基本完善，地热能供暖（制冷）面积比2020年增加50%，在资源条件好的地区建设一批地热能发电示范项目，全国地热能发电装机容量比2020年翻一番；到2035年，地热能供暖（制冷）面积及地热能发电装机容量力争比2025年翻一番。

二、重点任务

（三）深化地热资源勘查工作。地热资源勘查是地热能开发利用的基础。有关省（自治区、直辖市）自然资源主管部门要组织开展地热资源调查评价，根据资源环境承载能力和水资源开发利用条件，会同水行政主管部门对地热资源开发利用的可行性、适宜性、开发利用总量和开发强度进行总体评价，以地热田为单元确定地热资源开发利用规模。跨省级行政区域的大型地热田调查评价由国家公益性地质调查机构组织实施。在此基础上，科学合理确定开采限量、矿业权，引入企业开展后续勘查和开发利用工作。

（四）积极推进浅层地热能利用。在京津冀晋鲁豫以及长江流域地区，结合供暖（制冷）需求因地制宜推进浅层地热能利用，建设浅层地热能集群化利用示范区；在重视传统城市区域浅层地热能利用的同时，高质量满足不断增长的南方地区供暖需求，推进云贵高寒地区地热能利用；根据各地区资源禀赋，对地表水资源丰富的长江中下游区域，积极发展地表水源热泵供暖供冷；对集中程度不高的供暖需求，在满足土壤热平衡情况下，积极采用地埋管地源热泵供暖供冷；对水文、地质条件适宜、符合地下水资源保护要求的地区，在确保同一含水层取水等量回灌，且不对地下水造成污染的前提下，积极稳妥推广地下水源热泵供暖供冷。

（五）稳妥推进中深层地热能供暖。根据资源情况和市场需求，在京津冀、山西、山东、陕西、河南、青海、黑龙江、吉林、辽宁等区域稳妥推进中深层地热能供暖。鼓励各地在进行资源评估、环境影响评价和经济性测算的基础上，根据实际情况选择“取热不耗水、完全等量同层回灌”或“密封式、无干扰井下换热”技术，最大程度减少对地下土壤、岩层和水体的干扰，确保地下水水量不减少、水位不下降、水质不降低，避免对地下水资源和环境造成损害。鼓励开展中深层地热能集中利用示范工作，示范不同地热资源品位的供暖利用模式和应用范围，探索有利于地热能开发利用的新型管理技术和市场运营模式。宜采取地热区块整体开发的方式推进地热能供暖，调动企业保护资源、可持续开发的积极性，鼓励推广“地热能＋”多能互补的供暖形式。

（六）鼓励地方建设地热能高质量发展示范区。鼓励各地开展地热能与旅游业、种养殖业及工业等产业的综合利用、地热能梯次开发利用以及地热能开发运营与数字化、智能化发展相结合，总结各地区可复制、效果好的地热能开发实践经验，及时推广典型案例。鼓励各地创新管理方式，先行先试开展地热能高质量发展示范区建设，以点带面快速带动地热能开发利用的规模化发展，推动地热能成为清洁取暖的重要力量。

（七）稳妥推进地热能发电示范项目建设。抓紧攻关地热能发电关键技术和成套装备，为今后地热能发电的规模化发展奠定技术储备。适时研究出台支持政策，在西藏、川西、滇西等高温地热资源丰富地区组织建设中高温地热能发电工程，鼓励有条件的地方建设中低温和干热岩地热能发电工程。支持地热能发电与其他可再生能源一体化发展。

三、规范地热能开发利用管理

（八）统筹规划浅层地热能项目资源开发布局。有关省（自治区、直辖市）水行政管理部门应根据水资源条件、取用水管理、水资源保护需要，划定浅层地热能项目地下水适宜开采区、限制开采区和禁止开采区，合理规划地下水井工程布局，作为项目取水许可审批依据。承压水含水层、地下水超采区、地下水饮用水源保护区等禁止开采。

（九）规范地热能开发利用项目备案或登记管理。项目当地能源主管部门负责对本地区规模化（装机容量 1000kW 或供暖面积 10000m^2 以上）供暖（制冷）和发电项目实施备案管理，规模以下地热供暖（制冷）项目需向当地能源主管部门登记。已投产运行的项目可直接到当地能源主管部门登记。

（十）简化地热能开发利用项目前期手续。鼓励按照规模化的原则开发中深层地热资源，按一定规模区域或地热田设置矿权区块。对于涉及地热能登记、取水许可审批项目，各有关主管部门采取数据共享、集中审批、多部门审批协同联动等方式，优化审批流程，提高审批效能。满足地下水保护与管理政策要求、涉及取水的，应开展水资源论证，向具有管辖权的水行政部门申领取水许可证。鼓励地方优化地热矿业权和取水许可的办理流程、精简审批要件。

（十一）加强对地热能开发利用项目的监督检查。按照控制地热流体总消耗量、控制最大采水量、保障同层等量回灌的原则，坚持“以灌定采、采灌均衡、水热均衡”。建立对地热能开发利用项目的常态化监督检查机制和后评估制度，组织地热能开发利用项目按时上报建设运行情况，对地热能开发利用项目对地下水等的影响进行持续监测，对地热能供暖项目的安全稳定运行、供热保障情况进行监督管理，保障地热能的清洁开发和永续利用。建立企业回灌信用档案，对失信企业重点监督并限制新的地热能开发行为。

（十二）加强对地热能开发利用项目的信息化管理。国家能源主管部门会同发改、住房城乡建设以及水行政主管部门，组织国家可再生能源信息管理中心和国家地热中心建设地热能信息管理平台。省级能源主管部门负责组织本地区地热能供暖（制冷）项目业主在地热能信息管理平台中录入项目备案/登记信息，并在供暖期内按月更新项目的运行状况，并定期将地热开发利用数据上报统计部门。省级自然资源主管部门组织勘查开发单位建立地热资源动态监测体系，开展地下热水温度、流量等动态物理信息的综合监测。勘查开发单位应当安装取水和回灌在线计量设施，并将计量数据实时传输到有管理权限的水行政主管部门。省级生态环境主管部门负责监督本地区地热能供暖（制冷）项目业主开展地下热水及回灌水质监测，按相关要求定期报生态环境主管部门备案。

四、保障措施

（十三）做好地热能开发利用规划及相关衔接。各级能源主管部门在会同各相关部门编制可再生能源发展规划时，要将地热能开发利用有关情况包含在内。要根据水资源保护要求、地热资源禀赋、清洁能源需求和生态环境保护要求，确定本地区地热能开发利用目标、布局和实施方案。各地规划地热能开发利用时，要以各级国土空间规划作为开发利用空间布局依据，依法开展环评和水资源论证工作，落实生态环境分区管控要求，并与城市市政等基础设施规划、矿产资源规划、生态环境保护、地下水利用与保护规划等相关专项规划做好衔接。省市级自然资源主管部门根据全国矿产资源规划总体部署，以地热田为单元，编制本地区地热资源勘查开发规划。

（十四）营造有利于地热能开发利用的政策环境。鼓励各级政府和发改、财政、自然资源、水行政、住房和城乡建设、生态环境、能源主管部门等出台有利于地热能开发利用的财政、金融政策等。研究利用现有渠道对地热能供暖项目给予财政支持；鼓励和支持企业加强技术创新，共同营造有利于地热能开发利用的政策环境。

（十五）明确职责分工。能源主管部门会同有关部门建立地热能开发利用项目的管理和运行监测工作机制，督促有关方面做好地热能供暖项目的运行安全和供热保障相关工作；自然资源主管部门负责组织开展地热资源调查评价和矿权办理工作；水行政主管部门负责取水许可审批和取用水管理，以及地下水抽取和回灌情况的监管；生态环境主管部门负责环境影响评价审查审批和水质监测的监督工作；城市供热主管部门负责指导城镇供热工作；统计部门将企业地热能开发利用情况纳入国家能源统计体系中。各地也可根据实际情况对各部门分工进行调整。鼓励地方建立地热能开发利用管理工作协调机制，牵头协调地热能勘测、规划、开发利用等管理工作，相关手续实行一站式办理。

本意见自发布之日起施行，有效期5年。

国家发展改革委
国家能源局
财政部
自然资源部
生态环境部
住房城乡建设部
水利部
国家统计局
2021年9月10日

国家能源局关于印发《新型储能项目管理规范（暂行）》的通知

（国能发科技规〔2021〕47号）

各省（自治区、直辖市）能源局，有关省（自治区、直辖市）及新疆生产建设兵团发展改革委，各派出机构，国家电网有限公司、中国南方电网有限责任公司、内蒙古电力（集团）有限责任公司：

为规范新型储能项目管理，推动新型储能积极稳妥健康有序发展，促进以新能源为主体的新型电力系统建设，支撑碳达峰、碳中和目标实现，我们组织编制了《新型储能项目管理规范（暂行）》，现印发你们，请认真执行。

执行中的情况和建议，请及时告知我局（科技司）。

附件：新型储能项目管理规范（暂行）

国家能源局
2021年9月24日

附件

新型储能项目管理规范（暂行）

第一章　总　　则

第一条　为规范新型储能项目管理，促进新型储能有序、安全、健康发展，支撑构建以新能源为主体的新型电力系统，根据《中华人民共和国电力法》《中华人民共和国行政许可法》《电力监管条例》《企业投资项目核准和备案管理条例》《关于加快推动新型储能发展的指导意见》等法律法规，制定本规范。

第二条　本规范适用于除抽水蓄能外以输出电力为主要形式，并对外提供服务的储能项目。

第三条　新型储能项目管理坚持安全第一、规范管理、积极稳妥原则，包括规划布局、备案要求、项目建设、并网接入、调度运行、监测监督等环节管理。

第四条　国务院能源主管部门负责全国新型储能项目规划、指导和监督管理；地方能源主管部门在国务院能源主管部门指导下，建立健全本地区新型储能项目管理体系，负责本地区新型储能项目发展及监督管理；国家能源局派出机构负责对本地区新型储能政策执行、并网调度、市场交易及运行管理进行监管。

第二章　规　划　引　导

第五条　国务院能源主管部门负责编制全国新型储能发展规划。根据国家能源发展规划、电力发展规划、可再生能源发展规划、能源技术创新规划等相关文件，在论证发展基础、发展需求和新型储能技术经济性等的基础上，积极稳妥确定全国新型储能发展目标、总体布局等。

第六条　省级能源主管部门根据国家新型储能发展规划，按照统筹规划、因地制宜，创新引领、示范先行，市场主导、有序发展，立足安全、规范管理的原则，研究本地区重点任务，指导本地区新型储能发展。

第七条　省级能源主管部门组织开展本地区关系电力系统安全高效运行的新型储能发展规模与布局研究，科学合理引导新型储能项目建设。

第三章　备　案　建　设

第八条　地方能源主管部门依据投资有关法律、法规及配套制度对本地区新型储能项目实行备案管理，并将项目备案情况抄送国家能源局派出机构。

第九条　新型储能项目备案内容应包括：项目单位基本情况，项目名称、建设地点、建设规模、建设内容（含技术路线、应用场景、主要功能、技术标准、环保安全等）、项目总投资额，项目符合产业政策声明等。

第十条　新型储能项目完成备案后，应抓紧落实各项建设条件，在办理法律法规要求的其他相关建设手续后及时开工建设。

第十一条　已备案的新型储能项目，项目法人发生变化，项目建设地点、规模、内容发生重大变更，或者放弃项目建设的，项目单位应及时告知项目备案机关，并修改相关信息。

第十二条 新型储能项目的建设应符合相关管理规定和标准规范要求，承担项目设计、咨询、施工和监理的单位应具有国家规定的相应资质。

第十三条 新型储能项目主要设备应满足相关标准规范要求，通过具有相应资质机构的检测认证，涉网设备应符合网安全运行相关技术要求。

第十四条 新型储能项目相关单位应按照有关法律法规和技术规范要求，严格履行项目安全、消防、环保等管理程序，落实安全责任。

第十五条 新建动力电池梯次利用储能项目，必须遵循全生命周期理念，建立电池一致性管理和溯源系统，梯次利用电池均要取得相应资质机构出具的安全评估报告。已建和新建的动力电池梯次利用储能项目须建立在线监控平台，实时监测电池性能参数，定期进行维护和安全评估，做好应急预案。

第四章 并 网 运 行

第十六条 电网企业应根据新型储能发展规划，统筹开展配套电网规划和建设。配套电网工程应与新型储能项目建设协调进行。各级能源主管部门负责做好协调工作。

第十七条 电网企业应公平无歧视为新型储能项目提供电网接入服务。电网企业应按照积极服务、简捷高效的原则，建立和完善新型储能项目接网程序，向已经备案的新型储能项目提供接网服务。

第十八条 新型储能项目在并网调试前，应按照国家质量、环境、消防有关规定，完成相关手续。电网企业应按有关标准和规范要求，明确并网调试和验收流程，积极配合开展新型储能项目的并网调试和验收工作。

第十九条 电网企业应按照法律法规和技术规范要求，采取系统性措施，优化调度运行机制，科学优先调用，保障新型储能利用率，充分发挥新型储能系统作用。

第二十条 新型储能项目单位应按照相关标准和规范要求，配备必要的通信信息系统，按程序向电网调度部门上传运行信息、接受调度指令。

第二十一条 项目单位应做好新型储能项目运行状态监测工作，实时监控储能系统运行工况，在项目达到设计寿命或安全运行状况不满足相关技术要求时，应及时组织论证评估和整改工作。经整改后仍不满足相关要求的，项目单位应及时采取项目退役措施，并及时报告原备案机关及其他相关单位。

第五章 监 测 监 督

第二十二条 国务院能源主管部门负责建设全国新型储能管理平台，实现全国新型储能项目信息化管理，将新型储能项目的建设、运行实际情况作为制定产业政策、完善行业规范和标准体系的重要依据。

第二十三条 地方能源主管部门会同相关部门加强新型储能项目监测管理体系建设，根据本地区新型储能项目备 案、建设、运行、市场交易情况，研究并定期公布新型储能发展规模、建设布局、调度运行等情况，引导新型储能项目科学合理投资和建设。

第六章 附 则

第二十四条 本规范由国家能源局负责解释。

第二十五条 本规范自发布之日起实施。

国家能源局关于印发《电网公平开放监管办法》的通知

（国能发监管规〔2021〕49号）

各省（自治区、直辖市）能源局，有关省（自治区、直辖市）及新疆生产建设兵团发展改革委、经信委（工信委、工信厅），各派出机构，国家电网有限公司、中国南方电网有限责任公司，中国华能集团有限公司、中国大唐集团有限公司、中国华电集团有限公司、国家能源投资集团有限责任公司、国家电力投资集团公司，中国长江三峡集团有限公司，国家开发投资集团有限公司，中国核工业集团有限公司、中国广核集团有限公司，华润（集团）有限公司，中国电力建设集团有限公司、中国能源建设集团有限公司，内蒙古电力（集团）有限责任公司，各有关电力企业：

为规范电网公平开放行为，加强电网公平开放监管，保护相关各方合法权益和社会公共利益，国家能源局制定了《电网公平开放监管办法》，现印发你们，请遵照执行。

附件：电网公平开放监管办法

国家能源局

2021年9月29日

附件

电网公平开放监管办法

第一章 总 则

第一条 为规范电网公平开放行为，加强电网公平开放监管，保护相关各方合法权益和社会公共利益，根据《中共中央国务院关于进一步深化电力体制改革的若干意见》(中发〔2015〕9号)、《电力监管条例》等有关规定，制定本办法。

第二条　本办法适用于电源接入各类电网，以及地方独立电网、增量配电网、微电网与省级及以下大电网互联工程建设项目的流程、时限、信息公开等相关工作。跨省跨区电源外送和电网互联另行规定。电网企业向电力交易主体公平无歧视提供输配电服务适用电力市场监管相关规定。电力用户接入电网工程适用《供电监管办法》等相关规定。地方电网、增量配电网、微电网等之间的电网互联参照执行。

第三条　电源项目业主和电网企业均享有本办法规定的电网公平开放相关权利，并根据国家法律法规和本办法要求履行相应的义务。

第四条　电网公平开放应遵循以下原则：

(一)依法依规。遵守国家法律法规，满足国家、地方及行业有关政策要求和技术标准；

(二)程序规范。符合国家能源发展战略规划、电力发展规划及地方相关规划要求，加强统筹，避免重复建设，规范有序实施公平开放服务；

(三)公开透明。强化信息公开，保障电网公平开放相关企业知情权；

(四)加强监管。科学高效开展监管工作，严肃查处违法违规行为，维护公平公正的市场秩序。

第五条　国家能源局依照本办法和国家有关规定，负责全国电网公平开放监管和行政执法工作。

国家能源局派出机构负责辖区内电网公平开放监管和行政执法工作。各级地方能源主管部门负责辖区内电网公平开放涉及的电力规划、建设管理工作。

第六条　对电网企业及电源项目业主、电网互联双方违反本办法的行为，任何单位和个人有权通过12398能源监管热线等向国家能源局及其派出机构投诉和举报，国家能源局及其派出机构应依法及时处理。

第二章　电源接入电网

第七条　电网企业应公平无歧视地向电源项目业主提供电网接入服务，不得从事下列行为：

(一)无正当理由拒绝电源项目业主提出的接入申请，或拖延接入系统；

(二)拒绝向电源项目业主提供接入电网须知晓的输配电网络的接入位置、可用容量、实际使用容量、出线方式、可用间隔数量等必要信息；

(三)对分布式发电等符合国家要求建设的发电设施，除保证电网和设备安全运行的必要技术要求外，接入适用的技术要求高于国家和行业技术标准、规范；

(四)违规收取不合理服务费用；

(五)其他违反电网公平开放的行为。

第八条　电网企业应建立电源项目接入电网工作制度，明确提供接入服务的工作部门、工作流程、工作时限，以及负责电源项目配套送出工程建设的工作部门、工作流程。

第九条　向电网企业申请接入电网的电源项目，应满足以下条件：

(一)符合国家产业政策，不属于国家《产业结构调整指导目录》中淘汰类及限制类项目；

(二)已列入政府能源主管部门批准的电力发展规划或专项规划项目，或已纳入省级及以上政府能源主管部门年度实施方案的项目；

(三)接入增量配电网的电源项目，应满足国家关于增量配电业务改革试点的相关政策。

第十条　申请接入电网的电源项目业主应向电网企业提交并网意向书等相关材料，并网意向书应包括以下内容：

(一)电源项目名称及所在地；

(二)电源项目规划及本期工程规模(本期建设总容量、机组数量、单机容量、机组类型、主要技术参数等)；

(三)电源项目拟建成投产时间；

(四)电源项目的性质(公用或自备)；

(五)电源项目前期工作进展情况；

(六)电源项目纳入政府能源主管部门批准的电力发展规划或专项规划，或省级及以上政府能源主管部门年度实施方案的证明文件，以及有权部门出具的核准文件、备案文件等；

(七)与电源项目并网相关的其他必要信息。

第十一条　收到电源项目并网意向书后，电网企业应于5个工作日内(对于分布式新能源发电项目，应于2个工作日内)给予书面回复。电源项目并网意向书的内容完整性和规范性符合相关要求的，电网企业应出具受理通知书；不符合相关要求的，电网企业应出具不予受理的书面凭证，并告知其原因；需要补充相关材料的，电网企业应一次性书面告知。逾期不回复的，电网企业自收到电源项目并网意向书之日起视为已经受理。

第十二条　电源项目业主应委托具有相应资质、独立的设计单位开展电源项目接入系统设计工作(分布式新能源发电项目按相关规定执行)，一般应在电源项目本体可行性研究阶段开展。电网企业应按照相关行业标准，根据接入系统设计要求，及时一次性地提供开展接入系统设计所需的电网现状、电网规划、接入条件等基础资料。确实不能及时提供的，电网企业应书面告知电源项目业主，并说明原因。各方应按照国家有关信息安全与保密的要求，规范提供和使用有关资料。

第十三条　在接入系统设计工作完成后，电源项目业主应向电网企业提交接入系统设计方案报告。收到接入系统设计方案报告后，电网企业应于 5 个工作日内（对于分布式新能源发电项目，应于 2 个工作日内）给予书面回复。接入系统设计方案报告的内容完整性和规范性符合相关要求的，电网企业应出具受理通知书；不符合相关要求的，电网企业出具不予受理的书面凭证，并告知其原因；需要补充相关材料的，电网企业应一次性书面告知。逾期不回复的，自电网企业收到接入系统设计方案报告之日起即视为已经受理。

第十四条 电网企业受理电源项目接入系统设计方案报告后，应按照“公平、公开、高效、安全”的原则，根据国家和行业技术标准、规范，及时会同电源项目业主组织对接入系统设计方案进行研究，并向电源项目业主出具书面回复意见。

（一）接入系统电压等级为 500kV 及以上的，电网企业应于 40 个工作日内出具书面回复意见；

（二）接入系统电压等级为 110（66）～220（330）kV 的，电网企业应于 30 个工作日内出具书面回复意见，其中分布式新能源发电项目接入应于 20 个工作日内出具书面答复意见；

（三）接入系统电压等级为 35kV 及以下的，电网企业应于 20 个工作日内出具书面回复意见，其中分布式新能源发电项目接入应于 10 个工作日内出具答复意见。

第十五条 电网企业应按照国家有关规定依法依规组织开展接入工程相关前期工作。接入工程前期工作所需时间原则上不超过电网企业同电压等级、条件相近的其他电网工程。接入工程受规划、土地、环保等外部条件限制不可实施时，电源项目业主应重新开展接入系统方案设计。

因单方原因调整接入系统设计方案的，应商对方按照程序重新确定新的方案，相关费用原则上由调整提出方承担。

国家政策文件允许的电网企业以外其他投资方开展接入工程相关前期工作时，按照相关政策文件规定执行。

第十六条 电源项目和接入工程项目均核准（备案）后，电网企业与电源项目业主一般情况下应于 30 个工作日内（对于分布式新能源发电项目，应于 15 个工作日内）签订接网协议。接网协议应考虑电源本体和接入工程的合法建设和合理工期，内容包括电源项目本期规模、开工时间、投产时间、配套送出工程投产时间、产权分界点、电力电量计量点、并网点电能质量限值要求及控制措施、违约责任及赔偿标准等内容。

第十七条 电网企业、电源项目业主应严格执行接网协议，确保电源电网同步建成投产。因单方原因违反接网协议约定并给对方造成损失的，违约方应根据约定承担违约责任。

第十八条 对于依法核准（备案）建设的分布式新能源发电项目，电网企业应简化工作流程，提供“一站式”办理服务。经双方协商一致，在不违反法律法规及国家有关规定的情况下，可以合并优化或取消某些接入电网工作环节，进一步缩短工作时限。

第三章 电 网 互 联

第十九条 电网企业应公平无歧视提供电网互联服务，不得从事下列行为：

（一）无正当理由拒绝电网互联提出方提出的联网申请，或拖延联网；

（二）拒绝向电网互联提出方提供电网互联须知晓的输配电网络的互联位置、可用容量、实际使用容量、出线方式、可用间隔数量等必要信息；

（三）对电网互联提出方符合国家要求建设的输配电设施，除保证电网和设备安全运行的必要技术要求外，联网适用的技术要求高于国家和行业技术标准、规范；

（四）违规收取不合理服务费用；

（五）其他违反电网公平开放的行为。

第二十条 电网企业应建立本企业电网互联相关工作制度，明确提供联网服务的工作部门、工作流程、工作时限，以及负责电网互联配套工程建设的工作部门、工作流程。

第二十一条 电网互联项目应符合政府能源主管部门批准的电网发展规划。电网互联提出方应向电网企业提交联网意向书等相关材料。

收到电网互联提出方提交的联网意向书后，电网企业应于 5 个工作日内给予书面回复。纳入电网发展规划的，电网企业应出具受理通知书；未纳入电网发展规划的，电网企业应出具不予受理的书面凭证，并告知其原因；需要补充相关材料的，电网企业应一次性书面告知。逾期不回复的，电网企业自收到联网意向书之日起视为已经受理。

第二十二条 电网互联提出方应组织开展电网互联系统设计工作。在受理联网通知书出具后 20 个工作日内，电网互联双方互相向对方提供开展联网设计所需的电网现状（包括相关主变的负载率和间隔情况等）、运行方式、电网规划（包括电网投资建设方案等）、电源分布、联网条件等基础资料；不能及时提供的，应书面告知对方原因。电网企业应向电网互联提出方书面告知互联有关的技术标准和要求。双方应按照国家有关信息安全与保密的要求，规范提供和使用有关资料。

第二十三条 在电网互联系统设计工作完成后，电网互联提出方应向电网企业提交电网互联系统设计方案报告。收到电网互联系统设计方案报告后，电网企业应于 5 个工作日内给予书面回复。电网互联系统设计方案报告的内容完整性和规范性符合相关要求的，电网企业应出具受理通知书；不符合相关要求的，电网企业应出具不予受理的书面凭证，并告知原因；需要补充相关材料的，电网企业应一次性书面告知。逾期不回复的，电网企业自收到电网互联系统设计方案报告之日起即视为已经受理。

鼓励电网企业采用线上方式提供本办法第十一条、第十三条、第二十一条和本条上款规定的受理及回复服务。

第二十四条 电网企业受理电网互联提出方提交的电网互联系统设计方案报告后，按照“公平、公开、高效、安全”原则，根据国家和行业技术标准、规范，及时会同电网互联提出方组织对设计方案进行研究，并出具书面回复意见。

（一）电网互联系统电压等级为 110（66）～220（330）kV 的，电网企业应于 30 个工作日内出具书面回复意见；

（二）电网互联系统电压等级为 35kV 及以下的，电网企业应于 20 个工作日内出具书面回复意见。

双方对互联方案有争议经协商不能达成一致的，由当地省级能源主管部门会同当地国家能源局派出机构协调确定。

第二十五条 电网互联工程投资建设方应按照国家有关规定依法依规开展联网工程相关前期工作。电网互联工程受规划、土地、环保等外部条件限制不可实施时，电网互联提出方应重新开展电网互联系统设计。

因单方原因调整电网互联系统设计方案的，应商对方按照程序重新确定新的方案，相关费用原则上由调整提出方承担。

第二十六条 电网互联工程核准（备案）后，电网互联双方一般情况下应于 30 个工作日内签订互联协议。互联协议应包括互联工程开工时间、投产时间、产权分界点、电力电量计量点、违约责任及赔偿标准等内容。

第二十七条 电网互联双方应严格执行互联协议，确保互联工程及时建成投产。因单方原因造成投产时间迟于互联协议约定时间并给对方造成损失的，违约方应根据约定承担违约责任。

第四章 信息公开

第二十八条 电网企业应公开电源接入制度，为电源项目业主查询相关信息提供便利，并通过门户网站等方式每月向电源项目业主公布以下信息：

（一）截至上月末配套送出工程尚未投产的电源项目列表，配套送出工程前期工作进展情况，各电源项目业主提交并网意向书、接入系统设计方案报告时间，电网企业出具相应受理通知书、接入系统方案书面回复时间；

（二）上述电源项目配套电网工程项目概况、投产计划及工程建设进度；

（三）与电网公平开放相关的其他信息。

申请接入的电源项目业主应每月向电网企业通报电源项目前期工作进展、方案变化调整情况、建设进度情况以及与电源项目接入电网相关的其他信息。

第二十九条 电网企业应公开电网互联制度，为电网互联提出方查询相关信息提供便利，并通过门户网站等方式每月向电网互联提出方公布以下信息：

（一）截至上月末联网工程尚未投产的电网互联项目列表，电网互联提出方提交联网意向书、电网互联系统设计方案报告时间，电网企业出具相应受理通知书、电网互联系统方案书面回复时间；

（二）与电网公平开放相关的其他信息。

电网互联提出方应每月向电网企业通报电网互联项目概况、前期工作进展、工程计划、建设进度以及与电网互联相关的其他信息。

第三十条 电网公平开放相关企业按照本办法第二十八条、第二十九条规定公开相关信息时，应遵守国家有关信息安全与保密要求。

第五章 监管措施

第三十一条 电网企业按照第八条、第二十条建立的相关工作制度，应在编制完成后一个月内报送国家能源局及其派出机构。上述工作制度如有更新，应于更新之日起 10 个工作日内另行报送。

电网企业应每季度第一个月 10 日前向国家能源局及其派出机构报送上一季度电网公平开放情况，包括各类电源接入、电网互联、信息公开等情况。

国家能源局及其派出机构根据履行监管职责的需要，可要求电网企业报送与监管事项相关的其他信息和资料。

第三十二条 国家能源局及其派出机构可采取下列现场监管措施，有关企业及其工作人员应予以配合：

（一）进入电网公平开放相关企业进行检查；

（二）询问电网公平开放相关企业的工作人员，要求其对有关检查事项作出说明；

（三）查阅、复制与检查事项有关的文件、资料和电子数据，对可能被转移、隐匿、损毁的文件、资料予以封存；

（四）通过电网公平开放相关企业数据信息系统对有关信息进行调取、分析。

现场监管时可以邀请第三方机构专家参加并提供

专业意见建议。现场监管中发现的违法违规行为，国家能源局及其派出机构有权当场予以纠正或要求限期改正。

第三十三条 电网公平开放相关企业违反本办法规定的，国家能源局及其派出机构应依法查处并予以记录，可以对其采取监管约谈、限期整改、监管通报、出具警示函、行政处罚等措施，依法依规纳入不良信用记录。造成重大损失或重大影响的，国家能源局及其派出机构可对责任单位直接负责的主管人员和其他直接责任人员依法提出处理建议。

第三十四条 国家能源局及其派出机构对电网公平开放相关企业违反本办法规定、损害相关方合法权益和社会公共利益的行为及其处理情况，可适时向社会公布。

第六章 法 律 责 任

第三十五条 国家能源局及其派出机构从事监管工作的人员违反能源监管有关规定，损害电网公平开放相关企业的合法权益或社会公共利益的，依照国家有关规定追究其责任；构成犯罪的，依法追究其刑事责任。

第三十六条 电网企业违反本办法第二章、第三章规定，未按要求提供电源接入电网、电网互联服务的，由国家能源局及其派出机构责令限期改正；拒不改正的，按照《电力监管条例》第三十一条规定进行处罚，并可对直接负责的主管人员和其他直接责任人员提出处理建议。

第三十七条 电网企业有下列情形之一的，由国家能源局及其派出机构责令限期改正；拒不改正的，按照《电力监管条例》第三十四条规定进行处罚，并可对直接负责的主管人员和其他直接责任人员提出处理建议。

（一）拒绝或阻挠国家能源局及其派出机构从事监管工作的人员依法履行监管职责的；

（二）提供虚假或隐瞒重要事实的文件、资料的；

（三）违反本办法第四章规定，未按要求公开有关信息。

第七章 附 则

第三十八条 本办法下列用语的含义：

（一）本办法所称电网企业是指依法取得电力业务许可证、负责电网设施运营、从事输电或配电业务的企业。

（二）本办法所称地方独立电网是指地方独立电网企业所建设运营的电网系统；本办法所称省级及以下大电网是指国家电网有限公司、中国南方电网有限责任公司所建设运营的省级及以下电网系统。

（三）本办法所称电源包括常规电源、集中式新能源发电、分布式发电、储能等。常规电源是指除分布式发电外的燃煤发电、燃气发电、核电、水电等。集中式新能源发电是指除分布式发电外的风电、太阳能发电、生物质发电等。分布式发电是指在用户所在场地或附近安装，以用户侧自发自用为主、多余电量上网、且在配电网系统平衡调节为特征的发电设施或有电力输出的能量综合梯级利用多联供设施。

（四）本办法所称储能（含抽水蓄能）包括电源侧储能、电网侧储能和用户侧储能等。电源侧储能是指装设并接入在常规电厂、风电场、光伏电站等电源厂站内部的储能设施。电网侧储能是指在专用站址建设，直接接入公用电网的储能设施。电源侧储能、电网侧储能接入电网参照常规电源接入电网。用户侧储能是指在用户内部场地或邻近建设的储能设施。用户侧储能接入电网参照分布式发电接入电网。

（五）本办法所称电网公平开放相关企业包括电网企业和电源项目业主。

第三十九条 国家能源局派出机构可依据本办法会同地方政府有关部门制订辖区实施细则。

第四十条 本办法自发布之日起施行，有效期为5年。

国家能源局综合司关于进一步加强发电安全生产工作的通知

各省（自治区、直辖市）能源局，有关省（自治区、直辖市）及新疆生产建设兵团发展改革委、经信委（工信委），北京市城市管理委员会，各派出机构，大坝中心、电力可靠性和质监中心，全国电力安委会各企业成员单位：

9月22日，大唐华银株洲发电有限公司4号机组除尘器1、2号通道及出口烟道发生整体垮塌事故，导致4人被压覆、2人重度烫伤、1人轻度烫伤。此外，近期全国发电领域还发生多起人身伤亡情况，发电安全生产形势非常严峻。9月3日，陕西榆林能源集团横山煤电有限公司在卸煤沟区域发生车辆挤压伤害，1人死亡；9月14日，国家能源集团开远发电有限公司在处理锅炉给水主路放水管泄漏过程中，发生一起烫伤导致高处坠落事故，2人死亡，1人受伤；9月16日，国家能源集团山西霍州发电厂圆形煤场区域，发生一起车辆伤害事故，1人死亡；9月20日，京能集团内蒙古华宁热电厂在2号锅炉检修过程中，发生一起高处坠落事故，2人死亡。

事故暴露出部分电力企业在安全发展理念树立、规章制度执行、安全风险辨识、事故隐患查治、作业现场管控、人员教育培训等方面还存在重大薄弱环节。

各企业发电机组经过“迎峰度夏”期间连续高负荷运行，累积了一定风险隐患。当前正是电力企业秋季检修和“迎峰度冬”准备工作关键时期，也是安全风险叠加、事故易发多发阶段。为深入贯彻落实习近平总书记关于安全生产重要论述精神，进一步加强发电安全生产工作，防范遏制各类事故发生，现提出如下要求。

一是严格落实企业主体责任。各电力企业要深刻汲取系列事故教训，清醒认识当前严峻形势，自觉把思想和行动统一到党中央、国务院重大决策部署上来，树牢“人民至上、生命至上”思想，守住安全发展底线，切实担负起安全生产主体责任。企业主要负责人作为本单位安全生产第一责任人，要以对党和人民高度负责的态度，不断加强组织领导，亲自研究、亲自部署、亲自检查安全生产工作；班子成员要严格落实“一岗双责”，加强对分管领域安全生产的监督指导。其他各级领导干部要认真履行岗位职责，狠抓工作落实，大力提升安全生产水平。

二是强化安全风险隐患整治。各电力企业要高度重视作业现场安全管控，持续开展安全风险和事故隐患排查治理，严防风险演变为隐患、隐患恶化为事故；要强化重点环节管理，高风险作业必须严格执行规程和相关要求，坚决做到措施执行到位、工作监护到位、安全监督到位；要强化班组一线安全生产保障，加大安全投入，认真开展技术交底，配备必要劳保用品和安全防护工器具，改善安全生产条件；要加强机组运维管理，科学安排消缺检修计划，尽量避免在极端天气、夜间照明不良等时段开展作业，防范人身和设备事故发生。

三是强化安全生产教育培训。各电力企业要加强安全生产教育培训，落实“三级”安全教育要求，培训不合格的一律下岗待岗转岗；要加强典型案例警示教育，及时通报行业内外事故事件，剖析问题根源，对照检查自身薄弱环节，及时补齐短板弱项；要加强对外包项目、外委队伍等外来人员的安全培训，督促其遵守本单位安全管理规定，了解安全生产风险隐患；要加强安全教育培训管理，严肃考核考试纪律，切实发挥安全教育树立理念、培育意识、提升技能的重要作用，坚决杜绝安全教育弄虚作假、搞形式走过场现象。

四是认真开展安全专项检查。各电力企业要坚持问题导向，认真开展安全专项检查，对于发现的问题要及时彻底整改，整改不力的要严肃问责。火电企业要重点检查“两票三制”执行、机组检修和技术改造风险管控、输煤制粉系统管理、脱硫脱硝除尘设备运维、液氨罐区重大危险源管理等情况。水电企业要重点检查大坝注册定检问题整改、重大灾害隐患治理、大坝安全监测和信息报送、闸门启闭设备和应急电源管理等情况。新能源企业要重点检查运维一体化或集中监控生产方式下“两票”制度执行、委托管理场站安全责任落实、光伏组件和风机叶片覆冰防控措施等情况。

五是不断加强安全监管执法。各派出机构要强化“四不两直”“双随机一公开”等方式运用，不断加强电力安全监督检查，建立并动态更新问题措施“两个清单”，逐项整改销号，实现管理闭环；要加大安全监管执法力度，对于安全管理混乱、风险隐患整治不力、事故事件多发的企业，以“零容忍”的态度依法依规采取行政处罚、监管约谈、通报批评等监管手段，严肃追究责任，并将处理结果通报其上级企业及行业管理、资产管理等部门。地方各级政府电力管理部门要严格按照“三个必须”原则要求，落实电力安全属地管理责任，加强对电力企业的监督检查，督促指导企业落实主体责任，加强和改进安全生产工作。

国家能源局综合司

2021 年 9 月 29 日

国家能源局关于印发《核电厂非生产区消防安全管理暂行规定》的通知

（国能发核电规〔2021〕46 号）

中国核工业集团有限公司、中国华能集团有限公司、国家电力投资集团有限公司、中国广核集团有限公司：

为规范核电厂非生产区建设工程消防设计审查和验收工作，加强消防管理，保障核电厂人员生命和财产安全，根据《中华人民共和国消防法》，我局制定了《核电厂非生产区消防安全管理暂行规定》，现印发你们，请遵照执行。

国家能源局

2021 年 9 月 23 日

核电厂非生产区消防安全管理暂行规定

第一章　总　　则

第一条　为加强核电厂非生产区消防安全管理，预防火灾和减少火灾危害，保障人员生命和财产安全，根据《中华人民共和国消防法》，制定本规定。

第二条　本规定适用于核电厂非生产区建设工程的消防安全管理。本规定所称核电厂非生产区是指核电项目核准和建设用地审批明确的核电厂用地范围之内、控制区单围墙之外的区域。

第三条　核电厂营运单位（以下简称业主单位）

对核电厂非生产区消防安全全面负责。

第四条 业主单位应当遵守《中华人民共和国消防法》《机关、团体、企业事业单位消防安全管理规定》（中华人民共和国公安部令第 61 号）等消防法律、法规、规章要求，贯彻预防为主、防消结合的消防工作方针，履行消防安全职责，落实消防安全重点单位管理要求，建立健全核电厂非生产区消防工作制度和管理机构，加强消防管理，保障消防安全。

第二章 消防设计审查和验收

第五条 业主单位应当按照《国务院办公厅关于全面开展工程建设项目审批制度改革的实施意见》（国办发〔2019〕11 号）、《建设工程消防设计审查验收管理暂行规定》（中华人民共和国住房和城乡建设部令第 51 号）等有关要求，主动向地方有关部门申报核电厂非生产区建设工程，根据各地具体规定，履行立项用地规划许可、工程建设许可、施工许可、竣工验收等审批程序，开展消防设计审查和验收工作。

第六条 对因故未能纳入地方管理的核电厂非生产区建设工程，由核电厂控股企业集团（以下简称核电集团）组织核电厂参照民用建筑消防管理有关要求和法规标准，开展非生产区建设工程消防设计审查和验收，并将审查和验收情况报送国家能源局，其中应具体说明与地方有关部门沟通情况及相关意见。消防设计审查和验收的具体办法由核电集团制定。未经消防设计审查或审查不合格的，不得施工；未经消防验收或验收不合格的，不得投入使用。

第三章 消 防 管 理

第七条 业主单位应当按照国家有关规定，结合本单位的特点，建立健全各项消防安全制度和保障消防安全的操作规程，并公布执行。

第八条 业主单位应当将容易发生火灾、一旦发生火灾可能严重危及人身和财产安全以及对消防安全有重大影响的部位确定为消防安全重点部位，设置明显的防火标志，实行严格管理。

第九条 业主单位应当保障疏散通道、安全出口畅通，并设置符合国家规定的消防安全疏散指示标志和应急照明设施，保持防火门、防火卷帘、消防安全疏散指示标志、应急照明、机械排烟送风、火灾事故广播等设施处于正常状态。

第十条 业主单位应当通过多种形式开展经常性的消防安全宣传教育，提高全员消防安全意识，对每名员工应当至少每年进行一次消防安全培训，对新上岗和进入新岗位的员工应当进行上岗前的消防安全培训。

第十一条 业主单位应当按照建筑消防设施检查维修保养有关规定的要求，对建筑消防设施的完好有效情况进行检查和维修保养。

第十二条 业主单位应当进行每日防火巡查，确定巡查人员、内容、部位和频次，至少每月进行一次防火检查。

第十三条 业主单位应当制定核电厂非生产区灭火和应急疏散预案，至少每半年进行一次演练，并结合实际，不断完善预案。

第十四条 核电厂非生产区发生火灾时，应当立即实施灭火和应急疏散预案，务必做到及时报警，迅速扑救火灾，及时疏散人员。

第四章 监 督 检 查

第十五条 核电集团负责督促、检查和指导核电厂消防工作，统筹开展核电厂生产区和非生产区消防监督检查，每个核电厂每年不少于 1 次，每年 3 月将上年度监督检查情况报送国家能源局。

第十六条 业主单位要主动与地方有关部门沟通汇报非生产区消防工作，接受地方有关部门的监督检查和工作指导。对未纳入地方管理的核电厂非生产区建设工程，国家能源局按照“双随机、一公开”方式进行监督抽查。

第五章 附 则

第十七条 消防站和应急指挥中心的消防设计审查、验收和运行管理按照《核电厂消防安全监督管理暂行规定》（国能核电〔2015〕415 号）有关要求执行。

第十八条 本规定由国家能源局负责解释。

第十九条 本规定自发布之日起施行，有效期 5 年。

国家能源局综合司关于积极推动新能源发电项目能并尽并、多发满发有关工作的通知

国家电网有限公司、中国南方电网有限责任公司、内蒙古电力（集团）有限责任公司：

今年以来，我国电力、煤炭消费较快增长，电力供需持续偏紧。加快风电、光伏发电项目建设并网，增加清洁电力供应，既有利于缓解电力供需紧张形势，也有利于助力完成能耗双控目标，促进能源低碳转型。为进一步做好 2021 年度新能源发电项目并网接入工作，现将有关事项明确如下。

一、请各电网企业按照“能并尽并”原则，对具备并网条件的风电、光伏发电项目，切实采取有效措施，保障及时并网。

二、请各电网企业按照“多发满发”原则，严格落实优先发电制度，加强科学调度，优化安排系统运行方式，实现新能源发电项目多发满发，进一步提高电力供应能力。

三、请各单位加大统筹协调力度，加快风电、光伏发电项目配套接网工程建设，与新能源发电项目建设做好充分衔接，保障同步投运。

四、请各单位科学组织力量，优化工作流程，合理安排工期，在确保安全生产的前提下，做好各项工作，为能源电力供应发挥积极作用。

国家能源局综合司

2021年10月15日

国家能源局关于印发《承装（修、试）电力设施许可证注销管理办法》的通知

（国能发资质规〔2021〕48号）

各派出机构：

为进一步完善承装（修、试）电力设施许可管理制度，国家能源局研究制定了《承装（修、试）电力设施许可证注销管理办法》，并经2021年第34次局长办公会审议通过。现印发给你们，请遵照执行。

国家能源局

2021年9月26日

承装（修、试）电力设施许可证注销管理办法

第一章　总　　则

第一条　为进一步完善承装（修、试）电力设施许可管理制度，规范承装（修、试）电力设施许可证注销管理，保护被许可人合法权益，维护市场秩序，根据《中华人民共和国行政许可法》《电力供应与使用条例》《承装（修、试）电力设施许可证管理办法》等法律、法规、规章，制定本办法。

第二条　承装（修、试）电力设施许可证（以下简称许可证）注销的实施，适用本办法。

本办法所称许可证注销是指被许可人已经取得的承装（修、试）电力设施许可（以下简称许可）存在被依法撤销、撤回，或许可证被依法吊销以及终止等法定情形，并依法办理注销手续的行政许可程序性行为。

第三条　国家能源局及其派出机构应当依照本办法实施撤销、撤回许可和吊销许可证，办理许可证注销手续。法律、法规另有规定的，从其规定。

国家能源局对其派出机构实施的许可证注销工作进行指导、监督。

第四条　许可证注销的实施，应当遵循依法、公开、公正的原则。

第二章　注销的适用

第五条　有下列情形之一的，国家能源局派出机构（以下简称派出机构）应当依法办理许可证注销手续：

（一）许可依法被撤销、撤回，或者许可证被依法吊销的；

（二）许可有效期届满未按规定申请延续，或者延续申请未批准的；

（三）被许可人因解散、破产、倒闭、歇业、合并、分立等原因依法终止的；

（四）法律、法规规定的应当注销许可证的其他情形。

第六条　本办法第五条中所称许可依法被撤销，包括下列情形：

（一）派出机构工作人员滥用职权、玩忽职守作出准予许可决定的；

（二）超越法定职权作出准予许可决定的；

（三）违反法定程序作出准予许可决定的；

（四）对不具备申请资格或者不符合法定条件的申请人准予许可的；

（五）被许可人以欺骗、贿赂等不正当手段取得许可的；

（六）依法可以撤销许可的其他情形。

第七条　本办法第五条中所称许可依法被撤回，包括下列情形：

（一）许可依据的法律、法规、规章修改或者废止的；

（二）准予许可所依据的客观情况发生重大变化，导致许可被终止的；

（三）依法应当撤回许可的其他情形。

第八条　撤销许可的决定由国家能源局或颁发许可证的派出机构作出；撤回许可的决定由颁发许可证的派出机构作出。其他派出机构发现应当撤销、撤回许可情形的，可以向颁发许可证的派出机构提出处理建议。

第九条　作出撤销、撤回许可决定前，国家能源局或其派出机构应当告知被许可人撤销、撤回许可的事实、理由和处理意见，听取被许可人的陈述和申辩。如被许可人无法联系，由颁发许可证的派出机构在其网站公告撤销、撤回许可的事实、理由和处理意见等相关信息，公告期为30日。

对被许可人提出的陈述和申辩，国家能源局或其

派出机构应当进行核实；被许可人提出的陈述和申辩成立的，应当予以采纳。

第十条 本办法第五条中所称许可证被依法吊销，包括下列情形：

（一）违反《建设工程质量管理条例》《承装（修、试）电力设施许可证管理办法》等有关规定，存在转包、违法分包、出租出借许可证、超越许可范围从事承装（修、试）电力设施活动等违法违规行为，情节严重的；

（二）被许可人在从事承装（修、试）电力设施活动中发生重大以上安全生产事故或者重大质量事故，情节严重的；

（三）依法可以吊销许可证的其他情形。

第十一条 吊销许可证的行政处罚，由相关违法违规行为发生地的派出机构按规定程序实施，并将违法违规事实、行政处罚决定抄告颁发许可证的派出机构；颁发许可证的派出机构依据行政处罚决定办理许可证注销手续。

第十二条 作出吊销许可证的行政处罚决定前，被许可人有陈述、申辩和要求举行听证的权利；被许可人在规定期限内要求听证的，由相关派出机构组织听证。

在听取被许可人陈述、申辩或者听证活动结束后，相关派出机构认为被许可人违法事实清楚、证据确凿的，应当作出吊销许可证的决定。

第三章 许可证的注销程序

第十三条 发生本办法第五条第（一）项、第（二）项情形的，由颁发许可证的派出机构在撤销、撤回、吊销决定生效之日或许可证有效期届满次日起 10 个工作日内办理注销手续。被许可人应当积极配合并在规定时限内交回许可证正本、副本。

第十四条 发生本办法第五条第（三）项、第（四）项情形的，被许可人应当在相关事项发生之日起 30 日内向颁发许可证的派出机构提出注销申请，并提交以下材料：

（一）法定代表人签署的许可证注销申请表；

（二）许可证正本、副本；

（三）办理注销需要的其他相关材料。

派出机构应当在收到上述申请材料之日起 3 个工作日内办理许可证注销手续。

第十五条 被许可人未按照本办法第十四条规定提出注销申请的，颁发许可证的派出机构经核实相关情况后可在其网站上发布注销公告。公告期为 30 日，公告期满后办理注销手续。

第十六条 被许可人交回的许可证正本及副本，由颁发许可证的派出机构加盖注销专用章后归档保存。

第十七条 派出机构应当依法向社会公开辖区内注销许可证的原被许可人名单及注销原因。

第四章 附 则

第十八条 本办法自印发之日起施行，有效期 5 年。

国家能源局综合司关于强化市场监管有效发挥市场机制作用 促进今冬明春电力供应保障的通知

（国能综通监管〔2021〕99 号）

各派出机构，国家电力调度和控制中心、中国南方电网电力调度控制中心，北京电力交易中心有限公司、广州电力交易中心有限责任公司：

党中央、国务院高度重视当前能源供应保障工作，中央领导同志多次做出重要指示批示，确保经济社会平稳运行，确保能源安全保供，确保人民群众温暖过冬。为完整准确全面贯彻新发展理念，强化市场监管，有效发挥市场机制作用，促进今冬明春电力供应保障工作，经认真研究，现就有关事项通知如下。

一、充分发挥电力中长期交易稳定作用

（一）抓紧修订各地交易规则。各派出机构要会同地方政府有关部门和市场管理委员会等单位抓紧组织修订各地电力中长期交易实施细则相关条款，可采取补充通知等方式调整、细化有关内容，将深化燃煤发电上网电价市场化改革政策落实到位，按要求放开市场准入和扩大市场交易价格浮动范围。

（二）强化中长期合同电量履约。各派出机构要加强电力中长期交易合同电量履约监管，形成稳定的送电潮流，严禁发生未经送受双方协商一致随意减送或终止送电的行为，充分发挥电力中长期交易稳定电力、电量总体平衡的作用。鼓励市场主体自主协商签订补充协议，约定交易价格或浮动机制，相关部门和单位不得强制干预。

（三）优化交易组织执行。电力交易机构要根据供需形势变化和市场主体诉求，增加交易品种、缩短交易周期、提高交易频次，在年度、月度交易的基础上开展月内（周、多日）交易，为市场主体增设短期调整交易电量的市场渠道。电力调度机构、电力交易机构加强调度和交易环节的有序衔接，规范交易组织，提高交易效率。

（四）积极推进跨省跨区送电协议签订。各派出机构要会同配合地方政府有关部门认真落实国家电力战略规划，指导送受双方按照“利益共享、风险共

担”的原则，尽快协商确定送受电电力和电量，送电价格可参照受端地区市场交易价格浮动幅度调整，切实发挥好输电通道送电能力。送电价格暂时无法达成一致的，可按照临时电价先结算再清算，若无临时电价可参照最近一次交易价格结算、事后清算，或先送电后清算。

（五）增强合同调整灵活性。在受端地区电力供应出现缺口时，原则上送端应严格按合同约定送电；在受端地区相对宽松而送端供应紧张时，可协商调整合同电力电量执行方式，电力调度机构、电力交易机构要适时组织市场主体规范做好相关调整工作。鼓励市场主体通过合同转让、回购、置换等方式调整交易合同电量，减少电量偏差。

二、更好发挥电力辅助服务市场调节作用

（六）加大发电机组并网运行考核力度。各派出机构要于 11 月 20 日前抓紧修订调整“两个细则”相关条款、参数，严格落实“两个细则”考核要求，对能源保供期间非计划停运机组可以实行原标准2～5倍考核力度，抑制机组随意非计划停运，促进机组满发稳发、应发尽发。

（七）充分调动区域内省间辅助服务资源互济能力。相关派出机构要加快建立健全区域和川渝一体化调峰、调频、备用市场，运用市场化价格机制引导市场主体主动提供辅助服务，充分发挥市场配置资源、调剂余缺的作用，最大限度挖掘和整合系统潜力。

（八）推动辅助服务成本向用户侧疏导。各派出机构要尽快明确用户参与的辅助服务费用形成机制，指导电网企业和电力交易机构在 2022 年市场化交易电价中单列辅助服务费用。

（九）激发需求侧等第三方响应能力。贯彻落实《2030 年前碳达峰行动方案》有关要求，结合用户侧参与辅助服务市场机制建设，全面推动高载能工业负荷、工商业可调节负荷、新型储能、自备电厂、电动汽车充电网络、虚拟电厂、5G 基站、负荷聚合商等参与辅助服务市场，激励需求侧主动参与系统调节，减少系统运行峰谷差。

三、有效发挥紧急状态下跨省跨区支援作用

（十）建立健全应急调度机制。电力调度机构在电力系统出现保安全、保平衡需求，且市场化交易手段均已用尽后仍未完全解决问题时，可规范开展日前、日内应急调度，兜底保障电力电量平衡。通过新增临时交易、调减已有电力中长期交易等方式增减调度计划，统筹全网资源实现优化互济，按相关规则规定结算费用，原则上按相应时段的相关市场交易价格高价结算，体现稀缺价值。

（十一）明确应急调度边界条件。电力调度机构要按相关规定，结合各地实际情况，明确应急调度启动的边界条件和具体标准，做好与电力中长期市场、现货市场和辅助服务市场的有序衔接。根据运行需要，规范及时启动应急调度，做好原因和实施情况记录，及时向送受两端相关市场主体披露详细原因、实施启动终止时间、交易过程及结果等信息，并按要求向国家能源局派出机构和地方政府有关部门书面报告事件经过、信息披露等情况。

四、加强市场交易秩序监管

（十二）规范电力市场交易。各派出机构要加强电力市场交易秩序监管，督促电网企业和电力调度机构、电力交易机构及各类市场主体严格执行国家电价政策，遵守市场交易规则，完善交易组织流程，强化安全校核，及时足额结算电费，规范组织开展市场化交易。

（十三）夯实市场运营机构主体责任。各派出机构要指导市场管理委员会建立市场自律监督工作机制，督促电力调度机构、电力交易机构采取有效风险防控措施，加强对市场运营情况监控分析，做好电力电量平衡，合理安排检修计划，按规定做好信息披露和报送工作，确保各市场主体应知尽知。

（十四）加强非计划停运机组监管。各派出机构要会同地方政府有关部门和电力企业做好并网机组调度运行管理，协同做好非计划停运机组故障分析工作，明晰机组停运原因，建立非计划停运预警机制，督促非计划停运机组在确保安全的前提下及时启动并网，有效缓解煤电机组出力受阻。

（十五）加大违规行为查处力度。各派出机构要及时纠正以降价为目的的专场交易、设置不合理准入门槛、不当干预市场、限制市场竞争等行为，依法查处违规行为，配合地方政府有关部门严肃查处市场主体价格串通、实施垄断协议、滥用市场支配地位等行为。充分发挥 12398 能源监管热线作用，做好投诉举报处理工作。

五、加强并网燃煤自备电厂监管

（十六）督促自备电厂应开尽开。各派出机构要督促地方政府有关部门加强自备电厂监督管理，能源保供期间，电力调度机构和电网企业应督促燃煤自备电厂机组开机时间不得低于前三年平均利用小时数，拥有自备电厂的企业从电网购电量不得超过前三年平均购电量，购电价格严格执行国家政策规定。

（十七）规范自备电厂购电行为。在电网启动有序用电或需求侧响应期间，原来反送电网或未从电网购电的，不得从电网购电；原来从电网购电的，不得超过自备机组正常启动时历史下网最小电力值。

（十八）加强高耗能行业自备电厂管理。对于违反相关规定的高耗能行业自备电厂，电力调度机构在紧急情况时，在维持正常保安用电的前提下，可按

照《电网调度管理条例》《有序用电管理办法》等规定，对高耗能行业用户采取相关措施。

六、加强电网企业代理购电监管

（十九）研究建立工作机制。各派出机构要会同地方政府有关部门和市场管理委员会等单位抓紧研究开展对电网代理购电的监管工作，重点围绕电网代理购电的市场交易、信息公开、电费结算、服务质量等关键内容实施监管，积极推动工商业用户直接参与电力市场交易，不断缩小电网企业代理购电范围。

（二十）规范代理购电行为。各派出机构要督促电网企业规范代理购电行为和方式流程，严格执行市场交易规则和价格机制，优先发电中的低价电源应优先保障居民、农业用户用电，严格按照规定对特定用户执行差别化的代理购电价格，全面保障代理购电服务质量。

各单位要切实提高政治站位，加强协同配合，形成工作合力，落实相关工作要求，将今冬明春能源保供作为重点工作抓紧抓实。要充分挖掘电力供应保障能力、激发系统调节潜力、优化资源配置，促进电力平稳有序供应和系统安全稳定运行。鼓励各地坚持系统思维和底线思维，因地制宜探索创新市场机制和工作措施，总结提炼并适时推广典型经验做法，形成规范化、制度化模式。工作中如遇重大情况，应及时报告。

国家能源局综合司
2021 年 11 月 10 日

国家能源局关于印发《供电企业信息公开实施办法》的通知

（国能发监管规〔2021〕56 号）

各派出机构，国家电网有限公司、中国南方电网有限责任公司，内蒙古电力（集团）有限责任公司，有关供电企业：

为进一步规范供电企业信息公开工作，促进供电企业加大信息公开力度，提高工作透明度，保障电力用户知情权、参与权、监督权，按照国务院办公厅印发的《公共企事业单位信息公开规定制定办法》（国办发〔2020〕50 号）的有关要求，国家能源局修订了《供电企业信息公开实施办法》，现印发你们，请遵照执行。

国家能源局
2021 年 11 月 23 日

附件

供电企业信息公开实施办法

第一条 为了提高供电企业工作透明度，充分发挥供电企业信息公开对人民群众生产生活和经济社会活动的服务作用，切实保障广大电力用户的知情权、参与权、监督权，根据《电力监管条例》《公共企事业单位信息公开规定制定办法》和《电力企业信息披露规定》，制定本办法。

第二条 本办法所称供电企业是指已取得供电类电力业务许可证，依法从事供电业务的企业。

第三条 供电企业信息公开应当遵循真实准确、规范及时、便民利民的原则，并对本企业发布的信息内容负责。

本办法所称供电企业信息，是指供电企业在提供公共服务过程中制作或者获取的，以一定形式记录、保存的信息。

第四条 国务院能源主管部门及其派出机构对供电企业信息公开的情况实施监管。

第五条 供电企业信息公开的内容，分为主动公开的信息和依申请公开的信息。

第六条 依法确定为国家秘密的信息，法律、行政法规禁止公开的信息，以及公开后可能危及国家安全、公共安全、经济安全、社会稳定的信息，不予公开。

涉及商业秘密、个人隐私等公开会对第三方合法权益造成损害的信息，不得公开。但是，不公开会对公共利益造成重大影响或者第三方同意公开的，应当予以公开。

本办法所称的商业秘密，是指不为公众所知悉、具有商业价值并经权利人采取相应保密措施的技术信息、经营信息等商业信息。

第七条 供电企业应当依照本办法和国家有关规定，主动公开以下与人民群众利益密切相关的信息：

（一）供电企业基本情况。企业性质、办公地址、营业场所、联系方式、供电类电力业务许可证及编号等。如有变化，应当自发生变化之日起 10 个工作日内更新；

（二）供电企业办理用电业务有关信息。各类用户办理新装、增容与变更用电性质等用电业务的工作流程、办理时限、办理环节、申请资料以及业务办理环节中涉及审核查验事项的范围、明细和依据等。如有变化，应当自发生变化之日起 10 个工作日内更新。国家另有规定的，按照规定执行；

（三）供电企业执行的电价和收费标准。供电企业向各类用户计收电费时执行的政策文件以及供电企业向用户提供有偿服务时收费的项目、标准和依据等。如有变化，应当自发生变化之日起 10 个工作日内更新；

（四）供电质量情况。包括供电可靠性、用户受电端电压合格率等政策文件和相关标准。如有变化，应当自发生变化之日起10个工作日内更新。电压合格率和供电可靠性指标按季度发布，供电可靠性指标应根据国家能源局统一发布的指标进行公布；

（五）停限电有关信息。包括停电区域、停电线路、停电起止时间及供电营业区有序用电方案、限电序位等信息。供电企业应按国家规定将有关情况及时公布；

（六）供电企业供电服务所执行的法律法规以及供电企业制定的涉及用户利益的有关管理制度和技术标准。如有变化，应当自发生变化之日起10个工作日内更新；

（七）供电企业供电服务承诺以及供电服务热线、12398 能源监管热线等投诉渠道。供电服务热线与 12398 能源监管热线标识同步、同对象公开。如有变化，应当自发生变化之日起 10 个工作日内更新。供电企业应主动将供电服务热线号码与 12398 能源监管热线号码通过即时通信软件、短信、移动客户端等渠道推送告知到用户；

（八）用户受电工程市场公平开放相关信息。供电企业执行的规范用户受电工程市场行为的政策文件和制定的相关制度文件。如有变化，应当自发生变化之日起10个工作日内更新；

（九）可开放容量有关信息。包括本地区配电网接入能力和容量受限情况，相关情况按季度更新；

（十）其他需要主动公开的信息。

第八条 供电企业应当在门户网站或移动客户端设立专门的信息公开栏目，全面、完整、集中公开本办法第七条规定的信息内容，便于公众查询和获取信息，并可通过公开栏、电子显示屏、便民资料手册、信息发布会、新闻媒体、即时通信软件、短信等其他便于公众知晓的方式公开。

第九条 除本办法第七条规定供电企业主动公开的信息外，电力用户可以向供电企业申请获取与自身直接相关的信息。

第十条 电力用户依照本办法第九条规定向供电企业申请获取信息的，应当采用书面形式。采用书面形式确有困难的，申请人可以口头提出，由受理该申请的供电企业代为填写信息公开申请。

供电企业信息公开申请应当包括下列内容：

（一）申请人的姓名或者名称、身份证明、联系方式；

（二）申请公开的供电企业信息的名称或者便于供电企业查询的其他特征性描述；

（三）申请公开的供电企业信息的形式要求，包括获取信息的方式、途径；

（四）申请公开内容与其自身相关的描述。

第十一条 信息公开申请内容不明确的，供电企业应当给予指导和释明，并自收到申请之日起 3 个工作日内一次性告知申请人作出补正，说明需要补正的事项和合理的补正期限。答复期限自供电企业收到补正的申请之日起计算。申请人无正当理由逾期未补正的，视为放弃申请，供电企业不再处理该信息公开申请。

第十二条 供电企业收到信息公开申请，能够当场答复的，应当当场予以答复。

供电企业不能当场答复的，应当自收到申请之日起 7 个工作日内予以答复；如需延长答复期限的，应当经供电企业信息公开工作机构负责人同意，并告知申请人，延长答复的期限不得超过 15 个工作日。

如不能公开的，应当说明理由。

第十三条 对供电企业信息公开申请，供电企业根据下列情况分别作出答复：

（一）所申请公开信息已经主动公开的，告知申请人获取该信息的方式、途径；

（二）所申请公开信息可以公开的，向申请人提供该信息；

（三）供电企业依据本办法的规定决定不予公开的，告知申请人不予公开并说明理由；

（四）供电企业已就申请人提出的供电企业信息公开申请作出答复、申请人重复申请公开相同供电企业信息的，告知申请人不予重复处理。

第十四条 申请公开的信息中含有不应当公开或者不属于供电企业信息的内容，但是能够作区分处理的，供电企业应当向申请人提供可以公开的供电企业信息内容，并对不予公开的内容说明理由。

第十五条 申请人以供电企业信息公开申请的形式进行信访、投诉、举报、供电服务查询等活动，供电企业应当告知申请人不作为供电企业信息公开申请处理并可以告知通过相应渠道提出。

申请人提出的申请内容为要求供电企业提供报刊、书籍等公开出版物的，供电企业可以告知获取的途径。

第十六条 供电企业依申请提供信息的，不得向申请人收取费用，国家另有规定的除外。供电企业不得通过其他组织、个人以有偿服务的方式提供信息。

第十七条 供电企业应当编制并公布信息公开指南和目录，如有变动应同步更新。

信息公开指南应当包括信息的分类、获取方式、信息公开工作机构的名称、办公地址、办公时间、联系电话、传真号码、电子邮箱等内容。

信息公开目录，应当包括信息索引、名称、内容概要、生成日期等内容。

第十八条 供电企业应当建立健全信息公开咨询机制，设置信息公开咨询窗口。咨询窗口设置以95598等供电服务热线为主，也可设立网站互动交流平台、接受现场咨询等。信息公开咨询原则上应即时办理，不能即时回复的，应当在3个工作日内予以回复。

第十九条 供电企业应当建立健全信息发布保密审查机制，明确审查的责任和程序，依照国家相关法律法规以及有关规定对拟公开的信息进行保密审查和管理。

第二十条 供电企业应每年3月底前编写上一年度信息公开年报，并在其门户网站上发布，同时按要求报国务院能源主管部门派出机构。

第二十一条 供电企业未按照本办法规定公开有关信息的，由国务院能源主管部门及其派出机构责令改正，拒不改正的，按照《供电监管办法》给予行政处罚。

第二十二条 公民、法人或者其他组织认为供电企业不依法履行信息公开义务的，可以通过信函、邮件或12398能源监管热线等方式向国务院能源主管部门及其派出机构申诉。

国务院能源主管部门及其派出机构应当依法依规及时处理申诉事项。信息公开申诉事项的处理应当参照12398能源监管热线投诉举报处理有关程序及时限规定。

第二十三条 本办法自发布之日起施行，有效期5年。

国家能源局关于印发《光伏电站消纳监测统计管理办法》的通知

（国能发新能规〔2021〕57号）

各省（自治区、直辖市）能源局，有关省（自治区、直辖市）及新疆生产建设兵团发展改革委，各派出机构，国家电网有限公司、中国南方电网有限责任公司、内蒙古电力（集团）有限责任公司，中国华能集团有限公司、中国大唐集团有限公司、中国华电集团有限公司、国家能源投资集团有限责任公司、国家电力投资集团有限公司、中国核工业集团有限公司、中国广核集团有限公司、中国长江三峡集团有限公司、各有关发电企业，全国新能源消纳监测预警中心，电力规划设计总院、水电水利规划设计总院，中国光伏行业协会：

为进一步规范光伏电站消纳监测统计工作，建立健全光伏电站消纳监测体系和信息发布制度，统一光伏电站消纳利用率计算方法，现将《光伏电站消纳监测统计管理办法》印送你们，请遵照执行。

国家能源局

2021年12月3日

附件

光伏电站消纳监测统计管理办法

第一章 总 则

第一条 为提高光伏行业监测管理水平，进一步规范和完善光伏电站消纳统计工作，建立健全光伏电站消纳监测体系和信息发布制度，统一光伏电站消纳利用率计算方法，制定本办法。

第二条 本办法适用于接入电网运行并接受电网调度的集中式光伏电站，分布式及其他光伏发电项目可参照执行。

第三条 国家能源局组织全国新能源消纳监测预警中心，依托全国新能源电力消纳监测预警平台，利用现代信息技术开展光伏电站消纳监测工作。

第四条 相关信息平台及监测系统的建设和运行应符合《中华人民共和国网络安全法》《电力监控系统安全防护规定》（国家发展改革委2014年第14号令）和《国家能源局关于印发电力监控系统安全防护总体方案等安全防护方案和评估规范的通知》（国能安全〔2015〕36号）有关要求。

第二章 光伏电站数据报送

第五条 数据采集和报送以单个光伏电站为单元。

第六条 各光伏电站应按照电网企业的相关要求提供光伏电站基础数据以及满足质量、精度要求的预测和实时运行数据。

（1）光伏电站基础数据：包括光伏电站装机容量、逆变器型号与台数、逆变器容量、逆变器效率、光伏组件型号与数量、光伏组件标准工况下的设备参数、样板逆变器台数及容量等。

（2）光伏电站预测和实时运行数据：包括逆变器功率、发电量、运行状态等，样板逆变器实时出力曲线，光伏电站并网点预测功率、实际功率，光伏电站可用功率，气象监测数据。数据应实时采集，采集周期根据光伏电站实际情况确定，一般不超过5min。

第三章 数据统计管理

第七条 光伏电站应配合电网企业加强光伏电站

消纳监测工作，每月 5 日前填写上月消纳数据统计/披露表（附件 1），与运行数据一并报送至电网企业。

第八条　电网企业对光伏电站运行数据进行监测、归集、整理、校核，开展光伏电站消纳监测统计相关工作，并于每月 8 日前向光伏电站披露消纳统计数据，反馈消纳数据统计/披露表（附件 1）。

第九条　光伏电站通过全国新能源电力消纳监测预警平台，按月报送各光伏电站的可用发电量、实际发电量、受限电量等消纳统计数据，以便开展消纳统计校核工作。对电网企业披露结果存在异议的，每月 10 日前向电网企业反馈。

第十条　电网企业应于每月 15 日前以省为单位报送上月经营区域内光伏电站可用发电量、实际发电量、受限电量、利用率等消纳统计数据，并将光伏电站消纳数据统计表（附件 2）、分布式及其他光伏发电项目消纳数据统计表（附件 3）通过全国新能源电力消纳监测预警平台报送国家能源局并抄送所属辖区内国家能源局派出机构，相关计算依据《光伏电站消纳利用率计算导则》（附件 4）。电网企业保留光伏电站运行相关数据 3 年以上，以备抽查。

第十一条　国家能源局组织全国新能源消纳监测预警中心，按《光伏电站消纳利用率计算导则》相关规定完成各区域光伏电站消纳情况分析和统计校核工作。

第十二条　国家能源局派出机构要加强光伏电站消纳统计监管工作，定期组织对光伏电站消纳统计情况进行抽查。可依据本办法制定实施细则，并报国家能源局备案。

第十三条　相关单位应严格按照本办法计算光伏电站消纳情况，如实完整报送统计数据，未按要求报送、弄虚作假、谎报、瞒报的，由国家能源局派出机构责令其改正；情节严重的，给予通报。

第四章　全国光伏电站消纳信息统计与发布

第十四条　国家能源局组织全国新能源消纳监测预警中心按月监测、按季评估，滚动公布各省级区域光伏电站消纳情况。

第十五条　光伏电站消纳情况发布需遵循国家相关法律法规和保密规定。

第五章　附　　则

第十六条　本办法由国家能源局负责解释，自发布之日起施行，有效期 5 年。

附件：1. ××光伏电站××月消纳数据统计/披露表（略）
2. ××电网公司××月光伏电站消纳数据统计表（略）
3. ××电网公司××月分布式及其他光伏发电项目消纳数据统计表（略）
4. 光伏电站消纳利用率计算导则（略）

国家能源局关于印发《电力辅助服务管理办法》的通知

（国能发监管规〔2021〕61 号）

各派出机构，中国核工业集团有限公司、国家电网有限公司、中国南方电网有限责任公司、中国华能集团有限公司、中国大唐集团有限公司、中国华电集团有限公司、国家电力投资集团有限公司、中国长江三峡集团有限公司、国家能源投资集团有限责任公司、国家开发投资集团有限公司、华润（集团）有限公司、中国广核集团有限公司、内蒙古电力（集团）有限责任公司，北京电力交易中心有限公司、广州电力交易中心有限责任公司：

为深入贯彻落实党中央、国务院决策部署，完整准确全面贯彻新发展理念，做好碳达峰、碳中和工作，推动构建新型电力系统，规范电力辅助服务管理，深化电力辅助服务市场机制建设，国家能源局对《并网发电厂辅助服务管理暂行办法》（电监市场〔2006〕43 号）进行了修订，并将名称修改为《电力辅助服务管理办法》（以下简称《办法》），现将《办法》印发给你们，请遵照执行。

国家能源局各派出机构要根据《办法》要求，组织相关部门和单位制修订各地现行管理实施细则和市场交易规则，并报国家能源局备案。

国家能源局
2021 年 12 月 21 日

附件

电力辅助服务管理办法

第一章　总　　则

第一条　为深入贯彻落实党中央、国务院决策部署，完整准确全面贯彻新发展理念，做好碳达峰、碳中和工作，构建新型电力系统，深化电力体制改革，持续推动能源高质量发展，保障电力系统安全、优质、经济运行及电力市场有序运营，促进源网荷储协调发展，建立用户参与的电力辅助服务分担共享新机制，进一步规范电力辅助服务管理，根据《中华人民共和国电力法》《电力监管条例》等有关法律法规，制定本办法。

第二条 电力辅助服务是指为维持电力系统安全稳定运行，保证电能质量，促进清洁能源消纳，除正常电能生产、输送、使用外，由火电、水电、核电、风电、光伏发电、光热发电、抽水蓄能、自备电厂等发电侧并网主体，电化学、压缩空气、飞轮等新型储能，传统高载能工业负荷、工商业可中断负荷、电动汽车充电网络等能够响应电力调度指令的可调节负荷（含通过聚合商、虚拟电厂等形式聚合）提供的服务。

第三条 本办法适用于省级及以上电力调度机构调度管辖范围内电力辅助服务的提供、调用、考核、补偿、结算和监督管理等。省级以下电力调度机构调度管辖范围内的并网主体视其对电力系统运行的影响，可参照本办法执行。

第二章 定义与分类

第四条 电力辅助服务的种类分为有功平衡服务、无功平衡服务和事故应急及恢复服务。

第五条 有功平衡服务包括调频、调峰、备用、转动惯量、爬坡等电力辅助服务。

（一）调频是指电力系统频率偏离目标频率时，并网主体通过调速系统、自动功率控制等方式，调整有功出力减少频率偏差所提供的服务。调频分为一次调频和二次调频。一次调频是指当电力系统频率偏离目标频率时，常规机组通过调速系统的自动反应、新能源和储能等并网主体通过快速频率响应，调整有功出力减少频率偏差所提供的服务。二次调频是指并网主体通过自动功率控制技术，包括自动发电控制（AGC）、自动功率控制（APC）等，跟踪电力调度机构下达的指令，按照一定调节速率实时调整发用电功率，以满足电力系统频率、联络线功率控制要求的服务。

（二）调峰是指为跟踪系统负荷的峰谷变化及可再生能源出力变化，并网主体根据调度指令进行的发用电功率调整或设备启停所提供的服务。

（三）备用是指为保证电力系统可靠供电，在调度需求指令下，并网主体通过预留调节能力，并在规定的时间内响应调度指令所提供的服务。

（四）转动惯量是指在系统经受扰动时，并网主体根据自身惯量特性提供响应系统频率变化率的快速正阻尼，阻止系统频率突变所提供的服务。

（五）爬坡是指为应对可再生能源发电波动等不确定因素带来的系统净负荷短时大幅变化，具备较强负荷调节速率的并网主体根据调度指令调整出力，以维持系统功率平衡所提供的服务。

第六条 无功平衡服务即电压控制服务，电压控制服务是指为保障电力系统电压稳定，并网主体根据调度下达的电压、无功出力等控制调节指令，通过自动电压控制（AVC）、调相运行等方式，向电网注入、吸收无功功率，或调整无功功率分布所提供的服务。

（一）自动电压控制是指利用计算机系统、通信网络和可调控设备，根据电网实时运行工况在线计算控制策略，自动闭环控制无功和电压调节设备，以实现合理的无功电压分布。

（二）调相运行是指发电机不发出有功功率，只向电网输送感性无功功率的运行状态，起到调节系统无功、维持系统电压水平的作用。

第七条 事故应急及恢复服务包括稳定切机服务、稳定切负荷服务和黑启动服务。

（一）稳定切机服务是指电力系统发生故障时，稳控装置正确动作后，发电机组自动与电网解列所提供的服务。

（二）稳定切负荷（含抽水蓄能电站切泵）服务是指电网发生故障时，安全自动装置正确动作切除部分用户负荷，用户在规定响应时间及条件下以损失负荷来确保电力系统安全稳定所提供的服务。

（三）黑启动是指电力系统大面积停电后，在无外界电源支持的情况下，由具备自启动能力的发电机组或抽水蓄能、新型储能等所提供的恢复系统供电的服务。

第三章 提供与调用

第八条 电力辅助服务的提供方式分为基本电力辅助服务和有偿电力辅助服务。基本电力辅助服务为并网主体义务提供，无需补偿。有偿电力辅助服务可通过固定补偿或市场化方式提供，所提供的电力辅助服务应达到规定标准，鼓励采用竞争方式确定承担电力辅助服务的并网主体，市场化方式包括集中竞价、公开招标/挂牌/拍卖、双边协商等。鼓励新型储能、可调节负荷等并网主体参与电力辅助服务。

第九条 电力辅助服务提供方有义务向电力调度机构申报基础技术参数以确定电力辅助服务能力，或满足相关技术参数指标的要求。

第十条 为保证电力系统平衡和安全，电力辅助服务应按照国家、行业有关标准或规定进行选取和调用。未开展市场化交易的电力辅助服务品种，统筹考虑并网主体的特性和贡献等实际情况，研究明确提供主体；已开展市场化交易的电力辅助服务品种，根据市场出清结果确定提供主体。

第四章 补偿方式与分摊机制

第十一条 国家能源局派出机构根据本规定，结合当地电网运行需求和特性，按照“谁提供、谁获利；谁受益、谁承担”的原则，确定各类电力辅助服务品种、补偿类型并制定具体细则。

第十二条 并网主体参与有偿电力辅助服务时，应根据其提供电力辅助服务的种类和性能，或对不同类型电力辅助服务的差异化需求及使用情况，制定差异化补偿或分摊标准。

第十三条 国家能源局派出机构在制定电力辅助服务管理实施细则和市场交易规则时，应合理确定电力辅助服务品种，建立相应补偿、分摊和考核机制。电力辅助服务管理实施细则原则上主要明确通过义务提供、固定补偿方式获取的电力辅助服务品种的相关机制；电力辅助服务市场交易规则主要明确通过市场化竞争方式获取的电力辅助服务品种的相关机制。

第十四条 各类电力辅助服务品种的补偿机制参见附件。固定补偿方式确定补偿标准时应综合考虑电力辅助服务成本、性能表现及合理收益等因素，按“补偿成本、合理收益”的原则确定补偿力度；市场化补偿形成机制应遵循考虑电力辅助服务成本、合理确定价格区间、通过市场化竞争形成价格的原则。

第十五条 承诺提供电力辅助服务的并网主体，在实际运行中，未按照约定提供有效电力辅助服务的，具体考核依照电力并网运行管理实施细则或市场交易规则执行。已通过市场机制完全实现的，不得在实施细则中重复考核。

第十六条 在电力辅助服务管理实施细则或市场交易规则中，应合理明确电力辅助服务需求的确定原则、电力辅助服务费用的分摊标准及市场交易机制等，并根据需要进行动态调整完善。

（一）对采用电力辅助服务管理实施细则管理的电力辅助服务品种，考核费用的收支管理可独立进行或与补偿费用一并进行。对已开展市场化交易的电力辅助服务品种，应在市场交易规则中约定考核机制，且考核费用需与补偿费用一并进行收支管理。

（二）为电力系统运行整体服务的电力辅助服务，补偿费用由发电企业、市场化电力用户等所有并网主体共同分摊，逐步将非市场化电力用户纳入补偿费用分摊范围。原则上，为特定发电侧并网主体服务的电力辅助服务，补偿费用由相关发电侧并网主体分摊。为特定电力用户服务的电力辅助服务，补偿费用由相关电力用户分摊。

第十七条 已开展市场化交易的电力辅助服务品种，根据市场交易规则进行清算、结算。未开展市场化交易的电力辅助服务品种，按月进行电力辅助服务补偿清算、结算。现货市场运行期间，已通过电能量市场机制完全实现系统调峰功能的，原则上不再设置与现货市场并行的调峰辅助服务品种。

第十八条 省级及以上电力调度机构针对调管的并网主体应满足调度、计量、结算等相关要求，并保证调度指令下达至并网主体。省级以下电力调度机构直接调度的并网主体（含自备电厂），具备相关调度、计量、结算等要求的，可通过独立单元、聚合商和第三方代理等形式，纳入所在地电力辅助服务管理实施细则或市场交易规则的管理范围。

第十九条 电力辅助服务计量以电力调度指令、调度自动化系统采集的实时数据、电能量计量装置的数据等为依据。电网频率、实际有功（无功）出力和发/用电负荷按国家和行业标准规定的周期进行采集。电能量计量装置按国家和行业标准规定的周期，存储电量数据。

第二十条 通过采取购买调峰资源或调峰服务方式建设的可再生能源发电项目，入市前项目主体应向调度机构申报承担电力辅助服务责任的主体，并报国家能源局派出机构备案，参与电力辅助服务的规则可依据国家相关规定并结合各地实际情况另行制定。项目投产后，电力调度机构应按月汇总分析，向国家能源局派出机构报告对应调峰服务执行情况。

第二十一条 新建发电机组调试运行期形成的差额资金纳入电力辅助服务补偿资金管理。

第二十二条 电力调度机构和电网企业根据本办法，按照专门记账、收支平衡原则，建立专门账户，对电力辅助服务补偿和考核费用进行管理。

第五章 电力用户参与辅助服务分担共享机制

第二十三条 逐步建立电力用户参与的电力辅助服务分担共享机制，根据不同类型电力用户的用电特性，因地制宜制定相应分担标准。电力用户参与电力辅助服务可采取以下两种方式。

（一）独立参与方式：具备与电力调度机构数据交互，且能够响应实时调度指令的可调节负荷，根据系统运行需要和自身情况，响应电力调度机构调节指令，调节自身用电负荷曲线，提供电力辅助服务，并参与电力辅助服务补偿和分摊。

（二）委托代理参与方式：电力用户可由代理其参与电力中长期交易的售电公司，或聚合商、虚拟电厂签订委托代理协议，按照公平合理原则协商确定补偿和分摊方式，参与电力辅助服务。聚合商、虚拟电厂参与方式同电力用户独立参与。

不具备提供调节能力或调节能力不足的电力用户、聚合商、虚拟电厂应按用电类型、电压等级等方式参与分摊电力辅助服务费用，或通过购买电力辅助服务来承担电力辅助服务责任，相应的电力辅助服务责任确定机制在各地实施细则或市场交易规则中明确。

第二十四条 电力用户签订的带负荷曲线电能量交易合同中应明确承担电力辅助服务的责任和费用等相关条款，并满足所参与电力辅助服务的技术要求，参照发电企业标准进行补偿和分摊，随电力用户电费一并结算。电费账单中单独列支电力辅助服务费用。费用补偿和分摊可采取以下两种方式。

（一）电力用户直接承担方式：与电力用户开展电能量交易的发电企业相应交易电量不再参与电力辅助服务费用分摊，由电力用户按照当地实施细则有关规定分摊电力辅助服务费用。

（二）电力用户经发电企业间接承担方式：电力用户与发电企业开展电能量交易时约定交易电价含电力辅助服务费用的，发电企业相应交易电量应继续承担电力辅助服务费用分摊。电力用户也可与发电企业自行约定分摊比例，在各自电费账单中单独列支。

第六章　跨省跨区电力辅助服务机制

第二十五条　跨省跨区送电配套电源机组均应按照本办法纳入电力辅助服务管理，原则上根据调度关系在送端或受端电网参与电力辅助服务，不重复参与送、受两端电力辅助服务管理。

第二十六条　为保障跨省跨区送电稳定运行提供电力辅助服务的发电机组，应当获得相应的电力辅助服务补偿。

第二十七条　参与国家指令性计划、地方政府协议以及跨省跨区市场化交易的送电发电机组按照同一标准和要求参与电力辅助服务管理。

第二十八条　与电力用户开展跨省跨区“点对点”电能量交易的发电机组参与辅助服务管理，参照本办法第二十五条、第二十六条执行。

第二十九条　由于跨省跨区线路检修停运等原因，跨省跨区配套机组临时向其他地区送电期间，原则上应参与送端辅助服务管理。

第三十条　跨省跨区电能量交易的购售双方应在协商跨省跨区电能量交易价格中明确电力辅助服务的责任和费用等相关条款，对受端或送端电网提供电力辅助服务的并网主体予以合理补偿。

第三十一条　跨省跨区电力辅助服务费用随跨省跨区电能量交易电费一起结算，相关电网企业应按时足额结算。

第七章　信　息　披　露

第三十二条　信息披露应当遵循真实、准确、完整、及时、易于使用的原则，披露内容应包括但不限于考核/补偿/分摊、具体品种、调度单元等信息类型。信息披露主体对其提供信息的真实性、准确性、完整性负责。

第三十三条　电力交易机构负责通过信息披露平台向所有市场主体披露相关考核和补偿结果，制定信息披露标准格式，开放数据接口。

第三十四条　电力调度机构应及时向电力交易机构按信息类型推送考核、补偿和分摊公示信息，由电力交易机构于次月 10 日之前向所有市场主体公示。并网主体对公示有异议的，应在 3 个工作日内提出复核。电力调度机构在接到并网主体问询的 3 个工作日内，应进行核实并予以答复。并网主体经与电力调度机构协商后仍有争议的，可向国家能源局派出机构提出申诉。无异议后，由电力调度机构执行，并将结果报国家能源局派出机构。

第八章　监　督　管　理

第三十五条　国家能源局及其派出机构负责电力辅助服务的监督与管理，监管本办法及相关规则的实施。国家能源局派出机构负责所在地区的电力辅助服务管理，组织建设电力辅助服务市场，组织电网企业和并网主体确定电力辅助服务补偿标准或价格机制，调解辖区内电力辅助服务管理争议，监管电力辅助服务管理实施细则和市场交易规则的执行、电力辅助服务的需求确定和评估实际执行效果等工作。工作中发现的重大问题应及时向国家能源局报告。

第三十六条　国家能源局派出机构可依据实际需要，组织对电力调度机构和电力交易机构的执行情况进行评估和监管。

第三十七条　国家能源局各区域监管局根据本办法，按照公开、透明、经济的原则，商相关省监管办、电网企业、并网主体组织修订本区域电力辅助服务管理实施细则和市场交易规则，报国家能源局备案后施行。实施细则和市场交易规则中应明确提供电力辅助服务的并网主体的具体范围、性能指标（参数）、辅助服务品种、需求确定原则、市场出清机制、补偿分摊标准、信息披露细则等内容。各省监管办可在本区域实施细则和市场交易规则的基础上，结合各省（区）实际情况约定不同补偿标准或价格机制，修订辖区内实施细则和市场交易规则，保持实施细则和市场交易规则在区域内的基本统一和相互协调。电力现货试点地区，由国家能源局派出机构根据当地电力系统运行需要和现货市场运行情况，统筹做好衔接，制定电力辅助服务市场交易规则。

第三十八条　电力调度机构遵照电力辅助服务管理实施细则和市场交易规则，负责电力辅助服务的选取、调用、计量和费用计算、数据统计、公示、核对、技术支持系统建设运行。电网企业、电力调度机构、电力交易机构按照有关规定和职责分工，向并网主体结算费用。

第九章　附　　则

第三十九条　本办法自发布之日起实施，有效期

5 年。原国家电力监管委员会《并网发电厂辅助服务管理暂行办法》（电监市场〔2006〕43 号）同时废止。

第四十条　本办法由国家能源局负责解释，国家能源局其他相关文件与本办法不一致的，以本办法为准。

附件：各类电力辅助服务品种补偿机制（略）

国家能源局关于印发《电力并网运行管理规定》的通知

（国能发监管规〔2021〕60 号）

各派出机构，中国核工业集团有限公司、国家电网有限公司、中国南方电网有限责任公司、中国华能集团有限公司、中国大唐集团有限公司、中国华电集团有限公司、国家电力投资集团有限公司、中国长江三峡集团有限公司、国家能源投资集团有限责任公司、国家开发投资集团有限公司、华润（集团）有限公司、中国广核集团有限公司、内蒙古电力（集团）有限责任公司，北京电力交易中心有限公司、广州电力交易中心有限责任公司：

为深入贯彻落实党中央、国务院决策部署，完整准确全面贯彻新发展理念，做好碳达峰、碳中和工作，推动构建新型电力系统，规范电力系统并网运行管理，国家能源局对《发电厂并网运行管理规定》（电监市场〔2006〕42 号）进行了修订，并将名称修改为《电力并网运行管理规定》（以下简称《规定》），现将《规定》印发给你们，请遵照执行。

国家能源局各派出机构要根据《规定》要求，组织相关部门和单位制修订各地现行管理实施细则，并报国家能源局备案。

国家能源局
2021 年 12 月 21 日

电力并网运行管理规定

第一章　总　　则

第一条　为深入贯彻落实党中央、国务院决策部署，完整准确全面贯彻新发展理念，做好碳达峰、碳中和工作，构建新型电力系统，深化电力体制改革，持续推动能源高质量发展，保障电力系统安全、优质、经济运行及电力市场有序运营，促进源网荷储协调发展，维护社会公共利益和电力投资者、经营者、使用者的合法权益，根据《中华人民共和国电力法》《电力监管条例》等有关法律法规，制定本规定。

第二条　本规定适用于省级及以上电力调度机构直接调度的火电、水电、核电、风电、光伏发电、光热发电、抽水蓄能、自备电厂等发电侧并网主体，以及电化学、压缩空气、飞轮等新型储能。传统高载能工业负荷、工商业可中断负荷、电动汽车充电网络等能够响应电力调度指令的可调节负荷（含通过聚合商、虚拟电厂等形式聚合）等负荷侧并网主体，省级以下电力调度机构调度管辖范围内的并网主体，视其对电力系统运行的影响参照本规定执行。

第三条　并网主体并网运行遵循电力系统客观规律、市场经济规律以及国家能源发展战略的要求，实行统一调度、分级管理，贯彻安全第一方针，坚持公开、公平、公正的原则。

第二章　运　行　管　理

第四条　电力调度机构负责电力系统运行的组织、指挥、指导和协调。并网主体、电网企业均应严格遵守国家有关法律法规、标准以及电力调度管理规程、电气设备运行规程，共同维护电力系统安全稳定运行。

第五条　发电侧并网主体中涉及电网安全稳定运行的继电保护和安全自动装置、调度通信设备、调度自动化设备、励磁系统和电力系统稳定器、调速系统和一次调频系统、二次调频、调压、直流系统、新能源功率预测系统、水电厂水库调度自动化系统设备、高压侧或升压站电气设备以及涉及网源协调的有关设备和参数等，规划、设计、建设和运行管理应满足国家法律法规、行业标准及电网稳定性要求。有关运行和检修管理、操作票和工作票等制度，应符合国家、行业等有关规定和具体要求。其他并网主体的规划、设计、建设和运行管理应满足国家法律法规、行业标准及电网稳定性要求。

第六条　并网主体应确保涉网一、二次设备满足电力系统安全稳定运行及有关标准的要求。

第七条　并网主体应与电网企业根据平等互利、协商一致和确保电力系统安全运行的原则，参照国家有关部门制订的《并网调度协议》《购售电合同》等示范文本及时签订并网调度协议和购售电合同，无协议（合同）不得并网运行。

第八条　电力调度机构针对电力系统运行中存在的安全问题，应及时制定反事故措施；涉及并网主体的，并网主体应制定整改计划并予以落实。当发生电力安全事故（事件）时，在未获得调度机构允许前，有关并网主体不得并网运行。

第九条　并网主体按照所在电网防止大面积停电预案的统一部署，落实相应措施，编制停电事故处理预案及其他反事故预案，参加反事故演练。

第十条 电力调度机构应及时向有关并网主体通报电力安全事故（事件）情况、原因及影响分析。并网主体应按照有关规定配合相关机构进行事故调查，落实防范措施。

第十一条 并网主体应严格执行电力调度机构制定或市场出清的运行方式和发电调度计划曲线。并网主体运行应严格服从电力调度机构指挥，并迅速、准确执行调度指令。若并网主体值班人员认为执行调度指令可能危及人身、设备或系统安全，应立即向电力调度机构报告并说明理由，由电力调度机构决定是否继续执行。

第十二条 并网主体应在电力调度机构的统一调度下，考虑机组运行特点，落实调频、调压有关措施，保证电能质量符合国家标准。

（一）发电侧并网主体应根据国家能源局派出机构有关规定要求，具备相应的一次调频、自动发电控制（AGC）和无功服务能力。

（二）发电侧并网主体的调频、调压能力和具体指标应满足有关规定和具体要求。

对发电侧并网主体一次调频的考核内容，包括一次调频可用率、调节容量、调节速率、调节精度、响应时间及相关性能等。

对发电侧并网主体提供 AGC 服务的考核内容，包括 AGC 可用率、调节容量、调节速率、调节精度和响应时间等。

对发电侧并网主体提供无功服务的考核内容，包括无功补偿装置或自动电压控制（AVC）装置投运率、调节合格率、母线电压合格率等。受所并入电网系统电压影响，经过调整仍无法达到电压目标的不予考核。

（三）提供调频、调压的其他并网主体，调频、调压能力和具体指标应满足国家有关规定和具体要求。

第十三条 发电侧并网主体调峰能力应达到国家能源局派出机构有关规定要求，达不到要求的按照其调峰能力的缺额进行考核。并网主体参与电力系统调峰时，调频、调压等涉网性能应满足相关规定和具体要求。

第十四条 电力调度机构依据所在地电力并网运行管理实施细则对发电侧并网主体非计划停运/脱网、调度指令执行偏差和新能源功率预测偏差等情况进行考核。

第十五条 黑启动电源点由电力调度机构控制区电网的黑启动预案确定。作为黑启动电源的并网主体，应按照相关规定做好各项黑启动安全管理措施。黑启动电源点在电网需要提供服务时，黑启动并网主体应当及时可靠地执行黑启动预案，帮助系统恢复正常运行。对并网主体由于自身原因未能完成黑启动任务的，应进行考核。

第十六条 发电侧并网主体应根据有关设备检修规定、规程和设备实际状况，提出设备检修计划申请，并按电力调度机构要求提交。电力调度机构统筹安排管辖范围内发电侧并网主体的设备检修计划。

（一）检修计划确定之后，双方应严格执行。

（二）发电侧并网主体变更检修计划，应提前向电力调度机构申请并说明原因，电力调度机构视电网运行情况和其他发电侧并网主体的检修计划统筹安排；确实无法安排变更的，应及时通知该发电侧并网主体按原批复计划执行，并说明原因。因电网原因需变更发电侧并网主体检修计划的，电网企业和并网主体应按照事前约定或事后协商的方式解决。电力调度机构和电力交易机构应按照职责分工，按要求披露相关检修计划及原因，因检修计划调整产生的经济责任，原则上由相应发起主体承担。

（三）电网一次设备检修如影响发电侧并网主体发电或提供辅助服务的，应尽可能与发电侧并网主体设备检修配合进行。

第十七条 电力调度机构应合理安排管辖范围内继电保护和安全自动装置、电力调度自动化及通信、调频、调压等二次设备的检修。发电侧并网主体中此类涉网设备（装置）的检修计划，应经电力调度机构批准后执行。电力调度机构管辖范围内的二次设备检修应尽可能与一次设备检修相配合，原则上不得影响一次设备的正常运行。

第十八条 电力调度机构管辖范围内的设备（装置）参数整定值和保护压板投退应按照电力调度机构下达的整定值和运行管理规定执行。接入电网运行的并网主体二次系统应符合《电力监控系统安全防护规定》和网络与信息安全其他有关规定。并网主体改变其状态和参数前，应经电力调度机构批准。未经电力调度机构许可，不得擅自改变有关技术性能参数。

第十九条 电力调度机构应根据国家能源局及其派出机构的要求和有关规定，开展发电侧并网主体技术指导和管理工作。技术指导和管理的范围主要包括：继电保护和安全自动装置、调度通信设备、调度自动化设备、励磁系统和电力系统稳定器、调速系统和一次调频系统、二次调频、调压、直流系统、新能源功率预测系统、水电厂水库调度自动化系统设备、高压侧或升压站电气设备以及涉及网源协调的有关设备和参数等。

（一）继电保护和安全自动装置技术指导和管理内容包括：

1. 装置和参数是否满足电力系统安全运行要求。
2. 重大问题按期整改情况。

3. 因发电侧并网主体原因造成电力安全事故（事件）情况。

4. 因发电侧并网主体原因造成继电保护和安全自动装置不能正常投入导致电网安全稳定性和可靠性降低的情况。

5. 到更换年限的设备配合电网企业改造计划按期更换的情况。

6. 按继电保护技术监督规定定期向电力调度机构报告本单位继电保护和安全自动装置技术监督总结情况。按评价规程定期向电力调度机构报告继电保护动作报表情况。

7. 保证电力系统安全稳定运行的继电保护和安全自动装置管理要求。

8. 保证电力系统安全稳定运行的继电保护和安全自动装置检修现场安全管理情况。

（二）调度通信技术指导和管理内容包括：

1. 设备和参数是否满足调度通信要求。

2. 重大问题按期整改情况。

3. 因发电侧并网主体原因造成通信事故情况。

4. 因发电侧并网主体通信责任造成电网继电保护和安全自动装置、调度自动化通道中断情况。

5. 调度电话通道中断情况。

6. 因发电侧并网主体通信异常造成电网安全稳定性和可靠性降低的情况。

（三）调度自动化技术指导和管理内容包括：

1. 发电侧并网主体调度自动化设备的功能、性能参数和运行是否满足国家和行业有关标准、规定的要求。

2. 发电侧并网主体调度自动化设备重大问题按期整改情况。

3. 发电侧并网主体执行调度自动化有关运行管理规程、规定的情况。

4. 发电侧并网主体发生事故时遥信、遥测、顺序事件记录器（SOE）反应情况，AGC 或自动功率控制（APC）控制情况和调度自动化设备运行情况。

（四）励磁系统以及电力系统稳定器技术指导和管理内容包括：

1. 励磁系统以及电力系统稳定器强励水平、放大倍数、时间常数等技术性能参数是否达到国家和行业有关标准要求。

2. 未经电力调度机构许可，不得擅自改变励磁系统以及电力系统稳定器有关技术性能参数。

3. 发电侧并网主体按照国家和行业有关标准要求开展涉网试验。

（五）调速系统以及一次调频系统技术指导和管理内容包括：

1. 调速系统的各项技术性能参数是否达到国家和行业有关标准要求，技术规范是否满足接入电网安全稳定运行的要求。

2. 一次调频功能及参数是否满足国家有关规定和具体要求。

3. 未经电力调度机构许可，不得擅自改变调速系统以及一次调频系统有关技术性能参数。

4. 发电侧并网主体应按照国家和行业有关标准要求开展涉网试验。

5. 发电侧并网主体应编制一次调频系统运行管理规程，制订电网大频差动作应急预案。

（六）二次调频技术指导和管理内容包括：

1. 发电侧并网主体二次调频系统的各项技术性能参数应达到国家和行业有关标准要求，技术规范应满足接入电网安全稳定运行的要求。

2. 发电侧并网主体执行二次调频有关运行管理规程、规定的情况。

3. 发电侧并网主体二次调频系统运行、检修等情况。

4. 发电侧并网主体二次调频系统与调度机构数据交互情况，以及发电侧并网主体监控系统、能量管理系统等执行所属调度机构自动化主站下发的 AGC/APC 指令情况。

5. 发电侧并网主体二次调频有关设备重大问题按期整改情况。

6. 发电侧并网主体执行有关规定，规范 AGC 参数管理相关情况。

（七）调压技术指导和管理内容包括：

1. AVC 功能及参数应满足国家有关规定和具体要求。

2. 发电侧并网主体按照国家和行业有关标准要求开展涉网试验以及电力调度机构认为保障电力系统安全所必须的其他试验。

3. 未经电力调度机构许可，不得擅自改变 AVC 有关参数。

（八）新能源场站技术指导和管理内容包括：

1. 新能源场站短路比应达到合理水平。

2. 新能源场站风机过电压保护、风机低电压保护、风机频率异常保护、光伏逆变器过电压保护、光伏逆变器低电压保护、光伏逆变器频率异常保护等涉网保护应满足国家和行业有关标准要求。

3. 应满足网源协调有关标准要求，具备一次调频、快速调压、低电压/高电压穿越能力，电压和频率耐受能力原则上与同步发电机组耐受能力一致。

4. 新能源场站应具备无功功率调节能力和自动电压控制功能，按照电力调度机构要求装设自动电压控制子站，必要时应配置调相机、静止同步补偿器、静止无功补偿器等动态无功调节设备，并保持设备运行的稳定性。

5. 新能源场站应具备有功功率调节能力，配置有功功率控制系统，接收并执行电力调度机构发送的有功功率控制信号。

6. 应提供可用于电磁和机电暂态仿真的技术资料和实测模型参数，用于电力系统稳定计算。

7. 应按国家和行业有关标准要求开展涉网试验。

8. 应开展功率预测工作，并按照有关规定报送功率预测、单机文件、气象信息、装机容量、可用容量、理论功率、可用功率等，功率预测准确性和各类数据完整性应满足国家和行业有关标准要求。

9. 发电机组发生大面积脱网，新能源场站应及时报告电力调度机构和国家能源局派出机构，未经允许不得擅自并网。

10. 新能源场站汇集系统接地方式应满足国家和行业标准要求，汇集线路故障应能快速切除。

（九）水电厂水库调度技术指导和管理内容包括：

1. 水电厂水库调度专业管理有关规程、规定的执行情况。

2. 水电厂重大水库调度事件的报告和处理情况。

3. 水电厂水库调度自动化系统（水情自动测报系统）有关运行管理规定的执行情况。

4. 水电厂水库调度自动化系统（水情自动测报系统）运行情况（运行参数和指标）。

5. 水电厂水库流域水雨情信息和水库运行信息的报送情况。

（十）发电侧并网主体高压侧或升压站电气设备的技术指导和管理内容包括：

1. 发电侧并网主体高压侧或升压站电气设备遮断容量、额定参数、电气主接线是否满足要求。

2. 绝缘是否达到所在地区污秽等级的要求。

3. 接地网是否满足规程要求。

（十一）发电机组涉及网源协调保护的技术指导和管理内容包括：

1. 发电机定子过电压保护、转子过负荷保护、定子过负荷保护、失磁保护、失步保护、过激磁保护、频率异常保护、一类辅机保护、超速保护、顶值限制与过励限制、低励限制、过激磁限制等是否达到国家和行业有关标准要求。

2. 技术规范是否满足接入电网安全稳定运行要求。

（十二）发电侧并网主体设备参数管理内容包括：

1. 发电侧并网主体应向电力调度机构提供发电机、变压器、励磁系统、PSS 及调速系统的技术资料和实测模型参数。

2. 励磁系统及调速系统的传递函数及各环节实际参数要求，发电机、变压器、升压站电气设备等设备实际参数是否满足接入电网安全稳定运行要求。

第二十条 新型储能和负荷侧并网主体涉及的技术指导和管理工作，参照发电侧并网主体技术指导和管理相关要求执行。技术指导和管理的范围可包括：继电保护、调度通信设备、调度自动化设备、调频、调压等。

（一）新型储能调度技术指导和管理内容可包括：

1. 储能装置应向电力调度机构提供充放电时间、充放电速率、可调容量范围、最大可调节能力等涉网参数。

2. 继电保护、调频、调压等性能参数是否达到国家和行业有关标准要求，技术规范是否满足接入电网安全稳定运行的要求。

3. 调度通信设备和参数是否满足调度通信要求，调度电话通道中断情况。

4. 调度自动化设备的功能、性能参数和运行是否达到国家和行业有关标准、规定的要求。

5. 由于电池寿命衰减、意外事故等造成的技术性能参数变化，应及时上报电力调度机构。

（二）负荷侧并网主体参数管理内容可包括：

1. 继电保护、调频等涉网性能参数是否满足接入电网安全稳定运行要求。

2. 调度通信设备和参数是否满足调度通信要求。

3. 调度自动化设备的功能、性能参数和运行是否达到国家和行业有关标准、规定要求。

第三章 考 核 实 施

第二十一条 国家能源局各区域监管局依据本规定，商相关省监管办、电网企业、并网主体等修订本区域电力并网运行管理实施细则，报国家能源局备案后施行。各省监管办可在所在区域实施细则的基础上，根据当地实际情况约定不同考核及返还标准，修订辖区内实施细则，保持实施细则在区域内的基本统一和相互协调。

第二十二条 电力调度机构根据实施细则，按照专门记账、收支平衡原则，负责并网运行管理的具体实施工作，对并网主体运行情况进行考核。考核内容应包括运行、检修、技术指导和管理等方面。电力现货试点地区应根据当地电力系统运行和电力市场建设实际，统筹做好衔接，已通过市场机制完全实现的，不得在实施细则中重复考核。

第二十三条 电力调度机构负责电力并网运行管理实施细则的执行、考核费用的计算。电网企业、电力调度机构、电力交易机构按照有关规定和职责分工，向并网主体结算费用。

第二十四条 并网主体运行管理考核原则上采取收取考核费用的方式。考核费用实行专项管理，费用可全部用于考核返还奖励或按辅助服务补偿贡献量大小向有关并网主体进行返还。

第四章　信　息　披　露

第二十五条　信息披露应当遵循真实、准确、完整、及时、易于使用的原则，披露内容应包括但不限于考核/返还、考核种类、调度单元等信息类型。信息披露主体对其提供信息的真实性、准确性、完整性负责。

第二十六条　电力交易机构负责通过信息披露平台向所有市场主体披露相关考核和返还结果，制定信息披露标准格式，开放数据接口。

第二十七条　电力调度机构应及时向电力交易机构按信息类型推送考核和返还公示信息，由电力交易机构于次月 10 日之前向所有市场主体公示。并网主体对公示有异议的，应在 3 个工作日内提出复核。电力调度机构在接到并网主体问询的 3 个工作日内，应进行核实并予以答复。并网主体经与电力调度机构协商后仍有争议的，可向国家能源局派出机构提出申诉。无异议后，由电力调度机构执行，并将结果报国家能源局派出机构。

第五章　监　督　管　理

第二十八条　国家能源局及其派出机构负责电力并网运行的监督与管理，监管本办法及相关规则的实施。国家能源局派出机构负责建立健全并网工作管理协调机制，调解辖区内并网运行管理争议，可根据实际需要，组织对电力调度机构和电力交易机构的执行情况进行评估和监管。工作中发现的重大问题应及时向国家能源局报告。

第二十九条　健全并网调度协议和交易合同备案制度。省级及以上电力调度机构直接调度的并网主体与电网企业应定期签订并网调度协议和相关交易合同，并在协议（合同）签订后 10 个工作日内向国家能源局相关派出机构备案。与国家电网有限公司、中国南方电网有限责任公司签订并网调度协议和相关交易合同的，直接向国家能源局备案。

第三十条　建立电力调度运行管理情况书面报告制度。省级及以上电力调度机构按月向国家能源局相关派出机构报告电力调度运行管理情况，并在电力调度交易与市场秩序厂网联席会议上通报。国家电力调控中心和南方电网电力调控中心按季度向国家能源局报告电力调度运行管理情况，南方电网电力调控中心同时报告所在地国家能源局派出机构。

第六章　附　　则

第三十一条　本规定自发布之日起施行，有效期 5 年。原国家电力监管委员会《发电厂并网运行管理规定》（电监市场〔2006〕42 号）同时废止。

第三十二条　本规定由国家能源局负责解释，国家能源局其他有关文件与本规定不一致的，以本规定为准。

国家能源局　农业农村部　国家乡村振兴局关于印发《加快农村能源转型发展助力乡村振兴的实施意见》的通知

（国能发规划〔2021〕66 号）

各省（自治区、直辖市）及新疆生产建设兵团能源主管部门、农业农村（农牧）厅（局、委）、乡村振兴局及有关能源企业：

为深入贯彻落实党中央、国务院实施乡村振兴战略决策部署，按照建设现代能源体系和推进农业农村现代化要求，现将《加快农村能源转型发展助力乡村振兴的实施意见》印发给你们，请结合实际认真贯彻落实。

国家能源局 农业农村部 国家乡村振兴局

2021 年 12 月 29 日

加快农村能源转型发展助力乡村振兴的实施意见

农村地区能源绿色转型发展，是满足人民美好生活需求的内在要求，是构建现代能源体系的重要组成部分，对巩固拓展脱贫攻坚成果、促进乡村振兴，实现碳达峰、碳中和目标和农业农村现代化具有重要意义。为深入贯彻落实党中央、国务院决策部署，加快推动农村能源转型发展，根据《中共中央 国务院关于全面推进乡村振兴加快农业农村现代化的意见》《中共中央 国务院关于实现巩固拓展脱贫攻坚成果同乡村振兴有效衔接的意见》，制定本实施意见。

一、总体要求

（一）指导思想

以习近平新时代中国特色社会主义思想为指导，深入贯彻党的十九大和十九届历次全会精神，立足新发展阶段，完整、准确、全面贯彻新发展理念、构建新发展格局，坚持以人民为中心的发展思想，深入落实“四个革命，一个合作”能源安全新战略，将能源绿色低碳发展作为乡村振兴的重要基础和动力，统筹发展与安全，推动构建清洁低碳、多能融合的现代农村能源体系，全面提升农村用能质量，实现农村能源用得上、用得起、用得好，为巩固拓展脱贫攻坚成果、全面推进乡村振兴提供坚强支撑。

（二）基本原则

清洁低碳，生态宜居。坚持生态优先、绿色发展，支持乡村新能源开发利用，推动农业生产、农民生活、农村交通用能清洁化、低碳化，助力建设生态宜居美丽乡村。

因地制宜，就近利用。充分结合各地资源禀赋，统筹开发利用方式，优先就地、就近消纳，减少能源输送距离和转化环节，提高农村能源资源综合利用效率。

经济可靠，惠民利民。大力发展农村新能源产业，着力降低农户用能成本，促进减支增收，不断提高群众的获得感和幸福感。

（三）主要目标

到 2025 年，建成一批农村能源绿色低碳试点，风电、太阳能、生物质能、地热能等占农村能源的比重持续提升，农村电网保障能力进一步增强，分布式可再生能源发展壮大，绿色低碳新模式新业态得到广泛应用，新能源产业成为农村经济的重要补充和农民增收的重要渠道，绿色、多元的农村能源体系加快形成。

二、巩固拓展脱贫帮扶成果

（四）巩固光伏扶贫工程成效

充分发挥好全国光伏扶贫信息监测系统作用，加强对光伏扶贫电站的运维管理，培育和发展新能源生产运营中心，突破容量和地域限制，建成光伏扶贫电站集中管控体系，提高电站集约化管理水平。鼓励能源企业联合设备厂商，组织专业化团队对光伏扶贫电站进行精细化管理维护，保证电站可靠运行和稳定收益，做好电站管护员培训，向脱贫户提供组件清洗、看护等岗位。电网企业继续保障全额消纳，及时结算电费、转付补贴。县级政府加强村级光伏扶贫电站收益监督管理，定期公开收益资金分配使用情况。积极探索扶贫电站参与碳交易市场的路径和模式，进一步巩固拓展脱贫攻坚成果。

（五）持续提升农村电网服务水平

用中央预算内资金重点支持乡村振兴重点帮扶县、其他脱贫地区、革命老区等农村电网薄弱地区，持续提升农村电网供电保障能力，推动网架结构和装备升级，满足大规模分布式新能源接入和乡村生产生活电气化需求。对符合条件地区因地制宜实施大电网延伸。

（六）支持县域清洁能源规模化开发

在具备资源条件的中西部脱贫地区，特别是乡村振兴重点帮扶县，优先规划建设集中式风电、光伏基地，为脱贫县打造支柱产业。

三、培育壮大农村绿色能源产业

（七）推动千村万户电力自发自用

支持具备资源条件的地区，特别是乡村振兴重点帮扶县，以县域为单元，采取“公司＋村镇＋农户”等模式，利用农户闲置土地和农房屋顶，建设分布式风电和光伏发电，配置一定比例储能，自发自用，就地消纳，余电上网，农户获取稳定的租金或电费收益。支持村集体以公共建筑屋顶、闲置集体土地等入股，参与项目开发，增加村集体收入。项目开发企业为村民提供就业岗位，帮助脱贫户增收。

（八）积极培育新能源＋产业

鼓励能源企业发挥资金、技术优势，建设光伏＋现代农业。农业企业、村集体在光伏板下开展各类经济作物规模化种植，提升土地综合利用价值。地方政府提供政策支持及拓展产品销路，农户通过土地租赁、参与电站运维、农场劳务等增加收益。在适宜荒漠化、盐碱地、采矿采煤塌陷区，推广“新能源＋生态修复、矿山治理”等模式。在林区、牧区合理布局林光互补、牧光互补等项目，打造发电、牧草、种养殖一体化生态复合工程。建设新能源＋农村景观示范，地方政府主导，结合新型城镇化建设、易地搬迁安置区配套基础设施提升完善和郊区亮化等工程，推动新能源与路灯、座椅等公共设施一体化发展。

（九）推动农村生物质资源利用

引导企业有序布局生物质发电项目，鼓励企业从单纯发电转为热电联产。在农林生物质资源丰富的县域，探索农田托管服务和合作社秸秆收集模式，或以村为单元建设农林废弃物收集站，由专业化企业建设规模化生物质热电联产、生物质天然气项目、生物质热解气化项目、生物质液体燃料项目，就近满足乡镇生产生活用电、用热、用气、用油需要。在畜禽养殖规模较大的县域，结合农村有机垃圾治理，建设区域有机废弃物集中处理沼气生物天然气项目、园区型“养殖－沼气－种植”项目和农户庭院型沼气项目。

（十）鼓励发展绿色低碳新模式新业态

在县域工业园区、农业产业园区、大型公共建筑等探索建设多能互补、源荷互动的综合能源系统，提高园区能源综合利用率。采用合同能源管理运营模式，引导企业、社会资本、村集体等多方参与，建设新能源高效利用的微能网，为用户提供电热冷气等综合能源服务。完善配套政策机制，推动增量配电企业发展综合能源服务，创新发展新能源直供电、隔墙售电等模式。

（十一）大力发展乡村能源站

依托基层电信、农机服务网点、制造企业维修网点等，建设分布式可再生能源诊断检修、生物成型燃料加工、电动汽车充换电服务等乡村能源站，培养专业化服务队伍，提高农村能源公共服务能力。

四、加快形成绿色低碳生产生活方式

（十二）推动农村生产生活电气化

坚持政府主导、电网支撑、各方参与，推动提升农村电气化水平。在粮食主产区、特色农产品优势区，推动农产品加工包装、仓储保鲜、冷链物流等全产业链电能替代。支持地方开展新能源汽车和家电下乡，推广普及节能高效家电，经济发达地区的电网企业合理确定乡镇供电配置标准，满足农户使用新型家电设备的要求。

（十三）继续实施农村供暖清洁替代

大力推广太阳能、风能供暖。利用农房屋顶、院落空地和具备条件的易地搬迁安置住房屋顶发展太阳能供热。在大气污染防治重点地区的农村，整县域开展“风光＋蓄热电锅炉”等集中供暖。在青海、西藏、内蒙古等农牧区，采用离网型光伏发电＋蓄电池供电，利用户用蓄热电暖气供暖。积极推动生物质能清洁供暖。合理发展以农林生物质、生物质成型燃料等为主的生物质锅炉供暖，因地制宜推广生物质热解气等集中供暖，鼓励采用大中型锅炉，在乡村、城镇等人口聚集区进行集中供暖。在大气污染防治非重点地区乡村，因地制宜推广户用成型燃料＋清洁炉具供暖模式。因地制宜推进地热能供暖。在地热资源丰富、面积较大的乡镇，优先开展地热能集中供暖。利用地源热泵，加快推广浅层地温能和中深层地热资源开发利用，打造地热能高效开发利用示范区。

（十四）引导农村居民绿色出行

引导充电业务运营商、新能源汽车企业在大型村镇、易地搬迁集中安置区、旅游景区、公共停车场等区域建设充换电站，优先推进县域内公务用车、公交车、出租车使用电动车，推广新能源汽车在旅游景区和特色小镇的应用。探索建立车桩站联动、信息共享、智慧调度的智能车联网平台，推动新能源汽车成为农村微电网的重要组成部分。

五、组织实施

（十五）发挥试点带动作用

在全国乡村振兴重点帮扶县优先推进农村能源绿色低碳试点，结合当地经济社会和资源条件，鼓励有资金、技术和建设经验的企业与地方政府合作，选择合适新能源品种和发展模式，为县、乡镇、村提供一揽子供用能解决方案。

（十六）实施主体多元化

支持各类市场主体依法平等进入农村能源建设领域。有序向社会资本开放配售电业务，积极培育配售电、储能、综合能源服务等新兴市场主体。鼓励政府和社会资本合作 PPP 等融资经营模式，引导社会力量进入农村能源站、综合能源服务等可商业化运营的领域，形成资金合力。

（十七）加大财政金融支持力度

各级政府将农村能源建设纳入经济社会发展规划，加强对脱贫地区农村能源的支持。鼓励金融机构创新融资方式和服务模式，将支持县域乡村能源产业发展和能源基础设施建设作为绿色金融服务重点，对优质农村能源项目在贷款准入、期限、利率等方面给予差异化支持。

（十八）健全完善农村能源普遍服务体系

建立市场化的农村能源普遍服务体系。积极探索以市场化运营为主、政府加强政策支持的新机制、新模式，鼓励和引导农户、村集体自建或与市场主体合作，参与农村能源基础设施和服务网点建设。加强农村能源人才队伍建设。发挥村集体、合作社等组织的作用，加大技术培训和宣传力度，加强农村能源基层队伍建设。引导高等院校和科研院所，积极向农村输送科技人才，壮大农村能源人才队伍。提高农村能源技术服务水平。推动有关科研院所、高校和企业等创新主体联合攻关农村能源发展共性问题。通过技术宣讲、入户培训等方式，推动成熟适用的农村能源新技术成果在农村地区集成转化、示范推广和应用，促进农村能源可持续发展。

（十九）加强农村能源统计能力建设

以县域为单元，建立健全农村能源统计体系，落实县、乡镇、村各层级责任单位，明确能源生产统计分类、能源品种统计范围和能源消费统计指标体系，提升能源数据归集质量，强化全品类能源数据支撑。在经济发达的县域，加快建设智慧能源大数据平台，采用数字化方式采集农村能源数据。在经济欠发达的县域，指定专职人员，采用入户采集、表单调查等方式，对农村能源生产消费情况进行全面普查。

国家能源局关于印发能源领域深化“放管服”改革优化营商环境实施意见的通知

（国能发法改〔2021〕63 号）

各省（自治区、直辖市）能源局，有关省（自治区、直辖市）及新疆生产建设兵团发展改革委、经信委（工信委、工信厅），各派出机构，有关中央能源企业：

为贯彻党中央、国务院关于深化“放管服”改革决策部署，落实《优化营商环境条例》，深入推进能源领域“放管服”改革，着力培育和激发市场主体活力，国家能源局制定了《能源领域深化“放管服”改革优化营商环境实施意见》，现印发你们，请认真组织实施。

国家能源局

2021 年 12 月 22 日

能源领域深化“放管服”改革
优化营商环境实施意见

为贯彻党中央、国务院关于深化“放管服”改革决策部署，落实《优化营商环境条例》，深入推进能源领域“放管服”改革，着力培育和激发市场主体活力，现提出以下实施意见。

一、持续深化行政审批制度改革

（一）推行能源领域“证照分离”改革全覆盖

在全国范围内深化能源领域“证照分离”改革，大力推动照后减证和简化审批。各级能源主管部门和国家能源局派出机构应将涉企经营许可事项纳入清单管理，按照直接取消审批、审批改为备案、实行告知承诺、优化审批服务等四种方式分类推进审批制度改革，逐项确定具体改革举措，建立简约高效、公正透明、宽进严管的行业准营规则，提高能源市场主体办事的便利度和可预期性。

（二）优化涉企审批服务

各级能源主管部门要清理规范能源领域行政审批前置条件和审批标准。依托全国一体化政务服务平台，推动更多能源领域涉企事项网上办理，推动相关审批系统互联互通和数据共享，降低制度性交易成本。精简整合能源项目投资建设审批流程，在确保工程质量和安全前提下，进一步清理规范项目审批全流程涉及的行政许可、技术审查等事项。加强项目立项与用地、规划等建设条件衔接，推动在城乡发展总体规划中同步考虑供气、供水、供电等公共事业配套规划。

（三）推行行政许可告知承诺制

推行能源领域行政许可告知承诺制，全面推行电力业务、承装（修、试）电力设施等行政许可事项实行告知承诺制。依法明确许可条件、适用对象、监管规则和违反承诺后果，一次性告知企业。实行告知承诺后，对因企业承诺可以减省的审批材料，不得再要求企业提供。对企业自愿作出承诺并按要求提交材料的，要当场作出审批决定。加强事中事后监管，必要时可以开展全覆盖核查，对失信违法企业依法依规实施失信惩戒。

（四）加大简政放权改革试点力度

自由贸易试验区、行政备案规范管理改革试点等具备条件的地区，进一步加大能源领域简政放权改革试点力度，为全国能源领域简政放权改革积累可复制可推广的经验。鼓励省级能源主管部门探索推动能源审批相关部门联动、事项集成，进一步提升审批效率。

二、切实加强能源领域科学监管

（一）持续加强能源市场秩序监管

区分竞争性和垄断性环节，推动能源领域自然垄断性业务和竞争性业务分离。推动落实电网企业功能定位，进一步深化自然垄断企业竞争性业务市场化改革，建立电网企业聚焦主责主业的报告机制。加强竞争性环节市场秩序监管，对市场运营机构交易组织、公告发布、结果出清、信息披露等环节加强监管，保障市场运营过程的公开透明。

（二）全面实施“双随机、一公开”监管

各级能源主管部门要完善随机抽查机制和抽查事项清单，明确检查重点、检查方法和工作要求。依据信用风险高低实施分级分类监管，提高高风险市场主体抽查比例和频次，增强监管的精准性和威慑力。

（三）健全完善信用监管

加强能源领域信用信息归集共享、公共信用评价、信用风险分析预警，完善信用承诺、失信约束、信用修复等信用监管制度及措施。在行政许可、行政审批、新能源并网接入、电力市场交易、油气管网公平开放、电力工程建设等重点监管领域，结合“双随机、一公开”监管，强化运用信用分级分类差异化监管措施，实施守信激励和失信惩戒。

（四）大力推行“互联网+监管”

加强能源监管领域数据汇集，进一步完善“互联网+监管”系统风险预警模型，形成风险预警线索推送、处置和反馈机制，提升能源监管智能化水平。完善“互联网+监管”系统功能、优化提升支撑能力，围绕行政许可、行业规划、项目审批、市场运营、安全管控等能源行业重点监管业务需求，开发完善配套功能，进一步加大政务信息资源的共享力度。

（五）积极探索提高协同监管能力

结合能源行业监管需要建立条块结合、区域联动、信息共享、协同高效的监管机制。推动能源领域建立跨部门综合监管机制，减少执法扰民，提升监管效能。加强行政执法与司法衔接，建立健全案情通报、案件移送和联合调查机制。

三、推进政务服务标准化规范化便利化

（一）推进政务服务事项实施清单标准化

推动逐步实现同一能源领域政务服务事项受理条件、办理流程、所需材料、办结时限、办理结果等要素在全国范围统一。对于各地区依法依规自行设立的地方能源领域政务服务事项，能源主管部门要做好实施清单要素统一工作。

（二）规范审批服务行为

推进审批服务事项依法依规办理，严格按照能源领域审批服务事项实施清单提供办事服务，公开事项办理流程和条件标准等信息，不得在法定条件之外增

加前置条件。严格执行首问负责、一次告知和限时办结等制度。各级能源主管部门及国家能源局派出机构要及时披露相关项目审批服务规范落实情况。

（三）规范中介服务

进一步清理能源领域政务服务无法定依据的中介服务事项，对确需保留的强制性中介服务事项，各级能源主管部门要实行目录清单管理并及时向社会公布，不得强制企业选择特定中介服务机构。加强对中介服务机构的信用监管，实行信用等级评价、资质动态管理，解决中介服务环节多、耗时长、市场垄断、红顶中介等问题。

（四）推进政务服务便利化

从为企业和群众办事角度出发，集成能源领域内部关联性强、办事频度高、企业群众获得感强的事项，提供主题式、套餐式服务。按照“一次告知、一表申请、一套材料、一窗受理、一网办理、一口发证”要求，优化再造业务办理流程，减少办事环节、精简办事材料、压缩办理时限。加快推进电子证照在能源领域政务服务中应用，能够通过数据共享获得的信息，不得要求办事人提供实体证照。落实政务服务“好差评”制度，全面开展“好差评”工作。

（五）推行政务服务“告知承诺”“容缺受理”制度

除涉及公共安全、生态环境保护、节约能源等政务服务事项外，各级能源主管部门及国家能源局派出机构按照最大原则梳理采取告知承诺的事项清单，明确承诺的具体内容、要求和违反承诺应承担的法律责任，细化网上办事承诺方式和承诺事项监管细则，及时向社会公布。完善容缺受理服务机制，各级能源主管部门及国家能源局派出机构要依法编制公布容缺受理能源领域政务服务事项清单，明确事项名称、主要申请材料和可容缺受理材料。

四、优化营商环境培育和激发市场主体活力

（一）优化办电服务

各省级能源主管部门要按照国家要求牵头做好优化用电营商环境工作，加快完成政企协同办电信息共享平台的建设，实现数据系统互联互通和信息共享，推动供电企业进一步压减办电时间，提高办电透明度和便利度，降低办电成本，全面推广低压小微企业用电报装“零上门、零审批、零投资”服务、高压用户用电报装“省力、省时、省钱”服务等做法。国家能源局派出机构要加大监管力度，压实供电企业主体责任，指导和督促相关省级能源主管部门履行好牵头责任。

（二）提升供电质量

供电企业要加强用户供电质量管理，大力推广不停电作业，有效压减电力用户停电时间、次数和影响范围，提升配电网电能质量，加大频繁停电、低电压等问题的整治力度。各省级能源主管部门及国家能源局派出机构要加强供电可靠性、电压合格率等供电质量主要指标的日常监管，保障安全、稳定的电力供应质量。

（三）规范接网服务

电网企业要做好新能源、分布式能源、新型储能、微电网和增量配电网等项目接入电网及电网互联服务，为相关项目开展接入系统设计提供必要的信息，明确配变可开发容量等信息查询流程及办理时限。电网企业要优化接网基本流程和内部机制，根据国家和行业技术标准、规范，简化收资清单，明确技术要求，提供专人对接的服务窗口，进一步压缩接网申请受理、方案答复等环节办理时限，在接网协议中明确接网工程建设时间，提高接网服务效率。各省级能源主管部门要结合实际推动明确新能源投资自建配套送出工程的回购机制和标准。建立电网接入完成率评价机制，将电网接入完成率作为电网企业落实可再生能源消纳责任的重要指标。

油气管网设施运营企业要做好基础设施高质量开放，依法依规向符合开放条件的用户提供油气输送、存储、气化、装卸、转运等服务，公开油气管网设施基础信息、剩余能力、服务条件、技术标准、价格标准、申请和受理流程、用户需提交的书面材料目录、保密要求等，简化办理环节、压缩办理时间，提高开放服务受理效率。加强基础设施服务履约监管，强化合同违约惩戒和信用监管，明确新进入主体市场保供责任。

（四）切实维护公平竞争的市场秩序

深入推进公平竞争实质性审查，任何部门和单位不得干预市场主体的合法交易行为以及市场价格，不得设置不合理门槛，不得组织开展专场交易，鼓励市场主体参与跨省跨区交易。

（五）督促能源企业依法依规招投标

提升能源领域招投标透明度和规范性，电网企业、油气管网企业等能源企业要进一步规范招投标管理，完善制度规则、清理隐性壁垒、加强信息公开，进一步营造公平竞争市场环境。持续推进招投标全流程电子化，推动能源领域评标专家资源互联共享。

（六）重视市场主体合理诉求

各级能源主管部门及国家能源局派出机构要健全企业合理诉求解决机制，完善问题受理、协同办理、结果反馈等流程，杜绝投诉无门、推诿扯皮现象，有效解决企业面临的实际困难问题。针对企业和群众反映的涉及营商环境事项，要认真调查处理，不得将投诉举报线索移交被投诉举报的主体处理，要严肃查处用户受电工程“三指定”行为。建立能源数据信息平台，及时向社会发布能源数据信息，引导投资建设。

五、创新推动能源低碳转型

（一）健全能源安全保供和应急机制

建立能源安全监测预警和风险应对机制，建立区域能源监测体系，完善能源供应应急预案。推进电力应急体系建设，严格落实地方政府、电力企业的电力安全生产和供应保障主体责任。完善煤电油气供应保障协调机制，加快能源储备体系建设。

（二）促进新能源加速发展

简化新能源项目核准（备案）手续，对于依法依规已履行行政许可手续的项目，不得针对项目开工建设、并网运行及竣工验收等环节增加或变相增加办理环节和申请材料。鼓励地方政府探索借鉴“标准地”改革方式，为新能源项目先行完成一些基础性评价、审批等工作，为项目打好前期基础，提高能源项目开工效率。对接入配电网就地消纳的新能源发电项目，电网企业要做好接网服务。

（三）推进多能互补一体化和综合能源服务发展

推动建立以风光水火储为核心的能源多品种协同开发促进机制，完善多能互补项目一体化规划、建设和审批流程，统筹多能互补项目与输电通道建设时序。推动微电网内源网荷储打包核准（备案），加快综合能源项目审批建设进度。探索推动“电水气热”一网联办。

（四）推动分布式发电市场化交易

完善市场交易机制，支持分布式发电参与市场交易，探索建设基于区块链等技术应用的交易平台，建立适应可再生能源微电网、存量地方电网、增量配电网与大电网开展交易的体制机制。推动开展分布式发电就近交易，落实相关价格政策。推动分布式发电参与绿色电力交易。

（五）建立健全能源低碳转型的长效机制

支持煤炭、油气等企业利用现有资源建设光伏等清洁能源发电项目，推动天然气发电与可再生能源融合发展项目落地，促进化石能源与可再生能源协同发展。适应新型电力系统建设，促进煤电、气电与新能源发展更好协同。进一步鼓励并优化能源企业与主要用户签订长期协议，保障能源稳定供应。

（六）探索包容审慎监管新方式

对综合能源服务、智慧能源、储能等新产业新业态，探索“监管沙盒”机制，在严守安全、环保规范标准的基础上，鼓励开展政策和机制创新。建立能源主管部门与新兴市场主体间的良性沟通互动机制，在实践中探索寓监管于服务的有效方式。

六、组织实施

（一）加强组织协调。各级能源主管部门、国家能源局派出机构要高度重视，统一认识，各司其职，形成合力。国家能源局将加强对各级能源主管部门及国家能源局派出机构的指导督促，确保改革举措落实到位。

（二）抓好责任落实。各单位要切实负起责任，按照本意见提出的各项措施和要求，抓实抓细相关改革，切实做到放出活力、管出公平、服出效率。

（三）强化评估总结。各级能源主管部门要密切跟踪改革进展，及时总结经验，为深化“放管服”改革优化营商环境积累可复制可推广的创新做法和经验。

国家能源局关于进一步明确电力建设工程安全管理有关要求的通知

（国能发安全〔2021〕68号）

各省（自治区、直辖市）及新疆生产建设兵团发展改革委、能源局，各派出机构，全国电力安委会各企业成员单位，各有关单位：

为贯彻落实《安全生产法》（中华人民共和国主席令 第88号）、《建设工程质量管理条例》（国务院令第279号）和《国家发展改革委 国家能源局关于推进电力安全生产领域改革发展的实施意见》（发改能源规〔2017〕1986号）的有关要求，进一步加强电力建设工程安全管理，压实企业安全生产主体责任，强化电力安全协同监管，构建以信用为基础的新型电力安全监管机制，现就有关事项通知如下。

一、电力建设工程各参建单位应严格按照《建设工程质量管理条例》（国务院令第279号）、《电力建设工程施工安全监督管理办法》（国家发展和改革委员会令第28号）和《电力建设工程施工安全管理导则》（NB/T 10096—2018）等有关法律、法规和标准的要求，切实履行安全生产主体责任，做好施工安全管理和工程质量管控等各项工作，有效防范安全生产和质量事故的发生。

二、地方各级能源主管部门在向项目建设单位下达电力项目核准文件或项目备案通知书时，应同时就项目在安全管理和质量管控等方面需要履行的相关责任和义务进行书面告知（示范文本见附件），告知书一式两份，项目核准（或备案）部门和建设单位各一份。

三、各省级能源主管部门应按月汇总辖区内各级能源主管部门核准（或备案）的电力项目清单，并抄送相关派出机构。

四、地方各级能源主管部门应按照相关法律法规要求，加强对所核准（或备案）的电力项目在施工安全和工程质量等方面的监督管理，严厉查处违规开工等行为。

五、各派出机构应根据国家规定职责和法律法规授权，采取“双随机、一公开”和“四不两直”等方式，加强对辖区内电力建设工程的监管执法，切实履行电力安全监管职责。

六、地方各级能源主管部门和派出机构在监督检查中，发现电力建设工程参建单位存在未履行安全管理和质量管控责任等行为，在依法采取行政处罚等措施处理的同时，应按照信用管理的有关规定和要求，将其列入重点关注或联合惩戒名单。被列入联合惩戒名单的，有关单位在项目核准、工程招投标活动、信用等级评价、政策性资金支持等方面，应按规定对其予以相应限制。

附件：电力项目安全管理和质量管控事项告知书（示范文本）（略）

国家能源局

2021 年 12 月 31 日

国家能源局关于印发《电力安全生产“十四五”行动计划》的通知

（国能发安全〔2021〕62 号）

各省（自治区、直辖市）能源局，有关省（自治区、直辖市）及新疆生产建设兵团发展改革委、经信委（工信厅、经信厅），北京市城市管理委员会，各派出机构，全国电力安全生产委员会企业成员单位：

为贯彻落实党中央、国务院关于加强安全生产工作的决策部署，统筹发展和安全，深入贯彻“四个革命、一个合作”能源安全新战略，牢固树立“四个安全”治理理念，不断提升全国电力安全生产水平，保障电力系统安全稳定运行和电力可靠供应，特制定《电力安全生产“十四五”行动计划》。现予以印发，请按照执行。

附件：《电力安全生产“十四五”行动计划》（略）

国家能源局

2021 年 12 月 8 日

国家能源局　科学技术部关于印发《“十四五”能源领域科技创新规划》的通知

（国能发科技〔2021〕58 号）

各省（自治区、直辖市）能源局、科技厅，有关省（自治区、直辖市）及新疆生产建设兵团发展改革委，有关中央企业：

为深入贯彻落实“四个革命、一个合作”能源安全新战略和创新驱动发展战略，加快推动能源科技进步，根据“十四五”现代能源体系规划和科技创新规划工作部署，国家能源局、科学技术部联合编制了《“十四五”能源领域科技创新规划》，现印发给你们，请认真遵照执行。

附件：《“十四五”能源领域科技创新规划》（略）

国家能源局 科学技术部

2021 年 11 月 29 日

统计资料

电力统计基本数据一览表

项目	单位	2021 年	2020 年	比上年增长（%）
一、发电量	**亿 kWh**	**83959**	**76264**	**10.09**
水　　电	亿 kWh	13399	13553	－1.14
其中：抽水蓄能	亿 kWh	390	335	16.28
火　　电	亿 kWh	56655	51770	9.44
其中：燃煤	亿 kWh	50426	46300	8.91
燃气	亿 kWh	2871	2525	13.67
燃油	亿 kWh	16	12	32.58
其中：生物质发电	亿 kWh	1658	1352	22.61
核　　电	亿 kWh	4075	3662	11.26
风　　电	亿 kWh	6558	4665	40.57
太阳能发电	亿 kWh	3270	2611	25.23
其　　他	亿 kWh	2	3	－18.79
非化石能源发电量	**亿 kWh**	**28962**	**25847**	**12.05**
二、全社会用电量	**亿 kWh**	**83313**	**75498**	**10.35**
1. 全行业用电合计	**亿 kWh**	**71519**	**64529**	**10.83**
第一产业	亿 kWh	1038	888	16.91
第二产业	亿 kWh	56255	51557	9.11
其中：工业	亿 kWh	55220	50635	9.05
第三产业	亿 kWh	14226	12083	17.73
2. 城乡居民生活用电合计	**亿 kWh**	**11794**	**10969**	**7.52**
城镇居民	亿 kWh	6654	6182	7.63
乡村居民	亿 kWh	5140	4787	7.36
三、发电装机容量	**万 kW**	**237777**	**220540**	**7.82**
水　　电	万 kW	39094	37028	5.58
其中：抽水蓄能	万 kW	3639	3149	15.56
火　　电	万 kW	129739	124960	3.82
其中：燃煤	万 kW	110962	108263	2.49
燃气	万 kW	10894	9973	9.24
燃油	万 kW	165	147	12.29
其中：生物质发电	万 kW	3807	2979	27.79
核　　电	万 kW	5326	4989	6.75
风　　电	万 kW	32871	28165	16.71

续表

项目	单位	2021年	2020年	比上年增长（%）
太阳能发电	万kW	30654	25356	20.89
其　　他	万kW	94	41	127.77
非化石能源发电装机容量	**万kW**	**111845**	**98559**	**13.48**
四、35kV及以上输电线路回路长度	**km**	**2227423**	**2155545**	**3.33**
1. 交流	**km**	**2179595**	**2110253**	**3.29**
其中：1000kV	km	14626	13805	5.95
750kV	km	26754	25667	4.24
500kV	km	211042	203087	3.92
330kV	km	35569	34709	2.48
220kV	km	508091	489745	3.75
110kV	km	778479	752563	3.44
35kV	km	605033	590678	2.43
2. 直流	**km**	**47829**	**45292**	**5.60**
其中：±1100kV	km	3295	3295	
±800kV	km	27304	24749	10.33
±660kV	km	1334	1334	0.00
±500kV	km	14590	14590	0.00
±400kV	km	1031	1031	0.00
五、35kV及以上变电设备容量	**万kVA**	**862767**	**785391**	**9.85**
1. 交流	**万kVA**	**813542**	**739903**	**9.95**
其中：1000kV	万kVA	19800	18000	10.00
750kV	万kVA	21175	19585	8.12
500kV	万kVA	165100	156449	5.53
330kV	万kVA	16209	13456	20.46
220kV	万kVA	258784	218305	18.54
110kV	万kVA	265295	250286	6.00
35kV	万kVA	67179	63823	5.26
2. 直流	**万kVA**	**49225**	**45487**	**8.22**
其中：±1100kV	万kVA	2867	2867	0.00
±800kV	万kVA	30558	26931	13.47
±660kV	万kVA	884	884	
±500kV	万kVA	12720	12720	0.00
±400kV	万kVA	1245	1245	0.00
六、新增发电装机容量	**万kW**	**17908**	**19144**	**－6.46**
水　　电	万kW	2349	1313	78.94

续表

项目	单位	2021 年	2020 年	比上年增长（%）
其中：抽水蓄能	万 kW	520	120	333.33
火　　电	万 kW	4939	5660	－12.74
其中：燃煤	万 kW	2937	4030	－27.12
燃气	万 kW	771	824	－6.39
其中：常规燃气	万 kW	758	811	－6.49
煤层气发电	万 kW		12	
燃油	万 kW			
其他	万 kW	1230	805	52.68
其中：余温、余气、余压	万 kW	388	283	37.02
垃圾焚烧发电	万 kW	630	300	109.76
秸秆、蔗渣、林木质发电	万 kW	212	222	－4.55
核　　电	万 kW	340	112	203.92
风　　电	万 kW	4765	7211	－33.92
太阳能发电	万 kW	5454	4820	13.14
其　　他	万 kW	62	28	120.21
七、火电机组退役和关停容量	**万 kW**	**499**	**1469**	**－66.05**
八、年底主要发电企业电源项目在建规模	**万 kW**	**18307**	**16137**	**13.45**
水　　电	万 kW	7454	8186	－8.94
火　　电	万 kW	4896	3883	26.10
核　　电	万 kW	1970	1547	27.32
风　　电	万 kW	2354	1996	17.89
九、新增直流输电线路长度及换流容量				
1. 线路长度	**km**	**2840**	**4444**	**－36.10**
其中：±1100kV	km			
±800kV	km	2840	3389	**－16.21**
±660kV	km			
±500kV	km		1055	
±400kV	km			
2. 换流容量	**万 kW**	**3200**	**5200**	**－38.46**
其中：±1100kV	万 kW			
±800kV	万 kW	3200	4000	－20.00
±660kV	万 kW			
±500kV	万 kW		1200	
±400kV	万 kW			

续表

项目	单位	2021 年	2020 年	比上年增长（%）
十、新增交流 110kV 及以上输电线路长度及变电设备容量				
1. 线路长度	**km**	**51984**	**57237**	**－9.18**
其中：1000kV	km	690	1736	－60.23
750kV	km	2235	1090	105.05
500kV	km	8144	7424	9.70
330kV	km	823	1566	－47.47
220kV	km	17420	18768	－7.18
110kV（含 66kV）	km	22671	26653	－14.94
2. 变电设备容量	**万 kVA**	**33686**	**31292**	**7.65**
其中：1000kV	万 kVA	1800	1800	0.00
750kV	万 kVA	1800	1860	－3.23
500kV	万 kVA	10348	8255	25.35
330kV	万 kVA	576	1098	－47.54
220kV	万 kVA	9774	9275	5.38
110kV（含 66kV）	万 kVA	9388	9004	4.26
十一、本年完成电力投资	**亿元**	**10786**	**10189**	**5.87**
1. 电源投资	**亿元**	**5870**	**5292**	**10.91**
水　电	亿元	1173	1067	9.90
火　电	亿元	708	568	24.66
核　电	亿元	539	379	41.99
风　电	亿元	2589	2653	－2.40
太阳能发电	亿元	861	625	37.68
其　他	亿元	1		
2. 电网投资	**亿元**	**4916**	**4896**	**0.41**
输变电	亿元	4764	4721	0.91
其中：直流	亿元	380	532	－28.58
交流	亿元	4383	4188	4.66
其　他	亿元	153	176	－13.13
十二、单机 6000kW 及以上机组平均单机容量				
水电：单机容量	万 kW/台	6.53	6.23	0.30
机组台数	台	5269	5158	2.15
机组容量	万 kW	34431	32137	7.14
火电：单机容量	万 kW/台	13.72	13.55	0.18
机组台数	台	9079	8776	3.45

续表

项目	单位	2021 年	2020 年	比上年增长（%）
机组容量	万 kW	124597	118890	4.80
十三、6000kW 及以上电厂供热量	**万 GJ**	**567114**	**524674**	**8.09**
十四、6000kW 及以上电厂发电标准煤耗	**g/kWh**	**284.8**	**286.3**	**−1.51**
十五、6000kW 及以上电厂供电标准煤耗	**g/kWh**	**301.5**	**303.6**	**−2.01**
十六、6000kW 及以上电厂厂用电率	**%**	**4.36**	**4.65**	**−0.29**
水　电	%	0.26	0.25	0.014
火　电	%	5.59	5.98	−0.39
十七、6000kW 及以上电厂发电设备利用小时	**h**	**3813**	**3756**	**56**
水　电	h	3606	3825	−219
其中：抽水蓄能	h	1162	1094	68
火　电	h	4444	4211	234
其中：燃煤发电	h	4601	4323	278
燃气发电	h	2688	2610	78
核　电	h	7802	7450	352
风　电	h	2231	2078	153
太阳能发电	h	1282	1281	1
十八、6000kW 及以上电厂燃料消耗				
发电消耗标煤量	万 t	148207	135814	9.13
发电消耗原煤量	万 t	225019	203937	10.34
供热消耗标煤量	万 t	22132	20703	6.90
供热消耗原煤量	万 t	33336	30132	10.64
十九、供、售电量及线损				
供电量	亿 kWh	72344	65232	10.90
售电量	亿 kWh	68541	61581	11.30
线损电量	亿 kWh	3803	3651	4.18
线损率	%	5.26	5.60	−0.34
二十、发用电设备比				
发电装机容量:用电设备容量		1:4.21	1:4.32	
二十一、电力弹性系数				
电力生产弹性系数		1.24	1.78	
电力消费弹性系数		1.28	1.41	

注　1. 电源投资完成额口径为全国主要发电企业。

2. 陕西用电量不含陕西省地方电力（集团）有限公司经营区范围内的部分自备电厂用电量，下同。

分地区发电装机容量

地区	合计		水电		火电		风电		太阳能发电		其他
	2021 年（万 kW）	同比增长（%）	2021 年（万 kW）	同比增长（%）	2021 年（万 kW）	同比增长（%）	2021 年（万 kW）	同比增长（%）	2021 年（万 kW）	同比增长（%）	2021 年（万 kW）
全　国	**237777**	**7.82**	**39094**	**5.58**	**129739**	**3.82**	**32870.61**	**16.71**	**30654**	**20.89**	**94**
北　京	1340	1.84	99		1137	0.05	24	26.47	80	30.18	
天　津	2192	14.38	1		1884	12.92	130	54.35	178	8.67	
河　北	11078	10.31	182	−0.44	5424	0.61	2546	12.00	2921	33.36	4
山　西	11338	9.20	224	0.57	7533	9.53	2123	7.56	1458	11.39	
内蒙古	15487	5.79	241	−0.40	9834	4.90	3996	5.55	1412	14.18	3
辽　宁	6164	6.73	305	0.12	3737	2.57	1087	10.86	478	19.50	
吉　林	3485	6.34	619	21.34	1855	0.17	665	15.16	346	2.40	
黑龙江	3955	11.84	169	54.89	2531	4.45	835	21.69	420	32.15	
上　海	2786	4.37			2510	2.46	107	29.85	168	23.19	
江　苏	15420	9.01	265	0.05	10322	2.41	2234	44.42	1916	13.78	23
浙　江	10857	7.05	1278	9.20	6462	1.63	364	96.28	1842	21.42	1
安　徽	8466	8.31	507	7.04	5740	3.23	511	24.22	1707	24.62	
福　建	6983	9.60	1386	4.10	3596	3.41	735	51.18	277	36.92	3
江　西	4847	10.13	677	2.67	2711	10.44	547	7.20	911	17.43	
山　东	17334	9.04	167.8	54.94	11599	1.12	1942	8.21	3343	47.12	31
河　南	11114	9.29	407	−0.18	7301	3.29	1850	21.87	1556	32.43	
湖　北	8816	6.57	3771	0.38	3372	1.69	720	43.40	953	36.56	
湖　南	5344	8.72	1578	−0.20	2502	10.27	803	19.97	450	15.07	12
广　东	15821	11.23	1736	4.20	10256	7.03	1195	111.49	1020	27.98	
广　西	5533	6.86	1768	0.51	2481	5.82	755	15.66	312	52.44	
海　南	1056	5.78	153	1.23	598	9.59	29		147	2.43	
重　庆	2574	3.46	789	1.28	1553	0.52	169	74.32	63	−5.48	
四　川	11435	13.16	8887	12.61	1825	14.34	527	23.80	196	2.50	
贵　州	7573	1.27	2283	0.11	3572	0.34	580		1137	7.61	
云　南	10635	3.59	7823	4.58	1529	0.82	886	0.56	397	2.27	0
西　藏	480	21.66	291	38.55	43		3	293.33	139	1.60	4
陕　西	7636	3.66	349	−11.00	4952	−0.82	1021	14.52	1314	20.60	
甘　肃	6152	9.46	967	1.02	2309	0.03	1725	25.59	1146	16.73	6
青　海	4114	2.09	1193	0.03	393	0.06	896	6.34	1632	1.89	
宁　夏	6214	4.57	43		3333	0.20	1455	5.68	1384	15.61	
新　疆	11547	7.28	934	16.72	6845	8.02	2408	2.02	1354	6.96	6

分地区新增发电装机容量

单位：万 kW

地 区	合计	水电	火电				核电	风电	太阳能发电	其他
			合计	燃煤	燃气	其他				
全 国	**17908**	**2349**	**4939**	**2937**	**771**	**1230**	**340**	**4765**	**5454**	**62**
北 京	24		1		1			5.0	19	
天 津	125		66	39	0	27		46	13	
河 北	1213	61.04	151	13	0	138		270	731	
山 西	953	0.3	655	633	1	21		149	149	
内蒙古	874		480	434		46		201	174	19
辽 宁	377	0.4	109	66		43	112	78	78	
吉 林	262	113	15			15		125	9	
黑龙江	415	30	135	53	0	81		149	102	
上 海	117		60		47	13		25	32	
江 苏	1345	0.14	325	34	216	76	112	677	232	
浙 江	792	110	158	95		63		199	325	
安 徽	545	34	74	20		54		100	337	
福 建	650	63	142	112		30	116	255	75	
江 西	451	19	260.9	204		56.9		36	135	
山 东	1650	60.0	343	157	2	184		146	1070	30.26
河 南	978		265	173		92		332	381	
湖 北	552	16	62	12	25	25		218	256	
湖 南	444	5	239	207	3	29		135	59	6.15
广 东	1594	70	671	200	387	84		630	223	
广 西	351	8	136	106		31		100	107	
海 南	85	1	58		49	10			26	
重 庆	103	10	17			17		70	7	
四 川	1360	1015	236	200	1	36		104	5	
贵 州	191	2	13		6	7		29	147	
云 南	549	470	11			11		5	64	
西 藏	86	81						2	2	
陕 西	385	13	13	3		10		130	230	
甘 肃	544	15	7			7		351	164	6
青 海	117	0.3	0			0		53	63	
宁 夏	276		10			10		79	188	
新 疆	500	153	228	178	35	15		69	50	0.3

分地区发电量

地区	合计		水电		火电		风电		太阳能发电		其他
	2021 年（亿 kWh）	同比增长（%）	2021 年（亿 kWh）	同比增长（%）	2021 年（亿 kWh）	同比增长（%）	2021 年（亿 kWh）	同比增长（%）	2021 年（亿 kWh）	同比增长（%）	2021 年（亿 kWh）
全　国	**83959**	**10.09**	**13399**	**−1.14**	**56655**	**9.44**	**6558**	**40.57**	**3270**	**25.23**	**2**
北　京	471	3.29	14	19.19	447	2.88	4	7.36	6	0.59	
天　津	776	11.14	0.2	109.39	739	10.56	18	51.92	20	6.10	
河　北	3074	4.39	24	58.18	2260	−3.91	511	39.10	279	32.66	
山　西	3843	13.17	39	−17.57	3145	7.56	469	76.59	189	19.46	
内蒙古	6010	5.39	62	8.27	4769	0.80	967	33.17	212	12.62	
辽　宁	2159	5.93	78	38.67	1399	−0.81	227	17.21	55	8.04	
吉　林	984	−0.66	105	11.73	688	−4.57	138	6.47	52	15.58	
黑龙江	1145	3.06	27	−16.24	905	1.15	162	14.38	51	19.97	
上　海	1007	16.56			973	16.54	18	−3.11	15	56.13	
江　苏	5867	15.64	31	−2.29	4739	10.48	416	81.50	195	17.08	1
浙　江	4227	20.03	238	13.67	3053	25.50	49	34.41	155	17.92	0.1
安　徽	3045	9.33	81	21.91	2702	6.75	107	88.35	155	18.70	
福　建	2931	11.18	274	−6.00	1703	9.82	152	24.21	25	30.32	
江　西	1625	10.08	136	−6.45	1306	8.90	104	46.53	80	30.11	
山　东	6196	7.17	12.4	42.66	5267	2.95	409	57.91	310	50.10	
河　南	2931	5.00	116	−17.06	2350	−2.08	328	137.00	136	20.90	
湖　北	3291	8.39	1599	−2.93	1475	18.65	134	64.20	83	28.76	
湖　南	1749	12.71	538	−6.29	1024	20.59	150	51.26	38	26.16	0.5
广　东	6154	21.89	223	−21.79	4487	31.00	137	32.61	103	39.35	
广　西	2008	3.57	517	−15.86	1120	8.57	161	51.19	29	63.25	
海　南	391	12.34	18	7.26	254	18.07	5	−12.18	16	10.55	
重　庆	978	16.81	283	0.66	667	24.08	23	62.19	5	14.88	
四　川	4519	8.44	3724	5.17	655	27.83	109	26.91	30	9.71	
贵　州	2407	3.43	734	−11.63	1485	9.70	105	8.19	83	82.17	
云　南	3765	2.47	3027	2.26	455	9.86	232	−7.24	51	2.26	
西　藏	113	29.48	93	32.71	1.0	−11.34	0	2.10	17	21.25	1
陕　西	2768	14.09	141	10.33	2310	10.82	176	85.38	141	18.71	
甘　肃	1932	8.11	452	−10.85	1042	15.69	288	17.13	150	12.34	
青　海	989	4.31	505	−15.70	144	42.17	130	59.53	211	26.25	
宁　夏	1992	12.70	21	−7.90	1507	6.47	281	44.78	183	35.13	
新　疆	4613	13.84	286	6.60	3584	12.22	548	26.31	196	24.63	0

分地区全社会用电量

地　区	用电量（亿 kWh）	同比增长（%）
全　国	**83313**	**10.35**
北　京	1233	8.15
天　津	982	7.34
河　北	4294	9.16
山　西	2608	11.37
内蒙古	3957	1.46
辽　宁	2576	6.28
吉　林	843	4.69
黑龙江	1089	7.35
上　海	1750	11.02
江　苏	7101	11.41
浙　江	5514	14.17
安　徽	2715	11.86
福　建	2837	14.24
江　西	1863	14.49
山　东	7383	6.38
河　南	3647	7.52
湖　北	2472	15.27
湖　南	2155	11.68
广　东	7867	13.58
广　西	2238	10.29
海　南	405	11.83
重　庆	1341	13.00
四　川	3275	14.30
贵　州	1743	9.88
云　南	2139	5.63
西　藏	101	22.57
陕　西	2217	12.48
甘　肃	1495	8.65
青　海	858	15.58
宁　夏	1158	11.59
新　疆	3460	11.15

全国分行业用电量

指 标 名 称	用户个数（个）	用户用电装接容量（kW）	用电量（万 kWh）		
			2020 年	2019 年	同比增长（%）
全社会用电总计	**684559862**	**10021363068**	**833130844**	**754983130**	**10.35**
A. 全行业用电合计	80938540	6517271532	715193027	645288927	10.83
第一产业	9120416	334724815	10384318	8882121	16.91
第二产业	15037918	3820235266	562547806	515574916	9.11
第三产业	56780206	2463123840	142260903	120831889	17.73
B. 城乡居民生活用电合计	603621322	3747422371	117937817	109694203	7.52
城镇居民	272232759	1985974223	66540191	61820919	7.63
乡村居民	331388563	1795072582	51397626	47873284	7.36
全行业用电分类	**80938540**	**6309592779**	**715193027**	**645288927**	**10.83**
一、农、林、牧、渔业	**14870370**	**437785064**	**15965388**	**14471104**	**10.33**
1. 农业	5835625	104321640	4757723	4304624	10.53
2. 林业	124199	5587449	198780	222367	－10.61
3. 畜牧业	2096910	43042900	3534318	2665280	32.61
4. 渔业	731792	18480734	1893497	1689849	12.05
5. 农、林、牧、渔专业及辅助性活动	6081844	103173726	5581071	5588982	－0.14
其中：排灌	5088217	88926076	4452701	4623345	－3.69
二、工业	**13151986**	**3574611198**	**552204154**	**506354222**	**9.05**
（一）采矿业	283868	347265166	27857729	26675117	4.43
1. 煤炭开采和洗选业	45005	91854141	9786524	9491781	3.11
2. 石油和天然气开采业	17840	50436835	5880421	5298029	10.99
3. 黑色金属矿采选业	24048	24832808	4820217	4526625	6.49
4. 有色金属矿采选业	27186	17385611	3273533	3358385	－2.53
5. 非金属矿采选业	103812	30875767	2376653	2322406	2.34
6. 其他采矿活动	65977	27307095	1720381	1677890	2.53
（二）制造业	11343073	2173039700	417966027	380596872	9.82
1. 农副食品加工业	3572119	158697489	7624554	6957844	9.58
2. 食品制造业	406504	32635364	4589691	4149000	10.62
3. 酒、饮料及精制茶制造业	247631	31483790	1687705	1492077	13.11
4. 烟草制品业	99456	4463055	387901	371710	4.36
5. 纺织业	626092	70096236	17733423	15486162	14.51
6. 纺织服装、服饰业	397213	23343831	3815230	3256809	17.15
7. 皮革、毛皮、羽毛及其制品和制鞋业	208697	15667994	2300489	2000863	14.97
8. 木材加工和木、竹、藤、棕、草制品业	673776	32299413	4130349	3545869	16.48

续表

指 标 名 称	用户个数（个）	用户用电装接容量（kW）	用电量（万 kWh）		
			2020 年	2019 年	同比增长（%）
9. 家具制造业	222451	16049889	1973173	1675341	17.78
10. 造纸和纸制品业	115363	32058160	8493917	7978189	6.46
11. 印刷和记录媒介复制业	80148	10182600	1479824	1322865	11.87
12. 文教、工美、体育和娱乐用品制造业	173169	11017155	1803076	1539460	17.12
其中：体育用品制造	9726	1494325	262933	219980	19.53
13. 石油、煤炭及其他燃料加工业	26957	98732333	15806263	14196361	11.34
其中：煤化工	4983	46983289	4972544	4477207	11.06
14. 化学原料和化学制品制造业	99663	204664719	51642192	48145327	7.26
其中：氯碱	947	29648852	6602328	6031192	9.47
电石	462	20987649	9515965	8796119	8.18
黄磷	318	15239875	1021435	1218996	－16.21
肥料制造	12068	39886743	7271933	7272957	－0.01
15. 医药制造业	50893	38107416	4875595	4347738	12.14
其中：中成药生产	7964	6824685	445086	398827	11.60
生物药品制品制造	5468	6147239	1013768	874610	15.91
16. 化学纤维制造业	21114	19858003	4632638	4073669	13.72
17. 橡胶和塑料制品业	552499	93208576	16557966	14815349	11.76
其中：橡胶制品业	111174	23631289	4318958	3925660	10.02
塑料制品业	438986	69290892	12235490	10864704	12.62
18. 非金属矿物制品业	456053	218701461	41520790	38918456	6.69
其中：水泥制造	29408	66327603	14980330	15153282	－1.14
玻璃制造	9310	11025352	1856547	1643873	12.94
陶瓷制品制造	46634	19251039	3909821	3712784	5.31
碳化硅	874	7257703	1264406	995062	27.07
19. 黑色金属冶炼和压延加工业	18239	227344774	64899301	61196992	6.05
其中：钢铁	13940	204504332	44804970	42184646	6.21
铁合金冶炼	3442	37048152	19214399	18019717	6.63
20. 有色金属冶炼和压延加工业	37259	321298374	68074348	64551381	5.46
其中：铝冶炼	1022	273385866	52980502	50579966	4.75
铅锌冶炼	538	18775667	1877092	1842538	1.88
稀有稀土金属冶炼	656	2899663	979194	814775	20.18
21. 金属制品业	1286096	156868784	24349757	21771808	11.84
其中：结构性金属制品制造	301484	38457570	5847712	5122320	14.16
22. 通用设备制造业	435215	75907323	11404842	9819532	16.14

续表

指 标 名 称	用户个数（个）	用户用电装接容量（kW）	用电量（万 kWh）		
			2020 年	2019 年	同比增长（%）
其中：风能原动设备制造	322	507870	61444	48969	25.48
23. 专用设备制造业	99466	35273280	4341367	3882301	11.82
其中：医疗仪器设备及器械制造	8159	5778393	385361	308604	24.87
24. 汽车制造业	42424	45838485	6517262	5688097	14.58
其中：新能源车整车制造	609	2270953	180364	122830	46.84
25. 铁路、船舶、航空航天和其他运输设备制造业	55822	27097669	3485364	3266518	6.70
其中：铁路运输设备制造	3232	3296062	310621	312545	−0.62
城市轨道交通设备制造	872	1460264	115092	100066	15.02
航空、航天器及设备制造	1085	3608732	361985	302728	19.57
26. 电气机械和器材制造业	138556	66143390	11422372	9200915	24.14
其中：光伏设备及元器件制造	1645	7359005	1024151	532383	92.37
27. 计算机、通信和其他电子设备制造业	101801	104496644	22116366	18476725	19.70
其中：计算机制造	1111	3393649	644096	580503	10.95
通信设备制造	18167	8106411	1248581	1215232	2.74
28. 仪器仪表制造业	21115	5610272	910446	782556	16.34
29. 其他制造业	775113	59295050	6825130	5522524	23.59
30. 废弃资源综合利用业	119080	15756019	1579367	1252501	26.10
31. 金属制品、机械和设备修理业	183089	10150927	985328	911936	8.05
（三）电力、热力、燃气及水生产和供应业	1525045	1179479611	106380398	99082233	7.37
1. 电力、热力生产和供应业	1025413	1153654886	97202911	90938653	6.89
其中：电厂生产全部耗用电量	248888	358965386	53427022	49914086	7.04
线路损失电量	42999	27078879	32561071	31306836	4.01
抽水蓄能抽水耗用电量	5254	21676395	4202958	3759628	11.79
2. 燃气生产和供应业	56388	16340804	1865202	1706481	9.30
3. 水的生产和供应业	443244	59734057	7312286	6437099	13.60
三、建筑业	**2054717**	**251091783**	**11328980**	**10132631**	**11.81**
1. 房屋建筑业	1089577	99082062	4341753	3986806	8.90
2. 土木工程建筑业	217265	71241714	3268386	2602580	25.58
3. 建筑安装业	217707	17398137	822503	748585	9.87
4. 建筑装饰、装修和其他建筑业	530168	65949777	2896339	2794661	3.64
四、交通运输、仓储和邮政业	**770033**	**333196166**	**19930153**	**17515391**	**13.79**
1. 铁路运输业	27664	196688800	10078439	9028677	11.63
其中：电气化铁路	4614	177581805	7873913	6896444	14.17
2. 道路运输业	163734	72335831	4275837	3715332	15.09

续表

指 标 名 称	用户个数（个）	用户用电装接容量（kW）	用电量（万 kWh）		
			2020 年	2019 年	同比增长（%）
其中：城市公共交通运输	43475	41585067	2706531	2315459	16.89
3. 水上运输业	5869	6721092	471548	452623	4.18
其中：港口岸电	679	831781	43127	42224	2.14
4. 航空运输业	2232	9057748	616142	543387	13.39
5. 管道运输业	5799	7732551	749324	668180	12.14
6. 多式联运和运输代理业	14056	5191445	351690	319684	10.01
7. 装卸搬运和仓储业	498875	46488081	3088233	2522840	22.41
8. 邮政业	51804	3893405	298939	264668	12.95
五、信息传输、软件和信息技术服务业	**5743645**	**118241543**	**13052210**	**11383228**	**14.66**
1. 电信、广播电视和卫星传输服务	3937130	57402685	5716572	5002026	14.29
2. 互联网和相关服务	1611460	43000271	4619200	4065203	13.63
其中：互联网数据服务	43514	20107423	1915989	1678156	14.17
3. 软件和信息技术服务业	195055	24209672	2716437	2315998	17.29
六、批发和零售业	**23025168**	**440333275**	**29339662**	**23993916**	**22.28**
其中：充换电服务业	829287	46789022	2186220	1175210	86.03
七、住宿和餐饮业	**3146270**	**126584525**	**9356301**	**7688513**	**21.69**
八、金融业	**308059**	**29865764**	**1991695**	**1845027**	**7.95**
九、房地产业	**4291845**	**370778769**	**16003567**	**13339514**	**19.97**
十、租赁和商务服务业	**1436012**	**121459188**	**7035569**	**5712873**	**23.15**
其中：租赁业	207241	11049596	568286	406196	39.90
十一、公共服务及管理组织	**12140435**	**685821346**	**38985348**	**32852508**	**18.67**
1. 科学研究和技术服务业	126429	46282504	2231961	1933646	15.43
其中：地质勘查	7290	1262246	50625	44679	13.31
其中：科技推广和应用服务业	23058	5284300	331766	285160	16.34
2. 水利、环境和公共设施管理业	3946825	146661064	6878476	6273900	9.64
其中：水利管理业	211276	24997422	976786	969376	0.76
其中：公共照明	2573841	76531121	3554458	3177951	11.85
3. 居民服务、修理和其他服务业	3989353	86875409	4583256	4023856	13.90
4. 教育、文化、体育和娱乐业	1413620	183920603	11270204	8548961	31.83
其中：教育	824264	138086382	9212687	6845152	34.59
5. 卫生和社会工作	455886	107931332	6170642	5276543	16.94
6. 公共管理和社会组织、国际组织	2208322	131361985	7850808	6795603	15.53

注　从 2018 年 5 月开始，三次产业划分按照《国家统计局关于修订〈三次产业划分规定（2012）〉的通知》（国统设管函〔2018〕74 号）调整，为保证数据可比，同期数据根据新标准重新进行了分类。

分地区全社会用电量分类

单位：万 kWh

地　区	全社会用电总计	A. 全行业用电合计	第一产业	第二产业	第三产业	B. 城乡居民生活用电合计	一、农、林、牧、渔业	二、工业	（一）采矿业	（二）制造业
全　国	**833130844**	**715193027**	**10384318**	**562547806**	**142260903**	**117937817**	**15965388**	**552204154**	**27857729**	**417966027**
北　京	12329152	9465283	94160	3077101	6294023	2863869	161321	2811754	7820	1646126
天　津	9822855	8483227	150788	6306004	2026435	1339627	180209	6168223	469940	4430302
河　北	42943494	37019981	645360	28719225	7655396	5923513	1236657	28260232	2188445	20862814
山　西	26079132	23574476	216783	20025152	3332541	2504656	536406	19754385	4218404	10594666
内蒙古	39574616	37948612	303207	34648340	2997065	1626004	713674	34496480	1956073	26132424
辽　宁	25756124	22530120	478832	18089959	3961329	3226004	574841	17878302	1574519	12578785
吉　林	8431792	6976679	180172	4939367	1857140	1455114	241695	4813270	396984	2429448
黑龙江	10889438	8901840	320495	6472383	2108963	1987598	476915	6373753	1929525	2275118
上　海	17496197	14716526	55428	8696575	5964523	2779671	72088	8514923	3192	6868137
江　苏	71011634	62297142	644627	50470230	11182285	8714492	932802	49799949	327665	41670861
浙　江	55141431	47731722	242152	38684720	8804850	7409709	316125	37671377	177799	31585426
安　徽	27154682	22885464	377323	17681423	4826718	4269218	443450	17212997	878564	12920652
福　建	28366668	23058768	452033	18127337	4479397	5307900	489416	17783309	208992	14388782
江　西	18625202	15411043	123160	12135104	3152778	3214160	185621	11858916	514828	8123379
山　东	73825079	66016641	1047390	56590476	8378775	7808438	1423323	55856407	1819863	46040891
河　南	36469135	29495312	564950	22139039	6791323	6973823	874024	21626017	1069714	15579639
湖　北	24715355	20166523	286405	15170682	4709437	4548832	458261	14803991	315699	11261692
湖　南	21545396	15782348	214995	11368417	4198935	5763048	282697	11069401	546211	7448972
广　东	78666263	65493843	1424145	47088021	16981678	13172419	1578986	46334025	395608	38584689

续表

地　区	全社会用电总计	A. 全行业用电合计	第一产业	第二产业	第三产业	B. 城乡居民生活用电合计	一、农、林、牧、渔业	二、工业	（一）采矿业	（二）制造业
广　西	22376062	17955569	389058	14380155	3186357	4420492	465087	14026742	304973	12001403
海　南	4054656	3240662	198322	1581906	1460434	813994	260039	1466183	66777	845781
重　庆	13407086	11035868	56206	7876548	3103114	2371218	63071	7621127	135198	5991993
四　川	32748094	27140820	238683	20795137	6107000	5607274	298433	20205031	1017881	15298379
贵　州	17427502	13748327	173412	10607720	2967196	3679175	197022	10297427	636127	7480731
云　南	21391109	18428813	227114	15341646	2860052	2962296	298362	14878566	740490	11834466
西　藏	1010587	783066	2949	530674	249442	227521	4679	486626	93360	157398
陕　西	22168087	18893111	205005	14593621	4094485	3274976	396832	14261268	3381644	7115236
甘　肃	14947001	13702135	139545	11169960	2392630	1244866	577013	10995156	624495	8350562
青　海	8576388	8177926	12090	7541166	624670	398462	27244	7478593	204329	6630228
宁　夏	11584891	11226823	106025	10285342	835456	358068	272293	10241175	272174	8123907
新　疆	34595735	32904356	813502	27414379	4676474	1691379	1926802	27158551	1380436	18713142

地　区	（三）电力、热力、燃气及水生产和供应业	三、建筑业	四、交通运输、仓储和邮政业	五、信息传输、软件和信息技术服务业	六、批发和零售业	七、住宿和餐饮业	八、金融业	九、房地产业	十、租赁和商务服务业	十一、公共服务及管理组织
全　国	**106380398**	**11328980**	**19930153**	**13052210**	**29339662**	**9356301**	**1991695**	**16003567**	**7035569**	**38985348**
北　京	1157809	265681	614736	755786	766139	301087	151393	1416068	289548	1931769
天　津	1267981	142803	378371	122509	314825	88952	21498	406305	67781	591751
河　北	5208973	495132	1306173	925311	1665849	395677	78583	446102	166126	2044137
山　西	4941316	284423	869842	307724	570583	175854	40533	99847	95327	839552
内蒙古	6407983	160176	551901	508275	429106	223233	31972	101050	80982	651763
辽　宁	3724998	227468	674668	276829	951786	273145	67992	311190	102920	1190979
吉　林	1986838	129624	297845	160604	402535	130655	40881	125775	47631	586165
黑龙江	2169109	102642	326834	186433	468923	136705	28773	131778	48182	620902

续表

地　区	(三)电力、热力、燃气及水生产和供应业	三、建筑业	四、交通运输、仓储和邮政业	五、信息传输、软件和信息技术服务业	六、批发和零售业	七、住宿和餐饮业	八、金融业	九、房地产业	十、租赁和商务服务业	十一、公共服务及管理组织
上　海	1643594	203315	580769	582331	705332	169908	167654	2011602	315656	1392948
江　苏	7801423	695950	1182492	1054787	2228470	651917	134646	1839777	536011	3240341
浙　江	5908152	1044653	994528	788410	1974231	655282	151216	1031150	657874	2446875
安　徽	3413781	473774	618114	322260	1165758	297790	77350	568911	163233	1541828
福　建	3185535	375796	483061	369890	1233935	352634	64503	329585	192987	1383650
江　西	3220709	326838	426622	292609	762078	263605	59795	254290	60762	919907
山　东	7995653	747725	1543160	479529	1590829	510397	98563	899452	423730	2443525
河　南	4976664	532600	941935	351231	2286654	337405	59594	706217	118593	1661044
湖　北	3226600	414141	712372	310065	991833	305581	71772	688034	96649	1313825
湖　南	3074219	317298	693431	306301	975472	311174	49434	437366	88507	1251266
广　东	7353727	1131194	1630693	1283932	3822751	1385172	228708	1207178	2507261	4383942
广　西	1720366	376914	514882	257939	522028	313222	41643	199148	231238	1006727
海　南	553625	116758	81834	78571	221405	230287	18837	328923	71239	366585
重　庆	1493936	284050	357717	262692	748979	172760	33414	638057	50135	803866
四　川	3888771	719272	847119	671437	1509394	369238	78457	773434	103877	1565128
贵　州	2180568	324576	441536	279463	501908	281869	54930	242740	94839	1032017
云　南	2303610	469062	440684	293651	537803	311555	31066	157833	183191	827039
西　藏	235868	44072	21428	14957	44926	32729	6769	8200	6810	111871
陕　西	3764388	347352	926958	276766	905145	257143	38975	359705	84095	1038872
甘　肃	2020099	192301	714437	166708	321126	142846	24696	59952	41848	466052
青　海	644037	63810	115991	128523	114942	42401	6171	40013	8423	151815
宁　夏	1845094	49554	131571	55753	145107	60565	9125	55035	22944	183701
新　疆	7064973	270025	508447	1180935	459810	175512	22752	128851	77167	995503

分地区 6000kW 及以上电厂发电技术经济指标

地区	利用小时（h）						厂用电率（%）			发电标准煤耗（g/kWh）	供电标准煤耗（g/kWh）	发电消耗原煤量（万 t）	发电消耗标煤量（万 t）
	合计	水电	火电	核电	风电	太阳能发电	合计	水电	火电				
全国	**3813**	**3606**	**4444**	**7802**	**2231**	**1282**	**4.36**	**0.26**	**5.59**	**285**	**302**	**225019**	**148207**
北京	3685	1380	3929		2057	1186	2.71	0.78	2.79	210	215	30	905
天津	3655		3921		1883	1235	5.31		5.49	275	291	2161	1989
河北	3139	1143	4160		2208	1108	4.53	1.14	5.62	284	301	9285	6148
山西	3601	1706	4364		2348	1345	5.92	0.44	6.94	295	317	15931	8672
内蒙古	3980	2581	4994		2429	1563	5.69	0.63	6.67	290	312	27225	13794
辽宁	3701	2554	3787	8027	2292	1394	5.42	1.33	6.03	284	301	6659	3721
吉林	2963	1748	3745		2298	1602	5.70	0.77	7.16	277	297	3742	1872
黑龙江	3176	2317	3664		2209	1589	5.74	1.31	6.84	294	316	4698	2608
上海	3860		3951		2189	1171	4.65		4.69	282	295	3326	2697
江苏	4183	1171	4619	7846	2390	1238	4.30	0.06	4.50	277	290	16883	13010
浙江	4483	1770	4761	8047	2111	1069	4.84	0.50	4.86	280	294	10184	8271
安徽	3955	1565	4739		2259	1128	4.32	0.58	4.51	284	297	10377	6974
福建	4672	2070	4877	7896	2703	1090	4.85	0.43	4.68	290	304	6457	4575
江西	3849	1907	5170		2012	1007	4.61	0.80	5.19	284	297	4267	3054
山东	4086	974	4553	7867	2250	1211	5.97	1.02	6.21	274	289	19043	13533
河南	2929	2799	3273		2120	1046	4.36	0.26	4.92	288	303	9534	6383
湖北	3946	4309	4399		2132	1075	2.43	0.12	5.07	283	298	4994	3798
湖南	3564	3398	4391		2080	1040	3.64	0.67	5.38	289	304	3627	2745
广东	4297	1222	4484	7462	1880	1171	4.45	0.89	4.53	280	293	14967	11982
广西	3864	3061	4689	8345	2324	1169	3.62	0.43	5.68	292	308	3323	2222
海南	3937	1080	4510	7510	1743	1148	6.40	0.45	6.79	272	289	794	621
重庆	3975	3763	4314		2145	722	4.93	0.42	6.66	287	308	2476	2005
四川	4321	4574	3954		2377	1591	0.68	0.06	4.21	303	321	2097	1472
贵州	3315	3216	4240		1851	892	4.99	0.19	7.59	298	322	8357	4073
云南	3556	3876	2998		2617	1353	1.31	0.15	7.85	311	336	2411	1090
西藏	2923	4470	273		1929	1299	0.32	0.37	12.12	371	420		0
陕西	3908	4261	4662		2119	1365	5.69	0.71	6.48	298	319	8755	5791
甘肃	3506	4534	4971		2022	1546	3.45	1.12	5.32	296	313	4812	3037
青海	2449	4234	3656		1519	1303	1.01	0.20	6.26	305	325	638	418
宁夏	3323	4894	4529		2018	1475	6.38	1.49	7.89	290	311	7265	4169
新疆	4006	3339	5129		2309	1494	4.03	1.02	5.03	290	312	10699	6577

分地区 35kV 及以上输电线路回路长度

单位：km

地　区	总计
全　国	**2227423**
北　京	11351
天　津	15673
河　北	121883
山　西	88415
内蒙古	128927
辽　宁	68023
吉　林	42680
黑龙江	64898
上　海	10507
江　苏	112838
浙　江	73353
安　徽	87399
福　建	56935
江　西	65179
山　东	128201
河　南	97794
湖　北	81195
湖　南	80323
广　东	91940
广　西	85115
海　南	11289
重　庆	40713
四　川	119123
贵　州	56042
云　南	97210
西　藏	37457
陕　西	65771
甘　肃	80778
青　海	44175
宁　夏	33638
新　疆	104844
跨　区	23755

分地区 35kV 及以上变压器情况

地　区	座数（座）	组数（组）	铭牌容量（万 kVA）
全　国	**78924**	**159693**	**862767**
北　京	745	1821	15200
天　津	1472	4292	14817
河　北	4438	9450	49062
山　西	2995	6315	27929
内蒙古	2661	5101	38063
辽　宁	2854	5555	28871
吉　林	1449	2394	9224
黑龙江	2299	3843	11008
上　海	2567	5770	23978
江　苏	5831	13160	75554
浙　江	3553	7521	55124
安　徽	3570	7258	31107
福　建	1982	3799	24003
江　西	1996	3685	18955
山　东	7070	15886	69086
河　南	4050	7369	41986
湖　北	2993	5329	27011
湖　南	2759	4945	22473
广　东	3753	8603	76912
广　西	2712	5841	16383
海　南	367	696	2620
重　庆	1368	2681	15135
四　川	3318	5753	35366
贵　州	1584	2825	13321
云　南	2622	4821	19724
西　藏	533	703	2053
陕　西	1980	3840	16934
甘　肃	1700	3432	16024
青　海	716	1355	11902
宁　夏	764	1701	13659
新　疆	2182	3771	23895
跨　区	41	178	15387

分地区 35kV 及以上交流变压器情况

地　区	座数（座）	组数（组）	铭牌容量（万 kVA）
全　国	**54654**	**104145**	**698505**
北　京	591	1494	14300
天　津	586	1319	10270
河　北	3300	6858	41708
山　西	1463	2990	20689
内蒙古	2005	3549	27588
辽　宁	1881	3708	23093
吉　林	1120	1826	8007
黑龙江	1597	2608	8587
上　海	1018	2291	17911
江　苏	3256	6473	62648
浙　江	2482	5221	49166
安　徽	2207	4345	25498
福　建	1592	2985	21490
江　西	1675	3083	16396
山　东	3793	7573	53932
河　南	3226	5631	34882
湖　北	2245	3779	20424
湖　南	2018	3455	18726
广　东	3245	7571	70442
广　西	2065	3565	12613
海　南	321	618	2442
重　庆	968	1978	13608
四　川	2529	4345	28139
贵　州	1564	2769	13084
云　南	2062	3511	16558
西　藏	526	693	1979
陕　西	1688	3209	15238
甘　肃	1214	2392	12486
青　海	445	792	7929
宁　夏	403	812	7886
新　疆	1549	2656	17284
跨　区	20	46	3500

附　录

2021年发布的电力相关国家标准

序号	标准编号	标准名称	代替标准号	实施日期	发布日期
1	GB/T 12668.901—2021	调速电气传动系统　第9-1部分：电气传动系统、电机起动器、电力电子设备及其传动应用的生态设计　采用扩展产品法（EPA）和半解析模型（SAM）制定电气传动设备能效标准的一般要求		2021-10-01	2021-03-09
2	GB/T 12668.902—2021	调速电气传动系统　第9-2部分：电气传动系统、电机起动器、电力电子设备及其传动应用的生态设计　电气传动系统和电机起动器的能效指标		2021-10-01	2021-03-09
3	GB/T 12975—2021	船用同步发电机通用技术条件	GB/T 12975—2008	2021-10-01	2021-03-09
4	GB/T 18802.31—2021	低压电涌保护器　第31部分：用于光伏系统的电涌保护器　性能要求和试验方法	GB/T 18802.31—2016	2021-10-01	2021-03-09
5	GB/T 18802.32—2021	低压电涌保护器　第32部分：用于光伏系统的电涌保护器　选择和使用导则		2021-10-01	2021-03-09
6	GB/T 20645—2021	特殊环境条件　高原用低压电器技术要求	GB/T 20645—2006	2021-10-01	2021-03-09
7	GB/T 20833.1—2021	旋转电机　绕组绝缘　第1部分：离线局部放电测量	GB/T 20833.1—2016	2021-10-01	2021-03-09
8	GB/T 20833.4—2021	旋转电机　绕组绝缘　第4部分：绝缘电阻和极化指数测量		2021-10-01	2021-03-09
9	GB/T 24847—2021	1000kV交流系统电压和无功电力技术导则	GB/Z 24847—2009	2021-10-01	2021-03-09
10	GB/T 25386.1—2021	风力发电机组　控制系统　第1部分：技术条件	GB/T 25386.1—2010	2021-10-01	2021-03-09
11	GB/T 25386.2—2021	风力发电机组　控制系统　第2部分：试验方法	GB/T 25386.2—2010	2021-10-01	2021-03-09
12	GB/T 25387.1—2021	风力发电机组　全功率变流器　第1部分：技术条件	GB/T 25387.1—2010	2021-10-01	2021-03-09
13	GB/T 25387.2—2021	风力发电机组　全功率变流器　第2部分：试验方法	GB/T 25387.2—2010	2021-10-01	2021-03-09
14	GB/T 25388.1—2021	风力发电机组　双馈式变流器　第1部分：技术条件	GB/T 25388.1—2010	2021-10-01	2021-03-09
15	GB/T 25388.2—2021	风力发电机组　双馈式变流器　第2部分：试验方法	GB/T 25388.2—2010	2021-10-01	2021-03-09
16	GB/T 39750—2021	光伏发电系统直流电弧保护技术要求		2021-10-01	2021-03-09
17	GB/T 39752—2021	电动汽车供电设备安全要求及试验规范		2021-10-01	2021-03-09
18	GB/T 39854—2021	光伏发电站性能评估技术规范		2021-10-01	2021-03-09
19	GB/T 39857—2021	光伏发电效率技术规范		2021-10-01	2021-03-09
20	GB/T 39891—2021	52kV及以上断路器电气耐久性试验方法		2021-10-01	2021-03-09
21	GB/T 2900.36—2021	电工术语　电力牵引	GB/T 2900.36—2003	2021-11-01	2021-04-30
22	GB/T 17650.1—2021	取自电缆或光缆的材料燃烧时释出气体的试验方法　第1部分：卤酸气体总量的测定	GB/T 17650.1—1998	2021-11-01	2021-04-30
23	GB/T 17650.2—2021	取自电缆或光缆的材料燃烧时释出气体的试验方法　第2部分：酸度（用pH测量）和电导率的测定	GB/T 17650.2—1998	2021-11-01	2021-04-30

续表

序号	标准编号	标准名称	代替标准号	实施日期	发布日期
24	GB/T 17651.1—2021	电缆或光缆在特定条件下燃烧的烟密度测定　第1部分：试验装置	GB/T 17651.1—1998	2021-11-01	2021-04-30
25	GB/T 17651.2—2021	电缆或光缆在特定条件下燃烧的烟密度测定　第2部分：试验程序和要求	GB/T 17651.2—1998	2021-11-01	2021-04-30
26	GB/T 26667—2021	电磁屏蔽材料术语	GB/T 26667—2011	2021-11-01	2021-04-30
27	GB/T 40082—2021	风力发电机组　传动链地面测试技术规范		2021-11-01	2021-04-30
28	GB/T 40090—2021	储能电站运行维护规程		2021-11-01	2021-04-30
29	GB/T 40091—2021	智能变电站继电保护和电网安全自动装置安全措施要求		2021-11-01	2021-04-30
30	GB/T 1029—2021	三相同步电机试验方法	GB/T 1029—2005	2021-12-01	2021-05-21
31	GB/T 4787.1—2021	高压交流断路器用均压电容器　第1部分：总则	GB/T 4787—2010	2021-12-01	2021-05-21
32	GB/T 10066.32—2021	电热和电磁处理装置的试验方法　第32部分：感应透热装置		2021-12-01	2021-05-21
33	GB/T 10067.36—2021	电热和电磁处理装置基本技术条件　第36部分：感应透热装置		2021-12-01	2021-05-21
34	GB/Z 17624.3—2021	电磁兼容　综述　第3部分：高空电磁脉冲（HEMP）对民用设备和系统的效应		2021-12-01	2021-05-21
35	GB/T 17702—2021	电力电子电容器	GB/T 17702—2013	2021-12-01	2021-05-21
36	GB/T 18216.1—2021	交流1000V和直流1500V及以下低压配电系统电气安全　防护措施的试验、测量或监控设备　第1部分：通用要求	GB/T 18216.1—2012	2021-12-01	2021-05-21
37	GB/T 18216.2—2021	交流1000V和直流1500V及以下低压配电系统电气安全　防护措施的试验、测量或监控设备　第2部分：绝缘电阻	GB/T 18216.2—2012	2021-12-01	2021-05-21
38	GB/T 18216.3—2021	交流1000V和直流1500V及以下低压配电系统电气安全　防护措施的试验、测量或监控设备　第3部分：环路阻抗	GB/T 18216.3—2012	2021-12-01	2021-05-21
39	GB/T 18216.4—2021	交流1000V和直流1500V及以下低压配电系统电气安全　防护措施的试验、测量或监控设备　第4部分：接地电阻和等电位接地电阻	GB/T 18216.4—2012	2021-12-01	2021-05-21
40	GB/T 18216.5—2021	交流1000V和直流1500V及以下低压配电系统电气安全　防护措施的试验、测量或监控设备　第5部分：对地电阻	GB/T 18216.5—2012	2021-12-01	2021-05-21
41	GB/T 18916.1—2021	取水定额　第1部分：火力发电	GB/T 18916.1—2012	2021-12-01	2021-05-21
42	GB/T 19216.1—2021	在火焰条件下电缆或光缆的线路完整性试验　第1部分：火焰温度不低于830℃的供火并施加冲击振动，额定电压0.6/1kV及以下外径超过20mm电缆的试验方法		2021-12-01	2021-05-21
43	GB/T 19216.2—2021	在火焰条件下电缆或光缆的线路完整性试验　第2部分：火焰温度不低于830℃的供火并施加冲击振动，额定电压0.6/1kV及以下外径不超过20mm电缆的试验方法		2021-12-01	2021-05-21
44	GB/T 19216.3—2021	在火焰条件下电缆或光缆的线路完整性试验　第3部分：火焰温度不低于830℃的供火并施加冲击振动，额定电压0.6/1kV及以下电缆穿在金属管中进行的试验方法		2021-12-01	2021-05-21

续表

序号	标准编号	标准名称	代替标准号	实施日期	发布日期
45	GB/T 25301—2021	电阻焊设备　变压器　适用于所有变压器的通用技术条件	GB/T 25301—2010	2021-12-01	2021-05-21
46	GB/T 28543—2021	电力电容器噪声测量方法	GB/T 28543—2012	2021-12-01	2021-05-21
47	GB/T 29317—2021	电动汽车充换电设施术语	GB/T 29317—2012	2021-12-01	2021-05-21
48	GB/T 31838.5—2021	固体绝缘材料　介电和电阻特性　第 5 部分：电阻特性（DC 方法）　浸渍和涂层材料的体积电阻和体积电阻率		2021-12-01	2021-05-21
49	GB/T 31838.6—2021	固体绝缘材料　介电和电阻特性　第 6 部分：介电特性（AC 方法）　相对介电常数和介质损耗因数（频率 0.1Hz～10MHz）		2021-12-01	2021-05-21
50	GB/T 31838.7—2021	固体绝缘材料　介电和电阻特性　第 7 部分：电阻特性（DC 方法）　高温下测量体积电阻和体积电阻率	GB/T 10581—2006	2021-12-01	2021-05-21
51	GB/T 38329.2—2021	港口船岸连接　第 2 部分：高压和低压岸电连接系统　监测和控制的数据传输		2021-12-01	2021-05-21
52	GB/T 40095—2021	智能变电站测控装置技术规范		2021-12-01	2021-05-21
53	GB/T 40096.1—2021	就地化继电保护装置技术规范　第 1 部分：通用技术条件		2021-12-01	2021-05-21
54	GB/T 40096.2—2021	就地化继电保护装置技术规范　第 2 部分：连接器及预制缆		2021-12-01	2021-05-21
55	GB/T 40096.3—2021	就地化继电保护装置技术规范　第 3 部分：就地操作箱		2021-12-01	2021-05-21
56	GB/T 40096.4—2021	就地化继电保护装置技术规范　第 4 部分：智能管理单元		2021-12-01	2021-05-21
57	GB/T 40096.5—2021	就地化继电保护装置技术规范　第 5 部分：线路保护		2021-12-01	2021-05-21
58	GB/T 40098—2021	电动汽车更换用动力蓄电池箱编码规则		2021-12-01	2021-05-21
59	GB/T 40099—2021	太阳能光热发电站　代表年太阳辐射数据集的生成方法		2021-12-01	2021-05-21
60	GB/T 40102—2021	太阳能热发电站接入电力系统检测规程		2021-12-01	2021-05-21
61	GB/T 40103—2021	太阳能热发电站接入电力系统技术规定		2021-12-01	2021-05-21
62	GB/T 40104—2021	太阳能光热发电站　术语		2021-12-01	2021-05-21
63	GB/T 40221—2021	智能水电厂经济运行系统技术条件		2021-12-01	2021-05-21
64	GB/T 40222—2021	智能水电厂技术导则		2021-12-01	2021-05-21
65	GB/T 40234—2021	智能水电厂公共信息模型技术要求		2021-12-01	2021-05-21
66	GB/T 40284—2021	发电厂余热回收系统节能量检测试验导则		2021-12-01	2021-05-21
67	GB/T 40285—2021	智能水电厂大坝安全分析评估系统技术规范		2021-12-01	2021-05-21
68	GB/T 40287—2021	电力物联网信息通信总体架构		2021-12-01	2021-05-21
69	GB/T 40289—2021	光伏发电站功率控制系统技术要求		2021-12-01	2021-05-21
70	GB/T 40294—2021	确定电励磁同步电机参数的试验方法		2021-12-01	2021-05-21
71	GB/Z 40295—2021	波浪能转换装置发电性能评估		2021-12-01	2021-05-21
72	GB/T 7163—2021	核电厂安全系统可靠性分析要求	GB/T 7163—2008	2022-03-01	2021-08-20

续表

序号	标准编号	标准名称	代替标准号	实施日期	发布日期
73	GB/T 12788—2021	核电厂安全级电力系统准则	GB/T 12788—2008	2022-03-01	2021-08-20
74	GB/T 14286—2021	带电作业工具设备术语	GB/T 14286—2008	2022-03-01	2021-08-20
75	GB/T 18451.2—2021	风力发电机组　功率特性测试	GB/T 18451.2—2012	2022-03-01	2021-08-20
76	GB/T 19963.1—2021	风电场接入电力系统技术规定　第 1 部分：陆上风电	GB/T 19963—2011	2022-03-01	2021-08-20
77	GB/T 36271.2—2021	交流 1kV 及直流 1.5kV 以上电力设施　第 2 部分：直流		2022-03-01	2021-08-20
78	GB/T 40370—2021	燃气–蒸汽联合循环热电联产能耗指标计算方法		2022-03-01	2021-08-20
79	GB/T 40425.1—2021	电动客车顶部接触式充电系统　第 1 部分：通用要求		2022-03-01	2021-08-20
80	GB/T 40428—2021	电动汽车传导充电电磁兼容性要求和试验方法		2022-03-01	2021-08-20
81	GB/T 40431—2021	电气运行场所的人身安全约束指南		2022-03-01	2021-08-20
82	GB/T 40435—2021	变电站数据通信网关机技术规范		2022-03-01	2021-08-20
83	GB/T 40514—2021	电除尘器		2022-03-01	2021-08-20
84	GB/T 1971—2021	旋转电机　线端标志与旋转方向	GB/T 1971—2006	2022-05-01	2021-10-11
85	GB/T 4942—2021	旋转电机整体结构的防护等级（IP 代码）分级	GB/T 4942.1—2006	2022-05-01	2021-10-11
86	GB/T 5169.2—2021	电工电子产品着火危险试验　第 2 部分：着火危险评定导则　总则	GB/T 5169.2—2013	2022-05-01	2021-10-11
87	GB/T 5169.20—2021	电工电子产品着火危险试验　第 20 部分：火焰表面蔓延　试验方法概要和相关性	GB/T 5169.20—2013	2022-05-01	2021-10-11
88	GB/T 6346.24—2021	电子设备用固定电容器　第 24 部分：分规范　表面安装导电聚合物固体电解质钽固定电容器		2022-05-01	2021-10-11
89	GB/T 9089.1—2021	户外严酷条件下的电气设施　第 1 部分：术语	GB/T 9089.1—2008	2022-05-01	2021-10-11
90	GB/T 12668.7302—2021	调速电气传动系统　第 7–302 部分：电气传动系统的通用接口和使用规范　2 型规范对应至网络技术		2022-05-01	2021-10-11
91	GB/T 13542.2—2021	电气绝缘用薄膜　第 2 部分：试验方法	GB/T 13542.2—2009	2022-05-01	2021-10-11
92	GB/T 14824—2021	高压交流发电机断路器	GB/T 14824—2008	2022-05-01	2021-10-11
93	GB/T 15092.5—2021	器具开关　第 2 部分：手持式、可移式电动工具和园林机器开关的特殊要求		2022-05-01	2021-10-11
94	GB/Z 17624.6—2021	电磁兼容　综述　第 6 部分　测量不确定度评定指南		2022-05-01	2021-10-11
95	GB/T 21969—2021	YGP 系列辊道用变频调速三相异步电动机　技术条件	GB/T 21969—2008	2022-05-01	2021-10-11
96	GB/T 21973—2021	YZR3 系列起重及冶金用绕线转子三相异步电动机　技术条件	GB/T 21973—2008	2022-05-01	2021-10-11
97	GB/T 22158—2021	核电厂防火设计规范	GB/T 22158—2008	2022-05-01	2021-10-11
98	GB/T 22712—2021	变频电机用 G 系列冷却风机技术规范	GB/T 22712—2008	2022-05-01	2021-10-11
99	GB/T 24621.1—2021	低压成套开关设备和控制设备的电气安全应用指南　第 1 部分：成套开关设备	GB/T 24621.1—2009	2022-05-01	2021-10-11
100	GB/T 27744—2021	异步起动永磁同步电动机技术条件及能效分级（机座号 80～355）	GB/T 27744—2011	2022-05-01	2021-10-11

续表

序号	标准编号	标准名称	代替标准号	实施日期	发布日期
101	GB/T 30845.2—2021	高压岸电连接系统（HVSC 系统）用插头、插座和船用耦合器　第 2 部分：不同类型的船舶用附件的尺寸兼容性和互换性要求	GB/T 30845.2—2014	2022-05-01	2021-10-11
102	GB/T 38775.5—2021	电动汽车无线充电系统　第 5 部分：电磁兼容性要求和试验方法		2022-05-01	2021-10-11
103	GB/T 38775.6—2021	电动汽车无线充电系统　第 6 部分：互操作性要求及测试　地面端		2022-05-01	2021-10-11
104	GB/T 38775.7—2021	电动汽车无线充电系统　第 7 部分：互操作性要求及测试　车辆端		2022-05-01	2021-10-11
105	GB/T 40366—2021	电气设备用图形符号列入 IEC 出版物的导则		2022-05-01	2021-10-11
106	GB/T 40427—2021	电力系统电压和无功电力技术导则		2022-05-01	2021-10-11
107	GB/T 40444—2021	核电厂安全重要仪表和控制系统总体要求		2022-02-01	2021-10-11
108	GB/T 40532—2021	电力系统站域失灵（死区）保护技术导则		2022-05-01	2021-10-11
109	GB/T 40580—2021	高压直流输电系统机电暂态仿真建模技术导则		2022-05-01	2021-10-11
110	GB/T 40581—2021	电力系统安全稳定计算规范		2022-05-01	2021-10-11
111	GB/T 40582—2021	水电站基本术语		2022-05-01	2021-10-11
112	GB/T 40584—2021	继电保护整定计算软件及数据技术规范		2022-05-01	2021-10-11
113	GB/T 40585—2021	电网运行风险监测、评估及可视化技术规范		2022-05-01	2021-10-11
114	GB/T 40586—2021	并网电源涉网保护技术要求		2022-05-01	2021-10-11
115	GB/T 40587—2021	电力系统安全稳定控制系统技术规范		2022-05-01	2021-10-11
116	GB/T 40588—2021	电力系统自动低压减负荷技术规定		2022-05-01	2021-10-11
117	GB/T 40589—2021	同步发电机励磁系统建模导则		2022-05-01	2021-10-11
118	GB/T 40591—2021	电力系统稳定器整定试验导则		2022-05-01	2021-10-11
119	GB/T 40592—2021	电力系统自动高频切除发电机组技术规定		2022-05-01	2021-10-11
120	GB/T 40593—2021	同步发电机调速系统参数实测及建模导则		2022-05-01	2021-10-11
121	GB/T 40594—2021	电力系统网源协调技术导则		2022-05-01	2021-10-11
122	GB/T 40595—2021	并网电源一次调频技术规定及试验导则		2022-05-01	2021-10-11
123	GB/T 40596—2021	电力系统自动低频减负荷技术规定		2022-05-01	2021-10-11
124	GB/T 40597—2021	电能质量规划　总则		2022-05-01	2021-10-11
125	GB/T 40598—2021	电力系统安全稳定控制策略描述规则		2022-05-01	2021-10-11
126	GB/T 40599—2021	继电保护及安全自动装置在线监视与分析技术规范		2022-05-01	2021-10-11
127	GB/T 40600—2021	风电场功率控制系统调度功能技术要求		2022-05-01	2021-10-11
128	GB/T 40601—2021	电力系统实时数字仿真技术要求		2022-05-01	2021-10-11
129	GB/T 40603—2021	风电场受限电量评估导则		2022-05-01	2021-10-11
130	GB/T 40606—2021	电网在线安全分析与控制辅助决策技术规范		2022-05-01	2021-10-11
131	GB/T 40607—2021	调度侧风电或光伏功率预测系统技术要求		2022-05-01	2021-10-11
132	GB/T 40608—2021	电网设备模型参数和运行方式数据技术要求		2022-05-01	2021-10-11
133	GB/T 40609—2021	电网运行安全校核技术规范		2022-05-01	2021-10-11

续表

序号	标准编号	标准名称	代替标准号	实施日期	发布日期
134	GB/T 40610—2021	电力系统在线潮流数据二进制描述及交换规范		2022-05-01	2021-10-11
135	GB/T 40613—2021	电力系统大面积停电恢复技术导则		2022-05-01	2021-10-11
136	GB/T 40614—2021	光热发电站性能评估技术要求		2022-05-01	2021-10-11
137	GB/T 40615—2021	电力系统电压稳定评价导则		2022-05-01	2021-10-11
138	GB/T 40616—2021	村镇光伏发电站集群控制系统仿真测试技术要求		2022-05-01	2021-10-11
139	GB/T 40617—2021	电气场所的安全生态构建指南		2022-05-01	2021-10-11
140	GB/T 40619—2021	基于雷电定位系统的雷电临近预警技术规范		2022-05-01	2021-10-11
141	GB/Z 40680—2021	直流系统用剩余电流动作保护电器的一般要求		2022-05-01	2021-10-11
142	GB/T 40773—2021	变电站辅助设施监控系统技术规范		2022-05-01	2021-10-11
143	GB/T 40777—2021	家用及类似用途断路器、RCCB、RCBO 自动重合闸电器（ARD）的一般要求		2022-05-01	2021-10-11
144	GB/T 40817.1—2021	核电主泵电机技术条件　第 1 部分：轴封泵异步电机		2022-05-01	2021-10-11
145	GB/T 40817.2—2021	核电主泵电机技术条件　第 2 部分：屏蔽泵异步电机		2022-05-01	2021-10-11
146	GB/T 40818—2021	带弧形触头的插头、插座和耦合器		2022-05-01	2021-10-11
147	GB/T 40819—2021	架空线缆微风振动疲劳试验方法		2022-05-01	2021-10-11
148	GB/T 40820—2021	电动汽车模式 3 充电用直流剩余电流检测电器（RDC－DD）		2022-05-01	2021-10-11
149	GB/T 40821—2021	太阳能热发电站换热系统检测规范		2022-05-01	2021-10-11
150	GB/T 40823—2021	配电变电站用紧凑型成套设备（CEADS）		2022-05-01	2021-10-11
151	GB/T 40858—2021	太阳能光热发电站集热管通用要求与测试方法		2022-05-01	2021-10-11
152	GB/T 40860—2021	压水堆核电厂设计扩展工况分析要求		2022-05-01	2021-10-11
153	GB/T 40862—2021	输变电设施运行可靠性评价指标导则		2022-05-01	2021-10-11
154	GB/T 40864—2021	柔性交流输电设备接入电网继电保护技术要求		2022-05-01	2021-10-11
155	GB/T 40865—2021	柔性直流输电术语		2022-05-01	2021-10-11
156	GB/T 40866—2021	太阳能光热发电站调度命名规则		2022-05-01	2021-10-11
157	GB/T 41087—2021	太阳能热发电站换热系统技术要求		2022-07-01	2021-12-31
158	GB/T 41088—2021	海洋能系统的设计要求		2022-07-01	2021-12-31
159	GB/T 41090—2021	能动安全系统压水堆核电厂总设计要求		2022-07-01	2021-12-31
160	GB/T 41134.1—2021	电驱动工业车辆用燃料电池发电系统　第 1 部分：安全		2022-07-01	2021-12-31
161	GB/T 41134.2—2021	电驱动工业车辆用燃料电池发电系统　第 2 部分：性能试验方法		2022-07-01	2021-12-31
162	GB/T 41135.1—2021	故障路径指示用电流和电压传感器或探测器　第 1 部分：通用原理和要求		2022-07-01	2021-12-31
163	GB/T 41135.2—2021	故障路径指示用电流和电压传感器或探测器　第 2 部分：系统应用		2022-07-01	2021-12-31
164	GB/T 41136—2021	电阻焊设备　变压器　一体式焊钳用内置整流器的 1000Hz 变压器		2022-07-01	2021-12-31
165	GB/T 41140—2021	压水堆核电厂堆芯及乏燃料组件辐射源项分析准则		2022-07-01	2021-12-31

续表

序号	标准编号	标准名称	代替标准号	实施日期	发布日期
166	GB/T 41141—2021	高压海底电缆风险评估导则		2022-07-01	2021-12-31
167	GB/T 41142—2021	核电厂安全重要数字仪表和控制系统硬件设计要求		2022-07-01	2021-12-31
168	GB/T 41143—2021	核电厂仪表和控制术语		2022-07-01	2021-12-31
169	GB/T 41145—2021	核电厂人因验证和确认		2022-07-01	2021-12-31
170	GB/T 41203—2021	光伏组件封装材料加速老化试验方法		2022-07-01	2021-12-31
171	GB/T 14598.118—2021	量度继电器和保护装置　第 118 部分：电力系统同步相量　测量		2022-07-01	2021-12-31
172	GB/T 14598.181—2021	量度继电器和保护装置　第 181 部分：频率保护功能要求		2022-07-01	2021-12-31
173	GB/T 17626.31—2021	电磁兼容　试验和测量技术　第 31 部分：交流电源端口宽带传导骚扰抗扰度试验		2022-07-01	2021-12-31
174	GB/T 20629.4—2021	电气用非纤维素纸　第 4 部分：含云母颗粒的聚芳酰胺纤维纸		2022-07-01	2021-12-31
175	GB/T 1001.1—2021	标称电压高于 1000V 的架空线路绝缘子　第 1 部分：交流系统用瓷或玻璃绝缘子元件　定义、试验方法和判定准则	GB/T 1001.1—2003	2022-07-01	2021-12-31
176	GB/T 11807—2021	核电厂安全重要松脱部件声学监测系统的特性、设计和运行规程	GB/T 11807—2008	2022-07-01	2021-12-31
177	GB/T 13286—2021	核电厂安全级电气设备和电路独立性准则	GB/T 13286—2008	2022-07-01	2021-12-31
178	GB/T 13626—2021	单一故障准则应用于核电厂安全系统	GB/T 13626—2008	2022-07-01	2021-12-31
179	GB/T 13627—2021	核电厂事故监测仪表准则	GB/T 13627—2010	2022-07-01	2021-12-31
180	GB/T 13976—2021	压水堆核电厂运行状态下的放射性源项	GB/T 13976—2008	2022-07-01	2021-12-31
181	GB/T 15166.4—2021	高压交流熔断器　第 4 部分：并联电容器外保护用熔断器	GB/T 15166.4—2008	2022-07-01	2021-12-31
182	GB/T 16318—2021	旋转牵引电机基本试验方法	GB/T 16318—1996	2022-07-01	2021-12-31
183	GB/T 21419—2021	变压器、电源装置、电抗器及其类似产品　电磁兼容（EMC）要求	GB/T 21419—2013	2022-07-01	2021-12-31
184	GB/T 22473.1—2021	储能用蓄电池　第 1 部分：光伏离网应用技术条件	GB/T 22473—2008	2022-07-01	2021-12-31
185	GB/T 5204—2021	核电厂安全系统定期试验与监测	GB/T 5204—2008	2022-07-01	2021-12-31
186	GB/T 999—2021	直流电力牵引额定电压	GB/T 999—2008	2022-07-01	2021-12-31

2021 年发布的电力行业标准

序号	标准编号	标准名称	代替标准	采标号	出版机构	批准日期	实施日期
1	NB/T 10484—2021	水电工程建设征地移民安置综合设计规范			中国水利水电出版社	2021-01-07	2021-07-01
2	NB/T 10485—2021	河流水生生物栖息地保护技术规范			中国水利水电出版社	2021-01-07	2021-07-01
3	NB/T 10486—2021	水电工程岩土体监测规程	DL/T 5006—2007		中国水利水电出版社	2021-01-07	2021-07-01

续表

序号	标准编号	标准名称	代替标准	采标号	出版机构	批准日期	实施日期
4	NB/T 10487—2021	水电工程珍稀濒危植物及古树名木保护设计规范			中国水利水电出版社	2021-01-07	2021-07-01
5	NB/T 10488—2021	水电工程砂石加工系统设计规范	DL/T 5098—2010		中国水利水电出版社	2021-01-07	2021-07-01
6	NB/T 10489—2021	进入天然气长输管道的生物天然气质量要求			中国水利水电出版社	2021-01-07	2021-07-01
7	NB/T 10490—2021	水电工程边坡植生水泥土生境构筑技术规范			中国水利水电出版社	2021-01-07	2021-07-01
8	NB/T 10491—2021	水电工程施工组织设计规范	DL/T 5397—2007、DL/T 5201—2004		中国水利水电出版社	2021-01-07	2021-07-01
9	NB/T 10492—2021	水电工程施工期防洪度汛报告编制规程			中国水利水电出版社	2021-01-07	2021-07-01
10	NB/T 10493—2021	生物质能资源调查与评价技术规范			中国水利水电出版社	2021-01-07	2021-07-01
11	NB/T 10494—2021	水电工程节能验收技术导则			中国水利水电出版社	2021-01-07	2021-07-01
12	NB/T 10495—2021	升船机制造安装及验收规范			中国水利水电出版社	2021-01-07	2021-07-01
13	NB/T 10496—2021	水电工程节能施工技术规范			中国水利水电出版社	2021-01-07	2021-07-01
14	NB/T 10497—2021	水电工程水库塌岸与滑坡治理技术规程			中国水利水电出版社	2021-01-07	2021-07-01
15	NB/T 10498—2021	水力发电厂交流 110kV～500kV 电力电缆工程设计规范	DL/T 5228—2005		中国水利水电出版社	2021-01-07	2021-07-01
16	NB/T 10499—2021	水电站桥式起重机选型设计规范			中国水利水电出版社	2021-01-07	2021-07-01
17	NB/T 10500—2021	QP 型卷扬式启闭机系列参数	DL/T 898—2004		中国水利水电出版社	2021-01-07	2021-07-01
18	NB/T 10501—2021	QPKY 型液压启闭机系列参数	DL/T 896—2004		中国水利水电出版社	2021-01-07	2021-07-01
19	NB/T 10502—2021	QPPY Ⅰ、Ⅱ型液压启闭机系列参数	DL/T 897—2004		中国水利水电出版社	2021-01-07	2021-07-01
20	NB/T 10503—2021	双吊点弧形闸门后拉式液压启闭机系列参数	DL/T 990—2005		中国水利水电出版社	2021-01-07	2021-07-01
21	NB/T 10504—2021	水电工程环境保护设计规范	DL/T 5402—2007		中国水利水电出版社	2021-01-07	2021-07-01
22	NB/T 10505—2021	水电工程环境保护总体设计报告编制规程			中国水利水电出版社	2021-01-07	2021-07-01
23	NB/T 10506—2021	水电工程水土保持监测技术规程			中国水利水电出版社	2021-01-07	2021-07-01
24	NB/T 10507—2021	水电工程信息模型数据描述规范			中国水利水电出版社	2021-01-07	2021-07-01
25	NB/T 10508—2021	水电工程信息模型设计交付规范			中国水利水电出版社	2021-01-07	2021-07-01

续表

序号	标准编号	标准名称	代替标准	采标号	出版机构	批准日期	实施日期
26	NB/T 10509—2021	水电建设项目水土保持技术规范	DL/T 5419—2009		中国水利水电出版社	2021-01-07	2021-07-01
27	NB/T 10510—2021	水电工程水土保持生态修复技术规范			中国水利水电出版社	2021-01-07	2021-07-01
28	NB/T 10511—2021	水电工程泄水阀技术条件			中国水利水电出版社	2021-01-07	2021-07-01
29	NB/T 10512—2021	水电工程边坡设计规范	DL/T 5353—2006		中国水利水电出版社	2021-01-07	2021-07-01
30	NB/T 10513—2021	水电工程边坡工程地质勘察规程	DL/T 5337—2006		中国水利水电出版社	2021-01-07	2021-07-01
31	NB/T 10514—2021	水电工程升船机设计规范	DL/T 5399—2007		中国水利水电出版社	2021-01-07	2021-07-01
32	NB/T 10559—2021	风力发电场监控自动化技术监督规程			中国电力出版社	2021-01-07	2021-07-01
33	NB/T 10560—2021	风力发电机组技术监督规程			中国电力出版社	2021-01-07	2021-07-01
34	NB/T 10561—2021	风力发电机叶片检修规范			中国电力出版社	2021-01-07	2021-07-01
35	NB/T 10562—2021	风力发电场化学技术监督规程			中国电力出版社	2021-01-07	2021-07-01
36	NB/T 10563—2021	风力发电场继电保护技术监督规程			中国电力出版社	2021-01-07	2021-07-01
37	NB/T 10564—2021	风力发电场金属技术监督规程			中国电力出版社	2021-01-07	2021-07-01
38	NB/T 10565—2021	风力发电场绝缘技术监督规程			中国电力出版社	2021-01-07	2021-07-01
39	NB/T 10566—2021	离网型光伏发电站运行维护规程			中国电力出版社	2021-01-07	2021-07-01
40	NB/T 10567—2021	风电机组变桨系统检修规程			中国电力出版社	2021-01-07	2021-07-01
41	NB/T 10568—2021	风电机组偏航系统检修技术规程			中国电力出版社	2021-01-07	2021-07-01
42	NB/T 10569—2021	风电机组齿轮箱检修技术规程			中国电力出版社	2021-01-07	2021-07-01
43	NB/T 10570—2021	风电机组发电机检修规程			中国电力出版社	2021-01-07	2021-07-01
44	NB/T 10571—2021	风电机组联轴器检修技术规程			中国电力出版社	2021-01-07	2021-07-01
45	NB/T 10572—2021	风电机组制动器检修技术规程			中国电力出版社	2021-01-07	2021-07-01
46	NB/T 10573—2021	风力发电机组叶片改造技术规程			中国电力出版社	2021-01-07	2021-07-01
47	NB/T 10574—2021	风力发电设备障碍评级标准			中国电力出版社	2021-01-07	2021-07-01
48	NB/T 10575—2021	风电场重大危险源辨识规程			中国电力出版社	2021-01-07	2021-07-01

续表

序号	标准编号	标准名称	代替标准	采标号	出版机构	批准日期	实施日期
49	NB/T 10576—2021	风力发电场升压站防雷系统运行维护规程			中国电力出版社	2021-01-07	2021-07-01
50	NB/T 10577—2021	风力发电机组防雷系统运行维护规程			中国电力出版社	2021-01-07	2021-07-01
51	NB/T 10578—2021	风力发电机组高处逃生应急演练规程			中国电力出版社	2021-01-07	2021-07-01
52	NB/T 10579—2021	海上风电场运行安全规程			中国电力出版社	2021-01-07	2021-07-01
53	NB/T 10580—2021	风力发电场风电机组故障编码规范			中国电力出版社	2021-01-07	2021-07-01
54	NB/T 10581—2021	风力发电机组安全带/安全工器具应用技术规范			中国电力出版社	2021-01-07	2021-07-01
55	NB/T 10582—2021	风力发电场电气设备监造技术规程			中国电力出版社	2021-01-07	2021-07-01
56	NB/T 10583—2021	风力发电机组变流器检修技术规程			中国电力出版社	2021-01-07	2021-07-01
57	NB/T 10584—2021	风力发电机组控制系统改造技术规程			中国电力出版社	2021-01-07	2021-07-01
58	NB/T 10585—2021	风电场节能运行维护监督规程			中国电力出版社	2021-01-07	2021-07-01
59	NB/T 10586—2021	风力发电场标准能量利用率评价规程			中国电力出版社	2021-01-07	2021-07-01
60	NB/T 10587—2021	风电场机组功率曲线验证技术规程			中国电力出版社	2021-01-07	2021-07-01
61	NB/T 10588—2021	风力发电场集控中心运行管理规程			中国电力出版社	2021-01-07	2021-07-01
62	NB/T 10589—2021	光伏电站生产准备导则			中国电力出版社	2021-01-07	2021-07-01
63	NB/T 10590—2021	多雷区风电场集电线路防雷改造技术规范			中国电力出版社	2021-01-07	2021-07-01
64	NB/T 10591—2021	风电场雷电预警系统技术规范			中国电力出版社	2021-01-07	2021-07-01
65	NB/T 10592—2021	风电场无人机集电线路安全巡检技术规范			中国电力出版社	2021-01-07	2021-07-01
66	NB/T 10593—2021	风电场无人机叶片检测技术规范			中国电力出版社	2021-01-07	2021-07-01
67	NB/T 10594—2021	风电场无人机巡检作业技术规范			中国电力出版社	2021-01-07	2021-07-01
68	NB/T 10595—2021	风电场智能检修技术导则			中国电力出版社	2021-01-07	2021-07-01
69	NB/T 10596—2021	风电场智能巡检技术导则			中国电力出版社	2021-01-07	2021-07-01
70	NB/T 10597—2021	核电厂海工混凝土结构防腐蚀技术规范			中国电力出版社	2021-01-07	2021-07-01
71	NB/T 10598—2021	压水堆核电厂常规岛低压成套开关设备和控制设备技术条件			中国电力出版社	2021-01-07	2021-07-01

续表

序号	标准编号	标准名称	代替标准	采标号	出版机构	批准日期	实施日期
72	NB/T 10599—2021	核电厂凝结水精处理系统调试导则			中国电力出版社	2021-01-07	2021-07-01
73	NB/T 10600—2021	核电厂汽轮机保养规范			中国电力出版社	2021-01-07	2021-07-01
74	NB/T 10601—2021	核电厂油水分离系统调试导则			中国电力出版社	2021-01-07	2021-07-01
75	NB/T 10602—2021	核电厂防火联动功能试验导则			中国电力出版社	2021-01-07	2021-07-01
76	NB/T 10603—2021	核电厂电动主给水泵调试导则			中国电力出版社	2021-01-07	2021-07-01
77	NB/T 10604.2—2021	核电厂常规岛及辅助配套设施建设施工质量验收规程　第2部分：汽轮发电机组			中国电力出版社	2021-01-07	2021-07-01
78	NB/T 20003.1—2021	核电厂核岛机械设备无损检测　第1部分：通用要求	NB/T 20003.1—2010		原子能出版社	2021-01-07	2021-07-01
79	NB/T 20003.2—2021	核电厂核岛机械设备无损检测　第2部分：超声检测	NB/T 20003.2—2010		原子能出版社	2021-01-07	2021-07-01
80	NB/T 20003.3—2021	核电厂核岛机械设备无损检测　第3部分：射线检测	NB/T 20003.3—2010		原子能出版社	2021-01-07	2021-07-01
81	NB/T 20003.4—2021	核电厂核岛机械设备无损检测　第4部分：渗透检测	NB/T 20003.4—2010		原子能出版社	2021-01-07	2021-07-01
82	NB/T 20003.5—2021	核电厂核岛机械设备无损检测　第5部分：磁粉检测	NB/T 20003.5—2010		原子能出版社	2021-01-07	2021-07-01
83	NB/T 20003.6—2021	核电厂核岛机械设备无损检测　第6部分：涡流检测	NB/T 20003.6—2010		原子能出版社	2021-01-07	2021-07-01
84	NB/T 20003.7—2021	核电厂核岛机械设备无损检测　第7部分：目视检测	NB/T 20003.7—2010		原子能出版社	2021-01-07	2021-07-01
85	NB/T 20003.8—2021	核电厂核岛机械设备无损检测　第8部分：泄漏检测	NB/T 20003.8—2010		原子能出版社	2021-01-07	2021-07-01
86	NB/T 20259.1—2021	核电厂建设项目工程量清单计价规范　第1部分：总则	NB/T 20259.1—2014		原子能出版社	2021-01-07	2021-07-01
87	NB/T 20259.2—2021	核电厂建设项目工程量清单计价规范　第2部分：建筑工程	NB/T 20259.2—2014		原子能出版社	2021-01-07	2021-07-01
88	NB/T 20259.3—2021	核电厂建设项目工程量清单计价规范　第3部分：工艺设备及管道安装工程	NB/T 20259.3—2014		原子能出版社	2021-01-07	2021-07-01
89	NB/T 20259.4—2021	核电厂建设项目工程量清单计价规范　第4部分：通风空调安装工程	NB/T 20259.4—2014		原子能出版社	2021-01-07	2021-07-01

续表

序号	标准编号	标准名称	代替标准	采标号	出版机构	批准日期	实施日期
90	NB/T 20259.5—2021	核电厂建设项目工程量清单计价规范　第5部分：电气设备安装工程	NB/T 20259.5—2014		原子能出版社	2021-01-07	2021-07-01
91	NB/T 20259.6—2021	核电厂建设项目工程量清单计价规范　第6部分：自动化控制仪表安装工程	NB/T 20259.6—2014		原子能出版社	2021-01-07	2021-07-01
92	NB/T 20037.2—2021	应用于核电厂的一级概率安全评价　第2部分：低功率和停堆工况内部事件	NB/T 20037.2—2012		原子能出版社	2021-01-07	2021-07-01
93	NB/T 20037.3—2021	应用于核电厂的一级概率安全评价　第3部分：功率运行内部水淹	NB/T 20037.3—2012		原子能出版社	2021-01-07	2021-07-01
94	NB/T 20037.4—2021	应用于核电厂的一级概率安全评价　第4部分：功率运行内部火灾	NB/T 20037.4—2013		原子能出版社	2021-01-07	2021-07-01
95	NB/T 20037.5—2021	应用于核电厂的一级概率安全评价　第5部分：功率运行地震	NB/T 20037.5—2013		原子能出版社	2021-01-07	2021-07-01
96	NB/T 20006.1—2021	压水堆核电厂用合金钢　第1部分：承受强辐照的反应堆压力容器筒体用锰－镍－钼钢锻件	NB/T 20006.1—2011		原子能出版社	2021-01-07	2021-07-01
97	NB/T 20006.2—2021	压水堆核电厂用合金钢　第2部分：不承受强辐照的反应堆压力容器筒体用锰－镍－钼钢锻件	NB/T 20006.2—2011		原子能出版社	2021-01-07	2021-07-01
98	NB/T 20006.3—2021	压水堆核电厂用合金钢　第3部分：反应堆压力容器过渡段和法兰用锰－镍－钼钢锻件	NB/T 20006.3—2011		原子能出版社	2021-01-07	2021-07-01
99	NB/T 20006.4—2021	压水堆核电厂用合金钢　第4部分：反应堆压力容器接管嘴用锰－镍－钼钢锻件	NB/T 20006.4—2011		原子能出版社	2021-01-07	2021-07-01
100	NB/T 20006.5—2021	压水堆核电厂用合金钢　第5部分：反应堆压力容器封头用锰－镍－钼钢锻件	NB/T 20006.5—2011		原子能出版社	2021-01-07	2021-07-01
101	NB/T 20006.10—2021	压水堆核电厂用合金钢　第10部分：稳压器和蒸汽发生器接管及孔盖用锰－镍－钼钢锻件	NB/T 20006.10—2010		原子能出版社	2021-01-07	2021-07-01
102	NB/T 20006.11—2021	压水堆核电厂用合金钢　第11部分：稳压器筒体、封头用锰－镍－钼钢锻件	NB/T 20006.11—2010		原子能出版社	2021-01-07	2021-07-01
103	NB/T 20006.16—2021	压水堆核电厂用合金钢　第16部分：核岛设备支承构件用锰－镍－钼钢厚钢板	NB/T 20006.16—2013		原子能出版社	2021-01-07	2021-07-01

续表

序号	标准编号	标准名称	代替标准	采标号	出版机构	批准日期	实施日期
104	NB/T 20007.1—2021	压水堆核电厂用不锈钢 第1部分：1、2、3级奥氏体不锈钢锻件	NB/T 20007.1—2010		原子能出版社	2021-01-07	2021-07-01
105	NB/T 20007.2—2021	压水堆核电厂用不锈钢 第2部分：2、3级热交换器管板用奥氏体不锈钢锻件	NB/T 20007.2—2012		原子能出版社	2021-01-07	2021-07-01
106	NB/T 20007.3—2021	压水堆核电厂用不锈钢 第3部分：堆芯支承板和上支承板用奥氏体不锈钢锻件	NB/T 20007.3—2012		原子能出版社	2021-01-07	2021-07-01
107	NB/T 20007.5—2021	压水堆核电厂用不锈钢 第5部分：1、2、3级奥氏体不锈钢板	NB/T 20007.5—2010		原子能出版社	2021-01-07	2021-07-01
108	NB/T 20007.14—2021	压水堆核电厂用不锈钢 第14部分：1、2、3级奥氏体不锈钢锻、轧棒	NB/T 20007.14—2010		原子能出版社	2021-01-07	2021-07-01
109	NB/T 20007.16—2021	压水堆核电厂用不锈钢 第16部分：2、3级马氏体不锈钢锻件	NB/T 20007.16—2012		原子能出版社	2021-01-07	2021-07-01
110	NB/T 20007.17—2021	压水堆核电厂用不锈钢 第17部分：堆内构件压紧弹性环用马氏体不锈钢锻件	NB/T 20007.17—2012		原子能出版社	2021-01-07	2021-07-01
111	NB/T 20007.19—2021	压水堆核电厂用不锈钢 第19部分：1、2、3级马氏体不锈钢承压铸件	NB/T 20007.19—2012		原子能出版社	2021-01-07	2021-07-01
112	NB/T 20007.23—2021	压水堆核电厂用不锈钢 第23部分：1、2、3级马奥氏体－铁素体不锈钢承压铸件	NB/T 20007.23—2013		原子能出版社	2021-01-07	2021-07-01
113	NB/T 20007.25—2021	压水堆核电厂用不锈钢 第25部分：泵用奥氏体－铁素体不锈钢A、B、C类非承压铸造内件	NB/T 20007.25—2013		原子能出版社	2021-01-07	2021-07-01
114	NB/T 20008.7—2021	压水堆核电厂用其他材料 第7部分：蒸汽发生器传热管用镍－铬－铁合金无缝管	NB/T 20008.7—2013		原子能出版社	2021-01-07	2021-07-01
115	NB/T 20008.8—2021	压水堆核电厂用其他材料 第8部分：镍－铬－铁合金热挤压管	NB/T 20008.8—2012		原子能出版社	2021-01-07	2021-07-01
116	NB/T 20017—2021	压水堆核电厂预应力混凝土安全壳结构整体性试验	NB/T 20017—2010		原子能出版社	2021-01-07	2021-07-01
117	NB/T 20018—2021	压水堆核电厂安全壳密封性试验	NB/T 20018—2010		原子能出版社	2021-01-07	2021-07-01
118	NB/T 20101—2021	压水堆核电厂反应堆弹棒事故分析要求	NB/T 20101—2012		原子能出版社	2021-01-07	2021-07-01
119	NB/T 20039.1—2021	核空气和气体处理规范 通风、空调与空气净化 第1部分：通风机	NB/T 20039.1—2014		原子能出版社	2021-01-07	2021-07-01

续表

序号	标准编号	标准名称	代替标准	采标号	出版机构	批准日期	实施日期
120	NB/T 20263—2021	核电厂通信设计规范	NB/T 20263—2014		原子能出版社	2021-01-07	2021-07-01
121	NB/T 20343—2021	压水堆核电厂反应堆压力容器及反应堆冷却剂系统管道和设备保温层设计制造规范	NB/T 20343—2015		原子能出版社	2021-01-07	2021-07-01
122	NB/T 20143.4—2021	核空气和气体处理规范 工艺气体处理 第4部分：压缩机			原子能出版社	2021-01-07	2021-07-01
123	NB/T 20006.17—2021	压水堆核电厂用合金钢 第17部分：反应堆压力容器法兰–接管段用锰–镍–钼钢锻件			原子能出版社	2021-01-07	2021-07-01
124	NB/T 20005.19—2021	压水堆核电厂用碳钢和低合金钢 第19部分：主蒸汽及主给水系统安全壳机械贯穿件用P280GH锻件			原子能出版社	2021-01-07	2021-07-01
125	NB/T 20358.14—2021	核电厂建设工程预算定额 第14部分 模块及钢制安全壳制作			原子能出版社	2021-01-07	2021-07-01
126	NB/T 20358.15—2021	核电厂建设工程预算定额 第15部分 模块及钢制安全壳拼装和安装			原子能出版社	2021-01-07	2021-07-01
127	NB/T 20579—2021	核电厂建设项目调试工程参考指标			原子能出版社	2021-01-07	2021-07-01
128	NB/T 20580.1—2021	核电厂建设工程概算定额 第1部分：核岛土建工程			原子能出版社	2021-01-07	2021-07-01
129	NB/T 20580.2—2021	核电厂建设工程概算定额 第2部分：核岛机械设备安装工程			原子能出版社	2021-01-07	2021-07-01
130	NB/T 20580.3—2021	核电厂建设工程概算定额 第3部分：核岛管道安装工程			原子能出版社	2021-01-07	2021-07-01
131	NB/T 20580.4—2021	核电厂建设工程概算定额 第4部分：核岛通风空调安装工程			原子能出版社	2021-01-07	2021-07-01
132	NB/T 20580.5—2021	核电厂建设工程概算定额 第5部分：核岛电气安装工程			原子能出版社	2021-01-07	2021-07-01
133	NB/T 20580.6—2021	核电厂建设工程概算定额 第6部分：核岛仪控仪表及通信安装工程			原子能出版社	2021-01-07	2021-07-01
134	NB/T 20580.7—2021	核电厂建设工程概算定额 第7部分：常规岛建筑工程			原子能出版社	2021-01-07	2021-07-01
135	NB/T 20580.8—2021	核电厂建设工程概算定额 第8部分：常规岛热力设备安装工程			原子能出版社	2021-01-07	2021-07-01

续表

序号	标准编号	标准名称	代替标准	采标号	出版机构	批准日期	实施日期
136	NB/T 20580.9—2021	核电厂建设工程概算定额　第9部分：常规岛电气设备安装工程			原子能出版社	2021-01-07	2021-07-01
137	NB/T 20581—2021	压水堆核电厂蒸汽发生器排污系统调试技术导则			原子能出版社	2021-01-07	2021-07-01
138	NB/T 20582—2021	压水堆核电厂反应堆硼和水补给系统调试技术导则			原子能出版社	2021-01-07	2021-07-01
139	NB/T 20583—2021	压水堆核电厂失去控制电源试验技术导则			原子能出版社	2021-01-07	2021-07-01
140	NB/T 20584—2021	压水堆核电厂二回路真空严密性试验导则			原子能出版社	2021-01-07	2021-07-01
141	NB/T 20585—2021	核电厂运行阶段事件趋势分析导则			原子能出版社	2021-01-07	2021-07-01
142	NB/T 20586—2021	压水堆核电厂核级承压容器单体水压试验技术导则			原子能出版社	2021-01-07	2021-07-01
143	NB/T 20587—2021	压水堆核电厂非能动安全壳热量导出系统设计准则			原子能出版社	2021-01-07	2021-07-01
144	NB/T 20588—2021	核电厂用地坑阀设计制造规范			原子能出版社	2021-01-07	2021-07-01
145	NB/T 20589—2021	核电厂严重事故下稳压器专用卸压阀设计制造规范			原子能出版社	2021-01-07	2021-07-01
146	NB/T 20590—2021	核级液压阻尼器设计制造规范			原子能出版社	2021-01-07	2021-07-01
147	NB/T 20591—2021	轻水堆隔间淹没效应防护准则			原子能出版社	2021-01-07	2021-07-01
148	NB/T 20592—2021	压水堆堆内构件模型流致振动试验			原子能出版社	2021-01-07	2021-07-01
149	NB/T 20593—2021	核电厂安全重要功能电气联锁设计准则			原子能出版社	2021-01-07	2021-07-01
150	NB/T 20594—2021	核电厂控制室功能分析与分配准则			原子能出版社	2021-01-07	2021-07-01
151	NB/T 20595—2021	压水堆核电厂控制棒驱动线热态试验要求			原子能出版社	2021-01-07	2021-07-01
152	NB/T 20596—2021	压水堆核电厂控制区墙体孔洞辐射防护封堵准则			原子能出版社	2021-01-07	2021-07-01
153	NB/T 20597—2021	核电厂火灾危害性分析报告格式内容和深度规定			原子能出版社	2021-01-07	2021-07-01
154	NB/Z 20598—2021	核电厂控制室人因工程集成系统确认指南			原子能出版社	2021-01-07	2021-07-01
155	NB/T 20599—2021	核电厂安全级仪表阀鉴定			原子能出版社	2021-01-07	2021-07-01

续表

序号	标准编号	标准名称	代替标准	采标号	出版机构	批准日期	实施日期
156	NB/T 20600—2021	华龙一号核电厂燃料组件及相关组件设计和制造规范			原子能出版社	2021-01-07	2021-07-01
157	NB/T 35005—2021	水电工程混凝土生产系统设计规范	NB/T 35005—2013		中国水利水电出版社	2021-01-07	2021-07-01
158	NB/T 35014—2021	水电工程安全验收评价报告编制规程	NB/T 35014—2013		中国水利水电出版社	2021-01-07	2021-07-01
159	NB/T 35015—2021	水电工程安全预评价报告编制规程	NB/T 35015—2013		中国水利水电出版社	2021-01-07	2021-07-01
160	DL/T 5394—2021	电力工程地下金属构筑物防腐技术导则	DL/T 5394—2007		中国计划出版社	2021-01-07	2021-07-01
161	DL/T 5182—2021	火力发电厂仪表与控制就地设备安装、管路、电缆设计规程	DL/T 5182—2004		中国计划出版社	2021-01-07	2021-07-01
162	DL/T 5220—2021	10kV 及以下架空配电线路设计规范	DL/T 5220—2005		中国计划出版社	2021-01-07	2021-07-01
163	DL/T 5587—2021	配电自动化系统设计规程			中国计划出版社	2021-01-07	2021-07-01
164	DL/T 5588—2021	电力系统视频监控系统设计规程			中国计划出版社	2021-01-07	2021-07-01
165	DL/T 5589—2021	火力发电工程施工招标文件与合同编制导则			中国计划出版社	2021-01-07	2021-07-01
166	DL/T 5590—2021	电网工程施工招标文件与合同编制导则			中国计划出版社	2021-01-07	2021-07-01
167	DL/T 5591—2021	20kV 及以下配电网工程建设预算编制导则			中国计划出版社	2021-01-07	2021-07-01
168	DL/T 5592—2021	燃煤电厂烟气除尘设计规程			中国计划出版社	2021-01-07	2021-07-01
169	DL/T 5593—2021	发电厂调节阀选型设计规程			中国计划出版社	2021-01-07	2021-07-01
170	DL/T 5594—2021	太阳能热发电厂仪表与控制及信息系统设计规范			中国计划出版社	2021-01-07	2021-07-01
171	DL/T 5595—2021	太阳能热发电厂可行性研究设计概算编制规定			中国计划出版社	2021-01-07	2021-07-01
172	DL/T 5596—2021	太阳能热发电厂预可行性研究投资估算编制规定			中国计划出版社	2021-01-07	2021-07-01
173	DL/T 5597—2021	太阳能热发电工程经济评价导则			中国计划出版社	2021-01-07	2021-07-01
174	DL/T 5598—2021	海底电缆工程初步设计文件内容深度规定			中国计划出版社	2021-01-07	2021-07-01
175	DL/T 5599—2021	电力系统通信设计导则			中国计划出版社	2021-01-07	2021-07-01
176	DL/T 292—2021	火力发电厂汽水管道振动测试与评估技术导则	DL/T 292—2011		中国电力出版社	2021-01-07	2021-07-01
177	DL/T 436—2021	高压直流架空送电线路技术导则	DL/T 436—2005		中国电力出版社	2021-01-07	2021-07-01

续表

序号	标准编号	标准名称	代替标准	采标号	出版机构	批准日期	实施日期
178	DL/T 646—2021	输变电钢管结构制造技术条件	DL/T 646—2012		中国电力出版社	2021-01-07	2021-07-01
179	DL/T 698.1—2021	电能信息采集与管理系统　第1部分：总则	DL/T 698.1—2009		中国电力出版社	2021-01-07	2021-07-01
180	DL/T 698.2—2021	电能信息采集与管理系统　第2部分：主站技术规范	DL/T 698.2—2010		中国电力出版社	2021-01-07	2021-07-01
181	DL/T 705—2021	运行中氢冷发电机用密封油质量	DL/T 705—1999		中国电力出版社	2021-01-07	2021-07-01
182	DL/T 724—2021	电力系统用蓄电池直流电源装置运行与维护技术规程	DL/T 724—2000		中国电力出版社	2021-01-07	2021-07-01
183	DL/T 781—2021	电力用高频开关整流模块	DL/T 781—2001		中国电力出版社	2021-01-07	2021-07-01
184	DL/T 825—2021	电能计量装置安装接线规则	DL/T 825—2002		中国电力出版社	2021-01-07	2021-07-01
185	DL/T 843—2021	同步发电机励磁系统技术条件	DL/T 843—2010		中国电力出版社	2021-01-07	2021-07-01
186	DL/T 870—2021	火力发电企业设备点检定修管理导则	DL/Z 870—2004		中国电力出版社	2021-01-07	2021-07-01
187	DL/T 1084—2021	风力发电场噪声限值及测量方法	DL/T 1084—2008		中国电力出版社	2021-01-07	2021-07-01
188	DL/T 1345—2021	直升机电力作业安全工作规程	DL/T 1345—2014		中国电力出版社	2021-01-07	2021-07-01
189	DL/T 1346—2021	架空输电线路直升机激光扫描作业技术规程	DL/T 1346—2014		中国电力出版社	2021-01-07	2021-07-01
190	DL/T 5112—2021	水工碾压混凝土施工规范	DL/T 5112—2009		中国电力出版社	2021-01-07	2021-07-01
191	DL/T 5128—2021	混凝土面板堆石坝施工规范	DL/T 5128—2009		中国电力出版社	2021-01-07	2021-07-01
192	DL/T 5210.1—2021	电力建设施工质量验收规程　第1部分：土建工程	DL/T 5210.1—2012		中国电力出版社	2021-01-07	2021-07-01
193	DL/T 5432—2021	水电水利工程项目建设管理规范	DL/T 5432—2009		中国电力出版社	2021-01-07	2021-07-01
194	DL/T 5434—2021	电力建设工程监理规范	DL/T 5434—2009		中国电力出版社	2021-01-07	2021-07-01
195	DL/T 698.61—2021	电能信息采集与管理系统　第6-1部分：软件要求—终端软件升级技术要求			中国电力出版社	2021-01-07	2021-07-01
196	DL/T 1397.8—2021	电力直流电源系统用测试设备通用技术条件　第8部分：绝缘监测装置校验仪			中国电力出版社	2021-01-07	2021-07-01
197	DL/T 2205—2021	分布式电源燃气发电运行指标评价规范			中国电力出版社	2021-01-07	2021-07-01
198	DL/T 2206—2021	分布式电源燃气发电性能测试规程			中国电力出版社	2021-01-07	2021-07-01

续表

序号	标准编号	标准名称	代替标准	采标号	出版机构	批准日期	实施日期
199	DL/T 2207—2021	电力电容器噪声测量方法			中国电力出版社	2021-01-07	2021-07-01
200	DL/T 2208—2021	换流变压器现场绕组更换关键工艺控制导则			中国电力出版社	2021-01-07	2021-07-01
201	DL/T 2209—2021	架空输电线路雷电防护导则			中国电力出版社	2021-01-07	2021-07-01
202	DL/T 2210—2021	水电站无人值班技术规范			中国电力出版社	2021-01-07	2021-07-01
203	DL/T 2211—2021	直流验电器			中国电力出版社	2021-01-07	2021-07-01
204	DL/T 2212—2021	特高压用绝缘软拉棒			中国电力出版社	2021-01-07	2021-07-01
205	DL/T 2213.1—2021	交流标准功率源　第1部分：通用技术要求			中国电力出版社	2021-01-07	2021-07-01
206	DL/T 2214—2021	火电厂烟气中氨浓度在线监测系统技术条件			中国电力出版社	2021-01-07	2021-07-01
207	DL/T 2215—2021	烟气脱硝下游设备附着物中酸性物质的测定			中国电力出版社	2021-01-07	2021-07-01
208	DL/T 2216—2021	火力发电厂废水处理系统检修导则			中国电力出版社	2021-01-07	2021-07-01
209	DL/T 2217—2021	变压器用天然酯和合成酯油溶解气体分析导则			中国电力出版社	2021-01-07	2021-07-01
210	DL/T 2218—2021	绝缘油中腐蚀性硫二苄基二硫醚　定量检测方法　气相色谱多重质谱联用法			中国电力出版社	2021-01-07	2021-07-01
211	DL/T 2219—2021	火力发电厂用10Cr9Mo1VNbN钢显微组织老化评定			中国电力出版社	2021-01-07	2021-07-01
212	DL/T 2220—2021	电站金属材料力学性能仪器化压痕法检测技术规程			中国电力出版社	2021-01-07	2021-07-01
213	DL/T 2221—2021	160kV～500kV挤包绝缘直流电缆系统预鉴定试验方法			中国电力出版社	2021-01-07	2021-07-01
214	DL/T 2222—2021	交流输电线路刚性跳线可见电晕试验方法			中国电力出版社	2021-01-07	2021-07-01
215	DL/T 2223—2021	长波前冲击电压试验技术导则			中国电力出版社	2021-01-07	2021-07-01
216	DL/T 2224—2021	电气设备六氟化硫气体泄漏红外成像现场测试方法			中国电力出版社	2021-01-07	2021-07-01
217	DL/T 2225—2021	电力变压器直流去磁试验导则			中国电力出版社	2021-01-07	2021-07-01
218	DL/T 2226—2021	电力用阀控式铅酸蓄电池组在线监测系统技术条件			中国电力出版社	2021-01-07	2021-07-01
219	DL/T 2227—2021	±800kV及以上特高压直流系统用高压直流转换开关选用导则			中国电力出版社	2021-01-07	2021-07-01

续表

序号	标准编号	标准名称	代替标准	采标号	出版机构	批准日期	实施日期
220	DL/T 2228—2021	变电站用充气式开关柜运维检修规程			中国电力出版社	2021-01-07	2021-07-01
221	DL/T 2229—2021	35kV 及以下高压陶瓷电容传感器技术规范			中国电力出版社	2021-01-07	2021-07-01
222	DL/T 2230—2021	交流电力系统雷电侵入波过电压监测导则			中国电力出版社	2021-01-07	2021-07-01
223	DL/T 2231—2021	油纸绝缘电力设备频域介电谱测试导则			中国电力出版社	2021-01-07	2021-07-01
224	DL/T 2232—2021	500kV 及以上输电线路瞬时人工接地短路试验导则			中国电力出版社	2021-01-07	2021-07-01
225	DL/T 2233—2021	额定电压 110kV～500kV 交联聚乙烯绝缘海底电缆系统预鉴定试验规范			中国电力出版社	2021-01-07	2021-07-01
226	DL/T 2234—2021	费控断路器可靠性试验规程			中国电力出版社	2021-01-07	2021-07-01
227	DL/T 2235—2021	电厂上网关口电能计量屏柜技术规范			中国电力出版社	2021-01-07	2021-07-01
228	DL/T 2236—2021	架空电力线路无人机巡检系统配置导则			中国电力出版社	2021-01-07	2021-07-01
229	DL/T 2237—2021	电网风区分布图绘制技术导则			中国电力出版社	2021-01-07	2021-07-01
230	DL/T 2238—2021	电力系统事故备用容量配置技术规范			中国电力出版社	2021-01-07	2021-07-01
231	DL/T 2239—2021	变电站巡检机器人检测技术规范			中国电力出版社	2021-01-07	2021-07-01
232	DL/T 2240—2021	配网复合材料电杆及其配套横担技术条件			中国电力出版社	2021-01-07	2021-07-01
233	DL/T 2241—2021	变电站室内轨道式巡检机器人系统通用技术条件			中国电力出版社	2021-01-07	2021-07-01
234	DL/T 2242—2021	气体绝缘金属封闭设备铝合金外壳材料及焊接通用技术条件			中国电力出版社	2021-01-07	2021-07-01
235	DL/T 2243—2021	六氟化硫混合绝缘气体充补气技术规范			中国电力出版社	2021-01-07	2021-07-01
236	DL/T 2244—2021	电力物资仓储安全标识使用导则			中国电力出版社	2021-01-07	2021-07-01
237	DL/T 2245—2021	±1100kV 特高压直流输电线路金具技术规范			中国电力出版社	2021-01-07	2021-07-01
238	DL/T 2246.1—2021	电化学储能电站并网运行与控制技术规范 第 1 部分：并网运行调试			中国电力出版社	2021-01-07	2021-07-01
239	DL/T 2246.2—2021	电化学储能电站并网运行与控制技术规范 第 2 部分：并网运行			中国电力出版社	2021-01-07	2021-07-01
240	DL/T 2246.3—2021	电化学储能电站并网运行与控制技术规范 第 3 部分：并网运行验收			中国电力出版社	2021-01-07	2021-07-01

续表

序号	标准编号	标准名称	代替标准	采标号	出版机构	批准日期	实施日期
241	DL/T 2246.4—2021	电化学储能电站并网运行与控制技术规范　第4部分：继电保护			中国电力出版社	2021-01-07	2021-07-01
242	DL/T 2246.5—2021	电化学储能电站并网运行与控制技术规范　第5部分：安全稳定控制			中国电力出版社	2021-01-07	2021-07-01
243	DL/T 2246.6—2021	电化学储能电站并网运行与控制技术规范　第6部分：调度信息通信			中国电力出版社	2021-01-07	2021-07-01
244	DL/T 2246.7—2021	电化学储能电站并网运行与控制技术规范　第7部分：惯量支撑与阻尼控制			中国电力出版社	2021-01-07	2021-07-01
245	DL/T 2246.8—2021	电化学储能电站并网运行与控制技术规范　第8部分：仿真建模			中国电力出版社	2021-01-07	2021-07-01
246	DL/T 2246.9—2021	电化学储能电站并网运行与控制技术规范　第9部分：仿真计算模型与参数实测			中国电力出版社	2021-01-07	2021-07-01
247	DL/T 2247.1—2021	电化学储能电站调度运行管理　第1部分：调度规程			中国电力出版社	2021-01-07	2021-07-01
248	DL/T 2247.2—2021	电化学储能电站调度运行管理　第2部分：调度命名			中国电力出版社	2021-01-07	2021-07-01
249	DL/T 2247.3—2021	电化学储能电站调度运行管理　第3部分：调度端实时监视与控制			中国电力出版社	2021-01-07	2021-07-01
250	DL/T 2247.4—2021	电化学储能电站调度运行管理　第4部分：调度端与储能电站监控系统检测			中国电力出版社	2021-01-07	2021-07-01
251	DL/T 2247.5—2021	电化学储能电站调度运行管理　第5部分：应急处置			中国电力出版社	2021-01-07	2021-07-01
252	DL/T 2248.1—2021	移动车载式储能电站并网与运行　第1部分：并网技术条件			中国电力出版社	2021-01-07	2021-07-01
253	DL/T 2248.2—2021	移动车载式储能电站并网与运行　第2部分：运行规程			中国电力出版社	2021-01-07	2021-07-01
254	DL/T 2249—2021	柔性直流输电系统保护整定技术规程			中国电力出版社	2021-01-07	2021-07-01
255	DL/T 2250—2021	同步调相机控制保护系统技术导则			中国电力出版社	2021-01-07	2021-07-01
256	DL/T 2251—2021	次同步振荡监测与控制系统技术规范			中国电力出版社	2021-01-07	2021-07-01
257	DL/T 2252—2021	智能变电站继电保护及相关二次设备镜像调试技术规范			中国电力出版社	2021-01-07	2021-07-01

续表

序号	标准编号	标准名称	代替标准	采标号	出版机构	批准日期	实施日期
258	DL/T 2253—2021	发电厂继电保护及安全自动装置技术监督导则			中国电力出版社	2021-01-07	2021-07-01
259	DL/T 2254—2021	变电站站域失灵（死区）保护装置技术规范			中国电力出版社	2021-01-07	2021-07-01
260	DL/T 2255—2021	气体继电器检测装置技术规范			中国电力出版社	2021-01-07	2021-07-01
261	DL/T 2256—2021	电力用智能换相装置技术规范			中国电力出版社	2021-01-07	2021-07-01
262	DL/T 5817—2021	水电工程低热硅酸盐水泥混凝土技术规范			中国电力出版社	2021-01-07	2021-07-01
263	NB/T 10605—2021	水电工程建设征地企业处理规划设计规范			中国水利水电出版社	2021-04-26	2021-10-26
264	NB/T 10606—2021	水力发电厂直流电源系统设计规范			中国水利水电出版社	2021-04-26	2021-10-26
265	NB/T 10607—2021	水力发电厂门禁系统设计导则			中国水利水电出版社	2021-04-26	2021-10-26
266	NB/T 10608—2021	水电工程环境影响经济损益分析技术规范			中国水利水电出版社	2021-04-26	2021-10-26
267	NB/T 10609—2021	水电工程拦漂排设计规范			中国水利水电出版社	2021-04-26	2021-10-26
268	NB/T 10610—2021	水电工程鱼类增殖放流站运行规程			中国水利水电出版社	2021-04-26	2021-10-26
269	NB/T 10611—2021	水力发电厂含油污水处理系统设计导则			中国水利水电出版社	2021-04-26	2021-10-26
270	NB/T 10612—2021	水电工程过鱼对象游泳能力测验规程			中国水利水电出版社	2021-04-26	2021-10-26
271	NB/T 10613—2021	电动汽车充换电站电能质量测试评价技术规范			中国标准出版社	2021-04-26	2021-07-26
272	NB/T 10614—2021	动态无功补偿装置并列运行协调控制通用要求			中国标准出版社	2021-04-26	2021-07-26
273	NB/T 10625—2021	风光储联合发电站运行导则			中国电力出版社	2021-04-26	2021-10-26
274	NB/T 10626—2021	海上风电场工程防腐蚀设计规范			中国水利水电出版社	2021-04-26	2021-10-26
275	NB/T 10627—2021	风电场工程混凝土试验检测技术规范			中国水利水电出版社	2021-04-26	2021-10-26
276	NB/T 10628—2021	风电场工程材料试验检测技术规范			中国水利水电出版社	2021-04-26	2021-10-26
277	NB/T 10629—2021	陆上风电场覆冰环境评价技术规范			中国电力出版社	2021-04-26	2021-10-26
278	NB/T 10630—2021	风光储联合发电站监控系统技术条件			中国电力出版社	2021-04-26	2021-10-26
279	NB/T 10631—2021	风电场应急预案编制导则			中国电力出版社	2021-04-26	2021-10-26
280	NB/T 10632—2021	海上风电场安全性评价技术规程			中国电力出版社	2021-04-26	2021-10-26

续表

序号	标准编号	标准名称	代替标准	采标号	出版机构	批准日期	实施日期
281	NB/T 10633—2021	风电场工程节能验收报告编制规程			中国水利水电出版社	2021-04-26	2021-10-26
282	NB/T 10634—2021	光伏发电站支架及跟踪系统技术监督规程			中国电力出版社	2021-04-26	2021-10-26
283	NB/T 10635—2021	光伏发电站光伏组件技术监督规程			中国电力出版社	2021-04-26	2021-10-26
284	NB/T 10636—2021	光伏发电站逆变器及汇流箱技术监督规程			中国电力出版社	2021-04-26	2021-10-26
285	NB/T 10637—2021	光伏发电站监控及自动化技术监督规程			中国电力出版社	2021-04-26	2021-10-26
286	NB/T 10638—2021	光伏发电站能效技术监督规程			中国电力出版社	2021-04-26	2021-10-26
287	NB/T 10639—2021	风电场工程场址选择技术规范			中国水利水电出版社	2021-04-26	2021-10-26
288	NB/T 10640—2021	风电场运行风险管理规程			中国电力出版社	2021-04-26	2021-10-26
289	NB/T 10641—2021	电动汽车非车载充电机现场检测仪			中国电力出版社	2021-04-26	2021-10-26
290	NB/T 10642—2021	光伏发电站支架技术要求			中国电力出版社	2021-04-26	2021-10-26
291	NB/T 10643—2021	风电场用静止无功发生器技术要求与试验方法			中国电力出版社	2021-04-26	2021-10-26
292	NB/T 10644—2021	风力发电机组　激光测风设备　应用导则			中国电力出版社	2021-04-26	2021-10-26
293	NB/T 10645—2021	光储荷互动控制运行技术导则			中国电力出版社	2021-04-26	2021-10-26
294	NB/T 10646—2021	海上风电场　直流接入电力系统用换流器技术规范			中国电力出版社	2021-04-26	2021-10-26
295	NB/T 10647—2021	海上风电场　直流接入电力系统用直流断路器　技术规范			中国电力出版社	2021-04-26	2021-10-26
296	NB/T 10648—2021	海上风电场　直流接入电力系统控制保护设备　技术规范			中国电力出版社	2021-04-26	2021-10-26
297	NB/T 10649—2021	高原型风力发电机组电气控制设备结构环境耐久性试验			中国电力出版社	2021-04-26	2021-10-26
298	NB/T 10650—2021	风电场并网性能监测评估方法			中国电力出版社	2021-04-26	2021-10-26
299	NB/T 10651—2021	风电场阻抗特性评估技术规范			中国电力出版社	2021-04-26	2021-10-26
300	NB/T 10652—2021	风电资源与运行能效评价规范			中国电力出版社	2021-04-26	2021-10-26
301	NB/T 10653—2021	风力发电机组　风轮叶片用结构胶黏剂试验方法			中国电力出版社	2021-04-26	2021-10-26

续表

序号	标准编号	标准名称	代替标准	采标号	出版机构	批准日期	实施日期
302	NB/T 10654—2021	风力发电机组　风轮叶片用热固性环氧树脂试验方法			中国电力出版社	2021-04-26	2021-10-26
303	NB/T 10655—2021	风力发电装备制造业绿色供应链管理评价规范			中国电力出版社	2021-04-26	2021-10-26
304	NB/T 10656—2021	直驱永磁风力发电机组　振动稳定性仿真与验证			中国电力出版社	2021-04-26	2021-10-26
305	NB/T 10657—2021	海上风力发电机组运维舱技术规范			中国电力出版社	2021-04-26	2021-10-26
306	NB/T 10658—2021	风力发电机组　变桨和偏航轴承设计要求			中国电力出版社	2021-04-26	2021-10-26
307	NB/T 10659—2021	风力发电机组　视频监视系统			中国电力出版社	2021-04-26	2021-10-26
308	NB/T 10660—2021	风力发电机组　工业以太网通信系统			中国电力出版社	2021-04-26	2021-10-26
309	NB/T 10661—2021	风力发电机组　风轮锁定销			中国电力出版社	2021-04-26	2021-10-26
310	NB/T 10662—2021	风力发电机组　电气系统电磁兼容技术规范			中国电力出版社	2021-04-26	2021-10-26
311	NB/T 10663—2021	海上型风力发电机组电气控制设备腐蚀防护结构设计规范			中国电力出版社	2021-04-26	2021-10-26
312	NB/T 10664—2021	核电厂工程岩土试验规程			中国电力出版社	2021-04-26	2021-10-26
313	NB/T 10665—2021	核电厂循环水泵房进水流道技术规范			中国电力出版社	2021-04-26	2021-10-26
314	NB/T 10666—2021	核电厂常规岛仪表和控制设备接地和屏蔽技术要求			中国电力出版社	2021-04-26	2021-10-26
315	NB/T 10667—2021	低风压架空导线			中国电力出版社	2021-04-26	2021-07-26
316	NB/T 10668—2021	光伏电站用固定式支架系统检测与评定技术规范			中国电力出版社	2021-04-26	2021-07-26
317	NB/T 10669—2021	高钠煤电站煤粉锅炉设计导则			中国电力出版社	2021-04-26	2021-07-26
318	NB/T 10670—2021	固体氧化物燃料电池电解质膜测试方法　第1部分：自支撑膜			中国电力出版社	2021-04-26	2021-07-26
319	NB/T 10671—2021	固体氧化物燃料电池模块　通用安全技术导则			中国电力出版社	2021-04-26	2021-07-26
320	NB/T 10672—2021	智能电力管廊传感设备环境技术要求与导则			中国电力出版社	2021-04-26	2021-07-26
321	NB/T 10673—2021	智能配电房传感设备环境技术要求与导则			中国电力出版社	2021-04-26	2021-07-26
322	NB/T 10674—2021	直流故障电流控制器技术要求			中国电力出版社	2021-04-26	2021-07-26

续表

序号	标准编号	标准名称	代替标准	采标号	出版机构	批准日期	实施日期
323	NB/T 10675—2021	110kV 多端输电线路保护装置标准化设计规范			中国电力出版社	2021-04-26	2021-07-26
324	NB/T 10676—2021	110kV 合并单元智能终端集成装置通用技术条件			中国电力出版社	2021-04-26	2021-07-26
325	NB/T 10677—2021	串联电容器补偿装置控制与保护技术要求			中国电力出版社	2021-04-26	2021-07-26
326	NB/T 10678—2021	短引线保护装置通用技术条件			中国电力出版社	2021-04-26	2021-07-26
327	NB/T 10679—2021	混合直流输电控制与保护设备技术要求			中国电力出版社	2021-04-26	2021-07-26
328	NB/T 10680—2021	继电保护和安全自动装置信息安全技术导则			中国电力出版社	2021-04-26	2021-07-26
329	NB/T 10681—2021	继电保护装置高加速寿命试验导则			中国电力出版社	2021-04-26	2021-07-26
330	NB/T 10682—2021	数字化继电保护现场系统级检测规范			中国电力出版社	2021-04-26	2021-07-26
331	NB/T 10683—2021	微电网区域保护控制装置技术要求			中国电力出版社	2021-04-26	2021-07-26
332	NB/T 10684—2021	风电场工程质量管理规程			中国水利水电出版社	2021-04-26	2021-07-26
333	NB/T 10685—2021	光伏发电用汇流箱技术规范			中国电力出版社	2021-04-26	2021-07-26
334	NB/T 10686—2021	光伏预装式变电站技术规范			中国电力出版社	2021-04-26	2021-07-26
335	NB/T 10687—2021	高原用高地震烈度条件高压直流设备选型检验规范			中国电力出版社	2021-04-26	2021-07-26
336	NB/T 10688—2021	高原用高压直流设备密封制品技术条件			中国电力出版社	2021-04-26	2021-07-26
337	NB/T 10689—2021	电动助力用蓄电池充（换）电设备技术规范 第 1 部分：充电桩			中国电力出版社	2021-04-26	2021-07-26
338	NB/T 10690—2021	电动助力用蓄电池充（换）电设备技术规范 第 2 部分：充（换）电柜			中国电力出版社	2021-04-26	2021-07-26
339	NB/T 10691—2021	数字中心机房用不间断电源系统			中国电力出版社	2021-04-26	2021-07-26
340	NB/T 10692—2021	大容量不间断电源系统			中国电力出版社	2021-04-26	2021-07-26
341	NB/T 10693—2021	模块化不间断电源系统			中国电力出版社	2021-04-26	2021-07-26
342	NB/T 10694—2021	一体化不间断电源系统			中国电力出版社	2021-04-26	2021-07-26
343	NB/T 10695—2021	爆炸性环境用阻火器检验技术规范			中国电力出版社	2021-04-26	2021-07-26
344	NB/T 20040—2021	核电厂安全级电气设备抗震鉴定试验规则	NB/T 20040—2011		原子能出版社	2021-04-26	2021-07-26
345	NB/T 20108—2021	压水堆核电厂安全壳贯穿件安装技术规程	NB/T 20108—2012		原子能出版社	2021-04-26	2021-07-26

续表

序号	标准编号	标准名称	代替标准	采标号	出版机构	批准日期	实施日期
346	NB/T 20044—2021	压水堆核电厂堆内构件安装及验收技术规程	NB/T 20044—2011		原子能出版社	2021-04-26	2021-07-26
347	NB/T 20015—2021	核电厂操纵人员培训及考试用模拟机	NB/T 20015—2010		原子能出版社	2021-04-26	2021-07-26
348	NB/T 20031—2021	压水堆核电厂事故后安全壳内可燃气体浓度的控制	NB/T 20031—2010		原子能出版社	2021-04-26	2021-07-26
349	NB/T 20097—2021	压水堆核电厂混凝土安全壳系统功能设计要求	NB/T 20097—2012		原子能出版社	2021-04-26	2021-07-26
350	NB/T 20160—2021	压水堆核电厂不锈钢水池覆面施工技术规程	NB/T 20160—2012		原子能出版社	2021-04-26	2021-07-26
351	NB/T 20159—2021	压水堆核电厂安全壳钢衬里施工技术规程	NB/T 20159—2012		原子能出版社	2021-04-26	2021-07-26
352	NB/T 20010.16—2021	压水堆核电厂阀门 第 16 部分：安全级阀门在线密封试验			原子能出版社	2021-04-26	2021-07-26
353	NB/T 20421.5—2021	核电厂安全重要电缆状态监测方法　第 5 部分：光时域反射			原子能出版社	2021-04-26	2021-07-26
354	NB/T 20445.3—2021	应用于核电厂的二级概率安全评价　第 3 部分：低功率和停堆工况内部事件			原子能出版社	2021-04-26	2021-07-26
355	NB/T 20560.1—2021	压水堆核电厂应急堆芯冷却系统过滤器设计和性能评价　第 1 部分：总则			原子能出版社	2021-04-26	2021-07-26
356	NB/T 20560.2—2021	压水堆核电厂应急堆芯冷却系统过滤器设计和性能评价　第 2 部分：碎渣源项踏勘技术要求			原子能出版社	2021-04-26	2021-07-26
357	NB/T 20560.3—2021	压水堆核电厂应急堆芯冷却系统过滤器设计和性能评价　第 3 部分：上游分析技术要求			原子能出版社	2021-04-26	2021-07-26
358	NB/T 20560.5—2021	压水堆核电厂应急堆芯冷却系统过滤器设计和性能评价　第 5 部分：碎渣压降试验技术要求			原子能出版社	2021-04-26	2021-07-26
359	NB/T 20560.7—2021	压水堆核电厂应急堆芯冷却系统过滤器设计和性能评价　第 7 部分：下游效应（堆芯内）试验技术要求			原子能出版社	2021-04-26	2021-07-26
360	NB/T 20601—2021	核电厂安全重要仪表和控制系统隔离装置的设计和鉴定		IEC 62808：2018，MOD	原子能出版社	2021-04-26	2021-07-26
361	NB/T 20602—2021	核电厂工业电视系统设计要求			原子能出版社	2021-04-26	2021-07-26

续表

序号	标准编号	标准名称	代替标准	采标号	出版机构	批准日期	实施日期
362	NB/T 20603—2021	压水堆核电厂钢制安全壳冷却系统空气导流装置安装技术规程			原子能出版社	2021-04-26	2021-07-26
363	NB/T 20604—2021	核电厂运行状态下水生生物辐射影响评价技术规范			原子能出版社	2021-04-26	2021-07-26
364	NB/T 20605—2021	核电厂供方质量保证通用要求			原子能出版社	2021-04-26	2021-07-26
365	NB/T 20606—2021	压水堆核电厂反应堆堆内构件水下维修技术条件			原子能出版社	2021-04-26	2021-07-26
366	NB/T 20607—2021	核电厂维修活动质量保证监督要求			原子能出版社	2021-04-26	2021-07-26
367	NB/T 20608—2021	核电厂自动电压控制技术规范			原子能出版社	2021-04-26	2021-07-26
368	NB/T 20609—2021	核电厂焊接管理要求			原子能出版社	2021-04-26	2021-07-26
369	NB/T 20610—2021	基于涡流检测技术的核电厂蒸汽发生器管板二次侧泥渣高度测量			原子能出版社	2021-04-26	2021-07-26
370	NB/T 20611—2021	核电厂蒸汽发生器传热管胀管过渡段涡流检测			原子能出版社	2021-04-26	2021-07-26
371	NB/T 20612—2021	核电厂小支管振动测试与评估			原子能出版社	2021-04-26	2021-07-26
372	NB/T 20613—2021	压水堆核电厂冷冻水系统调试技术导则			原子能出版社	2021-04-26	2021-07-26
373	NB/T 20614—2021	压水堆核电厂通风系统调试导则			原子能出版社	2021-04-26	2021-07-26
374	NB/T 20615—2021	技术成熟度评价在核电研发中的实施导则			原子能出版社	2021-04-26	2021-07-26
375	NB/T 20616—2021	核电厂核安全文化建设导则			原子能出版社	2021-04-26	2021-07-26
376	NB/Z 20617—2021	核电项目前期阶段公众沟通指南			原子能出版社	2021-04-26	2021-07-26
377	NB/T 20618—2021	压水堆核电厂事故处理规则开发准则			原子能出版社	2021-04-26	2021-07-26
378	NB/T 20619—2021	压水堆核电厂放射性废液处理系统设计准则			原子能出版社	2021-04-26	2021-07-26
379	NB/T 20620—2021	压水堆核电厂放射性废气处理系统设计准则			原子能出版社	2021-04-26	2021-07-26
380	NB/T 20621—2021	压水堆核电厂放射性固体废物处理系统设计准则			原子能出版社	2021-04-26	2021-07-26
381	NB/T 20622—2021	核电工程模板施工技术规程			原子能出版社	2021-04-26	2021-07-26
382	NB/T 20623—2021	核电工程钢筋施工技术规程			原子能出版社	2021-04-26	2021-07-26
383	NB/T 20624—2021	压水堆核电厂地下防水技术规程			原子能出版社	2021-04-26	2021-07-26

续表

序号	标准编号	标准名称	代替标准	采标号	出版机构	批准日期	实施日期
384	NB/T 31023—2021	风力发电机组　主轴盘式制动器	NB/T 31023—2012		中国电力出版社	2021-04-26	2021-10-26
385	NB/T 31024—2021	风力发电机组　偏航盘式制动器	NB/T 31024—2012		中国电力出版社	2021-04-26	2021-10-26
386	NB/T 31040—2021	具有短路保护功能的电涌保护器	NB/T 31040—2012		中国电力出版社	2021-04-26	2021-07-26
387	NB/T 31049—2021	风力发电机绝缘规范	NB/T 31049—2014		中国电力出版社	2021-04-26	2021-10-26
388	NB/T 31050—2021	风力发电机绝缘系统的评定方法	NB/T 31050—2014		中国电力出版社	2021-04-26	2021-10-26
389	NB/T 31053—2021	风电机组电气仿真模型验证规程	NB/T 31053—2014		中国电力出版社	2021-04-26	2021-10-26
390	NB/T 42150—2021	低压电涌保护器专用保护装置	NB/T 42150—2018		中国电力出版社	2021-04-26	2021-07-26
391	DL/T 284—2021	输电线路杆塔及电力金具用热浸镀锌螺栓与螺母	DL/T 284—2012		中国电力出版社	2021-04-26	2021-10-26
392	DL/T 486—2021	高压交流隔离开关和接地开关	DL/T 486—2010	IEC 62271－102：2018，MOD	中国电力出版社	2021-04-26	2021-10-26
393	DL/T 572—2021	电力变压器运行规程	DL/T 572—2010		中国电力出版社	2021-04-26	2021-10-26
394	DL/T 573—2021	电力变压器检修导则	DL/T 573—2010		中国电力出版社	2021-04-26	2021-10-26
395	DL/T 574—2021	电力变压器分接开关运行维修导则	DL/T 574—2010		中国电力出版社	2021-04-26	2021-10-26
396	DL/T 596—2021	电力设备预防性试验规程	DL/T 596—1996		中国电力出版社	2021-04-26	2021-10-26
397	DL/T 662.1—2021	六氟化硫气体回收装置技术条件　第1部分：六氟化硫气体回收装置	DL/T 662—2009		中国电力出版社	2021-04-26	2021-10-26
398	DL/T 662.2—2021	六氟化硫气体回收装置技术条件　第2部分：SF_6/N_2混合气体回收装置			中国电力出版社	2021-04-26	2021-10-26
399	DL/T 665—2021	水汽集中取样分析装置验收导则	DL/T 665—2009		中国电力出版社	2021-04-26	2021-10-26
400	DL/T 682—2021	母线金具用开槽沉头螺钉	DL/T 682—1999		中国电力出版社	2021-04-26	2021-10-26
401	DL/T 712—2021	发电厂凝汽器及辅机冷却器管选材导则	DL/T 712—2010		中国电力出版社	2021-04-26	2021-10-26
402	DL/T 765.1—2021	架空配电线路金具　第1部分：通用技术条件	DL/T 765.1—2001		中国电力出版社	2021-04-26	2021-10-26
403	DL/T 765.2—2021	架空配电线路金具　第2部分：额定电压35kV及以下架空裸导线金具	DL/T 765.2—2004		中国电力出版社	2021-04-26	2021-10-26
404	DL/T 765.3—2021	架空配电线路金具　第3部分：额定电压35kV及以下架空绝缘导线金具	DL/T 765.3—2004		中国电力出版社	2021-04-26	2021-10-26

续表

序号	标准编号	标准名称	代替标准	采标号	出版机构	批准日期	实施日期
405	DL/T 768.6—2021	电力金具制造质量 第6部分：焊接件和热切割件	DL/T 768.6—2002		中国电力出版社	2021-04-26	2021-10-26
406	DL/T 878—2021	带电作业用绝缘工具试验导则	DL/T 878—2004		中国电力出版社	2021-04-26	2021-10-26
407	DL/T 1036—2021	变电设备巡检系统	DL/T 1036—2006		中国电力出版社	2021-04-26	2021-10-26
408	DL/T 1054—2021	高压电气设备绝缘技术监督规程	DL/T 1054—2007		中国电力出版社	2021-04-26	2021-10-26
409	DL/T 1236—2021	输电杆塔用地脚螺栓与螺母	DL/T 1236—2013		中国电力出版社	2021-04-26	2021-10-26
410	DL/T 5117—2021	水下不分散混凝土试验规程	DL/T 5117—2000		中国电力出版社	2021-04-26	2021-10-26
411	DL/T 5119—2021	农村变电站设计技术规程	DL/T 5119—2000		中国电力出版社	2021-04-26	2021-10-26
412	DL/T 5126—2021	聚合物改性水泥砂浆试验规程	DL/T 5126—2001		中国电力出版社	2021-04-26	2021-10-26
413	DL/T 5148—2021	水工建筑物水泥灌浆施工技术规范	DL/T 5148—2012		中国电力出版社	2021-04-26	2021-10-26
414	DL/T 5193—2021	环氧树脂砂浆技术规程	DL/T 5193—2004		中国电力出版社	2021-04-26	2021-10-26
415	DL/T 5205—2021	电力建设工程工程量清单计算规范 输电线路工程	DL/T 5205—2016		中国电力出版社	2021-04-26	2021-10-26
416	DL/T 5207—2021	水工建筑物抗冲磨防空蚀混凝土技术规范	DL/T 5207—2005		中国电力出版社	2021-04-26	2021-10-26
417	DL/T 5333—2021	水电水利工程爆破安全监测规程	DL/T 5333—2005		中国电力出版社	2021-04-26	2021-10-26
418	DL/T 5341—2021	电力建设工程工程量清单计算规范 变电工程	DL/T 5341—2016		中国电力出版社	2021-04-26	2021-10-26
419	DL/T 5369—2021	电力建设工程工程量清单计算规范 火力发电工程	DL/T 5369—2016		中国电力出版社	2021-04-26	2021-10-26
420	DL/T 5745—2021	电力建设工程工程量清单计价规范	DL/T 5745—2016		中国电力出版社	2021-04-26	2021-10-26
421	DL/T 1414.4511—2021	电力市场通信 第451—1部分：分区电价模式电力市场信息交互确认流程子集		IEC 62325－451－1：2017，IDT	中国电力出版社	2021-04-26	2021-10-26
422	DL/T 1981.9—2021	统一潮流控制器 第9部分：交接试验规程			中国电力出版社	2021-04-26	2021-10-26
423	DL/T 1981.11—2021	统一潮流控制器 第11部分：调度运行规程			中国电力出版社	2021-04-26	2021-10-26
424	DL/T 1981.12—2021	统一潮流控制器 第12部分：设备检修试验规程			中国电力出版社	2021-04-26	2021-10-26
425	DL/T 2257—2021	大中型水电站地质灾害预警及应急管理技术规范			中国电力出版社	2021-04-26	2021-10-26

续表

序号	标准编号	标准名称	代替标准	采标号	出版机构	批准日期	实施日期
426	DL/T 2258—2021	水电站厂房结构与水轮发电机组耦合动力监测技术规范			中国电力出版社	2021-04-26	2021-10-26
427	DL/T 2259—2021	水电站泄洪消能安全预警系统技术规范			中国电力出版社	2021-04-26	2021-10-26
428	DL/T 2260—2021	电力用铜铝复合母线选用导则			中国电力出版社	2021-04-26	2021-10-26
429	DL/T 2261—2021	移动式手持电动工具绝缘电阻试验仪技术要求			中国电力出版社	2021-04-26	2021-10-26
430	DL/T 2262—2021	火力发电厂正平衡计算煤耗技术规范			中国电力出版社	2021-04-26	2021-10-26
431	DL/T 2263—2021	智能变压器检测规范			中国电力出版社	2021-04-26	2021-10-26
432	DL/T 2264—2021	智能变压器现场检验规范			中国电力出版社	2021-04-26	2021-10-26
433	DL/T 2265—2021	智能开关检测规范			中国电力出版社	2021-04-26	2021-10-26
434	DL/T 2266—2021	智能开关现场检验规范			中国电力出版社	2021-04-26	2021-10-26
435	DL/T 2267—2021	电力变压器（电抗器、互感器）及组部件、原材料使用术语			中国电力出版社	2021-04-26	2021-10-26
436	DL/T 2268—2021	直流电场测量仪校准规范			中国电力出版社	2021-04-26	2021-10-26
437	DL/T 2269—2021	配电变压器退运与再利用评价导则			中国电力出版社	2021-04-26	2021-10-26
438	DL/T 2270—2021	高压电缆接地电流在线监测系统技术规范			中国电力出版社	2021-04-26	2021-10-26
439	DL/T 2271—2021	高压电缆局部放电在线监测系统技术规范			中国电力出版社	2021-04-26	2021-10-26
440	DL/T 2272—2021	输变电工程环境监理规范			中国电力出版社	2021-04-26	2021-10-26
441	DL/T 2273—2021	联合循环电站燃气轮机技术监督规程			中国电力出版社	2021-04-26	2021-10-26
442	DL/T 2274—2021	配电自动化系统与电网地理信息系统接口技术规范			中国电力出版社	2021-04-26	2021-10-26
443	DL/T 2275—2021	12（7.2）kV～40.5kV交流金属封闭开关设备状态检修导则			中国电力出版社	2021-04-26	2021-10-26
444	DL/T 2276—2021	12（7.2）kV～40.5kV交流金属封闭开关设备状态评价导则			中国电力出版社	2021-04-26	2021-10-26
445	DL/T 2277—2021	电力设备带电检测仪器通用技术规范			中国电力出版社	2021-04-26	2021-10-26
446	DL/T 2278—2021	高频法局部放电带电检测仪器技术规范			中国电力出版社	2021-04-26	2021-10-26
447	DL/T 2279—2021	火电厂烟气脱硝催化剂二氧化硫氧化率检测方法　粉末法			中国电力出版社	2021-04-26	2021-10-26

续表

序号	标准编号	标准名称	代替标准	采标号	出版机构	批准日期	实施日期
448	DL/T 2280—2021	燃煤电厂烟气中三氧化硫含量的测定　异丙醇溶液吸收　离子色谱法			中国电力出版社	2021-04-26	2021-10-26
449	DL/T 2281—2021	燃煤电厂烟气脱硝尿素水解技术规程			中国电力出版社	2021-04-26	2021-10-26
450	DL/T 2282—2021	电力高处作业坠落营救装置			中国电力出版社	2021-04-26	2021-10-26
451	DL/T 2283—2021	车载移动式变电站通用技术条件			中国电力出版社	2021-04-26	2021-10-26
452	NB/T 10768—2021	生物柴油储运操作规范			中国电力出版社	2021-11-16	2022-02-16
453	NB/T 10769—2021	BD100 生物柴油原料废弃油脂预处理工艺规范			中国电力出版社	2021-11-16	2022-02-16
454	NB/T 10770—2021	生物重油			中国电力出版社	2021-11-16	2022-02-16
455	NB/T 10791—2021	水电工程金属结构设备更新改造导则			中国水利水电出版社	2021-11-16	2022-05-16
456	NB/T 10792—2021	水电站技术供水系统规范			中国水利水电出版社	2021-11-16	2022-05-16
457	NB/T 10793—2021	水电站压缩空气系统规范			中国水利水电出版社	2021-11-16	2022-05-16
458	NB/T 10794—2021	水电工程景观评价技术规范			中国水利水电出版社	2021-11-16	2022-05-16
459	NB/T 10795—2021	生物质气化多联产系统技术导则			中国水利水电出版社	2021-11-16	2022-05-16
460	NB/T 10796—2021	水力发电厂电缆防火设计导则			中国水利水电出版社	2021-11-16	2022-05-16
461	NB/T 10797—2021	水库清漂船技术要求			中国水利水电出版社	2021-11-16	2022-05-16
462	NB/T 10798—2021	水电工程建设征地移民安置技术通则			中国水利水电出版社	2021-11-16	2022-05-16
463	NB/T 10799—2021	水电工程地质勘察资料整编规程	DL/T 5351—2006、SDJ 19—1978		中国水利水电出版社	2021-11-16	2022-05-16
464	NB/T 10800—2021	水电工程建设征地移民安置实施技术导则			中国水利水电出版社	2021-11-16	2022-05-16
465	NB/T 10801—2021	水电工程建设征地移民安置专业项目规划设计规范	DL/T 5379—2007		中国水利水电出版社	2021-11-16	2022-05-16
466	NB/T 10802—2021	水电工程预应力锚固设计规范	DL/T 5176—2003		中国水利水电出版社	2021-11-16	2022-05-16
467	NB/T 10803—2021	水电工程水库库底清理设计规范	DL/T 5381—2007		中国水利水电出版社	2021-11-16	2022-05-16
468	NB/T 10804—2021	水电工程农村移民安置规划设计规范	DL/T 5378—2007		中国水利水电出版社	2021-11-16	2022-05-16
469	NB/T 10805—2021	水电工程溃坝洪水与非恒定流计算规范	DL/T 5360—2006		中国水利水电出版社	2021-11-16	2022-05-16
470	NB/T 10806—2021	墙壁紧急呼叫开关			中国电力出版社	2021-11-16	2022-02-16

续表

序号	标准编号	标准名称	代替标准	采标号	出版机构	批准日期	实施日期
471	NB/T 10807—2021	家用和类似用途插座温升试验方法			中国电力出版社	2021-11-16	2022-02-16
472	NB/T 10808—2021	用于公共场所的插座技术规范			中国电力出版社	2021-11-16	2022-02-16
473	NB/T 10809—2021	3.6kV～40.5kV 交流金属封闭开关设备用绝缘套管			中国电力出版社	2021-11-16	2022-02-16
474	NB/T 10810—2021	小水电机组调速系统技术条件			中国电力出版社	2021-11-16	2022-02-16
475	NB/T 10811—2021	小水电机组调速系统运行及检修规程			中国电力出版社	2021-11-16	2022-02-16
476	NB/T 10812—2021	小水电机组运行及检修规程			中国电力出版社	2021-11-16	2022-02-16
477	NB/T 10813—2021	接力器外置型转桨式水轮机桨叶调节装置基本技术条件			中国电力出版社	2021-11-16	2022-02-16
478	NB/T 10814—2021	一体化集合式（箱式）高压并联电容器装置			中国电力出版社	2021-11-16	2022-02-16
479	NB/T 10815—2021	柔性配电网用超高次谐波滤波器技术规范			中国电力出版社	2021-11-16	2022-02-16
480	NB/T 10816—2021	非工业用户供电系统用谐波治理装置技术条件			中国电力出版社	2021-11-16	2022-02-16
481	NB/T 10817—2021	换相型负荷不平衡调节装置技术规范			中国电力出版社	2021-11-16	2022-02-16
482	NB/T 10818—2021	无功补偿和谐波治理装置　术语			中国电力出版社	2021-11-16	2022-02-16
483	NB/T 10819—2021	高压并联电容器状态监测装置通用技术要求			中国电力出版社	2021-11-16	2022-02-16
484	NB/T 10820—2021	固体氧化物燃料电池单电池测试方法			中国电力出版社	2021-11-16	2022-02-16
485	NB/T 10821—2021	固体氧化物燃料电池电池堆测试方法			中国电力出版社	2021-11-16	2022-02-16
486	NB/T 10822—2021	固体氧化物燃料电池小型固定式发电系统通用安全技术导则			中国电力出版社	2021-11-16	2022-02-16
487	NB/T 10823—2021	换流变压器绝缘纸板及纸质绝缘成型件 X 光检测导则			中国电力出版社	2021-11-16	2022-02-16
488	NB/T 10824—2021	换流变压器用绝缘材料耐火等级评定导则			中国电力出版社	2021-11-16	2022-02-16
489	NB/T 10825—2021	新能源汽车用硅橡胶玻璃纤维绝缘软管			中国电力出版社	2021-11-16	2022-02-16
490	NB/T 10826—2021	车用动力电池回收利用　电芯绝缘性能及容量评定方法			中国电力出版社	2021-11-16	2022-02-16
491	NB/T 10827—2021	动力电池薄膜离子电导率的测试方法			中国电力出版社	2021-11-16	2022-02-16

续表

序号	标准编号	标准名称	代替标准	采标号	出版机构	批准日期	实施日期
492	NB/T 10828—2021	大型混流式水轮机转轮马氏体不锈钢铸件技术条件			中国电力出版社	2021-11-16	2022-02-16
493	NB/T 10829—2021	大型水轮机电渣熔铸马氏体不锈钢导叶铸件技术条件			中国电力出版社	2021-11-16	2022-02-16
494	NB/T 10830—2021	大型水轮发电机组主轴锻件技术条件			中国电力出版社	2021-11-16	2022-02-16
495	NB/T 10831—2021	大型水轮发电机镜板锻件技术条件			中国电力出版社	2021-11-16	2022-02-16
496	NB/T 42063—2021	3.6kV～40.5kV 高压交流负荷开关试验导则	NB/T 42063—2015		中国电力出版社	2021-11-16	2022-02-16
497	DL/T 5084—2021	电力工程水文技术规程	DL/T 5084—2012		中国计划出版社	2021-11-16	2022-02-16
498	DL/T 5158—2021	电力工程气象勘测技术规程	DL/T 5158—2012		中国计划出版社	2021-11-16	2022-02-16
499	DL/T 5472—2021	架空输电线路工程建设预算项目划分导则	DL/T 5472—2013		中国计划出版社	2021-11-16	2022-02-16
500	DL/T 5614—2021	火力发电工程结算审核报告编制导则			中国计划出版社	2021-11-16	2022-02-16
501	DL/T 5615—2021	发电工程数字化移交内容规定			中国计划出版社	2021-11-16	2022-02-16
502	DL/T 5616—2021	柔性直流换流站工程项目划分导则			中国计划出版社	2021-11-16	2022-02-16
503	DL/T 5617—2021	电缆输电线路工程技术经济指标编制导则			中国计划出版社	2021-11-16	2022-02-16
504	DL/T 5618—2021	配电网数字化勘测设计和移交数据交换标准			中国计划出版社	2021-11-16	2022-02-16
505	DL/T 5619—2021	调相机工程项目划分导则			中国计划出版社	2021-11-16	2022-02-16
506	DL/T 5620—2021	火力发电厂汽水系统设计规程			中国计划出版社	2021-11-16	2022-05-16
507	DL/T 5621—2021	槽式太阳能热发电厂集热系统设计规范			中国计划出版社	2021-11-16	2022-05-16
508	DL/T 5622—2021	太阳能热发电厂储热系统设计规范			中国计划出版社	2021-11-16	2022-05-16
509	DL/T 5623—2021	火力发电厂烟气循环流化床半干法脱硫系统设计规程			中国计划出版社	2021-11-16	2022-05-16
510	DL/T 5624—2021	海底电缆工程施工图设计文件内容深度规定			中国计划出版社	2021-11-16	2022-05-16
511	DL/T 5625—2021	智能变电站监控系统设计规程			中国计划出版社	2021-11-16	2022-05-16
512	DL/T 5626—2021	20kV 及以下配电网工程技术经济指标编制导则			中国计划出版社	2021-11-16	2022-05-16
513	DL/T 5627—2021	20kV 及以下配电网工程结算审核报告编制导则			中国计划出版社	2021-11-16	2022-05-16

续表

序号	标准编号	标准名称	代替标准	采标号	出版机构	批准日期	实施日期
514	NB/T 10857—2021	水电工程合理使用年限及耐久性设计规范			中国水利水电出版社	2021-12-22	2022-06-22
515	NB/T 10858—2021	水电站进水口设计规范	DL/T 5398—2007		中国水利水电出版社	2021-12-22	2022-06-22
516	NB/T 10859—2021	水电工程金属结构设备状态在线监测系统技术条件			中国水利水电出版社	2021-12-22	2022-06-22
517	NB/T 10860—2021	水电站排水系统规范			中国水利水电出版社	2021-12-22	2022-06-22
518	NB/T 10861—2021	水力发电厂测量装置配置设计规范	DL/T 5413—2009		中国水利水电出版社	2021-12-22	2022-06-22
519	NB/T 10862—2021	水电工程集运鱼系统设计规范			中国水利水电出版社	2021-12-22	2022-06-22
520	NB/T 10863—2021	水电工程升鱼机设计规范			中国水利水电出版社	2021-12-22	2022-06-22
521	NB/T 10864—2021	水电工程移民安置城镇迁建规划设计规范	DL/T 5380—2007		中国水利水电出版社	2021-12-22	2022-06-22
522	NB/T 10865—2021	生物天然气工程可行性研究报告编制规程			中国水利水电出版社	2021-12-22	2022-06-22
523	NB/T 10866—2021	沼气发电工程可行性研究报告编制规程			中国水利水电出版社	2021-12-22	2022-06-22
524	NB/T 10867—2021	溢洪道设计规范	DL/T 5166—2002		中国水利水电出版社	2021-12-22	2022-06-22
525	NB/T 10868—2021	水电工程泄洪雾化水工模型试验规程			中国水利水电出版社	2021-12-22	2022-06-22
526	NB/T 10869—2021	水电工程移民安置生活污水处理技术规范			中国水利水电出版社	2021-12-22	2022-06-22
527	NB/T 10870—2021	混凝土拱坝设计规范	DL/T 5346—2006		中国水利水电出版社	2021-12-22	2022-06-22
528	NB/T 10871—2021	混凝土面板堆石坝设计规范	DL/T 5016—2011		中国水利水电出版社	2021-12-22	2022-06-22
529	NB/T 10872—2021	碾压式土石坝设计规范	DL/T 5395—2007		中国水利水电出版社	2021-12-22	2022-06-22
530	NB/T 10873—2021	水电开发流域生态环境监测实施方案编制规程			中国水利水电出版社	2021-12-22	2022-06-22
531	NB/T 10874—2021	水电工程生态调度方案编制规程			中国水利水电出版社	2021-12-22	2022-06-22
532	NB/T 10875—2021	流域水电应急计划及要求			中国水利水电出版社	2021-12-22	2022-06-22
533	NB/T 10876—2021	水电工程建设征地移民安置规划设计规范	DL/T 5064—2007		中国水利水电出版社	2021-12-22	2022-06-22
534	NB/T 10877—2021	水电工程建设征地移民安置补偿费用概（估）算编制规范	DL/T 5382—2007		中国水利水电出版社	2021-12-22	2022-06-22
535	NB/T 10878—2021	水力发电厂机电设计规范	DL/T 5186—2004		中国水利水电出版社	2021-12-22	2022-06-22

续表

序号	标准编号	标准名称	代替标准	采标号	出版机构	批准日期	实施日期
536	NB/T 10879—2021	水力发电厂计算机监控系统设计规范	DL/T 5065—2009		中国水利水电出版社	2021-12-22	2022-06-22
537	NB/T 10880—2021	梯级水电厂集中监控工程设计规范	DL/T 5345—2006		中国水利水电出版社	2021-12-22	2022-06-22
538	NB/T 10881—2021	水力发电厂火灾自动报警系统设计规范	DL/T 5412—2009		中国水利水电出版社	2021-12-22	2022-06-22
539	NB/T 10882—2021	梯级水库群安全风险防控导则			中国水利水电出版社	2021-12-22	2022-06-22
540	NB/T 10883.4—2021	水电工程制图标准 第4部分：水力机械	DL/T 5349—2006		中国水利水电出版社	2021-12-22	2022-06-22
541	NB/T 10894—2021	生物质燃料乙醇的生产工艺与装备选用导则			中国电力出版社	2021-12-22	2022-06-22
542	NB/T 10895—2021	燃料乙醇工业用木薯干			中国电力出版社	2021-12-22	2022-06-22
543	NB/T 10896—2021	燃料乙醇工业用秸秆			中国电力出版社	2021-12-22	2022-06-22
544	NB/T 10897—2021	烃基生物柴油			中国电力出版社	2021-12-22	2022-06-22
545	NB/T 10898—2021	槽式太阳能光热发电站真空集热管监造导则			中国电力出版社	2021-12-22	2022-06-22
546	NB/T 10899—2021	光伏发电站继电保护技术监督			中国电力出版社	2021-12-22	2022-06-22
547	NB/T 10900—2021	光伏发电站电能质量技术监督			中国电力出版社	2021-12-22	2022-06-22
548	NB/T 10901—2021	电动汽车充电设备现场检验技术规范			中国电力出版社	2021-12-22	2022-03-22
549	NB/T 10902—2021	20kW 及以下非车载充电机技术条件及安装要求			中国电力出版社	2021-12-22	2022-03-22
550	NB/T 10903—2021	电动汽车电池更换站安全要求			中国电力出版社	2021-12-22	2022-03-22
551	NB/T 10904—2021	电动汽车电池更换站结构和用例			中国电力出版社	2021-12-22	2022-03-22
552	NB/T 10905—2021	电动汽车充电设施故障分类及代码			中国电力出版社	2021-12-22	2022-03-22
553	NB/T 10906—2021	陆上风电场工程风电机组基础施工规范			中国水利水电出版社	2021-12-22	2022-03-22
554	NB/T 10907—2021	风电机组混凝土—钢混合塔筒设计规范			中国水利水电出版社	2021-12-22	2022-03-22
555	NB/T 10908—2021	风电机组混凝土—钢混合塔筒施工规范			中国水利水电出版社	2021-12-22	2022-03-22
556	NB/T 10909—2021	微观选址中风能资源分析及发电量计算方法			中国水利水电出版社	2021-12-22	2022-03-22
557	NB/T 10910—2021	海上风电场工程安全标识设置设计规范			中国水利水电出版社	2021-12-22	2022-03-22
558	NB/T 10911—2021	分散式风电接入配电网技术规定			中国电力出版社	2021-12-22	2022-03-22
559	NB/T 10912—2021	海冰地区海上风电场工程设计导则			中国水利水电出版社	2021-12-22	2022-03-22

续表

序号	标准编号	标准名称	代替标准	采标号	出版机构	批准日期	实施日期
560	NB/T 10913—2021	太阳能热发电站运行指标评价导则			中国电力出版社	2021-12-22	2022-03-22
561	NB/T 10914—2021	核电厂鼓形旋转滤网技术条件			中国电力出版社	2021-12-22	2022-03-22
562	NB/T 10915—2021	核电厂再生吸附式氢气干燥器技术条件			中国电力出版社	2021-12-22	2022-03-22
563	NB/T 10916—2021	核电厂凝汽器在线检漏系统技术要求			中国电力出版社	2021-12-22	2022-03-22
564	NB/T 10917—2021	核电厂汽轮机再热阀技术条件			中国电力出版社	2021-12-22	2022-03-22
565	NB/T 13007—2021	生物柴油（BD100）原料　废弃油脂	NB/T 13007—2016		中国电力出版社	2021-12-22	2022-06-22
566	NB/T 20009.1—2021	压水堆核电厂用焊接材料　第1部分：碳钢焊条	NB/T 20009.1—2010，NB/T 20009.21—2014		原子能出版社	2021-12-22	2022-03-22
567	NB/T 20009.2—2021	压水堆核电厂用焊接材料　第2部分：低合金钢焊条	NB/T 20009.2—2010，NB/T 20009.22—2015		原子能出版社	2021-12-22	2022-03-22
568	NB/T 20009.3—2021	压水堆核电厂用焊接材料　第3部分：不锈钢焊条	NB/T 20009.3—2010，NB/T 20009.23—2017		原子能出版社	2021-12-22	2022-03-22
569	NB/T 20009.4—2021	压水堆核电厂用焊接材料　第4部分：镍基合金焊条	NB/T 20009.4—2013，NB/T 20009.24—2015		原子能出版社	2021-12-22	2022-03-22
570	NB/T 20009.5—2021	压水堆核电厂用焊接材料　第5部分：气体保护焊用碳钢药芯焊丝	NB/T 20009.5—2013，NB/T 20009.25—2014		原子能出版社	2021-12-22	2022-03-22
571	NB/T 20009.6—2021	压水堆核电厂用焊接材料　第6部分：气体保护焊用碳钢实心焊丝	NB/T 20009.6—2012，NB/T 20009.26—2014		原子能出版社	2021-12-22	2022-03-22
572	NB/T 20009.7—2021	压水堆核电厂用焊接材料　第7部分：不锈钢焊丝和填充丝	NB/T 20009.7—2012，NB/T 20009.27—2017		原子能出版社	2021-12-22	2022-03-22
573	NB/T 20009.8—2021	压水堆核电厂用焊接材料　第8部分：镍基合金焊丝和填充丝	NB/T 20009.8—2012，NB/T 20009.28—2015		原子能出版社	2021-12-22	2022-03-22
574	NB/T 20009.9—2021	压水堆核电厂用焊接材料　第9部分：埋弧焊用碳钢焊丝和焊剂	NB/T 20009.9—2013，NB/T 20009.29—2014		原子能出版社	2021-12-22	2022-03-22
575	NB/T 20009.10—2021	压水堆核电厂用焊接材料　第10部分：低合金钢埋弧焊用焊丝和焊剂	NB/T 20009.10—2013，NB/T 20009.30—2017		原子能出版社	2021-12-22	2022-03-22
576	NB/T 20009.11—2021	压水堆核电厂用焊接材料　第11部分：埋弧焊用不锈钢焊丝和焊剂	NB/T 20009.11—2013，NB/T 20009.33—2015		原子能出版社	2021-12-22	2022-03-22
577	NB/T 20009.12—2021	压水堆核电厂用焊接材料　第12部分：镍基合金堆焊用焊带和焊剂	NB/T 20009.12—2013，NB/T 20009.34—2017		原子能出版社	2021-12-22	2022-03-22
578	NB/T 20009.13—2021	压水堆核电厂用焊接材料　第13部分：不锈钢堆焊用焊带和焊剂	NB/T 20009.13—2013，NB/T 20009.31—2017		原子能出版社	2021-12-22	2022-03-22

续表

序号	标准编号	标准名称	代替标准	采标号	出版机构	批准日期	实施日期
579	NB/T 20002.1—2021	压水堆核电厂核岛机械设备焊接规范　第1部分：通用要求	NB/T 20002.1—2013，NB/T 20450.1—2017		原子能出版社	2021-12-22	2022-03-22
580	NB/T 20002.2—2021	压水堆核电厂核岛机械设备焊接规范　第2部分：焊接填充材料验收	NB/T 20002.2—2013，NB/T 20450.2—2017		原子能出版社	2021-12-22	2022-03-22
581	NB/T 20002.3—2021	压水堆核电厂核岛机械设备焊接规范　第3部分：焊接工艺评定	NB/T 20002.3—2013，NB/T 20450.3—2017		原子能出版社	2021-12-22	2022-03-22
582	NB/T 20002.6—2021	压水堆核电厂核岛机械设备焊接规范　第6部分：产品焊接	NB/T 20002.6—2013，NB/T 20450.4—2017，NB/T 20450.5—2017		原子能出版社	2021-12-22	2022-03-22
583	NB/T 20161—2021	压水堆核电厂堆外中子注量率测量系统安装与试验技术规程	NB/T 20161—2012		原子能出版社	2021-12-22	2022-03-22
584	NB/T 20056—2021	轻水堆核燃料衰变热功率的计算	NB/T 20056—2011		原子能出版社	2021-12-22	2022-03-22
585	NB/T 20068—2021	核电厂安全重要仪表和控制系统应对共因故障的要求	NB/T 20068—2012	IEC 62340：2007	原子能出版社	2021-12-22	2022-03-22
586	NB/T 20037.8—2021	应用于核电厂的一级概率安全评价　第8部分：功率运行外部水淹			原子能出版社	2021-12-22	2022-03-22
587	NB/T 20037.12—2021	应用于核电厂的一级概率安全评价　第12部分：低功率和停堆工况外部事件			原子能出版社	2021-12-22	2022-03-22
588	NB/T 20560.4—2021	压水堆核电厂应急堆芯冷却系统过滤器设计和性能评价　第4部分：设备设计技术要求			原子能出版社	2021-12-22	2022-03-22
589	NB/Z 20625—2021	核电厂人因工程重要运行经验			原子能出版社	2021-12-22	2022-03-22
590	NB/T 20626—2021	核电厂安全重要仪表和控制系统限定功能的工业数字化设备选择和使用		IEC 62671：2013	原子能出版社	2021-12-22	2022-03-22
591	NB/T 20627—2021	核电厂结构隔震设计技术规程			原子能出版社	2021-12-22	2022-03-22
592	NB/T 20628—2021	核电厂抗大型商用飞机恶意撞击事件评估准则			原子能出版社	2021-12-22	2022-03-22
593	NB/T 20629—2021	风险指引型方法用于核电厂技术规格书中完成时间的优化			原子能出版社	2021-12-22	2022-03-22
594	NB/T 20630—2021	风险指引型方法用于核电厂管道焊缝在役检查优化的过程及要求			原子能出版社	2021-12-22	2022-03-22
595	NB/T 20631—2021	核电厂大范围损伤缓解导则编制和实施			原子能出版社	2021-12-22	2022-03-22
596	NB/T 25055—2021	核电厂汽轮机焊接转子检验规程	NB/T 25055—2016		中国电力出版社	2021-12-22	2022-03-22

续表

序号	标准编号	标准名称	代替标准	采标号	出版机构	批准日期	实施日期
597	NB/T 33009—2021	电动汽车充换电设施建设技术导则	NB/T 33009—2013		中国电力出版社	2021-12-22	2022-03-22
598	NB/T 33019—2021	电动汽车充换电设施运行管理规范	NB/T 33019—2015		中国电力出版社	2021-12-22	2022-03-22
599	DL/T 295—2021	抽水蓄能机组自动控制系统技术条件	DL/T 295—2011		中国电力出版社	2021-12-22	2022-06-22
600	DL/T 321—2021	水力发电厂计算机监控系统与厂内设备及系统通信技术规定	DL/T 321—2012		中国电力出版社	2021-12-22	2022-06-22
601	DL/T 454—2021	水利电力建设用起重机检验规程	DL/T 454—2005		中国电力出版社	2021-12-22	2022-06-22
602	DL/T 456—2021	混凝土搅拌楼用搅拌机	DL/T 456—2005		中国电力出版社	2021-12-22	2022-06-22
603	DL/T 557—2021	高压线路绝缘子空气中冲击击穿试验定义、试验方法和判据	DL/T 557—2005		中国电力出版社	2021-12-22	2022-06-22
604	DL/T 805.1—2021	火电厂汽水化学导则 第1部分：锅炉给水加氧处理导则	DL/T 805.1—2011		中国电力出版社	2021-12-22	2022-06-22
605	DL/T 815—2021	交流输电线路用复合外套金属氧化物避雷器	DL/T 815—2012		中国电力出版社	2021-12-22	2022-06-22
606	DL/T 880—2021	带电作业用导线软质遮蔽罩	DL/T 880—2004		中国电力出版社	2021-12-22	2022-06-22
607	DL/T 945—2021	周期式混凝土搅拌楼(站)	DL/T 945—2005		中国电力出版社	2021-12-22	2022-06-22
608	DL/T 946—2021	水利电力建设用起重机	DL/T 946—2005		中国电力出版社	2021-12-22	2022-06-22
609	DL/T 1042—2021	水中十八烷基胺的测定	DL/T 1042—2007		中国电力出版社	2021-12-22	2022-06-22
610	DL/T 1085—2021	水情自动测报系统技术条件	DL/T 1085—2008		中国电力出版社	2021-12-22	2022-06-22
611	DL/T 1116—2021	循环冷却水用杀菌剂性能评价	DL/T 1116—2009		中国电力出版社	2021-12-22	2022-06-22
612	DL/T 1215.2—2021	链式静止同步补偿器 第2部分：换流链的试验	DL/T 1215.2—2013		中国电力出版社	2021-12-22	2022-06-22
613	DL/T 1244—2021	交、直流系统用高压绝缘子人工覆冰闪络试验方法	DL/T 1244—2013		中国电力出版社	2021-12-22	2022-06-22
614	DL/T 1474—2021	交、直流系统用高压聚合物绝缘子憎水性测量及评估方法	DL/T 1474—2015		中国电力出版社	2021-12-22	2022-06-22
615	DL/T 1547—2021	智慧水电厂技术导则	DL/T 1547—2016		中国电力出版社	2021-12-22	2022-06-22
616	DL/T 1580—2021	交、直流复合绝缘子用芯体技术条件	DL/T 1580—2016		中国电力出版社	2021-12-22	2022-06-22
617	DL/T 845.5—2021	电阻测量装置通用技术条件　第5部分：水内冷发电机绝缘电阻测试仪			中国电力出版社	2021-12-22	2022-06-22
618	DL/T 846.15—2021	高电压测试设备通用技术条件　第15部分：高压脉冲源电缆故障检测装置			中国电力出版社	2021-12-22	2022-06-22

续表

序号	标准编号	标准名称	代替标准	采标号	出版机构	批准日期	实施日期
619	DL/T 846.16—2021	高电压测试设备通用技术条件 第16部分：电力少油设备压力检测装置			中国电力出版社	2021-12-22	2022-06-22
620	DL/T 848.6—2021	高压试验装置通用技术条件 第6部分：110kV及以上电力变压器现场空、负载试验装置			中国电力出版社	2021-12-22	2022-06-22
621	DL/T 1000.5—2021	标称电压高于1000V架空线路绝缘子使用导则 第5部分：交流系统用盘形悬式复合瓷或玻璃绝缘子			中国电力出版社	2021-12-22	2022-06-22
622	DL/T 1000.6—2021	标称电压高于1000V架空线路绝缘子使用导则 第6部分：直流系统用盘形悬式复合瓷或玻璃绝缘子			中国电力出版社	2021-12-22	2022-06-22
623	DL/T 1399.6—2021	电力试验/检测车 第6部分：电力电缆故障测试车			中国电力出版社	2021-12-22	2022-06-22
624	DL/T 1399.7—2021	电力试验/检测车 第7部分：电力设备油气试验车			中国电力出版社	2021-12-22	2022-06-22
625	DL/T 1694.8—2021	高压测试仪器及设备校准规范 第8部分：电力电容电感测试仪			中国电力出版社	2021-12-22	2022-06-22
626	DL/T 1694.9—2021	高压测试仪器及设备校准规范 第9部分：电力变压器空、负载损耗测试仪			中国电力出版社	2021-12-22	2022-06-22
627	DL/T 1981.4—2021	统一潮流控制器 第4部分：换流器技术规范			中国电力出版社	2021-12-22	2022-06-22
628	DL/T 2437.1—2021	六氟化硫测试仪通用技术条件 第1部分：六氟化硫密度继电器校验仪			中国电力出版社	2021-12-22	2022-06-22
629	DL/T 2438.1—2021	静止同步串联补偿器 第1部分：功能规范			中国电力出版社	2021-12-22	2022-06-22
630	DL/T 2439.1—2021	标称电压高于1000V站用支柱绝缘子使用导则 第1部分：支柱瓷绝缘子			中国电力出版社	2021-12-22	2022-06-22
631	DL/T 2440.1—2021	数字化电能计量系统 第1部分：一般技术要求			中国电力出版社	2021-12-22	2022-06-22
632	DL/T 2441—2021	火力发电厂减速机检修工艺及质量要求			中国电力出版社	2021-12-22	2022-06-22
633	DL/T 2442—2021	燃气内燃机分布式能源站技术监督规程			中国电力出版社	2021-12-22	2022-06-22
634	DL/T 2443—2021	燃气分布式能源站技术经济指标规范			中国电力出版社	2021-12-22	2022-06-22

续表

序号	标准编号	标准名称	代替标准	采标号	出版机构	批准日期	实施日期
635	DL/T 2444—2021	电厂燃气轮机控制系统用聚醚类合成油维护管理导则			中国电力出版社	2021-12-22	2022-06-22
636	DL/T 2445—2021	运行变压器油中甲醇含量的测定 气相色谱—质谱联用法			中国电力出版社	2021-12-22	2022-06-22
637	DL/T 2446—2021	燃气分布式能源项目后评价标准			中国电力出版社	2021-12-22	2022-06-22
638	DL/T 2447—2021	水电站防水淹厂房安全检查技术规程			中国电力出版社	2021-12-22	2022-06-22
639	DL/T 2448—2021	配电网柔性切换装置技术规范			中国电力出版社	2021-12-22	2022-06-22
640	DL/T 2449—2021	柔性变电站技术导则			中国电力出版社	2021-12-22	2022-06-22
641	DL/T 2450—2021	超高压磁控型可控并联电抗器运维检修规范			中国电力出版社	2021-12-22	2022-06-22
642	DL/T 2451—2021	混合式高压直流断路器术语			中国电力出版社	2021-12-22	2022-06-22
643	DL/T 2452—2021	交、直流系统用支柱绝缘子施工、运行和维护规范			中国电力出版社	2021-12-22	2022-06-22
644	DL/T 2453—2021	盘形悬式瓷绝缘子零值高压冲击检测规范			中国电力出版社	2021-12-22	2022-06-22
645	DL/T 2454—2021	高压交、直流系统用复合绝缘子界面特性 技术要求、试验方法和界面评价			中国电力出版社	2021-12-22	2022-06-22
646	DL/T 2455—2021	电力信息系统外部接口测试规范			中国电力出版社	2021-12-22	2022-06-22
647	DL/T 2456—2021	输电电缆故障测寻技术规范			中国电力出版社	2021-12-22	2022-06-22
648	DL/T 2457—2021	海底电缆通道监控预警系统技术规范			中国电力出版社	2021-12-22	2022-06-22
649	DL/T 2458—2021	直流互感器暂态校验仪通用技术条件			中国电力出版社	2021-12-22	2022-06-22
650	DL/T 2459—2021	电力物联网体系架构与功能			中国电力出版社	2021-12-22	2022-06-22
651	DL/T 2460—2021	电力数据管理能力成熟度评估模型			中国电力出版社	2021-12-22	2022-06-22
652	DL/T 2461—2021	电力行业电子标签通用技术要求与测试规范			中国电力出版社	2021-12-22	2022-06-22
653	DL/T 2462—2021	水电厂工业电视基本技术要求			中国电力出版社	2021-12-22	2022-06-22
654	DL/T 2463—2021	变电站室内轨道式巡检机器人系统验收规范			中国电力出版社	2021-12-22	2022-06-22
655	DL/T 2464—2021	架空输电线路巡检机器人检测规范			中国电力出版社	2021-12-22	2022-06-22

续表

序号	标准编号	标准名称	代替标准	采标号	出版机构	批准日期	实施日期
656	DL/T 2465—2021	变电站室内轨道巡检机器人检测规范			中国电力出版社	2021-12-22	2022-06-22
657	DL/T 2466—2021	梯级水电厂智慧调度技术导则			中国电力出版社	2021-12-22	2022-06-22
658	DL/T 2467—2021	含缺陷高温高压管道结构完整性评估导则			中国电力出版社	2021-12-22	2022-06-22
659	DL/T 2468—2021	低压配电线路补偿装置检测技术规范			中国电力出版社	2021-12-22	2022-06-22
660	DL/T 2469—2021	并联型电网侧风电次同步振荡抑制装置技术规范			中国电力出版社	2021-12-22	2022-06-22
661	DL/T 2470—2021	10kV 台架变压器防雷技术导则			中国电力出版社	2021-12-22	2022-06-22
662	DL/T 2471—2021	绝缘油中可溶性降解物相对含量的测量方法			中国电力出版社	2021-12-22	2022-06-22
663	DL/T 2472—2021	带电作业用绝缘操作杆工具附件			中国电力出版社	2021-12-22	2022-06-22
664	DL/T 5846—2021	1100kV 交流气体绝缘金属封闭输电线路现场交接试验规程			中国电力出版社	2021-12-22	2022-06-22
665	DL/T 5847—2021	配电系统电气装置安装工程施工质量检验及评定规程			中国电力出版社	2021-12-22	2022-06-22
666	DL/T 5848—2021	架空输电线路铁塔直升机牵放初级导引绳施工工艺导则			中国电力出版社	2021-12-22	2022-06-22
667	DL/T 5849—2021	架空输电线路铁塔直升机组立施工工艺导则			中国电力出版社	2021-12-22	2022-06-22
668	DL/T 5850—2021	电气装置安装工程　高压电器施工及验收规范			中国电力出版社	2021-12-22	2022-06-22
669	DL/T 263—2021	变压器油中金属元素的测定方法	DL/T 263—2012		中国电力出版社	2021-12-22	2022-03-22
670	DL/T 330—2021	水电水利工程金属结构及设备焊接接头衍射时差法超声检测	DL/T 330—2010		中国电力出版社	2021-12-22	2022-03-22
671	DL/T 334—2021	输变电工程电磁环境监测技术规范	DL/T 334—2010		中国电力出版社	2021-12-22	2022-03-22
672	DL/T 393—2021	输变电设备状态检修试验规程	DL/T 393—2010		中国电力出版社	2021-12-22	2022-03-22
673	DL/T 397—2021	电力地理信息系统图形符号分类与代码	DL/T 397—2010		中国电力出版社	2021-12-22	2022-03-22
674	DL/T 477—2021	农村电网低压电气安全工作规程	DL/T 477—2010		中国电力出版社	2021-12-22	2022-03-22
675	DL/T 581—2021	凝汽器胶球清洗装置和循环水二次过滤装置	DL/T 581—2010		中国电力出版社	2021-12-22	2022-03-22
676	DL/T 697—2021	硬母线金具	DL/T 697—2013		中国电力出版社	2021-12-22	2022-03-22
677	DL/T 736—2021	农村电网剩余电流动作保护器安装运行规程	DL/T 736—2010		中国电力出版社	2021-12-22	2022-03-22

续表

序号	标准编号	标准名称	代替标准	采标号	出版机构	批准日期	实施日期
678	DL/T 737—2021	农村无人值班变电站运行规定	DL/T 737—2010		中国电力出版社	2021-12-22	2022-03-22
679	DL/T 748.6—2021	火力发电厂锅炉机组检修导则　第6部分：除尘器检修	DL/T 748.6—2012		中国电力出版社	2021-12-22	2022-03-22
680	DL/T 748.8—2021	火力发电厂锅炉机组检修导则　第8部分：空气预热器检修	DL/T 748.8—2001		中国电力出版社	2021-12-22	2022-03-22
681	DL/T 757—2021	耐张线夹	DL/T 757—2009		中国电力出版社	2021-12-22	2022-03-22
682	DL/T 758—2021	接续金具	DL/T 758—2009		中国电力出版社	2021-12-22	2022-03-22
683	DL/T 779—2021	带电作业用绝缘绳索类工具	DL 779—2001		中国电力出版社	2021-12-22	2022-03-22
684	DL/T 869—2021	火力发电厂焊接技术规程	DL/T 869—2012		中国电力出版社	2021-12-22	2022-03-22
685	DL/T 876—2021	带电作业绝缘配合导则	DL/T 876—2004		中国电力出版社	2021-12-22	2022-03-22
686	DL/T 879—2021	便携式接地和接地短路装置	DL/T 879—2004	IEC 61230：2008，MOD	中国电力出版社	2021-12-22	2022-03-22
687	DL/T 892—2021	电站汽轮机技术条件	DL/T 892—2004		中国电力出版社	2021-12-22	2022-03-22
688	DL/T 893—2021	电站汽轮机名词术语	DL/T 893—2004		中国电力出版社	2021-12-22	2022-03-22
689	DL/T 941—2021	运行中变压器用六氟化硫质量标准	DL/T 941—2005		中国电力出版社	2021-12-22	2022-03-22
690	DL/T 1048—2021	电力系统站用支柱复合绝缘子——定义、试验方法及接收准则	DL/T 1048—2007		中国电力出版社	2021-12-22	2022-03-22
691	DL/T 1055—2021	火力发电厂汽轮机技术监督导则	DL/T 1055—2007		中国电力出版社	2021-12-22	2022-03-22
692	DL/T 1063—2021	差动电阻式位移计	DL/T 1063—2007		中国电力出版社	2021-12-22	2022-03-22
693	DL/T 1064—2021	差动电阻式锚索测力计	DL/T 1064—2007		中国电力出版社	2021-12-22	2022-03-22
694	DL/T 1065—2021	差动电阻式锚杆应力计	DL/T 1065—2007		中国电力出版社	2021-12-22	2022-03-22
695	DL/T 1099—2021	防振锤技术条件和试验方法	DL/T 1099—2009		中国电力出版社	2021-12-22	2022-03-22
696	DL/T 1100.2—2021	电力系统的时间同步系统　第2部分：基于局域网的精确时间同步	DL/T 1100.2—2013		中国电力出版社	2021-12-22	2022-03-22
697	DL/T 1102—2021	配电变压器运行规程	DL/T 1102—2009		中国电力出版社	2021-12-22	2022-03-22
698	DL/T 1128—2021	风冷干式排渣机	DL/T 1128—2009		中国电力出版社	2021-12-22	2022-03-22
699	DL/T 1146—2021	DL/T860 实施技术规范	DL/T 1146—2009		中国电力出版社	2021-12-22	2022-03-22
700	DL/T 1160—2021	电站锅炉受热面电弧喷涂施工及验收规范	DL/T 1160—2012		中国电力出版社	2021-12-22	2022-03-22
701	DL/T 1175—2021	火力发电厂锅炉烟气袋式除尘器滤料滤袋技术条件	DL/T 1175—2012		中国电力出版社	2021-12-22	2022-03-22
702	DL/T 1179—2021	1000kV 交流架空输电线路工频参数测量导则	DL/T 1179—2012		中国电力出版社	2021-12-22	2022-03-22

续表

序号	标准编号	标准名称	代替标准	采标号	出版机构	批准日期	实施日期
703	DL/T 1286—2021	火电厂烟气脱硝催化剂检测技术规范	DL/T 1286—2013		中国电力出版社	2021-12-22	2022-03-22
704	DL/T 1293—2021	交流架空输电线路绝缘子并联间隙使用导则	DL/T 1293—2013		中国电力出版社	2021-12-22	2022-03-22
705	DL/T 1578—2021	架空电力线路多旋翼无人机巡检系统	DL/T 1578—2016		中国电力出版社	2021-12-22	2022-03-22
706	DL/T 283.4—2021	电力视频监控系统及接口　第4部分：前端设备			中国电力出版社	2021-12-22	2022-03-22
707	DL/T 1100.7—2021	电力系统的时间同步系统　第7部分：基于卫星共视的时间同步技术			中国电力出版社	2021-12-22	2022-03-22
708	DL/T 1766.4—2021	水氢氢冷汽轮发电机检修导则　第4部分：氢气冷却系统检修			中国电力出版社	2021-12-22	2022-03-22
709	DL/T 1766.5—2021	水氢氢冷汽轮发电机检修导则　第5部分：内冷水系统检修			中国电力出版社	2021-12-22	2022-03-22
710	DL/T 1884.4—2021	现场污秽度测量及评定　第4部分：自然污秽的试验盐密修正方法			中国电力出版社	2021-12-22	2022-03-22
711	DL/T 2078.2—2021	调相机检修导则　第2部分：保护及励磁系统			中国电力出版社	2021-12-22	2022-03-22
712	DL/T 2078.3—2021	调相机检修导则　第3部分：辅机系统			中国电力出版社	2021-12-22	2022-03-22
713	DL/T 2144.6—2021	变电站自动化系统及设备检测规范　第6部分：网络报文记录分析装置			中国电力出版社	2021-12-22	2022-03-22
714	DL/T 2317—2021	带电作业用绝缘软梯			中国电力出版社	2021-12-22	2022-03-22
715	DL/T 2318—2021	配电带电作业机器人作业规程			中国电力出版社	2021-12-22	2022-03-22
716	DL/T 2319—2021	带电作业虚拟现实实操平台			中国电力出版社	2021-12-22	2022-03-22
717	DL/T 2320—2021	配电线路带电作业用线夹技术条件			中国电力出版社	2021-12-22	2022-03-22
718	DL/T 2321—2021	变电站直流系统状态评价导则			中国电力出版社	2021-12-22	2022-03-22
719	DL/T 2322—2021	变电站直流系统状态检修导则			中国电力出版社	2021-12-22	2022-03-22
720	DL/T 2323—2021	火电厂高压电气设备绝缘技术监督导则			中国电力出版社	2021-12-22	2022-03-22
721	DL/T 2324—2021	高压电缆高频局部放电带电检测技术导则			中国电力出版社	2021-12-22	2022-03-22
722	DL/T 2325—2021	变电站防雷及接地装置状态评价导则			中国电力出版社	2021-12-22	2022-03-22
723	DL/T 2326—2021	变电站防雷及接地装置状态检修导则			中国电力出版社	2021-12-22	2022-03-22
724	DL/T 2327—2021	电磁式电压互感器状态评价导则			中国电力出版社	2021-12-22	2022-03-22

续表

序号	标准编号	标准名称	代替标准	采标号	出版机构	批准日期	实施日期
725	DL/T 2328—2021	电磁式电压互感器状态检修导则			中国电力出版社	2021-12-22	2022-03-22
726	DL/T 2329—2021	调度自动化主站智能告警技术规范			中国电力出版社	2021-12-22	2022-03-22
727	DL/T 2330—2021	中压配电网调度图形模型规范			中国电力出版社	2021-12-22	2022-03-22
728	DL/T 2331—2021	变电站监控系统应用服务及接口技术规范			中国电力出版社	2021-12-22	2022-03-22
729	DL/T 2332—2021	变电站自动化系统智能告警技术要求			中国电力出版社	2021-12-22	2022-03-22
730	DL/T 2333—2021	输变电工程地面三维激光扫描测量技术规程			中国电力出版社	2021-12-22	2022-03-22
731	DL/T 2334—2021	电网工程建设遥感动态监控技术规程			中国电力出版社	2021-12-22	2022-03-22
732	DL/T 2335—2021	电力监控系统网络安全防护技术导则			中国电力出版社	2021-12-22	2022-03-22
733	DL/T 2336—2021	电力监控系统设备及软件网络安全检测要求			中国电力出版社	2021-12-22	2022-03-22
734	DL/T 2337—2021	电力监控系统设备及软件网络安全技术要求			中国电力出版社	2021-12-22	2022-03-22
735	DL/T 2338—2021	电力监控系统网络安全并网验收要求			中国电力出版社	2021-12-22	2022-03-22
736	DL/T 2339—2021	输变电工程地下管线探测技术规程			中国电力出版社	2021-12-22	2022-03-22
737	DL/T 2340—2021	大坝安全监测资料分析规程			中国电力出版社	2021-12-22	2022-03-22
738	DL/T 2341—2021	陶瓷电容式压力传感器			中国电力出版社	2021-12-22	2022-03-22
739	DL/T 2342—2021	差动电阻式孔隙压力计			中国电力出版社	2021-12-22	2022-03-22
740	DL/T 2343.1—2021	电能计量设备用元器件技术规范　第1部分：总则			中国电力出版社	2021-12-22	2022-03-22
741	DL/T 2343.2—2021	电能计量设备用元器件技术规范　第2部分：液晶显示器			中国电力出版社	2021-12-22	2022-03-22
742	DL/T 2344—2021	费控低压塑壳断路器技术规范			中国电力出版社	2021-12-22	2022-03-22
743	DL/T 2345—2021	直流电能表外附分流器技术规范			中国电力出版社	2021-12-22	2022-03-22
744	DL/T 2346—2021	测量用互感器检定装置检定方法			中国电力出版社	2021-12-22	2022-03-22
745	DL/T 2347—2021	电能表回收处置技术规范			中国电力出版社	2021-12-22	2022-03-22
746	DL/T 2348—2021	发电厂用风机泵类电机变频器节能评估试验导则			中国电力出版社	2021-12-22	2022-03-22
747	DL/T 2349—2021	大型调相机空载特性试验导则			中国电力出版社	2021-12-22	2022-03-22

续表

序号	标准编号	标准名称	代替标准	采标号	出版机构	批准日期	实施日期
748	DL/T 2350—2021	电压监测仪检定装置技术规范			中国电力出版社	2021-12-22	2022-03-22
749	DL/T 2351—2021	电压监测装置运维规程			中国电力出版社	2021-12-22	2022-03-22
750	DL/T 2352—2021	火力发电厂尿素制氨系统运行导则			中国电力出版社	2021-12-22	2022-03-22
751	DL/T 2353—2021	煤粉锅炉燃煤添加剂评价方法			中国电力出版社	2021-12-22	2022-03-22
752	DL/T 2354—2021	选择性催化还原法烟气脱硝系统尿素热解率的测定方法　离子选择电极法			中国电力出版社	2021-12-22	2022-03-22
753	DL/T 2355—2021	电站煤粉锅炉掺烧城镇污泥技术导则			中国电力出版社	2021-12-22	2022-03-22
754	DL/T 2356—2021	浆液冷凝法烟羽消白工艺系统性能试验方法			中国电力出版社	2021-12-22	2022-03-22
755	DL/T 2357—2021	湿法烟气脱硫浆液喷嘴雾化性能试验方法			中国电力出版社	2021-12-22	2022-03-22
756	DL/T 2358—2021	燃煤机组空气预热器积灰堵塞防治技术导则			中国电力出版社	2021-12-22	2022-03-22
757	DL/T 2359—2021	刮板捞渣机　技术规范			中国电力出版社	2021-12-22	2022-03-22
758	DL/T 2360—2021	阀门密封面焊接修复技术导则			中国电力出版社	2021-12-22	2022-03-22
759	DL/T 2361—2021	电站汽水管道用直缝电熔焊钢管			中国电力出版社	2021-12-22	2022-03-22
760	DL/T 2362—2021	火力发电厂管道膨胀节波纹管超声检测技术导则			中国电力出版社	2021-12-22	2022-03-22
761	DL/T 2363—2021	金属材料微型试样室温拉伸试验规程			中国电力出版社	2021-12-22	2022-03-22
762	DL/T 2364—2021	火力发电厂间接空冷传热元件性能试验规程			中国电力出版社	2021-12-22	2022-03-22
763	DL/T 2365—2021	非介入式用电负荷监测装置技术规范			中国电力出版社	2021-12-22	2022-03-22
764	DL/T 2366—2021	电力智能物联安全锁具技术规范			中国电力出版社	2021-12-22	2022-03-22
765	DL/T 2367—2021	配电自动化终端自动检测系统技术规范			中国电力出版社	2021-12-22	2022-03-22
766	DL/T 2368—2021	火电厂烟气脱硝催化剂验收技术规范			中国电力出版社	2021-12-22	2022-03-22
767	DL/T 2369—2021	火电厂烟气三氧化硫脱除技术导则　碱性吸附法			中国电力出版社	2021-12-22	2022-03-22
768	DL/T 2370—2021	燃煤电厂环保数据电网接入技术规范　烟气脱硫			中国电力出版社	2021-12-22	2022-03-22
769	DL/T 2371—2021	燃煤电厂环保数据电网接入技术规范　烟气脱硝			中国电力出版社	2021-12-22	2022-03-22

续表

序号	标准编号	标准名称	代替标准	采标号	出版机构	批准日期	实施日期
770	DL/T 2372—2021	火电厂脱硫脱硝装置在线仪表运行维护导则			中国电力出版社	2021-12-22	2022-03-22
771	DL/T 2373—2021	火电厂湿式电除尘器技术监督导则			中国电力出版社	2021-12-22	2022-03-22
772	DL/T 2374—2021	火电厂烟气中逃逸氨的测定　靛酚蓝分光光度法			中国电力出版社	2021-12-22	2022-03-22
773	DL/T 2375—2021	火电厂烟气脱硫吸收塔施工作业防火技术规范			中国电力出版社	2021-12-22	2022-03-22
774	DL/T 2376—2021	火电厂烟气二氧化碳排放连续监测技术规范			中国电力出版社	2021-12-22	2022-03-22
775	DL/T 2377—2021	高压直流输电控制保护系统状态评价技术规程			中国电力出版社	2021-12-22	2022-03-22
776	DL/T 2378—2021	变电站继电保护综合记录与智能运维装置通用技术条件			中国电力出版社	2021-12-22	2022-03-22
777	DL/T 2379.1—2021	就地化保护装置检测规范　第1部分：智能管理单元			中国电力出版社	2021-12-22	2022-03-22
778	DL/T 2379.2—2021	就地化保护装置检测规范　第2部分：线路保护			中国电力出版社	2021-12-22	2022-03-22
779	DL/T 2380—2021	抽水蓄能电站发电电动机变压器组继电保护整定计算技术规范			中国电力出版社	2021-12-22	2022-03-22
780	DL/T 2381—2021	智能变电站网络性能测试装置技术规范			中国电力出版社	2021-12-22	2022-03-22
781	DL/T 2382—2021	配电继电保护装置检验规程			中国电力出版社	2021-12-22	2022-03-22
782	DL/T 2383—2021	预制式二次设备舱用机柜技术规范			中国电力出版社	2021-12-22	2022-03-22
783	DL/T 2384—2021	智能变电站二次回路性能测试规范			中国电力出版社	2021-12-22	2022-03-22
784	DL/T 2385—2021	火力发电厂水计量器具配备和管理技术导则			中国电力出版社	2021-12-22	2022-03-22
785	DL/T 2386—2021	光纤复合绝缘子技术条件			中国电力出版社	2021-12-22	2022-03-22
786	DL/T 2387—2021	10kV～35kV 线路柱式复合绝缘子技术规范			中国电力出版社	2021-12-22	2022-03-22
787	DL/T 2388—2021	标称电压高于 1000V 的交流架空线路用线路柱式复合绝缘子——定义、试验方法及接收准则			中国电力出版社	2021-12-22	2022-03-22
788	DL/T 2389—2021	覆冰地区架空输电线路绝缘子选用导则			中国电力出版社	2021-12-22	2022-03-22
789	DL/T 2390—2021	盘形悬式瓷绝缘子零值红外检测方法			中国电力出版社	2021-12-22	2022-03-22
790	DL/T 2391—2021	剩余电流动作保护装置检测规程			中国电力出版社	2021-12-22	2022-03-22

续表

序号	标准编号	标准名称	代替标准	采标号	出版机构	批准日期	实施日期
791	DL/T 2392—2021	10kV 配网一次电力设备交接试验规程			中国电力出版社	2021-12-22	2022-03-22
792	DL/T 2393—2021	火力发电厂监控系统信息安全技术监督导则			中国电力出版社	2021-12-22	2022-03-22
793	DL/T 2394—2021	火力发电厂旋转机械监测系统技术规范			中国电力出版社	2021-12-22	2022-03-22
794	DL/T 2395—2021	火力发电厂现场总线设备检修维护及试验技术规程			中国电力出版社	2021-12-22	2022-03-22
795	DL/T 2396—2021	抽水蓄能机组非电气量保护系统技术导则			中国电力出版社	2021-12-22	2022-03-22
796	DL/T 2397—2021	电力无线虚拟专网技术规范			中国电力出版社	2021-12-22	2022-03-22
797	DL/T 2398—2021	电力移动应用 APP 安全防护标准			中国电力出版社	2021-12-22	2022-03-22
798	DL/T 2399—2021	电力量子保密通信系统密钥交互接口技术规范			中国电力出版社	2021-12-22	2022-03-22
799	DL/T 2400—2021	电力地理信息系统地图数据产品与服务			中国电力出版社	2021-12-22	2022-03-22
800	DL/T 2401.1—2021	北斗卫星导航系统电力通用接收机　第 1 部分：技术规范			中国电力出版社	2021-12-22	2022-03-22
801	DL/T 2401.2—2021	北斗卫星导航系统电力通用接收机　第 2 部分：测试方法			中国电力出版社	2021-12-22	2022-03-22
802	DL/T 2402—2021	工业园区综合能源需求响应系统通用技术规范			中国电力出版社	2021-12-22	2022-03-22
803	DL/T 2403—2021	工业园区综合能源系统互动技术导则			中国电力出版社	2021-12-22	2022-03-22
804	DL/T 2404.1—2021	电力需求侧管理通用规范　第 1 部分：总则			中国电力出版社	2021-12-22	2022-03-22
805	DL/T 2404.2—2021	电力需求侧管理通用规范　第 2 部分：术语			中国电力出版社	2021-12-22	2022-03-22
806	DL/T 2405—2021	微电网需求响应技术导则			中国电力出版社	2021-12-22	2022-03-22
807	DL/T 2406—2021	绝缘油中溶解六氟化硫气体含量检测方法　气相色谱法			中国电力出版社	2021-12-22	2022-03-22
808	DL/T 2407—2021	变压器油中含气量的现场检测方法			中国电力出版社	2021-12-22	2022-03-22
809	DL/T 2408—2021	电力用矿物绝缘油现场处理及换油规范			中国电力出版社	2021-12-22	2022-03-22
810	DL/T 2409—2021	特高压直流换流站运行中调相机润滑油质量			中国电力出版社	2021-12-22	2022-03-22
811	DL/T 2410—2021	变压器绝缘纸（板）聚合度测定法（近红外光谱法）			中国电力出版社	2021-12-22	2022-03-22

续表

序号	标准编号	标准名称	代替标准	采标号	出版机构	批准日期	实施日期
812	DL/T 2411—2021	电力设备用矿物绝缘油的现场试验导则			中国电力出版社	2021-12-22	2022-03-22
813	DL/T 2412—2021	电力电缆终端用绝缘油选用导则			中国电力出版社	2021-12-22	2022-03-22
814	DL/T 2413—2021	变电站监控信息自动验收技术规范			中国电力出版社	2021-12-22	2022-03-22
815	DL/T 2414—2021	同步发电机网源协调在线监测系统功能规范			中国电力出版社	2021-12-22	2022-03-22
816	DL/T 2415—2021	电力系统负荷批量控制功能规范			中国电力出版社	2021-12-22	2022-03-22
817	DL/T 2416—2021	就地化继电保护装置运行管理规程			中国电力出版社	2021-12-22	2022-03-22
818	DL/T 2417—2021	电网设备三维模型数据描述规范			中国电力出版社	2021-12-22	2022-03-22
819	DL/T 2418—2021	火力发电厂温度测量装置技术规范			中国电力出版社	2021-12-22	2022-03-22
820	DL/T 2419—2021	火力发电厂烟气含氧量测量装置技术规范			中国电力出版社	2021-12-22	2022-03-22
821	DL/T 2420—2021	架空输电线路导线舞动区域分布图绘制技术导则			中国电力出版社	2021-12-22	2022-03-22
822	DL/T 2421—2021	输电线路架空地线融冰自动接线装置			中国电力出版社	2021-12-22	2022-03-22
823	DL/T 2422—2021	架空输电线路飘挂物激光清除作业技术导则			中国电力出版社	2021-12-22	2022-03-22
824	DL/T 2423—2021	生物质电厂烟气净化工程技术规范			中国电力出版社	2021-12-22	2022-03-22
825	DL/T 2424—2021	智能电网术语			中国电力出版社	2021-12-22	2022-03-22
826	DL/T 2425—2021	抽水蓄能电站水库运行管理规范			中国电力出版社	2021-12-22	2022-03-22
827	DL/T 2426—2021	电力科技成果产权交易平台技术规范			中国电力出版社	2021-12-22	2022-03-22
828	DL/T 2427—2021	垃圾发电厂垃圾池技术规范			中国电力出版社	2021-12-22	2022-03-22
829	DL/T 2428—2021	危险废物焚烧烟气净化系统技术规范			中国电力出版社	2021-12-22	2022-03-22
830	DL/T 2429—2021	焚烧炉及余热锅炉性能试验规程			中国电力出版社	2021-12-22	2022-03-22
831	DL/T 2430—2021	垃圾焚烧发电厂安全生产评价导则			中国电力出版社	2021-12-22	2022-03-22
832	DL/T 2431—2021	抽水蓄能电站过渡过程试验技术导则			中国电力出版社	2021-12-22	2022-03-22
833	DL/T 2432—2021	交直流混合配电网综合评价导则			中国电力出版社	2021-12-22	2022-03-22
834	DL/T 2433—2021	交直流混合中压配电网技术导则			中国电力出版社	2021-12-22	2022-03-22

续表

序号	标准编号	标准名称	代替标准	采标号	出版机构	批准日期	实施日期
835	DL/T 2434—2021	输变电工程无人机倾斜摄影测量技术规程			中国电力出版社	2021-12-22	2022-03-22
836	DL/T 2435.1—2021	架空输电线路机载激光雷达测量技术规程　第1部分：数据采集与处理			中国电力出版社	2021-12-22	2022-03-22
837	DL/T 2435.3—2021	架空输电线路机载激光雷达测量技术规程　第3部分：基建验收			中国电力出版社	2021-12-22	2022-03-22
838	DL/T 2435.4—2021	架空输电线路机载激光雷达测量技术规程　第4部分：运维巡检			中国电力出版社	2021-12-22	2022-03-22
839	DL/T 2436—2021	配电网用户侧电供暖不增容技术规范			中国电力出版社	2021-12-22	2022-03-22
840	DL/T 5839—2021	土石坝安全监测系统施工技术规范			中国电力出版社	2021-12-22	2022-03-22
841	DL/T 5840—2021	电气装置安装工程　电力变压器、油浸电抗器、互感器施工及验收规范			中国电力出版社	2021-12-22	2022-03-22
842	DL/T 5841—2021	电气装置安装工程　母线装置施工及验收规范			中国电力出版社	2021-12-22	2022-03-22
843	DL/T 5842—2021	110kV～750kV 架空输电线路铁塔基础施工工艺导则			中国电力出版社	2021-12-22	2022-03-22
844	DL/T 5843—2021	变电站、换流站土建工程质量验收施工统一表式			中国电力出版社	2021-12-22	2022-03-22
845	DL/T 5844—2021	配电自动化终端设备调试验收规程			中国电力出版社	2021-12-22	2022-03-22
846	DL/T 5845—2021	输电线路岩石地基挖孔基础工程技术规范			中国电力出版社	2021-12-22	2022-03-22
847	DL/T 5175—2021	火力发电厂热工开关量和模拟量控制系统设计规程	DL/T 5175—2003		中国计划出版社	2021-12-22	2022-06-22
848	DL/T 5222—2021	导体和电器选择设计规程	DL/T 5222—2005		中国计划出版社	2021-12-22	2022-06-22
849	DL/T 5628—2021	太阳能热发电厂岩土工程勘察规程			中国计划出版社	2021-12-22	2022-06-22
850	DL/T 5629—2021	架空输电线路钢骨钢管混凝土结构设计技术规程			中国计划出版社	2021-12-22	2022-06-22
851	DL/T 5630—2021	输变电工程防灾减灾设计规程			中国计划出版社	2021-12-22	2022-06-22
852	DL/T 5631—2021	输电网规划设计内容深度规定			中国计划出版社	2021-12-22	2022-06-22

索　引

内 容 索 引

说 明

本索引是全书条目和条目内容的主题分析索引。索引主题按先数字大小，再字母顺序，最后汉语拼音字母的顺序，并辅以汉字笔画、起笔笔形顺序排列。同音时，按汉字笔画由少到多的顺序排列，笔画数相同的按起笔笔形一（横）、丨（竖）、丿（撇）、丶（点）、㇕（折，包括亅、乚、く等）顺序排列。第一字相同时，同原则按第二字排列，余类推。

A

B

C

D

E

F

G

H

J

K

L

M

N

P

Q

R

S

T

W

X

Y

Z

企业风采

电力规划设计总院成立 70 周年

企业简介

电力规划设计总院（简称电规总院）是一所具有 70 年发展历程的国家级高端咨询机构，是中央编办登记管理的事业单位，主要面向政府部门、金融机构、能源及电力企业，提供产业政策、发展战略、发展规划、新技术研究以及工程项目的评审、咨询和技术服务，组织开展科研标准化、信息化、国际交流与合作等工作，是中国电力规划设计行业的“国家队”，拥有一支以全国工程勘察设计大师为学术带头人的高素质专家队伍。

电规总院（公司）是中国能源建设集团有限公司的直属单位。我们将认真学习领会党的二十大精神，全面贯彻习近平新时代中国特色社会主义思想，在集团公司《若干意见》和“1466”战略指引下，努力建成国家重点智库和国内领先的咨询公司。

企业价值观	企业愿景	企业使命	企业精神
科学求实 客观公正 开放创新 合作共赢	能源智囊 国家智库	高端咨询 助推能源高质量 发展科学规划 引领绿色能源转型	敢打硬仗的拼搏精神 勇于进取的创新精神 客观公正的专业精神 服务国家的报国精神

研发创新平台管理

科技规划实施监测

重大专项评估管理

科技资源动态搜集

重大工程

2016 年，为国内首台高位布置高效超超临界机组——锦界三期提供全过程技术咨询服务，并采用电规总院高位布置专利技术

田湾 5、6 号机组的消防验收现场

乌兰察布新一代电网友好绿色电站示范项目并网仪式

准东－华东 ±1100 kV 特高压直流输电线路工程

张北换流站

开展了“一带一路”沿线国家近 40 项电力工程项目的咨询服务工作

2016 年，评审国家首批太阳能热发电示范项目——哈密塔式光热发电项目

2018 年完成世界单体容量最大的电化学储能电站——甘肃省 720MWh 储能电站国家示范项目技术方案论证，2017 年完成世界首个非补燃压空气储能电站——中盐金坛国家示范项目方案论证，2015 年完成全球最大液流电池储能电站——大连液流国家示范项目评估。

2020 年，完成三峡山东牟平海上风电项目可行性研究报告评审咨询，实现了海上风电整体项目评审咨询零的突破。

2021 年，承担首批绿氢示范项目——达旗中国氢能光储氢车零碳生态链项目可行性研究。标志电规总院在开拓氢能业务方面取得重大突破。

科技创新

十八大以来，获得荣誉、奖励、发明专利**1000**余项

开展国家重点研发计划各类课题共**9**项

开展各类科技创新研究**165**项

获评各类科技奖**218**项

取得发明专利和软件著作权共**327**项

发表论文**390**余篇

科技成果与荣誉奖项

国家科学技术进步奖

特高压交流输电关键技术、成套设备及工程应用 特等奖
特高压 ±800kV 直流输电工程 特等奖
电力系统接地基础理论、关键技术及工程应用 二等奖

国家优质工程奖金奖

云南—广东 ±800kV 直流输电示范工程
皖电东送淮南—上海特高压交流输电示范工程
锦屏—苏南 ±800kV 特高压直流输电工程

全国优秀工程咨询成果一等奖

2020 年，“北方地区冬季清洁供暖课题研究”“2020 年全国新能源消纳监测预警研究”“‘十四五’及中长 期电力安全保障体系研究”“电力发展‘十三五’规划 中期优化调整研究”“2022 年全国煤电规划建设风险 预警研究”等 19 个项目荣获一等奖

全国电力规划实施监测预警平台

国民经济与电力需求

电力供需分析

清洁能源消纳

重点电网工程分析

电力经济

电力市场与电力体制改革

“十四五”电力规划监测评价

国际合作

电规总院承担运营了“一带一路”能源合作伙伴关系、中欧能源创新合作办公室、国际能源署中国联络办公室等 8 个国 际平台，依托合作平台，组织召开了“一带一路”能源部长 会议、中欧能源技术创新合作论坛等 10 余项具有国际影响力的会议，开展了多项发展中国家清洁能源能力建设项目。

智库成果

国网经济技术研究院有限公司
STATE GRID ECONOMIC AND TECHNOLOGICAL RESEARCH INSTITUTE CO., LTD.

国网经济技术研究院有限公司（2021 年）

单位概况

国网经济技术研究院有限公司（简称国网经研院）是国家电网有限公司（简称公司）电网规划和工程设计技术归口单位，为公司电网发展提供技术和决策支撑，承担电网规划、重大工程设计、项目评审、技术经济及相关标准研究和制定工作，对省级经研院、地市经研院（所）进行业务指导，归口协调外部设计单位，具有工程勘察、设计、咨询三个甲级资质，是国家发改委认定的承担国家委托投资咨询评估任务的咨询机构。

国网经研院拥有国家能源特高压直流输电工程成套设计研发（实验）中心、大电网规划与量化分析实验室、电网工程技术经济实验室等 7 个国家和公司级实验室（平台），具备规划、设计、评审、科研核心业务能力，形成覆盖特高压交直流、配电网、控制保护和信息通信等专业齐备的业务体系。全院设有 6 个职能部门、9 个业务部门、1 个子公司（北京网联直流工程技术有限公司设备监造中心）和 1 个分公司（徐州勘测设计中心）。

领导班子

执行董事、党委书记：郭铭群

总经理、党委副书记：董朝武

副总经理、党委委员：文卫兵

副总经理、党委委员：马为民

副总经理、党委委员：袁兆祥

党委委员、纪委书记、工会主席：谢　清

副总经理、党委委员：胡劲松

总工程师：李敬如

三级顾问：韩　丰

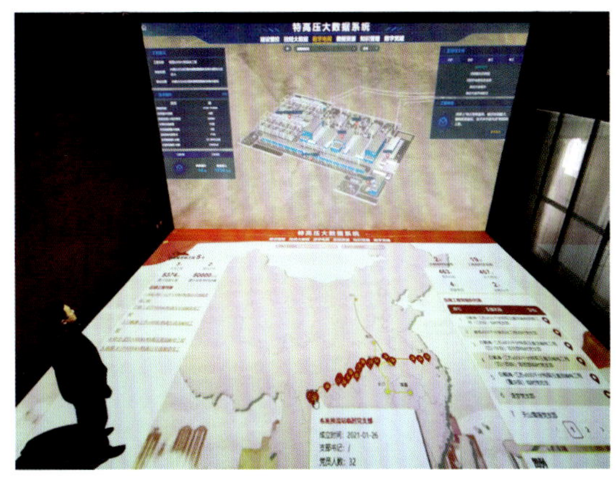

国网经研院完成公司特高压大数据系统开发和一期数字电网建设，图为特高压大数据系统功能演示

国网经研院以聚焦新型电力系统构建、助力“双碳”目标实现为主题，成功举办“经研论电”高端论坛

国网经研院直流技术攻关团队在国家能源特高压直流输电工程成套设计研发（实验）中心

国网经研院直流技术攻关团队在张北可再生能源柔性直流电网试验示范工程（简称张北工程）现场

组织机构

国网经研院现设6个职能部门，9个业务部门、2个子公司。全院用工总量522人，硕士、博士学历人员占72.61%，高级职称以上人员占54.41%，拥有2名“新世纪百千万人才工程”国家级人选，5名享受国务院政府特殊津贴专家，各类国家级注册师141人。

经营管理

2021年，院各项工作和业绩指标完成情况良好，实现利润1.7亿元，同比增长6%，企业负责人业绩考核获公司A级评价。按照公司推进二级子企业董事会建设要求，院治理主体由董事会改为执行董事，完成院及所属网联公司章程修订。深度参与公司设计业务改革专班，支撑公司编制设计施工改革指导意见。注销蒙东、天津、陕西、西藏分院，完成全部分院关闭工作。坚持不懈抓好常态化疫情防控工作，防疫成果得到持续巩固。

电网规划

全面对接国家"十四五"能源电力规划，高质量完成公司"十四五"电网规划修订，深化配电网、智能化、通信网等专项规划，支撑陕西"两网融合"发展。推动电网向能源互联网转型升级，编制能源互联网综合示范区年度建设方案。助力乡村振兴战略，支撑公司编制农网中央预算内投资计划建议，完成国家"十四五"农网巩固提升工程规划，向中办报送"实施农村电网现代化建设 助推全面实现乡村振兴"调研报告。落实区域协调发展战略，编制京津冀和长三角区域铁路配套供电、生态绿色一体化发展等专项规划。

工程设计

支撑南阳—荆门—长沙、白鹤滩—浙江等工程取得核准并开工建设，助推南昌—长沙、雅中—江西工程按期投运。保障如东远海风电工程全容量并网送出，稳步推进5项在运直流工程再成套设计。承担公司新一代大容量通信网设计建设任务，开展国产芯片二次设备设计并首次挂网试运行。严把设备监造质量关，牵头白鹤滩—江苏工程柔直换流阀可靠性再提升专项工作，完成世界首台可控自恢复消能装置监造任务。支撑巴基斯坦默拉工程顺利投运，完成土耳其凡城工程调试技术方案优化。

国网经研院直流技术攻关团队高质量完成张北工程成套设计，图为工程应用的世界首台套直流断路器

评审咨询

高质量开展水电咨询服务，完成丰满水电站重建工程概算调整评审和重庆栗子湾、黑龙江尚志等抽蓄工程涉电涉网方案审查。结合国家抽水蓄能中长期发展规划，优化公司抽水蓄能项目布局与建设时序。完成公司“一体四翼”高质量发展评价，论证电网投资边界和承载力，推动电网精准投资。深化生产技改项目投入产出量化评价与电网实物资产分析评价，有效提升生产运维与设备管理精益水平。

国网经研院直流技术攻关团队高质量完成张北工程成套设计，图为工程应用的大容量柔性直流换流阀

国网经研院直流技术攻关团队高质量完成青海－河南直流工程成套设计，图为工程换流站阀厅

国网经研院直流技术攻关团队高质量完成江苏如东海上风电柔直送出工程（简称江苏如东工程）成套设计，图为工程海上换流平台建设现场

科研创新

科技项目合同额首次迈过亿元大关，获得省部级以上奖项 20 项，牵头获得公司科技进步特等奖 1 项、一等奖 2 项、二等奖 4 项，文卫兵副总经理获评公司首批首席专家。支撑公司制定“新型电力系统科技攻关计划”。自主研发的自适应滤波技术首次在闽粤联网等工程实现落地应用。直流成套设计研发（实验）中心获评国家能源研发创新平台“优秀”评级，电网规划量化评估技术科研攻关团队获评公司“优秀”评级。成功举办“经研论电”高端论坛，成立全国电力系统电网资产管理标委会，获批发布《特高压交流线路设计规范》等 2 项国际标准，《能源转换与经济》英文期刊入选 EI 检索数据库。

国网经研院直流技术攻关团队高质量完成江苏如东工程成套设计，图为工程海上风电场和升压站平台

国网经研院直流技术攻关团队高质量完成江苏如东工程成套设计，图为攻关团队在海上升压站平台

国网经研院读书兴趣小组举办“学党史、感党恩、跟党走”红色故事宣讲会

国网经研院规划中心研究人员在公司大电网规划与量化分析实验室集中讨论“十四五”电网规划方案

国网经研院庆祝建党 100 周年新党员代表宣誓活动，图为时任院总经理郭铭群带头宣誓

数字化转型

编制公司“十四五”数字化规划报告，推进电网数字化转型，推动“网上电网”平台实用化初见成效。完成公司特高压大数据系统开发和一期数字电网建设，大力推进数字电网图形引擎技术国产化，实现建设阶段特高压电网三维全息可视。承担基建全过程综合数字化管理平台管控工作，支撑公司新一代设备资产管理系统（PMS3.0）开发，推进数字换流站试点建设，有效提升基建和设备管理业务数字化水平。

国网经研院时任总经理郭铭群（左）、工会主席谢清（右）与支援河南灾后重建共产党员突击队合影

国网经研院川藏铁路供电工程共产党员突击队赴西藏开展工程现场踏勘和设计方案优化工作

党的建设

严格落实“第一议题”制度，推进党史学习教育走深走实，深入学习贯彻习近平总书记“七一”重要讲话精神和党的十九届六中全会精神，开展“建党百年”主题传播。完成“我为群众办实事”重点任务58项，制定全面从严治党年度重点任务36项，开展“双碳”监督、领导班子监督等7项专项监督和3批次自查自纠，完成技改项目招标采购专项巡察，开展500余人次廉洁教育。在人民日报、光明日报、中央电视台等各类媒体累计刊发宣传报道90余篇，《千里“追风人”》专题报道在光明日报头版头条刊发。

国网经研院承担巴基斯坦默拉直流工程系统成套设计和主设备采购规范编制工作，图为研究人员在巴基斯坦默拉直流换流站

国网四川省电力公司

2021 年，四川地区实现风光全额消纳，水能利用率连续三年上升，达到 96.6%，创“十三五”以来最好水平

企业概况

国网四川省电力公司是国家电网有限公司的全资子公司，主要负责四川境内国家电网的规划建设、运营管理和电力供应。现有本部职能部门 24 个，全资二级单位 40 家（其中发供电企业 24 家、直属单位 16 家）；参股单位 4 家，上市公司 3 家；县级供电企业 152 家（全资县供 109 家、控股县供 43 家）。2021 年，国网四川省电力公司全年发展总投入 367 亿元（含特高压）；全年售电量 2760 亿 kWh，营业收入 1336 亿元，资产总额 1797 亿元。

《电力大数据助力环保精准治污》2020 年 11 月 11 日，国网四川电科院员工通过成都市智慧环保用电监测平台在线监测污染源企业用电情况。（国网四川电科院　孙佳丽 摄）

电网概况

在国家“西电东送”战略的大力支持下，国网四川省电力公司抢抓机遇、加快水电基地和开发和电网建设，实现了电源、电网相互促进发展，全省电源装机迅速增长，电网电压等级不断提升。围绕电源开发汇集送电，四川电网形成了省内、省外两个“西电东送”格局，省内形成 500kV 雅安、茂县、康定等 8 大电力通道汇集接入负荷中心梯格型主网的结构，500kV 输电线路长度和变电容量分别居国家电网有限公司第 1 位和第 2 位；省外建成全国最大的送端枢纽平台，通过“五直八交”（“五直”即 ±800kV 向家坝—上海、锦屏—苏南、溪洛渡—浙江、雅砻江中游—江西特高压直流及 ±500kV 德阳—宝鸡直流；“八交”即 500kV 川渝联网 6 回［洪沟—板桥、黄岩—万县、资阳—铜梁）和川藏联网 2 回（甘孜—昌都）输电线路］与华东、华中、西北、重庆、西藏等电网相联，累计外送电量已突破 1 万亿 kWh，有力地支撑了四川水电开发及四川和中东部地区经济社会发展。

1 月 7 日，成都气温骤降，晚 20:20，国网成都供电公司变电运维工作人员在简阳市 110kV 解放变电站，冒雪对站内设备进行特巡。（陈翔 摄）

2021 年 6 月 19 日，雅中—江西 ±800kV 特高压直流输电工程竣工投产。（张超 摄）

安全生产

国网四川省电力公司保持四川电网40年安全稳定运行纪录，牢牢守住电网安全。以主动安全、全员安全、本质安全和科技驱动为导向，以建设安全管理（SGSMS）和设备管理“两个体系”为契机，以推进管理重心下沉和加强技能队伍建设为重点，深化风险分级管控和隐患排查治理双重预防机制，集中治理重点隐患，着力防控重大风险，加快推动安全生产治理体系和治理能力现代化，实现“七杜绝、六实现、一确保”目标。2021年，面对生产建设任务重、电力保供压力大等考验，强责任、夯基础、治隐患，成功应对自然灾害和突发事件，全力做好安全保供，圆满完成庆祝建党100周年供电保障、党的十九届六中全会等重要保电政治任务。

电网发展

国网四川省电力公司科学编制“十四五”电网“1238”规划，形成川渝特高压目标网架、500kV立体双环网等研究成果，政企合力推动四川电网发展，促成省委首次以全会《决定》，明确新型电力系统构建、四川电网提档升级等系列内容，实现了电网与经济社会发展“一盘棋”。1000kV四川特高压交流工程纳入“十四五”国家能源发展纲要、顺利启动可研工作，金上—湖北特高压直流启动前期工作，白鹤滩至浙江、白鹤滩至江苏特高压直流工程全速推进，提前半年建成投产雅中—江西、白鹤滩接网、杨房沟送出等电网攻坚工程。“立体双环网”成果得到国家电网有限公司、电规总院、省能源局认可。与国网重庆供电公司联合成立川渝高竹新区供电服务中心，积极服务成渝地区双城经济圈建设。

科技创新

科技创新提速加力，深化“数字川电”建设，149套系统上“云平台”，“双眼”数字品牌实现产业化规模化，数字化转型“6+10+30”试点加快实施。“税电指数”典型做法获新华社内参采用，得到省委书记批示并呈报中央领导。与西南交通大学共建能源交通融合研究院。创新驱动成果显著，2021年，公司建立两批次16支柔性科技攻关团队，牵头和参与国家级、省部级项目106项，16项科技成果获国家电网有限公司和四川省科技成果奖，主导编制国际标准12项，新增专利授权437项。直流接地极线路绝缘配合技术成果达到国际领先水平，北斗综合示范、人工智能等6项数字新技术应用达到全国领先水平，2个应用获国家级奖励，3个创新项目入选工信部示范。智慧环保、税电指数等应用业务不断拓展，在服务省委省政府决策上取得良好效果，不断开创电力数字化转型的“四川实践”。

7月17日下午15时，国家电网四川电力（遂宁藏区）连心桥共产党员服务队炉霍分队梁国波、何多凯一行四人，来到炉霍县宗塔乡降巴牧场，为跟随父母外出放牧的藏族小朋友进行课外辅导。（黄培 摄）

党的建设

坚定不移坚持党的领导、加强党的建设，推动党建工作提质再登高。认真落实“第一议题”制度，深入学习习近平总书记重要讲话和重要指示批示精神，以及党的十九届六中全会精神，不断提高政治判断力、政治领悟力、政治执行力。坚持学党史、悟思想、办实事、开新局，上下联动、一体推进，领导干部带头讲党课，各级党组织累计开展集中研学4万余次、读书班225期、专题培训4.5万余人次、“我为群众办实事”实践活动1.3万余次，广泛开展庆祝建党100周年系列活动，党组织、党员学习贯彻实现全覆盖，听党话、感党恩、跟党走的思想、政治和行动自觉进一步增强，工作成效得到党史学习教育中央第八指导组高度评价。大力实施“旗帜领航·提质登高”行动和“基层党建创新拓展年”，深化“党建+”工程。牢记习近平总书记视察公司党员服务队的嘱托，在十周年之际将“8·20”作为荣誉日，重温总书记重要嘱托、重走总书记视察路线，发布“新电力、新服务”十大行动。337支队伍、5443名队员在电力保供、抗灾抗疫等大战大考中，不畏艰险、冲锋在前，让党旗始终在一线高高飘扬。公司1个集体获评全国先进基层党组织，2名员工分获全国道德模范、道德模范提名奖，受到习近平总书记亲切接见；53个集体、29名个人荣获全国五一劳动奖状、全国五一劳动奖章等省级及以上荣誉。

中电建装备集团
POWERCHINA EQUIPMENT GROUP

中电建装备集团有限公司
POWERCHINA EQUIPMENT GROUP CO.,LTD

电建装备　装备电建　服务全球
PowerChina Equipment Equips the Power and Global Industries

企业简介

中电建装备集团（简称装备集团）是中国电建全资子集团，重组成立于2021年9月，注册资本50亿元，注册地位于湖北省武汉市洪山区，产业基地遍及全国8个省、直辖市及德国、美国、印度、南非等，主营业务涵盖能源电力装备、基础设施建设及新基建、新能源装备、生态环境装备等，产品技术标准和服务已出口到“一带一路”沿线80多个国家和地区。

装备集团积极践行“11533”发展战略，围绕建设国内一流装备制造集团的目标，努力成为中国电力建设全产业链中的重要一环，聚焦“水、能、砂、城、数”五大业务领域，着力打造高端智能重型装备、新能源（海上风电）电气设备、环保精工钢结构三大新兴产业集群，积极培育“洪山智造1号”“穿山甲1号”“阳逻1号”三大系列产品，真正实现“电建装备、装备电建、服务全球”的发展新格局。

新兴智能产品

装备集团紧紧围绕“水、能、砂、城、数”战略引领，重拳打造以新型储能、智能高端电气设备为主体的新能源、新业态、智能化、国产化的“洪山制造1号”“穿山甲1号”“阳逻1号”等系列配套集成产品，业务涵盖风电、光伏、储能等新能源及电网装备设计、研发、制造。

洪山智造1号

新型储能产品研发、集成设计、生产，主要产品涵盖大型锂电池储能系统、用户及工业锂电池储能系统、储能系统集成服务等，为新能源电站、微电网、工业园区提供能源优化服务。

穿山甲1号

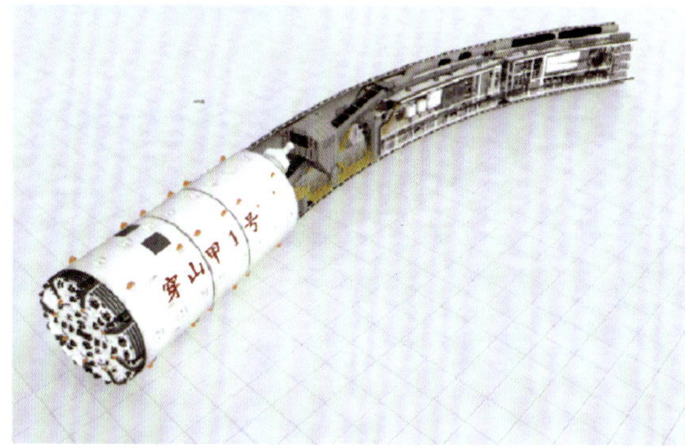

联合全球高科技企业开发适应不同地质环境的硬岩掘进机（TBM）产品，即将推出抽水蓄能专用智能掘进设备；湿喷机械手系列产品、拱架安装台车、锚注一体机等隧道机械化专用产品，能够为客户提供多样化、成套化、智能化的装备及全方位的综合服务。

阳逻1号系列

为客户提供跟踪式、跨越式、柔性光伏支架及新兴支撑系统，该系列通过新技术、新工艺、新材料大幅度降低支撑系统的综合施工成本，适用于多种复杂地形，具备占用面积更小、安装更便捷、施工效率更高等优点。

传统电力产品

装备集团具有世界领先的特高压交、直流输电线路器材制造能力；作为中国最大的电站辅机制造服务商，是国内电站辅机技术和服务的领军者，特别在风机制造领域，拥有当前全世界规模最大、技术最先进的制造集群。

铁塔

金具

风机

环保精工钢结构

装备集团拥有华中地区最大的数字化环保热浸镀锌生产线及“计算机数控角钢加工自动线、液压数显折弯机”等国内先进的大、中型专用设备，综合性能达到国际领先水平，采用先进炉型设计技术，拥有独立的镀锌实验室，环保热镀锌产能可达到32万t。

国网数字科技控股有限公司（国网雄安金融科技集团有限公司）

一、企业简介

国网数字科技控股有限公司（原国网电子商务有限公司）（简称国网数科控股公司）成立于 2016 年 1 月，国网雄安金融科技集团有限公司成立于 2018 年 7 月，两家公司实行“一套本部运作、两翼协同发展”的经营管理模式。国网数科控股公司是国务院国资委“双百行动”综合改革试点单位、国家电网有限公司创建世界一流示范企业典型引领单位，与国网雄安金融科技集团有限公司均是国家高新技术企业。

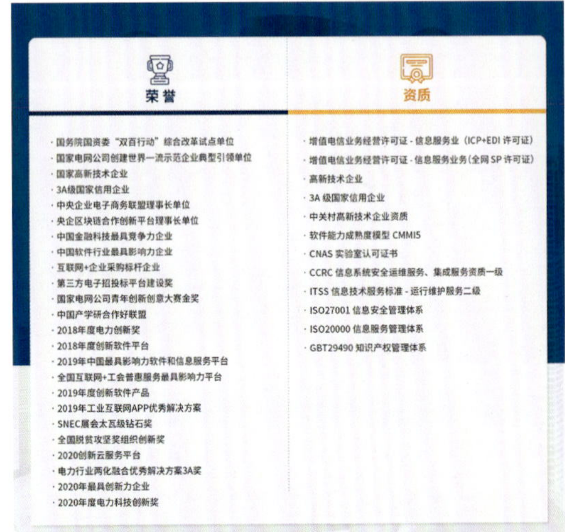

荣誉

- 国务院国资委“双百行动”综合改革试点单位
- 国家电网公司创建世界一流示范企业典型引领单位
- 国家高新技术企业
- 3A级国家信用企业
- 中央企业电子商务联盟理事长单位
- 央企区块链合作创新平台理事长单位
- 中国金融科技最具竞争力企业
- 中国软件行业最具影响力企业
- 互联网+企业采购标杆企业
- 第三方电子招投标平台建设奖
- 国家电网公司青年创新创意大赛金奖
- 中国产学研合作好联盟
- 2018年度电力创新奖
- 2018年度创新软件平台
- 2019年中国最具影响力软件和信息服务平台
- 全国互联网+工会普惠服务最具影响力平台
- 2019年度创新软件产品
- 2019年工业互联网APP优秀解决方案
- SNEC展会太瓦级钻石奖
- 全国脱贫攻坚奖组织创新奖
- 2020创新云服务平台
- 电力行业两化融合优秀解决方案3A奖
- 2020年最具创新力企业
- 2020年度电力科技创新奖

资质

- 增值电信业务经营许可证 - 信息服务业（ICP+EDI 许可证）
- 增值电信业务经营许可证 - 信息服务业务（全网 SP 许可证）
- 高新技术企业
- 3A 级国家信用企业
- 中关村高新技术企业资质
- 软件能力成熟度模型 CMMI5
- CNAS 实验室认可证书
- CCRC 信息系统安全运维服务、集成服务资质一级
- ITSS 信息技术服务标准 - 运行维护服务二级
- ISO27001 信息安全管理体系
- ISO20000 信息服务管理体系
- GBT29490 知识产权管理体系

二、公司业务介绍

国网数科控股公司由电子商务起步，延伸拓展至新能源、电力市场服务等能源数字经济和区块链、大数据等能源数字技术新领域，取得了快速高质量的发展，建设运营了能源客户服务、能源产业链、能源供应链、能源金融科技、员工数字化服务 5 大类业务板块，并建设运营一系列数字化服务平台。

能源客户服务

围绕电力客户市场，为发电企业、售电公司、电力用户等各类电力市场主体提供电力交易一站式服务，服务电力客户便捷使用。

智能交费，面向企业、居民，依托“电 e 宝”App、电费网银平台提供公共事业交费、电力营销服务、金融理财交易、电费账单、电子发票等综合交费服务。

电 e 宝 App 和国网商城电费网银专区

能源产业链

围绕装备制造、能源生产和能源消费等领域，构建能源工业互联网生态体系，服务新型电力系统建设。

能源工业云网，面向装备制造、电力建设、用能客户等企业，提供互联网大区统一物联接入、标识解析、工业模型组件等技术服务，以及智能产线监控、电商化交易、施工装备租赁、云仓物流、数字化工程管控、客户设备代运维等应用服务。

国网新能源云，面向政府、发电企业、装备制造企业等，提供政策咨询、规划设计、建站并网、补贴申报等一站式全流程线上服务。

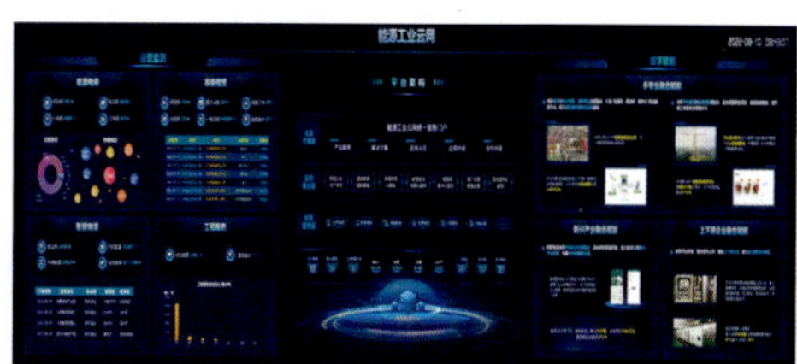
能源工业云网平台

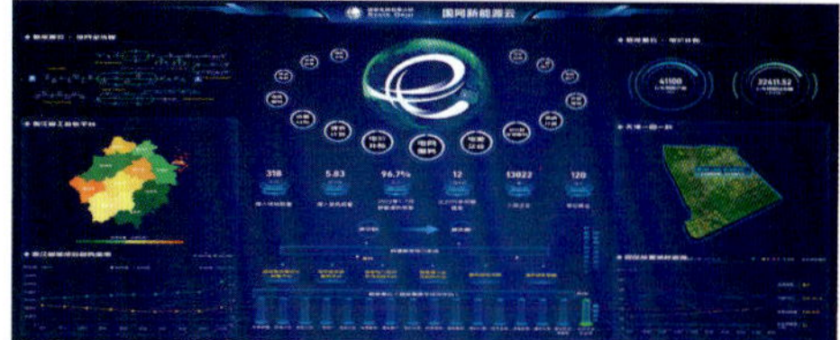
国网新能源云平台

能源供应链

围绕能源电力行业全供应链，创新能源电商平台商业模式和运营服务，提供便捷高效的电商化交易平台，服务智慧供应链生态体系。

电商化交易平台，面向央企、国企及政府等用户，依托国网商城，聚焦办公用品、通用工业品和电力设备三大品类，提供一整套完备的智能化采购解决方案。

国网商城电商化交易平台

消费帮扶平台

央企消费帮扶平台，面向国网公司及各中央企业，提供定点帮扶农产品品质管控、在线交易、超级物流、线上结算、产品溯源、积分通兑、直播带货、慧农培训等服务。

能源金融科技

围绕产业链上下游等核心主体，以电力大数据为核心，整合工商、税务等外部数据，提供全域、多元、精准的产业链金融产品，服务金融科技创新发展。

"电 e 金服"平台，面向产业链上下游客户，提供供应链金融、保证保险、电费金融等优质高效的普惠金融产品服务。

电 e 金服平台

员工数字化服务

围绕企业员工等特定群体，提供差旅、慰问、疗养等全域服务，服务员工美好生活工作。

国网商旅云平台，面向广大职工用户，提供商旅出行预订免垫付、出行免取票、报销免贴票等商旅出行综合性服务。

爱如电平台，面向各级工会和职工用户，提供政策宣贯、素质提升、文化展示、生活便利、健康关爱、福利慰问等功能服务。

国网商旅云 App

爱如电 App

联系我们 地址：北京市西城区广安门内大街 311 号祥龙商务大厦

2022 中国电力年鉴“企业风采专栏”

国网国际公司

国网国际发展有限公司（简称国网国际公司）成立于2008年6月，是国家电网公司实施海外电力能源资产投资运营的全资子公司。

国网国际公司坚持共商、共建、共享原则和开放包容、合作共赢的理念，依托国家电网公司雄厚的实力、先进的技术、成熟的管理经验和强大的品牌优势，积极开展海外电力能源领域的存量资产并购、绿地项目开发和资产运营管理，实现了国家电网公司发展空间从本土向全球的扩展。

国网国际公司先后收购了菲律宾国家输电网公司（NGCP）、葡萄牙国家能源网公司（REN）、澳大利亚南澳输电网公司（ElectraNet）、国网澳洲资产公司（SGSPAA）、澳网公司（AusNet）、港灯电力投资有限公司（HKEI）、意大利存贷款能源网公司（CDP Reti）、巴西圣保罗电力电灯公司（CPFL）、希腊国家电网公司（IPTO）、阿曼国家电网公司（OETC）、智利切昆塔集团公司（Chilquinta）、智利CGE公司的股权，中标并建成巴西美丽山特高压直流输电项目一期、二期工程以及特里斯皮尔斯输电特许权项目一期、二期工程等海外大型绿地项目，已建立起地域领域多元、投资收益稳定、增长前景良好的境外基础设施资产组合。

2021年，国网国际公司首度荣获“首都文明单位标兵”荣誉称号；在全球信用评级普遍承压的背景下，首次实现三大国际信用评级全部达到中国国家主权级，将进一步提升境外融资优势，助力境外业务开拓，更好地服务于国家电网公司“一体四翼”总体发展布局。

截至2021年底，国网国际公司境外资产总额超3000亿元人民币，全年利润总额超150亿元人民币，克服疫情影响再创新高。

◆ 智利 CGE 公司股权收购项目交割

◆ 巴西 CPFL 公司中标 CEEE 输电公司股权私有化项目

◆ 巴西 CPFL 公司工人运维检修

◆ 巴西美丽山特高压直流输电项目

◆ 菲律宾国家输电网公司资产

◆ 派驻阿曼国家电网公司团队参与南北联网项目开工仪式

◆ 国网国际公司与国网上海电力、港灯公司签署合作框架协议

◆ 格鲁吉亚东部电力公司股权转让项目交割

◆ 意大利国家输电网公司某变电站

◆ 葡萄牙国家能源网公司资产

◆ 希腊国家电网公司西部能源走廊计划之400kV 项目线路海缆敷设

◆ 澳网公司工人安装光伏电池板

YIJIU
—易玖—
湖北易玖消防科技有限公司
HUBEI YIJIU FIRE TECHNOLOGY CO., LTD

一流的工业消防设备制造水平
领先的智慧消防系统集成能力

易玖消防介绍
YIJIU FIRE PROTECTION INTRODUCTION

湖北易玖消防科技有限公司是一家专业从事工业消防产品制造/消防系统集成的高科技企业，始终瞄准消防高科技产品前沿，把“自主式灭火”作为系统集成的核心，不断研发新产品，优化各类应用场景的智慧消防系统整体能力，为电力、石油化工等需求不断增长的工业领域消防体系的完善提供更经济、更可靠的产品和服务。

使命

最好的产品、最好的服务，不断解决工业领域消防的难点与痛点

愿景

成为世界一流的工业消防制造商/智慧消防系统集成商

精神

专注、务实
自省、提升

资质荣誉
HONOR OF QUALIFICATION

▼会员证书 ▼建筑业企业资质证书 ▼安全生产许可证 ▼ISO9000证书

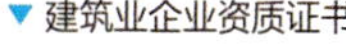

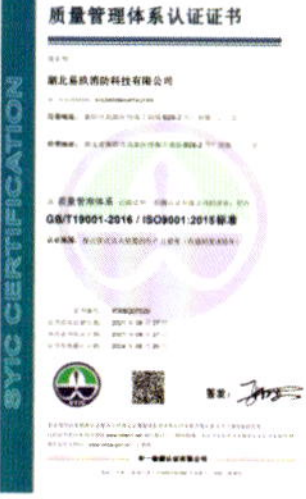

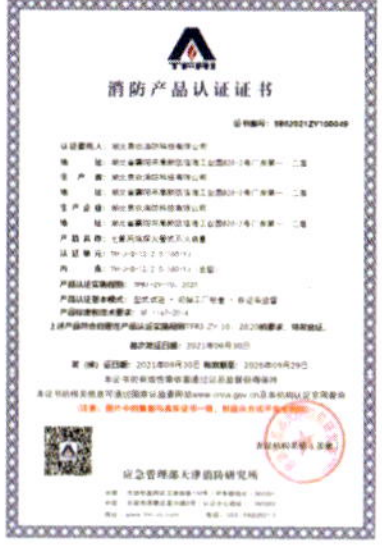

▲自愿性认证证书

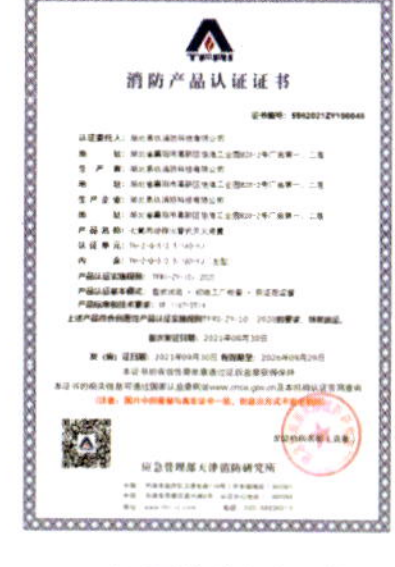

▲自愿性认证证书

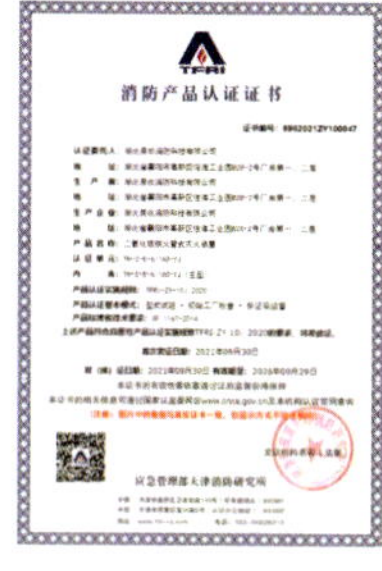

▲自愿性认证证书

更多详细资质文件请联系我司查阅!

竞争力
COMPETITIVENESS

技术研发 紧跟世界最前沿的技术线路，研发生产的消防产品始终保持领先水平。

系统集成 通过实践、产品、场景、理念等多维度设计，智慧消防系统的集成更具实用性和可拓展性。

项目管理 在石化、电力行业内的消防项目管理上，多年积累，有非常完善的管理体系与较优秀的管理水平。

文化优势 专业、专注、专一，不断自我优化，突出的团队合作精神，体现我们自身的文化自信。

客户反馈 在多家央企、多个单位应用，反映良好。

联系电话：4000962119

YIJIU 易玖 湖北易玖消防科技有限公司 HUBEI YIJIU FIRE TECHNOLOGY CO., LTD

案例介绍
CASE INTRODUCED

序号	客户名称	工程项目	应用场所类型	所属行业
1	中石化	燕山石化二高压	中控室、配电室、电缆夹层	石化
2	中石化	燕山石化裂解车间	配电室、室内电缆沟	石化
3	中石化	燕山石化三催化车间	中控室、配电室、室内电缆沟	石化
4	中石化	燕山石化前进变电站	中控室、配电室、电缆夹层、室内外 电缆沟	石化
5	中石化	燕山石化春光变电站	中控室、配电室、电缆夹层、室内外 电缆沟	石化
6	中石化	上海石化公司焦化车间	中控室、配电室、室内电缆沟	石化
7	中石化	广州石化公司动力车间	中控室、配电室、室内电缆沟	石化
8	中国南车	襄阳内燃机厂生产车间	配电室、室内电缆沟	制造
9	国家电网	四川公司宜宾南溪 110 kV 变电站	配电室、室内电缆沟	电力
10	国家电网	四川公司宜宾九都 110kV 变电站	配电室、室内电缆沟	电力
11	国家电网	重庆公司丹桂 110kV 变电站	配电室、电缆竖井、室内电缆沟	电力
12	国家电网	重庆公司巴山 220kV 变电站	配电室、电缆竖井、室内电缆沟	电力
13	国家电网	重庆公司金家岩 220kV 变电站	配电室、电缆竖井、室内电缆沟	电力
14	国家电网	重庆公司东新村 220kV 变电站	配电室、电缆竖井、室外电缆沟	电力
15	国家电网	重庆公司长寿站 500kV 变电站	中控室、配电室、电缆竖井、室外电 缆沟	电力
16	国家电网	重庆公司巴南站 500 kV 变电站	中控室、配电室、电缆竖井、室外电 缆沟	电力
17	国家电网	湖南公司长沙电力公司红星 220kV 变电 站电缆隧道消防综合演练	中控室、电缆隧道	电力
18	国家电网	安徽公司合肥电力公司螺丝岗 220kV 变 电站	配电室、室外电缆沟	电力
19	国家电网	江苏公司江都 500kV 变电站	配电室、电缆竖井、室外电缆沟	电力
20	国家电网	江苏公司东明 500kV 变电站	配电室、电缆竖井、室外电缆沟	电力
21	国家电网	江苏公司任庄 500kV 变电站	配电室、电缆竖井、室外电缆沟	电力
22	国家电网	江苏公司镇江石桥 220kV 变电站	配电室、室外电缆沟	电力
23	国家电网	江苏公司镇江五洲 220 kV 变电站	配电室、室外电缆沟	电力
24	国家电网	江苏公司镇江丹徒 220kV 变电站	配电室、室外电缆沟	电力
25	国家电网	江苏公司镇江绍隆 220kV 变电站	中控室、配电室、室外电缆沟	电力
26	国家电网	江苏公司镇江零横 220kV 变电站	配电室、室外电缆沟	电力
27	国家电网	江苏公司镇江金凤 220kV 变电站	配电室、室外电缆沟	电力
28	国家电网	江苏公司镇江南凤 220kV 变电站	配电室、室外电缆沟	电力
29	国家电网	江苏公司镇江永胜 220kV 变电站	配电室、室外电缆沟	电力
30	国家电网	江苏公司南京渔歌 220kV 变电站	配电室、电缆竖井、室外电缆沟	电力
31	国家电网	江苏公司南京古柏 220kV 变电站	配电室、电缆夹层、室外电缆沟	电力
32	国家电网	江苏公司南京漂水 220kV 变电站	配电室、电缆夹层、室外电缆沟	电力
33	国家电网	江苏公司南京淳东 220kV 变电站	配电室、电缆夹层、室外电缆沟	电力
34	国家电网	江苏公司泰州寺巷 220kV 变电站	配电室、电缆竖井、室外电缆沟	电力
35	国家电网	江苏公司泰州观五 220kV 变电站	配电室、室外电缆沟	电力
36	国家电网	江苏公司泰州高庄 220kV 变电站	配电室、室外电缆沟	电力
37	国家电网	江苏公司石牌 500kV 变电站	中控室、配电室、电缆竖井、室外电 缆沟	电力
38	国家电网	江苏公司上党 500kV 变电站	中控室、配电室、电缆竖井、室外电 缆沟	电力
39	国家电网	江苏公司茅山 500kV 变电站	中控室、配电室、电缆竖井、室外电 缆沟	电力
40	国家电网	江苏公司安澜 500kV 变电站	中控室、配电室、电缆竖井、室外电 缆沟	电力
41	国家电网	江苏公司潘荡 500kV 变电站	中控室、配电室、电缆竖井、室外电 缆沟	电力
42	国家电网	江苏公司三汊湾 500kV 变电站	中控室、配电室、电缆竖井、室外电 缆沟	电力
43	国家电网	江苏公司斗山 500kV 变电站	中控室、配电室、电缆竖井、室外电 缆沟	电力
44	国家电网	江苏公司 1000kV 苏通 GIL 管廊	电缆隧道	电力
45	华电集团	贵州桐梓发电厂变电站	中控室、配电室、电缆竖井、室外电 缆沟	电力
46	国家电网	北京公司石景山衙门口片区 6 个 10 kV 开 闭站环境 / 消防一体化项目	配电室、电缆夹层、电缆竖井	电力
47	国家电网	北京公司石景山 26 个 10kV 开闭站消防评 估 / 消防系统升级项目	配电室、电缆夹层、电缆竖井	电力

中石化燕山石化春光变电站

国网重庆公司丹桂110kV 变电站

国网湖南公司长沙红星220kV 变电站电缆隧道综合演练

国网安徽公司合肥螺丝岗220kV 变电站

公司简介

证书
CERTIFICATE
经审议批准 北京京仪北方仪器仪表有限公司
成为中国节能协会碳中和专业委员会
委员单位
会员编号：ACET-F-103
有效期至：2023年4月30日
二零二二年四月

北京京仪北方仪器仪表有限公司始建于1977年，是北京市国资委系统所属企业，国家高新技术企业，国家“专精特新”小巨人企业，中国节能协会碳中和专业委员会委员单位，全球能源互联网发展合作组织会员。

近年来，北京京仪北方仪器仪表有限公司聚焦“双碳”背景下的能源数字化系列产品，包括碳耗传感器等底层关键硬件以及SaaS云平台等系列系统产品，持续加大对能源采集、监测、分析管控领域产品的科研生产和推广应用，致力于成为国内领先的能源数字化方案供应商，赋能国家绿色技术创新发展。

Global Energy Interconnection
Development and Cooperation Organization
全球能源互联网发展合作组织
This is to certify that 兹证明
Beijing Jingyibeifang Instrument Co., Ltd.
北京京仪北方仪器仪表有限公司
is the member of Global Energy Interconnection Development and Cooperation Organization.
为全球能源互联网发展合作组织会员。
Zhenya Liu, Chairman of GEIDCO
December 2020
刘振亚，全球能源互联网发展合作组织主席
二零二零年十二月
Membership ID
会员编号
C2020050043

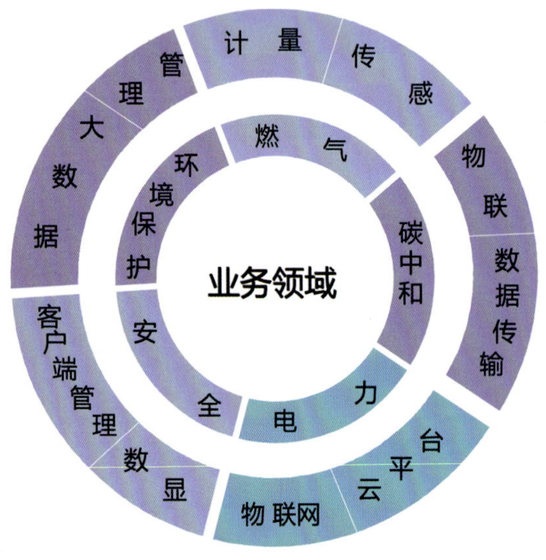

公司地址：北京市大兴区盛坊路2号
联 系 人：曲先生
电　　话：13916579556/010-60250327
网　　址：www.jybfgs.com

ES系列产品

ES-1系列无源无线电气传感器作为公司能源数字化代表产品，可用于能效节能分析、设备状态监测、用电碳耗盘查、环保用电监测、智慧能源管理、智能养老看护等业务场景。凭借独特的自供电、电力全量参数采集、非接触式卡扣安装、低功耗、无线组网等优势在国内荣获多项节能类比赛奖项，产品同时取得国内外观新型认证及国际CE认证。

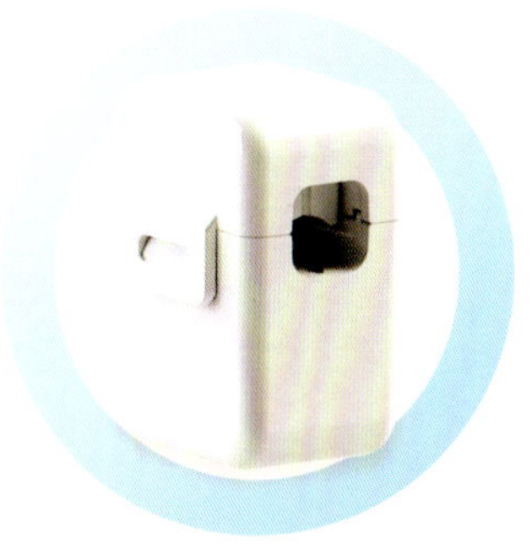

无源无线电气传感器及配套的能源监管及碳排监测系统已成功为中国燃气集团、浙江大学提供了真实、完整的能源及碳排监测原生数据及能耗分析、监管、节能建议，为节能减排提供了标杆案例。

产品优势

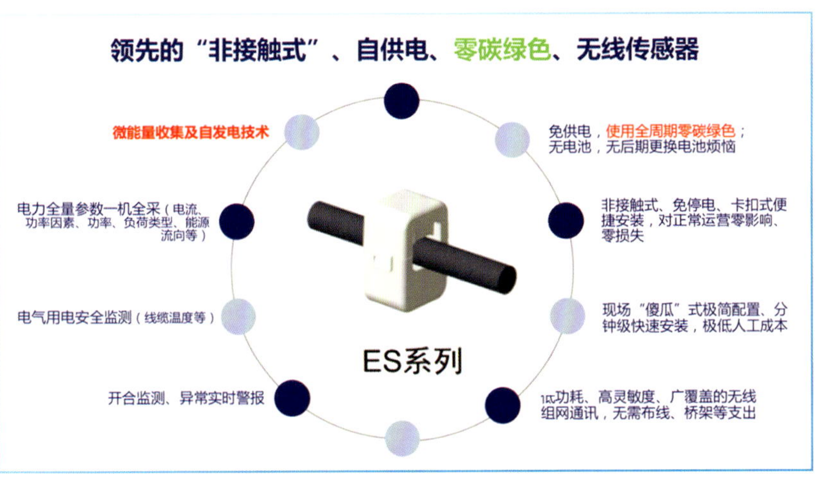

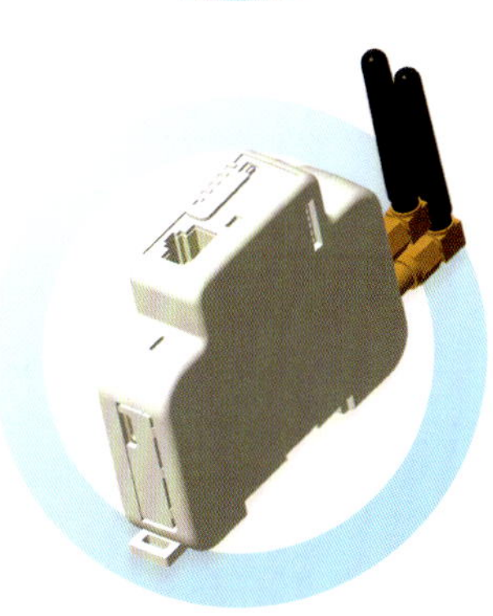

专利及获奖情况

中国节能协会碳中和专业委员会

2022

北京京仪北方仪器仪表有限公司

荣膺

碳中和实践创新奖

证书编号：CNC2022-1176

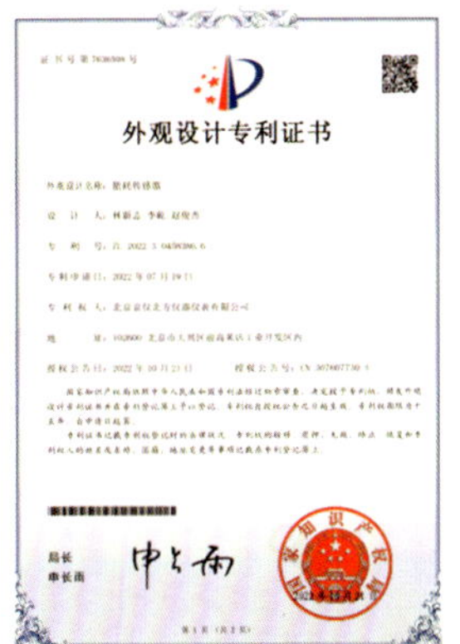

外观设计专利证书

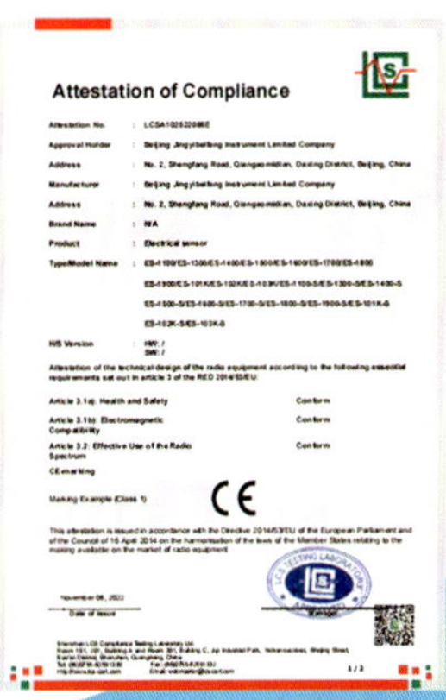

Attestation of Compliance

江苏宇诚业基电气设备有限公司

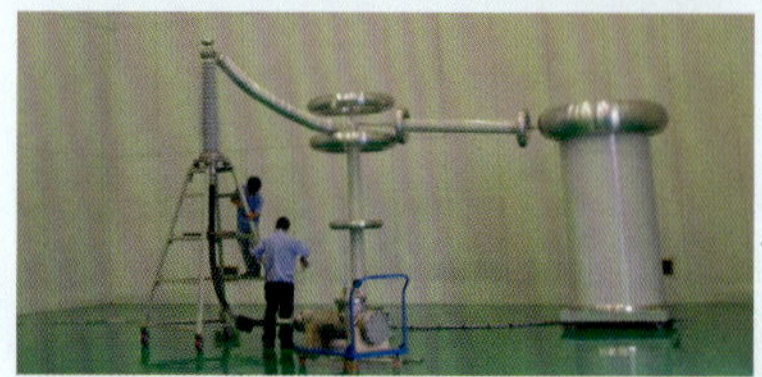

江苏宇诚业基电气设备有限公司位于南京江宁开发区空港枢纽经济区，前身为南京业基电气设备有限公司，系江苏宇诚投资集团子公司，具有二十余年专业生产历史。公司主要从事电缆附件、导体连接金具、硅橡胶绝缘件、环氧树脂绝缘件等产品的研究、开发、生产、销售与服务。

公司注册资金 11000 万元人民币，公司占地面积 300 多亩，建筑面积达 20 万 m^2。公司具备先进、成熟的技术研发和生产试验能力。公司在技术上与美国、德国及国内多家科研院所长期合作，共同致力于高科技电缆附件、硅橡胶绝缘件的研发。

公司研发中心汇集了电气、机械、高分子、复合材料、配方工艺、模具设计等各类专业技术人才，形成一支技术门类齐全，具有协作配合精神的研发团队。拥有的研究与试验专职人员近 30 人，其中高级职称人员 9 人，中级职称人员 15 人。

公司重视技术创新，自主开发了多项产品，获得国家发明专利 6 项，实用新型专利 15 项，拥有省级高新技术产品 1 项。 110kV、220kV 电缆附件产品通过了国家权威机构中电联的产品鉴定，产品性能已经达到了行业领先水平。公司作为行业先锋，先后参与起草了 220kV、110kV 等电缆附件产品国家标准、行业标准的制定工作。

公司产品广泛应用于电力、冶金、石化、汽车、高铁、煤矿等领域。

业基电气坚持诚信、服务、创新、共赢的经营理念，努力为客户提供安全、高效、节能的电气产品，为创造安全、和谐、绿色的电气世界而不懈努力！

高新技术产品认定证书

产品名称：127/220KV交联电缆含绝缘填充剂复合套户外终端

产品编号：170115G0702N

承担单位：江苏宇诚业基电气设备有限公司

有效期伍年

江苏省科学技术厅

二〇一七年十二月

质量管理体系认证证书

江苏宇诚业基电气设备有限公司

GB/T 19001-2016 idt ISO9001:2015 标准

环境管理体系认证证书

江苏宇诚业基电气设备有限公司

GB/T 24001-2016 idt ISO14001:2015 标准

职业健康安全管理体系认证证书

江苏宇诚业基电气设备有限公司

GB/T45001-2020 idt ISO45001:2018 标准

GROUP PROFILE
企业简介

夏初科技集团成立于2008年,注册资金2.16亿元。目前团队400余人,集团资产总规模逾40亿元,项目总规模超过3GW。夏初科技集团积极落实国家“双碳”目标，助力可再生能源产业持续健康有序发展。

CORE BUSINESS
核心主业

• 新能源 New Energy

截至目前，夏初科技已具备新能源投资开发、建设管理、运维管理为一体的解决能力。已并网 300MW 风电项目，在建 500MW 光伏项目，储备项目容量达 2GW。集团对外输出运维服务，在运行维护 9 个新能源电站。新能源项目分布于山西、山东、河南、内蒙古等区域。未来，夏初科技将利用自身资源优势，不断拓展在能源领域的业务，致力成为全国优秀的新能源服务商，将夏初科技的旗帜插遍全国。

• 共享储能电站 Shared Energy Storage Powerstation(S-esps)

夏初科技立足长远，把握机遇，积极探索和布局独立共享储能电站领域。在建的独立共享储能电站能够提高电力系统抵御事故水平、新能源消纳水平和电网综合能效水平；同时公司正在积极探索和布局储能电池上游的产业链。

• 工程管理 Engineering MGT

夏初科技严格按照国家施工验收规范，精心组织施工，严把材料质量关、施工质量关。以打造精品工程，创造高质量施工为基本目标。截至目前，工程板块已承接 10 余个省市工程项目，年产值可达 10 亿元。公司拥有建造师、工程师团队逾 30 人。

• 装备制造 Equipment MFG

夏初科技致力于实现智能化、平台化和数据化的“先进制造 + 精品制造”新模式，重点围绕新能源光伏组件装备制造和储能电池装备制造版块，为客户提供新设计、新工艺的新型智能产品及服务。公司高度重视产品品质，始终坚持“操作员是第一质检员的观点”，严格把控新能源组件生产工序的每一个节点；同时全面提升设备综合利用率，充分保障生产效率。

• 农 林 牧 Agriculture & Forestry & Stockbreeding

夏初科技用实际行动成为乡村振兴的排头兵，注重于农业、林业和畜牧业项目的开发投资和管理：优质地完成野生沙棘林改造、人工沙棘林种植项目；引入现代农业和养殖业技术开展大棚种植、农产品种植、药材种植、荒山利用、畜牧业养殖和深化农牧产品加工等项目。科学、持续、健康地助力新农业新农村建设，切实提升农民经济收入。

• 综合利用 More Industrial Layouts

夏初科技在持续发展新能源及相关生态产业经济的同时，围绕新能源布局更多的新型产业，包括：制氢、清洁能源供暖、大数据中心、碳交易等。